I

赢

WINNING

[美] 杰克·韦尔奇
苏茜·韦尔奇
著

余江
玉书
译

中信出版集团 | 北京

我把本书献给那些热爱商业生活、渴望把事情做好的人，献给那些每天一醒来就期盼在事业和生活中取得成功的人。

目录

前言
“每天都有一个新问题”

2001年，我利用工作的间隙完成了自传[1]的写作，那是一次有趣却艰难的经历。那以后，我发誓，再也不写书了。

但我猜，自己恐怕还会写。

如果需要为本书找什么借口的话，那就是创作的想法不是从我自己的脑海里冒出来的，而是别人给予我的。

可以说，这是一份退休礼物。离开GE（通用电气）以后，我遇到了成千上万了不起的人——他们有抱负、充满活力、富有好奇心、不满足于现状、热爱商业生活——是他们给了我这份礼物，向我提出了无数千奇百怪的问题。为了给他们满意的答复，我必须把自己所知道的梳理清楚，撰写出来，编辑成册，把故事讲给他们听——本书就是这样付梓，呈现在您面前的。

人们第一次向我提出那些问题是在2001—2002年，当时我正为自传的发行在世界各地做巡回宣传。看到很多人与GE有着深厚感情，我感慨万分。无论是在美国，还是在其他国家，人们告诉了我许许多多关于他们，以及他们的兄弟姐妹、父辈甚至祖父辈在这家公司工作的故事。

1.《杰克·韦尔奇自传》中文版由中信出版社于2001年11月出版。——编者注在这些故事之外，我还非常吃惊地看到，人们是多么迫切地希望了解如何才能把生意做好。在电话讨论会中，有人要求我介绍一下 GE 的业绩考评体系，想知道我们如何把员工的工作划分为三种业绩类型，并给予相应的奖惩。而那些参加签名售书仪式的人则希望知道，我曾说过任何公司的人力资源负责人都应该至少与 CFO（首席财务官）同样重要，我是否在夸大其词。（其实没有，我是发自内心这么认为的。）在访问芝加哥大学商学院的时候，一位来自印度的 MBA（工商管理硕士）学员请我完整地解释，一个真正出色的业绩考评结果应该是什么样的。

巡回宣传结束之后，提问的狂潮并未消退。无论是在机场、餐厅，还是在电梯间里，各种问题继续向我涌来。比如，有一天，我正在迈阿密的海滩上小憩，谁知有一个小伙子从水里游过来，说他有个做特许经营生意的机会，问我有什么看法。不过，大部分问题还是在我 2002—2005 年参加的大约 150 场讨论会中提出来的。从纽约到上海，从米兰到墨西哥城，这些会议的听众人数从 30 人到 5 000 人不等。通常，我会和主持人——往往是某位财经记者——一起坐在台上，回答听众从四面八方抛来的问题。

这些提问可谓五花八门，包括如何应对来自中国的竞争，如何管理那些才华出众但爱惹麻烦的员工，如何寻找适合自己的工作，如何开展六西格玛品质改善计划，如何组建优秀的工作团队，如何在复杂的商业环境中担当领导职责，如何对付并购，以及如何设计“杀手战略”。

还有人问，如果我的工作业绩卓著，老板却总是熟视无睹，我该怎么办？如果整个公司只有我一个人认为有改革的必要，如果我发现自己公司的预算漏洞百出，如果我希望推动一种伟大的新产品的开发，但总部不愿意提供足够的权力和资源支持……我又该怎么办？

有些问题是：如果我发现公司的经理们讲话并不实事求是；如果我喜欢某位员工，但他的业绩始终不尽如人意，使得我必须解雇他；如果我需要领导自己的组织从持续一年多的危机状态中走出来——我能够做些什么？

另外，还有关于教育孩子的问题，关于职业生涯规划的问题，以及其他一切可能的问题，例如打高尔夫球、装修房屋、通过步行马拉松来募捐等。此外，还有如何才能实现自己的梦想，又不至于让别人产生敌意的问题，关于宏观经济走势、新兴产业和汇率波动的问题等。

具体的问题成千上万，不过绝大多数可以归结为一句话：

怎样才能赢？

这正是本书要谈的主题——赢。或许没有其他话题能让我有兴趣再写一本书了！

我认为赢不仅仅“好”，而且是真正的“伟大”。

在商业生活中，取得赢的结果是伟大的，因为当公司赢利的时候，人也取得了长足进步。对成功企业的每个员工来说，他们在市场上有了更多的工作机会和创业机会，他们对未来更加充满自信，有钱送自己的孩子上大学，能得到更好的医疗服务，买得起度假别墅，退休生活也有了更好的保障。企业的赢利还让他们有机会回报社会，除了纳税之外，还有许多其他的方式——因为他们可以把更多的时间和资金奉献给慈善机构，比如到社区学校去当辅导员等。赢的结果可以惠及周围所有的人——让世界变得更美好。

相反，当企业亏损和失败的时候，每个人都会遭受打击。人们变得忧心忡忡，私人的财务状况更加脆弱，能帮别人做事情的时间和资金也更为有限。他们做的事情让家人感到担心和难过。还有，一旦失业，他们也很难再给国家缴纳更多的税款。

这里简单地谈谈税收，或者更普遍地说，谈谈有关政府的作用问题。

显然，政府是社会的重要组成部分。首要的一点是，政府要保护我们所有的人，因为不管是现在还是可预见的将来，那些对国家安全的恶意袭击有可能还会不断出现。政府要做的还远远不只这点，它需要提供司法体系、教育、治安、消防、公路、港口、福利和医院等，不一而足。而在念及政府的好处的同时，我们不能忘记，政府的一切服务都需要有某种形式的税收作为支撑。政府本身并不赚钱，它为经济增长的发动机提供帮助，但自己并不充当发动机。

其实，赢利的企业及其员工才是健康的国民经济的发动机。他们为政府创造了税收，从而构筑了自由和民主社会的基石。

所以我说，赢是伟大的。

当然，企业争取赢的手段必须是光明正大的——应该很干净、遵守规则，这是先决条件。那些用不公平的手段去竞争的公司和个人没有资格谈赢。同时，由于公司内部管理和政府监管不断完善，那些坏家伙通常都会被找出来，扫地出门。

不过，对于那些诚实的公司和商界人士来说（他们是商界的主流），还必须找到怎样去赢的途径。

本书就是他们的指南。

顺便说一下，这个指南并不是为企业的高级经理人服务的。当然，如果他们也认为本书有所帮助，那我自然喜出望外。本书主要是为身处业务第一线的人创作的，他们是小企业主、中层经理、车间主任、技术工人、正在找寻自己第一份工作的大学毕业生、考虑职业生涯的 MBA 以及新公司的创立者。我为本书设计的主要目标是帮助那些胸怀大志、热血沸腾的人，不管他们在为何种性质的组织服务。

你会在书中看到很多人的故事，有的能让你看到自己的影子，有的可能让你感觉似曾相识。

有位 CEO（首席执行官）为公司制定了一系列崇高的价值理念——高品质、客户服务、尊重个人等，却从来不解释实践它们有什么现实意义。有一位中层经理在与本公司其他部门开会的时候大发雷霆，因为他发现，只要他的同事们少浪费点嘻嘻哈哈的时间，就能多完成很多工作。有的员工多年以来一直业绩低下，但待人很好，你无法下决心让他走人。有的同事让你无法直面他，因为他仿佛是“活死人”一般，动作迟缓，做他的上司真是让人痛苦。还有，那些每天都聚集在“幻灭团队”餐桌上吃午饭的员工，总是对公司和上司充满敌意。有位工程师在 15 年的职业生涯中兢兢业业，突然有一天认识到自己的生活和工作都是在自欺欺人，她让所有的人满意，只有自己除外，于是她决心全都推倒重来。

当然，你还会遇到另外的许多人，他们是创新、睿智和坚忍的典范。

比如百胜餐饮集团年轻的 CEO 戴维·诺瓦克，他把百胜公司超过 33 000 家连锁餐厅变成了新经营思想的实验室，让整个组织变成了学习机器。又如完美的创新者丹尼斯·内登，他从来不知满足，总是充满燃烧的激情。吉米·邓恩用友爱、希望和对任何事情都不放弃的态度，在世界贸易中心的废墟上把自己的公司重建起来。苏珊·彼得斯是一位上班族母亲、GE 的第二号人力资源高级经理，有关她在工作与生活之间寻找平衡的传奇故事，完全可以写成一本书。克里斯·内夫塔是美国钢铁公司科西策分公司的 CEO，他帮助斯洛伐克一个没落的城市成功实现转型，把破败的国有钢铁厂变成了蒸蒸日上的赢利企业。肯尼思·尤是 3M 公司（明尼苏达矿务及制造业公司）中国业务的负责人，他抛弃了传统的形式主义预算管理程序，代之以扁平式的关注发展机遇的直接对话，让公司业务实现了高速增长。马克·利特尔在 GE 虽曾受到降级的打击，却通过自己的勇气、坚持和突出业绩重新获得了晋升。

谈到赢的时候，人是决定一切的因素，因此本书会谈到许多关于人的故事，谈到他们犯过的错误，而更多的则是谈他们的成功。然而，本书最主要的内容还是关于人的思想和把思想付诸实践的力量。

看到这里，可能有些读者会表示怀疑。他们在想，如何去赢的话题恐怕太微妙、太复杂了，短短 20 个章节能讲清楚吗？我才不在乎这本书里谈到了多少人和思想呢。

是的，如何去赢是微妙的、复杂的，更是极其艰苦的。但是，赢是可以实现的，你能够赢。不过要想赢，你首先应该知道赢需要哪些条件。

本书并没有提供什么魔法，事实上也没有这样的魔法。

然而，通过本书的各个章节，我将给读者介绍一些需要遵守的原则、值得参考的规律、可以采纳的假设以及应该避免的失误。关于“战略”的章节推荐了一个“三步走”的程序。关于如何找到合适的工作的章节介绍了好工作的信号和坏工作的警告。还有一些主题，你会在书中反复看到：由最好的选手组成的队伍能赢，因此你要发现和留住最好的选手；不要思虑过头，以致延误行动；不管你处在什么业务部门，都要不断与别人分享自己的学习经验；保持积极向上的态度，并要感染他人；永远不要把自己当作受害者；还有很重要的一点，那就是保持快乐。

是的，保持快乐。

做生意不过是游戏而已，而赢得游戏就是最快乐的事！

准备工作

在进入正文之前，先谈谈本书的结构和内容。全书包括五个部分。

第一部分，名为“基础篇”，主要是概念性的内容。其中所包括的经营哲学，当然要比绝大多数商界人士在一天里可以消化的内容多，也显然不是我在自己的工作岗位上一朝一夕就能总结出来的。但是我发现自己的经营方式有四条最基本的原则，于是把它们放到了全书的第一部分中。

简单地说，这四条原则分别是：认识到强烈的使命感和切实的价值观的重要性；在经营和管理的任何环节都绝对需要保持坦诚的态度；发挥业绩评估的力量，建立精英化的组织；让每个人都得到发言权和尊严。

第二部分是“公司如何才能赢”，内容涵盖组织的内部结构和机制，包括人、办事程序和企业文化。其中的章节涉及领导力、招聘、人事管理、解聘、变革管理、危机管理等。

在“公司如何才能赢”之后是第三部分“如何赢得竞争”，涉及组织之外的世界，将讨论如何创造战略优势，如何设计有实际意义的预算，如何实现有机成长，如何通过并购去扩张。我还试图阐明一个长期以来困扰人们的问题——六西格玛品质改善计划。

第四部分是“个人职业生涯如何才能赢”，涉及职业生涯的艺术和质量。首先是关于如何寻找合适的工作，这不是单指找第一份工作，而是在职业生涯中的任何时候所需要的合适的工作。接下来的内容则是，如何能够得到晋升，如何应付艰难的环境，例如每个人都可能经历过，如何在一个糟糕的老板手下工作。最后一章将探讨人类的奢望，那就是一切都能为自己所拥有，而且是同时拥有，但你也知道，那实际上并不现实。尽管如此，你可以知道自己的老板是如何考虑这个问题的，而且也应该知道，这正是该章内容的一部分。

本书的最后一个部分名为“有关赢的其他问题”，我在这里将解答一些与前面的内容有所区别的问题，包括如何应对“中国竞争”、多样化经营，如何应对《萨班斯–奥克斯利法案》[1]（Sarbanes-Oxley Act）等新的监管措施所带来的影响，以及企业如何应对艾滋病这类社会危机等。还有关于我的继任者杰夫·伊梅

1.《萨班斯–奥克斯利法案》：2002 年由美国国会颁布，旨在将公司治理正式纳入联邦法律的管辖。——编者注

尔特的表现（简单地说，就是“棒极了”）、我还打不打高尔夫球、我觉得自己能否上天堂等问题（这可是个曾让我不知所措的问题!）。

但是与本书中所解答的其他问题一样，这些问题也没有真正难倒我，它们只是向我发出了挑战，促使我深思：自己信仰什么，以及为什么拥有这样的信仰。

本书提供了许多答案，但并非回答了所有问题，因为商业生活总是在变化，世界也是如此。

就像一位荷兰企业家在2004年对我说的那样，“生活中的每一天都会有新的问题，这正是激励我们前进的动力”。

新问题出现了，也就出现了新的答案。实际上，与自己在GE工作的岁月相比，离开GE以后，我所学到的东西同样很多。从人们提出的每个问题中，我都学到了新的东西。

反过来，我也希望自己的回答能帮助读者去学习。

第一部分

基础篇

第1章

使命和价值观

常被谈及却很现实的话题

我又要谈论使命和价值观了，读者们，原谅我吧。

之所以这样说，是因为这两个词已经被用滥了，成了商业生活中最抽象、用得最多，也最容易被误解的词。和听众交谈的时候，常有人问我有关使命和价值观的问题。问话中常带有某种程度的恐慌，从而掩盖了提问者的真实意图和中肯态度。(例如在纽约的时候，就曾有人问我："你能够解释使命和价值观之间有什么不同吗？还有，这种不同又能造成哪些差异？")商学院也是制造混乱的根源之一，它们经常让学生写文章，阐述使命的含义，然后对价值观进行讨论。这其实是一种极其无用的训练方法，毫无针对性。许多公司也这样来培训他们的高层管理人员，惯常的做法是杜撰一句听起来很崇高的标语，悬挂在公司大厅里。

这些都是老生常谈，只会让员工感到无所适从，或者愤世嫉俗。他们实在搞不明白，使命为何那么伟大。大家都见过这样的口号："本公司高度重视产品质量和售后服务"，或者"本公司奉行顾客至上"。那么请告诉我，有哪家公司不重视质量和服务，或者不以顾客为焦点呢？还有，谁都知道有许多公司把无数的时间花在动情的讨论上，只是为了总结出一套所谓的价值观。尽管很多人用意良好，但最后得出的结论似乎都是从那些放之四海而皆准的大道理上提取的说辞，例如"诚实、质量、卓越、服务以及尊重"等。其实，大凡正派的公司无一例外都赞成这些品质！坦率地讲，诚实是参与商业游戏的基本要求，如果你连这一点都做不到，恐怕早就被封杀出局了。

相比之下，正确的使命和价值观可以让你切身感受到它的实实在在。使命将指引你前进，价值观所描述的则是引领你到达目的地的行动。在这里，我甚至宁愿放弃使用"价值观"一词，而使用"行动"来代替它。但是，由于传统的缘故，还是让我们统一措辞吧。

确立企业使命

依照我的经验，对于使命的描述主要应该回答一个问题：我们的业务如何才能赢？

你需要回答的并不是在过去的辉煌岁月中我们有哪些优势，也不是我们该怎样描述自己的业务，以免惹怒某个单位、事业部或者高层管理人士。

相反,“我们的业务如何才能赢”这个问题有明确的定义，它要求公司在人员、资金和其他资源等方面做出取舍、选择，避免自己陷入常见的盲目出击的陷阱中。这个问题能促使企业搞清楚自己的优势和劣势，明白自己能够在哪种竞争中赢。

是的，赢——这才是关键。即使是本捷利这家位于佛蒙特州、以嬉皮士文化著称的冰激凌公司，也把“赢利增长”和“提高股东价值”作为公司的三大使命之一，因为公司管理层都明白，如果在经济效益上不能取得成功，那么其他任何社会目标都是奢谈。

但这并不是说，使命就不能带有冒险精神或者理想主义色彩。例如，在本捷利公司的使命中，还包括出售“纯天然的冰激凌和令人愉悦的食品”，进而“提高本地区、全美和全世界人民的生活质量”。这类语言是极其崇高的，它能够让员工们振奋起来，产生催人上进的力量。

总之，有效的使命需要在可能的目标与不可能的目标之间建立一种平衡。它既要给大家一个清晰的方向，以赢得商业利益为导向，也要让人充满壮志雄心，感觉到自己是伟大事业中的一部分。

再以 GE 的使命为例。1981—1995 年，我们提出的目标是成为“世界上最有竞争力的企业”，让公司的每个业务领域都能在市场上占据第一名或第二名的位置，任何不能达到该要求的业务都必须整改、出售或关闭。毫无疑问，这样的使命具有非常清晰的含义，非常具体，表述准确，没有任何抽象的东西。同时，这个使命又是壮志凌云的，它表明了 GE 征服全球市场的雄心。

这样的使命以一连串不同的方式进入了我们的生活。首先，在当时的环境中，人们还习惯于把公司的商业战略封存在总部的信封中，关于它的任何信息都来自公司上下的流言。但我们决定公开讨论哪些业务已经进入市场头一二名的位置，哪些业务必须迅速补救，甚至放弃。如此坦诚的态度使整个公司大为震惊，然而，把公司的使命真实地呈现给全体员工带来了良好的效应。在某些业务被出售的时候，尽管许多人可能并不希望如此，但他们至少明白了其中的道理。

此外，在公司大大小小的会议上，我们持续不断地重申有关企业使命的问题，每个决策或项目都要同企业使命挂钩。我们公开地奖赏那些展现出使命感的人，请走那些由于各种原因不能认同企业使命的人（通常，不认同的情况都表现为对老业务模式的怀念）。

回过头来看，在 1981 年时，为了给 GE 确立与以往完全不同的奋斗使命，我们进行了充分的准备，比如，事前进行了大量的讨论，对技术优势、竞争对手以及消费者做了深入分析。在此基础上，我们决定成为世界上最具创新能力的电气产品设计商。或者说，我们最能赚钱的办法，就是把自己的各项业务尽可能快速和彻底地实现全球化，无论它们的市场在哪个国家。

这些使命是革命性的，它们都可以把 GE 推到与过去完全不同的发展道路上。它们要求我们通过收购和出售来改造业务结构、招聘和解雇不同的人员等。表面上，把这些要求称为“使命”或许有些牵强，因为它们都过于具体和明确了。但是毫无疑问，把电气产品设计列入公司的使命会使大多数 GE 员工感到欣慰，符合他们长期以来的信念。而全球化的使命或许会及时唤醒一些人，迅疾的变革往往都能产生类似的效应。

最后一个相关的问题与使命的创建有关：应该怎样确定自己的使命？

对我而言，这并不需要太费脑筋。你可以从任何地方得到相关的信息，你可以倾听各方精明人士的意见，但是，确立使命始终是企业高层管理人员的职责。除了最终需要对此负责的人之外，企业使命的确立既不可能，也不应该授权给其他任何人。

实际上，确立企业使命是考验公司领导力的关键。

这是真正的挑战。

企业价值观的形成

如我先前所述，价值观体现为人的行动，是具体的、可以明确描述的，它不能留给大家太多的想象空间。大家必须像执行军事命令那样执行价值观，只因它们是完成使命的方法、实现最终赢利目标的手段。

与企业使命的制定相比，在价值观的问题上，公司里的每一个成员都应当有机会发表自己的看法。是的，这是一项棘手的任务。在一些小公司里，大家可以通过各种会议对价值观进行讨论。但在规模较大的公司里，听取多方意见就要困难得多。不过，你还是能够利用全公司大会、培训课程和其他类似的手段，尽可能多地让人们表达自己的见解，也可以利用公司内部网征求更广泛的意见。

让员工真正深入地参与进来将产生迥然不同的效果，它能够提高你的洞察力，使你更有想法。而且到头来，最为重要的一点是，这个过程本身就能让价值观获得更大程度的认同。

补充一句，价值观的形成应该是个反复实践的过程。公司的领导层可以就这个问题拟定一个草案，但那只是最初的版本。草案出来后，你需要把相关的文件分发给全公司的人，让大家公开讨论、共同切磋，并且反复多次。同时，企业管理层需要打破陈规，创造出一种氛围，让员工体会到，在探讨企业价值观的话题上，贡献自己的才华是每个人的责任。

如果你现在所处的公司没有这种氛围，在那里仗义执言往往会受到打击，那么以上介绍的推进价值观形成的方法就行不通了。我也知道存在这种情况，要想在那些公司继续待下去，你就不得不遵照公司大厅里悬挂的标语去做事。

但是，如果你所在的公司欢迎员工参与有关价值观的讨论（很多公司都是这样），而你不愿意加入这个互动的过程，那你应该感到惭愧。假如你希望奉行一套自己能真正理解和接受的价值观与行动纲领，那你就必须亲自参与全公司的讨论。

具体而明确地阐述价值观

在最初成为 CEO 的时候，我对自己发布的那些含糊不清、意思隐晦的价值观感到相当内疚。例如，1981 年，我在年度报告中写道，GE 的领导者应该“面对现实”“实现卓越”“建立主人翁意识”。这些陈词滥调听上去不错，却难以对行动纲领给出具体的描述。

到 1991 年时，我们已经取得了很大的进步。在此前的三年多时间里，有 5 000 多名员工花时间参与了对公司价值观的讨论。我们取得的成果是相当具体、实在的。后来，我们把这些思考印在卡片上，发给全体员工。上面的内容包括许多强制性的语言，例如“不拘一格的行动风格——不断寻求和推行最佳实践经验，无论它们来自何处”，“抵制官僚主义作风”，“关注变革带来的发展机遇”等。

当然，某些行动纲领还需要做进一步的解释。而我们也一直在为此努力，不论是在会议室、考评现场还是饮水机旁。

离开 GE 之后，我才认识到，有关推进企业价值观和行动纲领的讨论还有可能走得更远。2004 年，波士顿第一银行和摩根大通银行合并组建了一家新公司，我注意到杰米·戴蒙和比尔·哈里森联手为企业创建了新的价值观和行动纲领。为了推动对话的展开，他们从第一银行那里借鉴了一套基础文案。那上面列举了各种价值观念及其相应的行动纲领，其内容之详细、明确，是我以前从未见过的。

例如其中的一条“将心比心，竭诚为顾客服务”，就显得非常生动。但是第一银行并不满足于此，他们明确制定了大约 10~12 条行动纲领，让以上的观念进一步具体化，使之更接地气。在此摘录如下：

◎绝不能让利润中心产生的冲突妨碍对顾客的优质服务。

◎对待顾客要友善、公平。建立强大的客户关系需要时间。不要以破坏同客户的持久关系为代价去追求短期利益的最大化。

◎不断寻求各种方法，让顾客感觉到与我们之间的交易简单易行。

◎ 每天都要同顾客进行交流，让顾客一旦同我们建立了联系，就不需要再去找我们的竞争对手了。

◎ 不要忘记说“谢谢”。

另一条价值观显得有些含混，第一银行写道：“通过有效与卓越的运营，成为低成本的供应商。”接下来做了很多具体阐述，举例如下：

◎ 虚心学习。

◎ 消除官僚作风。

◎ 无情地消灭浪费现象。

◎ 运营应当快速简洁。

◎ 珍惜彼此的时间。

◎ 对基础设施大力投资。

◎ 对自己的业务了如指掌，不需要顾问来告诉我们该怎么做。

如果这种细致入微的描述让你感到意外，甚至觉得有些教条主义，我是能够理解的。当我第一次见到杰米提交的密密麻麻、长达5页的关于价值观和行动纲领的基础文件时，差点晕过去。可是在仔细阅读以后，我看到了其中蕴含的能量。

2000—2005年，我从世界各地公司的员工那里听到了该方面的各种故事。这使我深信，在确立企业的价值观及其相关的行动纲领时，多一分具体和细致永远不为过。

实践中的贯彻

价值观与行动纲领的清晰表述是重要的，但如果不能在实践中坚决贯彻，那也没多大用处。要想让价值观真的被大家所重视，公司应该奖赏那些品行突出、实践了价值观的员工，“处罚”那些与之相悖的人。请相信我，这有助于企业的成功。

之所以这样说，是因为我们曾多次要求那些业绩辉煌但不遵守企业价值观的经理人离开公司，而且我们会对此尽量做出公开解释。每次发生类似的事情，都会给全公司带来意外的良好影响。在历次年度调查中，员工都反映，我们的公司正在日复一日实践自己所奉行的价值观。这种大环境也会使得每个人都更加忠于企业的理念。随着员工满意度的提高，我们的财务绩效也同样稳步增长。

使命和价值观的关系

为企业制定明确的使命很重要，具体描述行动纲领和价值观也同样重要。除此以外，公司的使命与价值观必须融为一体、共同发挥作用，才能奠定成功之本。这二者应该是相互促进的。

这是显而易见的，难道不是吗？公司的价值观理应支持其使命。但令人吃惊的是，使命与价值观的冲突在现实中屡见不鲜。公司各组成部分之间出现相互不配合的现象，可能更多的是由疏忽造成的，而不是有意为之，但是出现的频率并不低。

最普遍的情形是，公司的使命与价值观之间出现偏离，是因为商业生活中出现的各种小危机。比如，竞争对手进入我们所在的城市，降低了产品售价，导致你不得不跟着降价，从而削弱了你原定的通过优质的客户服务实现竞争力的使命。或者由于宏观经济低迷的冲击，你削减了广告预算，而忘记了自己当初制定的提高和传播品牌知名度的使命。

使命和价值观相背离的情况听起来也许不要紧，是暂时性的，但如果放任不管，它们会真正损害公司的利益。事实上，这种背离完全可以毁灭我们的事业。

在我看来，著名的安达信会计师事务所与安然公司所发生的一切，就属于这类危机。

安达信会计师事务所是在差不多一个世纪以前成立的，它把成为世界上最受尊重和最可信赖的审计公司作为自己的使命。这是一家以有勇气说“不”为傲的公司，即使这意味着要失去客户。它成功地聘用了最能干、最正直的注册会计师为自己工作，给他们丰厚的回报，也收获了世界各地的企业与监管机构的信任。

接着，20 世纪 80 年代的繁荣时期到来了。而安达信也决定进军咨询行业，这项事业让很多人感到新鲜、兴奋，不必说也将给公司带来巨大的利益。他们开始聘用越来越多的 MBA 毕业生，并不断地给这些人加薪，因为这是咨询业的行规。1989 年，公司实际上分成了两个部分：一个是传统的审计事务所，名为安达信会计师事务所；另一个则是安达信咨询事务所。二者都在同一个公司品牌下运转——安达信全球事业。

与会计师行业崇尚正直诚实不同，咨询公司更鼓励创新，大力奖赏积极进取的推销员精神，它的顾客类型也因项目的不同而不同。尤其是到了 90 年代，咨询部门的牛仔精神日盛，与此同时，安达信的审计部门也感受到了来自另一方的冲击。一些会计师显然是被新的商业机会冲昏了头脑，他们长期以来一直坚持的审计业务正直、诚实的使命开始动摇，他们放松了对自己的严格要求。

在 90 年代的绝大部分时间里，安达信不过是一家自己同自己较劲的公司。咨询部门一直在补贴审计部门，当然他们并不乐意这样做。同样，你可以确信审计部门对于咨询部门那种虚张声势的作风也不感冒。面对如此矛盾的状况，大家该如何回答企业的根本问题呢？“我们的使命究竟是什么？”“什么样的价值观才是最重要的？”“我们应当采取什么样的行动纲领？”员工岗位不同，他们的答案也迥然相异。所以，安达信才会发生合伙人之间为了公司的利润分配而闹上法庭的事情。

终于到了 2002 年，事务所倒闭了。在这个过程中，公司使命和价值观之间存在的冲突是个十分重要的因素。

在许多方面，安然公司的覆灭具有跟安达信相同的特点。在早期的时候，安然是一家很单纯的从事不起眼的管道和能源业务的公司。公司员工都把焦点集中在具体事务上，研究怎样能又快又便宜地把天然气从一个地方输送到另一个地方。他们的使命完成得非常出色，在能源采掘与输送领域占据了权威的位置。

后来的发展与安达信一样，安然公司改变了自己原来的使命。有人提出，安然应该向着贸易公司的方向发展。同样，其目标是为了实现更快的增长。

在安达信，那些辛苦核对报表的审计师们突然发现，自己要与一帮身着笔挺的阿玛尼名牌套装的 MBA 们分享公司的办公室。在安然公司也是一样的情形。

安然公司的新目标意味着，它首先会把精力集中在能源贸易方面，然后会拓展到其他商品的贸易中。在当时，这种改变可能是相当振奋人心的，但是显然没有人停下来好好想一想，为了支撑这样伟大的新目标，公司应该树立和传播什么样的新价值观以及行动纲领。贸易谈判桌成了公司一切业务的核心，而管道、能源生产业务则被挤到了次要的位置上。不幸的是，对于众多从事原来业务的员工，公司并没有采取任何措施来检查和处理他们的问题。就在这样的背景下，突然之间，安然倒闭了。

跟安达信的结局一样，公司使命和价值观的冲突最后让成千上万无辜的人丢掉了工作。这是一出怎样的悲剧！

在本章开始的时候，我们注意到，商业生活中，人们谈论了太多关于使命和价值观的事情，但结果常常是说得热闹，却没有什么实际行动。没有人希望得到这样的答案，然而，这两个词看上去既高深又含糊，导致这样的结局仿佛也是自然的。

可是，如果不能为企业确定正确的使命，不能树立明确的价值观，将付出极其巨大的代价。我不是说你们的公司必然会像安达信或安然那样，顷刻之间就土崩瓦解——它们是因为企业使命和价值观的矛盾而彻底坍塌的极端例子。但我要说，假如你们的公司除了悬挂在大厅里中看不中用的标语之外，并没有真正指导自己前进的目标，那就永远不能充分挖掘企业的潜力。

诚然，我自己也知道，要确定好的企业使命，并建立支撑它的价值观，离不开时间和艰苦的努力。你会碰到漫长的、争执不休的会议，让人真想立刻起身回家。在你打算投入实际工作的时候，却有人发邮件来同你讨论工作方案。还有一些令人痛苦的时刻，有的员工你明明很喜欢，但他们恰恰没能肩负公司的使命，或者遵循既定的价值观，因此不得不跟他们说再见。在那些日子里，你或许会希望自己企业的使命和价值观干脆变得模糊不清、毫无特色。

那可不行。

请拿出自己的时间和精力吧，让企业的使命和价值观变得真实起来。

第2章

坦诚

缺乏坦诚是商业生活中最卑劣的秘密

我一直都看重“坦诚”。实际上，这个话题我给GE的听众们宣讲了足足20多年。但是直到自己从GE退休以后，我才意识到自己低估了坦诚精神的罕见程度。事实上，我甚至想宣称，缺乏坦诚是商业生活中最卑劣的秘密。

这是一个严重的问题！缺乏坦诚精神会从根本上扼杀敏锐创意，阻挠快速行动，妨碍优秀的人贡献出自己的才华。它简直是一个杀手。

相反，假如你做到了坦诚——尽管永远不可能做到绝对坦诚——你就能发现，一切都会运转得更快、更好。

我在这里所说的缺乏坦诚，并不是指那种恶意的欺诈，而是指有太多的人在太多的时候不能真诚地表达自己的想法。他们不愿意直截了当地同你交流或者无所顾忌地发表意见，以激起真正的讨论。他们不喜欢开诚布公。相反，他们把自己的意见或者评论保留起来，他们闭上嘴巴，让别人感到更舒服或者避免发生冲突；他们甚至粉饰坏消息，以维护自己的体面。他们把事情放到自己的背后，隐瞒了真实的信息。

所有这些都是缺乏坦诚的表现，其影响绝对是毁灭性的。

然而，缺乏坦诚的行为却渗透到了商业生活中的每一个领域。

在退休后的旅行中，我听到了数百家不同公司的员工讲述的故事。他们说，自己日复一日地生活在缺乏坦诚的氛围中，尤其是在各种议题的会议上，从预算计划到产品评估，再到战略规划。大家谈到了官僚作风、层级制度、公司政治和虚伪的礼数，所有这些都是缺乏诚意的产物。大家都问，怎样才能使自己的公司改变模样，可以把问题摆到桌面上，可以谈论世界的真实情况，可以从不同的角度来辨析各种观点？

我最常听到的情况是，业绩考评的过程尤其缺乏坦诚。

实际上，这样的提问出现得过于频繁了，以至于我会经常在讨论会上进行现场调查。我问听众们："在过去一年里，有多少人接受过面对面的坦诚的业绩反馈谈话？这些谈话的目的是让你弄清楚，自己还需要做哪些改进，自己处在公司的什么位置上。接受过的人请举手。"

运气好的时候有20%的人举手，而绝大多数时候，这个比例只接近10%。

有趣的是，当我再次反问听众，他们是否经常与自己的手下进行这种开诚布公的业绩讨论时，举手的人并没有增加多少。

因此，请先忘记外界的竞争吧，你最大的敌人就是企业内部人与人之间不良的交往方式。

坦诚的作用

让我们来看看坦诚是怎样引导企业走向成功的，主要有三种途径。

◎ **首要的一点是，坦诚将把更多的人吸引到对话中。**如果你使更多的人参与对话，那么显而易见，你能获得的想法也将变得多姿多彩。我的意思是，如果保持坦诚相待的作风，就会有更多的想法冒出来，并可以讨论、展开批评，进而得到改进。与过去人人都闭口不谈相反，现在大家会敞开心扉、互相学习。任何一个组织、机构或者团队，如果能把更多的人和他们的头脑吸引到对话当中，马上就能获得一种优势。

◎ **其次，坦诚可以提高效率。**大家一旦把想法开诚布公地表达出来，就能够迅速地展开讨论，进行补充和改进，然后予以落实。这一套快速落实的办法——表述、讨论、改进和决策——不只是一种优势，还是在全球市场环境中生存下去的必要条件。要知道，在大街两旁，在上海，在班加罗尔，那些三五个人新创办的企业在采取行动时都比你的公司更加敏捷，要想跟上别人的步伐，坦诚是必需的方法。

◎ **最后，坦诚可以节约成本。** 虽然说，你可能无法精确地算出最终的数字，但可以想到的是，有了坦诚精神之后，我们可以少开多少形式主义的会议，少费多少精力去完成大家都已经知道结果的报表。再想一想，有了这样的精神，在探讨公司战略、新产品或者个人业绩的话题时，我们可以少做多少耗费精力的幻灯片，少做多少令人昏昏欲睡的演示，少开多少乏味的秘密会议，而用简单真实的对话取而代之。

把以上各种益处和效率结合起来，你将认识到，失去坦诚精神的代价是令人难以接受的。

所以，为什么不坦诚一点呢？

既然坦诚能带来各种优势，那么人们就不免感到疑惑，在现实生活中，我们如此缺乏坦诚精神，又是因为什么呢？

其实，我们很小的时候这个问题就产生了。

实际情况就是如此。从儿童时期开始，我们每个人就学得世故起来，我们要知道如何掩饰不好的消息，在令人尴尬的场合装得若无其事。无论是在哪种文化背景、哪个国家或者哪个社会阶层中，这个道理都是相似的。不管你身处冰岛还是葡萄牙，情况都没有什么不同，你不能讥笑自己的妈妈做的饭菜不好吃，不能管最好的朋友叫胖子，也不能告诉自己的姑姑，你不喜欢她送的结婚礼物。你就是不能这样做。

我们在一场乡村鸡尾酒会上就遇到了类似的事情。在白葡萄酒和寿司卷上过之后，有五个人开始围在一起聊天，其中一位女士说，当地的小学里有位音乐老师正承受着可怕的精神压力。其他客人也随之附和，大家一致同意，给那帮调皮的四年级小学生们教课，足以将人送进精神病院。幸好，就在音乐老师将继续得到过分同情之前，另外一个客人加入了谈话，她说："你们这些人都疯了吗？那个老师一年里休假的时间长达15周啊！"接着，她指向一位站在人群里一直唯唯诺诺的医生说："罗伯特，你每天都要为病人的生老病死做出判断，你应该不会相信这个悲惨的故事，是吧？"

她的话毁掉了这场优雅的聊天。这位新客人把大家驱散了，人们纷纷向着吧台走去。

坦诚会使人感到紧张。

当然，这是一个相对来说比较轻松的例子。但是当你探索坦诚的含义时，你实际上是在设法了解人类的本质。数百年来，无数的心理学家和社会学家都在研究，为什么人们所说的与他们真正所指的存在区别；而哲学家思考同样的问题已经有数千年的时间了。

我有一个很好的朋友叫南希·鲍尔，她是塔夫茨大学的一名哲学教授。当我向她请教关于坦诚的话题时，她告诉我，对这个课题，大多数哲学家所得出的研究结论，与绝大多数普通人随着自己年龄和经验的增长而得到的认识，并没有太多的不同。最终，你会认识到人们之所以不说出自己的想法，是因为这会给自己带来更多的便利。如果实话实说，你很容易制造混乱的局面——人们会为真相感到愤怒、痛苦、困惑、悲伤或憎恨。事情弄糟之后，你可能不得不自己去平息这场混乱，而这可是件可怕、艰难和费时费力的事情。因此，人们会自觉或不自觉地为自己的不坦诚寻找理由，比如这样做可以不使别人难过或痛苦，或者说一点没有恶意的谎话是友善而得体的行为等。但实际上，南希说，古典哲学家伊曼纽尔·康德早就曾雄辩地证明过，不坦诚实际上是一种自私的表现，是为了让你“自己的”生活更加轻松。

南希告诉我，康德还有一种观点。他说，人们往往容易掉入掩盖敷衍的陷阱，也是因为大家都缺乏远见。很多人担心，如果把自己的真实想法或者不好的消息说出口，就要冒得罪别人的风险。可是，他们并没有想到，不坦诚其实是最糟糕的得罪别人的做法。“康德认为，这是一个巨大的讽刺，”南希说，“他相信，如果为了拍别人的马屁而不坦诚做人，那将毁掉彼此的诚信，而且也将由此腐蚀整个社会。”

我告诉南希，那也会腐蚀公司的事业。

从过去到现在

实际上，在美国商界，坦诚精神的重要性是一种新的认识。在20世纪80年代初以前，像GE这样的大公司并没有在经营中推崇坦诚精神，其他成千上万各种规模的企业也同样如此。那些庞大的公司都是第二次世界大战后成长起来的军事与工业的联合体，它们基本上没有面临世界性的竞争。还有，同一个行业内部的工业企业都非常类似，它们之间的关系更像是有合作关系的寡头，而不是彼此竞争。

以钢铁产业为例。大约每过三年，几家大公司的工会就会提出增加薪水和福利的要求。各大公司会满足那些要求，并把增加的成本转嫁给汽车工业，而后者又把增加的成本再转嫁到消费者头上。

这是一个不错的游戏，直到日本人来敲门的时候。最初，日本人带来的是一些质量一般、成本低廉的进口汽车，几年之后，又变成了质量上乘、成本同样低廉的汽车，并且许多都是在美国本土的工厂制造的。不过在日本企业的工厂里，并没有工会。

在外来威胁蔓延开来之前，大多数美国公司依然循规蹈矩，既没有实事求是地讨论问题的习惯，也未表现出与坦诚作风一致的快速反应。在这方面，它们似乎没有什么迫切的需求。于是，企业仍然被重叠的层级制度和旧式的行为规范所累，与绝大多数组织一样，束缚在强迫式的礼仪和规范当中。很少有人公开挑战公司的经营战略或价值观，几乎所有的决策都是关起门来搞定的。等到进行业绩评估的时候，公司里同样表现出一种彬彬有礼的冷漠气氛。业绩突出的员工能得到表扬，但同时，由于公司的经济实力十分雄厚，那些表现不佳的人也可以安全地留在各个部门中，直到退休。

没有了坦诚之后，人人都可以保全面子，公司则笨拙地向前发展。大家接受了这种现状。办公室的每一天都充满了伪装的举止。相反，那些有主动性、进取精神，不满足于现状的人却会被贴上标签，甚至有更糟糕的后果。

你也许会预言，既然坦诚精神能够给企业创造那么多的竞争优势，随着日本人给美国企业带来的竞争压力，众多公司必然会热心接纳它。但是，来自日本的竞争没有产生这样的结果，国际市场上现有的几个新兴势力，例如爱尔兰、墨西哥、印度或者中国的竞争也都没有导致变革的发生。相反，在全球化的压力面前，大多数公司仍然依靠常规的手段来应付，例如大规模裁员、压缩成本，最好的手段是会想办法促进创新。

坦诚精神尽管已经被一些企业注意到了，但还远远不够。

坦诚是能够做到的

现在我要说一条真正的坏消息，那就是坦诚精神虽然是取胜的关键因素，但要给任何一个组织灌输这种精神，无论该组织的规模如何，都是一项艰难而费时的工作。

说艰难，是因为你要同人类的本性做斗争，同公司里根深蒂固的传统做斗争；说费时，是因为需要年复一年地坚持下去。在GE，我们花费了将近10年的时间才使得坦诚精神成为一件理所当然的事情。但即使在整整20年之后，这种精神也不能说得到了普及。

但它仍旧是能够做到的。在推行的过程中没有太多的科学规律可言。要普及坦诚精神，你就必须激励它、赞赏它、时刻谈论它。你可以把表现出坦诚精神的人塑造成大众的英雄。最主要的是，你自己还要充满激情地，甚至夸张地把这种精神展现出来，证明给大家看，哪怕你并不是老板。

设想你正在参加一个会议，主题是关于某个老生产部门如何实现利润增长。大家围桌而坐，有礼貌地逐次发言。他们说，要在这个特殊的市场或者行业中取得胜利是多么艰难。他们谈论了严酷的竞争，列举了同以前一样的理由，说明自己为什么难以实现增长，为什么现有的业绩在这种环境下已经算非常不错了。实际上，到会议结束时，他们已经给自己贴上了“在这种情况下”取得了“成功”的标签。

你在内心里真想爆发，你对自己说：“事情又是这样。我知道，在这间屋子里，鲍勃和玛莉同我有类似的感受——骄傲自满的态度将毁灭我们的公司。”

但是在表面上，你们三个人都在做敷衍了事的游戏。你们都点头同意了会议的决定。

现在再想象一个场景，你们担负起了坦诚的责任。你、鲍勃或者玛莉会提出这样的问题：

“难道在这个产业里面，就不存在某种我们未曾想到过的新产品或新服务的创意吗？”

“我们能够通过并购来推动这项事业的发展吗？”

“这个业务占用了如此多的资源，我们为什么不干脆放弃它？”

那会是多么不同的一个会议啊！它能带来更多的乐趣，对每个人都更有好处。

另一种情形是，有的业务正处于高速增长的态势中，其负责团队也表现出一种自我满足。在一些长期规划会议上，这种事情很常见。经理们在炫耀高达两位数的业务增长率，比如，达到了15%，他们播放一张张幻灯片，说明自己的工作做得有多么好。公司的高层管理者坐在旁边，点头表示赞许。但是你深知，这个产业还有更加广阔的发展前景。另外，为了加大问题的难度，我们再假设，正在进行业务介绍的人是与你职位相同的同事。还有，公司里有一个秘而不宣的传统：你不要挑战我的业务，我也不会给你制造麻烦。

老实说，我知道只有一个办法能带你走出这样的困境，同时又能弘扬坦诚精神，那就是用轻松的、没有威胁的方式把建议提出来：

“杰西，好样的。很了不起，这是我们所有业务中做得最好的。那么为什么不投入更多的资源，争取更好的业绩呢？”

“以你现在出色的团队实力，再收购 10 项业务应该是没有问题的。你不想把业务推向全球市场吗？”

这类问题将发挥作用，它们将把会议从自我夸耀中拯救出来，变成实实在在的工作讨论。

真相和结果

现在，你可能在想，我可不能提出这类问题，我不想被看成一个出格的人，我希望继续成为团体的一员。

的确如此，在最开始的时候，开诚布公地直陈己见将被别人视为异类。实际上，你所在的组织越有礼貌、越有官僚气或者越是循规蹈矩，你的坦诚精神就越容易让人感到害怕和不安，而且，那的确有可能毁掉你自己。

那是一种冒险，只有你自己才能够决定是否真的愿意那样做。

不必说，如果你处在企业高层领导的位置，那么在组织里开创坦诚作风，情况应该会好一些。但如果不是这样，在公司里缺乏坦诚气氛时也没有必要责备你的老板或者 CEO——公开的自由对话在任何地方都能开始。我最早开始倡导坦诚相待的管理风格，是在自己负责Nory1[1]事业部的时候，那是公司里最小、最年轻的部门，只有4名员工。而它上面是完全没有开放气氛的庞大层级组织。我本人那时也非常年轻，没有任何资历。但由于我们部门的业务取得了飞跃式的进步，我得到了认可。

虽然说我们希望做到坦诚，但当时的想法却没有如此明晰——我们并不知道所谓的坦诚应该包括哪些内容。我们只是觉得，开诚布公地交谈、辩论、讨论，尽快地把需要做的事情落实下来，这应该是很自然的。如果说我们有什么过人之处的话，那就是疯狂地创造竞争力。

我每次得到晋升之后，在第一次开业务讨论会时——不管是做预算计划，还是业绩评估——常常都感觉很尴尬，很不愉快。绝大多数我接管的新团队对我的要求还不习惯，他们没有自由开放地探讨一切问题的传统。例如，我们曾经对某个直接下属进行业绩考评，在大家口头交换意见时，我们都认为那个人的表现很不理想。然而，书面评语却把他变成了一个王子。当我对这种弄虚作假的风气提出质疑的时候，同事们的解释是："是的，是的，可是我们究竟为什么非要把那样的话写下来呢？"

我会给他们解释为什么，那就是要做到坦诚正直。

这样到下一次讨论会上，我们就会看到，坦诚精神产生了正面影响，塑造了一个更优秀的团队。如此循环往复地坚持下去，就会有越来越多的人站过来，支持我对坦诚精神的理解。

尽管如此，我还是感觉到自己的追求在公司里缺乏共鸣。从我加入GE的那一天，一直到被任命为CEO的时候，在整整20

1. Nory1：GE开发的一种工业塑料。——译者注年的时间里，我的老板们经常告诫我不要过分直率。我被归入粗暴无礼的类型，总有人警告我，过分直率很快就会妨碍自己的事业。

现在，我在GE的生涯结束了，但我要告诉你，是坦诚精神帮助GE获得了巨大的成功。是这种精神把更多的人、更多的声音、更多的活力吸引到了GE的事业中来。我们相互鼓励，让每个人都能更开放、做得更好。

在这一章里，我们围绕着一个词做了很多文章。其实道理是非常简单的——坦诚精神能行得通，就是因为它有化繁为简的力量。

是的，我们都要承认，坦诚精神与人的本性存在冲突。同样，为了每天能乘上6点10分的地铁，你必须在早晨5点就起床。为了不错过下午1点钟召开的重要会议，你需要在办公桌旁边对付着吃午饭。所有这些，都是违反人性的。但是，为了你的团队和你的公司，你必须完成许多并不容易的任务。幸运的是，坚持坦诚精神虽然有违自然倾向，却是一件值得做的事情。

要想把这个世界变得彻底的坦坦荡荡，让每个人在任何时候都能自由地表达自己的思想，恐怕是不可能的。而且你也不见得希望那样，因为那要处理的信息就太多了！但假使我们能朝着这个方向走上一半的距离，那么缺乏坦诚的问题就不再是商业生活中最卑劣的秘密了。

那将是最大的改善。

第3章

考评

力求公平和有效

按照我奉行的价值观，如果要找出一个真正有推动力的做法，那就是有鉴别力的考评。

有的人喜欢这种做法，他们发誓要依靠它来经营自己的公司，而且要告诉你，这是他们取得成功的根本。另一些人憎恨它，说它是低劣、残酷、不切实际、消极、政治化或不公平的，或者以上问题全占。有一次，在我为宣传自己的第一本书[1]做广播谈话节目时，一位洛杉矶妇女把自己的车驶下了高速公路，她打进电话，指责我介绍的区别考评制度是“残酷无情的、达尔文主义的”。那仅仅是她一连串批评的开始！

显然，我是一个区别考评制度的狂热支持者。我曾亲眼看见，它把一些公司从默默无闻提升到卓越的层次。作为一种管理系统，它有非凡的道德意义。当然，最重要的还是它发挥了实际作用。

公司的经理人面临这样的任务：他们要清楚地辨别出，哪些员工或哪些业务取得了出色的成绩，哪些表现最差；他们要扶持强者的成长，把缺乏效率的部分剔除出去，只有这样，公司才能争取“赢”的结局。反之，如果对每一项工作和每一位员工都不做区分，像天女散花一样随意分配公司的资源，只会让公司遭受损失。

归根结底，所谓的区别考评制度不过是资源配置而已，这正是企业领导者要做的事情，而且也是他们赢得报酬的最主要的原因之一。公司只有这么多资金和精力，因此，想要赢的负责人必须将资金投放到回报最丰厚的地方，同时尽可能减少不必要的损失。

如果有人把这也叫作“达尔文主义”的话，那么我想补充说明一点：我深信，区别考评制度不但是提高公司经营效率的最佳方法，同时也是最公正、最仁慈的方法。最终，它会使胜利者脱颖而出。

我在 GE 的时候，区别考评制度曾经是公司争论的焦点之一，

1. 此书是指《杰克·韦尔奇自传》。——编者注

但几年过去以后，绝大多数人都成了它的热烈拥护者，愿意把这项制度作为我们开展工作的方式。到我退休的时候，区别考评制度已经不再是热门话题了。但在我们公司之外，话还不能这样说。毫无疑问，当我在世界各地巡回演讲和参加会议的时候，区别考评制度是听众们问得最多的问题。我曾说过，有很多人喜欢它，也有很多人厌恶它，但还有相当大的一部分人被这个问题搞糊涂了。如果我能够对自己的第一本书做一点修改的话，那我一定会在区别考评制度上面花费更多的笔墨，阐明它的内涵和外延，并且强调，这个制度不可以，也不必过快地实施。在 GE，我们首先花费了大约 10 年的时间来建立坦诚和信任的企业文化，为实施区别考评制度打基础。

但是，本章的主要目的不是说明这个制度的实施，而是阐述我为什么信任区别考评制度，你为什么也应该相信它。

定义

对区别考评制度的一个主要误会是以为它只同人有关，那样会漏掉另一半的内容。其实，区别考评制度既是对人的管理，也是对业务的管理。

大体来说，这个制度把公司分为两个部分——软件和硬件。

软件很简单，就是指员工。

硬件要视情况而定。如果是一家大公司，那么硬件就是指公司资产组合中的各种具体业务；如果是一家规模比较小的公司，那么硬件就是指生产线。

让我们首先来看对硬件方面的区别考评。相对而言，这要简单、直接一些，不容易引发激烈的冲突。

每家公司都有优势业务、拳头产品，弱势业务和产品，以及其他介于两者之间的业务或生产线。区别考评的目标是让经理们对此有透彻的了解，并决定相应的投资规模。

要做到这样，当然，你得对“优势业务”有一个鲜明的定义。在 GE，优势业务意味着某项业务在其市场上占据第一或第二的位置。否则，经理们就要改进它、卖掉它，或者在无可奈何的情况下，关闭它。其他公司也依据各自不同的体制来做投资决策。例如，有的企业只把资金和时间投入能够保证两位数销售增长率的业务或生产线中，或者，只投到能保证 15% 以上贴现利润率的业务或产品线中。

其实，我并不喜欢以财务数据作为投资决策的主要依据，像贴现利润率等，因为在一项投资计划中，通过改变设备残值或任何其他假定的数据，投资分析的结论可以非常容易地被改动。然而我的观点是一致的：要对企业的业务领域或生产线实施区别考评制度，就应该建立一个公司里人人都能够理解的透明的体制。大家可能不喜欢它，但是他们必须了解它，并根据它来指导公司的运作。

实际上，对业务部门和生产线的区别考评制度是总体性的、至关重要的管理原则。在 GE，我们制定了“在行业里数一数二”的目标考核体制，从而终结了几十年来四处撒钱的盲目行为。过去，GE 的大多数经理人虽然明知投资过于分散是没有意义的，却很容易重复这样的错误，因为公司里总是有这样或那样的压力——为了分到投资的蛋糕，经理们搞欺骗，进行政治游说。为了避免冲突，你分给每个人一小块蛋糕，希望能带来最好的结果。

公司有时还会出于感觉或情绪的因素而平均配置资源。例如，GE就曾在一项利润微薄的中央空调业务中坚持了20年，只是因为大家都认为，我们的家电部门应该拥有产品比较齐全的生产线。事实上，公司总部恨死了空调业务，因为这项业务的成功非常依赖安装人员。而那些独立承包商常常是马马虎虎地把我们的空调机搬进顾客家里，然后就一走了之，让GE完全失去了对品牌的控制。更糟糕的是，我们占据的市场份额很小，不能在这个领域有太多发展。在确立了“数一数二”的标准之后，我们终于可以把这部分业务卖出去了，买方是一家在空调行业里游刃有余的成功企业。工厂转手之后，原来为GE服务的那些雇员发现自己到了一家令人自豪的公司！此外，我们自己的管理层不需要再为效益不好的空调业务发愁了，我们的股东也得到了更好的回报——人人都成了赢家。

在面临的竞争压力比较小的时候，对自己现有的产业部门或者生产线不加区分是有可能让业务继续运转下去的。但是伴随着全球化和数字化时代的来临，就请忘记这种可能吧。任何层级的经理人都必须对自己的业务做出艰难的选择，才能保住参与游戏的资格。

对人员的区别考评

现在让我们谈谈更有争议的话题——对人员的区别考评。它是这样一个过程，要求经理人根据业绩把自己的员工划分为以下三个类别：最好的20%、中间的70%以及最差的10%。接下来，关键的问题是经理人需要采取相应的行动。我强调“行动”这个词，是因为所有的经理人都会很自然地对手下做区分——不过只是在自己的头脑中加以区分，而很少落实到行动上。

如果把员工的区别考评政策落到实处，那么最拔尖的20%就应该大加奖励，包括奖金、期权、表扬、重用、培训机会以及其他各种各样的物质和精神财富。在公司的区别考评中，绝对不能怠慢明星员工。他们是最优秀的人，应该得到相应的待遇。

对中间的70%，应该采取不同的管理方法。

这群人对任何公司都有巨大的价值，如果离开他们的技能、活力和责任心，经理人恐怕难以履行自己的职责。毕竟，他们是整个员工队伍中占多数的群体，在20–70–10的比例划分中，他们构成了对经理人的主要挑战和风险——保持中间70%的能动性和工作激情。

因此，对这70%的人适用的管理方法更多的是培训教育、积极的反馈和经过周全考虑的目标设定。如果发现这个群体当中的某些个人具有特别的潜力，那么可以把他们调到不同的业务或职位上，以增进他们的经验和知识，并检验其领导才能。

要明确的一点是，管理这70%的员工不只是把他们与最差的10%区别开来，也不是要庇护那些表现差的员工，那将是错误的投资决策。其实，区别考评制度要求经理人认真考察这70%的中间人员，分辨出哪些人有提升的潜力，并进行栽培。当然，在这70%的人中，人人都需要被激励，需要有真正被接纳的感觉。你并不希望失去作为中间70%的大多数人，而是愿意提高他们。

对考评结果最差的10%，没有二话可说，他们不得不离开。说比做容易多了，解雇员工其实是非常可怕的——我甚至憎恨“解雇”这个词。但是，“如果”你有一支坦诚的员工队伍、有明确的工作期望和科学的工作评价程序——在这里,“如果”是个重要的前提条件，但显然这也应该是每一个人所追求的目标——那么表现最差的10%的员工通常都会有自知之明。当你找到他们的时候，往往不需要开口，他们就会主动要求离开，因为没有人希望待在一个不被别人认可的组织里。考评政策有一个最好的优点，那就是团队中最差的10%的员工在离开之后，常常能找到自己、真正擅长和有归属感的公司或者事业，从而获得职业生涯的新生。

简而言之，这就是区别考评制度发挥作用的基本原理。人们有时会问我是怎么想出这个主意的，我的答案是，区别考评制度并非我自己的发明。当我还是个孩子的时候，我就从操场上学到了这一切。那时，我们要组织一个棒球队，最好的选手往往会被放到显眼的位置上，比如第二垒或者右外场，而运动天赋最差的孩子只能在场外做观众。大家都知道自己的位置在哪儿。那些最好的运动员总是渴望保持自己的主力位置，以享受观众的尊敬和胜利的欢乐。水平中等的孩子则要改进自己的弱项，前进一步，有时候他们做到了，并且提高了整个球队的水平。而那些不能入选的孩子通常会转移到其他的运动、嗜好之中，寻找自己喜爱和擅长的别的项目。不是人人都能够成为伟大的棒球手，也不是每个伟大的棒球手都能够成为著名的医生、计算机程序员、木匠、音乐家或者诗人。我们每一个人都有自己所擅长的方面，而我也坚信，当我们找到自己最适合做的事情时，将是最快乐、最满足的。

在体育竞技场上是这样，在商业竞技场上也同样如此。

憎恨以及不憎恨该制度的原因

我可以在下面几页中详细解释很多人喜爱区别考评制度的各种原因，可是恰恰相反，我将要列出对这个制度提出的最常见的批评。在这里，我会把对“硬件”因素的区别考评放到一边，因为人们最主要的攻击对象是人员考评方面的“20–70–10”原则。

下面有许多对员工区别考评制度的批评，其中有一些是有道理的，但更多的情况则是无理取闹。请看后面的解释。

> 区别考评制度是不公平的，因为它总是被公司政治所腐蚀：“20–70–10”原则的结果，就是把那些拍老板马屁的人与不会阿谀奉承的人区别开来。

毫无疑问，的确有这种情况。在一些公司里，区别考评制度被任人唯亲和偏袒照顾的风气腐蚀了。最好的20%是老板的密友和对他点头哈腰的人，最差的10%是那些直言不讳、提出尖刻问题、挑战现状的人，中间的70%则躲躲闪闪、得过且过。这种情况是有的，而且臭名远扬，它证明领导层缺少智慧，或者不够正直，或者二者兼而有之。

对于这种丝毫不重视基本价值的体制，我唯一能说的“好消息”就是，它往往会走上自行毁灭的道路。它会因为不堪重负而崩溃，或者被变革清洗。只不过，缓慢的自杀对企业来说并不是什么好事。

幸运的是，“腐败的区别考评制度”通常是可以避免的，这要依靠坦诚的业绩评估体系——有清晰的期望值、目标和时间表——以及一个稳定可靠的评价流程。实际上，只有当这样的一个体制到位以后，区别考评制度才能得到良好的贯彻。我们将在“员工管理”那一章里对这个体制做更细致的讨论。

区别考评制度是刻薄的、专横的，是最糟糕的运动场——弱小的孩子被当成傻子排斥在外，成为受嘲弄的对象。

这样的抱怨我听过至少 100 次。这真的把我逼疯了，因为区别考评制度最显著的一个优势就是它的善意和公平——对每一个人来说都是如此！

当区别考评制度发挥作用以后，大家对自己所处的位置就能有自知之明。你可以知道，在下一次重要的晋升机会面前，自己有很大的成功机会，或者自己需要在公司内部或外部另寻发展。最开始，某些消息可能很难被人接受，而且“坏”消息经常会伤人。但是很快，就像所有的知识一样，这些信息也会发挥自己的力量——实际上，这是解放你的力量。只有明白了自己所处的位置之后，你才能够掌握自己的命运，还有什么比这种结果更公平的呢?

有趣的是，当人们在演讲会上向我提出这一批评时，我通常会反问他们一个问题。我问大家：“你们在上学的时候是否得到过评分？”很自然，大家都说“得到过”。然后，我再问：“你们认为，这种评分制度过于刻薄了吗？”

“当然不是。”他们通常这样回答。有时候，评分的标准是非常严格的，但孩子们必须在这种考验中成长起来。评分、评级的好处都是把问题说清楚。有的人在毕业之后当上了宇航员、科学家或者大学教授，另一些人成了销售经理、广告经理，还有一些人成了护士、厨师甚至职业冲浪运动员。实际上，考评引导了我们，把很多需要知道的东西告诉了我们。

那么，为什么我们应该在成年以后停止这种考评、评比呢？是为了免得大家尴尬吗？请不要这样！

我为人太好了，没有办法推行“20-70-10”制度。

通常，对区别考评制度持批评态度的人会断言，作为一种管理体制，区别考评制度没有重视那些给企业增添无形价值的人，比如，它没能带给员工一种“家的感觉”“人性化的感受”，或者创造一种“历史感”。我们都知道，有的公司会长期雇用那些表现不佳的人，主要是因为这些人都很友善。

我完全理解这种心情——人们难以下狠心解雇那些好人。

但事实是，保护表现不佳的员工总是会产生反作用力。首先，他们不能做出足够的贡献，却把每个人能分到的饼变小了，这足以点燃企业中的怨恨情绪。这也不能算是真正的公平，而一种不公平的文化绝不能帮助公司取得成功，它只会极大地破坏内部的信任和坦诚。

其次，最糟糕的事情是，保护那些表现不佳的员工反而会使他们自己受到伤害。在很长的时间里，他们都会被别人“另眼相看”。每当评议的时候，他们都会被含糊地告知，自己的表现很“杰出”，或者“做得不错”，大家会感谢他们对企业的贡献。

最后，当经济形势发生逆转之后，大规模裁员成了必然的选择。那些友善而表现不佳的人几乎总是第一批要离开公司的，也总是最感到吃惊的，因为在此之前，从来没有人告诉过他们，他们在企业里的真实表现如何、有哪些缺陷。可怕的事情在于，当这种情况发生时，那些表现差劲的员工往往已经40多岁或者50

多岁了，在自己大部分职业生涯中，他们得到的都是赞许。然后突然，在一个从头开始非常困难的年纪，在毫无准备或计划的情况下，他们被辞掉了，这种打击恐怕让他们永远也恢复不过来。他们感到自己被出卖了，而且也的确有理由这么想。

相反，区别考评制度虽然一开始看起来可能很无情，却可以阻止这种悲剧的发生，因为它实行的基础是真正有意义的业绩标尺。所以，当人们说自己无法推行“20-70-10”原则时，我认为他们绝不是“为人太好了”，而只是太怯懦了。

区别考评制度挑拨人们之间的斗争，削弱了团队精神。

把这个观点告诉乔·托尔[1]会怎么样呢？

纽约扬基棒球队在这一点上做得非常好，作为一个团队来说，他们有非常合理、高度透明的考评制度。（不得不承认，对于像我这样的波士顿红袜队的许多球迷而言，那是令人感到沮丧的。）明星们可以得到丰厚的酬劳，不能达到标准的球员只好走人。如果说这还不足以建立一套完全清晰的区别考评制度的话，那么该队另有一记撒手锏——球员们的薪水是公开的！有一些队员可以拿到 1 800 万美元的年薪，而其他穿同样球衣的队员只能拿全美棒球协会规定的最低年薪——30 万美元，其中的区别就毋庸置疑了。

当然，需要所有队员的共同努力，球队才能走向成功。亚历克斯·罗德里格斯可能非常喜欢打出一个痛快的本垒打之后兴奋地奔跑，但是我相信，如果扬基队能够取得胜利，他会感到更加

1. 乔·托尔：1996—2007 年纽约扬基棒球队的教练。——译者注

高兴。2004年7月，德里克·杰特成了那一年最抢眼的人，他撞到架子上，眼睛青肿，脸都变了形。一时之间，他成了纽约各大报纸的热门人物。然而，当扬基队历经13局的鏖战，赢得了有史以来最伟大的比赛时，他感觉到自己的伤痛都减轻了很多。

毫无疑问，这两位明星都喜欢由于自身的出色表现而受到奖赏的感觉。但是我敢打赌，当球队获胜后，他们获得的快乐和兴奋会更强烈。

他们的团队表现还为另外两件事情提供了证明。

第一，杰出的领导能力。乔·托尔显然善于对球队进行区别考评。

第二，扬基队以及其他许多运动队所表现出的凝聚力证明，建立在坦诚的业绩评价和相匹配的奖罚基础上的开放而诚实的管理体制可以给团队建设带来积极影响。因此，区别考评制度并不会削弱团队精神，而是会加强它。

在商业生活中，如果某个公司要公布所有员工的薪水，那可能会天下大乱，而我在这里也并不提倡那样做。然而，人们其实知道自己的同事工作干得怎么样，难道不是吗？所以，当他们发现，自己部门里的工作只有少数几个人在干，所有的人却得到了同样的奖励时，一定会愤怒，感到自己受了欺骗，并惊讶于为什么管理层就看不见这个明显的事实——在团队里，并不是所有成员都是平等的。

区别考评制度只奖赏那些值得受到奖励的团队成员。顺便说一下，对这样做感到不满的只有表现不佳的人。对其他的任何人来说，这个制度都是公平合理的。一个公平的环境能够提升团队精神。更好的一点是，它可以激发人们在工作中尽其所能，而那正是你所希望的。

> 区别考评制度只在美国才可能被执行。虽然我也希望采用这一制度，但由于和美国的文化价值观不同，这里的人不会轻易地接受它。

区别考评制度最早在GE推行的日子里，我就听到过这样的评论。我们的一个经理人认为，“20–70–10”原则不可能在日本顺利落地，因为在他们的文化传统里，相互客气要比坦诚相待更有价值。此后，我又听到了来自许多国家的好几百家公司的言论，都是以民族文化为借口。例如，丹麦的一些经理人曾经告诉我，在他们国家，平均主义的价值观根深蒂固，因此区别考评的观念很难被广泛接受。我们也听到了从法国传来的类似说法。还有，2004年在阿姆斯特丹举行的一次会议上，某位经理人告诉我们，荷兰人骨子里受了太多“加尔文主义的影响”，因此区别考评制度是行不通的。我猜，那位经理人应该相信，全部的奖赏都只能来自天堂，如果你能有幸被选上的话！而在中国，我们得知，区别考评制度需要很长的时间才能被大家普遍接受，因为在大多数国有企业里还不能够完全做到按能力考评，而会受到各种因素的干扰。

但大致来说，我认为我们听到的所谓文化障碍都仅仅是借口而已。在GE的时候，我们知道，不能只在美国的业务部门推行区别考评制度。首先，我们坚信区别考评制度可以带来显著的效果。其次，我们也非常清楚，只在美国推行该制度将是不公平的，会使员工们感到迷茫，对那些既有美国业务也有全球业务的事业部，以及对那些在世界各地流动工作的人员而言，更是如此。我们很早就下定了决心，要在自己所有开展业务的地方推行区别考评制度，不管碰到什么样的文化问题，都要予以解决。

接着，令人惊奇的事情发生了。并没有那么多的文化问题阻挠我们的前进。一旦我们引进了区别考评制度，并且建立了相应的有坦诚精神的业绩评价体系，不论是在日本，还是在美国俄亥俄州，事情都进行得同样顺利。实际上，许多起初对该制度的推行感到怀疑的人，在看到这个制度的诚实、公平以及透明之后，都成为它的热烈拥护者。

我曾提到过，许多经理人提出“区别考评制度不能在我们的国家里推行”，而这些人自己往往是支持这种做法的。他们之所以“抗拒”这个制度，是因为他们常常“假定”自己的员工会产生抵触。我对他们提出的建议是：慢慢地前进，但在大方向上要坚定不移。他们很快就吃惊地发现，自己并不孤独。因为区别考评制度一旦得到推行，无论在什么样的语言环境里，它都可以产生前进的推动力。

区别考评制度对于最好的20%和最差的10%的人都有好处，因为他们都明白自己将向何处去。但是，这种制度会使中间70%的人失去动力，他们会陷入一种可怕的、不稳定的状态中。

可以说，这种抱怨里也包含了某些真实的成分，中间70%的人确实是考评制度下最难管理的一个类型。而且最大的问题出现在70%的最上层，因为他们知道，同最好的20%的人相比，他们的差距并不大，而与自己同一个“等级”中最差劲的人相比，自己又要优秀得多。因此，的确有这种情况，区别考评制度会产生消极的影响——有时候，在中间70%的人员里，那些比较有能力的人会因此离开公司。

要处理这种棘手的问题，一个重要的原则就是：庞大的中间层的员工将迫使公司提升自己的管理水平。具体来说，它要求领导者能够更细致地体察员工之间的差别，并提供始终如一、积极的反馈。还有，它要求公司建立真正有效的员工培训中心。例如，在20世纪70年代，推行区别考评制度以前，我们在纽约的克罗顿维尔设立的培训中心经常成为大杂烩，各个业务部门都把自己表现不佳的员工送到这里来。这个中心就像是设立在提前退休大道上的一个休息站。

“20–70–10”原则的严格推行帮助我们改变了这种现象。我们把克罗顿维尔变成了一个交流平台，把全公司最好的20%的员工和中间70%里最好的员工集中到这里，让他们相互认识和了解，让他们谈论观点、商讨工作方法。来自公司最高管理团队的人也要在每个培训班上做几个小时的交流，这给了我们一个大致的概念，让我们知道区别考评制度在下面的各业务部门是否得到了严格的执行。

另外一个优点是，虽然划分中间70%的做法可能使某些人变得消极，但对于其他许多人来说，却增加了前进的动力。例如，对最好的20%的员工而言，中间70%的庞大人群给了他们巨大的压力。为了保持自己所处的高位，他们需要在每天的工作中开足马力，不断做得更好——这是多么紧迫的事情啊！终究，大多数人都希望自己每天有提高，每天能成长。

对中间70%的许多人来说，做得更好也是一种激励。他们有了一个看得见的目标——进入最好的20%。这能够使他们工作更努力，想法更有创造力，更能与别人分享观点。总之，每天争取打一个漂亮仗。这可以使工作更具挑战性，也更有乐趣。

区别考评制度偏向那些积极向上和性格外向的人，轻视了那些害羞和内向的人，并忽略了他们的其他才能。

我不知道这是件好事还是坏事，但一般来说，这个世界总是偏爱那些积极向上、性格外向的人。人们从很小的时候开始，就应该有这样的印象。在小学、教堂、大学、俱乐部，甚至通常是在家里，这样的印象都会不断得到加强。到你参加工作的时候，如果你仍然害羞、内向、缺乏活力，没关系，要知道在某些专业和岗位上，性格内向的人反而是有优势的。如果你有自知之明，你是可以发现那些机会的。对区别考评制度的这种批评，我经常能够听到，但这种批评并不是针对考评制度的，它所涉及的话题其实是我们这个社会的价值观。

我还想补充一句：在商业生活中，积极向上和性格外向的人通常能做得更好。但是，在区别考评的时候，所有的人都是靠业绩说话的，在这方面人人平等。

如果你希望把最优秀的人才吸引到自己的团队来，就必须勇敢地执行区别考评制度。据我所知，还没有哪一种人事管理制度能做得更好，有更高的透明度、公平性和效率。这个制度并不是完美的，但就像坦诚精神一样，它可以使商业生活变得更清晰，在各方面都运转得更好。

第 4 章

发言权和尊严

关注企业中的每一个人

前纽约市市长鲁迪·朱利安尼有一句名言："要明白你的信仰是什么。"我认为他是对的，因此，在结束本书第一部分的时候，我想谈谈自己的一个信仰。提到这个信仰的原因是，它将是一条纽带，可以把你在此前阅读到的全部内容——使命和价值观、坦诚精神以及区别考评制度——都贯穿起来。

这个信仰就是：世界上的每一个人都想得到发言权和尊严，而且也应当得到。

所谓发言权，我是指人们希望有机会说出他们的思想，拥有自己的观点、看法，获得被倾听的感受，无论他们的国籍、性别、年龄或者文化背景如何。

所谓尊严，我是指人们本能地和自发地希望自己的工作、努力和个性得到尊重。

如果你读过上面的内容之后说，“啊，这是顺理成章的事情”，那么很好，我也希望绝大多数人都会有这样的反应。而且，对发言权和尊严的信仰也许不需要这样郑重地声明，因为它已经被人们广泛地接受了，其重要性可以说不言自明。但是令我自己感到惊讶的是，过去，在谈到“赢”的时候，我无数次地回到这个价值观上面来。

2004 年在中国的时候，观众中有一位年轻女性站起来问道，在“只有老板才有发言权”的情况下，又有哪个商业人士能够实践坦诚精神和推行区别考评制度呢？

“我们这些在基层工作的人有非常多的想法，但很多人甚至想都不敢想能把它们讲出来，除非自己成为老板。”她说，“如果你是一名企业家，创办了自己的公司，那是没有问题的，因为一切都是你说了算。但是，还有许多人做不到这一点。”

我告诉她，当 GE 早年在中国开展业务的时候，在我们设立于上海和北京的工厂里，我都看到过她刚才描述的那些难处。然而，随着这些工厂的发展和业务的推进，我看到了巨大的进步，那些为 GE 工作的中国经理人开始学会倾听雇员的意见。我说，自己是有信心的，随着中国市场经济的发展和管理实践的成熟，一套更有包容性的经营管理方法将会得到传播。

实际上，虽然这位女士在提问的时候看上去非常情绪化，但是她的感受是普遍性的，在我访问过的所有国家里，人们对这个话题都有类似的忧虑和关切。

请设想一下，有的人正在管理一家公司或者某个部门，他很少会想到，员工们没有大声说话的机会，或者没有得到应有的尊重，因为我们这位经理人感觉到周围的人都特别积极，他的时间也被各种强势人物的访问、电话以及字条挤满。可是，这位经理人得到的是一种被扭曲的感觉。在绝大多数组织里，绝大多数员工都不会说什么话，因为他们觉得自己不能说，或者也没有人来征求过他们的意见。

对我来说，这个事实是在20世纪80年代末期变得更明朗的，几乎每次都发生在克罗顿维尔培训中心举办的马拉松式的培训课程上。通常，作为公司的CEO，我会被各个业务部门提出的五花八门的具体细节问题所淹没，而所有这些问题原本都应当在他们自己的会议上得到解决。例如，“洗衣机业务正处在困难之中，为什么所有的新设备全都给了电冰箱部门？”或者，“GE90引擎生产线在美国埃文代尔运转得好好的，突然要搬到英国达勒姆去干什么？”

在对付了几个这样的问题之后，我总是会把培训停下来，反问台下的学员们：“为什么你们不向自己的老板提出这些问题？”

答案是：“我不可能提这样的问题，我会被开除的。”

“那为什么你们就敢跟我提呢？”我问。

“因为我们感到在这儿我们是匿名的。”

在这样的意见交换进行了一两年之后，我们认识到，恐怕不得不做一些事情，给自己的企业创建一个更宽松的环境，让各个层级的人们都能够像在克罗顿维尔那样，大胆说出他们的想法。

我们制定了以下操作办法：世界各地的GE机构都会举行两到三天的讨论会，仿效我们在克罗顿维尔的培训形式，员工们组成30~100人规模的团队，再配备一名外来的辅导员，一起讨论如何改进做事的方法，如何消除妨碍日常工作的官僚作风和其他障碍。老板会在讨论会开始时出席，讲清楚开这个会的积极意义，同时还要做出如下两项承诺：对于讨论会最后提出的75%的建议，要在现场给出“接受”或“不接受”的回答；对于剩下的25%的建议，要在30天之内回答。做出承诺之后，老板将会回避，以免影响公开的讨论，直到会议结束他才会回来，以兑现自己的承诺。

在接下来的几年时间里，这样的讨论会召开了好几万次，它们成了公司生活里自然而然的一件事。此后，这种讨论会就不再是什么大事了，而是成了GE解决实际问题的一个常用的办法。

在肯塔基的路易斯维尔制冷机工厂，我们的雇员们讨论了更快、更好的喷漆作业程序；在佛蒙特的拉特兰县喷气机引擎工厂，我们的雇员们提出建议，缩短了引擎叶片的制造周期；在辛辛那提的信用卡处理中心，员工们想出了提高清算业务效率的方法……在所有这些地方，业务讨论会都带来了生产力的激增。

因为我们使企业里的每一个头脑都融进了事业。

在一次讨论会上，有位中年仪表工人告诉我：“25年来，公司一直为我的双手支付报酬，但实际上，公司完全可以用上我的头脑，而且什么钱也不用花。”他的话代表了成千上万人的心声。

最终，都是因为有了上面的业务讨论会，我们才拥有了员工的头脑。事实上，我相信自己在任期间，GE之所以发生了那么深远的变化，这样的讨论会是一个主要的原因。对绝大多数员工来说，“一切由老板说了算”的企业文化已经一去不复返了。

像 GE 这样庞大的机构，的确需要一些经过系统组织的业务讨论会来打破坚冰，让人们自由表达。但是，要想为你的团队或者企业创造自由交流的气氛，这并不是唯一的办法。请大家摸索适合自己的具体方法。

当然，我不是说每一个人的意见都应当被采纳，每一个抱怨都需要被满足，这正是管理者需要判断、决策的内容。显然，有的人有更好的主意，有的人更聪明、更有经验或者更有创造力。然而，每一个人都需要被倾听、被尊重。

人们希望得到发言权和尊严，而企业也将从中受益。

第二部分

公司如何才能赢

第 5 章

领导力

不只是你自己的事

有一天，你成了领导者。

星期一，你还在做那些自然而然的事情，享受工作的乐趣，推动项目的进展，与同事们笑谈生活和工作，讽刺公司的管理层是多么愚蠢。然后，星期二，你进入了管理层，成了一名领导者。

突然间，感觉一切都不同了，因为一切确实不同了。作为领导者，需要有不同的行为和态度；而且对许多人来说，他们还是初次接手这样的工作。

在你成为领导者以前，成功只同自己的成长有关。

当你成为领导者以后，成功都同别人的成长有关。

毫无疑问，你有很多途径可以成为一名领导者。现实生活中有许多不同的例子。比如，赫布·凯莱赫是个潇洒随意、做事直截了当的人，他执掌西南航空公司的帅位长达30年之久；而微软创始人比尔·盖茨是个温文尔雅的人。由此你就能明白，领导者有各种各样的类型。在政治上，丘吉尔和甘地迥然不同；在橄榄球界，隆巴迪和贝利奇克也有区别。

所有的领导者都会给你列出一长串有关领导力的“准则”。

如果有人问我的话，我会给他们列出8条来。但在我把它们付诸实践的时候，感觉上它们并不像是什么准则，而只是关于如何带领别人做事的正确程序。

另外，本书中有关领导力的内容并不是仅此一章而已。事实上，对于这个话题，每一章都会有所涉及，从“危机管理”到“战略”，再到“工作与生活的平衡”。

不过，我还是决定用单独的一章来专门探讨关于领导力的问题，因为这方面的思考总是萦绕在人们的脑海里。过去三年中，我在与学生、经理人和企业家们交谈的时候，总会被问到有关领导力的问题。例如，“什么是一个领导者真正需要做的？”或者，“我刚刚得到了提拔，但我以前从未做过管理。我怎样才能成为一个好的领导呢？”微观层面的操作经常是人们所关心的领域，比如，“我的老板觉得什么东西他都必须亲自控制，这是领导还是保姆？”与此类似，有关领导的魅力也是很受关注的，人们会问：“如果你比较含蓄、不爱说话，或者比较单纯、比较害羞，那还能从员工身上得到自己想要的结果吗？”有一次在芝加哥，一位观众说道："我手下有两名直接下属，他们都比我精明。我是否有资格去考评他们呢？"

这类问题迫使我思考，从自己40多年的领导经验中寻找答案。几十年来，我经历了千差万别的各种情况，从负责3个人组成的团队，到领导有3万人的部门。我执掌过奄奄一息的业务，也驾驭过高速增长的业务，遇到过无数并购与分拆、组织危机的时刻、时来运转的光景，以及起起伏伏的经济状况。

可是在这些情况下，某些领导方法总是能发挥效用，也就成了我的"准则"。

日常的平衡

在我们具体阐述每一条准则之前，我想说几句关于"自相矛盾"的话。实际上，做领导总是要碰到许多自相矛盾的情况。

很古老的一个矛盾是长期与短期之间的矛盾，就像我经常遇到的一个问题："既要保证每个季度的业绩，又要去做5年以后对公司的事业有利的事情，这样的领导该怎么当呢？"

我的答案是："欢迎你来当！"

领导者应该做些什么

1. 坚持不懈地提升自己的团队，把同员工的每一次会面都作为评估、指导和帮助他们树立自信心的机会。
2. 让员工不但要怀有梦想，而且还要拥抱梦想、实践梦想。
3. 深入员工中间，向他们传递积极的活力和乐观精神。
4. 以坦诚精神、透明度和声望，建立别人对自己的信赖感。

5. 有勇气，敢于做出不受欢迎的决定、说出得罪人的话。
6. 以好奇心，甚至怀疑精神来监督和推进业务，要保证自己提出的问题能激发员工的实际行动。
7. 勇于承担风险、勤奋学习、成为表率。
8. 学会庆祝。

请看，任何人都能够处理好短期的问题——如果不断地提升公司现有业务的话；任何人也都能处理好长期目标的问题——如果坚持自己梦想的话。而你之所以被选为领导，就是因为有人相信你，认为你既能处理好现有的业务，也能为将来的发展打基础。他们认为你有足够的智慧、经验和毅力，能很好地平衡短期利益与长期利益之间的矛盾。

领导力就是处理好每天的平衡问题。

以上述第 3 条和第 6 条准则为例。一条说，你应当展示出积极的活力和乐观主义态度，用“我也能做好”的信念感召自己的员工；但另一条说，你应当不断地质疑自己的人，不要把他们说的话太当回事。

或者以第 5 条和第 7 条准则为例。其中一条说，你需要表现得像个老板一样，维护自己的权威；而另一条却说，你需要承认自己的错误，支持敢于冒险的员工，特别是在他们遭到失败的时候。

是的，如果领导力只是一串简单的规定，那么事情将变得容易很多。但是，这些自相矛盾的情况是商业生活中的必然。

而这正是领导工作中有趣的一面——正是由于艰难，所以每天都是新的挑战。这将是一次全新的机会。在担任领导者的时候，你无论如何都不可能做到尽善尽美，而只能争取做得更好。

你只能把自己所拥有的一切都投入领导工作中。

办法如下：

准则1 坚持不懈地提升自己的团队，把同员工的每一次会面都作为评估、指导和帮助他们树立自信心的机会。

当波士顿红袜队终于打破了86年的魔咒，赢得职业棒球联赛的冠军时，美国人随便打开电视或者翻开报纸，都能看到关于为什么2004年是“红袜年”的事后分析。到处都充满了预示，从中场外野手约翰尼·戴蒙的发型到月食的出现！

然而，大多数人却一致认为，赢得冠军的理由一点都不神秘。红袜队有最好的球员，投手们是所有球队中最棒的，接球手和击球手也非常优秀……总之，他们都很了不起。另外，这些优秀的选手都被一种全力夺冠的氛围笼罩着，你非常容易就能感受到这种氛围。

无论哪个赛季，都有幸运的突破，也有倒霉的时刻，但是通常来说，那些拥有最好球员的球队会赢得最终的胜利。原因非常简单，这也就是为什么作为一个领导者，你需要把自己的很大一部分时间和精力花在以下三类活动上。

◎ **必须做评估**——让合适的人去做合适的工作，支持和提拔那些表现出色的人，把那些不适合的人员调开。

◎ **必须提供指导**——引导、批评和帮助下属，提高他们在各方面的能力。

◎ **必须树立员工的自信心**——向员工表达你的激励、关心和赏识。自信心能够增强员工的可塑性、冒险精神和超越梦想的勇气，是胜利队伍的助燃剂。

很多经理人认为，关注员工的成长是一年一次的行动，是业绩考评时才需要做的事情。这根本没有说到点子上。

员工的成长应当是每天都要关注的事情，包括日常工作中的方方面面。

例如，预算讨论会就是一个理想的关注员工表现的时机。对，员工的表现。在预算讨论会中，你要讨论的对象是业务及其目标，但是通过这样的会议，你能够真正看到团队的运转情况如何。在会议中，如果只有领导者严肃地训话，其他人只能围着桌子静静地僵坐，那你就需要做一些费劲的指导工作了。相反，如果大家都能参与讨论，整个团队非常活跃，那你就该抓住这样的良机，表达自己的认同，说你非常喜欢看到这样积极、团结的情形。如果团队中有一个人的表现非常出色，或者有一个人毫无作为，那么你应该尽快把自己的印象告知他们的领导。

在工作中，你随时随地都有促进员工成长的机会。

用户来访可以给你提供检验自己销售队伍素质的机会。到工厂参观时，可以接触那些有前途的新的生产经理，看看他们是否有能力担负更大的责任。会间休息时，可以抓紧时间对某位即将首次做重要报告的团队成员进行指导。

记住，每次与员工面对面时，评估和引导都是重要的，但帮助下属树立自信心可能是你应该做的最重要的事情。即使对那些已经有一定信心的人，你也要把握住每个时机，持续不断地鼓励他们。要毫不吝啬地加以表扬，越具体越好。

除了对提升团队素质有巨大帮助外，利用这种日常的会面帮助员工还有一个最大的好处，那就是它本身是件非常有趣的事情。无休无止的会议会让人感到麻木呆滞，走马观花的工厂参观只能让你看到一大堆不明所以的新设备。相反，如果把每天都看成培养人的过程，那又该是怎样一种心情？实际上，就把自己当作一名园丁好了，一手提着洒水壶，一手提着肥料桶。偶尔，你需要除草，但是大多数时候，只要浇水施肥、细心呵护就可以了。

随后，你就能看到满园花开。

准则2 让员工不但要怀有梦想，而且还要拥抱梦想、实践梦想。

不必多说，领导者需要为团队描绘一个梦想，而且也应该这样做。但是除了拥有一个梦想之外，还有更多的事情需要做。作为领导者，你必须让大家的梦想变得真实、鲜活起来。

那么，怎样使大家的梦想真实起来呢？首先，不要用专业术语。目标不能听起来很崇高，其实却很含混。靶子不能模糊不清，以致无法击中。你指引的方向必须具体、旗帜鲜明。要做到即使你半夜叫醒一个员工，问他："我们的方向是什么？"他也能够迷迷糊糊地回答你："我们要不断地提高对零售顾客的服务质量，并争取吸引更多的小批发商，扩大我们的市场。"

2004年，我就有过这样的经历。我在克杜瑞公司（Clayton, Dubilier & Rice）做顾问，为他们发起建立的一笔投资基金做宣传。在芝加哥的一次晚餐会上，房间里挤了大约12位投资商，所有人都非常关心我们的投资准则和预期回报。

西北纪念医院的首席投资官史蒂夫·克里姆考斯基也是其中的一位。就在大家关于投资业务的聊天中，他还谈论起了自己所在的医院。他说，他们医院的使命是提供“卓越的医疗服务——要设身处地地为病人着想”。他举出各种例子说明，有了这个梦想之后，各个层级的员工——包括他本人，一位负责投资的人士——都开始转变自己的工作方式。例如，他就接受了这样的培训：在医院里碰到来问路的病人时，不能给人家指个大概方向就完事，而是要亲自把他们带到要去的地方。在自己的业绩考评会上，大家要求史蒂夫列出几件他亲身参与的、改善了患者在西北纪念医院就医体验的事情。可以说，史蒂夫对于自己在实现企业梦想的过程中需要扮演的角色既有充分的理解，也有激动人心的热情，以至于在同他交谈了15分钟以后，如果你在半夜叫醒我，我也能把那些目标说得一清二楚！

很明显，西北纪念医院的领导者把自己组织的梦想以令人惊异的清晰度和一致性传递给了全体员工，这就是问题的要点。你必须坚持不懈地谈论自己的梦想——脱口而出，简直要说到被别人当成废话的地步。有些时候，我自己也曾在一天之中无数次谈论关于GE的努力方向的问题，以至于再听到那个话题时都感到恶心。但是我认识到，这个信息对周围的某些人来说依然是新鲜的。因此，你需要不断地重复，而且要对每一个人谈。

组织中最普遍的一个问题是，领导者只同自己最接近的同事交流有关公司的梦想，没有把影响扩大到基层的员工中。我们也许都有过这样的经历：在某家高档次的百货商店，你会碰到一位粗鲁无礼、喜欢闹事的职员；或者在一家以速度和便利为承诺的公司，你的宝贵时间却被呼叫中心的接线员肆意浪费。

不知何故，他们并没有听说过公司有那样的使命。这可能正是因为企业的梦想没有面向他们进行传达，或是传达的声音不够大、次数不够多。

也有可能是，员工的酬劳没有和实现企业的梦想挂钩。

这也是这条领导力准则最后的一个要点。如果你希望自己的员工能拥抱公司的梦想，那么在他们采取行动之后，就要“拿出真金白银来”，可以是薪水、奖金或者其他某种有意义的认同。我有一位朋友叫查克·埃姆斯，是瑞恩电气（Reliance Electric）的前董事长兼CEO。他说：“把一个公司的各种薪酬计划告诉我，我就能知道他们的员工会有怎样的表现。”

梦想是领导者工作中的一个基本要素。但它不过是一张写了字的废纸，除非你能经常同员工进行交流，并以奖赏来强化它。只有这样，梦想才会从纸上跳出来——进入企业的生活。

准则3　深入员工中间，向他们传递积极的活力和乐观精神。

我们知道有句古语：“上梁不正下梁歪。”它主要是指政治斗争和腐败怎样从上至下地渗透到组织中，也可以用来描述在任何团队中，上层人士的不良作风可能产生或大或小的影响，最终，每个人都会受到感染。

不客气地说，领导的作风是有传染性的。大家都看到过无数次这种活生生的例子：一个整天都保持着积极、乐观态度的经理，不知何故就带出了一个散发着进取、向上精神的团队或组织。相反，一个悲观的、让人讨厌的家伙也莫名其妙地带出了令人不愉快的团队，里面全是他那种类型的人。

令人感到不愉快的团队要想获胜是很艰难的。

当然，有时候，意志消沉能找到很好的理由。经济糟糕、竞争残酷——无论什么原因，工作都会很困难。

可是，作为领导者，你的工作就是同消极的力量做斗争。这并不是意味着让你去粉饰大家面对的艰巨挑战，而是说你要呈现出一种克服困难的、积极的、无所不能的态度。这意味着你要走出办公室，深入大家中间，真正关心他们在做什么、进展如何，带领大家一起翻越高山。

现在，你可能会想："与下属建立这样的感情纽带，恐怕不适合我吧。"

有些人的确做不到。我曾见过几个非常有能力的经理人，在管理公司时，他们与自己的员工保持着足够的距离。这些经理人展现出正确的价值观，既有坦诚精神，又能严格要求，并取得了出色的业绩。但是，他们不曾真正深入员工的内心，由此也失去了一些东西。他们为工作而工作。

如果有更好的态度，他们本来可以得到多得多的收获。

但愿你能有。

准则 4　以坦诚精神、透明度和声望，建立别人对自己的信赖感。

对某些人来说，成为领导意味着开始了自己的权力之旅。他们喜欢对人和信息保持控制的感觉。因此，他们会保守秘密，不透露自己对员工及其业绩的想法，把自己关于公司未来发展的想法掩藏起来。

这种举止当然可以让领导建立起自己的地盘，但是，它却把信任排斥在了团队之外。

什么是信任？我可以给你从词典上搬来一个定义，但我知道，你心里明白那是什么。当领导真诚坦率、言出必行的时候，信任就出现了，事情就这么简单。

你的员工始终应当知道自己的业绩表现如何，公司的业务进展怎么样。有时会有不好的消息——比如，马上就要裁员等——而且一般人都不愿意去揭开它。可是，作为领导者，你必须战胜自己的本能，不要试图掩盖或者粉饰那些糟糕的信息，否则，你就可能失去自己团队的信任和支持。

要想获得员工的信赖，领导者还应该赏罚分明、以身作则。他们绝不能霸占自己手下的成就，把别人的好主意窃为己有。他们应该有足够的自信和理智，不需要媚上欺下，因为他们清楚，团队的成功就是对自己的认可，或早或迟而已。在艰难的时期，领导者需要对做错的事情负责；在收获的时期，他们会慷慨地赞扬部下。

当你成为一名领导以后，有时不免会感到这样的冲动，你想说："请看看我做出的成绩。"当你的团队表现出色时，你希望把功劳都归到自己头上。

毕竟，是你导演的这出好戏。你发了薪水，因此员工会听你的每一句话（或者他们会假装听），他们为你的幽默而发笑（或者假装笑）。在有的公司里，作为老板意味着有一个特殊的停车位或者出行时能坐头等舱。这些都会在你脑中形成印象，你可能真的感觉到自己是个什么人物了。

千万不要那样想。

请记住，让你担任领导并不意味着给你授予了王冠，而是给你赋予了一项职责——把其他人身上最好的潜质激发出来。为了实现这个目标，就必须让你的员工信赖你。假如你能表现出坦诚、守信、实实在在的品质，那么他们会依赖你的。

准则 5　有勇气，敢于做出不受欢迎的决定、说出得罪人的话。

有些人是天生的和谐主义者，他们希望自己能被所有人喜爱。

但如果你是一位领导，这样的倾向会给自己带来麻烦。因为不管你在什么地方工作，或者具体在做什么业务，都有需要做出艰难决定的时刻——让某位员工下岗、削减一个项目的投资或者关闭某家工厂。

显然，过分强硬的要求会招致别人的抱怨和反抗。但是在充分听取意见，并把自己的想法解释清楚的基础上，你必须向前走。不要踌躇徘徊，也不要欺瞒哄骗。

这是因为，作为领导，你的目标不是赢得竞选，而是做好自己的工作。你不需要去竞选自己的职位，你已经被选为领导了。

有时，做决定困难并不是因为决定不受欢迎，而是由于决定违反你的直觉，与所谓"技术上"得到的结果并不相符。

有很多书写到有关直觉的话题，但那只是一种"模式识别"现象而已，不是吗？有的事情你已经多次遇到了，因此这次再发生的时候，你能感觉到会产生什么后果。你掌握的事实并不完整，数据资料有限，但是周围的环境你却非常熟悉。

领导者总是会感到直觉的作用。例如，你正在考虑投资于一幢新的写字楼，但是参观那个城市的时候，你看见四处吊车林立。别人告诉你，这个项目的各种投资测算结果都是绝对完美的，但你经历过类似的场面，你知道，很快办公用房就会过剩，这个"完美"的投资至少要打 6 折。你并没有确实的证据，但你的本能告诉你的确如此。

那么你就必须取消这项投资，而不惜得罪其他人。

有时，在进行人员挑选的时候直觉也会发挥作用。你遇到了一名候选人，他拥有所有正面的评价：他的履历是完美的——名牌学校毕业，阅历丰富；他的面试让人印象深刻——有力的握手、坦率的眼神交流、巧妙的回答等等。然而，有些说不清楚的事情让你不放心。可能他跳槽的次数太多了——在短短几年时间里，他换了太多的职位，却没有提供让人可以接受的解释：或者他似乎有点儿精力过剩；或者以前某个老板对他说了些好听的话，但是听起来仿佛有点儿言不由衷。

此时，你的直觉又在说话了：不要雇用那个人。

你被选为领导，是因为你阅历丰富，做对事情的时候更多。因此，要学会倾听自己的直觉，它会告诉你某些东西。

准则 6　以好奇心，甚至怀疑精神来监督和推进业务，要保证自己提出的问题能激发员工的实际行动。

当你独立承担任务的时候，你需要自己去寻找全部答案，那是你分内的工作——成为内行，尽自己的全力，甚至要做整个部门中最聪明的人。

而如果你是一个领导，那么你分内的工作就是提出各种问题。你必须做好思想准备，要显得是部门中最无用的人。每次对一项决策、一项提议或一条市场信息进行讨论时，你都要一个劲儿地提问："如果……会出现什么情况呢？""为什么我们不……呢？""怎么样才能……"

1963 年，我第一次成为部门经理，负责经营一种刚推出的产品，其销售是通过公司的总分销渠道进行的。我知道，自己的产品并没有引起销售部门的足够注意。因此，每个周末，我会把每次用户回访后整理的销售报告档案带回家——足足有一大堆。到星期一的时候，我就会把自己变成一个讨厌鬼，到处给别人打电话，请销售人员或者工厂经理解释我搞不明白的所有事情。比如，为什么我们卖给一个小批量用户的产品要报大宗买卖的价格？为什么另一个用户得到的产品上有黑色斑点？

这些问题引起了销售团队对我们的产品应有的注意，也让我更全面地了解了产品的销售状况。

然而，只会提问还远远不够。你必须保证自己的问题能引发争论，并且让大家采取相应的行动。

要记住，虽然你是一位领导，但说过的话并不意味着自然就能够实现。

这里有一个案例。在20世纪90年代后期，我对一种通道更大的核磁共振成像仪产生了浓厚的兴趣。如果你曾做过核磁共振检查，你就会知道我在说什么。你脸朝上躺着，被机器慢慢送进一个通道里，可旋转的磁体将对你进行扫描。

在当时，这些机器中的通道——或者说"孔道"——设计得非常狭窄，在40分钟的核磁共振扫描过程中，患者会产生得了幽闭恐惧症的感受。有消息称，日立公司正在生产孔道更宽的设备，但我们医疗设备行业的人不愿意理会这种产品。他们说，医院永远不会接受这种孔道虽然宽敞，但成像质量比较差的设备。

可是，我自己有过做核磁共振的经历，所以我并没有那么容易被他们说服。那个仪器真的能使人产生窒息的感觉！一有机会，我就会请医疗业务部门的人再次回去考虑一下，难道医院就不愿意牺牲一点点成像质量，换取患者的舒适感受吗，尤其是做那些比较简单的检查，如手肘和膝盖检查的时候？同时，难道成像技术就不能得到改进吗？

面对我的质疑，医疗业务部的反应是商业生活中最常见的敷衍态度："我们会认真考虑这个问题的。"他们向我保证。当然，他们并没有认真对待。我是个无知的外行，爱管闲事罢了，他们只需要稍微抚慰我一番。

一年后，日立公司生产出了宽孔道的扫描设备，并夺取了大量的市场份额。我们花了整整两年的时间才赶上他们的脚步。

我绝对不想通过这样一件事情来把自己描绘成一位英雄。

完全相反。

我非常后悔，为什么自己没有付出更大的努力，对下属提出更严格的要求？我原本应当坚持，要及早投入财力开发自己的大孔道设备。可是到最后，留给我们的只有无奈，"我早就知道这个结果"，并且还想说，"我早就告诉过你们，事情会改变的"。

以上两种表态都毫无价值。这或许是显而易见的，然而，我却看见过很多领导者的拙劣表演。在把事情弄糟之后，他们就用事后诸葛亮的态度为自己开脱责任。曾经，我常遇到一位有名的CEO，他为人非常随和，好打交道。但是，每当有消息传出他的公司遭遇某种挫折之后，他总会这样说："我早就知道下面的人不应该那样做的。"出于某种原因，这样的说法或许能让他有更好的感觉，但这究竟有什么实际意义呢？

在我们所有人的职业生涯中，都有扮演事后诸葛亮自吹自擂的经历，这都是自己犯下的罪行。

这是可怕的原罪。

如果你提出的问题和关心的事情没有让员工采取相应的行动，

那依然没有价值可言。

我很清楚，大多数人不喜欢被别人审查和监督。如果你大力推荐某种产品，或者为某个项目做了漂亮的计划演示，得到的却是老板提出的各种刁难的问题，那将是令人愤怒的。

但这就是工作。你需要找到更多、更好的解决办法。而提出问题、开展有益的辩论、采纳决策和付诸行动，才能使大家达到这样的目的。

准则 7　勇于承担风险、勤奋学习、成为表率。

成功的公司都信奉冒险和学习。

但是在现实中，这两个概念经常是空头支票，而没有其他的内容。有太多的经理人极力主张自己的员工大胆尝试新东西，可是等项目失败之后，便把尝试者骂得狗血淋头。于是，有太多的人会选择生活在自己营造的因循守旧的世界里。

如果你希望自己的员工大胆试验、开阔思路，那么你应该自己做出表率。

例如承担风险。在创建一种鼓励勇于创新的企业文化时，你可以讲讲自己曾经发生过的失误，以及从中学到的教训。

已经数不清有多少次了，我总会告诉周围的人自己曾犯下的第一个严重错误，而且是非常严重的错误。1963 年，我们在马萨诸塞州匹兹菲尔德镇的一座试验工厂发生了爆炸。爆炸发生时，我正在马路对面的办公室里。一个小火花引燃了一大罐挥发性液体，随即发出巨大的爆炸声，接着，房顶的木板和玻璃碎片四处飞散，烟尘遮盖了整个车间。不过感谢上帝，总算没有人受伤。

尽管我犯下了极大的错误，但我老板的老板，一位前麻省理工学院的教授，名为查理·里德的经理人，却没有痛斥我。相反，他对事故原因做了细致入微的科学调查。他为我树立了榜样，使我不但知道了应该怎样改进生产工序，而且更重要的是，我学会了在员工处于困难境地的时候伸出鼓励的双手。

那可不是我职业生涯中犯下的唯一错误，后来我还犯过很多。例如，我买下了投资银行基德尔·皮博迪公司（Kidder Peabody），结果引发企业文化冲突的灾难，我聘用了许多不恰当的人员，等等。

这些经历并不让人感到自豪，但我还是愿意公开地谈论它们，就是为了说明出现失误或偏差也可以是好事，只要你能从中学到东西。

对于自己的错误，你没有必要念念不忘，或者感到伤心郁闷。实际上，你越是幽默、无忧无虑，就越能够从中吸取教训。犯错误不是毁灭性的。

至于学习，同样要带头。你是老板，但并不意味着你就是全部知识的来源。当我在其他公司了解到令人惊喜的先进经验后，我一回到 GE 就会当众宣传。可能我经常会夸大别人的优点，但我希望大家都知道，对于新的观念，我是如何充满热情——因为我的确充满热情！

作为经理人，你们能够，也应该向自己人学习。还记得芝加哥的那名观众吗？他问我："对于比自己优秀的下属，我有没有资格管理他们？"我给他的答案是："要向他们学习。如果所有的下属都比你本人更优秀，那其实是最好不过的，但这并不是说你就不能领导他们。"

在这世界上并没有什么法令规定人们必须承担风险，或者必须花时间去学习。在大多数情况下，人们表现出惰性的原因是他们的风险与报酬不成比例。

如果你希望改变这种情况，那就把自己树立为榜样。对于自己即将创建的振奋人心的企业文化及其结果，你会感到欣慰，你的团队也一样。

准则 8　学会庆祝。

为什么庆祝活动会让经理人感到不安？可能开庆祝会显得没有职业风范；或者它会让经理人失去权威性；或者，如果办公室里的气氛过于欢快，人们干活儿的时候就不会那么勤奋努力了。

无论人们有多少借口，其实工作中的庆祝永远都不嫌多，任何地方都如此。近些年，在外出做报告的时候，我总会问那些听众，在过去的一年里，他们的团队是否为自己所取得的业绩举行过或大或小的庆祝活动。我不是指那些大家都讨厌的、非常拘谨的全公司大会，这种活动把整个团队拉到当地的一家饭店，让大家强颜欢笑，其实人们宁可回家自己去庆祝。我要说的庆祝活动是很随意的，例如请团队成员带着自己的家人去迪士尼乐园，给每个人发两张去纽约看著名演出的票，或者给每个人发一台 iPod（苹果公司的数字音乐播放器），或类似的什么东西。

我问大家："你们会尽情庆祝吗？"几乎没有一个人举手。

即使 GE 也不例外。我对举办庆祝活动的重要性嚷嚷了 20 年，但作为一名 CEO，在我到克罗顿维尔培训中心参加最后一次讲座时，我问在座的大约 100 名经理人："你们会在公司里尽情庆祝吗？"即使知道我希望听到他们说什么，仍只有少于半数的人给了肯定的回答。

失去这样的机会是多么可惜呀。庆祝能让人们有胜利者的感觉，并且营造出一种有认同感、充满积极活力的氛围。设想一支球队赢得了职业大赛的冠军，而没有香槟酒来庆贺，那会是什么样子？你可绝对不能够那样！但是在现实当中，许多公司在取得重大胜利时，都忘记了击掌相庆这个仪式。

工作在我们的生活中占据了太重要的位置，怎能缺少对成绩的庆祝呢？你需要尽可能多地抓住庆祝的机会，让工作变得多姿多彩。这样的事情如果领导都不去做，那就没有人会去做了。

要想成为一名出色的领导者，并没有现成的公式，即使有，也绝不会轻松。

做领导就是要面临各种挑战——做好各个方面的平衡，肩负各种责任，承受一切压力。

然而，生活中还是有优秀的领导者——各种各样的类型都有：有默默无闻的，有爱唱高调的；有充满理性的，有容易冲动的；有的人对于自己的团队非常苛刻，有的人则喜欢悉心呵护。从表面上，我们很难看出这些领导者有些什么共同的特质。

然而在更深的层面，你会看到，卓越的领导者总是满怀热情地关注自己的员工——关注他们的成长和成功，他们自己总是表现得充满信心。作为领导者，他们要展示真实的自己，满怀坦诚、正直、乐观和友善的心态。

经常有人问我领导才能是与生俱来的还是后天培养的。当然，我的答案是兼而有之。有些特征，如智商和精力，似乎是天生的。而另一些则是在人生的各个阶段逐渐培养的，例如自信心，在母亲的膝盖上、小学、大学和体育运动当中都可以学到。在工作以后，人们又能学到其他的东西——通过反复尝试，我们学着去做一件事情，结果失败了，然后从中积累了教训；如果获得了成功，则增添了自信心，再次去做时便会做得更好。

对我们大多数人来说，一旦自己成为老板、游戏规则改变之后，领导才能的培养就开始了。

以前，你只需要做自己的工作。

现在，你要学会做别人的工作。

第6章

招聘

赢家是这样炼成的

当我出现在商界人士面前时，偶尔也会遇到把自己完全难倒的问题——几乎是完全束手无策。例如，几年前，在加利福尼亚州圣迭戈的一次保险业经理人会议上，一位妇女站起来问道：“在面试中，您可以提一个什么样的问题，以帮助自己决定到底雇用谁呢？”

我摇摇头。“一个问题？什么样的问题？”我说，“我答不上来，您有什么主意吗？”

“这正是我向您请教的原因！”她答道。

观众们大笑起来，当然是因为我被考住了，此外，也因为这个话题让他们产生了共鸣。

招聘到好的员工是件困难的事情。

招聘到优秀的员工更是难上加难。

要让企业能“赢”，没有比找到合适的人更重要的事情了。除非你有优秀的人来实践，否则世界上所有精明的战略和先进的技术都将毫无用处。

找到合适的员工是非常重要的事情，同时也极具挑战性，因此这一章包含了很多方面的内容。

首先，在考虑某人有没有应聘资格之前，你需要让他通过三个严格的考验。

然后，我要介绍一套有关人员招聘的办法，即所谓“4E（和1P）计划”。这套办法我使用过许多年，以其所包含的4个特质来命名。巧合的是，这几个特质的英文名都以“E”开头，另外还有一个特质以“P”开头。

接着我们会探讨招聘领导者的时候需要寻找的4个特质。前一章的内容主要是，在你自己成为领导者的时候应该做些什么，即领导者的准则。本章的内容则是怎样招聘领导者。

最后，我要回答关于人员招聘方面的6个常见问题，这些问题都是在我做巡回演讲时听到的。此外，我还要回答自己在圣迭戈的保险业经理人会议上被问到的那个“答不上来”的问题。毕竟已经过去了几年，足够我仔细思忖的了！

严格的考验

在考虑某个人有没有承担工作的可能之前，必须让他们通过三种考验。请记住，这些考验应当在招聘程序开始之前就进行，而不是等到你最后准备签字的时候。

第一种考验——正直。

“正直”是一个含义有些模糊的词，首先让我来讲讲自己的理解。具备正直品行的人要说真话、守信，要对做过的事情负责，勇于承认错误并改正。他们了解自己国家的法律、行业规范以及公司制度——既包括书面规定，也包括法规精神——而且自觉遵守。他们尊重游戏规则，用光明正大的方法争取胜利。

怎样考验一个人是否正直呢？如果应试者来自你的公司内部，那就相当容易。你曾在工作中看见过他的实际表现，或者知道该通过什么人去了解他。如果是从公司以外来的，那就需要了解他们的名声以及别人的推荐。但那些材料不是万能的，你还必须依赖自己的直觉：这个人看上去诚实吗？他愿意公开承认自己的错误吗？他在谈论自己的生活时，是否显示出了与工作中同样的坦诚精神和谨慎态度？

随着生活经验的累积，我们中的许多人逐渐培养出了对正直的直觉反应，在需要使用直觉的时候请不要犹豫。

第二种考验——智慧。

我不是说，应聘者必须读过莎士比亚的作品，或者能够解答复杂的物理学问题，而是指他们有一种强烈的求知欲，有宽广的知识面，可以在今天这个复杂的世界里与其他优秀的人一起工作，或者领导他们。

有时，人们会把智慧和学历混淆起来。在自己职业生涯的初期，我也同样如此。但随着经验的增长，我发现了许多优秀的人才，他们来自各种不同的学校。我认识许多来自哈佛和耶鲁等名校的聪明人，但是其他一些同我合作的杰出的高级经理人则来自不太知名的地方，例如罗得岛州普罗维登斯镇的布赖恩特大学（Bryant University）、艾奥瓦州的迪比克大学（University of Dubuque）等。

GE 很幸运，它拥有具备各种背景的人。

我要强调的是，应试者的教育程度只说明了一部分问题，尤其在智慧方面。

第三种考验——成熟。

顺便提一句，任何年龄的人都可能很成熟，也有可能还不够成熟。但无论怎么说，都有些可以标志一个人是否长大的特征：能够控制怒火、承受压力和挫折，或者反过来，在自己功成名就的美妙时刻，能够喜悦但不失谦逊地享受成功的乐趣。成熟的人知道尊重别人的情感，他们充满自信但并不傲慢无礼。

实际上，成熟的人通常都有一种幽默感，特别是对自己！

与正直的品行一样，我们并没有检验一个人是否成熟的简单办法。因此，你需要参考推荐材料、名声，以及最主要的——你的直觉。

“4E（和1P）”计划

“4E（和 1P）”计划是我花了好几年的时间才确立下来的。毫无疑问，其他人也有自己打造成功团队的好方法，不过我发现自己的计划是非常有效的，年复一年，它经历了不同行业和国别的考验。

第一个“E”是积极向上的活力（energy）。

在关于领导力那一章里，我们就谈到了这一特点，它是有所作为的精神、渴望行动、喜欢变革。有活力的人通常都是外向的、乐观的，他们善于与人交流、结交朋友。他们总是满怀热情地开始一天的工作，同样充满热情地结束一天的辛劳，很少会在中途显出疲惫。他们不抱怨工作的辛苦，他们热爱工作，也喜欢享受。

总之，充满活力的人热爱生活。

第二个“E”是指激励别人的能力（energize）。

这也是一种积极向上的活力，它可以让其他人快速行动起来。懂得激励别人的人能鼓舞自己的团队，承担起看似不能完成的任务，并且享受战胜困难的喜悦。实际上，人们会因为有机会与他们共事感到万分荣幸。

激励别人并不是只会做慷慨激昂的演讲，而是需要对业务有精深的了解，并且掌握出色的说服技巧，创造能够唤醒他人的氛围。

我知道的一位出色激励者的例子，那就是沙琳·贝格利女士。1988 年，她以财务管理实习生的身份开始了在 GE 的工作。在从事各种工作几年以后，沙琳被选拔出来，负责管理 GE 交通运输产业的六西格玛品质改善计划，从此她的领导才能真正开始展现出来。在她的热情激励下，该部门的六西格玛计划得以顺利开展，受到了公司各方面的关注。

很难详细拆分沙琳的激励能力包含哪些具体因素，这是一种综合能力，混合了各种技能。她是一位出色的交流者，能够把各种目标清晰地表达出来。她对工作绝对认真，但是并不过分在乎自己。实际上，她还有一种不错的幽默感，善于与别人建立互信。她的态度总是乐观向上——无论工作有多么困难，都能做好。

对六西格玛项目团队的出色激励，是沙琳表现出的杰出才能之一，也使她从众人当中脱颖而出，登上了 GE 的人才快车道。在负责了六西格玛以及其他几个项目之后，她被任命为 GE 总部审计部门的领导者，并最终成为 GE 自动化事业部的 CEO。如今，38 岁的沙琳成了有 30 亿美元销售额的 GE 铁路事业部的董事长兼 CEO。

第三个“E”是决断力（edge），即对麻烦的是非问题做出决定的勇气。

请看吧，这个世界充满灰色地带。对于同一件事情，任何人都有自己不同的角度。一些精明的人能够，也愿意无休止地从各个角度来分析问题，但是，有决断力的人知道什么时候应该停止评论，即使他并没有得到全部的信息，也需要做出果断的决定。

在任何层次的经理人中间，最糟糕的那种类型就是迟疑不决的人，他们总是说：“把事情推迟一个月，我们再好好地、认真地考虑一下。”还有另外一类人，他们明明同意了你的建议，但是等其他人来到他们的房间以后，他们的想法又改变了。我们把这些缺乏主见的人叫作“首鼠两端的老板”。

即使是我雇用的最精明的人，其中的一些在做决断时仍遇到了较大的困难。对他们很多人来说，这是个致命伤。

在多年的管理实践中，我也用过一些非常精明的人，其中许多人是从咨询业过来的。不过，我发现有的人在做决断的时候遇到了较大的困难，尤其是在他们进入业务部门以后。因为在许多情况下，他们都能想到太多的备选方案，这反而妨碍了他们下决心。这种优柔寡断的性格把他们的团队带进了不安定的状态，最后甚至成了自己的致命伤。

上面的问题自然把我们引导到第四个“E”上面，那就是执行力（execute）——落实工作任务的能力。

第四个“E”似乎是显而易见的，但是多年以来，我们在GE只关注到了前三个“E”。我们以为，具备前三个“E”的人就已经不错了，由此选拔出了几百名员工，并把大多数人归为“很有潜力”的类型。然后，很多人走上了管理岗位。

在那个时期，我常到业务现场去参加人事评议，同行的还有 GE 的人力资源管理主管比尔·康纳狄。在评议会上，我们会查阅一张单页资料，那上面有每一位经理人的照片、他的上司所做的业绩评定，此外还有三个圈，分别代表前三个“E”。这些圆圈会被涂上一定面积的颜色，以代表该员工在相应的指标上所展示出来的实力。例如，有的人在“活力”上面可能得到半个圈，在“激励”上面得了一个圈，在“决断力”上面得到 1/4 个圈。

然后，在为期一周的中西部地区视察结束后，乘着星期五晚上的月色，比尔和我飞回总部。他一页页翻看那些“很有潜力”的员工的资料，发现它们大都有三个被涂满的圆圈。于是，比尔转向我。“杰克，我们肯定遗漏了某些重要的指标。”他说，“以现有的指标来看，这些人都非常出色，但他们中的一些人业绩却很不好。”

被我们遗漏的东西正是执行力。

结论出来了。你可以拥有积极向上的活力，懂得激励周围的每一个人，能够做出明智的判断，但你可能依旧不能跨越终点。执行力是一种专门的、独特的技能，它意味着一个人要知道怎样把决定付诸行动，并继续向前推进，最终实现目标，其中还要经历阻力、混乱，或者意外的干扰。有执行力的人非常明白，“赢”才是结果。

如果某位应聘者具备了以上所有的“E”，那你最后还需要看一点，他有没有那个“P”——激情（passion）。

所谓激情，我的意思是指对工作有一种衷心的、强烈的、真正的兴奋感。充满激情的人特别在乎别人——发自内心地在乎同事、员工和朋友们是否取得了成功。他们热爱学习、追求进步，当周围的人跟他们一样时，他们会感到极大的兴奋。

有趣的一点是，那些富有激情的人并不是仅仅对工作感到兴奋，他们常常对周围的一切都充满激情。他们是体育比赛的忠实观众，是母校的狂热拥护者，或者对政治充满兴趣。

无论怎样，他们的血管里奔流着旺盛的生命力。

招聘高层人士

前面介绍了三个严格考验及“4E（和 1P）”计划，它们对于招聘一个组织里任何层次的人都是适用的。但有时候，你还需要招聘高层领导者——将要负责一个主要部门或整个公司的人。在这种情况下，还有 4 个特征需要考虑，它们也都是非常关键的因素。

第一个特征是真诚。

为什么呢？很简单，一个人如果没有自知之明，没有强烈的自信，那他恐怕难以做出强有力的决策、出任不受欢迎的职位，或者坚持自己的主见。我所指的真诚是有关自信和信念的特质，它能使一个领导者变得勇敢而果断，这在那些需要采取快速行动的时刻是必不可少的。

同样重要的是，真诚可以使领导者显得和蔼可亲——姑且这么说吧。他们的“真”体现在同别人的交流过程中，体现在他们的感情里。他们的话语令别人感动，他们传达的信息能够触动人们内心深处的某种东西。

我在 GE 工作的时候，偶尔会遇到一些非常成功的高级经理人，可是他们到达一定层次之后便很难被提升到更高的职位。起初，我们也对此感到迷惑。这些经理人表现出了正确的价值观，拿出来的报告也无可挑剔，但是手下的人却常常同他们缺乏交流。是哪里不对呢？最终，我们发现这些经理人的行为总是带有一定的虚伪成分。他们装出不符合自己本色的模样——与他们的实际水平相比，他们表现得更有控制力、更乐观向上、更机智聪明。

他们不愿意让别人看见自己冒汗，也不愿意声张。他们扮演着自己虚构的角色，内心局促不安。

领导者不能够有一丝一毫的伪装，他们必须保持本色，从而直面众人，激励自己的追随者，以真诚带来的威信去开展领导工作。

第二个特征是对变化来临的敏感性。

每个领导者都应有远大的目标以及预知未来的能力，不过优秀的领导者还必须有一种预见意外变化的特殊才能。在商业生活中，那些最出色的领导者在残酷的竞争环境中对市场变化有第六感，也能感知现有的竞争者和后来者的动向。

GE 的前副董事长保罗 · 福雷斯科先生是一位天才的国际象棋棋手。30 多年来，他把自己的棋技娴熟地运用到自己经手的每一项全球业务中。不知为何，凭借自己的直觉和机智，他总能从对手的角度去思考问题，这让他在每次谈判过程中都占尽了先机。令人惊异的是，保罗总能够看到下一步会发生的事情。没有人能比他做得更出色，因为他知道自己的“敌人”在思考什么，甚至比对手本人都要先想到。

可以说，这样的敏感性就是想象出不可想象的事物的能力。

第三个特征是爱才。这是一种强烈的倾向——领导者希望周围的人比自己更优秀、更聪明。

每当 GE 遇到危机的时刻，我都会迅速召集一群最精明、最勇敢的人，我会从公司内部的各层级发掘他们，甚至有时从公司外面去请，然后充分利用他们的知识和建议。我要确定，房间里的每个人都会从一个不同的角度来看待需要解决的问题，接着，大家会了解所有的相关信息，并就解决方案展开热烈讨论。这样的会议几乎总是争执不休，给我提出的意见都很有说服力，又各不相同。可正是从这些争论中，我找到了最好的决策。争论可以使有意义的问题浮出水面，迫使我们挑战之前的假设。在经历了这样的辩论之后，大家都长了见识，等下一次危机来临的时候，我们的准备就更加充分了。

一位优秀的领导者就要有这样的勇气，他敢于把最优秀的人集中到自己的团队里，而不怕把自己变成会议室里看上去最傻的人！我知道这听上去有点违背常理。人们都希望自己的领导是会议室里表现最出色的人，但如果他真的是那样表现的话，他就不能得到做出最佳决策所需要的员工支持。

第四个特征是强大的韧性。

每一位领导都会犯错误，都会跌倒、摔跤。对于高层领导者而言，一个重要的问题是，他能从自己的错误中得到教训吗？他能否重新振作起来，以更快的速度、满怀理想和自信心继续前进？

我把这种特征称为韧性，它非常重要。作为一个领导者，你必须学会在工作当中保持韧性，否则，到危机来临的时候再去领会就太迟了。也正是出于这样的考虑，在任命新的领导者时，我总是愿意找那些有过一两次挫折经历的候选人。我特别喜欢那些曾经被完全击倒，却又能站起来，并且在下一个回合里能以更强的姿态出现的人。

今天，全球化的商业形势已经如此严峻，每个企业领导者都有可能不止一次地滚鞍落马。但他必须知道，自己怎样才能重新扬鞭前进。

有关招聘的常见问题

最后，让我们来看看过去几年里我听到过的有关招聘的6个常见问题。在本章的最后，我会试着来回答圣迭戈那位保险业经理人所提出的问题，即在面试中最应当提的一个问题是什么。如我先前所说的那样，对于她的疑问，我已经考虑了很长一段时间。

1. 在招聘时，您是如何进行面试的？

我会立即回答：永远不要完全依赖一次面试！

不管你的时间有多紧迫，或者不管某个应聘者的表现有多么积极，你都应该多安排几名公司的人与每一位候选人进行多次接触。随着时间的推移，你会发现在自己的组织中某些人具有识别明星和假货的特殊才能，那么招聘时就要更多地依赖他们。（例如，我的人力资源负责人比尔·康纳狄就是这方面的能手。不论是通过应聘者的一次握手、一个微笑，还是关于自己家庭的一段谈话，应聘者的情况都会一目了然地展现在他面前。）还有，如果某位值得信赖的同事告诉你，他对某个应聘者有不好的直觉，那你应该认真倾听。通常情况下，这种说不清楚的感觉会是一种信号，它告诉你那个候选人其实并不是表面上那样。

在面试过程中，轮到你提问的时候，你可以试着夸大招聘职位的挑战性，描述出最糟糕的情况——艰苦、充满争议、有政治斗争和所有不确定的因素。当你加快语速以后，看看这个应聘者是否不停地说："是的，是的，没有问题！"如果这样，那么这个应聘者恐怕没有其他更多的选择，你可能是他被雇用的唯一希望。

如果这位应聘者开始以尖锐的问题向你反问，例如，"你指望在多短的时间内必须完成任务"，或者"我有充足的人员来展开工作吗"，那就要提高注意了。如果应聘者向你提出有关公司价值观的问题，则更需要对他另眼相看。在面对工作的困难时，优秀的应聘者会激动起来，表现出很强的好奇心和坚定的自信，而不是过于热心地对你所有的话都表示顺从。

最后，在谈话结束后，不要只看应聘者给你的个人资料。你需要给了解应聘者背景的人打电话——这你是知道的。不过，在通电话的时候，千万不要把这样的交谈变成例行公事。你要强迫自己做与本性不符的事情，不能只拣自己喜欢听的好消息。如果对方的回答总是像律师那样平铺直叙，那你一定要向他挑战。准备一个问题清单。在交谈中，不要附和对方的话。如果这样做的话，也许你会像我一样，无数次得到下面的回答："你被那个家伙愚弄了！我们很高兴摆脱了他！"

2. 我只需要招聘有技术专长的人，对方是否具备"4E"的特质重要吗？

显而易见，如果能找到一个既是技术明星，又能具备"4E"特质的人，那将是非常令人开心的！但如果你只是迫切地需要得到某种专业人士——比方说，一位计算机程序员或者研究人员——那么他只需要具备部分特质就足够了，包括活力、激情，不用说还有出色的智慧、漂亮的履历以及正直的品格，其实这也是招聘任何人都必须考虑的要素。

3. 如果有人不具备上述的一个或者两个“E”，那该怎么办？是否可以通过培训来弥补这些缺陷？

在招聘管理职位的时候，所有的候选人至少应该具备前两个“E”，即积极向上的活力和激励别人的能力。我认为它们都属于个人的本性，很难通过培训来弥补。坦白地说，在招聘任何岗位的时候，无论是不是经理人，你都最好不要雇用那些缺乏积极活力的人，因为没有活力的人将削弱整个组织的动力。

另一方面，决断力和执行力可以靠经验积累和管理培训来提高。在自己的职业生涯中，我就曾多次看到，经理人学会了做艰难的决定，以及关注最后的结果。

GE 的审计部门就提供了很多这样的例子。他们每年会吸收大约 120 人，主要是来自公司的财务管理培训班的学员，剩下的大约 1/4 是从其他部门调过来的，例如工程部门和生产部门。新加入审计部门的人员通常都已经在公司里有了大约三年的工作经验。

在加入后的第一年，这些新兵会被编入 3~6 人的审计小组，到 GE 设在世界各地的机构中工作。

在经历 12 周左右令人筋疲力尽的财务分析后，他们会带着刚刚完成的工作返回每个事业部的总部，向 CFO 和 CEO 们汇报自己发现的问题。通常，他们有许多要说的事情，其中的一些会是严重的问题。

在早些时候，这些年轻的审计员都比较保守。在更高层的审计人员做报告的时候，他们会保留自己的意见。但随着时间的推移，通常在 3~5 年以后，我会看到某些审计员取得了明显的进步，变得如剃刀般锋芒毕露。这种进步来自对更富有经验的队友的观察、大量的训练和许多的实践。另外，他们也逐渐掌握了让人难以置信的执行力和技巧。这是因为，对于自己所提出的各种建议，他们都需要亲自关注有没有被下面的部门所采纳。如果他们不对自己负责，那么此前的工作就等于白做了——失败会是一位好老师。

这种决断力和执行力的培训效果是明白无误的。如今，GE规模最大的几个事业部门的CEO以及一位副董事长，都是在审计部门培养出来的。

4. 不具备“4E”特质和激情的人能够在事业中获得成功吗？

当然可以。

有的人只是依靠自己的绝顶聪明，或者不顾一切一意孤行的作风，就可以达到了不起的高度。我们都能够想到这些个人的例子，在他们当中，大多数人都是世界知名的发明家或创业家，他们的表演往往是独舞。

但是在一个组织中，那些缺少“4E”特质和激情的人，尤其是领导者，能够持续取得成功的却并不多见。

5. 我喜欢雇用那些工作马上就能上手的人。您认为这是一个决定性的因素吗？

进行人员招聘的时候，往往需要做一些权衡。你是希望找到很快就能把任务完成的人呢，还是更愿意发现有长远成长潜力的人？我的建议是，可以选择第二种类型。

但我自己以前也并不这样认为。

我第一次负责经理人招聘是在28岁的时候，当时我需要建立一支能够拼搏的团队。我雇用了一位博士——此前是我的同僚——担任产品研发经理。在产品销售方面，我找到了一位聪明人，也是该部门的老手。在生产经理的位置上，我的选择同样是一位有丰富经验的人，他在同一事业部的另一个部门有过出色表现。

但我那时并没有想到，这几位经理人除了完成我布置给他们的工作以外，并没有更大的培养前途。我们的业务在迅速成长，可他们却没有显示出同公司一起成长的才干。实际上，当我们的业务运转到第四年的时候，他们全都离开了，我们只好补充更强的人手。

在初次招聘经理人的时候，我没有更多的经验，只希望赶紧找到能够把工作完成的人。可事后我开始明白了，努力寻找那些有极大潜力的、能够与业务共同成长，或者能在公司其他部门得到更高职位的人才是合算的。雇用一位技能水平高但没有潜质的人——他们虽然能脚踏实地达到目标，但除了现有的职位以外不会有更多发展——可能是有诱惑力的，因为那可以满足你的现实需要。然而，这些人很快会失去活力，他们对太熟悉的工作感到厌倦，但是又像我原先遇到的情况那样，不能接受新的挑战。这些人不但自己没有发展前途，还会让手下的员工感到气馁，因为那也妨碍了部下的升迁。

那么，我推荐一条简单的法则：在招聘员工时，不要给他们提供职业生涯的“终极职位”，除非这个位置是一个职能部门的负责人或者CEO。

6. 需要多长的时间才能知道你选择的人是否胜任？

通常是在一年以内，最多不超过两年，你挑的人是否能够取得预期的成绩就应该相当明了了。

一个人是否缺乏活力和执行力，相对来说是比较容易发现的。但是，想在一个新环境中判断某个人是否具有足够的激励能力和决断力，则需要花费更长的时间。在激励自己的团队，或者做出艰难的决定之前，人们往往希望能做更充分的准备。但是，如我所说，最多不能超过两年，如果某位仁兄仍旧辜负了你的期望，那就该承认自己的错误，并且开始做让这个人离开的准备。如果你认真履行了自己的领导职责，不断地给他提供反馈，那么该员工应当不会对此感到太吃惊。另外，一个比较公平的了断措施也可以帮助你平息人事变动的影响。

找到合适的员工是非常困难的。当我是一名年轻的经理时，我选对人的概率大约是 50%，30 年后，也仅仅提高到了大约 80%。

我的观点是，如果你有时候用人不当，不要太为难自己，尤其在你刚刚起步的时候。

情况是会转变的。员工在变，你也在变。

可是要记住，每次在人员招聘上的失败都是你自己的责任。你一定要亲自把这件事处理好，不能把后果推到公司人力资源部门身上。你应该担负起责任，妥善而公平地安排好结局。

现在来回答在圣迭戈提出的问题。

7.“在面试中，您可以提一个什么样的问题，以帮助自己决定到底雇用谁呢？”

如果在面试过程中我只能了解到应聘者的一个方面，那我希望知道他上一次离职的原因。

是环境？是老板？还是团队？到底是什么原因使他离开原来的公司呢？从那些答案中你可以发现非常多的信息，要不断地发现和挖掘其中的原因。可能是那个应聘者对自己的职位要求太高或者企业要求太高了——他希望老板对自己完全放手不管，同事们也完全赞同自己的意见。可能是他急于得到更高的报酬。或者说，他放弃自己原来的职位是因为他正好具备你所希望的那些东西：活力太旺盛，原来的企业留不住他；有出色的激励才能，渴望管理更多的人；锋芒太露，为老板所不容；拥有强大的执行力，使他需要迎接更多的挑战。

最关键的一点是：仔细倾听，深入应聘者的内心。为什么一个人会放弃自己原来的职位将告诉你许多事情，这可能比其他任何数据都更为重要。

招聘的目标是得到赛场上最合适的选手。

幸运的是，出色的人到处都有，你只需知道怎样去挑选。

要雇用你喜欢的人是非常重要的。毕竟，在自己每天醒来以后的大部分时间里，你需要与他们在一起共事。要雇用具备相应经历的人也是非常重要的，因为他们马上就能完成你所交代的任务。

不过，仅仅能给人好感和具备经验还是不够的。你要招聘的每个人必须具备正直、智慧和成熟的特质。在考察了这些条件以后，再努力寻找那些具备“4E”特质和激情的人。除此之外，对于高层人员，还要期待他们拥有真诚、敏感、爱惜人才和能屈能伸的品性。

把全部因素结合起来，你就会得到能“赢”的人。

第 7 章

人员管理

你已经得到了出色的选手，接下来怎么办？

你已经得到了赛场上最出色的选手——很好，这是个重要的开始。现在，他们需要共同努力，稳步提高自己的业绩，得到激励，与公司一起发展，并且成长为未来的领导者。

换句话说，他们需要得到管理。

有关人员管理的书籍可谓汗牛充栋，商学院也开设了诸多课程，此外，还有培训计划、杂志、网站，许多都提供了合理的建议。另外就是经验的积累。

这就是本章涉及的主要内容。我在GE期间，自从离开塑料研究实验室以后，人员管理就成了我主要从事的工作。不得不承认，我并不具备设计喷气式飞机引擎、制造CT扫描仪，或者为NBC（美国全国广播公司）创作喜剧节目的能力。显然，作为CEO，我涉足了各种各样的业务：战略、新产品、销售、企业并购等。然而在这样的岗位上，我始终认为有关人员管理的内容是自己对GE最大的贡献。

人员管理包含许多方面的行动，大体上可以归结为以下6种基本实践。

没有人能够独自完成这些行动——完全不能，所以，我将把它们描述成整个公司需要采取的行为准则。要想把人员管理好，公司应当：

1. 把人力资源管理提升到重要的位置，提升到组织管理的首位，并且相信人力资源管理人员具有应有的特质，能帮助经理人培养领导者、发展事业。实际上，最出色的人力资源管理者既是牧师，又是父母。
2. 采用一套严格的、非官僚化的业绩评价体系，同时认真考察员工的品行，就像《萨班斯-奥克斯利法案》要求的那样。
3. 创立有效的激励机制——通过奖金、认同和培训机会来激励和留住员工。
4. 积极对待与周围群体的关系——包括同工会、明星人物、边缘分子以及捣乱分子的关系。
5. 与惰性抗争，不要忽略中间70%的群体，而是把他们看作组织的心脏和灵魂。

6. 尽可能设计扁平化的组织结构，清晰地展示出各种关系和责任。

在几年来的旅行中，我发现有些人可能知道这些准则，但他们怀疑，如果采纳这些办法，是否能把实际工作做好。

我一直以为，这些事情就是实际上需要做的工作！然而许多讨论留给我的印象却是，在许多公司里，只有时间非常富裕的时候，大家才会关心人员管理。

我希望这种情况能得到改变，下面是对各项准则更为详细的描述。

准则 1　把人力资源管理提升到重要的位置，提升到组织管理的首位，并且相信人力资源管理人员具有应有的特质，能帮助经理人培养领导者、发展事业。实际上，最出色的人力资源管理者既是牧师，又是父母。

2002 年，我来到墨西哥城，在一次有 5 000 名人力资源经理参加的大会上做演讲。与通常的讨论会一样，人们在舞台上放置了两把椅子。这次的会谈对象是丹尼尔·瑟维杰，他是墨西哥最大的食品公司宾堡集团（Grupo Bimbo）的 CEO，表现得很有思想、风度翩翩。

丹尼尔和我用了开始的 45 分钟来谈论战略、预算、全球竞争以及其他商业话题，然后把麦克风交给观众们。第一个提问的人表明了自己的身份，她是巴西一家制造商的人事经理。她用一种急促的声音问我，在一家公司里，人力资源应该扮演什么样的角色？——我的真实看法如何？

我马上就做出了回答。坦白地说，尽管我公开发表类似的观点已经很多年了，但是考虑到那次会议在座观众的人员构成，我还是认为它会使整个会场掌声雷动。“毫无疑问，人力资源的负责人应当是任何组织中的第二号重要人物。”我说，“从 CEO 的观点来看，人力资源负责人至少应当与 CFO 平起平坐。”

会场出奇的安静，甚至让我有些迷惑不解，我以为是自己浓重的波士顿口音把翻译给难倒了。

“你们公司难道没有那样做吗？”我问道，“我的意思是，让我们来个举手表决。在你们的公司里，CEO 对人力资源负责人与 CFO 同等尊重的请举手。”

有 50 人举手——5 000 人当中的 50 人！因此，没有一个人鼓掌也就不足为奇了！我不小心伤害了 99% 的人的感情。

后来，在讨论结束之后的招待会上，观众中接连有人来找我，告诉我在他们公司里人力资源部门是怎样不被重视的。总共有大约 30 人以同样的口气告诉了我类似的经历。

更糟的是，他们的报告后来证明这并不是一种例外。自墨西哥城那次会议之后，在大约 75 场其他演讲会上，我问过同样的关于人力资源部门地位的问题，结果总是令人不安的相似。

这个事实给了我深刻的印象。即使你的公司太小，没有专门的人力资源部门，也应该有人做人力资源管理的工作。

同时，人力资源管理应当与公司里的其他业务同等重要。

那么在现实中，为什么人力资源管理没有受到如财务管理那样的重视呢？假如说，让你来管理一支棒球队，你会更关心球队会计的汇报，还是人事经理的？会计提供的信息当然很重要——他非常清楚需要给一名球员支付多少薪水。然而，他提供的信息显然并不比人事经理的汇报更有价值，因为这名经理知道每一位球员有什么样的水平。在CEO制定决策时，这二者是同等重要的。

不幸的是，在许多公司，人力资源管理并没有得到应有的重视。

我认为这里有三方面的原因。

第一，人力资源工作的影响很难量化。你能看见销售和研发对公司业绩的影响、财务拿出的确切数字，可是人力资源管理的对象——员工的技能是“无形的”。员工的技能不但是非常软性的，而且大多数人想当然地认为自己天生就具备它。想想看，有多少次你曾听到过：“我是个天才！”

第二，人力资源管理经常被归入员工福利的类别，例如管理保险计划、监督工作日程安排——休假和弹性工作时间等，还有职业健康、娱乐活动——筹办厂报、组织郊游等。必须要有人来经办这些事情，但如果人力资源部门把所有时间都花在这些工作上，它就不能得到自己应有的地位。

第三，人力资源管理被内部阴谋扭曲了。在20世纪60年代末和70年代初期，GE就经历了那样一个混乱时期，人力资源管理被流言蜚语、传闻和搬弄是非所淹没。一小撮可怕的人力资源负责人秘密对每一位经理进行评议，如果需要，他们足以把你整黑，叫你永远不能翻身。另一方面，他们也能够让你很快爬上去。他们认为自己是可以创造国王的人。

当时的CEO雷吉·琼斯任命特德负责人力资源工作以后，局面彻底改变了。特德打开了紧闭的百叶窗，让阳光照了进来。

人力资源的评议过程很快变得透明起来，而且更重要的是，开始变得有意义了。到1985年特德退休的时候，公司人力资源部门基本上已经回到了自己的正轨：倾听员工的意见、处理内部矛盾以及帮助经理人培养领导素质、发展他们的事业。

因此我说，最出色的人力资源经理是各种角色的综合体：一种角色是牧师，他能倾听你的忏悔和抱怨，丝毫不加以反驳；另一种角色是父母，给你关爱和教育，在你脱离轨道的时候迅速提供援助。

在多年的管理实践中，我发现某些最出色的人力资源负责人在自己的职业生涯中都有直接的管理经验——他们负责过一家工厂、一条生产线或者其他的部门，当然，也有一些直接从人力资源部门提升上来的人。不管属于哪一种类型，他们都拥有超出自己头衔和职位的能量，他们懂得公司的业务——甚至清楚每一个细节，知道销售部门和生产部门之间的紧张关系，知道两位公司高层领导曾由于角逐同一职位心存芥蒂；他们看得出，员工头脑中隐藏着某种等级观念——那是每家公司都有的无形的政治关系图；他们熟知各个员工及其经历。

除了这样的实力以外，那些牧师—父母型的人力资源经理还显露出了正直的人品，那是不屈不挠的坦诚态度和令人信赖的品质。他们以少有的胸怀去倾听，能大胆说出真相，有强烈的自信。

他们也知道怎样解决争端。

我们都愿意相信，好的公司并不需要调解员，可实际上它们都需要。有人失去了晋升的机会，部门之间的销售引起了利益分配的争论，奖金的发放也总会有人感到不公平。

我很幸运，在自己职业生涯的不同时期，团队里都有几位牧师—父母型的人，最后一位就是比尔·康纳狄，我在本书的前面部分提到过他。比尔是从GE的制造业培训班起步的，后来成为位于宾夕法尼亚州格罗夫城的柴油机车发动机工厂的经理。然后，他放弃了机车业务，投身人力资源管理。他是个有天赋的人，不管面对哪一个人——高级经理人，还是一名小时工——也无论是好消息，还是坏消息，他都能有话直说。他又是一位出色的听众，却口风很紧，用上老虎钳也不能从他嘴里挖出任何秘密。

当比尔在飞机引擎事业部担任人力资源负责人的时候，我就非常欣赏他。1989年，该行业遭遇了一场空前的危机。我们的一名雇员为了得到喷气式飞机引擎的合同，向以色列空军的一位将军行贿，此事后来被曝光。给我留下深刻印象的是，比尔妥善处理了那次麻烦牵涉到的所有人员，有些还是他的同僚和朋友。他必须忍受让人难以置信的痛苦，建议那些人员离开公司。同时，他又能够用坦诚、同情和有外交智慧的手段去完成这项工作，这就是一个牧师—父母型人员最根本的特点。

如果你遇到了人事问题，那些“牧师”们可以随时出面去处理摩擦和危机——开导怒气冲冲的人，寻求妥协办法，或者在需要的时候，通过谈判争取体面的结局。

他们为经理人做好人员管理提供了有益的帮助。

准则2　采用一套严格的、非官僚化的业绩评价体系，同时认真考察员工的品行，就像《萨班斯-奥克斯利法案》要求的那样。

大家现在请好好牢记，2002年之前发生的公司丑闻是如何动摇整个美国经济的。政府迅速做出了反应，通过了《萨班斯-奥克斯利法案》，规定对任何一位存心发布虚假财务数据的 CEO 或 CFO 将实行罚款或者监禁。

《萨班斯-奥克斯利法案》对于保证财务报表的可信度以及恢复投资者的信心是一项必要的举措。

我只是希望公司内部的考评体系也获得同样的重视，得到严格执行。要说起来，违反财务制度的规定都是因人而起的。

然而，公司内部的考评体系很多时候都不过是纸上谈兵。

在这本书的开始，关于“坦诚”的那一章，我提到自己经常问观众：“在过去一年里，有多少人接受过面对面的、诚实坦白的业绩反馈会谈？这些会谈的目的是让你们弄清楚，自己还需要做出哪些改进，自己处于公司的什么位置上。接受过的人请举手。”

再重复一下，运气好的时候，将有 20% 的人举手，而绝大多数时候只有不到 10%。

如果说这种不够专业的调查结果算是大致正确的话，那么可以说，只有极少的公司拥有真正有意义的考评体系。

这不只是糟糕——而且可怕！

如果没有一个正直的、能够给员工持续提供坦诚反馈的考评体系，你是不可能管理好自己的手下，带着他们做出好成绩的。

对员工做正确评价的方法并不唯一。每家公司都会创造出不同的形式和不同的方法，但是任何一种好的评价体系都应该具有如下一些共同特征。

◎ **简单明了，摒除那些耗费时间、言之无物的官样文章。**如果对每个人的考评需要两页以上的文件，那你的评价体系一定有些东西弄错了。在 GE 工作时，我经常通过手写的字条来传递自己的评价，我手下的大约20位直接报告人接到的字条上一般只包含两条信息：我认为他哪些地方做得很好，哪些地方需要提高。

◎ **评价的标准应该是一致的，与员工个人的行为直接相关。** 标准应当是可以量化的，其基准是员工在多大程度上达到了目标；也是定性的，其基准是他们表现出了什么样的行为规范。

◎ **应当保证，经理人对员工的考评每年至少有一次，最好是两次，采取正式的、面对面会谈的形式。** 非正式的评价应当随时进行。但是在正式会谈时，应当让员工知道，与周围的人相比，他们处在什么样的位置上。如果你的企业希望推行区别考评制度，那么一个良好的业绩考评体系将为其奠定坚实的基础。

◎ **最后，一个好的评价体系应当包括关于职业发展的内容。** 经理人不但应当跟自己的人员谈谈未来的职业发展规划，而且应当提出两三个员工的名字，也就是他们认为在自己高升以后有可能替代他们的员工。

即使有了所有这些特征，一个评价体系还是不能称得上一流，除非它能够不断地接受适当的监督。必须有人来担负起这个义务，并且承担相应的责任，他要追问现有的评价体系是否反映了事实，像优秀的审计团队对待数字一样认真负责。

现有的评价体系是真实反映了公司价值的提升，还是仅仅反映了财务指标？

这个体系是被人们真心接受，还是被当成浪费时间的事情？

在业绩评价体系执行以后，员工们是否能明白，为了改进自己的业绩，他们都需要做些什么？

只有正直的品行，而不是文件上的敷衍，才能使评价体系得到切实执行。我们并没有强迫式的法律，或者进行核查工作的审计组，因此，这个体系依赖每个具体执行评价体系的经理人（在人力资源部门的有力支持下），他们需要亲自承担起责任。

即使不好好执行评价体系，你也不会被投进监狱。但你无论如何也应该认真执行它，因为那将使你本人和自己的团队得到更好的发展。

准则 3　创立有效的激励机制——通过奖金、认同和培训机会来激励和留住员工。

我永远不会忘记那一次会议，主题是关于 GE 应当怎样奖励斯坦梅茨奖（Steinmetz Award）的获得者——这个奖每年颁发给我们公司最杰出的科学家。当时，我是集团的副总裁，在一位有钱又有地位的副董事长站起来发表意见时，我的耳朵都竖起来了。

“这些人并不需要钱，”他说，“他们希望得到认同。”我想，他肯定已经忘记自己是从哪里成长起来的了。

人们当然希望自己取得的巨大成绩被别人认可，奖牌和公众的赞扬的确是不可或缺的。但如果没有金钱，这些东西的影响力会逊色不少。今天，即便是诺贝尔奖和普利策奖都包含了现金奖励。

在人员管理方面做得好的公司总是把好的业绩与奖励紧密联系在一起。你做得越好，得到的就越多——在物质和精神上实现双丰收。

相反，最令人感到灰心丧气的事情莫过于付出了艰苦的努力，达到或超出了公司的期望以后，却发现自己的成就没有引起公司的重视，业绩出色的人没有得到特别的奖励，或者大家都得到了同样的奖励。

要想激励人们上进，就需要在奖励和认同上面表现出差别。同样，要想留住出色的员工，公司也不能在这两方面有任何吝啬。

以我知道的一位女士为例，她毕业于一所常春藤盟校，取得了编剧专业的学位，然后加入了纽约一家著名的零售店，从事采购工作。尽管工作很辛苦，报酬又低，这位女士却很快展现了自己的实力。她为运动服装部门采购的商品连续6个季度打破了销售纪录，还成功地改善了商店和两家不满意的供货商之间的关系。另外，为了更好地了解自己部门的顾客，她主动承担了更多的职责，又做清洁，又在收银处帮忙——被其他采购员取笑为“多管闲事”。

可是两年时间过去了，这位采购员没有因为自己的成绩获得任何公开的表扬。更加糟糕的是，她获得的奖金也只是公司里的普通水平——相当于公司在招聘员工时所描述的“中等业绩”的水平。

她不得不通过辞职来证明自己究竟有多大的价值。当她递交辞职报告时，老板感到震惊。

“你为什么要离开呢？”她问，“你在这儿有非常好的将来呀！”

“这里太令人厌倦了——从来没有人告诉过我，我的工作做得很出色。”

“可是也没有人告诉过我，我的工作做得很出色啊，”她的老板反击道,“这就是我们这里处事的方式，你必须显得谦虚一些。”

零售业的工作环境糟糕是出了名的，但是对业绩不做奖励的坏习惯在许多行业中都存在，也是优秀员工离开的主要原因。一家成功的公司绝不能让优秀的员工因为缺乏认同、物质或者其他奖励而离开公司。

激励和留住员工的另一个关键办法是培训。如果你雇用的都是优秀的人，那他们都是希望得到成长的，他们会流露出想学更多东西、做更多工作的渴望。一名优秀的机械师希望知道怎样操作更多的机器，最终能够管理车间；一名优秀的制造工程师希望到日本去，参观那些他听说过的采用更先进技术的公司；一名优秀的公关人员希望学会怎样在互联网上进行更有效的交流。

优秀的人永远不会认为自己已经到达了比赛的终点，而总是渴望继续前进!

人员管理做得好的公司能帮助自己的人成长。如果可能的话，公司的内部培训应该请自己的高级经理人来主持，他们不但要以教师的身份为大家服务，而且还可以角色扮演。内部资源较少的公司则可以让员工参加公司外的培训课程。在任何一种情况下，都要保证参加培训是一种对突出业绩的奖赏，而不是打发时间的精神安慰。

公司不能给员工提供终身雇用的承诺。今天，全球竞争非常激烈，经济周期变化无常，因此很难做出这样的保证。

但是公司能够承诺，为员工提供一切机会，培养其职业能力——这样，即使他们被迫离开，手里的技能也会使他们更有吸引力。

像奖赏和认同一样，培训也有同样的激励效果。它能够给员工指引一条成长的道路，告诉他们公司关心自己的成长，并且让他们有一个更好的将来。

准则4　积极对待与周围群体的关系——包括同工会、明星人物、边缘分子以及捣乱分子的关系。

如果你做得好，员工就会希望与你共创未来。

像大家庭一样，公司有各种各样的人际关系，有复杂的历史，充满相互猜忌。

要把人员管理好，就必须对这些难以应付的关系予以特别的关注，不能任其自由发展，也不能假装视而不见——采取睁一只眼、闭一只眼的态度是很容易的，但最终常常导致混乱。

好的人员管理需要公司坦诚务实地面对各种各样的复杂关系。

让我们从工会说起。

我在GE的时候，就是出了名的对工会没有兴趣的人。我认为工会的存在削弱了企业的竞争力，并且在经理人和员工之间制造了一道多余的障碍。

我用“多余的”这个词，是因为经验告诉我，只有在一家工厂或者一个部门被某个任性、冷淡、缺乏同情心、不关心员工的发言权和尊严的人所操纵时，工会的力量才会崛起。毫无疑问，这样的老板必须改过自新或者被撤换，然而工会运动的发起却是一种过激的反应，它会带来长期的消极影响——对每个人都不利的影响。

在我担任GE的CEO期间，公司里的确有几个历史很长的工会，但我一直感到我们之间的关系是相互坦诚和相互尊重的，我们公司从未爆发过全国性的罢工。对此我认为有两个原因。

首先，我们一直在宣讲自己做事的原则，并且说到做到。

其次，我们从来不是等到双方坐到谈判桌上以后才去改善彼此的关系。

先说说原则。

有关工会的问题，最重要的事情是记住它是由你自己的员工组成的。你们一起工作，居住在同一座城镇，你们的小孩也常常一起上学、一起玩耍。你们的生活和未来都被拧到了一起。

所以，在与工会打交道的时候必须秉持正直的态度。你们可以在具体事务上展开争论，而且也的确应该那样做。但为了使你们之间的争执更有建设性，你需要始终明白哪些问题是可以谈判的，哪些不可以讨价还价。在谈判过程中，把精力集中到你所界定的可以谈判的议题上，再无其他。否则，你所说的话就将失去意义，双方也可能失去信任。

再回到谈判桌上。你应该尽一切努力，在事前就与工会的负责人建立联系，因为等大家上了战场再互相介绍就来不及了。每次我同比尔·康纳狄外出处理公司业务的时候，我们差不多都会与当地的工会代表座谈。这些座谈的主要目的是让大家有一个更好的相互了解，并确定一些不那么紧迫的长远的发展方向。座谈时，每个人都能得到发言的机会，而且更理想的是，在这种氛围中，大家都愿意倾听别人的意见。比尔和我通过这些座谈了解到很多情况，为他和公司在与工会的全国性谈判中提供了有价值的参考信息。

接下来我们再看看另一种需要认真处理的人际关系——同明星人物之间的关系。

有一件事情是肯定的：要想获得成功，你需要明星。而且我一直提倡，各个公司都应塑造自己的明星人物——最出色的那20%——并且用特别的方式来抚慰和奖励他们。

可是抚慰的方式可能带来反作用，明星人物的自负将是一种危险的东西。我曾看到过这样的情况：有才能的年轻人被提拔得太快了，他们野心膨胀，到了失控的地步。我曾见过那些了不起的财务分析师、工程师和网络主管，他们被上司多次告知，自己的角色是不可替换的，于是他们开始傲慢自大，变成自己团队中的异类。我还看见一些出色的独立工作者，他们感觉自己做事情完全不需要依赖别人，因此渴望摆脱一切束缚，包括公司的价值观。

如果过于放纵，明星可能变成魔鬼。

因此，必须有人来做监督的工作，也就是当明星人物的老板。如果可以的话，人力资源部门应该提供相应的支持。这样的工作可不能有名无实，而是每当明星人物出现骄傲自大或者失控的苗头时，就需要有人出面，同明星人物就公司的价值观和行为模式问题进行坦诚的谈话。你绝不能害怕自己的明星人物，他们不应该把离开公司当成要挟的筹码。

当然，有时候这会遇到挑战。明星人物的反应可能让你感到意外——他站起来，宣布自己即将离开。那将是一个决定性的时刻。最理想的做法是，在这位明星宣布离开的8小时之内，任命他的替代者。不错，8小时。这个迅疾的行动会把信息明确传递给整个公司——没有人是公司离不开的，没有哪个人能够凌驾于公司之上。

2001年夏天的一个早晨，正当杰夫·伊梅尔特即将接任CEO的时候，我们设备部门的CEO拉里·约翰斯顿来到总部。他告诉我们，他即将出任艾伯森公司（Albertsons）的CEO，那是西海岸一家庞大的食品药品连锁企业。拉里是GE的一位重要人物，有着不凡的经历和极好的名声。他即将离开的声明虽然让我们感到失落，却没有干扰大家迅速采取应急行动。当天下午4点，我们就任命设备部门的销售经理吉姆·坎贝尔接替拉里的工作。这样，艾伯森公司得到了一位出色的CEO，我们也没有遭受太大的挫折。从上任的第一天起，吉姆就有了不错的表现。

要想快速替换明星人物，唯一的办法就是有充足的替补队员。这也就要求公司有良好的业绩评价体系，特别是帮助员工制订长远的职业发展规划。认真做好这样的工作，可以使你在面临任何明星离开的问题时，能够迅速从公司内部找到一两名优秀的候选人。

千万不要等你的明星人物确定要离开之后才开始准备交接的工作。到那个时候，许多事情很可能为时已晚。

第三种复杂关系的对象我称为边缘分子。

有一些雇员曾经取得过好的成绩，但是后来由于某些原因碰了壁，比如所谓的中年危机，或者对工作感到失望等。

这些边缘人物尽管为人不错，却会在工作中表露出负面情绪。大多数情况下，没有人知道应该怎么劝解他们。实际上，他们遇到的情况往往令人感到很尴尬，所以大家也都不闻不问。

他们会在工作中变得麻木不仁，而且会感到越来越痛苦，这种不满的情绪肯定会逐渐感染他们的团队。通常，经理人需要花很长的时间才能下决心让这些人离开，因为他们过去的成绩是相当不错的。但是，一个善于做人员管理工作的公司能够很快把自己的边缘分子拉回游戏中；如果没有起到效果，就会及时告诉他们游戏已经结束。

最后一种不容忽视的人际关系是与捣乱分子有关的。

他们是一些制造麻烦的人——借各种理由鼓动对管理层的反叛，他们中的很多人为人都不够光明正大。

然而，这些人通常都有优秀的业绩——那可是他们的挡箭牌——因此他们总是能够被企业容忍或者得到安抚。

人员管理工作做得好的公司会正视这些捣乱分子。首先，企业会对他们进行严格的业绩评价，并指出他们有哪些有害的行为，要求限期改正。通常，这个办法不会起作用，因为捣乱分子是很有个性的。如果是那样的话，就设法让他们远离正常业务，把他们当作有害物质清除出去。

如果像上述的准则 4 所建议的那样，经理人认真地处理各种复杂的人际关系，把人员管理工作的重点放在频繁地救助边缘人物或者应付捣乱分子上面，似乎应该是很自然的事情。这其实是一个误解。

准则 5　与惰性抗争，不要忽略中间 70% 的群体，而是把他们看作组织的心脏和灵魂。

在一个组织中，大部分工作都是靠中间 70% 的员工来完成的。这些人的表现非常稳定可靠，虽然不显得十分耀眼，却能够努力和尽责。如果他们能更加细心和投入的话，业绩还可能更上一层楼。

你不能只让这中间的 70% 默默干活儿，却不加理睬。就如同在一个大家庭中，除了引人注目的天才和喜欢惹是生非的坏孩子以外，那些循规蹈矩、性情温和的普通的孩子也应该得到关怀。

优秀的公司能够解决这个难题。实际上，它们会明确要求自己的经理人把至少50%的人员管理时间放在他们的主要队伍身上，给他们及时的评价和锻炼。除此以外，在考虑奖励、认可和培训机会的时候，也不要忘记中间的70%。

还有一条重要的注解。在较大的公司里，中间的70%可能会是一个差别很大的群体。在某种程度上，其中也有自己最好的20%、有价值的中间部分和最差的10%。你需要认识到其中的差别——而且应该知道，员工们也清楚有这样的差别。事实上，公司里经常发生这样有破坏力的现象，那就是在中间的70%中，最好的那批员工会离开。他们中的很多人已经接近业务明星的标准了——业绩表现差距并不大，但是公司把他们同中间70%的员工混为一体，没有给予特别的关照。于是，他们会在失望中离开，到一家对自己更为赏识的公司去。

那可是真正的损失。

未来的明星们常常埋藏在中间的70%里面，默默地努力工作。一家好的公司知道这个事实，而且明确宣布，业绩考评的等级评定不过是暂时的结论，由此来鼓励这一群体上进，并且把人力资源管理工具箱中的每种武器都利用起来。

请记住：中间的70%关系到公司的成败，对任何企业而言，它都是心脏、灵魂与核心。

如果你想把人员管理工作做好，就不能忽略他们中的大多数。

准则6　尽可能设计扁平化的组织结构，清晰地展示出各种关系和责任。

2004年，克杜瑞公司买下了格利根国际——一家拥有7亿美元年销售收入、机构遍及 13 个国家、拥有大约 5 000 名雇员的水处理与供应公司。克杜瑞公司的股东之一、前爱默生电气公司的联合 CEO 乔治 · 塔姆克被任命为董事会主席。乔治很清楚，格利根在过去 15 年间更换了 10 位所有者，但是当他跨进该公司的大门时，依然为自己所看到的组织混乱的局面感到震惊。乔治发现，许多雇员完全处于无所适从的状态——不知道自己该向谁汇报，谁又该向他们汇报，以及每个人应该对什么样的结果负责。

很幸运的一点是，在克杜瑞完成并购手续之前，乔治拥有 90 天仔细研究新公司业务的时间，所以，他对如何重新把格利根公司组织起来逐渐有了一个清晰的概念。在 30 天以内，乔治就和格利根公司到任不久的新 CEO 迈克 · 卡奇默，共同设计并实施了一个新的组织框架，消除了以前的混乱情形。暂不谈论他们的改革对格利根公司的财务业绩可能带来什么影响，但是以我过去在 GE 经历的许多案例来看，消除混乱状态和其他不明确的组织结构将产生重要的影响。

很不幸，格利根公司的情形对那些老牌的跨国企业来说并不罕见。我与达拉 · 霍斯劳沙希就进行过交谈，他是在线旅游公司 Expedia 的新 CEO。在 2004 年年底接手这个职位时，达拉也陷入了组织结构的沼泽。Expedia 这家成立不到 10 周年、有高度创业精神的企业一直成长得非常快，但没有人花时间去明确工作汇报的对象和责任。达拉把解决这个问题当作自己的首要目标，着手进行了大力整顿。

我说这些话的目的并不是描述怎样才能设计出完美的组织结构图。每家公司都会有自己不同的方法，建立在自己的规模和所涉及的业务基础上，但有一些原则是广泛适用的。如果你希望有效地管理人员，那就要帮助他们明确理解组织结构图，留给大家尽可能少的想象空间。

也就是说，应当画出一幅简单易懂的框架图，明示各种汇报关系，让大家对哪个人应该对哪种结果负责一目了然。

不过同样重要的是，组织结构应当尽可能扁平化。

原因在于，在一个组织中，每个层级都会在公司的行动或者事务中掺杂进干扰的因素。就像孩子们玩的“传话”游戏那样，一条消息每经过一个传递者，内容就会发生一定的改变。组织里的层级也会产生那样的作用，当消息在各层级之间来来往往时，人们会添加一些自己的解释和流言进去。所以，解决的办法就是减少中间的环节。

过多的层级设置还有另外的缺陷——增加了做事的成本和复杂性。

层级的增加必然减缓工作的进展，因为这增加了审批的程序，使大家需要召开更多的会议才能推动工作的开展。它以一种讨厌的形式，把新的业务或者小的单位淹没在大公司中，埋葬在官僚作风盛行的巢穴里。它把优秀的人才束缚在森严的层级制度里面，培养不出伟大的将军。

层级制度的可怕对任何人都不新鲜，许多公司还在不断被它所吞噬。对有些公司来说，层级制度似乎是业务发展以后的唯一选择。销售量增加了，那就赶快招聘更多的地区经理；员工人数增加了，那就赶快给总部添加更多的管理职员。

其他一些公司找到的理由甚至更糟：在公司业务没有发展的时候，层级制度可以让员工感受到发展；有了层级制度之后，你可以对员工进行提拔，而不用给他们加薪。这要比什么都不做更好，对吗？不对！

由于存在这种被层级制度吞噬的无情力量，所以我建议你的公司应该尽量扁平化，要比你一般认为满意的扁平程度超出 50%。对经理人汇报的直接下属至少应该为 10 个人，如果他们有丰富的管理经验，还可以增加 30%~50%。

如果你拥有出色的员工，又让他们有绝对清晰的汇报对象和责任划分，那就能把他们的潜力最大限度地挖掘出来。提供一个清楚的组织结构图并不是实现该目标的唯一途径，但却是必须走好的第一步。

在招聘到了出色的员工之后，你的工作转变了——要把他们塑造成一支成功的团队。

让人力资源部门真正掌握实权，把一个牧师—父母型的人放到那里掌舵。采用和实施坦诚的业绩评价体系，确保员工都知道自己的工作做得好不好。通过金钱、认同和培训等聪明的办法来激励和留住员工。勇敢地面对复杂棘手的人事关系。对公司最大的支持者——中间 70% 的员工——给予足够的关注。最终，把组织结构图变得扁平而明确。

执行这 6 条准则需要时间，这是肯定的。但公司并不是厂房、设备和技术，公司就是人。除了把人管理好以外，还有什么更要紧的事情呢？

第8章

“分手”

解雇别人不是件容易的事

现在来谈谈困难的部分。

在前面三章，我谈论了工作中令人兴奋、激动的内容——领导力、招聘出色的员工，并把他们管理起来，组成一支成功的团队。

然而我们都知道，工作并不是一块永恒的乐土。

工作更像是伊甸园。有时候，人们不得不离开。

那种情况很可怕，无论是因为表现不好而被解雇，还是因为经济不景气而大量裁员；无论是对于扮演恶人角色的人，还是对于被要求离开公司的人。大多数优秀的经理人发现，真正做这样的事情时，自己将面临让人难以置信的困境——无论是在事前、事中还是事后，他们都会感到内疚和焦虑。至于被要求离职的员工，那更是有可能成为个人职业生涯中最糟的一天。对有些人来说，工作就是他们的身份，是最主要的日常事务，是他们的第二个家庭，被迫离开无异于被宣布死亡。而对另一些人来说，工作可能没有那么浓厚的感情色彩，但却是自己经济收入的必需，因此，失业的前景令人感到恐惧。

这一章就是关于解雇的办法，我们的目标是把痛苦和伤害降到最小的程度。

但事先要申明一点，并非所有的解雇都是天然平等的。

第一种情况是因为违背诚实正直的品行而遭到解雇——包括偷窃、说谎、欺骗，以及其他违背道德或法律的情况。

第二种情况是由于经济低迷而发生的裁员。

第三种情况是由于业绩不佳遭到解雇。

最后一种情况将是本章讨论的焦点，因为由于业绩表现不佳而导致的解雇常常令人感到更加痛苦和棘手。

但未必不能够避免。

解决的方法其实也非常简单：经理人必须接受这样的事实——员工的离开是不可避免的，不能完全交给人力资源部门后就撒手不管，不能靠闭上眼睛来解决；相反，处理这样的问题完全是他们的本职工作，有两条指导原则——不要让人感到惊讶，以及尽量减少羞耻感。

不过，在我们仔细探讨如何实现目标之前，先来谈谈前两种解雇的情形。

违背正直品行而遭到解雇。

处理这样的情况不用费脑子，在做出解雇决定之前，你不必有片刻的犹豫，或者为此感到烦恼，做就是了。当然，你应该让公司上下都明确知道发生这种不幸的原因，让每个人都清楚破坏规矩可能带来的后果。

由于经济低迷而发生的裁员。

这种情形更为复杂一些。

大家都能回想起类似的情形：播放晚间新闻的时候，你看到愤怒的员工在工厂大门外或者办公楼前抗议；裁员的消息宣布了，员工们感到万分震惊，顷刻之间，无异于晴天霹雳。

但我敢保证，公司的高层人士对此并不感到诧异。他们甚至知道，裁员的议案已经讨论了好几个月了。

可是其他人却不知道——这其实并不公平。

公司里的每一个雇员，而不仅仅是高层人士，都应当知道公司的经营状况如何。

当然，财务方面的数据不会那么轻易地得到。例如，你在某家庞大的企业里负责一个有 10 个人的业务部门，那你恐怕只能得到自己所管理的业务的数据，而不知道其他业务的进展。但反过来，如果你所管理的是一个只有 10 个人的仪器商店，那所有的员工自然都知道你商店的各种业务表现——如订单的数量、利润的规模、前景以及新出现的低成本竞争对手等。

对大多数经理人而言，可能获得的财务数据的多寡介于以上两个极端情况之间。

你的工作就是尽可能多地搜集这些信息，然后尽可能清晰和及时地传达给自己的员工。如果能这样，那么一旦发生裁员的情况，至少你手下的员工们能有一定的准备。同样的原则也适用于因为具体市场变化而造成的裁员。例如，在互联网产业出现泡沫的时候，很多公司疯狂扩张，大量聘请技术人才。但是当电子商务的热潮逐渐平息之后，事情很快就显而易见了：雇用的人员过剩，一些技术人才必须被裁减。

在当时的情况下，大多数经理人都比较妥善地解决了这个难题，这要感谢媒体对新兴产业发生崩溃的密集报道。然而无论如何，公开的交流应该是首先要做的事情。

去年，我参加了在佛罗里达州的奥兰多举办的一次讨论会，主持人是一位女CEO，她来自新英格兰地区的一家咨询和培训公司。开会之前我问她公司的业务怎么样。她告诉我，在互联网泡沫破灭后，公司遭受了沉重的打击，在全部30名员工中，有一半的人不得不离开。

“解聘的过程顺利吗？”我问道。

“顺利得难以置信，”她回答道，出乎我的意料，“我丈夫和我采取了非常开放式的管理，让员工们对公司的经营状况一清二楚。于是，在裁员的时刻来临时，尽管大家都很难过，然而却能够理解。”

现在，公司又重新兴旺地发展起来，这位CEO以前的许多手下又都毫无抱怨地回来了。

不消说什么，这是一种完美的情况——公司规模很小，而且有关互联网泡沫破灭的新闻报道也让那里的员工有了更多准备。

但是，即使你的公司规模很大，经营状况更模糊不清，在宏观经济状况糟糕的时候，你还是应该把自己所知道的信息都摆到桌面上，让员工们有所察觉，这会有帮助的。

由于业绩不佳而遭到解雇。

现在，我们来谈谈最为复杂和棘手的一种解雇：某位员工表现拙劣，因而不得不离开公司。

前面，我用了“简单”一词来描述自己推荐的方法，也就是尽量让员工不要感到意外，尽量减轻他们的羞耻感。然而，我的意思并不是说处理解雇的事情会有那么轻松——绝非如此。

不幸的是，你需要在工作中、在充满压力的环境中学习怎样处理解雇别人的问题，没有办法让你做好充分的准备。经理人不会坐下来谈论这样的话题，交流彼此的经验。我也不知道有哪家商学院正在讲述这样的课程。还有，公司内部的培训计划可能会安排许多有关业绩考评的内容，但是就我所知，还没有什么培训能够在如何解雇员工的问题上提供太多的帮助。

所以，你可以借助的便只有直觉了。也许有的人天生就会做解雇别人的工作，但我知道自己不行。这样的工作我做过很多年，但一直感到不习惯。在我早年刚做经理人不久的时候，这方面尤其处理得不好。

最令我痛苦的一次回忆发生在皮茨菲尔德，我当时在那里负责塑料事业部。一天，有个男孩登上学校的班车，一拳打在我儿子约翰的脸上。原来在此前的一天，我解雇了那个男孩的父亲，而且显然，那件事我没有处理好。不过，即使我觉得自己把那件事处理得不错，结果也不会有什么两样——那个男孩的家庭肯定不会那样认为。

解雇员工时容易出现的三种严重错误

有时候，某些员工的表现非常令人失望，解雇这样的人不会带给你太多的麻烦。

在负责塑料部门的时候，我手下曾经有一位经理，到岗之后仅仅 90 天，他就不得不离开公司。那是因为，尽管他的简历上有名牌大学的学历，尽管他在闲聊的时候非常讨人喜欢，可是在任何一项交代给他的工作上面，他的效率都非常低。我还有一位朋友，她到一家服装店去做店员，结果在上班的第一个星期就被解雇了。原因是在接待顾客的时候，她总是忘记要求顾客在信用卡结费单上签字，两次结账就会发生一次这样的事情。她本人也感到无可奈何，甚至说如果老板不解雇她，她也会自己解雇自己。

然而在很多时候，解雇那些业绩不佳的人并不是那么黑白分明。关于谁做了哪些工作，谁应该对最后的结果负责，有许多界限不那么清晰的地方。

出于这个原因，经理人在处理解雇的问题时容易发生如下三种错误——行动太匆忙，不够坦诚，拖得太久。

关于第一种情况，可以参见我的一个朋友的例子，他在一家有 300 名雇员的公司工作，负责一个由 60 人组成的部门。公司正在成长，情况普遍不错。那是一家私人持股的公司，有着家庭式的企业文化，这意味着许多业绩平平的人也可以混得下去，大家追求一团和气。在工作日，大家合用汽车，在周末，一起搞聚会，这样的事情并不罕见。与许多小公司一样，业绩考评通常是非正式的活动，穿插着许多常见的幽默。

当我的朋友被提拔为部门负责人之后，她很快认识到自己手下的一名分管销售的副手——暂且称他为理查德——明显跟不上公司发展的要求。更糟糕的是，理查德是一个真正的捣乱分子，正如我在上一章里所描述的那样。他永远不会错过机会，挑战自己的新老板甚至老板的老板的权威。通常，他会在公司走廊中与同僚们相遇时，通过挖苦和幽默的形式把自己的消极评论发布出来。

理查德的行为并不可怕，可是让人相当恼火。

另外，他总是不能按时完成发货，对于日益复杂的物流管理也显得力不从心。我的朋友与理查德说过好几次有关他的缺点的问题，但都没有用，理查德又在走廊发表自己的特别评论了。终于有一天，一位重要的客户打电话过来，抱怨他的出货日期被推迟了一周。我的朋友终于下了决心——理查德必须离开。

正式发布解雇通知的时候，事情非常糟糕。理查德的表现不能说是惊讶，而是勃然大怒。他叫喊道："你疯了，这家公司从来没有解雇过员工！你要为此付出代价。"然后，他咆哮着出去了，跑回这幢楼另一侧自己的办公室，召集了一场紧急会议，与会者是他的 8 个手下。尽管理查德最后还是在几个小时之内清理了自己的办公桌，离开了，但一种对公司管理层的仇恨运动却已经被发动起来。单位的一些员工——特别是理查德朋友圈子里的人——感到他在遭到解雇之前并没有得到过足够的警告，于是他们也开始抱怨，不再相信老板或公司。在接下来充满抱怨的几周时间里，生产率显著下降，因为员工们花了太多的时间关起门来聚众议论——关于理查德的离开，关于事情是如何发生的，以及谁可能会是下一个。

我朋友花费了大约三个月的时间去恢复大家的心理平衡，使她的部门重新运转起来。

第二种解雇错误是这类事件的变形，它与缺乏坦诚精神以及对公平的误解有关。

假定你雇用了一名叫盖尔的员工，她不能完成自己的销售定额，而且出于某种原因，她的工作伙伴们感到实在不敢指望她。她影响了部门的业绩，还削弱了大家的士气。可是盖尔对所有的人都很友好，她也在尽自己最大的努力，她在这家公司已经有好些年了。每次当你试图告诉她，她的工作业绩有多么不好时，她却显得很愉快而且健忘，经常打断谈话，迫使你最后不得不收起自己的恶劣情绪，强装笑颜地结束交谈，只给她一个含糊的提醒："工作时要多动点脑筋。"

然后，情况发展成了危机。盖尔真的把事情弄糟了，在盛怒之下，你宣布解雇她。她感到万分震惊，并开始提醒你，过去那些年里你给了她那么多正面的评价。你提出给她一笔解雇费，与她的实际表现相比，这样高的赔偿可以说是非常慷慨的了。

可是她却憎恨那样的遣散费。那是对她的侮辱，她说，并且愤怒起来。你同样怒火中烧，因为你不能相信她竟然会生气。你已经容忍了她这么长的时间，她应当感激涕零才对！接下来的事情你是知道的，当盖尔走到门外的时候，她经历了由震惊到愤怒，再到痛苦的可怕过程。

这也许还不是你最后一次听说盖尔。回想一下吧，不久之后你损失了一个有前途的雇员，或者失去了一个潜在的客户，他们都可能和盖尔见过面，因为她从离开后已经成了到处宣扬你们公司丑陋面目的“形象大使”。

每一位离开公司的雇员都会继续代表你的公司。

在接下来的5年、10年，或者20年时间里，他们可以继续说你的坏话，也可以赞扬你。最为极端的情形是，被解雇的人会公开表露他们的愤怒，而且有些人会成为所谓的“揭发者”。我说“所谓的”，是因为我曾看见许多公司被这样不公平地“曝光”。由于经理人没有把解雇的事情处理好，这些“揭发者”便四处为自己的遭遇进行报复。

现在来谈谈第三种错误，就是对解雇的处理来得太慢了，以至于产生了一种麻木不仁的“活死人效应”。公司里所有的人都知道某人要被解雇了，甚至包括当事者本人，可是老板却等了很长一段时间才采取行动。结果，办公室里出现了极其尴尬的情况，甚至可能导致工作的瘫痪。

这样的情况我见得太多了，自己都记不起总共有多少次。不过有一回的印象非常深刻，那是在我担任事业部副总裁的时候，我参加过一次部门会议。

与会的大约有10个人，包括与我同级的一个人——史蒂夫，他的业绩一直以来都非常糟糕。在会议正式开始之前，每个人都已经感觉到，史蒂夫将会被宣布走人。在会议开始之后，他面临的处境就变得更糟糕了。

我们团队的上司披露了史蒂夫每个季度的工作结果，逐一批判，并且不允许史蒂夫开口辩解。史蒂夫简直是一无是处。会间休息时，大家四处乱转，尽可能不与史蒂夫碰面。没有人愿意正面遇到他。

不幸的是，公司用了将近一年的时间才让史蒂夫最后离开。

每次部门会议上，他都表现得自信心全无，令我们大家都觉得痛苦。你可以想象，史蒂夫自己的部下一定也都没有心思关注业务了，因为他们也看见了头儿的糟糕表现，正在焦躁不安地等待那个将替代他的人。

当然，问题在于老板为什么能允许这样的事情继续发生呢？一个原因是解雇别人是件非常困难的工作，没有人愿意做这种事，因此事情常常被耽搁了。另外一个原因则更加微妙。老板把表现不好的雇员放到进退两难的位置上，是因为他们希望让周围的同事都看到——而且赞成——解雇决定的必要性。尽管这样的行为比较残酷，然而大多数老板却希望借此来证明自己的谨慎，而不是迫不及待。

理查德、盖尔和史蒂夫都是解雇时发生错误的典型案例。那么怎样才能把这件事处理得当呢？

第一，不要制造大的意外。

给员工们提供许多财经方面的信息，可以使他们在经济波动导致的裁员之前有所准备。但是在处理这种模糊的业绩不佳导致的解雇时，又该如何避免让员工惊讶呢？

实际上，我们已经在此前的各章中涉及了这个问题，比如在关于坦诚精神、区别考评制度和有效的人员管理的章节里。答案在于建立一套严格的业绩评价体系。原因非常简单，一个好的业绩评价方法能够给员工提供正确的信息，让他们提前做准备——这是我所知道的最开放、最公平的办法。

假如员工都明白自己所处的位置，解雇的事情就永远不会发生。也就是说，如果业绩始终没有办法得到改进，大家最后会达成一个分手的共识。

在这种环境当中，有的雇员做得不错，但还是没有完全达到你的期望，接下来可能有几年的时间尝试改进，如果不行，大家也都会清楚最后的结果。在那段时间里，老板与部下之间应该有许多坦诚的对话，就业绩改进和职业发展进行探讨，甚至解雇的问题也可以被提出来，彼此不加掩饰地进行讨论。

理想的情况下，最终的谈话将会像这样：

老板：好的，我想你也明白这次会议我们要谈论什么内容。

雇员：是啊，我感觉也是。那么，在时间安排上你有什么想法，待遇是什么样呢？

此外，按照这样的方式运转下去，有时你会更加幸运，被解聘的雇员将第一个支持你。

雇员：有人给我提供了一个不错的职位，我也想迎接挑战。你认为怎样？

老板：这是一次很不错的职业机会，我认为你应当接受。

这样的分手基本上不会产生冲突，大家也绝不会感到有什么意外。

像理查德、盖尔和史蒂夫这样的例子，恐怕不可能完全避免，但如果我们坚持了坦诚精神和业绩评价，那些不愉快的情况将越来越少。

第二，将耻辱感减到最小。

要想在解雇过程中减轻令人窘迫的感受，首先应当了解一下人们在经历这种事情时的情感变化。

对老板而言，相关的感受在采取实际行动很久以前就开始了。在为解雇工作做准备期间，你会感到不安、失意和苦恼。

除了十足愚蠢的傻瓜以外，任何人都会对整件事情感到惧怕，特别是害怕最后面对面的谈话。几个星期以来，你连续失眠，不停地设想最后的情形。你对自己的家人或者最好的朋友倾诉，希望他们能够帮助你鼓起勇气。

同时，你的雇员也会感到恐惧。但以我的经验来看，他们通常直到最后一刻依然会抱有侥幸心理。拒绝承认现实会是他们主要的情感。

大多数人最后仍旧抱着一线希望，但愿这不是那个日子，同时又夹杂着撕心裂肺般的担心。

然而，那一天最终到来了，你坐到了桌前。

你通报了那个坏消息，突然间感到轻松了，忧虑的情绪已经过去。事情结束了，你会想，我处理得很仁慈，我说了许多好话，补偿金是公正的。终于，我能够去做其他的工作了，还要赶快招聘一个不错的人来填补空缺的职位。在回家的路上，你感到那个可怕的负担终于从肩上卸下来了，那天的晚饭也会是很久以来吃起来最香的。

不过，委婉地说，被你解聘的员工却处在另外一个情感地带。

即使你的员工得到过坦诚的考评，对现在的结果有充分准备，他还是会被最后的通知打垮——他的自尊心会受到重创。如果每件事你都处理得当，他不会感到特别吃惊，但他仍旧会感到十分难过和受伤害。

第二天上班以后，你必须做些违背你本能的事情。是的，那位员工的业绩非常糟糕。是的，你在他的身上已经花费了过多的时间和精力。

但是直到他离开之前，你一定要竭尽所能，不要让他产生被周围的群体排斥的感觉。要帮助他重新树立自信心，指导他，让他知道其他地方有更好的机会在等着他，他的技能能够在那里得到更好的发挥。

你甚至可以帮助他找到那样的工作。要把被解雇人员的软着陆当成自己的目标。

有的解雇一小时之内就可以完成，但某些人的离职过程却要花上半年的时间。如果避免了匆忙行事，就可以省去许多痛苦，保护许多人的自信心。

令人遗憾的现实是，解聘员工是商业生活中的一个组成部分。这样的事情通常是令人痛苦的，但也不是必然如此。如果你处理得当，虽然它绝不会让人感到愉快，但是对所有的当事人来说至少还可以接受。

解雇会造成很长时间的后续影响——对你和你的公司，特别是那些遭到解雇的人。

显然，如果公司的财务状况非常危急，那你必须大刀阔斧地进行裁员，不可能太过小心谨慎。如果有人做出了违背正直品行的事情，那你必须把他踢到公司门外，越快越好。但是在其他情况下，解聘的理由相对来说是比较模糊的。请记住，每当遇到解聘的情形，你都要认真把握整个过程。

到了让某个人离去的时候，把一切都处理妥当，不要给人意外，不要给人羞耻感。

第9章

变革

即使是大山也要去撼动

我相信，一提到“变革”，很多人就感到坐立不安、呼吸急促。那是因为十多年以来，这个话题已经造就了一个咨询产业，它所有的卖点仿佛都是这样一句话：要么变革，要么灭亡。

然而……事实的确如此。

变革是商业生活中一个绝对关键的部分。你确实需要变革，而且最好是在不得不变革之前进行。

你所听到的关于变革的阻力也是真实存在的。

当老板宣布发起变革之后，大家都很厌恶。他们跑回自己的格子间，疯狂地互相发送电子邮件，诉说这个运动将要毁灭一切的理由。

坦白地说，大多数人厌恶变革的原因在于，他们发现某种自己心爱的东西将会消失。伦敦的《泰晤士报》版式变得活泼之后，那里的编辑告诉我，他收到一封读者来信，质问他，作为西方文明的终结者，感觉怎么样。

人们喜爱熟悉感和程式，养成了依赖性。这种现象是根深蒂固的，只能归结于人类的本性。

但是，把一种行为归结为人性，并不等于你一定会被它所控制。是的，要想成功地实现变革，有时会让人感觉像要撼动大山。不过，推动变革也能带来意想不到的振奋和奖励，特别是在你开始看到结果之后。

在 GE 工作的那些年，我们总是处在连续不断的变革状态中。今天的大多数公司也同样如此。如果你想在商业游戏中继续玩下去，想要“赢”，就必须拥抱变革。

也就是说，我认为变革不是一种过渡状态。在我参加的各种讨论会上，人们对于变革的关注程度令人印象深刻，他们经常问我：“我的公司必须进行变革。但如果每个人都希望周围的一切照旧，我又怎样才能让他们投入到变革之中呢？”提问的人通常都带有一定程度的失望情绪。

通常，我的第一反应是反问。“你们真的是自己组织里唯一认为需要变革的人吗？”我问道，“如果是，而你们自己又不具有某种权威，那就把自己的议案提出来。如果你的建议没有得到任何响应，那就要么接受现实，要么离开。”

但是，如果情况不是那么极端，而是你有权力推进一些事情，同时还有少数支持自己的人，那你就可以有所作为。

接下来，你需要遵照以下4条准则：

1. 在每一次发动变革时，确立一个清晰的目的或指标。为变革而变革的做法是愚蠢的，只会产生消极影响。
2. 招募和提拔忠诚的追随者，以及能适应变革的人。
3. 清理并剔除反对者，即使他们有不错的业绩也在所不惜。
4. 利用意外的机会。

如果公司的领导者能满怀激情地执行这些准则，给每个全力支持的人提供奖励，那么对变革的任何干扰最终都会消失。变革会成为人们日常工作的一部分，成为规范，到那个时候，大山就会移动。

我见证过这样的事情发生，它并没有地球爆炸那样可怕。

下面我将对这4条准则进行更详细的描述。

准则1　在每一次发动变革时，确立一个清晰的目的或指标。为变革而变革的做法是愚蠢的，只会产生消极影响。

如果公司完全把变革当成宣传游戏，追赶每一种新出现的管理时尚，那会是一种灾难，是变革过度！有些大公司在变革时，会同时启动10种不同的改革计划，有8个不同的努力方向。这种蜻蜓点水似的变革永远不会带来任何有意义的结果，只会让大多数雇员在工作时感到非常忙乱和无序。

事实上，变革应当是一个相对有序的过程。

要想这样，人们就必须明白——记在脑中，挂在心上——为什么变革是必要的，变革会把他们带向何方。

当然，在问题明显暴露的时候，这是比较容易实现的，比如天下大乱的时候，又如收入大幅度减少，竞争对手降价 20%，一种新的产品出现了并从根本上威胁着你的市场地位。如果有媒体撰写了关于你们企业的文章，预言你们即将崩溃，变革的推动也要变得容易许多——也许这是你唯一一次对那家讨厌的媒体产生好感的时刻！许多著名大公司成功的变革都有过类似的经历，例如通用汽车、IBM 和施乐等。

当全世界都知道你面临的问题时，支持你的力量将占主导地位。

但有时候，变革所需要的并不是天马行空的奇思异想。

竞争的威胁似乎才仅仅露出一点苗头，危险或许并不真实……或许是在敲响你的公司走向灭亡的丧钟。你并不知道答案——尽管如此，你却不得不有所反应。

在这样的情况下，你最需要获得的武器，便是证明变革必要性的大量数据，以及与其他人的充分交流。

例如，在 20 世纪 70 年代末，GE 的家电设备业务就面临这种情况。在那些年，家电和照明设备是公司的支柱——我的前两任董事长和几名副董事长都是从这些业务领域出来的。该业务的每个人也都确信，GE 是家电设备行业的领导者，而且可以永远保持自己的地位。

1978 年，我被任命为消费品事业部的负责人，我发现家电设备业务的市场份额已经连续滑坡了好几年，利润减少得更快。在我这样的局外人看来，这种状况令人惊恐，同电视机和汽车行业的情况非常相似：日本企业提供了大批高质量、低成本的产品，疯狂抢占市场，臃肿的美国公司却只能袖手旁观。

在肯塔基州路易斯维尔的总部，我把自己的意见向该业务部门的经理们做了宣讲。这个地方聚集了很多“优秀的老家伙”，自然也有庞大的管理费用，以及繁杂的官僚机构。通过一张张图表，我给他们举例说明设备行业日渐衰弱的形势。然而，委婉点说，我的观点在初期应者寥寥。一开始的时候，我完全需要依靠强制手段才能推动成本削减计划的实施。

我立刻遭到了两种抵制，这在任何成本削减计划中都是非常常见的。

一种是：“我们已经减了脂肪，你现在是在叫我们减骨头。”

另一种是：“竞争对手发疯了，他们完全是在白送自己的产品。等着瞧吧，他们不可能坚持下去的。”

幸运的是，这项业务的领头人——一位“优秀的老家伙”——是个名叫迪克·多尼根的人。我曾经考虑过要撤换他，可他看到了我的变革计划的意义，开始为我提供帮助，并且成为整个设备业务中的变革拥护者。他的领导才能对于稳定局势起到了至关重要的作用。他在这个业务部度过了自己的整个职业生涯，因此非常了解员工队伍的情况。在两年多的时间里，他组建了一支拥护自己的团队，清除了诽谤阻拦的人——差不多有好几百人。

最终，我们的设备业务经历了激烈的变革——我们也不得不这样做。在 1978 年，我的变革运动刚刚发起的时候，问题还不是很明显。甚至在以后的几年时间里，变革的意义也并不特别清晰。实际上，日本从来没有在美国出售过大型的设备产品。而且也只是到了 2000 年前后，美国市场才遭受了中国和韩国厂商的冲击。

然而，美国国内市场的严酷竞争已经足以说明变革的必要性了。

你只需要看看电冰箱的价格变化，就能明白我们的设备业务为什么还要继续降低成本，而且仍然没有减到自己的“骨头”。这个行业今天的特点就是持续不断地提高生产力、适时地创新，以及需要一个视变革为常态的团队。

从设备部门的事件中我们能得出一个教训，那就是在推动变革之初，你可能并没有掌握支持自己行动的全部信息。但不管怎样，你必须采取行动，把自己所知道、所担心的事情都大胆讲出来。

随着公司规模的扩大，就变革的议题展开交流也会变得更为复杂。假如你是一家只有 200 人的机床制造公司的老板，你可以在某一天上班后召开一次会议，在会上宣布：“好了，弟兄们，我处理完外边的销售工作刚回来，你们猜猜是什么情况。我们面临着何其残酷的竞争，一家匈牙利的新公司突然出现了。我们周围的一切都不得不进行变革。”但是，对于一家拥有数十万名员工，在多个国家从事多种业务的大公司来说，推动变革则是一件完全不同的事情。

在大公司里，对变革的呼吁通常会遇到虚伪的笑脸。对于你的计划，大家都点头同意，愉快地答应将提供全部所需数据，仿佛变革就将成为必然。然后，大家回到自己的岗位上，一如既往地做着以前的事情。如果公司以前发动过多次变革，雇员们就会把你当成是汽油过敏了。他们认为用不了多长时间，你的症状就会自然消失。

这种普遍的怀疑态度说明，任何领导变革的人必须远离空洞的口号，立足于切实的、有说服力的行动。

随着时间的推移人们自然会明白变革的道理。

准则 2　招募和提拔忠诚的追随者，以及能适应变革的人。

公司的每一个人都会声称他们希望变革，因为在今天这个时代，不这样说等于职业生涯上的自杀。实际上，大家在履历中把自己描述成一个“变革者”的情况已经是相当普遍的了。

这是有些荒谬的。以我的估计，在全部商业人士中，真正的变革者不到总数的 10%。他们才是变革真正的拥护者和忠实的追随者，他们知道应该如何发起变革，并且热爱整个革新的过程。

绝大多数人——大约占 70%~80%，甚至更多——不可能领导变革，但是一旦认识到变革是必然的之后，他们就会说：“我准备好了，开始吧。”

剩下的则是反对者。

要发动变革，公司必须积极地招募和提拔变革的忠实跟随者。可是，既然每个人都声称自己欢迎变革，你怎么分辨真伪呢？幸运的是，真正的变革者常常能自己浮现出来。

他们通常的特征是傲慢、精力过剩，对将来有一点妄想狂的样子。他们常常会主动发起变革，或者要求领导变革。他们总是充满好奇心，喜欢向前看。他们提出大量的问题，张口就说：“为什么我们不……？”

这些人富有勇气——有点无知者无畏的天真。他们有某种内在的东西，能使变革得以顺利地进行，而不需要为自己编织安全网。如果失败了，他们也清楚自己能够爬起来，掸去满身尘土，继续前进。在风险面前，他们能屹立不动，这使得他们能够在缺乏足够资料的时候敢于做出冒险的决定。

上面的叙述让我马上想起了橡树山资产管理公司（Oak Hill）的一位主要合伙人——丹尼斯·内登，我认识他已经有 20 多年了。1977 年，刚从康涅狄格大学毕业，丹尼斯就加入了 GE 资本公司（GE Capital），到 1989 年已经成为公司的副主管，他协助加里·温特把公司发展壮大，净收益从开始的几亿美元扩大到了 2000 年的 50 多亿美元。最能描述丹尼斯的词就是热情、绝顶精明，以及对发展的狂热期盼。对于任何一个日常业务或者操作流程，他都能够去分析、组合和改进。事实上，丹尼斯总是把事情的现状视为错乱的、需要改进的。通过这样的视角，他把自己负责的上百起资产运作交易提高到了空前的业绩水平。他总是给员工一种超越自我的提醒，不但要明白自己的现状，还要明白自己将来的前途。

现在的丹尼斯与绝大多数变革者一样，总是能让周围的所有人更勤勉地运转起来。他频繁地向别人发问，推动大家前进，永不停息。在这个过程中，有些人会感受到威胁或者感到恐惧。但是丹尼斯并不属于那种只要过得去就息事宁人的类型——成功的变革者很少如此。

下面要指出的一点是，要变革，你就需要在上层有忠实的支持者，在各个地方找到赞同者。我们来看看家得宝公司（Home Depot）的鲍勃·纳德利的例子。

从前的家得宝公司就像 GE 的设备业务部一样，大多数人会把变革的想法当成荒唐的事情。2000 年 12 月，当鲍勃来到该公司的时候，从外表来看，它是非常完美的，而公司内部的每个人也为企业的利润水平和增长速度感到高兴。公司的创始人从一无所有起步，做出了不凡的业绩，他们还慷慨地与数千名员工分享股票期权。20 世纪 90 年代，公司的利润迅速增长，让全体员工增添了无穷的信心。

正在此时，却发生了两件严重到没有人愿意面对的事情。首先是在公司业务急剧膨胀的同时，内部的管理规范并没有建立起来——对于存货的跟踪、储存政策的制定以及指导采购的方针等——这已经对公司继续保持自己的竞争力造成了挑战。

其次，家得宝公司的主要竞争对手卢氏公司（Lowe's）正紧追不舍，它的商店更加现代化，服务也更为细致。

鲍勃就任一个月以后，就开始大胆地提出这些问题，并引用了大量的数据作为佐证。但是，公司各个层面的人都不接受他的看法，不认为公司需要根本的变革。许多经历过以前的好日子的公司雇员公开怀念公司的创始人——在他们经营公司的时候，每个人都在迅速地致富。对这样的怀旧之情，谁又能够责备呢？

可是，现状必须有所改变。鲍勃知道，依靠自己所继承的领导团队，不能实现根本的变革。于是，他很快引入了自己的人——改革的忠实跟随者，并提拔了几位老员工——都是他认为能够接受变革的人。在新团队的支持下，他们给公司制定了完善的内部管理程序，使业务恢复了高速增长。鲍勃一开始并没有得到充分的支持，但是他给自己配备了出色的左膀右臂。

准则 3　清理并剔除反对者，即使他们有不错的业绩也在所不惜。

推动变革将是实施过程中最困难的一个环节。在上一章里，我谈到过让员工离开公司是如何艰难，但尤其困难的是解雇那些并没有做错过什么事情，而且业绩相当不错的人。

但是，在任何一个组织中——正像 GE 设备业务部和家得宝公司的案例所揭示的那样——总是有那么一些人，不管你的理由有多么充分，他们就是不能接受变革。或者是因为他们的个性不能轻易接受变革，或者是因为他们对于以前的一切过于依赖，这些依赖包括感情上、理智上以及政治上的各个方面。他们认为，事情就是这个样子的，不可能再有什么更好的办法。

通常来说，必须请走这些人。

这样做也许显得非常无情，但是，如果你把反对者留在自己的组织中，那不会对任何人有好处。反对者会秘密地发动抗争活动，打击那些支持变革的人的士气。在一个与自己的愿景相冲突的公司里待下去，也会浪费他们的时间，因此，你应当鼓励他们离开，去寻找一个与他们志同道合的团队。

我们再来看一个不寻常的案例，是关于比尔·哈里森的故事，他是摩根大通银行的 CEO。在领导自己的银行实行变革时，他曾要求一位德高望重的高级经理人离开公司。更令人瞩目的是，要求那位仁兄离开的时候，比尔自己的政治声望还处在低谷——那正是安然公司崩溃的时候。当时许多人都在猜测，对于银行给安然公司和其他有了大麻烦的公司提供的贷款，比尔是否应该承担个人责任。

那段时间，比尔组织了一次高级经理人培训，学习的重点是对新合并的摩根大通银行进行改造，建立更强的市场导向。对于该银行来说，这是一次重大的机构变革，它需要摆脱自己身上原来拥有的华尔街公司的个性。变革运动最大的反对者是负责银行主要业务的一名 CEO，一位真正的明星人物。他留恋投资银行业长期以来养成的“独狼”文化，并发起了一场静悄悄的抵制斗争。

于是，比尔请他离开。考虑到当时公司内外所面临的复杂局势，那可需要相当大的勇气。不过比尔明白，如果公司里有这样一位反对者及其同党挡道，那么整个银行的改造将不可能获得成功。他的判断是正确的。坦诚和公平的处理使这次人事变更实现了平稳过渡，比尔的变革计划也得以继续推行，取得了成功。在比尔的高级经理人培训计划实施两年之后，有关的调查显示，培训计划让经理人对于公司的发展方向有了更大的认同。与没有参加过培训的人相比，参加过培训的人员对公司发展目标的认同度高出了20%。

从管理的角度来看，比尔·哈里森这次所面对的清除反对者的工作是极其艰难的。但是，在很多情况远没有这样复杂的例子中，我却看见许多经理人不能痛下决断，而是继续留用反对者，对他们的特殊技能或老资格做出了让步。

不要这样！

随着时间的推移，反对者只会变得更加顽固，他们的支持者也会更难以改变。他们会成为变革的杀手，你需要及早地“斩草除根”。

准则4　利用意外的机会。

大多数公司都会利用摆在眼前的机会。当竞争者失败的时候，它们就积极夺取对方的顾客；当一种新技术出现的时候，它们就进行投资，扩大生产线规模。

但是要塑造一个真正的变革型组织，你还需要学会利用自己的本能，寻找那些更冒险、更惊人、更不可预见的机会，对其做出评估，最大限度地加以利用。具备这种能力的人需要特殊的决断力以及特别的扩张欲望，但回报也可能是巨大的。

以 1997 年亚洲金融危机为例，货币交易商当然要充分利用这种可怕的事件，因为他们就是以专门利用变革为生的，但他们并不是唯一要这样做的人。在那场危机期间，GE 就成功地收购了估值偏低的泰国汽车贷款，其他一些公司则通过收购打折出售的房地产而发达起来。

日本的银行在 20 世纪 90 年代陷入危机，这给许多公司提供了以优惠的价格购买资产的机会；另外，他们有机会进入一个此前一直比较封闭的市场。例如，利普伍德控股公司（Ripplewood Holdings）、美国国际集团（AIG）、花旗集团和 GE 公司都大量参与了收购，他们敢于在当时可怕的环境中投下巨额赌注，但是许多权威人士都预言，日本经济将就此一蹶不振。结果，日本经济逐渐复苏了，那些下赌注的人成了大赢家。

破产是另一种可以提供各种机会的灾难。破产对雇员来说是悲惨的：工作丢了，退休金也消失得无影无踪。但是，在废墟中也有创造新工作和未来的机会。当安然公司崩溃的时候——那是一个真正悲剧性的商业事件——沃伦·巴菲特能够以非常优惠的价格收购它的管道运输业务，而 GE 也得到了其风力发电业务，价格同样很合算。对 CEO 让–马里·梅西耶、许多雇员和公司的股东来说，维旺迪公司（Vivendi）的崩溃是一场灾难，但是清算的结果使得埃德加·布朗夫曼以优惠的价格得到了重新进入音乐产业的机会，而 GE 公司则购买了大量的媒体资产。

我们当然知道，没有哪个商人希望看到灾难的发生，但是灾难总会发生。油价会发生波动，大厦会被地震毁坏，公司会破产，有的国家会封闭边境。在当今的世界上，恐怖袭击成了一个长期的威胁。而且即使恐怖主义最终被遏制——但不幸的是，还没有那么快——还是会出现将改变历史进程的选举和革命。

大多数公司都会好好利用摆在自己面前的机会。但有的公司有能力利用最糟糕的环境——那些“意外的机会”——而且它们也应当利用。例如，自“9 · 11”事件后，出现了一种全新的安保行业。当然，从你的内心来说，你宁可希望这样的行业不要继续存在。但是，如果你认识到变革意味着抓住每一个机会，那么就会有一些公司懂得从中获益，即使这些机会是由灾难而起。

有关变革的讨论太多了，很容易让人感到不知所措，陷入困惑。

可是有 4 条准则是需要遵循的：在每次变革时，都要制定清晰的目标；建立支持改革的团队；清除反对者；以及抓住每一个机会，包括那些源自其他人的不幸的机会。

在变革来临的时候，不要背太多包袱。

不需要这样。

第 10 章

危机管理

千万不可坐以待毙

人们经常把危机管理比喻为救火，这是不足为奇的。像一场四级警报的火灾一样，一场意外的灾难足以毁灭一个组织：员工们三五成群地在各个办公室秘密交谈；经理们则接二连三地召开秘密会议，讨论究竟发生了什么怪事；人们捶胸顿足，摇头叹气，他们被职位问题所困扰，来回地扳动手指。经常的情形是，人们陷入恐慌的情绪中，实际业务也陷于停顿。

听起来很耳熟，是吗?

请看，危机发生了。只要公司是由人组成的，就会有错误、争吵、怒火，就会有事故、偷窃、欺骗。冷酷的现实是，某些令人讨厌和不受欢迎的行为是不可避免的。

如果人们总是遵纪守法，就不会有警察机关、法院和监狱。

对领导们来说，危机常常是自己职场生涯中最痛苦、最令人烦恼的经历。

危机会让你过得忧心忡忡、彻夜难眠，在你内心深处泛起一阵悸动，这样的不安与工作中需要面对的其他挑战的感觉不同。

最主要的一点是，解决危机要求领导者有绝好的平衡能力。一方面，你要利用已经知道和掌握的一切来分析和解决危机，你必须花费自己的许多时间和精力来熄灭危机的火焰。同时，你必须在一个封闭的环境中来完成这些工作，并且在外面装出若无其事的样子。但很遗憾的一点是，许多领导者常常忽略了这个要求，因为你把精力都集中在化解危机上面，那可能波及整个组织，把大家都卷入愤怒、担心和业务瘫痪的旋涡中。

在摆脱那些糟糕透顶的危机状况的煎熬时，这种平衡的要求显得有些残忍。在危机的开始阶段，你并没有多少希望得到需要的信息，而寻找解决办法的进程也常常比你预想的要慢很多。另一方面，危机的结束也很少能做到绝对公平和正确，好人有时会感到受了伤害。但你终于能够轻松一些了，因为混乱的局面毕竟成了历史。

每次危机都是不一样的。一些完全是内部事件，可以立刻找到解决办法；另一些是被媒体关注的焦点事件，要利用各种法律手段。每次危机各有不同，因此很难总结出普遍适用的规则。

然而，在处理危机的时候，我建议你考虑以下“五种假设”。

我自己在处理危机局面的时候就很好地利用了这些假设，包括牵涉到一名以色列空军将军的飞机引擎交易贿赂事件、我们公司与政府之间关于工时卡准确性的争执，以及涉及数百万美元虚报收入的基德公司丑闻。

这些假设算不上危机管理的行动公式，但是我希望它们能给你提供一个方向性的指导，让你从“天哪，不”的恐慌状态回到“是的，我们很好”的正常状态。

第一，假设问题本身要比表现出来的更糟糕。在危机的开始，经理们往往否认问题的存在，这将浪费大量的时间。你不要再犯这样的错误，而是要直接跨过否认这一关，形成这样的思维定式，那就是问题将比你所能想象的更严重、更混乱、更可怕。

第二，假设这个世界上并不存在秘密，每个人最终都会知道一切事情的真相。在危机的旋涡中，最普遍的一个倾向就是遏止，经理们疯狂地设法封锁消息流。其实，与其等其他人最后替你把事情抖出来，还不如迎难而上，自己把真相说清楚。

第三，假设你和自己的组织对危机的处理将被别人以最敌对的态度描述出来。在危机过程中，让你和你的组织表现出色可不是媒体的职责，而且他们也不会那样做。但你永远也不要介意媒体的说法，同时，你所在的组织也会表现出很苛刻的要求。对于这两种情况，处理的手段都是相似的，应该及早和经常地把自己的看法公布出来。

第四，假设在危机处理过程中，有关的人和事会产生变化。几乎没有哪次危机不是以付出血的代价而告终。真正的危机不会逐渐平息，而需要引入彻底的解决方案，对现有的秩序进行大修，或者建立新的秩序；并且经常要对人和职位进行重新安排。

第五，假设你的组织将从危机中挺过来，而且会因为经历了考验而变得更强大。在每次危机中，我们都收获了某些东西，这让我们成为一个更聪明、更有效的组织。这样的长远眼光可以让我们在饱受危机煎熬时缓和一下自己的感受。

寻求免疫

2004年，在阿姆斯特丹，我们遇见了一位荷兰记者，她刚刚从一场两年的失忆中康复过来。她给我们叙述了失忆对她最糟糕的影响，并把它形容为免疫力的缺失。也就是说，她每次做错事情的时候，例如碰到了炽热的火炉，或者下雨的时候不带伞就外出，都仿佛是自己第一次做错一样。这使得她无法从自己的经历中学到任何东西。

我们碰面的时候，这位记者正在报道荷兰的食品零售商阿霍德（Ahold）公司所发生的严重的会计欺诈危机。在我们的交谈中，她问道，在麻烦过去之后，那家公司将会变成什么样子。

有过一次被炉子烫过的经历，她还会再犯吗？或者该公司的财务管理会得到比以前更严格的控制吗？

我提出，阿霍德公司在将来还可能犯其他错误，但是在很长很长时间之内，它应该不可能犯类似的会计管理的错误。

在危机过后，许多公司会走向极端。它们会建立起规则和程序的堡垒，与曾经的仇敌进行斗争。或者用那个荷兰记者的比喻，它们会对击倒过自己的疾病产生一种免疫力——如同一个孩子不会得两次水痘一样。

因此，危机管理能建立一道保护层，你很少会经受两次同样的灾难。

也就是说，为了预防某些危机，你可以先发制人。

预防危机有三种主要的方法，大多数公司在前两种方法上面处理得不错。

第一种方法是严格控制——主要针对财务纪律和会计制度，辅以强大的内部和外部审计程序。企业中业务部门的管理人员应当遵从这样的要求，对审计人员的任何发现做出解释，并采取行动。

设法预防危机发生的第二种方法是采用良好的内部管理流程。比如，严格的人员招聘程序、坦诚的业绩考评以及全面的培训计划，使公司的各项政策都为大家所熟悉和理解。对于公司的行为准则、规定和监督办法，进行再多的培训都是可以的。

第三种方法较为罕见，而且适用范围更加严格，那就是正直的企业文化，是指诚实、透明、公平，以及严守准则和规章。在这种文化里，没有遮遮掩掩的默契和小动作，违反准则的人不会因“个人原因”离开公司，或者离职是为了“花更多的时间同家人待在一起”。他们会被公开地曝光——离职的原因要痛苦地呈现在每个员工眼前。或许公司的律师会提醒你不要说得过多，但只要你真正掌握了实情，你就应当不怕，大胆地公布是谁违反了准则以及违反的经过。把违反公司政策的人作为典型公布出来，将对组织的长远建设有极大的好处。

公开的批评和处罚听起来或许显得很无情，但却是最好的引导方式。每当你的组织中有人以身试法——犯了违背正直品行的错误——至少会有好几个旁观者立即站出来，大声说："开除他！"

预防还不是一门完美的科学，但它是你抵御危机的第一道防线。不要依赖痛苦的经验来增强你的免疫力——除非不得已而为之。

对危机的剖析

在讨论每一种假设之前，让我们简单地看一下，危机是怎样萌芽、发展以及结束的。

大多数时候，危机就隐藏在你身边。最初，会有人在咖啡店里拦住你，让你感到困惑地问"你听说了吗"之类的问题；或者你会收到电子邮件或信件，告诉你出现了可能"不合常规"的事情；或者你接到了一个从来没有想到过的人打来的电话。

就我的经历来看，最后一种情况发生在 1985 年。当时 GE 的首席律师打电话来说，政府正在对我们宾夕法尼亚弗吉谷（Valley Forge）工厂的工时卡的准确性进行调查。要知道，那是家为政府生产导弹弹头的工厂。

在那样的产业中，员工要把自己的时间分配在不同的项目上，可我自己没有在这样的行业工作过，更不要说有亲自填写工时卡的经历了。我所知道的只是，我们航空事业部的人就没有执行这个流程的麻烦，因为他们的工程师的全部收入仅仅包括公司支付的薪水。我的第一反应是相当镇定的："嗯，请不断把最新消息通报给我。"

我们的律师的确这样做了。但是在我反应过来之前，工时卡的事件爆发了。在我当上 CEO 之后的头两年中，这场事故耗费了许多员工的时间和精力。

有的时候，危机是由单一的事件引发的，像埃克森石油公司的油船在阿拉斯加海上断裂，导致数百万加仑的原油被倾泻入大海，或者强生公司突然发现羟苯基乙酰胺被患者滥用了。

但是，大多数危机并不是像炸弹那样突然爆发——而总是一点一点地暴露出来。我不知道默克公司（Merck）的“Vioxx”药品出现问题的细节，但是我愿意打赌，事情的苗头实际上在几年前就开始暴露了。当时可能是零星的案例，服用那种药物的患者出现了心脏问题。接下来，可能有一些科学家大致怀疑“Vioxx”与患者的不良反应有关，然后才是大规模的调查。从那以后，危机的局势大概才变得明朗起来，这已经是 2004 年秋天的事情了。

大多数时候，危机就是这样发展起来的——它们露出苗头，之后朝着解决的方向发展。像雪球从山上滚下来一样，危机会不断弹起来，蜿蜒前行，重量逐渐增加，速度加快，而且人们永远不能完全确定它会在哪里终止。

然而，你能够确定的是它终将停止下来。到达山脚的过程可能不是令人愉快的，但最终还是会结束，重新开始正常的生活。

直到另一场危机出现。

行动计划

现在我们来讨论当危机发生的时候需要记住的五种假设。

第一，假设问题本身要比表现出来的更糟糕。

不管你怎样希望和祈祷，极少有危机会是小打小闹，并且维持那种状态。绝大多数时候，它们都要比你接到第一个电话时所能想象的更为严重——而且会持续更长的时间，变得更难以控制。涉及的人员比你预想的更多，大批的律师会来探听消息，最为可怕的事情会被说出来、公布出来，比噩梦还要糟糕。

因此，在危机出现的早期要调整好自己的思想状态。在处理每一次危机时，都要假设自己的组织里发生了最坏的事情。而且同样重要的是，假设你自己需要完全对这种事情负责。换句话说，就是假定自己的公司发生了严重的危机，而你必须解决它。

当年我对于工时卡危机不冷不热的反应就是典型的失误，我没有认识到调整思想状态的重要性。由于对危机管理缺乏经验，我当时的假定是问题不可能有那么严重，因为在工时分配上出现错误对于当事人没有什么特别的个人好处。我想，或许是个别人在记录自己的工时卡时显得比较马马虎虎——那又怎么样呢？

这个“那又怎么样呢”来得正是时候。

当时，卡斯珀·温伯格刚刚被任命为美国国防部部长，他正在坚决贯彻里根总统提出的反对政府“欺骗、浪费以及滥用资源”的行动，充当了急先锋。报纸上登满了各种消息：许多公司卖给政府的铁锤一个价值400美元，马桶坐圈一个要价1 000美元等等。

我们公司就是下一个话题。

我们最终了解的情况是，在宾夕法尼亚那家工厂归档的数千份工时卡中，99.5%都是正确填写的。问题并没有那么严重——0.5%没有正确填写，属于小小的违规。但是，我们没有正面对待自己的过失，而是忙着想当然地自我辩护：绝大多数工时卡的填写是正确的，错误属于意外……总的来说，我们给政府提供了优惠的价格……对我们的攻击完全属于政治迫害。如果老练一些，我可能会说："我们错了。我们会竭尽所能去纠正错误，保证类似的错误以后不再发生。"

我的意思并不是说，正确的危机处理方式就意味着你永远都应该把责任揽到自己头上。有时候，你可能是完全清白的，你需要通过斗争来为自己澄清。1992年，一位从我们的钻石业务离开的前雇员成了告密者，他声称我们与戴比尔斯公司（De Beers）勾结，操纵了工业钻石市场的价格。我非常清楚他控告的当事人的人品，也知道这个告密者完全是个早该被清除的家伙，他只是由于对解聘决定不满而寻求报复。然而，我们还是先假定自己有罪，并进行了认真调查，核实了任何可能对我们不利的证据，结论是我们的人是无辜的。这样，我们向政府提交了所有的相关资料。到1994年，联邦法官推翻了政府此前做出的对我们不利的决定，我们赢得了大量的赔偿。

同样，这种"我们自己需要负责"的思想状态帮助我们赢得了另一场危机斗争的胜利。20世纪80年代末期，在我们肯塔基州路易斯维尔的设备部门那里，员工们开始听到别处传来的流言，说我们生产的许多电冰箱压缩机在出厂一两年后就需要返修，故障率最高的地区是美国南部气候温暖的各州。

几个月后，问题又扩散到了北部地区，我也开始介入这个问题的解决。

我立即召集了一支由公司各方面专家组成的特别行动小组——包括公司研发部门的冶金专家和统计学家、飞机引擎部门在旋转部件方面有丰富经验的设计工程师，以及销售人员——他们研究过产品召回对消费者带来的影响。

在一个月的时间里，这支队伍每周碰一次面，每天还进行电话交流，审查新的数据，比较各种解决方法。三个月之后，事情变得非常清楚了，唯一的解决办法就是进行一次全国性的产品召回。我们需要为此冲销5亿美元的账目，《华尔街日报》也发表了对我们的技术能力质疑的不利言论。可是，及早地预见到问题的严重性，并且积极承担责任的态度，最终还是让我们获得了大多数消费者善意的理解。

关键在于，在危机浮现之初就不要畏缩。要做最坏的打算，并立刻行动起来。要假设这个严重的问题就在你自己手中，需要你自己想办法去解决。

第二，假设这个世界上并不存在秘密，每个人最终都会知道一切事情的真相。

在“人员管理”那一章讨论层级制度的恶劣影响时，我提到了孩子们玩的传话游戏。在游戏中，圆圈里的第一个人对第二个人悄悄说了一个秘密，第二个人传给第三个，依次传下去，直到最后一个人宣布他所听到的消息。不足为奇的是，最后的说法同原话将大相径庭。

在危机中也会上演这样的传话游戏。

你设法封锁的消息最终会泄露出去，而且在消息散播的时候，肯定会走样、扭曲和混淆不清。

唯一的解决办法就是你自己把问题揭露出来。如果你不这样做，那一定有人替你做，而且事情会变得更加糟糕。

现在，我知道你一定在想，“有些事情法律不允许我们说出来”。你是正确的。在危机中，律师们将会告诉你要少说、不要再说什么话。他们会警告你，不要影射任何人，因为他们是不是卷入了危机中还不清楚。

这种建议不全是错的，但是不要把它当作至高无上的真理。你应该劝说律师们，让自己能够尽可能多地把事情讲清楚，只要保证你所说的全部是事实，不要带有含糊的意思即可。

在商业生活中，主动把问题讲出来的案例有很多，而20世纪80年代强生公司处理那场羟苯基乙酰胺危机的做法则堪称经典。他们每天都举行新闻发布会，有时候甚至每天两次，给大家详细介绍调查的实际进展。他们开放了自己的包装工厂，愿意接受检查，并且在自己的调查过程和产品召回工作中，也邀请公众到现场给予监督。

另外，新闻业自身在这方面也是表率，他们在危机处理过程中主动揭露全部事实真相的例子并不罕见。1980年，《华盛顿邮报》详细连载了自己的一名记者珍妮特·库克，是怎样设法欺骗编辑、公众和普利策奖评审委员会的事情——她编造了一个吸食可卡因长达8年的人的令人毛骨悚然的故事。

《纽约时报》也是如此，它主动揭露了自己的记者杰森·布莱尔编造许多新闻故事的事情。报社指派自己最好的调查记者深入了解这件事情，他们的调查文章事无巨细地描写了丑闻的前因后果。报社对自己的业务和负责人提出了严肃而明确的挑战，当时的报道读起来就仿佛未经编辑的家庭电影故事那样吸引人。

最后，在这件事情的处理过程中，《纽约时报》用高度的透明度在一场信用危机中挽救了自己。报纸对杰森·布莱尔弄虚作假的事情说得越多，相信《纽约时报》的人也就越多。报纸详细分析了布莱尔的说谎行为如何逃避了内部的审查，让更多的人相信他们正在努力寻找解决方案，以确保从制度上防止类似的错误再度发生。

在任何危机处理中，道理都是同样的。你对问题本身、引起问题的原因和它的解决办法谈论得越公开，你就越能获得组织内外关注你的人的信任。

在危机过程中，信任是你实现转折最需要的东西。

第三，假设你和自己的组织对危机的处理将被别人以最敌对的态度描述出来。

在有的行业中，市场占有率是重要的竞争因素；在另一些行业中，决定性的因素是每年获得新的特许权的数量，是销售收入的增长率，或者顾客的满意度。

然而在新闻业，揭露帝国倒塌的内幕和没有穿衣服的国王才是吸引眼球最好的办法。人们说，这个行业的使命就是对所有形式的权威提出质疑。

当然，我是通过自己的亲身经历领教到这一点的！2002年，我自己办理离婚事务的过程就成了曝光的对象。围绕有关的话题，人们爆发了激烈的争论，媒体自然成了主要的战场。可是，这远不是我第一次感受到新闻的巨大压力了。

在我成为CEO后不久，公司进行了一次大规模的裁员。事后大家给我起了“中子杰克”的绰号，就是说，我像中子弹，不需要炸毁楼房就可以毁掉所有的生命。一年后，我又被评选为美国最顽固的老板之一，而且请相信我，那个称号里边所包含的意思绝不是指什么好事。在1994年的基德公司危机事件中，我又出现在《财富》杂志的封面，上面的大字标题是“杰克梦断华尔街”。文章的主要内容是，基德公司之所以犯下了严重的商业道德错误，完全是由于GE施加的强大财务压力。

公众的挑剔太可怕了——会让你愤怒不已。

可是，不管你认为自己有多清白，不管你认为自己的组织对麻烦的处理有多尽善尽美，都与舆论毫不相关。记者们所服务的就是这样一个行业，他们绝对不会站在你的立场上来讲这个故事，他们只会从自己的观点出发来报道。

这就是新闻业的运转方式。而且在平常的日子里，你也会很愉快地去阅读新闻记者提供的这些报道。

就我而言，在自己的职业生涯中，媒体对我的评价多数是正面的，而且应该说是过奖了。但是在危机的处理过程中，原来的好评都已经成为历史。你和你的组织将在极其负面的新闻报道中被描述出来，你都不会认识你自己了。

千万不要坐以待毙。

你也许想放弃，可是不能那样做。

如我们在上面的假设中所描述的那样，随着你面临的问题被全面曝光，你必须在别人进一步揭露自己之前率先站起来，澄清公司的立场。如果不这样做，别人就会认为你已经默认自己有罪。如果不能奋起反抗，为自己辩护，那就只有等待别人把你埋葬了。

当然，不是所有的组织危机都会暴露给公众。比如，一位中层的经理离开公司，并带走了他的团队成员，使得你需要重组相应的部门——那会造成巨大的混乱和沮丧；顾客服务出了大问题，你的服务遭到了投诉；一位遭到解雇的雇员愤怒地谴责高层管理者的歧视行为。对于这些事件，媒体可能没有太大的兴趣，但你的员工却很关注。

此时，同样的准则仍然适用。

公开讨论出现的问题，把自己的立场讲清楚，向大家解释问题出现的原因和你将如何进行处理。

正像遭遇大规模的公开危机一样，永远不要忘记，这件事情需要有人来妥善处理。要确保自己在行动。

第四，假设在危机处理过程中，有关的人和事会产生变化。几乎没有哪次危机不是以付出血的代价而告终。

大多数危机都会以某种形式得到正式解决——包括财务、法律，或者其他方面的安排等。

然后就需要进行彻底清理，而清理就意味着变革。

通常情况下，首先要对有关的办事流程进行重新梳理。

例如在工时卡事件中，我们制定了一个“20.11”政策，把公司和政府之间的全部合同规范化了。这个政策制定得极为详细，要求我们在任何一个细节上不能再出现错误。我并不是一个官僚主义作风的支持者，但是处理工时卡事件却需要我们制定这样严格的流程。

然而，在有的时候仅仅整顿流程是不够的。我们曾经有一项执行了30多年的政策，内容是财务管理中有关不正当支付的规定——具体来说，是“20.4”政策——其目的是为了防止贿赂。虽然有这样的规定，我们在飞机引擎部门的一个地区销售经理还是越过了红线——1990年，他勾结了以色列空军的一位将军，把向以色列提供F-16军用飞机的引擎的重要合同给了GE。

这可不是一般的小动作。两个人设立了一个联名的瑞士银行账户，并且捏造了一个位于新泽西州的假承包商来掩盖他们的行径。事情败露以后，全球媒体对此事的新闻报道持续了 19 个月之久，国会也进行了听证，我们这名雇员，赫伯特·斯坦德勒受到了刑事审判。最后，他进了监狱，我们则向政府支付了 6 900 万美元的罚款。

在这个案子中，问题并不是出在流程上面，而是现有的管理政策没有得到严格执行。当时，他们事业部的人并不清楚斯坦德勒在搞什么鬼，而且也没有其他任何人从这个阴谋中得到任何好处。但是，大家忽略了事前出现的报警信号，因此我们还是采取了严厉的惩罚措施，有 11 个人不得不辞职，6 个人被降职，还有 4 个人遭到了严厉的训斥。

危机呼唤变革。有时候，对工作流程进行适当的改进就足够了，但这经常都不足以解决根本问题。这也是因为，对于受到危机影响的人以及其他观望者而言，公司里需要有人来对所发生的事故承担责任并受到处理。

这样的处理说起来是可怕的，但是如果没有人付出血的代价，那么一场危机就不会真正终结。这不是一件轻松、令人愉快的事情，可是很遗憾，如果没有这样的处理，公司的业务往往就不能继续前进。

第五，假设你的组织将从危机中挺过来，而且会因为经历了考验而变得更强大。

所有的危机，不管你再怎么讨厌它，都能够给人提供有益的教训。

从工时卡危机中，我们明白了如下的道理：你同政府做生意的时候，绝对不能忽视有关的监管规定，哪怕需要制定许多错综复杂的官僚主义规则也在所不惜。要想同国家机构做生意，就必须付出那样的代价。

从电冰箱压缩机事件中，我们学会了在产品召回时要尽早下决心，这样做可以减少你的损失，并赢得消费者的好感。

从基德公司丑闻中，我们得到的教训是，永远不要收购一家与自己的企业文化不匹配的公司。

从飞机引擎行贿事件中，我们得知，如果经理人不持之以恒地贯彻执行，再好的政策也会过时，甚至消亡。

危机过去以后，人们总是有把它遗忘、束之高阁的想法。

不可如此。你应该尽最大的可能挖掘每一次危机的价值，并且一有机会就同别人分享它。

在这样做的时候，你就把抵抗疾病的疫苗传交给了大家。

危机总会出现。

在危机爆发的时候，事情的确会变得非常严重！那种感觉简直就像你的房子着火了，而你却不能逃出来一样难受。

听上去虽然可怕，但是在火焰的包围中，你要清醒地记住，大火最终都会渐渐熄灭，而且是因为你的努力而平息。你将会面对问题中最糟的一面，但也会找到它的解决办法。在处理问题的同时，要想到明天即将来临。

那么，终有一天，你会看到明天已经到来了。烟尘将被清除，遭到破坏的部分将得到更换或修复。

你绝不会因为灾难的发生而感到高兴，但是蓦然回首，你将看见可能让自己感到吃惊的事情——周围的一切看上去比以前更美了。

第三部分

如何赢得竞争

第 11 章

战略

奥秘都在“调料”里

退休后，我有好几次在演讲或商务讨论会上与这位或者那位“战略大师”相遇，也抱着怀疑的态度聆听了他们的发言。

问题并不是我不理解他们的理论，比如竞争优势、核心竞争力、虚拟商务、供应链、分解创新等，而是这些专家谈论战略的方式令我深感失望。在他们那里，战略仿佛是高深莫测的科学方法。

而我认为，战略不过是鲜活的、有呼吸的、完全动态的游戏而已。

它是有趣的、快速的，是有生命力的。

忘记那些所谓大师们告诉你的战略方法吧，因为那只是烦琐而费力的数据堆砌。忘记所谓情景规划、冗长的研究过程和厚达上百页的报告吧，它们徒费人们的时间和精力，生产你并不真正需要的垃圾。

在真实的生活中，战略其实是非常直截了当的——你选准一个努力的方向，然后不顾一切地实现它罢了。

当然，理论可能是很有趣的，图表也可以做得很漂亮，一张张彩色的幻灯片，能让你以为自己出色地完成了任务。但是，你不能把战略搞得太复杂了，你考虑得越多，陷入数据和细节越深，你在真正做事的时候就越有可能捆住自己的手脚。

那不是制定战略，而是在受罪。

我并不是瞧不起所有的战略大师，他们提出的概念好多都很有价值。

然而我对他们宣扬的所谓科学的战略方法不敢苟同。那些方法而今正在商学院的课堂上被讲授，被无数的咨询公司兜售，被太多的企业总部接受。

但那是没有效率的！如果你想赢，那么在涉及战略的时候，就要少点沉思，敏于行动。

我并不是唯一持这种观点的人，在与世界各地成千上万的商业人士的交谈中，有关战略的话题其实少得屈指可数。其他任何话题——从如何管理一位临时工，到美元汇率对世界贸易的影响——被提及的次数都要多得多。

但显然，每个人都关心战略，你也无法忽视它。不过，我所认识的绝大多数经理人都像我一样看待它——简单地说，那就是一个行动纲领，需要根据市场波动的情况经常进行审视和修订。那只是一个重复的操作过程，并不像你原来相信的那样高深难懂或者生死攸关。

如果真是这样，那你或许会感到奇怪，我又能够在本章里就这个话题说些什么呢？

答案是，没有什么繁复的理论模型。

相反，我打算讲一讲制定战略的三个步骤。在我自己的职业生涯中，无论是在什么样的企业还是行业，也无论是在经济周期的高峰还是低谷，从墨西哥一直到日本，这套方法都运转得相当成功。谁知道呢？简洁或许就是成功的原因之一。

这些步骤是：

首先，为你的生意制订一个大方向上的规划——找到聪明、实用、快速、能够获得持续竞争优势的办法。要想完成这个基础规划，最好的办法是回答我为你准备的一系列问题，我把这些问题归结到“5张幻灯片”上，每张归集了一类问题。完成这一步规划评估工作，可能要求那些懂行的人都参加，需要的时间从几天到一个月不等。

其次，把合适的人放到合适的位置上，以落实这个大的规划。此话说起来很轻松，其实不然。在实施计划的时候，你需要弄清楚，什么类型的人适合从事大众化的产业，什么类型的人适合从事高附加价值的产业。我并不喜欢戴有色眼镜看人，但必须承认，如果你的战略和员工的技能能够匹配起来，那可是件大好事。

最后，不断探索能实现你的规划的最佳实践经验。无论是在你自己的企业内，还是在企业外，都要学会去追寻它们，并且还要不断提高。如果你的企业是个学习型的组织，人们渴望每天都能把一切做得更好，那你的战略就能充分发挥其威力。员工们会从各个地方学到最好的技能，不断提高企业的效率水平。相反，即使你拥有世界上最好的规划，但如果没有这样的学习型企业文化，你也不能获得持久的竞争优势。

所以，战略不过是制订基本的规划，确立大致的方向，把合适的人放到合适的位置上，然后以不屈不挠的态度改进和执行而已。

我认为问题并不需要比这更复杂。

战略是什么？

在详细分析上述的三个步骤之前，我先一般性地谈谈战略。

当我退休的时候，GE 大约有 15 项主要业务，从涡轮机到信用卡，全公司聘用了超过 30 万名员工，是一家不折不扣的大型的、多样化经营的企业。但我总是说，我希望 GE 的经营能够像街边的小店一样，有够快的速度、灵活的反应和开放的沟通气氛。

其实，街边小店通常也有自己的战略。由于资源有限，他们必须把精力聚焦在一件事情上，而且要做得非常好。

例如，在波士顿我们的住家附近，就在查尔斯街的一两个街区以外，有两家小店，它们的收款机不停地运转，心满意足的顾客络绎不绝。其中一家是 Upper Crust 比萨店，占地很小，基本没做什么装修，嘈杂喧闹，自助式的纸盘子，可供选择的软饮料也很有限。顾客要么站着用餐，要么坐在一个很大的、长椅式的桌子旁用餐。店员的态度说不上粗鲁，但也不是特别负责。在你点餐的时候，或者在收款机那里，常常会遇到冷漠的回答：“随你的便。”

可是，那里的比萨实在太好吃了！只需要描述一下那些酱汁，就足以令人陶醉，说起那里的面饼，也让人忘乎所以。看到门上贴出了“今日特色”的告示，投资银行家、艺术家和警察们都会从早上 11 点开始来排队，而且在整个午餐和晚餐时间，都始终有超过 20 人在列队等候。服务员的工作一刻不停，直到打烊。

在 Upper Crust，战略完全是围绕自己的产品展开的。

另外一家小店是 Gary 药店，它的面积只有纽约地铁车厢一半左右，而新装修的、大型的、24 小时营业的 CVS 药店就在咫尺之遥。但是不要紧，Gary 药店里虽然只有一条狭窄的走廊，堆放药品的架子一直堆到天花板上，却也同样生意兴隆。它提供的商品种类繁多，从感冒药到闹钟，甚至还有镊子、削笔刀。后台坐着一位风度翩翩的药剂师，而前面的角落里则放了许多介绍欧洲时尚的杂志。小店所销售的一切正好反映了周围居民成分的庞杂。每当有客人进门时，店员都能直呼其名，高兴地为他们提供各种建议，从维生素到足底按摩机。小店还提供即时送货上门服务，每月顾客进行一次对账结算即可。

在 Gary，战略完全是围绕自己的服务展开的。

看，除了资源配置以外，战略还有什么呢？当你屏蔽掉所有的噪声干扰之后，事情就是如此简单。战略其实就是对如何开展竞争的问题做出清晰的选择。不管你的生意有多大，资金有多雄厚，你也不可能满足所有人的所有要求。

那些小店知道，要想生存下去就得找到一个战略位置，在那里，他们可以战胜其他任何对手。其实，大公司也面临着同样的挑战。

1981年，我成为GE的CEO，随后发起了一项声势浩大的运动，“我们要在每个业务领域都成为数一数二的领导者，要调整、出售甚至关闭现有的业务”。当然有人说这是我们的战略，但它并不是。那只是溢美之词而已，所描述的事情不过是我们打算如何继续前进。我们不会再像过去那样，继续留在没有竞争力的行业中。争取成为行业领导者的运动，不过是一种宣传工具，它的目的就是改善我们的多样化经营，而且也确实发挥了效用。

我们的战略其实是有更加明确的方向，即GE将要逐渐放弃那些已经成为大众化行业的领域，而更多转向创造高价值的技术性产品，或者是转向销售服务而不是实物的行业。作为战略行动的一部分，我们需要大规模地提升自己的人力资源——人才——并空前地关注其培训和发展。

这样的战略抉择是在20世纪70年代做出的，当时我们遭受了来自日本企业的沉重打击。在电视机、空调机等行业，我们在传统上保持着合理的利润率，可是日本人迅速地使其走向了大众化。在失利之后，我们疲于招架。我们的质量、成本和服务——大众化行业的主要武器——在他们的产品创新和价格攻势面前已经不堪一击。每天的工作都变成了延续的痛苦。尽管我们的生产力还在提高，不断有发明创新推出，可利润还是锐减——东芝、日立、松下这样的竞争者从来没有心慈手软。

然而，看到GE资本公司在70年代末的表现之后，我感到震惊与欣慰。在金融服务行业赚钱是多么容易，特别是与GE报表中的其他行业相比而言。那里并没有什么工会，也没有外国竞争，却有无数有意思的、创造性的方法，可以给顾客提供差别化的产品和服务。我还记得，看到我们的人开发出了新型的带私人标签的信用卡计划，以及在工业融资市场中找到一个又一个突破之后，自己是多么振奋。那些利润丰厚的项目虽然说不上唾手可得，但是也不遥远了。

成为 CEO 之后，我知道 GE 离那些大众化的行业越远越好，而靠创造高附加值的行业越近越好。因此，我们分离了电视机、小家电和空调业务，以及一家巨型的煤炭公司——犹他国际（Utah International）。我们也因此加大了对 GE 资本的投资；收购了 RCA 公司（美国无线电公司）——包括 NBC；把资源投入能源、医疗、飞机引擎和机车领域新技术产品的开发。

我们今天处在一个激烈变革的时代，那么 GE 为什么能在长达 20 多年的时间里坚持一个战略方向呢？答案在于，如果大方向正确，又有一定的宽度，则战略并不需要经常改变，特别是，还可以有新的项目补充进来。出于这个目的，多年以来，我们发动了四个运动来持续推动公司的总战略，那就是全球化、附加服务、六西格玛以及电子商务。

此外，我们的战略之所以有这样持久的生命力，最主要的还是因为它建立在如下两个牢不可破的原则上：大众化是糟糕的，人才决定一切。

实际上，我们采纳的所有关于资源配置的决定都是建立在上述信念上。

诚然，有的企业善于在大众化的商业环境中取胜——戴尔电脑和沃尔玛公司就是这样的伟大案例，它们在成本、质量和服务等方面都掌握了主动权，从而在极端激烈的竞争中赢得了胜利。但那样的过程也是极其艰苦的，你不能犯任何错误。

我的建议是，当你思考战略的时候，要考虑反大众化的方向。要尽量创造与众不同的产品和服务，让顾客离不开你。把精力放在创新、技术、内部流程、附加服务等任何能使你与众不同的因素上面。如果走这条道路，你即使犯一些错误，也依然可能成功。

理论就是这些！

让战略切实可行

要制定切实可行的战略，第一步就是确定可以获得持久竞争优势的大方向——或者说，对如何去赢的课题，给出有洞察力的解答。要做到这一点，你就需要探讨我所说的那5组问题，沉浸其中，绞尽脑汁，最后给出自己的答案。

在做这项练习的时候，我还假定你已经预备了一个战略，不论你是把它写下来，还是只记在脑海里。

或者说，你有了一个战略，但并不知道它能否行得通。

接下来，我们来看那5张幻灯片，它们就是检测你战略可行性的办法。我们要探讨这个战略能否让你抵达目的地，如果不行，那又应该如何修补，甚至完全替换。

我坚信，这个问答的过程不应该规模庞大、自下而上。有人可能并不赞成，但我却以为，战略是CEO、企业领导及其直接管辖的下属应该承担的工作。如果一家公司有着健康的企业文化，则领导者能够看到整个组织中相互依存的各个不同部分的情况。他们了解自己的员工，知道企业的创新源泉在哪里，也能够确认哪些业务蕴藏着最丰富的机会。还有，他们是按照战略的要求最终决定资源配置方向的人。如果战略的实施获得成功，他们将得到喝彩；如果失败，他们也要为此担负责任。

如果你有一个很出色的工作团队——坦率、精明、对事业充满激情、敢于提出不同意见——那么完成这样的功课将是一件很有趣且鼓舞人心的事情。如果集中力量去做，只需要花费几天到一个月的时间就足够了。接下来，就是行动的时刻了。

幻灯片 1

今天的竞技场是什么样的？

◎在你所属的行业里，都有些什么样的竞争对手，它们是大是小、是新企业还是老牌公司？

◎在全球市场和每个国家的市场里，这些企业各自占有多大的份额？你的企业对哪个市场更擅长？

◎这个行业有些什么特征？是大众化的，高附加价值的，还是介于这两者之间？是长周期的，还是短周期的？它处在行业增长曲线的什么位置？决定利润率的主要因素是什么？

◎每个竞争者的优势和劣势有哪些？他们的产品是否出色？各自在研发上花了多大力气？各个对手的销售能力如何？其企业文化在多大程度上是业绩导向的？

◎这个行业的主要顾客有哪些，他们有怎样的购买方式？

多年来，我常常会感到惊讶，因为从这样简单的闭门讨论中可能衍生出无数的热烈讨论。实际上，在同一间办公室里工作的人对于同样的竞争环境往往有着完全不同的观点，这是屡见不鲜的。

承认自己所在的行业是真正的大众化行业，那种滋味的确让很多人感到痛苦。例如，不管我们花费了多么大的努力，还是几乎不可能让GE汽车业务部的人接受这样的现实。我参加了无数次会议，会上这些问题被提出来，然后，人们就投入多少资源去做研发和营销来使该产品保持特色的问题开始争吵不休。

这张幻灯片上的另外一个重要问题是关于市场的规模。太常见的情形是，人们总是喜欢自封为市场领导者，最后却往往限制了自己拓展市场的步伐。我在前面的案例中介绍过，GE曾发起跻身每个行业前两名的运动，这个计划在不经意间也发挥了消极的作用。十多年以后，我们突然认识到，各个部门的主管对于自己市场的定义越来越狭窄，以使他们所占据的份额显得很大。

我们立刻提出了改正意见，各个业务部门都必须这样来定义自己的市场——他们在任何市场中所占的份额都不能超过10%。在这个限定下，人们就必须找到新的增长思路，而发展的机会也就突然变得无处不在了。

在那些讨论会上，我是这样谈论市场定义的：既然我常常是坐在椅子上，那我就要听众们把自己想象为椅子制造商；他们可以把自己的市场定义为我通常坐的那种椅子——有弯曲的金属扶手、蓝色的布料和活动自如的轮子，也可以定义为所有类型的椅子；但是，他们最好还是把自己的市场定义为所有种类的家具。看看吧，这些定义的区别会导致市场份额出现多大的差异，以及给战略带来多大的影响！

就是这样的讨论，显示出第一张幻灯片的意义之所在。一场内容丰富、题材广泛的讨论，把每个人的解答都放到一起——最终的目标就是确定前进的大方向。

幻灯片 2

最近的竞争形势如何？

◎过去一年里，各个竞争对手都有哪些可能改变市场格局的举动？

◎是否有人引进了可以改变游戏局面的新产品、新技术或者新的销售渠道？

◎是否出现了新的进入者，它在去年的业绩如何？

这些问题让我们回到现实生活中。竞争对手A挖走了你最重要的销售人员，而B则引进了两种新产品，C和D合并了，正面临各种整合问题。有些信息可以从对第一张幻灯片提出的问题的讨论中得出来，但现在要做的则是深入分析每个竞争对手的动向。

对他们的研究要做到细致入微——甚至要知道每个对手在早餐时吃些什么。

幻灯片 3

你的近况如何？

◎过去一年，你的表现对市场竞争格局有何影响？

◎你是否收购了企业，引进了新产品，挖走了对手的主要销售人员，或者从某家创新企业得到了一项新技术的特许权？

◎你是否失去了过去的某些竞争优势——一位杰出的销售经理，一种特殊产品，或者一项专有技术？

这张幻灯片有一个最重要的作用：如果有人正在赶超你，那他正好给了你很好的提醒。很简单，把幻灯片 2 和幻灯片 3 对比一下，你就会明白自己是在领导市场还是需要奋起直追。

有时，这两张幻灯片会告诉你，竞争对手做到的事情比你多多了，你最好要找出背后的原因。

另外，从这两张幻灯片的对比中，你可以清晰地看到自己的企业所面临的竞争形势。

以 GE 公司的医疗部门在 1976 年的故事为例。20 世纪 70 年代早期，英国的 EMI 公司发明了 CT 扫描仪，这让传统的 X 光机制造商——西门子、飞利浦、Picker 和我们——陷入了激烈的医疗仪器大战中。很快，所有的厂商都宣布制造出了价格在百万美元级别的扫描仪，相互之间的时间差大约在 6 个月。而且，每家公司都声称，自己生产的仪器的扫描速度比以前的机型要快上 30 秒钟。其实，大家都对这种情况很不满意，CT 扫描仪的生产商们激烈竞争，而我们的顾客——各家医院——也感到异常困惑，他们花费了巨额的资金去购买的新技术，不到一年的光景就可能过时了。

看到这种情形，我们医疗部门的总裁沃尔特·罗布和他的团队想出了一个天才的主意。那就是，GE 应该集中力量开发一种不同的扫描仪，它可以不断进行硬件和软件的升级，每年的花费不超过 10 万美元。这样，我们在推销机器的时候就可以说："如果您购买我们的 Continuum 系列机器，那我们将不断提供升级服务，使您的技术没有过时的风险，而需要花费的钱不过是购买新机器的零头。"

Continuum 系列机器的概念彻底改变了竞争规则，让我们坐到了该行业老大的位子上，并维持几十年之久。

关键的一点在于，幻灯片 2 和幻灯片 3 是相互配合的，它们能把一切静态的东西剔除出去，让你为以后的问题做好充分的准备。

幻灯片 4
有哪些潜在的变量?

- ◎在下一年，你最担心什么——竞争对手有没有可能做出什么事情，把你封杀出局?
- ◎你的对手可能推出什么样的新产品和新技术，甚至改变游戏规则?
- ◎会不会发生针对你的兼并收购?

这些问题有可能是绝大多数人容易忽略的，或者他们没有给予它们应有的重视。

在回答这些问题时，大多数人会低估对手的力量和潜能。他们暗含的假设经常是，竞争对手的表现还是会像幻灯片 1 中那样——而且以后也永远不会改变。

例如在 20 世纪 90 年代，GE 飞机引擎产业的工程师就曾以为，他们已经为波音 777 飞机设计出了完美的引擎——GE90，这种新设计的机器能产生高达 9 万磅的推力，这让我们耗费了 10 亿美元。但有一个前提，那就是我们假设普惠公司（Pratt & Whitney）将无力开发新的引擎，也不能对他们现有的引擎进行改进，以实现那样高的推力水平。

我们完全错了。

普惠公司只花费了 2 亿美元的开发费用，就让他们现有的引擎产生了 9 万磅的推力。由于他们的成本更低，所以我们销售 GE90 时的报价就不得不低于计划水平。我们低估了对手，是因为我们自以为知道所有的技术答案。

这个故事有个幸运的结局。几年之后，波音公司开发了远程的 777 新系列机型，它要求 11.5 万磅的推力。由于 GE90 是最新的设计，所以能够加以改进，满足波音的要求。这样，我们最后成了波音公司唯一的供应商。但由于早期的失误，我们还是经历了几年痛苦的利润微薄的岁月。

要想找到正确的战略，你必须假定对手都是非常出色的，或者至少与你自己同样出色。他们的动作也非常快，甚至更快。

在预测未来的时候，再极端的偏执想法都不过分。

幻灯片 5
你有什么胜招？

- 你能做些什么来改变竞争格局——企业兼并、新产品，还是全球化？
- 怎样做才能让顾客保持黏性，比以前更忠实于你，比依赖别人更依赖你？

这是从分析跨越到行动的时刻。你要做出决定，是否推出新产品，实施并购，让销售量翻一番，或者投资建设新的生产线。实际上，当沃尔特 · 罗布及其团队下定决心，要把主要资源投入 Continuum 系列产品开发的时候就是如此。这个战略行动的成功，让 GE 的医疗部门获得了多年以来长期忠实于我们的顾客。

在完成这张幻灯片上的问题之后，你的战略将变得非常清晰、有效。你的基本规划是可行的，或者需要做一些改变。即使你此前没有考虑过战略思路，这个练习过程也能帮助你制定出战略。

无论如何，你已经起步了。

找对人

下面的情况很常见：经理人就公司的竞争环境和方向开了为期数月的会议，并把问题集中到了几个方面；随后成立了委员会和小组，做了问卷调查，有时还聘请了外面的咨询专家；接着，公司的领导者大张旗鼓地宣布，将启动一项全新的战略。

但是，战略只停留在了纸面上。

任何战略，不管有多么精明，都是死的。只有公司的员工才能把它激活——合适的员工。

忘掉演说吧，那不过是空气的震动。组织都知道，哪些人是重要的，只有让这些重要的人去领导新的战略，计划才得以实施。

请大家来看看 GE 动力系统公司所发生的一件事。当时，我们宣布要把业务重点集中于产品服务。结果，该部门所有的工程师都在观望，看此事到底进展如何。要说起来，这些人当初之所以加入 GE，主要是因为他们希望建造体积最大、功率最大、最能适应环境的涡轮机。突然之间，别人告诉他们，那些为他们的“杰作”提供服务的人将成为舞台上的明星。

他们在想，那些所谓的服务人员不是成天搬汽油罐的人吗？

尽管他们都仔细听完了演讲，却并没有当真。产品服务在现存的体制中被湮没了，因而发生这种情况并不令人奇怪。

我们的对策是什么呢？我们最终请来了里克·阿蒂加斯博士，

他原来是机车部门的总工程师，我们让他负责一个新组建的独立的P & L部门，专门承担动力系统公司的产品服务业务。那是个真正的信号——里克是一位深受尊敬的业内人士。在新的岗位上，他没有费太多的力气就招来了动力系统领域最好的工程师，让他们为涡轮机的升级服务设计复杂的软件程序。

这样，我们的服务战略上路了。2005年，里克的营业利润接近25亿美元，与他1997年接管时的部门总销售额相当。

正确地执行战略还意味着让人和工作匹配起来——这种匹配取决于所在行业在商品类型集里面的位置。

不用说，你不能戴有色眼镜来看人。出色的人往往都是多面手，但尽管如此，我还是建议根据各人的能力和个性来用人——有的人在大众化行业做得更出色，而有的人则更适合高度个性化的产品和服务。

比如汽车发动机行业，就将变得前所未有的大众化。一些优秀的公司将制造所有的产品，而且都能保证良好的服务、质量和合理的成本。

适合在这个行业奋斗的人是勤奋、严谨、关注细节的。他们不是梦想家，而是团结的战斗队。

劳埃德·特罗特就是这样的典型，他在1970年加入GE，作为高强度石英照明部门的顾客服务工程师。在那之后的30年里，他的工作地点一直是在工厂。他做过领班、生产经理、工厂总监，在照明、电气设备和我们所有的电子产品的销售和控制部门中当过班。到1992年，当劳埃德成为该业务的CEO时，一走进停车场，他就能看出那个工厂的任务是不是饱满。再走两步，他就能告诉你有哪些地方可以改进。

当然，劳埃德也喜欢考虑战略方面的问题，但是他更喜欢执行。他在本质上与那些辛辛苦苦地揣摩细节的人一样，喜欢讨论的话题是如何从每个生产过程中把效率挤压出来。他还是执行纪律的大师，这也是他成为我们大众化行业领袖的重要原因。

另外还有一种完全不同类型的人，他们也极端地积极进取。有些事情说不上好坏，只是性质不同而已。以喷气式飞机的引擎为例，每种引擎都是很独特的、高技术工程创造的奇迹，它们要求花费数十亿美元的开发投入，以年为自己的生命周期单位。这类产品的客户也很单一，即永远都缺钱的航空公司，以及强大的飞机制造商——波音和空中客车公司。

多年来，引擎行业有自己独特的浪漫文化。那些被它吸引的人才并不是普通的商界人士——他们热爱任何有关飞行和飞机的想法。

布赖恩·罗就非常适合这种环境。

他是在英国的德哈维兰公司（DeHavilland Engines）作为学徒开始自己的职业生涯的。1957 年，布赖恩成为 GE 的工厂工程师。在参与了此后所有的引擎设计项目之后，他在 1979 年被任命为 GE 飞机引擎部门的领导。

布赖恩是个大块头、很合群的人——直率、执着、有理想。他无比热爱飞行，如果可能，他会在工作时戴上护目镜和头套。

但与劳埃德不同，他讨厌管理中的细节，讨论营业利润和现金流也会让他极不耐烦。当然，他也很有头脑和远见，能把握大方向，能把数十亿美元的投资正确地花在某个需要多年时间才能回收的项目上。还有，布赖恩的个性让他成为一个广受顾客欢迎的伟大销售员，他愿意与大家分享对每项技术革新的热情。

劳埃德和布赖恩对于各自所处的环境都是完美的——与他们的工作、商业环境和战略方向相匹配。诚然，世人并不总能这样走运。而且即使没有这样的绝配，战略依然可以执行下去。

不过，如果能够配对，结果要好得多。

最佳实践经验及其他

我曾听人说过，最佳实践经验算不上可以持续的竞争优势，因为它很容易被人模仿。这简直就是胡说。

的确，一旦有了最好的实践经验，每个人都有可能模仿。但是最后赢的公司要做两件事情：模仿，并且改进。

应该承认，模仿本身就很难。我记得有位软件公司的经理在一次会谈中哀叹："我手下的人连模仿都做得不好。他们或许并不愿意那样做，因为他们还是喜欢自己做事情的方式。"这种不愿意模仿他人的心态是常见的，或许人性原本如此。

然而，要让你的战略获得成功，你就必须纠正这种心态，而且要在此基础上更进一步。

事实上，战略实施的第三步完全是发现最佳实践经验，借鉴它们，然后不断地进行改进。如果你能做得很好，那将与创新没有什么不同。新的产品和服务创意、新的工作流程以及增长的机会将会不断涌现，然后成为常规。

与把合适的人放到合适的位置上一样，借鉴最好的实践经验也是让你的大规划落到实处的重要环节。而且对我来说，这里面蕴藏着最大的乐趣。

这是一种乐趣，因为能时时学习优秀经验的公司必然是欣欣向荣的、积极的、学习型的组织，它们相信，每个人都应该不断寻找更好的办法。这类公司充满了活力、好奇心和“我能做到”的精神。

别以为这就不是竞争优势！

在过去——“二战”以后、全球化竞争时代之前——绝大多数工业公司，包括 GE，都沉浸在依赖创造发明的心态中。但那时关注的焦点是公司自己的发明家，勋章和奖励全都是为那些提出和实现原创发明的人准备的。

然而当 80 年代来临之后，我们没有其他选择，只有积极拓展原来的心态。我们不但要奖励那些能发明产品的人，而且要拥抱那些在任何地方产生了伟大思想并愿意与全公司分享的人。我们后来把这种行为称为“无边界行动”。这个含混的词语基本上表达了我们的热情，我们迷恋更好的方法——或者更好的思想——无论它是来自周围的同事、GE 的其他部门、同一条街上的公司，还是地球另外一端的什么地方。

“无边界行动”的思想对我们的战略实践产生了巨大的影响，下面有个实例。

GE 一直在试图改进运营资本的利用率，因为我们占用的资金总是太多，而提高存货周转率则是个自然的办法。但是，尽管我们进行了各种各样的尝试，还是不能把年周转率提高到 4 次以上。

1994 年 9 月，曼尼·坎泼瑞斯先生被邀请到 GE，他将在公司 30 名高层领导参加的晚餐会上发言。当时，他正担任美国标准公司的董事长兼 CEO，那是家世界知名的管道和空调供应商，我们的发动机业务最大的顾客之一。

我们都注意到，曼尼戴着一个“15”字样装饰的胸针，很快，我们也都知道了其中的原因。在那天晚上的谈话中，曼尼多数时候都在向我们讲述他们公司的故事，说他们如何大幅度地提高了存货周转率。他们的产品有无数的型号，遍布世界各地，从卫生间里的浴缸到工厂的水槽，不一而足。曼尼和自己的公司也被存货周转的问题所困扰，原因很简单：公司最近经历了一次杠杆收购，现金为王。

我们的团队对他充满了敬畏。人们都不得不思考，假如美国标准公司能够在这样复杂的产品和制造程序的环境下提高自己的存货周转率，那我们为什么就做不到呢？在曼尼的演讲结束之前，我们的经理人已经迫不及待地站起来，向他请教有关的各种具体事宜了。

那还只是开始。

后来的事情是，GE 的人开始大规模地拜访美国标准公司，与碰到的每个班组长和工厂经理会谈——他们都佩戴着与曼尼一样的胸针。偶尔，有些不太走运的人戴着“10”号胸针，但更多的人骄傲地佩戴着表示周转率已经高达 20 次或 25 次的胸针。我们考察了他们所有的工厂，复制了他们的想法。

不过，美国标准公司的员工们都很愿意提供帮助。这些年来，我从“无边界行动”的思维中所学到的一件事情就是，各个公司及其员工——除了直接的竞争对手以外——是很愿意相互分享成功经验的。你要做的事情就是敏而好学。

拜访完美国标准公司之后，GE 的员工把学到的知识应用到自己的业务中。在后来的几年里，这些业务还在不断借鉴美国标准公司的流程，不断地创新，相互学习。效果是显著的，到 2000 年，GE 的存货周转率几乎翻番，解放了数十亿美元的资金。

多年来，GE从对沃尔玛、丰田和其他几十家企业的拜访中学到了很多东西。我们内部也彼此学习借鉴。在GE每季度举行的各业务经理参加的例会上，我都要求与会者介绍自己业务中最好的实践经验，供别人参考。假如某位经理人想介绍一个并不适用于其他业务部门的经验，那我们会把他踢出去。

就是用这样的办法，最早在我们的运输部门实施的年轻军官招聘计划，后来被扩展到公司各个角落；而帮助塑料业务获得新顾客的互联网销售技术，也在医疗系统和其他部门得到了应用。这样的传播先进经验的例子还有很多。

这种情形并不局限于GE。百胜餐饮集团是另外一个典型例子，该公司是1997年从百事可乐中分离出来的子公司，包含5个餐厅品牌——肯德基、塔可钟（Taco Bell）、必胜客、海滋客（Long John Silver's）以及艾德熊（A&W All American Food）——总共有33 000个网点。该公司的CEO戴维·诺瓦克是传播最佳实践经验的坚定使者，他把每个网点都变成了独立的新创意实验室。他告诉我，他们进行规模扩张，或者说，增加连锁系列和网点的主要优势之一就是能分享学习经验。否则，规模太大就是个负担。

他说得非常到位。十几年前，塔可钟在快餐业的排名中位列第15位，平均顾客服务时间大约为240秒，也就是4分钟。后来，连锁总部引进了一种新的操作流程，并且在两年之内把服务时间压缩到了148秒，在该行业中排到了第2位。很快，它的经验又被肯德基所采纳，使其平均顾客服务时间从第10名提升到第8名，从211秒缩短到180秒，整整节约了半分钟。

我还能告诉你其他许多故事，关于百胜餐饮的实验室如何设计出了新的流程，又如何推广并改善了整个行业的业绩。但是长话短说，这里只是把成果列出来。尽管遭遇经济不景气，在公司成立之后的7年里，百胜餐饮集团的资本市值仍然从42亿美元提高到了135亿美元，这主要应归功于那些被分享和发展的创意。

关注最好的实践经验，听起来好像与战略无关，但是离开它们，又何谈战略实施呢？

最好的实践经验不但对于落实战略是关键，如果你能不断地加以改善（“如果”是个关键词），它们还将变成可持续的竞争优势。

这不只是理念的问题，而是一种信念。

又是一天的傍晚，我们在Torch餐厅就餐，这是家很好的小饭馆，与Upper Crust比萨店比邻。坐在靠窗的位置上，我们清楚地看到，Upper Crust的送货员正使用各种方式，包括自行车、汽车和步行，不停地穿梭往来。

我们试图估算这家小店的经营业绩。但即使采用最保守的数据，我们认为Upper Crust也是非常赚钱的。

你也许以为，经营Upper Crust的人从来不用开什么战略会议，更不用说参考我列出的5张幻灯片制定基本方向了。

其实，他们的大方向全都在自己的调料里。你所经营的或许并不是街头小店，但是当你制定战略时，很多做法将是一样的。

看吧，我并不想把战略问题过分简化，但你也不应该为它而痛苦。找准正确的方向，把合适的人放到合适的位置上，然后疯狂地工作，比别人都做得更好，继而每天都去寻找和改进最好的实践经验吧。

第 12 章

预算

不要让预算制定程序缺乏效率

不夸张地说，在许多公司里，制定预算的程序乃是经营中最缺乏效率的环节。

它吞噬了人们的精力、时间、乐趣和组织的梦想，遮蔽了机遇，阻碍了增长，产生了企业组织中最没有生产效率的行为，人们相互敲诈，或者满足于平庸。

实际上，一家公司在市场上取胜，多数情况下都与预算没有太大关系。然而，在制定战略的时候，每个公司却要花无数的时间来准备预算计划，这是多大的浪费！

我并不是说所有的财务计划都是件坏事。毫无疑问，你必须有能跟踪财务数据的办法——但不是大家通常采用的办法。

在本章里，我将介绍一种完全不同的关于预算的方法，它能把员工的行动与股东的利益联系起来，把增长、活力和乐趣这些要素注入财务计划里，激励人们的开拓创新。事实上，这套方法与通常的预算程序完全不同，以至于当我们在GE开始推广它时，大家都不用“预算”这个词了。但很快，这个词又用得多了起来。

好消息是，我所推荐的程序实施起来并不困难，与你现在采用的艰难而让人麻木的预算程序相比，当然要容易许多。

但是，这种新程序只适用于一些特定的公司，需要它们在骨子里充满了相互信任和坦诚相待的氛围。正如我在本书中所说过的那样，这样的公司很少见。不过，也许能真正激发创造力和增长的预算可以促进改革的出现。

绝大多数公司都把预算作为经营管理体系的大梁，所以正确的预算制定程序确实具有改变公司经营面貌的力量——它可以重新塑造那种一年一度的“典礼”，让企业有更大的把握去赢。这是多么有诱惑力，你不能不去尝试一下。

错误的预算办法

在描述正确的预算办法之前，我们先来看两种常见的错误做法，我把它们分别命名为“谈判式解决”和“虚伪的笑容”。

这样的错误并不局限于大公司的范围，不管你在什么规模的公司工作，都有可能遇到上述的错误之一，或者同时遇到，因此你不会感到陌生。在世界各地举行的讨论会上，来自不同国家的人都问过我这样的问题。不管是那些只有几百人规模的小公司，还是自称为创业型公司的组织，这两种错误都时常出现。糟糕的预算办法是那么阴险，它到处蔓延，占据正统的位置。尤其令人惊讶的是，尽管我多次听到别人谴责现在通行的预算制度，最后大家却总是无奈地说："但事情还必须得这样。"

其实并非如此。但要想改变，你首先必须取消我所说的这种害人的制度。

分歧

在两种错误中，"谈判式解决"的做法更为常见。

通常情况是，战略规划的墨迹未干，下面的讨价还价过程就开始了。那些身处业务第一线的公司开始为确定第二年烦琐无比的财务计划进行艰苦的长征，这些计划将在几个月之后提交到总部的总预算会议上，其中的数据要包括所有能想到的内容——从成本估算到定价假设。

在所有的假设中，业务部门在行动时隐含了一个很简单的目标，不过他们并没有直接表达出来——那就是最小化自己的风险，最大化自己的红包。或者说，他们最根本的、被粉饰起来的使命，就是提出那些他们认为自己绝对有把握完成的目标。

这是为什么呢？因为在大多数公司里，达到预定目标的人将获得奖励，而没有完成任务则会让人如坐针毡，甚至更坏。所以，人们当然希望目标定得越低越好。必然的结果是，他们在制定预算时将采取保守的态度。

然而，在总部方面，企业高层的经理人也在为总预算会议进行着准备。但是，他们的计划出发点却与业务一线的人相反。这些经理人会因为收入的增长而受到奖励，所以，他们希望在预算审查会议上看到的是，每个子公司的销售额和利润都能大幅度增长。

现在，我们一起进入总预算会议的现场。

意见相左的双方在密不透风的会场上相遇，大家心照不宣，都知道这一整天下来会是不愉快的“搏斗”。

业务部门将使用冗长的幻灯片资料，详细介绍自己的预算计划，故事无一例外都是严峻可怕的。哪怕宏观经济走势良好，但依然能找到各种理由，表明自己所在行业的经营环境将变得更加困难。“竞争对手刚启动了一个新工厂，他们有更强大的采购力，价格压力将非常大。”他们或许会这样说。到会议的后期，你则会听到，“原材料成本和通货膨胀压力都变得非常现实，为了应对挑战，我们需要新的成本压缩计划，这需要 1 000 万美元的追加投资。”

而最后发言的负责人往往会做如下的声明：“即使乐观地说——非常非常乐观地说——我们的收入最多也只能增长 6%。”

当然，总部对局势则有自己的看法，而且显然没有那么可怕。宏观经济的走势依然强劲，国内生产总值预计将持续增长，公司各部门获得的订单都在增加，而主要竞争对手遇到了重大的诉讼麻烦，那必将转移其管理层的注意力。新的成本控制计划可能只需要 500 万美元的投资，而收入可以增长 12%。

你完全可以想象，在这样的马拉松式会议中会出现何种情形——抱怨和叹息，实地调查和数据引用，往来无数回合的交锋，议题的周而复始。有时候，会议上甚至会爆发激烈的争吵。特别是，如果有一位高级经理早年曾经在业务部门干过，那么他就会大讲过去的经验，指责现在的业务部门负责人虚报数字。“我知道，你们隐瞒了自己的能力，我过去也曾做过。”他会坚持说，“现在可不应该这么干了。”

双方爆发分歧之后，经过激烈斗争，最后当然还是不可避免地要进行妥协。业务部门将得到750万美元的投入，而经营目标是让收入增长9%。

此时，业务部门的人士要起身离开了。每个人都无精打采地握手，抱着无奈的心态。对于所有的与会者而言，还有一个念头没有表达出来，那就是我们并没有得到自己想要的和正确的结果。

死气沉沉的局面一直持续到业务部门的团队将车开上高速公路之后，斗志高昂的精神又回来了。

“总部那帮家伙想把我们的增长目标定到12%，而我们只答应了他们9%！”他们高兴地大喊，“感谢上帝，这回可躲过了枪子儿！”

总部的人自我感觉也很好，他们咯咯直笑：“那帮浑蛋只报个6%就想了事。你看到他们把收入藏到哪里了吗？我们最终还是让他们报了9%，他们一定能交上来，或许还能更多。但只要有了这9%，加上其他部门的增长，我们也算差不多了。”

不久以后，“谈判式解决”确定的方案被正式批准了。业务部门和总部都对目标表示满意，他们相互评论说：“啊，我们拿这个数字就可以过年了。他们恐怕也过得去。”

一年结束之后，这场可怕的仪式又要重演。经常出现的情况是，业务部门达到或者超额完成了自己的目标，并获得奖励。当然总部也要祝贺他们：工作干得很棒！

每个人都很高兴，但他们并不应该如此。因为在这场风险最小化运动的游戏中，有关哪些重要事情需要去做的问题很少，甚至根本没有进行认真讨论。

每个人都面带笑容

第二种侵蚀企业价值的预算办法是“虚伪的笑容”。

同样，按照这样的办法，业务部门也要花几个星期的时间来准备详细的预算计划。与前一种办法相比，这个办法更令人遗憾的一点是，它所制订出来的计划经常都充满了很好的创意和激动人心的机会。业务部门对自己的事业产生了大胆的梦想——例如发动一次收购、开发新的产品等——但是需要足够数量的投资。他们急于拓展自己的经营领域，迫切需要总部这艘航空母舰的支援。

为了争取支持，业务部门的经理人准备了丰富的幻灯片资料。从GE退休之后，我还见过某家企业的类似报告，长达150页！这样的报告覆盖了每个竞争视角，但常常过于细致烦琐。通常，撰写这些报告都经历了极其痛苦的思考过程，充满了对细节的担心，列出长长的表格，数据精确到个位，背后有无数不眠之夜。把这些幻灯片材料全部组织起来的工作，可能不会让任何人感到愉快。但是当大家疲惫不堪地把任务完成之后，业务团队的人员还是由衷地体会到了极大的自豪和做主人翁的感觉。

在预定的那天，业务部门的领导萨拉带领团队来到总部，又是在那个昏暗的房间里，他们用幻灯片逐页地向高层领导阐述了自己的宏大规划。汇报结束之后，灯亮了，高级经理和业务部门开始了相当友好的会谈，比如：

“我想，你们希望 Acme Corp. 再建一个工厂，这听起来很有意思。要知道，他们在 1988 年的时候差不多破产了。”一位高级经理鼓起勇气说。

“哦，是的。我们是在两年前收购他们的，现在他们已经变得很健康了。”萨拉立刻回复。

“很有意思，真的很有意思。”总部的一位要人含糊地说。

“我觉得，你们似乎断定天然气的成本在今后 6 个月将保持稳定。”总部的另外一位人士想表明他认真地听取了报告。

“当然，”萨拉回答说，“我们看不出那会有什么变化。”

“啊……有道理……的确很有道理……”

最后，在更多的几次马马虎虎的交谈之后，会议结束了。管理团队高兴地笑了，他们说：“工作很出色，感谢你们的汇报！回去的时候注意安全。”而业务部门的人也确信自己做得很不错，高兴地带着笑容回去了。

这次会议之后，还会召开一次会议。

那是只有高级经理人参加的会议，他们将讨论自己从萨拉所负责的业务中真正可以获得多少回报。实际上，在与业务部门会面之前，总部已经知道自己将如何分配公司的投资，他们也非常清楚从每个部门可以获得多少收入和利润。因为他们相信，这些决策权力是属于总部的，总部能够看到全局，能把握先后次序，恰当地分配资源。

几天以后，萨拉接到来自总部的一位低层职员的电话。她得知，与前几天的会议上所要求的投资额相比，自己的业务部最后能得到的数额可能只有大约 50%，而且利润指标将比他们所上报的高出 20%。

这不啻当头一棒！萨拉勃然大怒，她马上想到了几条理由：总部的人根本没有听我们的汇报！我们的工作全都白干了！没有人给出任何解释！最糟糕的是，我们要做的事情将没有足够的资金支持。

第二天，萨拉召集自己的人开小会，大家一起抱怨总部的不公平和公司决策的不透明。

接下来，萨拉把事情搞得更糟了。为了抚慰自己的手下，她把资金从总部划转过来。投资总数比以前要求的大幅减少，于是她把钱分配到各处，一点给生产，一点给市场，一点给销售……其实，萨拉更明智的办法是把有限的资金集中在一两个项目上，但此时这么做并不容易。陷入“虚伪的笑容”的预算游戏之后，人们的感觉往往会很不好。经常发生的情况是，他们会失去对公司的责任心，忘记自己当初制订经营规划时的热情，最后只是一心算计如何从公司搞钱、花钱。

对那些负责分配资源的总部高层人士，我也要提出批评。安排总公司的预算的确是他们分内的事情，因为他们对每个部门真正能提供的产出有更明确、更灵通的消息和看法。但是麻烦在于，总部的办事程序过于保密，而且对自己的决定往往不主动给出合理的解释。

与“谈判式解决”一样，“虚伪的笑容”最后导致的结果也通常是，每个人都对事情的全部糟糕结局处之泰然——这就是做生意，不是吗？下一年，他们依然如此。

更好的办法

现在你或许在想："不管是'谈判式解决'，还是'虚伪的笑容'，如果公司能够达到自己的经营目标，能分配红利——尽管有那些缺点——又为什么不能继续呢，毕竟它们帮助实现了目标。"

问题在于，这些企业最后实现的目标经常只是他们力所能及的一小部分，而且那样的预算办法消灭了制定财务目标时能产生的全部快乐。是的，做年度预算可以是件快乐的事，也应该是。

设想一种预算体制，它能让业务部门和总部建立共同的目标——利用预算程序来发现所有可能的业务增长机会，分析经营环境真正的障碍，制订一个目标远大的规划。设想一种预算体制，它不是聚焦于组织内的争斗，也不是瞄准虚构的目标，而是打开窗户，关注外面的世界。

我所要介绍的这种预算体制与上一章介绍的战略规划密切相关。在"战略"部分中，我们曾关注了如下两个问题：

◎如何超越去年的业绩？

◎竞争对手在做什么，如何战胜他们？

如果我们把注意力放在这两个问题上，那么预算程序就能变成一种业务部门与总部之间的对话，他们将共同关心现实世界的机遇与困难，话题将变得更加宽泛，任何事情都有可能涉及。在他们的对话中，双方将共同确立一个增长目标，那不是谈判，也不是强迫，甚至都不能被称为"预算"。那其实是一个关于明年工作的"运营计划"，充满了创意和灵感，确立了大方向，而作为目标的数字也是双方共同认可的，或者说，那是一个所谓反映“最大努力”的目标数字。

与传统的预算不同，运营计划的目标数字是通过具体的分析得出的，也能随环境的变化而替换。一个业务部门或者行业可以在一年时间里制订两三个运营计划，随时根据商业挑战的现实情况通过对话来调整。这样一种灵活性可以把企业组织从预算的文牍主义镣铐中解放出来，因为随着市场环境的变化，原来的预算将变得过时，甚至毫无意义。

此时，你或许会想：“是啊，这套办法听起来还不错，但我的奖金该如何发放呢？”

这是个很好的问题，而且是关键的问题。答案在于，只有满足下面的条件，运营计划才能充分发挥作用：

> 对个人和部门的奖励并不是根据实际业绩与预算目标的对比来决定，而主要是通过实际业绩与以前的业绩以及竞争环境的对比来决定，并把现实的战略机会和困难的因素考虑进来。

对许多公司而言，要满足这个条件意味着要进行激进的变革。人们已经经历了多年的培训，只知道不顾一切地去争取实现预算目标，经理人则根据预算目标的实现与否来实施奖惩，而不管其他什么条件。

我在其中有20年成长历程的GE就是如此，而且在我成为CEO之后，GE在很大程度上依然如此。多年以来，我都是许多带着“虚伪的笑容”的会议上的建议接受方，我也参加了数十次甚至数百次“谈判式解决”的会议，扮演甲方或乙方。

不过，随着GE的企业文化中有了更多坦诚相待的气氛，改革预算体制就变得更加现实了。最终，我们下定决心，要把顽固的目标式预算方式改造成充满开拓精神的运营规划方式。

改革花了相当长的时间——至少是 7 年。在这期间，我尽了自己最大的力量。

例如，在 1995 年时，我们设备部门的情况相当不妙。对手在推出低价格、高品质的产品，而我们只能拼命追赶。我们发明了几种新产品，改进了生产流程，天天都在提高生产效率。但到年终结算时，该部门的利润还是比原先的预期要低 10%，与上一年持平。

相反，塑料部门当年却大获丰收。他们的市场蒸蒸日上，产品缺货的现象不断出现，制定价格时面临一个卖方市场。他们的利润增长了 25%，比运营规划要求的还要高 10 个百分点。

如果是在老的预算制度下，塑料部门将获得丰厚的资金，而设备部门的所得将少得可怜。但是在我们的新体制下，两个部门所获得的奖励却大致相当。

在那年召开的全公司 500 名高层人士参加的会议上，我大肆宣扬这个故事。事实上，在会议的主题发言中，这个故事为我赢得了喝彩。

是的，我说，设备部门的利润要低于计划，与去年相比也没有增长。但是该部门的表现（在艰难的环境中）与其主要对手相比却是非常出色的，惠而浦和梅泰格（Maytag）公司的业绩要更加糟糕。

至于塑料部门，不错，他们的利润超出了计划，但那也有机缘的成分。我们注意到，他们的一个竞争对手的利润增长了 30%，另一家更是达到 35%。而我们本来有可能做得更出色，实际却没有。回头来看，我们的定价策略还是太保守了——那当然是个幼稚的失误。

你或许以为，塑料部门会嫉妒设备部门得到的奖励，或者他们会希望总部根据他们的业绩表现发放更多的奖金。但当时，新的预算办法已经在 GE 深入人们的骨髓。大家都明白了其中的工作原理，知道在采用这样的新办法时我们需要与外界进行业绩对比，来评判各部门的表现。总之，闭门造车定出来的目标有什么意思呢？现实世界有自己的数字，那才是真正有意义的。

运转起来

我说过，GE 接受这样新型的财务计划方法花费了数年时间，但我知道有一家企业只用了两年时间就能接受它并让它运转起来——特别是，那还是在中国，当时其现代企业管理技术基本上才刚刚起步。

那是在 3M 这家工业集团所发生的故事，当时它在中国开展业务已经将近 20 年了。对任何外部观察者来说，3M 在中国的业绩都是非常稳定的。在吉姆·麦克纳尼 2001 年 1 月担任 CEO 的时候，该公司中国业务的年增长率为 15%，比全公司的平均水平要高 3 倍。在年复一年的预算会议上，中国团队都会因为这样的成绩受到祝贺和厚待。

但是，吉姆在 GE 有过多年的制订拓展目标和运营规划的经验（他以前的职位是 GE 飞机引擎部门的 CEO），他决定转变 3M 的预算方式，也包括其海外部门。

然而，他的第一步并不是直接推广这种拓展式的预算办法。

“你不能鲁莽行事。”他告诉我，“首先得有一个负责任的企业文化氛围。”或者说，人们必须清楚自己所说过的话，提交自己的运营或者战略承诺，而且要勇于承担责任。

过去，3M 有一套类似于“谈判式解决”的预算制度，同时附加了一点仁慈的色彩。他们把预算称为“改进计划”，但吉姆认为，那样的计划“对他们没有什么实际约束”。总部和各个业务部门在预算会议上就目标数字达成一致，但在实施的时候却并不严肃，第二年依然如此。这样，任务经常完不成，总部可能感到恼火，却也无计可施。

在以后的四年里，吉姆和自己的团队逐渐扭转了 3M 的企业文化，“改进计划”式的预算方法基本上终止了。公司里充满了坦诚、信任和负责任的态度。够了，他认为，现在可以引进新的拓展方法了。

他最早的赞成者之一，肯尼斯·尤，当时是中国业务的总经理。肯尼斯是名在 3M 服役超过 30 年的“老兵”，最初在香港，然后是台湾，之后是上海。他当时 50 岁出头，在旧的预算体系下总是有出色的业绩。因此，肯尼斯似乎并不是一个倡导重大变革的理想人物。但是吉姆说，肯尼斯“重新觉醒了”，他对于如何开展业务有了新的想法。

“一旦肯尼斯意识到拓展式的预算方法其实有一张安全网，他就坚信，新的方法即使还没开始实施，也要比过去的规则好得多。”吉姆回忆说。

肯尼斯并没有向吉姆递交原来的增长计划，然后再去超额完成。相反，他提交了一个运营计划，希望把中国业务的增长速度提高到 40%，这真是足够大胆、足够有开拓精神的想法。对 2002

年，肯尼斯建议加大3M在中国的研发投资，以便对产品进行本地化改进，并且建造新工厂来支持快速增长。

三年以后，3M公司在大中华地区的业务收入从5.2亿美元增长到了13亿美元，未来更是一片光明。

当然，这并不表示3M公司全体都接受拓展预算的方法了。吉姆说，人们还在适应变化的过程中，但他们的确看到，公司现在更加重视和奖励那些有想法的人。今天，3M的“预算”已经不再是提交目标和超额完成的游戏，而是聚集勇气和热情，为所有可能做到的事情去尽力。

这不是比预算更有意思吗？而且运转起来也更加有效果。

要小心

在结束本章之前，我要申明，我不想把变革说成非常轻松的事情。经验告诉我，虽然大多数人都会带着热情迎接新的预算制度，但总是有部分顽固分子不愿意，并且会暗中捣鬼。通常，这些人在传统中浸淫太久，不愿意割舍目标与红包之间的旧联系。

有时候这些人不过是有点古怪而已。但如果不承认这样的管理者在每个希望改革传统预算办法的公司都存在，那就未免过分乐观了。即使在GE，我们也从来没有把他们全部找出并改正过来，但我们却从没有停止尝试。

这是他们常用的一种操作方式：在制订财务计划的时候，他们表现得非常欢迎新方法，要求业务部门提交大胆的拓展目标；然后，虽然没有公开承认，他们却把别人的拓展目标当成了一个承诺的数字——又回到了旧式的预算目标中；接着，在一年结束的时候，他们就占尽了便宜，把拓展目标当成必须完成的任务，对没有达标的人横加指责。

这种行为恶劣至极，他们逆转了改革的过程，让业务部门对改革产生怀疑。下次你再要求他们提出大胆梦想的时候，他们的心气儿肯定要大打折扣。

在向“非预算公司”转轨的过程中，你需要发现那些对改革浅尝辄止的经理人。鼓励他们做下去，尽你所能确保他们不再放弃。

> 当我给听众讲解关于预算的正确办法——无论是有关企业预算还是国家预算——的时候，我经常遇到同样的问题：“我们公司的预算程序已经形成传统了，很难按照你所描述的方法来改变，我该怎么做呢？”
>
> 我的回答是，一定不要放弃，这太重要了。
>
> 一开始可能会有反弹，但当你开始对话之后，变革就开始了。一次对话会引发另一次对话，然后是再一次。每个人都知道“谈判式解决”与“虚伪的笑容”那样的体制，他们都是这么过来的，他们也都知道做预算的过程虽不贴合实际但无须耗费过多精力。所以当你把大家都带动起来后，人们尽管还不知道该如何进行下去，但他们不会就这样走开。
>
> 这个问题会引起共鸣。
>
> 事实是，取代原来的体系并能做得更好的办法是存在的，而且这套新体制能让一家保持中等增长的中国工业企业成为年增长率达到40%的明星。它能够激发人们每天创造发明和提高效率的热情，面对激烈的全球竞争也毫不畏惧；它能够让那些坐在会议桌两侧的人团结起来，共同讨论公司的方向和

前景，并且坐到同一侧来。

非常简单，正确的“预算”程序可以改变公司的竞争方式。

当你谈到预算的时候，人们总会发出叹息——那必然是有害的。

但事情未必如此，也不应该如此。改变必须从某个地方起步——是否就从自己做起呢？

第 13 章

有机的成长

开创新事物是企业成长最有效的途径

在商界，最令人激动的事情之一就是从旧事物中开创新事物，例如启动新的生产线，提供新型的服务，或者进军新的海外市场。这不但是令人愉悦的，而且是企业成长最有效的一条途径。

当然，另外还有一条增长的捷径，那就是通过兼并收购，我们将在下一章讨论这个话题。现在我将谈谈公司自身如何成长壮大。

其实，由于某种原因，要真正让一家老牌企业开创新事业并不像说起来那么容易。

因为这要求经理人不按照他们完美而合理的直觉办事。

例如，很少有公司的经理人有那么冲动的愿望，肯把自己最好的手下送到半个地球之外，去创办一家新工厂；或者把大笔的研究资金投入一项冒险的新技术中；他们也往往不愿意给予国内外的新项目足够的自主权。

但是要让一个新项目有更大的成功机会，你就必须给它一定的自由度，而且需要投入更多的资金，比通常情况下更持久和更大声地为它鼓劲。

管理一条产值为5万美元的新生产线的第一年，要比管理一个销售额为5亿美元的企业的第20年更为困难，而走向世界市场更是充满挑战。新企业与新的海外项目一样，没有现成的顾客和规则，没有如何通向赢利的指南手册，所以应该特别对待。

但人们通常并未认识到这一点。

多年以来，我看到过无数新业务在GE兴起，许多后来扩展到国际市场。退休之后，我还担任了几家公司的成长顾问，而在那些讨论会上，我也总是听到人们描述创办新项目时遭遇的种种困难。

总结起来，那些公司在启动新业务时有三个常见的错误。

- 首先，他们没有给新项目足够的投资，特别是对于业务第一线的人员。
- 其次，他们对新项目的前景和重要性宣传得太少。事实上，很多人不但没有为新项目的潜力欢呼，反而保持秘而不宣的态度。

◎最后，他们限制了新项目的自主权。

所有这些错误都是完全可以理解的。开办任何一项新业务，不管是新的 IP（网络）电话设备，还是在印度设立呼叫中心，都是场赌博。而大多数人在本性上都是回避赌博的，即使在他们参与打赌的时候。有讽刺意味的是，回避的态度将注定新业务失败的命运。在推动一项新业务的时候，你必须鼓励它——“想赢怕输”的心理永远是不对的。

这里有三条原则，能让有机增长获得赢的结局。毋庸置疑，它们正是针对以上错误行为的药方。

原则 1　首先做大笔投入，把最好、最有进取心、最有活力的人放到新业务的领导岗位上。

许多公司往往根据新项目开始时的收入和利润来决定投入的多少，客气点说，这是很短视的。对新项目的研发和营销的投入应该足够大，就仿佛它即将成为大赢家一样。在选拔人才时也应该抱着同样的心态。

谈到人的问题，我们可以看到，很多公司的习惯是把最不必要的人派去发展新业务：那些子女已经长大，正打算在退休前两年寻求点生活变化的制造部门的老员工往往被送到国外去，负责新工厂的创建；一位为人不错但缺乏激情的经理，从原来按部就班的业务岗位调过来，负责新产品的开发。

这是没有意义的。要让新业务发展下去，就必须让最出色的人来执掌，而不是最平凡的人。

事实上，新项目的领导必须有点“车库创业家”的精神，他们应该具备所有 4 个“E”，以及许多的“P”。

有件事是确定无疑的：资源有限、人员配备一般的新业务肯定长不大。

我能想到两个例子，都是由于 GE 公司对资源和人事的投资不够，差点扼杀了新项目。

第一个是 PET 项目，它是一种检测癌症的成像技术。1990 年，在我们庞大的医疗业务中，这种设备的销售额大约是 1 000 万美元。

第二个是我们在 1992 年开发的小型喷气式飞机引擎业务，当时的销售额为 5 000 万美元，但与我们在大型商业引擎业务上的数十亿美元规模相比，几乎微不足道。

因此，PET 和小型引擎项目都没有得到本部门和总部足够的时间、关注和资金投入，而逐渐陷入萎缩。小型引擎业务还算有点儿运气，它有一位名叫丹尼斯·威廉斯的副总裁做后台，此人坚信这个业务的前景，并一直在支持它的发展。而 PET 技术的命运就悲惨多了，直到我们打算卖掉它的时候，才引起了大家的关注，可还是没有人愿意买。

是市场环境的变化最终让我们找到了感觉，GE 重新开始对这两项新业务大力投资。今天，它们都取得了优异的表现。PET 的年销售额达到了 4 亿美元，而小型引擎也从短途航空业务的增长中获得了巨大的好处，年销售额达到 14 亿美元，成为 GE 商业引擎业务中增长最快的部分。

另外，通过在中国的业务，我们大大改善了自己的资源配置。

20 世纪 90 年代早期，GE 在亚洲的主要业务对象还是日本，在那里的销售额大约是 20 亿美元。但我们知道，亚洲要比日本大得多，必须去中国。

于是，我们挑选了一位最好的经理人，让他去负责，他就是吉姆·麦克纳尼，我在上一章提到过的新预算制度的积极推进者。

当时，吉姆是 GE 位于康涅狄格州普莱恩维尔镇销售额达 40 亿美元的工业系统部门的 CEO，他在各个方面都是出色的选手。他管辖着我们的主流业务之一，有 25 000 名下属，还有舒适的办公室和精心培养、一手提拔起来的团队。公司里的好多人都相信，他在 GE 有光明的前景，至少在下一阶段会成为集团的副董事长。

然而，我们派他去了香港，只有一名助理、几个下属。

这个任命的影响立竿见影。吉姆成了典型，看到总部提高了砝码，把明星人物送到中国市场之后，我们所有的部门也都如法炮制。

吉姆和他的部门所开发的中国业务早已实现了 40 亿美元的年销售额，他也到 3M 公司担任了 CEO。

原则 2　夸大宣传新项目的潜力和重要性。

当 GE 把吉姆·麦克纳尼送到亚洲去的时候，我们不但举行了媒体发布会，把消息传出去，而且尽量大肆渲染。在每次高层管理会议上，我都不厌其烦地谈论对他的任命。去业务现场视察的时候，我也一定要让每个人都了解到，公司正在加大对中国的投入，必须把最好的人送到那里去。吉姆对于我试图传达的信息来说可谓完美的榜样。

同样，当 NBC 开始建立自己的有线电视频道 MSNBC（微软全国广播公司节目）和 CNBC（消费者新闻与商业频道）时，我也在所有可能的公开场合让它们得到不同寻常的关注。例如，在

NBC 的业务回顾会上，我就重点宣讲有线项目，而不是 NBC 的西海岸团队推广其新网络喜剧的事情。我甚至都不问，出席 NBC 下一次大型活动的会是哪些明星。相反，为了证明我的坚定支持，我问了 MSNBC 和 CNBC 的总裁关于用户增长率和节目内容的问题，要知道，它们当时几乎都没有什么业务收入。

新项目需要啦啦队持续和大声的助威。

但是，做啦啦队不只是要让高级经理做宣传，还要给新项目实际的支持。这可能意味着打破传统的层级，但对新项目而言，获得组织的关注是更重要的。例如，与其销售额的水平相比，新项目的报告层次至少应该高两级。如果有可能，它们应该直接由 CEO 负责——至少也应该在 CEO 的日程表上占据特殊的位置。

应该承认，为新项目做大量宣传会有一个潜在的大问题——如果项目失败了，你是否会颜面尽失？

你最后或许会变得哑口无言。但那也是赌博的一部分，人们不应该回避它。许多报刊都曾报道过，我以前是多么支持 XFL——2000 年时 NBC 发起的新橄榄球联赛。从商业投资的角度来看，我当时的确觉得这个项目没有任何问题，我也是这样说的。谁知，新联赛在痛苦的 12 个星期的赛季之后就宣告失败了，使公司损失了 6 000 万美元。媒体则幸灾乐祸，把我和联赛的另外一位鼓吹者迪克 · 埃伯索尔当成了许多笑话的主角。所幸的是，那次打击后来比较平静地过去了。

那么这里有什么底线吗？

即使要面临这样的风险，你还是要为新项目的前进而努力宣传——夸大其词地宣传。因为如果你不这样做，新项目就会先天不足。如果你这样做了，但项目依然失败，那也该承认自己曾起过的作用。你相信某个项目会赢，但最后没有成功，这不足为怪。

如果项目成功了，那将是团队的胜利，会让你有种伟大的感觉。

原则 3　给予自由度，允许犯错误；让新项目自己成熟起来。

这并不是一条真正的原则。因为有关新项目应该获得多大自由度的问题，并没有现成的模式，能够有的不过是个反复探索的过程。主要应记住的事情是：在这个过程中，要给新项目一个比你愿意给的更大的自由度，而不是更小。

要在支持、监督与束缚一个新项目之间寻找合适的平衡，这跟你把孩子送到大学去并没有什么不同。既然孩子已经到了自立的年龄，那你最期望发生的事情莫过于他能够对自己的生活负责，但你也不希望他过度玩乐，被勒令退学。所以你开始了收和放的游戏。最开始，你会经常去看他，打电话给他，你关心他测验的成绩、新认识的朋友和周末的活动。

当很多事情运转正常之后，你开始给孩子“松绑”。

但当成绩单上出现 C-之后，你又加强了监督。

接着又来了全部是 A 或者 B 的成绩单，你又能安睡几天。

直到学校警察局打来电话，通知你一场不幸的酗酒闹事之后，你又该忙活了。

对于新项目也是如此。唯一的区别只是孩子是不可替换的，而如果新项目带来的麻烦太多，那你可以而且应该撤换其领导者。

总之，你需要重复这个过程，给新项目越来越多的自由度。

现在我们都知道，在大企业里，新项目在启动时既没有现成的业绩，也没有足够的政治资本。而在小公司中，把新业务放到重点位置就要容易得多。

可是，适当的自由度会给人们主人翁意识和自豪感。在理想的情况下，配备有强大领导者的新项目应该自己拥有所有的生产工具，例如建立独立的研发、销售和营销队伍。他们有权自己主宰人事和战略方面的重要决定。

我自己对给新项目适当自由度的态度，与我早年作为 Noryl 项目负责人的经历有关。Noryl 是一种我们从 1964 年开始实验的新型塑料，它既让人充满期待，又麻烦不断。但是当研究团队找对了 Noryl 的化学成分，并消除了其中的技术缺陷之后，我就开始为自己的独立运营目标而努力了。

当时的公司高层人士认为，我应该利用现成的销售队伍，并且把 Noryl 打包到 GE 的其他塑料产品中做混合销售。但我认为，那些销售人员可以轻轻松松地把每批 5 万美元的 Lexan 塑料卖给波音或者 IBM 公司，但绝不会再下力气去推销当时每批只值 500 美元的 Noryl 塑料，世界上没有人会这么傻。我这样比喻，你可以坐在扶手椅上，随便就能把 Lexan 卖掉，但销售 Noryl 却需要四处奔波的疯狂劲儿！我以足够的热心和坚持——或者说是令人不愉快的态度——来说明这件事情，两年之后，我的老板态度软化了。

当 Noryl 最终开始独立发展以后，市场很快起飞——我们感觉自己就像那些白手起家的创业家一般，虽然公司还是给我们提供了坚强的后盾。在接下来两年，Noryl 的销量大幅度提升。1969 年，当我获得提拔，负责整个塑料业务部之后，我还是把 Noryl 当作一个独立业务来对待。这是因为，尽管获得了成功的开拓和迅猛的发展，我依然认为多给点自由度对该业务是有利的。实际上，Noryl之后发展为了年销售额达到10亿美元以上的大产业，在当初的15年里，它一直在GE的塑料部门中有自己独立的市场和销售业务。

如果你正在负责新业务

以上我所列举的原则，从多个方面阐述了作为负责新项目的高管应该怎样行动。然而这些原则对于那些新业务的实际执行者、新节目的表演者而言也应该具有重要的价值。

例如第一条原则，关于对资源和人员的投资。通常情况下，你会发现自己没有从总部获得足够的资金，也没有得到最好的人手，那该怎么办？

你需要竭尽所能去战斗！你应该直接去找高管，向他们申诉自己的要求，并且亲手打造人员队伍。在公司内和公司外搜寻好的候选人，亲自去感召他们。为了得到最好的人才，要不惜挤破脑袋。

接下来是渲染。你要知道这是柄双刃剑，你需要它来争取高管的支持，但是当你得到支持之后，将必然引起同事们的嫉妒。特别是，当原来不起眼又没有利润的部门得到了大比例的公司资源和关注的时候，有着丰厚利润的老牌业务部门绝对会感到不满。他们相信，自己才需要更多的资源，并且这比花在你那点危险的小生意上更有价值。

他们的态度可能会让你不快，但是你绝对不能让公司里支持你的任何人遭受失败。要认识到，对新业务的敌视态度是自然的，即使他们让你不愉快，也要闭口不言。这种谦逊会帮助你处理好与同僚们的关系。也许很快，你就需要他们的支持。

最后，关于自由度。事实是，你总是期望公司给的自由度要比自己现在所得到的还能多一点。

要想得到自由度，最好的途径就是用自己的表现去争取它。如果你做事尊重规则，你就可以很快得到自由。公司的焦点本来就集中在你身上，如果你感觉到原来对你的限制让人难受，也不要反应过激。这需要一个过程，就像你的父母让你独立生活时一样。

完美风暴

在现实中，我们很少看到所有这三条原则同时得到满足。不过，当这种情况出现时，你可要留心观察。就像福克斯新闻频道那样，它会是一场“完美风暴”。

这个新闻频道是在1996年由鲁珀特·默多克这位“企业家中的企业家”所创办的。尽管默多克当时已经是新闻集团的大老板和CEO，拥有价值亿万美元资产的公司，他还是想介入有线电视新闻业，并愿意投入一切。

要想在有线电视业成功，需要两个条件：第一，需要从渠道供应商那里得到注册用户，例如康卡斯特公司（Comcast）和时代华纳公司；第二，需要推出有吸引力的内容，以吸引足够的用户来观看，这是获得广告收入的关键。

默多克的第一步是招聘负责新业务的杰出人士，于是找到了罗杰·艾尔斯，那可谓天作之合。罗杰曾成功地负责过几次政治竞选活动，而后在NBC工作了三年，创办了有线电视频道CNBC。他还为GE开拓了另外一个有线频道America's Talking。但是，GE后来利用America's Talking的资产创办了MSNBC，那是个与微软公司合资的企业，双方按1∶1的比例控股，微软方面提供的是现金。

失去America's Talking之后，罗杰失望地离开了NBC。正好默多克刚开始自己的尝试，他相信罗杰会是新项目的最佳负责人，他充满想法、活力和激情。此外，罗杰还拥有一个迫切的愿望，那就是打败那个抢走了他的"孩子"的公司。

合适的领导者到位之后，默多克又开始了争取注册用户的工作。他为获得频道所需要的注册用户不惜支付了高于市场费用的价格。同时，罗杰也挖来了业界最好的人手——从ABC（美国广播公司）来的布里特·休姆、从CNBC来的尼尔·卡维托和其他一些人，以及顶级评论员比尔·奥赖利。

所有这一切都落实之后，默多克继续在公司里为新项目进行宣传，明确表示他将尽可能地支持福克斯新闻频道。在外界，默多克和罗杰也是不遗余力，每当你翻开报纸或者打开电视，总会发现有某些形式的关于福克斯项目进展情况的报道。

福克斯新闻频道是一个范例，新项目必需的每个要素都恰到好处地出现了：高水平的人才、大规模的资源投入、大规模的宣传等。其结果说明了问题：福克斯很快打败了MSNBC，并最终超过了美国有线电视业的龙头企业CNN（美国有线电视新闻网）。

亨利·福特、大卫·帕卡德和比尔·盖茨这样的传奇企业家都是杰出的范例，他们从无到有地开创了辉煌的新业务，并且把它培育成参天大树。

在你自己的公司，也有各种大小不等的机遇在等待知音。

抓住这些机遇。挑选有激情、有魄力的人来负责，给他们你所有的资源，给他们足够的空间。

企业的成长是伟大的。商业界中的成长并不总是必须从“车库创业”开始。开创一个新局面，尤其是从旧事物的内部发展起来，将是一件令人无比快乐和激动的事情。

第 14 章

企业并购

警惕交易狂热等致命陷阱

我们都见过两家公司宣布合并时盛大集会的场面：CNBC 一大早就会转播新闻发布会，喧闹、嘈杂，到处是热烈的鼓掌、闪耀的聚光灯，以及展示新公司名字的大旗。除了狂欢节上的五彩纸屑以外，什么都有了。

接着，演出的明星登场了——合并双方的 CEO 们快乐地欢笑着，相互拍着对方的肩膀，大胆地谈论着新的世界、组合优势、成本节约、股东价值的提升。在特别融洽的合并仪式上，CEO 们还会相互拥抱，就像史蒂夫·凯斯和杰里·莱文在美国在线与时代华纳的历史性交易发生的那天一样。

兴奋之余，也有人显出精疲力竭的迹象。有时，你从那些舞台中央的主角身上并不难发现这一点。他们好多个星期甚至几个月以来都在彻夜工作，为每一分钱而努力，更不必说未来的职位分配了。

通常情况下，你在合并发布会上看到的只是高兴和解脱——战斗结束了，现在已经到了收获战利品的时候。可实际上，如同任何收购老手将告诉你的那样，战斗才刚刚开始。不付出血汗和眼泪的代价，战利品还不会到来。

如果说合并的第一天是盛大的仪式，那么在第二天清理工作就要开始了。对于交易中的收购方而言，面前将有堆成山的工作。尽管他们充满乐观精神，但房间里总是免不了有些神经过敏的暗流。企业的每一笔合并交易都承诺要压缩成本，因此，即使你是交易团队中的一员，曾经夜以继日地挖掘数字背后的意义，为合并交易提供支持，你还是不免要担心：你所描述的那些节约措施是否会意味着让自己丢掉工作，或者说，你的老板、你在公司里最好的朋友、你曾经培养了一年之久的员工是否会因此而下岗。

对被收购的一方而言，神经紧张就不是什么暗流了，简直就是海啸。每个人都陷入对被解雇的恐惧中。即使你认为自己的职位是安稳的，生活也会变得比以前更加复杂。一场企业合并给人的感觉可能就像死亡。你所追求的一切事业，你曾建立起来的一切联系突然之间就变得虚无缥缈了。你感觉到，一切都将不一样了。

最重要的是，第二天各大媒体头版上会登满财经记者和华尔街分析师对这场交易的合理性的质疑，他们提醒每个人，许多合并最后都失败了。

的确如此，很多企业并购都失败了。特别是对那些想要通过合并来收获产业聚集或协同效应的企业来说，前面的道路更加艰难。如果并购的主要目的是削减成本，而把协同效应当作期望之外的红利，那或许要容易一些。但不管怎样，并购的成功并非顺理成章的事情。

然而，许多公司还是坚持并购——而且也应该如此。

在上一章里，我们分析了为什么来自企业内部的成长是伟大的。每个公司都必须有这样的耐心，持续地关注和投资于自己的创新项目。

相比之下，兼并和收购给了你一个更快捷的使利润增长的办法，它可以迅速扩大企业的经营地域和技术领域，带来新的产品和顾客。同样重要的是，并购可以让企业彻底改造自己的员工队伍——突然之间，企业就有两倍数量的人手可以供自己的团队来选择。

总之，成功的并购产生了一个“1+1=3”的运动机制，可以在一夜之间提升企业的竞争力。

当然，你必须把并购做得出色才行。

本章的内容就是关于这个过程，它是为所有可能卷入其中的人所写的，包括那些直接参与交易的人，以及那些几个层级以外但有可能被波及的人。在GE工作期间，我曾参与过无数次并购项目。退休后，我也多次担任其他企业并购交易的顾问。

显然，我所参与的交易并非各个都成功了，但绝大多数还不错。而且随着时间的积累，我的命中率也提高了，我还从那些失败的案例中吸取了教训。

最后，我还认识到，要想实现成功的并购，只是挑选符合你的发展战略的兼并对象，或者安排哪些工厂被关闭、哪些生产线要合并，以及对贴现利润率或内部收益率（IRR）进行测算都还远远不够。

要实现合并的成功，最主要应避免7个陷阱，也就是指判断方面的失误或者差错。此外可能还有其他的陷阱，但根据我的经验，这7个是最常见的。有时，它们能扼杀并购的成果，但更经常的情况是，它们或者将减缓合并进程，或消耗企业价值，或兼而有之。

这7个陷阱大致如下。其中6个与收购方企业有关，只有1个与被收购方企业有关。

> 第一个陷阱是相信真的有可能发生“平等合并”。尽管有些尝试者的确抱有高尚的意图，但大多数“平等合并”都会由于虚假的前提而自我毁灭。
>
> 第二个陷阱是过分关注经营战略上的匹配，而忽略了企业文化的融合。实际上，相对并购成功的其他因素而言，企业文化即使说不上更为重要，至少也是同等重要的。
>
> 第三个陷阱是反被别人当成了“人质”。也就是说，收购方在谈判中让步太多，最后让被收购方操纵了全局。
>
> 第四个陷阱是整合行动显得太保守了。如果有出色的领导者，并购行动应该在90天内完成。
>
> 第五个陷阱是“征服者综合征”，即收购方接手后，在各个位置上安插自己的经理。其实，任何收购的目标之一都是寻求更好的人才。

第六个陷阱是代价太高。这不是说只高出了5%或者10%，而是付出的成本根本不可能通过并购收回来。

第七个陷阱是被收购方从上到下的人员都将体会到痛苦并予以抵制。在并购中，新的所有者总是不愿意留用带有抵制情绪的人。如果你想继续待着，就要克制自己的焦虑，学会尽可能地热爱并购交易。

不要被交易狂热烫伤

在仔细讨论所有这些陷阱之前，我们应该指明一件事。许多陷阱的发生是出于同一原因——对交易的狂热。

我确信，并不需要特别的细节描写来阐述这种现象。你时常能看见有公司急着购买其他企业，而市场上可供选择的对象却很有限。在这种情况下，一旦确定了收购对象，收购方的高管层和那些贪婪的投资银行家就会聚集起来，他们变得着急、偏执。若是出现了潜在的其他收购方，更是火上浇油。

交易狂热是完全符合人性的，即使那些最有经验的人也不能避免。但如果你能在心里牢记那7个陷阱，那么狂热对于并购过程的消极影响就会被降低到最小。

第一个陷阱是相信真的有可能发生“平等合并”。尽管有些尝试者的确抱有高尚的意图，但大多数“平等合并”都会由于虚假的前提而自我毁灭。

每次我听到发生了所谓的“平等合并”时，我都害怕去想象这两家公司最后会带来的各种浪费、混乱和挫折，这通常有违很多人的初衷。

是的，平等的合并在观念上是有意义的。有的公司在规模和实力上相当，因此它们应该比较平等地实现合并。还有，在激烈的谈判中——几乎所有的并购谈判到那时都是如此——平等合并的概念可以给大家降降温，双方都可以声称自己是赢家。

但是，平等合并的概念在实践中却会出现问题——人们会停滞下来。

实际上，人们停滞的原因正是由于“平等”这个概念本身。因为双方都会认为，如果我们是平等的，那为什么不按照自己的方式来做事情，你的方法肯定不如我的好。

最终的结果是，大家的办法都不能得到施行。我知道，并非所有的人都认同我对平等合并的负面评价。我的朋友比尔·哈里森，摩根大通银行与波士顿第一银行合并时的 CEO 将告诉你，在金融产业，主要的资产是那些骄傲而自信的银行家们的大脑，因此平等合并是一个必要条件，“否则大家都会走人”。

在这个例外上，他或许是对的。他会考察新的并购是否进展良好，其伙伴是杰米·戴蒙——在 2006 年之后成为新公司的 CEO。而他本人的并购经历也支持了他的观点——从他的化学银行与汉华银行的平等合并，到大通曼哈顿银行与 J. P. 摩根银行的合并。

尽管有这样的成功范例，我还是确信，在工业领域，除了银行和咨询产业以外，平等的合并注定是不好的。

戴姆勒–克莱斯勒就是我能想到的最能说明问题的案例。还记得，1998 年，大家都在议论，从各个方面来说，这两家公司都可谓棋逢对手，它们只是出于全球化的需要而进行合并的。两家公司都急于声明，这次合并并不是一个高端的、业务多元化的德国企业（戴姆勒-奔驰公司）收购了一家低端的美国汽车公司（克莱斯勒公司）——没有这回事！而是两个工业巨人步入了天作之合的婚姻殿堂。

当然，这些宣传部分是为了帮助并购交易获得监管部门的批准，但部分恐怕也是出于自我陶醉。克莱斯勒董事会的成员当然不会承认他们被一家外国公司购买了，而他们的德国对手也不再那么害怕将来会被一帮美国佬吃掉。

于是，两家公司试图开始平等合并，结果却是混乱不堪！在两个痛苦的年份中，新公司的大批人员乘坐空中客车 A318 飞机在美国底特律与德国斯图加特之间穿梭，每周要往来好几次，以设计令大家都满意的运营计划，包括新公司的文化、财务体系、制造地点和领导团队等。同时，“合并”后的组织在喧闹中跌跌撞撞，而经理们则不知道前进的方向，股东们怀疑地等待那些承诺的全球化、整合和成本节约目标的实现。

故事的结局出现在 2002 年。报纸上报道说，很多人长久以来都怀疑，所谓的平等合并实际上只是一个简单而纯粹的收购而已。等这个事实最后澄清以后，戴姆勒公司终于可以如自己长期以来所设想的那样进行表演了。它建立了统一的管理团队、统一的企业文化和经营战略，公司的业绩也从过去平等合并的低迷中复苏了。

这个故事的要点不在于戴姆勒-克莱斯勒公司本身——那几年这方面的研究已经做得很多了。我想揭示的是，两家有不同领导风格的公司，要想天衣无缝地合并成一个有着双重业务和人员的组织，其实是不可能的。

忘记它吧。旗鼓相当的公司在整合时，它们的员工可能比其他人更缺乏合并的准备。在交易的狂热中，他们或许会宣称，将建立一个完美而平等的联盟。但是当合并真正到来以后，谁来负责掌舵的问题必须尽快落实。必须有人做领导，有人做助手，否则两家公司都将原地踏步。

> 第二个陷阱是过分关注经营战略上的匹配，而忽略了企业文化的融合。实际上，相对并购成功的其他因素而言，企业文化即使说不上更为重要，至少也是同等重要的。

在这里，交易狂热又是导致许多并购发生失误的原因。在并购之前，我们需要谨慎地对文化融合的问题做出分析。

如今，大多数公司有相对明确的时间表来评估战略的协同性，大多数经理人（及其顾问和银行家）都有工具和经验来评价两家公司在地理、产品、顾客或技术（或者所有这些）上面能否相互提升，合并能否创造一个即使存在某些不可避免的重复，但仍然更强大、更有竞争力的企业。

可是，文化匹配的问题则更加玄妙。即使有着清醒的头脑，要比较两种价值体系的异同还是很困难的。许多准备合并的公司都声称，它们有着同样的“DNA”——都推崇顾客服务、决策分析、学习型组织和透明度，它们重视品质、协同等价值观，它们的文化是高业绩、结果驱动的等。

实际上，每家公司都有自己独特的、彼此差别巨大的经营方式。但在交易的热潮中，人们总是认为各家公司都是相匹配的，他们宣布文化相互认同，合并将继续推进。

GE 购买基德公司就是这样的典型，我在“危机管理”那章已经对此做了介绍，并且在我的上一本书里也详细谈到过这件事情。这里只是简单总结如下：一家有 GE 的核心价值观（“无边界运动”、团队精神和坦诚态度）的企业，不能与另外一家有自己独特价值观的投资银行成功合并，因为它们所追求的完全是“我的利益”。

对我来说，不客气地讲，直到问题完全暴露出来的那一天，我才意识到企业文化不匹配所造成的严重影响。那是在 1994 年 4 月一个星期天的下午，GE 和基德公司的一群高管从星期五晚上起已经连续奋战了很久，他们想弄清楚为什么利润减少了 3 亿美元。当时已经很清楚，基德公司的一位交易员乔·杰特做了虚假交易。但是我们觉得需要弄明白，为什么这样的行为能躲过银行的监控，同样重要的是，它对企业文化有什么影响。

那天我也加入了团队，讨论报告的内容。在接下来的几个小时里，我们开始明白情况究竟是什么样的，以及对公司的影响。令我印象深刻的是，在那天下午和晚上，两次在走廊，一次在洗手间，同样的事情连续发生了三次：一位基德公司领导团队的经理人靠近我，一脸焦虑地用不同方式询问：“这件事情会对我们今年的奖金有什么影响吗？”

多年之后，我对此事依然记忆犹新。最终，我们把基德公司卖给了佩恩韦伯公司（Paine Webber），后来又卖给了瑞士银行（UBS），对股东来说终于有了一个好的交代。但实际情况是，我们根本不可能使组织从并购导致的创伤中恢复过来。等事情完全结束之后，我曾发誓，我再也不会购买一家价值观与 GE 不匹配，或者不能轻易被 GE 同化的公司了。

在 20 世纪 90 年代，我放弃了对几家西海岸公司的并购，就是出于对文化匹配方面的担心。我绝对不能再走上价值观不匹配的道路了。那些在加州崛起的新技术公司有自己的文化——充满了自吹自擂、虚张声势以及高得吓人的回报许诺。

相反，我们在辛辛那提和密尔沃基的软件部门则是由那些努力工作、脚踏实地的工程师们组成的，大多数人都是中西部州立大学的毕业生。这些人的水平并不比西海岸那些天才们差，他们的待遇也算不错，但并不像那些人那么夸张。

坦白地说，我不想因为并购而有损我们自己固有的健康文化。因为每次并购也必将在某些方面影响收购方的企业文化，所以你必须考虑到这一点。被收购方的企业文化有可能完好地与你自己的企业融合，那是最好的情况。但有时，被收购企业的某些坏习惯也会渗透进来，破坏你已经建立好的氛围，那就够糟糕了。而最坏的情况是，被收购企业的文化还有可能在各个方面取代你固有的精神，无限期地损耗交易的价值。

所以，要想让合并发挥作用，就不要只考虑战略问题，文化的匹配同样重要。

第三个陷阱是反被别人当成了“人质”。也就是说，收购方在谈判中让步太多，最后让被收购方操纵了全局。

有时你是那么渴望拥有那个公司，但结果却是那个公司拥有了你！

这种结果是交易狂热的真正的副产品，很常见，也很可怕。每当我与一位有经验的并购老手谈到企业并购时，就会说起类似的故事。

我第一次遇到这样的问题（很不幸，并不是最后一次）是在

1977年，我成为CEO的前几年。当时，我已经参与过数十次并购了，因此我本应该更有经验，但我那时对于购买一家位于加州的半导体公司Intersil极其狂热，对于他们的任何要求都来者不拒。那家公司的CEO确信，他的公司运营良好，他明确表示，尽管他们需要GE的钱，但并不需要更多的建议。

在了解谈判的真实情况之前，我就不停地从各个方面追捧这个家伙了。他要求我们为他本人和手下准备一个特殊的（过分的）补偿计划，声称这是该行业的惯例，我同意了；他说我们不能在他的规划会议上安排GE的人，我也同意了；他说不允许我们要求他的财务人员改变报告体系，以满足我们的要求，我说一切OK。

我迫不及待地付给了他们3亿美元。

我究竟在想什么？

当然，我什么都没想。这就是狂热的力量。

在接下来的几年中，我们艰难前行，试图与Intersil"合并"。通常，当我们提出建议，让CEO改进其运营体系，例如有关人力资源管理的时候，他会把我们扔在一边。"你们不懂这个行业，让我们自己干吧，你们只需要关心季末的利润就行了。"

客气点说，这种态度并不让人愉快，对经营也没有帮助。我发现，虽然可以从他们的总部要到信息，但是我必须把问题提得非常确切，否则得到的必然是一团乱麻。GE的经理人也不再访问该公司了，因为总是受到冷遇。在名义上，我们拥有这家公司，但是该公司的意志和目标却是完全独立的。

最终，我们把该公司卖掉了，价格基本持平。我们从交易中得到的唯一收获就是重要的教训：永远不要购买把你变成"人质”的公司。

事实上，我对Intersil公司无能为力。我们并不具备关于半导体的充足知识，也没有在这个领域拥有足够背景和经验的经理人能够取代那位CEO，更不用说他的整个管理团队了。

10年之后，当我们要购买NBC公司时，又出现了类似的情况，但我们早有准备。从谈判中我们得知，NBC的负责人格兰特·廷克打算离职。我们当然不具有经营电视网络的直接经验，但我知道鲍勃·赖特有潜在的实力，他当时是GE资本的CEO，足以在格兰特离职后迅速取代他的位置。我尽力挽留格兰特，但最后没有成功。此后，鲍勃接手。直到18年之后，他还在负责NBC。

两年以后，NBC的新闻部门又遇到了要把我们“绑架成人质”的情况。该部门的领导者公开地，甚至可以说厚颜无耻地质疑GE管理一个新闻企业的能力，并开始建立信息防火墙，这是典型的绑架行为。该部门的经理人拉里·格罗斯曼领导了这次抵制，他拒绝提交一个合理的预算——关于我们如何能挣到钱的预算。我们只好让他走人，并请来了迈克尔·加特纳，此人有丰富的新闻和商业经验。迈克尔在开始驾驭NBC时遇到了很多挑战，他都应对得很好。但是不幸，由于任内所发生的一场危机，他也被迫离职。（当时，NBC新闻的短评栏目中播放了一辆通用汽车被引爆的镜头，以测试汽车的安全性。我们后来为此事进行了公开道歉。）接下来，我们邀请有丰富新闻从业经验的CBS制片人安迪·拉克出马，他让NBC新闻真正成为高度正直、赢利的企业。

最后再说两句关于被当成“人质”的话。在交易狂热的最后时刻，公司经常会向被收购企业的创始人或者CEO支付过高的价码，希望他们会留任，扮演重要的角色，并做出好的业绩，但得到的往往是冲突。

原因在于，过高的价码往往会刺激接受者把任何事情都维持原状。他们会要求你继续让他们照过去的样子来经营企业——因为他们知道如何能够取得成绩。一有机会，他们就要阻挠人事变化、会计系统整合与薪酬计划改革等。

如果有人，特别是以前的老板出面阻挠变化，那么合并就不会真正发生。

你又能做些什么呢？好，如果你出于保持业绩或者延续性的考虑，希望把以前的 CEO 或者创始人留下来，那就不要考虑支付过高的价码，终止自己的损失。相反，你可以提供一个合理的留任计划——在留任期间给予对方一定的报酬。这会给你建立一家新公司提供所需要的自由和手段。

过高的价钱只是人质陷阱中的一个方面。当然，有时你面对一家真正需要购买的企业时，也必须做出某些让步，但不要做得太过。因为那样的话，当交易完成后，你所收购的企业将把你“劫持”——用的正是你自己的武器。

第四个陷阱是整合行动显得太保守了。如果有出色的领导者，并购行动应该在 90 天内完成。

让我们再回到大多数并购发布会，回到那些节日般的新闻见面会上。即使在单方面收购的情况下，双方的 CEO 也会承诺建立新的伙伴关系，两家公司将会合作，达成共识，平稳地合并。

但是很不幸，如果建立伙伴关系的进展不理想，就会导致合并瘫痪。双方就文化、战略、运营、企业名称、信笺抬头以及其他一切不断进行讨论——而真正的融合还为时尚早。

对于变革而言，狂热却不是什么坏事。相反，这还是更值得钦佩的，是考虑到被收购方感情的礼貌表达。没有人希望做令人讨厌的赢家，不经过任何讨论就推行改革。实际上，许多收购方都希望把在谈判最后阶段抱有的积极心态维持下去，他们认为谨慎一点的行动或许更好。

我不是说，收购方不应该就两家公司如何进行业务合并的问题开展讨论——那当然是需要的。实际上，最好的收购方总是伟大的倾听者。他们会提出许多问题，把可以搜集到的所有信息和观点都记录下来，这些内容是很多的。但是在那之后他们则必须尽快行动，他们必须就组织结构、人事、文化、方向等迅速做出决策，并且不遗余力地把决定贯彻下去。

不确定性会让组织陷入恐惧和迟钝。唯一的办法就是公布清晰的向前走的合并程序，让每个人都心如明镜。这项工作可以由 CEO 亲自负责，或者请主管合并的经理人——最高决策层的、众望所归的收购方代表负责，并得到 CEO 的授权。这个过程应该有严格的时间表、目标和相关的责任人。

目标需要让每个人都清楚，全部合并应该在交易生效的 90 天之内完成。

每耽误一天都是浪费。

我们来看一个典型的谨慎过头的例子以及为此付出的代价，那是 1999 年 11 月新荷兰公司（New Holland）对凯斯公司（Case Corporation）的收购。

新荷兰是一家荷兰公司，总部在伦敦，是意大利汽车巨头菲亚特（Fiat）的分支，农业和建筑设备行业的第三号公司。从战略考虑出发，该公司的经理人提议购买该行业的第二号公司——位于威斯康星的凯斯公司，并使自己取代行业老大强鹿公司（John Deere）的地位。收购以60亿美元成交。

考虑到产品与市场的接近，你或许认为这两家公司的合并将进展得很顺利，特别是将显著地降低成本。但是，新荷兰是由欧洲母公司控制的一家企业，其领导者对于在美国收购一家本土公司非常谨慎。还有，菲亚特已经为凯斯支付了大笔资金，这更增加了新荷兰的担忧。我的老朋友保罗·弗雷科，GE的前副董事长，当时任菲亚特的董事长，还记得那笔交易的压力："我们不希望捣乱，不希望造成太多的变化，以致把该公司弄垮——我们付了太多的钱，绝不能发生那样的事情。"

菲亚特让凯斯的CEO做新公司的负责人，还有，大多数职位都由凯斯的高管担任，包括COO（首席运营官）和CFO。

不用说，这个合并是困难的。合并后的领导团队的确做出了一个重大决策——保持两家企业各自的品牌和销售体系，但是其他大多数事情都被抛在了脑后。

当设备市场在2000年陷入低迷后，合并也停滞了，新公司随之沉沦。在危机状态中，菲亚特派来了一个新的CEO保罗·蒙菲利诺。他到美国上任后，让合并的事情重新转入了正轨，这其实是合并第一天就应该采取的态度——快速和决断。原来的CEO琼-皮埃尔被任命为董事长。很奇怪的是，菲亚特原本担心这样的人事变化会造成什么问题，但没想到任命之后，他们的高管很快发现琼-皮埃尔非常适合新的职位，而且他自己也很乐意。他很善于同顾客打交道，是出色的工业政治家。以前所有的谨慎小心原来都是大可不必的！

当美国国会在2002年通过《农业法案》之后，农业市场复兴，最终合并成功的CNH Global N.V.公司（新企业的新名字）在市场上也占据了很好的位置。但是，正如保罗·弗雷科所言，“由于企业文化的不确定性，我们至少损失了一年的时间”。

凯斯与新荷兰合并的故事并不是唯一的。

在2000年，GE就试图购买霍尼韦尔（Honeywell）——这个交易，据有的人回忆，永远不可能获得欧盟的批准。但是在我们等待监管部门批准的7个月中，双方的管理团队花了很大的力气来推动合并。

其中的部分过程与霍尼韦尔公司1999年与联合信号公司（Allied Signal）的合并密切相关。当时，那两家公司完成合并已经有一年的时间了，因此我们都期待有显著的进步。

然而，我们吃惊地发现，联合信号和霍尼韦尔的高管还在“讨论”合并后公司的价值观与行为方式的问题，而双方也都还在按照自己原来的方式行事。联合信号的人有一种积极的、注重数字的文化，但霍尼韦尔的高管却喜欢自己的公司更注重合作的精神。合并后公司的CEO迈克·邦西格诺不愿意在两种工作方式中做出选择。于是，在合并协议签署之后，两家完全不同的公司仍然各行其是，没有进行实际的合并。

按照合适的速度合并，力度也要恰到好处，这需要掌握平衡的艺术。在了解这个陷阱之后，你至少应该知道，什么时候自己可能出轨了。如果交易完成后已经过去了90天，人们还在有关战略与文化的重要事务上讨价还价，那你就过于谨慎了，应该立刻行动。

第五个陷阱是“征服者综合征”，即收购方接手后，在各个位置上安插自己的经理。其实，任何收购的目标之一都是寻找更好的人才。

如果说在文化与业务的合并方面，收购者经常是过于小心，那么在人员选择方面，他们则往往过分狭隘。

这种狭隘，我是指收购方往往假设自己的人要更加优秀，他们或许的确优秀，但也许不是。在并购中，你应该这样来考虑新的人员安排：就仿佛猎头公司刚刚给了你一个名单，对于你所有的岗位而言，来的都是新的候选人。如果你只是依靠自己的队伍来运营，那你就必然要毫无理由地丢掉更好的员工。

当然，这种行为其实有自己的理由，但并非好的理由——不过是亲疏有别而已。你自己人的底细如何你是清楚的——他们对你也同样如此，他们懂你的业务和文化，知道如何让工作适应你的要求。

还有，让朋友下岗总是要比让陌生人下岗更困难一些。你认识他们的家人，你们一起走过了愉快和艰苦的岁月，你曾经告诉他们，留在公司会有长远的发展潜力。有的人还参加了并购的工作。

因此，你很难对他们说："你不再那么优秀了。"

但你只需要记住，合并最大的战略收益之一就是让收购方有更丰富的人才库来组建队伍，这是你不能忽略的竞争优势。因此在人员去留方面必须保持非常公平，要对事不对人，即使要对"自己的人"开刀也在所不惜。

无疑，要避免这个陷阱是相当有挑战性的。

我已经记不清楚有多少次，我们卷入了并购，在每个领导位置上都安排好了 GE 的经理人。大多数时候，我们并不知道自己会因此失去多少潜在的人才资源，但是有一次，我们却不能再熟视无睹了，那次的代价是非常高昂的。

事情发生在 1988 年，GE 从博格华纳公司（BorgWarner）手里收购了西弗吉尼亚的一家塑料企业。那是个很有把握的交易，我们这样认为。我们收购的企业包括一条 ABS 工程塑料生产线，而我们自己也有工程塑料业务，生产高端产品 Lexan 和 Noryl。GE 的塑料团队看到，并购立刻就能带来成本效应，他们认为自己唯一要做的事情就是裁减博格华纳原来的销售队伍，用 GE 自己的渠道来推广其产品。

但是这个计划却有个严重的问题：我们的销售队伍习惯做技术性的销售，能说服工程师们从金属材料转向塑料材料；然而，博格华纳的销售队伍却完全不同，他们卖的是更便宜、更大众化的产品，用的是老式的、与客户交心的办法——依赖个人关系和庞大的费用支出。

我们的人对此并不擅长。

结果是灾难性的。由于自己的成见，我们削减了博格华纳销售队伍的 90%，导致自己在 ABS 的市场份额降低了 15%。合并遇到了挫折，没有发挥应有的潜力。ABS 最后成为 GE 塑料产品组合中的一个部分，但是并没有产生真正的价值。

我们本来是清楚这一点的，在两年前，当我们收购 RCA 时，人事安排就处理得很恰当。

在各个层次上，收购 RCA 的交易都是赢的结果。例如，收购 RCA 强化了我们向服务业转移的战略目标，同时，这笔交易增强了我们的制造业基础，对于我们现有的三项业务——半导体、航空和电视机业务都有好处。

在以上三项业务的案例中，我们都充分利用了并购所带来的人才资源增加的优势，挑选了 RCA 的人来领导合并后的组织。

例如，GE 的电视机业务在合并时是由一位聪明的年轻人负责，他是从我们的业务拓展部门过来的，MBA 毕业后做过咨询专家。尽管他有点傲慢自大，需要加以引导，但总的业绩还是很不错的。很多人都认为，他具有成为领导者的长远潜力，这点我们也不止一次地跟他本人谈到过。

同时，RCA 的电视机业务也有一位非常出色的 CEO——他是位工业界的老手，其见识和经验是我们的人所欠缺的。他也有出色的业绩，是负责合并后的更大的电视机部门的当然人选。这两个人都可以担当 CEO。

不过我们还有里克·米勒，他是 RCA 的 CFO，是一位重要的盟友——聪明、敏捷、充满创造力和能量。可是 GE 已经有一位出色的 CFO 了，看来结果会让里克走人。

我们原本想帮助自己的经理人取得新位置，结果没有成功。最后我们建议，GE 和 RCA 原来的两位 CEO 都在未来几个月里自己去找新的工作，而把位置交给里克。当然，两位离任者都在别处找到了很好的归宿。

关于人事选择的问题，我想最后再说两句。在最有效率的合并中，人事安排实际上在谈判中就开始了，也就是在交易达成之前。例如，在摩根大通银行和美国第一银行的合并案例中，交易完成的同时，25 名最高级经理的人选也已经确定了。那是最杰出的实践，也是值得争取的目标。

要点在于，我们要与“征服者综合征”做斗争，要把并购想象成获得人才宝库的机会——这种机遇是难得的，在其他情况下，你需要经过多年的寻找，向猎头公司支付无数费用才能得到。因此你就不该浪费它。做出困难的决定，选择最好的人手——不要管他们原来属于哪一方。

第六个陷阱是代价太高。这不是说只高出了5%或者10%，而是付出的成本根本不可能通过并购收回来。

这个陷阱与市场一样古老。人毕竟是人，当他们想获得其他人也希望获得的什么东西时，一切理性都消失了。这里，我们又要怪罪对交易的狂热心理。这样的情形会在小摊儿上出现，华尔街也同样不能避免。

请注意，我所说的价格过高不是说只多了几个百分点——在一次执行良好的企业并购中，这点溢价是完全可以的。而且实际上，在桌子上留下一点儿小钱可能还是有用的，它可以缓和那些阻挠业务合并的尖刻心理。

相反，我所说的出价太高，是指高得你永远都赚不回来。

在这方面，最为恶劣的例子就是时代华纳与美国在线的合并。一个媒体巨人，拥有无数有真实价值的资产和产品，却多花了数十亿美元，去购买销售渠道和不明显的竞争优势。更让人惊愕的是，当时的人们对于这个虚幻的所谓“协同效应”的说法却有如此高的热情，几乎每个人都参与了鼓吹。只是在并购已经明显失败之后，泰德·特纳，推动合并交易的一位重要董事，才在全美电视节目中承认，他一开始就并不喜欢那场交易。但那时，对于时代华纳的股东而言，头脑的冷静来得太迟了。

当然，在2000年时，每个人都为一切东西支付了过高的价格。例如，在出版产业中，德国媒体巨人古纳亚尔（Gruner+-Jahr）为购买《公司》（*Inc.*）杂志和《快公司》（*Fast Company*）杂志大约支付了5.5亿美元，当时，这样的收购让其他商业杂志感到万分恐惧。但在随后的衰退中，那样的高价恢复了自己的本来面目——太离谱了。世界上已经没有其他合并可以作为补偿，那些遭到罢免的古纳亚尔公司的经理人想必不得不承认这个事实。

要想避免过高的报价，并没有特别的窍门，也没有什么拇指定律可以帮助你轻松地计算价格是否太高。但你只需要知道，除了极少数的业务整合案例之外，如果你由于价格原因而放弃了某次并购的机会，生活还将继续。

没有终极的完美交易——只有对交易的狂热才会让你这么认为。

> 第七个陷阱是被收购方从上到下的人员都将体会到痛苦并予以抵制。在并购中，新的所有者总是不愿意留用带有抵制情绪的人。如果你想继续待着，就要克制自己的焦虑，学会尽可能地热爱合并交易。

2004年10月，在我家乡的报纸《波士顿邮报》上出现了一篇引人注目的文章《关于一个"兴旺发达的幸存者"》。文章所报道的人名叫布赖恩·T.莫伊尼汉，他在福力特银行（Fleet）的并购部门开始自己的职业生涯，在以后的15年里逐级晋升，负责企业的资产管理业务。但在2004年4月，美洲银行收购了福力特银行。

并购宣布后的几个月里，许多与布赖恩同一级别的经理被扫地出门。但他没有，他反而获得提拔，开始负责美洲银行的全部资产和投资管理业务。实际上，美洲银行对莫伊尼汉是如此信任，甚至把100名左右的资产管理经理从北卡罗来纳调到了波士顿，以方便他的领导。

“还不清楚，为什么莫伊尼汉做到了高层的位置，而他的同事们却失败了。”该报纸说。

对于我而言，答案却并非不清楚。你只需要看看同样一篇文章里阿尔瓦罗·德莫利纳（美洲银行负责国际公司和投资银行业务的总裁）所说的话就知道了。

他说，布赖恩“是一位现成的合伙人”。

这让我想到，在那些被收购的公司中，存在着一个很普遍的巨大陷阱——抵制。不管你有多么害怕、疑惑和愤怒，抵制企业的合并对自己的职业生涯往往等于自杀，更不用说对你的情感危害了。

现在，我并不知道布赖恩本人对于自己原来的银行与美洲银行的合并是否也感到过害怕、疑惑和愤怒。在某种程度上，由于他并没有把所有这些感情因素表现出来，因此那并不重要。相反，他的例子恰好显示，如果你希望在合并后生存下来，你需要的是热情、乐观和支持。

为什么？因为对于收购方而言，最恼火的事情莫过于为一家公司花了大把金钱，而走到大门口的时候却被员工们以冷漠的苦脸相待。

谁想要那样呢？

是的，对于变化有些抵触是自然的，但如果你想在一个突然增大的人才库中保留自己原来的工作，或者更坦率地说，如果你还想享受工作，那就不要表现得像个受害者！接受企业合并的现实，想办法让它运转起来，表现出你希望尽可能把事情做好的态度。告诉你自己，过去的好时光已经结束了——而最好的时光还在将来。

我明白，对于这个建议，不是每个人都能同意。但如果你不这样做，必然会付出代价。

比尔·哈里森就记得，他与一位来自摩根大通银行的天才经理会面的情形。此人是并购交易之后他遇到的"苦脸"之一。

"朋友，你非常优秀，我们真的希望留住你，"他说，"但是如果你不能更积极地行动，拥护现在的改革，恐怕不能继续留在这里。"

这个故事令人遗憾的结局是，正如比尔所言，那位经理"与大多数人一样，不会掩饰自己的感情"。几个月之后，他离开了。

在并购结束后，经理人会挑选那些为交易欢呼的人，即使他们并不如那些叹气的人聪明、有见识。当你有两个人做同一件事情时，如果他们的能力在其他方面都很相近，则态度更积极的、支持合并的人会赢。

我有位老朋友，他几乎毕生都在为一家大型保险公司工作，在市场、公共关系和社会关系方面担任高层职务。他与公司的CEO关系很好，这可以让他超越自己的职位，参与各种总裁决策会议。他是CEO的臂膀、教父和伙伴。

可是，就在几年前，我朋友的公司被一家相距遥远的金融服务公司收购了。他的好朋友CEO被"提升"为董事长，并将在两年后彻底退出。

一个月之后，我的朋友来电话，邀请我喝一杯，越快越好，我对此并不感到惊讶。当我几天后见到他时，他完全是一副失魂落魄的样子。“我对公司没有价值了。他们把我的老板一脚踢开，他出局了。我的新老板远在总部，他和我都不清楚谁应该做什么。我憎恨这种混乱的状况。”

长话短说，我建议这位朋友与他的新老板建立好感，尽可能让合并成功走下去。如果他像自己声称的那样在工作上很出色，那么新的 CEO 将很快注意到他。陷入生气状态的做法是愚蠢的。

我提出的主要建议是：“抛弃过去的傲慢，证明自己的价值，从头开始。”

一年过去了，我的朋友在职业生涯中从未如此得意过。他为自己找到了一个新的职位，负责监督三个重复部门的组合，并承担了为新市场总监提供建议的职责，最后他与组织的新顾问们合作，在品牌推广工作中扮演了重要角色。

“我不知道自己为什么如此投入，”他说，“我总是告诉别人，变化是件好事，并且要让变化改造自己。当初最艰难的事情是把自己从困境中解救出来，老实说，一开始我必须伪装自己，但直到有一天，我最终战胜了自己，不再愚蠢地继续痛苦了。”

下一次，当你想咒骂合并交易、新老板和自己命运的不公时，这可是个值得借鉴的好建议。你和你的恶劣态度都是可以被替代的——而且，如果你没有学会向收购者那样去热爱合并，这种事情就一定会发生。

并购意味着变革。

而变革并不是坏事。通常来说，并购都是好事。它不但是商业生活中不可或缺的组成部分，还能带来高速增长的潜力。它能把你推到一个新的、激动人心的战略位置上，有一种有机成长所不能比拟的速度。

是的，并购也有自己的问题。所有的研究成果都告诉你，超过半数以上的企业合并没有带来价值的增加。但这并不等于说，你必然会成为统计数字中倒霉的那一部分。

不要让并购的热情灼伤你，避免那7个陷阱——在“1+1=3”之后，收获成功的果实吧。

第 15 章

六西格玛

它并没有你想象中那么复杂、可怕

在之前的两章里，我们审视了商业生活中最令人激动的一个部分——成长，既有从新业务中获得的成长，也有通过兼并收购获得的成长。

本章，我们要简单地（我保证）谈谈企业最厌烦的事情之一——六西格玛。

现在，我依然是六西格玛计划的狂热信徒。它是 1995 年时 GE 从摩托罗拉公司借鉴而来的质量改善计划，一直推广应用至今。

在改进公司的运营效率、提高生产率、降低成本等方面，六西格玛所带来的效力是无与伦比的。它改进了设计程序，让产品能更快地走向市场，减少质量缺陷，建立顾客忠诚。然而，也许六西格玛计划最大和最未被宣传的好处是，它能帮助建立伟大的领导团队。

简单地说，六西格玛是过去20多年来最伟大的经营创新之一，是提高公司竞争力最有效的一种方法。在这些日子里，随着六西格玛被世界各地越来越多的公司所采纳，你不能不去理解它、实践它。

然而，六西格玛也会造成严重的焦虑和混乱。过去，在各个国家举行的历次讨论会上，都会有听众问我一些关于六西格玛的痛苦的问题。你可以看出听众们对此的浓厚兴趣，他们圆睁双眼，仿佛在听一场漫长而紧张的技术讲座，需要许多图表才能理解。

当然，我有点夸张了。公平地说，对于许多人而言，提到六西格玛的概念的确感觉像是去看牙医。但是，六西格玛计划确实与做一次“根管治疗”[1]或者其他什么可怕的治疗无异，做得好，那将令人振奋，起到良好的效果，甚至可以是非常有趣的。

你必须明白，六西格玛最本质的含义是什么。

在我要讲的内容里，不会有任何技术性的东西。如果你想了解基本概念之后的统计原理，或者实现六西格玛具体需要做些什么，那么研究一些书籍、录像和培训计划是必要的。

1. 根管治疗是针对牙髓病和根尖病的国际上最常用的有效治疗方法。——编者注但就本章的目的而言，我将非常简单地介绍六西格玛是什么以及我们要做什么。我要讲的是一个“大众化的六西格玛版本”，其对象是这样一些人——他们都与我相似，希望听所谓的“电梯演讲”，简明扼要地说明六西格玛是什么、为什么那么重要。这样的解释科学家和工程师可能不会满意，他们需要知道六西格玛的统计学基础，并把它融合到复杂的实验设计和装备之中。

我的定义是：

> 六西格玛是一个品质改善计划，它的宣传和执行可以改善顾客的产品体验，降低你的成本，培养更好的企业领导。

六西格玛所采取的办法是减少浪费和避免低效率，完善公司的产品和内部流程设计，让顾客得到他们需要的东西，并且在他们需要和你承诺的时候得到。显然，大家都希望顾客对自己的东西更满意，觉得比其他对手的更强，不管你是在经营 Upper Crust 比萨店，还是制造功率最大的飞机引擎。在“战略”那章中，我们谈到了顾客忠诚，我们用“黏性”这个词来描述你的愿望。好，要让你的顾客保持黏性，一个主要办法就是满足和超越他们的期望，这就是六西格玛要帮助你的地方。

相反，如果在服务和产品上不能保证品质始终如一，必将扼杀顾客的忠诚。

我们举例来说明，假定你需要为别人供应配件，承诺 10 天交货。

在三次交货中，顾客分别在第 5 天、第 10 天和第 15 天得到了货品。平均来说，的确是 10 天交货。

在后三次交货中，你的顾客分别在第 2 天、第 7 天和第 12 天得到了货品，平均是7天。表面看起来，你在顾客体验方面取得了巨大的改进，其实不然——你或许在内部流程和成本的某些方面进行了改善，但顾客得到的却还是你的服务质量不一贯！

用六西格玛的办法，将使你的顾客在约定的第10天得到他们所要的全部三次交货，或者在最坏的情况下，分别在第9天、第10天和第11天得到。

换句话说，六西格玛不是关于平均数的问题，而是关于方差或波动的问题，并且要在你与顾客的界面上进行改进。为了改进方差，六西格玛要求公司拆解自己的整个供应链、销售链以及产品设计，其目标是消除一切可能导致浪费、无效率或由于你的不可预测性而导致顾客恼怒的因素。

所以，这就是六西格玛——消除令人不愉快的意外和食言的情况。

简单、复杂，或者都不是

大体说来，六西格玛有两项主要的应用。首先，它能用来改进日常的、相对简单的重复性任务的方差，适用于不断发生的行为。其次，它可以用来保证大型的复杂项目在第一时间里取得顺利进展。

第一种类型的应用案例不胜枚举。从美国南达科他到印度德里的呼叫中心都在利用六西格玛，以保证对每个打进电话的询问者而言，铃响多少次之内，电话就能被接听。信用卡机构也在利用该计划，以确保人们会在每个月的同一天收到准确的账单。

第二种类型的应用涉及一些大型项目，有时需要花费数年时间和多方努力才能完成，那是工程师和科学家们所擅长的领域。如果你要在新型的飞机引擎或者汽油涡轮机上花费数亿美元，你就必须保证，不能在项目进展和设计方面出现自相矛盾。要想在模型推演或者计算机屏幕上发现它们，六西格玛将是最有效率的办法。

显然，需要参加多少六西格玛培训取决于具体的应用地点和形式。

对第一类应用（简单的重复性活动）而言，你所需要的培训教育水平当然是有限的。为了发现产生不一致性的原因，人们需要知道应该得到哪些信息、如何进行分析。另外，这种培训的严厉性会产生一个有益的副作用，它能帮助人们形成严格的思考习惯和纪律。这也是为什么我们注意到，每当某个公司开始执行六西格玛计划之后，不但其财务业绩会变化，经营水平会有所改善，领导者的素质也提高了。

第二类应用就不同了，它要求更深入的培训和统计分析。我自己从来没有参加过这类培训，但是我从 GE 在飞机引擎和涡轮机业务的正面经验中知道，这是有效果的。

请不要搞错，六西格玛并不是针对公司所有活动的灵丹妙药。在一些注重创造性的工作中（如撰写广告文案、策划市场活动或者投资银行之类的一次性交易），应用六西格玛是没有什么意义的，只能浪费许多精力。六西格玛计划对于重复性的内部流程和复杂的新产品设计才是最有意义的。

那么人们为什么恐慌呢？

此时，你或许感到疑惑，如果六西格玛如此简单明了，那为什么会有那么多人感到焦虑和混乱呢？

这也许要归因于它最开始被推荐给大家的方式。在许多情况下，公司领导都是聘用外面的专家——科学家、统计学家、工程师或者六西格玛咨询专家——来传播新的福音。这些专家们虽然用意良好，但他们所讲解的复杂的幻灯片往往让大家发蒙，恐怕只有麻省理工学院的教授们才能理解。更糟糕的是，他们还常把六西格玛当成解决公司一切问题的万能药，以为放之四海而皆准。

几年前，一位知名消费品公司的CEO来拜访我，聊起六西格玛咨询计划。“我们有个很好的开端，”他说，“我们从卡内基-梅隆商学院这样的地方雇用了几名统计学家，我们还在继续寻找。”

我则想：“这个可怜的家伙正准备为信念而牺牲呢！”

当然，我没有这样对他说。我所说的是，这些统计学家或许很出色，但是对于他正在实施的相对简单而直接的项目而言，他应该将重点放在让公司里的每个人都理解六西格玛的基本含义上。那些大名鼎鼎的专家们只会把大家都吓跑。

他说，他会认真考虑的，但我认为他这么说只是出于礼貌。他把六西格玛纯粹看成专家的事，而没有考虑要将其融入自己公司的血液中。

如今，很多人都开始理解六西格玛，知道在一个组织中哪里可以应用它，哪里不适合应用。特别是，在行动之后的几个月，他们就开始体验到了其竞争力。那时，他们自己也成了六西格玛的传播者。

所以你下次听到六西格玛的时候，不要躲起来。一旦你明白了这句简单的格言——“波动是糟糕的”，你就是一个60%的六西格玛专家了。

剩下的40%就是去除那个糟糕的部分。

第四部分

个人职业生涯如何才能赢

第 16 章

合适的工作

找到一份好工作，此后的人生不再是劳作

有人说，感受生活只能向前看，而理解生活只能向后看。职业也同样如此。

每次我问那些成功人士，他们的第一份职业是什么，其第一反应通常都是哈哈大笑。宝洁公司的 CEO 和董事长 A. G. 拉夫雷原本打算成为研究文艺复兴历史的教授，但是，他后来从研究生院辍学，在海军服役了两年时间，随后的六年住在东京的一个海

军基地附近，经营杂货店和专业用品商店，以前的理想也就彻底破灭了。

再比如梅格·怀特曼，她最开始的职业是做管理咨询，接着加入了迪士尼公司，参与创办了该企业在日本开的第一批商店。随后，她来到新泰莱（Stride Rite）公司，重振其Keds品牌。她还接管了业绩不佳的花卉公司FTD，不久又被孩之宝（Hasbro）公司请去负责PlaySkool和Mr. Potato Head分部。

最后的结果异常出色，梅格·怀特曼成了eBay（电子港湾）公司的CEO，那可是一家无所不包的零售商，不是吗？不过，梅格·怀特曼并没有做过什么特别的职业规划，因为eBay是1995年才成立的新型企业！

重要的一点是，你在未来会从事什么样的工作，这个问题几乎是不可能准确预测的。实际上，如果你的确遇到了某个长期以来一直忠实地执行自己职业规划的家伙，那可千万别在晚餐上同他坐在一块儿——多么乏味的人啊！

当然，我并不是要你听任命运的摆布。一份伟大的工作能让你的生活充满兴奋，富有意义，而不合适的工作则会让人的生命之水趋于枯竭。

那么，你怎样才能找到合适的工作呢？

答案很简单，首先，就是你要学会忍受，这是一个令人讨厌而又浪费时间的过程，有起有伏、反反复复。所有的上班族都有过类似的经历，人们先接受一个工作，看看自己喜欢什么、不喜欢什么，哪些方面擅长、哪些方面不擅长。接着，他们在合适的时候变更工作，更接近自己理想的职业。直到有一天，人们认识到——啊，我已经找到最适合自己的工作了，我喜欢自己正在做的事情，我所得到的平衡是自己心甘情愿的。

是的，一种平衡，因为没有什么工作是完美无缺的。你可以对自己的工作有发自内心的喜爱，但依然希望薪水能再高一些。或者你觉得工作本身只是马马虎虎，但你喜爱周围的同事。不管用什么标准，总有适合你的工作。

那么，本章的目的就是让大家在寻找合适的工作时，花费的时间更短一些，更加清楚明了一些。

具体来说该怎么做呢？

很幸运，大多数工作都会发出适合你或者不适合你的信号。不管是一个组织内部何种级别的岗位，也不管你是刚从学校毕业的青年，还是个希望得到升迁的中层经理，或者寻求领导岗位的高层人士，这些信号都是存在的。当然，寻找工作的过程本身也有各种不同的情况，需要给予特别的考虑——比如寻找人生的第一份工作、在困境中寻找工作，或者在遭到解聘之后寻找工作等。我们将在本章最后的部分来探讨这些特殊情形。

首先，让我们来看看那些关于工作是否适合你的信号——好的信号和糟糕的信号。

假设你在考虑一份新工作……		
	下面这些是好的信号	**下面的信号你要当心**
人	你喜欢那里的人——你能和他们很好地沟通，你真正喜欢他们的公司。可以说，他们的所想和所为与你不谋而合。	你感觉自己在工作时需要戴上面具。在拜访过那家公司之后，你会这样对自己说："我不需要和那些人交朋友。"
机遇	工作将给你在人生和职业上获得进步的机会，你感觉能学到自己原来甚至都不知道应该学习的知识。	你一到那里就被当成技术专家，似乎马上就成了办公室里最聪明的人。

（续表）

假设你在考虑一份新工作……		
	下面这些是好的信号	下面的信号你要当心
未来	工作将给你一个表明自己能力的证书，让你终身受益。这是一个朝阳产业或新兴业务。	该产业或该公司已经过了巅峰期，或者财务状况比较糟糕。由于某些原因，不能为你今后的职业发展提供更多的帮助。
主导权	你自己能掌握这个工作，或者你知道自己在为什么样的人工作，同时对所得感到公平合理。	你选择这个岗位是由于其他原因，例如你的配偶不希望你出差太多，或者你六年级的老师说过，你永远都将一事无成。
工作内容	工作的内容令人着迷——你非常喜欢，感到有趣、有意义，甚至能触及你灵魂深处的感受。	工作给人的感觉只是工作而已，你对自己说，“这不过是权宜之计”，或者“我不得不向金钱低头”。

关于薪水

在具体讨论上面的每个信号之前，先说说关于钱的事，这是每次面试中最核心的话题。

世界上最糟糕的事情莫过于，那些讨厌的家伙一边挣着大钱，却一边大放厥词，说钱对于那些正在找工作的人来说并不重要。所以，我不会像他们那样做。而且我会告诉你钱当然很重要——非常重要。

在我考虑自己的第一份工作时，曾有好几个选择。GE提供的工作比起其他地方，每年可以让我多拿1 500美元。从研究生院毕业的时候，我是一文不名。因此那1 500美元仿佛是个很大的数字，并对我的职业决定起了关键的作用。一年之后，我第一次在GE获得了加薪。但是我很快发现，自己部门里的其他人也都得到了同样的奖赏。此时，对按劳分配的强烈信念告诉我：“忘了这个鬼地方吧！”不过我并没有马上辞职，我在伊利诺伊州的一家化工企业得到了新的工作邀请，那里愿意给我高出 GE 25% 的薪水。拿着这个条件，我跟 GE 摊了牌，但最后还是听从公司的劝告留了下来。当然，达成的条件是 GE 需要把我的薪水涨到与竞争对手的开价同等的水平。

实际上，我们并没有什么好办法能把对待遇的考虑从关于工作或职业的决定中区分出来，因此，你能够做得最好的就是算清楚钱对于自己来说究竟有多重要。你只需要记住，说自己并不在乎财富，听起来的确很高尚，但要在今后的岁月里为职业决定的后果承担责任，则是完全不同的事情，特别是当你需要为家庭支付房款和学费以后。

在乎金钱，不在乎金钱，还是介乎其间，其实都没有什么错。但如果在职业生涯的最初几年里，你对自己的感受不诚实，今后或许会追悔莫及。

再回到有关好工作的信号上来，这些信号都是重要的，其排列次序没有什么特别的含义。

人

我想说，第一个信号与人有关。也许其他一切与工作有关的事情都很完美——任务、待遇和工作地点等——但假如你并不欣赏那些与自己朝夕相处的同事，那么工作仍然可能是一种折磨。

这一点看起来是很显然的，但我还是惊讶地发现经常能遇到一些人，他们并不认同自己所在组织的共同理念。这些理念是指一系列的价值观、个性特征和行为方式，从人们参与行动时的热情，到他们会面时的兴奋；从他们对工作业绩的坦率态度，到会场上发出的笑声。

如果加入了一个与自己的内心感受不相融合的公司，那你将发现自己必须戴上面具才能生存，每天都要做自欺欺人的事情，这对于职业发展是多么糟糕啊。

我认识一位女士——姑且称她为克莱尔吧——她作为 MBA 毕业之后，成为一家非营利机构的经理。开始时，克莱尔以为自己得到了最理想的工作，她可以利用自己的商业技能来改善该组织的运营，同时还能“让世界变得更美好”——这是她的原话。

几年之后，克莱尔已经无计可施。她的同事们做每个决定都像蜗牛一般缓慢。“无论我们是讨论到哪里去吃午饭，还是商量如何制订市场计划，情况都一样。”她回忆说，“每个人都必须发表意见，所有人的意见最后都必须完全统一，这真让人发疯！这个组织的宗旨都很不错，可是最后却一事无成。”

终于，克莱尔觉得自己无法再容忍下去，在一个非营利机构的环境中所感受到的理念与她本人存在严重冲突，她开始到私人企业中寻找咨询性质的工作。她找到一家非常注重社会公益事业的企业，并且安慰自己说，如果能到那儿工作，依然可以为公益事业尽点绵薄之力。

问题在于，那家公司却不愿意聘用她。“你以前工作的效率和强度与我们的要求不符，”他们告诉她，“我们需要能高速运转的人，或者直说吧，我们需要那些跟我们相似的人。”

克莱尔目前还在那家非营利机构工作，她留了下来，尽力而为。不幸的是，她说，“我发现那些‘与自己志趣相投的人’都在咨询公司里”，但是为时已晚，“因为他们觉得我和他们并不一样”。

在职业生涯中，你也需要找到与自己志趣相投的人，而且越早越好。也许某个工作在其他方面看起来都不错，但如果你找不到与那里的同事一致的感觉，依然不能算理想的选择。

机遇

第二个信号是关于机遇的，即工作能让你获得多少成长和进步。

毫无疑问，就那些你认为自己做起来过于轻松的工作而言，这个问题是非常严重的。当然，傻瓜式的成功也能让人有所收获——包括在心理上和在金钱上。

然而，你要做的工作理应具有一定的挑战性，它要让你想到，“绝大多数任务我是能够完成的，但其中还包括了某些我尚未掌握的知识和技巧，我从中能学到些东西。”换句话说，任何新工作都应该让自己感觉有所发展，而不是刚刚够用。

为什么要这样？因为发展、成长、学习能让你全心投入、充满活力，让工作变得更加有趣，刺激你力争上游。

是的，一个有拓展性的工作更容易让自己振作起来。所以你应该确认，自己即将加入的公司是真正看重学习的价值的企业，它把每个人的成长当成自己的目标，可以容忍员工犯错误，有许多宝贵的人才，你在他们周围可以得到辅导。

顺便说一下，我所指的这种拓展并不局限于，也不应该局限于一个人的职业生涯的最初时期。

我们来看罗伯特·巴格比的例子，他是 A. G. Edwards 经纪公司的负责人。他遇到过两次真正有拓展意义的工作——其间相距

26 年。第一次是他最开始进入经纪人行业，为堪萨斯城的另外一家经纪公司工作的时候；第二次则是在 2001 年，他被提名为 A. G. Edwards 公司的董事长兼 CEO。

“最早是成为一名经纪人——上帝啊，我当时真的不知道这个工作究竟要做些什么，也不知道自己为什么选择它。”巴格比说，“电话仿佛成了一件很危险的武器，我甚至很害怕接触它。”但几个月之后，他学到了很多新的技能，工作开始冒尖。同时他也开始喜欢上了经纪行当，很快扩展了自己的业务领域，并得到提升。

同样，在 A. G. Edwards 公司的董事会选择他担任领导者的时候，他也并不懂行。

“我又有了类似的感觉，”他说，“担任 CEO 可没有什么岗前培训。你以前的全部履历、全部成就，都不再重要了，要想赢得尊重，就必须从头再来。”

他履新的时候，公司正面临空前的挑战：互联网泡沫破灭，“9 · 11”事件突发，股票市场大跌。他不得不进行公司历史上的第一次裁员，并重新塑造企业文化。

“必须承认，花费了一年的时间，我才站稳脚跟。”他说，“现在很多事情都重新回到正轨了——很有意思。”他的经历，与其他许多人的一样，告诉我们当面对那些一开始显得非常艰巨的工作时，你不应该害怕。如果你有某些长处——那正是你被别人聘用或者提升的原因，那么你就可以在工作中获得成长，并随着经验的累积而变得更加出色。

未来

如果说，有关机遇的信号，可以帮助你找到一份让自己获得成长和拓展的工作，那么有关未来的信号，则可以在你离职的时候提供有益的帮助。

到某些公司工作，就像赢取奥运会的奖牌一样，它将使你在今后的职业生涯中总是与成就和荣誉联系起来。最著名的例子有麦肯锡咨询公司，它雇用世界顶尖的MBA毕业生，让他们充分发挥自己的聪明才智，而且辅以有效的培训，它的员工在经理人市场上总能得到特别的青睐。同样，当我早年在GE的塑料业务部从事招聘工作时，我们也总是希望能找到从杜邦公司出来的人，一旦得手，那会让人非常高兴。事实或许并非如此，但我们心中确实以为，如果你有了一位来自杜邦的工程师，那你就得到了最先进的生产流程和技术知识。

微软、沃尔玛和强生公司也是知名的“员工品牌”，也就是说，只需要在那里干上几年，人的能力就得到了证明。不谦虚地说，GE也应该在其中。至2005年，有5位来自GE的人在“道琼斯30指数”系列的企业中担任CEO，还有更多的人在《财富》500强企业中担任CEO，有数千名从GE出去的人在世界各国的公司中担任高管。

显然，对工作的考虑不可能完全取决于员工品牌现象。你有可能去了一家深受尊敬的公司，结果却发现老板太可怕，或者担当的工作责任过于局限。但这样的情形在以上所谈到的那些公司中或许并不多见。

你或许认为，我的这项建议并不适用于那些小公司。其实并非如此，有的小企业带给人的经验和履历是无法比拟的。在小企业中，你能够在职业生涯早期就获得管理别人的机会，担任项目和部门的负责人，还能够参与收购谈判，与 CEO 和董事会建立密切的合作关系。这样，当你打算离开的时候，尽管没有在大公司工作过的显赫背景，但你有了更多的经历。而这些东西对于许多地方都是非常有用的——特别是其他的小企业、风险投资公司和创业型的企业。

还有第二种类型的未来信号。在选择公司的时候，有时要考虑它的声誉，另外一些时候则需要考虑它所处的行业。

在 20 世纪 60 年代，到塑料行业工作就意味着拿到了通向美好未来的车票。那时的塑料产业欣欣向荣，每天都有新技术、新应用。到了 70 年代，由于能源危机的爆发，对于那些有地质学学位或者相关工作经历的人来说，优越的工作机会无处不在。当然，到 80 年代后期和 90 年代，那些在高科技产业和金融产业工作的人则时来运转。

在演讲期间，总会有人问我，对于今天的大学毕业生或者 MBA 学员来说，哪些产业是值得推荐的。我告诉他们，应该多关注那些处在生物技术和信息技术交叉领域的产业，应该尽可能学习任何与中国有关的知识，因为这个国家将在他们的有生之年渗透到方方面面的商业生活中。

这还让我想起一位非常成功的企业家的话。这位先生曾在空军服役，然后开始商业生涯。他经常被猎头公司造访。在向猎头公司询问有关新工作机会的问题时，他总爱拿自己当年作为战斗机驾驶员的情形来做比喻。

“当我在执行飞行任务时，我总是要问，‘高度多少？前方天气状况如何？敌人在什么位置？’在商业竞争中同样如此。”他说，“你需要知道有关的工作或者有关产业类似的背景。你所选择的行业是在朝着好的方向发展吗？经济状况是否严峻？竞争是否激烈？该产业已经过了巅峰期，还是才刚刚起步？你的期望是合乎情理的，还是说，前方是颗定时炸弹？”

现在，你也可以向自己提出同样的问题，看看你所期望的工作是否藏有阴霾。例如，航空运输产业现在的经济状况就很糟糕，报酬也不行，特别是对管理层的职位而言。宾馆服务业和出版业情况也未见乐观。

当然，总是有人喜欢乘飞机遨游蓝天的浪漫，喜欢旅馆业的创新，喜欢出版书籍的兴奋感。如果你也是其中之一，那你还是应该进入这些产业，但是要注意保持开阔的眼界。要明白，你所从事的每种职业都是一场赌博，它有可能开拓你未来的发展空间，也有可能缩小你的选择范围。

主导权

几年前，我所认识的一位经理人在自己的办公室接待了一位特殊的客人，他是某位业务伙伴的儿子。这个年轻人即将从哈佛大学毕业，他来找这位经理听取一些有关职业发展的建议，特别是这位经理所熟悉的领域——投资银行和管理咨询。

那个学生头发梳得一丝不乱，身着笔挺的西服，并且带来了一系列精心准备的问题。他问那些大咨询公司相互之间有些什么区别，他在华尔街的第一年可能得到什么样的任务等等。

在加入消费品行业之前，这位经理曾经在咨询行业工作过，有许多在投资银行工作的熟人，因此对每个问题都给予了充分的解答。她看着那个学生认真地低着头做笔记，不过，她却看出他对于自己的话并没有真的在意。

结果，在大约半个小时之后，他礼貌地表示感谢，起身打算离开。

这时，他把笔记放到一个文件夹中。那位经理人注意到，文件夹上面贴满了精美的汽车画。

“哦，太漂亮了！这是谁画的？”她问。突然间，那个学生浑身充满了活力。“是我画的——我一直喜欢画汽车。在我的宿舍里，也都贴满了各种汽车的海报和图片——所有的汽车杂志我都订阅了！从5岁的时候开始，我就对汽车着了迷。我一直想成为汽车设计师，并且经常去看汽车展览和全美汽联的比赛。去年，我还去了印第安纳波利斯的F1赛场——是自己开车去的！”

那位经理不停地摇头，感到难以置信。

“你应该去底特律工作，”她说，“你怎么会考虑去做咨询或者投资银行的工作呢？”

那位学生马上又变得无精打采起来。“我父亲说了，我上哈佛的目的可不是为了去做汽车。”

在接下来的几分钟里，那位经理试图改变那个学生的想法，但她突然意识到，自己是否卷入了别人的家务事中，那可管得太宽了。几个月之后，她碰到那个年轻人的父亲，他告诉她，自己的孩子已经开始了在华尔街每周80小时的高强度工作。这位经理并不感到意外。

看吧，在职业生涯中，我们对工作的选择往往都是为了实现其他人的理想——父母、配偶、老师或者同学对你的期望等。

并不是说这就绝对是错的，但如果你没有意识到自己在做什么可不行。为别人的需要或梦想而工作，这种念头总会萦绕着你。我认识一个人，他最后成了医生，唯一的原因就是在他幼年的时候，他的母亲——一位热爱美国梦的波兰移民——总是对别人这样介绍自己的儿子："看，这就是未来的大夫！"我的朋友并不讨厌自己的职业，但却总是渴望早点退休。

与此相似的是，有许多人之所以选择某个工作，只是因为他们的配偶希望自己少去外地出差。必然的一个结果是，那些妥协的人由于不怎么外出办事而丢掉了升迁的机会。有时，夫妻之间会因此相互责备。有时，人们则是默默地压抑了心中的不快。

更严峻的事实是，要想完全掌握对自己生活的主导权并没有什么简单的办法，特别是当人们的年纪更大一些，生活和人际关系变得更加复杂之后。很少有人在选择工作的时候有完全的自由和独立性。他们需要给子女支付学费，配偶也有自己的职业。是的，他们也听到自己内心的声音说：你应该为自己而生活，就像大学时代一样无所牵挂。

所以，在处理工作主导性问题时，唯一的方法就是要对自己诚实，要明白自己是在为哪些人工作。

在走上职业选择的十字路口时，你的"底特律之梦"也会在这个或者那个时点呼唤你。如果你义无反顾地去了，那将是个伟大的抉择。如果你不能去，也该把原因想清楚，保持内心的宁静。

工作内容

这是我们的表格中最后出现的信号，当然也很容易最早碰到。

每个工作都有它艰难的时刻，而且有时候你去工作只是为了赚钱而已。但对于最理想的工作而言，你应该是热爱它的——至少是热爱其中的某些部分，工作能让你感到兴奋。与顾客打交道、商务旅行、每周二上午销售会议上的友善气氛，或者无论其他什么——工作中总有些事情让你每天都渴望回到这里。也有时是工作中遇到的挑战让人兴奋。

例如乔尔·克莱因，他是纽约城市教育署的主任（我参加了当地教育系统新校长领导课程的培训工作，从而与他结识）。毫不夸张地说，乔尔如果愿意去做公司的顾问或者 CEO，会有数不清的高薪职位在等待着他。在 20 世纪 90 年代，作为掌管美国司法部反垄断局的助理部长，他与微软公司之间展开了令世界瞩目的诉讼大战，后来，他又成为世界媒体巨头贝塔斯曼美国总部的董事长兼 CEO。

他在 2002 年开始接受的学校改革工作，相对而言却没有什么光环和亮点。不用说，成为公职人员，他的待遇大为降低。而且在接手工作之后，乔尔还需要对纽约州教育系统的庞大官僚机构动大手术，那可是一个包含 1 300 多所学校、100 万名学生、150 亿美元预算的巨型组织。他很快遇到了既得利益者的阻挠，包括那些激进的竭尽所能为维持现状辩护的工会领袖，在这些压力面前他表现得无比坚强。实际上，乔尔的名字几乎每天都要出现在纽约的报纸上——由于每个人对教育问题都有自己独特的看法，他经常成为社论的主题，毁誉参半。

乔尔最热爱的工作莫过于此。

“有时我问自己，‘我究竟在这里做什么？我完全可以在一家公司餐厅里享受丰盛美味的早餐，可实际上却要去一个犯罪率很高的学校，试图让所有事情都回到正轨，重新建立良好的纪律。'" 他有一次对我说，"但我是在皇后区的公共住宅中长大的，并且由纽约市的公立学校培养成人。那些校长和老师们为这个教育系统奉献了自己的一生，他们改变了我的生活，为我创造了机遇，我欠他们很多很多。能够来到这个位置上，给他们一些回馈，乃是我的幸事。我并不想夸夸其谈，但这个工作确实比我以前做过的任何事情都更加重要。"

对于乔尔所说的工作的意义，我也深有同感，尽管那是在一个低得多的层次上。我觉得自己的工作也总是很有意义的，尽管回头来看实际情况或许并不是那样。我永远都不会忘记的一件事情，是我在伊利诺伊大学做助教的时候，系里要求我完成自己关于逐滴冷凝课题的博士论文，并提交给在科罗拉多州的博尔德举行的关于热传递问题的国际会议。我当时的表现，会让人以为我正在准备参加诺贝尔奖的颁奖仪式。在准备演讲的那几周时间里，我一直神经兮兮。终于那个重大时刻到来了，我发表了自己的演讲，并获得了礼貌的掌声。尽管如此，我还是兴奋地冲向电话，忙不迭地向母亲汇报。

告诉你，直到现在我还记得那天的兴奋！

幸运的是，找到一个能触动你内心的工作并不特别困难。这样的机会其实到处都有——许多工作都有这样的可能，只要你能感觉到它的重要性即可。从 GE 退休不久，我在蒙特利尔的一家法国餐厅吃晚饭，与那里的一位游客谈了起来。几分钟之后，我得知这位仁兄是"佛蒙特州奎奇镇第一位不用水银灯的牙医"。他对此拥有发自内心的自豪。虽然说我还不至于立刻就把牙医当成自己的第二职业，但那位大夫的热情确实有极大的感染力。

我以前也说过，每个工作都有起有伏，但如果一份工作不能让你兴奋——只是由于工作内容乏味——那你就没必要再沉浸其中了。同时，也不要担心自己什么时候才能找到一份有意义的工作。

因为你能感受到它的存在。

特殊情形

工作是否适合你的信号对于各种各样的情形都是适用的，但有些特殊情况还需要专门的讨论。

第一种情况是寻找自己第一份真正的工作。

对某些幸运儿来说，这个过程相对比较容易。他们在高水平的学校受教育，取得过出色的成绩，又有不错的工作经验。这些从大学或 MBA 课堂新毕业的人通常有许多选择，我也希望本章提供的建议能帮助他们做出明智的决定。

然而，对于其他许多人而言，找到第一份工作并不那么简单。他们的学习成绩只是中等，实践经验方面也没有什么长处。他们必须面对一群满腹狐疑，甚至怀有敌意的听众，来推销自己。

如果你是属于这个类型，那我的强烈建议就是要保持真诚和坦白。

对一位成绩平平的职位申请者来说，通过虚张声势和过分热情来推销自己是再有诱惑力不过的事情。但假的就是假的，有经验的经理人闭着眼也能知道。

最好的选择是讲出自己的真实情况。“我知道自己的成绩并不那么出色，”你可以这样说，“我花了很多时间参与校内的体育运动，老实说，还用了很多时间与朋友们交往。当然，我或许应该把更多的时间用来学习，但我还有其他的事情，尽管那也许不是最好的选择。不过你们应该考虑聘用我，因为我在挑战面前从不放弃，我工作努力，我信任你们的产品，欣赏你们的公司，我知道在你们这里我能有所作为。”

在讲述自己的真实故事时，你是在表现真实的自我。如果你平时很随意而有趣，那在面试中就不要过于拘束和严谨。如果你比较笨，也不要假装聪明。公司应该知道它要聘用的人是什么样子，而你应该尽量展示给他们，看他们的反应。我认识一位MBA学员，她去一家著名的咨询公司面试，三位高级经理在房间里等待着，可她却绊倒在门前。从地上爬起来之后，她大方地与对方握手，说道：“我叫格雷斯，芭蕾舞教师。”

他们都没有笑，也没有在那个尴尬的时刻之后说点什么来安慰她。过后，他们希望录用她，但她却拒绝了。

“他们看到了真实的我，我也看到了真实的他们。”她回忆说。

我想说的要点是，在寻找第一份工作时，要做真实的自己，要保持平静的心态。真诚或许是你最好的卖点。

第二种特殊情况是你陷入了困境，无路可逃。

在工作中陷入困境有各种情况，比如自己的老板没有得到提拔，导致你也无法升迁，同时他也没有兴趣把你推荐给其他部门；你又失去了一次晋升机会，别人安慰你，说你做得不错，但不会很快得到提拔；你的公司只是在一段时期之后才提拔干部——但不知道要等多久；你喜欢自己的工作，但待遇太差，或者待遇很好，工作内容却让人恶心。

这是个长长的清单，让人真想放声大哭。

陷入困境之后还会带来其他问题，人们容易变得灰心丧气，直到干出蠢事——离职、放弃。

千万别那样做。骑马找马要容易得多。我还想告诉你，不但要留守在自己的岗位上，而且你还应该更努力地去工作。如果你想寻找更好的工作，那么最快捷的方法就是在原先的岗位上干出出色的业绩。

格里·罗奇，海德里哲公司（Heidrick & Struggles）的董事长，美国最知名的猎头专家说，即使你感到自己身陷困境，如果你做得很出色，外面的观察者还是会注意到你的——他是指猎头公司和竞争对手。

“业绩出色的人就像大船的桅杆一样，”格里对我说，“我们很远就能看到他们，而且总是期盼他们能驶入我们的港湾。”

相反，最糟糕的求职者则是格里所说的“变色龙”。

“这类人从来不能雷厉风行，也不能坚持在自己的岗位上，他们总是带着自己的简历来找我们，怂恿我们和其他公司聘用他们。”他说，“这些人很快就会给自己贴上标签。”

显然，如果你陷入困境，你应该发出信号，让别人知道你打算另谋高就。但不要把那当成自己的生活目标，否则将迷失努力的方向。更糟糕的是，你会把注意力从最有效的挽救自己的方式上移开——那就是你的业绩。

第三种特殊情况是在你遭到解聘之后如何寻找工作。

2004 年，我与一位前 GE 的高级经理（姑且叫他查理吧）共进午餐，他曾在我手下的管理部门工作，后来去了业务部门。在几次晋升之后，他在一个职位上遇到了挑战，几年下来都在为完成任务而辛劳。最后，他在 50 岁出头的时候被公司解聘了。

但是，查理的职业生涯并没有就此结束。几个月之后，他成为一家高科技公司的合伙人，开始是兼职工作，很快就担任了正式职务。在那里，又有好几家公司邀请他加入董事会，他还开始在一所著名的商学院执教。

在遭到公司解聘 5 年之后，他告诉我，他的工作比以前充实多了。

我问他，他怎么会重新变得这样强大。

“是这样，我重新振作了起来，”他说，“在 GE 的时候，老板和我订立了清晰的目标，但我没有完成。我浪费了太多的时间，没有及时打发掉那两个不能完成任务的下属。在商业低迷期迫近之后，我又没有迅速削减成本，自己过分乐观了。但我对太太说，我一定要重新杀回来，结果做到了。”

查理那么理性的反应让我感到震惊，因为绝大多数人在遭到解聘之后总是为自己辩解。

辩解，会让自己陷入沮丧。

尽管这是自然而常见的，但这两种反应在你再次去寻找工作的时候都是杀手。老板很容易发现房间里的人显得不够自信，而人们总是想招到成功者。

如果你自我感觉是个失败者，又怎能表现得像个成功人士呢？

我也问了查理这个问题。

他说，他的方法就是到自己的“信心水库”去汲取力量——那就是稳定的家庭，以及他从自己身上以及过去的成绩中积累下来的积极态度。他利用自己原来的资本与商业上的同事们保持联系，寻找新的机会，还积极参加社会和社区活动。

“开始，由于我失业了，人们可能用不同的眼光来看我、谈论我。”他说，“我尽量不去注意这些。”

如果你也遭到解聘，那么一定要离开我所说的“失败的旋涡”，因为那只会使你在惯性和失望中沉沦。

人们经常被旋涡所吞噬的一个原因是，他们在开始寻找新的工作之前等待的时间太久了，这是件不容易处理好的事情。在被劝说走人之后，的确需要一些时间来抚慰自己，比如说一两个月来反思自我和平静心绪。另一方面，你停留的时间越长，你就越有可能开始对自己产生怀疑，未来的老板就越有可能觉得你哪里不太对劲。你恐怕也不想让自己简历上的空当时期太长了吧。

当然，将来的老板会问你为什么要离开原来的工作。直截了当地告诉他，你是被解聘的好了。全世界的经理人都知道，“我是自己辞职的”或者“我是由于个人原因辞职的”这些说法背后的含义是什么。

同样重要的是，对你的离职要负责，就像我的朋友查理在我们的交谈中所说的那样。他对当时的经营环境所抱的责任心，比我听过的数百次辩解更令人感动。那些辩解包括，“我的老板遇到了困难”，或者“他们不像我那样关心顾客”，或者如我最爱用的，“公司里充满了政治斗争，你做得怎么样并不重要，重要的是你认识谁”。

相比之下，查理的办法是多么理性，甚至我都不得不承认他对自己过分苛刻了！回到劳动力市场之后，他只是责备自己。他告诉负责面试的人，他从自己的经历中学到了什么、将在新的工作中有哪些不同的表现。“我下定决心，从现在开始要更多地关注外面的事情，”他说，“我还要对业绩不佳的人更快地采取行动。我的目标之一就是证明自己不会再犯同样的错误。”

假如遭到辞退，你永远不要把自己变成爱说大话的人。然而，你的确需要表现得现实而乐观，到自己的“信心水库”里去汲取力量吧。把过去的事情讲出来，说说你学到的教训。不要害怕向别人请求：“给我一次机会。”

会有人给你的。

由于时代的关系，我是属于很特殊的那一部分人——那些终其一生为某一家公司工作的人。1961 年，我从研究生院获得学位的时候，这种事情还很普遍。但今天的统计数字表明，大学毕业生在毕业后的第一个 10 年里会多次变更自己的工作，MBA 毕业生也同样如此。

我不能断言这究竟是好事还是坏事，这只是事实。人们在寻找合适的工作时显得更加急迫了。

但我还是有些想法。

首先，寻找合适的工作需要时间、尝试和耐心。毕竟，你必须在某个地方工作一段时间之后，才能知道自己是否能做好，是否感觉合适。

其次，你越是优秀，找到合适的工作就越是容易。这话听起来刺耳，却是不争的事实。在交出业绩的时候，天才的人们将得到机会的垂青，合适的工作会自己找上门来。

所以，如果你真的想找到伟大的工作，那就选择自己喜欢做的事情，确信你在与自己喜欢的人一起工作，然后全心全意地投入其中。

这样，你就一定会找到伟大的工作——此后的人生就不再是劳作，而是享受。

第 17 章

晋升

很抱歉，没有捷径

上一章是关于如何找到合适的工作，本章讲的则是如何得到下一个工作。

虽然不能说商界中的每个人都渴望得到更高、更好的职位，但有此想法的恐怕还是大有人在。如果你是其中之一，那么本章的内容正是为你而作的，无论你是在期盼自己的第一次晋升，还是第五次。

我也曾有过那样的时刻。当时我 24 岁，刚刚开始自己的职业生涯，我并不知道自己将去向何方，以及如何去，但我依然充满了抱负。

使自己成为一个人物的念头很早就在我脑海中形成了。从10岁的时候起，我就开始了自己的第一份工作，在家乡马萨诸塞州塞姆勒镇附近的一家乡村俱乐部里当球童。在高中和大学时代，我也不断地参与过一些工作，从酒吧的侍者到学校的助教。1961年，我拿着化学工程博士的学位走出伊利诺伊大学的校门，非常渴望到真正的商海中一显身手。

GE给我提供的职位看起来很理想，我将在实验室中工作，参与一种新型塑料的开发。成功之后，我还有机会出去做应用和销售。尤其令我满意的是，工作地点就在马萨诸塞州，而且GE付给我的薪水也是其他公司比不了的——足足10 500美元。

请相信，我当时所考虑的并不是什么职业规划。如果有什么规划的话，我肯定要选择去埃克森公司工作，因为在那里，化学工程专业的学位才真正有价值。但管不了这些了——埃克森是在得克萨斯州呢！要知道，离开家乡去伊利诺伊上学，已经让我饱受思乡之苦。

来到GE之后的13年里，我获得了4次提升，每次的感觉都很美妙。我喜欢承担更多的责任，做更大的生意，建造更大的厂房，管理更多的下属。但直到1973年之后，我才第一次意识到，自己有可能争取全公司的最高职位——而且我也期望如此。我陷入了狂妄自大中，以至于在填写自己的业绩评价表时，在有关职业目标的栏目中，我把以上的想法和盘托出。

8年之后，我的梦想实现了。

那么，事情是怎样发生的呢？一个人怎样才能获得提升？

首先是运气

任何职业，不管看起来有多么一成不变，都要受某些纯运气因素的影响。

有时候，一个人在合适的时间出现在了合适的地点，他遇到了某个人物——比如说，在机场或者晚会上——于是，机遇的大门就向他敞开了。我们可能都听说过类似的故事。

有时候，直到事情都发生了很久以后，我们还不敢相信自己真的那么走运。我有一位高尔夫球友，佩里·鲁迪克。他还记得，自己刚刚去美邦银行（Smith Barney）工作不久，就有一次晋级的机会，那是负责法国的业务部门，可是他落选了。失败令人痛心疾首，他觉得自己失去了在公司扬名立万的最好机会，更不用说不能享受巴黎的奢华富贵了。

运气来的时候谁也挡不住。在佩里丢掉了去海外工作的机会两年之后，公司在纽约的一个重要职位又出缺了，这次他得手了。那时他 32 岁，走上了新的岗位，开始负责公司的投资银行业务，手下则有一群思想前卫的年轻银行家。他帮助公司成功地度过了一个颇具挑战性的行业整合时期。

长话短说，佩里在 1985 年做上了美邦银行的副董事长，直到 1991 年退休。

但是，人们也有运气不好的时候。有时，职业生涯的停滞并没有其他任何理由，而完全是因为运气糟糕。至少说，职业曲折发展的有些因素完全在你自己的控制范围之外，比如发生了企业兼并或者业务剥离，或者来了一位新老板，他对你的未来有着与过去完全不同的想法。偶尔，你还会由于办公室政治或者某些裙带关系的影响而失去晋升机会，而那样的打击可能是非常令人痛心的——甚至让你不禁自问："早知如此，我干吗要尝试？"

别那样想。

因为从长期来看，在你漫长的职业生涯里，运气所能起的作用要比那些你可以控制的因素更小。

我自己在工作的时候从未认真考察过这些因素。只是后来不断有听众向我提出关于职业生涯的问题，我才进行了很多思考。那些问题真是五花八门：

◎"我喜欢在总部做管理工作，但是更想去业务部门。我怎样才能说服老板让我进行这样的职位调换？"

◎"我对老板并没有什么特别的好感，但她在我们公司里非常重要。如果没有人肯拉我一把，那我还有可能在公司得到晋升吗？"

◎"我在制造部门工作，但我想去市场部门。怎样才能离开工厂呢？"

顺便说一句，对于职业发展的关心，并不局限于某个国家或者某个产业。中国的市场经济于20世纪末发展起来，其文化传统中也有许多"平均主义"的痕迹，可这里的商业人士却非常好学，他们不停地问："如何才能走到别人前面？"而同样的问题在葡萄牙、法国、丹麦以及资本主义始于20世纪末的斯洛伐克也屡见不鲜。

我想，无论在哪里，答案都是相似的。

大致说来，要想获得晋升，有一个"要"和一个"不要"。

◎要交出动人的、远远超出预期的业绩；在机遇来临的时候，要敢于把自己的工作责任扩展到预期的范围之外。

◎不要麻烦你的老板动用政治资本来帮助你。

这些戒条当然还不是全部，另外还有四个“要”和一个“不要”，我也会逐一进行评论，但首先我们还是集中讨论前面两条最重要的戒条。

令别人叹服的力量

如果问大多数人，什么才是引人瞩目的业绩，他们所能想象的会是超出预期的成就。这样的回答非常好。

但是，要想获得提升，更有效的办法则是拓展你的工作范围，采取大胆和超出期望的行动。树立新的观念、采纳新的流程，那不但会提高你自己的业绩，还会对你所在的部门甚至整个公司的业绩做出巨大贡献。改变自己的工作方式，让你周围的人都能干得更出色，让老板更有面子。不要只是做那些期望之内的事情。

早年在 GE 工作的时候，我就获得了这样的经验。那时我还在实验室工作，负责开发一种名叫 PPO 的新型塑料。有一天，公司的某位副总裁来到我们所在的小镇，我的老板安排我向他介绍开发项目的最新进展。当时，我急于向他们证明自己的实力，所以提前一周加班准备材料。我不但分析了 PPO 的经济效益，还探讨了该产业中的其他所有工程塑料的前景。我最后提交的报告包括了一个五年展望计划，与杜邦、塞拉尼斯（Celanese）和孟山都（Monsanto）生产的同类产品的成本对比报告，以及一份 GE 应该如何争取竞争优势的大纲。

谦虚点说，我的老板和副总裁感到非常震惊。他们对此事的积极反应让我明白，向别人交出超过预期的业绩将产生很好的影响。

在此后的40年里，我还不断地看到这种积极的反应和影响。

又比如约翰的例子，他也拓展了自己的职责范围，使得他周围的人和顶头上司都对他刮目相看。

1997年，GE把约翰派到欧洲，管理那里销售额达1亿美元的硅酮业务。那算不上什么美差，但给了他一个展示自己能力的舞台。GE的这项业务虽然在全球市场上占据了第二的位置，但在欧洲的地区市场上只能排在第六名，主要原因是成本太高，因为我们的原材料必须从美国进口，难以与当地的企业竞争。

总部的人们在想，如果约翰采取通常的策略，给现有客户及时交货，再发掘一些新客户，开发点新产品，一年之后把销售额提高8%~10%，那就该心满意足了。但是，约翰却有更大的野心，他建议在欧洲建立一个新工厂，生产主要的硅酮原料。

他的报价是1亿多美元，我们的回答是："没门儿。"

不过约翰坚持认为，一定有解决成本问题的方案，而且想出了一个颇有远见的方法。他拓展自己的工作职责，与几家欧洲的竞争对手举行了会谈，其目的是想找到一个合作伙伴，用该公司在欧洲本地的生产能力和技术经验来换GE的全球影响和渠道。

在长达一年的谈判之后，约翰得偿所愿。GE与德国的拜耳公司合资成立了一家硅酮工厂，并且在新公司里占据了控股地位。

我向他请教了有关的经验。

"我想，纯粹是由于坚持，"他说，"我感到，我们必须变得更加自信。如果我们还是像往常那样循规蹈矩，即使能把生意做到一定的规模，也永远不会有大的突破。”

这家欧洲硅酮公司在当地市场上排到了第二名的位置。在一次收购行动之后，其销售额突破了 7 亿美元。

至于约翰，他在 1998 年被提升为 GE 运输公司的 CEO，到 2003 年时，则成为销售额达到 80 亿美元的 GE 塑料业务的 CEO。

你最大的敌人就是自己

如果说超出别人的期望是获得晋升的最有效的办法，那么有损你自己的最有效的办法就是在自己的组织里面当刺儿头。

当然，没有人愿意这样做。可一旦发生这样的事情——每次发生的时候——你都不得不麻烦自己的老板动用他的政治资本来保护你。

此时，或许大多数人会想：“为什么我要去麻烦老板呢？我永远都不会。”

好，再仔细想想。

许多人可以做出非常杰出的业绩，但是如果你不认同公司的价值观和行为模式，那你就有让上述事情发生的风险。

例如有一位非常聪明能干的员工，我称他为詹姆斯。我们请他到 GE 总部的业务拓展计划中工作，这种为期两年的计划是专为那些 MBA 设计的，他们一般已经在咨询公司里工作了 3~4 年，现在希望转向实业部门。计划的结果是让他们得到提升，否则就要走人。为了测试他们的能力，我们会让他们承担一些短期的紧张的现场任务：到 GE 内部的某个业务部门去学习最优化的业务经验，然后介绍给另外一个业务部门。在多数情况下，我们的某个业务部门会在一年之内把这些MBA从该计划中“偷走”，让他们承担真正意义上的业务工作。

詹姆斯当时32岁，我们是从一家顶尖的咨询公司把他挖来的，他从商学院毕业之后就一直待在那里。他是欧洲血统，口齿伶俐，在我看来，他还非常聪明，有出色的履历，为好几个行业做过咨询。我们曾以为，在6个月之内，起码会有3个以上的GE业务部门为了争夺他而打起来。

可是一年过去了，却没有人搭理他。我也不知道为什么。直到有一天，我与他的老板和人力资源部门的人坐下来，为他做第一次业绩考评的时候，我才了解到，他每天都是上午10点或11点才来公司，当然下班也很晚，往往是8点左右。他投入工作的总时间并不少，而这样的时间表对于那些独立性很强的工作者而言也无可厚非。例如，在我们的研发部门，就有很多人喜欢在晚上工作，销售部门的上下班时间也是根据他们在不同时区的客户的需要决定的。

然而，詹姆斯的作息时间表对于他所在的那个公司而言却并不合适，因为那些生产线上的经理们通常都在上午8点甚至更早的时候上班，全天的会议和工作安排也都围绕那个时刻进行。

可惜，詹姆斯并不关心GE的行为习惯，他有自己的做事方式。

当他跟我的助理打电话，希望得到其他任命之后，我更是明白了其中的缘由。我们见面了，就他的职业未来做了一番讨论，然后他透露了自己真正的来访目的。

他问：“我可以坐专机去参加一线的会议吗？”

我当场告诉他，他疯了。“你想跟所有的人决裂吗？”我说,“你现在的作息规律已经让别人怨声载道了。要是再炫耀自己,你只能是自绝于这个企业。这种做法不符合我们的文化。”

“我愿意自己掏油钱。”

“根本不是油钱的问题!”我说。

尽管詹姆斯并不认同我们的价值观,他还是在业务部门得到了一个职位。由于他的头脑、活力和背景,我让他负责一个小规模的部门,那是我们在欧洲收购的一个有点儿麻烦的企业,此前派去的两位美国经理也都没能做好。把他放到那里,是典型的“填鸭式”的职位安排,尽管我心存疑虑,还是强迫自己把他安插到公司的业务中了。

这一着依然没有奏效。与美国部门的文化习惯一样,GE 欧洲部门的企业文化也未能改变他。最终,詹姆斯还是离开了。而且,那时已经没有人愿意动用自己的政治资本来保荐他。

相反,我们再看看凯文的例子。与詹姆斯一样,他也参与了总部的业务拓展计划。

在加入 GE 之前,凯文曾经在美国海军学院获得航空工程学位,在核动力攻击型潜艇上服役了四年,然后他加盟麦肯锡公司,又工作了两年。毫无疑问,他也具有与詹姆斯一样的高智商,也同样勤奋、有抱负,而且更为成熟稳重。凯文明白,GE 向来重视团队协作,而他自己则是团队的成员。他很早上班,工作无比勤奋,从来不寻求个人表现。

凯文在业务拓展计划中工作了两年,此后三年去了业务部门。那时,他已经获得了普遍的认可,我们决定大胆提拔他,让他成为公司的 100 名副总裁之一,负责航海和工业涡轮机业务。

很不幸,就在我们打算通知他的那一天,凯文告诉我们,他打算离开公司，因为世通公司（MCI）正对他虚位以待。我们尽可能地挽留，但他去意已决。几年之后，他又离开世通公司，成为安进公司（Amgen）的COO，并在2000年成为CEO。自从他加盟安进之后，该公司的资本市值已经从70亿美元提高到840亿美元。

显然，凯文从起步的时候起就已经是明星了，他的一切事情都进展顺利，有强大的业绩作为基础。你可以确信，当人们谈论他的时候，没有人需要动用什么政治资本，所以他的职业生涯自然步步高升。

其他需要动用政治资本的情况

除了破坏公司的价值观以外，还有一些更过分的类似做法，可能会消耗你的老板的政治资本。这些行为都与个性有关——也就是说，如果你表现出这些举动，人们可能就不得不自问："等一下，我真的可以相信这个人吗？"

例如，缺少坦诚的态度。在前面关于坦诚那一章里我讲过，所谓坦诚不是特指不说谎，而是包括所有隐瞒信息的做法。这种行为是非常普遍的，会让你的同伴和老板承受无尽的痛苦。

在GE最主要的某个业务部中，曾经有这么一位经理，他的业绩相当出色，但在早年的几次晋升之后，他就止步不前了。原因在于，每次请他做业务汇报或者提建议的时候，我们都被迫对他进行"狂轰滥炸"，要抛出好几十个问题，才能让他把真实的情况说清楚。即使这样，我们还是不能确信已经掌握了全部重要信息。他交代给我们的全部是兜圈子、边缘消息和模糊表述，例如“现在还不错”，或者“问题已经得到了控制”。

在每次人力资源评价会上，我都会问他的老板，这个家伙为什么显得那么谨慎多疑。“他本性如此。”这就是回答，“他不是个坏人，他只是不愿意对别人太开放罢了。”

我追问：“他究竟想隐瞒什么？如果他还是那样爱保守信息，那给人的印象就是他没有讲真话。我知道，别人也都这样看待他。”

“是的，的确如此。别人也对此不满，但他没有撒谎，他只是太保守。”

“可是，我们在谈工作的时候需要开诚布公的态度。”

“是的，我知道这很让人恼火。我会再向他重申的。”

结果还是一切依旧。

最终他的老板也不耐烦了，很快，这位谨慎过头的经理被降职。

关键点在于：别让你的老板非要追根问底，你才把情况讲出来。如果想表现出一种能让人接受的个性，想让你的老板更轻松一些，那就要开放一点，有话直说。

还有一种行为，它将令你和周围的人们疏远，从而迫使老板动用政治资本来保护你。那就是过分张扬你的职业目标。

对绝大多数人而言，有野心是件好事——那是胸中燃烧的火焰，是活力的源泉，是乐观主义的人生态度。它将推动你和组织前进，让大家都能赢。凯文就拥有这样的精神力量，大多数成功人士也同样如此。

但过强的职业欲望则是另外一种情况，那是阴谋诡计、投机取巧，诋毁自己周围的人，侮辱和贬损其他同事，只为自己一枝独秀；还有掩盖自己的失误，甚至嫁祸于人；在会议中夸夸其谈，把团队的成绩归功于自己，不断搬弄是非；把公司组织当成人事斗争的棋盘，公开地表示幸灾乐祸。

如果你也有这些毛病，那最好克制它、战胜它，把它逐出脑海。要是你不这样做，那么当提拔机会来临的时候，就不会有足够的政治资本来挽救你了。要知道，想在同僚们一致的反对声中推荐某个人将是非常困难的。

四个“要”和一个“不要”

我们刚才看了两个帮助你获得晋升的最大因素——获得出色的业绩，同时拓展自己的工作职责；不要麻烦老板动用政治资本。此外，还有四个“要”和一个“不要”，也会对你有所帮助。

这四个“要”是：

在处理与下属的关系时，要像对待老板那样认真。

要在公司的主要项目或者新项目上早点做出成绩，吸引大家的关注。

要学会寻找和利用良师益友，因为谁是有帮助的师友从表面上看不出来。

要保持积极的态度，并且感染他人。

一个“不要”是：

不要让挫折把自己打垮。

先看那四个“要”。

要管理好下属。

每一本经管书都会告诉你，要与自己公司及同行的人建立良好的关系，与老板之间建立相互尊重的纽带。这些都是非常好的建议，值得认真听取。

但如果你要进一步发展，还必须同样重视与下属之间的关系，关心下属。

老板与下属的关系很容易被忽视，因为人们往往把老板放在自己的前面，把同僚放在心上，但下属常常只是奉旨办事的角色。

你需要当心，因为处理老板与下属的关系很容易掉进两个陷阱，这有可能摧毁你的职业前途。第一个陷阱是最普遍的，那就是你对自己的上级所花费的精力过多了，结果，你太远离自己的部下，丧失了他们的支持和爱戴。第二个陷阱则相反，你与自己的部下靠得太近，跨越了边界，对他们来说，你的举动太像伙伴，而失去了老板的尊严。

这两种情况都是不利的。

因此，在处理与下属的关系时，你要学会在以上两种极端之间行事。这样，在晋升机会来临的时候，下属们对你的评价将是最为有利的：你很公正、很认真，你对他们是严厉的爱。

我自己就有过这样的亲身体会。在GE选拔CEO的最后时刻，有两位强势的副董事长坚决反对我，他们都有自己中意的人选。

我当时并不知道，自己的下属们在这个关键时刻帮了大忙。事后很久，我才得知他们曾不遗余力地向董事长雷吉·琼斯推举我，告诉他我对人非常严厉，但又非常公平，与其他CEO候选人相比，我更能有效和迅速地推动公司的发展。我不敢保证这些下属们都喜欢我，因为我做事太严厉，又很缺乏耐心。但是，我想他们一定很尊重我，因为我也非常尊重他们。我和他们之间建立了良好的关系，这并不是在有需要的时刻才刻意而为的，而是经过了多年的培养。

要争取受到关注。

如我所说过的那样，要想获得关注，最重要和最好的方法就是取得出色的业绩。

其实另外还有一个提高自己知名度的办法，那就是在公司号召大家参与重要项目或者新项目的时候，率先把手举起来，尤其是那些一开始并没有被大家所看好的特殊项目。GE 历史上就有过两次这样的项目，第一次是我们在 20 世纪 80 年代发动的全球化，其次是在 1995 年启动的六西格玛计划。

韦恩·休伊特就是一个典型，他的职业生涯从上面的项目中受益良多。那时的韦恩只有 35 岁，他一开始负责 GE 在太平洋地区的塑料业务，然后负责整个塑料业务的六西格玛计划。通过该计划的实施，他带领自己的团队大幅度降低了我们产品的不稳定性，并且在只追加了很少投资的情况下就把生产能力提高了 30%。三年之后，他被提拔为销售额达 20 亿美元的 GE 全球硅酮业务的 CEO。

丹·亨森又是一个典型。当时他在伦敦负责 GE 资本的贷款业务，他鼓足勇气，毛遂自荐，要在 GE 资本中推广六西格玛计划。那时，对于该计划究竟有多少价值，许多人表示怀疑。丹经过认真分析，弄清楚了哪些领域适用六西格玛计划，哪些领域不适合。在以后的两年时间里，他成功地降低了那些高度重复操作的差错率，特别是在信用卡和抵押保险业务方面成就斐然。今天，他已经成为 GE 资本最大的业务部门——商业金融理财业务部的

CEO。

GE 是个庞然大物，如果韦恩和丹不会自我表现，谁知道他们什么时候才能成为 CEO 呢？当然，他们也许还是能成功的，但绝不会有那么快。

在这方面，数字最能说明问题。今天，整个 GE 直接向杰夫·伊梅尔特报告的副总裁中，有超过一半的人曾经在海外业务中工作过，而公司将近 180 名高级经理中 1/3 的人有过实施六西格玛计划的经验。

要寻找导师。

第三个“要”与导师有关，无论是我在 GE 工作的时候，还是今天，这都是热点话题。

因为，人们总是希望找到一个合适的导师，以帮助自己前进。

然而在我自己的职业生涯中，这样的优秀导师却不止一位，而是有许多。我遇到了几十位非正式的导师，他们每个人都教给我一些重要的经验。在他们当中，有那些典型的、年纪较大、精明能干的经理人，也有许多比我还年轻的同事。

有的师徒关系维持了一生的时间，有的只不过是几周。

我生命中最重要的导师之一从来不以我的老师的身份自居，甚至我自己也不那样看待他。这个人就是西·卡思卡特，他是 GE 的一位董事，担当我的导师有 10 年的时间，他也是我的挚友。令人万分悲痛的是，他已经于 2002 年辞世。

西具有人们希望寻找的导师的一切优点——他不停地鼓励我，也从不留情地挑战我。他对人的判断相当精确，在做重大的人事聘用决定之前，我总是要征求他的意见。

在职业生涯最艰难的时期，我面临一项艰巨的任务，那就是向董事会推荐自己的继任者。此时，西在5年里花费了700个小时的工作时间，去拜访所有的候选人，并与我分享他的感受。

作为伊利诺伊工具公司（Illinois Tool Works）资深的董事，西在我出任GE的CEO时也担任GE的董事。我们经常一起打高尔夫球、电话聊天，他利用这些机会让我思考那些从未探索过的小路，让我看到未曾留意的死角。“你能确认那个家伙不是在吹牛吗？”他会这样问。“在一切的喧嚣结束之后，你还认为那笔收购是件让人高兴的事情吗？”他总是能准确地提出问题。

我还有一位伟大的导师——丹尼斯·达默曼，他不但比我年轻10岁，而且还是我的下属。

我是在1977年遇到他的，那时我刚被提名为GE消费品集团的主管。走马上任的时候，我对于集团中GE资本公司的主要业务保险和金融知之甚少。而丹尼斯是我的财务分析师，他曾在那里工作过几年。

于是，他花费了几个月的时间，每天辅导我有关的知识，表现出了无与伦比的耐心。那时，他的老板请他解释的是再简单不过的基础概念，我甚至不知道公司债务有哪些种类。毕竟，我是从GE的制造业部门上来的，那里的人们如果需要资金，只需要向总部汇报就行了。如果建议书做得好，总部就会拨款。但突然之间，我需要处理复利、非流动性、杠杆租赁等业务了。

丹尼斯基本上是把他的整个大脑下载给了我。他从来不自称为我的导师，但实际上一点不差。

在人生中，还有数不清的导师曾帮助我成长。在我26岁的时候，负责管理培训的教师辅导我如何在公共场合讲话；在我 60 岁的时候，公共关系部门的一位年轻女士教会我如何使用互联网。最后，我还要加上一位可以给每个人提供帮助的导师——财经媒体。

与其他的体育运动一样，商业界也有自己的运动员，有自己的语言、历史、规则、对手和独特的规律。

媒体把这一切都覆盖了，而且是从所有角度。我早年在塑料业务部工作时，就如饥似渴地阅读每份可能找到的财经报刊，认识到商业界山外有山。从那些报道中，我看到了成功与失败的案例，并知道了背后的原因。我追踪人们的轨迹，分析哪些战略措施招致了批评，哪些获得了认可。我还跟踪了不同的行业，从化工到医疗技术等。

对于自己所读到和学到的东西，我还尽可能付诸应用。例如,《财富》杂志刊登了有关百事可乐公司经理人培训计划的文章，我被该公司的模式所打动——该公司是把自己的高级经理人作为老师。接下来，我也把这种方式引入了 GE 在克罗顿维尔的培训计划中。

当然，我并不完全相信媒体，而且我了解的东西越多，就越认识到有的文章的分析并没有什么实际意义。但无论如何，我还是认为财经媒体是位优秀的老师，每当我遇到一位不关心财经媒体的年轻人，我都会感到诧异。请不要再有眼无珠了——导师就在那里等着你请教呢。

总之，导师无处不在。不要只局限于在正式的培训项目上给你指定的导师，那些人能教给你有关公司生活的基础知识，但那只是开始而已。而最好的导师是在没有任何计划和规定的情况下辅导你的人。不管是哪种形式，你都应该好好吸收他们提供的营养。

要保持积极向上。

帮助你获得提升的第四个也是最后一个办法既困难又简单——看你怎么对待，那就是保持积极的心态，并感染自己周围的人。

是的，没有比这更理所当然的事情了。要有点幽默感，在和大家的相处中感受乐趣，不要成为让人讨厌或者无趣之人，不要自以为清高或者华而不实。如果你太把自己当回事儿了，那就该敲敲自己的脑袋。

在美国政治生活中，人们会谈论每个候选人的可爱之处，那是关于"个人魅力"的另外一种说法。这两种提法指的都是某些无形，但却很重要的东西——在政治生活和商业生活中都是如此。

显然，成为一个随意而乐观的人，本身并不能保证你有远大的前途。你还需要拥有我们所讨论过的一切优点——优秀的业绩、勇于拓展职责、良好的品性、远见卓识、导师以及其他。但如果你不是一个乐观积极的人，那么要获得提升也将变得非常非常困难，原因很简单，因为没有人喜欢在阴云笼罩下工作，哪怕那片云可能很聪明、很能干。

我知道，要始终保持乐观并不容易，生活不总是如意。但是，每当你感觉自己在工作时发出消沉的信号时，就可以想想吉米·邓恩的例子。

吉米是桑德勒·奥尼尔公司（Sandler O'Neil & Partners）的一位高级经理，该公司是位于世界贸易中心南楼104层的著名投资银行。"9 · 11"事件突发那天，该公司的177名员工中有68人遇难，包括公司的创始人赫尔曼·桑德勒及其主要合伙人克里斯·夸肯布什。一夜之间，企业遭受重创，吉米临危受命，担任了公司的CEO。

当然，吉米也为公司的惨状深感悲痛，为他的两位挚友赫尔曼和克里斯的厄运备感伤心。但是今天，他将告诉你，有一种东西可以避免公司的毁灭，阻止灾难的扩大，那就是“我能行”的精神。

“在‘9·11’事件之后，我能够做的事情就是到处走动，安慰每一个人，探讨我们应该如何生存和重建的计划。”他告诉我。

在选拔人才，以补充损失的员工时，吉米特别留意寻找那些乐观、积极、在“9·11”事件的灾难面前无所畏惧的人。技能是重要的，但理想更为关键。

“成功，”吉米说，“在很大程度上取决于态度。”

保持积极的态度并不那么轻松——就像吉米·邓恩在“9·11”事件之后的经历那样，有时还会出乎意料的艰难。

如果你天性开朗，那当然再好不过。如果不是，那你也应该为此而努力，让自己脸上始终浮现出自信的笑容。

没有乐观精神，你或许也会成功——如果其他的因素都恰到好处的话——但为什么非要那样呢？

不要惧怕挫折。

最后一个“不要”与挫折有关。

可能会有一次、两次甚至多次，你失去了得到提升的机会，但千万不要让自己泄气。

当然，你会感觉很糟糕，甚至苦涩和愤怒。不过，你应该更拼命地工作，让那些感觉消失。

首要的一点是，不要让你的挫折在办公室搞得人人皆知。如果那样的话，周围的每个人——你的老板、同事和下属——恐怕都不得不疏远你。如果你想就自己的遭遇发点牢骚，那就到家里，到偏僻的酒吧或者任何你喜欢去祈祷的地方发泄吧。单位里的同事们尽管知道你的许多事情，但你却不应该把他们卷入自己的感情经历中。

更重要的是，即使你打算离开现在的公司，也应该尽可能优雅地接受自己的挫折，甚至把它当作是需要重新证明自己的挑战。这样的态度对你才是有益的，无论你是去是留。

在这方面，做得最好的人莫过于马克·利特尔。

马克是 GE 动力系统公司负责工程的副总裁，为人平和、自信，受人欢迎。1995 年，他们的业务遇到了严重的质量问题，马克说："我刚接手那份工作，突然之间，我们在世界各地的涡轮机的叶片纷纷爆裂，情况糟得一塌糊涂。"

马克拼命工作，试图让业务重回正轨，但是当鲍勃·纳德利负责掌管整个动力系统集团之后，他觉得马克既没有危机感，也缺乏必要的工程经验，于是把业务分拆了，让马克只负责规模较小也不太重要的蒸汽涡轮机的工程业务。马克所管理的人一下子变得只有原来的 1/3，负责的产品也属于古老、呆板、增长缓慢的类型。

"我当时感觉仿佛世界末日来临了一般，"马克之后对我提起，"我认为那种安排太不公平，气得发疯。我认为并不是自己制造的麻烦，而且还尽了最大的努力来消除影响，结果我却遭到了重创。我感到生气，受到了伤害，甚至认为这将是自己在 GE 的职业生涯的终点。”

但是他做出了让人惊讶的事情，他忍着不快，重新回到工作中去了。

“我只是觉得，我应该向大家证明，他们的处理是错误的，”他说，“我希望向世界证明，我们能做出什么样的成绩。”

此后几年，马克带领自己的团队重振蒸汽涡轮机生产线。他引进了新技术，建立了流程纪律，把成本压缩到新的水平。

“我下定决心，不要让别人以为我被打倒了，这样我会发疯。我将照常上班，为我自己、为周围的人们、为 GE 做最应该做的事情，那就是重振我们的业务。”

到 1997 年，马克已经交出了骄人的成绩，自信心也得到了完全恢复。当一个负责全部涡轮机生产业务的更高层职位即将出缺的时候，他主动找到鲍勃·纳德利，要求担当大任。

他的要求得到了批准。

“我想说，我获得晋升的主要原因是我用自己的业绩、态度和坚忍打动了每一个人。我从来没有放弃。”

之后，马克不但是负责整个涡轮机业务的生产经理，而且还掌管了 GE 的水力和风力能源业务，那可是一个销售额达到 140 亿美元的大产业。

要想获得晋升，你首先要有渴望晋升的欲望。

有些提升的机会纯粹是由于运气，但很少如此。事实是，在职业生涯中，你的运气往往是由自己创造的。在工作中，你或许会多次更换公司，甚至职业，但是有些事情是你可以做到的，这对保证自己的提升有益，包括交出超出别人预期的业绩，拓展自己的工作范围，不要劳驾老板动用政治资本来保护你，认真管理好自己的下属，勇于承担能获得大家关注的业务，寻求导师的帮助，保持和散发进取精神。然后，在不可避免的挫折来临的关头，昂头迎击。

说起来，仿佛有许多事情必须去做。但是，成功的道路没有捷径。

在职业旅程中，未必每次晋升机会都能够如愿，然而如果你坚持自己的“长征”，最终——有时甚至比你期望的还快——你将抵达自己的目的地。

第 18 章

糟糕的老板

遇到这样的上司，你该怎么办？

我所认识的人，都能回忆起自己曾经有过一位真正伟大的老板。理由很充分：伟大的老板可以成为自己的朋友、老师、教练、盟友，甚至灵感的源泉，或者集各种角色于一身。他们可以在你从未想到的方面改变和推动你的职业生涯，甚至有时可以扭转你的人生。

完全相反的是，一个坏老板却可以扼杀你。

虽然说，所谓扼杀并不是真的那么可怕，但是糟糕的老板确实可以在一定程度上扼杀你的灵魂，而扼杀的正是你的积极、动力、承诺和希望。日复一日，一个坏老板让你深感愤怒、受伤、苦闷，甚至会真的病倒。

与大多数人一样，在40年左右的职业生涯中，你可能会遇到几位堪称伟大的老板，许多不错的老板，也有一两位古怪的——总是很讨厌，你简直想甩掉他，一走了之。

糟糕的老板有各种类型，有的缺乏能力，有的笑里藏刀，有的欺凌弱小，有的喜怒无常，有的吝啬小气，有的言而无信，有的任人唯亲。

偶尔，有的坏老板同时拥有上述的多个毛病，那么这些人是如何爬到高位的呢？

其实，他们中的很多人也是非常天才的人物，他们或者有优秀的业绩作为基础，或者充满创造力；或许他们有精明的政治盟友，甚至在高层有亲友关系。

顺便说一下，在某些行业中，坏老板的职业生命可以比其他行业的更长。在有的创造性比较强的行业，那些知名的作家、艺术家和制作人霸占着某些位置，同时别人还不得不容忍他们的坏习惯，只因为他们是“天才”。华尔街也是坏老板的避风港。那些最善于赚钱的人常常被视为不可替代的，而他们自己也清楚这一点，于是更加肆无忌惮。

但即使不考虑行业的特殊性，我们也该认识到，世界上总有一些乖僻古怪之流，有的或许就能当上老板。

本章要介绍的内容就是，如果他们中的某一位成了你的老板，那该怎么办。不过，本章所提供的并不是现成的答案，因为每个坏老板的情况千差万别。但我们将带你一起考察某些问题，希望给你在处理坏老板的问题上提供正确的思考办法。所谓正确，意思是对于你完成自己的生活和工作目标有所帮助。

在开始考察这些问题之前，我先阐述本章的内容中最重要的原则。不管遇到多么糟糕的老板，你都不能让自己表现为一名受害者。这个主题我们在前面曾阐述过——比如关于并购的那一章，基于同样的原因，这里也适用。

我知道，一个坏老板（与自己的企业被兼并一样）会让你想在同事面前咒骂他，向家人申诉他，让你一拳打在墙上，或者手里拿着酒不停地看着电视。他也许让你希望不停地上网冲浪，或者给猎头公司打电话，随便找一个工作就走人。总之，他会让你感觉自己非常委屈。

别这样！

在任何情况下，把自己当成一个受害者就完全等于把自己打败了。在设计你的职业生涯时，这种心态将毁灭自己的更多选择，甚至让你开始一个自暴自弃的循环。我有位朋友，他曾是华尔街一家公司的金融分析师。后来，他与一位糟糕的老板吵翻，一怒之下挂印而去，然后就在几个不令人满意的工作之间折腾。在寻找工作时，他没有任何推荐信，能够给未来的老板讲述的只是他如何被人伤害的凄婉故事。最终，在5年之后，他找到了一个与他当年的起点相同的职位，不过这次所服务的公司更没有名气，薪水也只有原来的60%。

显然，你碰到糟糕的老板之后未必非要留下来不可，有时你的确需要另谋高就。但无论你如何决定，都不要被受害者的心态所吞噬。你应该明白我的意思。在我们所生活的这个社会里，父母们控告快餐店，指责它们提供的食品让儿童发胖；市政府每年要耗费数百万美元，只因为人行道上有所谓的不平整和坑洞，导致行人受到伤害而引发诉讼。

拜托！

与自己生活中可能遇到的其他一切不幸或者不公平的事情一样，为某个难处的老板工作是你面临的现实问题，而你必须解决它。

要做到这样，首先需要问自己如下一系列问题。对它们的解答将帮助你处理那些的确让人痛苦的情况。的确痛苦——但你的选择只能是接受、改变或者终结。

第一个问题是：

为什么我的老板为人如此古怪？

有时，这个问题的答案无须思虑。你的老板为人古怪，因为他本性如此。他对顾客可以满面春风，对他自己的老板和同僚也很会处事，但他对待自己的下属却是同样的坏习惯——同样的胁迫、好战、骄傲自满、目中无人、躲躲藏藏或者挖苦讽刺。

但是如果你的老板只是给你一个人穿小鞋，那就是完全不同的情况了。

假设如此，那你首先要问问自己，是否做过什么样的事情让他对你心怀不满。是的，你应该在自己身上找找导致老板行为古怪的原因。一般说来，老板们对于他们所喜欢、尊重和需要的人态度并不差。如果你的老板对你不好——主要是对你，那你应该确定他对你抱有成见，而他的成见可能与你的态度或者业绩有关。

你必须找到问题出在什么地方。

首先是向自己提问题，但是要知道，有自知之明并不容易。

即便你有丰富的阅历和成熟的心态，人们在看待自己时也很难同他人的看法一样。

我知道有一位人力资源经理，她在南方的某个培训中心花了10年时间做“360度反馈”调查，她会把有关被评价者的最后结果递交到他们本人手中。“在10个人里面，大约有7个对他们听到的结果会非常震惊，”她说，“他们得到反馈的时候，会以为我把表格搞混了。他们坚持认为自己的同事评论的是另外一个人。”

那位人力资源经理说，问题在于，人们对自己的成绩和自己在团队中受欢迎的程度通常估计过高——经常要高两倍以上。

知道这个结果之后，你在做这个艰难的“镜像测试”时，就要认真考虑一下自己的业绩，在那些做得不够好的地方逼迫自己改进。要想想，自己的同事为什么不把你当成团队的成员。要在这种强迫自己的、不情愿的状态下，评估你的个人生产率，你在办公室里工作的时间，你对销售额及利润的贡献。也许你能签下许多订单，但从来未曾完成；也许你完成了许多业务，但太喜欢吹嘘自己；也许在你几个月前挥霍掉一大笔资金的时候，人们并不真的“同意”。

最后，检查一下你对待权威的态度。也许在内心深处，你就厌恶权威，而这就是你和自己老板之间关系紧张的根源。

厌恶权威者真有其人。对于这些人而言，为谁工作并不重要，他们对待所有的老板都抱着玩世不恭的态度。谁知道为什么呢？也许是由于教育、工作或者家庭中养成的成见、政治倾向，这些都有可能。厌恶权威的人经常会流露出对“体制”的不满，而当他们这样做的时候，老板就会有感受，并且有相应的反馈。

我自己就永远也不会忘记，我们GE在康涅狄格的费尔菲尔德的总部里，就有一群仇视上级的人——他们大约有六七个人，每天都在公司餐厅里共进午餐。他们自称为“幻灭团队”。其实，他们都很有天分。有一位是语言天才，曾经在某家报社供职，做公关工作——幸运的是，那家媒体发现他的愤世嫉俗很有卖点。另外一位是劳动关系专家，非常有团队亲和力，他天生的同情心让他在处理一线工人的谈判时游刃有余。

在“幻灭团队”餐桌吃饭的所有人在自己的本职工作上都很出色，但他们中间没有人做管理者，所以他们对公司的抱怨嘲讽并没有其他不良影响。我把他们当成没有大的破坏力，但非常乖戾的家伙，他们对任何工作条件都会感到不满。

但是，公司对这种情况并非只能容忍。许多时候，领导们会对下面那些消极抱怨和侵蚀活力的厌世者的行为感到恼火，并把他们打入另册——让他们知道一个真正糟糕的老板的本来面目。

也许这些对你而言并不熟悉——你对上司还不错，在自己身上也找不到其他什么特别的问题，那么该怎么办呢？

这就要想想你的老板究竟在考虑什么了。

但是，任何形式的面对面都可能是非常危险的。你的老板或许正在等待着一个好的机会，以便把你清除。实际上，他可能希望他的负面感应最终将把你带到他的办公室里，你会问：“我究竟哪里做错了？”他会回答：“这里面的事情就太多了。”

而你必须要找他谈，因为没有其他途径可以绕过去。只需要记住，在你前去会谈之前，应该做好准备，一旦遭到解聘，你能有其他的选择。

然后，就去吧。不要太为自己辩护。记住，你的目标只是找出那些你的老板基于某种原因而没有公开告诉过你的东西。也许他对你有抵触，也许他只是太忙。无论如何，你的目标是找到他对你的态度和业绩的疑问。

如果走运，老板将明确指出你的缺点，那么你就可以制订一个计划来改正，让自己的业绩和态度转入正轨。理想的情况是，随着你尽力去改善自己，他对你的态度也会随之发生变化。

如果不幸，你发现那个坏老板对你的业绩还算满意，那么唯一可能的情况就是他只是不怎么喜欢你而已。

在这种情况下，你就如同在那些对谁都十分刻薄的老板手下工作一样，因为这些人本性如此。

总之，对你而言，下一个问题将是：

坏老板会有什么样的结局？

有时候很明显，一个糟糕的老板将会出局。他自己的老板已经给组织发出了明确的信号，或者他自己也明示，他已经迫不及待地要离开了。在这两种情况下，生存就是一个等待游戏。那你只需要继续做出好的业绩，保持乐观的态度，直到有希望的时候。

可是，如果你的坏老板在短期内哪儿也不会去，那就是另外一条路了。

十多年以前，我画了如下一张表，以区分不同类型的领导，帮助我判别，哪些人应该留下来，哪些应该走人。

在该表中，领导者之间的区别有两个标准，其一是业绩（好还是坏），其二是他们是否符合 GE 的价值观，例如坦诚、倾听、尊严和“无边界行动”等。

在左上角是类型 1 的老板，你希望褒奖和提升他们，并且希望他们成为公司其他人的榜样。在右上角是类型 2 的老板，他们必须走人，越快越好，实际情况也是如此。

左下角是类型 3 的老板，他们真正信仰公司的价值观，也在尽力付诸实践，但他们并没有良好的业绩。这些人可以得到培训和指导，在公司的其他部门给他们一两次新的机会。

类型 1	类型 2
好的价值观 好的业绩	坏的价值观 坏的业绩
类型 3	类型 4
好的价值观 坏的业绩	坏的价值观 好的业绩

大部分坏老板都在右下角，处理起来也最为棘手。他们通常可以在自己的位置上待很长的时间，尽管举止不那么友善，却有出色的业绩。

绝大多数好公司都知道这号人，并且最终还是会请走他们。

但是每家公司，哪怕最好的公司，都还是会让一部分这类经理人在位子上待得比应该的时间更长一些。对于各个层次的老板来说，这都是一个两难。他们听到了下面的抱怨，但是也看到了面前的骄人数字。

最后，这将成为一种组织惯性。

例如我所认识的一个人，称其为李先生好了，他在某家国际通讯社负责一个 30 人左右的部门。此人以前是个成功的作家，他给办公室创造了一种充满竞争，甚至有些疯狂的气氛，使得自己部门的稿件比人数超过他两倍的其他部门的稿件还要多。同时，他的团队也表现出了高水平的创造性，在总部的眼里又获得了加分。

然而，李先生却有很恶劣的一面。他的幽默可能过于残酷，对待那些年轻、没有经验的员工尤其过分。对于自己部门里参加了工会的员工，他也表现出特别强烈的不友好，这给部门气氛蒙上了阴影。

李先生的领导是一种可怕的奴役，许多人喜欢在他的高效部门里工作，享受由此带来的荣誉，但是又讨厌他在日常管理中的恶劣一面。那些业绩最好的人待的时间往往不到一年，但他却受到了该行业的供求规律的保护，因为总是有另外的年轻而有野心的作家或者艺术家申请加盟。

因此，尽管员工流动率很高，但该组织的高层管理者还是让他接着干下去——直到他的心脏病发作。在他去世之后，一位前手下说："感谢上帝让他去了。"

通常，一位业绩出众的坏老板并不需要等到去世，才能让高层人士裁撤他，但是启动这样的事情通常也需要契机。

又如卡伦的例子，她是一家资金管理公司的高层人士，下面有 15 名基金经理及其团队——总人数将近 200 人。该公司以不讲情面、难以驾驭的企业文化著称，而卡伦本人则是这种文化的典型。她每天工作 18 个小时，公开蔑视那些业绩不佳的基金经理，偶尔还会在会议上把别人训哭。她总是看不起管理部门，因为那里有许多中年女性，她们常常在午休时分阅读流行小说。但是，当她本人的老板来视察时，她的表现就显得深思熟虑、富有同情心。由此，她得到了"女巫"的绰号，那是一本畅销书里的主角，有多重混乱的个性。

十多年来，她手下的经理们获得了出色的业绩，远远超过了竞争对手。但是当互联网泡沫破灭之后，她的管理方法的高成本开始暴露出来。因为那些基金经理们在高成长性股票上投资过多，而这样做是为了争取业绩，免受卡伦的训责——其实，他们最大的投资都在安然、世通和泰科公司（Tyco）。

在卡伦被解聘之后，高级经理们开始大肆抨击她的经营风格。她手下的许多人则惊讶地摇着头——事情已经出现了许多年，但是必须要等灾难发生之后，管理层才会认真面对它。

你所工作的公司也许不会这样，听任一个坏老板胡作非为下去，非要等到问题一团糟之后才出来收拾。尽管这样，出色的业绩还是有可能让一个老板无限期地干下去。

如果你看到的情况果真如此，那你接下来要问的问题则是：

如果我继续交出好的业绩，也继续忍受糟糕的老板，那自己会得到什么？

如果你认为自己的组织，特别是你的老板的老板，或者人力资源部门的什么人能够理解你的难处、同情你，那你就应该相信，总有一天自己将获得提拔，或者另有任用，作为你坚持下去的奖励。在你等待的时候，则应该继续努力，为工作贡献自己的所能。

我自己是非常幸运的，在职业生涯中遇到了许多伟大的老板。他们鼓励我，保护我，帮助我树立自信，给我能拓展自己能力的挑战。鲁本·古托夫，我刚起步时的老板，在十多年的时间里给了我这一切帮助。当我在实战中学习如何从无到有地发展一项新业务的时候，他把 GE 庞大的官僚程序都挡在了我的身后。这使得我在 20 多岁的时候，就能够到世界各地去，参与创建合资企业，进入小规模的收购项目。

17 年之后，我遇到了一个坏老板。不过，戴夫·丹斯，GE 的副董事长，并不是真的很坏，而是因为在我角逐 CEO 职位的时候，他坚决支持了另外一位候选人。那时候我的感受真是度日如年。不管我做什么，我都觉得戴夫在想办法让我倒霉——如果你的老板不支持你，那是多么糟糕啊。所以，我尽量不去招惹他——尽可能不在总部多做停留，把时间花到业务现场那些我喜欢的人身上，去做自己喜欢做的事，去关注业务。

与许多人相比，我的处境要好得多。我知道当时的情况持续不了几年，我知道自己坚持下去可能得到的回报——那会是很高的回报。而你可能无法奢望这样好的运气。

但是也要当心。由于对未来的回报感到不确定，你可能做出蠢事来——那就是孤注一掷。你或许有这样的冲动——悄悄跑到楼上，把情况向你的老板的老板汇报，那可能等于自杀。90% 的结果是，对老板的老板提出抱怨最终将伤害你自己。大老板或许会把你的汇报记在心里，批评你的老板的行为。但是你以后一定会发现，自己的日子将更加难过。这或许就是正派人一般不与恶棍计较的原因。很不幸，办公室里也是同样的规则。

在忍受一位坏老板时，总要面对某些不确定的因素。你可以猜测会有好的结局，或者别人会给你什么承诺，但是这些都难以打包票。在这种情况下，你能够确定的就是每天的工作并不令人愉快。

所以，你还需要问自己如下的问题：

我为什么还要在这里工作呢？

请回忆一下，在关于如何寻找好工作的那一章里，我们已经谈论了不可避免的利弊权衡。人们很难找到一个在各方面都十全十美的工作，有时你为了金钱或者朋友而留下来；有时你放弃了金钱和朋友，只为自己所热爱的工作本身、工作的地点或者不用出差的便利；有时你继续工作只是因为公司有特别的好名声，那将帮助你在积累了几年的经验之后能找到一份更好的工作。

如果你发现自己面对的是一个坏老板，而且不会很快有改变，你就需要重新权衡一下自己的选择："这样做值得吗？"

如果你的回答是不值得，那么就该着手准备一个退出计划，让你的离开尽量不造成更多的损失。另一方面，如果那个讨厌的老板能够给你带来某种长期的利益，你也理解并且接受，那就不用其他选择了。集中考虑一下你为什么要留下来，正确地看待你的老板。他并不是你生活中的全部内容——他只是你所从事的职业或者生活中的一个消极方面而已。

不要考虑太多，你只需要理解，自己是经过了权衡之后决定与一个坏老板待在一起的。这也就意味着你已经没有了抱怨的资格。

你不能再把自己当成受害者。

一旦你拥有自己的选择，就要同时承担后果。

在完美的世界中，所有的老板也都是完美的。

这是那样罕见，因此所有的电影和书籍都在描写有关坏老板的故事，更不用说众多的乡村小调和西部歌曲了。

如果你也遇到了一位坏老板，那首先要看看自己是否出了问题，这并不容易。但在很多情况下，所谓的坏老板不过是对你有些失望罢了。

如果你确信，问题不在自己这边，那么请接着问问自己，公司是否愿意留下一个脾气不好但业绩出色的老板。如果答案是肯定的，那么你所能做的事情就是再审视一下自己的取舍：你的工作所得是否值得让你继续忍受一位坏老板？如果是，那就闭上嘴，好好工作。

如果你权衡的结果发现并不可取，那就有风度地离开。

在你开始自己的下一份工作时，要记住原来的老板为什么让你讨厌，你对他的感受如何——有朝一日当你成为老板，就要引以为戒。

第 19 章

工作与生活的平衡

照我说的那样做，但不要学我

如果我说，“照我说的那样做，但不要学我”，那么本章就是这样的。从来没有人——包括我自己——把我当成处理生活和工作的平衡关系的权威。41 年以来，我奉行的原则就是好好工作，好好享受，花一点时间来当父亲。

如果那时也有这个概念，我肯定会把自己的生活描述得非常平衡，一切都仿佛应有尽有，而且恰到好处。

在我成长的那个时代，主流的文化是你应该争取上大学，获得宝贵的学位；在学校里或者毕业不久，就结婚生子；然后找到一个好工作，忘我地投入其中，因为那是通向美好未来的车票。

我并没有多想，就遵循了这个模式。幸运的是，我发现工作是非常有意思的。我把周末用来打高尔夫球，与其他年轻人开派对。

但是回头看去，很显然，我所选择的平衡对于我家里和办公室的其他人都有不利的影响。例如，我的孩子们主要是由他们的母亲卡罗琳独自带大的。

同样，从早年在GE塑料业务部的工作开始，我就习惯在星期六早上去公司加班。不令人意外的是，我的直接下属也都来了。就个人而言，我认为在周末加班是非常惬意的，我们可以用更加轻松的方式来总结一周的成果，同时闲扯一些有关体育比赛的消息。

可我从来没有问过谁："你其实更愿意，或者说更需要，到别的什么地方去吗？比如说和家人待在一起，或者去满足自己的爱好，或者其他？"我甚至从来没有想过，别人也许应该去其他的地方，而不是继续回来工作。

如果我有什么借口，那就是当时是属于另外一个时代。在20世纪60年代和70年代，我的直接下属都是男性，许多人虽然做了父亲，但那时的父亲却扮演着不同的角色。大致说来，他们不需要在星期四下午出席学校的芭蕾舞表演，也不用担心由于妨碍自己孩子的运动"事业"而拒绝调换工作。他们中多数人的妻子不需要从事工作，一般来说，人们认为妻子应该留在家里，把一切都安排好。

当然，这一切在80年代之后发生了变化。女性开始加入职业大军。到 80 年代末，我开始听到许多关于工作与生活的平衡的讨论。最开始是，我们在克罗顿维尔举办的多期管理拓展培训班上出现了这样的苗头，有经理人描述自己遇到的压力，如何在夫妻都工作的家庭里处理好出差、调换岗位这类关系。到 90 年代早期，GE 内部对这个话题的讨论更加热烈了，在克罗顿维尔的会场和“GE 非洲裔美国人论坛”上屡见不鲜，在我与公司“女职员网络”的成员们举行的会议上则提到了更高的层次。

这些对话迫使我直面一些我自己从未真正面对过的问题（在处理两种完整的生活时必然要爆发的冲突）：一种是职业生活，另一种则是业余生活，无论是在家照顾小孩，到无家可归者救助中心去做志愿者，还是跑马拉松。

尽管工作与生活的平衡问题在 90 年代已经越来越成为前卫和核心的话题，但似乎直到我 2001 年退休之后，它才真正热门起来。今天，已经没有哪个公司或者哪位 CEO 能够忽视它。例如，在 2004 年秋天，《纽约时报》就在头版刊登了一篇由三个部分组成的关于工作、生活平衡和工作压力的文章。同一周，《快公司》的封面故事也是《还担心工作与生活的平衡吗？忘记它吧。生活不管怎样还要继续》。甚至出现了完全为这个问题服务的咨询产业，出版了许多书籍，有关的网站也为数众多。

因此，不足为奇的是，在去世界各地的时候，我遇到了许多这方面的问题。最常见的是：“你怎么会有那么多的时间去打高尔夫球，还能继续干好 CEO 的工作？”还有其他各种各样的问题，比如有一次在北京，一位 30 岁左右的听众问我：“在管理 GE 的同时，你是如何管理好自己的孩子们的？”

我确信，自己对这些问题的回答能起的帮助有限。我说，我能够有时间去打高尔夫，是因为自己在业余时间里并没有做别的什么事情。至于我的孩子们，我并没有“管理”他们，除了关注一下他们的学习成绩之外，就是在每年三个星期的假期里充当他们的社会实践导师。他们今天所拥有的幸福生活，绝大部分应该归功于他们的母亲，而不是我。

所以，在个人应该如何排列生活中各部分的优先次序的问题上，我显然不是专家。何况我一直以为这些选择应取决于个人。

但是，作为一名经理人，我处理过数十个关于工作与生活平衡协调的难题，作为经理人的经理人则处理过数百个。在退休之后，我还从许多人那里（既有老板，也有员工）听说了有关这个复杂问题的许多故事。

从所有这些经历中，我找到了一些感觉——关于老板们如何看待工作与生活的平衡，不知道他们是否告诉过你。

你或许并不喜欢他们的论调，但你必须了解。关于这个平衡关系的话题，有许多好听的理论，也有很多严肃的现实。为了做出对你最有利的选择，采取最合适的行动，你需要了解这些现实：

1. 你的老板最关心的事情是竞争力。当然他也希望你能快乐，但那只是因为你的快乐能够帮助他的公司赢利。实际上，如果他的工作做得好，他就可以让你的工作变得很有吸引力，使你的个人生活显得不那么拖后腿。
2. 绝大多数老板都非常愿意协调员工的工作与生活的矛盾，如果你能给他出色的业绩。这里的关键词是“如果”。
3. 老板们很清楚，公司手册上面关于工作与生活平衡的政策主要是为了招聘的需要，而真正的平衡是由一对一的谈判决定的，其背景是一个相互支持性的企业文化，而不要总是强调："但是公司说过……"

4. 那些公开为工作与生活的矛盾问题而斗争、动辄要求公司提供帮助的员工会被当作动摇不定、摆资格、不愿意承担义务或者无能的人，或者以上全部。
5. 即使最宽宏大量的老板也会认为，工作和生活的平衡是需要你自己去解决的问题。实际上，绝大多数人都知道，的确有一些策略能帮助你处理好这个问题，他们也希望你能采用。

管理的优先次序

我们将逐一来分析这些要点，但是首先要谈谈所谓的"工作与生活的平衡"究竟指的是什么。

这个话题进入公众的视野，正是女性——特别是夫妻都工作的家庭中的母亲们——大规模地开始工作的时代，这并非偶然。突然之间，许多人被迫在两个相互排斥、相互冲突的要求之间奔波：既要成为伟大的父母，同时又要做优秀的员工。特别是在工作的早期，对那些上班族母亲而言，周围的一切都要付出辛劳和努力，那将是十分疲惫而痛苦的，她们的故事中充满了内疚、彷徨和愤怒。

今天，工作与生活的平衡依然困扰着这些上班族母亲，因为她们每天都要面临众多现实的矛盾。但是毫无疑问，这个概念已经被扩大和深化了，它不光是关于母亲们如何在生活的各个方面中分配时间的问题，而是涵盖了我们所有人应该如何管理生活、支配时间的问题——关于优先次序和价值观的问题。

基本上，这个平衡是关于“我们应该把多少精力消耗在工作上”的讨论。

你既可以像我和我的同类那样，把工作当作自己的主业；你也可以按照字面上的平衡的含义去做，生活与工作各自分配 50% 的时间；或者你可以用 80% 的时间去上网冲浪，20% 的时间用来工作……可以说，有多少种人，就会有多少种平衡方程式。

不过，无论选择哪种平衡，你都必须有所取舍。毕竟，如我在本书前面所言，要想在一生之中，同时得到期望的一切，那是非常难得和幸运的。通常的情况并不是这样。例如，那些有工作的父母由于非常希望参加孩子们的活动，常常放弃了对自己事业的某些追求。相反，那些把商业成就放在第一位的人则往往要放弃与自己孩子相处的机会。

工作与生活的平衡是一个交易——你和自己之间就所得和所失进行的交易。

我记得，在澳大利亚墨尔本举行的一次有 500 名高级管理人士参加的讨论会上，我们请来了马克辛·麦丘——该国最有名的新闻播报员之一——担任主持。讨论先是集中在各种常见的商业话题上，进行了大约一个小时。接着，有一位女听众站起来说：“韦尔奇先生，你能否谈一谈，为什么那些在商业上获得成功的女性都必须表现得像男人那样，顽固而自大？是否有那么一天，我们将会看到女 CEO 们是另外一种样子，而不必是撒切尔夫人那样的‘铁娘子’？”

我已经记不起自己当时确切的回答了，但我知道自己当时说了些“政治上非常不正确”的话。我说，大多数女性都是因为生孩子而耽误了自己的职业发展，虽然我认为那是种值得做的选择，不过却不能让她们尽快获得董事会的席位。

我的答复显然激怒了提问者，她反问道："为什么女性就必须为了职业前程而牺牲自己的生活，而男性却不必呢？女性难道就应该做出所有的牺牲吗？"

听众中的一些男士开始抱怨，有一位大声说："我的妻子就心甘情愿。"另一位则说："哎，我们都做出了牺牲。"

在台上，我耸耸肩说："对于你的问题，恐怕我难以给出合适的答案。我不能确认，对于那些自愿做出选择的母亲们来说，在公司的层级晋升中暂时停下来是否就真的算一种'牺牲'。"

此时，马克辛插话进来。老实说，我本以为她会给我当头一棒，但她的回答出乎我的意料。

"女性的确是放弃了一些东西，这是生物规律。"她说，"让我来告诉你们我所放弃的东西。我希望获得职业的发展，为此没有要孩子。如果是在今天，我既可以要小孩，同时又可以获得自己的职业发展机会。但是在25年以前，在我刚刚进入广播行业的时候，这是完全不可能的，你不能既抚养小孩，又达到最高的职业位置。所以我做出了自己的选择。当然，我本来也希望能有孩子，但既然我已经把事业放在了第一位，那我就不能因为自己在所得与所失之间做出的抉择而责怪其他任何人了。"

当时的会场安静得连一根针掉在地上都听得见。在沉默了许久之后，有人举手，把话题转到澳大利亚经济上面去了。

我讲这个故事的意思是，在讨论工作与生活的平衡时，你必须承认，这个话题是非常个性化而又非常普遍的，因此必然充满争议。

今天，我们每个人都要在这个平衡之间做出抉择——从那些上班族母亲和父亲，到那些虽然单身，却希望把自己的时间用来写小说，或者去为人道主义中心提供自愿服务的人。

平衡意味着选择和取舍，并承担相应的后果。它很简单，却又很复杂。

但是你必须记住，你并不是唯一碰到这个问题的人，而你的公司也会感受到你的决定和行为的影响。

知道这个之后，让我们站到你的老板的视角上，换个位置对工作与生活的平衡问题做些思考。

1. 你的老板最关心的事情是竞争力。当然他也希望你能快乐，但那只是因为你的快乐能够帮助他的公司赢利。实际上，如果他的工作做得好，他就可以让你的工作变得很有吸引力，使你的个人生活显得不那么拖后腿。

显然，绝大多数老板都希望自己的员工有不错的个人生活，没有人希望自己的手下把家庭或社会上遇到的麻烦带进公司，因为这种情绪会渗透到办公室的气氛中，对提高生产效率毫无帮助。

还有留住人才的问题。对生活感到满意的人一般都愿意停留在自己现在的地方，以更大的热情投入工作。所以最要紧的一点是，好的老板并不希望自己的员工感觉失衡。

但除此以外，老板们还想“赢”，这是他们给你付工资的原因，这也是他们希望你贡献所有的一切——包括你的头脑、体力、活力和献身精神的原因。他们毕竟需要在一场商业竞赛中获得胜利，如果员工总是缺勤，那将是难以做到的——特别是当其他竞争对手正在从印度或者中国这些国家招募员工的时候，因为在这些地方，工作与生活的平衡还不是主要的文化议题。

实际情况是：工作与生活的平衡其实是件奢侈品——只有那些“有能力”用时间来换金钱或者用金钱来换时间的人才消受得起。你一定不敢打赌，那位刚刚在纽约开店的韩国杂货店老板根本不会考虑自己是否要花点时间去健身中心的问题。你也可以确信，在中国那样激烈的劳动竞争环境下，99% 的创业者对于每天工作到很晚并不会捶胸顿足。

你的老板完全清楚，绝大多数全球市场上的竞争对手都不会聘用由于追求工作与生活的平衡而降低了生产效率的员工。

因此，当老板思考如何满足你的平衡要求的议题时，他主要是围绕以下的问题：我能否既满足此人的要求，同时又让他全心地投入工作？

真实情况是，如果你足够优秀，那么老板就希望你 150% 地投入工作，他愿意为此付出一切，即使你的家庭也需要你 150% 地投入。

我并不是说，老板希望你放弃自己的家庭、爱好或者其他活动。他并没有那么邪恶，他只不过是期望你能把所有的能量、活力都给予公司的事业。

在绝大多数情况下，老板们对于处理员工的生活要求有一个最好的办法，那就是让工作变得非常刺激、有趣，让员工们甚至都不想回家吃晚饭，更不必说玩国际象棋或者到阁楼上写伟大的小说了。

许多年以来，加里·赖内一直担任 GE 在费尔菲尔德镇的业务拓展部门的负责人，长期为我工作。尽管他从不张扬，但是很明显，在他的平衡抉择中与家人共处的时间占了重要的位置。每天他都很早到办公室，但却坚持在6点准时下班。工作时间里他也很少卷入可能降低效率的闲聊，他总是显得很酷、很有效率。

然而，加里在各个方面都是明星，他在公司年复一年的优异表现给自己开创了广阔的发展空间。但他总是说，他喜欢自己正在做的事情，需要出差的时候不是太多，因此不希望调换岗位。对我来说，这很好，我也喜欢他正在做的工作，同时那也会使整个公司受益。

不过我担心，我相信加里也担心，在这样的管理岗位上，一位员工能在多长的时间里保持新鲜感和投入精神。我可不希望他离开GE，或者在精神上开小差。

于是，在以后的10年里，每当公司发动一次重要的行动——从六西格玛到电子商务——我们都让加里负责委员会的组织。那里云集了各个部门的领导，其任务是总结最佳实践经验，并负责将其推广到全公司。在这样的行动期间，加里扮演了公司首席信息官的角色。他的正式职位并没有变化，但是每过一两年，他的工作范围就会有所扩展。他能够给GE创造更大的价值，同时又维持工作与生活的平衡。

加里的故事与成千上万人每天的经历一样——老板创造了机会，让他的明星员工保持了新鲜感和成就感。我知道加里需要什么，也知道公司需要什么，而且很幸运，我们找到了一个让大家都感到满意的办法。

所以每当你考虑工作与生活的平衡时，请记住，你的老板所想的是——如何去赢。你的要求他有可能知道甚至会帮助你成功地解决，但如果老板的需要没有得到满足，那也是不行的。

2. 绝大多数老板都非常愿意协调员工的工作与生活的矛盾，

如果你能给他出色的业绩。这里的关键词是“如果”。

必须承认，有的老板会想：“在我自己的生活与工作的平衡问题上，谁又帮助过我呢？因此，我也不会给他们什么好处。每个人都该学会处理自己的问题。”

还有的人自己没有孩子，他们仇视那些成为父母之后，要求企业给予特殊照顾以承担自己家庭义务的人。我听到过这些人的话：“他们是自己想要孩子的，现在却要求我们给他们提供方便！”这些话听起来并不很友好，但我想可以理解。

其实，工作场所的现实情况是，很少有人真的得到特殊照顾。是的，老板会同意给一些人有弹性的上下班时间表，但前提是他们必须保证自己的业绩。

实际上，我倒愿意通过一个老式的积分系统来处理工作与生活的平衡问题。那些有突出业绩的人可以获得“积分”，用以交换自己工作的弹性。你获得的积分越多，你就越有权利决定自己什么时候去工作、去哪里工作以及如何工作。

但是，在讨论这个积分系统时，不能不提到“面对面”的时间。

在大多数公司里，人与人之间直接会面的时间是非常重要的。特别是，它关系到晋升问题。尽管我们已经开发了许多新技术，让虚拟办公成为可能，但大多数经理人还是对提拔自己在战壕里结识的人感到更有把握，也就是指，那些他们能在会议室或走廊上见到的人、一起经历了危机考验的人。你在家里完成的工作可以很出色，你可以是团队中最有效率的人，你当前的工作从技术上来说可以不要求你必须去办公室，但是，当晋升或者考评的时刻来临，老板们总是会把重要的岗位交给他所熟悉的人。而要想别人熟悉你，就没有比直接面对面更好的办法了。

我们看看苏珊·彼得斯的故事，那是个典型的积分制度的案例。

1979年，苏珊年仅26岁时加盟GE，成为设备部门的人力资源经理。很快她就展现出了巨大的潜力，几次调到其他岗位，迎接新的挑战。1986年，她来到皮茨菲尔德工作。在她的女儿杰斯出生后的第三个月，她的老板需要做背部的大手术，得停工很长时间。她因此被特别提拔为人力资源部门的负责人。

接下来，苏珊的工作地点搬到荷兰，然后又回总部，再到皮茨菲尔德。两年后，我们又把她调到路易斯维尔，领导设备业务部的人力资源工作。在每个岗位上，她都表现得非常出色。

1998年，当GE位于密尔沃基的医疗产业的人力资源部门需要补充人手时，我们知道自己应该怎么办，那就是把苏珊·彼得斯派去。我们找到她的时候，每个人都以为她会爽快地回答："好，我们什么时候开始？"

然而，她却说："我不能去——我在这里有些家庭事务，我必须解决。"

这回我们算是被及时地浇了一盆冷水。我们竟然从来没有考虑过苏珊的私人生活，而她本人也从未提起过。当年，我们曾派她去参加总共8个星期的长期培训课程——1992年在日本，4个星期；1993年在中国，也是4个星期——她从来没有抱怨过需要远离自己的女儿。突然，她现在要求停止奔波了，这真让我们难堪。

天哪，我们想，会有多少人像苏珊一样，默默地忍受了工作与生活的冲突，而我们却不知道，甚至失去了他们？

我们立刻给了苏珊满意的答复。在那时，她辛苦积攒的积分远远超过了她要求提供的帮助。我们告诉她，千万别担心职位变动的事情，我们最关心的问题是她要首先处理好自己的家务事。

那用了几年的时间。当时，公司里从来没有人用消极的态度谈过苏珊的麻烦，谈过她职业发展的约束。2000年时，苏珊告诉我们，她又一切正常了。我们立刻就把她任命为NBC的人力资源负责人。之后，她在费尔菲尔德工作，担任全公司负责高级经理发展计划的副总裁、GE的第二号人力资源高管。

如果你向苏珊请教她对自己职业生涯的想法，她会说："大体上，我认为如果你愿意要孩子，还是可以获得工作与生活的平衡。但我并不否认，将会有一段艰难的时刻，非常艰难。有一次我去中国时，我的女儿已经7岁了，她开始懂事，这更让我真正感觉到了内疚。我一路上都在偷偷地哭。但是，我对自己所做的决定是清楚的，而其中就包括出差。"

"我知道，假如自己真的需要，公司是能够给我一定的弹性安排的，那是我多年的出色表现和投入所取得的回报。"

与苏珊的故事相反，我还有一位朋友，她在一家高成长性企业，管理着60个人的大部门。

几年前，她的一位部下辛西娅来找她，这位员工刚有了自己的第二个孩子。辛西娅问，她是否可以每周五在家里工作。我这位经理朋友自己也是位上班族母亲，她马上回答说，好。她知道，辛西娅已经在公司工作了8年，她可以继续做出良好的业绩，因为她一向如此。事实上，辛西娅是该部门里工作最努力、最有组织性和效率的员工之一。

两个星期之后，关于辛西娅每周五可以在家里上班的消息传开了。很快，又有一位年轻的下属来找我的朋友——就叫他卡尔吧，他来公司刚好一年，并没有什么突出的业绩。但他也要求自己每周五在家里上班，其解释是："我想让自己的瑜伽更上一层楼。"

当我的朋友拒绝之后，谈话变得让人尴尬。"你在用自己的价值观来评价我，"卡尔说，"你的意思是，做母亲要比练瑜伽更有意义。但是，我并没有打算要孩子。那你凭什么说，瑜伽对于我的生活而言就不像辛西娅的孩子对她的生活那么重要呢？"

"对不起，这事得由我决定。"老板厉声回击。

后来，这场冲突成了办公室里闲谈的话题，卡尔的同事们在以后一个星期中把注意力放到了关于公平和价值观的讨论上。我的朋友开始后悔，她觉得自己在回答卡尔时还不够直截了当。卡尔星期五不能回家工作的真实原因是，他还没有证明自己，公司不相信他回到家之后可以像周一到周四在办公室那样认真地工作。

尽管自己也是上班族母亲，但当我的朋友在做出决定时，她所考虑的因素并不是练瑜伽与照顾婴儿哪个更重要，那根本不关什么价值观的事。问题的关键在于业绩——卡尔还没有任何积分。

这对你来说有什么启发吗？这意味着在你考虑工作与生活平衡的问题时，要清楚在绝大多数公司里，你需要通过努力去赢得弹性，而这个过程要花费时间。

此外还有一点，对于那些刚刚加入团队的人来说，这种制度看起来有些不公平。他们会想，为什么必须经过等待，才能得到自己想要的自由和弹性呢？但是有更多经验的人则容易理解，实际上，很多人觉得这种付出与获得的交换非常公平。

最后，老板也欣赏这点。对他们来说，这是个双赢的交易。

3. 老板们很清楚，公司手册上面关于工作与生活平衡的政策主要是为了招聘的需要，而真正的平衡是由一对一的谈判决定的，其背景是一个相互支持的企业文化，而不要总是强调："但是公司说过……"

公司手册是件华丽的宣传品，有醒目的照片、多项终身福利的介绍，也包括倒班或工作弹性等。

然而绝大多数人都清楚，你最后一次阅读公司手册，就是你第一天来公司上班，在人力资源部门填写完保险单的时刻。实际上，许多聪明人很快就明白，手册上所列举的"工作与生活的平衡规划"主要是面向新人的招聘工具。

真实的平衡安排是在老板与员工之间就具体问题进行单独谈判得到的，使用的方法正好是我们刚介绍过的业绩与弹性交换的制度。

不过，采纳这种互换制度需要特别的环境，它要求一个相互支持的组织文化。老板愿意与表现好的员工商讨，给他们灵活安排工作时间，而优秀的员工也很愿意就自己面临的矛盾冲突征求老板的意见。

在这样的文化中，老板有权力用工作弹性来奖励优秀业绩，员工们不必给人力资源部门提供清晰、严格的工作安排报告，也不需要严格执行公司统一的工作与生活平衡政策。因为那样实际上会限制他们争取最好结果的能力，于事无补。

还记得上面的故事吗？员工来找老板，由于要练习瑜伽，他希望星期五在家里工作。最后，事情被最高层人士知道了，他们告诉那位老板，她应该同意该员工的要求，因为这是公司的政策。

“在弹性工作的安排方面，你应该一视同仁。”那时，梅里特已经没有任何办法了。

后来的结局不令人奇怪，那位痴迷于瑜伽的员工没有能够在公司再干上一年。在每周只需要来办公室4天之后，他的业绩开始不断下降。而且更糟糕的是，他成了所有经理人眼中的坏典型：动辄以“但是公司曾经说过……”这样的借口来说事儿。

你自己身边也应该有这号人：他们把休假日全都攒起来，他们递交的单据显示，自己在节假日里有多少个半天或者全天用来加班；他们提醒老板和同事，公司有关于加班的规定；他们是打小算盘的专家，用自己的表现一再证明，他们来这里工作并不是出于兴趣或者热情，而只是在记录工作了多长时间。

无疑，他们攒了许多积分。但他们不认同那种一对一谈判式的管理文化，而只会照本宣科地为自己争取“应有的权利”。

要记住，千万不要被公司手册里所宣传的所谓工作平衡政策和计划所左右，如果你真的需要工作与生活的平衡，就要找到这样一个公司，它会真正把这件事情当作自己每日业务的一部分。

4. 那些公开为工作与生活的矛盾问题而斗争、动辄要求公司提供帮助的员工会被当作动摇不定、摆资格、不愿意承担义务或者无能的人，或者以上全部。

2004年9月，《金融时报》刊登了一篇关于维维恩·考克斯的报道，此人45岁，被任命为英国石油公司（BP）能源、天然气和可再生能源部门的负责人。报道指出，这个职位让考克斯女士成了当今世界最有权势的商界女强人之一。

文章还指出，她有两个很小的孩子，不过她从未谈过他们对她的工作有什么影响。报道说，维维恩·考克斯“属于目标远大、希望继续发展自己职业的新一代女性”。

无疑，我们的星球上有成千上万的维维恩·考克斯。有数以百万计成功的职业人士，他们是上班族母亲或者有其他的复杂身份，有着充实而忙碌的私人生活——而他们在处理这些事情时，并没有抱怨要取得平衡是多么艰难，或者要求自己的公司提供多少帮助。

想到这些人的存在，我们还有资格抱怨工作与生活之间的矛盾吗？

因此，那些消极抱怨的人最后总免不了被边缘化的命运。有时，公司会出于保持“政治正确”的考虑而不马上采取行动，他们不去招惹那些公开宣扬工作与生活的矛盾的人。但随着时间流逝，那些看起来不能很好地处理自己的生活矛盾，或者不断要求公司给予特殊待遇的人往往会落在后面，或者被排挤在一边。

一个不奇怪的结果是，那些抱怨者往往也是业绩不佳的人。

下面是我对此给出的理论解释。

在任何组织里，最优秀的20%的人几乎从来不会抱怨工作与生活的平衡问题。这个事实肯定与他们的本性有关。无论是在家里，还是在工作中，这些人都非常聪明、有组织、有能力，他们已经找到并实施了可以持续的解决方案。就像苏珊·彼得斯所说，他们建立了“家庭应急计划”，有后备资源和紧急方案，能够应付复杂情况所带来的不确定性。

相反，业绩不好的人在以下三个方面有不利因素。首先，他们在安排自己的时间和优先次序方面不够有效，这不但是指工作，在家庭中也是一样。其次，由于他们业绩平平，这些人会感到自己晋升的机会不多，自信心受到打击，加深了他们的疑惑。最后，与前20%的人相比，他们在个人财务上也不够宽裕，在处理平衡时能利用的资源也就更少，请不起保姆、私人教师或者其他。把这三方面综合起来，就很自然了，这些人会公开地为工作与生活中的两难选择而斗争，并时常要求援助。

有一家纽约公司的人力资源经理这样告诉我：“总是那些业绩最差的人要求公司给予最大的弹性。客气点说，这也够让人厌烦的。”（不奇怪的是，他还说：“如果你要引用这句话，千万别写上我的真名！”）

所以，在你第5次开口，要求公司减少你的出差，要求在星期四上午请假，或者希望回家去照顾小孩之前，你应该知道自己是在发表一项声明。而且不管你用什么辞令，你的请求在别人听来都似乎是：“我对这里的工作并不真的感兴趣。”

5. 即使最宽宏大量的老板也会认为，工作和生活的平衡是需要你自己去解决的问题。实际上，绝大多数人也知道，的确有一些策略能帮助你处理好这个问题，他们也希望你能采用。

看，只有你本人才能确定自己的价值观和优先次序，只有你知道自己愿意做出什么取舍，只有你能够弄清楚这些选择的后果，只有你才能安排自己的日程和生活，安排工作和家庭，执行自己的选择。

这就是理由。归根结底，大多数老板都认为工作与生活的平衡是你自己需要解决的问题，而不是他们的问题。

现在，已经有经理人很善于帮助自己的下属设定优先次序和进行权衡取舍，甚至帮助他们安排工作时间表，以便同时保证员工和公司双方的利益。实际上，这些经理人已经把这些行动视为自己的职责之一。

但是，帮助人们取得平衡是项特殊技能，并非每个经理都能胜任，也不是每个经理都认为有必要。有的人会说："我究竟该扮演什么角色呢？是做母亲还是做心理医生？忘了这些吧。"

也有很多人不是这样。在过去几年的演讲和咨询活动中，我感觉有一半左右的经理人希望主动采取措施，帮助自己的下属取得某种平衡，这要比 2001 年之前的情况好多了。

毫无疑问，谈判、协调这种平衡关系要给经理人的工作增加了复杂性。但是你的经理人应该欢迎这种挑战，因为这给他提供了另外一套工具，来激励和挽留优秀的员工。这套新工具与高薪、红利、晋升或其他所有形式的认可一样有效。

不过在此期间，你也可以并且应该学会帮助自己。有关工作与生活的话题已经讨论了相当长的时间了，也有不少好的经验被总结出来。那些非常老练的老板们都知道这些技巧，很多人自己已经开始采纳它们，他们也希望你能借鉴。

以下就是一些经验之谈：

经验 1：无论参与什么游戏，都要尽可能地投入。

我们已经陈述过，工作希望你 150% 地投入，生活也同样如此。因此做事时要努力减轻焦虑，避免分心，不管你在做什么，都要注意改进业绩，时刻提醒自己你在哪里，你是谁。

或者说，要学会分门别类、有条不紊。

如果你经常从办公室给商店打电话，为自己家里订购东西，或者经常在足球场给客户发电子邮件，那将很难获得成功。

显然，要掌握化繁为简的门道并不是那么容易。有时，你必须在体育馆给客户打电话，或者在会议中找时间去探望生病的孩子。但是，你越是把工作与生活混淆在一起，你的感觉就会越麻烦、越混乱、越难以收拾。

在这方面，技术将是一柄双刃剑。一方面，如果你可以在晚上8点到10点之间通过家里的电脑来检查电子邮件，那你每周就可以有三天早点下班，回家吃晚饭。另一方面，如果你鼓励自己的同事在你休假的时候打电话给你，那也等于是自找麻烦。

最理想的办法是在自己的行为之间划定一个大致的界限，这样，当你在工作时，就全心全意；当你回到家里，或者出去玩的时候，也能同样如此。我知道，这么说有点白日做梦的味道。不管你设定什么规律，总会有意想不到的压力。但是对规律的打断越小、越不频繁，你能体验到的平衡感就越强。

经验2：对于你所选择的工作与生活平衡之外的要求和需要，要有勇气说“不”。

最终，大多数人都会找到适合自己的工作与生活的平衡位置，之后的窍门就是坚持。

这需要纪律。说“不”并不容易，特别是对于那些正是通过经常说“好”而得到晋升的商界人士而言。在这方面，比尔·伍德伯恩的故事最能打动我。20世纪90年代，比尔负责GE的工业钻石业务。我们邀请他出马，负责另外一个规模要大出好几倍的部门。但是，尽管我们百般劝解，他对于自己的优先选择却非常坚定，拒绝了我们的提议。

原来，比尔当时有一个差两年就要上高中的女儿，他不想打扰女儿的成长历程。今天，比尔的孩子已经大学毕业很久了，而他本人也已得到了两次晋升，担任了 GE 基础设施业务的 CEO。

然而，在通常情况下，你并不需要为了自己设定的平衡而付出那样大的代价——谢绝晋升的机遇。你只需要婉拒一些小事就可以了——例如，邀请你再加入一家非营利机构的建议，或者给另一个小孩的球队当教练等。

如果你对什么请求都表示应允，你就不可能得到平衡，而必然会摔倒。

学会拒绝将给你带来巨大的解脱，因此，你应该力争对一切不属于你有意识的平衡选择之外的项目说“不”。

经验 3：确认你的平衡计划没有把你自己排除在外。

在处理事业与生活的平衡关系时，一件真正可怕的事情是陷入“为了他人而牺牲自己”的境地。有许多非常能干的人制订了完美的平衡计划，把自己的一切都贡献给了工作、家庭、志愿者组织。

问题在于，在这样的完美计划的核心，却有一个真空，那就是对当事人而言根本没有乐趣。

当然，工作与生活的平衡意味着做出取舍，而那些正直的人总是必须为家庭和工作承担责任。但是，如果你制订了一个让自己毫无乐趣的平衡计划，那恐怕你自己也将难以坚持下去。

你必须确认，在选择的计划中充满了自己的梦想和激情。如果那意味着忘我地工作，就请付诸实践吧；如果那意味着每天晚上按时回家，你也该照样心安理得。是的，你必须对周围的人负责，但是你不能假借平衡的名义而按照别人的观念去生活。

当然，你或许能够那样做，但你却不应该那样做，因为到头来受伤的总会是你自己。

我们都知道有些表面上非常开心的人，他们同时承担了巨大的事业和家庭的压力。可是有朝一日，他们却突然停了下来，然后使自己的人生轨迹来了一个大转弯。那时大家才发现，他们以前的表现完全都是勉强支撑。

我们在一个鸡尾酒会上碰到了某位女士，她是这样解释自己突然间“改头换面”的原因的：“15 年以来，我从未真正开心地笑过。我没有时间呷着咖啡读报，没有工夫逗小狗玩，不能给老朋友打电话。这种无奈的感觉无时不在，我挣扎在那种为了别人而牺牲自己的观念中。”

“名义上，我是优秀的妻子和母亲，在工作上的表现也非常出色。周围的人都过得非常好，只有我自己很可怜。我要么离开，要么就会崩溃。”

今天，这位母亲在自己家附近工作。她家里的收入减少了，而且她也会告诉你自己还怀念过去作为职业人士的生活，但是，她至少可以自由地呼吸和欢笑了。

工作与生活的平衡并非你独自一人就能做出的决定。你必须清楚，自己的选择将如何影响周围的许多人。

但如果你的计划不能使自己快乐，那么这个世界上所谓的平衡不过是尽义务而已。有一天，你会清醒过来，发现自己在一种特别的地狱里：周围的人都很快乐，而自己却异常孤独。

这对别人来说其实也不好。

在认真考虑这个话题的时候，你会发现，如果自己想追求平衡和完美，最关键的不过是明白几个道理。

除了工作以外，你要弄清楚，你还想从生活中得到什么。

在工作中，你要明白自己的老板需要什么，而且，如果你希望得到提拔，那首先得满足老板的要求。你最终可以得到自己需要的工作弹性，但那需要商量，前提还是一样。

确认自己所服务的企业是否拥有一个相互支持的文化环境，在那种环境中，大家都关注业绩，你可以用自己的出色业绩来换取工作的弹性。

争取业绩积分，根据自己的需要来兑换弹性，再不断补充它。

寻求平衡将是一个过程，找对感觉需要反复实践。在获得经验和思考之后，你可以做得更好。最终，在一段时间过去之后，你会发现事情并没有那么艰难，不过是平凡的生活而已。

第五部分

有关赢的其他问题

第 20 章

问题无处不在

五花八门的其他问题

在本书的前言部分我曾说过，创作本书的灵感，来自退休后几年里我在自己的环球旅行中所听到的各种问题。其中的绝大部分问题，以及我相关的回答，组成了之前 19 个章节的内容。

然而，还剩下这样一些问题，它们难以归结到单独的某一个题目，例如领导力、招聘、变革、战略或者工作与生活的平衡之中。这些问题要么太宽泛，要么太狭窄，既特殊又不常见，不符合通常的分类标准。

但它们又关系到几个贯穿全书的主题，例如，企业中坦诚精神与积极行动的重要性、有效的业绩考评、倾听的作用、实事求是的态度与精英文化的威力、变革的绝对必要性，以及永远不要把自己当成受害者。

所以，我将以“五花八门的其他问题”来结束全书，希望这部分内容能补齐前面忽略的某些方面，也希望能帮助你回顾我们曾经探讨过的话题和得到的主要教训。

下面这个问题是我在墨西哥城举行的一次工作午餐会上听到的，与会者是来自不同行业的大约 30 名 CEO：

> 在过去 10 年，我们在员工培训和流程改进方面下了很大功夫，改善了公司的经营面貌。加上这里的劳动力成本优势，我们已经非常有竞争力了。但现在来自中国的竞争正在排山倒海地扑来，我们又该如何生存？

在其他地方我也听到过类似的疑问，当然，中国除外。

例如，2001 年我来到都柏林，几个月以前，捷威公司（Gateway）刚宣布它将关闭设在当地的工厂。一位负责技术工作的爱尔兰经理忧心忡忡地问我：“这是否意味着，我们的长期繁荣已经走到了尽头？”2004 年，在米兰，我与一位来自德国的经理交谈，他似乎认为，自己公司唯一的希望就是出售给某家看中了它在欧洲的分销能力的亚洲公司。同年，在芝加哥，一个位于克利夫兰的机械配件制造商也痛苦地向我描述中国人如何不断压低竞争产品的价格。“他们还会给俄亥俄州留下一星半点的制造业吗？”他问。

关于中国的这个问题，答案可不简单。是的，你也听说过，中国有它自己的难题，例如缺少合格的中层经理人；他们还有大量的贫困农村家庭需要向缺乏准备的城市迁移，难以找到足够的就业机会；笨拙低效、官僚习气的国有企业依然占据着经济中的重要部分；银行也为大量的呆坏账所困扰。

但是对中国而言，这些困难都并非高不可攀的大山，这个国家强劲的经济发展推土机可以轻松铲平前方的小土堆。20 世纪 80 年代至今，中国经历了炫目的经济增长和繁荣，这给中国人带来了超强的自信心。此外，中国还有很多优势：大批廉价而勤奋的劳动力，受过良好教育的工程师队伍也在迅速扩大。

还有，这里有出色的职业道德，而这可能是最大的竞争力。企业家精神和竞争意识正在被中国文化所吸收。2004 年，我对上海和北京进行了为期一周的访问，由当地的一位经理人做东。她说，自己每天在办公室从早上 7 点工作到下午 6 点，回家与丈夫和儿子吃饭，晚上 8 点钟又回去工作，直至午夜。“这种情况很普遍，”她说，“每周 6 天。”而且她是在为一家美国的跨国企业工作！

所以，面临中国的现实攻势，你该怎么做呢？

首要的一点是，从沮丧中走出来。从米兰、墨西哥城到美国各地，许多人的这种凄凉心态也许是可以理解的，但是这并不能帮你什么忙。

实际情况是，世界上的发达经济体并没有都陷入举步维艰的境地。发达国家有着巨大的消费品和工业品市场，人们渴望优质的产品，也拥有自己强大的名牌企业和销售渠道。这些经济体拥有开放而成熟的司法体系、透明的社会组织、民主的政府、良好的教育和社会体系。它们的企业也有非常完善的经营体系。另外，美国还拥有其他一些独特的优势，例如庞大、兴旺的风险资本市场，它愿意不拘一格地为任何优秀的商业创意提供种子资本。

发达国家还有许许多多的竞争优势，不胜枚举。

所以，我们应该学会更积极地思考问题，本着一种“我也能做好”的态度。

读者们或许还记得，我描述过，在20世纪80年代日本就曾给西方带来威胁。当时我们工业界的感觉就像是病入膏肓了，其他很多人也一样。财经记者和政治学家们纷纷预测，GE这样的工业“恐龙”将很快灭亡。在当时的情况下，你无法指责他们的严苛。通货膨胀率高达两位数，银行的优惠贷款利率都突破了20%。GE在锡拉丘兹制造电视机，可是与两英里以外的商场里销售的日本电视机相比，我们的出厂成本比人家的售价还高。

当时真是感觉最糟糕的时刻。

但问题就在这里。商品价格的肉搏战，总是让人感觉到了最糟糕的时刻。低成本的竞争者其实并不是什么新鲜事物。中国的香港和台湾已经在这场游戏里玩了四五十年，墨西哥、菲律宾、印度和东欧也逐渐成为游戏的角色。即使在20世纪90年代后期，整体经济形势非常有利，赚钱似乎变得异常容易的时候，企业的工作其实同样艰难。大公司是出了名的“恐龙”，人们都在谈论，新技术公司很快将统治世界。甚至有人说，未来所有的产业都将湮没在互联网的汪洋大海之中。

接着，泡沫破灭了，那些号称要统治世界的小公司消失了。可也有其他一些小公司，例如eBay和亚马逊，不但存活了下来，而且生机勃勃。那些所谓的“恐龙”也在壮大，因为它们成功地进行了变革。借助新科技的力量，它们改造了自己，变得比以前更加强大。

现在，中国要求我们做的也正是变革。

那么该怎么做呢？

首要的一点，就是启动保证竞争力的三驾老战车——成本、质量和服务——并让自己的驾驭技术更上一层楼。你要让组织里的每个人都能正确看待它们，把它们当成生存的要素。

在成本方面，每个人都需要仔细检视公司内外的各个地方，寻找最佳实践经验。每个操作流程应该在哪里完成、如何完成，都要严格要求，以提高生产率。不要把自己的目标确定在使成本降低 5~10 个百分点，你必须找到能使之降低 30~40 个百分点的办法，因为在多数情况下，要想在中国商品的世界里获得竞争力，这是唯一的办法。

在质量上，你也不能有得过且过的心理。95% 的合格率是远远不够的，不管是采用六西格玛计划还是其他你喜欢的办法，目的只有一个——杜绝瑕疵。

服务是最容易开发出竞争优势的领域，因为在这一点上中国与发达国家相距遥远。还记得 Gary 药店吗？它就在我们的住处附近，规模很小。可是那里的员工不但知道每个顾客的姓名，还可以在一个小时以内把你需要的商品送到家里去。对于它的中国式的竞争对手——三个街区以外、灯火通明的大型连锁药店而言，它丝毫不落下风。再回想一下本章开头提出问题的那个墨西哥 CEO 的例子，他的国家邻近美国，这能够在市场反应时间上给他很大的优势。

同样，你所面临的挑战不只是变革。要想成功，你可能还得想办法打破自己所在行业或市场的传统服务模式，你要给顾客们提供的不仅是满意，还要有惊喜。要让他们告诉街上的陌生人，你的服务有多棒。联邦快递公司与戴尔公司就是最好的榜样。

除了通过创新来改进成本、质量和服务以外，还要有所超越。你需要用新的、严肃的态度看待自己的市场，搜寻潜在的商业机会，发现新的赢利点，不要总是用过去的思路来看问题。

你服务的市场或许看起来已经饱和，但消费者依然渴望出现新型的让人好奇的产品、技术和服务。这也是宝洁公司新近的发现。

宝洁可以说是最有自己传统的企业之一。但在2000—2005年，该公司却通过艰苦的创新努力，给自己输送了新的血液。它克服了自己的“大企业综合征”，在世界各个角落搜寻那些有新锐思想的“车库发明家”。他们还并不满足于此，在搜寻新创意的过程中，宝洁公司与其他企业、供应商、大学、研究实验室和风险资本建立了新的关系网。在确定某些新产品创意之后，他们开始进行调试，同时利用其他措施来改造现有的产品。带着这种崭新的“我也能做好”的态度，公司内部的研发也得到复兴，结果发明了佳洁士净白牙贴和“速易洁”静电除尘拖把这类清洁产品，创造了一个新的大众消费品市场。

最后，当你在追求改革，寻找新的产品、市场和环境的时候，要认识到一个事实：中国所扮演的，还不仅仅是竞争对手的角色。

你应该明白，中国也是一个市场、一个生产外包的备选地和一个潜在的商业伙伴。

与日本早期的发展不同，中国巨大的市场相对来说对直接投资是比较开放的。很多人能在这里做得很好：在中国市场上销售自己的产品，或者为自己母国的市场大量采购。

同样，你还可以和当地的企业合作。不用说，与中国搞合资生意并不轻松。以我自己的经验来看，你必须让中国的伙伴感觉到它能有很多收获，甚至要比你自己得到的更多，合资才会成功。但也有实现双赢的办法。1991年,GE医疗事业部门在中国成立了合资企业，中方的合作伙伴带来了很多打开当地市场的窍门。正是由于他们的帮助，我们的新公司从GE引进的高端成像设备在市场上占据了第一名的位置。同时，合资公司的中国工程师们设计和制造了低成本、高品质的产品，并通过GE的全球销售网络向世界出口。

在有关中国的话题上，我并不想做一个盲目乐观的人。然而，中国如今的确是能够改变商业环境游戏规则的国家。采取贸易限制、要求人民币汇率升值、制定知识产权法规，以及其他政治解决办法都不能逆转它的增长势头。

但是，中国正是这样一个典型：在有些人眼中，下雨天是令人沮丧的，而在另一些人眼中，却是推销雨伞的好日子，不是吗?

在现状面前，你可以自我感觉是一个受害者，但你也可以看到有待征服的挑战和机遇，从而感到兴奋。

选择后者吧，痛苦和悔恨不能让你去“赢”。

后面一个问题是在伦敦遇到的，当时我正在出席一个有大约3 000名中高级经理人参加的大会：

挪威刚通过了一部法律，要求在每个公司的董事会中，有一半成员必须是女性，您对此的看法如何?

我认为那很荒谬。

当然，我并不反对女性进入董事会。在世界各国成千上万的董事会中，女董事们做出了巨大的贡献。事实上，我见过的最出色的一位董事就是女性，她就是GE的董事G. G. 米切尔森，此前担任过R. H. Macy公司的人力资源负责人，也是哥伦比亚大学理事会的成员。在过去20多年的时间里，米切尔森的洞察力和智慧一直指引着我前进。

然而，我并不喜欢对董事会或者办公室的职务规定性别配额的制度。“赢”的公司是由精英人士把持的，他们有业绩鉴别力，非常清楚企业里谁的业绩突出、谁普普通通或者谁表现不好。这种评价体系是坦率而公平的，也是一个组织建立最佳团队的最有效的方法。

相反，配额制度将破坏精英文化，它会牵强地把某些人推向领导位置，而不顾当事人的实际成就。同时，它会使那些被配额制度耽误的业绩优秀者感到气馁。把那些不能胜任的人放到重要的岗位之后，也不会给企业带来好的结果。

那我们应该怎么做呢？

请回想一下“晋升”那章的内容，那里提出的建议是不分种族和性别的。如果你希望得到晋升，最好的选择就是拿出更好的业绩，认真地管理好下属，同样认真地对老板负责，尽早参与公司的主要项目，争取大家的关注，珍惜许多良师益友的忠告。还有，总是对生活和工作保持积极向上的态度。同时，不要有劳你的老板动用政治资本来扶持你。即使出现难免的挫折，也不要动摇自己前进的决心。

当然，我并不否认，妇女和少数族裔人士在商业界曾经面临更艰难的环境，他们需要某些机制安排来帮助自己获得更大的成功。

社团组织就是这样的机制之一。例如，GE 就有“女职员网络”和“非裔美国人论坛”。通过这样的团体组织，那些已经取得成功的妇女和少数族裔经理人可以现身说法，给后来者树立榜样。同样重要的是，在这些社团中，人们可以讨论妇女和少数族裔如何增进自己的经验、技能以及在组织中的影响力的话题。社团组织都强调，成功是一个函数，它的影响因素包括才华、活力和雄心，这都是精英人士的特征。

不过，有关社团组织的全部课题是非常微妙和复杂的，远远不只我描述的这些。

GE 的“非裔美国人论坛”是在 1990 年发起的、自下而上的民间组织。几年时间里，这个论坛经受了各种挫折，成效不大。直到我们的一位高级副总裁劳埃德·特罗特重视起这件事情，并且为其提供了支持以后，该组织才真正热闹起来，讲座、讨论会和培训计划连续不断。在劳埃德的主持下，公司的每个非裔美国人都愿意加入进来，他的同事们也乐意提供帮助。这个团体逐渐起步，同时也促进了公司里非裔员工的职业发展。

另外一个组织也有自己的故事。90 年代中期，我每年会安排两次时间，同公司里有发展潜力的女员工共进晚餐，并讨论她们在工作与生活中遇到的各种问题。到 1997 年，经历了漫长的辅导期之后，我给这个团体提出了新的挑战，要求她们仿照“非裔美国人论坛”的形式开展自己的活动。女员工们表现得很有热情，但出乎我意料的是，在接下来的几周里，我发现在公司最高层任职的某些女经理人反对这项提议。她们认为，开展这个活动不需要什么标签，她们不想被别人当作成功的“女性”，她们只想被当作成功的“经理人”。不过在几年之后，这种抵触心理大部分消失了。当初最不情愿参加该组织的人也为自己做的辅导工作感到高兴，看到社团对提升公司女性地位带来的积极影响，她们非常欣慰。

再回到挪威制定的配额规定的问题。

在我的记忆中，唯一发挥过作用的配额就是我们在 GE 用过的“机会配额”，即在公司每次为最高层级的 2 000 个重要职位选拔人才的时候，我们必须确保，名单上至少有一名女性或少数族裔“候选人”。这能够让每个经理人都看到，候选人来源多元化，不同背景的人都有机会。

在担任 CEO 的第一个任期里，我主要致力于改变资产结构和提高竞争力的工作，直到 90 年代以后，才开始重视起文化多元化的问题。

但今天，如果你要建立最佳的领导团队，就不能再等待那么长的时间了。

从纽约到悉尼，听众们多次向我提出以下问题：

你是如何选定自己的接班人杰夫·伊梅尔特的，你认为他目前的表现如何？

对于问题的后半部分我总是感到很激动，我们的交接太出色了。杰夫的表现无可挑剔，甚至超过了我对他的领导才能的预期。他接任以后的工作让我感到无比自豪。

杰夫是在 2001 年 9 月 10 日正式成为 GE 的董事长兼 CEO 的，

第二天，我们就遭受了史无前例的恐怖袭击，它彻底改变了每个人的生活。面临商业环境中新出现的不确定性，杰夫用自己特有的深思熟虑和坚强决心来应对。尽管航空、能源和再保险行业出现了滑坡，他还是让公司在2001—2004年取得了不错的业绩。

同时，杰夫对GE的资产组合进行了重大调整，为今后的发展做了充分准备。他在媒体、医疗、金融服务和基础设施领域进行了大手笔的收购，而放弃了增长缓慢的部分工业和保险资产。他重振了GE的研究开发，在慕尼黑、上海、斯卡奈塔第和纽约进行了大规模设备投资。他非常强调GE的多元文化，并取得了显著而积极的成果。

在本书的好几个地方，我都说过，变化是件好事，杰夫的表现为此做了证明。

至于我们是如何以及为什么挑选杰夫，我想自己永远不会给出答案。当时，我们有三位出色的候选人——杰夫、鲍勃·纳德利和吉姆·麦克纳尼，今天再对那时的挑选过程进行公开分析似乎没有必要了，过去的就让它过去吧。如今，鲍勃和吉姆都在各自的新岗位上取得了辉煌的业绩——鲍勃成了家得宝公司的CEO，而吉姆则领导着3M公司。

我要说的是，那天董事会和我选出了我们心目中GE的最佳领导者，而杰夫的表现证明了我们的明智。

下面的问题是我在冰岛首都雷克雅未克举行的经理人座谈会，以及在伦敦举行的一次有12人参加的商业晚餐上听到的：

欧盟的未来如何？

长远来看，非常有前途。

与对中国的担心和愤怒相反，有人把欧洲看成一个巨大而笨拙的官僚机构，由于集体行动的不便，它从来不曾充分发挥出对世界经济的影响潜力。也许在短期内的确可以这样说，但假以时日，欧盟将证明这是错误的。

请记住，欧洲经济联盟的建立不过15年[1]，而它已经取得了不小的成就。想一想，如果美国今天的50个州在过去的好多个世纪里都有自己独立的政府、法律、语言、货币和文化，就像欧洲的成员国一样，那么整合的难度会有多大。欧盟在这样短的时间里能做得这样好已经够让人惊讶了。

毫无疑问，欧盟在实现其创建者的经济梦想之前还有很长的路要走。但是，现有的统计数据已经足以给人一种关于它未来潜力的印象：欧盟25国加起来有4.5亿人口，比美国多50%；国内生产总值达到11万亿美元，与美国相当，为日本的2.5倍，中国的7倍。

这些数字使人印象深刻，如果考虑到欧盟新成员国的影响，包括波兰、匈牙利、斯洛伐克、捷克和其他“新欧洲”国家，那会更加辉煌。在过去10年，从布达佩斯到布拉迪斯拉法，从布拉格到华沙，我看到的是兴奋、乐观与巨大的成就。新一代企业家和小生意人正在追求机会和成功，他们的政府表现良好，削减了税率，采取了其他促进工商业发展的措施，结果导致了经济增长率的显著提升，尤其与现在的“老欧洲”国家相比更是出色。

1. 本章统计数据截至2005年。——编者注不错，老欧洲有着许多根深蒂固的问题：布鲁塞尔设立了太多的官僚机构，许多国家的政府还在竭尽全力维护自己原来的主权；由于自己久远的文化传统，法国和德国对欧盟的建设尤其三心二意，还经常有自私的行动。

不过，这些问题都不是不可克服的。华盛顿、东京和北京也都是官僚机构林立。随着欧洲各国的新一代领导者掌握权力，随着欧盟自己的领导地位逐年提高，那些狭隘的、为旧经济秩序服务的政府将逐渐被取代。例如，法国政府就放松了对于每周 35 小时工作制的机械支持，并建议企业直接与员工就工作时间表的问题进行谈判。

很快，也许比许多人预期的还要快，全球竞争的压力和新欧洲的能量将产生有力的共同影响。传统的平均主义思潮所造成的巨大束缚将被解放，欧盟将稳步前进，人们将更热情地拥抱自由市场经济。

下面的问题来自一次在拉斯韦加斯召开的技术与创新大会。那次会议持续了三天，我是 20 位发言人之一。

您认为，有了《萨班斯-奥克斯利法案》，公司董事会将发生哪些改变？

这个问题我在不同场合听到过不同的版本。无论是在澳大利亚还是在欧洲，人们都越来越关心公司治理的问题，而不像以前那样局限于股东大会和商学院的教室里。

因此，在股票泡沫破灭和公司丑闻暴露之后，人们不免提出质疑：“在这样混乱的局面中，董事会究竟在干什么？他们为什么就没有发现优秀的业务？”

很快，政府通过了新的法律和监管规定，要求董事会和高级经理人对于他们应该监督到的任何腐败事件负责。一般来说，像《萨班斯-奥克斯斯利法案》这样的举措是件好事，对于重建经济信心是必要的。

但是法律自身永远不能保证良好的公司治理。

在有的企业的董事会中，财务委员会是由一名财务教授、一名会计师与几位繁忙的CEO组成的。他们都来自遥远的地方，绝对不可能每月花上几天的时间去仔细研究一家公司的账本，证明所有的事情都越来越好。设想一下，你如果担任一家跨国银行的董事，就需要面对做各种交易的人，无论是伦敦市场上日元与欧元的掉期交易，还是美国商品期货市场上的卖空行为……即便对于许多小公司而言，要让委员会跟踪的事情也太复杂了，每天都有数百笔交易，到处都是。

尽管董事会并不是警察，但他们还是必须保证公司有公正的审计人员、严格的内部流程、精密的控制和为这些目的服务的企业文化。

董事会还有其他任务，如选择CEO、任命高级经理。事实上，他们需要认识高层管理团队中所有的人，以及自己的同事。董事会还监督着公司的宗旨：它是否现实？人们是否能理解？是否得到了执行？是否取得了成果？

董事会还需要把公司上下团结在一起，这也是至关重要的。他们必须访问业务现场，与各个层级的员工进行面对面的、有意义的谈话。这是一种微妙而重要的看门人式的角色，而董事会能通过它为公司做出实质性的贡献。

对于某些董事会来说，《萨班斯–奥克斯利法案》要求他们有真正的行为转变。他们不能再把自己的工作等同为一年 8 次、10 次或 12 次的闭门会议加丰盛午餐。

对于其他一些人，这个法案不过是强化了他们现行的做法而已。

现在，为了应付丑闻带来的压力，《萨班斯–奥克斯利法案》的有些部分可能规定得过头了。例如，法案赋予独立董事高于与公司有利害关系的其他董事的权利，其中包括投资人、供应商以及其他形式的商业伙伴。

对于这条新规定，我们需要从常识的角度进行重新审视。

其实，董事在游戏中有自己的利益，这一点并没有什么错。从股东的利益来考虑，董事们的确应该关心公司的经营水平。但是，有关独立董事对公司更有利的说法可能导致意料之外的后果，例如，在企业最需要的时候把拥有良好判断和经验的人士排斥在外。

例如来自佐治亚州的前美国著名参议员萨姆·纳恩，以及——汽车业的知名企业家罗杰·彭斯科，他们都被要求脱离 GE 董事会中的关键委员会。为什么呢？因为在离开参议院之后，萨姆加入了 King & Spalding——一家与 GE 有着数十年生意往来的律师事务所，而罗杰则在一家小型的做卡车租赁的 GE 合资公司中有点小股份。此外还有沃伦·巴菲特的例子，激进人士要求他脱离可口可乐公司的审计委员会，因为他持有比较大的股份。

除了这三位人士之外，谁还能够在这些关键的委员会中更好地代表股东的利益呢？教授？会计专家？慈善基金会的负责人？股东们真的希望，公司的总裁们对那些拿董事的薪水来弥补自己财务缺口的人负责吗？那种类型的董事通常不会去挑剔什么毛病——他们往往躲避尖锐的问题，只希望自己能够重新获得任命。

我们不能忘记，董事会的存在是为了支持、引导和挑战管理层。假如《萨班斯-奥克斯利法案》最后会让董事会充满敌意，那将是不幸的。董事会成员也永远不能忘记，他们的主要职责是让公司更好，他们本来应该帮助那些经理人，而不是卷入你死我活的斗争。

最后要说的是，优秀的董事应该满足四条简单的原则：良好的品性、常识、正确的（特别是对于人的）判断，以及大胆直言的勇气。

法律都是好意的，但是要把法律的精神输入到公司自己的血液里，就需要人、文化、程序、控制和强大的董事会。

在哥本哈根举行的欧洲经理人早餐会上，我与30名来自斯堪的纳维亚地区的跨国企业的人士会面，有人提出：

> 我要调到西部非洲的业务部门去，但别人告诉我，在那个地区，有40%的员工或者他们的家人染上了艾滋病。我该如何处理这样的问题？

老实说，我还没有遇到过如此为难的问题。

不仅如此，另一位与会人士、来自某消费品公司的总裁随后直说："我刚从我们在非洲的业务部门回来，那里的感染率接近60%。"

在这种情况下，公司领导应该怎么做？公司又该怎么做？

正是在面临社会问题的时候，公司的赢利及良好的文化能够联合起来，真正发挥作用。在本书开篇，我就讲过，赢是伟大的，因为它能给人们带来快乐、创造力和慷慨。

那只是泛泛而谈，现在的问题才是现实的。

这位提问题的经理人是为一家非常赚钱的石油公司工作，我也能感受到，他其实是想做些事情的。他也有这个能力去做，因为他的公司在赢利。他可以给员工开办有关艾滋病知识的培训，提供医疗设备，为病人补贴昂贵的药费。他能够改善数百人的生活，我也敢打赌，他的确这么做了。

赢的公司总是在回馈社会。

在 GE 的全部员工中，有 5 万多名积极的社会志愿服务者，他们每年要参加 4 000 个项目，给世界各地的学校当辅导员，为穷人提供义务服务。由于 GE 志愿者的努力，匈牙利的某些小镇、雅加达的贫民区与辛辛那提的市区学校都出现了喜人的社区服务项目。这些事情不但对那些受到帮助的人有重大意义，对那些做好事的人也同样有益。在街区参与志愿者服务以后，他们感觉自己在办公室里的工作变得更有动力和意义了。

在斯洛伐克，美国钢铁公司收购了一家位于科西策、有 1.6 万名员工的企业。2002 年，克里斯·纳维塔接手管理工作。那个城市位于该国的贫困地区，失业率高达 23%。克里斯及其团队继承的是一家严重亏损的国有企业。然而，在输入了 6 亿美元新投资和艰苦的努力之后，他们把那家工厂变成了高度赢利的企业。同时，他们还把自己的时间和金钱献给了科西策，参与了许多捐助项目，包括在当地的儿童医院建立肿瘤治疗部门、改造小学教室、给学生们提供计算机、援助几家孤儿院以及为盲人提供便利设备等。

2004 年年底，发生印度洋海啸之后，世界各国的企业界提供了大量帮助。几天时间里，许多优秀的企业及其员工捐出了数十亿美元的现金和物资，帮助受灾地区的人民重建家园。那是最伟大的慷慨。

我不是在这里宣讲母爱或仁慈，或者朗读公司的年度报告。这只是那些优秀企业实际上正在做的事情——他们回报社会，让每个人都能受惠。

下面的问题是在伦敦举行的 3 000 名经理人大会上，主持会议的记者先生给我提出来的：

你打算参与政治吗？

简单地说，永远不会。

这倒不是说我不感激政府。我们都应该感谢那些公务人员，他们保卫了国家的安全，以自己毕生的力量抗击着恐怖主义。此外，政府还提供了一个健康社会所必需的各种服务机构——学校、医院、警察等。

但是，政府尽管有这么多优点，却也同商界一样被许多问题所困扰，而且似乎没有人知道该如何处理。

例如，政府总是纠缠在官僚主义、浪费和低效率当中。在公司里，你比较容易解决这些问题，而且必须解决。然而在政府里，问题可能永远存在。

为什么呢？原因之一可能是缺乏良好的评价传统和体系。绝大多数政府机构都没有像样的业绩考核制度，你可以连续工作

40 年，从来没有做出特别的成绩，却依然可以年年涨工资。另外一个原因是，在政府里，你无法真正坦率地说话和做事，否则就会遭到仇视——那个世界里充满了妥协、庇护和交易。

是的，这些举动在商界也是存在的。不过优秀的经理人能够凭借自己的力量来反抗它们，或者加入另外一家有理想的公司。

最后，政府之所以能继续保持官僚作风，因为他们没有竞争的压力。在上次选举中，印第安纳州的州长曾大肆宣传，他打算撤回一个已经准备外包给印度的服务项目。许多人把他的言辞看成是爱国主义的典范，实际上不过是徒增笑料而已，因为对于州长来说，放弃印度的外包项目是非常容易的——在公共部门里，你并不需要提供最有价值的产品，或者寻找最低廉的成本渠道，以保证利润的增加。你只需要提高税率，就可以为政府的服务买单了。

所以，尽管政府是非常重要的，但它不适合我。本书强调的一个主题是，做你自己喜欢做的事情才是最好的。

我也正是这样做的。

下一个问题也是我经常被问到的：

你还打高尔夫球吗？

哦，人们这么喜欢高尔夫吗？也许是因为我在上一本书的一章里讲到了高尔夫，所以无论我走到哪里，总是有人关心我的身体，问我在退休之后是否有所改善。

答案是：我已经不再打球了。

而且，大家也许不信，我并不是那么想打。

我对高尔夫运动的迷恋持续了将近 60 年，从我 10 岁左右当球童和打球开始，直到 2002 年我第一次接受背部手术为止。在那以后，我又接受了两次背部手术。感谢上帝，现在我的脊背好多了。不过我还不想通过打高尔夫球来检验疗效。假如你也得过背部疾病，也许就能理解我的处境。

而且在离开高尔夫之后，又萌发了一些新的兴趣爱好。我简直不敢相信，不再打球之后，自己的时间变得多么充裕。我在给几家公司和他们的 CEO 做顾问，这很有意思。我发现自己对现代艺术着了迷，而且，除了有生以来就形成的对波士顿红袜棒球队的热爱以外，我还开始尽可能多地参加各种家庭游戏。我开始与妻子和四个继子一起去环游世界，学会了欣赏会场和工厂以外的风景。我还能够与许许多多有趣的人物会面，并把他们的问题收录到这本书里。

我非常热爱自己的新生活。向前看、学习、成长，对我来说总是很好的。打高尔夫是很不错的运动，它给我带来了多年以来保持交往的朋友，以及与他们打比赛的快乐。

当你不能再打球后，很奇怪，世界末日并未到来。

最后这个问题是我在法兰克福遇到的，那是一次有 2 500 人参加的经理人会议，一位听众问我：

你认为自己能上天堂吗？

在几秒钟瞠目结舌的沉默之后，我脱口而出：“啊，我希望那是个远期规划！”

听众们停止哄笑之后（他们与我一样，对那个问题完全没有准备），提问题的那个人澄清，他是想问，我认为自己能给这个世界留下什么遗产。

不过，我首先不喜欢“遗产”这个词，因为这听起来很傲慢。总统与首相们或许有自己的遗产，而我不过是经营了一家公司，写了几本书而已。

但是既然提出了问题，我也就尝试着做出回答。

假如说，未来的人能够记起有关我的什么事情，那我希望是，我曾帮助人们认识到，优秀的领导可以为其他人的成长和成功助一臂之力。再重复一下，领导者不应该只管自己，而是要影响其他人。

我还希望人们能记住，我是坦率精神与精英品质的积极倡导者，我相信每个人都应该有机会，我试图让大家明白，永远不能把自己当成受害者。

现在，我身上的许多缺点已经不再是秘密了。在职业生涯中，我也犯过无数的错误，进行了一些糟糕的收购，聘用了错误的人，在大好的机遇面前行动迟缓。而这些还只是一小部分。

对我的个人生活而言，我有 4 个出色的儿女和 9 个可爱的孙子孙女，我对他们的爱和欣赏难以言传。他们今天幸福而充实的生活给了我无尽的快乐。此前我曾有过两次婚姻，最后都没有成功延续。尽管生活还在继续，而且多数时候是越来越好，但是，两次离婚的经历总不是让人骄傲的事情。

因此，是否能上天堂，谁知道呢？我当然并不完美，但如果考虑到自己在人生中曾竭力关心过别人，并且把自己的所得都用来回报了生活，倘使这些善举能够给我加分，那我想自己还是有希望的。

当然，如果真有希望上天堂，也不要太早发生！因为我还有太多的事情要做。

致谢

商业是由人组成的。实际上，生活也是由人组成的——家人、朋友、同事、上司、老师、教练、邻居。归根结底，人是最重要的。

铸就这本书的，也是人。首先，就像我在前言中写的那样，世界上有成千上万的男士和女士，他们关心商业生活，勇敢地举起手，提出了本书中所回答的各种问题。我真的很感谢他们真诚地与我分享了自己的故事，坦率地谈论了工作中遇到的挑战，帮助我整理了关于如何做对事情的思路。

我还非常感谢那些花费了一小时、两小时甚至更多时间，与我谈论他们自己的经历的人，是他们让本书充满了鲜活的故事：J. P. 摩根银行的比尔 · 哈里森和杰米 · 戴蒙；西北纪念医院的史蒂夫 · 克里姆考斯基；克杜瑞公司的合伙人乔治 · 塔姆克；百胜餐饮集团的负责人戴维 · 诺瓦克；家得宝公司的鲍勃 · 纳德利；A. G. Edwards 公司的罗伯特 · 巴格比；美邦银行的前任董事会副主席佩里 · 鲁迪克；澳大利亚广播公司的马克辛 · 麦丘；安进公司的凯文；桑德勒 · 奥尼尔公司的吉米 · 邓恩；我的老朋友保罗，他也是 GE 的前任董事会副主席以及菲亚特的前任 CEO；海德里哲公司的格里 · 罗奇；纽约城市教育署的主任乔尔 · 克莱因；3M 的吉姆 · 麦克纳尼；凯斯–新荷兰的保罗；Expedia 公司的达拉；美国钢铁公司科西策分公司的克里斯；GE 的比尔 · 康纳狄、加里 · 雷纳、苏珊 · 彼得斯、丹尼斯 · 戴默曼、马克 · 利特尔、约翰以及查理·贝格利。此外，还有鲍勃·尼尔森，我在 GE 多年的财务分析师，同时也是位优秀的读者。

有些人的名字并没有在这本书中出现，但他们也对本书的内容构思发挥了重要作用：琳达·戈斯登·鲁滨逊，Robinson Lerer & Montgomery 公司的董事长，在“危机管理”那章中与我们分享了她的丰富经验；在“工作与生活的平衡”那章中，我要感谢沃顿商学院教授斯图·弗里德曼，亿康先达国际咨询公司的克洛迪欧；关于并购的内容，则得益于我与麦肯锡公司的专家戴维·富比尼的深入交谈；至于我那微不足道的关于哲学的知识，完全应该感谢塔夫茨大学教授南希·鲍尔的帮助。

最开始的时候，我手中不过是寥寥几页关于主要构思的草稿。而读者面前的成品则要归功于一系列关键的人物，尤其是哈珀柯林斯公司有“4E”和“1P”的人士：我们的出色编辑利厄·斯皮罗，他对本书的敏锐思索和推动激情从来不曾消退；简·弗里德曼，从一开始就是狂热的信徒和坚定的支持者；马里恩·梅尼科，他的深邃智慧一直引导着我们。我们还要感谢为本书做宣传推广的杰出团队：乔·特斯托尔，他的聪慧、活力和毅力让本书找到了感觉，当然也有布赖恩·默里、斯蒂芬·汉塞尔曼、保罗·奥瑟斯基、基思·普费弗以及拉里·休斯的功劳。另外还有，本书的设计人利厄·卡尔森-斯坦尼斯克，审稿人安妮·格林伯格，助理编辑诺克斯·休斯敦。我们的代理人海伦·里斯是位很好的朋友和热心的支持者，而梅甘·拉穆斯则承担了核对事实的辛苦工作。

我的助理罗莎尼·巴多斯基阅读了本书的所有草稿，对内容提出了很好的建议，并把分散的部分重新整合，理顺了文体结构。

她付出的细心和精力非常伟大，我也十分感谢她为这个项目花费的无数心血。

最后，对于我的妻子苏茜为本书所做的工作，我的感激更是难以言表。她不停地提问题，帮我把所有关于商业的思考都一一发掘出来。很多时候，她组织和整理了我那些零碎的观察，使本书的面貌焕然一新，远远超出我以前的梦想。我总是对别人说，苏茜是我遇到过的最聪明的人。在本书写作的最后一年里，她再一次明白无误地证明了这一点。读者所看到的每个章节，都是由她写下无数的草稿，同时，她还没有耽误教导四个孩子的职责。每一天，她都让我惊喜。

在最后一年中，我们夜以继日地享受着伟大的时刻，讨论、争辩所有那些进入本书的素材，这样的对话从未停止过。在我环游各地、会见他人、回答问题与请教他人的时候，苏茜都陪伴在我的左右，聆听、分析，在所有我熟悉或不熟悉的领域开阔我的思路。

这是艰苦的工作，也是无比的快乐。苏茜，是你让这一切成为可能。

杰克·韦尔奇

2005 年 2 月于波士顿

图书在版编目（CIP）数据

赢 /（美）杰克 · 韦尔奇，（美）苏茜 · 韦尔奇著；余江译 .-- 北京：中信出版社，2021.4
（中信经典丛书 . 001）
书名原文：Winning
ISBN 978-7-5217-2887-3

Ⅰ. ①赢… Ⅱ. ①杰… ②苏… ③余… Ⅲ. ①通用电气公司（美国）—工业企业管理—经验 Ⅳ. ① F471.266

中国版本图书馆 CIP 数据核字（2021）第 042495 号

赢
（中信经典丛书 · 001）

著　　者：[美] 杰克 · 韦尔奇　[美] 苏茜 · 韦尔奇
译　　者：余江　玉书
责任编辑：曹爱菊
出版发行：中信出版集团股份有限公司
　　　　（北京市朝阳区惠新东街甲 4 号富盛大厦 2 座　邮编　100029）
承 印 者：北京中科印刷有限公司

开　　本：880mm × 1230mm　1/32　　印　　张：99.5　　字　　数：2287 千字
版　　次：2021 年 4 月第 1 版　　印　　次：2021 年 4 月第 1 次印刷
京权图字：01–2011–1899
书　　号：ISBN 978–7–5217–2887–3
定　　价：880.00 元（全 8 册）

扫码免费收听图书音频解读

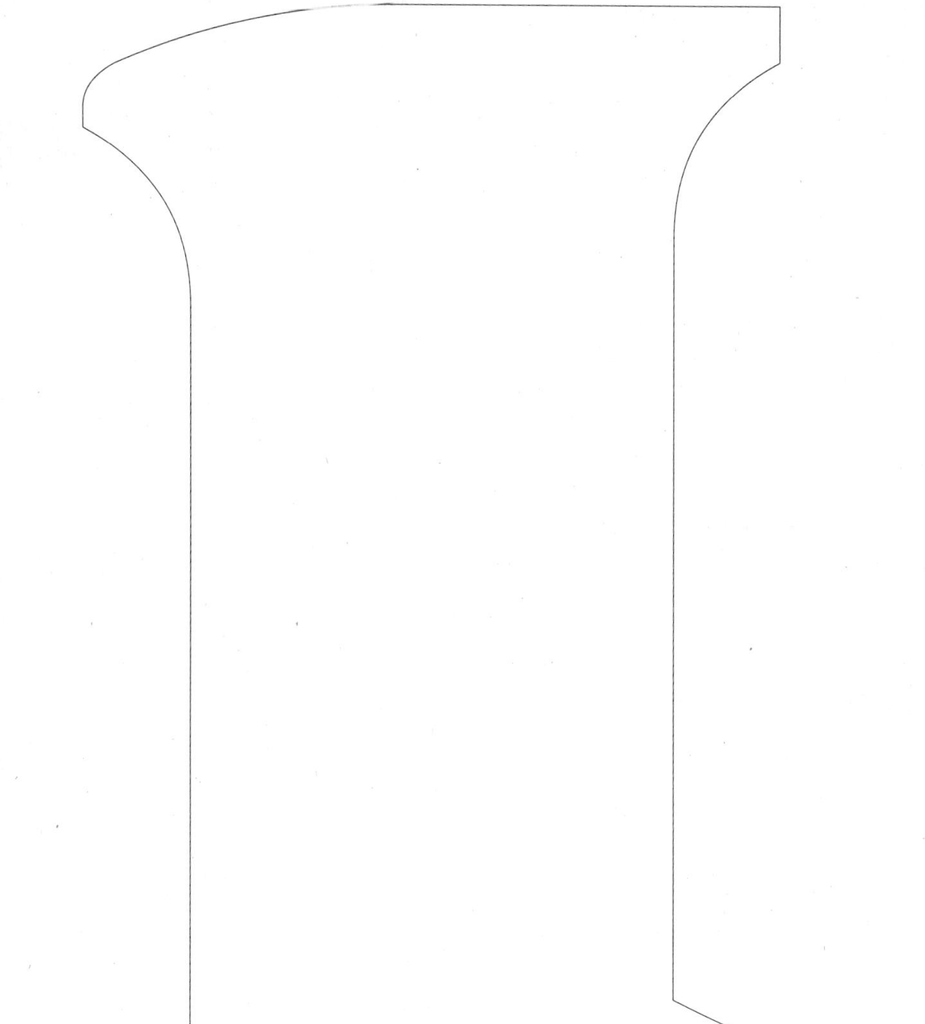

基业长青

BUILT TO LAST

SUCCESSFUL HABITS OF VISIONARY COMPANIES

[美] 吉姆·柯林斯
[美] 杰里·波勒斯
著

真如
译

中信出版集团 | 北京

目录

再版序言

写这本书源自两方面原因。第一个原因与一个问题有关——同我们大多数的作品一样，这个问题是由一个学生提出的。1989年，我刚刚在斯坦福商学院开始自己的教学生涯。当时我在教授有关创业与小企业课程的过程中遇到了一群持怀疑态度的工商管理学硕士生，其中一个学生提出了这样一个问题，把我难倒了。她说："吉姆，对您的整个课程我有一个疑问。您说这门课程是关于从头开始创建具有持久竞争优势的伟大公司，但是您在进行案例分析时选取了一些新兴公司，比如说苹果电脑公司。"

"我没有丝毫贬低苹果公司的意思。"她继续说道，"但是我们无法预测苹果公司是否会发展成一个伟大的、经久不衰的公司。倘若果真如此的话，那一定会是个了不起的成功的创业故事，但至于它是否会像IBM（国际商业机器公司）、GE（通用电气公司）或者Johnson & Johnson（强生公司）那样最终发展成一个具有持久竞争优势的公司，现在说来还为时过早。"

"并且，"说到这儿，这个学生用手指敲着课桌，继续说道，"您是如何知道苹果公司的成功是由您给我们讲授的那些原因引起的呢？这家公司可能只不过是运气好而已。其实说白了，如果是您在1977年推出了Apple II机型，在1984年推出了Macintosh机型（麦金塔电脑，即今天我们常说的Mac），或许也会成功的……因此，有些公司之所以成功可能并不是因为其管理措施，甚至与管理根本没有关系。”她提出的这个难题在坊间也流传着类似的说法：公司的发展和早期的成功可以说是一俊遮百丑，掩盖了许多失误，而我或许是在无意中向学生灌输了管理至上的错误观点。

教学伊始，有个同事曾给过我建议，告诉我在回答此类难题的时候，一定要尽量表现得胸有成竹。但是当时我只有31岁，看起来跟大多数学生一样年轻。因此，经过长时间停顿之后，我最终说道：“这的确是一个很好的问题，等我有了答案之后再回复你。”当时我根本不知道这一等就是6年，经过6年的研究以及完成本书之后，我才兑现了自己的承诺。

我一直在苦苦思索这一问题。她说的没错：我们怎么能知道究竟是哪些因素导致为数不多的企业从众多公司中脱颖而出，创业成功，最终发展成伟大公司的呢？为什么山姆·沃尔顿的小型廉价连锁商店发展成了世界连锁零售巨头沃尔玛？为什么井深大于1945年在东京一处废墟中召集起来的一群乌合之众——其最初的产品是一种以失败而告终的电饭锅——最终逐步发展壮大，成为知名的索尼公司？为什么老托马斯·J. 沃森能够领导小到不起眼的计算制表记录公司，并将其发展成国际商业机器公司，也就是今天大家所熟悉的IBM？还有最重要的一点，到底是哪些因素使得这些案例中的公司在初期有别于那些全靠运气，或者甚至是侥幸的公司？对此，我当时无法给出令人满意的答案。

与此同时，就在一墙之隔的地方，在我并不知情的情况下，写作这本书的第二个原因产生了。我的同事杰里·波勒斯之前用了20年的时间一直在研究这样一个问题：如何对组织机构进行改革，使其工作环境更合理，工作业绩更突出。当他开始把自己一生的研究成果整合到一个总体框架中的时候，发现缺少了一个关键环节：哪些因素推动组织机构的健康发展，使其具有持久的竞争优势呢？

回顾百年的发展历史我们就会发现，大部分经营良好的组织机构所采用的基本管理措施和方法几乎都是一样的，然而真正发展成百年基业的却凤毛麟角。你可以将民主政府的实际做法普及到世界各地，但事实却是有些国家在历史发展进程中成为伟大富强的国家，而另外一些国家，那些也采纳民主政府做法的国家，却没有做到这一点；大多数高校都采用同样的基本做法，它们都互相学习，但真正达到哈佛大学、斯坦福大学或者加州大学伯克利分校那样高度的学校屈指可数；大多数主流报纸都采用同样的新闻从业标准，然而只有为数不多的报纸达到了像《纽约时报》或《华尔街日报》那样标志性的和有影响力的地位。无论是梅约医学中心、美国海军陆战队、国际仁人家园，还是救世军组织——这少许几个精心筛选出来的组织机构远远超越了单纯的"成功"层次，都将自身与整个社会完全融合在一起，没有它们的世界是难以想象的。

在企业与公司这一方面，我们也看到了同样的模式。无论我们探讨的是科学管理原则、统计质量控制基础、目标管理、六西格玛企业管理战略、权力下放、企业再造，还是战略规划，其模式都是一样的：随着时间的推移，一些最好的做法都会逐渐传播到所有大公司里。然而，有些公司会真正做大做强，有些却做不到，尽管它们都采用了完全相同的最佳管理方法。

人们自然会问：为什么？

杰里逐渐意识到，同普通企业相比，真正伟大的公司会采取一种本质上完全不同的方法思考自身的问题。他逐渐明白了一个道理，即这些公司有自己的指导理念或精神，正是因为如此，它们才超越了平凡，摆脱了唯利是图的短视行为。杰里希望能在自己学术生涯的最后几年中专心研究这些深奥难懂却极其重要的变量——这些模棱两可的术语，比如“视野”、“目的”、“价值”和“使命”。

之后不久，杰里无意中看到了我写的一篇小文章，内容是关于在创建百年基业过程中使命的作用。于是他给我留了一条语音信息，其中有句话是这样说的：“我想我们俩对一些同样的问题产生了兴趣。既然我们是同一个系的同事，或许我们应当找个机会一起聊一聊。”

于是我们就聊了聊。一开始我们俩展开了激烈的辩论，辩论的焦点是当我们谈及使命和目标时，指的是概念上不同的思想还是本质上相同的概念。我强调的是使命，而杰里强调的是目标。我们俩的争论听起来有点儿像絮絮叨叨的啤酒广告：“口感好！”“纯度高！”就这样，我们开始了愉快的合作，最终写出了《基业长青》这本书。

有一点要特别感谢杰里：我们俩的合作关系是平等的，尽管他比我年长 20 岁，并且是终身教授，还曾经担任过斯坦福大学的教务长。在我事业发展的这一关键时期，我十分幸运能遇见杰里这位导师和同事，因为他更关心的是这一研究工作的最终成功，而不是谁获得荣誉或占据首位。在这本书最后署名时，我们俩是按照字母顺序排名的——柯林斯（Collins）和波勒斯（Porras），而不是以资历排名。现在回想起此事，我依然感慨不已。

我和杰里绞尽脑汁，全力以赴思考应当如何进行严谨的科学研究：如何解决我的那个学生提出的有关“运气”的难题？如何对类似“视野”和“价值”这种模糊的主题进行严谨的分析？如何确定创造百年基业的变量？如何确定能够把标志性机构——那些将自身与整个社会完全融合在一起并改变世界的机构同众多平庸企业区分开来的原则？

就在此时此刻，杰里提出了两个精彩绝伦的深刻见解。

第一个想法是把“遗传双胞胎研究”应用到社会体制中。遗传双胞胎研究是一种有趣的研究工作，是在研究过程中找到两个一出生就分开的双胞胎，研究他们的生活轨迹，然后利用这一自然实验收集有关先天与后天争论的观点。大多数行业在诞生之时至少能给我们提供一对“双胞胎”或者“相互匹配的双胞胎”，即在诞生时代、市场机遇、面对的人口数量、技术更替以及社会经济发展趋势方面相同的两家公司。但是，当按动历史快进键，向前推进 25 年、50 年或者 100 年的时候我们就会发现，其中有些公司发展壮大，成就百年基业，而它们的兄弟公司却没有做到。

我们可以思考一下 GE 和西屋电气公司的情况。这两家公司都成立于 20 世纪之交，属于新生的电气行业，并且都拥有资本，面临着千载难逢的机会，可以向大众传播推广电气产业。但是，到了 20 世纪末，通用电气公司和西屋电气公司却发展成了完全不同的公司：通用电气公司成了名副其实的标杆企业，可能是 20 世纪末全球最具影响力、最受欢迎的公司；而西屋电气公司尽管也比较成功，却没有达到同样高度。杰里的想法是对精选出来的一组行业双胞胎（相互匹配的双胞胎）进行研究，将其作为对照的回顾性自然实验。

杰里的第二个重要想法是：时间可以证明一切。你可能因为运气不错能够生存5年或者10年，却无法仅凭运气生存50年或100年。很难相信，像强生公司（始创于1886年）、宝洁公司（始创于1837年，比美国内战还要早20多年）或者花旗公司（始创于1812年，同年拿破仑进军莫斯科）这些公司的经久不衰完全得益于纯粹的运气。并且，大浪淘沙，随着时间推移，人们更有可能淘汰掉宵小之徒开办的皮包公司。正如2000~2004年发生的财务丑闻和企业危机，你可能可以通过投机在5年或10年的时间里把公司搞得风生水起，但这种现象一定不会持续50年或100年。

我们利用这两种以方法论为指导所得出的深刻见解，决定进行时间跨度更大的匹配研究，先研究一下那些发展到标杆高度并将这一高度维持了50年、100年，甚至150年的企业，然后将这些公司的发展历史同与它们关系最近的行业双胞胎进行系统比较，进而找到区别百年基业与平庸企业的永恒原则。这就是《基业长青》这本书的核心内容。

我们被经常反复问到的一个问题是自我们完成《基业长青》一书之后，书中列举的公司发展状况如何。当然，《基业长青》中的一些公司在发展过程中也曾挣扎过，比较典型的，像华特迪士尼公司、波音公司、惠普公司和索尼公司，但也有一些公司，比如IBM、宝洁公司、强生公司、通用电气公司、美国运通公司和沃尔玛公司，一直发展得非常顺利。令人欣慰的是，《基业长青》中的大部分公司都表现出了强大的生命力，投资组合优于市场表现（正如1925年以来，这些公司在过去70年中所表现的那样），尽管其间发生了很多事情，从互联网泡沫到"9 · 11"恐怖袭击等等。

然而，即使实际情况并非如此，有关公司近期业绩的问题也与本书基本观点没有关系。因为一方面，正如我们在第一章中所写的那样，对于真正伟大的企业来说，其标志性特点并非没有遭遇过困难，而是有能力克服困难，变得比以前更强大。我们在1994年出版《基业长青》这本书时，IBM正处于企业机构重组的旋涡之中。我们遭到各方嘲笑，因为我们把该公司纳入了本书之中。但是10年之后，当我在撰写这篇序言时，IBM已经脱胎换骨，再次成为全球最著名的公司之一。无论对于个人、组织或是国家来说，伟大的标志都是韧性（而不是完美）。另外，即便我们列举的一些陷入困境的企业没有东山再起、重现昔日辉煌（这是很有可能的），仅凭这一事实，也不能动摇我们从《基业长青》一书中得出的基本理念。

我们换一个角度思考这个问题：假设我们研究的是20世纪60年代和70年代加州大学洛杉矶分校的篮球王朝。这支队伍在教练约翰·伍登的带领下，在12年的时间里10次夺取美国大学生篮球联赛冠军。若我们再把伍登带领的加州大学洛杉矶分校棕熊队与同一时代没有成就篮球王朝的另一支队伍进行比较，比如加州大学伯克利分校金熊队，或者我们再进一步假设，对历史上一系列的体育王朝进行比较分析（比如20世纪60年代的绿湾包装工队与同一时期的旧金山49人队，纽约洋基队与波士顿红袜队，等等），这样至少能够得出创建伟大王朝的一些原则框架。

现如今，加州大学洛杉矶分校棕熊队还是一个伟大的王朝吗？答案是否定的——显然与早期不是同一个水平。但这一点是否就否定了我们在研究巅峰时期的棕熊队时得出的原则呢？不会的，当然不会如此！实际做法可能发生改变，但有关创建伟大体育王朝的原则却依然不变，即使加州大学洛杉矶分校棕熊队的队员和教练不再继续采用曾让他们成就伟大王朝的原则。假如我们对身体健康者和不健康者进行对比研究，从中得出保持身体健康的原则，比如良好的睡眠、平衡的饮食以及适当的锻炼，如果经过一段时间之后，之前身体健康的实验对象开始作息混乱、饮食失调、放弃锻炼，那这是否会动摇这些原则呢？答案非常明显，不会的。归根结底就在于，尽管最初的一些研究对象放弃了当初让他们身体健康的原则，但睡眠、饮食和锻炼依然是保持身体健康的有效原则。

我们很幸运，因为我们的读者群体素质一流，思想深刻，他们把握住了永恒原则和我们用来推导这些原则的具体公司之间的本质区别。这也正是本书历久弥新、影响广泛的原因。本书荣登《商业周刊》畅销书榜单，时间跨度超过6年，被翻译成23种语言，销量超过100万册。可以说，《基业长青》这本书没有辜负它的名字，这是我们当初不敢奢望的。

关于本书书名，我们两个人不敢贪功。创造力通常萌生于挫折之中。1994年，我们的编辑们可谓是挫败到了极点。随着出版期限的临近，我们还在否定一个又一个书名。总的算起来，中途被淘汰的各种选项大约有127个之多，其中包括“竞争力”“高瞻远瞩公司研究实录”等。

“没有书名，我们不能出版。”我们的编辑敦促道。

“没有理想的书名，我们也不能出版。”我们反驳道。

形势逐渐升级，最终，困难被提交给了哈珀·柯林斯出版社的执行主编。他回家过了一个周末，周一上午回来上班时提出了自己的想法。他把一张长 5 厘米、宽 3 厘米的记事卡片扔到我们编辑的办公桌上，说道："请看看，这个名字怎么样？"他在上面写了简单的几个字"基业长青"。就这样，我们终于有了书名。

不过，这其中略显尴尬，因为从某种意义上说，《基业长青》这个书名并不准确。请大家不要误解我们的意思：这个名字寓意深刻，朗朗上口，因此我们至今依然使用这个名字。但是，从本书的内容来看，这个名字有失偏颇。《基业长青》这本书从本质上说，讨论的并非如何创建经久不衰的企业，因为归根结底，那些用来进行比较的公司本身也是经久不衰的。西屋电气公司同通用电气公司持续的时间一样悠久，宝来公司与 IBM 几乎历史相当，而百时美公司 Bristol-Myers 的寿命类似于强生公司。然而，尽管同样都经久不衰，但西屋电气公司、宝来公司和百时美公司都没有达到与配对公司相同的标志性高度。

那么，如果不是关于如何创建经久不衰的企业，《基业长青》的内容又是关于什么的呢？

《基业长青》的内容是关于创建经久不衰的有价值的事物，是关于创建能对其所处时代产生深刻影响的公司，并且一直有着突出表现，假如这种公司不复存在，就可能留下巨大缺憾，而这种缺憾是这个星球上所有其他公司所无法轻易弥补的。倘若华特迪士尼公司在 20 世纪 80 年代初期的收购战中被干掉，那世界上可能还会有主题公园，但没有一家能够代替迪士尼乐园。

自始至终，《基业长青》的每一页内容都暗含着一个简单的问题：到底是什么原因促使你仅仅满足于创建平庸的公司、只关心赚钱，但实际上你本可以创建一流公司，并做出持久贡献？并且最终，正如我们从研究中得到的证据所表明的那样，从长远来看，那些做出长久贡献的公司能够赚到更多的钱。

对《基业长青》这本书最严重的一个误解是：有人认为这本书是要制定放之四海而皆准的真理，一成不变，万古长青。没有什么比这种想法更不可靠的了。要想基业长青，必须因时制宜。《基业长青》中的核心概念是阴阳平衡，保持核心并推动发展。这里的关键词是“并”：

· 持续并发展
· 维护核心价值并实现伟大目标
· 保持稳定并善于扬弃
· 尊崇文化并发扬个性
· 传承并创新
· 约束并创造
· 采用系统方法并采用实验手段
· 重视意义并重视成就
· 保持核心并推动发展

那些没有掌握“并”这个词的含义的人根本没有理解我们的著作。《基业长青》的核心内容是关于矢志不移、勇于创新的动力，关于不断的刺激和难以轻易达到的渴望，关于求真务实、脚踏实地的需要，因为只有这样才能充分发挥人的潜能。从其根本来说，这不是一部有关企业发展的秘籍。我们感兴趣的是社会体制，在乎的是成就伟大事业的原动力，我们只是碰巧通过对企业组织机构的研究发现了其中的一些关键原则而已。

最后一点，那些曾读过《从优秀到卓越》的人可能想知道这两本书是如何相互契合的。我喜欢把《从优秀到卓越》视作《基业长青》的前传，尽管我们首先在1994年出版了《基业长青》，然后直到2001年才出版了《从优秀到卓越》。但从逻辑顺序上来说，的确是先有的《从优秀到卓越》——这本书是关于如何从业绩优秀飞跃到业绩卓越，后有的《基业长青》——这本书是关于如何把业绩卓越的公司转变成达到标志性高度的百年基业。换句话说，你必须首先从优秀达到卓越，然后再从卓越达到基业长青。

这两项研究之间的一个主要区别在于我们挑选公司的方式。在《从优秀到卓越》一书中，我们严格按照累计投资者回报与常规股票市场之间的关系模式选择公司。但在《基业长青》一书中，我们意在研究那些超越了经济层面的成功，最终发展成对世界产生深远影响的公司。这些公司赢得了慧眼独具的评委们的尊重，其卓越表现不是仅仅延续了15年，而是50年或者上百年。为了达到这一目的，我们采用了一种与《从优秀到卓越》完全不同的挑选模式：我们对从各种规模公司中精心挑选出来的总裁样本展开调查，因为我们认为，只有那些同目标远大的企业竞争的人才是眼光最为独到的评委。

回顾从调查开始到现在将近15年的时间，我们发现其中值得注意的一件事情是：这些公司中有多少依然存在、地位依然稳固。有些公司可能日益发展向上，有些可能在走下坡路，但是不可否认的是，像IBM、索尼公司、通用电气公司、默克公司、3M公司、强生公司、波音公司、宝洁公司、华特迪士尼公司以及沃尔玛公司这样的企业一直在改变着我们生活的世界。这些公司的创始人和设计师留下了一笔几乎无人能与之匹敌的丰厚遗产。

倘若今天要重新撰写《基业长青》这本书，我们也不会推翻其中任何一个基本概念。与1994年相比，如今我们对“伟大公司”概念的了解当然更透彻，也有许多可以补充的内容，但是我们对于基本调查结果的信心却从未减弱，而且我们比以往任何时候都更加深信不疑：创建经久不衰的伟大公司，那种真正有价值的百年基业，是一种高尚的事业。

吉姆·柯林斯

于科罗拉多州博尔德郡

2004 年 8 月 28 日

作者的话

当我们坐到书桌前，为《哈珀商业精华》丛书题写说明的时候,《基业长青》已经在《商业周刊》的畅销书排行榜上停留了6年之久。这样的优异成绩远远超出笔者当年最大胆的想象,《基业长青》可谓名副其实。

不过，有些滑稽的是，这个书名本身却不该归功于我们。挫折经常是灵感的源泉，1994年负责本书的编辑简直受尽了挫折。在当初的出版合同中，我们特别加入了一则条款，保留了重大事项的最终决定权。在出版日期日益临近的时候，我们还在不断地否定书名建议。总计有127条选择项遭到拒绝，例如“竞争就是你”“伟大的梦想：成功企业研究报告”等。

严峻的情势最后引起了哈珀·柯林斯出版社执行主编的重视。经过一个周末的思考，他在星期一的时候带来了想法。“请看看，”他边说边把一张小卡片扔到我们编辑的办公桌上,“这个名字怎么样？”那上面赫然写着“基业长青”。

于是，我们有了期盼已久的书名。

现在回想起来，“基业长青”当然是个出色的书名，可惜仍然不够准确。我们不是从市场反应的角度来看这个问题的（别担心，我们不会再换书名），而是站在本书原本希望探讨的内容的角度。《基业长青》一书，其实不是讲如何创建“可以”长青的基业，而是说，我们应该创建那些“值得”长青的基业——创建一家有内在品质的公司，如果它不幸消亡，那会让这个世界感觉若有所失。在本书的每个章节，我们都在提同一个简单的问题：假如你可以创造辉煌的事业，可以为社会做出恒久的贡献，那为什么要满足于得过且过的平庸生活呢？何况，正如笔者研究成果所显示的那样，能够做出持久贡献的人最终也将得到更多的长期回报。

假如今天重新来写《基业长青》，我们并不会改动书中的基本原则，因为它们是经得起时间检验的。相对于1994年来说，我们对于许多有长远抱负的公司有了更加深刻的了解，并可以补充某些新的内容，但我们对全书的主旨没有丝毫动摇。相反，笔者还更加确信，创建一家恒久的伟大公司——一个真正“值得”长青的基业，乃是崇高的使命。

吉姆·柯林斯

杰里·波勒斯

再版导言

1994年3月14日，我们把《基业长青》的最后定稿交给了我们的出版商。像所有的作者一样，我们对这本书充满了期待与梦想，却从不敢把这些期望作为成功的预言。我们清楚，在一本书畅销的同时，会有10本或20本同样优秀的（可能是更好的）作品在寂寂无闻中湮没了。两年过去了，当我们写下这篇再版导言时，我们不禁诧异于这本书的成功：这本书在全世界历经40次印刷，被译成13种语言，并跻身北美、日本、南美和欧洲部分地区的畅销书之列。

衡量一本书是否成功有许多标准。对我们来说，读者的素质是最为重要的。由于一开始就有各种各样的报纸、杂志大力宣传，这本书很快就以一传十、十传百的效应在富有思想的读者中传开了。关键的正是读者。对于一个繁忙的人来说，买一本书花费15或25美元不算什么，阅读消化一本书所花费的时间才更为宝贵；相比之下，封底所标的价格就不值一提了。特别是要阅读一本以研究为基础，以理念为驱动的作品，更是如此。事实上，很多人都不读买回来的书，至少不是全读。但我们惊喜地发现这本书不单是买的人多，真正去阅读了的人也很多。许多繁忙的人，从首席执行官到高级主管到跃跃欲试的企业家，从非营利组织的领导到投资者、记者和刚刚起步的经理人，都在《基业长青》上投资了他们最宝贵的资源——时间。

我们把这本书的成功归功于以下四个因素。第一，建立一个伟大并长盛不衰的公司的理念让人们备感兴奋。我们在世界各地都遇到了这样一些高级主管，他们渴望建立一个比个人生命更伟大、更持久的组织。这样的组织扎根于一套永恒的核心价值，为利益之外的追求而生存，并能以内生的力量不断地自我更新，因而长盛不衰。

我们发现，不仅大公司中肩负重任的领导人有这种动机，中小型公司的创业者和领袖也有这种动机，而且似乎更为强烈。这样的例子不乏其人，戴维·帕卡德、乔治·默克、沃尔特·迪士尼、井深大、保罗·高尔文，还有威廉·麦克奈特，他们就像商业世界的托马斯·杰斐逊和詹姆斯·麦迪逊，建立起一套价值和行为的标准，并让人有种急迫感要去实现它们。帕卡德他们并不是一开始就是公司的巨人，他们在创业之初做的不过是些小本生意。他们从规模小、资金紧缺的小企业做起，逐步建立起一些世界上最为成功且经久不衰的大公司。有家小型创业公司的一位高级主管说："了解他们的创业之路，给了我们莫大的信心和启示。"

第二，有思想的人渴求获得能经受时间考验的指导原则。他们厌倦了"年度流行语"般稍纵即逝的管理思想。诚然，世界是在变化的，而且正在以一种加速度变化，但这并不意味着我们要放弃追寻能经受时间考验的基本观念。相反，我们比以往任何时候都更需要它们。当然，我们也需要不断地寻求新的构想和解决方法，因为发明创新是人类进步的源泉。但是对于一个公司来说，面临的最大问题不是缺乏新的管理思想（事实上，我们被众多的思想淹没了），而是不能理解最基本的原则。如果大多数经理人能够回归到基本的原则，不会时不时移情于另一个短暂诱人而又包装精美的管理时尚，那么他们对组织做出的贡献将会更大。

第三，转型期公司的经理人会发现,《基业长青》提出的观念可以让他们在不动摇一个伟大公司根基的同时（甚至在某些情况下，帮助他们首次创立这样的根基），引入可以提高效率的变革。和许多人的一般常识相悖的是，面对不断变化的世界，首先应该问的不是“我们应该怎样相应地变化”，而是“我们自身代表的是什么，我们为什么存在”，这应该是永远不变的，而除此之外的任何东西都可随机而变。换个说法，高瞻远瞩的公司能够从烦琐的做法和商业谋略中（这应该应时而变）分离出他们永恒不变的核心价值和经久不衰的使命（这应该永远不变）。这种区分对各种各样准备大转型的组织有着深远的正面影响。这样的公司很多，包括面临冷战结束的罗克韦尔国防公司和正面临放松管制的南方公用事业公司；也包括从正面临全世界反对呼声越来越高的美国无烟烟草公司，到要面临首次培养家族外领导人的嘉吉公司，以及像超微半导体公司和微软这些要超越对有远见的创立者过分依赖的公司。

即使在《基业长青》中研究过的高瞻远瞩公司也要时时提醒自己，不要混淆核心和非核心，什么应该永恒不变，什么应该应时而变，以及什么是真正神圣的，什么不是。比如，惠普的高级主管们就经常谈及这种重要的区分，让每一个惠普人都明白，运营方式、文化标准和商业谋略的变革并不意味着惠普失去了“惠普风范”的核心精神。惠普在1995年的年度报告里把自己比喻成一个陀螺仪，就指出了这样的关键思想：“上百年来，陀螺仪被用来引导船舶、飞机和卫星。它的特点是，外围的轴架可以自由运动，而核心的圆盘却稳定不动。与此相似的是，惠普公司的核心也存在着稳定的品质，并引领着公司员工继续领导和适应技术与市场的变迁。”同样，强生公司也运用这一观念在改革整个组织结构，改进整个生产流程的同时，保存了包含在强生信条中的核心理念。3M 为了集中精力在持久不变的使命——用创新的方法去解决还未解决的问题，而卖掉了公司一大块难以实现创新的部分，这种戏剧化的变动令商业新闻界惊诧不已。事实上，如果说成为一个经久不衰的伟大公司有什么秘密的话，那应该就是要有把握连贯性和变化性的能力，即使是那些已经有长远目标的公司，也需要不断有意识地运用这个原则。

图 A　高瞻远瞩公司的永远不变和应时而变

第四，还有更多高瞻远瞩的公司主管发现这本书肯定了他们的经营方法。我们研究中所选的公司只代表了一小部分高瞻远瞩的公司。它们以不同的形式出现：或大或小，上市的或未上市的，高姿态的或默默发展的，独立的或附属的。有些知名公司，像可口可乐、L. L. Bean（美国知名户外用品品牌）、李维斯、麦当劳、麦肯锡和州立农业保险公司，基本都属于高瞻远瞩公司，还有像耐克这样的年轻公司将来也很可能加入这一行列。然而，也有很多不那么知名的公司，其中的许多还未上市，正在隐遁中默默发展。还有一些历史悠久的公司，像嘉吉、道琼斯、联邦国民抵押贷款协会、花岗岩石材、莫仕连接器公司和 Telecare（语音信箱系统）等。其他正积极进取的公司，像博纳维尔汽车、赛普拉斯、GSD&M 广告公司、兰德马克通信公司、曼科公司、MBNA（信用卡公司）、泰勒公司、日升医疗、戈尔公司等，我们的书中也有涉及。通常，商务报道总是倾向于把我们的注意力吸引到无论是兴起还是衰落都十分引人注目的所谓的“明星企业”身上。然而，我们经常交往的是一组很不一样的公司，它们可靠而注重基本原则，它们避免过于引人注意，它们为人们创造工作机会，增加财富，并为社会做出不菲的贡献。当我们看到世界上有这么多公司在以这种方式运营时，我们不禁为此感到高兴。

跨越全球多元文化

在《基业长青》中研究的高瞻远瞩公司，18 家中有 17 家把总部设在美国，我们不敢肯定这些基本的观点在世界上其他地方会是怎样的。自从出版以来，我们开始明白《基业长青》的中心概念跨越了国家概念，适用于跨文化和多元文化的环境。我们俩陆续游历了除南极洲以外的各大洲，在这些地方开研讨会，举办讲座，与公司合作。我们也尝试在许多有特异文化的国家工作，包括阿根廷、澳大利亚、巴西、智利、哥伦比亚、丹麦、芬兰、德国、荷兰、以色列、意大利、墨西哥、新西兰、菲律宾、新加坡、南非、瑞士、泰国和委内瑞拉。尽管我们尚未踏足其他的亚洲国家，但这本书却在那里备受欢迎，并被译成了中文、韩文和日文。

建立一个经久不衰的伟大公司的强烈愿望不是美国独有的。我们在每一种文化中都发现了造钟师。全世界有觉悟的商业领袖都能从直觉上感受到永恒核心价值和追求利益之上的核心使命的重要性。他们也和美国那些建立起高瞻远瞩公司的人一样，表现出追求进步毫不松懈的动力。我们在巴西看到了胆大包天的目标，在斯堪的纳维亚半岛看到了教派般的文化，在以色列听到"择强汰弱的进化"战略，在南非看到了不断的自我改进。在世界上每一个地方，最好的公司都强调协调与合作。

事实上，我们在《基业长青》里主要研究的是美国的公司。这反映了我们自身的一种研究方法，而非全球所有公司的总体景观［我们通过对 700 位美国 CEO（首席执行官）的民意调查，列出了一份高瞻远瞩公司的名单］。历史悠久和后起直追的高瞻远瞩公司在全世界都有，像莫斯科的 FEMSA（芬莎公司），加拿大的赫斯基能源公司，巴西的欧德布莱克特公司，英国的太阳国际和日本的本田。一项新的研究倡议提出用《基业长青》的观点对一些欧洲公司进行系统分析，杰里（和 OCC 合资的一家欧洲顾问公司）还为此列出了他们建议的 18 家高瞻远瞩公司：ABB（一家位于苏黎世的电力和自动化公司）、宝马、家乐福、戴姆勒－奔驰、德意志银行、爱立信、菲亚特、Glaxo（葛兰素）、ING（荷兰国际集团）、欧莱雅、玛莎、雀巢、诺基亚、飞利浦、Roche（罗氏）、壳牌、西门子以及联合利华。

我们也看到了这本书中的观点是如何被运用到组织内部包含

多种文化的跨国或全球性公司的。从全球范围看，作为一家高瞻远瞩公司，会把其经营方法和商业策略（这在每个国家都不一样）与其核心价值和核心使命（无论该公司从事什么行业，这在内部都是普遍而持久不变的）分开。作为一个高瞻远瞩公司，它会将其不变的核心价值、核心使命融入其在每个国家不同的经营方法中，但也会在实际操作和策略中迎合当地的文化标准和市场状况。例如，沃尔玛将其“顾客至上”的理念融入所有的海外经营中，但并不一定要把“沃尔玛式欢呼”也出口到全世界，因为那只是为加强其核心价值而发展出来的具体实践。

通过顾问工作，我们帮助跨国公司发现并阐明一个统一并在全球范围内都适用的核心理念。在一个与 28 个国家都有业务联系的公司里，有批判和怀疑精神的高级主管们，大多都不相信有可能找到一套全球通用并且有意义的核心价值和使命。然而，从调查每个主管运用到工作中的核心价值和使命开始，经过一个深刻的反思过程，这群人的确发现并阐明了一种共同的核心理念。他们还制定出一系列具体的推行步骤以建立一种合作，并在协调的基础上在这 28 个国家贯彻这种核心。这些经理并未创造出一种全新的核心价值和使命，他们仅仅发现了一种原本就共同拥有，只不过因为缺少合作和对话而不为人所注意的核心。一位高级主管说：“15 年来，我第一次发现我们有着共同的特性。那些遍及半个地球的同事尽管有着迥然不同的做法和策略，却都坚守着同样的基本理想和原则。当我知道这样的事实时，我的感觉非常好。多样化是一种力量，特别是当它们都来源于对我们代表什么和为什么我们会存在有一致的理解时，更是如此。现在我们要保证这个核心贯穿于整个制度并且能持续下去。”

当它们运营最佳时（并不经常如此），在不同的文化中经营时经久不衰的伟大公司从不放弃它们的核心价值和高要求的行为标准。正如一个有上百年历史，私人所有并拥有数十亿资产的高瞻远瞩公司的 CEO 所说："我们本来要花费更多的时间适应一个新的文化，特别是当我们很难找到适合我们价值系统的员工时。例如在某些国家，腐败欺诈猖獗，因此，我们前进的速度只能取决于能否找到符合我们标准的人。我们宁愿放弃那些得背弃我们的原则才能获得的商业机会。尽管如此，在许多竞争对手早在 50 年前就消失了的状况下，百年后的我们仍然屹立不倒，并且每六到七年规模就增大一倍。原因就在于我们坚持了不为利益降低我们标准的原则。我们带着长远的眼光看待一切事物，并且一直如此。"

对公司以外的机构的价值体现

由于我们把研究范围限定在营利性的公司，我们当时并不能预料我们的研究结果会对公司外的人有什么吸引力。自从出版后，我们逐渐发现这本书说到底并不仅仅是一本商业书，而是一本关于构建伟大而经久不衰的人类组织的书，无论这种组织是什么形式。来自各种各样非公司形态的组织的报告显示，这本书的观念，无论是对美国癌症协会这样的事业性组织，还是对校区、学院、大学、教堂、团队、政府，甚至家庭和个人，都是很有价值的。

例如，大量的保健组织发现，在这个日新月异，竞争越来越大的世界，学会区分它们的核心价值和日常的做法、谋略，对保持它们的社会使命感有着极为重要的作用。一位大学的托管理事运用同样的思想区分永恒的学术自由的核心理念和教员任期内的工作方法。他解释说："这种区分对我推动对日益陈旧的任期制度的改革，同时又不失掉最重要的核心理想有着无可估量的作用。"

这种理念相信，有强烈教派般文化，并以"造钟"理念构建的组织，可以超越有远大眼光的创始人。这种观念帮助了一大批社会事业性组织，"城市年"就是其中一个。他们开展社区服务项目，鼓舞成百上千的年轻大学生组成了一支号称"国内和平队"的队伍，共同为改善美国国内城市的计划做出努力。正像其他社会事业组织一样,"城市年"根源于一群能给人鼓舞，有着远大眼光，并带着强烈社会使命感的创始人。其中一位创始人，艾伦·卡赛想把他那使命般的激情和梦想变成组织本身的特质，而不需要依赖包括他自己在内的任何个人领袖。于是，他把一个单纯的社会梦想变成了构建一个带着永恒使命的组织。这是一个从成为报时者到成为造钟师的根本变化。社会事业组织的建立通常始于解决一个具体的问题，正像公司常常始于一个具体奇妙的构思或适时的商机。但是，正如所有的伟大构想或商机最终都会过时一样，建立一个社会事业组织所服务的目标最终也会达到或变得不再重要。这样，对于建筑一个长盛不衰的组织来说，找到一个比建立之初的目标更深更持久的使命就显得尤为重要了。

因此，我们可以看到，营利性高瞻远瞩公司和非营利性高瞻远瞩组织并没有根本的区别。两者都面临如何超越对个人领袖或伟大构想的依赖，并依靠一套永恒的核心价值及追求核心利益的使命获得成功。两者都要随着世界的变化而变化，同时保存它们的核心价值和核心使命。两者都受益于教派般的文化和谨慎的接班人培养计划。两者都需要积极向上的机制，需要胆大包天的目标，需要尝试、创业精神或是一种不断自我改进的机制。两者都需要创造一致的合作以保存它们的核心价值和使命，同时刺激进步。当然，营利性和非营利性组织在结构、竞争动力和组织原理方面都不一样，但两者在构建一个长盛不衰的伟大组织的精神方面却是一致的。

我们也逐渐看到，《基业长青》提出的观念在社会、政府层面得到了有效应用。拿日本和以色列来说，它们就尝试围绕一种强烈的核心使命、核心价值、合作机制以及国家胆大包天的目标，来培养凝聚力很强的社会团体。正如历史学家塔其曼夫人在她的《实践中的历史》(*Practicing History*)中所说的："尽管以色列的问题很多，它仍然有一个主要的优势——一种强烈的使命感。以色列人也许不会富足，也许不会安宁，但正因为如此，他们保存着会被富足扼杀的动力。"这种动力不依赖于目光远大、魅力型的领袖而存在。它深深地扎根于以色列社会的构架中，并通过诸如全民服兵役这样强有力的机制不断地得到加强。正如一位著名的以色列记者所形容的："以色列不像其他许多国家，它实际拥有一种经久不衰的使命感，这种使命感让每一个以色列人坚守这样的信念：要在这个地球上为犹太人寻求一片安全地。"

在美国，独立宣言和葛底斯堡演说中也精彩地阐明了一套国家核心价值。但我们还需要更好地理解我们经久不衰的核心使命。当绝大多数以色列居民可以告诉你为什么以色列可以存在时，我们却很怀疑我们能否在现代的美国找到同样的凝聚力。并且大多数美国居民似乎混淆了我们永恒的核心价值和一般的做法、结构、策略。不控制枪支是核心价值还是一种做法？《平等权利法案》

是核心价值还是一种策略？在国家的层面上，我们运用“保存核心，刺激进步”的观念区分核心价值和做法、谋略，并从中受益。这种区分让我们在保存国家理想的同时促进有效的变革。

最后，也是最令笔者好奇的是：一大群读者向我们反映，这本书的关键概念对他们的个人和家庭生活十分有用。许多人还利用“保存核心，刺激进步”的阴阳之说，来解答关于自我认知和自我更新的人生哲学问题。“我是谁？我代表的是什么？我的目标何在？如何在这个纷繁杂乱、不可预测的世界里保持自我意识？如何为我的生活工作寻找意义？如何让我保持新鲜感，全身心投入并保持活力四射？”与过去一样，这些问题在今天依然困扰着我们，甚至有增无减。由于工作安全网的破灭和变革步伐的加快，世界的不确定性和复杂性日增，那些过去依赖外在的机制来保持一致性和稳定感的人面临着失去依靠的风险。而稳定唯一真实可靠的源泉就是一种强烈的内心信念和适应变革的意愿，以及应时调整改变除核心外一切事物的做法。人们不可能准确地预料他们将会去哪里，他们的生活将如何展开，特别是当今天的世界变得不可预测时。那些建立起高瞻远瞩公司的人敏锐地意识到，认识“你是谁”比知道“你要去哪里”更为重要。因为“你要去哪里”几乎肯定是要改变的。无论是对于我们的个人生活，还是对那些胸怀远大抱负的公司，都是如此。

继续学习和未来工作

自从《基业长青》出版以来，我们学到了很多东西，但我们还有更多东西要学。我们认识到报时者可以变成造钟师，并且学会如何帮助他们完成这个过渡。我们认识到，如果有什么不足的话，那就是我们低估了合作的重要性，我们学到了更多如何在组织内部创造密切合作的学问。我们认识到，正确地设定使命比单纯持有核心价值对组织的影响更为深远。因此，公司应该多花心思在使命认同上。我们认识到，兼并和收购给高瞻远瞩公司带来了特殊的问题，并且学会如何帮助这些组织在《基业长青》的框架下考虑兼并和收购。我们学会如何把这些理念运用到跨文化和非公司的情形中。我们认识到21世纪经久不衰的伟大公司将比20世纪的公司更需要根本不同的结构、谋略、做法、机制。然而，我们在《基业长青》中提出的基本观念将成为重要的，或者可能的话，将会成为设计组织未来更重要的框架。

一种内在的驱动力驱动我们去学习、去传授，并且这种动力不会因为这本书的结束而消失。这本书仅仅是一个开始。我们继续渴求获得新的洞察力，发展新的概念和构想，创造有所作为的实际应用工具。吉姆在科罗拉多的博尔德建立了一个学习实验室，并和其他机构合作继续现有的研究。杰里则继续在斯坦福大学商学院执教研究，并在那里开设了一门关于高瞻远瞩公司的课程。作为我们研究的一部分，如能收到读者们来信告诉我们你们有关运用该书的经验和观察结果，或者提出问题、挑战，或者提出我们应该在将来工作中注意到的问题，我们将备感荣幸。我们期待着您的来信。

吉姆·柯林斯于科罗拉多州博尔德郡

杰里·波勒斯于加州斯坦福

序言

我们相信，世界上每一位 CEO、经理人和企业家都应该阅读这本书。每一位公司董事、顾问、投资人、新闻记者、商学院学生，每一个对世界上最成功企业的出众特质有兴趣的人，也都应该阅读这本书。我们如此斗胆声明，并非因为我们写了这本书，而是因为书中提到的公司确有很多可供借鉴之处。

我们做了长期研究，写出这本书，就我们所知，没有人这样做过。我们选出一组真正杰出、历经岁月考验的公司——这些公司的平均创立日期是 1897 年，从它们创业之初开始研究，历经所有的发展阶段，一直到今天为止。同时，我们也把它们和一组历史相当但是未能获得同等地位的优秀公司做比较研究。我们研究它们处于草创时期的状况，研究它们处于中型企业、大型公司时的情形，研究它们如何应对世界发生的急剧变化（两次世界大战、“大萧条”、革命性的科技、文化动荡等等）而基业长青。在整个研究、写作期间，我们不断地问：“是什么使这些真正独特的公司有别于其他企业？”

我们希望超越今天无数的管理理论和时髦概念，决心发现历百年而不变、系杰出公司于不坠的管理原则。在这个过程中，我们发现，今天很多“新颖”或“创新”的管理方法其实一点儿都不新。很多今天流行的管理方法，诸如员工持股、授权、持续改善、全面质量管理（TQM）、建立共同愿景和共同价值观等等，都是经过重新包装和更新的旧做法，有些做法甚至可以追溯到19世纪的最初10年。

但是，我们发现的东西使我们惊异，有时候甚至使我们震撼。广受支持的迷思纷纷破碎，传统的架构个个崩塌。研究做到一半，我们发现自己茫然若失，因为证据打破了我们很多的成见和“知识”。我们必须先解脱，才能再学习；我们必须破旧立新，建立新的架构，有时候还得从头做起。整个研究历时6年时间，但是，每一分钟都值得。

回顾我们的发现，有一点特别重要：几乎每一个人都可以担任建立杰出企业组织的主角。各个阶层数量极为庞大的经理人，都可以学习和吸取这些公司的教训。至少在我们的眼中，“企业必须依赖具有特异、神秘特质的才智之士领导，而且这种特质是别人学习不来的”，这种令人望而却步的说法，已经消失得无影无踪。

我们希望你能从本书里得到很多东西：我们希望这几百个特定的案例，能够激励你在自己的组织里立即采取行动；我们希望这些观念和架构深植在你心底，协助指引你思考；我们希望你得到可以传给别人的智慧之珠。但最重要的是，我们希望你获得信心和灵感，了解这一切经验并非只有“别人”适用，你也可以学习这些经验，建立一家高瞻远瞩、基业长青的公司。

吉姆·柯林斯

杰里·波勒斯

第 1 章

翘楚中的翘楚

“回顾一生的辛劳，我最自豪的，很可能是协助创设了一家以价值观、做事方法和成就对世界各地企业管理方式产生深远影响的公司；我特别自豪的是，留下一个可以永续经营、可以在我百年之后恒久作为典范的组织。”

惠普公司共同创始人

威廉·休利特

1990 年

“我们必须以维系公司的活力为己任，以公司的实际成长和发扬光大这种制度为己任，以便这家公司、这种制度再延续 150 年，以便它延续千秋万代。”

宝洁前任首席执行官

约翰·斯梅尔

在宝洁庆祝 150 周年大会上的讲话

1986 年

本书不是在探讨眼光远大的魅力型领袖，不是在探讨高瞻远瞩的产品观念或市场眼光，甚至不是在探讨拥有“企业梦想”的问题。

本书探讨的是更重要、更持久和更实在的事情，是一本探讨高瞻远瞩公司的书。

何谓高瞻远瞩公司？高瞻远瞩公司是所在行业中第一流的机构，是皇冠上的明珠，广受同行崇拜，对所处的世界有着深远的影响。此中关键在于：高瞻远瞩公司是一种组织、一种机构。作为领导者，无论多有魅力、多么高瞻远瞩，最后都会去世；所有高瞻远瞩的产品和服务——所有“伟大的构想”最后都会过时。的确如此，整个市场都可能过时和消失，但是高瞻远瞩公司却会长期枝繁叶茂，经历很多个产品生命周期，经历很多代活跃领导人而继续生存。

请你暂停一下，在心里拟出一张高瞻远瞩公司的名单，设法想出 5~10 家符合下列标准的机构：

· 所在行业中第一流的机构
· 广受企业界人士崇敬
· 对世界有着不可磨灭的影响
· 已经历很多代的 CEO
· 已经历很多个产品（或服务）生命周期
· 1950 年前创立

核查一下你的名单，有什么地方让你特别动容？你注意到什么共通的特性吗？什么原因可以解释它们经久不衰的素质和繁荣？它们何以有别于其他具有相同机会却没有获得同样地位的公司？

我们在一个长达 6 年的研究项目中，决心找出一批高瞻远瞩公司，系统地研究它们的历史发展，验证它们何以有别于一组精心选择的对照公司，从而发现它们长期拥有杰出地位的根本因素。本书呈现的就是这个项目的研究成果，以及这些成果的实际运用价值。

我们希望从一开始就声明："对照公司"不是差劲的公司，也不是完全没有远大眼光的公司。它们也是优秀的公司，大多数和高瞻远瞩公司生存得一样长久，而且营运绩效胜过一般的上市公司。但是，在我们的研究中，它们的整体地位不及高瞻远瞩公司，在大部分情况下，你不妨把高瞻远瞩公司看成金牌得主，把对照公司看成银牌或铜牌得主。

我们选择"高瞻远瞩公司"这个名称，而不用"成功的"公司或"长盛不衰的"公司，为的是反映它们是与众不同、非常特别的一种机构，绝非"成功的"和"长盛不衰的"所能充分形容的。在大部分情况下，它们是本行业里精英中的精英，翘楚中的翘楚，而且数十年如一日，许多公司成为世界经营管理方法的典范——事实上是偶像。表 1.1 所列系本研究涵盖的公司。我们声明：这些公司并非仅有的高瞻远瞩公司，后文会说明我们选择这些公司的方法。

这些高瞻远瞩公司虽然杰出，记录却绝非完美无缺。（审视一下你本人列出的高瞻远瞩公司，我们怀疑在其历史中，这些公司中的大多数，甚至所有公司至少经历过一次严重的挫折，有的可能经历过好几次。）迪士尼在 1939 年遭遇严重的资金周转困难，被迫公开上市；后来，在 20 世纪 80 年代初期，股市操盘手看上它低迷的股价，使它几乎无法以独立的实体继续生存。波音公司在 20 世纪 30 年代中期、40 年代末期都遭遇过严重的困难，到 70 年代初又遇到严重困境，裁员 6 万多人。3M 诞生之初，是一家失败的矿场，在 20 世纪初期几乎倒闭。惠普公司在 1945 年遭遇严重的挫折，1990 年眼睁睁地看着股价跌破票面值。索尼创业前 5 年（1945—1950 年）推出的产品一再失败，到 70 年代，在录像机市场争夺战中，自己的 Beta（贝塔）标准败给 VHS（家用录像系统）标准。福特汽车在 80 年代初期出现美国企业史上最大的年度亏损，3 年内共亏损 33 亿美元，之后才开始令人称羡地反败为胜和进行长久所需的企业再造。花旗银行早在 1812 年，也就是拿破仑进攻莫斯科时创立，但是在 19 世纪下半叶以及 20 世纪 30 年代"大萧条"期间，都曾营运不振，到 80 年代末期，因为应付全球不良贷款组合的问题，又苦苦挣扎。IBM 在 1914 年几乎破产，1921 年时再度濒临破产边缘，到 20 世纪 90 年代初期又遭遇困境。

表 1.1　本研究探讨的公司

高瞻远瞩公司	对照公司
3M	诺顿公司
美国运通公司	富国银行
波音公司	麦道公司
花旗银行	大通曼哈顿银行
福特汽车公司	通用汽车公司
通用电气公司	西屋公司
惠普公司	德州仪器公司

（续表）

高瞻远瞩公司	对照公司
IBM	宝来公司
强生公司	百时美公司
万豪酒店	豪生酒店
默克制药	辉瑞制药
摩托罗拉公司	顶峰公司
诺思通公司	梅尔维尔公司
菲利普·莫里斯公司	雷诺公司
宝洁公司	高露洁公司
索尼公司	健伍公司
沃尔玛公司	Ames 百货公司
迪士尼公司	哥伦比亚电影公司

的确，本研究中所有高瞻远瞩公司在某些时候都曾遇到过挫折，犯过错误，有些公司在我们撰写本书时正经历困难；但是，有一点很关键，高瞻远瞩公司都展露出可观的弹性，以及从逆境中恢复的能力。

因此，高瞻远瞩公司能够获得杰出的长期绩效。假设你在1926年1月1日各投资一美元，分别购买纽约证券交易所大盘指数基金、对照公司股票基金、高瞻远瞩公司股票基金，此后你把所有的股票收益进行再投资，并随着这些公司的挂牌上市而调整（未上市前都放在大盘指数基金里），到1990年12月31日，你投资在大盘指数基金上的钱，会升值到415美元，这的确不赖；你投资在对照公司股票基金上的钱，会升值到955美元，是投资大盘指数基金的两倍多；而你投资在高瞻远瞩公司股票基金上的钱，会升值到 6 356 美元，是投资对照公司股票基金的 6 倍多，是投资大盘指数基金的 15 倍多。（图 1.1 显示从 1926 年到 1990 年的股票回报，图 1.2 显示同期高瞻远瞩公司和对照公司与大盘指数基金的比率。）

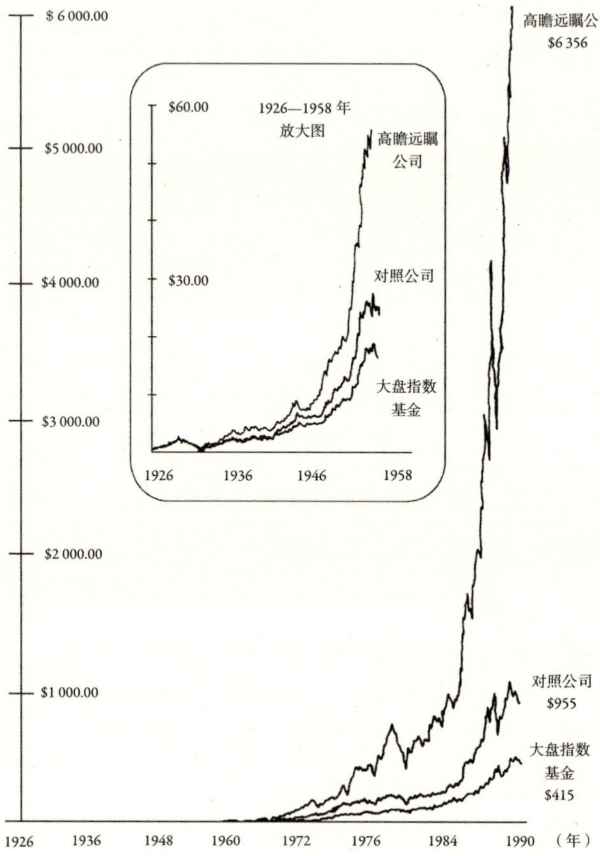

图 1.1　投资 1 美元的股票回报（1926 年 1 月 1 日—1990 年 12 月 31 日）

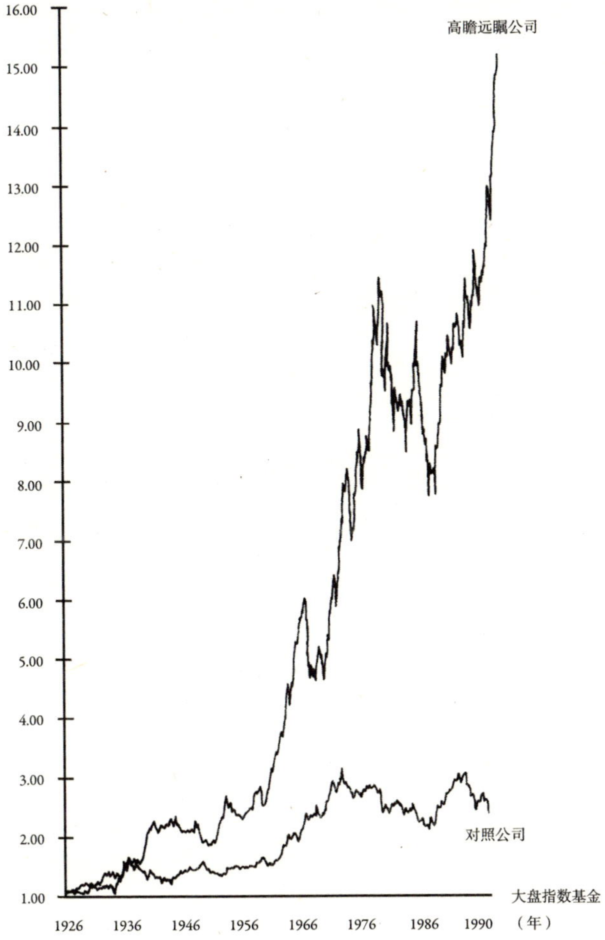

图 1.2　大盘指数基金之累积回报率（1926—1990 年）

但是，高瞻远瞩公司的成就绝不只是取得了长期的经济报酬，它们已经融入社会的结构之中。想想看，如果没有它们的产品和服务，这个世界给人的观感会多么不同！如果没有思高牌胶带和“如意贴”便条，没有福特T型车和野马车，没有波音707和波音747喷气式客机，没有汰渍洗衣粉和象牙香皂，没有美国运通卡和旅行支票，没有花旗银行率先大举推广的自动柜员机，没有强生的邦迪和泰诺止痛药，没有通用电气的电灯泡和家电产品，没有惠普的计算机和激光打印机，没有IBM的360系列电脑和Selectric（电动打字机），没有马里奥特连锁酒店，没有默克制药厂的抗胆固醇药，没有摩托罗拉的手机和寻呼机，没有诺思通对顾客服务标准的影响，没有索尼的特丽珑彩电和随身听，这个世界会是多么不同。想想看，有多少小孩（和成人）跟迪士尼乐园、米老鼠、唐老鸭和白雪公主一起长大。想想看，如果美国都市的高速公路旁没有万宝路牌香烟特有的牛仔广告板，如果美国乡间没有沃尔玛商店，又会是什么样的情景。无论是好是坏，这些公司已经为世界留下了不可磨灭的烙印。

如果能够了解这些公司为什么会自成一格，成为我们认定的高瞻远瞩公司，那将是令人兴奋的事。它们是如何草创的？它们从小小的新创企业茁壮成长为全球性的机构，在发展期间是如何应付不同变化的？它们成为大企业后又是什么样的共同特质使它们有别于其他大公司？我们可以从它们的发展中获得什么有用的教训，以便有志创立、发展和维持这种公司的人士加以应用？我们请你一起来探索这些问题的答案。

本章的后半部说明我们的研究方法，然后在第2章一开始就呈现我们的发现，包括一些令人惊异和违反直觉的发现，但首先请允许我们说明12个在研究过程中打破的迷思。

破除12 个迷思

迷思 1： 伟大的公司靠伟大的构想起家。

事　实： 靠“伟大的构想”创立公司可能是个馊主意。高瞻远瞩公司创业时，没有几家拥有伟大的构想。事实上，有些公司创立时根本没有特定的构想，有几家一开始就错误连连。此外，不管创业理念如何，高瞻远瞩公司初期所缔造的事业成就远不如本研究中的对照公司。就像龟兔赛跑的寓言一样，高瞻远瞩公司起步时经常步履蹒跚，最终却赢得长距离的竞赛。

迷思 2： 高瞻远瞩公司需要杰出而眼光远大的魅力型领导者。

事　实： 高瞻远瞩公司绝对不需要眼光远大的魅力型领导，事实上，这种领导对公司的长期发展可能有害。高瞻远瞩公司历史上若干最出众的 CEO，并不是高姿态魅力型领导的典型——的确如此，有些人刻意避免做这种典型。就像美国制宪会议时的建国先贤一样，他们专心致志地建构一种大而持久的制度，并不刻意成为伟大领袖。他们追求的是制造时钟，而不是成为报时人。和对照公司的 CEO 相比，高瞻远瞩公司的 CEO 更倾向这样。

迷思 3： 最成功的公司以追求最大利润为首要目的。

事　实： 这一点和商学院的教诲恰恰相反。纵观这些高瞻远瞩公司的历史，“尽量增加股东的财富”或“追求最大利润”一向不是主要的动力或首要目标。高瞻远瞩公司追求一组目标，赚钱只是目标之一，而且不见得是最重要的目标。不错，它们都追求利润，但是它们同样为一种核心理念所指引，这种理念包括核心价值和超越只知赚钱的使命感。但有趣的是，高瞻远瞩公司要比纯粹以盈利为目标的对照公司赚钱更多。

迷思 4： 高瞻远瞩公司拥有共通的“正确”价值观。

事 实： 就高瞻远瞩公司而言，没有放诸四海皆准的“正确”核心价值。的确如此，两家公司可能拥有截然不同的理念，却一样高瞻远瞩。高瞻远瞩公司的核心价值甚至不见得要能“启迪人心”或“合乎人道精神”，虽然通常如此。此中重要的变数不在于公司理念的内容，而在于公司的一切作为都能遵循核心价值。高瞻远瞩公司不问“我们应该珍视什么”，只问“我们究竟实际珍视的是什么”。

迷思 5： 唯一不变的是变动。

事 实： 高瞻远瞩公司几乎都虔诚地维持核心理念，很少改变。高瞻远瞩公司的核心价值稳如磐石，不会随着时代的风潮改变；在某些情况下，核心价值经历百余年而一成不变。高瞻远瞩公司的基本目的、生存原因可以作为千百年的指路明灯，就像地平线上恒久不变的星星一样。但是高瞻远瞩公司在稳保核心理念之余，也展现出追求进步的强大动力，可以改变和适应而无损于珍视的核心理念。

迷思 6： 绩优公司事事谨慎。

事 实： 外人可能觉得高瞻远瞩公司严肃而保守，其实它们勇于投身“胆大包天的目标”。这种目标像攀爬高山，像登陆月球，可能令人畏惧，也许风险很高，但是其中的艰险、刺激和挑战吸引勇士，使他们活力迸发，并创造巨大的前进动力。高瞻远瞩公司巧妙地运用胆大包天的目标，激发进步，在历史的关键时刻奋勇超越对照公司。

迷思 7： 高瞻远瞩公司是每一个人的绝佳工作地点。

事 实： 只有极度符合高瞻远瞩公司核心理念和要求标准的人，才会发现那里是他们绝佳的工作地点。到这种公司工作，你不是觉得轻松胜任、前途光明、再快乐不过了，就是像病毒一样被排挤。这是两极化的问题，没有灰色地带。几乎像教派一样，高瞻远瞩公司对自身的主张、对本身希望达成的成就极为明确，根本容不得那些不愿或不符合它们确切标准的人。

迷思 8： 最成功的公司的最佳行动都来自高明、复杂的战略规划。

事 实： 高瞻远瞩公司部分最佳行动来自实验、尝试错误和机会主义，说得正确一点儿，是靠机遇。时过境迁之后，看似高明的远大眼光和事前规划经常都是“我们多方尝试，保留可行的项目的结果”。就这一点而言，高瞻远瞩公司是在模仿生物物种的进化。我们发现达尔文的《物种起源》中的这些概念，比任何讲公司战略管理的课本都能更好地说明某些高瞻远瞩公司的成功之道。

迷思 9： 公司应礼聘外来的 CEO，才能刺激根本变革。

事 实： 在总结本书所有高瞻远瞩公司的历史后，我们发现，在它们共长达 1 700 年的岁月中，只有 4 个 CEO 是外聘的，而且只在两家公司出现过。高瞻远瞩公司由自行培养的经理经营的比率远远超过对照公司（6 倍）。这一点粉碎了“自己人没有重大变革和新鲜构想”的一般看法。

迷思 10： 最成功的公司最注重的是击败竞争对手。

事　实：高瞻远瞩公司最注重战胜自己，反而不把成功和击败对手当作最终目标。能够击败竞争对手是他们不断自问“如何自我改进，使明天做得比今天好”的附带结果。它们天天自问，把它当成规律的生活方式，有些公司这样做了150多年。不管它们多有成就，不管它们超前对手多远，它们从来不认为自己已经“做得足够好了”。

迷思11：鱼与熊掌不可兼得。

事　实：高瞻远瞩公司不会用非此即彼的二分法使自己变得残酷无情。非此即彼是一种纯粹理性的看法，认为不是这样就是那样，二者不能兼容并蓄。选择稳定，就不能选择进步；要求教派般的文化就不能有个人的自主性；要用自行培养的经理，就不会有根本的变革；要采取保守的做法，就不能有胆大包天的目标；要赚钱，就不能根据价值观和目的行事。高瞻远瞩公司并非如此，它们采用“兼容并蓄的融合法”，以这种互相矛盾的观点追求鱼与熊掌兼得。

迷思12：公司高瞻远瞩，主要依靠“愿景宣言”。

事　实：高瞻远瞩公司获得这种地位，主要不是因为发表了愿景宣言（不过它们通常都有类似的声明）；它们跻身伟大公司之林，也不是因为它们写就了今天在经理人之间流行的某种愿景、价值观、目标、使命或发人深省的声明（但是它们比对照公司更常写下这种宣言，并且是在其流行之前几十年就写出来了）。在建设高瞻远瞩公司的过程中，拟出一篇宣言可能是有用的一步，但只是一千个步骤里的一步而已。

研究项目

缘起：谁是 3M 高瞻远瞩的领袖？

1988 年，我们开始探究企业“愿景”的问题。确实有“愿景”这种东西吗？如果有，它到底是什么？从何而来？为什么企业会做出高瞻远瞩的事情？“愿景”这个词颇为报章杂志和管理学者注意，可是我们对于所看到的东西却很不满意。

例如，有太多的人搬弄、运用“愿景”这个词，运用的方式大不相同，造成了混乱。有人认为愿景使人像算命仙哲一样能看到未来的市场；有人认为，愿景是洞察科技或产品的能力，就像制造苹果电脑一样；也有人强调愿景是组织为未来编织的美梦，包括价值观、目的、使命、目标、理想工作场所的形象等。结果众说纷纭，莫衷一是。难怪有这么多精明实际的企业界人士对于整个“愿景”的观念持高度怀疑，这一名词实在是太模糊，太不实际了。

此外——这一点最令我们困扰，几乎在所有和愿景有关的讨论和文章里，都隐隐浮现所谓的“高瞻远瞩的领袖”，这种人经常都深具魅力和知名度。但是，扪心自问，如果高瞻远瞩的领袖对杰出组织的发展这么重要，请问 3M 的魅力型高瞻远瞩领袖是哪一位？我们不知道。你知道吗？几十年来，3M 一直是广受赞赏——几乎可以称之为“崇拜公司”，可是没有几个人说得出 3M 现任 CEO 的名字，或者前任或再前任 CEO 的名字。

很多人会说 3M 是高瞻远瞩公司，但是，无论是现在还是过去，3M 似乎都没有一位堪称典型、知名度高，又高瞻远瞩的魅力型领袖。我们查阅 3M 的历史，知道这家公司在 1902 年创立，所以，即使3M有过一位高瞻远瞩的领袖，几乎也可以确定早就过世了（到1994年，3M一共历经10位CEO）。很明显地，也不能把3M大部分的成就归功于某种高瞻远瞩的产品观念、市场洞察力或幸运，没有什么产品或幸运能够创造公司近百年的优异表现。

我们想到，3M代表的是超越高瞻远瞩的领袖、高瞻远瞩的产品、高瞻远瞩的市场洞察力或高瞻远瞩、激励人心的宣言以外的事物，因此我们认定这家公司是高瞻远瞩公司。我们就这样展开了深入的研究。简单地说，我们这个研究项目有两个主要目的：

1. 找出最为高瞻远瞩公司共同拥有、使它们有别于其他公司的基本特质和动力，并把这些发现化为有用的观念架构。

2. 有效地把这些发现和观念向大家介绍，以便影响管理方法，造福想创立、发展和维持高瞻远瞩公司的人士。

第一步：确定研究对象

经过考虑，我们决定自己不应该拟具名单，因为我们有可能偏爱某家公司，而不喜欢另一家，我们对企业界可能了解得不够，可能偏爱我们比较熟悉的科技公司和设在加州的公司。

为了让个人偏见减到最少，我们决定在大范围的基础上，找出不同规模、产业、形态和地理位置的杰出公司，针对这些公司的CEO进行调查，请求他们协助拟定高瞻远瞩公司的名单以供研究。我们相信，杰出公司的CEO们以其最高层从业者的独特有利地位，在选择公司时应该有最明智、最独到的判断。我们对CEO提供的信息十分信任，超过学术界人士提供的材料，因为他们经常接触建立和管理公司的实际业务。我们认为，他们对本身所属行业和相关产业，应该拥有绝佳的实务知识。我们也认为，高效率的CEO会密切注意与本公司合作或竞争的公司。

1989年8月，我们从下列公司名单中精心选择了700位具有代表性的CEO进行调查：

·《财富》杂志500强工业公司

·《财富》杂志500强服务业公司

·《公司》杂志500强未上市公司

·《公司》杂志100强上市公司

为了确保选出的公司能代表各行各业，我们根据《财富》杂志工业和服务业两种500强企业排行榜，从不同产业类别分别选择CEO，两种排行榜各选250位。《公司》杂志的排行榜可以保证找到较小型公司的适当代表，上市和未上市的公司也一样（我们从这两种名单中，各调查了200家具有代表性的公司）。我们要求每位CEO最多提名5家他们认为“最为高瞻远瞩”的公司，我们特别要求他们亲自回答，不要授权组织里的其他人回答。

我们一共收回165份问卷，回收率是23.5%，平均每份问卷上列出3.2家公司。经过一系列的统计分析，证实收到的是名单中的代表性样本。换句话说，没有哪个组织的CEO主导了最后的调查名单，我们得到了全美各地、各种形态及规模的公司提供的代表性资料。

我们应用这些调查资料，找出CEO最常提到的20家组织，拟出一份供研究的高瞻远瞩公司名单，然后剔除1950年以后创立的公司，因为我们认为，如果是1950年前创立的公司，就已经自行证明其成功并非受惠于单一领导或一个伟大的构想了。我们严格采用1950年以前创立的标准，把研究用的最后名单减为

18 家公司，其中最年轻的公司在 1945 年创立，最老的公司在 1812 年创立。在我们做调查时，这 18 家公司的平均年龄是 92 岁，平均创立日期是 1897 年，居中的创立日期是 1902 年（创立年份请参见表 1.2）。

表 1.2 高瞻远瞩公司的创立年份

	创立年份	公司名
	1812	花旗银行
	1837	宝洁公司
	1847	菲利普·莫里斯公司
	1850	美国运通公司
	1886	强生公司
	1891	默克制药
	1892	通用电气公司
	1901	诺思通公司
中点	1902	3M
	1903	福特汽车公司
	1911	IBM
	1915	波音公司
	1923	迪士尼公司
	1927	万豪酒店
	1928	摩托罗拉公司
	1938	惠普公司
	1945	索尼公司
	1945	沃尔玛公司

第二步：避免“发现大楼”的陷阱（使用对照组）

我们可以简单地把这些高瞻远瞩公司放在一起进行研究，探讨它们的共同特质，但这种分析方法有一个根本的缺陷。

如果我们只寻找共同特质，会有什么结果呢？举一个最极端的例子，我们会发现这 18 家公司全都有自己的大楼！也就是说，高瞻远瞩公司百分之百和它们的大楼相关。同样的道理，我们也发现，办公桌、支付系统、董事会、会计系统和高瞻远瞩公司也存在百分之百的相关性。总之，读者知道我们所说的意思。如果我们就此下一个结论，说拥有大楼是成为高瞻远瞩公司的关键因素，一定是荒谬至极。不错，每家公司都有大楼，所以，发现高瞻远瞩公司百分之百拥有大楼毫无价值。

我们这样不厌其烦，是因为有很多研究和文章陷入这种常识性陷阱。假设你研究一组成功的公司，会发现它们强调重视顾客、改善品质或授权，你怎么知道自己发现的管理方法，其价值可能只等于发现公司拥有大楼呢？你怎么知道这种发现确实是使成功公司和其他公司有区别的东西？你不知道，也不会知道——除非你有一个对照组，有一群对照公司。

关键问题不在于“这些公司有什么共同之处？”而在于“这些公司本质上有什么不同？什么东西使这些公司有别于那些公司？”因此，我们得出一个结论：要达到我们的研究目标，只有拿高瞻远瞩公司和起步类似的其他公司做对照研究，这才是唯一的方法。

我们系统地为每一家高瞻远瞩公司精心选择了一家对照公司（见表 1.1）。选择的标准如下：

创立时代相同：对每一家高瞻远瞩公司，我们都找一家和它在相同时代创立的对照公司。本研究中对照公司的平均创业日期是 1892 年，高瞻远瞩公司则是 1897 年。

创业时产品和市场相似：我们还寻找与其在创立初期拓展类似产品、服务和市场的对照公司，但是在后来的岁月里，所属产业不一定和高瞻远瞩公司相同，我们希望找出起步相同、最后未必处在相同地位的公司。例如，摩托罗拉（高瞻远瞩公司）拓展到远超出消费类电子产品之外的领域，但顶峰公司（它的对照公司）却没有；我们希望找出导致这些差距极大结果的原因。

受访 CEO 提到的次数较少：我们在寻找被 CEO 们提名次数远比高瞻远瞩公司少很多次的公司，既然我们在选择高瞻远瞩公司时，主要依靠 CEO，那么在选择对照公司时，也希望依靠同样的信息来源。

对照公司不差劲：我们不希望拿高瞻远瞩公司和彻底失败或表现差劲的公司做比较，因为我们相信如果对照公司是保守的公司（与其他优秀公司相比），会使我们的研究结果更有价值、更有可信度。如果我们拿高瞻远瞩公司和一败涂地的对手相比，所发现的差异并不会有什么价值，就像把奥运冠军和高中校队队员相比一样，找到的差异不具有意义。但是，拿奥运冠军和银牌或铜牌得主相比，找到的差异就大为可信和有用得多。我们希望比较金牌队伍和银牌或铜牌队伍，使我们的发现具有真正的意义。

第三步：历史与演进

我们决定不畏艰辛，就整个历史彻底审视这些公司。我们不只问，“这些公司达到今天的状况是什么因素促成的？”我们还将聚焦于下面这类问题：“这些公司是怎么起步、怎么演进的？

怎么应付规模小、财务紧的困境？怎么管理从创新企业变成守成企业的转型？怎么处理从创办人到第二代管理层的转型？怎么应付战争和大萧条之类的历史事件？怎么适应革命性的新科技发明？”

我们基于三种因果进行这种历史分析。

第一，我们希望搜集到的东西不但对大公司的员工有价值，对中小型公司的人士也同样有用。

第二，更重要的是，我们相信唯有演进式的维度，才能引导大家了解高瞻远瞩公司背后的根本动力。打一个比方，你不可能完全了解美国，除非你了解美国的历史——独立战争、立宪理想、南北战争、开发西部、20 世纪 30 年代的“大萧条”和杰斐逊、林肯、罗斯福等先贤们的影响力，以及其他历史因素。我们认为，公司很像国家，两者都反映过去事件和基本遗传因素的塑造力量。这种因素根植于上溯的世代。

想了解默克公司，怎么可能不审视乔治·默克在 20 世纪 20 年代奠定的基本哲学基础：药品意在治病救人，不在将本求利，但利润随之而来。如果不了解 3M 初创时濒临破产的窘况，又怎能深入理解它的今天？如果不了解通用电气公司自 20 世纪早期即已形成的领导人选拔过程，又怎能深入理解杰克·韦尔奇领导下的通用电气呢？如果不了解指导强生公司对付危机的强生信条（1943 年形成），又怎能深入理解 80 年代强生公司在对待泰诺药中毒危机时的反应呢？我们肯定无法理解。

第三，我们相信，从历史观点做出的比较分析，结论一定强而有力。只审视高瞻远瞩公司和对照公司目前的状况，就好比只看马拉松赛跑的最后 30 秒，虽然一定看得到谁赢得金牌，但是不知道他为什么会赢。要完全了解比赛的结果，你必须要看整个比赛和导致这种结果的源头，看看选手们训练和准备比赛时的情形，以及在第一、第二、第三公里时的表现，等等。同样，我们希望追本溯源，以便找到下述有趣问题的答案：

- 摩托罗拉是如何从不起眼的电池修理业务起家，逐步跨进汽车收音机、电视机、半导体、集成电路及移动通信行业的？而同时以类似资源起家的顶峰公司，为什么却从未在电视机以外的领域扮演过主要角色？
- 宝洁创立后，为何能够继续冲刺150年，而大多数公司能够生存15年就算是幸运了？宝洁的创业时间远在对手高露洁之后，却为何能取得最后胜利，成为行业第一？
- 惠普为何能在威廉·休利特和戴维·帕卡德退隐后继续保持健康和活力，而一度是华尔街趾高气扬的宠儿的德州仪器，在帕特·哈格蒂下台后却几乎自我毁灭？
- 为什么迪士尼在历经多次恶意并购危机之后仍能存续和繁荣，成为美国的象征，而哥伦比亚电影公司却渐趋没落，从来没有成为一种象征，最后被卖给一家日本公司？
- 波音在商用客机方面是如何从默默无闻到出人头地，夺取麦道世界首席商用客机制造商的地位的？波音在20世纪50年代做了什么麦道没有做的事？

不受时间限制的原则：回顾历史是否可以合理地引出结论？回顾企业10年、30年、50年或100年前的作为，是否可以学到什么东西？世界的确变化剧烈，而且会继续变化。这些公司过去用的特殊方法或许不能直接用在未来，我们承认这一点，但是，我们在整个研究中，不断地寻找基本的且不受时间限制，或许可以跨越时代的根本原则和形态。例如，高瞻远瞩公司用来“保存核心和刺激进步”的特殊方法（本书一直探讨的关键原则）今后会继续演进，这个基础原则是不受时间限制的，在1850年、1900年、1950年和2050年，它都是同样有效的基本原则。我们的目标是要从公司长期的历史中取得知识，开发出有用的观念和工具，供有心成为21世纪高瞻远瞩公司的企业组织运用。

> 的确，如果要我们指出本书和其他管理书籍最大的不同，那就是我们纵观了这些公司的历史并与其他公司做了比较。这一点在破除根深蒂固的迷思，在辨明可以跨越产业限制、发现长久运用的根本原则上，是一个关键的方法。

第四步：寻找真理

在选定公司、决定历史性比较方法后，我们碰到了另一个难题，即我们在公司长久的历史中到底要寻找什么东西：应该着重研究企业战略，还是着重研究组织结构、管理、文化、价值观、制度、产品、产业状况？由于事先不知道高瞻远瞩公司长盛不衰的原因，我们不能专注于狭隘的研究重点，而必须从更广泛的层面寻找证据。

在整个研究中，我们以达尔文为师，时时想到他乘“小猎犬”号航行5年，漫游加拉帕戈斯群岛，看到各种不同的大海龟和其他物种时的情景。这种不期而遇的观察在他心里酝酿，在他的整个航程以及回到英格兰后，一直刺激着他的思考。他能够得到新观点，原因之一是他有幸偶然地进行了观察，他并非特意去寻找不同的大海龟，而这些古里古怪的大海龟却呈现在眼前，不符合既有的物种假说。我们也希望有不期而遇、可能刺激我们思考的发现。

但是，我们不想毫无目标，而是希望更具系统地寻找和发现。因此，我们采用“组织流分析”技术系统地搜集完整的资料，研究小组从每一家公司的历史中，搜集和标定了九大类的信息（见附录 3 中表 A.1），包括组织安排、经营策略、技术、领导人、产品与服务、愿景、文化、价值、市场 / 环境，几乎涵盖企业的所有层面。我们系统地分析了自 1915 年起的财务年报，1926 年起的每月股票投资回报率，此外，我们还浏览了美国从 1800 年到 1990 年的一般历史和商业史，以及所研究的公司所属产业的整体状况。

为了搜集平均 90 多年历史的 36 家公司的资料，我们参阅了将近 100 本书、3 000 多份文件，包括文章、案例、档案、公司出版物、录像片等等。保守估计，我们查阅了超过 6 万页的材料，实际数字很可能接近 10 万页。这些文件装满 3 个一人高的档案柜、4 个书架，存储在电脑里的财务资料和分析则多达 20 兆字节。（附录 3 表 A.2 扼要地列出了我们的资料来源。）

第五步：分析

接下来是最困难的工作，我们从数量惊人的资料中，归纳出几个重要的概念以贯穿全局，组织研究所得的大量细节和证据。我们寻找反复出现的模式，努力辨认基本的趋势和力量，希望找出能够解释高瞻远瞩公司的历史轨迹、提供经理人参考的实用方针，以便建立公司的实力，迎接 21 世纪。

我们发现的基本架构来自比较分析，在整个研究过程中，我们不断地回归根本的问题，即“在长久的历史里是什么使高瞻远瞩公司有别于对照公司？”附录 3 中的各个表给出了我们比较的各种方法，此后，这些方法将不断被引用。

我们也把分析比较过程和创造过程合二为一，希望尽量打破商学院教条和一般管理书籍的束缚。我们尤其希望用表面上和商业无关的概念刺激我们的思考，使之与我们在研究中的观察所得合二为一。因此，我们大量阅读和商业无关的科目，如生物学（尤其是进化论）、遗传学、心理学、社会心理学、社会学、哲学、政治学、历史学和文化人类学。

第六步：实战演练

在整个研究期间，我们一直把研究结果和观念放在严肃的实际状况下考察，方法是通过我们的顾问咨询活动和拥有的董事会职责予以验证。在撰写本书时，我们亲自把研究得到的架构和工具，直接应用到 30 多家公司的经营中，从营业额不到 1 000 万美元的小公司，到几百亿美元的《财富》500 强企业，全部包含其中。涵盖的行业范围广，包括电脑、保健、医药、生物科技、建筑、零售、邮购、运动器材、电子仪器、半导体、电脑软件、连锁电影院、环境工程、化学和商业银行。我们经常在 CEO 们的直接要求下和高级经理们合作，在企业界若干最敏锐、最务实、最难缠和最精明的人士之前呈现我们的这种构想。“实战演练”提供了可贵的回馈循环，有助于我们在研究期间继续改进我们的观念。例如，在一家制药公司举行的研讨会上，一位经理问道：“核心价值有正确和错误之分吗？换句话说，是核心价值的内容最重要，还是不管核心价值的内容如何，真实性和一贯性最重要？有没有所有高瞻远瞩公司都体现出来的一套特定核心价值？”然后我们就回到我们的研究资料，系统地回答这些问题（详见第 3 章），从而完成从研究到应用再回归研究的循环（参见图 1.3）。这种研究、概念和框架、实际应用的循环在我们的 5 年研究计划中，曾经在很多问题上出现过很多次，对本书有很大的贡献。

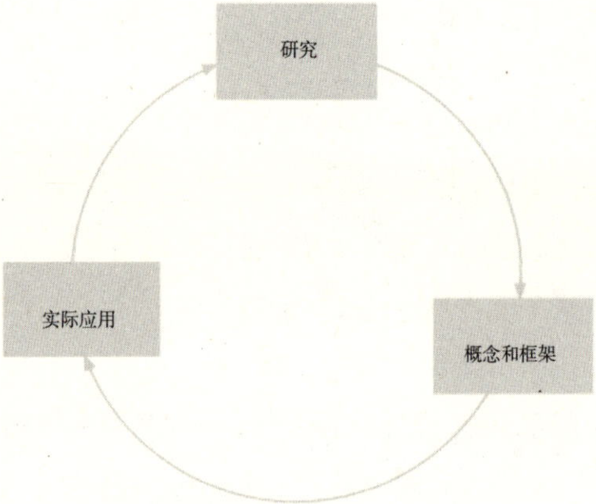

图 1.3　回馈循环

让证据说话

所有的社会科学研究项目都有先天的限制和困难，我们的也不例外。例如，我们不能像科学实验一样，进行受控的、可重复的实验，在假定其他因素不变的前提下，改变某一因素，观察结果的变化。我们希望做出一个企业的培养皿，但是做不到；我们只能采用真实历史的情形，最大限度地加以利用。在书末附录 1

里，我们列举了多种问题（并给出答案），这些都是精明的读者对我们的研究方法可能提出的质疑。

然而，即使有这些质疑，光是根据我们所查阅的丰富资料，加上从研究到理论到实践持续不断的循环程序，就足以使我们有信心认定我们的结论是合理的；或许最重要的是，这些结论有助于发展杰出的企业组织。我们不敢宣称发现了绝对真理，任何研究社会科学的人都不能这样声明，但是我们敢说，这个研究使我们更加了解企业组织，在如何建立杰出企业概念工具方面，我们得到了胜过既有成果的东西。

现在，我们和你一起分享成果，希望你尽量利用这本书，因为这些公司的历史可以告诉我们很多东西。但是，我们希望你在阅读的同时以批评和客观的态度思考。我们宁愿你慎思明辨，最后拒斥我们的发现，也不愿意你盲目而毫不怀疑地接受。让证据自己说话，而你是法官和陪审员。

第 2 章

造钟，不是报时

“最重要的，是有能力不断地建立制度——从不停止，从不回顾，从无结束……最后分析来看，沃尔特 · 迪士尼最伟大的创造是沃尔特 · 迪士尼（公司）。”

电影史学家

理查德 · 希克

“从头到尾，我注重的是尽我们的心力，建立最完美的零售公司。创造巨大的个人财富从来都不是我的特定目标。”

沃尔玛公司创办人

山姆 · 沃尔顿

想象你遇到一位有特异功能的人，他在白天或晚上的任何时候，都能够依据太阳和星星说出正确的日期和时间。例如说：“现在是 1401 年 4 月 23 日，凌晨 2 时 36 分 12 秒。”这个人一定是一位令人惊异的报时者，我们很可能因为他的报时能力对他佩服得五体投地。但是如果这个人不报时，转而制造了一个可以永远报时，甚至在他百年之后仍然能报时的时钟，岂不是更令人赞叹不已吗？

拥有一个伟大的构想，或身为高瞻远瞩的魅力型领袖，就好比“报时”；建立一家公司，使公司在任何一位领袖去世后很久或经历过许多次产品生命周期后仍然欣欣向荣，这就是“造钟”。我们研究所得的第一要点，也就是本章的主题，是要说明高瞻远瞩公司的创办人通常都是制造时钟的人，而不是报时的人。他们主要致力于建立一个组织，一个会滴答走动的时钟，而不只是找对时机，用一种高瞻远瞩的产品构想打进市场，或利用一次优秀产品生命周期的成长曲线；他们并非致力于取得高瞻远瞩领袖的人格特质，而是采取建筑大师的方法，致力于构建高瞻远瞩公司的组织特质；他们努力的最大成果不是实质地体现一个伟大的构想，不是表现人格的魅力，不是满足个人的自尊或累积个人的财富，他们最大的创造物是公司本身及其代表的一切。

得出这个结论，是在我们的研究证据打破两个普受珍视、主导一般人想法和商学院教育多年的迷思（有关伟大构想和魅力型伟大领袖的迷思）之后。在一个最有意思和最重要的研究结论中，我们发现，要创造和建立高瞻远瞩公司，绝对不需要伟大的构想，也不需要伟大的魅力型领袖。事实上，我们发现，魅力型领袖带来的伟大构想和建立高瞻远瞩公司之间可能是负相关。这些令人惊异的发现，迫使我们从一个全新的角度，用一个和过去不同的方法来审视公司的成就。这些发现也有大力解放企业经理和企业新秀的意义。

“伟大构想”的迷思

1937年8月23日，两位20岁出头、刚刚毕业、没有多少商业经验的工程师聚在一起，商讨成立一家新公司。但是，他们对公司要做什么产品，却没有明确的概念[1]。他们只知道两个人想创立一家公司，从事范围广泛的电子工程业务，他们大动脑筋，想出很多种产品及想象中的市场潜力，但是他们没有令人激赏的“伟大构想”，作为这家新创企业的奠基启示。

休利特和帕卡德决定先创立公司，再考虑应该制造什么。他们只是开始向前走，尝试做任何可能使他们赚点儿钱以脱离草创阶段和付得出电费的东西。休利特说：

> 我偶尔和商学院的人提起这段经历。我说我们创业时没有任何计划，我们是地地道道的机会主义者。管理学教授听了都大惊失色。那时候，只要能赚钱，我们什么都做。我们做过保龄球越线指示器、望远镜时钟驱动器、马桶自动冲水器，还有一种让人减轻体重的振荡器。当时，我们是这样的，大约有500美元的资本，设法做些别人认为我们或许能做的东西。

1. 聚会是在1937年，公司正式成立是在1938年年初。

保龄球越线指示器没有成为市场上的革命性产品，马桶自动冲水器和减肥振荡器也一无所成。事实上，这家公司辛辛苦苦地摸索了将近一年，才做成第一笔大买卖：向迪士尼公司出售 8 部声音示波器，在电影《幻想曲》里使用。即使有了这种成果，惠普公司仍然继续以漫无目标的方式，东摸西搞地做过好多种产品，一直到 20 世纪 40 年代初期得到战时的国防合同，公司才大有起色。

德州仪器恰好相反，公司的起源来自一种极为成功的创业产品。德州仪器的前身地质服务公司在 1930 年创立，是“第一家独立经营、制造探测油田的地震仪的公司，公司的实验室开发和生产这种用途的仪器”。德州仪器的创办人跟休利特和帕卡德不同，他们创立公司的目的是要利用一个特别的科技和市场机会。德州仪器根据一个“伟大的构想”创立，而惠普并非如此。

索尼也不是。1945 年 8 月，公司创办人井深大创业时，并没有特别的产品构想。井深大和 7 位创业时的员工在公司成立之后，长时间开会，想要决定生产的产品。公司成立后不久加入的盛田昭夫说：“一群人坐在会议室里开了好几个星期的会，设法想出这家新公司可以做的业务，好赚点儿钱把公司继续经营下去。”他们考虑过很多种可能性，从味噌汤到小型高尔夫球机和计算尺都有。不仅如此，索尼尝试的第一个产品（电饭煲），顾客不能顺利使用，生产的第一个重要产品（录音机）在市场上也销售失败。索尼在创业初期，勉强靠着在布里缝上电线，制造粗糙但是有销路的电热毯维持生计。健伍的创办人和索尼的井深大相反，他心里似乎想好了一种特别的产品。他在 1946 年创业时，把公司定名为“春日无线电器公司”。根据《日本电子年鉴》，“健伍公司始终是音响科技方面的专业先驱”。

山姆·沃尔顿和井深大、休利特同属传奇人物，创业时没有什么伟大的构想，开办事业时什么也没有，只有要为自己工作的意愿，和一点点有关零售业的知识和极大的热情。沃尔顿可没有在某一天醒来后说：“我有了一种伟大的构想，并要根据这一构想创立一个伟大的公司。”绝非如此。沃尔顿在1945年起家时，只在阿肯色州纽波特这个小城里拥有一家富兰克林加盟杂货店。沃尔顿在《纽约时报》的访问中说：“我对自己要创立的事业规模没有任何梦想，但是，我总是有信心，认为只要做好工作，很好地对待顾客，我们的前途一定无限。”沃尔顿从一家商店开始，一步一个脚印地积累力量，直到他创立公司近20年后，乡村折扣连锁商场的“伟大构想”才自然地跳了出来。他在其传记《美国制造》一书里写道：

> 经过这么多年后，大家多多少少得到一种印象，认为沃尔玛是我在中年时凭空想象出来的，认为就是这个伟大的构想一夜之间变为成功的故事。但是（第一家沃尔玛百货商场）完全是出自我们从1945年以来一切努力的自然发展——这是我不能完全让事情自然发展的另一个例子，是另一个试验，而且就像大多数一夜成功的故事一样，沃尔玛大约经过了20年的酝酿。

和沃尔玛形成对照的是，Ames百货的故事具有商业上的讽刺意味。在乡村折扣零售商场方面，Ames百货从一开始就领先沃尔玛4年之久。事实上，1958年，米尔顿·吉尔曼和欧文·吉尔曼在创立Ames百货时，就是怀着一心要拓展乡村折扣零售事业的“伟大构想”，他们“相信折扣商场在小城镇应该会成功”，而且他们公司营业的第一年，就创造了 100 万美元的销售额（沃尔顿 1962 年才开设第一家乡村折扣零售商场，在此之前，他只是经营若干附设在城镇主要大街的小型杂货商场）。Ames 百货也不是唯一走在沃尔玛前面的公司。根据沃尔顿传记的作者范斯 · 特林布尔的说法，“（1962 年）已经有别的零售商在尝试做他正要做的事情，只是他做得比任何人都好”。

惠普、索尼和沃尔玛使深入人心的公司起源神话遭到沉重打击，这个神话描绘了一位高瞻远瞩的企业家创办公司的故事，并利用一种高瞻远瞩的产品构想或洞察市场的能力使之成功。这个神话主张：开创高度成功企业的人士通常一开始就有一个高明的构想（技术、产品、市场潜力），并且利用了一次优秀产品生命周期的成长曲线。虽然这一神话令人动容而且深入人心，但是高瞻远瞩公司的创立情形显示，这一神话并不具有普遍性。

的确如此，在我们研究的高瞻远瞩公司中，只有少数几家可以溯源自伟大的构想或奇妙的创业产品。威拉德 · 马里奥特有意自行经营商业，却不清楚自己该进入哪一行，最后决定做他所能想到的唯一可行的构想：取得加盟合约，在华盛顿开设一家艾德熊饮料小店。约翰 · 诺德斯特龙刚刚从阿拉斯加淘金回来，不知道自己还能做什么。诺思通公司创立时只是西雅图市区一家小鞋店，仅有一个店面。默克创办时只是一家德国化学药品的进口商。宝洁创立时只是一家肥皂和蜡烛制造厂——1837 年时，辛辛那提有 18 家这样的公司，宝洁不过是其中之一。摩托罗拉创业维艰，为西尔斯收音机修理整流器。菲利普 · 莫里斯创立时只是伦敦庞德街上一家小小的香烟零售店。

还有，在我们研究的高瞻远瞩公司中，有些像索尼一样，一开始就遭受一连串的失败。3M 开始时是一家失败的金刚砂矿场，公司股东持有的股票价值大跌，跌到在酒吧里“两股只能换一杯廉价威士忌”。3M 不知道还能做什么东西，就开始制造砂纸，在草创期间，3M 艰难到第二任总裁在任期的头 11 年里根本没有领过薪水。相反，3M 的对照公司诺顿一创业就在迅速成长的市场上推出创新产品，而且在开业的头 15 年里，除了其中一年之外，每一年都稳定地分红，15 年内公司的资本扩增了 15 倍。

威廉·波音的第一架飞机失败了（“模仿马丁公司的水上飞机，用手工制造的笨重水上飞机”，没有通过海军的测试）。在创业的最初几年里，他的公司困难到必须从事家具业务才能维持下去的地步。相比之下，道格拉斯飞机公司创立后推出的第一架飞机就极为成功。在设计这架飞机时，道格拉斯公司的目标就是要使其成为历史上第一架不间断飞行横贯美国东西海岸、载重超过机身重量的飞机。道格拉斯把这样的设计改成鱼雷轰炸机，大量卖给美国海军。道格拉斯和波音不同，它从来不需要进入家具业以维持公司生存。

沃尔特·迪士尼的第一个卡通系列剧《爱丽丝梦游仙境》（你听说过吗？）在电影院里卖座惨淡。迪士尼传记《迪士尼电影》的作者理查德·希克写道：“从任何角度来看，迪士尼公司都是步履沉重、业务不振、产品陈腐的企业。你唯一真正能够说的是，这是一部相当平凡、靠着摄影技巧注入生气的动画片。”哥伦比亚电影公司和迪士尼不同，第一部作品就获得可观的成就，这部电影就是 1922 年出品的《慈悲胜过苛责》（*More to Be Pitied Than Scorned*），只花了 2 万美元的成本，却有 13 万美元的收入，使哥伦比亚向前冲刺时，有相当多的现金做后盾，在不到两年内，得以支援制作了另外10部赚钱的电影。

无须“伟大构想”

整体而言，在18家高瞻远瞩公司中，只有强生、通用电气和福特汽车3家公司，草创时受惠于由创新而获得的高度成功的特定创业产品或服务，也就是说，受惠于一个“伟大构想”。然而，我们也发现，即使是通用电气和福特，也使伟大构想的迷思略受打击。在通用电气的例子里，爱迪生的伟大构想最后证明不如西屋的构想伟大。爱迪生推动直流电系统，西屋推动远比直流电优越的交流电系统，后来交流电系统在美国市场取得最后胜利。福特汽车公司的例子恰好和流行的神话相反。亨利·福特并不是在想出T型车后才决定根据这个构想创立公司的，而是因为他已经有了一家公司作为事业发展的基础，才能够充分利用T型车理念的优势。他在1903年创立福特汽车公司（这是他多年来设立的第三家公司），为的是利用他在汽车发动机方面的天分及已经推出5种车型（A、B、C、F和K型车）的经验，后来，他才在1908年10月推出了闻名世界的T型车。事实上，从1900年到1908年，在美国共成立了502家汽车制造公司，福特只是其中一家，当时，生产汽车根本不是什么新观念。和高瞻远瞩公司恰好相反的是，我们发现，11家对照公司的创业基础远比高瞻远瞩公司更接近伟大构想的模式。这11家公司是Ames百货、宝来、高露洁、健伍、麦道、诺顿、辉瑞制药、雷诺公司、德州仪器、西屋和顶峰。

换句话说，我们在研究中发现，高瞻远瞩公司远不如对照公司那样靠“伟大构想”开创事业生涯。此外，我们也发现，比较而言，无论最初的创业观念是什么，高瞻远瞩公司在草创时期的表现似乎都不如对照公司。在18对配对比较的例子中，只有3家高瞻远瞩公司初期的事业比对照公司成功，有10家对照公司初期比高瞻远瞩公司成功，有10家公司不分上下。简而言之，我们发现，初期的事业成功和成为高瞻远瞩公司之间正好成反比。长距离赛跑的胜利属于乌龟，不属于兔子。

我们在附录2中列出了所有高瞻远瞩公司和对照公司较为详细的创业基础。(虽然放在附录里，我们希望你还是浏览一下。把它放在后面是不希望打断本书的行文。)

如果你是一个有前途的企业家，有意创立和构建一家高瞻远瞩公司，但是因为没有“伟大构想”还没有采取行动，我们鼓励你卸下伟大构想这个迷思的负担。的确，证据显示，在创立公司之前，或许最好不要沉迷于寻找什么伟大构想。为什么？因为伟大构想这条思路会转移你的注意力，使你不能认识到公司才是你终极的创造。

公司才是终极的创造

在战略管理和创业精神的课程里，商学院教导学生，创业重要的是先靠好的构想和发展完善的产品/市场战略，然后在“机会之窗”关闭前穿越过去。但是，建立高瞻远瞩公司的人士常常都不是用这种方式行动或思考，在一个又一个的案例里，他们以行动勇猛地反驳商学院教导的理论。

因此，在研究计划之初，我们在解释公司为何成功时，就必须放弃伟大构想或高明策略的说法，而另寻新的原因；必须用不同的眼光审视过去的世界；必须改变看法，从把公司视为产品的桥梁转为把产品看成公司的桥梁。换言之，我们必须认可报时和造钟之间的重大差异。

要迅速了解造钟和报时之间的差异，可以比较早期的通用电气和西屋。乔治·威斯汀豪斯在产品方面是个高瞻远瞩的人才和多才多艺的发明家。除了西屋公司外，他还创立了59家公司。此外，他也有洞察未来的能力，预见世界会采用比较优秀的交流电系统，不会采用爱迪生的直流电系统，后来事实果然如此。然而，通用电气的第一任总裁查尔斯·科芬，没有发明任何产品，不过他倡导了一个具有重大意义的创新，就是成立通用电气实验室，这个实验室号称“美国第一个工业研究实验室”。乔治·威斯汀豪斯好比报时，科芬则是造钟，西屋最重要的创造是交流电系统，科芬最重要的创造是通用电气公司。

幸运之神偏爱持之以恒的人。这是简单的真理，是想成功构建公司的基石。构建高瞻远瞩公司的人都是极有恒心的人，信奉“永远、永远、永远不放弃”的座右铭。但是，他们坚持的是什么呢？答案是：公司。你应该随时准备取消、修正或改进一种构想（通用电气放弃自己最初的直流电系统，改为交流电系统），但是，绝对不要放弃公司。如果你把公司的成功和某个成功的构想画上等号——很多企业人士都这样做，那么，如果那个构想失败，你就很可能会放弃公司；如果那个构想恰好成功，你则很可能对它产生一种情感上的牵绊，并且在公司应该大力前进、追求其他目标时，还沉溺在那个构想中。但是，如果你是把公司，而不是把实施一个特定的构想，或把适时利用一个市场机会当成终极的创造，那么你会坚持下去，不管构想是好是坏，你都会超越任何特定的构想，向使构想成为经久不衰的伟大制度的目标迈进。

例如，惠普在创立之初，在经历一连串失败后和勉强算是成功的产品中学会了谦虚。可是休利特和帕卡德继续摸索、坚持、尝试和实验，一直到后来才想出如何构建一家具有创新能力、足以表达他们的核心价值并赢得能够持续创造优异产品美名的公司。他们是工程师出身，本来可以追求成为工程师的目标，但他们没有这样做，而是迅速地从设计产品转型为设计组织，创造一个有利于产生伟大产品的环境。早在 20 世纪 50 年代中期，休利特在一次内部演说中就展露出造钟的观点，他说：

> 我们的工程人员一直相当稳定，这是靠设计而不是靠机遇得到的。工程师是有创造力的人，所以，我们在雇用一位工程师之前，要先保证能够让他在稳定而安全的气氛下工作。我们也要保证每一位工程师在公司里有长期发展的机会，有适当的项目可做。还有一件事，就是我们要确保公司有适当的监督，使我们的工程师过得快乐，发挥最大的生产力……设计工程（程序）是我们最重要的产品之一……我们要推出你们从来没有见过的最佳工程计划。假使你们认为我们到目前为止已经做得很好，那就再等个两三年吧，等我们推动实验室所有的新人开始生产，所有的监督人员发挥功能，到那个时候，你们会看到一些真正的进步！

帕卡德在 1964 年的一次演讲中也表达了造钟的倾向：“问题在于，你怎样营造出一个可以让个人发挥创造力的环境……我认为你们必须在组织结构上多费心思，以便提供这种环境。”1973年，有一位记者问帕卡德，在公司的成长中，哪些是他认为最重要的产品决策。帕卡德的回答没有提及任何一个产品决策，他完全从组织决策方面来回答，如发展一个工程团队、贯彻财务纪律的现金支付政策、分红计划、人事和管理政策、“惠普风范”的管理哲学等，这位记者在拟定文章的题目时，也发挥巧思，取名为“惠普董事长用设计构建公司，靠机运制造计算器”。

> 休利特和帕卡德最终的创造品不是声音示波器，也不是袖珍计算器，而是惠普公司和惠普风范。

同样，井深大最伟大的“产品”不是随身听或特丽珑电视机，而是索尼及它所代表的一切。沃尔特·迪士尼最伟大的创作不是《幻想曲》或《白雪公主》，甚至不是迪士尼乐园，而是迪士尼公司和让大家快乐的神秘能力。沃尔顿最大的创造不是沃尔玛的理念，而是沃尔玛公司——这个能够大规模执行零售业理念、执行成效胜过世界上其他任何一家公司的组织。保罗·高尔文的天才不在于他是杰出的工程师或发明家（他其实没有受过正式的科技训练，是自学成才、曾经失败过两次的企业家），而在于他巧妙创造和塑造一家在工程方面具有创新能力、现在叫作摩托罗拉公司的组织。威廉·波克特和詹姆斯·甘保最大的贡献不是猪油肥皂、灯油或蜡烛，因为这些东西最后都会过时，他们最重要的贡献是永不过时的东西，是一个具有高度适应能力的组织，这个组织拥有由根深蒂固的核心价值构成的“精神传统”，可以在一代又一代的宝洁人之间流传。

我们请你考虑要做这样的重大转变，要把公司本身当作最终的创造。如果你正致力于构建和管理一家公司，这种转变就对你如何分配时间具有重大的意义，要求你花较少的时间思考特定的产品线和市场策略，多花时间思考组织设计；要求你少花时间像乔治·威斯汀豪斯那样思索，多花时间像科芬、帕卡德和高尔文一样思考；要求你少花时间扮演报时人，而多花时间扮演造钟师。

我们并未暗示高瞻远瞩公司不曾有过优越的产品或出众的构想。它们的确有过，就像我们在后文中的讨论一样，它们大多把产品和服务看成可以对顾客的生活做出有用和重要贡献的东西。的确，这些公司并非只是以“成为一家公司”为存在目的，它们存在的目的是要做有用的事情。但是，我们认为，最为高瞻远瞩的公司能够持续不断提供优越的产品和服务，原因在于它们是杰出的组织，而不是因生产优越的产品和服务才成为伟大的组织。请记住：所有的产品、服务和伟大的构想，不论多么高瞻远瞩，终究都会过时。但是，一家高瞻远瞩公司却不见得会过时，只要公司在现有的产品生命周期之后有能力继续改变和演进，公司就不会过时（在后面的章节中，我们会描述这些高瞻远瞩公司是如何做到这一点的）。

同样，所有的领袖，不论多么有魅力、多么高瞻远瞩，最后都会去世，但是，一家高瞻远瞩公司却不见得会灰飞烟灭。只要这家公司具有组织的力量，超越任何一个领袖，年复一年，经过十代百代，都能继续保持高瞻远瞩和活力，公司就不会衰败。

这一点引导我们面对第二个迷思。

魅力型伟大领袖的迷思

我们请企业经理们和商学院学生思考高瞻远瞩公司成功的特殊因素或者根本原因时，很多人提到“伟大的领袖”，他们举出乔治·默克、山姆·沃尔顿、威廉·波克特、詹姆斯·甘保、威廉·波音、罗伯特·约翰逊、保罗·高尔文、威廉·休利特、戴维·帕卡德、查尔斯·科芬、沃尔特·迪士尼、威拉德·马里奥特、托马斯·沃森和约翰·诺德斯特龙。他们认定这些CEO展现出极大的恒心和毅力克服重大的障碍，吸引忠心耿耿的人才加入公司、影响众多人员致力达成目标，并且在指引公司处理历史中的重大事件方面扮演了举足轻重的角色。

但是，这一点很重要，对照公司里的对手也一样！查尔斯·辉瑞、吉尔曼兄弟（Ames百货）、威廉·高露洁、唐纳德·道格拉斯、威廉·布利斯特（百时美公司）、约翰·麦尔斯（百时美公司）、顶峰的尤金·麦克唐纳、德州仪器的帕特·哈格蒂、乔治·威斯汀豪斯、哈利·科恩、霍华德·约翰逊、弗兰克·梅尔维尔都是这样，他们也展现了极强的毅力，克服了重大的障碍，吸引了忠心耿耿的人才加入公司，影响众多人员致力达到目标，在指引公司处理公司历史中的重大事件方面，扮演了举足轻重的角色。系统的分析显示，对照公司和高瞻远瞩公司一样，在成长塑造期内大多拥有坚强的“领袖”。

简而言之，我们发现，没有证据支持伟大领袖在高瞻远瞩公司必要的成长塑造期间是重要因素的假说。因此，随着我们研究的深入，我们必须拒斥伟大领袖的理论。这一理论根本不能恰当阐释高瞻远瞩公司和对照公司之间的差异。

不需要魅力

在我们描述高瞻远瞩公司和对照公司早期塑造者的重大差异之前（我们认为确实有重大差异），我们更乐意和读者分享一个必然会出现的推论：要成功地塑造高瞻远瞩公司，绝对不需要知名度高的魅力型风格。的确如此，我们发现，高瞻远瞩公司历史中若干最重要的CEO，并没有完美的、高知名度、魅力型领袖的人格特质。

想想威廉·麦克奈特吧，你知道他是什么人吗？在你心里，他是20世纪最伟大的企业领袖之一吗？你能描述他的领导风格吗？你看过他的传记吗？如果你和大多数人一样，那么对麦克奈特一定知道得很少，甚至一无所知。到1993年为止，麦克奈特的名字还没有被列入《财富》杂志“全美企业名人录”，很少有文章提到他，他的名字也没有在介绍美国公司历史的《胡佛手册》里出现。惭愧地说，在我们研究的初期，甚至没有听过他的大名。可是，麦克奈特却领导一家公司长达52年之久（1914—1929年任总经理，1929—1949年任CEO，1949—1966年任董事长），赢得了全世界企业人士的好评和崇敬。这家公司就是备受尊崇的明尼苏达矿业制造公司，简称3M。3M很有名，麦克奈特却默默无闻。我们怀疑这是他刻意而为。

麦克奈特从1907年开始在3M工作，先是助理簿记员，后升为成本会计员、销售经理，再升为总经理。我们找不到他拥有高度魅力型领袖风格的证据。在3M自行出版的公司史中，提到麦克奈特将近50次，其中只有一次谈及他的个性，还只是描述他是个“轻声细语、彬彬有礼的人”。他的传记作者描述他“善于倾听别人的意见”“谦逊”“质朴”“略有点儿驼背”“谦恭而语气温和”“沉静、深思而严肃”。

在众多高瞻远瞩公司历史上重要的CEO当中，麦克奈特不是唯一打破完美魅力型高瞻远瞩领袖模式的人。索尼的井深大以谨慎、深思和内省闻名；休利特让我们想起一位友善、真实、平凡、脚踏实地的艾奥瓦州农夫；波克特和甘保是严肃、拘谨、规矩、保守，甚至面无表情的人；比尔·艾伦是波音公司历史中最重要的CEO，却是一位务实的律师，“和颜悦色，带着羞怯而不常见的微笑”；乔治·默克是“默克制药公司自制精神的具体表现”。

我们和不少经理合作过，他们看到有那么多书籍和文章讨论魅力型的企业领袖，觉得焦虑不安，都问一个敏感的问题：“如果高知名度魅力型领袖根本不是我的风格，怎么办？”我们的回答是：设法发展这种风格可能是浪费精力。原因之一是，心理学证据指出，人格特质透过遗传和环境因素在人生相当早的时候就定型了，几乎没有证据显示，到你担任经理角色时，还能够大大地改变你的人格形态。另一个更重要的原因是，我们的研究指出，不管怎么样，你都不需要这种风格。

> 倘若你是高知名度的魅力型领袖，很好。但如果你不是，那也不坏，因为你正好与构建3M、宝洁、索尼、波音、惠普和默克等公司的人一样，而他们是一群不错的人。

请不要误解我们的这一观点。我们不是说构建这些高瞻远瞩公司的人是差劲的领袖，只是指出，在构建高瞻远瞩公司时，显然不需要高知名度的魅力型风格。（事实上，我们怀疑，高度魅力型风格可能有点儿不利于构建高瞻远瞩公司，但是有关风格的资料太散乱、没有说服力，不能做出有力的证明。）我们也指出，这一点是本节的基本论点，两种公司在成长塑造阶段，都有足够坚强的领袖，所以，不管是魅力型或其他类型的伟大领袖，都不能解释高瞻远瞩公司的发展轨迹何以优于对照公司。

我们并不否认，在高瞻远瞩公司历史上的重要阶段中，有优秀的人物在领导组织，情形通常如此。此外，我们认为，一家公司如果持续由一连串平庸的人领导，这家公司也不可能保持极为高瞻远瞩的状态。事实上，我们发现，在发展和提拔公司内部能力高超的管理人才方面，高瞻远瞩公司做得比对照公司好。因此，它们在优秀的领导人才方面，可以经过很多代，仍然保持比较高的连续性。不过，就像伟大的产品一样，高瞻远瞩公司的优秀领导人能够有连续性，或许是因为该公司本身就是个杰出的组织，而不是杰出的个人造就了组织。

想想大名鼎鼎的杰克·韦尔奇吧！他是 20 世纪 80 年代末和 90 年代初期通用电气的 CEO，我们不否认韦尔奇在重振通用电气，在为 CEO 办公室带来蓬勃的活力、干劲和迷人的性格等方面扮演过极为重要的角色。但是，强调韦尔奇的领导风格，会让我们忽略核心重点：韦尔奇是在通用电气内部成长的，他是通用电气的产物，就像通用电气是韦尔奇的产物一样。不管怎样，通用电气这个组织有能力吸引、留住、开发、培养和选择韦尔奇当领袖，而通用电气早在韦尔奇之前就已欣欣向荣，很可能在韦尔奇之后还会继续欣欣向荣许久。毕竟，韦尔奇不是通用电气历史中第一位绝佳的 CEO，很可能也不是最后一位。韦尔奇的角色并非不重要，但在通用电气的历史中，韦尔奇的角色只是其中一小部分。选择韦尔奇根植于一个优异的企业架构——这个架构的起源可以追溯到科芬。科芬和乔治·威斯汀豪斯相反，他采取建筑师的方式构建通用电气公司。（我们在第8章会更详细地讨论韦尔奇和通用电气公司。）

建筑师方式：造钟师的运作

就像科芬和乔治·威斯汀豪斯的对照一样，我们在研究中，确实发现两家公司的早期塑造者大有差异，但是，这些差异比“伟大领袖”和“非伟大领袖”更微妙。我们相信，关键差异是取向的差异。证据显示，不管个人的领导风格如何，高瞻远瞩公司成长塑造阶段的关键人物要比对照公司里的领袖有着更强烈的组织导向。事实上，随着研究的深入，我们越来越觉得“领袖”这个称谓不妥，开始采用“建筑师”或“造钟师”的称谓（第二个关键差异和他们制造的时钟形态有关：这是后面章节的主题）。下面所提到的对照则进一步说明了我们所说的建筑师或造钟师方式的意义。

花旗银行与大通银行

詹姆斯·斯蒂尔曼于1891—1909年担任花旗银行的总裁，于1909—1918年担任董事长。他为了追求建立一家伟大的全国性银行的目标，致力于发展组织，把这家基础薄弱的地方性公司转型成“完全现代化的公司”；他监督花旗银行开设新分行，制定多个事业部的分权式结构，组织一个强而有力的董事会，董事都是大公司的CEO，并设立管理培训和招募人才的计划（比大通银行早 30 年)。《花旗银行史：1812—1970 年》描述了斯蒂尔曼致力于构建一个在他身后很久仍然能够欣欣向荣的机构。

> 斯蒂尔曼意在使花旗国民银行（花旗银行的前身）在他去世后仍然保持既有的地位（全美最强、最大的银行）。为了确保这一点，他任用认同他的梦想和企业精神的人，任用愿意构建一个组织的人。他自己愿意下台，让他们经营这家银行。

斯蒂尔曼在写给母亲的一封信里谈及他决定下台，转而担任董事长，以便实现公司在他离开后更容易成长的心愿。

> 过去两年来，我一直准备接任顾问的位置，并且拒绝重新被选为公司正式的领袖。我知道这是明智的做法，这样不但能让我卸下细琐工作的责任，也可以让我的同事有成名的机会，并为未来创造更大成就的无穷可能性奠定基础。

斯蒂尔曼在大通银行的对手艾伯特·威金却根本没有放权。威金在 1911——1929 年担任大通银行总裁，是个果决、毫无幽默感而野心勃勃的人，他最关心的似乎是自己的功名。他在另外 50 家公司担任董事，用至为强悍、集权的手法经营大通银行，以致《商业周刊》写道："大通银行就是威金，威金就是大通银行。"

沃尔玛与 Ames 百货

毫无疑问，山姆·沃尔顿具有魅力型领袖光芒耀眼的人格特质。我们不禁想到，他为了实现激励员工突破 8% 利润率时许下的诺言，穿着草裙，戴着花环，在一群跳呼啦舞的队员的陪伴下，抖动着身体在华尔街跳舞的情形，或是想到他跳上商场柜台，领着几百位高声尖叫的员工进行一场狂热的沃尔玛啦啦队表演。不错，沃尔顿拥有独一无二的有力人格。但是，另外几千位不曾建立沃尔玛的人也同样具有这种人格。

的确如此，沃尔顿和 Ames 百货领袖的关键差异，不在于他比较具有魅力，而在于他更像造钟师，更像建筑师。沃尔顿在 20 岁出头时，人格形态就大致定型了，他把一生大部分的时间都无休止地花在努力建立和发展沃尔玛的组织协调能力上，而不是努力发展自己的领袖性格上。这一点，在沃尔顿自己眼里也是如此，他在《美国制造》一书里写道：

> 当时，包括我们自己的一些经理在内，很少有人了解我们从创立时起就极力设法成为最优秀的管理者，成为最专业的经理人的故事。毫无疑问，我有推动事业的人格……但是，在这种人格下，我总是有管理者的精神，是想把事情做好，然后做得更好，再尽力做到最好的人……我从来没有从事过短期的工作，我总是希望尽我所能建立一个完美的零售组织。

沃尔顿珍视变革、试验和不断的完善，但是他不光是宣扬这些价值观，还制定坚强的组织机制，刺激变革和进步。沃尔顿运用一种叫作“店中店”的想法，授予部门经理经营各自部门的权威和自由，就好像这个部门是经理自己的企业一样。对于有助于节省成本，提出加强服务的构想可供其他商店仿效的同人，他实行现金奖励和公开褒扬的制度。他以“量产项目竞赛”鼓励同人进行创造性的尝试。他召开商品会议，讨论应该选来用在整个连锁体系里的试验性做法。他还制定星期六早晨的会议制度，在这种会议上，主角经常是一位尝试创新，而且确实取得良好效果的员工；对于想出新构想使整个公司获益的员工，他用分红和员工持股作为直接的奖励。同事想出的点子和构想都刊登在沃尔玛的内部杂志里，沃尔玛甚至斥资设置卫星通信系统，“好把所有细节尽快传布到全公司各处”。1985 年，股票分析师爱德华兹描述沃尔顿这座滴答作响的时钟说：

> 员工在鼓励变革的环境里工作。无论哪一位卖场的同事提出和商品销售或节省有关的建议，这些建议都会迅速地传播出去。设想750多家商店和8万多名员工（都有可能提出建议），都仿效建议中的做法，这样会带来多大幅度的销售增加、成本降低和生产力提高。

沃尔顿致力于创造一个能够自行进化和变革的组织，Ames 百货的领袖却从上而下限定所有的改变，并且在一本书里，详细、精确地限定卖场经理应该做的事情，没有留下任何主动的空间。沃尔顿培养了一位能干的继承人（大卫 · 格拉斯），好在他死后接管公司。吉尔曼兄弟却没有准备好这样的人，最终把公司留给了和他们理念不同的外人。沃尔顿把他的时钟制造取向传承给继承人，而 Ames 百货后来的 CEO 却鲁莽行事，推动带来惨剧的购并，盲目、执迷不悟地追求纯粹以成长为目的的成长，一次就吞下洁尔（Zayre）公司 388 家店面。格拉斯在描述沃尔玛未来成功发展的关键要素时说：“沃尔玛的同仁会找到一条路。”又说：“我们的人都努力不懈。”同一时期 Ames 百货的 CEO 却说：“真正的方略和唯一的问题是市场占有率。”

1990 年，《财富》杂志有一篇文章谈及 Ames 百货，用惋惜的口吻写道："共同创办人赫伯特·吉尔曼亲眼看到自己的创造被摧毁。"沃尔顿在比较快乐的情况下去世，他的创造屹然无损，而且相信公司可以在他去世后长久兴旺下去，一天比一天强大。他知道他很可能活不到公元 2000 年，可是他在 1992 年与世长辞前不久，替公司定下发展到公元 2000 年的大胆目标，展现他对公司失去他之后可以有何等成就的高度信心。

摩托罗拉与顶峰

摩托罗拉创办人保罗·高尔文最大的梦想，是构建一个永续经营的伟大公司。高尔文确实构建起了历史上最成功的一家科技公司。他没有工程背景，但是他礼聘最优秀的工程师；他鼓励异议、讨论和歧见，并且给所有的个人"大致上可以独力运作的空间"。他制定需要挑战的目标，赋予员工沉重的责任，以便刺激组织和同人成长和学习，而且经常是从失败和错误中学习。高尔文的传记作者扼要指出："他不是发明家，而是以人为蓝图的建筑师。"高尔文的儿子罗伯特·高尔文说："家父督促我们拥抱群众，向所有人伸出双手，获得他们的领导才能，不错，是获得他们创造性的领导才能……很早以前，他就坚持管理上的传承，奇怪的是他不怕自己会长眠，他关心的是公司（强调我们的公司）。"

顶峰公司的创办人恰恰相反。"指挥官"小尤金·麦克唐纳没有传承的计划，因此在他于 1958 年猝逝后，公司的高层人才出现了一个真空。麦克唐纳是个具有惊人魅力的领袖，主要是靠着强大无比的人格力量推动公司前进。他被人描述为"顶峰公司暴烈、顽固的指导人"，拥有"对自己的判断力高度肯定而衍生的惊人自信”。除了最亲密的朋友之外，他希望所有的人都称呼他“指挥官”。他是个睿智的推行家和试验家，推动实施了很多自己的发明和构想，他具有坚持不屈的态度，这种态度几乎使顶峰错过电视机这个产品。顶峰出版的公司历史里写道：

> 麦克唐纳的风格光芒耀眼，这种风格反映在公司特有的广告制作上，再加上他创造发明的天赋和感受公众口味变化的能力，30 多年来，在大众的眼里，麦克唐纳就是顶峰公司。

麦克唐纳死后两年半，《财富》杂志评论说：“顶峰靠着已故创办人的决心和想象力仍然在继续成长和赚钱，但是顶峰的未来如何，现在要看公司的能力和新动力如何，是否能应对麦克唐纳从来没有预想到的状况。”一位竞争对手评论说：“随着时间流逝，顶峰会越来越怀念麦克唐纳。”

高尔文和麦克唐纳的去世相隔一年半，摩托罗拉成功地驶进高尔文梦想不到的海域，顶峰却停滞不前，到 1993 年为止，顶峰从来没有恢复麦克唐纳在世时的精力和创新光芒。

迪士尼与哥伦比亚

提起迪士尼公司，你想到了什么？能想出与迪士尼有关的一个或一组清楚的形象吗？再想想哥伦比亚电影公司，你又想到了什么？能够指出明确、清楚的形象吗？如果你和大多数人一样，你可以想出迪士尼代表的形象，但是要指出和哥伦比亚电影公司有关的形象，就会有难度。

沃尔特·迪士尼在构建迪士尼方面，明显地为公司注入了他个人惊人的想象力和才能。他激发了迪士尼很多最佳创作的灵感，包括《白雪公主》(世界上第一部完整的长篇动画电影)、米老鼠的角色、米老鼠俱乐部、迪士尼乐园。从任何角度来看，他都是一位卓绝的报时者，不过，即使这样，和哥伦比亚电影公司的对手哈利·科恩相比，迪士尼仍更像一位造钟师。

科恩“刻意培养自己的暴君形象，在自己的办公桌附近放着一支马鞭，常常为了强调语气，把马鞭挥得啪啪响。在所有的大电影公司里，哥伦比亚电影公司有最高的电影作品推出率，主要是靠科恩的方法”。一位出席科恩1958年葬礼的人评论说，参加葬礼的1 300人“不是来道别，而是来确定他真的去世了”。我们找不到科恩关心员工的证据，也没有发现任何证据显示他有采取行动，为哥伦比亚电影公司培养长期发展的能力或建立明确的公司形象。

证据显示，科恩最关心的是成为电影大亨，在好莱坞发挥庞大的个人力量(他是好莱坞同时得到总裁和制片人头衔的第一人)。对于在他身后可能存续的哥伦比亚电影公司的特质和形象，他很少关心，甚至毫不在意。科恩以个人的目的推动哥伦比亚电影公司前进了很多年，但是，这种“以自我为中心”的理念在创办人死后便不可能再指导和激励公司。科恩去世后，哥伦比亚电影公司立刻陷入散漫无章的状态，在1973年被依法强行收回，之后卖给了可口可乐公司。

另一方面，沃尔特·迪士尼直到去世前的最后一天还在医院里极力思考如何用最好的方式，开发佛罗里达州的迪士尼世界。他本人终究会死，但是迪士尼公司使大家快乐、为儿童带来欢乐、制造欢笑和令人感动的能力永远不会丧失。一生当中，迪士尼比哥伦比亚电影公司的科恩付出了更多的心血，发展自己的公司。

20世纪20年代末期，他付给创作人员的报酬比自己领的薪水还高；30年代初期，他为所有动画人员设立了艺术班，在现场设置一个小动物园，提供活生生的动物，协助他们提高画动物的能力；他还发明了新的动画小组程序（例如故事板），而且继续在最先进的动画科技上投资。30年代末期，他慷慨地设置卡通产业第一项奖金制度，以便吸引和奖励优秀的人才。50年代时，他制订"你创造快乐"的员工培训计划，并且在60年代成立迪士尼大学，指引、培训和教导迪士尼的员工。哈利·科恩却从来没有采取过这一类的规划。

毫无疑问，迪士尼不像我们研究的其他建筑师那样，把时钟制造得那么好，而且迪士尼的电影公司在他逝世后，将近15年停滞不前，因为迪士尼公司的人一直在问自己："沃尔特会怎么做？"但是事实俱在，迪士尼和科恩不同，他创造出一个远远超越自我的机构，创造出一个在他逝世后数十年，仍然能够在迪士尼乐园里为孩子们散播"迪士尼魔术"的机构。在同样的时间里，哥伦比亚电影公司已经不再是一个独立的实体，迪士尼则发动了一场悲壮（而且最后终于成功）的战斗，成功地防止了一次敌意购并。虽然对迪士尼家族及其经理们而言，要是兼并者成功的话，他们可以轻易地靠手中的股份净赚千百万美元的利润，但是因为他们的公司是迪士尼公司，所以必须以独立的实体留存下来。约翰·泰勒在他《攻击魔术王国》一书里生动地记述了这场收购迪士尼公司的意图。他在序言里写道：

> 接受（收购）是不可思议的事情，迪士尼公司并非只是随便的一家公司……不必为了合理化而出卖资产，好为股东追求最高的利润。迪士尼也不仅仅是另一个品牌名称而已……经

理人把公司看成为世界各地儿童塑造梦幻生活的力量，公司已经深深融入美国文化。的确如此，公司的使命——他们相信公司的确有一个重要的使命——和替股东赚钱一样重要，那就是宣扬美国的价值观。

迪士尼公司在20世纪80年代和90年代继续生存，重振沃尔特·迪士尼以前建立的传统。相形之下，科恩的公司根本没有什么可以拯救和重振的东西，没有人觉得哥伦比亚电影公司应该以独立实体保存下来。要是把公司卖掉可以为股东赚更多的钱，那就这么办吧！

CEO、经理人与创业家的重要信息

在构建高瞻远瞩公司时，最重要的不是采取行动，而是改变你的观念。在随后的章节里，你可以发现很多创造行动导向的东西。要想好好利用这些发现，最重要的是要有正确的思想架构，这一点正是本章的重点。我们认为，转变思想的重要性不亚于牛顿革命、达尔文革命和美国立国思想。

在牛顿革命之前，人类在解释世事时，主要是归结为上帝做出的决定。小孩摔断手是上帝的旨意，农作物歉收也是上帝的旨意。人类认为有个万能的上帝使每一件事情发生。到17世纪，大家开始说："不对，不是这样的！上帝只是创造了一个具有若干原则的宇宙，人类要做的是想出这些原则如何运作，上帝并没有做所有的决定，只是安排好能够自行运作的程序和原则。"从那时起，人类开始寻找整个系统的根本动力与原则。这就是牛顿革命的内涵。

同样，达尔文革命使人类对生物物种和自然史的想法发生了激烈的转变。这种思想转变产生了丰硕的成果，和我们在高瞻远瞩公司里所见到的成果相同。在达尔文革命之前，人类假设上帝创造了每一个物种，在自然界里各自担任一个特定的角色。北极熊长成白色的，是因为上帝把它们创造成了那个样子；猫儿喵喵叫，是因为上帝把它们创造成那样；知更鸟胸部的羽毛是红色的，也是因为上帝把它们创造成那样。人类急需假设一定有谁或有什么东西把世间的事情全部安排妥当，以便解释身边的一切——一定是有什么东西说："我们需要胸部有红色羽毛的知更鸟，以便契合生态系统。"但是，如果生物学家的说法正确，世间事就不是这样的。我们不再直接想到知更鸟一定有红色胸部羽毛（报时）的结论，而是认定世界上有一种进化的基本过程［遗传密码、DNA（脱氧核糖核酸）、遗传变异和突变、物竞天择］，最后产生了胸部羽毛是红色、在生态系统中看来极为契合的知更鸟。自然世界犹如一座滴答作响的神奇时钟，它所具有的美感和功能，起源于其基本程序和复杂机能的成功运作。

同样，请你把高瞻远瞩公司的成功因素看成——至少部分看成来自深植在组织里的基本程序和根本动能，而非主要起源于一个伟大的构想，或来自若干高瞻远瞩的人——这些人无人不知，宛如上帝，做出伟大的决策，拥有惊人的魅力，且以最高的权威领导组织。如果你在构建和管理一家公司，我们请你少从高明前瞻的产品观点来思考，少追求魅力型领袖的人格特质，而多从组织方面的前瞻眼光思考，多考虑构成高瞻远瞩公司的特质。

的确如此，我们请你考虑在思想上做个转变。这种转变之大可以与18世纪时美国所需要的转变相提并论。在17世纪和18世纪的政治思潮引发激烈的革命前，欧洲国家强盛与否，主要靠国王（或女王）的素质。如果有一位明君，就会有个好的王国，如果国王是英明伟大的领袖，他的王国就可能随之强盛。

让我们比较一下明君心态和美国建国时所采取的方法。在1787年的立宪会议上，最重要的问题不是“谁应该当总统？谁应该领导我们？谁是我们当中最聪明的人？谁是最好的国王？”绝非如此！美国的建国先贤们致力思考的问题是：“我们能够创建什么样的程序，使国家在我们身后仍然能拥有很多优秀的总统？我们希望建立哪一种长治久安的国家？要靠什么原则来建国？国家应该如何运作？我们应该制定什么指导方针和机制，以便创造我们梦想的国家？”

托马斯·杰斐逊、詹姆斯·麦迪逊和约翰·亚当斯并不是具有高度魅力的“舍我其谁”型领袖，绝非如此。他们是眼光远大的组织型人才。他们创建了一部自己和未来所有领袖都应遵循的宪法，他们致力于建立国家，他们抛弃明君的模式，采取了建筑师的方法。他们是造钟的人！

但是，请注意：在美国这个例子里，制造出来的时钟不是冰冷、机械的牛顿式或达尔文式的时钟，而是以人类的理想和价值观为基础的时钟，是根据人类需要和渴望而制造的时钟，是一座有“精神”的时钟。

这一点引出我们发现的第二个要点：要制造一种特定形态的时钟，而不是随意制造一种时钟。虽然在不同的高瞻远瞩公司里，时钟的形状、大小、机能、造型、年龄和促成时钟滴答作响的其他因素各不相同，但是我们相信，它们都拥有一些根本的特质。我们在后面的章节中会说明这些特质，现在要记住的要点是，一旦你的心态从报时转变为造钟，就可以学到构建高瞻远瞩公司所需的大部分事情。你不必坐待好运到来，就会得到一个伟大的构想；你也不必接受错误的观念，认为除非公司里出现高瞻远瞩的魅力型领袖，否则就不可能成为高瞻远瞩公司。个中没有神秘的因素或深不可测的魔术，的确如此，一旦你学到基本要素，你和身边所有的人就可以开始努力工作，使公司成为一家高瞻远瞩公司。

插曲

太极生两仪

在本书以下部分，我们会持续运用中国二元哲学里的阴阳太极图。我们特意选择这个象征符号代表高瞻远瞩公司的一个关键要素。这些公司不用我们所谓的“非此即彼”来束缚自己——那是一种不能轻易接受矛盾的理性观点，认定两种表面冲突的力量或理念不能同时并存。非此即彼的二分法使大家相信事情非黑即白，因而有下述种种说法：

· 变革和稳定不能并存。

· 保守和勇猛不能并存。

· 低成本和高品质不能并存。

· 创新的自主性和一贯性及严格控制不能并存。

· 为未来投资和短期优异表现不能并存。
· 靠有秩序的规划追求进步和机会主义式的探索不能并存。
· 为股东创造财富和为人类行善不能并存。
· 理想主义（价值观导向）和务实主义（利润导向）不能并存。

高瞻远瞩公司不受二分法的限制，而是用兼容并蓄的方法让自己跳出这种困境，使它们能够同时拥抱若干层面的两个极端。它们不在非黑即白之间选择，而是想出方法，兼容黑白。

在我们阐述后面 8 章丰富的细节时，你会像我们在做研究时一样，遇到一系列的矛盾，一系列在高瞻远瞩公司里显而易见的冲突状况，例如，你会看到表 2.1 中所呈现的情况：

表 2.1　冲突状况

一方面	另一方面
利润之外的目的	务实地追求利润
相当固定的核心价值	勇猛的变革和行动
以核心为基础的保守主义	大胆、果断、冒险行动
清晰的愿景和方向感	机会主义式的摸索与实验
胆大包天的目标	渐进式的演变和进步
选择坚持核心价值的经理人	选择能诱导变革的经理人
理念的控制	拥有运作的自主性
极为严谨的文化（几乎像教派）	具有变革、行动与适应的能力
长期投资	要求短期业绩
达观、高瞻远瞩、面向未来	优异地执行实际日常营运
根据核心理念运作的组织	拥有适应环境的组织

此处我们不只是谈论平衡。“平衡”意味着中庸路线、彼此各半。高瞻远瞩公司不在短期和长期之间寻求平衡，追求的是短期和长期都有优异表现；高瞻远瞩公司不光是在理想主义和获利能力之间追求平衡，还追求高度的理想主义和高度的利润；高瞻远瞩公司不光是在严守核心价值与刺激勇猛的变革和行动之间追求平衡，而是两方面都做得淋漓尽致。简单地说，高瞻远瞩公司不希望把阴和阳混合成灰色，成为既非至阴、又非至阳、不清不楚的圆圈，而是同时和随时以阴阳区分目标。

不合理吗？大概是吧。罕见吗？不错。困难吗？绝对。可是正如斯科特·菲茨杰拉德点明的：“检验一流智力的标准，就是在头脑中同时存在两种相反的想法但仍保持行动能力。”这正是高瞻远瞩公司所具备的特质。

第3章

利润之上的追求

“我们的基本原则从创办人构思出来后，一直维持不变。我们把核心价值和实务分得清清楚楚，核心价值不改变，但是实务做法可以改变。我们也清楚地表明：利润虽然重要，却不是惠普存在的原因。公司是为了更基本的原因而存在。”

惠普前任 CEO

约翰·杨

1992年

“我们做的是挽救和改善生命的事业，所有的行动，都必须以能否圆满实现这个目标为衡量标准。”

《内部管理方针》

默克公司 1989年印行

“把利润放在人和产品之后是福特公司造就的奇迹。”

福特公司前任 CEO

唐·皮特森

1994年

默克公司创立100周年纪念时出版了一本书，名叫《价值观与梦想：默克百年》。你注意到什么了吗？书名根本没有提到默克做的是什么事。默克可以把书名定为《从化学品到制药公司：默克百年财务成就》，但是它没有这样做，反而去强调自己在100年历史里一直是由理想指引和激励的公司。1935年（在价值观宣言流行之前几十年），乔治·默克二世就阐述了这些理想。他说："在（我们）这一行工作的人真正受到了促进医学进步并服务于之的理想的激励。"到1991年——过了56年、整整三代领导人之后，默克的CEO罗伊·魏吉罗用同样的语气说道："最重要的是要记住，我们业务的成功意味着战胜疾病和帮助人类。"

有这些理想做背景，我们看到默克决定开发和捐赠美迪善这种药给第三世界国家对付"河盲症"（医学上称之为"盘尾丝虫病盲症"）就不会觉得惊异了。第三世界有上百万人感染河盲症，这种疾病是由大量寄生虫引起的，它们先是在人体组织里游动，最后转移到眼睛，造成令人痛苦的失明。100万个顾客是规模相当大的市场，只是这些人都是买不起产品的顾客。默克知道这个计划绝对不会有很大的投资回报（即使有的话），却仍然推动这个计划，希望产品检验通过后，某些政府机构或第三方会购买这种药品，分发给病人。但默克没有这么幸运，于是决定免费赠送药品给需要的人，且自行负担费用，直接参与分发的工作，以确保药品确实送到了受这种疾病威胁的上百万人手中。

问默克为什么决定推动美迪善计划，魏吉罗指出，若不推动生产这种药品的话，可能瓦解默克旗下科学家的士气——这些科学家服务的公司明确地认定，这是"挽救和改善生命"的事业。魏吉罗进一步指出：

我 15 年前第一次到日本时，日本的企业界人士告诉我，是默克在第二次世界大战之后把链霉素引进日本，消灭了侵蚀日本社会的肺结核。我们的确做了这件事，我们并没有赚到一分钱，但是，默克今天在日本是最大的美国制药公司，绝非偶然。(这种行为的）长期影响并非总是很清楚，但是，我认为多多少少它会有报偿的。

务实的理想主义

是默克的理想——自 20 世纪 20 年代以来一直明确阐释的公司自我形象，促成了关于美迪善的决定呢，还是默克做这个决定另有实用的理由，例如，追求良好的长期业务或良好的公共关系？我们的答案是二者都对。在这个决定中，默克的理想主义扮演了重要的角色，而且证据显示，默克一定会进行这个计划，不管是否能够替公司的业务创造长期好处。但证据同样显示，默克的行动是假设这种善意行动“多多少少……会有报偿的”。这是典型的兼容并蓄胜过非此即彼的例证。默克公司在创立以后的大部分时间里，都同时展现出对崇高的理想和本身的实际利益的追求。乔治·默克二世在 1950 年解释了这个矛盾：

我希望……表明本公司同人所必须遵循的原则……简要地说，就是我们要牢记药品旨在治病救人。我们要始终不忘药品旨在救人，不在求利，但利润会随之而来。如果我们记住这一点，就绝对不会没有利润；我们记得越清楚，利润就越大。

事实上，默克概述了最为高瞻远瞩公司的理念的本质，那就是务实的理想主义。我们的研究显示，高瞻远瞩公司能够奋勇前进，根本因素在于指引、激励公司上下的核心理念，亦即核心价值和超越利润的目的感。这种理念在很长的时间里一直相当固定。我们在本章中会用高瞻远瞩公司同时也是高效率的赚钱企业的事实，描述、证明和说明这个重要却矛盾的因素。

你或许会认为："像默克这样的公司，当然很容易声明和追求感召人心的理想——默克制造的药品确实能够治病救人，减轻大家的痛苦。"这样说很对，我们也同意。但是，和对照公司辉瑞制药相比，辉瑞和默克同属一种产业，同样制造治病救人、减轻大家痛苦的药品，我们却发现默克公司长久以来更注重以理念来驱策自我。

默克把描述公司历史的书定名为《价值观与梦想》，辉瑞则把说明公司历史的书定名为《辉瑞……非正式历史》；默克四代以来一直清楚地说明一组始终如一的崇高理想；而辉瑞，在20世纪80年代末期之前，我们找不到有类似讨论的证据，也找不到任何证据证明辉瑞有过可以与默克赠送美迪善或推广链霉素媲美的行为。

乔治·默克二世对利润采取一种矛盾的看法（"药品旨在救人……利润会随之而来"）。和默克二世同一时代的辉瑞制药总裁约翰·麦基恩却表现出一种比较偏颇的观点，他说："在人道之外，我们的目标是从所做的一切事情当中得到利润。"根据《福布斯》杂志一篇文章的说法，麦基恩相信"闲置资金是一种不事生产的罪恶资产"。默克保留资金，投资在新药品的研究和开发上面，麦基恩却发动狂热的购并热潮，在4年里买下了14家公司，多元地投资在农产品、女性化妆品、剃须产品和颜料色素等领域。为什么？为了赚更多的钱，而不顾业务的类别。麦基恩说："我宁可从 10 亿美元的销售额中赚取 5%，也不愿意从 3 亿美元（处方药）中赚取 10%。"在此，我们无意辩论策略问题（是靠购并进行多元化投资，还是靠研发推动专业和创新），但是，证据显示，辉瑞制药在这段时间里，表现出了比默克更纯粹务实、追求利润的倾向。

当然，像默克这样的公司有资格拥有崇高的理想。早在 1925 年，默克二世从父亲手中接过公司时，就已经拥有了极为成功的业务，财务后盾颇为雄厚，因此，似乎只有像默克这样极为成功、有能力宣称一种理念的公司才能奢谈崇高的理想吧？不对。我们发现，高瞻远瞩公司经常不是在成功以后才拥有崇高的理想，才有一种核心理念，而是在它们还在奋力求生存时就已如此。再看下面的两个例子：索尼创业期间和 1983 年福特转危为安时的情况。

井深大于 1945 年在日本战败后的废墟中创立索尼时，在东京市区一栋遭到轰炸和火烧的旧百货公司空荡的楼房里租用了一间废弃的电话总机房，靠 7 位员工和 1 600 美元的个人储蓄开始创业。他优先做的事情应该是什么？在残破的废墟中，他最先应该做什么？创造周转用的现金？想从事什么业务？推出产品，还是服务顾客？

井深大的确致力于这些工作（请回想第 2 章里失败的电饭煲、味噌汤和粗陋的电热毯），不过，他也做了别的事情——除了勉强应付日常的生存问题之外，他也做出企业家罕见的事情，替自己新创的公司确定了一种理念。1946 年 5 月 7 日，离他迁到东京不到 10 个月，而且远未赚到多余的周转资金之时，他就替公司制定了一份公开“说明书”，其中包括下述文字（实际文件相当长，以下只是摘译）：

> 如果能够建立一种环境，让员工能够靠坚强的团队合作精神团结在一起，并全心全意发挥他们的科技能力……那么，这种组织便可以带来说不尽的快乐和利益……志趣相投的人自然会结合起来，推动这些理想。

公司目标

- 构建一个工作场所，让工程师能够感受科技创新的欢乐，了解他们对社会的使命，并心满意足地工作。
- 动力十足地追求科技活动以及用生产来复兴日本和提升国家文化的行动。
- 把先进科技应用在公众生活中。

管理方针

- 我们要消除任何不当追求利润的行为，始终强调实用与根本的工作，而不是只追求成长。
- 我们欢迎科技上的难题，并且专注高度精密、对社会有重大用处的技术产品，而不计较数量的多寡。
- 我们要把强调的重点放在能力、表现和个人品格上，以便每个人在能力和技术上有最好的表现。

停下来想想：你知道有多少新创企业把这种理想主义的情操放进创业文件里？有多少公司的创办人还在拼命设法赚取足够的现金以支持下去时，就有这么宏大的价值观和归属感？有多少公司能在创立之初，对应该制造什么产品还说不太清楚的时候，就构想并宣示清晰的理念？（这里打个岔，如果你处在发展公司的初期，而且决定在事业有成之前暂缓表明公司的理念，或许你可以停下来考虑索尼的例子。我们发现，井深大在公司历史中这么早就提出的理念，在引导公司的前进上扮演了重要的角色。）

尼克·莱昂斯1976年在《索尼之梦》一书里指出，这份说明书里具体表现的理想“过去30年来一直是索尼的指导力量，即使在索尼以极为少见的惊人速度成长时，也只有少许的修正”。在井深大写下这份说明书40年后，索尼CEO盛田昭夫用简洁优美的声明重新阐述公司的理念，称之为“索尼的先驱精神”：

> 索尼是先驱，绝对无意追随别人。索尼希望借助进步造福全世界，始终做未知事物的探索者……索尼拥有尊敬和鼓励个人能力的原则……总是设法把一个人最好的东西引导出来。这是索尼公司的活力。

本研究中索尼的对照公司健伍则相反。我们试图直接向健伍索取一切能够描述公司哲学、价值观、梦想和理想的文件，健伍回答说没有这种文件，只送来最近几年标准的年报。我们尝试取得外人就这个主题所写的作品，也同样毫无收获。或许健伍像索尼一样，拥有持续一贯、始终奉行和可以追溯到公司创立时的理念，但是，我们却找不到任何有关的证据。关于索尼的理念，我们从其公司内部和外部都能够毫无困难地找到很多书籍、文章和文件，至于健伍，我们几乎找不到任何类似的出版物。

此外，大量的证据证明，索尼的理念直接转化为实务的特性和做法，例如，高度个人主义的文化、（比其他日本公司）倾向分权式的组织结构以及明显避开传统市场研发产品的做法。“我们的计划是用新产品引导市场，而不是询问顾客需要哪一种产品……我们不做很多市场研究，而是把一种产品做得尽量完美……并依靠教育大众，与大众沟通，设法创造这种产品的市场。”从这种由意识形态推动的实际做法里，索尼制定了一系列产销没有明确需要的产品决策，包括于1950年在日本推出第一部磁带录音机、在1955年推出第一部晶体管收音机、在1957年推出第一部袖珍型收音机，在1964年推出第一部家用录像机，以及在1979年推出索尼随身听。

索尼希望有成功的产品，不想当走向破产的先驱。然而，“索尼的先驱精神”起源于公司创立之初，建立于公司成为有获利能力的企业之前，而且将近半个世纪以来，这种精神基本不变，仍然是公司的指导力量。不错，索尼制造过粗糙的电热毯和味噌汤，以求生存（务实主义），但是也始终梦想和致力于做出先驱性的贡献（理想主义）。

现在看看处在另一个端点的公司，一家处于转型期的老巨人。20世纪80年代初期，福特汽车公司在日本竞争者的一再攻击下，遍体鳞伤，赤字累累，形势江河日下。请你设身处地替福特高级管理层想想，身为公司领导层，看着公司在3年里净亏损33亿美元（占公司净值的43%），他们应该怎么做？他们最优先做的事是什么？

福特的管理层自然火烧火燎般地展开了一连串紧急措施，以阻止公司继续失血，好稍事喘息。但是，他们也做了另一件事——面临重大危机时管理层该做的一件罕见的事情：他们暂停下来，澄清公司经营的指导方针。研究福特80年代转危为安并著书立说的罗伯特·舒克（Robert Schook）说：“目的是要创制一份清楚陈述福特公司立场的声明，讨论过程……常常像大学里的哲学课，而不像业务会议。”（我们找不到任何证据证明，面临相同产业困境、同样出现亏损的通用汽车曾经像福特在1983年所做的一样，暂时停下来，进行基本的哲学讨论。）也正是这个过程，产生了福特的“使命、价值观和指导方针”。福特前CEO唐·皮特森就此评论说：

> 大家花了很多时间来讨论人员、产品和利润的重要性，决定人员绝对应该列为第一（产品其次，利润第三）。

如果你熟悉福特的历史，很可能会怀疑这一次序。别误会我们的意思，纵观福特的整个历史，在劳资关系和产品品质方面，我们并不把福特当作模范。福特在20世纪30年代和劳工有过血腥而残酷的争执，70年代的Pinto车型发生过爆炸事故，这显然使福特的记录留下了污点。不过，我们找到了证据，证明福特管理层对“人员、产品、利润的重要次序”的思考重新唤起了亨利·福特拥护的意识形态，这件事可以追溯到公司早年。80年代使福特反败为胜的管理层不是在创造全新的理想，却有一部分是替长久以来已经沉睡的理想注入生机。亨利·福特曾经在1916年描述过公司早年的“人员、产品和利润”之间的关系：

> 我认为，我们的汽车不应该赚这么惊人的利润，合理的利润完全正确，但是不能太高。我主张最好用合理的小额利润，销售大量的汽车……因为这样可以让更多的人买得起，享受使用汽车的乐趣；还因为这样可以让更多的人就业，得到不错的工资。这是我一生的两个目标。

这是理想主义的呓语吗？这是安抚大众的虚假声明吗？或许是吧。但是，请记住，福特用大家买得起的 T 型车（国民车），改变了美国人的生活方式，这主要是得益于 1908—1916 年福特把汽车的价格降低了 58%。当时，福特的订单数量超过其生产能力，本来可以提高车价的，但福特先生却不断地降低价格，即使在遭到一位股东提出诉讼，反对他的这种做法之时，仍然如此。而且，在同一期间，他大胆采用工人日工资 5 美元的制度，大约是业界标准薪资的两倍，使产业界又惊又气。罗伯特·赖西在《福特传》里把这件事描述得很清楚：

> 《华尔街日报》谴责亨利·福特"即使不是犯罪，也是犯了经济上的重大错误"，说这种错误很快"会回过头来困扰他和他所代表的产业和组织化的社会"。这家报纸宣称，福特天真地希望改善社会，"把精神原则注入不属于他们的地方"，说这是一种极为可恶的罪行，而且业界领袖群起谴责"这个工业社会历来最愚蠢的尝试"。

有意思的是，亨利·福特推动"这个工业社会历来最愚蠢的尝试"，显然部分是受高度理想主义的哲学家爱默生的影响，特别是受他一篇题为"论补偿"的文章的影响。但是，福特不受"非此即彼"的限制，推动这种做法，也是因为他清楚地认识到工人一天赚 5 美元，加上较低的车价，会导致 T 型车的销售量大增。是实用主义吗？是理想主义吗？两者都是。

我们还是不希望在理念方面把福特描绘成与默克和索尼相同等级的公司，在这方面，福特的历史记录起伏不定的程度要大多了。但是，和通用汽车相比，福特受理念指引的程度的确高得多。

事实上，通用汽车代表了一个有意思的个案，显示仅仅有造钟的导向还不够。通用汽车的总设计师阿尔弗雷德·斯隆有明显而强烈的造钟导向，但是斯隆制造的时钟没有灵魂。他造出的是冷酷、不讲人情、没有人道精神、纯粹在商言商、完全务实取向的时钟。彼得·德鲁克细心研究过通用汽车和斯隆，然后写出巨作《公司的概念》。他在书里简要地说明了这种情形：

> 通用汽车公司这个机构的失败——的确是失败，大部分是一种可以称为“科技官僚”的态度造成的……斯隆的著作《我在通用汽车的岁月》是最好的例子……这本书的焦点完全放在政策、业务决策和结构上……或许这是有史以来最无私无我的回忆录。而这一点显然是故意的，斯隆的书……只知道一个方面，就是管理一家企业，使这家企业能够有效率地生产、提供就业机会、创造市场和销售额，并且产生利润。企业融入社区、企业是生活而不是维持生计的手段、企业是好邻居、企业是力量的中心——这些东西在斯隆的世界里完全没有。

德鲁克在他的大作《管理：任务、责任和实务》里补充说：“通用汽车始终沉迷在斯隆的理念里，而且从斯隆的观点来看，通用汽车的成功令人敬佩，但它失败得也很惨。”

核心理念：探索利润神话

默克、索尼和福特各自就一个常见的模式提供了不同的切面，这个模式就是：有一个核心理念，是高瞻远瞩公司历史发展中的首要因素。就像伟大的国家、教会、学校或任何经久不衰机构的基本理想一样，高瞻远瞩公司的核心理念是一组基本的准则，像基石一样稳固地埋在土地里，表明“这就是我们的真面貌，这就是我们的主张，这就是我们追求的东西”。就像具体表现在美国独立宣言里的指导方针（“我们认定这些真理是不言自明的……”），也像87年后在葛底斯堡演说里回响的指导方针（“一个以自由立国的国家，衷心拥护人类生而平等的主张”），对一家机构而言，核心理念是至为根本的东西，很少改变。

在若干案例中，如索尼，核心理念起源于创业时的根基；在某些案例中，如默克，核心理念来自第二代领导层；在别的案例中，如福特汽车公司，核心理念沉睡多年，到了后来才再度绽放光芒。但是，几乎在所有的案例里，我们都找到了证据，证明核心理念不仅仅形诸文字，也是重要的塑造力量。我们很快会更详细地探讨核心理念的细节，以及组成核心理念的两个部分——核心价值和目标，但是，我们首先要转而探究另一个最有趣的发现。

和商学院的教条相反的是，我们在大多数高瞻远瞩公司的历史中，并未发现“尽量扩大股东的财富”或“尽量扩大利润”是主要的动力或首要目标。它们通常追求一组目标，赚钱只是其中之一，而且不见得是首要目标。的确，对很多高瞻远瞩公司来说，业务一向不只是一种经济活动，不光是赚钱的方法。在大多数高瞻远瞩公司的历史中，我们发现一种超越经济因素的核心理念，而且，重要的是，它们拥有核心理念的程度远远超过我们研究的对照公司。

详细的配对分析显示，在18对公司中，有17家高瞻远瞩公司主要为理念所驱动，而不纯粹为利润目标所驱动（见附录3表

A.4）。我们发现，这是高瞻远瞩公司和对照公司最显著的差异之一。

我们当然不是说，高瞻远瞩公司对利润或股东的长期财富没有兴趣。不错，它们追求利润，可是它们也同样追求更广泛、更有意义的理想。扩大利润的目标并不主导一切，但是，高瞻远瞩公司是在能够获利的情况下追求目标的——它们同时达成两种目标。

> 利润是生存的必要条件，而且是达成更重要目的的手段，但是对很多高瞻远瞩公司而言，利润不是目的，利润就像人体需要的氧气、食物、水和血液一样，这些东西不是生命的目的。但是，没有它们，就没有生命。

以下是一些重要的例证，显示在我们的研究中，遍及各行业的高瞻远瞩公司，在程度上远比对照公司更能拥抱“兼容并蓄的融合法”，也就是同时拥抱理念和利润。

惠普与德州仪器

假设你是戴维·帕卡德，时间是 1960 年 3 月 8 日。你的公司三年前首次上市，电子革命已经把你的公司推上爆炸性成长的轨道。你一直在和快速成长所带来的问题和挑战做斗争。但是，你特别关心的是惠普公司能否发展出自行培养精明能干经理人才的能力（你相信，内部晋升制度是你的公司动能十足的关键因素）。因此，你创设培养惠普管理层的方案，认为这个方案是组织长期健全的基石，而且你正要对一群负责这个方案的惠普人发表谈话。你希望在他们的心里铭刻一种重要的信息，让他们在为培训一代又一代的惠普经理人设计各种方案时作为指导方针。你谈话的主题是什么？你希望这些训练人员牢记什么样的信息？

帕卡德在简短地表达了欢迎之意后，开始他的谈话。他说：

> 我首先想探讨一家公司存在的原因，换句话说，我们为什么会在一起？我想，很多人误以为公司存在的目的只是为了赚钱。这一点其实只是一家公司存在的一种重要结果，我们必须进一步深入地去发现我们存在的真正原因。在探讨时，我们不可避免地会得到一个结论：一群人结合在一起，以我们称之为公司的机构存在，是为了能够合力完成一己之力无法做到的事情——对社会做出贡献。这个名词听来平凡，却是根本因素……随处（整个企业界）都可以看到，有人只对金钱有兴趣，对其他一切事情都没有兴趣。但是，根本动力大部分来自能在其他方面做出成就的意愿，例如，制造一种产品，提供一种服务，大致上就是做一些有价值的事情。所以，我们把这一点记在心里，来探讨惠普公司存在的原因……我们存在的真正原因，是我们要提供一些独一无二（能做出贡献）的东西。

和帕卡德共过事的人描述他的管理风格是一种实际、脚踏实地、“卷起衣袖开始工作”的态度。他在大学时主修工程，不是要当哲学教授，但是，我们看到帕卡德深思我们称之为“公司存在主义”的理念，从哲学而非经济的角度思考他的公司“存在的理由”。根据帕卡德的说法，“实现利润不是管理层正确的目的和目标——仅是使所有正确目的和目标得以完成的手段”。

帕卡德明白地接受利润及非利润目的之间的紧张关系，完美地示范了“兼容并蓄的融合法”。他一方面清清楚楚表明，经营惠普应该“首先强调对社会做出贡献”，而且“我们的主要目标是设计、开发和制造最完美的电子（设备），以求促进科学发展和人类福祉”。另一方面，他同样清楚地表明，利润使惠普得以追求这些比较广泛的目的，“如果不能接受（利润）这个最重要的目标之一的话，任何人，无论是现在或是将来，在这家公司的管理队伍里都没有一席之地”。

此外，他把这一观点制度化，传承给约翰·杨（1976—1992年担任惠普的CEO）。杨在接受我们访问时，说了下面一段话：

> 尽量增加股东的财富一直是我们放在很下层的目标。没错，利润是我们所作所为的基础——是衡量我们贡献大小的指标，也是自立支持公司成长的手段——但它本身一向都不是重点。事实上，重点是求取胜利。胜利与否要由顾客的眼睛来判断，由你是否做了一些能够自豪的事情来判断。这当中有逻辑上的对称性，如果令真正的顾客感到真正的满意，我们就会获利。

我们在比较德州仪器和惠普时，审视了40多份历史文献和个案研究，却找不到半份声明说德州仪器是为了赚钱以外的目的而存在。这种声明可能存在，但是我们没有找到任何证据。事实上，德州仪器在界定自己时似乎完全以规模、增长率和获利能力为准绳——与帕卡德所说的“企业存在的理由”几乎毫无关系。德州仪器总裁哈格蒂在1949年为公司制定“格言”时说：“我们是优秀的小公司。现在，我们必须成为优秀的大公司。”这种专注于规模和成长，几乎不注重“理由”的执迷态度，在德州仪器的成长历史中从未改变过。例如，我们注意到，和惠普不同，德州仪器所有推动公司前进的目标都纯粹以财务上的成长为导向。

德州仪器的首要企业目标

销售额达到 2 亿美元（1949 年制定）。

销售额达到 10 亿美元（1961 年制定）。

销售额达到 30 亿美元（1966 年制定）。

销售额达到 100 亿美元（1973 年制定）。

销售额达到 150 亿美元（1980 年制定）。

公正地说，我们在很多高瞻远瞩公司，特别是沃尔玛，也发现同样的财务目标。但是，德州仪器和大多数高瞻远瞩公司不同，而且绝对和惠普不同，它似乎把财务上的销售目标作为唯一的动力，对于个中“理由”，似乎远不如其他公司那么强调。对德州仪器来说，越大就是越好。即使产品品质低劣，对科技毫无贡献，也不在乎。但是，对惠普来说，唯有在能够“做出贡献的架构下”，越大才会越好。例如，德州仪器公司在20世纪70年代生产便宜的袖珍型计算器以及 10 美元一只的一次性数字手表，显然是“大就是好”的策略；惠普面对同样的市场机会，却明确不追求便宜的低档产品，因为这些产品不能为科技做出贡献。

强生与百时美

强生公司像惠普公司一样，明白地宣扬理想重于利润，然后在这些理想的架构下，强调利润的重要性。1886 年罗伯特·约翰逊在创立强生公司时就以“减轻病痛”为理想目标，到 1908 年，他把这个目标扩大成一种企业哲学，把服务顾客和关心员工放在股东报酬之前。强生早期的研究经理弗雷德·吉尔默在20世纪初期解释了这种哲学如何界定研究部门的角色。他说：

> 这个部门不是靠任何狭隘的商业精神推动……不是为了发放股利或完全为了强生公司的利益工作，而是以协助医疗技术的进步为归宿。

1935年，小罗伯特·约翰逊在被他称之为“启发性自利”的哲学中，再度声明这些精神：“服务顾客是第一位的……服务员工和管理层其次……服务股东最后。”后来（1943年），他把服务社区加在名单里（仍然放在服务股东之前），并且把强生的理念归纳在《我们的信念》里，印在老式的羊皮纸上，采用和美国独立宣言相同的文字体例。他写道：“我们尽到这一切责任后，股东们应该得到公平的报偿。”虽然强生从1943年以来坚持定期检讨和略微改动这些有关信念的文字，但是从这个信念写就以来直到现在，根本理念始终不变，始终阐述从顾客到股东的责任梯次，并且明白地强调“公平”的报酬率，而不是强调“最大”的报酬率。

我们的信念

> 我们认为我们的首要责任是对医生、护士、医院、母亲和所有使用我们产品的人负责。
> 我们的产品必须始终维持最高的品质。
> 我们必须不断致力于降低这些产品的成本。
> 我们的订单必须迅速而精确地完成。

我们的经销商必须赚取公平的利润。

我们的第二个责任是对和我们一起工作的同人——对在我们的工厂和办公室里工作的男士女士负责。
他们在工作上必须有安全感。
工资必须公平而适当，管理层公正，工时合理，工作状况整洁有序。
员工应该有一个有组织的建议和申诉制度。
监督人员和部门主管必须合格，心态必须公平。
够格的人必须有晋升的机会，在考核一个人时必须以个人的尊严和品德状况为根据。

我们的第三个责任是对我们的管理层负责。
我们的经理人必须有才能、受过教育、有经验和有能力。
必须是具备常识、能为他人着想的人。

我们的第四个责任是对我们所在的社区负责。
我们必须做个好公民——支持正义和慈善事业，而且依法纳税。
我们有幸使用的房产必须维持良好的状态。
我们必须提倡改善市政，提倡卫生、教育和清廉的政府，并且让社区熟悉我们的活动。

我们的第五个即最后一个责任，是对股东负责。
企业必须赚取相当利润。

必须保障储备金，必须进行研究，开发有冒险精神的项目，支付犯错的代价。

必须为逆境预做准备，支付税款，购买新机器，构建新厂房，推出新产品，制订新的销售计划。

我们必须实践新的构想。

我们尽到这一切责任后，股东们应该得到公平的报偿。

我们决心在慈悲的上帝的协助下，尽我们最大的力量完成这些义务。

这是小罗伯特·约翰逊1943年写就的第一份关于信念的文字。

20世纪80年代初期，CEO吉姆·伯克估计，他当CEO期间40%的时间用来和公司上下沟通这一信念。他如此说明这个信念和利润之间的互动关系：

我们的管理层在日常业务上全以利润为导向。这是在业务上就事论事的一部分。但是，在我们这一行和其他行业，大家通常这样想："我们最好这样做，因为如果不这样做，后果就会在短期报表上表现出来。"而这份文件（强生公司的信念）使他们可以说："等一下，我不必这样做。"管理层告诉过我，他们……希望我在这一套原则下做事，所以，我不必随俗起舞。

我们发现，在接受理念指引方面，百时美远远不如强生公司。强生早在40年代之初就把公司的信念正式刊印，而且回溯到20世纪初就对公司的信念有明确的意识。我们发现，在1987年百时美发布《百时美誓言》前（看来有抄袭改写强生信念之嫌），找不到任何证据显示百时美有与强生信念类似的东西。我们也找不到任何证据显示这份誓言在百时美公司得到了贯彻，成为其指导性文件。强生公司的员工能明确说出公司信念和重大决定之间的关系，而我们在百时美员工身上，没有看到同样的情形。

哈佛商学院曾经用个案研究，探讨强生如何把信念化为行动，如何落实在组织结构、内部计划程序、福利制度、战略性业务决策以及危机时的有形指导方针里。例如，强生在 1982 年遭遇“泰诺”危机时就用这套信念作为应对基础。当时，在芝加哥地区有 7 人死亡，调查显示有人（不是公司员工）动过泰诺药瓶，在药里掺了氰化物。虽然只有芝加哥地区发生了死亡事件，强生公司却立刻从整个美国市场收回了所有的泰诺胶囊，估计花了 1 亿美元的费用，并且发动 2 500 人参与沟通行动，警告大众并处理这个问题。《华盛顿邮报》报道这个危机时写道：“强生公司成功地向大众显示，它愿意不计成本，为所当为。”

泰诺危机发生后没有多少天，百时美面临一个几乎相同的问题，该公司的“爱西特”药片在丹佛地区被人动了手脚。百时美不像强生从整个美国市场收回所有的药品，只是收回在科罗拉多州出售的药品，而且没有发动警告公众的行动。自称是“深思熟虑、讲究细节的经理人”的百时美的董事长理查德·盖尔布，很快在邓白氏公司的《商业月刊》里强调爱西特事件“对百时美的赢利能力几乎毫无影响”。强生有一套成文的理念指导公司应对危机（无论好坏），而百时美却缺少同样的指导方针。

波音与麦道

在波音公司的整个历史中，比起麦道公司，它制定重大决策更深地依据其自视甚高的理想化观点，同时也依据其战略性的务实主义。波音的特殊之处，是拥有冒着巨大风险豪赌、制造更大和更先进飞机的长久历史。这些豪赌都得到了回报，使波音成为高度获利的公司（比麦道获利更高），这些决定的确是务实的决策。但是，证据显示，波音从根本上讲，并非只追求利润——无论是长期的或其他的利润；波音一向追求成为航空先驱——追求制造大型、高速、先进、性能更好的飞机，追求开拓航空科技的新领域，追求冒险、挑战、成就和贡献，追求正确的道路。如果没有利润，波音显然不能追求这些目的。但是利润不是一切事情的“理由”，就像查克·耶格尔不是完全为了金钱做试飞员一样。1945—1968 年任波音 CEO 的艾伦曾经谈及波音的工作目的：

> 波音公司总是面向明天。要达成这一点，唯有依靠生活、呼吸、吃饭和睡觉都念念不忘自己所作所为的人……（我有幸）和一大群知识丰富，热心奉献，吃饭、呼吸和睡觉都念念不忘航空事业的人成为同事……人类的目标应该是有机会达成更大的成就，提供更多的服务；人生所能提供的最大乐趣，是参与一种艰苦和有重大建设性任务而带来的满足。

以波音决定制造波音 747 喷气式客机为例。不错，波音的确有经济上的动机，但是也有非经济上的动机。波音制造 747 的原因是兼顾自我形象和追求利润，因为波音公司相信自己应该站在空运时代的最前列。为什么要制造 747？“因为我们是波音公司！”波音董事克劳福德·格林沃尔特问一位高级经理，倡议建造 747 所预测的投资回报率如何，这位经理告诉他，他们做过一些研究，但是记不得结果了。罗伯特·瑟林在《传奇与传承：波音公司的人与事》这本书里写道："格林沃尔特把头埋在桌上，喃喃说道：'天啊，这些家伙竟然不知道这个项目的投资回报如何。'"

摩托罗拉与顶峰

摩托罗拉公司创办人高尔文把利润看成追求公司目标的必要手段，而不是最终的目标。不错，他不断地督促手下的工程师降低成本，同时改善品质，以便为公司提供获利基础。他同样认为，企业人士需要赚取利润，以便从自己的努力中得到满足。但是，他从来没有让利润变成公司至高无上的首要目标——他还认为任何公司都不应该如此。在20世纪30年代的"大萧条"期间，摩托罗拉还是一家挣扎求生存的新公司，同业习惯的做法是向经销商提供虚假的财务情况，宣传夸大产品的好处。高尔文承受到采取同样做法的压力，他的应对方式是不加理会。"告诉他们真相，"他说，"第一是因为这是应该做的正确事情，第二是因为他们早晚都会发现真相。"高尔文的反应再度展现本研究中许多高瞻远瞩公司的二元性质——务实的理想主义，但它们不完全是理想主义，也不完全是务实主义，它们兼容并蓄。

> 摩托罗拉之类的高瞻远瞩公司，不认为必须在遵循价值观和务实之间做出抉择；它们认为，寻找务实的解决方法，同时遵循核心价值行事是一种挑战。

此外，高尔文把这种矛盾的观点制度化，使之成为摩托罗拉世代的指导方针。到1991年，罗伯特·高尔文（保罗·高尔文的儿子和继承人）写了一系列的文章给员工，谈论"我们的立场和存在的意义”。他在31篇文章里探讨了创造力、更新能力、顾客的彻底满意程度、品质、伦理、创新和类似主题的重要性，却没有一次提到尽量提高利润，也没有暗示这是公司根本的目的或是一切所作所为的“根本原因”。摩托罗拉的正式宣言和上述精神一致，记载在一份内部出版物中，叫作《我们的立场：目的、原则及伦理宣言》。这份宣言把利润和更广大的目的合为一体，追求适当的利润（不是最大的利润）处于次要而非主要地位：

> 摩托罗拉的目标是以公平的价格向顾客提供品质优异的产品和服务，光荣地服务于社会；以赚取企业成长所需的行之有效的利润，并为我们的员工和股东提供机会，以求达成合理的个人目标。

相形之下，在顶峰，“指挥官”麦克唐纳没有为公司留下一种长盛不衰的理念。在麦克唐纳当家的时代，公司的主要目的似乎是成为创办人的玩具和舞台。在麦克唐纳去世后，公司几乎没有任何指引或激励方向，陷入停滞不前的状况，降格到典型的纯粹追求利润的地步。我们在检视有关摩托罗拉和顶峰的文章时，注意到谈论摩托罗拉的文章不断强调公司“无形的”层面：不拘一格、平等主义、科技上的进取精神、乐观主义、永远前进等等；然而，谈论麦克唐纳死后顶峰情况的文章则更强调财务状况、市场占有率以及其他纯属财务方面的事项。我们在顶峰没有发现和摩托罗拉“我们的立场”相似的文件。事实上，我们发现，1958年麦克唐纳去世后，顶峰除了追求提高市场占有率和最高的利润外，没有任何重要的理念。

万豪与豪生

与摩托罗拉和惠普两家公司一样，万豪酒店明白地接受了务实理想主义的矛盾。有人问老威拉德·马里奥特，他创办万豪酒店，是要赚100万美元还是要建立一个帝国，他回答说：

> 不，根本不是。我心里只是有三个一贯的构想，三者同等重要：第一是对我们的客人提供友善的服务；第二是以合理的价格提供高品质的食物；第三是尽我所能日夜努力工作，赚取利润……我希望收获成长带来的报酬，包括给更多的员工工作机会，有钱照顾我的家庭，并且对好的宗旨有所贡献……服务业是有很高回报的行业，对社会有很大的贡献。为离家在外的人提供一顿好吃的饭、一张舒适的床、友善的待遇……让离家在外的人觉得置身于朋友当中，而且真正受人欢迎，是很重要的事。

像前面提到的例子一样，马里奥特把这个观点制度化，以便在他去世后仍然能够流传久远。他创设复杂的甄选员工和灌输理念的程序，以强化员工是第一流人才、顾客是贵宾的理念；创立管理发展计划，以确保经过马里奥特理念训练的管理人才源源不绝。他细心培养儿子兼继承人小威拉德·马里奥特，不但教导他经营公司的实际业务，也教导他传承公司的价值观。1991年一篇文章评论说："在庄严的气氛下，万豪酒店的经理们遵循了威拉德1964年在儿子成为执行副总裁时写给他的'管理指导方针'。"我们发现了那封长信的复本，注意到那些方针和20年后他儿子主张的方针非常相似。

表 3.1

1964 年	1984 年
老威拉德 · 马里奥特	小威拉德 · 马里奥特
人是最重要的——他们的发展、忠诚度、兴趣、团队精神……（他们的）发展是你首要的任务……要看到人的长处，教他们技术，协助他们成功	我们从事和人有关的事业……要教导、协助和关心他们，给他们以公平的待遇，使他们设法发展这些特质，成为赢家
要授权并且担负起成败的责任，如果……一个员工很明显地不能胜任他的职务，你应该替他另外寻找一个适合的工作，否则就开除他，别犹豫	吸纳优秀的员工，期待他们有出色的表现。如果你的选择有误，就尽快并公正地解雇他
管理你的时间……使工作时的每分钟都顺利运行……保持幽默感，使业务成为你和其他人的兴趣	努力工作，但是要有乐趣，做事和完成任务是乐事，个中关键是要保持这种状态

小马里奥特遵循他父亲数十年前为公司奠定的指导原则，表示驱动公司的主要因素“不是金钱”，而是把工作真正做得很好而产生的自豪感和成就感。他指出，只要尽力照顾员工，提供体现顾客价值的服务（对待他们像贵宾一样），“诱人的”（不是“最大的”）股东报酬就会自然地随之而来。

虽然证据显示，老霍华德 · 约翰逊也有一种理念（强调一贯性和品质），我们却没有找到任何证据显示他把这种理念传承给他的儿子（兼继承人），或是以其他方式把他的理想铭刻在公司里，成为一套长盛不衰的原则。从第一代到第二代，没有任何传授理念的记录，也不像马里奥特那样刻意挑选理念式的人才和灌输理念程序的记录。到 20 世纪 70 年代中期，小霍华德 · 约翰逊采用一种偏激的、纯粹以财务为重点（追求成长和投资回报率）的方针积极经营豪生酒店，丝毫或根本不强调顾客或员工。根据三篇不同的文章（两篇出自《商业周刊》，一篇出自《福布斯》杂志）的报道，豪生酒店用昂贵但质量一般的食物、差劲的住宿设备和缓慢、冷漠的服务压榨困在高速公路上的旅客。最后小约翰逊以 18 倍本益比的高价把公司卖给了一位英国投资者。

菲利普·莫里斯与雷诺公司

和雷诺公司比较，我们在菲利普·莫里斯发现的证据显示，这家公司在一套理念的架构下规范地工作，而不只是尽量扩大股东的财富。菲利普·莫里斯公司副董事长罗斯·米尔希泽在 1979 年说过：

> 我喜爱香烟。香烟是使人生真正值得继续下去的东西之一……香烟提供了某些欲望、某些基本的人性因素（层面）。人性因素总是设法自行平衡，香烟在其中扮演了某种角色。

是理念还是自欺的错觉？或者只是优异的公共关系？我们不可能分辨清楚。但是我们在菲利普·莫里斯公司，发现了一种团队精神和共同目的的意识，而我们在雷诺公司过去 30 年的历史中根本找不到这种东西。菲利普·莫里斯的经理们对他们的香烟所表现的热情，远远超过雷诺公司的经理们；菲利普·莫里斯的经理们在他们维护香烟的意识上表现出极为强烈的反抗精神。雷诺公司的员工大约在 1960 年以后，除了把香烟当作一种赚钱的工具外，似乎就不再关心他们的产品了。根据雷诺公司董事长在 1971 年的谈话，如果公司不能再卖出香烟，替股东多赚些钱，那也没什么关系。他和米尔希泽不同，对香烟没有一种意识上的忠诚。

菲利普·莫里斯的经理们恰好相反，几乎以理直气壮的道德含义来界定为香烟奋斗的战争。他们据此声明：我们有权吸烟，这是自由选择的问题。别拿走我们的香烟，别压制我！我们在查阅有关菲利普·莫里斯的文章时，注意到该公司很多经理的照片，都是摆出叛逆不羁的姿势，手里拿着香烟，看着照相机，神情传达出“要我放下这根香烟，想都不要想”的意思。《财富》杂志有一篇文章指出：

> 一种近乎顽抗的吸烟文化渗透了经理们所在的楼层，这里的居民从口袋里拿出那种往后一推就开的香烟盒……点上火……然后把香烟盒抛到桌上，让大家都看得到。

实际上，他们就好像把自己看成孤独、勇猛而独立的牛仔，好似描绘在无所不在的万宝路广告牌上的牛仔。一位菲利普·莫里斯前员工描述说，在公司工作好比加入了“吸烟教派”，她还告诉我们，说公司强迫她和同事把一盒盒的香烟和薪水一起带回家。菲利普·莫里斯一位董事告诉我们（手上还把玩着一盒过滤嘴香烟的烟盒）：“我真的喜欢担任菲利普·莫里斯的董事。它的确是一家好公司。我的意思是它确实是一家伟大的公司，担任董事就像身为某种真正特别、真正自傲的东西的一部分。”《福布斯》杂志 1971 年有一篇文章在谈及菲利普·莫里斯董事长约瑟夫·卡尔曼时写道：

> 很多人厌恶卡尔曼，因为他以侵略性的方式为吸烟辩护。他没有为香烟道歉，反而指出“吸烟有益”精神健康。

请别误解我们的意思，我们不认为菲利普·莫里斯所做的事是为人类谋福利的工作。菲利普·莫里斯的理念，主要和个人的选择自由、首创精神、努力工作、机会根据能力而来、争取胜利和不断改进有关——完全是因求好心切，而把业务做得特别好。而且不断地进步，以便赢得尊严、骄傲。迈克尔·迈尔斯在1991年成为菲利普·莫里斯的CEO。《财富》杂志曾经描述他“沉迷业务成痴……务实、无情、专注……冷血”，是一个“生活中每一分钟都想到业务的人”。迈尔斯说过：“我看不出（香烟）事业在道德上有什么不对的地方……我看不出销售大家不需要的产品有什么不对的地方。”这不是特别“软性”或“合乎人道精神”的价值观，而且香烟毕竟不能治疗河盲症。但是——这一点或许让你惊讶（的确让我们讶异），我们发现，菲利普·莫里斯和默克一样，拥有和强烈的核心理念有关的团队精神。不错，菲利普·莫里斯的理念和默克的差异极大，但是，在理念指引公司这一点上，两家公司都远远超过它们的对照公司。在这个重要层面上，过去40年来，菲利普·莫里斯和默克的相通之处比它和雷诺公司还多，默克和菲利普·莫里斯的相通之处也比它和辉瑞制药的多。

有普泛的“正确”理念吗

就产品对大家的影响而言，默克和菲利普·莫里斯是处在两个极端的两家公司。两家公司都是高瞻远瞩公司，由强而有力但差异极大的理念指引。这一事实引发出若干有趣的问题：有没有一种“正确的”核心理念，可以造就高瞻远瞩公司？意识形态的内涵很重要吗？在各家高瞻远瞩公司的核心理念中，有没有任何共通的要素或普遍的形态？

我们在研究高瞻远瞩公司的核心理念时发现，虽然有一些要点出现在不少高瞻远瞩公司里（例如贡献、团结、尊重员工、服务顾客、走在创造或领导的前列、对社区的责任），却没有任何一点普遍而一贯地出现在所有公司里。

· 有些公司，像强生和沃尔玛，把顾客当作公司理念的核心，其他公司，如索尼和福特汽车却并非如此。
· 有些公司，像惠普和马里奥特，把关心员工当作公司理念的核心，其他公司，如诺思通和迪士尼却并非如此。
· 有些公司，像福特汽车和迪士尼，把产品或服务当作公司核心理念的重点，其他公司，如 IBM 和花旗银行却并非如此。
· 有些公司，像索尼和波音，把大胆的冒险当作公司理念的核心，其他公司，如惠普和诺思通却并非如此。
· 有些公司，像摩托罗拉和 3M，把创新当作公司理念的核心，其他公司，如宝洁和美国运通却并非如此。

总之，我们并未发现任何与成为高瞻远瞩公司息息相关的特别理念。我们的研究显示，理念的真实性和公司连续一贯符合理念的程度要比理念的内容重要。

换句话说，不管你喜不喜欢或同不同意菲利普·莫里斯的理念，都没有什么差别——除非你是替菲利普·莫里斯工作。外人是否同意默克的理念，或马里奥特、摩托罗拉、迪士尼、惠普的理念，也没有什么关系。我们的结论是，关键问题不在于公司是否有“正确的”核心理念，或者是否有“让人喜爱的”核心理念，而在于是否有一种核心理念指引和激励公司的所有人。

表 3.2　高瞻远瞩公司的核心理念

公司	核心理念
3M	•创新；"你不得扼杀一个新产品的创意" •绝对正直 •尊重个人的首创精神及个人成长 •宽容诚实的错误 •产品质量及可靠性 •"我们的真正业务是解决问题"
美国运通	•英雄式的顾客服务 •世界性的服务可靠性 •鼓励个人的首创精神
波音	•领导航空工业；永为先驱 •应付重大挑战与风险 •产品安全与品质 •正直与合乎伦理的业务 •"吃饭、呼吸、睡觉念念不忘航空事业"
花旗银行	•扩张主义：在规模、服务种类、地区设点方面采取扩张主义 •遥遥领先：例如最大、最好、最能创新、获利最高 •自主与企业精神（通过分权） •实力主义 •积极进取与自信
福特汽车	•人员是我们的力量源泉 •产品是"我们努力的终端成果"（我们以汽车为业） •利润是必要的手段与衡量我们成就的指标 •以诚实及正直为基础 （注：这是 20 世纪 80 年代福特公司《使命、价值观和指导方针》文件中的次序，在福特公司不同的历史阶段，次序有所不同。）
通用电气	•以科技及创新改善生活品质 •在对顾客、员工、社会与股东的责任之间求取互相依赖的平衡（没有明确的等级之分） •个人责任及机会 •诚实与正直

（续表）

公司	核心理念
惠普	•给我们从事的领域贡献技术（我们公司存在的目的是要做出贡献） •尊敬惠普人并给予他们机会，包括共享企业成功的机会 •对我们所在的社区奉献与负责 •提供顾客负担得起的高品质产品 •利润与成长是使所有其他价值观与目标可能实现的手段
IBM	•给予每个员工充分的考虑 •花很多时间使顾客满意 •坚持到底把事情做好，追求卓越
强生	•公司存在的目的是要“减轻病痛” •“我们的责任层次分明：顾客第一，员工第二，整个社会第三，股东第四”（参见本章前面所刊公司信念） •根据能力给予个人机会与报酬 •分权＝创造力＝生产力
万豪	•友善的服务与绝高的价值（顾客是贵客）；“让离家在外的人觉得置身于朋友当中，而且真正受人欢迎” •人员第一，善待他们，寄予高度期望，其余一切会随之而来 •努力工作，但保持工作乐趣 •不断自我提高 •克服逆境，建立格调
默克	•“我们做的是挽救和改善生命的事业。我们所有的行动都必须以达 成这个目标的成就来衡量。” •诚实与正直 •企业社会责任 •以科学为基础，力求创新，不事模仿 •在公司的所有层面追求完美 •追求利润，但利润须来自有益人群的工作
摩托罗拉	•公司存在的目的是“以公平的价格向顾客提供品质优异的产品和服务，光荣地服务于社会” •不断进行自我革新 •发掘“我们内部潜藏的创造力” •不断改进公司的一切作为：创意、品质与顾客满意度 •以尊严对待每一位员工，视之为个体 •在业务的所有层面追求诚实、正直、合乎伦理
诺思通	•服务顾客最优先 •努力工作，追求生产效率 •不断改进，永不满意 •追求完美名声，让自己与众不同

（续表）

公司	核心理念
菲利普·莫里斯	•捍卫个人自由选择（吸烟、购买想买的东西）的权利 •争取胜利：追求至善与击败别人 •鼓励个人首创精神 •根据能力给予员工达成成就的机会，不以性别、种族或阶级为根据 •努力工作，不断自我提高
宝洁	•产品完美 •不断自我提高 •诚实与公平 •尊重与关心个人
索尼	•体验以“科技进步、应用与创新”造福大众的真正快乐 •提升日本文化与国家地位 •做先驱：不追随别人，但是要做不可能的事情 •尊重、鼓励每个人的能力和创造力
沃尔玛	•“我们存在的目的是向顾客提供物有所值的东西”：用比较低的价格和比较多的选择改善他们的生活，其他一切都属次要 •力争上游，对抗凡俗之见 •和员工成为伙伴 •热情、热心、认真工作 •精简经营 •永远追求更高的目标
迪士尼	•不容有犬儒主义式的嘲笑态度 •狂热地注意一贯性与细节 •以创造力、梦想与想象力不断追求进步 •狂热地控制与保存迪士尼的“魔力”形象 •“带给千百万人快乐”，并且歌颂、培育、传播“健全的美国价值观”

注：上表代表本研究里每一家高瞻远瞩公司历史中一贯的意识形态，这不是修改这些公司最近有关价值观、使命、愿景或声明的文件（如果有的话），我们绝对不是只依靠一个来源而是在很多代的 CEO 中寻找历史的一贯性

言还是行

我们怎么能确定高瞻远瞩公司的核心理念不只是好听的口头禅？不是没有约束力的言辞？不只是用来安抚、玩弄或误导的言

辞？我们有两个解答。

首先，社会心理学的研究强调指出，当人们公开拥护一种特别的观点时，即使他们以前不主张这种观点，在行为上也可能远比以前更符合这种观点。换句话说，声明一种核心理念的事实（高瞻远瞩公司这样做的情形远超对照公司），会影响行为去配合这种理念。

其次，更重要的是，高瞻远瞩公司不只是宣布一种理念，它们也采取很多步骤，使之贯彻于组织上下，并且超越任何个别的领袖。我们在后面的章节会说明：

- 高瞻远瞩公司和对照公司相比，会比较彻底地对员工灌输核心理念，创造出极其强而有力、几乎成为教义般环绕这种理念的文化。
- 高瞻远瞩公司和对照公司相比，会比较谨慎地根据是否符合核心理念来培养和选择高级管理者。
- 高瞻远瞩公司和对照公司相比，在诸如目标、策略、战术和组织设计等方面，比较能够一贯地配合核心理念。

当然，高瞻远瞩公司经常会发现，要维持和实践自己的理念并非易事。通用电气 CEO 韦尔奇描述过，在实用主义和理想主义的紧张之间生存，也就是在他称之为“数字和价值观”的冲突之间行事，的确困难重重。

> 谈及数字和价值观，我们并没有最后的答案，至少我自己没有。对于完成绩效并且与和我们的价值观一致的人，可以不断前进和爬升；对于未完成绩效但和我们价值观一致的人，可以再给他们一次机会；既没有共同的价值观又没有绩效的

人，也很好办。问题出在不认同我们的价值观却有绩效的人……我们设法说服他们，只能和他们搏斗，并为这些人烦恼不已。

事实上，我们发现，高瞻远瞩公司本身并非总是自己理念的典范。例如，通用电气在20世纪50年代和60年代，就有一些违反伦理和法律的罪行，包括1955年和几家电力公司共谋，涉嫌参与一件投标舞弊案。宝洁在1991年借助阴险的手段，取得辛辛那提的电话记录，以便追查（大概想惩罚）泄露消息给《华尔街日报》的公司雇员，从而明显违反公司津津乐道的“尊重个人”的价值观。即便是拥有著名信念的强生，也有几次必须奋力维护公司的理念，继续作为塑造力量的记录。1979年，也就是罗伯特·约翰逊写下这份信念的36年后，强生公司为了这份信念，自行展开一次全面探索和思考的过程。当时担任CEO的伯克说：

> 我的前辈热情地相信这份信念，但是（1979年时的）经理并非一致遵循……所以，我召集了大约20位重要的经理，质问他们：“这是我们的信念。如果我们不再遵循它，就把它从墙上扯下来……我们要么继续遵循，要么就把它丢掉。”到会议结束时，这些经理对这份信念的了解和热心都大为增加。然后，（我们）在世界各地，和一拨一拨的经理开会，强调这份信念的存续。

高瞻远瞩公司并非一贯都是完美无缺的，但是，就像强生重新确认其信念，通用电气在绩效和价值观之间挣扎一样，高瞻远瞩公司通常都极力强调拥有核心理念，并且大力保存核心理念作为重要的塑造力量。而且，这又是关键要点，他们这样做的情形，远比本研究中的对照公司多很多。

CEO、经理人与创业家指南

建立高瞻远瞩公司关键的第一步是：清楚表明一种核心理念。我们根据高瞻远瞩公司的范例，拟定一个核心理念的定义，定义由两部分组成。和我们合作的公司发现，这个定义在它们制定自己的理念时，是很有用的指导。

表 3.3 核心理念

核心理念 = 核心价值 + 使命	
核心价值 =	组织长盛不衰的根本信条，即少数几条一般的指导原则；不能与特定的文化或作业方法混为一谈；也不能为了财务利益或短期权益而自毁立场
使命 =	组织在赚钱之外存在的根本原因——地平线上恒久的指引明星，不能和特定目标和业务策略混为一谈

核心价值

核心价值是组织长盛不衰的根本信条，不能为了财务利益或短期权益而自毁立场。IBM 前 CEO 小托马斯·沃森曾经谈及核心价值（他称之为信念）。他在 1963 年撰写的《一个企业的信念》说：

> 我相信一家公司成败之间真正的差别，经常可以归因于公司激发了员工多大的精力和伟大的才能，在帮这些人找到彼此共同的宗旨方面，公司做了什么？……公司在经历代代

相传和发生各种变化时，如何维系这种共同的宗旨和方向感？……（我认为答案在于）我们称之为信念的力量，以及这些信念对员工的吸引力。我坚决相信任何组织想继续生存和获致成功，一定要有健全的信念，作为所有政策和行动的前提。其次，我相信企业成功最重要的唯一因素，是忠实地遵循这些理念……信念必须始终放在首位，如果政策、做法和目标似乎违反根本信念，它们就必须改变。

在大部分的案例中，核心价值可以升华为打动人心而单纯的信念，提供实质指引。看看沃尔顿是如何说明沃尔玛的第一个核心价值的："（我们把）顾客放在前面……如果你不为顾客服务，或不支持为顾客服务的人，那么我们不需要你。"看看詹姆斯·甘保是如何简洁陈述宝洁注重产品品质和诚实经营的核心价值的："如果不能制造足斤足两的纯粹产品，就去做别的正事吧，即使是去敲石头也好。"看看惠普前 CEO 杨是如何说明惠普风范的简单性质的："惠普风范的根本意义是尊重和关心个人，是说'己所欲施于人'。其实全部的意义尽在于此。"核心价值可以用不同的方法陈述，但始终是简单、清楚、直接而有力的。

高瞻远瞩公司通常只有几个核心价值，介于 3~6 个之间。事实上，我们发现，没有一家高瞻远瞩公司的核心价值超过 6 个，而且大多数公司都少于 6 个。我们的确应该期望如此，因为只有少数价值是真正的核心价值，是至为根本、深植在公司内部的，变动或妥协的机会极为稀少。

对于你在自己的组织里宣示的核心价值，这一点是很重要的启示，如果你列出的价值超过五个，你可能抓不住真正的核心价值；如果你已经有一份公司价值观宣言，或是正要新创一份宣言，你可能会自问："这些价值当中，哪些是我们决心勉力遵循的？不管外在环境怎么变化，即使环境不再利于我们拥有这些价值，甚至使我们受到惩罚，我们依然如此？"这些问题可以协助你认清哪些是真正的核心价值。

有一点很重要，就是我们极力鼓励你不要照搬高瞻远瞩公司（见表3.1）的核心价值，作为你组织的核心价值。核心理念并非来自模仿其他公司的价值观——即使模仿高瞻远瞩公司的价值观也不行。核心理念并非来自追随外人的指令，并非来自研读管理书籍，并非来自纯粹的智力运作，以便"计算"什么价值观最务实、最通俗或最能获利。在制定核心理念时，关键步骤是抓住自己真正相信的东西，不是抓住其他公司定为价值观的东西，也不是外在世界认为应该是理念的东西。

重要的是，要了解核心理念是以内在要素而存在，大致不受外在环境左右。美国开国先贤们灌输自由平等的核心理念，不是因为环境要求他们这样做。他们也不预期美国会因为环境的变化而放弃这些基本的理想，他们当时料想自由平等是跨越时空、不受环境左右的理想（他们认定这些是不辩自明的真理）——是未来世世代代始终要致力追求，又可以提供指引和激励的理想。这种情形在高瞻远瞩公司里也一样。

在高瞻远瞩公司里，核心价值不需要理性或外界的肯定，也不会随着当时的趋势和流行摇摆，甚至不会跟着市场情势的变化而改变。

小罗伯特·约翰逊在写下强生的信念时并不是基于一种结合

信念和利润的理论，也不是因为他在哪里读到一本书，而是因为公司体现了他内心深深拥护、希望保存的信念。默克深深相信药物是用来济世救人的，他希望每一个默克人共同拥有这个信念。小沃森描述说，IBM的核心价值“深深铭刻在我父亲的骨子里”，就他父亲而言，这些价值观是生命的准则——要不惜一切代价保存，要向别的人推荐，要在一个人的事业生涯里一心奉行。

帕卡德和休利特并没有预先“规划”惠普风范或惠普的“经营理由”，他们只是深信企业应该以某种方式构建，并且采取实际的步骤宣示和传播这些信念，以便保持并作为行动根据，而且他们使这些信念不受平庸而流行的管理思潮左右。我们在查看惠普的档案时看到帕卡德所做的下述声明：

> （1949年）我参加一次企业领袖的会议，在会议上表示管理层除了替股东赚钱之外，还有另一种责任，我说我们……对员工的责任是承认他们作为人的尊严，以及确保他们应该分享由于自己努力而获得的成就。我还指出，我们对顾客、对整个社会也有责任。会议上没有人同意我的观点，这让我觉得讶异和震惊。他们相当礼貌地表示不同意。态度相当明显，他们坚决相信我不是他们中的一分子，显然不够资格管理一家重要的公司。

休利特、帕卡德、默克、约翰逊和沃森并非呆坐着问：“什么样的企业价值观最能累积我们的财富？”或是问：“什么价值观印在光滑的纸上看起来很棒？”或：“什么信念会取悦金融界？”他们绝非如此！他们宣示内心的想法，宣示存在于他们肺腑里，铭刻在骨子里的信念。对他们来说，这样和呼吸一样自然，重点不在于他们相信什么信念，而在于他们对信念的信仰有多深（在于他们的组织多么持续一贯地相信这种信念）。此处要再度强调的是，关键的字眼是“真”——没有人工调料，没有糖精，100% 纯度的真。

使命

使命是公司除了赚钱之外存在的根本原因，高瞻远瞩公司能够体会和达成这样的使命，是靠着询问帕卡德在本章前面所提的问题（“我首先想探讨一家公司存在的理由，换句话说，我们为什么会在一起？我想，很多人误以为公司存在的目的只是为了赚钱。这一点其实只是一家公司存在的一种重要结果，我们必须进一步深入地去发现我们存在的真正原因”）。

使命不必独一无二。两家公司非常有可能拥有很相似的使命，就像两家公司非常有可能都坚信正直之类的价值观一样。使命的主要作用是指引和激励，不见得是要造成制造不同。例如，很多公司可能和惠普公司一样，以利用电子器材促成科学进步、增进人类的福祉、对社会做出贡献为使命。问题是他们是否像惠普一样深信这一点，并且始终遵循不渝？使命和核心价值一样，关键在于真实，不在于与众不同。

使命经过适当的构思，就可以成为基础广泛、根本而长盛不衰的东西。良好的使命应该用来长年指导和激励组织——说不定可以长达一个世纪以上。罗伊·魏吉罗在谈及默克的使命，描述其长盛不衰的角色时，瞻望到一百年以后。他说：

> 想象我们全都突然间被送到了 2091 年，由于无法预测的发展，（我们的策略和方法）大部分都改变了，但是不管我们

> 的公司发生什么变化，我们都会发现一件事情、一件最要紧的事情……就是默克人的精神依然如故。一个世纪之后，我相信我们仍然会感觉到同样的团队精神……我最相信这一点，因为默克公司献身于对抗疾病、解除痛苦和协助大家，这是一种正义的事业——一种可以激励大家憧憬、从事的伟大事业。这是不受时间限制的事业，能领导默克人在未来一百年里，创造更大的成就。

确实如此，高瞻远瞩公司会持续不断地追求其使命，但是，就像追逐地平线或指引方向的星星一样，永远不会完全达成使命。沃尔特·迪士尼下面的谈话深得使命之精义："只要世界上还有想象力存在，迪士尼乐园就永远不会完工。"

无论波音怎样做，永远不会超出航空科技的尽头，世界永远需要像试飞员伊格这样志在凌云的企业精英。惠普公司绝不可能出现可以说"已经没有我们可以贡献的地方了"的一天。通用电气利用科技和创新改善生活品质的重大责任，永远没有完成的时候。

马里奥特可以不断演变，从艾德熊啤酒小店，变成连锁食品店、空中厨房、旅馆，21 世纪还可能发展出谁也不知道的事业，但是绝对不会超出"让离家在外的人觉得置身朋友当中，而且真正受人欢迎"的根本任务。

摩托罗拉可以不断演变，从修理家庭收音机电池整流器开始，演进到制造汽车收音机、家用电视机，再到半导体、集成电路、移动通信，再到卫星系统。21 世纪还可能发展出谁也不知道的事业，可是绝对不会超出追求"以公平的价格向顾客提供品质优异的产品和服务，光荣地服务于社会”的根本目的。

迪士尼可以不断演变，从廉价的卡通变成整部的动画电影，到米老鼠俱乐部、迪士尼乐园、大热门电影，再到欧洲迪士尼乐园，21世纪还可能发展出谁也不知道的事业，却永远不可能超出“带给千百万人快乐”的核心工作。

索尼可以不断演变，从制造电饭煲和粗糙的电热毯，到制造录音机、晶体管收音机，到特丽珑彩电、录像机、随身听，再到机器人系统，21世纪还可能发展出谁也不知道的事业，但是绝对不会超越应用科技创新，为人类带来“说不尽的快乐和福祉，以及提升（日本）文化”的核心使命。

简单地说，高瞻远瞩公司可以，而且经常演变，进入令人惊喜的新事业阶段，却仍然受到核心使命的指引。

这一点有很大的意义，就是如果你替自己的组织思考使命，我们鼓励你不要只就你的产品线或顾客层写下特定的说明（我们存在的目的是替某些顾客制造某些产品）。例如，对迪士尼来说，“我们存在，是为了替小孩制作卡通”，这必然是个差劲的使命宣言，既不引人入胜，也没有足可延续百年的弹性；但是，“用我们的想象力，带给千百万人快乐”，就是让人动容的使命，且容易延续百年。重要的步骤是为组织的生存寻找深层的根本的原因。要达到这个目的，一个有效的方法是提出下面这个问题：“为什么不干脆把这个组织关闭，出售资产，获取利润？”然后致力于寻找现在和百年后同样正确的答案。

我们要清楚地表明：我们在所有高瞻远瞩公司中都没有发现明白而正式的使命宣言。我们发现，使命有的时候是用暗示或非正式的方式表达的。但是，因为使命和核心价值（18家高瞻远瞩公司的核心价值都很明确）的作用和特点的差别很大，而且因为本研究里的13家公司在公司历史中的某一个阶段都有和目的类似的宣言（有的是正式而明白的，有的是非正式而隐含的），因此，定下公司的使命，使之成为核心理念一个明白、特定的部分，的确大有用处。我们发现，大多数公司因在它们的核心理念中宣示核心价值和使命而受益。我们鼓励你也这样做。

对非CEO的建议

虽然我们从整个公司的角度写了这一章，但我们发现，相同的构想可以适用于各级经理人，绝对没有理由说你不能替自己的科、处、部制定核心理念。如果你的公司拥有强烈的整体理念，你的部门理念自然会受那种理念的限制——特别是受到整体核心价值的限制，但是，你仍然可以拥有合乎本身旨趣的理念，而且肯定可以替自己的下层组织制定一个使命，例如，它存在的使命是什么？如果它不再存在，会有什么损失？

如果你的公司没有整体的理念，你仍然可以在你这级组织制定一种理念，而且你会有更大的自由度。没有整个公司的明确理念不代表你的部门不可以拥有一种理念！此外，你可以因为在自己的层级制定理念成为模范，而扮演关键的角色，进而敦促公司制定出理念。我们见过一些公司的下级团体因为在内部起到模范作用，对整个公司形成了很大的压力。

对新创企业和中小企业经理人的建议

并非所有高瞻远瞩公司创业时都有明白规定的核心理念。有几家公司的确有，例如，罗伯特·约翰逊从孕育强生时对公司的使命就拥有了一种意识（减轻病痛）。索尼的井深大在 1946 年撰写公司的说明书时，也和约翰逊一样。但是，其他公司，像惠普和摩托罗拉，在稳步走过草创期之前，并没有写下公司的理念，这些文字往往是在公司创办之后 10 年左右，在成为大公司之前写下的。大多数高瞻远瞩公司在早期只是设法起步，开始向前冲，一直到公司逐步发展后，理念才渐渐清楚。所以，如果你因为还处在推动公司前进的门槛上，还没有制定一种核心理念，也没什么不好。但是，这件事办得越早越好，事实上，如果你抽空看看本书，我们鼓励你现在就抽出时间制定你的理念。

第 4 章

保存核心，刺激进步

“保罗 · 高尔文敦促我们继续前进，为动而动……他敦促我们不断自我革新，变化很重要，但是，纯粹的变化会受到限制。不错，自我革新是变化，是要求‘用不同的方式做事’，是愿意更改和重做，但是也要珍惜已被证明的基本原则。”

摩托罗拉前 CEO

罗伯特 · 高尔文

1991 年

“原则的一贯性给我们以方向……自从公司在 1837 年创立以来,（某些原则）已经成为宝洁的特质。宝洁虽然是以进步和成长为导向，但重要的是，员工要了解公司而不仅是关心成果，并且还要关心成果是如何获得的。”

宝洁前总裁

爱德华 · 哈尼斯

1971 年

前一章的内容说明，核心理念是高瞻远瞩公司的基本因素，但是，光靠核心理念，不曾而且的确不能造就高瞻远瞩公司。一家公司即使拥有世界上最珍贵、最有意义的核心理念，但如果只是无所事事，或拒绝改变，世界也还是会抛弃它。就像沃尔顿所说："你不能只是继续做以前行得通的事情，因为你四周的每件事情都在变化。想要成功，你必须站在变化的前面。"同样，小沃森在他的《一个企业的信念》里，深刻地记下一个惊人的警告：

> 一个企业组织如果要应付世事不断变化的挑战，除了"基本的"信念之外，企业在向前进时，还必须准备改变本身的一切……组织中唯一神圣不可侵犯的东西应该是它经营的基本哲学。

我们相信，IBM 在 20 世纪 80 年代末期和 90 年代初期开始丧失了高瞻远瞩公司的地位，原因之一是忘记了沃森敏锐的警告。我们在 IBM 的白衬衫、蓝西装、特定的政策、特定的程序、组织阶层、大型计算机——或者就事论事，在所有的计算机上，都看不到 IBM "三项基本信念"[1] 的影子。蓝西装和白衬衫不是核心价值，大型计算机不是核心价值，特定的政策、程序和做法也不是核心价值。除了本身的核心价值之外，IBM 应该更勇猛地改变一切，但实际并非如此。IBM 固守策略和营运、固守核心价值的文化表象太久了。

1. IBM 的三项基本信念是：给予每个员工充分的关注；花很多时间使顾客满意；坚持到底把事情做好，追求卓越。

我们发现，许多公司因为把核心理念和非核心的特定做法混为一谈而陷入困境。把核心理念和非核心的做法混为一谈可能导致公司在非核心的事物上（追求适应和前进时应该改变的事物）固守太久。我们因此得到一个重要的观点：高瞻远瞩公司小心地保存和保护核心价值，但是核心理念的所有表象却都可以改变和演进。例如：

- 在惠普的核心理念中，“尊重和关心每个员工”是恒久不变的部分；每天上午10点送水果和甜甜圈给所有员工则是可以改变的非核心做法。
- 在沃尔玛的核心理念中，“超出顾客的期望”是恒久不变的部分；在大门口招呼顾客是可以改变的非核心做法。
- 在波音的核心理念中，“领导航空工业，永为先驱”是恒久不变的部分；致力于制造大型喷气式客机是可以改变的非核心部分。
- 在3M的核心理念中，“尊重个人的首创精神”是恒久不变的部分；“15%规定”（科技人员可以把15%的时间花在自选的研究计划上）是可以改变的非核心做法。
- 在诺思通的核心理念中，“服务顾客重于一切”是恒久不变的部分；注重区域性差异、大厅钢琴演奏和超量库存管理是可以改变的做法。
- 在默克的核心理念中，“我们从事挽救和改善生命的事业”是恒久不变的部分；致力于研究特定的疾病是可以改变的策略。

最重要的，是不要把核心理念与文化、战略、战术、作业、政策或其他非核心的做法混为一谈。日久年深之后，文化标准必须改变，策略必须改变，产品线必须改变，目标必须改变，权限必须改变，管理政策必须改变，组织结构必须改变，奖励制度必须改变。到最后，公司如果想成为高瞻远瞩公司，唯一不应该改变的就是核心理念。

我们由此得出本书的中心观点，即“保存核心，刺激进步”的根本动力是高瞻远瞩公司的基础。本章将简略介绍这个根本观，说明一种作为后盾的组织架构，为后文十多个详细的故事和特定例子提供背景。

追求进步的驱动力

在高瞻远瞩公司中，核心理念和一心一意追求进步的驱动力携手合作，驱动所有不属于核心理念的东西变化和进步。追求进步的驱动力源自人类一种深层的冲动，一种探索、创造、发现、希望、成功、改变和改善的冲动。追求进步的驱动力不是一种枯燥的理性认知，不是认定“在不断变化的世界里，进步是健康的”，或“健全的组织应该改变和改善”或“我们应该拥有目标”，而是一种深入内心、具有强迫性、几乎是与生俱来的原动力。

就是这种驱动力，使沃尔顿在他宝贵生命的最后几天里，花时间与来医院病房看他的当地商店经理讨论当周的销售数字。马里奥特也有同样的驱动力，他的座右铭是“不断地保持建设性，做有建设性的事情，死而后已……让每天都过得有价值，直到尽头”。

就是这种驱动力，促使花旗集团在规模仍然很小时就定下目标，要成为遍布世界的金融机构，当时这个目标即使不算愚勇，也是可笑的。就是这种驱动力，使迪士尼辟建迪士尼乐园，在根本没有市场资料预示这么疯狂的梦想有没有需求时，就拿公司名声做赌注。就是这种驱动力，驱使福特把前途下注在“使汽车大众化”的大胆目标上，从而在世界上留下不可磨灭的影响。

就是这种驱动力，促使摩托罗拉遵循“为动而动”的座右铭，驱动公司从制造电池整流器和汽车收音机，到生产电视机、微处理器、移动通信设备和环绕地球的卫星，并且追求令人生畏的“六西格玛”品质标准（每100万只有3.4件次品）。罗伯特·高尔文用“自我革新”这个词来描述摩托罗拉内部追求进步的驱动力：

> 自我革新是公司向前冲刺的力量，实际上，家父自从1928年创立公司，生产B型电池整流器时，就开始寻找替代的产品，因为可以预见消除器在1930年就会过时。在自我革新方面，他从来没有停顿过，我们也没有停顿过……自我革新这种理想不易捉摸，可以使创造性构想扩散……只有受过这种理想熏陶，而且毫不吝惜地奉献、致力于追求全新构想蕴含的风险和希望之人，才能茁壮成长。

就是这种追求进步的驱动力，促使3M不断实验和解决其他公司根本还没有看出的问题，从而创造出防水砂纸、思高牌胶带、“如意贴”便条之类极为流行的产品。这种驱动力促使宝洁在19世纪80年代开风气之先，采取了员工分红入股的方案，很久之后，这种措施才成为流行的事情。这种驱动力促使索尼早在20世纪50年代其他公司还没有行动之前，就证明晶体管产品有商业化的可能。这种驱动力使波音几次从事商业史上最大胆的豪赌，包括在市场需求极不确定时就决定制造波音747喷气式客机。其实早在波音公司创业初期，威廉·波音就明白宣示过这种驱动力。他说：

> 谁都不应该用“做不到”这一说法排斥新颖的创意。我们的工作是持续不断地研究和实验，一旦发现实验室研究的成果可行，就应当立刻应用到生产上。我们不能错过飞行和飞行设备新的进展。

的确如此，追求进步的驱动力对现状永远不会满足，即使现状运作得很顺利也是如此。在任何状况下，高瞻远瞩公司追求进步的驱动力都不会满足，即使公司已经获致惊人成就也一样。就像亨利·福特所说：“我们永远可以做得更好，永远可以进步，永远可以发现新的可能性。你必须不断地向前做下去。”

内在的驱动力

就像核心理念一样，追求进步的驱动力是一种内部动力，不待外在世界提醒“该是改变的时候了”，或“该是改进的时候了”，或“该是发明一些新事物的时候了”。这就像伟大艺术家或多产发明家内心的动力一样，追求进步的驱动力就在那里，向外和向前推进。你不必等待外在环境的要求才去创造迪士尼乐园、建造波音747喷气式客机、追求六西格玛的超高品质、发明3M“如意贴”便条、在19世纪80年代制定员工分红入股办法，或是在临终前会见一位商店经理。这种事情是发自内心追求进步的迫切欲望。在高瞻远瞩公司里，更进一步、做得更好、创造新的可能性的欲望，不需要外界的肯定。

高瞻远瞩公司靠着追求进步的驱动力，展现出自信和自我批评的强力组合。自信使高瞻远瞩公司可以设定大胆的目标，做出勇敢果断的行动，有时候就应该勇敢反抗业界的凡俗之见或战略性的谨慎。高瞻远瞩公司从没想过自己不能打败命运，完成伟大的使命，成为真正杰出的公司。另一方面，在外在世界还没有要求改变和改善前，自我批评就会促成公司自我诱导，实施改变和改善。因此，一家高瞻远瞩公司会成为本身最严厉的批评者。也因此，追求进步的驱动力会从公司内部促使一切不属于核心理念的东西持续不断地改变和前进。

当有人恭维诺思通的客户服务大有成就时，布鲁斯·诺德斯特龙则回答说：“我们不想谈论我们的服务。我们没有大家说的那么好。名声是很脆弱的事情，你必须日日夜夜、时时刻刻这样做。”请你注意其中所蕴含的自我强加的严厉约束。惠普的一位营销经理在谈及绝不让手下以既有的成就自满时，请你注意他所描述的内部动力：

> 我们以自己的成功为荣，也欢欣庆祝。但是，想出未来怎么做得更好，才真正令人意气风发。看看自己可以做到多好，是一种永无止境的过程，没有一条终点线可以让我们说：“我们已经到达了。”我从不希望我们对自己的成就满意，因为这是堕落的开始。

保存核心与刺激进步

看看表 4.1，注意核心理念和追求进步的驱动力之间的强力互动。

保存核心与刺激进步间的互动是本研究中最重要的发现之一。高瞻远瞩公司根据兼容并蓄的精神，不寻求保存核心与刺激进步之间的平衡，而是寻求同时具有崇高的理想和进步。的确如此，核心理念和追求进步的驱动力像中国的阴阳八卦一样，在高瞻远瞩公司中和平共存，互相协助、补足和强化。

表 4.1

核心理念	追求进步的驱动力
提供一贯和稳定性	促成持续不断的变化（新方向、新方法、新策略等）
在地下打好相当稳固的基桩	鞭策持久的行动（追求目标、改善、梦想等）
限制公司可能的行动和方向（限于符合公司理念的内容）	扩增公司可能的方式的数目和类别
具有明确的内容（这是我们的核心理念，任何进步都好）	可以不需要具体内容（只要符合我们的理念，就不会背离）
设计一种核心理念，本质上是一种保守行动	表明追求进步的驱动力，可以带来重大、激烈和革命性的变化

- 核心理念提供一贯的基础，使高瞻远瞩公司可以据此演进、实验和改变，而获致进步，因为明确了解什么是核心（因此相当固定）让公司更容易在不属于核心的所有事情上追求变化和行动。
- 追求进步的驱动力强化核心理念，因为如果没有持续不断的变化和前进，坚持这种核心理念的公司在变化无常的世界中便会落伍，不再强大，甚至无法生存。

虽然核心理念和追求进步的驱动力的起源可以追溯到特定的个人，但极为高瞻远瞩的公司都能把个人的核心理念制定为制度，融入组织结构中，这些因素并非只是以普遍的理想或文化存在。极为高瞻远瞩公司不只是环绕着核心和进步，拥有一些模糊的意愿或激越的热忱而已；极为高瞻远瞩的公司确实拥有这些东西，但是也拥有具体切实的机制，以便保存核心，刺激进步。

迪士尼并非让自己的核心理念随机起伏，而是创设迪士尼大学，要求每一个员工参加“迪士尼传统”研讨会。惠普不只是谈论惠普风范，也制定宗教般的内部晋升政策，并把公司哲学转化成许多方面的措施，用来评估和提升员工，使得任何不密切契合惠普风范的员工，都不可能成为高级经理人。马里奥特不只谈论公司的核心价值，也制定严格筛选员工的机制、教导程序和复杂的顾客反馈循环。诺思通不是空谈完美的顾客服务，而是创造一种以服务为宗旨，并用具体的奖惩制度——服务顾客表现优异的“诺思通人”成为待遇优厚的英雄，对待顾客恶劣的人会立刻被公司赶走。

摩托罗拉不只是宣扬品质，也坚决追求惊人的六西格玛质量管理目标和鲍德里奇国家质量奖。通用电气不只在20世纪初努力宣扬持续不断推动科技创新的重要性，还创设了世界上最早的工业研发实验室。波音不只是梦想成为航空业的领导先驱，也义无反顾地推动了波音747喷气式客机之类的大胆计划。实际上，如果这个计划失败，可能使公司走上倒闭之路。宝洁不只认为自我强化的进步是好主意，还设计一种结构，使公司不同的产品线之间激烈竞争，因此用制度化的内部竞争作为强力刺激进步的机制。3M在鼓励个人主动和创新方面，也不只是给予口头奖励，公司还采用分权制度，容许研究人员有15%的时间进行他们喜爱的任何计划。公司还创设一个内部的创业投资基金，制定一条规则，规定每个部门年销售额的25%应该来自最近5年推出的产品。

有形、具体、特定、实在。看看高瞻远瞩公司的内部，你会发现好像一座时钟一样滴滴答答，呜呜有声，或是嗡嗡作响，到处回旋转动，配合运行、拍击。你在这种公司的上上下下都可以看到核心理念和追求进步的驱动力的有形表征。

> 有意图是好事，但是，把意图转化为具体事项、变成有约束力的机制，才能分出高下，决定是成为高瞻远瞩公司，还是永远的空想而已。

我们发现，很多组织通常都有伟大的意图和鼓舞人心的梦想，但是，它们没有采取关键的行动，把意图转化为实际的办法。更糟的是，它们经常容忍违反崇高志趣的组织特质、战略和战术，因而产生混淆并采取嘲笑的态度。在滴答作响的时钟里，器械和机制不会彼此摩擦，而是同步运作、彼此配合，以便保存核心和刺激进步。构建高瞻远瞩公司的人，在战略、战术、组织制度、结构、奖励制度、建筑蓝图、岗位设计，在一切事物上，都寻求配合。

CEO、经理人与创业家必读

我们在和经理人合作时，发现把我们研究所得的所有关键构想整理出来，形成一个整体结构，可以让他们在诊断和设计自己的组织时，当作观念上的指引。

我们的结构有两个层次，如图 4.1 所示。结构的上层包括前面章节讨论过的要素，包括造钟导向（见第 2 章）、阴阳的象征（见第 2 章“插曲”部分）、核心理念（见第 3 章）和追求进步的驱动力（见本章前面的讨论）。你可以把上层想成一组无形的指导方针，是成为高瞻远瞩公司的必要条件。但是，不管这些无形的因素有多重要，都不足以造就高瞻远瞩公司。要成为高瞻远

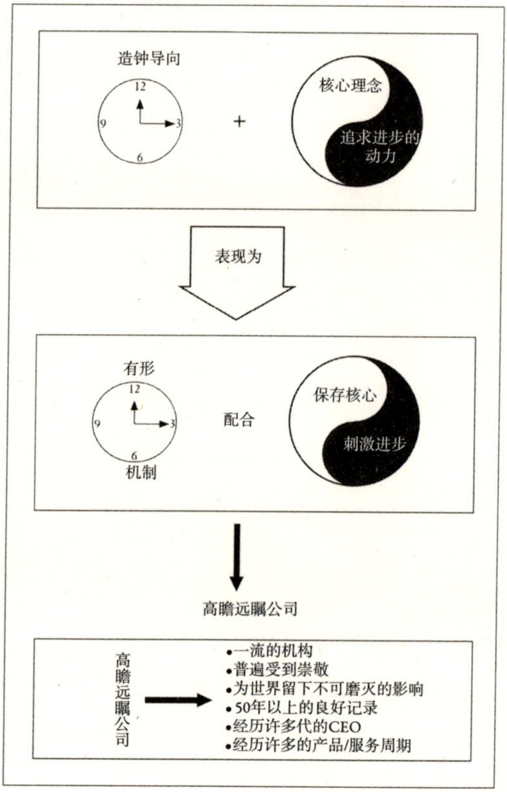

图 4.1　观念结构

瞩公司，就必须把这些无形的东西转化为整个结构中的第二层，这一点是大多数公司不及格的地方。

> 如果你致力于构建和管理一个组织，本书可供采用的最重要的一点，是配合保存核心及刺激进步的心态创造有形机制。这是造钟的根本要义。

的确如此，如果要萃取我们6年的研究项目精华，形成一个关键的观念，使之最能表达有关构建高瞻远瞩公司所需的信息，我们就会画这个太极图。

在后面几章里，我们会说明保存核心和刺激进步的特殊方法，这两点就是高瞻远瞩公司和对照公司不同的地方，最后一章将探讨配合的问题。这些章节可以分为以下5类：

图4.2

· 胆大包天的目标：探讨高瞻远瞩公司从事大胆、具有挑战性而且经常具有高风险的目标及计划，并投入诸多努力的情形（刺激进步）。
· 像宗教一样的文化：只有对于相信高瞻远瞩公司核心理念

的人，这些公司才是他们绝佳的工作场所；不符合公司理念的人会像病毒一样被排挤（保存核心）。

- 多方尝试，保存有用的部分：探讨高瞻远瞩公司大量的行动和实验，这些实验经常是未经计划、没有确定方向却能产生新颖和意外的进步之路，使高瞻远瞩公司模仿生物物种的进化（刺激进步）。
- 自行培养的经理人：探讨高瞻远瞩公司从内部提拔人才的问题，只有长时间浸淫在公司核心理念里的人才能升到高层（保存核心）。
- 永远不够好：探讨持续不断、一心一意追求自我改进的程序，目标是要越做越好，永远追求更好（刺激进步）。

我们会提供例证、逸事和系统的证据，支持和说明上述每一种方法。在你阅读以下各章时，我们鼓励你用我们的整体结构，作为诊断你自己的组织的指导：

- 组织的观点是否已从报时改为造钟?
- 组织是否排斥非此即彼的二分法，采用兼容并蓄的融合法?
- 组织是否有一个核心理念——赚钱之外的核心价值和目的?
- 组织是否有追求进步的驱动力——在核心理念以外的其他事项方面，是否有一种几乎与生俱来、追求改变和前进的冲动?
- 组织是否透过具体的做法，例如，制定胆大包天的目标、自行培养经理、采用本书后面章节所描述的其他做法以保存核心和刺激进步？

· 组织内部是否协同一致，使大家得到始终如一的信号，强化大家的行为，支持核心理念，达成期望的进步？

看完后面 6 章，你应该会记得一长串实际、有用、特别的东西，将它们用在你的组织里，使公司变得更高瞻远瞩。不论你是 CEO、经理、员工，还是企业家，你都可以实施这些构想。

第 5 章

胆大包天的目标

“尝试伟大的事情，赢取光荣的胜利，即使遭遇失败，也远胜过与既不享受多少东西、也不承受多少痛苦的可怜虫为伍，因为他们活在不知战胜和败退为何物的灰色朦胧地带。”

西奥多·罗斯福

1899 年

“我们努力工作（以求实现我们的目标），因为我们没有恐惧，我们可以做更刺激的事情。”

索尼创始人

井深大

1991 年

“在我做过的事情当中，最重要的是协调为我们工作的人才，为他们指点一些目标。”

迪士尼创始人

沃尔特·迪士尼

1954 年

假设你是1952年波音管理层的一员，你的工程师有个构想，要制造一种较大的民航飞机，你的公司在民航飞机市场几乎无足轻重，而且过去涉足民航飞机市场的尝试全都失败了。你的公司过去主要是替军方制造飞机（B–17空中堡垒轰炸机、B–29超级堡垒轰炸机、B–52同温层堡垒轰炸机），你的公司4/5的业务来自一个客户：美国空军。此外，你的销售人员报告说，美国和欧洲的航空公司表示，对波音制造的民航飞机没有什么兴趣。航空公司有一种反波音的偏见，“他们就会制造优异的轰炸机，如此而已”。没有一家飞机制造公司证明民用喷气式飞机有市场，竞争对手道格拉斯飞机公司相信螺旋桨飞机会继续主宰民航机市场。你的公司对第二次世界大战结束后，把员工从51 000人裁减到7 500人的痛苦经验记忆犹新，而且你估计为了这个重大的新计划，为了开发这种喷气式客机的原型，大约要耗费过去5年平均年度税后纯利的3倍，大致是你公司整个净值的1/4（幸运的是，你相信你也可以把这种喷气式飞机卖给军方，作为空军的空中加油机，但是，你仍然需要拿你公司1 500万美元的资金做赌注，来开发原型机）。

你该怎么办？

如果你是波音公司管理层的一员，你会对抗不利的形势，制定致力于成为民航机市场领导厂商的大胆目标，你制造了这种喷气式客机，把它叫作波音707，就此把世界带进了喷气式时代。

相形之下，道格拉斯飞机公司（后来成为麦道公司，在我们的研究中，是波音的对照公司）却做出明确的决定：固守活塞螺旋桨，对于民航喷气式客机采取伺机而动的慎重做法，道格拉斯等啊等，看到波音飞机从自己眼前飞过去，夺取了民航机市场的主控权。直至1957年——照《商业周刊》的说法，这一年“航空公司都争先恐后，急着淘汰螺旋桨飞机了”——道格拉斯仍然没有喷气式客机可以出售，到1958年，道格拉斯终于推出DC-8型喷气式客机，但是，此后就再也没有赶上波音。

你可能会想：“波音或许只是幸运吧？事后来看，波音的确精明，不过，当初也可能容易走错。”说得好，我们也想同意这个说法。但有一件事我们不同意，因为波音投身大胆而艰巨的挑战，有着长远而一贯的历史。我们回头看看，早在20世纪30年代，波音就有过这种大胆献身的行为。当时，波音定下成为军用飞机市场主力厂商的目标，把公司的前途赌在P-26军用机上，接着又把公司的命运赌在B-17空中堡垒轰炸机上。

这种行为模式在20世纪50年代并未结束。波音把前途系在波音707之上，到60年代初期开发波音727时，波音把一家潜在客户（东方航空公司）的要求化为对旗下工程师清楚、精确且几近不可能的挑战：建造一种喷气式客机，可在纽约拉瓜迪亚机场4-22号跑道（长约1 480米，比当时既有喷气式客机所需要的跑道短多了）上降落，要能从纽约直飞迈阿密不必落地，而且宽度又够放一排6个座位，还要能够载客131人，又要符合波音坚固耐用的高标准。波音的工程师获得重大突破，制造出了波音727飞机，主要原因是——别无选择。

相形之下，道格拉斯却反应迟钝，一直到波音727问世两年后才推出DC-9型喷气式客机，使道格拉斯在民航机市场上再度落在波音之后，而且当时波音已经开发出另一种更好的短程客机——波音737。从理论上来说，道格拉斯应和波音一样快速回应东方航空公司的挑战，但是，道格拉斯没有这样做（此处谈一个闲话，波音对 727 客机市场规模的原始估计是 300 架，最后卖出 1 800 多架。波音 727 飞机已成为航空业广为应用的短程客机)。

1965 年，波音做出其企业史上最大胆的行动之一，决定进行波音 747 巨无霸喷气式客机计划。但这个决定几乎毁了波音公司。在做最后决策的董事会会议上，一位董事说："要是（747）计划不成功，我们还是可以抽身。"

波音董事长艾伦强硬地回答说："抽身？如果波音说我们要制造这种飞机，我们就会造出来，即使耗尽整个公司的资源，也要造出来！"

的确如此，就像推动 P-26、B-17、波音 707、波音 727 一样，波音义无反顾地投身制造波音 747——在财务、心理和宣传方面都全力投入。在波音 747 开发期间，一位参观波音的人说："呃，艾伦先生，（波音）在那架飞机上寄托了许多希望。如果第一架飞机在起飞时坠毁，你该怎么办？"艾伦停顿了好一阵子才回答说："我宁可谈一些愉快的事情——譬如核战争。"

对手麦道像制造 DC-8 和 DC-9 一样，迟迟没有投身制造巨无霸客机的计划，再度陷入另一回合苦苦追赶波音的困境。麦道的对抗机种 DC-10 在市场上的地位迄今仍没有赶上波音 747 客机。

刺激进步的强大机能

高瞻远瞩公司如何应用大胆的目标作为特别有力的机制以刺激进步？波音就是典范。我们把这种任务称作胆大包天的目标。胆大包天的目标不是高瞻远瞩公司刺激进步的唯一强力机制，而且并非所有高瞻远瞩公司都大量应用这种方法（有些公司，像

3M 和惠普，基本上喜欢依靠其他机制来刺激进步，后面我们会讨论到）。但是，在我们研究的总共 36 家、配成 18 对的公司中，我们发现，在 14 家高瞻远瞩公司里，应用这种机制的证据比较多，相对照的 14 家公司应用这种机制的证据则较少。有 3 组配对公司（3M 与诺顿、强生与百时美、诺思通与梅尔维尔）在运用胆大包天的目标方面分辨不出差异，只有一对（惠普与德州仪器）对照公司应用胆大包天目标的证据比高瞻远瞩公司多（见附录 3 的表 A.5）。

所有的公司都有目标，但是，只拥有目标和献身于惊人的艰巨挑战不同。后者就像攀登高峰一样。想想美国 20 世纪 60 年代的登月任务，肯尼迪总统和他的顾问本来可以走进会议室里，拟出“我们要加强美国的太空计划”或其他类似的空洞声明。在 1961 年时，最乐观的科学评估认为，登月任务成功的机会只有 50%，事实上，大多数专家更为悲观。但是，肯尼迪总统在 1961 年 5 月 25 日声明：“我国要致力于未来 10 年内实现送人登陆月球，并且安全返回地球的任务。”美国国会同意他的声明，立刻拨出 5.49 亿美元，而且同意在以后 5 年里拨出数十亿美元的经费。就成功的机会来说，这种大胆的目标在当时的确是荒谬无比，但它也是使美国摆脱 20 世纪 50 年代及艾森豪威尔时代造成的虚弱而奋勇向前的一种强大机制。

明确、动人的目标

像登月任务一样，真正胆大包天的目标都明确、动人，是众志成城的重心，经常创造出惊人的团队精神。这种目标有一条明确的终点线，达成目标时，组织上下都会知道；人人都喜欢有一条终点线可以冲刺。

> 胆大包天的目标可以促使大家团结——这种目标光芒四射、动人心弦，是有形而高度集中的东西，能够激发所有人的力量，只需略加解释，或者根本不需要解释，大家立刻就能了解。

登月任务不需要一个专门委员会花费时间，咬文嚼字，把目标化成烦琐不堪、毫无意义、教人无法记得的"任务声明"。根本不必如此。目标本身（要攀登的高峰）易于了解，本身就特别动人心魄，所以可以用数百种不同的方式轻易地让每一个人了解。一支探险队出发去攀登珠穆朗玛峰时，不需要三页复杂的"任务声明"来解释珠穆朗玛峰是什么。想想你们的组织里是不是流行冗长的声明，却不能激发明确动人的大胆目标，不能像登月任务、攀登珠穆朗玛峰或本章所说胆大包天的企业目标一样？我们看过的大多数公司的声明当中，有些虽然有助于保存核心，却几乎完全不能激发勇猛向前的行动。如果你刺激进步，我们鼓励你超越传统的公司声明，考虑胆大包天目标的强大机制。

想想通用电气一类公司面临的挑战，它的 CEO 韦尔奇宣称，公司的第一步——在所有其他步骤之前，"是用普遍而清楚的名词界定公司的目标，公司需要一个至关重要、伟大而易懂的信息"。像什么呢？通用拿出了下面的信息："在我们服务的每一个市场中，我们要成为数一数二的公司，并且改革公司，拥有小企业一般的速度和活力。"通用上上下下的员工都了解，而且记得这个胆大包天的目标。现在拿通用公司明确动人的胆大包天目标同西屋难以了解、不易记住的"愿景宣言"做比较。西屋的宣言是在

1989 年制定的。

表 5.1

通用电气	西 屋
在我们服务的每一个市场中，要成为数一数二的公司，并且改革公司，拥有小企业一般的速度和活力	全面品质 市场领袖 科技驱动 全球化 重点成长 多元化

这里，问题不是通用拥有“正确的”目标，而西屋的目标是“错误的”。问题是通用的目标像登月任务一样清楚动人，较能刺激进步。一家公司是否拥有正确的胆大包天的目标，这个胆大包天的目标是否能使大家走向正确的方向，二者并非完全不相关。第一个问题没有抓住根本要点，要抓住胆大包天目标的基本重点，最好问问下面这些问题：“这种目标会刺激进步吗？会创造动力吗？会促使大家行动吗？会让人活力四射吗？他们会认为这种目标有刺激性、冒险性、令人激奋吗？他们愿意为此贡献创造力和精力吗？（请注意：这不仅表示出高瞻远瞩公司追求任何胆大包天的目标，同样重要的问题是：“这种目标符合我们的核心理念吗？”本章后文会详细探讨这一点。）

以菲利普·莫里斯和雷诺公司为例，1961 年时雷诺公司规模最大，拥有最大的市场占有率（几乎达到 35%），在香烟行业里拥有最高的获利能力；另一方面，菲利普·莫里斯排行业界第六，市场占有率不到 10%。但是，菲利普·莫里斯有两点追求，雷诺公司则没有。第一点一定不能忽略，就是菲利普·莫里斯把一种鲜为人知、“万宝路”牌的女性香烟重新定位，并以牛仔为标志在市场销售，这后来被证明是惊人的成功之举；第二点，菲利普·莫里斯有一个努力的目标。

菲利普·莫里斯虽远远落后，却制定了一个大胆的目标，要成为香烟行业里的通用汽车。在20世纪60年代，成为“业界的通用汽车”，意思就是要成为世界性的龙头厂商。当时，菲利普·莫里斯投身于这个目标，从第六大公司进到第五，再从第五进到第四，持续前进，一直到把长期盘踞冠军宝座的雷诺公司赶下台为止。在这段时间里，雷诺公司散发出的是守旧、老大和臃肿的气息，除了替股东赚取丰厚的投资回报之外，没有其他明确的野心可以激励员工。

菲利普·莫里斯当然比雷诺公司更容易表现，从后面赶上来推倒业界巨擘，像大卫对抗巨人一样，远比光是保持第一更能激励人心。和巨人作战的确惊险刺激，打败巨人更是让人兴奋莫名。事实上，20世纪60年代有5家香烟公司落在雷诺公司后面，只有菲利普·莫里斯一家野心勃勃，定下从后面打倒巨人、成为业界通用汽车的目标，并且实现了。有时候我们以菲利普·莫里斯的状况为例（经过掩饰，以免泄露底细），让受过良好战略规划训练的MBA（工商管理硕士）学生来做练习，几乎没有一个学生认为这家公司应该追求这种大目标。有一位学生说：“他们没有适当的战略性资产和能力，他们应该坚守在自己占优势的市场区间。”菲利普·莫里斯当然可能做错，变成早已被人忘却的公司，我们也应该不会在这本书里写它。但同样肯定的是，如果菲利普·莫里斯懦弱地固守它的优势，不向巨人挑战，我们在这本书里也不会写到它。

胆大包天的目标是一种英勇壮烈的、灰色的目标，这里理智和谨慎的心态或许会说："这样不合理。"但是追求进步的动力会说："无论如何，我们都相信可以做到。"此处我们要再次指出，这些不只是目标，而是胆大包天的目标。

另一个例子是亨利·福特这位企业家。他在1907年43岁时用"我们要让汽车大众化"这一胆大包天的目标，刺激他的公司奋力向前。福特宣称：

（制造）一种供大多数人使用的汽车……这种汽车的价格会非常低，低到任何一位薪水还过得去的人，都不会因买不起车而不能在上帝恩赐的开阔大地上和家人一起共享快乐、幸福的时光……每一个人都会买得起一部车，每一个人都会拥有一部车，马儿会从我们的公路上消失，汽车会被当成理所当然的东西。

福特在定下这个胆大包天的目标时，美国有30多家汽车公司正在激烈竞争，以便在新兴的汽车市场里分一杯羹，福特只是其中一家。在这个混乱的新兴行业里，没有一家已经建立稳固、明确的主导地位，福特只占有15%的市场。这个荒诞不经的野心激励了整个福特公司的设计部门，他们以狂热的步调，每天晚上工作到10点或11点。设计部门的成员查尔斯·索伦森说："有一次，福特先生和我工作了大约42个小时，停都没停过。"

在这期间，通用汽车（本研究中福特的对照公司）看着自己的市场占有率从20%掉到10%，福特则升为汽车工业的最大厂商。

具有讽刺意义的是，福特在达到汽车大众化胆大包天的目标后，就没有再定出胆大包天的新目标，而且变得自满自足，只是看着通用制定同样大胆、要击败福特公司的目标。我们在此应该强调，胆大包天的目标只有在达成之前能够协助一个组织，福特患了所谓的“我们完成了”的病症。这是一种自满不振的毛病。若一家公司在实现了一个胆大包天的目标后，却没有设定新的胆大包天的目标，就可能出现这种毛病。（打个岔，如果你的组织有一个胆大包天的目标，或许你希望在完成现有的目标前想一想下一个目标是什么；如果你发现自己的组织陷在轻微不适的状态，或许你可以自问：你们是否曾经有过一个胆大包天的目标——不管是明示的还是暗示的，你们已经达成目标，却没有用新的目标来取代。）

我们再看看另一家年轻小公司胆大包天目标的例子。20 世纪 50 年代末期，东京通信工业公司（一家相当小的公司，在日本以外无人知晓）决定不惜代价，抛弃本来的公司名称，改名索尼公司。这家公司的往来银行反对这一构想，说：“你们公司成立后，花了 10 年时间才使东京通信工业的名号在这个行业里广为人知，经过这么久之后，你们还打算做这种毫无意义的改变，到底是什么意思？”索尼的盛田昭夫只回答说，这样能够使公司扩展到世界各地，因为旧的名字外国人不容易念出来。

你或许会认为，这种行动不是什么惊人之举，毕竟，大多数中小型企业最后都要发展海外市场，把公司名称从东京通信工业改成索尼公司不是什么大不了的改变，但是，你仔细看看盛田昭夫为了这个动作所提出来的原因，因为其中蕴藏着一个胆大包天的目标：

> 虽然我们的公司还很小，而且我们认为日本是一个相当大、有潜力、有活力的市场……可是对我们来说，情况已经很明

显，如果我们不把眼光放在国外的营销上，我们绝对不会茁壮地成长为井深大和我梦想的那种公司。我们希望改变日本产品（在世界各地）品质低劣的形象。

在20世纪50年代，“日本制造”代表“廉价、低劣、品质差”。我们在细读过有关索尼的资料后，断定索尼不但希望公司有业绩，还希望改变日本消费产品品质低劣的形象，成为最广为人知的公司。对于一家员工不到1 000人，根本没有海外知名度的公司来说，其志不小。

这不是索尼历史上第一个胆大包天的目标。例如，在1952年，索尼派出有限的工程人员，追求一个似乎不可能实现的目标，要制造一种“袖珍型”收音机，可以放在衬衫口袋里，并且可以普及。我们身处20世纪90年代，把迷你化视为理所当然，但在50年代初期，收音机是用真空管做的，要制造这么小的收音机，需要长期艰辛的尝试和重大的创新。世界上还没有一家公司成功地把晶体管技术应用在收音机这种消费产品上面。

“不管面临什么困难，我们都要研制出晶体管收音机，”井深大宣称，“我相信我们可以制造出收音机用的晶体管。”

当井深大把这个大胆的构想告诉一位外面的顾问时，这位顾问回答说：“晶体管收音机？你有没有搞错？即使是在美国，晶体管也只是用在不是以赚钱为目的的国防用途上。就算你们做得出应用晶体管的消费产品，谁买得起元件这么昂贵的收音机？”

“大家都这么想，”井深大回答说，“都说晶体管在商业上行不通……这一点使这件事更有意义。”事实上，索尼的工程师对于以索尼这么小的公司，要做外人认为愚不可及，甚至可能认为不可能做到的事情，都十分沉迷。结果，索尼制造出袖珍型收音机，实现了梦想，创造了一种普及全世界的产品（索尼一位科学家因为在晶体管的发展上有所突破，最后获得了诺贝尔奖）。

沃尔玛公司同样有设定胆大包天目标的姿态，而且是从1945年山姆·沃尔顿创立第一家廉价商店时就开始了。当时他的第一个目标是“在5年内，使我纽波特的小店成为阿肯色州最好、获利能力最强的杂货店”。要实现这个目标，这家店的销售额必须成长3倍以上，从年销售额7.2万美元，增长到25万美元。这家店达到了目标，成为阿肯色州和附近5个州获利能力最强的商店。

沃尔顿继续替他的公司设定同样惊人的目标，每过10年就定出一个目标。1977年时，他定出的胆大包天的目标是：在4年内成为年销售额10亿美元的公司（即增长两倍以上）。但是，沃尔顿并不满足，他继续替公司制定大胆的新目标。以1990年为例，他定下一个新的目标：在公元2000年前，使公司拥有的商店数目倍增，并且使每平方尺的销售额增加60%。我们在一篇文章里谈到这个例子后，收到以公司为傲的沃尔玛董事罗伯特·康恩写来的这封信：

> 你说得很正确，沃尔顿清楚地表明一个目标，要在公元2000年前把商店的数目增加一倍，并且把每平方尺的销售金额提高60%。
>
> 更重要的一点——也是大家没有注意到的是，他确实定出1 250亿美元的明确目标！目前世界上最大的零售商的年销售额已经达到300亿美元，在1991年元月结束的一年里，沃尔玛的销售额达到326亿美元，并且成为美国和世界最大的

零售商。全世界唯一达到年销售额 1 250 亿美元的公司是通用汽车。

我从 1980 年起担任沃尔玛的董事，我对沃尔顿所定的目标一定会实现有着充分信心。要是有人认为他在 1977 年所定的目标胆大包天，现在的目标一定会吓死他们。

管理顾问兼沃尔玛董事

罗伯特·康恩谨启

1992 年 1 月 10 日

这才是真正的胆大包天的目标！

献身与风险

不是只有目标能刺激进步，献身实现目标的程度也可以刺激进步。的确如此，如果实现目标不要求高度献身精神，这种目标也不能算是胆大包天的目标。例如，制造波音 747 飞机是一个很好的目标，甚至可能是大胆的目标，但是，“制造这种飞机，即使耗尽整个公司的力量也在所不惜！”这一献身精神使这个目标变成彻底而胆大包天的目标。事实上，20 世纪 70 年代初，当这种“大鸟”的销售比预期缓慢时，波音受到沉重打击，从 1969—1971 年的三年期间，波音总共裁掉 8.6 万名员工，大约占所有员工的 60%。在这段艰苦的岁月里，有人在西雅图 5 号州际公路附近立了一个广告牌，上面写着：

“谁最后离开西雅图，请把灯关掉好吗？”

我们都知道，波音747飞机成了航空业首屈一指的巨无霸客机，但是，从60年代末期的观点来看，这个决定比现在困难多了。波音甘冒风险，采取大胆行动，这才是重点。就像波音的例子所显示的，风险并非毫无痛苦，但留在舒适安全的地方丝毫不能刺激进步。

我们在迪士尼里也发现了同样的模式。迪士尼在公司的整个历史中，也靠着大胆，而且经常是冒险，献身于惊人的计划来刺激公司进步。沃尔特·迪士尼在1934年决定做一件电影业前所未有的事情：创作一部动画电影长片。迪士尼在创作《白雪公主》这部片子上投入了公司的大部分资源，不顾把这件事称作“迪士尼蠢行”的大多数电影从业人士的冷嘲热讽。毕竟，有谁愿意看卡通电影长片呢？在经过20年出品了一连串动画电影长片，包括《木偶奇遇记》《幻想曲》和《小鹿斑比》之后，迪士尼又做出另一个冒险的决定，要做另一件“迪士尼古怪的构想”，建造一个非常新颖的娱乐园区，即后来闻名于世的迪士尼乐园。到20世纪60年代，迪士尼公司根据迪士尼临终时的愿望，再次在佛罗里达州建设更新更大的迪士尼乐园。沃尔特·迪士尼的哥哥罗伊负责完成这一重大决策。根据迈克尔·艾斯纳的说法：

> 他几乎把生命奉献在实现他弟弟兴建佛罗里达州迪士尼乐园的梦想上。他放弃应有的宝贵退休岁月，把迪士尼注重的品质灌注到整个乐园的里里外外，直到整个计划完成，并在开幕日亲自剪彩。他在完成这件大事后两个月去世。

相形之下，哥伦比亚电影公司很少做什么大胆、高瞻远瞩或冒险的事情。哥伦比亚在20世纪三四十年代制作次级电影，在五六十年代制作一些好电影，但是，显然无意为未来的大业计划献身。迪士尼在大力推动佛罗里达州迪士尼乐园时，经营哥伦比亚的人自认为自己“最重要的是——而且始终是一群投资人，而不是经营者”。80年代初期，哥伦比亚终于被人购并，迪士尼则在打败一场敌意购并之后，勇猛地重振声势并追求更大胆的新目标——日本迪士尼乐园和欧洲迪士尼乐园。

IBM和迪士尼一样，也是在公司发展的重大关键时刻以献身胆大包天目标的决心，大力超过了竞争者宝来。我们要特别指出，IBM在60年代初期用胆大包天的目标重新塑造了电脑工业。为了达成胆大包天的目标，IBM甘冒公司存亡的风险，进行了一个不是大获全胜，就是一败涂地的冒险：投资开发一种叫作360系列的大型电脑。当时这是民间部门前所未有的最大商业投资计划，需要的财力比美国花在制造第一颗原子弹的曼哈顿计划还多。《财富》杂志把360系列大型电脑称作“IBM 50亿美元豪赌……可能是近代史上最冒险的商业判断”。在推出360系列期间，IBM制造了将近6亿美元的库存，几乎需要紧急贷款来支付员工薪水。

尤有甚者，360系列会使IBM原有的产品几乎全部过时。在IBM公布360系列大型电脑后，IBM原有产品的需求完全枯竭。IBM发现自己投身在一个不能回头、飞越深谷的长期跃进上，如果360系列大型电脑失败，绝对不会有什么好下场。《财富》杂志写道：“这件事大概可以比作通用汽车决定废弃所有现有的厂牌和车型，换成提供一系列彻底重新设计、燃油效率惊人的新型车，以满足从最高到最低的整个需求。”小沃森写道：

> 我们没有多少犯错误的空间。这是我做过的最大、最冒险的决策，我为这件事苦恼了很多个星期，但是，在我内心深处，

我相信 IBM 没有什么事情做不到。

具有讽刺意味的是，宝来（在本研究里 IBM 的对照公司）在电脑科技方面拥有领先 IBM 的优势，但是，在必须大胆献身电脑的时刻来临时，却采取了保守的对策，选择专注在比较老式的计算机上。就像道格拉斯和波音的对照一样，宝来看着 IBM 取得市场的控制权。宝来当时的总裁雷·麦克唐纳在描述宝来这段历史时解释说："1964—1966 年，我们将主要精力放在提高获利能力上，电脑研发计划受到限制，因为我们需要立刻改善获利状况。"

就像前文讨论的核心理念一样，我们又一次看到，当公司不把业务看成纯粹是尽力提高获利能力时，极度高瞻远瞩的行为才会出现。IBM 一定要成为第一，之所以推动 360 系列大型电脑，不光是为了赚钱，而是因为它是 IBM。当然，IBM 并不是一直都是这样的。

回溯 1924 年时，计算制表记录公司只不过是一百多家相当平凡、想要施展身手的中型公司中的一家。3 年前，这家公司几乎破产，还是靠着大量借贷才熬过 1921 年的经济衰退。公司主要是卖打卡钟和磅秤，只有 52 位业务代表能够完成销售任务。但是，老沃森不希望看到公司继续平凡下去，他希望公司提高眼界，要比单调无趣的计算制表记录公司更上一层楼——远远超越这家公司。他希望公司改弦易辙，成为真正具有全球地位的伟大公司。所以，他改了公司的名称。我们今天认为"国际商业机器公司"的名字没有什么特别，但是回到 1924 年，这个名字看来就近乎荒谬可笑。照小沃森的说法是：

家父下班回来，拥抱家母，骄傲地宣布，从此以后，计算制表记录公司改称比较响亮的国际商业机器公司！我站在客厅的走廊上想：就凭那家小公司？家父心里想的一定是未来的国际商业机器公司。他实际经营的公司里仍然到处是叼着雪茄的家伙，卖的是咖啡研磨机，还有屠夫用的磅秤。

改名字不是什么大不了的事情，但是早在1924年，就自称是国际商业机器公司，而且真心希望如此，的的确确胆大包天（宝来在1953年前一直叫作宝来加法机器公司，我们感觉，员工展望未来时，宝来这个名称的影响一定不会比得上国际商业机器公司）。

即使是高度保守的宝洁，每隔一段时间也会运用一下胆大包天的目标。以1919年为例，宝洁制定了一个目标，希望彻底改革分销制度，绕过批发商，直接接触零售商，以便提供员工稳定的就业（批发商大量订购产品，然后就像蛇大吃完一顿要消化一样，躺着几个月不动，因而迫使宝洁随着需求的起伏，陷入忽而雇人、忽而裁员的变化）。奥斯卡·席士格在《宝洁展望明天》一书里描述了公司内部就这一目标所发生的辩论：

“我们必须把账户的数目从两万家增加到40万家，”会计人员抱怨说，“你们知道这样对我们的会计成本有什么影响吗？”

“我们必须在全国各地开设几百个仓库，”经销部门指出，“我们必须雇用美国各地的货运公司来给这些零售商店送货。”

“批发商在其宝洁产品生意被剥夺后会不会愤恨之至，开始拒绝销货给任何直接和宝洁打交道的商店？”有些经理问道。

“这样会毁了我们的。”

“宝洁怎么可能建立一支规模庞大，能够拜访全美每一家小杂货商店的销售人员队伍呢？”销售部门的人问道，“这个销售部门的人数一定得比美国陆军的人数还多。”

宝洁当时的总裁杜普利深信宝洁有能力克服这些困难。他认为，为了稳定的就业，值得冒这个险（他这么有信心，原因之一是在新英格兰直接接触零售商的实验成功）。宝洁径自推动这一构想，也想出让这种制度运作的方法。到1923年，宝洁已经达到了目标。报纸上有一篇文章宣布说：

1923年8月1日，宝洁公司宣布一个声明，超出劳工界和工业界日常关注的事情，就是向公司分布在美国30个城市的工厂和办公室员工提出稳定就业的保证。这种划时代的宣言表示，在美国工业里，首次有一家美国最大的公司保证数千名员工全年可以稳定就业，而不论业务是否出现季节性的衰退。

杜普利在描述这种决心时解释说：

我们喜爱尝试不实际和不可能的事情，好证明事情不但可行，而且可能实现——最重要的是这种事情必须正确……你会做你认为正确的事情；如果事情运作顺利，你会放手行动；如果事情大大成功，你就典当家产，全力以赴。

相形之下，高露洁在整个历史中，在推出新颖、大胆、创新计划方面所显示的首创精神就远比宝洁少多了。就以直接同零售商交易这件事来说，高露洁在发现自己一再落后于宝洁之后，便一直陷在追随领袖的被动模式里（我们会在后面的章节里，更深入地探讨宝洁和高露洁之间的差异）。

笑傲因素

我们的一位研究助理发现，高瞻远瞩公司似乎有一种近乎自傲、信心十足与傲慢的自信，我们把这种情形叫作“笑傲”因素，在神话的词汇里，或许可以把这种情形当成嘲弄诸神。

要制定胆大包天的目标，需要某种程度的非理性的信心。决心献身研制波音 707 或波音 747 是不合理的；IBM 研制 360 系列大型电脑谈不上慎重；身为一家制造肉摊磅秤的中型厂商，自称是国际商业机器公司，也称不上谦逊；创设迪士尼乐园不是谨慎的行为；宣称“我们要让汽车大众化”也不谦虚；对菲利普·莫里斯这家香烟工业里的弱小厂商而言，和雷诺公司对抗几乎是愚不可及；一家小公司宣称要以改变日本产品在世界上品质低劣形象的目标为己任，几乎可以说是荒谬绝伦。

这其中隐藏着高瞻远瞩公司背后令人发狂的矛盾。

胆大包天的目标，在外人看来远比内部的人看来还胆大包天。高瞻远瞩公司不认为自己的大胆行为是嘲笑诸神，只是他们从来不曾想到他们做不到他们决心要做的事情。

我们拿爬山打比方。想象你看着一位攀岩者没有使用绳索攀登陡峭的悬崖，如果他摔下来，一定会死掉。对于不知情的旁观者来说，攀岩者即使不是愚不可及的，也算是大胆而冒险的。但是，假设攀岩者攀爬的是他显然做得到、完全属他能力可及的岩壁，从攀岩者的观点来看，只要有适当的训练和专注精神，他就可以毫无疑问地攀上岩壁。对他来说，攀岩并非太冒险。他知道掉下去会死掉的想法只会更刺激他，他对自己的能力有信心。高瞻远瞩公司在制定胆大包天的目标时，很像这位攀岩者。

目标，而非领袖

我们希望强调，此处发生作用的主要机制不是魅力型的领导。让我们回到登月任务的例子。我们不能否认肯尼迪总统有着魅力型的领导风格，我们也不否认他在这方面功不可没，因为他认真地提出了这个有想象力的大胆目标，要在20世纪60年代结束前把人送上月球，再安全返回地球。但是，在刺激进步方面，肯尼迪的领导风格不是主要的因素。肯尼迪在1963年遇刺身亡，不再能够敦促、推动、鼓舞和“带领”美国人登陆月球。在他死后，登月任务是否变得不能振奋人心了呢？是否戛然而止呢？登月是否不再为美国提供推动全国的奋斗力呢？当然不是！登月任务一旦提出，任务本身就能刺激进步，而不管是谁当总统。登陆月球时尼克松总统在位，难道就不如肯尼迪在位那么令人激奋吗？绝非如此，目标本身已成为推动和激励的机制。

我们再回头看看沃尔玛董事康恩的信。他在1992年1月10日写这封信时，沃尔顿正在和骨癌搏斗，生命只剩最后几个月，到这一年的4月5日便溘然长逝。但是，就在沃尔顿的健康急速恶化时，康恩却表示“对沃尔玛会达到目标”具有十足的信心。在我们写下这些话时，沃尔玛是否能在公元2000年时成为年销售额1 250亿美元的公司，仍是未定之数，但是，即使沃尔顿魅力型的领导风格已经不在，这个目标仍然存在，像磁铁一样牵引着公司向前进。沃尔顿定下这么胆大包天的目标，留下刺激公司进步的强大机制，显示目标已超越领袖的魅力。

目标也超越了波音的领袖。在促成波音投身研制747喷气式客机方面，艾伦的确担任了关键的角色，但是，目标本身变成了推动大力前进的刺激力，而不是艾伦在刺激进步。事实上，艾伦的继承人威尔逊在1968年成为波音公司总裁时，747还在开发阶段。这只大鸟初期销售缓慢，以致公司必须为生存而奋斗，但还不是几乎致命的艰巨任务。艾伦退休之后，波音并没有停顿下来或是消极不振，公司并没有面临生死存亡的困境，当然更没有让民航史上最令人惊异的商用客机就此寿终正寝。请注意：波音在艾伦担任总裁之前很久，就用这种机制刺激进步（如制造P–26、B–17轰炸机和其他飞机）；在艾伦退休之后很久，仍然如此（如研制完成747喷气式客机，接着又研发757和767喷气式客机）。迄今为止，波音在六代领袖领导期间，反复投身胆大包天的目标始终是其重要的机能，是这座时钟能够滴答作响的功能的一部分。

相形之下，麦道比波音进步少，大部分原因可以追溯到詹姆斯·麦克唐纳的个人领导风格。《商业周刊》1978年在一篇题为“管理风格决定策略”的文章中详细描述了“麦先生”的风格，说他“极为保守，小心衡量每一种风险……绝不产生一种没有经过彻底讨论的策略”。在波音，奋勇献身于大胆惊人的计划成为这个机构的特征，而不管是哪一位领袖在领导公司。这里，我们再度在波音看到了造钟取向，在麦道则看到了报时取向（更何况，就事论事，报时还报得并不很准）。

索尼也把胆大包天的目标当作制度化的习惯，当成了生活方式。尼克·莱昂斯在他写的《索尼之梦》一书里探究了索尼管理程序的内部运作，他说：“目标，我（在索尼）一再听到这个词。”20世纪70年代中期担任索尼研究部门主管的菊池博士对莱昂斯说：

> 虽然外界普遍传言，索尼的研究经费占总销售额的比率远远超过其他公司，其实根本不是这样。我们和其他日本公司努力的差别不在于科技的高下，不在于工程师的素质，甚至不在于研发经费金额的高低（约占销售额的5%）。主要的差别在于……我们建立了以任务为导向的研究和适当的目标。很多其他的公司给研究人员完全的自由，我们并不这样做。我们寻找一个目标，一个非常真实和明确的目标，然后建立必要的专门小组，把事情做好。井深大教导过我们：一旦下定前进的决心，就永远不要放弃，这一点普遍深入到索尼所有的研发工作里。

后英明领袖期停顿

企业在精力充沛的领袖（通常是创办人）离开后，常常面临如何维持动力的困境。我们在本研究中的很多对照公司里发现了这种“后英明领袖期停顿”现象，包括博厄之后的宝来、洛克菲勒之后的大通曼哈顿银行、科恩之后的哥伦比亚电影公司、老约翰逊之后的豪生酒店、梅尔维尔之后的梅尔维尔公司、哈格蒂之后的德州仪器、乔治·威斯汀豪斯之后的西屋和麦克唐纳之后的顶峰。在高瞻远瞩公司里，我们倒没有看到这么多，18家公司中只有两家有这种情形，它们是沃尔特·迪士尼之后的迪士尼公司和老亨利·福特之后的福特汽车。高瞻远瞩公司提出的部分对策，就是创造本身有生命的胆大包天目标，作为可以历经多代领袖而不坠的刺激。（如果你是即将退休的 CEO，我们鼓励你慎重地对待这个教训。你的公司有没有一个大家可以献身的胆大包天目标，可以在你离开很久后仍然为公司提供动力？更重要的是，公司有没有能力在很久之后的未来继续制定大胆的新目标？）

例如，我们在审视花旗银行时就注意到，花旗银行虽经历了多代的领袖仍继续用胆大包天的目标推动公司前进。在 19 世纪 90 年代，花旗银行当时还叫作城市银行，是一家毫不起眼的区域性银行，只有一位总裁、一位出纳和若干员工，但是，总裁斯蒂尔曼制定了近乎荒谬绝伦（但的确能够振奋人心）的目标，要"成为伟大的全国性银行"。1891 年一位金融记者写道：

> （他）梦想有一家伟大的全国性银行，而且认为城市银行可以变成这样的银行，他也努力这样做。这件事占据了他整个心灵，也鼓舞他的行动。他经营自己的银行不是为了股利，而是为了一个理想……为了让这家银行在国内和国际金融界出人头地，这就是斯蒂尔曼的梦想。

我们的确不能亲自向斯蒂尔曼本人查问这个胆大包天目标的观念起源何处，但是，这个目标本身得到了生命，在很久以后的未来世代里，继续推动花旗银行前进。继承斯蒂尔曼担任总裁的弗兰克·范德黎在 1915 年写道（这时离斯蒂尔曼的"梦想"已相隔 1/4 个世纪，离斯蒂尔曼退休搬到巴黎也有 6 年了）：

> 我非常有信心，知道我们可以成为有史以来最强大、最有用、最具影响力的世界性金融机构。

这的确是大胆的目标，对一家一年前只有"8 位副总裁、10

位中级职员、不到500位职员……全聚在华尔街一个地点上班”的银行来说，尤其如此。接着，到下一代，查尔斯·米切尔在1922年对员工发出同样向前奋进的豪语：“我们正走在大展宏图的路上。花旗国民银行的前途从来没有像现在这么光明过……我们现在已经准备好，要全速向前冲。”为了追求19世纪80年代结束前开始梦想的伟大抱负，花旗银行全力冲刺，从1914年总资产3.52亿美元，成长到1929年时的26亿美元，平均年增长率超过35%。

到20世纪30年代，花旗银行和大多数银行一样挣扎求存，但是，第二次世界大战后，花旗银行飞跃前进（历经另5代的领袖）、活力更高，朝着斯蒂尔曼和范德黎的抱负前进，要成为“有史以来最具影响力的金融机构”。1959—1967年担任总裁的乔治·穆尔说的话和半世纪前他的前辈的语气非常相像。他说：

> 在1960年，（我们决定）要致力在世界上的任何地方提供每一种有用的金融服务。

请注意这么多世代以来的一贯性。不错，每一代都有一位CEO；不错，花旗银行原始的梦想可以追溯到最初的建筑大师。但是，目标本身超越了这位建筑大师，而且追求胆大包天目标的倾向深深铭刻在这个机构里，成为一种形态。

本研究中花旗银行的对照公司大通银行也有同样的野心，而且，事实上，两家银行互相视对方为激烈竞争的对手，在整个20世纪里，花旗银行和大通银行不分轩轾，并驾齐驱。在60年代，两家银行互争年底资产总值冠军的荣衔，而且在1954—1969年，两家银行几乎不分高下，事实上，一直到1968

年，花旗银行才明显领先大通银行，最后规模达到大通银行的两倍。我们承认，花旗银行在80年代末期和90年代初期曾经步履蹒跚，但是大通银行也一样，另外还有很多同病相怜的银行，因为很多银行在80年代都经历过艰苦的岁月。

即使有这些相同之处，花旗银行和大通银行在支持本身远大目标的豪气和策略上却有着重大的差别。这种差别或许可以解释它们在1968年以后为什么会走上不同的道路。戴维·洛克菲勒在1960年成为大通银行的总裁，打败花旗银行的目标更像洛克菲勒本人的目标，而不像大通银行的目标。

花旗银行的CEO和大通银行的不同，他们主要是利用组织上（造钟）的策略来促使花旗银行实现目标。斯蒂尔曼注重管理上的传承和组织结构。范德黎说过："我所能看到的限制就是管理层的素质问题。"因此，他把大部分的精力放在组织设计和创设管理发展计划上。乔治·穆尔最注重的事情大体上是以发掘、培养和提升人才为基础的程序，"使花旗银行成为一家机构"。他写道："没有这些程序所培养的干才，我们的目标便没有一个能够实现。"相形之下，大通银行主要是注重市场和产品策略，这种像报时而非造钟的策略。

像波音和花旗银行一样，摩托罗拉在运用胆大包天的目标作为构建经历多代仍然滴答作响的时钟方面堪称典范。摩托罗拉的创办人保罗·高尔文常常运用胆大包天的目标，激励手下的工程师完成看似不可能的事情。以40年代末期摩托罗拉涉足电视机市场为例，高尔文替电视机事业部定下一个极富挑战性的目标，要在第一年以179.95美元的单价卖出10万台电视机，还要有利润。

当时，他手下的一位经理宣称："我们的新工厂根本没有那么大的生产能力。”另一个人抱怨说：“我们永远卖不到那个数量，那种销售量会让我们变成业界第三或第四大厂商，而我们在家用收音机方面，最好的成绩也不过是第七或第八。”一位负责生产的工程师说：“我们甚至不能肯定（成本）是不是能够降到 200 美元以下。”

但是，高尔文却回答说：“我们一定要卖出这个数量。在你们拿出用这种价格、卖出这个数量，并且还有利润的报表给我看之前，我不想再看任何成本报表。我们一定要努力做到这一点。”

摩托罗拉确实在一年里晋升为电视机行业的第四大制造商。但更重要的是，高尔文灌输了一种追求进步的制度化驱动力，产生了能够在公司里重复制定胆大包天目标的运作形态。他在培养儿子接任 CEO 的工作上，不断强调“保持公司前进的重要性”，也继续强调“往任何方向大力前进都胜过坐以待毙”的理念。他建议大家，随时都要有些想追求的东西。

高尔文在 1959 年去世。几十年后，他的公司仍然运用胆大包天的目标，包括成为先进电子工业主力的目标、实现极高品质表现的目标、赢得鲍德里奇国家质量奖的目标等等。高尔文的儿子兼继承人罗伯特·高尔文用“自我革新”这个词语表达其不断转型的理想，并经常借助投身于大胆计划的决心实现这种理想。后来他把“偶尔我们必须进行一种赌博，做一些无法明证，但知道大致可行的重大事情”的命令，传承给下一代的公司领导人。

同样的这家小公司，创业时替西尔斯修理收音机电池整流器，接着制造粗糙的汽车收音机，并利用大胆的目标奋勇前进，一而再，再而三地重复创新，远远超越公司创办人的生命；同样的这家小公司，已经远远脱离收音机和电视机；同样的这家公司，最后创造了M68000微处理器，被苹果电脑公司选用，作为苹果电脑的大脑；而且在我们撰写这一部分时，同样的这家公司又继续向前，推动公司有史以来数额最大、最胆大包天的目标：依计划，这是34亿美元的商业豪赌，要和其他公司合作投资，创造一个世界性的卫星通信系统，使地球上任何两个点都能用电话通话。

顶峰像摩托罗拉一样，早年也有过一些胆大包天的目标，包括决心使调频收音机成为普及的实际商品，初期决心成为电视机行业的主要厂商，在有线电视方面有巨额投资，等等，但是这一点是关键，顶峰不像摩托罗拉，在1958年创办人去世后，没有展现出制定胆大包天目标的组织倾向，到20世纪70年代初期，“固有的谨慎小心”成为顶峰的办事风格。1974年其财务官如此描述说：

> 很难解释我们为什么会做出不做某些事情的决定，这背后有若干原因——包括固有的谨慎小心。例如，我们总是忙着做很多工作（应付我们现有的市场），我们总是倾向于固守似乎有最大报酬，而且我们知道自己最擅长的事情……我们并不觉得我们在……那些（新）市场里能够与人一争高低，除非我们愿意牺牲一部分利润，然而我们不愿意这样做。我们基本上是一家美国式公司，而且可能继续维持这个样子。

顶峰CEO约翰·内文在谈及公司像以前进入固态电子类的领域时一样，在进入新科技领域同样动作缓慢时，也表达了同样的看法：“我认为你必须说顶峰在推出创新产品方面一直比若干竞争者谨慎……我们现在格外努力地要在市场上推出（固态电子产品），但是，我怀疑是否会有成果。”

顶峰的指挥官麦克唐纳不像摩托罗拉的保罗·高尔文，没有在身后留给公司用胆大包天目标继续创新的能力。麦克唐纳是伟大的领袖，但是他很久以前就去世了；而另一方面，在保罗·高尔文去世35年后，他的公司仍然继续存在，继续生气勃发。高尔文建构了一座时钟。

CEO、经理人与创业家借鉴

虽然我们主要是从企业的角度写这一章，但其实胆大包天的目标可以运用于组织的任何一个层次里。宝洁不同产品系列的经理人，经常替自己主管的品牌订立胆大包天的目标；诺思通系统地在公司上下——从区域、卖场到部门和每个业务代表，订立不同的胆大包天的目标；3M产品能够克服所有的不利因素、怀疑和否定，证明它的奇怪发明能够在市场上大受欢迎，欣欣向荣。一个组织可以拥有任何数目的胆大包天的目标，不必自己限定一次只能有一个胆大包天的目标。以索尼和波音为例，它们经常同时在公司的不同阶层里追求多个胆大包天的目标。

胆大包天的目标特别适合创业家和小公司。回想一下沃尔顿的情形，他最初的目标是要在5年内使他的第一家廉价卖场成为阿肯色州最成功的商店；回想一下索尼早年要"制造袖珍型收音机"的目标，或者是回想一下老沃森，他的目标是要把他只有一栋办公楼的小公司变成国际商业机器公司。的确如此，大多数创业家都有一个与生俱来的胆大包天的目标：对大多数新创企业而言，光是从无到有，到达生存不再是问题的地步，就是一个胆大包天的重大目标。

我们已经探讨过与胆大包天的目标有关的多数要点。以下一些你或许可以铭记在心，以便在替自己的组织考虑胆大包天的目标时拿来参考：

- 胆大包天的目标应该极为明确动人，需要的解释很少，或者根本不需要解释。请记住：胆大包天的目标是一种目标——像爬山或登陆月球一样，而不是一种宣言。如果不能让大家活力四射，就根本不是胆大包天的目标。
- 胆大包天的目标应该远远处于轻易可达的区域之外。组织里的人应有理由相信他们可以实现这个目标，但是，这需要英雄般英勇的努力，而且可能还需要一点儿幸运——就像 IBM 的 360 系列大型计算机和波音的 707 客机一样。
- 胆大包天的目标本身应该极为大胆和振奋人心，即使组织的领袖在目标实现前去世了，仍然能够继续刺激进步——就像花旗银行和沃尔玛的情形那样。
- 胆大包天的目标具有潜在的危险，目标一旦达成，组织可能就此停步，沉醉在“我们已经到达了”综合征里，就像 20 年代的福特汽车一样。一家公司应该准备好后续胆大包天的目标，以防止这一点，并用刺激进步的其他方法，来弥补胆大包天目标之不足。
- 最后一点最重要，胆大包天的目标应该符合公司的核心理念。

保存核心与刺激进步

光靠胆大包天的目标造就不出高瞻远瞩公司。的确，光靠进步，不管用什么机制来刺激进步，也造就不出高瞻远瞩公司。一家公司在追求胆大包天的目标时，应该小心地保存自己的核心。

例如，波音 747 是风险特别高的冒险项目，但是，在冒险的过程中，波音公司没有忘记公司的核心价值：珍视产品安全，应用商用客机历来最保守的安全标准、测试和分析。不管金融压力有多大，迪士尼在制作《白雪公主》、兴建迪士尼乐园和佛罗里达州迪士尼世界时，仍然保存极为注重细枝末节的核心价值。默克在保存发挥想象力的核心价值的同时，主要是靠着突破性的创新，而不是制造追随他人生产的药品来追求高人一等。通用的韦尔奇明白地表示，在追求数一数二的地位时，牺牲正直是绝对不能接受的。花旗银行在追求扩张业务成为“有史以来最具影响力的世界性金融机构”时，继续强化本身对精英主义和内部企业精神的信念。摩托罗拉在追求自己选择的胆大包天的挑战时，从来没有放弃个人尊严和尊重个人的基本信念。

此外，高瞻远瞩公司不会盲目追求任何随意得来的胆大包天目标，只是追求既能加强本身核心理念，又能反映公司自我定位的胆大包天目标。请注意表 5.2 所列核心理念和胆大包天目标之间的关系。

对福特而言，在 1909 年要彻底改革铁路事业，绝对是一个胆大包天的目标，但是，福特并不从事铁路事业，而是经营汽车制造业。对索尼来说，在 1950 年创造有史以来最便宜的收音机，不管是品质还是创新方面，都绝对是一个胆大包天的目标，却不符合索尼自认是创新先驱的形象，也不符合自愿担任重要角色，以求提升日本的世界地位的形象。对菲利普·莫里斯而言，20 世纪 60 年代美国卫生局局长（有关吸烟有害健康）的报告发布后，改投资其他事业，完全放弃香烟工业，一定是个胆大包天的目标，但是，这样做怎么可能符合公司的自我认定形象？又怎么可能是个具有反抗精神、卓尔不群、自由思考、自由选择、特立独行的万宝路牛仔呢？是绝对不符合的。

表 5.2

需要保存的核心理念		刺激进步的胆大包天目标
领导航空工业；愿为先驱；冒险	波音 ↔	全力一搏，研制 B-17 轰炸机、707 和 747 客机
在我们所从事的所有领域追求卓越；花很多时间使顾客满意	IBM ↔	投身研制 360 系列大型计算机的 50 亿美元豪赌；迎合我们的顾客即将出现的需求
我们从事的是汽车工业，尤其是为普通人生产汽车	福特 ↔	促使汽车大众化
发掘“我们内部潜藏的创造力”；自我追求，自我革新；不断改进；提供优异的产品，光荣地服务社会	摩托罗拉 ↔	发明一种方法，以单价 179.95 美元卖出 10 万台电视机；达到六西格玛的品质；赢得鲍德里奇国家质量奖；推动“铱星”计划
争取胜利——追求至善与击败别人；保卫个人自由选择权利；提升日本文化与国家地位；愿为先驱，做不可能的事情	索尼 ↔	杀死巨人，成为香烟工业领袖，无惧社会反对吸烟的压力；改变日本产品品质低劣的世界形象，创造袖珍型晶体管收音机
“带给千百万人快乐”；狂热地注意细枝末节；创造力、梦想、想象力	迪士尼 ↔	建造迪士尼乐园，而且根据我们的形象、不根据业界标准建造
保护和改善生命；药品意在治病救人，不在将本求利；想象力和创新	默克 ↔	成为杰出的世界性药业制造商，以大量的研发和能够治疗疾病的新产品达成目标

不错，任何能够激励贵公司员工的胆大包天的目标都能刺激变化和行动，但是，这种胆大包天的目标应该也是公司理念的有

力声明。事实上，胆大包天的目标有助于强化保存核心理念的重要机制，就是强化教派礼节般的公司文化，这是下一章的主题。为了反抗不利的因素，面对胆大包天的挑战——特别是植根于理念的挑战，的确有助于大大促进员工的归属感，认同自己的集体是精英和更好的特别团体。

我们再回到高瞻远瞩公司的一个关键方面：核心理念和追求进步的驱动力之间的强力互动。这两样东西就像中国哲学里的阴阳八卦，彼此补足和强化。的确，核心理念提供了一贯的基础，高瞻远瞩公司可据以推动可与媲美的登月任务的企业目标，从而刺激进步；同样，进步也可以强化核心理念，因为没有变化和进步，公司最后会失去活力。此处要再次指出，这不是核心理念或进步的问题，甚至不是核心和进步之间绝佳的平衡，而是两种有利因素的百般纠结，无法分开，彼此都全力促进机构的最高利益。通用电气的一个员工在讨论到公司胆大包天的目标——“在我们服务的每一个市场里，成为数一数二的厂商，并彻底改革公司，以拥有小企业的速度和活力”时，用下面的话生动地描述了核心和进步之间的强力互动：

> “我们通用电气……为生活带来了好东西。”大多数人不会承认这一点，但是，通用电气的每一个人听到这句响亮的话时都会肃然起敬。这句简单、老调的话抓住了他们对公司的感觉……这句话代表工作和经济增长；代表对顾客的品质和服务，对员工的福利和训练，对个人的挑战和满足。这句话意味着彻底的正直、诚实和忠心不二。没有这种价值观和献身精神，韦尔奇就无法实施他的革新。

第 6 章

教派般的文化

“现在，我希望你们举起右手并且记住我们在沃尔玛所发的誓言，记住‘君子一言，驷马难追’——跟着我念：我庄严地承诺和声明，从今以后，每当有顾客走近我身边三米时，我就会微笑，看着他的眼睛，并且招呼他。我敢向山姆发誓。”

山姆·沃尔顿

通过卫星电视对十多万名沃尔玛同仁的讲话

20 世纪 80 年代中期

“IBM 确实善于激励员工，我在妻子安妮的身上看到了这一点。她可能被某些人的标准洗脑了，不过这是好的洗脑。他们的确在员工心里灌输了忠心不二和努力工作的精神。”

IBM 员工配偶的话

1985 年

“好，你为什么想到诺思通公司工作？”面试官问。

“因为我的朋友罗拉告诉我，说这里是她工作过的最好的地方。”罗伯特[1]回答说，“她滔滔不绝地谈论和最优秀的人共事的故事，成为精英中的精英，真是乐趣无穷。她几乎像是替你们布道的传教士。她骄傲地自称是诺思通的员工。而且，她得到很好的报酬。她8年前从库房职员做起，现在升为商店经理，而她才29岁。她告诉我，大家在这里赚的钱，比其他商店的销售员多多了。她说在商场工作最优秀的店员，一年可以赚到8万美元以上。”

“对，你在这里工作，的确会比在其他百货公司赚更多钱。我们的销售人员赚的钱，通常是全美零售业员工平均薪资的两倍，很多人赚得更多。但是，当然不是每一个人都具有成为诺思通企业家庭成员所需要的真正素质，”面试官解释说，“我们会精挑细选，很多人过不了关，你必须在每一个层次都证明自己够资格，不然就得离开。”

“是，我听说有一半的新进人员一年后就离开了。”

“差不多是这样。不喜欢有压力，不喜欢勤奋工作，不相信我们的制度和价值观的人，都会离开的。但是，如果你有驱动力、首创精神，还有最重要的是，有成效，有服务顾客的能力，你就会做得很好。问题的关键是诺思通是否适合你，如果不适合，你很可能会痛恨这里，输得很惨，然后离开。”

“我有资格应征什么职位？”

1. 罗伯特是诺思通公司一位典型的新职员，是虚构的人物，但是，文中描述的经历千真万确。我们在采访完诺斯通的离职员工后，写出罗伯特的这一段经历。文中的小故事取材于诺思通董事长吉姆·诺德斯特龙的讲话、公司文件、书籍和文章。

“和其他新进人员一样，你要从最底层做起，在库房和商场里工作。”

“可是我有学士学位，是学生会的优秀会员，华盛顿大学的毕业生，其他公司会让我从见习经理开始干起的。”

“在这里可不行。每一个人都得从底层工作做起。布鲁斯、吉姆、约翰三位先生——这三位升到董事长的“诺氏三兄弟”，都是从卖场干起的。布鲁斯先生喜欢提醒我们，说他和他的兄弟都是在卖鞋的部门，从坐在顾客前面的小板凳上卖鞋子开始往上爬的。这是我们牢记在心的事实和象征性的职位。你在这里有很多业务上的自由，没有人会指导你的每一个动作，唯一的限制是你自己的表现能力（当然，要在诺思通风范的限制范围内）。但是，如果你不愿意尽一切方法让顾客满意，例如，亲自送一套西装到他的旅馆客房去，跪着问顾客鞋子合不合脚，在顾客故意捣蛋时强迫自己微笑，那么你就不属于这儿。没有人告诉你要成为顾客服务英雄，这只是一种期望而已。”

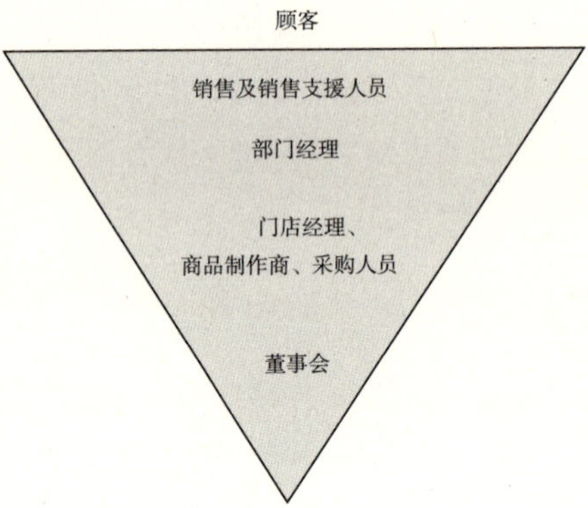

罗伯特接受了诺思通的工作。他对于即将加入的特别团队，对于他要工作的地方，都深感兴奋。收到个性化的名片，而不是得到一块铭牌，使他深感骄傲。公司发的资料把诺思通的“公司结构”画成倒金字塔形，这使他感觉自己越发重要。

他也收到了一份诺思通公司的员工手册，手册只是一张5英寸[1]×8英寸的卡片。全部文字如下：

欢迎加入诺斯通公司

· 我们很高兴你加入我们的公司
· 我们的第一要务是提供杰出的顾客服务
· 请你定下高标准的个人和事业目标
· 我们对你达成目标的能力深具信心

诺斯通的规定

· 第一条规定：运用你良好的判断力应付所有状况
· 除此以外无其他规定
· 有任何问题，请勿迟疑
· 随时问你的部门经理、门店经理或分区总经理

开头几个月，罗伯特全心投入，成为很多员工自称的“诺家帮”的忠贞成员。他发现自己花很多时间在店里工作、参加诺家帮的聚会，或是和诺家帮的其他成员交往，这些人成为他的支持

1. 1英寸≈2.54厘米。——编者注

团体。他听到数十个有关服务顾客的英雄事迹：一个诺家帮的人，替一位当天下午要开会的顾客熨烫新买的衬衫；一位诺家帮成员高兴地帮助一个顾客，将其在梅西百货买的东西做好礼品包装；有一个诺家帮的人在冬天顾客快买好东西时，帮顾客先去发动汽车；有一个诺家帮的人，替一位年长的顾客亲手织了一条围巾，因为这位顾客需要一条特定长度，不会卷进轮椅轮轴的围巾；有一位诺家帮的人在最后一刻，把宴会服送到心急如焚的女主人手里；甚至有一个诺家帮的人，为了一组轮胎防滑链退钱给顾客，事实上，诺思通并不卖轮胎防滑链。诺思通的店员会彼此写便条，罗伯特也知道这种便条叫作“表扬信”，表扬信加上顾客的来信和员工写给顾客的道谢函，会决定哪家店能得到当月最佳服务奖。

顾客来信至为重要。他的经理向他解释说：“顾客来信在这家公司里真的非常重要。你无论如何都绝对不希望收到一封不好的信，那样就是真正的罪过了。但是，道谢函会协助你成为‘顾客服务之星’，你以为学生会优秀成员很了不得，但是，成为顾客服务之星那才真的是了不起。诺氏三兄弟中的某一位会亲自和你握手，你的照片会被挂在墙上。你也会得到奖金和折扣，成为人上人，而且如果你赢得生产力竞赛，你会成为‘百胜冠军’，公司会发给你特制的名片，给你33%的商品折扣，只有绝对优秀的人才能成为百胜冠军。”

“怎样才能成为百胜冠军呢？”罗伯特问道。

经理解释说：“很简单，你定下很高的销售目标，然后超越目标就行了。”然后经理问道：“对了，你今天的销售目标是多少？”

大家谈来谈去，总是谈到销售目标、成效和成就。罗伯特注意到在员工办公室的墙上贴了不少“警语”，例如，“列出每天必须做的事情！”“列出目标，定出先后次序！”或者“别让我失望！”“力争上游，做个百胜冠军，追求高难度目标！”

他很快就知道计算每小时的销售额是多么重要！他的经理解释说：“要是超过自定的每小时的销售目标，你可以得到净销售额10%的佣金，如果没有超过，你只能得到基本的小时薪资，而且，如果你每小时的销售额很高，就能在比较好的时段上班，有比较好的升迁机会。你可以在后面办公室电脑列印的报表上查对你的每小时销售额。我们依据金额高低列出所有员工的每小时销售额，这样你就可以比较，确定自己是不是落后了。你的每小时销售额也会印在你的薪水单上。”

罗伯特的第一次发薪日到了之后，员工聚集在后面办公室里一块布告板旁，上面列出员工每小时销售额的排名，有几位落在纸上画的红线下面。罗伯特很快就知道，自己应该尽力避免落后。一天夜里，他做了一个噩梦，梦见自己走进后面的办公室，看到自己的名字掉到最后一个，他惊醒过来，冒着冷汗。梦境清清楚楚，于是，他那个白天疯狂地工作，生怕落在同事后面。

第一次发薪日之后不久，他注意到同一区的一位店员很早就下班了。“约翰去哪里了？”他问。

“今天提早下班……惩罚他对一位顾客生气。”比尔说。比尔和他一样是店员，最近刚在微笑竞赛里获胜，所以照片能够挂在墙上。“这就像不让你吃晚餐就叫你回房间一样，他明天会回来上班，但是，他们会密切注意他几个星期。”

比尔才26岁，已经在诺思通公司做了5年，已经是百胜冠军和顾客服务之星。他显然拥有能够在诺思通力争上游的特有素质。他解释说："大家在诺思通购物时，应该得到我们最好的服务。我对任何人，对每一个人都挂着微笑。"比尔几乎只穿诺思通的衣服，而且除了赢得微笑竞赛外，前一年他还赢得了名为"谁最像诺思通员工"的竞赛。有一天，店经理朗诵一位满意的顾客写来谈到比尔的信，同事鼓掌欢呼，比尔沉醉在大家赞美的荣耀中。

比尔喜爱诺思通的工作，总是迫不及待地指出："我到哪里可以找到待遇这么好，又有这么多自主权的地方？诺思通最先让我觉得自己真正属于一家与众不同的公司。不错，我的确在很辛苦地工作，但是，我喜欢努力工作。没有人告诉我该做什么，我觉得只要我有心奉献，我可以尽我所能地去做事。我觉得自己就像一个企业家。"

比尔先前曾经和100多位其他同事被公司从西海岸的诺思通商场调到东海岸新开张的商店里工作。"我们不希望让'诺家帮'以外的人来开新店，即使横穿美国大陆，也要派'诺家帮'过去。"他解释道。他描述开幕日热闹兴奋的情形说："员工们都在拍手，顾客走进来，也拍着手，到处流露着活力和兴奋之情，这种气氛令人感动，让你有一种'我自己也是其中一部分'的感觉，让你觉得自己真正与众不同。"

对罗伯特来说，比尔是杰出的模范。比尔告诉罗伯特，说他在公司举办的加强动力的研讨会上，学会了怎样写鼓励自己向上的"肯定语"，并且一再对自己说："我对于身为百胜冠军深感骄傲。"比尔的目标是成为店经理，所以他经常朗诵肯定自己的话："我乐于当诺思通的店经理……我乐于当诺思通的店经理……我乐于当诺思通的店经理。”

比尔解释说，当诺思通的店经理很辛苦、很吃力。他描述店经理必须在每季一次的会议上公开宣布自己的销售目标。比尔说：“约翰先生有时候会穿着胸前印着大N字的T恤衫，在会议上鼓舞大家，接着有些人会说出一个秘密委员会替每一家店所定的销售目标，我听说定的目标比秘密委员会定得低的经理会被人嘲笑，定得比委员会高的人会得到大家的欢呼。”

对罗伯特而言，比尔也是诺思通风范的指导员和消息来源。比尔警告罗伯特说：“你在和外人谈话时要特别注意，公司对自己的隐私很在意，喜欢严格控制流到外界的消息，这一点是高层指示下来的。我们在公司里的所作所为，与外人毫不相干。”

“对了，”一天晚上很晚了，他们合力做打烊的工作时，比尔问道，“你知道今天有一位‘秘密买主’来过吗？”

“一位什么？”

“一位秘密买主，就是公司员工假扮成顾客——当然是秘密的，来检查你的举止和服务。她今天走过你身边，我想你做得很好，但是你要注意皱眉的习惯。你努力工作时，好像常常皱眉。一定要记住：要微笑，不要皱眉。皱一下眉可能成为你档案里的一个污点。”

“第二条规定，”罗伯特心想，“别皱眉，要快乐。”

在随后的6个月里，罗伯特发现自己在诺思通越来越不舒服。早上7点，当他和诺家帮一起开会，喊着“我们是第一流的”，喊着“我们要替诺思通把事情做好”时，罗伯特回想到《美国最适合就业的100家大公司》这本书里有关诺思通的话，书中开宗明义地说：“如果不喜欢在狂热的气氛里工作，不喜爱和总是奋发向上的人共事，那么这个地方就不适合你。”他知道自己的表现不错，从来没有落到每小时销售额排名的红线下方，但是，他显然也算不上杰出，从来没有得到机会和诺氏三兄弟握手，没有成为百胜冠军或顾客服务之星，而且害怕会对一位秘密买主皱眉，或是接到一封顾客不满的来函；而且最糟的是，有些人就是远比他更符合诺思通的标准，那些人已经把他甩在后面了，他们拥有成为诺思通人的适当素质。他没有，他就是不合适。

11个月后，罗伯特从诺思通公司离开了。一年后，他在另一家店里当上部门经理，意气风发。“诺思通的经验非常好，但是，那里不适合我。”他解释说：“我知道有些朋友在那里快乐得不得了，他们真的喜欢那里，而且毫无疑问，诺思通确实是一家杰出的公司，不过，我和这里比较合得来。”

“弃之如敝屣”

我们开始这一研究项目时，猜想证据会显示高瞻远瞩公司是绝佳的工作地点，或者至少比对照公司更适于工作。但是，我们发现，实情并非如此，至少并非对每一个人都如此。还记得比尔和罗拉多么适合在诺思通工作，又有长足的发展吗？对他们来说，那里是真正一等的工作地点，可是请注意，罗伯特就是不能完全相信那一套的，对他来说，诺思通不是什么很好的工作地点。只有真心虔信，而且很适合诺思通风范的人，诺思通才是绝佳的工作场所。

在我们研究的很多高瞻远瞩公司里，同样有这种情形。如果你不愿意热忱地接纳惠普风范，那你就根本不适合待在惠普公司里；如果你不能真心相信沃尔玛对顾客的狂热奉献，那你就不适合沃尔玛；如果你不能宝洁化，那你就不属于宝洁；如果你不想加入狂热追求品质的队伍，即使你刚巧是在公司餐厅里工作，你也肯定不会变成真正的摩托罗拉人；如果你对个人自行决定该买什么东西的权利（例如买香烟）有所质疑，你就不适合在菲利普·莫里斯工作；如果马里奥特那种深受摩门教影响、生活简朴、热心献身于服务的气氛让你觉得不舒服，那你最好远离马里奥特，要是你不能拥护“健康”“神奇”和“仙尘”（迪士尼片头小精灵以仙女棒点出的幻景），并且让自己变成“彻底的拥护者”，那你很可能会讨厌在迪士尼工作。

> 我们发现，要建造高瞻远瞩公司，你不需要创造一个“温和”或“舒适”的环境。我们也发现，就绩效和契合公司理念而言，高瞻远瞩公司对员工的要求通常要比其他公司严。

我们发现，高瞻远瞩不是表示柔弱和无纪律，正好相反，因为高瞻远瞩公司对于自我认知、事业目的要达到的目标，都说得极为明确。不愿意或不符合公司规定的标准的人，在公司里通常没有多少生存空间。

一次，我们研究小组开会时，一位研究助理说：“加入这些公司让我们想到参加组织极为严密的团体或社团。如果你不适合，最好不要加入；如果你愿意真心相信并乐意为公司的目标贡献，你一定会很满意，很有成效——很可能再快乐不过了，否则你很可能会苦苦挣扎，觉得无法立足，感觉差极了，终会离开，就像病毒一样被排挤。这是二选一的问题，不是留在里面，就是离开，似乎没有中间地带，几乎和教派一样。”

这个说法似乎很实际。所以，我们决定研究探讨一下有关教派的文献，看看高瞻远瞩公司的特质和教派相通的地方，是否真的比对照公司多。我们发现，文献里对教派没有大家一致接受的定义（这个说法的确符合许多高瞻远瞩公司的情形）；在教派和非教派的差别方面，我们也没有找到普遍被人接受的对照表，但是，我们发现了一些共同的宗旨，特别是找到了教派 4 个特点，高瞻远瞩公司表现这些特点的情形，远比对照公司强烈：

· 热烈拥护的理念（第 3 章在探讨核心理念时已经谈过）

· 灌输信仰

· 严密契合

· 精英主义

看看诺思通和梅尔维尔这两家公司的对照情形。请注意诺思通公司的强力灌输过程。诺思通首先用面谈，接着不断用诺家帮服务顾客的英雄事迹、墙上的警语、朗诵肯定自我的文字和欢呼等对员工灌输信仰。请注意诺思通是如何促使员工写下其他员工的英雄事迹，并且运用同事和顶头上司推行灌输程序的（教派常见的做法是靠着社交活动，指引和积极吸收新徒众）。请注意诺思通是如何设法招募年轻人，从他们事业生涯的初期，就塑造他们接受诺思通的风范，并且只提拔密切反映公司核心理念的员工的。请注意诺思通是如何达到严密的契合——符合诺思通风范的员工得到很多正面的强化（薪资、奖金、表扬），不符合公司风范的员工得到负面的加强的（落后、罚金、污点）。请注意诺思通是如何在自己人和外人之间划出明确的界线，又是如何将自己人描述为与众不同的精英的——这又是教派常见的做法。的确，“诺家帮”这个名称就有教派的意味。我们在梅尔维尔的历史里，找不到任何证据显示梅尔维尔曾经刻意培养和维持这么明确的类似做法，或曾经持续运用过这种做法。

高瞻远瞩公司用一系列做法，围绕着核心理念，创造一种几乎像教派一样的环境。我们把这种情形叫作“教派主义”。就这一点来说，诺思通代表了一个绝佳的例证。这些做法通常会帮助企业在雇用前或在事业生涯之初大力筛除不符合公司理念的人，也会灌输一种深厚的忠贞意识，影响留在公司里的人，让他们长期持续配合公司的核心理念，并且奉行不渝。

请别误会我们说的这一点。我们不是说高瞻远瞩公司是一个教派，而是说它们和教派比较像，实际上还不是教派。“教派主义”和“像教派一样”这两个说法可能引发一些负面的想象和含义，这两个说法比文化的意义强烈，但只是说高瞻远瞩公司拥有自己的文化，不能说明什么其他的事情。所有的公司都有文化！我们观察到有一些远比文化强烈的东西在起作用。“教派主义”和“像教派一样”只是描述性的说法，没有轻蔑或其惯常的意味，意在抓住一些我们发现在高瞻远瞩公司里比较有持续性，在对照公司里则不然的做法。这些特性在保持核心理念方面扮演着重要的角色。

分析高瞻远瞩公司和对照公司后，可以得到下列结论：

· 在 18 对公司里，证据显示有 11 家高瞻远瞩公司在其整个历史中，比对照公司更强力地向员工灌输核心理念。（我们发现，高瞻远瞩公司大都比较强调员工培训，不仅是在理念的引导方面如此，在技术和专业发展训练上也是这样，这一点会在后面的章节里探讨。）

· 在 18 对公司里，证据显示有 13 家高瞻远瞩公司在其整个历史中，表现出比对照公司更严格的选拔情形——员工通常不是极为符合公司及其理念的要求，就是一点儿都不符合（不相信就滚蛋）。

· 在 18 对公司里，证据显示有 13 家高瞻远瞩公司在其整个历史中，比对照公司表现出程度更强烈的精英主义（一种属于优秀团体、与众不同的意识）。

· 总括三个层面（灌输信仰、严密契合、精英主义），在 18 对公司里，证据显示有 14 家高瞻远瞩公司在其整个历史中，比对照公司表现出更强烈的教派主义，仅有 4 对没有明显的差异。

下面用IBM、迪士尼和宝洁三家公司的例子，说明这些特质在高瞻远瞩公司的发展上是如何发挥作用的。

IBM 走上伟大之路

IBM在20世纪上半叶声名鹊起，全美知名。IBM前CEO小沃森在谈及这段历程，描述 IBM 的环境时，说其像是“教派一样的气氛”。这种气氛的起源可以追溯到 1914 年。当时，他的父亲老沃森刚刚接任一家挣扎求活的小公司 CEO 职务，开始刻意创造一个由坚贞之士组成的组织。老沃森在墙上贴了一些口号，诸如“失去的时间永远找不回来”“停滞不动绝不可能”“我们绝对不能自满”“我们卖的是服务”“员工代表公司的形象”等等。他制定了严格的个人行为准则：要求业务代表注意仪容，身着深色西装，鼓励结婚（他认为结过婚的人因为要养家糊口，会比较努力地工作、比较忠心）；他也劝阻员工吸烟，禁止喝酒；他还制订了培训计划，以便系统地把公司的哲学灌输给新进人员；他招募有可塑性的年轻人，并且严格遵守从内部提升的做法；后来，他又创设了 IBM 经营的乡村俱乐部，鼓励 IBM 人员的内部交往，而不鼓励和外界的人来往。

IBM 和诺思通一样，设法为最能体现公司理念的员工创造英雄式的神话，并且把他们的名字、相片和英雄事迹刊登在公司的刊物上，少数典范甚至拥有公司献给他们的歌！另外，IBM 也像诺思通一样，强调在集体努力的架构下，个人的努力和首创精神极为重要。

到 20 世纪 30 年代，IBM 已经制定了一套教导、灌输员工的完整程序，创立了一所完整的学校，用来培养和训练未来的公司职员。小沃森在《父子同心缔造 IBM》一书里写道：

> 这所学校的每一样东西都意在激发忠心、热忱和崇高的理想。IBM 认为，这是成功之道。前门刻有 IBM 无所不在的座右铭“思考”二字，每一个字母有两英尺高，一走进去，是花岗岩的楼梯间，意在让学员踏着楼梯去上每天的课程时产生一种奋发向上的心态。

老资格的员工穿着“中规中矩的 IBM 服装”，负责授课，强调 IBM 的价值观。每天早上，学员们在四周贴满公司各种座右铭的标语和口号的环境下站立起来，选唱《IBM 歌曲集》里的歌。歌曲集里包括美国国歌《星条旗永不落》，封面内页是 IBM 的公司歌《永远奋进》。歌词中写道：“与 IBM 一同前进，与伙伴们并肩工作。只要拥有勇敢的心，我们在任何地方都一往无前。”

虽然 IBM 后来演变到超脱高唱公司歌曲的境界，但仍然保留了以价值观为导向的密集训练和社会化过程。IBM 的新人都要学习“三项基本信念”（参见第 4 章），经历强调公司哲学和技术训练的课程。IBM 人必须学习公司文化特有的语言（IBM 用语），公司期望他们随时展现专业精神。1979 年，IBM 盖起一座占地 26 英亩[1]的“管理发展中心”，用IBM人的话来说，这个中心“可能被人误认为修道冥想的地方——到那里才发现，自己是在教室里忙个不停”。

1985 年版《美国最适合就业的 100 家大公司》一书这样描述 IBM 公司：“把自己的信念像教会一样制度化……结果形成了一家充满虔诚信徒的公司（你不虔诚的话，可能不会舒服）……有人把加入 IBM 比作参加教团或从军……如果你了解海军陆战队，你就会了解 IBM……你必须乐于放弃部分自己的个人意识，以便生存下去。”

1982 年《华尔街日报》一篇文章指出，IBM 的文化极为深入，以致有一位任职 9 年后离开的人说：“离开这家公司就像移民一样。”

的确如此。IBM 在其整个历史中（至少到本书写作时为止），实施了员工必须严格符合公司理念的政策。IBM 前营销副总裁巴克·罗杰斯在他的著作《IBM 风范》里写道：

> IBM 早在雇用员工之前，即在第一次面谈时，就开始把公司的哲学灌输给他们。对某些人来说，“灌输”意味着“洗脑”，但是，我倒认为这并没有什么不好的。基本上，IBM 会告诉任何想进这家公司工作的人说：“注意，这就是我们

1. 1 英亩 ≈4 046.9 平方米。——编者注

做生意的方式……我们对做生意代表什么意义，拥有很特别的看法——如果你为我们工作，我们会教导你怎么对待顾客，如果我们对顾客和服务的看法跟你的不同，我们就分手吧，而且越早越好。”

精英主义也贯穿于IBM的整个历史中。从1914年起，当公司在全美还没有半点儿知名度前，老沃森就设法灌输一个观点，说这家公司是一个与众不同的优越的工作地点。他告劝说：“要是你不相信这家公司是世界上最伟大的公司，你在任何事业上都不会成功。”（请记住前面一章曾提到，他是如何用具体的行动，把公司的名字从听来枯燥无味的计算制表记录公司改为国际商业机器公司，借以强化这种精英的态度的。）1989年，在老沃森确定公司是特别的精英团体的自我认知之后的3/4个世纪中，为纪念公司创立75周年，小沃森写了一篇文章，收在《与众不同的IBM公司》一书里。他又谈及同样的主题：

如果我们相信我们只是随随便便地为一家公司工作，那么我们就会变成一家随随便便的公司。我们必须拥有IBM公司与众不同的观念。你一旦有了这种观念，就很容易发挥所需要的驱动力，致力于继续保持这种事实。

你或许会想，是否是IBM教派一样的氛围和严格遵守三项基本信念的做法造成了IBM 20世纪90年代初期的困境。教派主义是IBM难以适应电脑行业激烈变化的主要原因吗？在经过严密的考察后，证据并不支持这种观点。IBM在20年代时，内部像教派一样的氛围很强烈，却能够激烈地变革；到30年代，IBM

像教派一样的情形强烈得令人难以置信，却能够经受得住“大萧条”的考验，没有裁减一个员工；在50年代和60年代，IBM维持教派一样的文化，却能够适应电脑的崛起，或许这还是IBM历史中所遇到的最剧烈的变化；到80年代，IBM依然有着教派般的感觉，却和任何其他老资格的电脑公司不同，依然能够适应个人电脑革命，努力建立起个人电脑行业主要角色的地位。要是有什么值得一提的事，那就是：随着IBM教派一样的文化，也就是狂热保存核心价值的文化日渐衰微，IBM也日渐陷入困境。

> 当IBM获得最大成就、展现其最能适应世界变化的杰出能力时，正是IBM教派般的文化表现得最强烈的时候。

另外，我们在分析IBM的对照公司宝来时却丝毫没有看到类似IBM历史中的教派主义。宝来没有教育中心，用以把公司的价值观“灌输”给员工；我们也找不到任何证据，证明宝来曾经制定一种核心价值，要求员工必须密切地配合，也没有证据显示宝来自认在美国企业结构中是一家与众不同的精英公司。不管IBM的认同感多么像教派，IBM的确建立了明确的自我认同，而宝来却没有。虽然宝来创业初期的境况胜过IBM，IBM却在其所属产业演进的每一个重要关口，持续一贯地领先于宝来。

迪士尼的魔力

像IBM和诺思通一样，迪士尼运用灌输信仰、严密契合和精英主义等手段，作为保存核心理念的主要方法。

只要是迪士尼的员工，不管是什么阶层和职位，公司要求每个人都要参加迪士尼大学的新人训练（也叫迪士尼传统）课程。这所大学是公司内部的社会化训练组织，迪士尼设计这个课程，目的是要向“迪士尼团队的新人介绍我们的传统、哲学、组织和做生意的方式”。

对于要进入迪士尼乐园工作的论时计酬的员工，迪士尼特别注意筛选和社会化，对于可能招募进来的人，即使是清洁工，也必须至少通过由不同面试官主持的两次筛选（20 世纪 60 年代，迪士尼要求所有应聘人员参加多次性格测验）。脸上有胡子的男性、耳环摇摇晃晃或化浓妆的女士不必去应聘，因为迪士尼实施严格的仪容规定（1991 年，迪士尼乐园员工发动罢工，抗议仪容规定，迪士尼公司开除罢工领袖，继续维持仪容规定，没有改变）。甚至早在 60 年代，迪士尼乐园在雇用员工方面，就实施严格符合公司理念的方针。1967 年，理查德 · 希克在他写的《迪士尼电影》里，对迪士尼乐园的员工有过这样的描述：

> （他们）有一种相当标准化的仪容，女孩通常都是金发、蓝眼、不爱出风头的那一种类型，全都好像刚刚从加州运动装广告里走出来，准备嫁到郊区做个好母亲的女孩；男孩一律都是纯美国风格、喜爱户外运动，是妈妈总要你模仿的那种迷糊快乐的小孩。

迪士尼乐园所有新进人员都要接受很多天的培训，迅速学习一种新语言：

> 员工是“演员表上的演员”。
>
> 顾客是“贵宾”。
>
> 群众是“观众”。

值班是“表演”。

职务是“角色”。

职务说明是“剧本”。

制服是“戏装”。

人事部门是“分派角色部门”。

当班是“在舞台上”。

下班是“在后台”。

这种特殊语言强化了迪士尼员工的心态。在此之前，迪士尼已经在新人培训里使用精心编写的剧本，由训练有素的“培训员”，用有关迪士尼特性、历史和神话的问题做练习，不断地给演员表上的新人灌输和加强公司的基本理念。

培训员：我们从事什么事业？每一个人都知道麦当劳做汉堡包。迪士尼做什么？

新进人员：我们做的是让大家快乐。

培训员：对，完全正确！我们让大家快乐，不管是谁、说什么语言、从事什么行业、是哪里人、是什么肤色或有什么其他的差别，我们来这里就是要让他们快乐……我们雇的人没有一个是来担任什么职务的，每一个人都是我们排定的戏里的一个角色。

新人培训被安排在特别设计的培训室里进行，培训室里贴了很多照片，全都是创办人沃尔特·迪士尼和他最有名的角色，比如米老鼠、白雪公主和七个小矮人。照汤姆·彼得斯公司一盘录像带的说法，这些东西“意在创造沃尔特·迪士尼本人亲自在现场欢迎新进人员加入他个人王国的幻觉，好让新进员工觉得自己和乐园的创办人是伙伴”。员工要学习迪士尼大学的教科书，书的内容包括下面这些警语："我们在迪士尼乐园里会疲倦，但是，永远不能厌烦，而且，即使这一天很辛苦，我们也要表现出快乐的样子。必须展现真诚的笑容，必须发自内心……如果什么东西都帮不上忙，请记住：我是领薪水来微笑的。"

经过培训，每个新演员和一位有经验的同事搭配，接受进一步的社会化训练，以便了解这个工作的精微之处。从里到外，迪士尼推行严格的行为准则，要求演员迅速磨掉不符合个人特定角色的个性。《培训》杂志指出："在迪士尼里，新进人员的时间没有哪一刻没有经过规划，迪士尼新员工培训结束后，在最初上工的一些日子里，新进人员得忙着试戏装（制服）、排练剧本（受训）和接触其他同台演出的演员。这一切和演给园区来宾看的任何表演相比，精心排练和彻底的程度没有两样。"

迪士尼对保存自我形象和理念的狂热，在主题公园里表现得最清楚，但是，也远远地延伸到主题公园之外。公司所有员工都必须上迪士尼传统的培训课程。一位斯坦福大学 MBA 学员暑假期间到迪士尼公司做财务分析、战略规划和其他类似的工作，事后他描述说：

> 第一天到迪士尼公司，我就领略了沃尔特·迪士尼梦想的魔力……迪士尼大学利用录像带和"仙尘"技术，让大家分享沃尔特·迪士尼的梦想和"迪士尼世界"的魔力。迪士尼文物馆珍藏着沃尔特·迪士尼的历史，让演员同仁享受。接受培训后，我驻足在米老鼠大道和多皮大街交叉口，感觉到公司的魔力、感性和历史。我信仰沃尔特·迪士尼的梦想，并且和组织里的其他人共享这个信仰。

公司里任何一个人如果嘲笑或公然抨击有关“身心健康”的理想，那就绝对不能在公司里继续生存。公司出版的刊物不断强调迪士尼公司“特别”“与众不同”“独一无二”的“神奇”，连写给股东看的年报都经过加料调味，使用“梦想”“乐趣”“兴奋”“欢乐”“想象”以及“魔力是迪士尼公司的根本精神”之类的文字。

迪士尼内部的运作大部分都秘而不宣，更增添了神秘感和精英意识，只有深深属于“内部”的人，才能在布幕后一窥“神奇魔力”的运作情形。例如，除了已经发誓保守秘密的特定演员之外，谁也不能观察迪士尼乐园角色的训练；采访迪士尼的作者都遭遇过守门人的拼命抵抗，这些人不让这个“神奇王国”的秘密外泄。一位作家说过：“迪士尼是一家封闭得让人奇怪的公司。他们严密地控制一切，那种偏执程度之高，是我这么多年以来写美国企业时所罕见的。”

迪士尼密集的员工筛选和教育程序，对秘密运作和控制的沉迷以及精心创造神话，培养公司对全世界儿童生活至为特别和重要的形象，全都有助于创造一种类似教派一样的信仰，这种信仰甚至延伸到顾客身上。

有一位对迪士尼忠心不二的顾客，一次在某家零售店里看到一个略为褪色的迪士尼角色玩偶，不满地说道：“要是迪士尼叔叔看到了，一定会觉得羞愧。”

的确，在审视迪士尼时，心里很难记得它是一家企业，而不是一种社会或宗教运动。乔·福勒在他的《神奇王国的王子》一书里这样写道：

这不是企业的历史，是人类衷心为理想、价值观和希望奋斗的历史。这些都是世间男女愿意牺牲生命去奋斗的东西，是一些有时是如此容易消失，有些人可能斥之为愚蠢的价值观；却也是如此深刻，以致于其他人愿意学习，愿意奉献一生去实现的价值观。他们在价值观似乎遭到侵犯时愤愤不平，在防卫价值观时变得诗意盎然、心灵奋发。这就是“迪士尼”这个名字让人印象深刻的地方。大家看迪士尼没有中立的看法……沃尔特·迪士尼不是天才就是骗子，不是伪君子就是典范，不是江湖郎中，就是世世代代儿童热爱的老爹。

事实上，迪士尼像教派一样的文化可以追溯到创办人沃尔特·迪士尼那里，他把自己和员工的关系看成父亲和子女，期望员工全心全意地奉献，要求员工对公司和公司的价值观无亏无愧地忠诚、热心而且最要紧的是，忠心的迪士尼人即使犯了诚实的错误，也可以得到第2次（通常还有第3次、第4次和第5次）机会。但是，违反公司神圣的理念或表现不忠……嗯，这就是罪恶了，要受到被立即而无理开除的惩罚。照马克……艾略特在《沃尔特·迪士尼传》里的说法：“要是偶尔有人不小心在沃尔特·迪士尼和众人面前说了一句脏话，结果总是立刻被开除，不管这样做会在业务上造成什么样的不便，结果都是这样。”1941年，迪士尼的动画人员罢工，沃尔特·迪士尼觉得遭到员工背叛，认为工会不是什么好的力量，对于他小心控制、由忠贞迪士尼人组成的“家庭”，反倒是一种横加干预的外力。

沃尔特·迪士尼把对秩序和控制的热爱转化成了具体的做法，以便维持迪士尼的基本精神，从个人仪容规定、招聘和培训过程、对实际布置最细微部分的注重、对保持秘密的关心，到定出一丝不苟的规定，力求保存迪士尼每一个角色的一贯性和庄严性。这一切的一切，都可以追溯到沃尔特·迪士尼执着追求、使公司务必完全在核心理念的范畴内运作的精神上。沃尔特·迪士尼自己说明过迪士尼乐园这种程序的起源：

> 第一年我把停车位经营权外包出去，引进一般的安全警卫——还有其他类似的小事，但是，我很快就知道自己错了，我不能找外面的人帮忙，还想贯彻我对亲切招待的要求，所以，我们现在自己招募和培训每一个员工。例如，我告诉安全警卫，说他们绝对不能把自己想象成警察，他们在那里是要帮大家的忙……一旦你把这种政策推行开来，公司就会成长了。

他的公司的确在持续成长，即使在沃尔特·迪士尼死后公司停滞不前之时，也始终没有失去核心理念，其中的主要原因就是他在死前已经把具体的程序安排妥当。1984 年，当迈克尔·艾斯纳和新的迪士尼团队接掌公司后，这种小心保存的核心理念就成了其后 10 年迪士尼重振声威的基础。

相形之下，1958 年科恩死后，哥伦比亚电影公司既没有核心理念，也没有准备好任何保存核心的机制。沃尔特·迪士尼并没有构建一座滴答作响的完美时钟，但是，他的确有一个核心理念，而且的确确立了制造时钟的机制（虽然很有教派文化的意味），以便保存核心理念。科恩却没有这样做。沃尔特·迪士尼死后，迪士尼公司最后还是能够重新振作，靠着他的遗泽，继续维持独立机构的地位。哥伦比亚电影公司却不再是一家独立的公司了。

宝洁：全心投入

宝洁自成立到现在，基本上一直运用灌输信仰、严密契合和精英主义等方法努力保存公司的核心理念。宝洁有些长期实施的做法，例如，仔细筛选有潜力的新进人员，雇用年轻人做基层工作，严格塑造他们遵行宝洁的思想和行为方式，清除不适合的人，中层和高层的职位只限于由忠心不二、在公司内部成长的宝洁人担任。《美国最适合就业的 100 家大公司》一书写道：

> 加入宝洁的竞争很激烈……新进人员进去后，可能会觉得自己加入了一个机构，而不是进入了一家公司……从来没有人带着在其他公司的经验，以中高层的职位进入宝洁——从来没有，这是一家彻底实施循序升级的公司……他们有一套宝洁独有的做事方式，如果你不精通这种方式，或者至少觉得不舒服，你在这里就不会快乐，更别提获得成功了。

宝洁的灌输程序有正式和非正式两种，培训和引导课程是用来引导新进人员进入公司，其后则期望他们研读公司的传记《展望明天》。公司里的人把这本书叫作“宝典”，描述宝洁公司是“美国历史密不可分的一部分”，具有“精神传承”和“始终稳定不变的性格……这种性格是以创办人一再宣称的原则、伦理、道德为基础，并且已经成为经久不衰的遗产”。公司的内部刊物、高级经理人的谈话和正式的培训教材都强调宝洁公司的历史、价值观和传统。员工不可能错过参观俯视象牙谷工厂的象牙谷纪念碑（共同创办人威廉·波克特的孙子威廉·库柏·波克特真人大小的向前跨着大步的大理石雕像），后面刻着这些文字：“他过着高贵、朴实的生活，信仰上帝，相信同胞天赋的价值。”

新进人员，尤其是公司中心的品牌管理部门的人，立刻会发现，几乎所有的时间都得用于工作，或是和这个“家庭”里的其他人交往，向他们进一步学习宝洁的价值观和做法。公司设在由宝洁主宰的辛辛那提市，地理位置相当隔绝，更加强了全身心投入公司的意识。一位曾在宝洁工作过的人说得好：“你到一个陌生的城市去，整天一起工作，整晚一起写备忘录，周末又彼此相见。”公司期望员工主要和其他宝洁人交往，属于同样的俱乐部，去类似的教堂，并且住在同样的地段。

在温情进步的员工薪资福利计划方面，宝洁公司有悠久的历史记录，这些计划使员工和公司紧密地结合在一起。

- 1887 年，宝洁推出员工分红计划，是美国产业界持续不断最古老的分红计划。
- 1892 年，宝洁推出员工入股计划，是产业史上的先驱之一。
- 1915 年，宝洁推出病残退休人寿保险计划——又是率先这样做的公司之一。

宝洁公司不但用这些计划作为奖励员工的手段，也作为影响行为、获得忠心奉献和确保员工严密契合公司的方法。宝洁的一份刊物描述了公司如何运用早年的分红计划：

> （威廉·库柏·波克特）认定，对于更加努力工作这件事表现得漠不关心的工人，应取消他们原本可以享有的红利，这些人的红利应该转发给其他关心这件事的工人。所以，他根据经理们评定的工人合作程度，制定了 4 个分红的级别，这样做大有帮助，可以确保形成正确的态度。

公司利用员工认股计划鼓励员工购买股票，促使员工在心理上高度认同。总之，有什么方法比员工用辛苦赚来的钱购买公司的股票更能促成员工相信这个组织呢？1903 年，宝洁为了进一步强化员工入股办法，对分红计划设定限制，规定只有愿意承诺购买相当大笔股票的人才能分红。宝洁公司说：

> 分红（从今以后）要直接和员工持有宝洁公司普通股的计划结合。想要有资格分红，员工必须购买现值相当于他一年工资的股票，不过可以多次付款，一次最少要付出他年薪的 4%，同时，公司会资助员工工资的 12%，让员工购买股票。

到 1915 年，共有 61% 的员工参加了员工入股计划，也因此在心理上成为宝洁公司完整的成员。纵观宝洁的历史，宝洁一直利用复杂的有形机制推行公司所期望的行为，从严格的服装规定、几乎不容许享有隐私权的办公室布置，到宝洁举世闻名意在统一沟通风格，“限定一页写完的备忘录[1]”。

宝洁要求员工密切配合公司的规定适用于全公司，适用于每一个地方、每一个国家和世界每一种文化。一位商学院毕业后加入宝洁、在欧洲和亚洲工作过、现已离职的人说：“宝洁的文化延伸到地球的每一个角落，我被派到国外时，公司明确告诉我，说我最重要的是必须符合公司的文化，其次才是符合所在国的文化。身在宝洁就好比属于一个独立国家。”宝洁 CEO 约翰 · 斯梅尔 1986 年在一次公司的聚会上也说过类似的话：

1. 几乎所有的备忘录都限制在一页内写完，作为证明的文件另计，大多数宝洁人都遵守这个规定，但是事实上，有些宝洁人看过超过一页的备忘录。

> 全世界的宝洁人拥有共同的锁链，虽然有文化和个性的差异，可是我们却说同样的语言。我和宝洁人会面时，不论他们是波士顿的销售人员、象牙谷技术中心的产品开发人员，还是罗马的管理委员会成员，我都觉得是在和同一种人说话，是我认识和信任的宝洁人。

宝洁和诺思通、IBM、迪士尼等公司一样，展现出对保守秘密和控制信息的强烈倾向。员工在飞机上工作，使用显示宝洁员工身份的行李卡片，或在公共场所谈论业务，经常会遭到经理人劝诫、责骂和处罚。1991 年奖励经理人的购股权办法规定，如果接受购股权的人对外界透露未经授权发表的公司消息，就要取消购股权。

宝洁创业以来长期刻意培养精英主义，而这种保密性格更强化了精英主义。宝洁人对身为组织的一分子深感自豪，而这个组织在描述自己时，使用的字眼包括："特别的""伟大的""卓越的""道德的""自律严谨的"、充满"最优秀人才的""一种制度"和"世界企业组织中独一无二的"。宝洁的一位经理在说明一件特别困难的计划时说："在整个计划里，如果要我说我在每一个人身上看到了什么特质，那就是身为最优秀人才的骄傲。"

宝洁和高露洁之间虽然有差异，但并不像诺思通和梅尔维尔、IBM 和宝来，或迪士尼和哥伦比亚之间的差别那么大。例如，高露洁公司一直到 20 世纪初期仍然极为强调以高露洁家族的价值观为基础的家长式文化。但是，两家公司仍然有差异，过去 60 年尤其如此。我们在高露洁找不到任何证据，显示对新进人员规定同样严格的筛选或融入公司的标准，在灌输公司"特性"和创办人列出的指导原则方面也不如宝洁。宝洁在界定自己时，总是根据公司的核心理念和悠久的传统，不断强调自己与众不同和独一无二的特质；而高露洁在界定自己时，却越来越经常拿宝洁来强化自身的意识，高露洁自认为“次于宝洁”，追求成为“另一个宝洁”。

CEO、经理人与创业家须知

你或许对本章的发现有点儿不安，我们和你一样希望明白地表示，我们的确不赞成（甚至不是在描述）吉姆·琼斯、大卫·柯瑞施或某些教派的状况。重要的是，要了解高瞻远瞩公司和许多宗教派别或社会运动不同：高瞻远瞩公司通常是以理念为核心，表现得像教派一样，而教派或社会运动常常是环绕着魅力型教派领袖运转，形成一个“以人为本”的教派。请注意诺思通是如何用自己的核心价值，创造出大家对价值观虔诚的尊敬，为员工服务顾客的英雄事迹塑造有力的神话，而不是要求对个别领袖奴隶式的崇拜的。迪士尼对本身价值观的保护超越了沃尔特·迪士尼的生命，并且在他身后数十年仍然大致保持不变。宝洁虔信自己的原则超过150年，历经9代最高管理层。环绕个人人格形成的教派主义犹如报时；创造环境，以便强化大家虔诚信仰一种长盛不衰的核心理念，则有如造钟。

> 本章的要点不是说你应该去创造一种以人为本的教派，这是你最不应该做的事。

重点其实是应该建立一个用具体的特定方法，保持核心理念的组织。高瞻远瞩公司把它们的理念转化成有形的机制，同时发出持续一贯、加强理念的信号，它们对员工灌输理念，规定必须严密契合公司，并且利用下列实用、具体的事项创造出一种身属特殊团体的意识：

- 兼具理念与实际内容的新人培训与后续培训计划，教导价值观、标准、历史和传统。
- 内部“大学”与培训中心。
- 由同事与顶头上司负责在职社会化培训。
- 严格由内部逐级提升的政策——雇用年轻人，从内部提升，并且从年轻时开始塑造员工的心态。
- 宣扬“英雄事迹”和公司典范（例如顾客颂扬英雄事迹的信函、大理石雕像等）。
- 独有的语言与名词（例如“演员表成员”“摩托罗拉人”），强化既有的参考架构，强化身属特殊精英团体的意识。
- 公司歌曲、肯定言辞或誓言，强化心理上的认同。
- 在招聘期间或雇用的头几年实施严格的筛选程序。
- 采用的奖励和升迁标准明确地与要求员工全心融入公司的理念合为一体。
- 用奖赏、竞赛和公开表扬奖励尽力符合公司理念的人，用明显、有形的惩罚惩处逾越理念界限的人。
- 宽容不违反公司理念的诚实错误（小过失），对于违反理念的行为（罪恶）和人员严惩不贷或解雇。
- 设置“诱导”员工相信公司理念的机制（财务或时间方面的投资）。
- 用庆祝的方式加强成就感、归属感和与众不同的意识。

· 利用工厂与办公室的布置加强公司的标准与理想。

· 用口头和文字不断强调公司的价值观、传统及身属与众不同团体的意识。

保存核心与刺激进步

看到这里，你或许会想：难道像教派一样严密的文化不危险吗？会导致集体思考和停滞不前吗？会赶走人才吗？会妨碍创造力和多元化吗？会扼杀变化吗？我们的回答是：没错。如果不用阴阳的另一面来辅助，像教派一样的文化的确可能有危险和妨碍，像教派一样的文化可以保存核心，却必须用极为有力、刺激进步的措施来平衡。在高瞻远瞩公司里，这两点是相辅相成、并行不悖的。

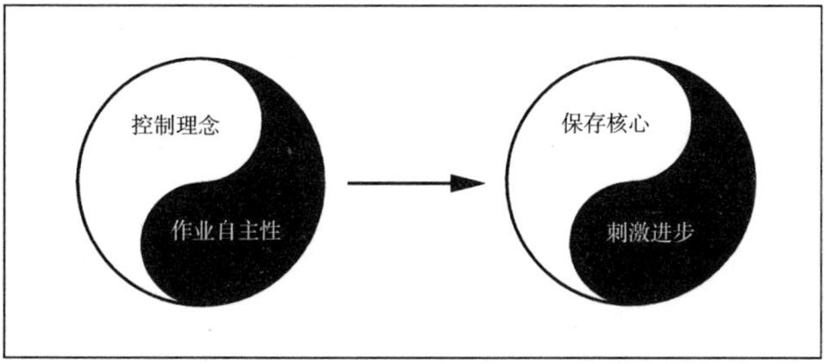

图 6.1　控制与自主

实际上，像教派一样的文化可以强化公司追求远大目标的能力，原因就在于这种文化会创造一种属于精英组织、几乎什么任务都能完成的意识。IBM 自觉像教派一样的意识对 IBM 研制 360

系列大型计算机的能力极有帮助；迪士尼对于自己在世界上的特殊地位有如教派一样信仰，加强了迪士尼推动胆大包天的目标，如建造迪士尼乐园和佛罗里达州迪士尼世界的能力；如果波音不是决心成为“由生活、呼吸、吃饭和睡觉都念念不忘自己所作所为的人组成的组织”，就不可能成功地推动制造波音707和747的计划；索尼要不是几近狂热地相信自己是独一无二的组织，必须在世界上扮演一个特殊的角色，就不可能在20世纪50年代在晶体管方面采取大胆的行动；默克因为对公司的理念有着像教派一样的信仰，员工才有一种身属与众不同的组织而不是随随便便一家公司的意识。他们主要就是靠这种意识激励，才激发出所需要的力量，把默克建成世界著名的制药公司。

此外，有一点很重要，就是要知道你也可以建立一种像教派一样的创新文化，或一种像教派一样的竞争文化，或一种像教派一样的求变文化，甚至可以建立像教派一样亦庄亦谐的文化。我们认为，沃尔玛的高级主管领着成千上万高声喊叫的员工，像啦啦队一样，高呼公司的口号，做出诙谐的动作，就是要建立这样的文化。

像教派一样全心融入和多元化也可以相辅相成。若干最像教派的高瞻远瞩公司赢得了大企业当中最善待女性和少数民族的美名。默克就是个例子。默克长期以来就拥有进步的平等就业机会的记录。在公司里，多元化是一种进步的形式，和公司深深珍惜的核心相辅相成。只要你相信公司的核心理念，你的肤色、胖瘦、长相或性别在默克都不是问题。

控制与自主

高瞻远瞩公司在理念方面实施严格的控制，同时提供广泛的作业自主性，鼓励个人首创精神，正是兼容并蓄胜过非此即彼的典范。事实上，正如我们在下一章要讨论的，我们发现，高瞻远瞩公司虽然比对照公司更像教派，但是，高瞻远瞩公司普遍实施分权制度，并给予员工高度的作业自主性，而对照公司反倒有很大差距。

回想一下本章开头提到的诺思通一页式员工手册，请注意，诺思通一方面规范员工的行为，要求符合公司的理念，但是另一方面，在工作上却给员工极大的自由。一次，吉姆·诺德斯特龙应邀到斯坦福大学商学院讲课，有人问他，如果一位顾客拿着显然穿过的衣服来退货，诺思通的店员应当怎么处理？他回答说：

> 我不知道，这是真话。但是，我有高度的信心，知道事情会以顾客觉得受到礼遇和良好服务的方式处理。衣服是否收回要看特定的状况而定。我们希望给每一个店员充分的自由，让他们自己考虑该怎么做。我们把员工当成销售专家。他们不需要规定，他们需要基本的指导方针，而不是规定。在诺思通，只要你遵守我们的基本价值观和标准，为了把工作做好，你可以做你要做的任何事情。

诺思通让我们想到团结、自制、纪律严明，而不肯或不能符合理念的人毫无生存空间。矛盾的是，没有个人首创精神和企业直觉的人，和没有理念的人一样，在诺思通公司同样可能做不好。在其他具有严密理念的高瞻远瞩公司，例如3M、强生、默克、惠普和沃尔玛，情形也一样。

这一发现具有重大的实际意义，表示公司如果希望拥有授权或分权的工作环境，最要紧的事就是规定严明的理念，并把这种理念灌输给经过筛选的员工，同时清除不好的人；对于留下来的人，赋予他们伴随着身属精英组织而来的高度责任感。这表示要把适当的演员推上舞台，陶冶他们的正确心态，给他们自行决定、即兴表演的自由。简单地说，这表示如果能够以理念为中心，像教派一样地团结，就可以使公司解放员工的能力，让他们从事实验、变革、适应，以及最重要的——采取行动。

第 7 章

择强汰弱的进化

“在我的想象中，能让我大为满意的说法是，适应良好的物种并非起源于上天特别赋予、创造的本能，而是因为一种普遍法则的多次小影响，造成所有生物的进化，也就是增生、变化，让最强者生存、最弱者死亡。”

达尔文，《物种起源》

1859 年

“我们公司其实是无意间碰上了一些新产品，但是，千万别忘记：一定要行动，才能碰上。”

3M 前 CEO

理查德 · 卡尔顿

1950 年

“失败是我们最重要的产品。”

强生前 CEO

小约翰逊

1954 年

在审视高瞻远瞩公司的历史时，我们发现它们之所以能够做出若干最好的决策，不是起因于详细的战略规划，而是依靠实验、反复尝试、机会主义，或者确切地说，是靠时运而得。事后看来好像绝佳的策略，经常是机会主义式的试验和“故意的意外”的附带结果。请看看强生、马里奥特和美国运通的例子。

强生：意外进入消费产品领域

1890 年，强生还是以供应抗菌纱布和医疗药膏为主业。公司曾收到一位医生的来信，抱怨病人在用了某些医疗药膏后皮肤感觉不适。公司的研究主管弗烈德·吉尔默很快回应，寄出一包用在皮肤上可以让人舒服的意大利滑石粉，然后说服公司在某些产品里附上一小罐滑石粉，作为标准包装的一部分。公司惊奇地发现，顾客很快开始直接要求增购滑石粉。强生为适应这种需求，另外制造了一种叫作“强生婴儿爽身粉”的产品，成为世界各地家喻户晓的基本家庭用品。根据强生正式的历史，“强生在相当意外的情况下涉足婴儿爽身粉的业务”。更重要的是，公司因此开始采取极为小幅度的渐进步骤，最后发扬光大，变成战略性转入消费者产品的重大变化——一次“意外”最后成为强生公司营业收入的 44% 的来源。对公司的成长来说，其重要性不亚于医疗用品和药品。

后来，强生公司又意外地碰上另一种著名的产品。1920 年，公司员工厄尔·狄克森因为太太使用菜刀不小心割了一个伤口，替她创造一种随时可用的药膏带，由一小片纱布和特别的涂敷料加上外科用胶带构成，这样整个药膏带就不会粘在皮肤上。狄克森与营销人员谈到自己的发明，他们决定在市场上实验这种产品，经过初期的缓慢起步和不断的改进，"邦迪”成为强生历史上最畅销的产品，进一步强化了强生进入消费者产品的“意外”策略。

万豪：借机进入空厨服务业

1937 年，威拉德·马里奥特在开设了第一家根汁汽水店 10 年后，已经建立了由 9 家餐厅组成的连锁事业，获利颇丰。手下的 200 名热心的员工都受过公司无微不至服务顾客的培训。马里奥特的业务显然运作顺利，计划在随后的三年里把旗下的餐厅数目增加一倍。这家新兴公司的前途从来没有这么灿烂过。马里奥特和他的经营团队光是专心执行餐厅的扩张计划，就能取得可观的成就，而且同样可以确定的是，一定会更忙。

但是，万豪第 8 号餐厅新出现的奇怪状况怎么办？第 8 号餐厅设在华盛顿胡佛机场附近，其顾客和万豪其他餐厅的顾客完全不同，都是路过餐厅去搭飞机的旅客，他们买了正餐和零食就塞进包包、纸袋或随身行李里。"呃，现在的情形如何？”马里奥特有一次到第 8 号餐厅视察时问道：“我是说进来买东西到飞机上吃的事？”餐厅经理解释说：“每天都会增加一些人。"

马里奥特整晚都在想这件事。根据马里奥特传记作者罗伯特·奥布莱恩的说法，第二天他就去拜访了东方航空公司，创造出一种新的业务，由第 8 号餐厅用两侧有万豪标志和名称的橘黄色货车，把预先包装好的餐盒直接送到跑道上。几个月内，这种服务就扩大到美国航空公司，每天负责供应 22 班客机的餐饮。马里奥特很快就安排了一位全职的经理负责这个新兴的业务，并且负责在胡佛机场全力拓展，同时扩张到其他机场。就马里奥特来说，从这个意外机会的种子演化出来的空厨服务，最后扩张到百余座机场。

马里奥特为了决定该怎么做，可能陷在冗长的会议和战略性分析中。对马里奥特来说，第 8 号餐厅不寻常的顾客是传统基本顾客中奇异的变数，公司可以忽略他们，但他还是决定做个实验，实际测试，看这个奇异的变数是否可能是有利的变数。马里奥特以迅速、勇猛的行动抓住了意外的好运道，逐渐转变了公司的战略。事后回想，这种行动看来很高明，但是，实际上只是正好行得通的机会主义式实验的结果。

美国运通：无心涉足金融与旅游

美国运通在 1850 年创立，从事地区性的快递服务，基本上等于是 19 世纪的联合包裹服务公司（UPS）。1882 年，公司采取一个渐进式的小小行动，事后证明这个行动是战略性的剧烈转变的根源。由于邮政汇票日渐通行，美国运通运送现金的服务（类似装甲运钞车服务）需求日减。为了应对这种变化，美国运通创造了自己的汇票，这种“运通汇票”意外地大获成功，在最初 6 个星期里，一共卖出 11 959 张。美国运通积极地掌握这个机会，不但开始在公司所有的营业场所销售这种产品，还在火车站和一般商店里发售，因而在无意间开始转型为金融服务公司。

10 年后的 1892 年，美国运通总裁法戈到欧洲度假，发现很难把他带的信用证变成现金。这一问题（也是一个机会）推动美国运通进一步改变了路线。奥尔登·哈奇在他的《1850~1950 年美国运通公司百年史》一书里写道：

> 回来之后，法戈走进纽约市百老汇街65号的美国运通公司。他在通道上，若有所思……走过自己的办公室……径直走进员工马斯乐·贝利的房间，没打招呼，直截了当地说："贝利，我在把信用证兑换成现金时碰上很多问题。我一离开平常去的地方，就发现这些信用证的用处比打湿的包装纸好不到哪里去。如果连美国运通的总裁都有这种困难，想想看，一般旅客又会遇上什么样的问题？我们一定要想个办法。"

贝利的确想出了办法。他创造出一种高明的解决方法："美国运通旅行支票"。这种旅行支票只要在购买时签名，兑现时背书即可。最后，他的方法传遍世界。旅行支票的机制给了美国运通意外的好处，因为支票遗失和延迟，公司每个月卖出去的支票超过赎回的金额，因而创造了一个备用现金库存的缓冲。根据乔恩·弗里德曼和约翰·米汉在《卡之家》里的描述：

> 美国运通公司无意间发明了这种"流通票据"……一开始金额只有750美元，最后到1990年金额超过40亿美元，创造出2亿美元的盈余。美国运通实际上，而且是无意间，创造了一种新的国际货币。

开始时，旅行支票只是另一个机会主义渐进式的行动，却使美国运通进一步演进走向了金融服务业。美国运通并没有计划踏入金融服务业，却变成了金融服务公司。

旅行支票也有助于公司在完全无意之间演变成旅游服务公司。事实上，总裁法戈发布过一个清楚而明确的指令，表明美国运通不进入旅游服务业，他说："我们希望大家心里随时随地、全心全意、清清楚楚地记住，本公司不会也无意涉足旅游服务业务。"

虽然有这一指令，美国运通的所作所为却正好跨进了旅游服务业。美国运通已经发展出解决顾客问题的形态，并且迅速地利用了这种机会，这种冲动是由公司全心服务顾客的核心理念引导出来的，即使是CEO也没有办法轻易压制这种冲动。1895年，公司在巴黎开设了欧洲第一个旅行支票办事处，不久之后，一位有创业精神、名叫威廉·戴立白的员工看到美国旅客总是挤在巴黎分公司里，忙着兑领支票、要求邮递服务、安排旅行日程、订票、询问信息等等，为了满足他们的需要，戴立白开始扩大公司的业务。当然，他必须小心谨慎，且保持低姿态，以免激怒法戈。他采取了渐进式的行动，尝试在票务窗口销售轮船的舱位，然后用实验的成果作为垫脚石，说服公司开设"旅游部"，开始销售火车票、套装旅游和广泛的旅游服务。到1912年，美国运通已经建立稳固的基础，赢得杰出旅游机构的口碑，"只是连公司本身都还不承认这个事实"。20世纪20年代初期，戴立白的实验已经把和旅游有关的服务变成了公司第二重要的战略支柱，仅次于金融服务。

因此，美国运通经由一系列渐进的步骤（其中大部分是机会主义式的实验，而且肯定不是什么伟大计划的一部分）演进成和原始创业观念快递业务完全不同的组织。

企业是逐渐演进的物种

从强生、马里奥特和美国运通的例子里，我们能够得到什么启示？或许我们会受到引诱，把它们看成怪异的变种，但是，我们发现，它们不是仅有的例子。比尔·休利特告诉我们，惠普在关系重大的20世纪60年代，“从来没有为超过两三年以后的事情做过计划”。其在采取战略性关键行动进入电脑业务时，也没有任何宏大的计划。情形正好相反，惠普在1965年设计公司的第一台小电脑时，只是为了增加仪器产品系列本身的竞争力。前CEO约翰·杨解释说：

> 这种电脑基本上是备用的，我们甚至不把它叫作电脑，而叫作“仪器控制器”。虽然知道未来电脑一定会很重要，但我们仍希望维持自己是仪器公司的声誉，不希望以电脑公司闻名。

同样，摩托罗拉最初进入精密电子领域（晶体管、半导体、集成电路），是1949年在亚利桑那州凤凰城设立一座小实验室，为公司生产的电视机和收音机开发所需的一些电子组件过程中自然发展出来的结果。直到1955年，摩托罗拉才特意做出进入电子业的战略性选择，这样做纯粹是因为如果不对外销售产品，公司就没有足够财力盖起先进的工厂。

我们还可以从花旗银行、菲利普·莫里斯、通用电气、索尼和其他公司的例子一直说下去。但是，别误会我们的意思，我们不是说这些公司从来没有规划，只是我们惊讶地发现，有太多的例子显示高瞻远瞩公司的重大行动来自规划以外的程序。这些例子也不代表纯粹的运气，绝对不是这样。我们发现，还有别的东西在起作用。

这些有趣的例子引导我们得到第二种形态的进步（第一种是

靠胆大包天的目标），即进化式进步。这种情形在高瞻远瞩公司出现的机会比对照公司多。用“进化”来形容这种进步方式，是因为它和生物物种进化、适应自然环境这一点非常相像。进化式的进步和胆大包天的目标相比，所带来的进步有两点重大的差异：第一，胆大包天的目标所带来的进步涉及确定不疑的目标（我们要爬那座山），进化式进步则和不明确有关（我们在多方尝试后，一定会碰到有用的东西，只是我们不能事先预知）。第二，胆大包天的目标所带来的进步是大胆而不连续的跳跃，进化式进步通常由渐进式的小步骤或突变开始，最后发展为经常是意料之外的战略性重大转变。

我们为什么要以未经计划的策略为例子谈及进化式进步这一主题呢？因为进化式进步是未经计划的进步。的确如此，如果我们通过战略性规划的透镜来观察自然界的物种，很可能轻率地断定它们是计划执行良好的结果，它们适应得这么好，一定是在一个高明的整体战略性计划下按部就班、精确执行创造出来的。但是，从现代生物学的观点来看，这种结论太离谱。自从达尔文革命以来，生物学家已经知道物种不是以事先计划好的特定形式直接创造出来的，而是进化来的。不仅如此，物种的进化过程和部分高瞻远瞩公司适应环境的过程也惊人相似。

进化论与高瞻远瞩公司

进化论的核心观念，即达尔文最伟大的见解，在于物种经由盲目的变异和自然选择的程序而进化。变异就是偶然的基因突变。经由基因突变，一个物种取得“好机会”，使一部分成员很能适应环境的要求，在环境变化时，最适合环境的基因变化通常会被“选择”，也就是适应良好的变化通常会存活下来，适应不良的通常会死亡，这就是达尔文所说的“适者生存”。然后被选择（生存下来）的变化，将在基因库里获得更大的代表性，于是这个物种就会朝那个方向进化，用达尔文自己的话来说，就是“增生、变化，最强者生存，最弱者死亡”。

现在把一家公司，例如美国运通比作一个物种。在20世纪初期，美国运通发现自己传统的快递业务遭到攻击，政府主管机关侵蚀了运通公司垄断性的费率结构。到1913年，美国邮政总局创立了竞争性的邮政包裹制度，使美国运通的利润下降了50%。接着，美国政府又在1918年把所有的快递业务收归国营，造成该行业的巨变。政府在夺走核心业务后，大多数快递商消失得无影无踪。但是，对美国运通来说，在金融服务和旅游服务方面的试验虽然未经计划，事后却被证明是有利的变化，比公司传统的快递业务更能适应变化后的环境。这些变化经过选择变成超越过时的、传统业务的道路，并成为未来继续繁荣的基础。

> 我们不妨把进化过程描述为“抽枝和剪枝”。这个想法很简单：如果你在一株树上添加足够多的新树枝（变化），并且聪明地修剪掉枯枝（选择），那么你就可能使其长出生机勃发的枝条，且它们极有机会在持续变化的环境中枝繁叶茂。

到今天为止，强生仍然刻意鼓励“抽枝“和“剪枝”。强生尝试许多新事物，保留有效的部分，迅速放弃无效的东西。强生培养一种高度分权式的环境，鼓励个人首创性，容许员工试验新构想，以刺激变化，同时规定严格的选择标准。唯有能够证明有利可图又符合强生核心理念的试验，才能留在公司的业务范围内。

小约翰逊知道公司必须接受失败的实验，作为进化式进步的一部分。他常常重复一句话："失败是我们最重要的产品。"事实上，在强生的历史中，不乏有名的失败案例被剔除掉的情况，包括试图生产可乐兴奋剂（由雪利酒和可乐子萃取物制成）、儿童用彩色骰子（这种产品很早就夭折了，因为所用的纯粹食用色素会把床单染成五颜六色，把医院的洗衣房弄得五彩缤纷）。新近强生也有失败的实例，例如，在心脏瓣膜、洗肾设备和止痛药等方面的尝试。在强生，失败是在公司核心理念的范围内创造生机勃发的新枝所必须付出的基本代价。虽然有这些挫败，强生在其107年的历史中，从来没有一年亏损。这种财务成就使外人在看强生时，以为一切都是由策略天才创造的。事实上，强生的历史中充满有利的意外、反复尝试和经常性的失败。CEO拉尔夫·拉森在1992年说道："成长是赌徒的游戏。"

同样，从进化的观点切入沃尔玛在20世纪70年代和80年代的惊人成就，比从创造者的观点来了解更容易。事实上，微观经济学教科书和MBA战略规划的课程经常教导学生有关沃尔玛成功的主要原因，而沃尔玛的人看了这些解释，总觉得多少有点儿好笑，就像吉姆·沃尔顿说的：

> 一些作家把家父（山姆·沃尔顿）看成伟大的战略家，说他靠着直觉设计出复杂的计划，并且精准地实施这些计划，对此我们都会窃笑。家父是靠变革发迹的，没有什么决定是神秘莫测的。

的确如此，大多数企业战略课程所传授的工具，完全无法说明沃尔玛的战略性竞争优势从何而来，也无法说明沃尔玛最早是如何得到这种“高明”的制度的。这种制度能够形成，主要不是靠经济天才勾勒的战略性计划，而大致上是靠着变革和选择的进化过程演化而来，“增生、变化、让最强的（试验）获胜，最弱的淘汰”。沃尔顿从1945年开设第一家店开始，沃尔玛就不断行动。沃尔玛让人看起来好像有高明之至的远见，就像物种看起来是事先计划好再创造的一样。沃尔玛的一位高级主管描述得好：“我们的座右铭是‘行动、改正、尝试’。如果你尝试的某些事情有用，就保留下来，没有用的就改正，或是尝试别的事情。”

例如，沃尔玛著名的迎宾人做法不是来自任何伟大的计划或策略。路易斯安那州克罗利一位店经理因为对顺手牵羊的人很头痛，就做了一个试验，在大门口安排一位友善的老先生，招呼进出店门的顾客。这种迎宾人会说：“嗨！你好吗？很高兴你光顾本店。要是你想了解本店的什么情况请你告诉我。”迎宾人是对诚实的顾客热诚欢迎，同时也对可能顺手牵羊的人发出信息：如果他们想带着偷窃的商品走出店门，有人会盯着他们。在克罗利沃尔玛的店经理设置迎宾人之前，沃尔玛上下，包括沃尔顿在内，没有人想到过设置一个迎宾人的做法，但是这个偶然的试验证明很有效，最后变成全公司的标准做法，也成为沃尔玛的一项竞争优势。

我们以沃尔玛为例，可以把本章一开始引用的达尔文的话，改写如下：

> 能让我们大为满意的说法，或许是不要把适应良好的高瞻远瞩公司看成主要由高明的远见和战略性规划的结果，而是看成大致上由一种基本程序带来的结果——尝试许多实验，抓

住机会，保留作用良好（又符合核心理念）的部分，修正或放弃作用不好的部分。

我们拿生物学来全盘类推企业时，当然应该小心，我们不认为高瞻远瞩公司的适应和进步来自没有目的的演化过程。把公司等同于生物物种显然有失偏颇。

一方面，公司事实上有能力制定目标和计划，而物种没有这个能力。当然我们的高瞻远瞩公司要制定目标和计划，即使是沃尔玛，在它的整个历史中也会同时追求胆大包天的目标和进化式进步，用胆大包天的目标来标定要攀登的大山，用进化来发明攻顶的方法。通用电气的韦尔奇在号称“计划性机会主义”的管理理念中，主张这种目标和演进并存的矛盾组合，就像提区和舍曼在《通用电气传奇》这本书里所说的：

> 韦尔奇不用详尽的……战略性规划指导业务，他相信只要制定少数明确、崇高的目标，他的手下便可以随机应变，自由地抓住他们认为可以推展目标的任何机会……计划性机会主义在他心中明了起来，是因为他阅读了 19 世纪普鲁士将军毛奇的事迹。毛奇深受军事理论家克劳塞维茨的影响，克劳塞维茨认为详尽的计划通常会失败，因为情况一定会变化。

另一方面，人类组织的变化和选择过程与自然界纯粹的进化过程不同。自然界的物种选择是自然的选择，是一种完全无意识的过程，最能适应环境变化的会生存下来，最脆弱的变化会消亡。换句话说，自然界的物种不会有意识地选择变异，变化由环境选择。人类组织则可以有意识地选择。此外，自然界的进化除了纯粹求得物种的生存外，没有目标或理念，高瞻远瞩公司则会在核心理念的架构下刺激进化过程，朝着希望的目标前进。这一过程称为“有目的的进化”。

所有公司当然都有某种程度的进化。不论我们是否有意刺激，进化都会“发生”。真实的世界充满意外事件，影响人生的轨迹，这种事发生在个人身上，也发生在组织中，但是，重点在于高瞻远瞩公司能够比较积极地应用进化的力量。这使我们得到了本章的关键要点：

> 如果能充分了解进化过程，并刻意引为己用，这种过程可能就是刺激进步的有力方法。在这方面，高瞻远瞩公司远比对照公司更为努力。

当然，有目的的进化不是高瞻远瞩公司刺激进步的唯一方法，而且并非所有的高瞻远瞩公司都使用这个方法。像波音、IBM、迪士尼等公司，就更多地依靠胆大包天的目标来刺激进步（毕竟，用渐进的方式制造出波音 747 确实很难）。其他公司，如默克、诺思通和菲利普·莫里斯等，则比较依赖以持续不断的改进刺激进步（这一部分留待后文探讨）。但不管它们是否一致，高瞻远瞩公司在利用进化的力量方面的确远超对照公司，在 18 对公司当中，有 15 对公司如此（参见附录 3 表 A.7）。

“突变机器”3M 如何击败诺顿

我们访问惠普公司的休利特先生时，问他有没有极为崇拜并想要模范的公司，他毫不迟疑地回答说：“3M公司，这一点毫无疑问。你永远不知道他们下一步会推出什么。奇妙的是，他们很可能也不知道自己下一步会推出什么东西来。但是，即使永远不能预测 3M 会做什么，你也知道这家公司会继续取得成功。”我们同意休利特的说法。的确，如果拿生命做赌注，赌我们研究的哪一家公司会在今后 50~100 年内继续成功和适应，我们也会把赌注下在 3M 上。

当然，具有讽刺意味的是,3M是以失败、以一个重大错误起家的。3M 开采金刚砂矿的创业观念遭到几近致命的打击，之后，这家小公司试了好几个月，想找出一些可能行得通的东西，找出任何可以做的事情。弗吉尼亚·塔克在《巨人品牌：3M 的伟业》一书里写道：

> 在 1904 年 11 月寒冷的冬天里，董事会每周都在开会，寻找一个解决之道。这些创办人决心不放弃（公司），幸运的是，他们的员工也勠力同心，每一个人都做了一些个人牺牲（包括有人无偿上班），以便把公司维持下去。

最后，董事会同意一位投资者的建议，认定 3M 应该脱离采矿业，转而制造砂纸和砂轮。（有这么多从失败的矿场采来的无用的低级矿砂，公司还能做什么别的东西？）所以，3M 在绝望之余放弃矿业，战略性地转移到研磨产品上。这绝不是出于谨慎的计划。

麦克奈特的功绩

从 1907—1914 年，3M 受困于质量问题、利润低微、库存积压和现金周转的危机之中。但是，在年轻而有书卷气、从会计人员转为销售经理的麦克奈特默默有心的推动下，公司开始振作起来，实验、改善能使公司勉强存活下去的产品。

1914 年，3M 把年仅 20 多岁的麦克奈特提升为总经理。麦克奈特天生就是一个造钟师，很快就开辟一个 5 英尺 ×11 英尺的角落储藏室，投资 500 美元设置水槽和胶水槽供实验和测试之用，创立了 3M 的第一个实验室。用人造的矿物实验数个月后，3M 推出一种极为成功的新砂布，叫作“Three-M-Ite”，这个产品使 3M 发出了自成立以来的第一次红利，而且在发明 75 年后，仍然被列于 3M 的产品名录里。

麦克奈特外表虽然羞怯、谦虚，却有永不满足的好奇心和追求进步的驱动力，经常一周工作 7 天，以便推展 3M 羽翼未丰的事业，而且他总是在寻找公司可以追求的新机会。例如，在 1920 年 1 月，麦克奈特打开一封不寻常的信，信上写道：

> 请把贵公司用来制造砂纸的每一种规格的矿砂样品寄给费城的印刷油墨、铜粉和金色印油制造商弗朗西斯·G. 奥基。

3M 并不出售原料，所以这中间没有生意可做，但是麦克奈特一则受好奇心驱使，二则始终在寻觅可以推动公司前进的有趣新构想。他自问：“奥基先生为什么要这些样品？”

3M 因此碰到了公司历史上最重要的产品，因为奥基发明了一种革命性的防水砂纸，后来被证明这是一种在世界各地的汽车制造厂和油漆工厂里都极为有用的产品。（这里打个岔，奥基向许多家矿业和砂纸公司索取样品，但是除 3M 之外，没有一家愿意问他为什么需要这些样品。）3M 公司很快便取得了使用这项技术的权利，开始销售“干湿两用”砂纸。

3M不只得到了这些，的确，干湿两用牌砂纸甚至不是交易中最有价值的部分。麦克奈特这位总是专注于建构组织的卓越建筑师，不仅和奥基签约并感谢了他，还雇用了他！奥基把费城的工厂关闭，搬到圣保罗，成为3M专攻新发明方面的重要人物，一直到19年后才退休。

抽枝与剪枝

3M早年几乎夭折的历史在麦克奈特心里留下深刻的印象，因此，他希望公司内部有足够的变化，以求自保：

> 开始时，我们把所有的鸡蛋（失败的矿场）都放在一个篮子里……依靠产品多元化……贸易战不可能同时打击所有的产品，而且至少我们的一部分业务总是会有利润。

但是，就像麦克奈特雇用奥基的例子所显示的，麦克奈特不希望公司的演进和扩张只靠自己一个人，他希望创造一个能够从内部继续自我突变、由员工发挥个人首创精神推动公司继续前进的组织。从下面这些3M人经常挂在嘴边的话语中，可以看出麦克奈特的做法：

“要听听有创见的人的话，不管开始时这些话有多荒谬。”

“要鼓励，不要挑剔。让大家发挥构想。”

“雇用能干的人，放手让他们去做。”

“如果你在众人四周筑起围篱，你得到的是绵羊。给大家所需要的空间。”

“鼓励实验自由。”

“试一试，而且要快！”

麦克奈特直觉地了解到，鼓励个人首创精神会产生进化式进步的原料——没有方向性的变化，他也明白这种变化后来并不是都有用的。

> （给大家自由，并且鼓励大家自主行动）一定会造成错误，但是……从长期来看，如果管理层独裁，告诉手下应该怎么做事，大家犯的错误一定不会比管理层犯的错误严重。但是，管理层犯错误，会造成毁灭性的影响，会扼杀首创精神。如果我们想继续成长，一定要有许多具有首创精神的人。

事实上，在砂纸之外，3M 第一次尝试自我突变是设法打进汽车蜡和亮光用品市场。结果证明这是一个代价高昂的错误，最后公司放弃了这一类产品。

但是，3M的第二次突变极为成功。在麦克奈特创造的不妨一试的气氛下，一位名叫迪克·德鲁的年轻员工去拜访客户，来到一家汽车喷漆工厂的现场，听到一阵极为粗鲁不敬的叫骂声。当时，将汽车漆成两种颜色已经很流行，但是分隔两种颜色的胶水和胶带却遮蔽不了，汽车上漆后会留下难看的大斑块和不均匀的分隔线。

“难道没有人能供应我们有用的东西吗？”油漆工远远地隔着油漆间气恼地抱怨着说。

“我们可以！”从 3M 来的这位访客回答说，“我敢说，我们可以在实验室里做一些修改，做出保证有效的隔离胶带。”

但是德鲁发现，3M 的实验室里没有这种现成可以修改的东西，所以他像真正的3M人一样，自己发明了3M隔离胶带。德鲁抓住一个表面上看似问题的机会，这种过程后来出现了好几千次，终于使3M公司完成了脱离砂纸的第一次渐进式转变。5年后，很多公司和3M接触，想购置防水包装胶带，为此，德鲁以隔离胶带的科技为基础发明了一种注定会成为世界家喻户晓的产品——思高牌透明胶带。

思高牌胶带不是计划中的产品。1920年时，3M没有一个人知道公司会涉足胶带业务，而且绝对没有人预期这种产品在20世纪30年代中期会变成公司最重要的产品系列。思高牌胶带是麦克奈特创造的组织气氛下自然发展的结果，不是什么高明战略性规划的结果。

但是，比思高牌胶带更重要的是，3M把进化式的程序制度化，促成了思高牌胶带的发明。

曾任3M公司研究部门主管，后来担任总裁的理查德·卡尔顿早在1925年就在3M公司的技术指导手册里明文规定了“变化与选择”的策略：

> （我们）必须具有产生和测试构想的可靠程序……每一个构想都应该有机会证明其价值。理由有二：第一，如果构想很好，我们需要它；第二，如果构想不好，我们证明它不实际之后，就等于买了保险，也求得内心的平安。

图7.1为3M的Scotchlite（视觉丽）反光板科技产品系列。

卡尔顿还增加了另两项评估和选择构想的重要标准，且都以3M的核心理念为基础：第一，被选中的基本上必须是新构想，3M只希望选择创新的构想；第二，构想必须符合人类某种可以证明的需要——可以解决某种真正的问题。创新如果不能“转变成某个地方、某些人觉得有用的产品和工艺”，3M 不会有兴趣。

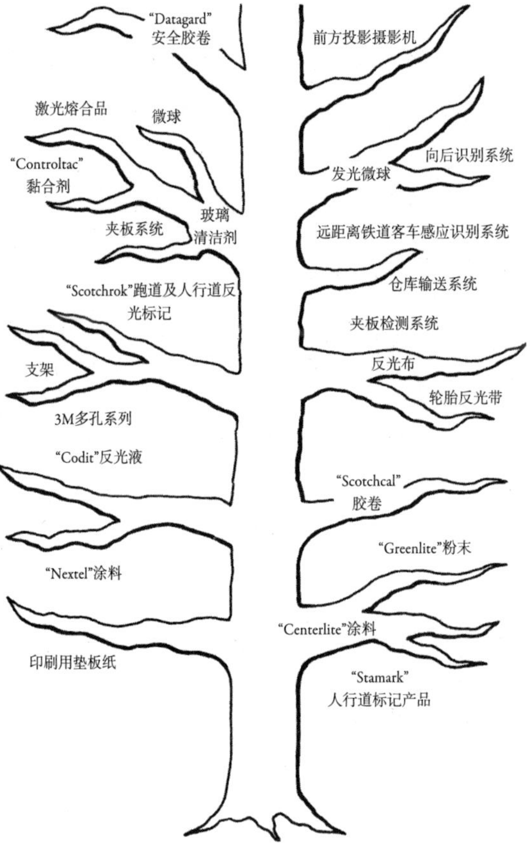

图 7.1　3M 树形分枝演变图

有趣的是，3M 却不是完全根据市场规模来选择创新构想的。

3M 有“制造一点儿，销售一点儿”和“采取小小的步骤”之类的座右铭且深知大东西经常是由小东西演进而来的。但是，由于事前不能预知哪一种小东西会变大，就必须尝试许多小东西，保留有用的，抛弃没有用的。3M 的营运根据“一个简单的原则，就是没有哪一个市场，哪一种终端产品因太小而可以弃之不顾”。公司采用一种政策，容许员工在面对问题和构想时，抽发细小的“新枝”，大部分新枝不会成大气候，但是任何新枝只要显现出希望，3M 就一定会让它成长为整枝树枝，甚至一棵大树。这种发芽抽枝的方法在公司里人尽皆知，以致于 3M 有时候干脆把产品系列画成一棵长了很多树枝的大树。

3M 故事的绝妙之处，在于公司超越了麦克奈特、奥基、德鲁、卡尔顿和公司早年所有创意十足的个人，他们创造了一家公司，一部突变机器，不论谁来当 CEO，都会继续演进。虽然 3M 的领袖永远不能预测公司未来会向何方发展，却毫不怀疑公司会长期健步如飞。这家公司已经变成一座滴答作响、生机勃勃、不知疲倦的时钟，有着无数配合良好的有形机制，可以刺激持续不断的进化式进步。例如：

在这些机制的推动下，到 1990 年，3M 共衍生出 6 万多种产品，40 多个不同的产品部门，范围广及铺屋顶用的粒材、公路反光材料、录像带、投影设备、电脑磁盘、生物电子助听设备和 3M 如意贴。

3M 的处世哲学是：虽然你常常步履蹒跚地到达目的地，但是，你必须先行动，才能有步履蹒跚。随处可见的如意贴是这种哲学的另一个例证。如意贴的共同发明人阿特 · 弗赖伊在描述他的发明过程时说：

表 7.1　3M 刺激进步的机制

"15% 规定"：有悠久的传统，意在鼓励科技人员最多把自己时间的 15% 用在自己选择和主动提出的计划上	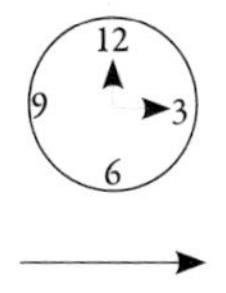	鼓励未经规划、可能意外变为成功发明的实验和变化
"25% 规定"：每个部门前 5 年推出的产品和服务产生的营收应占年度营收的 25% 以上（从 1993 年起，比率提高到 30%，周期缩短为前 4 年）	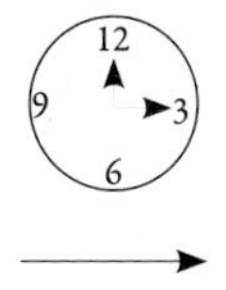	鼓励继续不断开发新产品（以 1988 年为例，3M 公司 106 亿美元的销售额中有 32% 来自前 5 年推出的新产品）
"进步奖"：颁给负责在 3M 公司内部取得创新事业成功的人	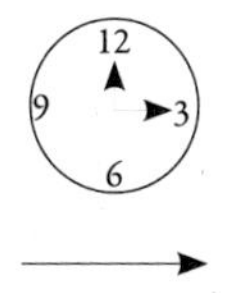	刺激内部创业精神和冒险精神
"创世纪奖金"：将内部创业投资基金分配给开发原型及做市场试销的研究人员，一笔最多可以付 5 万美元	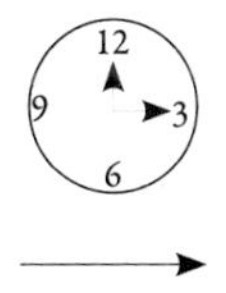	支持内部创业精神与试验新构想
"科技共享奖"：颁给开发出新科技并且成功地和其他部门共享的人	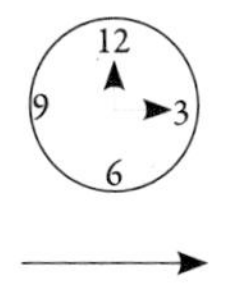	促进技术与构想的传播
"卡尔顿学会"：荣誉科技社团，被选为会员，表示公司承认他们在 3M 公司内部杰出、有创见的科技贡献	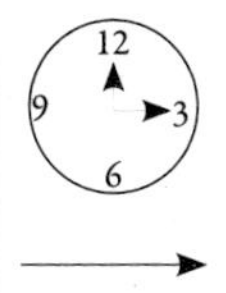	刺激内部科技与创新
"自营事业"机会：3M 人在成功推出一种新产品后可以得到机会把这种产品视为自己的计划，由部门来经营（视产品销售额水准而定）	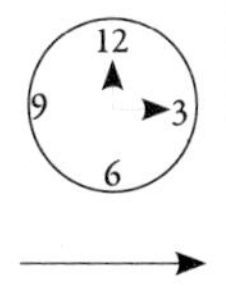	刺激内部创业精神

（续表）

“双梯并行”职业道路：允许科技和专业人才不必牺牲研究或专业兴趣实现公司内部升迁	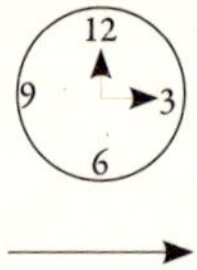	允许顶尖专业科技人才升级，却不必转向管理之途，借以刺激创新
新产品论坛：所有部门分享最新的产品		刺激跨越部门界限的新构想
科技论坛：3M 人提交科技论文，彼此交换新构想和新发现	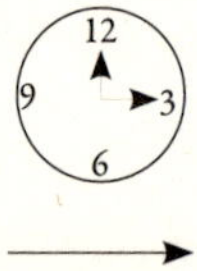	刺激跨越部门界限，孕育新构想、新科技与新发明
“攻关小组”：派出特遣小组到顾客的工作现场解决顾客的特殊问题	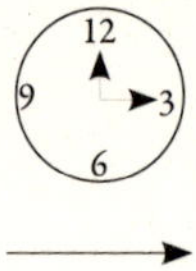	经由顾客的问题（新机会的根苗）刺激创造发明，不断重复 20 世纪 20 年代 3M 公司碰巧发明透明胶带的程序
“优势项目”：每个部门选择 1~3 种优势产品，在规定的短时间内推向市场		加速产品和上市的循环，从而增加进化式“变化与选择”的周期
小型、自主性部门与单位：1990 年有 42 个产品部门，每个部门的平均年销售额大约为 2 亿美元；工厂的中等部门规模为 115 人，分布在全美 40 个州，大多数设在小镇上		提倡“大公司内有小公司”，借以刺激个人首创精神
很早就采用分红制度（1916 年起适用于主要职员，1937 年扩大到几乎所有员工）		刺激个人对公司经济成功投资的意识，从而刺激个人的努力与首创精神

1974 年的一天，我在教堂唱诗班里唱圣歌时，偶现创造的灵感。为了更方便地找到每个星期天做礼拜时要唱的圣歌，我习惯用小纸条标注多个地方（但是纸条总是在不恰当的时候飞出来，把我急得发疯）。我想："噢，要是能在这些书签上加点儿粘胶，就再恰当不过了。"所以，我决定去问问……斯彭斯·西尔弗的粘胶。

西尔弗利用"15% 规定"，遵循自由实验的原则在实验室里实验，把一些化学药品混合起来，"看看会有什么结果"，结果发明了不寻常的粘胶。他解释说：

发明如意贴粘胶的关键在于实验。要是事前彻底衡量和考虑过，我一定不会做这种实验；要是认真地查阅书籍和文献，我也一定会停下来，文献里到处都是你不可能成功的例子。

在考虑过这种有点儿混乱的程序后，3M 高级主管杰弗里·尼科尔森指出："引导出如意贴的很多事情都很意外。"但是，如果弗赖伊所处的环境不能让他运用自己 15% 的时间来自由地做有关奇异粘胶的实验，他是一定没有办法创造出这种产品的。此外，要是弗赖伊和西尔弗处在不鼓励持续奋斗的环境里，要是 3M 看到最初的市场调查，说这种产品销售一定会失败，因而禁止他们继续推动这种疯狂的构想，如意贴也一定不会成为商品。这正是重点所在，而且是 3M 成功的关键：

如意贴的发明可能有点儿意外，但是 3M 公司创造了一种允许这种发明出现的环境，这绝非偶然。

与诺顿形成强烈对比

诺顿和 3M 不同。诺顿是根据一个很好的创业观念设立的，从一开始就赚钱，创立 15 年后，已经把投资者的资本增值 15 倍（参见附录 2）。3M 在 1902—1914 年间还只是奋力求生存，而诺顿已经成为研磨产品工业的领袖，而且年复一年展现出优异的经济回报率。1914 年，诺顿的规模足足是 3M 的 10 倍，获得的利润也远远超过苦苦挣扎的 3M。

但是，诺顿早年虽然远比 3M 优秀，却无法和 3M 这部“恒动机”并驾齐驱。3M 逐渐超前，最后在规模和获利能力方面远远超越了诺顿。

怎么会发生这种事？和明尼苏达州那家失败的矿场相比，诺顿怎么会丧失看似不可能超越的领先优势呢？

表 7.2　规模比较

年份	3M 总收入（单位：千美元）	诺顿总收入（单元：千美元）	比率：3M/ 诺顿
1914	264	2 734	0.10
1929	5 500	20 300	0.27
1943	47 200	131 300	0.36
1956	330 807	165 200	2.00
1966	1 152 630	310 472	3.71
1976	3 514 259	749 655	4.69
1986	8 602 000	1 107 100	7.77
1990	13 021 000	诺顿被购并	诺顿被购并

表 7.3　获利能力比较

	3M	诺顿	比率：3M/ 诺顿
资产回报率（1962—1986 年）	34.36%	17.72%	1.94
股本回报率（1962—1986 年）	23.22%	11.25%	2.06
销售回报率（1962—1986 年）	20.27%	9.42%	2.15

和 3M 相比，诺顿在 1914—1945 年间种下败因。在这段时间，3M 建立鼓励个人首创精神和实验的管理方法，诺顿却没有创立任何明白的做法或机制来刺激实验和无计划的进步；在 3M 奋力追求进步和行动的冲力时（“试一试，而且要快”），诺顿却变成高度集权和官僚化的公司，表现出“僵化和停滞”的特征；3M 抓住创造发明防水砂纸和思高牌胶带的机会，而诺顿在传统的产品之外却没有鼓励追求新机会的政策。1928 年，诺顿 85% 的销售额、90% 的获利均来自查尔斯 · 诺顿 25 年前推出的砂轮系列产品。诺顿的一位研究科学家说：

> 我们虽然提出了研发全新产品的构想，可是几乎所有的努力……都用在了……制造更好的砂轮上了……你想做什么都可以，只要你做的是圆的、上面有个洞的东西就行。

20 世纪 40 年代末期和 50 年代，3M 奋勇向前，一发不可收拾。在 3M 实施分权，建立继续刺激进化式进步的机制时，诺顿仍然维持中央集权，仍然以降低成本和提高效率为重心。1948 年，3M 已经多元化发展为 7 个不同的产品部门，研磨产品占营业收入的比率已经不到30%，而诺顿将近100%的营收仍然来自传统的研磨产品系列；3M的思高牌产品系列创造出大量的现金，用来研发视觉丽反光片和热传真影印等极有前途的新科技产品，诺顿的研磨产品却面临市场成熟、成长缓慢、产力过剩、价格下跌和利润萎缩的问题。

20世纪50年代末期，诺顿勉强做了几次无力的尝试，想从成熟的研磨产品工业向外发展，但是多半因为缺乏财力和制度化的鼓励而受阻。有趣的是，有一阵子，诺顿竟步3M的后尘，跨入黏合剂产业，在1957年推出胶带产品（落后3M 27年之久）。但是，3M思高牌产品的地位已经牢不可撼。因此，用诺顿一位销售经理的话说："在我们公司的历史中，从来没有（像与思高牌竞争）这样惨败过。"

1962年，3M的营业收入已经达到诺顿的3倍，毛利率将近2倍。此外，3M还拥有范围广泛、利润诱人的一大批事业单位，例如，获利稳定的黏合剂产品、高度成长的思高革防护布料产品、磁带、新兴的微缩影片和传真产品等，而诺顿的销售额仍然有75%以上来自陈旧的研磨产品。更重要的是，3M这部突变机器正在全力运作，确保公司在长远的未来岁月里继续遇到数千种新机会；相比之下，诺顿几乎已经停顿下来，销售增长率只有2%，利润增长率为0，还没有半点儿追求进步的驱动力或刺激进步的有形机制。查尔斯·齐普在深入研究后写出诺顿公司的历史，他指出：

> 到20世纪60年代，经营大致变成"看守作业"，意在维持现有的微薄利润水准，寻找出售公司的可能性。

最后，因为和 3M 及 Carborundum（金刚砂）相比，诺顿的股票本益比不断下降，因此，诺顿决定采取一致行动，仿效 3M 追求多元化和进步，但和 3M 不同的是，诺顿主要是选择企业战略性规划和购并达成进步和多元化的目标，而不是靠演进。事实上，诺顿不仅是波士顿咨询集团最初的大客户，也是该公司“资产管理技术”[1] 的忠诚信徒。诺顿不设法设置刺激内部进步的机制，反而只想“买进”进步。就像《福布斯》杂志所说的：“诺顿经营公司的业务就像大多数投资者管理投资组合一样。”

的确如此，拿 3M 和诺顿相比，具有讽刺意味的是 3M 一直拥有由各种经营单位组成的“组合”，任何战略规划咨询公司一定都会羡慕这种“组合”。3M 的资产组合看似规划得很完美（就像把物种创造得很完美一样），但是实际上主要是靠无目的的演进过程经由变化和选择而出现的。从创造主义战略性规划专家的观点来看，“原因”和“过程”很容易混为一谈。诺顿和 3M 就是一个典型的例子。

> 如果在战略性规划矩阵上列出 3M 公司的经营单位组合，很容易可以看出这家公司为什么这么成功。（你看看有那么一群金牛和明星经营单位！）但是，这种矩阵完全无法抓住这种组合最初出现的原因。

整个 20 世纪 70 年代和 80 年代，3M 靠着鼓励个人的主动性，继续演进，进入新颖而且常常意想不到的领域；相形之下，诺顿

1. 资产管理技术根据市场占有率和增长率，把经营单位分成矩阵：“金牛”“明星”“问题单位”和“落水狗”，利用这种分类，决定公司的投资、购并和撤资行动。

主要依靠的是咨询公司传下来的研究和规划模式。3M 继续允许像西尔弗一样的员工部分依靠“意外而非精心计算”创造新市场，刺激进步；诺顿的总裁却宣称“规划必须成为生活方式”。3M 鼓励“科学的娱乐精神”；诺顿的经营者在描述公司的战略性方法时却说：“全都来自军事计划”。3M 主要从自动自发、成果丰硕的研究中选择最好的渐进式机会，实现多元化；诺顿却“因为（内部）科技和研究资源提供的机会有限”，强调以整批购并为主要手段。

3M 奋勇前进，到 1990 年，销售额终于突破 130 亿美元，拥有数百种创新的产品。相形之下，诺顿发现自己成为敌意购并的目标，不能再以独立的企业实体继续存在。

CEO、经理人与创业家教训

3M 是最好的进化式进步的明证。以下是高瞻远瞩公司刺激进化式进步的五大教训：

第一，“试一试，而且要快！”3M 与诺顿不同，3M 的做法是在有怀疑时，要变化、转变，解决问题，抓住机会，实验和尝试新事物（当然必须符合核心理念）——即使不能准确预测事情的发展，也要想办法做些事情，如果一件事失败了，就试另一件。整顿、尝试、做事、调整、行动，无论如何不要坐着不动，而要勇往直前——特别是在面对意外的机会或顾客的特殊问题时，以创造多种变化。如果麦克奈特没有问奥基为什么要写一封神秘的信索取各种规格的矿砂，如果德鲁没有冲动地承诺要解决两色漆的问题，如果西尔弗没有做教科书上说行不通的实验，如果弗赖伊没有尝试解决教堂唱诗班歌本的问题，以及类似的数千个“如果”，那么，3M 就不会变成高瞻远瞩公司。

第二，“接受必然会有的错误。”因为事前不能预知哪种变化有用，就必须接受失败，视之为演进过程中不可或缺的一部分。如果 3M 因为汽车蜡业务失败，苛责奥基和德鲁或是开除他们，那么，3M 很可能不会发明出思高牌胶带。请想想达尔文的名言：“增生，变化，最强者生存，最弱者死亡。”为了健全地演进，必须尝试形态不同（变化）、数量够多的实验（增生），保留有用的（最强者生存），抛弃无用的（最弱者死亡）。换句话说，如果没有很多失败的实验，你不可能拥有活力充沛的自我突变系统——也不可能会有 3M 之类的公司。正如 3M 前 CEO 刘易斯 · 莱尔所说的：“要是有秘密的话，就是一确认出失败的事物，就立刻抛弃……不过，即使是失败的东西，也有某些方面的价值——你可以从成功中学习，但是，你必须亲身参与其中；而从失败中学习会更容易。”请记住本章前面所提强生的矛盾观点：在创造枝繁叶茂、107 年来没有一年亏损的健康大树——强生公司时，失败和错误是必须付出的基本代价。同时，也请记住第 6 章的教训：高瞻远瞩公司可以容忍错误，却不能容忍违反核心理念的“罪行”。

第三，“采取小步骤。”当然，当失败的实验只是实验本身，而不是大规模的企业挫折时，比较容易忍受。请记住，渐进式的小步骤可能成为重大战略性转变的基础。麦克奈特简单的回信给奥基带来防水砂纸，开拓出汽车工业的一个庞大市场，引导出德鲁的隔离胶带，接着又引导出思高牌透明胶带，再延伸到录音磁带，等等。如果你希望在公司里创造战略性的转变，或许可以试着成为“渐进式的革命分子”，运用虽小却可以看到的成功，影响公司的整体战略。的确，如果你真的想做一些革命性的事情，或许最好的办法就是只要求准许“做个试验”。回想一下美国运通在金融服务方面的渐进式做法，这些做法最后成为公司主要的战略性支柱；回想戴立白如何运用小小的步骤，逐渐在公司掀起跨进旅游服务部门的革命。请记住“枝干竞荣”的意象，或是想想索尼的井深大用“种子和果实”的意象，来传达怪异的小问题可能是重大机会发端的观念。

第四，“给员工所需的空间。”和诺思通相比，3M 提供了更大的运作自主性，而且维持分权式的结构。这是允许无计划的变化发生的关键步骤。当你给大家很多行动的空间时，就不能准确地预测大家会做什么，但这是好事。3M 并不知道西尔弗、弗赖伊和尼科尔森要怎么运用 15% 的“自由支配时间”。事实上，在本书探讨的 18 对公司中，有 12 家高瞻远瞩公司的分权情形远比对照公司彻底，并且提供更大的运作自主性（有 5 对不相上下）。对于这个教训，我们加上了一个推断：要容许大家持之以恒。以 3M 研发如意贴的小组为例，他们虽然很难说服其他 3M 人，让他们相信这种奇怪的黏性小便条大有前途，却从来没有被要求停止研究。

第五，机制——构建滴答作响的时钟。3M公司故事的精彩之处在于麦克奈特、卡尔顿和其他人把前述 4 点化为彼此配合、刺激进步的有形机制。诺顿从来没有采取过这种行动，回头看看表上所列 3M 的机制，注意这些机制多么实在，如何持续不断地发出强化的信号，如何具有约束力。如果你是部门经理，最好实现 30% 的新产品目标；如果你想在 3M 成为科技英雄，最好把你的成果与全公司分享；如果你想得到进步奖，并且成为具有创业精神的英雄，必须用实际的产品，创造一个成功的新事业，赢得顾客的满意，开拓有利可图的业务。空有良好的意图无济于事。3M并不是把一群聪明人丢进锅里，就希望有好结果，而是在锅下烧大火，并且拼命地搅拌！

我们发现，经理们经常低估第5条教训，没有把自己的意愿化为有形的机制。他们误以为只要定下正确的“领导风格”，大家就会实验和尝试新事物。绝非如此！这绝对不够，还要制定能够持续刺激和强化演进式行为的东西，让组织滴答作响、生生不息！

戒律：不该做的事

我们也发现，有不少对照公司在重要的发展阶段，大力压制进化式进步——这些教训告诫我们什么不该做。

大通曼哈顿银行：20世纪60年代和70年代，大通银行由控制成癖的戴维·洛克菲勒统治。大通银行（被人称为戴维的银行）变成了充满恐惧的环境，经理们花大部分时间开会，而不是决策和行动。大通银行的经理们日常的心态是：“噢！又过了一天，还好，我没事。”即使到80年代末期，还有很多高级经理不愿意尝试新事物，因为“戴维可能不喜欢这样”。相形之下，同期内，花旗银行却是“一个组织松散”，靠着一种混乱的“创造力推动的企业……是一家适者生存的公司”。能力高超的人会因为推动创新的构想获得褒奖。

宝来：在电脑工业的重要发展初期，宝来总裁雷伊·麦克唐纳扼杀个人首创精神，几乎把所有具有实验倾向的人才都赶走了，且因为失败和错误，公开羞辱经理们。他是一个“每天必须证明自己是老板的人”，集所有的权力和决策于一身，使经理们“几乎变成他的办公室的延伸”。他不（像3M那样）把顾客的问题视为演进的机会，反而认为自傲能使顾客“闷闷不乐而不背叛”。20世纪60年代初期，宝来虽然在电脑科技上领先于IBM，但麦克唐纳却使手下的经理错过了当时最大的商机。

德州仪器：20世纪50年代和60年代，德州仪器在CEO帕特里克·哈格蒂的领导下，当之无愧地赢得了高度创新公司的美名。哈格蒂创造了一个环境，使创意和创新从公司最低层勃然兴起。但是，哈格蒂的后继者马克·谢泼德和弗雷德·布西却反其道而行之，制定由上而下的专制制度，利用恐惧和威胁抹杀德州仪器的开创性企业文化。要是在说明中听到不喜欢的东西，他们会打断说明，插口说：“这些都是狗屎！要是你们只能提出这些东西，我们就不想听了。”他们会咆哮、拍桌子、扔东西过来。一位曾经在德州仪器当过经理的人描述说：“谢泼德和布西对手下没有信心……低层的经理们失去许多权力，他们的权力大部分被移到总部，他们提议的产品在总部里一再被修改，最后拿出的是和市场需求格格不入的东西。”到70年代末期和80年代，德州仪器失去了美国最受尊敬的公司的地位，严重亏损，而惠普却继续备受赞美，保持高额利润。

固守根本，还是固守核心

彼得斯和沃特曼在1982年出版的《追求卓越》一书里，建议大家要“固守根本”。他们解释说：“想要表现卓越，机会似乎偏向理智地固守自己熟悉业务的公司这一边。”表面上，这种看法和我们在这一章里提到的演进观点不符。的确，如果3M把其根本定义为矿业或砂纸，那么3M就不会有今天，我们也不会有方便之至的如意贴。从我们的观点来看，真是谢天谢地，3M没有固守根本！进一步说，诺顿在固守根本方面远胜过3M，结果又如何？顶峰和摩托罗拉相比，在固守根本（电视机和收音机）上也有过之而无不及，结果是守到衰落；强生开始销售婴儿爽身粉时，并没有消费产品的经验；马里奥特进入旅馆业时毫无背景；惠普在20世纪60年代推出第一种电脑产品时，完全没有电脑业务方面的专长；迪士尼公司在开创迪士尼乐园时，对游乐主题公园业务完全不了解；IBM跨入电脑工业时在电子工业上毫无经验；波音制造波音707喷气式客机时，几乎没有民航客机业务的经验；美国运通如果固守（快递）根本，很可能早就不复存在。

我们不是说演化式的进步等于漫无目的的多元化发展，更不是说专注的企业策略一定不好。沃尔玛公司就是例子。到目前为止，沃尔玛仍然坚守一种行业——折扣零售业，却在这种狭窄的行业里同时刺激进化式进步。我们也不是说固守根本的观念没有意义。真正的问题是：高瞻远瞩公司的根本是什么？我们的答案是：公司的核心理念。

保存核心，刺激进步

因此，我们在前面提出的5个教训之外，必须加上第6个教训：在刺激进化式进步时，永远不要忘记保存核心。请记住：演进涉及变化和选择。在3M等高瞻远瞩公司里，选择涉及两个关键问题。第一个是简单的实际问题：这个东西有用吗？第二个是重要的问题：这个东西符合我们的核心理念吗?

从麦克奈特时代开始，3M 就追求为人类的真正问题设法提出有创意的解决方法，这就是公司的目标。在 3M，变化必须要新颖、有用、可靠（这些是 3M 核心理念的关键要素），被选择的机会才会更大。在公司里，当然不会有人阻止西尔弗利用 15% 的自由实验时间，研究他那种有点儿黏又不太黏的胶水；但同样重要的是，3M 并没有选择这种突变的黏合剂，一直到西尔弗把它和弗赖伊在唱诗班碰到的问题结合，向其他 3M 人展示这种怪异的小小记事便条确有用处，并且证明能够根据公司的品质标准和可靠性来生产，3M 公司才选择了这一产品。在 3M，你不可能靠开发模仿的产品而获得创世纪奖；没有原创性的科技贡献，也不会成为卡尔顿学会的会员；如果你的产品在顾客手里一直不可靠，你做部门经理的日子就绝不会长久。作为一家年营业额 130 亿美元的公司，3M 用勇猛的力量刺激进步，却也同样坚决地维护了自己的核心理念。

同样，在沃尔玛，一种实验如果不能增加顾客得到的价值，也不会被选择；如果强生新抽出的枝芽和公司的信念冲突，就会被剪掉；如果惠普一位营销经理很热心，想推出一种没有科技贡献的新业务，一定得不到支持；如果马里奥特得到的商机会使公司大大转向，背离“让离家在外的人觉得置身于朋友当中，而且真正受人欢迎”的目标，马里奥特一定会另觅商机；如果索尼的“种子”只带来科技上的突变，或低品质的“果实”，索尼会种下别的种子。

核心理念的作用好比强力胶和指导力量，使高瞻远瞩公司在突变和演进时，精诚团结。我们发现，3M 虽然有这么多突变、分散各地的企业组织和众多小规模的部门，却有着令人惊叹的凝聚力。的确，3M 人有着几乎是信仰宗教一样的虔信，其向心力之强，和我们在宝洁、迪士尼和诺思通看到的一模一样，惠普、摩托罗拉和沃尔玛也是如此——这三家公司和 3M 不相上下，都是自我突变的机器，但同时也都坚决地固守核心理念。

高瞻远瞩公司的核心理念好比自然界的遗传密码。遗传密码在物种变化和演进时保持固定，高瞻远瞩公司在经历所有的突变时，核心理念也保持不变。就是因为拥有这些不变的指导方针，高瞻远瞩公司才会拥有一个目标和一种精神。这是自然界在发生物种进化时，绝不可能发生的事。诚如麦克奈特在回顾他和 3M 长达 65 年的关系并探讨自己和 3M 的理想时所说：

> 强调我们多么互相依靠、多么依靠我们共有的价值观，是再适当不过的了。在强调这个重要而有人性的教训时，我们的挑战在于同时维持对个人的适当尊重……为了保持进步，维持对美国和世界的服务，我们必须感谢那些运用机会追求完美，为世人创造出一些东西——新理想和新产品丰富我们生活的人。他们用冒险和挑战的精神，完成了最美好、最艰辛的任务。

第8章

自家长成的经理人

“从现在起，选择继承人是我要做的最重要的决定，这件事几乎每天都要花费我相当多的心思。”

通用电气 CEO

杰克·韦尔奇

1991年谈公司继承人的规划

——距他计划退休还有9年

“我们认为，最重要的责任是确保高级经理人才的连续性。我们总是寻求拥有能力且已得到证明的后备人选，追求利用调职培训的计划，以便让主要人选做最好的准备。此外，我们一直坚持公开继任规划……我们认为连续性非常重要。”

摩托罗拉 CEO 办公室前成员

罗伯特·高尔文

1991年的谈话

1981 年，杰克·韦尔奇成为通用电气 CEO，10 年后，他成为这个时代的传奇人物。根据《财富》杂志的说法，他是“当代公认的首屈一指的企业变革大师”。看了堆积如山的有关韦尔奇革命的文章，我们或许会受到诱惑，把他描绘成骑着白马的救星，拯救陷入严重困难、从电力发明以来就没有做过重大改变的通用电气公司。如果不熟悉韦尔奇的背景或通用电气的历史，我们或许会被误导，认为他一定是从外面吸收的“新鲜血液”，前来唤醒这个昏昏欲睡、自满自足的巨型公司。

再也没有什么想法比这更背离事实了。

首先，我们要说的是，韦尔奇是纯正的通用电气人，他研究生一毕业，就进入公司服务，当时年龄是差 1 个月满 25 岁，这是他的第一个全职工作。他在通用电气连续工作 20 年后，才成为 CEO，像每一位前辈一样，他是从通用电气内部崭露头角的。

韦尔奇继承的并不是一家管理严重失当的公司，正好相反，他的前辈正是雷杰·琼斯，琼斯带着“美国最受崇敬的企业领袖”的美名退休。《美国新闻与世界报道》杂志对他的同辈做过调查，发现琼斯是“当前美国企业界最有影响力的人”，而且不止一次，在 1979 年和 1980 年两次调查中都得出这个结论。《华尔街日报》和《财富》杂志所做的同样的调查也把琼斯列在顶尖领袖之列。盖洛普民意调查更把琼斯列为 1980 年“年度风云企业 CEO”。在财务上，例如，利润增长率、股本回报率、销售回报率和资产回报率等方面，通用电气在琼斯领导的 8 年间绩效和韦尔奇领导的前 8 年一样优异。

此外，在通用电气众多表现良好的 CEO 当中，韦尔奇也不是第一位改革发动者或管理创新者。在盖瑞德·斯沃普

（1922—1939 年担任 CEO）的领导下，通用电气大力转变，跨入家用电器行业。斯沃普也引进“启发式管理”的理念，并在员工、股东和顾客之间平衡分摊责任。在当时的通用电气，这种理念堪称新颖。在拉尔夫·科迪纳（1950—1963年担任CEO）和他“全力追求”的口号领导下，通用电气以强大的力量打进很多新领域——服务的市场增加了 20 倍。科迪纳大刀阔斧地重新改革公司的组织，推动分权制度，制定目标管理（通用电气是美国企业中最先这样做的公司），创建克罗顿威尔（现在成为通用电气著名的管理培训和教育中心），还写了一本很有影响的书，名叫《职业经理人的新边界》。傅雷德·博尔奇在 1964—1972 年担任 CEO，这是创造力沸腾的时代，也是乐于大胆在飞机引擎和电脑等领域冒险投资的时代。琼斯在 1973—1980 年出任 CEO，成为改变企业与政府关系的领袖。

的确，通用电气最高管理层有着卓越超群的悠久历史。韦尔奇出自这一长期传统。以税前股本回报率作为基本的财务绩效指标来衡量，通用电气在韦尔奇前辈的领导下，从 1915 年起表现得和韦尔奇领导通用电气的前 10 年一样好：韦尔奇的业绩是 26.29%，他的前辈是 28.29%。事实上，我们在根据回报率替通用电气不同 CEO 领导的时代排名后发现，韦尔奇在 7 个不同的时代中排名第 5。（通用电气的每一个 CEO，包括韦尔奇在内，任期中回报率的表现都超过同时期西屋的 CEO）当然，简单计算股本回报率时没有考虑产业循环的起伏、战争、大萧条等事件，所以，我们也根据通用电气、美国股市和西屋的平均年度股票投资回报率排列了通用电气历代 CEO 的表现[1]。参考这些资料，我们发现，韦尔奇和前辈相比，分别排名第 2 和第 5，是极为优秀的，但还不是通用电气历史上的顶尖人物（见附录 3 表 A.9）。

这一点绝不能动摇韦尔奇名列美国企业史上最有效率的 CEO 之一的地位，韦尔奇改变了通用电气，他的前辈也一样；韦尔奇的表现胜过对手西屋的 CEO，他的前辈何尝不是；韦尔奇广受同辈尊敬，成为当代“管理大师”，他的前辈亦然；韦尔奇奠定了通用电气未来繁荣的基础，他的前辈也一样。我们敬佩韦尔奇杰出的表现，但是，我们更敬佩通用电气公司在 100 年中最高管理层一贯拥有卓越表现的惊人成绩。

> 拥有像韦尔奇这种才干的 CEO 令人赞叹，一个世纪里都有像韦尔奇这样的人才当 CEO，而且全部都是公司内部自行培养的，这的确是通用电气成为高瞻远瞩公司的关键原因之一。

事实上，整个 CEO 的选择过程，一直到最后选定韦尔奇当 CEO，反映了传统的通用电气最优秀的一面。韦尔奇不但反映了公司的传承，也代表通用电气走向未来的改革倡导者。诚如长期担任通用电气顾问的诺埃尔 · 提区和《财富》杂志总编辑斯特拉特福德 · 舍曼在合著的《通用电气传奇》一书中所说：

> 把可贵的通用电气交到韦尔奇手上的管理传统程序，表明老通用电气文化中最好、最重要的一面。前 CEO 琼斯花了很

1. 鉴于通用电气公司在 20 世纪 90 年代初期的绝佳表现，加上西屋表现欠佳，我们相信韦尔奇在这方面的排名会大为提升。

多年时间，从一群能力极为高强、后来个个几乎都领导大公司的人当中把韦尔奇挑了出来……琼斯坚持采用一种漫长、费事、彻底而吃力的程序，仔细地考虑每一个合格的人选，然后完全靠理智选出最适合的人，得到的结果足可列为企业史上继承人规划的典范。

琼斯在1974年，韦尔奇成为总裁的7年之前，采取了这一程序中的第一个步骤，批准一份文件，名叫《CEO传承指引》。他和公司高层人力小组密切合作之后，花了两年时间逐步淘汰，把初步名单上全是通用电气人的96个可能人选减少为12人，再减为6个首要人选，其中包括韦尔奇。为了测验和观察这6个人，琼斯任命每个人都担任“部门经理”，直接接受CEO办公室领导。在随后的3年里，他逐渐缩小范围，让这些候选人经历各种严格的挑战、访谈、论文竞赛和评估。程序中的一个关键部分包括“飞机访谈”。在访谈中，琼斯问每一个候选人：“如果你和我一同搭公司的飞机，飞机坠毁了，你我都丧命了，应该由谁来当通用电气公司的董事长？”（琼斯从他的前任博尔奇那里学到这一技巧）韦尔奇在强敌中，最后赢得了这场严酷的耐力竞赛。落选的人后来则分别出任GTE（英国燃气轮机研究所）、乐柏美用品、阿波罗电脑、美国无线电（RCA）等大公司的总裁或CEO。另一件值得一提的趣事是，出身于通用电气、后来成为美国其他公司CEO的人远远超过出身于美国其他任何一家公司的人。

和通用电气相比，西屋经常受最高层混乱不明和缺乏一贯性的干扰。担任过西屋CEO的人几乎两倍于通用电气，其中有人任期不到两年，西屋的CEO平均任职时间是8年，通用电气则是14年。此外，西屋过一段时间就到外面寻求CEO人才，而不是像通用电气公司那样，总是内部自行培养人才。乔治·威斯汀豪斯在1908年公司重整期间，被两个外人取代（两人都是银行家）。1946年，另一个外人（也是银行家）出任CEO，接着在1993年，经过1991年和1992年两年都出现以10亿美元计的亏损后，西屋再度到外面寻找CEO，这次请到百事公司的一位经理人来经营公司。

我们想更详细地探讨西屋的内部传承程序，但是，我们发现，公司内外的出版物中都没有多少有关这个主题的材料。这一点也很有趣。通用电气对领袖的一贯性有着极为刻意的高度重视，因此，公司内外的观察家对这一点都有很高的评价。相形之下，西屋对于管理发展和继承人规划的重视程度就差远了。

用内部晋升保存核心

在这本书里，我们从头到尾都压低领袖在高瞻远瞩公司里的重要性，但是，如果说最高管理层根本不重要，显然是错误的，认为随便一个人都可以当高瞻远瞩公司的CEO，而这家公司仍然可以继续前进，保持绝佳的地位，就未免太天真了。最高管理层对一家公司会有影响，而且在大多数情况下都会有重大影响。问题是：会不会有正面的影响？管理层在发挥影响时，是否会保存公司的核心要素？

高瞻远瞩公司从内部人才中培养、提升和慎重选择管理人才的程度，远远超过对照公司，他们把这件事当成保存核心要素的关键步骤。1806—1992年，我们发现，只有两家高瞻远瞩公司曾经直接到公司外面聘请CEO，比率是11.1%，却有13家对照公司直接聘用外人当CEO，比率是72.2%。在我们掌握资料的高瞻远瞩公司的113位CEO当中，只有3.5%来自公司外，而对照公司的140位CEO当中，却有22.1%来自公司外。也就是说，高瞻远瞩公司提升内部人当CEO的可能性是对照公司的6倍（见表8.1和附录3表A.8）。

换句话说，在高瞻远瞩公司加起来总共1 700年的历史中，我们发现，只有4次外人直接接任CEO角色的个别案例。

表8.1 聘用外人当CEO的公司（1806—1992年）

高瞻远瞩公司	对照公司
菲利普·莫里斯	Ames百货
迪士尼	宝来
	高露洁
	哥伦比亚
	通用汽车
	豪生酒店
	健伍
	诺顿
	雷诺公司
	富国银行
	西屋
	顶峰

注：IBM在1993年（本书分析资料的年份之后），聘请外人郭士纳担任CEO。我们不把担任波音CEO 23年的艾伦视为外人，因为他在成为CEO之前，担任公司律师20年，其中14年还以董事身份积极活跃地参与公司的重大管理决策（例如组织改造、研发投资、财务结构和业务策略等）

简单地说，高瞻远瞩公司和对照公司最大的差别不是领袖的素质，重要的是优秀领袖的一贯性，也就是保存核心的一贯性。高瞻远瞩公司和对照公司在公司历史上的某些时期都曾经拥有绝佳的最高管理层，但是，高瞻远瞩公司拥有更好的管理发展和继承人规划，这是保持这座时钟能够继续滴答作响、发扬光大的关键，这种机制从而使这18对对照研究的公司中，有15家高瞻远瞩公司比对照公司在从内部培养人才方面，更能确保一贯性（见附录3表A.8）。

你可以把这种情形想成一种连续的自我强化程序，想成像图8.1一样的“领袖连续性循环”。

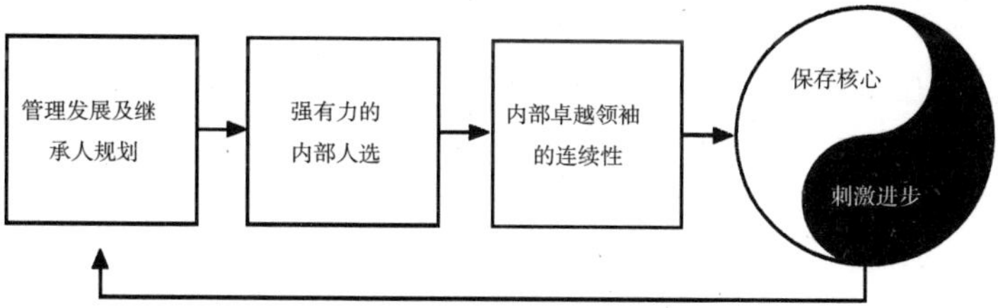

图8.1 领袖连续性循环图

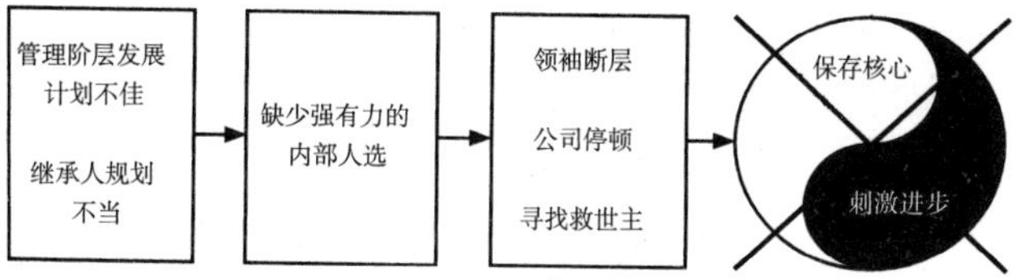

图8.2 领袖断层图

缺少这些要素中的任何一个都会导致管理断层，迫使公司到外部寻找 CEO，从而使公司偏离其核心理念。这种管理上的断层还会阻碍发展，因为公司高层的混乱使其停滞不前。其实，在对照公司中我们常常看到这种情况，它与高瞻远瞩公司的“领袖连续性循环图”形成了鲜明的对比。我们将这种模式称为“领袖断层”和“救世主综合征”。

看看下面高露洁和宝洁、顶峰和摩托罗拉的对照情况。

高露洁领袖断层，宝洁公司人才济济

在 20 世纪初期以前，高露洁一直是一家杰出的公司。在 1806 年创立后，高露洁获得一个世纪的稳定增长，规模大致和宝洁相当。在我们研究的对照公司当中，它是很早就声明拥有最强核心理念的公司，还有由悉尼·科尔盖特拟就的核心价值和长盛不衰的使命。但是，到 20 世纪 40 年代，高露洁已经衰落，公司规模不到宝洁的一半，获利能力不到宝洁的 1/4，而且在其后的 40 年里，大致保持这样的情况，公司也逐渐脱离强烈的核心理念，自我认同感远不及宝洁公司。

这是为什么？原因之一就在于高露洁的继承人规划不当，经营管理的不连贯随之而来。高露洁早年完全是由内部人经营管理，最初 4 代的最高管理层全都是科尔盖特家族的成员，但到 20 世纪初期，公司在管理层发展和继承人规划方面做得不好，到 20 世纪 20 年代末期，公司内培养的继承人缺乏之至，以致只好通过和 Palmolive-Peet（棕榄 – 皮特）公司合并，“让位给外来的管理层”。1936 年《财富》杂志一篇文章描述说：

科尔盖特兄弟逐渐衰老，总裁吉尔伯特 70 岁，悉尼 66 岁，

> 才55岁的罗素没有参与什么经营管理……悉尼的儿子拜尔……耶鲁大学毕业才6年，对科尔盖特家族来说，实在太年轻了。所以，查尔斯·皮尔斯建议把 Palmolive-Peet 和高露洁合并时，科尔盖特兄弟很重视……合并完成后，他们辞职，实际上等于退休了。

事后证明，担任合并后公司 CEO 的皮尔斯是个祸害。他在“狂热扩张欲望”的驱使下，一心试图推动一连串不成功的购并，想把高露洁和标准品牌、好时和卡夫等公司合并，成为庞大的集团企业。皮尔斯因为纯粹追求扩大公司规模，忽略了高露洁的业务和基本价值的根基。高露洁的总部本来在新泽西州的泽西市（81年来和公司的香皂制造厂毗邻），但皮尔斯把总部迁移到了芝加哥。皮尔斯从1928年掌权到1933年，高露洁的平均销售投资回报率降低了一半以上，从9%降为4%。虽然当时正处于大萧条时期，但同一时期，宝洁的销售回报率实际上还略微提高，从11.6%提升到12%。

皮尔斯严重违反高露洁的核心理念，尤其是违反公司公平对待零售商、顾客和员工的核心价值。他和零售商在订立合同时要求苛刻，以致零售商起而反抗：

> 药店老板特别愤恨，他们长期以来习惯于高露洁的保守交易方式，皮尔斯这个……管理手法，他们一点儿也不喜欢，因为高露洁的利润主要是靠卫生用品……药店的背叛……成为毁灭性的打击。

根据《财富》杂志的说法，最后高露洁家族“从昏睡中振作起来，震惊地审视皮尔斯造成的损害”。36岁的拜尔·科尔盖特取代皮尔斯出任CEO，把公司总部从芝加哥搬回新泽西，并重振高露洁的价值观，重建奋勇前进的动力。但是，皮尔斯任职期间造成的损害使年轻的拜尔非常为难，他也没有准备，不曾接受过担任这种角色的培养。他在这个位置上只待了5年，就把职务交给了国际销售经理爱德华·利特尔。高露洁落在宝洁之后，从此再没有赶上。在皮尔斯下台后的10年里，宝洁的增长率是高露洁的2倍，获利则是4倍。

在皮尔斯惨剧之后，高露洁开始了最高经理人传承的拙劣模式。利特尔在1938—1960年担任CEO，他经营公司好比演“独角戏”。根据《福布斯》杂志的说法，“高露洁被利特尔专制——而且‘专制’并非耸人听闻”。我们找不到任何证据，显示利特尔曾经想过高露洁没有他掌舵的情形，公司也没有任何继承人规划。利特尔最后以79岁高龄退休，高露洁被迫召回一位国际业务副总裁，设法让陷入严重困境的国内业务反败为胜。

1979年，高露洁再度经历了一次混乱的高层传承。当时CEO大卫·福斯特被董事会逼下了台。福斯特像他的前辈一样，“在公司里继续上演独角戏，这样也适合他的脾气”。事实上，福斯特确实也有阻止继承人规划的动作。根据《财富》杂志一篇文章的报道：

> 福斯特为了达到目的，尽最大的力量缩小他法定继承人的权力，甚至尽力压住他的光芒。福斯特寻找有效的方法，使董事会在继承问题上保持沉默。高露洁当时有一个不成文的规定，要求高级主管在60岁时退休，福斯特当时55岁了，也说过他会遵守这个政策，但是有传闻说，在（可能继承他的

人）得到担任（另一家）公司总裁的邀请时，他把这个机会抢了过去。

高露洁高层再度震荡。在福斯特被赶下台后的10年里，高露洁的销售和获利能力进一步落在宝洁后面，销售额和利润降为宝洁的1/4。造成高露洁相对衰落的因素除了管理层的混乱之外，当然还有其他因素，包括宝洁的研究发展工作极为优秀，比较优异的经济规模，但是，这一点是关键，高露洁在经历皮尔斯的混乱时期之后，第一次失去和宝洁并驾齐驱的机会，此后就不断地在重要的继承转折时刻横生波折。

宝洁虽然和高露洁一样在完全相同的历史时刻中面临如何摆脱家族控制的挑战，相形之下，管理层却从来没有遭遇过高露洁的那种波折。20世纪20年代，科尔盖特兄弟忽略培养杰出继承人的工作，而库柏·波克特却小心翼翼地让1909年就加入公司的员工理查德·杜普利做好接任CEO的准备工作。杜普利在波克特的监督和教导下，职权日重，终于在1928年成为宝洁首席业务主管（就在同一年，高露洁把“重任交给了一个外来经理”）。1930年，杜普利开始了自己18年成功的CEO生涯，他是宝洁第一位不属于创办人家族的CEO。后来杜普利像前辈波克特一样，致力确保公司一代又一代的一贯性。诚如斯梅尔（1981—1989年担任CEO）的描述：

在实施和传承本公司特质方面，杜普利扮演了关键性的角色。他熟识宝洁从1890年创立以来在他之前仅有的两位CEO，而且向他们学习。他也深深了解在他之后4位担任这个职务的人，并且协助教导他们，我是其中之一，而我只不过是本公司创立近100年来的第7位CEO。

宝洁了解不断培养管理人才，使管理层的传承永不中断，从而在公司上下保存核心的重要性。《邓氏评论》曾经说过："宝洁培养经理人的计划极为彻底和一贯，因此，公司的人才济济——每个职务、每个阶层都是如此。"宝洁一贯的目标是从最底层到最高管理层，都"拥有两三个能力相同，可以承担更上一层楼职责的人"。杜普利的继承人尼尔·迈克尔罗伊解释说："我们培养未来管理人才的工作……年复一年地进行，不论景气好坏。要是不这样做，若干年后，我们就会有断层，而我们承受不了断层。"

顶峰领袖断层，摩托罗拉上下传承

顶峰公司的创办人"指挥官"麦克唐纳是一个才华横溢、主宰一切的人才。他在1958年去世前，没有培养任何一位有能力的继承人，死后由最亲近的同事休·罗伯逊接任CEO，但是，当时罗伯逊已经年逾古稀。《财富》杂志在1960年评论说："顶峰现在主要是靠着旧强人传下的动力前进……不是依靠未来领袖带来的动力。"罗伯逊做了两年，传位给极为保守的公司法律顾问约瑟夫·赖特，赖特放任公司逐步背离极力追求高品质的核心价值。1968年公司内部员工萨姆·开普兰升任CEO，但是，他在1970年突然死亡，顶峰再度面临最高经理人真空，认为需要一位外来的救星拯救公司。经过努力寻找，顶峰决定雇用福特汽车的约翰·内文当CEO。

内文任内的表现并不突出，而且让公司继续背离了原有的价值观。他于1979年辞职，已经退休的前任董事长赖特被迫在68岁高龄重新出马，设法重整旗鼓。赖特晋升克卢克曼当CEO，但是克卢克曼和前辈开普兰一样，任职两年后突然去世，使顶峰再度面临继承危机。

相形之下，摩托罗拉完全没有这样的波折，是以管理的一贯性保存核心理念的典范。创办人保罗·高尔文在正式传位给儿子鲍勃·高尔文之前很多年就开始培养他。小高尔文1940年还在念中学时就开始在摩托罗拉工作，那时距他成为总裁还有16年，距他成为CEO有19年。老高尔文为了确保小高尔文从最基层的业务做起，让他当库存办事员，特权降到最低。小高尔文早上7点到人事处报到，应征暑期工作时，一位经理不按规矩要带他直接去见人事部门主管，小高尔文婉拒了。他希望从最基层历练，就像每一个摩托罗拉人的必经之路一样。

小高尔文在公司里逐步爬升，终于在父亲去世前3年和父亲共同执掌总裁的职务。“家父常常声明我们父子同心，可以像一个人一样行动，他和我都可以单独就任何问题采取行动，另一个人都会支持。”老高尔文传记的作者写道，上一代到下一代的经验传承无日无止，经年累月。接着，小高尔文在1959年父亲去世后，几乎立刻就开始思考经理的培养和下一代继承人的规划——离他把控制权交下去足足有1/4个世纪。

为了强化内部领导的一贯性观念，小高尔文抛弃了CEO限于一人的传统观念，主张由几名成员组成“CEO办公室”。他主张在任何时候，这个办公室都由几名（通常是三名）成员组成，而不是只有一位领袖。小高尔文这样做，原因之一是确保公司在任何时候都有安排妥当的人才承接领导责任。小高尔文写道："我们对于继承次序，始终都有不公开却明确的认知，我们在（我是CEO办公室成员之一的）整整1/4个世纪里，一直都准备好应付不期而至的变化。"

摩托罗拉公司不只把"CEO办公室"的观念应用在最高管理层，也用在基层（每一个办公室有两三个成员），成为贯彻公司上下培养经理人和领导一贯性的重要机制。高尔文知道这种做法在管理思想家之间颇有争议——更不必说不易管理了，但是他主张"利润"远重于"成本"。他在1991年写道：

> 如果希望最高层办公室的观念成功推行，就需要经验丰富、在事业生涯较早阶段就适应这种角色的人选，经验基础必须靠同一层级的工作提供……类似"CEO办公室"的做法的确有缺点，有些人曾明确表示不喜欢这种做法……这种办公室可能发出互相冲突的信息……因此，有些办公室有时候不能发挥作用，有些人选会离开或被雪藏，但是，运作顺利的情况比较多……现在还在应用就是明证。平心而论，这是人才的象征，就继承问题而言，这个方法向来提供资讯最充分的对策，绝对有助于荐用能力卓越、可以进入CEO办公室的人选。

摩托罗拉在65年的历史里没有遭遇过顶峰那样的领导断层，也持续不断地一再创新，扩展业务领域，从为西尔斯收音机修理电池整流器，到制造集成电路和卫星通信系统，表现卓越、深受核心价值熏陶的最高层从未中断，即使是在突然失去最高的管理人才时也一样。例如1993年，CEO办公室的重要成员乔治·费舍尔离开摩托罗拉，出任柯达CEO。在大多数公司里，这么能干的CEO突然离开一定会造成混乱、不安和管理断层——就像顶峰的CEO突然死亡时那样，但在摩托罗拉不会。CEO办公室的另两位成员，54岁的加里·图克和43岁的克里斯托弗·高尔文立刻顶起空缺，同时摩托罗拉也开始内部作业，从训练有素、数量庞大的管理人才中挑选一位新人，担任CEO办公室的第三位成员。《纽约时报》在一篇标题为“摩托罗拉将会安然无恙，谢谢”的文章里总结说：“费舍尔先生有幸能够放心地离开，是因为知道摩托罗拉几乎有最万全的准备，承受得住这一令人惊异的事情”。

管理混乱与企业衰落

在我们的研究中，西屋、高露洁、顶峰不是最高管理层动荡和断层仅有的例子，我们发现，对照公司中这样的例子比比皆是。

20世纪50年代的梅尔维尔公司就曾经发生过这样的事情。当时沃德·梅尔维尔发现自己没有安排好继承人，但因为他“非常想退休”，便急切地想把公司交给别人——任何一个人都行，于是就把职位交给一位没有准备，甚至不想要这个职位的生产经理，结果公司急剧衰落。后来梅尔维尔评论说：“我震惊地发现，人选不当居然能让业绩恶化得这么快。”接着梅尔维尔展开一年之久的寻觅，希望找到一位外人当CEO来挽救公司；幸运的是，梅尔维尔最后明智地放弃寻找外人，改为培养公司内部一位有前途、后来被证明非常能干的CEO。

20世纪50年代末期，道格拉斯飞机公司也有过类似的情况。创办人老唐纳德·道格拉斯把公司交给准备不足的儿子小唐纳德·道格拉斯。“小唐纳德根本无力接替他的老父亲的职位”，一位传记作家写道，“儿子认为，这是敌人对他施加报复（大多数是他父亲的重臣），于是把有经验的管理人员赶下台，换成自己的亲信。”在小道格拉斯忙于替亲信安排高位时，能干的经理们纷纷离去，而这时却是公司面临波音毫不容情的屠杀，最需要这些经理的时候。20世纪60年代初期，当道格拉斯飞机绝望地设法赶上波音时（没有成功），丧失经营管理人才的道格拉斯束手无策。公司在1966年遭遇悲惨的危机，小道格拉斯为了救亡图存不得已选择和麦克唐纳飞机合并。

20世纪70年代，雷诺公司也发生过类似事件。当时任联合百货总裁的公司董事保罗·斯蒂克协助推翻预定继承人的接班规划，然后上下联手，让自己成为总裁。1985年，在雷诺公司购并纳比斯克食品后，在企业史上著名的高级经理大换血惨剧中，纯粹是公司传统的异类的罗斯·约翰逊成为CEO。在布赖恩·伯勒和约翰·希利亚尔合著的《门口的野蛮人：历史上最著名的公司争夺战》一书里，对这些事情有详细的记载。专长投资理财的KKR公司发动购并战，靠着垃圾债券融资买下雷诺公司，引进了另一位外来的CEO，约翰逊的时代终结。

Ames百货也发生过这种事。创办家族目睹自己创造的公司因为缺乏能干的继承人，引进外人负责经营，而遭到毁灭。宝来也是如此，因为公司“在我们的管理层结构中面临明显的断层，公司在麦克唐纳独裁统治期间，没有培养新的经理人”，因此，从本迪克斯引进了外人迈克尔·布鲁门撒。大通曼哈顿银行、豪生酒店、哥伦比亚电影公司也都发生过类似的事情。

这种事也发生在迪士尼和IBM这两家最近高度曝光的公司

身上，这两家是我们认定的高瞻远瞩公司。

在迪士尼，沃尔特·迪士尼没有培养任何能干的继承人。公司在20世纪70年代沉沦下去，因为经理人漫无头绪，老是自问："沃尔特·迪士尼该怎么做？"为了拯救公司，董事会在1984年聘请了迈克尔·艾斯纳和弗兰克·韦尔斯。但是，我们乐于指出，迪士尼即使在选择外人时也刻意尽最大力量保持核心理念的一贯性。负责指导寻找外界人才的雷·沃森找上艾斯纳，不仅因为他在业界有辉煌的纪录，也因为艾斯纳了解和欣赏——而且真正毫不保留地拥护迪士尼的价值观。一位迪士尼人扼要地说明："艾斯纳变得比沃尔特·迪士尼还沃尔特·迪士尼。"

迪士尼的案例显示一个要点：如果你的公司觉得必须外聘最高层经理人，也要找和公司核心理念高度一致的人选，他们的管理风格可能不同，但是应真心地赞同公司的核心价值。

怎样看待IBM的事例呢？IBM董事会在1993年决定撤换自行培养的CEO，代之以雷诺公司出身、毫无电脑工业经验的外人郭士纳。这一重大的异常现象，怎么符合我们在其他高瞻远瞩公司见到的情形呢？我们觉得IBM的决定毫无意义，至少就我们审视过的高瞻远瞩公司合计1 700年历史的架构来看，这样做毫无意义。

IBM董事会这样做，或许是基于激烈变革需要外人带动的假设。对于这个假设，我们只简单地回答：请看韦尔奇的例子。韦尔奇这位"当代企业变革大师"全部的职业生涯都服务于提升他为CEO的公司。IBM拥有地球上最完备的管理人才培养计划，有雇用杰出人才的悠久历史，我们根本不能相信IBM里竟然没有一位才干可与韦尔奇相当的改革分子；要是IBM在公司里找不出至少一打与外聘人员一样能干的内部人才，才真正让我们吃惊。

> 正如通用电气、摩托罗拉、宝洁、波音、诺思通、3M和惠普等公司一再显示的，高瞻远瞩公司为了获得变革和新构想，绝对不需要聘请外人担任最高管理层的职务。

IBM董事会和求才委员会希望激烈的变革和进步，请来郭士纳，或许可以达成目标，但是，IBM真正的问题——其实是今后10年的关键问题，是郭士纳是否能够保持IBM的核心理念，同时带来重大的变革？要是能，那么IBM或许可以恢复世界最高瞻远瞩公司的崇高地位。

CEO、经理人与创业家借鉴

简单地说，我们的研究得出以下结论：想以聘请外贤担任最高经理人成为高瞻远瞩公司并保持这种地位，极为困难；同样重要的是，从内部提升和刺激重大的进步之间，绝对没有冲突。

如果你是大公司的CEO或董事，你可以直接引用本章的教训，贵公司应该安排好经理人培养程序和继承人的长期规划，以确保一代一代顺利传承。请记住：因为沃尔特·迪士尼在构建滴答作响的时钟时忽略了这个重要部分，以致美国象征之一的迪士尼陷入可怕的困境。我们请你不要重蹈高露洁、顶峰、梅尔维尔、Ames百货、雷诺公司和宝来等公司的覆辙，不要陷入只有引进外人才能在最高层带来变革和进步的陷阱。外人可能淡化或摧毁公司的核心。关键是要培养和提升能够刺激健全的变革和进步，同时又能保存核心的内部人才。

如果你是一位经理，本章的精义也适用于你。如果你想在一家大公司里建立一个高瞻远瞩的部门或团体，也可以思考培养经理和继承人规划的事情，只是规模较小而已。如果你被汽车撞了，谁能接替你的角色？你要怎样帮助这些人发展？你要做什么规划，以确保你高升时能够顺利而有秩序地传承？（你也可以问上级，看他们采取什么确保顺利传承的步骤）最后一点是，如果你找到一家真正合得来的高瞻远瞩公司，这家公司或许值得你留下来培养自己的能力，这样或许胜过跳槽。

小公司和创业家应该如何应用本章内容呢？显然小公司不可能像通用电气一样，在推动继承过程之初就列出 96 位人选，但是，中小企业一样可以培养经理和规划继承人。保罗·高尔文悉心教导儿子当 CEO 时，摩托罗拉还是一家小公司；诺德斯特龙和马里奥特在将公司传承给家人时也一样；山姆·沃尔顿在公司只有 50 家商店时就开始思考公司未来的管理层；休利特和帕卡德在 20 世纪 50 年代惠普只有 500 个员工时就正式开始了经理人计划和详尽的继承人规划。

有趣的是，几乎所有构建高瞻远瞩公司的早期人物在职时间都很长（平均 32.4 年），所以，这些公司在资历浅、规模小的时候很少面临真正的传承，尽管如此，很多公司都在真正的传承时刻之前很久就规划好了继承事宜。如果你是中小企业人士，这一点表明你要采取非常长远的观点。根据一个伟大的构想设立一家公司，迅速成长、赚钱退出，并把公司传给外来职业经理人的企业模式，很可能无法产生另一家惠普、摩托罗拉、通用电气或默克。

从构建高瞻远瞩公司的观点来看，问题不在于公司目前这一代表现得多好，真正重要的关键问题是：公司在下一代、下下代、再下一代的表现有多好？个别的领导终究会凋零，但是一家高瞻远瞩公司却可以迅猛前进几个世纪，追求远超出任何领袖任期的使命，并表现其核心价值。

第 9 章

永远不够好

“别只追求胜过同辈或前辈。要设法胜过你自己。”

威廉·福克纳

“大家总是对家父说：‘啧，啧，你真是成就惊人，现在你可以休息了。’他一定会回答说：‘噢，不行。还得继续做下去，还要做得更好。’”

万豪董事长

小马里奥特

1987 年

高瞻远瞩公司的关键问题不是“我们做得有多好”或“我们怎么样才能做得很好”，也不是“我们要有多好的表现才能应付竞争”。对这些公司而言，最重要的问题是：“我们明天怎样做得比今天更好？”他们把这个问题看作生活方式，变成思想和行动的习惯。高瞻远瞩公司自然而然地表现出优异的运作和绩效，这种成绩不像最终目标，反而像因为自求改善，加上未来投资，而在这种永不中止的循环中产生的附带结果。高度高瞻远瞩的公司没有最后的终点线，没有什么“已经做好了”，没有什么时候可以让它们觉得能够悠闲自在，靠着辛苦得来的果实度日。

我们发现，高瞻远瞩公司能够得到特殊的地位，主要不是目光高人一等，或拥有成功的“秘诀”，而是因为一个简单的事实：自我要求极为严格。要成为高瞻远瞩公司并保持这种地位，极需平凡的、旧式的纪律和辛苦工作，还要有发自内心，对任何自满和沾沾自喜都深恶痛绝的心理。小马里奥特在回顾成功的根本因素时说道：

> 纪律是世界上最重要的事情。没有纪律，就没有品格，没有品格，就没有进步……逆境给我们成长的机会，而且我们通常会得到追求的东西。如果我们在问题产生时能够克服，我们的品格会大为提高，促使我们成功的素质也会大为提升。

“持续改善”在20世纪80年代成为管理口号，但是数十年来，在高瞻远瞩公司里，这一观念早已深入人心，在某些案例中，这种情形甚至超过一个世纪。例如，波克特和甘保运用持续改善的观念可以回溯到19世纪50年代！麦克奈特在20世纪前10年，把这一观念引入3M的日常运作中；马里奥特于1927年开设第一家麦根啤酒小店后不久就采用这一观念；帕卡德从20世纪40年代开始就一再使用“持续改善”这个名词。

我们的研究结果明确支持持续改善的观念，但不是把它当作某种方案或流行的管理方式。在高瞻远瞩公司里，持续改善是制度化的习惯，是一种有纪律的生活方式，它融入了组织结构，并且用有形的机制予以强化，激发对现状的不满。高瞻远瞩公司更进一步把自我改进的观念大大推广，不限于程序的改善。它代表对未来的长期投资，代表在员工的培养上投资，代表应用新构想和新科技。简单地说，就是尽一切力量，使公司明天比今天更强大。

永不满足的机制

你很可能产生这样一个印象：高瞻远瞩公司并不是个安逸的地方。这正是你应该有的印象。

> 安逸不是高瞻远瞩公司的目标。高瞻远瞩公司设置强大有力的机制来产生永不满足的心态，消除自满从而在外部世界发出要求之前，就刺激变革和改善。

高瞻远瞩公司就像伟大的艺术家或发明家，永不自满，蓬勃成长。它们明白，满足会带来自满，最后导致衰败。问题当然是如何避免自满，如何在公司成功或成为本行业的老大后自我维持纪律，如何维持公司的活力，靠着从内部燃起的熊熊烈火驱策员工继续前进，永不满足，始终追求改进。

宝洁的杜普利思考的就是这些问题。宝洁力争上游，在20

世纪初取得显赫地位之后，他担心公司可能变得快乐和自满，他该怎么办？他可以四处活动，苦口婆心地宣扬维持纪律的重要性，可以写短文和小册子，说明自满的危险，可以亲自和公司上下的经理见面，让他们深深了解变革和自我改进的真正价值。但是，杜普利知道，公司不只需要推动改革，迎接未来的良好意愿，他更希望找到有约束力且能够推动内部持续改革的东西。

因此，1931 年，他欣然回应营销经理迈克尔·罗伊提出的强烈建议，即创立品牌管理结构，允许宝洁的品牌直接和公司的其他品牌竞争，就像不同公司的产品竞争一样。宝洁拥有最好的人才、最好的产品、最好的营销力量，为什么不让宝洁内部最好的东西之间互相竞争呢？如果市场不能提供足够的竞争，为何不创造一种内部竞争制度使任何品牌都不能以既有的成就自满自安呢？品牌管理互相竞争的制度在 20 世纪 30 年代初期实施，成为宝洁从内部刺激变革和改进的强力机制。事实证明，这种制度极为有效，因此，最后几乎每一家美国消费品公司，包括高露洁在内，都模仿采用，只不过，高露洁是在将近 30 年后才这样做。

这里的重点不是成功的公司一定要创造内部竞争，以保持公司生机勃勃，重点是应该建立某种永不满足的机制，对抗自满顽症——这种疾病会不可避免地影响所有成功的组织。内部竞争是这种机制的一种，但不是唯一的一种。我们发现高瞻远瞩公司有很多种不同的机制。

20 世纪 50 年代默克采取了一种策略：在产品成为低利润率的普通商品后，故意让出市场占有率，借以迫使自己创新发明，获得增长和繁荣。摩托罗拉运用和默克类似的“创新或死亡”机制，加上废弃销售比重高的成熟产品，迫使自己用新产品填补差额。摩托罗拉在电视机和汽车收音机上采取了这种做法（董事长罗伯特·高尔文把美国厂生产的最后一部汽车收音机放在自己的桌上，提醒自己摩托罗拉是“以高科技先锋的身份重新创立”的）。摩托罗拉应用一种叫作“科技地图”的机制，填补放弃成熟产品所造成的缺口。科技地图是一种全面的工具，使用者可以标出自己在科技上比竞争对手进步的地方，并且标明未来10年预期的市场需求。

通用电气采用一种叫作“动脑会”的程序，把内部的永不满足制度化。先由员工各自组成小组，讨论有什么改善的机会，并提出实质的建议。上级经理不能参加讨论，但必须当场在整个小组面前对建议做出决定——不能逃避、躲藏、回避或拖延。

波音采用一种被我们称为“敌人观点”的规划程序，为自己创造不安的感觉。做法是指派经理人，假设他们是替竞争对手工作，以消灭波音为目标来考虑：对手会利用波音的什么弱点？对手会依靠什么优势？什么市场可以轻易地侵占？然后，根据他们得到的答案，思考波音应如何应对？

表9.1 沃尔玛“打败昨天”账簿

十一月					
	1964年	1965年	1966年	1967年	1968年
第一个星期一					
第一个星期二					
第一个星期三					
第一个星期四					
第一个星期五					

（续表）

十一月					
	1964 年	1965 年	1966 年	1967 年	1968 年
第一个星期六					
第一个星期日					
第一周					

沃尔顿在沃尔玛的早期就开始采用一种叫作“打败昨天”记录的机制（见表 9.1）。这种记录像账簿一样每天记载当天和去年同一天的销售数字，沃尔玛用这种账簿作为刺激，把标准越推越高，直到永远。

诺思通创造了员工永不停止改善的环境，每小时做一次销售额排名，衡量同事之间的成就。因此，没有什么绝对的标准可以让员工在达到目标后松懈下来。诺思通也慎重地追踪顾客的反馈，并把员工的薪资和晋升与这种趋势结合起来。对此，布鲁斯·诺德斯特龙解释说：

> 如果你真的去倾听顾客的心声，就会发现他们永远都不满意，但会让你知道你做错了什么，并因此强迫你做得更好。志得意满是最让我困扰的事情。我认为我们在服务和一切事情上得到了太多的赞美，于是我们就开始相信这些话，然后就认为自己比顾客行，然后就停滞不前。

惠普也有员工评比的历史。每个经理必须在团体评比会议里，各自为自己手下员工的排名和其他经理争辩。这一过程必须一直持续到所有的经理都同意从上到下的整体排名后才结束。这一程序很辛苦、很耗神，而且很不舒服，任何员工几乎都不可能在得到很高的考评后就安逸地过下去。

惠普还制定了一种叫作“量入为出”的强力机制：反对借出任何长期债务的政策。精密的财务模式显示，这一政策完全不合理。惠普这样的公司应该长期放债，以便尽量扩大其价值。但是这种模式体现不出无债务政策对内部的强大效果——发挥强制性的纪律。惠普因拒绝为增长所需要的资金承受长期负债，因而强迫自己学习如何完全从公司内部取得资金，来支付20%的平均年增长率，何况还有持续不断的占销售额10%的研发投资支出。有人可能认为这种机制不合理，却培养出一大群规矩得令人难以置信的总经理，他们善于以资金不足的小公司才有的高度节俭和效率经营公司业务，就像惠普一位副总裁描述的那样：

> 这种（量入为出的）哲学为公司上下规定了完美的纪律。如果你想创新，必须自力更生，这是贯彻公司上下的最有力却最不为人了解的影响。

对照公司又如何呢？我们发现，没有证据显示它们所制定的永不满足机制在力度上比得上高瞻远瞩公司。在这些公司的历史里，严格自我规范的意识根本没有一贯性。的确，我们发现，有些对照公司刻意采取安逸的态度，牺牲公司长期利益，榨取短期利益的情形并不少见。而在高瞻远瞩公司里，几乎从来没有听说过这种行为模式。

为了明天（今天要奋斗）

设想你是1946年时的休利特和帕卡德，你们拥有一家不到10年历史的小公司。眼看着公司因第二次世界大战结束，国防合同枯竭，营业收入减少了50%，你们面临急迫的现金周转危机，公司的存续受到威胁，在市场上又没有立刻可以解决问题的商机，就像帕卡德描述的情形那样：

> 我们都在庆祝大战结束，但同时知道我们会有很严重的问题，1946年，我们的销售额从前一年的大约150万美元降到大约只剩一半，我们很担忧，不知道能不能维持下去。

你在同样的情况下会怎么办？你认为他们又会怎么办？

首先，他们裁减了大约20%的员工。面临政府合同的减少，他们为了拯救公司，只能裁员。其次，他们发誓永远不再过度依赖起伏过大的政府合同业务。

但是，休利特和帕卡德并未就此止步。他们还采取了一个行动，对于业务骤减40%的小公司而言，这种行动堪称胆大包天、目光远大。当时，所有靠国防合同生存的机构都面临艰苦的日子，他们决定利用这一事实，去战时政府资助的研究机构中聘请杰出的科学家和工程师，他们也决定挽留手下最优秀的高薪人才，以免造成必定会影响公司长期利益的损害。帕卡德解释说：

> 虽然我们的业务减少了，我们仍然决定聘请……这些聪明、年轻的工程师。就在公司走下坡路的时候，我们聘请了拉尔夫·李、布鲁斯·赫利、阿特·方、赫理斯·奥弗拉克和一些别的人才，因为我们相信这是争取一些优秀技术人才的好

时机。

在这一决定中，令人惊叹的是，休利特和帕卡德根本不了解战后的商业环境是否能对他们的手下人才提供足够的支持。这是一场赌博，而且事实上，惠普在战后痛苦的调整中奋力挣扎，一直到 1950 年才重新开始迅速成长。但是，1946 年高瞻远瞩的投资使惠普在以后的 20 年里大获丰收，公司的工程人员推出了许多创新和获利良好的新产品。

休利特和帕卡德在公司成长过程中不断强调，绝不为了迅速获得短期利益牺牲公司的长期原则。例如，普克在 1976 年指出，任何时候，如果他发现员工为了提高本部门的短期利润而违反公司的道德原则，这个人就一定要开除，无论是什么情况，不管这样做对近期的成本有什么影响，都绝无例外。在帕卡德的眼中，惠普的长期信誉无论如何都必须保护，可是休利特和帕卡德从不会用自己的长远眼光作为该年度放松压力、安逸度日的理由。帕卡德在 20 世纪 70 年代对惠普公司经理人说过的两段话就可以说明这一点。

表 9.2

帕卡德五十年的眼光	帕卡德一年的看法
“如果我们继续忠于使我们度过第一个 50 年的原则，我们便可以确保下一个 50 年继续成功。我代表休利特和我自己确信地说，我们非常非常以你们的成就为荣，而且期望你们未来做得更好。”	“今天和明天一样容易获利。为了增加长期利润，采取造成短期利润减少的行动很少有成功的。这种行动几乎总是一厢情愿，几乎总是无法达到整体最佳业绩。”

平心而论，德州仪器的哈格蒂也用长期观点来指导自己的公司。事实上，1946 年时，他也从很多研究机构聘请了不少顶尖科学家。不过，德州仪器没有惠普那种严重的财务危机。

但在哈格蒂去世后，德州仪器回避了惠普遇到的挑战：用 50 年的眼光来经营，同时在当年有卓越的表现。20 世纪 70 年代的德州仪器和惠普不同，开始推出廉价的消费品，也开始突然大幅降价，以争夺市场占有率，同时经常牺牲经销商的利益。一名经销商在 1979 年批评说："德州仪器因为太注重降价，就投机取巧，降低质量。"这种策略造成了相反效果，使德州仪器遭受财务和声誉的双重损失。惠普不论是短期还是长期，从来没有迷失过方向，德州仪器追求纯粹的规模和短期增长，破坏优秀创新产品创造者的基础和传统，严重损害了公司的长远前景。

对照惠普和德州仪器两家公司后，我们发现了高瞻远瞩公司和对照公司之间的一个重大差异：高瞻远瞩公司习惯于长期投资、建设和经营，它们这样做的情形比对照公司多多了。在高瞻远瞩公司里，"长期"不是指 5 年或 10 年，而是代表好几十年——说 50 年比较符合，但同时它们也不会在短期松懈下来。

> 高瞻远瞩公司的经理根本不接受在短期绩效和长期成功之间必须选择其一的说法。他们先为长期努力，同时又用极为严格的短期标准自我要求。

这一点再次表明：安逸不是高瞻远瞩公司的目标。

高瞻远瞩公司的长期投资

我们系统地审视了研究的所有公司后，发现很多证据证明，高瞻远瞩公司比对照公司更重视对未来的投资。我们回到1915年，分析了公司的年度财务报表后发现，高瞻远瞩公司在新资产、厂房和设备上的投资，占公司每年销售额的比率一直高于对照公司（15对公司中有13对如此）；高瞻远瞩公司年度盈余再投资的比率也比对照公司高，付给股东的现金股利则比较少（15对公司里有12对如此，另一对公司不相上下，见附录3表A.10）。

在我们研究的公司里，长年把研发支出列为单独申报项目的情形不多，有些公司，像沃尔玛和万豪，根本没有所谓的“研发”。但是，就我们掌握信息的其他公司来说，在8对公司里，每一家高瞻远瞩公司研发投资占年度销售额的比率都超过了对照公司。在制药行业里，基础研究可以说是公司长期健康发展最重要的因素。我们所说的高瞻远瞩公司，其研发支出占销售额的比率比对照公司高出30%以上。例如，默克从20世纪40年代起，基础研究投资占销售额的比率就一直高于辉瑞制药，而且从20世纪60年代末期起，这一比率始终高于本行业任何一家公司。这是默克在80年代脱颖而出的一个关键因素。

高瞻远瞩公司通过广招贤才、员工培训和专业发展计划，大力加强人力资源投资。默克、3M、宝洁、摩托罗拉、通用电气、迪士尼、万豪和IBM等公司，都在自己的“大学”和“教育中心”上大量投资，设立密集的培训和发展计划；对照公司也在培训方面投资，却没有高瞻远瞩公司动手早，其力度也不够。例如，摩托罗拉公司，就要求每个员工完成每年40小时的培训，而且要求每个部门用在培训上的花费要占薪资总额的1.5%。默克所有的经理人都必须参加一个为期3天的培训课程，学习招聘和面试的技巧。默克总裁魏吉罗在会议开始时经常问同样的问题："你们最近招募了哪些人？"整体而言，我们注意到，高瞻远瞩公司的招聘和面试程序通常远比对照公司的更复杂、更严密，在专业和管理方面投入了更多的时间。以惠普为例，可能招募进来的新员工至少要经过未来工作部门里8个人的面试。

最后一点是，高瞻远瞩公司在科技知识、新技术、新管理方法和创新产业的做法方面，比对照公司投资得更早、更积极。它们不会等待外部世界要求它们变化才启动变革，通常会比对照公司先采用新事物。通用电气在整个历史中都比西屋先采用新的管理方法，包括目标管理、分权、员工授权，等等。事实上，通用电气在采用新的管理方法方面一向领先。1956年，通用电气发给每一位经理一套书，名叫《专业管理经典思潮选辑》。这套书收集了到当时为止最重要的36篇有关管理思潮的论文。通用电气这样做，目的是在公司上下宣传有力的管理构想。

在美国企业史上，默克是率先全面采用"零缺点"程序的公司之一，时间是1965年。默克还最先采用以蒙特卡罗电脑模式为基础的最新财务分析技术，因而能够做出长期的战略性决策。菲利普·莫里斯在关键的1960—1985年，比雷诺公司更早采用最新的生产技术。摩托罗拉致力于采用未来可能很重要的新科技，顶峰却踌躇不前，最后迫于市场压力才采用新科技。迪士尼一向有投资电影新科技的传统，在对手忧心忡忡地考虑可能的缺陷时，就已经迅速地利用了新科技。花旗银行一直都比大通曼哈顿银行先投资于重要的新方法，有些项目甚至领先30年之久。

对照公司不但动作迟缓、胆怯，而且管理层有很多逃避投资的例子，更糟的是，还有在重要关头压榨公司的情形。例如，20世纪70年代和80年代，在菲利普·莫里斯拼命投资追求成为香烟行业第一大厂商的目标时（参见第5章），雷诺公司的经理

花旗银行比大通曼哈顿银行先采用的措施

部门效益报表
绩效奖金
管理培训计划
大学招生计划
根据行业（而非地域）设立组织
全国性特许
自动柜员机
信用卡
零售业务分行
外国分行

却在利用公司，把公司当成替自己谋福利和增加自己财富的场所，他们买了一队企业用喷气式客机（号称“雷诺公司空军”），建筑昂贵的机棚（号称“企业机棚中的泰姬陵”），兴建华而不实的企业办公大楼（叫作“玻璃动物园”），摆设昂贵的古董家具和精美艺术品，（一位销售人员说：“这是我服务过的唯一不做预算的公司。”）并且赞助体育明星和营销价值不确定的体育竞赛。当有人问起这种花费有何高明之处时，公司CEO罗斯·约翰逊干脆地回答说：“几百万美元，没什么了不起的。”

麦道一贯表现出因小失大、极度注重短期绩效的心态，公司因此受到限制，不能大胆地向未来迈进（包括在建造巨无霸喷气式客机方面迟疑不决）。到20世纪70年代，这种保守心态变成一再重复的历史模式。1978年《商业周刊》有一篇文章形容麦道

“带着斤斤计较的倾向”，批评这种保守、短期、注重成本的导向。《商业周刊》在描述如何促使公司决定放弃开发新世纪的喷气式客机时说：“麦道以吝啬、谨慎出名，专注建造抄袭前人设计的飞机……而不愿推动费用昂贵的新开发项目。”波音秉持“展望明天”的态度，麦道则坚守“斤斤计较”的心态，两相对照，在过去半个多世纪里，结果已经在重要决策中明显地表现出来。

几十年来，高露洁一直忽视在新产品开发、营销方案和工厂更新方面的投资。以下的代表性说法引自《福布斯》杂志和《财富》杂志，评述高露洁长期以来的状况。

> 1966 年：“要推出成功的新产品，必须有协调极为顺畅的营销机器，高露洁由李德统治 22 年后（1938—1960 年），根本没有这样的机器。现在推动一个紧急计划，几乎是要在一夜之间创造出高露洁公司花了 30 年才日渐完善的东西。”
>
> 1969 年：“公司多年来没有产生过任何重要的新产品，甚至连酝酿中的新产品都没有，而且 1956—1960 年，高露洁的国内销售量事实上是在减少的。”
>
> 1979 年：“福斯特渴望盈余保持增长，于是削减广告，控制研发支出，而这一点是所以营销公司的生命线。简单地说，他是借用未来，期望明天会有更强劲的经济状况，把他从困境里拯救出来。”
>
> 1982 年：“高露洁现在实际上是美国消费品公司中唯一没有重大新产品计划的公司。”
>
> 1987 年：“核心业务的利润支持了福斯特的购并行动，造成财务紧张，压制了新产品开发和工厂现代化等重要事项。”
>
> 1991 年：“开发突破性产品耗资巨大，但是，马克是以降

低成本著称的人，可能不愿意付出其他公司所付出的代价，高露洁拨给研发的经费还不到营收比率的2%，而宝洁的比率接近3%。”

万豪与豪生：一个庞大的美国特许经营店的衰败

1960年，老霍华德·约翰逊突然退休，把亲手创立的公司交给儿子小约翰逊。一位和老约翰逊共事多年的人说：“我从来没有见过这种事，大多数人都不愿意放弃自己创立的事业，而他就这样离开了。”他留下了美国最有名的企业之一，留下了点缀全美各地高速公路沿线、700家备受美国中产阶级喜爱、屋顶一律用鲜艳橘黄色装饰的餐厅和旅馆。当时小马里奥特说过，希望有朝一日，他继承的公司能像豪生一样成功。到1985年，万豪不但获得了成功，甚至远远超过豪生——规模是其7倍之多。

这是怎么回事？答案主要在于，万豪严格的自我规范有如一部不断改进的机器，而豪生则自满自适。正如小约翰逊1975年在一次访谈中说的那样：“我们是一家被动的公司，我们不愿预测未来。在这个行业里，你无法看得太远，或许只能往前看两年。”豪生和万豪不同，拒绝为特定市场区域的餐厅和旅馆投资，最后发现自己“走向衰败”；相形之下，万豪即使处在经济衰退之时也仍然在为未来投资；豪生过度注重成本控制、效率和短期财务目标；万豪则鞭策自己，持续不断地改善服务的质量和价值；豪生受到过时理念的牵制，变成低劣食物的供应者。1979年，帝国公司买下豪生，6年后，又以不到收购价格的一半卖掉了它。

帝国公司一位经理人解释其中原因：

> 高利润是虚假的。公司忽略再投资，是靠着压榨人力、项目，靠着不肯更新、省下一角一分，靠着不再继续投资，从业务上压榨出利益的。

有一阵子，小约翰逊搬进纽约洛克菲勒中心华美的办公室里（把管理层的其他人都留在波士顿），并且花大部分时间在精英圈里社交。一位竞争对手说：

> 每次我见到霍华德·约翰逊，他总是告诉我他要怎样降低成本。我认为他在自己的餐厅上花的时间不够，要是他多在自己的餐厅吃饭，而不是常在（纽约高级的）21餐厅吃饭，或许他能够了解到一点儿东西。

相形之下，小马里奥特过着相当简朴的生活，在他说的“摩门教工作精神”（每周工作70小时）的鞭策下，每年亲自走访多达200家分店，也期望其他高级经理安排类似的巡察。

更重要的是，小马里奥特把个人追求进步的驱动力融入了组织的每一个层面。以下是我们在这段时间看到的万豪为了刺激进步制定的各种机制（而这些是豪生没有的）：

- “贵宾服务指标”报告：根据顾客意见卡和对随机选取的顾客所做的详细调查制成这种电脑化的报告，经理可以依据这一报告核查自己的贵宾服务指标，或修正调整；贵宾服务指标报告影响奖金和晋升机会。
- 员工的年度业绩评估：按时计酬的员工和经理都要接受评估。

- 鼓励奖金：适用范围向下延伸，甚至包括咖啡厅经理；奖金除了以成本效益为基准外，也要参照服务、质量和卫生。
- 分红计划：适用各个阶层的员工；个别员工最多可以把薪资的10%投入分红信托计划，因而将个别员工的福利和公司的发展有机地结合起来。
- 在广泛面谈和筛选人才上投资，以便雇用优秀的员工；新的万豪旅馆要是有100个空缺，总是要面试上千个求职者。
- 管理人才和员工培养计划：到20世纪70年代初期，万豪把税前利润的5%花在对管理人才的培养上。
- 投资设立规模完整的学习中心（1970年成立），配置最新的视听、电脑化教学设备。《福布斯》杂志1971年的一篇文章里描述说："数百位万豪的经理进进出出，在这里温故知新，同时有新员工来此'全心投入'培训，学习如何为客人服务。"
- "幽灵顾客"：假扮顾客的检查人员叫作幽灵顾客，如果服务良好，他们会拿出一张识别卡，把背后夹有10美元的卡片交给服务人员，如果服务需要改善，卡片背后没有10美元，而是写着"唉！"接到这种卡片的员工会被送去再培训，每个员工最多有3次改进的机会。

CEO、经理人与创业家路标

万豪的欣欣向荣和豪生的没落，是本章提到的所有教训的最好例证。我们本来可以选择更多的例子，Ames百货在采用创新的零售技术上，总是落在沃尔玛之后，在条码扫描这项新科技上，总是迟迟不肯投资，因为投资的回收期超过两年；诺顿压榨某些部门以至其窗户几个月没有清洗，因为每一个人都以为每天都是在职的最后一天；我们可以讲述顶峰如何忽略集成电路方面的投资（是20世纪50年代最后改用印刷电路板的公司），如何在彩电方面远远落后，如何削减研发支出以提高盈余，并且利用顶峰的名声榨取利益，而这一切都是在摩托罗拉和日本人致力于进步时顶峰的所作所为。

的确，在高瞻远瞩公司和对照公司之间，自我改进是最突出的差别之一。就永不满足的机制与为未来长期投资而言，我们发现，在18对形成对照的公司当中，有16家高瞻远瞩公司在鞭策自己和追求自我改进方面，比对照公司严格。

如果你正努力构建和管理一家公司，我们敦促你思考下面的问题：

- 你可以创造哪些“永不满足的机制”，既能消除自满自适，从内部变革和改善，又符合公司的核心理念？你如何让这些机制有强大的约束力？
- 你在今天表现优异时做了哪些投资未来的事情？贵公司是否领先同行业，率先采用了创新的方法和科技？
- 你如何面对衰退？贵公司是否在困难时期仍然继续为长期累积力量？
- 贵公司同仁是否明白“安逸不是目标”？明白在高瞻远瞩公司里的日子不应该轻松？贵公司是否不把表现优异作为最后目标，而代之以持之不懈、永远追求明天要做得比今天好的工作纪律？

我们在本章里既有好消息，也有坏消息。好消息是成为高瞻远瞩公司的关键因素之一，是靠固有的努力工作、力求精进，为未来继续努力奋斗。这些都是直截了当的事情，每一个经理都很容易理解。坏消息是想要创造一家高瞻远瞩公司，必须永无休止地努力工作、追求进步和持续为未来努力奋斗，这里没有捷径、没有魔法、没有旁门。想建立高瞻远瞩公司，必须准备长期艰苦奋斗，成功永远不是终点。这是豪生从来没有学到的教训。

黑带高手的寓言

想象一位武林高手跪在武学宗师面前，接受得来不易的黑带的仪式。这个徒弟经过多年严格训练，终于在武林出人头地。

“在授给你黑带之前，你必须再接受一个考验。”武学宗师说。

“我准备好了。”徒弟答道，他以为这是最后一个回合的练拳。

“你必须回答最基本的问题：黑带的真正含义是什么？”

“是我习武历程的结束，”徒弟说，“是我辛苦练功应该得到的奖励。”

武学宗师等着他再说些什么。显然他不满意徒弟的回答。最后他开口了：“你还没有到拿黑带的时候。一年后再来。”

一年后，徒弟再度跪在武学宗师前面。

“黑带的真正含义是什么？”宗师问。

“是本门武学中杰出和最高成就的象征。”徒弟说。

武学宗师等啊等啊，过了好几分钟还不说话，显然他还不满意。最后他说道：“你仍然没有到拿黑带的时候。一年后再来。”

一年后，徒弟又跪在师父面前。师父又问道：“黑带的真正含义是什么？”

“黑带代表开始——代表无休止的磨炼、奋斗和追求更高标准的历程的起点。”

“好。你可以接受黑带，开始奋斗了。”

第 10 章

起点的终点

“这不是终点，甚至不是终点的起点，但可能是起点的终点。”

温斯顿 · 丘吉尔

近几十年来，企业流行花费无数的时间和大量金钱，草拟动人心弦的愿景宣言、价值观宣言、使命宣言、目的宣言、抱负宣言、目标宣言等。这些宣言都很好（的确可能相当有用），但都不是高瞻远瞩公司的根本。公司仅有展望宣言（或类似的东西），并不能保证成为高瞻远瞩公司。读完本书后，你如果以为缔造高瞻远瞩公司最基本的步骤是撰写这种宣言，你就没有抓住本书的整个重点。一篇宣言可能是好的起步，却只是第一步。

高瞻远瞩公司的根本在于转化核心理念和独特追求进步的精神，使之融入组织结构的所有层面，化为目标、战略、战术、政策、程序、文化习性、管理行为、建设蓝图、支付制度、会计制度、职务设计，一句话，化成公司的一切作为。高瞻远瞩公司创造了一个包容所有员工的整体环境，不断向他们灌输一组极为一贯、互相强化的信号，使他们几乎不可能误解公司的理念和抱负。

我们在前面的章节里已用多种方法阐明了这一点，但这一点的确太重要了，甚至可能是从本书所能得到的最重要的观点。所以，我们决定用这一章总结我们所有的发现，说明“协调一致”这个贯穿本书的中心观念。我们用协调一致这个字眼，意义很简单，只表示公司所有的因素协调一致，在核心理念和想取得的进步目标的架构下运作，进步的目标你也可以称为愿景（我们认为愿景只是长盛不衰的核心理念，加上梦想中面向未来的进步）。请看下面三个协调一致观念发挥得淋漓尽致的例子。

协调一致的威力：
福特、默克和惠普

福特

第 3 章谈到福特汽车的经理在什么情况下写就了公司的“使命、价值观和指导方针”，成为 20 世纪 80 年代反败为胜取得惊人成就的关键要素。“使命、价值观和指导方针”把人员和产品列在利润之前，而且强调改善质量、员工参与和顾客满意是重中之重。但是，这个“使命、价值观和指导方针”的宣言并没有扭转败局，至少宣言本身不能扭转败局。如果福特没有极力把这个宣言转化为实际行动，没有把公司的营运、战略和战术与公司的“使命、价值观和指导方针”协调配合，福特一定无法转亏为盈，我们在本书里也就不会撰写这一点了。

福特有史以来第一次全面采用了统计学的质量管理方法，并且责令生产经理在发现劣质零件或材料缺陷时，要把整条生产线关掉。福特不只在自己的工厂里这样做，更利用“质量第一”(即 Q1 计划，根据质量的级别和是否实施质量管理统计来筛选卫星工厂)，把追求品质的精神传播到卫星工厂。福特提供教育研讨会和现场协助帮助卫星工厂达到品质第一的标准，并且随着时间的推移不断地提高标准。

福特创造了员工参与计划，使生产线工人成为改善质量的关键成员。不但如此，福特还创造了经理参与方案，教导经理和领班知道如何支持员工参与计划，并提高参与性管理技巧在升迁时所占的比重，进一步强化这些方案。为了让员工消息更灵通，进而感觉和公司融为一体，福特投资设立了卫星电视系统，在电视或报纸还没刊登之前就向员工发布公司的新闻和消息。为了在员工和公司成功之间形成直接的关联，公司和员工达成一条分红约定，这是福特和联合汽车工会劳资合同中第一次出现这种条款。劳资关系的重大改善使 20 世纪 80 年代初期福特 CEO 菲利普 · 考德威尔退休时成为工会的荣誉会员——第一位被吸收参加联合汽车工会的美国汽车公司 CEO。

为了使公司回归“汽车工业”的根本，福特成立了一个独立的小组，赋予小组一个胆大包天的目标：要他们创造一种全新的，在所属市场区域中真正世界级汽车。以顾客为重的设计精神自 T 型车问世以来尤为重要，福特用 32.5 亿美元的预算支持这个后来被称为“金牛座 / 貂族”车系列的计划。这是福特有史以来最大的一笔预算，是以往最高预算的 4 倍。

在准备生产“金牛座 / 貂族”车系列之前好几年，公司就开始征求生产线工人对设计的意见。为了强调顾客意见参与和满意度的重要性，福特最高层经理们参加了多次焦点团体的会议，直接听取顾客的心声。公司还制订了严密的“质量 / 承诺 / 绩效”后续计划，接纳顾客对经销商服务质量的评断。公司还创设了崇高的“总裁奖”，表彰得到顾客最高评价的经销商。

福特用数百种大大小小的方法，把“使命、价值观和指导方针”转化为日常行为和实际行动，这就是福特反败为胜的真正动力。你能够想象福特公布“使命、价值观和指导方针”，却没有把口号转化为实际做法可能引发的嘲讽吗？员工、顾客和股东都会嘲笑不绝，而且整个反败为胜计划也很可能会失败。

默克

20世纪20年代末期，乔治·默克就拟了一份默克公司的宏伟蓝图。默克根植于正直、奉献社会、对顾客和员工负责以及追求质量和完美的核心价值。乔治·默克立志要让默克成为世界级公司，成为一家用医学上的创新贡献造福人类、赚取丰厚利润的公司。但丰厚的利润不是首要目标，而是圆满完成使命的附带结果。1933年默克研究所成立时，他说：

> 我们相信，耐心、持久的研究工作会带给工商业新生命；而且我们深信，利用我们提供的工具，在这个新的研究所里，科学会进步，知识会增长，人类生命会赢得更多免于病痛的自由……我们发誓全力投入，使这个事业符合我们对它的信心；让你们的知识光照四方——以便追求真理的人，致力使世界更适于居住的人，高举科学和知识的火炬照亮社会和经济黑暗时代的人，都能得到新的勇气，觉得自己备受支持。

我们的确深深钦佩乔治·默克的宏愿。他早在远见宣言还不流行的60多年前，就发出这种宏愿，尤其令人敬佩。但是，即便他的言语和精神振奋人心、动人心弦，光靠这种言语和精神不会，也确实不能使默克变成高瞻远瞩公司。默克真正与众不同的是持续一贯地调整公司，使公司和核心理念及乔治·默克梦想的步伐协调一致。

例如，默克不仅创设了一个标准的工业研究发展中心，还制定了胆大包天的目标，要创造极为杰出的能力使其足以和大学及研究机构平起平坐。事实上，默克设计这个研究所时，刻意创造出学术气氛，外观与大学极为相像，以致这个地方很快就以“默克校园”著称。不仅如此，公司不是把纯粹的研究深锁在重重门户之内，而是鼓励旗下的科学家在科学期刊上发表成果——这是吸引更多顶尖科学家的重大关键。默克还鼓励研究人员和学术界及默克之外的非竞争性工业研究机构合作，这一不寻常的做法提高了发表的研究成果的质量。默克吸收杰出的科学家进入董事会担任董事，并且创造一种双重职业轨道，让科学家获得晋升，进入管理层而在经济上没有损失。公司甚至在招聘资料里列出了旗下研究人员发表的论文明细，就像学术机构列出教授发表的论文明细一样。一位科学家说：

> 默克像麻省理工学院、哈佛大学或任何其他学术机构一样，在研究方面名声显赫。你必须乐于全心研究你那门科学。

为了进一步鼓励科学探讨和实验，默克尽可能给科学家“最大的空间，让他们从事自己的研究，给他们最大的自由以寻找希望的种子，不管他们追求的东西与实际回报……多么不相干。”默克和大多数美国企业不同，禁止营销因素干涉纯粹的研究程序，除非产品已经明显进入了开发阶段，就像CEO魏吉罗所说的一样：

> 我们把基础研究完全交由研究部门控制，营销部门在产品开始人体试验之前都被排除在外。我们不希望有关“市场潜力”的问题介入能够带来重大突破的基础科学研究和实验。

这类做法虽然违背了许多一般的商业信条，却大致不变地在默克保持了60年。在这么长的时间里，默克增加其他做法，这些做法虽然不同寻常，但在默克却完全行得通。例如，在研究发展方面，默克拒绝以预算作为规划和控制的工具。默克成立了很多个产品计划小组，明确表示不设预算。小组领导（组长）必须说服不同专长的人加入小组，将他们的资源奉献给这个计划。这种程序创造出一种适者生存的选择程序：只有最好的计划能够吸引资源，最差的计划会灭亡。和大多数多元化发展的竞争者不同，默克采用不同寻常的策略，甘为制药业中多元化程度最小的公司，把所有精力放在发明突破性新药的能力上面，又甘于遵守自定的规则，要求新产品一定要胜过竞争对手的产品，否则就不能上市。这是一种风险很高的战略。如果研发不出什么好的产品，就可能产生长期的干涸期。

事实上，在整个历史中，默克一再制定胆大包天却和公司理念协调一致的远大目标：

- 20世纪30年代初期：制定胆大包天的目标，要建立一个极为杰出、"足以和大学及研究机构平起平坐的研究机构"（见前文）。
- 20世纪50年代初期：制定胆大包天的目标，要把公司转型成完全整合的制药公司，以便全面参与医药界的激烈变化，做法是经由购并制药业沙乐公司，使公司拥有体制完备的配送和营销网络，成为"更优秀的公司"，以便支持这个目标。
- 20世纪70年代末期：制定胆大包天的目标，要把公司构建成80年代一流的世界性制药厂商。
- 20世纪80年代末期：制定胆大包天的目标，要成为第一家在每一种疾病上都有先进研究成果的制药厂商。

·20 世纪 90 年代初期：制定胆大包天的目标，要“重新界定制药业的典范”，做法是以 60 亿美元购并 Medco（肉类出口发展）公司，建立和终端顾客更直接的联系。

在理念和企业责任协调一致方面，默克也有悠久而优异的记录。很多公司都谈到了企业的社会责任、机会平等和其他类似的崇高理想，但是，有多少公司像默克那样，在 1944 年时就率先捐助黑人大学联合基金会？有多少公司像默克那样，在 20 世纪 60 年代就成为本行业中第一家成立少数民族事务办公室的公司？有多少公司在 70 年代就规定所有主管必须在年度目标里包含废除差别待遇措施，并把这些措施和奖金、购股权、等级评比和业绩加薪结合为一？有多少家公司因为“大力推动招募、培养和提升妇女和少数民族人才”而受到全国妇女组织认可？有多少家公司被《黑人企业》和《职业妇女》杂志选为全美妇女和少数民族的最佳工作场所？有多少大公司聘用女性担任首席财务主管？有多少公司愿意在第二次世界大战之后，在没有利润的情况下，把链霉素送到日本，消灭严重的肺结核？有多少家公司会决定开发治疗河盲症的药品，再免费送药？又有多少家公司会在环保方面定下宏伟目标：“要在 1995 年前把释放在环境里的毒素减少 90%”？的确，默克在把社会良知化为实际行动方面一向远远超过大多数的公司。

默克不仅期望员工进步和卓越，本身也致力追求进步和卓越。到默克求职远比申请到研究所工作的过程严格而彻底。默克经常要求求职者递交很多介绍信，证明他们有能力在公司工作，就像申请就读顶尖学府一样。默克在招募、开发和挽留人才方面大量投资，用招募和挽留顶尖人才的成败来考评经理们。到20世纪80年代，公司拥有产业界最低的员工流动率（5%，美国平均员工流动率为20%）。

最后一点是，默克年复一年、日复一日持续一贯地加强自己的核心理念，这一点表现在股东报告、招聘资料、员工手册、自行出版的书籍和史料录像带里；在经理人的演讲中，在新员工的培训课程中，在提供给外界报纸杂志的文章里，在无数内部杂志和通信里，都一贯如此。我们请默克给我们一些描述公司价值观和使命的文件，默克提供了不少于85种明显不同的材料，有些文件时间早到20世纪初。1991年，默克隆重庆祝百年华诞，出版、发表或制作的书籍、文章、演讲、录像带、历史分析，无一不是大力强调公司的传承和价值观。在默克工作，根本不可能不浸润在公司的理念里。这种理念渗透到所有的事物中，而且持续了将近一个世纪。诚如默克科学和技术政策主管杰弗里·斯图乔所说：

> 我来默克之前曾经在另一家美国大公司工作。我认为，两家公司之间的根本差别在于言语与实际。另一家公司高举价值观、宏图大志和一切的一切的大旗，但是，言语与实际之间有很大的差别。在默克公司，两者之间则没有差别。

惠普

休利特和帕卡德梦想惠普成为这样一家模范公司：以进步的人事运作、创新和具有企业精神的文化，以及连续不断、做出技术贡献的产品闻名。帕卡德写道："我们的主要任务是设计、开发和制造最完美的东西（电子设备），促进科学进步和人类福祉。

我们决心为这个任务献身。”惠普公司董事弗雷德·特曼用“社会机构的典范”这一崇高的名词来形容惠普的期望。后来，休利特把惠普的指导原则简化为他所说的“四个必须”：公司必须获得营利性增长；必须通过技术贡献获利；必须承认员工的个人价值，容许他们分享公司的成就；公司必须作为对整个社会负责的公民从事经营。

这一切都极为完美，但是，如果不化为实际，休利特和帕卡德的宏愿终究毫无用处。惠普就像默克一样，头角峥嵘不完全是因为拥有崇高的价值观和宏图大志，而是以配合价值观和宏图大志的全面、一贯的方法而著称。

例如，长久以来，惠普就用很多有形的方式体现对员工的尊重。20 世纪 40 年代时，惠普推出一种“生产奖金”(基本上是一种分红计划)，分给警卫和分给 CEO 的数额一样，而且为所有员工创造了几乎闻所未闻的急难医疗保险计划——而当时的惠普还是个小公司。惠普在 20 世纪 50 年代上市后，所有阶层所有任职 6 个月以上的员工都自动获得了配股，并且有资格参与购股计划。不久之后，惠普就创设了员工购股计划，公司负责补贴 25%。为了降低裁员的概率，尽管政府合同可能有利润，但只要会导致忽而雇人、忽而解雇的状况，惠普就还是会放弃机会，并且规定各部门在到外面找人之前，必须先雇用内部员工，为整个公司提供进一步的就业保障(更不必提努力保持这种文化了)。当面临公司范围的衰退时，惠普通常要求员工每隔一周的星期五休假，并减薪 10%，而不是实施 10% 裁员。惠普是美国企业中最早让所有阶层员工选择弹性工作时间，并最先推动大规模员工调查、评估和追踪员工问题的公司之一，也是最先实施门户开放政策，让员工的不满可以直达最高层经理而不会遭到报复的公司之一。为了促进沟通和融洽，淡化阶层感，惠普制定了开放办公室的规划，任何层次的经理都不能拥有有门的私人办公室，这在 20 世纪 50 年代是非常罕见的做法。因此，惠普一直没有工会也就不足为奇了。就像一位惠普人描述的：

> 很多次组织工会的尝试都失败了。在一家员工觉得自己和管理层密不可分，在管理层邀请寒风中的罢工纠察员在咖啡休息时间进来享受咖啡和甜甜圈的公司里，工会能有什么作为？

同样，惠普采取了很多步骤强化科技贡献的重要性，创造了一个富有创业精神的环境。从 20 世纪 50 年代开始，惠普就设法从著名的工科院校雇用 10% 名列前茅的最优秀的应届毕业生，而不雇用业界比较有经验但才能较差的工程师（30 年后，惠普仍然被顶尖的工科名校认为是最好的就业场所）。惠普像 3M 一样，追求以每年生产更新、更好的产品作为主要增长来源的策略，而不是设法彻底利用产品的整个生命周期尽量扩大老产品的单位产量。1963 年，惠普超过 50% 的销售额来自前 5 年内推出的产品；1990 年，提高到一半的销售额来自前 3 年推出的产品，而且还不是随随便便的新产品。随波逐流或模仿的产品不论多有潜力总会被剔除。休利特解释说："如果你有机会听听我们的经理开会，就会发现，很多做法是因为大家觉得没有足够的科技贡献，不足以支持一种特定产品上市，而遭到大家拒绝。"这种自定的严格标准使惠普放过了多种畅销产品的市场，除非惠普想出对科技有贡献的方法才会进入市场。以下是一位有经验的研究经理和年轻产品经理 1984 年的谈话：

产品经理：“我们现在一定得推出 IBM 兼容电脑，这是市场大势所趋，是提高销售量的所在，是顾客最想要的东西。”

研究经理：“但是，科技贡献在哪里？除非我们想出一个方法使 IBM 兼容电脑有明显的技术优势，否则我们就根本不生产——不管市场有多大。”

产品经理：“但是，如果顾客要的不是这个，如果他们只想运用他们的软件，并不是真的在乎技术贡献，如果我们不立刻行动，市场的机会之窗就关闭了，那怎么办？”

研究经理：“那么，我们就不应介入那种业务。我们不是做那种事情的人。我们根本不应进入不珍视技术贡献的市场，那不符合惠普公司的目标。”

研究经理轻松地赢得了争辩。在惠普公司里，他们几乎总是占据上风。休利特说过：“营销人员虽然重要，但在界定产品的问题上，必须扮演次要的角色。”多年来，惠普避免以市场因素的考虑来寻找对技术和市场做出贡献的机会，而主要依靠工程师解决技术问题作为寻找机会的策略。这种策略就是所谓的“下一步综合征”。20 世纪 50 年代和 60 年代，惠普把产品明细表取名为“对测试设备领域的贡献”，这样命名的确翔实而有趣。整个公司褒奖英雄的计划主要是针对发明新设备的工程师，而不是销售产品的人，职务提升方面也反映出科技挂帅，超过 90% 的部门总经理拥有工科学位。

为了推动充满企业精神的文化，惠普很早就采用了一种管理方法：“提供明确界定的目标；尽可能给大家最大的自由去达到目标；最后，确定个人贡献在整个组织上下受到肯定以激励员工。”后来，公司在20世纪50年代快速扩张时，更把这种管理方法推而广之，成为一种高度自主的由部门组成的分权结构，各个部门以小企业的方式设立，可以自行控制研发、生产和营销策略，在营运决策方面有很大的自主权（当然要在惠普理念的范围内）。惠普进入一种新业务时，通常会创设一个新的业务部门，尊重这个部门自行想出进入市场的最好方法。用休利特的说法就是：

> 我们只是说：“这是我们想涉足的领域。现在你们自己研究你们可以生产的特定产品。”我们认为他们会用现有的最好科技去设计产品。

为了进一步加强企业精神，公司把业务部门分散到美国各州，而不是全都集中在总部附近，然后公司用分配研发资金的方式奖励创新，最能创新的部门能得到最多的资源（虽然惠普有个叫作“惠普研究所”的中央研究所，公司却把绝大部分的研发资金分配给业务部门）。制造厂起家的部门，唯有在（有限的资金下）创造出一种创新产品并推出市场后，才可能取得完整的业务部门地位。而且，惠普和大多数公司不同，鼓励本身的各个国际业务部门发展研发能力，而不希望它们只维持销售和分销中心的地位。

对公司而言，不管当时的管理倾向如何，有所不为和有所为同样重要。例如，我们可以回想休利特和帕卡德因为相信债务会腐蚀企业纪律，是如何拒绝公司借债的（虽然这种做法“不合理”）。惠普和很多高科技公司不同，回避风险资本家之类的外部投资者，因为“他们可能推动公司超速增长，如果增长太快，你可能丧失自己的价值观”。惠普和绝大多数公司不同的是，禁止人事部门介入人事问题。

照顾手下是每一个管理者最重要的工作……无论如何，都不能期望人事部门处理经理人的人事问题——能接受和处理人事责任的才是好经理。

20 世纪 70 年代一件特别有启发性的事，充分表明惠普遵循自己的宏愿，而不为管理倾向所左右。当时“学习曲线 / 市场占有率”的企业策略理论横扫美国企业，著名的管理咨询公司、一流的商学院都在推广和教授这种理论，企业界成千上万的经理奉行不渝，普遍采用了这一理论作为管理工具。这一理论主张，提高市场占有率会降低成本，最后会带来更高的利润。众多公司的经理根据这一理论运作，开始降价以争夺市场占有率。这种理论左右着战略性思考方向大约 10 年，但在惠普并非如此。惠普明确地拒斥学习这一理论，坚持自己不同的标准：“如果一种产品没有好到足以在第一年就赚到丰厚的毛利，它就不是具有重大技术贡献的产品，因此，惠普就不应制造。”帕卡德在 1974 年向手下经理们解释说：“如果我听到任何人谈论他们的市场占有率有多大，或是他们正在为提高市场占有率做哪些努力，我就要在他们的人事档案里记录一个黑点。”

最后，惠普像福特和默克一样，极力使员工不断融入以“惠普风范”著称的信条中。20 世纪 50 年代时，休利特和帕卡德率领所有的经理到偏远的加州索诺马举行“索诺马会议”，把公司的理念和宏图大志写成文件，成为“有点儿类似美国宪法（表明基本理想、可以因时代解释和修正）的文件”。

不久之后，惠普开始推行严格的内部晋升政策，实施严密的集体面谈程序，“强调符合和适应惠普风范的能力”，并且创造一个灌输“第一线”领班的教育计划。帕卡德解释说：“我们很早就认识到，让第一线管理者接受公司哲学的灌输或指导很重要……对大多数人而言，他们代表着这家公司。”

我们发现，不少于一百种不同的记录——包括内部的谈话、外部的演讲、书面文件或个人的谈话，明确地显示惠普的经理们谈到过惠普的价值观和使命。几十年来，他们一直就是这样谈论并付诸行动的。我们也听到流传几十年的数十个表达惠普风范真正含义的“休利特和帕卡德的故事”。例如，休利特发现有一间储藏室在周末用链子锁了起来，就用一把螺栓剪撬开，并把剪碎的链子连同一张严厉的便条留在经理的桌上，说储藏室上锁不符合惠普尊重员工的观念，等等。不管是真是假，这个故事都显示惠普管理层一直致力于使惠普风范成为真正的生活方式。长期担任惠普实验室总经理的巴尼·奥立佛，概要说明了惠普在崛起过程中的情形：

> 我1952年刚加入惠普时立刻就明白，公司400位员工的热忱和忠心，以及以公司为荣的程度，几乎到了罕见的地步……正如一位员工所说的：“我有个感觉，就是休利特和帕卡德在替我工作，而不是我在替他们工作。”让今天的来访者惊异的是，这种精神一直伴随着惠普的成长。在一家超过17 000人的大公司里，要找到这种精神很不寻常，但是在惠普却不会让人惊讶，因为从更深一层来看，早年那种情形是管理方面的一种教育过程……早年成为休利特和帕卡德的人格和哲学延伸的员工，在成为生产线领导、领班和部门领导后，都善用这些哲学和技巧……我们都相信“这些哲学”，并且付诸实行。这些东西是我们生活方式的一部分。

CEO、经理人与创业家教训

如果你像20世纪50年代休利特和帕卡德一样，到偏远的地方讨论公司的理念，我们会为你拍手叫好。我们鼓励你仿效30年代的乔治·默克，替公司制定崇高的志向，我们希望你效仿福特，把指导公司的梦想形成文字。但是，千万别忘记，仅凭这些步骤不能造就一家高瞻远瞩公司，无法获得最后的协调一致，无从获得最后的成功。你必须持续一贯地付诸实施，以下是一些指导方针。

1. 描绘整体图景

你可能对福特、默克和惠普等公司经营的细节，感觉太熟悉了。这本身就是重点所在！

> 高瞻远瞩公司不是依靠单独一种规划、战略、战术、机制、文化标准、象征性的姿态或CEO的演讲来保存核心和刺激进步，重要的是依靠整体素质。

重要的是令人惊奇、无所不包、长期一贯的素质，就是这种近乎压倒性的整体信号和行动，持续加强核心理念和刺激进步的信号，造就了高瞻远瞩公司。个别来看，福特、默克和惠普的每一件事实都无关紧要，而且的确不是他们拥有高瞻远瞩地位的原因，但是，在几百种其他事实的架构中，就组合成一种持续一贯的整体图景。

认为单独实施本书任何一章的教训就可以造就一家高瞻远瞩公司，的确是一种错误的想法。仅靠核心理念，不能造就高瞻远瞩公司；仅靠追求进步的驱动力或靠胆大包天的目标做不到，自主性的演进和创业精神也不行；仅靠自行培养的经理也不能产生高瞻远瞩公司；像教派一样的文化、永远不自满的观念同样不行。

一家高瞻远瞩公司就像一件伟大的艺术作品。想想米开朗琪罗在西斯汀教堂穹顶上描绘的创世景象，或是他的大卫雕像；想想流传百世的伟大小说，如《哈克贝利·费恩历险记》和《罪与罚》；想想贝多芬的《第九交响曲》和莎士比亚的《亨利五世》；想想设计精美的建筑物，如弗兰克·莱特或路德维格·范德罗的杰作。你无法指出是哪一点使得整个作品如此完美，倒是整个作品——所有细节协调一致创造出来的整体效果，造就经得起时间考验的伟大特质，而且不只是大的项目完美，连细枝末节也是如此，诚如伟大建筑师范德罗所说："上帝的伟大在于细致。"

2. 注重细节

员工不是每天在"大环境"里工作，而是在处理公司和业务的现实细节。这样说并不表示大环境无关紧要，而是说小节会形成重大的印象，发出有力的信号。像诺思通销售人员的名片这种小事，它发出的信息是："我们希望你成为销售专家。"像沃尔玛把完整的部门财务报表发给最底层的员工这种小事，发出的信息是："你是公司的伙伴，我们希望你把这个部门当作像自己的小生意一样经营。"像摩托罗拉董事长坐下来倾听质量改善报告（总是位于议程之首）然后再去听财务报告，这种小事发出的信息是："改善质量是我们的宗旨，不是只追求利润而已。"强生让重要的部门在产品上印上自己的标志而不用强生的标志，这种小事发出的信息是："我们希望你用自主的新兴企业盈利单位的心理来营运。"菲利普·莫里斯在发薪水之外，还给员工发送一条一条的香烟，这种小事发出的信息是："不管国家卫生局怎么说，我们都以自己的产品为荣。"

社会认知研究显示，个人会收集工作环境里的所有信号——不管是大是小——作为自己行事的参考。大家会注意小事，记住的不是有关宏旨的大事，而是剪碎储藏室锁门铁链之类的小节；大家希望相信公司的远大志向，但会一直注意任何名不副实的细节，他们会说："哈！看到了没有？我就知道管理层只是吹牛，他们并不是真心相信自己的空话。"

3. 集中力量

高瞻远瞩公司不会随便安排散乱的机制或程序结构，它们会集中安排彼此能够互相加强的各种机制，发出集约而有力的影响。它们追求的是协同一致和互相关联。看看福特是如何集中力量的：运用统计方法进行质量管理，由员工参与计划强化，再由参与式的经理培训计划强化，最后由根据参与式管理技巧而定的晋升标准强化。再看看默克集中力量的情形：录用顶尖科学家，然后让他们发表论文，与外界的科学家合作，再由"默克校园"，"双轨职业道路"来强化。看看惠普：要是不能体会经理要善待手下，或不能体会业务部门要靠科技贡献来赚取利润，那就根本不可能在惠普工作！在惠普工作好比待在不是装着一支喇叭，而是装了 10 支喇叭的音效室里，而且这 10 支喇叭彼此扩音，从地板、天花板，从前后左右和侧面发出相同而一致的音讯。

4. 走自己的路

想想默克和惠普为了保持自我，采取违反企业惯用步骤的事例。协调一致的意义在于：靠内部的方针指引最为重要，而不是靠外界的标准、习惯、凡俗之见、力量、趋势、热潮、流行口号。这不是说你应该忽略现实，正好相反，而是说贵公司自定的理念和志向应该结合现实指引公司所有的事务。如果你的做法正确，这些特异做法和策略虽不寻常，在贵公司却极有意义，很可能让竞争者、新闻界、商学院教授和其他人震惊。

例如，20 世纪 70 年代，强生决定在新泽西州衰落的新布伦瑞克设立公司的新总部。这样做不是因为它在业务上是最好的决定（实际上是不好的决定），而是因为这样最能符合公司的信念。波音在飞机设计上坚持采用远超过竞争对手的安全标准，不是因为市场要求这样，而是基于波音本身的理念要求。商界一般认为，成长中的小公司应该专注一种业务。3M 却排斥这种凡俗之见，因为专注策略和 3M 人想要建立的创新型公司根本不符。在 20 世纪 70 年代，学习曲线——市场占有率模式，已经成为企业经理最热衷的管理方法，但是，对惠普而言，这种模式毫无意义。

这里的重点并不在于高瞻远瞩公司追求“好的”做法，其他公司追求“坏的”做法。好或坏会形成错误的架构，在惠普是“好的”东西，在默克、3M、万豪或宝洁可能“不好”。

真正该问的问题不是，“这种做法好吗？”而是，“这种做法适合我们吗？符合我们的理念和远大志向吗？”

5. 消除不协调

看看你自己的公司，你很可能找得出至少 12 种特定事项不符合核心理念或妨碍进步，找到不知为什么已经悄悄侵入组织里的“不当”做法。你们的激励制度是否奖励不符合核心价值的行为？组织结构是否妨碍了进步？目标和战略是否驱使公司脱离了基本目的？公司政策是否妨碍了变革和改进？办公室和建筑物布置是否阻碍了进步？

不协调会驱使公司脱离核心理念或妨碍进步。追求协调一致不仅是增加新事物的过程，更是一种发现和坚决改正不协调事物的无休止的过程。如果建筑物的布局妨碍进步，就改变布局或搬迁；如果策略和核心价值不协调，就改变策略；如果组织结构妨碍进步，就改变组织结构；如果激励制度奖励不符合核心价值的行为，就改变激励制度。记住：高瞻远瞩公司里唯一神圣不可侵犯的东西是核心理念，而其他东西无不可以改变或取消。

6. 创新不忘守恒

一家公司必须拥有核心理念，必须拥有极力追求进步的驱动力，最后，组织必须经过精良的设计，以便在所有关键因素协调一致运作下保存核心和刺激进步。这些条件是成为高瞻远瞩公司的普遍要求。这些条件使得高瞻远瞩公司在一百年前与众不同，今天也一样，到了21世纪依然令高瞻远瞩公司与众不同。如果在公元2095年重写这本书，我们一定会发现，让大多数长盛不衰的成功公司和其他公司不同的，同样还是这些基本因素。

但是，高瞻远瞩公司用来保存核心和刺激进步的特殊方法，毫无疑问会改变和改进。胆大包天的目标、教派般的文化、经由实验而得的演进、自己培养的经理以及持续不断的自我改进，这些都已被证明是保存核心和刺激进步的好方法，但并不是只有这些方法有效。企业会继续发明新方法，来补充这些历经时代考验的方法。明天的高瞻远瞩公司目前已经开始行动，着手试验更好的新方法。毫无疑问，他们已经采取了竞争对手认为怪异或不寻常的措施，但是，这些措施有一天会成为习以为常的做法。

这些正是你在贵公司应该做的事情。当然，先决条件是你希望公司进入高瞻远瞩公司之林，无论你是企业家、经理、CEO、董事或顾问，都应该致力于实施你所能想到的方法，来保存、指导和激励各级员工所珍视的核心理念；不仅如此，你还应该努力创设一些机制，使之永不满足于现状，刺激改变、改善、创新和自我革新，简单地说，就是能够感染大家进步精神的那种机制。要是你能想出本书没有提到的方法来保存核心，请付诸实施；要是你能想到强大有力的新机制来刺激进步，一定要试试。你必须应用已经证明有效的方法，并且创造新方法，两者不可偏废。

永无止境

我们在本书里已经尽力在历经时间考验、真正杰出的公司中寻找和发现了它们的立足之本。书里提供了数量惊人的细节和证据，我们不期望读者记住每一页的点点滴滴，但是，在你看完本书后，我们希望你记住四个主要观念，作为你今后管理生涯中思考的指导并传授给别人。这四个观念是：

1. 做造钟师，也就是做建筑师，不要做报时人。
2. 拥护兼容并蓄的融合法。
3. 保存核心，刺激进步。
4. 追求持续一贯的协调一致。

我们觉得自己有点儿像《绿野仙踪》里的多萝西，她长时间寻找仙人之后，拉开帘幕，却发现仙人根本不是仙人，只是正常的人类。像多萝西一样，我们发现建立高瞻远瞩公司的人不见得就比别人更聪明、更有魅力、更有创造力、思想更复杂、更善于想出杰出的构想，简单地说，他们不见得就比其他人更有仙法魔力。他们的成就就在世界上每一位经理、CEO和创业家观念所及的范围之内。构建高瞻远瞩公司的人做生意的方法通常都很简单，有些人的方法甚至可以称得上单纯，但是简单不代表容易。

我们认为，这一点比你从本书所能学到的其他东西更有深远意义。意思是说，不管是什么身份，你在构建高瞻远瞩公司方面都可以做出巨大贡献。你不必等待高瞻远瞩的伟大魅力型领袖的出现；你不必期望创造力灵光一闪就会闪出“大创意”；你不必接受下面这种消极的说法：“面对现实吧，我们的CEO根本不是高瞻远瞩的魅力型领袖。我们根本毫无希望。”你也不必相信构建高瞻远瞩公司有什么神秘之处，只有别人能做，而自己不行。

这一点意味着，从今天起，你的日子很可能会变得更苦，它意味着你要协助身边的人了解本书的教训；它意味着你应该接受令人惊骇的事实，知道自己很可能和任何人一样，有能力协助公司变成高瞻远瞩公司；还表示你承认可以立刻应用本书的教训。最后，可能最重要的是，这一点更意味着要致力配合一种深奥而持续的认知，认定企业本身是重要的社会机构，是和我们的杰出大学或政府体系一样的机构，需要我们的呵护和关心，因为正是依靠人类组织的力量，无数的个人同心同德、共同努力，才完成了世界上大部分的美好事业。

因此，这不是终点，甚至不是终点的起点。但是，我们希望这是起点的终点，是构建高瞻远瞩公司这个艰巨、但显然是可行的任务的起点。

第 11 章

构建愿景

我们将不停止探索，
而我们一切探索的终点，
将是到达我们出发的地方，
并且是生平第一遭知道这地方。（汤永宽译）

《四个四重奏》，T. S. 艾略特

愿景已成为最常被滥用，却最不为人所理解的词汇之一。这个词能引起人们无限的遐想。我们想到了杰出的成就，想到了把社会上各种人联结在一起的深层价值。我们想到了胆大包天、振奋人心的目标。我们想到了一些永恒的东西——组织存在的根本原因。我们想到了直入我们内心，敦促我们做出最大努力的信念。我们想到了我们想成为什么的梦想。但是问题正出在这里。我们都知道愿景很重要，但它究竟是什么呢?

在为再版增添的这一章[1]里，我们为您展现了一个定义愿景的概念架构，让这套围绕这个新潮名词模糊、杂乱的概念变得清晰、严密，并为阐明在组织内部一致的愿景提供应用上的指引。这是一个规范的架构，基于6年来为写这本书进行的对高瞻远瞩公司的研究；在此之后，我们和世界上各种规模，各种形式公司的精明的经理们的合作仍然在进行着，并在实践中不断改善和测试这个架构。在以下的篇幅里，我们将详细地描述这个架构。组成这个框架的一些关键概念，与我们前面几章的研究结果是重叠的。因此，这一章的某些部分可能看起来有点儿多余，但我们想把它写成能给人深刻印象的独立章节。另外，这一章给出了大量说明性的例子，这些例子都来自高瞻远瞩公司以及此书之外我们合作及研究过的公司。我们用这些例子说明如何应用这些概念，并给出大量实质性的指引。

我们再次重申一下《基业长青》的关键研究结果——最持久、最成功的公司的基本特质是：它们保存了一种核心理念，同时刺

1. 本章最初刊登在《哈佛商业评论》1996年9月/10月号上，是该期的主打文章。

激进步，积极改变除了核心理念以外的任何东西。换个说法，高瞻远瞩的公司能够从烦琐的经营做法和商业谋略中（这应该应时而变），分离出它们永恒不变的核心价值和经久不衰的使命（这应该永远不变）。对于真正伟大的公司，变化是一个不变的常数，但不是唯一的常数。它们明白什么应该永恒不变，什么应该应时而变，什么是真正神圣的，而什么不是。通过认清什么应该永恒不变，它们在面对其他任何事物时，更能刺激进步，增进改变。本章用这种框架阐明愿景，并提供了在公司内部推行这种“保存核心，刺激进步”理念的指导背景。

愿景架构

图 11.1　清晰的愿景

一个构思良好的愿景包括两个主要方面——核心理念和未来前景。请注意，它与最为根本的“保存核心，刺激进步”这一公式是直接对应的。一个好的愿景建立在互补的阴阳互动之上：它定义了不变的“我们代表什么和我们为什么存在”（核心理念），并提出需要重大改变和提高才能获得的“我们渴望成为什么，达到什么境界，以及创造出什么”（未来前景）。

追求愿景意味着实现组织和战略的协调，用以保存核心理念，刺激进步以实现展望中的未来。只有二者的协调才可以把梦想变为真实，把好的意愿变成具体的现实。

核心理念

正如我们在第3章所说的，核心理念定义了一个组织持久不变的特质——这是一种历时不变，并超越产品市场生命周期、技术革新、管理时尚和个人领袖的自我认同。事实上，高瞻远瞩公司的缔造者们最持久、最重要的贡献就是核心理念。正如在1996年帕卡德去世时，比尔·休利特谈起这位老朋友兼合伙人时所说的那样：“对于公司，他在身后留下的最大贡献是一套被称为‘惠普风范’的道德标准。惠普的核心理念自1938年提出以来，一直引导着公司。它包含对个人作为、道德原则的深层尊敬，对可达到质量和可靠性的追求，对社区责任的承担（帕卡德把他价值43亿美元的惠普股票遗赠给一个福利基金会），还包含公司的存在是为了改善人类福祉，促进人类进步，做出技术贡献的理念。”高瞻远瞩公司的创立者，像戴维·帕卡德、索尼的井深大、默克公司的乔治·默克、3M的威廉·麦克奈特和摩托罗拉的保罗·高尔文，都知道“你是谁”远比“你要去何方”重要，因为去向何方必定会顺时而变。领袖会去世，产品会过时，市场会变化，新的技术会出现，管理时尚来了又去，但一个伟大公司的核心理念作为公司指导方针和创新灵感的来源却经久不衰。在公司成长，分散经营，多元化投资，全球扩张，以及内部多样化的过程中，核心理念都起到了一种高度聚合的作用。打个比喻，核心理念就像犹太教教义。上千年来，流离失所的犹太人，即使在大流散时期，也坚守着这种教义。或者说，它就像美国在《独立宣言》中那种不言而喻的真理，或是科学界把全世界不同国籍的科学家凝聚在一起，共同为人类知识进步而努力的持久的理想和原则。

任何有效的愿景都必须包含公司的核心理念，这种核心理念需要两个明确的组成部分：核心价值和核心使命。

核心价值

核心价值是公司的精神和持久的原则——是一套不需要外部调整的永恒指导原则。它对于公司内部的人拥有固有的价值和意义。迪士尼追求想象力和快乐的核心价值是发自自身内在的信仰，而不是来源于市场的需要。威廉·帕卡德和詹姆斯·甘保并不是把保证产品的优异性定义为成功的“谋略”，而是作为一种近乎宗教教义的原则为宝洁人固守了近150年。有益于顾客作为诺思通一贯的作风可以追溯到1901年，先于顾客服务项目成为商业时尚80年。作为个人信仰，比尔·休利特和戴维·帕卡德认为，首先并且最重要的是尊重个人。这种信念不是他们从某本书上读来的，也不是听某个管理大师传授的。强生公司的CEO拉尔夫·拉森是这样说的：“在我们信条中宣传的核心价值可能成为我们公司的一种竞争优势，但这不是我们坚守它们的原因。我们坚守这样的价值观是因为它们明确了我们在代表什么，即使在某种情况下，这样的价值观将使我们在竞争中处于不利地位，我们也仍然要坚守它们。”

关键在于，一个持久伟大的公司是“出于自己的需要”决定什么价值才是核心的，而不是出于当时的环境、竞争需求或追崇管理时尚。因此，世界上显然没有一套普遍“正确”的核心价值。一家公司不一定把顾客服务（例如索尼）、尊重个人（例如迪士尼）、质量（例如沃尔玛）、市场反应（例如惠普），或是团队精神（例如诺思通）作为核心价值（当然，这些公司都有围绕这些标准的做法或谋略）。我们再次强调我们的基本研究结果，最关键的不是一个公司拥有什么样的核心价值，而是它是否拥有自己的核心价值。

为了从组织中把核心价值提炼出来，你需要保持绝对的自我诚实。如果你设计了五六种之多的价值观，很有可能是因为你还没有真正考虑到本质的东西，或是混淆了核心价值（这些是不会改变的）、经营做法、商业谋略和文化标准（这些应该应时而变）。记住，真正的价值观必须可以经受时间的考验。当你初拟出一系列核心价值时，逐条地往下问：“如果环境改变，我们将要为坚持这个核心价值付出代价，我们还会固守这个核心价值吗？”如果你不能诚实地说是，那么这个价值就不是核心，应从列表中删去。

例如，一个与我们合作的高科技公司不知道是否应该把“质量”放到核心价值里面。这时，公司 CEO 问道：“假如 10 年后，市场中产品的质量不再有巨大的差别，而唯一有影响的只是单纯的速度和动力，不是质量，那么我们还会把质量列入我们的核心价值吗？”管理层的成员都面面相觑，最后说：“实话说，不会。”因此，质量就不是核心价值。但是，对质量的追求仍然是公司当前的商业策略，质量改善项目仍然是刺激进步的机制，但并不在核心价值之列。记住，策略随市场状况的改变而改变，但一个高瞻远瞩公司的核心价值却保持不变。同样，这群管理者继续探讨，是否应该把“领先的创新”列入核心价值。这时，CEO问了同样的问题：“无论我们周围的世界怎样改变，我们是否都会以此作为核心价值？”这次，管理层达成了强烈的共识：“是的，我们将永远追求领先，追求创新。这是我们的本色。这对我们真的很重要，而且永远如此。无论在什么情况下，即使当前的市场不需要我们的创新产品，我们也会寻找接受它的市场。”于是，追求领先的创新就被列入了公司的核心价值中，并且得永远保留。一个公司不应该因市场变化的需要而改变自己的核心价值，相反，有可能的话，可以改变市场以维护自己的核心价值。

谁应该负责决定公司的核心价值取决于公司的规模、历史和地理分布，但在大多数情况下，我们建议用“火星团队”的办法。操作如下：假设现在要求你去另外一个星球，尽可能好地复制现在的组织，但宇宙飞船上只有5~7个人的位置。你会派谁去？这些人应该对你们的核心价值有深入的了解，能获得同事们最高的信任，并且有最强的能力。我们会经常让选出来决定核心价值的一群人提名5~7个人，组成一个火星团队。结果这个团队总能找到一种可靠而强有力的方法，准确漂亮地阐明核心价值。因为他们本身就是核心价值的典范——公司“遗传密码”的片段（“火星团队”还可以有效地用来阐明核心使命，方法如下）。

我们从未遇到一个公司不能找到一套共同的核心价值，即使是由来自不同文化的人组成的跨国公司，也是如此。关键是怎样从个人的层次着手，再上升到组织的层次。那些负责阐明核心价值的人应该探讨这样的问题：你自己在工作中持有什么样的核心价值——那是你始终追求的，不管是否有益，你都会坚持？如果要你向你的孩子或其他亲人形容你在工作中持有什么样的核心价值，并且希望在他们长大成人，出来工作时也坚守同样的价值观，你会怎么做？假设第二天一早醒来，你就拥有了一笔足够供你安度余生的钱，你还会继续坚守这样的核心价值吗？你可以预见自己所坚持的核心价值在100年后还像今天一样有意义吗？如果有人指出你坚持的核心价值中有几点将使你在竞争中失利，你还愿意坚持吗？如果将来你要在一个全新的领域建立一个公司，你会为这个新的公司注入什么样的核心价值，而无须考虑这个公司所从事的行业？最后这三个问题尤为关键，它们从本质上区分了历时不变的核心价值和应时而变的做法及谋略。

核心使命

核心使命，是核心理念的第二个组成部分，是公司存在的基本原因。在《基业长青》第一版中，我们并没有充分强调核心使命，没有把它和核心价值区分开来，低估了它的重要性。如果被迫要在核心价值和核心使命二者中进行选择，我们认为核心使命在引导和鼓舞公司方面起了更重要的作用，但同时，核心使命要比核心价值更难定义。

一个有效的使命反映了人们对公司事业的重视程度——决定了他们的动机，而不仅仅是对产品和目标顾客的一种描述。它抓住了公司的灵魂（表 11.1，核心使命例示），使命表述的是公司在利益之外存在的深层原因。正如 1960 年帕卡德的讲话："我想很多人都会错误地认为，一个公司的存在只是为了赚钱。我们应该更深入地寻求我们存在的真正原因。"

表 11.1　核心使命的例示

公司或组织	核心使命
3M	用创新的方法解决未解决的问题
卡吉尔	改善全世界的生活水平
联邦国民抵押贷款协会	通过不断促进房屋所有权加强社会构架
惠普	为了人类进步、人类福祉做出技术贡献
以色列	为犹太人在地球上寻找一片安全的栖居地
Lost Arrow Corporation（失落之箭公司）	成为社会变化的典范和工具
Pacific Theatres（太平洋院线）	为人们提供一片繁衍生息、增进共性的土地
玫琳凯	为女性提供无限机会
麦肯锡	帮助公司和政府变得更加成功
默克	保护并改善人类生活
耐克	感受竞争、成功和打败对手的激情
索尼	感受为公众利益推进、应用技术的快乐
Telecare	帮助有精神障碍的人发现他们丰富的潜能
沃尔玛	让普通人有机会买到富人才买得起的东西
迪士尼	让人们快乐

使命（可以延续上百年），不应该将其和具体的目标及商业战略（在百年中要多次变化）混为一谈。尽管你可以达到一个目标或完成一项规划，你却不能完全实现自己的使命，使命就像地

平线上指引的恒星，你可以永远地追寻，却永远不可能达到。尽管使命本身不会变化，它却能激发改变。使命是永远不可能完全实现的，这就意味着一个公司要完全投身于它的使命，就要永远刺激变革和进步。

我们并不认为以下这些是有效的使命：“根据政府颁发的许可证，我们参与二级贷款市场，把抵押贷款组合成投资证券。”这仅仅是一种描述。而一种崇高的使命应该像联邦国民抵押贷款协会的主管所说的：“通过不断促进房屋所有权加强社会构架。”据我们所知，二级抵押市场甚至不会超过 100 年，但以住房的普遍化而促进社会的均等却是一个无论世界如何改变，都能经久不衰的使命。在这样的使命的指引和刺激下，联邦国民抵押贷款协会在 20 世纪 90 年代开展了一系列大胆的创新，包括一个要在 5 年内降低抵押保险成本 40% 的项目，一系列通过用 50 亿美元支持的保险试验，用以减少在贷款过程中被歧视的项目，还有一个大胆的目标，就是要在 2000 年之前，为 1 000 万户一直以来都没有自有住宅的家庭提供 1 万亿美元贷款，这些家庭包括少数民族、移民和低收入人群。

与此相似，3M 并不用黏合剂、研磨剂来定义它的使命，而是永远寻求用创新方法解决未解决的问题。这个使命带领 3M 不断地进入更广泛的新领域。麦肯锡的目的不是做管理顾问，而是帮助公司和政府更加成功，为了这个使命，在 100 年以内，它可以开发许多咨询以外的事业，而不仅仅是做咨询顾问。惠普的存在不是为了做电子测试和测量仪器，而是为了让人们的生活变得更好而做出技术上的贡献，这个使命引导公司远远超越了它做电子产品的缘起。想象一下，如果沃尔特·迪士尼把公司的使命设为制造卡通片，而不是让人们快乐，我们很可能就不会有迪士尼乐园、EPCOT 中心，或者阿纳海姆鸭子队了。

一个和我们合作过的制药厂考虑把“为人类医疗制药”作为它的使命。我们问：“这个使命可以持续 100 年吗？”一位经理指出，今后，公司很可能会发现或创造全新的、非传统的药物来改进人类医疗的方法。另一位经理指出，在今后的几十年里，公司很可能会为动物发明新的治疗法。第三个经理说：“够了，我不是来为治疗疾病制造什么东西的，我是为了让医疗有重大改进，并创造一个没有任何人创造过的纪录。否则，到底是什么呢？”最后，这家公司抓住了它的使命：“我们为医疗的重大改善而存在。”在未来的上百年内，这个使命都可以引导激励这家公司。

一种探询公司使命的强有力的做法是问“5 个为什么”。从描述性的声明开始，“我们制造了甲产品”或者“我们提供乙服务”，然后问 5 次“它们为什么是重要的”，在问了几个为什么之后，你会发现自己逐渐接近了公司的根本使命。在我们和一个市场调研公司的合作中，我们用这种方法加深和丰富关于公司使命的讨论。这家公司的管理层首先开了几个小时的会，得出下列有关他们公司使命的陈述：“提供可得到的最好的市场调研数据。”我们然后问：“为什么提供可得到的最好的市场调研数据很重要？”讨论了一下后，他们的回答反映出公司使命的深层意义：“提供可得到的最好的市场调研数据，是为顾客找到一种了解市场的途径，这种途径比其他任何方法都要好。”接下去的讨论让管理层意识到，他们的价值并不在于卖掉市场调研数据，而在于为顾客的成功发挥作用。这一系列的自我发问帮助他们明确了公司的使命：“通过帮助顾客了解他们的市场为顾客的成功服务。”有了这个使命之后，公司在做产品决策时想的问题就不再是：“这有市场吗？”而是：“这对我们顾客的成功有用吗？”

这“5个为什么”令公司用不平凡的方法在“平凡的”产业中经营。举个例子，一个经营沥青、沙砾的公司一开始可能会说：“我们制造沥青、沙砾产品。”在问了几个为什么以后，它可能就会总结说，沥青和沙砾产品很重要，因为基础设施的质量直接关系到人们的安全和感受，在一个坑坑洼洼的路面开车既令人恼火，同时也是很危险的。波音747不可能在粗制滥造或劣质水泥做成的跑道上安全着陆。用低质量材料建成的楼房会慢慢磨损，最终在地震中崩塌。从这个角度考虑的使命将是：“通过改善人造建筑的质量，让人们生活得更好。”这些带着强烈使命感的话，让加利福尼亚州沃森维尔的花岗岩石材公司竞得了马尔科姆·鲍德里奇国家质量奖，这对于一个小型的采石沥青公司来说，并不是一件容易的事。公司还因此成为我们所见过的所有行业中最上进、最令人振奋的一个。你也许会发现这章讨论的核心使命没有一个是与“最大化股东财富”有关的。核心使命的要点是引导和激励。“最大化股东财富”不会激发这家公司任何层次的人，而且几乎没有什么指导作用。“最大化股东财富”只适合那种还没有认清自己真正核心使命的公司。这是理念的一种替代品，而且是一个劣质的替代品。在听那些伟大公司的人谈论他们的成就时，你很少听到有关每股收益这类东西。摩托罗拉人谈论质量的改善，和他们的产品对世界的影响。惠普人谈论他们的产品为市场做出技术贡献给他们带来的骄傲。诺思通人谈论全心全意的顾客服务和星级销售人员出色的个人表现。当一位波音公司的工程师谈论起令人振奋的、革命性的777飞机时，她不会说：“我把我的全部心血投入到这个计划中，是因为它可以让我们每股收益增加37美分。”

要超越最大化股东财富的境界，发现企业的真正使命，可以通过一个叫“随机公司连环杀手”的游戏。方法如下：假设有人出高价买你的公司，并出了一个可以使公司内部和公司外部的人都十分满意的价格，另外你可以有一系列大胆的设想，比如，公司可以有很好的现金流。再假设，这个人可以用同样的薪酬制度为所有的员工提供稳定的就业，但不保证是在同一个行业。最后，假设这个人在购买了这家公司后要“杀死”这家公司，他要取消这家公司的产品或服务，关闭机构，把它的品牌永远束之高阁不再使用，等等。这家公司会在事实上消亡，完全从地球上消失。你还会愿意被这个人收购你的公司吗？为什么不愿意或者为什么愿意？如果公司不存在了，会有什么损失？为什么公司现在的存在，以及存在下去是重要的？我们发现这种方法对帮助那些精明、重利的经理认真考虑他们公司存在的深层原因十分奏效。

另一种方法是用以下问题问“火星团队”的每一个成员：如果第二天醒来，你发现你拥有了足以让你不用再工作的财富，这时你将界定出什么样的公司使命，让你无论如何都会继续工作下去？是什么深层次的使命感激发你为这家公司的成就继续贡献你宝贵的创造力。

在我们跨入21世纪之际，公司理应全力开发员工的创造力和才能，但人们为什么要有如此高的工作热情和奉献精神呢？正如彼得·德鲁克所说的，最优秀、最有奉献精神的人最终都是志愿者，因为事实上他们有机会做其他事情。

在一个易变的社会中，在对公司生活冷嘲热讽的氛围下，在日渐被企业家分割的经济状况下，公司管理者需要比以往任何时候都更了解他们的使命，这样才可以帮助他们把工作变得更有意义，更能吸引、留住和激励杰出人才。

核心理念的几个要点

有一点非常重要：你不需要“创造”或“制定”核心理念。你只能去发现核心理念。理念的制定并非来自对外部环境的观察，而是来自内在的审视。理念必须是真实可信的。你不能捏造一个核心理念，你只能“理智地分析”它。不要问“我们应该拥有什么核心理念”，而应该问“我们真正拥有什么核心理念”。人们必须带着强烈的热情，深层次地去理解拥有的核心价值和核心使命，否则拥有的就不是核心。你认为公司“应该”拥有的价值，但又不能肯定是这个公司现有的，就不能把它当作真正的核心价值。这样做，只会引起全公司的冷嘲热讽——“你想骗谁啊？我们都知道这根本不是这里的核心价值！”更准确地说，这样的愿望应该是你未来前景或战略的一部分，而不是核心理念（如果你们公司曾经拥有令人振奋的核心价值，但被日渐淡忘，这时，可以把这样的核心价值作为核心理念合理的一部分，但条件是，你要让你所有的员工知道，要重振这一核心价值，还需要做大量的工作）。

核心理念起的作用是引导和激励，而不是做出区分。两家公司完全可能拥有一样的核心价值或核心使命。许多公司都可以有“做出技术贡献”的使命，但很少像惠普那样积极地去实现它。许多公司都可以有“保护并改善人类生活”的使命，但很少像默克那样坚守它。许多公司都可以有“全心全意为顾客服务”的使命，但很少能像诺思通那样围绕这个价值创造出高度教派般的文化。许多公司都可以有“创新”的使命，但很少像3M那样创造出强有力的配合机制去激励创新。再者，区分高瞻远瞩公司的不是核心理念的内容，而是核心理念的真实性、纪律性、一贯性，以及它们配合的程度。这就好比，让你更与众不同的不是你信仰什么，而是你相信的程度，当你深深信仰一种东西时，你就会长时间地保存它，而且会以同样的方式把它融入你的生活中。

核心理念要对公司内部的人有意义，有激励作用，而不需要让所有的外部人为此感到振奋。只有公司内部的人才需要核心价值和核心使命的敦促，并激发长期为公司的成功服务的热情。核心理念对公司外部人的影响相对次要，因此不能成为确认核心理念的决定因素。核心理念因此起到了区分公司内部人和外部人的关键作用。一个清晰、表达准确的理念会吸引有同样价值观的人来到这家公司，同时，排斥与之相反的人。

你不能把新的价值观和使命“安装”到别人身上。核心价值和核心使命不是什么可以让人“批量买进”的东西。人必须本来就有能够接受它的素质。经理们经常问：“我们怎样才可以让人们拥有和我们一样的核心理念？”不要这样做，你也不可能做到！我们只能去寻找，去吸引，去留住易于接受我们的核心价值和核心使命的人，并让不易于接受我们核心价值的人另谋高就。的确，阐明核心理念的过程会让某些人选择离开，因为他们发现自己并不能与这家公司的核心相容，这是一个不错的排除结果，没有一个人可以避免。当然，在严格的核心理念里，你也可以（事实上是应该）允许多样性的存在，因为即使有同样的核心价值，认同同样的核心使命的人也不可能有完全相同的想法和表现。

不要混淆核心理念和核心理念的“宣言”。一个公司可以有很强烈的核心理念，但未必有正式的宣言。例如，据我们所知，耐克没有正式阐明它核心使命的宣言。然而，据我们观察，耐克有一个强有力的核心理念，带着教派般的热情渗透整个公司：感受竞争、成功和挫败对手的激情。耐克有一间学校，一个充满了竞争精神而不是工作情结的圣地。耐克英雄的巨幅相片贴满墙壁，耐克的“星光大道”挂满了耐克运动员金光闪闪的奖章，耐克运动员的雕像矗立在环绕全校的跑道两旁，楼房都是以运动员的名字命名的，比如奥运会的马拉松冠军琼·贝努瓦，篮球巨星迈克尔·乔丹，网球运动员约翰·麦肯罗。没有竞争精神，没有“疯狂”冲动的耐克人，不会在这种文化中“逗留”很久。即使这个公司的名字（耐克是希腊神话中胜利女神的名字）也反映出竞争的意味。可见，尽管耐克没有正式地阐明它的使命，这种使命很显然也是存在的。

因此，阐明核心价值和核心使命不是一个文字游戏练习。一个公司可以在不同的时间用不同的宣言来描述自己的核心理念。在惠普的档案里，我们看到了不下 6 种描述“惠普风范”的宣言，它们都是戴维·帕卡德在 1956—1972 年间起草的。所有这些版本都讲述同样的原则，但所用的语言随时代、环境的不同会有所不同。同样，索尼在它的历史上曾经用许多不同的语言描述核心理念。在索尼创立的时候，井深大就描述了索尼核心理念的两个要点：“我们要喜欢挑战技术困难，要注重对社会有用的高难度技术产品的生产，而不管这类产品的需求有多大。我们要强调能力、表现、个性，让每个人都可以在能力、技术上有最佳的表现。”40年以后，同样的核心理念出现在“索尼先锋精神”里：“索尼是一个先锋，从不愿落人之后。索尼要通过不断进取，为全人类服务。它要成为未知领域的探险者……索尼坚持尊重、鼓励个人能力的原则……并一直尽力发掘人的最大潜能。这是索尼的最主要动力。”可见，一样的核心价值，也可以有不一样的表述。

因此，你的重点是抓住实质，要抓住核心价值和核心使命的精髓，而不是为了载入史册写出咬文嚼字的完美宣言。重点不是创造一个完美的“宣言”，而是深刻地理解你们公司的核心价值、核心使命，这些核心可以用多种语言表述。事实上，一旦认同了核心，我们鼓励每一个经理人，用他们自己的语言和别人分享他们的核心价值和核心使命。

最后，不要混淆“核心理念”和“核心能力”。区别是：核心能力是一个战略概念，它重在公司的优势，而核心理念重在你代表什么和你为什么存在。核心能力要和核心理念紧密配合，它通常根源于核心理念，但与核心理念不同。举个例子，索尼有迷你化的优势，一种能运用于许多产品市场的实力，但它没有迷你化的核心理念。100年后，索尼甚至可能不会把迷你化作为它的一种战略，但作为一个伟大公司，那时的索尼仍然要保存“索尼先锋精神”里的核心价值，仍然要有为公众利益领导开发先进技术的基本原因。对于像索尼那样高瞻远瞩的公司，核心能力随时间的推移而改变，但核心理念却不会。

一旦你弄清楚了核心理念，你可以改变除此以外的一切东西。以后，无论什么时候听到有人说“因为这是我们文化的一部分”，或者“我们一直都是那样做的”，或诸如此类拒绝改变的借口，你都可以提醒他们这样一个简单的原则：如果这不是核心，它就可以改变。或者，用一种更强烈的语气：如果不是核心，就改变它！当然，阐明核心理念只是第一步，你还要决定你要刺激什么样的进步，这就是我们这一章的第二部分。

未来前景

未来前景，是愿景框架的第二个组成部分，它包括两点：一个10~30年的胆大包天的目标和对公司完成胆大包天目标后会是怎样的生动描述。我们之所以用“未来前景”来表示，是因为这个词本身包含着一个悖论。一方面，它包含一种实质感，它是生动而真实的，可以看到、摸到，还可以感觉到。另一方面，它描述的是还没有实现的一个时期，是一个梦想、希望或渴望。

愿景层次的BHAG（胆大包天的目标）

尽管公司在不同的操作层次可以同时有许多胆大包天的目标，愿景要求有一种胆大包天目标的特殊形式，一个适用于全公司的愿景层次的BHAG要用10~30年的时间才能实现（第5章有对胆大包天目标的具体讨论）。要树立一个未来10~30年才能实现的胆大包天的目标，要考虑到公司现在的能力、当前环境趋势和动力、状况以外的因素。的确，树立这样一个目标迫使管理层要高瞻远瞩，而不能拘泥于小的战略战术。一个胆大包天的目标不应该是一个必胜的赌博，它应该大概只有50%~70%成功的可能性，但公司必须相信“我们无论如何都能做到”。要达到这样的目标，需要付出惊人的努力，也许还需要一点点运气。

在树立这样一个愿景层次的BHAG，我们建议考虑以下4点：目标、常见对手、典型模范和内部转型。

从目标入手的BHAG可以是定量的，也可以是定性的。例如：

- 在2000年前成为拥有1 250亿美元资产的公司。（沃尔玛，1990年）
- 大众化汽车。（福特，20世纪90年代早期）
- 成为最能改变劣质日本产品这一国际形象的公司。（索尼，20世纪50年代早期）
- 成为历史上最强大、最持久、最具影响力的金融机构。（城市银行，花旗银行的前身，1915年）
- 成为商用飞机业的龙头，把全世界带入喷气式时代。（波音，1950年）

从常见对手入手的BHAG，包括集中打败一个常见的对手，一种大卫打败巨人的目标。例如：

- 打败雷诺公司成为世界第一的烟草公司。（菲利普·莫里斯，20世纪50年代）
- 打败阿迪达斯。（耐克，20世纪60年代）
- 雅马哈！ Wo tsubusu！我们要挫败、排挤、彻底打败雅马哈。（本田，20世纪70年代）

从典型模范入手的BHAG对后起直追的公司尤其奏效。例如：

· 成为脚踏车业的耐克。（Giro 体育设计公司，1986 年）
· 要在 20 年内和今天的惠普一样有名。（Watkins-Johnson，1996 年）
· 成为美国西部的哈佛。（斯坦福大学，20 世纪 40 年代）

从内部转型入手的 BHAG 对需要内部转型的老公司或大公司十分有效。例如：

· 在我们服务的每个市场都要数一数二，改革这家公司，要让它拥有大公司的实力和小公司的节俭、灵活。（通用电气，20 世纪 80 年代）
· 把这家公司从国防承包商转型为世界上最优秀的多样化的高科技公司。（罗克韦尔，1995 年）
· 把这个部门从不为人知的内部产品供应者，转型为公司里最受人尊敬、最令人振奋和最多人追随的部门。（一个电脑产品公司的零件供应部门，1989 年）

生动的描述

生动的描述是未来前景的第二个组成部分，是对公司达到胆大包天的目标之后，对公司振奋人心，动人而具体的描述。在把愿景从语言变成图画时，想象这样一种情形，想象一个人们脑海中可以形成的景象。我们把这个过程叫作“用文字作画”。这种“作画”对制定 10~30 年可以想象的胆大包天的目标是极为重要的。

举个例子，回想亨利 · 福特是怎样生动地描述大众化汽车这个胆大包天的目标的："我要为大多数人制造汽车……这种汽车的价格很低，所有较高收入的人都能买得起……人们可以在上天赐予的广阔空间里尽情地享受他们幸福的家庭生活……当我成功以后，每个人都买得起一辆车，每个人都会有一辆。马车将会从公路上消失，汽车取而代之……我们将为很多人提供就业和令人满意的工资。"

上面例子中那个零件供应部门的部门经理生动地描述他那胆大包天的目标："我们会受到同僚们的尊重和崇拜……成品部门会积极地向我们学习，他们依靠我们的技术贡献，将创造出色的产品，并在市场上获得成功……我们会为我们骄傲……公司里最优秀、最上进的人将想方设法来我们部门工作……员工将会主动地表达他们对自己在做的工作的喜欢……他们会以跑代步……他们努力工作是因为他们想这样做……员工和顾客都会感觉到我们部门对他们的生活有积极的贡献。"

激情、情感和信念是生动描述的重要部分。一些经理人很不习惯让他们的梦想带着强烈的情感，但正是激情和情感吸引并激发了其他人。温斯顿·丘吉尔在描述1940年英国的胆大包天的目标时，就非常清楚地认识到了这一点。他不是仅仅说"打败希特勒"，而是说：

> 希特勒知道，他要么在这片土地上打败我们，要么输掉这场战争。如果我们能勇敢地抵抗他，全欧洲将会获得自由，全世界的人将会走向开阔、阳光明媚的土地。但如果我们失败了，包括美国，包括一切我们所知、所爱的世界将会落入新的黑暗时代的深渊，而纳粹反常的理性，将会使这个时代更加险恶，也许还会更加长久。因此，让我们全身心投入我们

的职责，表现出我们的英勇，如果大不列颠王国和它的英联邦能够持续千年，千年后的人们仍然会说：“这是他们最光荣的时刻。”

未来前景的几个要点

不要像有些经理人那样，经常将核心理念与未来前景相混淆。具体说，我们见到经理人混淆核心使命和胆大包天的目标，有的把两者交换，有的把两者混为一谈，有的则没有把两者说清楚。使命是公司存在的基本原因，就像是地平线上恒久不变的明星，永远达不到，却永远引导并激励着人们。另一方面，一个胆大包天的目标是具体的，就像要爬某座具体的山，有具体的时间限制，并且是可以达到的。确认核心理念是一个发现过程，塑造未来前景是一个创造过程。

我们发现经理们常常很难想出胆大包天的目标，他们想“分析”他们通向未来的路。然而，我们发现，一些经理人从对未来的生动描述开始，返回来描述他们胆大包天的目标，这种做法更加成功。这种方法一开始就问：“20 年后我们坐在这里，我们想看到什么？这家公司会是什么样的？这对于员工来说会是什么样的？公司会达到什么程度？如果有人为一家著名的商业杂志写一篇关于这家公司未来 20 年的文章，他会怎么写？”一个和我们合作的生物工艺公司在塑造未来前景时有点儿困难。有一位经理说：“每当我们是在为整个公司想愿景时，往往想到的都是太原始且不够振奋人心，类似‘推动世界生物工艺的发展’的陈腐口号。”但要他们描画出公司未来 20 年的远景，他们说：“作为成功的典范出现在《商业周刊》的封面上……成为《财富》杂志十大最受崇敬的公司……最好的理科、商科学生都想在这里工作……飞机上的人热烈地向迷人的邻座谈论我们公司的产品……连续 20 年实现盈利增长……一种有创业精神的文化会从内部繁衍出多个新的部门……管理大师把我们作为管理最好、思想最进步的典范……”在这里，他们融入了一个胆大包天的目标，要成为排名第一的生物工艺公司。要和默克、强生公司一样受人尊崇。

分析一个未来前景是否“理想”是没有意义的。有关创造的问题本来就是没有最理想的答案的，而愿景的任务是创造一个未来，而不是预测未来。贝多芬创造了“理想”的第九交响曲了吗？莎士比亚创造了“合适”的哈姆雷特了吗？我们不能回答这些问题，因为它们是没有意义的。关于未来前景本质的问题应该是：“这会令我们活力四射吗？我们会觉得刺激吗？这会激发我们前进的动力吗？这会让人们行动起来吗？”未来前景必须振奋公司内部的人，否则这就不是成熟的胆大包天的目标。确实，未来前景应该产生一点“旋涡效应”，当它要吸引人们实现这个目标时，在决定付出什么和付出程度上，未来前景应该起到一种明显的“旋涡”作用。

但如果不能实现未来前景呢？我们发现高瞻远瞩的公司表现出惊人的能力去实现即使是最大胆的目标。菲利普·莫里斯确实从第六位上升到第一位，在全世界范围内打败雷诺公司，福特的确大众化了汽车，波音确实成了最有影响力的商用飞机，花旗银行确实成了世界上最有影响力的银行，这样看来，即使没有山姆·沃尔顿，沃尔玛也会实现 1 250 亿美元资产的目标。相反，我们研究中的对照公司并没有实现它们定下的胆大包天的目标。区别不是高瞻远瞩公司树立了容易实现的目标，因为它们看来比对照公司倾向于树立更大胆的目标。区别也不在于目光远大的魅力型领袖，因为高瞻远瞩公司常常不依靠能超越生命的领袖掌舵，也能实现胆大包天的目标。同样，区别也不在于高瞻远瞩公司拥有更好的谋略，因为它们常常意识到它们经常是通过“择强汰弱的进化”的有机过程实现它们的目标的，而不是设计严密的战略。准确点儿说，他们的成功源于把建设公司作为创造未来的首要方法。

最后，在想象未来前景时，要小心“我们已经成功的综合征”。一旦公司完成胆大包天的目标，又未能及时树立新的目标时即会出现这种症状。NASA 在登月成功之后就出现了“我们已经成功的综合征”，在你成功登月后，你该怎样继续下去呢？苹果电脑公司在成功发明了一种非技术人员也能使用的计算机后就患上了“我们已经成功的综合征”。处于草创阶段的公司在上市或者在市场上稳稳立足后，也经常出现“我们已经成功的综合征”。未来前景只能在公司没有达到时对公司有用。在我们和公司合作的过程中，我们经常会听到有些经理人说：“这里不再像以前那样令人振奋，我们似乎失去了动力。”而通常，这标志着一个公司爬上了一个山头，却没有马上寻找到一个新的目标。

总结

为了进一步说明愿景框架，我们给出了表 11.2 和表 11.3，两个包含所有完整梦想要素的例子：20 世纪 30 年代，从化工过渡到制药的默克公司，还有 50 年代规模很小，还处于草创阶段的索尼公司。

许多经理都疾笔写出了他们的“使命宣言”和“愿景宣言”。但不幸的是，大多数宣言都是价值观、目标、使命、原则、信仰、渴望、标准、谋略、做法和描述的混合。更大的问题是，这些宣言很少严格地和保存核心、刺激进步相关联，但这恰恰是我们在本书研究的高瞻远瞩公司中发现的基本动力。要切记，只有这种动力才是持久不败的伟大公司的原始动力，而不是愿景或使命宣言，愿景只不过是提供了一个运用这种动力的导向性背景。带着这种更为深刻的理解，我们力劝人们要严格运用这一章的概念，去重铸你的愿景或使命，使之成为建筑高瞻远瞩公司有效的引导背景。如果你能正确地描述它，那么至少有 10 年时间不用修改，并且你做了最重要的工作：创造协调性。

表 11.2　完整愿景的例子

默克，20 世纪 30 年代的核心理念与核心价值	· 公司的社会责任 · 公司各个方面都绝对卓越 · 科技为基的创新 · 诚实与正直 · 追求利润，但只追求有益于人类的利润
核心使命	保护并改善人类生活
未来前景	
胆大包天的目标	把这家化工公司转型为世界上最出色的药物制造公司，并拥有能和著名大学媲美的科研能力
愿景描述	依靠我们提供的工具，科技将会进步，知识将会增加，人类生活将会比以往任何时候更能抵抗疾病的干扰……我们宣誓，要用尽我们一切资源忠诚于我们公司的诺言。点亮你的明灯，照耀那些寻求真理的人，照耀那些努力使世界变得更美好的人，照耀那些在黑暗的社会，在经济时代高举科学、知识火炬的人，让他们获得新的勇气，感受到热忱的支持

表 11.3　完整愿景的例子

索尼 20 世纪 50 年代的核心理念与核心价值	· 提升日本的国民文化和地位 · 成为先锋，不再追随别人，但做可能做到的事情尊重个人，激发个人能力和创造性
核心使命	感受为公众利益、公众愉悦推进、应用技术的快乐
未来前景	
胆大包天的目标	成为著名的公司，改变日本产品在世界上的劣质形象
愿景描述	我们要创造能在全世界流行的产品……我们要成为全日本第一家可以直接进入美国市场、美国分销系统的公司……我们会通过一系列的创新获得成功，包括像改良美国公司研究失败的半导体收音机……50 年后，我们的品牌将成为世界上最出名的品牌……代表着创新和质量，我们公司将足以和任何最具创新能力的公司媲美……“日本制造”意味着精美而不是劣质的产品

创造协调性是我们持续工作的重要部分，它可以帮助公司转变成高瞻远瞩的公司，其中包括两个过程。（1）发展新的合作机制以保存核心，刺激进步。（2）减少偏差，即那些使公司背离核心理念和那些阻碍公司向未来前景进发的因素。

第一个部分是一个创造过程，要求创造新的机制、流程、策略，带出核心价值和核心使命，并刺激通向未来前景的进步。例如，在第 7 章，我们描述了 3M 是如何启用各种机制去保存创新和内部企业精神的核心理念的。

合作机制的第二个部分是一个分析过程，要求严格的分析这个组织的流程、结构、策略。通过这种方式发现会导致背离核心理念、阻碍进步行为的偏差。大多数和我们合作的经理人都没能很好地减少偏差。如果你把团队精神作为你们的核心价值，但你又主要奖励有良好表现的个人，那你就不得不改变你的报酬机制。

如果宣称创新是你的核心价值，但又把市场占有率作为最大的战略目标，那么你必须改变你的策略。如果你想鼓励人们多方尝试，保留有用项目，那你就必须取消对正常失误的罚金。记住，这是一个无限的过程。当出现偏差的苗头时，你要尽快扼杀它。把偏离看作癌细胞，最好的办法是在它们大量扩散之前集中切除它们。

如果你没能清晰地描述愿景，那么你必须从头用一系列具体、实质性的改变增强你们公司的配合机制。为了更好地保存核心，刺激进步，你应该为公司注入什么？还有，同样重要的是，你应去除去公司内部哪些正在促使你背离核心和阻碍进步的因素？如果你做好了这项工作，你只需要很少的时间就可以阐明愿景。而大多数的时间可以用来启动公司的合作机制。当然，停下来想想愿景是非常重要的。但更重要的是，你要全公司的人联合起来共同保存核心，刺激进步，迈向展望中的未来，而不是仅仅写下一份宣言。记住，拥有一份愿景宣言离成为真正高瞻远瞩的公司还很遥远。当你们公司拥有了一流的合作机制时，即使来访的是外星人，也能推断出你们公司的愿景，而不需要阅读什么宣言。这就是造钟师的首要工作。

后记
答疑篇

我们在主持研讨会、演说和担任企业顾问时，遇到了一些有关我们的发现和构想的问题，以下是常见的问题和我们的回答。

问：我不是 CEO，应如何利用这些发现？

答：可以做很多事。

首先，你可以把我们的大部分发现用在你的工作区域，不管这个区域有多小。你可以在任何一个层面担任造钟者的角色，因为这不但是一种做事的方法，还是一种心态。在以英雄式的领袖角色直觉地跳进去解决问题之前，先问："应该用什么程序来解决这个问题？"你可以根据一种强有力的理念，在任何层面建立教派般的文化。当然，这样多多少少会受整个组织的理念限制，但是仍然有发挥的空间。如果是整个公司没有明确的理念，那么你更有理由（和自由）在你所属的层面树立一种理念！

整个公司没有强烈的核心理念，不表示你的部门就不该拥有。一家电脑公司的制造经理对我们说："我已经厌烦再等待上面的人一起行动，所以，我就从我自己的人开始。现在，部门里有一套清晰的价值，我们根据这些价值来管理，这样让我的手下的工作更有意义。我们在公司里有一个强烈的自我形象，而且约见新人时会注意看他们是否符合本部门。大家都觉得与众不同，我们甚至有自己的外套和帽子。"

你也可以在任何层面刺激进步。我们曾经见过很多例子，发现胆大包天的目标在中层运作特别顺利。一家大公司的不动产部门经理要求手下的每一个员工和经理，每年定出个人的胆大包天的目标，他也替整个部门制定了一个远大、宏伟的目标。而且没有什么理由证明不能在一个部门里创造鼓励大家多方尝试和汰弱择强的文化。为什么不在你的部门里制定3M那种15%式的规则？为什么不在被迫改变和改善之前就建立永不满足的机制，以刺激变革和改善？在一家大公司里，有一位经理负责经营组件部门，拥有本公司内部的忠诚顾客，但是，他到使用其组件的单位，说："从今以后，我们不再以'所有的组件都必须向我们购买'的政策来约束你们了。你们要是能够从外面的供应商拿到质量更好的组件，购货更快，服务更好，我们无话可说。如果知道你们可以转向别的地方采购，会逼迫我们改进自己的工作。"

你可以采取的另一个有力措施，是把我们研究这些公司的主要发现讲给你旁边的人，帮助他们了解构建组织的重要性，而不只是研制另一种特殊产品；帮助他们了解保持核心和刺激进步的观念，向大家指出组织里有什么不协调的地方，说明为什么协调一致这么重要，帮助他们放弃非此即彼的"一刀切"。例如，我们认识的一位中层经理在会议上，经常帮助大家摆脱困境，他会说："嘿，我想我们现在受制于绝对化的一刀切。我们找个办法来兼容并蓄吧！"大家经常都会这样做。

高瞻远瞩公司可以当作可靠的例证。例如，如果高级经理拒绝明确列出核心价值或使命，认为这样做太"柔软"或是太"稚嫩"，你可以指出惠普、默克、3M、宝洁、索尼和本书提到的其他公司，指出他们坚持这种做法已经好几十年了，有哪一位顽固的经理能够否定这些公司悠久的良好记录？事实上，你可以用这些公司作为依据，要求高级经理加以注意。有哪一位经理人会不愿意像这些公司一样获得长盛不衰的地位？

问：非高瞻远瞩的大型老公司有希望吗？

答：有希望。但是，很可能比从头构建高瞻远瞩公司更艰难。例如，为了配合一种理念，需要改变或消除很多固有的程序和做法。公司历史越久，规模越大，不协调的地方越是盘根错节、根深蒂固。

可是，我们也看过一些有意义的例子，即使是在我们自己的研究里，也看到一家高瞻远瞩公司背离了自己的理念，但几十年后又返璞归真，重新回归协调一致的理念。这种情形令人赞赏，这家公司就是福特。菲利普·莫里斯一直到大约20世纪40年代末期之前，也就是在公司百岁诞辰之前，都没有表现出高瞻远瞩公司的特点。另外，我们也见过和我们合作过的公司突飞猛进的例子。例如，几年前，有一家大型银行开始采用我们的初步发现，而且是在创立之后首次标定自己的核心理念，开始了自我整顿的漫长过程，致力朝着保存核心和刺激进步的目标进发。这家银行的执行副总裁解释说："我一生都在这家公司工作，已经开始失去希望，但是，一旦弄清楚我们存在的真正目的，开始改变组织去配合目的后，释放出来的能量着实令人惊异，从上到下，一直到分行职员，都觉得工作比以前更有意义了。现在我们知道了核心是什么，而且核心应该固定不变，我们在改变其他事情方面，就觉得好像解放了，可以取消确实妨碍我们进步的所谓神圣不可侵犯的东西。就像唤醒沉睡的巨人一样，我们还没有到达你们所说的高瞻远瞩公司的层次，但是我们已有了长足的进展。"

成为高瞻远瞩公司是一种持续的动态的进步，不是静止不变的。路途尽管遥远，但是任何公司在任何时候都可以沿着这条路走下去，变得更为高瞻远瞩。我们要再度说明，这是一个漫长的过程，坚持不懈，找准方向走下去的人会赢得最后的胜利。我们的发现不是速效药，也不是一长串管理流行风中的下一个流行声明，或是下一个流行的口号，或是被人引用的一种新“方案”，绝对不是！要让任何一家公司变得高瞻远瞩，唯一的方法是长期坚持一种恒久程序，构建出一个保存核心而且刺激进步的组织。

问：对于像IBM这种原本是高瞻远瞩公司，而目前似乎又丧失这一地位的企业，你们会提出什么样的指导？

答：IBM是一个绝佳的个案，因为我们认为，IBM在过去近70年里是世界上高瞻远瞩公司的典范。IBM的例子表明，企业不仅可以在高瞻远瞩的道路上持续不断地前进，也可能倒退；成为高瞻远瞩公司后，不见得永远高枕无忧，高瞻远瞩公司就像民主制度，需要恒久不变地守护。

IBM这样的公司应该从自己的过去吸取教训。几十年来，IBM一直狂热地保护自己的核心价值（叫作三个基本信念），同时是全球最进步的公司。IBM在历史上曾热衷于一些最胆大包天的目标，包括决定把整个公司的命运付诸推动IBM 360系列大型电脑的计划，使公司先前的所有产品系列几乎完全成为废物。这的确是个惊人的宏图壮志！可是IBM在20世纪80年代日渐保守，致力于保护自己的大型电脑系列产品，忘掉了自己的过去。

如果和IBM的高级经理坐而论道，我们会激励他们，让他们制定与IBM 360系列大型电脑计划媲美的宏伟目标；我们会激励他们，让他们像过去把公司前途寄托在360系列大型电脑一样，再度把公司的所有产品变成废物，再把公司的命运寄托在胆大包天目标的成败上；我们会激励他们，让他们对 IBM 员工充满信心，相信他们像过去完成 360 系列大型电脑计划一样，一定能够走过艰辛，再度完成看似不可能的艰巨任务。IBM 有极为优秀的人才，他们毫无疑问会奋起迎接这个任务。

我们也会激励 IBM 的经理们，让他们像 70 年代的强生重振信念一样重振 IBM 的三个基本信念；我们会激励他们，让他们召集最高层的 100 位经理和随意选择的 1 000 位 IBM 员工，参加重新投身于三个基本信念的大会，而且所有的人都要在一份巨大的信念文件上签名；我们会激励他们，让他们把大家签署的这份文件铸成铜版，予以复制，在全世界每一个 IBM 的设施里摆放一份复制品；我们会激励他们，让他们要求公司每一个人都亲自写下誓言，重新投身于这三个基本信念实施。

最后，我们会激励他们，让他们制定一种保存核心和刺激进步的调整程序；我们会激励他们，让他们找出 50 个与三个基本信念不协调的地方；我们会激励他们，让他们至少找出另外 50 种妨碍进步，与基本信念不协调的方面；然后，我们会激励他们，让他们不只是改变，更要完全消除这些方面。

我们相信，IBM 拥有恢复世界最高瞻远瞩公司地位的根基。如果 IBM 拥护成为高瞻远瞩公司的根本经验教训，那么我们相信 IBM 会恢复其地位，且再保持这种地位 70 年；反之，如果 IBM 不拥护这些经验教训，那么我们相信，即使 IBM 在短期内能够回光返照，但长期而言，还是会继续沉沦下去。

我们对于任何衰退中的高瞻远瞩公司，都会给他们同样的指导，虽然细节一定会有不同。我们会要求他们吸取自己过去的教训，理清和重拾他们的理念，返璞归真，回归自己的根本。不仅如此，我们会要求他们采取激烈、大胆的前瞻行动，最重要的是，让他们实施残酷无情的改造计划，来保存核心和刺激进步。

问：什么人不能构建高瞻远瞩公司？

答：很少。只有不愿意持之以恒、喜欢安于现状、没有核心理念、不在乎自己离开后公司健全与否的人，才不能构建高瞻远瞩公司。如果你想创设一家公司，让公司迅速壮大，赚很多钱，再卖掉公司，获利后退休，那么你就不适于构建高瞻远瞩公司；如果你没有追求进步的驱动力，没有无休止地改善和为前进而前进的内心冲动，那么你就不适于构建高瞻远瞩公司；如果你无意建立以价值观为导向、在赚钱之外还另有使命的公司，那么你就不适于构建高瞻远瞩公司；如果你不想构建一家不但在你任期内强大，而且在你离开几十年后仍然强大的公司，那么你也不适于建构高瞻远瞩公司。除了这四种人，我们看不出高瞻远瞩公司的构建者有其他先决条件。

问：你们的发现适用于非营利组织吗？

答：当然适用。适用于任何形态的组织，只是形式可能有些差别。我们受雇于非营利组织——斯坦福大学，作者之一波勒斯是这所大学的副校长。我们的发现在这所大学应用得很好，有些营利事业的经理将我们的发现应用在非营利事业上，一家高瞻远瞩公司的经理直接把这些构想用在他所属的教堂，另一位经理把这些理念应用在她担任董事的医院，我们甚至认为，美国的建国先贤们也应用了高瞻远瞩公司的理念。

问：你们的书和别的作品，例如《追求卓越》互相契合吗？

答：《追求卓越》是过去20年内杰出的书籍之一，而且实至名归，每一个人都应该看一看这本书。我们发现彼得斯、沃特曼的作品和我们的作品之间有很多相通的地方，但是，其中有若干重大差异。方法不同是其中之一。我们的研究项目和他们的不同，我们分析公司的整个历史，并拿它们和其他公司比较来审视我们研究的公司。另一个重大差异，是我们把所有发现转化成由根本概念组成的架构，尤其是保存核心和刺激进步的观念，几乎对我们所发现的一切提供了一把保护伞。我们发现他们的“八大原因”在我们的研究里得到充分的支持，特别是传承 / 价值观导向、自主修企精神、行动导向和松紧性质兼具这几点尤其如此。但是，我们也发现，八大原因中，有几点没有得到充分的支持，特别是固守本业和接近顾客这两点。如果你把“本业”定义为核心理念，那就没错，高瞻远瞩公司的确固守本业，但是，只要他们不违反核心，做任何事情都是天公地道，而且这样可以让摩托罗拉和 3M 这样的公司脱离创业时的领域。在接近顾客方面，我们发现在我们研究的公司里，有不少比较倾向科技导向，而不是顾客导向。索尼、惠普、默克这三家公司就是如此。这不是说它们不在乎顾客或对顾客的服务不好，正好相反。但是，如果顾客的需求使这三家公司背离他们的理念，它们就不会再理会顾客的需求。就像顾客要求便宜的 IBM 兼容电脑或廉价袖珍计算器，惠普不理会这种呼声一样，他们的确接近顾客，不过绝对不能牺牲核心。

我们也发现，我们的研究和德鲁克的著作深深契合，事实上，我们对德鲁克的先见之明深为敬佩。研读他的经典之作，像 1946 年出版的《公司的概念》、1954 年出版的《管理实践》、1964 年出版的《成果管理》，你会深深叹服他遥遥领先今日管理思潮的程度。事实上，在做这个研究时，我们遇到很多深受德鲁克作品影响的公司，惠普、通用电气、宝洁、默克、摩托罗拉和福特只是其中几家而已。

最后，我们也发现我们的研究和其他作品相通，例如埃德加·沙因1985年出版的《组织文化和领导》，以及约翰·科特和詹姆斯·赫斯克特合著、1992年出版的《企业文化和业绩》。沙因论述的是文化“混血”，即在公司核心中成长，能够在不丧失核心价值的情况下，带来文化变革的经理。我们探讨自行培养的经理的一章就和他的发现深深契合，尤其我们讨论通用电气CEO韦尔奇的部分，更是如此。科特和赫斯克特探索强力文化和组织业绩之间的关系，和我们在业绩优异的组织里发现的教派般的文化，更是相辅相成。

问：你们研究的是过去，难道你们不担心这些发现在21世纪过时吗？

答：不担心。如果要我们说什么的话，我们相信这些发现在21世纪比在20世纪更适用，尤其我们从研究中得到的根本理念，即造钟、兼容并蓄、保存核心/刺激进步和协调一致的构想，在未来长久的时间里仍是重要的观念。我们无法轻易地描绘出这些理念会变成过时的景象。

以造钟这一观念为例，拿注重建立组织特性的观念和想出伟大构想或成为杰出的魅力型领导人相比，前者会变得比目前更重要。由于科技发展速度加快，全球竞争加剧、产品生命周期大大缩短，任何特定构想的存活期会持续缩短，无论构想多么伟大，都会比过去任何时候更快地过时。

就魅力型领导人的模式而言，我们认为世界的走向正好相反。看看20世纪吧，几乎整个世界都在向民主迈进。民主是一种“程序”，民主的精义是避免过度依靠任何单一的领袖，而把重点放在民主程序上。即使是20世纪最著名的政治家丘吉尔，其重要性也在国家和国家的制度之下，在第二次世界大战结束后，就被赶下台。他不明白自己远不如他所服务的制度重要。即使你不相信民主潮流等同企业演进的比喻，魅力型领袖的模式也有一个永远挥之不去的根本缺陷：所有的领袖都会死亡，这个缺陷现在克服不了，21世纪克服不了，1 000年后也克服不了。因此，为了超越这个不变的现实，在建立组织的特性时，这个焦点必须放在首位。

我们的结构性关键观念是保存核心/刺激进步，这个观念在21世纪也会日益重要。

看看企业的趋势：更扁平化、权力更为下放、分布地域更为广阔、个人自主权更加大、知识性员工日渐增加等。和过去任何时候相比，企业都更难用传统的等级、制度、预算之类的控制方法来维系，甚至连去办公室上班都变得没有那么重要，因为科技，大家可以在遥远的地方工作。企业的维系方法会越来越理念化，大家仍然有着人类的根本需要，必须属于某种引以为豪的团体；大家对于指引方向、让生活和工作有意义的价值观和使命感，仍然有着根本的需要；对于和别人联系，分享由共同信念和期望构成的关系，仍然有着根本的需要。员工会比过去任何时候要求更大的工作自主权，同时也要求和他们有关的组织代表某种意义。

再看看外部世界的趋势：零碎化、区隔化、混乱的变化、难以预测的性质、日渐增强的企业精神，等等。在此趋势下，唯有特别善于刺激进步的公司才能欣欣向荣。公司需要继续追求自我革新，方法可能是利用胆大包天的目标，以便继续成为让人兴奋的工作地点；追求伟大成就的公司，必须在世界要求改变和改善之前就奋力地驱策自己，推动自我激发的改革和改善。模仿适应良好的物种演进的公司，也就是多方尝试、择强汰弱的公司，在一个不可预测和多变的环境里，会有更多的生存机会，别的公司可能会衰亡。我们认为，21 世纪的高瞻远瞩公司势必越来越热衷于保存自己的核心理念，会越来越积极地给予员工个人工作自主权，公司会比过去任何时候都需要拥抱保存核心，刺激进步那种阴阳互补、兼容并蓄的动力。

总之，公司必须发挥想象力，应用我们研究所得的概括性发现。的确，高瞻远瞩公司最不可能做的事情，就是遵照食谱般的成功格式去做事，就好像米开朗琪罗不会去买根据编号着色的画本一样。构建高瞻远瞩公司是一个设计问题，伟大的设计师会运用一般的原则，而不会运用机械式亦步亦趋的教条。任何教人怎么做的秘方几乎注定会过时。但是，一般性的观念（当然一定要能够适应变化）则可以继续作为指导原则，一直到下个世纪之后很久。我们不相信，100 年之后，那些支持默克、摩托罗拉、宝洁和 3M 等公司的基本因素会和现在有所不同。当然，形式会有变化，但根本因素却不会改变。

附录 1
研究事宜

“玩火”(如何看待破产的高瞻远瞩公司)

我们的研究不针对那些具有高瞻远瞩特点但遭遇失败的公司。具有高瞻远瞩特点的公司会比那些不具备此特点的公司破产的百分比更高吗?做一个类比,假设我们研究了两组登山者的攀登技术:成功攀登珠穆朗玛峰的“高瞻远瞩登山者”与未成功攀登珠穆朗玛峰的“对照登山者”。进一步假设,我们发现了两组之间的差别(比如观念、训练或冒险精神的差别)。“高瞻远瞩登山者”的死亡率完全有可能比“对照登山者”更高,但是因为我们只研究那些活下来的登山者,所以再也不会注意这个事实。因此,尽管我们可以就如何成为一名高瞻远瞩的登山者提出恰当的指导,但也可能(无意识地)做出了增大死亡率的指导。同样,假设拥有高瞻远瞩公司的特点导致破产的可能性为 75%(允许有 25% 的公司发展为超一流机构),而拥有对照公司的特点导致失败的可能性只有 50%(允许 50% 不能成为超一流机构)。在这种情况下,也许有些经理不想高瞻远瞩,从而提高简单生存的可能性。

对这一担心我们有两点说明。首先,有些登山者在攀登珠穆朗玛峰的过程中的确会丧命,但是只有那些(不顾任何风险)尽全力攀登珠穆朗玛峰的人才会真正到达顶点。不可否认，有些具有高瞻远瞩特点的公司消失在竞争的风景线外。但那又怎样？在本书中，我们不想讨论简单的生存问题。我们不认为简单的生存是个非常有趣的话题。我们感兴趣的是，公司如何进入一流机构的行列，而且我们完全认同，要经历一条冒险的道路才能到达理想的目的地。

但是——是我们的第二点说明，我们相信（虽然我们无法证明），高瞻远瞩的特点实际上既会提高脱颖而出的比率，也会提高生存的比率。再回到我们的历史前景。我们在此谈论的不是那些一次性的公司。我们谈论的是面对巨变数十年繁荣发展的持久公司。如果高瞻远瞩具有风险，那么为何这种风险没有光临这些公司并且在其长期生存过程的某一时刻将其吞噬？

“高瞻远瞩”仅仅是“成功”的另一种说法吗

为CEO的调查暗示着财务成功。我们完全认可这一点。难道CEO们会将非营利公司视为高瞻远瞩吗？大概不会。这就提出一个正当的鸡与蛋的问题：我们能简单地将“高瞻远瞩”这个词运用于任何取得成功的公司吗？不能。有很多财务上取得成功的公司并未出现在我们的高瞻远瞩公司名单上。调查之前，我们广泛分析了10年来《财富》500强公司的业绩。分析显示，高瞻远瞩公司并不是在这一时间跨度内仅仅取得极大成功的公司。实际上，如果只看一看1978—1988年间（我们调查前的10年）《财富》500强的工业公司与服务机构对投资者的回报排名的前18位，那么所列出的名单与我们列出的高瞻远瞩公司的名单不同，如下所示。

1978—1988 年间《财富》工业公司与服务机构
对投资者回报排名前 18 位

1. 孩之宝公司
2. The Limited（美国一家知名女性内衣品牌）
3. 沃尔玛
4. Affiliated（艾弗里）
5. 远程通信
6. 巨人食品公司
7. 玩具反斗城公司
8. 马里昂实验室
9. State Street（州街波士顿公司）
10. 伯克希尔·哈撒韦公司
11. DCNY 公司
12. 麦克米伦公司
13. 库柏轮胎－橡胶公司
14. 泰森食品公司
15. 菲利浦实业
16. MCI 通信公司
17. 迪拉德百货商店
18. 狮王食品公司

证据表明，我们调查的 CEO 们不仅仅把高瞻远瞩公司视为简单的高度营利性公司（否则我们就可以简单地将 1978—1988 年间的一流财务运作者与 CEO 的反应建立一一对应的关系了）。当然，在 1926—1990 年间，我们的高瞻远瞩公司业绩平平。这表明，如果 CEO 们不考虑财务上的成功，他们就在考虑很长远时期内的成功，这与我们描绘的作为持久繁荣机构的高瞻远瞩公司相符合。

我们能否信任CEO 调查，找出名副其实的公司

实施调查（哪怕一项针对深谋远虑、学识渊博的人，比如一流的 CEO 这样的人的调查）是一个不完善的方法。我们的调查要努力降低偏见，但不能完全排除偏见。一方面，那些在调查的时间跨度内得到积极宣传的公司在调查结果中可能并未得到恰当的表述。比如，美国运通公司在接受调查前几个月得到了大力宣传——有些宣传给它贴上了“高瞻远瞩”的标签。这也许影响了 CEO 的一些应对措施，在调查数据中给美国运通公司以不相称的高度评价。将美国运通与我们名单上的其他公司相比较，它并不具备高瞻远瞩公司的很多特点。

我们还承认，依赖一项调查就是认为，按照定义，高瞻远瞩公司广为人知、备受尊崇。反之，这是对大型公众持股公司的偏见。（注意，我们的最终样本公司都是上市公司。）但是有的高瞻远瞩公司宁愿固守小规模或宁愿默默无闻吗？比如，L. L. 比恩公司（1992 年马尔科姆·鲍德里奇质量奖得主——对一个石材厂来说是个了不起的功绩）看上去具备我们的高瞻远瞩公司的许多特点，但它们仍为不公开招股公司，在某种程度上是隐蔽机构。

虽然承认有这些困难，但我们仍相信，对 CEO 的调查尽管不够完美，但却是建立研究体系的最实用的方法。由于事先不了

解高瞻远瞩公司的主要特点（这正是我们努力寻找的东西），我们无法建立准确的科学筛选机构。最重要的是，调查有这样一个优势，它广泛拥有一批明辨是非的裁判，他们不存在我们所特有的偏见。

还有人问，我们的调查是否仅仅再现了《财富》杂志列出的“最受尊崇”的公司（其采用的也是对 CEO 的调查），并不是我们列出的“高瞻远瞩公司”。并非如此。我们彻底分析了《财富》1983—1990 年列出的“最受尊崇”的公司，虽然高瞻远瞩公司在《财富》调查中得到了良好表述，但我们并没有发现一种一一对应的关系。1989 年，两份名单中列出的所有高瞻远瞩公司均出现在《财富》前 30% 的位置，但与排名前 18 位没有一一对应的关系。(对照公司中只有两家公司出现在《财富》前 30% 的位置。) 当然,(如我们所预计的那样）高瞻远瞩公司确实备受尊崇，但高瞻远瞩公司并非《财富》“最受尊崇”名单的简单翻版。

相互关系及缘由

在这个特殊的样本系列中，我们找出了某些区别高瞻远瞩公司与对照公司的特点。因而我们可以声称，这些差异与高瞻远瞩公司之间存在一种相互关系。但是，我们不能随意关联。我们无法证明高瞻远瞩公司的特点必定在所有情况下都会带来持久的成功。我们也并非确切地知道，我们研究的公司找到了最佳商业道路——也许很多无人研究的私有公司依靠一套完全不同的策略，取得了更长久时期的更大成功。我们不能断言已经确切找到了原因与结果。严格控制下的实验不可能存在于真实的公司环境中，因而不可能有 100% 的把握断言原因与结果。我们的对比分析让我们更加相信已经找到了原因，并不是没有通过对比的任意关联，但这并不能给我们以某种信心。

但是需要强调，我们发现的区别高瞻远瞩公司的基本要素通常在这些公司成为大型成功的一流机构很久以前就会表现出来。实际上，这些特点一般出现在最终成功之前（再一次体现了历史方法的威力），这一事实让我们相信，我们的发现不仅仅是偶然的相互关系。

高瞻远瞩公司的艰难时期

20 世纪 90 年代初，我们研究的多数高瞻远瞩公司在本行业中是无可置疑的一流机构。尽管如此，有些高瞻远瞩公司曾经历过困难。这能动摇我们的发现的有效性吗？我们认为不能，原因有二。

第一，很重要的一点是记住，我们研究的所有高瞻远瞩公司，甚至那些在 90 年代运作良好的公司都会在历史的某一时期遇到困难。高瞻远瞩公司并非对挫折与困难具有免疫力，但它们表现出了韧性，建立了令人瞩目的长期业绩纪录。

比如，看一看 IBM 的情况。不管 IBM 在 90 年代经历了怎样的问题，该公司拥有不可磨灭的 70 年纪录，经历了两次世界大战、大萧条和计算机的发明时期。在这 70 年间，在商用机器行业没有一家公司能与 IBM 并驾齐驱。即使在 IBM 最黑暗的时刻，商业报刊还称它为“国家的财富”。一个公司取得这样的地位绝非偶然。我们相信，在 IBM 的历史上，有很多值得学习的经验教训——它的成功与艰难。IBM 从自己的过去中应该学习什么呢？它需要如何去做才能重新取得以前的地位呢？

第二，要记住，在整个研究中，我们一直在将一个公司与另一个公司对比。所以，虽然没有公司是完美的（所有公司都有其瑕疵），但有些公司在长期发展中的确取得了领先地位。例如，当宝来公司开始走下坡路，失去自己的特色时，没有人会撰写一个“国有的财富”的消亡。对多数人而言，宝来公司只是另一个公司。为什么 IBM 会上升到这样高的地位，而宝来公司在美国精神或世界经济中永远无法取得相当的地位呢？无论有何缺陷，一个不变的事实是，高瞻远瞩公司的光辉盖住了整个市场以及那些长期精心挑选出来的对照公司。从对比中我们能了解到很多东西。

大公司与小公司

该研究侧重大公司吗？是，也不是。是，因为名单中只包含大公司，但是列出的每个公司曾经都是小公司。审视这些公司时，我们不仅看它们壮大的时候，还要看它们弱小的时候，而且我们寻求获得既适用于小公司也适用于大公司的见解。记住，我们也调查了小公司到中等公司的 CEO；即使小公司的 CEO 也希望从那些壮大起来的大公司学习经验教训。

信息不均

历史信息的质量与数量因公司不同而异。有些公司，比如惠普和默克公司，对我们敞开档案，提供了很多箱重要资料。多数公司（甚至与对照公司）间的合作良好，尽管信息的质量不尽相同。但是，有些情况下，公司拒绝为我们的研究提供合作，因此我们完全依靠第二手资料。此外，各公司的第二手资料的质量和数量也各不相同。例如，我们没有找到专门写诺思通公司的书籍，但找到成堆有关福特、IBM、迪士尼和通用电气等公司的书籍。我们尽最大可能查找每一家公司的所有可能找到的资料，但只找到一家公司（健伍公司）的实质性资料。找到完整的信息是一件不可能的事情。但是，面对已经拥有的大量信息，我们相信，即使得到了完整的信息，我们的发现也不会做出重大改变。我们猜想，如果有所改变，也是对发现的进一步提高。

侧重美国

我们只调查了美国的CEO，考察的非美国公司只有两家（索尼和健伍）。我们相信，作为一家高瞻远瞩公司的基本要素会超越文化和国界，但我们也怀疑这些要素的滋味会因文化的差异发生变化，也许是巨大的变化。我们毫不掩饰这一事实，并且鼓励就高瞻远瞩公司的跨文化差异做进一步研究。

附录 2
高瞻远瞩公司与对照公司的创业基础

3M	诺顿
创立年份：1902	创立年份：1885
5 位明尼苏达州投资人：两位铁路经营者、一位医生、一位肉类市场经营者、一位律师	7 位投资人，分别在不同的企业中担任经理
所在地： 明尼苏达州克里斯特尔湾	所在地： 马萨诸塞州伍斯特
创业观念： 开办并经营一座矿场，提炼金刚砂作为研磨剂，出口供砂轮制造商运用	创业观念： 向弗兰克·诺顿买下一家小型的砂轮公司，准备趁机械工业日渐扩张、砂轮市场成长时大笔盈利
初期成果： 仅售出一吨材料后，采矿业务失败，再也找不到买主，公司靠着投资人个人的资金济助，挣扎求活，靠着新投资人路易斯·奥德韦的拯救而未倒闭。奥德韦在 1905 年协助公司改为生产砂纸。在埃德加·奥伯担任总裁的前 11 个年头里，公司没钱付薪水给他	初期成果： 创业之初即获成长与成功，在开业的头 15 年里，除了一年外，每年都分配稳定的股利，同期内，资本额成长 15 倍以上。到 1990 年，诺顿公司已经坐上本行业中的第一把交椅

美国运通	富国银行
创立年份：1850	创立年份：1852
创始人： 亨利·韦尔斯（年龄不详） 威廉·法戈（年龄不详） 约翰·巴特菲尔德（年龄不详）	创始人： 亨利·韦尔斯（年龄不详） 威廉·法戈（年龄不详）
所在地： 纽约市	所在地： 加州旧金山
创业观念： 为了消除快递业三家对手公司之间的竞争，避免浪费，韦尔斯公司、利文斯顿－法戈公司和巴特菲尔德·沃森公司同意合并，成为一家垄断性的公司	创业观念： 在日益扩大的加州市场（因淘金热而扩大），提供包裹运送快递与银行服务
初期成果： 立刻获利，并且快速成长（在几近垄断的情形下，不足为奇）	初期成果： 1855年，加州发生银行业大淘汰后，富国银行是少数几家幸存者之一。在这场恐慌浪潮之后，竞争者所剩无几，富国银行的地位增强，1855—1866年间快速扩张

波音	麦道
创立年份：1915	创立年份：1920
创始人： 威廉·波音（35 岁）	创始人： 唐纳德·道格拉斯（28 岁）
所在地： 华盛顿州西雅图	所在地： 加州洛杉矶
创业观念： 公司创立文件中说："拟成为综合性的制造业……制造各种商品、用具和杂货，尤其是飞机和飞行工具……拟经营一所飞行学校，担任航空客货运营者。"威廉·波音踏入这一行业之前原本是木材商人	创业观念： 设计和制造第一架横贯美国的不着陆飞行的飞机 Cloudster（腾云），公司在 1921 年改组成新公司，以便移转 Cloudster 的科技，获得为美国海军制造实验性鱼雷轰炸机的合同
初期成果： 第一代飞机没有通过海军的测试，第二代飞机（C 型）卖给海军 50 架，但无法续约。公司在 1919—1920 年间境况低迷。1920 年，公司亏损 30 万美元，靠着波音先生的贷款维持下来，以制造家具和快艇维生	初期成果： 成功地得到海军的大笔合同，承制 18 架鱼雷轰炸机，不久之后，就获得美国和挪威政府的后续合同，公司初创大获成功，开业前 4 年，年平均增长率高达 284%

花旗银行	大通曼哈顿银行
创立年份：1812	创立年份：曼哈顿银行创立于1799年，大通银行创立于1877年
创始人： 塞缪尔·奥斯古德（年龄不详）	创始人： 曼哈顿银行创始人为阿伦·伯尔 大通银行创始人为约翰·汤普森
所在地： 纽约市	所在地： 纽约市
创业观念： 基本上是一家商人兼老板私有的信用合作社，以这家信用社为自己的事业融资	创业观念： 开设银行
初期成果： 创立后将近70年里没有一贯的策略，并且继续以私人银行的形态运作，一直到19世纪90年代，在詹姆斯·斯蒂尔曼的引导下才开始走上成为全国性银行的道路	初期成果： 曼哈顿银行从1808年以后业务鼎盛。大通银行到1911年以后才开始成为知名的银行
	其他： 大通银行和曼哈顿银行在1955年合并成为大通曼哈顿银行

福特汽车	通用汽车
创立年份：1903	创立年份：1908
创始人： 亨利·福特（40岁） 亚历克斯·马尔肯森（年龄不详）	创始人： 威廉·杜兰特（年龄不详）
所在地： 密歇根州底特律	所在地： 密歇根州底特律
创业观念： 根据亨利·福特的机械专业技术，特别是利用直立式活塞杆技术制造汽车，是1900—1908年间美国成立的502家汽车制造公司之一	创业观念： 收购与组织多家规模较小的汽车厂成为一家公司。公司策略是利用大家共享的财力和其他资源，提供不同款式的汽车，迎合不同品位和收入水准的用户
初期成果： 第一款车是A型车，相当成功，到开业第一年结束时，每个月的销售量达到600部，其后推出另外5款汽车（分别是A、B、C、F、K型），到1908年推出T型车，形成汽车工业革命，也使福特成为美国最大的汽车厂商	初期成果： 1908—1910年间杜兰特购并了17家汽车厂，包括奥兹摩比尔、凯迪拉克、庞帝克等汽车公司，最后又收购别克汽车公司，1918年把雪佛兰汽车公司纳入旗下，公司成长过程崎岖，成长强劲，但遭遇多次财务危机，杜兰特在1920年被赶下台
其他： 福特虽然不是为了制造T型车才创立福特汽车公司，但他似乎早在1903年就考虑过生产线式的大批量制造程序	其他： 1921—1927年，通用汽车在阿尔弗雷德·斯隆的指导下，超越福特汽车，成为美国最大的汽车厂商

通用电气	西屋
创立年份：1892	创立年份：1886
创始人： 托马斯·爱迪生（45 岁） 伊莱休·汤姆森（39 岁） 查尔斯·科芬（48 岁）	创始人： 乔治·威斯汀豪斯（39 岁）
所在地： 纽约市	所在地： 宾夕法尼亚州匹兹堡
创业观念： 由爱迪生通用电气公司和汤姆森 - 休斯敦电气公司合并而成，前者在 1878 年创立，意在把爱迪生的电力与照明研究成果开发为商品，成立，是一家从事电力事业的集团企业	创业观念： 开发和推动交流电电机科技及中央电力系统商业化，交流电系统最后证明优于爱迪生的直流电系统，从而使交流电系统成为全世界通用的主要系统
初期成果： 第一年大获成功（7 个月获得利润 300 万美元）；1893 年因全国经济萧条，出现经济困难，现金短缺；随后 20 年，部分由于向 AC 系统转化，扭亏为盈，稳步增长	初期成果： 卓越的技术理念带来了初期的巨大成功，公司取得了行业第二的地位，20 年来，乔治·威斯汀豪斯的财力支持着公司的初期增长，掌握着公司的控制权
	其他： 1907 年的大恐慌使公司陷入财务困难，最终导致银行家在 1910 年把西屋从自己的公司赶走

惠普	德州仪器
创立年份：1937	创立年份：1930
创始人： 威廉·休利特（26岁） 戴维·帕卡德（26岁）	创始人： 克拉伦斯·卡彻（年龄不详） 尤金·麦克德莫特（31岁）
所在地： 加州帕洛阿尔托	所在地： 新泽西州纽瓦克
创业观念： 创业之初，纯粹是在广泛的“收音机、电子和电机工程的领域”中，采取“机会主义”的做法，创业初期的产品包括焊接设备、减肥振荡器、马桶自动冲水器、保龄球道感测器、无线电发射机、公共演说系统、空调设备、望远镜时钟驱动器、医疗设备与示波器	创业观念： 开始时叫作地质服务公司，是第一家制造探测潜在油田用地震仪的公司，公司在得克萨斯州的实验室开发生产这种用途的仪器。1934年公司迁往得州达拉斯，以巩固自己在石油探勘业方面的地位。1951年改名为德州仪器
初期成果： 第一年靠着工程合同和在车库里节俭营运维持生计，1939年卖出一些音响示波器，第一年销售额只略微超过5 100美元，获利1 300美元，1940年搬出车库，1941年共有17名员工，第二次世界大战使员工增加到144人，“二战”结束后，员工减少两成，1948年销售额为210万美元	初期成果： 迅速成为地质探测业的市场领袖，在20世纪30年代初期和中期成长、发迹，40年代初期尝试直接跨入石油勘探业务，遭到重挫，靠着公司的震测科技在军方的信号搜索上的应用，才挽救了公司，第二次世界大战后顺利重振声威

IBM	宝来
创立年份：1911（原公司创立于1890年）	创立年份：1892
创始人： 查尔斯·弗林特（年龄不详）	创始人： 威廉·宝来（年龄不详） 约瑟夫·博耶（年龄不详）
所在地： 纽约市	所在地： 密苏里州圣路易斯
创业观念： 由两家小公司合并成为一家迷你型的集团企业，名叫计算－制表－记录公司，简称CTR，制造磅秤、打卡机和店员及会计人员用的制表机器	创业观念： 威廉·宝来发明了有史以来的第一部记录与加法机器，并且成立美国亚默斯计量器公司，负责营销产品
初期成果： 连续三年业务低迷，董事会讨论后把公司清算掉。1914年雇用老沃森，逐渐改善公司体制，使公司在1930年成为制表机器的市场领袖	初期成果： 产品一推出就很成功，公司开始成长，并且通过新产品和购并巩固在本行业里的地位。1914年，公司有90种产品，1920年时，被视为办公机器工业的主流
其他： 1925年改名为国际商业机器公司，简称IBM	其他： 宝来因为他的发明获得富兰克林学会的约翰·斯科特奖章。他在1898年因肺结核去世。1905年公司为了纪念他，改名宝来加法机器公司

强生	百时美
创立年份：1886	创立年份：1887
创始人： 罗伯特·约翰逊（41岁）及其弟詹姆斯与米德（年龄不详）	创始人： 威廉·布利斯特（20岁出头） 约翰·麦尔斯（20岁出头）
所在地： 新泽西州新不伦瑞克	所在地： 纽约市克林顿
创业观念： 医疗产品厂商，重点生产抗菌外科包扎用药品与医疗用药膏，第一本产品目录共32页，“印满了各种产品”	创业观念： 以5 000美元的代价购买“一家摇摇欲坠的名叫克林顿制造公司的制药厂”，布里斯特和麦尔斯都没有任何管理制药厂的经验
初期成果： 1886年创业时有14名员工，1888年雇125名工人，到1894年雇400名员工。因有范围广泛的创新产品，成立了医院，培养了强有力的品牌形象，早期就很成功	初期成果： 早期挣扎求活，1889年公司只雇用9名员工，12年里没赚半点儿利润，一直到1903年，推出极受欢迎的新产品泻盐和历史上第一种杀菌牙膏，才开始迅速成长

万豪	豪生
创立年份：1927	创立年份：1925
创始人： 威拉德 · 马里奥特（26 岁） 艾利 · 马里奥特（22 岁）	创始人： 霍华德 · 约翰逊（27 岁）
所在地： 华盛顿特区	所在地： 马萨诸塞州伍拉斯顿
创业观念： 为了自行经商，以 9 个座位的 A&W 根汁汽水店起家，为了吸引更多的顾客，增加以墨西哥食品为主的熟食，并把店名叫作熟食店	创业观念： 买下一家清凉饮料店，采用母亲的冰激凌配方产销冰激凌，结果大受美国东北部消费者欢迎
初期成果： 靠着一天工作 16 小时，他们的店在第一年就有利润，经营收入共 16 000 美元，到 1929 年已经扩张为 3 家店面，每天营业 24 小时，1931 年扩展到巴尔的摩，到 1940 年，共拥有 18 家熟食店	初期成果： 创业不到半年需求就超过它的产能，到 1928 年，冰激凌销售额达到 24 万美元。1933 年扩充业务，成为著名的路边餐厅，以橘黄色的屋顶为特征，到 1940 年，已经拥有 125 家店
	其他： 霍华德 · 约翰逊一想出路边餐厅的基本观念，就开始扩张，把他的构想发挥得淋漓尽致

默克	辉瑞
创立年份：1891	创立年份：1849
创始人： 乔治·默克（23 岁）	创始人： 查尔斯·辉瑞（25 岁） 查尔斯·艾哈特（28 岁）
所在地： 纽约市	所在地： 纽约市布鲁克林
创业观念： 原本是德国默克化学公司的美国销售分公司，起源可以追溯到默克家族 1668 年在德国达姆施塔特所设的药店	创业观念： 制造当时美国不生产的高品质化学品，以便进口产品竞争时占有运输上的优势。第一种产品叫山道年塔糖，是治疗寄生虫病的复合药品
初期成果： 从母公司进口化学品，销售稳定而成功（1897 年销售额 100 万美元），一直到成立 10 年后，才开始制造自己的化学品，大约到 1903 年，才在新泽西州来威的新工厂里开始制造碘化物和其他基本药品。1910 年的营业总收入为 300 万美元	初期成果： 山道年塔糖似乎很畅销，使公司拥有扩张业务的稳定基础。1855 年，公司开始制造以碘为基础的产品，到 1860 年，公司至少制造出 5 个产品系列。1857 年，公司在曼哈顿市区设立办事处，1857—1888 年间，辉瑞买下 72 公顷土地，以备扩展之用

摩托罗拉	顶峰
创立年份：1928	创立年份：1923
创始人： 保罗·高尔文（33 岁）	创始人： 尤金·麦克唐纳（37 岁）
所在地： 伊利诺伊州芝加哥	所在地： 伊利诺伊州芝加哥
创业观念： 制造收音机用电池代用器，业务还包括替西尔斯公司修理售后服务保证期间送回来维修的收音机电池整流器。高尔文知道“整流器的业务不会长久”，所以很早就开始寻找其他市场	创业观念： 利用新兴的收音机工业，制造和营销收音机（商业收音机广播 1920 年开始，收音机供应短缺），1923 年取得芝加哥收音机公司制造的收音机独家销售权。1924 年推出世界第一部袖珍收音机
初期成果： 创业第一年，靠着整流器的制造和修理业务勉强营生，1929 年年底几乎破产。1930 年想到汽车收音机的观念。这一年的营业亏损，到 1931 年出现利润，此后开始稳定增长	初期成果： 初期的创新助长了销售额的增长（1924 年推出第一部袖珍收音机，1926 年推出第一部直流插座的家庭用收音机，1927 年推出第一部按钮式收音机），但是因为资产管理松散，在 20 年代中期遭遇周转和信用问题

诺思通	梅尔维尔
创立年份：1901	创立年份：1892
创始人： 约翰·诺德斯特龙（30岁） 卡尔·沃林（年龄不详）	创始人： 弗兰克·梅尔维尔（年龄不详）
所在地： 华盛顿州西雅图	所在地： 纽约市
创业观念： 用约翰·诺德斯特龙的话说："我仍然不知道我想做什么……我开始找一些小生意准备做，沃林先生从事制鞋这一行……开了一家修鞋店……我常到店里去看沃林先生，有一天，他建议我们合伙开一家鞋店。"	创业观念： 梅尔维尔是鞋类流动批发商，在"一位店主没付一批鞋子的费用就从市区潜逃"后，梅尔维尔取得了这三家鞋店
初期成果： 很早就开始获利，最初15年里换了三个地点，但是仍然维持一家店面，到1923年才开设第二家店	初期成果： 很早就开始盈利，1895年采用连锁观念开始扩张，到1923年已经拥有31家零售店，1935年拥有571家零售店。30年代初期成为美国最大的鞋业零售商
其他： 约翰·诺德斯特龙1928年把自己的股权全部卖给了儿子埃弗里特和埃尔默	

宝洁	高露洁
创立年份：1837	创立年份：1806
创始人： 威廉·波克特（36 岁） 詹姆斯·甘保（34 岁）	创始人： 威廉·高露洁（23 岁）
所在地： 俄亥俄州辛辛那提	所在地： 纽约市
创业观念： 波克特是蜡烛制造商，甘保是肥皂制造商，都靠同样的植物油脂做产品原料，因为是连襟，两个人决定合作，组成销售肥皂和蜡烛的合伙事业	创业观念： 根据高露洁董事长在 1956 年的说法："在美国历史的那个时期（1806 年），至少 75% 的肥皂是家庭制造的……家庭制造的肥皂粗糙、低劣，对皮肤不好，气味难闻，威廉·高露洁决心制造气味芬芳、一般人都买得起的肥皂。"
初期成果： 公司成长缓慢，经过 15 年才壮大到必须搬离在辛辛那提的寒酸办公室、厂房兼店面，公司的成长虽然不惊人，却一直都有利润。1847 年公司盈余 2 万美元，成立 20 年后，公司雇用 80 名工人	初期成果： 没有资料可考，没有资料显示高露洁公司成立前 20 年内，是比宝洁公司更为成功还是远远不如宝洁公司
其他： 宝洁创业时，是辛辛那提 18 家销售肥皂 / 蜡烛的公司之一	其他： 美国最早产销肥皂的公司之一

菲利普·莫里斯	雷诺
创立年份：1847	创立年份：1875
创始人： 菲利普·莫里斯（年龄不详）	创始人： 理查德·雷诺（25 岁）
所在地： 英国伦敦	所在地： 北卡罗来纳州温斯顿
创业观念： 伦敦邦德街的烟草店	创业观念： 利用新开发的“能够治疗感冒、适于制造最好口嚼烟丝的烟草”出产、销售口嚼烟丝
初期成果： 创业后仅维持一家零售店，到 1854 年，菲利普·莫里斯才开始制造香烟。没有资料显示早期有过大幅的增长。1902 年把公司生产的香烟引进美国，美国投资人在 1919 年买下菲利普·莫里斯的品牌名称	初期成果： 创业第一年就生产 15 万磅的产品，“从那时起，大约每隔一年，就要开发、生产一种新产品，迎合这个由口嚼烟丝爱好者组成的国家”。到 19 世纪 80 年代中期，理查德·雷诺已积聚了超过 10 万美元的个人财富
其他： 1924 年万宝路牌香烟推出时是供女性抽的香烟	其他： 骆驼牌香烟在 1913 年推出，1917 年成为美国最畅销的品牌

索尼	健伍
创立年份：1945	创立年份：1946
创始人： 井深大（37 岁）	创始人： （公司历史中没有记载）
所在地： 日本东京	所在地： 日本驹根市
创业观念： 除了应用科技创造消费品的模糊想法之外，没有其他明确的构想	创业观念： 成为音响科技方面的专业先驱
初期成果： 初期因为生产电饭煲和录音系统销售失败，奋力求生，靠着制造粗糙的电热毯，又取得日本广播协会（NHK）的合同，杂七杂八地制造很多种产品才生存下来。1955 年开发出第一种畅销的消费产品袖珍型收音机，花了 12 年，员工人数才达到 500 人	初期成果： 迅速成为音响科技方面的领袖，第一种产品是专业化的收音机组件，销售很成功，立刻为公司奠定基础。制造的高频变压器是第一种通过日本广播协会审核标准的日本产品

沃尔玛	Ames 百货
创立年份：1945	创立年份：1958
创始人： 山姆 · 沃尔顿（27 岁）	创始人： 米尔顿 · 吉尔曼（33 岁） 欧文 · 吉尔曼（年龄不详）
所在地： 亚利桑那州纽波特	所在地： 马萨诸塞州绍斯布里奇
创业观念： 取得本 · 富兰克林杂货店的加盟权，在一个小镇开设一家店，没有任何证据显示有关开设一间分店等计划	创业观念： 把家乡的农庄拿去抵押贷款，特意要在小城镇里创设连锁折扣零售企业
初期成果： 第一年销售额 8 万美元，第三年销售额 22.5 万美元，1950 年丧失租约，因此失去店面。然后迁至阿肯色州本顿维尔，开设一家叫作“沃尔顿商店”的廉价商店，1952 年扩大为两家店面	初期成果： 第一年销售额 100 万美元，两年内扩张成为在纽约州与佛蒙特拥有很多店面的连锁企业
其他： 1962 年开设第一家大型乡村折扣商店	其他： 1958 年开设第一家大型乡村折扣商店

迪士尼	哥伦比亚
创立年份：1923	创立年份：1920
创始人： 沃尔特·迪士尼（21 岁） 罗伊·迪士尼（27 岁）	创始人： 哈利·科恩（29 岁） 杰克·科恩（年龄不详）
所在地： 加州洛杉矶	所在地： 加州洛杉矶
创业观念： 迪士尼从堪萨斯市来到洛杉矶，想从事电影事业却找不到工作，所以租了一部摄影机，制作了一个动画棚，在叔叔的车库里设立一个摄影棚，决定自行从事动画电脑电影业务。据《迪士尼传》的作者希克说："他至少有一半相信自己进入动画电影太晚，大约晚了 6 年，但这是他唯一有过经验的领域。"	创业观念： 哈利与杰克 1920 年创立公司时，开始先制作卡通片与短片，短片用于体现电影明星银幕下的活动，并且替明星当时的影片做宣传，然后跨入电影长片制作
初期成果： 第一部电影系列剧《爱丽丝梦游仙境》只带来刚好够周转以便继续运营的资金，这样还是他极力节省支出的缘故，第二部电影《幸运的兔子奥斯瓦尔德》（1927 年）情形比较好，但是因为业务合同订得不好，失去这部影片的控制权。1928 年推出《米老鼠》	初期成果： 最初的短片观念只算是小小的成功。第一部长片取得了更大成功，成本 2 万美元，收入 13 万美元。从 1922 年 8 月 ~1923 年 12 月，公司制作了 10 部赚钱的长片

形成对照的公司	成立时是否拥有“伟大构想”？		创业阶段哪个公司取得了更大的初步成功：高瞻远瞩公司，还是对照公司？
	高瞻远瞩公司	对照公司	
3M 和诺顿	否	是	对照公司
美国运通和富国银行	否	否	高瞻远瞩公司
波音和麦道	否	是	对照公司
花旗银行和大通曼哈顿银行	否	否	成就相当
福特汽车和通用汽车	是	否	高瞻远瞩公司
通用电气和西屋	是	是	成就相当
惠普和德州仪器	否	是	对照公司
IBM 和宝来	否	是	对照公司
强生和百时美	是	否	高瞻远瞩公司
万豪和豪生	否	否	成就相当
默克和辉瑞	否	是	成就相当
摩托罗拉和顶峰	否	是	对照公司
诺思通和梅尔维尔	否	否	对照公司
宝洁和高露洁	否	是	成就相当
菲利普·莫里斯和雷诺	否	是	对照公司
索尼和健伍	否	是	对照公司
沃尔玛和 Ames 百货	否	是	对照公司
迪士尼和哥伦比亚	否	否	对照公司
合计	3 个“是” 15 个“否”	11 个“是” 7 个“否”	3 家高瞻远瞩公司 5 对公司成就相当 10 家对照公司

附录 3
图表

表 A.1　我们对高瞻远瞩公司与对照公司在整个历史（从成立之日到 1991 年）上的研究分类

第 1 类：组织安排。“硬实力”，如组织结构、政策与程序、系统、回报与动机、所有权结构、整个商业策略与公司活动（如收购、重大策略变化、上市）
第 2 类：经营策略。“软实力”，如公司的变化实践、气氛、准则、仪式、神话与故事、集体力量和管理模式
第 3 类：有形分布。公司布置物理空间（如工厂与办公室的分布或新的设施）的方式的重要方面。这包括与公司重要部分的地理位置相关的重要决定
第 4 类：技术。公司如何运用技术：信息技术、最新工艺与设备、先进的工作结构及相关事宜
第 5 类：领导人。自从公司成立之初的领导人问题：组织早期的主要创始人与新生代之间的过渡、领导任期、领导人成为 CEO（来自公司以外还是在公司内成长起来？何时加入公司？）之前在该组织内的工作时间、领导人的选择过程与标准
第 6 类：产品与服务。公司历史上的重要产品与服务。产品与服务的概念是如何形成的？是什么指导着它们的选择与发展？公司有过产品的失败吗？它是如何面对失败的？公司在市场上引领新产品的潮流还是随波逐流
第 7 类：愿景。核心价值、使命和高瞻远瞩的目标。具备这些变量吗？如果具备，它们是如何形成的？组织是否在其历史的某些时期而不是其他时期拥有这些变量？这些变量所起的作用是什么？如果组织具有强有力的价值观与使命，那么这些价值观与使命是保持完好还是变得淡漠？为什么？
第 8 类：财务分析。自上市之日起所有收入报表与负债表的比率与电子表格分析：销售与利润增长、毛利、资产收益率、销售收益率、权益资本利润、负债与产权比比率、现金流量与营运资本、流动性比率、股息支付比率、作为销售百分比的总资产厂房与设备的增加、资产周转率。我们还考察股票收益率与市场相关的整体股票业绩
第 9 类：市场 / 环境。公司外部环境的重要方面：主要的市场转换、重大国内外事件、政府规定、行业结构问题、重大技术变革及相关事项

表 A.2　从事研究的信息来源

直接来自公司的历史资料。档案资料、历史文档（如自公司上市起的计划书）、历史说明、内部出版物、图像资料、在世与已故领导人的采访与讲话文本、公司政策文档、历史与当前展望（价值、目的、使命）的阐述、员工手册、培训与社会化资料以及相关资料
公司或外部观察者出版的有关行业、公司及公司领导的书籍。（我们更看重外部人士写作的书籍。）我们通过斯坦福大学、加利福尼亚大学、哈佛大学、耶鲁大学和牛津大学的联合图书目录找到了所有书籍（旧书与新书）
与公司有关的文章。自公司成立到当前，我们做了广泛的文献搜集工作，阅读了几十年来有关每家公司的所有主要文章，这些来源有《福布斯》《财富》《商业周刊》《华尔街日报》《国家商业》《纽约时报》《美国新闻》《新共和》《哈佛商业评论》《经济学家》，还从《折扣商》《营销学》《宾馆和饭店季刊》等行业或特定话题来源中选取了一些文章
公司年度报告和财务报表。在有些情况下，仅一家公司就包含近 100 份单独的收入报表和资产负债表
哈佛与斯坦福商学院案例研究与行业分析。我们获取了研究范围内每家公司和每个行业的每一件可获取的商业案例研究资料
财务数据库。包括芝加哥大学证券价值研究中心市场指数数据库，它向我们提供了每家公司最早可以获得的每月股票收益率
对关键人物、职员、前职员和公司或行业外部“观察家”（如分析家和学者）的访谈
商业与行业参考资料。如《美国商业领袖传记辞典》《公司历史国际名录》《胡佛公司手册》《美国工业发展》《电影行业历书》

表 A.3　领导层成形阶段的区别变量

领导层的定义是，高级经理人，他（们）表现出极强的毅力，能克服重大困难、吸引有志之士、影响众人朝着目标前进、在引领公司闯过其历史上的关键时期方面发挥主要作用。注意：在选择时间时，我们尽力涵盖某位经理人仍对公司的发展方向产生重大影响的阶段。有时某位经理人在工作期间拥有几个头衔，如总裁、CEO、董事长、总经理。该表旨在说明高瞻远瞩公司与对照公司在发展的成形阶段都有这样的人员，因此，这种定义下的领导层不能作为区别变量			
形成对照的公司	**高瞻远瞩公司**	**对照公司**	**区别变量**
3M 公司与诺顿公司	威廉·麦克奈特（1914—1966）	米尔顿·希金斯（1855—1912）	无
美国运通公司与富国银行	亨利·韦尔斯和威廉·法戈（1850—1868）	亨利·韦尔斯和威廉·法戈（人员相同）（1852—19 世纪 60 年代）	无
波音公司与麦道公司	威廉·波音（1916—1934）	唐纳德·道格拉斯（1920—1967）詹姆斯·麦克唐纳（1939—1980）	无
花旗银行与大通银行	詹姆斯·斯蒂尔曼（1891—1918）	艾伯特·威金（1911—1933）	无
福特汽车公司与通用汽车公司	亨利·福特一世（1899—1945）	阿尔弗雷德·P. 斯隆（1923—1946）	无
通用电气公司与西屋公司	查尔斯·科芬（1892—1922）	乔治·威斯汀豪斯（1886—1909）	无
惠普公司与德州仪器公司	戴维·帕卡德 威廉·休利特（1937 至今）	尤金·麦克德莫特（1930—1948）帕特·哈格蒂（1958—1976）	无
IBM 公司与宝来公司	托马斯·J. 沃森（1914—1956）	约瑟夫·博耶（1898—1930）	无
强生公司与百时美公司	R.W. 约翰逊（1886—1910）	威廉·布利斯特（1887—1915）	无
万豪酒店与豪生酒店	J. 威拉德·马里奥特（1925—1959）	霍华德·约翰逊（1927—1964）	无

（续表）

形成对照的公司	高瞻远瞩公司	对照公司	区别变量
默克制药与辉瑞制药	乔治·默克（1891—1925）	查尔斯·辉瑞（1849—1906）	无
摩托罗拉公司与顶峰公司	保罗·高尔文（1928—1956）	小尤金·F. 麦克唐纳（1923—1958）	无
诺思通公司与梅尔维尔公司	约翰·诺德斯特龙（1901—1928）	弗兰克·梅尔维尔（1892—1930）	无
宝洁公司与高露洁公司	威廉·波克特和詹姆斯·甘保（1837—19 世纪 70 年代）	威廉·高露洁（1806—1857）	无
菲利普·莫里斯公司与雷诺公司	不详	R.J. 雷诺（1875—1918）	也许对对照公司有利
索尼公司与健伍公司	井深大（1945—）	不详	不详
沃尔玛公司与 Ames 百货公司	山姆·沃尔顿（1945—1992）	吉尔曼兄弟（1958—1981）	无
迪士尼公司与哥伦比亚电影公司	沃尔特·迪士尼（1923—1966）	哈里·科恩（1920—1958）	无

表 A.4　核心理念的证据

方法：在评估高瞻远瞩公司与对照公司的理念特征时，我们考虑了以下每个方面的证据： A：理念的表述 B：理念的历史连续性 C：超越利润的理念 D：理念与行动的一致性 在每一类别中，我们根据获得的证据对每个高瞻远瞩公司和对照公司进行评级。然后在依据这些方面取得的公司评级总和的基础上计算出整体指数，每个“H”的得分为 3，“M”的得分为 2，“L”的得分为 1

（续表）

A：理念的表述 H：有重要证据表明，公司表述一个理念（作为我们每个定义的核心价值与 / 或使命）并将该理念用作指导源泉。有证据表明，公司主要成员反复谈论或写作该理念，该理念在整个组织内广为交流 M：有某些证据表明，公司表述一个理念（作为我们每个定义的核心价值与 / 或使命）并将该理念用作指导源泉。有某些证据表明，公司主要成员谈论或写作该理念，但也许只有一次或几次，有某些证据表明，该理念在组织内得到了交流，但少于那些在这个方面得到"H"的公司 L：很少或没有证据表明，公司认真澄清并宣布过一个理念（作为我们每个定义的核心价值与 / 或使命）
B：理念的历史连续性 H：有证据表明，A 部分中讨论的已经表述的理念首次明确提出后，在整个公司历史中变化很小并且一直受到重视 M：有证据表明，A 部分中讨论的已经表述的理念首次明确提出后，已经发生了实质性变化，而且 / 或者很少参照该理念 L：很少有证据表明，在公司的整个历史中某个理念具有连续性
C：超越利润的理念 H：有证据表明，明确讨论过盈利性的作用或股东财富只是公司部分目标而不是主要驱动目标。明确使用"合理"收益、"充分"收益、"公平"收益、"营利性"等词语作为实现其他目标的必要条件，而不使用"最大"或"最高"收益 M：有证据表明，高度重视盈利和股东收益率，它们等于或大于其他目标和价值的重要性。对理念考虑也很重要，但远不及那些在该方面得到"H"的公司 L：有证据表明，理念考虑服从于盈利目的，公司高度面向利润和为股东创造财富。有证据表明，公司视财富最大化为生存和高出任何其他考虑的原因
D：理念与行动的一致性 H：有重要证据表明，公司理念不仅仅停留在表面文字上。有证据表明，主要策略（如产品、市场或投资）和 / 或组织规划决定（如结构、动机体系、政策）由所表述的理念指导并与其相一致 M：某些证据表明，公司理念不仅仅停留在表面文字上。某些证据表明，主要策略（如产品、市场或投资）和 / 或组织规划决定（如结构、动机体系、政策）由所表述的理念指导并与其相一致，或者其一致性不及那些在这个方面得到"H"的公司 L：很少有证据表明，理念起指导作用及所述理念与公司行动相一致

高瞻远瞩公司	“A”	“B”	“C”	“D”	指数分	总△	指数分	“A”	“B”	“C”	“D”	对照公司
3M 公司	H	H	M	H	11.00	3.00	8.00	M	M	M	M	诺顿公司
美国运通公司	M	M	M	M	8.00	2.00	6.00	M	L	L	M	富国银行
波音公司	H	H	M	H	11.00	5.00	6.00	M	L	L	M	麦道公司
花旗银行	M	M	M	M	8.00	0.00	8.00	M	H	H	M	大通曼哈顿银行
福特汽车公司	H	M	M	M	10.00	4.00	6.00	M	L	L	M	通用汽车公司
通用汽车公司	H	M	M	M	9.00	2.00	7.00	M	L	M	M	西屋公司
惠普公司	H	H	H	H	12.00	6.00	6.00	M	L	L	M	德州仪器公司
IBM 公司	H	H	M	M	10.00	6.00	4.00	L	L	L	L	宝来公司
强生公司	H	H	H	H	12.00	5.00	7.00	M	L	M	M	百时美公司
万豪酒店	H	H	H	H	12.00	6.00	6.00	M	L	M	L	豪生酒店
默克制药	H	H	H	H	12.00	5.00	7.00	M	L	M	M	辉瑞制药
摩托罗拉公司	H	H	H	H	12.00	5.00	7.00	M	M	M	M	顶峰公司
诺思通公司	H	L	M	H	11.00	3.00	8.00	M	L	M	M	梅尔维尔公司
菲利普·莫里斯公司	M	H	M	H	8.00	1.00	7.00	M	L	M	M	雷诺公司
宝洁公司	H	H	M	H	11.00	3.00	8.00	H	L	M	M	高露洁公司
索尼公司	H	H	H	H	12.00	5.00	7.00	M	L	M	M	健伍公司
沃尔玛公司	M	H	M	H	10.00	6.00	4.00	L	L	L	L	Ames 百货公司
迪士尼公司	H	H	M	H	11.00	7.00	4.00	L	L	L	L	哥伦比亚电影公司
频率计数												
H 次数	14	13	7	13				1	0	1	0	
M 次数	4	4	11	5				14	2	10	14	
L 次数	0	1	0	0				3	16	7	4	
总计	18	18	18	18				18	18	18	18	
VC（高瞻远瞩公司）> CC（对照公司）	14	17	12	14	17							
VC = CC	4	1	5	4	1							
VC < CC	0	0	1	0	0							
总计	18	18	18	18	18							

表 A.5　制定胆大包天的目标的证据

方法：评估胆大包天的目标在高瞻远瞩公司和对照公司中的使用时，我们考虑了以下每个方面的证据： A：胆大包天的目标的使用 B：胆大包天的目标的创新性 C：胆大包天的目标的历史模式 在每一个类别中，我们根据所获得的证据给每一家高瞻远瞩公司和对照公司评级。然后在依据这些方面取得的公司评级总和的基础上计算出整体指数，"H"的得分为 3，"M"的得分为 2，"L"的得分为 1
A：胆大包天的目标的使用 H：有重要证据表明，公司利用胆大包天的目标刺激发展 M：有某些证据表明，公司利用胆大包天的目标刺激发展，但不及那些评为"H"的证据清楚或突出 L：很少或没有证据表明，在公司历史上认真利用过胆大包天的目标
B：胆大包天的目标的创新性 H：有重要证据表明，所用胆大包天的目标极具"创新性"（有证据表明，这些胆大包天的目标很难达到和 / 或极具风险） M：有证据表明，所用胆大包天的目标极具"创新性"，但远不及在此方面被评为"H"的胆大包天的目标有风险或困难 L：很少有证据表明，目标极具创新性
C：胆大包天的目标的历史模式 H：有证据表明，公司重复使用一组胆大包天的目标历史模式，或一组胆大包天的目标沿袭多代领导层 M：（比取得"H"的公司）重复使用一组胆大包天的目标历史模式或使用多代领导层传下来的胆大包天的目标的证据少 L：很少有证据表明，在公司历史中有胆大包天的目标的历史模式

高瞻远瞩公司	“A”	“B”	“C”	指数分	总△	指数分	“A”	“B”	“C”	对照公司
3M 公司	M	M	L	5.00	0.00	5.00	M	M	L	诺顿公司
美国运通公司	M	M	L	5.00	1.00	4.00	M	L	L	富国银行
波音公司	H	H	H	9.00	4.00	5.00	M	M	L	麦道公司
花旗银行	H	H	H	9.00	4.00	5.00	M	M	L	大通曼哈顿银行
福特汽车公司	H	H	M	8.00	1.00	7.00	H	H	L	通用汽车公司
通用电气公司	H	H	M	8.00	1.00	7.00	H	H	L	西屋公司
惠普公司	M	H	L	6.00	-2.00	8.00	H	H	M	德州仪器公司
IBM 公司	H	H	M	8.00	5.00	3.00	L	L	L	宝来公司
强生公司	M	M	M	6.00	0.00	6.00	M	M	M	百时美公司
万豪酒店	H	M	M	7.00	3.00	4.00	M	L	L	豪生酒店
默克制药	H	H	M	8.00	2.00	6.00	M	M	M	辉瑞制药
摩托罗拉公司	H	H	H	9.00	3.00	6.00	H	M	L	顶峰公司
诺思通公司	M	M	M	6.00	0.00	6.00	M	M	M	梅尔维尔公司
菲利普·莫里斯公司	H	H	L	7.00	1.00	6.00	M	M	M	雷诺公司
宝洁公司	H	H	M	8.00	2.00	6.00	M	M	M	高露洁公司
索尼公司	H	H	H	9.00	4.00	5.00	M	M	L	健伍公司
沃尔玛公司	H	H	H	9.00	4.00	5.00	M	M	L	Ames 百货公司
迪士尼公司	H	H	M	8.00	3.00	5.00	M	M	L	哥伦比亚电影公司
频率计数										
H 次数	13	13	5				4	3	0	
M 次数	5	5	9				13	12	6	
L 次数	0	0	4				1	3	12	
总计	18	18	18				18	18	18	
VC > CC	10	12	10		14					
VC = CC	7	6	6		3					
VC < CC	1	0	2		1					
总计	18	18	18		18					

表 A.6　拥有教派般文化的证据

方法：在评估高瞻远瞩公司与对照公司的教派倾向时，我们考虑了体现公司寻求形成强烈的忠诚和奉献意识、影响公司内部人员的行为与公司理念相一致的证据。我们考察了教派式环境中三个主要方面的证据： A：灌输信仰 B：严密契合 C：精英主义 在每一个类别中，我们根据所获得的证据给每一家高瞻远瞩公司和对照公司评级。然后在依据这些方面取得的公司评级总和的基础上计算出整体指数，"H"的得分为 3，"M"的得分为 2，"L"的得分为 1
A：灌输信仰 H：有重要证据表明，公司具有正式和 / 或看得见的员工教化程序。这些程序可能包括： ——教授价值观、行为准则、公司理念、历史和传统的专门课程 ——正在举行的具有理念意义的"培训" ——同事、直接领导和他人倡导的"当前工作"理念社会化 ——公司成员成为新职员的主要社交群体；鼓励员工主要与本公司其他员工交往 ——唱公司歌曲，呼公司口号 ——宣传榜样员工的"英雄行为"创造的神话 ——用特有的语言和术语提炼参照框架 ——立下誓言和保证 ——聘用年轻职员，提拔内部员工，从年轻时开始塑造职员的思维方式；每个人从头做起，促进员工的理念"成熟" M：有某些证据表明，公司拥有围绕核心理念进行正式和看得见的员工教化程序的悠久历史，但不如获得"H"级的证据突出，并且 / 或者历史连续性稍逊一筹 L：很少或没有证据表明，公司拥有围绕核心理念进行正式和看得见的员工教化程序悠久历史
B：严密契合 H：有重要证据表明，公司在历史上强调"严密契合"——员工要么非常适合公司工作，要么根本不适合；"契合"的界限非常严格（在公司理念方面尤其如此）。公司利用各种具体方法提高这种严格的适合度，这些方法包括： ——对那些适合的员工给予具体肯定和回报，对那些不适合的员工给予进一步具体否定和惩罚（那些适合的员工看上去快乐、得到了回报、受到了重视；那些不适合的员工看上去不快乐、得不到重视、"很落后"） ——对不破坏公司理念的错误（"非过失"）的包容；对那些破坏公司理念的错误（过失）的严惩 ——招聘时或聘用后前几年间的严格筛选程序

（续表）

——对忠诚的苛求；对感受到的“不忠”的惩罚和 / 或背叛感 ——过分严格的行为准则和严格的行为控制，旨在驱逐那些不适合的员工 ——期待行为的热情和对理念的支持 ——寻求购进（就像金融或时间投入一样），旨在驱逐那些不愿全心“加入”的员工 M：公司有要求“严密契合”的历史证据，但其证据的突出程度和历史连续性不及那些取得“H”的公司 L：公司要求“契合”的历史证据很少或没有
C：精英主义 H：有重要证据表明，公司历史上强调对某种特殊事物和上级的归属感。这两个部分都很重要——归属和特殊性。这在很多方面能得到体现，如： ——不断在口头和文字中强调归属某个特殊群体，精英群体 ——对信息，尤其是与外部世界相关信息的保密与控制的沉迷 ——对强调成功、归属和特殊性的认可 ——名称的使用（“摩托罗拉人”等），强调归属某一特殊群体的特殊语言 ——频繁强调“家庭感受”——所有人归属于一个“快乐的大家庭” ——有形独立；也就是说，公司有自己的设施（邮局、餐厅、健康俱乐部、社交集合场所），把职员与外部世界打交道的需要降到最低 M：（与获得“H”的公司相比）公司历史上强调归属某种特殊事物和上级的证据少 L：很少或没有证据表明，公司历史上强调归属某种特殊事物和上级

高瞻远瞩公司	“A”	“B”	“C”	指数分	总△	指数分	“A”	“B”	“C”	对照公司
3M	M	H	H	8.00	2.00	6.00	M	M	M	诺顿公司
美国运通公司	L	M	M	5.00	0.00	5.00	L	M	M	富国银行
波音公司	M	M	H	7.00	2.00	5.00	M	L	M	麦道公司
花旗银行	M	M	H	7.00	0.00	7.00	M	M	H	大通曼哈顿银行
福特汽车公司	M	M	H	7.00	0.00	7.00	M	M	H	通用汽车公司
通用电气公司	H	M	H	8.00	4.00	4.00	L	L	M	西屋公司
惠普公司	H	H	H	9.00	2.00	7.00	H	M	M	德州仪器公司
IBM 公司	H	H	H	9.00	5.00	4.00	L	L	M	宝来公司
强生公司	H	M	H	8.00	2.00	6.00	M	M	M	百时美公司
万豪酒店	H	H	H	9.00	3.00	6.00	M	M	M	豪生酒店
默克制药	H	H	H	9.00	4.00	5.00	L	M	M	辉瑞制药
摩托罗拉公司	H	M	M	7.00	3.00	4.00	L	L	M	顶峰公司
诺思通公司	H	H	H	9.00	4.00	5.00	L	M	M	梅尔维尔公司
菲利普·莫里斯公司	M	M	M	6.00	0.00	6.00	M	M	M	雷诺公司
宝洁公司	H	H	H	9.00	3.00	6.00	M	M	M	高露洁公司
索尼公司	H	M	H	8.00	3.00	5.00	M	L	M	健伍公司
沃尔玛公司	H	M	H	8.00	4.00	4.00	L	L	M	Ames 百货公司
迪士尼公司	H	H	H	9.00	5.00	4.00	L	M	L	哥伦比亚电影公司
频率计数										
H 次数	12	8	15				1	0	2	
M 次数	5	10	3				9	12	15	
L 次数	1	0	0				8	6	1	
总计	18	18	18				18	18	18	
VC > CC	11	13	13		14					
VC = CC	7	5	5		4					
VC < CC	0	0	0		0					
总计	18	18	18		18					

表 A.7　有目的变化的证据

方法：在评估高瞻远瞩公司和对照公司对变化进程的使用时，我们考虑了研究过程中收集的证据。我们的研究将暗示，有目的的变化会刺激发展进程。我们考察了三个方面的证据： A：有意识地使用变化进程 B：刺激、促进变革的可行的自主权 C：刺激、促进变革的其他机制 在每一个类别中，我们根据所获得的证据给每一家高瞻远瞩公司和对照公司评级。然后在依据这些方面取得的公司评级总和的基础上计算出整体指数，“H”的得分为 3，“M”的得分为 2，“L”的得分为 1
A：有意识地使用 H：有重要证据表明，公司在历史上有意识地推崇通过变革和选择的变化进程取得进步的观念。虽然公司也推崇其他形式的进步（如胆大包天的目标或自我提高），但它一定还有意识地利用变化进程。有证据表明，公司实际上已经做出了一些重大策略转变，正利用这种发展模式前进 M：有某些证据表明，公司在历史上有意识地推崇通过变革和选择的变化进程取得进步的观念，但证据不够突出，而且 / 或者不及那些取得“H”的公司在历史上更连续地有意识地采用这一模式 L：很少或没有证据表明，公司在历史上有意识地推崇通过变革和选择的变化过程取得进步的观念
B：可行的自主权 H：有重要证据表明，公司在历史上曾经使用可实施的自主权作为促进发展的手段。可行的自主权的意思是，员工在通过权力下放的组织机构和工作规划（有利于工作自由度）完成自己的职责时具有广泛的个人处置权 M：有某些证据表明，公司在历史上曾经使用可实施的自主权作为促进发展的手段，但证据不够突出，而且 / 或者不及那些取得“H”的公司在历史上更连续地有意识地使用可行的自主权 L：很少或没有证据表明，公司的历史上曾经使用可实施的自主权作为促进发展的手段
C：其他机制 H：有重要证据表明，公司在历史上除用可行的自主权外还用多种机制通过变革和选择刺激、促进变化进程。这些机制旨在鼓励创造性和新思想、大胆尝试、机会主义（对意料之外的机会做出迅速有力的行动反应）、对错误免于责罚（或实际上的奖励）、对创新和新方向的奖励、个人积极性、为组织创造新机会的意愿 M：有某些证据表明，公司在历史上除用可行的自主权外还用多种机制通过变革和选择刺激、促进变化进程，但证据不够突出，而且 / 或者不及那些取得“H”的公司在历史上更连续地有意识地采用多种机制 L：很少或没有证据表明，公司在历史上除用可行的自主权外还用多种机制通过变革和选择刺激、促进变化进程

高瞻远瞩公司	“A”	“B”	“C”	指数分	总△	指数分	“A”	“B”	“C”	对照公司
3M 公司	H	H	H	9.00	5.00	4.00	L	M	L	诺顿公司
美国运通公司	H	M	M	7.00	2.00	5.00	M	M	L	富国银行
波音公司	M	M	L	5.00	2.00	3.00	L	L	L	麦道公司
花旗银行	M	H	M	7.00	3.00	4.00	M	L	L	大通曼哈顿银行
福特汽车公司	M	M	M	6.00	0.00	6.00	M	M	M	通用汽车公司
通用电气公司	M	M	M	6.00	1.00	5.00	M	M	L	西屋公司
惠普公司	H	H	H	9.00	3.00	6.00	M	M	M	德州仪器公司
IBM 公司	M	M	M	6.00	3.00	3.00	L	L	L	宝来公司
强生公司	H	H	M	8.00	2.00	6.00	M	M	M	百时美公司
万豪酒店	H	M	M	7.00	3.00	4.00	M	L	L	豪生酒店
默克制药	M	M	M	6.00	-2.00	8.00	H	H	M	辉瑞制药
摩托罗拉公司	H	H	H	9.00	5.00	4.00	M	L	L	顶峰公司
诺思通公司	M	H	L	6.00	0.00	6.00	M	H	L	梅尔维尔公司
菲利普·莫里斯公司	M	M	L	5.00	1.00	4.00	M	L	L	雷诺公司
宝洁公司	M	M	L	5.00	1.00	4.00	M	L	L	高露洁公司
索尼公司	H	H	M	8.00	2.00	6.00	M	M	M	健伍公司
沃尔玛公司	H	H	H	9.00	6.00	3.00	L	L	L	Ames 百货公司
迪士尼公司	M	L	M	5.00	1.00	4.00	M	L	L	哥伦比亚电影公司
频率计数										
H 次数	8	8	4				1	2	0	
M 次数	10	9	10				13	7	5	
L 次数	0	1	4				4	9	13	
总计	18	18	18				18	18	18	
VC > CC	10	12	10		15					
VC = CC	7	5	8		2					
VC < CC	1	1	0		1					
总计	18	18	18		18					

表 A.8　管理连续性的证据

方法：在评估高瞻远瞩公司和对照公司的管理连续性时，我们考虑了以下方面的证据： A：内部与外部首席执行官 B：无“英雄式领袖真空”或“救世主综合征” C：正规的管理发展规划和机制 D：详尽的继任规划和 CEO 的选择机制 在每一个类别中，我们根据所获得的证据给每一家高瞻远瞩公司和对照公司评级。然后在依据这些方面取得的公司评级总和的基础上计算出整体指数，“H”的得分为 3，“M”的得分为 2，“L”的得分为 1
A：内部 / 外部 H：有重要证据表明，公司在历史上只从内部选择首席执行官 M：有证据表明，公司在历史上主要从内部选择首席执行官，但有一两次背离该原则的情况 L：有证据表明，公司有两次以上的情况背离了“只从内部选择”的原则
B：无“英雄式领袖真空”或“救世主综合征” H：没有证据表明，公司经历过“英雄式领袖真空”（一位强有力的 CEO 离任后缺乏高度合格的继任者）或“救世主综合征”（在困难时期，寄希望从外部降临一位“救世主”以拯救公司） M：有证据表明，在公司历史上至少有一次经历过“英雄式领袖真空”或“救世主综合征” L：有证据表明，在公司历史上至少有两次经历过“英雄式领袖真空”或“救世主综合征”
C：管理发展机制 H：有重要证据表明，公司在历史上有意识地加强管理发展，手段包括内部管理培训计划、循环计划、有意识地利用相关工作经历培养经理人、接触高级管理事项和思路等 M：有某些证据表明，公司在历史上有意识地加强管理发展，但证据不够突出，而且 / 或者不及那些取得“H”的公司在历史上更连续地有意识地采用管理发展机制 L：很少或没有证据表明，公司在历史上有意识地加强管理发展
D：继任规划与 CEO 的选择机制 H：有重要证据表明，公司在历史上曾有详尽的继任规划和正规的 CEO 选择机制 M：有某些证据表明，公司在历史上曾有详尽的继任规划和正规的CEO选择机制，但证据不够突出，而且 / 或者不及那些取得“H”的公司在历史上更连续地有意识地采用继任规划与 CEO 选择机制 L：很少或没有证据表明，公司在历史上曾有详尽的继任规划和正规的 CEO 选择机制

高瞻远瞩公司	"A"	"B"	"C"	"D"	指数分	总△	指数分	"A"	"B"	"C"	"D"	对照公司
3M公司	H	H	M	H	11.00	3.00	8.00	M	H	L	M	诺顿公司
美国运通公司	H	M	M	M	9.00	3.00	6.00	L	M	M	L	富国银行
波音公司	H	H	M	H	11.00	4.00	7.00	H	M	L	L	麦道公司
花旗银行	H	H	H	M	11.00	5.00	6.00	L	L	M	M	大通曼哈顿银行
福特汽车公司	H	M	M	M	9.00	0.00	9.00	M	M	H	M	通用汽车公司
通用电气公司	H	H	H	H	12.00	5.00	7.00	L	M	M	M	西屋公司
惠普公司	H	H	H	H	12.00	3.00	9.00	H	M	M	M	德州仪器公司
IBM公司	H	M	H	M	10.00	4.00	6.00	M	M	L	L	宝来公司
强生公司	H	H	H	M	11.00	1.00	10.00	H	H	M	M	百时美公司
万豪酒店	H	H	M	M	10.00	4.00	6.00	L	M	L	M	豪生酒店
默克制药	H	H	M	M	10.00	0.00	10.00	H	H	M	M	辉瑞制药
摩托罗拉公司	H	H	H	H	12.00	7.00	5.00	M	L	L	L	顶峰公司
诺思通公司	H	H	M	H	11.00	2.00	9.00	H	M	M	M	梅尔维尔公司
菲利普·莫里斯公司	L	M	M	M	7.00	0.00	7.00	L	M	M	M	雷诺公司
宝洁公司	H	H	H	H	12.00	6.00	6.00	M	L	M	L	高露洁公司
索尼公司	H	H	M	M	10.00	2.00	8.00	M	M	M	M	健伍公司
沃尔玛公司	H	H	M	M	10.00	5.00	5.00	M	L	L	L	Ames 百货公司
迪士尼公司	M	L	M	L	6.00	2.00	4.00	L	L	L	L	哥伦比亚电影公司
频率计数												
H 次数	16	13	7	7				5	3	1	0	
M 次数	1	4	11	10				7	10	10	11	
L 次数	1	1	0	1				6	5	7	7	
总计	18	18	18	18				18	18	18	18	
VC > CC	12	10	12	10		15						
VC = CC	6	8	5	8		3						
VC < CC	0	0	1	0		0						
总计	18	18	18	18		18						

表 A.8　的支持数据　CEO 统计数据 1806—1992 年

高瞻远瞩公司	CEO 人数	平均任期	外聘 CEO 人数	外聘 CEO 人数	平均任期	CEO 人数	对照公司
3M	12	7.50	0	1	8.92	12	诺顿公司
美国运通公司	9	15.78	0	4	9.33	15	富国银行
波音公司	8	9.63	0	0	14.40	5	麦道公司
花旗银行	20	9.00	0	4	11.50	10	大通曼哈顿银行
福特汽车公司	5	17.80	0	2	7.00	12	通用汽车公司
通用电气公司	7	14.29	0	3	8.15	13	西屋公司
惠普公司	3	18.00	0	0	7.75	8	德州仪器公司
IBM 公司	6	13.50	0	1	10.00	10	宝来公司
强生公司	7	15.14	0	0	21.00	5	百时美公司
万豪酒店	2	32.50	0	3	13.40	5	豪生酒店
默克制药	5	20.20	0	0	13.00	11	辉瑞制药
摩托罗拉公司	3	21.33	0	1	11.50	6	顶峰公司
诺思通公司	3	30.33	0	0	20.00	5	梅尔维尔公司
菲利普·莫里斯公司	12	12.08	3	3	8.36	14	雷诺公司
宝洁公司	9	17.22	0	1	16.91	11	高露洁公司
索尼公司	2	23.50	0	1	11.50	4	健伍公司
沃尔玛公司	2	23.50	0	2	8.50	4	Ames 百货公司
迪士尼公司	6	11.50	1	5	9.00	8	哥伦比亚电影公司
平均	6.72	17.38			11.68	8.78	
总计	121		4	31		158	
我们掌握内部及外部数据的 CEO 人数	113					140	
外聘 CEO 占总人数的百分比	3.54%					22.14%	

表 A.9　通用电气公司 CEO 在任期间的业绩排名

排名	通用电气 CEO 在任时期	年均税前权益回报率
1	威尔逊，1940—1949	46.72%
2	科迪纳，1950—1963	40.49%
3	琼斯，1973—1980	29.70%
4	博尔奇，1964—1972	27.52%
5	韦尔奇，1981—1990	26.29%
6	科芬，1915—1921	14.52%
7	斯沃普 / 杨格，1922—1939	12.63%

排名	平均每年与大盘股市相关的累计股票收益业绩	排名	与西屋公司相比较的年均累计股票收益业绩
1	斯沃普 / 杨格 1929—1939	1	科迪纳，1950—1963
2	韦尔奇，1981—1990	2	琼斯，1973—1980
3	科迪纳，1950—1963	3	斯沃普 / 杨格 1926—1939
4	博尔奇，1964—1972	4	威尔森，1940—1949
5	威尔逊，1940—1949	5	韦尔奇，1981—1990
6	琼斯，1973—1980	6	博尔奇，1964—1972

股票收益原始数据：

累计股票收益	年数	通用电气期初	通用电气期末	市场期初	市场期末	西屋期初	西屋期末
斯沃普 / 杨格	13	$1.00	$2.93	$1.00	$1.69	$1.00	$2.83
威尔森	10	$2.93	$4.88	$1.69	$4.22	$2.83	$5.04
科迪纳	14	$4.88	$50.96	$4.22	$31.63	$5.04	$17.60
博尔奇	9	$50.96	$108.23	$31.63	$68.18	$17.60	$56.39
琼斯	8	$108.23	$99.15	$68.18	$89.71	$56.39	$38.57
韦尔奇	10	$99.15	$679.25	$89.71	$415.18	$38.57	$345.94

表 A.9 注释

1. 计算方式为税前利润除以年末股本
2. 1990 年，我们的权益资本利润数据库削减。但是，从 1991 年和 1992 年的年度报表中，我们发现，加进这额外几年后，排名顺序并没有变化。1980—1992 年韦尔奇时期的权益资本利润为 26.83%。在计算中，我们未考虑退休年金带来的变化
3. 最早只有 1915 年的权益资本利润数据库；科芬开始就职的时间为 1892 年
4. 斯沃普和杨格作为一个管理团队
5. 计算方式为，CEO 时期的累计通用电气股票收益与通用电气 CEO 时期累计大盘股票收益的比率
6. 我们的股票收益数据库运转时间为 1926 年 1 月 ~1990 年 12 月
7. 计算方式为，CEO 时期的累计通用电气股票收益与通用电气 CEO 时期累计大盘股票收益或累计西屋公司股票收益的比率
8. 由于西屋公司的困难和通用电气在 1988—1993 年取得的成功，我们预计，韦尔奇领导下的通用电气在该方面将取得大幅提高

表 A.10　自我提高的证据

方法：在评估高瞻远瞩公司与对照公司的自我提高时，我们考虑了以下几个方面的证据： A：长期投资额（PP&E、R&D、盈利额、再投资额） B：人才能力投资：招聘、培训、培养 C：及早采纳新技术、新方法、新工艺 D：激励提高的机制 在每一个类别中，我们根据所获得的证据给每一家高瞻远瞩公司和对照公司评级。然后在依据这些方面取得的公司评级总和的基础上计算出整体指数，“H”的得分为 3，“M”的得分为 2，“L”的得分为 1
A：长期投资额 H：有重要证据表明，公司有依据作为销售，研发支出和股息支付率的 PP&E 比率为长远发展再投资收益的历史 M：有某些证据表明，公司有为长远发展再投资收益的历史 L：有证据表明，公司忽视了对长远发展的投资

（续表）

B：人才能力投资 H：有重要证据表明，公司有对员工的招聘、培训和职业发展进行投资（即使在衰退时期）的历史 M：有某些证据表明，公司有对员工的招聘、培训和职业发展进行投资（即使在衰退时期）的历史 L：很少有证据表明，公司有对员工的招聘、培训和职业发展进行投资（即使在衰退时期）的历史
C：及早采纳 H：有重要证据表明，公司有及早采纳如新技术、新工艺或新管理方法的历史 M：有某些证据表明，公司有及早采纳如新技术、新工艺或新管理方法的历史 L：有证据表明，公司采纳新技术、新工艺、新管理方法的时间较晚
D：机制 H：有重要证据表明，公司有"困苦机制"的历史，迫使公司在外部环境要求变化的改进之前做出变化和改进 M：有某些证据表明，公司有"困苦机制"的历史，迫使公司在外部环境要求变化的改进之前做出变化和改进 L：很少或没有证据表明，公司有"困苦机制"的历史，迫使公司在外部环境要求变化的改进之前做出变化和改进

高瞻远瞩公司	“A”	“B”	“C”	“D”	指数分	总△	指数分	“A”	“B”	“C”	“D”	对照公司
3M 公司	M	H	H	H	11.00	4.00	7.00	L	M	M	M	诺顿公司
美国运通公司	M	M	L	L	6.00	0.00	6.00	M	M	L	L	富国银行
波音公司	M	M	H	H	10.00	3.00	7.00	M	L	M	M	麦道公司
花旗银行	M	H	H	M	10.00	4.00	6.00	M	M	L	L	大通曼哈顿银行
福特汽车公司	M	M	M	M	8.00	1.00	7.00	M	M	M	L	通用汽车公司
通用电气公司	M	H	H	H	11.00	4.00	7.00	M	L	M	M	西屋公司
惠普公司	H	H	M	H	11.00	2.00	9.00	M	M	H	M	德州仪器公司
IBM 公司	H	H	M	L	9.00	4.00	5.00	M	L	L	L	宝来公司
强生公司	M	M	H	M	9.00	2.00	7.00	M	L	M	M	百时美公司
万豪酒店	H	H	M	H	11.00	4.00	7.00	M	L	M	M	豪生酒店
默克制药	H	H	M	H	11.00	3.00	8.00	M	M	M	M	辉瑞制药
摩托罗拉公司	M	H	H	H	11.00	6.00	5.00	L	L	L	M	顶峰公司
诺思通公司	H	M	M	H	10.00	2.00	8.00	M	M	M	M	梅尔维尔公司
菲利普·莫里斯公司	M	M	M	M	8.00	3.00	5.00	L	M	L	L	雷诺公司
宝洁公司	M	H	H	H	11.00	5.00	6.00	L	M	M	L	高露洁公司
索尼公司	M	M	M	M	8.00	0.00	8.00	M	M	M	M	健伍公司
沃尔玛公司	M	M	H	H	10.00	5.00	5.00	M	L	L	L	Ames 百货公司
迪士尼公司	H	H	H	L	10.00	6.00	4.00	L	L	L	L	哥伦比亚电影公司
频率计数												
H 次数	6	10	9	10				0	0	1	0	
M 次数	12	8	8	5				13	10	10	10	
L 次数	0	0	1	3				5	8	7	8	
总计	18	18	18	18				18	18	18	18	
VC > CC	10	13	11	13		16						
VC = CC	8	5	6	5		2						
VC < CC	0	0	1	0		0						
总计	18	18	18	18		18						

表 A.10 的支持数据 （作为销售百分比的固定资产年均增长）

形成对照的公司	高瞻远瞩公司	对照公司	对照年度
3M/ 诺顿	3.50%	1.44%	1961—1986
美国运通 / 富国银行	不详	不详	不详
波音 / 麦道	0.70%	11.84%	1967—1986
花旗 / 大通曼哈顿	不详	不详	不详
福特 / 通用	2.19%	1.80%	1950—1986
通用电气 / 西屋	1.23%	1.43%	1915—1987
惠普 / 德州仪器	4.13%	2.89%	1957—1990
IBM/ 宝来	8.03%	3.28%	1934—1988
强生 / 百时美	2.38%	2.23%	1943—1988
万豪 / 豪生酒店	9.29%	4.20%	1960—1978
默克 / 辉瑞	3.59%	3.54%	1941—1990
摩托罗拉 / 顶峰	2.66%	0.72%	1942—1990
诺斯通 / 梅尔维尔	5.03%	1.23%	1971—1988
菲利普 · 莫里斯 / 雷诺	2.11%	1.13%	1937—1990
宝洁 / 高露洁	2.32%	1.15%	1928—1988
索尼 / 健伍	不详	不详	不详
沃尔玛 /Ames 百货	2.53%	2.33%	1970—1989
迪士尼 / 哥伦比亚	7.00%	0.34%	1939—1980

表 A.10 的支持数据 （年均股息支付率）

形成对照的公司	高瞻远瞩公司	对照公司	对照年度
3M/ 诺顿	0.50	0.50	1961—1986
美国运通 / 富国银行	不详	不详	不详
波音 / 麦道	0.27	0.17	1967—1986
花旗 / 大通曼哈顿	0.40	0.47	1954—1989
福特 / 通用	0.36	0.65	1950—1986
通用电气 / 西屋	0.65	0.51	1915—1987
惠普 / 德州仪器	0.10	0.23	1957—1990
IBM/ 宝来	0.50	0.64	1934—1988
强生 / 百时美	0.32	0.52	1943—1988
万豪 / 豪生	0.20	0.27	1960—1978
默克 / 辉瑞	0.55	0.47	1941—1990
摩托罗拉 / 顶峰	0.32	0.52	1942—1990
诺思通 / 梅尔维尔	0.15	0.34	1971—1988
菲利普 · 莫里斯 / 雷诺	0.54	0.63	1937—1990
宝洁 / 高露洁	0.79	0.70	1926—1988
索尼 / 健伍	不详	不详	不详
沃尔玛 /Ames 百货	0.10	0.12	1970—1989
迪士尼 / 哥伦比亚	0.06	0.27	1950—1980

图书在版编目（CIP）数据

基业长青 /（美）吉姆·柯林斯，（美）杰里·波勒斯著；真如译 . -- 北京：中信出版社，2021.4

（中信经典丛书 . 001）

书名原文：Built to last

ISBN 978-7-5217-2887-3

Ⅰ. ①基… Ⅱ. ①吉… ②杰… ③真… Ⅲ. ①企业领导学 Ⅳ. ① F272.91

中国版本图书馆 CIP 数据核字（2021）第 042487 号

基业长青

（中信经典丛书 · 001）

著　　者：[美] 吉姆 · 柯林斯　[美] 杰里 · 波勒斯

译　　者：真如

责任编辑：章文

出版发行：中信出版集团股份有限公司

（北京市朝阳区惠新东街甲 4 号富盛大厦 2 座　邮编　100029）

承 印 者：北京中科印刷有限公司

开　　本：880mm × 1230mm　1/32　　印　　张：99.5　　字　　数：2287 千字

版　　次：2021 年 4 月第 1 版　　印　　次：2021 年 4 月第 1 次印刷

京权图字：01–2018–5971

书　　号：ISBN 978–7–5217–2887–3

定　　价：880.00 元（全 8 册）

I

从优秀到卓越

GOOD TO GREAT

WHY SOME COMPANIES MAKE THE LEAP...
AND OTHERS DON'T

[美] 吉姆·柯林斯
著

俞利军
译

中信出版集团 | 北京

目录

前言

在本书的手稿即将完成之际，我来到了位于科罗拉多州博尔德的埃尔多拉多–斯普林斯峡谷。这个峡谷就在我家南面。我沿着一条陡峭多石的山间小路登上山顶，在我最喜爱的一个休息地驻足。远方的腹地依然是银装素裹。正在那时，一个奇怪的问题突然闪现在我脑海中：要出多少钱才能让我放弃出版《从优秀到卓越》呢？

这个问题的确很有趣，因为此前我已经花了5年时间调研和撰写本书，因此给多少钱我都不会放弃。而当我的思绪跨越上亿美元的门槛后，我已经到了该沿原路返回的时候了。本来就乐于分享新知的我，无法想象如果不能把自己的知识与全世界的好学之士一同分享会怎样。而本书也正是在这种学而不厌、诲人不倦的精神鼓舞下才得以问世的。

在度过几个月僧侣式的隐居生活后，我很乐意收到其他人的反馈，了解本书哪些部分能给他们带来益处，哪些不能。我希望大家能从本书中获益，并将学到的知识运用于大到社会事业、公司事务，小到生活琐事的处理之中。

吉姆·柯林斯，

于科罗拉多州博尔德

jimcollins@aol.com

www.jimcollins.com

第一章

优秀是卓越的大敌

令死神望而却步的，是永无止境的好奇心。

——《夜航西飞》，柏瑞尔·马卡姆

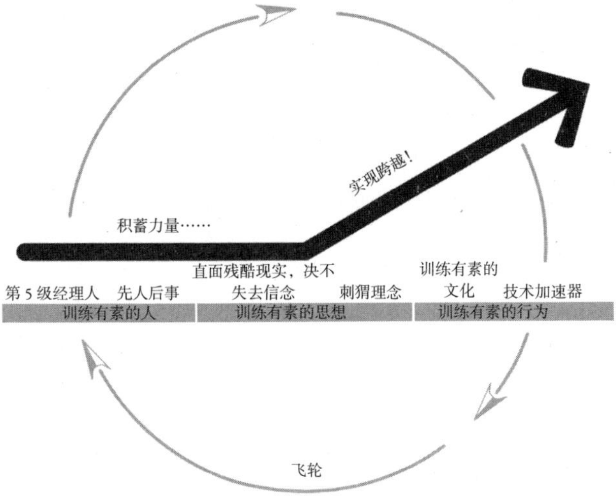

优秀是卓越的大敌。

这就是鲜有优秀者实现卓越的主要原因。

我们没有卓越的学校，主要是因为我们有优秀的学校。我们没有卓越的政府，大抵是因为我们有优秀的政府。很少有人能过上美满的生活，基本是因为过上好生活很容易。绝大多数公司始终未能成为卓越的公司，是因为它们绝大多数都是优秀的公司，而这正是它们的主要问题。

1996 年，这一想法在我头脑中已经变得相当清晰明确了。当时，我正与思想界的一群精英一道进餐，讨论组织业绩问题。麦肯锡公司旧金山办事处的总经理比尔·米汉探过身来，漫不经心地向我吐露："喂，吉姆，我们都很喜欢《基业长青》那本书。你和另一位作者在调研和著书方面都干得非常出色。但遗憾的是，那本书毫无用处。"

我很好奇，请他解释一下。

"你所写的大部分公司自始至终都非常卓越，"他说，"它们不必将自己从优秀公司变为卓越公司。这些公司有像戴维·帕卡德（Dave Packard，惠普公司创始人）和乔治·默克（George W. Merck，默克制药公司创始人）那样的创始人，他们从一开始就塑造了公司的卓越气质。但是大多数公司都是中途觉醒，发现自己只是优秀公司而非卓越公司。它们该怎么办？"

回想当时的情景，我感到米汉做出"毫无用处"的评价虽然有些夸张，但是他的观察是正确的——大部分真正卓越的公司自始至终都是卓越的，而大多数公司却一如既往地未能成为卓越公司。米汉的评价的确是千金难买。他的那个问题犹如播下的一粒种子逐渐成长为本书的根基，那就是优秀公司能否转变为卓越公司。如果可以，我们怎样才能做到？换句话说，“安于现状”的顽疾是否真的无药可治？

5年后的今天，我们可以很肯定地说，优秀公司变为卓越公司的案例确实存在，而且我们已经掌握了促成这种转变的潜在因素。受到米汉的启发，我和我的研究小组开始了一项历时5年的研究工作，试图探索从优秀公司成长为卓越公司的内在机制。

图1–1能使你很快领会这一项目的思路。实际上，我们找出了一些公司，它们实现了从优秀到卓越的跨越，并至少将这一业绩保持了15年之久。另外，我们还精选出一批未能实现这一跨越或实现了跨越但不能持之以恒的公司作为参照。我们将这些公司进行对比，挖掘出其中最根本、最显著的决定性因素。

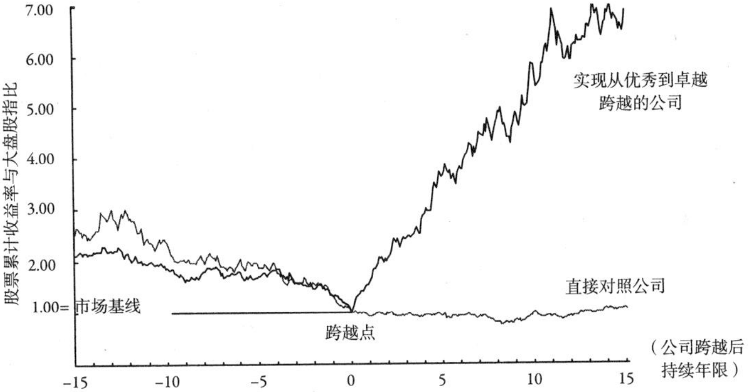

图1–1　相对于大盘股指的股票累计收益率

注：1.00=市场基线，表示平均收益率，各公司在跨越期的收益率定为1.00

所有最终入选实现从优秀到卓越跨越的公司，都拥有非同寻常的骄人业绩。在它们实现跨越的15年里，公司股票的平均累计收益率是大盘股票平均累计收益率的6.9倍。举个例子，通用电气（20世纪末公认的拥有最杰出领导者的美国公司）在1985年至2000年的这15年间，其股票累计收益率是市场一般股票的2.8倍。再比如，如果你在1965年向这些实现跨越的公司中的一家共同基金投资1美元，并以市场平均价格持股一直到跨越点，同时向市场上一般的股票基金投资1美元，那么到2000年1月1日，前者将增长471倍，与之相比，后者只增长56倍（见图1-2）。

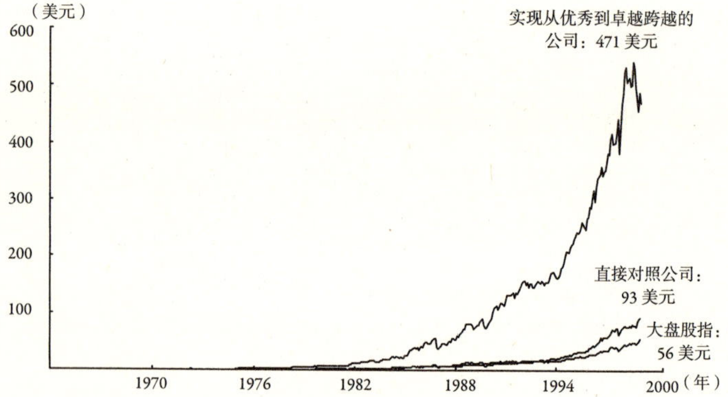

图1-2　投资1美元的股票累计收益（1965—2000年）

注：（1）1965年1月1日，在两类公司中分别投入1美元；（2）每个公司按市场平均收益率持股，直到跨越日期；（3）每种基金的累计价值截至2000年1月1日；（4）再投入股息，调节分摊至所有股票

这些都是令人注目的数字，要知道这些收益都是由曾经默默无闻的公司创造出来的。沃尔格林公司是其中一个很好的例子。40多年来，沃尔格林一直是一个业绩平平的普通公司，其业绩接近大盘指数基金。然而在1975年，沃尔格林的股票突然开始一路攀升，并一直保持强劲增长的势头。1975年12月31日—2000年1月1日，向沃尔格林投资1美元的收益几乎是投资科技巨星

英特尔公司所获收益的2倍，通用电气的5倍，可口可乐的8倍，大盘指数基金的15倍（包括在1999年年底猛增的纳斯达克股票）。

长期以来，沃尔格林一直是一个不起眼儿的公司，而现在它的业绩却超过了部分世界一流的公司。它是怎样完成这一转变的？在资源配置相似、机会均等的条件下，为什么沃尔格林公司能获得跨越式发展，而其同行，如埃克德公司，却无法实现这一跨越？这个案例集中体现了我们探索的本质。

本书要探讨的不是沃尔格林公司本身，也不是我们研究过的某公司，而是要找出一个问题的答案：一家优秀的公司能否转变为卓越公司？如果可以，我们应该怎样转变？我们寻找的答案不受时间、地域的限制，而且普遍适用于任何机构。

> 这次历时5年的不懈探索卓有成效。其中有些结果令人惊奇，它们与传统的看法截然相反。但是有一点可以肯定，我们相信，只要采纳我们得出的一整套观点并认真贯彻执行，绝大多数公司都能极大地改善自己的经营状况，甚至可能成为卓越公司。

本书致力于将我们的研究成果传授给大家。开篇第一章的剩余部分主要介绍了此项探索的过程，勾勒出我们的研究方法，并说明我们的研究成果要点。在第二章里，我们将从最有启发意义的一点——第5级经理人开始，深入探讨我们的研究成果。

无所畏惧的好奇心

经常会有人问我：“是什么促使你从事这项艰巨的研究项目

的？”这个问题问得很好。最简单的答案只有一个：好奇心。选择一个不知道答案的问题，然后着手找答案，没有什么比这更能令我兴奋的了。这就好像刘易斯和克拉克[1]那样，爬上船，向西而行。他们说：“我们不知道在那里会发现什么，但我们回来时，一定会把我们的发现告诉你。”这是一种由衷的满足感。在此，我们将向你简要介绍这次特别的求知之旅。

第一阶段：搜索

带着这个问题，我开始组建研究小组。在本书中，我用“我们”指代整个研究小组。我们共有 21 名成员从事这个项目中所有关键问题的研究工作，通常是 4 至 6 人一组。

我们的第一个任务，就是找出具有图 1–1 中实现从优秀到卓越跨越模式的公司。为此，我们开始了一项为期 6 个月的“财务分析”研究。我们的目标公司必须具备以下基本特征：它的股票累计收益率在 15 年内与市场平均水平持平或低于市场平均水平，此后有一个明显的转折点，在随后的 15 年中，其股票累计收益率至少是市场平均水平的 3 倍。我们选择以 15 年为限，是为了排除诸如暂时的成功和一时的运气等干扰因素（因为你不可能一直走运 15 年），而且这一期限也超过了大多数首席执行官的任期（这有助于我们将真正的卓越公司与那些只拥有卓越领导者的公司区分开来）。我们之所以采用 3 倍这一标准，是因为它意味着公司业绩超出了大多数公认的卓越公司的业绩。为了说明问

1. 1804 年，克拉克和刘易斯率领探险队，成功地进行了美国历史上第一次横跨美国大陆的考察。——编者注

题，我们观察到1985—2000年，“侯爵级”公司的平均业绩仅是市场平均业绩的2.5倍，这些公司包括3M、波音、可口可乐、通用电气、惠普、英特尔、强生、默克、摩托罗拉、百事可乐、宝洁、沃尔玛和迪士尼。这些公司绝非等闲之辈。

我们对在1965—1995年这30年中出现在《财富》美国500强排行榜上的公司，进行了系统的搜索和筛选，最终确定了11家实现卓越的公司（关于我们的搜寻工作，我在附录1.1中有详细的说明）。但是，其中有几点必须在此做出说明：第一，一个公司表现出的从优秀到卓越的模式必须独立于本行业。倘若整个行业都是如此，我们就放弃这个公司。第二，我们曾讨论过除了采用股票累计收益率之外，是否应该采用其他一些附加指标，比如对社会的影响力或员工的福利，但对这一问题，最终我们还是决定将选择标准限定为从优秀到卓越结果的模式，因为我们无法想出其他任何更合理、一致的方法，可以保证我们在根据这些附加指标做出选择时不会带入个人偏见。在最后一章里，我将阐述公司价值观和卓越公司长盛不衰之间的关系。但是整个项目的研究焦点在于，如何将一个优秀的组织变成一个能创造可持续卓越业绩的组织。

初见这份清单（见表1–1），我们大吃一惊：谁料到房利美能击败像通用电气和可口可乐这样的大公司呢？我们更不会料到沃尔格林会击败英特尔。这份令人惊奇的清单上所列出的公司看似名不见经传，却给我们上了重要的一课：即使在最不可能的情况下，优秀公司也有可能转变为卓越公司。这一令人惊奇的发现，引导我们重新审视我们关于公司卓越性的看法。

表 1-1　实现从优秀到卓越跨越的公司

公司	从跨越点到此后 15 年间的业绩 *（倍）	起始和终止年份（年）
雅培公司	3.98	1974—1989
电路城公司	18.50	1982—1997
房利美	7.56	1984—1999
吉列公司	7.39	1980—1995
金佰利公司	3.42	1972—1987
克罗格公司	4.17	1973—1988
纽柯公司	5.16	1975—1990
菲利普·莫里斯公司	7.06	1964—1979
必能宝公司	7.16	1973—1988
沃尔格林公司	7.34	1975—1990
富国银行	3.99	1983—1998

注：* 相对于大盘股指的股票累计收益率的倍数

第二阶段：与谁相比

接着，我们进行了可能是整个研究过程中最重要的一个步骤：将实现跨越的公司，与精心挑选出的对照公司做对比。我们的研究中最关键的问题，并非“这些实现跨越的公司之间有什么共同点”，而是“这些公司有哪些共同点令它们区别于对照公司”（见表 1-2）。你可以这样想：你打算研究在奥林匹克运动会中是什么令运动员成为金牌得主的，如果你只研究那些金牌得主，你就会发现他们都有教练。但要是再看看奥林匹克运动会上其他从未得过金牌的运动员，我们就会发现他们同样有教练！问题的关键在于，“令金牌得主与那些从未得过金牌的运动员有区别的根本原因是什么”。

表 1–2　全部研究对象

实现卓越的公司	直接对照公司	间接对照公司
雅培公司	普强公司（Upjohn）	宝来公司（Burroughs）
电路城公司	Silo	克莱斯勒公司（Chrysler）
房利美	大西部金融公司（Great Western）	哈里斯公司（Harris）
吉列公司	华纳—兰伯特公司（Warner-Lambert）	孩之宝公司（Hasbro）
金佰利公司	斯科特纸业（Scott Paper）	乐柏美公司（Rubbermaid）
克罗格公司	大西洋和太平洋食品公司（A&P）	特利丹公司（Teledyne）
纽柯公司	伯利恒钢铁公司（Bethlehem Steel）	
菲利普·莫里斯公司	雷诺烟草公司（Reynolds）	
必能宝公司	信件和文件复印机公司（Addressograph）	
沃尔格林公司	Eckerd	
富国银行	美洲银行（Bank of America）	

我们共选出了两组对照公司。第一组是“直接对照公司”——在跨越点与实现跨越的公司在同一行业，拥有相似资源、相同机会，但未能实现跨越的公司（有关挑选过程的细节请见附录 1.2）；第二组是“未能保持卓越的对照公司”——这些公司在短期内实现了从优秀到卓越的跨越，但未能保持这一发展势头，不符合持久性的要求（挑选细节详见附录 1.3）。我们总共挑选了

28 家公司——11 家实现了从优秀到卓越跨越的公司（以下称实现跨越的公司），11 家直接对照公司和 6 家未能保持卓越的对照公司（以下称间接对照公司）。

第三阶段：黑匣子之内

现在，我们将注意力集中到对每个案例所进行的深层分析之中。我们收集了过去 50 年甚至更早发表的有关这 28 家公司的所有文章。经过系统分析，我们将这些资料归入战略、技术及领导等类别。接着，我们采访了实现跨越的公司的很多主管，他们都在公司跨越期位居要职。我们还进行了一系列大范围的定性和定量分析：从收购到经理人薪酬，从商业策略到公司文化，从裁员到领导风格，从财务分配比值到管理层更替，不一而足。所有这些工作，耗费了 10 人 5 年的心血。我们阅读并系统整理了近 6 000 篇文章，记录了 2 000 多页的专访内容，创建了 3.84 亿字节的电脑数据（我们所有的分析和调查，详见附录 1.4）。

我们的研究活动好像在窥视一个黑匣子。在此过程中每走一步，我们就好像又安装了一盏灯，照亮了从优秀到卓越过程中的内在机制（见图 1–3）。

收集到所有数据后，我们展开了一系列每周小组讨论。对这 28 家公司中的每一家，我和研究小组成员都会系统地阅读所有文章，并对它们进行分析、采访和调研归类。我会针对每个公司做一个专题介绍，得出初步结论，然后向研究小组成员提问。此后我们总会展开辩论，大家各抒己见，甚至拍桌子、提高嗓门大喊。之后我们也会冷静下来，进行反思，再辩论，再反思，再讨论，最后达成一致意见，但我们也可能就“这些数据究竟意味着

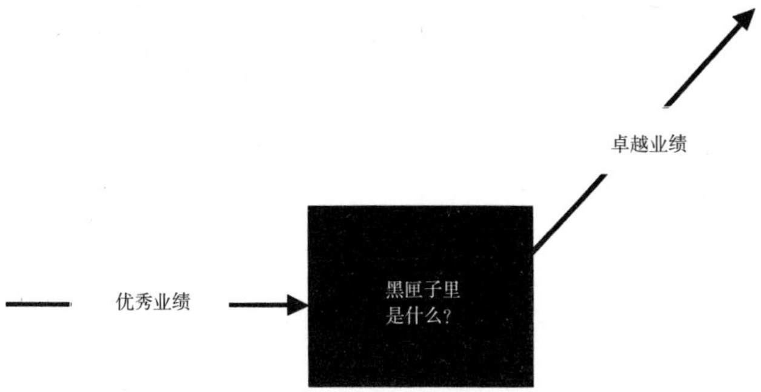

图 1-3

什么”再进行提问和辩论。

本书中的所有理念都是直接从数据中得出的经验性推论，了解这一点很重要。我们开始这个项目不是为了测试或证明某理论，而是想直接在这些证据的基础上建立某理论。

我们的方法的核心，就是将实现跨越的公司与对照公司进行系统对比，并不断问自己二者的不同点在哪里。

我们对“不叫的狗”也做了专门记录。在福尔摩斯经典故事《银色马》中，福尔摩斯将“一只狗出现在午夜的奇怪事件”断定为案件的关键线索。福尔摩斯认为，那只狗出现在午夜却什么也没做，这很奇怪，并由此推定本案的首要犯罪嫌疑人应该是一个熟悉这只狗的人。

在整个研究过程中，那些我们没有找到的东西——我们认为本应该叫而没有叫的狗，反而成了揭示从优秀到卓越的内在机制的最好线索。当步入黑匣子内部打开灯时，我们会吃惊地发现那些一度被我们忽视的东西。

从公司外部请来被奉若神明的名人做领导，往往对公司从优秀到卓越的跨越过程起消极作用。在11家实现跨越的公司中，有10家的首席执行官是从公司内部提拔的。而对照公司向外部求援的次数，大约是实现跨越公司的6倍。

我们没有发现任何能将经理人的特定薪酬形式与从优秀到卓越的过程联系起来的系统模式。认为经理人薪酬结构是公司经营业绩主要推动力的观点，没有得到任何数据的支持。

战略本身并不能将实现跨越的公司与对照公司区分开来。两组公司都制定了明确的战略，而且也没有证据表明，那些实现跨越的公司在制定长期战略上花的时间比对照公司多。

实现跨越的公司不仅关注做哪些事才能成为卓越公司，而且关注哪些事不该做，哪些事应该停止。

技术以及技术推动的变革，实际上并不能激发从优秀到卓越的跨越。技术能加速其转变，却不能促使其实现跨越。

合并和收购在推动从优秀到卓越的跨越中并没有起到任何作用。两个平庸的公司，即使规模都很大，合并后也不可能变成一家卓越的公司。

实现跨越的公司，不刻意创造转型或者激励员工或者营造公司上下一致的气氛。在适当的条件下，一切诸如责任感、一致性、动机、变革的问题都会迎刃而解。

实现跨越的公司在发生质变时，没有任何名称、标志、事件或计划表明其已发生变化。实际上，一些公司高管甚至表示，他们在当时并未意识到实现了巨大的飞跃，他们只是在事后反思时，才清醒地意识到这一转变。这些公司的确实现了革命性跨越，但它们并非通过革命性的过程才取得这样的结果。

整体来说，实现跨越的公司从事的并非景气行业，有些甚至是处境艰难的行业。在这些卓越的公司中，我们还没遇到一个公司是因为“碰巧在火箭发射时坐在火箭头上”而取得成功的。卓越并非环境的产物，在很大程度上，它是一种慎重决策的结果。

第四阶段：从千头万绪到理念明晰

我一直试图用一个最简单的办法，找出隐含在这些数据、分析、辩论和“不叫的狗”中的有用信息，并将其汇集到本书中。我所知道的最佳答案是：这是一个循环往复的互动过程，先得出一些观点，再用数据对其进行检验，然后修正原有的观点，构建一个理念框架，看它能否承载事实的重量，直到所有的观点都能融合汇集成一个前后贯通的理念框架。每个人都有一两项特长，我认为自己的特长是从一堆纷繁的信息中发现其内在的结构和顺序——从千头万绪中提炼出明确的理念。

尽管如此，我仍然要再次强调，最终框架中的理念并非我个人的“观点”。虽然在这次研究中，我不能完全排除自己的观点和成见，但是所有结论只有在经过严格的检验之后，才能得到整个研究小组的认可。最终框架中的每个基本理念，都作为一个变量出现在所有实现跨越的公司发生转变的关键几年中，但这些变量只出现在不到30%的对照公司中。所有不符合这一标准的观点，都不能在本书中作为一个章节性的概念出现。

这里提供了一个整体理念框架概要，以及本书其他章节内容的预览。我们可以把这一过程想象为积蓄力量，接着实现跨越，然后进入三个更开阔的阶段：训练有素的人、训练有素的思想、训练有素的行为。在这三个阶段中，每一个阶段都包含了两个关键的理念，我们用图 1-4 对此进行了展示，并在图上做了标注。环绕在整个框架周围的是被称作“飞轮”的理念，它囊括了从优秀到卓越全过程的整体特征。

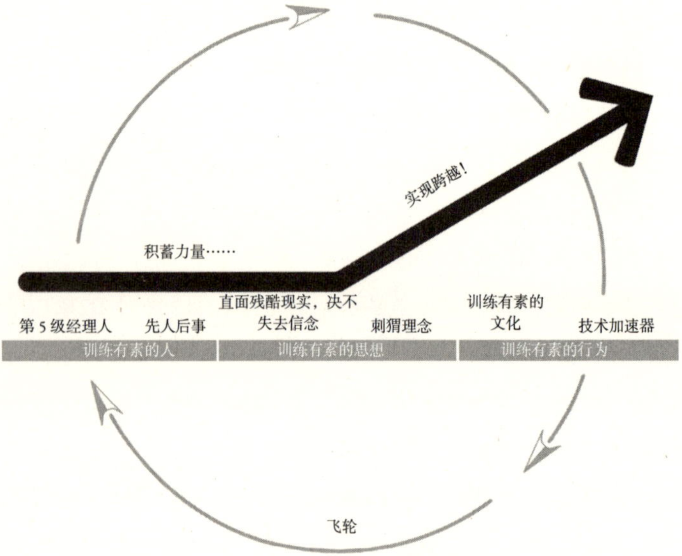

图 1-4　从优秀到卓越的框架

第 5 级经理人。最终找到实现跨越所需的领导者类型时，我们都感到大为惊奇，震撼不已。与一些个性十足、惹人注目、上头条、做名流的公司领导者相比，实现跨越的公司领导者似乎是从火星上来的。他不爱抛头露面、沉默寡言、内向，甚至害羞——这些领导者都是矛盾的混合体：个性谦逊，但表现专业。与其说他们像巴顿和恺撒，不如说他们更像林肯和苏格拉底。

先人后事。我们原以为，实现跨越公司的领导者会从建立一套新构想、新策略入手。相反，我们发现，他们首先集合合适的人选，剔除不合适的人选，并令合适的人选各就其位，然后再考虑下一步该怎么走。“人是最重要的资产”这句格言现在看来也是错误的。人不是最重要的资产，合适的人才是最重要的资产。

直面残酷现实，决不失去信念。我们知道，一位战争的幸存者，比任何一本关于公司策略的书更能教会我们如何找到一条通往卓越的道路。每个实现跨越的公司，都认同我们所说的“斯托克代尔悖论”（The Stockdale Paradox）：不管遭遇什么困难，我们都必须坚信自己最终一定能够获胜；与此同时，不管现实有多么残酷，我们都必须具有与之对抗的素质。

刺猬理念。我们要想完成从优秀到卓越的转变，就必须超越能力紧箍咒。如果因为某项业务是你的主营业务，或仅仅因为你在这一行已经干了几年甚至几十年，你就认为自己在这一行能做到最好，那就大错特错了。如果你在主营业务上不能做到最好，那么这项业务不能成为一个卓越公司的基石。必须有一种理念来取代它，这种理念既简单，又能反映出对三环相交部分的深刻理解。

训练有素的文化。每家公司都有自己的文化，有些公司训练有素，但是具有训练有素的文化的公司却很少见。拥有训练有素的员工时，你不必在公司设置等级制度。拥有训练有素的思想时，你不需要在公司设置层层科室。拥有训练有素的行为时，你不需要进行过多的控制。当把训练有素的文化和企业家的职业道德融合在一起时，你就会得到神奇的能创造卓越业绩的炼金术。

技术加速器。实现跨越的公司对技术的作用有不同的理解。它们不把技术当作引发转变的首要工具，但与之矛盾的是，它们都是运用技术的先锋。当然，这些技术都是它们精心挑选出来的。由此我们得出结论：技术本身从来不是走向卓越或坠入衰落的首要、根本的原因。

飞轮和厄运之轮。那些发起革命、推行激动人心的变革和实行翻天覆地重组的公司，几乎都注定不能完成从优秀到卓越的飞跃。无论最终结局有多么激动人心，从优秀到卓越的转变从来都不是一蹴而就的。在这一过程中，根本没有单一明确的行动、宏伟的计划、一劳永逸的创新，也绝对不存在侥幸的突破和从天而降的奇迹。相反，这一过程酷似将一个沉重的巨型飞轮朝一个方向推动，一圈又一圈，积蓄势能，一直到达突破点，并完成飞跃。

从《从优秀到卓越》到《基业长青》。有意思的是，我现在觉得《从优秀到卓越》不是《基业长青》的续篇，而应该是它的前篇。本书讲的是如何将一个优秀的企业，转变为一个能持续创造非凡业绩的卓越企业。而《基业长青》则是讲如何管理一个卓越企业，使其具有非凡的气质并长盛不衰。完成这一最终的转变需要核心价值和一个超越盈利的目的，再加上一个保持核心或激励进步的关键动力。

你如果已经是《基业长青》的忠实读者，就可以先把对这两本书之间的联系的疑问放到一边，先把注意力放到本书的研究成果上来。在最后一章，我会回到这个问题，将两本书的研究成果联系起来。

从优秀到卓越的永恒的“物理学”

有一次，在一个会议上，我刚向一群互联网的领军人物介绍完我的研究成果，这时其中一位举手向我发问：“你的这些研究成果能继续运用于新经济时代吗？我们是否需要抛弃所有的旧观念重新开始？”这个问题问得好，因为我们生活在一个瞬息万变的时代。这个问题出现的频率太高，所以我想先正面解决这个问题，再讨论本书中有价值的东西。

不错，这个世界正在不断变化，也将继续如此。但这并不意味着我们不应该探索永恒的规律。我们可以这样想：工程学的实践在不断演化、改变，而物理学原理却相对保持不变。我想，我们的工作也是对永恒规律的一种探索——卓越企业所具有的永恒的“物理学原理”——不管我们周围的世界如何变化，它都保持着正确性和相关性。具体的运用（如工程学）确实会发生变化，但是某些关于有组织的人类行为的永恒规律（如物理学）却经久不衰。

事实上，新经济中也没有什么新东西。电、电话、汽车、收音机、半导体的发明，对于有幸目睹它们的人来说，不也是一种新经济吗？难道我们可以说，他们对新经济的感觉没有我们今天的感觉强烈吗？在新经济的每一种形态中，最优秀的领军人物都会严格遵循特定的基本原理。

有人指出，无论是从范围还是从速度来说，如今的变化都远远大于过去任何时候。这话也许有道理。但即便是这样，在我们的研究中，一些公司面临的变化之大都可以与新经济中的任何变化匹敌。例如，20 世纪 80 年代初，随着金融自由化的全面展开，在大约3年的时间里，银行业彻底转变。金融自由化对于银行业来讲无疑是新经济！但富国银行依然运用本书中的每一条结论，创造出了卓越业绩，在金融自由化的大潮中以不变应万变。

当你埋头于后面几章时，请记住关键的一点：本书既不是关于旧经济的，也不是关于新经济的。它甚至不是关于你所读到的那些公司的，更不是关于商业本身的。它最终只跟一件事有关：从优秀到卓越的永恒规律。不管你的公司对业绩是如何定义的，它都能教你如何管理一个优秀的公司并将其变为一个能持续创造非凡业绩的卓越公司。

这听起来可能有些令人吃惊，但我不认为我所做的是关于商业的研究，甚至我并不认为本书从本质上说是一本商业书。相反地，我认为，我的工作是对可令任何一种卓越组织长盛不衰的规律的探索。我对卓越和优秀、杰出和平庸之间有哪些本质区别感到很好奇。我只是将公司作为进入黑匣子之内的一种手段而已。

我之所以这样做，是因为公开上市的公司不同于其他类型的组织，前者具有两大研究优势：一是对业绩有一个公认的标准（由此我们可以严格地选出一组公司作为研究对象）；二是有大量数据可供参考。

优秀是卓越的大敌，这一现象并非仅是一个经济问题，它也是人类普遍面临的问题。我们如果能解读从优秀到卓越的各种奥秘，就能为任何类型的组织提供一些有价值的东西：优秀的学校就能成为卓越的学校，优秀的报纸就能成为卓越的报纸，优秀的政府部门就能变成卓越的政府部门，而优秀的公司也能变成卓越的公司。

因此，我请你们和我一起开始一次探索之旅，发挥你们的聪明才智，找出从优秀到卓越所必需的要素。我也鼓励你们对所学的东西提出质疑，正如我最喜欢的一位教授所说过的那样："最杰出的学生往往是那些不迷信教授的学生。"千真万确。但同时他又说道："你不能仅仅因为不喜欢数据中隐含的意义，就将数据统统扔掉。"在此我将提供所有的资料供你参考，而不是让你盲从我们的结论。你们就是法官和陪审团。

我们让数据说话。

第二章

第5级经理人

你只要不计功利，就能做成任何一件事。

——哈里 · S. 杜鲁门

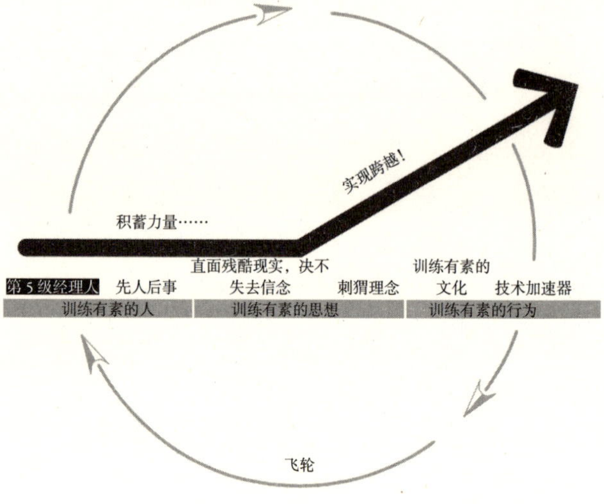

1971年，一个看似普通，名叫达尔文·E.史密斯的人当上了金佰利公司的首席执行官。在此前20年中，这家墨守成规的纸制品公司的股价，已跌至低于市场水平的36%。史密斯此前长期担任该公司的法律顾问，性情温和的他似乎也不能确信董事会的这一决策是否正确——当一位董事将史密斯拉到一边，提醒他缺乏担当此重任的资格时，这种感觉更强烈了。但是他确实成了该公司的首席执行官，并连任了20年。

这是怎样的20年！在此期间，史密斯创造了令人震惊的转变，将金佰利转变为世界一流的纸制品生产公司。在他的任期内，金佰利的股票累计收益率是市场平均水平的4.1倍，一举击败其直接竞争对手斯科特纸业和宝洁公司，并取得了比诸如可口可乐、惠普、3M和通用电气这样令人尊敬的公司还要骄人的业绩。这是一个令人钦佩的业绩，是20世纪实现从优秀到卓越跨越的最佳范例之一。但即便是这样，也很少有人，包括学管理和公司历史专业最勤奋的学生，知道史密斯的任何事情。也许他倒乐于这样：史密斯不是一个妄自尊大的人，他喜欢与管道工、电工结伴。他的假期都是在威斯康星州的农场度过的：驾驶一辆耕田机轰隆隆地绕着农场转，挖坑，搬石头。他从不将自己塑造成一个英雄或知名企业家。当记者问及他的管理风格时，他只是透过那副笨拙的黑框眼镜盯着那名记者。他当时就如一个农场男孩第一次穿上从杰西·潘尼服装店买来的西服那样不自在。经历一段漫长、拘束的沉默后，他仅仅说道："特立独行。"《华尔街日报》也没有为史密斯写过任何引人注目的专访。

但如果你就此认为史密斯是一个温顺的人，你就大错特错了。他笨拙害羞和不事张扬的性格中，流露出一种强烈的、决不向命运低头的坚毅。史密斯成长于印第安纳州的一个农场，家境贫寒，因此他半工半读，念完大学：白天在农场打工，晚上在印第安纳大学上课。史密斯在一次工作中失去了一根手指，但据说他那天晚上仍坚持去上了课，并在第二天照常工作。虽然这可能有些夸张，但他确实没有因为失去一根手指而推迟毕业。史密斯依然白天工作，晚上上课，并获准进入哈佛大学法学院。后来，在他成为首席执行官两个月后，医生诊断出他患有鼻咽癌，并预言他活不过一年。他将病情告知了董事会，同时声明他还没死，也不准备马上死。史密斯依然坚持完成日程表上密密麻麻的工作，同时每星期往返于威斯康星州和得克萨斯州接受放疗。最终，他比医生的预言多活了25年，而且在大部分时间里他仍承担首席执行官的工作。

正是凭着这种决心，史密斯重塑了一个金佰利，尤其是他在当时做了一个该公司历史上最不寻常的决定：卖掉所有的造纸厂。走马上任后不久，史密斯和他的研究小组得出结论：金佰利传统的核心业务——铜版纸，注定会走向平庸，因为这一行业经济不景气，竞争也不激烈。同时，研究团队成员意识到，如果金佰利投身到纸制消费品这一行业中来，世界级的竞争对手，例如宝洁会迫使金佰利要么走向辉煌，要么走向毁灭。

当史密斯决定破釜沉舟，宣布卖掉所有造纸厂的时候，一位董事会成员表示，这是他所见过的首席执行官做出的最有魄力的决定。所有工厂，甚至包括位于威斯康星州、与公司同名的金佰利工厂也被卖掉了。此举所获得的收益全部被投入消费品行业，投资到诸如好奇和舒洁这样的品牌上。

商业媒体称这一举措愚蠢至极，华尔街的金融分析师也给金佰利的股票降了级，但史密斯毫不动摇。25年后，金佰利收购了斯科特纸业，其8个产品系列中有6个超越了宝洁公司。退休后的史密斯回想起他创造的非凡业绩时，仅仅说道："我从未放弃试图胜任这项工作的努力。"（见图2–1和图2–2）

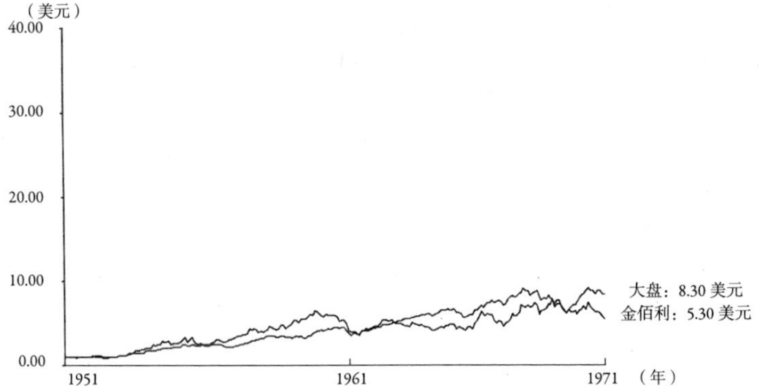

图2–1 在达尔文·E.史密斯上任之前，在金佰利投资1美元的累计收益（1951—1971年）

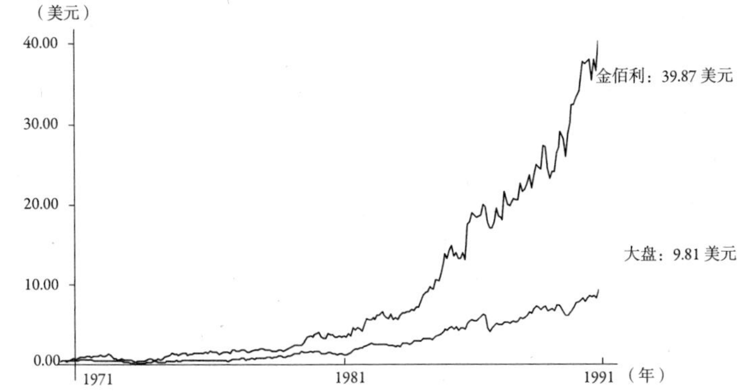

图2–2 在达尔文·E.史密斯任期内，在金佰利投资1美元的累计收益（1971—1991年）

出人意料

达尔文·E. 史密斯是一位典型的第5级经理人——他身上混合了极端谦逊的性格和强烈的专业意志这两种素质。我们发现，在每个实现跨越的公司的过渡期内，处于中心领导地位的都是这样的领军人物。他们和史密斯一样都不爱抛头露面，但他们表现出不惜一切要使公司走向卓越的坚定意志。

> 第5级经理人抛开自我需要，投身到建立卓越公司的宏伟目标中。第5级经理人不是没有自我或自身利益，实际上他们个个都胸怀大志，但是他们的雄心壮志都是以公司的利益为第一位，而不是首先考虑自己的利益。

在研究中，我们将公司经理人的能力划分为5个等级，而第5级经理人就是其中最高的一级（见图2–3）。你不必从第1级到第5级依次浏览，那些较低的等级你可以以后再看，第5级经理人充分代表了金字塔上所有5个层次。这一章将着眼于讨论第5级经理人的特点，即实现跨越的公司领导不同于对照公司领导的特点。

但是首先请允许我暂时搁置这个主题，先说明一个重要的前提。我们要寻找的不是第5级经理人或类似的条件。实际上，我很明确地要求研究小组的成员不要太看重首席执行官所起的作用，这样我们才能避免陷入“成也萧何，败也萧何”这种在当今很普遍地将问题简单化的思维方式。

打个比方，“上帝就是一切问题的答案”的看法在中世纪曾一度阻碍了我们对物质世界的科学理解，而“领导就是一切问题的答案”的看法就是这一情况的现代版。16世纪，人们将一切不能理解的事物都归结于上帝的安排。为什么庄稼歉收？这是上帝使然。为什么会发生地震？这是上帝使然。是什么使行星各就各位？这是上帝使然。但是到了启蒙运动时期，我们开始寻求一种更科学的解释——物理、化学、生物和板块构造论等。这不是因为我们成了无神论者，而是因为我们对宇宙有了更深层次的了解。

同样的道理，我们如果还将所有问题的答案都归结于“领导能力”，就和16世纪的人没什么区别了。这样做只是承认我们的无知。并不是说我们不应当相信领导（领导当然很重要），但是每当我们沮丧地放弃某项工作，回到认为“问题出在领导身上”的想法时，我们是在阻止自己更深刻、更科学地理解卓越公司的本质。

图2-3　5级经理人体系

所以，在这个项目刚开始时，我就主张要“忽略公司经理人”。但这个提议总是被研究小组驳回：“不！他们身上一定有与众不同的地方。”我回答道：“但是作为对照的那些公司也有领导者，有些人也是非常优秀的。区别在哪里？”辩论就这样来来回回激烈地进行着。

最后，往往是数据赢得了胜利——也本该如此。

实现跨越的公司的领导者如出一辙。无论这些公司是消费品公司还是实业公司，是处于危机之中还是状态稳定，是提供服务还是提供产品，也不管转变是什么时候发生的或公司有多大，这些都无关紧要。所有实现跨越的公司在过渡期内都有第 5 级经理人，而在对照公司中，缺乏第 5 级经理人的情况却普遍存在。鉴于第 5 级经理人理念有悖于传统的看法，特别是那些认为公司的转变是由被奉若神明且富有个性的“救世主”引导的看法，因此我们必须注意，第 5 级经理人这个概念是一个经验性发现，而不是理念上的发现。

谦逊 + 意志 = 第 5 级经理人

第 5 级经理人具有双重人格：平和而执着，谦逊而无畏。要想很快掌握这一概念，可以想一想美国总统亚伯拉罕·林肯（美国历史上少数几个第 5 级总统之一）。他从不允许自我意识阻挡他将美国建设成一个长盛不衰的伟大民族的雄心壮志。那些将林肯先生谦虚、羞涩的个性和笨拙的举止误认为是懦弱的表现的人，最终都发现自己犯了一个极大的错误，其中包括美国南北战争中 25 万名南部邦联的支持者和 36 万名北方联邦的支持者，以及林肯本人。

虽然将实现跨越公司的首席执行官比作林肯可能有些夸张，但他们确实表现出相同的双重人格。看一看在 1975 年至 1991 年担任吉列公司首席执行官的科尔曼·莫克勒的情形吧。在莫克勒的任期内，吉列公司曾三次面临失去转变为卓越公司机会的严重威胁。其中有两次威胁来自露华浓公司的恶意收购，其领导者罗纳德·佩雷曼惯于叼着雪茄，并以瓦解公司，用现金支付垃圾债券，再发起更猛烈的收购攻势而著称。第三次威胁来自 Coniston 合伙公司。这家投资集团买下了吉列公司 5.9% 的股份，并发起了一场代理战，试图控制吉列公司的董事会，将公司卖给出价最高的收购者，以期从中捞一笔股份收入。如果按佩雷曼的出价抛售吉列的股份，股东们本可以立即在股票上获利 44%。看着 1.16 亿股份带来的 23 亿美元的短期股票收益，大部分经理人本可以屈服，抛售手中的股票大赚一笔，并可以乘机把股票兑换成现金。

科尔曼·莫克勒没有屈服，尽管他本可以在自己的股票上大赚一笔，但是他选择了为吉列的辉煌未来而战。他话语不多、性格内向，总是彬彬有礼，人们把他看作一位和蔼可亲、有着贵族气质的绅士。结果那些将莫克勒含蓄的个性误解为懦弱的人都被他击败了。在代理战中，吉列公司所有的资深经理人与成千上万名投资者面谈或电话联络，最终吉列赢得了胜利。

现在你可能会想："这听起来好像是深陷绝境的管理层为了私利而战，牺牲的是股东的利益。"从表面上看好像确实如此，但请考虑以下两个关键事实。

第一，莫克勒和他的支持者将公司的未来押在了最新、最尖端的技术系统上（后来被称作感应剃须刀和锋速 3）。如果那次收购成功了，这些项目极可能被削减或取消，我们就不可能如此快速地使用上感应剃须刀、女用感应剃毛刀和“锋速 3”剃须刀了，大部分人每天要忍受相关烦恼的时间会更久。

第二，在进行反收购战时，感应剃须刀这款产品正处于秘密研发中，其利润没有在股价上反映出来，这也保证了吉列在将来会有一笔可观的利润。抱着对感应剃须刀的信心，董事会和莫克勒都相信，即使加上收购者开出的溢价，股票将来的价值也会远远超过目前的收购价格。抛售股票可能会令短期投资者高兴，但对长期投资者却极不负责任。

莫克勒和董事会的决定被证明是正确的。持股人如果接受了罗纳德·佩雷曼在 1986 年 10 月 31 日提供的 44% 的溢价，然后将全部所得投资到市场上，经过 10 年，也就是到 1996 年年底，他的盈利就会比一个一直支持莫克勒和吉列的持股人低 2/3。事实上，如果莫克勒当时向狙击者屈服，带着大量股票收入退休享清福，吉列公司、其产品消费者和股东就会遭受巨大损失（见图 2–4）。

不幸的是，莫克勒没有享受到因他的努力而带来的丰硕果实。1991 年 1 月 25 日，吉列高层收到《福布斯》杂志封面的一张清样，封面上莫克勒手握一把巨大的剃须刀高举过头，以一种胜利者的姿势站在山顶，而他的手下败将则在山腰上憔悴不堪。看到他被描绘成职场版的《胜利者科南》，其他经理人都打趣他。而莫克勒是一个在公开场合十分腼腆的人，从一开始他就拒绝把自己作为杂志封面人物。莫克勒走回办公室，看到了公众对他 16 年来奋斗的评价，然后不到几分钟时间，他跌倒在地板上，死于突发性心脏病。

不知道莫克勒是否愿意以这种方式离世，但我确信，作为一名首席执行官，他一定不会改变自己的做事方法。在他温和的外表下隐藏着一种内在的强烈情感，一种尽可能追求完美的献身精神——这样做并不是为了以后得到好处，而是因为除此之外他想不出还有什么别的处世态度。将公司交给那些为了榨取利益而不惜阻碍其走向卓越的人，这种做法不可能出现在科尔曼·E. 莫克勒的价值观中，这正如林肯不肯为图一时和平，而放弃将美国变成一个长盛不衰的伟大民族的机会一样。

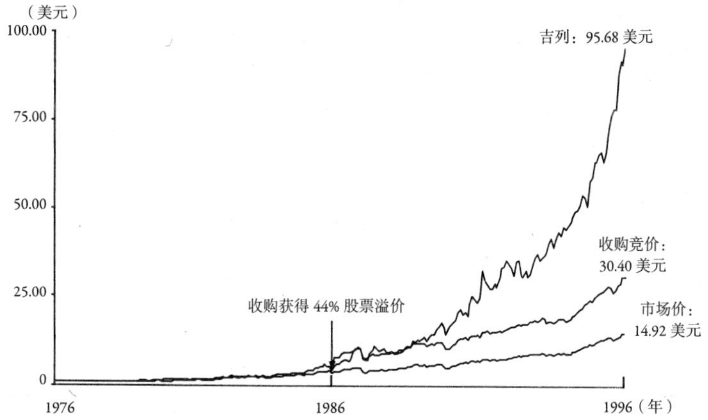

图 2-4　科尔曼·莫克勒的胜利

注：该图显示在下列情况下，一个投资者的境况：

（1）向吉列投资 1 美元，并从 1976 年 12 月 31 日持股到 1996 年 12 月 31 日。

（2）向吉列投资 1 美元，从 1976 年 12 月 31 日开始持股，到 1986 年 10 月 31 日将股票卖给罗纳德·佩雷曼赚得 44% 股票溢价，然后将全部所得投资到股票市场。

（3）向股票市场投资 1 美元，从 1976 年 12 月 31 日开始持股一直到 1996 年 12 月 31 日。

将雄心壮志倾注到公司上，为公司的成功培养接班人

1981 年，戴维·麦克斯韦成为房利美的首席执行官。当时这

家公司在每个营业日都损失100万美元。在其后的9年中，麦克斯韦把房利美变为一个高绩效、可与华尔街最赚钱的公司相匹敌的公司。房利美在每个营业日都可以赚400万美元，是股市一般收益的3.8倍。麦克斯韦仍处于事业巅峰时却退休了，并将公司交给了一个同样有能力的后继者吉姆·约翰森，因为他感到，如果自己继续干下去会影响公司的发展。不久，由于房利美的业绩猛增，麦克斯韦的一揽子退休金也增至2 000万美元，但这在国会引起了争议（房利美是在政府许可下运营的）。为此，麦克斯韦写信给他的继任者。在信中，麦克斯韦对这一争议可能引起华盛顿方面对公司做出不利反应，影响公司前途表示忧虑，他授意约翰森不要支付给他剩余的550万美元，并要求将这些钱全部捐给房利美的低收入者住房基金。

与达尔文·E.史密斯和科尔曼·E.莫克勒一样，戴维·麦克斯韦身上充分体现了第5级经理人具有的一项关键品质：公司的利益永远是第一位的，公司的成功高于个人的财富和名誉。他们希望看到公司在下一代经理人的领导下取得更大成功。哪怕大多数人都不知道没有他们的努力就没有公司今天的成功，他们也心甘情愿。正如一位第5级经理人所说的那样："希望有一天我能站在自家的阳台上，看着世界上最卓越的公司说，我曾在那里工作过。"

与此相反，对照公司的领导者往往更关心自己的名誉，因此他们常常不能使公司在下一代领导者手中继续保持成功。毕竟，假如当你离开后公司就分崩离析，还有比这能更好地证明你个人的卓越品质的吗？

在对照公司中，我们发现有3/4的经理人或者为其接班人留下了隐患，或者选择了无能的接班人，或者两种情况皆存在。

有些公司的经理人则患有“最大的狗”综合征——只要他们一直是“最大的”，就不理会身边的情况。据说，一位对照公司的首席执行官对待他的继任者就像“亨利八世对待他的妻子们”一样。

下面看看乐柏美的案例。这是一家未能保持卓越的对照公司。它从无名小卒曾一跃成为在《财富》最受尊敬的公司榜上雄居榜首的公司，但很快它就分崩离析了，最后落得被纽威尔公司收购以求自保的下场。这个不同寻常的故事的主人公斯坦利·高尔特是一个极具魅力、才华横溢的领导者。20 世纪 80 年代，他成了公司成功的代名词。在我们收集到的 312 篇有关乐柏美公司的文章中，高尔特被描述成一名勤恳工作且以自我为中心的公司经理人。在一篇文章中，当他被指责为独裁者时，他的反应是：“没错，但我是一个真诚的独裁者。”另一篇文章直接引用了他关于领导力变革的评论，其中“我”这个字眼出现了 44 次（我能做出表率，我拟定了 12 个目标，我提出并解释了这些目标），而“我们”一词却只出现了 16 次。高尔特的确有理由为他职业生涯的成功而感到骄傲。在他的领导下，乐柏美的收入连续 40 个季度持续增长——这一业绩令人刮目相看，确实值得尊敬。

但是高尔特没有留下一个离开他也照样能保持卓越的公司，这是很关键的一点。他选择的接班人只在任了一年，而后面的继任者面对懦弱的管理层，不得不暂时兼任 4 份工作，同时艰难地寻找新的二号决策人。高尔特的继任者都发现自己不但面临管理空缺，而且面临战略空缺，这些因素最终导致该公司失败。

当然，你可能会说："离开了高尔特，乐柏美就分崩离析了，这正好证明了他作为领导者的成功。"对极了！高尔特的确是一个了不起的第 4 级经理人，这就是乐柏美只经历了从优秀到卓越的短暂闪光，然后迅速从卓越到销声匿迹的原因。

令人佩服的谦虚

与对照公司领导者以自我为中心的领导风格相反，实现跨越的公司的领导者从不谈论自己，这给我们留下了深刻的印象。采访实现跨越公司的领导者时，他们常常乐于谈论公司和其他经理所做的贡献，但当被要求谈谈他们自己时，他们会说，"我不希望让人觉得我是一个重要人物""如果不是董事会选出了如此卓越的继任者，你今天可能不会想同我谈话""我与这些成功有很大关系吗？哦，这样说显得有些太自以为是了。我不认为应该把这些功劳归于自己。能得到这些了不起的人的帮助，我真的很幸运""公司还有很多人比我更能胜任这项工作"。

这并非虚伪的谦虚。无论是与他们共事的人，还是写文章报道他们的人，都不断地使用诸如安静、谦逊、平和、沉默寡言、羞怯、和蔼、温顺、不爱抛头露面、不惹眼、不自以为是等词来形容他们。纽柯公司的首席执行官肯·艾弗森曾将该公司从濒临破产的困境中拯救出来，并使它成为世界上最成功的钢铁公司之一。董事会的一名成员吉姆·莱弗赛克曾这样描述他：

> 肯是一个非常平和谦逊的人。我在很多大公司里与许多首席执行官共过事。我没见过一个和他一样既成功又谦虚的人。他在私人生活中也是如此，他总是那样简朴。我指的是一些生活小事，比如他总是领养狗。他在那间简朴的房子里已经

住了几十年。他只有一个露天的车棚。有一天他向我抱怨，他不得不用信用卡刮掉车窗上的霜，还把信用卡折断了。“肯，有一个解决办法，给你的车棚加一个顶。”他却说：“啊，不要紧，没那个必要……”他就是这样一个谦逊、简朴的人。

《财富》美国500强中只有11家公司符合这些严苛的标准，能被列入这个研究项目，所以这11家实现跨越的公司的首席执行官，的确是20世纪最杰出的企业管理者。尽管他们创造了杰出的业绩，但几乎没有人评价他们：乔治·凯恩、艾伦·沃泽尔、戴维·麦克斯韦、科尔曼·莫克勒、达尔文·E.史密斯、吉姆·赫林、莱尔·埃弗林厄姆、乔·库尔曼、弗雷德·艾伦、查尔斯·R.科克·沃尔格林、卡尔·赖卡特。在这些非凡的公司经理人中，你听说过几个？

将所有5 979篇文章进行系统编排后，我们发现，涉及实现跨越的公司过渡期的文章比对照公司的少，前者是后者的1/2。另外，我们很少发现有关实现跨越的公司的首席执行官的文章。

这些实现跨越公司的领导者从来不想成为不食人间烟火的英雄。他们不希望被当作十全十美的人，或不可接近的偶像。他们是看似平凡，却默默创造不平凡业绩的人。

而一些对照公司的领导与他们形成了鲜明对比。金佰利的对照公司斯科特纸业，聘请了一位名叫阿尔·邓拉普的人担任首席执行官。阿尔·邓拉普是一个与达尔文·E.史密斯截然不同的人，他总爱拍着胸脯对那些愿意听他夸夸其谈的人（也包括那些不爱听的人）吹嘘自己的丰功伟绩。《商业周刊》曾引用他在斯科特纸业任首席执行官的19个月里所说过的大话："斯科特纸业将作为最成功的公司之一，被载入美国商业史年鉴。公司将在最短的时间内扭亏为盈，这令其他公司黯然失色。"

《商业周刊》报道，邓拉普在斯科特纸业工作的603个工作日中，他个人积累了1亿美元的财富（平均每天积累16.5万美元），其主要手段是裁员、将研发预算削减一半、将公司人工催肥以便卖个好价钱。在卖掉公司猛赚一笔后，邓拉普写了一本自传。在书中，他自封为"穿着条纹西装的兰博"。"我喜欢关于兰博的电影。"[1]他在书中写道，"他是一个在没有任何机会成功的情况下，却总能赢得胜利的人。兰博总会遇到各种出乎意料的情况，甚至随时可能被杀，但他总能大难不死。在最终获胜时，兰博把所有坏人都消灭了。他于战争中创造和平，我也是这样做的。"达尔文·E. 史密斯可能也很爱看这种不需要动脑子的兰博电影，但我猜想他不会在走出电影院之后对他的妻子说："我真的很欣赏兰博这个角色，他和我非常像。"

不错，在我们的研究中，斯科特纸业的案例颇富戏剧性，但这不是一个孤立的案例。我们注意到，2/3以上的对照公司或毁灭或持续平庸的案例中，都出现了自我意识过于强大的领导。

我们发现，这种模式在那些间接对照公司中表现得尤为突

1. 兰博的电影，指《第一滴血》系列电影。——编者注

出——在一个才华横溢，但又以自我为中心的人物的领导下，公司业绩实现了跨越，但后来公司衰败了。例如，李·艾柯卡曾将克莱斯勒从毁灭的边缘拯救出来，并创造了美国商业史上最著名的扭亏为盈的案例。在其任职的中期，克莱斯勒的股票价格涨到市场平均水平的 2.9 倍。但从那之后，他开始把注意力转移到如何使自己成为美国商业史上最有名气的首席执行官上。《投资者商业日报》和《华尔街日报》按时间顺序记录了艾柯卡会定期出现在《今日访谈》《拉里·金现场直播》等访谈节目上。艾柯卡个人做过 80 多次电视广告，还考虑过竞选美国总统。（他曾说："管理克莱斯勒比管理一个国家的工作量还大……我可以在 6 个月内把全国的经济管理好。"）他还广泛宣传他的自传，《艾柯卡自传》一书的各版本一共发行了 700 多万册，这使他声名鹊起。在到达日本时，他被成千上万名热情如火的崇拜者团团围住，俨然一个摇滚歌星的架势。艾柯卡身家一路狂飙。但在他任期的后半段时间里，克莱斯勒的股票价格跌至低于市场平均水平的 31%。

不幸的是，让艾柯卡离开领导岗位，放弃首席执行官所享有的待遇却很困难。他多次推迟退休，克莱斯勒内部的人都取笑他想成为"克莱斯勒永远的主席"。等到他终于肯退休时，他又要求董事会继续为自己提供私人专机和股票期权。后来，他与以擅长收购而闻名的柯克·科克里恩联手向克莱斯勒发起恶意收购攻势。

在艾柯卡退休后的 5 年中，克莱斯勒又经历了一段短暂的辉煌。但公司本身潜在的弱点使它最终被德国汽车制造商戴姆勒公司收购。当然，作为一个独一无二的公司，克莱斯勒的毁灭也不能完全归咎于艾柯卡（毕竟是下一代管理层决定将公司卖给德国人的）。但事实不可否认，艾柯卡在 20 世纪 80 年代早期创造的辉煌业绩并未保持下去。克莱斯勒也未能成为长盛不衰的卓越公司。

永不放弃，做应该做的事情

第 5 级经理人并不是只有谦虚和平和的品质。他们同样需要有无所畏惧的决心——一种为了使公司走向卓越而甘愿做任何事情的决心。

事实上，我们整个研究小组花了很长时间讨论如何描述实现跨越的公司的领导者。最初我们想到了诸如“无私的经理人”“公仆式的领导者”等字眼，但小组成员强烈反对这些说法。

“这些说法都不贴切。”安东尼·齐里克斯说道，“这使他们显得很懦弱或温顺，可我认为达尔文·E. 史密斯和科尔曼·莫克勒不完全是那样。为了使公司走向卓越，他们甘愿做任何事情。”

然后，伊夫·李建议：“我们为什么不干脆称他们为‘第 5 级经理人’？如果我们使用像‘无私的’或‘公仆式的’等词语，只会将人们引向错误的方向。我们需要让人们理解整个理念，看到这个理念的两面而不是一面。我们如果只看到谦逊的一面，就没有真正理解整个理念。”

> 这让我认识到了很关键的一点：第 5 级经理人都被创造业绩的渴望驱动和感染。只要能使公司走向卓越，他们就会卖掉厂房或解雇自己的兄弟。

在乔治·凯恩成为雅培公司的首席执行官时，该公司在药品行业垫底。这个暮气沉沉的公司几年来就是靠它的摇钱树——红霉素惨淡经营。凯恩不具备能够使公司振奋起来的鼓舞人心的个性，但他有更强大的武器——卓越的标准。他既不能忍受任何形式的平庸，也不能容忍那些觉得达到优秀就心满意足的人。于是凯恩开始扫除造成雅培公司平庸的一个关键问题：任人唯亲。凯恩起用能找到的最合适的人才，系统地重组公司的董事会和管理层。他明确规定，关系的亲疏远近和任期长短都不能决定一个人能否在公司里位居要职。如果一个人不能胜任，他就会失业。

面对如此严格的重组，有人可能以为公司要外聘一个人来管理公司。但是凯恩是一个有着 18 年工作经验的内部人，还是一位“家族成员”（他的父亲是雅培公司的前总裁）。凯恩家族的节日聚会气氛一度相当紧张——“对不起，我不得不解雇你。还想再来一块儿火鸡肉吗？”然而，家庭成员最终对他们的股票收益都十分满意，因为凯恩开动了赚钱机器。从 1974 年到 2000 年的过渡期，这台赚钱机器创造的股票收益率是市场平均水平的 4.5 倍，并轻而易举地击败了行业超级巨星——默克公司和辉瑞公司。

普强公司作为雅培公司的直接对照公司，在同一时期与雅培公司类似，也是由家族领导的。但与乔治·凯恩不同的是，普强的首席执行官对打破任人唯亲的局面，从未表现出同样坚定的决心。当雅培公司不计较家族背景，起用最合适的人担当各项重任时，普强公司的所有要职仍被第二代家族成员占据着。在雅培公司开始转变前，这两家相似公司的股价基本相同。但在之后的 21 年中，普强的股价比雅培低了 89%。1995 年，普强公司最终被法玛西亚公司（Pharmacia）兼并。

有趣的是，达尔文·E. 史密斯、科尔曼·莫克勒和乔治·凯恩都来自公司内部，而斯坦利·高尔特、阿尔·邓拉普和李·艾柯卡则是被当作救世主从公司外部请进来的。这正好印证了我们研究中的一个更加系统的发现。有证据表明，你不需要从公司外请人来对公司进行整顿改组，从而完成公司从优秀到卓越的转变。事实上，从公司外请名人做领导与从实现优秀到卓越的过程呈负相关关系（见附录 2.1）。

在 11 家实现跨越的公司的首席执行官中，有 10 家公司的首席执行官是从公司内部提拔上来的，其中有 3 位是家族继承人。而对照公司向外部求援的次数是实现跨越公司的 6 倍还要多，但它们仍未能创造可持续的卓越业绩。

在由公司内部人驱动的转变中，最杰出的例子是查尔斯·R.科克·沃尔格林三世。他彻底扭转了沃尔格林公司原先寒酸的局面，从 1975 年年底到 2000 年 1 月 1 日，沃尔格林公司股票的价格超过市场平均水平的 15 倍。关于沃尔格林公司的食品业务在管理层内部已经讨论多年，然后科克意识到，整个领导集体已经清楚地认识到："沃尔格林的辉煌明天必须依靠便利药店，而非食品服务。" 1998 年，丹·乔恩特在科克之后继任首席执行官，他曾这样描述后来发生的事情：

科克在我们计划委员会的一次会议上说："现在我决定，我们公司将在 5 年内彻底退出餐饮业。"那时我们拥有 500 多家餐馆。当时会场里安静得可以听到一根针掉到地上的声音。他说："我想让每个人都知道，现在已经开始计时了。" 6 个月后，在我们开另一次计划委员会例会时，有人顺便提到，我们还有 5 年时间退出餐饮业。科克并不是一个爱高声说话的人，但当时他敲着桌子说："听着，你只有4年半的时间了，我是在6个月前说过你还有5年时间。现在你只有4年半了。"结果在会议结束的第二天，一切都开始进入到如何从餐饮业退出的实质性阶段。科克从来不放弃，从来不怀疑，也从不瞻前顾后。

正如达尔文·E.史密斯卖掉金佰利的造纸厂那样，科克·沃尔格林的决定同样需要坚定的决心。这不是因为餐饮业是该公司最大的一块儿业务（虽然它确实给公司带来了丰厚的利润），真正的原因是情感上的问题，毕竟沃尔格林发明了麦乳精奶昔，而且餐饮业是公司的家族传统，可以追溯到科克的爷爷那一辈。有些店面还是以科克的名字命名的——有一间餐馆连锁店就叫作科氏。但是没关系，如果沃尔格林公司放弃这项家族传统业务能让公司资源得到最合理的配置，科克就会坚持不懈地去做。

第5级经理人的这种平静而又顽强的性格，不仅体现在像卖掉餐饮业务或抵抗收购公司的入侵者这样的重大决定中，而且体现在一种纯粹工人式的勤劳作风中。作为家族第二代成员，艾伦·沃泽尔接管了家族里的一个小公司，却将它变成了电路城公司。他可谓这一气质的完美体现者。当被问及与电路城的对照公司的首席执行官有什么不同时，沃泽尔总结道："区别就像一匹用来表演的马和一匹用来拉犁的马——他更像一匹用来表演的马，而我更像一匹用来拉犁的马。"

窗口和镜子

考虑到其他两个事实，艾伦·沃泽尔的"用来拉犁的马"的自我描述十分有吸引力。首先，沃泽尔在耶鲁大学取得法学博士学位，因此，他“拉犁的马”式的个性并不是因为缺乏聪明才智。其次，正是他这种“拉犁的马”的做事方法，为他取得最佳业绩打下了坚实的基础。换句话说，假设你必须做出选择，你是将1美元投资到电路城，还是在传奇人物杰克·韦尔奇于1981年接手通用电气时将1美元投资到通用电气。如果你选择了电路城，到2000年1月1日，你得到的回报就是投资到通用电气的回报的6倍。对于“拉犁的马”来说，这样的表现绝对不差。

你也许认为，在取得如此辉煌的成就之后，艾伦·沃泽尔会居功自傲，大谈自己所做的明智决定。但当我们请他按重要性的大小，列出公司转变过程中最重要的5个因素时，沃泽尔的回答令人吃惊——排在第一位的因素是运气：“我们从事的是一个非常景气的行业。我们只是顺风而行。”

我们反驳了他的观点，指出我们是根据超过行业平均水平的业绩来选择实现跨越的公司的。而且，它的对照公司Silo也在同一行业，它也是顺风而行，并且它的帆可能更大一些！为此我们做了一番争论，沃泽尔仍然坚持将他的成功大部分归于在合适的时间处于合适的位置。后来，当我们请他总结保持长盛不衰背后的因素时，他说：“我想到的第一点就是运气……我很幸运能找到合适的接班人。”

运气，多么奇怪的一个因素呀！可是在我们的采访中，实现跨越的公司的经理人均多次谈到运气。在一次采访中，我们问纽柯的一位经理人，为什么纽柯公司能做出一系列明智的决定。他回答：“我想是因为我们运气好。”约瑟夫·F.库尔曼三世作为一名合格的第5级经理人，曾担任菲利普·莫里斯公司在过渡期的首席执行官，他直截了当地拒绝把公司的成功归于他本人，而是将其归于优秀的同事、接班人和前任公司领导者。即使他写的那本书也有一个不同寻常的书名——《我是个幸运儿》（*I'm a Lucky Guy*），这本书是在其同事的催促下写成的，库尔曼本没有打算将这本书在公司以外发行。这本书开头的一段是这样写的："自从来到这个世界上，我一直是一个幸运的人。我有了不起的父母、良好的基因、美满的婚姻和一帆风顺的事业。1941 年年初，我在耶鲁大学的一位同学将我调到华盛顿工作，这使我幸运地逃脱了在北大西洋随船覆灭的厄运。我很幸运能在海军服役，很幸运能活到 85 岁。"

起初，我们对这些第 5 级经理人总强调自己的好运感到迷惑不解：我们确实没有发现任何证据，表明实现跨越的公司比对照公司更走运（或更倒霉）。随后我们发现在对照公司的经理人中，有一种与之形成鲜明对比的模式：他们把失败归咎于不走运，面对困境时他们常常怨天尤人。

让我们将伯利恒钢铁公司与纽柯公司做个比较。两家公司都经营钢铁行业，并且都努力使产品多元化；两家公司都面临廉价进口钢材的挑战。然而对相同的环境，两家公司的经理人却有着截然不同的看法。伯利恒钢铁公司的首席执行官在总结公司在 1983 年遇到的困难时，将问题归咎于进口钢材："导致这一困境的三个首要问题都是由进口钢材引起的。"纽柯的艾弗森和他的同事却把同样的挑战当成一种福气，一桩幸事（难道我们不幸运吗？钢材这么重，但它们也得大老远地从大洋彼岸被运输过来，这给我们带来了很大的优势）。肯·艾弗森没有将美国钢铁业面临的三个首要问题归咎于进口钢材的挑战，而是归咎于管理问题。

他甚至公开对政府采取的保护政策表示反对。1977 年，他的这一言论令业内人士大为震惊，但他告诉同行：美国钢铁业面临的真正困难，在于管理已经跟不上技术革新的步伐。

这种对运气作用的强调构成被我们称为“窗口和镜子”模式的一部分。

> 在一切很顺利的时候，第 5 级经理人向窗外看，把功劳归于自身以外的因素（如果找不到特定的人或事件，他们就把成就归于运气）。同时，如果事情进行得不顺利，他们就会朝镜子里看，承担责任，而不是埋怨运气不好。

表 2–1　第 5 级经理人的两个方面

坚定的意志	谦逊的性格
他们创造了杰出的业绩，在实现跨越的过程中起催化剂的作用。	他们表现出令人折服的谦虚，回避公众的恭维，从不自吹自擂。
为了取得最好的长期业绩，他们表现出不管有多困难，都会勇往直前的决心。	他们行事从容、冷静，主要依靠卓越的标准，而不是靠鼓舞人心的个人魅力调动员工的积极性。
为建立一个长盛不衰的卓越公司树立标准，绝不降低标准。	他们雄心勃勃，但把公司的利益而不是个人的利益放在第一位；他们培养接班人，为公司取得更大的成功打下基础。
他们向镜子里看，而不是向窗外看，当业绩不佳时勇于承担责任，而不是埋怨别人，或归咎于外因或运气不好。	他们向窗外看而不是向镜子里看，把公司的成功归于别人、外因和好运。

而对照公司领导者的做法恰恰相反。如果业绩不佳，他们就向窗外望，责备其他人或事。但如果一切顺利，他们就会在镜子前精心打扮。奇怪的是，窗口和镜子都不能客观地反映现实。窗

外的人都直指窗内的第5级经理人说："他就是关键。没有他的指引和领导，我们的公司不可能走向卓越。"而第5级经理人却指着窗外说："看看这些卓越的人才和如此好的运气，是他们令这一切成为可能。我真的是个幸运儿。"当然，他们的说法都对。但是第5级经理人从来不会承认这些事实。

培养第5级经理人

不久前，我与一群资深经理人探讨我的第5级经理人理念。一位刚成为公司首席执行官的女士举手说："我赞同你所说的从优秀到卓越的公司的领导理念。但是当我照镜子时，我知道我不是一个第5级经理人，至少目前还不是。这令我感到很不安，我能升到现在的职位，部分原因是受我的自尊心驱使。你这样说就是在告诉我，如果我不是第5级经理人，我就不能使公司变得卓越吗？"

"我无法确定，你是否必须成为第5级经理人才能使公司变得卓越。"我回答道，"我只想再展示一下这些数据。最初出现在我们的候选名单上的是历年荣登《财富》美国500强中的1 435家公司。但其中只有11家被列为我们的研究对象。在这11家公司各自的重要转变期，它们的所有关键职位，包括首席执行官，都是由第5级经理人担任的。"

她坐在那里，沉默不语。你可以感觉到房间里所有人的脑子里都在盼着她提出那个问题。终于她问道："我们是否可以通过学习成为第5级经理人？"

我的假设是把人分成两类：有些人不具备成为第5级经理人

的条件，而另一些人有这个条件。第一类人永远也不会委屈自我利益的需要，将雄心壮志投入创建比自己更伟大、更持久的事业中去。对于这些人来说，工作的首要且最重要的目的是他们的所得，名誉、财富、公众的追捧及权力，而不是有所建树、创造和贡献。

> 其中最大的讽刺，就是驱动人们追逐权势的欲望和个人的野心往往与第5级经理人所必备的谦逊品质相左。当你把这一极具讽刺意味的现象，与董事会迷信一个不食人间烟火、以自我为中心的领导能使整个组织变得卓越的事实联系起来时，你就能很快明白为什么第5级经理人很少出现在各种机构的最高领导层中。

第二类人具有成为第5级经理人的潜力。他们体内蕴藏着这种潜能，但他们可能被埋没或忽视。虽然如此，但确实有这样的人。只要环境适合，比如自省，有意识地自我发展，遇到一位良师益友，拥有关爱他们的父母，遭遇一段重要的人生经历，有一个第5级经理人做老板，或者其他因素，他们就开始成长、发展。

看看这些数据就知道，我们研究中的一些领导者具有不同寻常的人生经历，这些经历引发或促使他们成熟起来。达尔文·E.史密斯经历了与癌症的抗争后完全成熟起来。库尔曼被他在“二战”中的那段经历深深震撼了，特别是在最后一刻，由于一道命令的变更使他逃脱了随船覆灭的厄运。我们所研究的其他领导者却没有经历任何具有催化作用的事件，他们过着平凡的生活，却也登上了5级经理人体系的最高层。

我相信具有潜力的第5级经理人在我们这个社会普遍存在，虽然我不能证明这一点。我猜测问题不在于具有潜力的第5级经理人十分稀少。只要我们懂得如何寻找，他们就在我们身边。那么问题出在哪里？看看这种情况：非同寻常的业绩摆在那里，可是没有人站出来“认领”这份功劳。如果是这样，你极有可能发现某个具有潜力的第5级经理人在发挥作用。

至于你自身的发展，我很乐意为你提供一份清单，告诉你成为第5级经理人的步骤，但是我们没有切实的数据能支持这份可靠的清单。我们的研究表明，在促成公司从优秀到卓越转变的黑匣子中，第5级经理人是最关键的一部分。在这个黑匣子中还有另外一个黑匣子，即一个人成为第5级经理人的内在发展。我们也可以猜测那个黑匣子里到底有什么，但这极有可能仅是猜测而已。因此，简而言之，第5级经理人是一个非常令人满意且强有力的理念，在从优秀到卓越的转变中它也是一个必不可少的理念。而一份“10步通向第5级经理人”的清单，反而会使这一理念趋于平淡。

基于我们的研究，我能提出的最好建议是，现在就开始实践我们所发现的其他实现从优秀到卓越的理念。我们发现，第5级经理人和我们的其他理念之间有一种共生关系：一方面，第5级经理人的气质使你能够贯彻执行其他理念；另一方面，实践其他理念有助于你成为第5级经理人。你可以这样想：本章是告诉你第5级经理人具有什么特点；本书的其余部分则是讲他们是如何做的。运用本书后面讲的其他理念能帮助你朝正确的方向前进。这样做并不一定能保证你成为一个羽翼丰满的第5级经理人，但它为你指出了一个看得见的出发点。

我们说不清具有这种潜力的人占多大比例，也不知道有多少人能释放这一潜能。甚至那些发现第5级经理人理念的研究小组成员，也不清楚自己是否能成功地变为第5级经理人。但是，所有致力于这项研究的人都深受这一理念的影响和启发。达尔文·E.史密斯、科尔曼·莫克勒、艾伦·沃泽尔和其他我们知道的第5级经理人都成了我们的榜样，他们值得我们效仿。不管我们是否真的能成为第5级经理人，但是这一努力是值得的。因为正如那些关于什么是人类身上最好的品质的真理一样，当我们得以窥见那些真理时，我们的生活以及我们接触的事物都会因为这一努力而变得更好。

小结

要点

- 在转变的关键时期，每个实现跨越的公司都拥有第5级经理人。
- 第5级经理人指的是在描述经理人能力的5层体系中，位于最高层的经理人。第5级经理人体现了一个自相矛盾的混合体：谦逊的个性和坚定的意志。他们都有雄心壮志，但他们把公司的而非他们自己的利益放在第一位。
- 第5级经理人培养接班人，为公司以后取得更大的成功做好铺垫，而以自我为中心的第4级经理人物色的接班人却能导致公司的失败。
- 第5级经理人表现出一种令人佩服的谦虚。他们都不爱抛头露面，他们保持低调。相反，2/3对照公司的领导者都有很强的自我意识，这导致公司毁灭或持续平庸。

- 第 5 级经理人的领导并不等同于“公仆式的领导”。他们都被创造可持续业绩的内在动力驱动和感染。为了使公司走向卓越，他们有决心做任何事，不管这些决定多么重大，多么困难。
- 第 5 级经理人表现出一种工人式的勤劳，比起表演的马，他们更像拉犁的马。
- 第 5 级经理人朝窗外看，把成就归功于其他因素，而非他们自己。当业绩不佳时，他们看着镜子里，责备自己，并承担所有的责任。而对照公司的首席执行官则相反，成功时他们看着镜子居功自傲，业绩不佳时他们则向窗外看，埋怨他人。
- 当今最具破坏性的一种潮流就是选择光芒四射的名人做首席执行官，而不选择第 5 级经理人。（这在董事会中尤为常见。）
- 我相信具有潜力的第 5 级经理人就在我们身边，只要我们懂得如何寻找，很多人都具有成为第 5 级经理人的潜力。

意外发现

- 公司从外部请进来的、被奉若神明的名人领导与实现从优秀到卓越的过程呈负相关。在 11 家实现跨越的公司中，有 10 家的首席执行官是从公司内部提拔的。对照公司向外部求援的次数是实现跨越的公司的 6 倍，甚至更多。
- 第 5 级经理人将他们成功的原因大部分归为运气，而不是个人的卓越能力。

- 在研究中，我们并未刻意寻找第 5 级经理人或类似的条件，但是数据势不可当，极具说服力。这个概念是一个经验性发现，而不是理念上的发现。

第三章

先人后事

有时候我们无法等待某人。现在，你要么在车上，要么没上车。

——肯 · 凯西

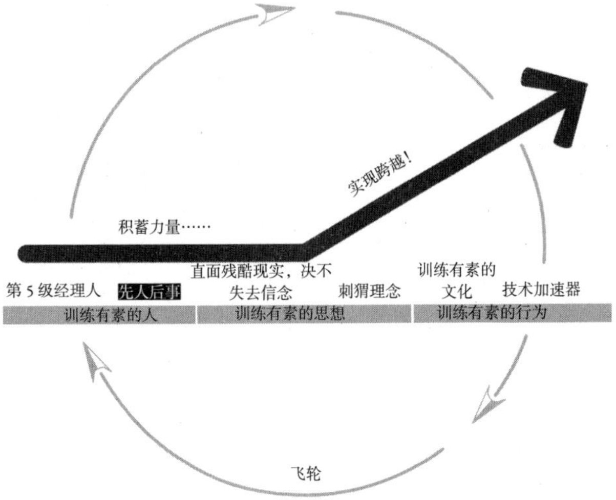

在开始这个研究项目之前，我们以为会有这样的发现：将一个公司从优秀推向卓越的第一步是为公司设定一个新方向、新愿景和新战略，然后找到合适的人，再朝这个新方向前进。

但我们发现有时情况恰恰相反。

那些主管不是首先确定目的地，然后才把人们引向那里。相反，他们首先让合适的人上车（自然，不合适的人请下车），然后才决定去向何处。用他们的经典话语来说："看，我真的不清楚应将这辆汽车驶向何处。但是有一点毋庸置疑，如果我们有合适的人在车上，并各就各位，而不合适的人已经下车，我们就可以确定如何将它开向某个卓越之地。"

这些领导者明白三个简单的道理。首先，你如果是从"选人"而不是"做事"开始，就更加容易适应这个变幻莫测的世界。如果你上车主要是因为车子的去向，那么车子已开出10英里[1]了，你却需要改变方向，此时你将何去何从？这下你的麻烦可就大了。但要是你上车是因为某人也在车上，情况就不同了，改变方向要容易得多——"嘿，我上车是因为某人也在车上。如果我们需要改变方向以寻求更大的成功，最好请让我带路。"第二，如果你有合适的人在车上，如何激励和管理他们就不再是问题。合适的人是不需要严加管理或勉励的，他们会因为内在的自我驱动力而进行自我调整，以期取得最大的成功，并成为卓越业绩的创造者。第三，如果车上坐的是不合适的人，不论你是否找对正确的方向都无关紧要，因为你还是不能拥有卓越的公司。仅有远见卓识，却没有了不起的人，那也无济于事。

1. 1英里≈1.609千米。——编者注以富国银行为例。从 1983 年起，富国银行开始了长达 15 年的出色经营，不过实现这个转变的基础要追溯到 20 世纪 70 年代初期，时任首席执行官迪克·库利正着手组建一支业内最出色的管理队伍之一（投资家沃伦·巴菲特称之为“最好的队伍”）。库利早就预见到，在取消管制后，整个银行业最终会经历一次天翻地覆的变化。至于变化会以什么形式出现，他并不感兴趣。因此，他和董事局主席厄尼·阿巴克尔不是忙于制定应付变化的战略决策，而是把精力放在源源不断地给公司注入新鲜血液上。不论在何时何地发现了杰出人才，他们就立即聘用他们，而那时他们的脑海中往往并没有具体的工作。库利指出：“这就是构建未来的方式。如果我不能足够精明地看到即将发生的变化，他们就可以看到。而且他们可以灵活机动地处理那些事情。”

库利果然具有先见之明。没有人能够预见银行业取消管制带来的所有剧变。事实证明，当变化发生时，没有一家银行比富国银行处理得更好。那个时候，银行业的股价普遍比大盘低 59 个百分点，而富国银行的股价上涨速度却是大盘的 3 倍。

1983 年，当卡尔·赖卡特担任首席执行官时，他把银行的所有成就都归功于他身边的人，而他们中的大部分人都是库利的旧部下。当他列出在库利和他担任首席执行官期间加盟公司的人员名单时，我们都大吃一惊，几乎当中的每一个人都已成为一家大公司的首席执行官。比尔·阿尔丁杰成为家庭财务公司的首席执行官，杰克·格朗德霍弗是美国合众银行的首席执行官，弗兰克·纽曼是美国信孚银行的首席执行官，理查德·罗森堡是美洲银行的首席执行官，鲍勃·乔斯（后来又成为斯坦福大学商学院的院长）是西太平洋银行（澳大利亚一家规模巨大的银行）的首席执行官。阿吉·米勒作为富国银行董事会的核心人物长达17年之久，他告诉我们，这支队伍使他具备了做时代弄潮儿的基础，使他在20世纪40年代末得以进入福特公司（后来又成为该公司的总裁）。富国银行的办法其实很简单：你得到合适的人才，并把他们塑造成最好的经理人，然后你必须接受这样一个事实，他们中的一些人会成为其他公司的首席执行官。

美洲银行走的是另外一条路线。当迪克·库利正在系统地招聘他所能找到的人才时，据《崩溃的银行》（*Breaking the Bank*）一书所说，美洲银行遵循的是"弱将强兵"模式。如果在重要位置上安排了能干的将军，那么他在公司内的竞争对手会离开。但若是挑选一个能力一般的将军，那么他周围的校尉很可能会留下来。

正是这种经营模式，使美洲银行形成了完全不同于富国银行的内部环境。富国银行的职员地位平等，所以为了寻找最佳答案，他们往往会争得不可开交，而美洲银行的"无能将军们"却只会在那里坐等上级指示。萨姆·阿马科斯特这样描述他们公司（美洲银行）的这种管理文化："一开始的时候，公司的几次例行管理人员会议就使我感到很不舒服。我不能与他们发生冲突，甚至不能发表任何见解。他们都只会坐在那里望着天，看着风会往哪边吹（他们都是些坐井观天的家伙）。"

一位退休的美洲银行首席执行官，把20世纪70年代的高层经理全都形容为"木头人"，他们被训练得只知道对上级唯命是从。后来，由于20世纪80年代中期，银行亏损达到10亿美元，美洲银行不得不聘用一批能干的人才力挽狂澜。但是到哪里去找这些人呢？唯有富国银行。事实上，美洲银行一下子起用那么多的富国银行的前主管，导致内部人私下都称公司为"美洲富国"。

虽然之后美洲银行稍有起色，但是为时已晚。从 1973 年到 1998 年，当富国银行实现巨大飞跃时，美洲银行的股票收益率都达不到市场的平均水平（见图 3-1）。

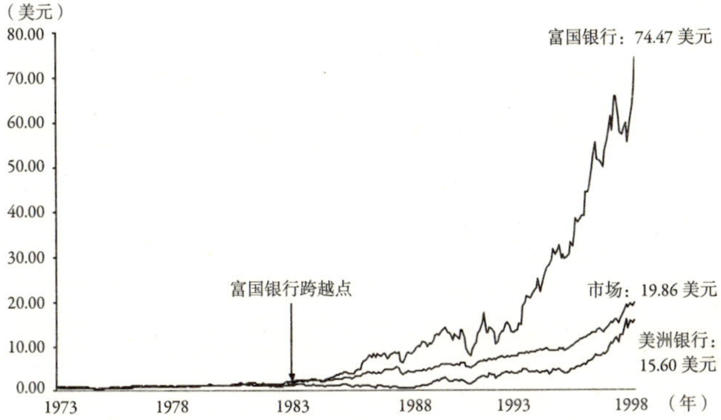

图 3-1　富国银行与美洲银行的比较

注：投资 1 美元的累计价值（1973 年 1 月 1 日—1998 年 1 月 1 日）

也许你会说："这只不过是拥有一批合适的人才在身边的主意而已，没有什么新奇之处。"一方面我们必须承认，"好的管理"确实是老生常谈；另一方面，其中有两点使得这些实现跨越的公司显得与众不同。

> 说得更明白一些，本章的主旨不是关于如何组织合适的管理队伍。就这点而言，它毫无新意。重要的是，在你确定将汽车开向何处之前，首先必须有合适的人在车上（不合适的人被请下车）。其次，在人员确定上要严格把关。

"首先是人选"，这是个"知易行难"的问题，想要做好更是难上加难。要重视人事决定，往往说起来容易做起来难。很少有人有戴维·麦克斯韦那么好的自制力，在没有得到合适的人才之前，他绝口不提公司发展问题。要知道，当时公司每个营业日的损失是100万美元，要还的债务更是有560亿美元之巨。麦克斯韦在房利美最困难的时期担任首席执行官，董事们都迫切地想知道他有什么高招儿，可以救公司于水深火热之中。面对强大的压力，越来越强烈的采取措施的要求，以及赶快使公司运作起来的呼声，麦克斯韦还是首先把精力放在组建一支高水准的管理队伍上。他的第一个举措是与所有的中层管理者谈心，他让这些人坐下来，并推心置腹地说道："瞧，这将是一个非常严峻的挑战。我希望你们可以认真考虑一下自己将面临的工作要求有多高。如果你确定自己不喜欢这个样子，那么这没有问题。没有人会埋怨你。"

麦克斯韦明确传达了自己的意思，只有愿意全力以赴的优秀管理者才会在房利美有一席之地。如果能力有限，无法胜任，你最好及早走人，而且是越快越好。一位新近跳槽到公司的主管找到麦克斯韦，表达了自己的想法："我仔细考虑了你的话，我觉得我不适合这份工作。"就这样，他离开了，从哪里来回到哪里去。最后，26个主管中有14人离开了，但随即就由整个金融界中最精明能干和勤奋的一批主管补缺。同样的标准被运用于全公司，房利美自上而下来了一次全方位的调整。一位主管说："我们流行这样的说法，在房利美，你根本没办法弄虚作假。要么知道自己在干什么，要么不知道。如果不知道，你就趁早离开。"

富国银行与房利美的例子都体现了"谁"的问题，要高于"什么"的问题，即那些愿景、战略、战术、组织结构和技术问题。迪克·库利和戴维·麦克斯韦都提到了第5级管理模式，他们说："我不知道将把公司带到何方，但我知道只要以合适的人才为起点，通过问他们一些正确的问题和让他们进行热烈的讨论，我们就完全可以找到一条令公司走向康庄大道的道路。"

不是"1个天才加1 000个助手"

不同于实现跨越的公司组建强大的管理者队伍，我们吃惊地发现那么多的对照公司遵循的是"1个天才加1 000个助手"的模式。在这样的模式下，公司只不过是某天才个人的舞台。在这种情况下，只要有他在公司，这位举足轻重的天才就是公司最大的财富，也是公司成功的原动力。这些天才从不需要后援团的帮助，因为他们根本不需要，也不想要。你如果是天才，就不需要富国银行那样的管理团队——可以在各自的平台发挥自己的效用。你需要的只是一队听话的好士兵，能够帮助你实行那些天才的主意。但是，一旦天才离开了，剩下的人就会如无头苍蝇般茫然不知所措，抑或更糟糕。他们尽力想要模仿前任天才，做出些看似勇敢又有远见卓识的举措（其实无异于打肿脸充胖子），但他们往往只能收到适得其反的效果。

埃克德公司就因此而上过大当。该公司的某高层管理者在制定"做什么"上很有一手，几近完美，但在领导和组织一个合适的管理团队方面却糟糕透顶。杰克·埃克德有过人的精力（他在经营公司的同时，还参加了佛罗里达州州长竞选），对市场有敏锐的洞察力，而且他有一个精明的生意头脑。这些使他凭借在特拉华州威尔明顿市的两家小商店白手起家，慢慢建立起一个遍布美国南部、有上千家连锁店的庞大公司。到 20 世纪 70 年代末，埃克德公司的资产可以与沃尔格林公司抗衡。看起来，埃克德似乎可以在行业内取得巨大成功。可是就在此时，杰克 · 埃克德把兴趣转移到政治上，他积极竞选议员，并加入福特政府。没有了他的天才领导，埃克德公司很快就走上了下坡路，落得个被杰西潘尼公司收购的结局。

杰克 · 埃克德与科克 · 沃尔格林的不同命运实在令人惊讶：杰克 · 埃克德很会挑选合适的商店进行收购；科克 · 沃尔格林在挑选合适的人才上很在行。杰克 · 埃克德知道如何为商店选址；科克 · 沃尔格林则善于给手下安排合适的职位。杰克 · 埃克德在选择一个恰当的后继人问题上，困难重重；科克 · 沃尔格林则有一群合适的候选人，还要从中挑出最杰出的那个人（甚至比他自己还能干）。杰克 · 埃克德没有管理团队，有的只是一群很会辅佐杰出天才的助手；科克 · 沃尔格林有最好的管理队伍。埃克德公司的管理来自杰克 · 埃克德的个人努力，他运筹帷幄，一切尽在掌握之中；科克 · 沃尔格林的决策则蕴涵在集体讨论之中，体现了集体的智慧。

“1 个天才加 1 000 个助手”的模式，在未能长盛不衰的对照公司中尤其盛行。最突出的莫过于人称“斯芬克斯”的特利丹公司的亨利 · 辛格尔顿。他生于得克萨斯州，出身卑微，却有鸿鹄之志。还在孩童时代，辛格尔顿就立志有朝一日成为一个杰出的商人。拿到麻省理工学院的博士学位后，他就成立了特利丹公司。特利丹一词最早来源于希腊语，是影响很大的意思，用在亨利 · 辛格尔顿身上特别恰当，特利丹公司就是名副其实的中央集权制。

通过收购，辛格尔顿使自己的公司由一家小公司一跃成为《财富》美国 500 强公司之一，且排在第 293 位。10 年内，特利丹公司吞并了不少于100家公司，最终建立了一家有130个利润中心，囊括从稀有金属到保险业的庞大集团公司，而且影响深远。最不可思议的是整个系统运行得十分顺利，而辛格尔顿就像是一剂让公司各部门紧密相连的黏合剂。他自己也承认："对于我的工作，我觉得最大的好处就在于，无论何时，我都有最大的自由来做任何自己觉得对公司有益的事。"《福布斯》杂志在 1978 年的时

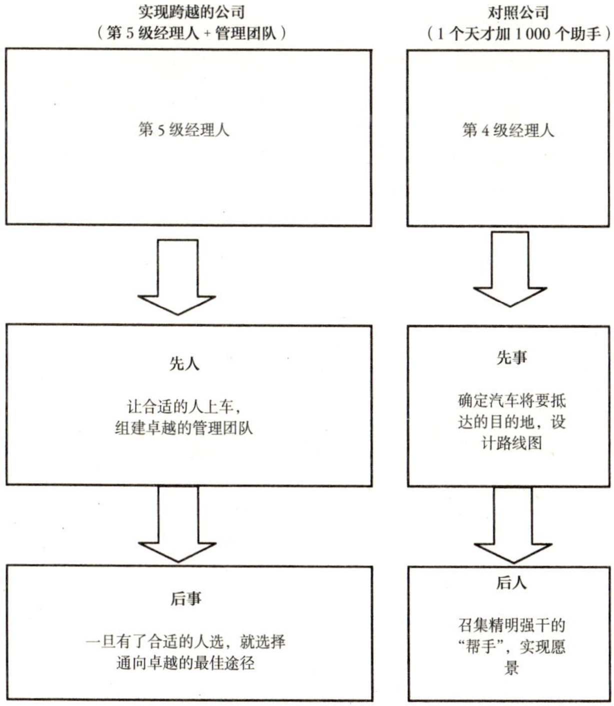

图 3-2　实现跨越的公司和对照公司的模式对比

候提出："辛格尔顿不会因为他谦逊的为人而青史留名，但是没有人可以不为他所取得的巨大成就而喝彩叫好。"直到辛格尔顿70多岁的时候，公司的运营情况还非常好，他没有给他的后继者遗留下任何棘手的问题。为什么要在乎公司的延续问题？要知道整件事的关键，只不过是要给杰出的天才提供一个可以施展拳脚的舞台。"如果说这样的宏伟图画还有什么缺点的话，"《福布斯》杂志指出，"特利丹公司只能说是一个由个人原则产出的杰出结果，而非一个完整的系统。"

但这种缺点，最终被证明是致命的。20世纪80年代，当辛格尔顿退出了公司的日常管理，这个一度强大的王国就开始瓦解了。从1986年年底开始至1995年它与阿里格尼公司合并，公司的股价跌了66个百分点。辛格尔顿无疑实现了他儿时的梦想，成为一个杰出的商人，但是他没有完成建立一个卓越公司的任务（见图3-3）。

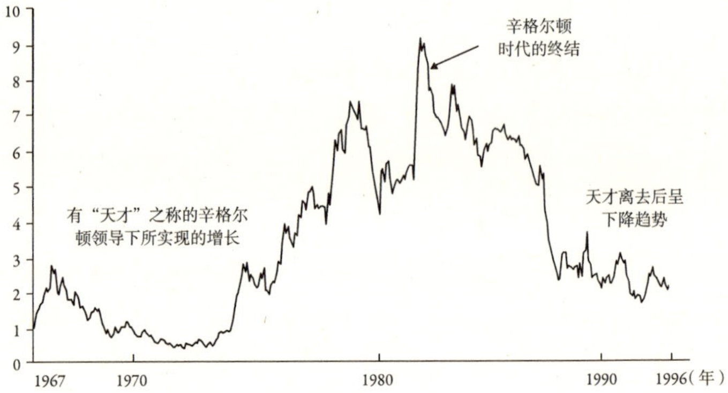

图3-3　特利丹公司（典型的"1个天才加1 000个助手"的公司）

注：相对于大盘股指的股票累计收益率（1967年1月1日—1996年1月1日）

重要的是付酬给谁，而不在于如何支付

我们期望发现，有效的激励措施，尤其是对高层管理人员的激励措施，能够有效地促进一个公司实现跨越。随着所有的注意力都确定无疑地集中在管理人员的薪酬问题上——推行股份制分红或是十分丰厚的工资，我们本以为工资的数额与结构对公司的成功至关重要。要不然谁会心甘情愿地给你卖命呢？

然而，我们大错特错了。

事实上，我们尚未发现公司的薪酬与公司的发展存在系统的联系。已有的证据也并不支持“特殊的薪酬支付方式能有助于一家公司走向辉煌”这样的观点。

我们耗时数周，从一家委托公司那里收集到一些有关收入情况的数据，并做了 112 项个例分析，期待发现两者之间会有这样的或那样的联系。我们着重检查了 5 个最高级别主管的收入情况——现金和股票、长期的和短期的奖励、工资和奖金等。其中，有的公司使用股份分红制，有的公司提供高工资待遇，有的公司则极力推行奖金制度。最重要的是，在分析对照公司的报酬情况时，我们发现无论是在使用股票、高工资、高奖金或长期补偿上，两者不存在任何系统性差别。要说唯一的显著不同之处，就是实现跨越的公司的主管获得的报酬在总数上略低于那些仍处于中等水平的对照公司。

这不代表报酬问题无关紧要。在这个问题上，我们要有最起码的理智与理性（我怀疑科尔曼·莫克勒、戴维·麦克斯韦或达

尔文·E.史密斯会不计报酬地无偿付出），实现跨越的公司在这个问题上也是下了一番功夫的。但有一点要弄清楚，报酬的高低不是公司卓越与否的关键。

为什么这么说？这只不过是“先人后事”原则的一个具体体现：排在第一位的不是你支付报酬的多少，而是你将报酬支付给何人。

> 如果你有合适的雇员在车上，在他们力所能及的范围内，他们就会为创建一个伟大的公司而竭尽全力，不是因为这样做会带来什么好处，而是因为他们根本无法想象除此之外他们还能做什么。他们的本能要求他们能够建功立业，成就一番事业。正如他们的呼吸不受你控制一样，他们不会因为报酬问题而向你折腰。实现跨越的公司明白这样一个简单的道理，合适的雇员不会计较报酬的多少，只要认定是对的，他们就会全力以赴。
>
> 诚然，补偿与激励都是很重要的，但是在实现跨越的公司中人们的目的不同。补偿机制不是为了让不合适的雇员做出正确的举动，而是要让合适的雇员能上车，并保证他们能留在那里。

我们无法对非管理人员的报酬情况也做同样严格的分析，因为他们的收入情况并不像高层管理者的收入那样系统。但是我们从各种文件和文章中收集到的证据都表明，这个结论对各层次的组织都适用。

最生动的例子是纽柯公司。该公司是建立在这样一个理念之上的：你可以教会农民如何炼钢，但你无法教会一个人恪守职业道德（如果他一开始就不具备的话）。因此，纽柯公司没有把矿井开在像匹兹堡和加里这样的传统钢铁城镇，却反其道而行之，将公司设在像克劳福德维尔、印第安纳、诺福克、内布拉斯加和普利茅斯这样的城镇。那里都是只知“日出而作、日落而息”、踏踏实实劳作的农民。“去挤些牛奶”和“中午之前耕40亩[1]地”一度被套用成“去炼些钢铁”和“午饭之前炼40吨钢”。纽柯公司解雇了那些不具备这种职业道德的工人，在该方案下，公司成立的第一年的解雇率高达50%，之后由于合适的人员都安顿下来以图长期发展，解雇率自然就低了。

为了吸引和留住那些熟练的工人，纽柯公司付给工人的工资比任何一家炼钢公司都要高。但这样的高工资是建立在压力很大的团队奖金运行机制上的，一个工人收入的50%以上要与一个由20至40人组成的工作小组紧密相连。因此，纽柯公司的队员常常是提前30分钟到现场，早早就做好准备，等到发令枪一响，他们就立即抡锹抡锤地猛干。“我们拥有世界上最勤劳的炼钢工人，”一位纽柯公司的主管说，“我们雇用了5个人，但他们工作起来顶10个人，而我们只付8个人的工资。”

此举不是旨在要将懒人变勤劳，而是要创造出这样一种氛围：勤者生存，懒者淘汰。懒人要么自己离开，要么被公司开除。在个别极端的例子中，工人们联合起来，用铁棍将一个拖大家后腿的队员赶出公司。

纽柯公司系统地抛弃了人是最重要的财富的旧观点。在实现公司转变中人不是最重要的财富，合适的人才是。

1. 1亩≈666.67平方米。——编者注纽柯公司提出了很重要的一点：在挑选合适的人才上，实现跨越的公司看重的是人品，而不是高学历、实际技能的掌握、特殊的知识和工作经验。不是说知识与技能不重要，而是这些东西都是可以教会的，而诸如性格、职业道德、基本智商、完成任务的决心以及其他的价值观，却或多或少是天生的。正如必能宝公司的戴夫·纳赛福所说的：

> 我过去任职于海军陆战队，它在树立良好价值观上很有方法，这是有口皆碑的。但这并不是海军陆战队的全部奥秘。它只招收那些与其价值观一致的人，然后才提供完成组织分派的任务所必需的训练。必能宝公司遵循同样的做法。可以这么说，我们比绝大多数的公司拥有更多愿意干实事的人，我们看重的不仅仅是经验，我们更想知道他们是谁，是怎样的人。我们通过询问他们做决定的方式来了解一些情况，并通过他们的回答，对他们的核心价值观做出大致的了解。

某实现跨越公司的一位主管说，他的最佳员工往往是那些没有任何实业或经商经验的人。他曾起用一个在“二战”中有过两次被俘经历，却每次都能成功逃脱的人当经理。“在我看来，任何能够做到这点的人，做生意都不会有太大的问题。”

严格，但不冷酷无情

这些实现跨越的公司，听起来似乎是人间炼狱，事实的确如此。如果不具备赖以生存的条件，你恐怕很难坚持下去。但公司崇尚的是严格的文化，而不是冷酷无情的文化，这两点有天壤之别。

冷酷无情意味着大幅裁员（尤其是在经济困难时期），或不假思索就胡乱解雇。严格则代表无论在何时都严格按制度行事，并约束所有层级，尤其是对上层管理者。做到严格又不冷酷无情，就意味着优秀人才完全不必担心自己的地位，他们可以全身心地投入工作。

1986 年，富国银行收购了克罗克银行，并打算缩减合并的各项开支。这没有任何特别之处，任何一家银行在经济不景气的时候，都会谋求合并，为的是在经济萧条的情况下，将开支降到最低，以保护企业。但是令这次收购与众不同的是富国银行接收管理人员的方式。更准确地说，公司不打算将绝大部分的克罗克管理团队一并纳入富国银行。

富国银行一开始就下定结论，克罗克银行的原班人马中的绝大部分人都是不合适的人选。这些人都是一些受传统思想影响很深，只会拘泥于旧式银行经营的经理人。克罗克银行设有专门的高管餐厅，大理石装修，富丽堂皇，还有专业水准的厨师和价值 50 万美元的餐具。与此形成鲜明对比的是富国银行的“清苦文化”，银行管理者的就餐待遇与大学生食堂一般。富国银行把自己的结论向原先的克罗克银行经理们表达得很清楚：“瞧，这并不是一个平等的合并，而是吞并。我们买下了你们的部门以及你们的客户，但我们并不打算留下你们。”就这样，富国银行解散了克罗克银行的原管理队伍，约 1 600 名经理人（其中包括几乎所有的高层领导）在一日内如鸟兽散。

批评家也许会这样说：“那只不过是富国银行在保护自己而已。”但考虑一下这样的事实：富国银行也解聘了自己的经理，而且那些原克罗克银行的经理只要的确有才能，就会被留下来。一旦涉及挑选管理者的问题，富国银行的标准一贯是很苛刻而且铁面无私的。这就好比一个职业运动队，只有最好的队才能不顾队员的地位与任期进行年度裁员。一位富国银行主管的话不无道理："对那些做出了贡献的人最好的嘉奖，就是不要让他们再受庸才之累。"

从表面上看，这似乎有些冷酷无情。但各种证据都表明，克罗克银行的经理普遍要比富国银行的经理能力差，而且在富国银行的经营文化中他们必败无疑。他们既无长途跋涉之能，何必要受短途颠沛之苦呢？一位富国银行的高级主管告诉我们："我们一致认为这是一场吞并，而非合并。总在那里避重就轻，而不是直截了当地解决问题，是没有任何意义的。我们觉得，即刻解决才是最好的方法。而我们已经事先尽了全力，到时候我们就可以说：'对不起，我们没有合适的职位给你。''是的，我们正好有个位子；你有工作了，不用再担心什么。'我们不打算让我们的文化令人感到不痛快。"

让一个人长年累月地处于不确定之中，霸占了他们生命中可以用来干其他事的宝贵时光，最终使他们落得一事无成，那才是真正的冷酷无情。而一开始就妥善处理，让他们能继续自己的生活，这是严格。

但是，收购克罗克银行并不是小事一桩。看着许多人失业，不是一件令人愉快的事。但银行若是倒闭了，就会有更多人失去工作。鉴于此，有两点值得注意：首先，与美洲银行相比，富国银行的失业率要低得多；其次，高层管理者（包括富国银行的某些高级主管），在此次吞并中的损失从比例上说一般要比基层员工大得多。事实上，实现跨越公司的严格标准，首先针对的是这些责任最重大的管理者。

人事决定上的严厉，必须首先针对高层。至少在写本章的时候，我就担心有人会把“人事上严格”这一关作为随意裁员以提高效率的借口。“这很难办，但我们不得不严格。”我可以听到他们如是说。我不禁汗颜，因为会有许多勤奋工作的人因此受到伤害。同时，相关资料显示，这种做法与追求卓越的初衷大相径庭。实现跨越的公司从来都不会把人员缩减作为一项主要策略，更不要说将其作为主要的战略或战术。与美洲银行相比，富国银行在转变时期的失业人数也不及前者的一半。

> 11 家实现跨越的公司在 10 年间有 6 家的失业率为零，而其他几家的失业率也很低，这种情况一直持续到 1998 年。

经过对比，我们发现与实现跨越的公司的失业率相比，对照公司的失业率要高出 5 倍，而且有些公司似乎长期沉溺于一种失业与结构重组的状态之中。

你若以为引发从优秀到卓越的转变，要靠任意对大批勤奋工作的人进行大刀阔斧的裁员，那你就错了，而且这是个悲剧性的错误。没完没了的重组和随心所欲的裁员，从来不是实现跨越的公司的成功之道。

如何做到严格

在研究中，我们针对如何做到严格而非冷酷无情总结出了 3 条非常实用的原则。

实用原则之一：若无法确定，则宁缺毋滥，保持观望态度。

管理之道中有这样一条铁律，被称为“帕卡德定律”。（这样命名，是因为我们在先前对惠普公司的共同创始人戴维·帕卡德进行课题研究时，首次了解到了这个定律。）这个定律是这么说的：没有哪家公司能在未招到合适的人的情况下仍保持收入增长，而且成为卓越公司。如果公司的收入增长速度持续快于人员的增长速度，那么结果很简单，你将不会，甚至不能建立起一个卓越的公司。

那些成功实现从优秀到卓越转变的公司的人心里十分清楚，任何卓越公司的最终飞跃靠的不是市场，不是技术，不是竞争，也不是产品。有一件事比其他任何事都更关键：招聘并留住好员工。

电路城公司的领导者深谙此道。早在几年前，圣诞节后的第一天，当我驱车在圣巴巴拉附近兜风时，我就注意到电路城公司的非同寻常之处了。当时，其他商店都打出各种标语与横幅以吸引客户：“优惠大酬宾”“节日特价”“圣诞节的最佳选择”等。但电路城公司的标语上写着这样的话：永远寻找最优秀的人。

这样的标语使我想起了对沃尔特·布鲁卡特的采访，他是电路城公司实现跨越年代的一位副总裁。当被问起实现从优秀到卓越这个伟大转变的5个首要因素时，布鲁卡特说：“第一是人才，第二是人才，第三是人才，第四是人才，第五还是人才。实现转变的大部分原因，应该归于我们所制定的挑选合适人才的原则。”接着，布鲁卡特给我们描述了他与首席执行官艾伦·沃泽尔在当时的一段对话：“‘艾伦，我真是伤透了脑筋，我总是在力图找到最恰当的人选来填补各个空缺，我该如何妥协？’艾伦毫不犹豫地回答：‘你不必妥协。我们想其他办法，直到我们找到真正合适的人才。’”

电路城的艾伦·沃泽尔和Silo公司的西德尼·库珀的最大区别之一就在于，早年沃泽尔把大部分时间都花在寻找合适的人上，而库珀把80%的精力都花在收购合适的商店上。沃泽尔的首要目标，是建立一支业界最好的管理队伍，而库珀的目标却很简单，那就是尽可能快地发展。沃泽尔在人这件事上全力以赴，要找到从送货司机到副总裁的所有合适人选，并让他们各就其位，而库珀则在一些小事上大做文章，在业内也是小有名气，如送货上门可保证货物不损一分一毫。电路城的丹·赖克辛格说：“我们造就了全行业最棒的送货司机。我们对他们说，‘你们是代表公司在客户眼中的形象的最后一关。为此，公司将为你们提供统一的制服，要注意衣冠整洁，避免邋遢。你们将成为行业中最职业化的一群人。’我们在送货时对待客户的方式所带来的变化简直令人难以置信。我们收到客户的感谢信，他们表扬配送员如何彬彬有礼。”沃泽尔任期的第5年，电路城与Silo公司的商业战略基本相同（也就是说，双方在“做什么”方面的观点是不谋而合的），但电路城转变后的15年，公司如同发射的火箭，股票的市场回报率比平均水平高出18.5倍。而Silo公司却一直举步维艰、艰难度日，最终它被一家非美国公司收购。同样的战略，不一样的人才，结果迥然不同。

实用原则之二：一旦发觉换人之举势在必行，就应当机立断。

如果你发觉某人非要严加看管不可，那么你一定是用错人了。因为好下属是不需要管理的。虽然指导、教导以及领导都是必要的，但是严格的看管是万万行不通的。

我们都曾有过这样的经历或是注意到类似的情形：已经有不合适的人在车上了，而且我们也注意到了这点，可我们还是按捺下来，迟迟不采取行动，宁可采用其他的解决方法，一而再地给这些人机会，希望他们可以有所改变。我们花费大量的时间管理下属，但相应的处罚措施却跟不上，当下班回到家中，与家人谈起工作，我们发觉话题竟然全是围绕那个人的。更糟的是，把时间与精力过多地花在那个人身上，这已经严重影响到我们与其他合适的人的正常交流。我们还得继续忍受下去，直到有一天，那个人自动离开（我们感到释然），或者我们痛下决心，解决问题（我们同样感到释然）。与此同时，其他好员工也纳闷儿不已："为何拖了这么久才解决问题？"

让不合适的人赖在那里，不解决问题，对于其他同事来说，是一件不公平的事。因为迟早他们会发现，自己当牛做马，原来是在为差劲儿的同事背黑锅。更糟糕的是，这可能会逼得他们另谋出路。真正上进的人，会因为自己出色的工作而振奋不已，从而愈加发愤图强。

久拖不决对当事人自己也是不公平的。要知道让那些你明明知道不会有结果的人多待上一分钟，无疑是在践踏他们宝贵的生命。这些时间原本可以让他们去找更有发展前途的工作。我们如果足够诚实，就该认识到自己的犹豫不决与其说是对当事人的关心，倒不如说是自己图省事——要么你觉得他们做得够好的了，换掉他们只会让天下大乱，还是省省心为妙；要么你就是预感到事情处理起来会很棘手，压力也大，因此为了不自添麻烦、自找难堪，宁可一等再等。同时你又遭到其他同人的怀疑："到底预备什么时候处置他们？为什么还没有动静？"

根据《穆迪公司报告》提供的数据，我们不难找出各家公司高层领导班子的替换频率。对于实现跨越的公司和对照公司来说，人员替换在某时期内都是很平常的，没有什么太大区别，不同的只是替换的方式。

实现跨越的公司的高层人员的去留有两个极端，他们要么是在车上待得很久，要么就是匆忙下车。换句话说，实现跨越的公司靠的不是频繁替换，而是通过高质量的替换来达到目的。

实现跨越的公司的领导者不会追求这样的领导模式——"先普遍撒网，后重点培养"，而是走这样一条路线——"我们会事先花费大力气进行严格的人员挑选。一旦找对了人，我们就会想方设法把他们留在自己身边。如果他们不合适了，我们就会诚实地面对，这样我们可以继续我们的工作，他们也可以继续他们的生活"。

实现跨越的公司的领导者从不仓促决策。他们一贯的做法是，在彻底否决之前会花上一番工夫研究是不是只是职位不合适的问题。当科尔曼·莫克勒走马上任之际，他并不是急功近利，不假思索，就来个釜底抽薪，把员工踢出快速向前的公司。相反，在最初的两年中，他把55%的时间花在了领导班子的调配上。在高层管理团队的50个人中，或者换人或者重新安排职务的达38人之多。对此，他有独到的见解："在人员安排上花的每一分钟时间都是很值得的，可以以一当十。"与此类似，在读过本章的初稿之后，艾伦·沃泽尔在回信中也表示：

> 你们提出的“让合适的人上车”的思想很中肯。还有一点也很重要，我花了很多时间考虑和谈论职位分配问题，我称之为“方钉进方洞，圆钉进圆洞”……除了要雇用诚实有能力却尚未做出成绩的人之外，我还要给他们一个合适的职位，一个不行就试第二个、第三个，直至他们可以一展拳脚、大展宏图。
>
> 判断某人究竟是胜任还是需要下车，自然不是易事。但是，实现跨越的公司的领导者一旦觉得换人之举势在必行，就会立即行动。

但你如何清楚是时候换人了呢？有两个关键问题可以助你一臂之力：第一，如果这只是一个雇佣问题，你还会再次聘用他吗？第二，如果有一天，此人突然跑来告诉你，他即将离开公司，为了寻找更大的发展机会。此举是令你大为失望，还是相当轻松呢？

实用原则之三：让杰出人才助你抓住天赐良机以图发展，而不是替你解决最大的难题。

20 世纪 60 年代早期，雷诺烟草公司和菲利普·莫里斯公司都在美国国内贸易中积累了大量财富。雷诺烟草公司认为打入国际市场的诀窍即“别国的人如果要骆驼牌香烟，就让他们尽管来找我们吧”。但菲利普·莫里斯公司有着不同的观点。在他们看来，国际市场才是公司得以长期发展的唯一最佳机遇，尽管在他们公司当时的收入中，只有不到 1% 来自国际市场。

在发展国际市场的最好策略问题上，乔·库尔曼也曾一筹莫展，但他最终找到了一个解决方案，那就是“何人”，而非“何事”的问题。因此，他让他的王牌主管乔治·韦斯曼退出国内主营业务领域，让他全权负责开拓国际市场。那时候，公司的国际贸易几乎为零——一个小小的出口部门，只在委内瑞拉和澳大利亚有很少的投资份额，在加拿大的生意也不大。韦斯曼的一个同事透露：“当乔让乔治负责国际市场时，很多人都感到大惑不解：乔治是不是犯了什么错？”“我不知道我是否算是被抛在了一边，遭到冷落，或者遭到遗弃了。”韦斯曼也不无感慨地说道，“今天我还在经营着公司 99% 的业务，明天我只能经营 1%，甚至更少。”

是的，据《福布斯》杂志 20 年后的观察，库尔曼当初调离韦斯曼的决定，实在是明智之举。尽管那里陌生又复杂，韦斯曼却不愧是拓展欧洲市场的最佳人选。很快，他开拓的国际贸易业务一跃成为全公司规模最大的业务，发展速度也遥遥领先。事实上，在韦斯曼的英明领导下，万宝路成为世界上最热销的香烟品牌——3 年后，它才坐稳美国香烟行业龙头老大的位置。

雷诺烟草公司和菲利普·莫里斯公司的例子都向我们证明了一点，实现跨越的公司有这样的习惯，把人才用于有最佳发展机会的事业上，而不是用于解决各种麻烦。而对照公司的行事风格恰恰相反，他们没有认识到这样一个事实：解决现有的问题，只会使公司变好，而只有抓住机遇谋发展，才能使公司卓越。

> 实用原则三有一个很重要的推论：当你着手“抛售问题”时，千万不可以抛售最杰出的人才。这是要取得转变的小窍门之一。如果你可以让杰出人才在你的车上总有用武之地，那么他们会对你的改革之举倍加支持。

举例子来说，当金佰利公司在变卖作坊时达尔文 · E. 史密斯就打开天窗说亮话：公司很可能不再继续做任何纸品生意，但是会留下真正有才能的人。“我们公司中有很多人都是在纸品生意中摸爬滚打出来的，突然之间赖以生存的饭碗被打破了，他们就要问了：‘我们的出路在哪里？’”迪克 · 奥克特解释道，“然后达尔文就说了：‘我们的确需要这些有才能的经理，我们会留下他们。’”尽管这些人只有很少或几乎没有任何从事消费品生意的经验，但史密斯还是把这些来自纸品行业的人才，带入了消费品生意的经营之中。

我们就此采访了金佰利公司的高级主管迪克 · 阿珀特。在阿珀特的职业生涯中，大部分时间是跟造纸打交道的。一次，为了筹措到足够的资金，实现公司所经营的消费品的转型，他的部门正好在出售之列。如今，重提当初的大转变，他不无自豪与兴奋之情，兴致勃勃地与我们谈起当时他们具体如何出售那些纸浆作坊，谈到公司从造纸行业退出转而经营消费品的远见卓识，以及他们当时的举措对宝洁公司的震动。“对公司决定关停造纸部门的举措，我从未提出过任何异议。”他说，“那时候，我们真的是卖掉了所有的作坊，而对此我自始至终都表示支持。”你如果停下来思考片刻，就不难发现，真正合适的人都想成为伟大事业的一分子，而迪克 · 阿珀特正是看到了金佰利公司一定会变得伟大。虽然在此过程中，他为之工作了大半辈子的部门难逃被卖的“厄运”。

菲利普 · 莫里斯公司和金佰利公司的例子，为我们“合适人选”的研究结论提出了最后一个观点。我们注意到每一个实现跨越的公司在高层管理中都运用了第 5 级管理模式，尤其是在重要的经济转型时期，第5级管理模式的运用显得更加突出。当然，不是说管理队伍中的每一人都能达到达尔文·E.史密斯和科尔曼·莫克勒的高度，都能成为十分称职的第5级经理人，但是每一个核心成员都能做到为公司这个“大家”弃“小家”。这意味着他们具备了成为第5级经理人的潜质，或至少他们能在这样的领导方式下生存。

你也许会提出这样的疑问：“一个第5级领导队伍的成员与仅仅当一名好士兵有什么区别？”第5级领导队伍成员不会盲目迷信权威，而且他本身就是一个强有力的领导者，凭着自身强大的号召力和卓越的才华，把自己的事业发展得有声有色。当然他们还必须具备这样的本领，就是能把自己融入公司这个大家庭中，为公司的光明前途贡献自己的一分力量。

> 的确，使公司变得杰出的关键因素，听起来有些自相矛盾。你需要这样的主管：一方面，在寻求最佳解决方案上，他们会争论不休，坚持己见，甚至有暴力倾向；另一方面，一旦决定了，他们就会服从决定，决不计较个人得失。

在一篇有关菲利普·莫里斯公司的文章中，作者这样形容库尔曼时代：“这些家伙从来都不会有一致的看法，他们为每件事争论不休，似乎要置对方于死地，每个人都被牵扯进来，无论职位高低，他们真的都很杰出。但当他们必须做出决定时，决定就诞生了。菲利普·莫里斯公司就是这样成长的。”不论争吵有多么激烈，公司的一个主管说：“他们的目标都只有一个，就是找到最佳答案，最终大家会达成默契。因为所有的争论都以公司的利益为出发点，而非为了个人。”

卓越的公司和美好的生活

每当我传授实现跨越的公司的经验时，总会有人提出“要实现从优秀到卓越的转变，个人应付出多少”这样的问题。换句话说，是否可能在建立卓越公司的同时，员工也能拥有美好的生活？

答案是肯定的。

奥秘就在本章之中。

在中国香港举行的一次经理人大会上，我和吉列公司的一位高管及其夫人有过短短几天的相处。谈话之中，我问他们，是否觉得科尔曼·莫克勒作为吉列公司的头号功臣，他的个人生活同样也是美满的？他们告诉我，在科尔曼的一生中有三个至爱：家庭、哈佛大学以及吉列公司。在20世纪80年代最黑暗和艰难的时期，合并危机四起，吉列公司的业务也日趋全球化。即使在那时，科尔曼也能成功地维持个人生活的平衡。他没有明显减少与家人团聚的时间，也几乎从不开夜车或在周末加班加点。他保持了自己崇尚实践的美德，并继续积极地处理哈佛大学校董事会的日常事务。

当被问到科尔曼是如何做到这些的，这位主管说：“哦，这对于他来说一点儿都不难，他十分擅长把一群合适的人召集在身边，并给他们安排合适的职位，这样他就完全没有必要每时每刻都待在那里了。这就是科尔曼取得成功又兼顾家庭的全部秘密所在。”这个主管还解释说，他完全有可能在一家五金店里碰到科尔曼，就如平时在办公室里一样，“科尔曼真的很喜欢在房子里转悠，亲手摆弄一些东西。他似乎总能挤出时间让自己放松一下”。这位主管的夫人还向我们提道：“当科尔曼去世时，我们都去参加了他的葬礼。我四处走了走，才意识到那是一间充满了爱的房子。科尔曼是这样的一个人，他绝大多数的工作时间都是与热爱他的人一起度过的，他爱他们所做的任何事，他爱他们每一个人——工作中的、家庭里的、慈善事业上的，或是其他任何地方的。”

这真是一语惊醒梦中人，我一下子意识到对实现跨越的公司的领导队伍，有些东西我根本无法尽述，正是这些特质使他们鹤立鸡群。在结束对菲利普·莫里斯公司的乔治·韦斯曼的采访时，我不无感慨地说：“你谈论当年在公司的情形时，就如同在描述一场刻骨铭心的恋爱。”他会意地笑了，随即承认：“是的，我不奢望会有很多人明白我说的事情，但至少我的那些同事会理解。”所以韦斯曼和他的许多同事，即使在退休后若干年，也还会经常回到在菲利普·莫里斯公司的办公室。公司总部有一条长廊，被称为“风云人物大道”。就是在这条长廊上，韦斯曼、库尔曼和麦克斯韦等人聚在了一起。类似地，金佰利公司的迪克·阿珀特在采访中也提道：“在金佰利公司成立的 41 年中，没有哪一个人对我表示过不满。自从被雇用的那天起，我就感谢上帝，因为与我在一起的人都是那么友善，我们互相尊重、互相钦佩。”

实现跨越的公司的领导队伍成员，很有可能成为一生的朋友。很多时候，在共事后的若干年，甚至是几十年，他们都还保持着密切的联系。听他们谈起当年的创业史，实在是一件令人受益匪浅的事，因为无论当时的日子有多苦、任务有多艰巨，他们都能笑傲人生！他们从对方的陪伴中得到一生的乐趣，事实上他们期盼这样的聚会，有许多主管把他们在一起的这段日子当成是人生中最辉煌的一段时期。他们的关系不仅停留在相互的尊重上（事实上他们确实相互尊重），而且是永远的队友。

坚持先人后事的观点，是拥有卓越公司和美好生活的关键。因为无论我们取得多大的成就，如果绝大多数时间，我们都不能与自己热爱和尊重的人一起度过，生活就毫无快乐可言。若情况恰好相反，自己喜爱的人也在车上，并且永不背叛，那么不论汽车将开向何处，我们都能拥有美好的生活。我们采访过的实现跨越的公司的那些人，他们的确很喜欢各自的工作，而这在很大程度上是因为他们喜欢与自己一起做事的人。

小结

要点

- 实现跨越的公司的领导者首先要设法找到合适的人才（不合适的人请下车），然后决定将汽车开向何方。
- 本章的要点不仅是要获得合适的人才，而且更重要的是“谁”这一问题先于“什么”这样的决策，即人才先于愿景、战略、战术、组织结构和技术问题。先人后事是一条必须被严格遵循的原则。
- 对照公司通常采用“1个天才加1 000个助手”的模式——天才领导者做出规划，然后雇用一批能力很强的助手帮助实施。这种模式往往会因为天才的离开而导致失败。
- 实现跨越的公司的领导者，在人员决定上严厉但不冷酷无情。他们不会把失业和重组作为鞭策雇员好好工作的首要策略，但对照公司会滥用人员变动这一举措。

- 我们发现要在人员决定上做到严格要求，有三个基本原则：

（1）若无法确定，就宁缺毋滥，保持观望态度（推论：限制公司发展的最终力量，取决于你得到多少名适合的人才）。

（2）一旦发觉换人之举势在必行，就立即行动（推论：首先必须确定你的问题不是给员工安排错了位置）。

（3）让杰出人才抓住天赐良机以图发展，而不是解决你的“最大难题”（推论：你如果要解决问题，千万不可以把你的优秀人才也解决掉了）。

- 实现跨越的公司的管理队伍是由这样的人员组成的：他们在寻找最佳方案上，会争吵不休，但一旦做出决定，他们就会执行无误，毫不计较个人得失。

意外发现

- 我们尚未发现公司的薪酬结构与公司的发展存在系统的联系。
- 抛弃了“人力是最重要的财富”的旧观点。在实现公司转变的过程中，人力不是最重要的财富，合适的雇员才是。
- 衡量某人是否是“合适人选”，主要看其内在性格特征和天赋能力，而不是专业知识、背景或实际技能。

第四章

直面残酷现实，决不失去信念

对于国家领导人而言，没有什么错误会比误以为事情会自行解决的妄想更不可饶恕了。

——**温斯顿 · S. 丘吉尔，《命运的转折》**

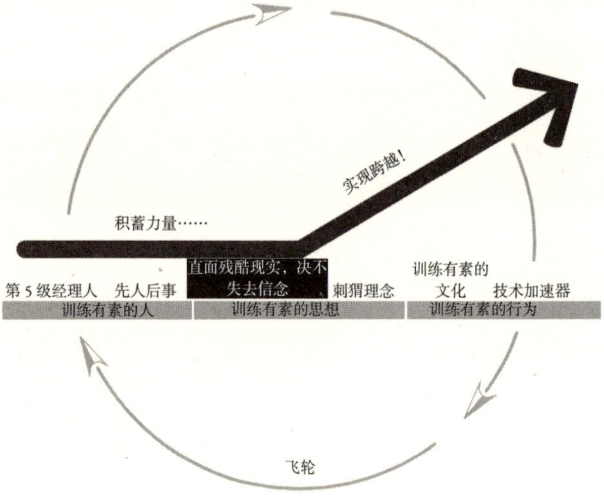

20世纪50年代，大西洋和太平洋食品公司（以下简称A&P）是世界上最大的零售商，同时是美国最大的公司之一，其收入一度仅次于通用汽车。相比之下，克罗格公司只是一家毫不起眼的杂货店连锁公司，规模尚不及A&P的一半，销售业绩也平平无奇，而且低于市场平均水平。

20世纪60年代，A&P开始衰落，克罗格公司却迅速崛起，为以后成为一家实现跨越的公司奠定了基础。1959—1973年，两家公司都落后于市场，而克罗格公司稍胜一筹。自那以后，两家公司就分道扬镳了。在此后的25年中，克罗格公司积累了巨额利润，股票收益率是市场平均水平的10倍，是A&P公司的80倍（见图4-1、图4-2）。

事情怎么会发生如此富有戏剧性的变化？像A&P这样一度杰出的公司，怎么就一蹶不振了呢？

20世纪上半叶，A&P得益于两次世界大战和经济萧条，靠经营各种便宜货的杂货店大发横财。但在此后几十年中，富裕起来的美国人的消费观发生了很大变化，他们想要更好、更大和有更多选择的商店。他们要购买新出炉的面包，刚采摘的鲜花，有利于健康的食品，经过冷藏的药品，45种以上的早餐麦片和10种以上的牛奶；他们还想要一些奇珍异宝，5种以上的名贵茶具，各式各样的调制品，甚至用于治病的中草药。他们想在购物时刷卡，并随时知道自己的财务情况。简而言之，他们不再需要杂货店，他们要顶着“S”标志的大型超市，那里各式商品一应俱全，而且那里有停车场，同时商品价格低廉，环境整洁，支付方便。

现在回过头来想一想，我们就会发现其中的名堂：“A&P的境遇只是因为它是一家老公司，碰巧它的那些经营策略又不合时

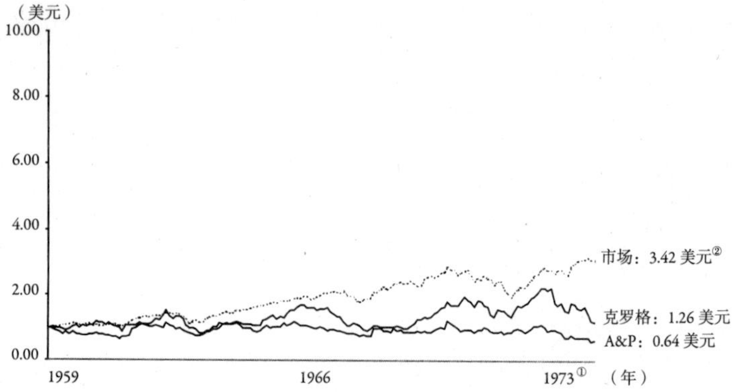

图 4–1 克罗格、A&P 公司比较

注：①克罗格的跨越点 1973

②市场投资 1 美元的累计价值（1959—1973 年），1959 年 1 月 1 日投资 1 美元的价值，截至 1973 年 1 月 1 日的累计收益率、追加投资股息

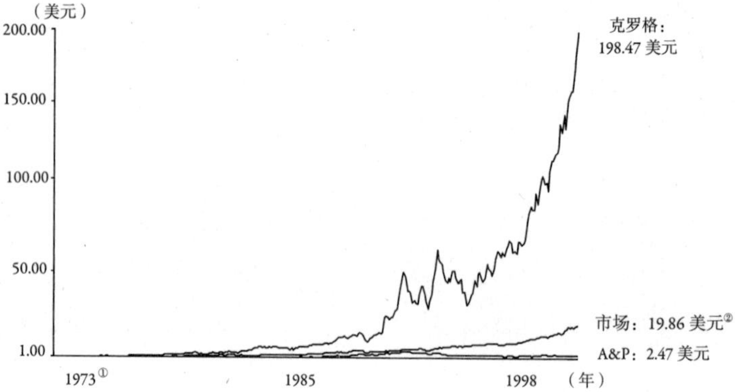

图 4–2 克罗格、A&P 公司比较

注：①克罗格的跨越点 1973

②市场投资 1 美元的累计价值（1973—1998 年），1973 年 1 月 1 日投资 1 美元的价值，截至 1998 年 1 月 1 日的累计收益率、追加投资股息

宜。既然时代变了，世界就该是年轻公司的天下了。这有什么好大惊小怪的？”

值得一提的是，A&P 和克罗格公司都是历史悠久的公司：截至 1970 年，克罗格公司有 82 年的历史，而 A&P 有 111 年的历史；两家公司的资产绝大部分都投资在传统杂货店生意上；两家公司在拥有本土市场之外，还有其他生意；两家公司都很清楚周围的世界正在发生怎样的变化。其中一家公司面对严峻的现实不是退缩，而是迎难而上，彻底改头换面，以适应时代需要；而另外一家则甘当缩头乌龟，逃避现实。

1958 年，《福布斯》杂志将 A&P 称为“隐士的王国”，它是年老的国王统治下的君主专制帝国。拉尔夫·伯格作为 A&P 王朝的创始人、哈特福德兄弟的继承人，他只关心两件事，他的现金分红和哈特福德兄弟的以往荣誉。据 A&P 的一位董事说，伯格简直就是老哈特福德的应声虫，他到了甚至每天都要去哈特福德的花房采一枝鲜花插在衣襟上的地步。他只要觉得所做的事情会让约翰·哈特福德先生喜欢，就会力排众议，一意孤行。伯格会采用“要是哈特福德先生的话，他会怎么做”的思维模式，他一生都信奉这样的座右铭——“永远不要挑战 100 年胜利的权威”，至少在伯格那里，哈特福德先生的影响依然存在，尽管他早已不在人世。

当旧模式与现实世界日益脱节的事实越发严峻，A&P 不仅没有正视问题，而且产生了抵触情绪。在此后的一系列举措中，公司新开了一家名为“金钥匙”的新公司。新成立的公司与旧公司完全分离，试验新的经营方法与模式，试图发现客户的新需求。商店里不出售 A&P 品牌的货物，商店经理也被赋予更大的权力，公司进行改革创新，并逐步向超市的经营模式靠近。对此，客户十分满意。就这样，他们找到了失去市场份额问题的关键所在，并清楚该如何解决问题。

A&P 的主管们是怎样处理这把“金钥匙”的？

他们不喜欢它，因此，他们把它压在了箱底。

至此，A&P 陷入了这样一个怪圈，他们不断地采取新办法，又不断地否决它们。他们总想一步登天、不费吹灰之力就找到包治百病的灵丹妙药。他们结成精神同盟，上马新项目，紧随时代潮流，对主管则解雇、聘用、再解雇。他们采用了一个被经济学家称为“焦土政策”的策略，企图以低廉的价格获得最大的市场份额，但是他们不敢正视这样一个基本事实：客户要的不是低廉的价格，而是与众不同的商店。降价导致了成本下降，更导致了商店的经营品种单一和糟糕的售后服务，由此吓跑了客户，经营更加困难。这种恶性循环导致更差的商店和更糟糕的售后服务。“情况变得一团糟，”一位 A&P 的前经理说，“到了这种地步，我们有的不仅是‘垃圾’商店，而且是‘垃圾中的垃圾’。”

与此同时，克罗格公司是另一番景象，它同样在 20 世纪 60 年代进行了改革，尝试新的超市经营模式。1970 年，公司的领导者得出了一个结论：旧模式下的杂货店（虽然它占克罗格公司营业收入的 100%）应该退出历史舞台了。与 A&P 不同的是，克罗格公司正视这个事实，并采取了相应行动。

克罗格公司的崛起十分简单，甚至有些让人难以置信。在采访中，莱尔·埃弗林厄姆及其前任吉姆·赫林（转变关键期的首席执行官）都显得彬彬有礼，而且很配合，但是对我们的问题，他们有些恼火。对于他们来说，那些事情都再自然不过了。当我让埃弗林厄姆把100分分配给他所认为的转变时期最重要的5个要素时，他说："我觉得你提的问题有些令人费解。总的来说，我们做了详细的调查研究，所有的数据都汇聚成一个洪亮的声音——只有建立连锁超市才是唯一的出路。我们还学会'要么做第一，要么做第二，再不然就退出'。当然，一开始的时候，我们还有些怀疑，但立即就转向面对现实。我们对即将要做的事情根本没有任何问题可提。事已至此，我们也只好硬着头皮上了。"

克罗格公司决定对旗下的每家商店、每一个部门进行整改，只要是不符合新形势的就或取缔，或改变，或替代。从一家商店到另一家商店，从一个街区到另一个街区，从一个城市到另一个城市，从一个州到另一个州，整个系统做了一次由里向外、彻底的改头换面。20世纪90年代初，克罗格公司完成了所有的系统改革，成为生活日用杂货连锁行业的龙头老大，已是指日可待，1999年，公司真的坐上了这个位置。与此同时，A&P一半以上的商店仍保持着20世纪50年代的风格，而它的辉煌历史，只能作为出土文物被人伤心地回忆了。

事实胜于美梦

我们调查研究的一个根本宗旨，就是发现由一系列的正确决定所带来的突破性结果，而且这些决定是一环套一环的。当然，实现跨越的公司，其历史并不总是卓越和完美无缺的。但总体来看，它们比不是很成功的公司所做出的正确决定要多得多，也比对照公司更多。更重要的是，在比较重大的事件的决策上，比如克罗格公司决定把所有的资源都用于公司的转变，用于从传统模式改成超市模式，它没出丝毫差错。

这自然带来了一个问题。我们是不是仅研究了这样一些公司，它们由于幸运碰巧做出了一系列正确的决定？还是它们有一些与众不同的方法，使它们更有可能做出正确的决策？研究显示，它们的确有不寻常之处。

实现跨越的公司表现出两种与众不同的严格的思维方式。首先，不论事实有多么残酷，它们都敢于面对，这也正是本章的重点。其次，面向所有决定，它们构建了一个简单又深刻的参考模式，这一点将在下一章进行讨论。就像克罗格公司所展示的那样，只要你在一开始诚实而勤奋，努力弄清楚面临的真实情况，正确的决策就会不言自明。情况虽然并不总是如此，但往往会是这样的。哪怕答案不会出现，至少有一点可以确信无疑：不首先面对事实，公司永远不可能做出一系列正确的决策。实现跨越的公司严格遵守这条规则，而对照公司却往往做不到。

比较必能宝与信件和文件复印机公司，很难发现这两家公司在改变之前，在一段特定的历史时期内，有什么大的区别。它们有着相近的收入、相同的利润、相差不多的员工人数，股市行情也相仿。两家公司在各自的领域里都保持着近乎垄断的地位，有十分稳定的客户群。其中，必能宝经营邮政服务，而信件和文件复印机公司从事复印机生意。两家公司又同时面临丧失垄断地位的危机。但到2000年，必能宝拥有的员工数达到3万人，总资产超过 40 亿美元。但信件和文件复印机公司的资产不到 1 亿美元，员工也只有 670 人。对于股东来说，必能宝的业绩比信件和文件复印机公司高出 3 580 倍（是的，差距就是这么大）（见图 4–3）。

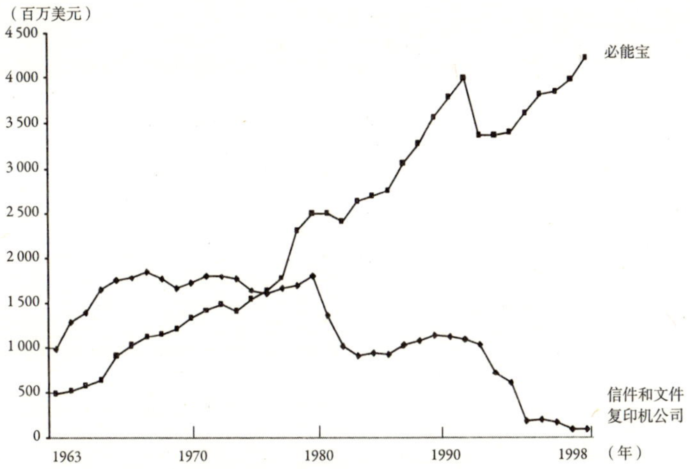

图 4-3　必能宝与信件和文件复印机公司的收入对比（1963—1998 年）

1976 年，一位个人魅力十足、具有远见卓识的领导者，担任信件和文件复印机公司的首席执行官，他就是罗伊·阿什。阿什自称“大公司的创立者”，曾经通过一系列带有赌博色彩的收购建立了立顿公司，但从此立顿开始衰落。《财富》杂志称，阿什打算以信件和文件复印机公司为舞台，在世人面前重新树立起自己的领导威信。

信件和文件复印机公司预备实施只有 IBM（国际商业机器公司）、施乐以及柯达这样的大公司才会有的大胆设想，这对于一家只经营过信封复印业务的小公司来说，跨度实在有些大。有大胆的设想没有错，但《商业周刊》表示，阿什变得非常执迷于他那些不切实际的构想，他拒绝面对现实，他的计划注定会失败，而且这将让全公司的人跟着遭殃。他坚持从那些还在赢利的部门抽出资金，这一方面破坏了正常业务的运行，另一方面又把钱浪费在成功机会很小的投资项目上。

后来阿什被踢出公司，公司随即也被迫宣告破产。但他还是拒绝面对事实，强辩道："我们只是打了几场败仗，但我们会取得整个战役的胜利。"然而，当时公司里所有人都知道，信件和文件复印机公司根本连胜利的边都没摸到。事实上，信件和文件复印机公司的许多关键人物都被迫离开公司，因为他们根本没有办法掌握实权来恰当地处理问题。

也许我们应该给罗伊先生一些赞赏，他也竭尽全力地想让公司变得卓越（公平地说，阿什在他的计划完全实施之前，就被踢出了管理队伍）。不过，当时在权威杂志里的确有大量文章显示，罗伊确实无视那些与他的观点不符的现实。

> 追求卓越的愿望本身并没有错。实现跨越的公司也着手追求卓越，但与对照公司不同的是，它们依据残酷的现实来不断监督自己通向成功的道路。

"当你搬开岩石，看到底下那些龌龊的东西，你要么把岩石放下，要么对自己说：'我的职责就是要翻开这些岩石，看看这些龌龊的东西，尽管这可能会使我恶心至极。'"必能宝主管弗雷德·珀杜的这番话，可以从该公司任何一个主管那里听到。他们对公司在商界的地位期待过高，以致产生带有强迫症式的焦虑情绪。一位主管说："极端仇视与自满，已经形成一种文化。"另一位主管说："我们清楚地认识到，已经完成了的东西，不论有多么不同寻常，都不足以使我们停止前进。"

在必能宝的新年第一次经理会晤中，通常有 15 分钟被用来回顾上一年所取得的巨大成就，2 小时的时间被用来讨论新一年中公司即将面临的困难。必能宝的销售会议不同于其他大多数公司中盛行的“我们难道还不卓越吗”这样的自吹自擂：公司的员工，从直接与客户打交道的推销员到经理，都会直接面对问题与挑战。公司形成了这样的传统，并设有专门的论坛，在那里，人们可以直抒己见，向高层主管指出问题，当面批评他们：“瞧，你们该注意了。”

与必能宝形成鲜明对比，信件和文件复印机公司的例子说明了重要的一点，像罗伊·阿什那样过于自负的领导者会阻碍公司的发展。在整个研究中，我们发现，在一些对照公司中，有些高层领导用铁腕进行统治，使员工担心他们会怎么说、怎么想、怎么做，多于担心外在的事实和事实对公司的影响。正如上一章中所提到的，美洲银行的职员不敢轻易发表议论，直到他们清楚首席执行官在干什么。但是在富国银行和必能宝这样的公司，我们却没有发现类似的情况。相反，那里的人担心现实情况要超过在乎领导的感受。

一旦一个领导让他个人而非公司经营的事实和问题成为人们关注的中心，那么这家公司肯定要走向衰落，或者更糟糕。这就是为什么那些不那么自负的领导者比起自负的领导者，往往会有更好的表现。

> 的确，对于这些有强烈个性、个人魅力十足的领导者来说，他们有必要认识到，个人魅力可能是一种财富，也可能是一种累赘。一旦人们向你隐瞒事实，你的这种个性就会是这一系列问题的罪魁祸首。你也可以克服这个缺点，或者多加注意。

温斯顿·丘吉尔就很清楚他强硬的个性意味着什么，但在“二战”中他却成功地补己之短。我们都知道，丘吉尔一直对此坚信不疑：英国不仅会生存下来，而且仍将是一个伟大的国家——尽管当时全世界的人都认为英国一定会求和，他们不清楚的只是英国会在什么时候求和。在最黑暗的时期，几乎整个欧洲大陆和北非都处在纳粹的铁蹄之下，美国极力想置身事外，所以希特勒只单线对英作战（那时他还没有发动对俄国的战争），此时丘吉尔表示：“我们下定决心，一定要打败希特勒，摧毁纳粹的统治。对这点，没有什么可以改变我们，没有！我们决不和谈！决不向希特勒或他的党羽妥协！我们要与他进行海陆空战争，直到完全逃离纳粹的魔爪。”

即使是在这样大胆的设想之下，丘吉尔也从不忘记面对最严酷的现实。他害怕自己那铁塔般的强硬个性，会使最坏的消息无法直接残忍地传到他的耳中。因此，战争一开始，他就在一般的渠道之外建立了一个完全独立的部门，它被命名为“统计局”，其主要的功能就是向他提供最新的、完全没有被修饰过的战况。整个战争时期他都依靠这个特殊部门。丘吉尔不断地要求提供纯粹的事实。就在纳粹分子席卷了整个欧洲大陆之时，丘吉尔还可以酣然入睡。“我不需要美好的梦境，”他写道，“事实胜于美梦。”

营造良好氛围，弄清问题真相

现在，你也许会纳闷儿：“既然形势严峻，怎么还能够激励人呢？激励难道不是主要来自伟大的愿景？”令人不解的是，答案却是否定的。不是说愿景不重要，而是花大力气激励人，基本上是在浪费时间。贯穿本书的一个主旨是，如果你按我们说的去做了，那么你根本不必花时间与精力来激励部下。如果你有合适的人才在车上，他们就会有一种内在的自我驱动力。那真正亟待解决的问题就变成，你该怎样恰当地经营，才不会使你的部下失望。而最令人沮丧的事，莫过于因对自身估计不足，最终被时代淘汰。

> 不错，领导和愿景有关。但是领导同样也是为了制造这样的气氛：在那里，真理被接受，残酷的事实被勇敢地面对。"让你说才说"和"主动听取你的意见"是有很大区别的。实现跨越的公司的领导者了解这个区别，在这些公司里，他们要让员工有机会说话，并且说真话，要做到知无不言、言无不尽。

如何形成这种问题和真相不被掩盖的氛围？以下有4点建议可供参考。

1. 领导应多提出问题，少给出答案。

1973年是艾伦·沃泽尔接替父亲任首席执行官的第二个年头，那时公司正处于破产的边缘，而且之前签下的贷款协议也快到期了。这个时候的公司（被称为沃兹公司，不过不要与当时的蒙哥马利·沃德公司搞混了）军心涣散，处于一片混乱之中。接下来的10年中，沃泽尔和他的同事不仅力挽狂澜，而且成功建立了电路城新的经营理念，并为以后的成功打下了坚实的基础，从1982年开始转变到2000年1月1日，公司股票的价格是市场平均水平的22倍。

艾伦·沃泽尔能把公司从几近破产的边缘拉回来，并取得这样巨大的成就，基于他对将把公司带往何处这个问题的独特回答：我不知道。不同于信件和文件复印机公司的罗伊·阿什，沃泽尔从不坚持要一个确切的答案。相反，在经营公司时，一旦安置了合适的人选，他不是从答案而是从问题入手。一位董事曾说："艾伦实在是一位奇才，他总有本事问一些特别精彩的问题。在会议室里，我们有过一些精彩的辩论。那些讨论绝不是走形式，走过场，随便听听然后去吃饭而已。"的确，在大公司中，极少有像沃泽尔这样的首席执行官，他向董事们提出的问题要远远多于董事们向他提出的问题。

对他管理的队伍，他也采取了同样的方法，他会经常向他们提问。这样的情况时有发生，沃泽尔会无休止地提问题，直到他对事情的来龙去脉有了清楚的了解。"他们经常称我是检察官，因为我往往会在一个问题上纠缠不休。你知道，这就像是一只斗牛犬，不达目的决不罢休。为什么？为什么？为什么？"沃泽尔说。

像沃泽尔一样，实现跨越的公司的领导者都有股苏格拉底式的钻研劲儿。他们提问题只为一个原因：弄清事实真相。他们不会把问题当成一种影响（"在……问题上，你难道不同意我吗？"），或者把问题作为责备他人的手段（"你怎么连这个都搞不清楚"）。当我们问及那些主管在转变时期的管理人员会议上都干了些什么时，他们说，绝大多数时间就是在"试图了解"。

实现跨越的公司的领导者非常懂得利用那些与经理以及雇员在一起讨论的非正式的会议——没有议题、没有预先规定好的活动安排。他们可以以这样的问题开场："那么你是怎么想的？""你能告诉我那里的情况吗？""你能解释这件事吗？""当前我们有什么问题要解决？"这些无议题的会议就成了论坛，由此眼前的迫切问题一个一个浮出水面。

> 要将公司领导得出色，不是要从答案开始，然后让你的雇员跟着你走，而是要虚怀若谷，你得承认这样的事实——你还没有了解全部情况，应该多提些问题来帮助自己更好地把握情况。

2. 要对话，要争论，但不要强制。

1965年，你找不到任何一家比纽柯公司更糟糕的公司了。这家公司只有一个部门还在赢利，而其他部门都在花钱，也没有值得一提的公司文化和某个明确的前进方向，它已濒临破产的边缘。那时候，纽柯公司被官方当作“美国核能公司”，这反映了当时追求核能产品的导向，比如“火花探测器”用于辐射检测。公司也生产一些半导体产品、稀有金属材料、静电复印机以及房屋横梁等彼此互不相干的产品。在1965年纽柯开始转型时，公司已不生产一盎司[1]钢铁，它也不赚一分钱，但是30年后，纽柯却成为世界四大钢铁厂之一。1999年，纽柯的收入更是超过了美国其他所有的钢铁公司。

纽柯公司是如何实现由糟糕的“美国核能公司”到最好的钢铁公司的转变的？首先，一个第5级经理人肯·艾弗森的出现使纽柯转危为安，他此前是主管横梁业务的总经理。艾弗森让合适的人才上车，并组建了一支包括萨姆·西格尔（被他的同事称作“世界上最好的财务经理”，一个魔术师）和运营天才戴维·艾科克的杰出队伍。

1. 1盎司≈28.35克。——编者注

然后事情发生了哪些变化？

像艾伦·沃泽尔一样，艾弗森也梦想建立一家卓越公司，但他拒绝以如何到达的“现成答案”为起点，相反，他扮演了一个苏格拉底式的调停者角色。“我们举行了许多总经理会议，我更像是一个负责调停的中间人。”艾弗森评论道，“会场乱糟糟的，我们会一连数小时待在那里讨论问题，直到事情有些眉目……有时候，会议变得很暴力，人们几乎要动手……大家叫喊着，在桌子旁边挥舞着手臂，脸涨得通红，青筋暴出。”

在艾弗森执掌期间，这种情形持续了好几年，同事们会挤进艾弗森的办公室，相互叫嚷，但最后他们会达成共识。他们争吵和争论，然后卖掉了原子能生意；他们争吵和争论，然后决定把重点放在钢筋横梁的经营上；他们争吵和争论，然后开始自己炼钢；他们争吵和争论，然后投资了第一个小型矿井；他们争吵和争论，然后建立了第二个矿井。与我们交谈的绝大多数主管，都表示公司有爱争论的传统。事实上，“在争吵和战斗中前进”已成为公司的发展策略。

像纽柯公司一样，所有实现跨越的公司一般都崇尚频繁对话，像“大声争论”“激烈辩论”“合理冲撞”等词语，在公司的文件与记录中屡见不鲜。这种讨论不是流于形式，让人们随便说，他们是要通过争论达到他们预期的结论。整个讨论过程更像是一个充满科学性的争论，人们都加入其中并寻找正确答案。

3. 做彻底的事后分析，不要互相指责。

1978 年，菲利普·莫里斯公司收购了七喜公司，但 8 年后该公司却因亏本将其卖出。和菲利普·莫里斯公司的总资产相比，这样的财务损失不算太大，但非常明显，这是一个消耗了数千个小时珍贵经营时间的大黑洞。

在我们同菲利普·莫里斯公司主管的会面中，他们直截了当地揭露了这个巨大的灾难，他们公开的讨论方式使我们惊讶万分。他们不是掩饰这个巨大又丑陋的错误，而是觉得有必要来谈论它，进行彻底的改正。乔·库尔曼在《我是个幸运儿》一书中，专门用了5页纸的篇幅详细地研究了收购七喜公司的灾难。他对为何会做出这一错误决定的令人尴尬的事实，毫无保留地进行了阐述。整整5页纸都是关于错误、错误的影响和错误的教训的分析。

团队花费了大量的时间，没有数千个小时至少也有数百个小时，对七喜公司的案例进行彻底的事后分析。然而，虽然他们一直谈论这个巨大的失败，却没有责备任何个人。对此，只有乔·库尔曼是个例外。他站在镜子前，责备自己。“……很明显，这又是一个行不通的乔·库尔曼计划。”他写道。不仅如此，他走得更远——如果他当时能听取反对者的意见，那么这个灾难完全可以避免。他特别给予那些曾提出合理化建议的人赞扬，并列举了比自己更有先见之明者的名单。

时下，领导者们都在花大力气想要保持良好记录。一旦有了成绩，他们就急不可耐地邀功，炫耀自己多么有远见；当他们的决定发生了偏离，他们就会责备别人。库尔曼的做法无疑令人耳目一新！他定下这样的调子：我会承担做出错误决定的后果，但是付学费所得到的沉痛教训，却是每个人都要注意的。

做没有指责的事后分析时，你可以营造一个事实可以被倾听的气氛。如果有合适的人和你同舟共济，你就无须指责，只需理解和学习。

4. 建立“红旗机制”。

我们生活在一个信息时代，拥有更多、更好信息的人据说占有优势。可当思考各种组织的盛衰时，你就不难发现很少有公司是因为缺乏信息而垮台的。

伯利恒钢铁公司的管理部门，早就知道有来自像纽柯公司这样的小型作坊的威胁。但他们对此满不在乎，直到有一天他们发现大部分的市场份额已经被别人占有，这才大梦初醒。

普强公司已经有许多信息表明，有些有缺陷的产品根本达不到预期的效果。更糟糕的是，它们还可能存在各种潜在的副作用。然而，他们还是忽略了这种问题。例如，关于酣乐欣，《新闻周刊》引用了一名业内人士的话：“打消人们对酣乐欣安全性的顾虑，已经成为真正的企业决策！”在另一个事件中，当普强公司发现自己受到别人的攻击时，它将问题定位于“具有敌意的宣传”，而不是去面对是自己有缺陷的事实。

美洲银行的主管拥有大量关于银行业即将解除管制这一事实的信息。然而他们未能面对这些事实将带来的一个严重后果：在一个失去管制的世界中，银行业务也会成为商品，银行业务中的旧式额外补贴和文雅的交易将不复存在。直到银行损失了18亿美元以后，他们才完全接受了这个事实。相比之下，富国银行的卡尔·赖卡特，一个被他的继任者称为“极端现实主义者”的人，却勇敢地面对解除管制后将出现的严重后果：抱歉，银行业的同人，我们已无法保留银行家阶级了。我们必须像麦当劳的决策者一样，成为对成本和效率斤斤计较的生意人。

事实上，根本没有证据表明实现跨越的公司具有比其他公司更好的获取信息的渠道。两类公司都能得到差不多相同的优质信息。问题的关键不在于更好的信息，而在于要把信息转换成让人无法忽视的信息。

做到这一点的一个有效途径，就是通过“红旗机制”。请允许我用本人的一个例子来阐明这种做法。当我在斯坦福大学商学院采用案例法授课时，我给每个 MBA（工商管理硕士）学生一张 8 英寸[1] × 11.5 英寸的鲜红的纸板，并做了如下指示：“这是这学期使用的红旗。如果你将红旗举起，整个课堂将为你停止。你何时或者如何使用它，是没有限制的。最终的决定权掌握在你手中。你可以用它来发表评论，谈论个人经验，分析问题，对教授提出反对意见，对来讲课的首席执行官提出质疑，回答同学提出的问题，提出建议，等等。只要你愿意，做什么都可以。无论你怎样使用红旗，都不会有人惩罚你。但在本学期，红旗只能被使用一次。你手中的红旗是不可转让的，你不可以把它送给别人或者转卖给他人。”

有了红旗，我无法确切地知道每天的课堂上将发生什么事情。有一次，一个学员用她手中的红旗来发表意见：“柯林斯教授，我认为你今天正在进行一次毫无效果的教学工作。你提出了太多的问题，这限制了我们独立思考。让我们自己来思考吧。”红旗机制使我面对这样一个残酷的现实，那就是我的提问风格严重阻碍了他人的学习。如果我课后对学生进行调查，那么他们也会给

1. 1 英寸= 2.54 厘米。——编者注

我这样的反馈。但是红旗机制（实时地在课堂上每个人面前）把教学上有缺陷这样一个事实，转化成了一个不容我忽视的信息。

我是从布鲁斯·伍尔帕特那里得到有关红旗机制的想法的。布鲁斯·伍尔帕特在他的花岗岩公司中始创了名为“少付”的有效机制。少付机制给了客户极大的自主权，他们可以根据自己对产品或服务的满意程度，来决定是否付款或者支付多少。少付不是一项退款政策，客户无须返还商品，也无须打电话给花岗岩公司征得同意。客户只需在发票上将不满意的项目圈出，并从总价中扣除相应的数额，然后把剩下的钱付清就行了。当我询问伍尔帕特为什么会创立少付机制时，他说：“你可以从对客户的调查中获得很多的信息，但名目繁多的解释方案会让人不胜其烦。通过少付机制，你必须把所有精力集中在那些资料上。你常常无法察觉客户的不满，直到你完全失去他们。少付机制可以扮演一个早期预警系统的角色，让你在失去客户之前就进行及时调整。”

坦白说，我们并没有发现“红旗机制”像实现跨越的公司实行的少付机制那样特点鲜明且有戏剧性。然而，应助手莱恩·霍南的迫切要求，我还是决定在这里提及它。霍南曾帮助我做系统的研究，并为另一个研究课题搜集了公司运行机制方面的许多资料。他坚持认为，如果你是一个先进的第 5 级经理人，那么你可能不需要“红旗机制”这样一个强迫性的政策。但是如果你还不是一个第 5 级经理人，抑或你具有强硬的个性，那么“红旗机制”将是一个实际而有效的工具，它可以帮你把不易觉察的信息转换成不可忽略的信息，并形成一种注重事实的氛围。

面对残酷现实，保持坚定信念

20 世纪 60 年代后期，当宝洁公司进军造纸业时，斯科特纸业（当时的领头企业）在毫无反抗的情况下就甘居第二，并开始寻求多元化发展。“1971 年公司召集分析师开会，这是我参加过的最令人失望的会议之一。”一位分析师说，“管理部门实际上已经丢掉了毛巾业务，却还在说我们曾经拥有。”这个一度自以为是的公司，现在开始正视自己所面临的竞争，但它仍说“我们这是在逆境中积累经验”。他们还强调：“哦……至少有些人的生意，做得比我们还糟糕。”斯科特纸业只知道尽力保护那些已有的东西，而不会进行反击以取得胜利。公司希望通过把主要市场让给宝洁公司，而自己躲避到 B 类商品的经营中去，以避免遭到入侵地盘的“怪兽”的伤害。

另外，金佰利公司却把与宝洁公司的竞争当作一笔财富，而不是一种困扰。达尔文·E. 史密斯和他的管理团队都为能和最好的公司一争高下而兴奋不已，并把这样的竞争看作一次能使金佰利更加优秀和强大的机遇，以及激励公司上下提高竞争力的方法。在一次内部会议上，达尔文·E. 史密斯站起来，用这样的话作为开场白：“好吧，我希望大家都站起来，并默哀片刻！”每个人都四处张望，对达尔文接下来要干什么很是困惑。难道有人去世了吗？然后，片刻的迷茫之后，他们都站了起来，恭敬地低头注视双脚。在一阵沉寂之后，史密斯抬头望着众人，并以一种肃穆的口吻说：“刚才是在为宝洁公司默哀！”

全场一片哗然。布莱尔·怀特，一位亲历了这件事的董事这样说：“他用这种办法使公司从上到下都兴奋起来。我们就像是与巨人歌利亚较量！”后来，韦恩·桑德斯（史密斯的继任者）向我们表示，与最好的公司进行竞争会带来许多好处：“我们能找到比宝洁公司更好的对手吗？不可能！我这样说，是因为我们非常尊重他们。他们比我们强大，他们很有能力，营销做得也很棒。所有的竞争对手都被他们赶入了地狱，只有金佰利除外。这是我们引以为豪的事情之一。”

> 斯科特纸业和金佰利对待宝洁公司的不同反应，给我们带来了关键的启示。当面临严酷的现实时，实现跨越的公司使它们自己更加强大、更有弹性，而不是变得软弱和丧失信心。兴奋的感觉来自勇敢地面对困境，并对自己说：“我们永远不会放弃。我们永不停止抵抗。虽然这可能需要较长的时间，但是我们总会找到一条成功之路的！”

在结束对来自克罗格公司的罗伯特·阿德斯的采访时，他做了很好的总结，描述了克罗格团队在长达20年的时间里，艰难而自觉地改变公司整个系统时的心态：“一定有某个神灵在保佑我们正在进行的工作！我们有强烈的生存愿望，感到自己是克罗格公司的一分子。克罗格公司以前就存在，而且会继续存在下去，甚至是在我们百年之后。我们将最终赢得胜利！这可能会花费我们上百年的时间，但如果需要这样的话，我们就坚持100年不动摇。”

在整个研究调查中，我们想起国际受害者研究协会所做的关于“顽强的精神”的研究。这项研究对各种遭受不幸之人，如癌症患者、战俘、事故受害者等进行了调查，调查了他们遭受的厄运，以及他们如何幸存下来。他们发现这些人大致可以分为三类：遇到不幸总是垂头丧气者；能够从打击中恢复以往生活的人；把不幸经历当作动力，使自己变得更强大的人。那些实现跨越的公司类似第三类，即它们具有“顽强的精神”。

当房利美在20世纪80年代早期开始进行经济转型时，几乎没有人看好它会成功，更不要说成为卓越公司了。公司贷款达到560亿美元，而且正在亏本。在抵押上有9%的利息收入，却要支付高达15%的贷款利息。将这个差额乘以基数560亿美元，所得的数字实在难以令人乐观。从公司财务报表来看，房利美除了贷款抵押业务之外，根本无法涉足其他业务。许多人以为房利美会密切注视利率的变化趋势：利率上升，则公司亏损；利率下降，则公司赢利。也有许多人相信除非政府大幅降低税率，否则房利美几乎没有胜算。一位分析师曾说：“那将是他们唯一的希望。”

但戴维·麦克斯韦和其新的管理团队可不这么看。他们从不动摇自己的信念，在对他们的采访中，他们自始至终都强调，他们的目的不仅是要活下来，而且要以卓越公司的姿态胜出。利率是一个无法忽视的致命因素，房利美没有办法，只能尽力成为资本市场（虽然抵押有利率风险）上最好的玩家之一。麦克斯韦和他的队伍着手新建一套商业模式，包括一系列十分复杂的抵押财务手段，由此降低对银行利率的依赖性。但大多数分析师都对此嗤之以鼻：“你的各种贷款高达560亿美元，却上马新项目，这无异于开玩笑。”有人说：“这就像克莱斯勒公司（当时该公司正在申请美国联邦政府的借款保函，以摆脱破产危机）要从事航天事业一样。”

在结束对戴维·麦克斯韦的采访时，我问他和他的管理团队，在最困难的时期，是如何对付这些说三道四的分析师的。他说：

“这不是一个内部问题，当然我们必须停止做愚蠢的事情，并开发一套全新的金融策略。但我们从不认为自己会输。我们把灾难当作一次让克罗格重振雄风的绝佳机会。”

在一次例行的研究讨论会上，一个小组成员评论道：房利美让她想起了一个由李·迈杰斯主演的电视剧《无敌金刚》。故事因一个宇航员而起，他在西南部沙漠上空进行登陆月球的航天器试飞时，遭遇了严重的空难。医生不仅尽力挽救了病人的生命，而且将他改造成了一个超人，安装了一些原子能自动化装置，比如功能强大的左眼和机械化的四肢。同样戴维·麦克斯韦和他的团队在面对公司正在流血和将死的事实面前，不是把它作为重组的借口，而是作为让自己成就一番更伟大、更坚定的事业的最好机会。房利美的领导者循序渐进，日积月累，重建了整个风险管理的商业模式，并把公司文化重塑为华尔街无可匹敌的一架高速运转的机器。最终，在 15 年内房利美的股票收益率是市场平均水平的近 8 倍。

斯托克代尔悖论

当然，不是所有实现跨越的公司都面临如同房利美一样可怕的危机，至少一半以上的公司都没有。但是每家实现跨越的公司在通往成功的道路上都是困难重重，要经历这样或那样的挫折。比如吉列公司面临收购战，纽柯公司面临进口问题，富国银行遭遇银行业取消管制的挑战，必能宝公司有失去垄断地位的危险，雅培公司面临产品召回危机的困境，克罗格公司必须改变绝大多数商店的经营模式。但在每一个案例中，他们的管理队伍都显示出极大的心理承受能力。一方面，他们平静地接受了残酷的现实；另一方面，他们对自己坚信不疑，相信不论道路如何险阻，前途一定是光明的。我们把这种矛盾心态称为“斯托克代尔悖论”。

说到这里，我们有必要谈谈海军上将吉姆·斯托克代尔，他是越南战争时期“河内希尔顿”战俘营关押过的美方最高军事指挥官。1965—1973年，吉姆被严刑拷打20多次。他没有享受到任何优待战俘的权利，相反，他不知道自己是否能获释，甚至不敢确定自己是否还能活着见到他的家人。他顶住来自越方的压力，竭尽所能，想方设法创造条件，增加战俘获释的机会。他甚至在战俘内部组织了一场斗争，破坏了越方用战俘做宣传的企图。一方面，他用铁条鞭打自己，用刀片割伤自己，为的是不让越南方面将自己作为“受优待战俘”的典型。他在与妻子的通信中，用极聪明又隐秘的方法传达信息。尽管他知道一旦被发现，后果会不堪设想——可能会遭受更多的虐待，甚至面临死亡的威胁。他创立了一套对付虐待的方法（没有人可以无限制地忍受虐待，因此，他发明了一套信息传递系统——你可以在短时间内隐秘地表达你的意思。这使得人们有了活下去的依靠）。他通过这套煞费苦心的内部交流方法，打破了越方要将他们完全隔离的计划。这种方法用敲击代码来代替字母。（嗒–嗒代表字母“a”，嗒–停顿–嗒–嗒代表字母“b”，嗒–嗒–停顿–嗒代表字母“f”，依次类推。）有一次，狱友们面带愁容，在院子的中央掩面而泣，在沉默之后，他用代码敲出了“我爱你”，以纪念他被俘三周年。在斯托克代尔获释后，他获得了崇高的荣誉。

至此，你可能会理解我多么渴望能与斯托克代尔共享下午茶时光。我的一个学生的论文研究对象就是斯托克代尔，而斯托克代尔恰好是研究斯多葛哲学的高级研究员，他就在我办公室对面的胡佛学院上班。因此，斯托克代尔邀请我们共进午餐。为此我事先阅读了《爱情与战争》。这本书是他与妻子合著的，记载了他们在这 8 年中的经历。

一读这本书，我就发现自己被深深地打动了。一切看起来都是那么灰暗，未来命运不确定，还要面对残暴的敌人，等等。这时，我不禁冒出这样的念头："今天，我坐在温暖舒适的办公室里，窗外是美丽的大学校园，还是一个晴朗的周末的下午。我被书中的情节深深地打动了，而且我清楚事情的结局。我知道他最终得以获释，与家人团聚，并成为一位民族英雄，用他的余生在美丽的大学校园里研究哲学。是什么让我如此感动？那就是当他身处敌营，完全不知结局时，他却做到了这些。"

"我从不对故事的结局失去信心，"当我就此询问他的时候，他回答，"我从不怀疑我可以出来，而且会最终成功。回忆过去，这要归功于我在人生的关键时刻不会出卖自己。"

有好几分钟，我什么都没说，我们就这样，朝着教员俱乐部，慢慢走去。斯托克代尔走路一瘸一拐，不是很方便，他饱受摧残的病腿从未痊愈，甚至有些僵硬。大约默默走出 100 米后，我终于开口问道："哪些人没能出来？"

他回答："这个简单，那些乐观主义者呗。"

"乐观主义者？这我就不明白了。"我完全被搞糊涂了，这不跟他刚刚所说的自相矛盾吗？

"那些乐观主义者！噢，他们这些人会说：'圣诞节之前，我们一定能出去。'圣诞节到来了，然后过去了。他们又说：'复活节之前，我们一定能出去。’复活节也到来了，也过了。然后是感恩节，然后又是圣诞节。最后，他们抑郁而终。”

又是很长时间的沉默，我们继续散步。然后他把头转向我，说道：“这是一个非常重要的教训。你不能把信念与原则混淆，信念是你一定会成功——这点你可千万不要失去，而原则是你一定要面对现状中最残忍的事实，无论它们是什么。”

时至今日，斯托克代尔告诫乐观主义者的形象还常常浮现在我的脑海中：“我们不会在圣诞节之前出去，面对现实吧！”

和斯托克代尔上将的一番对话实际上对我自己的发展也产生了深远的影响。生活是不公平的——有时对我们有利，有时不利。在人生旅途中，我们都会经历失望和打击，经历“无缘无故”的挫折，谁都没办法抱怨。可能是生病，可能是受伤，可能是一次事故，可能是失恋，可能是在政治风波中下台，也可能像斯托克代尔在越战中被俘，被投入战俘集中营，关押长达 8 年之久。斯托克代尔告诫我，将人们区分开的不是困难本身，而是对待生活中无法避免的困难时的态度。在面对命运的挑战时，斯托克代尔悖论（你必须坚持你一定能胜利的信念，同时面对现实中各种残酷的事实）被证明是极为有效的，它可以使你在遭遇困难后不是变得软弱，而是变得更强大——不仅是对我而言，对于任何一个明白这个道理并加以实践的人来说，这都是有效的。

斯托克代尔悖论

坚持你一定会成功的信念，同时，要面对现实中最残忍的事实，不论面对的困难多大，不论它们是什么。

我从来都没有把与斯托克代尔的这番谈话，当成我对卓越公司进行调查的一部分，而是将它看作个人而非公司的经验。但是，在我进行调查研究的过程中，它一直在我的脑海里盘旋，挥之不去。最后，终于有一天，在例行的研究讨论会上，我向大家讲述了斯托克代尔的事迹。当我结束讲话时，整个会议室里静悄悄的，我心里想："他们一定觉得我离题万里，不知所云了。"

这时，沉默不语而很有见地的小组成员杜安·达菲（他曾经负责有关 A&P 和克罗格公司的比较分析）打破了沉默，他说："这正是我苦苦寻求的答案。我曾经试图了解 A&P 和克罗格公司的本质区别，这下我找到答案了：克罗格公司就像斯托克代尔，而 A&P 就像那些乐观主义者，总以为他们在圣诞节一定可以被释放。"

接着，别的成员也插话表示同意，并指出他们比较的两组公司的情形很类似——富国银行和美洲银行都曾面临银行业解除管制的情况，金佰利和斯科特纸业都必须改变产品线，必能宝公司与信件和文件复印机公司都面临失去垄断地位的危险，纽柯公司和伯利恒钢铁公司都承受着进口钢铁的压力，等等。而实现跨越的公司都体现出了这种矛盾的心理模式，我们把它称为斯托克代尔悖论。

斯托克代尔是所有创造奇迹的人的一个缩影，不论是主导自己的生活的人，还是领导他人的人。丘吉尔在第二次世界大战中就是这样的。海军上将斯托克代尔正如在他之前的维克多·弗兰克尔，靠着信念得以从集中营幸存下来。实现跨越的公司的领导者不可能都有拯救世界的壮举，或有过在集中营里待过的经历，但是他们都是斯托克代尔悖论的实践者。不论境况有多糟糕，平庸的生活让人变得多迟钝，他们都坚持必胜和成为卓越公司的信念。同时，他们也恪守要面对最残酷现实的原则。

就像我们在研究中发现的一样，成功的关键因素往往是简单而又直接的。实现跨越的公司的领导者能够排除一切噪声和干扰，在少数有重大影响的事情上集中精力，全力以赴。他们能够如此，很大程度上是因为他们兼顾斯托克代尔悖论的两个方面，不让任何一方占上风。如果你可以采取这个双重系统，你就可以极大地增加做出正确决策的机会，并最终得出一个简单又深刻的理念，做出真正了不起的抉择。一旦掌握了这个简单而统一的理念，你就离不断转变，取得突破性进展不远了。帮助大家树立这个观念，正是我们努力的目标。

小结

要点

- 所有实现跨越的公司都是以面对残酷的现实为起点，从而走向成功之路的。
- 如果你诚实而努力，想要确定所面临的现实情况，那么正确的决策往往会不言而喻。但你若不首先诚实地面对现实，就永远不可能做出一系列正确的决定。
- 将公司从优秀引向卓越的首要任务，是创造这样一种文化氛围：在那里，人们有无数的机会被倾听，这样，事实最终也可以被听到。
- 创造一个让事实说话的大气候，有 4 个需要注意的基本点：

（1）多提出些问题，少要求些答案。

（2）要对话，要争执，但不要强制。

（3）做彻底的事后分析，不要相互指责。

（4）建立“红旗机制”，把信息转化成无法被忽视的信息。

- 实现跨越的公司和对照公司一样，会面对同样多的困境，但它们的反应不尽相同。前者会迎难而上，结果是在困境中变得更加强大。
- 走向成功的一个关键的心理秘诀是斯托克代尔悖论：坚持你一定会成功的信念，不论困难多大；同时，要面对现实中最残忍的事实，无论它们是什么。

意外发现

- 有魄力可以是一种财富，也可以是一种毒药。过于强硬的领导个性，会阻碍一个人直面残酷的现实。
- 领导不是始于远见卓识，而是始于让人面对残酷的现实，并积极地采取行动。
- 花时间与精力来“激励”人是巨大的浪费。真正的问题不是“如何激励员工”。如果你有合适的人，他们就会自我激励。关键是不要打击他们的积极性。而最令人泄气的事情，莫过于忽视残酷的现实。

第五章

刺猬理念

认识你自己。

——柏拉图，《特尔菲神谕》

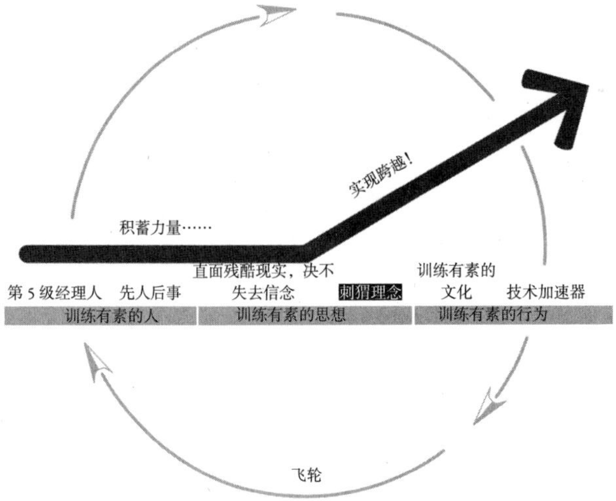

你是刺猬，还是狐狸呢？

以赛亚·伯林在他著名的小品文《刺猬与狐狸》中，把人分为刺猬和狐狸两种类型。他依据的是古希腊的一则寓言：狐狸知道很多事情，但是刺猬知道一件大事。狐狸是一种狡猾的动物，能够设计无数复杂的策略偷偷向刺猬发动进攻。狐狸从早到晚在刺猬的巢穴四周徘徊，等待最佳袭击时间。狐狸行动迅速，皮毛光滑，脚步飞快，阴险狡猾，看上去它定是赢家。而刺猬则毫不起眼，其外表从遗传基因的角度看就像豪猪和犰狳的杂交品种。它走起路来一摇一摆，整天到处走动，寻觅食物和照料它的家。

狐狸在小路的岔口不动声色地等待着。刺猬只想着自己的事情，一不留神就转到狐狸所在的小道上。“啊，我抓住你啦！”狐狸暗自想。它向前扑去，跳过路面，如闪电般迅速。小刺猬意识到了危险，抬起头，想着：“我们真是冤家路窄，又碰上了，它就不能吸取教训吗？”它立刻蜷缩成一个圆球，浑身的尖刺，指向四面八方。狐狸正向它的猎物扑过去，看见了刺猬的防御工事，只好停止了进攻。撤回森林后，狐狸开始策划新一轮进攻。刺猬和狐狸之间的这种战斗每天都以某种形式发生，但是尽管狐狸比刺猬聪明，刺猬却总是屡战屡胜。

> 伯林从这则寓言中得到启发，把人划分为两个基本的类型：狐狸和刺猬。狐狸同时追求很多目标，把世界当作一个复杂的整体来看待。伯林认为狐狸的思维是“凌乱或发散的，在很多层次上发展”，从来没有使它们的思想集中为一个总体理论或统一观点。而刺猬则把复杂的世界简化为单个有组织性的观点或一条基本原则或一个基本理念，让它发挥统帅和指导作用。不管世界多么复杂，刺猬都会把所有的挑战和进

退维谷的局面压缩为简单的，甚至是过于简单的刺猬理念。对于刺猬来说，任何与刺猬理念无关的观点都毫无意义。

普林斯顿大学教授马文·布莱斯勒在和我们的一次长谈中指出了刺猬的威力：“你想知道是什么把那些产生重大影响的人和那些与他们同样聪明的人区别开来的吗？是刺猬。”弗洛伊德之于潜意识，达尔文之于自然选择，马克思之于阶级斗争，爱因斯坦之于相对论，亚当·斯密之于劳动分工，他们都是刺猬。他们把复杂的世界简单化。“那些留下深深的历史印记的人，”布莱斯勒说，“拥有成千上万的追随者。他们会说：‘真是好主意，不过你做得太多啦！’”

要明白一点，刺猬并不愚蠢。恰好相反，他们懂得深刻思想的本质是简单。有什么比“$E=mc^2$”更简单的？难道有比把无意识的观点总结为本我、自我和超我更单纯的理念吗？有什么比亚当·斯密的大头针工厂和“看不见的手”更明确的呢？

不，刺猬绝不是傻瓜。它们拥有穿透性的洞察力，能够看透复杂事物并且识别隐藏的模式。刺猬注重本质，而忽略其他。

那么，谈论刺猬和狐狸与探讨从优秀到卓越有什么关系？关系非常密切。

那些实现跨越的公司的精英，在某种程度上都是刺猬。他们运用自己的刺猬本性，为公司努力建立我们今天所说的“刺猬理念”。那些领导对照公司的人倾向于做狐狸，从来没有获得刺猬理念的优势。他们的思想是分散的、不集中的、不连贯的。

回顾一下沃尔格林公司和埃克德竞争的案例。我们都记得沃尔格林怎样获得从1975年到2000年超过市场平均水平15倍的股票累计收益率，从而轻松打败像通用电气、默克、可口可乐和英特尔这样强劲的对手。对于一个默默无闻，甚至被人轻视的公司，能取得这样的业绩，实在引人注目。在采访科克·沃尔格林时，我坚持要求他谈得更深入些，以便我们能够理解他的公司取得这样骄人的业绩的原因。最后他急了，说："听着，其实并没有那么复杂！一旦明白了这个理念，我们就勇往直前。"

这个理念是什么？很简单：最好、最便利的药店，单位客户光顾的可观利润，就这么简单。这就是沃尔格林公司用来打败商业巨头英特尔、通用电气、可口可乐和默克的突破战略（见图5-1）。

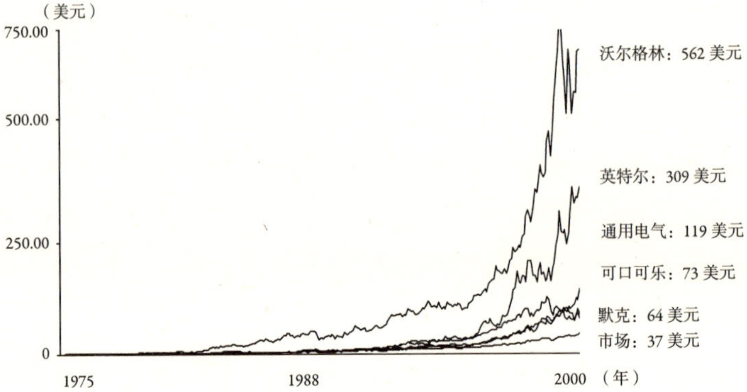

图5-1　沃尔格林与被选择的优秀公司相比较

注：投资1美元的股票累计收益率（1975年12月31日—2000年1月1日）

按照经典的刺猬风格，沃尔格林公司采用了这个简单的理论，并且坚持不懈地执行。它启动了一个系统项目，把所有地点不方便的店址都换到更加方便的地方，最佳地点是客户能够很容易从多个方向进出的拐角。哪怕一个新开发的、条件良好的拐角距离一个位置极佳、利润丰厚的沃尔格林药店只有半个街区，沃尔格林公司也会关闭那家药店（即使要偿付 100 万美元的租赁费用），在新拐角建立一个新药店。沃尔格林率先采用客户开车进店买药的办法，他发现客户喜欢这样的方式，就建立了成百上千家这样的药店，并且他把药店都紧密地聚集在一起。他这么做是为了让客户不必穿越好几个街区才能到达一家沃尔格林药店。举例来说，在旧金山的商业区，沃尔格林在方圆 1 英里内聚集了 9 家药店。9 家药店！如果仔细看，你就会发现在一些城市里沃尔格林的药店，就像西雅图的星巴克咖啡店一样星罗棋布。

沃尔格林公司紧接着把这种便利观念和一个简单的经济观念联系起来，那就是提高单位客户光顾利润。紧密聚集的药店（每英里有 9 家药店）促进了当地的规模经济，为进一步集中提供了资金，从而能吸引更多的客户。通过增加高回报服务项目，沃尔格林提高了单位客户光顾利润。更多的便利增加了客户光顾的利润，促使更多的资金回流到系统内，再建立更多的便利药店。药店连接药店，街区连接街区，城市连接城市，地区连接地区，沃尔格林就这样变成了一只具有简单理念的惊人的刺猬。

> 这个世界充斥着众多的管理怪才、精明过头的战略家、装腔作势的未来学家、恐惧传播者、蛊惑人心的权威者和其他各类人等，能看到一间公司只依靠一个简单的理念，并运用想象力和卓越的能力践行这个理念并获得成功，真是让人耳目一新，为之叫好。成为世界上最好的便利药店，

持之以恒地增加单位客户光顾利润，有什么比这更明显更直接的理念呢？

但是，如果这个理念是如此明显和直接，为什么埃克德公司就没有看到？当沃尔格林公司坚持在城市里推动便利或聚集战略时，我们没有发现埃克德公司运用类似的观点促进发展的迹象。埃克德公司的领导层是一群不折不扣的商人，他们迫不及待地抓住各种机会去收购大量的药店，这儿42个，那儿36个，收购完全是个大杂烩，没有明显统一的主线。

沃尔格林公司领导层明白可观的利润增长，只有通过剔除不适合刺猬理念的观点才能实现，而埃克德公司领导层则倾向为了增长而增长。20世纪80年代初期，正当沃尔格林公司变得对执行便利药店理念笃信不疑时，埃克德公司收购了美国家庭电视集团，打入了家庭录像市场。1981年，埃克德公司的首席执行官通过《福布斯》杂志解释道："有些人认为我们越纯粹越好，但是我想要发展，而家庭电视业刚刚兴起——不像药房连锁店。"埃克德公司打入家庭录像市场的尝试造成了3 100万美元的损失，后来埃克德公司只好把它卖给了天地公司。天地公司对它能以低于协议价格7 200万美元成交而扬扬自得。

就在埃克德公司收购美国家庭电视集团那一年，沃尔格林公司和埃克德公司拥有相同的总收入（17亿美元）。10年后，沃尔格林公司的总收入超过埃克德公司2倍，沃尔格林公司在10年内的累计净收益比埃克德公司高10亿美元。20年后，沃尔格林公司越来越强大，是我们案例分析中享受改革成果时间最长的成功者之一，而埃克德公司不再是一个独立的公司，被彭尼百货收购了。

三环理论

在我们的研究小组会议上，大家在思考沃尔格林公司引人注目的业绩时，第一次提出刺猬理念。

“我们不是在谈论战略吗？”我问。

“便民药店，单位客户光顾利润，那不就是基本战略吗？它们有什么引人深思的呢？”

“但是埃克德公司也有战略。”詹妮·库珀说，她分析过这两家公司之间的差异，“我们不能说这只与战略有关。这两家公司都有战略。”詹妮的观察是对的，战略本身不能把实现跨越的公司和对照公司区别开来。因为两家公司都有战略规划，况且完全没有迹象表明实现跨越的公司在战略发展和长期计划方面投入更多的时间和精力。

“好，那么我们只讨论好战略和坏战略的区别吗？”

小组成员坐在那儿，沉思了一会儿。后来，利·威尔班克斯发言：“但是我发现，这些战略都很简单，甚至简单得令人不可思议。只要想想克罗格公司和它的超市理念或者改行做纸制消费品的金佰利或者沃尔格林公司和它的便利药店，我们就很清楚了。这些想法简单到令人惊叹。”

我们研究团队的所有成员，顿时就各自研究的公司互相争辩、打趣起来。不久，一切都变得一目了然：所有实现跨越的公司都持有一个非常简单的理念，把它作为参考来制定决策，这种理解和突破与结果不谋而合。而像埃克德这样的对照公司为公司制定的时髦策略都失败了。我把话题又转了回去：“但是简单就够了吗？简单不意味着正确。世界上有许多失败的公司，它们的理念虽然很简单，但是是错误的。”

接着，我们决定对指导实现跨越公司的理念进行系统分析，并和对照公司的理念进行比较。经过几个月的筛选和归类，我们考虑了各种可能性，最终把它们挑选出来，然后我们发现每个实现跨越的公司的刺猬理念都不是任意胡来的简单观念。

> 实现跨越的公司与对照公司的本质区别，表现在两个基本方面：第一，实现跨越的公司把战略建立在对三个主要方面的深刻理解上——这就是我们所说的三环；第二，实现跨越的公司把对它们的理解转化为一个简单明确的理念来指导所有工作——这就是刺猬理念。

更确切地说，刺猬理念是一个简单、明确的概念，它来自对图 5–2 交叉部分的深刻理解。

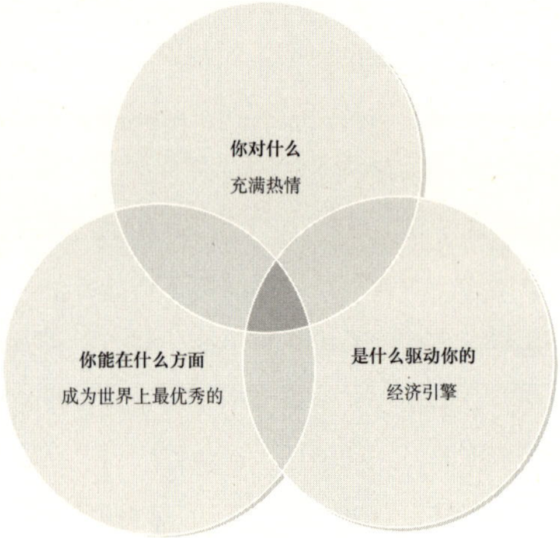

图 5–2　刺猬理念的三环图

1. 你能够在什么方面做到世界上最优秀？与此同样重要的是，你无法在什么方面做到世界上最优秀？这个富有洞察力的标准远远超越了核心竞争力。仅拥有一项核心竞争力，绝不意味着公司能成为世界上最优秀的。相反，公司能做到最好的事情，可能不是公司现在所做的事情。
2. 是什么驱动你的经济引擎？所有实现跨越的公司都拥有穿透性的洞察力，对如何最有效地创造持久、稳定的现金流和高利润率了如指掌。它们特别注意到一个标准——每 X 所获利润——对公司经营产生的最大影响（对于社会部门来说，这一标准是每 X 的现金流量）。
3. 你对什么充满热情？实现跨越的公司对引发它们热情的活动全力以赴。这里的问题不是刺激热情，而是发现什么使你热情洋溢。

为了迅速掌握这三个环节，我们需要把这三环与个人工作进行类比。假设你能创建一种工作方式，满足下列三个标准：第一，你对从事的工作具有与生俱来的天赋，并且运用天赋你有可能成为最优秀的（“我觉得我生来就是干这个的。”）；第二，你从事的工作有丰厚的回报（“干这件事是有报酬的？我没弄错吧？”）；第三，你对从事的工作充满激情，完全乐意去做，并且享受工作过程本身带来的乐趣（“我希望一起床就立刻投入工作，并且笃信我做的一切。”）。如果能向三环的重叠部分努力，把它转变成一个简单而明确的概念，用它来指导你的人生选择，你就得到了属于自己的刺猬理念。

为了得到一个足够成熟的刺猬理念，你需要具备三环要求的所有条件。如果你公司的业务永远不能达到卓越，而你赚了很多钱，那么你只能建立一个成功的公司，而不是卓越的公司。如果你成为某方面的权威，而你对它没有真正的热情，你就不会一直处于领先地位。即使你对想做的事情充满激情，如果你不能成为最好的或者不能创造经济效益，你仍能享受到很多乐趣，但是你不能创造辉煌的成就。

明白你能（或不能）在哪些方面成为最优秀的

“他们坚持自己的理解，并且依据他们的能力而不是他们的个人意志决定要干什么。”尽管沃伦·巴菲特对银行业持谨慎态度，在写到对富国银行 2.9 亿美元的投资时，他说了这样一番话。在明确刺猬理念之前，富国银行试图成为一个全球性银行，像一个小花旗银行那样经营，结果却业绩平平。后来，在迪克·库利和卡尔·赖卡特的领导下，富国银行的管理层开始向自己提出一连串尖锐的问题：我们能比其他任何公司都做得好的是什么？同样重要的是，我们比不过别人的是什么？如果不能做到最好，我们为什么要做下去？

富国银行团队把个人意志放在一边，从而认识到他们在全球银行业务上无法超过花旗银行，因此他们停止了绝大部分的国际业务，把注意力转向了他们能够做得最好的业务：像经营公司一样管理银行，把精力集中于美国西部地区。这就对了，这就是刺猬理念的精髓。它使富国银行从一个平庸的花旗银行追随者转变为世界上运作最优秀的银行之一。

卡尔·赖卡特是富国银行转变期的首席执行官。他是一只高明的刺猬。他的对手美洲银行由于解除管制的影响，内部出现了混乱状况：美洲银行的首席执行官陷入了应对改革恐慌情绪的传统陷阱中，他聘用改革专家，使用复杂的手段和耗时的反危机小组。而赖卡特则把一切杂念剥离，把问题化为最简单的观念。“这不是航天科技。”他在我们的采访中说，“我们做得很简单，而且我们使它保持简单。它太直接，太明显了。它听上去似乎很可笑。在没有管制的竞争行业中，普通的商人都会本能地趋之若鹜，就像猫见了小鱼一般。”

赖卡特使员工坚持不懈地专注于刺猬理念，不断地提醒他们：“在莫德斯托赚的钱比在东京赚的钱多。”和赖卡特共事的人对他在简化观念方面的才华赞不绝口。“如果卡尔是一位奥林匹克潜水运动员，”他的一位同事说，“他不会做 5 次空翻转体动作，而会选择最漂亮的直体向前跳水，并且一遍又一遍、出色地重复这个动作。”

富国银行全心专注于刺猬理念，用他们自己的话来说，刺猬理念变成了符咒。在我们的采访中，富国银行的员工重复着同一基本主题——“并没有那么复杂。我们只是坚定不移地从事我们的工作，并且决心完全专注于我们能够超过别人的几件事上，而不是分散精力去做我们不擅长的事情，以满足我们的虚荣心。”

这是本章中最关键的要点之一：刺猬理念并不是一个要成为最优秀的目标、一种要成为最优秀的策略、一种要成为最优秀的意图或者一个要成为最优秀的计划。它是对你能够在哪方面成为最优秀的一种理解。这种区别绝对重要。

每个公司都想在某方面成为最优秀的，但是实际上很少有公司具有穿透性的洞察力和摆脱虚荣心的清醒认识，它们意识不到自己在哪方面拥有成为最好的潜能；同样重要的是，它们也不清楚自己在哪方面不能成为最好的。这是实现跨越的公司和那些对照公司之间最主要的区别之一。

以雅培公司和普强公司为例。1964 年，两家公司在总收入、利润和产品系列方面几乎没有差别。两家公司主要从事制药业务，而且主要产品是抗生素。两家公司都实行家族管理制，并且都落后于制药业的其他对手。但是在 1974 年，雅培公司的业绩有了突破，其股票累计收益率是市场平均水平的 4 倍，而且在接下来的 15 年里，它是普强的 5.5 倍。这两家公司的一个关键区别是雅培公司践行了刺猬理念，认识到自己在哪方面能够成为最优秀的，然而普强公司没有做到。

1964 年，雅培开始面对残酷的现实。此时雅培已经失去了成为最好的制药公司的机会。在 20 世纪四五十年代，雅培平静且缓慢地发展，红霉素是其维持经营的主要利润来源。像默克这样的公司已经建立了研究中心，它可以与哈佛大学以及加州大学伯克利分校匹敌。1964 年，乔治·凯恩和他的团队才意识到默克和其他公司有如此庞大的科研队伍，雅培要想成为最卓越的制药公司，就像一支中学橄榄球队企图和达拉斯牛仔队较量一样。

尽管雅培公司的全部历史都与制药业相关，但它成为最优秀的制药公司已不再是一个可行的选择。因此，在一位第 5 级经理人的率领下，利用斯托克代尔悖论的信仰（一个卓越的公司，总是有办法战胜困难的，我们会发现解决问题的途径！），雅培公司力图弄明白它在哪方面能够成为佼佼者。大约在 1967 年，雅培公司有了一个重大发现：我们失去了成为最好的制药公司的机会，但是我们有机会在生产划算的保健品方面成为最好的。雅培公司尝试经营帮助病人手术后迅速恢复体力的医疗营养产品和诊断仪器（降低保健费用的主要方法之一）。雅培公司最终成为这两个领域的顶尖公司。

普强公司始终没有面对同样残酷的现实，而且继续幻想能够打败默克公司。后来当它更加落后，公司把经营范围拓展到了别的领域，而在这些领域，例如塑料和化学药品，它显然不能做到最好。后来，它转向专门生产处方药。但是它从来没有面对这样一个事实，那就是普强公司的规模太小，无法在要求巨额赌注的制药游戏中取胜。尽管一直以来它像雅培公司一样，把将近 2 倍的销售收入投资于研发领域，然而在 1995 年被收购之前，普强公司的利润却衰减到不及雅培公司的一半。

雅培公司与普强公司的案例，凸显了“核心经营”和刺猬理念的区别。仅仅因为你从事的是你的核心业务——你已经做了很多年，甚至几十年——并不意味着你在这方面能够成为最杰出的。如果你不能在你的核心业务上成为世界上最好的，那么你的核心业务就不能成为你的刺猬理念的基础。

很明显，刺猬理念不同于核心能力。你可能在某方面很有能力，但是不一定有潜力成为世界上最优秀的。比如，假设有一个年轻人在高中时微积分总是得 A，而且在中学毕业会考的数学考试中得分很高。他在数学方面显示出优秀能力，这意味着他应该成为一个数学家吗？不一定。现在他进入大学，选了数学专业，而且继续考 A，但是他遇到了数学天才。就像一个有类似经历的学生所说的："我要花 3 个小时完成的期末考试试卷，有些人只需要 30 分钟就完成了，并且得了 A+。我可以成为一个非常有能力的数学家，但是不久我就意识到我永远不能跻身最杰出的数学家行列。"那个年轻人可能仍然受到来自父母和朋友的压力，想让他继续攻读数学，他们的理由是："你很棒。"就像那个年轻人一样，许多人被推入或掉进他们永远不能达到大师级水平或做出卓越贡献的职业里。受制于能力的缺乏，没有一个清晰的刺猬理念，他们很少在自己从事的领域内获得卓越成功。

刺猬理念要求一套关于卓越的严格标准。你不仅要发展能力和竞争力，而且要明白你的组织在哪方面真正有潜力成为最优秀的，并且要在这方面持之以恒。

> 像普强公司一样，对照公司坚持它们擅长，但是不可能做到最好的业务。有些公司甚至更糟，为了追求轻松的增长和易得的利润，而进入新市场，可是它们在这些新领域没有丝毫希望成为最好的那个。它们赚了钱，但是永远不会成为卓越的公司。
>
> 实现跨越要求超越竞争力的束缚，要求员工牢记："仅仅因为我们擅长它——仅仅因为依靠它我们能赚钱，而且能促进增长——不一定意味着我们能成为最优秀的。"实现跨越的公司懂得，做你擅长的只能使你变得优秀，而一心专注于你有潜力比其他公司做得更好的事情，才是走向卓越的唯一途径。

每个实现跨越的公司最终都深刻地理解了这条原则，而且把未来寄托在它们有潜力做到最好的为数不多的几个领域，并在这些领域进行资源分配（见表 5-1）。对照公司很少能获得这种感悟。

表 5-1　实现跨越的公司对“能够成为世界上最优秀的”一环的刺猬理念

公司的刺猬理念	解释说明
雅培公司：它在生产价格更低的各种保健品方面，能够成为卓越的公司。	雅培公司正视现实——它不能成为世界上最好的制药公司，尽管那时制药业务占到公司总收入的99%。于是，它把重心转移到制造价格划算的保健产品上，主要包括医疗营养品、诊断仪器和医院设备。
电路城：将“4–S模式”应用于高档消费，它能够在这方面成为最好的。	电路城认识到它能够成为高档消费品零售业的“麦当劳”，能够“遥控”地理上十分分散的零售店。它的特点不在于“4–S模式”[服务（service），精品（selection），省钱（savings），满意（satisfaction）]本身，而在于对这种模式前后一致的、优质的执行。
房利美：它能够在抵押贷款方面成为资本市场上最好的投资者。	最关键的洞察力是它看到：（1）它能够成为一个和华尔街的投资者一样优秀的资本市场投资者；（2）它能够在与保险有关的抵押贷款方面，发展评估风险的独特能力。
吉列公司：它能够成为创立需要尖端制造技术的、日常必需品的最佳企业，并成为全球第一品牌。	吉列公司看到它同时拥有两种差别很大的能力：（1）制造数十亿个低成本、高质量的耐用产品（例如剃须刀）；（2）创立全球消费品牌——像“可口可乐”一样知名的剃须刀或者牙刷。
金佰利：它能够成为世界上最好的生产纸制消费品的企业。	金佰利意识到它有创立“品类王”的潜力——在纸制消费品方面，产品的名字和品类的名称（例如舒洁）相同。
克罗格公司：它能够创立最好的充满革新理念的超级联合体商店。	克罗格公司一直在杂货店革新方面占有优势。它运用这项能力解决如何在同一屋檐下建立一个拥有不断创新的、高利润的“袖珍商店”的综合商店。
纽柯公司：它能够成为利用文化和技术生产低成本钢材的巨擘。	纽柯公司逐渐认识到它在两个方面能力非凡：（1）创造一种注重绩效的文化；（2）对新的制造科技有长远眼光和准确判断。通过两者结合，它才成为美国最低成本钢材的生产企业。
菲利普·莫里斯公司：它先是生产香烟，后来扩大到其他消费品，它在品牌忠诚度方面，能够成为世界上卓越的公司。	在转变早期，菲利普·莫里斯公司观察到它能够成为世界上最好的烟草公司。后来公司开始扩展到非烟草领域（所有的烟草公司都迈出了这一步，以此作为防御措施），但是它仍然坚持不懈地发挥它在建立“有害”商品品牌，例如啤酒、烟草、巧克力、咖啡和其他食品品牌方面的优势。

（续表）

公司的刺猬理念	解释说明
必能宝公司：它能够成为世界上提供先进后勤设备的最优秀的信息通信公司。	必能宝公司在苦苦思考邮资计算器的未来发展时，对其实力有两方面的认识：（1）它虽不是邮资公司，但是可以有更广泛的定义（信息通信）；（2）它在提供先进的后勤设备方面有独特的优势。
沃尔格林公司：它能够在创建便利药店方面做到最佳。	沃尔格林公司认识到它不仅是一个药店，而且是一个便利药店。公司开始系统性地寻找能提供便利的最佳地点：把许多小药店聚集在一小块儿地方，并且率先实行开车进店购药。公司还对科技领域进行广泛投资（包括最近的网站发展），在世界范围内连接沃尔格林药店，创造一个巨大的"拐角药店"。
富国银行：它能够成为像经营公司一样经营银行的大师，其业务集中在美国西部。	富国银行意识到两个基本问题。第一，大多数银行只从银行本身认识和经营运作自己，保护银行文化。富国银行则视自己为恰巧涉足银行业的公司。"像经营公司一样经营银行"和"像业主一样经营银行"，成为他们的座右铭。第二，富国银行意识到它不能成为世界上最杰出的超级全球银行，但是它可以成为美国西部最强大的银行。

注：此表显示了实现跨越的公司所获得的感悟。这种感悟构成了从优秀到卓越转变的刺猬理念的基础。注意，此表没有显示当这些公司开始转变时，它们在某方面已经做到了世界第一（大多数公司都没有做到最好）；实际上，它显示的是它们逐渐认识到自己能够在某方面成为世界上最好的。

对经济引擎的洞见，你的指标是什么

实现跨越的公司，经常在低调的行业里取得引人注目的成就。富国银行的投资回报率是市场平均水平的4倍，而在同一时期银行业的投资回报率在所有行业里排在倒数第4位（就总体回报而言）。更加令人惊叹的是，必能宝公司和纽柯公司在所有行业里排在最后5%的公司中，但是两个公司的投资回报率均是市场平均水平的5倍。在实现跨越的公司中，只有一家跻身于利润丰厚的行业（它们被誉为10%领导行业），并从中获利；5家公司身处良好行业；5家公司处在经济不景气或者无前途的行业（见附录3.1）。

> 我们的研究清楚地表明，公司不一定非要处于一个强劲的行业才能成为一家卓越的公司。尽管行业各不相同，每个实现跨越的公司都建立了强大的经济引擎。它们之所以能够做到这一点，是因为它们对自己的行业经济有深刻的洞见。

这不是一本关于微观经济学的书。每家公司和每个行业都有自己的经济情况，我不准备在这里一一道来。重点问题是，每个实现跨越的公司对自身的经济引擎都有深刻认识，并且据此理解来建立自己的体系。

虽然这样说，但是我们确实发现实现跨越的公司获得了一种引人深思的经济认识形式，即单个"经济指标"概念。请就下列问题展开思考：如果你选择一种而且仅仅一种比值——单位*X*利润（或者在社会部门，单位*X*现金流）——在长时间里获得系统性的增长，*X*代表什么能够对你的经济引擎产生最大的持续性影响？我们了解到，这个问题促进了人们对一个组织内部经济运作的深刻认识。

回忆一下沃尔格林公司是怎样从标准盈利模式开始转向单位顾客光顾利润的。便利店的店址虽然花费大，但是通过提高单位客户光顾利润，沃尔格林公司既能够增加其便利性（1英里内9家药店），又能在整个体系内部提高利润率。而单位商店利润的标准盈利模式和便利观念背道而驰（增加单位商店所获利润最快捷的方法，是减少商店数量并且将其开在地价稍便宜的地点，这就会破坏便利观念）。

再来分析一下富国银行。当富国银行团队面临这样一个残酷的事实，即解除管制会使银行业转变为一种充分竞争的商业模式，他们意识到以往银行的标准盈利模式，即每笔借款所获利润和每笔存款所获利润已不再是新形势下银行发展的主要推动力。实际上，富国银行掌握了一种新的标准：单位雇员所获利润。按照这种逻辑，富国银行率先改变了分配体系，成为最早几家主要依赖基层储蓄所和自动取款机的银行之一。

房利美掌握了单位抵押风险水平所获利润的敏感标准，而不是单位抵押标准（这是“明显”的模式）。这非常睿智。房利美的经济引擎，是能够比其他任何公司更好地评估一揽子抵押贷款中的违约风险。然后，它通过销售保险和控制风险扩散赢利。它简单、深刻、隐蔽，并且正确。

再如，纽柯公司采用每吨成品钢所获利润的标准在价格竞争激烈的钢材工业领域获得巨大成功。乍一看，你可能认为单位雇员成本或单位固定成本是正确的指标。然而，纽柯公司明白，它的经济引擎是鲜明的职业道德与先进制造技术应用的结合，单位雇员成本或单位固定成本不像每吨成品钢利润那样能反映这两者的结合。

有必要拥有单一指标吗？没有。但是比起说服你放弃追求三四个指标，鼓励你锁定一个指标有利于你获得更好的洞察力。作为一种机制，它强迫你加深对你的经济引擎的感悟。经济指标问题在调查中出现后，我们针对管理层做了采访，继而发现这个问题总是引起激烈的对话和争论。而且即使在某些案例里有的管理层没有（或拒绝）确认某个单一指标，这种挑战也还是促使他们深化认识。毕竟，重点不是为了确认指标本身而拥有指标，而是为了获得深刻理解，最终发展更强大的和可持续的经济。

所有实现跨越的公司，都发现了一个主要的经济指标（见表5–2），而对照公司通常没有发现。实际上，我们发现只有一个对照公司对它的经营有深刻认识。孩之宝公司推出的传统玩具和游戏组合，例如 G. I. Joe（人偶玩具）和 Monopoly（大富翁游戏）创造了持续稳定的现金流，而非昙花一现的轰动效应。对此，孩之宝公司有独到见解。事实上，它是唯一理解刺猬理念三环的对照公司。它通过收购和创新经典的玩具，并在恰当时机重新推出这些玩具来增加经典品牌的利润，从而成为世界上最好的公司之一，而且孩之宝公司的员工对自己的业务有极大热情。孩之宝公司系统地建设三环，它是我们的研究中表现最优秀的对照公司，这进一步证明了刺猬理念的威力。

表 5–2　实现跨越公司的经济指标

公司	经济指标	关键感悟
雅培	单位雇员	从每条生产线所得利润转向每个雇员所得利润，适合生产降低成本的医疗保健品的方案。
电路城	单位地域	从单位商店所得利润转向单位地区利润，反映了地区规模经济。尽管单位商店的盈利依然重要，但是地区集团是推动电路城经济发展且超过 Silo 的主要动力。
房利美	单位抵押风险水平	从单位抵押利润转向单位抵押风险水平利润，反映了对管理利息风险，降低对利率变动的依赖性的基本理解。
吉列公司	单位客户	从单位部门利润转向单位客户利润，反映了重复购买（例如：剃须刀盒）次数和单位购买高利润（例如：锋速 3，而不是一次性剃须刀）乘积所创造的强大的经济效益。

（续表）

公司	经济指标	关键感悟
金佰利	单位消费品牌	从单位固定资产（工厂）利润转向单位消费品牌利润，这将减少周期性风险，而且无论在繁荣还是萧条时期都会增加利润。
克罗格公司	单位当地人口	从单位商店利润转向单位当地人口利润，以当地市场份额推动杂货店利润增长。你如果不能在当地份额处于第一或第二的位置，就不应该采取这个标准。
纽柯公司	每吨成品钢	从每个部门利润转向每吨成品钢利润，表明纽柯公司的独特经营：把高生产率文化和袖珍工厂技术相结合，而不是仅仅专注于数额。
菲利普·莫里斯公司	单位全球品牌类别	从单位销售地区利润转向单位全球品牌类别利润，表明实现跨越的关键因素是创造能实现全球利润的品牌，就像可口可乐那样。
必能宝公司	单位客户	从单位邮资计算器利润转向单位客户利润，表明必能宝公司能够把邮资计算器作为一个新的起点，为客户的办公室提供一系列先进的产品。
沃尔格林公司	单位客户光顾	从单位商店利润转向单位客户光顾利润，反映了便利的（且昂贵的）药店店址和可持续性经营之间的共生关系。
富国银行	单位雇员	从单位贷款利润转向单位雇员利润，反映了对解除管制的残酷事实的理解：银行是一种商品。

注：实现跨越的公司在关键的转变时期获得的对经济指标的感悟

后来，孩之宝公司的转变中断了，部分原因是其首席执行官史蒂芬·哈森费尔德意外去世，孩之宝公司在三环建设中失去了纪律和原则。该案例强调了一条关键的教训：如果你成功地推行了这些理念，但是随后又弃之不用，你就会前功尽弃，从卓越走向优秀或者更加糟糕。保持强大的唯一办法，是坚持不懈地运用使你走向卓越的基本原则。

洞察你的热情

采访菲利普·莫里斯公司的领导者时，我们对他们的热情和兴奋惊讶不已。在第三章里，乔治·韦斯曼说在公司工作是他生命中仅次于婚姻的最幸福的事情。即使是生产一系列“有害”健康的消费品（万宝路香烟，Miller 啤酒，脂肪含量 67% 的 Velveeta 奶酪，为咖啡爱好者准备的麦斯威尔咖啡，巧克力爱好者喜欢的三角巧克力，等等），我们也发现了他们对自己公司的产品的巨大热情。菲利普·莫里斯的高级领导者大多是本公司产品的粉丝。罗斯·米尔希泽非常喜欢抽烟，后来他成为菲利普·莫里斯的副总裁。她在 1979 年曾说：“我喜欢吸烟，烟是使生活有意义的众多因素之一。”

菲利普·莫里斯的员工毫无疑问也喜欢他们的公司，而且对他们做的事情充满热情，他们把自己当作万宝路广告牌上画的那个孤单却充满独立精神的牛仔。我们有权吸烟，而且我们将维护这种权利！在之前的一项项目调查中，一位董事会成员告诉我：“我真的很喜欢在菲利普·莫里斯的董事会工作，我好像因此而变得与众不同了。”她边说边骄傲地吐着烟圈。

当然，你可能会说：“但是他们是在为烟草业辩护。他们当然会有那种感觉，否则，他们晚上怎么入睡呢？”但是我们要牢记这样一个事实：雷诺公司也处于烟草行业，也遭到社会的谴责。但是不像菲利普·莫里斯公司，雷诺公司的管理层开始从烟草领域扩展到能够促进增长的任何领域，他们不考虑自己是否对这些收购有热情，或者他们能否在这些方面做到世界上最好。菲利普·莫里斯公司则立足于烟草行业，这主要是因为他们热爱烟草行业。相比之下，雷诺公司把烟草当作一种赚钱的手段。就像《门口的野蛮人》栩栩如生的描述一样，雷诺公司的领导层除了通过融资和并购赚钱外，对任何事情都失去了激情。

谈论“激情”这种不可捉摸的、模糊的概念，并把它当作战略框架中不可缺少的一部分，这看上去有些古怪。但是在所有实现跨越的公司里，激情变成了刺猬理念的一个关键部分。你很难“生产”激情，也很难“刺激”人们感受激情。你只能去发现是什么点燃了你的激情以及你周围人的热情。

> 实现跨越的公司从来不说：“伙伴们，让我们对所做的事情充满激情吧。”它们有意识地选择了另一种方式：我们应该只做那些让我们充满激情的事。金佰利的领导者决定转向纸制消费品，主要因为他们对此更加有热情。就像一位经理所说的那样，传统纸制品是不错，“但是它们缺少一次性尿布的魅力”。

吉列公司领导者决定建立相对昂贵的先进剃须产品体系，而不是生产利润低的一次性产品，这主要因为他们对廉价的一次性剃须刀不感兴趣。1996 年，一个记者在报道吉列公司的首席执行官时写道：“他兴致勃勃地谈论着剃须产品体系，就像波音或休斯公司的工程师那样充满激情。”吉列公司坚持运用刺猬理念经营，业绩一直名列榜首。《华尔街日报》的一位记者这样写道：“人们要是对吉列公司没有热情，就没有必要来这里求职。”他接着列举了这样一个事例：一个顶尖商学院的毕业生应聘失败，因为她对防臭剂没有表现出足够的热情。

你对防臭剂可能也没有热情，而且可能很难想象别人怎么会对药品、便利店、烟草或者邮资计算器充满热情。你可能很想知道，什么样的人会对像经营麦当劳一样高效地经营银行而热情洋溢，或者谁会认为纸尿裤很有魅力。不过，这没关系。重要的是他们对自己从事的工作充满激情，并且这种激情是真诚的、发自内心的。

然而，这并不意味着你必须对商业机制本身充满激情（尽管你可能对它有热情）。同样，这种热情可以只专注于公司的初心。例如，房利美对一篮子抵押进入证券市场的操作过程不感兴趣，但是帮助所有阶层、各种背景和种族的人实现拥有自己房屋的美国梦的想法让他们激情澎湃。琳达·奈特在 1983 年加入房利美，当时公司正处于最艰难的时期。她告诉我们："这不仅是一家陷入困境的老公司，而且是一家致力于把成千上万名美国人拥有房产的梦想变为现实的公司。这比赚钱远远重要得多。这就是为什么我们对坚持、维护和发展这家公司有强烈的责任感。"另一位房利美的领导者总结道："我把公司看作加强美国整个社会结构的中坚力量，因为越来越多的家庭能拥有他们自己的房屋。每当开车经过那些贫民窟，我返回公司后又充满了干劲儿。"

深刻感悟而非虚张声势

在研究小组里，我们经常谈论"前刺猬"和"后刺猬"的区别。前刺猬的状态就像在雾里摸索，可能你在长途跋涉，每天都在进步，但是你不能把一切都看清楚。在每个岔路口，你可能只能看清前方一点点路，而且你只能谨慎、缓慢地爬行。有了刺猬理念，你突然走进一片开阔地，雾消散了，你可以看得很远。从那以后，经过每个岔路口你都不再需要那么谨慎，而且你能由爬行改为行走，由行走改为奔跑。在后刺猬状态里，当你快速地做出在雾里很难清楚看到的决定时，路就在脚下飞驰，岔路口也在飞速地掠过。

令人吃惊的是，对照公司尽管有周密的转变项目，疯狂的示意和有号召力的领导，但它们很少能从浓雾中走出来。它们力图奔跑，但在岔路口做了愚蠢的决定，后来不得不改道而行。或者它们会完全改变行走路线，闯进森林里，跌入山谷中。(天哪，它们却非常自信，健步如飞，神气十足！)

> 完全一样的世界，对于实现跨越的公司来说是如此简单和清晰，而对于对照公司来说却是扑朔迷离，迷雾笼罩。为什么？其中有两个原因：第一，对照公司从来没有提出过正确的问题，从来不考虑三环包含的问题；第二，它们更多的是从虚张声势的角度，而不是从感悟的角度，树立目标和制定战略的。

这点在对照公司盲目追求增长上体现得最为明显——超过2/3的对照公司痴迷于增长，忽略刺猬理念带来的益处。类似“我们是一个不惜一切代价促进增长的公司”和“扩大规模相当于成功”这样的口号，不断刺激着对照公司的增长野心。相比之下，没有一个实现跨越的公司对增长如痴如狂，但是它们创造了持续的、利润丰厚的增长，远远超过把增长作为它们座右铭的对照公司。

我们再来看看大西部金融公司和房利美的案例。“大西部金融公司是一个不服管教的小孩，”《华尔街日报》写道，“它想随心所欲地全方位发展。”这个公司涉足金融、租赁、保险和组装住房领域，通过不断地并购来进行疯狂扩张。它追求的是更大，更多。1985年，公司的首席执行官对一群分析师说：“你们怎样称呼我们，一家银行、一个储蓄和贷款协会、一匹斑马，这都无所谓。”

这种发展思路和房利美形成了鲜明的对比。房利美有一个简单清晰的认识：它能够在与抵押有关的业务方面，成为资本市场上最好的玩家；在取消管制的金融市场中做的抵押方面的业务，它甚至比高盛公司或所罗门兄弟公司更出色。它通过风险管理，重新确立经营模式，建立了强大的经济引擎，而不是靠销售抵押类产品。而且，公司的价值目标是实现房屋所有权大众化，在此激励下，房利美的员工满怀激情，推动公司不断增长（见图5-3、图5-4）。

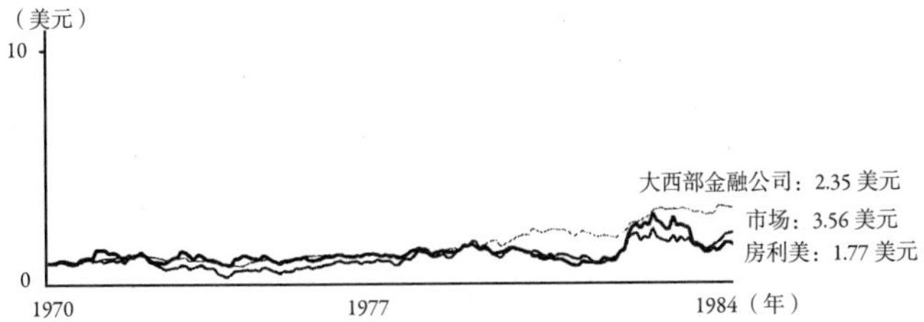

图5-3 房利美、大西部金融公司和市场1美元的投资累计回报价值（1970—1984年）

注：（1）1美元投资累计回报价值，1970年12月31日—1984年1月1日。
（2）追加投资股息。

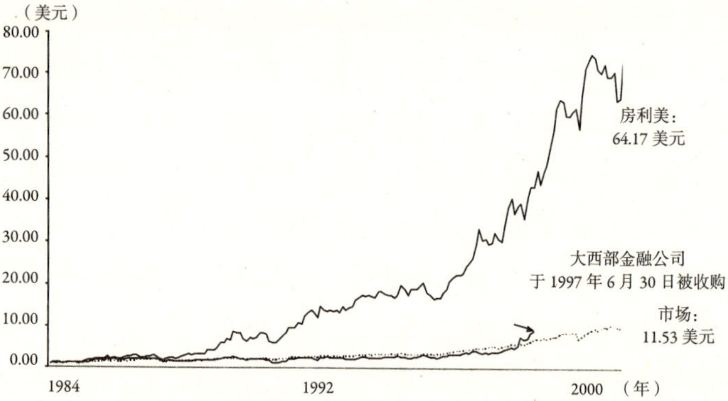

图 5-4　房利美、大西部金融公司和市场 1 美元的投资累计回报价值

（1984—2000 年）

注：（1）房利美 1984 年出现转折点。
（2）显示 1 美元的投资累计回报价值（1984 年 12 月 31 日—2000 年 1 月 1 日。）
（3）追加投资股息。

直到 1984 年，股票曲线图反映出两家公司的业绩还不相上下。1984 年，也就是在房利美理清它的刺猬理念一年后，公司开始爆发式增长，而大西部金融公司则一直虚度光阴直到 1997 年被收购。房利美专注于简单而清晰的理念，而不仅仅专注于“增长”。1984—1996 年，它在这一转变期，总收入增长了近 3 倍。尽管大西部金融公司狼吞虎咽似的促进增长，但在同一时期，它的总收入只增长了 25%，1997 年，它就失去了独立发展能力。

房利美和大西部金融公司的案例强调了一个基本的观点：“增长”不是一个刺猬理念。你如果树立正确的刺猬理念，并且坚持依据它做决策，就会创造出巨大的动力。那时你的问题不是怎样增长，而是怎样避免过快增长。

刺猬理念是实现跨越的转折点。在大多数情况下，转变期出现在运用刺猬理念几年后。而且，本书里的所有案例都与刺猬理念有关，并依据它而变化。接下来的章节会表现得更加明显。继训练有素的人和训练有素的思想之后，训练有素的行为作为整体框架里的第三大主题，在刺猬理念的背景下才有意义。

因为刺猬理念意义重大，所以草率地直接确定刺猬理念是一个可怕的错误。你不可能出去闲逛两天，掏出一堆活动挂图，做即兴的讨论，就能得到深刻的感悟。当然，你可以这样做，但是你很可能得不到正确的理解。这样做就好比爱因斯坦在那里说："我觉得做一个伟大的科学家的时候到了，因此，这个周末我要去四季酒店，掏出活动挂图，并且揭开宇宙的奥秘。"可洞察力并不是这样得到的。爱因斯坦花了10年时间在迷雾里摸索才创立了相对论，而且他是一个非常聪明的人。

实现跨越的公司平均花了大约4年时间才阐明刺猬理念。就像科学理念一样，刺猬理念使复杂的世界简单化，并使决策更容易。你一旦掌握了这个理念，它就会变得简单、清晰，但是你要彻底理解它是异常困难，而且要花很多时间的。要承认，掌握刺猬理念本质上是一个互动的过程，不是一蹴而就的事情。

> 这个过程的实质是使合适的人展开有力的对话和辩论，充分认识残酷的现实，并且接受三环理论包含的问题的指导。我们真的明白自己在世界上最擅长做什么吗？最擅长做的事和我们仅能够做成功的事是有区别的。我们真的明白什么是我们经济引擎的推动力，真的明白经济指标吗？我们真的明白，是什么最大限度地激发我们的热情吗？

用来推动这个过程的一个特别有效的机构，是我们所说的“理事会”。它由一群合适的人组成，这些人不断就公司面临的重大问题和决策进行长期对话和辩论，接受三环理论的指导。

关于我们怎样获得属于自己的刺猬理念这个问题的答案，我希望你能参考图 5-5，同时我还要指出：“建立理事会，把它作为一种模式。提出正确的问题，参加激烈的辩论，做出决策，检验结果和继续学习，所有这些都要接受三环理论的指导。要坚持完成感悟的周期。”

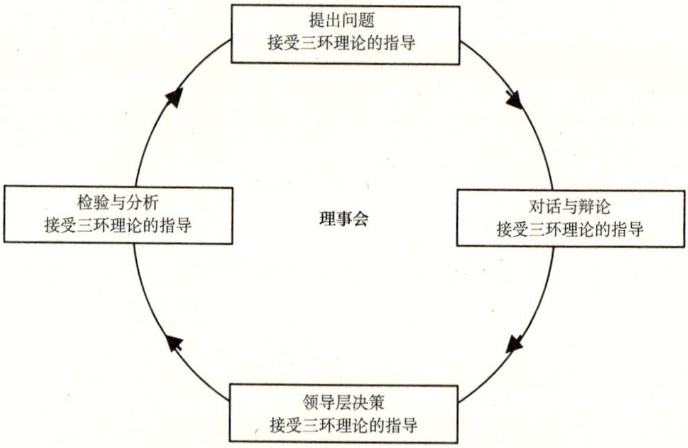

图 5-5　获得刺猬理念：一个反复的过程

有人问：“我们如何能使获得刺猬理念的过程加速呢？”我的回答是：“在给定的一段时间里，增加完成整个循环的次数。”如果完成这个循环的次数足够多，而且完全由三环理论指导，最终你就会达到刺猬理念要求的感悟的深度。它不会一蹴而就，但最终一定会发生。

理事会的特点

1. 理事会作为一种松散的组织类型，其功能是获得对实体机构面临的重大问题的感悟。

2. 理事会由各级领导者构成和运营，并且通常由 5~12 人组成。

3. 理事会成员有能力为获得感悟进行争辩和讨论，但他们不是从个人主义出发为自己的观点据理力争，或者为了保护狭隘的私人利益。

4. 理事会成员相互尊重，无一例外。

5. 理事会成员来自各个部门，但是每个成员都有关于组织某方面和（或者）组织运营环境的丰富经验。

6. 理事会成员包括管理层的主要成员，但是不限于管理层成员，而且并不是每个管理层成员者都可以自动成为理事会成员。

7. 理事会是长期机构，不是为特定项目设立的临时委员会。

8. 理事会定期开会，多则每星期一次，少则每季度一次。

9. 理事会不要求意见一致，因为统一的决议经常缺乏智慧。因此最终决定权还是掌握在领导层手中。

10. 理事会是非正式部门，不出现在任何正式组织机构图或任何正式文件里。

11. 理事会可以有一系列名称，它们通常是无伤大雅的。实现跨越的公司的理事会有类似的名称，比如，长期利润增长委员会、公司产品委员会、战略思考小组、领导层理事会。

每个组织都能发现刺猬理念吗？如果你醒来，环顾四周，下了一个诚实的结论：我们一无是处，而且永远也不会在某方面成为最好的，那么你该怎么办？这就成为我们整个研究中最激动人心的问题之一。在大多数案例里，实现跨越的公司不是世界上最好的公司，而且它们也没有显示出可以成为第一的潜质。由于了解了斯托克代尔悖论——“我们一定能在某方面成为第一，而且我们会发现它！我们也必须面对我们在某方面不能成为最优秀的残酷现实，而且我们不会欺骗自己！”——所以每个从优秀到卓越的公司，无论在开始阶段有多么艰难，在寻找刺猬理念过程中都会变得强大起来。

为自己寻找刺猬理念时你要牢记：实现跨越的公司在最终掌握刺猬理念时，不会表现出像对照公司那样愚蠢的、令人厌烦的虚张声势和自吹自擂。“对，我们能够在那方面成为最棒的。”说出这句话就像是确认一个事实，这就像发现天空是蓝色的或者草是绿色的一样直白朴实。当你获得正确的理念时，它产生的与真理碰撞的声音，在寂静的环境中尤为悦耳，就仿佛在表演者演奏一首莫扎特的钢琴协奏曲结束的时候，座无虚席的听众似乎能看到安静的空气中突然出现一个完美的休止符。没有必要说得太多，真理不言自明。

我想起我在自己家里的一次经历，它使我明白虚张声势和深刻感悟之间的关键区别。我的妻子乔安娜在20世纪80年代早期开始参加马拉松和三项全能运动比赛。她不断积累经验，田径、游泳、赛跑成绩越来越好，她开始感受到成就带给她的动力。一天，她和许多世界顶尖的女运动员共同参加一个比赛。尽管她游泳表现不佳，浮出水面时已经落在几百名选手之后，紧接着还推了一辆沉重的、车胎没有气的自行车攀登很长的山路，但是她最终成功地跨过终点线，还取得了前10名的好成绩。

几个星期后的一天早上，当我们一起吃早餐时，乔安娜从报纸上抬起头，平静地对我说："我想我可以赢得铁人三项比赛。"

铁人三项比赛是世界级三项全能赛事，包括2.4英里的海洋游泳和112英里的自行车比赛，最难的是在夏威夷炎热的海边跑完26.2英里的马拉松全程。

"当然，我必须辞职，放弃研究生奖学金（她已经收到很多名牌大学商学院的研究生入学通知书），投入全天的训练中。但是……"

她的话里没有逞能，没有吹嘘，没有焦虑，没有恳求。她不打算说服我。她只是注意到她明白这样一个事实，这和描述墙被刷成白色一样平常，这不是什么惊人之语。她拥有热情和天赋，而且如果成功了，她就会拥有财富。赢得铁人三项比赛的目标来自她对刺猬理念的感悟。

因此，乔安娜决定去试一下。她辞了工作，也拒绝了研究生奖学金。三年后，也就是在1985年10月的一天，在夏威夷铁人三项全能比赛上，她第一个越过终点线，成为世界冠军。当乔安娜准备参加铁人三项比赛时，她不确定自己能成为世界上最出色的三项全能运动员，但是她明白她可能成为第一。冠军是有可能拿到的，她没有生活在幻想中。这种差别就产生了完全不同的结果，而且它是那些想从优秀走向卓越的人必须抓住的，而那些没有走向卓越的人通常也从来没有重视过这一点。

小结

要点

- 实现跨越，要求对相交的三环有深刻的理解。这三个圆环被概括为一个简单而清晰的理念——刺猬理念。
- 关键是你要明白你的组织能够在哪方面做到全世界最出色，而且同样重要的是了解你的组织无法在哪方面做得出色，而不是“希望”在哪方面做得出色。刺猬理念不是一个目标、策略或意图，它是一种感悟。
- 如果你不能在你的核心业务上成为世界上最优秀的，那么它就不能构成你的刺猬理念的基础。
- 对“世界上最好”的感悟，是比核心能力更加严格的一个标准。你可能有竞争力，但是不一定有能力成为世界上最优秀的。相反，在某方面你可能成为世界上最好的，但是现阶段你在这方面没有竞争力。
- 要明白你的经济引擎的驱动力，你必须寻找一个能产生最大影响的指标（每 X 利润，或社会部门的每 X 现金流）。
- 从优秀到卓越的公司基于理解确立目标并制定战略，而对照公司基于虚张声势确立目标和制定战略。
- 获得刺猬理念是一个反复的过程，理事会可以成为一个有用的工具。

意外发现

- 实现跨越的公司更像刺猬——简单而不引人注目的动物，它们只知道“一件大事”，并且坚持不懈。对照公司更像狐狸——狡猾而诡诈的动物，知道很多事情，但是缺乏一致性。

- 实现跨越的公司一般需要 4 年时间获得刺猬理念。
- 战略本身没有把实现跨越的公司和对照公司区别开来。两者都制定战略，而且没有证据表明实现跨越的公司比对照公司在制定战略上多花了时间。

第六章

训练有素的文化

自由是片面的，并不完全是真理。……所以我建议将东海岸的自由女神像替换成西海岸的责任女神像。

——《活出生命的意义》，维克多·弗兰克尔

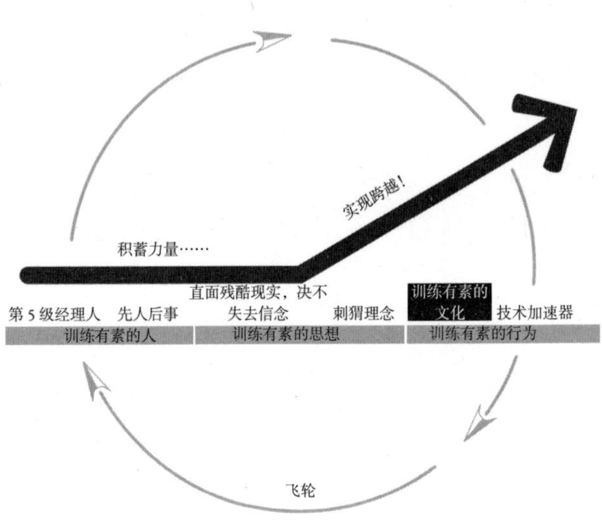

1980年，乔治·拉斯曼与他人合伙创立了安进生物技术公司。在随后的20年里，安进公司由一个艰难创业的企业成长为拥有32亿美元资产、6 400名员工的公司，它生产血液产品以帮助遭受化疗和肾透析之苦的病人。在拉斯曼的领导下，安进跻身为数不多的几个长期赢利并稳定发展的生物技术公司的行列之中。事实上，利润的稳定使公司股票价格在1983年6月—2000年1月的时间里翻了150多倍。一位投资者买进的7 000美元安进公司的股票已实现了100万美元的资本收益，这相当于将同样金额投资在一般股票市场所得收益的13倍。

很少有成功的新兴企业成为卓越公司，主要因为它们对发展和成功做出了错误的反应。企业的成功在于其创造力、想象力、大胆的尝试及富于幻想的激情。公司在发展中其组织结构会变得愈加复杂，公司开始陷入成功的困惑之中——太多的新员工、新客户、新订单及新产品。曾经令人愉快的工作团队变成了混乱无序的庞大机构，它们缺乏规划，缺乏资金的合理使用，缺乏良好的制度，并因过度招聘而带来了矛盾冲突。于是有关客户、现金流和预定计划的问题一一浮现。

对此，有人（常常是董事）提出："是成长的时候了。公司需要专业化的管理。"于是公司开始招聘工商管理硕士，从一流公司物色合适的主管。烦琐的手续、议程、核对清单等如杂草般生长起来。过去的平等关系被等级制度取代。首先是接踵而至的各式命令，汇报关系开始明确，享受特殊津贴的主管阶层在公司内部也出现了。"我们"和"他们"的界限开始明确，如同在传统的公司里一样。

专业管理者最终占据领导地位。他们整顿秩序，但也扼杀了企业家精神。公司的开拓者开始抱怨："没意思！我过去只要做好事情就行，但现在我必须填写无聊的表格，遵循这些愚蠢的规定。最糟的是，大量的时间浪费在了无用的会议上。"一些最富有创新力的员工因厌恶日益滋长的官僚主义和等级制度而辞职，公司的创造力减弱。曾经令人兴奋的新兴企业变成了毫无特色的无名小卒，平庸逐渐伤害了企业发展。

乔治·拉斯曼避免了公司走向灭亡的螺旋式发展过程。他明确实行严格管理的目的，是弥补员工能力和纪律的缺陷，如果公司一开始拥有合适的员工，这个问题就不存在。大多数公司建立官僚制度来管理小部分较差的员工，这反而排挤了优秀的员工。随着较差员工比例的增大，公司需要更严密的官僚制度弥补员工能力和纪律的缺陷，因而排挤更多的优秀员工。拉斯曼还知道有一种办法可以遏制这种螺旋式的恶性发展，即避免官僚主义和等级制度，以训练有素的文化取而代之。如果能将训练有素的文化和企业家精神结合起来，公司就获得了成功的法宝（见图 6–1）。

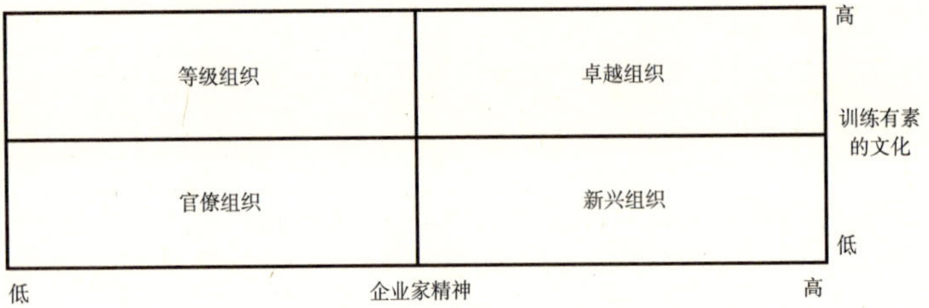

图 6–1 实现跨越的公司训练有素的创新矩阵图

本章开篇为何用一个生物技术企业家而不是以实现跨越的公司的企业家为例呢？因为拉斯曼认为，他的成功归因于他在创立安进公司前在雅培公司的工作经验：

> 我在雅培公司学到的是，你一旦制订了年度目标，就要具体落实。你可以改变这一年的计划，却绝不能改变你的衡量标准。在年终时，你要严格检查结果是否与既定目标完全一致。不要找机会更改修饰，不要找借口调整、耍花招，不要安慰自己你本来无意取得这样的目标，从而调整目标使自己不那么难堪。绝不要只关注一年中已经取得的成就，而应关注相对于打算完成的目标，你实际完成了多少——不管衡量的标准多么严格。这就是我在雅培公司学到的训练有素的文化，我们把它带到了安进公司。

雅培公司的许多训练有素的文化可追溯到 1968 年，那年公司聘用了一位杰出的金融主管伯纳德 · H. 塞姆勒。塞姆勒并不把自己的工作当作传统的金融管理或会计，而是致力于创立能够促使文化变革的机制。他创立了一个完整的全新理财框架，被称为“责任财务”。在这个框架中，每一种产品的成本、收益和投资都明确落实到负责该产品的个人。创立一种制度，使每个雅培公司经理对他们的投资收益负责，如同企业投资人一样。这种理念在 20 世纪 60 年代是相当激进的，它确立起一种制度，使得每一工种的经理人对他的投资回报负责，其严格程度与投资者要求企业家负责别无二致。

但是雅培公司制度的优点不只在于它的严格，而是它怎样运用严格的纪律激发创造力和企业家精神。“雅培建立了一个纪律严明的组织，但这个组织并非像线性思维那么刻板。”乔治 · 拉斯曼说，“作为典范，它既有财务纪律又有创造性工作所需要的发散思维。”通过获得很多的边际利润，雅培公司将销售百分比中的管理费用降到同行业中的最低水平；同时，它成了像 3M 公司那样的产品创新型公司。在过去的 4 年里，雅培的新产品的销售额比例高达总销售额的 65%。

这种富有创造性的双重机制在转变期贯穿雅培公司的各个方面，并成为公司文化的组成部分。一方面，雅培公司聘用具有企业家精神的领导者，让他们自由选择完成任务的最佳方案；另一方面，每个人必须完全服从雅培公司制定的制度，并严格对目标任务负责。他们有自由，却是框架之下的自由。雅培公司为使机会灵活化而引入企业家的奋斗精神。（“我们认识到做计划的过程是无价的，但计划本身是无用的。”）但是训练有素的文化规范也使雅培公司对不符合三环理论的机会说“不”。在鼓励各部门进行大范围创新的同时，雅培公司坚定地遵守刺猬理念，并致力于生产节约成本的保健产品。

雅培公司证实了我们研究的重要发现：训练有素的文化。就其性质来说，“文化”是个复杂的话题，不容易形成像三环理论那样的清晰框架。但是本章主要内容可被归纳为一点：建立一种文化使人们在三环理论框架下能够训练有素地行动，并坚决遵守刺猬理念。

更准确地说，训练有素的文化可以概括为以下几点：

1. 建立一种在框架下实现既享有自由又不乏责任感的文化。
2. 身处这种文化中的人自律性高，愿意全力担负责任。他们将“去掉所有疲沓的毛病”。
3. 不要将训练有素的文化和暴虐的纪律混为一谈。
4. 坚决遵守刺猬理念，像坚守宗教信仰般地关注三环理论的交叉环节。另外，建立“戒律”和系统地清除任何无关事项也同样重要。

框架之下的自由（和责任）

试想一下民航飞行员的情景。驾驶舱里，飞行员坐在一架价值8 400万美元的飞机上，周围环绕着几十种复杂开关和精密仪器。乘客把行李塞进头顶的行李架，乘务员连忙安顿好每位乘客；飞行员开始做起飞前的核查，有条不紊地进行每一项规定事项的操作。

他开始与航运控制中心协作，听从每项精确指令——舱门方向，滑行线路，使用的跑道以及起飞方向。直到做好一切起飞前的准备工作，他才开始发动引擎。在空中飞行期间，飞行员始终与地面控制中心保持着联系，并将飞机严格控制在商业航空交通制度规定的范围内。

但在飞行途中，飞机遭遇了强烈的雷电和冰雹。突如其来的大风使机翼一会儿向左，一会儿向右，乘客们只看到窗外下着雨，一团团或薄或厚的乌云不时飘过。机组人员宣布：“女士们先生们，请在接下来的飞行中留在座位上。把座椅调整至竖直状态，扣好安全带，将随身行李物品放到您前面的座位下。我们将很快着陆。”

“我希望不要太快。”缺乏经验的乘客受到疾风闪电的惊吓会有这种想法。但是有经验的乘客则继续看杂志，或者同邻座的人聊天或者准备下机后的会议。他们的想法是：“这些我以前都经历过，只要飞机安全就可以着陆。”

飞机的机轮被放下，重达 25 万磅[1]的庞然大物以每小时 130 英里的速度向下滑行。乘客们突然听到发动机的嗡嗡声，同时感觉身体倾向座位。飞机加速飞回到空中，然后绕了一个大的弧度又倾斜着飞向机场。飞行员打开对讲机："对不起，刚才遇到了猛烈的侧风，我们会再试一次。"第二次，风平静下来，飞机安全着陆。

现在让我们回顾一下刚才的例子。飞行员按严格的航空制度操作，没有自作主张。（你不要希望飞行员说："嗨，我读了一本有关授权的价值方面的管理书。书中提倡享受充分的自由，你可以实验、创造以及像企业家一样开拓。总之，你可以尝试许多方法，只要奏效就可以用！"）然而，关键性的决定，诸如航班是否起飞、着陆、提早取消或降落到其他地方，都取决于飞行员的决策。不管制度多么严格，一个最关键的事实是飞行员对飞机和机上乘客的生命安全负主要责任。

问题的重点不在于公司要有一套像航空交通制度一样严格刻板的制度。毕竟，即使公司的航空制度行不通，几百条人命也不一定会丧生。飞机上的服务可能很糟糕，但是你肯定能到达目的地。这种类比的意义在于当我们深入了解实现跨越的公司时，我们会回忆起民航飞行员例子中最重要的一点：在高度完善的制度框架下的自由和责任。

> 实现跨越的公司建立了一以贯之的制度，但它们也给予了员工制度框架下的自由和责任。它们聘用严于自律无须管理的人，公司只需要管理系统，而不需要管理这些人。

1. 1 磅 ≈0.45 千克。——编者注

"这就是我们能够遥控管理位置分散的商店的秘密。"电路城的比尔·里维斯说,"这要归功于众多对自己商店负全责的了不起的经理,他们在一个大系统下运营。你需要拥有相信这套制度并使之起作用的管理层和员工。但在制度规定的范围内,商店经理可以有自己的想法,并使想法与他们的责任匹配。"从某种意义上说,电路城经营零售电子类产品的策略与麦当劳经营餐馆类似,它虽不是最完美的,却非常协调。制度随着时间推移而变化,电路城尝试增加了新产品,如电脑和录像机(这就好像麦当劳增加了早餐鸡蛋和小松饼)。但无论何时,任何人都要在制度框架下工作。"这是我们同20世纪80年代早期的其他同行的主要区别。"比尔·齐尔登说,"他们不能深入扩展,而我们能。我们能在全国范围内兼并这些商店,统一经营,并使它们协调一致。"电路城于20世纪80年代初期起家,在随后15年里,其股票收益是股市平均收益的18倍以上,其中一个重要原因就在于此。

从某种意义上说,本书的许多内容都和建立训练有素的文化有关。首先,训练有素的人,在转变初期不是将较差员工引入正轨,而是首先重用训练有素的优秀员工。其次,训练有素的思想,你需要训练有素以面对残酷的现实,同时又坚信你能够也将会开辟更加辉煌的道路。最重要的是,训练有素的文化使你坚持对观念的探索和理解,直到你得到自己的刺猬理念。最后,训练有素的行为,即本章的核心论题。这个顺序很重要。对照公司经常直接跳到最后一步。但是没有训练有素的人,训练有素的行为就无法维持;没有训练有素的思想,训练有素的行为只会导致惨败。

事实上,训练有素本身不会产生了不起的结果。我们发现历史上有许多组织具备强有力的训练有素的规范,它们组织结构完整，井然有序，却直奔失败。情况不应是这样的。重要的是应首先得到思维缜密、严于律己的人，然后这些人在刺猬理念指导的制度框架下，采取训练有素的文化所约束的行动（见图 6–2）。

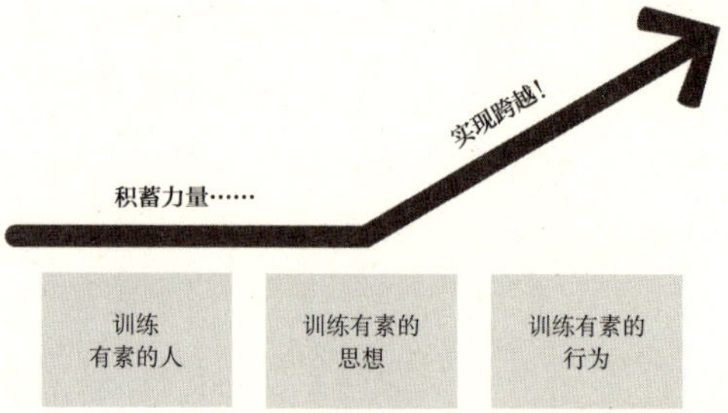

图 6–2　训练有素的文化

在整个研究过程中，我们被一些反复使用的词语吸引，例如“训练有素的”、“严格的”、“固执的”、“决定性的”、“勤奋的”、“精确的”、“吹毛求疵的”、“系统的”、“有条不紊的”、“工作熟练的”、“苛刻的”、“一致的”、“有重点的”、“负责的”和“责任重大的”。在有关实现跨越的公司的文章、访谈和内部资料中，这些词语随处可见，而在有关直接对照公司的资料中，我们却根本看不到这些词语。实现跨越的公司的员工在履行责任方面有些极端，有些人甚至近乎狂热。

我们后来称训练有素的文化为“清除你的松软干酪”。这个类比来源于一名训练有素的世界级运动员戴维 · 斯科特，他获得过 6 次夏威夷铁人三项赛冠军。在训练中，斯科特平均每天骑车 75 英里，游泳 20 000 米，还要跑步 17 英里。戴维 · 斯科特没有肥胖问题！但他相信低脂肪和高碳水化合物的饮食结构会给他增加额外的优势。所以戴维·斯科特，一位一天的训练量至少消耗 5 000 卡路里的男子，实际上是在通过高强度训练除去身体的多余脂肪。然而，没有证据证实他必须用这种训练方式来赢得铁人三项赛，这件事的意义并不在此。重要的是，他相信这样做能使他感觉更好。戴维对自己的严格要求使整个训练计划协调一致，从而达到最佳效果。我常常想象戴维·斯科特跑 26 英里马拉松的情景——在海里游完 2.4 英里，顶风骑车 112 英里之后，他在科纳海岸的黑色熔岩地上，顶着约 40 摄氏度的高温艰苦行进——他心里想的是："与我每天近乎苛刻的训练计划相比，这并不很糟。"

我知道这是一个古怪的类比。但从某种意义上说，实现跨越的公司与戴维·斯科特很类似。"从优秀到卓越"这一问题的答案一定程度上讲就是训练有素使公司在激烈的竞争中变成一流公司，并一直寻求持续的发展。答案确实就这么简单，但是确实又那么困难。

> 每个人都想成为最好的，但大多数组织缺乏纪律，不了解自己，不清楚自己的最大优势是什么，凭借什么把潜力变成现实。他们缺乏严格的训练有素的文化规范自己。

我们来比较一下富国银行与美洲银行。卡尔·赖卡特从不怀疑富国银行作为一个实力很强的公司，能从管理的混乱状态中崛起。他发现成为卓越公司的关键不在于令人赞赏的新策略，而在于彻底下决心清除近百年来银行家的旧思想。"银行业浪费过多，"赖卡特说，"清除它需要实行严格管理，不能靠小聪明。"

赖卡特明确指出：我们并不是仅要求别人而自己高高在上。

要做到严格规范，我们首先从领导者的办公室开始。他冻结了领导者2年的薪水（尽管富国银行历史上有好几年都是盈利大户）。他关闭了主管专用食堂，以类似于大学食堂的餐厅取而代之。他关闭了领导者专用电梯，卖掉了公司的直升机，并且禁止主管办公室里摆放绿色植物，因为给植物浇水的费用高。他撤掉了主管办公室里的免费咖啡，取消了送给管理层的圣诞树。他把一摞一摞的报告扔给那些把报告交给装订工的员工，并警告他们："你们就这样花自己的钱吗？你们知道一个装订工给我们增加的成本吗？"一篇文章这样写道："赖卡特同其他主管一起开会时，通常坐的是一把破得连填充物都露在外面的旧椅子。有时在听取财务支出报告的时候，他就坐在那里，摆弄摆弄露在外面的填充物，好多必要的支出项目就这样被取消了。"

街对面的美洲银行，主管们也面临着管理混乱的问题，并意识到必须杜绝浪费。但是，美洲银行与富国银行的做法不同，它没有一种训练有素的文化来进行严格规范。他们保留了公司位于美国加利福尼亚州旧金山市中心富丽堂皇的办公室。《崩溃的银行》一书中进行了如下描述："首席执行官的办公室是一间位于东北角上的套房，与大会议室相连，室内铺着东方地毯。从房间里的落地窗向外看，从金门大桥到海湾大桥，旧金山海湾的全景一览无余。"（我们没找到填充物外露的破椅子。）电梯可从底层直达首席执行官的办公室所在的楼层。宽敞的办公室使落地窗看上去更高大，给人一种普天之下唯我独尊的感觉，尤其是在这个各国精英云集的城市里。生活这样美好，为什么要对自己那么苛刻呢？

美洲银行在20世纪80年代中期的3年里损失了18亿美元。

此后，银行终于对无序的管理做出了必要的调整（主要是聘用曾在富国银行担任领导职务的人）。但即使在最艰难的日子里，美洲银行都没有停发主管们享受的额外津贴。在美洲银行处于危机状态的一次董事会上，一位董事提出诸如“卖掉公司直升机”的一些合理建议，而其他董事听后却置之不理。

是文化而不是暴政

我们差点儿没有把此章纳入本书中。一方面，实现跨越的公司比直接对照公司的制度更加规范，例如富国银行与美洲银行；另一方面，间接对照公司也表现出与实现跨越的公司一样的制度规范。

“根据我的分析，我们不能把训练有素当作本书的一个发现。”埃里克·哈根在写完专门分析公司领导文化的一章后说，“间接对照公司的首席执行官实行强有力的训练有素的文化规范，因而它们取得了很好的初期效果，这很明显。所以，训练有素不能作为一个显著因素单列一章。”

令我们惊奇的是，当进一步考察这个问题时，埃里克进行了更加深入的分析。当不看其表面，深入分析事实时，我们发现这两类公司制定规范的方法明显存在很大差异。

> 实现跨越的公司有第5级经理人建立的持久的训练有素的文化，但间接对照公司里的第4级经理人，是单纯通过个人的权威来规范组织的。

雷·麦克唐纳在1964年接管宝来公司。麦克唐纳很精明，但性格鲁莽，谈话时他要占上风，开玩笑易过火，常批评那些不如他的人（几乎他周围的所有人）。他利用广为人知的“麦克唐纳恶行”的压力方式，单纯依靠个人权威做事。麦克唐纳在职期间取得了辉煌成就。在他任董事长期间（1964—1977 年），公司 1 美元的收益是市场平均水平的 6.6 倍。但是，公司除了他之外没有任何训练有素的文化。在他退休后，他的部下毫无决断力，于是纷纷离开公司。《商业周刊》报道，他们“无能力做任何事情”。宝来公司开始出现长期的滑坡，从麦克唐纳时代结束到 2000 年，公司的累计收益率比市场平均水平低 93%（见图 6–3）。

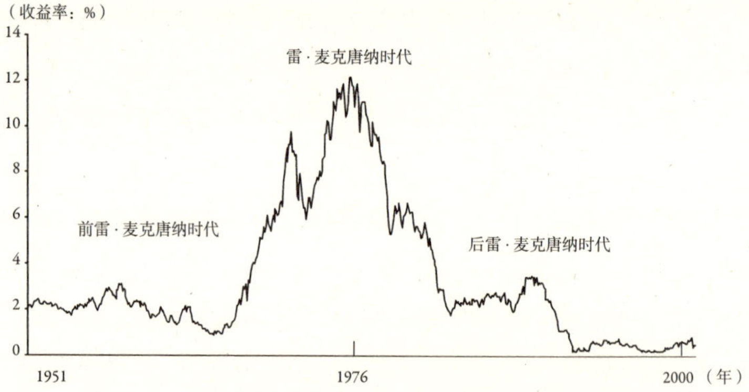

图 6–3　宝来公司——一个濒于倒闭的典型公司在转变期股票市场累计收益率

注：设置 1% 为雷 · 麦克唐纳在任期内的收益率起点

斯坦利 · 高尔特领导下的乐柏美公司，也有类似情况。我在《第 5 级经理人》一章中提到了高尔特在面临被批评是暴君的谴责时，他反唇相讥道：“没错，但我是一个真诚的暴君。”他用严格的训练有素的文化规范公司，比如严格的计划、竞争对手分析、系统的市场调查、利润分析、严格的成本控制，等等。“这是一个令人难以置信的严格且受训练有素的文化规范的组织。”一位分析师写道，“这就是乐柏美公司运营的全部。”高尔特每天早上6点30分到公司，每周工作80个小时，并希望经理们也能做到。

作为主要的训练有素的文化的代表，高尔特个人扮演着公司头号质量控制机构的角色。一次，他在曼哈顿街上行走，看到一个门卫一边向由乐柏美公司制造的簸箕里扫垃圾，一边骂骂咧咧。“高尔特走过去询问他为何不高兴。”理查德·盖茨将这个故事告诉了《财富》杂志。高尔特确认簸箕的边太厚了，于是他立即责令工程师重新设计产品。他说：“对产品质量，我决不做任何让步。”他的首席运营官表示同意：“高尔特真的是勃然大怒。”

乐柏美公司在铁腕领导者的严厉管理下迅速发展，但当他离开后，公司迅速衰落。高尔特在职期间，公司的收益是大盘股指的3.6倍。而他退休后，公司在被纽威尔公司收购之前相较于大盘股指，收益损失了59%（见图6–4）。

李·艾柯卡领导下的克莱斯勒公司，是反映个人权威的弊病的有趣且典型的例子。《商业周刊》将艾柯卡描述为：“男人，独裁者，李。”艾柯卡于1979年成为克莱斯勒公司的董事长，并开始严格规范公司的组织结构。在提到上任初期时他写道：“我立刻明白这里处于混乱状态，（而且）需要用训练有素的文化规范整顿。要尽快！”他在克莱斯勒的第一年便彻底审查管理结构，实行严格的财务控制，提高质量监控措施，使生产程序合理化，并且实行大规模人员下岗以保护现金流。“我感觉自己像一个军医……我们必须动大手术，全力挽救公司。”跟工会打交道时，他说：“倘若你们不帮助我摆脱困境，我就敲碎你们的脑袋。明天一早我就会宣布破产，你们全都会失业。”艾柯卡取得了非凡的成绩，克莱斯勒公司成为工业界扭亏为赢的最杰出的公司之一。

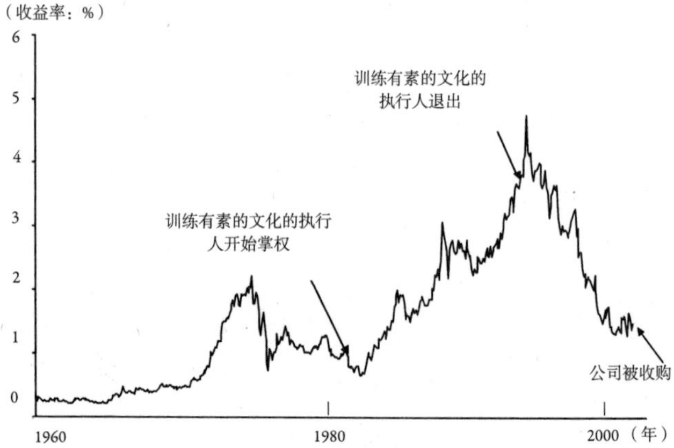

图 6–4 乐柏美公司——一个濒于倒闭的典型公司在转变期股票市场累计收益率

注：设置 1% 为斯坦利·高尔特在任期内的收益率起点

然而，大约在他任期的中间，艾柯卡似乎失去了重心，公司开始再次衰退。《华尔街日报》报道：“艾柯卡先生带头修复自由女神像，参加了监督削减预算的国会考察团，他又写了一本书。他成为一家辛迪加报纸的专栏作家，买了一栋意大利式的别墅，在别墅里贮藏葡萄酒和橄榄油……评论家认为所有这一切分散了他的注意力，这是造成克莱斯勒公司当前问题的根本原因……不论是否被分散注意力，成为大众英雄显然是一件费力不讨好的事情。”

而比艾柯卡做大众英雄更糟的是，在克莱斯勒公司能够处于世界领先地位的领域中，他没能坚持训练有素的文化规范，因而导致公司涉足了一系列毫无经验的多样化经营范围。1985 年，艾柯卡尝试当时热门的航空业：多数首席执行官只要有一架湾流宇航公司的喷气式飞机就满足了，而艾柯卡决定收购整个湾流宇航公司！还是在 20 世纪 80 年代中期，他开始与意大利的赛车制造商玛莎拉蒂进行耗资巨大、最终失败的合资项目。《商业周刊》报道：克莱斯勒公司的一位退休经理说："艾柯卡偏爱意大利人。内部人士认为，艾柯卡在托斯卡纳区有一块不大不小的地产，他非常希望与意大利人合作，以致忽视了公司的经济现状。"一些人估计与玛莎拉蒂的合资损失了 20 亿美元，相对于在高价小型跑车上的损失来说，这是一笔巨大的资金，况且，只是制造两三千辆跑车。

艾柯卡在任职的早期，取得了显著成果，使公司从濒于破产成长到取得 3 倍于同行业平均收益水平的成绩。而在后期，公司开始走下坡路，公司股价比大盘股指低 31%，使公司又将面临一次破产危机。克莱斯勒的一位经理写道："如同许多病人要具备一定的心脏条件一样，我们在再次面临破产前的几年时间里通过改革生存了下来。"

上述案例说明我们在每个未能维持优秀业绩的公司中发现的共同点：在铁腕领导者的管理下公司获得了大发展；铁腕领导者离去而公司又没有持久的训练有素的文化，或者当铁腕领导者肆意违反三环理论时，公司就会大幅度衰退。是的，训练有素是取得显著成就的必要条件，但你倘若没有认真理解三环理论，即使有规范的行为，也不能产生持续显著的效果。

疯狂坚持刺猬理念

近40年时间，必能宝公司一直处于垄断的保护伞下。凭着与美国邮政局的亲密关系和拥有邮资收费机的专利，必能宝公司完全占领了计费邮件市场。到20世纪50年代末，美国有近一半的邮件运送要通过必能宝公司生产的机器。由于毛利率超过80%，公司没有竞争对手，市场巨大，业务又永远不会衰退，所以与其说必能宝公司是一个了不起的公司，不如说它是一个了不起的垄断公司。

之后，像许多垄断公司那样，必能宝一旦没有了垄断的保护伞，就开始长期的衰落。首先到来的是一纸判决，必能宝被迫允许竞争对手免费使用它的专利。不到6年时间，必能宝公司的竞争对手就有16家。必能宝陷入了大厦将倾的慌乱境地，疯狂地进行多样化经营，投资于没有前途的并购和合资项目，其中包括花费7 000万美元（当时相当于持股者股本的54%）尝试电脑零售业。1973年，公司出现了历史上的第一次亏损。这个事例成为另一个典型的案例：一旦面临严峻的竞争现实，受垄断保护的公司就会解体。

幸运的是，第5级经理人弗雷德·艾伦接管了公司，他提出了严厉的问题，使大家深入思考必能宝在世界上的地位。必能宝没有把自己看作“邮资收费”公司，而是找到了自己能成为一流公司的定位，即在更广泛的通信理念指导下，服务于后勤部门。公司同时看到高级办公用品市场，如高科技传真机和专用复印机，这些恰好能成为利润的推动力，必能宝便建立起广泛的销售服务网络。

艾伦和他的接班人乔治·哈维建立了一个规范的多元化经营模式，例如，必能宝最终占领了高端传真机市场，也就是获利丰厚的那些大公司45%的市场份额。哈维开始系统地投资新技术、新产品研发，比如能够盖戳并发送信件的模范邮件处理机（Paragon）。20世纪80年代后期，必能宝总收入的一半来自过去4年里新开发的产品。后来，必能宝率先将办公用品与互联网连接，开辟了另一条规范的多元化经营的道路。其中关键的一点在于，进行多元化经营和创新的每一步都没有超出三环理论的范畴。

从颁发专利使用许可到1973年这段最艰难的时期，必能宝公司失去了77%的市场。此后，公司反败为胜，1999年年初，公司股价上升为大盘股指的11倍多。1973—2000年，必能宝公司的业绩超过了可口可乐、3M、强生、默克、摩托罗拉、宝洁、惠普和迪士尼，甚至超过了通用电气。你能想象一个公司从垄断的保护伞中崛起，并取得今天如此优异的成就吗？美国电报电话公司不能，施乐公司不能，甚至IBM也不能。

必能宝公司的案例解释了一个公司缺乏与三环理论一致的训练有素的文化规范时会发生的情况，同时也说明了相反的情况。

> 实现跨越的公司完全遵循这样一条原则：与刺猬理念不一致的，我们就不用。我们不会涉足无关行业，不会做无关的兼并。只要不合适，我们就不做。

相比之下，我们发现缺乏与三环理论一致的训练有素的文化规范是对照公司失败的主要原因。这些对照公司要么缺乏规范来理解三环理论，要么缺乏规范使公司在三环理论的范围内运作。

雷诺烟草公司就是一个典型案例。直到20世纪60年代，雷诺烟草公司还有简单明了的理念，它是美国一流的烟草公司，这一地位它保持了至少 25 年。1964 年，美国公共卫生部公布了一则有关吸烟致癌的报告。为应对这一形势，雷诺烟草公司开始实行多元化经营。当然，所有烟草公司包括菲利普·莫里斯公司当时都出于同样原因进行了多样化经营的尝试。但是雷诺烟草公司不遵循三环理论的做法，违背了逻辑。

1970 年，雷诺烟草公司用公司 1/3 的财产购买了一家船运公司和一家石油公司［即海陆公司（Sea-Land）和美国独立石油公司］，它想通过船运和石油赚钱。这个主意本身并不糟糕，但是它对雷诺烟草公司的刺猬理念究竟有何作用？因为海陆公司的创始人是雷诺烟草公司董事长的好友，公司进行这样的并购，是完全不慎重的做法。

向海陆公司投入 20 多亿美元后，其总投资额相当于股东股本的总和。最后，由于不断从烟草业调拨资金到低迷的运输业，雷诺烟草公司被迫认输，卖掉了海陆公司。雷诺烟草公司的一个员工抱怨道："这些人精通烟草的生产销售，但他们对船运或石油懂多少呢？对他们的破产我并不感到忧虑，他们看上去像兜里揣着太多现金的乡下小子。"

公平地说，菲利普·莫里斯公司也没有多元化经营的良好记录，比如错误地并购七喜公司。然而，与雷诺烟草公司形成鲜明反差的是，菲利普·莫里斯公司回应1964年公布的外部报告的态度更加坚决。菲利普·莫里斯公司没有抛弃刺猬理念，而是重新定义了刺猬理念，在不太利于健康的消费品行业（如香烟、啤酒、软饮料、咖啡、巧克力和加工过的奶酪等）中成长为全球品牌。1964 年报告公布后，尽管两家公司面临完全相同的机遇和挑战，但后来二者差别如此之大，其关键原因在于菲利普·莫里斯公司能够严格规范训练有素的文化并遵循三环理论。1964—1989 年（此后，雷诺烟草公司被收购，再之后就从公开交易中消失了），将相同的资金投入两家公司，投资菲利普·莫里斯公司的收益是投资雷诺烟草公司的收益的 4 倍多。

没有几家公司能够严格规范，探索它们自己的刺猬理念，能严格执行规范的公司更少。它们没有掌握一个悖论：组织越是按三环理论严格规范，公司发展和取得成就的机会就越大。实际上，一个卓越的公司更容易毁于机会太多的环境，而不是因为机会太少被饿死。问题不在于创造机会，而在于选择机会。

对待难得的机会要敢于说“不”。因为如果它不适合三环理论，即使是“一生中唯一的机会”，它也不相干。

严格遵守刺猬理念的含义不只跟投资战略有关，而且它与你管理和建立组织的整个过程有关。纽柯公司的成功得益于以包含文化和科技的刺猬理念为指导来生产钢铁。纽柯公司理念的核心是通过公平的英才管理避免等级差别，使工人的利益与管理层和股东的利益相一致（见图 6–5）。肯·艾弗森在 1998 年出版的《坦率的谈话》一书中写道：

大多数公司的内部都存在不平等现象。我指的是等级上的不平等，即把“我们”和“他们”的原则合法化、制度化……处在公司等级最高层的人享有种种特权，在那些干实际工作的人面前耀武扬威，还想弄清楚为何员工对削减成本、提高利润的改革方案不感兴趣……当我想起高层领导者花几百万美元激励基层员工时，我只能不解地摇摇头。

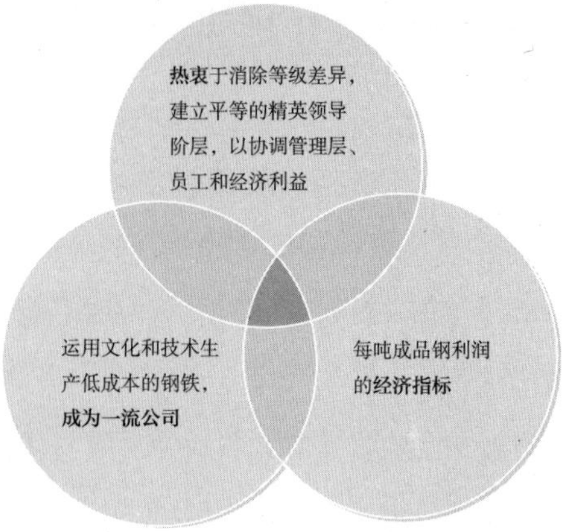

图 6-5　纽柯的三环理论（1970—1995 年）

当我们与肯·艾弗森交谈时，他告诉我们纽柯公司的成功都是因为它有能力将简单的理念转变为相应的行动。以 35 亿美元的资产跻身《财富》美国 500 强，却只有四层管理机构，公司总部成员不到 25 人，包括行政、财务、文秘，整个组织挤在一间牙医诊所般大小的租来的办公室里。门厅里摆放着廉价的板材家具，而门厅本身比壁橱大不了多少。没有公司餐厅，主管们在位于商业街区外的菲尔小餐馆里宴请重要客人。

主管们的待遇并不比一线工人的待遇好。实际上，他们的津贴比一线工人还要少些。比如，所有工人（但不包括主管）的子女每人每年可以得到 2 000 美元，作为中学毕业后的教育津贴，时间最长可持续4年。有一次，一个人来找马文·波尔曼说："我有 9 个孩子。你会给我的每个孩子 4 年上大学、技工学校或别的什么学校的教育津贴吗？"波尔曼认为这是理所当然的。"那个人一下子坐在那里，哭了起来。"波尔曼说，"我永远不会忘记。这一瞬间体现了我们努力做的事情是多么重要。”

如果纽柯公司某年利润丰厚，那么公司的每个人都会受益。纽柯公司的工人薪水非常高，以至某工人的妻子对她丈夫说：“如果你从纽柯公司离职了，我就跟你离婚。”但是如果公司面临困境，公司的所有员工也要一同承受。例如，在 1982 年的危机中，工人们的工资下降了 25%，主管们的工资下降了 60%，首席执行官的工资下降了 75%。

纽柯公司采取了特别措施缩小等级差别，因为等级差别迟早会侵害大多数组织。公司的年度报告上不仅有主管和首席执行官的名字，而且有公司 7 000 名工人的名字。除安全监督者和来访者外，每个人戴着同样颜色的安全帽。帽子的颜色尽管是小事，但它能引发骚动。一些领班抱怨帽子的特殊颜色让他们感到自己的地位高于其他人，他们本可以把这种重要的地位象征放到轿车或卡车的后架上。公司组织了一系列论坛强调，员工在公司里的地位和权威来自他的领导能力，而不是他的职位。要是你不喜欢它——倘若你认为你需要等级差别——那么纽柯公司不适合你。

与纽柯公司面积不大的总部相比，伯利恒钢铁公司为它的主管们建了一幢 21 层的办公楼。办公楼的形状类似十字形，而不是长方形，这样的设计费用高，但能容纳大量需要独立办公室的副董事长们。“副董事长们提出两面都要有窗户，尽管这不是我们设计的初衷。”伯利恒经理解释道。约翰·艾托美尔在《伯利恒的危机》一书中，详细描述了一种与纽柯公司完全相反的文化。他写道，公司有飞行队，供接送主管的子女上学和周末出游。公司有世界一流的 18 洞高尔夫球场，一个由伯利恒公司出资整修的乡村俱乐部，俱乐部里还有专供主管使用的浴室。

我们可以得出结论：伯利恒公司的主管认为这样做是为了长久维持这种使他们晋升的等级系统。伯利恒在20世纪七八十年代没有衰落，这主要得益于进口或技术。它的衰落则主要因为公司存在这样一种文化，人们把精力集中在计较复杂等级中的细微差异，而不是关注客户、竞争对手和外部世界的变化。

从1966年公司开始积蓄力量到1999年，纽柯公司连续34年赢利，而同样在这34年里，伯利恒公司亏损12次，累计利润为负值。到20世纪90年代，纽柯公司利润每年都高于伯利恒公司。纽柯公司从10年前规模不到伯利恒公司的1/3发展到在20世纪末总收入超过伯利恒公司。更让人吃惊的是，纽柯公司每5年每个员工创造的利润是伯利恒公司的10倍。对于投资者来说，将1美元投到纽柯公司的收益是投到伯利恒公司收益的200多倍。

公平地说，伯利恒公司有一个很大的问题，而纽柯公司没有这个问题：敌对的劳工关系与牢不可破的工会。纽柯公司没有工会，而且与工人关系非常融洽。实际上，有一次工会负责人来参观厂房，工人们非常忠于纽柯公司，他们开始大喊大叫，向参观者扔沙子表示抗议，管理层只好出面保护这些参观者免受工人们的攻击。

但是工会提出了一个关键问题：为什么纽柯公司一开始就能与工人建立良好的关系？因为肯·艾弗森和他的团队有一种简单透明的刺猬理念，并用它来协调工人与管理者的利益。最重要的原因，是他们愿意尽全力使整个公司与这个理念相一致。你如果愿意，就可以说他们有些狂热，但是为了取得非凡的成就，我们需要近乎狂热地按理念执行。

列出不该做的事项

你列出计划要做的事项了吗？

你也列出不应该做的事项了吗？

我们大多数人的生活忙碌又不规律。我们一直在扩充“拟做”事项，努力营造做更多事情的良好势头，但作用很小。然而，那些创立实现跨越的公司的人同样看重后一张列表，因为他们划去了各种糟糕的事项，显示出非凡的规范性。

当达尔文·E. 史密斯成为金佰利的首席执行官时，他充分利用了后一张列表。他发现华尔街每年所做的预测过分集中于短期，所以他没有采纳这种预测。“权衡利弊，当我们每年做未来收益的预测时，我并没有看到股东收益。”史密斯说，“我们不会做这种预测。”他视“喜爱头衔”为等级意识和官僚主义的标志，于是干脆撤掉头衔。公司里没有人有头衔，除非外界要求他们担任的职位有头衔。他把日益增多的行政层级视为建立公司帝国的自然结果，所以他撤掉了大批科层机构，代之以简单的机制：你倘若不能向你的同事证明你至少需要 15 个人才能完成任务，就没有人会成为你的下属。（记住：早在这种做法流行前，他在 20 世纪 70 年代就这样做了。）为了强调金佰利应把自己看作消费品公司而不是纸业公司，他使金佰利脱离了所有纸品行业联合会。

实现跨越的公司通过运用独特的预算机制，使“不该做什么”这一原则制度化。认真思考一下，预算的目的是什么。大部分人的回答是：预算决定拨给每个项目多少资金或进行成本估算，或两者兼而有之。而以从优秀到卓越这一转变的角度看问题，这两种回答都不对。

在从优秀到卓越的转变时期，预算用来决定哪些行业应全力投资，哪些行业根本不需要投资。换句话说，预算过程不是估算每个项目应投多少钱，而是决定哪些项目最符合刺猬理念应该重点做好，哪些项目应该完全放弃。

金佰利不是把纸品生意上的资源重新分配到消费品行业，而是完全放弃了纸品业，卖掉了工厂，将所有资金投到了新兴消费品行业。

我曾经与纸品行业某公司的几位经理攀谈。这是一个不错的公司，但它还不是很出色。在金佰利转入消费品行业之前，就直接与金佰利竞争。出于好奇，我问他们怎样看待金佰利。

他们说："金佰利做得不公平。"

"不公平吗？"我有些嘲弄地看着他们。

"哦，当然金佰利已成为非常成功的公司了。但你知道，要是我们卖掉我们的纸品业务，成为消费品行业里一个强大的公司，我们也可以做得同样出色。但我们在纸品业已投入太多，不能那样做。"

你如果回顾实现跨越的公司，就会发现它们把资源投到一个或少数几个领域已经表现出了非凡的勇气。它们一旦理解了三环理论，就很少抱残守缺。当年克罗格致力于推翻整套制度建立大型超市，而A&P则留守在自己原有的店铺里经营。雅培公司努力集中大部分资源使自己在诊断设备和医疗营养业中名列第一，而普强公司紧紧守着它的核心医药业（在这一领域它永远不可能成为世界一流的公司）不放。想一想沃尔格林公司是怎样退出利润丰厚的食品服务业，全力以赴抓住最好最方便的药店的。吉列公司和它的感应剃须刀，纽柯公司和它的微型工厂，金佰利卖掉工厂集中全部资源从事消费品行业。它们一旦清楚了自己的刺猬理念，就都有魄力进行巨额投资。

最有效的投资战略是高度集中于适合你的领域。这听起来很滑稽，但它是实现从优秀到卓越转变最重要的方法。“适合”是指找到刺猬理念，“高度集中”是指集中投资于和三环理论一致的项目，彻底放弃其他项目。

当然，关键是这个前提：当适合你的时候。但你怎样知道何时合适？在考察公司时，我们知道如果做得妥当，合适的时机并不很难遇到。如果你有第 5 级经理人，并选拔了最合适的人；如果你面临残酷的现实；如果你营造一种平等的氛围，人们敢讲真话；如果你有一个领导班子能按三环理论工作；如果你根据一个透明的刺猬理念做出所有决定；如果你弄清楚事情才去做，而不是虚张声势……你只有做到所有这些“如果”，才可能在重大决策上是正确的。真正的问题是，一旦你了解了情况，你能用训练有素的文化规范自己只做正确的事而不做错事吗？

小结

要点

- 持续辉煌的业绩需要建立一种文化，使自律的人们采取规范的行为，并严格遵循三环理论。
- 官僚主义文化源于补偿员工能力和训练有素的文化的缺乏，而能力和训练有素的文化的缺乏源于用人不当。你如果用人得当，淘汰不合格者，就无须官僚主义。

- 训练有素的文化具有双重性。一方面，它需要人们遵守一贯的制度；另一方面，它赋予人们在制度框架下的自由和责任感。
- 训练有素的文化不仅涉及行为，而且需要自律的人按照训练有素的文化思考问题，按规范做事。
- 从优秀到卓越的转变看上去单调呆板，但深入考察后，你发现公司员工都非常勤奋地工作，有执着的进取精神。
- 不要混淆训练有素的文化与暴虐的训练有素的维护者。它们是完全不同的，一个是功能性的，另一个是非功能性的。救世主式的首席执行官单纯通过个人权威进行训练有素的文化规范，使公司无法长期发展。
- 要取得持续效果，最重要的训练有素的形式是坚持刺猬理念，愿意放弃一切违反三环理论的机会。

意外发现

- 组织越是严格遵守三环理论，近乎宗教信仰一样，其发展和取得成就的机会就越多。
- 哪怕是“千载难逢的机会”也要放弃，除非它符合三环理论。一个卓越的公司会有很多千载难逢的机会。
- 实现跨越的公司做预算的目的，不是决定每个项目投资多少，而是将预算作为一种机制决定哪些领域最符合刺猬理念，应该集中投资，哪些领域根本不需要投资。
- 列出不能做的事项比列出打算做的事项更重要。

第七章

技术加速器

大多数人宁愿死去，也不愿思考。他们实际上就是这样做的。

——伯特兰·罗素

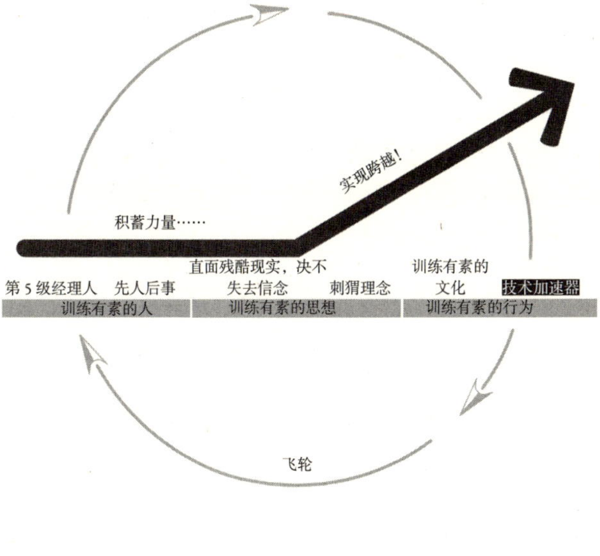

1999 年 7 月 28 日，首批在互联网上建立的医药商店之一网上药店向市场公开出售股票。仅在开盘的数十秒之内，该公司的股票价格就增长了近 3 倍，达到每股 65 美元。4 周后，该公司的股票以每股 69 美元的价格收盘，公司的市场价值超过 35 亿美元。这样的业绩对于一家只卖了 8 个多月商品，拥有不到 500 名员工，长期不分红并早已估算出在盈利之前先要损失数百万美元的公司来说，表现已经是相当不错了。

人们到底借助了什么样的理论，来解释这些不同寻常的数字呢？“新技术将改变一切”就是人们普遍认可的逻辑。一些权威人士还对互联网给予了高度评价：“互联网将使一切从事商业活动的公司发生革命性的变革。”还有许多知名企业家认为：“在互联网这个领域中，如果公司能够先发制人，在市场上抢先占有一席之地，那么无论这种做法的代价有多高，公司都会赢利。”

我们进入了历史上一段很特殊的时期，人们试图创建卓越公司的想法被看作奇怪又落后。飞速发展已成为这个时代的符咒。只要你告诉人们你在做某些与互联网有关的事情，无论你做的是什么事，如果你像魔术师那样喊声“变”，那么你都可以通过向市场公开发行股票而变得富有，即使你的公司并没有获利（甚至你还没有拥有一家真正的公司）。当你通过高喊“新技术”或者“新经济”来说服人们拿出数百万美元投资你的公司时，为什么你的公司从积累到突破，再到最终创造出一个真正可行的模式，还需要走一段艰苦的历程？

一些企业家甚至不打算花力气建立一家真正的公司，更不要说成为一家卓越的公司。2000 年 3 月，有一家公司仅凭拥有一个可提供信息的网页和一份商业计划书就可以申请注册上市。这家公司的经营者向《行业标准》杂志承认，公司在运营之前就上市了。这种做法看起来确实有些奇怪，但是这不妨碍经营者说服投资者购买每股面值 7 美元到 9 美元不等的总价值达 110 万美元的股票，尽管这时公司还没有收入，没有员工，没有客户，还不算真正的公司。既然互联网的发展给人类带来了新技术，谁还需要旧经济遗留下来的出土文物呢？逻辑大体是这样的。

在网上药店飞速发展的顶峰时期，沃尔格林公司正面临严峻的挑战。起初在网上药店上市前的数月中，沃尔格林就因受到其他很多互联网公司的侵袭，其股价的跌幅超过 40%。正如 1999 年 10 月《福布斯》杂志上写的："投资者似乎认为在互联网领域的竞赛中，只有像网上药店，其成交额是收入的 398 倍时，公司才有实力以绝对优势压倒对手继而成为竞争中的佼佼者，而不是像沃尔格林那样的公司，其成交额只有收入额的 1.4 倍。"分析师对沃尔格林公司进行了降级，公司的股市价值缩水近 150 亿美元，这增加了沃尔格林公司反击互联网威胁的压力。

面对这种市场狂热，沃尔格林公司如何回应？

"我们是一家经历过从缓慢爬行，到走路，再到赛跑这样一个过程的公司。"丹·乔恩特在《福布斯》杂志上讲述他进军互联网所采用的精心策划且有步骤的策略时说道。沃尔格林公司的决策者采取了一些与众不同的行动。他们决定停下脚步，进行反思。他们决定开动脑筋去思考！

最初，公司发展很慢（爬行）：在尝试建立网站的同时，沃尔格林以公司特有的刺猬理念为指导，对这种尝试的意义进行了深入的内部讨论。互联网将如何与我们倡导的便捷观念联系在一起？我们怎样把互联网和单位客户实现的现金流量的经济特征联系在一起？我们如何利用互联网使我们的公司以饱满的热情，在全世界众多公司中脱颖而出？沃尔格林公司的决策者信奉斯托克代尔悖论，并将它贯穿于公司整个发展过程：“我们坚信公司能够作为一个卓越的公司屹立于互联网领域中；与此同时，我们必须直面互联网领域给我们带来的严酷现实。”沃尔格林公司的一名主管曾告诉我们发生在这段特殊历史时期的一个有趣的小故事。互联网领域的一位领军者曾经这样评价沃尔格林公司：“噢，沃尔格林公司呀！它在互联网这个领域显得太陈旧、太平庸了。它早晚要被淘汰的。”沃尔格林人虽然为这位互联网精英傲慢的评论所困扰，但是他们从来没有认真考虑过公开对此做出回应。一位决策者说：“我们还是默默无闻地去做我们需要做的事情吧，人们很快就会明白他们的玩笑开错了对象。”

接着，公司发展的速度加快了（正如走路一般）：沃尔格林公司开始想方设法地将互联网与其精密的存货和分销模式直接联系起来，以最终实现便捷理念。在网上填写你的用药清单，驾车去邻近的一家沃尔格林公司开的免下车药店（在任何一个城市你都可以碰到），停留片刻，你只要透过车窗浏览药品，就可以得到你需要的任何一瓶药。如果你需要更方便的服务，那么公司还可以送货到你家。这并不是一时的狂热，也不是骗局，更不是虚张声势，而是沉着地、精益求精地从客户那里寻求一种理解，这种理解只能通过采取沉着的和经过周密筹划的措施才可能得到。

最后公司终于可以奔跑了：沃尔格林公司像大多数纯粹的互联网公司一样，通过拥有一个技术精湛且设计巧妙的网页得以在互联网领域占有一席之地。刚巧在撰写本章之前，也就是2000年10月，我们体验到了沃尔格林公司的网上服务。我们发现它像亚马逊公司（当时在电子商务领域占据统治地位的公司）一样，不仅提供非常便捷的服务，而且拥有一个值得信赖且严密的送货系统。在《福布斯》杂志报道1年后，沃尔格林公司就领悟到如何利用互联网来加快自身发展，并保持永不停止的动力。公司（在它的网页上）宣布大幅度扩招员工，以实现公司的持续增长。1999年沃尔格林公司陷入互联网公司引发的恐慌之中，其股票价格跌至低谷，但在之后的1年内公司的股票价格几乎增长了1倍。

网上药店公司的情况是怎样的？该公司连年亏损，被迫宣布裁员以节约资金。仅仅1年多以前，网上药店的股票价格达到最高点，公司股票的成交价格是写本书时价格的26倍。它几乎已经失去了所有最初的价值。由此看来，沃尔格林公司经历了从爬到走又到跑的过程，相反，网上药店公司经历了从跑到走最终到爬的过程。

也许将来网上药店公司会找到一个实际可行的可持续增长的模式，最终成为一家优秀的公司。但是如果仅靠时髦的技术，天花乱坠的宣传，或者理性的股票市场，它是不会变成卓越的公司的。只有当它能够领悟到如何把技术运用到三环一体的理念时，它才会成长为一家卓越的公司。

技术与刺猬理念

你也许会想："互联网领域出现的狂热只是一种投机性泡沫，它会突然破裂。泡沫破裂会怎样？每个人都知道这个泡沫不稳定，不能持久。这对我们理解从优秀公司到卓越公司的转变又有什么意义呢？”

显而易见，本章的要点与互联网泡沫本身并无多大关系，因为泡沫总是不断地产生又不断地消失。一会儿是铁路行业的泡沫，一会儿又是电子行业的泡沫，一会儿是无线电通信行业的泡沫，一会儿又是计算机行业的泡沫，再后来是互联网的泡沫了。总之，随着不可预见的新技术的到来，泡沫将不断产生。

然而在这一系列的变化中，卓越的公司能够不断调整自己，最终生存下来。实际上，在过去的100年中，大多数可以真正称得上是卓越的公司，从沃尔玛到沃尔格林，从宝洁到金佰利，从默克到雅培，它们的发展都源于经历过电子时代、电视时代和互联网时代等技术变革。它们以前一直不断调整自己，最终脱颖而出。即使是最优秀的公司也需要继续调整，以适应时代的变化。

能带来变化的技术已不再是新鲜的事物。真正的问题不是“技术起到了什么样的作用”，而是“那些优秀公司和卓越公司对技术的看法有何不同”。

我们可以预测到沃尔格林公司最终能够掌握互联网。沃尔格林公司在技术投资方面已经有很长的历史，因此它早于其他公司对互联网产生了热情。早在20世纪80年代，沃尔格林公司就尝试过使用一个名为Intercom的巨型网络系统。这个想法很简单：“通过互联网，沃尔格林公司把其连锁店连接起来，并且将客户数据输送到一个管理中心，这使得公司在全国范围内的各个销售网点都变成了当地的零售药店。假设你住在佛罗里达州，当你去亚利桑那州的菲尼克斯游览时，你就需要重新填写药方。你可以放心的是，由于菲尼克斯的药店和沃尔格林公司的中心系统连接在一起，所以去那里买药就像去佛罗里达的一家沃尔格林药店买药一样方便。”

在今天看来，这种事情似乎非常平常。但是在 20 世纪 70 年代末，沃尔格林公司是唯一一家投资互联网的公司。接着公司在 Intercom 上投资了 4 亿多美元，其中有 1 亿美元投资在它自己的卫星系统上。Intercom 总部被戏称为沃尔格林地面工作站。一家行业杂志曾写道：“参观 Intercom 总部就好像是在观看美国航空航天局各种引人入胜的玩意儿。”沃尔格林公司的技术人员擅长把握技术发展的动态，而不依赖于外界的专业人士。不仅如此，沃尔格林公司还率先使用扫描仪和机器人，尝试存货控制计算机化以及应用先进的库存储备记录系统。应用互联网技术，是沃尔格林公司的又一次伟大尝试。

沃尔格林公司之所以采用先进技术，并不只是为了单纯地追求新技术，也不是因担心落后而被动地采取行动。实际情况是公司在取得突破之后，便把技术作为实现新发展的加速器，并且将技术与便捷的刺猬理念直接联系在一起，增加单个客户光顾的利润。一个很有趣的事实是，当 20 世纪 90 年代技术变得越来越复杂时，沃尔格林公司的首席信息官是注册药剂师出身，而不是技术方面的带头人。沃尔格林公司十分确信：是公司的刺猬理念驱动它使用技术，而不是相反的情况。

沃尔格林公司的事例反映了一个普遍的模式。在每一个卓越公司诞生的过程中，我们都看到了技术的因素。然而，技术本身并不是公司发展的主要原因，有选择地尝试使用技术才是发展的动因。

每一个经过转变的优秀公司都是技术应用的先驱者，然而这些技术本身有很大的不同之处（见表 7–1）。

表 7–1　实现跨越的公司的技术推动力

公司	转变期内与刺猬理念相联系的技术加速器
雅培	率先运用计算机技术来增加单个员工所创造的经济利润。默克、辉瑞等公司在配药的研发方面起到带头人的作用，然而它们与雅培公司有着完全不同的刺猬理念。
电路城	率先使用精密的销售点及记录存货情况的技术——在大额零售方面与麦当劳的零售理念相似，这种技术可以使分散在不同地理位置的销售网点在经营运转方面保持高度的一致性。
房利美	率先使用复杂的运算法则以及计算机分析程序来更准确地估算抵押风险，从而提高每个风险等级所获得的经济利润。更巧妙的风险分析系统为低收入群体提供了住宅抵押服务，这与住宅所有权的普及偏好有关。
吉列	率先使用精湛的生产技术，连续制造数亿个成本低廉且耐用的产品。与可口可乐公司保守其配方诀窍的做法相同，吉列严格保护其生产技术秘诀。
金佰利	率先生产加工以非机织物为原材料的产品，以提高产品的档次。高级研究与开发实验室；“婴儿身上装有温度和湿度传感器”。
克罗格	率先使用计算机及信息技术以实现超市的现代化。克罗格首先把扫描仪与现金流动的循环过程联系在一起进行实验，从而为超市的革新提供资金。
纽柯	纽柯率先使用最先进的微型碾磨钢铁生产技术。为寻求最好的技术，他们“走遍全世界”。公司愿意花费大量资金（总额超过公司净收益的 50%）投资到其他公司视为有风险的新技术上，例如薄板层铸造技术。
菲利普·莫里斯	它率先使用包装生产一条龙的技术。此技术可以生产出高大、轻巧的大箱子——这是近 20 年来行业中首次进行的在包装上的创新。它首先使用计算机生产技术，对生产中心的巨额投资主要用于实验、测试以及提升先进的生产和质量监控技术。

（续表）

公司	转变期内与刺猬理念相联系的技术加速器
必能宝	它率先使用邮政业先进技术。最初，公司使用机械邮资计算器。后来必能宝在电子、软件、电信以及互联网工程方面大量投资，实现了办公设备的现代化。20 世纪 80 年代，公司用于研究与开发方面的巨额投资革新了原有的邮资计算器的使用技术。
沃尔格林	它率先使用卫星通信和计算机联网技术，并将其与连锁药店的便捷观念联系在一起，旨在满足特殊群体和地区的特殊需要。它花费令人惊异的巨额资金用于卫星系统，将所有连锁店连接在一起。每家街头药店都是网络上的一个节点。这好像是一次“美国航空航天局的旅行”一样。沃尔格林至少领先同行业其他公司 10 年。
富国银行	它率先使用可增加单个员工所创造利润的先进技术。它最早提供 24 小时电话银行服务，最早使用自动取款机，最早许可人们在自动取款机上买卖共同基金，率先使用互联网以及电子银行技术。它首先使用严密的数学公式以更准确地估算贷款风险。

例如，克罗格公司就是使用条形码扫描技术的开创者，采用这种技术有助于将前方购买与后方库存管理联系在一起，并使得公司加速超过了 A&P。也许这点听起来不是很令人激动。（库存管理不是一个能吸引读者的话题。）但是换个角度来想：当你走进库房时，看到到处都是一沓沓厚厚的账单，而不是一箱箱谷物和苹果，成百上千万美元的新旧账单堆积如山。这就是你想象中的库存情况。每一箱单独的罐装胡萝卜，其实不只是一箱胡萝卜那么简单，它们更应该被看作钞票。它们是放在库房里没有用的钱，直到卖出那些罐装胡萝卜后，它们才能实现价值。

现在，回想一下克罗格是如何有步骤地摆脱那些古老陈旧的小百货店，代之以精致耀眼的超市的。为了实现这个目标，克罗格投资了 90 多亿美元，而这些钱就是从小百货店的薄利经营中积攒起来的。从一个长期过程来看，克罗格已经连续30年每年拿出相当于年利润额2倍多的资金作为其资本性支出。更引人注目的是，1988年公司在承担了55亿美元债券负担的情况下，还分给股东每股40美元的红利，又发行了面值为8美元的债券，以反击来自大公司的竞争。20世纪八九十年代，克罗格一直坚持资本密集型的发展道路。公司不仅接管了所有的连锁店并实现了连锁经营的现代化，而且改善了客户的购物环境，极大地增加了供货种类，还清了数十亿美元的贷款。克罗格通过使用扫描技术兑现了库房中堆积如山的数亿美元钞票，并且更好地使用了这些钞票，这就是它能够变出一个不可思议的戏法的关键——它从帽子中不是变出一只兔子，也不是两只，而是三只兔子。

吉列公司也是技术应用的先驱者。然而，吉列公司的技术加速器在很大程度上依赖于制造业技术。例如，公司拥有能够生产出数亿个价格低廉且耐用的剃须刀片的技术。当看到吉列剃须刀片时，我们都会预期刀片的质量很好，而且单价也不贵。举个例子，吉列为了发明传感器，在产品的设计和研发上投资了2亿多美元，大部分资金都投资在生产技术的突破上，并且获得了29项专利。在刀片的设计过程中，吉列率先使用了大面积激光焊接技术，而这种技术通常用在生产像心脏起搏器等价格昂贵、技术精密的产品上。吉列剃须刀片设计的关键是它使用了一种独特的生产技术，这种技术就像可口可乐的神秘配方一样已被吉列申请了专利，而且吉列采取了戒备森严的保护措施。

技术是发展动力的加速器，而不是创造者

当吉姆·约翰森继戴维·麦克斯韦成为房利美的首席执行官时，他和他领导的团队聘请了一家咨询公司进行技术审查。一名资深的咨询顾问比尔·凯尔维先生列出了4个等级，其中包含4个竞争优势和一个绝对优势。房利美只排在第2等级。为了坚持“先人后事”的原则，公司决定聘用凯尔维来推动公司发展。1990年，凯尔维来到房利美，那时公司所使用的技术落后于华尔街其他公司10年。

在接下来的5年中，凯尔维将公司的评分由2.0提升到3.8。他和他的团队成员设计了300多个计算机应用程序，其中包括利用精密的分析程序来管理6 000亿美元的抵押证券，建立包含6 000万条有关财产和流水线工作流程表信息的网上数据库，这些技术都极大地减少了案头和行政工作。“我们把现代化的办公技术扩展到公司的每一个环节上。”凯尔维说，“我们设计了一个专业化的系统，它可以降低住宅业主的成本。使用这种技术，贷款人获得贷款批准的时间可以从30天缩短到30分钟，而且获得贷款的成本可以减少1 000多美元。”迄今为止，这个系统一共为住宅购买者节约了近40亿美元。

请注意：在1981年戴维·麦克斯韦来到公司时，房利美就开始进入转变期。然而那时公司的技术应用还很落后，直到20世纪90年代，公司才开始应用先进技术。实际上在公司树立刺猬理念和取得突破进展之后，技术对于公司来说才显得至关重要。技术是被公司领导者称为转变期“第二次旋风”的一个重要组成

部分，起到了推动力的作用。克罗格、吉列、沃尔格林和其他卓越公司都采取了相同的发展模式——一般在转变末期而不是初期使用先进的技术。

这使我们领悟到本章的中心思想。合理地使用技术，技术就会成为动力的加速器而非创造者。实现跨越的公司从来不在转变初期开拓新技术，其原因很简单，只有当你知道自己需要什么样的技术时，你才能更好地应用技术。那么，你到底需要什么样的技术？那些并且只有那些与刺猬理念中相互交叉的三环有关的技术。

要想使技术在实现跨越的过程中发挥提高生产力的作用，你就要回答以下几个问题。这种技术直接服务于你的刺猬理念吗？倘若答案是肯定的，那么你需要成为这种技术的首倡者。要是答案是否定的，那么你要考虑你是否真正需要这种技术。如果需要，你应该采用相似的技术。（你不一定需要拥有最先进的电话系统才能成为一家卓越的公司。）如果不需要，这种技术就是不相关的，你可以忽略它。

我们开始认识到，率先使用先进的技术是卓越公司在刺猬理念的框架下保持有条不紊的又一种方法。从观念上讲，这些优秀公司与技术的关系相当于它们与不同类型决策要素的关系：训练有素的人，训练有素的思想，训练有素的行为。如果一种技术不能完全适应刺猬理念中的三环理念，公司就要抛弃所有的迷茫和恐惧，以一种极其沉着冷静的方式经营。然而，一旦知道自己需要什么样的技术，它们就会狂热且富有创造力地应用这些技术。

在一些对照公司中，我们发现只有三家公司是技术应用的首创者。这三家公司是克莱斯勒（计算机辅助设计）、哈里斯（电子印刷）和乐柏美（先进的生产技术）——它们的地位并不稳定，这说明技术本身并不能产生持久有力的结果。例如，克莱斯勒公司虽然采用了先进的计算机辅助设计和其他设计技术，但是它始终没能把这些技术和连贯的刺猬理念联系起来。克莱斯勒在20世纪80年代中期还徘徊在三环之外，从湾流喷气式发动机到玛莎拉蒂赛车，这说明仅依靠先进的技术是不能把公司从低谷中拯救出来的。如果没有一个明确的刺猬理念做指导，没有训练有素的文化使之在三环之内，技术是无法创造出一个卓越公司的。

技术陷阱

当我撰写这个章节时，我的脑海中浮现出两件事。第一件事，是1999年《时代周刊》杂志将爱因斯坦评选为20世纪的“世纪伟人”。假设你把世纪伟人限定在下面这个框架内——“如果那人没有出现，今天的世界会怎样？”，与丘吉尔、希特勒、斯大林或甘地这些领导者相比，无论他们是好还是坏，这些人真正改变了人类历史的发展方向，那么选择爱因斯坦为世纪伟人，这就很意外。物理学家指出，不管有没有爱因斯坦出现，科学家都会发现相对论，也许是在5年以后，很有可能是在10年以后，但绝不可能是在50年以后。纳粹德国根本没有原子弹，而盟军没有原子弹也会取得第二次世界大战的胜利（虽然那样会牺牲更多盟军官兵的生命）。那么，为什么《时代周刊》会评选爱因斯坦为世纪伟人？

《时代周刊》的编辑解释说：“很难将科学家的影响力和政治

家的影响力进行比较。然而，我们注意到某些时期主要是以政治标准来划分的，有些时期是以文化标准来划分的，还有些时期是以科学成就标准来划分的……那么，20世纪留给人们的是什么？是民主，是公民权利。这些都没错，然而20世纪让人印象最深的是震撼全球的科技进步……从某种意义上说，科学技术比政治家更能解放人类。在科学技术占主导地位的世纪中……在我们这个狂热地追求偶像的时代里，爱因斯坦就变得引人注目。”

实际上,《时代周刊》杂志的编辑在评选世纪伟人时并不是像评选时代主题（技术和科学）那样，选择一个最有名气的人。很有意思的是，就在宣布爱因斯坦为世纪伟人的前几天,《时代周刊》杂志宣布了1999年的年度人物。花落谁家呢？它就是电子商务的宠儿，亚马逊网站公司的杰夫·贝佐斯，这又一次使我们被技术带来变革这一结论所困扰。让我说得更清楚些吧。我并不是说赞成或是不赞成《时代周刊》的评选结果。我只是觉得这些结果很有趣也很有启发性，因为它们是我们了解现代人心灵的窗口。很显然，我们都承认技术和技术的含义是非常重要的。

这使我联想到第二件事。撰写这本书实在很辛苦，作为短暂的放松，我去在明尼苏达州举办的马斯特斯论坛做了几场演讲。马斯特斯论坛举办经理人研讨班已经十几年了，我很好奇，想知道在过去的十几年中哪类主题被讨论的频率最高。论坛的两个策划人吉姆·埃里克森和帕蒂·格里芬·詹森说：“技术、变化以及两者之间的关系就是众多永恒话题中的一个。”

“为什么你这样认为？”我问道。

“人们弄不清他们不明白的事情。”他解释道，“人们总是害怕某种新的技术会从背后偷袭，并击倒他们。他们并不了解技术，很多人还对技术感到恐慌。但是他们都很清楚技术是推动变革的一个很重要的力量，所以他们需要密切关注技术的发展。”

由于我们的文化对技术的偏执，也由于许多实现跨越的公司曾经都是先进技术的应用者，所以你也许会认为“技术”是我们和卓越公司的决策者进行谈话的一个重要话题。

> 我们很惊奇地发现在被访问的卓越公司中，80%的公司主管都没有把技术列为公司转变期内必备的五大要素之一。此外，即使一些公司提到了技术，平均起来技术也只排在第4位。在84位被访问的主管中，只有2人认为技术是最重要的因素。

如果技术真的至关重要，那么为什么这些卓越公司的决策者很少提到它？当然不是因为他们忽视技术，也不是因为他们的技术非常先进，远远领先于同行业的其他公司。此外，很多卓越公司都因率先使用先进技术而受益，并接受过众多媒体对它们的报道。然而，这些公司的主管却很少谈到技术因素。这种对比使人感觉，媒体报道的和公司主管描述的是完全不同的两类公司！

例如，纽柯公司因率先采用最先进的小型轧钢生产技术而闻名，曾有许多篇文章和两本书介绍过公司对薄板坯连铸轧钢和电弧炉技术的巨额投资。如今，纽柯公司在商学院已经成为通过开拓新技术来破除旧秩序的典范。

当纽柯公司处于转变期时，我们曾邀请其行政总裁肯·艾弗森列出从优秀向卓越转变过程中最重要的5个因素。你认为他会把技术排在第几位？第一位？不是。第二位？不。第三位？非也。第四位？仍然不是。第五位？对不起，还不是。肯·艾弗森说：“最重要的因素，是公司的连贯性和构想出整个机构组织哲学体系的能力，这需要我们排除等级制度和官僚制度。”

请停下片刻，对此进行思考。这里我们做了一个很好的案例分析，公司通过使用新技术来破除旧秩序，然而作为决策人的公司首席执行官，居然没有把技术列为公司转型的五大重要因素之一。

在与纽柯公司不同决策者的会谈中，我们得到了相同的结论。在我们访谈的7名主要主管和董事会成员中，只有一人将技术列为转变期内五大因素之一，绝大多数人都关注其他因素。在访谈中，一些主管人员确实谈到了纽柯公司在技术上的大量投资，但是他们更强调其他因素——教育员工具有勤恳的工作精神，安排合适的人员在重要的管理岗位上，建立简单的组织结构并减少层级，制定严格的钢铁性能指标以提高每吨成品钢铁的利润。技术是纽柯公司方程式中不可缺少的一部分，但它只是次要部分。纽柯公司的一位主管总结道：“我们的成功20%来自新技术,80%来自我们公司的企业文化。”

其实，你可以在同一时间，在与纽柯公司拥有同样资源的任何公司中采用与纽柯公司相同的技术。即使这样，你也不会取得和纽柯公司同样卓越的成就。就像代托纳500汽车赛，在竞争中取胜的主要变量不是赛车，而是赛车手和他的团队成员。并不是说赛车不重要，而是说它只处于次重要地位。

一个公司之所以平庸，最重要的原因是管理不善，而不是技术落后。伯利恒钢铁公司所处的困境与小型轧钢生产技术关系不大，但它与公司长年敌对的劳资关系有很大关系，因为这种敌对关系导致了公司落后而低效的管理。伯利恒公司早在纽柯公司和其他小型工厂占据很大的市场份额之前，就开始走向长期滑坡。

实际上，当1986年纽柯公司在薄板坯连铸轧钢技术上取得突破时，伯利恒公司的市场价值就已经下跌了80%。这不是说技术与伯利恒公司的衰落无关，事实上技术确实起了作用，并且最终起了很重要的作用。但是在这里技术起到的是加速伯利恒灭亡的作用，而不是它灭亡的原因。同样的道理，技术是加速器，而不是原因，只是在这组对比的案例中，技术起了相反的作用（见图7–1）。

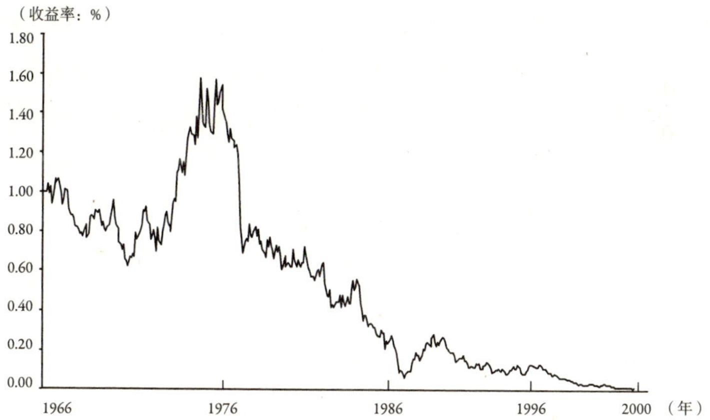

图7–1　伯利恒钢铁公司的长期滑坡

注：相对于大盘股指的股票累计收益率（1966年6月—2000年12月）

诚然，我们在比较这些公司时，没有发现哪家公司的灭亡是由水中突然钻出的技术鱼雷造成的。雷诺烟草公司失去世界第一大烟草公司的地位不是技术造成的，而是公司的管理混乱和多样化经营缺少计划性造成的，接着它又牺牲公司的利益继续无节制地出资收购。A&P由全美第二大公司衰落为失去竞争力的公司，并不是因为它的扫描技术落后于克罗格公司，而是它不能面对百货商店需要改革这一严酷事实造成的。

我们通过调查得出的结果，并不能说明技术变革是一些曾经卓越的公司（或者是其他一贯平庸的公司）走向衰落的主要原因。当然技术很重要——你不可能既处于落后的状态，又期望成为卓越的公司。但是，技术本身永远不是公司卓越或者衰落的主要原因。

纵观商业史，早期的技术开拓者很少有能坚持到最后取胜的。例如，VisiCalc 是第一个被用于个人计算机电子制表的主要软件之一。今天 VisiCalc 跑到哪里去了呢？你知道有谁还在使用它吗？是哪个公司最早使用了这个软件呢？没有人知道。甚至连这个软件也早已经不存在了。

VisiCalc 最终被 Lotus1-2-3 代替，后来 Lotus 又被 Excel 取代。于是 Lotus 陷入混乱，最后它被 IBM 收购才得以保全。同样，第一批发明笔记本电脑的公司现在已经不存在了，比如奥斯本电脑。今天我们使用的笔记本电脑主要是由戴尔和索尼生产的。

第二个（或是第三个、第四个）追随者往往会战胜最早的开路人，这一模式贯穿于整个技术和经济转型的历史过程中。IBM 并不是计算机行业最早的开创者。它当时远远落后于 Remington Rand（它拥有 UNIVAC，第一台取得商业成功的大型计算机），因而人们将 IBM 的第一台计算机称为“IBM 的 UNIVAC”。波音也不是最早制造商用喷气式飞机的公司。DeHavilland 开发了第一架喷气式飞机彗星号，但是当公司的一架早期喷气式飞机在半空中爆炸时，公司就失去了生存的基础，那时还不到它树立品牌的时候。波音在市场上的行动较慢些，它投资制造最安全的、最可靠的喷气式飞机，现在在航空业的统治地位已超过 30 年。这样的例子我还可以列举很多。美国通用电气公司不是 AC 电子系统的首创者，西屋电气公司才是。Palm 计算机并不是掌上电脑的开拓者，苹果公司引人注目的牛顿机才是。美国在线不是首先开拓消费互联网的公司，CompuServe 和 Prodigy 才是。

我们可以列出很多这样的公司，起初它们都是技术的开拓者，但是它们最终未能成为卓越的公司。这张名单很吸引人，但它上面列出的所有公司都强调了一个基本事实：技术本身不能使一个优秀公司发展为一家卓越公司，也不能阻止灾难的发生。

历史反复地提醒人们注意这一教训。想想美国在越南战争中的溃败，当时美国有世界上最先进的武器——超级喷气式战斗机、武装直升机、先进的武器、计算机、精密的通信设备和远距离的高科技边界传感器。其实，美国对这种先进技术的依赖常给人一种错觉，让人觉得美国刀枪不入。美国人缺少的不是技术，而是一个既简单又连贯的作战理论，技术应该依附其上。在整个过程中，美国在各种各样无效的军事战略上摇摆不定，从来没有占据上风。

然而，作战技术落后的越南民主共和国武装力量一直坚持一个简单、连贯的作战理念：游击消耗战，目的是系统地瓦解美国国内对战争的支持。越南民主共和国当时使用的武器非常落后，像 AK-47 式步枪（在战场上比高级的 M-16 更可靠，更容易维修），它与简单的作战理念直接联系在一起。结果正如你所知道的那样，美国虽然有精湛的技术装备，但最终并未在越南战争中取得胜利。如果你发现自己还认为技术才是成功的关键，那么你应该想想越南战争。

实际上，轻率地依赖技术是一种债务，而不是资产。是的，只有合理地使用技术，让这种技术服务于一个简单、清晰、连贯并且已经被深刻理解的概念时，技术才会成为加速发展的根本推动力。相反，当技术没有被合理使用，只是被当作一个简单的解决办法，也没有被深刻地认识到它是如何与一个清晰连贯的概念联系在一起的时候，技术就是加速你灭亡的工具。

技术和对落后的恐惧

我们的研究小组曾经激烈地争论，在本章讨论这个话题是否有意义。

“应当有一章专门讨论技术问题。”斯科特·琼斯说，“这个时期，我们在商学院里被拼命地灌输有关技术重要性的思想。倘若我们对此不做讨论，这本书将留下一个很大的漏洞。”

布赖恩·拉森表示反对：“但是在我看来，我们对技术的发现只是从训练有素的行为中引出的一个特例，它应该出现在前一章中。训练有素的行为指的是保持在三环内的活动，这就是我们有关技术发现的精髓。”

“没错，但这是一个非常特殊的事例。”斯科特·希德伯格指出，“每一个最早使用技术并且远远领先于世界上其他公司的企业，都变得太专注于技术了。”

“但是和其他发现如第5级经理人、刺猬理念、先人后事等相比，有关技术的发现好像还是一个很小的话题。”安伯·杨说，

“我同意布赖恩的意见，技术确实很重要，但它只能从属于训练有素的行为，或者从属于飞轮这一大前提。”

我们争论了整整一个夏天。接着克丽斯·琼斯以她特有的从容和谨慎的方式提出了一个至关重要的问题：“当我们关注互联网的发展动态时，我们会想，为什么实现跨越的公司会对技术保持一种稳定的态度，而许多的优秀公司就像刚孵出的小鸡一样东奔西跑，显得摇摆不定？”

克丽斯提出的问题，使我们认识到了卓越公司与优秀公司之间的本质区别，这个区别最终使我们同意撰写这一章。

要是你有机会坐下来阅读我们在卓越公司采访的2 000多页记录，你就会诧异地发现很多公司在采访中根本没有提到“竞争战略”。在面谈中，他们确实谈到了战略，谈到了绩效，谈到了成为最好的公司，甚至谈到了成功。但是他们从来不使用被动的语气，从来不从反击其他公司的角度来定义他们的策略。他们的谈话只关注他们试图创造什么，以及在卓越的绝对标准下如何改进。

当我们邀请乔治·哈维叙述20世纪80年代他改革必能宝公司的动机时，他说道：“我一直都想看到必能宝成长为一家卓越的公司，就让我们从这个美好的愿望出发，从这里开始吧。这是一个既成事实，不需要理由和解释。我们今天都还没有实现这个目标。明天也不会实现。在当今这样一个日新月异的时代，我们需要创造更多的东西才能变成一家卓越的公司。”韦恩·桑德斯总结了以金佰利公司为典型的企业精神：“我们从不满足。我们可能会很满意，但不会满足。”

对于那些实现跨越的公司来说，它们不受恐惧驱使。它们不是因为担心自己不明白某种事物而受到驱策。它们不是因为担心自己看上去像个木偶而受到激发。它们也不是因为看到别人成为最棒的公司而自己不是就感到害怕。它们不是因为担心被激烈的竞争打垮才前进。

> 不，由优秀公司转变而来的卓越公司是受强烈的创造欲望和追求卓越的内在强烈冲动激励的。相反，那些平庸公司是因为担心落后而鞭策自己前进的。

这两种公司之间的主要区别，体现在20世纪90年代末的互联网泡沫时期。碰巧那时我们正在做一份关于从优秀公司向卓越公司转变的问卷调查。由于处在互联网泡沫时期的历史背景下，人们便有了一个认识优秀公司与卓越公司发挥不同作用的理想参照。当时，像沃尔格林这样的卓越公司始终保持一种沉着冷静的态度，从容地采取经过周密策划的措施推动公司向前发展。然而那些平庸的公司只能恐惧、疯狂地蹒跚而行。

其实，本章的核心不是谈论技术本身。无论技术，如计算机、通信、机器人和互联网，有多么了不起，技术本身并不能够引燃优秀公司向卓越公司转变的火焰。没有哪一种技术，可以带领你达到第5等级；没有哪一种技术，可以把不合格的人转变成合格的人才；没有哪一种技术，可以训练你面对严酷事实的能力，或者灌输给你坚定不移的信念；没有哪一种技术，能够代替对三环的深刻理解，并将这种理解转化到一个简单的刺猬理念中去；也没有哪一种技术，可以创造出训练有素的文化；更没有哪一种技术，能够灌输一个简单的信念，那就是当未被意识到的潜力被放置一边时，也就是有能力变得卓越却始终停留在优秀状态，这是一种犯罪。

遵守上述基本原则并且保持自身稳定的公司，即使在面临重大变革，甚至处于瓦解危机中，都会积累起能够取得突破的动能。相反，那些处于被动地位并做出消极反应的公司只能走螺旋形的下坡路，或者继续保持平庸的地位。这就是卓越公司和一般公司的区别，在这里我们采用飞轮和厄运之轮的比喻来进行对比，厄运之轮代表的方向和我们现在的转变方向正好相反。

小结

要点

- 实现跨越的组织在看待技术以及技术所带来的变革时，有与平庸公司截然不同的观点。
- 实现跨越的组织避免对技术采取盲目狂热和追赶潮流的做法，但它们精心挑选技术，成为应用这些技术的先驱者。
- 对于任何技术来说，最关键的问题是这种技术是否直接服务于你的刺猬理念。如果答案是肯定的，那么你需要率先使用这种技术；如果答案是否定的，你可以比较一下相似的技术或者干脆忽略它。
- 实现跨越的公司把技术当作发展势头的推动力，而非创造者。没有哪一个卓越的公司在转变初期就率先使用技术，然而一旦它们领悟到技术如何服务于公司的三环理念，并且在公司取得突破性进展之后，它们就成为技术应用的先驱者。
- 你可以采用与卓越公司同样领先的技术，并且免费传授给它们的对照公司，但是这些对照公司仍然不能取得相同的成果。

- 一个公司如何对待技术变革，是衡量它是否具有成为卓越公司内在驱动力的一个很合适的指标。卓越公司的驱动力来自一种将未实现的潜力转变为实际结果的强制性冲动，它们所采取的行动通常经过深思熟虑而且是富有创造力的。然而平庸公司的激励来自对落后的恐惧感，因此它们变得被动，变得徘徊不前。

意外发现

- 技术嬗变是造成某些曾经不可一世的公司（或者一贯平庸的公司）衰落的主要原因，这样的观点找不到论据支持。当然，一个公司不能在处于落后的状态下还希望成为卓越的公司，但是技术本身绝不是公司卓越或者衰落的根源。
- 在和 84 位卓越公司主管的访谈中，80% 的被访问者都没有把技术列为转变期内最重要的五大因素之一。其中甚至包括像纽柯公司这样以率先应用技术而闻名的卓越公司。
- “从爬行到行走再到奔跑”是一个很有效的方法，即使在重大且急剧的技术变革时期，这个方法也适用。

第八章

飞轮和厄运之轮

革命意味着转动车轮。

——伊戈尔·斯特拉文斯基

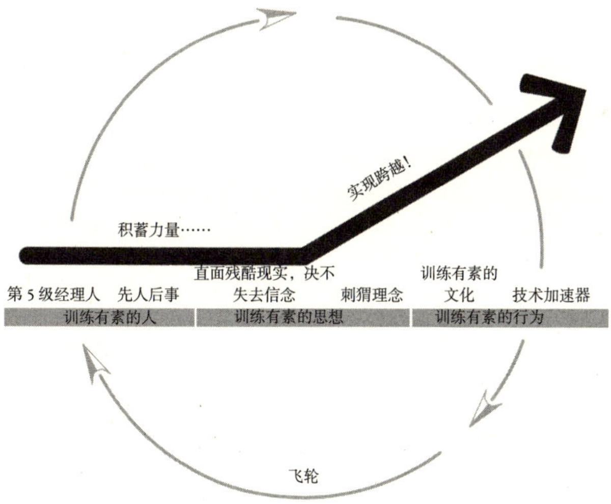

想象一个又大又重的飞轮—— 一个水平地安装在轮轴上的巨大的金属轮盘，一个直径为30英尺[1]，厚2英尺，重5 000磅的金属圆盘。现在设想一下，你的任务是让轮子在车轴上旋转，旋转速度要尽可能地快，时间要尽可能地长。

你使劲地推飞轮，它前进了1英寸，开始时，这样的前进不易被人察觉到。你继续推，不间断地推，两三小时后你会发现你的轮子已经转完一整圈了。

你继续推，飞轮开始转快了。你不停地努力推，飞轮又转完第二圈。你继续沿着同一个方向推，3圈……4圈……5圈……6圈……轮子加快速度……7圈……8圈……你接着推……9圈……10圈……轮子有了动能……11圈……12圈……每圈加快……20圈……30圈……50圈……100圈。

然后飞轮就到达了一个点——突破点！这种积累起来的动能对于你来说是有利的，它用力向前推飞轮，一圈又一圈……嗖嗖，飞轮飞快地转动！……就连飞轮自身的重量也在帮你推。虽然你花的力气和第一圈一样大，但是飞轮越转越快。飞轮的每一圈转动都建立在前面运动的基础之上，当然也掺杂着你的努力。飞轮转动的速度快了1 000倍，接着10 000倍，再接着100 000倍。这个又大又重的圆盘以永不枯竭的动力向前飞转。

这时，设想一下如果有一个人走过来问你："那个推动飞轮快速旋转的动力到底来自哪里？"

你无法回答这个问题，因为它太荒谬了。是推动飞轮的第一下吗？是第二下吗？是第五下吗？是第100下吗？都不是。它是

1. 1英尺=30.48厘米。——编者注

作用在同一方向上的作用力的总和。某些推动力可能作用会更大些，但是任何一个单独的力量，无论它有多大，都是作用在飞轮上的合力中的一小部分。

积累和突破

飞轮这个形象表现了公司从优秀向卓越转变过程中的全部感受。无论最后的结果多么富有戏剧性，这种转变绝不是一个突然动作。其中没有单独起决定作用的行动，没有重大的方案，没有一劳永逸的创新，没有纯粹幸运的突变，也没有剧烈的革命。从优秀向卓越的转变是一个积累的过程，循序渐进的过程，一个行动接着一个行动，一个决策接着一个决策，飞轮一圈接一圈地转动，它们的总和产生了持续又令人惊叹的效果。

然而，当你看完媒体对这些公司的报道之后，你有可能得出一个截然相反的结论。通常只有在飞轮达到每分钟旋转 1 000 转的速度时，媒体才会报道这家公司。这歪曲了我们对这种转变的认识，它使转变看起来好像是一夜间发生的突变。

例如，1984 年 8 月 27 日，《福布斯》杂志发表了一篇关于电路城公司的文章。这是第一篇在全国范围内发表的介绍该公司情况的文章。文章不长，只有 2 页，它提出了电路城公司能否持续保持近期的增长速度的问题。不管怎么说，这也是第一篇公开承认电路城公司取得突破性成绩的报道。新闻记者刚刚发现这家新的热门公司，因此电路城公司的突破就好像是一个一夜成名的故事。

然而，这个看似一夜成名的故事是经过 10 多年的酝酿才成形的。艾伦·沃泽尔在1973年继承他父亲的职位，当上了电路城公司的首席执行官，当时公司正濒临破产。首先，他重组了行政队伍，接着他客观地审视了公司外部和内部的严酷事实。1974年，公司仍然挣扎在巨大的债务负担中，沃泽尔和他的团队开始尝试以仓储陈列室的形式从事零售服务（规模化库存、价格低廉、送货快捷），并且在弗吉尼亚州里士满通过这种模式来销售器具。1976年，公司又开始尝试以仓储陈列室的形式来销售消费电器。1977年，公司将这种观念付诸实践，建立了第一家消费电器零售店。

当这种尝试大获成功后，公司开始将传统的商店逐步转变为消费电器零售商店。至1982年，飞轮已经持续旋转了9年，沃泽尔和他的团队在此期间一直忙于实现电路城超市的构想。在接下来的5年中，公司完全转变到这个构想上来，电路城公司继而创造了纽约股票交易所最高的分红纪录。从1982年到1999年，电路城所创造的股票累计收益是市场平均水平的22倍，轻松打败了英特尔、沃尔玛、通用电气、惠普和可口可乐（见图8–1）。

很自然，电路城公司发现自己逐渐成为媒体关注的焦点。然而，自转变期开始的10年间，我们没有看到一篇关于电路城公司有价值的报道，在转变期后的10年中，我们却看到了97篇值得研究的文章，其中22篇有很重要的研究价值。虽然电路城公司从1968年起就在一家重要的股票交易所上市，而且沃泽尔和他的团队在取得突破之前的10年中就已经做出了令人瞩目的成就，但是媒体报道的情况使人感觉公司在转变成功之前似乎不存在。

电路城公司的经历反映了一个普遍存在的模式。在一个又一个的例子中，我们发现在公司转变开始的前 10 年中媒体对公司的报道，要比在转变完成后的 10 年中的报道少得多——平均少近 2/3。

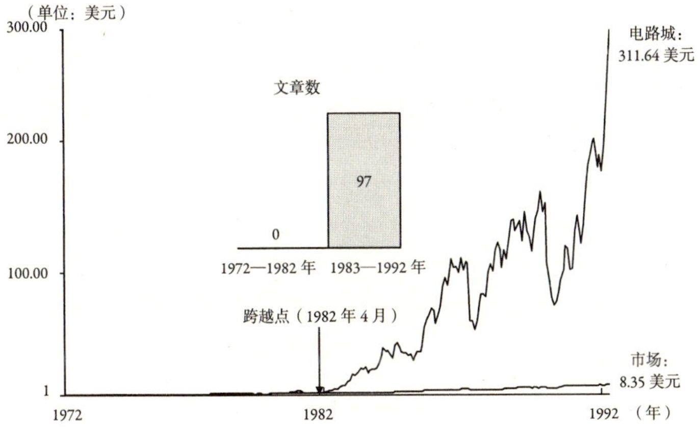

图 8-1　电路城公司 1 美元的投资累计回报价值

注：数据来源于 1972 年 12 月 31 日—1992 年 12 月 31 日，媒体公开发表的文章

例如肯·艾弗森和山姆·西格尔早在 1965 年就开始旋转纽柯公司的飞轮了。整整 10 年，没有人关注过它，当然这里面不包括财政新闻媒体和其他钢铁公司。假如你问伯利恒钢铁公司或者美国钢铁公司的主管有关 1970 年“纽柯危机”的事，他们会一笑了之，当然前提条件是那时他们已经注意到这家公司了（这一点值得怀疑）。直到 1975 年当纽柯的转变期年份出现在股市图表中时，它已经拥有 3 家小型加工厂，具有独特的生产文化，并且正在逐渐成为美国最赢利的钢铁公司。然而直到 1978 年，《商业周刊》才首次报道纽柯公司，这时纽柯公司的转变期已经进入

了第13个年头，而《财富》杂志对纽柯公司的报道在其转变的第16个年头才问世。从1965年到1975年的10年中，我们只看到了10篇有关纽柯公司的报道，其中没有一篇文章是有意义的。从1976年到1995年，我们却搜集到了96篇有关纽柯公司的报道，其中40篇是公司的情况介绍和国家级媒体特写报道。

这时，你可能会想："我们应该预料到，在一些公司获得显著成功之后，当然会出现更多关于它们的报道。可是报道的重要性何在？"

> 这里我们将告诉你报道的重要性。我们通常只从表面来看公司的转变问题，并据此形成我们对公司内部情况的认识。从表面上看，公司的转变似乎富有戏剧性，几乎可以称得上是革命性突破。但是从内部情况分析，它们给人的感觉就完全不同了，公司的转变更像是一个有机组织的发展过程。

想象一下那里放着一个鸡蛋。一直以来都没有人注意到它，直到有一天蛋壳破了，从里面蹦出一只小鸡！突然，所有知名的杂志和报纸都冒出来了，它们竞相报道这个事件——"鸡蛋孵出小鸡了！""鸡蛋的伟大革命！""一个令人目瞪口呆的转变！"这就好像是鸡蛋经过一夜的转变，突然变成小鸡似的。

但是从小鸡的角度来看是怎样的？那就是一个完全不同的故事了。当这个看似休眠的鸡蛋被世界忽视时，里面的小鸡正在成长、发展、孵化。从小鸡的角度来看，破壳而出只是一连串步骤中的一步。当然这是很重要的一步，但这一步绝不像从表面上看起来的那样，是一个激进的、一步完成的转变。

这或许是一个愚蠢的自以为是的类比。但是这里，我想借用它来强调我们从调查中得出来的很重要的发现。我们一直以为自己已经发现了突破产生时所出现的“唯一重要的东西”，我们甚至在采访中还努力寻找它。但是那些经过转变的卓越公司的主管，并没有简单地指出发生在转变期内有代表性的单一的重要历史事件或历史时刻。通常，他们很反感在访谈中列举要点，并且反感把众多因素按优先级排列。在对每个卓越公司的采访中，至少会有一位被访问者不自觉地给我们发出一个警告，比如他们会说：“瞧，你们不能把这个东西分解成一连串细小而精致的独立因素和若干要素，或者把某个时刻视为‘奇迹’和‘唯一重要的东西’。它是由许多相互依赖、相互联系的部分组成的整体。”

即便是我们整个研究项目中最具戏剧性的案例——金佰利公司出售其加工厂，金佰利的主管向我们描述的也是一个公司内部有机积累的过程。“达尔文也不是在一夜之间就改变了公司的发展方向的。”金佰利公司的一位主管说，“它经过了一段时期的积累。转变并不是一朝一夕的事情。”另外一位主管说：“这是一个循序渐进的过程。我认为只有在多年以后，每个人才能真正理解这一转变的过程。”当然，卖掉加工厂是一个作用在飞轮上的巨大推力，但是它只是其中的一个推力而已。在卖掉加工厂之后，公司还需要上千个附加的推力作用在飞轮上，不论这种推力是大是小，每一个推力都叠加在上一个推力的基础上，只有这样才能把公司完全转变成一个以纸张为原料的消费产品生产公司。金佰利公司经历了很多年才积累起足够强大的发展动能，以至媒体都公开报道它的转型。《福布斯》杂志写道：“当金佰利公司决定与宝洁公司直接抗衡时，我们曾预言将会有一场灾难发生。这想法看起来多么愚蠢。但后来事实证明，这不是一个愚蠢的想法，相反这是一个非常聪明的想法。"《福布斯》发表这两篇文章相隔多久？21年。

当我们开展这个项目时，我们总是习惯性地问那些来到调查研究室接受访问的主管这样一个问题：他们希望从调查中了解到什么东西。一位首席执行官问道："他们怎样描述自己做的事情？他们为这种转变起过名字吗？他们当时又是怎样议论的？"这是一个很了不起的问题，并引起了我们的反思。我们惊奇地发现，人们并没有赋予它任何名字。

> 卓越公司甚至都没有为自己的转变起任何名字。这一转变既没有剪彩仪式，也没有结束语，总之他们没有安排类似的节目。一些主管说，他们甚至在转变完成之前还没有意识到一个卓越的转变正在进行。通常情况下，他们都是在事情发生以后才对情况有清楚的认识，而不是在转变进行时就已发觉。

于是我们开始明白：没有瞬间的奇迹（见表8-1）。虽然对于那些只看表面现象的人来说，公司的转变可能看起来像是瞬间实现的突破，但是那些真正经历过转变的人是绝对不会认可这种观点的。实际上，转变是一个为取得最好的成果而冷静周密地策划公司需要做的事情的过程，然后就是按部就班地重复这一过程，一步接着一步，推动飞轮一圈接着一圈周而复始地转动。当飞轮在一段时期内持续地向同一方向转动时，突破点迟早会来临。

表 8-1 在转变期内没有“瞬间的奇迹”（在采访中有代表性的阐述）

公司	启示
雅培公司	转变不是一个盲目的瞬间，也不是一个意外的新发现。我们的变化是一个伟大的变化，然而它是一连串行动累积起来的变化。这就使得变革如此成功。我们以一种精巧又明智的方式，达到这些效果。
电路城	向超市的转变，并不是一夜之间发生的。我们最早是在 1974 年提出这个想法的，直到 10 年后我们才完全实现了超市的想法。因为那时我们已经改进了我们的想法，并且为未来积累了足够的发展动能。
房利美	这里没有不可思议的事件，也没有转折点。转变是由很多事情共同作用的。虽然最终结果有些戏剧性，但它更多是一种循序渐进的演变。
吉列公司	我们没有特意真正地做出过某个伟大的决策，或者推出一个发起伟大变革或转型的方案。无论个人还是集体，我们都达成了共识，即我们要最大限度地提高我们的业绩。
金佰利公司	我认为事情做起来没有听起来那么突然。这些事情不会在一夜之间发生，它们是逐渐成长起来的。想法是逐渐形成的，接着迅速成长，最终成形。
克罗格公司	转变并不是晴天霹雳，我们一直在关注处于实验阶段的超市的成长。我们坚信这个行业会发展起来的。莱尔曾说过，我们将在一个有充分准备的基础上开始变革。
纽柯公司	我们决不会在任何一个特殊时刻做出决定，表示我们支持什么。我们的每一个决定都是由许多痛苦的争论和斗争发展而来的。在我们回顾过去之前，我并不能确信我们很清楚自己为何而战。后来，我明白我们为确立自己的地位而战斗。
菲利普·莫里斯公司	不可能仅有一件伟大的事件就可以代表公司从优秀向卓越的转变，因为我们的成功同革命相比是进化而来的，每一次成功都建立在前一次成功的基础之上。我认为这绝不是一个单独事件可以办到的。
必能宝公司	我们关于变化的话题谈得不是很多。以前我们并不十分认可我们需要变革，但是我们承认需要发展，这使我们做了与以往不同的事情。我们认识到相对于变革来说，演变是一个完全不同的概念。
沃尔格林公司	没有启发性的会议，没有令人顿悟的瞬间，也没有一个伟大的人物可以指引公司的发展方向。转变是一种进化。

（续表）

公司	启示
富国银行	它并不是某一刻突然降临的某个转变。渐渐地，主题变得越来越明显，越来越坚定。在卡尔任首席执行官时，没有出现过某个重大的转折。迪克领导整个进化过程中的一个阶段，而卡尔在前人基础上领导下一个阶段。只是这个过渡很平稳，不像转变那样突然。

在讲述这个要点时，有时我会引用20世纪六七十年代初期处于鼎盛时期的加州大学洛杉矶分校布鲁因斯篮球队的例子。这个例子与研究无关，但它恰到好处地说明了这个要点。很多篮球球迷都知道布鲁因斯在过去12年中，赢得了10场全美大学生体育协会锦标赛的冠军。在富有传奇色彩的教练约翰·伍顿的指导下，该球队创造了连胜61场的神奇纪录。

但是你知道当布鲁因斯第一次赢得全美大学生体育协会锦标赛的冠军时，伍顿已经训练这支球队多少年了吗？15年。从1948年到1963年，伍顿在球队的工作一直不被人注意，直到1964年，布鲁因斯才第一次获得锦标赛的冠军。经过年复一年的努力，伍顿教练为球队打下了一个坚实的基础，制定了一个完善的征员制度，贯彻一个连贯的指导思想，同时锻炼了队伍全场猛攻的作战方式。当初并没有人十分在意这个沉默寡言、脾气温和的教练和他所训练的球队，直到有一天，球队取得了突破，连续10多年击败了一个又一个有实力的竞争对手。

与此类似，从优秀公司到卓越公司的永久转变总是遵循从积蓄到突破这样一种普遍模式。在某些情况下，从积蓄到突破要经历一段很长的时间。但在其他情况下，时间会短些。例如电路城的积蓄阶段共持续了9年，纽柯持续了10年，然而吉列只经历了5年，房利美3年，必能宝甚至只有2年。无论这个阶段是长是短，每次转变都沿着一个相同的基本模式进行——不断积累发展势头以推动飞轮一圈圈地旋转，直到实现突破。

并非天赐良机

我们需要理解的关键问题是，飞轮旋转遵循从积蓄力量到突破这样一个模式并不是天赐良机。有人会说："瞧，我们受到了束缚，无法采取这种长远的方法。"这些人都应该牢记公司的转变必须遵循这种模式，无论公司短期的情况有多糟糕，比如富国银行遭遇金融松绑，纽柯和电路城濒临破产，吉列和克罗格面临被接管的潜在威胁，房利美陷入每天亏损100万美元的困境。

这种模式同样适用于应对来自华尔街的短期压力。"我不同意一些人的观点——由于华尔街的限制，你不能建立一家永久卓越的公司。"房利美的戴维·麦克斯韦说，"我们曾经和分析师沟通过，想让他们明白我们在做什么，我们会朝哪个方向发展。刚开始的时候，许多人对此不能信服——你不得不接受这个事实，但是一旦我们走出了那些黑暗的日子，我们就做得一年比一年好了。多年以后，由于我们已经取得了实际成果，我们的股票被炒得很热，我们再也不会倒退了。"房利美的股票确实被炒得很热。在戴维·麦克斯韦任职的最初两年中，房利美的股票价格低于市场平均水平，但是不久以后它就开始腾飞了。从1984年年末到2000年，投资1美元在房利美，其市值会增长64倍，是市场平均水平的6倍，其中包括20世纪90年代末期纳斯达克股票价格疯狂贬值的因素。

> 由优秀公司转变而来的卓越公司，同它们的对照公司一样，都受到华尔街短期压力的影响。然而，与其竞争对手相比，这些卓越公司可以不担心压力，凭借耐心和有条不紊的训练，遵循从积蓄力量到突破这样一个转动飞轮的模式。而且根据华尔街自身的成功标准来看，卓越公司最终都取得了非凡的成果。

由此，我们懂得了从优秀公司转变为卓越公司的关键是学会利用飞轮效应来应对短期的压力。为实现这一目标，雅培公司实验室研究出了一个很棒的方法，它应用了一个名为“蓝色计划”的机制。每年雅培公司都会告诉华尔街的分析师它所预测的某个具体的收入增长幅度，比如15%。与此同时，雅培公司会设定一个更高的增长速度作为其内部目标，比如25%，甚至30%。同时，雅培公司还对那些没有资金投入但已通过提议的风险项目，即蓝色计划，按重要级别排序。到年底时，雅培公司将确认一个虽已超出分析师的预期值，却还未达到实际增长目标的数值。这样雅培公司就可以计算出“使分析师满意”的增长值与实际实现的增长值之间的差额，然后将这笔资金投入到蓝色计划中。这既是一个为应付短期压力而设置的巧妙机制，也是一种对未来系统性的投资。

我们在那些对照公司中没有发现类似的蓝色计划。普强公司的主管在大量买进股票（“买进未来”）的同时，还虔诚地信奉“长线投资”理念，特别是在公司业绩不理想的情况下。普强公司不断投资创意大胆的项目，如培健脱发治疗，试图跳出积累阶段直接跨越到突破阶段。实际上，普强公司使我们联想到了一位赌徒，他在拉斯维加斯将许多赌注下在红色上，说："瞧，我们正在为未来投资。"结果可想而知，当未来到来时，预期的结果却很少会出现。

很自然，雅培公司始终扮演一个成功的角色，它深受华尔街欢迎，然而普强公司永远令人失望。从 1959 年到 1974 年，雅培公司取得了突破性进展，两个公司的股票大致沿着相同的轨迹运动。随后它们便分道扬镳了，直到 1995 年普强公司被收购时，它的股票价格不到雅培公司的 1/6（见图 8–2）。

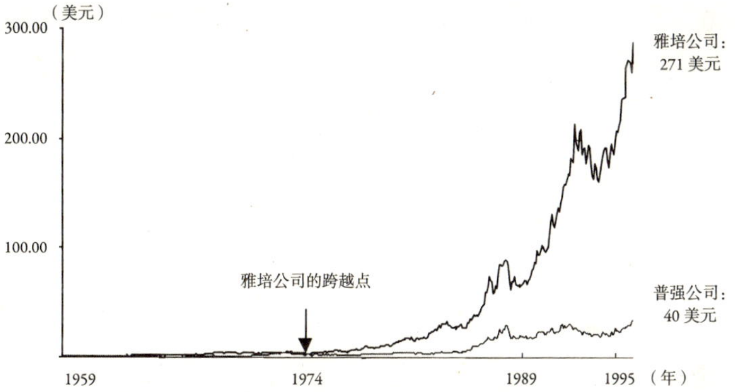

图 8–2　雅培公司对比普强公司

注：在雅培公司和普强公司分别投资 1 美元的累计价值（1959—1995 年）

与房利美和雅培公司一样，所有实现跨越的公司在经历从积累到突破的阶段时，都能有效地应对来自华尔街的压力，它们并没有看到两者之间有什么矛盾。它们只是专注于积累成果，常常采用低调许诺和超值兑现的办法。当成果一点点被积累起来的时候，如同飞轮积累动能的过程一样，投资团体就会爆发出一种极大的热情。

飞轮效应

所有实现跨越的公司都明白这个简单的道理：巨大的动能否依赖于不断地改进和取得成果。针对那些有形成就，它们开始时呈递增趋势，我们再进一步说明这些步骤如何适应总体观念的实施环境。当你做事的方式可以使人们看得到并且感觉得到动能在积累时，人们就会怀着极大的热情站在你身边支持你。我们称之为“飞轮效应”（见图 8–3），它不仅适用于外部投资者，而且适用于内部的成员。

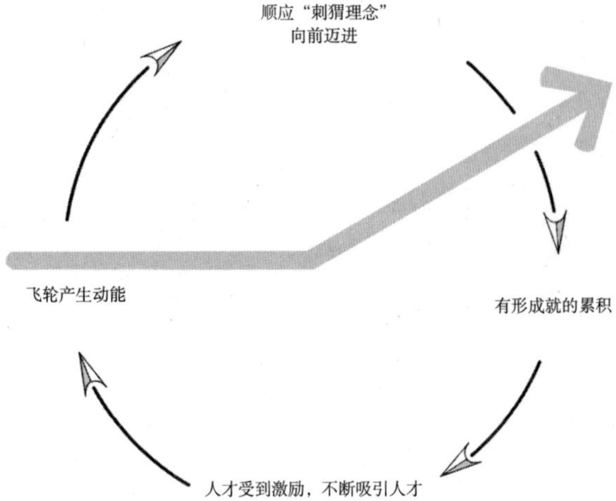

图 8–3　飞轮效应

下面我要告诉你一个发生在调查中的故事。当我们的研究工作进入一个十分关键的阶段时，调研小组的成员差点要造反了。他们把采访记录往桌上一扔，问道："我们必须不断重复地问那个愚蠢的问题吗？"

"什么样的愚蠢问题？"我问道。

"关于承诺、结盟以及人们如何管理变革的问题。"

"那不是愚蠢的问题。"我回答，"那是很重要的问题。"

"好吧。"一个成员说道，"许多实现了转变的主管本人都认为这是一个愚蠢的问题。一些人甚至不理解这个问题！"

"我们还需要继续问相同的问题。"我说道，"我们需要在整个采访过程中保持前后一致。此外，更有意思的是他们还不理解这个问题，所以我们要继续探索下去。我们需要了解他们是如何克服对变革的抵制情绪的，又是如何使他人产生兴趣并支持他们的。"

我认为试图获得每一个人的支持，用行话来说就是"建立联盟"，是管理者在公司从优秀向卓越转变时所面临的最大挑战之一。毕竟，几乎每一位来到实验室接受采访的主管都以各种形式问到了相同的问题——"我们怎样才能使公司转变方向？""我们如何能使人们热衷于新的愿景？""我们如何动员大家联合起来？""我们如何使其他人拥护这种变革？"

使我感到吃惊的是，我们发现结盟合作并非是实现跨越的公司的领导者所面临的一个主要挑战。

很显然，实现跨越的公司确实达成了许多让人难以置信的承诺和团队合作——他们很巧妙地应对变革——但是他们从来没真正花很长时间思考它。变革，对于这些实现跨越的公司来说是完全透明的。我们知道，如果条件合适，有关承诺、团结、激励和变革的问题就能迎刃而解。因此，在很大程度上，这些问题是自动解决的。

以克罗格为例，你如何使一个拥有 50 000 多名员工的公司，其中包括出纳、装袋工、货架管理员、洗涤工人等，去支持一个全新的激进策略，这个策略最终将彻底改变公司经营小百货商店的流程？答案是你无法做到。无论如何，你不能仅通过一个重要的事件或是一个伟大的方案就解决这个问题。

第 5 级经理人吉姆·赫林发起了克罗格的转变。他告诉我们，他总是避免做任何喧闹的鼓动人心的宣传。相反，他和他领导的团队成员首先转动了飞轮，并且创造出了实实在在的成果，以证明他们的计划是有意义的。“我们之所以向人们展示我们在做什么，是为了让他们看到我们的成就。”赫林说，“我们尽力使计划逐步走向成功，这样大众才能从我们的成功中，而不仅是从我们的话语中树立信心。”赫林懂得要使人们支持一个大胆的新观念，就要推动飞轮朝与新观念一致的方向旋转，从 2 圈到 4 圈，从 4 圈到 8 圈，然后从 8 圈到 16 圈。他还说：“看我们现在所做的，一切进行得多么顺利。由此推断，这就是我们今后发展的趋势。”

实现跨越的公司，往往在开始的时候不公开宣布他们的伟大目标。事实上，他们在开始转动飞轮的时候，才逐渐领悟到他们所采取的行动的伟大意义，一步接一步，一圈接一圈，直到飞轮积累起足够的动能时，他们才抬起头来说：“嘿，只要我们不停地转动飞轮，我们就完全有理由做到最好。”

再举另外一个例子。纽柯公司早在 1965 年就开始转动飞轮，开始的时候纽柯只是为了避免破产，接着又因为找不到可以信赖的供应商而建立了第一家钢铁厂。此后，纽柯公司的员工发现他们有一套能够生产出比别人质量更好且价格更低的钢铁的诀窍，所以他们建立了第二家小型钢铁厂，接着是第三家。纽柯终于赢得了客户，接着是更多的客户，越来越多的客户。飞轮转了一圈又一圈，日积月累，年复一年，最终积累起很大的动能。于是大约在 1975 年，纽柯公司的员工突然明白只要他们不停地转动飞轮，他们就能成为全美最棒的、盈利最高的钢铁公司。马文·波尔曼解释道："我记得 1975 年我和肯·艾弗森谈话时，他对我说：'马文，我认为我们可以成为美国最棒的钢铁公司。'天哪，那是在 1975 年！我又对他说：'肯，现在你能告诉我什么时候我们可以成为最棒的公司吗？''我不知道。'他说，'但是只要我们不停地转动飞轮，我们完全有理由做到最好。'"在此后的 20 年中，纽柯公司不停地推动飞轮旋转，最终成为《财富》杂志评选出的 1 000 家钢铁公司中盈利最高的公司。

> 如果可以使飞轮说话，你就不必热心地传达你的目标了，因为人们自己就能够从飞轮旋转中做出推断："嘿，如果我们坚持不懈，那么你就等着看我们成功吧！"当人们决定把潜力转化为实际的结果时，目标就差不多自发地设定好了。

停下来仔细思考一分钟。合适的人才最想做的是什么？他们想成为获胜队伍中的一员。他们想在创造有形结果的过程中，贡献出自己的一分力量。他们想为自己竭尽全力地工作而感受兴奋。当这种合适的人才看到，一个简单的计划生来就要面对严酷的事实时——这个计划是经过周密考虑和发展而来，并非虚张声势——他们会说："这个计划行得通。算我一个。"当他们看到这个简单的计划的背后是一支紧密团结的主管队伍，并且这支队伍具有第5级经理人无私奉献的素质时，他们将停止一切冷嘲热讽。当人们开始感受到动能的魔力时，当他们开始看到有形结果时，当他们能够感觉到飞轮开始加速时，那就是许多人排成一队，用自己的肩膀倚靠飞轮并推动它旋转的时候了。

厄运之轮

我们在那些对照公司中发现了一个完全不同的发展模式。它们并没有冷静周密地思考自己需要做些什么，并把它付诸实践，相反它们常常启动一些新方案，而且总是营造一种声势浩大的气氛来"提高士气"，却不料看到这些方案没能取得可持续性的结果。它们寻求一个决定性行为，一个伟大的方案，一个能打败竞争对手的发明，以及一个奇迹般的瞬间，以为这些都可以帮助它们越过积累阶段直接跳到突破阶段。起初，它们推动飞轮朝一个方向旋转，接着它们又停下来改变路线，继而推动飞轮朝新的方向旋转，它们又停下来改变路线，飞轮又朝另外一个方向旋转。久而久之，这些公司因徘徊不前而没能积累起持续性动能，最终陷入我们所说的"厄运之轮"（见图8–4）。

回想一下华纳–兰伯特公司的案例吧，它是吉列的对照公司。

早在1979年，华纳–兰伯特公司就在《商业周刊》上宣布它会成为生产消费产品的一流公司。

一年以后，即1980年，华纳–兰伯特公司突然改头换面转到保健护理行业中去了，然后公司又公开说："我们将全力以赴追随默克、礼来和葛兰素史克公司的脚步——每一个人都会竭尽全力。”

1981 年，华纳–兰伯特公司又转回原来的方向，专注于消费产品的生产及多样化经营。

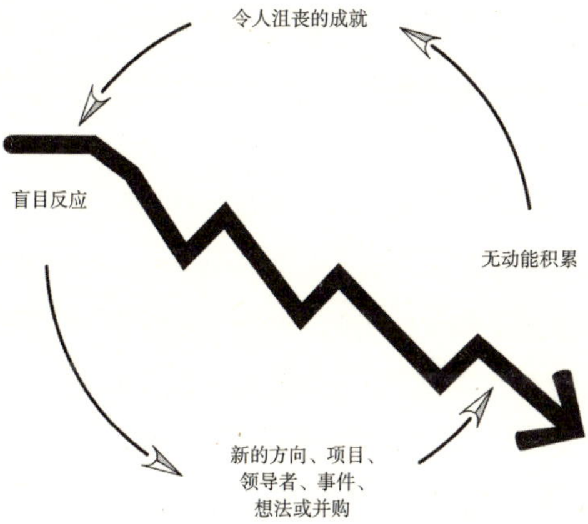

图 8–4　厄运之轮

6 年以后，也就是 1987 年，华纳–兰伯特公司来了个 180 度大转弯，即远离消费品市场再次追随默克公司。（此时，公司用于消费品广告宣传的费用已经是研发费用的 3 倍——这对于一个试图打败竞争强敌默克的公司来说，真是一个令人费解的策略。）

20 世纪 90 年代初期，为响应美国克林顿时代发起的保健护理改革，公司再次掉转方向，重新采用多样化经营模式并建立消费品品牌。

华纳–兰伯特公司每一位新上任的首席执行官都会带来一个新的方案，因而前任的动能积累就会停止。沃德·哈根在 1982 年曾经试图用巨资收购一家为医院提供医用品的公司以创造新的突破。3年以后，他的继任者乔·威廉姆斯又把华纳—兰伯特公司从医用品供给行业中撤出来，并因此让5.5亿美元的资金打了水漂。接着他竭尽全力地致力于打败竞争强敌默克公司，但是他的继任者又领导公司回到多样化经营和消费品的生产上来。就这样摇摇摆摆，翻来覆去，公司的每一任首席执行官都试图在自己构想的方案上做出一些显著的成就。

从1979年到1998年，华纳—兰伯特公司共经历了3次重大重组——每一位新任首席执行官在任期内都会发起一次重大重组。为尽早实现突破，公司共计裁员20 000人。经过几次反复后，公司以往取得的成果都突然崩溃，接着飞轮便懈怠下来，再也不能积累加速旋转所需要的持续不断的动能了。从此以后，华纳—兰伯特公司的股票收益在市场上逐渐失去了优势，最终它被辉瑞制药吞并，从此不再是一个独立存在的公司了。

虽然华纳—兰伯特公司是一个比较极端的案例，但是我们发现那些卓越公司的对照公司也在上演着类似的故事（详情请见附录4.1）。尽管各公司的厄运之轮的具体表现千差万别，但是它们存在一些非常普遍的模式，其中两点值得特别关注：一是错误指导下的收购行为；二是选拔废除前任领导者努力成果的继任者。

被误导的收购行为

彼得·德鲁克曾经发现一些公司的合并和收购行为很少来自理性的判断，而更多地来自一个普遍存在的事实，那就是达成几笔交易比做一些实际的工作更能使人兴奋地工作一整天。其实，这些公司都十分清楚 20 世纪 80 年代普遍存在大量滞销货物的事实："当情况变糟糕时，我们就去购物吧！"

为了了解收购在公司转变过程中的作用，我们对所有被调查的公司的收购和被收购行为进行了一个系统性的定性和定量分析，收购和被收购行为从转变期开始前的 10 年算起，直到 1998 年结束。我们注意到在收购的价值总量或是收购规模上，不存在某种特定模式，但是我们确实发现那些实现跨越的公司与对照公司在收购的成功率上有天壤之别（见附录 4.2）。

为什么实现跨越的公司的收购行为，特别是一些重大的收购行为会有相当高的成功率？它们成功的关键在于，收购行为通常发生在刺猬理念发展之后和飞轮积累起重大动能之后。它们把收购当作飞轮积累动能的推动力，而不是飞轮动能的创造者。

相反，那些对照公司总是千方百计地想通过收购或兼并的方式直接跳跃到突破阶段，但这从来都行不通。在一般情况下，这些公司的核心业务都处于窘困状态，它们却不顾一切地投入到收购的大潮中，期待快速成长，或者分散对现存问题的注意力，或者使首席执行官看起来更有能力。然而它们从来没有触及最根本的问题：我们在哪方面可以比世界上其他公司做得更好，而这个方面既符合我们的经济指标又符合我们的兴趣点？它们从来不明白一个简单的事实，那就是虽然你可以买到成长方式，但是你不可能买到转变为卓越公司的方式。两个大型平庸公司合并在一起，不可能创造出一个卓越公司。

阻止飞轮旋转的领导者

另外一个常见的导致公司陷入厄运之轮模式的错误，是新任职的领导者常常阻止飞轮旋转，并且推动它朝一个全新的方向旋转。想一想哈里斯公司，在20世纪60年代早期，哈里斯公司就树立了卓越公司应具有的经营理念，并且开始了一个非常棒的能取得突破的动能积累过程。乔治·戴弗利和他的继任者理查德·塔利斯，认为哈里斯公司的印刷和通信技术在全世界都算是最棒的，他们的刺猬理念就是根据这样的想法产生的。公司尽管没有完全坚持这个理念（塔利斯有偏离三环的倾向），但是公司在那时确实取得了一定进步，并且创造了显著成果。哈里斯公司看起来是一个能完成从优秀到卓越转变的、很有潜力的候选公司，而且它终于在1975年取得了突破性进展。

然而，接着飞轮的旋转开始慢下来，直至停滞不前。

1978年，约瑟夫·博伊德成为公司的首席执行官。在这之前博伊德在激光公司任职，这家公司很早就被哈里斯公司收购了。作为一名首席执行官，他推出的第一个重大决策是把公司总部从俄亥俄州的克利夫兰市迁至佛罗里达州墨尔本市——激光公司的故乡，也是博伊德居住的地方，还是他57英尺长、名为“懒散的流氓”的机动船的停泊地。

1983年，博伊德放弃了印刷业务，这相当于突然猛转飞轮，使它朝其他方向旋转。因为那时，哈里斯公司已经是世界上最好的印刷设备生产商了。印刷业务在当时是公司最有利可图的业务之一，其所创利润相当于公司经营利润总额的1/3。博伊德廉价卖掉公司如宝石般的业务后，其收益又用在了何处？他轻率地带领公司投入办公自动化行业中。

然而，哈里斯公司能够在办公自动化行业中成为世界一流的公司吗？这不太可能。“可怕”的软件开发问题耽误了哈里斯公司第一个工作站的建立，因为当哈里斯公司真正站在战场上时才发现，它需要面对像 IBM、DEC（美国数字设备公司）和王安电脑这样的强敌。接着为了跳跃到一个新的突破阶段，哈里斯公司拿出整个集团净收入 1/3 的资金购买了拉尼尔公司的产品，拉尼尔是一家销售低档文字处理软件的公司。《电脑世界》杂志曾写道：“博伊德把自动化办公设备业务作为公司的一个支柱产业……不幸的是，哈里斯公司最不适合生产办公产品了。设计并推销文字处理系统的努力最后以凄惨的失败而告终……由于产品不符合市场需求，哈里斯公司在试销期内就被抛弃了。”

飞轮从戴弗利和塔利斯开始，本来一直以强大的动能旋转着，但之后它就开始脱离轴心，在空中摇摆不定，最终坠落，以致停滞不前。从 1973 年年底到 1978 年年底，哈里斯公司所创造的利润高于市场平均价值 5 倍多。然而从 1978 年年底到 1983 年年底，哈里斯公司所创造的利润平均低于市场 39 个百分点，到 1988 年哈里斯的利润已经低于市场平均水平 70 个百分点了。厄运之轮已经取代了飞轮。

一个视野宽广的飞轮观念

当我调查实现卓越的公司的转变时，总有一个词语出现在我的脑海中——连贯性。物理学教授 R. J. 彼得森送给我另外一个词语“一致”。“1 加 1 等于几？”他问道。然后，他停顿一下强调：“等于 4！在物理学上，我们一直在讨论有关一致的思想：一个因子作用于另一个因子，其效果会成倍增加。在看到飞轮的概念时，我禁不住想起这个一致原则。”无论你使用哪个词语来形容它，其基本思想都是相同的：系统中每一部分的存在都是为增强系统中其他部分的稳定性，从而形成一个完整的统一体，这个整体要比各部分的总和强大得多。只要保持前后连贯性，经过不断迭代发展，你就能取得最大成果。

从某种意义上讲，本书一直在探讨和描述飞轮从积累动能到实现突破这一过程的发展模式（见表 8–2）。我们通过重新审视总体框架图，发现所有要素共同作用才能创造出这个模式，并且每一个组成部分都对飞轮产生一个推动力。

表 8–2　如何区分你处于飞轮的上面，还是厄运之轮的里面？

处于飞轮之上的特征（实现跨越的公司）	处于厄运之轮里面的特征（对照公司）
公司遵循从积累到突破的发展模式。	公司希望略过积累直接跳跃到突破阶段。
公司通过逐步实施飞轮逐圈转动这样一种积累的过程来实现突破，感觉像是一个有机的进化过程。	公司实施重大方案，实现激进变革，完成伟大革命；长期重组——总是期待瞬间奇迹或新的救世主的到来。
公司勇敢地面对残酷的现实，更加清楚地认识到为了积累动能还需要采取什么样的行动。	公司不敢面对残酷的现实，追赶时尚，热衷于花架子式的管理。
连贯性贯穿于清晰的刺猬理念始终，公司坚定地保持在三环之内。	公司表现出长期的不连贯性——摇摆不定、翻来覆去，脱离于三环之外。
公司遵循首先培养训练有素的人（最重要的人），其次形成训练有素的思想，最后采取训练有素的行为这样一个模式。	在形成训练有素的思想和培养训练有素的合格人才之前，公司就莽撞地采取行动。
公司使用适当的技术来实现刺猬理念，并加速动能的积累。	公司面对技术变革时，像小鸡一样惊慌失措，担心会落后。

（续表）

处于飞轮之上的特征（实现跨越的公司）	处于厄运之轮里面的特征（对照公司）
实现突破之后（如果有可能的话），公司才会启动重大的收购计划，以加速动能积累。	实现突破前，公司就启动重大的收购计划，这种创造动能的努力注定要失败。
公司花费很少的精力激励员工或与员工结盟，飞轮旋转的动能很有感召力。	公司花费大量的精力激励员工或与员工结盟，公司召集人们围绕在新思想周围。
公司让结果去说明一切。	公司出卖未来，以弥补结果的缺乏。
公司连贯性的原则贯穿始终；新一代人的工作依赖于上一代人创造的成果；飞轮持续不断地积累动能。	公司表现出长期的不连贯性；每一个新上任的领导者都会开创出一条激进的新道路；旋转的飞轮开始停滞不前，而厄运之轮开始转动起来。

一切转变都从第5级经理人开始，他们很自然地被飞轮模型吸引。他们对那些可以使自己看起来更像领导的浮华的计划不太感兴趣！“领导”这个词的英文大写首字母是“L”。相反，他们对那些通过推动飞轮旋转来产生结果的深思熟虑的过程更有兴趣！“结果”这个词的英文大写首字母是“R”。

雇用合适的人在公司工作，解聘不合适的人，同时把合适的人安排在合适的职位上，这些都是早期积累阶段需要采取的关键步骤，也是飞轮旋转的重要动力。此外，牢记斯托克代尔悖论同样重要：“我们并未打算在圣诞节之前就实现突破，但是如果我们能够持续不断地朝正确的方向推动飞轮，那么我们最终会实现突破。”勇敢地面对残酷的现实可以帮助你发现飞轮转动所需要采取的步骤，这些步骤是显而易见的，虽然我们不容易做到。对最终的结果充满信心，能帮助你度过数月乃至若干年的积累阶段。

接下来，当你对刺猬理念中的三环思想有了深刻的理解，并开始推动飞轮朝你所理解的方向旋转时，你就找到了实现突破的力量，以及加速飞轮转动的推动力。率先使用技术是主要的推动力之一，它与三环直接联系在一起。

从根本上讲，实现突破意味着具有做出一系列与刺猬理念一致的明智决策的能力——采取训练有素的行为的前提条件，是要有能够形成训练有素思想的训练有素的人。这就是进入突破阶段的关键所在。

总之，如果你能够坚持不懈、成功地将每一个观念应用于整个公司中，并且持续推动飞轮朝同一个方向旋转，使其逐步积累动能，你最终就会实现突破。它可能不会在今天、明天或者下周的某天发生，甚至到明年它还不会发生，但是，终有一天它会发生。

在实现突破后，你又将面临一系列崭新的挑战：如何加速动能积累以满足日益增长的期望值？如何确保飞轮在未来的日子中持续不断地旋转？总之，你面临的挑战不再是如何从优秀公司转变成卓越公司，而是如何从卓越公司转变成持久卓越的公司。这是本书最后一章要讨论的问题。

小结

要点

- 从优秀到卓越的转变对于那些局外人来说，既像是戏剧性的事件，又像是革命性的事件，但是对于那些执行者来说，这一转变感觉像是一个有机的积累过程。很长时间以来，把最终结果（戏剧化的结果）同过程（有机的积累过程）混淆在一起的做法，一直影响我们洞察真正起作用的力量。

- 无论最终的结果多么富有戏剧性，从优秀向卓越的转变从来不会突然降临。这里没有决定性的行为，没有雄伟的规划，没有一劳永逸的创新，没有幸运的突变，更没有奇迹般的瞬间。
- 可坚持到底的转变总遵循一个能够预测的模式——从积累到突破。要想推动一个庞大又沉重的飞轮旋转终究需要花费很大的力气才能做到，但是在很长的一段时间内，坚持不懈地推动飞轮朝同一个方向旋转，飞轮就会积累起动能，最终实现突破。
- 对照公司遵循一种截然不同的模式，即“厄运之轮”。它们不仅不通过飞轮逐圈旋转来积累动能，而且还设法略过积累阶段直接跳跃到突破阶段。然后当他们面对令人失望的结果时，它们又摇摆不定、翻来覆去地改变飞轮转动的方向。
- 对照公司常常通过大量误入歧途的收购来设法创造突破。与此相反，那些卓越公司基本上只有在突破实现以后才开始进行大规模收购，为原本已经旋转得很快的飞轮加速积累动能。

意外发现

- 实现跨越的公司的决策者通常并不能在转变过程中意识到转变的伟大意义；只有当他们事后回顾时，转变的伟大之处才变得清晰起来。人们没有赋予转变任何名称，转变没有标签，没有剪彩活动，也没有方案表明他们到底在做什么。
- 实现跨越的公司的领导者从不花费精力去“结盟”“提高士气”“应对变化”。在正常情况下，有关承诺、结盟、激励和变化的问题在很大程度上可以自行解决。结盟主要建立在结果和动能的基础之上，而不是相反。
- 应对华尔街的短期压力与遵循飞轮模式的做法是一致的。飞轮效应与克服短期压力并不矛盾。实际上，飞轮效应是应对压力的关键。

第九章

从《从优秀到卓越》到《基业长青》

你的工作才是你生命的终极魅力所在。

——巴勃罗·毕加索

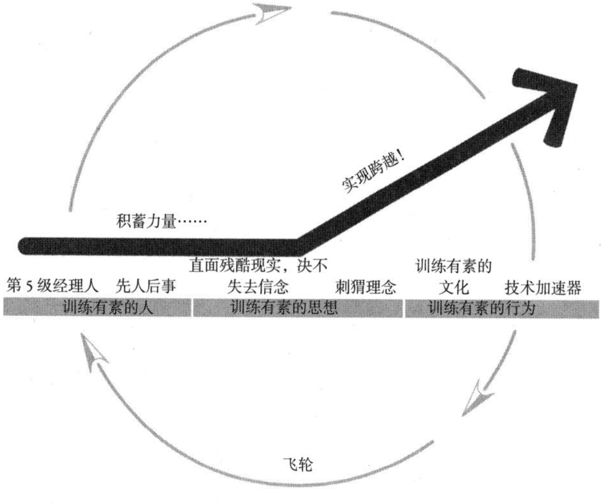

启动《从优秀到卓越》这个研究项目时，我们处在一种进退两难的境地：在《从优秀到卓越》的研究中，我们应该怎样思考《基业长青》中的观点呢?

简而言之,《基业长青》是 20 世纪 90 年代初我们在斯坦福大学商学院进行的一项长达 6 年的科研项目。它回答了这样一个问题：如何白手起家建立并长期维系一家卓越的公司。我的研究顾问、《基业长青》的另一位作者杰里·波勒斯和我共同研究了 18 家有名望的卓越公司。这些公司历经岁月的考验，有些公司的历史可以追溯到 19 世纪初，它们最终成为 20 世纪末的明星卓越公司。我们仔细研究了许多大公司，如宝洁公司（成立于 1837 年）、美国运通公司（成立于 1850 年）、强生公司（成立于 1886 年）以及通用电气公司（成立于 1892 年）。另外，花旗银行（现为花旗集团）成立于 1812 年——拿破仑在同年进军莫斯科！被列入研究的最年轻的公司是沃尔玛公司和索尼公司，两者的历史都可以追溯到 1945 年。同本书相似的是，我们同样使用了直接对照公司——3M 公司和诺顿公司，迪士尼公司和哥伦比亚电影公司，马里奥特公司和强生公司等 18 家互为对照的公司。总之，我们就是要在它们几十年乃至几个世纪的漫长历程中，寻求卓越公司和优秀公司的本质区别。

那年夏天，我第一次将《从优秀到卓越》项目的研究成员召集起来，我问他们："在此次研究中,《基业长青》应该扮演什么样的角色？"

"我认为它不应该起任何作用。"布赖恩·巴格利回答道,"我参加这个小组不是要去做另一项工作的衍生品。"

"我也不是。"艾里森·辛克莱说,"新项目和新问题总是让我激动不已，如果只是为你的另一本书做些补充，我想它是很难让人有成就感的。”

“但是，请等一下。”我回答，“我们花了6年的时间进行前期的研究，或许在以前工作的基础上开展新研究是有好处的。”

“我似乎记得，你之所以有这项研究计划，是因为麦肯锡公司的一位合伙人谈到《基业长青》没有回答如何才能将一家优秀公司变得卓越。”保罗·韦斯曼指出，“如果答案完全不同，我们该怎么办？”

这样的讨论持续了数周。后来斯坦芬妮·贾得的一番话使我改变了看法。她说：“我很喜欢《基业长青》中的观点，但这也正是我所担心的。我担心要是我们以《基业长青》中的模式作为参考框架，我们恰恰陷入了圈套，证实了我们自己的偏见。”显然，从零开始风险会大大减小。不管结果是否与先前的研究匹配，我们都应着手寻找可能发现的一切。

> 研究刚开始，我们就做出了一个重要决定。首先，我们决定不考虑《基业长青》的存在，开展从优秀到卓越的研究。我们既要看清优秀公司向卓越公司转变中的关键因素，又要尽量避免受先前研究工作的影响，这是唯一的办法。然后，我们再回过头来回答，究竟这两项研究有何关联。

现在，5年过去了，本书也即将付梓。此刻我们就能置身事外地观察这两本书，以及它们彼此之间的关系。

在对这两项研究做了详细的调查后，我得出了以下4条结论：

第一，在《基业长青》中那些持久卓越的公司身上，我找到了充足的证据证明：它们早期的领导者恰恰遵循了从优秀到卓越的框架。二者唯一的区别在于《基业长青》研究的公司领导者当时是处于早期阶段的初创企业的创始人，而不是努力带领已建成的公司从优秀走向卓越的首席执行官。

第二，具有讽刺意味的是，我认为《从优秀到卓越》并不是《基业长青》的续篇，而是它的前篇。刚起步或已建成的公司可以运用本书中的发现去创造持续的卓越业绩，然后运用《基业长青》中的发现从取得了了不起成就的公司走向持久卓越的公司。

第三，从一家拥有持续卓越业绩的公司转变成偶像级的持久卓越的明星公司，领导者就要运用《基业长青》的中心理念：发现高于金钱的核心价值及目标（核心理念），并将它与发扬核心—促进发展的动态趋势结合起来。

第四，这两项研究有明显的相通之处，因此二者产生了共鸣：彼此的观点都丰富了对方的内容，并且赋予了对方活力。特别是，《从优秀到卓越》回答了一个在《基业长青》中提出却并未得到解答的最基本的问题：一个大胆创新的宏伟目标和一个鲁莽危险的宏伟目标有哪些区别？

基业长青早期阶段的从优秀到卓越

回顾《基业长青》的研究，我们不难看出：那些持久卓越的公司的确经历了从起飞到突破这样一个过程，它们在创立期都遵循了从优秀到卓越的框架。

以沃尔玛公司在变革中的起飞—突破飞轮模式为例。大多数人认为山姆·沃尔顿只是突发奇想，他凭借开拓郊区折扣零售业的点子一跃成名，从而使一家刚起步的公司实现突破。但是，事实胜于雄辩。

1945年山姆·沃尔顿以一家单一的廉价商品店起家，7年后他才开了第二家商店。接着沃尔顿开了一家又一家商店，就像绕飞轮转了一圈又一圈一样。直到20世纪60年代，作为自然进化的一个步骤，建立大型折扣商业中心的刺猬理念在他脑海中浮现出来。沃尔顿用了25年，将一家单一的廉价商品店发展成为拥有38家沃尔玛超市的大型连锁公司。从1970年到2000年，沃尔玛抓住突破契机，一跃成为拥有3 000多家超市、收益达1 500亿美元的大公司。就像我在“飞轮和厄运之轮”一章中提到的小鸡破壳的故事一样，沃尔玛在它破壳而出之前已经酝酿了几十年。正如山姆·沃尔顿亲笔所写的：

> 许久以来人们总觉得沃尔玛是……一夜成名的伟大点子的结果。但……它是我们自1945年以来所有努力的结果……像大多数看似骤然成功的例子一样，我们为此酝酿了20多年。

倘若有这样一个经典范例，它从建立走到刺猬理念，继而引发飞轮中的突破契机，那么它就是沃尔玛公司。唯一的区别在于：山姆·沃尔顿是作为一位白手起家创建卓越公司的创始人来遵循这一模式的，他不是作为已建成公司的首席执行官带领公司从优秀走向卓越的。然而其中的基本观点是相同的（见图9–1）。

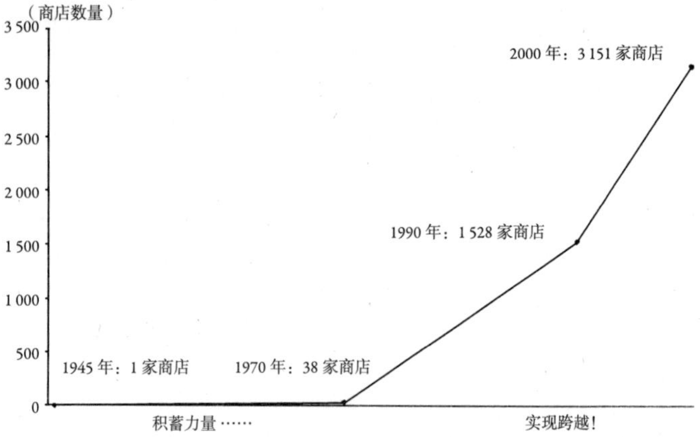

图 9–1　沃尔玛自积蓄力量到实现跨越的飞轮模式（1945 年、1970 年、1990 年和 2000 年的商店总数）

被列入《基业长青》研究的惠普公司是另一个在其创立初期体现《从优秀到卓越》基本观点的最佳范例。例如，比尔 · 休利特和戴维 · 帕卡德创立惠普的总体理念不是源于事而是人，即与对方共同创业。他们在读研究生的时候就已经是好朋友，两人只想共同创立一家卓越的公司，吸引志趣相投、价值观和标准相似的同人一起工作。1937 年 8 月 23 日，他们召开了创立公司的首次会议，会议记录证明他们要设计、制造并销售电子工程领域的产品（这个定义相当笼统）。紧接着，这份记录又这样写道：“制造什么产品这个问题暂时不予考虑……”

休利特和帕卡德在接下来的几个月中艰辛探索，试图找到某种东西——任何能使公司能真正运转起来的东西。他们考虑过帆船和游艇信号发射装置、空调制冷设备、医疗器械和留声机、扩音器等多种产品。他们还制造了保龄球道电子感应器、显微镜时钟驱动装置以及一种帮助肥胖者减肥的摇摆机。在公司成立早期，生产什么东西并不重要，只要这些产品对技术创新有贡献，并能使休利特和帕卡德同其他志同道合者共同建设公司。这是一个真正的“先人后事”的开始。

后来，休利特和帕卡德不断攀登新高峰，但他们始终坚持“以人为本”的指导方针。即使在第二次世界大战后，由于战时合同终结，公司收入大大萎缩时，他们还雇用了一大批从政府实验室中外流出来的杰出人才，尽管当时公司并没有什么具体的工作安排给他们。回顾一下我们在第三章中列出的“帕卡德定律”：没有哪家公司能在未招到合适的人的情况下仍保持收入增长。

休利特和帕卡德本身就是理想的第5级经理人，无论当初作为创始人，还是后来成为公司的首席执行官。在惠普加入全球最重要的技术公司行列后，休利特仍然保持着谦逊的品质。1972年，惠普副总裁巴尼·奥利弗在为争取“创始人奖”而写给美国电气及电子工程师协会（IEEE）评奖委员会的推荐信中这样写道：

> 我们的成功令人兴奋不已，但这并没有使我们的创始人得意忘形。近期，在一次主管委员会议上，休利特说：“看！我们的增长应归功于行业的增长。我们非常幸运，在火箭发射时能够坐在它的顶端。我们没有什么值得感到荣耀的。”片刻的沉默中，我们每个人都在思索这番挫人锐气的话。随后，帕卡德说：“好了，比尔，至少我们没有完全变坏！”

在戴维·帕卡德去世前不久，我有幸见到了他。尽管他是硅谷首批白手起家的亿万富翁之一，他却仍住在和妻子1957年亲手盖的那栋小房子里，从房子里可以俯视一座简朴的果园。小小的铺着漆布的厨房和布置朴素的起居室足以显示出，他不需要任何物质来证明：我是一个亿万富翁，我是重要的，我是成功的。与帕卡德共事36年之久的比尔·休利特说："他认为最好的时光就是把朋友召集起来，去安装带刺的铁丝网。"帕卡德还将他价值56亿元的房产捐赠给了一个慈善组织。他去世后，他的家人编写了一本悼词小册子，里面有一张他身穿农装坐在拖拉机上的照片。图片说明文字并未提及他是20世纪一位伟大的工业家，而只是简单地写着："戴维·帕卡德（1912—1996年），牧场主及其他。"这才是真正的第5级经理人的写照。

核心意识：持久卓越的另一维度

在采访比尔·休利特时，我们问他在自己漫长的职业生涯中，他最骄傲的事是什么。他说："回首一生的工作，最值得骄傲的大概就是我帮助创建了这样一家公司，它凭着自己的价值、实践和成功给全世界其他公司的运营方式带去了巨大影响。"渐为人知的"惠普方式"反映了一套深入人心的核心价值观，它使公司本身比任何产品都更重要。这些价值观包括：技术贡献，对个人的尊重，社会责任感以及一种深沉的信仰——利润并不是公司经营的根本目标。这些原则在今天看来相当平常，但在20世纪50年代是相当激进的。戴维·帕卡德这样评价那时的商人："他们在表达异议时相当有礼貌，但是很明显，他们坚定地认为我并非他们中的一员，而且我显然没有资格去管理一家重要的公司。"

休利特和帕卡德示范了极其重要的持久卓越的"另一维度"

（extra dimension），这一维度有助于将他们的公司提升到持久卓越的不凡地位。它是促成从优秀到卓越转向基业长青的一个关键维度，即“主导宗旨”或者“核心意识”。它包括核心价值观和一个核心目标（高于赚钱的目标）。它同《独立宣言》中的原则类似（我们相信真理是不言而喻的）——人们从来无法完全去履行它，但它一直是一个催人前进的标准，并且它还解答了我们的存在为什么那么重要。

> 持久卓越的公司并不只是为股东谋利益而存在的。事实上，一家真正卓越的公司，利润和现金流就像一个健康机体所必不可少的血和水：它们对生命至关重要，但绝不是人生的目标所在。

我们在《基业长青》中记录了默克公司决定研制并分发一种治疗盘尾丝虫病的药剂。这种令人痛苦的疾病困扰着上百万人，他们因为积聚在眼中的寄生虫而失明。由于患此病的人大多生活在亚马孙河流域等偏远地区，他们没有钱来治病，于是默克公司提出要创建一个独立的配给系统，将药剂送到偏远的部落、山村，并且免费分发给全世界数百万名患者。

需要弄清楚的是，默克公司并不是慈善机构，它也没有如此看待自己。事实上，它是一家利润丰厚的公司，一直以来在市场中的表现颇佳，利润高达60亿美元。1946—2000年，它曾十多次在市场竞争中大获全胜。尽管它的财务业绩十分显著，默克公司并未将盈利视为自己的终极目标。1990年，乔治·默克二世，即公司创始人之子，这样宣布了公司的宗旨：“我们努力铭记——药是为病人而研制的……并非为了利润。如果我们记住这一点的话，那么盈利就是自然的，利润总是会获得的。我们若更好地记住这一点，那么我们的利润就会越多。”

对核心意识这一理念，我有一点需要重点说明：要成为一家持久卓越的公司，没有特定正确的核心价值观做指引。无论你提出什么样的核心价值观，我们都会找到不具备这种核心价值观的持久卓越的公司作为例证。为了实现持久卓越，公司无须处处为客户着想（索尼就是这样的），无须尊重个人（如迪士尼），甚至无须重视质量（如沃尔玛公司）或者社会责任（如福特公司）。这也是《基业长青》中最自相矛盾的一个发现——核心意识对持久卓越至关重要，但其具体内容又无关紧要。关键不在于你有什么样的价值观，而在于你是否有核心意识并且知道它是什么，你是否能将它融入组织中并长期恪守这一核心意识。

发扬核心意识是持久卓越公司的一个主要特征。很显然，问题在于你如何发扬这一核心意识，并使之适应变幻莫测的世界。其答案是：领悟“保存核心、刺激进步”这个关键理念（见图9–2）。

> 持久卓越的公司在恪守它们的核心价值观和核心目标的同时，不断转换商业策略和运营方式以适应这个变幻莫测的世界。这就是保持核心和刺激进步的奇妙结合。

华特·迪士尼的故事充分证实了这种双重性。1923 年，一位 21 岁的意气风发的画动画的青年从堪萨斯城搬到洛杉矶，试图在电影业中谋得一份工作，然而没有哪家电影公司愿意雇用他。于是他凭自己那点儿可怜的积蓄租了一台照相机，在舅舅的车库里开了一个摄影棚，开始制作动画。1934 年，他（迪士尼）迈

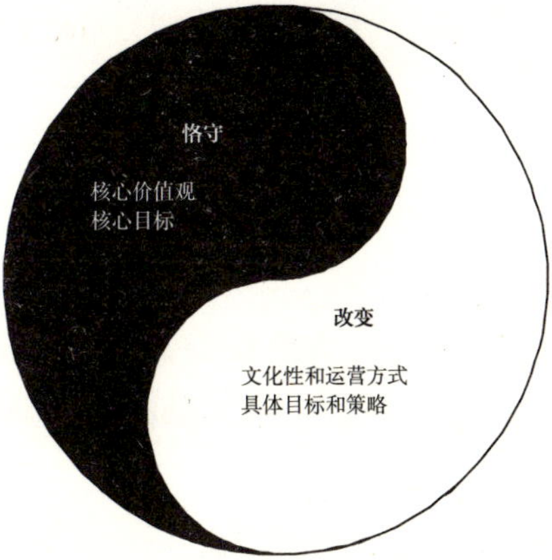

图 9–2　发扬核心意识

出了史无前例的一步，成功创作了《白雪公主》、《木偶奇遇记》、《幻想曲》和《小鹿斑比》等大型动画故事片。20 世纪 50 年代，迪士尼凭借米老鼠俱乐部进军电视业。同一时期，迪士尼经历了一次决定命运的游览。他参观了许多游乐园，结果每次他都是非常反感地离开，他称那些游乐园是“由面目可憎的人开办的肮脏、虚假的地方”。他决定建一个更好的，或许是世界上最棒的游乐园。迪士尼开始运营建立主题公园这项崭新的业务。迪士尼先建了迪士尼乐园，接着建了华特·迪士尼世界以及迪士尼未来世界。游览迪士尼主题公园已成为许多家庭不可缺少的娱乐项目。

从卡通片到大型动画故事片，从米老鼠俱乐部到迪士尼世界，迪士尼虽历经种种巨变，但它始终如一地恪守一套核心价值观——对创意的执着，对细节的迷恋，对嘲讽的憎恶以及对“迪士尼神话”的维护。迪士尼先生同时还将一个恒定的不凡目标注入迪士尼公司的每一项新事业，那就是给成百上千万人，尤其是给孩子们带去幸福。这个目标跨越了国界，历经了时间的考验。1995 年，当我和妻子去以色列游玩时，我们有幸见到了那位将迪士尼产品带入中东的先生，他自豪地告诉我们：“我的一切想法就是要给孩子们带去欢乐。这里的孩子们没有足够的欢笑，因此这是极为重要的。”迪士尼公司不愧是“保存核心、刺激进步”的典范。它在维护核心意识的同时，不断改变策略与方式。坚持这一原则是它成为持久卓越公司的根本原因（见图 9-3）。

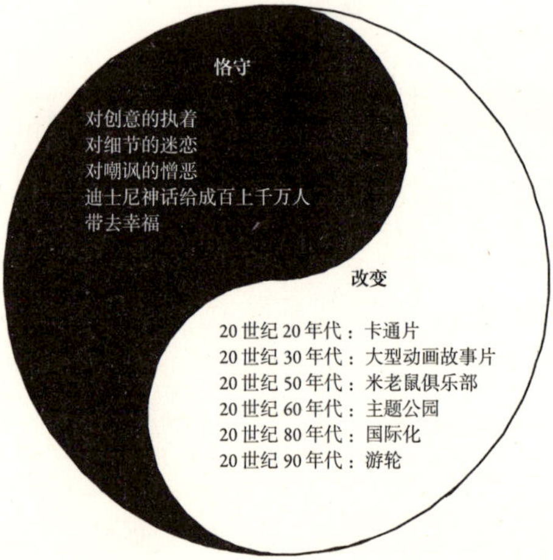

图 9-3　迪士尼的核心意识

胆大包天的目标、危险鲁莽的宏伟目标及其他理念关联

在表 9-1 中，我概括地列出了两次研究中的理念关联。通常，从优秀到卓越的理念为基业长青的理念的成功奠定了基础。我喜

欢将《从优秀到卓越》中提到的理念视为从起步到突破期间维持飞轮转动的动力，而《基业长青》中列出的中心理念则使飞轮加速前进，并在不久的将来把公司提升到明星地位。细看表 9-1，你会发现《从优秀到卓越》的研究成果使《基业长青》中的四大中心理念成为可能。简而言之，这四大中心理念是：

表 9-1　从《从优秀到卓越》到《基业长青》的理念关联

《从优秀到卓越》的理念	与《基业长青》的理念关联
第 5 级经理人	造钟，不是报时：第 5 级经理人建立的是，一个缺少他们仍能正常运作的公司，而不是要通过使自己成为不可或缺的人物来自我满足的公司。 协调一致的威力：个人的谦逊与职业上的远大志向。 确立核心理念：第 5 级经理人对公司以及公司代表的一切有着远大抱负；他们有超越个人成就的使命感。 保存核心、刺激进步：为了赢得有形的成果和成就，第 5 级经理人坚持不懈地刺激进步，即使这意味着解雇自己的伙伴。
先人后事	造钟，不是报时：坚持“以人为本”即建造时钟；坚持“以事为先”（事先设定策略）是报时。 协调一致的威力：选择合适的人上车与迫使不合适的人下车。 确立核心理念：实行“人先”意味着择人时更多要看他是否适应核心价值和目标，而不是看他的技能和知识。 保存核心、刺激进步：“先人后事”意味着从内部提拔人选的倾向，这使核心价值得以加固。
直面残酷的现实（斯托克代尔悖论）	造钟，不是报时：创造沟通顺畅的环境是建造时钟，尤其在你创建了红旗机制以后。 协调一致的威力：直面现存的严酷事实与坚信你会最终取胜——斯托克代尔悖论。 确立核心理念：直面残酷事实，使组织真正恪守的核心价值观凸显，以与那些表面上想固守核心价值观的公司形成鲜明对比。 保存核心、刺激进步：残酷的事实使人们明白究竟该做哪些事情才能刺激进步。

（续表）

《从优秀到卓越》的理念	与《基业长青》的理念关联
刺猬理念（三环）	造钟，不是报时：理事会体制是完美的"建造时钟"。 协调一致的威力：深层理解与惊人的简洁。 确立核心理念："你执着追求的"飞轮循环与核心价值观、核心目标恰好吻合。正是这些你执着追求的、无论如何都不会放弃的价值观，才是真正的核心。 保存核心、刺激进步：胆大包天的目标来自理解，而危险鲁莽的宏伟目标则来自虚张声势。好的宏伟计划恰恰就在三环的交界处。
训练有素的文化	造钟，不是报时：纯粹通过扮演教员的个性运营公司就是报时，构建一种恒久的训练有素的文化才是造钟。 协调一致的威力：自由与责任。 确立核心理念：训练有素的文化将那些与组织价值观和规范不吻合的人排除在外。 保存核心、刺激进步：当你拥有一种训练有素的文化时，你可以给人们更多的自由去尝试，最终找到通向成功的最佳路径。
技术加速器	造钟，不是报时：科技推动力是时钟的一个重要组成部分。 协调一致的威力：避开一时的科技狂热与做推进科技应用的先锋。 确立核心理念：在一家卓越公司，科技是核心价值观的附属物，而不是相反情况。 保存核心、刺激进步：恰当的科技加速飞轮的动能，从而促成胆大包天的目标实现。
飞轮，而非厄运之轮	造钟，不是报时：飞轮效应创造持续的动能，公司并非依靠魅力十足的空想家来激发人们的热情。 协调一致的威力：渐进的增长过程与剧烈的变革结果。 确立核心理念：厄运之轮使推行核心价值观和目标几乎不可能，因为人们长期以来一直在怀疑："我们是谁？我们代表着什么？" 保存核心、刺激进步：飞轮的稳定性、一致性及日益增长的向突破点迈进的势头创造了理想的条件，使公司在刺激进步和加速进程时注入核心价值观成为可能。

1. 造钟，不是报时。建立起的组织能够持久适应数任领导者和多个产品的生命周期。这与仅以一位卓越的领导者或一个伟大

的点子为中心而建立起来的组织截然相反。

2. 协调一致的威力。在许多范围内同时拥有两个极端。不是选 A 或选 B 的问题，而是想方设法同时拥有 A 与 B——目标与利润、持续与变革、自由与责任等。

3. 确立核心理念。灌输核心价值观（本质、恒久的信念）和核心目标（利润之上的追求），并使之成为长期指导决策和激励员工的原则。

4. 保存核心、刺激进步。公司在激发变革、改进、创新和更新时，始终把保存核心意识作为出发点。在维持核心价值观和目标不变的情况下，不断转换方法和策略。设定与核心意识一致的胆大包天的目标，并努力实现它。

在此，我想强调一个尤为重要的关系：胆大包天的目标和刺猬理念中三环的关系。在《基业长青》中，我们认为一个胆大包天的目标是保存核心、刺激进步的主要方式。胆大包天的目标就是一个大胆的宏伟目标——一座有待攀登的大山。它显而易见，咄咄逼人，人们很快就意识到它的存在。一个胆大包天的目标将人们凝聚在一起，不断激励人们，使人们在迈向成功的进程中形成团队精神。譬如在 1996 年美国航空航天局的登月任务中，一个胆大包天的目标捕获了人们的想象力，激发了人们的勇气。

尽管胆大包天的目标令人激动不已，但是我们过去仍未能回答那个关键问题：一个胆大包天的目标和一个危险鲁莽的宏伟目标的区别何在？从澳大利亚游泳到新西兰，对于我而言，可谓一个胆大包天的目标，但这个目标只会把我毁掉。在研究实现跨越的公司中，我们直接得到了这样一个答案（见图 9-4）。

危险鲁莽的宏伟目标来源于虚张声势，而胆大包天的目标却是理解的结果。事实上，如果你把对三环的冷静理解与胆大包天的目标的无畏精神结合在一起，你就会得到一个强有力的、近乎神奇的组合。

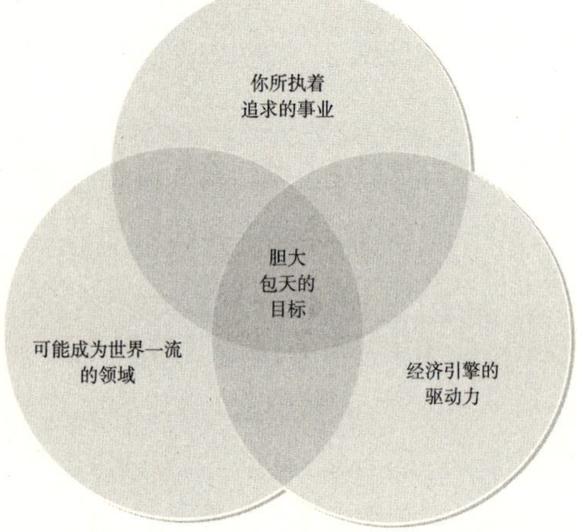

图 9-4　确立胆大包天的目标的三要素

注：包括核心价值观和核心目标

20 世纪 50 年代的波音公司，就是一个极好的例子。20 世纪 50 年代之前，波音公司一直致力于制造巨型军用飞机——B-17 空中堡垒、B-29 超级堡垒和 B-52 洲际喷气式轰炸机空中堡垒。然而，波音公司未曾实质性地涉足商用飞机市场，航空公司对从波音公司购置飞机也没有兴趣。面对波音公司的追问，他们答道："你们在西雅图制造伟大的轰炸机，为什么不持之以恒？"如今，我们完全可以这样认为：大多数的空中旅行我们都需要乘坐波音飞机。但是在 1952 年，除了军人以外，几乎无人乘坐波音飞机。

20 世纪 40 年代，波音公司非常明智地站在商用飞机领域之外。那时，麦道（麦克唐纳·道格拉斯）公司凭借它在生产小型螺旋桨飞机上的绝对优势占据中心位置，它生产的飞机足以组成一支商用飞机战队。然而在 20 世纪 50 年代初期，波音公司抓住了超越麦道公司的大好时机，把自己生产大型飞机的经验融入对喷气式飞机引擎的理解中。在第 5 级经理人比尔·艾伦的带领下，波音公司决策者对涉足商用飞机领域是否明智的问题展开了激烈的讨论。他们逐渐意识到：虽然 10 年前波音公司无法制造出最好的商用飞机，但是他们在生产军用喷气式飞机和军用大型飞机的过程中经过日积月累所获得的经验，如今将使这个梦想变为现实。他们还逐渐看到商用飞机市场的经济效益远胜于军用飞机市场，这一点绝对不容忽视。制造商用喷气式飞机的决定，就这样彻底改变了波音公司的未来。

因此，1952 年，比尔·艾伦和他的团队决定拿出公司净资产总额的 1/4，制造一架适用于商业飞行的喷气式飞机。于是他们制造了波音 707，在一次竞标中，波音 707 使公司一跃成为世界首屈一指的商用飞机制造公司。30 年过去了，波音公司已经成功地生产了 5 款一流的商用喷气式飞机（波音 707、波音 727、波音 737、波音 747 和波音 757），波音公司无可争议地成为全世界商用飞机领域中最卓越的公司。直到 20 世纪末，波音公司的霸主地位才受到严重挑战，那是由于名为空中客车的政府财团的出现。

这就是关键所在：波音公司的宏伟目标，尽管胆大包天，但它并不是随随便便确立的目标。它是在三环范围内的有意义的目标。波音公司的决策者冷静客观地认识到：（1）公司虽然未涉足过商用飞机市场，但是它有可能成为最好的制造商；（2）增加每架机型的利润，这种转变会大大提高波音公司的经济效益；（3）波音公司的高层管理者对这一想法兴致勃勃。

波音公司在历史紧要关头，凭借理解而不是虚张声势采取行动，这是它成为持久卓越公司的一个重要原因。

波音公司的例子强调了这样一点：要保持长盛不衰，一方面，要在三环中平衡自己的位置，另一方面，随时准备改变三环的具体表现形式。波音公司在1952年并未脱离三环或放弃自己的核心意识，而是创造了一个激动人心的新的宏伟目标，它调整了自己的刺猬理念，将生产商用飞机融入发展进程中。

三环或胆大包天的目标的框架，有力地展现了这两次研究中观点的关联性。我想在此向你推荐：这一框架是你在自己的组织中创建关联性的实用工具。然而单一的框架不能使你的公司变得卓越，并保持基业长青。创建一家卓越的公司需要理解这两次研究中的关键理念，并将其融会贯通，而且还要持之以恒地实践这些理念。如果你舍弃主要观点中的任何一个，你的组织就会不可避免地走下坡路，最终陷入平庸。切记，成为卓越公司远比维持卓越公司容易得多。最后，你要融会贯通地去运用这两次研究成果，二者互为基础，都为营造持久卓越创造了最佳契机。

为什么要实现卓越

一次，我给来自斯坦福大学的一群学生举办了研讨会。会间休息时，一位学生眉头紧锁，他过来对我说："或许是我不够有野心吧！可我真的不想拥有一家大公司，难道这也有错吗？"

"一点儿没错。"我回答，"优秀和卓越与否并不能只看规模的大小。"于是我给他讲起了希纳·西曼托的故事。我的研究室就设在他经营的大楼里，他创造的是一个真正卓越的机构。1892 年，那栋大楼还只是一座陈旧的红砖砌成的教学楼，如今却已焕然一新，对装饰细节和整体风格的完美追求使它几近无可挑剔。结果，这座大楼吸引了博尔德市最引人注目的那群人，为当地其他建筑设定了一个标准，并且使单位面积的地皮实现了利润最大化。因为这一切，西曼托的小公司成为我家乡真正意义上的卓越机构。西曼托从未按照规模来定义卓越，他也没有理由那样去做。

他停顿了片刻，说："好吧！我接受这一点，我无须为了拥有一家卓越的公司而去建立一家大公司。但即便如此，我为何偏要去创立一家卓越的公司呢？如果我只想获得成功，那么我该怎么做？"

这个问题顿时令我哑口无言。这并非出自一个懒惰的人之口。他年轻时就已经拥有了自己的事业，后来他读完了法学院，研究生毕业后成为一位责任心很强的企业家。他有超乎常人的精力，洋溢着极富感召力的热情。在我多年来结识的学生中，他是我认为最有可能成就一番事业的学生。然而他对建立持久卓越公司的整体想法表示怀疑。

对他的疑问，我能给出以下两个答案。

首先，我认为建构卓越公司不会比建构优秀公司更难。从统计数字来看，或许只有极少数的公司才能达到卓越，但这并不表示建构卓越公司要比恒久平凡经历更多的磨难。事实上，如果我们研究的公司显示出了一些迹象，那么它们也会是更少的磨难。研究成果的魅力在于它能把我们的生活彻底简单化，与此同时，它也增加了我们的能力。明确这个简单的事实往往会给人以莫大的安慰，使我们弄清什么是重要的，什么是不重要的。

> 事实上，全书的主旨不是要将这些发现附加在我们的工作中，加重我们的工作负担。绝非如此！其目的是要使我们意识到，我们所做的许多事充其量不过是浪费能源。倘若我们依据这些原则来安排我们的工作时间，忽略或不做其他事情，我们的生活就会变得更简单，工作的结果也会大大改善。

我想借用一个非商业的例子来说明这一点，这也是本书中的最后一个故事。最近，一支高中越野长跑队的教练们欢聚一堂，庆祝他们的队伍两年来第二次获得州冠军。在过去 5 年中，这项活动已从优秀（全州排名 20）转向卓越（男队和女队同时摘取全州桂冠）。

一位教练说："我有些不明白，为什么我们能有此番成绩？我们做得很简单，为什么会如此有效？"

他所说的正是这项活动中的刺猬理念。简而言之，我们在最后时刻跑在最前面；在紧张的锻炼之后跑得最棒；在赛季末跑得最好，而这就是最关键的时刻。一切都与这些看似简单的想法吻合。教练们懂得如何实现这种效果，如何比全州其他的长跑队做得更好。例如，他们在 2 英里处（赛程是 3.1 英里）安排一名教练收集运动员经过时的信息。大多数长跑队伍重视计时，即队员每跑 1 英里所花费的时间，而这支队伍却强调相对位置，即队员在经过某点时所处的名次。因此，教练们不去记录队员能跑多快，而是看他们从 2 英里处开始到比赛结束时能赶超几个对手。然后依据这些信息在赛后奖励他们“骷髅头”(骷髅头就是形状像缩水的骷髅那样的小珠子，孩子们常把它们串成项链或手镯，以此代表自己已战胜的对手)。那些孩子懂得如何掌握速度，如何满怀信心地赛跑。“我们要在最后时刻跑得最棒。”在一场恶战快结束时他们这样想,“因此，如果我损伤严重，那么我的对手肯定比我伤得更惨。”

同样重要的是，他们从不浪费精力。例如，在主教练接管这项任务时，她发现大家都期待她能制定“趣味方案”和组织“啦啦队”来激励孩子们——安排晚会、旅行、去耐克专卖店购物，以及举办具有鼓舞性的演讲活动来激发孩子们的兴趣。但她毫不犹豫地终止了一切分散精力的事情。她说：“瞧！这项活动是建立在赛跑的乐趣的基础之上的。赛跑就是乐趣，进取就是乐趣，赢得比赛就是乐趣。如果你对我们在这里所做的一切毫无热情，那么请你找别的事做吧！”结果怎样？ 5 年内参加这项活动的人数从原来的 30 人增加到现在的 82 人。

在男队首次将全州越野跑冠军的辉煌写入学校历史之前，她没有明确地设定任何目标，或者竭尽全力地激励孩子们朝某个方向努力。相反，她让孩子们自己赢得动力，让他们在一场又一场的比赛中，一周接一周的训练中不断评价自己，以确保在全州比赛中能够战胜其他对手。一天，在训练跑道上，一个男孩对他的队友说：“嘿！我觉得我们能赢。”“是的，我也这么想。”另一个队友附和道。直到孩子们确认自己能取胜时，教练才向他们提及全州冠军这个想法。

在这 7 名代表队员感到自己有责任赢得全州冠军时，一种最强有力的、训练有素的文化诞生了。他们并非为了教练而做出承诺，而是为了彼此。一名队员在比赛的前一天晚上竟和其他所有队员通了电话，目的是确保他们都能早些睡觉（在这支队伍中，教练再也无须担任维持秩序的角色）。

在最后1英里的激烈竞争中，每个队员在超过多个对手后体能损耗都很大（“要在最后跑得最棒”），但是他们深信倘若自己没有成功，那么他们无颜面对自己的队友，那时候的伤害会更大。他们每个人都没有失败，他们的团队战胜了全州其他队伍。

主教练依据“以人为本”的思想开始重建整个计划。其中一位助理教练以前是足足有300磅重的铅球运动员（他与瘦高的长跑运动员形象几乎完全不搭），但他无疑是一位合适的助理教练，因为他拥有那些价值观，具有帮助建立一支优秀队伍的助理教练的许多特征。当这项运动蓬勃发展时，它吸引了更多的孩子和教练。人们渴望加入增长势头强劲的旋转飞轮，梦想成为冠军队伍中的一员，并融入这种一流的文化之中。当这支越野跑队伍再次在体育馆高举冠军奖杯的时候，又有更多的孩子申请加入其中。团队的后备力量得到充实，队伍迅速壮大，而这又会给这支队伍带来更多的冠军荣誉，继而吸引更多的优秀成员。这一过程呈螺旋上升的趋势不断推进，最终形成极具感染力的飞轮效应，从而加快团队建设。

要建设这样一个团队，团队的教练是否经历了比其他教练更多的磨难？他们是否更卖力地工作？不！事实上，所有助理教练在训练之余都有全职工作——工程师、计算机专家、教师，这份工作实际上不能给他们带来足够多的收入，他们在忙碌的工作中腾出这份时间，目的是为建设一支卓越的团队贡献自己的力量。

他们把注意力聚焦在适当的地方，而不是滥用精力。他们所做的实际上就是我们在本书中所叙述的一切。在那种具体情况下，他们没有将时间浪费在那些毫无意义的事情上。他们的做法简洁、明了、直接、漂亮，而且富有乐趣。

这个故事告诉我们，这些观点是起作用的。若你在某场合运用这些观点，它们就会使你的人生和经历变得更美好，而且会不断改善事情的结果。沿着这条路走下去，你很有可能在你从事的事业中创造卓越。因此，我会再问：如果一切不会更困难（已知这些观点），结果会更好，过程又充满乐趣，那么何乐而不为呢？

要说明一点，我不是在暗示从优秀到卓越很容易，或者每个组织都能成功地实现这样的飞跃。很明显，并非每个人都能高人一等。但是我敢断言，那些努力变优秀为卓越的人会发现，这个过程并不像甘心沉溺于平庸的麻木之人所想的那样辛苦劳神。是的，从优秀到卓越的确要消耗精力，但是形成动能会为团队注入更多的能量，这要远远高于它所消耗的精力。相反，持续的平庸本质上是一个令人沮丧的过程，它从团体积蓄的能量中所吸收的营养远比它重新注入的养分多得多。

然而，对为什么要变得卓越这一问题，我们还有另一个答案，即埋藏在我们内心深处的，激励我们当仁不让地执行一项计划的源泉：探求意义，更确切地说，寻求有意义的工作。我曾问过越野跑队伍的总教练，她为什么觉得非要建立一支卓越的队伍。她沉默了片刻，说："这个问题问得好。"又过了许久，她说："这个问题实在很难回答。"接着是更长的等待。"我猜……那是因为我真正在乎我们所做的一切。赛跑是我的信仰，我相信它会影响孩子们的生活。我想使他们拥有不凡的经历，有成为绝对一流团体中举足轻重的一员的经历。”

有趣的是，这位教练是毕业于美国顶级商学院的工商管理硕士，曾是 PBK（Phi Beta Kappa，即美国大学优等生荣誉协会）经济学专业的毕业生，并且在全世界最挑剔的大学里赢得了本科生最佳论文奖。她的同学大都就职于华尔街投资银行、新兴互联网公司、管理咨询业、IBM 或其他类似行业的公司，然而她发现这样光鲜的工作对于她而言毫无意义，也未曾想过要使它们变得卓越。在她的眼里，它们无足轻重。因此，她决定寻找一份有意义的工作，一份她孜孜以求的工作。于是“为什么要实现卓越”这个问题看上去似乎是多余的——如果你正从事你十分热爱的事业，而且你坚信它的目标与宗旨，那么很难想象你不会去努力使它变得卓越——一切都是顺其自然的。

我尽力想象我们研究的公司中的那些第 5 级经理人会怎样回答“为什么要实现卓越”这个问题。当然，大多数人会说：“我们并不卓越，我们还会做得更好。”但是如果非要他们给出“为什么要为卓越而努力”的答案时，我相信他们的回答会与那位越野跑主教练的答案类似。

他们从事的是他们真正在乎、执着追求的事业：像比尔·休利特一样，他在意的可能是创造这样一家公司——凭借自己的价值观影响全世界公司的运营方式；像肯·艾弗森那样，他可能认为自己身负改革者的重任，要去铲除导致劳工和管理降级的压迫人的等级制度；像金佰利公司的达尔文·E. 史密斯那样，他可能在追求自身完美价值的同时，感受到了一种强大的目标感，那种感觉源自内心，并使它所触及的一切达到最佳状态；像克罗格公司的莱尔·埃弗林厄姆或者沃尔格林的科克·沃尔格林一样，他们在那项事业中成长，深深热爱那项事业。你无须列出任何冠冕堂皇的理由来说明你为何热爱你所做的事情，或者证明你深深爱着你的工作（尽管你可能会这样做），重要的是你确实热爱它，在乎它。

因此，“为什么要变得卓越”这个问题几乎是毫无意义的。不管什么原因，倘若你从事的是你热爱而且在乎的事业，那么你无须回答这个问题。因为问题已不再是为什么，而是该如何做。

> 事实上，真正的问题不是“为什么要卓越”，而是“什么工作会使你有一种迫切感，以至你想要努力去创造卓越？”如果你必须问这个问题——“我们为什么要尽力使它卓越？难道成功还不够吗？”，那么极有可能的原因是，你从事的工作并不真正适合你。

或许，成为建构卓越团体中重要一员的追求不在你的事业目标中，那么请在其他地方找找看吧！若目标不在公司，那么或许你可以使你的教堂变得卓越。若目标也不是教堂，那么你可以在一个非营利机构或社区中找找，也可以在你执教的班级中找。在你非常在意的事情上用功吧，那样你会拥有一种冲动感，从而努力使它变得尽量卓越。这种愿望不是源自你能从中得到些什么，而是因为你能够这样做。

当你这样做时，你不可避免地在朝第5级经理人的方向努力。在此书的前一部分，我们还在讨论如何达到第5级经理人的要求，并且建议你应该首先通过实践本书其他的发现来努力。但在什么情况下，你才有动力和自制力去全身心地实践那些发现呢？大概是在从事你孜孜以求的工作的时候，在当你的责任感和自己的三环理念吻合的时候。

当你把这些只言片语融合在一起时，你的工作正在走向卓越，你的人生也在走向辉煌。倘若人生毫无意义，你就不可能拥有伟大的人生。如果工作毫无意义，那么人生也难有意义。在你离开人世的那一刻，如果能想到自己曾经为创造一项真正卓越的事业尽到了绵薄之力，那么你可能会获得一份难得的心灵平静。事实上，你也许会获得最深层的内心满足：回首往事，自己并未虚度年华，此生无憾。

后记

问：你最初鉴定的符合实现跨越的公司是否不止这 11 家？如果是这样的话，你又是如何挑选样本进行研究的？

答：在首批《财富》美国500强公司中，唯有这11家完全符合列入《从优秀到卓越》内容研究的所有标准，它们并不是所谓的样本（挑选过程详见附录 1.1）。事实上，我们研究了所有符合标准的公司，这令我们对研究结果信心倍增。我们无须担心会有另一组《财富》美国 500 强公司按照其他方式，而不是我们的标准从优秀走向卓越。

问：为什么只有这 11 家公司符合标准？

答：其中有三个主要原因。第一，我们采用了一个相当严格的标准来衡量公司的业绩，那就是 15 年中公司股价的上涨幅度是整个大盘股指的3倍。第二，要达到15年持续上涨这一要求是相当困难的。许多公司凭借一种主打产品或一位极具魅力的领导者在 5 到 10 年中业绩猛增，但极少有公司能设法维持 15 年之久。第三，我们寻求的是一种相当特殊的模式：在持续的卓越业绩出现之前，要有一段业绩平平甚至业绩偏差的时期。卓越的公司并不难找，但是实现跨越的公司实属罕见。在你把各种因素综合起来后，看到我们仅鉴定出 11 家公司这个事实，也就不足为奇了。

然而，我想强调一点：虽然结果只有 11 家公司，但这并不会令人气馁。我们必须做一次筛选，而且我们的筛选是相当苛刻的。我们如果设置一个稍低一些的标准，比如公司股价的上涨幅度是整个大盘股指的 2.5 倍或者持续期限是 10 年，就会有更多的公司符合要求。在这项研究结束后，我深信许多组织倘若运用本书中的经验，都会从优秀走向卓越。问题并不是统计数据的差异，而是人们正在不适当的地方挥霍他们的时间和资源。

问：假如只有 11 家实现跨越的公司，而整个研究范围是 28 家公司（含列入对照的公司），那么统计的意义何在？

答：我们聘请了两位知名教授来帮助我们解决这一问题。其中一位是统计学家，另一位是应用数学家。统计学家杰弗里 · T. 拉夫蒂格就职于科罗拉多大学，在听说我们的困境后，他坚决地认为我们并不存在统计问题。他指出只有在抽样检查数据时，统计的意义才适用。他说："看，你并没有拿公司做样本，你们所做的是一次目的性极强的挑选，最终发现《财富》美国 500 强公司中只有 11 家公司符合你们的标准。当你拿这 11 家公司与其他 17 家公司做对比时，框架中的观点随机出现的可能性理论上为零。"我们还请应用数学家威廉 · P. 布里格斯检测了我们的研究方法，他提出了这样的疑问：偶然发现这样一组 11 家公司的可能性有多大，它们每家都要具备你们发现的那些基本特征，而进行直接对照的公司却不具备这些特征。他推断这种概率低于 1/17 000 000。实际上，要偶然发现 11 家恰巧显示我们寻找的从优秀到卓越模式的公司是根本不可能的。因此，我们信心十足地认为，我们发现的特征与从优秀到卓越的过渡是紧密相连的。

问：你为何将研究范围界定在上市公司？

答：上市公司有两大利于研究的优势：受到公认的对业绩的定义（这使我们能够严密地挑选一组研究对象）和充足的易获信息。未上市公司的可利用信息是有限的，这对于对照公司而言尤其麻烦。上市公司的好处就在于，我们无须它们的合作就能够获得信息。无论它们喜欢与否，与研究相关的大量信息都已经是公开记录。

问：你为何将研究局限在美国公司？

答：我们认为严格挑选本身，要比将国际公司作为研究对象所带来的好处更为重要。把各公司在美国股市以外的股票收益信息排除在外，可能会削弱我们选拔过程的连贯性。但是对照研究消除了不同情况下的“噪声”（相似的公司、产业、规模和历史等），增强了我们对研究结果的信心。这种信心绝不是覆盖不同地域的研究对象所能带来的。然而我认为我们的发现会跨越地理上的界限，会被证明是普遍适用的。我们研究的公司有许多是跨国企业，无论它们在哪里做生意，同样的理念都是适用的。况且我相信对我们的研究发现，如第 5 级经理人和飞轮模式，美国人比其他文化背景中的人更难接受。

问：为什么在研究对照组中没有高科技公司？

答：大多数科技公司未被纳入考虑之中，因为它们历史不够悠久，不足以显示从优秀到卓越的模式。我们要求公司至少应有 30 年的历史才值得关注（15 年的优秀业绩之后，有 15 年的卓越表现）。在那些有 30 年历史的科技公司中，没有一个显示出我们寻求的从优秀到卓越的特殊模式。例如英特尔公司一直都是卓越的，没有一段时间是表现平平的。倘若在10年或20年之后再进行这样一项研究，我完全有理由期待名单上会出现高科技公司。

问：《从优秀到卓越》这本书如何适用于已经非常卓越的公司？

答：我建议他们参考《从优秀到卓越》和《基业长青》这两本书，以更好地理解它们杰出的原因，这样做它们才能保持不做错事。正如我最敬仰的斯坦福商学院教授罗伯特·伯格尔曼多年前曾教导我的那样："工作和生活中最大的危险不是彻底的失败，而是成功了却全然不知成功的原因。"

问：你如何解释近来某些实现卓越的公司面临的困境？

答：每个公司无论有多么杰出，都会面临困境。世界上没有哪家公司会长盛不衰，保持完美无瑕的纪录。它们的经历总是起起伏伏。关键不是它们会不会陷入困境，而是它们要有走出困境再创辉煌的能力。而且，倘若哪家公司没有按研究结果去做，它就必将走下坡路。孤立的任何一个变量都不会使公司走向卓越，只有将所有变量综合为一个整体，并使它们长期协调一致地起作用，公司才会完成从优秀到卓越的飞跃。下面两个真实的例子充分说明了这一点。

一个例子是吉列公司（见图附1）。它在1980—1998年这18年内创下了非凡业绩，股价的上涨幅度是大盘指数的9倍多，但在1999年它跌入低谷。我们认为它陷入困境的主要原因，是公司需要更强有力的秩序来坚守自己的事业，并把这种秩序完全嵌入刺猬理念的三环中。产业分析师的喧嚣曾引起人们的更大关注，他们认为吉列急需引入一位魅力十足的首席执行官来重振雄风。如果吉列公司聘任一位第 4 级经理人，那么它成为持久卓越公司的可能性将大打折扣。

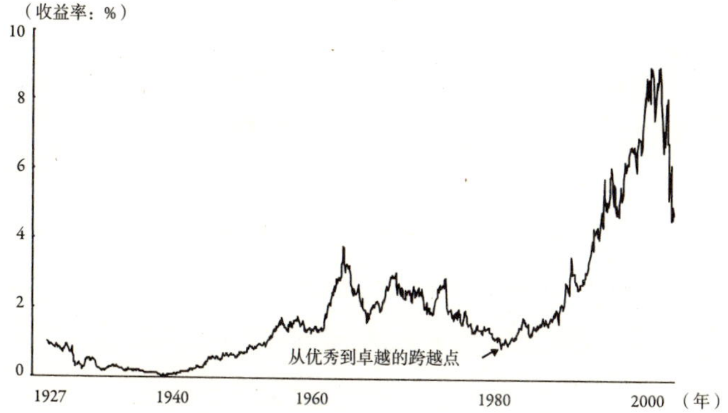

图附 1　吉列公司会从实现卓越走向基业长青吗？

注：相对于大盘股市的股票累计收益率（1927—2000 年）

另一个例子是纽柯公司。它在 1994 年达到事业巅峰，股票价格上涨幅度曾一度是大盘指数的 14 倍，随后历经肯·艾弗森退休后接踵而至的管理混乱，元气大伤。艾弗森选定的继任者上任没多久，就在不堪入目的决策层混战中被赶下台。这场内部斗争的一位挑起者在美国夏洛特市的《新闻和观察者》（1999 年 6 月 11 日版，第 1 页）中透露：艾弗森在晚年已经不再是第 5 级经理人了，相反他开始更多地展示以自我为中心的第 4 级经理人的特征；艾弗森在他全盛时期不愧是一位能人，但他想使公司与他同归坟墓。不过艾弗森自己并不这样认为，他觉得真正的问题是由现在的管理层希望公司进行多样化经营，不再固守刺猬理念所引起的。《新闻和观察者》写道："艾弗森只是摇头，他说纽柯公司正是由于远离多样化才可以积蓄力量，在钢铁制品业中占据龙头地位。"无论哪种情形——第5级经理人的逝去，或者对刺猬理念的偏离，或者两者兼而有之，在本书即将付梓时，纽柯公司能否成为一家卓越公司仍然不得而知。

然而，值得注意的是，大多数实现卓越的公司在此书著述时仍然保持着很强的发展势头。其中7家公司在实现飞跃后的20多年里创下了不凡的业绩，其余两家也各有24年的突出表现。无论用何种标准衡量，这些都是不寻常的纪录。

问：你如何把卓越的菲利普·莫里斯公司与它销售烟草的事实协调起来？

答：或许没有哪家公司会比菲利普·莫里斯公司更能引起人们的反感，即使人们认为一家烟草公司是真正卓越的公司（许多人对此仍表示怀疑）。但是由于来自立法和社会的制裁威胁不断增加，它能否保持长盛不衰仍然有待观察。具有讽刺意味的是，菲利普·莫里斯公司创下了拥有不凡业绩最持久的纪录——自实现卓越之日起长达34年，而且它是唯一一家同时列入《从优秀到卓越》和《基业长青》的公司。这种表现不仅是因这种产业的功能所致，即利用高额差价将产品卖给嗜烟者。菲利普·莫里斯公司击败了所有的烟草公司，其中包括与它进行对照的雷诺烟草公司。但对于菲利普·莫里斯公司而言，要想拥有光明的未来就意味着要直面那些残酷现实——社会与烟草的关系以及社会对烟草业的认知。有一部分人认为该产业中的每个人都同等参与了有组织的行骗活动。不管这种说法公正与否，人们（尤其是生活在美国的人）能够饶恕许多种罪恶，但绝不会忘记或饶恕被他人欺骗。

无论人们对烟草业的态度如何（在研究小组中也是争论不休），把菲利普·莫里斯公司纳入《从优秀到卓越》和《基业长青》的研究，在后来被证明是有指导意义的。它告诉我与业绩息息相关的不是公司的价值观内容，而是员工对这些价值观的信任度。这是一个让我难以接受的发现，但是大量的数据证明了这一点（详细叙述请见《基业长青》第三章）。

问：一家公司能不能在恪守刺猬理念的同时，拥有高度多元化的业务组合？

答：我们的研究有力地说明：高度多元化的公司和组织很难持续创造卓越的业绩。然而有一个明显的例外，即通用电气公司。但是我们可以这样解释，通用电气公司有一个不同寻常的微妙的刺猬理念，这一理念使它把各类业务凝聚在一起。通用电气公司与其他公司相比强在何处？它创造了一流的总经理。我们认为这是通用电气公司刺猬理念的精髓。那么通用电气公司的经济指标如何？应该是每4名高级管理人才创造的利润。我们可以考虑一下：假设你有两个业务机会，每一个都可能带来几百万美元的利润，但是其中一项业务要占用3倍多的高层管理人才，才能赢得和另一项业务相同的利润，那么显然后者与刺猬理念吻合，而前者则不能。通用电气公司最引以为傲的究竟是什么呢？拥有世界顶尖的管理层！这是员工的真实感受，绝对不是白炽灯、喷气式飞机引擎和电视节目制作能带来的。就这样，通用电气公司构建的刺猬理念不仅使公司实现了多元化经营，而且使公司将精力集中在三环的交叉处。

问：在从优秀到卓越的转变中，董事会扮演什么样的角色？

答：首先，董事会在挑选第 5 级经理人时扮演着重要的角色。近来有大批董事会成员迷恋魅力型的首席执行官，尤其是“具有震撼力的名人”。事实上，这种趋势对公司的长期健康发展是有极大危害的。董事会应该知道第 5 级经理人的特征，并起用这种人才担任重要职务。其次，公司的董事会应该将股票价值与股票价格区分开来。在任何时候，董事会都无须对拥有公司股份的大量股民负责，即那些轻易抛售股票的人。他们应该集中精力建立一个真正为股东创造价值的卓越公司。董事会如果没有用更长远的眼光（未来 5~10 年）来经营股票，就很容易混淆价格与价值，从而无法对股东负责。你若想了解一个好的董事会在从优秀到卓越的转变中所起的作用，我向你推荐丽塔·里卡多·坎贝尔的著作《阻击恶意收购》(*Resisting Hostile Takeover*)。坎贝尔女士原来是吉列公司在科尔曼·莫克勒时代的董事会成员之一。在这本书中，她详细叙述了一个负责任的董事会会怎样解决价格和价值这个棘手的难题。

问：当今世界变幻莫测，赌博性投资盛行。在这种情况下，新兴科技公司能否拥有第 5 级经理人？

答：我的答案是约翰·莫里奇。他是一位领导公司实现转变的首席执行官。他使一家马萨诸塞州垂死挣扎的小公司一举成为过去 10 年里卓越的科技公司之一。随着飞轮模式开始运作，这位谦逊的、鲜为人知的男士退居幕后，将公司转交给下一代领导者。或许你未曾听说过约翰·莫里奇，但我敢说你肯定知道这家公司，它就是思科公司。

问：面对杰出人才匮乏，我们如何实施“先人后事”的原则？

答：首先，在机构的高层人员中选拔，你必须遵守这样一条准则——没有合适人选决不盲目录用。在从优秀到卓越的飞跃中，最糟糕的一步就是在关键职位上出现用人失误。其次，拓宽你对“合适人选”的定义，更多地重视人的性格特征，而不是专业知识。人们可以学会技能，获取知识，但不可能学会具备某种基本的性格特征，以适合你的组织机构的要求。最后，也是最重要的一点，就是在经济困难时期聘用优秀人才，即使那时你并不清楚该给他们安排哪项具体工作。一年前我曾写下这样一番话：每个人都在感叹他们很难将高层人才从新兴科技公司和互联网公司中吸引出来。然而此时泡沫已经破裂，成千上万名人才失意街头。第5级经理人将意识到这是近20年来绝好的机遇——不是市场或科技机遇，而是人才机遇。他们将把握这种契机，在力所能及的范围内尽量多地雇用最优秀的人才，随后再决定如何安排这些人才。

问：在很难解雇不称职人员的情况下（如在学术机构或政府机关里），我们该如何践行“适者上车，否则下车”这条原则？

答：基本观点仍然适用，但是要花费更多的时间完成。例如，在20世纪六七十年代，一所著名的医学院完成了从优秀到卓越的转变。医学院的院长撤换了所有的教职人员，但这历时20年之久。他无法解雇终身教授，但他可以聘用合适的人来填充每个空位，从而逐步营造一种新的环境。在这种环境下，那些不称职的人日益感到不安，最终纷纷退休或者另谋出路。同样地，你也可以借助理事会机制来帮你实现这种转变（详见第五章“刺猬理念”）。只要理事会的每个席位都为合适的人所占据，你就无须顾虑其他。是的，你可能迫于无奈，不得不携不称职的人同行，但是你可以将他们排除在理事会之外，从而实质上将他们限制在巴士的后座上。

问：我是一家小公司的负责人，这些理念怎样才适用于我呢？

答：直接适用。在第九章，我详细论述了从优秀到卓越的理念对小型或初创公司的适用性。

问：我不是首席执行官，对这些发现，我能做些什么？

答：能做许多。我能给出的最好答案，就是请把第九章末尾的那个故事再看一遍，那个有关高中越野赛跑队教练的故事。

问：我应该从何开始，又怎样开始？

答：首先，熟悉所有的研究发现。切记没有哪个发现可以单独创造一个卓越的组织，你应该使它们作为一个有机整体发挥作用。然后，按照框架顺序去运作。从“先人后事”开始，逐步历经各个主要环节。与此同时，要坚持不懈地努力使自己不断地向第 5 级经理人的方向发展。在编写本书时，我采用的顺序与我们观察到的公司的情形是一致的。本书的结构就像一幅行程图。希望你在从优秀到卓越的旅途中好运常伴！

附录 1.1
《从优秀到卓越》的研究项目：实现跨越的公司的选择过程

研究小组成员彼得·范·詹德伦为确立选择标准煞费苦心，他还在按照标准寻找实现跨越的公司的“财务分析的艰难长征”路上，起到了重要作用。

实现跨越的公司的选择标准

1. 公司经过一个转折点，显示出“优秀”业绩的模式，然后转向“卓越”业绩。我们把“卓越”定义为从转折点开始经过15年时间，公司股票累计收益率至少是市场平均水平的3倍。我们把“优秀”业绩定义为在转折点之前的15年时间，公司股票累计收益率不超过市场平均水平的1.25倍。除此之外，转折点后的15年内的股票累计收益率和转折点前的15年内的股票累计收益率相除，结果必须超过3。

2. 从优秀到卓越的经营模式必须是公司转变，而不是一次行业事件。换句话说，公司展示的模式不仅必须与市场无关，而且要与行业无关。

3. 在转折点上，公司必须是一个已经存在的并继续发展的公司，而不是一个新公司。我们规定这家公司必须在转折点前至少有25年的经营历史。除此以外，它必须在转折点前有至少10年公开上市的股票收益数据可供分析。

4. 转折点必须在 1985 年以前出现，以便我们有足够的数据来评估转变后的持续能力。1985 年后出现的从优秀到卓越的转变可能是实现跨越的转变，但是那时我们已经完成了调查，无法计算它 15 年的股票累计收益与市场平均水平的比值。

5. 无论转变发生在哪一年，从接受选择到我们下一阶段的调查研究，公司都必须仍是一个继续发展且独立经营的重要公司。要达到这个标准，公司必须出现在 1996 年发布的 1995 年《财富》美国 500 强名单里。

6. 最后，在被选择时，公司应该仍显示上升趋势。对任何 1996 年前在 T+15 阶段效益下降的公司，从转折点到 1996 年相对于市场平均水平的股票累计收益率的斜率，应该等于或超过 T+15 阶段，达到 3/15 的斜率。

从优秀到卓越的选择过程

我们使用越来越严密的筛选程序来寻找符合要求的公司。我们进行了 4 次筛选（见图附 2）。

第一次筛选：从所有公司中选出 1435 家

我们决定选用一张公司名单列表开始我们的调查。这些公司都出现在《财富》杂志关于美国最大的上市公司的排名榜单里。最早的一批名单出现于 1965 年。我们的第一批名单包括 1965 年、1975 年、1985 年和 1995 年名单里的所有公司。一共有 1435 家这样的公司。大多数人都知道这些排名就是《财富》美国 500

强，尽管榜单里的公司总共可能只有 1 000 家，因为《财富》杂志偶尔会改变排名的数量和形式。作为我们开始分析的基本材料,《财富》杂志的排名有两个主要优点。第一，它只选择足够大的公司（这些公司靠年收入挤入了 500 强名单）。因此，出现在《财富》杂志里的绝大多数公司在转变期都是持续经营的公司，符合我们的要求。第二，所有公司都是上市公司，我们可以使用股票收益数据作为基础，进行更严密的筛选和分析。非公开上市

图附 2　实现跨越的公司的筛选过程

公司不需要达到同样的会计和公告标准，所以我们就没有机会对它们的业绩进行一对一的、直接的比较分析。把我们的对象仅限

于《财富》美国 500 强公司有一个明显的缺点：我们的分析只针对在美国的公司。然而，我们发现，在筛选过程里，只使用遵循一个共同报告标准（一对一的股票收益数据）的美国上市公司的好处，超过了使用一个国际数据组的好处，因为这种筛选更加严密。

第二次筛选：从 1435 家公司到 126 家公司

我们的下一步，是使用芝加哥大学证券价格研究中心（CRSP）的数据，对实现跨越的公司做最后选择。然而，我们需要一种方式把公司的数量减少到可以控制的程度。我们采用了《财富》杂志公布的收益率来减少候选公司数量。《财富》杂志早在 1965 年就为 500 强名单里的每个公司计算了投资者的 10 年回报。通过运用这些数据，我们把公司的数量从 1 435 家减少到 126 家。我们选择在 1985—1995 年、1975—1995 年和 1965—1995 年三个时间段里表现超出一般水平的回报丰厚的公司。我们也寻找那些经历了一般水平回报，或低于一般水平回报之后，显示出超出一般水平回报的公司。更具体地说，这 126 家公司通过了下列全部测试：

测试 1：1985—1995 年，投资者的年综合回报超出《财富》杂志工业和服务投资者的年综合平均回报的 30%（即总回报超过平均回报 1.3 倍），而且公司在前 20 年（1965—1985 年）业绩表现一般或低于一般水平。

测试 2：1975—1995 年投资者的年综合回报超出同时期《财富》杂志工业和服务投资者的年综合平均回报 30%（即总回报超过平均回报 1.3 倍），而且公司在前 10 年（1965—1975 年）业绩表现一般或低于一般水平。

测试 3： 1965—1995 年间投资者的年综合回报，超出同时期《财富》杂志工业和服务投资者的年综合平均回报 30%(即总回报超过平均回报 1.3 倍)。《财富》杂志排名没有包含 1965 年前 10 年的回报，因此，我们决定在第一批名单里选入 30 年来所有业绩突出的公司。

测试 4： 1970 年后建立的公司在 1985—1995 年或 1975—1995 年投资者总回报超出同时期《财富》杂志工业和服务投资者平均回报 30%（即总回报超过平均回报 1.3 倍）。有的公司因为没能进入《财富》杂志排名，所以没有达到以上标准。这样，我们就能够细致考察在后来的几十年里业绩非凡，但是以前没有被列入《财富》美国 500 强名单里的公司。这次筛选也允许我们确认和删除那些历史太短，不能完成合格转变的候选公司。

第三次筛选：从 126 家到 19 家公司

根据芝加哥大学证券价格研究中心的研究数据资料，我们分析了每家候选公司相对于市场平均水平的股票累计收益率，寻找从优秀到卓越的公司的股票收益率模式。所有达到第三次筛选排除标准的公司在这个阶段都被剔除了（见表附 1）。

第三次筛选排除标准

所有达到下列任何一个排除标准的公司，在这个阶段都将被剔除。

第三次筛选排除标准使用的术语注解：

T年：我们确认的年份是业绩开始出现上升趋势的时间点——“转变年”，它是指实际股票收益显示出可见的上升转变。

X时期：紧接T年之前的相对于市场平均水平的可见的“优秀”业绩的时期。

Y时期：紧接T年之后，远远超过市场平均业绩的时期。

第三次筛选排除标准1：根据CRSP数据，公司在整个阶段显示出相对于市场平均水平的持续上升趋势——没有X时期。

第三次筛选排除标准2：公司显示出相对于市场平均水平的逐渐上升势头的平缓趋势，没有向突破业绩的明显转变。

第三次筛选排除标准3：公司表现出一个转变期，但是X时期不到10年。换句话说，转变期前一般业绩数据资料不够丰富，不能显示出基本的转变特征。在有些案例里，公司可能在转变年份以前有更长的X时期，但是在X时期股票在纳斯达克、纽约证券交易所或美国证券交易所上市交易。因此，我们没有更早的数据用来证实某个X时期。

第三次筛选排除标准4：公司显示出相对于市场平均水平的糟糕业绩并向一般业绩的转变。也就是说，我们排除那些典型的彻底改头换面的公司。那些公司摆脱了下滑趋势，然后进入与市场平行的轨道。

第三次筛选排除标准5：公司显示出一个转变期，但是出现在1985年以后。在这个时间出现的实现跨越的公司也可能是合格的候选公司，然而到我们完成调查时，无法证实它15年的相对市场平均水平的股票累计收益率是否达到3X标准。

第三次筛选排除标准6：公司表现出业绩上扬的转变期，但是这种上扬没有持续。首次上扬后，相对市场平均水平就呈现平缓或下滑趋势，一直持续到我们做出选择进行研究的时候。

第三次筛选排除标准 7：公司表现出变化无常的收益模式——大幅上升和猛烈下滑，没有明显的 X 时期、Y 时期或 T 年。

第三次筛选排除标准 8：没有 1975 年前的完整的 CRSP 数据，无法确认某个可以核实的 10 年的 X 时期。

第三次筛选排除标准 9：有一个转变模式，但是公司在 X 时期以前显示出一段时间的辉煌业绩（上升到超过市场平均水平 20 倍）。这就提供了大量证据表明此公司是一个在困难时期暂时下滑而业绩出色的公司。典型公司是华特·迪士尼公司。

第三次筛选排除标准 10：在第三次筛选分析时，公司被收购、兼并或不再是一个独立的公司。

第三次筛选排除标准 11：公司表现出温和的转变，但是低于市场平均收益率的 1/3。

表附 1　第三次筛选分析结果

编码	进入第二次筛选的公司	第三次筛选结果
1	AFLAC	根据标准 3，被删除
2	AMP 公司	根据标准 6，被删除
3	雅培公司	进入第四次筛选分析
4	阿尔本特森公司	根据标准 1，被删除
5	艾尔科标准公司	根据标准 3，被删除
6	阿利赫尼 · 特利丹公司	根据标准 6，被删除
7	奥尔泰尔公司	根据标准 2，被删除
8	美国运通公司	根据标准 6、7，被删除
9	美国商店公司	根据标准 6，被删除
10	安修瑟 · 布希公司	根据标准 2，被删除
11	应用材料公司	根据标准 5，被删除
12	阿切尔 · 丹尼尔斯 · 米德兰公司	根据标准 6，被删除
13	自动数据处理公司	根据标准 1，被删除
14	第一银行	根据标准 6，被删除
15	纽约银行有限公司	根据标准 2，被删除
16	巴耐银行	根据标准 3、6，被删除
17	伯克希尔 · 哈撒韦公司	根据标准 1，被删除
18	波音公司	根据标准 1，被删除
19	布朗宁 · 费里斯实业	根据标准 3，被删除
20	坎贝尔汤料公司	根据标准 2，被删除
21	卡地纳保健	根据标准 8，被删除
22	克莱斯勒公司	根据标准 6，被删除
23	电路城	进入第四次筛选分析
24	可口可乐公司	进入第四次筛选分析
25	高露洁棕榄公司	根据标准 11，被删除

（续表）

编码	进入第二次筛选的公司	第三次筛选结果
26	柯美利加公司	根据标准 3，被删除
27	冠群电脑国际	根据标准 8，被删除
28	计算机科学公司	根据标准 6、7，被删除
29	康尼格拉公司	根据标准 3，被删除
30	康喜可人寿保险公司	根据标准 8，被删除
31	CPC 国际（后来是贝斯特食品）	进入第四次筛选分析
32	CSX	根据标准 8，被删除
33	迪安食品公司	根据标准 7，被删除
34	迪拉德公司	根据标准 6，被删除
35	多弗公司	根据标准 3、6，被删除
36	杜邦公司	根据标准 11，被删除
37	恩格尔哈德公司	根据标准 2，被删除
38	FMC 公司	根据标准 7，被删除
39	房利美	进入第四次筛选分析
40	第一洲际银行	根据标准 2，被删除
41	第一邦联公司	根据标准 3、6，被删除
42	弗利特金融集团	根据标准 6，被删除
43	弗利特伍德公司	根据标准 7，被删除
44	弗斯特·惠勒公司	根据标准 6，被删除
45	GPUInc.	根据标准 2，被删除
46	盖璞公司	根据标准 8，被删除
47	GEICO	根据标准 10，被删除
48	通用动力公司	根据标准 7，被删除
49	通用电气公司	根据标准 5、11，被删除
50	通用食品公司	进入第四次筛选分析

（续表）

编码	进入第二次筛选的公司	第三次筛选结果
51	通用雷公司	根据标准 2，被删除
52	巨人食品公司	根据标准 6，被删除
53	吉列公司	进入第四次筛选分析
54	大西部金融公司	根据标准 3，被删除
55	孩之宝公司	根据标准 6，被删除
56	亨氏公司	进入第四次筛选分析
57	赫尔希食品公司	进入第四次筛选分析
58	惠普公司	根据标准 7，被删除
59	胡马纳公司	根据标准 3、6，被删除
60	伊利诺斯工具产品公司	根据标准 2，被删除
61	英特尔	根据标准 1，被删除
62	强生	根据标准 6、7，被删除
63	约翰森控制公司	根据标准 6，被删除
64	凯洛格公司	进入第四次筛选分析
65	凯利服务公司	根据标准 3、6，被删除
66	KeyCorp	根据标准 3，被删除
67	金佰利公司	进入第四次筛选分析
68	克罗格公司	进入第四次筛选分析
69	礼来大药厂	根据标准 2，被删除
70	洛斯保险	根据标准 3、6，被删除
71	洛拉尔公司	根据标准 7，被删除
72	洛氏公司	根据标准 2，被删除
73	MCI 通信公司	根据标准 7，被删除
74	马普托公司	根据标准 3、6，被删除
75	马斯科公司	根据标准 3、6，被删除

（续表）

编码	进入第二次筛选的公司	第三次筛选结果
76	马特尔	根据标准 3、6，被删除
77	麦当劳	根据标准 7，被删除
78	梅尔维尔公司	根据标准 10，被删除
79	默克公司	根据标准 1，被删除
80	美孚石油公司	根据标准 2，被删除
81	孟山都公司	根据标准 4、5，被删除
82	摩托罗拉公司	根据标准 1，被删除
83	涅尔公司	根据标准 3、6，被删除
84	耐克公司	根据标准 1、7，被删除
85	Norwest Corp	根据标准 5，被删除
86	纽柯公司	进入第四次筛选分析
87	Olsten Corp	根据标准 1、7，被删除
88	OwensCorning	根据标准 2，被删除
89	帕卡尔	根据标准 2，被删除
90	太平洋健康系统	根据标准 8，被删除
91	百事公司	进入第四次筛选分析
92	辉瑞制药	根据标准 1，被删除
93	道奇	根据标准 2，被删除
94	菲利普 · 莫里斯公司	进入第四次筛选分析
95	必能宝公司	进入第四次筛选分析
96	宝洁	根据标准 2、5，被删除
97	Progressive Corp	根据标准 3、1，被删除
98	雷声	根据标准 6，被删除
99	锐步	根据标准 8，被删除
100	纽约共和公司	根据标准 3、6，被删除

（续表）

编码	进入第二次筛选的公司	第三次筛选结果
101	罗克韦尔国际公司	根据标准 3、6，被删除
102	SCI 系统公司	根据标准 7，被删除
103	SAFECO Corp	根据标准 2，被删除
104	萨拉李公司	进入第四次筛选分析
105	先灵·葆雅公司	根据标准 7，被删除
106	股份霸主公司	根据标准 7，被删除
107	肖工业公司	根据标准 3、6，被删除
108	索诺科产品公司	根据标准 3、6，被删除
109	西南航空公司	根据标准 1，被删除
110	State Street Boston Corp	根据标准 3，被删除
111	太阳信用银行公司	根据标准 8，被删除
112	思科公司	根据标准 3、6，被删除
113	天地公司	根据标准 6，被删除
114	电信公司	根据标准 3、6，被删除
115	特纳广播公司	根据标准 8，被删除
116	蒂科国际公司	根据标准 2、6，被删除
117	泰森食品公司	根据标准 1、3，被删除
118	联合碳化物公司	根据标准 6，被删除
119	美洲银行	根据标准 2，被删除
120	VF 公司	根据标准 6，被删除
121	沃尔玛公司	根据标准 1，被删除
122	沃尔格林公司	进入第四次筛选分析
123	华特·迪士尼	根据标准 9，被删除

（续表）

编码	进入第二次筛选的公司	第三次筛选结果
124	华纳 · 兰伯特公司	根据标准 6、7，被删除
125	富国银行公司	进入第四次筛选分析
126	温迪克西百货公司	根据标准 7，被删除

第四次筛选：从 19 家到 11 家实现跨越的公司

我们想找到实现转变的公司，不是实现转变的行业。公司在恰当时机处于热门行业，并不能说明公司有资格进入我们的研究范围。为了区分行业转变和公司转变，我们决定对剩下的 19 家公司重复 CRSP 分析，只是这次参照综合行业指数，而不是股票市场。我们将选择显示出与所在行业不具有相关性转变的公司，作为最后的研究对象。

我们通过标准普尔工业综合指数考察剩下的 19 家公司的历史，并且找到了处于转变期（5 年以内）的一组行业公司。然后，我们拿到了所有公司在行业综合指数的 CRSP 的股票收益数据。如果公司涉足多个行业，我们就使用两个独立的行业测试。接着我们设置了一个行业累计收益指数，为了做对比，我们又为转变公司设置了股票累计收益率。因此，我们能够确认和排除任何没有显示出与所在行业不具有相关性转变的公司。

通过行业分析，我们排除了 8 家公司——萨拉李公司、亨氏、赫尔希食品公司、凯洛格公司、CPC 和通用食品公司，它们大约在 1980 年，显示出相对股票市场平均水平的大幅上扬，但是没有一家公司表现出相对食品工业的转变。可口可乐和百事可乐大约在 1960 年和 1980 年股价一路狂飙，但是这种飙升完全没有发生在饮料行业。所以，最后我们选择了通过了从第一次到第四次筛选的11家公司，作为研究对象。（注：在第一次选择时，3家公司——电路城、房利美、富国银行没有完整的15年的股票累计收益数据。我们持续监控这些数据直到T+15年，确保它们的业绩符合15年股票累计收益率是市场平均水平的3倍这一标准。3家公司都做到了，所以我们在研究时保留了这3家公司。）

附录 1.2
《从优秀到卓越》的研究项目：直接对照公司的选择

《从优秀到卓越》的直接对照分析，旨在尽可能地创造一个“历史的受控试验”。想法很简单：通过寻找和实现跨越的公司几乎同时创立、在转变期有类似机遇、行业范围和成就记录相似的公司，我们就能在研究中进行直接对照分析，从而探求在转变中发挥重要作用，使公司得以扬名的因素。我们的目标是要找到那些原本能像从优秀到卓越的公司那样实现飞跃，但实际上未能成功的公司。然后再探究其原因：究竟不同之处在哪里？我们按照以下 6 条标准，系统地、有条理地收集并评估了同每家实现跨越的公司形成鲜明对比的候选公司。

行业相似性：在转变期间，对照候选公司与实现跨越的公司要生产相似的产品或提供相似的服务。

规模相似性：在转变期间，对照候选公司与实现跨越的公司要具有基本相同的规模。我们采用了一个统一的评估计量标准，即在转变期对照候选公司的收益与实现跨越的公司所创收益的比值。

时代相似性：对照候选公司与实现跨越的公司要创建于同一时代。我们采用的评估计量标准是对照公司与实现跨越的公司之间的年限比值。

股市记录相似性：在跨越之前，对照候选公司股市记录中的累计收益率在趋势上应大体与实现跨越的公司保持一致。正是在转折点上，两者才会出现轨道分离，自此后者的表现远远胜于前者。

保守性测试：在转折点上，对照候选公司比实现跨越的公司皆略胜一筹。前者规模较大，利润较高，市场态势较坚挺，同时享有较好的声誉。这是一项十分重要的测试，它使我们要找的实现跨越的公司突显出来。

表面有效性：这要考虑两大因素：（1）选中列入研究的对照公司和实现跨越的公司应大致属于相同的行业；（2）在列入研究时，对照公司应不如实现跨越的公司成功。

这样，表面的有效性与保守性测试共同发挥作用：保守性测试表明了在转变前对照公司比实现跨越的公司更强大，但在纳入研究时它们肯定变得不如后者。

我们正是根据以上六大标准对对照公司进行了评估，并且依据以下 4 个分值算出了它们的分数。

4= 对照候选公司极其符合标准，没有任何问题或资格限制。

3= 对照候选公司还算符合标准，但存在少量问题或资格受限，故不能得 4 分。

2= 对照候选公司不太符合标准，存在严重的问题，但值得关注。

1= 对照候选公司根本不符合标准。

下面的列表，是每家实现跨越的公司的对照候选公司以及以 6 项标准衡量得出的平均分值。排在每个列表首位的公司即是被选中的直接对照公司。

雅培公司

普强公司	4.00
Richardson-Merrill	3.25
G.D.Searle&Co	3.00
斯多林药业	2.83
先灵 · 葆雅公司	2.70
必治妥 · 施贵宝公司	2.67
诺威齐华公司	2.67
帕克达维斯公司	-2.40
Smith Kline Beecham	2.33
辉瑞公司	2.33
华纳-兰伯特公司	2.17

电路城公司

Silo 公司	3.40
天地公司	3.25
最佳购物	1.83

房利美

大西部金融公司	2.83
萨利梅公司	2.67
弗雷迪马克公司	2.50
H.F.Ahmanson & Co.	2.33
家庭国际公司	2.33
大陆银行公司	2.20
第一渣打银行	1.60

吉列公司

华纳—兰伯特公司	2.67
雅芳公司	2.50
宝洁公司	2.33
联合利华公司	2.33
国际芳香公司	2.33
露华浓公司	2.33
高乐氏公司	2.33
高露洁棕榄公司	2.25
旁氏公司	2.00
Bic	1.50
Alberto-Culver	1.50
美国安全剃刀公司	1.50
普雷克斯公司	1.00
Faberge	1.00

金佰利公司

斯科特纸业 *	3.50
米德公司	3.50
Crown Zellerbach	3.25
圣·里吉斯造纸公司	3.13
国际造纸公司	2.92
联合阵营公司	2.67
佐治亚—太平洋公司	2.50
The Westvaco 公司	2.50

（注：* 之所以选中斯科特纸业，是因为它在转变前是金佰利公司更直接的对手。）

克罗格公司

大西洋和太平洋食品公司	3.17
赛福威公司	2.58
温迪克西百货	2.50
美国商店	2.42
巨人食品公司	2.33
宝石商店	2.25
艾伯森商店	2.08
食品王	1.50
联合百货	1.00

纽柯公司

伯利恒钢铁公司 *	3.00
内陆钢铁公司	3.00
美国钢铁马拉松	2.92
国民钢铁公司	2.60
佛罗里达钢铁公司	2.50
西北钢铁电线公司	2.40
内湖钢铁公司	2.40
阿利赫尼 · 特利丹公司	1.83
共和钢铁公司	1.75
利克斯公司	1.60
惠林公司	1.50

（注：* 内陆钢铁公司只是在时代相似性上得分较高，而伯利恒钢铁公司在保守性测试与表面有效性上分值较高。因此我们最后选择了伯利恒钢铁公司。）

菲利普 · 莫里斯公司

雷诺烟草公司	3.50
美洲烟草公司	3.40
利格特烟草集团	3.25
劳利拉得烟草公司	3.20

必能宝公司

信件和文件复印机公司	3.42
巴罗斯公司（现为优利公司）	2.83
史密斯 · 克罗那公司	2.58
施乐公司	2.33
NCR 公司	2.25
IBM 公司	2.00
数据控制公司	1.33

沃尔格林公司

埃克德公司	3.42
Revco D.S. Inc.	2.67
来德爱公司	2.17

富国银行

美洲银行	3.33
芝加哥第一银行	3.17
国民银行	3.17
梅隆银行	3.00
伊利诺斯大陆银行	3.00
波士顿银行	2.83
第一洲际银行	2.25
西北银行	2.17

附录 1.3
《从优秀到卓越》研究项目的间接对照公司

图附 3、表附 2 展示了典型的间接对照公司的发展模式：

表附 2　间接对照公司

间接对照公司	上升年间①	上升年间股市累计收益率	下一个 10 年股市累计收益率②
宝来	10.08	13.76	0.21
克莱斯勒	5.67	10.54	0.69
哈里斯	6.42	6.63	0.16
孩之宝	6.33	35.00	0.63
乐柏美	10.83	6.97	0.31③
特利丹	9.42	17.95	0.22
平均值	7.92	12.15	0.26
未持续平均值	8.125	15.14	0.37
同期实现跨越的公司的平均值		2.02④	2.02⑤

注：

① 这是指从开始上升到顶点整个转变期的年数，同时相对于市场间接对照公司再次开始衰落。

② 每当股市收益率低于 1，表明相对于市场价值出现衰退。比如，若比值是 0.2，那么你投资该公司的每 1 美元收益将低于同期你将这 1 美元投资于普通股票市场的所得。

③ 乐柏美的数据在达到顶峰后持续了 7.17 年有效，之后该公司被收购。

④ 按以下方法计算：对每家实现跨越的公司来说，市场累计收益率始于开始向上转变，在 8.125 年后（8.125 是落选公司上升周期的平均年数），然后按照 T+8.125 计算 11 家实现跨越公司的平均值。（在转变日分别投资 1 美元于股票市场和入选公司，在 T+8.125 年时收回。）

⑤ 按以下方法计算：对每家实现跨越的公司来说，市场累计收益率从 T+8.125 年起算，到 T+18.125 年结束，按照 T+18.125 年计算 11 家实现跨越公司的平均值。（在 T+8.125 年投资 1 美元于市场和公司，在 T+18.125 年时收回。）要是一家公司的数据在 T+18.125 年之前结束，就使用平均值中可获得的最后一个数字。比如富国银行，我们使用了 1998 年西北银行兼并前（1988 年 10 月 30 日）的最后一个数字。

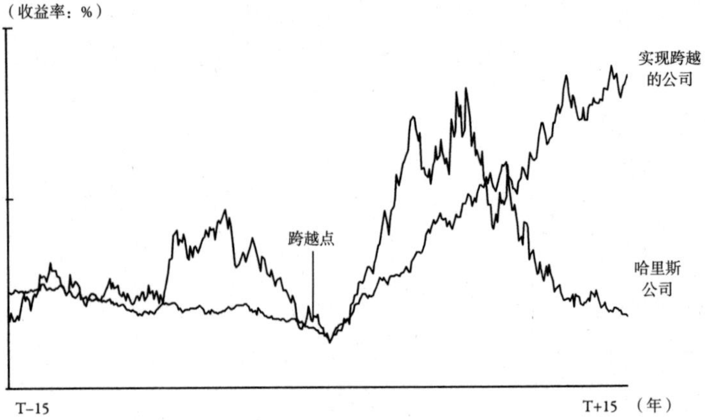

图附 3　哈里斯公司

注：一个典型的间接对照公司相对于股票市场的累计收益率 T-15 到 T+15

附录 1.4
《从优秀到卓越》调查步骤回顾

一旦选定 28 家公司（11 家实现跨越的公司，11 家直接对照公司，6 家间接对照公司），研究小组就进行了以下调查和分析。

公司规章文献

对每家公司，研究团队的成员会寻找收集有关文章和书面材料，包括：

（1）在公司整个历史上，所有发表过的有关公司的主要文章，其来源广泛，如《福布斯》《财富》《商业周刊》《华尔街日报》《国家经济》《纽约时报》《美国新闻》《新共和》《哈佛商业评论》《经济学人》，以及从行业或专题材料中选取的文章。

（2）直接从公司获得的材料，特别是主管撰写的书和文章，他们发表的演说、内部刊物、年度报告和公司其他文件。

（3）公司或外界观察家出版的有关该行业、该公司和（或）公司领导者的书。

（4）商学院案例和行业分析。

（5）商业和行业参考资料，如《美国商业领导者传记词典》《公司历史国际名录》《胡佛公司手册》《美国工业发展》，以及其他类似材料。

（6）年度报告、代理声明、分析师报告和其他有关公司，特别是公司转变期的材料。

然后，研究人员将每家公司的所有信息编录成“密码文件”，以公司建立至今的时间为序，按以下分类进行编录：

密码分类1：组织筹备。“硬件”项，如组织结构、政策和程序、制度、奖励和激励、所有制结构。

密码分类2：社会因素。“软件”项，如公司文化惯例、人文政策和惯例、标准、程序、神话和故事、团队活力、管理风格和其他相关项目。

密码分类3：商业战略和战略过程。公司战略主要因素，制定战略的过程，包括重要的并购。

密码分类4：市场、竞争对手和环境。公司竞争环境和外部环境的主要方面的主要竞争对手，竞争对手的重要活动，主要市场转移，国内外重大事件，政府规定，行业结构问题，大范围技术改造以及相关项目。其中包括公司与以华尔街为代表的金融领域的关系的数据。

密码分类5：领导。公司领导——主要主管、首席执行官、总裁、董事会成员。有关领导者换届、领导风格等有趣的数据。

密码分类6：产品和服务。公司历史上重要的产品和服务。

密码分类7：地理环境和位置。公司所在地的厂房和办公室装修、新设备等。其中包括公司关键部门选址等类似的重要决定。

密码分类8：技术运用。公司如何运用技术——信息技术、生产工艺和装置、高级技术和相关项目。

密码分类9：洞察力、核心价值、目标和愿景。这些变量存在吗？如果存在，它们是怎样形成的？这些变量是否在公司历史的某些时期存在，而在别的时期不存在？它们起什么作用？如果公司有核心价值和明确的目标，这些价值和目标仍然是完整的，还是已经变形了？

密码分类 10a（只适用于直接对照公司）：实现跨越的公司在相应转变期内的变化或转变活动。实现跨越的公司在转变日前 10 年和后 10 年，公司所做的变革和刺激转变的主要努力。

密码分类 10b（只适用于间接对照公司）：尝试转变期。尝试转变期 10 年里公司采取的主要转变设想和相应活动。

密码分类 11（只适用于间接对照公司）：转变后的衰落。在尝试转变期的 10 年里，导致公司陷入危机的主要因素。

财务电子数据表分析

我们对每家公司进行了深入的财务分析，针对 1980 年的数据进行所有变量的计算（共28家公司，每家公司平均35年）。数据包括收集收支平衡表原始数据，计算转变期前后 10 年的以下变量：

以名义价格和实际价格（考虑通货膨胀）计算的总销售额。

销售增长

利润增长

利润盈余

销售盈利

以名义和实际价格计算的人均销售额

以名义和实际价格计算的人均利润

财产、厂房和设备

股息支付率

以百分比表示的销售费用、日常费用和行政管理费

以百分比表示的研发费用

以天计算的时间

存货周转率

资本收益

负债资本率

长期负债资本率

以百分比表示的利息

每股的高股价收益

每股的低股价收益

每股的平均股价收益

主管访谈

我们对高级管理人员和董事进行访谈，主要针对曾在转变期任职的主管。我们记录了所有访谈，将访谈内容整理成综合数据进行分析（见表附 3）。

表附3　公司和访谈的次数

公司	访谈次数
雅培	8
电路城	8
房利美	10
吉列	6
金佰利	7
克罗格	6
纽柯	7
菲利普·莫里斯	6
必能宝	9
沃尔格林	8
富国银行	9
总计	84

访谈问题

（1）你能简要介绍一下与公司的关系——在公司的任期及主要工作吗？

（2）你认为转变期前后20年，其间公司不断创造佳绩的5个最重要因素是什么？

（3）现在，我们逐一分析这5个因素。根据5个因素在转变期的重要性，请以百分比的形式分别表示各因素所占比例（全部5个因素 = 100%）。

（4）你能解释一下前2个或前3个因素吗？你能举些具体例子来解释吗？

（5）在这个时间框架里，公司是不是有意识地进行大变革或转型呢？

（6）（如果是有意识的）你能准确说出何时公司开始做出转变这一重要决定的（大约哪一年？）

（7）（如果是有意识的）是什么促使公司决定进行转变？公司在转变期做出重要决定和开发新战略的过程是什么？……不是做出什么决定，而是怎样做决定的？

（8）在决策时如果有外来顾问和专家参与，他们的作用是什么？

（9）如果信心值范围是1~10，在知道结果之前，你对做出的决定有大信心？（10表示你信心十足，认为决策正确，成功可能性很大；1表示你对决策没有信心，而且决策的风险大，类似掷骰子。）

（10）（如果你的信心大于等于6）是什么使你对决策如此有信心？

（11）公司是如何落实决策的？

（12）你能举例说明吗？

（13）在转变期你的哪些措施不奏效？

（14）公司在做长期变化调整和投资的同时，如何应对华尔街的短期压力？

（15）许多公司进行大调整，但它们的努力没有产生持续效果。从优秀到卓越的转变期的一个重要方面是它产生了持续效果，而不是昙花一现。我们发现了这一点。什么原因导致这种不同？主要因素是什么？

（16）我们比较了在贵公司转变期里同行业的对照公司，但是，与实现跨越的公司不同，对照公司的长期持续效果并没有体现出来。实现跨越的公司有什么不同？其他公司能够做到像贵公司一样实现跨越，实际它们没有做到，你是怎样做到的？

（17）以你的经验和观察，能否举一个特别有说服力的例子来说明实现转变的实质是什么？

（18）你能否向我们推荐其他可以采访的对象？

转变期间和转变后的内部管理者。

外部董事或重要的公司外人物。

（19）还有应该说明，但我们没提到的问题吗？

特殊分析单元

我们编写了一系列特殊分析单元，旨在对实现跨越的公司和对照公司进行系统比较和对重要变量进行量化分析（如果有可能），继而理解其中存在的问题。

收购和撤资

本分析单元试图解释收购和撤资在从优秀向卓越转变中的作用。

目的：

· 实现跨越的公司在转变前期和转变后期在收购和撤资方面若有数据不同，那么不同在何处？

· 实现跨越的公司在收购和撤资方面，与直接对照公司有何不同？用数据支持结论。

· 实现跨越的公司在收购和撤资方面与间接对照公司有何不同？用数据支持结论。

为了进行这种分析，我们为每家公司每一年的情况建立一个数据库。

· 一年中收购清单和它们的财务状况。
· 一年中收购总量。
· 一年中总收购规模。
· 一年中撤资清单和它们的财务状况。
· 一年中所有撤资项目。
· 一年中所有撤资的总规模。

利用这些数据，我们做了 8 项主要分析：

· 实现跨越的公司：转变前和转变后。
· 实现跨越的公司和对照公司：转变前和转变后。
· 间接对照公司：转变前期 10 年和转变后期 10 年。
· 前后 10 年总结性分析：实现跨越的公司、直接对照公司和间接对照公司。
· 实现跨越的公司：转变日至现在。
· 实现跨越的公司与对照公司：转变日至 1998 年。
· 间接对照公司：转变日至 1998 年。
· 自转变日至 1998 年的总结：实现跨越的公司，直接对照公司和间接对照公司。

另外，在这种分析考察收购和撤资的定性方面，考察问题如下：

· 收购总体战略。
· 一体化收购总体战略。
· 每项收购最终成功。
· 总体收购战略的最终成功。

行业绩效分析

在这项分析中，我们对照了公司绩效和行业绩效。分析的目的是确定公司在转变期是否处于热门行业。我们建立了电子数据表，量化了每一行业与公司的数据，从而确定行业和公司的关系。

我们把每家实现跨越的公司的相关行业，与《标准普尔分析师手册》出现的从转变期至1995年所有其他行业做比较。

（1）对每家实现跨越的公司，确定《标准普尔分析师手册》列出的从转变年至1995年期间的所有行业。

（2）对每种行业，运用公司转变期至1995年全部收益来确定这一时期全部收益的百分比变化。

（3）根据本时期收益百分比对行业进行分类。

主管更换分析

本分析单元考察公司在历史上关键时期主管更换的情况。

通过运用《穆迪公司报告》，我们计算实现跨越公司和对照公司的主管更换频率：

转变前的 10 年里人员离职的平均比例。

转变后的 10 年里人员增加的平均比例。

转变前的 10 年里人员改换的平均比例。

转变后的 10 年里人员改换的平均比例。

对 1998 年做同样的分析。

目的：

（1）在实现跨越的公司转变的前后期里，如果存在主管变更或留任的量化差异，那么这种差异是什么？

（2）与对照公司相比，实现跨越的公司在主管变更或留任方面是怎样产生差异的？

（3）与间接对照公司相比，实现跨越的公司在主管变更或留任方面是怎样产生差异的？

首席执行官分析

我们对 3 类公司（实现跨越的公司，直接对照公司和间接对照公司）在转变期里的每届首席执行官进行定性分析。

（1）管理风格。

（2）领导角色。

（3）个人生活。

（4）他们对首席执行官具备前 3 个特点的看法。

我们考察了 56 位首席执行官。

我们也考察了 3 类公司首席执行官的个人背景和任期。我们选取所在公司于 1997 年转变，并在此之前已就任职 10 年的首席执行官为对象，进行以下项目的考察：

（1）他被从外部请来并直接就任首席执行官（即通过招聘成为首席执行官）吗？（是或不是。）

（2）他成为首席执行官之前，在公司的任职年数。

（3）他就任首席执行官时的年龄。

（4）他担任首席执行官的起止年。

（5）他担任首席执行官的年数。

（6）他就任首席执行官前担任的职务。

（7）他被选为首席执行官的因素（为何被选为首席执行官）。

（8）他的教育背景（特别是专业，如法律、商务，以及学位等）。

（9）他进公司前的工作经历和其他经历（如服兵役）。

高管报酬

本单元考察公司高管的薪资。我们收集了28家公司从转变期前10年至1998年期间的数据，并进行了多方面分析。

（1）所有高管和经理在转变年的薪资和奖金总和占公司纯利的百分比。

（2）首席执行官在转变年的现金总收入占公司纯利的百分比。

（3）首席执行官在转变年的薪金和红利之和占公司纯利的百分比。

（4）首席执行官的薪金和红利之和与职位处于前4位的经理的平均报酬的差异在转变年后10年占公司纯利的百分比。

（5）所有高管和经理在转变年的薪金和红利之和的平均值占公司纯利的百分比。

（6）所有高管和经理在转变年的薪金和红利总和。

（7）所有高管和经理在转变年的薪金和红利报酬的总和占销售额的百分比。

（8）所有高管和经理在转变年的薪金和红利报酬的总和占公司资产的百分比。

（9）前4位高管在转变年的现金总收入占纯利的百分比。

（10）前4位高管在转变年的薪金和红利总和占纯利的百分比。

（11）所有高管和经理在转变年的薪金和红利之和的平均值。

（12）首席执行官的薪金和红利总和占净收入的百分比。

（13）首席执行官薪金和红利总和与前4位高管薪金和红利总和平均值的差异。

（14）首席执行官薪金和红利总和与前4位高管薪金和红利总和平均值的差异占销售额的百分比。

（15）首席执行官薪金和红利总和与前4位高管薪金和红利总和平均值的差异占净收入的百分比。

（16）所有高管和经理在转变年的薪金和红利总和的平均值占销售额的百分比。

（17）所有高管和经理在转变年的薪金和红利总和的平均值占净收入的百分比。

（18）所有高管和经理在转变年的薪金和红利总和占净收入的百分比。

（19）首席执行官在转变年的现金总收入占净收入的百分比。

（20）首席执行官每年得到的股票价值在转变年占净收入的百分比。
（21）前4位高管每年得到的股票价值在转变年占净收入的百分比。
（22）前4位高管每年得到的股票价值在转变年占资产的百分比。
（23）前4位高管每年得到的股票价值在转变年占纯利的百分比。
（24）首席执行官的薪金和红利总和在转变年后10年占销售额的百分比。
（25）前4位高管的薪金和红利总和在转变年后10年占销售额的百分比。

目的：

（1）在实现跨越的公司转变的前期和后期，如果有量化差异，那么这种差异是什么？
（2）与对照公司相比，实现跨越的公司在报酬方面是怎样产生差异的？
（3）与间接对照公司相比，实现跨越的公司在报酬方面是怎样产生差异的？

裁员的作用

本节我们考察三类公司（实现跨越的公司、直接对照公司和间接对照公司），为证明裁员是提高公司业绩的重要策略寻找事实根据。

（1）在公司 1998 年转变前的 10 年里按年计算的雇员总人数。
（2）在转变年的前后 10 年能够证明裁员是提高公司业绩的事实根据。
（3）如果确实有裁员，计算出裁员人数，得出其与名义上占总劳动力的百分比。

公司所有制分析

分析重点在于确定处于转变期的各家直接对照公司的所有制之间是否有重大差异。考察以下几点：

（1）大股东和集团。
（2）董事会所有制。
（3）经理所有制。

媒体宣传分析

本单元考察围绕三类公司的媒体宣传力度。在公司转变年前 10 年到其后 10 年间，我们考察了以下几点：

（1）有关公司在转变前 10 年和后 10 年，以及总共 20 年间刊登的文章。
（2）有关公司在转变前 10 年和后 10 年，以及总共 20 年间刊登的专题报道。
（3）有关公司在转变前 10 年和后 10 年，以及总共 20 年间刊登的谈论“转变”“反弹”“转向”“改革”的话题的专题报道。

（4）有关公司在转变前10年和后10年，以及总共20年间刊登的基调积极的文章、中立性文章（轻微消极和轻微积极之间）、消极性文章。

技术分析

本单元考察技术的作用，主要依赖主管访谈和书面材料。

（1）先进技术运用。

（2）技术的时间安排。

（3）具体技术的选择和使用标准。

（4）对照公司在衰落期技术的作用。

比较分析的框架

最后，我们在做调查时除考察上述项目外，还建立了许多比较分析框架。虽然这些框架直接来源于调查事实，但它们不如上述项目分析严密。它们包括：

· 公司采取的大刀阔斧的行动。

· 逐渐演进与公司改革过程。

· 管理层与平等主义。

· 曾经辉煌过的对照公司衰落的原因。

· 三环理论分析及相应核心价值和目的。

· 突破前公司积累时期。

· 关于突破期刺猬理念的时间安排。

· 核心业务与刺猬理念的分析。

· 继任分析和继任者的成功概率。

· 曾经辉煌的对照公司在衰落过程中的领导者作用。

附录 2.1
首席执行官：内部提升与外部引入分析

表附 4 至表附 8 列出了每家公司从内部提升与从外部引入首席执行官的总数。对每家实现跨越的公司，我们都详细考察了它在转变日之前的 10 年至 1998 年期间的所有首席执行官。对于直接对照公司，我们借用了对应的实现跨越的公司完成转变的日期，做了同样的分析。对其他间接对照公司，我们的考察期限是从它理应转变之日起的 10 年前至 1998 年。我们将所有的首席执行官都算在内，包括从外部聘用、任职只有一年甚至更短的首席执行官。

表附 4　关于首席执行官的聘用途径的比较（实现跨越的公司）

实现跨越的公司	首席执行官数目	外来者数目	外来者所占百分比（%）
雅培公司	6	0	0
电路城	3	0	0
房利美	4	2	50
吉列公司	3	0	0
金佰利公司	4	0	0
克罗格公司	4	0	0
纽柯公司	2	0	0
菲利普·莫里斯公司	6	0	0

（续表）

实现跨越的公司	首席执行官数目	外来者数目	外来者所占百分比（%）
必能宝	4	0	0
沃尔格林	3	0	0
富国银行	3	0	0
合计	42	2	4.76

表附 5　关于首席执行官的聘用途径的比较（直接对照公司）

直接对照公司	首席执行官数目	外来者数目	外来者所占百分比(%)
普强公司	6	2	33
Silo 公司	6	4	67
大西部金融公司	3	0	0
华纳—兰伯特公司	5	1	20
斯科特纸业	5	1	20
大西洋和太平洋食品公司	7	2	29
伯利恒钢铁公司	6	0	0
雷诺烟草公司	9	3	33
信件和文件复印机公司	10	7	70
埃克德公司	3	0	0
美洲银行	5	0	0
合计	65	20	30.77

表附 6　关于首席执行官的聘用途径的比较（间接对照公司）

间接对照公司	首席执行官数目	外来者数目	外来者所占百分比 (%)
宝来公司	6	2	33
克莱斯勒汽车公司	4	3	75
哈里斯公司	5	0	0
孩之宝公司	3	0	0
乐柏美公司	4	1	25
特利丹公司	3	0	0
合计	25	6	24.00
对照组总计	90	26	28.89

表附 7　分析总结 I

项目	首席执行官总数	外来首席执行官总数	所占百分比（%）	与实现跨越公司的比值
实现跨越的公司	42	2	4.76	
直接对照公司	65	20	30.77	6.46
间接对照公司	25	6	24.00	5.04
对照组总合计	90	26	28.89	6.07

表附 8　分析总结 II

项目	公司数目	外聘首席执行官公司总数	所占百分比（%）	与实现跨越公司的比值
实现跨越的公司	11	1	9.09	
直接对照公司	11	7	63.64	7.00
间接对照公司	6	3	50.00	5.50
对照组总合计	17	10	58.82	6.47

附录 3.1
行业分析排名

我们对实现跨越的公司所在的行业和《标准普尔分析师手册》中其他的行业进行了比较。比较期限是从转变之年起至1995年。比较程序如下：

（1）针对每家实现跨越的公司，确定在它转变之年至1995年间列入《标准普尔分析师手册》的所有行业。

（2）针对每一种行业，算出它从对应公司转变之年至1995年期间的总收益，从而确定在此期间总收益的百分比变化情况。

（3）根据这段时间各行业的总收益百分比，进行行业排名。

表附9表明：公司要创造卓越收益，不一定非要在卓越的行业中。

表附 9　从转变之年至 1995 年，实现跨越的公司对应行业的绩效

公司	统计年限	参加排名行业数	公司所在行业	该行业排名	行业占有率（%）
雅培公司	1974—1995	70	药品业	28	40
电路城	1982—1995	80	特色零售业	17	21
房利美	1984—1995	90	储蓄和贷款业①	69	77
吉列公司	1980—1995	76	化妆品业	19	25
金佰利公司	1972—1995	64	家用制品业	18	28
克罗格公司	1973—1995	66	食品连锁零售业	12	19
纽柯公司	1975—1995	71	钢铁业	70	99
菲利普·莫里斯公司	1972—1995②	57	烟草业	2	3.50
必能宝公司	1974—1995	70	计算机系统业	68	97
沃尔格林公司	1975—1995	71	零售药店	13	18
富国银行	1983—1995	84	主要地区银行业	64	76

注：①储蓄和贷款业被认为是联邦国民抵押协会的最佳代表产业。
②对菲利普·莫里斯公司的统计始于 1972 年，因为在此之前标准普尔指数尚未诞生。

附录 4.1
对照公司的“厄运之轮”行为

直接对照公司

大西洋和太平洋食品公司

大西洋和太平洋食品公司（A&P）犹豫不决，不断转换策略，力求一次性快速解决存在的问题。公司不断召开动员大会，推行新项目，挖掘“新人”，解雇首席执行官，聘用首席执行官，继而再解雇他们。在大西洋和太平洋食品公司日趋衰落的日子里，描写这家公司的文章标题这样写道：《领奏变革号角》《唤醒巨人》《再创大西洋和太平洋食品公司辉煌》，以及《锦绣前程》。然而，这前程从未实现。

信件和文件复印机公司

由于核心业务衰退，它陷入小鸡式“天空要坠落”的恐慌。公司试图进军办公自动化领域，与IBM、施乐和柯达公司抗衡，实施“公司复兴”计划。然而这也只是幻想。当计划失败后，继任的首席执行官又发起了一场战略大转移，撤出了办公自动化领域。然而不到一年，这位首席执行官像“手术中从手术室消失的脑科大夫一样”，离职了。随后的那位首席执行官来了一次“180度的大转弯”，企图在新兴的印刷业取得成功。但是厄运难逃，公司损失惨重。在1984年前的6年里，共有4位首席执行官相继卸任。随后公司两次破产，而不只是一次。

美洲银行

为了弱化规章制度，公司进入保守变革模式。在自动取款机和技术落后的情况下，公司实施追赶计划。通过聘用公司变革顾问，让他们主持“公司谈心小组”，力图成为变革的另一种翻版。同时它还引进了“啦啦队式的管理方式”。对查尔斯·施瓦布的盲目崇拜引发了文化冲突，后来通过高昂的资本代价才得以解决。接着公司钟情于太平洋银行，力图与富国银行的克罗克合并。然而并购最终失败，这给美洲银行带来了几十亿美元的损失。

伯利恒钢铁公司

公司经历了几番周折：先是多元化经营，后来聚焦钢铁业，再转回多元化经营，之后又回到钢铁业。在科技与现代化条件落后的情况下，公司全力以赴地实施追赶计划。刚开始是管理层适应工会，后来是工会配合管理层，然后是管理层配合工会，之后是工会配合管理层，反反复复，毫无定性。其间，国外的竞争对手与纽柯公司飞速发展，后来它们与伯利恒钢铁公司争夺市场份额。

埃克德公司

几次毫不相关的并购旨在大胆寻求发展契机，然而因忽略了占主导地位的刺猬理念，公司一度陷入恶性循环。公司相继购买了一家糖果公司，一家百货公司连锁店，一家证券服务机构以及一家食品服务供应商。其最大的厄运是收购了美国家用影碟公司，导致埃克德公司亏损达3 100万美元，后来又以低于收购价7 200万美元将它转卖给了天地公司。埃克德公司从此再也没有恢复实力，最终在一次所有权转让中被收购，后又被卖给了杰西潘尼公司。

大西部金融公司

公司计划没能保持前后一致，时而转向银行（力求更像一家银行），时而折回公司（力图成为多元化经营的公司）。它先是进军保险业，后从中撤出，进入房地产业，随后又折回走以融资和银行业为主的道路。“别担心人们怎样称呼我们——银行，储蓄贷款公司，甚至一匹斑马。”整家公司按一位首席执行官的个人远见运转，但是当他离任后，公司在这种笨重且不连贯的模式下不断摔跤，最后落得被动重组，委身于华盛顿共同基金的下场。

雷诺烟草公司

当公司开始走下坡路，发现自己受到反烟草势力的围攻时，公司立即采取对策，加紧实行收购，然而几次收购都考虑不周，比如对海陆公司的收购。在买下海陆公司后，雷诺烟草注入20亿美元的资金，试图启动此公司（然而与此同时，其烟草工厂在投资中却遭遇解体）。5年后最终以赔本价将其卖出。每一位新任首席执行官都会带来一套全新的战略。后来，菲利普·莫里斯公司夺得了霸主地位，雷诺烟草公司只好求助于股权融资。其初衷只是为了扩大经营，而不是经营公司本身。

斯科特纸业

在其核心业务受到宝洁公司和金佰利公司冲击时，斯科特纸业走向另一个极端——多元化。伴随每一位首席执行官，公司都会有一条新道路、一项新方针、一个新视野。在20世纪80年代后期，公司大张旗鼓地进行了一场激进改革，但它远未达到效果。接下来是一股重组风。公司聘用了号称“链锯AI”的艾尔·邓拉普，他在一次突击裁员中裁了41%的雇员，后来他把公司卖掉了。

Silo公司

悉尼·库珀的去世使公司陷入后继无人的状态。新一代领导者为了增长而追求增长。当时电路城公司正从占有地区市场入手，建立配送中心，直至在附近每一个城镇都建起商店。鉴于这种情形，Silo公司一气之下从一个城市跳到另一个城市，四处建立商店，结果是公司形成了一个毫无体系的杂乱的商店聚合体，完全忽略了区域规模经济。公司没有恪守一个理念或构想。它先是被赛克劳丝公司收购，后来赛克劳丝公司又被迪克逊公司收购。新老板解雇了原整个管理层。

普强公司

普强公司陷入贩卖未来（未来从来都是暗淡的）和大肆宣传新产品潜力的模式，但是并没有达到预期的宣传效果。普强公司的股价变得反复无常，投机性极强，时起时伏，飘忽不定，或者只闻雷声，不见雨点。后来，它像拉斯维加斯的赌徒一样，将筹码下在“救世主产品系列”上，例如培健脱发治疗。无论在酣乐欣还是在其他产品中，由来已久的产品问题对于摇摆不定的股价来说，无疑是雪上加霜。最后公司不得不屈从于根除旧疾，与法玛西亚公司合并。

华纳—兰伯特公司

公司从消费产品到医疗保健品，然后再回到消费产品，接着是两者兼具，随后又是一种，再是另一种，反反复复，重心不定。每一位新上任的首席执行官都有新的想法，新的举动。他们终止以前的增长态势，在新的方向重新启动飞轮。公司也曾试图通过大胆收购，努力创造突破性进展，但是收购都以失败告终，最终公司损失达上亿美元。结果它最终投入了辉瑞公司的怀抱，把一个独立公司的动荡命运交付给了他人。

间接对照公司

宝来公司

在其上升期内，公司的首席执行官，一位才华横溢但脾气暴躁的领导者，进行了一场铺天盖地的企业再造。但是公司由于削减成本而影响了士气，人才流失严重。随后公司选择了一位软弱的继任者，他也失败了。之后他被一位“有才华的、傲气十足、进取心极强”的首席执行官替代。他谴责前任的工作，将公司带入新的方向。在一次大型重组中，400 名行政人员同时离职。鼓吹新方案的海报贴满了公司的墙壁。公司再次进行调整。后来另一位首席执行官试图进行另一次重整，开辟一个新的方向。结果只是公司更严重的衰退，以及又一位首席执行官上任。

克莱斯勒公司

在 5 年的辉煌业绩之后，公司陷入衰退危机。一位业内人士写道：“就像许多患有心脏病的病人一样，几年前他们在急诊手术中死里逃生，活下来却又重返从前不健康的生活方式中去。”公司把注意力转向意大利跑车，继而带来了许多新生意，增强了防御力。在20世纪90年代，又一次转型使公司复苏，但是公司终难逃厄运，最后被戴姆勒公司收购。

哈里斯公司

公司的辉煌史是与一位首席执行官紧密相连的。这位首席执行官心怀刺猬理念，创造了最初的飞轮效应。但是他未能将这一理念带到公司的决策层中。后来在他退休后，决策层用增长理念代替了刺猬理念。公司先是全力搞办公自动化，这后来被证明是一场灾难；接着又进行了几次毫无关联的并购；最后公司患了“雷声大，雨点小”的综合征，飞轮停止了旋转。

孩之宝公司

孩之宝是一家差点儿就符合标准的对照公司。他通过给著名玩具品牌，如G.I.Joe，不断注入新的活力，始终如一地追求刺猬理念，从而创下了不凡业绩。但实现最初转变的设计师英年早逝，他的接班人更像是第3级经理人（称职的领导者），而绝不是第5级经理人。因此，飞轮旋转的速度变慢。这位首席执行官用重整机构来摆脱困境，最后的结果是不得不从外部引进人才来重塑公司的增长。

乐柏美公司

如果有哪家公司跨越了积累阶段，那就是乐柏美公司。其转变期的首席执行官领导公司实行全面转型，这是一项富有戏剧性、杀伤力极强的事业。他甚至不惜牺牲飞轮的旋转势头，将增长视为最终发展目标。在这位首席执行官卸任后，人们才清楚地看到他是整个飞轮的原动力，而绝不是一个由系统的刺猬理念引导的强有力的团队。飞轮开始减速，公司不得不屈服于根除旧疾，并且卖掉了自己的前程。乐柏美公司从《财富》美国 500 强排行榜的首位跌落，在 5 年内被觊觎它已久的纽威尔公司收购。

特利丹公司

特利丹公司的命运随着人称“斯芬克斯”的亨利·辛格尔顿这位天才的命运而起起伏伏。公司的刺猬理念本质上就是追随亨利。辛格尔顿实现了 100 多次并购，范围涉及电子业、稀有金属业等多个领域。随着亨利的卸任，他的智慧也随他而去，公司出现了许多问题。从此，特利丹公司陷入漩涡之中，最终与艾勒格尼公司合并。

附录 4.2
实现跨越的公司和对照公司收购概况

表附 10 收购分析

公司	考察期收购总数	1998 年平均收购金额（美元）	考察期出盘总数	1998 年平均出盘金额（美元）	收购策略成功率
雅培公司	21	169 818 207	5	137 217 603	+2
普强公司	25	28 138 169	7	345 320 294	不详
电路城	1	6 600 000	0	0	+3
Silo 公司	4	11 424 141	0	0	–1
房利美	0	0	0	0	+3
大西部金融公司	21	97 094 394	3	235 285 336	–1
吉列公司	39	348 882 434	20	106 594 043	+3
华纳—兰伯特公司	32	337 860 155	14	174 589 830	–1
金佰利公司	22	1 171 873 946	18	338 404 045	+2
斯科特纸业	18	218 599 634	24	324 508 613	–2
克罗格公司	11	3 732 984 720	9	254 232 923	+2
大西洋和太平洋食品公司	14	154 907 076	4	—	–3
纽柯公司	2	22 322 080	3	109 744 379	+3
伯利恒钢铁公司	10	189 013 588	23	143 005 128	–3

（续表）

公司	考察期收购总数	1998 年平均收购金额（美元）	考察期出盘总数	1998 年平均出盘金额（美元）	收购策略成功率
菲利普·莫里斯公司	55	1 723 276 274	19	6 997 069 169	+1
雷诺烟草公司	36	955 695 029	29	603 549 096	–3
必能宝公司	17	97 233 030	8	209 682 701	+1
信件和文件复印机公司	19	94 309 099	9	162 484 305	–3
沃尔格林公司	11	26 013 766	8	15 534 739	+3
埃克德公司	22	84 842 102	9	103 450 742	–1
富国银行	17	1 448 694 030	6	157 643 123	+3
美洲银行	22	670 808 773	13	440 239 849	+1
宝来公司	22	648 232 383	7	264 428 815	–2
克莱斯勒公司	14	381 361 879	15	388 240 170	–1
哈里斯公司	42	123 867 786	7	125 718 587	–1
孩之宝公司	14	174 390 164	0	0	+1
乐柏美公司	20	153 344 542	5	152 718 587	+3
特利丹公司	85	64 609 576	3	38 853 138	–2

注：为了制作这张表格，我们首先测定出每家公司在转变前 10 年至 1998 年的收购总数，然后根据融资分析和定性分析对每次收购进行了评估，并给出在 +3 至 –3 间的一个分值。最后基于这些分值我们得出一个平均分。至于普强公司，因为时间的限制，我们未能进行一次彻底的分析研究，因此没能给它一个分值。

附录 4.2

实现跨越的公司和对照公司收购概况

致谢

如果说本书是由吉姆 · 柯林斯写的，那么未免言过其实：没有其他人的巨大贡献，它根本不可能面世。

感谢名单上排在最前面的是研究小组的成员。能拥有这样一个具有奉献精神的团队，我真是太幸运了。他们在这个项目上共花费了大约 15 000 个小时，他们在工作中给自己确立的标准对我而言是一个极大的鞭策。我一直在努力达到这一标准。当我艰难地撰写本书时，我回想起研究小组的所有成员。他们孜孜不倦，在此项目上花费了数月（甚至几年）时间。他们仿佛站在我身旁，使我深感责任重大，激励我创作出符合他们的标准、配得上他们的辛勤工作与奉献的作品。我希望本书能令他们满意。任何不尽如人意之处，均应由我负责。

这里附上《从优秀到卓越》研究小组的名单：布赖恩 · J. 巴格利、斯科特 · 锡德伯格、安东尼 · J. 奇里科斯、珍妮 · 库珀、杜安 · C. 达菲、埃里克 · 哈根、莫滕 · T. 汉森、莱恩 · 霍宁、克里斯廷 · 琼斯、斯科特 · 琼斯、斯蒂芬尼 · A. 贾德、布赖恩 · C. 拉森、伊夫 · 李、尼古拉斯 · M. 奥斯古德、维基 · 莫瑟 · 奥斯古德、阿利森 · 辛克莱、彼德 · 范 · 杰德伦、保罗 · 韦斯曼、利 · 威尔班克斯、安伯 · L. 杨。

另外，我想感谢科罗拉多大学商学院的丹尼斯 · B. 诺克，是他引荐并帮助我挑选最优秀的研究生加入研究团队。挑选最合适的研究小组成员是这个研究项目取得成功最重要的步骤，丹尼斯在为研究小组挑选优秀人选的过程中起到了极其重要的作用。我还要感谢科罗拉多大学的卡罗尔·克里斯曼和她在威廉·M. 怀特商务图书馆的全体同人，他们都非常具有奉献精神，耐心帮助研究小组的成员搜寻各种隐秘的信息。除此之外，我想感谢马莎·乔·桑尼、琼·惠伦、莱内特·雷克尔、贝蒂·格里比和迪娜·麦凯等。

我还要特别感谢那些眼光敏锐的试读者，他们耗费了大量时间阅读书稿，针对需要改进的地方给我们提出了反馈意见。虽然有些反馈意见令我们倍受打击，但它们也是非常有益的。他们一直使我坚信这个项目很有潜力。我要感谢他们的坦率和真知灼见。

我们有幸得到实现跨越的公司的高管的参与。他们在一两个小时的采访和随后的谈话中耐心地回答了我们的问题。我希望本书能最好地体现他们取得的成就。他们是美国商界真正的无名英雄。

在这些公司中，对我们的研究工作帮助很大的人不胜枚举。他们帮助我们安排采访，提供关键的文件和信息。在此，我要特别感谢：雅培公司的戴维·A. 鲍德温、凯瑟琳·巴宾顿、安·费伊威德曼和米里亚姆·特朗斯罗德·韦尔蒂；电路城公司的安·M·科利尔；房利美的约翰·P. 迪夸罗；吉列公司的戴维·A. 福什和尼尔·M. 弗里齐；金佰利的蒂纳·巴里（感谢她的帮助和她关于达尔文·E. 史密斯的见解）；金佰利公司的莉萨·克劳奇和安吉·麦科伊；克罗格公司的杰克·科尼特；纽柯公司的特里·S. 里森比和科尼利亚·韦尔斯；菲利普·莫里斯公司的蒂莫西·A. 索姆波尔斯基和史蒂文·C. 帕里什；必能宝公司的谢里尔·Y. 巴特尔斯和戴安娜·L. 拉索；沃尔格林公司的托马斯·L. 马莫瑟和劳里·L. 迈耶；富国银行的直田尚通。

我想特别感谢：黛安娜·康帕格诺·米勒（在富国银行是她为我们打开层层大门）、约翰·S. 里德（在菲利普公司是他为我们打开层层大门）、沙伦·L. 沃泽尔（她在电路城公司为我们打开层层大门）、卡尔·M. 布劳尔（他向我们提供了他对电路城公司的看法，并慷慨地让我们分享他的手稿）、詹姆斯·G. 克劳森（他向我们提供了有关电路城公司的案例和他的见解）、卡伦·刘易斯（她在惠普公司档案处为我们提供帮助）、特蕾西·拉塞尔和她在证券价格研究中心的同事们（他们的辛勤工作确保了我们得到最新的数据）、尼克·萨戈、马文·布莱斯勒（感谢他的见解和智慧）、布鲁斯·伍尔珀特（他帮助我理解了机制的概念，而且令我至今仍然受益）、杰弗里·T. 卢夫蒂格博士（感谢他担任我们的智囊）、威廉·布里格斯教授（感谢他将复杂的问题分解为简单且有用的问题）、斯托克代尔将军（感谢他的宝贵教导）、珍妮弗·富特尼克（在她的创意下我们创建了麦肯锡沙龙，并由此开始了这个项目），还有比尔·米汉（他给我们带来了最初的思想火花）。

在此我要特别感谢这项研究的导师杰里·波勒斯，詹姆斯·J. 罗宾，他们在本书涉及的图表方面给了我极大帮助，而彼得·金斯堡是我在出版界值得信任的合作伙伴和顾问，丽莎·伯克维茨创造了奇迹，还有阿德里安·扎克黑姆，他从一开始就对本书充满信心，并给予热情的支持。

最后，我要深深感谢上帝让我幸运地娶到乔安娜·厄恩斯特。自我们结婚 20 年来，她一直容忍我有些神经质的性格，对我忘情于各种研究项目也不加干预。她不但是使我获益最大的批评者，而且是从不间断地给我最大支持的人。随着岁月流逝，你的爱人爱汝弥深，敬汝日盛，这才是人生成功的终极定义。如此说来，希望和她一样的成功者，舍我其谁。

译后记

一个作者在出版了成名作后，若想再创辉煌，往往像跳高运动员想要打破自己创造的纪录一样困难重重。但是，吉姆·柯林斯是一个例外。1994 年他和杰里·波勒斯出版了《基业长青》这本 20 世纪 90 年代的管理力作，2001 年年初又出人意料地推出了又一力作——《从优秀到卓越》。

《基业长青》对美国一些大公司永续成功经营的深层原因进行了探索，得出的结论真实可信，具有很大的现实指导意义。该书出版后的第二年即被《产业周刊》评为 1995 年头号商业畅销书，《今日美国》更是称之为“继《追求卓越》之后最引人瞩目的企业研究力作”。《华尔街日报》称之为“一本异乎寻常的书，很值得一读”。目前它的英文版重印超过 70 次，销售 100 多万册，并且已被译成 16 种语言在全球发行。

简单地说，《基业长青》说明了卓越的公司为何能历经上百年而长盛不衰，又是如何从创业时就将长期可持续的特征注入企业的 DNA 这样一个道理。但是，生来并不具备卓越 DNA 的公司怎么办？优秀的公司，一般的公司，甚至是很糟糕的公司，怎样成为一个能持续创造非凡业绩的企业？为什么有的公司实现了大跨越，而其他公司却没有？在长达 5 年的时间里，这个问题一直困扰着柯林斯的头脑。哪些公司可以摆脱平庸的万有引力，从大众化的泥沼中脱颖而出，实现长期的卓越？这些公司又具有哪些普遍的显著特征，使得它们能够从优秀转变为卓越呢？

怀着这样的好奇心和追求真理的决心，柯林斯和他的21人研究小组，对1965年至1995年30年间出现在《财富》500强排行榜上的1 435家企业进行了逐一分析，从中找出了11家企业，它们实现了从优秀业绩到卓越业绩的跨越，并保持15年以上。在此期间，这些公司的平均股票收益是大盘股指的6.9倍，而像通用电气这样的超级公司也只有2.8倍。沃尔格林、电器城、房利美等11家实现跨越的公司为什么比耀眼的巨星，如英特尔、可口可乐、通用电气和默克的综合股指还要高出2倍以上呢？

为了发现黑匣子里的奥秘，柯林斯和他的研究小组将实现跨越公司与两组精心挑选出来的对照公司，即“直接对照公司”和“未能保持卓越的对照公司”进行对比，分析它们之间的差别。经过仔细分析28家公司的整个历史，包括数以吨计的全部资料和几万页的采访记录，他们终于发现了从优秀到卓越的内在机制和决定性因素。

· 第5级经理人：与一些个性十足、上头条、做名流的公司领导者相比，实现从优秀到卓越跨越公司的领导者似乎是从火星上来的。这些领导者都是矛盾的混合体：个性谦逊，但又表现专业。
· 先人后事：一般人会以为，实现跨越公司的领导者会从建立一套新构想、新策略入手。相反，他们首先请进合适的人，请出不合适的人，并令合适的人各就其位。尤其重要的是，这些慧眼识珠的领导者对待人才的观念：他们看重的是人才的内在素质，而非学历、专业背景和工作经历。（这对目前中国企业以及其他所有的组织形式主义的用人制度是个极大的提醒。）

- 刺猬理念：要想完成从优秀到卓越的转变，就必须超越仅仅是称职这一局限，如果因为某项业务是你的主营业务，或仅仅因为你在这一行已经干了好几年或几十年，就认为自己在这一行能做到最好，那么你就大错特错了。关键是要找到自己擅长的业务，只有令你心醉神迷的事业才会是你的前途所在。
- 训练有素的文化：有着训练有素的文化的公司并不多见，当把训练有素的文化和企业家的职业道德融合在一起时，你就得到了神奇的创造卓越业绩的炼金术。
- 技术加速器：实现跨越的公司对技术的作用有不同的理解，它们不把技术作为引发变革的首要工具，但它们均是运用技术的先锋。
- 飞轮与厄运之轮：那些发起革命、推行激动人心的变革和实行翻天覆地重组的公司，几乎注定不能完成从优秀到卓越的飞跃。只有当你做事的方式可以使人看得到并且感觉得到动能在积蓄时，人们就会站在你的一边支持你。相反，那些希望略过积累阶段，直接跳跃到突破阶段的公司注定会陷入厄运之轮。

诚然，这本书给我们的启发远远不止这些要点。一向话语犀利而刻薄的管理大师彼得·德鲁克对该书给予了高度评价，他认为："这本书经过精心研究，写得很好。它瓦解了时下绝大多数热门管理理论和实践——从对超级首席执行官的崇拜，对 IT 的热炒，到兼并和收购的狂潮，不一而足。它不会使平庸的公司成为优秀的公司，但是，它会使优秀的公司成为卓越的公司。"

说到底，宇宙间的道理是相通的：无论是公司还是其他组织，甚至是个人的行为，书中的道理均有很大的实战意义。因为所谓战略的根本点就是以奇用兵，出奇制胜。追随别人的道路，做到最好，也只是一流的“二流子”。流行的时候一哄而上，往往赶上个溃烂的尾巴。相反，战略定位意味着采取与竞争对手不同的行动，或以不同的方式从事相同的行为。因此，这本另类的管理宝典可能比流行的 MBA 课程有意义得多，它值得每一个追求极致和辉煌的人阅读。

俞利军

ljyu@uibe.edu.cn

对外经济贸易大学教授

图书在版编目（CIP）数据

从优秀到卓越 /（美）吉姆·柯林斯著；俞利军译
. -- 北京：中信出版社，2021.4
（中信经典丛书. 001）
书名原文：Good to Great
ISBN 978-7-5217-2887-3

Ⅰ. ①从… Ⅱ. ①吉… ②俞… Ⅲ. ①企业管理
Ⅳ. ①F272

中国版本图书馆CIP数据核字（2021）第042485号

从优秀到卓越
（中信经典丛书 · 001）

著　　者：[美] 吉姆·柯林斯
译　　者：俞利军
责任编辑：温欣欣
出版发行：中信出版集团股份有限公司
（北京市朝阳区惠新东街甲4号富盛大厦2座　邮编　100029）
承 印 者：北京中科印刷有限公司

开　　本：880mm × 1230mm　1/32　　印　　张：99.5　　字　　数：2287千字
版　　次：2021年4月第1版　　印　　次：2021年4月第1次印刷
京权图字：01-2009-2466
书　　号：ISBN 978-7-5217-2887-3
定　　价：880.00元（全8册）

服务热线：400-600-8099
投稿邮箱：author@citicpub.com

扫码免费收听图书音频解读

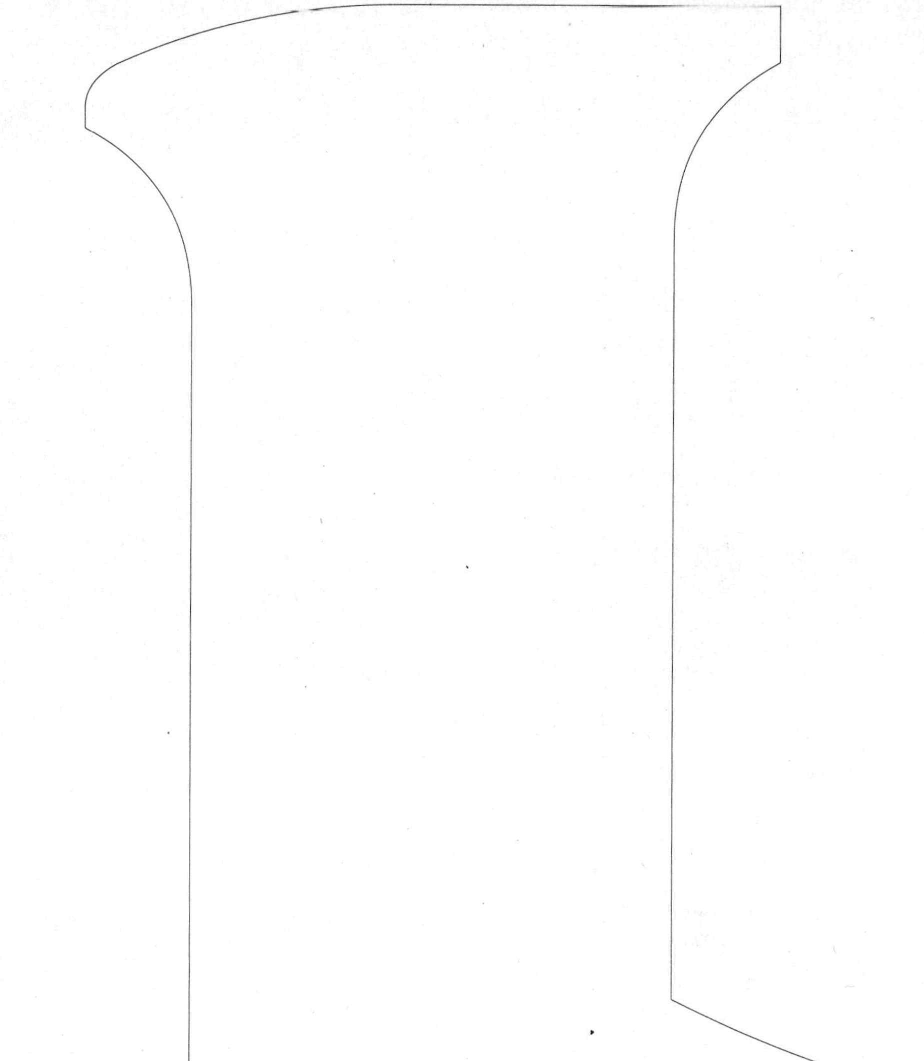

竞争优势

COMPETITIVE ADVANTAGE

CREATING AND SUSTAINING SUPERIOR PERFORMANCE

[美] 迈克尔·波特
著

陈丽芳
译

中信出版集团 | 北京

谨以此书献给 C. 罗兰 · 克里斯滕森和

理查德 · E. 凯夫斯

目录

第三部分　公司战略和竞争优势

第四部分　进攻和防御竞争战略的意义

推荐序 1

波特教授是享誉全球的管理大师，是战略管理领域的开拓者、泰斗，其战略思想影响至深，迄今依然是商学院最受欢迎的战略分析工具之一。在中欧国际工商学院 EMBA（高层管理人员工商管理硕士）学员的小组课题报告中，波特教授的分析框架当仁不让成为首选。中欧办学至今近 20 年来无不如此，足见大师作品历久弥新的经典价值。

为何波特的战略思想如此受欢迎？我想大概有以下几条理由。第一，他的战略思想将复杂的竞争现象精简为通俗易懂的思维模型，企业家听了就能理解，拿过来就可以应用。第二，看似朴素的方法背后，是他惊人的洞察力。尽管现实世界纷繁芜杂，商业创新层出不穷，但其战略分析均可适用。即便前几年风靡一时的《蓝海战略》，也是在波特战略理论基础上的创新与延展。第三，尽管在现实世界的管理决策中，企业家未必能够完全按照波特的分析方法去制定战略，但这并不影响企业家对波特战略的钟爱。因为，波特战略总是能帮助他们更加有条理地去思考、总结问题，也可以更好地把自己的战略意图与同事们交流和分享。

波特之所以能做到以上几点，其中一个原因是他对案例的运用。在每一个战略步骤 / 环节，波特都借具体案例加以阐释和说明，这使读者感觉非常受用。当然，更重要的是波特教授独特的个人经历：第一，他先取得 MBA（工商管理硕士）学位，再拿到经济学博士学位，MBA 的经历让他的研究始终围绕现实世界运转；第二，他不是学管理出身，而是经济学博士，经济学的特点在于抽象的总结，经济学训练赋予了波特化繁为简的功力；第三，他 26 岁就执教于以案例教学法闻名世界的哈佛商学院，这进一步强化了他与现实世界的联系。波特教授的这些成功因素，是值得如今的商学院教授们认真借鉴的。

对中国的一些企业家而言，《竞争优势》及《竞争战略》等"竞争"系列丛书是他们特别需要学习的好教材。企业家往往热衷于制定宏大的战略，这听起来很刺激、很有成就感，但真正让一家企业走向持久成功的，不是战略宏图，而是战略背后的能力、执行力，即竞争优势。"一流的战略 + 二流的执行"，往往比不上"次佳的战略 + 一流的执行"。原因很简单，任何战略，无论你多么超前，都会吸引新的进入者。先发者建立起难以模仿的竞争优势，才是成功的关键。在中国这样一个过去 30 年年均 GDP（国内生产总值）增长率高达 9.8% 的市场，有那么一些企业家总是在追逐机会，而缺乏打造竞争优势的耐心和恒心。因此，我们看到了太多的流星企业，各领风骚三五年。《竞争优势》是《竞争战略》的姊妹篇，如果企业家只学习后者而遗漏了前者，无疑是只学到了表面功夫。

中国企业需要认真学习波特的这套"竞争"系列丛书，其迫切性还与当下的经济转型有关。中共十八届三中全会提出的全面改革方案，开启了中国经济社会转型的大幕。转型对企业而言意味着新的竞争环境。经济增速将从高速变为中高速，原来的劳动力成本优势进一步下降，人口结构迎来刘易斯拐点，经济从投资推动转向消费驱动，以上海自贸区为标志的对外开放进一步升级……显然，企业未来的成功将不能继续简单地依赖低成本优势和经济高速增长带来的投资机会。转型的根本出路在于创新，创新将是成就未来赢家的不二法宝。但任何一次商业创新都只能带来暂时的领先，只有建立在竞争优势基础之上的持续创新，才是成就伟大企业之路。

我郑重推荐这套丛书，希望企业家们潜心细读，一定会有令你感到惊喜的收获与顿悟。

中欧国际工商学院院长，

上海数字化与互联网金融研究中心主任

朱晓明

推荐序2

迈克尔·波特的《竞争战略》、《竞争优势》以及《国家竞争优势》，都是商学或管理学领域很有影响力的著作。其贡献不仅在理论上，而且为公共和民营组织的实践者提供了一个系统的思想方法，帮助人们考虑一个企业、组织乃至国家的竞争战略问题。从理论上来说，波特的工作开启了用不同学术领域的研究方法来分析、研究、解决同一个问题的先河，产业经济学、组织行为学乃至社会学，都被用到战略管理的理论研究当中。对其在实践或应用方面的贡献，我只想谈一点儿近年来自己在国内商学院任教时的体验。国内EMBA学生的毕业论文大多以企业战略为题，在几个主要商学院中这个统计数字都超过60%，而这些论文都是用波特的方法来思考和解决学员所在的企业或其他组织的战略问题。可见其影响之大，是许多其他著作难以企及的。

波特教授在其著作中提出的标准分析方法，如“五力分析”、三种基本战略等，应用起来很方便。这里就有一个实战性的问题：是否用了波特的方法，就一定能在经营中成功、在竞争中取胜？这显然与事实不符。所以在读波特的书时要注意，有些东西可以套用，有些东西不能简单套用。分析的框架、考虑的要素、思想的方法可以套用，但分析的结论，特别是针对某些特定案例的结论，就不一定能套用。即使在同一行业，但是时间不同，地点不同，文化背景不同，企业的最佳策略也不一定相同。所以看波特的书，一定要结合自己的工作实际来读、来想、来分析。一切从实际出发，才是成功的秘诀。

为了保证理论阐述的完备性，波特教授在书中对问题条件、决定因素、战略选择、挑战与风险等方面的陈述和分析面面俱到，力求详尽。好处是可以全面看待问题，不会疏漏了应该考虑的条件、因素和风险。但是可能出现的问题是读者会被林林总总的信息淹没，丢失了重点，搞不清什么是关键问题。说到“五力”，什么是起主要作用的力？说到“优势”，什么是能克敌制胜的强项？说到“劣势”，什么是可能致命的弱点？重要的东西不多，但要抓住它们并不容易。要抓住重点、抓住关键，除了经验和判断力，利用企业和行业的历史统计数据也是一个有效的办法。

应用波特教授的分析方法，还要注意“与时俱进”。世间万物都在变化，市场和客户在变化，产品和技术在变化，经营环境在变化，竞争对手在变化，企业本身的能力、文化也在不断地变化。这些变化超过一定限度，就要求对企业的竞争战略做出相应的调整。成功的战略决策不会“一蹴而就”，更不可能“一劳永逸”，所以一定要有长远的观点、动态的观点，时时把握重要因素的变化，及时做出相应的调整。常怀危机意识，戒骄戒躁，才有企业的“长治久安”。

这里我讲了三点意思，一是要联系实际，二是要抓要点、抓关键，三是要灵活变通、与时俱进。这些意见供读者在研读和应用波特教授著作时参考。

这次由中信出版集团引进并翻译的《竞争优势》，行文平白，颇合乎中国广大读者的口味，特此推介。在写此序言时，我一直把陈小悦亲笔题赠的译著放在手边，他的音容笑貌，时时浮现眼前。小悦兄与我同年出生，同年考进大学——他在清华、我在复旦，后来又一同献身管理教育和研究。如今他英年早逝，谨以这一段文字纪念这位我国改革开放后第一代管理学界的杰出学者。

耶鲁大学荣誉教授，长江商学院学术副院长

李乐德

前言

《竞争优势》英文版首次于1985年出版，是竞争三部曲中继《竞争战略》之后的第二部。《竞争战略》的主要切入点是行业，而《竞争优势》主要是对企业层面的分析。本书旨在构建企业的概念框架，揭示竞争优势的基础及其可持续性。

本书的核心是企业活动基础论（activity-based theory）。若要在任何行业内竞争，企业必须实施多项具体的活动，包括订单处理、拜访买方、组装产品和训练员工等。相比营销或者研发等传统部门，活动的覆盖范围较小。活动会产生成本，但开展活动能为顾客创造价值，所以它是竞争优势的基本单位。

本书介绍了价值链的概念。价值链是企业活动战略思维、评估活动相对成本和角色的通用框架。买方愿意为某个产品或者服务支付的价格与生产产品或提供服务所开展的活动的成本之间的差别决定了利润。通过价值链，人们得以严谨地思考要求溢价的买方价值的源泉，明白某种产品或者服务能够取代其他产品或者服务的原因，而战略定义了企业活动内在一致的性质，是区分企业与对手的标志。

企业基于活动的观点为我们思考企业多元化战略提供了基础。本书探讨了竞争中互补性产品或者服务的作用，以及某些行业的竞争优势。活动是我们分析多元化经营策略的竞争优势和劣势的基本工具。从活动共享或者不同活动之间专有技术的转化这一角度出发，能够更加深刻地理解多元化竞争为企业创造附加值的能力，这使得人们能够对协同增效这个难以捉摸的概念进行更具体、更严密的界定。除了这些问题，本书还探讨了跨部门业务协作过程中面临的组织层面的挑战。随着全球企业兼并新浪潮的到来，企业从中获得的竞争价值尚待商榷，这些问题作为核心再次摆在了人们的面前，亟待解决。

最后，企业的活动基础观为我们分析国际战略乃至通俗意义上的跨地区竞争提供了强大的理论框架。在国际竞争中，企业能够在多个区域扩展活动（我将这种现象称为活动配置），在全球范围内的多个地区协调活动，赢得潜在的竞争优势。由于本书篇幅较长，有关国际问题，我将另行撰书阐述。按照这个思路，我们还要分析地理位置在获取竞争优势过程中所起的作用。竞争三部曲的第三部《国家竞争优势》就探讨了这个问题。

在本书英文版出版后 13 年的时间里，我看到书中所提的基本概念被人们广泛认可，这让我深受鼓舞，甚感欣慰。竞争优势和可持续性竞争优势已经成为人们耳熟能详的名词。活动这一概念不仅在处理竞争和战略问题上作用显著，在应对诸如服务管理和竞争中的信息技术作用等功能问题上也被广泛应用。虽然基于活动的成本核算（activity-based costing）在战略应用层面尚不成熟，但它已经成为管理会计的新标准。

回首过去，我作为一名学者，对于本书产生的反响非常满意。虽说本书吸收了产业经济学丰富的传统，但以前的管理学或者经济学文献并没有对竞争优势进行界定。在我提出这个问题后，学界出现了更多有关竞争优势的论述。我们应该如何理顺、系统地分析与成本、差异化相关联的竞争优势的根基，进而反映企业之间的本质区别？当下，我相信企业活动已经成为分析成本最基本的工具。随着研究的深入，竞争优势这个概念比我预期的作用更强大。

为什么？因为通过竞争优势，我们能够不偏不倚地定义企业竞争的本质，避免了过度宽泛或者片面的特征界定。业内早期的研究将优势归结为企业总体的规模或者所占的市场份额。这种结论过于简单，理由如下。首先，在企业的某些方面，规模和市场份额对成本以及产品和服务的差异化更有影响力。其次，在很多行业里，中小型企业的业绩远超大型企业。最后，即使在那些企业规模和市场份额与出色的业绩密不可分的行业里，企业规模和市场份额也往往是获得竞争优势的结果，而不是取得竞争优势的原因。

其他试图解释竞争优势的概念，包括优点和缺点、关键的成功要素或者独特能力，都恰如其分地承认了企业的多面性，但是却没能系统严格地界定优势的来源，更无法与企业的盈利能力联系起来。本书论证的前提是竞争优势取决于多种因素，所有优势都可以与具体的企业活动关联，它们与企业活动和供应商活动以及顾客活动之间联系起来的方式相关。本书阐明了一项活动具备优势的根本原因：为什么企业能够降低成本？活动如何能创造可见的买方价值？本书强调了最有利的竞争地位往往源自多项活动的经验积累。建立在多项活动基础上的优势更容易被人发现，也更容易被模仿。最后，活动和价值链说明企业作为一个互相依赖的系统，其组成部分必须保持内在一致。

从更广泛的意义上来讲，本书更加具体地界定了战略以及实施的步骤。活动是企业日常行为的体现，是实在的，能为人所见，且能得到妥善管理。战略不仅是一种广义的愿景，也是企业开展活动的具体方略，企业凭借战略及其实施区别自己和对手。成本领先战略涉及一系列的活动选择，差异化战略也一样。

活动是连接战略和实施的桥梁。从广义的概念来定义战略，对于明确区分战略和结构具有非凡的实践意义。战略的内容和实施的方式有着本质的不同。当意识到企业发展是谨慎地开展一系列活动的结果后，人们就会以为以前对战略、策略和组织的定义不够清楚。战略体现在多种活动的实施过程中，这些活动主要是为选定的买方创造特定的价值。每个活动的设置都体现在活动执行的方式中，包括需要使用的人力、物力因素以及组织层面的安排。而能力也体现在具体的活动中，不再是与成本或者买方价值无关的抽象概念。

企业的职能一般被视为组织层面的职责，如薪酬体制、员工培训，甚至总体的决策结构等。其实，它们也是活动。我称其为辅助活动，以区别于直接与企业生产、交付、营销或者产品服务等相关的活动。辅助活动本身可以是企业竞争优势的来源，企业竞争的活动方式同样影响了企业与员工以及其他公司正当的契约关系。活动还为企业划定正确的组织界限提供了框架。

因此，活动使得战略能在企业发展实践中得以执行。换言之，将企业视为一系列活动的集合明确地说明了企业上下所有人都是战略的一部分，这恰好说明了企业员工必须都要理解战略。唯有如此，他们才能理解活动安排的原理以及彼此的关联。

本书提出的观点也许比《竞争战略》提出的观点操作起来难度更大，主要原因是本书提出的观点只有在更加深刻而全面理解企业行为的前提下才能领会。在习惯了寻找简单的管理处方的世界里，无论在过去还是现在，详细的活动分析都是让人头疼的事情。要找到实例来展示企业工作的价值链，具体操作起来总会碰到困难。企业是一个复杂的体系，靠若干个例子就想理解并掌握全局是不可能的。话又说回来，深入的案例研究也很难得。首先要求参与调查的企业能够透露大量的信息，但多数成功的企业都将企业活动的详细安排视为企业机密，外界想要知晓企业活动构造很难，这正是企业具有持久竞争力的重要原因。

在本书出版十几年后，书中的观点依然深入人心。在竞争和战略领域，存在将外部因素（如行业结构和定位）与内部因素（如核心能力和关键资源）进行区分的明显倾向。有些人认为企业的内因对其生存发展起的作用更大。将竞争优势和企业的核心能力与关键资源形成对立，是一种方向的错误，错解了问题的核心，这样的二分法是错误的。

认为企业的竞争地位与那些貌似持久的企业内部实力、名声和组织能力是两码事，这种想法过于简单。事实上，活动能够将这两者联系起来。那么，企业究竟是一系列活动的集合，还是诸多资源和能力的集合？显然，两者都是。但是活动是企业的作为，它们定义了与企业相关的资源和能力。活动能让人理解要素市场和产品市场定位之间的联系。企业活动具体可见，能够操作，且直接与成本和差异化关联。绝大多数资源和能力可以因一个特定的战略体现出价值，也可以因另一个战略而削弱价值。倘若企业的资源或者能力与活动、战略和行业分离，“内向”的企业无异于闭门造车。分析企业已有的资产，从中可以了解企业的内情，但这绝不等于让企业割裂自身与周围的关系。

本书为我们描述和评估战略提供了逻辑框架。通过联系企业的活动，理解企业形成竞争优势的原因，我们深入挖掘战略的可行性就有了基础。回首过去，显然本书已经引导我们通过调查思考更深层次的问题。这些问题正是我当前的研究课题：活动差异如何能提升企业独特的竞争地位？何时正确权衡不同的市场定位？企业活动难以被模仿的原因是什么？各种活动彼此如何契合？随着时间的流逝，如何实现企业独特的市场定位？

有一点是肯定的，对于企业超越对手、卓尔不群的原因到底是什么，我们还有很多知识需要学习。企业如何发现其独特战略，并根据实际情况落实？当环境变化时，应如何调整？这些过程纷繁复杂，要得到正确的答案，需要我们用整体性的思维去思考。

迈克尔·波特

1998 年 1 月于马萨诸塞州布鲁克莱恩

自序

企业在竞争市场的表现如何，竞争优势是核心。经过几十年的大力发展和繁荣，很多企业在寻求发展和多元化扩张的道路上失去了竞争优势。而今，竞争优势变得空前重要。全球各地的企业发展速度放缓，面临着国内外竞争对手的巨大压力，市场上整体的情况是僧多粥少。

本书的核心内容主要基于过去几十年里有关竞争优势的研究和实践，探讨企业创建并维持竞争优势的方法。本书表明了我的观点：很多企业无法实施战略，主要原因是没能把广义的竞争优势转化为实现竞争优势所需的具体的行动步骤。本书提出了诸多概念，目的是在战略形成和实施之间搭建桥梁。在以前的相关文献中，这两个概念往往是分离的。

我在《竞争战略》一书中设定了分析行业和竞争对手的框架，还描述了获得竞争优势的三大通用战略：成本领先战略（cost leadership）、差异化战略（differentiation）和集中战略（focus）。本书则阐明了企业实施基本战略的方法，以及获得持久成本优势的方法。企业如何区别于自己的竞争对手？企业如何选定市场细分领域，以便通过聚集目标战略赢得竞争优势？企业如何且何时能通过在相关行业实施协调战略赢得竞争优势？在追求竞争优势的过程中，如何处理不确定因素？企业如何捍卫自身的竞争地位？本书将一一解答这些问题。

竞争优势基本上源于企业能为其买方创造的价值。竞争优势体现在以较之竞争对手更低的价格满足顾客的相同利益，或是向顾客提供他们愿意额外加价的特殊利益。本书应用价值链的概念来分析企业与买方、供应方之间的关系，进而分析企业谨慎实施的互相关联的活动和创造价值的过程。价值链是贯穿本书始终的主题，以此我们可以分析竞争优势的具体成因及其与买方价值的关系。

竞争优势不是新生的主题。从某种程度上来说，很多有关商战的著作或多或少都有所涉及。人们关注成本控制、差异化和行业细分。本书涉及了营销、生产、控制、财务以及其他影响企业竞争优势的领域。长期以来，有关企业政策和工业经济的研究也与竞争优势息息相关。若不能整合所有的领域，用全局的眼光来看待企业发展，就无法真正理解竞争优势。通过全面完整地分析竞争优势的所有来源，我希望能为大家研究竞争优势提供全新的视角。要说本书提出的观点绝大多数来自与之有关的各行各业的知识，这话肯定有些夸张。但是，若没有这些行业知识的积淀，就没有本书的诞生。

本书的目标读者主要是肩负执行企业战略责任、决定如何赢得竞争的人士。当然，本书也适用于那些渴望理解企业以及如何提升企业业绩的人。竞争优势的潜在来源遍布企业的各个地方。每个部门、工厂、分公司办事处以及其他组织单位在赢得企业竞争优势的过程中究竟扮演着什么角色，我们要明确界定并理解。所有员工，无论其本职工作是否与战略制定过程相关，都必须明白他们在帮助企业实现并保持竞争优势过程中所起的作用。试图将竞争和战略割裂开来研究的学者应该将自身的研究与竞争优势的总体概念联系起来。我希望所有读者都能从本书中受益。

在撰写本书的过程中，我得到了很多人的帮助。哈佛商学院为我研究这个课题提供了良好的环境。我非常重视哈佛商学院建立的跨学科研究以及理论联系实际的传统。约翰·麦克阿瑟院长是我的好友。多年来，他一直鼓励我研究，并且非常慷慨地为我提供各种资源和机会，方便我教研结合。科研处处长雷蒙德·科里一直是我难得的好帮手。我将哈佛商学院商业政策研究小组的研究成果，充分体现在本书观点形成的过程中。我尤其感谢 C. 罗兰·克里斯滕森和肯尼思·安德鲁斯，感谢他们对我不吝赐教。本书是我潜心研究产业经济学的结果，并深受理查德·E. 凯夫斯思想的启发。

我与同事和朋友共事多年，没有他们的创意和帮助，就不会有本书的面世。哈佛大学副教授约翰·韦尔斯和我一起在学校教书，本书第 3 章和第 9 章的很多观点都由他提出。约翰针对竞争战略的研究为这个领域做出了巨大的贡献。哈佛大学副教授潘卡基·格玛沃特和我一起主讲战略制定（Strategy Formulation）课程，他也为本书提出了许多宝贵的意见，并在这个领域开展了重要的研究。马克·富勒曾是哈佛大学的副教授，如今在摩立特咨询公司工作。他的观点对本书的整体思路及第 11 章的观点产生了重大影响。凯瑟琳·海登也在摩立特咨询公司工作，她一直鼓励我，给我提出了很多建议。她的意见对我顺利完成第 4 章的撰写帮助很大。

约瑟夫·富勒和我一起做研究、课程开发，还积极地在战略领域开展实践。在我撰写本书时，他时常提出深思熟虑的建议和见解。哈佛商学院副研究员理查德·罗林森先生与我倾力合作，给出的评论很有针对性。我还要感谢很多人，他们在读完本书初稿后，对我鼎力相助，给出了很多修改意见。他们有些是我在哈佛大学的同事：马克·阿尔比恩、罗伯特·埃克尔斯、道格拉斯·安德森、埃隆·科尔伯格和理查德·迈耶，还有一些人帮助我积极实践书中提出的理论，并拓展了我的写作思路，他们是迈克尔·贝尔、托马斯·克雷格、玛丽·卡尼、马克·托马斯。此外，简·肯尼·奥斯汀、埃里克·埃文斯、保罗·罗塞蒂在调查重点课题方面对我帮助也很大，他们都提出了诸多宝贵的意见。最后，我还得益于哈佛商学院其他同人的支持，他们是理查德·斯默兰西和约翰·斯特兰格瑞维克斯。

没有助理凯萨琳·斯文松的帮助，我就不可能完成本书的撰写。她不仅安排我的活动，还负责组稿工作。我非常感谢自由出版社的罗伯特·华莱士及其他编辑，他们非常有耐心，百般包容我这个顽固的写手。我还要感谢哈佛大学的很多 MBA 和博士生，他们给了我无限灵感，在著书过程中，我体验到了应用新理念的快乐。感谢德博拉·齐尔贝尔博格对我无数次的鼓励。最后，我还要感谢众多向我提出意见、建议以及各种问题的实践者，你们如此善于思考，让我受教有地，受益匪浅。

01

竞争优势：核心概念

竞争是企业成败的核心。竞争决定了企业活动能否提升企业的发展成效，包括创新、公司文化和凝聚力建设，决定企业能否有优秀的执行能力等。竞争战略寻求在堪称竞技场的行业竞争中获取有利地位，旨在通过抵御决定行业竞争态势的力量来实现赢利或者保持可持续性发展的地位。

有两个核心问题是做出竞争战略选择的基础。首先是行业长期赢利的吸引力以及相关的决定因素。并非所有的行业都能为企业持续获利提供相同的机会，而行业固有的获利能力是确定企业能否赢利的关键要素。竞争战略第二个核心问题是决定行业内竞争地位的决定因素。在大多数行业中，不管平均盈利能力是多少，有些企业的盈利能力总是比其他企业的盈利能力更强。

这两个问题本身都不可能引导我们完成竞争战略的选择。行业前景好的企业如果没能选择最佳的竞争位置，有可能不会赢利。反之，在一个不赢利的行业里，即使已处于卓越竞争位置的企业，即使它努力提升行业地位，也收效甚微。这两个问题都是动态的，行业吸引力和竞争地位都会发生变化。随着时间的流逝，行业吸引力有可能增强或减弱，而竞争地位则反映了竞争对手永不停止的对抗状态，哪怕是长期的稳定发展也有可能被突如其来的竞争变化打断。

企业可以同时拥有行业吸引力和竞争地位，这提升了竞争战略选择的难度，也让决策过程变得更加刺激。虽然行业吸引力只是部分反映了企业对之影响甚微的要素，然而竞争战略对行业的吸引力强弱却能产生巨大的影响。与此同时，企业可以通过战略的选择直接提升或者降低其行业地位。因此，竞争战略既是企业对环境做出的反应，也是努力使环境朝着对企业有利的方向发展的尝试。

竞争战略中的这两个核心问题是我研究的中心。《竞争战略》为理解行业和竞争对手、制定总体的竞争战略提供了分析框架。该书描述了五种决定行业吸引力及其内在原因的竞争力量，还阐明了这五种力量如何随着时间改变、如何受战略影响。本书展示了实现竞争优势的三大基本战略，阐明如何分析竞争对手、预测并影响其行为的方式，提出了将竞争对手分为各类不同的战略群组、评价行业内最抢手的竞争位置的方法。此外，我们还介绍了如何将该分析框架应用于一系列重要的行业环境类型。我把这些行业环境归纳为结构环境（structural settings），包括细分行业、新兴行业、走向成熟的行业、没落的行业和全球行业。最后，本书审视了在行业背景下开展的重要战略决策过程，包括纵向一体化、产能扩张和市场准入等。

本书首先采用了《竞争战略》一书的分析框架，其核心主题是企业如何能创造并保持行业内竞争优势，如何实施广泛意义上的基本战略。我的目标是建立战略制定和执行之间的桥梁，而不是将这两个概念分开对待，或者像已有的研究那样，只谈战略的制定，几乎不涉及战略的执行。

竞争优势基本上源于企业为其买方创造超越成本价值的能力。买方愿意支付金钱购买价值，买方的竞争优势源于企业以较竞争对手更低的价格满足顾客相同的利益，或是向顾客提供他们愿意额外加价的特殊利益。通常存在两种基本的竞争优势：成本领先和差异化。本书描述了企业赢得成本优势和实施差异化战略的方法，主要阐明了竞争范围的选择或企业的各种活动在决定竞争优势方面发挥的关键作用。最后，本书结合我之前作品的观点，阐明了进攻战略和防御战略的意义，包括未知因素如何影响战略选择。本书不仅考虑到某个行业内的竞争战略，还讨论了多元化经营所需要的公司战略。通过实现相关行业内互相竞争的业务单元之间的关联，可以大力提升一个行业的竞争优势。多元化经营的企业创造价值的主要方式是建立不同业务单元之间的关联，由此确定公司战略的基础。我将在本书中介绍如何确定业务单元之间的联系，以及根据这些联系制定公司战略的方法，但在多元化经营的企业内要实现多个业务单元之间的关联面临着诸多组织层面的障碍。

虽然本书和我早年所写的著作的重点有所不同，但是它们之间是互补的关系。《竞争战略》着眼于多种行业环境中的行业结构和竞争分析，而阅读本书的前提是要理解行业结构和竞争对手的行为，本书也重点阐述如何将对行业和竞争对手的理解转变为竞争优势。创建竞争优势的行为往往对行业结构和竞争性回应有着重要的影响，因此，我在本书中也会时常提及这个问题。

《竞争优势》和《竞争战略》可以分开来阅读，但若不理解《竞争战略》中提出的核心概念，想通过本书的阅读来获得制定战略的效用就会大打折扣。本章将阐述《竞争战略》的关键概念，这些概念的讨论有助于我们理解本书的理念和实践技巧。在此过程中，我会试图回答在实践中应用这些知识时出现的重要问题。而那些熟悉我先前作品的读者，也可以借此温故而知新。

行业的结构分析

企业盈利能力的首个基本决定因素是行业吸引力（industry attractiveness）。竞争战略必须建立在深刻理解决定行业吸引力的竞争规则的基础上。在理想状况下，竞争战略的终极目标是改变那些企业习惯的规则。在任何行业内，无论是国内还是国际市场，无论是制造业还是服务业，竞争的规则都体现在五种竞争力中：新进入者的威胁、替代产品或服务的威胁、买方的议价能力、供应商的议价能力以及现有竞争者之间的竞争（见图1–1）。

这五种竞争力的合力，决定了企业在特定行业内除去资本成本取得的平均投资回报率。这五种竞争力的合力因行业而异，会随着行业的发展而发展，其结果是所有行业的内在盈利能力都会不同。在五种竞争力相对温和的行业中，如制药业、软饮料和数据库出版业，很多竞争对手赢得了可观的回报。但是在面临着一种或者几种较大竞争压力的行业中，如橡胶、钢材和视频游戏行业，虽然大家都很卖力，但很少有企业能赢得较高的回报率。行业盈利能力并不在于产品功能，也不在于产品是否体现了高科技的发展，而在于整体行业结构。有些看似平常的行业，如自动邮资盖戳机和谷物贸易都非常赚钱；而有些看似光鲜、科技含量高的行业，如个人计算机和有线电视行业却无法赢利。

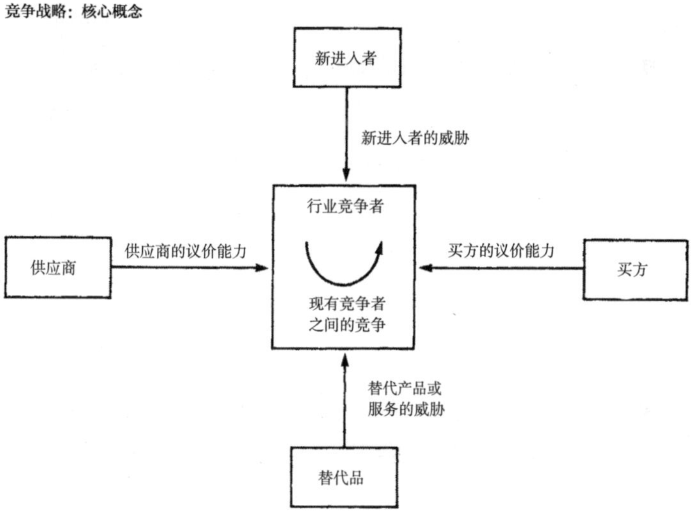

图 1-1　决定行业盈利能力的五种竞争力

五种竞争力决定了行业的盈利能力，它们影响着价格、成本和行业内公司需要做出的投资，这些都是影响投资回报率的要素。买方力量影响着企业产品或服务的价格，替代产品或服务的威胁也一样。买方的压力还会影响成本和投资，因为强大的买方需求的服务成本也较高。供应商的议价能力决定了原材料和其他要素投入的成本。对手的压力会影响产品的价格以及竞争的成本，包括厂房、产品开发、广告和销售团队。市场进入的压力限制了价格，决定了阻止市场新竞争对手进入所需的投资。

这五种竞争力的每一种优势都是行业结构（industry structure）作用的结果，可以说是行业本质的经济和技术特征的体现，其重点要素如图 1–2 所示。行业结构相对比较稳定，不过也会随着行业的演变发生改变。结构变化能改变竞争力量的整体和相对优势，进而给行业盈利能力带来积极或消极的影响。对战略最重要的行业趋势就是那些能够影响行业结构的趋势。

如果这五种竞争力及其结构的决定因素纯粹是内在行业特征的作用结果，那么竞争战略将主要取决于适当的行业选择，并且要求企业比对手更加深刻地理解这五种竞争力的含义。这是所有企业都必须完成的任务，在某些行业中，理解五种竞争力也是竞争战略的核心，但是企业并非完全受制于行业结构。企业通过实施自己的战略，能够影响这五种竞争力。倘若某个企业能影响结构，它也能从根本上改变（提升或者降低）行业的吸引力。很多成功的战略就通过这种方式改变了竞争的规律。

图 1–2 表明了行业结构中有可能推动行业内竞争的因素。在任何一个特定的行业里，并非所有五种力量都同等重要，重要的结构化因素因行业而异。每个行业各不相同，因而有其独特的结构。五种竞争力的框架能帮助企业看清这些复杂的要素，明确对行业内竞争具有关键意义的因素，并确定最有可能提升行业和企业自身盈利能力的战略创新。这个框架并不会限制企业为寻找行

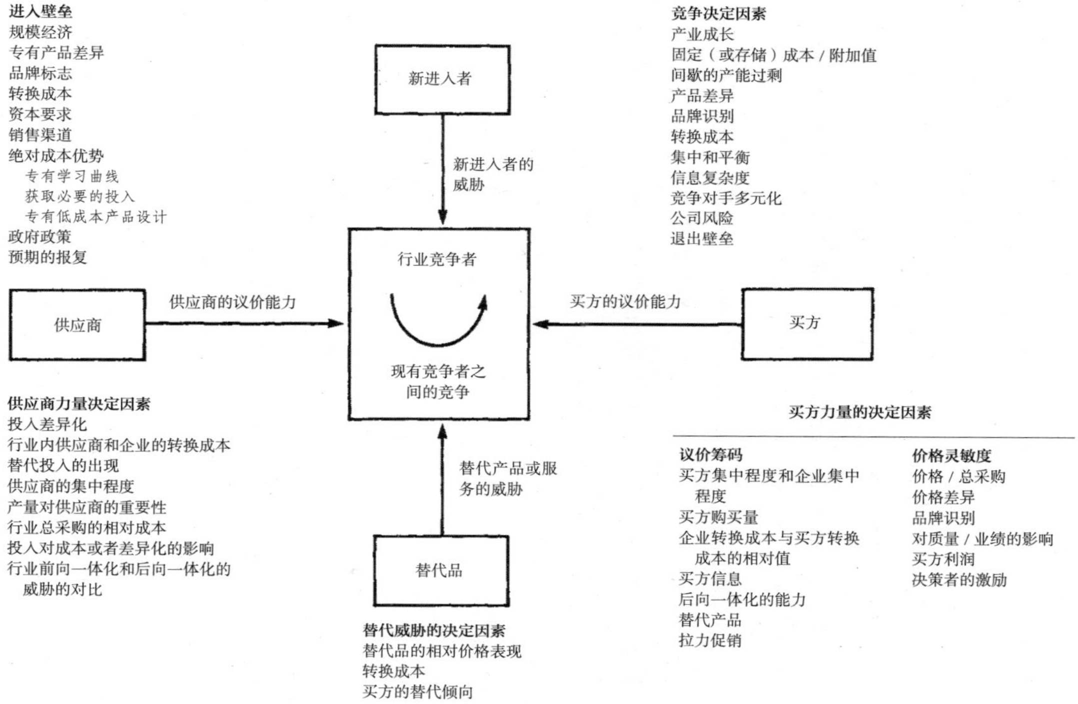
进入壁垒
规模经济
专有产品差异
品牌标志
转换成本
资本要求
销售渠道
绝对成本优势
专有学习曲线
获取必要的投入
专有低成本产品设计
政府政策
预期的报复
新进入者
新进入者的威胁
竞争决定因素
产业成长
固定（或存储）成本 / 附加值
间歇的产能过剩
产品差异
品牌识别
转换成本
集中和平衡
信息复杂度
竞争对手多元化
公司风险
退出壁垒
供应商
供应商的议价能力
行业竞争者
现有竞争者之间的竞争
买方的议价能力
买方
供应商力量决定因素
投入差异化
行业内供应商和企业的转换成本
替代投入的出现
供应商的集中程度
产量对供应商的重要性
行业总采购的相对成本
投入对成本或者差异化的影响
行业前向一体化和后向一体化的威胁的对比
替代产品或服务的威胁
替代品
替代威胁的决定因素
替代品的相对价格表现
转换成本
买方的替代倾向
买方力量的决定因素
议价筹码
买方集中程度和企业集中程度
买方购买量
企业转换成本与买方转换成本的相对值
买方信息
后向一体化的能力
替代产品
拉力促销
价格灵敏度
价格 / 总采购
价格差异
品牌识别
对质量 / 业绩的影响
买方利润
决策者的激励

图 1-2　行业结构的要素

业内新竞争方式的创意能力；相反，它还能引导管理者的创意行为，使他们集中精力关注那些对企业长期盈利能力具有巨大影响的行业结构。五种竞争力框架的目标是提升发现可行的战略创新活动的概率。

改变行业结构的战略是一把双刃剑，因为企业有能力改善企业结构，提升盈利能力，也就能够破坏一切。新的产品设计能够越过进入壁垒或提升竞争的波动性，比如可能损害行业的长期盈利能力，虽然发起者可能暂时会获得更高的利润。长期的降价行为会影响差异化战略。比如，在烟草业中，普通香烟的存在构成了行业结构的潜在威胁。非专利产品可能会提升买方价格的灵敏度，诱发价格竞争，侵蚀那些有能力排除众多新竞争对手的高度广告壁垒。由几个主要铝业制造商成立的合资企业，其主要目的是分散风险、降低资本成本，它们的进入同样有可能损害行业结构。这些主要企业会邀请一些有可能造成威胁的新竞争对手进入行业，帮助它们克服重大的进入壁垒。合资企业也有可能造成退出壁垒，因为所有的投资方必须全部同意，合资企业才能全身而退。

虽然企业都会进行战略决策，但它们经常不考虑自己对行业结构的长期影响。若某个举措成功，它们就能看到竞争地位的提升，但是它们却无法预计竞争反应的结构。如果行业内的重要企业竞相采取某种措施，并且这种现象具有毁坏整个行业结构的力量，那么所有企业就要跟着遭殃了。这种行业的“破坏者”通常是二流企业，它们一直在寻找克服重要竞争劣势的方式，往往都已经发现了问题，亟须解决这些问题；或者，它们只是不了解成本或者对未来有着不切实际想法的盲目的竞争对手。例如，在烟草业，林吉特集团这个看似不起眼的跟风者，就促进了其产品的通用化。

形成行业结构的能力给行业的龙头企业带来了巨大的压力。龙头企业规模较大，对买方、供应商和其他竞争对手的影响也较大，因此它们对行业结构的影响往往会被放大。同时，龙头企业占有很大的市场份额，任何有可能改变整个行业结构的因素也会影响到它们自己。因此，一个行业领导者必须不断平衡自身的竞争地位和整个行业的健康发展。龙头企业若能采取行动改善或保护行业结构，其效果往往要比为自己寻找更有利的竞争地位更好。诸如可口可乐和金宝汤这样的行业领先企业就遵循了这样的原则。

行业结构和买方需求

人们常说满足买方需求是企业行为成功的核心。但如何将此与行业结构分析联系起来呢？满足买方需求的确是行业和企业存在的前提，买方必须愿意为产品支付高出其成本的价格，否则行业不可能长期存在下去。第 4 章将详细描述企业如何通过更好地满足买方需求来区别自己与竞争对手。

满足买方需求是行业赢利的前提，但光凭这一点是不够的。决定企业盈利能力的关键是企业是否明白要为买方创造什么价值，或者企业创造的价值能否超过其对手创造的价值。行业结构决定了由谁来抓住这样的价值。市场进入的威胁决定了新企业将进入市场、通过竞争减少价值的概率，要么以更低的价格将其传递给卖家，要么提高竞争成本来降低创造的价值。买方力量决定了它们保持企业为其创造价值的程度，从而使行业内的企业只能得到一般的回报。替代品的威胁决定了其他产品能够满足买方同样需求的能力，为买方愿意购买本企业产品的数量设定了上限。供应商的力量决定了其分享为买方创造的价值的比例，行业内企业不可能独自占有回报。最后，竞争行为的强度与进入威胁的运作方式类似，它决定了行业内已有企业通过竞争减少创造价值的程度，要么通过低价将其传递给买方，要么通过提高竞争成本减少创造的价值。

行业结构决定了制造产品为买方创造的价值归属。倘若行业的产品不能为买方创造价值，那么无论行业结构的其他要素如何，企业能得到的价值都是有限的。若产品创造的价值很高，行业结构就会变得格外重要。在某些行业里，如汽车和重型卡车，企业为买方创造了巨大的价值，但是企业本身得到的利润却不高。而在其他行业，如债券评级、医疗器械和油田服务与设备，企业为买方创造的价值较高，得到的利润也较高。在石油服务和设备行业，很多产品能够大大减少钻井的成本。由于行业结构本身比较合理，这个行业里的很多企业都能够以高回报的方式保留很大一部分价值份额。近来，虽然油田服务设备领域的许多行业的结构性吸引力受到了需求下降、新进入者、产品分化和买方价格灵敏度等因素的影响已大大降低，但这个行业的产品依然能够为买方创造巨大的价值，只是企业和行业的利润已经大幅降低。

行业结构和供需平衡

还有一个有关行业盈利能力的常见看法是，认为利润是供需平衡作用的结果。如果需求大于供给，就能产生高利润。然而，行业结构会对长期供需平衡产生重大的影响，就像供需不平衡会影响企业的盈利能力一样。因此，供需关系的短期波动也会影响其短期的盈利能力，而行业结构则决定了企业的长期盈利能力。

供需关系在不断变化、相互调节适应，而行业结构决定了竞争对手增加新供应的速度和能力。市场进入壁垒的高度制约着新的竞争对手进入行业和压低价格的能力，竞争的程度决定了现有企业是选择大力扩张还是保持现有的盈利能力。行业结构还决定了竞争对手撤回过剩供应的周期。退出壁垒使得企业在行业产能过剩时无法全身而退，延长了行业产能过剩的时间。比如在油轮运输业中，退出壁垒非常高，主要是因为资产专业化程度很高。这也解释了为何该行业内的价格只会出现短暂的峰值，大部分时间都萎靡不振。这种行业结构决定了供需平衡的动态关系以及不平衡持续的时间。

影响行业盈利能力供需不平衡的结果主要取决于行业结构。在某些行业中，少量产能过剩会引起价格战，导致利润降低；而有些行业因竞争压力过大或者买方力量过强，则会引起结构性压力。在其他行业中，产能过剩的时间对企业盈利能力的影响有限，主要是因其产业结构比较合理。比如，石油类工具、球阀和其他油田设备产品行业，在近年来的经济衰退期，就发生了激烈的价格战；而在钻头行业，折扣就很少出现。休斯工具公司、史密斯国际公司和贝克国际公司都是在有利的行业结构中发展起来的强劲竞争对手（见第 6 章）。行业结构还决定了需求过旺的盈利能力。在经济上升时期，有利的行业结构为企业获得额外的高利润提供了条件；而行业结构不理想，则会限制企业利用需求过旺的情况。强大的供应商或者理想的替代品的出现代表着行业发展的新兴成果已转移给其他人。因此，行业结构从根本上决定了按需调整的供应速度以及产能利用和赢利之间的关系。

基本竞争战略

竞争优势的第二个核心问题是企业在行业内的相对地位。定位决定了企业的盈利能力能否超越行业的平均水平。哪怕行业结构不理想，行业的平均盈利能力不高，定位准确的企业也能够赢得高回报率。

长期获得高于行业水平的利润，基本的前提是获得可持续性竞争优势。虽说相对于自己的竞争对手，一个企业有很多优势和劣势，但企业应拥有两种基本形式的竞争优势：低成本或者差异化。企业拥有的任何优势或者劣势将最终体现企业在相对成本或者差异化战略方面的结果。成本优势和差异化源于行业结构，主要来自企业比其他竞争对手更善于处理这五种竞争力。

两种基本形式的竞争优势，结合企业寻求实现竞争优势的活动范围，就形成了三种达到高于行业平均水平业绩的基本战略：成本领先战略、差异化战略和集中战略。集中战略有两个变量：成本集中和差异化集中。这三种战略具体如图 1–3 所示。

这几种基本战略都涉及实现竞争优势的不同路径，也涉及在战略目标范围内，如何实现不同的竞争优势。成本领先战略和差异化战略需要在很多行业细分领域内寻求竞争优势，而集中战略则希望在较小的细分市场内寻找成本优势（成本集中）或者差异化（差异化集中）。每一种基本战略所要求的具体措施因行业而异，而特定行业内可行的基本战略也各不相同。虽然选择和实施基本战略的过程并不容易，但在任何一个行业都必须首先了解实现竞争优势的逻辑路径。

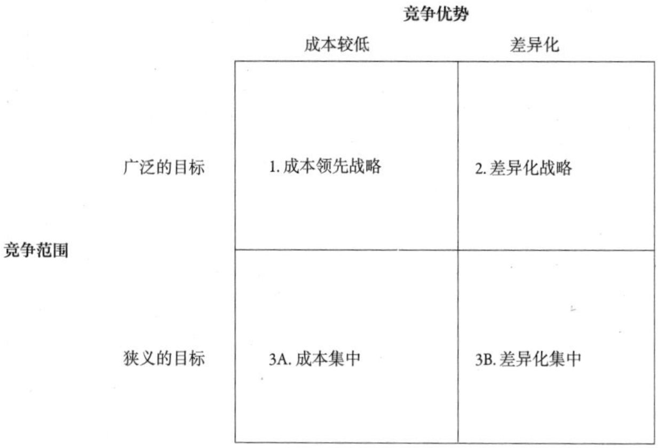

图 1–3　三种基本战略

制定基本战略的根本概念是：竞争优势是所有战略的核心，获得竞争优势要求企业做出选择。企业若要赢得竞争优势，它必须选择其竞争优势的目标以及活动范围。迎合所有人的需要是最平庸的战略方法，这会导致企业的业绩不如行业平均水平。这种方法意味着企业不具备任何竞争优势。

成本领先战略

成本领先战略是最容易理解的基本战略。企业实施成本领先战略，就是要努力成为行业中成本最低的生产商。企业可能拥有广泛的经营范围，服务众多行业细分领域，甚至在相关行业内经营。企业的经营范围对其成本优势至关重要。成本优势取决于行业结构，包括追求规模经济、专有技术、优先获得原材料以及第3章中描述的其他细节。例如，在电视机制造行业中，成本领先要求具有高效的大小显像管设备、低成本设计、自动化装配线和能够消化研发经费的全球化销售规模。在安保服务方面，成本优势要求以低廉的管理费、充足的低成本劳动力和有效的培训流程来应对保安队伍较高的流动率。低成本生产商地位的获得，不仅要求企业积极学习，还要求企业必须寻找并利用成本优势的所有来源。低成本生产商主要出售的是产品标准，或者只提供起码的必需品，其重点是利用规模经济和绝对的成本优势。

如果企业能够实施并坚持成本领先战略，只要它能保证其价格与行业平均水平差不多，就能使自己的业绩高于业界平均水平。成本领先企业的价格不会高于竞争对手，因而可以把低成本的竞争地位转变成更高的回报。但成本领导者却无法忽略差异化的基础，一旦其产品不再为消费者所接受或者与同类产品不具有可比性，就要被迫降价，提供比竞争对手更高的折扣，进而促进销售。这有可能直接抵消降低成本所带来的利益。德州仪器公司（主要从事钟表生产）和西北航空公司（提供航运服务）就是两家陷入这种局面的低成本企业。德州仪器公司无法克服其在差异化过程中的劣势，所以无法从钟表行业中全身而退。西北航空公司则及时意识到当前的问题，积极采取措施来改善营销、客运服务，并对旅行社开放服务，从而提升了其产品形象，增强了与对手产品的可比度。

成本领导者依赖于成本领先来实现其竞争优势，它必须在差异化基础上实现价值平等（parity）或者价值近似（proximity），借此取得高于业界平均水平的绩效。价值平等作为差异化的基础表明，成本领导者能将其成本优势直接转化为更高的利润。差异化战略中的价值近似表明，为了获得足够的市场份额，企业提供了价格折扣，折扣的出现不会抵消成本领导者的成本优势，因而成本领导者依然能获得比平均水平更高的回报。

成本领先的战略逻辑要求某个企业成为成本领导者，而不是很多企业竞相赢得成本领先的地位。很多企业没能意识到这一点，因而犯了严重的战略错误。若行业里存在好几个立志于取得行业领先的成本领导者，这几家企业之间的竞争将会非常激烈，因为市场份额中的每一点都是关键。除非某一家企业能够赢得成本领先优势，迫使其他竞争对手放弃成本领先战略，否则这样激烈竞争的结果势必会影响企业的盈利能力，长期的行业结构也将不堪重负，就像很多石油化工行业一样。成本领先战略讲究的是先下手为强，否则只能靠技术变化，使企业快速改变其成本地位。

差异化战略

第二种基本战略是差异化。在差异化战略中，企业若在买方重视的方面努力，就会成为行业领先的佼佼者。企业选择一个或者多个买方认为重要的特征，确立自身在行业内满足买方需求的独一无二的地位。企业因其具备的独特性才得以凭更高的价格为买方提供产品。

每个行业都有自己独特的差异化方式。差异化可以基于产品本身、销售产品交付系统、营销手段或者其他多种因素。例如，在建筑设备行业，卡特彼勒公司的差异化体现在产品的耐用性、服务和备件更换以及优质的经销网络上。在化妆品行业，差异化则体现在产品形象及其在百货商场专柜的定位上。我将在第4章详述如何建立可持续性的差异化战略。

企业可以实现并保持可持续性的差异化战略。实行差异化战略的企业，假如产品溢价部分超过了实现标新立异所花费的成本，它们将取得高于行业平均水平的回报。因此，寻求差异化的企业必须寻找能够保证产品溢价超过差异化战略成本的途径。意图实现差异化的企业不能忽视其成本情况，若成本使企业处于竞争明显不利的地位，则差异化所带来的溢价也很难弥补成本的劣势。实现差异化的企业将努力实现与竞争对手的产品的价值平等或者价值近似，主要途径是在不影响差异化战略执行的领域中减少活动的成本。

差异化战略的逻辑要求企业选择能够真正将自己与其他竞争对手区别开来的特征进行差异化。企业必须在某一方面具有独一无二的特征，或者被视为一枝独秀，否则就不会有所谓溢价的出现。与成本领先战略不同，行业内可以有多种成功的差异化战略，前提是企业具有被买方广泛认同的多种特征。

集中战略

第三种基本战略是集中战略。这种战略与前面两种都不同，因为它发生在某个行业内部较小的竞争范围内。实施集中战略的企业会选择行业的某个细分领域或者其子领域，定制自身的战略，专门为这个范围内的买方服务。通过优化目标群体的战略，实施集中战略的企业能够在细分领域内实现竞争优势，虽然企业本身可能根本不具备在整个市场竞争的优势。

集中战略有两种形式。成本集中是指企业在目标买方群体内寻求成本优势，而差异化集中是指企业在目标细分领域内实施差异化。集中战略的两种形式都建立在企业目标买方群体和行业其他细分领域具有显著差别这一基础之上。目标买方群体必须拥有不一般的需求，或者最能满足目标买方群体的生产和交付系统与服务于行业其他细分领域的企业有所不同。成本集中主要是利用某些目标细分领域内的成本行为，而差异化集中则努力利用特定目标买方群体的特殊需求。这些差异表明，没有具体买方定位的竞争对手就无法满足特定买方群体的需求。因此，实施集中战略的企业能够通过专门服务于这些目标买方群体而获得竞争优势。目标的范围显然有一个度的问题，但是特定目标买方的需求与行业内其他细分领域或者非细分领域的需求不同，实施集中战略的本质是，要利用这样的差异。小范围内的集中本身不足以代表企业一定能获得比一般水平更高的绩效。

实施集中战略的企业会充分挖掘生产过程中的差异化因素，可以满足不同细分领域的需求，哈默密尔造纸公司就是一例。哈默密尔造纸公司努力转型为制造小批量、高质量的专用纸生产商。而大型的造纸商因为生产量大，短期内常面临成本固化的威胁。哈默密尔造纸公司的设备更好地适应了短时间内多批次生产的需求。

非细分领域的竞争对手的产品或者服务有可能在某个领域内无法满足买方需求，也有可能表现过火，在价格上不具备优势。实施集中战略的企业可以充分利用非细分领域竞争对手的定位，超越它们基于次优选择的业绩。若竞争对手在满足某个买方细分领域需求方面表现不令人满意，这就为企业实施差异化集中战略提供了机会。非细分领域的竞争对手也有可能为满足某个群体的需求用力过猛，使其为实现这些需求时承担了不堪重负的成本。如此就为企业实施成本集中战略提供了机会，做到恰如其分地满足目标买方群体的需求就可以了。

若实施集中战略的目标买方群体与其他细分领域并无不同之

处，则集中战略不会取得成功。在软饮料行业中，皇冠软木与封装公司一直很重视可乐饮品，而可口可乐和百事可乐拥有范围较广、口味不同的饮料产品线。可口可乐和百事可乐完全可以在服务好其他客户群体的同时，服务好皇冠软木与封装公司的目标客户群体。因此可口可乐和百事可乐在可乐这个细分市场中占有竞争优势，二者的产品系列更全面，更容易产生规模经济。

假如企业在其细分领域内实现了可持续性成本领先战略（成本集中）或差异化战略（差异化集中），且该细分领域的结构是理想的，那么实施集中战略的企业的业绩发展就会高于行业的平均水平。由于行业内某些细分领域的利润不如其他细分市场，企业获得高利润的必要前提就是细分市场的合理结构。如果实施集中战略的企业选择了不同的目标市场，行业内往往有实施多个可持续性集中战略的空间。大多数行业拥有多个细分市场，每个行业都牵涉不同的买方需求，而能满足买方不同需求或者拥有独特优化的生产或者交付系统的企业往往有能力实施集中战略。有关界定细分市场、选择可持续性集中战略的方法详见第 7 章。

进退两难

试图实施基本战略的企业，若无法明确究竟使用哪一个战略，就会面临“进退两难”的局面，这样的企业没有竞争优势。这种不利的战略地位通常会使企业的业绩表现低于行业平均水平。处于进退两难情况的企业只有竞争劣势，因为那些成功实施成本领先战略、差异化战略或者集中战略的企业能在任何细分市场得到更好的竞争地位。倘若进退两难的企业比较幸运，就能够发现赢利的产品或者合适的买方，拥有可持续性竞争优势的竞争对手将迅速夺取战利品。在大多数行业中，只有少数企业面临进退两难的局面。

进退两难的企业只有在行业结构非常有利或者在其他竞争对手也面临停滞不前的状况下才能赢得可观的利润。在通常情况下，相比实施基本战略的竞争对手，面临进退两难境遇的企业利润远不如其他企业。行业成熟度往往能够拉大实施基本战略和进退两难的企业之间的绩效差距，因为发展成熟的行业更容易暴露企业战略不当的情况。

战略实施不当，企业进退两难，往往表明企业不愿意选择恰当的竞争方式。企业试图通过各种方式获得竞争优势未果，通常是因为要获得不同类型的竞争优势所涉及的活动往往不同。成功的企业一旦面临举棋不定的局面，阵脚就会变乱，为了发展、赢得声望，这类企业不得不做出妥协。莱克航空公司就是一个典型的例子。该公司一开始实施清晰的成本集中战略，凭借在北大西洋市场的本色经营和服务，试图抢占对价格极为敏感的旅行大众的特定细分市场。然而，随着时间的流逝，莱克航空公司开始搞出各种花样，增加了新的服务和路线。这不仅模糊了本来界定清晰的公司形象，也降低了航空公司的服务和运输系统。其结果是致命的，莱克航空公司最终只能宣告破产。

一旦实施集中战略的公司抢占了某个细分市场，往往就有模糊某种基本战略的冲动，进而遭遇进退两难的局面。集中战略要求企业有意限定潜在的销售量。占领特定的目标市场，会让成功实施集中战略的企业头脑发热，无法对自己何以取得成功保持清醒的认识。为了拓展规模或者发展，这些企业的做法影响了集中战略的实施。为了避免破坏基本战略的实施，企业最好能找到新的行业，在其中寻求增长，这样它就能够再次启用基本战略，或者更好地利用不同的业务单元之间所建立的联系。

实施多种基本战略

每种基本战略都是企业创造和保持竞争优势的独特方法，要结合企业追求的竞争优势和战略目标的范围行事。通常一个企业必须对所实施的基本战略做出选择，否则就会不上不下、停滞不前。若企业力图同时服务于多个细分市场（成本领先战略或者差异化战略），那么为特定的细分市场优化企业的战略（集中战略）就不太可能实现。有时候，一个企业可能创建两个不同的业务单元，每个业务单元都有不同的基本战略。英国酒店集团信托之家就是个很好的例子。该集团旗下有 5 个独立的连锁酒店，每个目标买方群体都不同。除非企业能分开执行不同的基本战略，否则每一种基本战略都有可能无法实现其既定的竞争优势。不同的业务单元、公司政策和文化的间接影响有可能使企业采取次优的竞争战略，这往往会导致企业陷入无法实现其战略目标的局面。

实现成本领先战略和差异化战略所需的企业活动是不一致的，因为后者需要较高的成本。要赢得企业独一无二的地位并实现溢价，实施差异化战略的企业会刻意抬高成本，就像卡特彼勒公司在建筑设备行业的情况一样。与之相对，成本领先战略则会要求企业放弃产品的差异化，统一其产品，减少营销费用，等等。

降低成本并不意味着牺牲差异化。很多企业已经发现了降低成本的方式，通过采取卓有成效的措施或者不同的技术，不仅保留而且提升了差异化战略的实施效果。如果企业此前没有刻意集中精力降低成本，那么这样做不仅能节约大量成本，而且丝毫不会影响差异化。然而，降低成本并不代表就能赢得成本优势。如果强大的竞争对手试图实现成本领先，那么企业最终将面临为降价不得不牺牲差异化战略的局面。这样就出现了多种基本战略不一致的情况，企业必须对实施哪一种战略做出选择。

假如企业能同时实现成本领先和差异化战略，并充分利用利益的累积效应，其回报将不可限量。差异化战略将推动企业成为赢家，而成本领先战略意味着成本更低。皇冠软木与封装公司就是在金属器皿行业实现成本领先战略和差异化战略的企业。皇冠瞄准了所谓的“很难坚守住”的啤酒、软饮料和喷雾剂瓶装市场。它只集中精力生产钢罐，不主张混合生产钢制和铝制易拉罐。在目标细分市场里，皇冠在服务、技术支持和提供全线钢罐、瓶盖和罐装设备产品等方面实现了差异化。这种类型的差异化在其他行业细分市场里更难实现，主要是其他行业有更多的需求。同时，皇冠还集中全力生产其选定的细分市场里买方需要的罐装产品，还在现代两件套钢罐技术方面大力投资。结果，皇冠在其目标细分市场成功地实现了低成本制造。

企业同时实现成本领先战略和差异化战略，需要具备三个条件。

竞争对手处于进退两难的局面。当竞争对手停滞不前、不知道该执行什么战略时，会迫使企业的成本领先战略和差异化战略变得不一致。皇冠就属于这种情况。它的主要竞争对手没有投资低成本的钢罐生产技术，所以它在不牺牲差异化战略的前提下实现了成本领先。若其竞争对手实施了激进的成本领先战略，而皇冠要想实现低成本战略和差异化战略目标，则很有可能最终进退两难。这样的结果往往是皇冠的竞争对手抓住了降低成本的机会，同时又实现了差异化。

当竞争对手面临进退两难的局面时，企业就有机会同时实现差异化和低成本，但这种状态只是暂时的。竞争对手会确定某种基本战略，并有效执行，正确权衡成本领先战略和差异化战略的利弊。如此一来，企业必须选择长期有利于自己实现竞争优势所需要的战略。如果竞争对手比较弱，企业则会濒临险境。主要是因为，若要同时实施成本领先和差异化战略，两手都想抓，就会两手都抓不好，最终影响自己的成本领先地位或者差异化战略地位，如果市场出现了更强劲的对手，就给了其可乘之机。

市场份额或者不同业务之间的关联严重影响了成本。如果市场份额对成本地位影响力较大，而产品设计、技术水平、提供服务或者其他因素对成本地位的影响力较小，那么成本领先战略和差异化战略就可以同时实现。若企业能够获得占有巨大市场份额的优势，某些活动对应市场份额的成本优势就可以使企业在其他地方付出额外成本的同时依然保持净成本领先的地位。还有一种情况是市场份额降低了差异化的相对成本（见第 4 章）。与此对应的情况是，行业之间有着重要的关联，某个竞争对手可以被利用，其他竞争对手则不行。面对这种情况，企业也能同时实现成本领先战略和差异化战略（见第 9 章）。不匹配的关联能够降低或者抵消差异化产生的高成本，但同时实施成本领先战略和差异化战略往往会给强劲的竞争对手机会，使其更加果断地选择应该执行的战略，大力投资并实现战略目标，赶超市场份额或在其他行业建立经营关系。

企业率先开展重大的创新举措。引进重大的技术创新活动能使企业降低成本或提升差异化，甚至同时实现两种战略。引进新的自动化制造技术可以获得明显的成效，比如，引进新的信息系统技术在计算机上管理物流或设计产品。与技术无关的创新型新实践也有这种效果。与供应商建立合作关系可以降低要素投入的成本，提升要素投入质量，具体见第 3 章。

若企业是开展创新活动的唯一组织，那么其是否有能力实现低成本和差异化战略目标就是关键。一旦竞争对手也引入了创新，企业就要面临新的权衡。比如，企业新设计的信息系统和竞争对手的信息系统相比，是为了突出成本优势还是差异化？若企业是追求同时实现低价和差异化，创新行为的先行者往往处于劣势，因为它忽视了创新活动很快会被模仿的可能性。假如竞争对手选择了低价或者差异化中的某一种战略，并成功模仿赶上了创新的步伐，那么企业既无法实现成本领先战略，也不能达到差异化的目标。

企业应该在不牺牲差异化的前提下，不断寻找降低成本的机会；企业应该努力实现代价不高的差异化战略。此外，企业应该认真思考最终的竞争战略究竟是什么，然后据此做出相关的权衡。

可持续性

即使别的企业争相模仿，但改善行业结构的活动也可以提升全行业的利润率，不过，基本战略的实施并不一定意味着企业能够取得高于业界平均水平的绩效，除非企业实施的基本战略和竞争对手的相比，具有可持续性。这三种基本战略的可持续性要求企业的竞争优势具有抵制竞争对手行为或者行业变化影响的能力，每一种基本战略都有不同的风险，具体如表 1-1 所示。

基本战略的可持续性要求企业具备阻碍其他企业模仿战略的

能力。这类模仿的壁垒并不是坚不可摧的，它要求企业通过投资，不断提升自身在行业中的竞争地位，不断提高竞争对手进入的门槛。每一种基本战略都是其他各种战略的潜在威胁，如表 1–1 所示。实施集中战略的企业必须关注多领域的竞争对手，后者也不能小觑这些实施集中战略的企业。每一种基本战略可持续性的影响因素将在本书第 3 章、第 4 章和第 7 章详细展开。

表 1–1　基本战略的威胁

成本领先战略的威胁	差异化战略的威胁	集中战略的威胁
成本领先地位不是可持续性的 ·竞争对手模仿 ·技术变化 ·其他基础或者成本领先模式的干扰	差异化优势不是可持续性的 ·竞争对手模仿 ·买方不再重视差异化基础	集中战略可以被模仿 目标细分市场的结构没有吸引力 ·结构侵蚀 ·需求消失
差异化战略中的近似度不复存在	不再有成本相似性	多领域的竞争对手完全统治了目标细分市场 ·细分市场和其他细分市场不同 ·生产线范围扩大的优势
成本集中的企业在细分市场中实现了低成本	差异化因素在目标细分市场内实现了更加显著的差异化	实施集中战略的企业对行业细分市场进行了子领域的细分

表 1–1 可以用来分析企业该如何攻击使用上述基本战略的竞争对手。追求总体差异化的企业可能会受到来自竞争对手的各种手段的攻击，包括加大产品价格差别、减少差异化程度、改变顾客需求的差异化方式或者改变集中的目标细分市场等。每一种普通战略都有可能受到不同类型的攻击，具体见第 15 章。

在某些行业里，行业结构或者竞争战略降低了实现某一种或者多种基本战略目标的概率。由于很多企业都在关注规模经济、优先获得原材料或者其他成本驱动要素，因此单个企业并没有可行的方式来赢得成本优势。同理，细分市场较少或者细分市场之间差别不大的行业，如低密度聚乙烯行业，其本身就没有多少可供实施集中战略的空间。如此看来，基本战略的组合要依据具体的行业情况来定。

然而，在很多行业中，企业可以同时实施这三种基本战略，只要企业能够充分挖掘不同的因素，选择不同的差异化或集中战略的实施前提即可。若某个行业有多个企业按照不同的买方价值探索实施差异化的道路，那么这个行业的赢利空间就会较大。这样做能改善行业结构，形成更稳定的行业竞争。若有两三家企业选择在同样的基础上实施相同的基本战略，有可能导致旷日持久的战役。最糟糕的状况是多家企业争相争取总成本领先地位。竞争对手在过去和现在选择的基本战略对企业当前的成本战略的选择以及能否改变自身的竞争地位有着重要的影响。

具体的行业结构获得竞争优势有多种方式，这是基本战略这个概念的前提。如果行业内的所有企业都遵循竞争战略的原则，则每个企业都会选择不同的竞争优势基础。虽然并非所有的企业都能成功，但是基本战略为企业实现超凡的业绩提供了不同的方式。很多人将战略规划概念狭义地当成实现竞争优势的某一种方式，这种方式往往使企业付出较高的代价。如果这样做，这些概念不仅无法解释企业成功的原因，也会使得行业内所有企业以相同的方式追求同样的竞争优势，结果可想而知，局面无法收拾也是必然。

基本战略和行业演变

行业结构的变化影响着基本战略的根基，也改变着多种战略之间的平衡关系。例如，电子控制和新型成像系统的出现大大降低了复印机产品服务作为差异化战略因素的重要性。行业结构变化也带来了诸多风险，具体如表 1–1 所示。

行业结构变化能够改变某个行业内部不同战略之间的相对平衡，改变基本战略的可持续性，由此进一步改变竞争优势的力量。汽车行业就是一个很好的例子。在其发展初期，汽车制造龙头企业在生产昂贵的房车上遵循差异化战略。技术和市场变化为亨利·福特采取经典的总成本领先战略、改变行业竞争规则创造了条件。福特主要制造低成本、低价位的统一车型，并很快占领了全世界的汽车市场。截至 20 世纪 20 年代末，随着经济的发展和技术日新月异的变化，人们日益熟悉汽车，为通用汽车再次改变汽车行业竞争规则创造了条件。通用汽车在产品多元化、功能多样和高价位的基础上实施了差异化战略。在整个汽车行业的演变发展过程中，实施集中战略的竞争对手总能脱颖而出，赢得竞争优势。

连锁零售行业也发生了旷日持久的基本战略之争。美国国民大卖场和其他折扣商店也采用了成本领先战略，以对抗西尔斯百货和其他传统的百货商场。卖场和折扣商店的特征是管理费用低，品牌知名度在全美较响。如今，国民大卖场面临着以时尚为潮流的折扣店的竞争，如沃尔玛。同时，实施集中战略的折扣店也加入了市场，专门销售运动产品（如赫尔曼）、保健和美容护肤品（如药品零售店 CVS）和书籍（如巴诺书店）等。目录商店着重推销家电和珠宝，在这些领域里采取低成本战略。因而国民大卖场的竞争优势基础已经遭到破坏，无法获得超越行业平均水平的业绩。

随着成本领先和差异化基本战略之间拉锯战的展开，伏特加酒行业也出现了类似情况。斯米诺一直是行业内实施差异化战略的佼佼者，其基础是从一开始就明确的高端品牌定位和大量的广告支持。由于增长速度有限，行业的竞争日益激烈，而商店自有品牌伏特加酒的出现和低价品牌的竞争则大大损害了斯米诺的竞争地位。同时，百事公司的红牌伏特加酒（Stolichnaya）通过集中战略确立了比斯米诺更有利的地位。斯米诺目前正面临着腹背受敌的情况，其长期的市场统治地位受到了前所未有的威胁。为此，斯米诺推出了一些新的品牌，包括高端品牌来抵制红牌伏特加酒的攻势。

基本战略和组织结构

每一种基本战略的成功，都需要不同的技术和要求。这种区别导致了组织结构和组织文化的区别。成本领先战略要求控制系统严谨、管理费用最小化、追求规模经济和努力学习。对于一个试图不断创新的公司来说，这种努力的方向有可能起反作用。

每种基本战略对应的组织差异不同，其影响和意义也不同。在实施多种战略的时候，企业之间会有经济利益的冲突，企业也不希望为实现战略目标采取不一致的行动，最终导致组织结构的次优化。将选择和激励企业高管的措施与业务单位的使命挂钩，这种做法非常常见，通常表现在构建、持有或者收获市场份额的过程中。同样重要的是——如果不是更重要的话——将企业高管的选择和激励与通用战略相匹配。

基本战略让企业文化在企业实现成功的过程中起到了积极作用，并产生了巨大的影响。文化是帮助企业形成一系列组织标准和态度的要素集合，准确定义其内涵很难，但它已经被视作企业成功的重要因素。然而，企业实施不同的基本战略需要不同企业文化的支持。鼓励创新、个性化和冒险的企业文化（惠普）有利于差异化战略的实施，而节俭、有纪律和关注细节的企业文化（艾默生电气公司）将有助于成本领先战略的执行。企业文化如果合适，就能够有力地强化基本战略意图实现的竞争优势。当然，企业文化本身并没有优劣之分。文化只是实现竞争优势的一种手段，并不是目的。

基本战略和组织结构之间的联系对于多元化的企业也有影响。多元化公司往往在很多业务单元中实施相同的基本战略，原因是企业要有足够的信息和实力来执行实现竞争优势的特定方法。此外，高层管理人员一般都有监管实施特定战略的经验。众所周知，艾默生电气公司已在诸多业务单元中实施成本领先战略，亨氏公司也是如此。

在诸多业务单元内实施相同的通用战略，是多元化企业为这些业务单元创造价值的一种方式。这一点我将在第 9 章中深入探讨，届时会说明不同业务单元之间的关系。然而，使用常见的基本战略涉及一些我们需要格外留意的风险：一个明显的风险是多元化企业将某种基本战略强加给某个业务单元，而该部门所在的行业（或者其竞争地位）并不支持这种战略；另一个微妙的风险是行业的情况与通行的基本战略不一致，造成了对这个业务单元的误解。更糟糕的是，有些业务单元的战略实施会受到高层管理人员的阻碍甚至破坏。每一种基本战略对应不同的投资形式、管理风格和企业文化，这些特立独行的部门不得不忍受不合时宜的公司政策和战略目标，这样的风险也存在。例如，整齐划一地降低成本或者实施一套缺少变通的人事政策会对力图在质量和服务方面实现差异化的业务单元不利，就如以差异化为目的而针对管理费用的政策可能会对试图实现成本领先战略的业务单元造成不利影响一样。

基本战略和战略规划过程

竞争优势对于一个企业能否取得非凡的业绩起着核心作用，而企业战略规划的核心则是基本战略。基本战略规定了企业追求竞争优势的基本方法，界定了每个功能领域实施活动的背景。然而，在实践中很多战略规划只是单纯地罗列了行动的步骤，没有清楚地界定企业具备或者努力追求的竞争优势以及实现竞争优势的方式。这一类战略规划在形成的过程中有可能会忽略竞争优势的基本目的。同理，很多规划是建立在对未来的价格和成本预测的基础上的，而预测免不了出错，所以这些规划根本没有体现行业结构和竞争优势。无论现实的价格和成本是多少，行业结构和竞争优势是决定企业盈利能力的关键。

作为战略规划过程的一部分，很多多元化企业按照建立、保持竞争优势和收获成果这样的系统阶段来定义业务单元。这种按照阶段给业务单元分类的方式常常注重描述或总结业务单元的战略。虽然这样的分类在考虑多元化企业内部的资源分配方面比较有用，但将其视为战略就有误导性了。业务单元的战略是决定企业业绩竞争优势的重要因素，建立、保持竞争优势和收获成果是基本战略的结果。借此也可以了解到企业是否有能力实现其基本战略，确定是否有即刻收获成果的必要。同理，兼并和垂直一体化并不是战略，而是实现战略的方式。

战略规划的另一种常见做法是使用市场份额来描述业务单元的竞争地位。有些企业比较爱走极端，设定的目标是所有业务单元都应该是各自所在行业的领头羊（位列第一或者第二）。这种战略方法看似简单，却具有很大的欺骗性，也很危险。虽然市场份额肯定与竞争地位有关（如受规模经济的推动），但行业领导地位肯定不是竞争优势的原因，而是结果。市场份额本身并不具有竞争意义，竞争优势才是关键。业务单元的战略使命是实现竞争优势。若只为自己争取领导地位，企业将永远无法赢得竞争优势；即使已经有了竞争优势，最终也会失去。实现领导地位本身迫使企业管理者纠结于怎样才能精确计算市场份额，这使得作为战略核心问题的竞争优势变得含糊不清。

在某些行业里，市场领导者不能实现最佳的经营业绩是因为，行业领先的企业并没有得益于行业结构。伊利诺伊大陆银行确立了在批发贷款行业成为市场领导者的明确目标。在实现这个目标方面，这个银行非常成功，但是市场的领导地位并没有转化为竞争优势。相反，争取成为市场领导者的行为让该银行以其他银行不愿意接受的条件发放贷款，导致成本飙升。作为领导者，还意味着伊利诺伊大陆银行不得不应对非常强大的大型集团以及对价格非常敏感的贷款用户。伊利诺伊大陆银行虽然成了市场领导者，但是在未来几年内，它将为这样的领导地位付出沉重的代价。其他企业，如布料行业的伯林顿实业公司和电气行业的德州仪器公司，一门心思想要当上市场的领袖，却偏离了工作重心，忽略了实现和保持竞争优势这个最重要的主题。

全书导读

本书描述了企业选择并实施基本战略来实现并保持竞争优势的过程，旨在解决竞争优势种类（成本和差异化）与企业活动范围之间的相互关系，阐明诊断企业竞争优势并提升竞争优势的基本工具和方法是价值链。价值链将企业行为划分成具体的活动，包括产品的设计、生产、营销和分销等。企业的活动范围，即所谓的竞争范围，影响着价值链，在企业的竞争优势中发挥着重大作用。本书着重阐述了小范围竞争（集中）如何通过定制价值链来创造竞争优势，以及较大范围的竞争如何通过利用价值链上不同的细分市场、行业或者地域范围之间的联系来提升竞争优势。本书论述的重点是竞争优势，希望能帮助读者分析行业和竞争对手的情况，进而提升自己的竞争优势。本书也是《竞争战略》的姊妹篇，内容互为补充。

本书分为四个部分。第一部分描述了竞争优势的种类以及企业实现这些竞争优势的方式。第二部分讨论了行业内的竞争范围及其对竞争优势的影响。第三部分描述了相关行业的竞争范围以及公司战略提升业务单元竞争优势的原理等问题。第四部分总结了竞争优势的总体影响，包括处理未知因素、提升或者捍卫竞争地位的方法等。

第 2 章提出了价值链的概念，表明价值链是诊断企业竞争优势的基本工具。这一章阐明了决定企业竞争优势的活动详情，明确了对企业竞争优势具备核心意义的活动之间的关联。此外，本章还阐明了竞争范围在影响价值链过程中的作用，以及企业与其他公司的联盟如何可以替代在价值链内执行活动。在这一章里，我们还简单地讨论了价值链在设计组织结构中的应用。

第 3 章描述了企业获得可持续性竞争优势的方法，主要阐述了如何利用价值链来理解成本行为和战略的影响。理解成本行为不仅能改善企业的相对成本地位，还能明确差异化战略的具体成本。

第 4 章阐明了企业区分自己和竞争对手的方式。价值链为我们明确企业差异化的根源提供了条件，使人明确了驱动差异化的基本要素。买方的价值链是理解差异化根基的关键——通过降低买方成本或者提升买方业绩来为买方创造价值。企业在行业中一枝独秀的地位，主要源于为买方创造价值及识别买方认可的价值的能力。

第 5 章描述了技术和竞争优势之间的关系。技术在价值链中的作用是无处不在的，无论是成本优势还是多样化优势，技术在决定竞争优势方面起着重要的作用。本章说明了技术改变如何影响竞争优势和行业结构的过程，还论述了影响一个行业内技术变化轨迹的变量。本章最后描述企业有权选择提升自己竞争优势的技术战略，包括企业是否能成为行业技术领袖以及技术许可方式的战略应用等问题。先行者优势和劣势的概念的提出，是为了确定在企业竞争方式上首创任何变革涉及的潜在风险和收益。

第 6 章讨论了竞争对手的选择问题，在提升竞争优势和行业结构的过程中竞争对手扮演着什么角色。本章阐释了旗鼓相当的竞争对手的存在为何有利于巩固提升企业的竞争地位，描述了确定友好互利型竞争对手的方法，以及对企业面临的各类竞争对手施加影响的过程，还梳理了企业决定自身应该拥有市场份额的过程。由于企业很难实现较高市场份额的理想状态，决定这一点就格外重要了。

第 7 章是本书第二部分的开篇，说明了行业细分的方法。接着第 3 章、第 4 章的话题，细分源自行业内部针对买方需求和成本行为的差异。细分对于集中战略的选择、评估多领域竞争的公司承担的风险具有核心作用。本章描述了确定集中战略赢利和防卫能力的方法。

第 8 章讨论了替代的决定因素，企业替代产品或者抵御替代威胁的方法。替代是五种竞争力之一，主要是由替代品的价值及其对应的成本、转换成本相互影响的过程以及单个买方评估替代经济利益的过程共同驱动的。替代分析是寻找扩大产业边界的方法，是理解面临较低替代风险的行业细分市场以及发展推动替代或者抵御替代威胁的战略的关键。因此，深刻了解替代对于扩大或者缩小竞争范围都很重要。替代分析的过程涵盖了第 3~7 章内容。

本书第三部分包含 4 章。第 9 章是开篇，阐述了多元化企业的公司战略。公司战略的核心概念是如何应用业务单元的相互关联来创建竞争优势。第 9 章阐释了业务单元相互关联的战略逻辑。具体包括行业之间的三种关系，其重要性随着时间的流逝而增加。接着，本章还阐明了这些关联影响竞争优势的原理。

第 10 章阐明了业务单元之间的关联对横向战略的影响，描述了覆盖不同业务单元的战略。在相关行业内拥有多个业务单元的企业必须建立部门、行业和公司层面的战略，从而协调各个部门之间的战略。本章描述了建立各个层面战略的原则，以及各业务单元的关系对在新行业内开展多元化经营的影响。

第 11 章描述了在不同业务单元之间建立联系的方法。这里面存在很多组织障碍，包括保护势力范围、错误的激励措施等。本章详细阐述了这些障碍，以及通过横向组织来克服这些组织障碍的方法。在相关领域内竞争的企业必须拥有联系不同业务单元的横向组织，从而对层级组织的作用进行补充，但又不会替代其管理和控制功能。

第 12 章着重阐明了一个特殊而又重要的业务单元关系案例，其中行业的产品的使用和采购与互补产品同时进行。本章描述了企业必须控制互补产品、防止其他供应商染指的情况，进而阐明了捆绑战略以及利用单独包装将不同产品一起销售的方法。最后，本章还描述了交叉补贴，即对互补产品进行联合定价来反映彼此的关系，而不是割裂每种产品的定价。

第四部分利用本书和《竞争战略》一书提出的概念来阐明制定进攻战略和防御战略的通用原则。第 13 章讨论了在面对重大不稳定因素时制定竞争战略的问题。首先，提出了行业情景的概念，说明构建行业情景的方法，借以展示未来可能发生的行业结构的范围。接下来，概括了企业在应对不确定因素时拥有的战略选择，明确考虑了行业情景。最后，有针对性地了解不同行业情景战略是否一致的情况，在此基础上制定竞争战略，这样成效会大大提高。

本书最后一部分讨论了防御战略和进攻战略。第 14 章和第 15 章对全书进行总结。第 14 章着重阐述防御战略，描述了企业地位受到挑战时，利用防御战略来阻止或者延迟竞争对手攻势的过程。之后，本章还说明了防御战略的影响。第 15 章阐明了攻击行业龙头企业的方法。本章强调了要对市场龙头企业发起攻势需要具备的条件，为成功实现进攻战略必须改变竞争规则等内容。

攻击行业龙头企业的战略原则也适用于应对所有竞争对手的进攻战略。

第一部分

竞争优势的原则

02

价值链和竞争优势

若从总体上把握企业的发展情况，将无法理解竞争优势。竞争优势源于企业在设计、生产、营销、交付和支持产品等方面的诸多具体活动。所有这些活动都能影响企业的相对成本地位，为企业的差异化打下基础。比如成本优势有多种成因，包括低成本实体分销系统、高效率的装配流程或者绝佳的销售团队等。差异化可能源于同样多元化的因素，包括采购高品质的原材料、快捷的订单进入系统以及超凡的产品设计等。

系统地对企业开展的所有活动进行分析，并了解活动之间的关系是分析企业竞争优势的前提。本章介绍了价值链这个概念，它是分析竞争优势来源的基础工具。价值链将企业行为分解为与企业战略相关的活动，旨在理解成本行为和差异化当前和潜在的诱因。以比竞争对手更低的成本或者更优质的成效来实施具有重要战略意义的活动，将会为企业赢得竞争优势。

企业的价值链内嵌在企业的整个活动流中，即价值体系（value system）中，具体见图 2–1。供应商也有其自身的价值链（上游价值链），生产和提供企业所采购的、为价值链所需的要素。供应商不仅为企业提供产品，还影响了企业诸多方面的绩效。此外，很多产品通过渠道的价值链传递给买方，渠道成为许多影响买方乃至买方价值链活动的载体，企业产品最终成为买方价值链的一部分。企业差异化的最终基础是企业本身以及产品在买方价值链中的作用，后者决定了买方的需求。企业能否赢得并保持竞

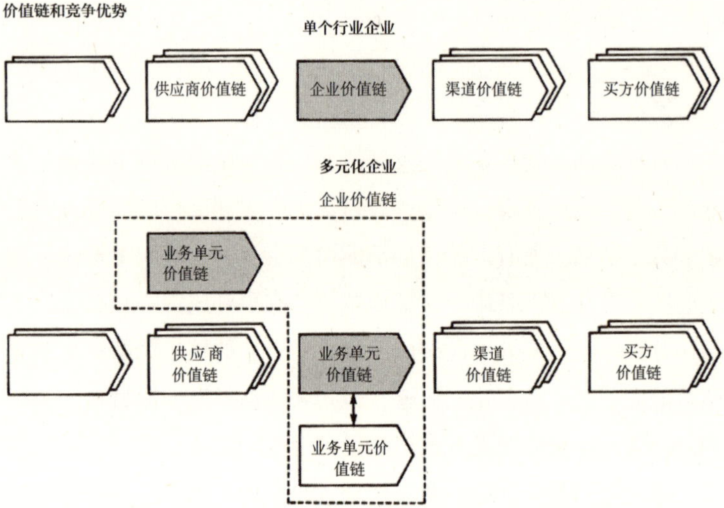

图 2–1　价值系统

争优势，取决于企业能否理解其价值链、企业活动是否符合整个价值系统的要求。

行业里不同企业的价值链各不相同，这反映了公司的历史、战略和战略实现的程度。企业价值链差异有可能体现在竞争范围的不同上，代表了潜在的竞争优势。服务于某个行业的细分市场使企业能够调整自身的价值链，降低企业针对竞争对手的相对成本，或者帮助企业实现差异化。拓宽或者收缩企业服务的区域市场也会影响竞争优势。活动融合的程度在竞争优势中发挥着关键作用。最后，若在拥有协调有序的价值链的相关行业中进行竞争，则可以通过建立业务单元之间的关联构建竞争优势。企业可以利用内部拥有广泛竞争范围的优势或者与其他企业建立合作来实现竞争优势。联合企业是指与其他不愿意直接合并的企业建立长期的联盟关系，包括合资企业、经营许可和供应协议等。联合是指和合作伙伴协调使用或者共享价值链的行为，这些合作伙伴有能力拓宽企业价值链的影响范围。

本章描述了价值链在确定竞争优势来源方面的基本作用。开篇介绍价值链及其组成部分。每个企业的价值链都由 9 种以特定方式关联的普通活动构成。普通价值链用来证明特定企业构建价值链的方式，反映出企业实施了哪些特定的活动。我还会向大家展示企业价值链的活动与其供应商、价值渠道和买方活动彼此关联的方式以及这些方式如何影响竞争优势。接着我会说明企业活动的范围会通过对价值链的作用影响竞争优势。本书后续章节将详细描述价值链作为战略工具在分析相对成本地位、差异化战略竞争范围乃至实现竞争优势过程中的作用。

价值链

每个企业都是设计、生产、营销、交付和支持产品等一系列活动的集合。所有这些活动都代表了企业应用价值链的方式，如图 2–2 所示。企业的价值链以及实施单个活动的方式反映了企业的历史、战略、执行战略的方法以及企业活动本身的经济学原理。

企业在特定行业（业务单元）的活动决定了价值链构建的相对程度。若某个行业或者领域范围的价值链范围太广，就有可能让人看不清楚竞争优势的重要来源。处于相同行业的企业可能拥有同类竞争优势，但竞争对手的价值链差异较大。例如，美国人民捷运航空公司和联合航空公司都在航空业内竞争，但它们的价值链不同，在登机运行、乘务员政策和飞机运营等方面具有巨大差异。竞争对手价值链之间的差异是竞争优势的关键原因。企业在某个行业的价值链因生产线的构成要素、买方、地域范围或者销售渠道的不同而有所区别。企业内部不同部门的价值链紧密相关，只能通过业务单元价值链（business unit chain）的方式来理解。

从竞争的角度来讲，价值是客户对企业提供的产品或服务愿意支付的费用。价值通过总收入来衡量，反映在企业产品的价格和出售的产品数量上。若企业获取的价值大于创造产品涉及的成本，则企业是赢利的。为买方创造的价值超过了此间花费的成本，这是所有基本战略的目标。必须用价值（不是成本）来分析竞争地位，企业经常为了实现差异化的溢价而有意识地提高其运作成本。

价值链显示了总价值，包括价值活动（value activities）和利

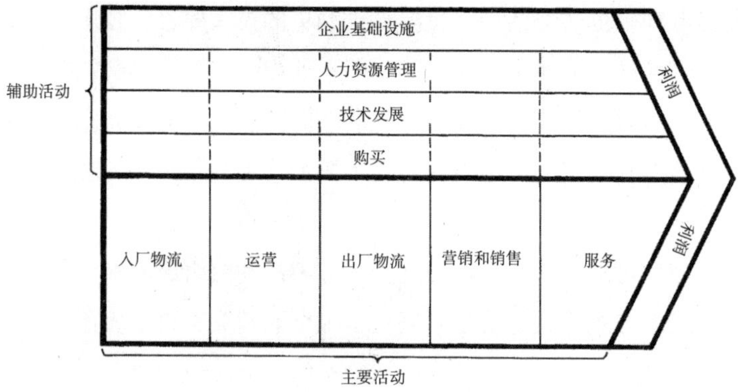

图 2–2　普通价值链

润（margin）。价值活动是企业开展的具备实体和技术独特性的活动，是企业为买方生产有价值产品的基础。利润是总价值和开展创造价值活动总成本之间的差异，利润可以通过多种方式衡量。供应商和渠道价值链也包括利润，在分析企业成本地位原因的时候，利润这个因素应被独立对待，因为供应商和渠道的利润是买方承担总成本的一部分。

每一种价值活动都需要用购买投入要素、人力资源（劳动力和管理）以及某种形式的技术来执行其功能。每一种价值活动都在使用或者创造信息，包括买方数据（订单输入）、性能参数（测试）和产品故障统计。价值活动还创造了金融资产，包括存货和应收账款或者金融负债，如应付账款。

价值活动可以分为两大类——主要活动（primary activities）和辅助活动（support activities）。在图 2–2 下方列出的主要活动是指制造产品、销售、运输和售后服务等具体活动。无论在什么企业，主要活动都可以分为五种类型，如图 2–2 所示。辅助活动互相支持，共同辅助主要活动，包括提供购买的投入要素、技术、人力资源和各种企业范围内的职能。图中的虚线代表了购买、技术发展和人力资源管理与特定的主要活动的关联，并支持着整个价值链。企业基础设施并不与特定的主要活动关联，却支持着整个价值链。

由此可见，价值活动是竞争优势独特性的组成要素。每种活动开展的方式及其经济学原理决定了企业和竞争对手相比，相对成本是高还是低。每一种价值活动实施的方法也会决定为满足买方需求，企业实施差异化战略所做的贡献。比较企业和竞争对手的价值链，能让我们明白决定竞争优势的各种差异。

正确审视竞争优势的方式是分析价值链，而不是分析附加值。附加值（销售价格减去购买原材料的成本）有时候被用作成本分析的焦点因素，因为这是企业能够控制的成本因素。然而，附加值并不是成本分析的理想基础，原因是它将原材料从企业购买投入要素中分离出来借以分析企业的活动，这是不正确的做法。此外，在没有分析实施活动所需的投入成本时，我们是不可能完成活动的成本行为分析的。附加值没能说明企业和供应商之间的关系，而理解这层关系却能减少成本或者提升企业实施差异化战略的程度。

确定价值活动

确定价值活动要求区分技术活动和具有战略意义的活动。价值活动和会计分类往往不同。会计分类（如间接费用、管理费用和直接劳动成本）将没有可比性的活动放在一起对照，而将隶属于同一活动的成本分开分析。

主要活动

任何行业内竞争都会涉及五种类型的主要活动，如图 2–2 所示。每种主要活动都可以继续分成不同的活动，主要取决于具体行业和企业的战略。

- 入厂物流（inbound logistics）。与接收、储存和分配产品投入相关的活动，包括材料处理、仓储、存货控制、车辆调度安排、向供应商退货等。
- 运营（operations）。与将投入要素转变成最终产品形式相关的活动，包括加工制造、包装、装配、设备维护、测试、印刷、设施运行等。
- 出厂物流（outbound logistics）。与收集、存储和实体分销产品给买方相关的活动，包括成品仓储、材料处理、支付车辆运营、订单处理、调度安排等。
- 营销和销售（marketing and sales）。与为买方采购产品创造条件相关的活动，包括广告、促销、销售团队、报价、渠道选择、渠道关系、定价等。
- 服务（service）。为提高或者保持产品价值所提供的服务，包括安装、维修、培训、备件提供、产品调试等。

根据具体的行业要求，上述每一种活动对企业的竞争优势都起着至关重要的作用。对于分销商来说，入厂物流和出厂物流是最重要的。对于那些在本地提供服务的服务型企业，如饭店或者零售商，出厂物流可能并不存在，但运营本身就是一种关键活动。对于涉及公司借贷业务的银行而言，营销和销售活动是竞争优势的关键，主要是看调用的银行职员资质以及贷款的包装和定价方式。对于一个高速复印机制造商而言，服务代表了竞争优势的源泉。各种类别的主要活动在所有企业中都有体现，在保持和提升竞争优势的过程中发挥着特定的作用。

辅助活动

在所有行业内，竞争所涉及的支持价值的活动可以分为四大类，如图 2–2 所示。和主要活动一样，每种辅助活动都可以细分为与行业对应的不同的价值活动。例如，在技术发展过程中，具体活动可能包括零件设计、功能设计、实地测试、工艺过程和技术选择等。同理，购买也可以细分为评定合格的新供应商、购买不同的投入要素和实时监控供应商的表现等。

购买（procurement）。购买表示采购企业价值链所需投入要素的功能，而不是指购买的要素本身。投入要素包括原材料、货物和其他耗材，以及诸如机械设备、实验室仪器、办公设备和办公楼等资产。虽然投入要素一般与主要活动关联，但它们与每一种创造价值的活动都有关联，包括辅助活动。例如，实验室物资供给和独立的测试服务是技术部门常见的投入要素，会计师事务所提供的服务是企业基础设施投入要素的一部分。与所有价值活动一样，购买涉及一定的"技术含量"，比如与供应商打交道的程序、准入规则和信息系统等。

购买活动往往覆盖整个公司。有些投入要素，包括原材料，是由传统的采购部门购买的，而其他项目则分别由不同的人员负责购买。例如机器设备由工厂经理负责购买，临时工由办公室经理安排，工作餐和住宿由销售人员负责，而首席执行官也负责战略咨询业务的外购。我使用购买而不是采购（purchase）来形容这个过程，主要是因为采购的内涵过于狭窄，一般仅限于采购经理的行为；而购买职能的分散往往模糊了整体购买的重要性，使得很多购买活动本身很少接受审核。

给定的购买活动往往与特定的某个或者某些价值活动相关，前者支持后者的运行，但采购部门服务于很多价值活动，而购买政策也适用于整个企业。购买活动的成本虽然只占用了总体成本的一小部分，但对企业的总体成本和差异化行为却能产生重大影响。购买活动的改善能够极大地影响企业购买投入要素的成本和质量以及其他与接收、应用这些投入要素相关的活动，同时也影响企业与供应商之间的关系。比如，在巧克力生产公司和电气公司，购买可可豆和石油分别是这两家公司决定成本地位最重要的活动。

技术发展（technology development）。每一种价值活动都体现了技术，无论是专有知识、过程，还是体现在工艺设备中的技术。绝大多数企业应用的不同种类的技术范围非常广泛，包括文件材料准备、运输货物所需技术以及产品本身体现的技术。此外，绝大多数价值活动都综合使用了多种技术子类，涉及不同的科学领域。比如，机械加工涉及冶炼、电气和机械等领域。

技术发展过程包含了很多可以细分为提升产品和工艺的具体措施。我把这类活动称为技术发展，而不是研发活动，因为研发活动内涵较窄，涉及人员往往是经理。技术发展过程往往涉及工程部门或者开发小组，它发生在企业的多个部门，但人们未必会意识到这一点。技术发展可能支持价值活动包含的各种技术，包括订单输入系统使用的电信技术或者财会部门使用的办公自动化技术等。技术发展不仅适用于与终端产品直接关联的技术，它还具备多种形式，涵盖了基本研究和产品设计，以及媒体研究、工艺设备设计和服务程序等。与产品及其功能相关的技术发展活动支持着整个价值链，而其他技术发展活动则与特定的主要活动或者辅助活动相关。

技术发展活动对于所有行业的竞争优势都很重要，在某些行业中尤其起着关键作用。例如，在钢材行业，企业的工艺技术是竞争优势最重要的因素。价值链中涉及的各类技术活动对于竞争优势的影响，我们将在第5章详细讨论。

人力资源管理（human resource management）。人力资源管理包括招聘、雇用、培训、人才开发和各种人事薪酬工作等。人力资源管理不仅支持独立的主要活动和辅助活动（例如雇用工程师），也和整个价值链有关（例如劳资谈判）。人力资源管理活动发生在企业的不同部门，辅助活动也一样。这些活动的分散会导致企业政策的不一致。此外，人们很少能真正理解人力资源管理的累计成本，也无法在看待各类人力资源管理活动的成本时进行正确权衡，如正确比较员工薪酬与因人才流动导致的招聘和人才培训的费用。

人力资源管理决定了劳动技能和员工激励的水平，因此人员招聘和培训产生的成本也影响着企业的竞争优势。在某些行业里，人力资源管理活动是企业竞争优势的关键。

企业基础设施（firm infrastructure）。企业基础设施包括一系列活动，如一般管理、规划、财务工作、法律工作、政府事务和质量管理。基础设施与其他辅助活动一样，通常能支持整个价值链，而不是单个活动。按照企业是否实施了多元化经营，企业基础设施可以采取自有或者在业务单元与母公司之间分配两种形式。在多元化经营的企业里，在通常情况下，基础设施活动在业务单元和公司层面之间分割开来（例如通常在公司层面完成财务工作，而在业务单元完成质量管理），但很多基础设施活动在业务单元和公司层面都会发生。

有时候，企业基础设施被视为间接成本（overhead），却是竞争优势的有效源泉。比如，在电话运营公司里，谈判以及与监管机构保持良好的关系是保持并提升竞争优势的最重要的活动。同理，合理的管理信息系统也对成本地位影响很大，而在某些行业中，顶级的管理在与买方打交道时发挥着重要作用。

活动类型

每种主要活动和辅助活动，都有三种对竞争优势产生重大影响的活动：

- **直接活动**。与为买方创造价值直接相关的活动，如装配、零件加工、销售团队运作、广告、产品设计和人才招聘等。
- **间接活动**。为企业不间断进行直接活动创造条件的活动，如维护、调度、设施运营、销售团队管理、研究管理、供应商记录管理等。
- **质量保证活动**。保证上述活动质量的活动，包括监控、检查、测试、回顾、审查、调整和返工等。质量保证与质量管理不同，因为很多创造价值的活动都能提升质量，具体内容见第4章。

每个企业都有直接活动、间接活动和质量保证活动三大类价值活动。这三种类型的活动不仅存在于主要活动中，而且在辅助活动中也很常见。在技术发展领域，实验室团队工作是直接活动，而研究管理属于间接活动。

人们对于间接活动和质量保证活动的作用理解并不深刻，而明确这三类活动的区别则是判断竞争优势的重点。在许多行业内，间接活动在总成本中所占比例较大，而且比例还在不断上升。由于间接活动对直接活动影响较大，因而在差异化过程中发挥着很重要的作用。虽说如此，但企业管理者在思考企业经营活动时，却经常将间接活动与直接活动合并在一起，哪怕这两种活动的经济学原理完全不同。对于直接活动和间接活动，经常要进行权衡，维修费的增加往往会降低设备的成本。间接活动常常在会计处理中被归为管理费用或者间接费用，忽略了其对企业差异化所产生的成本和作用。

质量保证活动在每个企业中都存在，但人们不太留意。测试和审查与很多主要活动联系在一起。运营活动以外的质量保证活动表现不太明显，但同样不可或缺。质量保证活动的累计成本很大，近来人们对于质量成本日益关注就证明了这一点。质量保证活动往往会影响其他活动的成本或者成效，而其他活动开展的方式也会影响质量保证活动的需要和类型。更好地执行其他活动，简化或者去除质量保证活动是“无质量保证活动观念”的基础。

定义价值链

为了分析竞争优势，有必要定义企业在特定行业竞争中的价值链。从普通价值链开始，在特定的企业内部确定具体的价值活动。每一种价值活动都可以分为独立的活动，图 2-3 列出了某一种活动的具体分类。完整的价值链如图 2-4 所示，该图列举了复印机制造商的情况。

定义相关的价值活动要求区分具有特定技术和经济学原理的

活动。制造或者营销这样广义的职能可以进一步分化为活动，而产品流、订单流、文件流（paper flow）在此过程中非常有用。将活动进行分化可以得出范围更小的近乎独立的活动，工厂中的每种机器都可以作为一个单独的活动被对待，因此潜在的活动数量往往非常巨大。

适当的活动分解取决于活动的经济学原理以及价值链分析的目标。下文将对这个问题详细描述，这里要首先明确活动区分和分离的基本原则：第一，具有不同的经济学原理；第二，对差异化能产生巨大的影响；第三，占用的成本比例较大，或者成本比例不断上升。在价值链应用方面，随着活动分析过程的深入，其

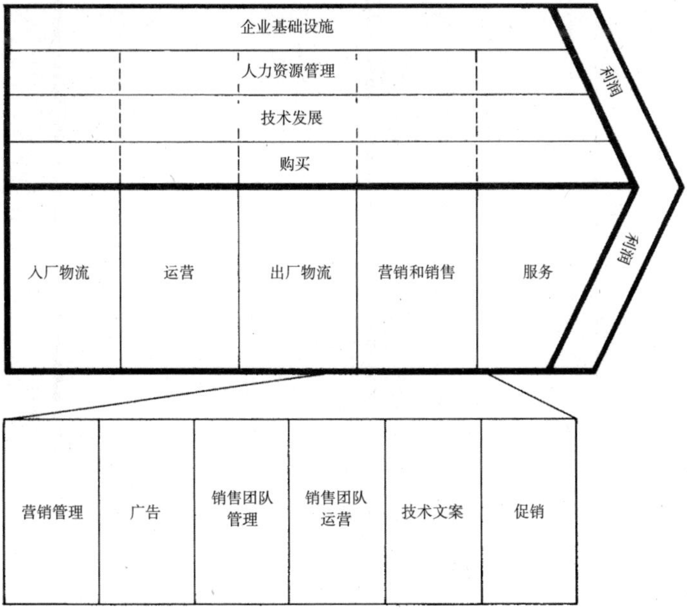

图 2-3　普通价值链的分类

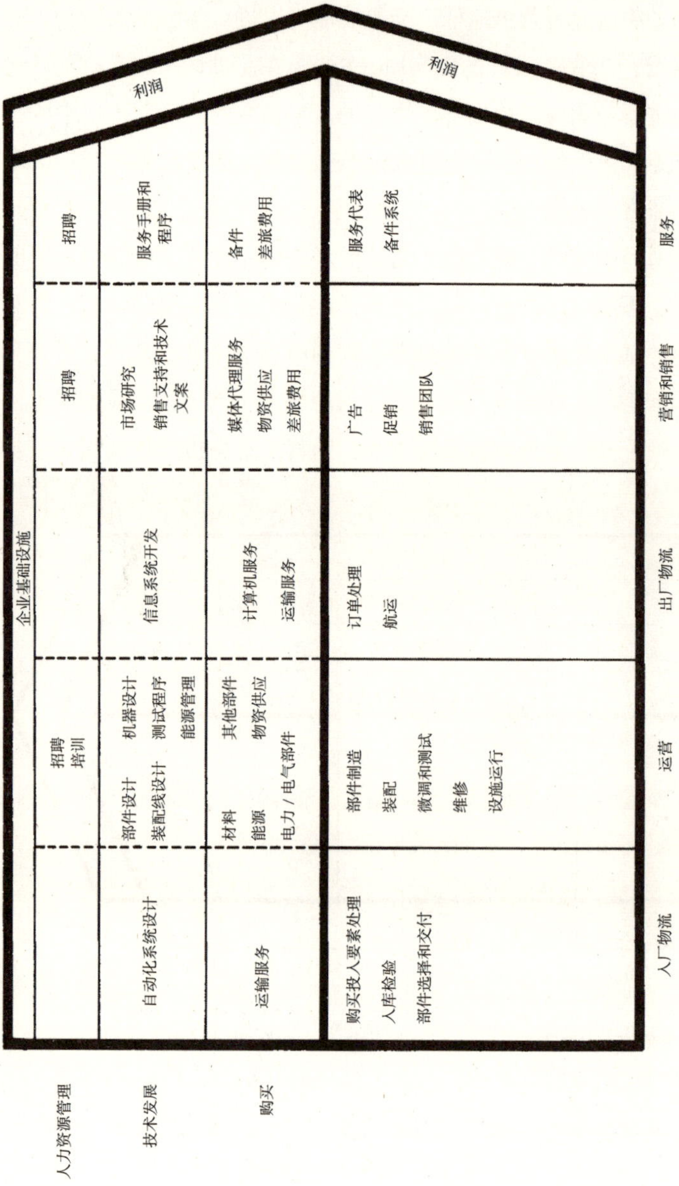

图 2-4　复印机制造商的价值链

对竞争优势的作用日益增大，对某些活动的区分也日益细化。其他活动可以整合在一起，因为它们对于竞争优势不太重要，或者其经济学原理相同。

正确对活动进行归类，要求有精准的判断力，且活动分类本身也能给人以启发。比如订单处理可以归为出厂物流（outbound logistics）或者营销活动的一部分。对于经销商来说，订单处理的角色更像是营销功能。同理，销售人员往往要执行服务功能。价值活动可以归为那些最能代表提升企业竞争活动的类别。假如订单处理是企业与买方互动的重要方式，就应该归结为营销活动一类。同理，假如购买投入要素处理和出厂投入要素处理使用相同的设施和人员，那么这两者就应该归为一类价值活动，且归为该活动职能对竞争优势具有最大影响的类别。企业经常通过重新定义传统活动的角色来赢得竞争优势。维特科（Vetco）是一家油田设施供应商，它就将买方培训作为营销的工具和确立转换成本的手段。

企业的所有活动都应该归为主要活动或者辅助活动。价值活动的标签是随意的，应该做出正确选择，从而用更加准确的态度对待企业的业务。在服务行业对活动进行标记往往会令人产生疑惑，因为运营、营销和售后支持都是紧密相关的。活动的顺序应该大体上遵循流程，但活动排序本身就很考验我们的判断力。企业往往要执行多项活动，而活动的先后顺序选择应该能提升经理对价值链的直观认识。

与价值链的关联

虽然价值活动是企业竞争优势的基本组成要素，但价值链并非独立活动的集合，而是这些看似独立的活动所构成的一个系统。价值活动通过价值链内部的关联联结起来。关联（linkage）是指某个价值活动的执行方式与其他活动的成本和表现的关系。例如，购买高品质的钢板可以简化生产过程，减少碎片的产生。在快餐连锁店行业，促销活动的时机往往能影响整个企业产能的利用。竞争优势不仅与各种活动本身有关，还源自各种活动之间的关联。

企业活动之间的关联可以从两个方面来提升或者保持竞争优势——优化（optimization）和协调（coordination）。不同活动之间的联系反映了为取得相同的成功所进行的活动之间的权衡。例如，成本较高的产品设计、更加严格的材料规格、更高效的工艺检查可能会减少服务成本。企业必须优化这种反映了战略的关联，从而赢得竞争优势。

企业活动之间的关联还反映了协调活动的需要。实时交付系统（ontime delivery）可能要求运营过程、出厂物流和服务（如安装）等活动互相协调，而协调这些活动关联的能力能降低成本或者提升差异化的成效。例如，更好的协调能减少整个企业的存货需求。价值链的关联表明，企业的成本或者差异化是企业在每一种价值活动中努力降低成本或者提升业绩的结果。近来，受日本企业做法的影响，各大企业针对制造和质量观念发生的改变，表明人们进一步认可了价值链内部关联的重要意义。

企业价值链内部的关联数量很多，很多关联在各个企业内都普遍存在。最明显的关联是指在普通价值链模型中用虚线表示的辅助活动和主要活动之间的联系。例如，产品设计通常会影响产品的制造成本，而购买活动也会影响购买的投入要素的质量，进而影响生产成本、检验成本和产品质量。主要活动之间的关联则更加隐蔽。例如，加强对入库材料的检查会减少日后生产过程中的质量保证成本，而更好的维修服务能够减少设备的停机时间。互动的订单输入系统可能会减少分配给每个买方的销售人员的单位工作时间，因为销售人员可以更加快速地处理订单，不需要跟踪询价和其他问题。对成品详细的检验往往能提升该领域产品的可靠性，减少提供服务的成本。最后，频繁地交付货物能减少存货和应收账款的回收周期。不同类别活动之间的关系往往是最难确定的。

价值活动之间的关联源于多种常见的原因，主要有以下几点：

- 以不同的方式执行相同的职能。例如，通过高品质的购买投入要素、规定制造过程中的误差范围或者成品100%全检，可以实现遵从规格的生产。
- 直接活动的成本或者绩效可以通过提升间接活动的成效得以实现。例如，更加合理地调度间接活动可以减少销售人员的差旅时间或者运输车辆的运输时间（直接活动），高质量的维修能够提升机器运行的精度。
- 企业内部执行的活动能减少演示、解释或者提供产品服务的时间。例如，100%的检查活动能够大大减少该领域内的服务成本。
- 质量保证职能的实现方式有很多种。例如，入库检查可以替代成品检查。

价值链内部的关联是企业竞争优势的关键，它们往往比较微妙，容易被人忽视。购买过程能够影响制造成本和质量，这一点很少有人留意。订单处理、生产调度安排和销售人员使用之间的关联也需要人们多加重视。确定价值链的内部关联是明确每一种价值行为彼此影响方式的过程。明确引起价值活动之间产生关联的普遍原因，是我们分析的第一步。在此基础上，分离与其相关的购买和技术发展活动，将它们与特定的主要活动关联起来，有助于我们理解辅助活动和主要活动之间的联系。

要明确各个价值活动之间的关联，需要信息或者能推动优化或者协调发生的信息流的存在。因此，信息系统对于企业从明确价值活动之间的关系中赢得竞争优势这一点非常重要。信息系统技术近来的发展为企业活动创造了更多新的关联，也大大提升了人们理解传统活动关联的能力。如果想利用企业内价值活动的关联，就需要有不断的优化过程或者超越传统组织层面的协调行为的发生。比如，生产制造部门的成本加大，可能导致销售或者服务组织成本的降低。这样的抉择和权衡不应该按照企业现有的信息和控制系统衡量。因此，管理价值活动之间的关联是比管理价值活动本身更加重要的组织任务。鉴于识别并管理这些关联非常困难，有能力识别并管理这些关联是产生可持续性竞争优势的源泉。成本和差异化之间的具体关联将在本书第 3 章和第 4 章中详细描述。

纵向关联

企业内部的价值链不仅存在着关联，在企业价值链与供应商价值链和渠道价值链之间也存在着关联。这种关联可以称纵向关联，与企业价值链内部的关联类似。供应商或者渠道活动的执行方式影响着企业活动的成本或者绩效，反之亦然。生产企业价值链内的活动需要的产品或服务的供应商，其价值链就会在其他触点（contact points）上影响企业的价值链。企业的购买活动和入厂物流活动与供应商的订单输入系统形成互动关系，而供应商的程序工程人员在企业的技术发展和生产活动中发挥着作用。供应商的产品特点及其与企业价值链交叉的地方能够极大地影响企业的成本和差异化。例如，供应商快速的交付系统能减少企业的存货需求，而适当的供应商产品包装能够降低其处理费用，供应商检查也能减少企业的入库检查需要。

供应商价值链和企业价值链之间的关联为企业提升自己的竞争优势提供了条件。通过影响供应商价值链的设置，进而共同优化活动的配置或者提升企业和供应商价值之间的协调关系，企业和供应商双方都有可能从中受益。供应商关联表明，企业和供应商的关系并不是此消彼长的，即某方得到利益并不一定以付出另一方的代价为前提，而是双赢关系。例如，通过用罐装车向糖果生产商运输散装巧克力，而不是直接交付整块固体巧克力，巧克力制造公司便能够节约巧克力成型和包装的成本，糖果生产商也能降低入库处理和巧克力融化掉的费用。协调并优化企业和供应商之间的关联，对获得的利益进行瓜分，反映了供应商的议价能力，也体现在供应商的利润中。供应商的议价能力从某种程度上来讲属于结构化因素，但部分也取决于企业的购买活动。因此和供应商协调的能力以及适当的议价能力，对于竞争优势都很重要。两者缺一不可，否则就会导致机会的流失。

销售渠道关联和供应商关联类似。销售渠道拥有企业产品得以流通的价值链。渠道往往抬高产品的销售价格（可称为渠道价值），其常在销售价格中占有很大的比重。很多消费品，如酒类产品，其渠道价值占销售价格的一半甚至更多。销售渠道执行诸如销售、广告和展示等其他和企业活动互补的功能。企业和渠道价值链之间有多个触点，如销售队伍、订单输入和出厂物流等。与供应商关联类似，协调和优化渠道能够降低成本或者提升差异化的效果。与供应商价值链的关联具有利益分割协调和共同优化的问题，与渠道价值链的关联也一样。

纵向关联与企业内部价值链的关联一样，往往被人忽视。即使人们意识到它们的存在，如供应商或者渠道独立拥有价值链，或者以往企业与供应商或销售渠道之间存在不良的关系，也会减弱妥善利用纵向关联所需要的利益协调和共同优化的效果。有时候，与联合合作伙伴或者兄弟业务单元建立纵向关联，比与独立的企业建立纵向关联更容易实现。当然我们并不保证一定能建立起这样的纵向关联。与价值链内部存在的关联类似，要利用纵向关联需要信息和现代的信息系统来创造更多的机会。我将在本书第 3 章和第 4 章中更加详细地讨论竞争优势中供应商和渠道价值链的关联作用。

买方价值链

买方也有价值链，企业的产品代表了买方价值链中的购买投入要素部门。理解实业、商业和非营利机构买方的价值链比较直观容易，从根本上来讲，它们与企业的价值链类似。理解家庭的价值链就没有那么直观了，虽然理解这种价值链同样很重要。家庭（和家庭内部的个人消费者）会参与一系列活动，家庭购买的产品也和这一系列的活动同时应用。汽车用于代步上班，也可以用于个人购物和休闲活动；食品可以作为烹饪的材料使用。虽然很难构建涵盖每个家庭及其成员每一项活动的价值链，但要构建与特定产品应用的途径相关联的活动价值链还是可能的。每个家庭不需要构建各自的价值链，但是代表性家庭的价值链能够为我们开展差异化分析提供重要的工具，详情参见第 4 章。

企业的差异化源于价值链和买方价值链的关系，是企业实体产品用于特定的买方活动的体现（比如机器可以用于装配），也可以体现企业价值链和买方价值链其他触点的应用。在光电产品零件行业，企业的产品用于装配在买方的设备上，这是一个非常明显的触点。然而，企业可以和买方通力合作进行零件的设计，提供实时的技术支持、故障排除、订单处理和交付服务等。这些触点都是差异化的潜在源泉。要让企业获得独特的竞争优势，质量只是一个很狭隘的观念，因为它主要关注产品本身，而不是那些对买方产生重大影响的一系列活动。

因此，差异化从根本上来讲，源于企业对买方价值链施加影响进而为其创造价值。企业一旦为买方创造了竞争优势——降低了买方的成本或者提升了买方的业绩，就为买方创造了价值。为买方创造的价值，如果是以溢价的形式出现，就必须被买方识别。这就表明，企业必须通过诸如广告和销售团队的力量将其为买方创造的价值传递给买方。如何在企业和买方之间分割这部分价值（企业的产品溢价和买方的高额利润或者更大的满足感），体现在企业的利润率上。企业的利润率反映了行业结构的情况。就创造并保持差异化过程中买方价值链和企业价值链之间的关系这一点，我们将在第 4 章中为大家详细介绍。

竞争范围和价值链

竞争范围对竞争优势有着巨大的影响，因为它影响了价值链的配置和经济学原理。竞争范围有四方面要素会影响价值链。

- 细分市场范围。生产的产品类别和服务的买方类型。
- 纵向范围。企业内部执行活动与由其他独立企业执行活动的对照。
- 地域范围。企业使用协调的战略在某个地区、国家或者若干国家竞争的范围。
- 行业范围。企业使用协调的战略在相关行业竞争的范围。

广义的范围可使企业充分利用内部开展活动的便利，以及不同细分市场范围、地域范围或者相关行业价值链之间的关联。例如，共享的销售团队可能销售两个业务单元的产品，一个共享的品牌名称可能在全世界范围内被使用。共享和一体化需要成本，这样就有可能抵消它们得到的利益。

竞争范围狭窄，使企业可以调整价值链来服务特定的目标细分市场范围、地域范围或者行业范围，来实现更低的成本或者以独特的方式服务于目标买方群体。在一体化过程中竞争范围狭窄，也有可能使企业通过购买行为执行效率更高或者成本更低的活动，以提升竞争优势。凭借最适合的价值链，小范围的竞争优势取决于产品类别、买方或者行业内地理区域的差别，或者企业执行活动所具备的资源和技能的差别。

竞争范围的大小与竞争对手有关。在某些行业中，企业拥有广泛的竞争空间，但会在某个细分领域提供系列产品或服务，满足这个领域的买方。而其他行业，可能涉及纵向一体化在相关行业内的竞争。细分某个行业有多种方式，不同价值链之间的联系和一体化的方式也各不相同，而且广阔和狭窄的竞争范围可以互相合并。企业可以按照某个产品分类来调整价值链，也可以通过服务于全球的目标领域来利用地理上的关联。企业还可以充分利用在相关行业经营的多个业务单元之间的关系。这些问题我将在本书第 15 章中详细讨论。

细分市场范围

由于买方需求的差异和价值链的差别，企业需要提供不同的产品，服务于不同的细分市场，由此推动企业采取集中战略。例如，用来提供精密的小型计算机产品、具有独立提供服务能力的价值链与那些服务于小企业用户计算机制造商的价值链不同。前者需要大量的销售支持，硬件性能的要求不太高，但需要具备用户友好的软件和强大的服务功能。

细分市场之间的区别更适合小范围的竞争，服务于不同细分市场的价值链之间的关系却更青睐于大范围的竞争。通用汽车针对大型汽车的价值链与其针对小车型的价值链不同，但很多创造价值的活动却是共享的。这引发了为某个细分市场修正价值链和实现各大细分市场共享活动之间的较量。这两者之间的对照对于行业细分来说是一种基础的力量，也是专有战略选择的基础，具体内容见第 7 章。

纵向范围

纵向一体化定义了企业与供应商、渠道和买方之间活动的区别。企业可以购买零件，不是用于自己生产，而是外包服务，且无须成立专门的服务机构。同理，渠道也可以执行很多分销、服务和营销职能，不需要企业出马。企业和买方还可以按照不同的方式对活动进行分类。区分自身与其他竞争对手的方式之一是承担多种买方活动。在极端情况下，企业可以完全进入买方的行业。

我们如果从价值链的角度来看待一体化问题，就会发现一体化的机会比表面上看起来要多得多。纵向一体化往往是从实体产品、替换整个供应商关系这个角度，而不是从活动的层面来审视的，但纵向一体化可以包括实体产品和具体活动两个层面。例如，企业可以依赖于供应商应用程序的设计和服务能力，或者企业可以在内部消化这些活动。究竟哪些活动需要企业在内部完成、哪些活动需要从外部采购，有很多种选择。同样的原则适用于渠道和买方一体化。

一体化活动（或者分散活动）能否降低成本，或者提升差异化成效，主要取决于具体的企业和涉及的活动。我在《竞争战略》一书中已经讨论了这个问题的相关因素。价值链允许企业通过强调纵向关联的作用更清楚地了解一体化的潜在利益。利用纵向关联并不要求纵向一体化，但是一体化可以让企业更容易地得到纵向关联的利益。

地域范围

地域范围可以使企业共享或协调不同地域的价值活动。佳能率先在日本开发并生产了复印机，之后在很多国家分别销售其产品和服务。佳能通过共享技术发展和生产制造功能，建立了成本竞争优势，但它不会在每一个国家都同时执行这些活动。在某一国家某个地域范围内的交叉价值链中建立相互关联也很常见。例如，Monarch 和 SISCO 这样的食品服务分销商，在各大城市的闹市区都设有各自的运营部门，它们与企业基础设施、购买和其他辅助价值活动可以共享企业基础设施。

假如共享或者协调价值活动能够降低成本或者提升差异化经营的成效，地域关联也可以提升竞争优势。不同地区或者国家的协调行为可能会产生成本，降低共享的优势。全球战略竞争优势的源泉和障碍已经在《竞争战略》等书中阐明，同样的原则适用于国家或者地区之间价值链的协调。

行业范围

在相关行业内竞争所需要的价值链可能普遍存在着关联。它们可能涉及价值活动，包括主要活动（如共享服务组织）和辅助活动（如共同技术发展或者共享普通投入要素的购买活动）。业务单元之间的关联，在概念上与价值链之间存在的地域关联类似。

业务单元之间的关联通过降低成本或者提升差异化的成效，对竞争优势产生重大的影响。共享的后勤系统可以使企业获得规模经济效益，而提供相关产品的共享销售团队则可以提升销售人员的工作成果，进而实现差异化。并非所有的关联都能导致竞争优势，也并非所有的活动都能从共享中受益。共享活动也常常需要付出代价，而部分所得利益被抵消，主要是因为针对某个价值活动需要的不同业务单元可能会不同。我将在本书第 9 章至第 11 章描述不同业务单元之间的关联及其对公司和业务单元战略的影响。

联盟和范围

企业可以自己追求大范围的竞争优势，也可以与其他企业建立联盟关系实现部分或者所有利益。联盟是企业之间确立的超越普通市场交易但没有达成直接兼并的长期合作协议。联盟的例子有技术许可、供应协议、营销协议和合资企业等。联盟是一种在不拓展企业规模的前提下开拓竞争范围的形式，其实现方式是与其他企业订立契约（例如供应协议）执行价值活动，或者与其他企业组队合作开展共享活动（例如营销合资企业）。由此可见，有两种最基本的联盟——纵向联盟和横向联盟。

企业通过联盟，可以在不进入新行业细分市场、地域范围或者相关行业的前提下实现活动的共享。联盟也是在不进行实际的一体化的前提下，赢得纵向关联成本优势或者差异化的竞争优势，此外，还可以克服不同企业之间进行协调的困难。由于联盟涉及长期合作关系，与联盟合作伙伴的协调合作要比与普通合作伙伴的合作更加紧密，当然企业需要有所付出。无法达成联盟协议或者在合作伙伴之间无法正常协调工作，可能会影响联盟协议的执行，甚至抵消联盟运作的成效。

联盟合作伙伴是彼此独立的公司，这就出现了如何分割联盟利益的问题。在联盟关系中，各方具有的议价能力成为利益分享的关键，决定着联盟关系对企业赢得竞争优势会有多大的影响。比如，强大的联盟合作伙伴通过协议的规定可能会攫取共享营销组织所获得的所有利益。联盟在竞争优势中起的作用将在介绍全球战略时展开，这在国际竞争中比较普遍。

竞争范围和业务定义

竞争范围和价值链之间的关系为我们界定相关业务单元的界限提供了基础。可以通过权衡一体化和分拆（de-integration）的利益，比较服务于相关细分市场、地域范围或者行业的业务关联与最适合这些服务对象的价值链的差异，以此区分战略分明的业务单元。假如地域范围或者产品和买方细分市场的差异需要完全不同的价值链，则细分市场决定业务单元。相反，一体化和地区间或者不同行业间的关联具有强大广泛的收益，这将会拉大不同业务单元之间的差异。纵向一体化的明显优势将加深开展上游或者下游业务的不同业务单元的区别，而一体化优势不明显则表明每个阶段将涉及独特的业务单元。同理，全球范围内不同价值链的协调工作表明，相关的业务单元是全球化经营的，而强大的国家或者地域差别需要大体不同的价值链，这将缩小不同地区业务单元的范围。最后，某两个业务单元之间存在的强大联系表明，它们可以合二为一。理解了不同场合竞争的最优价值链以及价值链之间的关联，就能恰如其分地界定业务单元。在介绍了行业细分原则后，本书将在第 7 章详细讨论这个问题。

价值链和行业结构

行业结构决定了企业的价值链，反映了竞争对手价值链的总体情况。行业决定了企业与买方和供应方之间的议价关系，主要体现在企业价值链的设置以及在企业与买方、供应商和联盟合作伙伴之间的利润分割上。对一个行业的替代威胁影响了买方所期望的价值活动。进入壁垒对不同价值链配置的可持续性将产生影响。

竞争企业价值链的部署是行业结构诸多要素的基础。比如，规模经济和专有技术的获得源于竞争对手的价值链所使用的技术。在一个行业内，竞争所需的资本取决于价值链所需的总体资本。同理，行业产品的差异化源于企业生产的产品在买方价值链中的使用方式。因此，行业结构的很多因素都可以通过分析该行业内竞争对手的价值链来确定。

价值链和组织结构

价值链是确定竞争优势和寻找、创造并保持竞争优势的基本工具。这是本书下面几个章节将论述的重要问题。然而，价值链在涉及组织结构方面也起着重要作用。组织结构将特定的活动在特定的组织部门中组合在一起，比如营销部或者生产部。这种组合的逻辑是，拥有相同点的活动应该在一个部门中被组合利用。同时，组织部门也因各自所需的活动不同而彼此区别开来。同类活动的分类在组织理论学中就是差异化（differentiation）。组织单位的区分来自协调不同部门的工作，即所谓的一体化。因此应该在企业中建立一体化机制，确保需要协调的工作按时发生。组织结构平衡了活动区分和一体化的利益。

价值链为分解企业行为、确立各种活动提供了系统的方法，因此可以用来审视企业的活动内容和组合方式。图 2–5 表明了典型的组织结构内价值链的分布情况。组织界限往往不是根据经济学原理类的活动组合划定的。此外，组织部门，如采购部和研发部常常只包含了企业内实施的同类活动的一部分。

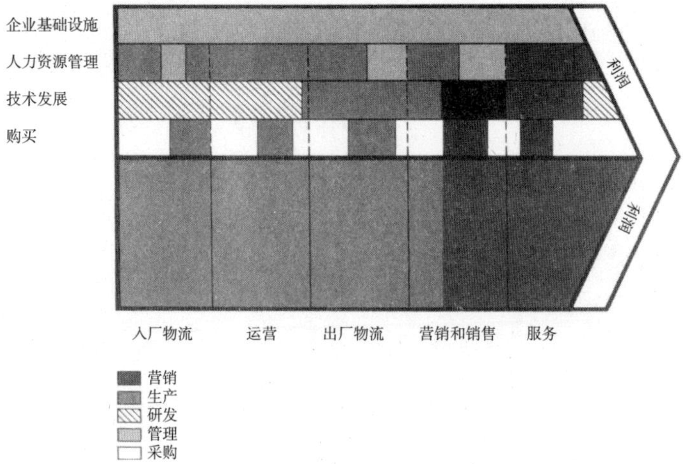

图 2-5　组织结构和价值链

组织部门之间一体化的需要表明了关联的存在。价值链内存在多种关联，组合结构一般不能提供正确协调或者优化价值链内关联的机制。协调和优化关联所需的信息很少能在整个价值链中被妥善搜集。辅助活动的经理，如人力资源管理和技术开发经理一般不太知道如何将这些信息与价值链体现的企业的整体竞争地位联系起来。最后，组织结构往往没有很好地提供纵向关联。

企业有能力根据竞争优势的来源划定业务单元的边界，通过联系组织结构和价值链，分析价值链内部的关联以及企业价值链与供应商或者渠道价值链之间的关系，从而更加合理地安排协调工作。符合价值链要求的组织结构能够提升企业创造和保持竞争优势的能力。这一问题虽然在此不能一一展开，但是在执行战略的过程中始终是一个非常重要的话题。

03

成本优势

成本优势是企业拥有的两大重要的竞争优势之一。成本对差异化战略有着举足轻重的作用，因为追求差异化的企业必须在成本上接近其竞争对手。除非差异化战略的结果能保证产品溢价部分超过差异化的成本，否则企业就不能取得卓越的业绩。成本行为对总体的行业结构也有重大的影响。

企业管理者意识到了成本的重要意义，很多战略计划确立了成本领先或者降低成本的目标。然而，人们很少能真正理解成本行为。企业管理者针对企业相对成本的地位及其背后原因的看法往往有着巨大的分歧。成本研究倾向于注重制造成本，忽略其他活动，如营销、服务和实现相对成本地位的基础设施等。个体活动的成本是按照时间序列展开研究的，没有意识到彼此的关联可能会影响到成本。最后，企业很难评价竞争对手的成本地位，但这却是正确评估自身相对成本地位的关键一步。人们常采用简单对照劳动成本和原材料成本的方式来比较自己和对手的成本地位。

这些问题之所以产生，是因为绝大多数企业内部缺乏成本分析系统的框架。大多数成本分析治标不治本，看待问题的眼光较为短浅。如经验曲线（experience curve）一类常见的工具往往在成本分析中被误用。经验曲线可以作为分析的起点，但它忽略了成本行为中很多重要的因素，模糊了彼此的重要关系。成本分析在很大程度上依赖于现有的会计制度。虽然会计系统的确包含了成本分析的有用数据，但它们却不利于战略成本分析。成本系统使用分列项目来归类成本，如直接劳动成本、间接劳动成本和赋税——这样很容易让人模糊视线，分不清企业开展的基本活动。形成活动成本的核算，其所用的经济学原理比较混乱，也造成了人为割裂同一项活动的劳动力成本、原材料成本和管理成本的后果。

本章描述了分析成本行为的框架，相对成本地位的决定因素以及企业赢得可持续性成本优势、最小化自身成本劣势的方法。该分析框架还表明了差异化的成本，寻求差异化战略的竞争对手在不影响差异化战略开展的前提下降低活动成本的方式。可以使用这些方法来分析供应商和买方成本行为，这对于实现成本领先地位和差异化战略都有重大意义。

价值链为成本分析提供了基本工具。本章首先将介绍以成本分析为目的的价值链定义方式，并将成本和资产与价值活动关联起来。接着引出成本驱动要素（cost driver）的概念来分析成本行为。成本驱动要素是活动成本的结构化决定因素，按照企业控制的程度有所不同。成本驱动要素决定了活动内部的成本行为，反映了影响成本行为的所有关联或者关系。企业针对每一项活动的成本绩效都是为了确立相对成本地位。

在建立了分析成本行为的框架后，我将着手论述企业如何评价竞争对手的相对成本，进而建立可持续性的成本优势。在阐明理解成本地位的过程中经常遭遇的陷阱后，本章最后归纳出战略成本分析的步骤。本章列出的分析技巧并不能取代运营管理或者定价行为所必需的详细成本分析，也不能因此说明财务或者成本会计工作没有必要。相反，这样的成本行为分析框架能够帮助企业更加全面地理解广义的成本行为，由此引导企业寻找可持续性成本优势，帮助其制定和实施竞争战略。

价值链和成本分析

企业的成本行为及其相对成本地位源于企业在行业内竞争时开展的价值活动。有意义的成本分析要针对这些活动的成本，而不是企业运营的总体成本。每一种价值活动都有自己的成本结构，成本行为会受到该活动与企业内外其他活动的关系的影响。相较于竞争对手，企业如果执行的活动具有较低的累积成本，就掌握了成本优势。

为成本分析定义价值链

实施成本分析的第一步是确定企业的价值链，明确分配价值活动所需的运营成本和资产。价值链上的每一种活动都涉及运营成本和以固定和流动资本出现的资产。购买的投入要素是每一种价值活动必不可少的成本，影响到了运营成本（购买的运营投入）和资产（购买资产）。确定价值活动的资产反映了活动的资产数量及资产利用的效率，其对活动的成本往往非常重要。

为了进行成本分析，我们可以将普通的价值链分割成个体价值行为，并应该遵循彼此联系的原则：

· 活动体现的成本大小和增长规模。

· 活动的成本行为。

· 执行该项活动时的表现与竞争对手的差异。

如果活动代表了运营成本或者资产相当重要或者快速增长的一部分，应该在成本分析的时候区分不同的活动。虽然绝大多数企业都很容易确定成本的主要组成部分，但它们往往会忽略那些最终能改变成本结构的、规模较小但在不断增加的价值活动。在总成本或者资产中占有固定的小部分成本的活动应该归到更大范围的活动类别中去。

含有不同成本驱动要素的活动应该被分离出来，按照下文描述的方式进行详细定义。与成本驱动要素类似的活动可以归为一类。例如，广告和促销往往被归为不同的价值活动，因为广告成本对于规模比较敏感，而促销成本的变动余地比较大。业务单元和与其他业务单元共享的任何活动都应该被当作单独的价值活动处理，因为其他业务单元的情况会影响这类活动的成本行为。这一逻辑同样适用于与其他活动有着重要关联的活动。在实践中，人们在开始分析的时候并不知道成本行为的驱动要素具体是什么，因此，价值活动的确定往往要求多次迭代。一开始将价值链分解为活动，是基于对成本行为重要差异的主观猜测。然后，价值活动随着逐渐揭示成本行为差异及其相同点，可以被进一步分解或者合并。通常先分析合并的价值链，然后调查分析那些经过证明是重要的、具体的价值活动。

分离价值活动的最后测试是竞争对手的行为分析。当竞争对手采用不同的方式执行某项活动时，这样的重要活动应该单独对待。例如，美国人民捷运航空公司和其他经济型航空公司提供的等级服务与那些知名的大型航空公司，如美国航空公司、东方航空公司、环球航空公司和联合航空公司的服务完全不同。竞争对手之间的差异增加了相对成本优势或者劣势产生的可能性。

成本分摊和资产分摊

在确定了价值链以后，企业必须为价值活动分摊运营成本和资产，按照发生的原则为活动分摊运营成本。应该将资产分摊给那些利用、控制或者最能影响资产的活动。原则上分摊运营成本应该更直接，但这很有可能非常耗时。必须经常重新对照会计记录，保证成本和价值活动的匹配，不能直接按照会计分类记录，尤其是在管理和购买投入要素领域。

有些资产非常昂贵，其选择和使用常涉及运营成本的权衡，资产必须按照方便成本行为分析的方式分摊给价值活动。给活动分摊资产要比分摊运营成本更复杂。资产账户必须经常进行重组以对应活动，且要以一贯的方式给资产赋值。分摊资产有两大类方法，主要是按照面值或者重置的价值分摊，与以同种形式分摊的运营成本形成对照。通过资本费用，资产的面值或者重置价值应该转换成对应的运营成本。不管使用哪一种估值方法，都有可能遇到困难。同理，折旧时间表也比较随意，固定资产和流动资产都有对应的资本费用。给资产估值的方法应该能够反映行业的特征，同时也决定了数据内部显著性偏差和搜集信息过程中实际要考虑的问题。分析师必须意识到，无论采用什么方法都不可避免会出现偏差。在成本分析中，使用不同的资本分配方式会让人有豁然开朗之感。

共享价值活动的成本和资产应该使用企业当前使用的方法分摊到业务单元的价值链中，这种分摊通常是根据某种分摊公式进行的。共享价值活动的成本行为反映了活动整体，而不是对业务单元起作用的那部分活动。对规模敏感的共享活动成本应该取决于所有涉及的业务单元的产量。此外，覆盖共享活动的分摊公式可能并不反映活动的经济学原理，而可能是企业基于方便或制度因素而制定的。随着分析的推进，应该使用更有意义的分摊公式按照活动的成本行为本身来改善共享活动的成本分摊情况。

进行价值活动成本分摊和选择资产分摊的时间应该代表企业的典型业绩，且应该反映有可能影响成本的季节或者周期波动以及生产中断的情况。比较不同节点的成本能够反映战略变化的效果，帮助人们分析成本行为。连续分析某个活动的成本能够反映企业的学习成效，例如，比较不同时间不同活动层面的成本可以得到一些关于企业规模灵敏度和产能利用作用的指示。

切记，成本和资产的分摊并不要求像制定财务报表那样一丝不苟、完全精确。大致的估值足以反映战略成本问题，也可以用于那些花费巨大、需要高精度成本数据的价值活动的成本和资产分摊过程。在深入成本分析的过程中，某些价值活动对成本优势有着重大的影响，这就需要花大力气针对这些价值活动进行更精准的成本分析。最后，企业可能会发现竞争对手分摊运营成本和资产的方式不同。竞争对手衡量成本的方式很重要，因为这会影响它们的行为。竞争对手成本分析的任务目标之一便是努力分析竞争对手的成本核算实践。

初步成本分析

运营成本和资产的分摊将形成展示企业成本分布图的价值链，从中我们可以看出每一种价值活动的成本都可被分为三大类：购买运营投入、人力资源成本和大类资产。价值链的比例可以反映运营成本和资产在各个活动中的分布，具体如图 3-1 所示。

价值链上的运营成本和资产的初次分摊能显示出经过核算的改善成本的领域。比如，购买运营投入在成本中所占的比例比人们认可的要大，因为价值链上所有的购买投入要素很少是累积得到的。通过将价值活动分类为直接活动、间接活动和质量保证活动（见第 2 章的定义），并对成本进行合计，可以得出其他的见解。管理者往往忽略了迅速增加的间接成本，只关注直接成本。很多企业的间接成本不仅在总成本中占较大比重，而且比其他成本驱动要素增长速度更快。引进先进复杂的信息系统和自动化过程可以减少成本，却会因需要复杂的维修服务和计算机程序员来做准备工作而产生更多的间接成本。在价值创造的过程中，如果间接成本占总成本的比例超过 10%。企业就会发现价值链上所有质量保证活动的总和非常大。在很多行业，这让人越来越明白，除了检查、调整和测试，其他质量保证方式可以大大节约成本。

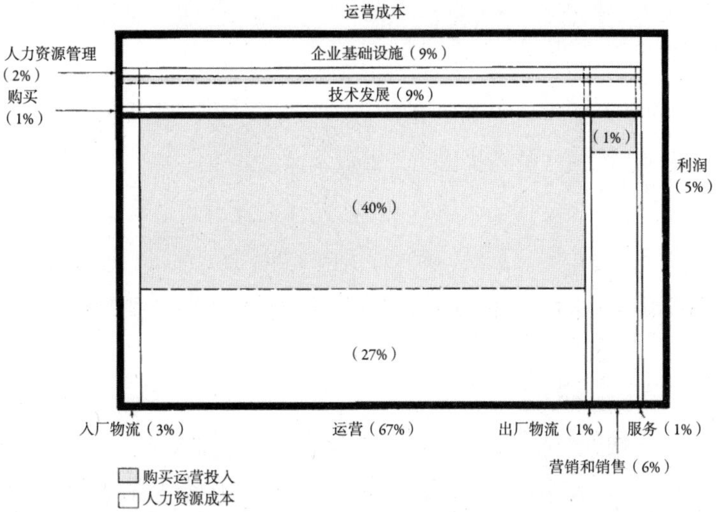

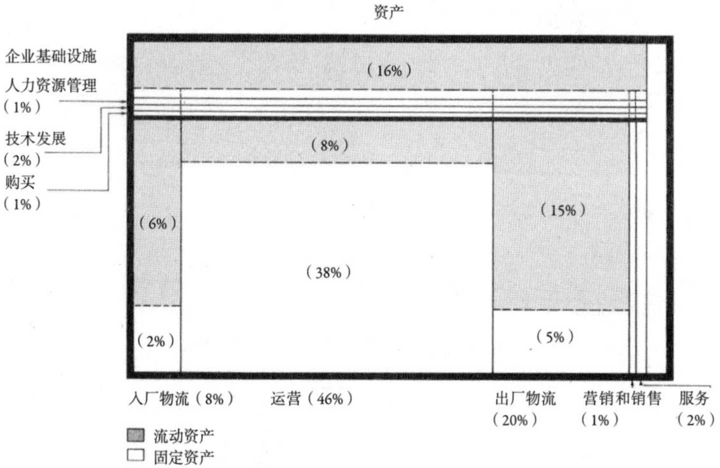

图 3-1　运营成本和资产在流量调节阀中的分配

成本行为

企业的成本地位源于价值活动的成本行为。成本行为取决于一系列影响成本的结构因素，即成本驱动要素。若干成本驱动要素结合起来决定特定活动的成本。同一行业不同企业如果使用不同的价值链，则其重要的成本驱动要素将有所不同。企业价值活动的相对成本地位取决于其长期而又重要的成本驱动要素。

成本驱动要素

十大成本驱动要素决定了价值活动的成本行为：规模经济、学习、产能利用模式、关联、相互关系、一体化、时机、权衡性政策、地理位置和制度因素等。成本驱动要素是活动成本的结构原因，或多或少要受到企业的控制。成本驱动要素相互作用能决定特定活动的成本行为。在价值活动之间，成本驱动要素的相对作用差异较大。因此没有哪一个成本驱动要素（比如规模曲线或者学习曲线）能够独立地决定企业的成本地位。分析每一种价值活动的成本驱动要素能让企业深刻地理解其相对的成本地位以及改变的方法。

规模经济或者规模不经济

价值活动的成本常受制于规模经济或者规模不经济。规模经济源于以不同的方式在更大规模上以更高的效率执行不同活动的能力，或者在大量销售额基础上摊销诸如广告和研发费用等无形成本的能力。在更大规模上实际执行某种行为的效率的提高，或者随着规模的增大，需要支持某种行为所需的基础设施或者管理费用比例的降低，产生了规模经济。在铝土矿行业里，实际的开矿成本会随着规模的增大而降低，但其下降的幅度小于基础设施成本降低的幅度。

规模经济必须同产能利用的概念明确区分开来。产能利用的提升可以在产量提升的情况下分摊现有设施和人事的固定成本，而规模经济表明，在大规模生产的条件下完全施展某一项活动的效率更高。将产能利用误认为规模经济可能会导致企业产生错误的结论，即一旦现有产能满负荷，继续扩大产能就可以降低成本。

在增大规模的时候，生产活动变得复杂并产生协调的成本，这可能导致某种价值活动的规模不经济。例如，当金属罐生产线超过 15 条后，工厂运作的复杂程度将让人难以应付。规模增加也有可能抑制员工的工作积极性，甚至可能会增加员工的薪资或者购买的投入成本。例如大型工厂也许会形成工会，或者导致更高的期望和更强势的工会谈判人员的出现。如果需求增加，企业却碰到无弹性供给，导致外购投入成本的增加，就会出现购买活动的规模不经济。规模不经济常出现在很多时尚敏感的行业和专业服务中，因为这类业务对响应时间要求较高，而创意型人才在大型组织中也未必能充分发挥自己的作用。

活动的规模灵敏度差异很大，诸如产品开发、全国范围的广告和企业基础设施等价值活动往往比购买、销售团队运营等活动对规模的敏感度更高。无论企业规模如何，后面这些活动的成本都比较固定，然而规模经济（规模不经济）几乎在企业所有的价值活动中皆有可能发生。

规模经济不仅反映了价值活动的技术含量，还反映了企业选择的运营方式。工厂的规模经济可能会受到生产的产品种类和选定的生产周期的影响。同理，销售人员的分配也会影响销售团队运作的规模经济。在按照地域范围组织销售人员的企业里，成本会随着地域销售额的增加而下降，因为每个销售人员在每次销售拜访后会得到数额更大的订单，或者出差的时间会大幅减少。若销售团队是按照生产线来组织的，则某个地区销售额增加后，客观上要求销售人员更多地前往这些地区而不是邻近总部的其他地区，这都会造成规模不经济。

规模经济并非都是绝对的，相对的规模经济在不同价值活动或者行业之间各不相同，忽略了这一事实的企业往往会损害自己的相对成本地位。对于某些价值活动来说，全球规模就是相对的成本驱动要素。而对于其他价值活动而言，国家规模、地区规模、本地规模、工厂规模、项目规模、生产线规模、每个买方的规模、每笔订单的规模或者其他规模指标都有可能成为分析成本行为的基础。

例如，在产品的研发阶段，全球规模或者国家规模往往是规模的相对衡量标准。开发新型产品的投入会被分摊到所有已售产品的固定投资上。在全球范围出售的标准型号的产品开发成本对全球规模比较敏感，而针对某个国家定制的产品的开发成本则对国家规模更加敏感。运输行业中的规模经济往往依赖于地区、本地，甚至是每个买方的规模，主要取决于使用了什么交通方式。本地规模或者地区规模代表了该地域范围内买方分布的密度，因此其规模经济主要取决于不同买方地理位置之间的距离。运输服务供应商往往能对特定范围的集装箱、汽车或者火车运输的服务提供折扣，而该地区的服务恰恰能够提升本地或者地区规模的灵敏度。最后，向特定买方交付的成本大体上比较一致，不管买方的订单数量如何，这都会使得大型买方的交付成本更低。要理解规模经济影响成本的方式，我们必须明确规模经济的机制以及正确反映这些机制的规模指标。

能够正确衡量规模的指标可以体现企业的管理活动。例如，按照国别来改良产品设计，不在全球范围出售统一标准的产品，这样的政策选择就能改变衡量规模的指标。同理，从事信用卡业务的企业使用电子处理方式而不是手动方式来授权信用卡，其成本相对整个交易额来说更加敏感。因此，企业不仅能影响规模经济的程度，还能影响决定活动成本的关键规模类别。这表明企业在管理活动时，应该针对比竞争对手有更多优势的规模类型，将其灵敏度最大化。地区性企业应该强调地区规模的价值，而在全国范围内竞争但尚未统领市场的企业，应该按照最大化其全国规模的价值的方式来管理其活动。

学习及其溢出效应

因为学习提升了效率，所以价值活动的成本会随着时间的推移而逐渐下降。长期学习能够从多方面完善成本机制，降低产品成本，包括布局更改、调度改善、劳动效率提升、利于生产的产品设计改良、产量提升、提高资产利用率的流程以及符合工艺要求的原材料定制等。学习还可以降低建设厂房、零售商店或者其他设施的成本。因此，在价值活动中学习的可能性比通过个人学习以提高职能执行效率的可能性更高。每一种价值活动都为学习的提升提供了不同的可能，学习的速度因活动而异。学习是许多细小的改善过程的总和，而不是飞跃式的发展。在生产淡季，由于企业的工作重点是降低成本，而不是满足需求，因此学习的速度会提升。此外，管理层的重视程度也影响了学习的开展和成效。

企业作为别家企业供应商的立场，企业中某人担任了别家企业的顾问或者跳槽到别家企业等，这些导致了学习在行业内的溢出效应（spillover）。假如某个价值活动的学习的溢出效应很明显，那么学习的速度主要是受整个行业而不是企业的推动。专有知识的学习是可持续性成本优势形成的唯一原因，学习溢出的比率也决定了学习是为企业创造成本优势，还是降低行业成本。分析溢出效应的比率在诊断不同竞争对手之间因为不同的学习速度而产生的相对成本差异方面起着关键作用。

就规模经济而言，学习速度的正确衡量标准因价值活动的不同而不同。学习速度的正确衡量标准反映了价值活动随着时间推移而成本下降的特定学习机制。由于学习机制各不相同，且具有不同的溢出效应，因此学习和成本之间的作用机制也是不同的。例如，在某价值活动中，学习通过提升工作效率影响了成本行为，学习的速度就与该活动的累积有关。在这种情况下，学习的速度与规模经济相关，因为规模使得学习成效积累得更快。在引进了更多高效的设备后发生的学习活动，其学习的速度反映了机械设备行业技术改变的速度，与企业总体的产量没有太大的关联。学习的速度也反映了行业功能体现的时间以及企业在改良活动过程中需要的投资。如果企业想要提升自己的成本地位，理解每一种价值活动的具体学习机制，明确衡量学习速度的最佳标准很有必要。学习的速度往往取决于回报率下降，因此也有可能随着行业的成熟及时间的流逝，学习的速度会放缓。

有些方法可以替代活动和典型价值活动的学习速度，具体的应用原则请参见表 3–1。

表 3-1　学习的典型衡量标准

活动累计成交量
（常见于决定机械设备效率或者制造运营过程中的废品率）
运营的时间
（常见于安装过程中的工作流程布局）
累计投资额
（常见于厂房工作效率）
累计行业销售额
（常见于降低成本的产品设计改良过程，其学习的溢出效应明显）
外生技术费用
（常见于基本的工艺改良）

产能利用模式

如果价值活动需要花费较多的固定成本，那么活动的成本会受到产能利用的影响。固定成本相当于活动没能充分利用产能的代价，而固定成本和可变成本的比例表明了价值活动对产能利用的灵敏度。价值活动的不同配置方式会影响其产能利用的灵敏度。例如，食品经销商把食品销售给超市，相比使用企业内部的销售团队，这往往会降低产能利用率的灵敏度。经纪人从销售中获得提成，而支付给公司内部销售人员的薪资和其他费用则远远超过了佣金。

在给定时间内的产能利用体现了与竞争地位无关的季节性、周期性以及其他供需波动情况。整个生产周期内的产能利用模式是正确的成本驱动要素，特定时点的产能利用模式则不是成本驱动要素。产能利用率水平的改变涉及成本扩张或者收缩，因此产能利用率变化的企业，其成本要高于那些一直保持稳定产能利用率的企业的成本，虽然两者的平均产能利用率相同。产能利用模式反映了这些变化，是正确的成本驱动要素；而产能利用的平均水平不足以说明成本的驱动要素。某个活动的产能利用模式部分是由环境因素和竞争对手的行为决定的（尤其是竞争对手的投资行为），它还因为企业通过诸如营销和产品选择等领域的政策选择受到企业的控制。竞争对手往往没有意识到这些因素的存在，或者没能充分利用这一点。

关联

价值活动的成本经常要受到企业执行的其他活动的影响。正如第 2 章中描述的，共有两大类关联：价值链内部的关联以及与供应商和渠道价值链之间的纵向关联。这些关联表明，可以通过分析活动本身来理解价值活动的成本行为。关联为企业降低关联活动的总成本提供了机会。关联比较微妙，要求跨部门活动的共同优化和协调，因此关联是一种比较有前景的竞争优势的来源。

价值链内部的关联

不同价值活动之间存在的关联在价值链上到处可见。最常见的价值链内部关联存在于直接活动和间接活动之间（例如加工制造和维护）、质量保证和其他活动之间（例如检查和售后服务）、必须协调的活动（例如入厂物流和运营）和为实现相同目标采取不同形式的活动之间（例如广告和直接销售，或者飞行时直接签发机票而不用在售票处或者登机口前购买机票）。确定价值链内部的关联，要求我们思考这一问题：“企业其他地方可能影响开展该活动的成本活动有哪些？”

价值链内部的活动互相关联，改变两者中的某一个就能降低总成本。有意提升某一个活动的成本可能不仅会降低其他活动的成本，还会降低总成本。如第 2 章所述，价值链内部活动的关联能够通过两种机制提供降低成本的机会：协调和优化。更好地协调互相关联的活动，如购买和装配，能够降低存货的需要。存货显著反映了活动之间的关联，更好地管理这种关联有可能降低存货。共同优化互相关联的活动涉及双方的权衡。在复印机制造行业，购买的零配件质量与装配后复印机的调试工作有关。佳能发现，购买高精度的零配件，有可能大幅减少复印机调整的需求。

纵向关联

纵向关联反映了企业的活动与供应商和渠道价值链之间的依赖程度。企业可以在审视供应商或者渠道商的行为影响彼此的活动成本时，借此来确定纵向关联，反之亦然。人们往往忽略了纵向关联的重要意义，因为确定这种关联要求我们深入了解供应商和渠道的价值链。

企业与供应商的关联往往围绕供应商的产品设计特征、服务、质量保证程序、包装、交付程序和其他过程。供应商关联往往以供应商执行本来由企业承担活动的形式出现。在相关领域，供应商在价值链内部执行活动的方式能提升或者降低企业的成本。对成本有重要影响的供应商关联实例包括供应商交付的频率和时效与企业原材料存货之间的关联，供应商应用程序的设定和企业技术发展成本之间的关联，以及供应商包装和企业物料处理成本之间的关联。第 2 章已经讲过，不用 10 磅[1]的固态成型巧克力运输包装，而是以液态散装巧克力形式运输，能够大大降低糖果商的

1. 1 磅 ≈0.45 千克。——编者注

加工成本。与供应商的关联往往要求双方降价，例如提供液体的巧克力能够降低供应商的成本，因为它可以降低巧克力成型和包装的成本。

管理供应商关联可以通过协调或者共同优化降低总成本，这和所有类型的关联一样。最方便被利用的关联是那些能降低企业和供应商成本的环节。有时候，因某种关联的需要，供应商的成本上涨，而企业的成本降幅却很大。企业必须充分做好准备向供应商让价，以充分利用供应商关联。相反的情况也存在，当供应商的成本大降，企业要承担额外增加的成本时，为了平衡，企业就要做好准备，提高自己的内部成本。

类似的分析适用于渠道关联。典型的渠道关联和供应商关联很接近。比如，渠道仓库的位置和渠道材料处理技术可能会影响企业出厂物流和包装成本。同理，渠道的销售或者促销行为可能会降低企业的销售成本。与供应商关联一样，渠道关联可能导致企业和销售渠道同时降低自己的成本。然而，利用渠道关联可以要求销售渠道提升成本，以使企业成本降低的幅度大大超过渠道成本的增幅。适当提高渠道的利润，改善运营方式，从而降低企业成本，这也是可行的方法。在美国，日本精工株式会社付给其珠宝商一大笔费用，使其接受手表维修办理和运送的服务。这最大化降低了精工专设服务部门的需要，降低了维修及通知消费者等有关维修流程的成本。

由于纵向关联涉及不同的企业，如何妥善利用纵向关联，如何对从中获得的收益进行合理分割并不是一件容易的事。供应商或者销售渠道不得不增加自身成本，从而使企业受益，这件事操作起来很难，除非企业的议价能力很强。利用关联，可能还会导致转换成本的产生，加深彼此的联系。这将使得各方就关联利用达成协议的任务更加复杂化，因为达成一致需要高度的敬业和互信。但妥善地利用关联也能产生巨大的成效，因为竞争对手很难模仿关联的管理。

相互关系

企业内部不同业务单元之间的相互关系影响着成本，具体细节将在第 9 章中描述。最重要的相互关系是与兄弟业务单元共享某个价值活动。美国医疗设备供应公司发现，在多个生产医疗设备的业务单元之间共享一个订单加工和分销组织，可以大大改善成本。比如，共享营销和分销活动能够使得花旗集团和西尔斯等金融服务公司大大受益。还有一种相互关系，可以称无形的相互关系，它涉及在独立但类似的价值活动之间共享专有知识。如美国艾默生电气公司就使用某个部门得出的成本精减专业知识来帮助其他部门节约成本。

共享价值活动能够提升活动的生产力。若活动的成本对规模经济或者学习敏感，或者共享活动因为不同业务单元在不同时间对该活动有要求而改善了能力利用的模式，那么共享价值活动就能降低单元成本。共享是获得规模、加快学习周期、超越某个行业界限、拓展能力的方法。共享也是某个行业特定企业的潜在替代方式。共享某个价值活动总会与成本有关，但是一定要权衡共享带来的不同利益。其他形式的相互关系包括不同活动之间专有知识的共享，若活动类似或者专有知识对于提升活动的效率非常重要，就可以降低成本。实际上，专有知识的共享可以将某一种活动的学习成果转向另一种活动。

一体化

价值活动的垂直一体化水平可能会影响其成本。如果企业拥有自己的计算机和软件系统，而不是和计算机服务机构订立服务契约，订单处理系统的成本就可以降低。再比如，出厂物流活动的成本会依据企业是否拥有自有卡车车队而定。采用或者能够采用购买投入要素的每一种价值活动，都涉及或明或暗的一体化选择。

一体化还可以在多方面降低成本。它避免了那些利用外部市场所需的成本，比如采购和运输成本，可以使得企业不用去跟那些特别有议价能力的供应商或者买方合作。一体化还可以导致共同经营的规模经济效应。比如，如果把钢材直接从炼钢厂转移到锻造工序中，就可以省去钢的冷却和再预热工序。然而，一体化的实施会降低企业整体运行的灵活变通能力，这将替代原先由供应商实施的活动，而企业与供应商的关系将变得更加吸引人，或者为供应商的退出设置了更高的门槛，这样就大大降低了企业追求效率的动力。一体化是提高、降低还是对成本没有影响，取决于特定的价值活动和涉及外购的投入要素，有时候也有可能表现为分拆。

企业必须对价值活动的每一种外购投入的潜在利益进行评估。企业还需要对内部开展的功能进行检查，确定分拆行为能否在不损害企业战略执行的前提下降低活动的成本。企业往往会忽视成本分析中分拆的可行性。对一体化和分拆的分析不能局限于主要的投入，还要分析附带的服务和其他辅助功能。一个产品可以在不需要服务的前提下被购买，虽然产品和服务往往捆绑销售。企业常在购买基本产品的同时，通过整个附加服务的一体化来降低成本。

时机

价值活动的成本常常能反映时机要素。有时候一个工厂可以作为首个采取特定行动的企业获得先发优势。市场上率先创立某品牌的主要商家可能在确立和保持品牌声誉方面的成本较低。美国嘉宝在婴儿食品方面占尽了这方面的优势。学习活动也不可避免地与时机相关联，因为活动的时机决定了学习开始的时间。先行者有可能首当其冲，后来者却可以享受诸多好处，比如购买最新设备（在计算机和钢材方面的优势），或者避免先行者承担的高昂的产品或市场开发成本。后来者还有一个优势是不需要太多熟练的工人，因而成本较低。此外，在经济困难的时候组建的团队也对联合的兴趣较低。先行者和后来者的优势将在本书第 5 章中详细展开。

成本地位中时机的地位可能更多依赖于商业周期或者市场条件，而不是时机绝对要素本身。例如，在行业周期中购买离岸钻井设备不仅会在很大程度上影响利息成本，还会影响钻机的购买价格。海上钻井勘探公司在经济不景气的时候以低价买入钻机，这已经成了其成本领先战略中不可或缺的一部分。根据具体的价值活动，时机可以提升或者降低与竞争对手相比的成本。时机可以产生可持续性成本优势或者短期成本优势。你可能因为好运偶尔捡了便宜，但最终企业可能不能替换这些低价购入的资产，而届时企业的相对成本会大大提高。

独立于其他要素的权衡性政策

价值活动的成本总会受到企业政策选择的影响，而政策因素往往独立于其他成本驱动要素。权衡性政策要素的选择反映了企业的战略，但其往往涉及成本和差异化之间深思熟虑的权衡。例如，航空公司的成本地位是由机场提供餐饮的服务质量、使用的航站楼设施水平、限带行李，以及机场、飞机或者各地代售点出售机票等各种政策取舍决定的。平价航班不提供餐饮服务，因此也不对此收费，使用带有经济型航站楼的次级机场，将没有免费行李托运服务或者机上售票服务。

有些政策取舍常会对成本产生重大影响：

· 产品配置、表现和功能。
· 提供产品的组合和种类。
· 提供服务的水平。
· 营销和技术发展行为的费用比率。
· 交付时间。
· 服务的买方（比如规模大小）。
· 使用的销售渠道（比如使用小型的还是更有效的大型销售渠道）。
· 选择的工艺技术（属于独立要素）、规模、时机或其他成本要素。
· 原材料或者使用的其他购买投入要素的规格（比如原材料的质量会影响半导体的加工成果）。
· 支付的薪水以及给员工提供的设施相比一般的标准如何。
· 人力资源政策，包括雇用、培训和员工激励。
· 排产程序、设备维护、销售队伍管理和其他活动的程序。

虽然政策选择在决定价值活动的成本上起着独立的作用，但它也常常会影响并受其他成本驱动要素的影响。比如，工艺技术一部分是由规模决定，另一部分是由期望的产品特征决定的。此外，其他成本驱动要素也会不可避免地影响政策的成本。例如，自动化出票和座位选择系统可能受制于规模经济，而这将使小型航空公司启用这种系统的成本非常高昂。

企业政策在差异化战略中扮演着格外重要的作用。差异化往往依赖于企业在执行一项或者多项价值活动中，采取独特做法的政策选择的能力，这将大大提升过程的成本（详见第4章）。采取差异化战略的企业必须理解与差异化战略执行相关的成本，并与由此导致的溢价幅度相比较。只有单独分析政策对成本的影响才能做到这一点。企业常使用看似有效的良性政策来区分自己，但当这些政策在成本行为中的作用明朗后，才发现这些行为成本很高。而在其他情况下，企业还会放弃那些对成本影响不大或者与竞争对手相比成本不太高，却能大大提升自己区分度的政策。像欧文斯科宁玻纤公司这样的市场领导者就可以通过密集推出广告，比其他玻纤生产商以更低的成本实现差异化。而由此产生的消费者品牌意识，换成其他竞争对手去实现，就要付出更多的成本，主要是因为欧文斯科宁玻纤公司在全美的市场占有率较高，广告的规模经济效应大大降低了成本。

政策在决定成本的过程中起决定作用。成本分析必须留意政策的效果，但是很多企业还没有意识到或明或暗的政策取舍对成本的影响程度。企业必须仔细检查每一项价值活动，明确其中体现的或明或暗的政策。有时候政策取舍几乎不可见，因为它们植根于或者代表了无可置疑的传统智慧。审核竞争对手对每项活动采取的政策，常常能让人明白企业的政策取舍如何修正了或者改变了政策决定，从而降低了成本。政策选择的变化很快，降低成本则立竿见影。

地理位置

价值活动的地理位置会影响其成本，同时也会对其他活动的地理位置产生影响。虽然位置常常代表了政策的选择，但它也受历史因素、投入要素的位置以及其他因素的干扰。因此，地理位置可以作为单独的一个成本驱动要素来对待。

一项价值活动的位置会从多方面影响成本。地理位置的不同，通行的劳动成本、管理、科研人员、原材料、能源成本及其他因素都会不同。通行的工资水平和税率会有较大的国别和地域差异，地方不同，税率就有可能不同。伊顿公司在自动化零件生产方面就充分利用了这一点：它在西班牙和意大利开设工厂，实现欧洲的低成本地位。由于现有地区性基础设施的差异，地理位置会影响企业基础设施的成本。气候、文化标准和消费者品位也会因地域的不同而存在差异。这不仅影响了产品需求，还影响了企业开展价值活动的方法。工厂内要求的设施是地域标准设定的一部分。最后，物流成本往往取决于地理位置。供应商的位置是内购物流成本的重要决定因素，而买方的相对位置则影响了出厂物流成本。厂方的位置可以影响转运、存货、运输和协调的功能。地理位置还会影响企业现有的运输模式和沟通系统，进而影响成本。

位置几乎对所有价值活动的成本都有影响。企业总是很难理解地理位置以外的影响，比如工资水平和税率。通过转移价值活动的地点，或者建立新型的设施位置关系，可以挖掘多个降低成本的机会。改变地点常要求企业做出权衡，这意味着降低某些成本，提升其他成本。位置的选择能最大限度降低运输或者其他成本，但往往要和规模经济做一下比较。改变规模经济的技术变化有可能表明要重新权衡各种因素，因为涉及工资和其他成本的变化。因此，企业能通过判断改变位置产生的机会来创造成本优势。

制度因素

制度因素包括政府规定、免税期和其他金融激励因素、行业协会化、关税和征收以及本土规定等。制度因素是最终成本因素。在 20 世纪 80 年代美国的卡车运输业中，制度因素是最重要的成本因素。使用双挂车的监管许可对成本影响可达到 10%。同时，工会认证的卡车司机的薪水要比非工会认证的卡车司机的薪水高很多。这两个因素在确定卡车运输企业相对成本地位时，比其他主要因素都重要。制度因素作为主要的成本因素还反映在电力成本上，这是主导炼铝业成本地位的决定因素。电力成本取决于电力公司收取的费用，在电力企业归国有的地区，电力成本是一个具有高度政治意义的问题。某些国家电费的快速升级已使得炼铝业的竞争力大大下降。有利的制度因素能够降低成本，而不利的制度因素会提高成本。虽然制度因素往往不在企业的控制范围之内，但是企业可以采取一些手段来影响或者降低制度因素的影响。

诊断成本驱动要素

同样的成本驱动要素决定了资产利用和某个活动的运营成本。成品存货周转率常由订单处理活动的规模和有关交付时间的政策决定。要权衡资产利用和运营成本。虽然规模大的工厂的运营成本较低，但资产周转率也较低。必须明确这些要素权衡的结果，从而优化资产和运营成本，降低总成本。影响资产利用的一些要素说明如表 3-2 所示。

价值活动的成本行为是多个成本驱动要素综合运作的结果。

有一个要素对价值活动的成本影响最大，其他要素彼此作用，确定成本。比如，登机口运营成本反映了航空公司提供的服务和本土运营规模（影响着航空公司雇用人员以及使用设施的效率）以及产能利用模式（反映在飞机班次安排上）。图 3–2 显示了耐用消费品公司最重要的成本驱动要素。

表 3–2　价值活动资产利用的要素示例

成本驱动要素	运营			传统物流		订单处理	
	原材料存货	半成品存货	生产设施	物流设施	成品存货	计算机系统	应收账款
规模	购买规模（决定供应商交付的效果）	工厂规模	设施规模	设施规模	地区规模	国家规模	订单规模
学习		建厂经验	建造设施经验				
关联	供应商交付日期和包装			渠道仓库的地理位置	渠道存货水平		渠道支付政策
产能利用模式		季节性 / 生产周期性	季节性 / 生产周期性	季节性 / 装运周期性	需求波动		
一体化		垂直一体化	垂直一体化	垂直一体化		垂直一体化	
时机			建设日期	技术选择时机		技术选择时机	
政策	安全存货 供应商付款日期安排	安全存货 老化或者养护要求 生产率的稳定性	生产技术 建造设施的速度	物流技术老化或者养护要求 给顾客的交付时间		系统技术	支付手段 信用卡政策 应收账款监控技术

企业必须努力量化成本驱动要素和价值活动成本之间的关系。这要求对每个活动的规模曲线或者学习曲线、每一项重要政策对成本的影响、时机的成本优势或者惩罚等因素进行预估。虽然精度要求不高，但量化结果对确定每一个成本驱动要素的相对意义都很重要。量化也极大地推动了企业和竞争对手的相对成本地位的变化。

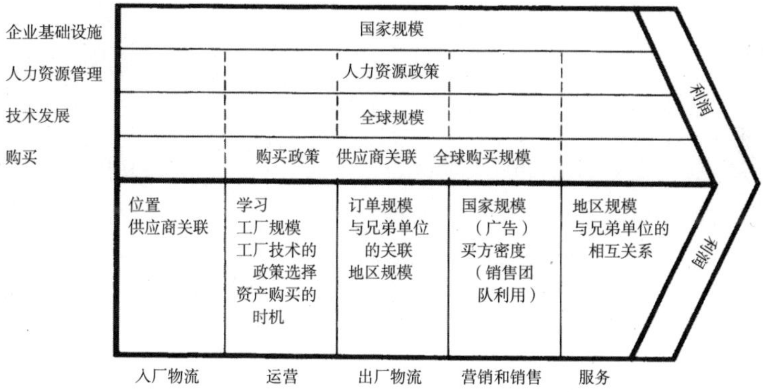

图 3-2 耐用消费品制造企业的成本驱动要素

价值活动中采用的技术本身并不是成本驱动要素，而是成本驱动要素彼此作用的结果。规模、时机、其他因素会影响企业采用的技术和政策决定。技术和成本驱动要素之间的关系在决定技术转变是否可行的问题上很重要，这一点在第 5 章将详细阐述。

成本驱动要素的相互作用。成本驱动要素彼此作用，影响活动的成本。彼此作用有两种形式：作用与反作用。成本驱动要素彼此加强或者关联，共同影响成本。一项活动的规模经济程度部分地由影响活动开展方式和产品组合的制度因素来决定。位置对成本的影响常与制度因素相关，包括行会联合或者法规。而好的位置要求较早地把握行业时机，比如零售业。制度因素还可以提升或者阻碍关联的实现。制度因素的成本往往受其他因素的影响，具体见上文。较早确定时机的优势可以通过规模经济或者学习效果来强化，具体见第5章。一体化也能提升规模经济。

成本驱动要素还能彼此抵消或者互相弥补。这表明企业可通过某个成本驱动要素提升地位，也有可能通过其他因素降低其地位。更大的规模和更高水准的垂直一体化往往能加重产能过剩的惩罚。同理，规模提升可以增加联合化的可能性，而规模经济能够弥补这一点，因为单独某个位置会提升运输成本。

要决定价值活动的成本行为，有必要确定成本驱动要素的相互作用。成本驱动要素互相加强时，企业必须协调战略以获得最低成本。例如，政策选择应该提高企业收获规模经济或者实现关联的能力。通过积极追求和学习，可以把握住较早的时机。减少成本驱动要素之间的矛盾，利用彼此的加强作用，可以大大提升企业的相对成本地位。

起反作用的成本驱动要素的存在，表明了优化的必要。例如，地理位置必须优化规模经济、运输成本和工资成本之间的权衡。工厂规模的选择必须权衡产能过剩的成本。政策选择有时候可以改变这种权衡关系。比如选择灵活的生产过程可以改变规模经济和产品种类之间的关系。只有量化活动成本的每个要素，才能妥善处理各因素的相互作用。

成本驱动要素的相互作用比较微妙，人们往往很难意识到它们的存在，尤其是它们的变化。将成本之间相互作用的洞察力转变为具体的战略措施，将为竞争优势提供持久的来源。

确定成本驱动要素。确定成本驱动要素，量化它们对成本的影响，这并不容易做到，需要用到多种方法。有时候，在检验价值活动的基本经济学原理时，人们能从本能上感受到某种价值活动的成本驱动要素。例如，销售团队成本常由本地份额引起，因为本地份额较高，可以降低产品的运输成本。通过估算增加的销售份额将如何减少平均的运输时间，可以精确地预估销售团队成本和销售份额之间的关系。除了总成本，理解并量化使用变通措施来提升活动的效率将很有意义。例如，成果、废品率、劳动时间等因素可以用来探知价值活动成本变化的来源以及相应的原理。

还有一种确定成本的方式是企业检查自身内部的经验，尤其是企业的情况随着时间的流逝所发生的变化，或者开展的多部门运营。过去的成本数据使企业能明确特定价值行为的历史学习曲线，如由于通货膨胀因素调整成本，改变政策、产品设计和产品组合，等等。不同产出规模对应的成本水平能够让人了解规模经济的情况。如果企业在多个地域销售产品或者在多个工厂出售产品，其中的区别可以表明成本驱动要素的影响。

与专家面谈也可以决定成本驱动要素。对价值活动比较了解的个人可以回答成本多种变动要素的影响之类的问题。比如，生产经理在面谈中可以回答生产线效率提高对管理水平、能耗和产能等因素的影响这类问题。

确定成本驱动要素的最终方法是比较价值活动的企业成本和竞争对手的成本。由于不同企业的成本驱动要素及其对应的情况各不相同，多个企业之间价值活动成本的比较可以说明哪些成本驱动要素更重要。对竞争对手的成本行为的分析具体如下。

购买投入要素的成本

购买对每个行业都有重要的战略意义，但是在企业内却没有得到充分的重视。每个价值活动都使用了某种购买投入要素，包括零件制造的原材料、专业服务、办公场所和资本商品等。购买投入要素分为购买运营投入和购买资产。购买投入要素的总成本是企业价值的一部分，这个比例显示了采购活动的战略意义，是一个重要的衡量指标。在众多行业中，购买投入要素的总成本占据价值的一大部分，但比起降低成本来，它远远没有受到人们的重视。

购买投入要素的成本是价值活动成本不可或缺的一部分。上述的成本驱动要素决定了投入成本的行为。然而，将购买投入要素分开来做单独分析往往会让人更清楚地了解成本行为。一个活动购买投入要素的成本是三个因素相互作用的结果——单位成本、活动的利用率以及通过关联对其他活动的间接影响。虽然某个活动投入的利用率和与其他活动的关联在作为一个活动的总体成本的一部分时能够得到最好的分析，但购买投入要素的单位成本在不同活动之间有着类似的成因。因此，企业能够在分析整体购买投入要素的单位成本后明白如何才能降低单位成本。

单独分析购买投入要素的单位成本，企业必须意识到上述三个因素。更高质量的钢材可以提升锻造操作的产出能力，简化加工过程。在某些情况下，企业还可以在加大购买投入要素的同时降低总成本。最小化投入要素的单位购买成本未必是完全正确的。然而，在选择适当种类和质量的投入后，为购买投入要素选择最适当的单位成本定价的做法非常可取。

企业针对购买的分析往往集中于最明显的项目，尤其是原材料和零件。但是，除去原材料和零件的购买投入综合起来，往往占了成本的大部分。标准的成本系统往往将此类投入的成本分摊到多种类别的成本要素中，但这往往无法显示其重要意义。企业基本不会以外购的标准去检验来自兄弟部门的产品，而维修或专业服务这类服务购买往往易在购买分析中被忽视。最后，购买的资产往往被排除在正常采购系统之外，且采购时也缺乏相关的专业知识。对购买投入要素的单位成本进行综合分析，是取得成本优势的重要手段。

购买信息

分析购买投入要素单位成本的起点是开发购买信息。企业应该明确所有重要的购买投入要素，明确每年或者每个季度的具体花费。在确定购买信息时，应该明确从兄弟单位中获得的投入。对于购买运营投入，应该用每一期的使用量来计算成本。这种分析必须覆盖预付费用、折扣和存货变化。针对购买资产，总采购价可以作为衡量成本的指标，针对供应商的优惠条件，如免费服务、免费备件或者低成本融资等进行调整。

企业应该确认所有重要的购买投入要素，且按照对总成本影响的大小对它们进行排序。具体有购买运营投入和购买资产两类。这两大类别还可以细分为常规购买项目，如原材料和办公空间，以及非常规购买项目，如设备和咨询。以这种方式来对购买项目进行分类，能让人留意降低成本机会经常出现的领域。小型的购买投入要素常有充分的降价空间。经理人往往留意那些占成本比例较大的购买项目。结果，供应商能在那些买方看来是小成本的购买项目上获得更多的利润。人们也不太留意非常规购买项目。很多企业都有相应的监控手段和程序来管理常规项目的采购。

企业还要计算每一种购买项目扣除物价上涨因素的成本变化。这番计算可以让企业发现哪些购买项目需要更加详细的检查。购买项目价格的增加表明，要么企业没有充分重视控制成本，要么供应商的议价能力提高了。

在分辨购买投入要素的规模、购买活动是否规律以及扣除物价因素后的成本变化后，企业应该确定负责购买决定的部门。很多企业的购买都是由采购部决定的，但是采购部具体的职责是负责好购买过程的执行，利用购买知识追踪采购成本以及成本管理。虽然企业在实际操作中会把采购权下放，但是这样做往往会混淆众多购买投入要素的成本，导致购买效率下降，除非其他获得采购权的部门也能像采购部门那样用心地对待采购事宜。

明确购买信息的最后一步是记录每个购买项目的供应商及其在每个订单交付周期内为企业供应购买物品的数量比例。供应商的数量和组合在确定购买投入要素成本中起着重要作用。企业必须系统地追踪潜在的供应商状况，哪怕当前这些供应商并不向企业供应商品。这将保证企业能定期考虑替代供应商，且能了解已有供应商的绩效。每一种购买物品对应的供应商名录都能够让企业有意想不到的发现。比如你会发现，单一供应渠道的购买物品竟然占了很大比例。除非碰到特殊情况，否则单一渠道购买表明了供应商创造的转换成本，而购买物品的单价也可能偏高。

购买投入要素成本的成因

上述描述的成本驱动要素连同企业和供应商之间受制于行业结构的关系，决定了购买投入要素的成本行为。企业和供应商之间的结构化议价关系反映了决定供应商利润率的广阔的行业因素，而成本驱动要素表明了企业所处的情景如何能够影响这种关系。当企业认定出于结构原因必须让某些购买投入要素的供应商得到更高的利润时，企业就应该通过控制成本驱动要素来降低总投入成本。有些因素对很多购买投入要素的成本有着类似的影响。表 3–3 总结了决定购买投入要素成本的重要因素。对每一项购入的投入项目来说，成本地位和成本驱动要素之间的关系将决定特定质量水平的购买投入要素的单价。

表 3–3　购买投入要素的单位成本因素

成本驱动要素	购买过程的成本驱动要素	描述
规模经济	采购规模	向特定供应商购买的数量影响着企业的议价能力
关联	供应商关联	与供应商协调购买要素的规格、交付和其他能够降低总成本的活动
相互关系	与其他业务单元共享购买活动	与兄弟业务单元联合采购能提升企业对供应商的议价能力
一体化	自制还是外购	一体化可以提升或者降低某种购买投入要素的成本
时机	过往供应商关系	历来对供应商的忠诚或者与供应商存在的问题会影响投入要素的成本、生产周期较紧时生产要素的使用以及供应商所提供的服务
政策	购买操作 *	购买操作很大程度上会提升企业与供应商的议价能力以及供应商提供额外服务的意愿： · 供应商数量和组合的选择 · 对冲程序 · 为获得供应商成本和可用性的信息所做的投资 · 年度合约和分批购买 · 副产品的利用
地理位置	供应商位置	供应商位置会因交通成本和沟通的便捷性影响投入要素的成本
制度因素	政府和工会限制	政府政策可能因关税、税率或其他因素而限制企业对要素成本的使用或者影响其成本。工会可能会影响企业购买能力，也会影响企业能否利用非工会认证的供应商

* 能够降低投入要素成本的购买操作下文有更详细的描述。

正如本书第 2 章描述的，企业应该努力协调并与供应商共同优化供应商关联，从而在提升自己与供应商的议价能力的基础上降低总成本。与供应商开展有效的沟通是实现关联的必要因素。在理想的状况下，企业可以利用现有的供应商关联，提高议价能力，获得应有的利益。购买政策对利用供应商关联、提升企业的议价能力具有重要的作用。

供应商的成本行为和投入的成本

供应商的成本行为对企业投入的成本以及利用供应商关联的能力有重大影响。特定购买投入要素的供应商往往在相对成本地位上有所不同，如果企业施展其议价能力，长期来看，确定最低的成本源会让企业获得最低的采购成本。供应商成本行为将决定是否下大订单能够降低供应商的成本。供应商的成本行为也会影响自己按照企业的要求采取其他行为的成本。针对供应商成本行为的分析方式与企业的成本行为一致。理解主要供应商的成本行为，能使企业确立更好的采购政策，且能意识到并利用好供应商关联。

细分成本行为

目前我已经分析了业务单元的整体成本行为。在实际操作中，业务单元通常生产多种不同产品，并出售给不同的买方。业务单元甚至会使用多种销售渠道。例如，造船商既制造液化天然气运输船，也制造集装箱船；银行除了向高净值的个人贷款，也会向中等收入的消费者贷款。这种区别可能会引发价值链各细分市场成本行为的分化。除非企业意识到不同细分市场的成本行为存在差异，否则不正确或者平均化的定价行为会给竞争对手以可乘之机，这样非常危险，因此在特定细分水平上的成本分析必须能够弥补业务单元水平上的成本分析。

第 7 章更加详细地讨论了细分成本的确定和分析。产品、买方、销售渠道或者不同地域成本行为的差异是成本细分水平存在的关键，因此成本分析是细分的关键条件。成本细分水平的价值链通常和整个业务单元保持平行。然而，细分价值链可能在某些影响成本的方面不同。例如，大规模生产线需要的机器比小规模生产线需要的机器多，且规定的处理、检查和装运程序不同。同理，大规模生产线可能要求具有不同的购买投入要素。确定不同细分水平价值行为的重要差异是细分成本分析的起点。

企业应该分析符合下列条件的产品线的成本、买方的类型或者其他活动因素：

· 价值链各不相同。

· 价格因素似乎也不同。

· 使用的成本分配方法有争议。

在实际操作中，企业可能想要选择具有代表性的产品类别或者买方来显示不同细分水平之间的区别，而不是直接、完整地详细分析每一种产品类别或者买方。

细分成本行为的程序与业务单元内使用的成本分析程序相同。细分价值链一旦确定，成本和资产就会直接转给该价值链，而每种成本因素都要尽可能被确定和量化。当程序保持一致时，现实中比较复杂的情况往往会出现。不同细分水平上普遍存在共享的价值活动（见第 7 章），这就要求在不同细分水平之间分配成本。标准的成本系统往往使用随意的措施作为在不同细分水平上分配成本的基础，比如销售额或者其他可量化的变量。虽然这些措施有简化问题的效果，但它们往往与细分成本在整体成本中所占的份额无关。例如，若根据销售额分摊国内外买方的价值活动的成本，则常常会严重低估国际销售活动的真正成本，因为国际销售对于企业投入时间和吸引顾客眼球的活动要求相当高。辅助活动的成本和间接主要活动的成本往往是最容易被错误分摊的，这种错误分摊将导致产品或者买方细分成本的计算和定价出现错误。

不同成本细分水平上的价值活动的成本应该根据每个水平对价值活动的措施或能力的实际影响来分摊。这类举措将抓住在某个成本细分水平上使用共享活动的机会成本。比如，在技术发展过程中，成本分摊应该基于工程师和科学家在特定生产线上花费的预估时间来进行，而不是根据每种产品的销售额进行。

将共享活动的成本对应不同的细分水平逐一进行分摊，有时候并不合理，也没有必要。因实现战略目标必须进行的分析不一定要求高度准确，定期研究就可以。例如，为了对研发成本进行分摊，可以向工程师提问，确定在特定时期内在不同产品和买方上花费时间的比例，这样就能克服数据不准确的危险。有些企业对工程变化指令、销售人员向工程人员传达产品修正信息等事项进行抽检，确保公司有能力随时计算时间的具体分配。同理，这种预算的方法能对几乎所有共享活动的成本细分以及人力和财力的分配提供佐证。

成本动态

除了分析特定时点的成本行为，企业还必须考虑价值活动的绝对成本和相对成本如何随着时间的变化而变化，此种变化与企业实施的战略无关，这种情况可以被称为成本动态。成本动态分析能使企业预测价值活动的成本驱动要素的变化，明确各类价值活动对绝对成本或者相对成本的影响力是增强了还是减弱了；能够洞悉成本动态本质的企业有能力通过预测这些变化，迅速做出反应，从而赢得竞争优势。

随着时间的流逝，企业也在不断发展，行业环境也发生了变化，不同成本驱动要素的相互作用产生了成本动态。成本动态最常见的起因包括下列几个方面。

行业的实际增长。企业整体的增长会对成本产生众多影响。行业增长作用于购买投入要素，影响供应商所处行业的规模，进而影响投入成本。在某些行业内，行业增长因打破供需平衡而抬高了投入要素的购买成本；而在其他行业，行业增长会通过提升供应商的效率来降低企业要素投入的成本。行业增长还有可能为提升规模经济创造条件，其途径是引进价值活动中可行的新技术。

不同的规模灵敏度。如果价值活动的规模灵敏度各不相同，扣除物价因素的企业销售额的增长（降低）会大幅度改变价值活动的绝对和相对成本。例如，在众多相关电子行业中，包括计算机、视频游戏和电信设备行业，软件成本相对于硬件成本不断上升，因为硬件成本比软件成本对规模和学习的灵敏度更高。企业的价值活动所具有的规模灵敏度不同，也会影响企业的相对成本地位。例如，很多人认定美国礼来制药公司基于DNA（脱氧核糖核酸）的胰岛素生产技术比芬兰诺瓦公司的规模灵敏度更高。这种现象如果得到证明，随着销售规模的增大，美国礼来制药公司的相对成本地位就会提升。

不同的学习进度。如果企业内部学习活动开展的进度不同，不同价值活动的相对成本就会发生变化。学习活动的迅速开展能够降低企业一些价值活动的相对成本。例如，快速学习能够大大降低安装成本，而安装成本在很多电子企业中占销售额的比重相当高。结果，不同地区和国家的安装工人生产效率的区别在决定相对成本地位方面的作用大大降低。

技术革新的细微差别。技术变化发生速度的不同会直接影响不同价值活动及其成本驱动要素的相对成本。例如，低成本的计算机和货物空运行业的发展从根本上改变了众多分销企业和行业的经济形势。这些变化导致了加工成本绝对值及其在总成本中比例的降低，为分销商重组、减少仓库数量、集中建立大规模仓库的发展方向创造了条件。

成本的相对上涨。价值活动关键要素成本上涨的速度各不相同，这将对企业的相对成本产生巨大的影响。不同的成本上涨速率可能会使某个本不重要的价值活动具有非凡的战略重要性，也可以将活动内某项中等成本驱动要素变成主导成本驱动要素。例如，由于油价相对工人薪资和机器设备成本的疯狂上涨，在航空企业的运营成本中，汽油成本比例已经达到50%。因此，航空公司的石油运输效率、航线运行的内在效率以及飞机的运营程序都成了具有重大战略意义的要素。

老化。老化的资本基地或者劳动力将改变价值活动的相对成本。使用年限较久的离岸钻井机需要更多的维修和保险服务，而年长的员工的薪水和福利成本也更高。

市场调节。市场力量的运作往往会对购买投入要素成本产生抵消作用，可以根据每个企业采购的优惠条件去除或者降低成本差异。美国人民捷运航空公司和其他航空公司都发生过供应过剩的情况，因为购买二手飞机大大降低了飞机成本。模仿它们战略的企业将最终减少二手飞机的库存量，而美国人民捷运航空公司将和其他航空公司在更加公平的基础上竞争。

成本动态能推动行业结构和相对成本地位发生巨大的变化。在钢铁制造行业中，技术变革和不断变化的原料成本使钢铁制造企业实现高效规模的决定性阶段发生改变。以前是初轧车间起决定作用，现在则是高炉加工阶段。为生产半成品钢锭，持续浇铸比初轧工艺更节约成本，其规模灵敏度也比初轧低。这些转变对企业和竞争对手的相对成本地位也有重大的影响，主要取决于具体的生产工艺。这些变化导致纽柯钢铁公司和孤星制钢公司这类新兴企业取得成功，相比业内的老牌公司，它们使用持续浇铸技术和低成本的劳动力资源。越早区分成本动态，越能引导企业开展赢得竞争优势的价值行为，这为企业未来的相对成本地位赢得了巨大的筹码。但是，成本动态还没有引起人们的充分重视。

成本优势

如果企业开展所有价值活动的累积成本低于竞争对手的成本，企业就拥有了成本优势。成本优势的战略价值取决于其持久性。如果企业的成本优势很难被竞争对手模仿，那么企业就有了持久性的竞争优势。如果企业为买方提供了可接受的价值，即使消费者期望企业的价格低于其竞争对手，那么企业具备的成本优势也不会被抵消，企业的成本优势也能带来出色的业绩。

企业的相对成本地位由下列因素决定：

· 相对于竞争对手的企业价值活动构成。

· 每一种活动的成本驱动要素的相对地位。

竞争对手的价值活动有可能与企业的价值活动类似，也有可能不同。环球航空公司和联合航空公司两家公司使用了类似的价值链活动，它们的价值链活动与美国人民捷运航空公司完全不同。如果竞争对手的价值链与企业的价值链不同，那么两个企业价值链的内在效率决定了彼此的相对成本地位。价值链的区别通常只涉及一部分价值活动，企业可以通过比较这些不同行为的成本，将不同价值链的相对成本地位区分开来。

企业与竞争对手的价值活动相同，但其相对成本地位取决于企业开展这些活动的成本驱动要素和竞争对手对比的结果。若地区规模决定了销售人员的成本，则相对销售人员成本就反映了竞争对手在该地区的市场份额以及规模曲线的倾斜度。企业应该一一分析普通价值活动的相对成本地位，然后将不同价值活动的相对成本进行叠加，从而决定总体的成本地位。

确定竞争对手的相对成本

价值链是决定竞争对手成本的基本工具。决定竞争对手成本的第一步是确定竞争对手的价值链以及竞争对手开展价值活动的方式，这一过程与企业开展分析自身价值活动的方式一样。在实际操作中，要评估竞争对手的成本往往很难，因为企业无法获得直接的信息。通常凭借一些公共的数据平台以及和买方、供应商和其他方的碰面，企业有可能直接估计竞争对手部分价值活动的成本。例如，企业能够了解竞争对手的销售人员数量以及大概的薪水报酬和费用支出限额的情况，由此，企业可以了解竞争对手部分价值活动的成本，知道部分竞争成本驱动要素是否准确。

对于竞争对手成本无法直接估计的价值活动，企业应该与竞争对手比较相关情况，这要求确定竞争对手对应价值活动成本驱动要素的相对地位。企业可以使用自身对成本行为的了解来估计其与竞争对手成本的差异。例如，假如本地份额会影响物流成本，且竞争对手拥有较高的本地市场份额，那么竞争对手就可以在这个价值活动中拥有成本优势。如果企业能够预测物流成本的规模曲线，则企业和竞争对手份额的差异就能让企业估计自身的成本劣势。

确定竞争对手的成本需要做很多估计和推断，因此估计总体的方向可能更加可行，而不要拘泥于竞争对手在某个价值活动中与企业自身相对成本差异的绝对值。不过，确定相对成本非常有用。企业可以将自身与竞争对手总体方向的差异与已经掌握的每个价值活动的成本驱动要素知识结合起来，进而明确竞争对手相对成本地位的概况。

企业同时对多家竞争对手的成本进行估计，能够大大提升相对成本分析的精确度。企业应该把某一个竞争对手披露的信息与自己掌握的其他竞争对手的信息进行对照，检验特定价值行动的规模曲线或者其他成本模型是否正确。实际上，分析企业的成本行为、确定竞争对手的相对成本往往是一个反复迭代的过程。

取得成本优势

企业赢得竞争优势有两种途径。

· 控制成本驱动要素：企业能够在价值活动的重要成本驱动要素方面赢得竞争优势。

· 重新定义价值链：企业有能力采取更有效的多种方法来设计、生产、分销并销售产品。

这两个竞争优势的起因并不是彼此排斥的。虽然企业与竞争对手的价值链不同，但是它们会开展一些相同的活动，而这些活动的相对成本优势能够提升或者减少企业的总体成本地位。

成功的成本领先者往往能从价值链内部找到成本优势的不同源泉。持续的成本优势不是来自某一项价值活动，而是来自多项价值活动。重新对价值链进行定义在提升企业的成本优势方面起着重大的作用。成本领先战略要求企业对自身开展的每一项活动进行检查，明确是否有降低成本的空间。在企业发展的过程中，这一项活动要持续进行。通常来讲，成本领先者的企业文化都源于一种高级管理模式，这也强化了这一活动的进行，通常包括采用简单的设备、限制员工额外津贴等做法。

降低成本可能会影响差异化战略，当然也有可能不会对其产生影响。每个企业都应该在不影响差异化战略实现和实施的前提下，积极寻求活动过程中成本降低的因素（见第4章）。对于那些有益于差异化的行为，明智的做法是牺牲部分或者全部差异化来提升企业的相对成本地位。

控制成本驱动

一旦确定了自身的价值链，并分析了重要价值活动的成本驱动要素，企业就能比竞争对手更好地控制成本驱动要素，从而产生成本优势。针对每个价值链的所有活动，企业都有获得绝佳优势的可能。在总成本中所占比例较大或者比例不断上升的活动，能为企业提升自身的相对成本地位提供最大的帮助。每一项活动所对应的成本驱动要素各不相同。我们在此总结了针对一项活动控制十大成本驱动要素的具体方法，以期提升该活动的成本优势。

控制规模

规模要适当。通过兼并、生产线扩展、市场扩展或者营销活动而增加规模，能够降低成本。然而，影响成本的规模类型因活动而异。在已有的地区提升本地或者地区规模往往会降低销售人员或者实体渠道分销的成本。而开拓国内市场的规模，打进其他市场的做法可能会增加成本。在整个价值链中找到推动成本的规模后，我们就能评估不同类型规模的价值及对应的市场价值。追求规模应该有所选择，要以适应特定行业重要活动的成本驱动要素为准。不同活动的规模增长必须达到平衡，以使企业在某种活动中追求规模不会造成另一种活动的规模不经济。

制定政策，强化规模灵敏活动中的规模经济。规模经济是活动管理方式的一种结果。伊顿公司简化了生产线，实现了发动机气门制造的规模经济最大化。

探索企业最青睐的规模经济方式。企业管理活动的方式能为企业带来自己最期望的规模经济。全球份额高的企业通过产品开发的管理来强调全球规模，途径是强调生产全球通用的产品，而不是按照不同国家的特点来定制。

重视企业具有优势的规模形式驱动的价值活动。不同的规模驱动着不同价值活动的成本，企业制定战略应尽可能保证那些适合企业实现的规模形式达到最优化。对于一个与全国规模的企业竞争的地区生产商来说，这意味着企业应该强调销售人员的支持和服务，而不是大力引进新产品，因为新产品的成本主要是依靠全国规模甚至全球规模驱动的。

控制学习

管理学习曲线。学习不会在企业内自动发生，而是源于管理者和员工的努力和关注。关注学习不只影响劳动力成本，还会影响设备构造、废料和其他重要价值活动的成本。要对每一种想法和做法进行检验，确定是否需要修正。管理者必须提出学习的阶段要求，并为员工设定目标，而不是一味空想组织内学习的发生会水到渠成。在设定目标的时候，学习的速度应该在不同工厂和地区之间对照行业标准进行。企业还必须建立推动各个工厂和业务单元之间共享活动的机制，因为学习的共享往往受到地理位置和行业内部竞争的限制。

坚持学习专有知识。如果企业将对竞争对手造成的学习溢出效应降到最低，就可以降低企业的相对成本地位。坚持学习专有知识是在学习灵敏的价值活动中实现成本优势的重要途径。实现这个目标的方式包括以下几点：

- 通过后向一体化来保护专业知识，例如在企业内部制造或改造生产设备。
- 控制员工发布信息的行为或者切断其他泄露信息的途径。
- 留任骨干员工。
- 在员工聘用合同上明确不泄露工作信息的规定。

向竞争对手学习。要保持谦虚的态度，积极向竞争对手学习。竞争对手价值链分析将使企业发现能用于企业内部的好理念。向竞争对手学习有多种方法，包括逆向推导竞争对手的产品、研究竞争对手公开发布的信息，如专利文件和有关竞争对手的报道，还可以与竞争对手的供应商保持关系，从而了解竞争对手最新购买投入要素的情况。

控制产能利用率

均衡产量。企业通过寻找价值链中均衡产量波动的方法，可以提高平均产能利用率。例如，太阳钻石农业合作社生产太阳姑娘牌葡萄干、钻石牌核桃和其他产品，通过推广产品全年烘焙利用的方法，可以降低产能利用不充分带来的成本。这些措施大大降低了圣诞节旺季和淡季的区别。同理，信用卡处理器还为一系列全年使用太阳姑娘牌产品的买方服务，均衡了全年的营业额，这些买方包括沙滩俱乐部和滑雪地区等。

- 旺季定价或者贡献定价。
- 营销活动，包括加强淡季的促销活动，并开发产品的淡季应用方法。
- 将产品线拓展到周期性较弱的产品，或者延伸到能定期利用企业多余产能的产品（例如私人商品）。
- 选择需求更稳定或者需求反季节或者反周期的买方。
- 在需求旺季出让市场份额，在需求淡季再次赢回市场份额。
- 让竞争对手服务于波动较大的市场分区。
- 与需求类型不同的兄弟单位共享活动（见第 9 章）。

降低产量波动造成的负面影响。除了尽可能做到产量平稳，企业有时候也可以减少与活动产出波动相关的成本。例如，锥形一体化（tapered integration）是利用供应商的产能来满足旺季的需求，而不是靠企业内部的力量实现。加拿大钢材制造商按照市场趋势的增长来增加产能，而不是按照全年的需求量安排生产，由此避免了产能过剩的情况。它们还出售由分销商和外国企业生产的钢材，借此弥补自己的不足。

控制关联

利用价值链内部的成本关联。如果企业意识到价值活动之间的关联，并妥善加以利用，就能提升自己的成本地位。提升零件制造的精度所花费的额外成本，将由成品检查成本的降低来抵消。近来的技术发展使得价值活动的联系更加紧密，也更容易实现，而计算机辅助设计和制造只是微电子与其他活动紧密关联的一种体现。

与供应商和渠道商合作，利用纵向关联。纵向关联表明企业与供应商和渠道商的联系能为这三者通过协作共同优化各自的价值链创造条件。施乐（Xerox）通过计算机终端向其供应商出具排产表，使得供应商能精确地按照企业的需要为其交付零件。寻找并利用这样的机遇，要求企业对供应商和渠道价值链进行仔细研究，下定决心克服怀疑、贪婪和其他影响各方共同行动的情绪。企业必须做好准备与供应商和渠道商关联，从而确保获得关联为各方创造的利益。

控制相互关系

共享合适的活动。企业通过与兄弟业务单元共享价值活动或者进入有可能发生共享活动的新产业，能大大降低企业的相对成本。第9章将详细描述如何确定能够降低成本的共享机会。

在管理同类活动的时候转移专有知识。多元化企业可能有能力在管理某个价值活动的过程中将专有知识转移给其他拥有大体相似活动的业务单元。有关这些问题的详细阐述见第9章。

控制一体化

系统检查一体化和分拆的可能性。一体化和分拆为降低成本提供了机会。管理态度和信息系统技术的变化有利于供应商关联的实现，分拆在很多行业中已经成为越来越吸引人的做法。

控制时机

利用先发优势或者后发优势。行业的先行者往往能因为获得最好的地点、人才、供应商或者最早获得专利而坐享持久的成本优势。实际上，在某些行业里，只有先行者才能赢得重大的竞争优势。在其他行业里，后来者可能因为技术的过快更新换代或者具备能力观察并模仿先行者的行为而获得竞争优势。先发优势和后发优势的细节将在本书第 5 章描述。

经济周期中的时机购买。在需求疲软时采购资产往往能大量节约成本。这对于众多资本性商品而言都是一样的，包括机械、船舶，甚至整套工厂设备。

控制权宜政策

改善那些对差异化战略没有多大贡献的高成本启动政策。很多管理企业活动的政策增加了企业的成本。有时候企业有意识这样做，希望能够创造差异化，但企业往往无法认识到这类政策的成本。成本分析往往说明有必要对这类政策进行修正，而仔细检查可以让人明白哪些政策并没有在差异化战略方面起太大作用。这两类情况都有降低成本的机会。第 4 章将详细描述如何在差异化战略中评估价值活动的作用。

技术投资，按照有利于企业的方式来分析成本驱动要素。新技术的出现往往让人忽略了成本优势。技术使竞争对手的竞争优势相对于成本驱动要素显得过时。技术投入的水平是一种政策决定，大多数领导者都大力支持技术投资。如艾奥瓦牛肉公司每年花费 2 000 多万美元更新厂房设备。技术投资降低成本的重要方面包括：

· 开发低成本工艺。例如美国联合碳化物公司制造低密度聚乙烯的乌尼泊尔工艺。
· 促进自动化。例如艾奥瓦牛肉公司批量生产牛肉的车间和美国国民大卖场的自动化分销中心。
· 低成本产品设计。例如佳能 NP200 复印机的零件更少。

在某些情况下，企业应用新的低成本技术的能力取决于规模的大小。在软性隐形眼镜领域内，博士伦有限公司生产隐形眼镜大面积采用的降低成本的旋转铸造技术比车削技术对规模的敏感度更高。然而，技术的选择也可以和其他成本驱动要素关联起来，包括时机、地点或者一体化。企业应该投资那些对自身发展最有利的成本要素领域，进行技术发展。

避免花架子。大多数成本领先者在整个价值链中都能非常妥善地控制成本。美国国家半导体公司的高管在设施简朴的办公场所工作，只有为数不多的几间办公室。很多成本领先的企业都体现了这一点，包括林肯电气公司、美国人民捷运航空公司、皇冠软木与封装公司。此类政策抉择不仅降低了企业本身的成本，还具有重要的风向标意义。

控制地点

优化地理位置。各种活动的地理位置以及企业本身相对于买方和供应商的位置往往会对劳动成本、物流效率和供应商的获取等方面产生重大影响。企业的设施所处地理位置正确，往往能为其赢得重大的成本优势，活动的最优地理位置也会随着时间的推移而变化。比如，随着小型工厂的出现，钢铁行业企业最佳地理位置的分布已经改变。

控制制度因素

不要认为制度因素是既定的、一成不变的。虽然人们把制度因素看成企业不可控的因素，但企业仍能够影响政府政策和工业联合化等制度因素。例如，很多参与行业联合的卡车运输公司建立起无工会组织的子公司。企业还可以经常通过游说活动影响政府规定。比如，日本公司在某些对外国企业的利润征税的活动中企图改变这些做法。有些地方已经致力于取消这种法律，以免把外国投资者吓跑。

购买和成本优势

购买的做法对企业完成各项活动的成本地位有着重大影响。多方面改变购买活动可以达到降低成本的目的。

调整购买投入要素的行为以便更精确地满足企业的需要。企业要确保购买投入要素质量过关，满足企业的需要，这样就能提升自己的成本地位。例如，克拉克装备公司不再使用昂贵的、没有必要的高品质卡车一级零件，而是在某些起重机型卡车上使用汽车的品质零件。

通过采购政策提高议价的筹码。企业很少从战略或者议价问题的角度出发来回顾采购行为，虽然采购做法对成本的影响非常大。可见，企业能够采取一系列具体措施来提升自己与供应商的议价能力。

- 要与多家供应商保持联系，就应保证供应商之间存在竞争关系；企业也要保证自身在每一家供应商的采购量，从而确立自身重要的买方地位，这样就能提升企业在采购中的议价能力。

- 选择那些具有强大竞争力的多家供应商，在它们中间分散企业的采购量。
- 定期改变采购量，使其不要认为企业与它们之间的合作是理所当然的。
- 定期征询新供应商的提议，一方面了解市价，另一方面搜集技术情报。
- 通过签订年采购量、分期交付的采购合约来提升自己在采购规模上的优势，不要分批进行小额采购。
- 寻求与兄弟业务单位共同采购的合作机会。
- 任命高素质的采购管理者开展程序更加复杂的采购行为。
- 积极投资信息搜集活动，更准确地理解供应商的成本和市场条件。
- 积极开发技术，杜绝或者减少昂贵投入要素的投入，避免生产单位成本居高不下的情况。

选择合适的供应商，妥善进行成本管理。按照特定的价值链，企业应该选择效率最高或者成本最低的供应商。采购行为包含推动供应商降低成本，必要的情况下帮助供应商开发技术，鼓励供应商通过关联来降低企业成本的行为。比如玛莎百货通过积极帮助供应商实施现代技术，在英国零售业赢得了低成本地位。管理供应商基础工作的成效，以及使用开展企业内部价值链分析的方法来分析供应商价值链，都和提升企业针对供应商的议价能力一样，对企业成本地位起着重要的作用。

重新定义价值链

相对成本地位的巨大变化往往源于企业采取与竞争对手完全

不同的价值链的行为。重新定义价值链的原因有很多，包括：

- 生产工艺不同。
- 自动化存在差异。
- 采用直接销售，而不是间接销售。
- 新的销售渠道。
- 新的原材料。
- 前向或者后向垂直一体化具有重大差异。
- 新的广告媒介。

像美国人民捷运航空公司和西南航空公司这样的平价航空公司在重新定义价值链的基础上，为我们提供了诸多战略实施的范例。它们采取了和干线航空公司完全不同的价值链形式，具体见表 3–4。

表 3–4 航空公司的价值链

	票务操作	登机口操作	飞行操作	机上服务体验	行李处理	售票中心
干线航空公司	全套服务	全套服务	购买新的飞机 联盟飞行员	全套服务	免费行李托运	票务中心地处市中心
平价航空公司	次级机场和航站楼 无出票柜台（或者仅限于登机签到） 飞行途中或者机器终端买票 无转机票务服务 费用选项很少	次级机场和航站楼 先来先得座位 登机口无票务服务	二手飞机座位拥挤 非行业协会认证的机长操作 乘务员人数更少，每天飞行时间更长	非行业认证的乘务员 只有点心，无正餐服务 提供的食物和酒水收取费用	有随身携带行李的放置空间 行李托运收取费用 无转机行李服务	无

可以通过重新定义价值链赢得竞争优势，这里还提供了另外两个行业的实例。在牛肉包装行业中，传统的价值链活动包括在独立的农场里饲养牛，将生牛运输到各大劳动密集型铁路交通枢纽（比如芝加哥）的屠宰场。动物被宰杀分割后，整块牛肉会被运输到各大市场，由零售商进一步切块后再出售。艾奥瓦牛肉公司实施了创新战略，在供应生牛的农场附近建立大型的自动化生产车间，并在那里直接对牛肉进行加工分装。这大大节省了运输费用，并节约了操作过程中运输生牛使其体重减轻造成的损失。该牛肉公司还起用非行会劳动者，即在农场附近为企业新开的工厂招工，减少了价值链的运营活动成本。

联邦快递公司同样开展了小包裹空运服务价值链重新定义的活动。传统的竞争对手包括埃默里航空货运公司，都是按照大小来收取空运费的，通过各大客运飞机运输，最后递送到指定目的地。联邦快递则只处理小件，并通过公司自有的飞机运输至孟菲斯中心站进行包裹分类整理，之后通过公司自有飞机运到目的地，再由公司专有卡车递送。价值链重新定义的其他举措还包括早买早享受折扣的零售商、折扣经纪公司和新型的长途电话公司（如MCI电信公司和Sprint移动运营商等）。

重新定义价值链能带来成本优势，原因有两点。第一，重新定义价值链经常能为企业带来从根本上改变企业成本结构的机会，比起公司日积月累的进步更有意义。经过验证，新的价值链要比老的价值链固有的工作成效更高。平价航空公司服务的成功清楚地证明了企业采取不同的价值链能大大降低成本，还能为整个行业构建新的成本标准。在某些航线上，平价航空公司的服务费用要比干线航空公司的低50%。在新价值链中开展活动的成本更低，而且还能为开拓新的关联创造条件。比如美国人民捷运航空公司通过在机上提供机票售卖业务大大降低了其他价值活动的成本，包括登机口操作和柜台出票操作的成本。

价值链产生成本优势的另一种方式是利用企业优势的方法改变竞争的根基。重新定义价值链有可能按照有利于企业的方式来改变重要的成本驱动要素。以新的方式开展活动能改变企业对规模经济的灵敏度、与各种成本驱动要素的关联、本地化成效以及其他成本要素。在制铝行业中，日本公司投资新的碳热还原工艺技术，将铝土矿和相关的矿石直接转化为金属，省去了中间的环节，这大大抵消了日本公司在电费成本上的劣势。在牛肉加工的例子中，艾奥瓦牛肉公司重新审视地理位置的作用，将它作为成本驱动要素，提升了其规模灵敏度。像艾奥瓦牛肉公司这样占较高市场份额的企业只有转型到规模灵敏度更高的价值链活动中，才能受益。在经济型航空服务业的案例中，新的价值链规模灵敏度比老的价值链更低，主要是因为减少了间接的服务，这对于新成立的平价航空公司的成功意义非凡。

企业之间的联盟和协议有时候能为企业提供重新界定价值链的方式，虽然在这类协议下，各家企业的活动不完全独立。比如，一些经营有线电视特许专营权的多系统公司，常通过交换特许专营权以提高市场营销的成效和经营的效率。同理，联合化学公司和切迟杜威公司已经合作，交换不同地点生产的相同原材料以减少运输成本。

为了确定新的价值链，企业必须审视自身开展的一切活动以及竞争对手的价值链，思考做事的不同方式，明确是否有新的更有创意的做法。针对每一项活动，企业都必须提出下列问题：

· 如何以不同的形式开展活动？如何取消这项活动？

· 如何对一组相互关联的价值活动重新排序和组合？

· 企业与其他公司的联合如何才能降低甚至免除成本？

重新界定下游活动

渠道成本或者其他下游成本在企业对买方的成本中所占比例较高，这就要求对下游的活动要进行大规模的重新定义。法国嘉露酒大量以超市渠道来分销，就是一个例子。超市的分销成本比商店渠道的成本更低，后者涉及专业的分销商。把重心放在超市后，嘉露还降低了向买方交付的酒的成本。嘉露营业额高、周转快，降低了超市的相对成本，这使得超市愿意接受嘉露相比其他竞争对手提供的更低的利润率。

下游渠道的效率反映了企业的战略和渠道的分散程度。连锁店比单体店效率更高，而大型的办公设备或者汽车经销商要比小型的商店效率更高。企业不仅能选择通往终端用户更有效的下游通道，也能采取行动促进联合或者提升下游经济实体的效率。在极端情况下，企业不得不实施前向一体化，来实现下游的高效运作。

企业针对下游渠道的相对议价能力决定了企业能否通过下游价值链的重构来降低其相对成本地位。在嘉露酒这个案例中，超市中的酒的出售价格和专业的酒商店中的价格一样，那么超市就会得益于自身更高的效率。然而超市销售的拉动效果，以及超市之间形成的激烈竞争导致了酒价的降低，嘉露从中受益最大。

由集中战略形成的成本优势

集中战略为实现控制成本驱动要素、重新定义价值链或者两者基础之上的成本优势的实现创造了条件。价值活动的成本和最有效的价值链因不同的细分市场而不同，致力于精心选定的细分市场的企业往往能大幅降低自身的成本。联邦快递公司将其空运包裹快递服务的价值链进行重构，着眼于小件快递。美国人民捷运航空公司集中于对价格敏感的买方，从而大幅降低了成本。在酒店或经济型酒店行业里，拉昆塔酒店只提供客房服务，大大降低了每个房间的投资和运营成本，免去了饭店餐饮、会议设施和目标买方不需要的服务，而目标买方主要是前往同一地区出差的中层管理者。

通过集中战略实现的相对成本地位的最显著提升源于针对特定细分顾客的与众不同的定制价值链。联邦快递公司、美国人民捷运航空公司和拉昆塔酒店都凸显了这一点。如果目标细分市场与特定的关键成本驱动要素关联，那么集中战略会降低成本。区域的集中战略能让企业凭借在某个特定地区相对较小的市场份额，形成比大型的全国竞争对手更强大的相对成本优势。

成本的集中战略常源于对行业具有创新的细分。第 7 章将详述如何对行业进行细分并选择相应的集中战略。行业细分领域不断增加，部分是受产品种类、买方类别、需要不同价值链或者成本驱动要素不同的地域特征的驱动。

成本优势的可持续性

只有长期保持成本优势，企业才能创造超凡的业绩。以不可持续的方式来提升企业的相对成本地位可能会让企业保持成本等价或者成本近似，但是努力实现成本领先战略的企业必须开发具有可持续成本优势的资源。

如果市场具有进入壁垒或者移动壁垒来阻止竞争对手模仿企业的成本优势来源，那么企业有可能实现成本优势的可持续性。针对不同的成本驱动要素和行业，成本优势的可持续性各不相同。但是有些成本驱动要素相比其他要素，其可持续性更强。

- 规模。规模是个关键的进入壁垒或移动壁垒，替代规模的成本很高，因为竞争对手必须花大力气购买市场份额。
- 相互关系。与兄弟业务单位建立的相互关系会推动竞争对手开展多元化经营，从而保持竞争优势。如果在关联行业中存在进入壁垒，那么成本优势的可持续性会更强。
- 关联。企业很难发掘关联，需要开展跨组织合作或者与独立的供应商和渠道合作才能发现这些关联。
- 学习活动专有化。在实际操作中，企业的学习比较难做到。如果学习活动专有化，则竞争对手也很难赶超。
- 生产专有产品或者开发工艺技术的决策选择。如果创新受到专利保护或者属于行业机密，复制产品创新或者生产工艺创新往往会给竞争对手带来巨大的困难。工艺创新要比产品创新具有更强的可持续性，因为这类机密更容易保守。

时机和一体化也是可持续性成本优势的源泉，但是它们很难被复制。然而，当这些要素转变成规模优势或者学习优势时，其对相对成本的持续性作用就会大大增强。地理位置、产能利用模式和政策选择也是某些行业的可持续性成本优势的源泉，虽然相比其他成本驱动要素，它们引发的成本优势的持续性更弱。成本优势的持续性较弱的成因如果彼此作用，或者与较有持续性的成本驱动要素相互作用，就能产生强硬的壁垒，比如提升了规模经济的政策决策就很难被模仿。

可持续性不仅源于成本优势的成因，还与成本优势的数量相关。起因于一两种价值活动的成本优势往往会诱使竞争对手进行模仿。成本领先者往往能积累从价值链上多渠道取得的彼此关联、作用、强化的成本优势，这使得竞争对手很难模仿其成本地位，因为它们要为此付出沉重的代价。

嘉露酒为我们提供了基于这些原则的可持续性成本领先战略的成功案例。嘉露的价值链在图 3-3 中有一个简单的罗列，包括了诸多价值活动的多种成本优势来源。嘉露的成本优势在很大程度上取决于规模和专有技术，这是最重要的两大可持续性成本驱动要素。嘉露酒取得了比其竞争对手高出 15% 的成本优势。这样的优势迫使可口可乐退出红酒市场，因为嘉露酒的成本优势大大影响了可口可乐的盈利能力。

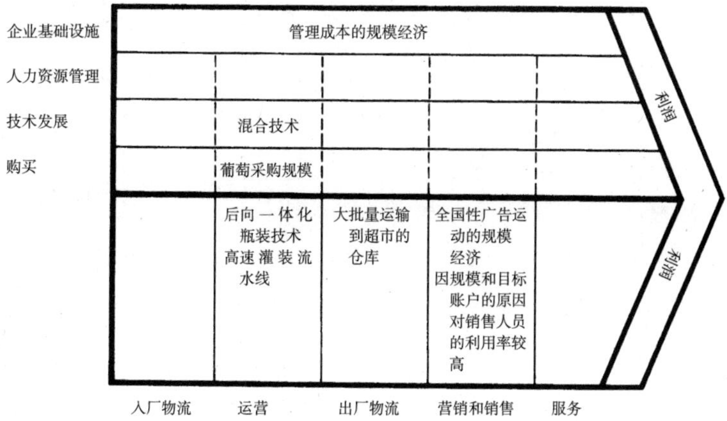

图 3-3　嘉露酒的成本优势源泉

构建新的价值链或者重新定义价值链是成本优势的最后一个可持续性来源。竞争对手往往不可避免地要承担价值链重构所附带的高成本，这对于那些已有很响的行业知名度的大型竞争对手更是如此，它们面临着从某个行业的传统价值链转型的巨大的移动壁垒。艾奥瓦牛肉公司和联邦快递公司都享有持久的竞争优势，而竞争对手却很难对此做出回应。日本炼铝企业也会在这个行业赢得类似的双重成本优势，只要它们尝试的碳热还原法奏效即可。

战略实施和成本优势

本章集中描述了如何通过变化战略和开展活动的方式实现成本优势。然而，成本领先战略的成功取决于企业在实践中实施这些措施的能力。成本不会自动下降或者意外下降，这是一个努力争取和不断集中改进的过程。企业即使拥有相同的规模或者总营业额类似，或者它们受到类似的政策引导，但在降低成本方面，其能力各不相同。提升相对成本地位可能不要求战略的巨大变化，但管理层要充分重视。企业千万不能想当然，认定自身的成本已经够低。

没有哪一项成本驱动要素是自动生效的。企业在某一项活动中的规模经济通常很难实现，除非企业其他活动得到协调，保证为该活动的大规模执行提供必要的投入要素。政策选择不能通过产品增值抵消规模的优势。相互关联不可能降低成本，除非受到影响的业务部门能够在实际操作中协调自己的行为。学习曲线优势只有在企业的管理层努力开展学习时才能出现。

企业实现成本领先战略的过程受到多种因素的推动，包括培训和激励员工、企业文化、采用正式的降低成本项目、不断追求自动化以及坚信学习曲线的作用。企业中的每一位员工都有影响成本的潜力。成本领先者在每一项价值活动中都设定了成本控制项目，降低成本的举措不限于生产领域。它们不断开展历史成本的比较活动，并和其他业务单位以及竞争对手进行对照。象征性因素在创造降低成本环境中的重要意义也不能忽视。成功实现成本领先战略的企业除了不断调整企业实现运营成本最低化，往往还十分关注决策差别成本。

成本领先战略的陷阱

很多企业并不能从战略角度领会自身的成本行为，因此无法利用机会来提升自己的相对成本地位。企业在评估成本地位以及后续的行动中常犯的错误包括以下几点。

过分关注制造行为的成本。当我们提到成本时，很多经理会本能地想到制造。然而，事实是总成本中有一大部分花费在营销、销售、服务、技术发展和基础设施建设活动上。企业对这些活动的成本分析往往不够重视。检查整个价值链能让我们理顺大幅降低成本地位的简单做法。比如，计算机技术和计算机辅助设计方面的进步对开展研究的成本产生了巨大影响。

忽略购买活动。很多企业孜孜不倦地降低劳动力的成本，但对于投入要素的购买活动不重视。它们往往将购买视为一个不太重要的职员职责，在这方面投入的管理资源很少。在采购部门内开展的分析往往集中于关键原材料的采购价格，企业往往派一些既不懂行也无压价动力的人去采购。购买投入要素和其他价值活动成本之间的关联没有引起足够的重视。采购行为只要发生一点儿变化，就会给很多企业带来重要的成本利益。

忽略间接或者小型活动。降低成本项目通常集中于大型的成本活动或直接活动，包括零件制造和装配。在总成本中占比较小的活动很少受到企业全面的审视，诸如维修和监管成本一类的间接活动也会被人忽视。

对成本驱动要素的错误看法。企业经常会误解自身的成本驱动要素。例如，在全国各地占有最大份额、成本最低的企业可能会误认为全国市场份额是推动成本的主要因素。然而，成本领先战略也有可能源于企业在经营地区内享受最大的地区份额。若无法理解成本优势的起因，可能会导致企业试图通过提升全国的市场份额来降低成本，结果却只会分散自身区域的关注度，从而损害成本地位。企业还可以实施防御战略抵制全国竞争对手，忽略强劲的区域竞争对手带来的威胁。

无法利用关联。企业很少意识到影响成本的企业与相关方的联系，尤其是与供应商的关联以及各类活动之间的关联，包括质量保证、检查和服务等。利用各种关联的能力成就了很多日本企业。日本松下电器和佳能以及其他品牌意识到关联对成本的影响，于是充分利用关联的作用，不管企业采取的措施是否违反了传统的制造和采购做法。无法意识到企业与其他有关方以及各种活动之间的关联，会导致企业犯错，企业会要求每个部门都等量节约成本，但事实上某些部门成本的提高有可能会降低总成本。

互相矛盾的削减成本的做法。企业经常采用互相矛盾的形式来降低成本。企业会努力赢得市场份额，收获规模经济的利益，同时通过模型扩散（model proliferation）抵消规模经济的作用。它们尽可能靠近买方以求节约运费，却在新产品开发中强调减轻重量。成本驱动要素有时候的作用方向相反，常有南辕北辙之势，企业必须认识到这一点。

弄巧成拙的交叉补贴。企业若没能意识到成本行为各不相同的细分领域的存在，就有可能在不知情的情况下涉足交叉补贴。传统的会计系统很少能衡量所有产品、供应商、渠道商或者在上述地域范围内发生的成本差别。因此，企业可能会针对产品线上的某些产品或向某些客户定出高价，进而对其他产品构成价格补助。例如，白葡萄酒对陈年佳酿的要求较低，因此所需要的桶比制造红葡萄酒的桶更便宜。如果酿酒厂对红白葡萄酒的产品按照平均成本计算，那么低成本白葡萄酒产品就对红葡萄酒产品构成了价格补贴。不经意的交叉补贴有助于竞争对手理解企业的成本，并据此压价，进而提升自己的市场地位。交叉补贴还让企业受制于那些集中于高价细分市场的竞争对手。

从累积的角度思考。降低成本的措施往往是在现有的价值链上寻找多项降低成本的要素和机会，而不是从重新定义价值链的方向入手。这种思维方式可能会让企业达到收入递减的临界点，而重新定义价值链能推动企业达到全新的成本地位。

影响差异化战略的实施。如果削减成本会降低企业对买方的独特吸引力，那么削减成本的努力可能会影响差异化。降低成本是出于战略的考虑，但在实现这个目标的过程中有多种做法可供选择。降价措施应该主要集中在那些和企业实施差异化战略没有多大关系的活动中，而成本领先者如果能在不需要太花钱的活动中实施差异化战略，就能提升自己的业绩。

战略成本分析的步骤

本章描述的方法可以总结成几个开展战略成本分析的具体步骤。

1. 确定合适的价值链进行成本分摊和资产分摊。

2. 分析每一种价值活动的成本驱动要素及彼此的作用原理。

3. 确定竞争对手的价值链，确定竞争对手的相对成本和成本差异的来源。

4. 通过控制成本驱动要素或者重新定义价值链或下游价值链来制定降低企业相对成本地位的战略。

5. 确保降低成本的努力不会影响企业实施差异化战略，要谨慎进行决策，避免这种情况的发生。

6. 测试降价战略的可持续性。

04

差异化

企业若能为买方创造独一无二的产品或服务，就能和竞争对手区分开来。差异化是企业拥有的两大竞争优势之一。企业在行业内区别于竞争对手的程度是行业结构的重要因素。虽然差异化经营非常重要，但人们未必真正了解其源头。许多企业对差异化起因的看法过于狭隘，它们从实体产品或者营销措施的角度来看待差异化，而不是从价值链的角度来分析差异化的潜力。企业各不相同，但未必彼此分化，因为它们往往追求买方并不看重的独特性。实施差异化的企业对于差异化战略所需的成本以及实现差异化后能否保持可持续性的问题不够重视。

本章为我们分析差异化和选择差异化战略列出了框架。首先，我将阐述差异化的来源，企业价值链的任何地方都有可能出现实施差异化战略的动因。成功的差异化战略源于企业上下行动的协调，而不仅仅是营销部门的工作。差异化战略普遍成本较高。我将展示差异化战略成本确定的方法及各个企业差异化成本的区别。其次，我将利用买方价值链分析创造买方价值的差异化战略类型。再次，我会进一步解释将买方价值分析转化为具体的买方采购标准的方法。最后，通过本书提出的概念，我将提出选择差异化战略的方式，列举实施差异化战略过程中人们常犯的错误。

差异化来源

企业不是简单地为买方提供低价产品，而是提供有价值的独特产品和服务满足买方需求，将自己和竞争对手区分开来。差异化使企业产品能收取高价，在普通价格水平上取得更高的销售额；在周期性或者季节性经济低迷期，企业的买方忠诚度更高，可以由此获得与平日或者旺季相同的收益。假如企业产品的溢价超过了为实现独一无二的产品制造或者服务而增加的成本，那么差异化战略就能让企业实现超凡的业绩。企业的差异化战略可能会吸引行业内很多买方，也有可能只适用于一小撮有特殊需求的买方。美国服装公司布克兄弟主要针对那些需要传统服饰的消费者，但有很多顾客认为布克兄弟的服饰过于保守。本书阐述的差异化战略只是从广义上来分析。第 7 章阐明了如何从行业内买方的需求差异中挖掘通过实施集中战略实现差异化的方法。

差异化和价值链

若总体上看待企业，则无法了解差异化；要从企业开展的具体活动出发，分析企业活动对买方的影响才行。差异化源于企业的价值链。事实上，任何价值活动本身就是企业独创的来源。原材料的采购和其他投入要素会影响企业成品的性能，进而影响差异化的成效。例如，喜力啤酒尤其注重啤酒原料的质量和纯度，并使用固定的酵母菌株发酵。同理，施坦威使用技术熟练的人员来选择钢琴的最佳制造材料，米其林对于制造轮胎所需要的橡胶的挑剔远甚于其竞争对手。

其他成功实现差异化战略的企业通过其他主要活动和辅助活动创造独特的价值。技术发展活动能使企业设计开发具有独特性能的产品。克雷研究公司就在超级计算机领域里做出了卓越的贡献。运营活动会影响企业创造独特的产品外观、产品性能参数标准化和可靠性的能力。普渡公司生鸡产品具有独特的差异化特质，主要源于企业对饲养环境的严格控制。为了改善鸡的外观和色泽，公司给鸡喂食金盏花。企业的出厂物流系统会影响企业交付的速度和质量。例如，联邦快递公司建立起一体化物流系统，启用它在孟菲斯的中转站，在进入小件包裹快递服务领域后，将企业快递服务的质量和可靠性提升到了前所未有的高度。营销和销售活动也会对企业的差异化战略产生影响。美国铁姆肯公司的销售团队帮助客户在制造过程中更有效地使用滚珠轴承。

图 4–1 说明价值链中的任意一项活动都有可能对差异化战略起到推动作用。有形产品是商品，其他活动也能导致重大的差异化。同理，诸如维修或者流程安排这样的间接活动与包括装配或者订单处理在内的直接活动一样，能对企业的差异化做出贡献。

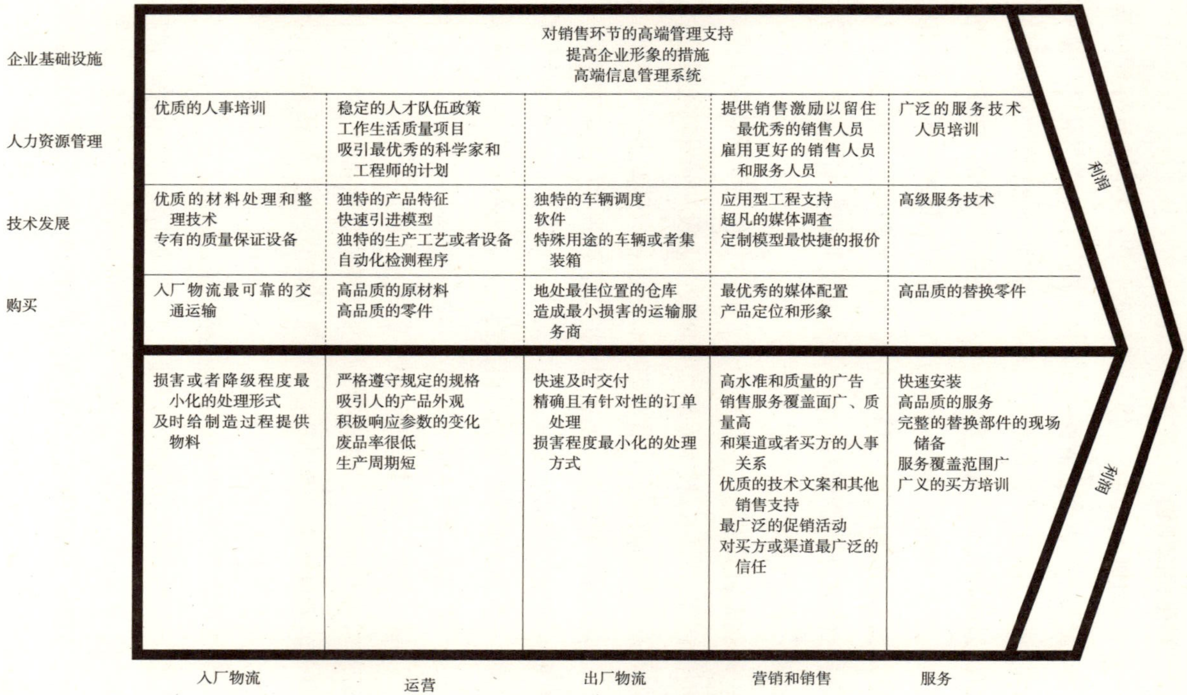

图 4-1　价值链差异化的代表性源泉

例如，无烟无尘的生产车间大楼能大大减少半导体制造的废品率。

占成本比例不大的价值活动也会对差异化产生重大影响。例如，品检费只占总成本的1%，但是不合格的药品，哪怕只有一包发给顾客，也会对开展差异化战略的整个企业的形象产生不堪设想的负面影响。以战略成本分析为目的构建的价值链不会分离所有对差异化战略有重大意义的活动。差异化分析要求对某些价值活动进行高精度细化，而其他价值活动如果对差异化战略的实施影响甚微，总体分析即可达到目的。

企业通过活动的广度或者竞争范围也可以实现差异化。皇冠软木与封装公司供应瓶盖和罐装设备外加罐身，为其顾客提供全套的包装服务。该公司的包装设备先进，提升了自身的服务可靠度，促进了罐头的销售。花旗集团在金融服务领域的活动覆盖范围之广，直接提升了自身的威望，通过其销售渠道提供多样产品。竞争范围宽泛还可以产生其他差异化因素：

- 满足各地买方需求的能力。
- 多种产品的备件和设计理念通用，就可以简化为买方提供的维修服务。
- 方便顾客购买的销售地点。
- 方便为顾客提供服务的地点。
- 产品之间的高度兼容。

如果企业要实现上述各个目标，需要开展一致的活动并进行协调。

差异化还有可能源于下游价值链。企业的渠道可以是其独特性的重要来源，能提升自己的名声、服务水准、顾客培训成效和其他因素。在软饮料行业，独立罐装商对于差异化至关重要。可口可乐和百事可乐花费大量精力和财力来改进罐装商的经营，提升罐装工作效率。可口可乐准备把经营不善的制瓶厂卖给更能干的新罐装商。同理，观察家发现，卡特彼勒公司的经销商为其提供了重要的差异化来源。卡特彼勒公司有大约250家大型经销商，其规模高于业界平均水平，因此它们能提供广泛的服务，有实力为顾客提供融资支持。在精心挑选的卖场中有选择性地进行分销，这也是经过了验证的重要差异化来源。雅诗兰黛和海瑟薇就是采取这种方式取得成功的品牌。

企业可以通过下列活动来提升渠道在差异化战略中的作用：

- 以实现设备、产能或者企业形象的一致性为目的，进行渠道选择。
- 为渠道运作建立标准、制定政策。
- 为渠道商提供广告和培训材料。
- 为渠道商提供融资服务，允许顾客赊账。

企业经常会混淆质量和差异化的概念。差异化包含了质量，是一个更加广义的概念。质量通常与实体产品关联。差异化战略旨在为买方在整个价值链中创造价值。

独特性的动因

企业在价值活动中的独特性由一系列基本要素决定，与第3章介绍的成本驱动要素对应。独特性要素是活动独特的基本原因。企业没有确定独特性动因，就不能完全找到差异化战略的新方式，也不能分析当前差异化战略的可持续性。

企业的主要独特性动因按照其明显程度大体分为下列几项。

政策选择。企业就开展活动的内容和方式做出政策选择。这一类的政策选择是最明显的独特性动因。佳斯迈威集团针对其屋顶装修产品的安装制定了为买方提供广泛培训的政策，而老波庞芥末酱决定用前所未有的巨额费用来做芥末广告。因此，企业的独特性是经过慎重考虑而产生的。

产生企业独特性的典型政策选择包括：

· 企业提供的产品特征和功能。
· 企业提供的服务（例如赊账、交付或者维修服务）。
· 采取的活动强度（例如广告费占成本的比例）。
· 活动内容（例如为了加工而提供的信息）。
· 执行活动使用的技术（例如机床的精度、订单处理计算机化等）。
· 为开展某活动投入的要素质量。
· 某活动中控制人事行为的流程（例如服务流程、销售拜访的性质、检查或者抽样调查的频率）。
· 活动中起用人员的技术水平和资历以及提供的培训。
· 控制活动所使用的信息（例如温度、压力和用来控制化学反应的变量等数值）。

关联。企业的独特性往往源于价值链内部各活动或者企业与供应商和渠道商之间的关联。如果某一活动执行的方式影响了其他活动，它们之间的关联就有可能产生企业的独特性。

价值链内部的关联。满足买方的需求往往要求协调多种关联的活动。例如，交付时间不仅由出厂物流决定，订单处理速度以及以接单为目的的销售拜访的频率也会决定交付时间。同理，销售团队和服务组织的合作也能提升企业客户服务的针对性。满足买方独特的需求有可能要求关联活动的优化。在很多行业中，包括复印机和半导体行业，日本企业不仅重视检查这一道工序，通过修正每一个有可能影响废品率的活动，它们也大大降低了产品的不合格率。同理，加大间接活动的投资，如维修服务，可以提升企业直接活动的成效，如精准加工和印刷活动等。

供应商关联。企业满足买方需求的独特性也有可能源于企业与供应商的合作。企业与供应商之间开展紧密合作能够缩短新产品的开发时间。比如，供应商在为新零件开模的时候，企业能够尽快完成新产品的设备设计。同理，供应商向企业的买方提供宣传性销售服务时，有时候可以推动企业成本的差异化。

渠道关联。企业与渠道商的关联也可以在多方面推动企业独特性的产生。与渠道商的合作或者与渠道一起优化彼此的活动，往往能让企业独一无二。企业与渠道商的哪些关联可以引发企业独特性？请看下列各例。

- 培养渠道商开展销售和其他商业活动。
- 与渠道商共同推进销售。
- 补贴渠道商在人事、设备和附加活动成效等方面的投资。

时机。企业开始执行某项活动时有可能会产生独特性。作为首个采用某种产品形象的企业，其可以获得先发优势，凸显与众不同之处。这就是美国嘉宝公司在婴儿食品领域实现差异化的源泉。博士伦公司率先获得生产隐形眼镜的许可，这为企业实施差异化创造了条件。在其他领域里，后入行的企业能获得最先进的现代技术，因而拥有差异化的条件。本书第 5 章将详述先发制人和后来居上的差异化战略。

地理位置。企业的独特性还有可能源于地理位置。比如，零售银行拥有最便捷的支行位置和自动柜员机的分布。

相互关系。价值活动的独特性可能来自企业与兄弟业务单元的共享。很多顶级的公司正在实施销售人员共享策略，出售保险或者其他理财产品，这使得企业能为买方提供更好的服务。相互关系的具体分析见第 9 章的陈述。

学习和溢出。活动的独特性起因于学习更好执行活动的方法。制造过程中实现质量稳定一致，这可能是由学习活动驱动的。对于成本而言，企业学习活动传递给竞争对手的溢出效应侵蚀了学习对差异化的作用。企业只有通过学习活动的专有化，才能产生可持续性差异化。

一体化。企业一体化的水平可以促进活动独特性的产生。实现新价值活动一体化可以使企业卓尔不凡，有更强的能力控制活动业绩，协调活动，推动差异化。公司亲自提供服务，不利用第三方的供应商，就可以使企业成为唯一一家提供这类特殊服务的供应商。一体化不仅包括了供应商或者渠道商的活动，还涉及当前由买方正在执行的活动。通过联系医院、计算机以及现场订单处理，美国医疗设备供应公司使某些买方活动显得多余，提升了自身的独特性。一体化能使企业与供应商和渠道商之间建立关联变得更加容易。在某些行业中，减少与竞争对手相关的一体化也是差异化的来源。分拆可以使企业更好地利用供应商或者独立渠道商的产能。

规模。规模大可以使活动以小规模不可能实现的独特的方式进行。例如，赫兹在汽车租赁行业的规模决定了其差异化的基础。赫兹在美国各个区域的众多营业点为消费者提车、泊车以及快速的现场服务提供了便利条件。产生差异化的规模性质不同，赫兹的规模在于租赁车辆的数量和服务站点的位置，其他行业的情况则可能是大厂房高速运转的设备具有高精度。在有些情况下，规模可能会对活动的独特性起反作用。例如，规模可能会降低与时尚相关的企业对买方需求回应的灵敏度。

制度因素。有时候，制度因素在企业发展独特性的过程中扮演着重要角色。同理，与工会建立良好的关系可使企业为员工建立独特的工作岗位。

每种活动以及不同行业的同一种活动都有可能具备不同的独特性基因，这些动因相互作用决定了活动的独特性。企业必须检查自身的独特领域，分析这种独特性背后的原因。因为某些动因具有更强的持久性，这样做是实现差异化可持续性战略的关键。政策选择很容易被竞争对手模仿，不过独特性源于妥善利用相互关系或者关联。理解如何做才能让企业具有独特性，保证企业不会因此影响自身的事业。最后，独特性的动因可能会让人发现差异化的新源泉。

差异化的成本

通常来讲，差异化的成本都较高。企业为争取独特性，必须有所花费，因为独特性要求企业执行的价值活动能优于竞争对手。提供超凡的应用型工程支持往往需要额外的工程师，而熟练的销售人员往往比新手的薪资水平更高。生产比竞争对手更耐用的产品，当然需要更多的物质材料或者更加昂贵的物料。例如，罗克韦尔（Rockwell）的水表比对手的更耐用，主要是因为它的产品使用了更多的铜。

有些形式的差异化显然成本更高。因互相关联的价值活动超凡的协调得到的差异化可能不会增加成本。由自动化技工中心生产的产品精度高，产品性能好，这也不一定会增加成本。在柴油机车领域，自动化带来的高精度以更低的附加成本提高了汽油的使用效率。同理，通过产品功能增加实现的差异化要比通过提升产品功能的吸引力而实现的差异化成本更高。

差异化的成本反映了作为独特性基础的价值活动的成本驱动要素。独特性和成本驱动要素之间的关系有两种，它们分别是：

· 使活动具有独特性的要素（独特性动因）会影响成本的驱动要素。
· 成本驱动要素会影响实现独特性的成本。

企业实施差异化战略，往往会对活动的成本驱动要素产生负面影响，进而增加成本。例如，将活动地点靠近买方，可能会由于地理位置的成本驱动要素而增加成本。同理，史密斯国际公司通过在现场保留大量的现货，虽然增加了成本，却形成针对钻头这种产品的差异化战略。

企业实现独特性，常会因为影响了成本驱动要素而提高了成本；同时，成本驱动要素也会决定差异化的成本大小。企业成本驱动要素的相对地位决定了企业实现特定的差异化战略相对于竞争对手所付出的代价的高低。企业若提供覆盖范围最广泛的销售服务，则销售团队运营是否具有规模经济就会影响其成本。如果销售团队管理存在规模经济，那么增大企业销售服务范围就会使成本降低，而占有本地市场份额较高、销售服务覆盖范围相同的企业的成本就会更少。

规模、相互关系、学习和时机是影响差异化成本最重要的要素。虽然规模本身能导致差异化，但它常会影响差异化的成本。例如，规模会决定企业花大力气打广告的政策的成本，也会决定快速引进新模型花费的成本。共享能够降低差异化的成本。IBM（国际商业机器公司）训练有素的资深销售人员，在销售主流计算机产品的同时，也销售一系列相关的办公室产品，由此降低了成本。企业在差异化活动中更快地完成学习，就能赢得差异化的成本优势，而尽早行动会降低差异化的成本，包括广告费，因为企业在差异化的领域会很快积累起信誉或者其他无形资产。

成本驱动要素在确定差异化战略的成功方面扮演着重要角色，对企业的竞争地位有重大影响。如果各企业在重要的成本驱动要素上有不同的相对地位，则在相关活动上实现独特性的成本也会各不相同。同理，企业开展不同形式的差异化，成本也不同，主要取决于相关活动成本要素的情况。以相互关系共享计算机加工中心，这种方法大大降低了企业通过自动化制造高精度零件的成本。同理，百得公司在引进电力工具新产品方面比竞争对手更快，但是企业在这方面的花费却相对较小，主要是百得公司的全球市场份额最高。在极端情况下，企业在特定的价值活动差异化过程中拥有巨大的成本优势，以至其成本比那些没有试图取得独特性的企业开展同类活动的成本还要低。正因为如此，企业同时获得了低成本和差异化优势，见第1章的论述。

有时候，实现活动的独特性本身也能降低成本。例如，假如一体化本身是一个成本驱动要素，那么一体化可能会使企业同时获得独特性和成本优势。鉴于企业可以同时实现差异化战略并降低成本，这就表明了这样几点：第一，企业此前并没有充分挖掘各方面的潜力来降低成本；第二，某个活动实现独特性并没有得到充分的重视；第三，发生了竞争对手没有执行的重大创新活动，例如可以同时降低成本并提高产品质量的自动化新工艺。

企业往往没能利用关联活动的协调，充分把握降低成本并提升差异化程度的机会。产品报价、购买和生产安排等活动的更好协调不仅能降低存货成本，还能缩短交付周期。供应商开展的广泛检查能降低企业的检查费用，同时提升终端产品的可靠性。没有充分把握通过活动关联降低价格、提升质量的机会，恰恰验证了我们常说的一句话："质量往往是免费的。"通过充分利用活动的关联加强差异化，并同时降低成本的可能性是存在的，这主要是因为企业并没有充分利用降低成本的机会，而不是因为差异化耗费的成本不高。

假如企业已经在拼命降价，那么试图实现其独特性的活动往往会增加成本。同理，竞争对手一旦模仿了企业开展的某项重大创新活动，企业就只能通过增加投入来保持差异化的竞争地位。在评估差异化成本的过程中，企业必须比较保持活动独特性的成本和与竞争对手活动等量的成本。

买方价值和差异化

企业的独特性除非对买方具有价值，否则不可能引发差异化。成功的差异化战略实施者能够找到为买方创造其愿意额外加价的独特利益。要理解买方珍视的价值，起点是理解买方的价值链。买方拥有的价值链由其开展的活动构成，这一点和企业一样，具体见第 2 章的描述。企业提供的产品或者服务是买方价值链的购买投入要素。钢材是原材料，需要经过切割、弯曲、加工以及其他工序进入买方的生产过程，从而成为买方生产产品的零件或者成品的一部分。买方的价值链决定了企业的产品使用方法以及企业对买方活动施加影响的方式。这些都决定了买方的需求，是买方价值和差异化战略的基础。

虽然买方价值链对于工业、商业或者非营利性机构来说最容易具体化，但个人消费者也有价值链。消费者的价值链代表了一个家庭及其成员所从事的一系列活动，其中企业的产品或服务与之相适应。为了理解产品如何适用于家庭的价值链，通常有必要确定与产品直接或者间接相关的活动，尤其是并非所有家庭都执行的活动。电视机在某个时段对于家庭的某些成员来说是娱乐的工具，而在其他时段很有可能就是制造背景噪声的机器：每天电视开关好几次，频道也在不断调换。人们常在银行购买旅行支票，供旅行或者出差的时候使用。在旅程结束时兑现多余的支票，一定要去银行办理才行。很多人会选择留存这些支票下次使用。商业、机构或者行业买方的价值链反映了企业的战略及执行方法，而家庭的价值链反映了家庭成员的习惯和需要。这两类买方对价值的看法主要源于产品及企业影响买方价值链的方式。

买方价值

企业通过两种方式为买方创造其愿意额外加价的独特价值（或者按照相同价格创造其偏好的价值）：

· 降低买方成本。

· 提升买方的业绩表现。

对于个人消费者、商业和非营利性机构来说，差异化要求企业有为其创造竞争优势的独特能力，包括以更低的价格向其出售产品。如果企业有能力降低买方的成本或者提升买方的业绩表现，买方就会愿意加价。如果一家知名的自行车零件供应商提供的零件使得自行车装配商加强了差异化，并得以将产品以更高的价格出售，装配商将愿意以更高的价格购买这些零件。同理，柯达的 Ektaprint 复印机在最后整理文件环节增加了再循环文件馈送器和在线自动订书机，降低了买方的人事成本，因而买方愿意加价买入。这两个例子都告诉我们，企业可以在无须低价出售产品的情况下，为买方创造竞争优势。

同样的原则适用于家庭和个人顾客，虽然衡量买方成本，尤其是买方绩效的标准可能比较微妙。对于家庭买方来说，产品的成本不仅是财力，还包括使用产品的时间成本或者便捷性。时间成本反映了顾客在其他地方使用产品的机会成本以及诸如泄气、郁闷、努力等情绪引发的成本。买方价值源于降低买方的任何成本。节电的冰箱有溢价出售的优势。节省吸尘时间的吸尘器，能省人工，还对家庭购买者意义重大。节省买方购物时间的直接营销策略对那些喜欢购物的买方来说未必就是额外的价值。

提升买方业绩表现涉及提高买方的满意度或满足其需要。如果电视机画面质量更好、开机时间更短，则人们在观看电视时将具有更高的满意度。买方会愿意为此加价购买。地位或者声誉等和产品的功能质量一样，也是买方的重要需求。虽然顾客很难评估买方业绩，但是他们的价值链能充分表明其满意度。

工业、商业和非营利性机构有时候与个人消费者类似，它们的目标不是为了赢利或者收入增长。买方会珍惜那些能为管理者或员工提供满意度或声誉的供应商，哪怕这个供应商对公司的赢利并没有太大的帮助。这表明员工和公司的目标存在着差异。同理，就算不能带来高昂的利润，医院依然重视能保证更高效治疗的诊断仪器。这表明为病患提供高品质的医疗服务是医院的目标，而大量医院都属于非营利性机构也是事实。很多组织除了赢利，还有其他目标，哪怕当它们赢利时，利润会进入买方的价值链中。

价值链和买方价值

企业通过其价值链对买方的价值链产生影响，进而降低买方成本或者提升买方的绩效。企业为其买方活动提供的每一种要素都有可能对买方的价值链产生影响。企业制造的产品往往会对买方的价值链产生直接和间接的影响，不仅局限于买方使用企业产品的活动。例如，打印机的重量轻，便于搬运，是买方很看重的因素，虽然从买方购买打印机的用途来看，主要是打印操作本身。此外，企业不仅通过自身制造的产品影响买方价值链，在物流系统、订单输入系统、销售团队和应用工程师团队等方面也会对买方产生影响。在总成本中只占一小部分的企业活动对差异化也会产生重大影响。有时候买方和企业价值活动涉及的人员面对面接触（如销售团队），有时候买方只是企业一系列活动结果的旁观者（如交付准时或者延迟的活动）。因此，企业为买方创造的价值是由买方价值链和企业价值链整体多方面的联系共同决定的，具体关系如图 4–2 所示。

重型卡车就是一个企业价值链和买方价值链有多重关联的好例子。重型卡车直接影响了买方的物流成本，卡车的承载能力、装卸货难易程度、汽油和维修费用等都是影响因素。卡车还会对买方的其他成本产生间接影响。其运输能力影响买方交付的频率。在运输途中，卡车车身的震动程度、车身的温度和湿度条件直接影响被运货物的质量。卡车运输是否对产品实施了有效的保护措施，从而避免磨损，也会影响买方的包装成本。此外，卡车车身是否具有醒目的产品标志，也直接影响着消费者对买方产品的品牌识别和忠诚度。

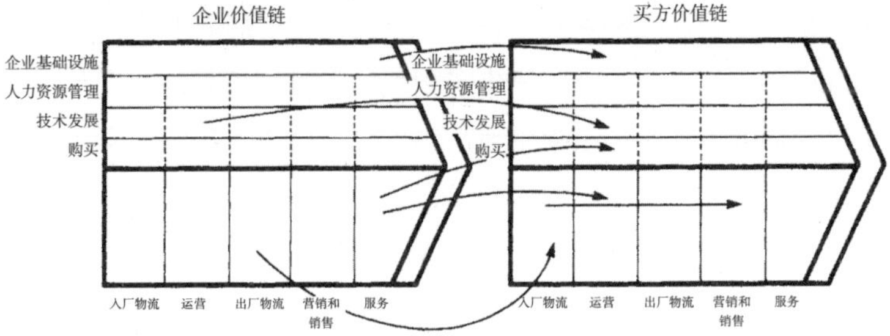

图 4-2 企业价值链和买方价值链之间的典型关联

不仅仅是卡车本身会影响买方的价值链，卡车制造商的其他价值活动也有可能影响买方。是否带有备件，会影响买方设备故障停机时间的长短。赊账政策能影响买方购买卡车的融资能力。卡车制造商销售团队的实力决定了其能否为买方提供可靠的新型维修程序和卡车操作方法规程建议。卡车制造商和购买商价值活动之间的关联会对买方活动的绩效产生推动或者阻碍作用，进而降低或者提升其活动成本，这一规律同样适用于家庭买方。

企业价值链和买方价值链之间的关联同买方创造价值的关系，主要取决于买方实际使用产品的方式，而不在于产品的用途。如果买方对产品的安装、操作、维护程序不了解，或者产品使用不当，即使是最精心设计的产品也不可能带来满意的效果。例如，家庭主妇在烹制速冻产品时，如果温度调节不当，那么最终菜品食物可能无法食用。同理，如果设备润滑的位置不对，使用以后很快就会出现故障。

企业对买方价值链的每一种影响力，包括企业和买方价值活动之间的关联，都代表了差异化的机会。产品对买方价值链的直接和间接影响越多，产生的差异化机会越多，总体可实现的差异化水平就越高。深刻理解自身对买方价值链影响的卡车制造商不仅要设计生产能为买方带来更多利益的卡车，还要以为买方创造更多价值的方式执行其他价值活动，包括服务、备件供应和提供融资等。

由此可见，差异化源于企业和买方关联的独特性。由于价值活动的独特性，其价值体现在企业活动对买方成本或者绩效的直接或者间接影响上。企业总体差异化的水平表现为通过价值链为买方提供独特性价值的总和。计算这种独特性价值的总和，可以为企业相对于其竞争对手制定的产品的相对价格设定上限。企业为了激励买方购买必须和买方分享价值，因此，在实际操作中，产品的加价幅度往往要低于企业为买方创造的独特性价值。

降低买方成本

企业能够降低买方使用产品的总成本或者买方其他活动成本的措施都代表了企业差异化的潜在基础。能降低成本的买方价值活动，其成本若占买方总成本的比例较大，就有大量的机会实施差异化。如果企业深刻理解了买方使用产品的方式，明白自己的营销、交付和其他活动影响买方成本的原理，就能找到更多降低买方成本的办法。

企业降低买方成本的方式有很多种：

· 降低交付、安装或者融资成本。
· 降低规定的产品使用率。
· 降低使用产品的直接成本，如人工费、汽油费、维修费和占地面积费用。
· 降低使用产品的间接成本或者产品对其他价值活动的影响力，例如零件较轻能减少成品的运输成本。
· 降低与实体产品无关的其他价值活动的成本。
· 降低产品故障以及买方对产品发生故障预计的风险。

表 4–1 列出了企业产品本身能够降低买方使用产品的直接成本的方式。除了表 4–1 所列的通过产品特征来降低买方成本，企业还可以借助其他价值活动来降低买方使用产品的成本。可靠地交付产品的行为能够减少买方的存货，缩短备件的交付周期能够减少买方等待更换零件的停工期。订单和账单处理程序能够减少买方的会计和采购成本。美国医疗设备供应公司的医院在线订单系统，使技能一般、薪水较低的操作人员也能处理采购订单，而不需要专业的采购代理人操作。企业还能为买方提供降低成本的建议或者技术支持。比如，英特尔可以帮助买方经济快速地设计微处理器及其应用开发系统，这其实是企业与买方价值链的前向一体化。在批发行业中，耐普克不仅为买方提供货架、定价服务，

还存放那些周转较慢的产品。

表 4-1 降低买方使用产品的直接成本的产品特征

差异化因素	实例
减少产品使用以实现相同的效益（包括废料百分比）	切割成型的钢板
方便加工	快速附着紧固器
降低使用产品的人工费（降低人工投入、培训费或者对工人素质水平的要求）	自动话务员
减少投入或者规定的附加设备的数量（例如汽油、电力、必要的防干扰屏障）	节能冰箱
减少规定的维修服务或零件数量，或者降低维修的难度	可靠的复印机
减少停机时间或者等待时间	快速装货的轮船
减少规定的调节或者监控服务	同等质量水平的颜料
降低故障成本或者风险	防止油井外喷的装置
减少安装成本	单层屋面材料
要求的检查服务减少	半导体
更快捷地设置时间	可编程的机床
加快加工时间	定制铝合金
降低破坏其他产品的风险	过滤装置
提高买入的价值	耐用汽车
与更多附件的兼容性	个人电脑

企业减少买方成本、实现差异化还有更多扩展的例子。上文提过柯达复印机减少买方编排打印文件和装订文件的时间。而行业领袖施乐复印机更加注重复印速度本身，但无法意识到买方使用复印机的总成本。在运输业中，贝金斯向预订服务的卖方保证

取货和发货日期，费用固定；如有延迟需向买方支付 100 美元罚金，并对损坏的物品按照重置成本（replacement price）进行赔偿。所有这些措施都降低了买方搬运行动的直接和间接成本，同时还做到了让顾客放心。在紧固件领域，维克罗使用了包含很多塑料小扣且与纤维制品相连的系统，维克罗紧固件比其他形式的紧固装置更容易使用，也降低了在买方装配线上对熟练工人的需求量。

在寻找降低买方成本的机会中，企业必须详细描述产品的动向及其影响买方价值链的方式，包括买方的存货、搬运、技术发展和行政活动等。企业必须熟悉所有产品以及生产产品所需的投入要素，理解产品与投入要素之间的关系。企业还必须明确自身价值链中影响买方价值链的所有价值活动。

提升买方绩效

提升买方绩效主要取决于从买方的角度来看什么是上乘的绩效。提升工业、商业和非营利性机构的绩效取决于企业能为买方创造怎样的差异化。而企业也必须明确买方顾客的需要，这要求企业用分析买方价值链的方式来分析买方的顾客价值链。某消费品公司买入卡车，用于运输产品到附近的零售店去。如果零售店希望供货速度提高一些，消费品公司就很有可能对那些经济实惠、运载能力强的卡车感兴趣。同理，制造商维克罗对待汽车制造商客户时就实现了差异化，因为其紧固件更灵活，而且具备消费者喜欢的内部设计。

为了提升工业、商业或者非营利性机构的绩效，企业也可以通过帮助买方实现非经济目标（如社会地位、形象或者威望）来实现。比如重型卡车 PACCAR 经过精细的手工作业，可以满足个别顾客的需要，肯沃斯巨型卡车（K-Whopper）已经实现了高度差异化，这与卡车的经济绩效没有太大关系。然而，很多肯沃斯的买方购买卡车是为了自己持有并操作，所以在车辆的外观和品牌形象方面努力也可取得价值。

对于出售给买方的产品来说，提升买方绩效能够更好地满足买方的需求。美国运通旅行支票用于旅客特殊的现金需要，当旅客的旅行计划发生变化时，他们不一定方便去银行办理。旅行支票还有助于防止偷盗失窃。美国运通公司的差异性在于它可以满足买方的需求，它看重随时随地兑换，即使支票丢失也能得到及时挂失补发。美国运通公司还通过在世界各地设立的加长营业时间的办事处，方便顾客兑换支票。

买方对价值的理解

无论企业为买方提供了什么价值，买方通常都很难提前预估企业为自己创造的价值。即使在购买卡车前，买方进行试驾，仔细检查，也未必就能完全认清其舒适度、耐用性、耗油量和维修频率。详细了解实物产品影响买方成本或者效益的方式，往往需要具备丰富的产品使用经验。买方要了解企业其他所有可能影响买方价值链的活动，那就更难了。此外，就算顾客购买并使用了产品，买方也不可能完全或者精确地衡量企业的绩效及其产品。

买方不可能了解供应商现在正在采取或者能够采取的哪些措施可以降低自己的成本或提高绩效，也就是说，买方无法知道自己到底希望从供应商那里得到什么信息来降低自己的成本。买方很有可能明白企业对其价值链的直接影响，但无法意识到供应商除了凭借产品的质量来影响自己，其开展的其他活动也会影响自己。买方往往会糊涂，对于企业活动对自己的影响认识不足，或者高估企业某些活动对自己价值链产生的影响。例如，在衡量产品的价值时，买方往往只看重产品的价格，而忽略其他隐藏的诸如运费或者安装费的成本。买方对产品的理解与企业为买方创造的产品和价值，在决定买方差异化程度实现的过程中起着同等重要的作用。此外，买方若对究竟什么对自己最重要这个问题一知半解，就有可能为差异化战略的实施提供条件，因为企业可以采取事先设定的新的差异化战略形式，引导消费者去购买。

买方信息不对称表明，企业的差异化部分建立在买方针对以下情况进行推断或判断的基础之上：相比竞争对手，企业能否更好地降低成本或者提升绩效。买方使用广告、名声、包装、专业化、外观、供应商员工的个性、设备吸引力和销售人员在销售陈述过程中提供的信息来推断企业当前和未来创造的价值。买方用来推断企业创造价值的因素可以被称为价值信号。

有些价值信号要求企业不断付出（例如包装和广告），而有些价值信号反映了企业长期的商誉或者名声的积累。同理，有些价值信号并不是由企业控制的（如口碑）。价值信号的发出在某些行业内，是反映企业具有竞争优势产品的隐含成本以及人们尚未意识到的利益的必要条件。在某些行业里，在决定差异化实现的程度上，价值信号与企业实际创造的价值同样重要。当买方是初次采购、不够成熟，或者再次采购的概率较低时，当企业对买方的成本或者绩效影响是主观的、间接的，或者难以量化时，更是如此。法律服务、化妆品和咨询服务业就是很好的例子。当然，几乎所有行业都需要价值信号。

买方绝不会为自己不认同的价值买单，不管这些价值有多么真切。因此，企业收取的溢价反映了企业为买方实际创造的价值以及买方认同价值的程度。具体如图 4–3 所示。只创造了一般的价值却显示出明显的价值信号的企业，往往比那些创造了很高价值却没有表现出太多价值信号的企业获得了更高的产品溢价。

长期来看，企业产品溢价的上限反映了企业对买方价值的实际影响，即相对于竞争对手，买方的成本和绩效将受到怎样的影响。通过显示有效的价值信号，企业有能力在一定的时期内对产品索取溢价（即价格比产品的实际价值更高）。但买方最终也能知道企业传递给自己的价值和产品价格并不相称，因为同行会努力揭穿这一点。不过情况颠倒过来却未必如此。若无法有效地显示价值信号，企业可能无法意识到产品的真正价值。

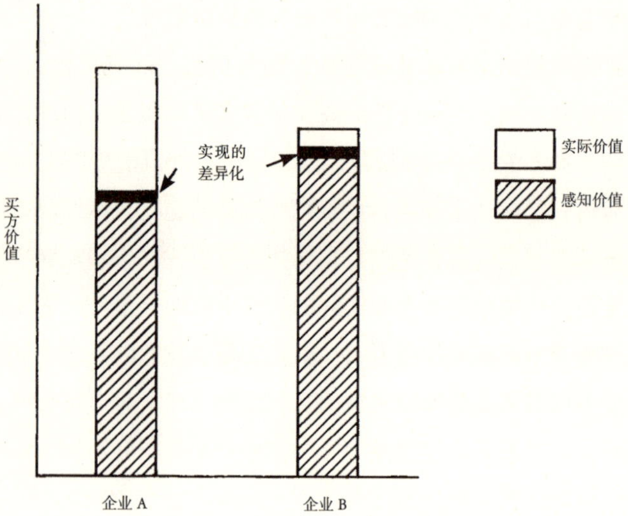

图 4–3　买方实际价值和买方感知价值

买方价值和真正的买方

企业或者家庭并不决定购买何种产品，真正做主的是个人决策者。决策者评定或者解释实际价值和价值信号。负责决策的特定个人或者人群即使没有负责或者参与决策，也会影响产品附带的价值。决策者不一定是花钱买产品的人（比如医生选择药品，病患买单），也未必就是用户（如采购代理选择用于车间的产品）。渠道商也可以决定是否储存企业的产品，决定某家企业是否就是满意的供应商。

不同的决策者注重供应商的不同素质，使用不同的价值信号来评估。采购代理不会像生产经理那样重视价值的可靠性，因为相对而言，采购代理的工作与产品故障引发的结果关系不紧密。采购代理可能更注重把采购价降到最低。某个产品的购买可能有多个决策者。丈夫和妻子都对房产购买有决定权，而旅行社和旅游经纪公司在选择航班或者假日酒店方面都起作用。同理，采购部和车间工程师可能会共同选择采购的生产设备的种类。很多人会对决策者的购买行为产生影响，虽然他们并不直接参与决策过程。这些人虽然无权选择供应商，但是有权直接否决供应商。

如何确定企业为卖方创造的价值以及买方使用的价值信号，取决于买方身份的决定过程。如果买方是企业或者家庭，则确定买方身份的过程往往会显示出难以一眼发现的新的绩效维度。这些维度涉及的因素有声望、与供应商工作人员建立的宝贵的个人联系、选择知名的供应商决策以及避免个人风险等。IBM 一直充分利用自己“安全的供应商”的地位取得了持久的发展，柯达就是业余摄影的代名词。真正的买方可以获取的专业知识和信息来源也会决定哪些价值信号能起作用。工程师可能会使用技术出版物和技术杂志的广告作为价值信号，而会计人员可能更愿意相信巧舌如簧、西装革履的资深销售人员和天花乱坠的公司宣传手册里所陈述的内容。

买方的采购标准

将与买方价值有关的知识应用于特定的行业，将使人能辨别买方的采购标准。采购标准是指企业为买方创造实际价值或者感知价值的特征。买方的购买标准分为两大类：

- 应用标准。供应商能降低买方成本或者提升买方绩效，进而影响买方的实际价值。购买标准就源于这种方式。应用标准可能包括产品质量、产品功能、交付时间和应用工程支持等因素。
- 价值信号标准。这是一种源于价值信号或者买方用来推断或判断供应商的实际价值的采购标准。信号标准包括广告、设备吸引力和名声等因素。

应用标准是衡量创造买方价值源泉的具体标准。价值信号标准衡量买方感知价值存在的方式。应用标准更倾向于衡量供应商的产品、出厂物流和服务行为，而价值信号标准常产生于营销活动。企业的每个职能部门（以及几乎每一种价值行为）都会影响应用标准和价值信号标准。

企业获得的溢价体现了企业满足应用标准和价值信号标准的独特性。只注重满足应用标准，不顾及价值信号标准的要求，这是常见的错误。而这种错误的做法会损害买方对企业价值的感知。满足价值信号标准，而不注重应用标准，这种做法行不通，因为买方最终会意识到重要的需求并没有得到满足。

应用标准和价值信号标准之间的区分很复杂。企业的很多活动既有利于应用标准的满足，也有助于价值信号标准的显现。例如，经过包装的销售团队不仅显示了强大的买方价值，还成了应用知识并降低买方成本的强大来源。同理，品牌知名度对于买方来说非常重要。假如供应商提供的产品不符合要求，也不能拿供应商的品牌知名度不强说事。（我都选了 IBM 这样的大品牌了，还能怪我吗？）虽然出现了这些情况，但将应用标准和价值信号标准与有助于满足这两个标准的企业活动区分开来非常重要。只有应用标准才能代表买方价值的真正源泉，买方不会为价值信号本身买单。企业必须理解自身满足应用标准的情况，明确为买方创造的价值，从而决定正确的产品溢价幅度。满足价值信号标准的价值衡量方式有多种。价值信号标准是否有用，在于它在多大程度上促进了买方去认可企业为满足应用标准创造的价值。

应用标准

应用标准产生于企业价值链和买方价值链之间的关联。由于存在多种关联，应用标准也变得多种多样，远远超过了实物产品的特征。即使企业的实物产品并没有实现差异化，应用标准也可以包括实际产品（例如胡椒博士与可口可乐和百事可乐的口感差别）、企业交付产品系统或者支持产品的系统等多个方面。虽然企业的产品和其他价值活动之间的区别只是一个度的问题，但由于其他价值活动往往比实物产品具有更多可能实施差异化的维度，所以这个区别显得格外重要。除了与产品相关的活动，其他价值活动可能代表了企业实施差异化战略的重要来源，因为很多企业往往重视产品生产本身。应用标准也可以包括企业产品实现的规格（或其他价值活动）以及企业为满足这些规格所实施的活动（合规活动）。合规操作作为一个差异化因素往往被忽视，然而，合规操作与产品规格都很重要，有时候前者甚至比后者更重要。

应用标准还包括一些无形因素，如风格、声望、认可的地位和品牌内涵（如名牌牛仔裤），尤其在消费品领域，这种标准的应用更加广泛。无形的应用标准往往源自狭义上看不具备经济采购动因的情况。皇冠伏特加酒能获得产品溢价，主要是因为人们喝酒时所处的社会环境。买家想让人们看到他们喝的是昂贵的伏特加，或者是他们的客人认为的伏特加。虽然无形的应用标准通常与消费者相关，但这类消费者与其他买方同等重要。拥有 Gulfstream III 商用飞机的公司高管能够确立自己独特的名望。无形应用标准对行业、商业或者机构产品非常重要，真正的买方是针对购买决策非常谨慎的个人。

最后，应用标准还可以包含销售渠道或者下游价值链的特点。既然渠道有助于差异化，应用标准就必须在渠道提供服务和信用的领域里反映差异化的特征。渠道拥有衡量自己与企业打交道价值来源的应用标准。例如，渠道商往往希望赊账，对顾客的询价及时回应或者由终端用户提供技术支持，这些情况往往被人忽视。

企业满足应用标准的绩效可能会受到买方使用产品方式的影响。买方能否按照既定的用途使用产品，这成了企业面临的一大挑战。产品的应用将受到产品设计、包装和买方人员培训等因素的影响。流量控制阀的设计要保证扭矩不可过大。提高产品按照既定的用途使用的可能性的因素往往本身就成了应用标准。企业往往认定生产的产品能按照既定的用途被使用，因此这些因素也成了差异化的基础。

价值信号标准

价值信号标准反映了买方对企业能否满足应用标准能力认知的影响因素。企业开展的活动和其他特征可以成为价值信号标准。价值信号标准可以帮助企业考虑特定的供应商，或者在企业最终的购买决策中扮演重要角色。典型的价值信号标准包括：

· 名声或者形象。
· 连续广告效应。
· 产品重量或者外观。
· 包装和标签。
· 外观和设备规模。
· 营业时间。
· 安装基础。
· 顾客清单。
· 市场份额。
· 价格（价格内涵质量）。
· 母公司身份（规模、财力等）。
· 为买方企业高管可见的程度。

其他信号标准则非常隐晦。比如，医疗器械表面的喷漆字样的质量在很大程度上影响了买方对产品质量的看法，尽管喷漆对于设备的性能几乎没有任何影响。同理，艾禾美的品牌延伸到洗涤剂领域，主要是因为同等数量的艾禾美洗涤剂的重量比竞争对手的更轻。

如果买方很难衡量企业绩效、不经常购买企业产品或者企业专门按照买方的规格定制产品，则企业无法用过去的交易记录来预期未来的交易情况，价值信号标准也就变得格外重要。在专业服务领域中，价值信号标准非常重要。因为服务一般是定制的，只有在买方完成采购后，才开始执行专业服务。结果，成功的专业服务公司非常注重办公室装修和员工形象这类问题。价值信号标准的作用非常重要的另一个行业是钢琴制造业。很多买方专业知识不够，不太能精准地判断质量。施坦威是一家实施差异化战略的钢琴制造商，它意识到钢琴家在演奏会上选用钢琴的频率将是一种有力的价值信号标准。施坦威在全美各地设有钢琴库，授权钢琴家仅支付名义成本（normal cost）就可以使用。结果，施坦威与全球各地的音乐家建立了亲密的合作关系，很多音乐会都使用施坦威的产品作为演奏专用琴。

价值信号标准往往源于强化买方对企业认同的需要，尤其是买方购买产品之后。买方经常需要持久的保证，证明自己在选择企业和产品的时候已做出明智的决定。买方可能还需要用培训来提升自身判断产品是否满足应用标准的能力，主要是因为买方购买了产品后，很少有辨别产品是否满足特定应用标准的能力。再者，买方手头也没有足够的数据，或者压根儿不重视产品的效益。开展定期的沟通，讨论企业对买方的贡献，这对差异化战略有着重大的影响。

有些价值信号标准与特定的应用标准相联系，而有些价值信号标准是指供应商为买方提供的广义价值。广告会强调产品特征，而企业的名声也可以向部分买方证明它们的确实现了很多标准。建立价值信号标准和特定应用标准之间的关系非常重要，这不仅有助于我们确定价值的附加信号，还可以帮助企业理解信号传递的产品特征。如果企业意识到顾客清单其实表明了自身服务的可靠性，那么企业可以强化对这份清单的利用。

确定采购标准

确定采购标准始于确定购买企业产品的决策者以及其他可能影响决策的人员。销售渠道作为中间购买商，也需要纳入分析的范围。先要确定应用标准，因为应用标准能衡量买方价值的来源，决定价值信号标准。有很多平行的方法可以用来确定应用标准。企业深入理解买方的需求，这是获取应用标准的最初来源。然而，传统智慧可能会蒙蔽我们对应用标准的内在认知。内在分析本身是不够的。在企业与买方进行面对面的接触前不应该贸然分析买方的采购标准。然而，即使经过了与买方的必要谈话，买方也常常无法了解企业影响自身成本或者绩效的所有因素，而企业一般在谈话中也未必会和买方讲实话。要理解买方的采购标准，企业必须确定买方的价值链，对企业价值链和买方价值链之间所有存在的和未来可能发生的关联进行系统分析。这种分析不仅能揭示尚待发现的应用标准，还可以明确评价众人皆知的应用标准相对权重的方法。

应用标准必须进行精准定义，为开发差异化战略提供借鉴。很多企业说起买方的应用标准都含糊其词，只用“高品质”或者“交付”一类的词来描述。从这个层面来推定，企业无法精确地计算满足买方特定应用标准的价值，也不知道如何改变自身的行为才能提升买方价值。高品质意味着更高的规格或者更精准的合规操作。对于麦当劳来说，汉堡和炸薯条实现跨时间、跨地域的品质一致与其口感和分量同样重要。提高质量，即提升规格或者合规操作的成效，涉及企业的多种活动。服务也涉及多种活动，包括处理索赔事宜、维修能力、服务响应时间和交付时间等。

要满足每一种产品高品质的应用标准，应该对其进行尽可能的量化。比如，食品调料的质量可以凭借添加材料的数量或者脂肪含量的百分比来计算。量化品质标准不仅能督促企业仔细思考、精确测定买方价值，还可以使企业按照应用标准来衡量、追踪自身的绩效，这往往能提高企业自身的效益。量化品质标准还可以使企业对与竞争对手相比更重要的标准的实施情况进行评价，企业可以研究那些让竞争对手的工作绩效大幅提升的根本措施。

企业通过估计自身活动对买方成本或者绩效的影响，可以计算出达到每一个标准的价值。这种计算无疑需要实施各种判断，还要选择可持续性的差异化战略。决定买方实现每一项应用标准的价值能使企业正确认识这些标准的重要性及其排序。对于一些应用标准，企业能达到临界值就能满足买方需求，而对于另一些应用标准，绩效越好，对企业越有利。如果电视机能在两秒内启动，那么将其启动时间减少为一秒带来的额外利益将是有限的。几乎所有标准都会有收益递减的临界值。过了这个临界值，企业绩效的进一步提高不会再对买方创造更多的价值，反而会减少买方价值。实现某些应用标准意味着权衡甚至放弃其他应用标准。按照每一种应用标准满足的程度计算买方价值，能显示这些标准的相对临界状态、各种标准的取舍以及提升每种应用标准所带来的附加价值。企业需要对差异化价值和成本之间的平衡状态进行评估。应用标准在实现买方价值中的作用排序常常与我们认定的观念有很大冲突。

买方通过使用产品，可以判断企业实现应用标准潜能的过程以及企业为满足这些标准采取的措施，明白这些能使我们确定价值信号标准。明确每一种应用标准从而确定可能的信号是一个很好的起点。例如，如果一个关键的应用标准取决于产品交付的可靠性，那么价值信号标准应该是过去交付产品的记录和客户评价。另外两个分析步骤也能帮助我们理解价值的信号。若仔细分析买方采购产品的过程，包括咨询的信息源、开展的产品检测程序以及购买决策的过程，价值信号就一目了然了。这种分析能让人明白买方需要咨询或者关注的信息，包括渠道商信息。确定价值信号标准是企业和买方在交易发生前后的重要接触点，包括销售渠道、展会、财务部门工作等。每一个接触点都有可能影响买方对企业的印象。因此，这就是一个可能的价值信号标准。

与应用标准类似，应该精确地定义、操作价值信号标准，以便正确地引导差异化战略。在银行中，设备的外观可以通过其秩序性、存续性和安全性来展示价值。对于一个服装设计师的商店，店面外观可能就要从其他方面下功夫了。价值信号标准的重要性不一，企业必须按照它们影响买方对企业能力的理解程度进行排序，从而决定在各种标准的实现上分别投入多少。想要计算在某件产品的价格上，各种信号标准的实现分别占了多少比重的确很难，但是焦点小组和面谈会起到一定的作用。与应用标准一样，满足信号标准也会面临收益递减的临界值。奢华的办公室可以让买方认定企业非常浪费，缺乏专业精神。

确定买方的采购标准过程会得出各种采购标准的分类和排序，如图 4-4 所示。图中显示了巧克力甜品的采购标准。在按照买方的应用标准和价值信号标准列出排序清单时，应该列出具体价格。为了明确涉及的不同实体以及满足这些标准需要的活动，从终端用户和渠道商那里得来的应用标准和价值信号标准应该被分开。终端用户和渠道商的应用标准可以按照降低买方成本和提升买方业绩分成两大类。有时候，满足某种应用标准，既可以降低买方成本，又可以提升买方绩效。不过一般总有一种模式占主导，比如对于巧克力糖果，口味是买方绩效的标准，但是能否买到是衡量买方采购成本的主要标准。这样一来，应用标准可以进一步分为容易量化和不太容易理解或量化的标准（见图 4–5）。

	应用标准	价值信号标准
终端用户	口味 营养价值 质地 外观 价格 拥有现货 包装大小	广告 货架定位 店内陈设 拥有现货
渠道商	订单处理速度 渠道利润 服务可靠性 促销支持	销售拜访频率

图 4–4　巧克力甜品的采购标准分类

认识到图 4–5 显示的应用标准差异，将有重大意义。降低买方成本的差异化措施，比提升买方绩效的差异化措施更有理由让买方支付的产品具有可持续性溢价。买方经历的经济压力（如在经济低迷时期）意味着买方愿意向那些有能力降低成本的企业支付溢价。差异化战略的实施与买方价值有着可量化的关联，相比那些很难理解或者难以量化的差异化战略，更容易转化为实在的产品溢价。难以衡量的差异化战略只有在买方面临紧要关头时，比如在顶级的咨询会上，或者买方迫切需要满足自身的地位时，才能转为溢价。要清楚地解释图 4–5 中右侧的差异化很困难，它要求在价值信号标准上进行大量的投资。买方日益理解企业的做法，这往往会威胁到难以量化的差异化战略，而这些差异化在过去已经被人们从表面价值上接受了。

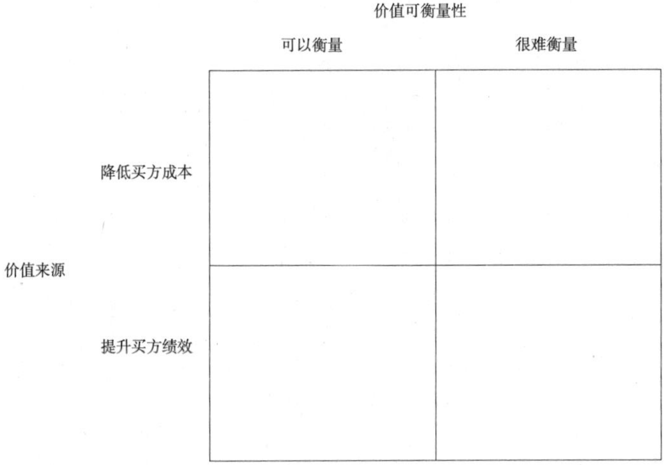

图 4-5　应用标准和买方价值之间的关系

单个买方对于产品有不同的应用标准和价值信号标准，其对应的重要性也各不相同。按照采购标准的异同将不同的买方归类，构成了买方细分的基础。关于买方细分的问题，我将在第 7 章中详述。

差异化战略

差异化战略源于企业为买方创造的独特价值。可以凭借应用标准或者价值信号标准的达成实现差异化，或者以持续的方式利用对这两类标准的满足来实现差异化。可持续性差异化要求企业以独特的方式开展一系列对采购标准产生影响的措施。满足某些采购标准要求企业圆满完成某一项采购标准，例如新颖的广告。其他采购标准会受到多种企业行为的影响，比如交付时间会受到企业运营、出厂物流和其他处理程序的影响。

很多价值活动在企业满足某些应用标准或者价值信号标准方面起到一定的作用。图 4–6 显示了采购标准按照价值活动进行分类，帮助企业确定对差异化具有重要意义价值活动的过程。企业价值链和买方价值链之间的关联在上文已经有所描述，如图 4–6 所示。

影响买方采购标准的活动

		入厂物流	运营	出厂物流	营销和销售	服务	购买	技术发展	人力资源管理	企业基础设施
应用标准	合乎规格		x	x		x	x	x	x	
	交付时间	x	x	x	x		x			
	产品特征		x					x		
	销售团队素质				x				x	
价值信号标准	销售帮助				x			x		
	设备吸引力		x							x

图 4–6　价值活动与买方采购标准之间的关系

企业总体水平的差异化是它通过满足所有采购标准而为买方创造的价值。企业价值链上差异化的来源是多样的，史都华（Stouffer）在冷冻食品方面成功实现了差异化战略（如图 4–7 所示）。史都华在应用标准和价值信号标准方面都实现了差异化。

在菜色种类开发上投入巨大，这使得史都华拥有独一无二的菜式，独特的调味技术可谓锦上添花。调料精挑细选，配料选择方面精益求精，产生了色香味俱全、具有高度一致性质量的产品，菜单布局和产品配料也更加复杂。此外，史都华的独特包装也是一种价值信号，强调了其高品质的形象。史都华对自己在菜色上的创新大做广告，同时还出了好点子，说自己生产的冷冻菜是专门为大忙人准备的，不是传统家庭食用的方便快餐。最后，史都华花了大量的时间来培训销售团队和食品分销商，目的是赢得更有利的零售货架展示机会，更快速地补货，并移除受损的商品或者设备。价值链中多种独特性的源泉保证了史都华的产品溢价，差异化也为其赢得了巨大的市场份额。

如果买方理解的价值超越了差异化的成本，那么企业实施的差异化就能带来绝佳的绩效。史都华的溢价超过了它在广告、包装、调料、分销商和市场研发等方面的额外支出。据相关资料显示，史都华比其竞争对手取得了更高的利润。差异化战略旨在拉大创造的买方价值（以及由此造成的溢价）和企业价值链独创性成本之间的巨大差距。差异化的成本因具体涉及的价值活动的不同而不同，企业应该选择那些对创造买方价值贡献最大、相对成本较低的活动。这表明，企业应该集中精力把握那些创造活动独特性的低成本要素以及创造更高买方价值的高成本要素。不同形式差异化的成本取决于企业各个成本驱动要素的相对地位，这将影响企业开展差异化的方式及其结果。史都华占领了较大的市场份额，降低了广告成本以及为提升产品绩效付出的产品开发和采购成本。

差异化战略的最后一个构成要素是可持续性。只有差异化能

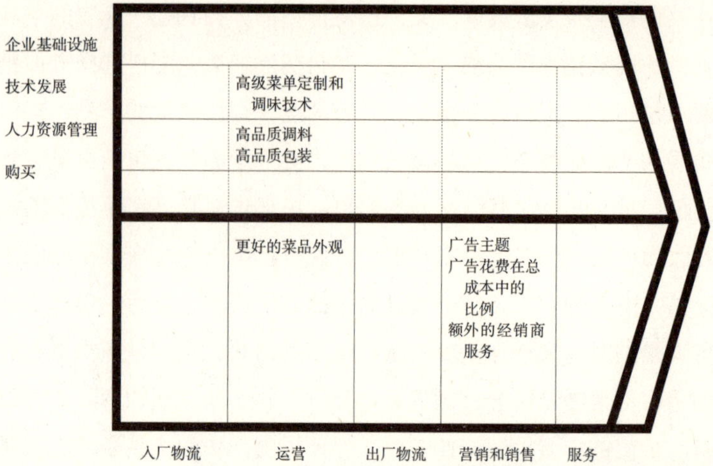

图 4-7　史都华在冷冻主菜方面的差异化

一直保持对买方创造价值的特质而不被企业的竞争对手模仿，才能不至于产生产品溢价。因此，企业必须寻找产生独创性的持久源泉，同时保护其不被模仿。

差异化路径

企业提升差异化战略有两种方式：提升现有价值活动的独特性，或者按照有助于提升独特性的方式来重新安排价值链。加强价值活动的独特性要求企业充分利用前面介绍的独特性驱动要素。不管按照什么方式进行，实施差异化战略的企业必须控制差异化的成本，由此才能将差异化战略的成效转变为企业的超凡绩效。成功实施差异化战略，具有下列几个特征。

开拓独特性的渠道

增加价值活动差异化的来源。企业通过探索附加价值活动独特性的来源来提升自身总体差异化的水平。史都华的案例说明了积累多项价值活动企业的独特性，以及它成功实现差异化的过程。卡特彼勒公司的经历也证明了这一点。它将企业的独特性与产品的耐用性、附带备件和经销网络的独特性结合起来。喜力啤酒将高品质的原材料、口感始终如一、加快交付周期保证产品新鲜、大量广告投入和在各地分销等手段结合起来，赢得了进口啤酒的差异化。企业应该仔细检查每一种活动提升买方价值的方式。有些半导体制造商为其买方提供计算机辅助设计设备，这样买方就可以自行完成最终的设计步骤。

保证产品的功能与其实际用途相符。由于买方使用产品的方式决定了产品的使用效益，所以如果企业没有采取措施保证产品按照既定的用途进行使用，那么差异化战略往往难以成功，这些措施包括以下几点：

- 为理解买方使用产品的方式所做的投资。
- 更新产品，方便产品的应用。
- 设计有效的手册和其他指导材料，不要在事后才去弥补。
- 为买方提供培训和教育，无论是直接还是间接提升总体的应用水平。

使用价值信号强化应用标准的多样化。企业如果没能充分留意价值信号标准，就很难享受差异化战略的成果。用来影响价值信号标准的活动必须与企业为实现应用标准采取的差异化战略中的活动一致。保罗公司展示了它在液态过滤行业中广泛使用的设施，它通过增加广告投入和顾客拜访次数来提升产品的差异化价值。由于买方可能无法看到产品的间接成本或者隐藏成本，价值信号标准的设定很有必要，它不仅可以显示企业传递的价值，还能帮助买方了解竞争对手没能显示的价值。此外，实施差异化战略的企业必须保证，买方售后所做选择的准确性。价值信号只有在有助于买方理解企业价值的基础上才有作用。

利用与成本捆绑的信息来推进应用和价值信号。信息和信息系统已经成为差异化过程中日益重要的工具，捆绑产品与信息往往能提升差异化效果。有效描述产品运作的原理、使用方式、服务方法能帮助买方按照产品用途在实践中正确使用。产品在使用过程中提供信息的能力（如汽车表盘上的里程数）能提升产品的成效及其本身的价值。将产品与信息系统综合起来也能在其他方面提升买方价值。比如，美国礼品公司为零售商提供了自动存货管理系统，帮助它们管理存货，借此在保持最低存货的基础上，提高礼品卡的销售额。最终，有关产品制造、独特性和与替代产品对照的功能等相关捆绑信息，往往是显示企业为买方创造价值的重要方式。每个帕塔加斯精制雪茄包装盒里都嵌有一枚小幅广告纸，介绍这个品牌家族的历史及其从古巴到美国的发展历程。

将差异化成本转变为优势

充分利用所有低成本的差异化来源。很多活动可以在增加成本的基础上做得更加与众不同。利用关联来提升差异化就是一个很好的方法。企业只要加强内部协作或者与供应商、渠道商的协作能力就能实现差异化。同理，改变产品功能组合要比单纯增加产品功能更省钱。提升差异化战略的重要对象还包括过程中可以降低成本的活动，如减少产品的瑕疵也可以减少服务的成本。

控制成本驱动要素，尤其是显示价值信号的成本，使差异化成本最小化。企业可以通过明确各种成本驱动要素的影响来降低差异化战略的成本。企业应该通过注重控制活动的成本驱动要素尽可能提升差异化的成效，而这些活动正好是企业使用第3章描述的原则实施差异化战略的基础。通用汽车正在努力通过在多个汽车车间中配置弹性安装系统来降低产品多元化的成本。由于价值信号本身并不创造价值，因此一定要找到高效的价值信号显示方式。利用以往投资或者名声的价值信号（例如成品数量、连续广告效应）要比单纯利用新开发的价值信号更省钱。

注重企业在差异化中享有成本优势的战略实施方式。实施多种形式差异化战略的成本因企业的不同而不同，企业应该在自己拥有成本优势的领域开展差异化。大型企业在规模灵敏度高的活动中进行差异化，就会拥有成本优势，如广告和研发。而多元化经营的企业有机会在利用兄弟业务单元之间的关联降低成本的领域中进行差异化，进而赢得成本优势。

降低那些对买方价值没有影响的活动成本。除了在差异化战略中寻求成本优势，企业还必须注重降低与选定的差异化战略无关的活动成本。

改变创造独特性的规则

改变决策者，从而提升企业独特性的价值。决策者的身份在一定程度上决定了企业为买方创造了什么价值以及这类价值的正确信号。假如企业能改变采购过程，提升那些更加注重企业特定形式价值的决策者在采购过程中的地位，就有可能增加企业为买方创造的价值。工程师认为功能复杂的产品更独特，更看重其价值，而采购代理未必如此认为。改变决策者需要按照下列方式重新修正价值链：

- 起用新的销售人员。
- 在销售活动中引入技术人员。
- 改变广告的媒体和内容。
- 改变销售的材料。
- 告知买方新决策基础需要不同的决策者。

发现未知的采购标准。找到买方（和竞争对手）并未发现的重要采购标准为实现差异化提供了巨大的契机，它使企业率先获得差异化的基础，从而赢得形象和名声等长期利益。尚待发现的采购标准往往是应用标准，那些能衡量企业或者产品对买方价值链产生间接影响的标准一般就是应用标准。很多重要的差异化战略不是对买方需求的消极回应，而是实现差异化的新方法。史都华就发现了冷冻主菜的全新差异化方式。宝洁是世界上首个向消费者开展全年护肤乳液广告攻势的品牌，此前，各企业按季度进行广告营销，这主要是因为宝洁发现了买方对产品的使用不同于此前广告战略中宣传的方法。

率先对变化的买方或者渠道情况做出回应。买方或者渠道商的采购标准不断改变，这为差异化战略提供了机会。变化引发新的差异化基础，能使买方以全新的角度看待从知名的供应商那里定期采购的产品。买方日渐关注健康问题使得无咖啡因的软饮料迅速走红。买方所在行业的激烈竞争会提升买方对应用工程支持的需求，或提高买方成本降低带来的价值。在油田设备领域，加大买方的财务压力有利于那些买方成本较低的供应商。同理，买方对小型计算机的了解也能降低企业在交付时间、应用成本或者其他小细节基础上实施差异化的可能。降低买方成本的差异性在买方行业困难或者买方精通行业发展的情况下表现最好。对买方而言，基于定量绩效提升的差异化战略比定性绩效的差异化战略能保持更长久的溢价。

以全新方式重构保持企业独特性的价值链

发现全新的价值链能为差异化的实施提供无限可能。例如联邦快递公司通过重新安排小件包裹的传统价值链实现了差异化。它使用自有的卡车和飞机，率先开创了中转枢纽的概念，利用航班空运或长途卡车运输外加各地的分销网点和分拣中心，大大提升自己相对于竞争对手的服务时效和可靠性。恒适雷格斯连裤袜采用了全新的包装、醒目的店内陈设和超市直销渠道，表明价值链是成功差异化战略的关键，而实现高度差异化战略的机会源于重置价值链。

认识新的价值链是一个富有创意的过程。从买方价值链的角度出发，企业应该思考自己与买方价值链的全新关联方式，也可以思考如何重新构建自己的价值活动，从而更好地满足采购标准。常见的重置活动涉及下列几个领域：

· 全新的销售渠道或者销售方法。
· 通过前向一体化来整合买方的作用或者减少渠道。
· 通过后向一体化控制更多产品的决定因素。
· 采取全新的工艺技术。

差异化的可持续性

差异化战略的可持续性取决于两个因素：买方感知价值的持久性，以及无竞争对手模仿。买方的需求或者认知在不断变化，这是一个持久的风险因素，可能会降低特定差异化战略的价值。竞争对手也有可能模仿企业的战略或者直接忽略企业已经采取的差异化战略的基础。

企业相对于竞争对手差异化战略的可持续性取决于差异化的起因。要实现可持续性，差异化必须建立在移动壁垒的基础上，即竞争对手很难轻易复制。正如本书上文所述，独特性的来源因其可持续性而有所不同，而差异化的成本在不同企业之间也不同，直接影响了差异化战略的可持续性。差异化在下列情况下能变得更加长久。

企业独特性的来源与壁垒有关。专有知识、关联、相互关系和先发优势是更持久的独特性来源，比单纯某个活动的政策选择更持久。比如广告的价值信号活动就更持久，因为它经常涉及壁垒。然而，过分依赖价值信号的差异化更容易受到买方深刻了解产品的影响。

企业具有差异化的成本优势。具有可持续性成本优势的企业开展产生差异化的活动，能获得更持久的差异化效果。

差异化有多种来源。复制差异化战略的总体难度部分取决于企业有多少独有的特征。如果差异化有多种来源，该差异化战略就具有更强的持久性。若差异化只取决于某一种因素，如产品设计，那么其持久性就会弱很多。专注于某一项来源的差异化会给竞争对手明显的集中点。多种价值活动的协调作用产生的差异化往往更持久，因为竞争对手想要模仿，就需要实施一系列的变化。

企业在开展差异化的同时创造了转换成本。转换成本是指买方改变自己的供应商时需要支付的固定成本。转换成本使企业即使面临着产品和竞争对手一样的情况，依然有资格获取溢价。如果企业在实施差异化战略的同时创造了转换成本，差异化的可持续性就会增强。转换成本和差异化相似，源于买方应用产品的方式。企业与众不同的活动经常能提高转换成本，因为买方往往要充分利用企业产品的独特性来调节自己的活动。

史都华的例子展示了对持续差异化来源的可持续性进行评估的方法（见图 4-7）。就史都华开展差异化的来源而言，最持久的当属其菜单和制酱技术、产品定位和品牌形象、与主要食品分销商的关系以及基于市场份额龙头地位而获得的广告成本优势。竞争对手想要复制这些差异化要素，必须有大量的资金投入。因此，史都华的差异化战略持续了很长一段时间。相反，恒适对连裤袜的新包装技术和直销商店模式则是政策选择，并没有专有知识、执行战略的大规模优势以及模仿壁垒的保护。正因为如此，恒适的差异化战略很快就被业界各家企业模仿，无法取得令人艳羡的产品溢价。

差异化的陷阱

开展差异化战略的企业会碰到几个常见的陷阱，对差异化战略的基本功能或对成本缺乏全面了解，就容易陷入这样的陷阱。

企业的独特性未必具有价值

企业在某方面具有独特性，并不代表就能开展差异化。企业具有的独特性除非能降低买方成本或者提升买方可见的价值，否则就不会产生差异化。最有说服力的差异化战略源于买方可以感知并能量化的价值源泉，也源于那些虽不能量化却有明显价值的信号。测试独特性是否有价值，就要看企业能否据此从消息灵通的买方手中得到产品的溢价。

差异化泛滥

如果企业并不了解自己影响买方价值链或者对价值看法的机制，就很容易产生差异化的冲动。比如企业的产品质量或者服务水平高于买方的需求，企业就有可能会受到竞争对手的攻击，被质量适中、以低成本提供同类产品或服务的竞争对手赶超。若无法正确分析绩效的临界值或者没能理解买方采购标准的收益递减规律，就有可能开展没有必要的差异化。究其原因，主要是没能正确理解企业活动与买方价值链的关系。

溢价幅度过大

差异化产生的溢价是企业差异化和可持续性的体现。实施差异化的企业可能会因为溢价过高而被买方抛弃。除非企业愿意与买方共享创造的价值，按照更合理的价格供应商品，否则很有可能使买方实施后向一体化。正确的产品溢价不仅体现了企业的差异化程度，还反映了企业的相对成本的总体地位。如果企业不能保持和竞争对手的成本近似，即使保持了差异化战略的实施，企业的产品溢价也有可能超越一直以来的水平。

忽略价值信号显示的需要

企业有时候会忽视显示价值的信号，将自身的差异化战略建立在看似真实的差异化基础上。然而，由于买方不愿意或者没有能力完全理解供应商之间的差别，就出现了价值信号。忽视价值信号标准往往使企业受到价值较低却清楚地理解买方采购过程的竞争对手的攻击。

不知道差异化的成本

差异化的感知价值应超越买方成本，否则差异化不可能带来出色的企业业绩。企业不会为了差异化而将自己执行活动的成本分离出来，往往会想当然地认定差异化能产生经济效益。因此，它们要么在差异化上投入更多，由产品的溢价覆盖这笔成本，要么就无法理解利用成本驱动要素降低差异化成本的各种措施。

专注于成本，却忽略了整个价值链

有些企业只是从实物产品的角度看待差异化，没有从价值链的其他方面挖掘潜力和机会。虽然企业只是生产商品，但整个价值链常能成为差异化多元可持续性的基础。

无法认识买方细分市场

买方采购标准及其重要性各不相同，由此创造了买方细分市场。如果企业不能充分意识到买方细分市场的存在，其战略就不能很好地满足买方需求，往往使企业受制于竞争对手集中战略的攻击。买方细分市场的存在并不意味着企业必须选择集中战略，但企业必须将自身的差异化建立在买方认同的采购标准上。行业细分提出的战略问题将在本书第 7 章中详述。

差异化步骤

通过总结我们可以确定差异化战略基础和选择差异化战略的必要分析步骤，下面回顾一下本章提出的观点。

1. **确定真正的买方**。差异化分析的第一步是确定真正的买方是谁。企业、机构或者家庭并不是真正的买方，真正的买方是在买方实体内解释购买对象应用标准并确定价值信号标准的具体个人。渠道商也是除终端用户以外的买方。

2. **确定买方价值链及企业对买方价值链的影响**。企业对买方价值链产生的直接或者间接影响会决定企业通过降低成本或者提升买方绩效的方式创造的价值。企业必须明确理解自身能够影响买方价值链的做法和能力，同时明白买方价值链的变化如何影响自己。渠道商在影响买方价值链以及企业价值链上也会起作用，主要是通过各方之间的关联进行。

3. 明确买方的采购标准及优先顺序。分析买方的价值链能够为决定买方的采购标准打下基础。采购标准有两种形式：应用标准和价值信号标准。满足应用标准的独特做法能够创造买方价值，而满足价值信号标准的独特做法则能推动买方对已经实现价值的理解。有时候分析买方价值会发现买方当前不可能认识到的采购标准。采购标准必须以便于运营以及和企业价值链关联的方式进行界定、计算并排序。分析师必须努力寻找为提升绩效或者节约成本所采取的增加价值的具体方法，对于个人买方也不例外。明确采购标准主要源于买方价值链分析、买方面谈和公司内部的专业知识。这一过程本身是反复迭代的。随着分析的深入，将出现一系列买方采购标准。

4. 分析企业价值链中现有的和潜在的独特性来源。差异化可能源于企业整个价值链的独特性。企业必须确定价值活动对各采购标准产生了怎样的影响（如图 4-6 所示），还必须明确企业自身相对于竞争对手拥有哪些独特性的资源以及潜在的引发独特性的新要素。企业还要明确独特性的驱动要素，这些要素是我们理解可持续性问题的关键。

由于差异化具有内在的相对性，企业必须将自己的价值链和竞争对手的价值链做比较。仔细分析竞争对手的价值链有助于我们理解企业价值活动对买方的影响，明白创造全新价值链的可能性。还有一种实施价值活动的新方法是对照学习，明白类似产品或者向同一买方出售产品的新方式，事实上，这些供应商的做法各不相同。

5. **确定差异化现有的和潜在的来源**。差异化的成本体现了引导差异化活动的成本。企业有意在某些活动上投入较多，以加强其独特性。某些形式的差异化耗费并不大，实施这些战略甚至能降低企业成本。在通常情况下，企业必须提高费用支持，才能实现独特性。就企业相对于成本要素的地位而言，某些差异化战略的代价更高。

6. **为买方创造相对于差异化战略最有价值的差异化活动，选择与此对应的企业价值活动的设置**。对企业和买方价值链关系的明确理解，能使企业选择创造买方价值和差异化成本之间最大差距的价值活动安排方式。大部分成功的差异化战略都积累了整个价值链中多种形式的差异，并同时满足应用标准和价值信号标准。

7. **测试所选定的差异化战略的可持续性**。差异化战略若不具有防治侵蚀或者模仿的特征，就不会给企业带来超凡的业绩。可持续性往往源于稳定的买方价值，差异化包括竞争对手模仿壁垒、可持续性成本优势战略对应的差异化。

8. **降低不影响差异化选定形式的活动成本**。成功实施差异化战略的企业会大力降低对买方价值作用不大的成本。这不仅能提高企业的盈利，还能降低实施差异化战略的企业受到以成本为导向的竞争对手攻击的可能性，因为企业将因此获得巨大的溢价。

05

技术和竞争优势

技术变革是竞争最重要的一大驱动力，它在行业结构性变革以及创造新型产业方面发挥着巨大的作用。技术变革也是一个重要的均衡器，侵蚀着那些发展成熟的企业的竞争优势，同时把其他企业推向竞争的前沿阵地。当今很多伟大的企业都是充分利用技术变革的力量才迅速发展起来的。在所有能改变竞争规则的因素中，技术变革的力量是最显著的。

虽然技术变革非常重要，但技术变革和竞争的关系却常被人误解。技术变革本身是非常重要的因素，企业能开创的任何类型的技术变革都是值得提倡的。在高新技术行业里竞争也被认为是打开赢利之门的金钥匙，而技术含量低的行业，人们常对之不屑一顾。近来海外市场的竞争，绝大多数以技术变革为基础，激励着企业不断增加技术投入。不过很多企业增加技术投入比较盲目，缺乏针对性。

技术变革本身并不重要，但是技术变革如果影响了企业的竞争优势和行业结构，就意义重大了。并非所有的技术变革都有战略意义，它有可能恶化企业的竞争地位和行业的吸引力。高新技术并不能保证企业的盈利。诚然，很多高新技术产业不比低技术含量的产业更赚钱，主要是因为行业结构不利。

技术遍布企业的整个价值链，超越了与产品直接相关的技术活动。从广义的范围来看，根本不存在所谓低技术含量的行业。你如果认定某个行业的技术已经成熟，就会导致灾难性的后果。此外，任何为了竞争优势所做的重大创新实质上都很平庸，根本不涉及任何科学突破。创新对低技术和高技术公司具有同样重要的战略意义。

本章将介绍技术变革与竞争优势和行业结构的重要联系。本章不会着重描述某些技术或者如何管理研究开发活动，而是阐述认识并利用技术变革对竞争的影响。我在本章引入了对技术的广义定义，体现在企业价值链上的所有技术都对竞争有着潜在的影响。

本章开篇讲述技术和竞争的关系。书中分析了技术和竞争优势之间的关系、技术在价值链中所起的作用以及由此产生的企业借助价值活动实现低成本或差异化的能力，然后分析了技术影响行业结构的原理。建立了这个框架后，本章还分析了选择技术战略的方法。技术战略必须包含下列内容：投资哪类技术、是否寻求技术领先战略、何时进行技术许可及其具体方式。之后，本书还描述了随着行业的演变企业预测技术变化的能力，这种能力对技术战略的选择起着关键的作用。最后，本章还总结了制定技术战略的方法。

技术和竞争

任何企业都涉及大量技术。企业中的所有事务都与某种技术相关，哪怕只是其中一种或者若干种技术，似乎也能决定企业的产品或者生产过程。技术对竞争力的重要意义不在于技术的科学价值或者它是实物产品中的亮点。企业涉及的所有技术都对竞争力有着重要影响。技术如果影响了企业的竞争优势或者行业结构，就会对企业的竞争产生重大影响。

技术和价值链

理解技术在企业竞争优势中所起的作用的基本工具是价值链。企业是一系列活动的主体，涉及很多技术。技术体现在企业所有的价值活动中，技术变化通过对所有活动的作用影响企业的竞争力。图 5–1 显示了企业价值链中所体现的典型技术。

每一种价值活动都是用某种技术来综合投入要素和人力资源，从而获得企业的产出的。这种技术作为人事流程中比较简单的一部分，一般涉及多个科学领域或者若干个技术子类。比如，物流过程中使用的材料处理技术可能涉及工业工程、电子和材料技术。价值活动的技术体现了多个分类技术的综合。用于每一个价值活动的投入要素都体现了技术，耗材和资本项目也体现了特定的技术。

购买投入要素的内在技术与其他分类技术相互作用，就形成了活动的绩效水平。

技术不仅体现在主要活动中，还体现在辅助活动中。计算机辅助设计就是在产品开发过程中使用技术来替代传统开发新产品方式的典型例子。不同种类的技术决定了辅助活动的绩效水平，包括那些与技术关系不大的活动。购买体现了下订单的程序和技术，它涉及与供应商的互动。近来信息系统技术的发展为改变订单程序、提升供应商关联，进而变革购买过程提供了可能。人力资源管理启用激励研究和培训的技术。企业基础设施也涉及一系列技术，包括办公用品、法律研究和战略规划等。

信息系统技术在价值链中是普遍存在的，每一种价值活动都会创造并应用信息。这一点图 5–1 表现得非常明显。该图显示了价值链中每一大类价值活动所使用的信息系统技术。信息系统广泛应用于排产、控制、优化、衡量以及其他活动。入厂物流使用某种信息技术来控制物料处理过程，定期交付并管理原材料存货。同理，信息系统也在订单处理、供应商管理和安排服务人员的实践中派上了用场。信息系统技术对各种类型活动之间的关系有重要影响，主要是因为关联的协调和优化（见第 2 章）要求活动之间产生信息流。由于信息在价值链中无处不在，近来在信息系统中快速发生的技术变革对竞争和竞争优势有着重要的影响。

还有一个在企业价值链中普遍存在的技术是办公或管理技术，因为文员和其他办公部门必须参与诸多价值活动。虽然办公室技术可以包含在信息系统技术中，但在这里仍将它分开说明，因为人们往往会忽视它的作用。办公部门运作方式的变化可谓当今众多企业发生的重要技术趋势，但很少有企业投入大量的资源来支

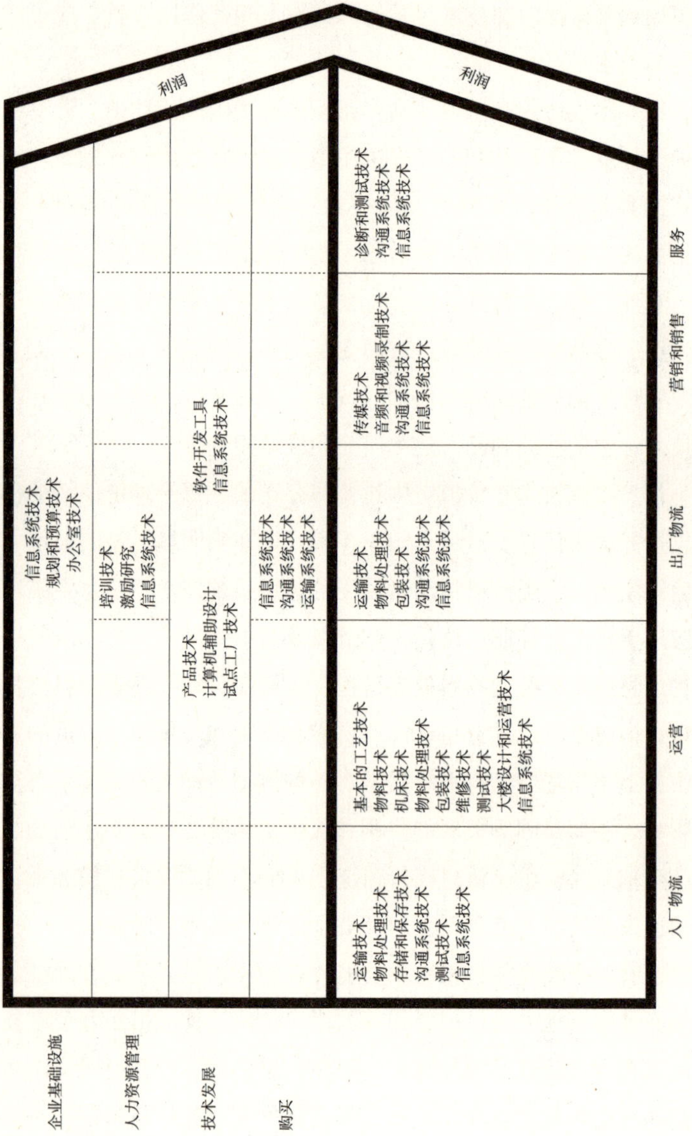

图 5-1 企业价值链中的代表性技术

持这种技术趋势。

不同价值活动的技术是互相关联的，这代表了价值链中关联的重要来源。产品技术与技术关联，就可以更好地服务产品，而零件技术与总体产品技术也是相互关联的。因此，价值链某个部分的技术选择对价值链其他部分的技术选择有重大影响。例如，陶瓷发动机零件减少了机械加工和其他制造步骤的需求，此外还对价值链产生了多种影响。企业与供应商和渠道的关联也经常涉及执行活动所需要的彼此依赖的技术。

价值活动中的技术是彼此关联的，美国航空公司的 Sabre 联机订票系统就是一个很好的例子。美国航空公司向旅行社出租终端设备，实现自动订票和购票操作，系统成了美国航空公司差异化的来源。同时，美国航空公司内部使用相同的系统进行票务和签发登机牌以及路线安排工作，美国航空公司还在系统上向其他航空公司出售航班信息。

企业的技术显然与买方的技术彼此依赖。企业价值链和买方价值链的触点（详见前文）定义了技术潜在的关联领域。企业的产品技术影响了买方的产品和过程技术，反之亦然，企业的订单处理技术也会影响并受买方购买方法的影响。

技术在企业中普遍存在，部分依赖于买方的渠道和供应商的技术。结果，开发技术包含了传统定义的研发活动以外的领域，从根本上与供应商和买方密不可分。从一定程度上讲，有些体现在价值链中的技术是行业特有的，但是很多却不是。办公自动化和运输系统就表明了重大的技术并不是行业的特定产物。因此，与企业相关的技术发展往往发生在企业所处行业以外的地方。技术的特征对于技术在竞争优势中的作用有重大影响。

技术和竞争优势

如果技术在决定企业的相对成本地位或者差异化战略中起重要作用，那么技术会影响竞争优势。技术体现在每一种价值活动中，涉及不同活动之间关联的实现，因而技术对成本和差异化都有重大影响。技术如果影响了成本驱动要素或者价值活动独特性的驱动要素（详见第3、4章的描述），就会直接影响成本或者差异化。可以用于某个价值活动的技术往往是诸如规模、实践或者相互关系等因素的结果。例如，规模效应使企业具备高速自动化装配设备，而起步早使得某些电力公司就地直接使用水力资源。在这些情况下，技术不是竞争优势的来源，而是竞争优势的结果。然而，在价值活动中使用技术本身就是一种要素，反映了独立于其他价值活动的政策选择。企业若能发现比竞争对手更出色地执行某项活动的技术，就可以赢得竞争优势。

技术本身除了影响成本或者差异化，还可以通过改变、影响成本或者独特性的其他要素来影响竞争优势。技术发展可以提升或者降低规模经济，推动各方建立联系，为恰到好处的竞争创造条件，并对其他成本要素或者独特性产生影响。因此，企业可以使用技术发展来改变驱动要素，使结果有利于自己，成为首个甚至唯一一个利用特定驱动要素的企业。

关于炼铝业正在经历的变化，有两大实例突出地展示了技术在影响竞争优势、改变成本地位过程中所起的作用。在炼铝产业内部，能源成本的飙升使电力成本在单项能耗成本中占据首位，很多企业由于电力成本过高，不得不跻身高成本生产商行列，如绝大多数日本炼铝工厂就属于这种情况。为了应对这一问题，日本企业积极探索碳热还原工艺技术，并取得了突破性进展。无须经过氧化铝阶段，就可以直接把铝土矿和其他矿石转变成铝锭，这就大大降低了电能消耗。在这种情况下，新的技术本身就是政策成本的驱动要素。降低能耗的碳热还原技术还能降低企业受制于地理位置和制度因素的程度，因为地理位置和政府针对电力的定价策略都会影响电力使用的成本。

在铝类半成品制造行业中，新兴的连铸工艺有可能替代热轧机，这也是技术影响成本的另一个例证。信息技术没有因为提高效率降低成本，却使得成本对规模的敏感度降低。假如这一工艺被证明有效，会让大型铝类半成品企业失去规模优势，还能缩短工厂和买方之间的地理距离。实现地区内的产品运输，相比以前从遥远的地区通过海运交付产品，大大降低了运输成本。由此可见，新技术不仅是一个成本驱动要素，还可以通过作用于其他成本驱动要素（如规模和地理位置）来影响成本。对照技术和其他成本驱动要素，可以发现其对企业成本地位有着不对称的影响作用。

联邦快递重新界定了小件包裹快递服务的价值链，实现了更快捷、更可靠的递送服务，在实现差异化的过程中技术的作用非常明显。在联邦快递价值链中采用新技术属于政策选择，但也提升了规模经济，有助于创建先发制人的优势。因此，联邦快递攫取了更多的市场份额，相应的差异化战略的成本也比竞争对手付出得多。这个例子表明，重大的技术发展不一定非得有科学上的新发现作为先导，甚至犯不着使用那些尚未推广的技术。企业开展活动的方式的改进或者应用现有技术实现的微不足道的变化，也能为其带来竞争优势。

鉴于企业的技术与买方的技术相互依赖，买方的技术变革也会影响企业的竞争优势，这和企业内部发生技术变革影响竞争优势的道理是一样的。在实施差异化战略时，这一点表现得尤为突出。例如，当零售商们纷纷使用在线销售网店系统时，曾经依靠合理定价并为其零售商买方提供库存控制而实现差异化战略的分销商就失去了竞争优势。同理，供应商技术的变化如果影响了企业价值链的成本驱动要素或者其独特性，也会改变企业的竞争优势。

检验理想的技术变革

技术变革和竞争优势的关联表明，可以对技术变革是否理想进行多项检验。企业的技术变革在下列情况下可以产生可持续性竞争优势。

技术变革本身降低了成本或提升了差异化，且企业的技术领先地位是可持续的。技术变革如果能够降低成本或者提升差异化，而且能够不被竞争对手模仿，就能够提升竞争优势。决定技术领先地位可持续性的因素将在下文阐述。

技术变革使成本驱动要素或者独特性驱动要素朝向有利于企业的方向转变。改变价值活动的技术或改变产品影响价值活动的方式，也会影响该活动的成本驱动要素或者独特性。即使其他企业模仿技术变化，但只要技术变革能按照有利于企业的方式来影响成本驱动要素，就能提升企业的竞争优势。例如，大型企业率先开展新的规模敏感度更高的安装工艺就会从中大大受益，即使竞争对手日后也采用了该技术。

率先开展技术变革除了赢得技术本来的竞争优势，还可以获得由此转化的先发优势。就算其他企业模仿了该企业，率先进行技术变革也能够产生多种潜在的先发成本优势或者差异化优势，即使企业日后丧失了其技术领先地位，这类优势依然存在。先发优势和劣势将在下文具体界定。

技术变革改善了整体的行业结构。改善了整个行业结构的技术变革就算很容易被模仿，也仍是理想的选择。

不具备上述特征的技术变革即使本身代表了巨大的技术成就，也不可能提升企业的竞争地位。若技术变革无法满足上述标准，且在这类测试中得出相反的结果，即无法按照有利于企业的方向影响成本驱动要素或者独特性驱动要素，就会破坏企业的竞争优势。如果企业发现某类技术变革满足了上述某一检验标准，却恶化了企业的竞争地位，那么也会破坏企业的竞争优势。

技术和行业结构

某项价值活动广泛采用了某项技术，则这项技术就成了整体行业结构的重要决定要素。普遍应用的技术变革有可能影响五大竞争力中的每一种力量，从而改善或者恶化行业的吸引力。因此，即使技术不会为任何单个企业带来竞争优势，它也有可能影响所有企业的赢利空间。相反，提升企业竞争优势的技术变革，在经过其他企业的模仿复制后，则有可能恶化行业的整体结构。技术变革对行业结构的潜在影响表明，企业不能在不顾及技术变革的行业影响下贸然行动。

技术和进入壁垒

技术变革是进入壁垒的重要决定要素，它可以提升或者降低几乎所有价值活动的规模经济。例如，弹性生产系统可能会降低规模经济。技术变革加快了新产品的引入或者提升了某个新型产品的投资额度，由此可能提升技术变革功能本身的规模经济。技术变革还是企业学习曲线的基础。工厂布局、产量和机器运算速度等方面的提升都属于技术变革，由此可以形成新的企业学习曲线。技术变革可以产生其他绝对成本优势，包括低成本产品设计优势，还能改变企业在行业内竞争所需的资本数量。例如，生产玉米淀粉和玉米糖浆，从批量生产技术转变成为持续工艺技术，达到玉米湿磨的资本要求。

技术变革在形成行业内部的产品差异化形态时，也发挥了重要作用。在喷雾包装中，技术变革导致了产品的标准化，包装产品可以即刻成为待售商品，大大降低了合同包装商根据产品特征设计差异化产品包装的能力。技术变革可以提高或者降低转化成本。竞争对手的技术选择决定了企业转变为供应商时，企业自身需要重新培训人员或者对附属设备进行再投资的程度。技术变革使得企业有能力绕过现有销售渠道（如电话推销）或者提升行业对某些销售渠道的依赖程度（如需要更多的产品展示与售后服务），进而影响分销模式。

技术和买方力量

技术变革会改变行业及买方的议价能力。技术变革在差异化和转化成本上是有利于确定买方的。技术变革还能够影响买方开展后向一体化的难易程度，这是买方议价能力的关键控制因素。比如在计算机服务产业，由技术变革驱动的计算机成本的快速下跌对诸如 ADP（美国自动数据处理公司）这样主营出售分时服务的企业产生了重大影响，主要是因为很多买方能够负担自己的机器设备。

技术和供应商力量

技术变革能够改变行业及其供应商之间的议价关系，降低企业对某个大型供应集团的需求，也能推动行业对某个新的大型供应商进行的采购活动。比如，商业屋面产品行业需要引进橡胶材料的屋顶防水层，这使得企业纷纷求助于强大的新型树脂供应商，而实力不强的沥青供应商则逐渐被取代。当技术变革发生时，企业在生产产品的过程中可以使用多项替代用料，创造自己与供应商议价的筹码。例如，铝罐生产中的技术变化加剧了炼铝企业和炼钢企业的竞争，而罐装生产商则从中受益。企业的技术投资使得企业可以了解供应商的技术，有利于企业选用不同的供应商，这也可以降低企业对某个供应商的依赖程度。

技术和替代

技术对行业结构的影响，最被认可的是其对替代的影响。替代是竞争产品价格和价值对比以及改用替代产品所需的转化成本共同作用的结果，这一点将在本书第 8 章中详述。技术变革创造了全新产品或者替代产品，例如玻纤代替塑料或者木头，文字处理器代替打字机，微波炉代替传统炉灶。技术变革影响相对价值与价格的比率以及替代产品的转换成本。生产类似替代品的行业之间，就相对价值与价格比率开展的技术之战，成为替代过程的核心。

技术和竞争

技术能够改变企业之间竞争的基础。它可以改变企业成本结构，进而影响定价决策。例如，上文提及的玉米水磨粉行业连续工艺技术的普及，增加了固定成本，也加剧了行业竞争。造船技术的进步，可能导致油轮的载重吨位增加，这将导致固定成本占总成本的比率的提升。技术在产品差异化过程中发挥着重要作用，转换成本对于行业的竞争也很重要。

技术影响竞争是通过其对退出壁垒的作用实现的。在某些分销行业中，材料搬运的自动化会抬高其退出壁垒，因为材料搬运设备主要针对在仓库中来回运送的特定商品。因此，原先通用的设备也已经成了专业的资本密集型设备。

技术变革和行业界限

技术变革在改变行业界限方面发挥着重要作用。行业的界限定义不清楚，是因为行业的产品和替代产品之间、行业内部的企业和未来的入行者之间、行业内部的企业与供应商或买方之间的差别具有随意性。因此，不管个人针对行业边界的意愿如何，技术变革都可能会拓展或者缩小行业范围，明确这一点格外重要。

技术变革可以通过多种方式拓展行业边界。技术变革可以减少交通或者其他物流成本，进而拓展市场的地理位置范围。20世纪六七十年代随着大宗货物运输的出现，就发生了这样的情况。降低应对国别差异的成本的技术变革将有利于行业的全球化。技术变革能够提升产品的性能，吸引新的顾客进入市场。最后，技术变革还能改善行业之间的关系。在诸如金融服务、计算机和电信等行业中，技术变革会模糊行业之间的界限，使整体行业得到融合。在出版行业，自动化图文处理和印刷技术使得多类出版物的共享印刷作业成为可能。出版行业中的技术变革与上述各种因素之间的关系，我将在第 9 章中详细讨论。

技术会缩小行业的范围。技术变化能使企业按照特定的细分市场来设计价值链（见第 7 章）。因此，细分市场就能成为行业。比如，技术的进步已经提升了产品的性能，增加了功能，使得便携式录放机成为独立于大型盒式唱片机和录音机的成熟产业。

技术进步和行业吸引力

由于技术变化常常能提升行业结构，所以上文表明技术变革有可能恶化行业结构。技术变化对行业吸引力的影响取决于其对五大竞争力影响的性质。假如技术变革提升了进入壁垒，减少了有实力的供应商，或者避免了新兴行业的替代，则技术变革就能提升行业的盈利能力。然而，如果技术变革使得买方的实力增加，或者降低了进入壁垒，就有可能破坏行业吸引力。

技术变革有能力改变行业结构，给打算创新的企业提出了潜在的难题。假如企业的竞争对手竞相模仿企业开展技术变革，那么企业竞争优势的创新可能最终会破坏行业结构。

技术战略

技术战略是企业发展和应用技术的方式。虽然技术战略涵盖了以前研发组织的角色，但其内涵却因技术普遍会对价值链产生巨大的影响而更加广泛。技术变革对行业结构和竞争优势有着重大的影响，因此企业采取的技术战略也成了其整体竞争优势的一个重要组成部分。创新是攻击在市场上站稳脚跟、发展势头良好的竞争对手的一种重要方式。有关这方面的内容，我们将在第15章详述。然而，技术战略是整体竞争战略的一部分，必须与价值活动的其他选择一致，且需要得到这类决策的有力支持。假如没有经过产品业务知识培训的销售人员向买方解释产品的优势，生产过程没有严格的质量控制规定，或者其他方面的措施不当，那么旨在实现产品性能差异化的技术战略未必可行。

技术战略必须解决下列三大问题：

· 开发的技术是什么？

· 是否要在开发的技术领域内实现技术领导？

· 技术许可的作用是什么？

每个领域的决策都必须建立在技术战略如何能提升企业的可持续性竞争战略的基础上。

开发技术的选择

技术战略的核心是企业努力实现的竞争优势。要发展的技术应该是那些能对企业通用战略的实施做出最大贡献的技术，在权衡技术开发成功的可能性后表明该类技术的发展最可行。技术战略是使企业实施三大通用战略的强有力的手段。由于实施的通用战略的不同，技术战略的特征将有很大区别，具体如表 5–1 所示。

在许多企业中，研发项目更多出于科研利益的驱动，而不是考虑实施的竞争战略。如表 5–1 所示，企业的研发项目应该与实施的通用战略一致。成本先导者的研发工作应该包含一系列旨在降低占成本比例较高的所有价值活动成本项目的数目，通过价值工程降低产品设计成本的项目也在其中。对于成本先导者就产品性能开展的研发活动，其目标是与竞争对手分庭抗礼，研发的目标必须与企业的战略一致，不能不切实际地增加新功能。

表 5–1 还有一个重要的现象，即产品和工艺技术变革都能支持三大通用战略的实施。企业可能错误地认为工艺技术变革完全是以成本为导向的，而产品技术变革旨在提升差异化能力。第 3 章表明了产品技术在实现低成本过程中的重要作用，第 4 章描述了工艺技术的变化是差异化的关键（这是日本公司常用的策略）。

表 5-1 产品和工艺技术与通用战略

	成本领先	差异化	成本集中	差异化集中
产品技术变化	减少用料、降低生产难度、简化物流要求等降低成本的产品开发方式	提升产品质量、功能、交付能力或者转换成本的产品开发方式	满足特定细分市场需要，遵循够用原则的产品开发方式	为了满足特定细分市场的需要，超越大布局竞争对手实施的产品设计方式
工艺技术变化	以减少用料或者降低劳动力投入为目的的学习曲线的工艺改良 为了提升规模经济实施的工艺发展	支持高精度、更有效的质量控制、更可靠的排产计划、更快捷的订单处理等，以提升买方价值的工艺发展	为满足特定细分市场的需要调整价值链，从而降低服务于该细分市场成本的工艺发展	为满足特定细分市场的需要调整价值链，从而提升买方价值的工艺发展

企业的技术战略应该超越传统意义上的产品和工艺研发范围。技术在企业的整个价值链中起作用，而相对成本和差异化则是整个价值链作用的结果，因此系统检查企业的所有技术能够使人明确在哪些领域可以降低成本或者提升差异化效果。例如，在某些企业内部，信息系统部门对技术变化的影响要比研发部门对企业的技术变化影响更深。诸如交通、物料处理、通信和办公自动化等方面的重要技术需要特别关注。最后，所有技术领域的发展必须协调起来，保证彼此的一致，使企业充分利用其相辅相成的关系。

皇冠软木与封装公司就很好地证明了技术战略和竞争优势之间的关系。皇冠软木与封装公司重点选择消费品行业，提供罐装产品的同时，积极响应顾客的需要和请求，为其提供服务。皇冠很少或者根本没做基础研究，也没有开发全新的产品，其研发部门是为了及时解决特定的客户问题，并快速模仿成功的产品创新。

皇冠的研发方法紧密地跟进集中战略，其技术政策与美国制罐公司或者大陆罐装集团完全不同。美国制罐公司或者大陆罐装集团除了罐身，还提供广泛的包装产品。美国制罐公司和大陆罐装集团在基础原料和新产品的研究方面都投入颇多。

选择价值链上特定的技术进行重点发展，往往取决于技术变革和竞争优势之间的关联。企业应该专注于那些对成本或者差异化有强大的可持续性直接影响的技术以及那些满足本章开篇所述标准的技术。通过判断是否满足这些标准，可以使企业对能带来最大竞争利益的技术变化进行排序。提升技术的成本必须与其取得的利益以及实现这些利益的可能性进行权衡。

企业经常面临着在提升某项价值活动现有执行技术或者投资一种新技术之间进行选择。例如在炼铝业，企业可能会面临提升现有的霍尔-埃鲁法还是发展碳热还原法的抉择。技术有自己的生命周期，早期有了重大的进步后，日后的改进将逐渐变缓。这表明与改进成熟技术的努力对应的成效与成本权衡要低于发展新的技术，虽然继续发展成熟技术的成效和成本比例更加明确。

自我满足是一种非常危险的想法。认定技术发展是否已经成熟，要格外谨慎。虽然霍尔-埃鲁法早在 19 世纪就出现，但至今该技术依然取得了长足的发展。同理，自 1974 年以来，低速柴油发动机的用油效率取得了巨大的进步。柴油技术已经有 80 多年的历史，与汽油机相比，已经是公认的成熟技术，且在市场上也占据统治地位。能源价格的提升刺激了人们对用油效率的关注。用油效率技术的发展与材料科技、设备和电子产品的发展同步，从而提升了工艺控制的成效、发动机的耐热程度，让企业获得了更多好处。

正如上文所述，绝大多数产品和价值行为不是涉及一种技术，而是涉及多种技术或者分支领域。出现多种技术或者分支技术的综合使用，才能算作技术的成熟，单独某技术的子类发展不能认定为技术发展已经成熟。某项产品或者工艺涉及的技术子类发生了重大变化，就代表人们可以以全新的方式来组合这些技术子类，来创造新的产品或者工艺。上文所说的炼铝业和低速柴油发动机都说明了这一点。微电子是一项可以应用于多项技术发展的技术子类，其出现为诸多新型技术组合创造了条件，因而对很多行业都产生了巨大的影响。

因此，在选择对哪些技术进行投资时，企业必须在完全理解价值链中每一种重要的技术的基础上再进行决策，而不能单凭技术的发展或者使用年限来判断。如上文所述，有时候推动技术进步，只要努力和投入就行了。技术子类的进步可以改进现有的技术，但有时候也会出现提高传统技术徒劳无功的现象。面对这种情况，最好的办法是跳过这种技术。要企业舍弃自有技术，尤其是自已辛辛苦苦发展起来的技术，肯定不容易，但这是保持企业竞争优势的前提。

技术发展的选择不能局限于那些有机会发生技术飞跃的领域，价值活动中多种技术的稳步提升，包括那些与产品或者生产工艺无关的技术，也可以大力提升企业的竞争优势。此外，很多活动中连续的技术提升要比技术突破更具可持续性，因为树大招风，竞争对手往往会纷纷效仿突破性技术。日本企业的成功很少取决于技术飞跃，而是取决于贯穿价值链始终的技术进步。

技术领导与技术追随

企业应对的第二大技术战略问题是追求技术领导还是技术追随。技术领导的概念比较清晰，即企业试图引进支持自身通用战略的技术变革。那些没能实现技术领导的企业将成为技术追随者，包括那些完全不考虑技术变革的企业。技术追随是企业明确采取的有意识且积极的战略，即故意不成为首个创新的企业，本章将着重分析这一现象的原因。

虽然人们是通过产品或者工艺技术来看待技术领导地位的，但技术领导问题的内涵其实非常丰富。任一价值活动采用的技术都有可能确立技术领导地位。本章着重描述如何在率先开展价值活动的创新和等待其他企业开展创新之间做出战略选择。

不管是成为技术领导者还是追随者，都可以帮助企业实现低成本或者差异化战略。具体如表 5–2 所示。

表 5–2　技术领导和竞争优势

	技术领导	技术追随
成本优势	率先开展最低成本产品设计 成为首个完成学习曲线的企业 创造开展低成本价值活动的方式	通过学习技术领导者的经验来降低产品或者价值活动的成本 通过模仿节省研发成本
差异化	率先生产提升买方价值的独特产品 在其他活动中进行创新，提升买方价值	通过学习技术领导者的经验，按照更加符合买方需求的标准来改良产品或者交付系统

企业认为技术领导是实现差异化的主要手段，而技术追随是实现低成本的一种方法。假如技术领导者是首个采用低成本工艺

的企业，那么技术领导者也就成了低成本生产商。如果技术追随者能从技术领导者的错误中学习，按照买方的需求改变自身的产品技术，技术追随者就能够实现差异化。由于企业生产涉及多种技术，追求的竞争优势各不相同，因此在一个行业内往往会有众多技术领导者。

在重要技术方面是成为技术领导者还是技术追随者，取决于三个因素：

- 技术领导的可持续性：企业面对众多竞争对手时能保持自身的领导地位。
- 先发优势：企业率先采取某项技术获得的优势。
- 先发劣势：企业率先采取某种技术，而不是等待其他企业先行试用某种技术所面临的劣势。

上述三个因素互相作用，决定了企业针对技术的最佳决策。先发劣势可能会让企业对占据技术领导地位的想法望而却步，哪怕企业有保持技术领导地位的长效机制也无济于事。相反，先发优势可以将率先发展企业的技术领导地位转变成为可持续性的竞争优势。这种优势在企业丧失技术的领导地位后依然存在。先发优势和先发劣势往往在技术选择中出现得最多，而其对企业竞争优势的影响远远超越了技术战略本身。先发优势和先发劣势主要与时机转变成为竞争优势或者竞争劣势的方式有关，也与进入壁垒和移动壁垒有关。

技术领导的可持续性

假如技术领导具有可持续性，企业往往会倾向于实现技术领导：一来，竞争对手无法模仿技术；二来，比竞争对手更快地实现创新的企业能够赶超对手。技术具有传播作用，因此第二点就非常重要，要求技术领导者要与时俱进，设定动态的目标。柯达在业余摄影领域保持着领导地位，主要归功于其系列相机系统和胶卷显影剂等产品，后来还推出了转盘式照相机等。其取胜的策略是一系列技术，而不是在某项技术上独占鳌头。假如某项技术领导地位不能保持，那么只有在初期技术领先地位能够转化成为企业的先发优势时，企业追求技术领导地位才算值得，因为相比技术追随，技术领导的成本更高。

技术领导的可持续性取决于以下四个因素。

技术变化的源泉。技术领导地位的可持续性很大程度上取决于技术发展源自行业内部还是外部。技术变革绝大多数源于外部因素，包括供应商、买方，甚至是完全不相干的行业变化。在众多加工行业里，技术的关键来源是建设能够设计生产工艺和建立工厂的建筑工程企业。

如果技术变革的重要来源是行业外因素，则保持技术领导地位就会难上加难。技术变革的外部来源将企业获取技术实力的能力与其在研发活动上的花费区分开来，因为很多公司都有权进行外部发展。因此，外部的技术变革能够起到均衡各种企业的作用。为了保持技术领导地位的可持续性，应拥有将行业外部发展的技术应用于行业内的能力，而拥有外部关键技术来源的行业内技术领导者必须通过联合或者专有协议来充分利用其最佳的技术变革来源。

技术发展行为中存在（缺乏）可持续性的成本优势或差异化优势。假如企业具备开展技术发展的成本优势或者差异化优势，其技术领导地位往往更持久。第 3 章和第 4 章介绍的方法就能用来分析企业发展技术的相对成本和差异化。例如，规模经济或者技术发展的学习成效能给占据较高市场份额或者历史悠久的企业赋予研发活动的成本优势。当发展技术模型相对固定时，拥有较高市场份额的企业比低份额企业的研发活动成本更低。为了保持技术领导地位，占据较高市场份额的企业往往有能力在研发活动上花费更多，且不会招致成本型惩罚。大型涡轮发电机企业就出现了这样的情况。通用电气技术发展的绝对支出超过了西屋电气，但其研发活动支出占销售额的比率低于西屋电气，因此保持了重要的技术领导优势。提高行业内产品开发的成本也有利于高市场份额的企业。例如，随着一种新型除草剂的生产成本已超过 3 000 万美元，农业化学品产业中的领先企业的竞争优势正在扩大。

母公司内部相关业务单元之间互相依赖的关系会在很大程度上影响企业实施技术发展的相对成本或者成效。业务单元之间存在关联为技能的转移或者研发活动的成本共享创造了条件。第 9 章介绍了涉及研发活动的关联。技术领导者经常积极探索技术关联，利用相关技术来进入新业务领域，这些企业也常建立业务单元之间的研发活动的转移机制，在公司层面上投资对诸多业务单元有影响的核心技术。

创新周期的不同组成部分，包括基础研究、应用研究和发展，能够为企业在研发活动的成本支出方面赢得可持续性成本优势创造不同的机会。基本的产品创新与后续快速引进新型产品类型和吸纳新的功能等相比，其规模灵敏度更低。这是日本企业能压倒美国创新型企业的原因，后者无法在后续的产品改进中保持领先地位。很多成功的技术领导者没能把规模经济、企业学习或者研发活动中不同业务单元之间的关联所带来的利益转变为高额利润，却为了保持自己的技术领导地位重新投资。这些企业还会快速引入新的模式、利用研发活动的规模或者学习优势。比如，本田公司通过引入一系列新的产品类型加强了自己的竞争优势。

相关技术素质。拥有独特技术素质的企业，相比那些拥有类似研发人员、设备和管理人员的竞争对手更容易保持自身的技术领导地位。不管规模、学习或者业务单元之间关联的成效如何，技术素质都会影响技术投入的产出。技术素质是多种素质综合的结果——管理、公司文化、组织结构和系统、公司名声以及拥有的研发人员。比如，日本电气株式会社是日本工程专业毕业生的首选公司。该公司吸引大量优秀人才，包括优秀大学毕业生，不断强化其研发能力。

成功的技术领导者密切关注其研发素质的积累，这些企业不会在行业不景气或者利润缩水的时候裁减研发人员。它们还在特定的领域里寻求与顶级的科研中心建立业务联系，努力提升自己作为研究人员最佳工作地点的形象，进而推进自身的技术战略。

技术传播的速度。决定技术领导地位可持续性的最后一个重要因素是技术领导者传播技术的速度。假如竞争对手能够轻易复制企业开发的技术，即使在开展研发活动方面具备超凡的技术素质或者成本优势，也会因此被抵消。技术传播一直在进行中，尽管传播的速度要视具体的行业而定。企业技术领导者的技术传播机制举例如下：

- 竞争对手直接观察技术领导者的产品（逆向工程），了解其运行方法。
- 通过设备供应商或者其他供应商进行技术转移。

· 通过咨询师和行业杂志等行业观察者进行技术转移。

· 通过寻找其他合规供应渠道的买方进行技术转移。

· 人才流向竞争对手或者分拆企业。

· 技术领导型企业的研发人员提交的公共声明或发表的文章。

在基础产品开发和工艺创新阶段，技术传播的效果要大于其在日后对产品和工艺改良时的成效。产品和工艺改良往往是企业专有的行为，尤其是那些基于工艺提升的改良。由于日本企业重视不断开展工艺创新，它们往往要比那些率先采用这些工艺的欧洲企业具有更加持久的优势。

技术传播的速度是由行业本身决定的，企业对其传播速度有一定的控制权。比如，绝大多数拖车型住房生产商的技术能力通过审视其产品就可以了解。纸尿裤技术传播的速度比较慢，因为纸尿裤产品生产的关键就在于为产品量身定制的设备。延缓技术传播的因素如下：

· 企业技术和相关技术的专利。

· 行业机密。

· 在企业内部开展的原型和生产设备开发活动。

· 针对代表技术或者理解技术的关键零件实施垂直一体化。

· 留用人才的人事策略。

成功的企业领导者在努力减缓技术传播方面做出了卓绝的努力。他们到处向能够授予专利的单位申请专利，总是对侵权者发难。他们认定所有与外界人士或者企业的接触，都有可能戕害自身的专有知识。因此他们往往不会让人们参观工厂，即使买方来观察工厂，也不会告知他们关键的创新是什么。为了保护技术，技术领导者往往利用垂直一体化建立或者改进企业的自有设备，并在公开披露企业信息方面非常谨慎。显然，很多守口如瓶的企业就是技术领导者，包括杜邦、柯达、宝洁和米其林。

先发优势

当先发优势存在时，技术领导地位具有非凡的战略吸引力。拥有技术领导地位可以使企业将技术鸿沟转变成竞争优势，而技术鸿沟即使消失了，这类竞争优势也依然存在。先发优势取决于提升企业的地位、成本优势或者差异化优势的可持续性来源。一般而言，前期先发企业往往会获得在多个领域内界定竞争规则的机会。

最重要的先发优势，大体归结为首先进入某个地域范围或者率先开展某项技术活动本身取得的优势。

名誉。前期先发企业可以建立先行者或者领导者的威望，后来的追随者很难获得这种威望。技术领导可以让企业获得独一无二的竞争地位，确立长期领先的形象地位，而技术追随者们则无法获得这些利益。先行者往往也是首个服务买方，是确立与买方合作关系的企业，顾客对技术领导者的忠诚度，是技术追随者无法与之匹敌的。技术领导地位获得的名声优势取决于企业本身的可信度及其在营销方面的投资。小型企业缺乏向市场宣告自身独占鳌头的资源，因此无法通过先发行为自己提升声望。

抢先占据有利地位。前期先发企业可能会抢占很有吸引力的产品或者营销地位，迫使竞争对手采取次优的产品或者影响地位。史都华在冷冻美食方面占尽先机的例子就表明，前期先发企业有机会塑造产品定义并采用有利于自己的营销方式。前期先发企业还可以有针对性地集中生产力，组织竞争对手扩大自己的盈利能力。

转换成本。如果存在转换成本，前期先发企业就能保证在产业发展的情况下锁定后续的销售行为。在医院管理企业中，首先签下医院的企业在日后合同更新的时候拥有较大的优势，因为若改变管理风格，医院需要承担巨额成本。由于出现了新的监管者、引进了新的计算机系统和其他变化，转换可能引发对行业的破坏。

渠道选择。前期先发企业往往会获得新产品或者产品生产独特的渠道优势。它可以选择最佳的经纪公司、分销商或者零售商，而技术追随者要么接受次优选择、确立新渠道，要么说服前期先发企业的渠道商，改变或者分摊对技术领导企业的忠诚。

专有学习曲线。由于受到率先采取技术发展行动的影响，企业的价值活动中存在专有的学习曲线，那么前期先发企业就会获得成本优势或者差异化优势。前期先发企业占据受到影响的价值活动学习曲线的起始位置，如果实现了学习成果专有，就能确立可持续性的成本优势或者差异化优势。

设备、投入或者其他稀缺资源的获取优势。前期先发企业至少在获取投入要素或者其他资源方面拥有暂时的优势，因为早在市场力量体现出率先采取技术带来的影响前，企业就订立了资源采购合约，或者率先与那些迫切接受新订单的原材料供应商订立了优惠的采购合同。航空业中发生的情况就是一个例证。早期经济型航空公司获得了过剩的廉价飞机或低成本航站楼的机位，雇用了待业飞行员。当经济型航空公司的战略被竞争对手模仿时，市场力量最终会抬高这些投入要素的价格。

诸多采掘业的实例也证明了这一点。在偏远地区建立新矿和加工企业，提高了基础设施的成本，这些企业不得不承担更高的环境成本。这样一来，前期先发企业的成本就大大降低了。

标准的定义。前期先发企业能够界定技术或者其他活动的标准，迫使后来者采用这些标准，这些标准反过来也会加固企业的竞争地位。例如，美国无线电公司界定了彩电标准，这意味着竞争对手不得不开展美国无线电公司已经完成的学习活动，从而无法重新创立新的活动标准。

体制障碍。前期先发企业可能坐拥对抗竞争对手模仿的体制成本。前期先发企业可以获得专利，率先进入某个国家的企业能够享受政府的优惠政策。体制因素经常能够提升前期先发企业界定标准的能力。

初期利润。在某些行业里，前期先发企业有能力暂时享受先入行带来的高利润，可以先行与买方在某项产品较稀缺的情况下订立销售合约，也可以将技术出售给重视新技术的买方。

成功的技术领导者积极追求先发优势，而不是单纯依靠自有的技术优势。技术领导者抓紧每一次机会，利用技术领导地位按照有利于自己的方式来定义竞争规则。这些企业大力投资营销活动、巩固自己龙头老大的声望和利益，采用激进的定价策略与承担最高转换成本的买方达成销售协议。过去几十年来，前期先发企业往往就是市场的技术领导者，这种现象非常明显。比如，在消费品领域，Criso 起酥油、Ivory 沐浴液、Life Savers 糖果、可口可乐、金宝汤、箭牌、柯达、立顿和固特异等顶级品牌，早在 20 世纪 20 年代，就已经是行业领导者了。

先发优势可以被后来者的激进投资抵消，除非前期先发企业开展技术优势资本化的投资。Bowmar 电子计算器公司就碰到了这样的情况。小企业的创举往往经不住后来者的竞相模仿。这些企业失去了领先地位，不是因为没有先发优势，而是因为没有足够的资源来利用这些先发优势。在个人电脑产品领域 IBM 后来居上就证明，只要企业拥有足够的资源和业务单元的联系，就能赶超前期先发企业的优势。

如果市场上第一个前期先发企业没有足够的资源，具备资源和实力的先行者就能赢得前期先发企业的优势。在微型电脑领域，迪吉多电脑公司并不是首个推出微型电脑的公司，但其因大力生产发展这种产品而获得了多种先发优势。迪吉多大肆投资，通过扩大其生产线、尽快完成相关学习行为、增加销售人员来发挥先发优势。录像机行业也出现了这类情况，虽然是安派克斯公司率先推出了录像机，但是日本企业却大力投资提升技术，降低了产品的单位生产成本，进而将企业的技术领导地位转变成先发优势。

先发劣势

前期先发企业面临着利弊兼有的情况。先发劣势主要有两大来源，率先行动的成本以及条件变化带来的风险。

首创成本。前期先发企业往往要承担巨额的首创成本，具体包括下列各项：

· 获得当局监管的许可。

· 遵照现行规定。

· 培训买方。

· 发展服务设施和培训等领域的基础设施。

· 发展必要的投入来源，如原材料来源和新型机器设备。

· 投资互补产品的开发（见第 12 章）。

· 由于供给的缺乏或者需要的规模较小，早期投入成本很高。

首创成本主要取决于技术创新的类型，可以通过与友善的竞争对手共享成本的方式来降低首创成本（见第6章）。然而，前期先发企业不可避免要接受首创成本的存在。

需求不确定。前期先发企业承担着对未来需求不明确的风险。前期先发企业必须把生产能力摆在第一位，后来者可以依据最新的信息进行决策。前期先发企业的举动先于竞争对手，但需为此承担巨大的风险。美国无线电公司是首个进入彩电行业的公司，试图从率先使用新技术中获利。后来入行的企业学习了美国无线电公司的经验，知道了市场对于彩电的需求还得过几年才有，于是避免了过早入行，在买方需求不旺的几年时间里不赢利甚至遭受损失。

买方需求的变化。假如买方需求变化，前期先发企业的技术将不再有价值，其先发优势是否存在就更说不准了。如果买方需求改变，但前期先发企业却认同老一代的技术，那么前期先发企业的声誉优势就会下降。除非产生巨大的技术改变来满足买方需求，否则前期先发企业可以通过修正技术来保持自身的技术领先地位。

早期投资的技术无法升级或者要素成本发生了改变。假如率先投资于特定的技术，而这些技术很难被修正或升级，那么前期先发企业就处于先发劣势。例如，在半导体行业中，飞歌率先争取到大型自动化车间的领导地位。该企业实现了一个阶段的成功，而半导体芯片多种生产工艺的发展使得先前的投资失去了价值。同理，如果产品或工艺反映出要素成本或者要素质量发生了变化，前期先发企业也会处于劣势地位。

技术突变。前期先发企业有可能对当前的技术已做了投资，由于技术突变而处于先发劣势的地位。技术发生了巨变，导致前期先发企业措手不及。技术突变对于那些本不能承受高昂首创成本的企业追随者来说非常有利。当技术能够按照相对比较连贯的轨迹发展时，前期先发企业占尽先机就是一大优势。它可以将传统技术的精华用于新技术，率先开展学习，使企业在整个学习曲线中占据领先地位。

低成本模仿。前期先发企业在追随者众目睽睽之下行动，技术追随者有能力以低成本模仿先发企业的创新，而不用自行开展创新并为此付出高额成本。不过，追随者往往要承担模仿创新和改良的成本，这对前期先发企业反而有利。

技术许可

第三大类技术战略是指技术许可，这是与其他企业联合完成的一种形式。具备独特技术的企业往往会被问及授权的问题，被迫按照政府的规定进行技术许可。技术许可也是获得技术的一种方式。当技术成为竞争优势的重要来源时，有关技术许可的决定就变得异常重要。然而，很多企业因为技术许可决策错误，白白浪费了众多以技术为基础的竞争优势。

企业技术许可的时机

当技术是竞争优势的重要来源时，企业必须把颁发技术许可给其他企业作为特定情况下采取的风险措施。许可费用的金额几乎无法抵消经济优势的损失。然而，在特定的情况下，颁发许可证也具有一定的战略可取性。

没有利用技术的能力。当企业无法利用技术本身时，颁发许可证就是个可行的办法。这可能是因为企业缺乏建立持久地位的资源或者技能，在企业特定的业务单元中实施收获战略，而竞争对手在市场上确立的稳固地位根本无法撼动。在生物技术和电子领域发生的情况就表明了颁发许可证的首要动因，新成立的创新型企业缺乏将其创新成果商业化的能力。虽然该企业拥有可持续性资源，但它却因为竞争对手非常努力，或者因政府针对本地企业所有权的规定，以致无法获得基于新技术的较高的市场份额。美国标准品牌将其有关高果糖玉米糖浆技术（糖的替代物）以许可证形式授权给其他企业，就是这个原因。

当企业本身不能利用市场、无法颁发许可证时，就有可能激励竞争对手投资企业拥有的技术。最终某些竞争对手会成功，而企业只能获得较低的市场地位。通过颁发许可证，竞争对手会投资自有技术，花费更少，风险也更低。因此，企业颁发许可证不代表鼓励其他企业模仿，而是表示其有能力设定行业标准，并收取许可使用费，获得自身市场地位带来的利润。

进军其他市场。技术许可使企业从市场上获得本来不可得的收入。包括技术价值潜力巨大以及企业很少有机会驻足的行业，或者待开发的以及企业想要进军的国外市场。

快速标准化技术。技术许可会加快企业技术行业标准化的进程。假如几家企业正在推行这个技术，那么技术许可不仅能够推动技术的合法化进程，还能推动企业的长期发展。录像机中的VHS和Beta格式的先行者将这些技术到处授权给其他企业使用，推动其标准化，因为标准化对企业软件普及有重要意义。

不完善的行业结构。当行业结构不理想时，可以考虑技术许可。在这种情况下，企业最好能坐享技术许可费用，而不去为了争取回报不高的市场地位而做投资。企业在颁发许可时收取高昂的费用，此间议价能力越高，企业越会觉得颁发技术许可吸引人，而无须在业内获得很高的市场地位。

创造良好的竞争对手。技术许可也是产生高品质竞争对手的一个手段，这在刺激需求、阻止市场准入和共享首创成本方面起着重要的多重作用。美国电视制造商米罗华公司（Magnavox）将其视频游戏专利到处授权，鼓励竞争对手开发一系列产品。由于进入壁垒比较低，米罗华公司不太可能保持自己的持久领先地位。第6章将详细描述优质竞争对手存在的潜在利益以及确定这种竞争对手的方法。

互换技术许可。如AT&T（美国电话电报公司）和IBM，企业可以为了换取另一家企业的技术许可而给对方颁发许可证，但企业必须保证交易的公平性。

选择技术被许可方

企业只能向非竞争对手或者友好互利型竞争对手颁发技术许可。由于非竞争对手很有可能快速变成竞争对手，企业必须通过设定授予许可的条件或者确定非竞争对手不可能成为竞争对手来化解这种风险。为了确保潜在的许可接受方不是企业的竞争对手，企业不仅要考虑自己现在服务的市场或者细分市场，还要考虑将来准备进入的市场。通过将技术许可授予买方，内部消化买方的需求，就可以缩小竞争对手或者潜在竞争对手乘机占有的市场空间。

当企业将技术许可授予竞争对手的时候，应该选择有资质的竞争对手，不能滥用许可权。同样，当企业接受政府的许可时，也要遵循同样的原则。将许可颁发给非竞争对手时，理想的情况是企业把技术许可颁发给有资质成为友好互利型竞争对手的企业，只要这些企业决定加入，日后必能有所作为。同理，技术许可协议应该包含延期的条款，避免当接受许可的企业成为竞争对手时还要承担向其转移技术的义务。

授予许可的陷阱

有时候，企业授予许可证不仅不能巩固和提升自身的竞争地位，还有可能损害自身的竞争优势。许可授予有两大常见的陷阱：一是在这中间培养了更多的竞争对手，二是为了小额的许可使用费而出让自己的竞争优势。授予许可比较容易增加短期利润，但有可能导致长期利润的减损，因为授予其他企业技术许可，可能会抵消企业的竞争优势。

企业经常缺乏确定自身潜在竞争对手的能力，因此将技术授权给那些有可能反过来和自己对抗的企业。企业有可能将技术授权给外国企业，这些外国企业日后可能会进驻本土市场同自己竞争。同理，很多企业将技术授权给其他行业的企业使用，结果发现这些企业跨界进入本企业的业务领域，和自己成了对手。许可协议变质往往在一念之间。企业双方商谈建立长期双赢的联合，其间不经意就提到并促成了技术许可。但随着时间的推移，接受许可的一方不仅有许可方的技术，还学习了企业的价值活动。有了稳固的基础后，接受许可的一方决定攻击授予技术许可的企业，成为其真正的对手。广泛授予许可的很多亚洲企业就在技术许可授予方面弄巧成拙。

技术变革

技术变革在竞争中起着非常重要的作用。企业应预测技术变革的方向，借此提升自己的竞争地位，这一点极为重要。针对行业内部技术变革的研究已经超越了产品生命周期的概念。根据生命周期模型，在产品生命周期初期发生的技术变革主要集中于产品创新，这个时期的生产过程比较灵活。随着行业的成熟，产品设计的变化变得更加缓慢；随着批量生产技术的引入，产品创新随后被工艺创新取代，成为技术活动的主要方式，其主要目的是降低日益标准化产品的生产成本。最后，在生命周期的后期，所有创新变缓，当行业内不同技术的投资达到收益递减的临界点时，创新也会逐渐衰落。

阿伯内西和厄特巴克修正了产品生命周期理论。在他们的研究框架中，产品设计是流动性的，存在多种产品种类。产品创新是创新的主要模式，主要是为了提升产品的性能，而不是降低产品的成本。连续的产品创新最终会产生“主导设计”，达到产品配置的优化。当产品设计趋向稳定时，将采用日益自动化的生产方法，工艺创新逐渐取代产品创新成为降低成本的主要创新模式。最后，产品创新和工艺创新这两种方式开始放慢脚步。近来，“返生”（dematurity）概念被加入阿伯内西的模型，描述了主要的技术变革可以将行业退化成多变不定的状态。

虽然上述有关行业内技术变革的假设精确地描述了某些行业的工艺，但这种模式并不适用于所有行业。在产品差异化不明显的行业里（如矿业、化工产品行业），主导设计的产品创新并不按照顺序发生，或者迅速发生。在其他行业（例如军用和商用飞机行业、大型涡轮发电机行业），从未实现过自动化批量生产，绝大多数创新都是以产品为导向的。每个行业的技术变革都不同，这与不同行业具备不同特征的道理类似。技术变革的模式取决于行业特征互相作用的结果，必须结合整个行业结构变化来考虑。创新企业是对整个行业结构变化的回应，同时还能随时影响行业结构的变化。

行业内的技术变革源于多种力量的共同作用。

- 规模变化。当企业和行业规模增加时，新型产品和工艺技术就会变得可行。
- 学习。企业学习产品设计、开展不同价值活动的方法，对应不同的技术选择和变化。
- 减少未知因素和模仿行为。企业明确买方的需求、彼此模仿时，就会自然而然产生标准化的压力。
- 技术传播。诚如上文所述，技术传播将按照多种机制进行。
- 价值活动技术创新的回报变少。技术发展可能会遇到瓶颈，从此很难得到进一步提升。

当上述力量按照以下方式互相作用时，就会产生技术变革的产品生命周期模式。通过连续的产品创新和模仿，相应的产品特征因素在减少，也出现了主导设计。规模增大使得批量生产变得可行，而产品标准化也进一步凸显了这种可行性。技术传播降低了产品差异，使企业为保持成本领先地位不得不进行工艺创新。最后，工艺创新的回报降低，整体的创新活动随之减少。

技术创新或者其他模式的生命周期模式是否在特定的行业内发生，主要取决于以下这些对应的行业特征。

有形差异化的内在能力。产品可以实现有形差异化，如汽车或机床具备多种设计和功能。差异化程度较低的产品标准化速度较快，其他形式的技术行为占主导地位。

买方需求的细分。当买方需求差异较大时，企业的竞争对手会推出日益专业化的设计，来满足不同细分市场的需要。

规模和学习敏感度。行业技术规模、学习敏感度与行业规模的对比会影响标准化的压力。虽然买方需求可以细分化，但规模经济较高会产生标准化的压力，而规模经济较低会推动产品种类的增多，创造百花齐放的局面。

价值活动之间的技术关联。产品的技术和价值活动的技术通常是紧密联系的。改变产品的某一技术子类往往涉及其他技术子类的改变，而改变产品的工艺也会对入厂物流和出厂物流的生产过程造成影响。价值活动之间的技术关联表明了某一个行业的变化会影响其他行业的技术变革，或者反过来受其影响，进而影响整体技术变化的模式。

替代逻辑。替代（详见第 8 章）的压力是技术变革模式的重要决定因素。无论替代压力是源于成本领先优势还是差异化优势，是否具有威胁性，都会让企业加强对技术变革的重视。例如，纸尿裤一开始面临的挑战是将其成本控制在尿布和尿裤服务的成本范围内。很多早期的创新都体现在生产方法上。

技术局限。有些技术为降低成本或者提升性能提供了更多可能。在商用飞机和半导体这类产品中，产品创新举措的收益减少点出现较晚。价值链上技术和技术子类的局限会影响技术变化的轨迹。

技术来源。影响技术变革模式的最后一个行业特征是行业采用的技术来源。当行业特定的技术占据主导地位，且行业外技术来源较少时，技术变革的轨迹就比较容易预测。

可持续性技术变革与间断性技术变革的对比

根据技术变化是否具有可持续性的特点，不同行业的技术变革模式各不相同。当技术变化呈现连续性特征时，工艺更有可能由行业的参与者行为或者从这些参与者中分立出来的企业行为决定。技术的外部来源有可能是行业现有的供应商。

当技术变化呈现间断性特征时，技术来源更有可能是行业外的因素。全新的竞争对手或者新的供应商更有可能发挥重要的影响力。技术间断还会把技术创新的模式从行业成熟的状态中剥离出来，因为相比行业参与者中的研发部门，技术外部的来源对行业的情况反应更慢。

技术间断为企业的相对竞争地位变化提供了最大化机会。技术间断会抵消很多先发优势以及建立在传统技术基础上的移动壁垒。技术间断可能会要求价值链上整体的变化，而不是某个价值活动的变化。因此，某个阶段的技术间断使得市场地位更加多变，在此期间市场份额会经历较大的波动。

预测技术变革

企业可以使用这种框架来预测行业内发生技术变革的可能轨迹。在商用飞机领域，产品差异化比较明显。然而，产品设计的巨大规模经济限制了产品开发的种类。生产的灵活性表明，生产过程不再是持久产品创新的障碍。因此在飞机行业，我们可以预期持续的产品研发活动。生产过程的灵活使我们不断探索在高度自动化的行业内不太可能存在的新原料和零件。

理解了技术变革的可能模式后，企业就能够预测变化，率先行动，获得竞争优势。然而凡是涉及技术的地方，就会有未知的情况。未来技术变革存在诸多不确定因素，这是企业想要借助行业情景考虑自身战略选择的原因。我将在第 13 章详细讨论行业情景的情况。

制定技术战略

为了将技术转变为竞争武器，而不把它当成单纯的科研目标，必须理解本章提出的概念以及制定技术战略的分析步骤。

1. **确定价值活动中涉及的所有技术和技术子类**。每个价值活动都涉及一项或者多项技术，制定技术战略的起点是确定企业或者其竞争对手使用的技术和技术子类，无论这些技术看起来有多么微不足道。此外，企业必须深刻理解供应商和买方价值链所使用的技术，这些技术往往与企业自己所用的技术互相依赖。企业必须专注于产品技术或者在基本的生产操作中使用的技术，但它们往往忽略了其他价值活动的技术，忽略了发展技术所用的技术。

2. **确定其他行业或者正在发展的相关技术**。技术往往出现在行业外部，这类技术就成了技术突变和行业竞争混乱的来源。必须审视每个价值活动的情况，判断是否有可用的外部技术。应该彻底调查信息系统、新材料和电子产品的情况，这三者对创造新技术或以新的方式组合应用传统技术的过程将产生革命性作用。

3. **确定关键技术可能发生的变化轨迹**。企业必须评估每个价值活动、买方和供应商价值活动技术变化的方向，包括与行业无关的技术来源。不能轻易认定有些技术已经成熟，无须再发展。每一项子技术都有可能发生变化，技术成熟也有可能是技术创新懈怠的表现。

4. 确定哪些现有和潜在的技术变化对竞争优势和行业结构最重要。在价值活动中，并非所有技术都对竞争有重大意义。重大的技术变化需满足本章描述的四大测试标准。

· 企业本身创立了可持续性竞争优势。

· 向着对企业有利的方向，改变成本或者独特性驱动要素。

· 产生先发优势。

· 提升整体的行业结构。

企业必须分离这些技术，理解这些技术对成本、差异化或者行业结构的影响。供应商和买方技术往往对这些因素作用最大。重要的技术对成本或者差异化有重要影响，而技术领导地位则具有持久性。

5. 评估企业在重大技术上拥有的相对能力以及提升技术所需的成本。企业必须知道自身在关键技术上的相对实力，对自身赶超技术变革的能力进行符合实际的评估。自尊的考量不能影响这类评估，若某些技术对于提升企业的竞争优势帮助不大，企业在这方面的投入和资源就等于浪费。

6. 选择包括所有的重要技术、能增强企业总体竞争优势的技术战略。技术战略必须有助于提升企业正努力实现或者保持的竞争优势。那些能帮助企业保持领导地位的技术是对竞争优势最重要的技术，且满足这一条件：成本或者差异化驱动要素应有利于企业，技术能够转变成先发优势。正如上文所述，企业能够采取多种措施，通过投资其他行业活动的技术来加强竞争优势。

企业的技术战略应该包括下列各项：

· 研发项目的排名反映了其对竞争优势的重要意义。在没有明确其对成本或差异化的影响前，不可以批准任何项目。
· 在重大技术方面针对技术领导或者技术追随所做的选择。
· 提升企业整体竞争优势，而不是着眼于短期利益，或者迫于现实的压力制定的技术许可政策。
· 在必要的情况下，通过技术许可或者其他方式来获得外部技术。

7. 在公司层面强化业务单元的技术战略。当技术最终与各业务单元联系后，实施多元化的企业在加强自身的技术地位方面扮演两种关键角色。第一是辅助监控技术对业务单元可能产生的影响。公司集团可以有效地投资、确定并分析所有可能产生深刻影响的技术，并把这些信息传递给业务单元。公司在监控信息系统、办公自动化、工厂自动化、原材料和生物技术等方面发挥的作用往往很理想。

公司在技术战略方面发挥的第二大关键角色是寻找、利用并创造业务单元之间的技术联系。各业务单元如果能够利用自己与其他业务单元的技术关联，就能获得竞争优势，详情见本书第9章的描述。

下列在公司层面、行业或者集团部门采取的具体行为能够加强一个企业的总体技术地位。

· 确定有可能影响多个业务单元的核心技术。
· 确保开展积极合作性质的研究行动，使技术能够在不同业务部门之间转移。
· 为公司在重要技术上开展研究筹措资金、吸引人才、创建大量技术和知识。

- 用收购或者合资的方式向公司输入新的技术实力，并发展现有的技术。

06

竞争对手的选择

绝大多数企业认定竞争对手是一种威胁。人们过分关注竞争对手如何夺走自己的市场份额，因此从一开始就想办法阻止其进入行业。按照这种思路，竞争对手就是敌人，必先除之方能安心。人们认定市场份额越多越好，这个观点也得到了经验曲线支持者的大力提倡。

虽然竞争对手会带来威胁，但是对企业有利的竞争对手却能够加强而不会削弱自身在行业中的竞争地位。友好互利型竞争对手的存在具有众多战略目的：它能够提升企业的可持续性竞争优势，改善行业结构。与此对应，企业拥有一个或者众多友好互利型竞争对手是值得庆幸的事情，哪怕为此要牺牲一点儿市场份额也值得。企业所占的市场份额过大，往往要比市场份额过小更麻烦。企业必须集中精力剔除坏的竞争对手，同时保持自己与有利的竞争对手的相对地位。这些原则对技术领导者和追随者同样适用。

本章将描述企业理解不同竞争对手的方法，明确如何凭借影响竞争对手来提升自身的竞争优势，由此改善整体的行业结构。理解这些原理能够帮助企业确定哪些竞争对手值得对抗，避免与那些对企业自身的地位和行业结构有利的竞争对手较劲。本章开篇介绍竞争对手的存在给企业带来的潜在优势，然后描述企业辨别友好互利型竞争对手的方法，从而区分合格和不合格的竞争对手。在此基础上，本章还将探讨企业确定竞争对手的身份、避免在竞争的过程中侵蚀行业结构的方法。最后本章还从企业的角度讨论了在行业内优化竞争对手配置的决策。此外，本章还提出了在遵照竞争对手选择规则的基础上，与竞争对手打交道应该避免的陷阱。

竞争对手的存在不仅有利于竞争的开展，还对企业的发展有很多好处，但人们对这些利益的重视程度还不够。企业在面对竞争对手的时候绝不能自满，要不断努力增强竞争优势。可持续性竞争优势是唯一一种实现超凡品质的可靠方法。同时，企业必须明确要去攻击哪些竞争对手，以及各类竞争对手的存在如何影响行业结构。每个竞争对手都对企业实施的竞争战略有不同影响。

竞争对手的战略利益

适当的竞争对手绝对能为企业带来多种战略利益，主要包括四大类：提升竞争优势、改善当前的行业结构、推动市场发展和阻止其他企业的进入。具体实现哪些优势要依据行业和企业实施的战略而定。

提升竞争优势

竞争对手的存在能推动企业提升自己的竞争优势。具体的运作机制和行业特征如下。

吸收需求波动。竞争对手可以吸纳因产品周期、季节性或者其他原因导致的需求波动情况，帮助企业更加充分地利用自己的产能。拥有这样的竞争对手，相当于能够控制产能利用成本驱动要素（见第3章）。行业领导者的市场份额在经济不景气的时候上升，在经济繁荣时下降，就体现了这一点。经济繁荣时，由于行业领导企业不能或者不愿满足特定的需要而出现生产力不足的情况，企业就能因此获得竞争优势。在经济下行期间，市场领导者因受到买方的青睐，且有直接的货源，所以能扩展市场份额。企业允许竞争对手来吸收需求的波动，往往对于企业保持整体实力来满足整个生产周期市场上的需求有很大帮助。但是企业必须确保自身在行业内的总体产能可以满足主要买方的需求，同时避免吸引过多的后来者入市；此外，企业还要有足够的产能盈余来控制产品在市场上的价格。

提升差异化的能力。竞争对手作为行业新增价值的参照，能提升企业开展差异化的能力。没有了竞争对手，买方要审视企业创造的价值就更难了，而其价格或者服务的敏感度就更高了。结果买方可能更卖力地砍价，对服务或者产品的质量要求更高。竞争对手的产品成了买方衡量企业的相对表现的标准，这能让企业更清楚地展示自身的优越性，或降低差异化成本。由此，竞争对手可以发出企业产品价值的信号（第4章）。比如在消费品行业，同类产品多个品牌的存在可以使品牌产品在某些情况下保持更高的利润率。竞争对手作为标尺，其好处就在于能让买方看清企业产品与其他同类产品的区别，真正实现企业的差异化。有了标准，就不会出现企业漫天要价的情况。

竞争对手可以提升差异化的另一种相关情况是，某个行业内某企业鹤立鸡群。在没有竞争对手的情况下，企业即使创造了高价值的产品，其定价也不能高出标准质量的产品很多。据报道，IBM很难对其管理信息系统软件开发业务收取高价，直到几大会计师事务所推出高出市场价更多的产品，情况才有改观。美国几大会计师事务所的威望很高，其高价产品让买方更容易接受IBM向独立软件公司的要价。

在那些还没有订立产品质量和服务标准的行业里，有了比较的标准，其意义就更加重要。面对这样的情况，企业可以对一系列成本和质量进行权衡。在没发生差异化的情况下，买方往往对价格比较敏感。这样的行业里，买方若没有明确的比较标准，就会不断要求提升产品和服务质量，这就会让企业面临利润大幅下滑的压力。

服务于不看好的细分市场。在那些不被本企业看好的行业领域，企业的竞争对手可能更乐意参与其中。如果没有竞争对手的存在，企业为了获得足够的细分市场或自我防御，可能不得不涉足这样的行业。缺乏吸引力的细分市场主要指满足下列条件的领域：企业的服务成本过高，企业的议价能力和价格敏感度以及企业的竞争地位不具可持续性；企业参与这些不被看好的细分市场的竞争，会损害其在游刃有余的细分市场中的地位。第 7 章提出的概念可以用来确定与战略意义相关的细分市场及其战略吸引力。

企业如果针对生产线上的某个项目很难实现差异化，也很难获得可观的回报，就足以证明竞争对手对企业的价值。这个例子很常见。如果买方一定要购买这些项目，就得寻找相关项目的供应商，这些供应商指望在出售整条生产线的过程中赢得竞争优势。若有竞争对手能供应这些产品，那么其对企业的威胁程度将远远小于买方找到全新的供应商所带来的威胁。好的竞争对手在这种情境下发挥作用的关键是，行业对企业与对手企业的产品需求是相关的。

特定的买方群体对价格敏感，具有议价能力，这种情况也与竞争对手对企业的价值有关。若行业里不存在竞争对手，则企业将被迫为了自我防御而向那些并不特别理想的买方提供服务，这样才能避免让具有杀伤力的竞争对手加入并获得收益（见第 14 章）。像西尔斯这样的大型经销商，由于规模大，竞争战略注重低成本而不是差异化，因而要比小型的连锁店更强大，对价格更加敏感。企业服务于大型的经销商获得的回报要比服务于小型连锁店的回报更低。除非企业在不看好的领域内竞争，服务的买方数量不断增加，足够支撑起整体的竞争地位，否则企业的盈利能力将大大降低。然而，企业在业内如果没有比较可靠的对手服务这些入不了企业“法眼”的买家（比如上面提到的大型商场），就会让一些杀气腾腾的新手企业有机可乘。

政府采购行业中的典型情况说明，服务某个细分市场会影响企业服务其他细分市场的表现。向政府机构出售产品要走封闭投标程序，最终价格要接受公众的监督。因此，服务政府的价格就会被那些本身对价格不敏感的专业买方获知，企业要想和这类买方以有利于自己的价格成交就很难了。如果企业有可靠的竞争者来应对政府采购商，情况就会好很多。使竞争对手服务于特定的细分市场，企业就不会因在某个细分市场的供应产品不够水准而影响其在其他细分市场的供应和服务信誉，这样做也有利于企业。

竞争对手如果能在企业吃不消的某个细分市场服务买方，那么企业也能从中获利。如果企业因为法律原因不能对不同的买方实施不同的标价，借此来体现服务成本的差异（如《罗宾逊－帕特曼法》的颁布），或者由于买方之间的再销售行为不允许差异定价，那么可靠的竞争对手就能帮助企业以更低廉的价格或者更低的利润标准来服务高成本顾客，这样一来，企业本身的利润就能增加。

当然，要在某个细分市场允许竞争对手存在，得确定该细分市场对企业而言是否的确无利可图。有时候，有些看似无利可图的市场，是定价不合理或者服务方式不正确造成的。碰到这类情况，企业最好独自应对这个细分市场，不要轻易让竞争对手进入。有关不合理定价风险的内容，请参阅第 3 章。

提供成本保护伞。高成本竞争者有时候会有成本保护伞的作用，能提升低成本企业的盈利能力。行业领导者为行业追随者提供了成本保护伞，这是人们普遍认同的看法。在某些行业中也的确如此。其实，市场价格通常是在稳定上升的行业中由高成本竞争者的成本地位决定的。对于这一点，很多人往往会忽略。如果高成本竞争者在产品成本水平附近定价，则低成本竞争者就能从同样的标价中获得不少利润。但是，如果市场上缺了这个高成本的竞争者，买方对价格的敏感度就会上升，因为买方在定价的时候注意到了更大的溢价空间。买方（包括零售商）希望在市场上找到第二家甚至第三家供应商，高成本竞争者提供的成本保护伞在这种情况下才更有价值，因为这就等于把一大部分业务拱手让给高成本竞争者。

高成本竞争者定价的风险是，这样的价格会吸引新企业进入。为了成功实施企业的战略，必须设定一定的准入障碍。高成本竞争者要有足够的营业额保证自己的可靠性，避免吸引那些不够格的竞争者进入。

利用员工或者监管者提升议价能力。若价格谈判从某种程度上来说涉及整个行业，竞争对手的存在将大大提升企业与员工和政府监管者的议价能力。行业领导者在面对行会谈判时，经常会被迫放宽有关产品质量、污染控制等方面的标准。行业内存在的竞争者的盈利能力较低，但资本化程度不高或者定位本身不稳，对企业产品的市场需求影响不大。

降低反垄断的风险。对于降低反垄断的检查和指控来说，存在可靠的竞争者是必要的。柯达公司和IBM就曾屡次面临反垄断指控，消耗了管理人员大量的时间和精力，使其不能专心于业务的经营。即使政府反垄断指控概率不高，但由于企业拥有的市场份额过高，所以每次采取重大行动时，包括引进新产品、技术许可或者价格变化，都有可能引发个人诉讼。诉讼的风险会导致占据高市场份额的企业在决策过程中有意无意提高戒备心理，唯恐损害自己的竞争优势，而拥有靠谱的竞争者就能大大改善这种情况。

增加企业前进的动力。竞争对手存在的重要作用在于它们是推动企业前进的重要激励者。可靠的竞争对手能够激励企业降低成本、提升产品质量、追赶技术变化潮流。竞争对手的存在让企业员工上下一心，意识到实现共同目标的重大意义。竞争对手的存在，在企业组织内部起到巨大的威慑作用。例如施乐公司就受益于复印机生产商对手的推进作用。经过几年的较量后，施乐公司在绩效与成本无关的领域内大幅提升了自身的制造成本地位，开发新产品的步伐也在大大加快。拥有垄断或者近似垄断历史的企业往往让人们看到，身为市场领导者自满的下场：安于现状、无法及时应对市场变化，最终就会失败。

改善当前的产业结构

拥有竞争对手可以从多个方面改善整体的行业结构。

提升行业需求。竞争对手的存在，能够提升整体的行业需求，并进而提升企业的销售额。比如，行业广告能提升市场对产品的需求，竞争对手的广告也能提升企业的销售量。市场追随者由于规模过小，无法获得规模经济，因此它们在广告上的投入往往与自身规模不成比例。企业和竞争对手定期推出新产品，这就能提升行业的总体吸引力，加强消费者对行业的意识，增加需求。最后，竞争对手入行有时候能够增强产品的可信度。比如 IBM 进入市场后，人们对个人电脑的认识大大加深。

竞争对手能够在行业的生产线包括互补产品的领域里提升行业需求，比如照相机和胶卷、剃须刀和刀片、实验设备和耗材供应商等。在某个产品上独领风骚的企业会因为一个或者多个竞争对手出售互补产品而受益。例如，柯达许可相机技术，促成多个竞争对手出售相机，刺激柯达专用胶卷的销售额。这一战略的基础是竞争对手有能力通过集体营销行为提升市场对互补产品的基本需求。当企业很难就互补商品赢得足够回报，因此不强求自己满足所有细分领域的需求时，这个战略才有效。

提供第二或者第三货源。在很多行业中，尤其是涉及重要原材料或其他重要投入要素的行业里，买方会为了降低供应中断风险或抵消供应商的议价能力，希望获得第二或者第三货源。这种买方行为常见于涡轮发电机、金属罐、白糖和化学品等行业。作为第二或者第三货源，友好互利型竞争对手的存在能够减缓企业的压力。防止买方把那些更有威胁性的竞争者引入市场，还能延迟或者减缓买方开展后向一体化的风险。

京瓷公司是京瓷株式会社在美国的分公司，它就曾面临缺乏适当的竞争对手而无法在半导体供应行业内发展的境况。由于半导体芯片的陶瓷片在市场中占据领先地位，所以美国半导体公司一直在努力寻找新的供应渠道，大力投资帮助新的供应商进入。如果有竞争对手存在，京瓷公司就不会如此被动，受制于买方的介入行为，在定价方面也就能避免不必要的挑剔。

上述例子主要是针对工业产品，其实消费品行业也存在这种情况。零售商往往代理多个品牌产品的销售，不愿专门服务于某一家生产商。有了良好的竞争对手，能降低零售商帮助其他企业的概率，避免它们通过更有利的货架位置、大量销售和其他支持措施来进入行业。

加强行业结构理想因素的力量。好的竞争对手能够促进行业结构的改善或者推动提升行业吸引力的结构性变革。例如，强调产品质量、耐用性和服务的竞争对手能够减少买方的价格灵敏度，缓和行业内同类企业之间的价格对抗。竞争对手大量投资广告业务，会加速行业向少数大品牌统领市场的结构转变，提高市场进入门槛。相反，竞争对手不够强，就会在企业追求竞争优势的过程中损害行业结构。比如对于婴儿食品行业，在20世纪70年代中期比奇纳特公司被施贵宝收购前，曾经通过高水准的广告宣传、频繁的产品介绍和稳定的价格等措施使婴儿食品的行业结构趋向合理，而亨氏却用低成本低价策略妄图赶超美国嘉宝公司。施贵宝对比奇纳特的收购也改变了比奇纳特的目标和策略，使其成为一个糟糕的竞争对手。

推动市场发展

竞争对手可以在新的产品或工艺技术演变的行业里帮助企业开发市场。

共享市场开发的成本。竞争对手可以和企业共同分担开发新产品或者技术市场的成本。市场开发常涉及吸引新顾客的试用成本，与替代产品抢占市场的成本（见第8章），法律操作成本，以及推动独立维修机构等基础设施发展的成本。此外，还需要企业支付研发活动的花费来完善基础技术，克服买方面临的潜在的转换成本，开发安装程序，提供能推而广之的服务。竞争对手还可以降低企业市场发展的成本，尤其当竞争对手在市场开发方面的投入与自身的销售额不成比例，或者企业试图开发的市场存在典型的行业问题时，更是如此。

降低买方风险。就算买方没有主观愿望去追求替代货源，新市场（或者新技术）也需要竞争对手的存在来提供替代的供应来源。如果只有一两家企业生产某种新产品，买方往往不愿意购买，特别是在转换成本高或者供应商无法提供符合标准的服务或者歇业的情况下，买方就会处于很被动的境地。

帮助推动技术标准化或者合法化。竞争对手与企业使用的技术相同，能够推动技术合法化或者标准化的进程。如果某项技术只有一家企业的支持，买方就会不愿意接受这样的技术标准，它们会耐心等待技术工艺发展成熟才出手购买。面对此景，如果信誉良好的竞争对手也在推动这项技术的应用，与企业共享营销的成本，就能降低买方对新技术的抵触心理。录像机中的 VHS 和 Beta 格式被授权给其他顶级企业就是一个很好的例子。使用相同技术的竞争对手还会加速企业获得政府许可或者其他标准组织的技术使用许可的过程。

提升行业的形象。恰当的竞争对手能够提升行业的形象。在其他业务领域发展成熟、闻名天下的竞争对手进入企业所在的行业，既证明了行业的合理性，也给市场发出信号，说明企业能够兑现自己的承诺。

在市场开发过程中拥有竞争对手，其带来的利益是暂时的；在行业发展过程中，企业在新兴行业的出现和增长阶段中得到的好处会更多。在行业发展的初期，拥有多个竞争对手具有的战略利益最多，之后理想的竞争对手数目应该逐渐减少。

阻止进入

竞争对手在延迟进入或者提升企业竞争优势的可持续性方面发挥着核心的作用。合适的竞争对手能够在多方面推进防御战略的开展（见第 14 章）。

增加报复的概率和强度。竞争对手的存在有可能使潜在的新进入者更有可能发生报复行为，并提升报复的严厉程度。竞争对手还可以成为抵御新进入者的第一道防线，它们主要使用降价等战略来击垮新进入者。而占有大量市场份额的企业却难以承受降价战略，因为这会大大减少这类企业的收入。另外，如果市场准入者面临着很多竞争对手，它就会对这个行业望而却步。面对某个实施集中战略、在市场上一统天下的企业，新进入者可能更愿意行动。占据领导地位的企业在服务某些行业时，有着非常复杂的动机。因为在这些细分市场，它们更有可能遭受实施集中战略的新企业的攻击。

竞争对手本身不会阻碍其他新进入者，但是如果这类竞争者本身实力太差，就会吸引新进入者进入行业，而新进入者也未必会直接攻击市场领导者。

表明成功进入的难度。竞争对手可以证明在竞争中成功击败企业非常困难，且追随者的利润并不可观。宝洁公司的福爵咖啡牌市场份额增幅有限，就很好地证明了这一点：要与美国通用食品公司的麦斯威尔咖啡争夺市场，就需要付出惨重的代价。如果没有竞争对手，后来进入市场的企业会低估市场进入壁垒以及市场领导者的竞争力。

封锁合理进入的途径。竞争对手可以占据那些进入行业的逻辑要塞，避免后来者插足。在起重机车行业，将小型起重机出售给小规模的买方就是行业进入的逻辑渠道。小型起重机对服务的要求较少，而小型买方面临的变更供应商的转换成本也较低，因为这类买方只买一辆起重机，不会有车队面临的通用性问题。所以，这类产品细分市场的进入壁垒要比其他细分市场的进入壁垒低。在本例中，这个细分行业的利润率不高使得很多美国生产商选择了忽略不计。对美国起重机生产商而言，遗憾的一点是没有可靠的美国竞争对手来阻挡行业进入门槛，因而日本生产商成功地利用该细分市场作为进入美国市场的通道。虽然可能有行业领导者服务于该细分市场，但是如果该细分市场相比核心业务结构吸引力不强，市场领导者就会把这个细分领域转给竞争对手去做，反而能获得更高的利润（详见第 7 章）。

竞争对手还可以填补产品空缺，这些市场空白有可能对领导企业来说微不足道，或者与企业具有混合动机的领域有关联。市场上存在的竞争对手，可以填补这些产品空缺，这就增加了潜在新进入者入行的难度。因为它们的产品并非首创，而是与竞争对手类似，所以它们并没有得天独厚的条件，也不能借助产品独特性进行扩张。买方往往追求第二家甚至第三家供应商，这就为竞争对手开辟了入行的道路。由友好互利型竞争对手来填补这些空白，能有效阻止市场新人与企业争夺地盘。

占领销售渠道。企业一旦拥有竞争对手，分销商或零售商就能代售多个品牌的产品，新进入的企业获取销售渠道就会比较难。如果行业里只有一两家企业，则分销商就会极力吸引新的竞争对手来降低市场领导企业的议价能力或推动自有商品的供应。竞争对手的存在使渠道商早已有了充分的品牌系列或组合，新进入企业就要承担更高的渠道商获取成本。

如果没有可靠的竞争对手来满足自有品牌市场的需要，市场领导企业最好能够提供自有商品作为抵御手段。话虽如此，但很多市场领导者往往会避免自有品牌业务，原因是这些企业认定自有品牌会降低自身品牌商品的地位，电视机行业里的美国无线电公司和Zenith电视机工厂两个品牌就属于这种情况。由于西尔斯本身无法从美国无线电公司、Zenith电视机工厂或者其他有资质的美国生产商那里获得高水准的、可靠的自有电视机，它就积极鼓励日本企业进入美国的彩电市场。

友好互利型竞争对手的素质

并非所有的竞争对手都有同样的优点或缺点。友好互利型竞争对手能够按照上述方式帮助企业，同时不会对企业构成长期威胁。友好互利型竞争对手能给企业带来危机感，还能和企业共创稳定和赢利的行业平衡，而不会让企业陷入漫长的拉锯战。糟糕的竞争对手大体上却有着与之相反的特征。

没有哪个竞争对手能满足友好互利型竞争对手具备的所有检验标准。竞争企业往往兼具优秀和低劣的竞争对手的特征。据此，有些管理者认定，根本就不存在所谓的友好互利型竞争对手。这种观点忽略了一些竞争对手要优于其他竞争对手的事实，也没能说明不同的竞争对手对企业的竞争地位产生的不同影响。从实践角度来看，企业必须理解其竞争对手在整个行业竞争中所处的位置，并据此采取相应的行动。

友好互利型竞争对手的检验标准

友好互利型竞争对手有很多特征。由于竞争企业的目标、战略和能力并不是静态的，因而评估竞争对手的好坏标准也要随之改变。

诚信可靠。友好互利型竞争对手有充分的资源和能力，激励企业降低成本、提升差异化效果，并与企业共同取信于买方。除非竞争对手具有必要的资源，能够长期作为可靠的竞争企业，且买方认定这样的企业能够替代原有的供应商，否则竞争对手无法作为比较的参照，也无法推进市场的开发。友好互利型竞争对手的诚信可靠对于其阻挡新进入者至关重要。竞争对手必须拥有充分的资源来实施报复，让新进入者感受到威胁。如果买方打算寻找新的供应源，竞争对手就代表了一个可接受的替代选择。最后，竞争对手必须足够强大，督促企业不能自满。

对自身弱点有清醒的认识。虽然诚信可靠是重要的标准，但相较于企业，友好互利型竞争对手有着明显的弱点。在理想状况下，友好互利型竞争对手认为自己的缺点很难改变。竞争对手没必要处处示弱，但至少得有一些明显的弱点。这样一来人们就认定，竞争对手不可能会在企业感兴趣的行业里与企业展开较量，即使有这样的想法，也纯粹是痴心妄想。

理解规则。友好互利型竞争对手能理解并按照行业的竞争规则办事，能够明白并解读市场信号。友好互利型竞争对手能够推动市场开发，并提升现有的技术水平，而不是尝试涉及技术或者竞争中断临时启动的战略，从而赢得竞争地位。

设想现实。友好互利型竞争对手对行业及企业的相对地位有着比较现实的设想。它不会过高估计行业的增长潜力，也不过分扩大生产规模；当然它也不会忽略投资，不会给新进入者机会。友好互利型竞争对手不会过高估计自己的能力，即使要获得市场份额，也不会挑起与企业的竞争，更不会因为低估自己的实力而不敢与新进入者叫板。

了解成本。友好互利型竞争对手明白付出的成本，并依此定价。它不会傻兮兮地交叉补贴生产线或者低估管理费用。在上述讨论中，呆瓜式竞争对手不可能成为友好互利型竞争对手。

优化产业结构的战略。友好互利型竞争对手能够保护并加强行业结构中的合理因素。例如，其战略能升级行业的进入壁垒，强调质量和差异化，而不是靠降价或者借助销售方法的性质来降低买方对价格的敏感性。

具有本质上比较局限的战略理念。友好互利型竞争对手的战略观念本身限制在企业不感兴趣的某个细分市场或者行业内，而竞争对手这样做却有充分的战略理由。例如，按照超凡质量实施集中战略的竞争对手如果扩大自己的市场份额，就能成为一个有利的竞争对手。

拥有适中的退出壁垒。一个适中的友好互利型竞争对手的退出壁垒非常重要，这个适中的壁垒足以使其遏制后来者插足，但又不至于将竞争对手局限在行业内。较高的退出壁垒会产生这样一种风险：如果竞争对手遇到战略困难，它将扰乱行业的秩序，而不是退出。

可协调的目标。友好互利型竞争对手拥有与企业可以协调的目标。友好互利型竞争对手满足于使企业获得高利润的市场定位，这往往体现了友好互利型竞争对手的一项或者多项特征。

在产业中拥有适中的战略利益。友好互利型竞争对手不会为取得市场的统领位置或者快速增长而投入过多。这样的企业认定，要在行业中长期立足，利润一般就可以，不能一味主张改善自身和其他对手的关系，以获得更重要的战略地位或者心理优势。糟糕的竞争对手却认定，行业地位是公司广泛目标的核心。例如，若认定外国竞争对手进入市场就是抢占自己的战略市场，有这种想法的企业就不可能是友好互利型竞争对手。它过分地看重行业地位，反而无法理解游戏规则。

具备可比较的投资回报率目标。友好互利型竞争对手试图获得可观的投资回报，但不会过分看重获得的税收收益、雇用家族成员、提供就业机会、赢得外汇（很多政府所有的企业就属于这种情况）、为上游产品提供销售渠道或者其他利润较小的目标。利润目标和谐的竞争者不太可能为了打败对手企业打价格战或鲁莽地做大量投资。目标的差异使得麦克唐纳–道格拉斯公司比国有航空公司更适合作为波音公司的竞争对手。

接受当前的盈利能力。友好互利型竞争对手在努力获得可观的利润时，对其当前的回报感到满意，知道勉强提高回报率不太可行。在理想状况下，竞争对手认可在双方共同服务的细分市场中获得比企业稍低一点儿的回报率。这样一来，竞争企业不会为了提升自己的相对盈利能力而扰乱行业的平衡，而这类企业在有了保底的回报后，还会阻止新竞争对手进入。

希望产生更多的现金。友好互利型竞争对手努力为其股东或者母公司创造更多的利润，与此同时不会凭借新扩张的生产能力或者对主要生产线进行彻底检修而破坏产业平衡。然而，友好互利型竞争对手懂得见好就收，不会过分追求行业地位带来的全部好处，因为这样做会提升企业对这类竞争对手的戒备，影响其可信度。

走一步算一步。友好互利型竞争对手不会为了发动一场争夺企业竞争地位且旷日持久的战争而步步为营。

规避风险。友好互利型竞争对手担心风险因素，满足于当前的行业地位，不会冒险去改变。

多元化经营企业的一些业务领域，如果对企业的长期战略不起核心作用，往往就是可靠的竞争对手。这些部门往往奉命实现严格的赢利目标，并获得足量的现金。而那些着力扩大业务的部门往往是企业比较低劣的竞争对手。施贵宝收购了比奇纳特的婴儿食品业务，当时人们认定比奇纳特有比较好的增长潜力。这使得比奇纳特采取的部分措施失效，还进一步损害了行业利益。

强大的竞争企业如果目标和战略定位准确，也可以成为企业合适的竞争对手，前提是这类企业的目标和战略定位使得企业与之能和平共处。如此看来，拥有明显的劣势未必是竞争对手的必要条件。但是若企业拥有长远的发展目标、不需要过多的短期现金流支持，或者企业愿意冒险改变行业地位，那么这类企业就不可能成为其他企业的友好互利型竞争对手，不管它是否拥有很强的实力，从保持稳定的行业平衡关系来看就不够资格。

有时候，竞争对手是企业可靠的劲敌，但企业对它们而言却不是。一个竞争对手可能遵循游戏规则，但另一方可能只顾自身利益。当企业之间是共赢的竞争关系时，行业会更加稳定。共赢的竞争关系出现在某企业服务的细分市场，其他企业并不感兴趣。共赢的竞争对手之间能够通过共同发展来保存各自的实力，同时按照各自内在的标准，实现自己的竞争优势。

卓越的市场领导者

适合企业的竞争对手的检验标准为我们从市场追随者的角度理解卓越的市场领导者应具备哪些素质提供了参照。假如企业并不具备在所处行业中成为领导者的实力，其成功在很大程度上取决于选择具有卓越领导者品质的行业。从追随者的角度来看，卓越的领导者所具备的最重要的素质是市场领导者的目标和战略能够为追随者提供获得客观利润的保护伞。例如，企业拥有高投资回报的目标，关注“行业的健康发展”，实施基于差异化的战略，由于多种原因不愿意投入特定的行业细分领域，这样就能为市场追随者提供在比较稳定的行业环境中获得较好回报的机会。相反，若市场领导者无法理解市场追随者的利益，满足于获得低利润，实施的战略破坏了市场结构，就不太有可能为市场追随者提供可靠的环境。例如，在买方实力强大、对价格敏感的行业中，市场领导者若采用低价和率先完成学习活动的战略，就会破坏市场追随者甚至自身所处的行业。

分析判断友好互利型竞争对手

分析判断某个对手是否是友好互利型竞争对手需要完整的竞争对手分析。竞争对手的目标、看法、战略和能力都在某种程度上决定了其能否成为某个企业优秀或者低劣的对手。既然没有哪个企业能完全满足友好互利型竞争对手的条件，那么我们有必要确定企业优秀的品质是否超越了有可能影响行业结构或者企业竞争地位的不利特征。

要权衡企业特征，评判其是优秀、低劣或是一般的竞争对手，有很多个例证可供我们参考。在计算机行业中，克雷研究公司看起来是 IBM 很不错的竞争对手，而富士通则是个低劣的对手。克雷研究公司是个可靠的对手，它集中精力服务于特定的细分市场并按照规则办事，该企业循规蹈矩，不会自不量力，也不抱希望赶超 IBM。富士通则不然，它花大力气要赶超 IBM，试图占据赢利标准较低的市场，通过实施可能损坏 IBM 差异化战略的战略来破坏现有的行业结构。

在复印机行业，柯达是施乐公司较好的竞争对手。柯达集中精力服务于大容量复印机的市场，强调质量和服务。虽然柯达的确从施乐公司手里拿走了一部分市场份额，但是由于柯达拥有较高的回报率目标，且遵循与施乐公司一样的行业规则。因此，柯达公司一直在督促施乐公司提升自身复印机的质量。此外，柯达公司看似也没把复印机当成办公自动化的关键，从而为低利润开脱责任，它还是认为这是一个有利可图的行业，并且一切都可以自己掌控。

而在化肥行业里，经证明石油公司是一类对自己很不利的竞争对手。它们有多余的现金去投资，总在寻找能够赢得更多市场份额的广阔市场，从而改善自身的财务报表。大部分石油企业不会强调研发活动和客户服务，而是打价格战，这加速了行业的商业化速度。这类企业缺乏预测能力，往往在商业周期的鼎盛时期建立新工厂，而不在低谷期收购有利的生产设施，这表明它们往往会制造或者恶化生产能力过剩的情况。

CT（计算机断层扫描）扫描仪行业的竞争情况表明了追随者能理解优秀的市场领导者给自身带来的利益。以色列的埃尔森公司市场排名处于第二、三的地位，通用电气则是行业的领导者，而埃尔森公司也曾公开表示不会超越通用电气。埃尔森公司认定通用电气是很好的市场领导者，因为通用电气价格高，其服务和声誉确立了自身差异化战略的基础，且大力投资教育并开发市场。可口可乐公司也是历史上著名的卓越市场领导者。可口可乐从不采取价格竞争，也不会对追随者的措施进行严厉的反抗或者报复，成功地扮演了行业领袖的角色。百事可乐、胡椒博士和七喜公司多年来一直坐享追随者的稳定利润。可能是认定百事可乐可以从可口可乐这里攫取大量的市场份额，也可能是由于新晋领导层眼里容不得沙子，近来，可口可乐在对待市场追随者的态度上越发激进。百事可乐显然引起了可口可乐公司的行为变化，这表明企业在应对友好互利型竞争对手时要极力避免陷阱。我们将在下文中揭晓。

如果竞争对手不好，那么即使拥有明显竞争优势的企业也觉得在某个行业内竞争不够有吸引力。比如，在蘑菇行业，罗森普瑞纳公司有许多潜在的优势，却面临着很多投资回报率标准较低的家族企业和来自中国大陆以及台湾地区进口商的竞争。于是，罗森普瑞纳公司最终退出了这个行业。

影响竞争对手的模式

友好互利型竞争对手带来的好处表明，企业可以攻击某些对手，对另一些对手则要加以“保护”，对于那些满足友好互利型竞争对手条件的企业，也要为它们创造条件入行。相比行业发展的成熟阶段，行业发展的初期最好有更多的竞争对手，这也能鼓励那些不可能取得长久成功的竞争对手更早进入市场。话虽如此，但企业不应该对竞争对手掉以轻心，企业也不能为了增强自身的竞争优势采取攻击性手段。相反，竞争对手选择的原则表明企业不能稀里糊涂，要以比现在更加全面成熟的眼光对待竞争对手。

企业与怎样的对手较量取决于很多因素，很多因素都不在企业的控制范围内。哪些企业会进入行业，很大程度上取决于运气，第 14 章将详细讲述。某个企业在特定的时间认定某个行业是否有吸引力，是否具有充分的资源来进入这个行业，其中运气占了很大一部分。但是一旦有少数的企业进入这个行业，其他企业就不会认定这个行业是一个理想的竞争领域，尤其新进入者是名声响亮的企业时更是如此。如果企业能够影响那些早入行的公司，那么该行业的整体进入模式将发生改变。

竞争对手的选择不仅影响着行业的进入，还会影响哪些竞争对手为了生存能获得市场份额以及它们将服务于哪些细分市场。下列选择竞争对手的策略在很多行业里都存在。

技术许可。企业可以早早地按照优惠的条件将技术授权给友好互利型竞争对手（见第 15 章）。企业如果选对了竞争对手，就能大力阻止其他后来者入行。比如半导体行业的买方希望获得第二家甚至第三家供应商，技术许可在半导体行业比较普遍，慎重选择技术许可将有积极的意义。英特尔授权 IBM 和康懋达电脑公司制造 8088 微处理器，这个举动就很有意思。这里的技术许可就有一箭双雕的功效，既能让买方放心，还能阻止那些更有杀伤力的竞争对手入行。

选择性报复。企业可以对差劲的竞争对手实施强力报复，让友好互利型竞争对手入行或者顺利地获取市场份额。企业选择不同的地域市场推出新产品，往往会对竞争对手产生一定的影响。

选择性进入阻止。当友好互利型竞争对手服务某些细分市场能巩固提升企业自身的市场地位时，企业就应该避免对这些细分市场进入壁垒的创立进行投资。这样做也有风险，即给那些低劣的竞争对手进入这个毫无防御的细分市场创造了条件，此后这些竞争对手可能会采取一系列进入战略。

联合吸引新进入者。企业可以与优秀的潜在竞争对手联合，成为产品范围内某类产品的供应商，通过企业的销售渠道出售这些产品。这个竞争对手应该能够拓展其业务，服务于企业并不看重的其他细分市场。其他形式的联合也能鼓励友好互利型竞争对手入行，包括零件采购协议、自有商标协定（即双方确定竞争对手按照企业的名义来出售产品）。这两种做法都能降低友好互利型竞争对手进入行业的门槛。

对抗敌对型竞争对手时破坏友好互利型竞争对手

在对抗敌对型竞争对手时，很难避免牵连到友好互利型竞争对手。旨在打击敌对型竞争对手的策略，包括广告投入增加、新产品引入或者改变质保政策，可能会减少友好互利型竞争对手的市场份额，甚至威胁其生存。削弱友好互利型竞争对手也有可能损坏行业的结构，或者引发新进入者插足。

因此，有必要将针对敌对型竞争对手的攻击性或者防御性措施进行适当调整，从而最小化这些行为对友好互利型竞争对手的影响。由于敌对型竞争对手在其服务的细分市场中杀伤力极大，往往很难做到这一点。然而，要提升企业的竞争地位，积极应对市场中出现的威胁，与此同时保护友好互利型竞争对手，实现这样微妙的平衡是一大挑战。友好互利型竞争对手要明白，企业的这些行为并不是针对它们的，否则它们很有可能迫于无奈改变自己的做法。当然，企业也必须通过持续的竞争来阻止友好互利型竞争对手变成敌对型竞争对手，使友好互利型竞争对手坚定自己的立场。

将敌对型竞争对手转变为友好互利型竞争对手

有时候，敌对型竞争对手会转变为友好互利型竞争对手。在理想的状况下，市场发出信号更正竞争对手对现状的错误看法是很有必要的。美国铝公司一直试图影响其竞争对手对铝行业过分乐观的需求估计。随着时间的流逝，敌对型竞争对手也能变成友好互利型竞争对手。当竞争对手的战略无效时，它们就会意识到这一点，然后按照将自己塑造成友好互利型竞争对手的方式来改变自己的目标和战略。

为了将敌对型竞争对手转变为友好互利型竞争对手，企业必须做好战斗的准备。为了向竞争对手表明企业的相对弱势或者表明企业不能容忍自身的地位受到侵害，必要时企业就会发动市场争夺战。争斗需要付出代价，但与遭遇旷日持久、四面楚歌的情况相比，付出是值得的。与敌对型竞争对手相处，腹背受敌往往是行业生存的常态。

有些对企业不利的竞争对手不可能变为对企业有利的对手。和它们共存，企业必须接受这样的事实，它们随时会威胁自己的地位。本书描述的所有攻击战略和防御战略都是保持竞争优势必需的，能借此避免损害行业结构。

优化市场配置

竞争对手选择原则表明，持有 100% 的市场份额的情况几乎不可能发生，那也不是一种优化的市场结构。企业有时候要适当让步，允许友好互利型竞争对手占有市场份额，这要比自己独霸一方，不断提升自己市场占有率的行为更加合理。虽然这种看法与某些企业管理者的看法不同，甚至被企业管理者认定是极端错误的，但是这却是提升企业长期竞争优势和行业结构的最佳方式。在这里，企业应当提出的问题是：市场份额和竞争对手结构如何才能实现市场优化配置？上文我已经介绍了企业确定并影响友好互利型竞争对手的方式，这里我们介绍一下对企业长期战略地位有利的竞争对手的配置情况。

一般情况下，确定某个企业最理想的市场份额的因素有很多，也很复杂。不过，我们在评估企业应该持有的市场份额和理想的竞争对手模式时，能确定一些通行的标准。我首先将介绍确定理想市场配置的因素，然后考虑企业如何在给定的竞争对手配置情况下，继续朝着优化的配置方向发展。

优化竞争对手配置

企业在行业内占有的最佳份额应该很高，这使得竞争对手不敢攻击其统领地位。企业必须有充分的市场份额优势，连同其他与市场份额无关的优势来保持行业的平衡。不同行业的稳定需要的市场领导者与追随者市场份额的差别各不相同，我将在下文做出阐述。

诸多结构特征会影响市场领导者的最优市场份额。表明市场领导者优化市场份额较高的因素有：

· 明显的规模经济。

· 陡峭的专有学习曲线。

· 很少有行业细分领域。

· 买方愿意从单个供货源购买。

· 不存在拥有多个品牌的销售渠道。

· 竞争对手能够与相关的业务单元共享价值活动，表明小型竞争对手份额地位是攻击市场领导者的有效基础（详见第10章）。
· 其他较高的进入壁垒。

表明市场领导者优化市场份额较低的因素有：
· 基本无规模经济。
· 学习曲线比较平庸。
· 细分领域不太吸引人。
· 买方要求第二或者第三货源。
· 销售渠道具有议价能力，且要求有不同的供应商。
· 竞争对手是单一业务企业，无法共享价值活动。
· 市场追随者能有效遏制有杀伤力的后来者插足。
· 行业拥有反托拉斯问题的历史或者容易被这类问题困扰。

能维持行业最稳定状态的不同企业之间市场份额的分配，主要取决于行业结构以及竞争对手是否对企业有利。决定了市场份额最佳模式的最重要的行业结构要素，包括差异化的程度和当前行业的转换成本，以及行业细分的状况。在存在一些细分领域、差异化不明显或者转换成本较低的行业，显著的市场份额差异对稳定的行业结构很有必要。相反，如果行业细分程度和差异化程度较高，即使市场份额比较接近，企业也能在赢利的状态下共存，因为它们彼此攻击没有必要，也没有机会进行较量。

竞争对手的性质也很重要。如果竞争对手对企业不利，企业之间份额差异较大对保持行业的稳定性是必要的，因为对企业不利的竞争对手为了成功往往会采取破坏行业稳定的行动。若竞争对手对企业有利，存在一点儿市场份额差异，就足以打消对方与企业对抗的念头。

上述这些因素综合起来如图 6–1 所示。

市场份额不能只落在市场领导者手里，市场追随者也能从中分一杯羹，这样的行业结构是有利的。这表明市场追随者彼此为了均衡利益，无暇觊觎领导者的位置。市场追随者实施不同的集中战略要比它们同仇敌忾对付市场领导者要好，这也是市场追随者能够发挥竞争对手的作用，成为企业可靠的帮手从而阻止后来者插足的关键，否则追随者分裂就会给后来者进入行业以可乘之机。

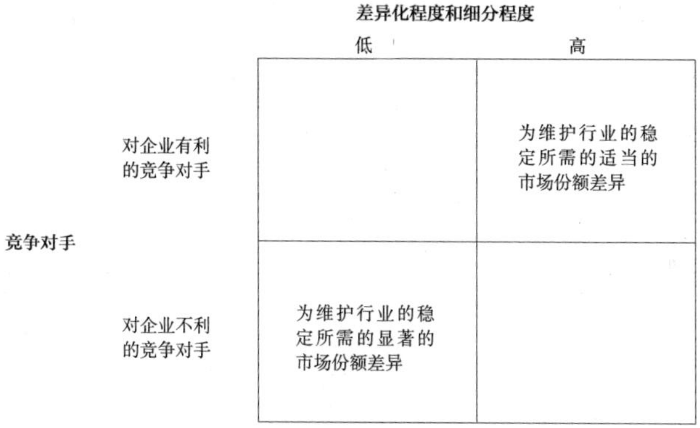

图 6–1　竞争对手配置和行业稳定性

保持竞争对手对企业有利的状态

企业必须密切关注竞争对手的状态。友好互利型竞争对手要保证自己对企业有利的状态才能发挥其作用。即使竞争对手的存在本身对企业有利，但遇到比较紧急的情况，它们也会为了自保不可避免地损害企业的竞争优势或者行业结构。走投无路的竞争对手很有可能会违反有利的行业管理规则，或者从事其他有可能损害行业结构、行业形象的活动。这类竞争对手在面临被收购时有可能寻求救助，在此期间引荐新进入者为自己解围。最后，被逼无奈的对手企业的高管也会发生变动。新的高管将转变自身的性质，从友好互利型竞争对手变为敌对型竞争对手。

竞争对手是否具有对企业有利的市场地位因行业而不同，主要取决于进入壁垒或移动壁垒。在软饮料行业中，友好互利型竞争对手的市场份额应该低于5%，但在冷冻餐饮业有可能超过10%，企业必须明确彼此的竞争地位，确保对手的存在对自己有利。在结构变化的情况下，相对竞争地位往往会发生变化。企业必须让那些友好互利型竞争对手获得成功，让其获得有利条件实施自身的战略；不能在面临重复出现的问题时，主张改变其性质。

实现理想的竞争对手配置

上述观点表明了竞争对手的分布状况。为了明确竞争对手的配置是否趋向合理，企业必须计算赢得竞争地位的成本以及放弃竞争地位对应的风险。放弃市场份额可能会打破行业的平衡，诱使竞争对手获得更多份额，或者向潜在的新进入者发出行业不健康的信号。

企业必须获得市场份额，这不仅是为了提高自己的销量，也是为了借稳定的竞争对手配置来改善行业结构。赢得市场份额的成本取决于在此过程中市场份额减少的企业。对于市场份额减少的企业，其目标、生产能力以及业务缩水的障碍等因素都很重要。

竞争对手的目标、专注程度以及对待市场份额的态度都是评估的对象。竞争对手的生产能力将决定从其手中夺走买方所需的成本。

收缩壁垒（barriers to shrinkage）是指降低行业竞争地位而不退出市场所面临的壁垒。收缩壁垒与退出壁垒类似，由于在当前已有的设施水平上降低生产数量需要付出代价，所以固定成本越高，收缩壁垒越高。假如竞争对手在行业中所占的比例较大，强调市场份额的目标或者收缩壁垒较高，那么获得市场份额就有可能得不偿失。在这类行业中，为了实现理想的状况增加市场份额的活动需要从容开展，从而充分利用开展行业活动所带来的各种机会。

是否需要放弃市场份额来提升企业的竞争优势、改善行业结构，这取决于企业与其竞争对手之间相对实力的差异。如果两者的差异较大，则市场份额的损失不太可能诱使竞争对手（或者潜在的新进入者）通过努力获得更多的市场份额，进而改变原有的行业平衡。放弃市场份额的风险源于企业在开展报复行为中的可信度，以强硬形象出现的企业往往要比面临那些形象一贯是市场领导者的企业风险要小。最后，放弃市场份额的风险还取决于企业放弃市场份额的能力，放弃市场份额的方式要让其他企业（包括潜在的新进入者）理解，不能被认为是示弱的表现。

保持行业稳定性

就算竞争对手的存在对企业有利，为保持行业的稳定性，企业也得时刻关注，不断努力。这是因为，竞争对手的目标或者情况会发生改变。多年来一直享受市场第二的相对赢利状态，竞争对手可能会认为占有更多的市场份额会更好。一旦母公司发生变化或者顶级管理层出现了情况，就有可能导致竞争对手改变其目标和看法。例如艾默生电气公司收购比尔德-普兰就大大提升了地区链锯生产商的野心。行业结构的变化也有可能给竞争对手带来压力，为了生存和发展，迫使其不得不尽快赢得市场份额或者在保持市场份额方面下苦功。因形势所逼，即使对企业有利的竞争对手也有可能做出破坏产业的事情来。

由此可见，企业必须不断努力，正确引导竞争对手的期望和看法。这要求定期采取竞争型措施、激进的市场信号和投资移动壁垒等方法。其目的是保证竞争对手不会错误估计自己的实力或者对行业的忠诚度。宝洁公司就是通过定期更换产品和营销投资管理企业预期的例证。假如企业高高在上，认定了自身的市场领导位置，无异于给行业投了一颗定时炸弹，使得本来稳定、有利可图的行业变成大家为争夺市场份额而厮杀的战场。

选择竞争对手时所面临的陷阱

企业未必就遵守竞争对手选择的规则，经常会遭遇下列陷阱。

无法判断对企业有利或者不利的竞争对手。很多公司无法分辨哪些对手对自己有利，哪些对自己不利，这使得它们无法有的放矢地竞争。更糟糕的是，它们的措施不当，会打压那些对其有利的对手，放过那些对自己有严重威胁的企业。在此过程中，行业结构常常遭到巨大的破坏。典型的例子是，一个专业橡胶生产商认定另一大专业橡胶生产商为自己的劲敌，而与之势不两立。这种看法不足为奇，因为企业与竞争对手的市场份额类似，这使其成为企业关注的重点。实际上，理想的状态是企业应该尽量避免与如此完美的竞争对手正面交锋。专业橡胶生产商真正的敌人是轮胎公司的专业部门，它们把橡胶专业市场作为自己产能过剩的倾销口。通过打击友好互利型竞争对手，专业橡胶企业正在帮助轮胎公司确立自身在行业中的地位，并侵蚀整个行业的吸引力。

企业往往会认定和自己市场份额最接近的企业或者与自己采取相同战略的企业是死敌。这类竞争对手往往会遭受最严厉的攻击，同时其他竞争对手则被忽略。实际上这类竞争对手的存在是对企业有利的，其对企业造成的威胁极小。

将竞争对手赶尽杀绝。公司往往无法预计企业过分成功对竞争对手造成的后果。把竞争对手赶尽杀绝会给企业带来巨大的风险，具体见上文。在软式隐形眼镜行业里，博士伦早已为自己酿下了苦果。在20世纪70年代末，它极力打压其他同行，大力降价，把自己放在老资格的位置上。结果，博士伦的确获得了最多的市场份额，但是其竞争对手却个个被逼无奈“卖身”，被露华浓、强生以及先灵葆雅等公司收购。而这些企业个个比博士伦规模大，它们极力瞄准了隐形眼镜这块市场。随后，博士伦不得不单枪匹马与这些劲敌苦战。它无疑是把友好互利型竞争对手变成了对自己威胁极大的死敌。

拥有的市场份额过多。过了特定的临界点，企业增长就会出现问题。解决这些问题的最好办法是企业出让部分份额给市场上对自己有利的竞争者。此外，市场份额过大可能会导致回报率的降低。占有市场份额绝对优势的企业的最好办法是寻找其他增长领域，而不是妄图在这个行业里取得更高的份额。同理，市场份额高的企业最好寻找出路来增加总体的行业规模或者盈利能力，而不能单纯依靠市场份额。如此一来，这些企业就能坐享不断增加的利益，避免扰乱行业秩序的威胁。当然，企业在自己认定强势的行业里追求相对竞争地位，获得更多的利益，这也是很常见的事情。

攻击对企业有利的市场领导者。市场追随者易犯的错误是攻击对自己有利的市场领导者。市场领导者往往被迫报复，使得追随者丧失本来有利可图的市场地位，从而被边缘化。尽管哈里伯顿公司实施差异化战略与西方公司成为竞争对手，且后者利润颇丰，但是西方公司却在石油钻井填充和模拟服务方面对哈里伯顿公司大肆进攻。哈里伯顿的反应虽然是该出手时才出手，但也大大降低了西方公司的价格。结果就是，哈里伯顿越发强大。

进入了一个拥有过多对企业不利因素的行业，会让企业陷入四面楚歌的境地，就算企业拥有竞争优势，也很难避免这样的境况。将诸多对企业不利的竞争对手转变为友好互利型竞争对手，其成本很高，往往会抵消入行所带来的所有好处。面临着一个拥有诸多对企业不利的竞争对手的行业，企业最好另选行业。

竞争对手的存在对企业而言是祸福相倚的。一味抵制其存在，不仅有可能影响企业的竞争优势，还有可能损害整个行业的结构。企业必须主动出击，与对手较量，但也不能敌友不分。

第二部分

行业内的竞争范围

07

行业细分和竞争优势

不同行业具有的性质不同。行业内部的细分结构与行业结构类似，行业细分领域对应的五大竞争力各不相同。细分领域经常涉及不同的买方价值链或企业服务买方所需要的价值链。因此行业内部的细分领域，其结构吸引力和取得竞争优势所需要的条件也是不同的。企业面临的关键战略问题有两个：第一，行业内的竞争范围是什么？第二，因为在不同细分领域之间能够构建壁垒，在行业的哪些细分领域内实施集中战略可以具备可持续性特征？

行业细分是指行业内部用于发展竞争优势的子领域。为竞争优势所做的行业细分包含了多个市场细分领域，其内涵比我们熟知的市场细分领域更广泛。市场细分旨在确定买方需求和购买行为的差异，企业利用独特的营销计划，服务于那些与自身生产能力相符的细分领域。市场细分专注于价值链的营销活动。行业细分将买方购买行为与成本行为结合起来，成本行为则包括了生产成本和服务不同买方的成本。行业细分过程涵盖了整个价值链，还体现了不同行业细分领域结构吸引力的区别以及企业同时服务于不同行业细分领域所产生的冲突。着眼于大局能启发我们使用新的细分方法，这也成了创造并保持竞争优势的基础。

为解决行业内竞争范围的核心问题，有必要进行行业细分。要明确企业应该服务于哪些细分领域以及如何服务于这些细分领域，这也是选择集中战略的基础。行业细分表露了一个现实：大布局竞争企业无法满足细分领域买方的需求，因此实施集中战略有可能带来可持续性的利润。大布局竞争企业必须理解行业细分的原理。行业细分使大布局竞争企业在细分领域内受制于实施集中战略的企业，这些企业应该迅速做出决定，将这些对自己而言没有太大吸引力的细分领域让给友好互利型竞争对手去做。从战略角度来关注细分显得日益重要，因为技术的新发展改变了传统细分的规则，这对实施集中战略和大布局战略的企业都有重要的影响。

本章描述了为达到战略目的进行行业细分的方式及其对企业创造、保持竞争优势所产生的影响。开篇描述了进行行业细分的根本因素以及在实践中可以用来界定行业细分范围的指标。这些原则为我们构建并解释行业细分矩阵、评价行业细分可选方法奠定了基础。在确定了行业细分的方式后，本章介绍了行业细分的重要战略意义，并介绍了行业细分具备结构吸引力的条件以及确立不同细分领域之间战略关系的因素。最后，本章还介绍了企业构建集中战略的行业细分基础，企业具备的可持续性竞争优势的检验标准。本章最后总结了行业细分过程和行业定义之间的关系。

行业细分的基础

行业是一个市场，在这里类似或者紧密关联的产品被出售给买方，具体如图 7-1 所示。在有些行业里，企业向所有买方出售某类产品。不过更典型的情况是，行业中的产品系列将包含许多现有或者潜在的品种，按照大小、性能和功能等特征对其进行区分。辅助服务（包括维修、安装或者程序管理等）也可以独立于实物产品来供应。

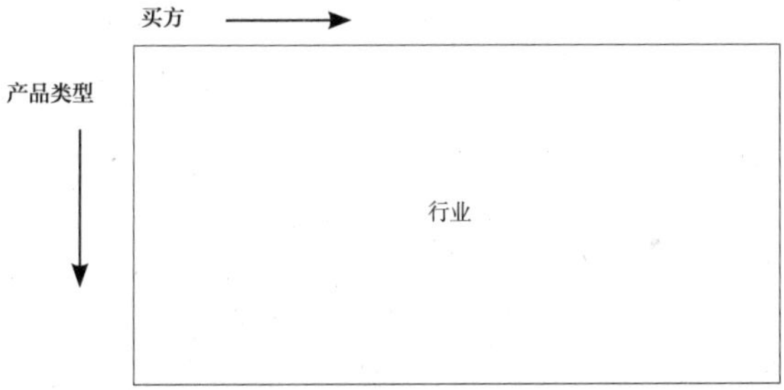

图 7-1　行业内多类产品和买方

在某些行业里，只存在单个买方（比如某些国防和航空行业）。不过更普遍的情况是，行业里有多个现有或者潜在的买方。这些买方通常不太一样，在人口统计学特征、竞争的行业特征、地理位置等方面大不相同。企业是产品和买方之间的纽带。沿着价值链，企业生产、销售并交付产品（详见第 2~4 章），在此过程中与其他企业竞争。在某些行业里，企业和买方之间有独立的销售渠道，涉及全部或者部分行业销售活动。

行业的界限常处在变动之中，产品系列很少固定不变。企业能够制造新产品，产品能够执行新功能，功能可以组合成新方式或者按照原先特定的单个功能生产新产品。同理，新买方能够入行，现有的买方会退出行业，买方也可以改变自己的采购行为。当前的产品和买方反映了企业选择在行业内推出以及买方选择购买的产品，但不能体现将来有可能在行业内出售或者将来出现的买方选择购买的产品。

细分的结构基础

为了制定竞争战略，必须进行行业细分。理由是产品、买方或者行业内的产品和买方各不相同，这会影响产品对买方的内在吸引力，进而影响企业向买方供应这些产品时获得竞争优势的方式。不同行业结构的吸引力不同，加之行业内存在多种产品，各自对竞争优势的要求存在区别，由此就产生了行业细分。行业细分源于买方行为的差异，以及供应不同产品或者服务于不同买方的经济学差异。有些产品和买方差异不能反映行业结构或者竞争优势（例如在其他方面相同的产品的色差），虽然这些差异对生产或者营销非常重要，但如何应对这些差异并不是竞争战略的关键。

结构差异和细分。产品或者买方的差异如果改变了五大竞争力中的某一项或者多项，就引发了行业细分。第 1 章阐述了这五大竞争力如何决定行业整体吸引力。结构分析可以应用于行业细分，这五大竞争力同样都起作用。比如，不同的产品系列哪怕出售给相同的买方，对应的规模经济或者供应商实力也会不同。给定的买方针对同一种产品可能拥有不同的替代倾向。同理，买方实力或者针对相同类型产品的替代威胁也因不同的买方而不同。图 7–2 列出了行业不同细分领域对应的五大竞争力。

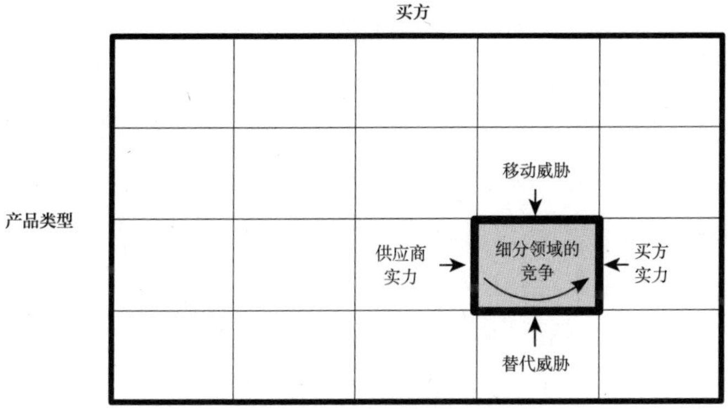

图 7–2　不同细分领域的五大竞争力差异

无论买方是谁，五大竞争力会依产品种类有所区别，电视机行业就是一个很好的例证。电视机行业可以根据配置进行细分（便携式、台式、落地式和组合式）。小屏幕便携式电视机俨然成了畅销商品，而落地式电视机为制造商按照款式配备家具、完成工艺和功能等因素进行差异化创造了更多机会。此外，落地式电视机采用了不同的生产工艺和供应商，选择余地比便携式电视机要多，规模经济敏感度也更低。这些差异会影响移动壁垒、供应商实力、买方实力和竞争压力，类似的差异还会影响其他类型电视机的竞争力。

大型涡轮发电机表明了买方的差异往往会产生结构化影响，这与采购的产品类型无关。从结构角度来看，投资者私有的电站与市政当局拥有的电站不同。投资者私有的电站技术更加尖端，购买涉及谈判；市政当局拥有的电站技术不那么先进，通过公开招标方式购买。这就造成了价格敏感度的差异，企业向这两类电站开展销售活动时制造移动障碍的能力也不同，其差异源于品牌特征、转换成本和专有产品的区别等。

产品种类和行业内的买方在五大竞争力上都有可能不同。例如，在电视机行业里，落地式电视机和便携式电视机对移动壁垒、供应商实力和竞争都有影响。在涡轮发电机行业，投资者私有的电站和市政当局拥有的电站在议价能力方面存在差异，而服务于这些行业的企业之间的较量以及制造移动壁垒的机会也不尽相同。由于终端买方身份的不同，针对同一产品系列供应商的实力也会不同。例如，在自行车行业，自行车爱好者对诸如轮毂和变速齿轮等关键零件的品牌选择很重视。这使得自行车零件供应商在向那些主攻自行车发烧友的企业供应零件时，有了更强大的议价能力。这类零件供应商在面对主要针对普通自行车购买者的生产商时，议价能力要低很多。

价值链差异和细分。产品和买方差异如果影响了企业赢得竞争优势的要求，就有必要进行细分。价值链可以用来分析这一点。出现下列情况时，产品种类或者买方差异会引发细分。

- 产品种类或者买方差异影响了企业价值链的成本驱动要素或者独特性。
- 产品种类或者买方差异改变了企业价值链规定的配置。
- 产品种类或者买方差异表明了买方价值链的区别。

产品差异会影响价值链，标准自行车和高价自行车之间的差异就说明了这一点。标准自行车以普通的生产过程来制造，而高价自行车往往是手工制作的。除此之外，两者在很多其他价值活动上也有差异，且成本驱动要素和价值活动的独特性也因此不同。所以，标准自行车和高价自行车的竞争优势来源有很大的不同，这使得它们分别属于不同的细分领域。还有一个例子可以证明不同的产品种类可以影响价值活动，比较生啤和罐装啤酒，虽然制造的都是啤酒，但是很多价值活动却彼此有别。

买方差异影响企业的价值链，建筑用隔热材料的生产就是一个例子。隔热材料行业的很多成本都是由地区规模驱动的，取决于买方和工厂的相对位置，位于不同地理位置的买方就构成了细分领域。这个例证表明，哪怕是完全相同的产品，只要买方的购买行为有别，服务于买方的成本行为就会不同。

对于不同的买方，其价值链也会有所不同。连锁酒店使用电视机的方法与家用电视机的方法不同，这对于应用标准和价值信号有重大的影响（见第 4 章）。众多买方的应用标准和价值信号决定了行业细分领域，因为这两项因素会影响企业取得竞争优势的要求。此外，还要意识到不同产品种类服务于买方价值链的方式也会不同，例如，新的零件和替换零件在买方价值链上所起的作用就不同。影响了买方应用和价值信号标准的产品差异决定了行业的细分。

行业细分矩阵。从理论角度来说，行业内单个买方或者产品类型都可以形成一个行业细分领域，因为针对每个买方或者产品类型的五大竞争力或价值链都不相同。比如，在电视机行业中，每种屏幕尺寸或者功能都足以产生不同的细分领域。同理，在涡轮发电机领域，每个电厂都有不同的价值链。在实践中，产品类型和买方按照各自重要的不同点来分门别类。决定如何对产品和买方进行分类，来抓住彼此最重要的差异，这是妥善进行行业细分的关键，我将在下文中阐述。

行业细分领域总是包含不同产品和买方的组合。在某些情况下，买方不存在重要的结构差异，而行业细分是根据产品类型进行的，反之亦然。通常，产品类型和买方的结构差异在各个行业中都存在，从而导致了行业细分，进而出现企业向一些特定的买方出售特定产品子集的情况。请注意产品类型往往与购买这些产品的特定买方有关，电视机和涡轮发电机行业发生的情况都证明了这一点。

行业细分也可以按照当前竞争企业选定活动范围以外的因素来定义。行业细分源于行业内部的结构差异，这些差异竞争对手有可能意识到，也有可能从未留意过。某个细分领域可能非常重要，尽管还没有竞争对手开始集中精力去攻克这个领域。行业细分应该包括现有以及未来可能出现的产品类型和买方集合。行业细分的倾向应该主要针对产品类型和买方的显著差异。但若行业内的某些产品已经显露出市场可行性，只是还没有开始投产，那么就有一些潜在的买方需要业内的竞争对手去满足。不明显或者潜在的行业细分领域非常重要，因为这些领域有可能为企业提供先发制人、提前获得竞争优势的机会。

细分变量

针对行业进行细分，要明确每个具体的产品类型（以及潜在的类型）对应的结构或者价值链差异。产品类型可以直接作为行业细分的变量。应该按照相同的原理，依据不同的买方来确定买方细分领域，主要是分析行业内的所有买方，辨别其结构或者价值链的差异。既然买方之间的差异多种多样，凭经验我们发现可以按照三种可见要素来分析买方差异，继而进行行业细分，具体包括买方类型、买方地理位置以及买方使用的销售渠道。买方类型包括买方规模、行业、战略或者人口学特征。

买方的这三大维度互相关联，每个维度都有独立的影响。虽然买方所有的特征都起作用，但地理位置能极大地影响采购行为以及服务买方的价值链。同理，在很多行业里，可以通过不同的销售渠道联系同一家买方。而买方采用的销售渠道往往与其本身以及产品的类型有关。比如，电子设备买方从分销商手里订购小批量、快速交付的产品，而从生产商那里大批量采购。

要对某个行业进行细分，有四大类明显的细分变量可以被单独使用或者共用，以判定生产者和买方的差异。在任何给定的行业中，任何细分变量或者多个变量的组合都能够从战略意义上界定相关的细分领域。

- 产品类型：可以生产的具体的产品类型。
- 买方类型：购买或者有能力购买行业产品的终端买方的类别。
- 渠道（中间买方）：为提供产品给终端买方提供的替代销售渠道或者有可能启用的销售渠道。
- 买方地理位置。买方地理位置由区域性、地区、国家或者国家群进行定义。

确定细分变量可以说是对行业进行细分最有创意的举动了。

它要求我们分析产品和买方差异的维度及其包含的重要结构或者价值链意义。我们需要清楚地认识行业结构以及企业和买方的价值链。

产品细分

为了确定产品的细分领域，行业内已经或者即将生产的具有实体差异的产品都应该被分类，包括独立于产品交付过程的附加服务。替代零件本身也是独特的产品类型。除了目前单独销售的产品，可以作为单一包装一起销售的产品组合也应该被视为一个单独的产品类型。在医院管理行业，有些机构按照单一的价格销售整套管理服务，有些机构提供单项服务，如医师培训。因此，在产品细分时，成套服务就应该被视为单独的产品类型。同理，在产品需要附带服务的行业里，普遍存在三种产品类型：单独销售的产品、单独销售的服务以及组合销售的产品和服务。绝大多数行业的产品的分门别类非常耗时耗力。

行业内的产品类型差异可以转变为结构或者价值链差异，进而导致细分的产生。以下是一些典型的产品差异，它们是用来界定细分领域的结构或者价值链差异的典型因素。本章给出了实例，说明这些差异体现了产品细分标准的原因。

实体大小。大小可以替代技术复杂程度或者产品的应用方法来反映产品差异，而后两个因素都有可能影响差异化。例如，不同大小的起重机使用的目的就不一样。大小还可以反映生产不同产品类型的价值链的差异。比如，小型照相机要求的生产工艺不同，相比标准大小的相机，其零件的精度要求更高。

价格水平。产品的价格水平往往与买方的价格敏感度相关。价格水平在很多行业还可以体现设计和生产性质或者出售的价值活动的差异。

功能。具备不同功能的产品与技术先进程度、生产工艺和供应商有关联。

技术或者设计。不同产品对应的技术差异（例如模拟表对比数字表）或者设计（前开或者侧开阀门），涉及不同水平的技术复杂程度、多种生产工艺或者其他因素。

使用的投入要素。有时候产品在使用的原材料和其他投入要素上差异很大（例如塑料对比金属零件）。这些差异对生产工艺或者供应商的议价能力有着重大的影响。

包装。产品类型差异体现在包装以及后续的交付方式上，如散装白糖对比包装白糖，生啤对比罐装啤酒。这种差异将进一步转化为企业和买方价值链的差异。

性能。诸如压力评级、燃油利用率和技术以及设计精度等因素，常常能反映企业研发活动、生产工艺和检验标准的差异。

以新换旧或者产品替换。相比全新的产品，替换产品往往经历完全不同的下游价值链，还有可能涉及买方价格敏感度、转换成本以及规定的交付时间的差异。

产品与附加服务或者设备的对比。产品与附加产品或者服务之间的区别往往是价格敏感度、差异化程度、转换成本以及对应的价值链等因素的关键指标。

捆绑销售或者分拆销售。捆绑销售对比单独销售对移动壁垒、差异化能力和规定的价值链的影响更明显（详见第 12 章）。

对于行业细分最有意义的产品差异能够反映最重要的结构差异。不同产品标志往往彼此关联。价格水平、技术和性能彼此联系，反映了产品的基本差异。如果每一种产品标志都体现着相同的差异，则应该选择那些最能体现结构或者价值链差异的标准。

有多种产品维度可以界定相关的产品细分领域，所有影响结构的产品差异都必须清楚地加以辨认。行业内细分的最佳方法是使用多种细分变量，下文将详述这一点。产品细分还应该包括那些当前尚未生产但在未来可能推广的产品，包括独立于产品出售的服务或者拥有特定组合功能的产品。在杂货店内销售的无绳电话和“不贴牌”食品就是很好的例证。

买方细分

为了确定买方细分领域，行业内不同种类的终端买方都要经过企业的仔细检查，分析其重要的结构或价值链差异。在大多数行业中，有多种方法可以给买方分类。比如，在消费品领域，关键的要素包括年龄、收入、家庭大小、是否为决策者等。在工业产品、商业产品或者机构产品领域中，买方大小、技术先进程度、产品使用性质是区分买方的重要因素。

市场营销人员开展了细分买方最佳方式的热烈讨论。实际上，没有哪一个变量能够捕捉所有可能决定细分领域的买方差异，尤其是考虑到影响服务买方成本的差异（以及与此对应的价值链活动）往往和购买行为的差异一样对细分产生举足轻重的影响。买方细分应该反映买方之间的本质结构和价值链差异，不能只反映某项分类标准，因为买方细分的目标是揭示买方的所有差异。

工业和商业买方

区分工业和商业买方细分领域的结构或者价值链差异的常见因素具体如下。这里还给出了具体的实例，说明这些因素如何反映细分领域。

买方行业。买方行业往往代表了产品在买方价值链中使用的方式及其在整体采购中所占的比例。例如，糖果制造商购买、使用巧克力的方式与奶制品企业大不相同，后者的巧克力用量较少，质量要求较低。这种差异有可能影响诸多因素，包括买方价格敏感度、容易被替代的程度以及向买方供货的成本等。

买方的战略（例如差异化对比成本领先战略）。买方的竞争优势往往是反映产品应用方式和价格敏感度的重要指标。战略影响着企业的价值链以及产品在其中的作用。例如，一个实现了差异化、拥有高利润率的食品加工商，与以成本领先战略为主导的自有品牌食品生产商相比，更关注原材料的质量和性能稳定。

技术先进程度。买方的技术先进程度是反映其受制于差异化及其对应的价格敏感度的重要指标。比如，相较于独立公司，各大石油公司往往是油田服务和设备技术更加先进的生产者。

原始设备制造商对比普通用户。原始设备制造商（OEM）将从企业购买的产品纳入自己的产品系列，然后转售给其他企业。相比普通的终端用户，它们往往有不同的价格敏感度，对技术要求也更高。

垂直一体化。买方是部分融入产品或是副产品，还是融入相关产品（例如内部服务），将对买方的议价能力和企业实现自身差异化的能力产生重大的影响。

决策单元或者采购过程。涉及决策过程的特定个人应该对采购决定、期望的产品性能和价格敏感度有很大的影响。很多工业产品采购过程非常复杂，涉及很多人员（见第 4 章）；就算是一个行业的买方，涉及的具体程序也有很大的差异。有些电子零件的用户通过训练有素、专业负责的采购代理完成采购。相比那些雇用工程师或者专门负责采购的人员完成采购的零件购买商，它们对价格更敏感。

规模。买方的规模能显示其议价能力、使用的采购程序以及最佳供应商的价值链。有时候订单规模也是相关标准；在其他行业中，年度总采购额可能会成为相关的标准。还有些行业公司规模是确定议价能力和采购程序的最佳决定因素。

所有权。买方企业的所有权结构对其购买动机有重大影响。私有企业与国有企业看重的产品特征不同，而多元化企业某分部的采购程序是由母公司决定的。

财力。买方的盈利能力和财力能够决定诸如价格敏感度、信誉需要和采购频率等因素。

订购模式。买方订购模式的不同会影响买方的议价能力或者供应商的价值链。相比那些不定期订购的买方，企业服务定期订购或者订购行为可预见的买方的成本较低。有些买方的采购模式具有季节性或者周期性特征，这也会影响企业的生产模式和产能利用。

消费品买方

决定了消费品买方细分领域的典型买方差异特征具体如下。本书提出了一些例证，帮助读者理解这些特征如何细分领域。

人口统计学特征。买方的人口统计学特征可以体现期望的产品特征、价格敏感度和产品的其他用途以及价值信号标准。比如，单身人士与有小孩的人士对冷冻餐饮产品有着不同的需要和采购模式。很多人口统计学特征都非常重要，包括家庭规模、收入、健康状况、宗教、性别、国籍、职业、年龄、家中是否有女性就业者、所处的社会阶层等等。在银行业，财富、年收入和家庭成员的受教育水平都决定了他们要购买什么银行服务以及相应的价格敏感度。

心理因素或者生活方式。像生活方式或者自我形象一类很难衡量的因素也是决定消费者购买行为的重要特征。新潮的名流与保守的富人所看重的产品特征不同，就是个很好的例证。

语言。语言也会决定细分领域。在唱片行业中，全球的西班牙语市场就是一种细分领域。

决策单元或者采购过程。家庭内部的决策过程对产品特征和价格敏感度有莫大的意义。有些夫妻可能更看重汽车的性能，而有些夫妻可能更加看重舒适度和质量的可靠性。

购买场合。购买场合包括购买产品是为了自己使用还是送给他人当礼物，产品是常规使用还是节日庆典使用等。哪怕面对同样的买方，产品是类似的，买方使用并发出价格信号的标准往往也会因采购场合而不同。例如，若购买钢笔用作礼品而不是自己使用，人们往往青睐高仕这样的名牌。

还有一些买方要素对决定买方细分领域非常重要。在油田设备领域，买方规模、技术先进程度、所有者结构都是相关的变量。在冷冻餐饮业，家庭大小、家庭成员的年龄、父母双亲的就业状态以及收入都是相关的变量。产品潜在的买方也会构成细分领域。买方细分变量彼此关联，其任务是选择最能反映结构和价值链差异的变量。

渠道细分

为了确定渠道的细分依据，使产品通过渠道销售给买方，就应该明确这些现存的可行渠道。通常使用的渠道对企业如何配置自己的价值链以及垂直关系有着重大的影响（见第 2 章）。渠道还可以反映那些最重要的成本驱动要素，包括订单大小、运输规模和交付期限。电子零件的大型订单是直接销售的，而小型订单却是通过渠道商销售的（这两者的买方往往是一家）。渠道商在议价能力上有着很大的区别。诸如西尔斯百货和美国国民大卖场等大型商场比独立的百货商店有更强的议价能力。

定义渠道细分的渠道差异包括以下几种。

直接销售与通过渠道商销售。直接将产品出售给买方免去了获得渠道的麻烦，其价值链也与涉及渠道销售的价值链不同。

直邮与零售（或者批发）。直邮使企业不用应对中间渠道商的议价过程，还能对价值活动产生重大影响，比如物流系统。

分销商与经纪公司。经纪公司一般没有存货，其业务范围与分销商也不同。

分销商或者零售商的种类。可以通过各种零售商或者分销商来销售产品，它们会承销不同种类的产品、实施不同的战略，进货程序也不同。

独家经销与非独家经销。独家经销会影响渠道商的议价能力以及渠道商和企业分别开展的活动。

行业内通常有多种不同的渠道。比如在复印机行业里，复印机可以直接销售，也可以通过复印机分销商、办公用品分销商和零售商出售。渠道细分还包括所有潜在以及将来可以存在的渠道。例如，莱格斯（L'eggs）对针织品市场重新进行了细分，主要是因为它发现了新渠道，所以将针织品直接销售给超市。

地理位置细分

地理位置细分会影响买方需求和服务买方的成本。地理位置作为成本驱动要素本身就很重要，还会影响服务买方的价值链。地理位置常常代表了理想的产品特征，与气候、习惯和政府规定等因素密切相关。例如，美国南部的商用屋顶材料与北部相比，对隔热性能要求就少一些，而美国北部的屋顶可能要用砂石铺好，使屋顶能够承受积雪的额外重量。

典型的地理位置细分过程包括下列各种变量。

地方、地区或者国家。不同地区在交通和法规方面有不同的差异。买方地理位置在确定规模经济方面起着重大作用。根据规模经济的地理范围（见第 3 章），不同大小的地理范围可以成为相关的细分领域。在家用屋顶瓦业，就可以按照地区进行细分，因为高昂的物流成本会影响企业的业务辐射范围。在食品分销领域，由于消费者密集型的特征以及分销商主要使用卡车进行本地货物交付，所以可以针对大城市地区进行细分。

气候带。气候条件对产品需要或者企业服务某个区域的价值链能产生重大影响。

国家的发展阶段或者其他国家的分类办法。位于发展中国家的买方与发达国家的买方需求会有所不同。此外，包装、物流系统、营销系统以及价值链的其他因素也会有很大区别。同理，其他办法也会依据国家的共同点进行国家群的归类。

按照地理位置进行细分的办法依行业不同。在多数情况下，在细分过程中起作用的位置是产品消费或者使用的地点。然而，有时候产品装运的地点（比如仓库）的相关性更高。此外，买方总部或者主要住所也是重要的地理位置细分变量，虽然买方有可能在其他地方使用产品。

可能存在多种有意义的地理位置细分办法。例如，当地理范围是关键价值活动的成本驱动要素时，地区就是决定成本地位的有意义的细分变量，而国家在确定理想的产品特征和差异化能力方面也是有意义的细分变量。

寻找新的细分领域

因行业传统或者竞争对手行为，有些细分变量非常明显。根据贸易协会或者政府机构搜集的历史数据来看，已确立的标准和规范可以对买方或者地理范围进行区分。在石油行业中，各大石油公司和独立公司的区别就是默认的细分方法。行业内产品种类的传统区分办法也非常典型，竞争对手还可以通过自己选定的集中战略来定义明显的细分领域。

然而，细分必须超越传统智慧和约定俗成的办法。正确的行业细分应该能反映产品、买方、渠道或者地理位置的结构或者价值链的重大差异，而不管这些细分方法是否已经被人意识到或者在行业内使用。创造竞争优势最佳的机会往往来自新的细分方法，因为企业能够比竞争对手更好地满足买方的需求，提升自己的成本竞争地位。

在寻找潜在的新的产品细分领域时，应考虑以下几个问题：

- 是否有其他技术或者设计来实现买方价值链中规定的功能？
- 升级的产品能否完成额外的功能？
- 若减少产品的功能（有可能降低价格），能否更好地满足买方的需求？
- 是否还有其他产品或者服务组合（不管组合大小）能够合理地成组出售？

折扣零售商就是基于降低产品功能数量进行重新细分的例证。

比如，奢侈名品折扣店 Loehmann’s 撤销了诸如赊账和退货这样昂贵的服务，而通过设立不带更衣间和销售支持的简易销售点，精减了诸多传统的价值活动。这一情况在酒店或经济型酒店行业里很常见，像拉昆塔这样的经济型酒店只提供客房服务，不设酒吧或者餐饮服务。其他连锁酒店也在以新的方式来组合服务。

采用新渠道的机会也会经常出现。虽然传统的做法是采用代理商、分销商，或者新型的分销商或零售商，但企业也可以直接将产品销售给买方。手表业的天美时、化妆品行业的雅芳就是这样做的。任何可行的渠道都是潜在的细分领域。

在确定新的地理位置和买方细分领域时，企业需要在两个方面有创意。第一个创意是找到重要的区分地域或者买方的方法来反映结构或者价值链的差异。正如上文所述，史都华区分了单户家庭和双职工家庭，发现了冷冻餐饮业的采购标准的重大差异。在地理位置或者买方细分过程中的第二大创意体现在，确定当前行业内尚未服务的地理位置或者买方细分领域。有时候，为得到新的买方或者进入新的地域市场需要修正产品，或者需要企业更好地理解买方需求和产品新功能。例如，艾禾美小苏打粉在冰箱除臭行业就找到了大型市场，强生婴儿洗发水很受成年人欢迎。虽然赢得了新的买方，但这两种产品都没有发生改变。

行业细分矩阵

确定了对结构或者价值链有重大影响的相关细分变量后，下一个任务就是组合这些变量完成行业的总体细分。这一任务非常艰巨，因为相关的细分变量有很多，在某些行业里，细分变量会有几十个。这里的挑战就是提炼这些变量，得出最有意义的细分领域，制定竞争战略。

提炼的第一步是对每个细分变量进行显著性测验。只有那些对竞争优势来源或者行业结构有真正显著影响的变量才应该独立出来进行战略分析，其他不太重要却有影响的细分变量可以用来调整营销或者经营管理策略。

行业细分矩阵是利用剩余的变量进行细分的基本工具。图7-3是按照两个细分变量确立的简单细分矩阵，它表明在石油设备行业中，买方石油公司和买方总部所在的国家发展阶段已经确立为两大细分变量。

在建立细分矩阵时，第一个实际问题是选择每种细分变量类别的数目。图7-3显示了三种独立的买方规模和两种国家发展阶段的情形。在实践中，买方规模是一项连续的变量，国家发展经历了多个阶段。每个细分变量都可以细分为能反映最显著的结构或价值链差异的类别，同时为平衡实际的需要，应将细分领域的数量控制在可掌控的范围内。按照企业的战略目标决定最佳的离散类别目标，这需要正确的判断力，也是个反复的过程。

图7-3的方格代表了行业的单个细分领域，包含了当前行业发展中可能尚未涵盖的细分领域。此外，如果在发展中国家，没有小型的独立石油公司，也没有独立的石油公司，那么这个行业细分领域就有可能徒有虚名，是个无效的方格。为了说明问题，图7-3显示了涉及大型和小型独立公司的无效方格。要记住，无效方格应该是细分变量的无效组合，不是那些尚待企业去开发的细分领域。在可行的细分方格中，若没有企业在其中，则代表了行业潜在的细分领域。在细分过程中，不能盲目排除可能出现的

细分领域，一定要留意这些潜在的细分领域。

图 7–3 描述了两个相关细分变量的情况。实际上，产品类型、买方类型、渠道和买方地理位置包含很多细分变量。仔细研究会发现，绝大多数行业都是不同质的。因为有诸多重要的细分变量存在，所以细分矩阵的数量将会成倍增加。因此，这里的问题是将细分变量转变为真切反映战略制定过程的细分矩阵。

		买方类型		
		主要石油公司	大型独立公司	小型独立公司
地理位置	发达国家			
	发展中国家		无效	无效

图 7–3　石油设备行业简单的行业细分矩阵

细分变量之间的关系

要把一些细分变量转变为最有成效的细分矩阵，第一步是探讨不同细分变量之间的关系。通过合并相关变量或者衡量相同因素的变量，可以大大精减重要细分变量。例如，地理位置可以与特定的买方类型关联（例如坐落在中西部的汽车公司），与特定渠道紧密关联的买方也可以归为一类（企业向小型屋顶材料分包商提供服务都是通过分销商来实现的）。建立在相关细分变量基础上的细分矩阵可能会包含无效方格。

彼此关联的细分变量可以合并，因为它们可以互相替代。细分变量之间存在着紧密关联，可以大幅减少细分变量的数目，因为这些变量会构建大量无效的方格。很重要的一点是确定细分变量的关系，并由此合并变量，进而确定细分领域矩阵中的无效方格。

要明白变量之间产生关联的原因，因为这些关联往往有着非常重要的影响。如果某一变量不能代替其他变量，但能偶尔反映当前企业的行为或者变量之间的关系，那么合并变量就是个错误的决定。错误地合并变量会掩盖可供企业拓展的细分领域，使企业错失良机。例如，假如企业通过渠道商服务小型的屋顶材料承包商，是出于历史原因而非经济原因，那么去掉直销给小型承包商这个细分领域就是一个错误。电话推销、借助便携式电脑由销售人员远程输入订单这类渠道方式，就有可能代表了全新的细分领域。

合并细分矩阵

经过分析后依然要保留的重要的独立细分变量就代表了行业细分矩阵的坐标轴。若细分变量超过两个，则两大维度模型将不再适用。一种办法是为每一对儿变量构建不同的细分矩阵，再对每个细分矩阵进行战略意义上的分析。但这种方法并不理想，因为富有成效的细分领域可能需要合并两项以上的细分变量才能明确，况且人们还常常忽略这些细分领域。

要应对两个以上的细分变量，就要创建合并细分矩阵，具体如图 7–4 所示。在石油设备领域中，除了买方类型和地理位置，还有其他两个相关的买方细分变量：石油公司的技术先进程度及所有权。在图 7–4 中，我将这四个变量分为两组，去掉无效的方格后，合并两个细分领域。

合并细分矩阵的过程不仅去掉了矩阵的无效方格，减少了细分领域的数量，还揭示了有可能被人忽略的细分变量。图 7–4 就将所有买方细分变量合并在一起。

将归属于同一大类的细分变量合并后就可以着手合并分属于不同类型的细分变量。为此，最好按照新的方法来构建细分矩阵，即一个坐标轴反映合并的产品细分变量，另一个坐标轴反映所有与买方相关的变量（买方类型、渠道和地理位置）。细分变量的数目到了可以掌控的范围后，就可以按照这种方法构建一个二维的行业细分矩阵。这个矩阵很大，能显示整体的行业情况，有助于整体的竞争优势分析和战略制定。图 7–5 显示了石油设备行业的细分矩阵。其中加入了两个产品细分变量：优质产品和标准产品，具有深钻和浅钻等级的产品。

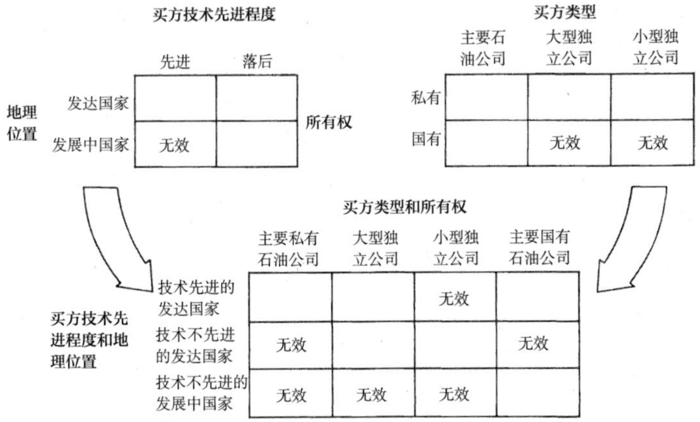

图 7–4　石油设备行业合并细分矩阵

		买方					
		技术先进			技术不先进		
		主要私有石油公司	发达国家中的国有大公司	大型独立公司	大型独立公司	小型独立公司	发展中国家中的国有大公司
产品类型	优质 / 深钻						
	标准 / 深钻						
	标准 / 浅钻						

图 7–5　石油设备行业细分矩阵

有时候，相关细分变量的数目和对应的细分领域数目会很多，构造单个细分矩阵的意义不大。出现一个大型的整体矩阵就能推进企业重新审视细分变量及对应的数量。面对这种情况，随后的分析中最好使用两三个细分矩阵，避免忽略重要战略的影响。

行业细分矩阵不仅包含当前存在的细分领域，还应该覆盖将来可能出现的细分领域。潜在的细分领域有可能指向新的细分变量（比如因未来可能出现直销，分销商并不是唯一的销售渠道，这就可能增加了某个渠道），也可能对当前变量进行新的离散归类（例如为合金增加新的性能评级）。

细分矩阵是一种分析工具，而不是目的。尽可能列出所有细分变量，在此基础上开始分析，以避免疏漏。在分析过程中，应合并变量或者减少变量数目，不断修正变量矩阵。整个过程通常要求尝试多种细分方法，逐渐展示对行业结构最重要的产品和买方差异。

细分矩阵应该通过分析竞争对手的战略来检验。如果竞争对手活动范围是构建在矩阵上的，新的细分领域或者细分变量就能显现。相反，竞争对手的活动会让人明白企业应该同时服务多个细分领域。在讨论完细分领域彼此的关联后，我将进一步详细分析其中的原理。图 7-6 总结了行业细分的步骤。

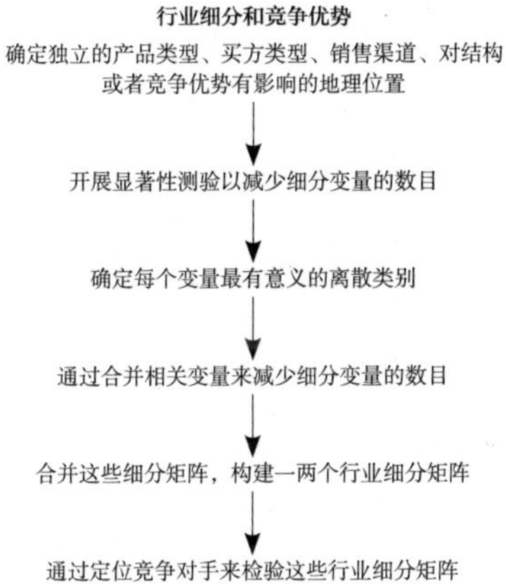

图 7-6　行业细分过程

行业细分和竞争优势

行业各细分领域所具备的吸引力和竞争优势来源各不相同。起因于细分的重要战略问题包括：

· 企业竞争的行业领域（细分领域范围）。

· 企业战略反映细分领域的原理。

企业可以采取大布局战略，针对多个细分领域或者依据集中战略专攻少数几个细分领域。由于不同细分领域存在差异，大布局战略企业必须意识到自身面临的弱势，而实施集中战略的企业必须意识并应对与大布局战略企业在其细分领域竞争给自己带来的威胁。细分过程是动态的，要反映结构变化，也得适时改变。

细分领域的吸引力

决定企业竞争范围的第一个问题是理解不同细分领域的优点。细分领域的吸引力取决于其结构吸引力、规模和增长、企业生产能力和细分领域的需求。

结构吸引力

一个细分领域的结构吸引力取决于该领域内五大竞争力互相作用的结果。细分领域层面内的五大竞争力分析与行业层面的五大竞争力分析有所不同。在行业细分领域内，潜在的入行者包括服务于其他细分领域的企业以及当前不在行业内的企业。行业内其他产品可能会替代细分领域内的产品，其他行业内生产的产品也是替代产品的来源。细分领域内的竞争源于集中精力攻克该细分领域的企业以及服务于其他细分领域的企业之间的较量。买方和供应商实力因细分领域的不同而不同，受到其他细分领域买方采购行为或者供应商销售行为的影响。因此，其他行业的情况会影响行业的结构分析，而细分领域的结构分析受其他细分领域条件的影响会更大。

不同细分领域在结构吸引力方面有很大区别。在大型涡轮发电机行业，出售给大型私有电站的大型发电机往往具有结构吸引力。而大型发电机涉及先进的技术，开发制造发电机的规模和学习壁垒也非常高。相比小型发电机，大型发电机能提供更多的差异化机会。大型发电机的热效能较高，因此为买方争取了更多的低成本优势，降低了买方的价格敏感度。大型电站往往是技术先进的买方，更加看重产品的功能，愿意提升竞争对手自我差异化的能力。大型电站还掌握了更多的财力，价格敏感度更低。最后，向私有电站出售产品的过程往往通过私下谈判完成，而与国有电站的销售合约往往要涉及公开竞标，它们对中标者的要求是质量最高、价格最低。

分析每个细分领域的吸引力是确定竞争范围的重要一步。作为分析的检验手段，最好要计算企业在不同细分领域内的盈利能力，借此与手头已有的细分领域内有关结构分析和行业盈利能力的数据进行比较。实施集中战略的竞争对手会主动比较企业在各细分领域的盈利能力数据。不同细分领域盈利能力的差异可能非常大。当前所处细分领域的盈利能力并不能反映将来的潜在盈利能力，因为企业不可能在每个细分领域内优化自身的战略，甚至它在每个细分领域内都尚未实施战略优化。

细分领域规模和增长

细分领域在其绝对规模和增长速度方面都不同。规模和增长速度本身在决定竞争范围时就很重要。规模和增长对结构吸引力也有很大的影响。每个细分领域预期的增长速度对于竞争和新进入者的威胁都很重要，规模会影响细分领域对大型竞争对手的吸引力。有时候，企业在小型细分领域内保持自己的竞争地位，因为大公司对这些细分领域并不感兴趣。

决定细分领域的规模和预期的增长并不容易。很难找到与细分领域边界相符合的数据，尤其对那些由需求和成本驱动要素决定而不是由行业惯例决定的细分领域来说更是如此。因此，为了预计细分领域的规模和增长速度，企业可能需要对特定的数据搜集或者市场分析进行投资。

企业在细分领域内的定位

企业的资源和素质体现在价值链中，使其能更好地适应某些细分领域的需要，影响细分领域对特定企业的吸引力。每个细分领域对竞争优势都有不同的要求，这一点将在构建细分矩阵时凸显出来。第 3 章和第 4 章描述的工具可以用于确定企业在不同细分领域竞争的相对地位以及改变这种地位的可能性。

细分领域之间的关联

细分领域之间的关联对企业心仪的细分领域有着重大的影响。在竞争的细分领域内，企业的价值活动若可以共享，这些细分领域就能实现关联，可以称细分领域之间的关联。在细分领域之间有很多机会共享价值活动。例如，相同的销售团队可以向多类买方出售货物，相同的生产设施可以生产不同种类的产品。

图 7–7 和图 7–8 显示了相互关联的价值链服务于两个细分领域的情况。紧密相关的细分领域，其共享的价值活动占了总成本的一大部分，可能对差异化有重要影响。细分领域之间的关联与在相关行业内竞争的业务单元之间的联系类似。只是细分领域之间的关联发生在行业内，而业务单元之间的联系发生在行业之间。同理，细分领域之间的关联与在不同地域内竞争涉及的关联类似。

针对关联的详细分析见第 9 章，其中重点探讨了业务单元之间的关联。但其中的原理是一样的，我在此简单总结一下。不同细分领域之间的关联，在共享价值活动的利益超越了共享成本时具有重大的战略意义。如果价值活动的成本受制于重要的规模经

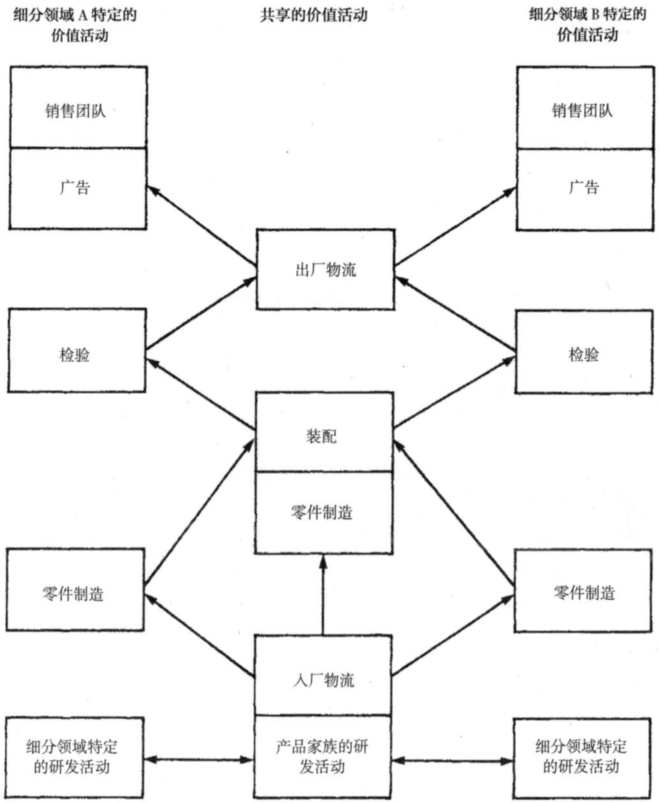

图 7-7　不同细分领域内相互关联的价值链

济或者学习活动，抑或共享活动允许企业提升价值活动产能利用的模式，共享价值活动就能产生更多的利益。价值活动的规模经济或者学习，体现了跨细分领域的共享活动能比在单个细分领域内竞争获得更好的成本优势。跨细分领域共享活动若能提升价值活动的差异化或者降低差异化的成本，也是有益的。当价值活动对差异化有重大影响且共享活动能大大提高企业的独特性或者大幅降低企业提供产品或者服务的成本时，共享活动就对差异化的意义格外重大。如果服务是差异化的核心，而共享活动能够降低使用更出色人才的成本，拥有跨细分领域的服务机构的企业就比单个细分领域内竞争的企业拥有更多优势。跨领域共享品牌也是一种差异化的来源。

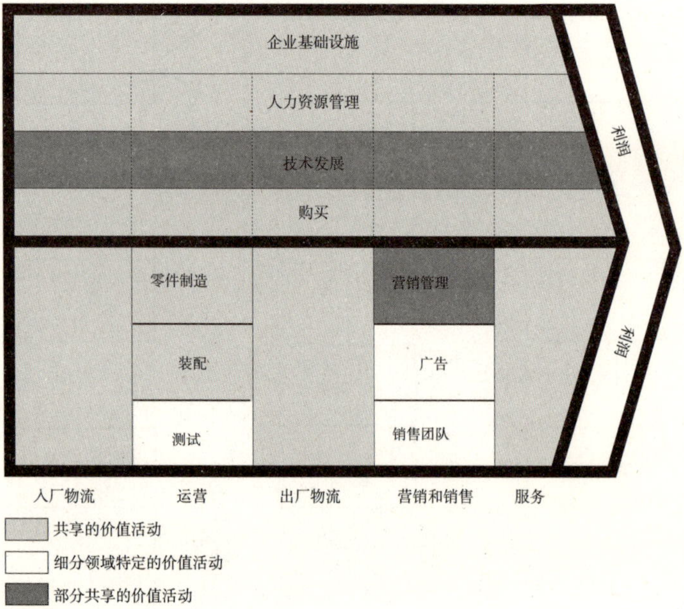

图 7-8　按照价值链显示的细分领域之间的关联

细分领域之间关联的利益往往被共享活动服务于不同细分领域的协调成本、妥协成本和服务不同细分领域的延迟成本抵消。协调成本仅仅反映了共享活动在多个细分领域运行的复杂性。为某个细分领域设计的价值活动不适用于其他细分领域，同时服务于两个细分领域，可能会让企业在两个细分领域都做得不够好，这些都会导致妥协成本的发生。例如，与优质产品对应的品牌、广告和形象可能无法满足低端产品的需要，反之亦然。企业若想在两个细分领域里崭露头角，有可能需要创造并推广两个品牌。例如，服部钟表店将高价手表命名为精工品牌，将中等价位的手表命名为 Pulsar，虽然那时零售商经常告诉顾客 Pulsar 就是精工。

妥协成本还有一种不太极端的形式，即服务于某个细分领域的优化价值链与服务于其他细分领域的优化价值链不同。但是在成本或者差异化方面有所付出后，同一价值链可以同时为两个细分领域服务。例如，面对两个买方细分领域的销售队伍可能没有专门服务于一个细分领域的销售队伍的工作效率高，能生产两类产品的生产工艺可能没有专门生产某种产品的生产工艺高效。

细分领域溢出（segment spillover）是一种发生在企业试图服务于多个细分领域时的妥协。某个细分领域的买方可能与其他细分领域的买方要求一样。例如，某个买方细分领域的价格可能会溢出到其他细分领域，因为各个买方要求待遇相同，这是单个细分领域的竞争对手不可能碰到的问题。由于细分的基础包括优化价值链的差异，因此在服务多个细分领域时要求妥协就非常普遍了。

为服务多个细分领域所做出的妥协，能部分或者全部抵消企业从各个细分领域共享的价值活动中获得竞争优势的能力。企业因此不得不权衡服务于不同细分领域，执行平行的价值活动的成本（例如单独的生产过程或者不同的品牌）和妥协成本。在极端情况下，服务多个细分领域所做的妥协超越了共享价值活动的优势抵消对应劣势后的利益。由于多个细分领域中存在着品牌形象或生产工艺等因素的不一致，在某个细分领域内竞争，即使价值链完全不同，企业也很难在其他细分领域运营。

跨细分领域共享活动的最终成本是僵化成本。共享价值活动限制了在不同的细分领域里修正战略的灵活性，在离开某个细分领域时企业要面对退出壁垒。僵化成本和其他共享活动的成本将在第 9 章详细展开。

是在多个细分领域中竞争优势大，还是集中在一个或者几个细分领域的竞争优势大，取决于共享价值活动的优势和成本。在绝大多数行业中，细分领域之间的关联模式并不是对称的。有些细分领域彼此的关系更加紧密。企业可能在某些细分领域里共享一些价值活动，在其他细分领域里共享其他价值活动。

由于细分领域之间存在关联，企业经常聚集在一起服务于一系列细分领域。例如，在复印机行业里，施乐、柯达和 IBM 历来在高容量复印机行业内竞争，而日本理光、萨文公司、佳能、美能达和其他厂商集中精力服务于低容量简易型复印机。相比批量生产、通过渠道销售的低容量复印机，高容量复印机具有单位生产量低、直接销售和技术问题多样性等特征。施乐公司要覆盖所有的产品系列，相当于重造了一家公司（富士施乐），而佳能公司为了在高端产品上竞争，大力投资新的价值活动，其拓展之路可谓不辞辛苦。可见跨细分领域共享活动的成本越高，大布局企业越需要大量投入来创造成功的独立的价值链。独立的价值链却往往抵消了大布局战略的利益。

要测试企业是否理解细分领域之间的关联，只要将竞争对手置于细分矩阵上即可（见图 7-9）。如果某个细分领域所有的竞争对手都在其他细分领域内与企业竞争，很有可能出现紧密的跨细分领域的联系。通过审视竞争对手的模式，我们可以理解细分领域之间的关联模式。不过竞争对手有可能意识不到，更不用说利用细分领域之间的关系了。

不同细分领域之间的关联表明了进一步合并行业细分矩阵的必要性。如果企业服务于某个细分领域时必须附带服务于另一个细分市场，那么紧密关联的细分领域可以合并。一旦企业进入了这样的细分领域，进入相关细分领域的壁垒就要低很多。通过检验细分领域之间的关联，可以在战略上简化行业细分矩阵。

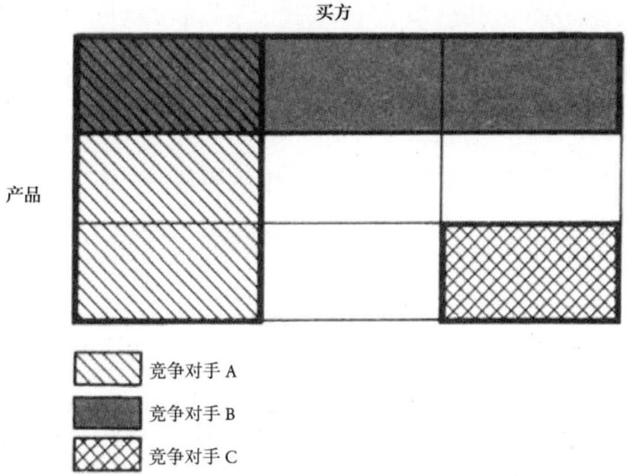

图 7-9　细分矩阵的竞争对手地位

细分领域关联和大布局战略

细分领域之间的关联若能为企业带来净竞争优势，就能为跨越多个细分领域实施大布局战略提供战略制定和实施的基础。细分领域之间的关联确定了企业应该服务的细分领域群。细分领域之间的关联还决定了企业在行业内从一个细分领域转移到另一个细分领域的流动轨迹。在某个细分领域内竞争的企业很有可能进入与之紧密关联的其他细分领域。

大布局竞争对手认定细分领域之间的关联带来的利益超越了共享活动的成本，因此战略的制定是为了加强细分领域之间的关系，实现协调成本和妥协成本的最小化。由于利用同样的生产设备生产不同产品的灵活性有所增加，生产技术的发展能够降低服务多个产品细分领域的妥协成本。提升了价值活动灵活性而不损失成本地位或差异化的各类发展可以加强大布局竞争对手的利益。

大布局竞争对手并非具有服务所有行业细分领域的能力，因为在某些细分领域里，共享价值活动的利益总比不上妥协成本。服务所有的细分领域往往并不可取，因为并非所有细分领域都有结构吸引力。大布局企业有可能不得不服务一些前景平平的细分领域，主要是因为这类业务有利于共享价值活动的总体成本或者差异化，或有利于捍卫其在结构有利的细分领域中的地位。企业在某些利润一般的细分领域里占据一席之地，可以防止竞争对手进入建立阵地，进而避免竞争对手在企业所在的细分领域里构建跨细分领域关联。这一点我将在第 14 章中详述。美国汽车制造公司在行业中留下了利润不高的小型汽车空隙，似乎给日本企业进驻美国市场留下了可乘之机。

集中战略的选择

集中战略主要建立在不同细分领域的差异上，包括企业的优化价值链或导致不同采购标准的买方价值链差异。协调成本、妥协成本或者服务多个细分领域的僵化成本是我们确定可持续性集中战略的基础。通过优化某个或者某些细分领域的价值链，实施集中战略的企业在某一个或某些细分领域内将获得成本领先或者差异化优势，这比大布局企业不得不为跨细分领域运营承受妥协成本更胜一筹。集中战略涉及整体价值链，而不只是影响营销活动，因而与市场细分不同。

集中战略可以包含多个紧密关联的细分领域。然而，企业在任何细分领域内优化价值活动的能力往往会因目标不专一而减弱。企业在行业内实施集中战略的同时，可以与在其他行业竞争的业务单元建立关联，且不会被迫在服务于目标细分领域时妥协。竞争范围的选择还需要透彻地理解跨业务单元和跨细分领域之间的关联（具体见第 15 章）。

企业有权选择不同的细分领域实施集中战略，这些细分领域可能互相重叠，也可能互不相干。图 7–10 显示了多家企业向金融服务公司提供信息产品的例证。A 公司采取了基于产品的集中战略，向所有买方供应一种产品类型（数据库）。B 公司采取了基于买方的集中战略，它将所有产品出售给保险公司。C 公司实施了专门向金融公司提供咨询服务的集中战略，其买方可以从其他地方获得数据或者自己生成数据。C 公司的集中战略不能与 A 公司和 B 公司的细分领域重合。

正如上文所述，涉及若干细分领域的集中战略建立在细分领域紧密关联的基础上。这种关联解决了企业服务于多个细分领域的次优问题。例如，A 公司将基于共享研发活动和生成数据库的关联最大化，这就说明买方无须有与众不同的数据库和交付系统。B 公司选择了实施基于买方的集中战略，通过优化 B 公司为保险公司提供的交付和出售系统获得竞争优势。C 公司只向金融公司

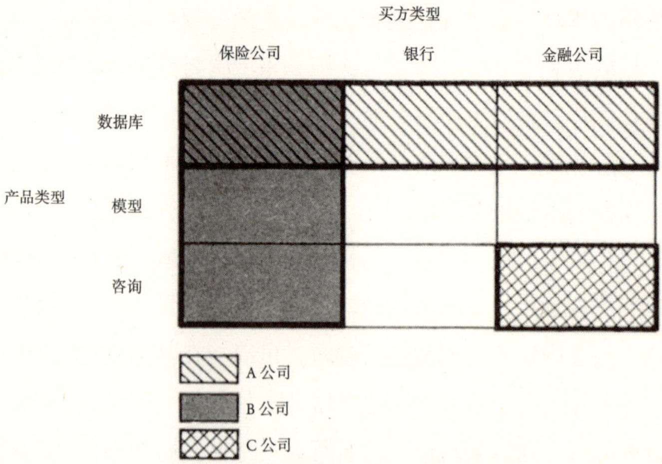

图 7-10　金融信息行业的备选集中战略

提供咨询服务，由此获得了差异化的潜在利益和产品专业化的内部利益，同时放弃了广泛布局战略的潜在规模经济。如此一来，每个公司都基于不同的关联和竞争优势确立了集中战略，每个公司都承担了不同的妥协成本。

具有不同细分领域关联的集中战略一旦重合，就会出现有意思的竞争问题。图 7-10 中矩阵的左上角就表明了这种情况。在这个细分领域中，不同的集中战略为在细分领域中竞争的两大企业创造了不同的竞争优势和劣势。A 公司提供广泛的低成本数据库，深谙数据库设计之道，而 B 公司了解保险公司的需要，为其提供全线产品赢得了成本优势。细分领域之间的关联能够创造竞争优势，还可以使企业在某个细分领域竞争时出现僵化倾向。例如，A 公司很难修正其数据库管理系统，对保险公司买方的需求做出反应，因为这样做会影响其对银行和金融公司的业务。A 公司和B公司在重叠的细分领域中所处的相对地位取决于与其他细分领域对比的净竞争优势。应对细分领域竞争的局限受制于细分领域之间的关联，这将导致企业之间的竞争。企业将努力使其在某个细分领域中的竞争地位沿着最有利于自身细分领域的关联或者优势转移，从而逼迫竞争对手对竞争战略做出妥协。

在新的细分领域中实施集中战略的可行性

细分领域中集中战略的可行性取决于细分领域的大小，以及它支持特定价值链的成本。即使某个经过修正的价值链能更好地满足某些新的细分领域的需要，定制价值链的成本也可能无法补偿，因此不能使用集中战略服务于多个潜在的细分领域。

有四种方式可以确定在新的细分领域内如何实施可靠的集中战略。第一个方式是定制价值链成本不高，规模经济下降可能使集中战略的实施成为可能。第二个方式是细分领域的增长足以让企业克服服务该领域的固定成本。第三个方式是企业利用与其他行业的关联来越过企业服务该细分领域的规模门槛。第四个方式是企业施行全球化战略，努力在许多国家靠销售量来克服规模经济的不足。如此，企业就可以利用地域之间的关联。

企业通过理解新的细分方法或者确定利用新细分领域的机会来提出新的集中战略。近来某些技术领域已经出现了规模经济的下降，包括计算机辅助生产和设计。在20世纪80年代，随着企业利用业务单元之间关联能力的提升（详见第9章）和全球化竞争战略的开展，实施新型的集中战略迎来了全新的机会。

集中战略的可持续性

我已经讨论了如何选择细分领域或者小型细分领域的组合来实施集中战略的方法，其基础是这些细分领域的吸引力以及彼此的关联。集中战略选择的最后一个问题是企业采取集中战略对付竞争对手的可持续性。集中战略的可持续性是由三个因素决定的。

· 对抗大布局竞争对手的可持续性。通过集中战略创造的对应大布局竞争对手的竞争优势的大小和可持续性。

· 对抗模仿者的集中战略的可持续性。模仿集中战略的移动壁垒或者竞争对手在更狭窄的领域内实施更高明的集中战略的情况。

· 对抗细分领域替代的可持续性。买方被吸引到企业服务范围以外的其他细分领域的风险。

对抗大布局竞争对手的可持续性

大布局竞争对手可能已经在集中战略实施者所在的细分领域中运营，也有可能正在拓展自己的业务范围，以后来者的身份进入该细分领域。实施集中战略的企业相比大布局战略的企业更具竞争优势，主要取决于下列两点：

· 大布局企业在同时服务于多个细分领域时面临的妥协程度。

· 大布局企业所在的多个细分领域共享价值活动的竞争优势。

实施集中战略的企业价值链与企业服务于其他细分领域需要的价值链差异越大，集中战略越具有可持续性。在美国和欧洲的空调行业，服务家用和商用市场的销售渠道与服务于工业市场的销售渠道是分开的。在拉丁美洲、亚洲和中东，销售渠道要负责所有细分领域。集中战略在美国和欧洲比在其他地区更成功，因为这些地区实施集中战略的企业能够按照服务于目标细分领域的渠道的需要来定制价值链。目标细分领域中的买方需求更加多样化，且与其他细分领域不同，因此集中战略的可持续性更强。

软饮料行业中皇冠软木与封装公司面临的问题就证明了这个道理。皇冠的业务集中于可乐领域，与可口可乐和百事可乐这些供应多种口味软饮料的公司不同。只供应可乐与供应多种饮料相比，涉及的价值链并没有很大不同。除了口味的偏好，就可乐产品和其他口味饮料而言，买方需求和购买行为也无太大区别。相反，供应多种产品能在生产、分销和营销共享活动中享受诸多利益。因此，皇冠的集中战略并没有为自己带来优于大布局企业的竞争优势，反而带来了劣势。同时，奔驰通过使用定制的价值链集中精力在汽车行业发展，比其大布局竞争对手获得了更大的优势。

美德公司在纸质容器行业的演变说明了决定集中战略可持续性的因素变化的过程。为了应对 20 世纪 70 年代末的大容积容器的激烈成本竞争，美德选择了集中精力攻克小容量、高附加值容器的细分领域。在 20 世纪 80 年代初，新型不间断运行瓦楞纸横切机的发展提升了生产运行速度，启动的时间大大缩短，这使得跨界竞争的企业能够更节约地完成小规模订单的生产。面对这种情况，美德公司不得不调整自己的集中战略，投资新设备，并服务于多个细分领域。在这个例子中，服务于美德目标细分领域的价值链与服务于大容量纸质容器细分领域的价值链差异逐渐缩小。

假如技术变革降低了服务于多个细分领域的成本或者提升了企业利用细分领域之间关联的能力（详见第 9 章），某个细分领域与其他细分领域的差异日渐模糊，或者某个细分领域定制的价值链相较于标准化的价值链成本过高，那么集中战略的可持续性将大打折扣。因此，在选择应该在哪些细分领域实施集中战略时，一个重要的动态因素反映出集中于某个细分领域的优势以及跨细分领域竞争优势之间的消长。

对抗模仿者集中战略的可持续性

实施集中战略的企业面临的第二类风险是其他企业选择模仿集中战略，这类企业包括新进入者以及其他已经在行业内竞争的、对其先行战略不满意的企业。对抗模仿者集中战略的可持续性建立在实施集中战略竞争企业具备竞争优势的可持续性基础上，可以按照本书第 3 章和第 4 章的内容进行分析。模仿集中战略面临的移动壁垒是规模经济、差异化、渠道忠诚和其他集中战略独有的壁垒。针对集中战略的模仿壁垒的高低取决于特定细分领域的结构。复印机领域模仿柯达的高端集中战略，要求企业克服由专有技术和确立内部销售服务网络的规模经济引起的壁垒。

细分领域的规模可能影响模仿集中战略所带来的威胁。在小型细分领域中，如果规模经济不能被细分领域之间的关联抵消，竞争对手也无意进入该领域与企业进行竞争，即使规模经济不大，也会与细分领域的规模显著相关。相反，在发展中的行业里，集中战略被不断模仿的可能性一直存在，后进入者很有可能会后来居上，因而将出现更细致的细分领域。例如，在快速发展的信息业，企业不断为细分程度加深的目标买方群体提供日益专业化的数据库服务，因而集中战略的赶超现象非常普遍。

对抗细分领域替代的可持续性

决定集中战略可持续性的最后一个决定因素是细分领域中的

替代风险。某个细分领域的集中战略受制于该细分领域的可持续性。若细分领域因为环境、技术或者竞争对手行为的变化消失了，就可以按照一般的替代现象进行细分领域替代分析（见第 8 章）。细分领域替代受到竞争对手的影响，行业水平的替代也是如此。竞争对手经常试图在实施集中战略企业专注的细分领域中，借助诸如营销、技术创新甚至游说政府标准等手段转移需求，而这些行为往往会恶化细分领域的竞争条件。当实施集中战略的竞争对手服务于更加广泛的细分领域时，广告花费和其他营销手段有可能改变买方态度，使得买方从企业集中战略专注的领域中离开。

集中战略和广泛布局战略的陷阱和机遇

经过分析，对于实施集中战略的企业和大布局竞争对手来说，我们有几个重要的经验需要和大家分享。

成功的集中战略必须涉及竞争对手的妥协成本。专注于某个细分领域或者多个细分领域组合并不足以为企业带来竞争优势。选定的细分领域必须有具有不同需要的买方或者服务于其他细分领域的不同的价值链。实施集中战略的领域和其他细分领域之间的不同，为大布局战略竞争对手提供了次优选择，同时也是实施集中战略的企业可持续性竞争优势的源泉。

确定新的行业细分方法有可能带来全新的机会。正确构建的行业细分矩阵往往会揭示当前竞争对手身上尚未反映出来的细分领域。一旦确定行业细分的新方法，企业就能针对某个产品类型、买方类型、渠道或者买方地理位置设计集中战略，此前这些具有结构或者价值链差异的区域并没有被视为一个细分领域。可能新的细分领域比当前的细分领域范围更广，也有可能更细致。其差异表明，新的细分领域需要全新的战略和价值链，因此跨界竞争的企业往往要承担次优战略的结果。

意识到新型细分领域的企业往往能获得先发制人的可持续性竞争优势。例如，联邦快运了解到小型包裹隔夜交付的需求，而没有企业集中做这项业务。联邦快运服务设计了围绕这个细分领域的战略，包括认可价值链、获得比大布局竞争对手更多的竞争优势。同理，21 世纪公司是首先意识到在房产经纪行业实现全国范围市场细分的公司。

在具有多个细分领域的行业里，多领域竞争未必能产生竞争优势。大布局企业必须从多个领域的竞争中获得竞争优势，否则就难保有高出平均水平的回报率。这些竞争优势往往源于细分领域之间的关联。成本领先战略建立在多领域竞争的规模优势基础上，或者通过其他渠道赢得低成本地位的基础上。而差异化战略实现的前提是满足诸多领域需求和实现价值信号标准，具有独特的优势。在多个领域内布局不能使企业获得实在的竞争优势，不同领域之间的结构差异往往让企业陷入“进退两难”的境地。

大布局企业常服务于过多细分领域。战略目标锁定范围过广的企业往往会冒次优化的风险，使自身加倍受制于集中竞争对手。细分领域数目的减少能够降低大布局者受制于集中竞争对手的概率，还能通过减少前景不好的细分领域对企业的牵制，进而增强企业的盈利能力。大布局企业在下列情况下要考虑退出某些细分领域：

· 企业从细分领域之间的关联中几乎得不到什么优势。
· 企业为了服务某细分领域不得不修正其整体战略。
· 该细分领域缺乏结构吸引力。

· 细分领域内的销售和增长潜力有限。

· 防御战略的实施不需要企业继续存在于该细分领域来阻挡竞争对手。

要不断检验相关细分领域和目标的广度。行业内具有战略意义的细分领域会随着时间的流逝发生变化，主要起因有买方行为变化、新的买方集团出现以及改变了细分领域之间关联的技术的发展。因此，行业内竞争范围的选择必须再三验证。企业不能想当然地认为已存在的重要细分方法就是合理而有意义的，尤其是管理者，不要把传统的细分法置于几乎不可撼动的重要位置。若认定细分领域的选择可以一劳永逸，绝对会给企业的战略制定带来灾难性的后果。

新技术改变了有关细分的旧观点。新技术，尤其是微电子和信息系统正在为企业开展新型的集中战略和大布局战略提供新的机会。生产、物流和其他价值活动富有弹性，使得大布局企业有可能按照多个细分领域的要求安排自己的活动，与此同时保持单一价值链。此外，相同的技术变革提升了为新细分领域制定战略的可行性。计算机辅助设计降低了新产品类型设计的成本。企业必须格外注意新技术改变传统集中战略的逻辑或者多个行业内广泛布局的原理。

行业细分和行业定义

划定行业的界限往往需要有个度。产品类型和买方的结构和价值链差异往往使得企业寻求更狭窄的行业界定。由此，行业细分应运而生，它成为揭示行业内结构差异、探索行业细致分类的有力工具。不同细分领域和业务单元之间的关联（见第 9 章）为更加广义的行业定义创造了条件。

有效的行业定义应该能够涵盖所有联系紧密的行业细分领域。彼此关联不紧密的细分领域有可能会从战略的角度进行区分。彼此关联紧密的行业，从战略角度来看可以合并为单一的行业。

要彻底分析行业细分和战略关联，以此为基础的结构分析要比行业界限的具体位置划分更重要。这样的分析能够揭示源于竞争范围、决定竞争优势的所有关键因素。

08

替代

所有行业都面临着替代威胁。替代是某个产品或者服务在为买方执行某个特定的功能或者功能群从而替代其他产品或者服务的过程。替代分析同样适用于产品替代和工艺替代，因为买方在选择以全新的方式完成价值链的活动时受到相同规则的约束。替代是决定行业盈利能力的五大竞争力之一，因为替代的威胁能够为行业价格设定上限。同时，替代在决定行业和企业的需求方面扮演着突出的作用。防止替代品的渗透是行业和企业增长的主要原因，而替代品的出现也是行业和企业衰落的主要因素。替代还与企业在行业内的竞争范围密不可分，因为替代可以拓展或者缩小行业内细分领域的范围。

企业如何能免受替代品的侵蚀？企业如果属于进攻方，应采取怎样的战略来推动替代的发生？在众多行业的竞争战略中，这些都是非常重要的问题。本章将为我们分析替代提供框架，并回答这些问题。首先，本章定义了什么是替代品，这是替代分析必要但往往被忽略的一步。其次，本章还介绍了替代经济学，界定了替代品的威胁以及所有旨在影响替代的战略决策基础。再次，本章描述了替代变化威胁运作的过程和原理。基于此，我将界定影响替代轨迹的因素。替代过程随着时间的流逝呈现出典型的特征，这对于我们分析替代威胁的程度和替代品的渗透程度都有重要意义。最后，我将描述进攻战略和防御战略对应的分析框架的战略意义。本章的讨论前提是设定替代在行业水平上进行（例如碳纤维替代钛和铝），但是这些基本原则也适用于产品间的替代。

确定替代品

替代分析的第一步是确定行业面临的替代品，这看似非常直白的任务实际操作起来却不容易。确定替代品要求企业寻找执行相同功能或者功能群的产品或服务，而不是具有相同形式的产品。卡车与火车在外形上有着很大的区别，但两者却为买方执行相同的功能——点对点的货物运输。

产品执行的功能取决于产品在买方的价值链中发挥的作用。买方使用产品执行某项（些）活动，如人们使用卡车或者火车开展入厂物流或者出厂物流服务，而滑雪是买方在冬日用来消遣的运动项目。正如本书第 4 章讨论的，产品不仅影响相关的买方价值活动，还会影响很多其他活动。产品中使用的零件经过了入厂物流，在使用前被存入库房，在出售后必须实现服务。同理，婴儿纸尿裤不仅由婴幼儿使用，还要由其父母安置、购买、储存。如果可以重复使用，父母还必须负责清洗。产品给买方带来的影响与界定替代品及其相关性能密切相关。最后，产品的价值活动可以通过价值关联彼此联系。某个零件的精度有可能影响产品重新调整的程度以及售后服务。影响产品的价值活动关联可能也会影响替代过程，因为它们为发现整合活动的新方式创造了条件。

最简单的替代是某种产品替代了其他产品，在相同的买方价值链活动中执行相同的功能。陶瓷的引擎零件替代了金属的引擎零件就属于这种情况。虽然替代的过程是直接的，但活动之间的关联仍会存在。陶瓷零件可能要求具有不同的工艺技术。在最简单的替代过程中，企业最好也要按照通行的概念来界定某种产品的功能在价值链活动中所起的作用，不要从字面意思理解产品，要明确其具体的用途及使用说明。产品的一般功能往往非常广泛，尤其是消费品领域。快速下降式滑雪金属用具制造商不仅面临着环氧树脂材料或者玻纤材料雪橇的替代，还面临着越野雪橇、冬季运动装备以及其他冬季娱乐休闲用品的替代，当然还得面对买方直接转向夏季休闲产品的替代威胁。金属雪橇最广义的定义是娱乐设施。行业产品的功能界定越广泛，潜在替代品的种类就越多。

在较为复杂形式的替代中，替代产品具备的功能比行业产品更多，且能以不同的方式影响买方价值活动。针对卡车替代火车的例子，虽然运输功能不变，但装卸、包装和运输方式都不同。替代品可以比行业产品的功能多或少。比如，文字处理器不仅是打字机的替代品，还兼有计算器和简单的复印功能；蒸汽泵兼有加热和冷却功能，而传统的锅炉系统只能用来加热；纸尿裤的出现让人们不再需要清洗尿布。相反，松饼机的功能不比普通烤箱的多，专卖店只卖某一系列的产品，而百货商店却出售各种各样的产品。在确认替代品的时候，有必要把那些功能多于行业产品功能的产品以及那些仅能完成行业产品主要功能的产品类型考虑进来。

由于替代品的功能可多可少，产品替代的方向和渠道就有很多。例如，跑马场开展的活动包括赌博或者娱乐。赌博功能的替代品有赌场、场外投注和彩票，而娱乐功能的替代品有电影、体育赛事等。产品在买方价值链中执行的功能越多，产品替代渠道的数量就越多。

虽然我们常常认定替代产品是不同的，但在很多行业中，至少有四种情况从广义上界定了替代。第一种是买方并没有购买任何东西来执行行业产品既定的功能，这是从狭义的角度来替代的极端形式。比如，在水表行业，主要的替代是人们根本不装水表的状态。同理，美国顶级盐制造商莫顿-诺威奇就因人们普遍关注健康状况而较少摄入盐面临着替代威胁。

第二种潜在的替代是减少执行既定功能的使用量。比如，在铝制品行业中，新型饮料罐要求罐壁更薄，铝的使用量大大减少。同理，在海上钻井行业中，新型定向钻井技术和探测过程中的井下探测技术有助于减少规定的钻井时间。

第三种替代往往被人忽视，即已经使用、回收或者重新调整的产品。比如，在制铝业中，主要铝制品生产商面临的最主要威胁是次级铝（回收铝）。二次消费品在美国和日本快速增长，二手产品已经在制造耐用品的诸多行业中成了新产品最主要的替代品，包括普通汽车和休闲用车。修整产品也成了飞机引擎零件的重要替代品，重新加工的引擎零件成了新产品的威胁。

第四种替代方式是内部消化，即后向一体化。例如，很多分销行业的关键替代方式是买方直接从生产商处采购，由公司内部执行分销的功能。在房地产和人寿保险行业，买方可以进行自我保险或者建立控股附属保险公司。

行业内的不同细分领域中相关的替代品各不相同（见第7章）。不同的买方使用同一种产品的方式各不相同，因而看重产品价值的不同方面。比如，在跑马场，有些人是来和朋友开开眼界、度过一个愉快的夜晚的，有些人在赌博窗口花上大把的时间，有些人则是来探听内部消息的。因此，针对不同的买方和买方所处的细分领域，相关的替代品也不同。同理，不同产品的使用方式不同，也面临着完全不同的替代品。因此，替代品的模式要取决于行业细分领域，而企业最具威胁性的产品取决于企业服务的细分领域。

多项替代常常同时发生。在视频游戏行业中，可置换内部软件的可编程视频游戏正在替代固定专用游戏，同时运行游戏软件的个人电脑正在替代可编程游戏。多种替代的发生，往往牵涉产品功能的扩大和缩小，视频游戏的发展就证明了这一点。

多种替代的发生决定了整个行业的替代速度，其结果往往出乎我们的意料。阿斯巴甜是一种替代糖精的新型低热量增甜剂。阿斯巴甜和糖精都是糖的替代品。一些观察者预计阿斯巴甜的成功将增加市场对糖精的需求量，原因是阿斯巴甜替代糖精的速度赶不上其快速扩展市场对人造增甜剂的需求量。在这种情况下，后来出现的替代品反而使得先前的替代品受益。也有与之相反的情况。先前出现的替代品的成功或者失败可以增加或者降低后来出现的替代品被市场接受的难度。

就算一个行业没有面临直接的替代品，但在行业下游存在替代威胁，且买方的产品面临被替代的威胁，那么就有可能受到替代的影响。例如，柴油发动机和汽油发动机在中型卡车上可以相互替代使用，在重型卡车上，柴油发动机早已开始替代汽油发动机。如果柴油发动机取得完胜，那么就算汽油发动机零件本身没有被替代，市场上这类零件的需求量也将下降。买方的产品受制于互补性产品的销量的影响，而当互补性产品面临威胁时，就会发生下游替代。假如微波炉取代了传统的灶具，不仅传统灶具的零件制造商会受到影响，就连传统灶具制造商也不会幸免于难。在下游替代过程中，买方不需要再承担企业产品的功能。

下游替代还有可能降低行业的需要，改变买方的行为。下游替代的威胁可能会传递给供应商，表现形式是供应商的价格敏感度上升。下游替代的风险还有可能迫使买方寻求供应商的帮助，希望通过供应商产品的创新行为或者其他可能提高买方差异化程度的行为应对替代威胁。

行业产品替代的数目因行业不同而有所差别，替代产品的方式以及替代威胁的水平各不相同。在替代分析中，我们一定要尽可能全面地考虑潜在的替代品，这样虽然很有可能过分专注于某个替代品而发生方向性错误，但更糟糕的情况是全然不顾还有其他替代品的威胁。

替代经济学

若买方使用替代品的决心大于替代的成本或者不愿替代的阻力，产品就有可能发生替代。相比当前正在使用的产品，如果替代品能为买方提供更高的价值 / 价格比，就产生了明显的替代诱因。替代产品需要转换成本，因为买方价值活动的中断以及后续发生的重新配置需要花费转换成本。替代的威胁取决于替代诱因和转换成本之间的对比。

除了价值 / 价格比和转换成本，替代的模式还受到我所说的“买方转换倾向”的影响。面临着对等的转换诱因，不同的买方对于替代的评价往往不同。

替代的威胁取决于三大因素：

· 替代品的价值 / 价格比与行业产品的价值 / 价格比。

· 替代的转换成本。

· 买方转换的倾向。

替代经济学的简单陈述模糊了人们理解替代所需要的微妙的分析。替代的诱因应该按照买方使用替代产品的整个时期来估算，并以替代品使用价值的贴现值来折算。转换成本的发生通常在替代后甚至替代品还未来得及产生任何效益的时候就已经发生了。相对价值 / 价格比和转换成本都取决于多种因素，并随着时间的推移而变化。两者都有很大的不确定性。理解相对价值 / 价格比和转换成本要求我们对产品如何影响买方的价值链以及生产替代品的行业结构有清楚的认识。理解买方的替代倾向，要求我们进一步了解买方的竞争环境、资源以及其他在预测买方替代行为时起作用的特征。

相对价值 / 价格比

替代品的相对价值 / 价格比是替代品为买方提供的价值与买方为之支付的价格之比。相对价值 / 价格比是替代品相对于被替代品（下文称产品）的价值 / 价格比。当不存在转换成本且产品消费较快时，相对价值 / 价格比完全取决于当前的条件。由于买方可以快速无成本地在替代品和产品之间按照实时的相对价值 / 价格比进行转换，因而未来的情况如何并不重要。当存在转换成本且产品比较耐用时，衡量替代品吸引力的标准就是替代品在未来计划时期内预计的相对价值 / 价格比。

替代品和产品的当前价格比较容易确定。在计算相对价值 / 价格比时，要考虑未来计划时期内预计的相对价格，且该相对价格要能反映未来预期的价格变化。替代品和产品的采购价格必须经过调整，考虑贴现、折扣以及采购构成涉及的免费附属产品或者服务等因素。例如，在办公用品行业中，免费服务是与买方交易的一部分，在比较产品与复印机或者胶印机一类替代品的价格时，免费服务也要考虑在内。替代品的价格还必须扣除买方采购收益的减免税。

替代品的相对价值主要取决于差异化的决定因素，详见第 4 章的讨论。相较于产品，如果替代品能降低买方的成本或者提升买方的绩效，替代品就是有价值的。买方必须认识到替代品的价值，价值比较还必须考虑替代品相对于产品表达价值信号的能力。就相对价格而言，在计算相对价值 / 价格比时，要考虑替代品在计划时期内的预计相对价值，而不是其当前的价值。

价值信号在替代过程中比其在差异化过程中所起的作用大。替代经常涉及新产品替代当前已有的某个产品。替代品的价值未经证明，往往有不确定性，而现有的产品经过了验证，其质量有目共睹。替代品表达价值信号的能力比其在差异化中表达价值信号的能力更明显。

替代品的相对价值取决于与产品的比较，替代品对买方价值链的累积效应，包括直接和间接影响。分析的原则见第 4 章的讨论。在现实中，当比较产品品牌的时候，替代的分析更加复杂。替代品和产品未必能直接进行比较，替代品对买方价值链的影响模式常与竞争品牌产品对买方价值链的影响模式不同。两个品牌的布尿裤对消费者家庭的影响基本相同，而布尿裤与普通尿裤的使用方法大不相同。因为替代品和产品的使用模式不同，所以在决定替代品的相对价值时要做出必要的调整。

在比较替代品和产品的价值时，为衡量其对买方成本或者买方绩效的影响，要对下列要素做出调整。

使用率。替代品对买方成本的影响取决于执行与产品相同的功能时所需的替代品数量。如果达到同一效果替代品的使用量较少，替代品就能降低买方的成本。例如，阿斯巴甜比糖精更甜，这表明要实现差不多的甜度，所需的阿斯巴甜用量较少，每磅阿斯巴甜的价格因此也应更高。实现特定结果的替代品用量往往受到替代品的纯度、密度、废品率或者运行速度的影响。

交付和安装成本。替代品对买方成本的影响取决于替代品相对于产品的交付和安装成本。交付和安装成本可能包括诸如运输成本、安装成本、校正成本、拓展或者调整储存替代品的空间成本以及替代品和产品之间其他可能存在差异的成本。

融资成本。替代品对买方成本的影响取决于替代品的相对采购成本。在比较拖车型住房和传统住房时，应意识到拖车型住房的融资渠道是汽车贷款，传统住房的融资渠道是房产贷款。汽车贷款更容易，利息也更高。在有些行业，融资成本占了总成本的很大比例。

价格的相对变动性或者替代品的可得性。买方为替代品付出的成本取决于替代品价格的相对变动性或者替代品（包括附带的零件或者服务）的可得性。买方应对替代品价格波动的成本较大，尤其是当供应产品走俏时。比如，陶制品的潜在利益包括它使用了大量的廉价原材料，而金属材料价格变化较大，金属零件的价格波动就大。价格波动和替代品不可直接获得的风险也部分取决于替代品相对于产品的可靠货源有多少。

买方支付的替代品成本受到企业当前是否有充分的能力满足关键买方需求情况的影响，尤其针对重要的生产要素时更是如此。除非买方有充分的能力，且有充分的供应货源，使其有较好的议价能力，否则买方会不愿意使用替代品。这就要求在替代发生前，替代品生产能力的增长要先于市场需求的增长。

使用替代品的直接成本。替代品对买方成本的影响不仅取决于初始成本，还取决于在整个产品生命周期内使用替代品相对于产品的现值。使用替代品的直接成本包括：

· 劳动成本（反映了必要的劳动力质量）。

· 诸如材料、汽油或者过滤器等易耗品。

· 保险。

· 置换周期。

· 维护的频率和本。

· 备件成本。
· 停工时间（按照其机会成本或者储备生产能力的成本计算）。
· 维持所需空间的成本。
· 残值。
· 拆卸成本。

在消费品领域，使用替代品的劳动成本是买方花费时间的隐性成本。比如，在冷冻餐饮业，买方获得的主要利益是相比其他食料，大大节省了准备时间。由于消费者使用时间并不涉及具体的金钱成本，因此很难对消费者的时间进行估价，第 4 章有关差异化的讨论可以为我们回答这个问题提供一些启示。

在电梯或者飞机发动机等众多行业里，在产品生命周期内使用替代品的成本将大于或等于购买替代品的初始价格，这在决定替代品的吸引力方面更有决定意义。例如，子午线卡车轮胎比斜交轮胎的里程数多 25%。子午线卡车轮胎被扎后停工的时间更少，且可以翻修两次，而斜交轮胎只能翻修一次。子午线卡车轮胎能提升燃油使用率 2%~6%。子午线卡车轮胎使用成本的降低足以抵消其高于普通轮胎 40%~50% 的溢价。

使用替代品的间接成本。使用替代品的相对成本必须能反映整个价值链的成本，而不仅仅是使用替代品的价值活动的直接成本。企业和买方常常忽略了这些间接或系统的影响。比如，材料自动传送带可以减少装配线上工人的数量，对其业务素质要求也较低，工厂需要的升降运送车的数量较少，与传统的材料运输方式相比对船运集装箱的强度要求也较低。同理，纸尿裤免去了储存和清洁脏尿布的需要，纸尿裤有固定胶贴和贴身裤型设计。电子收银机也是一个很好的例证，可以帮助零售商减少所需的存货，控制运营成本。而且，机械收银机还无法打印详细的实时交易数据。

在下列情况下，替代品会影响买方价值链其他活动的成本：

· 影响其他价值活动的生产效率。

· 影响其他原材料的需求或规定的质量水平。

· 要求具有不同的附带设备。

· 影响存货的需求。

· 影响规定的质量控制检查的频率和难度。

· 影响装运所需的包装材料的数量和类型。

· 影响产品重量和运输成本。

买方绩效。替代品的价值必须反映其与产品对买方绩效影响的差别。电信行业的电子开关系统比电视机开关更能适应新的要求。彩色电视机比黑白电视机的图像逼真度更高，因而娱乐性更强。替代品能大力提升买方绩效的另一个例证是一次性纸尿裤。纸尿裤比布尿裤更干净、更柔软，也不容易引起湿疹。和差异化的情况一样，从买方的角度看，替代品的绩效可能与人们心目中的地位和人际关系的质量等无形因素有关。虽然人们能估计替代品对买方绩效的影响，但未必能一直准确衡量。

机器人替代传统的人为操作机床就是一个很好的例子，它证明替代品会对直接使用成本、间接使用成本以及买方绩效产生影响。机器人提高了资本成本，降低了劳动力成本，还有可能提升使用机器人进行生产的效率。机器人还可以节省原材料成本，它们无休假的需要，但需要常规维护。机器人还可以改变传统生产所需要的原材料准备和处理过程。机器人潜在的绩效影响包括可靠性、灵活性和工作安全性更高。

功能的数量。替代品对买方成本和绩效的影响必须按照与产品相关的功能范围进行调整。如果买方看重额外的功能，替代品功能往往更多会提高其相对价值。当然，情况并非一直如此。功能更多可能以牺牲某些关键功能表现为代价。例如，带有游戏功能的个人电脑比电子游戏机的功能更多，但是电子游戏机使用更便捷，图像也更清晰。功能较少可能会减少替代品的价值，但是替代品对应的价格也会更少或者具备的小范围的功能表现更好。功能改变不仅能影响买方的绩效，还会改变买方的使用成本。上文所述的电子收银机就是一个很好的例证。

在计算相对价值 / 价格比中，对额外功能（减少的功能）的价值很难进行量化，这与差异化分析一样。这个问题在消费品行业中尤其严重，因为买方的绩效往往涉及满足不同的需要。对不同的功能进行估价的原则是检查涉及的功能如何影响买方的价值链，并计算对买方成本或者绩效的影响。评价特定功能的一种方法是寻找执行对应功能的单独产品及其对应的单价。评估影响买方成本功能的差异要比评估那些影响买方绩效的差异更容易。

互补产品的成本和绩效。替代品对买方成本和买方绩效的影响取决于与之同时使用的互补产品的成本和绩效与被替代品的成本和绩效的比较。例如，电影院面临着家庭影院和录像机等产品的威胁。去电影院观影的成本包括前往影院的交通时间和成本、停车费用以及购买爆米花等零食的成本。这些互补产品的采购成本在顾客选用家庭影院时不会产生。这也是观影费用在美国家庭娱乐开支比例从 1936 年的 8.2% 下降到 20 世纪 70 年代中期不到

3% 的原因。同理，对休闲娱乐设施的替代，包括汽车住房等产品的替代取决于汽油费、养路费和露营地点等因素。

不确定性。在替代品如何影响买方成本或者绩效的问题上常涉及很多不确定性，这肯定要在相对价值 / 价格比的计算中体现出来。不确定性产生的一大问题是替代品可能会在后续产品的生产过程中得到改进，这可以大大延迟买方的转换。通过特定的贴现因素降低替代品的既定价值，就可能给相对价值 / 价格比计算带来不确定性。

价值的感知。买方认定的替代品的相对价值 / 价格比能确定替代的威胁，而非实际的相对价值 / 价格比。买方对替代品的认识往往没有对已有产品认识得深刻，对于替代品的利益和功能的了解也是片面的，无法表现价值信号有可能会降低特定替代品的相对价值 / 价格比。在下列情况下，买方很难意识到替代品的利益：

· 替代品带来的好处在于逐渐降低使用成本，而非即刻降低使用成本。
· 替代品带来的好处是间接的，涉及很多价值活动，使用替代品的价值活动本身则未必有明显的直接优势。
· 替代品带来的好处在于逐渐提升买方绩效，而非即刻提升买方绩效。
· 要获得替代品带来的好处需要在买方行为或者产品使用方式上做出巨大变化。
· 对于替代品带来的好处，其可信性很难评价。

在上述情况中，买方未必都能完全理解替代品对其价值链的影响，因此有必要通过多种方式显示其价值信号。机器人替代传统的生产设备就属于这种情况，对价值的准确感知往往成为替代的壁垒。美国市场的情况比日本的情况更加明显。

买方很难辨认替代品的价值，这种情况时有发生，有时候也会出现相反的情况。替代品的出现有可能是为了展示新品的时髦或者进步，但人们对替代品的真正价值却鲜有了解。在电力供应行业中，有些买方转向新型开关模式技术，虽然传统的线性技术能更好地满足人们对开关的需要。在这种情况下，随着时间的推移，人们对替代品的真正价值的感知力会逐渐下降。

替代品在表达价值信号的时候与企业显示价值信号的方式不同（见第 4 章），可以使用诸如广告、销售队伍、产品展销和舆论导向等方式进行价值信号传播。对替代产品的知识和替代品行业在其价值信号传播方面的开销，决定了人们准确认识替代品价值的程度。口碑宣传和其他企业不能直接掌握的信息来源也很重要。

转换成本

替代的发生，总需要买方支付转换成本。转换成本常与相对价值 / 价格比进行对照。转换成本越高，替代越难发生。替代过程的转换成本与行业内改选供应商的过程是一样的。替代过程的转换成本要比转变供应商的成本更高，因为替代的完成，除了要求买方转向新的供应商，还要采用全新的方式来完成特定功能的执行。

转换成本源于替代品对买方价值链产生的影响，但是使用替代品的价值活动和替代品对其有间接影响的其他价值活动可能会要求一次性的转变成本。替代过程中需要的转换成本通常包括下列各项。

确定并证明货源的可靠性。寻找替代品的来源并搜集相关的信息构成了转换成本的一部分。此外，还要测试替代品，看其能否满足既定的绩效标准。验证64K存储芯片能否代替16K的预计成本为5万美元，过程持续长达一年。

重新设计或者重新配制的成本。要对买方的产品或者价值活动进行重新设计，使其接受替代品。用高果糖玉米糖浆代替糖来重新生产日用食品，除了支付现金成本，还得计算测试重新配置的产品所需的时间和机会成本。重新设计成本还有可能影响很多价值活动。厂房布局需要改变，才能充分利用新原料处理系统的优势。同理，采购煤炭气化生产的合成燃气而不是天然气，则要求用户改装燃气设备，因为合成燃气与天然气的本质有些不同。假如买方正在进行产品的更新换代或者建造新工厂，则重新设计或者重新配置的成本就较低。

再培训或者再学习的费用。转换成替代品往往要求学习使用替代品的方法或者改变使用模式。用惯手动打印机的打字员必须适应电脑更灵敏的键盘，而厨师使用微波炉后，就得学习全新的烹饪程序。同理，厂里的工程师和维修人员也得学着使用新型的机器设备。

再培训的成本除了学习和培训一次性支付的成本，还包括停工成本、过渡时期较高废弃率等产生的成本。假如替代品的使用方式与产品用法有很大不同，则再培训的成本较高。从黑白电视机转变成彩色电视机比较容易，从使用传统的炉灶转变成使用微波炉，就得学会微波炉的操作，了解包括程序、烹饪时间以及不同食品的最佳烹煮效果等信息。

用户角色的改变。除了要学习新的行为方式，替代还包括用户角色的变化，这有可能对转换成本产生积极或者消极的影响。生产程序的自动化可能使设备操作人员或者工程师的地位降低到被动或者从属的地位，集中反映在他们对替代品私下或者公开的抵制上。家庭主妇或者家庭主夫可能会抵制成品食品，因为它们剥夺了他们展示亲情的机会。

失败的风险。替代无法完成特定功能的风险也构成了转换成本的一部分。失败的成本根据具体产品的不同而不同。在光纤行业，将光导纤维用于较大规模的通信系统中，其失败的严重后果是买方不愿意放弃铜线和电缆，这些买家对采用新产品持非常保守的态度。

新型附属产品。使用替代品需要投资新的相关设备或者材料，包括检测工具、备件和软件等。附属产品的使用成本应该在计算替代品的相对价值 / 价格比的时候考虑到。重新购置设备的成本就是转换成本。投资新型附属产品的需要，主要取决于与替代品一同使用的设备或者零件的相对兼容性，以及替代品与相关产品共同使用的接口种类。与重新设计的成本一样，投资新的附属产品成本最低，因为这类产品最终会被重置。

转换成本以及再转换成本。替代品无法使用或者相对价值 / 价格比不利于买方的情况将决定回来用原先产品的成本。如果再次使用原先产品的成本不高，则转换的风险较低。使用原先产品的成本通常比转换成替代品的成本更低，因为先前使用过该产品表明买方知道如何使用这类产品，且已经具备了必要的附属产品。然而，有些转换成本，包括变更成本和布局变化成本在使用原有产品的过程中很难避免。当然还有些再转换成本比较特殊，比如买方感到困惑，不知所以。

再转换成本往往随着时间的推移而增加，而有些再转换成本与替代过程的时间长短无关。转换成本和再转换成本之间的关系对替代战略会产生影响，这一点我将在下文揭晓。

买方替代的倾向

在面对基本一样的经济动因时，处于不同境况、不同行业的买方未必有相同的替代倾向。境况的不同使得不同的买方在面对给定的相对价值 / 价格比和转换成本时有不同的反应，这类差异可以成为修正相对价值 / 价格比或转换成本的因素，在实践中最好区别对待。

资源。替代经常涉及资本和其他资源的提前投资。获得这些资源的渠道往往依据买方不同而不同。

风险概况。买方的风险概况各不相同，主要原因包括过去的历史、年龄和收入、所有权结构、背景和管理定位以及行业内的竞争性质。愿意冒险的买方相比规避风险的买方，更愿意使用替代品。

技术倾向。在技术变革上有丰富经验的买方不会过分担心某类替代风险，却能关注那些技术发展水平较低的企业容易忽视的替代风险。

先前的替代行为。买方实施第二次替代往往比首次替代更加容易，除非首次替代失败了。如果过去的替代成功了，那么能大大降低买方实施替代的不确定性；假如过去的替代比较困难，那么买方实施替代的不确定性会增加。在软饮料行业中，这种情况有助于阿斯巴甜的成功。

竞争的强度。买方承受了巨大的竞争压力，在努力寻求竞争优势时往往会快速实现替代，从而获得其他企业没有的竞争优势。

通用战略。工业、商业或者机构买方寻求的竞争优势不同，按照特定的时间价值乃至家庭消费者特定的绩效需要，替代品的相对价值 / 价格比的意义也不同。成本领先者对节约成本的替代品的兴趣往往大于实施差异战略企业对同类替代品的兴趣。

影响买方替代倾向的要素取决于采购决策过程中涉及的特定决策者。

细分和替代

在不同的行业细分领域中，替代品的身份和替代威胁各不相同。这是因为替代经济学因不同的产品种类和买方而不同，反映了结构和价值链的差异。因此，综合第 7 章和本章的分析，不仅可以揭示不同行业细分领域中的替代威胁，还有助于构建行业细分矩阵。

如果相对价值 / 价格比、转换成本或者替代倾向不同，那么可以按照买方的类别来区分替代威胁。一个行业内不同的买方面对的替代品相对价值 / 价格比会有所不同，主要是买方使用产品的方式、对待不同产品功能的态度以及产品对其价值链的影响都有区别。在上文提到的跑马场的例子中，主要来此地娱乐的人面对的替代品与来此赌博的人面对的替代品不同。同理，子午线卡车轮胎的行驶里程数和翻修能力对长途车队的意义要大于其对本地接送和运输车队的意义。按照这一原理，一次性纸尿裤的方便的使用价值对双职工家庭的意义要大于有全职太太操持家务的家庭。

行业内不同买方需要支付的转换成本也不同。再培训的费用取决于先行的程序，重新设计或者新附属产品的需要与产品的具体使用方式有关。买方替代的倾向在各个买方之间大相径庭，取决于买方的资源、定位等因素。在许多消费品领域，替代首先发生在资源丰富的高收入买方身上，因为这些买方能够买得起昂贵的新产品。

不同的买方细分领域，对应的替代威胁不同，小型企业采用个人电脑就是一个有力的例证。个人电脑可以用来替代手动工作方式（比如标准的办公设备）和电脑服务机构。图 8–1 表明，个人电脑在小型企业中的渗透程度与企业的规模有关。个人电脑在大型公司的渗透程度更高，因为这些企业有更复杂的文书工作，更加需要办公自动化，在资本采购中有更多资源可供投资。

替代威胁不仅依据不同的买方细分领域而不同，也会根据不同的产品种类、地理范围和渠道显示出不同的特征。替代品可以执行不同的功能，企业使用替代品的方式也各不相同，因此替代品对应的相对价值 / 价格比或转换成本的区别较大。大型办公用打字机更容易被文字处理器替代，而被便携式电动打字机替代的概率相对较小，因为文字处理器的特殊功能和校正功能比便携式个人打字机更适用于大型办工场所。

替代品的渗透往往与行业细分的差异一致。通过扩大其服务细分领域的数量，替代品按照其相对价值 / 价格比和转换成本的顺序渗透入新的细分领域。因此细分和替代的互动对理解替代的路径有重要意义，这一点我将在下文中详述。

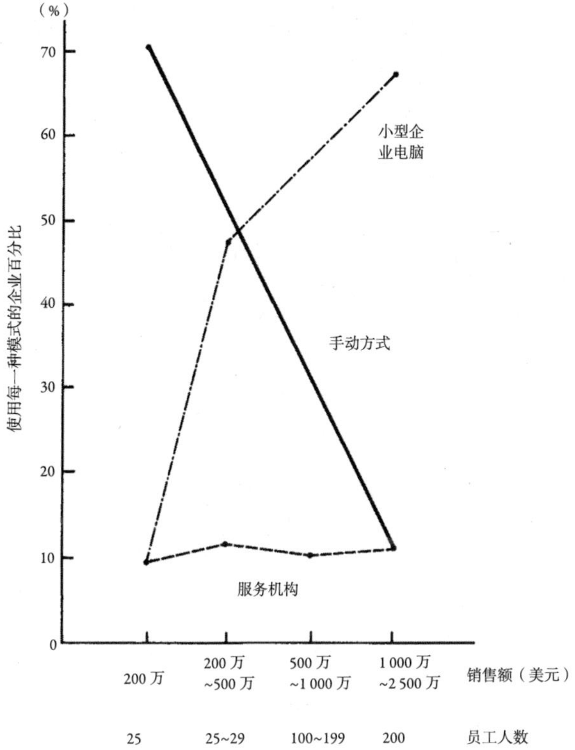

图 8-1　小型企业中个人电脑的使用情况(1981 年)

替代威胁的变化

替代的威胁随着时间的推移而发生变化，进而对替代的模式产生影响。替代威胁有很多变化的源泉，可以预测，且受到企业进攻战略或者防御战略的影响。替代威胁的变化在五大领域里发生，遵循替代的经济性规律。

· 相对价格的变化。

· 相对价值的变化。

· 买方对价值看法的变化。

· 转换成本的变化。

· 替代倾向的变化。

当下列情况发生时，相对价格会改变。第一，替代品和产品的相对成本发生变化，且变化的一部分或全部被转嫁给了买方。第二，替代品和产品的利润率发生了变化。当替代品和产品发生了不同程度的价值改变时，相对价值就发生了变化。买方对价值的看法依赖于信息的传播。当替代品进行了重新设计或者早期选用替代品的买方承担了后来转换者所需承担的成本时，转换成本就发生了变化。买方替代的倾向取决于不断变化的买方态度、资源和竞争条件。

替代威胁随着时间的流逝而变化，由行业结构以及替代品行业和被威胁行业的竞争对手行为决定。替代品行业的竞争企业处于进攻状态，而被替代品行业的竞争企业处于防御状态。这两个行业开始了一场影响替代过程的较量。行业结构将改变行业竞争的性质以及企业对待替代过程的行为。由于竞争对手的行为将影响替代过程在某个方向或者其他方向的轨迹，竞争对手在决定入行投资的对象时非常重要。如果替代行业的竞争对手资本雄厚，那么可以按照对自己有利的方向，针对降低成本、价值信号或者设定较低的初始价格等方面做出更好的投资。同理，其他竞争企业的战略行动也会影响替代的过程，比如美国无线电公司决定向众多企业授权使用其彩电技术。因此，面对替代威胁，决定未来变化的其实是行业结构和竞争对手行为对替代各要素的预期影响。

替代在五个领域中起决定作用的因素如下。

改变相对价格

相对成本的变化。替代品和产品相互竞争，以改善其相对成本地位。替代品在替代的过程中往往通过规模经济或者学习的作用来改善其相对成本地位。例如，因为这些原因，碳纤维的价格从20世纪70年代初的每磅100美元降低到1982年的20美元或者25美元，推动了碳纤维替代钢和铝在汽车和飞机上的应用。降低替代品相对成本的另一个因素是技术变化降低了完成特定功能所需要的替代品数量，本章开篇列举的铝制品行业和海上钻井技术的例子就说明了这一点。这些改善是以大量出售替代品为前提的。假如替代品的成功抬高了原材料的成本，那么替代品的成本也很容易上升。

当行业面临替代品的威胁时，降低该行业内产品成本的机会较少，主要是因为行业发展的年限和成熟程度。此外，替代品的渗透也降低了企业在被威胁行业中的规模和产能利用率，进而抬高了成本。然而，这些睡意蒙眬的行业在面对替代品的威胁时，大大降低了成本，因而很难笼统地总结相对成本变化的情况。

替代品的相对成本行为可以按照第3章的框架进行分析，借此确定替代品和产品的成本驱动要素。随着时间改变的成本行为取决于这些成本驱动要素的相互作用以及竞争对手的行为。有时候，替代品和产品过去的成本趋势曲线会清楚地反映未来相对成本的情况。但是，完全依靠过去的趋势来判定将来是不可靠的，因为被威胁行业会对之做出反应，而替代早期发生的成本减少不可能持久。想预期相对成本的变化，要求我们预估规模、学习的增加和其他因素对替代品成本的影响，并与被替代品通过重新设计、重新定位或者引进新工艺技术来降低成本的能力进行比较。第3章描述的成本动态的源泉还表明了有可能发生的其他重要的相对成本变化，包括不同的通货膨胀率。

利润率的变化。替代品和产品的价格中包含了利润率。替代品和产品的相对利润率是一个随着时间而变化的关键因素。相对利润率变化的常见理由是被威胁的行业降低了利润率来对抗替代品的威胁。视频游戏行业利润率之所以迅速缩水，是因为要抵御个人电脑的来袭。在企业最终退出市场前，被替代行业利润率下降的最大程度取决于最初的利润率以及行业是否存在退出壁垒，迫使企业即使回报率很低，也不得不留在行业内继续竞争。

替代品的利润率会随着替代的持续而发生改变，受到替代品行业结构的影响。如果最先进入替代品行业的企业在赢利，且进入壁垒不高，则替代品的利润率会随着新公司的进入而快速下跌。替代品一开始渗透成功可能会导致出售替代品的企业设定新的渗透低价。在出售替代品时形成的竞争会随着时间的推移日益激烈，主要是因为替代品日渐标准化，且一开始爆炸性的增长在逐步放缓，个人电脑行业的情况就说明了这一点。替代品的日渐渗透还会提升买方后向一体化的威胁。所有这些因素都有可能降低替代品的利润率。替代品和产品的利润率取决于变化的行业结构所产生的影响。从某种程度上讲，利润率和行业结构变化彼此影响着对方。

改变相对价值

替代品对买方的相对价值会因为技术的变化、服务水平的提高以及其他众多理由而发生变化。替代品的生产商往往在制定自身价值链、满足买方的需求方面具有突出的优势，而产品的生产商则在努力寻找提升价值的方法。第4章描述了决定买方价值的因素，这些因素将不断变化。变化的源泉是替代品和产品领域技术变革的相对速度、基础设施的发展以及制度因素。

替代品和产品正在进行技术竞赛，以期更快地提高价值。可以通过使用第5章的概念来分析技术变革可能的步骤和程度。替代品若处在新兴行业，就很有可能有技术变化的先进性。第5章的诸多例证表明，被威胁的产品或者工艺能够获得重要的技术变革。技术变化的相对步骤也会受到资源和竞争对手技能的重要影响。用玻璃塑料和铝制品替代钢，则塑料和铝制品企业的伟大技术变革是导致这些行业内变化步伐加快的主要原因。

因为有发展更好的基础设施的支持和帮助，随着时间的推移，相对价值 / 价格比会朝着有利于替代品的方向发展。当替代品在市场上站稳脚跟后，企业常常会大量建设新的维修点，且将替代品纳入固定的排产计划，寻找知名的批发商作为销售渠道。替代品的可得性提升了，这就降低了替代品供应短缺的风险。

替代品的相对价值 / 价格比会随着各类外来要素和制度因素的改变而变化。在住房挡板行业，由于人们发现氯乙烯有可能致癌，聚氯乙烯对铝材料的替代遭受了巨大的阻力。同理，太阳能供暖系统产品的渗透受到了政府政策变化以及能源价格前景不稳定等因素的冲击，而人们对胆固醇和钠摄入量的关注改变了对食品产品的相对价值的看法。这些外来要素的影响力巨大，却很难预测。

改变买方对价值的认知

在替代过程中，买方对价值的认知经常发生改变，而时间和营销行为是为了改变买方对待替代品和产品的态度。在替代过程中，当买方日益了解替代品的用途时，人们会意识到替代品价值的地位。在机翼和相关领域中，碳纤维作为钢、钛和铝的替代物的一大阻碍因素是多数工程师不知道如何用纤维进行设计。而碳纤维的属性非常特殊，只有设计者充分了解这些材料的性质，才能充分利用其优点。设计师加深了对碳纤维属性的了解后，提升了对碳纤维价值的认识。时间是把双刃剑，有可能对替代品有利，也有可能对其不利。很多替代品出现的时候，买方过高估计了其价值，时间和实践将检验这些替代品的价值。

对替代品和产品价值的认知会受到价值活动的相对强度和创意的影响。为提升消费者对替代品的意识开展的各项活动，会受到被威胁行业加倍提升产品认知价值活动的阻挠。美国唱片行业推出了“音乐之礼”，以应对视频娱乐产品的发展对唱片销售量的冲击。唱片生产商发行的每张唱片，其中有 0.5 美分用于广告宣传，强调了唱片作为礼品的优势。哪些活动能够显示替代品的价值？这取决于产品的价值信号的显示标准。

改变转换成本

使用替代品的转换成本往往随着时间的推移而逐渐下降。一个原因是早期的转换者开发程序、设计或者标准，为以后的转换者承担了部分成本。早期使用铝罐替代钢罐的厂商可以开发产品标准和罐身平版印刷商标的方法。转换成本随着时间的推移不断下降，因为替代品的设计更符合附属设备或者供应商开发使买方转换成本最小化的程序。此外，第三方的出现也会降低转换成本，包括咨询师、安装服务和培训服务供应商。在办公设备领域，咨询服务和培训公司也在茁壮成长，推动了办公自动化的转变过程。

转换成本部分取决于买方的技术选择。当买方改变了自己的产品和生产工艺时，转换成本也会发生变化。在铝材对钢材和铸钢的替代中，买方的新技术降低了转换成本。自动化生产商建立了更加灵活的厂房，有能力加工铝材或者铸钢，而罐装生产商的新生产线能生产铝罐和易拉罐。

改变转换倾向

使用成功替代品的倾向会日益强烈。使用替代品早期的成功会减缓买方的风险规避倾向，同时出于竞争的考虑，为了避免早期转换者使用替代品有可能使自己处于劣势，买方可能会发生转换。

替代和总体行业需求

除了从现有的产品中分得市场份额，替代品有可能增加或者减少行业需求。具有更长生命周期的替代品经过了刺激快速替换的初始阶段后，会降低整体行业需求。在保质期更长的子午线轮胎替代了斜交轮胎时就出现了这种情况。

假如替代品扩大行业，提升了使用率或者替代率，那么替代品的渗透就会增加总体的行业需求。便携式盒式录音机，包括索尼的随身听，在从传统的录放机那里夺取市场份额的同时，也拓展了整个盒式录音机的市场。同理，引进一次性圆珠笔，主要由比克公司牵头，不仅刺激了对传统钢笔的替代，还刺激了每个买方对圆珠笔的整体购买量。为了预计替代品长期的绝对销售量，替代品对行业的整体需求量必须与替代的路径综合起来考虑。

替代和行业结构

替代品的渗透有可能对行业结构产生次级效应。替代品可能改变买方的成本结构，提升或者降低价格敏感度。替代品也可以要求新的供应商，而替代品的进入壁垒与产品的壁垒会有所不同。因此，必须把替代品的情况作为一个新行业来分析，而不能单纯当作产品的变化。对比产品行业结构的吸引力，替代品行业的结构吸引力可大可小，这对于替代品的战略有着重要的影响。

替代曲线

一个行业的替代曲线取决于相对价值 / 价格比，以及人们对相对价值 / 价格比、转换成本以及买方替代倾向的变化的认知情况。不同行业替代品的渗透速度各不相同。有些替代品很快被市场接受，有些替代品渗透速度很慢，甚至无法被市场接受，直接停产。在很多行业里，成功的替代品的替代曲线呈现 S 形，图 8–2 显示了替代品满足整体需求百分比和时间的对比曲线。

S 形的替代曲线与我们熟知的产品生命周期曲线紧密相关。处于生命周期初期的产品很少被其他产品替代。S 形的替代曲线并不是每种成功替代的必经之路。有必要理解 S 形曲线发生的理由，并找到决定替代的经济因素。若某种替代的经济学原理呈现 S 形曲线，则可以用多种方法预测替代速度。

如图 8–2 显示的 S 形曲线所示，替代一开始比较缓慢，之后很长时间内保持了较低的水平，这个时期称为“认识和测试阶段”。除非替代品出现了产品瑕疵或者被替代的行业试图反击替代品，进而抵消了替代品的优势，否则替代品的渗透往往会快速进入“腾飞时期”，迅速达到代表渗透的上限。这个上限取决于替代品对其有充分价值的买方数量。替代的上限值会随着时间的推移而变化，技术的变化或者买方需求会吸引或者驱逐买方在行业中进进出出。

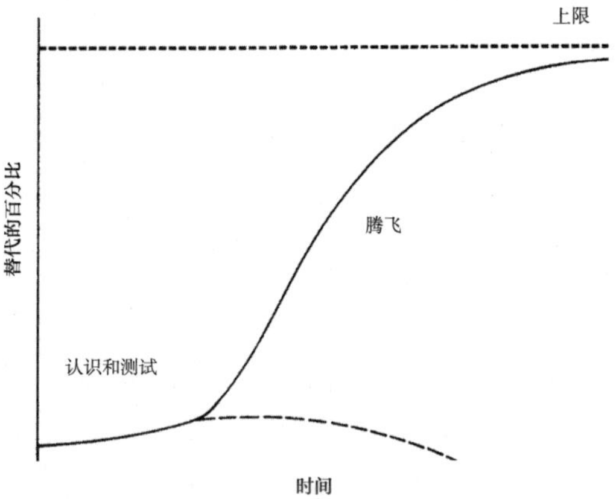

图 8–2 典型的 S 形替代曲线

S 形替代曲线的发生反映了人们对相对价值 / 价格比、转换成本和买方替代倾向的估计值和实际值相互作用的看法。一开始，替代品的表现有可能不确定，只有少数几家工厂有能力供应，很多买方对替代品或者其特征缺乏了解。由于替代品产量较低，供应商从中大量谋利，导致替代品的价格较高。替代品的价值不确定，转换成本却很清楚。由于买方和供应商不熟悉替代品的使用方法，转换成本往往很高。另外，在得到替代品的好处前，得先承担转换成本。

在认识和测试阶段，有些愿意冒险的买方或者高度重视替代品质量的买方认为相对价值 / 价格比很高，会试用替代品或者永远使用替代品。在这个阶段，替代品将证明其价值或者显现其缺点。当替代品的缺点被证明无法改正时，替代品便无法渗透市场。相反，当替代品经过改善后，有时候替代品将退出市场，并重新引入新产品。同时，营销措施和口碑营销将吸引更多意识到替代品优势的买方，并提升对替代品价值的认知程度。

假设早期转用替代品的买方实现了既定的价值，则替代品的渗透速度将加快，替代将沿着S形的替代曲线发生。有多种原因导致了这种现象的发生。第一，价值认知的不确定性和替代品失败的风险会随着早期使用替代品的买方的成功而降低。第二，一旦少数买方成功地转用了替代品，竞争压力将迫使其他买方也开始为保持自己的成本地位或者差异化（甚至保持自身在消费者心目中的形象）转向替代品。第三，转换成本会因上文描述的原因降低。第四，越来越多的买方将使用替代品，这加深了消费者对替代品的认可度。第五，替代品不断渗透市场，通过规模经济和学习的深入降低成本。第六，引进新的产品种类将开拓新的行业细分领域。第七，因为有新的竞争对手进入替代品所在的行业，替代品的加速渗透会促进供应商更激进地开展定价、营销和研发活动，这些因素都能使自我实力加强，导致替代品的飞快渗透。

最后，替代品的渗透率接近完成，即遍布认定替代品有吸引力的全部买方。这种情况发生后，渗透逐渐变慢，因为向新的买方渗透将越来越难。然而，相对价值/价格比的增加或者新的替代品种类的增加会增加潜在买方的数量，为替代品的增长提供了新的机会。图8–2的上限将不断上升，买方的数量也将不断上升。

同时，买方使用替代品的方式也会增加或者减少市场对替代品的需求。比如在电视机行业，彩电渗透进市场后，黑白电视机的销售也走俏，因为普通民众家里往往有两台电视机，有时候甚至有三四台电视机。同理，在电动剃须刀替代传统剃刀的过程中，小型便携式剃须刀因其低价、功能丰富、使用灵活等特点，改变了替代品渗透的上限。图 8–2 显示的上限包含了更多的买方数量。

认识和测试阶段的长短取决于多种要素。替代品的相对价值 / 价格比的上升幅度很重要，替代品渗透的动机越强，认识和测试的时期越短。证明替代品功能所需要的时间因产品而不同，它也会严重影响测试阶段的时间。自动咖啡机的性能可以在几个星期或者几个月内得到验证，而新的大型设备可能需要几年生产线的使用才能验证其真正的性能。行业生产替代品，并提升其性能或者成本地位，从而建立充分的生产能力来服务于主要的买方，这些行为所需要的时间也会影响测试阶段的长度。最后，买方行业竞争的强度以及相对价值 / 价格比对替代品竞争的重要性也会影响测试时期的长短，因为它们决定了买方转向替代品时承受的竞争对手模仿的压力。

腾飞阶段曲线的陡峭程度取决于替代品渗透行业的程度和理由。在向激烈竞争的买方行业销售替代品时，替代品的腾飞非常迅速。腾飞阶段曲线的陡峭程度由转向替代品的时间和替代品的生产能力决定。买方行业的采购周期也很重要，因为当买方再次进行订购或者置换现有的产品时，更有可能转向替代品。这将减少废弃还剩几年使用期限的产品或者买方有大量存货时相关的转换成本。同理，当买方市场在不断增长，且能投资新的设施和装备时，转向耐用品的替代过程能更迅速地完成。

受到替代威胁的行业对替代品的反应将严重影响替代的轨迹。受到威胁的行业做出了激进的反应会阻止替代品的渗透或者大大延迟其渗透过程。相反，可靠的竞争对手进入替代品行业会加速替代品的市场渗透，比如 IBM 进入个人电脑领域，柯达进入即时成像照相机领域就证明了这一点。当行业内拥有多个买方时，典型的替代轨迹如图 8-2 所示。在买方较少的行业里，主要买方所做的决定可以一夜之间改变替代曲线。在这种情况下，最好对每个买方进行替代分析。

细分和替代曲线

行业的替代曲线与行业细分紧密相连。早期渗透发生在替代的相对价值 / 价格比最高、转换成本最低或买方最有冒险精神、替代品对买方价值最高的行业细分领域。早期划分的细分领域会支持替代品成本的降低和绩效的提升，为其渗透后续的细分领域做好准备。替代品针对早期的细分领域较高的定价能抵消替代品较高的初始成本，使生产商获得高额利润。当价值较低的替代品渗透了对应的细分领域后，替代行业的利润率往往会降低。

微型计算机的替代过程说明了替代曲线与行业细分紧密相关。微型计算机最先渗透的细分领域是科技领域和计算机中心应用范围，这些领域需要计算能力，但用户无法完成编程，也无法按照自身的需要来改良设备或者自我完成某些维护服务。微型计算机后来渗透的领域包括工业控制领域。在这些领域里，买方拥有成熟的技术，对产品支持的要求不高。过了一段时间，微型计算机才开发了针对小型企业应用的服务和支持业务。

替代品率先渗透某些细分领域取决于一些要素的作用，这表明替代品渗透不同的细分领域的速度不同。不同细分领域的相对价值 / 价格比和转换成本不同，替代品在不同的细分领域的渗透速度也不同。因此，行业替代曲线是多个细分领域替代曲线的综合。

替代预期模型

成功的替代往往遵循S形的渗透曲线，这个观点常常可以用来帮助我们预测替代的发生。基于S形的渗透曲线，可以主要针对创新扩散过程的研究建立起多个替代模型。最初几年的数据可以借助替代预测模型来预期整个替代曲线的发生情况，前提是S形渗透曲线必然发生。预期的替代曲线将成为决定替代过程经济学原理分析的基础。为反映特定替代过程的经济学原理，对标准的S形曲线进行调整可以帮助我们对未来几年内的替代程度进行预估。这个过程的前提是S形替代曲线的趋势必然发生，早期的渗透数据可以引导我们完成后续的分析。

最经常使用的传播模型是所谓的逻辑函数，这是一种指数函数。适用于替代的函数形式具体如下：

$$\frac{F}{1-F}=\text{指数 K（时间）}$$

其中，F= 已使用替代品的市场占全部潜在市场的比例

K= 与替代品早期增长率相同的常数

该逻辑函数有两个假设：第一，假如替代已经开展了百分之几，它会一直进行直至完成为止；第二，替代品的替代比率与被替代的余数成比例。后面一个假设导致了S形替代的发生。假如F/（1–F）是标注在半对数坐标轴上的时间函数，逻辑函数的替代曲线将是斜率为K的一条直线，如图8–3所示。

假如决定S形替代曲线的逻辑原理在特定的替代过程中起作用，而且部分替代率的假设也成立，那么可以应用逻辑函数来预

测将来发生的替代轨迹。为此，替代历史的数据可以用来决定每年的 F/（1–F）值。将 F/（1–F）对应时间的关系画在半对数坐标轴上，可得到一条与早期历史重合的直线。按照逻辑曲线的原理，延长这条直线可以得出未来的替代曲线。

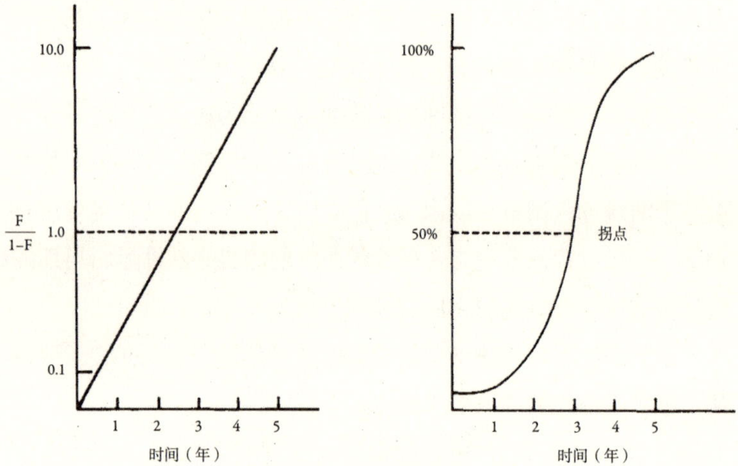

图 8–3　典型的逻辑函数曲线

具体过程如图 8–4 所示。该图显示了啤酒罐行业中铝最初替代钢的情况。早期的替代历程完全符合逻辑曲线。按照历史的轨迹，如果逻辑曲线站得住脚，我们可以预计截至 1982 年，替代程度大约达到 91%。这种估计的精度取决于逻辑曲线反映特定行业替代经济学原理的程度。这里有个重要的问题是潜在市场的规模及其上限。在饮料罐的例子中，逻辑曲线的上限非常清楚。当上限不断上升时，逻辑曲线往往有过高估计渗透率的倾向。替代过程后期的另一个重要问题是执行既定功能要求使用替代品的强度将随着时间的推移而变化。

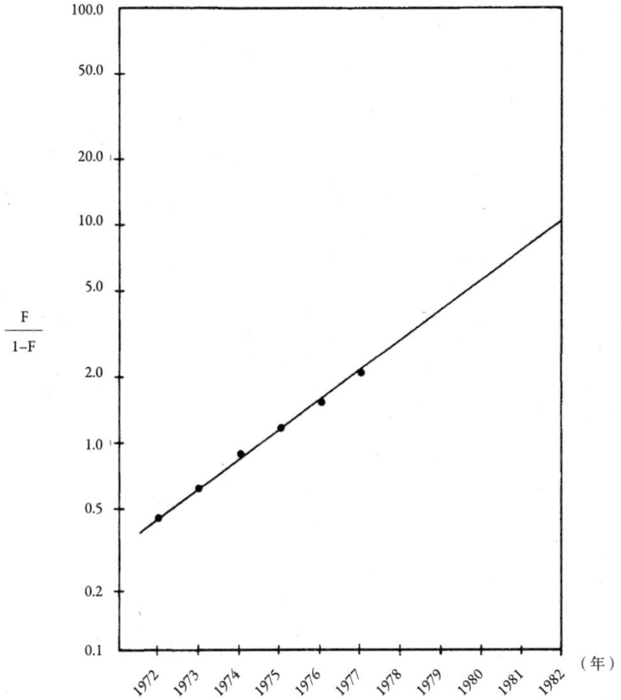

图 8-4　啤酒罐行业铝对钢的早期替代

注：F/1-F 在 1.0 处，对应 50% 替代水平。

是否按照替代历史轨迹划定的逻辑曲线进行替代，最重要的问题是相对价值 / 价格比推动替代进程的程度如何随着时间的推移而变化。逻辑曲线认定替代的动力比较稳定，如果相对价值 / 价格比下降，替代品的渗透将减缓，但这在逻辑曲线上永远不会出现。相反，如果替代品的相对价值 / 价格比上升，替代品的渗透率则会从早期的缓缓上升状态迅速转变成快速攀升。图 8–5 显示了啤酒行业发生的情况。

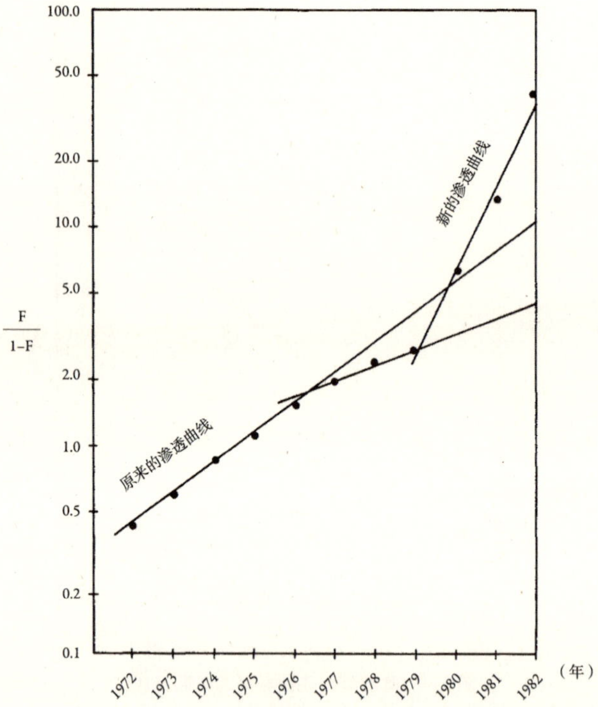

图 8–5　啤酒瓶罐业铝罐对钢罐的替代

1976 年以后，两项钢罐装技术使得铝罐的渗透速度减慢。皇冠软木与封装公司引进了新型的钢罐制造技术，大大降低了铝罐的相对价值 / 价格比。但是，1978 年，啤酒行业排名第二的米勒啤酒公司宣布正式开展利用铝罐替代钢罐的测试。在等待测试的结果时，替代的速度进一步放缓。1979 年米勒决定转向铝罐。

米勒一转向铝罐，铝罐替代钢罐的速度就大大快于1976年的情况，米勒公司证明了替代的可行性。铝罐在1979年快速渗透的另一个理由是铝罐比钢罐更容易回收，且回收周期更短。1982年，铝罐的渗透率达到了98%。而此前根据历史渗透数据和逻辑曲线的预计，1982年铝罐的渗透率应该是91%。

在饮料罐这个例子中，逻辑曲线不能取代替代分析。逻辑曲线是我们详细分析替代经济学的起点。不同行业的替代轨迹各不相同，会受到技术变化和竞争实力的影响。为了有效地使用逻辑曲线，必须确定相对价值 / 价格比，充分理解并预计转换成本和在特定行业内的替代倾向以及相关因素的变化。鉴于替代品经济学原理因不同的细分领域而不同，必须按照细分领域而不是行业水平勾勒逻辑曲线。比如，啤酒制造商对瓶罐有不同的需要，有关铝罐替代钢罐的笼统的逻辑曲线就不如对啤酒罐本身两类瓶罐的替代逻辑曲线更有针对性。

替代和竞争战略

替代的经济学原理对试图推动或者抵御替代的企业具有重要的战略意义。抵御替代的防御战略在很大程度上与推动替代的进攻战略相反。我将首先介绍推动替代的战略，接着描述抵御替代的战略。

推动替代的战略

企业可以通过提升相对价值 / 价格比、降低转换成本或者提升买方的替代倾向等战略措施来触发或者加速替代的过程。当然上述措施都需要付出一定的代价，可以参考下列几个有关推动替代的做法。

1. **瞄准早期的转换者**。在前文中我强调了行业中的某些买方和买方细分领域因为具备更高的替代相对价值/价格比、更低的转换成本或者更强烈的替代倾向等，更有可能采用替代品。替代品瞄准的细分领域的排序是替代战略最重要的内容。试图寻找替代的企业应该集中精力对付早期的转换者，然后利用自身与买方的交易记录获得更多的支持，触发自我发展的腾飞阶段。早期的转换者可以是那些重新设计产品、更换设备或者急需使用替代品提供价值以及具有冒险精神的采购者。为了赢得这些买方的青睐，企业必须进行替代尝试。例如，莫纳罗公司将一种坚果以非常有竞争力的价格出售给航空公司，获得了试用的机会。

2. **提升企业在替代品相对价值/价格比影响最大的行业中的供应量**。产品以及价值链的改进对替代的影响越大，替代品的相对价值/价格比受到的影响越大。在深刻理解了相对价值/价格比的基础后，按照先前提出的分析框架，企业能够决定自己的研发活动和营销活动的任务优先级。例如，在彩电行业里，买方从黑白电视转向彩电是因为偏好良好的图像质量，因此替代过程一开始，画质就比功能或者样式对相对价值/价值比的影响更大。同理，在许多行业里，真正的问题不是实际产品的性能，而是买方拿不准替代品。面对这种情况，向买方提供保证就是推动替代的有效工具。

3. **降低转换成本或者为转换成本提供补贴**。假定替代品具有绝佳的相对价值/价格比，则降低转换成本的投资在刺激替代过程中将扮演重要的角色。企业应该把部分技术开发用在降低转换成本的措施上，并且创造多种途径推进信息在买方间的传播，这与利用说明手册或者业务通信进行宣传一样直接有效。

企业为某些买方的转换成本进行补贴，这样做好处很多。企业不需要对所有买方的转换成本进行补贴，只需要补贴那些采用了替代品后能够触发替代过程进入腾飞阶段的主要买方就可以了。这些买方是舆论引导者，对其他买方来说，这些企业是可靠的价值风向标。补贴转换成本包括免费培训、支付产品重新配置或者测验的费用、提供或者辅助附属设备的设计、辅助生产程序的改良、授予高昂的抵换折让、提供退货保证以及免费登门示范等。

4. **投资显示价值信号的活动**。替代品面临的主要障碍可能是潜在买方缺乏对替代品的认识和了解。企业要确定买方用来评判替代品价值的最重要的显示价值信号标准，并大力投入，尽可能影响这些标准。买方往往会误解替代品的相对价值 / 价格比，尤其当相对价值 / 价格比不明显，但具有上文具备的特征时。因此，显示价值信号对于成功的替代过程非常有用。

5. **使用初步的前向一体化或诱发后向一体化来实现促销作用**。铝业成功实施的战略是有选择性地对下游产品进行前向一体化，创建市场对替代品的需要。相关的战略将刺激终端用户进行后向一体化，进入中间行业，借此绕开那些不愿意进行替代的生产商。通过前向一体化，创建终端用户的需要，企业有时候能够逼迫顽固的中间商买方来承担替代的转换成本。前向一体化还可以显示替代品的绩效，成为发展替代品使用程序或者降低转换成本的重要手段。

初步的前向一体化在终端用户面对全新的替代转换成本时是最有效的，而中间买方则面临着重大的转换成本。金属瓶罐的情况就是这样，饮料制造商转向铝罐更容易，但要承担启用新设备的昂贵的投资成本。

6. 确保替代品的多重来源或充分的生产能力。当替代品只有一个来源或者替代品供应商不具备充足的生产能力来满足预期需求时，主要的买方往往不会承担替代的成本和风险。通过鼓励多家企业进入替代品行业或者在市场上对替代品的需求大增前获得足够的生产能力，可以解决这些问题，这样就能推进替代的过程，这也证明了友好互利型竞争对手对企业更有利（见第6章）。

7. 推进对互补产品或者基础设施的改良。企业如果能够推进互补产品或者基础设施的成本地位或者质量的提升，就能提升替代品的相对价值/价格比或者降低转换成本。这就证明了投资发展互补产品的技术并与其他企业免费共享成果的做法非常有益，还证明与互补产品生产商建立合资企业或者确立其他联系，或者创建服务机构等基础设施很有必要。比如，美国无线电公司（RCA）培训了很多维修人员，可以为所有的电视机提供维修服务。

8. 用替代品定价来平衡相对价值/价格比与创造壁垒之间的关系。替代品的定价能让买方尝到一点儿甜头，好让其有充分的理由转移到替代产品。替代品的价格与相对价值/价格比的接近程度取决于行业结构。在行业存在较高进入壁垒的情况下，制造替代品的企业最好首先以高价渗透高价值细分领域，然后慢慢替代，逐渐降价，最后夺取低价值细分领域。在存在先发优势的行业里（见第5章），企业应该牺牲短期利益，实现快速渗透，并建立进入壁垒，保护长期利益。进入壁垒低，企业必须在其他企业进入行业、损害其地位前迅速获得各种利益。

9. **构建新的功能来扩展替代品的市场**。构建替代品的新功能能够扩展潜在的市场，这不仅在产品设计和功能选择方面很重要，在定价策略方面也很重要。在鲜花行业，欧洲零售商意识到低价鲜花能为其拓展全新的功能，除了传统的婚礼和其他庆典批量使用鲜花，日常装饰成为新的业务。因此，欧洲的鲜花市场比美国市场大得多，美国市场的鲜花定价更高。很多行业接受了需求饱和的现实，而不愿寻求新的替代可能。

10. **如果替代的竞争地位无法持久，就应该实施收割策略**。如果企业在替代品行业能够保持持久的竞争地位，且行业结构比较吸引人，企业就会为赢得市场份额而投资。否则，企业与其通过定价策略延迟其他企业进入市场或者拓展市场，不如在替代过程初期抓紧获利时机。成功的替代品未必就是好买卖。

抵御替代品

抵御替代品的第一步是确定所有的替代品。这项任务难度更高，要求人们完成各种基本功能。抵御替代品的战略与上文描述的战略刚好相反。

- 通过降低成本、改进产品、提升互补产品来改善替代品的相对价值/价格比。
- 修正产品形象。
- 提高转换成本。
- 对针对买方的激进销售行为予以阻止。

当转换成本很高时，企业必须努力投资短期持有行为，拖延转换行为，同时不放弃从根本上改善相对价值/价格比的努力。

由于从替代品再转换回原来产品的成本很高，启用替代品赔本的企业将很难赢回利润。

除了上述措施，还有一些做法在我们抵御替代品的时候值得考虑。

1. **寻找产品不受替代品影响的用途**。有时候，产品面临替代时，可以重新定位其功能和用途。艾禾美的苏打粉就是个很好的例证。经过 10 年的营销活动，50% 的美国冰箱使用艾禾美作为除臭剂，远远超越了苏打粉原有的用途。

2. **绕过替代品的优势重新定义竞争**。替代品相对价值 / 价格比的优势通常源自低价或者特定的价值。良好的抵御战略能够引导行业竞争，避开替代品的这些优势。要抵御低价替代品，可能要采取延长保质期、增加技术支持或者新的产品特色等措施。

3. **联合供应商加入抵御替代品的战斗**。重要生产要素的供应商在抵御替代之战上也有极大的利害关系，它们可以为抵御替代品提供重要的资源和工艺技能。高成本的生产要素供应商或者对价值链有重大影响的供应商就是最好的联盟对象。

4. **针对那些最不可能被替代的细分领域重新制定战略**。有些产品或者买方细分领域不太可能被替代，遭受替代品攻击的企业最好集中精力对其实施抵御战略。企业也可以从这些细分领域中退出，或者从最有可能被替代的细分领域中及时收割现有的竞争利益。尽早从这些细分领域中退出，可以为企业及时收割并兑现现有竞争利益或者资产的折现值创造条件。若退出时间晚了，获得的现金量将大大减少，甚至根本得不到任何现金。

5. **及时收割，不要一味抵御**。根据替代品将来可能的相对价值 / 价格比和抵御战略的可行性，面临替代的最佳战略就是及时收割当前的竞争地位带来的利益，而不是一味投资抵御替代品的措施。这些战略包括专注于那些替代进程最慢以及有可能提价的细分领域。

6. **进入替代行业**。与其将替代品看成威胁，不如把替代品的出现当成一个机会。进入替代品行业能让企业及时获取替代品和产品之间的竞争优势，这些关联可以是共同的销售渠道和买方等。

行业和企业替代战略

替代过程一部分受企业控制，一部分取决于整个行业的发展。无论单个企业的主营业务是什么，它们总会受到行业形象和整个行业产品的一致性等因素的影响，这些因素影响了买方的态度，有可能让买方搞不清楚替代品的利益。这表明，整个行业的行动可以有效地补充个别企业推动或者抵御替代的做法。例如，新西兰猕猴桃制造商通过赞助整个行业培育同一品种水果的研发行动（从 20 种下降到一种），并在所有种植园中推广这种单一品种，极大地促进了猕猴桃对其他水果的替代。通过激进的广告策略，这一措施得到了进一步加强。

可以推进（抵御）替代的行业行为包括：

· 加强产品的形象宣传，整个行业的广告宣传会影响行业的需求。

· 共同资助研发活动，开发产品的用途或者资助将产品与买方价值链整合的技术。

· 建立并强化产品标准，减少买方对替代品质量不高或者性能不佳的担忧。

· 获得必要的监管许可，以降低买方的转换成本和认知风险。

· 共同努力改进替代品的质量与可得性，降低互补产品的成本，进而提升相对价值 / 价格比。

企业推进或者抵御替代的费用有可能使竞争对手搭上顺风车而受益。为了应对这个问题，行业协会或者其他团体的集体行业行为是推进替代或者抵御替代的常见方法。例如，煤炭行业在美国开展了电视和平面媒体广告活动，旨在提升煤炭作为一种丰富而易得的资源的形象，即“美国汽油”。若没有一些集体行为，细分的行业领域可能会因为搭顺风车的行为很难推进或者抵御推进的进程。

反对替代战略的陷阱

每个行业的替代，从某种程度上来看，都可能是一种积极或消极的力量，而企业在应对替代品的时候往往要犯一些常见的错误。分析这些错误，能让我们更深刻地领会本章提出的概念，对之做出总结。

没法辨认替代品。替代过程已经发生，但企业因为过分狭隘地对待产品的功能，而无法辨认替代品，也没能意识到不同细分领域面对的替代品不同，或者忽视了下游替代。

无法理解相对价值 / 价格比。相对价值 / 价格比的决定因素很复杂，企业往往将替代品成功或者失败的原因看得过于简单。例如，他们可能认为优秀的产品性能是产生替代的原因，但替代的真正原因是替代品更容易安装，所以使用的成本更低。无法理解替代成功或者失败的原因，可能会导致企业采用错误的进攻或防御战略，或者无法预知替代品进入腾飞阶段的时机。

错误地理解替代品早期渗透缓慢的情况。替代品的早期渗透比较缓慢，因此其威胁往往被人忽视，也不会想到这就是替代品 S 形渗透曲线的开端。但是的确有些替代品不成功，早期渗透过程比较缓慢并不是替代品失败的信号，因此要仔细研究相对价值 / 价格比以及早期买方对替代品的体验。

相对价值 / 价格比的静态观点。要用替代品当前和未来相对价值 / 价格比来分析进攻和防御战略。企业有可能在改进产品和营销措施方面犯方向性的错误，或者无法为将来替代品的相对价值 / 价格比的改进或者利润率的降低做好准备。

对抗与加入。面对长期相对价值 / 价格比对自己不利的情形，很多企业大力投资抵御替代品；同理，它们也全面实施抵御替代战略，却没能认识到面对不同细分领域的替代品，企业的软肋也有所不同。面对替代，企业往往应该尽快针对特定细分领域提出应对措施，或者及时收割当前竞争地位的利益，或者进入替代行业。

默认产品发展成熟。也许企业所犯的最不幸的错误就是默认产品的成熟，从不考虑替代的可能。企业往往从内部看待发展问题，忙着和竞争对手战斗。最好通过替代将整个产业做大，行业的年龄并不能可靠地表明是否发生了替代，行业成熟有可能只是一种假象。

第三部分

公司战略和竞争优势

09

业务单元之间的关联

随着战略规划理论和实践的发展，多数企业已经意识到两种战略的重要意义：业务单元战略和公司战略。业务单元战略框定了企业在各个行业中的活动轨迹，而公司战略则是针对一个企业内所有业务单元的组合。绝大多数企业将其业务划分为各类战略业务单元（SBU）就反映了这种区别，它们将正式的规划程序制度化，战略业务单元每年一次或者两次向高层管理人员提出计划以求审批。同时，人们日益将公司战略视为组合管理，使用20世纪70年代广泛应用的组合规划技术。

随着正式规划的蓬勃发展，人们认定协同增效这个概念已经过时。综合不同的相关业务单元可以通过协同增效创造价值，这个观点被人广泛接受，并成为20世纪六七十年代发生的大规模多元化经营的原因。兼并声明中伴随着诸多有关实现协同作用的内容，年度报表也常有提及。截至20世纪70年代，人们对于协同增效的热情逐渐减退。协同增效看起来是一个理想的概念，但很少在实践中发生。其实关键不是协同增效，而是放权经营，各业务单元的经理获得充分的权力和责任，并按照他们的业绩获得奖励。近来有关企业管理的文献已经将放权经营作为很多成功企业发展的基础。各大公司也在以宗教般的虔诚着力推行放权经营。人们摆脱了对协同增效的迷恋，放权加强了组合管理是公司战略的核心任务这一观点。

公司若没能理解协同增效这一概念，就不能实现协同增效，这并不是因为协同增效这个概念本身有瑕疵，而是企业经常利用协同增效为自己言不由衷的行为做辩解。协同增效的构成要素是什么？很多企业界定不清，却借此实施了收购战略。就算企业真的有机会利用协同增效，它们也会因为缺乏分析的工具或者不能克服实施层面重大的组织问题而无法实现协同增效。

协同增效的诱惑力依然存在，所以企业要重新审视自己对待协同增效的态度。经济发展、技术进步和竞争力的提高使得企业获得了更多的竞争优势，并得以利用多个特色鲜明的业务单元之间的关联。这些关联并不是大家讨论协同增效常提及的契合度等笼统概念，而是降低成本、提升价值链上所有活动差异化的实实在在的机会。此外，追寻关联的竞争企业也督促企业效仿，否则企业就会有失去自身竞争地位的风险。

这些发展促使了跨越部门边界的横向战略的产生。横向战略有可能是多元化经营企业的战略日程上最关键的问题，也是跨越多个互不相同但相互关联的业务单元的一系列目标和政策的集合。在多元化经营的企业中，横向战略在集团、部门和公司层面上展开。横向战略不会取代或者减少各个业务单元以及对应的业务单元战略区分的需要。相反，横向战略为业务单元之间的协调、为公司或者集团战略成效大于各个业务单元战略成效之和创造了条件。横向战略是多元化经营的企业提升业务单元竞争优势的机制。

横向战略是根据竞争优势确立集团、部门和公司层面战略的概念，其基础不是财力或者股票市场的情况。纯粹建立在财力基础上的公司战略将使多元化经营的企业难以捉摸。此外，成功的财务战略带来的利益往往是暂时的。没有了横向战略，企业就和共同基金没有太大区别，多元化经营企业的存在也就没有令人信服的理由。因此，公司战略的本质是横向战略，而不是组合管理。

具有战略意义的关联往往存在于许多多元化经营的企业内。很少有企业会系统地辨认并利用这些关联，人们似乎对很多关联都一无所知。实现关联，不仅仅是认识这些关联的存在，在实践中实现业务单元之间的关联，存在很多组织壁垒，除非克服这些壁垒的战略利益很明显，否则很难让企业去除这些组织壁垒。没有了业务单元之间的关联，以及与放权经营的组织结构协调的组织机制，横向战略往往会失败。

本章将为我们分析业务单元之间的关联及其与竞争优势之间的关系提供分析框架。首先，我将描述业务单元之间的关联日益重要的原因，阐明其对众多企业的影响。其次，我会介绍三大类业务单元之间的关联：有形关联、无形关联和竞争对手之间的关联。最后，我将讨论每种关联与竞争优势的因果关系以及确认业务单元之间关联的方法。

第 10 章将利用业务单元之间的关联来描述企业为其现存的业务单元制定横向战略的方法，并说明进入新行业的多元化战略。第 11 章将继续探讨涉及实现业务单元之间关联的组织问题及应对方法。在实现业务单元关联的过程中，必须将战略和组织联系起来。业务单元之间的关联和细分领域之间的关联（见第 7 章）以及地域关联，乃至不同地区或者国家活动之间的关联有着显著的对照关系。本章的重点是不同行业不同业务单元之间的联系。当然，战略制定和实施的原则同样适用于其他层面的关联。

横向战略的重要性

当今时代，没有几个企业能承担得了忽略横向战略的后果。业务单元之间的关联以及利用这种关联的能力在过去几十年里得到了巨大的提升，互相关联的强大力量有可能在 20 世纪八九十年代进一步加快这一趋势的发展。

多元化的经营理念在变化。自 20 世纪 70 年代以来，引导诸多企业开展多元化战略的理念发生了巨大的变化。绝大多数公司如今强调的是关联的多元化。这使得人们日益关注“契合度”的概念，并开始大范围地修正公司组合。无关或者只有少数关联的业务单元在多元化的初期阶段被组合起来，如今都已经被转售；很多公司借此机会提升了自己的股价，包括波顿、斯科维尔、环球集团公司等。如今发生的兼并行为，很大一部分属于公司将业务部分转售给其他更适合的公司经营。

关注的焦点从增长转变为绩效。多数发展中国家正处在经济增速放缓、全球竞争日益激烈的环境下，这与前面几十年的情况大不相同。企业关注的焦点已经从此前的增长转变为提升竞争优势。虽然大型独立的业务单元已经成了寻求增长的载体，但是经济情况的复杂多变使得协调业务单元战略、利用业务单元之间的关联的重要性与日俱增。买方本身承受着巨大的压力，成了协调运营的激励力量。比如，医院日益复杂的采购操作迫使强生和美国医疗设备供应公司为了保持竞争优势，整合销售团队和服务医院的业务单元的分销系统。这两家公司都已成为放权经营的最强大支持者。

技术变革推动了关联的产生和实现。技术的发展破除了行业之间的壁垒，使得它们共同进步，尤其是那些基于电子产品或信息技术的行业。微电子产品、低成本计算机和通信技术渗透到很多公司，引发了技术交会。当这些技术在诸多产品和生产工艺中被同化时，共享技术开发、购买和零件制造活动的需求就在加强。像古尔德联合技术公司等众多大型多元化企业争相收购电子产品公司就反映了这一趋势。

同样的技术正在改变着产品的功能，加速了产品融入更庞大系统的进度，有时候这些大型系统由一台公共电脑实现中央控制。集成飞机驾驶舱、办公自动化、电信和大楼中的照明、供暖、空调、安全和电梯系统就是传统上截然不同的业务如今日益关联的实例。

新型技术使得在跨业务单元生产线上共享活动的可能性大大增加，这在以前是完全不可行的。所谓“弹性自动化”就是一个重要的例证。利用它，计算机控制下的设备能够在最短的启动时间内生产一系列类似的产品。弹性自动化的渗透速度较慢，要先定义其局限性。虽说如此，但弹性自动化提升了在相关产品业务单元之间共享零件制造和安装设备的可能性。允许共享的弹性制度在其他诸如自动化测试和计算机辅助设计领域也能站得住脚。

信息系统日益复杂，成了不断开拓关联新可能的强大力量。随着处理复杂在线数据能力的不断提高，信息技术使得自动化订单处理系统的发展、自动材料处理系统和仓库以及自动化生产以外的其他价值活动的实施成为可能。这些系统可以通过关联业务发挥作用。信息技术在有利于共享活动时可以重新构建销售渠道，同时按照推进共享的方式在银行和保险业等行业实现销售。

同时，技术也在创建新的关联，这个过程同样会降低利用这些技术的成本。沟通日益便捷，也大大降低了其成本，降低了协调不同业务部门之间活动的成本。信息加工技术使得管理信息系统能够在物流、存货管理、排产和销售人员安排表等领域得以建立。活动的灵活性日渐成为可能。过去共享活动可能涉及难以想象的复杂情况以及此前可能无法承受的成本，现在都大大降低了。

多点竞争在增加。横向战略的最后一个根本动因是上述三者的逻辑延伸。越来越多的企业在寻找或者被迫寻找不同业务单元之间的关联，随之而来的是多点竞争者的出现。多点竞争者不仅是指在一个业务单元上，还指在多个相关的业务单元上企业之间的竞争。例如，宝洁公司、金佰利、史古脱纸业、强生公司彼此竞争，其产品系列组合包括消费类纸制品行业，包括一次性纸尿裤、纸毛巾、女用餐巾、如厕纸以及面巾纸等。通用电气、西屋电气、美商实快电力、艾默生电气公司在多个电气产品行业中彼此竞争。当企业是多点竞争者时，企业必须以比业务单元层面更广泛的视角来看待竞争对手，因为竞争优势的决定要素更广泛。

很多重要的行业部门已经受到这些力量的影响。信息技术的发展产生了很多业务单元之间的关联，进一步引发了金融服务的变革，法规变化也放松了对金融的管制。比如，美国运通公司、花旗集团、西尔斯、培基国际公司和美林证券等公司积极地与先前分散的金融服务行业建立联系。在公共卫生领域，医疗器械和用品生产也开始大力寻求关联。有几家医疗服务供应商正在考虑在医院、保育院、养老院和家庭保健服务机构中寻求关联，这些机构之间的关联尚待人们利用。娱乐公司开始意识到多种媒体之间协调战略的重要意义，包括麦格劳-希尔集团和邓白氏等信息公司已开始把许多数据库产品结合起来。计算机和电信公司正在联合起来，还有可能侵占彼此的领域，近来 IBM 联合罗姆公司和美国电话电报公司进入计算机行业，就是最有利的证据。工厂和办公自动化过程正在连接诸多行业，启用像通用电气、西屋电气和施乐等公司实施的根基广泛的战略。这些关联的产业不胜枚举。

1971年和1981年，我在针对实施多元化经营的75家《财富》500强企业的研究中表明了关联日益紧密的力量。这75家企业于1971 年组织了成千上万个业务单元，归为 300 个集团，1981 年组建了 315 个集团。1971 年和 1981 年，我针对业务单元之间关联的性质和强度进行了分析。随着业务组合的重构，集团内部可能出现的关联数目和力量 10 年间发生了巨大的增长，然而，企业成功利用潜在的关联表现得并不明显。通过企业改变自身组织结构的过程可知，企业更倾向于将相关的业务组合起来开展。

横向战略之所以日益重要，有很多诱发因素。这表明以往追求协同增效的经验对于未来的指导作用甚微。同时，很多企业并未将潜在的关联转变为竞争优势的源泉，而将多项关联业务组合起来，按照组合管理的方式来经营这些业务。因此，多元化企业必须学习如何管理业务单元之间的关联，同时提升自己辨识并利用这些关联的能力。

业务单元之间的关联

有三大类业务单元之间的关联：有形关联、无形关联和竞争对手之间的关联。这三种关联都对竞争优势有重要且不同的影响，并且不是互相排斥的。

有形关联。由于存在共同的买方、渠道、技术和其他因素，所以有可能出现业务单元之间价值链的共享活动。假如共享活动降低了成本，或者提升差异化的程度超过了共享成本，有形关联就能带来竞争优势。业务单元之间可以共享销售团队，这就能降低销售成本，使销售人员有能力为买方提供一揽子服务。建立有形关联常要求企业共同执行某项或者某些价值活动。当兄弟业务单元之间销售彼此的产品时，就可以共享彼此的销售团队。

无形关联。无形关联是指将专有知识的管理在多个不同的价值链中进行传递的过程。无共享业务的业务单元可能在其他方面具有共同点，如拥有同类型的买方、出售产品的类别相似、使用的生产工艺以及与政府之间的关系类似等。例如，啤酒和香烟是两种形象和口感同样重要的休闲品，而卡车运输和废物处理往往涉及多地管理。

无形关联通过将一般的技巧或者管理业务单元特定类型活动的专有知识转化为其他业务单元活动的管理知识而产生竞争优势。

这有可能降低活动成本，提升其独特性，或者得到的价值超越了转换专有知识的成本。例如，菲利普·莫里斯公司把从烟草行业学到的产品管理、品牌定位和广告理念应用在啤酒行业，大大改变了竞争的性质，并提升了米勒品牌的竞争地位。菲利普·莫里斯公司为香烟和啤酒产品推出了单独的营销活动计划，并将从一个行业内获得的管理活动的专业知识广泛应用在其他行业中，实现更有效的管理。

无形关联常常体现在企业在多个业务单元中启用一种通用战略的过程中，反映了企业管理层在执行特定战略时的管理技能。例如，艾默生电气和亨氏在多个业务单元内使用成本领先战略，实现了低成本，将其专有知识转化为诸多业务单元中独立的价值活动。

竞争对手之间的关联。第三种形式的关联是竞争对手之间的关联，起源于竞争对手的存在，有可能与企业在一个或多个行业内开展当前或者未来的竞争。多点竞争者有必要将不同行业连接起来，因为某个行业中某项（某些）活动的开展可能影响其他活动。当不存在有形关联或者无形关联时，就不会有竞争对手之间的关联，反之亦然。这些关联往往有共生关系，有形关联和无形关联为多元化经营提供了基础。一个行业的竞争对手可以在同一方向进行扩展。

竞争对手之间的关联使得辨识并利用有形关联和无形关联变得格外重要。多点竞争者可能推动企业匹配并回应关联，否则就有可能面对竞争劣势。多点竞争者的多个业务单元互相重叠、各不相同，业务单元之间的关联差异性比企业之间的关联更大，这使得企业很难做到匹配。

这三类关联可以同时发生，这一点在上文已经提及。一些价值活动的有形关联可以由其他价值活动的无形关联补充。两个业务单元的共享活动可以通过其他业务单元在类似活动中获得的专有知识得到提高。存在多点竞争者，就存在有形关联和无形关联。每种关联与竞争优势的因果关系不同。

协同增效并非一个观点，而是三个根本不同理念的融合。因而，有关协同增效的观念历来比较模糊也就不足为奇了。协同增效常被视为无形关联，它会将某个业务单元中获得的管理技能和知识转移到其他业务单元。这种关联也许是短暂的，其在创造竞争优势过程中的作用虽然潜力巨大，但是也很不确定。因此，很多公司在实践协同增效的过程中经历了巨大的困难，这一点也在意料之中。

我将在本章中讨论这三种关联。有形关联和竞争对手之间的关联对竞争优势的影响最大，也比较容易执行。无形关联中陷阱重重，往往很难执行，在某些行业中依然是竞争优势的来源。这三种关联在横向战略中都发挥着巨大的作用，我将在第 10 章中详述。

有形关联

价值链为有形关联的分析提供了起点。业务单元可以与企业内其他业务单元的价值活动共享所有价值活动，包括主要活动和辅助活动。例如，宝洁公司的一次性尿裤和纸巾存在关联。业务单元之间可以一起购买并处理原材料，共享产品技术和工艺的发展，共用销售团队向超市买方出售产品，同时通过有形的分销系统将产品经过运输渠道交给买方。图 9-1 是业务单元关联的示意图。正如上文指出的，两个业务单元之间的有形关联可能涉及一个或者多个价值活动，但是两个业务单元之间的绝大多数价值活

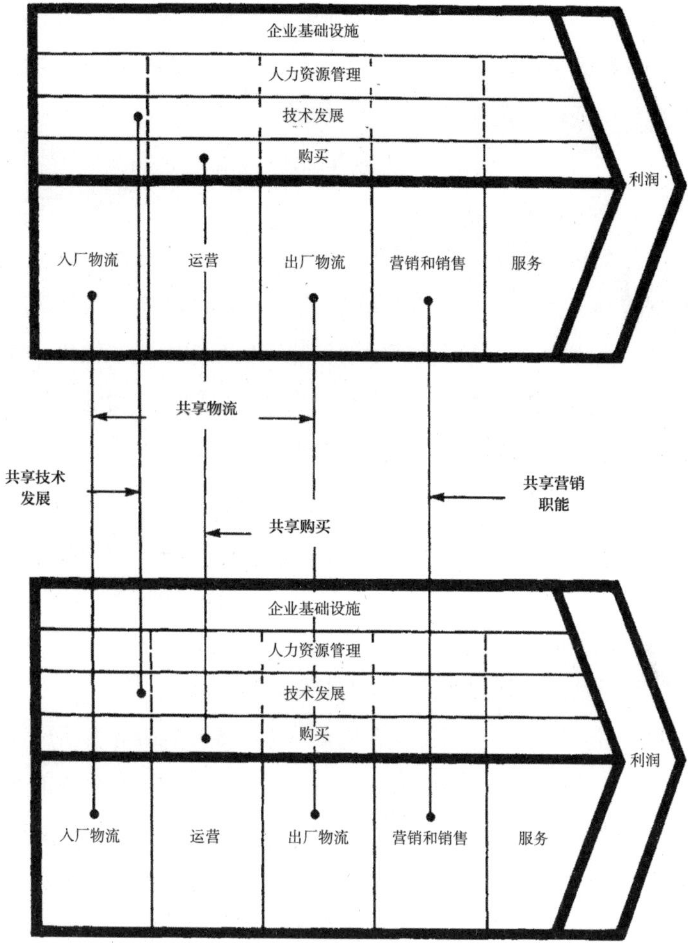

图 9-1 纸制品价值链之间的关联示意图

动都是共享的，那么这些业务单元即便存在差别，也不具备战略意义的不同。

如果共享活动的优势超越了共享的成本，且竞争对手很难模仿，那么共享活动能够产生可持续性的竞争优势。假如共享活动降低了成本或者提升了差异化的成效，就能产生竞争优势。共享活动往往要支付成本，包括业务单元之间协调的成本以及修正业务单元的战略进而推进共享活动的成本。

共享和竞争优势

如果共享某项价值活动涉及的成本占总运营成本或者资产的比例较高（我称大型价值活动），且共享活动降低了执行活动的总成本，那么共享这项价值活动就能产生巨大的成本优势。如果共享的活动对差异化战略有重要意义，可以提升活动的独特性或者降低差异化的成本，那么共享这项活动能大大提升差异化的效果。因此，共享活动如果影响了成本驱动要素或者差异化（有关原理详见第 3 章、第 4 章的描述），就能导致竞争优势的产生。

共享和成本

仅当共享涉及的价值活动在整体运营成本或者资产中占有足够的分量时，共享对当前或者未来总体的成本地位才有实质性影响。在宝洁公司的例子中，共享活动的比率超过了总收入的 50%。当然，除非共享活动能够按照有利于企业的方向影响活动的成本驱动要素，否则共享未必能够降低成本。假如价值活动的成本是由规模经济、学习或者产能利用模式等因素驱动的，共享就有可能降低成本。共享提升了活动的价值。如果学习是逐渐积累的结果，那么共享能提升学习的速度。假如不同业务单元利用活动的时间不同，共享还有可能提升活动的产能利用率模式。例如，某个业务单元只在某段时期利用销售团队或物流系统，而其他业务单元利用这些资源的时间与此不同。共享活动提升成本地位的积极作用可能同时发生。

业务单元之间的共享活动有可能替代任一业务单元内的市场份额。企业只要能在多个业务单元之间共享规模或者学习敏感的价值活动，就能抵消在单个业务单元内竞争享有高市场份额的企业的成本优势。共享并不代表单个业务单元市场份额的上升，因为共享活动往往比服务于某个业务单元的同一规模的活动更复杂。涉及10类产品的共享物流系统，相比只涉及5类产品的物流系统，其复杂程度呈几何级数增长，而共享活动的复杂就带来了额外的成本。

如果规模、学习或者产能利用模式并不是重要的成本驱动要素，共享很有可能增加成本。企业只是为了利用活动的过剩能力而追求共享，这种做法是错误的。如果共享不会导致规模或者学习优势，也不能提高长期利用产能的模式，共享的成本最终会产生竞争劣势。正确的方法是减少活动的产能，而不是共享。

图 9–2 表明了如何利用这些原则来突出那些对成本地位有重要作用的共享活动。图的右上角表明，价值活动的关联因共享活动的高成本以及对规模、学习或者利用率的敏感度，在将来会变得非常重要。左上角表明共享活动当前并不重要，因为共享活动虽然占总成本或者总资产的比率较高，却不能降低成本。订单处理技术的发展，使得很多行业的订单处理从手动转变为在线网络操作，共享相关生产线的订单处理系统就创造了重要的竞争优势。

假如成本结构的变化提升了价值活动在运营成本或者资产中的比例，图右下角涉及的价值活动的关联就会对成本地位起很重要的作用。工厂和辅助设施的资本成本不断上升，将强化共享设施的潜在优势。

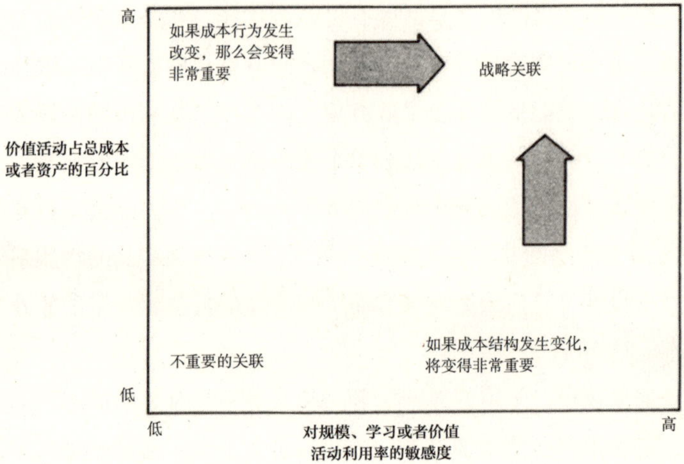

图 9-2　共享价值活动和成本地位

共享和差异化

共享从两个方面影响差异化，它可以通过提升活动的独特性或者降低差异化的成本来提升差异化的成效。第 4 章描述了影响买方价值和差异化的活动数量和内容。共享如果影响了价值活动，且价值活动对实际价值或者表现价值非常重要，它将对差异化具有最重大的意义。在消费型电子产品领域，共享产品开发对差异化有重大意义，因为产品设计对差异化影响巨大。共享能降低昂贵的差异化活动成本，因而对差异化非常重要，如广泛的销售和服务网络（IBM 在办公用品领域就属于这种情况）。

共享能通过直接或间接影响独特性的其他驱动要素来提升活动的独特性。共享活动如果涉及多个业务单元，对买方意义非凡，就能直接提升企业的独特性。通过相同的销售团队销售多种产品，这给买方提供了便利或者为其创造了捆绑销售的差异化优势（见第 12 章）。在电信领域，买方需要系统的解决方案，希望一家供应商提供一条龙服务。同理，共同的产品开发努力会导致相关产品之间兼容性更高。共享还可以通过提升某个活动的规模或者学习效率，间接提升活动独特性。正如本书第 4 章描述的，规模和学习都能使企业以比较独特的方式执行活动。

共享能通过其对差异化活动成本要素的影响而降低差异化成本。假如产品开发具有规模经济效应，在多个业务单元之间共享产品开发活动就能够降低模式快速变化带来的成本，而共享购买活动能够降低采购优质原材料或者零件的成本。共享活动额外的复杂程序就是共享成本，必须与差异化带来的利益进行对比。

共享的优势和业务单元的定位

共享某项活动，每个涉及的业务单元所得到的成本改善或者差异化提升的程度并不相同。业务单元规模的不同是一个重要的理由。大量使用某个零件的业务单元，与少量使用该零件的业务单元共享该零件的制造活动，未必就能获得太大的成本优势。然而，少量使用该零件的业务单元却能从与大量使用该零件的业务单元中获得规模优势，进而改善其成本地位。少量使用该零件的业务单元还能获得这种优势，从而提高其市场地位。由于存在不对称的情况，大的业务单元并没有多大兴趣与小型业务单元建立关联，这也就不足为奇了。

业务单元竞争的行业结构差异导致了业务单元从共享中获得的利益差异。成本地位中小小的改善可能对商品行业有非凡的意义，而在产品差异高、企业主要以质量和服务取胜的行业中，则不那么重要。业务单元之间关联的重要性还取决于涉及业务单元的战略。对某个业务单元意义非凡的独特性关联，可能对另一个业务单元没有太大影响。涉及某项关联的所有业务单元认定该关联能产生相同的优势，这种情况很少出现。这一点对横向战略具有重大的意义，也能提高高管说服业务单元利用这种关联的能力。

共享的成本

业务单元之间的关联往往涉及成本，因为它们要求业务单元以某种方式改变自己的行为模式。共享某项价值活动的成本可以分为三大类。

· 协调成本。

· 妥协成本。

· 僵化成本。

协调成本很容易理解。为了共享某项活动，业务单元必须在排产、设定任务优先级和解决问题方面进行协调。协调成本涉及时间、人事和金钱成本。不同类型的共享活动涉及的协调成本不同。比如，共享销售团队要求进行不间断的协调，共享购买活动要求定期沟通来确定每个时期每个业务单元投入要素采购的数量。不同的业务单元对协调成本的看法也不同。小型业务单元常认为协调成本较高，它们要不断地调整任务优先级，自感受制于大型业务单元。较少管理共享活动或者离共享活动较远的业务单元往往担心无法保护自己最佳的商业利益。

协调成本将受到共享活动可能存在的复杂程度的影响。共享活动可能加大了活动的难度，具体的程度要根据涉及的活动而定。在业务单元之间共享计算机控制的订单输入系统通常不会增加复杂性，但在两个业务单元之间与大型的产品业务共享后勤系统，情况就会大不相同。共享活动造成的执行难度的增加可能会抵消共享活动带来的规模经济或者减缓学习的速度。因此，共享有可能在提升规模、加快学习的同时改变规模或者学习与成本之间的关系。这一点很重要，因为改变规模或者学习敏感度，可能会对企业的成本地位产生有利或者有害的影响，这是业务单元之间关联日益重要的原因。

共享活动的第二项重要成本是妥协成本。共享活动要求活动执行的方式对每个涉及的业务单元来说都不是优化的。比如，共享销售团队可能意味着销售人员不太注意两个业务单元的产品，不比专门负责某个业务单元的销售人员了解自己的产品。同理，共享零件制造可能意味着要兼顾其他业务单元对零件的需要，未必能完全满足这个业务单元的需要。妥协成本不仅包括共享价值活动的成本，还包括其他相关价值活动的成本。比如，共享销售团队可能意味着现有的销售人员从事不重要的服务，进而增加了所需服务技术人员的数量。为了推进共享所做的政策选择也有可能对涉及共享活动的某个或者某些业务单元的成本或者差异化产生负面影响。

业务单元必须牺牲自己的需要，实现活动共享，这是必然的。妥协的成本虽说不高，却有可能抵消共享价值。例如，努力在生产大小、重量、交付频率和交付时间敏感度不同的产品的业务单元之间共享后勤系统，可能会导致这个后勤系统无法满足任意一个业务单元的需要，使得共享活动节约的成本显得微不足道。然而，共享一个品牌或者共享采购活动可能涉及的妥协成本就很少。

共享活动的妥协成本往往取决于受到影响的业务单元。产品难以销售的业务单元可能在雇用共享的销售人员时做出巨大的妥协。妥协的成本大不相同，这是因为特定的价值活动由于战略需要在不同的业务单元中扮演着不同的角色。为了共同采购某一级别质量不太高的牛奶或者黄油，追求优质战略的食品生产商所做的让步往往要比那些追求低成本竞争的生产商的让步更大。

如果在相关的业务单元实施的战略中，共享价值活动的作用是一致的，那么实现关联所需的妥协成本就要少得多。如果这些业务单元之间的战略方向能够协调，实现共享价值活动前后一致就不太需要受到影响的业务单元做出多大的妥协或者牺牲。比如，两个业务部门在设计产品时都考虑到某个零件，那么这个零件就能发挥更大的效用。如果两个业务单元的团队没有沟通，兀自完成设计，很有可能最终设计的零件都无法满足两个业务单元的要求。推进共享活动的业务单元战略很少能保持一致。通用食品公司成功推出新的布丁乐，就证明了必须权衡妥协成本和间接成本。布丁乐的融化温度要高于冰激凌，这就要求它能和通用食品公司的鸟眼冷冻蔬菜一同运输。冰冻食品的运输温度约零下 18 摄氏度，冰激凌运输的温度必须是约零下 29 摄氏度，否则就会结成冰块。虽然共享后勤服务的利益非常明显，却有可能在价值链的其他地方产生出人预料的后果。由于超市的冷冻食品部经理往往是在订购蔬菜的同时订购布丁乐，与订购其他盒装冷冻新品的时间不同，因此布丁乐常被人遗忘。业务单元之间的关联对应的利益和成本必须在整个价值链中被分析，不能仅从共享活动的角度来看。

如果活动本身的目的是共享，而不是企业后来把分散的活动综合起来，或者直接照搬专门服务于其他业务单元的活动，将之应用到现有业务单元，那么妥协的成本会大大降低。后者涉及的情况往往没有程序或者技术的变化。金融服务行业近来出现的情况就凸显了这一点。虽然为了处理多种产品而设计的系统富有成效，但兼并一开始针对分散的金融产品设计的计算机系统比较困难。同理，通过本来为销售股票和债券的配售渠道出售保险和其他金融产品，不仅不能达到销售这些产品的目的，反而制造了很多组织问题。然而，一种全新的经纪行理念已出现，它通过新型共享信息系统，综合了经纪人、处理简单问题和筛选客户的顾客服务人员以及出售其他金融产品的专家。这样一来，共享配售系统妥协成本大大减少。

第三类共享成本是僵化成本。僵化成本有两种形式：回应竞争错误的潜在困难和退出壁垒。共享可能会加大回应竞争者的难度，因为努力应对某个业务单元的威胁可能会损害或者减少兄弟业务单元的价值。共享还有可能提升退出壁垒，从一个没有竞争优势的业务单元退出有可能伤害其他与之共享活动的业务单元的利益。与其他共享活动的成本不同，僵化成本并不是一项当前的成本，而是在需要灵活应对时出现的潜在成本。僵化成本取决于市场可能要求企业做出反应或退出的情况。

在实现任何类型业务单元关联时，都涉及协调成本、妥协成本和僵化成本。这类成本，尤其是为了实现特定的业务单元关联而付出的妥协成本，将是讨论业务单元共享问题时值得格外关注的焦点。关联所需要的成本可能比其带来的优势更加明显，因为有关关联的优势往往是理论的臆测值。业务单元往往从现有战略的角度看待潜在的关联，而不是先权衡关联的成本，再去调整战略，从而最小化共享成本。最后，关联的价值往往会被共享牵涉的组织问题覆盖，包括第 11 章描述的领地和自治问题。由此可见，有时候业务单元会反对确立能为它们带来明显竞争优势的关联。

共享某项活动的优势必须与协调成本、妥协成本和僵化成本进行对照，从而确定共享的净竞争优势。从关联的角度来评价竞争优势，要逐个业务单元地考虑，每种关联对企业整体的价值应该是所有牵涉业务单元获得的净竞争优势的综合。每个业务单元从共享活动中获得的净竞争优势各不相同。在某些情况下，从某个业务单元的角度来看，由于存在妥协成本，关联带来的净价值可能为负值，但其他受到影响的业务单元可能获得很高的净价值，从而抵消其负值。因为这个原因，上述企业在对待关联时的自然偏差上，各业务单元在追寻业务单元之间关联的问题上往往持不同意见，甚至会反对确立使企业整体受益的业务单元间的关联。只有在有明显的横向战略的前提下，各业务单元之间才会有关联。

虽然总存在共享成本，但很多行业里都存在减少共享成本的力量。本章上文描述的新技术在降低协调成本、妥协成本以及僵化成本方面有重大的作用。沟通的便捷和信息系统的发展使得协调更容易发生。低价计算机和信息系统为价值活动引入了更多灵活性，具备了一定的技术实力最小化的妥协成本。可编程的机器和机器人能满足共享这些设备业务单元的不同需要。很多企业逐渐意识到降低共享成本的可能性，但仍继续用过时的方法评价业务单元之间的关联。

赶超的难度

业务单元间关联所具备的净竞争优势是否能够持久，取决于竞争对手赶超关联的难度。竞争对手按照企业确立关联的标准建立关联，由此获得竞争优势，这里面有两大途径：第一，复制关联；第二，通过获得受影响业务单元的份额或者利用不同的关联等方式进行补偿。复制某种关联的难易程度取决于竞争对手是否与相关的行业处于同一类别。从战略的角度来看，最有价值的关联存在于那些并无竞争对手但有很高的退出壁垒的行业。例如，宝洁公司从一次性纸尿裤和纸巾业务单元之间的关联中获得的优势是可持续性的，其纸巾的竞争对手因为诸多进入壁垒很难进入纸尿裤的行业。按照业务单元的战略和情况，竞争对手面临的协调成本和妥协成本有可能高于或者低于企业在实现关联时付出的协调成本和妥协成本。在其他条件都均等的情况下，企业应该着力寻找那些竞争对手很难赶超的关联，因为它们涉及的协调成本或者妥协成本很高。

竞争对手抵消关联的能力取决于它们是否具有这种能力：通过战略变化或者追寻不同的关联，找到其他提升受影响业务单元竞争地位的机会。既然几乎所有价值活动都有可能被共享，竞争对手最好能够与不同的业务单元建立关联，或者在同类业务单元之间共享不同的价值活动。假如某个企业通过实施业务单元之间的关联，引起了竞争对手追求不同竞争关联的回应，那么企业将面临威胁，最终结果将是它的相对地位受到侵蚀。

针对评价匹配关联的难度，还要考虑竞争对手能否通过联盟或者长期的合约来实现相同的利益。有时候，企业可以通过合资企业或者其他形式的联合来获得共享的利益。这类联盟很难成立，但在我们评价关联的价值以及讨论实现关联的方法时应考虑在内。

确定有形关联

为了帮助大家辨认企业内存在的关联，首先要对现实中所有形式的共享活动及其对应的创造竞争优势的方法进行归类。图9-3将共享形式分为五大类：生产、市场、采购、技术和基础关联。我将共享的人力资源管理活动作为共享基础设施的一部分。把这些关联进行分类非常有益，因为由此可以发现共享中的不同问题。从根本上说，关联源于行业内不同产品、不同买方以及其他不同分类的共通性，如共同的买方、渠道或者生产工艺等。这种共通性界定了潜在的关联，关联能否产生竞争优势则取决于共

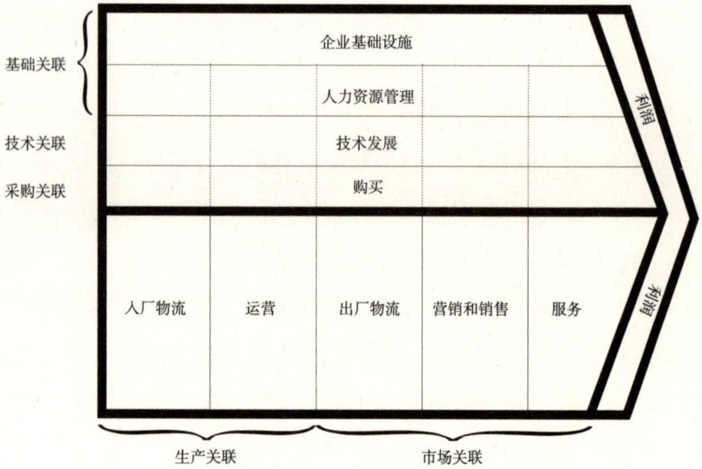

图9-3　有形关联的分类

享对应的利益和成本。每种关联的来源以及对应的共享活动可能出现的形式如表 9–1 所示。

表 9–1　可能产生关联的要素

市场关联

市场关联涉及主要价值活动的共享，包括联系买方，并与之

采购关联		技术关联		基础关联	
产生关联的起因	共享形式	产生关联的起因	共享形式	产生关联的起因	共享形式
共同的购买投入要素	共同购买	共同的产品技术 共同的工艺技术 其他价值活动中的共同技术 某种产品融入另一种产品	共同技术开发 共同界面设计	共同企业基础设施需要 共同资本	共享资本的上升（融资） 共享现金利用 共享会计 共享法律部门 共享政府关系 共享招聘和培训 其他共享基础设施活动

生产关联		市场关联	
产生关联的起因	共享的形式	产生关联的起因	共享形式
原材料处于同一地点 同样或者类似的制造工艺 同样或者类似的装配安装工艺 同样或者类似的测试 / 质量控制程序 共同的工厂支持需要	共享入厂物流 共享零件制造 共享装配设施 共享测试 / 质量控制设施 共享工厂间接活动 共享现场基础设施	共同的买方 共同的渠道 共同的地域市场	共享品牌名称 交叉出售产品 捆绑或者成包销售 互补产品的交叉补贴 共享营销部 共享销售团队 共享服务 / 维修网络 共享订单系统 共享实体分销系统 共享买方或者分销融资组织

保持互动关系，此外还涉及出厂物流以及服务等。当业务单元与买方共处一个地理位置，且产品有类似的销售和服务需要时，共享往往局限在实体分销系统、订单处理以及服务和销售方面。当业务单元之间具备共同的买方或者销售渠道或两者兼而有之时，共享的机遇会更多。如果买方和渠道相同，则共享实体销售渠道或者订单处理系统并不复杂，共享的成本也大大降低。此外，共同的买方或者渠道为开辟其他多种形式的共享创造了条件，具体如表 9-1 所示。

潜在的市场关联不好确定，主要起因于过分广义地界定买方或者渠道。例如，供应商向石油公司出售各种类型的产品或服务，包括钻井设备、炼油设备和油轮以及油罐车等运输设备，因此石油公司往往是很多行业中不同业务单元的共同买方。不同的产品会出售给石油公司的不同部门，彼此的关联也不紧密。在某个产品类别内部，比如钻井设备，用来勘探石油的设备将出售给生产设备以外的组织单位。就算是石油公司内部某个部门负责采购，不同的人员所做的采购决策也不同，常因不同类型的设备而定。工程师负责选择高科技含量的设备，如防漏器；采购代理负责采购更标准的设备，如导管。

近来，金融服务业也存在着买方定义过广的状况。传统的股票和债券买方是散户，与常见的人身保险买方不同，也与购买期货的散户投资人不同。这些差异有可能抵消金融服务行业市场关联实现的简化操作带来的利益。探索业务单元之间市场关联的机会非常有意义，只有当产品的决策者一样或者彼此联系时，利用业务单元之间的关联的机遇才会显现。

在确定共同的销售渠道时，类似的问题也会出现。虽然产品都能通过百货商店出售，但如果某一个产品通过折扣百货商店出售，另一个通过像罗德与泰勒百货以及内曼·马库斯这样的精品专卖百货店来出售，就很少会出现实实在在的销售渠道关联。在同一销售渠道内，不同的人员负责购买不同类别的产品。在大多数超市连锁店中，冷冻食品和肉类食品的买方不同，虽然有些冷冻食品就是肉类食品。就算决策者不同，拥有共同买方和共同渠道的企业也有共享后勤系统或者订单处理系统的机会。

出售给一个共同买方的产品是否是替代品或互补品，有可能影响共享市场相关活动的优势。若产品是替代品，共享营销活动所需的成本优势就比较小，因为买方有可能购买某一种产品或者两种都买。然而，向买方提供替代产品能够减少替代的风险，因为某种产品的损失可以在其他产品上获得补偿（见第 8 章）。替代品之间的共同营销活动也能提升企业的差异化。

当业务单元将互补产品出售给共同买方时，共享的优势往往大于不相关产品或者替代品的情况。互补产品往往有不同的需要，这又可能推进共享价值活动的有效使用，以及包括共同品牌推广、广告和捆绑销售等活动。互补产品提出的战略问题是市场关联的一部分，企业应该单独处理，详见第 12 章。

重要形式的市场关联的优势以及妥协成本可能的来源如表 9-2 所示。诸如市场调研、销售人员管理以及广告（诸如艺术品和布局）往往比直接活动更容易实现共享，因为它们要求的妥协成本较低。市场关联的利益往往会因为努力降低妥协成本的业务单元的战略变化而有所改进。标准化销售人员和团队的行为、重新界定品牌定位从而增进形象品牌的一致、标准化交付规则或者支付条件，将使共享业务活动变得更容易。

生产关联

生产关联涉及上游价值活动的共享，包括入厂物流、零件制造、装配、测试和诸如维修和现场基础设施等间接职能部门。这些形式的共享要求各活动处于相同的地方。如果共享活动业务单元的供应商或者买方的地理位置不同，那么对应的入厂物流和出厂物流的运费将大大提升，利用关联就有可能产生妥协成本。共享购买活动与生产关联不同，因为这并不需要生产设施的合并。购买投入要素可以集中进行，但也可以从供应商所在的地方运往各地的工厂。

表 9-2　市场关联的净竞争优势

共享形式	潜在竞争优势	妥协成本的潜在起因
共享品牌名称	降低广告成本 强化产品形象或名声	产品形象不一致或者互相冲突 买方不愿意从某一家企业采购过多 产品质量不好可能影响企业名声
共享广告	降低广告成本 购买广告空间时有了更多的筹码	媒介或者消息不同 多个产品降低了广告效用
共享促销活动	通过派发共享折扣券和交叉折扣券降低促销成本	促销方式和时机不同
交叉销售产品给彼此的买方	降低寻找新买方的成本 降低销售的成本	产品形象不一致或者互相矛盾 买方不愿意从某家企业采购过多
互补产品的关联定价	见第 12 章	见第 12 章
捆绑销售	见第 12 章	见第 12 章
共享营销部门	降低市场营销的成本 降低营销管理费用	产品定位不同或者不一致 买方的采购行为不一样

（续表）

共享形式	潜在竞争优势	妥协成本的潜在起因
共享渠道	提高与渠道的议价能力从而提升服务、货架定位、维护 / 维修 / 支持或者渠道利润 为买方提供一站式采购提升了差异化成效 降低渠道支持基础设施的成本	渠道获得了过多的议价能力 渠道不愿意从某个工厂进货过多 使用共同的渠道能够侵蚀其他渠道获得的支持
共享销售团队或者销售部门	降低销售成本或者销售团队基础设施的成本 优质的销售人员 更多可供出售的产品能提升与买方的联系或者为买方提供更多方便 若销售团队的利用方式不同，可提升利用效率	不同的买方采购行为 买方不愿意从某一个销售人员那里大量采购 销售人员没有足够的时间为某一个买方有效地呈现多种产品 不同销售人员更加有效 某些产品能吸引更多的注意
共享服务网络	降低服务成本 技术提升或者更密集的服务地点，使得服务更加全面或者迅速 如果服务需求与生产能力呈现负相关，那么产能利用率将得到提升	设备或者进行典型的维修所必需的知识不同 服务及时性需要的差异 买方开展内部服务的差异
共享订单处理	降低订单处理成本 降低能够提升响应能力或者账单信息先进技术的成本 如果订单流与产能利用呈现负相关，产能利用率将提高 为买方提供的一站式购物能更好地提升差异化	典型订单构成的形式差异 导致订单处理需求不一致的订单周期差异

仔细检查明显类似的价值活动，会发现生产关联可能并不存在。例如，虽然设备本身大体相同，但是一件产品加工车间的制

造工艺可能涉及不同的设备精度或者批量生产规模以及运行时间。和市场关联一样，间接价值活动因妥协成本较低，为共享提供了极其诱人的机会。例如，实际的制造过程存在诸多差异，但像建筑运营、维修、现场基础设施和测试实验室一类的设施可以共享。

表 9–3 显示了重要形式的生产关联所具有的潜在竞争优势以及妥协成本的潜在起因。成本和优势的平衡取决于牵涉的业务单元的实施战略。例如，如果一个业务单元追求成本领先战略，另一个业务单元提供优质产品，那么实施差异化战略的两个业务单元将很有可能在零件规格、制造精度和测试标准方面有类似的需要。

采购关联

采购关联涉及共同投入要素的采购。多元化经营的企业往往有共同的投入要素，尤其是当企业不局限于主要的原材料和资本设备时更是如此。供应商日益倾向于按照满足位于全球各地的工厂需要进行供应，并以整个公司的需要来议价。有些企业会过分热衷于共享采购活动，因为它们没有意识到妥协的潜在成本，或者设定了固定的购买程序，不允许在为大好的时机谈判时有投机性的表现。

共享采购活动的潜在竞争优势和妥协成本可能的起因如表 9–4 所示。

表 9–3　生产关联的净竞争优势

共享形式	潜在竞争优势	妥协成本的潜在起因
共享入厂物流系统	降低运费和物料处理费用 先进的技术提升了交付可靠性、降低了损失等 共享使得交付更加频繁、规模更小，降低了存货、提升了工厂生产效率	生产要素处于不同的地理位置 工厂处于不同的地理位置 生产要素具备不同的物理特征表明处理这些生产要素的物流系统是次优的 不同的业务单元有不同的入厂交付系统的频率和可靠性需求
共享零件（在不同终端用品中使用相同的零件）	降低零件制造的成本 零件制造的先进技术提高了质量	不同的业务单元有不同的零件设计和质量需求
共享零件制造设施（使用相同的设备和设施来制造类似或者相关的零件）	降低零件成本 先进的零件制造技术会提升质量 产能利用因为对类似零件的需求并不完全相关而得到了提升	不同的零件种类有高昂的启动成本 不同业务单元之间零件质量或者精度偏差需要不同 适应多种生产目的的生产设备比专有设备的成本更高 某个地点员工人数多可能导致潜在的招聘、工会化或者生产效率问题
共享装配设施（使用相同的设备 / 生产线来装配类似或者相关的终端产品）	降低装配成本 先进的装配技术提升了质量 由于需求并不完全相关，因此提升了产能利用率 共享物料处理系统能够为不同的装配线给料	不同产品的设置成本更高 质量或者精度偏差的需要不同 适应不同装配目的的设备成本更高 某个地点的员工人数多可能导致潜在的招聘、工会化或者生产效率问题
共享测试 / 质量控制	降低测试成本 优质技术提升了测试的应用范围，提升了质量控制	灵活的测试设施和设备成本更高 测试程序和质量标准不同
共享间接活动（维护、工厂管理、人力资源部门、自助餐厅等）	降低了间接活动成本 提升了间接活动的质量	不同业务单元的间接活动要求不同 某个地点的员工人数多可能导致潜在的招聘、工会化或者生产效率问题

表 9-4 采购关联的净竞争优势

共享的形式	潜在竞争优势	妥协成本的潜在起因
共同投入要素的共同采购	降低投入要素的成本 提升投入要素的质量 按照服务响应和存货持有时间要素衡量，提升供应商的服务	投入要素的质量或者规格需要不同，导致了要求不高的业务单元不必要的成本升高 不同业务单元对从供应商那里获得的技术帮助和交付需要不同 集权化管理会降低从工厂到采购的信息流，并降低了采购响应生产需求的能力

技术关联

技术关联涉及整个价值链中的技术发展活动的共享。它与生产关联不同，因为技术关联会对技术发展的成本或者独特性产生影响，而生产关联涉及的是与不断进行的产品生产有关的共享活动。要意识到工艺发展的关联往往与生产或者市场关联一起发生。工艺技术的关联往往源于主要活动的关联。

与其他形式的关联一样，显然完美的技术关联可能只是幻想。涵盖两个业务单元的科学领域对成功的影响远远要小于没有交叉的特定科学领域的影响。例如，哈里斯公司认为，通过改良出售给报社的文本编辑系统软件能降低文字处理的入行开发费用。哈里斯公司发现，报纸对文本编辑系统有许多特定的需求功能，这使得文字处理系统的开发不得不从头开始。

真正重要的技术关联涉及对产品、工艺成本或者差异化具有重要意义的技术，比如微电子技术对电信和数据处理都有重大影响。很多产品使用的技术表面上看起来类似，这使得确定真正的技术关联变得日益困难。与其他类型的关联一样，技术关联的净竞争优势依行业和涉及的业务单元的不同而不同。例如，共享微电子技术对两个消费品业务单元的利益远远大于一个防御战略业务单元和一个消费品业务单元的利益总和。罗克韦尔国际集团将一组负责防御设备的工程师安排到电视机部门，亲身体验了这个教训。电视机部门对成本的敏感度比防御设备的成本敏感度更高，以至两个部门无法共享。在佩刀客机商用飞机领域也出现了同样的状况，即军用设计对于商业市场来说过于昂贵了。

表 9-5 显示了源自共享技术发展的竞争优势以及妥协成本的可能起因。

表 9-5 技术关联的净竞争优势

共享形式	潜在竞争优势	妥协成本的潜在起因
共享技术发展（针对独立产品或者某项产品与其他产品融合）	降低产品或者工艺设计成本（包括更短的设计时间） 在研发活动中临界规模更大，吸引优秀人才提升产品和工业设计的创新力能力更强 产品领域之间的转移能提升差异化或者使企业更早地进入新技术领域	技术相同，但是在不同的业务单元之间，应用技术所做的权衡不同
为具有技术界面的产品共享界面设计	降低界面设计成本 通过优质和专有的界面性能来实现差异化 通过非标准界面创造了捆绑机会（见第 12 章）	非标准界面减少了已有的市场捆绑的风险（见第 12 章）

基础关联

最后一种关联起源于企业的基础活动，包括融资、法律、会计和人力资源管理的共享。在多元化经营的企业里总有一些基础性质的共享活动，这在第 2 章已经详细描述过。在通常情况下，由于基础设施占总成本比例不大，共享活动对竞争优势的影响不太大，也不会对差异化产生很大影响。然而具有讽刺意义的是，绝大多数有关共享活动研究的文献是建立在共享基础设施的基础上的，主要与融资和资本利用的情况有关。金融领域的关联已经被视为多元化经营企业推动其业务单元发展的重大利益。

有两种基本的金融服务关联来源：共同出资和共用资本（主要是工作资本）。融资的规模经济的确存在，特别是达到需要的特定资本规模时。业务单元之间针对反周期或者反季节资金需求可以促成运营资本的有效利用，某个业务单元不用的资金可以被另一个业务单元使用。财务关联涉及的妥协资本较少，必然能与节约的成本相抵消。此外，财务关联的存在是最容易实现的，这也成了人们普遍讨论财务关联的主要原因。

共享融资能力的竞争优势主要的限制因素是资本市场的效率。融资的规模经济对绝大多数企业来说属于一般水平，能产生融资成本较小的差异。企业可以通过借款来满足短期的现金需求，在使用商业票据和其他工具的高效率市场中借出过剩的资金，调节共享运营资本的价值。因此，财务关联很少是创建重大竞争优势的基础，除非竞争对手的规模和信用等级相差很大。其他形式的基础关联在特定的行业中非常重要。共享招聘和培训的基础活动对于某些服务行业来说非常重要，而共享政府关系在某些依赖自然资源的企业中则意义非凡。

无形关联

无形关联通过在单独的价值链中传递，产生竞争价值。通过某个业务单元的运营，企业了解了改善其他大体相似的业务单元运行方式所涉及的专有知识。技能的转移可以在某个方向上发生，例如，从当前已有的业务单元转向新的业务单元，或者从新的业务单元转向现有的业务单元。普通的专业知识转移可以在价值链的任何地方发生。菲利普·莫里斯将烟草行业里定制包装产品的专业营销知识转用在米勒啤酒中，艾默生电气公司收购比尔德–普兰后转移了自身在厂房设计和降低成本方面的专有知识和技巧。在这两个例子中，技术的转移改变了接受技术的业务单元的竞争方式，并提升了竞争优势。

如果具有专有知识的业务单元获得的成本地位或者差异化成效的提升超过了转移的成本，无形关联就会产生竞争优势。某个业务单元内的专有知识的成本已经支付，因此转移这些专有知识花费的成本要大大低于发展的成本。专有知识的实际转移会涉及一定的成本，有可能是熟练的工人花费的时间成本或者是专有知识有可能外泄导致的成本。转移的专有知识还有可能包括在业务单元的新环境下使用的调整成本。转移专有知识的成本必须与其带来的潜在优势进行权衡，从而确定业务单元之间的无形关联能否创造竞争优势。

当专有知识或者技术使得接收业务单元降低了成本或者提升了差异化的效果时，无形关联就会对竞争优势产生重大的影响。当技术的转移导致了政策的改变，并降低了成本或者提升了差异化成效，或者技术的转移使得接收技术的业务单元对其他成本驱动要素或者独特性有了更深刻的意识，那么无形关联就能转化为竞争优势。菲利普·莫里斯的技术转移到米勒啤酒，就导致了啤酒定位和营销的政策变化，还增加了广告支出，扩展了行业的整体规模经济，给诸如米勒这样的大型品牌带来了巨大的利益。

确定无形关联。业务单元之间的多种相似性产生了无形关联。

· 同样的通用战略。

· 同类型的买方（虽然不是相同的买方）。

· 价值链类似的设置（例如矿物提炼和加工的地点众多，而且分散）。

· 类似的重要价值活动（例如与政府的关系）。

虽然不能共享价值活动，但业务单元之间的相同点表明某个业务单元的专有知识能转移到其他业务单元并起作用。

由于业务单元之间存在着无数可能的相似点，无形关联重要类型的确定不可能像有形关联的种类确定那样明确完整。虽说如此，价值链也为我们寻找无形关联提供了系统的方式。企业可以分析业务单元的主要价值活动来揭示活动中的相似之处或价值链的配置方式，这可以为知识转移提供基础，或者突出适用于新行业的通用技术。

无形关联和竞争优势。不同类型的无形关联广泛存在。针对某个价值活动，在几乎任何两个业务单元之间，都存在某种相同点。航空公司遍布各地，有不同的站点，主要依靠航空作业时间运作，具有与货运公司、国际贸易公司和工业汽油制造公司合作经营的特征。普遍相似的特征使得无形关联的分析非常微妙。

确定对竞争优势有重要意义的无形关联的关键标准如下：

· 业务单元之间价值活动的相似性。

· 价值活动对竞争的重要意义。

· 专有知识转化成相关活动的竞争优势的重要意义。

必须综合看待这些问题。两个业务单元之间的相似性取决于如何有效地转移专有知识。专有知识转移的重要意义取决于其对技术接收单元竞争优势提升所做的贡献。某种洞察的转移有可能大大改变竞争优势，因此，即使是两个不存在多大相似性的业务单元，也有可能存在重大的无形关联。然而，人们一开始努力寻找到的无形关联看似重要，但实际上未必就是对竞争优势产生重大影响的关键的无形关联，要预测转移的专有知识是否有价值就更难了。

在评价无形关联时，最普遍的陷阱是确定对竞争不太重要的业务单元之间存在的普遍相似性。可以转移的业务知识有可能不会影响对接收技术业务单元的成本或者差异化有重要意义的价值活动，或者转移技术不会给竞争对手提供新的重要见解，菲利普·莫里斯收购七喜饮料公司的情况就属于后者。啤酒行业过去有很多家庭作坊，它们对于营销活动没有太大的概念，软饮料行业一直由可口可乐、百事可乐或者胡椒博士这样的大品牌占据市场，营销活动复杂多样。这样看来，同样是收购，菲利普·莫里斯为米勒啤酒提供了更多的营销专业知识，而对七喜的营销帮助却不大。

很多企业陷入错误辨别无形关联或者确定那些对竞争优势不重要的无形关联的陷阱。无形关联的确立很牵强，或者为以其他理由开展多元化经营提供了借口。无形关联在讨论协同增效的时候往往被提得较多。寻找并执行重要的无形关联存在困难，这也是很多企业发现协同增效让人失望的重要原因。

要有效利用无形关联，就要求人们对涉及的业务单元和所处的行业有深刻的认识。无形关联对竞争的重要意义只能通过确定专有知识转移乃至产生影响的特定方式才能被真正了解。某个业务单元从其他业务单元学习的希望往往只是空想。

除非专有知识的转移真正发生，否则就算无形关联对应的专有知识转移的优点超越了转移成本，也未必就能产生竞争优势。业务单元之间管理者或其他人员的交流，能够实现专有知识的转移。如果高层管理人员没能牵头，技术转移将很难发生。接收技术的业务单元的人士从其他行业的角度审视转移技术，往往会很谨慎或者不确定。他们甚至会公然反对。具有专有知识的业务单元可能对花费重要人士的时间心存犹豫，甚至将专有知识认定是本业务单元专有的。最后，专有知识的转移是主观的，与有形关联相比，无形关联中专有知识的转移带来的好处，管理者未必能真正意识到。所有这些因素都表明，就算是非常重要的无形关联，也未必能真正实现。实现专有技术的转移要求有关人士持久努力，企业有制度保证，来确保必要的专有知识转移按时发生。有效的组织结构往往能降低转移专有知识的成本。

竞争对手之间的关联

当企业在当前或者将来与多元化经营对手在多个业务单元竞争时，竞争对手之间的关联就产生了。任何反对多点竞争者的行动都必须考虑联合对抗业务的整体范围。此外，相比多点竞争者，企业的竞争优势部分取决于两者已经实现的关联。由于存在竞争对手之间的关联，多点竞争者的竞争优势往往受制于其在相关行业内的总体地位，而不是其在某个行业内的市场份额。虽然多点竞争者未必就和竞争对手之间的关联同时出现，但是有形关联和无形关联使企业遵循平行的多元化路径，这两者经常同时出现。

用图 9–4 所示的示意图来确定当前的多点竞争者，相对比较容易。在图 9–4 显示的企业里，竞争者 A、B、C、D 和 E 都是多点竞争者。其他竞争者都是单点竞争者，但也有可能成为多点竞争者。本图的分析表明，业务单元 2 和业务单元 3 是紧密关联的行业，这是由于 4 个竞争者在两个行业均存在竞争关系。两个行业内存在多个竞争者的关联虽不完美，却表明它们的确相关。行业之间的相关性也是人们预计哪些企业最有可能成为潜在的多点竞争者的重要线索。业务单元 2 和业务单元 3 所在的竞争行业之间存在明显的联系，竞争者 H 最有可能成为多点竞争者。

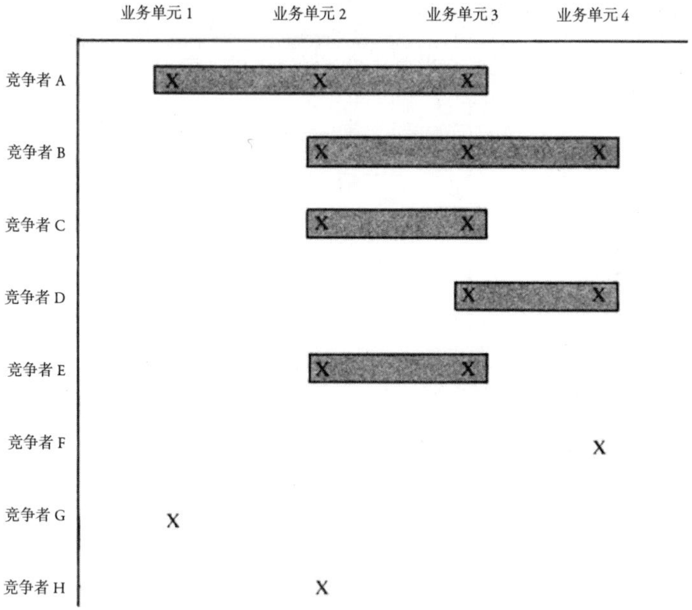

图 9–4　公司竞争者矩阵

表 9–6 显示了 1983 年消费类纸制品行业的多点竞争者以及后来每年入行的竞争者的矩阵。显然，竞争对手之间的关联很多，随着时间的推移还在不断增加，尤其在 20 世纪六七十年代。我们可以在诸多其他行业里看到类似的模式。本表中竞争对手之间的关联将在下文进一步讨论。

表 9–6 消费类纸制品的竞争对手之间的关系（1983 年）

	一次性纸尿裤	卫生纸	如厕纸	面巾纸	餐巾纸	女用餐巾	医用止血纸	清洁用纸
苏格兰纸业	进和退（1966）	X（1904）	X（1931）	X（1943）	X（1958）			X（1976）
金佰利	X（1968）	X（1924）	X（1976）	X（1924）	X（1951）	X（1924）	X（1960）	X（1975）
宝洁	X（1966）	X（1957）	X（1965）	X（1960）		X（1983）	进和退（1974）	
佐治亚太平洋		X（1909）	X（1909）	X（1909）	X（1909）			
强生	X（1972）					X（1927）	X（1978）	X*（1980）
惠好	X							
丹碧丝						X（1981）	X（1936）	

*竞争对手生产的清洁用纸主要供婴儿使用。

与多点竞争者的分析类似，单点竞争者分析也是从与企业不同模式的关联着手的。例如，施乐、佳能和松下都在便携式复印机领域中竞争，但是施乐公司利用了便携式复印机和高容量复印机以及办公自动化设备的关联。出于历史原因，佳能公司复印机与计算器和照相机业务关联比较紧密，而松下电器利用了广泛的家电类和其他电子产品的关系。有意思的是，佳能和松下电器都在办公自动化设备领域进行多元化经营，建立了赶超施乐公司关联的关系。

具有不同关联模式的单点竞争者能为行业带来不同的竞争优势，因而具有重要的意义。企业很难赶超这类对手，其存在有可能改变竞争的基础。此外，就像复印机这个例子，具有不同关联模式的单点竞争者有时候是多点竞争者的积极培养对象。

非相关行业的多点竞争者

当企业面对非相关行业的多点竞争者时，一个业务单元涉及的战略问题包括，其他业务单元对之做出的反应，以及在多个竞争行业中竞争者之间如何实现行业的平衡。由于企业和多点竞争者在多个行业内有交集，这就决定其相对地位将有多种要素，这表明企业需要更多有关彼此的信息来避免误解彼此的举动，这也意味着某个行业干扰稳定的因素会传递到其他行业。多个企业要和平共处，保持竞争态势，情况将更加复杂。

另外，多个行业的竞争还会为显示价值信号、制造威胁、确立阻碍进入的地位以及采取行动创造条件。例如，在某个行业受到威胁的企业有可能在其他行业进行报复，发出不满的信号，但这比直接在行业里与对手交锋造成的风险要小得多。企业可能在多个行业内开展报复，这可能会使对手付出更大的代价，也有可能延迟竞争对手进入，先发制人。

多点竞争的另一个稳定因素是，可能存在焦点或者竞争的自然平衡点。当只在一个行业内竞争时，与每个竞争对手对其相对优势的看法一致的焦点数目可能很少。例如当竞争对手呈现利益均衡的情况时，均分市场份额可能是唯一的焦点。但这种份额并不是稳定的，因为市场份额任何临时的变动都有可能触发企业的强烈反应以维持市场的平衡。两个相互竞争的行业可能会有更多比较稳定的焦点，且很快就能发现其中一个。

表 9–7 就表明了这一点。焦点 2 和焦点 3 比焦点 1 更加稳定。在每个行业中，占有较多市场份额的竞争对手往往有比较明显的竞争优势，因此外力较小的干扰，不会引发企业之间的商业大战。同理，地位不对称可能会降低某个行业高份额企业寻找更多市场份额的概率，因为它在实力较弱的行业中容易遭到报复。

表 9–7　焦点和多点竞争者

	焦点 1		焦点 2		焦点 3	
	市场 1 的份额	市场 2 的份额	市场 1 的份额	市场 2 的份额	市场 1 的份额	市场 2 的份额
竞争者 A	50	50	60	40	70	30
竞争者 B	50	50	40	60	30	70

为了制定进攻战略或者防御战略，必须从全局看待多点竞争者。绝大多数竞争者分析都是在业务单元层面开展的，在某个行业内的竞争者看来是独一无二的。对多点竞争者在公司或者集团层面开展分析是必要的。至少要对多点竞争者采取更加广泛的视角，测试某个业务单元的行为不会对其他业务单元产生不利影响。在理想状况下，应该对当前和未来可能出现的多点竞争者进行全面分析，审视是否在多个业务单元层面上有实施协调进攻或者防

御战略的机会。

在非相关行业内制定多点竞争者的战略还需要考虑下列因素。

在所有联合竞争的行业里预测可能的报复行为。多点竞争者可能对任何或者联合竞争的行业里出现的举动进行报复，它可能对最有成本效益的行业动向进行报复（见第 14 章）。例如，多点竞争者可能对市场份额较小的行业做出反应，因为它能凭借低成本使企业遭受较大的惩罚。每个行业都是互相联系的战场。

意识到多点竞争者在关键行业里占据较小的份额。多点竞争者在某个行业持有较小的市场份额，而企业却在其中占有较大的份额（或者现金流较高），这就给多点竞争者对付企业提供了一个筹码，这样的地位就是有效的阻碍性地位（见第 14 章）。

寻找利用公司和多点竞争者总体相对地位的机会。公司和多点竞争者的总体相对地位能为企业提供成本较低、风险较小的对付威胁的方式。同理，多个行业中的协调行为可能会让竞争者很难回应，对应的成本也较高。

为防御目的建立阻碍性地位。在多点竞争者所处的关键行业中占有小份额可以使企业以较低的成本对其造成重创。

对付多点竞争者的战略受制于竞争者能否意识到不同行业之间的关联。多点竞争者以高度自动化的业务单元进行管理时，不能随意假设联合竞争行业之间的联系。在某些情况下，竞争者忽略了多个行业之间的关联，可能会使企业获得相对竞争地位。例如，攻击某个业务单元可能会分散竞争对手的注意力和资源，使其无法在更重要的业务单元里捍卫自己的地位。

相关行业的多点竞争

当企业面临相关行业的多点竞争时，战略问题变得日益复杂。上一节谈论的问题仍然存在，而且更加重要，因为相关性增加了竞争对手认识业务之间关联的可能性。行业之间存在的有形关联，使得人们在评价相对地位的情况时变得更加困难。

企业在面对存在多点竞争者的行业里所具备的竞争优势或者竞争劣势，取决于其在涉及关联的价值活动中的总体地位。假如企业和竞争对手启用了共用的销售团队或者物流系统，销售团队或者整个物流系统的相对成本或者差异化就变得至关重要。关联实现的程度决定了其对竞争优势的影响，共享的可能性则不能。此外，企业和竞争对手在关联中获得的净竞争优势可能受到各自战略的影响。竞争对手面临的协调成本或者妥协成本可能比企业面临的更高或者更低，由此决定了关联价值的大小。

竞争对手相互关联的业务单元集合可能不会与企业的完全重合。例如宝洁公司的竞争产品有一次性纸尿裤、纸巾、女性卫生用品和如厕纸，但却不生产纸毛巾和清洁用纸，而金佰利在这些领域均有涉及。当联合竞争的行业互相关联，且不完全重合时，企业和竞争对手之间的比较就必须围绕企业和竞争对手全部的关联展开。每个共享活动必须全面分析进而了解竞争对手，还要比较企业在这个价值活动上的成本和差异化效果。宝洁公司五大业务单元和金佰利八个业务单元之间比较的结果将影响这两家公司在共享价值活动中的相对地位，如物流系统。任何业务单元的相对地位可以通过比较共享价值活动和非共享价值活动来构建。

企业若在某个相关业务单元中所处的地位较弱，可以由它在其他相关业务单元中的优势地位来弥补。宝洁公司在纸制品的市场份额比金佰利小，但是宝洁公司是纸尿裤、如厕纸和纸巾等产品的领导者。纸尿裤行业相对较大，宝洁公司整体消费类纸制品的数量无疑比金佰利更高。因此，分析企业与多点竞争者的相对地位，要求对两个企业的总体产品组合进行排查。

在相关行业内开展多点竞争最基本的战略意义与在非相关行业一样。竞争对手分析必须包括竞争的整个业务单元组合，不能孤立地分析竞争对手的某个业务单元。在竞争对手的组合中，某个业务单元的竞争优势可能会受到这个业务单元与其他业务单元可能存在关联及其实现程度的影响。

企业相对于多点竞争对手共享价值活动的平衡或者优势的实现有多种方式。在一个企业本身具有较强竞争地位的行业里继续投资以加强其地位，可能会抵消竞争对手在诸多相关行业获得的竞争优势。如果企业从共享的活动中获得的竞争优势非常重要，且没有重要的补偿性优势，企业就不得不努力赶超竞争对手在相关业务单元竞争的情况。赶超业务关联在防御战略和进攻战略的实施中均有重要作用。就算企业在现有的业务单元中获得了竞争优势，也有必要对照对手的多元化战略，防止竞争对手从关联中不费吹灰之力获得竞争优势。相反，如果企业能在竞争对手所处行业以外的领域发现新关联，就能加强企业在重要的共享价值活动中的地位。

例如，消费类纸制品领域经常会实施多元化防御和进攻战略。表 9–6 显示了每个竞争对手进入各自领域的日期。竞争对手的业务组合从 20 世纪 50 年代起就在不断扩展。宝洁公司的行为触发了一系列行业举动，它在如厕纸、面巾纸、一次性纸尿裤和纸毛巾领域进行防御。

具有不同关联模式的竞争对手

单点竞争对手和多点竞争者可以追求不同类型的关联，涉及不同的共享活动或者以不同形式共享的活动。这种情况有个明显的例证就是消费类纸制品领域（见表9–6）。竞争对手已经在纸制品领域按照不同的方式追寻关联，反映了彼此总体业务的联系以及这些战略的使用情况。例如，在一次性纸尿裤行业，宝洁公司能够共同采购某些共享的原材料、共享技术发展、共享销售团队以及共享多个纸制品系列的物流系统。然而，宝洁公司对每个纸制品生产线都有单独的品牌名称。相反，强生除了在纸尿裤行业竞争，还在其他诸多婴儿护理产品行业中一枝独秀，但所有的产品都采用强生这个品牌名称。其关联包括共享品牌名称、共享销售人员以及婴儿护理行业内共同的市场调查行为。强生在生产、物流和产品或者工艺技术发展活动中的共享则很少。表9–6中所有的竞争者都有不同的关联模型。

具备不同关联模型的竞争对手代表了机遇和威胁。代表了威胁是因为每个竞争者通过关联获得的竞争优势不能及时被复制，企业可能未必处在适当的行业中，或者没有适当的战略使其匹配这种关联。为了与强生的共享品牌抗衡，宝洁公司不得不改变其按照产品类别推出品牌的策略。这种改变有可能失败，因为这需要在其他纸制品上使用纸尿裤的品牌，而且这些品牌与婴儿用品毫不相关，这样的做法让人难以接受。因此为了应对强生这项特殊的优势，宝洁公司可能要进一步多元化，进驻强生占有领导地位的婴儿用品行业。

具有多项关联且聪明的竞争对手可能会努力改变每个行业的竞争性质，使关联朝着对自己而不是对对手更有利的方向发展，获得更重要的战略意义。在纸尿裤行业里加大广告投入可能会提升强生企业的竞争优势，这主要是因为强生的多个产品都共享一个品牌。具有不同关联的竞争对手还有可能降低企业实现关联的能力。例如强生公司试图将纺织材料用作尿裤的原材料，这个举动降低了宝洁公司共享活动的能力，因为宝洁公司有多种纸制产品。同理，竞争对手可能按照提升企业妥协成本的方式来转变战略，从而实现竞争对手与企业之间的关联，导致企业为了应对其他业务单元的威胁不得不损害这个单元。

因此，实现不同类型关联的企业之间的竞争游戏的本质是拉锯战，主要是看哪个企业能够改变竞争的基础，影响对手的关联关系，或者提升本身的价值。一次性纸尿裤行业就很好地表明了这种游戏规则。宝洁公司在尿裤行业已经保持了龙头地位，而强生公司在遭受了巨额损失后，被迫退出美国市场。虽然强生公司的市场关联很强，但有关纸尿裤的广告只占总成本的一小部分。宝洁公司在销售团队和物流成本方面享有比强生公司更强大的关联，其广告支出的费用更高。强生公司不能与宝洁公司在生产、采购和技术关联方面进行匹配，生产纸尿裤的成本占所有成本的比例较高，产品和工艺技术变化的步伐很快。没有了明显优越的产品，强生公司无法将宝洁公司大型的市场份额及其关联对应起来。

预测潜在的竞争对手

有形关联、无形关联和竞争对手之间的关联都可以用来预测潜在的竞争对手。那些可能进入某个行业的企业，应满足以下条件：

· 该行业是企业创造或者扩展重要关联的逻辑方式。

· 该行业是企业一种必要的扩展，用以对应竞争对手的关联。

为了预测潜在的竞争对手，必须确定所有涉及行业的可能关联，包括竞争对手之间的关联。每一种潜在的关联都有可能指向很多其他行业。现有的竞争对手除了在当前的行业竞争，其他行业也有可能存在各种关联类型。通过确定相关的行业，企业能够确定那些迟早要入行的潜在的竞争对手。必须谨慎分析这些潜在的竞争对手选择进入企业所在的行业，不打算开展其他投资的可能性。

10

横向战略

对于多元化经营的企业来说，公司战略中有两大基本问题。第一个问题是多元化经营的企业选择在什么行业内竞争，第二个问题是企业中各个业务单元的战略应如何进行协调。解答这两个问题主要取决于竞争优势，即公司如何能提升业务单元的竞争优势。业务单元作为多元化经营企业的一部分，一定要付出成本，包括管理费用和公司政策带来的限制条件引发的成本。除非公司能对竞争优势做出积极的贡献，否则多元化就会成为一种负担。

对于公司战略的两个基本问题，多元化企业往往更加关注第一个问题。企业倾向于进入新的行业竞争，所做的选择通常建立在微妙的关联上。许多多元化经营的企业很少留意甚至完全忽略业务单元战略的协调问题。正如第 9 章阐明的情况那样，随着业务单元的战略协调变得日益重要，进入那些明显有利于提升企业竞争优势的新行业就显得更有必要。多点竞争者和具有不同关联模式竞争者的存在，表明了企业必须利用现有的关联来保持自身的相对竞争地位。

横向战略协调了相关业务单元的目标和战略。它覆盖了现有业务单元和根据与现有业务单元的关联而进入的新行业。横向战略可以而且也应该在集团、部门和公司的层面上存在。然而，不管企业多么精心地筹划个别业务单元的战略，很少有企业拥有横向战略，就算有也很不正规。有形关联构成了竞争优势的重要来源。明确的横向战略应该是集团、部门和公司战略的核心。

许多行业出现了新的竞争模式，主要是受上文描述的强大趋势的驱动。竞争将在多个相关业务单元的集群中展开，而不是在个别业务单元中展开。业务单元战略协调、进入新行业的相关多元化将深化并拓展关联。战略选择与业务单元之间以及整个企业层面的合作关系日益密切。业务单元经理将着眼于作为多元化企业必不可少的一部分来赢得竞争优势，而不是单纯依靠资本的可用性提升自身的竞争地位。

横向战略不能含糊不清，也不能本末倒置，建立在业务单元之上。没有明确横向战略的企业，很难承受优化单个业务单元的压力，进而可能伤害企业绩效，尤其是那些具有放权决策传统的企业。此外，企业常认为业务单元应该主张并同意确立那些对业务单元具有战略意义的关联，这种谬论普遍存在。这种态度以 20 世纪 70 年代确立发展的业务单元自主性理论为基础。它使得企业和集团的经理放权，将确定和利用业务单元之间关联的重任放在了业务单元经理身上，而后者往往缺乏必要的资源和影响力来担此重任。本末倒置的横向战略在现实中很少发生。

明确的横向战略的必要性

绝大多数企业的组织结构是与关联的实现相悖的。然而，组织障碍本身不足以解释为何独立运作的相关业务单元几乎不能优化企业的整体竞争地位。没有了横向战略，业务单元的做事方式有可能降低企业利用关联的能力。

业务单元看重的关联价值不同，无法对追求关联达成一致意见。由于规模、战略或者行业的差异，各个业务单元很少能从彼此存在的关联中获得相同的利益。共享对业务单元的成本地位或者差异化成效影响不同；同理，不同业务单元要求建立关联的妥协成本也不同。有些业务单元可能会得出正确的结论，认定协调成本和妥协成本超越了关联带来的价值，因此关联对整个企业的价值永远不会实现。当前成功的大型业务单元往往是最排斥建立关联的，就好比业务单元不愿意将其专有知识转给其他业务单元使用，反对由此确立了无形关联。

业务单元战略的演变方式可能会弱化关联。如果能独立地制定战略，业务单元可能会朝不同的方向发展，加大建立关联的难度。例如，当两个业务单元共享某个买方或者某个渠道时，一个业务单元可能会实现差异化战略，而其他业务单元可能会努力实现低成本地位。虽然这些战略对于单个业务单元是正确的，但是两个业务单元之间可能存在关联，表明战略不一致会让买方或者渠道商困惑，使企业在相关行业竞争的整体品牌形象变得不清晰，进而减少共享某个品牌或者销售团队的可能性。还有一个例子是，当两个业务单元原本就共用某个零件时，常出现指定使用不同零件的情况。独立的业务单元战略会低估业务单元之间的关联对整个企业的价值，过分看重对单个业务单元的价值。

独立进行的定价和投资决策可能会损害企业的竞争地位。关联表明，某些业务单元能获得利润，而其他业务单元则不能实现。例如，降低某个业务单元的价格来刺激销售量可能会增加整个企业针对共享零件或者原材料的议价能力，进而导致其他业务单元成本的降低。但是，独立制定战略的业务单元可能永远不会考虑这种行为方式，各业务单元也只会按照单元的结果对之评价。不管业务单元之间是否存在互相销售产品的情况，这种情况都会出现，因此通过转移定价不能解决这个问题。

如果相关的业务单元各自为政，就有投资决策次优化的风险。例如，共享某个零件的业务单元可能拥有价格敏感度极高的买方，而其他业务单元服务的买方却不是。后一个业务单元可能不太重视降低共用零件的成本投资，将资源分配在其他地方。而降低成本中受益最大的业务单元，可能无法说服别人这项投资决策有什么好处。

业务单元可能会向外寻求合作方以确立内部已经存在的关联，这种倾向非常常见。独立运行的业务单元可能无法充分理解，共享营销、共享生产、技术发展和共享采购其实比寻求外部联盟可以获得更多的利益。寻求内部的关联表明所有的利益都能被企业获得，而与外部企业建立基于关联的联盟所带来的利益要与联盟伙伴共享。外部联盟可能也会推动联盟伙伴的成长，最终成为企业的竞争对手，而这也会导致企业专有技术的扩散。这些结论表明：在多种场合下，企业应该接受与兄弟业务单元确立关联所要承担的更高的妥协成本。然而，经理很少能意识到这一点。实际上，他们的看法往往与此相反，低估了业务单元之间的关联对企业整体利益和价值的贡献。他们宁可与外在独立的企业合作，因为他们可以完全掌控合作关系。有些组织问题的存在强化了这种倾向，详见本书第 11 章。

业务单元可能忽略关键的潜在竞争者或当前竞争者的真正意义。正如上文所述，按照业务单元开展的竞争对手分析，往往无法解释潜在的竞争者或者对当前竞争者相对地位起关键作用的关联。对待竞争者狭隘的视角可能使竞争者无法看清自身实施的广义战略所针对的行业方式，而这恰恰是竞争对手行为的重要决定要素。独立运行的业务单元可能很少考虑这样的行为会触发影响兄弟业务单元的竞争反应。

相似的业务单元之间转移专有知识的情况不会发生。决定了无形关联的专有知识的转移不会随便发生。业务单元有发展自身战略的愿望，相信自己最了解业务。人们很少期望它们在企业其他地方寻求专有知识。具备专有知识的业务单元没有太大转移技术的动力，尤其当技术转移牵涉最优秀的员工或者有可能外泄的专门技术时更是如此。

没有明确的横向战略，就不会有系统的机制来确认、强化并延伸关联。独立运行的业务单元根本不会像高瞻远瞩的高层管理者那样具备足够的动力，提出并支持建立在关联之上的战略。

制定横向战略

制定横向战略涉及多个分析步骤，具体框架见第 9 章。

1. **确定所有有形的关联**。制定横向战略的起点是系统确定所有当下或者将来可能存在于企业业务单元中的有形关联。第一步是仔细分析每个业务单元的价值链，分析实际存在或者将来可能出现的机会成本。一开始，所有看似存在的关联都应该确定。通过进一步的分析，可以排除那些虚幻的、不重要的关联。在寻找关联时，应该明确有可能提供共享基础的价值活动的特征。例如，有意义的生产关联必须建立在特定生产设备或者工艺步骤的相似点上，而不是基于对类似工艺的笼统观点。同理，特定的技术种类和分项子技术应该是技术关联的基础。涉及买方或者渠道的共同决策者应该是关键的市场关联基础。

图 10–1 显示了企业内部关联的简单机制。

每个关联矩阵的单元格都显示了一组业务单元之间的关联，主要按照第 9 章描述的关联分类罗列。如果关联覆盖范围广，则应该为每一种关联单独绘制矩阵。联系示意图是另一种展示关联的方式，在业务单元数目不太多的情况下，这种示意图将更加清晰。可以对有紧密关联的业务单元进行组合，这能帮助我们认识到业务单元的群组是集团或者部门形成的基础。不管我们使用哪一种图形工具，关联应该分为潜在关联和已经实现的关联。

在多元化经营的企业内部往往有多种不同的关联，不同的业务单元群组以不同的方式相联系。一组业务单元可能按照市场划分，而另一组不同但与前者部分重合的业务单元群组则按照生产来划分。图 10–1 描述的关联矩阵展示了其中的一种模式，其中业务单元 1、业务单元 3 和业务单元 4 有共同的零件和原材料，

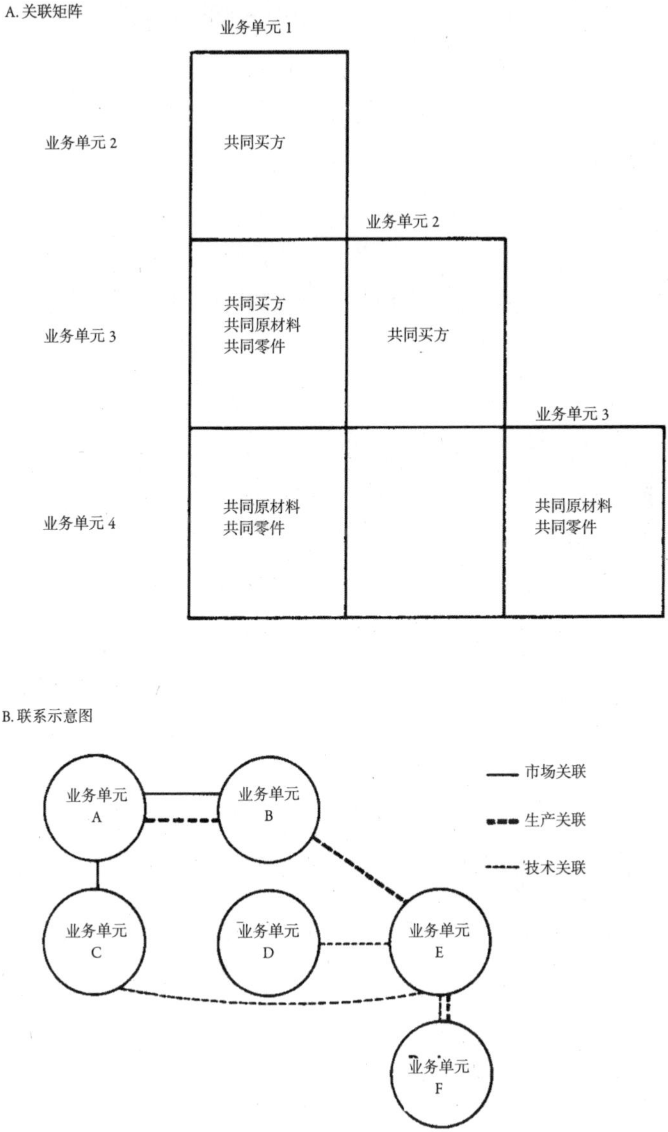

图 10–1　多元化企业内部的有形关联

而业务单元1、业务单元2和业务单元3拥有共同的买方。

拥有许多业务单元的多元化经营的企业，往往会出现非常复杂的关联。为了简化确定关联的分析任务，可以将一个多元化经营的企业分为若干业务单元群组，这些群组内部包含多层关联，但与其他业务单元群组的关联较少。与这些业务单元群组对应的集团或者部门已经确立，其方式我将在第11章中详述。当两个业务单元之间的关联普遍存在，且涉及许多价值活动时，业务单元的界定有可能不正确。划分业务单元的界限这一问题第7章已详细介绍。

2. **在企业范围之外寻找有形关联**。企业很少在与其业务单元相关的所有行业内竞争。因此，有必要确定企业当前业务单元与企业尚未覆盖的行业之间的关系。这要求企业审核所有重要的价值活动，寻找有可能发生共享活动或者进一步共享活动的相关行业。服务于特定的买方群组、拥有有效销售团队的企业应该明确同一买方群组购买的其他产品，或者符合销售团队专业素质且有可能出售给其他买方群组的产品。同理，应该仔细分析每一个品牌名称、销售渠道、物流系统、技术发展行为以及其他重要的价值活动，寻找与其他行业实现共享的机会。

确定与企业外部关联的方式是一项具有创意的任务，这种做法能在多元化规划、制定防御战略预测并建立障碍以阻挡后来者时发挥重要作用。多元化经营竞争对手的业务组合往往会为行业提供重要的线索，使其了解与企业的重要关联，而企业确定竞争对手尚未利用的新型关联则有可能更有意义。

3. **确定可能存在的无形关联**。有形关联一旦被确定，就要寻找无形关联。这涉及区分企业内的价值活动，并判断哪些价值活动具有可能用于其他业务单元或者新行业的有价值的专有知识。这一步还要求确定新的行业，其存在有可能导致企业当前存在的业务单元发现有价值的专有技术。潜在的无形关联的信号包括通用战略、买方类型或者价值链设置的相似点。确定无形关联的过程非常微妙，却很重要。很多潜在的无形关联已经存在，关键的任务是对无形关联进行筛选，从而了解其对竞争优势的影响。

4. **确定竞争对手之间的关联**。企业必须确定所有多点竞争者、潜在的多点竞争者和追寻不同关联模式的竞争对手。图 9–4 显示了不同竞争者之间的结构。多点竞争者的存在往往能为我们了解关联提供线索，并帮助我们识别关联。相反，关联也是我们识别潜在的新竞争者的重要指标，这一点在上文已有描述。当我们从企业全局的角度辨认多点竞争者的布局后，就必须绘制每个重要的竞争者组合之间的关联。通常几个竞争对手拥有涉及不同业务单元的不同关联。

5. **评价关联对竞争优势的重要意义**。由有形关联产生的净竞争优势取决于共享优势、共享成本以及赶超关联的难度等因素。共享活动必须按照竞争者对应的活动在这三个方面进行权衡。存在于多元化经营企业内部的有形关联往往很多，但是根据经验，关联的数目并不具有多大的战略意义。这里的挑战是区分所有重要的关联，包括明确企业当前还未涉足的行业关联。当前某种关联尚未实现，并不能说明它就不重要。这个关联有可能被忽视了，或许等将来业务单元战略趋于一致时，实现这个关联所需要的妥协成本会大大降低。

如果转移专有知识的利益超过了转移成本，那么无形关联将产生竞争优势。当价值活动之间的相似点意义非凡，活动对涉及的行业竞争优势很重要，且企业拥有对竞争优势产生实质影响的待转移的专有知识时，转移专有知识就很有利。经验表明，在评价无形关联时一定要有怀疑精神，这样才能避免追求那些理论上可行但实际操作起来没有意义的关联。

6. **制定协调的横向战略来实现并提升最重要的关联**。重要的关联可以通过多种方式实现并加强。

共享恰当的价值活动。如果价值活动带来的优势大于成本，相关业务单元的价值活动就可以共享。这可能涉及多种措施，包括合并销售队伍、合理化生产设备、协调购买行为以及重新界定生产线等。共享有可能要求对当前的做法进行调整。业务单元战略可能需要调整，从而实现共享的最大优势。同理，还有可能要对活动进行重新设计，从而降低妥协成本。

协调相关业务单元的战略姿态。通过协调相关业务单元的战略，提升关联产生的竞争优势并降低妥协成本。这可能涉及业务单元战略的微调甚至重新定位，包括收购和分立。战略的协调要求营销项目和投资会开支计划一致。业务单位应该了解彼此的产品开发和其他领域的规划。协调的发生，表明企业针对竞争对手的行动是一个综合的集团、部门或者公司作战计划的一部分。市场的关联往往会产生对一致的业务单元战略的最大需求，其目的是实现共同买方或者渠道的最大化效应。然而，实现和利用任何形式的关联，一定要有特定的战略与之呼应。协调可能要求各个业务单元在提升关联和个别业务单元地位之间进行权衡。这些权衡往往很难做出，但是这一切发生的前提是横向战略。没有横向战略，不管关联对企业多么有益，都不应考虑。

确定业务单元的不同目标。各个业务单元的目标应该按照反

映业务单元在关联中的作用进行设置。有些业务单元可能设定了更为远大的销售目标，而利润目标则较低，因为销售量对其他业务单元的地位有重大影响。要求所有业务单元实现相同的目标看似是最公平的做法，但是这种做法却有可能损害企业最重要的竞争优势来源。

反映了关联的业务单元目标，往往比那些组合规划规定的更加广泛，一般都涉及建立、保持和收割三大阶段。组合模型往往会忽略关联，仅从业务单元产生现金或者其他用途的角度来设定不同的目标。关联为我们基于竞争优势制定公司战略提供了广泛的视角，这种视角也考虑了现金流的问题。

*通过协调进攻战略和防御战略，可以应对多点竞争者和具有不同关联的竞争者。*在应对每个威胁企业的重要的多点竞争者和具有不同关联的竞争者时，企业肯定有总体的博弈计划。理想状况下，企业应该努力按照有可能增加关联的价值以及减少竞争对手价值的方向来推动行业变革。有关进攻战略和防御战略更具体的内容，我将在本书第 14 章和第 15 章中揭晓。

*通过正式的专有知识交流项目来利用重要的无形关联。*企业必须积极鼓励具有重要的相似点的业务单元之间的专有知识的转移。业务单元可能会因为不欢迎不请自来的技术等原因，未必肯接受技术，而技术转出的业务单元可能也要花费额外的时间和人力。实现无形关联要求对价值、促进专有知识转移的组织机制有共同的理解。

*通过实施多元化来加强重要关联或者创造新关联。*多元化战略应该专注于寻找或者进入有可能强化最重要的关联或者创建具有重要战略意义的新关联的行业。下一节将详细介绍多元化战略。

出售那些与其他业务单元没有重要关联或者可能加大实现重要关联难度的业务单元。与其他业务单元没有重要关联或者不能成为多元化经营战略基础的业务单元，长远来看就是需要出售的对象。即使它们当前比较吸引人，也能赢利，但这些业务单元注定对其他企业的意义更大。身为企业的一部分，这些业务单元没能提升企业的竞争优势；如果能成为其他企业的一部分，就有可能提升它们的竞争优势。企业因此可以通过出售将其价值折现，所得的收入可以用来投资有可能提升企业竞争优势的业务单元之间的关联。从实践角度来看，关注长远利益的企业一定要执行这个战略。企业应该意识到，业务单元价值的买方可遇不可求，即使潜在的关联再大，也很难用具有同等优势的业务单元来替代一个高利润却毫无关联的业务单元。

有些边缘化业务单元的存在，可能会加大实现其他更重要关联的难度，这些业务单元也是待售的对象。企业如果使用不同的竞争渠道来招揽相同的买方集团，就可能很难构建共享的销售渠道。同理，如果企业在买方群组所在的竞争行业中拥有业务单元，那么企业利用机会共享销售团队或者营销团队来获得特定买方群组的能力也会降低。关联还有可能与买方、供应商或者渠道商产生冲突。美国运通在与作为其旅行支票关键兑换点的银行进行竞争时，就经历了这种情况。放松某些行业的关联，就等于要求企业退出这些行业。

当涉及多个业务单元群组的企业存在多种关联模式时，按照上述步骤进行关联确认可能涉及一些权衡。通过协调的战略措施来推进某种关联的建立能降低其实现其他关联的能力。确定业务单元的目标也需要做出一些权衡。在权衡时，基本的原则是强化那些对竞争优势产生最大影响的关联，哪怕这意味着要牺牲其他关联。然而，下一章描述的组织机制往往允许不同业务单元群组的关联同时实现。

7. 创建横向组织机制来确保横向战略的执行。若没有鼓励协调和业务单元生产线之间产生技术转移的横向组织结构，企业就不能成功利用关联。定义正确的业务单元，正确地把业务单元群组划分组建成集团和部门，为业务单元经理建立工作的激励系统对能否成功利用关联起着关键作用。横向组织的原则见第 11 章的描述。

关联和多元化战略

建立在关联基础上的多元化是最有可能提升企业在当前行业的竞争优势，或者帮助企业在新行业中获得可持续性竞争优势的多元化形式。有形关联和无形关联在多元化战略中都有重要作用。理顺有形关联是制定多元化战略的起点。无形关联对竞争优势的影响不太确定，在实际中实现的难度比有形关联实现的难度更高。

关联可以通过内部发展以比其他潜在的新进入者更低的成本攻克进入新行业的壁垒，从而实现多元化。存在关联也能通过兼并推进企业进入行业，因为兼并对象对企业的价值大于其对所有者或者其他并无类似关联竞购者的价值。因此，与兼并关联的利润不太可能在设定采购价的时候流失。关联的存在还意味着通过兼并或者内部发展的多元化使与新业务单元有关联的现存业务单元受益。

任何多元化的举动都必须通过结构吸引力的测试（见第 1

章）。与企业现存业务单元有关的行业往往因其关联性具有更大的结构吸引力。一个新的业务单元必须处在一个实际或潜在的结构上有吸引力的行业内。关联本身不足以证明可以进入一个行业，除非关联的存在能让企业把一个前景黯淡的行业转变为前途光明的产业。因此，寻找具有结构性吸引力和关联的行业，使企业具有在这些行业竞争的优势，就成了制定多元化战略的双重指南。

基于有形关联的多元化

多元化战略可以用来拓展表 9–1 所示的有形关联。最理想的多元化方向能引导企业按照上文描述的标准，利用关联对竞争优势产生最大的影响。在某些情况下，多元化将加强企业相对于关键竞争对手的地位；而在其他情况下，为回应竞争对手的多元化战略有必要进行防御，企业也不得不调整其战略。企业进入某个行业，在其中可以利用关联战胜单一业务的竞争对手或者业务安排混乱的竞争对手。有形关联的利益以两种形式呈现。实现能提升现有业务单元竞争地位的关联，与利用现有的业务单元竞争地位来改善新业务单元的运作成效同样有用。

表 9–1 描述的三大类有形关联——市场、生产和技术关联，代表了三大多元化领域。市场导向的多元化战略旨在向共同的买方、渠道或者地理市场销售新产品，从而收获市场关联的利益。以生产为导向的多元化战略，旨在利用共享生产价值活动，生产类似的产品。采购关联往往起源于生产关联。技术导向的多元化战略旨在开发或者进入基于类似核心技术的新行业。成功的日本兄弟工业株式会社使用了技术树来推动多元化的进程。该公司凭借一种业务发展的技术进入其他业务领域。它靠原先缝纫机行业

的小型马达技术进入小型电器和电动打字机行业，又靠打印机行业发展起来的电子产品进入电子打印机行业。

这三大多元化路径往往引导企业走向三个不同的方向。要拓展出售给共同买方、渠道商或者特定地域产品的范围，常牵涉不同技术和生产工艺，而扩大使用类似技术或者生产过程的产品范围意味着进入新的市场。当然，实际情况也不尽然。在消费电子产品领域，诸如索尼和松下这样的企业已经利用当前产品所用的技术开展多元化，进入新产品的竞争领域。同时，这些企业还可以利用市场和产品关联。索尼和松下电器各自都开发了共享的价值活动，包括品牌名称、服务机构、工厂和多条生产线的采购活动，而关联是这些企业竞争优势的一大主要来源。百得公司进入小家电领域，就利用了技术关联和生产关联，包括在其核心业务上应用的小型电动马达和电动工具，这足以证明关联是企业竞争优势的重要来源。

当多个重要的价值活动可以共享时，多元化就为提升企业的整体竞争地位创造了极好的条件。最成功的多元化企业不会孤立地看待市场、生产和技术导向的多元化战略，而是试图综合这三类多元化战略。我在 1971 年和 1981 年研究了 75 家《财富》500 强企业后发现（见第 9 章描述），高科技企业显示了同时提升市场关联、生产关联和技术关联的超凡能力。这个发现与电子 / 信息加工技术在联系企业过程中所起的巨大作用一致。随着技术的发展，企业有能力利用多种形式的关联，找到更多的多元化领域。

通过建立商业据点开展多元化

企业通过多元化实现重要关联的能力各不相同，企业拥有的机遇受到多种因素影响。

· 企业现有的业务单元组合可能与其他行业存在几项重要的关联。

· 企业可能已经利用了这些重要的关联。

· 与企业现在所处行业关联的行业可能不具有结构吸引力。

· 由于竞争对手抢占了先机，企业没有可行的战略进入相关的行业。

· 反托拉斯的顾虑阻止企业进入一些相关的行业。

当基于有形关联多元化的机会不多或者已经被用完时，企业就应该考虑以无形关联进行多元化。由于无形关联涉及通用技术的转移，不涉及实际活动的共享，企业当前存在的业务单元与行业存在的无形关联要多于有形关联。寻找无形关联中能产生竞争优势的机会，这个过程非常微妙，它要求企业清楚地了解新的行业，明确技术转移引发改变的原理。

新行业与现在所处行业之间存在普遍的相似之处，但这并不代表技术的转移就能创造竞争优势。新行业的竞争者可能自己就有同等甚至优质的技术。企业技术是否与新行业的需求紧密相关也是一大问题，而分析表面上普遍的相似点可能具有误导作用。将多元化建立在行业之间想象的关联或者无关紧要的关联基础上，会导致多元化战略的失败，这种例子 20 世纪六七十年代层出不穷。除了这样的教训，慎重的行业分析也能发现现有行业与新行业之间合理的无形关联，这也成为多元化的坚实基础。

建立在无形关联上的多元化不应该被视作单独的机会，还应该作为建立商业据点的开端。企业一旦进入包含无形关联的新行业，就能使用这类商业据点，根据无形关联寻找多元化的新机遇。宝洁公司最初收购了查敏纸业公司，就为自己在纸制品行业中建立了高度相关产品业务单元的商业据点。这一点上文已经提及。图 10–2 表明了企业通过建立商业据点开展多元化的过程。与原先具有有形关联的业务单元群组建立无形关联成了建立新业务单元群组的基础。众多通过有形关联组合在一起的业务单元群组出现后，企业就转向多元化经营。与此同时，通过无形关联组合在一起的业务单元群组也相继出现。建立在无形关联上的多元化机会可以通过一个黄金标准测验，即这些无形关联能否成为企业攻克新行业的商业据点。

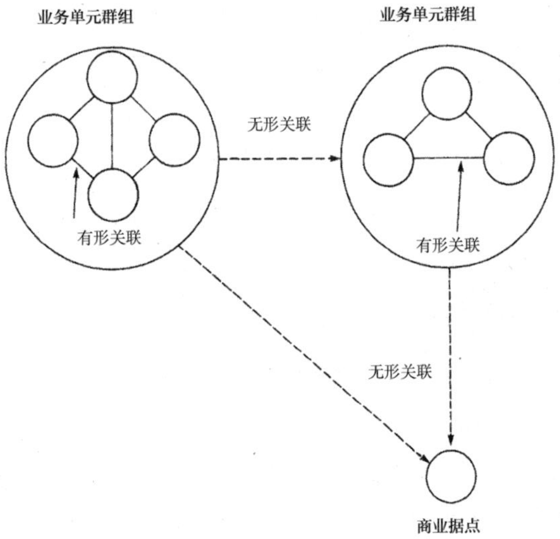

图 10–2　关联和多元化模式

多元化和公司资源

多元化企业独特的公司资产是其业务单元内部现存和潜在的关联，这些关联代表了多元化企业对其业务单元以及该企业即将进入的新行业的贡献。多元化企业的核心作用是培育并拓展这些关联。

通过扩展企业参与的价值活动的范围，多元化成为扩大企业资产和技术储备的方式。每个新行业不仅有可能与现有的行业有联系，还有可能为企业带来价值活动，成为建立新关联的源泉。最好的多元化战略既能强化企业现有的优势，又能为企业创造新优势打下坚实的基础。

横向战略的陷阱

虽然可以在利用各种关联的过程中获得很大的竞争优势，但企业在实施横向战略的过程中可能遭遇多重陷阱。最致命的错误是忽略从总体上看待这些关联的作用。在业务单元层面上实施战略规划是不够的。同时，若认定所有关联都应该被积极实现，也是错误的。

忽略关联的陷阱

本章和第 9 章提出了忽略关联存在可能遭遇的多个陷阱。在这里列出几个典型例子。

误导业务单元的战略贡献。无法理解关联的企业可能会孤立地衡量业务单元的绩效。在此过程中，企业有可能鼓励业务单元采取损害关联并影响企业总体竞争地位的行为。

误导企业与关键竞争对手的竞争地位。企业只在业务单元层面实施规划，就有可能无法正确判断自身与关键多元化竞争者的相对地位，还有可能无法制定提升企业自身竞争地位的战略举措。

组合管理。关联的存在，尤其是有形关联，限制了组合规划模型的适用性。组合规划模型是狭义的工具，是一种旨在帮助多元化经营的企业实现财务平衡的组合。这样，它们可能会模糊构建企业业务组合模型中最核心的战略问题：创造并扩展关联。当关联存在时，构建或者收割业务单元利益的决定就不能独立开展。由于集团或者部门内部的业务单元往往具备有形关联，需要协调管理，因此在集团或者部门层面使用组合工具非常危险。

公司、部门和集团管理者不能为了横向战略的实施制定错误的组合规划。横向战略比组合战略更难制定，但这也是多元化经营企业为其业务单元创造真正的经济利益的方式。

寻找关联的陷阱

盲目地实现关联也会产生诸多风险。

在共享或者转移专有知识过程中得到了不利的筹码。有形关联往往会导致牵涉的业务单元互相妥协。因此，实施错误的关联可能会伤害所有涉及的业务单元，而企业不能从中获得丝毫的战略利益。转移专有知识还涉及成本，以支持无形关联的名义转移专有技术不适用于其他业务单元的竞争，也会得不偿失。要实现关联的战略意义，就要保证为相关的业务单元进行专有技术的共享和转移能够带来明显的净竞争优势。

建立规模小、几乎不具有规模经济或学习规模，以及对差异化影响不大的价值活动的关系。在建立相关的多元化战略的热潮中，企业往往陷入过多地利用关联的陷阱。这些关联的确存在，但是几乎不会对竞争优势产生任何影响。关联的存在并不代表横向战略就应该围绕其建立，哪怕现有的关联就只有这一个。

虚幻的关联。技术、物流系统、制造工艺和买方群组表面上看来有很多相似点，实际上不足以把它们当成共享活动的基础。在两个业务单元使用看起来相似的技术，但经过仔细检查后发现，这种技术出售给需求不同的买方，这些买方几乎没有共享研发机构的能力。虽然在外行人看来，海上石油钻井和陆上钻井有很多相似点，但钻井设备承包商之间却不能在这两类产品中找到很多共享活动。无形关联往往具有虚幻的性质。业务单元之间有很多相似点，但这可能对竞争不太有影响力。在努力把关联转化为共享活动或者改变战略前，必须仔细研究潜在的关联，从而避免在将来被这些虚幻的关联左右，出现决策的失误。

11

实现关联

对很多企业而言，在实践中实现关联是非常困难的。部分原因是共享成本表明了一些关联不能提升竞争优势，因而不应该予以执行。即便是那些显然能创造竞争优势的关联，在实践中也存在很多组织障碍，包括组织结构、文化和管理因素。实际上，在业务单元之间实现关联与很多多元化企业盛行的理念相悖。

绝大多数的主要多元化企业已经放权给业务单元，让各个业务单元自负盈亏，体现自主经营。有些企业以近乎宗教般的热情实施放权，但随意的放权会鼓励经理采取让业务单元绩效最大化而不是让整个公司绩效最大化的战略，从而影响关联的实现。此外，组合规划技术已经强化了业务单元作为独立的创利者或者花钱者的作用。大规模多元化公司的很多其他组织实践也不利于关联的获取，比如激励计划和转让定价策略。实现明显有利的关联具有多重组织困难，这也许是很多经理拒绝协同增效的最重要理由。

在处理业务单元之间的战略关联的过程中，企业可能会碰到很多困难，横向战略也会遭遇失败。在本章中，我将假定企业已经确定了能满足第 9 章描述的有关战略意义的标准，这里的焦点是如何利用这些关联机制。

我将首先阐述在众多企业集中实现关联时碰到的组织障碍，之后将介绍通过横向组织使企业克服这些障碍的方式。多元化企业最主要的组织形式是纵向组织，在这类组织中，高层管理人员领导不同业务单元的活动。信息、决策和信息流都呈垂直走向，在业务单元和高层管理人员之间流动。介于业务单元和高层管理人员之间的组织单元是集团或者部门，主要是为了监控这个垂直走向，减少最高层的控制范围。整个企业的战略规划和激励系统进一步强化了决策和控制的纵向性质。

相反，多元化企业中的横向组织与业务单元结构有所重叠，将促进业务单元的协调。横向组织机制包括了业务单元分组、常务委员会、管理系统、人力资源政策以及许多其他旨在协调业务单元活动的正式或非正式手段。有着重要关联的企业需要用横向组织弥补其纵向组织。关联的普遍存在表明，建立管理多元化经营企业的新组织形式变得日益必要，这使得进一步实现横向组织形式和纵向组织形式的平衡成为可能。

横向组织不能努力取消或者取代放权。放权的逻辑非常合理，有些多元化企业没能做到充分的放权。在纵向组织基础之上，横向组织创立了一套确保企业能够利用创造竞争优势的关联。其结果不是矩阵型组织，而是按照组织形式和一系列共享价值互相关联的独立的业务单元。虽然在这个过程中，业务单元的自主性可能降低，但横向组织的真正目的是按照更加有利于企业整体成功的方式来重新界定业务单元的自主性。

实现关联的障碍

实现有形关联要求业务单元在价值链中与其他业务单元共享活动，同时在其他价值活动中保持业务单元的个体独立性，自负盈亏。同理，实现无形关联要求在业务单元之间转移专有技术。建立关联可能会要求业务单元与多个兄弟业务单元在价值链的不同部分开展共同活动。业务单元可能与某个部门共享销售团队，而与其他部门共享工厂。

不管企业的组织形式如何，建立任何类型的关联不可避免地需要协调成本。然而，多种组织障碍可能会为许多企业增加不必要的成本。这些障碍与单个业务单元内部智力协调的阻碍因素有一定的联系。然而，组织障碍对关联的作用往往要大于组织障碍对智力协调的干扰。没有什么可以强迫业务单元之间实现协调，但业务单元内部出于职能需要，必须协调才能完成业务。实际上，业务单元往往将彼此看作对手，争夺共同的资源，努力提高绩效，从而争取高层管理人员的注意和认可。

障碍的来源

业务单元协调的障碍源于各业务单元和公司经理的不同视角，其中最重要的几项障碍如下。

利益不对称

有些业务单元往往会因为关联带来的利益不对称而反对实现关联。正如我在前面几章谈论的，业务单元规模和实施战略的差异常意味着不同业务单元从关联中获得的竞争优势不同。在某些情况下，关联可能对某个业务单元产生负面影响，但对另一个业务单元却明显有益。除非激励系统反映了这些差别，否则很难让所有业务单元同意追求某种关联，并同心协力地实现。相反，它们会陷入针对共享成本分配或者共享收入分配无休止的争论中。其结果是对所有业务单元有益的关联被迅速采用，而那些得到益处不多的业务单元往往对关联置之不理。

自主权和控制权的丧失

除了因经济原因抵制关联，经理们还经常极力反对关联，以避免自主权的丧失，无论是实际还是可能的丧失。抵制的起因如下。

保护领地。业务单元经理往往会小心翼翼地保护自己的领地，同时觊觎他人的地盘。他们会全力控制自己的运营，从中得到个人成就感和对整个公司的影响力。在很多企业里，自主权是与对所有职能的全面控制联系在一起的，这使得经理们誓死捍卫自己的职权，不愿放手。

担心丧失了与买方的联系。业务单元往往会反对市场关联，因为担心会丧失对买方的控制，或者担心可能会损害自己与买方的关系。业务单元担心兄弟业务单元会偷走自己的买方，损害自己的形象，并使买方认定自己是买方与企业的最佳触点。例如，股东不愿意与其业务单元共享母公司的客户名单，虽然两者之间存在着财务服务的关联。

不能“解雇”兄弟业务单元。业务单元可能在和其他公司打交道时觉得自己有更多的控制权，而与兄弟业务单元共同解决服务、交付或者产品问题时，觉得自主权不高。与兄弟业务单元合作被视为置自己于不利的议价地位，因为公司管理层往往会介入彼此的纷争，即使兄弟业务单元绩效很差，也不允许与其断绝联系。经理们认定在与其他公司打交道时，受到的牵制较少，主要是因为当关联不奏效时，业务单元有能力解雇其他公司。

对共享活动的任务优先级有争议。业务单元很快就能意识到诸如共享销售团队、共享物流网络或者共享发展中心等活动中针对任务优先级的不同意见。在共享发展中心里，工程时间的分配可能最有利于需求最紧迫的业务单元，而共享的销售队伍不可避免对某些产品更上心。虽然从公司的角度来看应对这些任务进行优先级的划分，但业务单元经理不喜欢别人影响自己的工作计划。因此，业务单元可能从一开始就反对共享，或者一旦共享活动确立，它们就会努力创造自主的业务单元。

因为绩效差，受到不公平的谴责。业务单元经理往往害怕有人责怪他们把关联搞砸了。经理往往看到了他们要为自己无法完全控制的业绩表现接受评估。这可能鼓励这些业务单元放弃关联的利益，从而确保自己对业务的掌控权。

企业的历史和组织设置对经理实现完全自主的能力有重要影响。在许多多元化企业中，业务单元自主是一项长期的政策，经过了精心的培养和一再强调。在诸如美国联合食品公司、比阿特丽斯食品公司、强生公司、艾默生电气公司、惠普公司等企业中，人们坚信业务单元自主的作用，业务单元自主对企业的成功起着关键作用的观点一直被强化。虽然自主的确发挥着重要的积极作用，但是企业往往会过分强调自主权，忽略竞争环境的改变。拥有业务单元自主悠久历史的企业可能会拒绝最有意义的合作项目。比如，艾默生电气公司曾费了很大的劲，才使下属部门同意就某些技术共享的研发中心所具有的完全没有威胁的关联进行合作。

努力实现业务单元自主的企业已培训并提拔了那些在强调独立的环境中表现出色的管理人才。自主选择也成功地吸引了那些重视业务独立的人才加盟公司。此外，企业为了促成收购，往往许诺自主经营。有了这些悠久的传统，企业管理者很有可能抵制任何形式的干涉，抵制公司实行的任何集权倾向的举措。

有些企业在最小的业务单元层面上实行放权的原则。虽然它们往往能够且需要从关联中实现规模经济，但仍在实现关联这个问题上面临巨大的困难。当业务单元规模较小时，自主成了最本能的防备对象。例如，美国医疗设备供应公司拥有很多小型部门，通过不同且重合的销售团队向小型买方出售各种医疗用品。该公司因为管理者的过分独立，在实现不同业务单元的协调时遇到了很大的困难。

不公正的激励系统

企业激励计划通过惩罚那些追求关联的经理，使本来就难以实现的关联雪上加霜。业务单元经常缺乏针对参与关联的积极激励。它们看不到改变执行活动方式，进而推进共享活动或者转移专有技术有什么益处，而共享活动和专有技术的转移恰恰是成功建立关联的关键。更糟糕的是，有些激励系统在实践中鼓励业务单元与其他企业建立外部联系，而不是与兄弟业务单元在企业内部建立关联。

激励系统阻碍关联的方式如下。

为其他业务单元做出贡献却无赞誉。激励系统一般只衡量某个业务单元的绩效，没能认可其对兄弟业务单元的贡献。业务单元对关联乃至整个公司绩效的贡献很难衡量。在多个业务单元中实施统一的财务目标、僵化的转移定价和分配模式看似很容易管理，均给人以精确的印象，然而它们都没能衡量业务单元对企业绩效的总贡献。

如果业务单元不能因为对其他业务单元做出贡献而得到赞誉和认可，那么经理将不愿意在关联项目上花费精力和资源。他们认为，参与关联要承担额外的妥协成本，更糟糕的是得到的利益比其他业务单元的少，因此这样做完全没有必要。松下电器的跨部门产品开发团队就碰到了这种问题。参与关联的业务单元不知道新产品能否给部门带来利润，因此不愿意推进新产品的开发。

衡量标准比较片面。在某些公司中，在收入、成本或者资产衡量和分配方面存在着不公平现象，这就使业务单元忽略甚至抵制关联。例如，虽然投资资产或者兼并实现了资本收益，但是追求关联必须付出成本。以销售回报率衡量业绩的业务单元常愿意进行资产投资，不愿意削减利润，而具有狭窄的收入增长目标的业务单元，不愿意在关联项目中与其他业务单元分割利润。因此，它们宁愿和外部企业建立合作关系，支付相应的成本，获得相应的利益。

业务单元环境的差异

业务单元如果具有不同的组织情况，就很难实现关联。这些差异会产生沟通问题，进而导致业务单元认定兄弟业务单元是“外人”。阻碍业务单元之间关联最常见的组织差异如下。

强烈的业务单元身份。企业的业务单元如果与母公司有不同的历史和身份，追寻关联就比较困难。例如，业务单元本来是收购的公司，或者一直是以自己的名字存在的组织。在这种情况下，管理者和员工往往更加认同业务单元，而不是整个母公司。如果业务单元曾有过辉煌的历史，这个问题就会更加突出。如果业务单元曾是行业领导者或者先驱，它们常常会抵制任何有可能与业务单元建立合作关系的措施。

文化不同。业务单元的文化如果各不相同，合作就很难开展。相关的文化差异包括人际交往标准、术语和基本的商业理念。这些差异可能会产生沟通障碍，加大培养和维持合作关系的难度。美国运通银行的子公司就很难与其收购的、位于瑞士的贸易发展银行融合，主要是因为工作方式和语言障碍以及其他文化要素不同。

公司和业务单元经理有时候对于文化各异的业务单元之间的关联感到不自在，主要是因为这种关联会模糊彼此的差异。他们把这种关联视为对过去曾让业务单元成功的文化差异的巨大威胁。这个问题很有可能在被收购的业务单元或者具有强烈自主传统的多元化企业中出现。例如，宾士域集团的高管就表达过这样的担忧。宾士域集团在多个休闲导向的行业中经营，收购了多家知名公司，却担忧这些被收购公司可能干扰自身的文化。

管理差异。如果管理者的背景、技能和风格在不同的业务单元之间存在差异，那么建立业务单元之间的关联往往会很困难。双方可能会觉得互相接触不自在，很难达成一致意见。管理差异可能会阻碍业务单元之间建立关联，具体的影响因素包括年龄、职称、教育背景、技术资历和在企业工作的时间等。

程序差异。业务单元可能拥有不同的运营程序，这将加大业务单元之间建立关联的难度，包括不同的会计程序和信息系统、审批限制和行会协议等。程序差异有可能在业务单元之间合作时造成摩擦和困惑，增加协调合作的成本。

地域分割。分散在不同地理位置的业务单元很难保持成功实现关联所必需的实时协作关系。空间间隔会减少共同解决问题时必要的实时交流。

担心干预放权

目前已经讨论的阻碍关联的因素主要源于业务单元经理的导向和激励。公司管理人员也有可能担心业务单元之间的关联会妨碍公司的放权模式，这种担心的理由如下。

损害企业家精神。公司管理层害怕任何有可能影响放权的因素最终会影响业务单元的企业家精神。企业家精神和业务单元关联之间并不存在最基本的冲突，除非有人把企业家精神狭隘地定义为独立自主。虽然在创业型公司中，实行极端的放权经营有一定的理由，但是业务单元经理往往能通过确定并利用业务单元之间关联的企业家精神创造最强的竞争优势。虽说如此，但纯粹放权能够激励最伟大的企业家精神，这种观点在很多企业中依然根深蒂固。业务单元经理往往以激励弱化为由，抵制业务单元之间建立关联。

渴望一致的组织。很多多元化经营的企业往往以统一的模式管理经营各业务单元，这可能在某些方面简化了经理的管理任务，但是这却与关联相悖。业务单元之间的关联表明，不同的业务单元（以及不同群组的业务单元）具有不同的自主程度，对不同活动有不同的控制力，对绩效和目标有不同的衡量标准。

衡量绩效的难度。很多企业将激励因素完全建立在目标以及诸如增长率和盈利能力等量化标准上。因为业务单元对企业整体的贡献往往很难精确地量化，所以业务单元之间的关联不可避免地会在绩效衡量过程中引入主观因素。很多企业不希望在衡量绩效的过程中有主观因素。

害怕找借口。关联不可避免地会模糊业务单元内权威和责任之间的界限。因此，高层管理人员可能害怕业务单元经理把关联作为绩效不高的借口。

关联和公平

很多实现关联的组织障碍是建立在认定关联和公平互相冲突这样的观点之上的。公平或者公正是几乎所有企业都遵循的原则，这也是组织的一部分，帮助其解决冲突或者强化对管理者的激励。然而，在某些经理的眼里，关联与公平互相对立。关联可能会给涉及的业务单元带来不同等的利益，认定经理应该有不同的自主权、不同的目标以及不同的激励基础。经理可能会抱怨他们在帮助其他业务单元，而公司却给那些做事不力的人照样发工资。

很多多元化的公司曾经明示或者暗示对待公平的狭隘观念源于放权的组织结构。公平意味着对所有的业务单元一视同仁，避免在决策中有主观因素，尤其是在激励或者转移价格等敏感的领域。公平还可以定义为所有业务单元都必须同意实现业务单元之间的关联。

对待公平的狭隘观念不仅逻辑上不正确，也使得关联的实现仅限于那些所有业务单元能从关联中获利完全均等或者能在不影响业务单元自主权的前提下实现关联的情况。对公平持有的更加有建设性的观念应该是强调公正，而不是公司高管对所有业务单元完全对等的待遇，这是成功实现关联的前提。创造正确的公平观，并动员所有的业务单元共同效忠于更高的公司目标，则是横向管理的核心任务。

企业实现关联的组织障碍的差别

企业不同的业务单元实现关联的组织障碍程度各不相同，主要取决于历史、业务组合、组织结构和政策的差异。实现关联的最大障碍往往会在下列情况下发生。

· 高度放权的企业具有很多小型业务单元。

· 企业具有优良的自主传统。

· 企业通过兼并独立的公司形成新的业务单元。

· 企业几乎没有采取任何努力去建立公司身份。

· 企业几乎没有关联的历史或者在试图建立关联的过程中有不好的经历。

实现关联的组织机制

完全纵向的公司组织结构不足以确保各业务单元认识并实现有利的关联。实现关联的组织障碍不仅在工作层面阻碍了关联的建立，还为业务单元经理提供了一系列论据，以反对集团或者公司管理人员实现重要的关联。业务单元经理也会清楚地看到实现关联所要做出的妥协，甚至会对其带来的好处产生怀疑。高管可能也无力摆平公司上下对建立关联所做的抵制，主要是对涉及的行业缺乏深刻的了解。

公司对实现关联的组织障碍能做出两种反应。有些公司认定不管企业的战略逻辑是什么，关联都不可能奏效。在碰到这类问题时，业务单元经理会放弃与兄弟业务单元的合作，继续各自为政。公司管理层可能会为解决分歧疲于奔命，不得不处理责任界定不清的情况，甚至会转向极端放权的做法。在一些国家里，企业会认识到关联的利益如此重要，以至传统管理多元化的方式必须改变，从而适应业务单元之间的关联。

关联不会随便发生，关联的建立也不会因为命令一蹴而就。积极的组织机制必须落实措施，从而鼓励业务单元经理追寻关联、排除障碍、推进内部协调、克服沟通困难、保证关联的有效利用。我将推进关联建立的组织称为横向组织，横向组织将纵向组织内部的业务单元联系起来。要发挥关联的潜力，必须在多元化企业内部的横向和纵向要素之间实现平衡。

横向组织分为四大类别，具体如下：

- 横向结构。要突破业务单元的界限，比如业务单元的分组、部分放权、部门间的任务力量以及市场或者渠道焦点委员会。
- 横向系统。在规划、控制、激励和资本预算方面跨越业务单元维度的管理系统。
- 横向人力资源实践。推进业务单元之间合作的人力资源实践，包括跨业务单元的轮岗制度、管理论坛和培训等。
- 横向冲突解决程序。解决业务单元之间冲突的管理程序。这类程序可以有效地区分横向结构和系统，与管理企业的风格联系更紧密。

组织结构和系统常有横向或者纵向维度。例如，将业务单元分组可以从纯粹纵向的角度来进行，从而减少高层管理人员的控制范围。业务单元分组也会在横向战略中起到重要的作用，这取决于群组管理的方式。同理，公司激励系统可能完全纵向或者包含了激励跨业务单元合作的规定。我将集中阐述组织实践的横向方面。组织的横向和纵向方面会交织在一起。对于由多元化企业组织结构和系统的纵向方面引发的各类问题，人们已经做了大量的研究。

要确保实现所有具有战略利益的关联，只靠单一的手段来鼓励并推进业务单元之间的合作是不够的。相反，需要多种彼此加强的措施。具有成功的横向战略的企业，往往同时采取很多措施来确保从关联中获得最大化的利益。每个业务单元都有自己的关联模式，各自的收益和成本不同，因此每个业务单元对应的正确做法各不相同。

公司管理在通过自身行为强化横向组织方面起着重要的作用，具体包括确定公司目标以及开辟新的业务领域的模式等。在描述了横向组织在实现关联过程中的应用后，我将继续阐述高管的作用。

横向结构

横向结构是指突破了业务单元界限的临时或者永久的组织结构，它有效地弥补了业务单元的结构。多种互不排斥的组织形式可以用来推进关联的实现。

业务单元分组

也许最常见的横向结构是集团或者部门，其中有若干个业务单元向某个执行官汇报。绝大多数集团和部门的结构最初是为了减少负责人的控制范围，或者培训和评价经理在管理多元化业务方面的表现，这是公司管理的基石。集团和部门在纵向机构中发挥着重要的作用。

集团和部门负责人在战略中往往扮演着相对消极的角色。他们审核批准业务单元战略，并指导业务单元经理执行战略，但不负责战略的制定。只要集团或者部门的边界定义清楚，集团或者部门的负责人的作用得到正确的诠释，集团或部门的负责人就能在确定、寻求和管理关联中起到一定的作用。

将业务单元分类组成集团或者部门，就能够反映具有重要战略意义的关联。由于业务单元之间的关联有多种模式，集团和部门的界限常常很难确定。例如，在通用食品公司中，有些业务单元有共同的买方和渠道，而不同的业务单元却因为产品形式和生产技术属于同一类群组（例如冷冻食品）。在对业务单元进行分类的时候，由于反映的关联不同，分类会有多种依据，企业必须选择具体的分组依据。关联对涉及其中的业务单元的重要意义也不相同，这使得分组依据的选择更加困难。

虽然对业务单元进行分组从来都不是精确的科学，但原则却非常清楚。集团（和部门）应该围绕对竞争优势最有利的关联建立，要以系统的角度对待企业内部的关联。例如，假如大部分成本或者差异化最重要的来源在于产品定位、广告和分销，集团就应该围绕市场建立关联。例如，在消费品包装食品公司里，按照买方或者销售渠道给业务分类比按照生产技术分类更合适。相反，实施差异化战略的高科技公司，就应该按照技术来对业务单元进行分组，因为利用技术关联是企业获得竞争优势的关键。有形关联应该是分组的主要依据。如果有形关联不重要或者不适合，那么可以依据无形关联进行分组。例如，按照强烈的有形关联将业务单元联系起来，部门就可以按照较弱的有形关联或无形关联被建立。

如果集团管理得当，应该围绕最有战略意义的关联由业务单元组建集团，因为集团化是集中精力强化关联的最强大的工具。所有的业务单元如果向一个集团（或者部门）的负责人汇报，就能促进协调、共享活动的管理，帮助冲突的解决、转移专有技术和设定适当的目标和激励措施。

业务单元应该按照最重要的关联构建集团，但这个原则并不代表多元化的企业内的所有集团都应该按照相同的关联被建立。企业没有必要也不应该按照市场关联、生产关联或者技术关联建立所有集团，虽然有时候企业倾向于针对所有的业务单元分组建立相同的基础。除非某种形式的关联在整个企业内占据统治地位，否则不同类型的业务单元群组应按照不同的关联去建立集团或者部门。

集团内部业务单元之间的关联各不相同，主要取决于企业特定的业务组合。有些集团具有紧密关联的多个业务单元，而其他集团内部业务单元之间的关联并不十分紧密，其存在主要是为了减少控制的范围。集团管理的方式应该反映这些差异。在集团内部，当前的关联对于不同的业务单元来说有不同的战略意义。认定在集团内部受益不多的业务单元，其管理方式往往与其他业务单元不同，它们往往倾向于选择未必能加强集团内部关联的战略，其业绩评价的方式和激励措施也得经过相应调整。这些业务单元不能过多牺牲自己的战略，否则就会损害企业的相对竞争地位，这一点非常重要。管理任何关联都是平衡总体竞争地位与花费成本的过程，具体方法见第9章的描述。

集团负责人的作用

从历史上来看，有时候很多集团负责人的作用比较模糊，而且任职者本人也不是很舒心。业务单元经理常常是多元化企业的战略家，而集团负责人担当审核者的作用。很多集团负责人觉得他们做事情吃力不讨好，即使对集团的绩效做出了巨大的贡献，也未必能得到应有的认可和褒奖。

在集团内外确立并实现关联是集团负责人最重要的任务。在具有重要关联的集团内部，集团负责人必须成为集团的首席战略官。集团战略的概念在很多多元化企业中模糊不清。集团负责人往往认定它们不过是不起眼的经理组合，只是平衡了集团内部不同业务单元的资本需要。在存在关联时，这种针对集团负责人作用的观点从根本上来看是错误的。集团战略不应该是单独提出的业务单元战略的简单加总，它必须覆盖所有业务单元的横向战略。集团战略不应该取代业务单元战略，而应该与之整合，形成一体化的战略制定和执行机制。

为了实现关联，集团负责人必须拥有修改业务单元战略的最终权限。另外，集团负责人必须愿意率先开展横向战略，并对业务单元的企划进行回应。独立运行的业务单元很少能够提出足以收割关联利益的战略，它有可能会为了实现集团的利益，牺牲自身的目标。为了担当首席战略官的角色，集团负责人一般需要具备辨认并分析集团内外关联的能力，进而及时分析多点竞争者。

深刻了解集团内部的各种业务很有必要。集团负责人作为横向战略官的作用必须通过其他横向组织形式来实现，这些组织形式可以使业务单元经理朝着实现相互关联的目标前进。关键业务活动的部分集权化、对部分激励系统的控制、适当影响招聘过程，这些都会加强集团负责人制定横向战略的能力。

部分集权化

还有一种横向结构是部分集权化。由于存在关联，集中部门价值活动同时保持各业务单元自负盈亏是可取的。集中的价值活动有时候也会为多个集团服务。

部分集中化在诸如购买、销售和物流系统等活动中比较普遍。在通用食品公司各个集团的多个部门里，生产、购买和物流比较集中，而产品开发和营销职能部门却由分部经理负责。麦格劳-希尔集团具有共享的订单实现系统，服务于图书、杂志和其他业务单元。而美国都乐食品公司却为许多生鲜食品业务提供共享的营销活动和销售渠道。

共享活动拥有多种隶属关系。某个业务单元可能有正式的控制权，而其他业务单元的控制关系可能比较模糊。相反，共享活动也可以对若干业务单元负责，或者共享活动可以直接向某个集团或者公司负责人负责。集中的活动向某个业务经理汇报是保持市场导向的比较可取的做法。负责人必须在管理集中式价值活动与业务单元之间的协调方面发挥积极作用，同时要牢记本章和上一章提出的问题。这样的管理模式在引导业务单元和共享活动之间的关系时，能与被动的、随意的管理模式形成鲜明对比。

部分集权化的成功实现要求为业务单元管理自己的活动创造恰当的组织结构和激励机制，或者将活动授权给相关业务单元具有权限的直属主管。部分集权化的成功实现还要求企业意识到所有与关联有关的都是对企业有价值的，有必要在集权化活动和涉及的业务单元之间创立正式或者非正式的协调机制。共同为受到影响的业务单元的集权化活动做出规划是非常有益的。活动经理和业务单元之间的正式接触也应该是定期的。

其他跨业务单元组织机制

业务单元的集团化和价值活动的部分集权化是实现关联的最强大的组织动力。集团结构需要体现最重要的关联。它未必要包含所有的关联，因为次级关联的存在有可能突破组织界限，提升竞争优势。因此，临时或者永久的跨业务单元的机制也是横向结构的重要部分，它能为无法在主要组织结构中体现的关联的实现创造条件。这类机制不仅能率先发动执行关联项目，还有助于经理获悉有关关联的重要意义。它们不应该被误解为“矩阵型”组织，而应该被视为推动跨业务单元合作的有效组织形式。

能实现这些目标的最重要的组织结构如下。

1. **市场焦点委员会**。当围绕产品或者技术组织活动时，企业总会有以市场为中心的重要次级关联。比如，麦格劳-希尔集团就围绕产品形式（如书籍、杂志和数据库）确立了主要的组织形式。然而，麦格劳-希尔集团的产品也在诸如建筑和金融服务等众多市场中广泛出售。如果麦格劳-希尔集团以协调有效的方式进攻市场，它就能利用市场关联，同时通过主要的组织结构来围绕产品建立关联。

企业能通过市场焦点委员会来获得市场关联。为了建立这样的委员会，企业确定了具有潜在关联的关键市场，并委派人员负责监督企业在此类市场中的行为。常设委员会由服务或者可能服务于市场的业务单元的高级经理组成，这些经理定期监督市场调查的情况，确定和计划实现现有产品领域中的关联，并找出需要填补的空白以加强企业在市场中的总体竞争地位。利用员工资源以进行必要的分析，然后，将特定的关联项目分配给受到影响的业务单元内部的管理人员。虽然此类委员会耗时耗力，但如果没有这类委员会，企业就会丧失竞争地位，输给那些安排专门的委员会实现关联的企业。

如果市场关联的战略意义最大，那么市场焦点委员会还可以作为多元化企业从基于产品或者技术的组织转变为基于市场的组织的有力工具。如果公司转变为基于市场的主要组织，企业应该确立某种组织机制来强化当前的生产关联或技术关联。

2. **技术、渠道和其他关联委员会**。可以在产品（例如办公自动化）、生产、采购、技术、共享销售渠道、物流系统或者订单处理系统等领域围绕其他重要的关联建立多个业务单元的常设委员会或者工作组。这些常设委员会或工作组的功能与市场焦点委员会的相同，其组织原则也类似。高级业务管理人员必须对这项工作承担全部责任，定期开展进度审查，提高对这项工作的重视程度。

3. **临时任务小组**。最好要求常设委员会对跨越主要组织结构的重要关联实施实时管理，临时跨业务单元任务小组也可以有效利用有些关联。临时任务小组是实现无形关联所涉及的专有技术转移的常见机制，有些有形关联也可以通过这种方式实现。此外，临时任务小组还可以作为学习关联，通过部分集权化、常设委员会或者一次性改变业务单元运作等方式建立实现关联长效机制的渠道。

临时跨业务单元任务小组可以解决许多关联问题。通用汽车公司通过建立项目中心来管理跨业务范围的关键项目。该中心要求员工完全脱离现有的组织单元，长期参与这个中心的工作。麦格劳-希尔集团的信息资源任务小组就是一个不太正式的临时组织的有效例证。该小组研究了跨集团计算能力管理的问题。这个临时组织充分调动了各分部兼职员工的工作积极性，外加公司规划部门员工的支持。西尔斯也是一个很好的例证。该公司通过研究小组来寻找业务单元之间的关联，随后在金融服务行业中实现了关联。

集团或公司关联的牵头人物

推进关联的最后一种组织工具是指定集团、部门或者公司层面的主要管理人员作为实现关联的先导。业务经理可以承担确定各自领域关键关联的任务，还要与受到影响的业务单元合作来帮助业务关联的实现。例如，营销管理人员可能会协调广告版面的购买，从而最大化自己的议价筹码，或者协调当前共享销售渠道的计划。管理人员还可以协助企业利用其他机制来管理委员会和业务单元经理的任务小组等机构。

管理跨业务单元组织

跨业务单元组织很难管理，尤其对美国的企业来说。由于自主的原则根深蒂固，委员会被视为浪费时间的组织，而不是整个管理职能必不可少的一部分。如果企业接受跨业务单元组织的形式，这类组织形式就必须精心设计。

跨业务单元组织必须由高级业务管理人员负责，以提升业务管理人员在整个企业内的影响力，从而确保其能专注于关键问题以采取行动。跨业务单元组织必须由一位可靠的管理者牵头，这位管理者的观点要不偏不倚，对结果负责。高层管理人员应该从每个牵涉其中的业务单元中调配业务经理加入跨业务单元组织，确保实现关联的计划一旦制订就能执行。指派的代表必须有一定的资历，能够影响涉及的业务单元让它们积极行动。还要为这个跨业务单元部门安排足够的人力，安排人员来开展有意义的分析，提出深思熟虑的建议。最后，跨业务单元组织还必须有其他形式的横向组织做补充，从而共同克服实现关联的其他障碍。在具有重大关联的企业中，企业只要克服对跨业务委员会吹毛求疵的态度，就能获得巨大的竞争利益。

横向系统

第二类横向组织形式是横向系统，即强化业务单元之间协调和关系的管理系统。绝大多数管理系统都有明显的纵向要素，它们也可以用来支持关联的实现。有多个系统对实现关联产生了重大的影响。

横向战略管理。绝大多数多元化企业利用纵向战略规划系统。业务单元将制订的战略规划呈递给高层管理人员待批。当存在重要的关联时，企业必须将横向要素放置在纵向战略规划过程中，真正实现规划的意义。

在战略规划中引入横向要素有多种方式。首先，公司管理部门能承担起确定关联、采取措施利用关联的责任。其次，集团和部门负责人能对横向战略承担责任，且集团规划的内容应该集中于关联。再次，在业务单元计划中加入关联。要求每个业务单元确定自己与其他业务单元在集团内外的重要关联，从而制订行动计划，妥善利用这些重要关联。最后，要求各个牵涉重要关联的业务单元制订独立、联合的战略计划。

日本电气公司就采用了最后一种方法，并采用了两套规划系统。除了常规的业务单元规划系统，日本电气公司还确立了公司业务计划（CBP）系统，通过这个系统为关键的投资或者跨越多个单元业务范围的项目指定单独的战略计划。这个系统要求涉及关联的业务单元经理来确定处理关联的战略计划。实际上，这个系统要求为重要的横向问题制订特定的计划。

在规划中加入横向要素的多种方法并不是互相排斥的。在通常情况下，要同时实施多种办法。因为在集团和公司层面上的横向战略问题通常不同，至少要存在横向的规划机制，没有哪个业务单元具备能识别关联并制订规划的战略眼光。

横向程序。管理跨业务单元活动程序的存在能推进关联的实现。很多企业具有转移定价机制，有些企业还有管理内部和外部采购的政策。只有极少的企业能共享联合项目的收入或者成本，或者对联合项目的资本预算过程等问题制定指导思想。没有这类指导思想，追寻关联将涉及巨大的行政管理风暴和旷日持久的谈判。普通指导思想能够推动关联的发展，限制业务单元寻找外部联合或者避免内部关联的动因。

转移定价和采购规则往往体现了人们对关联的误解。建立在市场价格基础上的简单的转移定价规则，将业务单元视为关联紧密的单独实体。不管这类关联从行政角度看有多么吸引人，它都否定了关联存在的内在逻辑。关联意味着转移定价和其他决策必须旨在提高企业的总体地位，而不是个别业务单元的财务结果。例如，珀金埃尔默公司拥有一个系统，通过这个系统，销售部门按市场价格出售，采购部门按照成本购买。两个部门具有业务积极性，而采购部门按照企业真正的采购价格购买。业务单元部门也需要实时调整，从而与转移定价规则保持一致。按照成本转移定价的业务单元不能实现公司整体的赢利目标。

采购原则体现出行政简化程序比战略逻辑更重要。企业如果采用独立不干涉的观点，认为业务单元可以从“最好”的货源（公司外部或内部）购买产品，那么它们就违背了这一目的。实现关联的绝大多数企业都认为应实施内部采购，向兄弟业务单元供货的业务单元应将其他业务单元视为最重要的买方。高层管理人员应在公司上下清楚地表达这种看法，确保将兄弟业务单元当作不重要的买方或者供应商的业务单元并不能得到正常的奖励。

横向激励。激励系统必须承认企业能从业务关联中获得利益，且褒奖那些能实现关联的业务单元和集团经理，希望其不要过分专注于个人结果。有必要排除那些有利于外部或者提倡独立投资的不公正的衡量标准，鼓励与其他业务单元建立合作。在那些具有重大关联的企业中，激励机制应该根据集团和公司业绩以及业务单元的业绩给予业务单元及其管理者一定的奖励。在我知道的所有成功实现关联的企业里，其薪酬计划都强调集团或公司绩效。这些公司也证明为了更好地激励优秀的工作表现，业务单元经理不需要把所有的薪酬建立在业务单元的业绩上。只把薪酬和业务单元的绩效联系起来，这样的激励观点过于简单。相反，通过更广义的薪酬激励，业务单元管理能够也应该被纳入企业普通团队管理。每个业务单元的绩效评估理当不同。绩效目标应该反映每个业务单元的绩效结果，以及这些业务单元通过关联对企业的贡献。高层管理人员必须承担起责任，说服所有的业务单元经理这是公平的，且反映了更高的公司目标。

具有重要关联的企业中的激励应该包含主观因素。业务单元对企业的贡献一般不能量化。任何量化的标准都不能权衡所有的因素，甚至有可能间接地引导人们做出违背企业利益的事情，而集团和公司管理必须做好准备来评判业务单元对集团或者公司战略的贡献。虽然传统上企业总会避免主观的激励因素，但高层管理人员必须和不同集团和业务单元沟通，让它们明白企业的需要以及企业对员工贡献奖励的公平性。

横向人力资源实践

横向组织的第三方面是横向人力资源实践，包括促进跨业务单元合作以及业务单元和集权化职能的招聘、培训和管理人力资源的政策。与横向系统一样，横向人力资源政策应该适用于整个企业或者那些具有重要关联的机构。

业务单元之间的人事轮岗。业务单元之间的人事轮岗以多种方式促进了关联的实现。它有助于减少业务单元之间的文化和程序差异，创立能够推进联合项目开展的个人关系，告知经理们有关业务单元与其他业务单元建立关联的机会，促进业务单元身份和公司（集团）身份的形成。虽然实施轮岗会在培训时间和工作交接方面花费一些成本，但长期来看它不仅对关联有重要作用，还可以延缓业务单元中传统智慧的出现。诸如杜邦、通用电气、花旗集团都实施了积极的轮岗制度，并大力推进了关联的建立和实施。

在整个企业的招聘和培训中起作用。企业（集团）在招聘和培训过程中所起的作用有助于建立公司身份，提升人们对企业整体利益的意识。公司的导向和培训项目能让经理们了解其他业务单元的信息，鼓励他们与外来经理建立良好的关系，这些经理将在不同业务单元之间进行轮岗。正在进行的管理发展项目也可以提升关联。把来自不同业务单元的经理聚集在一起的项目不仅有重大的教育意义，还能加深人们对企业的了解，促进管理人员建立交情。公司在入职培训和常规培训中的作用不会降低业务单元招聘符合要求人才的能力。

从内部提拔。从内部提拔往往能强化公司的战略眼光，使经理们对企业和业务的发展采取长远的观点，这些影响都能推进关联的建立和实施。土生土长的经理们不仅能更加认同企业，还更有可能与企业内部的网络建立私交，从而推进横向协作的开展。在人们可能犯墨守成规错误的领域里，偏好从内部提拔人才（当然，未必是从同一个业务单元内提拔）将对具有紧密关联的企业有重要的意义。

跨业务单元论坛和会议。经过精心安排的会议将来自不同业务单元的经理们聚在一起，这将帮助他们发现并实现业务单元之间的关联。在要求经理向其同事简单介绍各自的业务战略时，这类会议尤其有效，能够推动大家开展跨业务单元问题的集体讨论。

与关联概念相关的教育。骨干经理理解关联的战略逻辑，并在自身业务开展的过程中拥有一套话语体系和分析框架来确定业务单元之间的关联。这种教育应该是管理发展项目、全公司动员大会和其他类型论坛不可缺少的一部分。虽然高层管理人员都能明白关联的概念，中层管理人员却未必理解这个概念。他们往往会在实践中，改变自己实现或者打破关联的行为模式。

横向争端解决程序

横向组织的第四方面内容是解决业务单元之间争端的管理过

程。任何成功的组织结构都把正式的结构和系统与实时的程序联合起来，借此实现管理者之间的互动。这些过程不仅比结构和系统来得更加实在，对成功也具有同等的作用，尤其当责任界定并不清楚，组织的各个单元需要充分互动时更是如此。

实现关联往往涉及权威的共享、频繁协调的需要以及主管的绩效管理，因此解决业务单元之间的冲突对于实现关联非常重要。高级管理者扮演了非常重要的角色，为业务单元彼此沟通设定基调，并作为最终仲裁者调解冲突。横向冲突解决程序因企业而异，这里的关键并不是企业采取的冲突解决机制具体如何，而是企业是否存在这样的调解机制，由集团、部门或者公司来管理，这样会显得更加公平。

提升公司在形成关联过程中的作用

对待关联实施纯粹的自下而上的方法很少能够成功。首席执行官通过自己的行为模式对关联的实现发挥了重要的作用，而业务经理也能在业务单元层面上对经营绩效产生影响。高层管理人员通过定义较大的公司目标、强调关联的重要意义，抵制企业内部业务单元、集团和部门经理的行为模式有多种方式。一系列强硬的企业价值观和公司身份能减少人们对委员会、争端解决机制等的微词。

强化关联一大重要的方法是制定统一的主题。在公司、部门和集团层面上强调关联有共同的主题，这将是激励管理者寻找并执行关联的最佳方式。高层管理人员应当不断在公司内外以及所有层面强调这一点。日本电气公司就有 C&C（计算机和通信）这一主题，象征了将电子和通信技术与集成的 C&C 系统融合的意思。伴随这一主题的是一张生动的技术融合图。这一主题在高层管理人员的演讲、年度报表和公司内部讨论中都会被提及。日本电气公司所有层面的管理者都理解这一主题，该主题强化了业务单元之间的联系。

即使每个业务单元在商标、标志和办公文具上都能凸显公司的身份，推进关联的确立和发展，也不代表企业应该放弃业务单元的有价值的商标名称，相反，这表明企业应该在公司内外大力展现其业务单元身份和公司身份。这不仅能影响管理层对自身的看法，还能通过提升买方对业务单元之间的联系直接促进市场关联的实现。

关联和多元化模式

通过从内部着力发展新业务，而不是从外部收购新业务，就能够推进关联的实现。一般情况下，内部发展都建立在关联之上，有机成长的业务单元能与企业其他单元保持战略一致。共享价值活动更有可能为共享而设计。此外，收购要求业务单元克服各种组织障碍，与其他独立的异质部门建立联系。收购还增加了战略妥协的概率，这是实现关联机会的必要做法。诸如 IBM、柯达、通用电气、杜邦和宝洁一类的公司成功地利用了关联，它们都具有在内部创建众多业务的传统。

为了实现业务关联进行的收购会引发各种困难，这并不代表企业不应该进行收购。相反，企业应该使用严格的标准在收购和内部创建关联之间做出选择，横向战略问题在努力收购的过程中更加明显。收购的选择应该考虑在被收购的企业中实现关联难度会增加的情况。很多企业选择收购，试图将创立企业可能遭受的损失最小化，从而让收入产生立竿见影的效果，这将牺牲对企业长期战略至关重要的关联。

如果收购是进入新行业的最佳方式，就不应该忽略横向战略问题。除非收购的对象处于完全无关的领域，否则就一定要仔细权衡被收购企业实现一体化的能力。很多收购者许诺被收购企业管理层享有自主权，并保证关联不会发生。例如，泛美保险公司收购了保险经纪商弗雷德詹姆斯公司后，声称这家公司将独立经营，并直接向公司首席执行官汇报，不需要通过泛美保险公司。尽管收购弗雷德詹姆斯公司为建立关联提供了巨大的机会，但是实现这种关联却非常困难，至少在一段时间里是如此。

管理横向机构

实现关联是调度多项横向措施的结果。正如许多公司已经意识到的情况那样，组织结构本身呈现横向是不够的。仅把相互关联的业务单元组建成集团，并不能保证有效利用关联。集团和部门管理人员理解自己作为横向战略家的作用，明确适当的管理系统和人力资源政策，这样就能强化横向结构。企业实施的多种横向实践，不能整齐划一，应该按照当前存在的各种关联的模式进行调整。有些业务单元之间的联系更加紧密，纵向组织和横向组织之间的平衡理应有所不同。高层管理人员应该发出明确的信号，说明关联的重要意义，通过推进升级并强化业务单元与公司的同一性来加强关联。

实现关联通常要求在企业内部创建某种共享价值。经理们必须意识到业务单元之间的协调工作非常重要，且能获得相应的激励，高级管理者在衡量涉及个别业务单元的绩效时要保持公平公正。虽然企业可以强行确立关联，但是强加给业务单元的关联措施不可能深入人心，人们只有对关联达成共识，才能真正卓有成效地利用关联。在整个企业确立横向组织机制，往往是使人们认可关联的必要步骤。这个过程耗时耗力，不能因为人们发现了关联有可能会确立，就默认关联可以顺理成章地实现。

实现关联的实例

美国运通公司为制定基于关联的公司战略提供了样板。美国运通公司是一个面向多种金融业务的服务型企业，其服务对象是上升的富裕阶层；美国运通公司还为专业的金融机构和集团提供专业服务。美国运通收购希尔森－勒布－罗德斯公司就是实施这种战略的重要步骤，早期收购福来曼基金保险公司也一样。在美国运通、希尔森和福来曼基金以及可能发生的新业务之间存在多种业务关联，这些关联将会进一步提升美国运通公司在金融服务行业的整体竞争地位。美国运通和希尔森拥有不同的文化，激化了在实现关联的过程中固有的问题。此外，美国运通公司还与历来高度自治的业务单元共同进步。

为了实现关联，美国运通还采用了一系列横向组织形式。互相协作的金融业务战略已经成了美国运通公司的主题，高层管理人员也在不断强调这个主题。美国运通公司年报中的一段话就可以说明这一点：

> 公司未来发展的关键是我们作为“一个企业”运作，要与每个主要业务细分领域的部门通力合作，协调产品生产、服务、分销和专有技术，共同为满足高层次顾客的需要、增加顾客

满意度和服务的便捷性而努力。去年的年度报表封面用一幅图表达了一个企业的概念：我们的美国运通标志处于4个特色鲜明、紧密关联的业务范围的中心（见图11-1）。

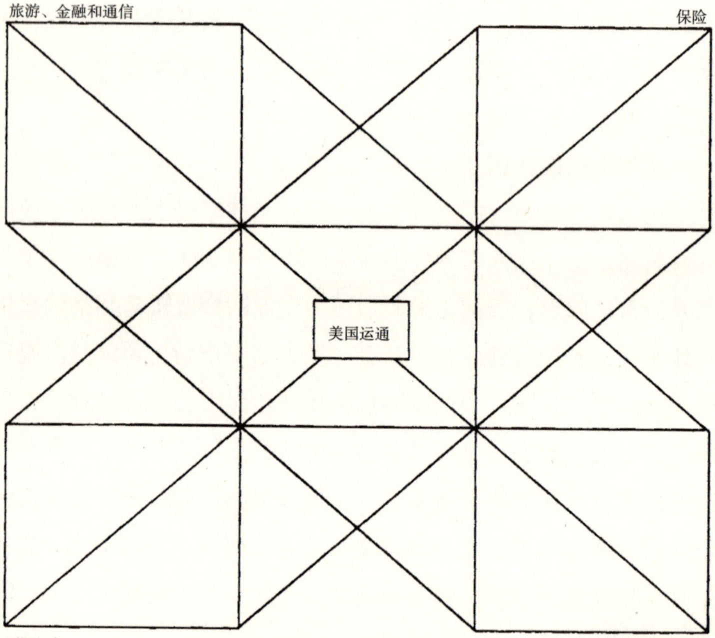

图 11-1　美国运通公司的标志

由美国运通公司和希尔森的高管成立的金融服务委员会，负责制定应对金融市场变化的各种措施。希尔森的名字变为希尔森－美国运通公司，强调了整个公司的身份。包括许多高层管理人员在内的高管都进行了轮岗，建立了协调小组来管理不同业务单元的融资活动。美国运通公司还意识到虽然被收购的业务单元文化各异，但是同质化并不是最重要的目标，业务单元中的某些文化要素可以有效地转变为对业务单元有用的关联。

至于美国运通在利用其所有潜在的关联时是否顺利以及利用的程度，我们拭目以待。经理偶尔抱怨没完没了的会议，部门间文化和作风差异明显，然而，公司实现的关联有多种实例。向不同买方交叉销售正在进行，业务单元在产品上也互通有无。致力于投资者多元化服务和个人理财服务的艾科公司在拓展传统关联的同时，创建了新的关联。此外，关联似乎正驱动企业寻找新的收购机会，而将被收购公司纳入其总体战略的能力也成为能否进一步开展收购的黄金检验标准。在仔细分析了共享计算机系统的问题后，收购投资者多元化服务的计划被推迟。只有在采购价降低到可以反映增加的协调和妥协成本后，并购才能真正实现。如果美国运通公司有能力继续确定并实现关联，其事业必将蒸蒸日上，它必将发展成为龙头金融服务企业。

日本电气公司在实现关联的过程中在相关领域取得了巨大进步，它为我们提供了很好的例证。日本电气公司在半导体、电信、计算机和家电产业内运营，这四大类业务领域通过依据买方、渠道、技术、采购和生产过程分类的关联彼此联系。日本电气公司在内部毫无冲突的情况下有效地利用这些关联，并取得了巨大的成就。该公司的各个业务单元可以共享许多活动，包括研发实验室、销售团队、工厂和渠道。共同的销售活动、技术转移、买方与供应商关系和其他领域，涉及大量的内部协调工作。与竞争对手在四个业务领域的规模相比，日本电气公司的规模不算太大，但它成功的重要原因在于能有效利用业务单元之间的关联，而其他大型企业总是过分集中于一两个业务领域。

日本电气公司如何能实现这些关联？答案在于日本电气公司已经设立了广泛的横向组织来推进关联的确立和实现。它在发展成熟的纵向组织中构建了横向组织。在这个组织中，放权的业务单元通过规划、控制、资源分配和激励系统进行管理。从结构上看，日本电气公司按照四大类进行业务单元组建的，即电子设备、电信、计算机和家电，每个领域都反映了产品、市场和技术关联。请注意计算机、电信和电子设备等领域是按照技术组建的，而家电产品是以市场为导向的。在按照这种标准区分的分组中，比如开关设备和传输设备这样的相关产品被组合在一起，就体现了更强烈的关联。

为了促进不同业务分组之间的关联，公司成立了 54 个委员会，很多都涉及重要的关联。其中最强大的委员会是“计算机和通信委员会”，主要是判断和利用计算机与通信合并所发生的潜在关联。日本电气公司的销售、分销、生产和技术发展过程也普遍存在活动部分集权化的现象。公司的生产技术和软件开发等业务单元共享应用广泛的技术开发活动。最后，日本电气公司还在多个业务单元中雇用了很多临时委员会。

日本电气公司的计算机和通信主题不断加强了业务单元利用关联的需要。每个部门都认同日本电气这个品牌。绝大多数业务都在公司内部被开发完成。经理们在不同的部门轮岗，他们在进入公司后乃至在整个职业发展的过程中都要经过广泛的上岗前培训和在职培训，定期召开论坛可以使管理者与相关业务单元的其他人一起会面交谈。

日本电气公司的战略规划过程包括了前面提过的企业业绩控制中心，它有助于具有关联的业务单元开展统一的计划。激励措施只与财务结果关联，但能反映业务单元对企业的总体贡献。内部买方是最重要的。只有当外部的货源质量最高，价格最合理时，企业才会实施外部采购。最后，日本电气公司形成了确立和寻找关联的特色鲜明的文化。

日本企业及其关联

虽然很多国家的企业实现了关联，但日本企业为关联的确定和实现界定了诸多典型的特征。

· 执行公司宗旨时具有坚定的信仰。

· 新业务的内部发展。

· 不太严格的自主传统。

· 更灵活的激励系统，业务单元绩效的基础较为薄弱。

· 活动集权化的倾向。

· 委员会传统较悠久，管理人员之间接触较频繁。

· 集中和持续的内部培训。

· 公司招聘和培训。

日本公司具有优良的传统，因而更有能力在多元化的企业内部的横向和纵向组织之间实现平衡，在这方面它们超过了倾向于保持业务单元自治或者高度集权化控制的企业。在许多方面，当关联变得日益重要时，日本企业实现关联的能力可以视为对西方公司在未来竞争的重大挑战。日本公司提出的第一个挑战是较低的劳动力成本，这项优势已经逐渐为第二项优势所替代，包括质量和生产效率。也许关联将是继创新能力之后，日本公司竞争优势的又一大来源。

那些已经实现关联的美国公司也很有意思。它们包括通用电气、杜邦、IBM 和宝洁公司，这些公司都具有很多相同的特征。由于关联对于企业的竞争优势起着日益重要的作用，这些企业将成为其他公司脱离公司传统的极度自主模式、通过收购进行多元化发展的楷模，而这恰恰成了美国行业的典型特征。

新型组织形式

横向组织的基本原则表明了多元化企业的新型组织形式。放权化的概念已经改变了多元化公司的管理方式，引发了一系列新的做法和管理预期。很多龙头企业已经成功地实现了向放权化的转变。

要回应当前的竞争情况，多元化企业必须经历进一步的组织演变。由于关联的重要意义，企业迫切需要新的公司组织形式来解释企业的纵向维度和横向维度。多元化企业的放权很有必要，但是必须伴随着实现最重要关联的机制。多元化企业的组织在纵向（放权）和横向维度之间的动态平衡不断变化，理想的状况是这两者的平衡随着强调不同活动的需要的变化而变化。然而，综合纵向组织和横向组织的重要因素，并保持平衡变得日益重要。这个平衡还必须反映因业务单元不同而有差异的关联。

越来越多的情况表明，多元化并不代表关联的缺乏。业务单元各有特色，通过关联紧密联系，受益于放权化。惠普公司以其杰出的放权化传统闻名于世，这就证明了纵向结构与横向结构的平衡很有必要。近来，惠普公司重组了涉及个人电脑和相关产品设计和制造的多个分部。这些分部独立运营，但缺乏规模经济和跨产品协调，因而无法齐心协力与 IBM 和苹果公司之类的大公司抗衡。

这种新的组织形式修正了僵化或者狭隘的自主概念，并对激励系统和集团以及部门管理人员的作用有新的认识。企业各业务单元不再追求自主，不再把委员会和协作视为浪费时间，业务单元经理必须改变其对“管理自身业务”这一概念的看法。多元化企业的新要求表明整体流程会更加复杂、模糊、主观，甚至有可能含有冲突。然而，能成功挺过过渡期的多元化企业将收获竞争优势带来的利益。企业如果能够顺利过渡，就不会对多元化企业能否增值存有争议了。

12

互补产品和竞争优势

绝大多数行业都会在一定程度上受到互补产品的影响。互补产品是指买方连同买入的产品一同使用的产品。比如，计算机软件和计算机硬件就是互补产品。互补产品与替代品的概念相反，产品的销售会带动对互补产品的需求。有时候，多种互补产品构成了企业产品线的一部分；有时候，互补产品是由其他行业供应的。

互补产品代表了各种行业的一种关联类型，为企业的竞争范围提出了重要的问题。虽然行业之间的关联从一般意义上来看是前面几章内容的重点，但互补产品显然更引人注意，因为它们不仅涉及企业竞争范围的广度，还涉及企业与其他特定行业竞争的方式。

本章分析了拥有重要互补产品行业的三大战略措施。

· 控制互补产品。提供了整套互补产品，不需要其他供应商来供应产品（两样产品都卖）。
· 捆绑销售。将一组互有区别却互补的产品一起捆绑销售并定价（两样产品不能单卖）。
· 交叉补贴。某种产品的销售是为了促进互补产品的销售（出售某种产品是为了促进另一种产品的销售）。

企业必须做出的第一个战略选择是企业本身是否供应互补产品或者允许其他供应商来供应。这是一个竞争范围的问题。回答了这个问题后，企业必须决定如何在竞争行业范围内竞争。一种做法是捆绑销售，或者将互补产品成套出售。各种形式的捆绑在每个行业都存在，但人们对这种现象的认识还不够。交叉补贴是销售互补产品的不同方式。交叉补贴中的产品不是按照一个价格一起出售，而是按照反映产品互补性的价格差异分别出售。生产重要的互补产品的企业必须在这三种方式中进行选择。

这三种战略普遍存在，以某种形式影响着很多行业的竞争优势和行业结构。但是人们往往会忽略这三种战略，在使用这些战略时会犯很多错误。例如，很多企业甚至没有意识到自己在采用捆绑销售，还有些企业在交叉补贴的环境发生改变后依然坚持使用，因此让竞争对手有机可乘，使用集中于补贴产品的战略攻击它们。

本章我将详细描述控制互补产品、捆绑销售、交叉补贴能产生竞争优势的条件以及每种战略伴随的风险。我也会描述企业应用互补产品的战略应该如何随着行业的变化而变化。最后，我将阐明企业在实施这三种战略时碰到的某些战略险境。

控制互补产品

几乎在所有行业里，买方都会将产品和互补产品一起使用。例如，计算机与软件包和编程器配套使用；在专门为拖车型住房安排的场地上配有街道、电力设施和排水系统，形成了容纳拖车型住房的公园；在网球场上安排网球设施；喷气式发动机和零件一起使用等。

互补产品的销售是互相关联的，它们往往是一荣俱荣、一损俱损。互补产品彼此具有重要的战略关联，远远超越了增长率的相关度。互补产品可以影响彼此的市场形象和人们认可的质量，还会影响买方对互补产品用途的看法。这类影响都对差异化战略有影响（第 4 章）。互补产品之间的关系还可能影响供应的成本（第 3 章）。

当行业的产品与互补产品一同使用时，一个重要的战略问题就出现了：企业提供的互补产品的齐全程度以及是否应该由独立供应商供应互补产品。企业提供整套互补产品可以为自己在某些行业赢得竞争优势，但是可能会分散精力在其他行业进行没有必要甚至是危险的经营。控制互补产品与捆绑销售是截然不同的问题，虽然这两个问题是相关的。提供互补产品的企业可能选择或者不选择捆绑销售，因为控制互补产品的利益无论是分散还是捆绑销售都能获得。

控制互补产品的竞争优势

企业能从以一种或者多种方式控制互补品中获得潜在的竞争优势，这主要取决于企业的战略和行业结构。从广义上看，为了获得与第 9 章内容相似的关联，只要协调企业产品和互补产品的价值链，就能产生竞争优势。

提升买方绩效，进而形成差异化。互补产品能够影响产品的绩效或者企业对买方的总体价值。设计独特的软件能够提升个人电脑的功能，比如调色剂会影响普通纸复印机的质量。同理，食品连锁店供应的食品会大大影响顾客对跑马场的满意度。要获得控制互补产品的功能带来的优势，往往要求捆绑销售。控制互补产品的企业因此能够提升差异化。

竞争对手如果没有及时出击，企业就能从控制互补产品的过程中赢得竞争优势。就算整个行业普遍存在对互补产品的控制，且控制互补产品能提高整个行业的结构，就算这样做不能提升企业的竞争优势，对企业而言，这也是有利的。

提升对价值的认知。互补产品经常影响彼此的形象或者感知的质量。如果拖车型住房公园看起来破旧不堪或者设计不合理，就会影响买方对拖车型住房的看法。由于这些产品在买方心目中是互相关联的，因此互补产品往往为彼此设定了价值信号的标准。控制互补产品可能会赢得价值信号的优势，哪怕企业没有实施捆绑销售也一样。例如，柯达公司在胶卷行业的强势地位提升了人们对其优越于其他不卖胶卷的照相机生产商差异化的认知，尽管柯达公司分开销售照相机和胶卷。

就算企业没有从中获得竞争优势，控制互补产品的价值信号对于行业结构也是有利的。比如在拖车型住房行业，如果所有拖车型住房生产商都开发了高品质的拖车型住房公园，那么拖车型住房的整体形象会得到提升。这将增加人们对拖车型住房的相对需求，且对整个行业有益。控制某个企业生产的互补产品实际上对买方认知产品价值不会产生多大影响，除非有很多竞争者控制着同一种互补产品。在上述这些例证中，企业应该在实际中鼓励其竞争对手进入，与之一起进入互补产品的行业。

优化定价。买方的采购决定经常建立在产品和互补产品的总成本基础之上，而不是单个产品的成本上。例如，买方经常是按照贷款月供（包括本金和金融成本）来衡量公寓或者汽车成本的，不会单纯看公寓或者汽车的价格本身。同理，买方也可以按照电影票价外加停车费用来衡量去影院观影的成本。

在这些情况下，价格的设定必须满足利润最大化的目标，在没有实施互补产品控制的情况下，这一点很难被做到。在设定电影院停车场的价格时，我们必须意识到降低停车费用可能会提升影院的票房收入。我将在本章最后一部分介绍引入这种有意的交叉补贴的最佳战略时机。

与差异化一样，控制互补产品的定价并不要求企业捆绑销售产品和互补产品，甚至并不要求企业对互补产品所持有的市场份额与其持有的基本产品的市场份额相匹配。就算在互补产品行业中企业的地位非常卑微，其也能通过启动竞争对手被迫或者倾向于跟随的定价措施影响互补行业的定价。比如，要降低电影院的停车费，可以强制要求附近地区的停车场降低费用。这样一来，影院在互补行业将占一席之地，让其有了影响互补行业发展态势的杠杆支点。影院在互补行业的地位足以让其运用这个杠杆效应。

降低营销和销售成本。控制互补产品能够导致营销活动产生规模经济，因为对产品和互补产品的需求往往是紧密相关的。对某种互补产品打广告和进行其他营销投资，能够刺激对产品本身的需求，互补产品易受共同营销和销售活动的影响。同样，一种产品的安装可以降低多种互补产品的营销费用。比如，在视频游戏行业，安装某台机器能帮助企业出售游戏带。有时候，互补产品营销带来的益处如此之大，以至没有控制互补产品的企业若不能达到最基本的营销费用门槛，就无法实现营销活动应有的成效。

企业若属于少数几个控制互补产品的公司，就能赢得营销的竞争优势。对互补产品的广泛控制如果提高了市场营销开支，并提升了相对于替代产品的需求，就有利于整个行业。对于互补产品的广泛控制也能帮助企业克服“免费搭车”的问题，企业可以将互补产品营销的投资用于自己产品的销售。即使企业控制互补产品的决定很快会被竞争对手模仿，这样的举动对整个行业也是有用的。

共享其他活动。控制互补产品可以使企业在价值链上除了营销和销售活动，还能共享其他活动。企业可以使用相同的物流活动来交付产品和互补产品，并使用相同的订单录入系统。由于互补产品出售给相同的买方，共享机会经常存在。能够产生竞争优势的共享价值活动的场合第 9 章已经讨论过了。

提升移动壁垒。如果互补产品的进入壁垒很明显，如果控制互补产品能产生上述一种或者多种竞争优势，那么它可能会提升行业总体的进入或移动壁垒。例如，拥有银行的房地产开发商具有融资渠道的优势，又因为银行业的进入壁垒对绝大多数其他房地产商来说很高，所以银行的资源可以极大地加强其竞争优势的持久性。如今，房地产商不允许涉及银行业务，但未来这方面的法律管制有望变宽松。

控制互补产品的利益不是互相排斥的，某个行业可以拥有一种或者多种控制互补产品的优势。例如，食品特许可能不仅会影响买方在跑马场的满意度，而且使得企业在定价时也要考虑特许和门票费用。根据买方的特点，较低的门票价格会提升来往的客人购买定价高的热狗的概率。控制跑马场和食品特许能够同时获得营销的经济效应。控制互补产品获得的竞争优势的持久性取决于互补产品行业进入壁垒的存在。没有了进入壁垒，竞争对手可以不费吹灰之力进入互补产品行业，并很快复制企业之前从中获得的竞争优势。

控制互补产品的利益有时候可以通过与其他企业联合的方式获得，无须真正拥有这些互补产品。例如，企业和互补产品的供应商就价格达成一致，或者同意共同承担营销预算，但这样的安排很难达成稳定的协议。只要供应互补产品的供应商是独立运营的企业，合作双方就会都想搭顺风车，因此要按照最大化利润的原则定价、制定战略。然而，一定要尽可能利用与其他企业的联合获得控制互补产品的利益。这种做法一旦实现，它就有可能是企业（或者是企业的竞争对手）最划算的选择。有时候，企业与互补产品供应商以股票投资或者其他准一体化形式可以克服协调举措的困难。

控制互补产品的问题

必须权衡控制互补产品所得的利益与可能存在的问题。第一个问题是互补产品行业的结构吸引力可能不够强，其盈利能力也有可能大大低于基础产品行业。虽然控制互补产品能够提升企业在基础行业的盈利能力，但是资金投入互补产品对应的盈利能力必须与其他用途相对照。比较分析的结果未必就说明企业应该控制互补产品。

控制互补产品的第二大问题是互补行业有可能涉及不同的管理要求，而由于企业设备水平不够，在互补产品行业将缺乏竞争优势。因此，企业必须将任何从控制互补产品中得到的利益与企业失败的风险或者取得的竞争地位微不足道的情况进行权衡。若互补产品行业缺乏技能，即使收购了互补产品的供应商并将其当成一个独立运营的实体来管理，也未必能克服其障碍，因为互补产品之间紧密的协调是实现互补产品控制利益的前提。

控制互补产品和产业变革

控制互补产品的价值会随着行业的发展而变化。在互补产品行业演变的初期，如果生产互补产品的企业良莠不齐、信誉不一，那么企业需要控制互补产品，进而提升其质量或者品牌形象。在彩电发展初期，美国无线电公司建立内部服务机构的需要比较强烈，而后独立的服务商掌握了彩电维修技巧，这种需求慢慢下降。当互补产品行业成熟时，最好能退出或者收割企业在互补产品行业竞争地位的利益。独立的供应商可能有能力供应商品，因而企业不需要在互补产品行业提供任何独特的产品来推进其差异化进程。留在某互补产品行业过久，而这个行业里本身就有比较优秀的外部供应商，这种情况往往会损害企业实施差异化战略的结果，导致企业无法提升自己的竞争地位。

控制某种互补产品的价格优势也有可能随着互补产品行业的成熟而受到影响。在新兴阶段，互补产品的价格有可能较高，因为供应商希望大赚一笔或者生产效率不高。互补产品早期的分化可能导致互补产品供应商的供应不力，同时在营销上投入不足。

虽然企业控制互补产品的必要性会随着行业的成熟而下降，但这绝对不是唯一的模式。控制营销成本和其他共享活动的互补产品的优势，通常会持续存在。度假村不仅有酒店，还有高尔夫球场等体育设施，而对那些只经营酒店的企业来说，度假村就有非常明显的交通便利优势。企业需要定期自问控制每种互补产品是否有利。拥有某些互补产品的利益能够持久甚至会增加，而其他互补产品的利益可能比较短暂，企业需要及时退出。

确定具有战略意义的互补产品

针对互补产品对企业竞争地位以及行业结构的潜在意义，企业必须了解基础产品与互补产品之间的对应关系。确定互补产品比较微妙，有时候企业会发现一些不被人注意的互补产品。绝大多数行业拥有很多种互补产品。表 12-1 显示了部分与住宅行业互补的产品。

表 12-1　住宅行业的部分互补产品

融资	割草机
房主的保险	草籽
房地产经纪人	游泳池
家具	烤肉架
器具	灯泡
地毯	宠物
托儿所	花园浇水软管

住宅行业的互补产品种类繁多，分布于不同的行业，有必要区别那些对住宅行业有重要战略意义的产品及其对应的行业。显然，住宅建筑商（如美国住宅建筑商）如果在表 12–1 描述的三个行业里竞争，就很难获得竞争优势；如果只选择在某些行业运营，也许能获得竞争优势。

具有重要战略意义的互补产品有两大特征：第一，买方可以将它们彼此联系在一起；第二，它们对彼此的竞争地位有着重要的影响。买方将互补产品与企业的某种产品联系在一起，这几乎可以在控制互补产品的竞争优势中得到充分的体现。互补产品彼此联系，买方将互补产品的形象、绩效表现标准关联起来，而不是分开看待，且按照整体来评估成本。互补产品之间的这种关联在营销或者销售活动中也起着作用。

互补产品之间的战略关系因此在很大程度上取决于买方的看法。企业可以根据基础产品与互补产品之间的联系来界定互补产品的等级。买方往往把家具和融资服务联系在一起，而很少把房屋和草籽联系在一起，因为人们对这两种产品的需求完全不同。同理，电影和停车费经常被联系在一起，而驾车去影院观影的成本很少与电影本身的成本对应。如果产品在实际中并没有关联，企业就有可能通过告知买方有关建立关联的信息而获得竞争优势。深刻地理解买方的采购行为也是揭示互补产品实际或者潜在的买方联系的前提。

对互补产品实施第二种战略意义的检验标准是控制互补产品对企业竞争力以及行业结构的影响。控制互补产品如果能对企业的总体成本或者相关产品分组的差异化产生重大影响，就会具有格外的意义。比如，灯泡是电灯的互补产品，但是灯泡不会对电灯的差异化或者对应的营销成本产生重要影响。广泛控制互补产品能对行业结构产生重大影响，有些互补产品即使不会产生竞争优势，对其控制也是很重要的。

捆绑销售

捆绑销售是指向买方组合销售单独的产品或者服务。例如，IBM 多年来一直把计算机硬件、软件和服务支持捆绑出售，而汽油的防爆添加剂历来按照某个价格与不同的技术服务和产品一同销售。以某种形式出现的捆绑销售是普遍存在的，虽然人们未必会意识到这一点。确定捆绑销售发生的时机往往要求人们对所处的细分领域和行业有最基本的了解（第 7 章）。所有可能分开的产品和服务必须分开供应，虽然进入行业竞争的企业未必认定它们是彼此独立的。例如，交付和售后服务经常被视为产品的一部分，虽然它们有可能本来就是分立的，也有可能是分开销售的。同理，零售商应该提供免费停车服务，而航空公司会提供免费餐饮或者行李托运服务。由于捆绑销售是业内传统的做法，企业未必就认定这是捆绑做法。

捆绑销售意味着所有买方都能获得产品和服务的成套服务，不管其需求是否有区别。有些防爆化合物的买方宁可生产商不提供产品的服务，也希望产品的价格更低一些，但买方不可能自己对此做出选择。买方回应捆绑销售的方式不同，它们需要产品或者服务的组合不同，或者它们对于产品或者服务的需求程度也不同。不论属于什么情况，捆绑销售对买方来说都是次优选择。

捆绑销售作为次优选择，除非其带来的好处能够抵消对应的劣势，否则捆绑销售将变得不可取。利用捆绑销售创造竞争优势有多种方式，因行业和细分领域的不同而不同。在某些行业里，捆绑销售也有很多风险，必须加以重视，尽早发现。

捆绑销售的竞争优势

如果捆绑销售的产品能够整套供应，在价值链上共享活动中的部分产品就有可能产生竞争优势。捆绑销售的优势分为下列几类。

捆绑销售的经济性。企业若纯粹提供捆绑式产品，且不需要费心费力按照买方要求确定特定产品和服务的组合，就能降低成本。其经济性主要源于捆绑销售时充分利用的企业价值链之间的关联。捆绑销售可以使企业在供应捆绑销售的产品时能更好地共享价值链的活动。如果同一个销售人员能将同组产品销售给不同的买方，同时装车，或者由一个技术人员服务，就能因供应捆绑商品而节约成本。捆绑销售的产品价格要低于产品单个销售的总和。例如，在供应海上石油钻井服务时，提供两种关联服务的企业在每个井上只需要一个人，而竞争对手可能是每种服务都需要一个服务人员。捆绑销售的经济性还体现在搜集买方信息活动的共享上。通过提供某种服务，咨询服务公司能够了解客户，同时在销售捆绑产品的其他服务时以较低成本应用这些知识，而没有采用捆绑销售服务的竞争对手将不得不在信息搜集方面全力投资。

捆绑也会提升生产的规模经济和学习效果，降低成本。为所有的买方提供相同的组合产品，且每个捆绑销售项目中都包含同等数目的产品子类，这本身就有可能降低产品成本。例如，从美国当前的行业状况来看，生产具有标准功能的消防车比制造具有不同种类警铃和警笛的消防车能获得更大的规模经济。销售捆绑式的产品能提升销售团队的效率，而不用经常通知买方产品的选择种类。最后，捆绑销售能大大减少行政管理和销售成本。为所有买方提供捆绑式销售的产品能简化交易程序和成本，包括文书、物流安排等。标准化经济、规模经济或者学习经济使得企业能以较低的价格出售捆绑产品，低于那些只购买部分产品的顾客所支付的费用。

当某家企业采取捆绑销售，而其他竞争对手没有通过联合或者承包协议采取类似的捆绑销售时，捆绑销售就能为企业带来巨大的竞争优势。然而，与独立的公司达成捆绑销售的协议难度很大，这也使得契约联盟难以达成。

增强差异化程度。捆绑销售使得企业固定销售一些产品，从而比竞争对手更好地实现差异化。捆绑销售在差异化中的作用起因于捆绑组合中不同产品在价值链上的联系，这些产品常常被共同采购或者应用。没有了捆绑销售，企业不仅要放弃差异化，还不得不与每个专业生产商在自己不擅长的领域里竞争。捆绑销售加强差异化程度的方式如下。

差异化的基础更加广阔。能够进行捆绑销售的企业比竞争对手有更广阔的基础实行差异化，而对手提供的产品类别往往有限。例如，捆绑销售的企业往往能保证整个捆绑组合产品的可靠性，从而安排单一的售后服务点。同理，捆绑销售也可以通过其产品或者服务进行差异化，而单个产品或者服务并不具备独有的特征。

高性能界面。当互补产品之间的接口并不能达到标准化时，捆绑销售就很有必要。如果同一家企业能够提供所有需要的产品组合，从而满足买方的要求，捆绑组合中产品的兼容性就能够得

到提升。这表明互补产品之间的接口技术比较困难，因此很难实现兼容。

最佳组合性能。就算产品之间的接口是标准的，实施捆绑的企业也能通过控制设计、制造和所有零件的服务来优化整个组合（系统）的性能。相较于专门生产每件产品的竞争对手，企业能对捆绑组合的每个部分的性能有更深刻的了解，因为竞争对手要了解所有产品的信息，就得从企业外部搜索信息，而且它们无法直接控制产品的设计。这种捆绑优势的前提是组合中每个部分在决定整个组合性能方面都是独立的。

一站式购买。捆绑销售简化了买方的购物任务。捆绑销售能让买方安心，保证每种产品都能正常运转，减少了买方认定的采购风险。由一家企业负责，在某个机构受理索赔，由某个组织专门服务，这些都是买方看重的。已经分拆的贝尔系统就说明了这点。分拆之后，顾客对责任分化很失望，这表明分拆式经营会降低企业的差异化程度。

提升拉开价差的机会。假如不同买方对捆绑组合中不同产品的价格敏感度不同，企业实施捆绑就能提升总体利润。尤其在混合式捆绑战略中，公司既卖捆绑式产品也单个销售各种组件产品，只是单个销售价格之和高于捆绑式产品的总价，但捆绑销售比单个销售更能增加总体收入。

这种现象之所以发生，主要是捆绑组合的成本和单个销售成本之和对照的结果。只要捆绑销售的总成本低于买方想要的所有组件产品的成本之和，捆绑销售就能推动买方捆绑销售，就算它们不需要所有的产品。此外，混合式组合销售战略使特别需要组合中某个产品的买方愿意支付高价购买整个组合，同时企业也可以向普通买方出售组合产品。

捆绑定价取决于整个行业买方需求的分布。如果买方对组合中不同产品的价格敏感度不同，捆绑销售很有可能会提升利润。捆绑销售是捕捉价格敏感度差异的方式，企业无须对不同的买方就同一产品收取不同的费用。

提升进入或移动壁垒。捆绑销售能产生多种竞争优势，其中一种就是提升进入或移动壁垒。竞争对手要赶超实施捆绑销售的企业，必须在组合所有产品的领域内发展自身的生产能力，因而捆绑销售能提升壁垒。

缓和竞争。行业内多个实施捆绑销售的竞争对手之间的竞争要比包含实施捆绑销售和分拆销售战略企业的行业竞争更加稳定。如果所有企业提供的捆绑组合都一样，而行业内存在的唯一价格是捆绑价格，那么企业便能清醒地认识到彼此的依存关系，相比那些单独提供各组件产品的企业，它们降价的积极性更小。

捆绑销售的风险

捆绑战略涉及很多风险，其重要性根据企业的战略和行业结构有所不同。实施捆绑销售的企业可能会受到那些实施集中战略而分拆销售的企业的攻击，捆绑销售的风险即源于此。有时候，尽管捆绑销售涉及巨大的风险，但拥有巨大竞争优势的企业依然能保持强大的竞争优势。

买方的多元需求。实施捆绑销售的前提是绝大多数买方想要且愿意出钱购买整个捆绑组合产品。如果在某个行业中，买方的需求很广泛，那么对于某个细分领域的买方来说，企业实施的战略将是次优战略，常会受到实施集中战略、按照特定细分领域的要求服务的企业的攻击。例如，如果一个行业内买方对待售后服务的需求截然不同，集中竞争者则有能力进入市场，只销售产品，不提供服务，这样就能获得足够的市场份额。如美国人民捷运航空公司就通过减少免费餐饮、免费托运行李和其他传统航空公司提供的服务，成功给航空客运服务“松绑”。这样做大大吸引了对价格敏感的顾客，他们只需要最核心的客运服务，而不需要其他附加服务。同理，折扣零售店成功地打败了采用传统策略的零售商，它们的特点是服务少、无赊账、品种适中和无广告，这同样吸引了很多顾客。

买方装配捆绑销售产品的能力。实施捆绑销售战略时，企业装配所有产品，并将其成套出售。如果买方有技术实力、财力和行政能力来装配捆绑销售组合中的产品，这种战略就不可行。买方有可能从供应商处购进单个销售的产品，自行装配，或者可以购进部分产品，然后部分自行生产（如部分服务自己完成）。

以更有利的条件提供部分组件产品的专业生产能力。如果专业生产厂家集中于捆绑组合中一件或者部分产品的生产，且能实现低成本或者差异化，那么捆绑销售战略不可取。专业生产者有可能因为第 7 章描述的理由赢得竞争优势。专业生产者可以修正价值链，只生产和出售产品组合中处于主导地位的产品。专业生产商可以避免共享活动的协调或者妥协成本，而实施捆绑战略的竞争对手必须承担所有产品的费用。

集中于某一种或者某些组件产品的专业生产者能从行业之间的关联中获得竞争优势。专业生产电子产品的公司在为某个电子机械系统生产电子零件时，相比供应整套电子机械系统的捆绑销售厂家，它们更容易获得成本优势，这主要是因为电子公司可以与其他相关的电子企业实现价值活动（如研发、测试设备）的共享。

通过联盟实施捆绑战略。实施集中战略的竞争者在内部形成联盟，若它们的捆绑优势容易被复制，则实施捆绑战略的竞争者将失去优势。这种联盟可以有很多形式，比如技术联盟、共享销售活动、共享服务机构等。

捆绑战略和分拆战略的对比

捆绑销售带来的竞争优势和风险之间的平衡决定了企业能否采用捆绑销售战略。捆绑销售战略的风险为采用集中战略的企业攻击自身提供了战略杠杆。在某个行业中，如果实施捆绑战略企业的竞争优势比较明显，且捆绑的风险较低，则捆绑销售将成为行业的主要战略。捆绑和分拆战略是对立的，两者之间的平衡可能朝着相反的方向发展。

在很多行业中，捆绑战略和分拆战略很难共存。如果企业成功实施分拆战略，就为实施捆绑战略的企业松了绑。而行业内存在的实施分拆战略的企业，让买方更深刻地认识到现有的捆绑销售并没有充分满足行业的全部需要，买方有权去选择购买成套出售的产品。

当进入一个对捆绑企业不利的行业时，分拆的竞争对手有可能攻克捆绑销售组合的部分零件，这些企业有能力满足一大部分买方的需求，如供应无附带服务的基础产品。还有一个可以攻克的领域是供应边缘产品，如零件或者服务，这个领域捆绑销售的企业效率不高或者产品定价过高。通过松绑来攻击捆绑销售是企业赢得市场地位最常见的一种办法，我将在第 15 章中详细阐述。

首家分拆企业一旦进入行业，就会为其他实施分拆销售的企业提供进入市场的动力，并为组合中的非基础产品供应资源。随着时间的流逝，更多的买方有可能自行生产它们心仪的特定组合。分拆战略的竞争对手数目一旦增加到实现了一定程度的市场渗透，捆绑的动力，包括规模经济、竞争减少或者构建壁垒等就会纷纷锐减。而剩余的捆绑竞争企业将被迫给产品松绑，最终实现分拆销售。

如果买方需求较大，且在某些买方细分领域内实施捆绑具有的明显优势不来自销售量，也不是因为采取了捆绑这一主要战略，那么捆绑和分拆战略可以在某个行业内共存。例如，通过捆绑销售实现的系统性能的优化对某些买方尤其重要，在这些买方细分领域内，企业实施捆绑销售战略非常重要，哪怕某些专业生产竞争对手将部分零件产品供应给其他细分领域也一样。技术先进的买方倾向于购进单个销售产品自行完成装配，而一般的买方则很看重捆绑销售。例如，在商用飞机领域里，赛斯纳飞机公司提供了包括飞机、维修、机长、飞机库、办公场所以及着陆费用等一揽子产品和服务，实行按月计费，这就迎合了那些希望从一家公司获得所有服务的企业的需要。有时候，企业希望从捆绑销售中获得特定的竞争优势，这时候混合捆绑就是有效的。让买方有权利选择，采购整套捆绑销售的产品或者从同一家企业购入部分零件产品，这往往会影响企业捆绑销售整套产品的能力。话虽如此，但捆绑的关键优势是差异化或者价格差异，混合捆绑战略也是可行的。

捆绑销售和行业变革

随着行业的发展，捆绑战略是否符合企业的发展要求也会发生变化，因为行业结构会改变捆绑战略的优势或者风险。对于产业发展是否增强了捆绑战略的吸引力并没有统一的决断，因为在实践中捆绑战略有很多种执行方法。在绝大多数行业里，随着行业的成熟，分拆似乎成为一种发展势头。在商业保险行业，标准化的成套保险业务已经被单独的产品种类替代，如预防损失咨询业务。如今买方能够购买覆盖范围广泛的普通险种，或者根据自己的需要定制专业的服务。视频系统行业中也出现了分拆的倾向。与音频系统一样，视频系统更有可能分解为显示器、扬声器、控制器、游戏单元等部分。分拆的倾向还出现在很多其他行业，如建筑控制系统、汽油零售、计算机和医院服务等行业，分拆销售的趋势也非常明显。

随着时间的推移发生的分拆倾向主要源于竞争优势的典型变化以及伴随着行业变革的捆绑销售的风险。

买方自行装配捆绑销售产品的能力提高。随着技术的扩散，买方加强了学习，这表明买方可以增强自行装配的能力。买方能够获得确保产品兼容的能力，需要单一货源供应的保证也随之减少。随着产业容量的提高，买方后向一体化的倾向加深了这种趋势。买方提高了自行生产部分零件的能力，因此越来越不需要整套产品和服务。

产品或技术标准化发生了变化。随着行业的成熟，为了优化系统性能，产品标准化往往会减少控制整套产品的需要。它也能降低企业进入部分零件产品所在行业的壁垒，并简化买方自我完成捆绑产品的装配。接口兼容的问题往往会随着行业的成熟以及标准的建立而减少。对于部分零件产品，出现了新的合格的供应商，进而触发了松绑的过程。

对不同组合产品的需求降低或者发生了改变。行业成熟往往会减少很多买方对服务、应用控制或者捆绑组合其他零件的需要。在行业发展的初期，产品质量不稳定，产品的性能未经验证，人们认定采购的风险较高（见第 8 章）。所有这些特征都导致了买方会寻求可靠的实施捆绑销售战略的竞争对手（光导纤维和汽车电子燃料注入系统就是很好的例证）。随着行业的成熟，要么服务和支持转到了由买方企业内部提供，要么买方的需求降低。此外，新的买方也会受到行业的吸引，竞争对手对行业实施更精确的细分，这些都增加了买方需求的多样化。不同的产品服务组合适用于不同的买方，为分拆式竞争对手进入行业奠定了基础。

行业规模抵消了捆绑销售的规模经济。随着新兴行业逐渐走向成熟，行业规模的增大使得专业生产者更加有效地提供部分零件产品。对零件产品需求的增加超过了生产规模要求的最低成本以及固定销售成本。第 7 章在新的细分领域实施集中战略的例子就属于这种情况。

买方价格敏感度的增加迫使企业通过分拆来降低成本。买方价格敏感度的增加迫使买方节省成本。买方可以通过购买捆绑组合中部分零件产品，自行生产其他产品来节约成本，也可以只购买自己需要的产品，而不采购捆绑销售的产品。就算没有专业生产者的竞争，买方也会给“分拆”式销售提供动力。

专业竞争企业遭到了攻击。捆绑销售企业的成功和业绩增长有可能攻击那些努力进入行业的企业。使用捆绑销售战略进入行业，需要企业克服较高的进入壁垒，新进入者自然有采取分拆式销售战略的倾向（见第15章），上述其他因素的作用也为它们的成功开了个好头。

当行业应对强大、有能力的买方时，分拆式经营的倾向会不断加强。这些买方有充分的技术实力快速发展自行装配捆绑销售组合产品的能力，有充分的议价筹码使得供应商松绑，降低专业竞争对手的比例所需要的资源也比较丰富。例如，领先的汽车生产商只在发展的初期阶段才购买整套系统，包括制动和喷油系统。随着技术的发展，这些企业分开购买系统中所需要的零件，为不同的产品配备不同的供应商。这一过程能为实施分拆销售的企业进入行业创造条件。

在行业竞争激烈（比如经济不景气）的时候，也会触发或者加速分拆战略的发展。竞争对手破釜沉舟，使用分拆销售战略，将增加收入，启动一次不可逆的过程。这种模式在商业保险行业中很有效，致命的经济衰退使得企业迫切想增加销售额。

行业追随者或者新进入者往往是首先“松绑”的企业。企业追随者采用分拆式经营，因为要与采用捆绑销售的竞争对手抗衡，渴望减少自己的竞争劣势。为了降低移动壁垒，它们希望最好能够改变竞争规则。新进入者分析确认了采用捆绑销售无利可图的潜在或者新兴的细分领域或者条件，在这些领域或者条件下，捆绑销售战略的实施使得其他竞争对手产生了报复的混合动机，或者使买方的需求发生了变化，因此，新进入者往往倾向于分拆捆绑销售的产品组合。最新采用分拆式销售的企业往往是从捆绑式企业分化出来的，它们意识到了当前的状况无法满足买方的需求。

虽然人们倾向于松绑销售，但当捆绑销售带来的竞争优势很显著，而且这类竞争优势不可能通过其他方式获得时，捆绑战略就能持久。捆绑销售的表现或者成本利益能延续下去，就算买方不再需要企业对安装产品组合有所保证或者协助。如果行业领导者控制了捆绑产品组合中的某一部分，且买方被迫需要购买整套产品才能实现对这种专有产品的控制，捆绑销售战略也能持久。此外，领导者有时候通过保护组合产品之间的专有接口，进而保护捆绑销售战略。只要加大产品之间衔接的难度，领导企业就能推迟专业竞争对手进入行业的时间。IBM 的这种做法就备受指责。

从捆绑销售转变到分拆销售的趋势日益普遍，当然也存在从分拆销售转变为捆绑销售的可能性，意识到这一点很重要。如果生产工艺发生了改变，技术改变有可能导致产品或者接口捆绑更有必要。捆绑销售产品组合的规模经济有可能会随着时间的推移慢慢增大。限制经济合理性的捆绑销售的法规壁垒也会放宽。分拆销售战略也会在具有捆绑销售经济动因的行业里逐渐发展。如果很多专业生产商一开始进入了行业，大多数企业不能或者不想生产捆绑销售组合中的所有产品，买方则有可能不得不承担起自行装配的重任。企业在捆绑销售中的战略创新可能会改变行业结构。

金融服务和卫生保健行业发生的情况就是捆绑销售战略取代分拆销售战略的实例。如美林证券的现金管理账户（CMA）综合了证券经纪、支票账户、信用卡和其他金融服务，这就是一种多项独立服务的捆绑组合。监管的放松和信息技术的发展使得这种捆绑式产品有可能产生。同理，保健组织也在组合本身独立的服务。在保健行业里，护理服务和专业的急诊室或者实行小型外科手术的企业就代表了将医院提供的一系列服务分拆的实例。这个例子表明，捆绑销售的竞争优势必须建立在深刻了解每个细分领域的基础上。

捆绑的战略意义

捆绑分析对实施捆绑战略和分拆战略的企业都有重要的战略意义。企业往往纠结于捆绑战略和分拆战略的选择，一定要不断分析比较才行。

捆绑战略的优势大于风险时一定要捆绑。当上述捆绑战略的优势超过了风险时，捆绑就成为企业创造竞争优势的重要来源。如果单个产品生产商不了解买方将采购产品纳入整个系统中使用的愿望，实施捆绑战略的企业就有可能转变整个行业的竞争态势，使其朝着有利于自己的方向发展。深刻分析买方价值链以及各个细分领域的差异是确定捆绑战略或者分拆战略的前提。

避免无意识的捆绑。很多企业下意识地采用了捆绑战略，但它们对此缺乏认识。无意识的捆绑战略非常危险，因为企业可能会受到集中战略的攻击而毫无防备。捆绑战略有可能源于企业针对捆绑优势和风险分析的无意识的决定，而非在无法区别企业提供的潜在可分产品和服务时的结果。

条件如果发生变化，就要随时做好分拆的准备。随着时间的推移，分拆产品组合的倾向会发生，如果捆绑战略的优势和风险之间的平衡发生变化，实施捆绑的企业就要不断意识到分拆的必要性。企业必须区分实行捆绑是出于实在的经济理由，还是因为买方暂时还没有足够的技术实力。因为固守捆绑战略，很多企业白白牺牲了自己的市场份额。

捆绑销售的经营者代表了行业重组的机会。捆绑销售战略可能会为实施分拆战略的企业留下可乘之机，尤其是当企业在无意识的情况下实施捆绑销售，或者行业正在发生结构性变革时。在企业实施捆绑战略已经成为传统的行业里，新企业进入将面临诸多机会。

交叉补贴

当企业供应的产品从严格意义上讲是互补产品，即与基础产品一起使用或者同时采购时，定价就应该考虑两者的关联。通过有意识地以优惠价甚至亏本价格出售一种产品（可称其为基础产品），以促销更赢利的产品（我称其为赢利产品），就发生了交叉补贴。

这一概念在零售行业常被称为亏本领先。有些产品定价较低，以吸引那些最希望买到优惠产品的顾客，随后购买店里其他更赢利的产品。亏损领先定价是确立商店低价位的有效手段。

在剃刀和刀片战略中，这一定价原则同样适用。剃刀以接近成本价出售，从而鼓励顾客未来更频繁地来购买利润更高的刀片。业余相机、飞机发动机和电梯行业，也普遍采用这一战略。互补产品包括易耗产品（胶卷）、耐用品（电子游戏软盘）、替换零件（飞机引擎零件）或者服务（电梯服务和维修）。

交叉补贴的另一种方式是升级战略。这种战略涉及的产品一开始出售的价格较低，希望顾客之后在升级的时候购买其他的赢利产品。轻型飞机、复印机和计算机行业，有时候会采用这种战略。

有利于交叉补贴的条件

进行交叉补贴的原因和动机很明确，即通过折价出售基础产品，引发更赢利产品的大量销售，从而提高整体利润。这种战略主要依赖下列条件。

基础产品具有充分的价格敏感度。对基础产品的需要必须对价格足够敏感，折价会引发销售量的增加（或者提高人气），从而引导顾客购买赢利产品，提高整体利润。如果基础产品的需求对价格并不敏感，企业最好在基础产品和赢利产品上都按照正常的方式获取利润。

赢利产品的价格敏感度非常低。若赢利产品的需求对价格不敏感，提价将不会大幅降低销售量。这一点必须得到保证，否则出售赢利产品所得的利润将不足以抵扣基础产品折价出售的损失。需求对价格不敏感取决于为买方创造产品的价值以及相应的替代威胁。

赢利产品和基础产品的关联比较紧密。赢利产品的销售利润必须和基础产品的销售利润以某种形式关联。买方在购买低价产品的时候不会像摘樱桃一样，一个一个摘。产品之间的联系未必就有约束力，但其联系应该比较紧密，足以让买方和其他买方的联系不断加强，很多客户愿意从两家购买足够的产品，从而保证折价出售基础产品是值得的。

基础产品和赢利产品之间产生关联的起源因行业而不同。在零售业中，出于采购成本的考虑，顾客来到店里很有可能顺便购买赢利产品。在升级购买中，品牌的忠诚度和转换成本等要素可能会促使购买剃刀的买方继续从某家商店购买刀片。此外，买方认定的或者产品之间实际存在的关联（比如胶卷和备件）可以将产品联合起来，买方认定产品制造商是供应零件、维修和保养服务的最佳供应商（比如电梯）也可以达到同样的目的。基础产品和赢利产品之间的关联还取决于赢利产品被替代的可能性。如果备件可以翻修，则设备销售和零件销售之间的关系就会大大不同。

进入赢利产品所在的行业存在壁垒。要成功进行交叉补贴，进入赢利产品所在的行业往往有难度，除非基础产品和赢利产品紧密关联。要想使剃刀和刀片战略获得成功，一定要保证模仿零件或者易耗品所在行业存在进入壁垒。

交叉补贴的风险

交叉补贴的风险往往源于未能满足上述第三个条件。如果基础产品和赢利产品之间存在的联系不够紧密，实施交叉补贴的企业可能会发现自己只能低价销售基础产品，而赢利产品卖不了。买方会从竞争对手那里买入赢利产品，主要渠道如下。

买方选择。买方只购买基础产品而不买进赢利产品，或者从其他没有进行交叉补贴的供应商处买入赢利产品。

赢利产品替代品。如果对赢利产品的需求减少或者完全消失，就会影响交叉补贴，因为买方不愿意购买赢利产品。例如备件翻修无须重新买进新备件，也不用提升产品的使用期限，就能产生这种效果。

买方垂直一体化。买方采购基础产品，但是通过一体化，在公司内部生产赢利产品。例如，由买方公司内部提供服务，或者买方自行生产或者翻修备件。

专业（实施集中战略）的竞争对手。专业竞争对手以较低的价格出售赢利产品。例如，独立服务公司在很多行业普遍存在，主要服务于特定品牌的机器或者模仿制造备件。它们的目标是成为行业领导者，它们主要提供一些简单的服务，或者仿制最容易更换的零件。设备生产商在零件和服务中的利润率因此受到影响，有可能只剩下些零星的零件或者销售量很低的零件。比如瑞士的苏尔寿公司就是海上柴油发动机零件供应商的主要目标。专业生产商进入行业的风险取决于基础产品和赢利产品之间联系的紧密程度，以及进入赢利产品的壁垒。

交叉补贴和行业变革

当行业发展成熟时，交叉补贴的适用性也会发生改变。在捆绑销售中，行业的发展会使捆绑销售越来越不合时宜，但这种情况未必在每个行业内都会发生。下列原因决定了交叉补贴不再适用。

基础产品和赢利产品之间的关联日渐疏远。当买方对产品的了解程度加深，并对价格日益敏感时，它们从出售基础产品的同一家企业购买赢利产品的需求就会减少。技术的传播减少了转换成本，或者行业内出现了对赢利产品的替代品，那么基础产品和赢利产品之间的关联就会减少。

赢利产品所在行业的进入壁垒下降。技术的发展和差异化程度的降低有可能会降低赢利产品所在行业的进入壁垒。这种现象的一种结果是买方也进入赢利产品的制造行业。

对赢利产品替代的概率提高。随着行业的发展，人们可能会发现赢利产品的替代品。例如，零件翻修的新技术出现（如飞机引擎零件），或者发现了保存易耗品的方法（例如在人工肾机器上重复使用的透析器）。

交叉补贴的战略意义

如果条件具备，交叉补贴可以大力提升其性能。诸如吉列公司、柯达和施乐等著名公司就已经成功实行了这项战略。然而，支持交叉补贴的条件可能会消失，因此需要企业采取积极的措施延续交叉补贴。此外，企业必须明确，交叉补贴是一项有意而为之的战略。

交叉补贴的重要战略意义具体如下。

为其他企业进入赢利产品所在的行业创造壁垒。实行交叉补贴战略要求企业创造或者提升赢利产品行业的进入壁垒。这表明企业必须保护自己专有的服务程序、零件生产技术以及易耗品的设计，防止其他企业的模仿。要做到这一点需要积极的专利申请，有意为不同模型创造不同的易耗品，开展有效的营销活动，宣传从同一个企业买入基础产品和赢利产品的重要意义。很多企业就是因为忽略了这些因素，白白浪费了交叉补贴的优势。

施乐就是积极保护自身赢利产品的典型。易耗品是复印机盈利能力的一大来源，施乐公司为不同型号设计了不同的专业墨盒，积极宣传从生产商处买入易耗品，从而保证最佳复印效果和复印机使用期限的重大意义。

加强基础产品和赢利产品之间的关联。任何可以加强基础产品和赢利产品之间关联的因素都能保护企业实施交叉补贴战略的实力。增加竞争对手实现兼容接口的产品设计难度就属于这种策略。柯达公司向消费者推行广告，说明了在柯达相纸上完成相片冲印的重要意义，试图将相机和相纸的销售紧密结合起来。

随着行业的变化，做好准备修正交叉补贴。如果支持交叉补贴的条件发生了变化，企业必须做好准备修正交叉补贴。基础产品和赢利产品的相对利润通常应该随着时间的推移逐渐持平。企业常能从复杂的定价模式中受益，根据这种定价模式，企业可以降低赢利产品的价格，从而防止部分买方转向别家采购。企业必须避免为竞争对手创造条件使其进入赢利产品行业。

鼓励进入基础产品行业从而推动赢利产品的销售。如果赢利产品是专有的，可以通过技术许可鼓励企业进入基础产品行业，来推动赢利产品的销售。柯达曾经鼓励其他企业使用其胶卷格式进入相机行业。

避免意外的交叉补贴。企业应该有意识地采取交叉补贴，不能在不了解交叉补贴的情况下贸然采用。不能了解不同细分领域成本的不同，很有可能会使企业错误地使用交叉补贴。战略成本分析可取的系统方式详见第 3 章，这是有效开展交叉补贴的前提。要明白交叉补贴会吸引竞争对手，让买方随意选购，这也是吸引新进入者的方式。

互补和竞争战略

每个行业都有互补产品。企业必须明白自己赖以生存的互补产品，以及互补产品影响企业竞争优势和行业结构的原理。企业必须决定自己应该生产哪些互补产品，如何进行包装盒定价。捆绑销售、分拆销售和互补产品等战略的实施是行业重组的最基本的方式。实施有关互补产品的战略，一定要保证自己能从中获得机遇，且竞争对手不能从中获得竞争优势。

第四部分

进攻和防御竞争战略的意义

13

行业情景和不确定情况下的竞争战略

企业在面对未知的未来时，要如何选择竞争战略？油田供应商为钻井行业的不景气还要持续多久而苦恼，有可能是 1 年，也有可能是 10 年。行业结构不是静态的，很多行业内的企业对行业结构将来如何变化毫不知情。未知的原因很多，有可能源于行业内部，也有可能与整个行业所处的环境有关。绝大多数观察者都认为，未知因素在过去几十年里剧增，主要原因是原材料价格的波动，金融和货币市场的动荡，放松管制，电子产品的革命，以及国际竞争的加剧。

每个企业都要面对某种程度的不确定因素。在制定竞争战略的时候，未必能妥善地处理不确定因素。历史将会重演，或者管理者对行业最有可能发生的情况有了模糊的预测，战略就是以这样的假设为基础的。对未来行业结构或明或暗的预测往往都有偏差，固守传统思想会使未来所有的不确定因素都占有相同的分量。经理往往无法考虑或者低估那些不太可能发生但一旦发生就会对行业结构或者企业的竞争优势产生巨大影响的激进的突发变革。

有些企业在战略规划的过程中制订了应急计划，努力根据多种不确定因素来衡量战略。应急计划很少付诸实施，而且通常只是针对一两种关键的不确定因素来检验战略，如通货膨胀率或者石油价格。应急计划很少包括针对可能出现的行业结构的分析，经理们也很少考虑其影响。在面对巨大的不确定因素时，企业往往选择那些比较灵活的战略，但这样做耗费资源，成本不低，甚至有可能降低企业的竞争地位。

行业情景是规划的工具

人们逐渐意识到，在规划的过程中要考虑不确定因素，有些企业开始使用行业情景作为全面理解行业不确定性的战略工具。行业情景是企业对行业未来可能的发展状况的内在、一致的看法。通过构建不同的行业情景，企业能够系统地探索战略选择不确定性可能引发的结果。1973年石油危机的爆发，使得不确定因素的作用凸显出来，从此行业情景的应用变得日益重要。

战略规划过程中历来使用的行业情景都强调了宏观经济和宏观政治因素，我将这种情景称为宏观情景。构建情景强调了创建特定的国家和国际经济、政治环境的意义，包括经济增长率、通货膨胀率、贸易保护主义、管制、石油价格和利率等。宏观情景使我们可以知道石油、自然资源和航天航空公司是利用情景进行规划的引领者，其中荷兰皇家壳牌公司是公认的先驱。全球宏观经济和政治事件对国际石油或者国家资源公司的成功有着深远的影响。此外，还可以在多元化企业中制定公司情景，所以，在业务单元中要留意那些对诸多业务单元都有影响的变量。

宏观情景彼此关联，但在为特定的行业制定战略的过程中有过于泛化的倾向。人们针对宏观情景对每个具体行业的影响的理解往往不够深刻。构建宏观情景要求对一系列主观因素进行广泛的分析。除了几个基础性行业，宏观经济和政治环境很少对各种行业有重大影响。宏观情景中诸如技术变化和竞争行为的不确定因素已经成了驱动特定行业结构变化的主导因素。结果，很多运营经理开始怀疑宏观情景的作用，因此他们还没有普及宏观情景，使其成为战略规划必不可少的一部分。

行业情景

行业情景是考虑行业不确定因素，进而做出战略选择的有力工具。有了行业情景，企业在面对未来的不可预知时，不至于做出危险的片面的猜想。行业情景能鼓励经理对未来做出明确的预测，并突破传统思想的禁锢，做到理性思考。企业还可以在获悉各种信息的前提下，妥善考虑竞争不确定因素，从而做出正确的选择。

在竞争战略中，分析情景最恰当的层面是行业。我将这个层面的情景称为行业情景。行业情景使企业能从特定行业的角度分析不确定因素的战略含义。通过集中分析行业、宏观经济、政治、技术和其他不确定因素，我们可以理解这些因素对竞争的影响。

行业情景还明确规定了竞争者行为，这是战略选择过程中不确定因素的关键起因。

本章描述了构建行业情景并应用行业情景指导竞争战略选择的方法。开篇确定了行业面临的不确定局面的来源，以及如何从中构建最有意义的行业情景。接着，本章分析了行业情景，确定了那些对行业结构和竞争优势产生最大影响的行业情景。然后，本章阐明了按照面临的不确定情况选择最佳战略的方式。本章最后讨论了行业情景应如何适应企业正在进行的战略规划过程。

构建行业情景

行业情景是企业针对行业未来结构的内在而一致的看法。它是建立在针对有可能影响行业结构的重要未知因素的可行假设基础上的，构建行业情景对创建和保持竞争优势有着重要的影响。行业情景并不是行业发展的预告，而是未来可能出现的结构。企业要慎重选择反映未来可能出现行业结构的一系列行业情景，分析其对竞争优势的重要影响。整套行业情景包含多个情景，往往在确定竞争优势的过程中得到应用。行业情景涉及的时间应该与企业做出的重要投资决策的时间一致。

行业的未来总有很多不确定因素。那些影响行业结构的不确定因素非常重要，包括技术飞跃、新的竞争对手进入以及利率的波动。包括宏观经济条件和政府政策在内的外部因素也会通过行业结构来影响竞争。结构变化要求企业调整战略，为竞争对手改变自己的相对地位提供重要的机会。

第 1 章描述的五大竞争力构成了行业情景的理论基础。影响这五大竞争力的不确定因素对竞争地位有重要的影响，因此在构建行业情景的时候必须予以考虑。构建行业情景一般从分析当前的行业结构和确定所有可能影响行业结构的因素开始。这些不确定因素可以转变为各种不同的行业结构。具体的过程如图13-1所示。

图13-1显示的过程过分简化，具有误导性。构建行业情景需要几个步骤，其中需要多次做出正确的判断。很难完全确定哪些不确定因素对战略最重要，只有建立初步的行业情景，才能理顺其中的关系，形成如图13-1所示的反馈。

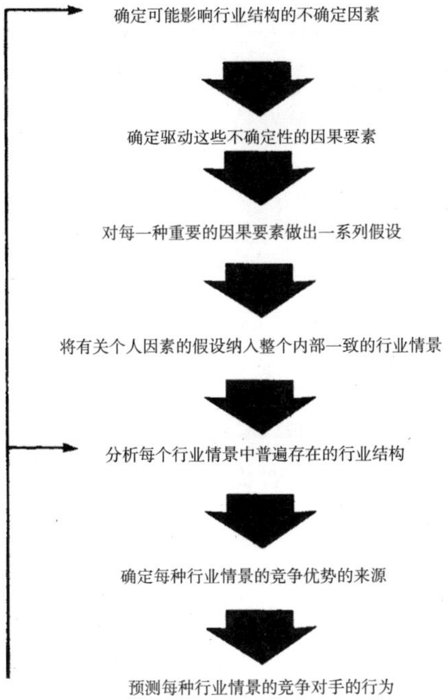

图13-1　构建行业情景的过程

只有确定形成竞争优势所需要的行业结构和要求，才能在每种行业情景中引入竞争行为。虽然竞争行为能影响结构，但它本身就是一种不确定因素的来源。如果不能理解竞争对手所处的结构环境，在行业情景中预测竞争对手行为就是不可能的。在某种行业情景中，竞争对手可能出现的行为会修正行业结构，有关竞争对手行为的不确定因素可能会产生额外的行业情景。

我将采用美国链锯行业拓展的例子来描述构建行业情景的方式。我们有必要对美国链锯行业的背景信息有所了解，这样才能更好地分析行业情景。链锯行业在20世纪70年代以前一直保持了比较稳定和赢利的结构。在20世纪70年代初，有迹象表明，行业正处在重大结构变化的边缘。人们相信出售给各个家庭和其他随机使用者的小型链锯可能进入一个爆炸性增长的阶段。这种情况一旦发生，就有可能触发重大的行业结构变化，而行业结构变化将朝着不同的方向进行。

20世纪70年代初，绝大多数链锯出售给专业的使用者，包括伐木工、农场主和其他以链锯为基本营生的人。专业人士使用频率较高，因此看重工具的耐用度、舒适度和可靠性。链锯主要通过链锯经销商出售，这些经销商还提供服务和备件。经销商往往只经销少数几家制造商的产品。绝大多数链锯是大型的、强大的汽油锯，制造商用自制或者买来的零件进行装配。链条、拉杆和链轮齿这类零件的供应方是大批量的生产者，它们具有规模效益，也有一定的议价能力。电锯是汽油锯的潜在替代品，但不足以满足绝大多数专业人士的需要。

20世纪70年代初的绝大多数竞争对手包括美国康力（美国康力是德事隆集团的分公司）、迈科洛和斯蒂尔；紧跟其后的是罗珀、雷明顿和比尔德－普兰。行业竞争程度适中，主要围绕质量、功能、经销网络和品牌名声。美国康力公司的市场份额最大，迈科洛其次。两家企业都实施差异化战略。斯蒂尔公司采用集中战略，主要的竞争区域在于优质细分领域，按照质量、耐用性和服务实施差异化。

截至1973年，一些不确定因素初现端倪。能源危机、自助运动和其他原因刺激了随机使用者对链锯的需求。普通用户远没有专业用户那么老练，它们使用强度较低、使用要求不太高。一般用户未必会从服务型经销商处购买链锯。链锯的销售渠道得到了拓展，包含五金连锁店、样品陈列室和百货商场等，这能鼓励新进入者进入市场。百得公司收购了迈科洛，艾默生电气公司收购了比尔德－普兰。这些收购行为为那些先前受财力限制的竞争对手注入了新的资源和潜力。本章下文我将为链锯行业构建多种行业情景，同时描述行业情景构建的基本原则。

确定行业不确定因素

确定对竞争产生最重要影响的不确定因素，其核心是行业情景技术。不确定因素的来源很难辨认，经理可能会觉得找到突发变革或者避免陈旧思想的影响非常困难。为了确认不确定因素，就要分析行业结构中的每个因素，它们可以分为下列三类：恒定因素、既定因素以及不确定因素。行业结构中的恒定因素是指很难改变的结构因素。结构中可以预料的因素是指发生变化的领域，其变化大体上是可以预测的。既定的趋势可能会按照行业情景发展，速度有快有慢。在进行充分的行业分析后，可以确认多种行业结构。结构不确定因素是那些建立在无法解释的不确定因素基础上的未来结构因素。恒定因素和既定的结构变量是整个行业情景的必要组成部分，而不确定的结构变量最终产生了不同的行业情景。

要确定行业结构要素及其具体的分类，第一步是探讨行业观察家内部讨论或者提及的所有明显行业趋势和可能的行业变化，虽然只有那些有可能影响结构的不确定因素才会对行业情景的构建产生重大影响。一开始要辨认所有不确定因素以避免忽略重要因素。发生概率很低但可能对结构产生很大影响的不确定因素绝对不能被忽略。每一种趋势或者可能发生的变化都要经过仔细研究，确定其能否对行业结构产生重要影响，确定其影响是否可以被明确或者被提前预知。这个过程会引导我们认识混合了原因和结果的多项不确定因素。

只考虑明显的趋势，就可能会忽略重要的突发性变革。以明显趋势为基础的行业情景只反映了传统的看法，不可能理解竞争对手尚未认识的未来结构。避免忽略突发变革的方式是了解行业观察者的看法，他们有可能看到新机会，能够更加公正地对待行业情景，为我们克服守旧的思想提供其他分析思路。

多种环境因素可能导致既定的或者不可预知的行业变化，包括技术趋势、政府政策改变、社会变革和不稳定的经济条件。环境变化本身并不重要，但因其有可能对行业结构产生影响，所以不可小觑。每个行业都在发生着诸多根本性的变革，具体如表13–1所示。这些变化为行业结构性变革提供了动力。每一种动力都应该被仔细分析，看其是否能影响行业。有时候变革的过程还会按照可以预见的方式发生，有时候这些变革的速度和方向不能确定，导致了某些结构因素的不确定性。

表 13-1　驱动行业结构变化的演变力量

增长的长期变化
服务的买方细分领域的变化
买方学习
不确定因素的减少
专有知识的扩散
经验的积累
规模的扩张（或者收缩）
投入和货币成本的变化
生产创新
营销创新
工艺创新
邻近产业结构的变革
政府政策变革
进入和退出

最难预测的行业变化往往是那些源自行业之外的变化。例如，行业中的很多企业以前几乎没有接触过电气产品，它们为微型计算机的发展所震惊。与已经起步的企业相比，新进入的企业对行业结构的影响不可预知，但也更深刻。

因此，在某些行业里，从行业内部起步理解行业外部不确定因素的起源，就可以构建行业情景。在其他行业里，从宏观情景开始分析，再集中分析行业情景更加合适。宏观情景可以为可能的行业结构提供重要的见解。了解宏观经济、政治或者社会变量的变化，并从行业出发看待外部环境的变化是难以预料的。确定未知因素的另一种方法建立在技术预测的基础上。系统地看待企业价值链中涉及的技术（第 5 章）如何受到外部发展的影响，有可能揭示一些企业内部技术人员无法预知的技术变化。

在构建情景的过程中，一定要努力辨别一种或者多种有可能对结构产生重大变化的突发变革，包括技术变革。如果重大的突发变革对盈利能力产生了实质的影响，它们就应该在发展情景的过程中被视为一项重要的不确定因素。如果重大的突发变革对结构有着根本的影响，却未必马上发生，那么最好将之与普通的情景区别对待。

为了显示上述观点的应用，表 13–2 罗列了 1973 年链锯行业的不确定结构因素。五大竞争力除了供应商这一项，其他各项均存在重要的不确定因素。由于不确定结构因素可以作为构建多个情景的基础，所以其数量有可能很多。在链锯行业中，这些不确定因素必须融入对战略制定和实施起重要作用的几个情景。

表 13–2　美国链锯行业的不确定结构因素

进入壁垒
是否会出现新的专有产品设计?
未来制造业规模经济将有多大?
未来营销的规模经济有多大（媒体组合和费率）?
获得每个渠道的难度有多大?
需要指定哪些安全法规?
买方
随机用户的需求如何?
专业 / 农场用户的需求如何?
经销商对比非经销商的销售组合是怎样的?

（续表）

处于服务经销商渠道之外的自有商标的重要性如何？
直接销售还是通过经销商完成？
买方的价格敏感度如何？
竞争
随机用户渗透曲线的形状是怎样的？
传统的竞争对手会怎么做？
新收购的竞争对手会怎么做？
其他外国企业会认为美国行业有吸引力吗？
固定成本有多高？
每个竞争对手对待链锯生产有多投入？
替代品
电锯将占领多少气锯的市场？
供应商
相对比较稳定

自变量型不确定因素与因变量型不确定因素的比较

将不确定结构性因素转变为情景，首先要从区分独立型和因变量型不确定因素开始。

- 自变量型不确定因素。这些结构因素的不确定因素独立于其他不确定因素。不确定性的起因可能在行业内部（如竞争对手行为），也有可能源自企业外部（如石油价格）。
- 因变量型不确定因素。这些结构因素有可能部分或者完全由独立的不确定因素决定。例如，在链锯行业中，未来电视广告的费用不确定，但主要取决于随机用户需求的规模。

随机用户是电视广告的受众，而专业使用者和农户是通过专业杂志了解链锯产品的。

自变量型不确定因素是构建情景的变量。只有自变量型不确定因素才是构建情景的基础，因为它们是未知情况的真正起因。一旦确立了对不确定因素的假设，就能解释因变量型不确定因素，因变量型不确定因素就能成为每个情景的一部分。

自变量型不确定因素和因变量型不确定因素的区别在于“度”，因为很多行业的结构特征部分是由自变量型不确定因素决定的，但还要受到其他行业特征的影响。行业密度主要取决于进入壁垒的难易程度，因此是因变量型不确定因素，同时它也取决于一系列自变量型不确定因素，包括意外的收购或者强大竞争对手的进入等。因此，在构建情景的各个阶段里，企业必须努力分析影响每个不确定变量的最重要的因素，并区分使用这些变量，即判定它们是自变量型不确定因素还是因变量型不确定因素。在开始分析的时候，往往哪些不确定因素是依赖型因素并不明朗，一旦分析了行业情景，就有必要修正结构特定要素的分类方式。

将行业结构的不确定因素分类为独立的情景变量和因变量，要求辨认不确定结构因素的因果要素。因果要素决定了每个不确定结构因素的未来状态。比如，随机用户对链锯的需求水平取决于能源价格、建立家庭的速度以及建有壁炉的新住宅的数量等因果要素。

出于实际的考虑并不能显示所有可能决定不确定变量的基本因果要素，因为这些因素数量很多，但衡量起来有困难。然而，因果关系可以回溯到情景的自变量和因变量。因果要素在决定每个情景变量的假设时也很重要。如果随机用户需求的水平受能源价格的影响较深，那么预测能源价格的区间就是确定可能的需求水平的必要步骤。

表 13–3 是根据表 13–2 中罗列的所有不确定因素归纳的链锯行业的情景变量，主要按照其对行业结构的重要性排列。随机用户的需求和销售的渠道一旦明朗了，很多行业的不确定因素就能确定。因此，链锯行业的情景变量较少。如果随机用户对链锯的需求增加，政府的安全法规有可能会出台；行业内不太懂行的用户数量越多，事故的发生越频繁。如果随机用户的链锯产品销售额增加，营销活动也有可能大幅度增加，并朝向电视广告转变。

表 13–3 链锯行业的情景变量

最重要的情景变量
随机用户需求水平
随机用户渗透曲线的形状
经销商和非经销商的销售组合
非经销商的自有品牌与品牌销售的对比
不太重要的情景变量
专业用户和农场用户的需求
电锯的渗透率

表 13–4 表现了链锯行业四大重要的情景变量的因果要素。在通常情况下，每个变量都有对应的因果要素，因果要素反映了行业内外的竞争力量。从表 13–4 中我们还可以看到，有些因果要素反映了行业结构或者竞争对手行为的其他情况。随机用户需

表 13-4　决定链锯不确定性的因果要素

情景变量	因果要素
随机用户需求水平	**外因** 社会趋势 能源成本 烧柴炉和壁炉的安装 组成家庭的数目 出售随意使用的链锯的渠道 **内因** 竞争对手的营销行为 竞争对手的产品变化
随机用户渗透曲线的形状*	**外因** 经济条件 能源价格变化的模式 社会趋势的模式 链锯变革速度 有关链锯的渠道策略 **内因** 竞争对手的营销行为
经销商和非经销商的销售组合	**外因** 渠道产品系列政策 消费品对链锯的采购习惯 渠道提供服务的能力 随机使用链锯的模式（决定替换行为、备件使用和服务需要） **内因** 竞争对手的渠道政策
非经销商的自有品牌与品牌销售的对比	**外因** 渠道品牌政策 渠道产品政策 **内因** 竞争对手的渠道政策 竞争对手的品牌政策

*渗透曲线是指拥有链锯家庭数目的增长曲线。

求部分是由营销活动的强度和竞争对手的定价行为决定的。未来的渠道组合有可能受随机用户需求水平的影响，因为随机用户比专业用户更喜欢使用不同的渠道商。情景变量有内因和外因，这是很常见的，分析情景必须反映这种彼此的依赖关系。

围绕每个情景变量的因果要素的不确定性导致了情景的产生。对情景变量的假设将决定因变量型不确定因素的结果。然后将预先确定和恒定的结构要素添加到情景中，以完成整个行业未来结构的轮廓，认识到在每个情景下，预先确定的趋势的变化速度可能不同。图 13–2 显示了整个结构示意图。

构建一个有用的情景涉及开发行业结构的各种因素如何相互关联的逻辑，以及区分情景的自变量和因变量和既定的行业变化因素。情景必须揭示起因于彼此影响的行业结构变化的附带影响。行业结构不同方面之间的关联是情景技巧应用的核心，理解这个逻辑对于我们理解情景对制定企业战略的影响有重要意义。

确定一系列情景

行业情景建立在有关每一项行业变量的一系列源于因果要素的合理假设的基础上。这一系列有关行业结构假设的结果如图 13–2 所示。在特定的假设下，一种情景是对行业未来的结构内在一致的评定。有关情景变量可能出现的结果的合理假设决定了我们需要分析哪些行业情景。

一旦确定了某些行业变量，且存在唯一有影响力的行业变量，构建一组行业情景就相对容易多了。假如在链锯行业中唯一的情景变量是随机用户的需求，就可以在对需求做出若干假设后构建行业情景，但是相关情景变量的数目比绝大多数行业都多。针对某一项情景变量做出的不同假设所产生的情景数量可能会翻倍，因此也要对产生的情景数量进行分析。例如链锯行业存在 4 个情

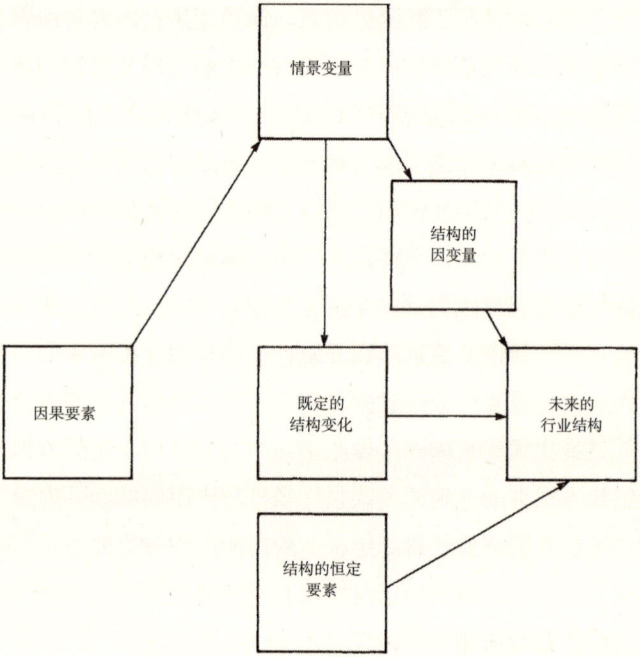

图 13–2　未来行业结构的决定要素

景变量，就很容易构建几十个行业情景。

有两种方式可以限制情景的增加，即减少情景变量以及针对每个变量所做的假设。第一步是确保情景变量全部是未知和独立的。按照这个标准排查，可以减少部分变量。还有一种减少情景变量的方式是专注于那些对结构有重大影响的变量。虽然有很多因素可能会对未来的结构产生影响，但是只有少数能对竞争优势产生影响。有时候，某个变量对结构的影响只有在对情景分析后才会显现。比如在链锯行业，所有 4 个情景变量都很重要。

确定哪些行业情景作为分析的对象的第二步，是确定针对每个情景变量所做的不同假设。假设的数量是否恰到好处，主要取决于其因果要素可能不同的程度。情景变量可以是离散或者连续的。若情景变量是离散的（针对某项法规是否通过的问题），假设的选择相对比较清楚；若情景变量是连续的（例如随机用户需求的水平），就会出现如何对其价值做出恰当假设的问题。

假设的选择取决于4个要素：限制不确定因素，对结构影响的规律性，管理层的看法和可操作性等。有关情景的假设应该能限定变量价值的合理区间，显示行业结构中的重要差异。由于行业情景并非行业预告，一定不能忽略那些发生概率低的情况。使用极值可以增进对行业结构演变方向的理解。例如，随机用户需求水平的巨大差异会大大影响链锯行业演变的轨迹。但这并不代表在构建行业情景的时候，就能使用不太可能出现的变量价值，除非这些不太可能的取值会导致行业结构的巨大变化。如果行业情景建立在高度不可行的假设基础上，其可信度就会大大降低。

设定了不确定因素可能的区间后，一定要确定每个变量价值之间存在的假设数目。行业情景变量的价值如果改变影响了行业结构，假设的数目就会很少。如果实际情况并非如此，那么假设的范围必须反映主要的突变。例如，在链锯行业中，中等水平的随机用户需求有可能对行业结构产生影响，而这种结构并不是简单地介于高需求或者低需求水平之间。中等水平的需求为一两个高效规模的制造企业提供了空间，提升了多个竞争对手同时扩张的可能性，造成生产能力的过剩。影响的不规则性，还体现在一个典型的事例中，即服务经销商的程度。随着随机需求的增加，通过分销商销售的链锯百分比会大幅下降，一旦首次购买的链锯买方可以升级服务，购买更多的链锯和服务，销售量就会恢复。

这与分销商销售量很高或者很低的行业情景相比，产生的结构影响显然不同。

在选择针对每个行业情景变量时，要考虑的第三个要素是高层管理人员的想法。针对那些反映了高层管理人员理念的假设，至少要建立一种情景，这一点非常重要。这大大增加了情景构建过程的可信度，反映经理们假设的情景，也可以用于揭示不同的高层管理人员的假设差异，以及测试经理们对每个情景变量单独做出的假设的总体一致性。如果综合这些假设所得的行业情景不可行，经理对未来的看法就有可能改变。因此，证明使用多种情景而非某一种情景更有效至关重要。

在选择为每个情景变量设定多少个假设数目时，最后要考虑的因素是在实践中真正有效地开展分析时，情景的限量是多少。情景数量超过 4 个，分析任务将大大加重，战略问题的重点也将难以实现。为了减少检验的假设数量，我们可能要进行妥协。由于在日后的分析中，可以增加、减少或者综合相关的情景，所以一定不能过早强调这种数量的限制。

表 13–5 显示了链锯行业情景变量选定的假设范围。除了随机用户的需求水平和经销商与非经销商之间的混合比例，每个变量包含两个假设就足以显示其对行业结构的影响了。渗透曲线形状的关键区别体现在它是逐渐上升，还是突然飙升，随后变得比较水平（峰状）上。峰状曲线提升了竞争对手资本投资过剩的风险。自有品牌产品销售量的比例有助于确定买方的议价实力以及诸如迈科洛和美国康力（制造商的品牌销售显然没有自有品牌销售重要）等著名品牌的相对位置。表 13–5 中显示的每个假设都可以量化。

表 13-5　链锯行业情景中假设的范围

情景变量	假设		
随机用户的需求水平	低	中	高
随机用户渗透曲线的形状	稳步增加	峰值	
经销商和非经销商的销售组合	经销商为主	非经销商为主	短期内转向非经销商，长期来看，经销商回头率较高
非经销商的自有品牌与品牌销售的对比	品牌销售比例较高	自有品牌销售比例较高	

假设条件的一致性

情景是指对未来行业结构可能的发展情况的内部一致的看法。分离情景变量和非独立因素可以部分保证情景内部的一致性。情景的另一个要素是，每个情景变量的假设条件都要保持一致。

情景变量经常会彼此影响，因此将部分假设条件综合起来未必能实现情景所需的内在一致性，由此就能排除部分不合乎条件的情景。图 13-3 和图 13-4 显示了链锯行业的流程。图 13-3 比较了随机用户需求和随机用户渗透曲线的形状。除非随机用户需求很高，否则渗透曲线不太可能被突破。因此，图 13-3 中有两组假设条件不一致。图 13-4将需求的4组假设与链锯的渗透曲线形状进行了对比。从中再次发现了某些假设条件彼此不一致，应该排除掉。只有当随机用户的需求水平不高时，提高服务的经销商才能在销售渠道中占主导地位；只有当随机用户的需求处于中等偏上水平时，非经销商才能占有较高的市场份额。当随机用户需求较高且呈峰状时，销售渠道才有可能暂时转向非经销商，进而导致非经销商的份额增加；随后随机用户需求骤降，较看重产品

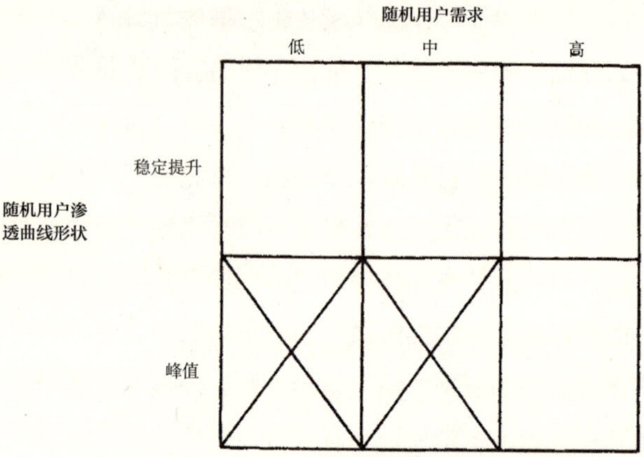

图 13-3　随机用户需求和链锯的渗透曲线的一致性

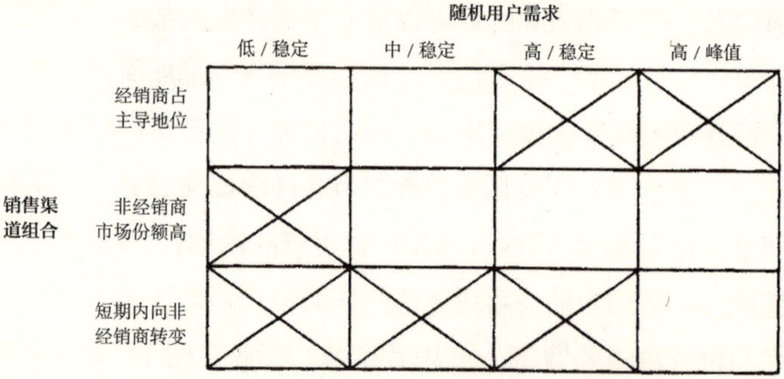

图 13-4　链锯销售渠道组合和需求的一致

的随机用户转向了经销商。图 13-4 没有显示的第四个情景变量是：非经销商自有品牌的销售和品牌销售的比例。但是显然，自有品牌产品的高渗透率与经销商占主导的现象并不一致。

因此，我们可以精减假设条件一致的情景的数量，具体如图 13-5 所示。有关情景变量一致的 10 个组合就是我们进一步分析的对象。决定内在一致的假设条件，这个过程对于构建行业情景非常重要，因为对行业未来结构一致的看法是情景模式的主要优点。

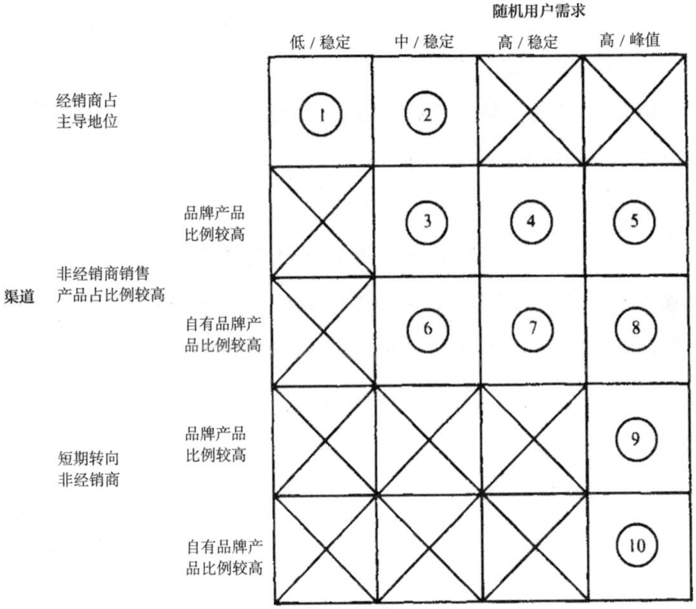

图 13-5　链锯行业一致的情景

分析情景

情景规划的第二步是分析每个情景对竞争的意义。情景的分析涉及下列几个步骤：

· 决定情景对应的未来的行业结构。

· 发掘情景对行业结构吸引力的影响。

· 明确情景对竞争优势来源的影响。

图 13–2 的流程示意图可以显示情景对未来行业结构的影响。有关情景变量的假设条件决定了结构的非独立因素。这些非独立因素与结构的既定因素和常量因素结合起来，完成了情景的构建。结构中的预定变化可以依据不同的情景加速或者减速。每当情景对应的假设条件出现时，每个情景都显示了代表行业结构五种竞争力作用情况的景象。

未来的结构在盈利能力上会有差异。每个情景对应的行业结构将决定，甚至有可能改变竞争优势的来源。例如，随机用户需求较低的情景与随机用户需求较高、渠道销售不再依赖提供售后服务的经销商的情景相比较，其竞争优势的要求不同。在后一种情景中，差异化战略将更多地建立在广告投入、轻型和紧密的锯形设计基础上，不像传统那样以卓越的经销商和链锯的耐用性来体现其独特性。针对每个行业情景的分析必须明确其对价值链竞争优势的后续影响。

情景在以下几方面具有重大的区别：

· 价值活动的相对重要性。
· 价值链适当的设置。
· 成本或者独特性的驱动要素。
· 关联的重要意义。
· 竞争优势不同来源的可持续性。
· 通用战略的选择。

表 13–6 显示了针对链锯行业两个情景的分析。情景 1 导致的行业结构与当前的行业机构类似，而情景 7 对应的行业结构对待竞争优势的要求则完全不同。

分析情景的一个重要部分是确定特定情景已经形成的时机。有时候，情景出现得非常迅速。在链锯行业中，针对随机用户需求的水平，不确定性下降需要一年，随机用户需求达到峰值需要若干年。竞争对手必须在尽快实现某个战略或者等待更好的信息出现再做决定之间做出选择。因此企业为了确定竞争对手的行为，设定企业自己的战略，必须预测不确定性何时会消失。

表 13-6　链锯情景的分析

	情景 1 "随机用户市场从未实现"	情景 7 "自有品牌占主导地位"
未来的行业结构	与当前的行业结构相同	进入壁垒转变成规模经济和绝对成本优势 渠道商的力量在增长，价格敏感度提高 竞争压力加大 电锯成为主要的产品线
结构吸引力	高	总体来说一般，虽然市场领导者也能具有较高的盈利能力
竞争优势的来源	基本没变	产品随机使用的市场份额 低成本产品设计 广告的规模经济 低劳动成本领域的自动化厂房 在职业化或农场细分领域中具有很强的力量，不必进入随机用户细分市场竞争

在情景中引入竞争对手行为

若企业在自身所处的行业中处于主导地位，或者竞争行为对行业结构没有太大的影响，则针对情景的分析就要停留在行业水准上。在绝大多数企业中，竞争对手还可以影响行业结构，其战略将影响企业的抉择甚至企业将来的成功。因此，情景的分析必须包括竞争对手。当存在若干强大的竞争企业时，竞争对手分析将是每种情景分析最重要的一部分。

每种情景对应的未来行业结构对不同的企业会产生不同结果。例如，相比那些专门服务于专业人士的企业，随机用户需求的增加将让那些生产适合随机用户使用的产品且在渠道方面拥有资源优势的企业大大受益。竞争对手要以能反映企业目标、假设、战略和能力的方式来应对行业结构的变化。例如，比尔德－普兰公司对待随机用户需求不断上涨的反应比较激进，主要是因为母公司（艾默生电气）的增长目标很高。竞争对手的行为可能通过反馈回路来影响情景中行业结构的速度和方向。在情景 7 显示的链锯情景中，如果比尔德－普兰和迈科洛都大力投资新的生产能力，那么两家公司之间的竞争要比两家公司或者其中某家公司采取保守策略时面临的竞争更加激烈。

整套竞争对手分析工具应用来预测不同的情景中竞争对手的行为方式。战略图示是在某个情景中对各种竞争对手的反应进行综合分析的重要工具。战略的轴线反映了情景暗示的可持续性竞争优势的关键来源。由于每种情景暗示了不同的未来行业结构，最有可能影响竞争对手相对地位的变量将有所不同。比如，链锯情景 7 对应的行业结构会向更加激烈的价格竞争转移，生产规模会成为竞争优势的重要来源，虽然它并没有情景 1 对应的竞争优势来源重要。

战略图示可以同时显示某个情景中所有竞争对手的预期行为，这有助于分析竞争对手之间的相互影响以及对彼此行动的反应。例如，如果预计所有竞争对手在某个情景中朝着一个方向移动，那么随着情景的展现，有些企业会修正战略以避免正面冲突。

竞争对手的行为很难被估计。假如在某个情景中一个或者多个重要的竞争对手不太确定，且有可能对竞争产生重要影响，就会为情景引入额外的情景变量。在某些情景中，若针对竞争对手有很多不确定因素，必须按照竞争对手的行为方式进一步分解为两个或者三个情景。这种方法也可以用来分析新进入企业的不确定因素，这些企业与行业当前存在的企业拥有不同的资源和技能。

图 13–6 显示了表 13–6 分析的链锯行业情景的最重要竞争对手的不确定因素。在情景 1 中，主要的不确定因素是迈科洛和比尔德–普兰是否都会大力投资扩展生产能力，加大广告支出，就算随机用户市场从未完全实现。由于两家企业都有了新的母公司，迈科洛和比尔德–普兰都可能倾向于采用比较激进的措施。此外，这两家企业将要面临怎样的情景，短期内情况也不会明朗。尽管出现了战略转移的迹象，美国康力仍可能会选择瞄准整个随机用户市场，或者是传统细分领域，哪怕是牺牲市场份额也要保持较高的盈利能力。虽然美国康力的母公司希望获得较高的利润，但快速增长的机会也会影响美国康力的选择。

分析情景的数量

由于分析情景比较复杂耗时，所以应该依次分析不同情景，以期在无须分析全部可能出现的情景的前提下，为战略的选择提供见解。可以先从分析支柱型情景开始，即分析最典型的情景。支柱型情景一般会产生与众不同的行业结构，因此有助于界定战略选择的范围。支柱型情景之间的差异能够激发战略思维。在链锯行业中，情景 1 和情景 7 就是如图 13–5 所示的支柱型情景。

在分析了支柱型情景后，就要分析那些行业结构与支柱型情景对应的结构完全不同的情景，这就要求分析那些最有可能发生的行业情景。这个过程将一直延续，直到我们充分理解了决定未来行业结构的情景变量为止。此外，把发生概率极低的突变情况归为特殊情景对其进行分析，没有必要追求全面，但要作为战略选择的考虑因素。

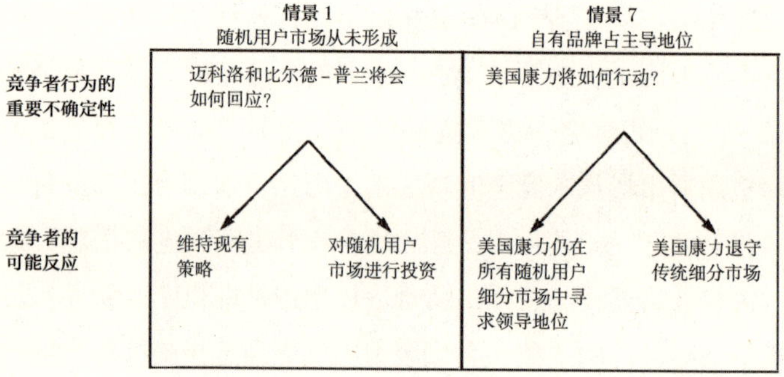

图 13–6　链锯产业情景中的竞争者行为

图 13–7 表明了链锯行业的中间情景 9。它与情景 1 和情景 7 的区别较大。该情景认定随机用户使用链锯只是一时流行，自有品牌的销售永远不会成为主流。因此，情景 9 为企业提出了一个两难的问题，如何把握随机用户需求短暂的繁荣而不疏远经销商或者牺牲自身的关键竞争优势？比较情景 9 和情景 1、情景 7，图 13–7 告诉我们竞争优势的决定要素以及竞争对手可能采取的行为会大不相同。只要稍微考虑一下其他链锯行业的情景就可知，这 3 个行业情景代表了不确定因素对竞争产生影响的典型情况。

情景 9

随机用户使用链锯只是一时兴起

未来行业结构	进入壁垒发生了改变，但不至于转变到情景 7 对应的程度 买方力量随着渠道组合的变化而改变 在增长爆发期过后，恶性竞争出现
结构吸引力	长期来看一般
竞争优势的来源	收割随机链锯短期利益的能力 在专业用户中的品牌意识 应对竞争的低成本地位 保持经销商的忠诚 避免产能过剩 保持传统优势
竞争对手行为	迈科洛和比尔德－普兰将采用怎样激进的投资策略？ 激进　　谨慎

图 13–7　链锯中间行业情景分析

情景的目的是理解行业和竞争条件发生改变的方式。预测未必完全准确，构建情景的努力主要是为了展现多种预测情况对应的逻辑结果。情景分析无非对一个行业内将来可能发生的无限可能中最有可能出现的情况进行分析。正确而卓越的情景选择能让企业明白与战略制定相关的未来行业结构的变化情况。应该选择适当的情景来与经理沟通，帮助经理拓展思维，为未来做好准备。

确定情景发生的概率

很少有哪两个行业情景会以相同的概率发生。行业情景并不能覆盖所有可能发生的情况，企业可以用情景分析未来可能出现的行业结构对企业的战略意义。然而，行业情景的战略意义部分受制于其发生的概率。确定各种情景相似结果的相对概率，这一点非常重要。当前分析的情景如果选择正确，就能够代表可能发生的行业结构状况。比如在链锯行业中，与情景 1 类似的行业结果不太可能发生，而与情景 7 和情景 9 接近的结果都有可能发生。

确定每种情景的概率将伴有偏见和因循守旧的问题。应以不偏不倚的方式来评价情景，按照每个情景变量内在的因果关系进行分析，这一点非常重要。经理们对行业情景发生概率的估计不够明朗，应该予以明确，如果他们的想法与行业分析的结果相悖，也要加以重视。

行业情景的特征总结

可以根据诸多特征对行业情景进行区分。每个情景实际上都要求对行业结构、竞争对手行为以及在有关未来特定假设条件下的竞争优势来源进行全面的分析。要牢记分析行业和竞争优势所需要的一系列技术，但情景分析工具只是确定行业结构不确定因素和分析行业结构的框架，本身并不是目的。理解不确定因素影响未来行业结构的过程与实际构建的行业情景同样重要。

行业情景的成功分析依赖于精确的判断和正确的妥协。构建情景是对不确定因素进行抽象、确定战略的过程。针对未来的行业结构做出选择并分析一些情景，要求选择最重要的案例并加以简化。这个过程几乎都带有重复性，随着分析的深入，企业能更好地理解关键的不确定因素和行业结构之间的关系。

最后，要记住行业情景的主要目的是确保企业对未来的看法从根本上是一致的。情景旨在构建对未来行业结构的看法，明确不同情景变量之间的关系，明白针对不同的行业特征所做的假设要具有内在的一致性。情景的构建帮助我们将多种不确定因素联系起来，对未来形成多种根本一致的看法。因此，情景强调了行业趋势和竞争对手行为互相作用的方式，它们有彼此推动的成效。行业情景旨在减少人们片面地针对行业中某个因素的不确定行为，因为这样做无疑会让企业本不能确定的多种因素更加复杂化。

行业情景和竞争战略

在构建并分析了一系列行业情景后，接下来的任务是利用行业情景来制定竞争战略。情景本身并不是目的。很多公司在依据行业情景制定战略的时候犹豫不决，它们往往把工作重心放在了构建情景而不是确定情景的意义上。之前的文献也很少有针对应用情景来制定战略的指导性研究。

如果企业知道某个情景会发生，那么企业的最优政策在不同的情景中将经常——尽管不是总是——是不同的。每个情景都涉及不同的行业结构、关键竞争对手的行为以及竞争优势的行为等。图 13-8 表明了在链锯行业中，顶级公司在每一种行业情景中实施的战略都不相同。

哪种情景会发生，企业并不知情，因此企业必须在选择自身的战略时，依据自己的资源和最初的竞争地位来选择应对不确定因素的最佳办法。针对不确定因素最常见的办法是选择强大的战略，即无论发生什么情景都可靠的战略，但这并不是唯一的做法。有的企业可能只为某一种情景做好了准备，尽管这种情景有可能永远不会发生。相反，拥有巨大资源的企业有时可能会制定应对所有情景的多种战略，然后等待态势的发展，集中力量针对已经

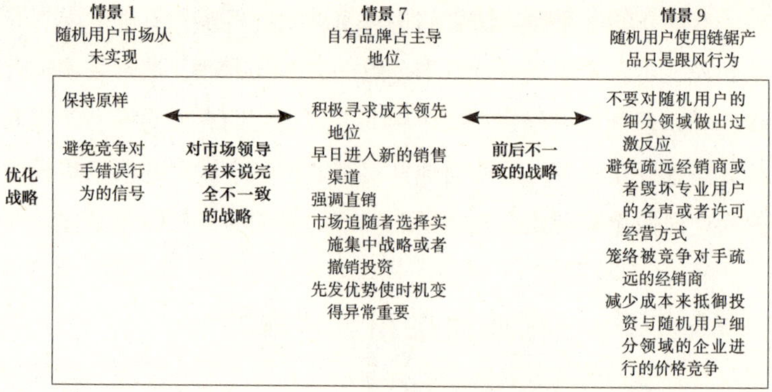

图 13-8　不同链锯情景中的竞争战略

发生的情景实施对策。比如，假如企业对渠道的组合有疑惑，强大的链锯企业可以在所有可能的渠道稳固自己的地位。

只按照某一种情景建立战略风险很大，而按照所有情景的要求设计战略、追求成功往往过于奢侈。此外，不同情景对应的战略可能彼此矛盾。例如，为链锯产品开发非经销商渠道就很有可能产生疏远经销商的风险。很难同时平衡经销商和非经销商的利益和要求。在这些情况下，根据多种情景定位往往会让企业处于进退两难的局面，不但得不到竞争优势，还会模糊品牌形象，甚至采用次优的组织结构（见第 1 章）。不同情景要求的战略彼此不一致，这常会给企业提出战略难题。在链锯行业中，同时为三个情景做好准备，就有可能形成次优的情况，因此链锯生产商在选择战略前将经历困难的抉择。为企业揭示决策过程中的各种战略因素是构建情景的一大功能。

与情景对应的战略方法

当企业面对具有不同战略影响力的情景时，企业有 5 种基本的战略选择方法来应对不确定因素。这 5 种方法常常可以单独或者结合使用。

1. **选择最有可能出现的情景**。企业按照某个最有可能发生的情景（或者多项情景）来设计战略，并承受这个（这些）情景不会发生的风险。在链锯行业中，企业必须选择最有可能出现的三种情景，并采取对策。

在实践中，看好并选择最有可能出现的情景是企业在面临不确定因素时最常采用的战略方法，人们对此心照不宣。经理往往在未来不可言传的假设基础上制定战略。如果没有明示，企业就会盲目地构建情景，因而可能无法通过内部一致性测试，而这对于在不确定因素基础上构建良好规划非常重要。

为最有可能发生的情景有意识地设计战略是否可行取决于下列因素：最有可能发生的情景的具体概率，若其他情景取而代之所带来的负面影响，企业的资源和最初的地位与它针对最有可能发生情景采取的战略之间是否符合，等等。当按照最有可能发生的情景设计战略而产生了相应的风险时，企业实施的战略将不再适用于实际情况，但中途改变这种战略非常困难。

2. **选择最佳的情景**。根据这种方法，企业按照自己的资源和最初资源，以最能保持自身可持续性竞争优势的情景设计战略。这种方法凭借能为企业带来最佳收益的行业结构来修正战略，挖掘企业增长和发展的潜力。当然，这种方法的风险是若最佳情景没有如期发生，企业实施的战略就不能有的放矢。

3. **多手准备**。企业选择在所有情景中均能带来满意结果的战略，或者至少选择在那些出现概率较高的情景中能生效的战略。这是一种制定强大战略的方法，这种方法与博弈理论中的极小化极大战略类似。极小化极大战略让博弈者将自己承受的最大损失最小化。在链锯行业中，多手准备可能需要开发适用范围很广的产品型号和系列，企业应该在为经销商供应商品的同时，与非经销商就略有差异的产品按照不同的品牌出售达成协议。

通常情况下多手准备会使企业采取对每一个情景而言都不是最优的策略。多手准备减少了情景选择的风险，使企业在战略地位上所做的牺牲更值得。此外，多手准备可能会让企业比选择某种情景实施战略付出更高的成本，因为这种方法要求企业为多种不同的竞争情况做好准备。

4. **保持灵活**。还有一种应对不确定情景的方法，即在某情景变得明朗化前，实施比较灵活的战略。这是制定强大战略的另一种方法，表明企业一定要提前界定好“强大”的概念。企业不会过早投入资源的使用。一旦不确定因素比较明了，在考虑企业资源和技能的前提下，企业会选择一个适用于正在发生的情景的战略，这样就能集中资源应对这个情景。在链锯行业中，维持企业在专业用户市场中的地位，并从其他企业那里采购随机用户需要的链锯，就能实现灵活应用战略。

实现战略的灵活运用，企业往往要付出战略地位的代价，因为早早投入资源使用的企业能够获得先发优势。先发优势包括名声、专有学习过程以及最好的零售渠道等，这些内容已经在第 5 章中详细讨论。在链锯行业中，进入新渠道的企业可能得到最优的渠道。灵活的战略牺牲了先发优势，换来的是风险的降低，这与多手准备不同。采取这个战略，只会延迟资源的投入，而多手准备是针对所有可行的情景制定战略。企业如果能够尽快明白哪些情景可能会发生，就能使实施灵活战略的成本最小化。

5. **施加影响**。应对不确定因素的最后一种方法是影响，即企业努力利用其资源来促成某种理想情景的发生。企业会努力提升某种情景发生的概率，在这种情景中，企业有更好的竞争优势，这要求企业尽可能影响情景变量背后的因果关系。链锯随机用户需求的某个因果要素是燃柴炉的安装，企业可能会努力影响对锅炉的需求。这可能要求企业与燃柴炉生产商合作，或者要求大力投入广告，在为链锯做广告的同时，宣传燃柴炉的价值。技术变化、渠道政策、政府规定以及其他不确定因素的来源都有可能受到影响。企业能从某个理想的情景发生的情况中获得怎样的竞争优势，这要与施加影响的概率和成本等要素进行权衡。

综合战略和次序战略

使用综合战略和次序战略的概率存在且很可取。选择最有可能发生或者最佳的情景可以与试图影响情景发生的措施结合起来。同理，保持灵活的战略是选择最有可能发生情景的次序战略逻辑的一部分。企业可以选择一开始多手准备，然后根据实际发生的情景来预测未来的行业结构，虽然这样做比先实施灵活战略然后进行抉择的成本更高。

企业还可以针对自己对情景的选择，为价值链的某些行为设定政策，同时在其他活动上采用多手准备或者保持灵活战略的方式。比如在链锯行业，企业可能认定随机需求量较高，所以通过建立新的低成本设施和设计多种经济、轻便型产品，开展生产和技术开发活动。同时，企业还做好了多手准备，最小化其垂直一体化的水平，在生产中减少资本投资，将部分风险转移给供应商。企业还可以加大在营销和销售活动中的开支，保持与经销商的关系，同时在专业市场和农业细分领域保持市场地位。

企业还可以选择其他风险管理方式，加快对可逆性行为的执行（如广告投入），推迟不可逆的投资行为（如厂房投入）。所有逃避责任或者多手准备的方式往往意味着某种程度上对竞争优势的牺牲，而这往往会让员工甚至外部的观察者（如证券分析师）摸不着头脑。

行业情景中的战略选择

就竞争优势而言，所有对待不确定行业结构变化的方式都有其潜在的利益、成本和风险。在企业选择应对方法的时候，下列因素格外重要。

先发优势。先发优势的规模（见第5章）对企业做出选择或者延迟决定是否可取有着重大的影响。前期先发企业一旦获得竞争优势，就可以排除实施灵活战略的可能性。在链锯行业中，获得新渠道可能涉及重要的先发优势，因为诸多批发商不可能同时经营多种链锯产品。

初始竞争地位。企业的初始竞争地位的不同，行业情景对企业发挥的作用往往也不同。根据与企业初始竞争地位一致的情景设计战略，其结果要远远优于按照最有可能发生的情景设计战略的效果。企业努力推进某种情景的发生就是按照能为企业带来最大竞争优势的情景方向来发展企业。

要求的成本或者资源。多手准备和推动某种情景的产生往往比认定只发生某一种情景所需要付出的成本和资源更多。保持战略的灵活性介于两者之间。

风险。每种方法的风险都是多种因素综合作用的结果。

资源投入的时机。尽早执行决定比延迟行动所遇到的风险更高。保持灵活的战略能够通过延迟企业的决定，尽量降低企业所涉及的风险。企业能拖延多久才做出决定，要按照先发优势和做出决定的时间来确定。

其他情景对应战略不一致的程度。风险取决于出现错误的情景、战略执行不力的程度。多手准备能够以更高的成本或者更低的竞争地位来使风险最小化。不同情景对应战略之间不一致的程度取决于每个情景中行业结构和竞争优势来源的区别。

情景的相对概率。方法的选择取决于情景的相对概率。多手准备旨在减少企业在所有情景中的风险程度，而影响则是试图改变理想的情景发生的概率，从而降低风险。认定最有可能发生的情景比多手准备风险更高，而选择最佳的情景则是所有办法中风险最高的一种。

不确定因素消失时，改变战略成本。企业确定了产品范围、渠道、广告政策、设施等，决定执行某种战略。企业实施这种战略的程度决定了它应承受的风险。企业执行某种战略的程度则取决于投资的不可逆性，这种不可逆性因各种行业和战略而异。保持战略灵活性就是要降低改变战略的成本。

竞争对手的预期选择。企业选择如何应对不确定因素的方法，必须反映其竞争对手已经或者即将做出的选择。竞争对手的选择可能会使企业无法执行某种战略，或者有更充分的条件执行其他战略。多手准备或者保持灵活的战略往往能提升企业做出某个正确选择的成效。

应对不确定因素的最好办法是有意识地选择实施某一种或者某几种方法，而不是按照惯性或者不够明朗的情景做出选择。权衡选择上述某种战略方法涉及的因素，往往要求所有反映行业结构不同方面彼此赖以生存的情景具有一种逻辑关系。应对不确定因素最有挑战性的一点是，找到一种创新方法使保持灵活战略、多手准备的成本最小化或者使正确选择的优势最大化。我们要了解价值链中的每种活动在不同情景中对企业的竞争优势的贡献方式。

情景变量和市场情报

究竟哪些情景会发生，取决于情景变量。情景变量因此成了行业结构变化轨迹的关键指标，行业结构变化有可能迅速明朗，不确定因素也有可能会持续很久。情景变量及其因果要素应该成为搜集市场情报的焦点。影响情景变量的变化是行业结构变化的警示信号。保持灵活战略的企业会密切关注情景变量的状态来决定何时采取行动。

有关情景变量未来状态的早期信息具有巨大的战略价值。企业预测特定情景发生的概率越有自信、时间越早，越能更快地执行战略，获得相应竞争地位带来的利益。信息搜集的投入和措施应该专注于情景变量，而不是盲目地追踪伴随着行业演变的其他诸多变化。

有关情景变量的正确信息在构建行业情景的过程中非常重要。由于情景变量是结构变化的关键，理解这些变量可以提升企业调查多种情景的效率，将那些看似是情景变量的要素转变为结构的预定因素。比如，在链锯行业中，有关组成家庭的有效数据、拥有壁炉的住宅数量和其他因果变量可能会减少有关随机用户需要的假设数量和范围。

情景和规划过程

每一个计划在某种程度上都建立在行业情景的基础上，哪怕这个过程很模糊。使用明确的行业情景将给规划带来不确定因素，企业应该在透彻而深入地理解不确定因素对竞争影响的基础上制定开放的、基本的战略。如果人们认定这些情景没有什么新鲜的地方，或者情景本身非常直白，那么他们对使用情景的抵制将大大减少。行业情景是促使管理团队系统地思考未来，并以无害的方式修正不切实际的假设条件的有用手段，因为在这些情况下，情景并不等于对未来的预期。

业务单元经理能在获得企业其他人员以及企业外部人员的指导和见解后，构建最合适的行业情景。那些实际设定竞争战略的人必须理解行业情景不确定因素的任务，确保选定的行业情景与业务单元相关。企业一旦确定了基本的行业性质、竞争对手，完成了价值链分析，就应该在规划的过程中合理构建行业情景。不了解情况，就无法构建有效的行业情景；企业如果缺乏基本的规划技巧，行业情景的构建就不应该纳入企业的规划过程。利用情景的最佳方式是引导战略的选择，而不是验证某种战略是否有效。

各业务单元并不需要每年都做一次行业情景的构建或者修改。只有行业出现不确定因素时，才需要构建行业情景，但是不定期构建行业情景就有可能让管理者忽略行业中的关键不确定因素。行业情景要求人们采取有创意的方式来寻找可能出现的结构变化。

行业情景构建的频率必须依赖高层管理人员对业务单元经理的客观性和远见的信任程度。

使用行业情景面对的一大重要组织问题是，理解发现不确定因素和管理层实际付诸努力去应对这些不确定因素之间的关系。行业情景强调行业中出现的不确定因素，而机构上下对已经选定的战略不遗余力地执行，就能更加成功地执行战略，其成效也越发明显。这表明，应该由业务单元的管理团队来构建行业情景，但组织上下传达的只是选定的战略而不是行业情景。组织能够应对的不确定因素和模糊的情况也只有这么多了。

构建行业情景时公司的作用

公司规划小组或者其他公司层面的管理人员在行业情景中占有重要地位，但行业情景应该在业务单元层面上被构建。

以宏观情景为参考。公司团队可以为业务单元提供宏观情景，作为构建行业情景分析的一部分。宏观情景可以拓展业务单元经理的传统思维模式，如果只从业务单元的角度思考，很难构建行业情景。

技术预测。公司规划团队可以管理或者支持核心技术领域或者对许多行业有重大影响的技术预测，这一点我在第 5 章中已经提及。这类研究能帮助业务单元经理拓展有关其对行业的技术影响，这就是不确定因素的关键来源。

培训和挑战。企业规划团队在有关行业情景的应用方面提供培训和指导服务。构建情景是一项复杂的任务，有了经验，且能和公司分享经验，业务单元经理就能更加妥善地完成行业情景的构建。

除了培训，在理顺行业变量、决定最重要的行业变量、明白客观的概率、思考以最低的成本多手准备或者保持灵活的战略以及采取措施影响情景发生时，站在旁观者的角度能够获得更加有效的见解。

公司风险分析。在分析每个业务单元的行业情景后，高层经理就能够确定对多元化企业有着广泛影响的情景变量。我们有能力对某个特定的情景变量对企业总体的影响进行评价。当某个情景变量对企业的作用较大时，有些业务单元战略就应该修正。同时，如果一个行业情景能影响诸多行业情景，为此做出大量的投资也值得。这种风险分析的方法建立在业务单元对不确定因素全面评价的基础上。许多企业对待公司风险从上而下的分析方法，建立在局外人对每个业务单元的风险的总合和简化的风险基础之上。

行业情景和创意

绝大多数战略规划是建立在对未来的单点估计基础上的，通常还包括管理层的最佳猜测。很少有企业有能力提前洞悉竞争环境的基本变化，并以有创意的方式来应对。行业情景是审视竞争中不确定因素的系统工具，可以由此明确决定关键不确定因素的情景变量。情景旨在拓展对待未来的思路，扩大企业决策选择的范围。情景是提升企业远见的一致性的有效手段。除了明确行业情景，企业还可以通过战略的选择（施加影响、多手准备、保持灵活）或者在有效管理风险的前提下进行选择等方式来减少不确定因素带来的影响。行业情景还可以表明对未来做出错误估计的结果，以及在预测的过程中获得的关键影响。因此，行业情景是提升战略规划创意能力的基本工具。它们不能保障创意能力，却能大大提升企业决策和战略制定的创意。

行业情景工具本身并不足以制定战略。但是，情景为企业在不确定的条件下制定战略提供了分析框架。情景工具如果能与多种理解行业结构的重要理论工具、竞争对手的行为和竞争战略结合起来，就能成为战略家的重要武器。

14

防御战略

每个企业都会受到竞争对手的攻击。企业主要面临两类竞争对手的攻击：刚入行的新企业和业内努力重新定位的老企业。我将使用挑战者这个概念来描述这两类企业。妥善执行的进攻战略构成了应对挑战者攻击的最佳防御。企业必须不断投资，通过提升自己的相对成本地位来获得竞争优势，这样的差异化战略将很难遇到对手。就算实行了激烈的抵御战略，防御战略依然发挥着重要的作用。企业通过自己选择的竞争方式加大竞争对手进攻自己的难度。

防御战略旨在降低竞争对手进攻的概率，引导竞争对手在威胁性较小的领域里对自己发起进攻，也可以减少进攻的强度。防御战略不会提升竞争战略本身，但会加强竞争优势的持久性。几乎所有有效的防御战略都要求投资，企业可以放弃某些短期的盈利能力来提升竞争优势的可持续性。最成功的竞争战略综合了进攻和防御手段。

本章描述了防御战略的原则。防御战略依靠影响竞争对手的决策过程，旨在降低竞争对手作为挑战者挑战自己的资格或者地位。企业可以降低竞争对手挑战的动机，或者提升竞争对手的进入或移动壁垒。由于竞争对手发起进攻的特征随着时间的变化而变化，适当的防御步骤能够改变竞争的进程。我将在本章描述防御战略的发展进程，企业可以参考防御战略的范围及其重要的特征。接着我将阐明企业在特定的行业里确定最有效的防御战略的过程。最后，我还将描述企业应该从行业中退出而不是继续加大投资进行防御的原因。

进入或者重新定位的过程

实行防御战略，要精确理解挑战者对待企业以及挑战者提升战略地位等多种战略的盈利能力，必须意识到新企业或者老企业的进攻及其决策和行动的时间和阶段，由此才能制定防御战略。适当的防御战略必须依据整个过程而非某个行动来制定。适当的防御模式会随着进攻的进程而发生变化，在此过程中，挑战者的投入程度和投资力度会有所改变。

进入或者重新定位的过程包括 4 个阶段。我将首先讨论新进入者的情况，然后说明这几个阶段如何适用于业内资深的企业进行重新定位。

准备期。这是新企业进入前的准备阶段，此过程需要分析行业准入目标。新手企业在此过程中所做的投资主要受市场研究、产品和工艺技术发展、与投资银行就兼并事宜进行接触等因素的限制。由于企业入行的目的很难为人所知，这个阶段最难确定。在准备期结束的时候，很多企业可能会决定不进入行业。

进入期。在这期间，新企业为在行业内确立基本的地位而投资。这个阶段涉及的活动包括持续的产品和工艺技术开发、测试市场、全国拓展、组建销售团队和厂房建设。新进入者希望在这一个阶段结束时，在行业内确立可靠的地位。进入期可能会持续几个月或者几年，主要取决于建立企业初始地位所需要的时间。在服务性企业中，比如饭店，进入期需要几个月。在自然资源行业，进入期可能需要 5 年甚至更多。

次序期。在这期间，新进入企业的战略从进入战略转变为长期的目标战略。这个阶段并非在每次进入时都会发生，却能反映许多行业依次序进入战略带来的好处。宝洁公司进入消费类纸制品行业就是一个例子。宝洁公司收购了查敏纸业——一家品牌名声不响的地区性企业，然后通过全国化重新定位自己的战略，大力投放广告，改进产品。在次序期，新进入者可以采取各类措施，拓展其产品线、实施垂直一体化或者扩展自身的地理覆盖范围。这些活动要求企业不断对行业进行投资，企业即使站稳了脚跟，也要继续投资。

后进入期。这是企业进入行业之后的时期。进入这个阶段，新企业将转移投资到需要维持或者保护自身行业地位的领域里。

行业已有企业的重新定位也需要类似几个过程。竞争企业首先考虑重新定位，然后开始对重新定位进行投资，最终实现一直追求的竞争地位，也可能实现不了。颇具规模的企业可能通过一系列步骤重新定位。因此，挑战者重新定位的初始举动往往不能表示其最终的目标战略。

进入或者重新定位的过程对于防御战略非常重要，原因如下。首先，挑战者对战略的投入在不同阶段会有所不同。在通常情况下，如果在进入或者重新定位的过程中取得了一定的成功，挑战者就会加大自己的投入。企业一开始对进入或者重新定位的过程的投入程度不同，反映了企业管理层对待进入或者重新定位决策是否恰当的看法，也表明了企业对可利用机会的观点。然而，在做出决策后，随着时间的流逝，企业将使用必要的资源，从而获得战略进展，其投入程度往往也会提升。挑战者的投入程度是防御战略的关键，因为它反映了企业阻止或者限制挑战者目标的难度。

随着进入或者重新定位的过程的开展，退出和收缩壁垒也有可能会提升。退出或收缩壁垒较高，使得驱逐挑战者或者使其限制或减少目标的做法更难开展。随着挑战者对专业资产、长期合约、与兄弟业务单元开展的横向战略以及针对产品或者工艺开发所做的投资等投入的加深，退出和收缩壁垒将不断升高。在某些行业里，站稳脚意味着形成重要的退出壁垒。在其他行业中，挑战者可能把提升退出壁垒的风险延迟到进入过程。理解挑战者退出和收缩战略的高度及其随着时间推移而改变的方式是防御战略的关键。

挑战者投入得越多，退出壁垒越高，防御就变得越发困难。由于挑战者的投入会增多，退出壁垒也将不断上升，在制定具体的投资策略时，防御战略要分阶段制定执行，其时机非常关键。在防御者确定是否采取措施来提升退出或收缩壁垒前，采取防御行动将给挑战者内部的决策过程投下一层阴影。明确设置价值链必要的高成本或者高风险投资可以估计挑战者采取的关键措施。防御战略的重要原则是在退出壁垒上升前采取防御措施。

随着竞争对手进入或者重新定位的展开，挑战者将不断学习。企业将产生一些关于最初决策的看法，有些是被经验证明的，有些是与其相矛盾的。经验还会影响企业对未来的看法。挑战者可以根据竞争对手入行或者在重新定位的过程中一开始发生的事件来调整自己的战略，这使得防御者获得了改变挑战者信息和看法的重要机会。企业往往要比挑战者对行业信息了解更多，也有能力比挑战者更好地预测后者实施战略带来的影响。这还可以使企业影响挑战者的战略方向，从而使企业的负面影响最小化。

防御者必须努力阻止挑战者入行的努力和决心。在考虑到进入新行业需要承担的风险和采取的不确定措施时，管理者可能对挫折或者早期出现的成功或失败信号格外敏感。高明的防御者能防止挑战者实现其入行后的初始目标，努力改变行业竞争的规则，使挑战者怀疑自身针对行业吸引力或者行业定位的最初假设。

随着挑战者进入行业或者重新定位过程的进行，挑战者真正的目的将日渐明了，这对防御战略有重要的影响。在入行或者重新定位的过程开始前，企业只能揣测可能的新进入者或者有意对自己发起进攻的竞争对手的身份。一旦进入行业或者重新定位开始，挑战者的身份就会被揭晓。一开始，挑战者的战略和长期目标并不清楚，随着时间的推移才会变得更加清楚。只有在次序期开展重大投资，挑战者最终的战略才能为人所知。

企业不可能抵御所有竞争对手或潜在竞争对手对自己发起的所有进攻，因此在挑战者出现前采取的抵御战略没有针对性，而提高普通防御战略成效的成本往往很高。一旦挑战者开始进攻，企业就要针对特定的挑战者制定防御战略。原则上，预计哪些企业最有可能成为挑战者及其可能出现的进攻路线，这样做成本较高。投资在最需要的地方，这样将大大提升防御战略的成本效益。

防御战略

防御战略旨在影响挑战者对进入行业或者重新定位预期回报的计算结果，让挑战者认定进入行业或者重新定位是不明智的决定，或使其采纳对企业威胁性较小的战略。为此，防御者要对防御战略进行投资。绝大多数防御战略成本很高，通过减少短期盈利能力，巩固企业的长期地位，可以提升其竞争优势的可持续性。然而，除非企业不惜一切代价阻止对手，否则绝大多数企业不可能完全排除进攻的威胁。因此，防御者应该大力投入，将进攻的威胁降低到一个可以接受的程度，权衡进攻的风险和防御的成本。

所有防御战略都包含了三种防御战略：

· 提高结构性壁垒。

· 提高挑战者预期的报复行为。

· 降低进攻的诱因。

第一种防御战略是提高结构性进入壁垒或移动壁垒（见第 1 章）。结构性壁垒的存在降低了挑战者采取措施的预期利润。例如，通用食品公司的麦斯威尔咖啡品牌在营销方面拥有规模优势，迫使挑战者在取得与企业大致相等的市场份额前，不得不承担相对较高的营销费用。这类高成本将减少挑战者进入行业后获得的预期利润，使其低于通用食品公司获得的利润，从而减少挑战者对企业发起挑战的概率。

第二种防御战略是提高挑战者预期的报复行为。企业对挑战者发起报复会减少挑战者的收入或者提升其成本，因此影响挑战者的预期盈利能力。提高结构性壁垒、提高挑战者预期的报复行为，都能恶化挑战者在成本驱动要素或者独特性驱动要素中的相对地位，进而影响其竞争地位。

第三种防御战略涉及降低挑战者进攻的诱因。提升进入或者移动壁垒以及挑战者预期的报复行为会减少挑战者预期的利润，降低挑战者的进攻诱因，使企业接受更低的利润。如果企业降低价格或者从关联业务单元而不是行业内获得利润，挑战者即使成功发起了进攻，所得也会比较少。

在挑战发生前或者发生时，都可以使用这三种防御战略。一旦挑战开始，企业必须考虑和挑战者之间的相对地位，还要考虑自己对待挑战者的行为可能会对其他企业产生的影响，比如鼓励和打击其他企业。不能也不应该根据传统的短期赢利目标来衡量针对防御战略的投资，这样做恰恰忽略了防御战略的目的。有意阻止挑战者的行为会降低企业的短期盈利能力以保证长期盈利能力。

提高结构化壁垒

第 1 章总结了一个行业内出现的结构化进入壁垒或者结构化移动壁垒。每个防御者都会对所有类型的壁垒产生影响。在某些行业里，在广告、营销团队、厂房生产能力和开展其他业务所必要的活动上的开支（不考虑防御因素）产生了较高壁垒的副产品。开展的活动自然产生的壁垒如果非常高，企业就会很幸运，不必继续在防御战略中投资。但从长期看，有必要加强投资，在自然产生的壁垒基础上加固、提升壁垒。

虽然积极提升价值链竞争优势的举动能够提升结构化壁垒，但我在这里主要阐述的是提升壁垒的防御措施。提升结构化壁垒的防御战略就是封闭挑战者发起进攻的逻辑渠道，其中最重要的几项如下。

填补产品或者定位缺口。当企业填补产品系列的缺口或者预先采取了挑战者可能想要采用的营销主题时，挑战者就会被迫与防御者进行正面交锋，使其无法占据商业据点，也不能制定高价弥补其高成本。填补缺口有多种方式。

- 扩大产品范围来填补可能出现的产品空缺。精工收购手表品牌 Pulsar，遏制了西铁城和天美时在低端产品领域对自己开展的进攻。
- 引进与挑战者拥有或者能够利用的产品特征定位匹配的品牌。这种防御或者对抗行为在不损害主要品牌的定位的前提下提升了壁垒。
- 在次级产品系列或者次级营销活动中使用营销主题，以避免竞争对手使用这类营销主题。
- 为了打消竞争对手拓展生产范围的念头，在与竞争者产品类似的产品中采用防御性低价战略（第 7 章）。
- 鼓励友好互利型竞争对手在不威胁企业自身的前提下填补产品缺口（第 6 章）。

不能期望防御性产品种类和营销活动与企业的核心业务取得相同的利润，防御性产品的价格必须反映其防御性质，但是这类产品或者营销举动的防御性价值不一定要求企业对其大肆投入。就算填补市场缺口的产品没有对应的积极推广策略，其存在本身也能对竞争对手产生一定的威胁，从而起到延迟作用。提升壁垒能让挑战者有更充分的理由认定，自己会遭遇企业对其开展更强的报复。

封锁渠道途径。如果企业加大了挑战者获得销售渠道的难度，就为其设立了一大重要的结构化壁垒。防御战略不仅应该针对企业自己的渠道，还应该针对其他可能成为替代渠道或挑战者进入公司渠道跳板的渠道。例如，挑战者经常会使用自有品牌渠道来提升销售量，增进自身的经验。

封锁渠道的策略包括以下几点。

· 与渠道商签订独家销售协议。
· 向渠道商供应整个系列的产品以填补产品种类的空缺。这样，竞争对手要想在行业内站稳脚跟就更难了。
· 扩展产品范围，包含产品的所有尺寸和形式，进而填充渠道商的货架或者仓位。
· 采用捆绑销售或者分拆销售方式，减少自身被挑战者攻击的可能性（第 12 章）。
· 按照渠道商的整体购买额度提供销售量或者价格折扣，打消渠道商与新供应商接触的积极性。
· 企业为其产品提供具有吸引力的售后服务支持，促使渠道放弃自身在售后支持人员和设备方面的投资。
· 主动向自有产品经销商供应产品，防止挑战者占领这类销售渠道。

· 鼓励友好互利型竞争对手在不威胁自身的前提下占领销售渠道。

提升买方的转换成本。企业可以通过提升买方的转换成本提高壁垒。我已经在本书第 4 章和第 8 章描述了提升转换成本的方式。防御战略常用的方法包括以下几点。

· 免费或者低价为买方人员提供培训，帮助他们掌握应用或者维护企业产品的能力，或者帮助他们在诸如纪录保持一类的特殊程序中支持从企业买入产品的行为。例如，通过为买方人员提供培训，佳斯迈威就有效地提高了屋顶承包商购买屋顶材料的转换成本。

· 参加与买方共同开展的产品开发活动，或者向买方提供应用工程支持，辅助买方将企业产品融入买方的产品或者工艺应用过程。

· 通过使用专有的计算机终端，建立与买方的联系，促成直接订购或者询价的发生，或者在企业的计算机上通过维护买方数据库加强与买方的联系。

· 拥有在买方场所应用的厂区储备设施或者设备。比如在车用油行业，主要的供应商在车库或者修车店附近拥有大容量的油箱。

提高挑战者为顾客提供试用产品的成本。挑战者如果让买方试用其产品需要承担高昂的成本，就会面临很高的壁垒。提升壁垒要求企业理解最先购买产品的种类、最有可能参与产品使用的买方类型以及最有可能购买挑战者产品的买方。要封闭竞争对手产品试用的途径，主要有下列几个步骤。

· 有选择地降低优先被购买的产品的价格。
· 对有可能参与挑战者产品试用的买方提供优惠的折扣券或者试用服务。
· 通过打折或者交易提升买方购买量、延长订购间隔、延长合约期限。所有这些措施都能阻碍挑战者获得订单。
· 宣传或者透露即将出现的新产品或者价格变动的有关信息，使买方推迟购买。

采取防御措施增加规模经济。规模经济如果增加，就会提高经营壁垒。可以在广告、技术发展等领域增加规模经济，这些领域的规模经济的临界值往往是由竞争状态决定的。通过提升企业在技术发展中的开支，进而提升新产品的开发速度，企业能够提升挑战者需要对技术开发所做的投资，这些投资分摊在小规模销售上对竞争对手来说很不划算。在由竞争型开支水平而非技术决定的最小规模的价值活动中（第 3 章），企业可以卓有成效地提升规模经济，这意味着企业需要在拥有成本优势的领域里开展差异化（第 4 章）。

采取防御措施提高规模经济的临界值有多种方式，具体有如下几种。

· 增加广告开支。
· 增加投入，促进技术变革的发生。
· 减少需要固定或者半固定发展成本的产品模型的生命周期。
· 增加销售人员或者扩大服务范围。

采取防御措施提升资本要求。假如企业能够提升竞争需要的资本数量，挑战者就会对行业望而却步。很多提升起步成本的防御战略能够在实际中提升挑战者的资本要求，有些防御措施对资本要求有着特定的影响。

· 提升为经销商或者买方融资的数量。
· 增加保修范围或者放宽收益政策。
· 减少产品或者零件的交付时间，明确需要提升的存货数量或者额外生产能力。

杜绝其他可用技术。企业如果能够杜绝挑战者采用某些技术，就能阻止挑战者对自己发起进攻。杜绝技术使用的方法有如下几种。

· 为产品或者工艺可行的其他技术申请专利，比如施乐在复印机行业初期发展阶段卓有成效地获得了诸多专利。
· 通过采购许可、保留采用其他技术的试用车间、与拥有其他专业技术的企业建立合作关系、使用其他技术生产产品等途径，保证企业在其他技术开发过程中的参与度。所有这些策略都能让挑战者知道企业如有需要，就能获得其他技术。
· 授权或者鼓励友好互利型竞争对手采用其他备选战略（第6章）。
· 通过价值信号显示，表明某些技术措施不可行。

在保护专有知识方面大力投资。假如企业能保护自身在产品、工艺或者价值链上其他活动的专有知识，就相当于提升了壁垒。

企业常不具备系统的项目来限制专有知识的传播。基于第 5 章的讨论，这样一个系统的项目应该包含下列要素。

- 严格限制对设施或者人员的使用和接触。
- 自行制造或者改进生产设备。
- 关键零件实现垂直一体化，避免将专有知识传递给供应商。米其林在轮胎业务上就积极地采取了这一措施。
- 积极申请发明专利。
- 对所有侵权者提出诉讼。即使诉讼获胜概率较小，也会延迟挑战者的投资行为。

巩固与供应商的联系。如果企业能够阻止或者限制挑战者接触最佳的原材料、劳动力或者其他投入要素，就能提升壁垒。典型的措施具体如下。

- 与最佳供应商签订独家采购协议。
- 采用后向一体化，部分或全部拥有供应商，排除供应源外流。
- 当需求过剩时，可以选择关键的地点（如矿山、林地等资源）来预防竞争对手染指。
- 鼓励供应商定制自身的价值链来满足企业的需要，提升供应商转换成本或者服务新的竞争对手。
- 签订长期的采购合约占用供应商的生产能力。可口可乐公司据说在采购高果糖玉米糖浆（一种糖的低成本替代物）时，就采用了这项战略。

提升竞争对手的投入成本。如果企业能够提升挑战者的相对投入成本，就能提升壁垒。要做到这一点，主要依赖竞争对手或者潜在竞争对手的成本结构的差异。由此给定的投入要素价格变化能对竞争对手产生更大的影响。提高竞争对手投入成本常见的策略如下。

- 避开同时服务于竞争对手或者潜在竞争对手的供应商，提升这些供应商的成本，避免将一些企业的规模经济通过供应商转移给竞争对手。
- 抬高那些在竞争对手成本结构中占比较大的劳动力或原材料的价格。

采取防御措施实现关联。企业可以通过利用竞争对手难以实现的关联来降低成本或者提升差异化程度（第9章）。同时，竞争对手采取的关联，如果企业无法与之匹敌，就是企业需要防范的威胁。防御措施方面的考虑可能意味着企业追求特定的关联，包括进入新的业务领域来提高自身的防御地位。

鼓励提升壁垒的政府政策。政府政策可以在产品或者工厂安全、产品测试和污染控制等领域成为主要的结构壁垒。这类政策能够提升规模经济、资本要求以及其他潜在的壁垒，企业也能按照有利于巩固自身地位的方式来影响政府政策的性质。具体而言，企业可以做到以下几点。

- 鼓励严格的安全和污染标准。
- 根据法律法规，挑战竞争对手的产品和做法。
- 支持大范围产品测试的要求。
- 游说通过贸易融资或者其他有利的贸易政策来应对国外的竞争对手。

建立合作关系提升壁垒或者与挑战者合作。与其他企业建立合作能以多种方式提升壁垒，上文已经有所阐述，包括提前驱逐竞争对手、使用其他技术或者填补产品空白。同时，与潜在的挑战者合作，将威胁转化为机会。

提高挑战者预期的报复行为

第二种防御战略是提高挑战者预期的受到企业报复的威胁。这类报复威胁主要取决于挑战者对报复的认知及其严重程度。对于防御者来说，可以采取多种手段来显示其对潜在挑战者报复的信号。例如，陶氏化学公司多年来为满足市场中对镁的需求，加强了生产能力，表明它捍卫自己市场份额的决心。如果陶氏化学公司没有这样大肆扩张生产力，很多挑战者恐怕早已决定进入该行业与之竞争了。

通过表明企业试图捍卫其地位、创造条件为企业必然采取的报复行为铺路或者表明企业有雄厚的财力和人力来对挑战者实施报复，就能增加挑战者受到报复威胁的程度。潜在挑战者感受到了企业报复的威胁，就会受到企业行为的影响。企业以往如何打击报复竞争对手，这些历史会影响挑战者，尤其是企业过去如何对付挑战者会在很大程度上影响挑战者。企业必须仔细管理自己在实际或者潜在竞争对手心目中的形象。提升挑战者感知的可预见的报复行为包括以下几点。

- 显示防御的决心。企业如果不断显示其防御自身地位的决心，就能大大提升挑战者可预见的报复程度。
- 从公司层面表示业务单元对于企业的重要意义。
- 公开声明提前构建充分生产能力的重要意义。

这样的信号能够也应该通过所有现存的渠道开展，包括公开声明、行业刊物、分销商和买方，从而实现最大的防御效果。

显示初期的壁垒。绝大多数有效提升结构化壁垒的策略要求企业大力开展投资。但是，企业有时候通过市场信号或者部分投资可以实现同样的效果。规划行动的市场信号或者部分投资的目的在于，提升未来挑战者预计的企业对其开展的报复程度。例如，企业还可以公开或者披露有关新产品生产、对抗品牌或者新工艺技术等信息，来增加挑战者对风险的感受程度，企业放出这种风声，让挑战者觉得威胁近在咫尺。这些市场信号能使竞争对手延迟未来开展行动的决定，直到获得更多的信息来判断这些信号是否可靠。IBM 经常提前发布新产品的信息。

确立封锁地位。企业通过在竞争对手或者潜在竞争对手占据的其他国家或者行业内的封锁地位或者防御地位，可以获得报复工具（第 9 章）。封锁竞争对手在某些能获得不成比例的现金流或盈利能力的业务单元中的地位，为企业开展有效的报复行为提供了基础。

相较于企业所在的核心行业，在企业占据地位较低的行业里开展价格战或者其他报复性行动的成本更低。确立封锁地位的价值就体现在这个原则上。相较于直接报复，封锁地位是一种风险较小的报复行为，直接报复很有可能引发斗争的升级，且连累友好互利型竞争对手。

兑现参与竞争的承诺。企业如果努力在价格或者其他方面追赶竞争对手提供的产品（我们不甘落后），就提升了挑战者对其开展的报复行为的期望。企业公然采取这样的立场会阻止挑战者通过折扣获得竞争地位，尤其是企业曾经公开兑现过自己的承诺。

当然，在竞争对手眼里，企业必须有能力兑现自己的承诺。

提高退出或者丧失份额的代价。所有提升企业保持自身市场份额的经济需要（提升收缩壁垒）的事件，都是企业认真开展报复的手段。

- 先于需求构建生产能力。
- 针对固定数量的投入要素签订长期的供应合约。
- 提高垂直一体化。
- 投资专业设施。
- 提高退出固定成本的公开合约关系。
- 企业利用内部业务单元之间的联系表明其在行业中必胜的信心。

市场份额丧失额度的增加或者退出壁垒的提升无疑会给企业带来风险，公司不得不为之付出昂贵的代价。然而，这和其他绝大多数有效的防御战略一样，能通过提升竞争地位的可持续性来提高丧失市场份额的成本或风险。

积累报复的资源。如果企业已经具备了开展有效报复所需的资源，那么给挑战者造成的报复威胁会大大提升。展现报复能力的途径有以下几个。

- 保持充裕的现金储备或者流动性（作战储备）。
- 准备新型号或者新产品的生产，并对外透露这些新产品的上市计划。

鼓励友好互利型竞争对手。在许多行业，友好互利型竞争对手能够第一时间抵御挑战者，从而增加了报复威胁的力度（第6

章)。竞争对手的存在，还能合理地引导挑战者对对手发起进攻。

树立榜样。通过对待并非具有真正威胁性的对手以及具有威胁性的挑战者，企业能给其他企业树立积极对抗的印象。对待不具威胁性挑战者的决策，其实能体现企业对抗真正挑战者到底的架势，这就是防御战略的价值所在。积极回应某个挑战者能给所有挑战者发出明确的信号。

建立防御性联盟。与其他企业建立联盟，通过影响上述诸多因素，能大大增强企业对挑战者展开报复的威胁力度。例如，与其他企业的联盟能为企业确立尚不具备的封锁地位，使其获得报复资源。

企业加大对其挑战者开展报复威胁的力度也提高了企业承担的风险水平。当然，这也表明这些策略对竞争对手而言有格外重要的意义。因此，企业如果打算通过这种方式来保持自己可持续性的竞争地位，就必须做好准备进行投资。

受到攻击时开展的报复

我在上文描述了企业通过让挑战者更多地感受到可能受到企业的报复威胁，进而预防其进攻。进攻开始之后发生的情况对挑战者来说尤为重要。其间，挑战者急需企业遭受进攻后的消息，对一开始的进攻措施能否奏效格外敏感。挑战者往往把最初的成败看得过于重要，以此作为未来长期规划的基础。因此，就算防御者对之实施的报复持续时间不久，也能影响挑战者对未来的期望。一般而言，快速积极的报复是限制进攻的必要手段。

一旦开始了进攻，很多传统的策略就可能被实施，因为企业知道了挑战者的身份，对其采取的策略有所了解。

瓦解测试市场或先导市场。有很多举措可以瓦解市场进入行为，混淆挑战者对早期进入结果的分析和判断。宝洁公司是竞争对手测试市场里一位强悍的对手。其强硬的行动可能会加剧挑战者对其地位不确定性的感知，或者使其对未来丧失信心。典型的瓦解性举措包括以下几点。

· 高开支、不定期的广告活动，优惠券或者样品试用服务。

· 低成本服务、质保或者以旧换新服务。

赶超战术。如果企业能在挑战者发起进攻的时候推出新产品或者新工艺，就会大大打击挑战者的积极性。尤其当这类举动迫使挑战者在花费了大量资源为了保持自身的竞争地位急需投资的时候，更是如此。

诉讼。诉讼能提升挑战者进一步投资的风险或成本，进而拖延挑战者进入的过程。报复时采取的诉讼方式如下。

· 增加了挑战者产品或者工艺未来不确定性的专利诉讼。

· 针对挑战者的进攻策略提起的反托拉斯诉讼。

· 质疑挑战者产品有关性能保证的诉讼。

降低进攻的诱因

第三种防御战略是降低挑战者的进攻诱因，而不是提升挑战者进攻的成本。从广义来看，利润是促使挑战者开展进攻的主要诱因。挑战者认定进攻能得到的利润主要取决于企业自身的利润目标以及潜在挑战者对未来市场条件的预期。

减少利润目标。企业获得的利润是显示企业竞争地位吸引力的明显标志。防御战略的本质是确定可持续的价格和利润水平。很多企业因为过于贪婪而招致对手的进攻，企业可以有意选择放弃当前的利润来减少进攻的诱因，这就意味着降低价格、提升折扣等。

结构化进入或移动壁垒、报复的威胁与企业的盈利能力之间存在某种平衡。如果企业的盈利能力很高，挑战者会试图穿越较高的壁垒或者奋起反抗企业在其进攻后发起的报复措施。比如，在具有较高赢利记录的行业里，包括油田服务和制药行业，就吸引了很多企业大肆投资试图进入行业，哪怕需要克服较高的进入壁垒，对抗诸多强大的竞争对手它们也在所不惜。比如美国天合汽车集团进入油田服务行业，而宝洁公司进入了制药领域。很多受到这些行业高利润吸引的新企业没能仔细考虑进入成本，常常低估所需的投资。同理，在具有周期性的行业里，暂时的高利润往往被误当成长期的赢利机会。过于贪婪往往使企业在遭受挑战者进攻、地位受到威胁时，采用隐秘或者明确的收割战略。

管理竞争对手的看法。挑战者有关未来行业前景的假设可能会促使其对企业开展进攻。如果挑战者相信行业正经历爆炸性增长，不管壁垒有多高，它们都会对企业发起进攻。正确管理竞争对手的看法在第6章已有阐述。虽然企业不能促使潜在的竞争者放弃有关行业的真正看法，但防御战略可以更切实际地得出针对潜在竞争者的假设。可以采取的措施包括以下几点。

· 公开真实的内部增长预测。
· 在公共论坛上讨论真实的行业看法。
· 资助质疑竞争对手不真实假设的独立研究。

一般而言，防御战略会影响竞争对手对报复行为、壁垒行为等情况的看法。影响竞争者有关未来行业条件的看法是这项任务的重要组成部分。

评价防御战略

上述防御战略因不同企业的特征而有所不同，是否适用于企业也要视具体情况而定，企业必须按照自身面临的潜在威胁来决定哪些战略最有效。可以采用以下几种重要的测验来评价防御战略的作用。

对买方的价值。企业应该选择对买方最有价值的防御战略（第 4 章）。很多防御战略涉及投资，包括广告开支、品牌对抗和某些产品种类的降价行为等。针对买方的战略，一定要让买方明白其价值，才能具有防御性作用。假如广告开支的增大没能提升买方意识或者顾客忠诚度，这些措施就不具有防御性价值，因为挑战者没有必要增加自己的广告开支。假如买方对赊账很敏感，则提供更多的赊账能迫使挑战者提供同等水平的赊账条件，否则就会面临竞争劣势。

提升差异化战略同时能增强企业竞争力持久性的防御战略，这在一定程度上保证了投入对应的回报。买方对防御战略的反应，不一定要完全抵偿成本，只要让那些无法赶超企业防御战略的挑战者处于竞争劣势即可。广告开支的增加对应的防御性价值不应该只用增加的销售额来衡量。要明确这些投资是否值得，还要看该项措施能否促使挑战者投入更多的广告消费来进攻企业的竞争地位。

成本不对称。企业应该选择使潜在的挑战者处于最大相对成本劣势的防御战略。防御战略的有效性取决于企业采取防御战略的成本和挑战者需要承担成本之间的权衡。例如，某大型企业增加全国网络电视广告，通常会使市场份额较小的竞争对手增加更大比例的广告投入，才能赶超大型企业巨大的影响力，因为全国网络电视广告受制于全国市场份额驱动的规模经济的影响。引进新产品的生产也能使挑战者承担的成本大大超过企业的成本，因为新产品的开发成本基本上是固定的，而挑战者必须在占较小份额的最初销售的产品上分摊这些成本。相反，降价措施也能使企业承担比挑战者更多的成本。有句老话说得好，傻瓜都能降价。企业如果采用降价的方式来自保，往往要比挑战者付出更大的代价。

成本不对称源于企业和挑战者在诸如规模、学习、地点或者关联等成本驱动要素方面的相对地位。企业应该选择能更多地提升自身而不是挑战者成本地位的防御战略，这些措施往往是企业在差异化战略中具有成本优势的原因（第 4 章）。在某些行业里，加大广告力度会使竞争对手处于极大的竞争劣势，而在其他行业，则可以增加销售队伍的规模。第 3 章描述的分析成本行为是我们确定成本不对称的起点。

防御战略的成本不对称受到战略具体针对性的影响，究竟是普通意义的防御，还是针对特定的攻击渠道或者具有威胁性的挑战者，会有很大的不同。必须全面应用的战略（例如一系列降价），通常比那些针对具体产品降价的措施更昂贵。例如，只针对新买方最先可能购买的产品实施降价的战略，其成本肯定要比整体产品降价小得多。优秀的防御战略要求防御性投资很具体，直接针对那些最有威胁性的项目。

成本不对称战略还取决于相关的挑战者。比如，挑战者是新成立的企业还是大型成功的消费品公司，企业增加全国广告开销对其的影响皆不同。防御战略的成本不对称是相对的，而不是绝对的。

成效的可持续性。企业应该选择具有持久效应的防御战略。任何防御战略的成本效益都取决于企业为保护其防御价值所需要进行的再投资。广告开支增加的影响比较深远，远远超过了现阶段可见的影响。企业为了保持其壁垒，也许会不断对广告进行投资。投资生产工艺行为，不会立竿见影，起码不像克服壁垒的投资那样速战速决。同理，投资阻止挑战者接触供应商的行为能产生持久的壁垒，但需要的再投资却不多。如果企业不能创造长期的壁垒或者可靠的长期报复威胁，就无法证明企业应该或者大力开展防御战略并投资。为了进入行业或者对自身的竞争地位进行收割，企业应该对降低挑战者进攻的诱因进行投资。

信息清晰度。企业应该选择自己坚信挑战者能感受并认识到其意义的防御战略。竞争对手对行业经济的理解以及认识价值信号的能力各不相同。它们有可能会遗漏某些信息，甚至误解某些战略。一般而言，涉及价格、信用、广告、销售团队和新产品的战略比较明显，而那些涉及间接信号（例如公然的生产能力拓展）、工艺变化或者提升退出和收缩壁垒的战略则不太明显。

留意并理解防御战略的可能性不仅取决于战略本身，还取决于面对的挑战者。缺乏一套成熟成本体系的竞争对手往往无法理解防御战略对自身成本地位的影响。此外，挑战者针对行业以及企业的假设会影响其对企业行为的解释。

可信度。企业应该选择可信的防御战略。挑战者认真对待不同防御战略的程度各不相同。除非挑战者认定提升了壁垒的防御战略是竞争的永久或者持久特征，否则这种防御战略是不足信的。是否拥有资源开展报复，以及向世人宣告报复的决心将影响报复威胁的可信度。

对竞争对手目标的影响。企业应该选择那些对其潜在的竞争对手有着量化影响的防御战略。由于挑战者的目标各不相同，并非所有的防御战略都有相同的效果。针对与企业有着同类所有者结构的竞争对手的有效防御战略，未必就能对国有企业有同样的防御效果。同理，挑战者对一开始遭遇的损失或者获得的短期利润的敏感度各不相同。经理有时候抱怨企业受到了非理性的攻击，但看似非理性的攻击往往源于挑战者与企业具有不同的目标。因此，防御战略应该能够反映挑战者而非企业的目标。

其他结构性成果。企业应该选择那些对行业结构具有积极或者中性影响的防御战略，避免那些永远侵蚀行业结构的战略。提高转换成本、鼓励生产替代的新产品，就比降价战略更有效，后者提升了买方的长期价格敏感度。提升了挑战者认定企业实施报复预期的战略不可避免地会提升行业的竞争压力。提高退出壁垒可能会增加行业内竞争对手对抗的风险。行业领导者往往能通过自己的防御性措施影响整个行业结构。

防御战略还可能伤害友好互利型竞争对手。增加广告开支或者降低价格可能会降低友好互利型竞争对手的竞争地位，影响其发挥第6章描述的积极作用的能力。友好互利型竞争对手必须意识到企业采取的这些防御战略并不是针对自己，而是其他挑战者。防御战略不能在真空状态下被设置，企业必须清醒地认识其结构性影响。

同行的赶超行为。企业采用的防御战略如果被其他对手模仿，往往对抵御新企业入行比较有效。同行的赶超行为表明，当潜在的新进入者在攻击行业内的其他企业时，对手采取防御战略所做的投资不可避免地会产生各种壁垒。小型的竞争对手对防御措施投资不够，可以从行业领导者那里获得搭便车的福利。在某些行业内，企业通过推动其他企业对防御措施采取行动，能获得较好的战略优势。在这些行业中，新企业入行带来的威胁要大于行业内已经存在的企业。

防御战略

与进攻战略相结合，明确的防御战略能提升企业具备竞争优势的可持续性。防御战略的主要形式是阻止——防止挑战者一开始发动进攻，或者打消其进攻的念头，减少其威胁性。另一种防御战略是回应，即企业对挑战者的行动做出回应。企业的回应旨在降低挑战者采取行动的目标或者引导挑战者解除这些目标。在阻止和回应两种防御战略中，重要的原则是改变挑战者对进攻行动吸引力的评估。

阻止

挑战一旦发生，阻止的成本往往就会比对抗的成本低。除非企业深刻理解威胁的性质，否则无法阻止挑战者的行为。军事战略中的防御准则是，战线四周的敌人防不胜防，要全面防御，代价将十分惨重。这一原则在竞争战略中同样适用。企业必须决定哪些竞争对手或者潜在的竞争对手最危险以及它们可能的行为方式。唯有如此，才能采取正确的防御战略。第 13 章描述的情景是检验防御的有效工具。

阻止中最重要的措施具体如下。

1. **彻底理解现存的壁垒**。企业必须清楚地了解当前行业内存在的进入和移动壁垒及其具体的起因和变化方向。企业受到规模经济的保护吗？获得渠道是否很困难？这种困难产生的原因是什么？导致差异化的价值活动是什么？企业成本地位和差异化战略的来源是否具有可持续性（第 3 章和第 4 章）？

现有壁垒的高度影响了竞争对手对企业地位的威胁。如果壁垒在下降，企业想要保持其盈利能力，就必须重建或者替换这些壁垒。当前存在的具体壁垒还决定了挑战者可能采用的战略，影响企业的防御战略在哪些方面开展最有成效。受到渠道高壁垒保护的企业很有可能面临竞争对手创造新渠道而非侵蚀现有渠道的举措。相反，规模小、管理费用低或者不具备多种可持续性成本的壁垒的企业往往会受到那些满足于低投资回报率的小型竞争对手的攻击。挑战者往往努力以绕行现存壁垒或者在一定程度上使壁垒失效的方式来进行（第 15 章）。

要充分利用行业壁垒，企业必须精确地理解每种壁垒的具体来源。在住宅屋顶产品行业里，企业必须意识到规模经济主要受到地区规模的驱动，影响因素包括高昂的交通费用、经济生产和销售团队利用以及产品组合的地区差异等。如果屋顶产品企业认定规模壁垒，但并不理解规模壁垒的具体行为，那么有可能实施错误的防御战略。

2. **预期可能出现的挑战者**。企业必须对最有可能挑战自己的企业有所预期，包括潜在的新企业或者试图重新定位的成熟竞争对手。知道哪些企业可能是挑战者，是集中精力开展防御性投资的关键。壁垒的高度和报复的影响与挑战者的身份相关，但这并不是绝对的。在车用油行业内，潜在的入行者要面对嘉实多、桂冠达和其他主要石油企业。鉴于这些巨头拥有的资源，诸如资本和规模等壁垒，独立的新进入者就变得不那么重要了。

预测哪些企业可能成为挑战者，需要回答以下三个问题。

有哪些现有的竞争对手对现状不满意？ 最有可能成为挑战者的企业就是那些对现状不满意的现存的竞争对手。总是无法实现自身目标的竞争对手往往有可能重新定位自己。评估竞争对手的假设、战略和能力应该能显示它们能否按照对企业有威胁的方式重新定位。当重新定位时，友好互利型竞争对手（第6章）比恶劣的竞争对手带来的威胁更小。企业收购竞争对手也可以改变竞争对手的目标，甚至产生潜在的挑战者。比如，在啤酒行业，菲利普·莫里斯收购米勒就是与安海斯–布希公司进行激战的前兆。

谁最有可能成为潜在的新进入者？ 决定哪些现有竞争对手最有可能重新定位并不容易，预计哪些企业可能进入行业更是难上加难。识别潜在的新进入者的一种方法是孤立那些已实施活动、自然进入行业的企业。最普遍的潜在的进入企业包括以下几类。

- 在其他领域竞争的区域性竞争对手。
- 当前并没有在国内运营的外国企业。
- 有可能开展前向一体化或者后向一体化的企业。
- 可能实现有形关联、无形关联或者通过入行确立封锁地位的企业（第9章）。

区域性企业往往会进入其他地区或者在全国范围内竞争。近来，这已经成了食品行业非常普遍的战略。许多重要的食品公司，包括美国联合食品公司和亨氏公司收购了很多区域性企业，从而实现了全美范围的发展。随着产业全球化的发展，外国企业进入本国产业的情况也很常见，总部设在英国的布茨公司在美国防治关节炎类药品市场中进攻美国普强，就是一个例子。

业务单元之间有多种形式的有形关联，代表了多元化的一种方式，这在第 9 章中已有提及。应该及时追踪潜在的关联来确定可能出现的入行企业。例如，柯达公司在化学和光学方面具有技术实力，松下采取办公自动化战略，因此柯达进入复印机行业实属必然。

确定潜在的入行企业的主要障碍是避免受制于教条。很多企业过分专注于新竞争对手的传统来源，比如区域性企业或者分立企业，忽略了外国企业或者相关多元化企业等重要的竞争对手。随着行业的发展，最有可能入行的企业也会发生变化。

是否存在替代的竞争对手？在某些行业里，替代品生产企业可能是最危险的竞争对手，因此应该成为预防战略制定执行时主要关注的焦点。第 8 章描述了确定替代品的方式以及阻止具有威胁性替代品的方式。

3. 预测可能的攻击渠道。制定阻止战略的第三步是预测可能的攻击渠道。企业必须确定挑战者攻击自己的最佳方法，这样就能集中精力在最薄弱的领域里进行预防性投资。每个管理团队都应该自问一个问题："就我而言，如果我是竞争对手，我该如何攻击这个企业？"

可能的攻击渠道取决于现有的进入或移动壁垒及其变化的方式。在芥末行业里，第戎大幅增加广告开支，使用差异化战略攻击了旗牌芥末。考虑到旗牌公司规模的相关优势，第戎大幅增加广告开支，这比直接对抗旗牌更有逻辑。由于SCM（史密斯－柯罗拉商务公司）当前的渠道和品牌忠诚度问题，SCM的便携式复印机最有可能受到融合了新的电子技术的兄弟工业株式会社自有商标的影响，其中的道理也是一样的。美国农场设备公司在小型拖拉机产品上比在大型拖拉机产品上更容易受到攻击，该公司在美国拥有基地，比日本同行拥有更大的优势。

可能的攻击渠道还会影响潜在挑战者的假设、战略和能力。米勒啤酒强调在啤酒行业内大力推行广告活动和市场细分。考虑到米勒与其母公司的无形关联，这样做不足为奇。德州仪器公司在半导体行业一直保持着传统竞争状态，而它在个人电脑领域进行的降价活动则不合时宜，这也在预料之中。收购二线竞争对手是潜在的新进入者向企业发起挑战的常见方法，因此企业一直都不能排除这种可能性。比如在卡车行业，奔驰收购了列车运输公司弗莱特莱纳，沃尔沃公司收购了卡车运营公司怀特汽车公司，法国雷诺公司与美国马克卡车公司建立了联盟关系。

4. **选择防御战略来封锁可能的进攻渠道**。有效的阻止措施要求企业封锁竞争对手可能的进攻渠道。这要求企业选择成本效应最高的措施，提升结构化壁垒或提升挑战者对企业开展报复的预期，具体见上文的描述。正确的防御战略组合依企业而不同，必须满足上述标准。如果企业最有可能受到自有商品的攻击，该企业就得投资特定的自有模型，并表现出价格竞争的意愿。此外，所选的防御战略必须针对最有可能发起挑战的挑战者。防御战略必须反映潜在的挑战者的实际目标，且要引起同行的注意。

5. **捍卫企业作为强悍的防御企业的形象**。除了投资防御战略，企业必须清楚地表达其自我防御的立场和打算。企业要不断发出坚决防御的信号，必须仔细管理自身树立的形象。每发布一项声明，在市场上的举动都必须有所权衡，以证明企业发出了这样的信号。在理想状态下，企业是能够实现宝洁公司已经树立的形象的。针对公司上下所有经理的民意调查显示，包括掌管消费品和非消费品业务的管理人员在内，宝洁公司上下齐心，坚决捍卫自身的市场份额。宝洁公司树立了这样的形象并非偶然，而是它长期言行一致的结果。

6. **设定实际的利润期望**。除非企业有符合实际的利润预期，否则不可能开展有效的预防战略。企业的利润目标必须反映企业具备的壁垒以及那些通过防御性投资创造的壁垒。减少当前的利润往往能让企业获得长期的利润。

回应

如果阻止型防御战略不成功，在进攻开始后，企业必须决定其对挑战者做出的回应。阻止不能也不应该试图将攻击的概率减少到零。这样做往往代价过大，而且企业也没有能力预测所有可能发生的挑战。因此，有效及时地回应挑战是防御战略很重要的一部分。

有效的回应建立在改变挑战者的预期的基础上。我在本书描述的所有防御战略都可以用来实现这个目标，且与特定挑战者的目标、假设和能力匹配。例如，通用食品公司的麦斯威尔品牌就对宝洁公司发起了顽强有效的抵抗，这无疑让宝洁重新思考了自身在咖啡行业的目标。麦斯威尔使用了积极的定价、广告和品牌对抗方式来捍卫通用食品公司在市场上的地位和决心。这种防御措施的力度证明，人们认定宝洁公司在咖啡行业的投资回报率较小。

进行回应的时候，要遵循多项指导原则。

尽早做出回应。企业必须尽早对进攻做出反应，因为挑战者的退出壁垒和决心会随着其早期目标的实现和累计投资额的增加而不断增长。虽然企业并没有直接对抗进攻的能力，但企业立即做出一些回应来牵制挑战者的预期也是必要的。哪怕只是一些不太有力的行动，诸如增加广告开销，也能阻止竞争对手的初始目标，打击其增加资本投资的信心，以实现自己的目标。

加大投入，尽快发现竞争对手的早期行动。鉴于企业在进入或者重新定位初期拥有尽快回应的优势，企业可以尽早发现挑战者的实际行动，从中赢得大量可持续性优势。下列活动可以促成这一情况的发生。

- 定期与原材料供应商、设备供应商和工程服务公司接触，了解有关订单或者主要利益的情况。
- 密切与广告媒体接触，了解广告档期的采购情况。
- 在贸易展览上，监控参加公司的身份。
- 定期与行业内最富冒险精神的买方接触，这些买方有可能是新型竞争对手首先接触的顾客，它们也很有可能去寻找替代性货源。
- 监控技术会议、学校和其他有可能招募技术人员的地方。

将回应措施建立在针对进攻原因分析的基础上。企业必须努力理解为什么挑战者对自己发起了进攻，其目标是什么，挑战者长期采用的战略是什么。因迫于无奈进行的进攻，或者迫于母公司针对某个业务单元增长的需要发起的进攻，企业应对的措施将有所不同。企业对挑战者的目标、计划和时间安排也要进行分析，因为出色的回应措施会遭到破坏，并最终使挑战者的目标有所变化。好的回应措施还要意识到如何将挑战者的行为纳入其长期战略。

除了阻止挑战者，还要不断努力促使其改变战略。企业对竞争对手的挑战做出回应，部分原因是它无法阻止挑战者的行为，但依然要降低其行为的威胁性。让挑战者集中精力实现或者重新界定其战略往往要比让其收回同样的战略更容易。企业必须明确减少挑战者部分或者完全实现目标后给企业造成的威胁，由此调整自己的战略。

认真对待每一个挑战者。所有类型的挑战都不能忽视。每个挑战者进攻的动因和能力都要详加分析。即便是实力不强的挑战者也有破坏行业结构或者伤害友好互利型竞争对手的能力。此外，企业对威胁性较低的竞争对手的回应也向威胁性较强的竞争对手发出了信号。同时，企业必须避免对某个挑战者过分回应。回应需要支付成本，且必须是为了应对实际存在而非臆想的挑战。

认定企业的回应是一种获得竞争优势的方式。回应可以为企业赢得竞争地位而非仅仅阻止竞争对手。强大的竞争对手之间的争斗给彼此带来的伤害往往大于其对弱小的同行企业造成的危害，软饮料和啤酒行业发生的情况就验证了这一点。此外，竞争对手在某个细分领域内发起的进攻，可能会使企业在其他细分领域受制于其他企业。

对降价的反应

降价是最难对付的一种竞争形式，降价对企业的盈利能力有重大影响，还有可能造成价格不可逆转的螺旋式下滑。因此，企业在面对降价的情况时必须十分谨慎。除了上述因素，在考虑对降价做出回应的时候，还需要考虑一些额外的问题。

竞争对手实施降价的原因。竞争对手可能迫于短期增加现金的压力或者为了能长期占据更多的市场份额而降价。竞争对手因不了解成本，认定降低定价能为自己带来更合适的回报，也有可能实施降价。更糟糕的情况是，由于竞争对手的成本很低，降价似乎是必然的。对待降价的正确反应将根据降价背后的原因而有所不同。因此，要尽快且尽可能准确地分析降价的原因。

主动挑衅。竞争对手的降价行为可能是因为它们认定企业不会对此做出积极的回应，且希望在保持利润的情况下保留价格保护伞的作用。因此，尽早对降价行为做出回应，对于限制降价行为往往是必要的。企业的回应并不一定是相应的降价，但除了希望降价工具消失，企业还必须有其他措施。企业必须说服降价者，动机不纯的降价行为不足以让自己瘫痪。

局部回应。对待降价的反应应该针对特定的、容易受到影响的买方，或者针对那些差异化战略成本最低的产品范围，不要采用放之四海而皆准的措施。集中力量回应能大大减少成本。

交叉还击。如果企业对竞争对手的降价行为做出回应，利用价格和其他措施打击其关键的买方或者产品系列，就能遏制或者减少降价的范围。同理，如果利用其他行业内封锁地位的方式进行回应，有时候也能阻止竞争对手的降价行为。这里的原则是，降价者从降价中得到的要远远少于失去的。

以其他方式降价。通过向顾客提供免费的服务、附属设备折扣或者其他比降价更容易逆转的行为来对降价者做出回应，这样也能实现降价的效果。此外，间接的降价行为更容易在小范围内进行，竞争对手也很难赶超。即使间接降价、打折或者其他特殊折扣方式不成功，也比直接降价更好一点儿。

创造或者利用特殊产品。面对竞争对手的降价行为，企业可以采用品牌对抗或者提高产品经济性（比如不提供免费服务）等方式来回应，这样要比直接降低主要产品系列的价格更划算。买方购买特殊产品的价格更低，同时也在提醒买方，这些产品比企业正常供应的产品质量要差。

防御和撤资的比较

在很多行业中，进行防御性投资能得到很高的回报。然而，企业必须优化防御性投资，而不是使防御性投资最大化。在某些行业里，防御性投资并不适用，或者只是个权宜之计，当企业并不具有可持续性地位时的确如此。在这些行业里，最好的防御战略是“拿钱跑路”。这表明企业尽最大可能赚钱，同时也知道对手的进入或者重新定位迟早会影响自己的竞争地位。有时候，这种战略部分是为了鼓励竞争对手进入行业，从而推动市场的增长，让企业在实施收割战略时获益。

在防御中撤资比投资更划算的条件如下。

- 壁垒低，或者随着行业的发展，壁垒不再起作用。
- 很少有创建壁垒的机会。
- 潜在的进入企业或者现有的竞争对手拥有超凡的资源。
- 竞争对手具有很低的投资回报目标或者其他恶劣的对手所具备的特点。

防御战略的陷阱

在防御企业的竞争地位时，企业会遇到很多陷阱。即便是地位稳固的行业领导者若在防御战略制定时犯了错误，也会被竞争对手击垮。在防御中最容易犯的错误是过分关注短期盈利能力，这与防御战略需要投资的现实刚好相悖。这类企业看重并奖励短期盈利能力的提高，却不鼓励防御战略要达到的减少风险的目标。成功的防御战略所带来的好处很难被衡量，因为一切正常就是防御战略成功的标志。

在防御战略制定执行的过程中，企业还容易犯的一个错误是自满。企业往往不会仔细分析潜在挑战者所处的环境，也无法慎重考虑挑战发生的可能性。结果，企业没能采取简单、经济的预防措施，这一点常让人扼腕叹息。此外，企业还常常因为实现了不可持续的赢利目标或者忽略了买方的需求而无意识地邀请竞争对手进入行业。我在下一章将介绍赢得竞争优势的原则，届时还会涉及防御战略常面对的其他陷阱。

15

攻击行业龙头企业

行业龙头企业有哪些弱点？行业龙头企业的市场份额和盈利能力是企业考虑进入行业或者重新定位的主要诱因。行业龙头企业在自我防御方面常具备一些优势，包括名声、规模经济、累积学习能力和优先获得供应商或者渠道商的能力。此外，绝大多数龙头企业对行业发展非常投入，具备必要的资源对挑战者不遗余力、坚决打击到底。企业想从龙头企业手里获得市场份额，是一项非常高难度、高风险的任务。

然而，龙头企业也有其弱点。耐克公司在运动鞋领域打败了阿迪达斯，史都华在冷冻食品行业战胜了邦凯和斯旺森。企业成功的战略因行业而不同，但都有一个共同点：这些战略都能瓦解龙头企业的竞争优势，同时避免受到全面的打击报复。虽然行业的结构性变化有时候让龙头企业暴露了缺点，但若能更深刻认识当前的行业结构，这样的跟随者或者潜在的入行者就更有能力打败龙头企业。

本章将总结整本书所涉及的内容，为企业确定行业龙头企业的缺点、为成功攻击龙头企业提供分析框架。我将从挑战者的角度，即行业内的追随者或者考虑进入某个行业的企业的角度来阐明这个框架。本章首先确定了挑战者成功攻击龙头企业需要的严格条件，接着描述了挑战者对付龙头企业采取的战略，包括改变竞争基础、利用龙头企业的僵化体制。我还在本章阐述了表明龙头企业弱点的行业和企业特征。本章最后的结语部分讨论了攻击龙头企业经常犯的错误。

虽然本书的每一章都提出了进攻战略的建议，但成功击垮龙头企业这一艰巨的任务需要综合所有建议。虽然本章的框架是按照进攻龙头企业的要求来搭建的，但在选择进攻战略对付竞争对手时，这些原则同样适用。此外，行业龙头企业可以使用相同的理念来理解自身的弱点，从而更有效地制定防御战略。

攻击行业龙头企业的条件

进攻战略的第一条原则是，不管挑战者当前具备哪些资源，其实力如何，都不能使用模仿战略与龙头企业正面交锋。龙头企业拥有执行业牛耳的地位，凭借其内在优势，它对付企业的这种挑战不成问题，而且龙头企业还会利用一切手段进行报复，随后的战斗将不可避免最先耗掉挑战者的资源。

宝洁公司在挑战通用食品麦斯威尔咖啡品牌的时候就违反了这项原则。宝洁公司的福爵咖啡不比麦斯威尔咖啡具有更多的产品优质特征，宝洁公司的产品和市场营销手段与通用食品公司的价值链活动也并无二致。麦斯威尔咖啡使用一系列的防御战略成功实现了对宝洁公司的福爵咖啡的报复，受益于其自身较高的市场份额和有利的竞争地位。福爵咖啡已经获得了一些市场份额，这些份额主要是以牺牲小型竞争对手的利益获得的。不过，福爵咖啡的盈利能力还需要提高。相反，麦斯威尔咖啡已有较高的盈利能力，能持续不断地抵制福爵咖啡试图成功获得市场份额的努力。

可口可乐向施格兰出售其名为 Wine Spectrun 的葡萄酒业务，就是另一个违反攻击龙头企业规则的实例。当可口可乐在葡萄酒行业从二线竞争对手处赢得市场份额时，该公司面临着与嘉露相比极差的成本劣势。无论是在产品还是在营销策略方面，可口可乐公司都没有任何创新的办法去对付嘉露，只能加大费用支出。嘉露对可口可乐的抵制表明，可口可乐从未在葡萄酒行业获得不错的利润。IBM 在复印机行业也面临着相同的困难。IBM 在复印机业务上没有获得差异化或成本优势，在中、高容量的复印机上受到了施乐和柯达的强烈抵制。

成功地击败龙头企业要求挑战者满足三项基本条件。

1. **具有可持续性竞争优势**。相比行业龙头企业，挑战者必须具备明确的可持续性竞争优势。如果挑战者具备低成本优势，企业就能利用降价来获得比龙头企业更明显的竞争优势，或者以行业平均价格出售产品来获得更高的利润，利用多余的利润对营销活动或者技术发展进行再投资。这两种情况都能让挑战者赢得更多的市场份额。如果企业有差异化的优势，就能产生溢价或最小化营销活动和低于龙头企业试用活动的成本。挑战者具备低成本和差异化这两种竞争优势中的任何一种都必须可持续，请使用本书第 3 章和第 4 章阐述的可持续性标准来衡量。可持续性保证了挑战者能在交叉的时间内填补市场份额的空白，防止过早被龙头企业模仿。

2. **其他活动的相似性**。挑战者必须有办法部分或者全部抵消龙头企业的内在优势。如果挑战者采用差异化战略，它必须能部分抵消龙头企业因为规模、先发优势或其他原因自然产生的成本优势。除非挑战者具备成本接近的特征，否则龙头企业会利用其成本优势来抵消（或者赶超）挑战者的差异化战略效果。同理，如果挑战者将其进攻建立在成本优势基础上，挑战者必须能为买方创造可观的价值。否则，龙头企业将能够维持高于挑战者的价格溢价，从而为龙头企业带来开展积极报复行为所需的总利润。

3. **龙头企业决定报复面临的障碍**。挑战者必须具备一些方法来缓冲龙头企业对自己发起的报复。行业龙头企业不能对挑战者开展旷日持久的打击报复，有可能是出于龙头企业自身条件的考虑，也有可能是因为挑战者选择的战略。龙头企业对挑战者发起的报复如果没有任何障碍，当挑战者进攻龙头企业时，就会触发龙头企业消灭挑战者的攻势，不管挑战者具备怎样的竞争优势，都难以抵挡。尽职尽责的龙头企业具有优势和根深蒂固的行业地位，通过积极的报复行为，促使挑战者承担昂贵的经济和组织成本。

上述有关挑战者圆满进攻龙头企业需要具备的条件，主要是根据第1章说明的竞争优势的原则得出的。挑战者若能满足这三个条件，其成功赢得竞争地位的概率会大大提升。宝洁公司的福爵咖啡、可口可乐的葡萄酒系列、IBM的复印机等都没有完全满足上述三个条件，因此这些企业没能撼动龙头企业的地位。

挑战者满足这三个条件的困难主要在于龙头企业的战略及其积极程度。如果龙头企业处于进退两难的境地，没有任何竞争优势，挑战者能很容易通过成本领先或者差异化战略赢得竞争地位。在这种情况下，挑战者只要意识到龙头企业的弱点，执行利用这些弱点的战略即可。从另一方面来看，要想成功进攻一个积极实施成本领先战略或者差异化战略的龙头企业，通常要求挑战者开展主要的战略创新，包括发展新的价值链等。

水磨粉行业就有挑战者满足三个条件的例子。美国嘉吉公司和阿彻丹尼尔斯米德兰公司（ADM）在面临CPC国际集团、A.E.Staley制造公司和标准品牌公司等传统领导企业的竞争时依然成功进入行业。嘉吉公司和ADM拥有新的连续加工工厂，成功进入该行业，这类工厂体现了加工技术近来发生的变化。这些公司集中精力，主打产品范围较小，主要走量，它们通过精简销售队伍，减少了管理费用。这些举措使得嘉吉公司和ADM比传统的制造商赢得了更多的成本优势。同时，尽管很多其他行业龙头企业努力开展差异化，嘉吉公司和ADM在差异化战略上却实现了平分秋色。产品本身是商品，而且很多买方并不看重广泛的服务。此外，有几项因素妨碍了传统行业龙头企业展开报复。传统的行业龙头企业因为害怕打破整个行业的平衡不敢对挑战者打击报复，而行业内的对抗，从传统上看是一场绅士间的较量。同时，龙头老大CPC国际集团和标准品牌公司已经开始多元化经营项目，其主要精力和资源已经脱离了传统的水磨粉行业。

水磨粉行业展示了挑战者满足三大条件的情景。很好地满足了某个条件的企业能弥补其他条件的不足。经济型航空公司，如美国人民捷运和西南航空公司进入行业就是满足两项条件的挑战者可以弥补剩余一项条件的不足的例子。第3章描述了经济型航空公司因为使用不同的价值链比干线运输公司拥有更明显的成本优势。此外，很多乘客认定，经济型航空公司的服务与干线运输公司提供的服务类似，经济型航空公司面临着干线运输业报复的风险，因为后者可能要捍卫自己的市场份额。虽然干线运输公司对于要不要报复打击心存疑虑，主要是降价的成本很高，它们也怕损害自身的质量形象，但经济型航空公司呈现的威胁如此之大，最终干线运输公司选择了反击。经济型航空公司只享受了很短暂的一段没有被报复的时间，它们得到的巨大的成本优势大大增加了干线运输公司开展报复的成本。很多干线运输公司从来没有尝试过与经济型航空公司竞价。

联邦快递公司成功击败埃默里航空货运公司进入行业，再次证明了挑战者使用某个领域的优势来抵消龙头企业持久竞争力的能力。联邦快递公司独特的运输系统，以及其使用自有飞机和孟菲斯中枢，在连夜递送小包裹服务中实现了差异化优势。联邦快递公司有较高的可靠性，除此之外，它还在其他方面实现了差异化，详见第4章。虽然联邦快递公司最终实现了与埃默里航空货运公司成本地位的平等甚至取得优势，但是其价值链仍具有更高的规模灵敏度，这表明联邦快递公司的初始成本相对较高。这样的成本劣势和沉重的债务负担，使其一开始很容易受到报复行为的打击。埃默里航空货运公司一开始没有把联邦快递公司放在眼里，它没有开展报复，直到联邦快递公司已经获得了相当大的市场份额，确立了自身的成本相近地位。这个例子表明，龙头企业没能迅速实现报复，给了挑战者喘息的时间和资源来克服其在成本或者差异化方面的劣势。这再次证明了本书第 14 章描述的快速回应在决定龙头企业防御自身竞争地位过程中的重要作用。

进攻龙头企业的渠道

成功地攻击龙头企业要求挑战者具备一定的战略眼光。挑战者必须实施不同的战略，从而抵消龙头企业的自然优势，意识到龙头企业开展的报复，为之创造障碍。挑战者成功应对龙头企业的战略依行业有所不同，有三种常见的进攻渠道，具体如下。

- 重新配置。挑战者在执行价值链活动中进行创新或者对整个价值链进行重新配置。
- 重新定义。挑战者重新界定自身和龙头企业之间的竞争范围。
- 纯粹投资。挑战者通过优质的资源或者更多投资的意愿来购买市场地位，由此提升企业的竞争地位。

这三种渠道都能改变行业内的竞争规则，从而抵消行业龙头企业的劣势，使挑战者获得成本或者差异化优势。这三种渠道并不是彼此排斥的，一些企业已经成功地利用了三种渠道。重新定义竞争范围往往要求对价值链进行平行的重新界定。使用一种或者多种进攻渠道能大大提升进攻龙头企业的成功概率。这三大渠道如图 15–1 所示。

重新配置价值链

竞争范围		与龙头企业具有相同的价值链	新的活动	新的价值链
竞争范围	与龙头企业相同	纯粹投资	重新配置	重新配置
	与龙头企业不同	重新定义	重新配置和重新定义	重新配置和重新定义

图 15–1　攻击行业龙头企业的渠道

攻击龙头企业的渠道有两个方面的重大区别，具体如图 15–1 所示。挑战者和龙头企业相比，可以对双方价值链的配置和竞争范围进行对照。挑战者可以利用相同的价值链或对价值链部分活动进行重新配置，甚至对整个价值链进行重新配置。同时，挑战者还有可能与龙头企业在相同的活动范围内竞争，这归根结底是竞争范围的问题。正如本书第 2 章描述的，竞争范围包括了行业内部的细分内容、一体化程度、地域范围和行业范围，以及企业使用协调战略在其中竞争的所有行业范围。

单纯重新配置涉及重新设计活动，或者最终出现完全不同的价值链，虽然挑战者和龙头企业拥有相同的竞争范围。单纯重新定义涉及不同的竞争范围，但竞争的基础是拥有同样的价值链。重新配置和重新定义能综合新的价值链和不同的竞争范围。纯粹投资不会对价值链进行重新配置，也不会对竞争范围进行重新界定，而是依赖挑战者所做的投资，从而实现竞争优势。

重新配置

重新配置使挑战者和行业龙头企业在相同的活动范围内以不

同的方式竞争。挑战者执行个别价值活动的方式会不同，它也可能对整个价值链进行重新配置，从而降低成本或者提升差异化的成效。重新配置的价值链必须具有可持续性，不易被模仿，这是攻击行业龙头企业的基础。可持续性源于先发优势以及其他在本书第 3 章和第 4 章中描述的要素。

重新配置导致竞争优势的方式本书已经进行了详细的讨论，其可能涉及价值链的任何活动。第 3 章和第 4 章详细描述了重新配置价值链产生成本优势或者差异化的原因。比如，在葡萄酒行业，第 3 章描述了嘉露通过重新配置采购、混合、瓶装、物流和营销等价值活动实现成本优势的过程。第 4 章描述了在冷冻食品行业里，史都华重新配置了营销、技术发展、采购和经纪人关系来实现并保持差异化优势。

重新配置的价值活动越多，越有可能使挑战者相对领导者的竞争优势更持久。重新配置整个价值链，正如本书前文描述的经济型航空公司和艾奥瓦牛肉公司展示的情况，是挑战者针对那些高度专注于维持传统行业价值链的龙头企业最强大的竞争优势来源。

挑战者成功实现进攻龙头企业的重新配置的例证具体如下。

产品变化。挑战者可以通过改变产品来进攻龙头企业。

优越的产品性能或者特征。产品具有买方看重的性能或者特征，主要源于挑战者对买方价值链的理解（第 4 章）。宝洁公司的查敏卫生纸更柔软，比斯科特的纸质产品吸水性更强，这样宝洁公司自然就成了引领者。同理，库博光学和 Barnes-Hind/Hydrocurve（露华浓公司的一个分部）的软式隐形眼镜为进攻博士伦公司提供了武器。

低成本产品设计。第 3 章描述了产品设计影响相对成本地位的原理。佳能的 NP200 复印机使用墨粉投影显影技术，比竞争对手的机器需要更少的零件。低成本的设计使佳能公司显著提升了其在小型普通纸复印机行业的地位。

出厂物流和服务变化。挑战者可以通过改变产品支持、售后服务、订单处理或者商品分销来攻击行业龙头企业。

物流系统更快捷。第 3 章描述了分析物流系统中提升相对成本地位的方法。相对成本地位有时候可以通过重新配置价值活动来降低，联邦快递公司就是这样做的。

售后支持更灵敏。第 4 章表明了如何评估对买方最有价值服务的参数。挑战者重新配置价值链，使其更快速地回应买方的要求，实现差异化。维特科是一家专门出售海上石油钻井设备的公司的一个燃油工程分部，它通过提供优质的培训材料和其他售后服务来帮助其买方掌握复杂的水下钻井任务。

订单处理更有效。第 4 章描述了如何确立并评估交付系统增效的办法，由此确立差异化。增效方式包括执行新的功能，比如控制买方存货，这实际上是接手了买方价值链的活动。有些批发企业使用在线订购系统来接管零售顾客的存货管理功能。麦克森曾通过其药品分销 3PM 订单处理系统大大提升了自身的竞争地位，该系统允许药剂师直接订购，并为他们提供其他有价值的信息。

营销变化。挑战者已经通过营销价值活动的创新在很多行业向龙头企业发起了进攻。最常见的创新活动包括以下几个。

在营销投入不足的行业增加营销活动的投入。挑战者可以升级营销开支来进攻龙头企业。在芥末、冷冻餐饮和冷冻土豆行业中，老波庞芥末酱、史都华和 Ore-Ida 食品有限公司就成功地做到了这一点，如今它们正在努力提升传统广告开支的费率。更高的花销水平使得企业能够更好地显示价值，获得更高水平的品牌识别和溢价。

新的定位。为了攻击行业龙头企业，挑战者可以设想新的产品定位方式。史都华冷冻食品作为一项美食的新定位是其取得优势支配地位的关键要素，详见第 4 章。

新型销售组织。新型的销售组织可能具有不同类型的销售人员，有时候他们是成功进攻领导者的基础。皇冠软木与封装公司拥有娴熟的技术型销售团队，经过重组向罐装商销售整套皇冠瓶罐产品、瓶盖和包装设备，这就是皇冠比美国制罐公司和大陆罐装集团更成功的原因。

运营变化。可以降低成本或者提升差异化战略的运营价值活动的变化为很多挑战者成功击败领导者提供了基础。本书第 3 章描述了艾奥瓦牛肉公司在牛肉包装行业率先启用了一条全新的价值链。嘉吉和 ADM 利用全新连续加工工厂进入水磨粉行业。修正的生产工艺提升了产品质量，这是 Ore-Ida 食品有限公司在冷冻土豆行业取得成功的原因。有时候全新技术的出现改变了工艺，或者某技术子类变革为传统工艺技术重新注入了活力。

重新配置下游活动。利用龙头企业忽略的渠道或者率先集中发展新兴的行业是攻击行业龙头企业的新渠道。下游创新的实例包括以下几个。

开创新渠道。天美时在 20 世纪 50 年代开创了使用杂货店和大型卖场作为手表销售渠道的先例，虽然行业里有宝路华这样的知名品牌和瑞士制表商，但天美时仍然在行业里取得了领先地位。

传统的龙头企业通常使用珠宝商店的渠道。

抢占新兴的渠道。理查森–维克斯公司引领了在超市销售玉兰油等高品质护肤品的潮流。超市是这种产品的新兴渠道，该公司通过保持玉兰油的领先地位，获得了先发优势。

直销。日本拉链公司 YKK 绕过了批发商，直接向服装公司销售，打败了泰龙公司。

要成功击败龙头企业，仅在价值链上开展某一项创新是不够的。史都华将产品变化与多项重大的营销创新结合起来。嘉吉和 ADM 联合开展工艺变化和生产线、营销变化。天美时综合新渠道与低成本制造技术，以前所未有的电视广告规模推进产品。可持续性产品竞争优势有多种来源，详见第 3 章和第 4 章。

结构变化为重新构建价值链创造了条件。天美时成功打败瑞士手表，主要得益于它对电视广告和大众销售渠道以及战时生产技术发展的充分利用。同时，买方收入的增加和态度的转变使得手表成为日常必需品。在许多行业里，重新配置价值链要以重新思考内部的做法而不是利用外部变化为前提。总之，重新配置价值链是一项创意活动，很难按照规定或者预期的方式实现。行业分析、价值链分析、技术分析、行业情景以及本书提出的其他概念能帮助我们寻找重新配置价值链的机会。

重新定义

攻击龙头企业的第二种渠道是重新定义竞争范围。竞争范围的扩大意味着实现关联或者收获一体化的利益，缩小竞争范围使得企业为了特定目标重新制定价值链。本书前面几章我多次提及，尤其是在第 2 章、第 7 章、第 9 章和第 12 章里，我阐明了企业的活动范围将在很大程度上影响竞争优势。挑战者能够从4个方面改变竞争范围，重新定义范围的方式是彼此渗透的。

- 行业内集中。缩小竞争基础，集中应对某个细分领域，而不是漫无目的地出击。
- 一体化或者分拆。扩大或者缩小在企业内部开展的活动的范围。
- 重新界定地域。从地区、国家甚至全球的角度拓展竞争范围，还可以沿着反方向来缩小竞争范围。
- 横向战略。将竞争基础从某个行业拓展到多个行业。

集中

对付行业龙头企业成功的集中战略的主要形式见第7章的描述。

- 买方集中。像拉昆塔这样的平价酒店主要针对中产商务人士，还创造了低成本价值链来满足其特殊要求。
- 产品集中。佳能、日本理光和萨文集中于小型普通纸复印机，从而挑战了施乐公司的龙头地位。
- 渠道集中。斯蒂尔通过只服务经销商来击败链锯产业的美国康力和迈科洛，由此实现了集中服务买方的效果。

集中战略常见的优势体现在，行业龙头企业很难在不影响自身战略实施的情况下对挑战者的集中战略实现报复。这延迟了龙头企业对挑战者的打击，使挑战者有时间在行业里立足。此外，攻击领导者的集中战略可以成为次序战略的一部分。在次序战略中，挑战者一开始通过集中战略攻击行业龙头企业，然后逐渐拓展其竞争范围，与行业龙头企业在较大的范围里竞争。日本生产商在电视机和摩托车行业就采用了这种战略。在这两个行业里，日本制造商从低端产品系列开始，逐渐拓展产品范围。耐克也是用这种方法在跑鞋领域成功挤走了阿迪达斯，它一开始集中于高品质产品领域，然后利用已经确立的名声向下游拓展产品范围。次序战略的基础是细分领域之间的关联（第 7 章），这使得身在某个细分领域的企业逐渐在其他细分领域里赢得了竞争优势。次序战略的优势体现在初期不会激起行业龙头企业对挑战者开展报复行为。

一体化或者分拆

挑战者应该使用一体化或者分拆的方式进攻行业龙头企业。后向一体化或者前向一体化有时候会降低成本或者提升差异化效果。在葡萄酒行业，嘉露在瓶装行业实现一体化是其获得成本优势的重要原因。瑞士食品零售商米格罗斯在行业内的地位不断上升，主要归功于产品和包装的后向一体化。条件改变还可以使分拆成为赢得竞争优势、超越采用一体化的龙头企业的重要手段。

地域重新界定

在一个或者多个国家运营的行业龙头企业，有时候会被区域化或者全球化战略击败。通过将某个行业的竞争基础拓展到多个行业，挑战者拓展了市场的地域限制，通过地域关联赢得了成本或者差异化优势。整合并协调多个国家价值活动的全球战略，可使企业获得生产或者产品发展的规模优势，创造更好地服务全球买方的能力，进而获得其他方面的竞争优势。行业的全球化已经成了汽车（丰田和尼桑对抗通用汽车）、摩托车、起重机、电视机和多种医疗设备等行业挑战者成功的主打战略。

针对跨国的行业发展，国别差异意味着全球战略是不利于生产力提高的。实施全球战略的龙头企业很容易受到采用国别差异战略的挑战者的攻击。嘉实多在车用油行业的成功就得益于这种战略。就算在国际化行业里的某些细分领域中，集中某个国家的战略也具有可持续性，而其他细分领域则要求全球战略。在这两种情况下，非全球化应该是攻击全球战略的一种方法。

在很多行业里，集中于某个城市或者某个地区的企业成功地击败了实行全国战略或者全球战略的竞争对手。当竞争对手集中于某个区域的时候，竞争优势就源于全国竞争。甘尼特集团的《今日美国》就希望借此战略在报业取得成功。

横向战略

挑战者可以利用业务单元之间的关联作为拓展竞争范围的手段。本书第9章和第10章已经详细介绍了关联可以为相关行业的企业带来竞争优势。实施覆盖了多个行业横向战略的挑战者可能会打败一个在行业内更小范围或者不同领域经营的行业龙头企业。比如在个人电脑领域，IBM利用个人电脑与其他业务单元之间的关联来击败早期的龙头企业，如苹果和天迪工控。关联还可以替代企业在任何行业内取得的市场份额，抵消龙头企业的竞争优势。

特殊形式的关联和互补产品第12章已描述过。捆绑销售可以在某些行业内赢得竞争优势，而捆绑优势可以在其他行业获得竞争优势。美林证券的CMA捆绑产品综合了多种之前分别销售的金融服务产品，使得美林证券赢得了比经营多种金融服务的企业更好的竞争地位。

多重再定义

这4种重新定义的模式并不是互相排斥的。挑战者可以在采用全球化战略的同时利用好关联，松下电器在家电领域就是这样做的。松下电器在很多电子消费品领域中共享生产活动、销售渠道和其他价值活动，它还可以在全球范围内整合并协调战略。这个战略战胜了凭借单个产品或者在单个国家经营的竞争对手。

挑战者可以将某个方面狭窄的竞争范围和其他方面宽泛的竞争范围结合起来，可以在集中于某个行业某个细分领域的同时，实现全球范围的竞争。同时，在多个方面重新定义竞争范围已经成了竞争优势的有力来源，因为每次重新界定产生的竞争优势可以被逐渐积累。

图 15–2 显示了竞争范围的多个方面，它们建议挑战者应如何检查每个范围，以确定这是否是攻击领导者的一种手段。该图勾勒了龙头企业的竞争范围，探讨了其他可行的竞争范围界定（包括拓展或者缩小竞争范围），从而确定其能否为挑战者创造强大的竞争优势。图 15–2 代表了 20 世纪 70 年代汽车行业的情况。通用汽车与采用大布局战略、涉及多个模型的企业竞争。虽然通用汽车公司在全美乃至全球范围竞争，但其战略本质主要以某个国家为核心，全球协调量比较少。丰田和尼桑选择集中于小型汽车市场，采用全球协调的战略，这两家公司在此过程中赢得了超越通用汽车的竞争优势。

图 15–3 表明了美国报业的竞争模式。行业内的传统战略是用多种新闻服务于某个城市，尽管很多报纸可能同属于某个连锁集团。《华尔街日报》和《纽约时报》就采取了针对市场细分领域的国家战略。《华尔街日报》最近采用了部分全球化的战略，设立欧洲版和亚洲版。同时，《今日美国》旨在在全美范围内出售针对大众的日报，这大大吸引了全美广告商。《今日美国》和

《华尔街日报》的战略能实现，得益于现代通信技术和计算机排版和印刷技术的发展。在报业中重新定义竞争范围已经成为赢得竞争地位的主要因素。

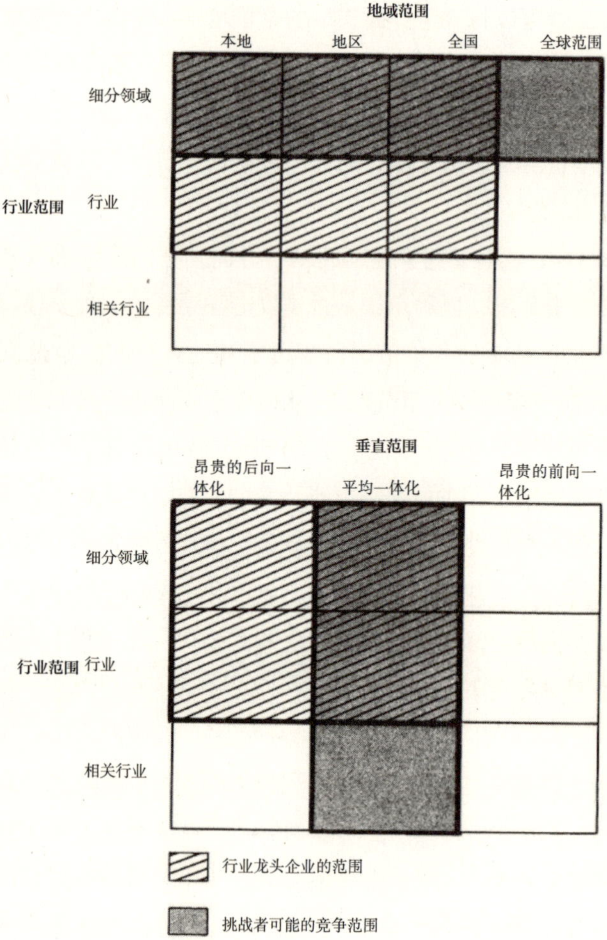

图 15-2 行业龙头企业的其他竞争范围和挑战者战略

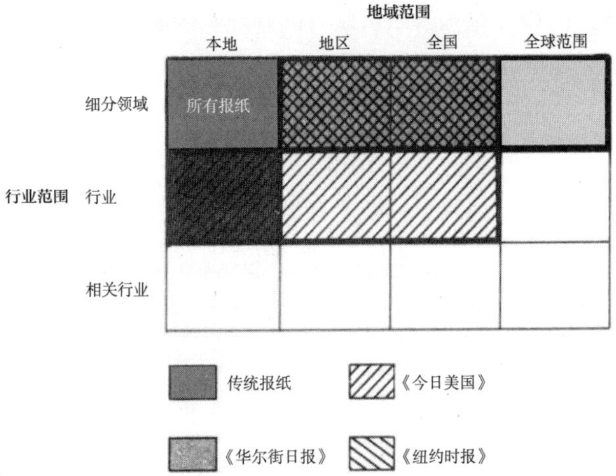

图 15–3　报纸行业的其他范围

上述重新定义竞争范围的例子表明，重新定义竞争范围和重新配置价值链可以同时进行。《华尔街日报》如果没有采用全美乃至全球战略，就不会取得如此成功的效果。企业必须视重新定义竞争范围和重新配置价值链为攻击行业龙头企业的互补方式。

纯粹投资

攻击行业龙头企业最具风险的一种方式是在没有重新定义竞争范围，也不重新配置价值链的前提下进行纯粹投资。纯粹投资包括买入市场份额、积累销售量或者通过降价或提高广告投入来提高品牌认同度等。挑战者充分投资，旨在实现一定的市场份额、销售量，扩大名声，从而在赢得相对成本地位或者差异化战略中遥遥领先。挑战者无须特立独行，也不需要比龙头企业更加出色，只要用更多的资源、更主动的投资超过龙头企业即可。

这种削弱行业龙头企业竞争优势的方法成本很高，未必能成功。行业龙头企业具有成本或者差异化优势，通常有充足的财力对抗这种战略。龙头企业往往愿意投资捍卫自己的地位。一个生动的例子是，石油公司多元化经营，试图进入化肥行业，纯粹投资就会带来巨大的风险。虽然石油公司资金雄厚，但在重新配置价值链和重新界定竞争范围的过程中并没有得到竞争优势，这导致了让人沮丧的结果。

纯粹投资的成功依赖于挑战者优先获得财力或者行业龙头企业不愿意在行业内投资。财力雄厚的龙头企业可能会自满，认为自己拥有较高的壁垒，发展目标很多，或者面临着母公司对其提出创造更多现金收益的要求。纯粹投资在行业龙头企业规模不大、投资不足的行业里最成功。这些龙头企业虽然拥有竞争优势，却没有实力采用激进的报复手段来打击挑战者进入行业的勇气。

纯粹投资本身是进攻龙头企业最不讨好的方式。然而，愿意投资往往是基于重新配置或者重新定义基础战略的重要补充。在罐装行业中，皇冠软木与封装公司大力投资，而美国制罐公司和大陆罐装集团却在忙着赢利，这就加快了皇冠通过其现代设备获得竞争优势的进程。

建立联盟攻击龙头企业

挑战者可能需要与其他企业建立联盟，获得必要的资源、技术、市场机会或其他优势来攻击行业龙头企业。联盟是实现重新配置价值链、重新定义竞争范围或者纯粹投资的一种方式，虽然企业确立联盟未必就能成功。不同种类企业结成联盟在很多击垮龙头企业的情况中发挥了重要作用。两种常见的联盟形式具体如下。

- 收购。企业收购另一家公司（或者多家公司），或者企业本身被其他企业收购。
- 联合。在不开展兼并的情况下，企业与其他公司进行联合，包括授予许可证、合资企业和供货协议等。

收购为拓展企业的竞争范围创造了条件，包括在新的细分领域、新的地理范围内获得竞争地位，以及通过加强一体化或者在相关行业内建立据点，这些都能达到同样的目的。依维柯公司兼并了许多欧洲卡车制造商，成为一个很有竞争力的企业。收购在重新配置价值链或者纯粹投资战略中发挥着巨大的作用。收购可以使两个机构按照可行的方式合并资源和技术。

联合能将不同企业的资源和技术按照有利于重新配置价值链、重新定义竞争范围或者纯粹投资的方式进行整合。日本的电视机制造商获得了美国无线电公司彩电技术的授权，这为其自身开展产品和工艺创新提供了很好的起点。同理，联合还推动了欧洲空中客车公司的诞生，使一群举步维艰的国内企业联合成为一个参与全球竞争的公司。联合措施与企业自身的行为结合起来，可以拓展竞争范围。比如在阀门行业中，WKM 公司只在美国境内销售产品，在其他地方则采用许可证的方式经营。

联合在攻击龙头企业的过程中发挥着非常微妙的作用。挑战者有时候与行业龙头企业建立联合关系，这样的关系为日后挑战者进攻龙头企业奠定了基础，详见第 5 章。行业龙头企业授权其他许可技术，确立合资经营生产或者营销业务，这样就让挑战者学习到龙头企业的优势，使其可能获得突破性进展。很多日本企业从行业龙头企业获得了国外先进技术的许可，日后又对这些技术进行了改良。

收购和联合本身也不是万无一失的。收购行为很难实现一体化，而且在建立联合的合作伙伴之间开展协调工作有很多麻烦。比如在复印机行业中，施乐与其合作伙伴兰克施乐公司以及由兰克施乐公司牵线搭桥联合的另一个企业富士施乐公司在协调合作时出现了问题，这让佳能受益无穷。佳能具有强大的全球协调能力，由此产生了一些竞争优势。

行业龙头企业开展报复的壁垒

成功的挑战者必须发现甚至创造行业龙头企业开展报复后遇到的障碍，这样做是为了削弱龙头企业的天然优势，减少挑战者发起进攻的成本。有多项因素能阻碍龙头企业对挑战者开展报复。

混合动机。如果挑战者的战略为龙头企业创造了混合动机，它就能遏制行业龙头企业报复的能力。龙头企业必须损害其过去的战略以还击挑战者或者与之竞争，这就面临着混合动机。例如，已经在服务方面确立了竞争优势的龙头企业，如果在回应挑战者战略时做出了没有必要的举动，就会功亏一篑，损害自己好不容易建立的名声。挑战者可能选择保持自己过去的战略，承受市场份额的损失。比克公司引入了低价的一次性钢笔，这就为吉列公司的书写文具部门创造了混合动机。书写文具部门曾耐心地塑造了优质的品牌形象。赶超比克公司的战略可能会损害这种形象，书写文具部门最终不得不引入全新的品牌——书写兄弟（Write Brothers）来对抗比克公司。

龙头企业与母公司其他业务部门之间确立的关联可能是混合动机的基础，因为确立关联涉及成本僵化（第 9 章）。关联可能会限制龙头企业的行动，使其难以在做出还击的同时不损害兄弟业务单元。行业龙头企业如果采用捆绑战略，就有可能产生混合动机，详见第 12 章。行业龙头企业可以让挑战者赢得适量的份额，不必实行分拆经营，以免整个行业转向分拆经营。

龙头企业反击的成本较高。如果挑战者的战略使得龙头企业在回应时要付出较高的成本，龙头企业就不会进行报复。龙头企业如果占有较大的市场份额，就会对实施昂贵的报复行为思虑再三，包括全面的降价行为和加大保修服务的范围。如果龙头企业的设备、设施或者劳动合约不合适或者已经过时，那么回应成本也很高。第 14 章阐述了防御战略成本评估的方式。

不同的财务任务和目标。拥有不同财务任务和目标的龙头企业可能不会对挑战者的进攻做出回应。强调短期利润的龙头企业会向愿意放弃份额的挑战者让出市场份额。同理，如果报复行为要求大量投资，希望保持高现金流量的龙头企业也不会进行报复。丹碧丝的例子证明了龙头企业若具有不同的财务目标，就会招致其他企业的进攻。在女性卫生产品领域内保持较高的回报率似乎已经成了丹碧丝内部的当务之急，这使其对竞争对手发起的不断进攻鲜有回应，直到近来这种情况才发生改变。财务目标的差异是许多外国企业成功打败美国龙头企业的主要原因。

业务约束。如果龙头企业决心或者努力在其他行业内取得成功，对于挑战者发起的进攻，龙头企业有可能不会报复。母公司可能会限制某个业务单元的资源或者控制其目标。例如，母公司如果认定公司的主要任务是获得现金收益，公司就不太可能从母公司那里获得资源来抵御挑战者的攻击。同理，积极追求多元化战略的企业可能不会密切监视或者捍卫其核心业务。皇冠软木与封装公司比美国制罐公司和大陆罐装集团取得了更大的成功，部分就是因为两个龙头企业试图利用其他包装方式实行多元化。

监管压力。行业龙头企业如果认定自己因为监管压力无法行动，就有可能不采取报复。反托拉斯检查、安全标准、污染监管和其他类型的法规都有可能限制龙头企业的回应。有些观察者认为，政府对连锁罐装系统的压力会转移可口可乐公司的注意力，使其无法专心应对百事可乐的挑战；AT&T 公司在面临新的竞争时，就因为监管压力无法有力回击。

盲点。在解释行业条件的时候，龙头企业可能因为错误的假设或者盲点而遭受损失。如果龙头企业错误地估计了买方的真正需要或者行业变化的影响力，挑战者就会在龙头企业有所行动前赢得竞争地位。此外，龙头企业可能会天真地意识到挑战者的行动不明智或者不具有威胁性，直到挑战者在行业内确立了市场地位才幡然醒悟。

盲点对于很多挑战者的成功具有至关重要的意义。哈雷戴维森公司错误地估计了市场对小型摩托车的需求，坐看本田公司在行业内立足；施乐似乎误解了小型复印机的重要性；虽然设计和自动化生产技术取得了巨大进展，Zenith 电视机工厂依然固守手工装配电视不放。仔细分析竞争对手的假设能反映这些盲点。

不正确的定价。龙头企业可能会根据平均成本，而不是向给定的买方交付成品的成本来设定价格。如果挑战者的目标是定价过高的产品或者买方，并提供了较低价格，那么领导者确认真正的成本就会比较慢，且不愿意降低其毛利润。龙头企业对这些战略进行回应，从一个个细分领域里退出来，直到最后领导者以行业龙头企业的身份出现。

绅士游戏的一部分。如果行业内的对抗不温不火，龙头企业的反应可能比较慢。这些行业的龙头企业因为害怕破坏自己与其他竞争对手的关系而不对挑战者实施报复。可口可乐是软饮料行业的元老，这里的每个企业都遵守游戏规则，这也部分说明了为什么直到最近可口可乐才对百事可乐发起了强烈的报复行动。

龙头企业发起报复的障碍源于多重原因。有些障碍起因于诸如混合动机或者资源分配的优先顺序等有形因素，还有些障碍源于龙头企业的认知错误，盲点和不正确定价就属于这种情况。当龙头企业开展的报复存在有形障碍时，挑战者成功的概率就会增大。多种障碍的存在使得龙头企业面临的问题日益复杂。比如，瑞士手表企业在回应天美时的挑战时，对天美时一次性手表的适销性缺乏认识。鉴于瑞士手表企业的劳动强度，其为赶超天美时自动化设施付出了高昂的回应成本，如果这些企业要追随天美时的战略，启用杂货店这个销售渠道，就得面临隔离珠宝店销售渠道的混合动机。

重新配置价值链，重新界定价值链的战略，经常要利用龙头企业开展报复的障碍，由此创造混合动机以及高昂的回应成本，使龙头企业无法正确认识自己。相对而言，纯粹投资战略的一大困难在于，它与其他两个进攻途径相比，很难与龙头企业实施报复时遭遇的障碍相联系。当龙头企业具有不同的财务任务和目标，且不愿意与挑战者的投资活动竞争时，纯粹投入才最有效。

行业龙头弱点的信号

上述讨论表明了诸多显示行业龙头弱点的信号。主要有两大类，行业信号和基于行业龙头企业特征的信号。

行业信号

结构变化是暴露行业龙头企业弱点的最强信号。源于行业外部的结构变化是显示龙头企业弱点的明显标记，因为成熟的企业往往会误解这些标记。

显示龙头企业弱点的重要行业信号包括以下几点。

技术突变。技术突变提升了行业龙头企业竞争优势被忽略的可能性，详见第5章。比如在轮胎行业里，米其林在子午线轮胎上取得的技术突破挑战了固特异轮胎和火石轮胎。在打字机行业里，电子产品的出现证明了安德伍德的衰落实属必然，并威胁着SCM。由于龙头企业具有的规模经济和累积学习效应，相比挑战者，它们有更优越的地位对持续的技术变化做出反应。

买方变化。买方价值链上的任何变化，无论出于什么原因，都能为差异化、新渠道、分拆经营带来新的机会。比如，劳动力大军中女性成员比例的增加为许多行业中生产女性或者家庭产品的企业创造了条件。由于龙头企业的行业地位的限制，新的买方细分领域也有充分的机会。

改变渠道。新渠道的出现为攻击当前渠道占有统治地位的龙头企业创造了条件。将诸多消费品销售转向市场，就为攻击多个龙头企业创造了条件。

改变投入成本或者质量。重要投入要素的质量或成本的变化，可能标志着挑战者有机会通过新的生产工艺、锁定新的原材料货源或者重新设计产品来减少或改变物资内容来获得成本优势。比如，能源成本的急剧上升为炼铝行业重新定位创造了条件。

绅士游戏。正如本书上文所述，具有悠久而稳定历史的行业表明龙头企业扮演了政治家的角色，其报复可能会比较慢。

龙头企业的信号

行业龙头企业的下述特征能显示其弱点。

进退两难。陷入进退两难境地的龙头企业（相比其他现存竞争对手缺乏成本优势或者差异化战略），给挑战者提供了诱人的目标。挑战者可能会发现很难满足在本章一开始阐明的三个条件。

买方不满意。龙头企业如果不能让买方满意，就容易受到对手的攻击。不满的买方认为龙头企业已经显示了自己的议价能力，或者龙头企业的员工因为过去的成功开始骄傲自满。买方不满会大力鼓励并支持挑战者。

当前行业技术的先行者。开创了当前一代行业技术的龙头企业可能在将来不会进行技术创新，这是由于投资当前的技术会变得僵化。在汽车行业发展的初期，福特公司似乎从一开始就被这个问题困扰着。

极高的盈利能力。赢得了极高利润的龙头企业为挑战者提供了保护伞，前提是高利润减去进攻的成本后有盈余。利润很高的龙头企业不愿意减少自己的利润来报复。此外，额外的回报也表明，龙头企业可以放弃生产线上不太赢利产品的份额，这为挑战者实施集中战略提供了条件。

监管问题的历史。具有监管问题历史的龙头企业，比如反托拉斯问题，可能无力大肆报复，或者自认为对报复无能为力。

在母公司业务组合中执行力较差。被母公司认定执行力很差的企业可能不具备财力来赶超最近的技术变化，或者没有充分的自主权来决定放弃部分利润，从而大力打击挑战者。

攻击行业龙头企业和行业结构

是否适合攻击龙头企业的最终标准是权衡其对整体行业结构的影响。挑战者进攻行业龙头，如果会破坏行业结构，就很不明智。挑战者必须寻找新的竞争方式，否则无法赶超龙头企业，取得成功。然而，新的竞争方法在某些情况下可能会减少差异化的可能性，降低进入壁垒，或者可能会产生其他负面结构影响（详见第1章）。与此息息相关的风险是，挑战者获得了市场份额却没有取得超越龙头企业的明显优势。如此一来，龙头企业和挑战者之间就在竞争地位上实现了相对平衡，这可能意味着行业将经历长期的不稳定。后续的战争有可能旷日持久，双方都有可能付出高昂的代价，这导致两家企业都不可能获得竞争优势。

意识到有些竞争对手是优秀的龙头企业，这一点很重要（详见第6章）。攻击优秀的龙头企业可能会恶化挑战者的盈利能力。如果优秀的龙头企业提供的保护伞在此间消失，面临这种情况，那么挑战者必须放弃对龙头企业的进攻，转而在其他行业寻找发展的机会和形式。

图书在版编目（CIP）数据

竞争优势 /（美）迈克尔·波特著；陈丽芳译 . --
北京：中信出版社，2021.4
（中信经典丛书 . 001）
书名原文：Competitive Advantage
ISBN 978-7-5217-2887-3

Ⅰ . ①竞… Ⅱ . ①迈… ②陈… Ⅲ . ①企业竞争－研
究 Ⅳ . ① F270

中国版本图书馆 CIP 数据核字（2021）第 042481 号

竞争优势
（中信经典丛书 · 001）

著　　者：[美] 迈克尔·波特
译　　者：陈丽芳
责任编辑：许艳辉
出版发行：中信出版集团股份有限公司
（北京市朝阳区惠新东街甲 4 号富盛大厦 2 座　邮编　100029）
（CITIC Publishing Group）
承 印 者：北京中科印刷有限公司

开　　本：880mm×1230mm　1/32　　印　　张：99.5　　字　　数：2287 千字
版　　次：2021 年 4 月第 1 版　　印　　次：2021 年 4 月第 1 次印刷
京权图字：01-2013-6369
书　　号：ISBN 978-7-5217-2887-3
定　　价：880.00 元（全 8 册）

服务热线：400-600-8099
投稿邮箱：author@citicpub.com

扫码免费收听图书音频解读

第五项修炼

学习型组织的艺术与实践

THE FIFTH DISCIPLINE

THE ART & PRACTICE OF THE LEARNING ORGANIZATION

[美] 彼得·圣吉
著

张成林
译

中信出版集团 | 北京

献给戴安

目录

推荐序1
真正的学习型组织永远在路上

宋志平
中国建材集团有限公司董事长
中国企业改革与发展研究会会长

在诸多阅读过的管理学书籍中，我对彼得·圣吉教授在“第五项修炼”系列中提出的“学习型组织”情有独钟。在快速变化的市场环境中，在充分竞争的领域，仅仅依靠一两位优秀领导的经验是不够的，仅仅靠少数人学习也是不够的，而是整个团队都要学习。为此，我一直把建立学习型组织作为做企业的一个基本目标，在北京新型建材厂任厂长时，我提出“像办学校一样办企业”；在中国建材集团，我常对大家说的一句话就是“把时间用在学习上，把心思用在工作上”。建设学习型组织正是中国建材集团进入世500强的重要因素。

学习型组织理论并不只是要大家多读几本书，不只是讲学习或者培训什么科目，而是告诉我们如何通过系统的学习和交流互动，使组织更具活力和生命力，达到不断进取、自我更新、整体提高的目的。像企业里举办乒乓球赛等活动，其目的不仅是锻炼身体，更重要的是增加员工互动。美国管理学大师彼得·圣吉在“第五项修炼”系列中，归纳出学习型组织要进行的5项修炼：建立共同愿景、加强团队学习、实现自我超越、改变心智模式、进行系统思考。

共同愿景可以简单描述为“我们想创造什么”，是组织成员共同的愿望、共同的价值观。杰斯帕·昆德在《企业精神》一书中讲道，“在未来的公司内，只有信奉者生存的空间，却没有彷徨犹豫者立足的余地”。我非常认同这句话。一个企业团队应该是一群拥有共同愿景、对事业有着忠实信仰的人，不信奉企业价值观的人不在此列。共同愿景用共同的事业把大家联在一起，是学习型组织最强大的推动力。中国建材的愿景是建设具有全球竞争力的世界一流企业，打造创新能力、盈利能力、管控能力、国际市场竞争力、品牌知名度、企业美誉度这“六个世界一流”，这既是我们的战略目标，也是我们的共同愿景，这个愿景极具感召力，已经成为广大干部和员工奋斗与奉献的力量源泉。

团队学习不是团队成员学习成果的简单相加，团队学习必须由成员共同参与、共同完成，是成员互相配合、实现目标的过程。在中国建材集团，每年的 1 月份都是非常繁忙的，这个月是会议月、沟通月、思想月。整个月，我都会奔波于全国各地，参加重要子企业的年会。通过这种面对面的沟通交流、总结反思，整个团队统一了思想，加深了对企业新一年经营思路的理解，为全年工作奠定了思想基础。就这样，原本生产经营的淡季变成了思想交流的旺季。团队内部的交流互动有助于提高组织质量，提高企业效益和价值。在中国建材集团，团队学习沟通是我们众志成城的重要秘诀。

自我超越源于对愿景的追求和对工作创新的追求。在组织中，有愿景的人才有可能去超越，既超越别人也超越自我。自我超越的人是不断学习，追求工作尽善尽美的人。凡事总想做到最好，这样的人才能超越自我，才有爆发力。自我超越之所以能持续实现，除了人的天赋外，根本原因是不断学习和实践，是一个“学习—实践—再学习—再实践—成功”的循环往复的过程。如何成为能够自我超越的人？我曾对年轻人说：要想强大，一要忠诚，忠诚于事业、忠诚于团队；二要勤奋，别人休息、娱乐时，你在工作、读书，只有比别人付出更多，才能比别人强大；三要有激情，甘于奉献，充满活力。我们要有崇高的人生理想和可敬的自我牺牲精神，在一生的奋斗过程中，不断超越自我。

心智模式就是常说的心理定式。改变心智模式就要由直线思维变为发散思维，考虑更多的因素和可能性。企业在制订战略、重组、定价等方面，都存在着心智模式的突破。拿建材行业来说，作为一家央企，我们要做行业排头兵，参与国际竞争，实现这个目标就要跨越企业分散、恶性竞争、集中度低等诸多屏障，以往的发展模式走不通，就必须换一种思路。在成长方式上，采取联合重组模式，而不是建新线，加增量；在盈利模式上，着眼于稳定价格，然后降低成本来取得效益；在竞争模式上，倡导包容性的理性竞合。这些心智模式的突破，引领了行业的思想变革，推动了企业的快速成长和建材市场的健康发展。

系统思考是相对于局部思考而言的，在学习型组织建设里是很难的修炼。进行系统思考要抓住三点：一是从局部思考扩展到全局思考；二是扩大思考范围；三是更新思考方式。在一个系统里，事物之间彼此关联，互相影响，虽然每个局部都是一个增量，但加起来却不一定是增量。所以从局部考虑问题看似正确，但放到系统里不一定对。这就要求企业认真观察环境的变化，系统地研究问题。

团队组织的质量，主要取决于组织不断学习和创新的能力。企业如何立于不败之地？答案就是建立学习型组织。一个好企业必定是一个学习型组织。学习型组织（learning organization）的英文原意并没有“型”或者“类”的含义，而是指“不断学习的组织”，真正的学习型组织并非一劳永逸，而是永远在路上。

推荐序2
解决问题需要回到整体，回归根本

秦朔
资深媒体人

彼得·圣吉被认为是继爱德华兹·戴明、彼得·德鲁克后又一位杰出的管理学大师。孔子说过“七十从心所欲不逾矩”，即达到一种对问题的思考和认知非常自由，同时又不会逾规越矩的境界。彼得·圣吉正是如此。

他在“第五项修炼”系列开篇提出了一连串问题：空气是突然被污染的吗？水质是突然变坏的吗？为什么在一个组织中，个体智商可能达到120，组织的整体智商却只有62？为什么20世纪70年代财富500强的公司，短短10年后，三分之一都已消失？彼得·圣吉认为，所有这些问题，最终都是“学习”的问题。中国古语“学而时习之”“吾日三省吾身”代表了个人反省学习、不断超越自我的状态，学习型组织则不仅针对个体，还涉及一切组织、企业和国家。

彼得·圣吉非常推崇中国文化，他认为西方人解决问题，大多是用片段式的、静止的、机械的、拼接零件式的方法，而东方“天人合一”的思想则提倡人和世界是一个统一体。所以，“第五项修炼”系列提出的系统思考模式旨在为人类打开一个新局面，活出生命的意义，让生命生机盎然。彼得·圣吉希望利用系统化方法让组织愿景同个人愿景真正地融为一体。

我在1996年前后初读《第五项修炼——学习型组织的艺术与

实践》时写过书评，2017 年又应《总裁读书会》邀请做了一期节目，重新阅读这本书，发现经过几次修订，内容有了很多变化。之所以有变化，是因为学习型组织不仅是理论，更重要的是实践。彼得·圣吉于 1990 年在麻省理工学院斯隆管理学院成立了一个组织学习中心，当时就有很多美国知名大型企业在那里学习，包括苹果公司。彼得·圣吉由此积累了丰富的案例，又通过案例反馈到理论中，不断充实，所以就有了后面的迭代作品。

回到开头说到的污染等一连串问题，彼得·圣吉认为，是人与世界的关系出了问题。我们是怎么看待周围的世界的？我们称其为自然资源，其实是把它当成了一个可利用的东西，实际上是把我们和外部环境分割开了。而在中国传统智慧中，两者是不可分割的，即“天人合一”。为什么个人智商很高，组织智商很低？本书称其为“组织智障”，即组织的智能出现了问题，根本原因也是分割。组织里的每个人心中都有很多假设，但没有深度对话，没有通过对话找到共同愿景，所以形不成“一”，而是各怀心事，无法凝聚。

最近几年，全球出现了一些“黑天鹅”事件，目前是一个充满变局和不确定性的环境。现在读这本书，对我们有着特别的意义。

为什么彼得·圣吉能写出这样一本书？我认为有两个原因。第一，他是一个跨界型人才。他毕业于斯坦福大学理工专业，善于用系统观点观察一项发明创造，比如最早的商业航空飞机是由 5 项关键技术构建的，这即是“五项修炼”最初的思考雏形。他一直保持着系统思考，同时又有跨界思维。第二，后来他在斯隆管理学院学习时，发现几乎每一个大型公司的领导者都有应对外部变化的正面案例和反面教训。比如他在书中提到荷兰皇家壳牌公司从 1971 年就开始运用情景学习方法，来研究应对未来外部形势变化的战略，设定多情景预案，进行预演。其中一个准备就是企业投资和文化的多元化。当时壳牌石油已经在 100 多个国家和地区开展业务，后来石油输出国组织欧佩克（OPEC）诞生，油价和储量剧烈变化，而壳牌公司却从世界七大石油公司中最弱小者上升到与埃克森（Exxon）并肩称雄的地位，就是因为通过情景学习，进行了多元化投资，分散了风险。

所谓“五项修炼”，第一是自我超越。即我们每个人在组织中是否能为自身的最高愿望而存在，为自己真心向往的生活方式而工作，这是自我超越最重要的方向。彼得 · 圣吉认为，组织的成长基于个人的成长，而个人的成长基于内心的向往，并经由日常工作去实现。现在很多企业层级问题严重，组织中新的成员、新的声音和不同的意见不能被听见；同时也有一些优秀的公司会创造场景，让组织里最基层的员工感受到他们在组织中的意义。比如顺丰控股在深交所重组更名上市时，邀请了当年送快递被无辜殴打的一名员工去敲钟。创造这一场景的目的其实是让每个人在组织中都能感到被尊重，并得到关怀，每个人被视作完全平等的一员。所以，一定要在组织中创造自我超越的环境：让新的声音能够被听到，让不同的声音能够被听到，让提出不同意见的人能够被包容，让个人能够在组织中释放真实自我。

第二是心智模式，即我们看待世界、看待对方、看待彼此的框架。这个框架是我们看问题的角度，包含了我们的信念、思考方法和立场，并且这个立场与我们以往的经验也是高度关联的。

比如腾讯最早是由 5 个人创办的，创始人马化腾非常清晰地意识到要用一个好的团队来代替一个人的领导，这是腾讯的模式，也体现了马化腾的谦卑和节制。有这样心智模式的公司就容易获得成长。心智模式的不同，也会使整个公司的架构、战略和格局大有不同。所以，一个企业创始人的心智模式决定了这个企业能走多远。在某种意义上，公司的天花板不一定是能力的天花板，但一定是心智模式的天花板；你的能力不一定很强，但是可以通过改造、引进新的人才来提高。

第三是团队学习。很多优秀的公司都会用各种各样的方法进行团队建设，而团队学习离不开共同愿景，这就是第四项修炼。通过团队学习，最终让整个组织找到既能把每个人的努力和奉献包容其中，又能超越个人目标之上的共同愿景。很多公司往往会混淆目标和共同愿景。目标通常是一些短期的考核指标，这会让人觉得公司和我的关系只是围绕着冰冷的 KPI（关键绩效指标）；KPI 当然重要，但我为什么要完成这样的 KPI，这个 KPI 背后有哪些东西是可以激发我内心动力的？对于共同愿景的探讨反而比较少。阿里巴巴在创立之初有三个共同愿景：第一，未来有一天能跻身世界十大网站；第二，“让天下没有难做的生意”，服务小企业；第三，成为一家百年老店。提出这样的共同愿景，核心不是财务数字，它真正的核心是，我要让外部的世界因为我的存在，而有正向的改善，有长久的价值。共同愿景其实是在打造整个组织共同努力的长期激励氛围。

最后的第五项修炼，也是作者认为最重要的一项修炼，就是系统思考。我们今天的世界、环境和组织往往都是割裂的，我们所处的是一个整体，但这个整体往往会被简单化的思维割断，变成了线性、片段、局部的观念。而学习型组织对我们的启发是，要解决一个问题，需要回归本源，找到背后的真正动因，然后从这个动因出发，经由一整套的修炼方法和技巧，一步步解决，系统攻坚、超越前进。

总之，学习型组织的很多观点对于我们如何能够回到整体、回到根本、回到真心有很大的启发。希望这本书能够对我们每个人的工作、生活和学习都有所帮助。

2017 年 12 月

推荐序3
如何打造有超强能力的学习型组织

成甲
《好好学习：个人知识管理精进指南》作者
罗辑思维得到 App 节目说书人
北京京都风景生态旅游规划设计院常务副院长

《第五项修炼——学习型组织的艺术与实践》是一本极其经典的管理学著作，被《金融时报》称为有史以来最伟大的5部工商巨著之一，被《哈佛商业评论》称为过去75年最具影响力的管理类图书。在这本书中，作者明确提出了“学习型组织”的管理理念，以及如何通过五项修炼来打造一个有超强学习力的学习型组织。

他认为，一个组织能够拥有长期竞争力，关键在于他们有比竞争对手更快、更好的学习力。那何谓学习型组织呢？和通常公司组织培训、学习新业务、新知识不同，学习型组织是指组织中的每个人都充满了学习的热情和能力，并能在合作的过程中不断地互相启发，同时这个组织在创新和试错中又能够不断地自我成长和进化。

要打造学习型组织，需要了解三个问题：

一、关于五项修炼

1. 自我超越。从个人角度而言，自我超越是指要有不断超越自己能力的愿望，有热情和动力去好好学习。从安于现状到自我超越的转变，就是我们要修炼的第一项能力。

2. 心智模式。每个人对世界都有一些固定的想法、观点以及思考问题的方式。人之所以每次采取相同的行动，背后的原因就是因为我们的心智模式没有发生变化。所以，如果你想要精进自己的行为，提升自己的能力，其实真正要改变的是你的心智模式，让自己理解和认识这个世界的方式更合理。

3. 共同愿景。从团队的角度而言，共同愿景指的是组织里的所有人拥有一个共同的目标，能够心往一处使。所以，一个组织要建立学习热情，第一步是让大家达成共识，有共同目标。

这需要花费大量时间去探寻，是一个团队在长期成长过程中至关重要的一环。

4. 团队学习。是指要让团队的每个人都能够亮出自己的心智模式，彼此能够互相交流、互相启发，从而让这个团队快速地学习和进步。

5. 系统思考。这是一种从整体、全局出发的思考方式。它打破了传统那种局部的、简单的、单因果的思考方式。认为这个世界是一个系统，而且是相互联系、彼此影响的。

二、为什么第五项修炼特别重要

1. 不懂系统思考的人，往往会把组织当作一台机器来管理；而懂系统思考的人，则会把组织看作一个生命体来管理。前者倾向于认为一个组织是用来控制的和完成业务目标的。而每个人就像机器上面的一颗螺丝钉，只需要做好自己职责范围的事情。比如，部门之间相互扯皮，员工只完成本职工作不思考公司全局，都是基于管理机器的思考模式来处事的。

2. 类似管理机器的思考方式带来的问题，总结起来主要是存在两方面的认知误区：

（1）误区一，简单短视的单因果思维方式，导致被眼前的问题牵着鼻子走。

（2）误区二，只能从局部视野来看问题，看不到全局的关系。思路决定出路，认知的高度决定行动的效果，系统思考就是帮助我们提升认知水平的重要工具。

三、如何运用第五项修炼

培养人的认知习惯是需要时间的，但如果知道一些训练的方法，就能事半功倍，加速提升认知能力，这本书便为我们提供了方法和工具。总结起来，就是“一个方法，两个模型”。

1. 一个方法——找关系

找关系不是指托人找关系，而且我们通常解决问题的习惯是找原因，而系统思考是梳理系统中各个事物之间的关系。比如：把汽车本身看作一个系统，那么在这个系统中，就有汽车速度、油门、刹车这三者之间形成的关系。油门越大速度越快，刹车越紧速度越慢。这个世界上看起来纷繁复杂的各种事情，归根到底只有三种关系：

（1）正反馈。两件事情的关系是正相关的，A 增加，B 会进一步增加。比如，越踩油门速度越快。

（2）负反馈。不是说一定起负面的作用，而是指它起着稳定作用。比如，越踩刹车速度越慢。

（3）延迟。事情 A 发生之后并不立即导致事情 B 发生，而是中间会有一段时间的间隔。比如打开水龙头的热水，可能要十秒钟以后才会出热水，这个过程就有了十秒钟的延迟。反馈的时间决定学习的效果。比如，学生时代“三天一大考两天一小考”的机制，目的就是通过及时反馈从而改进，如果三年一考，成绩肯定大幅下降。

2. 两个模型（系统基本模型）

（1）增长极限的模型

一件事情如果刚开始运行得很顺利，发展很快，那这种快速地增长一定会导致副作用，会让整个系统慢下来甚至大幅下降。比如，一个优秀的演讲者会有可观的收入，但是也会产生副作用，就是你的应酬会变多，导致没有时间更新新的知识，最后丧失名气。

（2）转移负担的模型

遇到问题的时候，先解决它表面露出来的症状，把难解决的负担转移成容易解决的负担，这其实就是“治标不治本”。转移负担模型是由两个负反馈构成的：一个负反馈就是“治标”，比如用喝醉酒来缓解现在的压力；另一个是“治本”，我承认自己现在做得不好，然后花很长时间努力改变自己。站在系统思考的角度上，你要选择治本的路或标本兼治，但不应该沉溺在治标的暂时缓解压力上，不然未来会带来更大困难。

当然，书中还有更多有用的模型和观点。不过，如果我们从总体来看，这本书基本是从两个方面给我们启示：（1）从个人角度出发，需要我们不断超越，校正自己心智模式。（2）从团队角度出发，团队需要共同学习，实现共同愿景。而这一切，都应当建立在第五项修炼——系统思考的基础之上。掌握系统性思考有助于我们更快找到问题的根源，运用“一个方法、两个模型”，坚持修炼，个人和团队的学习力一定大幅上升。

本序改编自：得到 App“每天听本书”节目内容（感谢作者与得到 App 授权使用）

2017年“第五项修炼”系列中文版序

自“第五项修炼”系列中文版出版至今10年间，中国内部发生了很大变化，她在世界上的地位亦然。中国不再以追赶西方作为驱动力——在许多方面，中国已经与西方国家并驾齐驱了。尽管中国是一个巨大而复杂的社会，但中国目前已有约4亿人属于“中产阶层”了，物质生活水平以如此惊人的速度提升，在人类历史上前所未有。

不过，中国的崛起也带来了自身文化的困惑。拥有如此深厚、绵长，历经5 000多年滋养的文化认同感的国家为数甚少。然而，消费主义的理念已经逐步影响了这个社会。许多人担心，这样的社会将会渐渐取代“中央王国”的自我意识，“香蕉”——外黄内白，这个部分中国人会用来自我描述的标签，尖锐地表达了这种担心。鉴于西方生活方式在以极为迅疾的速度发展，设想再经过一两代人，中国传统文化或将仅仅是一个局限于书籍、电视剧等大众媒体的浪漫主题，这种情况恐怕不是凭空幻想。这很像当今的美国人还可以观看一些有关“老西部”的电影，但心里清楚，那是一个已经永远逝去的时代。

此类深层文化动荡也可以是生成的机缘。以“我们永远是中国人”或者“我们可以先学习西方，而后再创造我们独特的发展模式”，以及“中国文化是这个世界上至高无上的文化，并将永远如此”等简单假设为基础的文化自满自足已经日渐失去影响，取而代之的是超越迷信，超越过去一百多年来由殖民占领和后来的消费主义塑造成形的种种扭曲观念，进而对更深入领悟中国文化的种种根本的真诚关注。

我自己对于这种觉醒有切身了解。我有幸成为南怀瑾大师的学生历时十年，近年来，我遇到的许多中国人最希望探讨的，就是中国传统文化及其与学习型组织的关系。尽管“第五项修炼”系列和其他相关书籍显然在西方有其历史成因，但最令我感到神奇的是，这些书籍对于许多中国人来说，已经成为某种门径，开启了他们自己对于管理和领导力的人本认知，开启了他们自己对于不同组织对培育超越效率和利润的福祉做出真正承诺时，存在何种可能的人本认知。

随着中国以一个领导者的身份逐步登上全球舞台，对于中国文化自身认知的种种根本，进行这样的深层探寻尤为重要。中国如何以一个全球政治领导者的角色呈现自己呢？所有现代工业国家的种种政策都存在同样的局限：以牺牲社会与文化方面的各种进步为代价，执迷于 GDP（国内生产总值）增长，以资源为目的压榨欠发达国家的历史，沉迷于在政治上将我们相互隔离的“民族—国家”的人为边界——即便对那些与我们分享共同利益的人们来说也是如此。中国在多大程度上能够从工业时代的地缘政治藩篱中脱身呢？

我相信，我们从中国开始在全球社群如何面对全球气候变化的深层威胁的过程中扮演的角色，已经开始看到了这样的“脱身”。多年来，中国一直在采取行动，加速能源结构调整，尽管外界对此几乎一无所知。自 2009 年启动的历史性碳减排承诺起，中国就已将自身投入了一条激进的道路：终止并最终逆转温室气体排放的灾难性增长。不过，这些承诺最初在西方几乎无人知晓。我对此有所了解，是因为在我做过的一些公开演讲中，我会就此向那些在这个领域中博学多闻的听众们提问，但几乎没有人知道这些在 2009 年已经做出的承诺。在我看来，这是一个有力的证据，由此可见，无论在中国之内或之外，对于中国作为一个全球领导者的积极作用，都还没有做好准备。

随着历史性的《联合国气候变化框架公约》于 2015 年在巴黎签订，情况开始变化了。此时，那些与联合国这项议程有密切关系的人们意识到，地缘政治之风已经变换了方向。他们认识到，如果不是中国已经做出了承诺并持续前行，无论其他国家做了什么，巴黎协定的签订根本不会发生。实际上，当时在巴黎参会的多数人都了解，奥巴马总统做出的承诺不大可能获得国会批准，而这早在特朗普总统 2017 年戏剧性地宣布退出这项协定之前。虽然远不够理想，但两个最大温室气体排放国家之一做出了深层变革的承诺，这对于许多国家就是足够的保证：我们在减缓并最终逆转全球气候的不稳定上，正在进入一个全球合作的新时代。

围绕气候变化的全球领导力量转变既具象征意义，又有实际影响作用。实际上，各个国家都被要求优先考虑长期的未来，而非各种短期的经济措施，各个国家也被要求以评价经济健康的同等重要程度，评价自然环境的健康，更要认识到这两者是密切相关的。他们还被要求以全球社群的形态合作努力，因为任何单一国家的行动——包括中国的行动在内，都是远远不够的。他们被要求真诚对待科学，即便这样做会挑战以往那些被奉为神圣的、“一切照常”的信念，比如，只关注 GDP 增长，而忽视社会和环境健康的指标。

这些都是领导力文化的改变，并非仅是其策略或手段的改变；而且我相信，恰恰就是在这个领域，而非其他领域，中国的觉醒可以产生更大的影响。几百年来，西方模式奉行的道德与伦理的完美理想，与“一切照常”的实际做法近乎背道而驰。然而，我相信，中国传统智慧的觉醒与对一种新型全球领导力的前所未有的需求相结合，当可创造出一种新的良性循环。

南怀瑾大师过去几十年的努力，着重于帮助中国领悟儒学传统的精神基础，以及如何将其与道释学问融会一体。他以为，在过去500年里，这种领悟大都遗失，但今天迫切需要。比如，他在《原本大学微言》中的全新诠释中指出，《大学》是一部以“领导力形成发展的七证反思空间”（知、止、静、定、安、虑、得）为根基的领导力培育手册。真正的领导力并非来自企图心或是源自地位的威权，而是来自一个人一生专注培育自己的深入倾听能力：既倾听当下，又倾听若隐若现的生成，以及将自己的注意力从无论是金钱、权力，还是奉承等自我关注或他人的不良影响中释放。领导人必须培育孟子所说的“不动心”，以形成明晰的愿景。他们必须有诚信，才能因此而建构服务于更为远大目标的真诚协作。他们必须成为罗伯特·格林里夫所说的“仆人领导”，为一个更大缘起和整体的福祉服务。

超越“一切如常”的领导力需要智慧，并非只需要情感。我相信，如前述例子所示，我们所需要的智慧必须来自重振全球各地的智慧传统，来自展示这些智慧与我们今天所处困局的相关、相适。虽然这超出了中国自身的范围，但如果不是中国引领这个进程，我看不出还会有谁有力量引领。

南怀瑾大师在他生前最后一批著述中指出，自黄帝起，教化——教以成化，就是中国文化的根基。能够在今天全球化商业中有效竞争并成长的企业，必须拥抱一种对于学习的真正承诺——通过培育人，去培育一家企业。工作场所的人本价值观不应只是些口号，还必须植根于培育个人、培育包容性团队文化的不息进程之中。相比之下，基于家长式控制的碎片式工作文化的衰败，在政府和社会领域及商业中比比皆是，因为这些组织没有能力持续学习，没有能力适应今天无常变幻的世界。在各个层级上对于学习的这种深层次、全身心的承诺，一直以来就是各种学习型组织的标志特征，恰如持续评估我们共同为更大整体做出贡献的状态是系统思考的核心。

因此，在中国这个转折时刻，“第五项修炼”系列再版，我最大的希望是通过汲取往昔的深层智慧，为应对今天种种罕见难题尽微薄之力。试想一下以张载（1020—1077）在著名的《西铭》中的文字描述的一个全球领导力世界：

“乾称父，坤称母；予兹藐焉，乃混然中处。故天地之塞，吾其体；天地之帅，吾其性。民，吾同胞；物，吾与也”。

彼得·圣吉

2017年7月28日

2009年扩充修订版中文版序

20 世纪 90 年代，“第五项修炼”系列中文版刚面世时，我们生活在完全不同的世界里。当时中国仍处在工业经济空前快速发展的早期阶段，美国仍然是毫无疑问的世界领袖，而气候变化还只是学术会议上使用的科学术语。

今天，我们已经来到世界历史的转折点：一面是过去 150 年来工业时代主导的经济与社会的变迁，另一面是刚刚萌动兴起、尚未冠名的新时代。新时代的主导变革力量已经不是意识形态，因为它完全出自所有人的需要。工业时代的扩张一直靠对自然资源的不可持续的攫取，并造成对传统生活方式的破坏，但这已经不可能再继续下去了。我们今天在使用一又三分之一个地球的资源，而且，按照目前的过度攫取资源的经济模式和扩张速度，局面还将迅速恶化。建设再生型经济的工作延缓越长，痛苦就会越大。工业增长和物质进步的好处，现在必须与社会福祉的综合需要相协调和平衡：在不断缩小的地球村里，人类间相互和谐相处，并与所有生命系统和谐相处，是我们的一项基本的生活需要。

在这样的历史时刻，我相信这套书描述的基本理念和能力开发，比以往任何时候都更重要。对正在崛起的全球领导者，如中国和印度，尤其如此。

一切都要从创新开始。应对当今的各种挑战，我们必须超越反应式解决问题的模式。我们所需要的创新的规模和深度都是前所未有的。我们需要一个全新的能源系统、全新的交通系统和全新的教育系统。我们需要对工业时代“攫取—制造—废弃”的线性生产系统进行重新设计，转而模仿自然的循环生产系统。我们需要全新的农业系统：它能生产出健康的食品并促进农村社区和生态系统的健康。我们需要重新发现自我：作为人，而不是消费者，我们要生活得更好，就必须修炼身心，以加深对相互依赖性的体悟。目前我们还没有支撑这种创新的管理体系。这个时代的管理挑战，就是一个根本的转型：从基于攫取自然和社会资本、专门为私利而进行的创新，转向为滋养社会和生态的健康福祉的创新。

只有通过领导力开发，才能创立新的管理体系。各类组织和许多个人敢为人先的行动就是这种领导力的表现。世界各地的组织机构都在进行艰苦的努力，探索对这种领导力的培育之道。大多数走上领导岗位的人都经历过“适者生存”式的激烈竞争，都学会了如何有效地宣扬自己的观点，都学会了玩弄政治游戏，比如如何取悦老板。以这样的方式被训练的人，如何能鼓励团队协作？如何能进行系统思考？又如何能为建设更健康的社会发挥必要的想象力？

首先，我们需要一种新的领导力模式，并把它与组织变革联系在一起。我在第一版书中讲过，必须放弃旧观念，即领导人就是占据权位而自动出现的；必须拥抱领导的“新工作”，即作为设计师、老师和受托人的新工作。掌握这些新领域的工作技能，对占据高级职位的人至关重要。然而，学习型组织的决定性特征，是优秀的领导者广泛分布在组织的各个角落，而不是只处在高位。这个时代的决定性特征也与此类似，当前的危机不能只由处在等级体系高层的总统和总理们单独解决，而必须激发社会各个阶层人群中的集体智慧和才能，以及承诺和投入。简言之，新一代领导者的培养，与学习型组织和学习型社群的开发，是同一枚硬币的两面：把新的领导力和新的组织文化有力地联系在一起的正反馈过程，将给未来的各种社会变革注入强大动力。

其次，我们必须重新挖掘古老文明中仍然保留的、有关领导力开发的传统智慧。儒家传统认为，要成为领导者必须首先学会如何做人："学而优则仕。"[a] 换句话说，理解领导力变革的第一步，就是领悟到我们的领导力必须通过修炼，通过我们大家都参与的修炼，才能实现。在修炼方面中国有各种各样丰富的历史传统，使这些传统具有生机活力的学习实践精神，是未来的变革要求的，必须重新激发。学习系统思考、实践对心智模式的反思，或进行自我超越的修炼，是没有捷径可走的。这些都需要终生的努力。

然而，当前的需要还是有一个重要的不同之处。大多数修炼传统都聚焦在个人身上，而建设真正的学习型文化所要求的修炼，除了个人方面以外，还必须有集体的方面。建设深度汇谈的容量能力（capacity）[b]，即依靠集体智慧也同时生发集体智慧的、真正的共同思考和共同行动，必须在工作团队中培养；从最基层一直到最高层都是

a. 原文"to become a leader, you must first become a human being"，意为："要成为领导者，你必须首先要成为人。"译文内容出自《论语 · 子张》："子夏曰：仕而优则学，学而优则仕。""学"，本是"修学"，是学礼、学做人，是为人之学、做人之学，即儒家修身、立德之"内圣之学"，或"大学"。详见第 15 章"'领导'是什么意思？"一节。——译者注

b. capacity 一词有容量、容积、能力等意思。容量能力建设，capacity building，一般译为能力建设。在此它指组织团队在有相对稳定边界和安全感的"容器"（container）之内，进行深度汇谈和各项学习修炼，达成集体凝聚力和开放性的智能生命活力，包含理解力、包容力、行动力和变革力。特别见第 11 章"团队学习的修炼"一节。——译者注

如此。同样，建立共同愿景的容量能力也不是个人的技能，它要求大家真正学会相互聆听，并且聆听正在通过我们大家身上发生和成长的东西。我的好朋友木村靖彦（Yasuhiko Kimura）在日本出家之后，曾去印度修学，并有了开悟的经历。他领悟道："这个时代已经不再是个人修炼的时代，而是集体修炼的时代。"这是我们在世界各地学到的经验：要建设学习型组织，除了个人以外还必须有团队和更大的网络，来共同对实践和成长进行不断的投入。

回顾过去 20 年的历程，我对国际组织学习学会（SoL）这个全球社群中发生的理论和实践的持续演进，深有感触。这些经历都反映在我即将在中国出版的一系列著作里。继 1990 年《第五项修炼——学习型组织的艺术与实践》问世之后，我们于 1994 年出版了《第五项修炼·实践篇（上）》，它主要针对在日常管理和领导工作中如何融入学习型组织的实践，以及如何应对其中的实际问题和挑战。5 年以后又出版了实践篇下册，它主要针对保持深层变革势头的过程中会反复出现的挑战，介绍了成功的领导者在应对这些挑战时所使用的策略和方法。2000 年出版的《知行学校》（*Schools That Learn*）描述了教育工作者如何应用这些原理和工具，使学校超越工业时代"组装线"的模式。2004 年出版的《第五项修炼·心灵篇》（*Presence*）一书探讨的是比较微妙而又略有不同的问题：为什么在建设学习型组织的工作中都使用同样的基本工具和方法，有些经理人做出了出色的成绩，而另外一些经理人却收获甚微？我们采访了数百名"实践大师"（其中有好几位也给增订版中"实践中的反思"部分贡献了内容），还有认知科学家、物理学家和创造过程专家。我们得出的结论是：领导力的本质不在于简单的行动和目标，而在于一种更微妙的身心状态，它使领导者与现实有更深层的连通，能够"感知并促生正在呈现的东西"。最新一本书《必要的革命》，又回到了描述基本工具和核心理念在面对前述“可持续发展”挑战中的应用。

在这个过程中，由于“第五项修炼”系列在中国的畅销，我有机会了解当代中国，也了解中国传统文化，并开始感知正在那里呈现的未来。

南怀瑾大师讲到，我们正在进入“新认知科学”的时代，必须对人类如何观察世界有新的理解，对观察结果所进一步产生的行为有新的理解。假如我们把世界看成“自然资源”，我们就会去掠夺。假如我们把世界分成“中国人和外国人”（或美国人和其他国家的人），我们就会以防卫和保护自身利益的心态行事。假如我们把世界看成外在的“物体”，我们就会去摆布和操控。这里，古代修炼传统、现代科学和管理创新有可能整合。新的认知科学可能把对人类意识的知性理解与修炼身心意识的感性过程结合起来，进而整合科学知识和精神修炼。这会成为东方文化和西方文化的真正的沟通桥梁，而且是通过个人和集体两方面的修炼实践完成的。最终我们需要的不是书籍和科学刊物，也不是冥想静修营，而是影响社会的组织机构平日进行的转化工作。这包括在企业界、教育界、卫生医疗和公共管理领域去创造活的组织，去滋养人的生命，去丰富社区生活乃至自然界的生命。

过去十年间我曾听中国朋友讲,“第五项修炼”系列的理念与“中国传统的思考方法非常和谐一致”。对我个人来说，这是个很让我欣慰并富有启发性的经历。但在中国，理论和实践之间有一定的差距。因此，核心任务是把中国传统文化对系统世界观和个人修炼的理解，转变为在真实的组织环境中的实践。

为了与中国的组织机构合作，共同创造新的管理体系和培育新的领导力，我的中国同事和合作伙伴新近筹划和创建了索奥中国这个平台，并且为这本全新扩充修订版的中文翻译出版发挥了重要作用。全球社会正处于重要历史关口，索奥中国只是建设东西方管理文化沟通桥梁的一小步，目的是推进集体学习修炼和创新的实践。

中国在过去30年里发生了巨变。我认为，今天是中国未来发展的新转折点，中国在未来30年将成为真正系统性的学习型管理体系的共同创造者。这一新的转变无疑将要改变中国，也将改变世界。索奥中国的同事和伙伴致力于为这一转变贡献微薄之力。许多人在大学课堂中学习本系列书，我感到很高兴，但我们需要在管理企业的日常工作中进行系统思考的实践、自我超越的实践、建立共同愿景的实践、深度汇谈的实践和反思心智模式的实践。这样，我们就不仅在学习如何建设学习型组织，而且学习建设学习型社群和学习型社会。我认为，只有通过这些实践，才能找出培育社会和生态的健康与福祉之路。

彼得·圣吉

2009年7月20日，马萨诸塞

第一部分

我们的行动如何
才能创造和改变现实

第1章

从个人学习到组织学习的五项修炼

从很小的时候起，我们接受的教育就是如何拆解问题、如何拆分世界。这样做显然会使复杂的任务和课题变得更容易些，但是，我们却在无形中为此付出了巨大代价。我们丧失了对更大的整体的内在领悟能力，再也看不清我们采取的行动所带来的各种后果。而当我们试图“考虑大局”的时候，我们总要在脑子里重新组装那些拆分的部件，给它们编组列单。然而，正如物理学家戴维·波姆（David Bohm）所说，这种做法是徒劳无益的——就好比试图通过重新拼起来的碎镜子来观察真实的映像。所以在一段时间之后，我们便干脆完全放弃了对整体的关注。

本书中所描述的工具和理念就是为了破除这种幻象，即认为世界创生于分立的、互不相干的力量的幻象。一旦放弃了这个幻象，就是另外一番天地：我们便能建设“学习型组织”——那里，人们为了创造自己真心渴望的成绩而持续拓展能力；那里，各种开阔的新思想得到培育；那里，集体的热望得到释放；那里，人们不断地学习如何共同学习。

由于世界的联系变得更加紧密，商业活动更加复杂多变，因而工作就必须更加“富有学习性”。在过去，组织中只要有一个像福特、斯隆（Sloan）、沃森（Watson）或盖茨那样的人去学习就够了，一切靠上面的人弄明白，其他人只需要听从“战略大师”的指挥，这种情况已经一去不复返了。真正能在未来获得成功的组织，将是那些发现有效途径去激励人们真心投入，并开发各级人员的学习能力的组织。

学习型组织之所以可能，是因为在内心深处我们都是学习者。婴儿不需要人教就知道怎么学习。实际上，婴儿不需要人教任何东西，他们天生就是好奇的、优秀的学习者——学走路、说话，以及基本独立地照料自己——管好自己的事。学习型组织之所以可能，是因为我们不仅有学习的天性，而且热爱学习。我们大多数人都曾经是某个优秀团队的一员，在团队中大家以不同寻常的方式共同做事 ——彼此间相互信任，取长补短；大家有着共同的目标，它比每个人的个人目标更大；并且团队最终取得了优异的成绩。我曾见过许多有过这种深刻团队经历的人，他们或来自体育界、演艺界，或来自工商界。其中有很多人表示，他们在后来的生活中一直想找回那种经历。这些人曾经经历的正是学习型组织。他们所经历的那些优秀的团队并不是从一开始就出色 ——它是“学会”了如何做出优异的成绩。

甚至可以说，全球范围的工商业社区都在学习如何共同学习，都在变成学习型社区。过去，很多产业都只被一个企业主导，这个企业在行业中占据毫无争议的领袖地位，像 IBM、柯达、富士施乐。但在今天，每个产业中都有数十个优秀的公司，制造业更是如此。中国、马来西亚和巴西的创新者牵动了美国、欧洲和日本的公司；韩国人和印度人反过来又牵动了中国、马来西亚和巴西的公司。意大利、澳大利亚和新加坡的公司完成了引人注目的改进，随后这些企业就产生了世界范围的影响。

工业社会的进化还产生了另一种对建设学习型组织的需求，从某种意义上说这是更深层的需求。大多数物质生活富足的人逐渐改变了对工作的价值取向：从一种丹尼尔·扬克洛维奇（Daniel Yankelovich）所说的“工具主义”工作观，即把工作当作达到目标的手段，到一种更“神圣的”工作观，即寻找工作的“内在”利益。[1]“我们大多数人现在每周只需要工作到周二下午，就能挣到我们的祖父辈每周工作六天才能挣到的钱，”汉诺瓦保险公司（Hanover Insurance）首席执行官奥布赖恩说，“只有当我们把组织机构建设成超越对食物、住房的需要，超越从属关系的组织，建设成符合人们更高志向的组织，管理中的动荡纷扰才会消失。”

此外，现在持这种价值观的人许多都处在领导岗位。我遇到越来越多的组织领导人，尽管还是少数，但他们都感到，由于工作的社会性，作为组织社会活动的工作场所的性质，正经历着一种深刻的演变；而他们则是这种演变的部分参与者。“我们为什么不能在职场做让人满意的工作？”赫尔曼-米勒公司（Herman Miller）前总裁爱德华·西蒙（Edward Simon）曾提出这样的质问。我现在经常能听到这种质疑的声音。联合国前秘书长科菲·安南在创建“全球契约”（Global Compact）项目时，曾邀请世界各地的企业来建设学习型社区，以提高劳动者权益以及社会与环境责任等方面的全球标准。

也许，建设学习型组织的最主要原因是，我们直到现在才开始理解这样的组织所必须具备的各种能力。在很长一段时间里，建设学习型组织的努力就好像在黑暗中摸索，我们只能逐步理解建设这种组织的路径、技巧和各类知识。学习型组织与传统靠权威专制的“控制型组织”的根本区别，就在于它对某几项基本训练功夫的熟练掌握。这就是为什么“学习型组织的各项修炼”至关重要的原因。

从事一项修炼就意味着成为一个终身学习者

1903 年 12 月的一个寒冷而晴朗的早上，北卡罗来纳州基蒂霍克镇的莱特兄弟用一架并不结实的飞行器证实了动力飞行是可能的，并由此发明了飞机。但是，面向普通大众的商业航空服务，直到 30 多年后才出现。

当一个想法在实验室中被验证为可行的时候，工程师们会说：一个新概念被“发明”了。但概念发明以后，还要在有实用价值的成本范围内，以一定的规模进行可靠的复制，它才能成为一项“创新”。如果那个创新概念足够重要，比如电话、电脑或商用飞机，那它就是一项“基础创新”——它会创造一个新产业，或者改变某个现有的产业。在这个意义上，学习型组织已经被发明了，但还没有成为一项“创新”。

在工程领域，当一个概念从发明向创新转变时，会有很多不同的“构件技术”得到整合。从不同的研究领域分别开发的一些构件，逐步成为一个技术集合，它们对各自的成功应用互为关键。而在这个技术集合形成之前，那个概念虽然在实验室可行，但不会达到它在实践中的潜力。[2]

莱特兄弟证明了动力飞行是可能的，但直到 1935 年麦道公司推出 DC-3 型飞机，才标志着商业航空时代的开端。DC-3 型飞机是首款在经济和空气动力学领域都很成功的机型，而在此前的 30 年间（孵化基础创新一般需要这么长时间），无数次商业飞行实验都失败了。就像学习型组织早期的实验一样，早期的飞机并不可靠，也没有获得适当规模上的成本效益。

DC-3 型飞机第一次把五项关键的构件技术成功地整合在一起。这包括：可变螺距螺旋桨、可伸缩起落架、一种称为“单体壳”的轻型铸造机身、星型气冷发动机和机翼襟翼。DC-3 的成功需要五项技术的全部：这意味着五项技术缺一不可——仅有四项还不够。波音公司 1934 年推出的 247 型飞机，拥有除机翼襟翼以外的其他四项技术。但波音的工程师们发现，这种没有襟翼的飞机在起飞和降落时很不稳定，为此他们不得不缩小发动机的尺寸。

今天，我认为有五项新的构件技术正在逐步集中到学习型组织创新过程中。虽然是分别开发的，但就像任何技术集合一样，我认为它们中的每一项都将成为其他各项成功运用的关键。每一项技术对于从事真正“学习型”的、能持续开拓能力以实现自己最高理想的组织建设工作，都至关重要。这五项技术是：

系统思考（systems thinking）。当乌云密布、天色昏暗、树叶微微飘卷的时候，我们就知道快要下雨了。我们还知道，一场暴风雨的雨水将会进入数英里[a]之外的地下水系统，而明天的天空又要放晴。这些事件发生在距离相对很远的时空里，但它们都以同一个模式相互关联。每一个事件都对其他事件产生影响，而这种影响通常是隐藏在我们视觉观察之外的。只有通过仔细考虑这个模式的整体，而不仅仅是其中的某个部分，你才能理解暴风雨系统。

商业以及其他人类活动也是一种系统。这些活动也是由一系列相互关联的行动所组成的无形网络编织在一起，但这些活动之间的相互影响，常常需要很多年的时间才能完全显现。由于我们自己“身在此山中”，要看清整个系统演变的模式便是难上加难了。因此，我们总是把注意力集中在为系统的各个孤立组成部分拍摄快照上，然后纳闷为什么我们最深层的问题总是得不到解决。系统思考是一个概念框架，一个知识体系，一个在过去 50 年里开发的工具系列，它的功能是让

a. 1 英里约为 1.6 千米。——编者注

各类系统模式全部清晰可见，并且帮助我们认识如何有效地改变这些模式。

虽然这些是新工具，但其背后的基本世界观，却可以很容易地靠直觉来把握：实验表明，年轻的孩子们可以很快学会系统思考。

自我超越（personal mastery）。“超越”（mastery）一词或许带有获取对人或物的支配和控制的含义，但它也可以表达一种特殊的精通和熟练程度，例如一位技术精湛的手艺人对于陶器或编织品的造诣。在自我超越方面修养水平高的人，能够始终如一地为实现他们内心深处最关心的成果而努力，实际上，他们对待自己的生活，就像艺术家对待一件艺术品一样。他们之所以能这么做，是因为他们对自己的终身学习过程有全身心的投入。

自我超越是不断澄清和加深我们的个人愿景的修炼，是持续集中我们的能量、增强我们的毅力，并客观地观察现实的修炼。因而，它是学习型组织的重要基石——或者说是学习型组织的精神基础。一个组织在学习方面的信念和能力，不会超过组织成员在这方面的信念和能力。这项修炼的根基在于东方和西方的精神传统，当然也存在于世俗生活传统中。

但是，很少有组织机构鼓励他们的成员以这种方式成长发展。这样做的结果是令巨大的资源处于未开发状态：“刚进公司的时候人人都聪明伶俐，受过良好的教育，精力充沛，浑身充满干劲儿，并渴望做出突出的成绩，”汉诺瓦的奥布赖恩说：“而当这些人到 30 岁时，却只有少数人进入了职场快速发展通道，其余的就在周末‘花自己的时间’做自己想做的事了。他们没了信念，也没了使命感，职业生涯开始时的激情也消失了。我们只得到他们很少的精力，至于他们的心灵，我们根本就得不到。”

而且，只有少得令人吃惊的成年人能够严谨地努力实践自我超越的修炼。如果你去问人们对自己的生活有什么追求，大多数成年人经常会首先提到他们不想要的东西，他们会说，“我想让丈母娘（或婆婆）搬出去”，或者“我希望我的腰疼病好起来”。在自我超越的修炼中，我们一开始就要弄清楚，在我们为实现自己最高理想而生活的过程中，哪些是真正重要的东西。

在这里，我最关心的是个人学习与组织学习的关系，以及个人和组织的相互承诺和信念，还有由学习者组成的企业和事业机构所具有的特殊精神风貌。

心智模式（mental models）。心智模式是决定我们对世界的理解方法和行为方式的那些根深蒂固的假设、归纳，甚至是图像、画面或形象。我们通常不能察觉自己的心智模式以及它对自己行为的影响。例如，我们看到某个同事着装优雅，就暗想“她是乡村俱乐部会员”。而如果有人不修边幅，我们可能就感到“他不在乎别人怎么想”。在各种管理工作环境中，什么可以做、什么不可以做的心智模式的坚固程度，丝毫不比这些逊色。许多有关新兴市场，或有关组织机构中对于过时的运作习惯的深刻见解总是得不到实施，原因就在于它们遇到了强有力的、隐蔽的心智模式的抵触。

例如，在 20 世纪 70 年代初，荷兰皇家壳牌公司就理解了隐蔽的心智模式的广泛影响力，他们是做到这一点的第一家大公司。壳牌公司在 70 年代和 80 年代的成功［从世界七大石油公司中的最弱小者上升到与埃克森（Exxon）并肩称雄］，是在世界石油市场经历前所未有的变化时期［石油输出国组织（OPEC）诞生，油价和储量剧烈变化，以及后来的苏联解体］。壳牌成功的原因在很大程度上可归结为学习如何显现并挑战经理人的心智模式，并把这作为准备应对变化的修炼。80 年代壳牌公司的集团规划协调人德赫斯曾说过，要适应不断变化的商业环境并实现持续增长，必须依赖“组织机构的学习，即管理团队成员看待本公司、竞争对手和市场的集体心智模式的转变过程。因此，我认为规划就是学习，而公司规划就是组织机构的学习”。[3]

心智模式的修炼要从审视自己开始——学习如何展露我们内心有关世界的图像，让它们“浮出水面”，并严格仔细地加以审查。这项修炼还包括“富于学习性”的交流沟通：把好奇地探寻他人（inquiry）与宣扬自己的想法（advocacy）相结合，在有效地表达自己思想的同时，也开放自己的思想，以接受他人的影响。

共同愿景（shared vision）。如果说有一种关于领导力的理念，数千年来一直给予组织机构激励和启迪，那就是要有能力不断地分享我们所追求的未来图景。如果组织中没有全体成员深度分享的共同目标、价值观和使命感，很难想象这个组织能够保持其在某种程度上的伟大称谓。这种使命，对 IBM 来说是“服务”；对宝丽来公司是“即时照相”；对福特汽车公司来说是“公共大众交通工具”；而对苹果公司来说则是“为（主流以外的）其余人设计的电脑”。[4] 虽然类别和内容相差甚远，但这些组织都无一例外地用共同的身份和命运归属感把人们成功地凝聚在一起。

当真心的愿景建立起来的时候（这不同于大家都熟悉的“愿景声明”），人们都会力行卓越，用心学习，积极上进。这不是因为有人叫他们这么做，而是因为他们想这么做。虽然很多领导者有个人愿景，但他们却从没能把它变为激励组织的共同愿景。很多时候，公司的共同愿景仅仅是围绕某个领导的个人魅力，或者使大家兴奋一时的某种危机。但是，如果可以挑选，大多数人不仅在危机时刻会选择一个高尚的目标，在所有时间里都会如此。我们只是缺少把个人愿景变为共同愿景的修炼——不是“烹饪手册”，而是一系列基本原则和引导性的练习方法。

共同愿景的实际训练涉及分享共同“未来图景”的挖掘技巧，这种共同图景会激发真正的信念、行动意愿和投入参与，而不只是服从。在掌握这项修炼的过程中，领导者会了解到，用硬性指派的方法发布一个愿景，不论他自己认为这个愿景有多么真切，总会导致适得其反的结果。

团队学习（team learning）。一个工作很投入的管理团队，每个成员的智商都在 120 以上，为什么他们的集体智商却只有 63？团队学习的修炼所针对的就是这个奇怪的悖论。我们知道团队是能够学习的。无论是在体育、表演艺术还是科学领域，有时甚至在工商领域，都有集体智慧超过每个成员、协同行动能力开发出色的突出的团队样板。团队真正在学习时，不仅能做出非同寻常的成绩，而且每个成员都能比在其他情况下更迅速地成长。团队学习的修炼要从"深度汇谈"（dialogue）[a] 开始。深度汇谈是团队成员暂时忘掉假设和成见而进入真正的"共同思考"的过程。希腊文 dia-logos 是指思想在一组人群里的自由流动和沟通，它使集体得以实现个人无法完成的洞悉和领悟。有趣的是，很多"原始"文化保留了深度汇谈的做法，像美洲印第安文化，而现代社会却几乎完全把它丢掉了。现在，深度汇谈的原则和实践方法正在被重新发现并应用在当前的环境中。[深度汇谈和普通的"讨论"（discussion）不一样，讨论一词的词根是"撞击"（percussion）和"震荡"（concussion），实际就是来回碰撞既成想法，就像比赛一样，最终由赢家获得全部荣誉。]

深度汇谈的修炼还需要学习如何辨别团队中那些妨害学习的交往

a. "深度汇谈"对应的英文 dialogue 一词通常译作"对话"。而团队的 dialogue 特指在边界相对稳定和安全的团队集体"容器"里，汇聚和融合各个成员的观点和情感，从而实现有探询、创意和心灵共鸣的深层沟通和集体智慧的过程。本书修订版序言里提到的"跨文明深度对话"也对应 dialogue 一词，但那里和这里的团队修炼的内容虽有关联但又不尽相同，故译作"深度汇谈"。——译者注模式。自我防卫的习惯模式常常是团队交往中根深蒂固的障碍。如果没有察觉，这种习惯模式就会妨害学习。而如果有所察觉并且创造性地使它浮出水面，它还能加速学习进程。

团队学习之所以重要，是因为团队，而非个人，才是现代组织的基本学习单位。这才是要动真格的地方。除非团队能够学习，否则组织是不能学习的。

如果学习型组织可以称作某种工程创新，例如飞机或个人电脑，那么它的组成构件就应该称为各种“技术”。而对于人的行为领域的创新，其组成部件则应该是一些修炼（disciplines）[a]。修炼一词，在这里不是指一种“强制秩序”或“惩戒方法”，而是需要研究和熟练掌握，并在实践中加以应用的理论和技巧。修炼（拉丁语 disciplina，即学习之意）是为获取某些技能或能力的培育发展路径。像其他任何一种训练修习一样，不论是弹钢琴还是做电气工程，有些人是有天分的，但任何人通过练习都能达到熟练和精通。

从事一项修炼就意味着成为一个终身学习者，这个过程永无止境，你要花一辈子的时间来掌握和精通它。你永远不能说，“我们是个学习型组织”，就好比你也不能说，“我是个开悟之人”。你越是学习就越能深切地感受到自己的无知。因此，一个公司不可能是“卓越的”，因为它不可能达到一种永恒的卓越境界；它总是处在学习修炼的实践过程中，要么变得更好，要么变得更差。

组织能够从各种训练中受益，这其实不是全新的概念。毕竟，像财会等管理领域的训练，已经有很长时间的历史了。但五项学习修炼

a. 这里的“修炼”对应的英文 discipline 一词更确切的译法也许是“训练”和“修习”；另外，它还有“纪律”“处罚”和“课目”或“学科”之意。但这本书中还是尽量保持了已经广泛使用的原来的译法（即上海三联书店 1998 年出版的该书中的译法）。——译者注

与其他大家更熟悉的管理训练的不同之处在于，它们是关于个人自身的修炼。每一项修炼都涉及我们如何思考、如何交往以及如何相互共同学习。从这个意义上讲，它们更像艺术训练，而不像传统的管理训练。另外，财会当然对“计分”很有用，但不能依靠它来完成组织建设的微妙细致的工作，也不能加强组织的创新和创造能力，更不能吸收消化新的训练科目，以完成战略计划、制定政策和设计组织结构。也许正因为这样，一些伟大的组织常常是转瞬即逝，在鼎盛一时的得意之后，便悄然堕入平庸。

实践一项修炼不是效仿一个样板。管理创新常常被形容为所谓的领袖企业的“最佳实践”。我认为，对最佳实践的标杆管理可以打开人们的眼界，看到什么是可能做到的；但这也可能弊大于利，因为它把注意力引向零碎的模仿抄袭和攀比。丰田公司一位经验丰富的经理在接待了一百多个高管参观团后评论说：“他们总是说，‘哦对了，你们有看板管理系统[a]，我们也有。你们有质量圈，我们也有。你们的员工填写标准工作说明表，我们也一样。’他们都只看到了那些局部的东西，并进行了模仿。而他们看不到所有的局部整合在一起运行的方式。”我不认为通过模仿别人能够成就一个伟大的组织，就像任何个人的伟大不能通过试图照抄其他“伟人”来实现一样。

把五项构件技术整合在一起的DC-3型飞机起飞之时，就是商务航空工业的诞生之日。DC-3型飞机不是这个整合过程的终结，恰恰相反，它是一个新兴工业的先行者。与此相似，五项学习修炼的聚合并不意味着学习型组织创建的完成，而仅仅是实验和改进的新浪潮的开始。

a. 看板管理系统（Kan-Ban System），指企业为降低原材料或零部件的仓储成本，在需要前期才进货的制度系统。——编者注

第五项修炼：个人看待自己和世界的新方法

把五项修炼（five disciplines）作为一个整体开发是非常重要的。但这也是一项极具挑战性的工作，因为整合这些新工具，比简单地分别应用它们要困难许多，但回报很大。

这就是为什么系统思考成为第五项修炼（fifth discipline）。它是整合其他修炼的修炼，它把其他修炼融入一个条理清晰一致的理论和实践体系。它防止了其他修炼变成分散独立的花招，或最新流行的组织变革时尚。没有系统的观点，就不会想去了解各项修炼之间的关联。通过强化其他各项修炼，第五项修炼不断提醒我们：整体大于局部的组合。

比如，缺乏系统思考的愿景只能描绘关于未来的美好画面，却不能深刻理解从现实走到未来的过程中我们必须熟练把握的各种影响力。近年来许多加入"愿景活动浪潮"的公司后来却发现，仅靠高尚的愿景并不能改变公司的命运。为什么呢？没有系统思考，愿景的种子就落在了贫瘠的土地里。如果非系统性的思考是主流，培育愿景的第一前提条件就没有了，这个条件就是：真心相信我们可以把愿景变成未来的现实。我们也许会说"我们能够实现我们的愿景"（这是大多数美国经理人所处的环境条件催生的信念），但我们默认的现实观总会背弃我们——它把现实看成由别人创造的一系列条件和状况。

但是，系统思考还需要开发共同愿景、心智模式、团队学习和自我超越的修炼，才能发挥出潜力。开发共同愿景会促进对长期性目标的承诺。心智模式的修炼主要是开放我们的心胸，这是我们发现自己目前看待世界的方法的局限性的必要过程。团队学习能够培育超越个人视角局限，以看清更大图景的集体技能。而自我超越则激发一种个人动机，它让我们持续地学习和理解我们的行动如何影响我们的世界。

没有自我超越，人们就会沉浸在一种反应式的心态里（“是别人或其他东西造成了我的问题”），以致认为系统观点是对自己的严重威胁。

最后，系统思考可以使我们理解学习型组织的最微妙之处，即个人看待自己和世界的新方法。学习型组织的核心是心灵的转变：从把自己看成与世界相互分立，转变为与世界相互联系；从把问题看作由“外部的”其他人或其他因素造成的，转变为认清我们自己的行动如何导致了我们所面对的问题。在学习型组织中，人们不断发现自己如何创造现实，以及自己如何改变现实。就像阿基米德说的：“给我一根足够长的杠杆，我就能用一只手撬动世界。”[a]

心灵的转变：学习的深层含义

如果你询问人们置身一个伟大的团队的感受如何，那他们最突出的感受一定是这段经历的深刻意义。人们会乐于谈到这种超越个人的、广泛关联的、富于创造力和生成力的过程。对许多人来说，身处真正伟大团队的经历在他们的人生中清晰地凸显，堪称最充实圆满的美好岁月。有些人还会在时过境迁后，仍想重温那段精神体验。

在西方文化中描述这样一种学习型组织经历的最准确的词语，却在过去几百年里很少有人使用。我们和各种组织合作的 10 年里，曾使用这一词语，但也经常提醒他们还有我们自己，在公共场合要尽量少用。这个词就是“metanoia”，意思是心灵的转变。这个词有很丰富的历史。对希腊人，它曾意味着根本性的转变或变革，或更直接地指超越心灵（transcendence；“meta”意思是上面或超过，如形而上学

a. 阿基米德这句话的另一种说法是，“给我一个支点，我就能撬起地球”。本章的标题及此处内容原文与这句话稍有出入。——编者注

“metaphysics”；“noia”来自词根“nous”，指的是心）。在早期基督教［直觉神秘主义诺斯替（Gnostic）教派］中，这个词特指对共同分享的直觉和对最高主宰（上帝）的直接感悟的觉醒。这个词可能是施洗约翰等早期基督徒常用的关键词。后来在天主教耶稣圣体教义中，这个词被逐渐翻译成忏悔（repent）。

了解“心灵转变”这个词的含义，就能了解“学习”一词的深层含义，这是因为学习也涉及一种心灵的根本性转变或提升转化。谈论“学习型组织”的问题在于，当代人使用的“学习”一词已经丢掉了它原有的核心含义。如果你和别人说起“学习”或“学习型组织”，大多数人会变得目光呆滞。这些词马上会使人想起被动地坐在教室里听讲、听从吩咐，以及为了取悦老师而尽力避免犯错的情景。实际上，日常使用的学习一词等同于“接受信息”。“没错，所有这些我已经在昨天的培训课上学到了。”然而，接收信息和真正的学习，却只有遥远的间接关联。如果说“我刚刚读了一本关于骑自行车的好书——我已经学会骑车了”，这话就会很好笑。

真正的学习会触及做人的意义这个核心问题。通过学习我们得以再造我们自身；通过学习我们开发自身能力，去做从前不能做的事；通过学习我们重新认识世界，重新认识我们与世界的关联；通过学习我们拓展创新能力，使自己成为生命的成长和生发过程的一部分。在我们每个人的内心，都有对这样的学习过程的深层渴望。正如人类学家爱德华·霍尔（Edward Hall）所说：“人类是杰出的学习型生物。学习的欲望和性欲一样强烈——而且比性欲更早就开始有，持续时间还更长。”[5]

因此，这就是“学习型组织”（learning organization）的基本含义，即持续开发创造未来的能力的组织。[a]对这样的组织而言，仅仅维持生存是远远不够的。“生存性学习”（survival learning），或经常被称为“适应性学习”（adaptive learning），也很重要——其实也是必需的。但对于学习型组织来说，“适应性学习”必须与“生成性学习”[b]相结合。

有少数勇敢的组织建设先锋正在引领道路，但从总体上说，建设学习型组织的工作领域尚未开发。我衷心希望本书能加速推进这项开发工作。

如何实践

本书中的五项主要修炼不是我个人的发明。后面即将具体描述的五项修炼代表了数百人的实验、研究、写作和创造。我多年来所做的工作包括了这些修炼的各个方面，如完善理念、进行合作研究，并向世界各地的组织介绍这些修炼。

我在刚进入麻省理工学院研究生院的时候就确信，人类所面对的大多数问题，都与我们在理解和管理世界各类系统方面的能力低下有关，而且这些系统的复杂性又在不断增加。迄今为止，我的看法仍然没有改变。今天，环境危机、贫富差距不断扩大，还有随之而来的社会政治不稳定、全球持续的军备竞赛、国际贩毒、美国的预算膨胀、贸易赤字及其引发的金融系统的脆弱等问题，所有这些都证明，当今

a. 学习型组织，英文 learning organization，直译是“学习中的组织”，或“学习实践中的组织”，或“获取（知识和能力）过程中的组织”，这里更是在强调其精神取向和行动能力。由于它并没有特别的“型”或“式”的含意，所以译成“学习型”有很大歧义，还特别影响了这套理论和以往案例在中国的学习和实践（详见“译后记”）。但由于已经成为习惯术语，故仍保留这一译法。——译者注

b. 生成性学习，英文 generative learning，增强我们创新能力的学习。——译者注

世界的各类问题都日益复杂、相互交织、相互关联。初到麻省理工学院，我就被计算机领域的先驱、“系统动力学”创始人杰伊·福雷斯特（Jay Forrester）的工作所吸引。杰伊认为，今天许多严峻的公共问题，从城区的衰败到全球生态危机，都是由初衷良好、本想用来解决这些问题的各种政策所引起的。这些问题乃是“实际的系统”，它们诱惑决策者们制定针对表面症状而非深层原因的政策。而这样的政策只能产生短期功效，却带来长期隐忧；这些政策同时还造成一种需求，即必须不断制定更多的表面症状缓解方案。

随着博士研究工作的进行，我开始和到麻省理工学院我们这个小组来学习系统思考的企业领导者见面。这些人很有思想，他们非常清楚各种流行的管理方式的缺陷。与多数学者不同，他们不是脱离现实的知识分子，他们积极参与实际工作，其中许多人正在建设新型的、分散式的、非等级制的组织，这样的组织不仅注重业绩，更注重员工的成长和福祉。有些人还设计了激进的公司哲学理念，把责任和自由作为核心价值观。他们都有一种共同的、对创新的信念和行动能力，而在社会其他部门这些都还十分少见。我后来逐渐认识到，为什么在开放型社会里企业会成为产生创新的场所。原因在于，尽管企业也受到旧有的思想和习惯的束缚，但与公共和教育部门以及多数非营利组织不同，它们有进行实验的自由。此外，企业还有清晰的底线，所以它们所进行的实验是可以接受客观标准检验的，至少原则上是这样。

但是，这些企业家为什么对系统思考感兴趣？组织管理中最大胆的实验，最终一无所获、石沉大海的情况太普遍了。局部自主权所产生的企业决策对整个组织而言往往成了灾难；“团队建设”的练习虽然集中改善了人际关系，然而大家对整个企业系统的理解（心智模式）仍然大相径庭；危机中的企业在获得重生之后，其灵感却随着业绩的改善而丧失殆尽；开始很成功的企业，虽然认真善待顾客和员工，却经常发现自己陷入恶性循环，问题越是尽力解决就越严重。

当我还是学生并随后成为年轻教授的时候，我们都以为系统思考的工具可以给这些公司带来生机。但我后来在和不同的公司的合作过程中逐步认识到，只有系统思考是不够的。我们需要新型的管理实践者，系统思考只有通过他们才能发挥作用。那是20世纪70年代中期，当时我们对于未来的新型管理实践者会是什么样子，只有一种萌芽概念，并没有形成清晰的理解。1980年前后，随着在麻省理工学院定期聚会的“CEO（首席执行官）小组”的成立，这个概念便逐步清晰起来。CEO小组的成员包括汉诺瓦保险公司的奥布赖恩、壳牌公司的德赫斯、米勒公司的爱德华·西蒙，以及模拟器件公司（Analog Devices Inc.，ADI）的雷·斯达塔（Ray Stata）。在后来的十多年时间里，又逐步吸引了苹果公司、福特公司、哈雷–戴维森摩托车公司、飞利浦公司、宝丽来公司以及TCC公司（Trammell Crow Company）[a]加入进来。

在超过25年的时间里，我还参与开发和主持了各类领导力研习营（leadership workshops），把我们在麻省理工学院的工作中发展出来的五项修炼理念，介绍给各行各业的人。这些理念在开始时融合了创新伙伴公司（Innovation Associates）在建设共同愿景和自我超越方面的先驱工作。研习营后来通过国际组织学习学会的全球网络一直延续至今。“第五项修炼”系列英文第一版开始发行时，已经有4 000多位经理人参加过这些研习营。实际上，他们正是本书当时的“目标客户”。在这些经历过程中，最初聚焦在企业高管群的工作范围被逐步扩大，很显然，这些有关系统思考、自我超越、心智模式、团队学习

a. Trammell Crow Company，美国主营货仓和连锁店管理的商业房地产公司。——译者注

和共同愿景的基本训练，对教师、公共管理者和选区领导人、学生以及家长来说都有重要意义。这些人也同样在其各自的环境中处于重要的领导地位，都在各自的“组织”里面对着那些尚未开发的、开创自己未来的潜能。而且他们都感到，要开发这种潜能，首先必须开发他们自身的某种能力，那就是学习能力。

因此，本书是献给学习实践者的，特别要献给我们当中对集体学习（collective learning）的艺术和实践感兴趣的人。

本书能够帮助管理者确定具体的实践方法、技巧和训练方式，以便给学习型组织建设的艺术减少一些神秘色彩（尽管它仍然是门艺术）。

本书能够帮助家长们把孩子当作老师，就像孩子们把家长当作老师一样。孩子们能够把学习当作一种生活方式，他们会教给家长很多。

本书能够帮助公民建设更善于学习的社区和社会。本书中的深度对话，讨论了当代组织不善于学习的原因，也讨论了建设学习型组织所需要的条件，它们都揭示了学习实践所需要的一些工具。

第 2 章

你的组织有学习障碍吗？

很少有大公司的寿命能超过人均寿命的一半。1983 年荷兰皇家壳牌公司的一项研究发现，1970 年世界《财富》500 强名单上的公司，届时已有三分之一销声匿迹了。[1] 根据壳牌的估计，大型工业企业的平均寿命小于 40 年，大概只有人的平均寿命的一半！这项研究后来又被美国 EDS（电子数据系统公司）等其他几家公司复制，并成为吉姆 · 柯林斯（Jim Collins）2001 年出版的《从优秀到卓越》[a]（*Good to Great*）一书的参照点。本书读者将有 50% 的机会，能够在自己的职业生涯过程中看到自己现在的公司的消亡。

大多数走向消亡的公司，事先都有很多迹象表明它们面临着严重的问题。然而，即使有一些经理人曾经注意到这些问题，它们还是没能引起足够的重视。组织作为整体不能认识到某些危险正在来临，不能理解那些危险可能带来的后果，也没有形成其他替代行动方案。

a.《从优秀到卓越》一书中文版已由中信出版集团出版。——编者注也许以“适者生存”的法则看来，企业的不断消亡很正常，对社会也无妨。虽然雇员和业主会很痛苦，但这只不过是经济土壤的更新，生产力资源被重新分配给新的公司和新的文化。但是，这种公司高死亡率如果只是一些深层问题的表面症状呢？被这种深层问题折磨的如果不单是死亡的公司，而是所有的公司呢？进而，有没有可能连最成功的公司也是很差的学习实践者——它们虽然存活下来了，却从未发挥出所有的潜力？有没有可能，与组织将来可能做到的相比，现在所谓的“杰出”实际上只是“平庸”而已？

大多数组织机构的学习实践情况很糟糕，这不是偶然的。组织的设计和管理模式，人们对工作的定义，还有，最要紧的，我们在思想和交往方面（不仅在组织里，还包括在日常生活中）所接受的教育，造成了根本的学习障碍。即使有聪明肯干的人做出最大的努力，这些障碍还是挥之不去。他们往往越是努力解决问题，结果反而越糟糕。所有的组织都在某种程度上遭遇着这类障碍，而学习实践的发生也都是在这样的背景之下。

学习障碍对孩子来说是个悲剧，特别在其没有被发现的时候更是如此。对组织而言，学习障碍同样是悲剧，并且也常常被忽视。消除障碍的第一步，是开始识别以下 7 种学习障碍：

障碍1　“我就是我的职位”

我们接受的教育历来强调忠于职守这一概念，以至我们会把自己的工作混同于自己的身份。20 世纪 80 年代初，美国一家大型钢铁公司开始关闭工厂时曾宣布，要为被裁员的钢铁厂职工提供培训，以帮助他们找到新工作。然而，培训根本不管用，工人们听天由命地沦为失业者，然后零星做些临时工作。心理学家来到他们中间，想找出问题的原因，结果发现，这些钢铁厂职工遭受了严重的身份认同危机。“我怎么能做别的工作？”工人们说，“我就是个车工。”

当被问到靠什么生活时，大多数工人只描述了每天做的工作，却没有谈到他们曾身处其中的这家大企业的目的。他们大多觉得，自己对身处其中的系统只有很少的或者根本没有任何影响力。他们干自己的工作，花时间做事，还要试图应付自己掌控范围之外的各种影响力。结果，他们总是把自己的责任限定在自己的职位界限之内。

多年前，底特律一家汽车公司的经理们告诉我，他们曾拆分过一辆日本进口汽车，想知道为什么日本人能在某条组装线上，以低廉的成本达到非常出色的精确度和可靠性。结果他们发现，那辆车的发动机缸体上有三处都用了同一种标准的螺栓。每一处螺栓都固定了一个不同种类的部件。而在美国车上，这三处组装需要三种不同的螺栓，也就是说要有三种不同的扳手和三种不同的螺栓存货，这使组装工作速度更慢、成本更高。美国人为什么要用三种不同的螺栓呢？因为底特律的设计公司有三组工程师，每一组只对“他们自己的”部件负责。而日本汽车设计团队只有一个总设计师，整个发动机的组装程序，或许还有更多设计工作，都由这个人负责。而具有讽刺意味的是，每一组美国工程师都认为自己的工作很成功，因为他们的螺栓都一样好用。

当组织中的人们只关注自己的职位时，他们就对所有职位之间因相互关联而产生的结果缺乏责任感。另外，当结果令人失望时，要找出其原因也会很困难。你所能做的就只剩下猜测，“一定有人把事情给搞砸了”。

障碍2 “对手在外部”

一位朋友曾讲到他给一个参加美国少年棒球联盟（Little League）

的男孩当教练的故事。有一次，那个男孩在球场的右侧外野一连三个高飞球都没接住，他甩掉手套走进休息区，愤愤地说："这个破球场，没人能接住球！"

当发生问题时，我们每个人都有这种倾向：去责怪我们身外的人或事。而有些组织则会把这种倾向提升成命令，说："你们必须找到问题的外部责任方，这是个原则。"市场部门责怪生产部门："我们一直不能完成销售指标的原因是产品质量没有竞争力。"生产部门又责怪设计工程部门。设计工程部门再责怪市场部门，说："如果他们不再干扰我们的设计，让我们真正发挥出设计产品的水平，那我们就能成为业界领袖。"

"对手在外部"这一障碍的症状，其实是"我就是我的职位"观念的副产品，是这种观念导致的结果——观察世界缺乏系统性。当我们只关注自己的职位时，我们就无法看清自己的行动在超越自己职位边界范围的影响。而当我们的行动所产生的影响回过头来伤害到我们自己时，我们会错误地认为这些新问题是外部造成的。就好像被自己的影子追着，我们无法摆脱这些问题的困扰。

"对手在外部"的症状不仅限于组织内部的相互指责。曾经红火一时的人民快线航空公司（People Express Airlines）在最后几年的运营中，曾推出大规模降价、促销及并购边疆航空公司（Frontier Airlines）等一系列举措，试图疯狂反击想象中的对手，即越来越好斗的竞争对手们。然而，这些举措并没有挽回公司日益亏损的局面，也没有解决公司的核心问题，那就是服务质量越来越差，对顾客的唯一吸引力最后就只剩下低价格了。

多年来，一有美国公司的市场份额输给外国公司，人们就会责怪那个国家的低工资，责怪美国的劳工组织和政府管制，或责怪购买别国产品而"背叛我们"的顾客。但是，"对手在外部"几乎从来不是故事的全部，因为“外部”和“内部”通常是在同一个系统里。正是因为这种学习障碍，我们几乎无法从“内部”找到关键的杠杆作用点，来有效解决横跨“内部”与“外部”界限的系统性问题。

障碍3　主动积极的幻觉

眼下，“主动积极”（proactive）是一种时尚。经理人经常宣示：我们要面对困难的问题，掌控局面。一般来说，这种宣示的意义是指我们应当迎难而上，不要等别人来想办法解决问题，并且要在问题演变成为危机之前把它解决掉。尤其是，主动积极还往往被当作“被动反应”的对症药，而后者是等到局面失控才采取措施。但是，针对外部敌人的攻击性行动，真就是主动积极的同义语吗？

一家曾与我们合作过的地产责任保险公司的管理团队，有一次就钻进了主动积极的死胡同。这个管理团队的领导者是位才华横溢的副总裁，主管公司的索赔业务。他曾准备在一次演讲中宣布，不再接受越来越多的律师提请的庭外和解索赔。公司准备扩大自己的律师团队，这样便能在法庭上完成裁决程序，而不是总接受庭外和解。

这时，我们和公司管理团队成员一起，用更系统的观点来审视了这个提议可能带来的各种影响：有希望胜诉的索赔案比例、败诉案可能耗费的金额、无论胜诉败诉都会产生的每月直接开销和管理费用，以及诉讼过程可能持续的时间等等。有趣的是，这种团队情景推测的结果是，整个成本将会上升。这是因为，考虑到大多数索赔案的初期调查质量，公司可能胜诉的案件带来的收益，不能抵消诉讼总量增加带来的成本上升。那位副总裁最后撕掉了自己的演讲稿。

遗憾的是，主动积极往往只是被动反应的一种伪装掩饰。无论在工商界还是在政界，如果我们只是对“外部的敌人”采取更积极的攻击性战斗，我们还是在被动反应——不管我们怎么称呼它。只有当我们认识到，我们是问题的始作俑者之一，才能达到真正的积极主动。这种主动是我们思考方法的结果，而不是我们情绪状态的产物。

障碍4 执着于短期事件

有两个孩子在操场上打起来了，你过去劝架。露茜说："他抢了我的球我才打他的。"汤米说："她不让我玩她的飞机我才拿她的球的。"露茜说："他不能玩我的飞机，因为他把螺旋桨弄坏了。"我们是充满智慧的成年人，于是我们说："嘿，孩子们，你们要好好一起玩啊。"但是，我们自己在陷入争执时所说所做的，真和孩子们有什么不同吗？我们都有一种惯性思维，即把生命看成一系列分立的事件，而且每一个事件都应该有一个显而易见的起因。

组织机构中的交谈都被事件主导：上个月的销售额、新的预算裁减、上季度的利润、谁得到升迁或被解雇了、竞争对手新推出的产品、我们推迟发布新产品的通知，等等。同时，媒体又在不断强化对短期事件的关注：无论如何，什么事超过两天就不是"新闻"了。强调事件导致了"事件式"的诠释描述："今天道琼斯工业平均指数下降了16点"，报纸报道说，"因为昨天发布了第四季度利润走低的预期。"这类诠释也许没有错，但它转移了我们对事件背后长期规律性模式的注意力，干扰了我们对这些长期模式的理解力。

我们对个别事件的执着，其实也是生物进化给我们的程序编码中的一部分。试想你要构思处于生存竞争中的洞穴人，对宇宙的沉思冥想能力将不会是一项优先设计标准。重要的指标会是察觉左侧后方的剑齿虎，并迅速做出反应。好像是对我们的嘲弄，今天我们的组织和社会所面对的主要生存威胁，并不是来自突发事件，而恰恰是来自缓慢渐进的过程：军备竞赛、环境恶化、社会公共学校系统的衰败、公司产品设计或质量（相对于竞争对手）的下滑等等，这些都是缓慢渐进的过程。

如果大家的思想都被短期事件主导，那么一个组织就不可能持续地从事有创意的生成性学习。如果我们只注意个别事件，那最好的结果就是我们能在事件发生之前做出预测，以便做出最佳反应，但这不可能让我们学习如何创造。

障碍5　煮蛙寓言

在企业失败案例的系统研究中我们发现，企业对缓慢积累的生存威胁普遍缺乏应对措施。这种情况相当普遍，导致了“煮蛙寓言”的流行。如果把青蛙放进沸水中，它会立刻跳出，夺路而逃；但如果把青蛙放进室温的水中，也不去惊吓它，它会安然不动。要是把水放在加热器上慢慢加热到 21℃~27℃，青蛙还是不会动，而且会悠然自得。如果继续加热，青蛙就会变得越来越虚弱，最终再也无法爬出来。虽然没有任何限制青蛙逃生的障碍，它还是待在水里，最终被煮熟。为什么会这样呢？原因就是青蛙体内感应生存威胁的感官，只能针对环境中突发的改变，对缓慢渐进的改变却毫无察觉。

美国汽车工业就是一个长期的温水煮蛙案例。20 世纪 60 年代，美国汽车业在北美市场占据主导地位，但情况已经开始发生非常缓慢的变化。可以肯定，底特律三大汽车巨头在 1962 年还没有看到日本汽车会成为他们生存的威胁；当时日本汽车在美国的市场占有率还不到 4%。到 1967 年，日本汽车的占有率达到 10% 时，三大巨头还是没有看到威胁。1974 年日本汽车达到近 15% 的占有率时，他们还是没有任何感觉。直到 80 年代初，三大巨头才开始认真反省自己的运营方法和核心假设；而那时日本汽车已经占据美国汽车市场 21.3% 的市场份额。1990 年，这个数字达到 25%，到 2005 年已接近 40%。[2] 鉴于这几家美国汽车公司的财务状况，这个特别的青蛙能否重新获得力量，从热水中逃脱，看来还是个未知数。

学会观察缓慢、渐进的过程，要求我们放慢自己忙乱的脚步，去注意那些细微的，以及戏剧性的变化。假如你坐下来注视前方的那片潮水滩，刚开始看不出多少东西。但如果你花足够长的时间，大约十几分钟，潮水滩会突然在你眼前呈现出生命。其实那个美丽的生物世界一直都在那里，只是它运动速度太缓慢，我们不容易一开始就发现它。问题是我们的心总是被锁在一个固定频率上，好像只能观察到每分钟跳动 78 次的东西，而看不到每分钟跳动 $33^1/_3$ 次的东西。如果不学会放慢脚步，去察觉那些常常是最具危险性的渐变过程，我们就不能避免煮蛙的命运。

障碍 6　试错法的错觉

最深刻的学习来自直接的经验。的确，我们通过直接的试错法学会吃东西、爬行、走路和交流。试错法是通过做出行动并观察其结果，如果结果不令人满意，就再做出另一个新行动。但是，如果我们行动的结果是不可观察的呢？如果我们行动的主要结果要在很久之后的未来才会显现，或者在我们身处其中的更大系统里相隔很远的地方显现呢？我们每个人都有一个“学习视界”（learning horizon），即我们只能在一定的时空和视力范围之内观察自己的行动效果。当我们行动的结果超越我们的学习视界时，就不可能通过直接经验来学习了。

在这里我们遇到了组织机构的核心学习悖论：我们从经验中学习得最好，但许多最重要的决策所带来的结果恰恰是我们无法直接体验的。许多组织的最重大的决定，会在数年或数十年的时间里、在整个系统范围内产生影响。研发决策首先影响生产和市场领域；对新生产设备和工艺的投资会在十年或更长时间里，影响产品质量和发货可靠性；提拔合适的人担任组织领导，也会在很多年里影响组织的氛围和战略。在诸如此类的决策中，我们很少能有“试错式学习”（trial and error learning）的机会。

如果决策的作用周期超过一两年，就很难看清并从中学习。正如系统思考研究者小德雷珀·考夫曼（Draper Kauffman, Jr.）所指出的，大多数人都有短期记忆的毛病。他写道：“一旦某一领域的求职者出现暂时的过剩情况，大家就都大谈特谈该领域的劳动力超级过剩了，都劝年轻人赶紧转行。几年后，该领域又出现劳动力短缺，招工岗位没人应聘，年轻人又被紧急召回该领域——于是又产生了过剩。显然，职业培训开始的最佳时机，就是在人们已经讨论过剩有好几年，而很少有人问津该领域的时候。这样，你就可以刚好在短缺形成的时候完成你的职业培训。”[3]

传统上，组织机构试图通过划分部门来克服广泛的决策影响所带来的困难，并通过建立功能性等级结构使工作易于上手。然而，功能的划分演变为“诸侯割据”，曾为了分工方便而进行的劳动划分，演变为“火炉管道”，切断了各功能部门之间的联系。结果是：对公司最重要的、跨越功能界限的复杂问题的分析，竟然成为一种危险的或者根本无从下手的操练。

障碍7　管理团队的迷思

兵来将挡。面对这些学习悖论和障碍，放马迎战的自然是“管理团队”——一组智慧超群、经验丰富、来自不同职能部门和专业领域的经理人。他们应该一起理清对组织至关重要的、跨部门的复杂问题。那么，对典型的管理团队克服这些学习障碍，我们究竟有多大信心呢？

非常遗憾的是，企业团队常常陷于势力范围之争，常常简单地回避会使个人丢脸的事，常常假装已经在集体策略上统一了思想——以维护表面上的团结一致。为了保持形象，他们努力消除意见不合；避免公开表露严重分歧；集体的决策退化为大家都能接受的妥协，或者干脆是强加在集体名义上的个人观点。如果有分歧，它通常表现为相互指责和意见主张的两极分化，因而无法揭示深层经历的差异和不同的假设，无法使团队整体得到学习提升。

“大多数管理团队会在压力下分崩离析，”哈佛大学长期研究管理团队学习行为的克里斯 · 阿吉里斯（Chris Argyris）写道，“管理团队在日常问题的处理中可能运作良好。但是，当他们面对可能使他们陷入窘迫和危险境地的复杂问题时，那种‘团队性’似乎就崩溃了。”[4]

阿吉里斯认为，大多数经理人都觉得集体探寻本来就具有威胁性。学校教育告诉我们：永远不能承认我们不知道的答案。而大多数公司还在强化这种训练，奖励善于推销自己观点的人，却忽视对复杂问题的探寻。（还记得上一次你的组织给对公司现行政策提出难题的人——而不是解决某个紧迫问题的人——颁发奖励是什么时候吗？）即使我们感到没有把握，或者根本就不懂，我们还是学会了保护自己，避免由于暴露我们没有把握或无知所带来的痛苦。这一过程正好阻止了新知识的形成，而新知识是可能给我们带来威胁的。这样做的结果，就是阿吉里斯所说的“老练的无能”（skilled incompetence）——团队成员非常擅长躲避学习。

学习障碍与修炼

这些学习障碍长期以来一直伴随着我们。芭芭拉·塔奇曼（Barbara Tuchman）在《愚蠢进行曲》(*The March of Folly*）一书中，描述了一系列具有重大影响、“执行了违背终极自利性”政策的历史事件，从特洛伊的失陷到美国参加越战。[5] 在一个接一个的历史故事中，领导人对自己的政策即将带来的后果全然不知，即使曾事先接到警告，说这些政策会威胁其自身的生存。细读塔奇曼的书，你会在字里行间发现，14 世纪法国瓦卢瓦王朝的国王们，正是遭遇了“我就是我的职位”这一障碍——他们实行货币贬值政策，全然不知他们这样做是在逼迫法国新兴的中产阶级走向暴动。

18 世纪中叶的英国也经历了一个煮蛙案例。在“整整 10 年的时间里”，塔奇曼写道，英国人“与美洲各个殖民地的冲突越来越多，却没有任何英国政府官员派遣代表，更不要提派遣大臣，到大西洋对岸……调查危及与殖民地关系的原因是什么……”[6] 到 1776 年美国独立战争开始时，关系的危局已经无法挽回了。塔奇曼在书中另一处描述了 15 ~ 16 世纪罗马天主教，由主教组成的悲剧式的管理“团队”。对其虔诚态度的要求迫使他们要表现得团结一致。而在背后，他们却相互耍手段（有时甚至是背后行刺）。由此导致了一系列机会主义教皇的上台，而这些教皇对权力的滥用，则直接引发了新教改革运动。

历史学家贾雷德·戴蒙德（Jared Diamond）也描述了类似的由于傲慢与无知而导致整个文明毁灭的故事。从玛雅文化到复活节岛，戴蒙德解释了强大的帝国是如何在相当短的时间里走向灭亡的。和组织的失败一样，这些帝国中大多数人也感到了事情有点儿不对，但他们还是本能地变本加厉地维护，而不是质疑传统的行为方式——自然更没有可能去开发能力，以改革传统的行为方式。[7]

我们今天这个时代的危局并不比从前小，而同样的学习障碍及其所导致的后果，也仍然持续着。我深信，学习型组织的五项修炼，能够成为医治这些学习障碍的对症良药。但是，我们必须更清晰地了解这些学习障碍——因为它们很容易被喧嚣纷扰的日常事务掩盖。

第 3 章

是系统的囚徒，还是我们自己思想的囚徒？

消费生产和分销组织模拟实验：啤酒游戏

为了看清组织在实际运作中的学习障碍，做一项实验会有所帮助——实验是真正组织运作的微缩，在实验中你能够比在实际组织中更清晰地看到，你的决定所带来的各种后果是如何逐一显现的。为此，我们经常邀请大家参加一个叫作“啤酒游戏”的模拟实验。这个实验是麻省理工学院斯隆管理学院在 20 世纪 60 年代率先进行的。由于啤酒游戏不是真实情况本身，而只是后者在实验室中的模拟，所以我们能够比在实际组织中，更加明晰地剥离学习障碍及其起因。这个实验揭示了，问题的来源更多在于思考和互动交往的基本方式，而不在于组织结构和政策的具体特征。

啤酒游戏的做法，是让我们参加一种广泛流行却又不被人注意的组织：一种生产和分销体系，它承担了所有工业国家的消费品和商业用品的制造和发货任务。在游戏里，这种体系负责制造和分销单一品牌的啤酒。游戏参与者担任某一职位角色，并根据自己的判断完全自主地做出任何决定。他们的唯一目的，就是尽自己的职能来获取最大利润。[1]

和许多其他游戏一样，每一场啤酒游戏都是一个故事。故事有三个主要角色——零售商、分销商和啤酒厂营销主管。[2] 每个角色都从自己的角度叙述故事的经过。

零售商

把你自己想象成一名零售商。也许你是一家地处城郊路口、灯火通明的 24 小时营业特许加盟连锁店的经理，也许你是地处一条维多利亚时期褐色砂石建筑街道的夫妻杂货店的店主，或者，你也许是偏远高速公路上一家折扣饮料经销点的业主。

不管你的店看上去怎样，也不管你还经销别的什么商品，啤酒是你经销的主要商品之一。你不仅在啤酒上获利，还通过啤酒吸引顾客购买爆米花和薯片等其他商品。你的库存里至少有 12 种不同品牌的啤酒，在你存放商品的里屋还有个账本，上面大致记录着每种品牌的啤酒还有多少库存。

送货卡车每周来店铺一次，每次你都交给司机一份本周订货单，上面有你每周想要的每一种品牌的啤酒数量。卡车司机去完其他地方以后，会把你的订单交给你的啤酒批发商。批发商处理订单以后，就安排适当的出货顺序，然后发货到你的店里。这个过程需要时间，你也已经习惯了平均四个星期的送货延迟时间。换句话说，从你的订单发出到啤酒运到你的店里，一般需要四个星期。

你从未直接和你的啤酒批发商通话，你们之间的沟通就是通过你在订单上打的钩。也许你从未见过你的批发商，你只认识送货的卡车司机。原因很简单：你店里有数百种商品，给你发送各种商品的批发商有几十家。同样，你的啤酒批发商要给十几个城市的数百家零售店发货。你要接待潮水般光顾店铺的顾客，批发商要处理成堆的订单，谁还有空闲聊？你们之间的沟通只凭一个订货数字就足够了。

你店里销售最稳定的啤酒品牌是“情人啤”（Lover's Beer）。你大概记得这是300英里之外一家效率很高的小酿酒厂的产品，但它不是超级流行品牌。其实它根本就不做广告。但和每天早上的送报一样稳定，你每周都会卖出去4箱情人啤。当然，顾客都是年轻人——年龄多数在二十几岁，而且喜好快速变化。但不知道为什么，一旦有人开始换买另一种大牌啤酒，比如米勒或百威，就总有一位更年轻的妹妹或弟弟加入情人啤的购买者行列。

为了保证情人啤供应充足，你总是在店里留有12箱存货。这就意味着每个星期一啤酒送货卡车来店铺时，你要订4箱货。如此一周又一周地循环往复。你现在已经对4箱订货量习以为常了，它已经成为你心目中对情人啤销量的难以转变的认知。你订货时根本就不假思索。“啊，对了，”你会像每天祷告那样自动地说，“情人啤，4箱。”

第2周：在没有任何预警的情况下，10月有一个星期（我们暂且叫第2周）情人啤的销量翻了一番，从4箱增加到8箱。你会觉得那没关系，因为店里还剩8箱存货。你并不知道为什么销量会突然上升这么多，也许有人在开派对。但为了补充存货，你把订货量提升到8箱。这样你就可以把库存拉回到正常水平。

第3周：很奇怪，下一周你又卖出8箱情人啤。你不免有些纳闷：这不是放春假的时候啊。于是，你开始在繁忙的工作之余考虑出现这种情况的原因。也没有情人啤的促销广告啊，要是有的话，你会收到邮寄来的广告。也许寄来的信件丢了，或者你不经意间扔掉了，

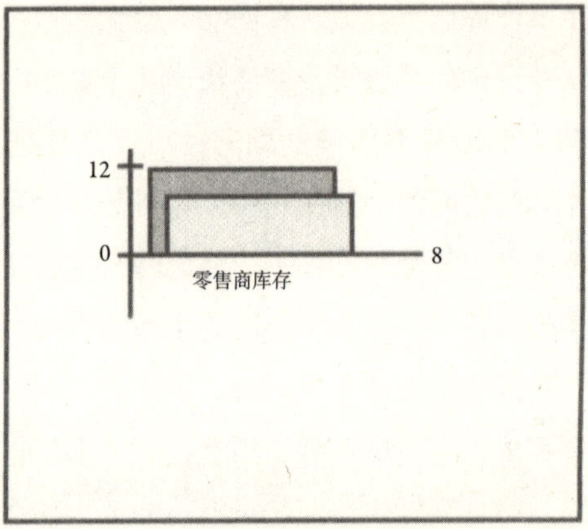

第 2 周

也许还有别的什么缘故……但这时有顾客进来了，打断了你的思路。

送货司机进来时，你还是没来得及过多考虑情人啤的事，但你看到送货单上只有 4 箱到货（那是你 4 个星期以前订单的量）。而你现在只有 4 箱库存，那就意味着，除非销量下降，否则这周你会把所有情人啤库存卖光。明智的考虑是，至少订 8 箱货才能保证不脱销。保险起见，订 12 箱——那样还可以重新开始建立库存。

第 4 周：这个星期二，你抽空向来店里买东西的年轻人打听了情人啤的事情。原来大概一个月前，有一支新推出的单曲 MV（音乐短片）在流行的电视频道上播放。演唱的乐队“叛逆偶像”（Iconoclasts）在这首歌的最后一句唱道：“喝完最后一口情人啤，我冲着太阳奔去。”你不知道他们为什么要在歌词里提到情人啤，要是有新的情人啤广告，分销商应该会通知你啊。你想要打电话问问分销商这件事情，正在这时候，一批薯片送来了，关于情人啤的事情又从你脑海中溜走了。

这星期的啤酒送货车来了，但只到了 5 箱情人啤。这下你觉得很懊恼，因为情人啤快要卖光了，现在只剩下一箱存货。而且因为

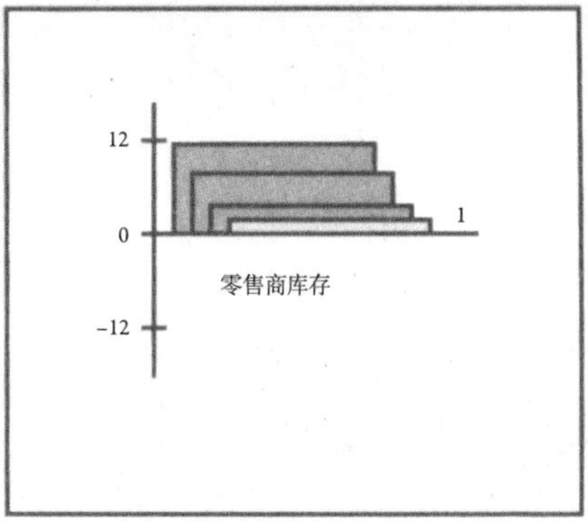

第 4 周

那支 MV，可能会有更多的顾客来买情人啤。你还是觉得应该多订一些，但又不确定具体订多少合适。最后你决定，至少订上 16 箱情人啤，这是底线。

第 5 周： 星期一的早上，情人啤已经卖光了。还好，这天又新到了 7 箱情人啤（显然是分销商注意到你订的情人啤数量增加了）。但在周末之前，所有的情人啤又都卖光了，一瓶也没剩下，更别说库存了。你闷闷不乐地盯着空货架。这次最好再订 16 箱，你不想别人说你的店里连热销的啤酒都没有。

第 6 周： 和预计的一样，这星期刚一开始，就有顾客来买情人啤。有两位忠实的顾客说要在你这儿订情人啤。"要是情人啤到货了，一定要第一时间通知我们，"他们说，"我们会来买的。"他们给你留了姓名和电话，每人订了一箱情人啤。

这星期只到了 6 箱情人啤。你通知了两位"订货"的顾客，他们来买走了两箱；其余的 4 箱又在周末前卖光了。又有两位顾客给你留了联系方式，说一旦有货就马上联系他们。你开始思考，要是有货的话，这星期还能再卖多少情人啤啊。看来大家已经开始抢购情人啤了：这一带的商店都没货了。情人啤十分畅销，而且越来越火。

你连续两天看着空空的货架，之后你觉得这次至少还得订 16 箱情人啤。你本想再多订些，但想想还是算了。因为你知道之前下的大单子应该快到货了，但什么时候才能到呢？

第 7 周：送货车这次只送来了 5 箱情人啤，这意味着这星期你又得看着空空的货架。在订货的顾客买走情人啤的时候，其他几箱也卖出去了，情人啤在两天之内就脱销了。令人吃惊的是，这星期竟有 5 位顾客订了情人啤。于是这周你又订了 16 箱，并在心里默默地祈祷大订单能快点到货。没有情人啤，薯片的销量也下滑了。

第 8 周：现在，你对情人啤的关注比对店里的其他任何商品都要多。你的神经时刻被它牵动着：情人啤在货架上默不作声，但只要有人一次买走半打，你都会立刻注意到。人们似乎开始谈论情人啤了。你焦急地等着送货车运来你期待的 16 箱情人啤……

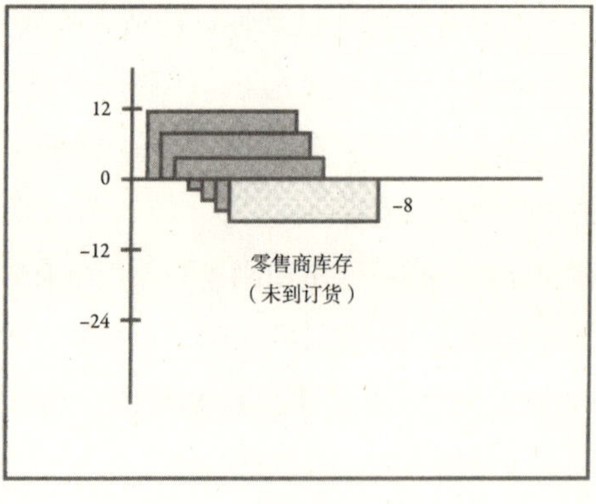

第 8 周

但送货车只送来了 5 箱情人啤。你问道："这算怎么回事？只有 5 箱？""天哪，这事儿我怎么知道！"送货人跟你说，"我猜是订单积压了，你可能要一两周之后才能拿到货。”一两周？通知完订情人啤的顾客，你这星期的情人啤也就全卖光了。整个星期货架上连一瓶情人啤都没有。这会对你的经营信誉产生怎样的影响！

这周你一下子订了 24 箱情人啤——这是原计划的两倍。你开始琢磨，分销商到底想对我做什么？难道他不知道我们这儿的市场有多狂热吗？他脑子里到底在想些什么？真见鬼！

分销商

作为一家批发公司的经理，啤酒就是你的生命。你在办公桌前度过绝大部分时光，那张不锈钢台面的办公桌就在放啤酒的仓库里。仓库里满是堆得高高的啤酒箱，几乎涵盖了所有的著名品牌：米勒、百威、银子弹（Coors）、滚石（Rolling Rock），以及一些进口啤酒，当然了，还有情人啤这样的地方品牌。跟公司有生意往来的地区包括一个大城市，几个小的卫星城市，一些城郊社区，以及更偏远的一些农村地区。你并不是这里唯一的啤酒批发商，但你的公司有着良好的信誉，实力很强。对于有些品牌，你是这一地区唯一的分销商，而情人啤就是其中之一。

通常情况下，你和啤酒厂的订货方式，跟零售商和你的订货方式差不多。每个星期，你都把写着订货数量的表格交给送货人。一般四个星期之后，货会送过来。你不是按箱算货，而是按罗（gross）算。一罗是 12 打，即 144 箱，大概能装满一辆小卡车，因此你按车来计算订货数量。就像固定跟你联系的零售商每周向你订 4 箱啤酒一样，你每星期向啤酒厂订 4 车啤酒，每周都一样。这样的订货数量能够保证在任何时候，你都有 12 车啤酒的存货。

在第 8 周，你和零售商一样沮丧，一样气愤。情人啤的销量一向稳定，但就在几星期前，具体算是在第 4 周，情人啤的订货量突然开始迅速上升。在接下来的那个星期，零售商订的情人啤数量增加得更多了。到第 8 周，大多数商店订情人啤的数量是常规订货量的四倍。

开始时，你能通过仓库里的存货来满足额外的情人啤订单。而且你很有先见之明：你立即察觉到了订单有增加的趋势，并在第一时间向啤酒厂增加了订货数量。第 6 周，你在《啤酒批发新闻》上看到了有关情人啤的摇滚 MV 的报道，于是你进一步增加了订货量——每星期 20 车，虽然这是常规订货量的五倍，但你确实需要这么多啤酒。从零售商的订单上看，情人啤的销量已经到了原来的两倍、三倍，甚至是四倍。

在第 6 周，你的仓库里已经没有情人啤的存货了，你处于地狱般的拖欠订单的境况。从这时候起，你只能尽可能地多批发些情人啤，并给尚未发货的啤酒打欠条，交给零售商。有少数几家较大的连锁店给你打了电话，并得到了你的特殊照顾，但你的情人啤存货是一去不复返了。不过令你欣慰的是，增加的啤酒订货应该还有一两个星期就到了。

在第 8 周，当你打电话问啤酒厂，是不是可以加快送货速度（并通知啤酒厂你把订单增加到每星期 30 车）的时候，你失望地发现他们刚意识到需求的增加，在两个星期前才开始增加生产量。他们的反应怎么能这么慢?!

现在到了**第 9 周**。你每星期收到的情人啤订单有 20 车，但你还是没有足够多的存货。在上个周末之前，你又向啤酒厂发出了另外 29 车的订货单。员工们收到大量关于情人啤的投诉电话，多到他们要求安装自动答录机来解释情人啤的交货延迟问题。不过你相信，一个月前订的 20 车情人啤这个星期就会送到。

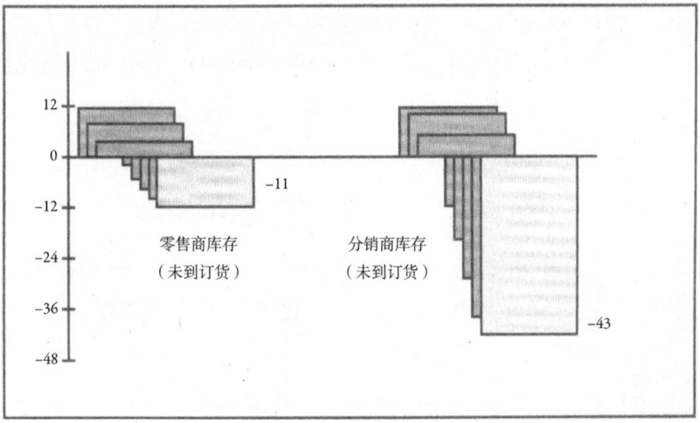

第9周

但实际上，你只收到了6车情人啤。很明显，啤酒厂仍然不能满足订货需求，增加的产量现在才刚刚开始出货。你给那些较大的连锁店打电话，向他们保证啤酒会在短时间内送到。

第10周是令人沮丧的。你期待送来的至少20车啤酒根本就没有出现。你猜测大概是因为啤酒厂的生产速度跟不上飙升的需求。送来的啤酒只有8车，而且没法联系上啤酒厂，对方的电话一直没人接听——很显然，啤酒厂的人都在生产车间忙着生产啤酒呢。

在这时候，零售商们正在疯狂地销售情人啤。这星期你收到了前所未有的大订单——26车。当然，订货量增加的原因也可能是你拖延订单，零售店里没有足够的啤酒。不管怎样，你没有足够的情人啤来应付订单。要是因为拿不到货，零售商们转向跟你的竞争对手合作，那该怎么办？

你必须拿到情人啤，于是你向啤酒厂发出了另外40车的订单。

在**第11周**，你发现自己吃午饭的时间越来越长了，总爱待在离仓库不远的小饭馆里发愣。送来的情人啤只有12车，你还是联系不上啤酒厂的任何人。而且你手头上拖欠的订单已经超过了 100 车——之前有 77 车的订单，还有这星期的 28 车。送货延迟造成的部分费用已经得支付了，你真不敢把最坏的预期告诉会计。

到**第 12 周**，事态已经很明显了，情人啤订单量的增长远远超过了你的预期。你懊恼地叹了口气，要是有足够的情人啤，这次能赚多少啊！以后这样的情况一定不能再发生了！啤酒厂怎么能这么干？情人啤的订单怎么会增加得这么快？你的供货速度根本跟不上嘛，真是！于是你又订了 60 车情人啤。

在接下来的 4 个星期，零售商发来的情人啤的订货量还是超出了你的供货能力。实际上，在第 13 周你拖欠的订单数量半点儿也没降下来。

在**第 14 周和第 15 周**，啤酒厂终于开始多送来一些情人啤了。与此同时，零售商们的订货量也略微下降了一点儿。你猜可能是因为他们前几个星期稍微多订了些。在这时候，任何能减少你拖欠订单数量的事，都是受欢迎的。

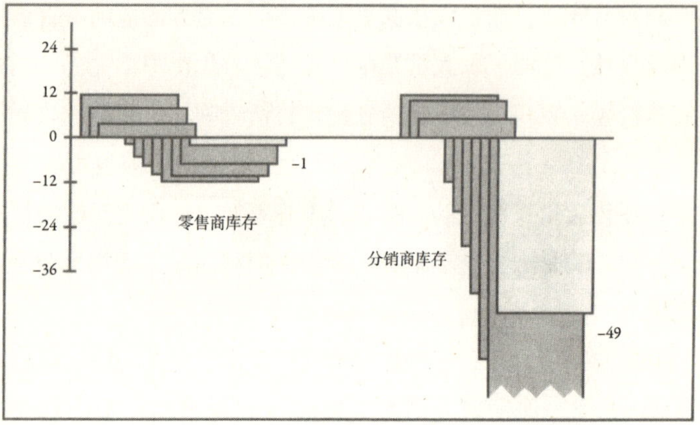

第 14 周

现在到了**第 16 周**，你在几个星期前订的啤酒终于到货了：55 车。这批货在星期一就到了，你到仓库里堆放情人啤的地方看了看。很好，到的情人啤都堆在货架上，数量可以跟那些著名品牌相比了，而且很快就会被送往各个零售店。

整整一个星期，你满心期望地等着零售商的订单。你甚至会站在记录台旁边，查看每个零售商的新订单。翻过一张又一张表格，你只看到同样的数字：0，0，0，0。这帮人怎么了？ 4 个星期前还冲我嚷嚷着要啤酒，现在他们却连一瓶都不要了！

突然间，你觉得浑身发冷。这时送货车要出发了，路上会去啤酒厂。你赶紧追上司机，要回订单，划掉原来写好的 24 车，也填了个“0”，并签上了字。

第 17 周：这星期会送来另外 60 车情人啤。而零售商却没有更改订货量，仍然是“0”；你向啤酒厂发出的订单也依然是“0”。仓库里放着 109 车情人啤，你天天用啤酒泡澡也无妨，反正啤酒有的是。

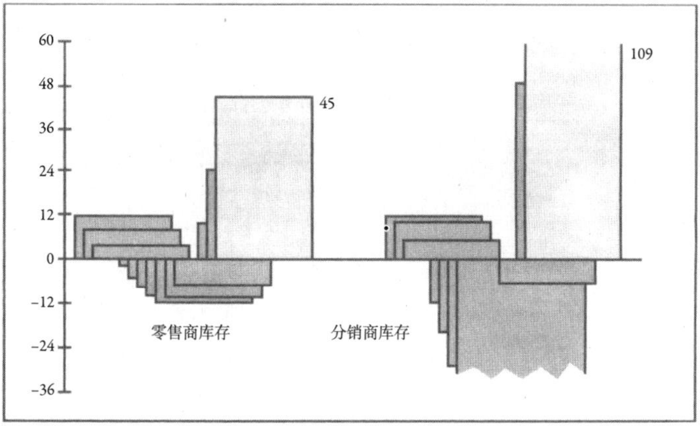

第 17 周

你想着在这个星期，零售商肯定会订更多情人啤，毕竟那支情人啤 MV 还在电视上播着呢。你在脑海里把零售商统统打进了地狱最深处，那里全都是不守信用的人。

但实际上，零售商们又一次送来了写着“0”的情人啤订单。你呢，也向啤酒厂订了“0”车情人啤。但啤酒厂又送了 60 车啤酒过来，你的货仓里边又多了 60 车情人啤。啤酒厂为什么还送来这么多啤酒？这什么时候才是个头啊！

啤酒厂

想象一下，你在 4 个月前受聘于这家啤酒厂，负责管理市场和销售业务。情人啤只是啤酒厂的几个主要产品之一。这家不大的啤酒厂以质量闻名，而不是靠营销能力取胜，这正是它雇用你的原因。

你在新岗位上一直干得很好，这是大家有目共睹的。因为早在你上任的第二个月（游戏的第 6 周），订单量就开始猛增。在你入职的第三个月末，订单量从你刚到啤酒厂的每周 4 罗猛涨到了 40 罗，你对此非常满意。你出货了……嗯，这次一共发出了 30 罗啤酒。

这是因为啤酒厂也有未完成的、延迟交付的订单。一瓶啤酒从酿造到装瓶出厂得花两周时间（至少在你的啤酒厂是这样）。当然，啤酒厂的库房里存有够供应几星期的啤酒，但这些存货在第 7 周的时候就都卖出去了。这仅仅是订单开始激增后的两周。接下来这个星期，延期交货的啤酒有 9 罗，还收到了 24 罗的新订单，但实际上你只能供应 21 罗啤酒。在这个时候，你仍然是啤酒厂的英雄。公司经理鼓励每个员工加班加点地工作，还十分热切地约谈相关人士，为修建新工厂做准备。

“叛逆偶像”的那支 MV 给你带来了好运，他们在歌里提到情人啤。早在第 3 周你就知道这支 MV 了，因为有年轻人专门为此给啤酒厂写了信。但直到第 6 周，这支 MV 的影响才表现在增加的订单量上。

直到第 14 周，啤酒厂仍然没能处理完延迟交货的订单。要求每批生产 70 罗甚至更多情人啤，对你来说已经是很常规的产量指标了。你开始想，今年应该能拿到一大笔奖金，说不定还能要求拿到 1% 的利润分成，至少在完成延迟交付的订单后可以提出这样的要求。你甚至开始想象自己成为《营销周刊》的封面人物的情景。

在第 16 周的时候，你终于完成了延迟交付的订货。但在接下来的那个星期，你的分销商竟然只订了 19 罗啤酒。在上星期，也就是**第 18 周**，他们连半罗都不要了。在一些订单上，你甚至发现了被划掉的订货记录。

现在是**第 19 周**。你的库房里有 100 罗啤酒。然而，送来的订单又没有要货，订货单上写着：0。与此同时，你之前要求生产的那些啤酒，现在正不断地涌入库房。你忐忑不安地给老板打了电话。“咱们最好暂停生产一到两个星期，”你说，“我们遇到……”你用上了在商学院里学到的词，“……遇到了需求不连续（discontinuity）的情况。”电话那头一片沉寂。“不过我坚信，这只是暂时的。”你补充说。

同样的情况又持续了 4 周：**第 20 周**、**第 21 周**、**第 22 周**和**第 23 周**。渐渐地，需求重新增加的希望越来越渺茫，你的借口也越来越不靠谱。你的解释包括：分销商把我们逼入了绝境；零售商根本没订购足够多的啤酒；媒体和那支摇滚 MV 宣传得过头了，让大家都厌倦了情人啤。说到底，还是要怪那些善变的小青年——他们连半点儿品牌忠诚度都没有，他们怎么能在一个月买几百箱啤酒，到下个月却连半箱都不买？

第 24 周：这星期刚开始的时候，你从公司借了辆车开出来，这时已经没人在乎你要去哪里了。你的第一站是分销商的办公室。这是

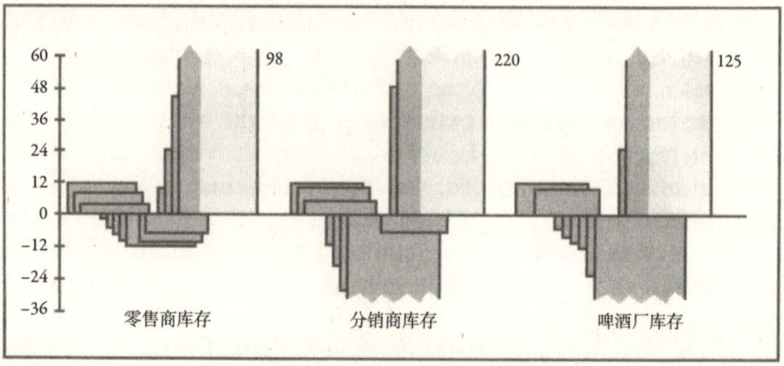

第 21 周

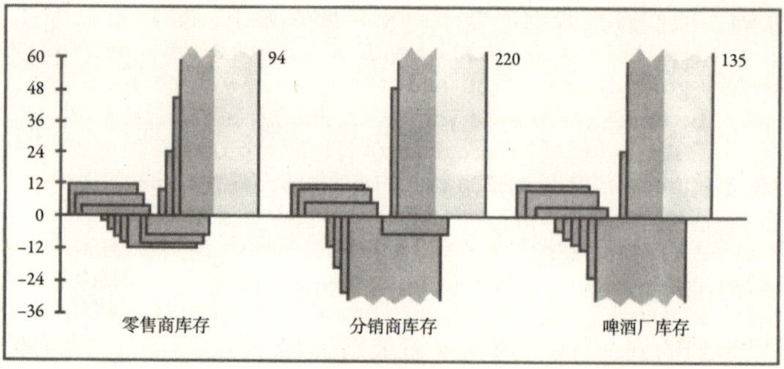

第 24 周

你们第一次见面，而且也只是你们的第二次谈话而已。在这场危机之前，你们几乎没什么可聊的。你们闷闷不乐地打了招呼，然后分销商把你带到了后面的仓库。“我们已经有两个月没有接到你们这个牌子的订单了，”分销商气愤地说，“我觉得自己被耍得团团转。看！还有220车情人啤压在这儿。”

你们俩一致认为，这一切都是因为需求的突增和陡降。这是公众喜好变化无常的又一个例子。如果零售商之前能够把握行情，及时提醒你，这场危机根本就不会发生。

在回家的路上，你开始盘算要怎么写营销战略报告。突然你心中一动，在路过的一家零售店前停了下来。幸运的是，店主人正好在。听完你的自我介绍之后，零售商露出了嘲讽的笑容。留下了一名助理看店，你们俩走进了隔壁的餐厅，要了杯咖啡。

零售商带上了他们店的库存记录本，他把记录本在桌上摊开，说："你不知道，几个月前我真想掐死你。"

"为什么？"你问。

"瞧瞧这个——我们的仓库里积压了 93 箱情人啤。按现在的销售速度，要 6 个星期之后才会下新的订单。"

6 个星期，你在心里重复了一遍，然后拿出随身带着的计算器。如果这个地区的每个零售商都等 6 个星期才下新订单，之后每周又只订几箱啤酒，那么至少要一年，堆在分销商那儿的 220 车啤酒才能卖出那么一点儿。"这简直是个悲剧，"你抱怨道，"你说这是谁造成的——我是说，我们怎样才能避免这样的情况再次发生呢？"

"嗯，这不是我们的错，"零售商喝了口咖啡，"在那支 MV 刚播出的时候，我们一直是每周卖 4 箱情人啤。然后在第 2 周，我们卖了 8 箱。"

"然后，销量就开始突然增加了，"你说，"但为什么后来它又陡然下降了呢？"

"不，你没明白，"零售商说，"需求从头到尾都没有剧增过，也没有陡降过。我们第 3、第 4 和第 5 周都是每周卖 8 箱啤酒。是因为你们，因为你们没有运来我们要的啤酒，所以我们只好一直下订单，其实只是为了保证店里边有足够的情人啤，好满足顾客的需求。"

"但是我们已经竭尽全力尽快生产啤酒了呀。"

"那可能是分销商把事情弄砸了，"零售商说，"我一直在考虑要不要换个分销商。不管怎样，我希望你们能搞个优惠券促销什么的，好让我能收回点儿成本。我真想把那 93 箱啤酒卖出去一些。”

接下来你结了账。在回家的路上，你寻思着怎么写辞职信。显然，要是这场危机导致裁员或者工厂倒闭，这都得怪你。就像分销商责备零售商，零售商又责备分销商，他们两方还同时责备你一样。现在辞职的话，至少还能挽回点儿脸面。要是能有什么解释，证明这不是你的错，该有多好；要是能证明你也是受害者，而不是罪魁祸首，该有多好……

啤酒游戏的启示

1. 结构影响行为

在同一结构中，不同的人也会做出性质类似的表现。当问题出现，或绩效不如人意时，我们喜欢找出某人或某事来加以责怪。但是，系统的危机往往是由其自身引起的，而不是由于外力或某些个人的错误。这种情况比我们想象的要更普遍。

2. 人类系统的结构很微妙

我们容易把“结构”看成外界加在个人之上的各种限制。但是，在复杂的生命系统里的结构，比如人体中的各类“系统”（如心血管系统和神经肌肉系统）的“结构”，是指支配行为模式的基本相互关联。在人类系统中，结构就包括人们如何做决策——即我们依据观点、目标、规则和习惯来指导行动的“操作性政策”（operating policies）。

3. 解决问题的关键杠杆作用往往来自新的思考方式

在人类系统中，人们常常不能发挥杠杆作用的潜力，找不到有效解决问题的关键，因为大家只注意自己的决策，而忽视这些决策如何影响他人。在啤酒游戏里，参与者本来有能力消除老是在发生的极端不稳定的局面，然而，他们没有这么做，因为他们压根儿不明白，造成这种不稳定局面的始作俑者恰恰是他们自己。

工商界崇尚英雄。我们对那些取得了看得见的成果的人，给予了太多的奖励和提拔，但如果出了问题，我们就凭直觉认为，一定有人把事情给搞糟了。

在啤酒游戏中，让大家都陷入了困境的某个罪魁祸首其实并不存在。我们不能怪任何人。拿故事中的三类角色来说，每个人的意图都好得不能再好了：都想服务好自己的顾客，都希望产品能在系统中平稳流通，也都想避免问题的出现。每个角色都对接下来要发生的事情进行了合理的猜测，也都依此做出了决定。这些决定不但有着良好的动机，而且符合逻辑。没有谁是不尽职的人。尽管如此，危机还是发生了——这是系统结构中固有的。

过去 20 年间，啤酒游戏在数以千计的课堂及管理培训班里演练过。来自五大洲的不同年龄、不同国籍、不同文化、不同商业背景的人，都做过这个游戏。有些参与者以前根本没听说过生产分销系统，有些则对此十分熟悉。但不管怎样，每次演练这个游戏，都会引发同样的危机。一开始，是出现无法满足的需求增长，系统在运作过程中积累起大量订单。存货卖光，延迟交货的现象越来越严重。接着，啤酒大量到货，订单却突然减少。在游戏结束的时候，几乎所有参与者都守着卖不出去的大批存货——举例来说，零售商给分销商每周 8 箱、10 箱、12 箱的新增订单，能让啤酒厂新增上百个订单，这种现象屡见不鲜。[3]

如果说，足有数以千计的参与者，他们有迥然不同的背景，却都表现出了同质的行为模式，那么导致这种行为出现的原因一定超出了个人的范畴，它源于游戏结构本身。

有更多的类似啤酒游戏的系统，它们在现实世界的生产分销系统中造成了类似的危机。例如，在1985年，个人电脑内存条很便宜，也很容易买到，当年的销量下降了18%，使美国厂商遭受了25%～60%的损失。[4]但是到1986年年底，短缺突然出现了，加剧了恐慌和过度订货的现象。结果，同样的内存条的价格涨了一到三倍。[5]半导体行业在1973～1975年也出现过类似的需求激增与崩溃现象。在整个系统经历了巨大的订单堆积和大量的运货延迟之后，需求崩溃了。这时，任何产品都可能在一夜之间下架。几年内，西门子、西格尼蒂克公司（Signetics）、北方电讯（Northern Telecom）、霍尼韦尔（Honeywell）和斯伦贝谢公司（Schlumberger）都纷纷通过收购不景气的半导体生产商，进入了这个行业。[6]

正如1989年5月30日的《华尔街日报》的报道："通用、福特、克莱斯勒正在生产远超过实际销量的汽车，经销商积压的库存越来越多……这些汽车公司已经开始闲置工厂并裁减员工，其规模和速度是近年来未曾有过的。"[7]当时，美国全国的经济正经历着同样的需求激增和存货过度调整，经济学家把背后的原因称为商业周期的"存货加速器"理论。

类似的激增和崩溃循环也一直在各类服务行业中不断上演。比如，在房地产业中，这种循环是臭名昭著的，投机商故意抬高价格，以吸引投资者关注新的开发项目，更是人为地加剧了这种循环。1989年，马萨诸塞州的公寓开发商保罗·奎因（Paul Quinn）曾这样告诉《麦克尼尔–李瑞尔新闻时刻》节目："公司办公室的电话响个不停。'这该怎么办？'我们说，'让所有人把5 000美元的支票寄来，上面写上他们的名字，然后把这些人列进候补名单吧。'我们接下来发现，很快就有150多张支票堆到了桌上。"市场迅速繁荣过后，又马上进入过剩状态。"那是一种缓慢的、越沉越低的感觉。"在某个到处是卖不出去的地产项目的海边小镇，奎因在接受采访时这样说，“现在，是时候为下一个增长周期着手盖房子了。不幸的是，地产行业的人都无暇顾及这个，他们都还忙着处理上一个周期留下的问题。”[8]

实际上，生产分销系统的现实情况往往比啤酒游戏更糟糕。现实中的零售商可能会同时向三四家分销商订货，在收到一家最先发来的货品之后，就取消给其他分销商的订单。啤酒游戏中，没有对生产能力设限。在实际情况中，生产商往往不顾生产能力的限制，满负荷生产，加剧了整个分销系统的恐慌。生产商还会追加投资，扩大生产能力，因为他们相信眼下的需求水平会在将来持续下去。一旦需求崩溃，他们会发现自己陷入了产能过剩的困局。

类似啤酒游戏中的生产分销系统的运作机制，阐释了系统思考的第一条原则：结构模式影响行为。

系统结构影响行为模式

当置身于同一个系统中时，人们无论有多大差别，都倾向于产生相似的行为结果。

系统的观点告诉我们，为了理解重要的问题，我们不能只看到个人失误或者运气不佳，也不能只看到人物和事件，我们必须看到隐藏在事物表面以下的结构模式：它们塑造了人的行为，它们创造的条件使各类事件得以发生。正如德内拉·梅多斯［Donella Meadows，《增长的极限》（*Limits to Growth*）一书作者］所说：

“真正深刻而且不同寻常的洞察力，来自观察系统如何塑造自己的行为方式。”[9]

100 多年前，同样的观点也曾被一位系统思考者表述过。《战争与和平》写到三分之二的内容时，托尔斯泰突然中断了对拿破仑和沙皇战争时期的俄国历史的叙述，转而思考为什么在一般情况下，历史学家总是不能解释历史：

> 在19世纪的头15年里，出现了一场数千万民众参与的声势浩大的运动。人们抛下自己熟悉的工作，从欧洲的一侧奔向另一侧，相互掠夺、杀戮，经历了凯旋与绝望。他们的整个生活境况发生了转变，生命活动先形成一个加速趋势，后来又减缓衰退下来。是什么原因造成了那样的运动？或者说，什么法则引起它的发生？人类的理智在发问。
>
> 历史学家试图回答这个问题，于是就把几十个人在巴黎城里的一座建筑物中所说的话、所做的事，用一个词来概括——革命。然后告诉我们拿破仑的详细生平，以及某些人对他的喜好或憎恶，还讲到其中一些人对另一些人的影响，最后竟认为这就是当时运动爆发的根源，而且这些就是它的法则。
>
> 但是，人类的理智不仅拒绝相信那种解释，而且断然宣布，那种解释的方法不对……人们个体意志的总和产生了革命，也产生了拿破仑，而且只有那些意志的总和，才能先支撑他们，后来又毁灭他们。
>
> 历史告诉我们："哪里有战争，哪里就有伟大的军队统帅出现；各个国家中哪里有革命，哪里就有伟人。"人类的理性解释道："当伟大的军队统帅出现的时候，战争的确出现了，但那不足以证明将军引起了战争，也不足以证明战争的起因出自一个人的行为……"[10]

托尔斯泰认为，要想深入领悟历史，就必须努力理解"历史的规律"背后暗藏的东西，这其实是他用来描述我们现在所说的系统结构模式的同义词：

> 在历史规律的研究中，我们必须彻底变换一下观察的对象：要把那些国王、大臣和将军们忘掉，转而研究引导群众的那些看似特征相同的、微不足道的因素。没人可以确定，沿这条新路走下去，人类对历史规律的了解能达到怎样的深度。但是很显然，只有沿着这个新方向走，才有发现历史规律的可能性。历史学家花了很大力气，去描述国王、大臣和将军们的种种行为。而迄今为止，人类理智用在前述的新研究方向上的精力，还不及历史学家已花费的精力的百万分之一。[11]

这里的“结构”一词，不是指缜密的论述和推理中的“结构”，也不是组织架构图表中的“汇报程序结构”。系统结构是指随着时间的推移而影响行为表现的重要的相互关系。但这种相互关系也不是指人际关系，而是关键变量之间的关系，比如发展中国家的人口、自然资源和食品生产之间的关系，还有高科技公司工程技术人员的产品理念、技术诀窍和管理技巧之间的关系。

在啤酒游戏中，导致原始订单和存货摇摆不定的系统结构，包含了多环节的供应链及其不同层次之间的库存延迟、每个环节中可用信息的有限性，以及影响啤酒订单的个人目标、成本、认知和担心。然而,“系统结构”这个术语并不是指独立于个体之外的结构，理解这一点非常重要。人类系统的结构特性非常微妙，因为我们自己就是结构的一部分，也就是说，我们经常有能力改变自己身处其中的结构。

然而，我们往往察觉不到自己有这种能力。事实上，通常我们根本看不到结构模式的作用。我们反而只会感到，自己被迫以某种方式行事。

在 1973 年，心理学家菲利浦 · 津巴多（Philip Zimbardo）做过一个实验。他在斯坦福大学心理学大楼的地下室建立了一个模拟监狱，令大学生们分别扮演囚犯和狱警的角色。实验开始一段时间后，出现了“囚犯”轻微的反抗和“狱警”的武断行为，后来逐渐升级成为难以控制的造反与虐待，直至“狱警”开始在身体层面虐待“囚犯”。这时，实验主持者感觉到局势很可能要失控，会发生危险。实验最终提前结束了，因为在这个实验进行到第六天时，实验对象开始感到郁闷和压抑，出现失控的哭泣，表现出心理疾病的症状。[12]

我永远不会忘记一个令人不寒而栗的、有关国际政治结构影响力的例证。那是在苏联出兵阿富汗几个月后，苏联大使馆的一位高级官员在私下会晤时说的事。那位官员口若悬河，一本正经地讲述了关于苏联如何成为在阿富汗建国后第一个承认它的国家的事情。尽管阿富汗内部不和、局势不稳定，苏联是第一个不断给予它帮助的国家。而从 20 世纪 70 年代末开始，由于来自游击队内部派系之争的威胁不断加剧，阿富汗政府请求苏联增加援助。开始时规模不大的援助，逐渐导致了越来越大的需求和越来越广的援助范围。结果，那位官员总结说：“我们除了军事干预以外，已经别无选择了。”

听到这个故事的时候，我不禁想到那些零售商和分销商在啤酒游戏结束时所做的解释：他们除了增加订单以外没有其他办法了。我还想起在 20 世纪 70 年代，美国官员曾试图用类似的方法解释美国是如何陷入越战泥潭的。

结构产生行为模式，究竟是什么意思？怎样才能识别出这些控制性的结构？怎样才能让这些知识帮助我们在复杂的系统里取得成功？

啤酒游戏是用来研究结构如何影响行为的实验。每个角色，无论是零售商、分销商还是啤酒厂，每周都只做一个决定：要订（生产）多少啤酒。零售商是最先大量增加订单的，订货量在第 12 周达到顶峰。这时，因为分销商和啤酒厂的订单积压，零售商期望数量的啤酒都不能按时到货。但是零售商并没有考虑到那些积压，仍然拼命增加订单，不顾一切地要把啤酒弄到手。激增的订单在整个系统中放大，先是波及分销商，然后是啤酒厂。分销商的订购高峰达到每周 40 车，啤酒厂的生产顶峰大概到每周 80 罗。

结果是一种典型的模式：不同环节上订单起伏波动，从零售商到啤酒厂，其强度向产业链“上游”不断放大。换句话说，离消费者终端越远，订单就越多，损失就越大。实际上，几乎所有处在啤酒厂角色的游戏参与者都经历了重大危机：本来每周生产 40 罗、60 罗、100 罗或者更多啤酒，而短短几周后，产量基本上变成了零。[13]

游戏中另一个典型的行为模式，是有关存货和订单积压的。大概在第 5 周的时候，零售商的库存就是零了。他们的订单积压继续增加，直到大约第 12 到第 15 周。类似地，分销商大概从第 7 周开始出现订单积压，直到第 15 到第 18 周。啤酒厂的订单积压从第 9 周开始，直到第 18 到第 20 周。而库存一旦开始积累，就数量巨大（到第 30 周的时候，零售商大概有 40 箱，分销商大概 80 到 120 车，啤酒厂大概是 60 到 80 罗），比想要的多得多。所以每个环节上的人又进入了一个库存订货延迟的循环：开始是存货不足，之后是存货积压。

尽管消费者的需求量保持稳定，但这些订货量过头和存货积压过量的典型模式还是会发生。消费者的实际需求只改变了一次。在第 2 周，消费者的需求加倍了，从每周 4 箱涨到了 8 箱。之后需求量就一直保持在 8 箱，直到游戏结束。

换句话说，在经历了一次性增长之后，消费者的需求在接下来的游戏环节里根本都没变过！当然，除了零售商，其他角色都不知道消费者的需求，就算是零售商也只能每隔一周才能观察到一次需求量的变化，而完全不知道接下来会发生什么。

在啤酒游戏做完之后，我们让扮演了分销商和啤酒厂经理的人画出他们想象中消费者的需求变化图。大部分人都画了一条上下波动的曲线，就像他们的订单量忽上忽下一样。[14] 换句话说，如果游戏中的订单量时涨时落，参与者就会假设这一定是由消费者的需求量忽大忽小造成的。这个有关“外部原因”的假设就是非系统思考的特征。

当问题发生时，我们内心深处都觉得需要去责怪什么人或者什么事。游戏参与者关于消费者需求量的猜想，就揭示了这种倾向。在游戏刚刚结束的时候，很多人都认为罪魁祸首是其他环节的参与者。直到发现不管是谁在哪个岗位上，都会发生同样的问题，他们才会彻底否定这个想法。然后许多人又把目光转向消费者，想寻找替罪羊。他们推断：“消费者的需求一定出现了大起大落。”但是当他们把自己的推断与消费者稳定的需求情况一经对照，这个观点同样被一击毙命。

这给一些游戏参与者习以为常的思维方式带来了毁灭性的冲击。我永远不会忘记，一家货车运输公司的总裁靠在椅子上，睁大眼睛盯着啤酒游戏的图表，在中间休息的时候，他冲到了电话旁。等他回来后我问道：“发生什么事了？”

他解释道：“我们来这儿之前，高管团队刚刚做完三天的运营工作检查。其中一个部门的车队用量极不稳定。看上去似乎很明显，那个部门经理没有能力做好他的工作。于是我们自然去责怪他，就像在刚才的实验里，我们每个人都不自觉地责怪啤酒厂一样。但我突然想到，这可能是系统结构的问题，而非个人的问题。我刚才就是跑出去给我们公司总部打电话，取消了辞退那个人的决定。”

一旦当参与者发现他们不应当再相互责备，也不能责备顾客时，他们就只剩下最后一个可以去责备的目标——系统。有些人说：“这是一个无法管理的系统，问题就在于我们不能相互沟通。”但这个说法也站不住脚。事实上，既然有存货清单、发货延迟，以及不完整信息这些“物质系统”存在，大部分团队的成绩都应该有很大的提升空间。

重新界定你的影响范围：如何改善在啤酒游戏中的表现

要想看到有可能会出现的改进，我们首先来考虑，如果每一个参与者都不去调整货物订单积压，会出现什么样的结果。根据这种“无策略”策略，每一个参与者都只会发出与他接收到的货品等量的订单，这可能是最简单的订货法则。如果分销商收到某零售商 4 箱啤酒的订单，那就从啤酒厂订 4 箱。如果收到了 8 箱的订单，就订 8 箱。根据在游戏中出现的顾客需求模式，你每周为该零售商订货都会是 4 箱（或 4 卡车），直到有一天你接到了该零售商 8 箱的订单，你才开始改成订 8 箱（或 8 卡车）。

如果全部三种角色的参与者都一直坚定不移地执行这个对策，到第 11 周的时候，他们的状态就逐步稳定了。但零售商和分销商都不会得到他们所订的全部货物。在游戏的初始版本中，未到货的订单越积越多，原因是发货时间的延迟。由于参与者没有去纠正积压的订单，这种情况会持续存在，因为“无策略”策略阻止了他们向上游供货商预订比从下游客户收到的实际订货数量多的啤酒，而这种做法正是纠正未到货订单积压所必需的。

“无策略”策略究竟是否成功？也许大部分参与者都会给出否定的答案。毕竟，此策略造成了持续不断的积压；系统里的每一个人，等待进货的时间都过长。毫无疑问，在现实生活中，这样的情况一出现，就等于你在邀请竞争对手前来提供更好、更及时的送货服务。只有垄断市场的生产商和经销商才有可能坚持执行这个策略。[15]

但是这个策略消除了产品订单长期延迟和突然到货的震荡，以及库存的大幅度波动。此外，实行“无策略”策略的团队所耗用的总成本，竟然比参加游戏的四分之三的团队要低！[16] 换句话说，游戏中的大部分参与者，虽然很多人是有经验的经理，却做得比“收多少就订多少”这个简单的订货办法要糟糕。为了去改变“无作为”而产生的失衡，大部分参与者把情况弄得更糟，而且多数时候简直是一塌糊涂。

另外，还有约四分之一的参与团队成绩好于实行“无策略”策略的团队，而约有 10% 取得了很不错的成绩。换句话说，成功是有可能的，但是它需要大部分参与者改变思维方式。这意味着我们必须深挖根源，找到大家对游戏运作情况的通常思考方式（我们后面称其为“心智模式”）与游戏运作的真实情况之间的巨大反差。大部分参与者把他们的工作看成脱离整个系统，而去“管理自己的职位”，但这里需要的恰恰是他们看到自己的职位角色如何与更大的系统互动关联。

考虑一下，如果你就处在其中的某个职位，会有什么感受。你会非常关注库存、成本、积压、订单和交货。进来的订单来自“外部”。作为多数分销商和啤酒厂，你被后期出现的不可思议的无情订单震惊了，这些订单数量本来应该很大，但一周接一周，订单数却又变成了“0，0，0，0”。你的工作就只是根据新订单发出啤酒，基本不去考虑这些发货是否会影响下一轮的订单。同样，你对自己所发出的订单会带来什么影响，也只有模糊的概念，只求自己订的货会在可接受的拖延时间范围内到达。你对系统的理解大概就像下面这张图所描绘的那样。

在这种情况下看此图，如果你需要啤酒，那么你就会理所当然地要下订单。如果啤酒没有按时到货，那你就接着下更多的订单。此时，你的工作就是管理好自己的职位角色，对来自外界的变化做出反应，考虑进来的订单、到货的啤酒和供货商的拖延等情况。

典型的“管理自己的职位”这一做法的缺陷在于，你看不到自己与他人的订单之间相互作用而产生的影响，这些影响往往被你当作“外部的”。参与者其实是更大系统中的一部分，而身处其中的多数人都对系统感到迷茫。举个例子，如果他们发出更多的订单，他们可能就扫空了供应商的存货，之后供应商的送货延迟就会越来越严重。那时，如果他们的反应是（像很多人所做的那样）继续发出更多的订单，就形成了一个恶性循环，使整个系统里的问题日趋恶化。

系统中的任何参与者，不管是零售商还是分销商，都有可能在恐慌时触发这个恶性循环。甚至连啤酒厂，也会因为没有生产出足够量的啤酒而造成同样的影响。最终，一个恶性循环会影响另一个恶性循环，从而造成整个生产分销系统的恐慌。当恐慌的程度逐渐上升时，我曾见过一些游戏参与者会订购实际需求量的 20 ~ 50 倍的啤酒，企图纠正存货失衡的实际状况。

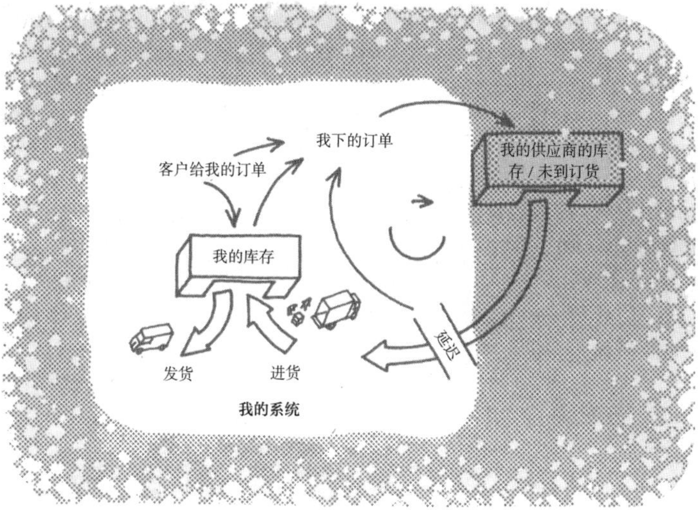

要想改善在啤酒游戏里的表现，参与者必须重新认清自己影响的

范围。作为一个参与者，你的影响远远超出你的职责范围。你并不只是简单地向真空中下个订单，然后通过以太或炁的变幻法术，就让啤酒送上门来。你的订单影响了供货商的行为，然后他的行为也许又要影响另一个供货商。反过来，你的成功并不仅仅是由于你的订单，整个系统内每一个人的表现都对你有影响。如果啤酒厂没啤酒了，那么很快，每一个人都没啤酒了。除非整个大系统正常运转，否则你的岗位就会出问题。有趣的是，在啤酒游戏以及其他许多系统里，如果你想要成功，其他人也必须成功。最后，每一个参与者都要有这个系统的观点，因为哪怕只有一个参与者因恐慌而发出大量订单，恐慌情绪也会在系统里蔓延和加剧。

在此游戏中，对参与者有两个关键性的规则提示。

第一要记着，你发出的啤酒订单是因为延迟才没有到货。我称之为“吃两片阿司匹林并等待”的规则。如果你头痛并且需要吃阿司匹林的话，你不会每过五分钟就吃一次，直至头不痛为止。你需要耐心

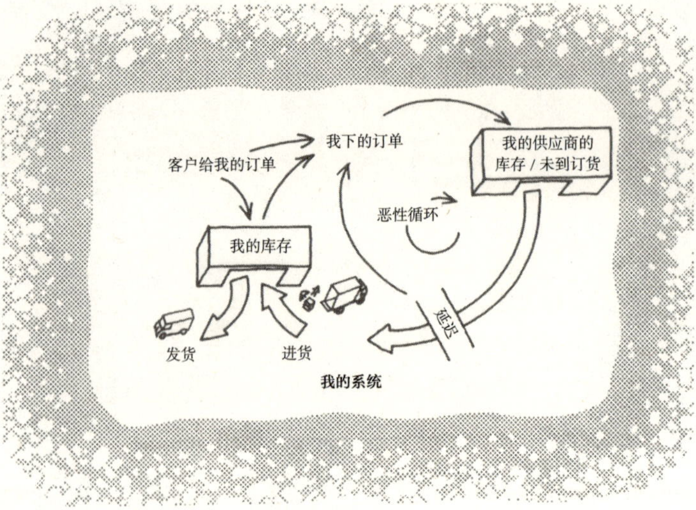

等待药物起作用，因为你知道，阿司匹林起作用是要有一段时间的延迟的。而许多游戏参与者却每周都在下订单，直到他们的订单积压消失为止。

第二，不要恐慌。当供应商不能像正常情况那样送来你需要的啤酒时，你再去发出更多的订单就是最糟糕的事情，而很多游戏者正是这么做的。当欠货数量激增，客户着急催货时，你需要克制力来控制想发出更多订单的强烈欲望。如果不克制的话，你和别人将来都会吃苦头。

这些关键的提示总是被多数游戏参与者忘记，因为他们只有当了解了不同岗位的互相影响，才会变得头脑清醒。要清楚“吃两片阿司匹林并等待”这个原则，你必须明白，到货的延迟是供货商对你订货量变化做出反应而产生的，是系统固有的。“不恐慌”这条提示是要求你懂得，恶性循环的产生是由于你追加的订单加剧了送货延迟。

如果游戏参与者都遵守这些规则提示，那能玩出什么样的成绩呢？

超量订货和所有订单积压及库存的波动，是不可能完全消除的。但把这种不稳定局面控制在一个适度的水平，却是有可能的。比如把波动幅度控制在情人啤案例中的一小部分，使总成本降低到“无作为”团队成本的五分之一，或典型团队成本的十分之一，这都是有可能的。换句话说，重大改进是可以实现的。

解决和改进问题取决于我们的思考方式

第 2 章中描述的各种学习障碍在啤酒游戏里都有所体现：

· 由于当事者“变成自己的职位”，他们就难以看到自己的行为对其他职位所造成的影响。

· 因此，当问题出现时，他们很快就相互抱怨，把其他职位上的人当成了“敌人”，甚至消费者也成了“敌人”。
· 当他们变得“主动积极”，并发出更多订单时，事情也变得更糟。
· 过度订货数量逐渐增大，直到无法收场时，他们才意识到自己已经深陷泥潭。
· 大体来说，他们没能从自己的经验中学习，因为他们的行为所导致的最严重的后果，发生在系统中其他环节，他们自己感受不到，但这些后果最终导致更多原来他们相互埋怨的种种问题。[17]
· 这些处于不同职位的“团队”（每个职位角色一般有 2~3 名成员）最终纠缠在内部的相互埋怨中，失去了相互学习各自的体验的机会。[18]

通过观察和对比这些学习障碍及其与应对复杂局面的替代性的、另类思考方式之间的关联，啤酒游戏会给我们提供深层的启示。大多数参与者对整个游戏的经历深感不满，认为这个经历纯粹是反应式的。但是，很多人最后还是意识到，这种反应式行为源自他们自己狭隘的注意力，即只关注眼前一周接一周发生的事件。大多数人无法承受游戏中的局面：自己的库存严重短缺、接到超大量订单，以及蜂拥而至的啤酒新货。当我们请他们解释自己的决定时，他们一般给出的是典型的“事件解释”：“我在第 11 周下的订单量达到了 40，因为零售商们给我的订货量达到了 36，把我的库存啤酒全提走了。”只要他们继续把焦点放在事件本身，就注定会有这样的反应式的结局。

从系统角度看，对于任何复杂的情况，都有多层面的解释，如下图所示。在某种意义上，所有解释都是“正确的”，但这些解释的用途却各不相同。对事件的解释，比如“谁对谁做了什么”，注定会将持有这种观点的人局限在反应式的心态上。正如前面所讨论的，现代文化中最经常发生的，就是对事件的解释，这也正是“反应式管理”（reactive management）流行的原因。

系统结构

有生成力的（generative）

↓

行为模式

回应式的（responsive）

↓

事件

反应式的（reactive）

“行为模式”描述的是看到长期趋势，并判断里面深藏的含义。比如，在啤酒游戏里，从行为模式角度的解释是：“生产和分销系统本来就受到市场波动的制约，会产生不稳定性，这种情况随着你远离零售商，越靠产业链上游就越严重。所以，啤酒厂迟早要发生严重的危机。”理解了行为模式，会帮助你从短期反应式心态中解脱；至少这种理解告诉我们，面对长期变化的趋势，我们是能够做出回应的。[19]

第三层，系统“结构上”的解释最不常见，但却最有力。它把重点放在回答以下问题上：“是什么导致了这样的行为模式？”在啤酒游戏中，结构上的解释必须能够说明，参与者各自下的订单、发的货，以及库存之间如何相互影响，产生了我们观察到的不稳定和放大作用。为此必须考虑到，当系统固有的对新订单延迟送货的情况出现，以及延迟又引起更多订单时，将会造成恶性循环。尽管它不多见，但结构上的解释如果很清楚，并得到广泛理解，那就能起到很大作用。

富兰克林·罗斯福就是具有这种洞察力的杰出领导人。他在

1933 年 3 月 12 日来到电台，通过电波向广大民众解释了为期四天的“银行假日”的缘由。当时气氛很恐慌，罗斯福平静地解释了银行系统在结构上是怎样运作的。他说：“让我说明一下这个简单的事实，当你们把钱存在银行时，银行不是把钱藏在地窖的金库里，而是要以多种形式去投资，投资到信贷公债、抵押贷款上面，换句话说，银行把你们的钱投入工作，使钱运转起来……”他解释了银行必须维持一定的现金储备量，而如果碰到大量挤兑现金的情况，这些储备就会不够用；也解释了银行关门休息四天对于恢复工作很有必要。这样做以后，他激起了民众热情，他们支持了这一极端而又必要的行动。作为公众交流大师，他的声望也随之而起。[20]

结构性的理解之所以如此重要，是因为只有这种理解才能涉及行为背后的原因；也只有在这个水平上，行为模式才可以改变。结构模式可以产生行为，潜在的结构变化可以产生不同的行为模式。从这个意义上来说，结构性的理解是有内在生成力的。而且，既然在人类系统的结构里包括决策者的“操作性政策”，那么，重新设计我们自己的决策机制就是在重新设计系统结构。[21]

对大多数游戏者来说，最深层的洞察力通常来自他们意识到，问题的产生以及改进的希望，这两者都取决于他们的思考方式。以就事论事为主导模式的组织，是不能持续进行生成性学习的。我们需要“结构性”或者系统性思考的概念框架，也就是发现影响行为的结构性原因的能力。仅靠“创造未来”的热情是远远不够的。

随着啤酒游戏的参与者搞清楚影响他们行为的系统结构，他们对于自己改变行为的能力就看得更清楚了，就可以采用适应更大系统的订货策略。与此同时，他们也发现了一点儿永恒智慧，如果借用沃特 · 凯利（Walt Kelly）很早以前的漫画《波哥》（*Pogo*）里的一句名言，那就是：“我们已经遇见了敌人，那就是我们自己。”

第二部分

第五项修炼：
学习型组织如何看待世界的基石

第4章

第五项修炼的法则[1]

法则1　今天的问题来自昨天的"解决方法"

从前有位地毯商，有一次他无意间发现，他最漂亮的一块地毯的中央鼓起一个包。[2]为了弄平地毯，他就用脚去踩那个包——果然踩平了。但是，地毯上离原来不远的另一处又鼓起来了。于是，他又去踩，包又不见了。过了一小会儿，包又在另一个地方出现了。他垂头丧气地一次又一次地踩踏碾蹭，直到最后他掀起地毯的一角，看见一条蛇摇晃着身体愤怒地爬了出来。

我们经常对问题的起因感到困惑，而这只不过是提醒我们，需要检讨过去处理其他问题时采用的方法。一家有声誉的公司可能发现，这个季度的销售额突然下降了。为什么？原因是上个季度的部分退款折扣计划非常成功，许多顾客选择当时就购买了产品，而没有等到这个季度。或者，新上任的经理下手"解决了"长期库存成本过高的问题——却不承想，销售部门现在要多花20%的时间来应付客户对逾期交货的投诉，还要用全部其他时间去设法说服潜在客户，让他们相信："想要什么产品颜色都行，只要是经典的黑色调即可。"

执法的警察也会看到这条法则在他们所辖领域里的表现：在30大街逮捕毒贩子，只不过是使犯罪地点转移到了40大街。还有更诡异的案例，近期全城与毒品相关的犯罪率突然上升，竟是联邦政府抓获一起毒品走私案的结果——毒品供应量下降，价格上升，吸毒者为了争夺毒品而增加了犯罪行为。

把问题从系统的一部分转移到另一部分的解决方案，往往不会引起注意，因为，和地毯商的故事不同，这里继承了新问题的人并不是原来那位"解决了"第一个问题的人。

法则2　你越使劲儿推，系统的反弹力越大

在乔治·奥威尔（George Orwell）的《动物农庄》（*Animal Farm*）中有一匹名叫"拳击手"的马，它在任何难题面前总是给出同样的回答："我会更努力地工作。"开始时，这种愿望良好的工作态度激励了大家，但渐渐地，它的勤勉引起了微妙的反弹。它越是努力工作，要做的事就越多。它并不知道，其实经营农庄的猪正在利用所有的动物来获取私利。"拳击手"努力工作的结果，是使其他动物更难以察觉猪的动机。[3]这种现象在系统思考里有个名称："补偿反馈"（compensating feedback），即愿望良好的措施介入后引起系统的反应，结果抵消了介入行动所带来的好处。我们都知道遇到补偿反馈时是什么感觉：你越使劲儿推，系统的反弹力越大；你越努力试图改进，似乎越要求你付出更多的努力。

补偿反馈的例子不胜枚举。政府部门的许多愿望良好的行动措施，结果都引起了补偿反馈。20世纪60年代美国政府在许多城市的老旧

中心区，推行了大规模的低收入家庭住房建设和改善就业技能培训项目。尽管有政府的慷慨资助，但是到70年代，这些城市的情况反而更糟糕了。为什么呢？原因之一是低收入人群从其他城市以及农村地区，流入享有最好资助计划的城市。结果，新建的住房逐渐变得更加拥挤了，就业培训项目的申请更是人满为患。整个过程使城市税收状况不断恶化，越来越多的市民被困在经济萧条的城区里。

类似的补偿反馈过程，还挫败了对发展中国家的食品和农业援助。营养不良造成的死亡率下降以后，净人口增加了，人口增加又引起更多的营养不良，反而把原来外援食品增加的效益给“补偿掉了”。

类似地，周期性的试图用美元贬值的办法来修正美国对外贸易不平衡的努力，被外国竞争对手的出口商品平行降价措施（对汇率“紧盯美元”的国家，商品价格自动调整）给补偿掉了。一些外国政府镇压本土反政府游击武装的努力，反而给游击武装以更多的合法性，更坚定了他们的信念和各方的支持，结果是更大的反抗力量。

很多公司在某个产品突然失去市场吸引力的时候，会经历这种补偿反馈。他们使劲儿促销——这方法以前不是挺管用的吗？增加广告费、降价，这类措施可能会暂时吸引一些回头客，但也使公司资金外流，所以只是试图走捷径的补偿行为而已。结果，公司服务质量（如送货速度或质量检查）开始下降。从长远看，公司更狂热地促销，反而会失去更多的顾客。

补偿反馈也不仅限于大系统——还有很多个人的例子。比如，戒烟者发现自己体重增加，在自我形象方面损失太大，结果为了减轻压力，又重新开始吸烟。又比如，护子心切的妈妈希望儿子和同学处好关系，于是就不断介入处理各种问题，结果，孩子从未有机会学习如何解决分歧。再比如，热情满怀的新来者非常希望得到别人的喜欢和认可，却未能认真回应别人对自己工作的委婉的批评意见，结果他难以被人接受，反而被称为“难以共事的人”。

不管是采取越来越富于攻击性的介入行动，还是对自然本能采取越来越紧张的压抑行为，这类勉强的努力都会让你疲惫不堪。然而，作为个人和组织，我们不仅常常陷于补偿反馈之中，还经常赞美随之而来的痛苦。当最初的努力不能奏效时，我们就加把劲儿——像“拳击手”那样，坚守努力工作将克服一切障碍这个信条，殊不知我们一直在蒙蔽自己，使自己无法看见，我们自己其实一直在帮助制造障碍。

法则3　情况变糟之前会先变好

低杠杆效益的措施，如果不是在短期内确实管用，就不会那么有诱惑力。新住房建起来了，失业的人群得到了培训，饥饿的儿童得救了，订货单又回来了，烟戒了，消除了给孩子的压力，并且避免了与新来同事的争执。补偿反馈通常有一段时间“延迟”，即在短期的利益和长期的损害之间的时间间隔。《纽约客》杂志曾经刊登过一幅漫画：一个人坐在椅子上，把压在他左侧的巨大的多米诺骨牌推倒了。“这下我终于可以放松了。”那个人对自己说。当然，他没有看见，骨牌在一个接一个地倒下，骨牌链会从他身后绕一圈，最后从他的右侧砸向他自己。

“先好后糟”是许多管理措施的结果，正是它，使得政治性决策过程往往制造出毫无裨益的反效果。“政治性决策过程”是指在比较各类替代方案本身的价值之外，还考虑了各种其他因素的决策过程——如扩大自己的势力范围，“挣得体面”或者“讨好老板”。在复杂的人类系统中，总有无数种方法来让短期效果很好看。只不过补偿反馈的阴魂，会逐渐兜着圈子回来找上你。

“逐渐”是这里的关键词。比如，多米诺骨牌圈的延迟，就说明为什么系统性问题是那么难以识别。往往是，典型的解决方案能够马上缓解症状，让你感觉良好，你会觉得：现在情况好起来了，甚至问题已经彻底解决了。可能要等两年、三年或四年，老问题才会回来，或者出现新的、更严重的问题。到那时，按现在大多数职场换人的速度，在那个位置上坐着的已经是另外一个人了。

法则4　选择容易的办法往往会无功而返

这是一个古代苏菲（Sufi）故事的现代版：一个过路人看见一个醉鬼趴在路灯下寻找丢失的房门钥匙，于是就帮他找。找了一会儿才问醉鬼："你在哪里丢的？"醉鬼说，就在房门外丢的。"那你为什么在这儿找？"过路人问。"因为房门外没有光亮。"醉鬼回答道。

我们都对使用熟悉的方法解决问题感到放心，总是坚持我们最了解的办法。有时，钥匙可能恰巧就在路灯下，但更多时候会藏在黑暗的地方。不管怎样，假如解决方法真的能那么轻易地被发现，或对每个人都那么明显，那它可能早就已经被发现了。用熟悉的办法使劲儿努力，再努力，而深层的根本问题并没有改变，或更加恶化，乃是"非系统思考"的可靠指示信号——我们经常把它称为"我们这儿需要更大号锤子"综合征。

法则5　疗法可能比疾病更糟糕

有时候，容易的或者熟悉的办法不仅没有效果，它还会带来上瘾的危险。比如，酗酒可能从简单的交际性喝酒开始——作为消除自尊心缺乏，或工作压力等问题的一个解决办法。渐渐地，这个疗法变得比原来的疾病还要糟糕，它使人感到自尊心比原来更渺小，工作压力也更大了，同时还带来了其他各种问题。

使用非系统性的解决方法，会带来长期的、更具潜在危害性的后果，那就是对该方法的需求将会越来越大。这就是为什么欠考虑的政府介入措施不仅是无效的，它们还是有“毒瘾的”，也就是说，会引起更大的依赖性，从而削弱当地人民自己解决问题的能力。短期改善引起长期依赖的现象如此普遍，以至在系统思考中有了专门的名称，叫作“转移负担给介入者”（Shifting the burden）[a]。介入者可能是给城市、食品救济部门或社会福利计划提供资助的联邦政府机构。所有这些都在“帮助”受援系统，只不过使后者比以前更虚弱，需要更多的救助。

如自然资源专家兼作家德内拉·梅多斯所说，要找出一些转移负担给介入者的例子，“会是件容易而又有乐趣，而且有时很恐怖的事”，[4]但例子绝不会仅局限于政府介入者。我们把应用算数知识做简单数学题的负担，转移到对计算器的依赖上。我们拆散了大家庭，把照顾老人的负担转移到疗养院。在城市里，我们把负担从多样性的地方社区，转移到住房项目。冷战把维持和平的责任，从谈判转移到军备竞赛，从而强化了军备及其相关产业。在工商界，我们把负担转移给咨询师或其他“帮手”，使公司依赖他们，而不是培养公司内部的经理人去自己解决问题。介入者的影响力会逐渐得到强化——包括吃进的药品对病人身体的影响，还包括国防预算对经济、对外援机构的规模和范畴，以及对各类组织的“救助机构”经费的影响力。

如梅多斯所说，“转移负担”的模式对长期解决方案的启示是，它必须“加强系统担负自己的负担的能力”。有时这很难，有时又会意外地简单。把人事问题的负担转移给人际关系专业人士去处理的经

a. shifting the burden 旧译为“舍本逐末”，现直译为“转移负担”。——译者注

理人，可能觉得要重新承担这个负担会很艰难，而一旦收回了负担，他会发现，学习如何处理人事关系，主要就是个时间和实践承诺的问题。

法则6　快即是慢

这又是个老故事：乌龟虽然跑得很慢，却赢了兔子。对大多数美国企业界人士来说，最佳增长率是快、更快、最快。然而，几乎所有自然系统，从生态系统到动物再到人类组织，都有天然固有的最佳成长速度。最佳成长速度，比可能的最快成长速度要慢许多。当增长过快时，比如癌症肿瘤，系统自身会自动放慢速度来作为补偿，这个过程可能会给组织的生存带来风险。人民快线航空公司的故事就是个很好的例子，它说明了，为什么从长期来看，更快可能导致更慢，甚至完全停止。

著名生物学家、散文作家刘易斯·托马斯（Lewis Thomas）在观察复杂系统的特征时曾说："面对复杂的社会系统，例如一个城区中心或仓鼠社会，你发现其中有你不满意的地方，而且特别想去修补，但你不能简单地介入其中，贸然展开修补行动，因为那样可能不会有任何帮助。这个认知，是20世纪令人伤心和沮丧的事情之一。"[5]

当经理们开始意识到，这些系统原则是如何阻碍了许多他们最喜欢的介入措施时，他们会感到非常沮丧、心灰意冷。这些系统原则甚至可能成为无所作为的借口——借此不去采取行动，因为可能产生事与愿违的结果，甚至把事情搞得更糟。这倒是一知半解的危险性的经典案例。因为系统观点的真实含义不是无所作为，而是在新的思考方法基础上的新型作为——系统思考不仅更富于挑战性，而且也比通常处理问题的方法更有希望、更有前途。

法则7　因和果在时空中并不紧密相连

以上所有问题的背后，是复杂人类系统的一个基本特征：因和果在时空中不是紧密相连的。“果”是指问题显现的表面症状，如：吸毒、失业、饥饿的儿童、订单减少和利润下降；“因”是指系统中造成那些症状的相互作用。如果能够发现这些相互作用关系，就可能导致有持久改善功效的变革。为什么因果是个问题呢？因为我们大多数人都假设，在大部分时间里，因和果是在时空上紧密连接的。

在小时候的游戏里，问题总是离解决办法不远——至少在我们把游戏局限在同一组玩具内的时候是这样。多年后，作为经理人，我们仍倾向于认为，世界也是按同样的方式运作的。如果生产线出了问题，我们就在生产部门找原因；如果销售达不到目标，我们就认为需要新的销售奖励或促销活动；如果住房不够，我们就盖更多的房子；如果食品缺乏，解决方法一定是供应更多的食品。

正如第三章中玩啤酒游戏的人后来发现的，造成我们困难的根本缘由，不是问题的顽固性或对手的邪恶，而是在于我们自己。现实中复杂系统的特性，与我们思考现实的主流方法之间，存在着根本的差距。消除这种差距的第一步，就是放弃因和果在时空上紧密连接的观念。

法则8　微小的变革可能产生很大的成果——但最有效的杠杆常常最不易被发现

有人把系统思考称为“新的沉闷科学”，因为它教导人们：最明显的解决方法不管用，它最多也只能带来短期的改善，长期来看则会把事情搞得更糟。然而，故事还有另一面。系统思考还指出：微小的、集中的行动，如果选对地方，有时会带来可观的、可持续的改善。系统思考学者们把这个原则叫作“杠杆作用”（leverage）。

因此，应对困难的问题，常常必须找到“高效杠杆作用”（high leverage）在哪里，即找到最省力，又能产生持久、可观的改进的变革方法。[a]

唯一的问题是，高杠杆效益变革的路径对系统内的大多数人来说通常是非常不明显的。这些变革对于显而易见的问题症状来说，并非“在时空上紧密连接”。这使生活变得更有意思。

巴克敏斯特·富勒（Buckminster Fuller）对杠杆作用的效益有一个巧妙的说明，也是他对杠杆作用原则的比喻：“小舵板”。小舵板是船上的“舵中舵”，它的尺寸只有船舵的很小一部分，作用是让转舵更容易，也就是让船转向更容易。船越大，小舵板就越重要，因为大量的水流会使船舵很难转动。

小舵板是杠杆作用的绝妙说明，因为它不仅十分有效，还很不起眼。在你对流体力学一无所知的情况下，当你看见一艘大油轮在海上航行，想让油轮左转的话，你会推哪里？你也许会向左推船头。可是，你是否知道要把一艘航速15节的油轮，从船头推向左转，需要多大的力量？向左掉头的杠杆作用点，在于把船尾向右推。这当然就是船舵的功能。但是，要让船尾向右，船舵应该向那边转呢？哎呀，当然

a. 杠杆作用是一种比喻，指的是解决问题的关键和有效方法。尽管比喻是机械性的，但系统问题的高杠杆效益的解决方法，一定不是机械和线性的方法，而是涉及微妙和复杂的人际关系，包括组织决策程序、个人情感和习惯等非线性因素。说找到系统问题的杠杆作用点，即是最省力的方法，这也是一种比喻，是相对于不找这种作用点而说的；但这可能很容易引起误解。因为找到这种“作用点”本身可能就是个艰难的学习修炼过程，而且使用这样的作用点往往又涉及改变思维和行为习惯，甚至根本的世界观和人生观，说起来容易，做起来绝非易事。——译者注

是向左喽。

看到了吧，船能转向是因为其尾部被“翻转吸吮”着呢。船舵转动时，迎面而来的水流因受到压力而在舵板上产生压力差，压力差使得船尾向转舵方向相反的一侧运动。飞机飞行的原理也完全一样：机翼形成空气流的压力差，使飞机被“吸吮”着向上托起。

小舵板——这个对大船产生巨大效应的、非常小的部件，相对船舵来说也是一样。当它转向某一侧时，就在船舵两侧的水流中产生了很小的压力差，压力差“吸吮着船舵”向需要的方向转动。假如你想让船舵向左转，小舵板应该向哪个方向转呢——自然是向右了。

整个系统——船、船舵、小舵板，通过杠杆作用原理形成绝妙的工程设计组合。然而，如果你不了解流体动力学原理的话，它的功能就不会是显而易见的。

同样，在我们了解人类系统的动力学原理之前，其高杠杆效益的变革作用也不会是显而易见的。

寻找高杠杆效益的变革没有简单的规则可循，但有一些思考方法会使这项工作更有可能完成。起点之一，是学会观察事件背后的结构模式，而不仅是事件本身。在后面描述的系统基本模式中，会揭示高杠杆效益和低杠杆效益的不同的变革情形。

用变革过程的思考方法，而不是定点拍快照的方法，是另一个起点。

法则9　鱼和熊掌可以兼得——但不是马上

从系统观点来看，有些最棘手的悖论难题实际上完全不是什么难题。它们只不过是由于放弃了“过程”思考方法，而用“拍快照”方法所形成的人为难题。一旦你有意识地考虑事情随着时间的变化过程，它们就会显现出全新的景象。

比如，多年来美国制造业一直认为，必须在低成本和高质量两者之间进行选择。他们心想："高质量产品，生产成本更高，组装要花更长的时间，需要更昂贵的材料和部件，质量监控成本也更高。"他们没有想到，实际上有许多方法可以让提高质量和降低成本这两个目标并行不悖。他们没有考虑到，工作流程的基础性改进可以排除重复劳动，降低担保成本，增加顾客忠诚度，并减少广告和促销费用。他们更没有想到，如果愿意耐心等待，先集中完成一个目标，最终两个目标都能实现。投入时间和经费开发新技能和新组装方法，包括与提高质量相关的所有责任人员的新参与方式，是一项必要的先期"成本"。投入之后，质量和成本可能在数月之内同时提高。尽管某些成本的节约（如重复劳动的减少）可能很快显现，但全部成本节约的效益，可能需要几年时间才能体现。

许多显见的悖论，如集中控制与局部控制、员工满意度与劳动力成本控制、奖励个人成果和体现集体价值等等，这些都是静态思考的产物。它们看上去是"非此即彼"的刚性选择，但那是因为我们处在固定的时空点考虑问题。在下个月我们可能真要做出非此即彼的选择，但真正的杠杆效益就在于，看清如何逐步使两者都得到改进。[6]

法则10　把大象切成两半得不到两头小象

生命系统具有完整性，其特性依赖于整体。组织机构也一样。要理解大多数最富有挑战性的管理问题，我们必须看清产生问题的整个系统。

另有一个苏菲故事可以说明这个法则。三个盲人碰到一头大象，开始大声争执起来。第一位揪着一只象耳朵说："这个东西又大又粗糙，像地毯一样宽阔。”第二位抱着象肚子说：“我发现了真正的事实，它是一个直的空管道。”第三位抱着大象的一条前腿说：“它就像根柱子一样坚实有力。”这几位盲人与许多公司负责生产、营销和研发部门的领导者们，有什么不同吗？他们每个人都把公司的问题看得很清楚，但没有人知道他们的部门政策如何与其他部门相互影响。有趣的是，这个苏菲故事结尾说道：“既然这三位的思考方法是如此这般，那么他们绝不可能了解大象。”

看清“整个大象”，不是说每个组织问题都只有通过观察整个组织才能理解。有些问题只能从观察生产、营销和研发等主要功能部门的互动中理解。但也有一些问题，是在某个功能部门之内就可以找到涉及整个系统的关键影响力。还有一些问题，是必须把整个产业的情况都考虑在内才能澄清。有一个重要原则，叫作“系统边界原则”（principle of the system boundary），它告诉我们必须考虑到的互动因素，是对眼下某个具体问题最重要的因素，而不用考虑范围有限的组织边界。

这个原则之所以难以实践，是因为组织的设计方式阻碍着人们去观察重要的互动关系。一种很普遍的设计方式，是严格划分和强化部门界限，如营销、生产和研发的部门界限，这阻碍了跨部门边界的探寻。另一个方法是把问题留给后来人去清理。欧洲许多城市已经消除了很多美国老城区经历的犯罪问题、持续贫困问题以及无助状况，原因是他们强迫自己正视健康的城区所必须保持的平衡问题。他们的方法之一是在城市周围建设大面积的“绿色带”，以防止城市郊区的扩张和城外居住城里工作的通勤人口的增加。相反，美国城市一直在鼓励郊区的持续扩张，使富裕居民的居住地点远离城区中心及其问题环境。（今天的贫困城区，如纽约市哈勒姆区和波士顿的罗克斯伯里区，最初都曾是上等人聚居区。）公司也在做同样的事，即不断并购新公司，并不断把他们认为成熟的公司“收买”进来，但从不对其进行投入。

有时人们真会把大象分成两半。但你不会得到两头小象，你得到的是一团混乱。在这里“混乱”是指一个没有杠杆点可用的复杂的问题局面，杠杆效应存在于互动之中，如果你只看到你拥有的一部分，是不可能观察到互动关联的。

法则11　不去责怪

我们遇到问题时，总是忍不住要责怪别人：责怪竞争对手、媒体、市场的波动和政府部门等等。但系统思考告诉我们，分立的“他人”并不存在，你和那个被责怪者都是同一个系统的组成部分。疾病的疗法，就在于你和你的“敌人”的关系之中。

第 5 章

心灵的转变

重新看世界

我们都有一种天性，喜欢完成拼图游戏，喜欢看到整个图像显露。一幅人物图像，或一朵花，或一首诗，它的美丽在于其整体的显现。有趣的是，英语里“整体”（whole）一词和“健康”（health）一词，来自同一个词根［古英语 hal，如在“精神矍铄”（hale and hearty）短语里］。由此看来，今天世界的不健康程度，与我们不能把它看成一个整体的程度直接成正比，也就不奇怪了。

系统思考是观察整体的修炼。它是一个思考框架，用它来观察的是相互作用的关联，而不是各个分立的东西；用它来观察的还有变化的模式，而不是静态的“快照图片”。它是一组普遍原则——是从 20 世纪发展起来的现代物理学、社会科学、工程设计学和管理学等多种学科中逐步提炼的。系统思考同时还是一组具体的工具和技术，主要来自两个领域：控制论中的“反馈”概念，和起源于 19 世纪的“伺服机制”（Servo-mechanism）工程理论。过去30年里，这些工具已经被广泛应用于公司系统、城市系统、地区性系统、经济系统、政治系统、生态系统，甚至生理系统的研究中。[1]另外，系统思考还特指一种敏感度（sensibility），用来体悟和辨别赋予生命系统以独特个性的微妙的相互关联。

今天，系统思考比以往任何时候都更重要，因为我们所面对的复杂局面对我们的压力越来越大。也许是有史以来头一次，人类能制造的信息量，远远超过任何个人所能吸收的；人类培育的相互依赖关系，远远超过任何个人所能掌握的；而且，人类能够实现的变化速度，也远远超过任何个人所能跟得上的。有一点可以肯定，那就是复杂性的规模是前所未有的。我们周围到处是“系统性故障”（systemic breakdowns）的例子：全球变暖、气候变化、国际贩毒、美国的贸易和预算赤字等等，这些问题都没有简单的局部成因。类似的情况是，尽管有出类拔萃的个人和创新产品，组织机构还是在发生故障，因为它们无法把各种功能部门和各类杰出人才，集合成一个富有成效的功能整体。

复杂性局面很容易损害自信心和责任心。我们常听到此类托词：“这对我来说太复杂了”，或“这是体制问题，我没办法”。这类无助的感觉，是很多人在进入“相互依存的时代”所经历的，而系统思考就是其对症良药。系统思考是观察复杂局面背后的“结构”的修炼，也是区分高杠杆效益和低杠杆效益变革措施的修炼。也就是说，通过看清整体，我们学会如何培育健康。为此，系统思考提供一种语言，它一开始就帮助我们重构思考方式。

我把系统思考称为第五项修炼，因为它是本书所描述的全部五项修炼理念的基石。全部五项修炼都是关于一种心灵的转变，即从观察局部到观察整体；从把人看成无助的反应性动物，到把人看成塑造自己的现实的积极参与者；从对当前的反应，到创造未来。没有系统思考，就没有在实践中整合这些学习修炼的动力和方法。作为第五项修炼，系统思考是学习型组织如何看待世界的基石。

在“第五项修炼”系列英文第一版中，我对当时需要系统思考的最“令人伤心的例子”进行了分析。这就是美苏军备竞赛——“一场看谁能最快到达没人想去的地方的竞赛”。我曾说过，那场悲剧式的“竞赛”已经“削弱了美国经济，并且压垮了苏联经济”。最后我写道，这种局面只有当对手中的一个决定不再“愿意玩”下去时，才能改变。具有讽刺意味的是，这段话写完不到一年，苏联就解体了，悲剧式的美苏军备竞赛也戛然而止了。然而，今天美国和世界大多数国家，又陷入另一场似乎在抢着到达没人想去的地方的竞赛，即所谓的“反恐战争”。

反恐战争的根源和美苏军备竞赛一样，不在于政治意识形态之争，也不在于具体的军备，而在于双方都共有的一种思考方式。比如，美国的主流社会被如下观念主导：

恐怖袭击→对美国人的威胁→军事反应的需要

而恐怖分子对自己的处境的看法大体如下：

美国的军事行动→感受美国的侵略性→招募恐怖分子

从美国的角度看，基地组织一类的恐怖组织是侵略者，而美国的军事扩张是应对这种威胁的防御反应。从恐怖分子的角度看，美国在经济和军事上都是侵略者，恐怖分子招募活动的扩大，正是这种看法被广泛接受的证据。[2]

但是，上面的两条直线可以形成一个圆圈。两个对手各自的“线性的”或非系统的观点，相互结合构成一个“系统”，即相互影响、相互作用的一组变量。

反恐战争的系统观揭示出一个相互攻击的恶性循环。美国对从自身角度所看到的“对美国人的威胁”做出了反应，那就是增加军事行动。这又导致“感受美国的侵略性”增加，于是就有更多的“招募恐怖分子”的活动，更多的恐怖活动，和更多的“对美国的威胁”，更多的美军行动，以及更多的“招募恐怖分子”活动，如此等等，循环不止。从双方各自的角度出发，他们都只注重自己的短期目标，都在对感受到的威胁做出反应。但是他们的行为最终对大家都带来逐步升级的危险。这里就和其他许多系统一样，做最显而易见的事，并不会产生显而易见的、希望看到的结果。双方各自费尽精力，却带来对大家都越来越不安全的长期后果。

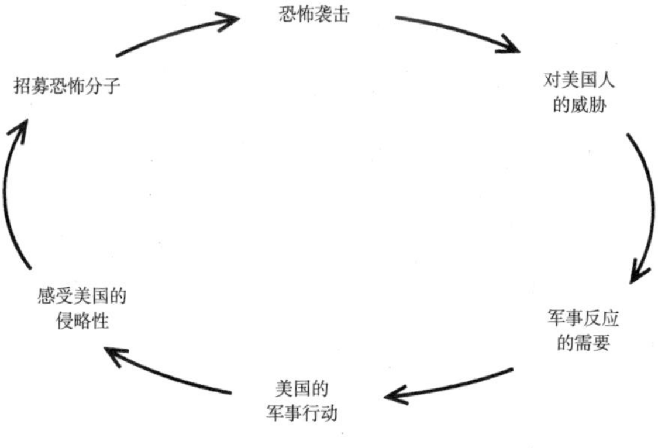

有趣的是，尤其是美国，尽管有大量“系统分析师”在研究恐怖分子的各种武器和资源状况，使用了最先进的信息技术，包括复杂的计算机模拟分析技术，但却不能采取真正的系统观点看问题。[3] 那么，为什么这些本来被认为是处理复杂问题的工具，却没能使我们跳出反恐战争的不合逻辑的怪圈呢？

原因与工商界一样：高度发达的尖端预测工具和商务分析工具，

以及精确的战略规划，通常都不能给企业带来管理的突破性进展。这些工具都是用来处理那种有着许多变量的复杂性问题，即“细节复杂性”（detail complexity）问题的。但是，还有另一种复杂性，即“动态复杂性”（dynamic complexity）。这种复杂性出现在因果关系很微妙的地方。那里，介入措施所带来的时空效果并不是显而易见的。通常的预测、规划和分析方法，都不足以处理带有动态复杂性的问题。依据一系列复杂的操作规范来组装一台机器，就是带有细节复杂性的任务，而在折扣零售店使用的库存清单也是。但这些都不是带有动态复杂性的情况。

当同样的行动会带来并不相同的短期和长期效果的时候，动态复杂性就显现了。同样，当一个行动在局部产生一种结果，而在系统的另一部分却产生了截然不同的结果，这也有动态复杂性的作用。当显而易见的措施却产生了并非显而易见的结果，那也是动态复杂性的局面。陀螺仪就是一个动态复杂性的装置：如果向下压它的边缘，它却向左运动；而如果从另一端的边缘向左推，它却向前运动。然而，与企业的复杂动态作用相比，简单的陀螺仪是微不足道的。在企业里，生产某种产品需要许多天时间，推进新的市场营销计划需要许多星期的时间，雇用和培训新员工需要许多个月的工作，开发新产品、培养管理才能和建立质量信誉则需要许多年的工夫——而所有这些过程之间又在不断地相互影响着。

在绝大多数管理工作中，真正的杠杆效益在于理解动态复杂性，而不是细节复杂性。市场增长和产能扩张的平衡就是一个动态问题。对价格、产品（或服务）质量、设计和可获得性（availability）进行有益的混合配置，以赢得稳固有利的市场地位，也是一个动态问题。以可持续的方式改进质量、降低总成本并让消费者满意，还是一个动态问题。

不幸的是，大多数系统分析都集中在细节复杂性问题，而不是动态复杂性问题。有数千变量和复杂细节的模拟分析实际上可能会分散我们的注意力，使我们眼花缭乱，无法看清结构模式和主要的相互关联。令人悲哀的是，对多数人来说，所谓的“系统思考”实际上就是“用复杂性对付复杂性”，就是用越来越“复杂的”（其实应该说“细节的”）解决方案去应对越来越“复杂的”问题。而这与真正的系统思考，实际上是相对立的。

反恐战争从最根本的意义上说，就是动态复杂性问题。对问题的起因和可能的解决方法的洞察，要求看清各种相互关联，比如美国为了达到更大的安全感而采取的措施，和对方所看到的侵略者形象之间的关联。这还要求看清在行动措施和结果之间的延迟，比如美国决定军事干预和恐怖分子招募活动增加这两者之间的延迟。而且还要求不仅仅看清静态的“快照图像”，更要看清变化的模式，比如对抗的持续升级。

看清问题背后的主要相互关联，就能找到可能的解决方法。比如反恐战争，与其他恶性竞争的关系模式一样，最明显的问题是：“反恐战争能否逆向进行，以逐步建立一种安全的循环？”很明显，全球和中东地缘政治系统中有许多其他因素，在影响着前面所看到的简单的恶性竞争关系。但是，任何真实的进展将一定取决于更深层的洞悉，更深入地理解当地的人民自己（包括恐怖主义的支持者和潜在招募对象）如何看待安全问题，以及如何看待他们自己对发展和进步的真心愿望。简单化地从外部强加一种发展观念，特别是被视为对抗中的侵略者宣扬的发展观，则无法减少对方所感受到的危险。

系统思考修炼的实质是心灵的转变：

·看清各种相互关联结构，而不是线性的因果链。

·看清各种变化的过程模式，而不是静态的“快照图像”。

系统思考的实践演练，要从理解简单的“反馈”概念入手：一些行动可以引起相互增强的效果，或相互抵消（平衡）的效果。这会让你逐步学会，如何识别反复出现的某些类型的“结构模式”。军备竞赛是普遍意义上的恶性竞争模式之一，其本质与街道黑帮之间的势力范围之争，与婚姻的解体，或者与公司之间因争夺市场份额而引起的价格战和广告战，没有什么区别。系统思考会逐步形成一种丰富的语言，来描述各种各样的相互关联和变化模式。它最终会通过帮助我们看清事件和细节背后的深层模式，来简化生活。

学习任何一种新语言，开始都会很困难。但随着你掌握了其基本要点，学习会变得更容易。研究表明，许多年轻的孩子都能相当迅速地学会系统思考。[4] 似乎我们都有进行系统思考的潜在技能，只是从未被开发，甚至还被灌输线性思考的正规教育压抑。希望本书后面的内容能帮助我们重新发现这方面的一些潜在技能，并让存在于我们每个人自身的那个系统思考者“浮出水面”。

观察因果循环[5]

现实存在是由种种循环所组成的，而我们却只看到直线。这就是妨碍我们成为系统思考者的初始障碍和局限。产生这种支离破碎的思考方法的肇因之一，就是我们所使用的语言。语言塑造了认知观念。我们能看到什么，是由我们有什么样的观察准备所决定的。西方语言的结构都是“主语—动词—宾语”模式，它自然偏向线性观念。[6] 如果我们想看到整个系统范围的相互关联，就需要一种相互关联的语言，一种由形似圆圈的循环所构成的语言。没有这样的语言，我们习惯的看待世界的方法，就总是产生支离破碎的观点和事与愿违的行动措施——就像反恐战争的决策者们一样。这种语言对于处理动态复杂性问题和战略决策问题，尤其当团队、个人和组织都需要看清事件背后造成变化的影响力时，格外重要。

为了理解这种新语言的基本要点，我们来看一个简单的系统：往杯子里灌水。你也许会说："那太简单了，那不是系统。"但是，再仔细想想看。

从线性思考的观点看，我们说："我在往杯子里灌水。"多数人心里想的，就是下面的图景：

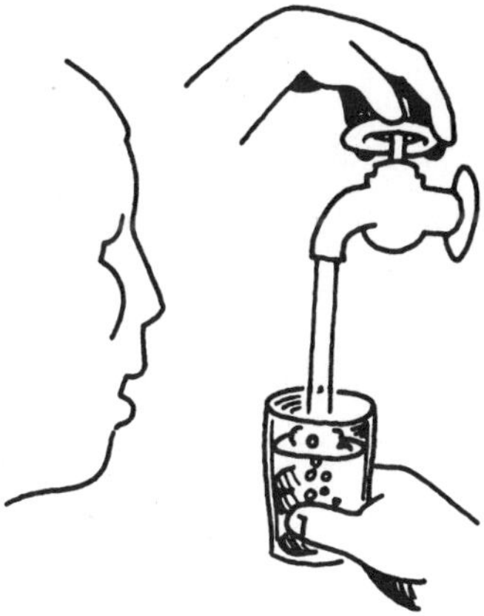

但实际上，我们在灌水时还在留意着水位的上升，在监视实际水位与我们心中的目标水位之间的差距。当水位上升到目标水位附近时，我们就关小水龙头，放慢水流量，最后杯子满了，就完全关闭水龙头。我们灌水时，实际上有一组由五个变量组成的水位监测系统：目标水位、实际水位、两者之间的差距值、水龙头开关的位置，以及水流量。这些变量组成一个因果关系环路或圆圈，叫作"反馈过程"。这个反馈过程持续运行，直到水位达到目标值。

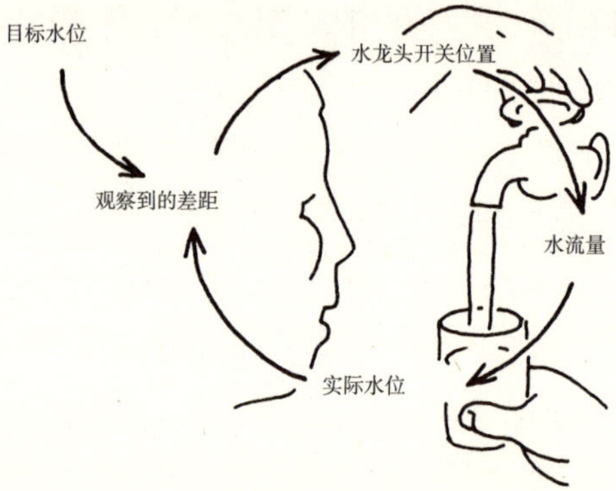

大家容易对反馈概念产生混淆，因为这个词我们经常用在不尽相同的场合，如：针对我们采取的行动措施去收集反馈意见。你可能说："对酿酒厂的决定，你给我一些反馈吧。你觉得我处理得是否得当？"这里，"正面反馈"是指鼓励赞许的评价，而"负面反馈"就是坏消息了。但是在系统思考里，反馈是范围很宽的概念。它指任何相互的影响作用回路。系统思考的一个公理就是，每一个影响作用都既是因，也是果。没有只存在于一个方向的作用。

如何看系统图

要想系统地看清现实，关键是要把影响力看作一个圆形回路，而不是直线的单向作用。"线性"思考让我们养成了反应式的思维模式。上述方法是打破这种思维模式的第一步。每一个圆都是一个故事。追溯影响力的循环运动，你会发现某些模式是在不断自我重复，一次接着一次，使局面变好或者变坏。

从某个局面中的任意组成部分，你都可以画出箭头，指出它会影响的另一个组成部分：

如下图所示，水龙头开关的位置通过箭头指向了水流量。水龙头开关位置的任何改变，都会影响水流量。但是箭头绝不会孤立存在：

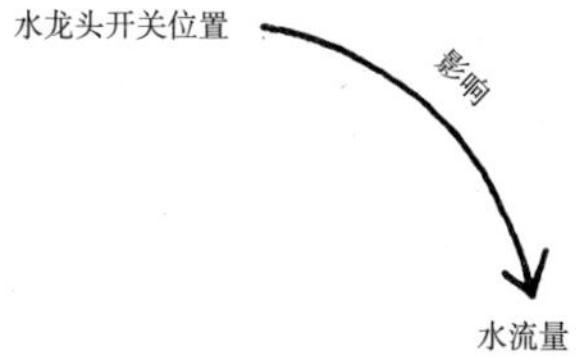

我们要把故事看下去，可以从其中任何一个组成部分开始，看着情节按照相应的顺序发展，就像玩具火车沿着铁轨一圈一圈地进行周而复始的旅程。从决策者的行动开始追溯下去是一个不错的选择：

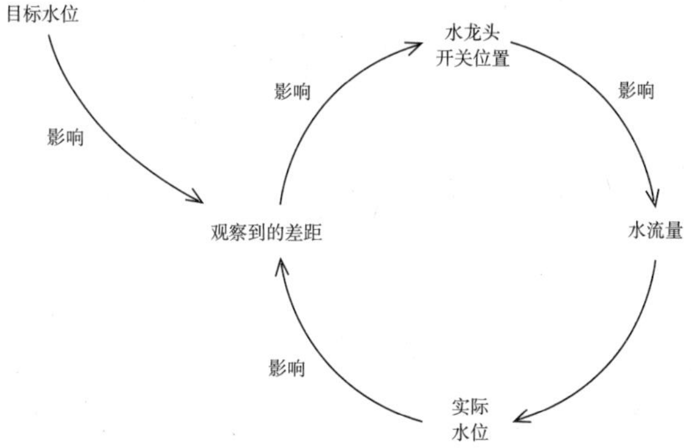

我调整了水龙头开关的位置，这改变了流入杯中的水流量，继而改变了水位。当水位改变的时候，感知到的差距（现有水位与期望水位之间的差距）同样改变。随着差距的变化，我再一次调整水龙头的位置，依此类推。

当解读一个反馈循环图表的时候，最主要的技巧是要能够看明白图表所讲述的故事：图中结构如何创造一种特定的行为模式（或者，在一个复杂结构中，多种行为模式）和此模式可能如何受到影响。在这个例子中，故事是说把水杯灌满，等水逐渐灌满，再慢慢把水龙头关掉。

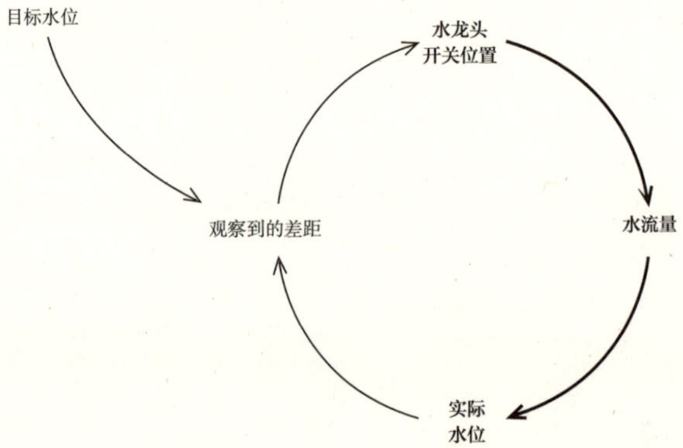

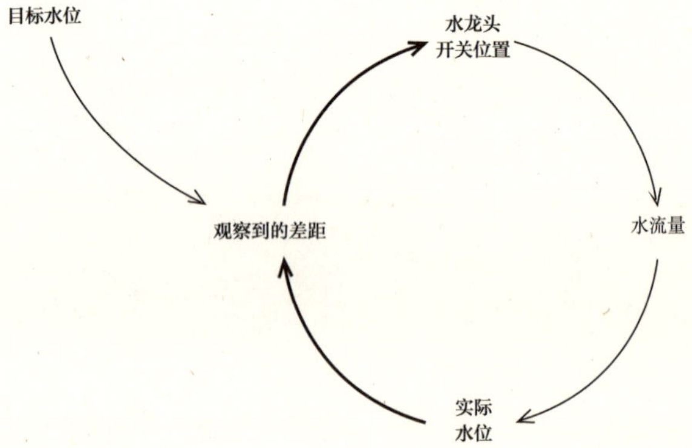

反馈环路尽管概念简单，但它打破了根深蒂固的观念——比如因果律。在英语的日常用法里，说“我在往杯子里灌水”，就意味着不假思索的单向因果律：“我在引起水位上升”。更准确地说，是“我的手在控制水龙头的出水量”。很显然，这个说法只描述了反馈过程的一半：从水龙头开关的位置，到出水量，再到杯子里的水位。

然而，只说反馈过程的另一半，也一样不错："杯子里的水位控制着我的手。"

这两个说法都不完整。更完整的因果关系描述是：我想接一杯水的意图，创造了一个系统，它使水在水位低的时候流入杯子里，杯子满了的时候就停止水流。换句话说，有个结构引起了行为，而结构之所以起作用，是由于我的意愿和行动。这个区分很重要，因为只看到个别的行动，而忽略行动背后的结构，结果就会像第3章中的啤酒游戏那样。我们在复杂情况下感到无能为力，这是一个根本原因。

实际上，日常英语里的大多数因果判断，都很值得质疑！大多数判断都基于线性观察方式，最好的情形也仅仅是部分准确；它们基本上只偏向于描述互动过程的某一部分，而不是过程的全部。

反馈观点还打破了另一个观念，即人类中心论（anthropocentrism）——就是把我们自己看成活动的中心。简单的说法，比如"我在往杯子里灌水"，描述的就是以人类为活动中心的世界，那里的人类在操作一个无生命的现实存在。从系统观点看，人类是反馈过程的一部分，不能独立于这个过程之外。这从根本上改变了我们的意识。它让我们看到，在不断影响着自己的现实存在的同时，我们也在不断被现实存在影响。这种意识的转变，也是生态学家们极力提倡的：我们必须把自己看成自然的一部分，而不能与自然分离。这种意识的转变，还是世界上许多伟大的哲学传统所认可的。比如在《薄伽梵歌》（*Bhagavad Gita*）中的"惩罚"（chastisement）一段，就有这样的话：

> 一切行动只能从自然的特性中产生。而陷入我执（egoism）迷惑中的自我，却认为："我是行事者。"[7]

另外，反馈的概念还使有关责任的伦理道德问题复杂化。在反恐战争里，谁负有责任？从双方各自的线性观点看，责任很清楚：在对方身上。“是他们的侵略行为迫使我们做出回应。”线性观点总是要找出单一的责任中心。出了问题，要么责怪别人：“是他、她或它干的”；要么内疚自责：“是我干的”。从深层角度看，责怪别人和内疚自责没有什么区别，因为它们都来自线性思考方式。从线性思考出发，我们总是要找出某人或某件事——要负责任的一定是他、她或它，有时甚至是我们自身的隐蔽代理。我儿子四岁时不想吃青菜，就说：“我的肚子不让我吃这个。”我们可能会笑。但这与成年人把责任归于某处，比如“我的神经衰弱症让我不能信任别人”，难道有什么区别吗？

掌握系统思考，我们就会放弃这样的假设，即认为有某个人，或者某个隐蔽代理，要负责任。反馈的观点指出，每个人都要对系统中出现的问题负责。而这并不一定意味着，每个人都能对系统变革产生同样的影响和作用。

但这的确意味着，寻找替罪羊的办法是死路一条——尽管在像美国这样的个人主义文化盛行的国度，这是一种很有诱惑力的消遣游戏。

最后，反馈概念还揭示了我们的语言的局限性。即使是用语言描述很简单的系统，比如往杯子里灌水，也非常笨拙：“当我拿杯子接水时，有一个反馈过程，让我调整水龙头的开关位置，进而控制水流量，以及杯子里的水位。这个过程的目的，是让水位达到我想要的高度。”这就是为什么需要一种新的语言来描述系统。描述拿杯子接水这样简单的系统尚且如此笨拙，可以想象，用日常英语描述组织机构中的各式各样的反馈过程，会有多么艰难。

所有这些改变都需要时间来适应。我们都习惯于用线性语言描述经历，都对描述因果关系和责任义务的简单陈述感到很熟悉、很适宜。这并不是说你必须放弃线性语言，就像你不必放弃英语而去学法语一样。在很多情况下，简单的线性描述就足够了，去寻找反馈过程反倒浪费时间。但是，在面对动态复杂性问题时，情况就不一样了。

正负反馈和延迟：系统思考的积木块

有两种不同类型的反馈过程：正反馈和负反馈。[a] 正反馈（或放大反馈）过程是增长的引擎。只要你处在增长的局面，一定就有正反馈作用。正反馈过程也可以产生加速的衰减：很小的衰减被放大成越来越严重的衰减，就像金融恐慌时银行财产的衰减情况一样。

负反馈（稳定反馈）起作用时，就有以目标为导向的表现。如果目标是稳定不动，那么负反馈的作用就像车上的刹车装置。如果目标是保持每小时 60 英里的速度，那么负反馈作用就会让车加速到每小时 60 英里，但不会再高。目标可以是明确的，例如公司的市场份额目标；它也可以是隐性的，比如一个坏习惯，尽管我们声称要改掉，但还是坚持不改。

另外，许多反馈过程都有“延迟”，就是影响作用过程中的间歇和中断，它使作用的结果逐渐才能显现。

系统思考语言中的所有观念，都是以这三个元素为基础建立的，就好像英语的句子基本上都是由名词和动词组成的。我们一旦掌握这

a. 由于“正反馈 / 负反馈”在汉语里是大家都熟悉的词汇，所以在这里采用。而需要说明的是，原文此处的术语直译过来其实是“增强反馈”和“平衡反馈”。原文“reinforcing feedback”，旧译“增强反馈”，在英文里比学术名词“positive feedback”，即“正反馈”，更容易被一般人理解，也不易引起歧义，但意思一样。原文“balancing feedback”，旧译“调节反馈”，科学术语一般译作“平衡反馈”，意思是“抵消”或“抑制”性的反馈，在英文里比学术名词“negative feedback”，即“负反馈”，更容易被一般人理解，也不易引起歧义，但意思也一样。
——译者注

些积木块，就可以构建系统故事，即下一章中的系统基本模式。

正反馈：发现微小变化是如何增长的

你身处正反馈系统中，也许就是看不见，很小的行动如何被放大，带来很大的结果——或好或坏的结果。而看清这个系统，往往就能让你影响其走向。

比如，经理人经常无法理解他们自己的期望值是如何影响下属的业绩的。如果我看到某人潜力很大，就会给予特殊的关注来开发他的这种潜力。当他成熟了，我就感到自己原来的判断很准确，于是就投入更多的精力来帮助他。反过来，那些被认为是潜力很差的人，就会由于被忽视和遗弃，而陷入懈怠和凋零状态，工作失去活力，而这又在我心中印证了我不重视他们的理由。

心理学家罗伯特·默顿（Robert Merton）是第一位命名这一现象的人，他称之为“自证预言”（self-fulfilling prophecy）。[8] 萧伯纳著名的话剧作品［后来被改编为《窈窕淑女》（*My Fair Lady*）］还把这叫作“皮格马利翁效应”（Pygmalion effect）。萧伯纳的这一命名来自希腊和罗马神话中一个叫皮格马利翁的人物，这个人十分强烈地相信他的雕塑作品就是美丽少女，以致雕塑最终得以活现，拥有了生命。

皮格马利翁效应在无数场合都有验证。[9] 有一个在学校的例子：一位老师对一个学生的看法，影响了那个学生的表现。珍很害羞，在新学校的头一个学期，成绩特别不好（因为父母总吵架）。于是，她的老师就认为她没有学习热情。第二个学期，老师对她关注更少了，她的成绩仍然很糟，而且更害羞了。结果珍陷入了越来越糟的恶性循环：退缩，成绩差，老师的指责和归类，遭到忽视，进一步的退缩。像这样，学生就被无意中“圈进”对自己能力的自我形象定式：被重视的学生对外展示出的自我形象很高大；而成绩差的、陷入恶性循环的学生，对外展示出的自我形象就很差。

在皮格马利翁效应这样的正反馈过程中，有一点变化就能带来不断的自我增强。不管什么动作，一发生就会被放大，就会在同一方向上产生越来越大的动作。小动作得到滚雪球般的放大，同样的动作越滚越大，就像利滚利。其中，有些正反馈（放大反馈）作用是“恶性循环”：坏的开端导致越来越糟的结果。“汽油危机”是个经典案例。一旦汽油紧缺的消息传播出去，到加油站排队加油的浪潮就被触发了。一旦人们看到加油站排队的场景，就对危机的到来深信不疑了，恐慌和囤积行为就被触发了。很快，即使油箱还剩大半箱油，每个人也都要去加满油，以防加油站没油了。一场暴风雪来临以前，同样的情况也会发生在食品和水上面，因为大家预计会出现电力中断和其他正常供给中断的情况。银行挤兑是另一个例子；而某种股票价格下跌的消息传出去以后，引发恐慌抛售浪潮，又是一个例子。这些都是逐步升级的结构模式：在不想看到的方向上发生一个小动作，就会引起不断加剧的恶性循环。

但是，正反馈并非一定都是坏事。还有良性循环，即在想看到的方向上不断增强的过程。比如，体育锻炼就能带来良性循环：你感觉良好，于是更积极地参加锻炼，于是感觉更好，于是锻炼更积极。反恐战争如果能持续地逆向进行，也会是一个良性循环。新产品的市场培育也是正反馈循环过程。例如，许多新产品都从“口口相传”，开始其市场增长的历程。产品口口相传就能产生滚雪球效应（大众汽车的甲壳虫车型和苹果公司的 iPod 都是如此），满意的顾客告诉别人去购买产品，更多满意的顾客又告诉更多的人。今天的网络设备给分享信息（或歌曲）的行动增加了另一层正反馈机制：一旦有人使用某种网络设备，信息分享就只能通过同类的设备进行。

下面就是口口相传增加销售和满意度的正反馈示意图：

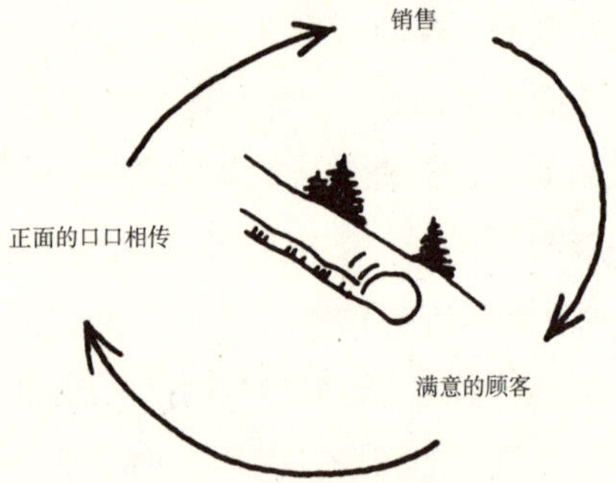

如何看正反馈图

因为消费者谈论你的产品而产生的正反馈销售过程

下图显示了包含滚雪球效应的正反馈过程。同样，你可以随着这个过程，沿着循环走一圈：

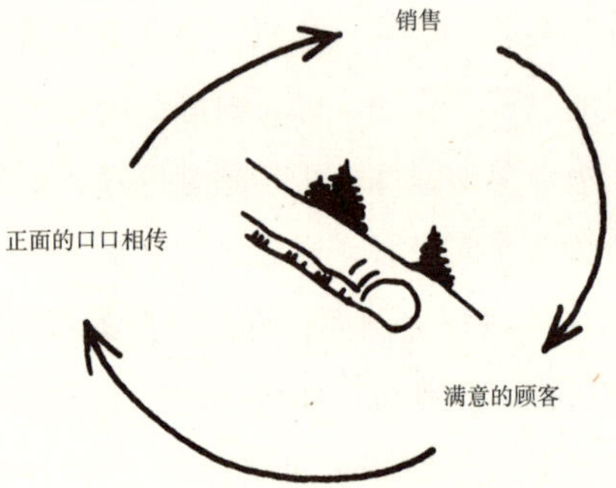

如果产品本身是个好产品，那么其销量越多，满意的顾客也越多。这意味着正面的评价也越多，进而会带来更多的销量，而更多的销量

又将带来更广泛的好评，以此类推。反过来说，如果产品有缺陷，那么良性循环就变成了恶性循环：在购买了产品的顾客里，满意的人寥寥无几，也没什么正面评价，这将导致该产品的销量越来越少。

正反馈环路的表现不是加速的增长，就是加速的衰减。比如，过去半个世纪的核军备竞赛，带来加速增长的核武器库。而银行挤兑则带来银行存款的加速衰减。

民间智慧对正反馈的描述有：滚雪球效应、流行效应、良性循环；还有特别场合的说法：富人更富、穷人更穷。在商界我们知道，为了建立对新产品的信心，为了发展一个年轻的组织，“锐势就是一切”。我们也看到了正反馈环路作用发生在错误方向的那些情况。“船沉鼠先逃”就是指，一旦有个别人丧失信心，他们的叛离会引起其他人的叛离，会带来腐蚀大家信心的恶性循环。口口相传也很容易逆向进行，产生市场营销灾难（如被污染的柜台销售药品）。

好消息和坏消息的正反馈环路都有如此大的加速度，以至经常令人吃惊。一首法国学生的韵律诗阐释了这个过程。先是在池塘的角落里，仅有一片睡莲。但睡莲叶的数目每天都翻番，仅需 30 天就能把池塘布满。然而，在头 28 天，甚至都没人注意，没人看一眼。第 29

天，突然有一半池塘被睡莲布满。于是村民们开始焦虑起来，心神不安。但没什么办法了，事已至此，为时已晚。第二天，他们最担心的事出现了：睡莲把池塘全部占满。这就是为什么环境危机很叫人担心，特别是那种处于正反馈模式的危机：一旦发现，就可能为时已晚。物种的消失常常先是缓慢地、渐渐地加速，经过很长时间，然后突然濒临灭绝。公司的消亡也同样如此。

但是，单纯的加速增长或衰减，很少能在自然界持续，因为正反馈作用很少孤立出现。逐渐会有限制因素起作用：增长会缓慢下来，会停止，然后转移方向，甚至逆向返回。即使是睡莲，也会在布满池塘后停止扩张。这种限制因素也是一种负反馈——它是继正反馈之后，系统思考的第二个基本要素。

负反馈：发现稳定因素和抵制的来源

负反馈系统是寻求稳定的系统。如果系统的目标是你所认同的，你会很高兴；如果不是，你就会发现你所有的变革努力都遇到了阻碍——直到你改变目标，或者削弱系统的作用。

自然界特别偏爱负反馈的平衡稳定作用。但人类却经常做出与这些平衡机制相悖的决策，并为此付出代价。例如，经理人在预算紧张的时候通常会减少员工数量，以降低成本；但是他们会逐渐发现，剩余的员工工作压力过大，而且成本也没有降低，因为完不成的工作又得雇用外部人员，或者付加班费来完成。成本降下不来的原因是，系统有自身的工作安排。它有自己隐性的目标，一种未经表述却又非常真实的目标——即预期要完成的工作量。

在负反馈（稳定反馈）系统中，有一种自我调节机制，来保持某种目标或指标。拿杯子接水就是一个负反馈过程，其目标是一杯水。

雇用新员工也是一个负反馈过程，目标是某个数目的员工队伍，或某个增长率。开车或骑自行车也是负反馈的例子，目标是驶向某个方向。

负反馈过程无处不在，是所有目标导向的行为表现背后的机制。像人体这样复杂的机体，会有数千个负反馈过程来维持体温、保持平衡、愈合伤痛、调节瞳孔采光量，以及进行危机报警。生物学家会说，所有这些机制都是为了让身体达到“内稳态”（homeostasis），即在变化的环境中保持其生存所必需的内部条件。负反馈作用让我们在饥饿时进食，困倦时睡眠，寒冷时添加衣服。

和所有负反馈过程一样，关键要素指标，如体温，会逐渐调节到期望值，如下图所示。

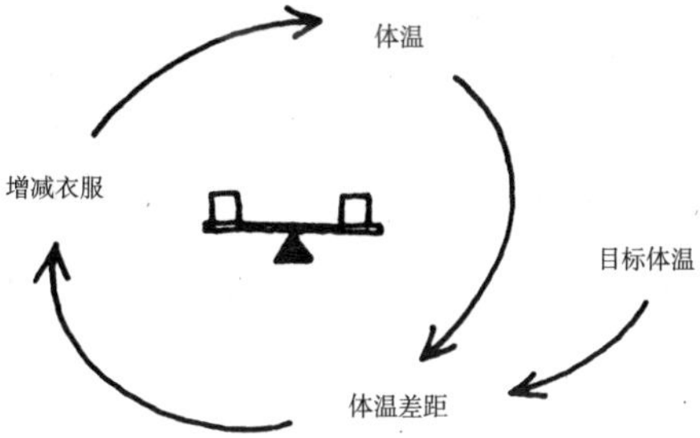

组织机构和社会也像复杂的生物体一样，因为它们也有许多各种各样的负反馈过程。公司里的生产和采购过程，就是根据产品订单的变化来不断调整的；临时的（折扣）和长期的（目录）价格是根据需求变化和竞争对手的价格来调整的；而借贷则要依据现金余额变化和财务需求来调整。

规划工作也能建立起长期负反馈的稳定平衡作用。人力资源规划可以建立长期员工队伍数量增长的目标和技能结构分布，以满足预期的需要。市场调查和研发计划决定新产品开发，以及对人员、技术和重要固定资产的投入，以建立竞争优势。

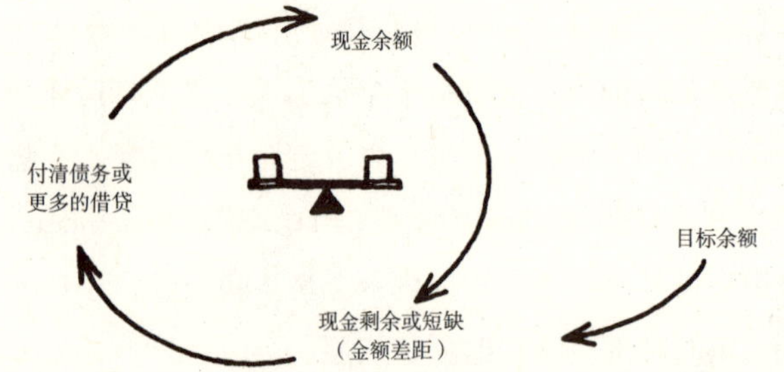

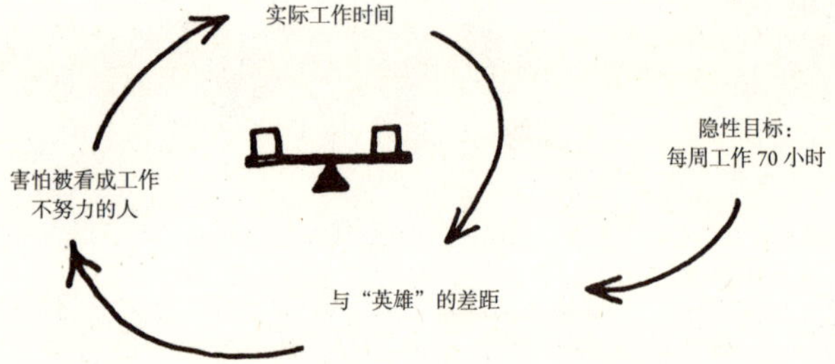

在管理实践中实现负反馈作用的难点在于，目标往往是隐性的，而且根本没有人承认有负反馈作用存在。记得我有位好朋友曾试图在他的快速增长的培训公司里，减轻专业人员的工作疲劳症，结果却徒劳无功。他发放备忘录，缩短工作日，甚至提前关闭办公室，锁上大门，都是为了阻止大家过度工作劳累。但是这些努力都被抵消了：大家不理会备忘录和缩短的工作日，办公室锁门的时候，就把工作带回家做。为什么会这样呢？因为在组织中有一条未成文的标准：真正的英雄，真正关怀事业并在组织中出人头地的人，都是每周工作 70 小时。这正是我的朋友自己，以过人的精力和长时间的连续工作建立起来的标准。

要理解生物体的运作，就必须理解其负反馈的平衡过程，包括显性的以及隐性的。我们可能掌握机体的许多部件，包括器官、骨骼、血管等等，但除非我们了解神经肌肉系统是怎样保持平衡的，并了解心血管系统是如何保持血压和含氧量的，否则就仍然无法理解机体的运行功能。[10] 这就是为什么许多试图重新设计社会系统的努力都归于失败的原因。几年前，波士顿两家有出色病房护理传统的医院合并了。新医院很大，有一流的设备，但却失去了老医院各自特有的关爱精神和员工的忠诚。在合并后的医院里，原先存在的检测质量、关注员工需求以及与病人保持友好关系的微妙的负反馈过程，被新的管理结构和程序打破了。

负反馈过程虽然概念简单，但如果不加注意，却能够产生令人惊异、问题严重的表现。

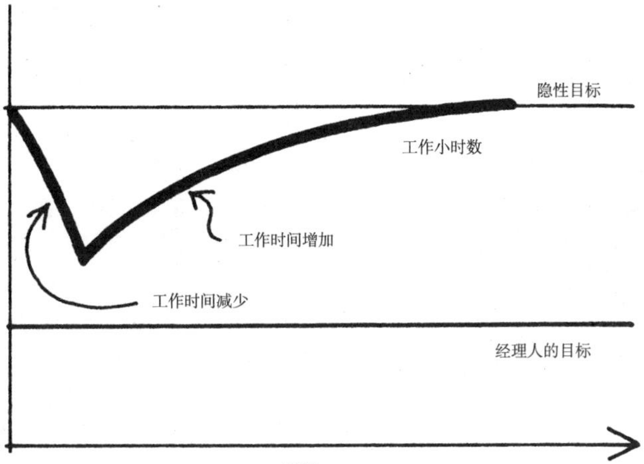

总的来说，负反馈环路比正反馈环路更难于辨认，因为它往往看上去就像什么也没发生一样。没有戏剧性的营销业绩增长和市场

工作开支，也没有核武军备或睡莲叶片。即使所有参与方都想要改变，负反馈过程仍旧是维持现状。刘易斯·卡罗尔（Lewis Carroll）书中的红心女王有句话，说出了那种必须“一个劲儿地忙来忙去，事情却原地不动”的感受，而这就意味着，某种负反馈环路作用就在眼下发生着。

如何看负反馈图

调节现金过剩或不足，使之达到平衡的负反馈过程

下面这张图展示了一个负反馈的过程。

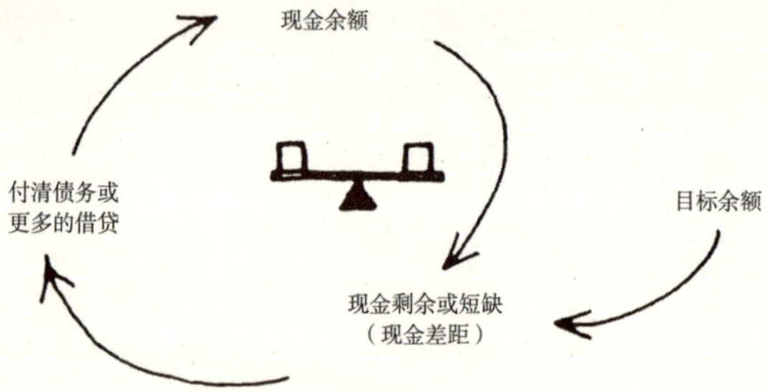

要看清这个过程，从差距入手往往是最容易的。差距指的是期待值和现实存在之间的差异：

在这里，我们手中缺少足够的现金，不能满足我们现金流的需要。（换句话说，我们的期待和实际的现金余额之间存在着差距。）

接着来看为了弥补这个差距所采取的措施：

我们借钱，这使我们的现金余额增加，并使差距缩小了。

图中显示了一个平衡过程的运转，它总是以缩小期待值和现实存在之间的差异为目标。此外，目标值，也就是我们所期望的现金余额，会随着业务量的变化而升降。尽管如此，即使是目标正在变化，平衡过程仍会根据需要值来调整实际的现金余额。

试图进行组织变革的领导者，经常发现他们在不知不觉中陷入了负反馈平衡过程。对他们来说，似乎自己的努力突然遇到了无中生有的阻力。实际上，就像我的朋友在试图减少工作疲惫症时所发现的，阻力是系统维持隐性目标的反应。在这种目标得以明确之前，变革的努力是注定要失败的。只要领导者仍旧被当作榜样，他的工作习惯就依然是公司的标准。他或者改变习惯，或者建立新的、不同的榜样。

什么时候有抵制变革的阻力，什么时候就一定有一种，或多种“隐藏”的负反馈作用。抵制变革的力量并不是变化无常的，也不是神秘的东西。对传统的习惯标准和做事方式的威胁，几乎总是它形成的原因。这些习惯标准往往已经被编织到既有的权力结构关系网之中。这些习惯之所以根深蒂固，是因为控制力和权力的分配已经根深蒂固。与其使劲儿去克服阻力，有领导艺术的领导者，会去分辨阻力的源头，直接聚焦在隐性的习惯标准及其所依赖的权力结构关系上。

延迟：事情会发生的……等时候一到

我们已经看到，系统似乎有自己的主见。这在延迟上反映得最明显。延迟就是在行动和结果之间的间断和空隙。它可以让你行动过火，搞得适得其反；但如果你能够辨认并应对它，它又能给你带来积极的效果。

模拟器件公司前 CEO，马萨诸塞州高科技委员会（Massachusetts High Technology Council）创始人斯达塔，在他发表于《斯隆管理评论》（*Sloan Management Review*）杂志上的一篇经典文章中说：“系统绩效改善工作最有效的杠杆作用点之一，就是把系统的延迟缩减到最小。”斯达塔这里指的，是20世纪80年代后期美国制造业越来越强烈地意识到，传统的严格控制库房存货的做法，与日本同行减小延迟（使库存过多或过少的现象根本就不发生）的方法相比，根本就是低杠杆效益的方法。这后来发展成“时效竞争”（time based competition）的理念。波士顿咨询公司（BCG）副总裁乔治·斯托克（George Stalk）说：“领先企业在生产、新产品研发、销售和配送等领域的时间管理方法，成为新的竞争优势的最有效来源。”对减小延迟的重要性的认识，还进一步变成“柔性制造”和现在的“精益制造”的基础。[11]

在人类社会系统中，行动和结果之间的延迟无处不在。我们现在的投入，是为了在未来得到回报；我们今天雇用一位员工，要等到几个月以后才能使他完全有效地适应工作；我们把资源投入新项目，几年以后才能得出期望的结果。但是，延迟常常不被人理解，进而产生不稳定局面。比如啤酒游戏里的决策者，就错误地判断了延迟，他们觉得自己的订单该到货的时候，延迟却总是让订货无法到来。

当某个变量的作用需要经历时间来影响另一个变量的时候，延迟就出现了，它成为系统语言的第三个基本要素。几乎所有反馈过程都有某种延迟，但却不被人注意，也不被人很好地理解。而这往往导致当事人“做过头”，即在追求期望的目标时走得太远，做过火了。进食和感觉到吃撑之间的延迟，是对许多用餐者的惩罚。我们本应停止继续吞咽的时候，并不觉得很饱，于是就继续吃下去，结果吃得太多。新开发的建设项目从开始到完工之间的延迟，导致房地产市场过热，最终致使一些开发商被淘汰。在啤酒游戏里，下订单和收到订货之间的延迟经常导致过量订货。

未经辨别的延迟，尤其是拖得很久的那种，还可能导致不稳定和失常的故障。比如调节淋浴水温，10 秒钟的延迟就比一两秒的延迟要困难得多。

如何看延迟图

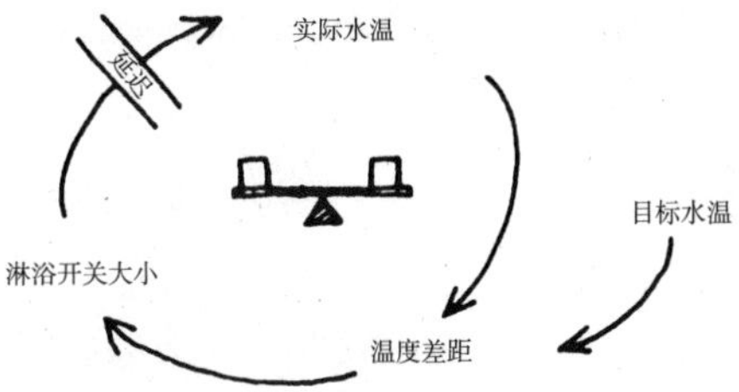

上图描绘的是伴有延迟的负反馈过程：水温变化迟缓的淋浴。

这还是我们之前的“杯子 - 水龙头灌水”反馈图——但是这次，我们用老旧的管道。现在，从你打开水龙头到感觉到水温发生变化，这之间会有很长的延迟，在图中用两条短线的间隙表示。

短线的间隙不会告诉你延迟有多少秒（或是多少年），你只知道延迟长到足以对结果产生影响。

如果沿着带有延迟间隙的箭头走，你在脑海中默想这个故事的时候，会加上“终于”二字。“我转动了水龙头，水流终于改变了”或者“我开始了一个新的建筑工程，房子终于建好了”。在讲述整个流程的时候，你甚至想要抢拍子。

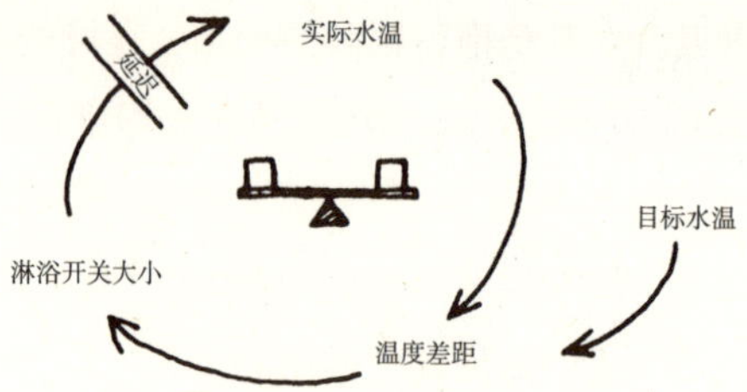

你往加热水方向转动水龙头之后的10秒里，水温仍然是凉的。你的行动似乎没有产生任何反应，所以你认为行动无效。于是你继续向加热水的方向转动水龙头。而当热水终于到来时，水温却有88℃。你被烫得跳起来，赶紧又向加冷水方向转动水龙头。但又发生了延迟，水又变得太凉了。这样一次又一次，反复经过负反馈环路过程。每一次都是对前一轮调整过头的补偿。如下图所示。

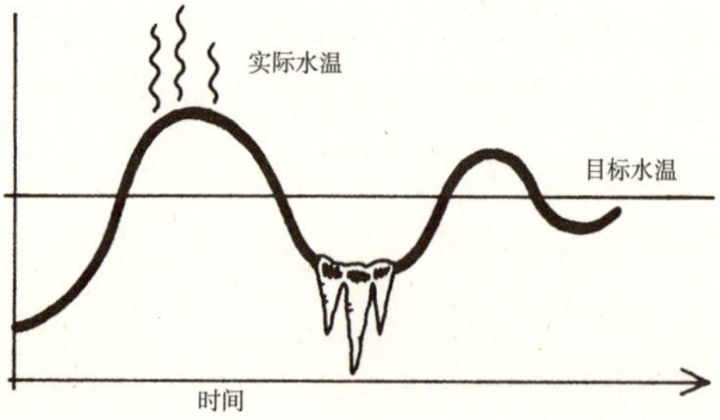

你的动作越是剧烈，即转动水龙头越猛，就需要越长的时间来达到合适的水温。这就是带延迟的负反馈环路的经验和教训：过猛的行动会导致适得其反的结果，它不会帮你迅速实现目标，只会导致不稳定和震荡的情况。

正反馈中的延迟也是同样的问题。比如反恐战争，双方都以为使自己对抗活动扩大、反应行动升级，会给自己带来优势，让自己占据上风。这是由于反应行动结果的延迟。这种延迟可能是几天、几个月，甚至几年，因为聚集力量进行下一轮攻击行动是需要时间的。使这种恶性竞争得以维持下去的原因之一，就是暂时的、自鸣得意的优势地位的感觉。假如双方能够立即对对方的力量聚集活动做出反应，持续聚集活动的动力就消失了。

系统观点总是倾向于长期的视角。这就是为什么延迟和反馈环路会如此重要。短期来看，你往往可以忽视这些东西。它们在眼下似乎微不足道，但长期来看，却会回来找你的麻烦。

正反馈、负反馈和延迟都很简单，作为“系统基本模式”的积木块，它们得以实现自身价值。而系统基本模式，就是我们生活和工作中反复发生的、更复杂的结构模式。

第6章

把系统观点融入实践：掌握系统基本模式

许多年以前，我在缅因州一次早春出游的途中，目睹了一次悲惨的意外事故。我们一行人划独木舟来到一座小水坝，决定推舟上岸，准备搬着独木舟绕过水坝。这时，又有一组游人也到了，其中一位喝过酒的年轻男子，决定驾着他的橡皮筏冲下水坝。后来，橡皮筏越过水坝后就翻了，男子被抛进冰冷的水中。我们没办法够到他，只能惊恐地看着他拼命在水中扑打，试图游出坝底的回流漩涡。挣扎了几分钟后，他就因体温过低而溺死了。他那瘫软的身体立刻被吸进涡流，几秒钟以后，尸体在十码开外的下游浮出水面，那里已没有坝底的大涡流了。他生前拼命做却没做成的事，在他死后数秒之内由水流帮他完成了。而具有讽刺意味的是，他在坝底试图对水流的抗拒，正是致死的原因。他并不知道，当时唯一能挽救他的办法是“反直觉的”。假如当时他不是试图游出漩涡，而是潜进水里，顺着坝底的回流游到下游，他就能活下来。

这个悲惨的事故，与第3章的啤酒游戏，以及第5章中反恐战争的案例一样，说明了系统观点的精髓。我们是被自己未察觉的结构围困之囚徒。反过来，对自己身处其中的那些结构模式的学习观察过程，能够把我们自己从过去看不见的影响力下解放，并最终掌握一种应对和改变这些影响力的能力。

从年轻的系统思考领域提炼的最重要、最可能给予我们力量的启示是：某些结构模式是反复发生的。这些“系统基本模式”（systems archetypes）[a]，或“通用结构”（generic structures），是学习观察我们个人和组织生活中的结构的钥匙。系统基本模式的数量相对较少[1]，这就告诉我们，并非所有的管理问题都是独特的，有经验的经理人凭直觉就能了解这一点。

如果说，正反馈、负反馈和延迟是系统思考的名词和动词，那么系统基本模式就是不断反复出现的基本语句，或简单的故事段落。就像在文学领域，在不同的角色和背景中，会反复出现相同的主题和类似的故事情节，而在大量不同的实际管理情况中，也普遍存在数量相对较少的系统基本模式。

系统基本模式揭示出，在管理问题的复杂性背后，竟有出人意料的简洁和优美。随着我们学会识别更多的基本模式，就可能看清更多应对困难和挑战的杠杆效益作用点，并能向他人解释这样的变革机会。

我们更多地学习和掌握系统基本模式后，就一定能解决一个最令人烦恼的问题，它也是企业经理人和领导者不断努力、试图应对的挑战，即知识的专门化和碎片化（fragmentation）。在很大程度上，系统观点带来的最大希望，就是各个学科领域知识的统一；因为这些基本模式也在生物学、心理学、家庭治疗、经济学、政治学、生态学以及

a. 旧译“系统基模”。——译者注

管理学中反复出现。[2]

由于这些基本模式很微妙，所以当它们出现在家庭、生态系统、新闻故事或公司组织的时候，你往往只能感觉到它们，但无法看清它们。有时候它们会使你产生一种直觉，即这个作用模式仿佛以前在哪儿见到过，“又是它”。你会自言自语道。尽管有经验的经理人，已经凭直觉知道许多这种反复出现的故事情节，但他们往往无法用语言解释它们。系统基本模式提供了这种语言，可以把许多通常只是简单的“管理判断”（management judgement）的东西，变为明晰的表述。

掌握系统基本模式，可以让组织把系统观点融入实践。仅仅阐述系统思考，比如只是说“我们要从大局和长远观点考虑”，是不够的；仅仅理解基本的系统原则也是不够的，比如第五项修炼的法则（第 4 章），或者啤酒游戏模拟练习的启示（第 3 章）；仅仅（或许在咨询师的帮助下）看到某个特别问题背后的特殊结构，还是远远不够的：这可能会解决问题，但不会改变原本导致问题产生的思想方法。对学习型组织而言，只有当经理人开始在思考中使用系统基本模式，系统思考才能在平日起作用，才能不断揭示出我们如何创造我们的现实。

系统基本模式的作用，是重新塑造我们的感知力，以使我们更有能力看清结构模式的运作，以及其中的杠杆效益作用点。某个系统基本模式一旦被发现，它就会不断告诉我们高杠杆效益和低杠杆效益的变革作用点。到目前为止，研究人员已经发现约 12 种系统基本模式，本书将对其中 9 种模式的研究和应用做出介绍（附录 2 是对本书介绍的基本模式的总结）。所有这些基本模式，都由系统积木组件构成：正、负反馈过程和延迟。下面是经常出现的两种基本模式，它们是理解其他模式和更复杂情况的跳板。

基本模式1　增长极限

定义

一个正反馈（放大）过程开始启动，产生一个期望的结果。它创造一个成功增长螺旋，但也在无意之中产生副作用（在负反馈过程中显现的），从而使增长逐渐放缓。

管理原则

不要强行推动增长，要消除限制增长的因素。

在哪里发现它

增长极限的结构，适用于理解所有增长遇到限制的情况。比如，组织在一段时间内发展良好，但随即停止了发展。又比如，工作小组有一阵子进展顺利，但后来却毫无进展了。再比如，个人改进在一段时间颇有成效，然后就停滞下来了。

许多愿望良好而匆匆做出的努力，在情况有所改善之后就会遇到增长极限。农民为了增加产量而施用化肥，直到当地的雨水量不足以灌溉长势过快的农作物；减肥者依照一份突击减肥食谱进行减肥，开始时减掉了几斤体重，但随后就让他没了兴致；为了“解决”突然降临的截止日期的压力，我们可能会超时工作，然而，超常的压力和疲惫渐渐影响了我们的工作效率和质量，反而把加班加点努力的成果给抵消掉了。

为了根除某个坏习惯，比如待人过于苛刻，我们也常常遇到增长极限。开始的努力很奏效：我们批评责怪人的次数减少了，周围的人感到了更多的支持，于是他们表现出良好的情绪，我们也因此颇有感触，也就没有那么多的责怪和批评了。这是一个改善行为、增进感情和进一步改善情况的正反馈螺旋。但是，不知不觉中我们的决心削弱了。或许，我们又发现了别人真正给我们带来最大麻烦的行为，有些小事情不追究也就罢了，但这可是另一回事；或许，我们开始自鸣得意，不再注意我们早就习以为常的、条件反射式的指责行为了。不管什么原因，我们很快又走在了老路上。

在我们的一次研讨会上，一位参会者说："嗨，那不就像谈恋爱吗！"我小心地问："为什么？"她回答说："你看，一开始你们见面，两人花些时间在一起，而且感觉很好。于是，你们花更多时间在一起，感觉也更好了。很快，你们把所有业余时间都用来待在一起。于是你渐渐地更了解对方了。你发现，他并不总是为你开门，也不情愿为你放弃和他的好友们玩保龄球，而且是每隔一个晚上玩一次。他发现你爱嫉妒，或者有坏脾气，或者不整洁，不管是什么，你们开始发现对方的缺点。"她还补充道，随着两人发现对方的毛病，戏剧式的感情增长就突然停止了，甚至还可能倒退——这时你可能觉得，两人的感情还不如刚开始的时候。

结构

每个增长极限的案例中都有一个正反馈（放大）过程，在一段时间里它自己就会产生增长或改进作用。然后它会碰到一个负反馈（稳

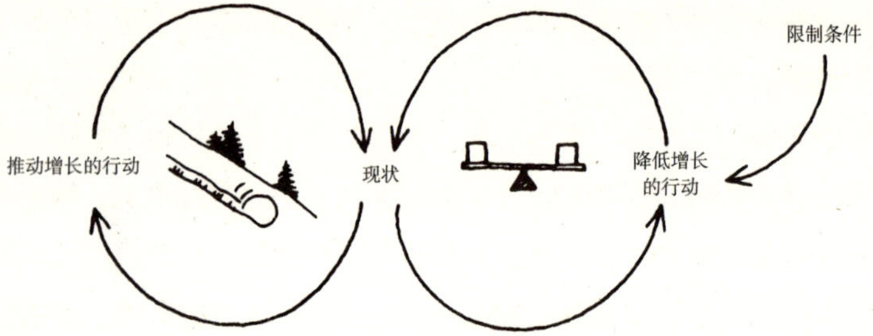

定）环路，后者开始发挥限制增长的作用，改进速度会因此放缓，甚至完全停止。

理解和利用结构模式

增长极限的模式在各个层次的组织结构中都发挥着作用。比如高科技公司，它可能由于自身开发新产品的能力而快速成长。随着新产品的增加，收入就会增加，研发经费也会增加，工程技术和研发团队也都在扩大。但后来，这支蓬勃发展的技术团队变得越来越复杂和难以管理。而管理这支团队的负担落到了团队中的高级工程师身上，结果他们就没有那么多时间去做工程技术工作了。这样，由于最有技术经验的工程师的精力被分散到管理工作上了，因此导致产品研发的时间延迟，以及新产品推出的速度下降。[3]

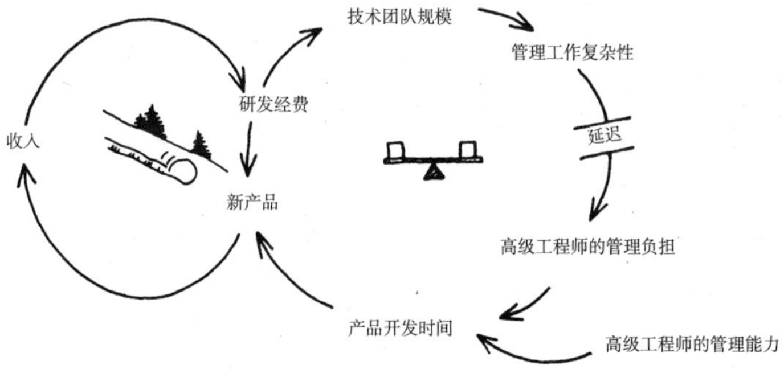

要理解增长极限模式图，首先应当看懂正反馈增长环路，它是最初提供增长势头的结构模式。我们现在就来沿着环路走：记住，增加新产品会产生利润，利润增加会再投入更多的新产品开发。然而，到了一定阶段，影响作用会发生变化——比如这里，研发经费增加到一定程度，会逐渐导致研发工作复杂程度太高。结果是，如果不把高级工程师的宝贵时间从产品研发分散到管理上，就无法保证对研发工作实施足够的管理。经过一段时间的延迟（延迟的时间长短依赖于增长率、产品复杂程度和工程师的管理技能），新产品推出的速度就会放缓，从而降低整个企业的增长速度。

另一个增长极限的例子是专业组织，如律师事务所或咨询公司。一开始规模较小的时候它们增长非常快，职业晋升机会也非常多，公司士气高涨，年轻有为的员工激情迸发，并期待在10年内成为合伙人。但是随着公司发展壮大，它的增长速度也放缓了。也许它的利基市场已经开始饱和；也许到了一定规模以后，创始合伙人对保持快速增长再也没什么兴趣了。不管出于什么原因，随着增长放缓，职业升迁的机会就会变少，年轻的专业人员之间的竞争就会更加激烈，从而使整体的士气受到影响。这种增长极限的结构可以用下图表示：[4]

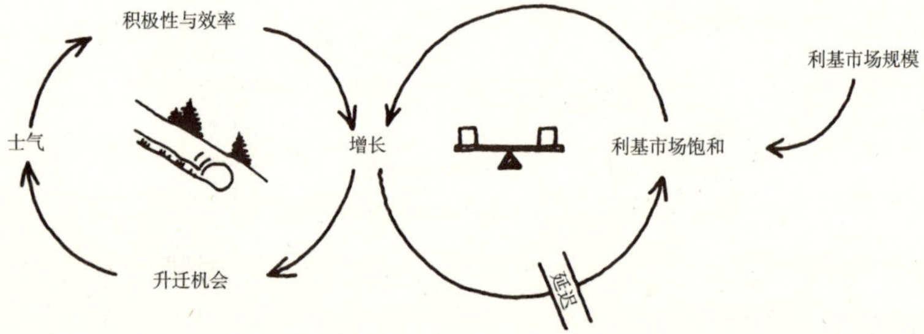

行为模式

在这里的每个结构模式中，限制作用都逐渐变得越来越强大。开始阶段的快速增长，后来却神秘地消失了。高科技公司也许再也不能恢复自己开发突破性新产品的能力，因而也无法再现快速的增长了。

增长率可能逐渐下降到很低的水平，甚至其正反馈环路可能掉头逆转，变成负增长。比如律师事务所或者咨询公司，由于丧失了利基

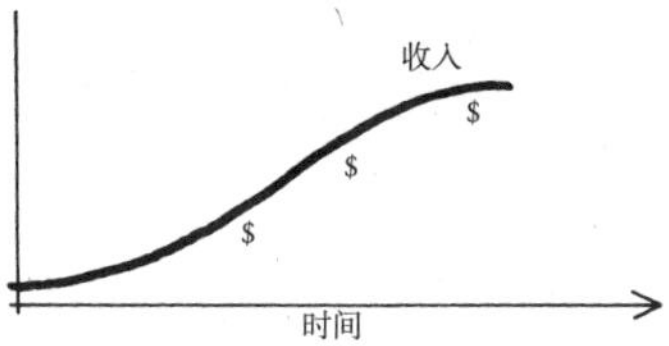

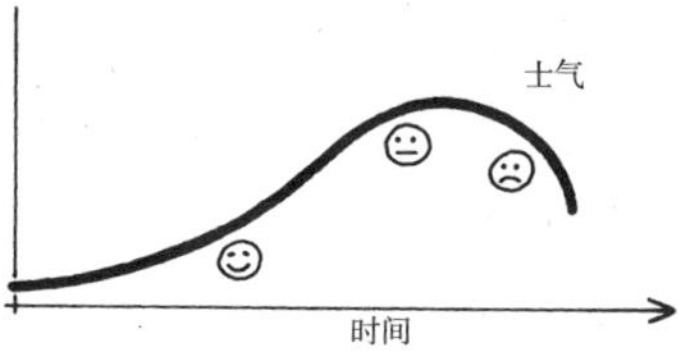

市场的主导地位，公司的士气很快进入实际的下降环路，也就是正反馈作用环路的逆转。

增长极限模式常常让组织变革受阻：开始似乎进展顺利，后来就失去了动力。比如，许多变革措施，尽管开始很成功，但后来却失败了。随着计划好的变革措施的实施，解决问题的成效开始得到提升，对变革的承诺投入也得到加强。但是，变革越是成功，就越可能对有些人产生威胁，于是他们就会开始拆台，去阻止变革的实施。在《第五项修炼·变革篇》实践案例中，[5]我们阐明了几类特别的负反馈作用，它们都会妨碍本来有希望成功的变革行动，比如，控制型经理人，他们感受到新的开放性和坦率心态的威胁。由于测量体系结果的延迟，它首先显示了变革的成本，但需要更长时间才能显示变革带来的收益。两极分化和竞争，发生在主张采用新做事方法的改革派与维护主流文化的保守派之间。另外，部门间分散隔离的管理结构，阻碍着在不同的创新者团队之间建立关系。

负反馈作用的结果之一，就是让希望发生的变革措施的实施在一段时间里很顺利，但随后就进展缓慢，并且往往最终衰落、败北。而变革推动者对结果的失望和反应，又往往让事情变得更糟。他们越是极力试图推进变革，别人越是感到威胁，结果是阻力越来越大。

实施“准时化”（just-in-time）存货管理和其他“精益”或“柔性”生产系统时，也会遇到类似的互动作用，因为这些系统都依赖供货商和制造商之间的信任关系。最初的生产过程的柔性和成本绩效后来无法持续改善了。这些生产系统的供应商，后来往往会要求成为独家货源，以降低突击供货带来的风险。这对于制造商来说就是个威胁，因为他们习惯于向不同的供货商多头订货，或者通过竞标战让供货商之间相互杀价。这时，制造商对新供货系统的承诺和信心，也会随之动摇。供货商也一样。于是，他们都更有可能通过继续使用过去的多头订货和多家供货的方法，来避免风险，也因此而破坏了准时化系统所要求的相互信任的关系。[6]

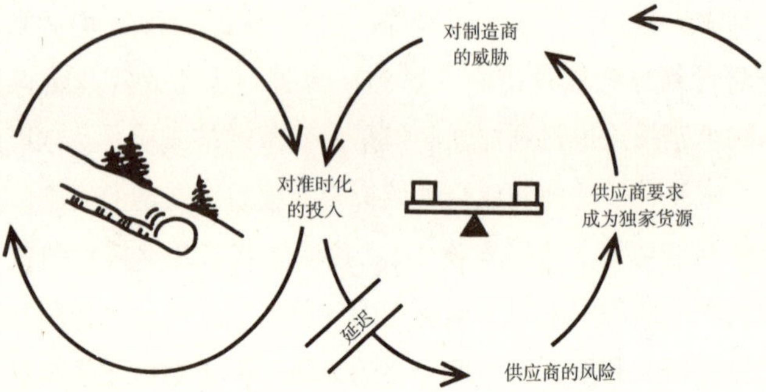

如何找出杠杆作用点

大多数人遇到增长极限情况时，往往试图使劲儿推动增长：假如你无法打破坏习惯，你就倾向于更勤奋地监督自己的行为；假如你的人际关系出现问题，你就会花更多时间或更努力地尝试改善关系；假如是员工不满意，你就不断提拔年轻员工，以便使他们高兴；假如是新产品开发速度降低了，你就启动新的产品开发计划，来弥补那些已经陷入困境的开发计划，或者更使劲儿地推动变革计划。

这种反应是可以理解的。开始阶段，你看到改进，就想继续做下去，因为不管怎样，眼下工作毕竟颇具成效。当改进的速度下降时，你还想再加把劲儿来使之恢复。不幸的是，你越使劲儿推动你所熟悉的杠杆，负反馈作用的阻力就越大，你的努力就越是徒劳无功。有时人们干脆放弃原来的目标，比如，不再试图控制自己责怪别人的倾向，不再追求变革的目标，不再要求精益制造的改进（或者，很可能表面上没有撤销正式计划，但实际上不再继续追求变革计划的成功，因而远远不能挖掘成功变革的潜力）。

但是，处理增长极限的情况还有另一个方法。每个增长极限情况的杠杆作用都在负反馈环路上，而不在正反馈环路。要改变系统的现状，就必须辨别并改变负反馈限制因素的影响。这可能要求你采取自己未曾想到的措施，做出自己未曾考虑过的选择，并完成对奖励和行为规范系统的困难的变革。仅靠减肥食谱也许不可能实现你的减肥目标——你需要加快新陈代谢，这可能要求你做有氧运动。保持爱情与伴侣关系，要求你放弃“完美伴侣”的理想——这种隐性的理想目标妨碍着你们持续改善关系。随着专业服务公司的成熟，继续保持士气和工作效率，就要求一套与以往不同的行为规范和奖励机制：尊重优秀的工作成绩，而不是在等级体制中的地位。这可能还要求平等地分配具有挑战性的工作，而不是偏向“只有合伙人”的资历。企业成长了，要继续保持有效的产品开发，就必须分配好由于越来越复杂的研发组织工作而带来的管理工作负担。为解决这个问题，有些企业采用分散式管理，有些雇用外部专业人员来管理充满创新活力的工程师队伍（不是件容易的事），还有的企业则开发组织内部愿意做管理工作的工程师的管理技能。

如果能成功实现诸如精益制造等领域的变革计划，那么这些计划肯定是属于更大范围的管理变革实践的一部分，而后者一定包括改进员工内部的互动关系，以及与供应商这类的重要外部业务伙伴的关系。成功案例通常特别要求有真正的变革措施，包括重新分配控制权力，以及处理由于放弃单边控制而带来的风险。这往往是改善与关键供应商关系的长期努力的一部分，这也同时能帮助那些供应商提升能力。维持传统单边控制的意图必然带来不信任感，而要克服这种不信任感就必须实施这些变革措施——如果单边控制的意图不改变，即便全世界的精明管理方案加在一起，也不可能克服维持现状的负反馈作用的强大阻力。这就是为什么成功领导了精益制造的老手们总是强调，精益制造是“文化变革”，而不只是技术变革。

增长极限模式还有另一个启示：限制作用总会存在的。一种限制因素被排除或削弱了，增长就又回来了，但新的限制因素还会出现。老练的领导者总是关注着下一组限制因素，努力去理解其性质，思考如何去对付它。对有些情况，比如生物数量的增长，根本的经验教训是：增长自然会逐渐停止。试图排除限制因素以延长增长，实际上可能会适得其反。考虑到正反馈作用可能产生的变化速度（还记得法国睡莲的故事吧），假如想阻止极限的到来，那它到来的时间就可能比我们想象的要快得多。

如何写出你自己的“增长极限”故事

了解某个系统基本模式的最好方法就是结合你自己的情况将它画出来。越是主动地分析并思索这些基本模式，你就越容易认清它们，并找到杠杆作用点。

大多数人的生活中都有许多增长极限的模式结构，要识别这些结构，最简单的方法就是考察行为模式。事情会不会在一开始越变越好，但之后就神秘地停滞不前？如果遇到这种情况，你可以尝试去分辨构成其正负反馈回路的因素。[7]

首先，辨认出正反馈——什么变得更好了，又是什么行动环节带来了改进？（也许正反馈中还有其他组成因素，但通常这里至少有一种状况在改进，而且肯定有一个行动环节带来了这种改进。）比如，这也许是个组织整体进步的故事：好比就业机会均等的招聘工作。这种招聘工作的次数不断增长，这是行动。这种行动导致状况的改进，即女性与弱势群体在员工中所占的百分比的增加。当管理层中女性所占百分比增长的时候，对这个招聘活动的信心和投入就会增加，这将给管理层中的女性数量带来更进一步的增长。

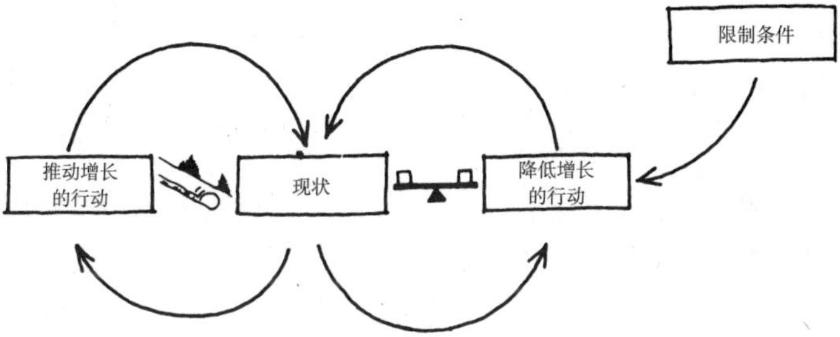

然而无论怎样，总有一个限制因素存在，它往往是一个隐性目标、一个规范标准，或是一种有限资源。第二步是去认清这个限制性因素和它所带来的负反馈。是哪种“减缓行动”或者阻力开始介入，使情况不再继续改善了呢？在这个例子里，主管中到底有多少女性和弱势群体就算“太多了”？有些经理可能对此有想法，他们心里的那个数字就是限制因素。一旦接近那个门槛，减缓行为，也就是经理们的抵制，就开始了。那些经理不仅会抵制更多机会均等的招聘，他们也很可能会为难那些已经上任的新主管。

一旦你看清了自己的处境，就要开始寻找杠杆作用点。你不能过于用力，因为那样反而会加强阻力。可能更需要的是减弱或者消除限制条件。

为了取得最好的效果，可以在现实生活中测试你的增长极限故事。向其他人说说你的看法。先在现实生活中，实验你有关小规模事件杠杆作用的想法。比如，先找到一个你能够接近的人，你觉得他的头脑中有一个隐性的限额，认为某个数字的女性主管就是“足够多的”。你可以向他发问。（如何有效地发问，见第9章“心智模式”中的反思与探询技能部分。）

基本模式2　转移负担

定义

由深层问题产生的症状急需我们的关注。但大家感到很难解决，也许因为问题还模糊不清，也许因为处理起来代价会太高，所以，就把问题“转移负担”到其他解决方法上，这些解决方法意图良好、容易上手，看上去也非常高效。不幸的是，容易的“解决方法”只减轻了症状，却没有改变深层问题。还由于它显然帮助消除了症状，反而使大家无法注意到，深层问题正在变得越来越严重，整个系统也丧失了本来可能有的处理深层问题的能力。

管理原则

对待症状缓解方法要格外小心谨慎。仅仅针对问题的症状而不触及根本原因的解决方法，最好的情况也只是能带来短期效益。长期来看，问题会重新出现，而要求应用症状缓解措施的压力也增加了；同时，开发“根本解决方法”（fundamental solutions）的能力也因此而萎缩。

在哪里发现它

转移负担的模式在个人生活和组织集体生活中都很普遍。当问题症状变得很严重，强烈要求得到关注时，就会发生转移负担的现象：

用简易的应急措施可以至少暂时缓解症状。

来看看我们的工作负担问题。当负担大到我们的能力无法有效完成工作的时候，紧张压力问题就突出了。我们在工作、家庭、社区之间像抛球杂耍一样，穷于应付，疲于奔命。如果工作负担超出我们的能力（我们都有这种情况发生），唯一的根本解决方法就是降低负担。但这会很难——也许会丢掉升迁的机会，以及随之而来的更多的旅行机会；也许这意味着拒绝参加当地学校委员会的工作。这总要求我们必须考虑优先事项，并做出选择。但人们往往反过来，不想放弃要更多的"球"，然后通过喝酒、吸烟，或较好的"放松压力"方法（如运动或冥想）来释放紧张压力。然而，喝酒当然不能真正解决过度工作的问题，只是通过暂时的压力释放来掩饰问题。问题会再回来，而喝酒的需要，即酒瘾也会再回来。在不受干扰的情况下，转移负担的模式会不知不觉地加强影响力，这在当代社会是如此普遍，我们再熟悉不过了。这些都出于逃避现实的"鸵鸟心态"，结果造成对症状缓解措施的越来越大的依赖，最后就如同染上了毒瘾。

许多看似有效的"解决方案"，背后都隐藏着转移负担的模式。这些方案会使你感到很不安：问题似乎并没有得到真正解决。经理人认为应该把工作分派给下属做，然而一旦发现下属有困难，他们还是过分依靠自己的能力直接介入处理问题，以至下属从没有机会获得做好工作的必要经验。面对外国竞争者而丢失市场份额的企业，可能会陷入对关税壁垒保护的依赖，从而丧失独立竞争的能力。无法限制政府开支的第三世界国家，不能根据税收水平量入而出，结果只有通过印发钞票和通货膨胀，来解决政府的财政赤字问题。通货膨胀逐渐成为国民的生活常态，而政府资助也越来越成为必须，长期的赤字状况也因而被认可，成为不可避免的常态政策。转移负担的模式还包括那些"挽救"农民、让农民不必种田的食品救援计划；另外还包括使用暂时消灭害虫的农药——由于它同时破坏了自然界天敌的控制机制，就给未来的害虫泛滥打开了方便之门。

结构

转移负担的模式结构由两个负反馈（稳定作用）环路组成。两个环路都在调整或修正同一个问题的症状。上面的环路代表症状缓解措施，即应急反应措施。它可以迅速缓解症状，但只是暂时的缓解。下面的环路有一个延迟，它代表对问题的更根本的解决方法，其功效需要更长的时间才能显现，但远比应急措施有效，而且可能是唯一长期有效的解决方法。

转移负担的模式经常（但不一定总是）还有一个附加的正反馈（放大作用）过程，它来源于症状缓解方法的“副作用”。这时，这个副作用会让根本解决方法更难发挥作用。比如用药物治疗某种健康问题的副作用，如果问题原来就是不健康的生活方式造成的（吸烟、喝酒、不良饮食习惯、缺乏运动等），那么唯一的根本解决方法就是改变生活方式。药物（症状缓解方法）减轻了症状，也同时缓解了改变生活方式这一艰难任务的压力。而且药物也有副作用，会产生更多的健康问题，使人更难以建立健康的生活方式。

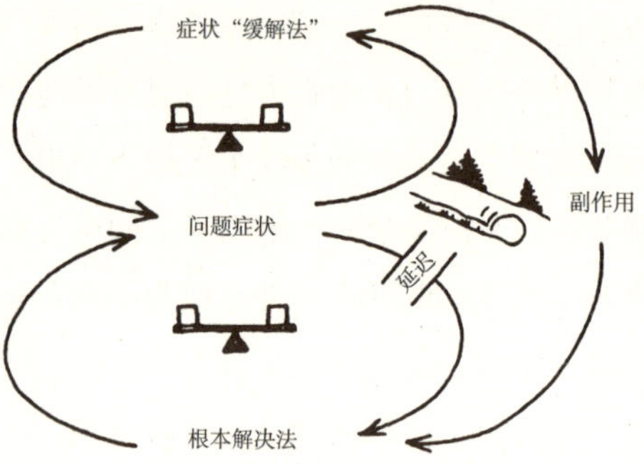

理解和利用结构模式

转移负担的模式揭示了一种流行范围很广的行为表现，即愿望良好的“解决方案”实际上使长期的情况变得更糟。“症状缓解方法”（symptomatic solutions）很有诱惑力：改善会很明显，能缓解处理困难问题的内外压力。但是，问题症状的缓解会削弱大家心目中对寻找更根本的解决方法的需求。没有得到解决的深层问题可能还要严重，而且，症状缓解方法的副作用会使根本解决方法的应用变得更难。人们逐渐越来越多地依赖症状缓解方法，好像它成了唯一可用的方法。没有人做出过明确的决策，但大家已经“转移了负担”，越来越依赖症状缓解措施了。

公司总部管理人员和业务经理之间的交往，就充满这种转移负担的模式。比如，工作繁忙的经理人经常想请进人力资源专家，来处理人事方面的问题。人力资源专家可能会解决问题，但经理人解决其他相关问题的能力就无法得到提升。其他人事问题以后还会出现，那时经理人还会像以前那样依赖人力资源专家。外聘专家曾经成功地解决了这类问题，所以现在就更容易地想到要再聘用专家。“我们又有了一些新困难，所以就又请来这些人事问题专家。他们已经熟悉了我们的人以及我们的情况，所以很有效率。”对人力资源专家的需求越来越大，成本也在上升，而经理人的能力（和威望）却在下降。

转移负担模式常常伴随着无意识的战略方向的偏移和竞争地位的下降。有一家高科技公司的高管团队曾非常担心由于自己的公司无法推出全新的产品，而慢慢“丧失其优势”。虽然改进现有产品的风险相对较小，但是他们担心这种做法不能鼓励突破创新，反而形成了搞小打小闹的渐进主义文化。由于更安全、更可预测、容易筹划和组织的改进型创新过程已经根深蒂固，于是经理们就开始怀疑，公司是否还有能力进行基础创新。

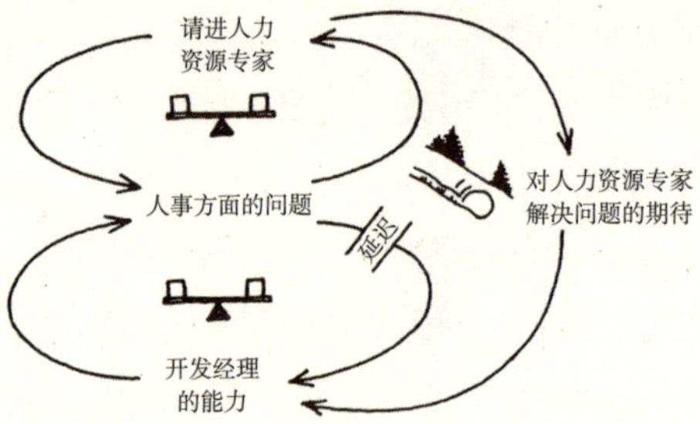

我在聆听他们的述说时，就想起一家日用消费品生产商的类似的战略方向偏移案例。那个生产商曾越来越依赖广告宣传，而不是新产品开发。他们有许多种产品，每当某种产品销售量下降时，他们就会做新一轮的广告促销活动。公司的广告文化如此根深蒂固，以至最近的三位 CEO 都是前广告部门的高管，他们还常常亲自撰写广告文案。他们任职期间，公司的主要新产品上市数量就变得少之又少了。

转移负担的一个特例是“目标侵蚀”（eroding goals）；这种情况的案例频繁发生，很令人吃惊。每当我们的目标和现实情况之间存在差距时，总会出现两种压力：改进现实状况和降低目标。而应对这些压力的方式是自我超越修炼的核心，第 8 章中会阐述这个问题。

社会中目标侵蚀的现象时常发生，并总得到大家的默许。比如美国联邦政府“全面就业”目标（即，使失业率保持在可以接受的水平之下）从 20 世纪 60 年代的 4%，到 80 年代初的 6%～7%，而 80 年代初的实际失业率是接近 10%。（换句话说，我们愿意容忍失业率出现 50%～75% 的上升幅度，认为这是“自然的”。）类似的例子还有，60 年代初，如果出现 3%～4% 的通货膨胀率，就会被认为是严重的情况。这的确是 80 年代初以前反通货膨胀政策的胜利。而到了 1992 年，克林顿总统接手白宫时所面对的，已经是美国历史上最大的预算赤字。1993 年的《综合性预算协调法案》帮助削减了赤字，而且到 90 年代末美国政府还有2 000亿美元的创纪录的盈余。但到了2005年布什政府宣布“反赤字战争”时，赤字又回升了，达到3 180亿美元。这种目标侵蚀的模式如下图所示：

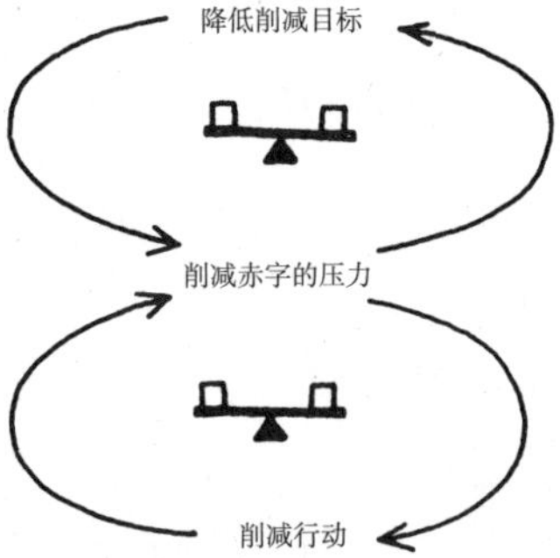

在后面两章我们还会看到，类似的目标侵蚀模式在组织的质量目标、创新目标、员工个人成长目标，以及组织成长目标等方面将发生怎样的作用。

行为模式

不管选择什么样的症状缓解方法，它都会起作用——在某种意义上。比如喝酒能令人感觉缓解压力，至少在一段时间里，它解除了问题的症状，不然就不会有人借酒消愁了。但它也让借酒消愁的人感到，问题似乎已经解决，于是就分散了寻找根本解决方法的精力。然而，根本解决方法是找到控制工作负担的方法，如果不采取坚决的态度，就会导致工作负担逐步加重，因为我们大多数人都不断接到要求我们花时间精力去做的事，根本就超出我们的应付能力。随着工作负担的加重，压力又回来了，借酒消愁的驱动力也回来了。

转移负担模式的隐匿性表现，在于它所促生的正反馈环路，即人们对症状缓解方法的依赖性不断增加。酗酒者逐渐上瘾，形成对酒精的依赖，导致健康状况下降。随着他们的自信心和判断力的下降，他们也越来越无法去解决原来的工作负担问题。为了找出正反馈环路的起因，你可以设想在由两个环路组成的形如阿拉伯数字“8”的闭环上面移动：压力增加，导致酗酒，酗酒会放松压力；压力放松，减少工作的需要也降低了，进而导致更多的工作负担，于是又增加了压力。

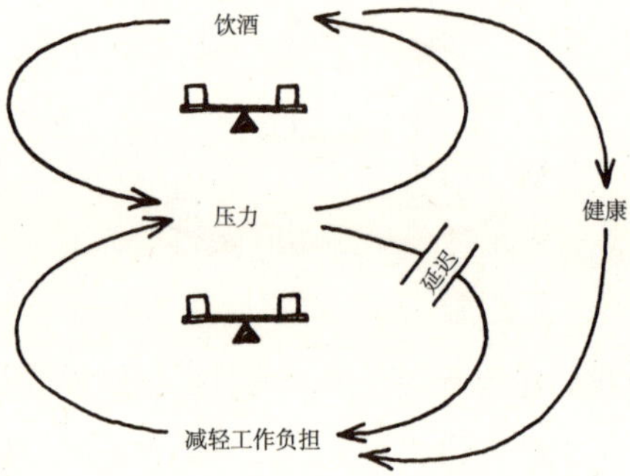

这就是上瘾机制的一般性动态结构模式。实际上，所有的上瘾过程背后都有转移负担的模式，都涉及症状缓解方法，涉及逐步削弱寻找根本解决方法的能力，以及不断增加对症状缓解方法的依赖。这个上瘾的定义，对个人适用，对组织机构和整个社会也同样适用。

转移负担的模式往往伴随着间歇性的危机，即压力症状出现时的危机。而危机往往通过更多的症状缓解措施来得到消除，其症状会暂时消退。但不那么显而易见，往往是一种缓慢、长期的健康状况受到损害的过程：可以是公司财务健康，或者个人身体健康，问题的症状会因此不断加重。不注意健康状况下降，不寻求解决问题的根源，时间拖得越久，就越难以挽回局面。根本解决方法无力回天的时候，症状缓解措施就会愈演愈烈。

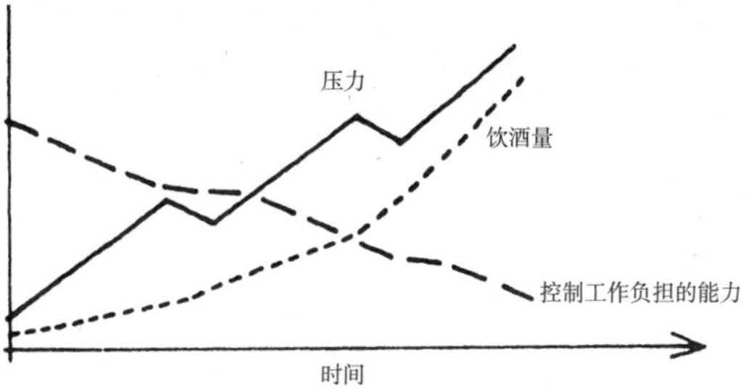

如何找出杠杆效益作用点

要有效应对转移负担的模式，我们必须把强化根本解决方法与弱化症状缓解措施结合起来。组织机构的特点，常常通过其应对转移负担模式的能力（或无能）表现。强化根本解决方法要求一种长远观点和共同愿景。如果没有通过新产品创新来实现成功业绩的愿景，压力就会被转移到使用短期的解决方法上，这是无法抗拒的。经理人没有开发"以人为本"技能的愿景，就不会有时间和精力去开发那些技能。政府是靠民众纳税支持的，而一国民众对政府能够并应该发挥什么作用，如果没有共同愿景，就不会有财政收支平衡的长期解决方案。

弱化那些症状缓解措施，就需要当事者情愿说出真相，坦率面对治标方法和"看上去不错"的解决方案。比如经理人可能要承认，大量的广告宣传是可以从竞争对手中暂时夺回一些市场份额，但不会从根本上扩大市场占有率。从政者必须承认，他们提高税收的企图遇到阻力，是由于大家认为政府很腐败。他们如果不用令人信服的方式有效地解决腐败问题，就不可能实现提高税收的愿望，也不可能降低开支。

一些非常成功的戒酒和戒毒方法，可以很好地说明处理转移负担模式的杠杆效益原理。这包括坚持让大家面对上瘾的现实，同时组织互助小组并安排培训，以帮助大家改正和恢复。比如匿名戒酒互助协会（Alcoholics Anonymous，AA），就非常成功地应用有效的同伴互助方法，帮助大家重新激发精神活力，勇敢面对使他们陷入酗酒习惯的那些问题。而不管是什么问题，都要开发一种信心和愿景去解决和克服。他们还强制性地让每个人都承认酗酒这个现实：“我染上了酒瘾，并会一辈子这样。”通过这种方法，症状缓解措施就不能再隐蔽进行了。[8]

在商业案例里，越来越依赖人力资源咨询师的经理人，必须更大限度地发展自己的能力，尽管这意味着更大的初期投入。人力资源咨询师必须成为教练和指导，而不是解决问题的人，这样才能帮助经理人发展自己的技能。

症状缓解措施有时也是必需的，比如治疗由酗酒或吸烟引发的疾病。但是，症状缓解措施必须明确界定为缓解症状之法，同时还要与恢复根本解决法的能力和措施相结合，这样才能突破转移负担的作用环路。假如真的把症状缓解措施当作根本解决方法来使用，那么寻找根本解决方法的努力就会终止，继而转移负担的模式就会如约而至。

如何写出你自己的“转移负担”故事

有三个线索可以用来分辨“转移负担”结构有没有出现。第一，从长期看来，问题变得越来越糟糕，虽然它有时也会出现好转的迹象。第二，系统的整体健康状况渐渐变差。第三，会产生逐渐增强的无助感。一开始，人们感到欣喜——我们把问题解决了！但最后却会觉得自己像受害者一样。

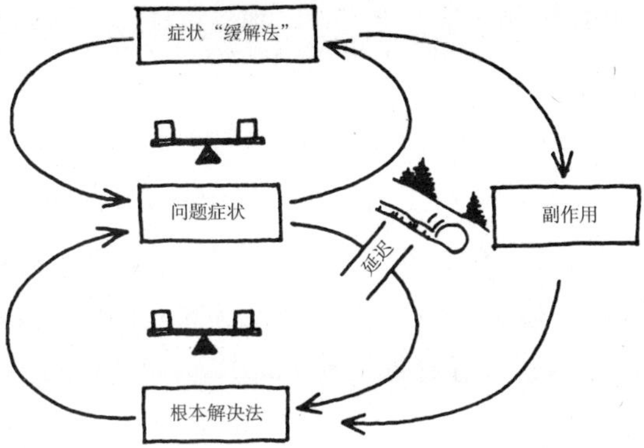

你尤其要分析那些相互依赖的情况，你会感到其中真正的问题、深层的问题，从未被人有效解决过。和以前一样，一旦遇到了这类情况，你要看看能不能找出正负反馈回路的相关组成部分。

首先要找到“问题的症状”，这就是那个需要添加润滑油的“吱吱叫的轮子”，急需你的关注——比如压力，比如下属没有能力解决紧急问题，或是市场份额的下降。由此，你要找到“根本解决方法”（也许不止一个），即可以带来持久改进的一系列措施。然后，再找到一个或几个也许能临时救急的“症状缓解方法”。

其实，“根本解决法”与“症状缓解法”是相对的，最重要的是辨别出问题可以从哪里入手，包括从最根本的到最表面的解决方法。

接下来要找到症状缓解法可能出现的“副作用”。

转移负担模式分析带来的最主要的认识提升来自以下两个方面：（1）区分不同类型的解决方法；（2）看清在多大程度上依赖症状缓解法会导致依赖的不断加重。杠杆作用不是加强了下面的循环，就是减弱了上面的循环，或者两者同时发生。就像增长极限一样，最好先以小规模的行动来测试你的结论——并给测试留出时间，等它产生结果。特别是当你想要增强一种已经萎缩的能力时，所需的时间会更长。

增长极限和转移负担是两个常见的系统基本模式。后面的章节还会介绍其他几个模式（附录 2 总结了全书中的系统基本模式）。掌握这些系统基本模式以后，就可以把它们结合起来去描述更复杂的系统关联。这就好比，基本语句成为段落的一部分，而由简单的情节可以编写更复杂的故事——有着各种各样的主题、人物和更曲折的故事情节。

系统基本模式可以启动掌握系统思考的过程。用这些基本模式，我们就能越来越清楚地把握日常生活中各类因果环路。随着时间的推移，我们自然就能更系统地思考和行动了。

为了阐明系统基本模式在实际中的应用，下一章会介绍增长极限和转移负担模式得到有效运用的方法，用来理解某个有巨大潜力的公司不能成功实现其发展潜力的原因。

第 7 章

是自我局限，还是自我持续地增长

人们很难去和杠杆作用的原理唱反调。但是对于大多数处于系统中的人来说，实际的系统杠杆作用都不是清晰可见的。因此，我们习惯的非系统思考方式，总是让我们注重低杠杆效益的变革。由于我们看不见自己行为背后的结构模式，于是就把注意力放到问题最紧迫和集中的地方，企图去修补或减轻症状。但这类方法最多只能带来短期改善，长期来看，情况往往更糟。前面提到的增长极限和转移负担等系统基本模式的用处，就是帮助大家，特别是在实际业务的压力和矛盾中，看清行为背后的结构模式，找出杠杆作用点。

下面的例子是我们反复看到的真实的故事，实际上这是从好几个特定的案例中提炼，把反复出现的同一类经历拼接起来形成的。[1]

当我们制造自己的“市场局限”时

20 世纪 80 年代中期，一家独特的高科技电子产品公司成立了。

公司生产一种新型的高端电脑。得益于专业工程技能和独特的技术，这家名为“神奇科技”（WonderTech）的公司实际上控制了这一利基市场。不仅市场对这家公司的产品的需求很大，而且还有足够多的投资者来保证这家公司的资金充足。

然而，这家公司的开门红业绩却成了昙花一现。公司头三年发展得如火如荼，但这种情况并没能持续下去，业绩逐年下滑，最终公司遭遇破产。

神奇科技公司的最终命运，是开始时所有人根本无法想象的，因为最初发展时期它的业务每年都翻番。第二年中期公司的销售势头很旺盛，订单积压越来越多。甚至在公司不断扩大生产能力的情况下（建设更多的工厂，增加倒班工作的班次，添加更先进的技术设备），还是不能满足不断增长的需求。这导致发货时间出现一些延迟。公司开始的承诺是 8 周到货，延迟出现之后，也曾想努力回到这个承诺标准上。但是公司的高管层却以一种高傲的语气告诉投资者：“我们的电脑如此优秀，一些顾客愿意等上 14 周。我们知道这个延迟是个问题，也正在设法解决，但不管怎样延迟，他们还是很高兴能收到我们的电脑，而且收到货时还是非常喜欢的。”

高管层也知道必须扩大产能。经过 6 个月的研究，在工厂从一班工作制变为两班倒工作制之后，他们又决定举债建设新厂。为了确保增长势头，他们把收入的大部分都直接投入市场促销工作。由于公司只通过直销团队营销产品，这就意味着要雇用和培训更多的营销人员。公司到了第三年，营销团队人数翻了一番。

然而，尽管有这些努力，到第三年年底，公司的销售量却开始下降。到第四年中期，销售量下降到了危机的水平。至此，公司的营销曲线如下图所示。

这时，公司新建的工厂完工了。负责产品制造的副总裁说：“我们雇了这么多人，现在该怎么办？”高管层开始感到恐慌，刚刚花那么多钱建了新厂，不知道该怎么向投资者解释。当时在场的每个人都同时转过身来，看着一个人：市场营销副总裁。

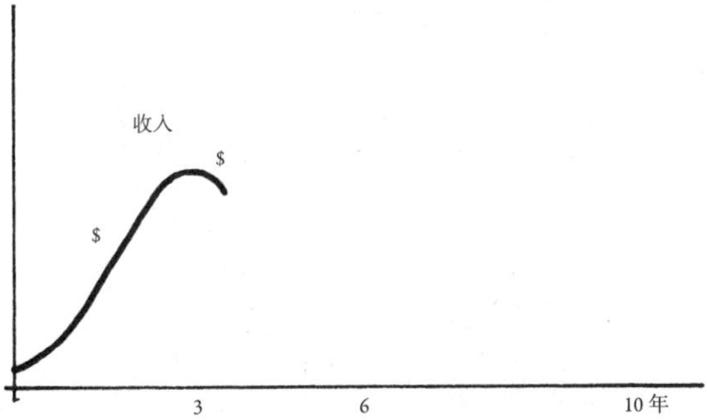

市场营销副总裁当时已经是公司的明星人物，这也并不令人吃惊——他的营销团队一直以来的业绩如此辉煌，他曾指望得到进一步升迁。而现在销售量下滑，为扭转这个局面，他面临着很大的压力。所以，他采取了最显而易见的措施：召开一系列强势促销会议，目标只有一个："促销！促销！促销！"他开除了业绩差的营销人员，增加了销售激励措施和额度，发布了特别折扣计划，还制作了新的促销广告，并使用了对公司计算机产品的新的鼓动性描述语言。

而销售量也确实回升了。市场营销副总裁又成为英雄，受到大家欢呼。他成为重生的激励者，在应对危局中担当了重任。神奇科技公司又迎来了喜人的局面，订单迅速回升了。但不久又开始出现订单积压。一年以后，发货时间又开始出现延迟——先是 10 周，后来又到 12 周，最后到了 16 周。于是，增加产能的问题再一次进入公司议事日程。但是，因为有了上一次被动局面的教训，高管层这次就变得很谨慎。不过，建设新厂的动议后来还是得到通过。然而，批准建设新厂的签字墨迹未干，新一轮的销售下滑危机又开始了。这次的下滑十分严重，以致市场营销副总裁被革了职。

以后几年中，一连串的市场营销副总裁轮流上岗，但每次的结果都和以前一样：营销的高增长总是昙花一现，接下来就是低增长或零增长。这个模式正如下图所示。

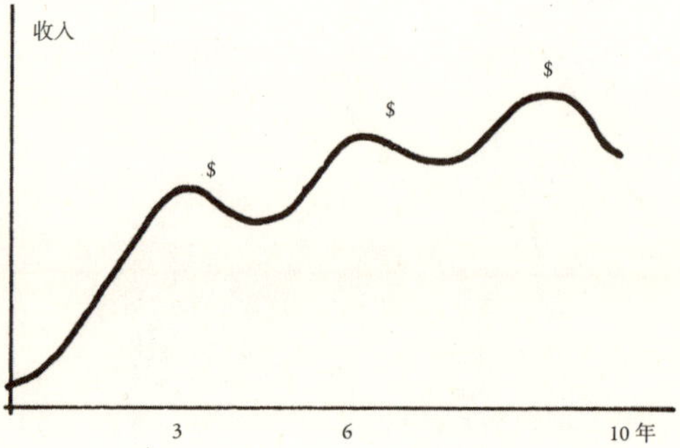

公司虽然进入了缓慢的发展期，但从未能达到其增长潜力。后来，公司高管们开始担心，怕别的公司会开发出竞争产品，于是开始狂热地从事未经深思熟虑的产品改进工作，同时还不断强势促销产品。但公司再也没有达到最初的增长率。原来的“神奇”消失了，公司逐渐走向了消亡。

公司的 CEO 最后一次对他的高管团队说了下面的话：“在目前的条件下，我们做得很不错了。但是，市场需求还是不够。很明显，市场很有限——这只是个细分市场，而我们已经有效地满足了它的需求。”

神奇科技公司的故事没什么新奇的。每十家新建公司中平均要有五家会在五年内消失，有四家会存活到第十年，只有三家会坚持到第十五年。[2] 当一家公司倒闭时，人们总会指出具体的事件，把它解释成失败的“原因”：产品问题、经理人无能、关键人物走掉了、始料不及的激烈竞争，或者市场交易量下滑。但是，导致不可持续增长的深层系统性原因，却往往不被人注意。系统基本模式可以帮助我们理解这类原因，而且在许多情况下，可以帮助制定成功的应对策略。具有讽刺意味的是，神奇科技公司的产品及其市场潜力，本可以支持许多年，而不止两三年的强劲增长。

神奇科技公司的经理们看不到公司业绩走下坡路的原因，这倒不是因为他们缺乏信息来源。他们掌握所有的事实，就是你前面读到的这些。但是，他们看不到这些事实背后所隐含的结构模式。

你作为一个系统思考者，要诊断神奇科技公司的问题，就要找出一些能够暗示某种基本模式的迹象。你会从最明显的业绩表现模式入手：开始的增长是跳跃式的，接着是越来越强劲的上升和膨胀，然后增长变缓，后来完全停止。这个模式就是典型的“增长极限”结构所带来的症状。

有许多可能的增强（放大）作用因素，可以带来神奇科技公司一开始的销售业绩的迅速增长。对产品开发的投入、广告宣传的投入、良好的口碑，所有这些都可能把过去的成功变成未来的成功。而神奇科技故事中特别明显的一个增强因素，就是把利润再投入增加营销力量：销售增加就意味着收入增加，那又可以雇用更多人力，来进一步

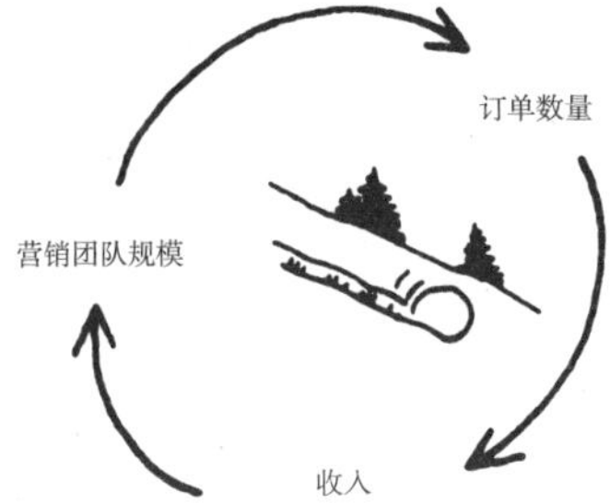

增加销售。

增长极限的结构总会有另一面，那当然就是负反馈［即平衡（稳定）反馈］的作用过程：销售增长莫名其妙地放缓了。而销售放缓通常只有以下几种原因：市场饱和、竞争加剧，或者顾客失望。这里，神奇科技电脑的市场需求仍然强劲，也没有什么竞争对手。只有一个因素让顾客失望：交货期太长。订单积压，生产能力不足，交货期就延长了。交货服务质量差的名声散布出去，逐渐使神奇科技营销团队面临更大的销售障碍。增长极限的结构模式正如下图所示：

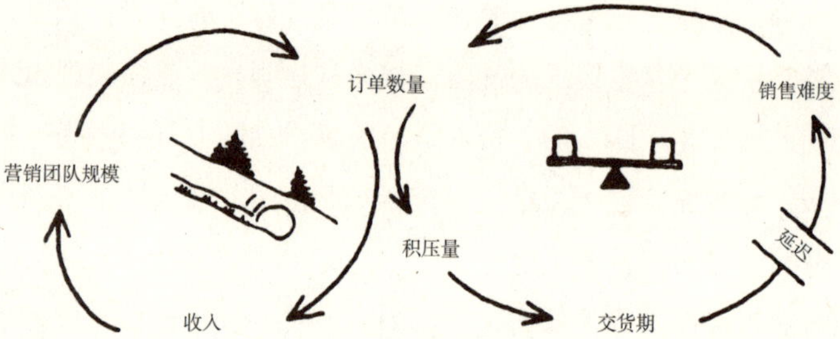

在增长极限的模式中，最糟糕的事就是在正反馈环路上使劲儿推。而这正是神奇科技公司所做的：他们试图通过新的销售激励、市场促销活动和产品的小范围改进，来重新发动“增长引擎”，而这些都没什么杠杆效益可言。在增长极限的模式里，杠杆作用在于负反馈环路。

这个负反馈环路为什么没有人注意到？首先，神奇科技公司的高管层关注的是财务收入，对交货服务并没有真正重视。他们主要跟踪销售情况、利润率、投资回报率和市场占有率。只要这些指标看上去很健康，交货时间问题就不是他们关心的事。而且，交货延迟是在销售增长良好、利润迅速增加的时候发生的，所以大家整体上就没什么可担心的。而当财务状况不好的时候，压力又被转移到增加订单上。

然而往往在这时，由于订单减少，交货时间已经缩短了。于是，不管情况好坏，高层对顾客等待电脑到货时间过长的问题，从来就没有给予过关注。

即使他们给予了关注，他们可能也没有认识到交货时间是影响销售的关键因素。在第一次销售危机爆发之前，交货延迟问题已经在一年半多的时间里不断加重，而高管们却产生了更大的错觉，即认为“顾客不在乎交货延迟”。殊不知，这种自满心态很不恰当；顾客的确在乎交货时间，但因为系统自身固有问题造成的延迟，顾客们的忧虑并没有被神奇科技公司管理层清楚地认识到。顾客说：“我们希望8周内收到计算机。”营销人员说没问题，结果却到第9周，第10周，甚至第12周还没有到货。再有几个月，负面消息就会不胫而走。由于潜在顾客很多，开始时这种传言的副作用并不大，但后来便会逐渐广为流传。这种在“交货时间延迟”和“营销陷入困难”之间的延迟，可能长达6个月，或更长时间。

神奇科技公司的经理人陷入了一种经典的学习障碍之中：无法辨认在时间上距离很远的因果关系。一般来说，如果你等到需求下降之后，才去关心交货时间，那就太晚了。缓慢的交货状态已经在自我校正了——只是临时性的修正。神奇科技公司的交货速度在第三年变得最慢，而那也是公司快速增长的最后一年。在那之后的交货情况，随着销售量的下降而有所改进，但又随着后来销售量的回升而再一次变糟。

在该公司整个10年的发展历史中，交货时间延迟问题尽管伴随着阶段性的改进，但总体上是在不断加重。随之而来的是系统整体健康状况的逐步恶化，这表现在增长速度的下降以及利润的减少上。公司有几次利润急剧上升，但在每次业绩下滑阶段又出现大规模亏损。开始的增长期的兴奋，后来变成气馁，最后是绝望。由于原来预想的市场潜力从未实现，大家最后觉得自己是受害者。公司 CEO 私下说，最初的市场预期是个误导。

没有人意识到，神奇科技公司的情况也是经典的转移负担的模式。尽管有间歇的改进，问题的症状（交货速度慢）却日趋严重。企业的整体健康状况也在不断下降，大家的受害感也在不断加重。作为系统思考者，你会首先看出这个关键问题的症状，然后看到症状缓解方法和根本解决方法。在这个案例里，根本解决方法（下图中下方的环路）是扩大产能，以控制交货延迟的情况。要超越神奇科技公司的交货速度标准，就必须增加产能；一旦产能提高了，就会改善交货延迟的状况。但是，如果这种根本解决方法迟迟得不到应用，负担就会转移到症状缓解方法（图中上方的环路）。由于神奇科技公司的经理们未能通过足够迅速地增加产能来解决交货延迟的问题，潜在顾客不满意，于是就流失掉了，并由此帮助"缓解"了交货延迟的问题。

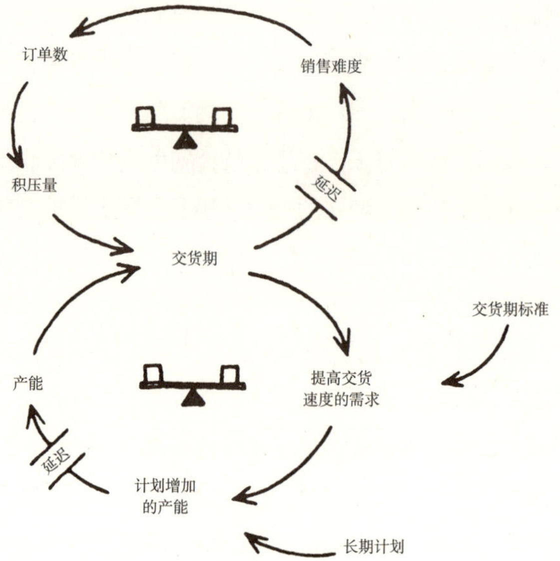

还有，由于神奇科技公司的高管们基本上忽视了不满意的顾客，症状反应就越来越严重，这就像转移负担的结构模式一样。这一切，都伴随着神奇科技公司交货服务质量差的名声在市场上广泛传播：公司交货延迟越来越严重的每一个时段，流言传播的速度也越来越快。第四年，在产能扩建完成的时候，却由于订单下降而造成闲置，这使神奇科技高管层对增加产能愈加谨慎。这就意味着新增产能的工作需要更长的时间来完成，或者根本就不会完成。公司经理最后同意增加产能的时候，症状引起的反应已经帮助解除了压力，交货延迟情况已经缓解，从而不再有理由增加产能了。于是他们说："扩建就再等等看吧，确定一下是不是真有需求。"

实际上，这两种应对方法之间还在相互做跑马式竞争。症状反应方法逐渐变得迅速高效，而根本解决方法却越来越迟钝。结果是，"不满意顾客"的反应后来逐渐控制了交货速度，越来越多地承担了缓解任务。

神奇科技公司的命运本来是可以改变的。在转移负担的结构模式中有一个杠杆作用点被忽视了，那就是公司原来的 8 周交货的目标。系统思考者在转移负担的模式中首先要找出的，是根本解决方法受到削弱的原因。在这个案例中，公司有一个交货时间标准，即 8 周，但是很显然，公司高管层只专注财务收入，从来都没有把这个标准放在心上。

三年以后，公司生产部门实际习惯的标准是 10 周交货，但在订单增加时又很难保证这个标准。随着交货延迟问题反复发生，标准不断受到侵害，没有人再关心标准了，高管层尤其如此。

实际上，第二任市场营销副总裁曾把顾客对交货服务不满的意见，定期向高管团队做过汇报。负责生产的副总裁承认他们有时赶不上订单积压的速度，但只是在产能不足的时候才会这样。可是公司最高层领导者却说："是的，我们知道那是个问题，但我们不能急于做大量投资去扩大产能，除非我们能确定市场需求会持续下去。"他们没有意识到，在他们投资扩大产能之前，市场需求是不会持续下去的。

假如公司坚持原来的 8 周交货的时间标准，大力投资扩建产能以达到这个要求，我们仍不能完全确定会发生什么。但是，基于前面的结构模式（增长极限和转移负担的结合）所做的销售情况模拟表明，假如交货时间标准得到严格执行，公司不得不大力扩建产能，那么就会带来 10 年的快速增长，尽管仍然会有间歇的平缓时段。交货速度会有波动，但不会有持续地延迟增加，交货时间标准会维持在平均 8 周。这样，神奇科技公司就能实现其增长潜力。到第 10 年，销售额会比实际发生的高许多倍。[3]

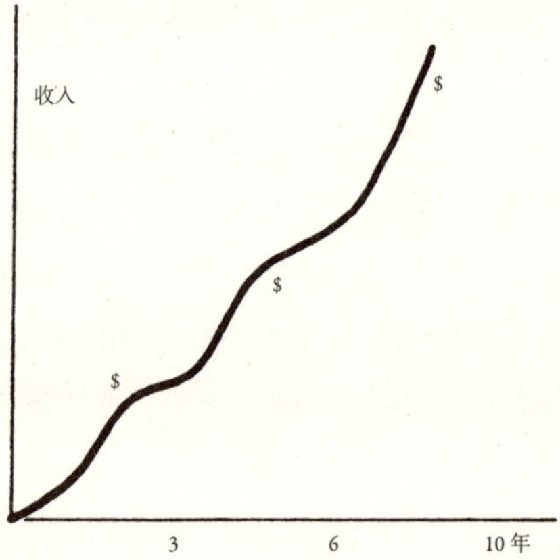

首任市场营销副总裁对这些问题曾有过直觉的把握。他开始时就表明，神奇科技公司对生产能力的评估完全错了。他认为："我们现在只用已有的订单数量，而不是以潜在的订单数量为标准，来衡量产能。我们的产能本应该以按期交货而可能得到的订单数量为标准。"

不幸的是，这位副总裁的观点被认为是销售业绩不佳的借口，而没有得到重视。他没有办法用清晰的理念来解释他的观点，这也使情况变得更无助。假如他当时能应用系统基本模式来阐述他的观点，也许会有更多的人理解他的直觉感受。

神奇科技公司的微妙互动情况，实际上也验证了许多有经验的经理人的直觉：严格把住关键的工作标准至关重要，不管是顺境还是逆境；执行这样的标准必须不惜任何代价。最重要的标准，就是顾客最关心的标准，这通常包括产品质量（设计和制造）、交货时间、服务质量和可靠性、服务人员对顾客的关注和友善态度等。神奇科技公司的系统结构模式是这个管理者直觉认知的明确的理论阐释，它揭示了工作标准受到侵蚀和产能扩大速度缓慢，可以损害整个企业的增长。下面的整个结构模式的图解，来自增长极限和转移负担模式的整合：

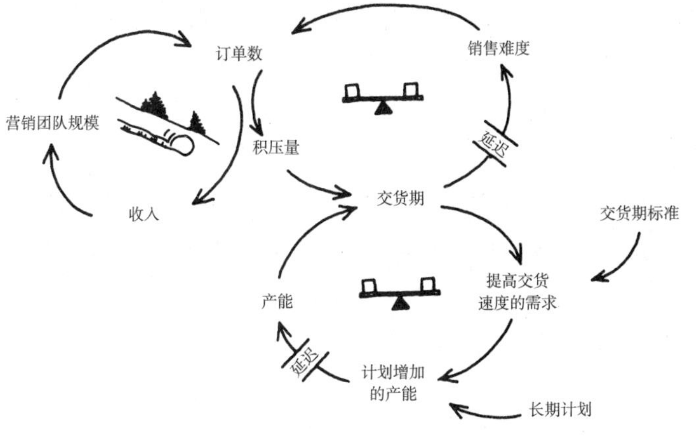

如图中所示，这两个模式交叉重叠在一起，共同分享一个负反馈环路——交货延迟导致顾客不满意和订单数量下降。同样是这个环路还把增加产能的精力分散了（转移负担模式），也导致销售停滞不前

（增长极限模式）。顾客不满的环路能否变成主导因素，要看交货延迟增加时公司产能扩大的力度。如果不能保持交货服务标准，那么公司的反应措施就不得力，于是，缩短延迟时间的负担就会转移到不满意的顾客那里，通过他们的订单的减少来缓解。换句话说，公司不知不觉地陷入了自己的增长极限的困局。

既见树木，也见森林

神奇科技公司的系统行为模式结构还解释了许多复杂的情况：公司曾经一度迅速增长，风靡一时，后来却神秘地败落，就像人民快线航空公司，曾一度是美国历史上增长最快的航空公司。这个模式结构实际上是另外一个系统基本模式，叫作“增长与投入不足”（growth and underinvestment），它比前面的两个系统基本模式更复杂一些。一旦有公司由于投资不足而限制了自己的增长，就是这个基本模式在起作用。投入不足就是指能力建设不足，不能满足顾客增长的需求。如果你看到每个人都非常辛苦地工作（公司投入不足的信号），而公司却无法实现其增长潜力，你就碰到了增长与投入不足的作用模式。通常会出现持续的财务危机。这既是投入不足的原因，也是其结果，很有讽刺意味。财务压力使公司很难，或者根本无法进行大力投资，但今天的财务压力又是过去投资不足导致的。仔细检查以后你会发现，质量标准也受到侵蚀，或者明显下降。（这里的质量包括顾客关心的所有方面，如产品质量、服务质量和交货可靠性。）标准受到侵蚀，或者在竞争中无法持续提高，就会导致无法投入能力建设，来满足顾客需求。（“投入”或“投资”在这里指增加或改善物资设备能力、工作流程、组织结构或人员培训等等。）于是不满意的顾客就会离你而去。顾客需求下降，虽然减轻了订单压力的症状，却也消除了大家心目中对增加产能进行投入的需求，同时还减少了投资所需要的资金来源。

这些模式影响整个产业时，比如20世纪六七十年代的美国钢铁、汽车、机械设备、家用电器等制造业，结果是无法面对有强大投入政策和高质量标准的外国竞争对手。对于这些制造业市场份额的丧失，人们往往寻找外部因素，却不知源头就在自己，至少部分原因是自己的顾客服务标准的下降、投入不足，以及顾客不满意。而整个衰败过程又很缓慢，因此很难看清局势；同时又经常被“转移负担”的治标措施掩饰，这包括广告宣传、打折促销、“重组”和关税壁垒保护。

这个模式之所以很难看清，主要有两个原因。首先，这个过程很缓慢。如果这些都在一个月内发生，整个组织和行业就会紧急动员起来，阻止情况恶化。但是，目标是逐渐被侵蚀的，增长是缓慢降低的，这些都在不知不觉中发生了。这个模式就是第2章讨论学习障碍问题中提到的煮蛙综合征。青蛙对安全水温的标准，随着情况的恶化，被持续地侵蚀，直到它应对水温不断升高危险的能力完全丧失。

其次，处在这种综合征中的经理人，有很多问题需要他们花费精力处理——而他们又没有能力看清更大的模式和格局。系统思考的艺术就在于看清不断（戏剧性）增加的复杂模式和微妙结构，如神奇科技公司的例子，同时还要面对实际管理工作都必须处理的细节、压力和矛盾问题。实际上，把握作为管理修炼的系统思考的实质，就是看到模式结构，而不只是看到各类个别的事件和各种个别的影响力，并对其做出应急反应。然而，很少有人接受过观察细节复杂性和动态复杂性的训练。今天有多少CEO能站出来讲15分钟，用有说服力的推理来解释某个重要问题的系统起因，以及处理这个问题的高杠杆效益和低杠杆效益策略呢？

我们都知道那个不能“只见树木，不见森林”的寓言。不幸的是，我们大多数人在往后“退一步站”的时候，仍然只看到许多个别的树木。而且，我们还会挑出一两棵我们认为最看好的树，然后就全神贯注在它们身上，为它们而倾注全部的变革努力。

系统思考的艺术实际上还在于看清细节复杂性背后的、能发生变化和产生变革的结构模式。系统思考不是忽视细节复杂性，而是将复杂的细节组织起来，使它变成一种连贯的经历和故事，使它揭示问题的起因和持久解决问题的方法。像神奇科技公司这样的技术型企业，把握实际情况就要从理解以下细节入手：

生产能力
设备最大产能
倒班安排
制造
生产进度
“生产线节拍”
生产工艺
进货渠道与到货时间
能源成本
竞争者计划
检修时间

人力资源
检修队伍
生产人员
员工满意度
招聘
培训
人员流动率
士气
生产效率
经验
团队管理
岗位轮换
员工股权

竞争因素
市场规模
细分市场
技术发展趋势
声誉
服务质量
竞争对手服务质量
价格
吸引人才、资本、员工干劲儿

当今世界不断增加的复杂性让许多经理人感到，他们缺乏自己需要的信息来进行有效的工作。我感觉，经理人面对的根本“信息问题”不是信息太少，而是太多。我们最需要的是用什么办法知道什么重要，什么不重要；要关注什么变量，不关注什么变量——而且要有办法在团队和集体中发展共识。

掌握像增长与投入不足这样的系统基本模式，是开发“既见树木，又见森林”的能力的第一步：从宏观长远与微观细节这两方面，看清信息的结构模式。只有两者都看清，才能有效地应对复杂性变革的挑战。

掌握系统思考的语言最终还要求掌握其他各项学习修炼。每一项修炼都有重要的原则和工具，让个人、团队和组织有更大的能力去转变用线性方法看待世界的习惯，进而用系统的方法去思考和行动，去观察和改变世界。

第三部分

各项核心修炼：建设学习型组织

第8章

自我超越

学习型组织的精神

只有通过个人学习，组织才能学习。个人学习不能保证组织学习。但是，没有个人学习就不会有组织学习。

一些少数组织的领导人正在认识到，必须从根本上重新思考公司的组织原则，才能实践个人学习的承诺。京都陶瓷公司（Kyocera，精致陶瓷技术和电子产品方面的世界领先企业）创始人、1995年退休前一直担任公司总裁的稻盛和夫说：

> 无论研发、公司管理，或者任何其他企业活动，活力都来自“人”。而人是有自己的意志、自己的头脑和自己的思维方式的。假如员工们自己没有足够的动机去挑战增长目标和技术开发目标…… 就根本不会有增长，不会有生产力的提升，也不会有技术进步。[1]

稻盛和夫认为，要挖掘人的潜力，将要求对“潜意识思维”“意志力”和“心的行动……以及服务世界的真诚愿望”有全新的理解。他教导京都陶瓷员工在不断努力追求“完美”时，要遵循公司的座右铭——“敬天爱人”，来内观自省。另一方面，他认为自己作为经理人的首要责任，是“为员工提供物质和精神两方面的福利”。

在世界另一端一个完全不同的行业里，有一家长期享受着成功声誉的公司，那里有另一位建设者——汉诺瓦保险公司前总裁奥布赖恩。他立志于：

> ……建立更符合人性的组织模式。我们传统的等级体制的组织设计，不能服务于人的更高级需求，如自尊和自我实现。只有当组织机构开始满足所有员工的这些需求时，管理的动荡纷扰才有解决的希望。

和稻盛和夫一样，奥布赖恩也主张，经理人必须重新定义自己的工作。他们必须放弃“计划、组织和控制的教条”；他们必须意识到，“对那么多人的生活负责，是件近乎神圣的事”。奥布赖恩认为，经理人的根本任务是“提供适宜的环境条件，让人们过上尽可能充实的生活”。

对发展企业来说，为免于使这些观点听上去过于浪漫，我应该说明一下，京都陶瓷公司在45年的时间里，从零开始做到了90亿美元的销售额，而且几乎没有贷过款，它的利润率也常常是连日本公司都羡慕的。汉诺瓦保险公司在杰克·亚当1969年开始重建工作时，还处于地产责任保险业界的最底层。当时，创建工作是围绕一组有关人的核心价值观和信仰开展的。到1990年奥布赖恩退休时，公司利润率排名保持在全行业前1/4，而且它前10年的增长速度比行业整体水平高出50%。[2]

工商精英奇才亨利·福特曾说过：

最小的不可再分的现实，对我来说是有灵性的，它们在等待着为人类精神所用——只要我们伸出手召唤它们进来。可我们总是急急忙忙，神经紧张，手忙脚乱，烦恼重重。我们对结果都没有耐心。我们所需要的……正是这个等待我们使用的无形力量，它是我们灵魂的增强剂……我知道，有精神力量的储藏库存在，但我们人类却愚蠢地切断了与它的联系……我相信，当有一天我们能够掌握足够多的关于力量源泉和精神领域的知识时，那我们就可以自己创造些什么了……

我坚信，在精神领域方面，先人曾比我们更富有智慧。他们曾经亲身体悟到的事，我们今天只能盲目地当作信仰。[3]

我们用“自我超越”（Personal mastery）一词，来描述个人成长和学习的修炼。自我超越水平高的人，能不断为创造自己真心追求的生命成果而扩展自己的能力。学习型组织的精神，出自组织中的个人对不断学习的追求。

超越和精通

自我超越不局限在能力和技巧方面，尽管它要以能力和技巧为基础。它也不局限在精神的拓展或开放，尽管它也需要精神的成长。它旨在把自己的生命当成一件创造性的艺术作品；并不是以被动反应的观点去生活，而是从主动创造的视角去生活。正如我的老同事罗伯特·弗里茨所说：

纵观历史，几乎每种文化中都有艺术、音乐、舞蹈、建筑、诗歌、故事和雕塑。对创造的渴望不为信仰、国籍、宗教、教育背景或

> 时代所局限。这种渴望和冲动我们每个人都有……（它）不局限在艺术界，而是遍布生命的各个角落，从平凡世俗到深奥高雅。[4]

当自我超越成为一项修炼，成为我们生活的组成部分时，它包括了两方面行动。首先，它不断澄清什么对我们是重要的。我们经常花太多时间，应付我们前进道路上的各种问题，以至忘记了，我们原来是为什么来到这条道路上的。结果，关于什么对我们是真正重要的东西，我们却只有一种模糊的，甚至是不准确的认识。

其次，它还包括不断地学习如何更清晰地观察现实。我们都知道，有些人之所以陷在毫无裨益的关系纠葛里不能自拔，是因为他们总装出一切都正常的样子。比如，在我们参加的商务会议上，每个人都说“我们一切都在按计划正常进行”。而认真研究后会发现，情况恰恰相反。在朝着既定目标前进的过程中，了解你现在在哪儿，是件至关重要的事。

把愿景（我们想要的）和清晰的现实图像（我们现在相对于愿景所处的位置）并列在一起，就产生了我们所谓的“创造性张力”，即把两者拉到一起的力量，它是张力寻求释放的自然倾向。自我超越的精义，就是学习如何在我们的生活中，不断生发和保持创造性张力。

在这里，“学习”指的不是获取更多信息，而是拓展实现我们生活中真正渴望的成果的能力。这是终身的生成性学习[a]。而如果没有各级员工在实践中进行这种学习，就不会有学习型组织。

很遗憾的是，“超越”（mastery）一词，带有对人或物进行支配和控制的含义。但其实它也可以表达一种特殊的精通和熟练。比如，一

a. “生成性学习”（generative learning），是指生发内在能力的过程；而“创造性学习”（creative learning），常常会包括创造出某种外在的东西或结果，或者指学习过程本身有独特的地方。两者是有微妙差别的。——译者注

位技术精湛的手艺人，不是控制陶器或编织品。而手艺人的技巧，会让作坊生产出最好的陶器或编织品。类似的是，自我超越是指在生活的每个方面，包括个人和职业等方面，都有一种特殊的精通和熟练。

有高度自我超越修炼水平的人，都具备几个基本特征。他们的愿景和目标背后，都有一种特别的目的和使命感。对他们来说，愿景是一种召唤，而不仅仅是一个好想法。他们把“现实”看成盟友，而不是敌人；他们学会了如何观察和运用变革的力量，而不是抵制这种力量；他们有深入探究的好奇心，致力于不断改进、不断提高观察现实的准确性。他们感到自己与其他人、与生命本身，都有一种沟通。但与此同时，他们不会抹杀自己的特点。他们感到自己好像是更大的创造过程的一部分。他们可以影响这一过程，但不能单独控制它。

有高度自我超越修炼水平的人，总是生活在不断学习的状态中，修炼永无止境。有时候用语言描述，比如“自我超越”这个词，容易引起误解，好像事情必有确定性，黑白分明。但是，自我超越不是你能够拥有的。它是个过程，是一项终身的修炼。自我超越水平高的人，非常了解自己的无知、无能以及需要改进的地方。同时，他们又有深深的自信。这矛盾吗？只有不能理解“行程本身就是回报”的人，才会觉得矛盾。

在汉诺瓦，奥布赖恩曾说过“高级的成熟”，它是指建立和保持深层价值，承诺对目标而不是对个人的投入，开放思想，锻炼自由意志力，并且，不断努力准确洞察现实的图景。他认为，这类人还能够推迟获取满足感，因此他们能想人之所不能想，树立别人所忽视的目标，甚至考虑“他们的决定对未来数代人的影响”。有趣的是，作为对 10 年之后“情商”流行的预示，他指出了现代社会对人的发展所做出的承诺有哪些不足：

不管出于什么原因，我们没有像追求对体能和智能开发那样，努力地追求情感开发。这是件非常不幸的事。因为，完整的情感开发，对于挖掘我们的全部潜力来说，是最有效的杠杆。[5]

“我们为什么需要它”

奥布赖恩还说道：“人的全面发展，是我们企业实现卓越目标的基本要素。”人们曾经认为，商业和市场对道德的要求比其他领域要低，而“我们相信，在生命的更高尚美德与经济成就之间，没有根本的非此即彼、权衡取舍的关系。我们相信，我们能够两者兼而有之。实际上，我们认为从长远看，我们越成功地实践生命的更高尚的美德，就会实现越大的经济成就”。

实际上，奥布赖恩给出的，是组织机构对支持自我超越修炼的各种合理性陈述中最普通的一种——尽管别人也许会用其他词汇，来表达自己对人的发展的承诺。自我超越水平高的人，有更郑重的承诺。他们更具有首创精神。他们对工作有更宽广、更深远的责任感。他们的学习速度更快。正因为如此，许多组织都支持推进员工个人成长的实践，因为他们相信，这将会带来组织的成长。

但是，奥布赖恩还阐释了追求自我超越的另一个原因。我们现在认为，这是一个必要的补充：

> 我们鼓励员工追求它的另一个同等重要的原因是，个人幸福是受全面的个人发展所影响的。只在工作之余追求个人充实和完善，而忽视我们在工作中所投入的那部分重要的生命，就等于限制了我们获得幸福和完善人生的机会。[6]

换句话说，为什么我们需要自我超越呢？我们要完善自己的人生，就必须超越自我。组织发展历程中的一个关键转折点，就是有足够多的人都采纳了上述观点，就是对人的福祉的内在承诺。传统的组织用工具理性来支持人的发展——假如大家发展了，那么组织就会更有效。像奥布赖恩这样的领导者又进了一步："在我们所追求的组织中，人的全面发展与经济的成功同等重要。"

把人的发展看成实现组织目标的手段，就会很微妙地降低个人与组织之间关系的价值。赫尔曼–米勒公司的退休 CEO 马克斯 · 帝普雷（Max de Pree），用"信约"（covenant），而不是传统的"合同"（"诚实的一日工作换取诚实的一日报酬"），来描述组织和个人之间的关系。在帝普雷看来，"合同只是一种关系中的一小部分。一个完整的关系所需要的是信约……信约关系要基于一种共享的承诺——要实践的理念、要解决的问题、要实现的价值、要完成的目标，以及要经历的管理过程……信约关系反映的是和谐的统一、优雅的善意和泰然的自信。它表达了人际关系的神圣性"。[7]

《基督教科学箴言报》的一位记者在日本参观松下公司时发现，"那里有一种近乎宗教的氛围，好像工作本身被认为是一件神圣的事。"京都陶瓷公司的稻盛和夫说，他对自我超越的承诺，就是来自传统日本公司对终身雇用的承诺。"我们的员工生活在一个社区里，不是相互利用，而是互相帮助，以使我们每个人的生活都更加充实和圆满。"

"你知道系统运作良好，"奥布赖恩补充道，"因为你发现，10 年前受雇的人原来没有自信，并用狭隘的目光看待世界和自己的机会，而现在的他或她，是拥有十几个人的部门的负责人，而且能泰然面对责任，能理解复杂的理念，会权衡不同的立场，并且对决策的选择有可靠的推理。其他人会认真听取他或她的意见。他或她也对家庭、公司、产业和社会，怀有更大的抱负。"

当组织真正承诺履行自我超越的责任时，就会有无条件的投入和毫不含糊的勇气。我们需要它，就是因为我们需要它。

抵制的声音

谁会抵制自我超越的好处呢？许多人和组织都会。采取全面发展人的立场，是对传统的雇员和组织机构之间的契约关系的彻底背弃。从某种意义上讲，这是学习型组织对传统企业成规的最激进的背弃。

企业抵制自我超越的追求是有明显理由的。相比之下，自我超越是“软东西”，部分基于诸如直觉和个人愿景这类不可量化的概念。没有人能以小数点后三位数的精度，测量自我超越对生产率和公司底线的贡献。在我们这样的物质主义的文化里，连谈论自我超越的假定都是很困难的。“为什么会有人要谈这个？”有人会问，“那不是很明显的事吗？我们不是已经知道了吗？”

冷嘲热讽的怀疑态度，是一种让人更加气馁的抵制形式。要克服玩世不恭，就需要了解其缘由。揭开大多数玩世不恭者的面纱，你看到的是受伤的理想主义者——这些人错误地认为，理想的东西就是应该得到的东西。比如，许多对自我超越冷嘲热讽的人都曾经对别人抱有很高的理想和期望。由于别人没有达到他们理想的期望值，他们就失望了，受伤了，并且渐渐变得愤世嫉俗。奥布赖恩曾指出，职业倦怠症不只是工作过度的结果，“有些教师、社会工作者和牧师非常辛苦地工作到了 80 岁，也从未得过职业倦怠症——那是因为，他们对人性、对我们的潜力和局限性，都有一个准确的看法。他们不会过于浪漫地待人接物，因而也就不会在人们失信的时候，经受那么大的心理压力和痛苦”。

最后，有人担心自我超越会威胁公司已有的良好管理秩序。这种担心是正当的。在思想未统一的组织里放权给员工，可能会适得其反。如果大家没有共同愿景，对企业运营的现实没有共同分享的心智模式，放权只能增加组织的压力、加重组织协调和维持运营方向的管理负担。为什么说，自我超越的修炼仅是学习型组织一系列修炼中的一部分呢？这就是原因。如果组织领导者缺乏建设共同愿景和分享心智模式的能力，不能给下级的局部决策者提供指导，那么，自我超越的组织承诺，就是幼稚和愚蠢的。

自我超越的修炼

要领悟自我超越修炼之道，首先得把它视为必须通过实践产生有用结果的一项修炼，它包括一系列原则和实践方法。像成就艺术大师需要不断练习一样，以下的原则和实践方法，就是不断拓展自我超越修炼的基础工作。

个人愿景

个人愿景出自内心。几年前，一位年轻女子跟我谈起她对地球的愿景，说到了许多关于和平、和谐和以平衡的方式生活在自然之中等美好愿望。虽然这些想法很美好，但她说话时却不带有任何感情色彩，就好像这些是她该要的东西。我问她是否还有别的什么。她停顿一下说："我想在一个绿色的地球上生活。"然后，她就哭了。就我所知，她以前从未说起这些。这些话好像有它们自己的意志一样，脱口而出。尽管如此，这些话所表达的清晰景象，对她还是意味深长的——这或许包括了她之前并不理解的深层含义。

大多数成年人几乎没有什么真正的愿景。我们有目的和目标，但那不是愿景。如果你问一个成年人想要什么，很多人实际说出的是他们不想要什么。他们想要一份更好的工作，也就是说，他们想辞掉现在这份无聊的工作。他们想住在更好的邻里社区，或者不用担心犯罪事件频发，或者不用为孩子完成学业操心。他们想让丈母娘（婆婆）搬回她自己家，或者想使自己的腰疼病好起来。这类“负面愿景”（negative vision）的冗长列举，的确是极为普遍——即使在非常成功的人士当中也是这样。它们是花一辈子时间融入主流、应付社会和解决问题的人生经历的副产品。在我们的研讨班上，有个十几岁的孩子说，“我们不应该叫他们‘成人’（grown ups），而应叫他们‘弃人’（given ups，放弃了的）”。

缩水的愿景的另一种更微妙的形式，是“注重手段而不注重结果”。比如，许多高管选择“高市场占有率”，作为他们愿景的一部分。但这又为什么呢？“因为我想让我们公司赢利。”而你可能会想，高利润本身不就是一个内在的结果吗，为什么不能成为内在愿景？对有些人来说，这也的确就是内在愿景。但是，还有多得出乎意料的其他领导者，对他们来说，利润只是达到其他更重要的结果的手段。为什么选择高利润率？“因为我想让我们公司保持独立，避免被吞并。”这里提到的每个目标都是合乎情理的，但最后一个，即对我们自己的忠诚，对这些高管来说才最具有内在意义。其余的，都只是实现目标的手段，而手段在特定情况下可能会改变。关注终极内在愿望，而不仅仅注重次要的目标，这种能力是自我超越修炼的一块基石。

真正的愿景，不能离开“志向目标”（purpose）这个概念去孤立地理解。志向目标，指的是个人对为什么活着这个问题的领悟。“人都有志向目标”这个说法，是没有人能证明或证伪的。争论这个问题也不会有什么结果。但作为一个有用的假设（working premise），这个概念很重要。它意味着，幸福感可以最直接地来自与你的志向目标相符的生活。萧伯纳曾生动地表达了这个概念：

这是生命中真正的喜悦，你意识到，你在被一个崇高伟大的志向目标利用……你成为自然之力，而不是头脑发热的、自私的、疾病和怨恨缠身的渺小的呆子，总在那里抱怨这个世界没有全心全意让你幸福。[8]

在有些组织中，同样的原则被描述为“真心的关怀”（genuine caring）。在大家谈论个人志向目标感到不自在的地方，谈论真心的关怀却一点儿没有问题。当人们产生真心的关怀时，自然就有认真投入的承诺和行愿。他们在做自己真正想做的事，于是热情满怀、精力充沛。他们在做自己必须做的事，因此即使面对障碍和挫折，也能坚忍不拔。那是他们自己的工作。

每个人都有过工作顺利流畅的经历，那时你感到工作任务很上手，你使用的方法也简约而得当。比如，有人有了出国的愿景，结果发现自己学习新语言的速度比以前大有提高。因为个人愿景会带来这种效果，所以你会经常注意到你的个人愿景，它是吸引你的那个目标，它使你感到，你所有的努力都是值得的。

但是，愿景和志向目标不同。志向目标类似于一种方向，一个大标题。愿景是特定的目的地，是你渴望的未来图景。志向目标是抽象的、梗概的；愿景则是具体的、明确的。志向目标可以是“提升探索太空的能力”；愿景则是“在 20 世纪 60 年代末，让人类踏上月球”。志向目标可以是“尽力做得最好”，是“优秀”；愿景则是“跑一英里用时四分钟”。

真的可以这么说，在愿景建立之前，什么都不会发生。但同样也可以说，愿景背后如果没有对志向目标的领悟，没有召唤，那愿景也只是个美好的想法——一切都只是“喧哗与骚动，没有任何意义”。

反过来，没有愿景的志向和目标，缺乏对适度规模的把握。“你和我都喜欢网球，喜欢谈论击触地球、打反手球、追接超速底线角球的刺激，以及打制胜球。我们可能谈得很开心，但随后却发现，我在准备当地乡村俱乐部的网球赛，而你却在准备参加温布尔登网球公开赛。我们虽然有共同的热情和爱好，但精通的程度完全不同。在我们确认心中的规模范围之前，也许我们认为我们在沟通，但其实我们并没有沟通。”

从本质上说，愿景是内在固有的，不是相互比较的。你渴望它，是由于其内在的价值，而不是因为它把你带到和别人相互比较的某个位置。相互比较的愿景（relative vision）也许在过渡阶段是合适的，但它很少能带你走向卓越。比较和竞争也没有什么错。competition（竞争）一词的原意是“striving together”（共同奋斗，来自拉丁语competrere），它是人类迄今为止发明的、让每个人都发挥最佳状态的最好模式结构之一。但是，竞争过后，愿景已经（或未能）实现之后，只有你的志向目标才能让你继续前行，让你开发出一个新的愿景。这是对你真正想要的东西、对你的愿景进行不断聚焦和再聚焦的过程。

愿景包括许多方面。有物质方面的，比如想在哪里住，银行里存多少钱。有个人方面的，比如健康、自由和对自己的诚实。有服务方面的，比如助人为乐，或者对某个领域的知识开发做出贡献。所有这些都是我们真正想要的东西的一部分。现代社会总是把我们的注意力引向物质方面，而同时又给我们的物质欲望加上一种罪恶感。西方社会强调我们的个人愿望，比如在某些圈子里，对于身材匀称的崇拜几近盲目的程度——然而，我们却相对很少注意我们服务的愿望。实际上，表达服务和做贡献的愿望，是很容易让人感到天真或可笑的。事情也许如此，但从与数千人交流的经历中，我可以很清楚地看出，个人愿景包括了所有这些层面，还有更多。还有一点也很清楚，即要保持一个与主流社会不同的愿景，是需要勇气的。

为自己的愿景而坚持自己立场的勇气，正是高水平自我超越的特征。或者，用日本人对大师的说法，“当到达无间隙的境界时，一个人的愿景和行动之间，连头发丝都放不进去”。[9]

从某种意义上讲，澄清愿景是自我超越修炼中一个比较容易的方面。对许多人来说，面对现实是更艰难的挑战。

保持必要的张力

人们通常感到，谈论自己的愿景，哪怕是很清晰的愿景，也会有很大的困难。为什么呢？因为我们非常清楚地意识到，我们的愿景和现实之间存在差距。“我想自己开个公司”，但是，“我没有资金”。或者，“我想从事我真心喜欢的职业”，但“我还得挣钱糊口”。这些差距可能会使愿景看似不切实际，或者纯属想象。它们可能会令我们感到气馁，或没有希望。但是，愿景和现实之间的差距，也是一种能量的源泉。假如没有差距，就没有任何追求愿景的行动的必要。其实，这个差距正是创造性能量的源泉。我们把这个差距叫作创造性张力（creative tension）。[10]

假设在你的愿景与现实之间，有一条橡皮带。如果拉伸橡皮带，它就会产生张力，这代表了愿景与现实间的张力。张力寻求做什么呢？只能是减小或释放。要减小张力，可行的方法只有两种：让现实向愿景靠拢，或是让愿景向现实靠拢。能够实现哪种方法，取决于我们是否坚持自己的愿景。

创造性张力的原理，是自我超越的核心原理，它融合了该项修炼的所有要素。然而，人们往往容易对其产生误解，例如“张力”这个词似乎就暗含了焦虑和压力的含义。但是，创造性张力并不会带来任何特殊的感受。它是一种力量，在我们认识到愿景与现实不一致时，这种力量便会发挥作用。

然而，创造性张力往往会导致与焦虑相关的感受或情绪，例如悲伤、沮丧、绝望、担忧等。这种现象时常发生，以至人们很容易将这些情绪与创造性张力相混淆。人们会认为，创造的过程要完全处于焦虑状态。但是，创造性张力存在时产生的这种“负面”情绪，并非创造性张力本身；认识到这一点是至关重要的。上述这些情绪，就是我们所说的情感张力（emotional tension）。

如果我们没能分辨情感张力和创造性张力，那就相当于预先降低了自己的愿景。愿景没有实现时，如果我们感到极度沮丧，我们可能会有强烈的冲动要舒缓这种沮丧情绪。最直接的舒缓方法就是：降低愿景！“哦，高尔夫球嘛，其实打 75 杆也没那么重要，我打到 80 多就很开心了。”

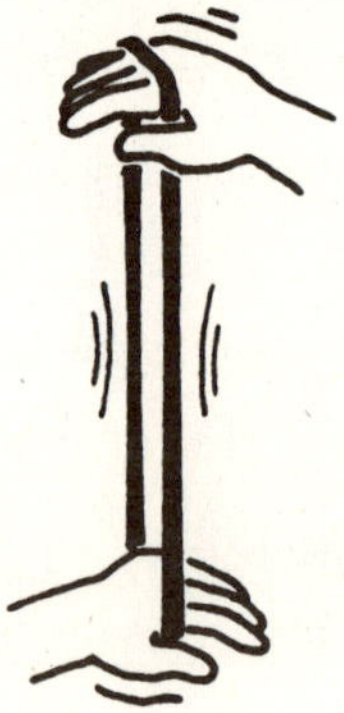

或者你会说：“其实我并不在乎能不能参加演出。反正我怎么样都是要当音乐老师来挣钱的，我只关注这个就足够了。”缓解情感张力的过程十分隐匿，因为它能在人们并不知觉的情况下进行。愿景是产生创造性张力的一个端点，也是我们任何时候都能完全掌控的一个端点，只要对它进行调整，情感张力总能得到舒缓的。我们厌恶的情绪消失了，因为它产生的根源，即创造性张力，被减弱了。于是，目标离现实近了一大步。从情感张力中解脱十分容易，我们做出的唯一牺牲，却正是我们真正想要的东西，即我们的愿景。

情感张力的作用机制，与第 7 章神奇科技公司中遭遇的目标侵蚀作用机制十分相似。创造性张力和情感张力的相互作用，会产生转移负担的现象，其过程类似于目标侵蚀的作用过程，可以用下图表示：

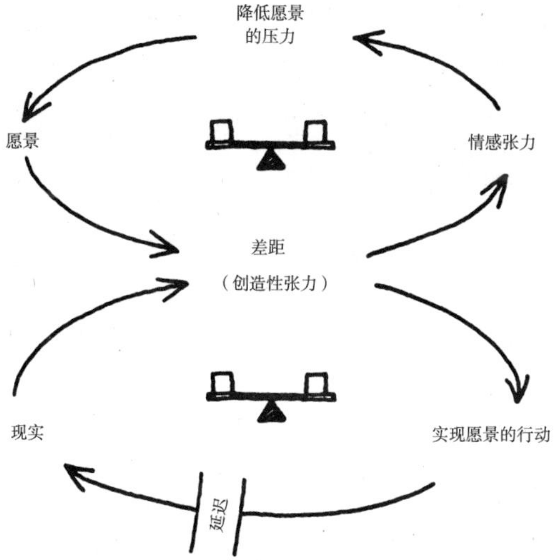

当我们的愿景与现实不一致时，它们之间的差距（创造性张力）可以用两种方法消除。图下方的负反馈过程代表“根本解决法”：努力使现实向愿景靠拢。然而，改变现状是需要时间的。这就产生了图上方的负反馈过程，它包括沮丧和情感张力，属于降低愿景、使其靠近现实的“症状缓解法”。

但是，愿景的一次性降低往往不意味着问题的终结。新的压力迟早会出现，会使现实离（新的、已经降低了的）愿景更远，于是降低愿景的压力又增加了。接着就出现了经典的“转移负担”现象。无法达成目标、产生挫败感、降低愿景、暂时减轻负担、又产生新压力、再降低愿景，这些环节构成了一个微妙的正反馈循环。结果，“负担”就越来越多地被转移到降低愿景上。

在神奇科技公司中，缓解情感张力的方式，是降低那些看似无法达到的关键的送货服务标准。标准的降低极难察觉，因为它是逐渐发生的。每一场危机，都使神奇科技的送货服务标准受到侵蚀，但相对于上一次危机过后的情况，侵蚀还仅又多了一点点。与此类似，个人目标的侵蚀也是在人们不知不觉的情况下发生的。为了能保持我们想要的各种关系，为了能保持我们想要做的工作，为了能生活在我们想要的世界中，我们一点一点地放弃了自己的梦想。

组织对情感张力的承受力不足，就会侵蚀各类目标。每个人都不愿意做坏消息的播报员。于是，最简单的方法就是假装坏消息不存在；或者还能有更好的办法，那就是降低评判标准，重新定义坏消息，使它不再那么糟糕，从而直接宣布胜利。

情感张力的作用机制，在人类活动的各个层面上都广泛存在。它是一种妥协的机制，一种带人走向平庸的机制。正如萨默塞特·毛姆（Somerset Maugham）所说：“只有平庸的人，才总是处于自己的最佳状态。”

当我们无法承受情感张力时，我们就不再坚持目标，而是放任它受到侵蚀。另一方面，当我们理解了创造性张力，并使其通过降低愿景以外的方式起作用时，愿景便成为一股活跃的推动力量。罗伯特·弗里茨（Robert Fritz）说：“愿景是什么并不重要，重要的是愿景能做什么。”真正有创新力的人，能够让理想与现实间的差距发挥作用，从而产生推动变革的能量。

以阿伦·凯（Alan Kay）为例，他是施乐帕罗奥多研究中心（PARC）的主任，这个研究中心从许多方面促成了个人电脑的诞生。事实上，凯的愿景是开发一种与众不同的机器，用他的话说，它叫作“活本”（dynabook），那是一种概念笔记本，能够与使用者进行互动。通过它，孩子们可以测试自己的理解能力，可以玩游戏，还可以将传统书本中静态呈现的内容和思路，按照自己的创意重新排布。但从某种意义上凯可以说是失败了，因为这个“活本”的愿景从未成为现实。然而，这个愿景使电脑行业发生了翻天覆地的改变。施乐帕罗奥多研究中心开发出的机器模型拥有视窗、下拉菜单、鼠标控制、图标显示（使用图像而非文字）等功能。在将近10年后，苹果电脑引进了这些功能，并将其商业化。

波士顿凯尔特人篮球队曾创造过13年中11次获得总冠军的非凡历史，该队当时的传奇中锋比尔·拉塞尔（Bill Russell），有自己给自己评分的习惯。每一场比赛结束之后，他都会给自己在1到100分之间评分。在他的职业生涯中，他的得分从未超过65分。按照现在大多数人受到的教育，如果用他们对目标的看法来评判，拉塞尔是一个悲惨的失败者。这个“可怜的人”打了超过1 200场球赛，却从未达到自己定下的标准！然而，正是为达到这个高标准所做出的努力，才使他成为有史以来最优秀的篮球运动员之一。[11]

愿景是什么并不重要，重要的是愿景能做什么。

把握创造性张力，能够改变人们对“失败”的看法。失败其实就是一种不足，它显示了愿景与现实之间的差距。失败是一个学习良机，它能够澄清人们对现实的不当理解，能够揭示某些策略的有效性并不如预期，还能够提升愿景的清晰度。失败，并不意味着我们毫无价值或无能为力。埃德温·兰德（Ed Land）是宝丽来公司的创始人，并在该公司担任了几十年的总裁，他还是“一分钟”照相的发明者。他的墙上有一块字框，上面写着：

> 每一个错误都是重要事件，只是你尚未将它的所有益处变为自己的优势。

把握创造性张力，能够给人们带来毅力和耐心。一次，我们的讨论班上有个日本高管，跟我说起他眼中的日本人和美国人对待时间的态度有何不同。“来日本进行商务谈判的美国商人，往往发现日本人保守慎言、百般推脱，不能马上‘坐下来谈正事’。美国商人带着紧张的、精心计划的五日行程来到日本，他们希望能够立刻开始工作。但事与愿违，日本商人用茶道仪式对他们进行了礼貌的、正式的接待，却并不触及谈判的具体细节。随着时间一天天过去，日本人保持这种慢节奏不变，美国人却受不了了，如同热锅上的蚂蚁一般坐立不安。对于美国人来说，”这位日本高管指出，“时间是敌人；而对日本人来说，时间是盟友。”

我们对抗的是现实状况。如果不是因为对现状心存厌恶，我们想要创造的东西就不会对我们产生如此大的吸引力。套用这个逻辑，我们越是害怕和憎恶现状，就越有“动力”去推动变革。“情况必须要变得足够糟糕，否则人们不会有任何根本的改变。”

上述这种认识会给人带来误解，使人认为根本性的变革必须在生存威胁下，才有可能发生。有的人把这种威胁称作“火坛”（burning platform）。这种危机理论居然能广为流传。然而，这也是对问题的过度简化，十分危险。在研习营和讲演中，我常常会问一个问题：“在座的有多少人认为，组织和个人只有在危机产生的时候，才会进行根本性的改变？”每次总有75%～90%的人会举手。接着，我会请大家假想他们已经过上了自己想要的生活：他们所有的渴望都得到了满足，没有任何工作上的问题，没有任何私人的问题，也没有职业上的、人际关系上的和社区层面的问题。然后我会问："如果你过上了一点儿问题都没有的生活，你想做的第一件事情是什么？""是变革——去创造一些新的东西。"这是绝大多数人的回答。由此可以看出，人性远比我们通常认定的要复杂。我们既害怕变革，又寻求变革。或者，如一位经验丰富的组织变革咨询师所说："人们从来不抗拒变化，他们抗拒的是被改变。"

把握创造性张力，还能够使我们面对现实的整个立场发生根本性转变。现实不再是我们的敌人，而成为我们的朋友。对现实的准确而深刻的理解，与清晰的愿景同等重要。不幸的是，我们中的大部分人都习惯于带着成见去看待现实，并把偏见强加于自己的现实观。"我们学会了依靠观念，而不是通过观察，来理解现实，"弗里茨写道，"去假定现状与我们观念中预想的相似，比自己亲眼观察现状要来得方便。"[12]"进行自我超越修炼，首先要做的是对自己的愿景做出承诺，第二个关键就是对真相的承诺；这里面不能有半点臆造。"

对产生创造性张力来说，这两方面都同样至关重要。或者如弗里茨指出的，"真正有创造性的人深知，所有创造都是在一定的约束条件下实现的。没有约束条件就没有创造"。

"结构性冲突"：你无能为力的力量

许多人，甚至是那些很成功的人，都有与自我超越修炼相悖的深层观念，只是他们常常意识不到这一点。要理解我的意思，你不妨试一试下面的实验。大声说出下面这句话："我能够一点儿不差地根据我的愿望创造我的生活，包括所有方面——工作、家庭、人际关系、社区，以及更大的世界。"注意一下你心里对这句断言的反应，你大脑里面的"小话筒"在说，"这是在跟谁开玩笑呢？""我才不信呢。""个人和工作方面，还没问题——可'社区'和'更大的世界'，就是瞎扯。”“再说了，我为什么要管‘更大的世界’呢？”以上这些反应，都是深层观念的证据。

弗里茨曾帮助数万人开发创造能力。他的结论是，几乎所有人都持有一种“占主导地位的观念，即认为我们是不能实现愿望的”。这种观念是从哪里来的呢？弗里茨认为，它是成长过程中几乎不可避免的结果：

> 孩童时期我们就学习什么是我们的限制。正确地教给孩子们限制的存在，对他们的生存是必需的。但遗憾的是，这种学习常常被推而广之地一般化了。不断有人教导我们说，我们不能拥有某些东西，或不能做某些事，所以，我们可能干脆假设我们就是缺乏实现愿望的能力。[13]

有两种相互矛盾的观念，会限制我们创造真心盼望的东西的能力，而我们大多数人，都持有这两种观念之一。比较普遍的一种，是认为自己无能为力——缺乏创造我们真心盼望的东西的能力。另一种观念，说的是不配和不相称，即我们不配拥有我们真心盼望的。弗里茨断言，他只遇到很少几个似乎没有这两种深层观念的人。这种断定很难得到严格的证明，因为测量深层观念是件很困难的事。但是，如果我们接受这种有用的假设，它还是能说明，阻碍我们实现真心愿望的，乃是强大的系统影响力。

弗里茨用了一个比喻，来形容相互矛盾的深层观念如何在同一个系统里，阻碍我们实现我们的目标。设想在你接近你的目标时，有一条橡皮带，它象征着创造性张力，拉着你接近你所期望的方向。然后，再设想有第二条橡皮带，绑在无能为力和不配的观念上。在第一条橡皮带把你拉向你的目标时，第二条橡皮带却在把你拉回你不能（或不配）达到你的目标的深层观念。这种拉向目标的张力，和拉回到我们深藏的观念的张力之间，形成一个系统，弗里茨把它叫作“结构性冲突”（structural conflict），因为它是个相互冲突的影响力结构：相对我们的愿望目标，它在把我们拉近的同时，又在拉开。

由此，我们越是接近实现我们的愿景，第二条橡皮带就会越使劲儿地把我们从愿景那里拉回来。我们可能会耗尽我们的能量。我们可能会怀疑，我们是否真想要那个愿景。“完成任务”可能会变得越来越困难。料想不到的障碍出现在我们的道路上。可能别人会令我们失望。尽管我们并不知道那个结构性冲突系统的存在，这些依然都会发生，原因是，它来自我们在很大程度上意识不到的深层观念——实际上，我们的无意识状态反而增加了结构性冲突的影响力。

既然有这种无能为力或不配的观念，结构性冲突就意味着，无论什么时候，只要我们在追求愿景，系统的影响力就会妨碍我们取得成功。但是，有时我们还是会成功；而且，我们中有许多人其实已经很擅长确定和完成目标了，至少在某些生活领域是这样。这说明结构性冲突的影响力是可以克服的。那么，我们怎样克服它呢？

弗里茨发现，应付结构性冲突影响力的一般性策略有三种，它们各有其局限性。[14] 降低愿景是第一种对策。第二种叫“操纵冲突”（conflict manipulation），即通过制造人为的冲突，来操纵我们自己追求愿景的工作，比如，花更大的精力用于回避我们不想要的东西。不停地担心失败的人，比如一些经理人，擅长鼓动言论，他们会宣传公司目标如果不能实现将会带来多么严重的后果；又如一些靠煽动恐惧情绪来动员力量搞社会运动的人，他们都喜欢使用操纵冲突的策略。令人遗憾的是，大多数社会运动的运作，靠的是操纵冲突或“负面愿景”，注重如何摆脱我们不想要的，而不是关注如何创造我们想要的，这包括：缉毒、反核武器、反核电、反吸烟、反堕胎以及反腐败。

而很多人会问：“如果能帮助我们实现目标，一点儿忧虑或担心又有什么错呢？”追求自我超越的人会回答说：“你真想整天担心失败，惶惶不安地生活吗？”悲剧就是，热衷于操纵冲突的大多数人会认为，他们只有通过始终处于焦虑和恐惧之中，才能有所成就。这些人不会去避免情绪紧张，反而会去美化它。对他们来说，生活是很少有喜悦的。甚至当他们实现了目标时，他们马上就会开始担心，担心有可能得而复失。

弗里茨说的第三种对策，是意志力策略，即简单地用精神兴奋法，去摧毁一切妨碍我们实现目标的障碍。按他的说法，意志力策略背后是一个简单的假设，即通过提高意志力，我们会激发自己的斗志。意志力在非常成功的人士中间表现得十分普遍，以致很多人相信它的特征就是成功本身的特征——狂躁地执着于目标，甘愿付出代价，以及击败任何对手、突破任何障碍的能力。

意志力的问题有很多，但狭隘地关注成功结果的人恐怕很难注意到它们。意志力策略的首要问题，是方法手段缺乏经济性，用系统思考的语言，叫作没有杠杆效益。我们的确达到了目标，但代价巨大。我们可能筋疲力尽，可能会怀疑这样成功是否值得。有讽刺意味的是，执着于意志力的人，可能真会去寻找需要克服的障碍，寻找屠龙之战和需要征服的敌人——以向自己和他人展示自己的高超和神勇。第二个问题，是这种策略常常有严重的、始料不及的后果。尽管工作上很成功，意志力大师也会随之发现自己已有两次失败的婚姻，和自己的孩子关系也很差。不知为什么，在职场很管用的那种顽强的决心和目标导向，在家里并不奏效。

更糟糕的是，和所有应付性策略一样，意志力策略丝毫不会触动深层的结构性冲突的系统问题。特别是深层的无能为力的观念，并没有真正改变。许多成功人士虽然颇有成就，但他们在生活的某些领域，有种难以启齿的深层无能为力感，比如个人和家庭关系，比如进入宁静安详和精神满足境界的能力方面。

在某种程度上，这些应付性策略是不可避免的。它们是深层的、习惯性的东西，不可能一夜之间就得以改变。我们都会有自己喜欢的策略——比如我一直使用意志力策略，这一点我周围的人可以证明。

那么，应对结构性冲突的杠杆作用点，究竟在哪里呢？如果说，结构性冲突来自深层的观念，那么，改变它就只能通过改变那些观念。但是，心理学家们几乎一致认为，像无能为力感、不配感这样的根本观念，是不易改变的。这些观念在我们的成长之初就已经形成。（还记得两岁时就开始听到的那些“不能”和“不许”吗？）对于我们大多数人来说，观念只有通过新经验，即我们进行自我超越修炼的积累过程，才能逐步改变。但是，如果我们因为无能为力的观念而不能完成自我超越修炼，而这些观念又只能在自我超越修炼经验中才能改变，那我们该从何入手，去改变我们生活的深层结构模式呢？

对真相的承诺

我们可以从一个异常简单而又深刻的策略，开始应对结构性冲突——说出真相。

人们常常会觉得，“对真相的承诺”（commitment to the truth）的策略似乎没什么大用处。“我得做什么才能改善我的行为表现呢？”“我怎样才能改变我深层的观念呢？”人们经常要求得到某个处方、某种技巧，或某种摸得着的东西，用来解决结构性冲突的问题。但是，对真相的承诺，实际上远比任何技巧都更有效力。

对真相的承诺不是指追求铭刻于世的真理，即那种绝对的最终判决或终极原因。相反，它指的是，心甘情愿地根除那些令我们限制和欺骗自己、不让自己看到真实情况的习惯。它指的是，不断质疑我们对真实情况为什么会如此的理解。它指的是，不断扩大我们的意识范围，就好像优秀运动员在赛场上，用超常的视野把握全场更大的范围。它还指不断加深我们对眼下各种事件背后的结构模式的理解。特别是对自我超越修炼水平高的人来说，他们要更多地觉察到自己行为背后的结构性冲突。

因此，应对结构性冲突的首要任务是识别它们，包括其运作产生影响时所引起的行为表现。当我们的那些应付性策略正在发生作用时，我们极难识别它们，因为伴随它们而来的常常是紧张和压力。建立内部预警信号会有所帮助。比如，我们发现我们在为自己的问题而责怪某人或某件事："我之所以放弃是由于没人理解我"；或者，"我这么担心的原因是，我如果完不成任务，就会被解雇"。

比如，在我的个人经历中，在很多年里，大项目一进行到关键时刻，就会有人很让我失望。这样的事情发生时，我仍会闷着头努力推进，努力克服由于别人的失信或无能所带来的困难和障碍。过了很多年我才看到，这是个反复发生的情况，是我自己的意志力策略的特定模式，它的根源在于，我对改变别人总让我失望的情况深感无能为力。没有例外，最后结果是，我感到"我必须一个人都干了"。

看清这个模式以后，我就开始在它再次出现时改变行动方法。我不再像以前那样经常发火了。相反，我在发现它时，会有一种愧疚感——"哦，我的模式又来了。"我更深入地检查了我自己的行动，看到它如何成为这种结果的一部分：不是因为设立无法完成的任务指标，就是因为损害或不支持别的伙伴。进而，我开始努力学习交流技巧，即如何与当事人讨论这些情况，而又不造成防卫反应。第9章“心智模式”，会阐释这些技巧。

没有心灵的转变，我就永远不可能学会这些技巧，也不可能把它们应用到实践中去。只要我还把问题看成孤立的事件，我就会认定它们是外部造成的——“他们让我失望了。”一旦我看到，问题是由结构性原因产生的，我便会开始考虑自己能够做什么，而不是“他们都干了什么”。

我们意识不到的结构模式让我们成了囚徒。一旦我们意识到并辨认出它们，它们就不再有那么大的禁锢力了。这对组织和个人都是这样。实际上，现在有了一个全新的领域，叫作结构性家庭疗法。它基于这样的假设，即个人的心理难题，只能通过理解家庭和亲密关系的相互依赖性的结构，才能理清和改善。用戴维·坎特（David Kantor）的话说，一旦意识到这些结构，“就可能开始改变结构，从而把人们从以往操控他们行为的神秘力量中解放”。[15]

发现运作中的结构模式，是自我超越水平高的人的惯用手段。有时，这些结构模式可能很容易改变；而有时，它们却会像结构性冲突那样，只能逐步改变。因而需要我们创造性地从内部着手处理这些结构，要承认它们的起因，而不要和它们进行对抗。不管怎样，一旦运作中的结构模式被发现，它就成了“现实”的一部分。对真相的承诺力度越大，创造性张力就越大，因为我们对现实有了更真实的观察。在创造性张力的环境下，对真相的承诺，就像愿景一样，变成了创造性和生成性的力量。

这个过程的一个经典案例，出现在狄更斯（Dickens）的《圣诞颂歌》（*A Christmas Carol*）中。一个圣诞夜里，吝啬财主斯克鲁奇通过对三个鬼魂的访问，看到了越来越多他以前拒绝面对的现实。他看到了过去的现实，即他以前的决定如何持续地泯灭了他的同情心，加重了他以自我为中心的心态。他看到了现在的现实，特别是他一直回避的那些，比如小蒂姆的病情。进而，他还看到了他未来可能的现实，即假如他继续他当前的样子，未来将会发生的情况。但他马上惊醒了。他意识到，他并不是这些现实的奴隶。他意识到，他可以选择。他选择了改变。

重要的是，吝啬财主在更清晰地意识到他的现实之前，没有办法选择改变。狄更斯实际上在告诉我们，生活总是给我们看清现实的机会和选择，不管我们可能如何愚昧、如何抱有偏见。而且，如果我们有勇气抓住这种选择的机会，我们就有能力实现自身的根本改变。或者，用经典宗教术语说，我们只有通过修真（truth），才能得至上善（grace）。[a]

真相的力量，越来越接近现实的观察，把感知与观察的镜片擦干净，让人从自我扭曲的现实观中清醒过来——这些，是几乎所有伟大的世界宗教和哲学体系中，一个共同原则的不同表达。佛教徒精进修得“清净观”（pure observation）的境界，以直观实相。印度教徒讲“亲见”（witnessing），即以精神无染着的心态，来观察自己和他人的生命。真相的力量在早期基督教思想里，也同样是核心，然而在过去两千年基督教的实践中，却逐渐失去了其核心地位。实际上，耶稣一词在希伯来语中，即 Yeheshua（耶稣），包括 Jehovah（耶和华）一词的字母，又在中间加入了 shin 一词中的字母。Jehovah 的字母，意思是

a. “修真”，“truth”，有“事实”和“真理”的意思；“上善”，这里的“grace”，通常意为“善意、恩泽、优美、魅力”等，也隐含了“慈爱”和“安详”的意思。故用佛教术语或可译为：“只有通过实相，才能得到慈悲与安详”；抑或用儒家术语，则可译为：“只有通过信义，才能达到仁德”；在耶稣的《新约》传统的译法会是：“只有通过真理，才能得到恩典”。——译者注

"那个过去、现在和将来都存在的，如如不动者"。中间加入了 shin 一词，把意思变成了"那个过去、现在和将来都存在的解救（delivers）"。也许这就是"真相将使你解脱"这句话的起源。[a]

运用潜意识，就是说你真不必都想明白

自我超越水平高的人有一个很迷人的特点：他们能够以举重若轻和优美安详的风格，完成非常复杂的任务。我们都对花样滑冰冠军或首席芭蕾舞女演员精彩优美的技艺感到惊奇。我们知道，他们都经历了多年勤奋的训练，才掌握了那种技能。但当他们展示自己的技能时竟看似如此轻松和自在，还是让我们不禁要惊叹。

自我超越修炼所隐含的，是另一个维度的心灵活动，即潜意识（subconsciousness）。我们所有人在面对复杂的问题时，都会运用潜意识。自我超越水平高的人有个特点，就是他们在常态意识（normal awareness）和我们所谓的另一个维度的潜意识之间，发展出一种高度的和谐。[16] 对于我们大多数人想当然地偶尔尝试开发的潜意识，他们则是把它当成一种训练，经常在做。

那么，潜意识与组织和管理相关吗？

京都陶瓷的稻盛和夫说：

> 我在集中注意力时……就进入潜意识状态。据说人类都有两种状态，即常态意识和潜意识状态，而且当我们处在潜意识状态下时，能力要大 10 倍……
>
> 我讨论意识状态时，有人可能会说我发疯了。尽管如此，我还是认为，那里可能有对我们的启示，它可能会揭示决定我们未来的

a. 引自《圣经》，原文为："The truth shall set you free."《新约》传统常译为："真理必定让你自由。"而在此亦可译作："真乃自在。"——译者注

秘密玄机。

汉诺瓦公司的奥布赖恩则认为，建设新型组织的一项核心任务，就是开发从前被人忽视的心灵能力：

> 世界上最大的未开发处女地，就在我们的两个耳朵之间。我坚信，学习型组织将要开发一系列方法，以专注和培育我们本来就有的、今天却称之为“特异能力”的各种能力。

而所谓的特异能力，实际是如此紧密地与我们的日常生活相联系，以至我们几乎没注意到它们。日常生活中充满着各种复杂的任务，我们都非常有效地处理了，而几乎不用有意识的思想参与。我们来做个实验：请你摸一摸头顶。好，你是怎样做到的？我们大多数人的回答会是：“嗯，我就是想了一下手和头——或者，想象我的手摸着头顶，就这样啊。”但是，从神经生理学的角度看，把手举到头顶是一个非常复杂的任务，它涉及在大脑和手臂之间，来回几十万次的神经信号放电。而这个活动过程的协调，是没有我们的常态意识参与的。类似的，如果你必须要针对走路过程的每个细节进行思考，那你的麻烦就大了。走路、说话、吃饭、穿鞋和骑自行车，都几乎不用意识状态下的注意力参与就完成了——然而，所有这些，实际上都是非常复杂的任务。

我们之所以能够可靠地完成这些任务，就是因为我们的心灵有一种非常出色的处理复杂事物的能力。从某种意义上讲，不管我们把这种能力叫作什么，都没有关系。“潜意识”一词有提示意义，因为它隐含了在我们常态意识之下或之后的功能。也有人把它叫作“无意识”或“自动意识”。不管叫什么，如果没有这个层面的意识活动，就很难解释人类完成任何复杂任务的技能。至少有一点我们有信心肯定，那就是，这些复杂的任务，不是仅靠我们的常态意识和思考方法完成的。

同样重要的一点是，潜意识是我们如何学习的关键。在你生命里的某个阶段，你曾经不能完成诸如走路、说话和吃饭这类“世俗的”任务。而这些任务你每一项都必须学会。婴幼儿第一次用勺子时还找不到嘴——勺子被送到了左肩膀头，然后又到右肩膀头，然后才到腮帮子。只有通过学习，婴幼儿才能逐渐掌握把勺子正确地送到嘴里这项技能。开始时，任何新任务都要求很多有意识的注意力和努力。随着我们“学会了”完成任务的技能，整个活动就从有意识的注意，转到潜意识的控制。

另外一个例子：你在开始学开车时，需要很多有意识的注意力，特别是如果你学开的是手动挡的车。那时，你实际上觉得很难和坐在旁边的人说话。假如旁边的人让你“减速、换低挡、下一个路口右转弯”，你可能当时就放弃了。然而，几个月以后，你不需要，或很少用有意识的注意力，就能完成这些任务，它们都成了可以被“自动”完成的任务。令人惊异的是，你很快就能在交通繁忙的路上，边开车边跟旁边的人说话，而几乎不需要有意识地注意那些需要留心应对的变量，哪怕它们实际上多达数百个。

一开始学钢琴或其他乐器时，我们要从练习音阶起步。然后我们逐步从演奏简单的曲子到演奏复杂的曲子，而对音阶给予的有意识的注意就越来越少了。即使是音乐会上的演奏家，开始演奏不熟悉的曲子时，也要把速度放慢一倍，以便注意到手和脚的位置，注意到韵律和节拍。而当音乐会开始时，演奏家完全不会有意识地关注演奏曲子的过程方法，他的有意识的注意力，都只集中在演奏的审美效果上。

我们大家都通过有意识的训练，获得了大量的技能。一旦学会了，对这些技能的运用就是理所当然的了，或者说是潜意识层面的了。于是，在应用这些技能时，我们甚至根本注意不到。但是，对我们中间的大多数人来说，我们从未认真思考过我们究竟是如何掌握这些技能的，以及我们如何才能不断开发常态意识和潜意识之间的更深层次的协调。而这些对于自我超越的修炼，却是最为重要的。[17]

比如，这就是为什么许多不断进行自我超越修炼的人，会从事某种形式的入静冥想练习（meditation）。无论是沉思祷告（contemplative prayer），还是其他简单的静心方法，只要是经常地入静作冥想练习，就会非常有助于我们更有效地接触潜意识层面。潜意识似乎没有特定的意志。它既不制定自己的目标，也不决定自己的聚焦点。但它特别依赖于方向指导和条件环境——而我们的注意力在哪里，对潜意识却并没有特别的意义。在我们高度紧张活动的常态意识里，潜意识被相互矛盾的思想和情感淹没。而在相对安静的意识状态下，当我们把意识集中在某个特别重要的事情，或是我们愿景的某个特别的方面时，潜意识就会从分散混乱中解脱。

进而，自我超越水平高的人，还用一些特别的方法来集中注意力。如前所述，他们会把注意力集中在自己渴望的成就本身，而不是自己假设的、实现这个成果所需要的“过程”或方法。

把注意力集中在自己渴望的内在成果上，就是一种技能。对我们大多数人来说，这在开始时并不容易，而是需要时间和耐心去开发的。我们大多数人一想到某种重要的个人目标，就几乎马上想到所有使之难以实现的理由——我们要面对的各种挑战，以及我们要克服的各种障碍。想到这些，当然有助于思考实现目标的替代策略和方法，但想到这些同时也是我们缺乏定力和修炼的表现，因为我们对所渴求的成果的注意力，不断被对愿景实现过程的思虑排挤。我们必须用心学习如何把我们认为实现目标需要做的事，与我们真正想要实现的目标本身区分开来。

有一项很有用的入门练习，可以帮我们学习如何把注意力更准确地集中在渴望获得的成果上。这就是把某个特定的目标或愿景的某个方面单独拿出来。首先，想象这个目标已经完全实现了。然后问自己一个问题：“假如我实现了这个目标，它会给我什么？”人们经常会发现，这个问题的答案会揭示出目标背后的更深层的渴望。比如，某人的目标是，在组织等级体系中升迁到某个职位级别。当她问自己：“升为高级副总裁会带给我什么？”她发现答案是，“同事的尊敬”或者“参与到最富有刺激性的活动中”。尽管她可能还会追求那个职位目标，但她现在又看到了她所渴望的更深层的成果——她开始把这个成果融入自己的愿景，而不管她处在组织等级中的什么位置。（再说，假如她不澄清她真正渴望的“成果”，那么，即使她实现了目标，可能还会发现高管职位仍然令人失望。）

以上技能为什么如此重要呢？原因在于潜意识对于清晰而集中的注意力有敏锐反应。我们在阶段性目标和更本质的内在目标间迷惑不清的时候，潜意识就无法进行优先排序和集中注意力。

做出清晰的选择也是很重要的。只有当选择完成之后，潜意识的能力才能得到充分的发挥。实际上，做出明确选择和把注意力集中在对我们最重要的成果上，可能是我们常态意识最能发挥作用的地方，即最高杠杆效益作用点。

为了开发潜意识协调力（subconscious rapport），对真相的承诺也非常重要，这和测谎仪的基本原理一样。测谎仪的工作原理是，大多数人在说谎时都会产生某种程度的内部压力，进而出现一些可测量的生理反应，如血压、心率和呼吸率变化。所以，对现实的欺骗，不仅会妨碍潜意识了解我们相对于愿景的处境，还会给潜意识输入混乱干扰信息，就好比我们对愿景如何难以实现的“喋喋不休”，会成为对我们的干扰一样。创造性张力的原则认为，潜意识在清晰而集中地聚焦在我们的愿景和现实的时候，才能发挥最大效力。

有效运用潜意识的艺术，包括许多技巧。聚焦潜意识的一个有效方法，是通过观想和想象。比如，世界级游泳运动员发现，通过想象自己的手增大两倍，并且脚上长有蹼，他们就能游得更快。复杂技艺表演的“心中彩排”（mental rehearsal），已经成为许多领域的专业表演者的常规心理训练。

但是，所有这些方法的真正效果，还是取决于你对“什么最重要”这个问题的理解。没有对这个问题的理解，潜意识的具体练习方法，就很可能成为机械的技巧，即仅仅是一个新的操控方法，能提高你的效率而已。这并不是一个无聊的担忧。几乎所有精神传统都告诫我们，如果没有不断提升自己的真正志向的精进修为，就不能学练增长心灵功能的技巧。

大师们都有潜意识协调力。而开发这种协调力最重要的环节，是一种对我们渴望的成果的真正关怀，也就是一种对值得追求的“正确”目标的深层感受。潜意识似乎尤其能接受符合我们深层志愿和价值的目标。一些精神传统认为，这是由于深层志愿可以直接接触潜意识，或者成为其组成部分。

吉尔伯特·卡普兰（Gilbert Kaplan）在一家一流投资杂志任出版人兼编辑，非常成功，他的故事是一个绝好的例子，说明了真正重要的追求会给一个人带来什么样的成就。1965 年，卡普兰在一次彩排中第一次听到马勒的《第二交响曲》，结果他“无法入睡”。“我又回去听了正式演出，而从音乐厅出来后，我就变了一个人。那是一段漫长的恋爱经历的开始。”尽管没有受过任何正规音乐训练，他却投入了大量时间、精力和个人收入（他雇了一个交响乐团），去学习如何指挥那段交响曲。今天，他指挥的交响乐演出，得到了世界各地评论家的最高赞誉。《纽约时报》把他 1988 年与伦敦交响乐团合作的交响乐录音，评为当年五佳经典录音之一，而纽约马勒协会（New York Mahler Society）会长，则把它称为“杰出的演出录音”。如果仅仅依靠有意识的学习，哪怕是拥有全世界的意志力，也绝不可能达到如此高的艺术水平。它必须要依赖高水平的潜意识协调力，而卡普兰能把这种协调力全部倾注到他的新“恋爱经历”当中。

从许多方面来看，开发高水平潜意识协调力的关键，又回到个人愿景的开发和修炼上。这就是为什么在创造性艺术领域，愿景的概念一直非常重要。毕加索曾说：

> 如果能把作品的各种异化形态，而不是同一幅作品的不同绘画阶段，用照相的方式记录下来，会非常有意思。我们可能会看到意识发现它梦想的结晶过程。但是，真正重要的是要看到，尽管有表现形式的变化，作品图景基本没有变化，原始的愿景几乎保持原样不变。[18]

自我超越与第五项修炼

随着自我超越修炼的深入，我们自身内部会逐渐发生一些变化。而其中有些变化会很微妙，往往不会引起注意。系统的观点，不但有助于澄清自我超越作为一项修炼有其特定结构和组成部分（比如创造性张力、情感张力和结构性冲突），还能揭示出这项修炼有更微妙的一些方面——特别是理性与直觉的结合、不断深入地看清我们与世界的联系、慈悲心，以及对整体的承诺。

理性与直觉的融合

古代伊斯兰教苏菲派有这么一则故事。在森林里有位迷路的盲人被绊倒了，他在地上摸来摸去，发现自己压在一个行动不便的人身上。于是，他们俩交谈起来，对各自的命运表达了自怜之情。盲人说："我在这个林子里迷路不知道有多久了，还是找不到出去的路。"行动不便的人说："我在这地上躺了不知道多久了，还是不能起来走出去。"他们坐在地上交谈着，突然间，行动不便的人叫起来，"有了！你把我背到肩上，我告诉你往哪里走。我们一起就能找到出路。"这个古代故事里的盲人，原本象征着理性（rationality），而行动不便的人则象征着直觉（intuition）。无法学会把两者结合起来，我们就无法找到走出森林的路。

直觉被正统管理学界忽视了几十年之后，近来又得到越来越多的关注和承认。现在，有大量研究表明，经验丰富的经理人和领导者，都非常依赖直觉，而不是完全依赖理性的办法分析复杂问题。他们依靠预感，靠识别模式，并且靠直觉的类推和比较，来处理看上去毫不相关的情况。[19]有些管理学院甚至还开设有关直觉和创造性解决问题的课程。但是，要在我们的组织和我们的社会里重新融合直觉和理性，还有很长的路要走。

自我超越水平高的人，不去刻意地融合理性和直觉。相反，他们达到的是一种自然的融合。这种融合是他们承诺一切力所能及的资源投入所带来的副产品。他们不可能在理性和直觉，或者大脑和心脏之间做选择，就像他们不能选择只用一条腿走路，或者只用一只眼观察世界一样。

双边互补（bilateralism）是高级生物进化背后的设计原则。大自然好像学会了成双成对的设计方法，它不但把重复和多余容纳在内，而且凭借这种重复，实现了其他方法不能达到的能力。两条腿对快速灵活的行动是关键；两只手臂对攀爬、抓举和操控物体是关键；两只眼对立体视觉是关键；而两只耳朵对有距离层次感的听觉是关键。那么，理性和直觉会不会也是从这一设计原则而来？是不是只要它们协调工作，就可以开发出我们的潜在智能呢？

系统思考可能是融合理性和直觉的一把钥匙。线性思考（linear thinking）只注重在时空上紧密相连的因果关系，因而很难去把握直觉。结果是，我们大多数直觉都不符合常识——也就是说，不能用线性逻辑（linear logic）语言去解释。

有经验的经理人，通常都对复杂系统有很多直觉的把握，但是又不能明确解释。直觉告诉他们，因和果并不在时空上紧密连接，一些显而易见的解决方法，实际是弊大于利，而短期应急方案，将会产生长期弊端和问题。但是，他们无法用简单的线性因果语言来解释这些概念。最后，他们只能说："就照这个法子做，肯定管用。"

例如，在目标或标准受到侵蚀时，许多经理人会感到危险正在降临。但是，他们不能充分说明，为什么这种侵蚀会引发过低投入的倾向，而过低投入反过来又加强了这种侵蚀。这还成就了一个自证预言，即市场增长的潜力是无法实现的。再如，经理人可能感到，他们注重看得见摸得着的、很容易测量的绩效指标，却掩盖了深层问题，甚至还可能在加剧这些问题。但是，对于那些绩效指标为什么不合适，他们却没有给出有说服力的解释；他们也不能说明其他替代指标如何就能改进现状。如果能够了解背后的系统结构，那么，这两种直觉把握就都可以解释清楚。

直觉和线性的非系统思考之间的冲突，已经造成一种成见，即理性本身就是和直觉对立的。这种成见明显有误，因为几乎所有伟大的思想家都有一个共同特点，就是理性和直觉的协同。爱因斯坦曾说："我没有用理性思考完成任何发现。"他还曾经描述自己是如何发现相对论原理的：他想象自己乘一束光线在空中疾行。然而，他还能够将自己杰出的直觉把握，转变为简洁的命题，以便用理性来加以验证。

把系统思考作为一种替代语言来掌握，经过一段熟悉和运用之后，经理人就会发现，他们的许多直觉现在可以得到解释了。我们可能逐渐发现，系统思考的主要贡献之一，就是重新融合理性和直觉。

看清我们与世界的联系

我的儿子伊恩六个星期大的时候，似乎还不知道他的手和脚。我猜想，他虽已经意识到了手和脚的存在，但并不能清楚地理解那是他的手脚，也不知道他能够控制其运动。有一天，他被困在一个很糟糕的正反馈环路里。他的左手抓住了自己的耳朵，看上去表情痛苦，右手捶打越来越使劲儿，很是躁动不安。但他越是躁动，就越使劲儿揪耳朵；越是揪耳朵，就越是躁动不安。如果不是我把他的手从耳朵上拿开，哄他安静下来，这个可怜的小家伙就会这样折磨自己好一阵子。

由于不知道他其实可以自己控制自己的手，于是他把他的疼痛不适看作外力所致。听上去很耳熟吧？伊恩的处境，其实与第 3 章啤酒游戏中的角色没什么两样。啤酒游戏的角色对供货不及时的反应，就是把它当成外力所致。再有，第 5 章里，军备竞赛的参与方对对方增加军备的反应，也是把它看成由自己无力改变的外力所致。

伊恩的故事让我开始思考个人成长中一个被忽视的方面，即“闭合回路”（closing the loops）：学会不断辨别出，看似外在的作用力其实是与我们自己的行为相联系的。伊恩很快就学会了辨认自己的手和脚，并控制其运动。后来他还学会了如何控制自己的身体姿势——如果躺累了，他就会翻过身来，让背部得到休息。再后来，他还学会辨别体内状态，比如体温；并且意识到，通过调整和热源的距离，比如离妈妈或爸爸的身体远近，可以影响体温。逐渐地，他还意识到，他可以影响妈妈和爸爸的行为和情绪。这个过程的每一个阶段，他都会相应地调整自己的内心对现实图景的理解。随着他更多地把自己的反馈行为也理解为生活条件状况的一部分，这种现实的图景也会不断改变。

然而，对我们大多数人来说，这个闭合回路的过程，在早年某个时候就被截断了。随着我们长大，我们发现的速度降低了，我们越来越少地看到自己的行为和外力之间的联系。我们把自己锁在一种看待世界的方法之中，与小伊恩没什么区别。

幼儿的学习过程，为我们所面对的学习挑战提供了很好的比喻：要不断放开和拓展我们的意识，提高我们的理解力；要越来越多地看到，我们的行为和我们的现实之间的相互依赖关系；要越来越多地看到，我们和周围世界的联系。也许，我们永远不能完全了解我们影响自己现实的各种方式，但是，只要对这种可能性保持开放的心态，就足以帮助我们解放思想。

爱因斯坦曾这样解释学习的挑战：

> （人类）对自己、对自己的思想和感觉的体验，好像是与其余的世界相分离的——这其实是我们意识中的一种光学幻象。这种幻象错觉对我们来说就是一种囚禁，它把我们局限在个人的欲望里，并把我们的感情局限在最近的几个人身上。我们的任务就是把自己从这个囚禁中解放，而方法就是通过扩展我们的慈悲心的范围，使之包容所有的生命，包容整个大自然，及其内在之美。

爱因斯坦所描述的，增长与他人连通的体验，是自我超越修炼中一个最为微妙的方面，也是最直接地源于系统观点的一个方面。他的“扩展……慈悲心的范围”则是另一个方面。

慈悲心

观察相互关联的修炼，会逐步改变责怪和内疚的旧心态。从这里开始，我们认识到大家都陷入了结构性的局限：这些结构来自我们的思考方法，也来自我们生活中的社会环境和人际关系。这样的认识，会逐步纠正我们下意识地相互指责的倾向，进而使我们更加深入地领悟和理解我们身处其中的各种影响力。

这不是说，我们大家只是系统的受害者，而系统就是支使我们行为的元凶。相反，系统结构常常来源于我们自身的创造。但是，只有看清那些结构，我们才能很好地了解这里面的含义。对我们大多数人来说，我们身处其中的系统结构是不可见的。我们不是受害者，也不是罪犯，我们是受各种影响力左右的人类，只是还没学会如何理解这些影响力。

我们通常把慈悲心（compassion）看成一种人们之间关怀的情感状态。然而，慈悲心还需要一定的认识水平做基础。从我个人的经历来看，当人们更多地看到身处其中的系统时，当他们更清晰地了解各种相互影响的压力作用时，就会自然产生更大的慈悲心、同情心和恻隐之情（empathy）。

对整体的承诺

奥布赖恩认为："真正的承诺和行愿，总是针对比我们自己更大的东西。"稻盛和夫讲到，当我们被"服务世界的真诚愿望"引导时，就会有"我们心的行动"。这种行动"有很大的力量，因而是件非常重要的事"。

自我超越水平高的人都有一个特点，即具备慈悲心和连通感（connectedness），这自然地给他们带来宏大的愿景。而倘若没有这样的愿景，一切潜意识的观想即使涵盖世界，也是深度自私的——它只是一个手段，用来获取我们想要的东西。

当愿景超越私利时，其行愿承诺就会使人具备一种能量，它不是追求狭隘目标时所能得到的。组织机构若能激发这种行愿承诺，也一样会具备这种能量。稻盛和夫说："如果有人做出有价值的发现或发明，而他却说没有感受到精神的力量，我是绝不相信的。"对于承诺追求更大志向目标的人，他这样描绘其心愿："一个被震撼和唤醒的灵魂发出的呼唤。"

在组织中培养自我超越

我们必须记住，进行任何个人成长的修炼都应该是自愿的选择。不能强迫任何人进行自我超越的修炼，强制手段一定会产生事与愿违的后果。组织机构如果过于咄咄逼人，强行推动大家进行自我超越的修炼，就会遇到很大麻烦。

然而，许多组织却试图这样做，他们开设了个人成长培训的必修课程。不管他们的初衷有多么美好，这类课程十有八九会妨害组织中真正的自我超越行愿的传播。所谓的"必修培训课程"，或者那些让人觉得要想得到升迁就不得不上的"选修"课程，直接违反了自由选择的原则。

有无数这样的案例：过分热心的经理人要求雇员参加个人发展培训，但雇员却认为这与他们的宗教信仰相冲突。有好多次，这种状况最终使组织遭到起诉。[20]

那么，想提倡自我超越修炼的领导者能做什么呢？

他们可以义无反顾、孜孜不倦地创造一种氛围，使自我超越修炼的原则能在日常生活中得到实践。这就意味着，建设一种组织氛围，让大家既能创造愿景又感到安全，让大家把对真相的承诺和探寻逐渐当成规范，让大家期待挑战现状——尤其是挑战现状中人们想回避的、模糊不清的那些方面。

这种组织氛围可以在两个方面加强自我超越的修炼。首先，它会不断强化一种观念，即组织真正重视个人成长。其次，它会提供一种“在岗培训”，并成为自我超越修炼的重要生机和源泉，各人根据自己能力的不同，都能有所收获。和其他任何修炼一样，自我超越的修炼也必须是个持续的过程。而对于投身自我成长修炼的人来说，鼓励和支持的氛围比什么都重要。所以，要承诺进行自我超越修炼的组织，就可以提供这样的氛围，不断鼓励个人愿景，提倡对真相的承诺，并真诚面对这两者之间的差距。

有利于自我超越修炼的许多实践方法，如建立更系统的世界观，学习如何反思“隐性的假设”（tacit assumptions），表达自己的个人愿景并聆听别人的愿景，共同探寻不同人对现实的看法等等，都已嵌入学习型组织建设的各项修炼之中。所以，从很多方面看，组织想推进自我超越修炼，最有利的行动就是协同推进开发全部五项修炼。

领导的核心策略很简单：成为榜样，就是自己承诺并实践自我超越修炼。对自我超越修炼的谈论，可以在一定程度上开启人们的心门，但行动总比语言更有力。为了鼓励别人进行自我超越修炼，你本人的认真实践，比任何其他方法都更有力量。正如麻省理工学院斯隆管理学院的埃德加·沙因（Edgard Schein）教授所说，组织本身就是“强制性系统”（coercive systems）。这一点你要不断提醒自己注意。

第 9 章

心智模式

最好的想法为什么会失败？

经理人都知道一件事：许多想法虽然很好，却从未能付诸实践。杰出的战略和策略从未能变为行动，对系统的洞悉从未能变为运营政策。先导实验（pilot experiment）证明了新方法确实能改进成绩，也得到了大家的认可和满意，但方法的推广却从未发生。

我们越来越觉得，这类功亏一篑，“眼看到手的东西又没了”，既不是出于意愿不强，也不是由于意志不坚，甚至也与非系统性的理解无关，它来源于心智模式。更确切地说，新观点和知识未能得以实践的原因是，它们与人们内心深处有关世界运行模式的图像发生了冲突，而这些图像则把人们局限在自己习以为常的思考方法和行为方式之中。这就是为什么对不同的心智模式的管理和修炼，包括浮现、观察、测试和改善有关世界运行模式的内心图景，有希望成为学习型组织建设的一项重大突破。

没有人头脑里能装得下一个组织、一个家庭或一个社区，我们头脑里装的是图像、假设和故事。哲学家们讨论心智模式已经有许多个世纪了，至少可以追溯到柏拉图的洞穴寓言。《皇帝的新衣》是个经典故事，但不是关于愚笨之人的，它讲的是被心智模式禁锢的人。那些人心里装着皇帝尊严的图像，因而无法看到一丝不挂的皇帝的真实躯体。

霍华德·加德纳（Howard Gardner）在其著作《心灵的新科学》（*The Mind's New Science*）里，对认知科学的成果做了调查综述。他写道，“对我来说，认知科学的主要成果就是清楚地展示了……心理表征（mental representation）的活跃程度”，心理表征在人类行为的诸多方面都有频繁活动。[1]我们的“心智模式”不仅决定我们如何理解世界，而且决定我们如何采取行动。哈佛大学的阿吉里斯 40 多年来一直在研究心智模式和组织学习，他认为：“尽管人们不（总是）完全遵照自己口头‘声称的理论’（他们所说的）去行事，但是他们一定会完全遵照自己实际‘实行的理论’（他们的心智模式）去做。”[2]

心智模式可以是简单的一般化概括，比如“人是不值得信赖的”；也可以是复杂的理论，比如我会假设，究竟是什么使我的家庭成员之间有如此这般的关系。但是，要把握心智模式，最重要的是理解其作用的活跃性，即它能决定我们的行动。假如我们认为人是不值得信赖的，我们的行动就会与持相反观点的人大不一样。假如我认为儿子缺乏自信，而女儿又爱挑衅，我就会不断地干预他们之间的交往，总想防止女儿去挫伤儿子的自尊心。

心智模式为什么对我们的行为有如此巨大的影响力呢？部分原因在于它会影响我们的观察。有不同心智模式的两个人去观察同一件事，会给出不同的描述，因为他们看见了不同的细节，并且做了不同的解释。我和你同时走进一个人群拥挤的晚会，我们都得到同样的基本场景感官信息，但是我们会看到不同的面孔。正如心理学家所说，人们的观察是有选择的。一般人是这样，而想象中的“客观的”观察者，比如科学家，其实也没有什么不同。爱因斯坦说过：“我们的理论决定我们去测量什么。”物理学家们曾经做过多年实验，结果与经典物理学相矛盾。然而，没有人“看见”这些实验的结果。而正是这些结果后来逐渐导致了20世纪物理学的革命——量子力学和相对论的诞生。[3]

心智模式塑造我们的感知方法，这一事实对管理学来说也同样重要。有件事我永远不会忘记，那是二十多年前，底特律某汽车企业高管团队第一次访问日本回来后发生的。那时，美国汽车业终于清醒过来，开始认识到日本正在稳步占领这个产业的市场和利润空间——而且并不仅仅由于日本拥有“廉价”劳动力，或者有国内市场的保护，而很有可能是由于日本有独特的管理方法。大家谈话开始不久，底特律的高管们就明显流露出，他们对日本没什么深刻印象。我问他们为什么，其中一位高管说：“他们没给我们看真正的工厂。”我又问他是什么意思，他回答说：“那些厂里都没有库存。我在工厂工作快三十年了，我可以告诉你，那不是真工厂。很明显，那是他们为了接待我们而布置的假工厂。”我们今天都知道，那的确是真工厂，是“准时化”生产方式零库存系统的例子。日本经过许多年的努力，在其整个制造业系统中大幅降低了生产过程的配件库存需求。几年后，还是那些美国公司，又开始拼命追赶日本制造业的创新……但是，先前那次访问中，底特律的高管们就是没有看到任何值得他们警觉的迹象。

我们还可以看看底特律三大汽车巨头曾经信奉几十年（许多人认为他们现在仍然信奉）的顾客信条：美国顾客主要关心汽车的款式风格。管理咨询师伊恩·米特罗夫（Ian Mitroff）认为，关于款式风格的这些信条，来自通用汽车公司有关成功是什么的假设，而这些假设曾长期普遍地流行，并且从未被质疑过：[4]

通用汽车公司的工作是为了赢利，而不是为了汽车；

轿车主要是社会地位的标志，因此，款式风格比质量更重要；

美国的汽车市场与世界其他地方没有联系；

工人对生产率或产品质量不能产生重大影响；

系统中的个人对产业所需要的理解不过就是各自独立的狭隘知识。

说这些假设的意思并不是要判定通用汽车，或者整个底特律产业界都是错误的。正如米特罗夫所指出的，底特律的汽车产业曾在很多年间得益于这些信条原则。然而，这个产业把那些信条看成“永恒的成功万灵丹，但其实它只在一系列特定的环境条件下……并在一个有限的时间范围内才起作用”。

心智模式的问题不在于其正确或错误——由其定义可知，一切模式都是简化。问题的出现是在心智模式变为隐性的时候，即当它们存在于我们的意识水平之下的时候。底特律的汽车制造商没有说“我们有一个心智模式，即‘人们就关心款式’”，他们只说“人们就关心款式”。由于没有意识到我们的心智模式，所以我们就无法检查它；由于得不到检查，所以这些模式也就无法改变。随着世界的变化，我们的心智模式和现实之间的差距就会逐渐加大，从而导致我们的行动越来越达不到预期的效果。[5]

底特律汽车公司的故事说明，心智模式和现实之间的差距可能成为整个产业的长期问题。从某些方面看，产业链条紧密可能特别容易造成这个问题，因为各个企业都在产业链内部之间相互寻找最佳实践标准。

许多推动系统思考的努力，都因为不能了解心智模式的作用而失败。许多年前，有一个经典的案例研究。美国一家生产工业产品的领先企业（该产业中最大的企业），发现自己的市场份额一直在下降。

为了分析这个情况，企业高管找到了麻省理工学院系统动力学专家团队。基于计算机模型分析，专家团队得出了结论：这个企业的问题出自对库存和生产的管理方法。由于产品体积大、价格昂贵、库存费用高，生产部门的经理就尽量压低库存量，而且一旦订单减少，就立即大量减产。结果是尽管他们有充足的生产能力，但交货时间却缓慢又不可靠。实际上，专家团队的模拟计算结果显示，市场业务量下降时的交货速度会比业务量上升时更慢。这个预测与常识相反，但实际情况恰恰就是这样。

那家企业的高层被研究结果折服了，于是他们根据专家团队的建议实行了新的政策。从那天开始，订单下降时他们也保持生产速度，并且努力改进交货工作。在第二年的小规模市场业务下滑期间，由于及时交货，满意的客户又再次购买产品，结果在市场业务量下滑期间，该公司的市场份额反而提高了。这个实验成功了，大家都喜出望外。经理们非常满意，还建立了内部系统研究小组。然而，新政策并没有变成大家的贴心事，也从未能深入人心，公司业绩的改进仅仅成了暂时的现象。在下一个业务量上升期，经理们就不再操心交货服务质量了。四年以后，更严重的经济衰退期来了，这家公司又回到原来的政策上，进行了大幅度减产。

为什么如此成功的实验中断了？问题出在该公司管理传统中根深蒂固的心智模式。每个生产部门经理都知道，产品如果堆在库房卖不出去，他会被追究责任，那一定会毁掉自己的前程。几代高管都曾宣讲过控制库存的必要性，因而，尽管有那次新实验，老的心智模式仍旧毫发无损。

心智模式根深蒂固的惯性力量，会把最杰出的系统思考智慧淹没。不仅仅是系统思考的提倡者，其他许多提供新管理工具的人也都吃过这类苦头。

但是，如果心智模式会阻碍学习，能够把整个公司乃至整个产业禁锢在过时的习惯做法上，那它为什么不能帮我们加速学习呢？这个简单的问题，逐步推动了心智模式的修炼实践，让心智模式浮出水面，并对它进行检查和挑战，进而改善它。

孵化新的商业世界观

荷兰皇家壳牌公司也许是最先发现心智模式影响力的大公司。尽管这个故事发生在几十年前，在今天却仍然具有指导意义。壳牌公司是一家全球范围内的多元文化企业，它经历了一个渐进的过程来建立内部共识。故事的开始是在石油输出国组织欧佩克成立之初，刚好在世界石油产业开始经历历史性动荡之前。

壳牌从成立伊始就是多元文化组织：1907 年，基于荷兰皇家石油公司和伦敦的壳牌运输与贸易公司之间的“君子协议”，壳牌公司成立了。后来，壳牌的经理人发展出一种他们自己称为“建立共识风格”的管理，尊重不同的文化背景、看法和观点。当公司发展到有100 多个在世界各地运营的子公司时，子公司的经理人几乎来自 100多种不同的文化。于是大家发现，要建立共识就得在理解力和行事风格等方面下功夫，以跨越巨大的鸿沟。

1972 年，欧佩克成立前一年，壳牌的情景规划组已经得出结论：壳牌经理们所熟悉的稳定并可预期的世界石油市场将要发生变化，而且这种变化的方式一定会影响公司的战略，乃至全球的地理政治格局。这种影响到今天仍然存在。资深战略规划专家皮埃尔·瓦克（Pierre Wack）领导的壳牌团队，通过分析石油生产和消费的长期趋势，认为欧洲、日本和美国正在不断增加对进口石油的依赖，而这些石油又都来自少数几个石油输出国。这些输出国尽管政治背景和文化背景多样，却有重要的共同点。一方面，伊朗、伊拉克、利比亚和委内瑞拉都越来越担心储油量的下降；另一方面，沙特阿拉伯对石油收入进行有效投资的能力也接近了极限。换句话说，大家作为石油生产大国都在提高经济实力，但又都有进行限产的动机。对壳牌规划团队来说，这些动向意味着石油市场供需平稳增长的历史条件会逐渐消失，取代它的将是长期的供应短缺、需求过剩，以及由石油输出国控制的"卖方市场"。壳牌规划团队虽然没有预测到会出现欧佩克这个卡特尔联合体本身，但他们预见了欧佩克组织后来逐步带来的那些变化。然而，为了应对即将到来的根本性变化，他们试图说服壳牌的高管，不幸的是，这种努力却基本上都失败了。

从原则上讲，壳牌"集团规划部"的成员正处在理想的位置，可以洞悉即将到来的变化，并传播和宣讲这一消息。集团规划部是公司的核心规划部门，负责协调世界各地运营子公司的规划工作。当时，集团规划部正在开发情景规划法，并把它作为总结各种未来替代趋势的实际方法加以应用。当时正在出现的世界市场的不连续性，已经开始被壳牌的规划专家们纳入情景规划。然而，他们的听众，即壳牌集团的高管们，却觉得这些未来情景与他们多年的经验不符：他们的经验是可预期的市场增长。所以，公司高管们对这些未来情景规划并没有给予多少关注。

至此，瓦克和他的同事们意识到，他们对自己任务的理解有根本性谬误。十几年以后，他在《哈佛商业评论》上发表了一篇著名的文章，说从那时起，"我们不再把写出报告、描述对未来的观点和资料，看作我们的任务…… 我们真正的目标是决策者自身的'小宇宙'…… 除非我们能影响关键决策者的心智图像，即他们心中关于现实的图景，否则我们的情景规划就只能像对牛弹琴，一点儿影响都没有"。[6] 如果说以前规划专家们认为，他们的任务就是向决策者传达信息，到后来他们才开始清醒地意识到，他们的任务是帮助经理重新思考自己的世界观。于是，集团规划专家们特别在1973年1月和2月做出了一组新的情景规划。这组情景规划迫使集团的经理们具体地意识到，他们所想象的“没有问题的”未来如果要想成真，究竟需要哪些假设成立。情景规划过程揭示了，那些假设若要成立，就像要把神话变为现实一样。

从那时起，集团规划部有了一组新的情景规划，是专门从公司高管现有的心智模式出发精心设计的。然后，他们开始帮助高管建立新的心智模式——通过他们的帮助，高管们开始思考该怎样管理新世界。比如，石油勘探可能不得不扩大到他们以前没有涉及的国家，而炼油厂的建设也可能不得不放缓，因为油价会上涨，需求增长会放缓。还有，市场不稳定性的增加会导致各国的不同反应。有自由市场传统的国家会让油价自由上涨，有市场管制政策的国家会维持低油价。因此，高管必须把更大的控制权交给在各地运营的子公司，以便使它们能适应当地的情况。

尽管许多壳牌高管还是持怀疑态度，但他们却不得不严肃对待这些新的情景规划，因为他们开始看到，他们先前的观点是站不住脚的。这种规划演练开始解除高管们被禁锢的心智模式，并开始孵化新的世界观。

1973年到1974年冬季，欧佩克石油禁运突然降临，壳牌公司做出了与其他石油巨头截然不同的反应。他们放缓了对炼油厂的投资步伐，并且设计了能够适应各种原油的炼油厂。他们对市场需求的预期比其他竞争对手都要低，而且事实后来持续证明了壳牌的预期更准确。此外，他们还迅速加大了对欧佩克地区之外的油田的开发。

当竞争对手们靠集团部门来驾驭管理，加强对子公司的集中控制（应对危机的普遍做法）时，壳牌则恰恰相反，他们给予各地运营公司更大的操作空间。

壳牌公司管理层的不同反应，来自他们对现实的不同解释。他们看到自己正进入一个供应短缺、增长放缓和油价波动的新时代。他们对20世纪70年代会成为动荡的10年（瓦克的情景规划称之为“湍流”10年）有所预见，所以他们的反应是假设动荡会持续下去。壳牌公司发现了管理心智模式所带来的效力。

壳牌公司这些努力的结果是公司财富的显著变化。1970年，人们认为壳牌公司是七大石油公司中最弱的一个，《福布斯》杂志称之为“七姐妹”中的“丑小丫”。到1979年，壳牌可能是他们中的最强者，至少与埃克森公司并驾齐驱。[7]到20世纪80年代初，经理人的心智模式浮出水面，成为壳牌规划工作的重要组成部分。1986年油价突然大跌之前，在协调人阿里·德赫斯（Arie de Geus）的领导下，壳牌集团规划部用哈佛商学院的风格提早半年编写了假想案例研究报告，内容是一家石油公司如何应对世界石油市场突然出现的供应过剩。经理们必须对那家公司的决定做评论，而这样的做法就使他们对另一轮现实的突变有了心理准备。两年之后，类似的练习又围绕苏联解体展开，这恰恰是在苏联真正解体前两年进行的。

BP公司，即前英国石油公司，在过去15年间得以迅速成长为全球石油销售额和业务总量排名第二的企业（仅次于埃克森公司），也是得益于一个关键因素：学习开展心智模式修炼。但BP公司的做法与壳牌很不一样。BP没有像壳牌那样，依靠一个核心规划部门来开展修炼，而是积极投身于决策和权力分散化的变革行动中。

到20世纪90年代末，BP公司有150个地方赢利中心，但公司业务部门经理的权力却要比地方大得多。首席信息官（CIO）和集团副总裁约翰·列盖特（John Leggate）说：

“我们都熟悉壳牌用情景规划来挑战心智模式的方法，但他们用于规划核心功能的办法似乎不是我们想采用的。约翰·布朗（John Browne，BP1995 年上任的首席执行官）非常热衷建设一种绩效文化，这就意味着有更多的人要承担业绩底线的责任，并且独立完成对问题的思考过程。把业务盈亏的责任放到下面去，这对我们这样高度集成的产业和大公司来说，是件很难的事，但我们逐渐取得了成功。权力很好地分散下去还有另一个风险，就是分立隔离。若真有这样的事情发生，企业要保证其整体都获得学习能力的提升，会变得非常困难。

“我们靠什么避免了这种情况呢？那是我们开发建立的连接各地雇员的各种网络，以及营造能开诚布公地谈论问题、相互挑战思想观点的氛围。于是，不断反思和质疑自己，就成了我们心智模式修炼的基础，尽管我们从未广泛使用‘心智模式’这个词。”

在实践中进行心智模式的修炼

壳牌和 BP 的故事说明，有三个方面的要素，可以帮助开发组织机构显露（surface）和检测心智模式的能力：一是提高个人意识水平和反思技能的工具，二是使心智模式修炼制度化的“基础设施”，三是提倡探寻并挑战我们思考方法的文化氛围。很难说这三方面哪个最重要，其实，它们之间的联系才是最重要的。比如，宣示支持诸如“开放型”等文化规范是一回事，而实践这种文化则要求真正的奉献精神和技能技巧，但经理人通常是缺乏这些素质的。而要开发这些素质，又必须有经常实践的机会，这就需要我们在进行管理的基础设施建设时，把反思实践融入工作环境之中。

克服“等级体系的根本弊病”

首席执行官们常常强调组织文化的发展，这并不奇怪。汉诺瓦保险公司首席执行官奥布赖恩说：“在传统的权威型组织里，大家的信条是管理、组织和控制。在学习型组织里，新的‘信条’将是愿景、价值和心智模式。健康的公司组织将能够开发系统的方法，来把大家凝聚在一起，培育最佳可能的心智模式，以有效应对任何局面。”奥布赖恩认为，文化变革是关于根本的“传统等级体系弊病”及其去病药方的。他曾说：“我们开始的任务，就是发现用什么样的组织和修炼方法才能使工作岗位与人性相吻合。我们逐渐发现了一组核心价值，它们其实就是克服等级体系根本弊病的一组原则。”

这组核心价值中有两项即“开放性”（openness）和“公德心”（merit），促成了汉诺瓦公司开发自己的“管理心智模式”的方法。他们把开放性看成一剂药方，用来治疗“人们面对面交往中流行绕圈把戏的弊病：早上 10 点工作会议上对问题的说法，和晚上 7 点在家里或与朋友喝酒时的说法，从来就不一样”。公德心，即以组织的最高利益为基准的决策，汉诺瓦用它来治疗另一个弊病，即：“以官僚政治角力为基准的决策方法和游戏规则，靠印象决定能否晋级或者能否保住职位。”[8] 开放性和公德心结合起来，就代表一种深层信念，即如果人们开发更大的能力去探察并显露各自看待世界的方法，并对其进行富有成效的探讨，那么，决策过程和游戏规则就可以发生转变。

清晰地阐述这些价值只是第一步。有些人会把价值观声明，误认为就是文化变革。奥布赖恩及其同事们意识到，仅有华丽的辞藻是不够的。他们质问：“假如开放性和公德心那么有用，那为什么做到这些会这么难？”

针对这个问题，奥布赖恩后来拜访了阿吉里斯，后者的著作曾得到汉诺瓦公司经理人经验的印证。阿吉里斯的“行动科学”为检查

“我们行动背后的原因”提供了理论和方法。[9]阿吉里斯认为，组织和团队常陷入“习惯性防卫”（defensive routines），从而把心智模式与外界隔绝开来，无法进行反省检查。结果，我们发展出一种“老练的无能”——这是个绝妙的矛盾修饰语，它非常准确地描绘了人们“在学习修炼环境中高度干练地保护自己，以免遭受痛苦和难堪的威胁”的情景。但是，如果不进行学习修炼，我们就会停留在无能状态，无法完成我们真正渴望的成绩。更重要的是，阿吉里斯还开发了一组工具，能够有效地在组织机构里运用，而他本人也成为精通这些工具的使用和培训辅导的专家。

那时，我们邀请阿吉里斯来到我们麻省理工学院的六人研究团队，为我们开了一个研修班，从中我亲身了解了他的情况。尽管表面上是阿吉里斯在做他的方法的学术演讲，但研修班很快就成为非常生动有力的示范，实际进行了行动科学实践者所说的“行动中的反思”（reflection in action）。他让我们每个人都讲一讲与客户、同事或家人的一次冲突。我们不但必须回忆起实际说过的话，而且还要记起我们当时想到但没有说出来的话。当他开始讲解这些“案例”时，我们几乎马上就清楚地意识到，我们每个人自己是如何通过自己的思想助长了冲突的局面。比如，我们都对对方作了过分夸张的一般化概括，并以此为出发点来决定我们怎么说和怎么做。不过，我们都没有说出我们心中的这些一般化概括。我也许在想“乔认为我没有能力”，但有关这一点我从不直接问乔。于是，我在乔面前就不停地努力表现出值得尊重的样子。或许，我在想“比尔（我的领导）很没有耐性，他喜欢看似迅速实则鲁莽的办事方法”。于是，我就故意向他建议简单化的方法，尽管我并不认为这样的方法能够触及困难问题的根本。

我注意到整个研修小组的精神头儿和“当下意识”水平，就在那短短几分钟内提高了十个等级。这主要不是因为阿吉里斯的个人魅力，而是因为他所使用的精湛技能，让我们每个人都亲自体会并观察到，我们如何陷入麻烦，然后又责怪别人。那天下午的研修让我们看到（有的人是平生头一次），我们自己行为背后微妙的推论模式。如此戏剧性地演示我自己的心智模式，我还从未亲身经历过。而更有趣的是，我能够通过恰当的培训更深入地了解自己的心智模式及其运作模式，这一点十分明确，也令我十分兴奋。

通过与阿吉里斯和他的同事李·鲍曼（Lee Bolman）的合作，奥布赖恩意识到“尽管我们有理念，但真正做到能够对我们都关切的问题进行开放、有效的探讨，我们还需要走很长的路。阿吉里斯在有些案例里揭示了我们都默许的、路人皆知的绕圈把戏。对于开放心态、观察我们自己的思想和少说废话，他有令人难以置信的真正高水平的要求。但他也不是单纯提倡‘把一切都告诉所有的人’——他展示了切入困难问题的技能，让每个人都有学习收获。很明显，如果真想实践我们的核心价值，即开放性和公德心，那阿吉里斯开辟的这个新领域就是非常重要的”。

汉诺瓦公司在之后的数年间，把阿吉里斯的工具和哲学家约翰·贝克特（John Beckett）开发的“机械思考的局限”研习结合在一起。奥布赖恩说：“贝克特揭示了东方文化对基本的道德、伦理和管理问题的看法，如果仔细去想想，是很有道理的。然后，他又展示了西方文化对这些问题的看法，也有道理。但是，这两种文化观点导致了矛盾对立的结论。这就让我们认识到，对复杂问题有不止一种的视角和看法。这个认识，对我们在公司部门之间以及不同思考方法之间消除隔阂，是个极大的帮助。阿吉里斯和贝克特这两种方法的结合，对许多经理人理解心智模式的过程产生了深远的影响。“许多人平生头一次发现，我们所有的看法从来就不是‘真理’，都只是一些假设——我们只是通过我们的心智模式看世界，而心智模式总是不全面的，而且，特别在西方文化里，长期以来它就是非系统性的。”

BP 也经历了一个类似的范围很广的培训过程。在三年时间里，有 5 000 多人参加了他们的“第一层领导者”[a] 四天集中培训项目，内容包括自我超越修炼的基本方法和心智模式修炼。列盖特说：“我们努力把组织学习的理念和工具变成管理实践的根本方法的一部分。”BP 的“定调培训项目”专为炼油厂经理们扩大联系网络而设计，目的是使他们从中能够分享最佳实践，相互帮助，共同学习。它成为公司“第一个大型跨界网络‘容量能力建设’项目，参加的人都理解并能够使用这些工具。而从那以后，类似的入门培训就在整个公司里开展起来了。”

把学习实践制度化

很显然，不管入门培训有多么普及，组织仍必须经常提供后续实践的机会，以便让员工不断提高技能。我见过许多制度化的方法，它们把反思实践和浮现心智模式的工作融入正规的管理工作的“基础设施”中。（第 14 章“战略与策略”详细描述了学习实践的基础设施。）

壳牌公司通过规划过程，把心智模式的修炼制度化。集团规划部协调人德赫斯和他的同事们致力于重新思考战略规划在大公司组织中的作用。他们的结论是，做出完美的战略规划并不重要，更重要的是利用规划过程来让经理们对自己的假设进行反思，从而加速整个学习进程。德赫斯认为，持久的成功依赖于“管理团队的学习过程，即管理团队成员看待本公司、竞争对手和市场的集体心智模式的转变过程。因此，我认为规划就是学习，而公司规划就是组织机构的学习”。

a. 第一层领导者（First Level Leaders）是指最基层的领导者，如加油站经理和炼油厂班组长。——译者注汉诺瓦公司建立了各类“内部董事会”，把高管和地方经理人定期集中在一起，对业务决策过程背后的思考方法进行检查和挑战，进而开阔思路。这样做的目的，就是建立管理实践架构，促进业务部门对重要业务问题的关键假设进行开放性的检查。这种做法同时还可以加强高管之间的交往，使他们就这些问题与各类内部董事会探讨折中方案。

哈雷-戴维森公司也进行了管理构架的变革，但他们的方法是从根本上改变高层管理结构，部分原因就是为了把心智模式的修炼纳入管理工作的实践中。哈雷公司的许多经理通过国际组织学习学会研修班学习了组织学习的基本原理。与此同时，他们还建立了“圆圈组织”，把传统高管的角色和活动重新定义为三个相互重叠的圆圈——“创造需求圈”“生产产品圈”以及“服务支持圈”。这些圆圈有意淡化了传统的高层管理等级体系，使许多“老板”变为“圆圈教练”。

哈雷公司前首席执行官里奇·提尔林克（Rich Teerlink）认为：“我们的新结构的各项创新中，最令人兴奋的就是‘圆圈教练’。”典型的圆圈教练相当于传统的分散功能公司中的副总裁，如负责产品开发和生产的副总裁。他们对圆圈教练人选的理解是“具备敏锐的沟通、聆听和影响力技能，各圆圈成员和公司总裁敬重的人”。提尔林克说：“当时我们没有把职位描述写下来，因为我们不想给人留下行话连篇的印象，但我们确实认为，圆圈教练就应该帮助大家把各自的心智模式显露。后来，事实证明这一直很有效。”

工具和技能

尽管壳牌、BP、汉诺瓦和哈雷-戴维森公司分别使用了差异很大的方法来建设心智模式修炼的能力，它们的工作却都包含两大类的技能开发，即反思技能和探寻技能的开发。反思技能涉及放松思考的过程，它使我们更能意识到我们的心智模式是如何形成的，以及它如何影响我们的行动；探寻技能涉及我们和别人面对面的交往，还特别涉及复杂和冲突问题。下面几点与开发这些技能的工具和方法一起，构成了心智模式修炼的核心内容：

- 正视我们“声称的理论”（我们所说的）与我们实际“实行的理论”（在我们所做的背后所隐含的理论）之间的区别。
- 识别“跳跃性推断”（leaps of abstraction，注意我们如何从观察跳到一般化概括）。
- 暴露“左手栏”（left-hand column，明确说出我们通常不说的话）。
- 探寻与宣扬的平衡（balancing inquiry and advocacy，有效学习协作的技能）。

心智模式的修炼

反思实践

有效地进行心智模式的修炼，虽然在某种程度上是件高度自我和内在的事，但也是非常实际的，也就是说，它与重要业务问题的关键假设的显露密切相关。这件事很重要，因为组织中最关键的心智模式是核心决策者们共同拥有的。如果这些心智模式没有得到检查，它们就会把组织行动限制在过去熟悉和舒适的范围。另外，开发反思和面对面学习交流的技能，不仅是咨询师或顾问们的事，也是经理人自己的事，只有这样才能对实际决策和行动有所影响。

阿吉里斯在麻省理工学院的老同事唐纳德·舍恩（Donald Schon）研究了反思实践在医学、建筑学和管理学等领域的重要意义。许多专业人员离开研究生院以后很快就停止了学习，而其他的那些终身学习者就成了他所说的“反思实践者”。舍恩认为，在行动中反思自己思考方法的能力，是真正卓越的专业人员的特点：

> 诸如“行动中的思考”“把你的机智用在你自己身上”以及“做中学”等术语，说明我们不仅能够思考自己的行动，而且能够在行动中思考行动……当优秀爵士乐演奏家们一起现场即兴演奏时……他们就在通过交织在一起的参与和贡献，来感觉乐曲的生成和行进方向，他们即时理解乐曲的演进，并根据即时的新理解来调整自己的演奏。[10]

反思实践是心智模式修炼的精髓。对于经理人来说，这既要求业务技能，还要求反思和人际交往的技能。因为经理人本来是很实际的，所以对他们进行“心智模式模拟”或“探寻与宣扬的平衡”等培训时，假如不与当务之急相关联的话，培训通常会受到抵制。或者，它只会教给大家一些“学术性”技巧，却没有实际用处。而另一方面，如果没有反思和在人际交往中学习的技能，学习实践就一定是反应式的，而不是生成性的。在我的经历中，生成性的学习实践要求各个层面的人在外部因素强迫他们改变之前，就能够显露并挑战自己的心智模式。

声称的理论和实行的理论

学习总要逐步围绕实际行动进行。一项基本的反思技能是，通过比照我们说的与我们做的两者之间的差距来提高意识水平。比如，我可能声称某种观点（声称的理论）：人基本上是值得信任的。但我从未借钱给别人，而且护财如命，妒忌他人。显然，我实行的理论、深层的心智模式，与我声称的理论不一致。

声称的理论和实行的理论之间的差距，可能会引起沮丧、失望，甚至玩世不恭的心态，但这种情况其实是可以避免的。差距常常是愿景带来的结果，而不是伪善所致。例如，"相信人"可能真是我愿景的一部分。于是，这方面的愿景与我的行为之间的差距就成为创造性变革的潜力。问题不在于差距本身，而在于像第 8 章"自我超越"中所描述的那样，面对差距却不能说出真相。如果没有觉察和承认我们声称的理论和现实的行为之间的差距，就没有学习收获可言。

因此，面对声称的理论和实行的理论之间的差距，我们要问的第一个问题就是："我真正重视声称的理论的价值吗？""那真是我的愿景的一部分吗？"假如我们实际上对声称的理论并不忠诚，那么这个差距就并不是现实和愿景之间的张力，而只是现实和我（或许是因为顾及别人怎么看）表白的观点之间的差距。

由于实行的理论非常难以辨认，你可能需要另一个人——一个有着"冷酷的慈悲心"的伙伴来帮助你。在开发反思技能的过程中，你们就是对方最大的财富。如古语所说，智如目者，不能自见其睫。

跳跃性推断。心念的速度就像闪电那么快。而具有讽刺意味的是，这恰恰降低了我们学习的速度，因为我们立即"跳跃"到了一般化的概括，这个速度之快，让我们无法进行充分的考虑和检验。俗语"天空之城"（castles in the sky），或空中楼阁，其实常常是我们思想状况的恰当描述，只是我们没有意识到。

常态意识不能处理大量具体细节。假如有一百个人的照片摆在面前，大多数人很难记住每张面孔，但却能记住类型——比如高个男人、穿红衣服的女人、亚裔，或者老年人。心理学家乔治·米勒（George Miller）的名言"神秘数字，七加减二"，指的是我们倾向于一次集中注意少数几个分立的变量。[11] 我们的理性思维非常善于从具体细节中形成"抽象"的概念——把许多细节换成简单概念，然后再用这些概念来推理。然而，当我们不能意识到从细节到一般概念的跳跃过程时，抽象概念推理的能力就恰恰限制了我们的学习能力。

比如，你是否听到过类似这样的话："劳拉对人漠不关心。"你是否怀疑过这话的真实性？设想劳拉是个领导或者同事，大家都注意到她有些特别的习惯。她很少说厚道话，很少赞扬别人。别人和她说话时她经常愣神，然后问："你说什么来着？"有时她还打断别人说话。她从不参加单位的晚会。而且在工作检查的时候，她总是含糊其词地只说两三句话，就把人打发走了。从这些细节中，劳拉的同事们得出结论：她对人漠不关心。这成了大家都知道的事——当然，劳拉除外，她感到自己非常关心别人。

发生在劳拉身上的事，就是她的同事们做了跳跃性推断。他们把许多具体行为换成了一般化的抽象概念——"不关心人"。更要紧的是，他们开始把这个一般概念当成事实。再没有人质疑劳拉究竟是不是关心他人，那已经是既定事实。

当我们从直接观察（具体"数据"），不经过检验就到达一般化概念，就出现了跳跃性推断。跳跃性推断阻碍学习，因为它成了不需要证明的东西，它把假设当成了事实。一旦劳拉的同事们接受她"对人漠不关心"这个事实，就没人会质疑她"不关心人"的行为，而她再做关心人的事，也没人注意到了。她"不关心人"这个一般化的观念，导致大家对她更加漠不关心，这又让她失去了表现自己关心别人的机会。结果，劳拉和她的同事"冻结"在这样一种关系状态中，然而，并没有人真的想要这样一个结局。而且，未经检验的一般化抽象还很容易导致更进一步的一般化抽象："也许劳拉就是那次办公室密谋背后的元凶吧？既然她对人漠不关心，那她就是那种能干出那种事的人……"

劳拉的同事就像我们大多数人一样，没有经过训练，不能区分直接的观察和从观察做出的一般化推断。"事实"，也就是对劳拉的可观察到的数据，是切实存在的，比如在工作检查时花的时间少，或者说话时看别的地方。但是，“劳拉听不进去多少话”却是个一般化抽象，不是事实，“劳拉对人漠不关心”也一样。两者可能基于事实，但还是推断。因为我们不能区分直接的观察和从观察做出的一般化推断，所以从来想不到要去检查这种推断。结果没有人去问过劳拉，她是否关心什么。如果有人去问，他可能就会发现，劳拉心里还是很关心人的。还可能发现劳拉听力有问题，却没有跟任何人说过，而且主要是由于听力问题，她觉得和人交谈很艰难，由此变得畏缩。

跳跃性推断在业务问题上也同样普遍存在。有许多高管坚信“顾客购买产品只看价格，而根本不看服务质量”。这也不奇怪，顾客的确是不断要求更多折扣，而竞争对手也在不断通过降价促销吸引顾客。新来的市场营销人员建议领导增加改善服务质量的投入，却遭到友善而坚决的回绝。高管领导从未认真检验这项建议，因为他们的跳跃性推断已经成为“事实”——“顾客不在乎服务质量，只在乎价格”，所以他们对服务质量坐视不理。而他们的主要竞争对手，则一步步达到了顾客从未经历过的新的服务质量水平，从而增加了市场占有率。顾客以前没有提出新的服务质量要求，那是因为他们当时不知道，也还没有经历过。

如何辨别跳跃性推断呢？首先，你要问问自己，关于世界的运作方式你有什么信条——商务工作的性质，对人的一般性看法，以及对某些人的看法，要问问自己：“这种一般化观念是基于什么样的‘数据’的？”然后再问自己：“我愿不愿意考虑一种可能性，即这种一般化观念可能是不准确的或误导性的？”要有意识地问自己最后这个重要问题，如果你的回答是否定的，那就没有必要继续了。

而如果你愿意考虑质疑自己的一般性观念，那就要把它和它背后依据的“数据”明确区分开。比如你可能说：“贝利连锁鞋店的采购员保罗·史密斯和其他好几个顾客都跟我说过，如果我们不降价10%，他们就不买我们的产品。于是我得出结论：我们的顾客不关心服务质量。”这样说完，就意味着你已经把自己的想法都亮出来、把思路理清了，接下来，你和其他人就更有机会考虑其他可能的解释方案，乃至其他替代方案。

只要有可能，就应该直接检验一般性观念。这样做经常能让我们探寻大家相互交往的行为方式背后的原因。这种探寻要求一些技能，后面会讨论到。比如，要是直接面对劳拉，问她“你不关心别人吗？”很可能刺激她的防卫反应。所以，这种交流还是要讲求方法策略的。要承认我们对他人的假设，并引用导致这种假设的数据，这样才能降低防卫反应的可能性。

但是，在意识到跳跃性推断之前，我们还意识不到这种探寻的必要。这就是为什么把反思作为一项修炼实践是十分重要的。而从行动科学里发展出来的第二项技术——“左手栏”，对这项工作的开始和深入，都特别有用。

左手栏。这项技术能非常有效地让我们“看到”，我们的心智模式是如何在特定情况下运行的。它能揭示我们如何通过操控环境来避免面对自己的真实感受和想法，从而进一步阻碍我们改进事与愿违的状况。

左手栏练习可以帮助经理人了解，他们的确存在心智模式，而且这些心智模式很活跃，有时还在管理实践中起到不受欢迎的作用。经理人经过这个练习后，不仅能意识到他们心智模式的作用，而且会看到，更坦率地面对自己的假设有多么重要。

左手栏来自阿吉里斯及其同事们所使用的案例分析方法。开始时，要选择一个你与某个人或某几个人交往的具体情形，而且你感到那个交往方式没有成效——具体地说，交往没有产生明显的相互理解和学习的结果，或者交往已经陷入僵局。你要写出一段对话，按脚本的形式写在纸张的右侧。而在纸张的左侧，你要写出当时对话的同时你心里想的但没有说出来的话。

例如，假设在我的搭档比尔向领导做了重要项目汇报之后，我跟他进行了一段对话。汇报我没有参加，但听说效果不好。

我：汇报怎么样？

比尔：嗯，我不知道。现在说还太早。而且，我们正在实现一项新的突破。

我：那你觉得我们应该做什么？我觉得你提的问题很重要。

比尔：我拿不准。我们还是再等等，看下一步会发生什么。

我：也许你是对的。但我认为我们得做些什么，而不能只是等待。

下面显示的是我的“左手栏”在对话中的情况。

我所想的	**我所说的**
	我： 汇报怎么样？
大家都说汇报很糟糕。 他真不知道糟糕的反应吗？还是他不愿意面对现实？	**比尔：** 嗯，我不知道。现在说还太早。而且，我们正在实现一项新的突破。
他真的害怕看到真相。如果他更有信心，他也许能从这次的情况中学到东西。我无法想象这次汇报对我们推进工作带来的灾难性影响。	**我：** 那你觉得我们应该做什么？我觉得你提的问题很重要。 **比尔：** 我拿不准。我们还是等等，看下一步会发生什么。
我得想个法子，在他屁股下面点把火，让他动起来。	**我：** 也许你是对的。但我认为我们得做些什么，而不能只是等待。

左手栏练习总是能够让隐藏的假设成功地浮出水面，并且显示它如何影响行为。在上面的例子中，我对比尔有两个关键性假设：一是他缺乏自信，特别是在面对他的糟糕表现时；二是他缺乏主动精神。两个假设实际上也许都不对，然而两者都出现在我心里的对话中，而且影响了我处理这个情况的方法。我听说他汇报得很糟糕，而我却绕开了这个事实，所以我对他缺乏自信的看法就由此显现。我担心，假如我直说了，他可能会丧失他仅有的一点儿自信，也许他会无法面对这个事实。于是，我从侧面问起汇报的事。我对比尔缺乏主动精神的看法，从我们关于下一步做什么的对话中显现。不管我如何追问，他都没有回答出具体的行动方案。我认为这是他懒惰或缺乏首创精神的证据，他在有必要行动的时候，却满足于无所作为。由此我认定，必须制造出压力迫使他行动起来，不然我就要自己单独行事了。

我们的“左手栏”的最重要的意义，是了解我们如何妨害了在冲突中学习的机会。我和比尔没有直截了当地谈论问题，而是绕着问题说话。我们没有达成任何解决问题的方案，谈话结果对下一步的行动毫无推动——实际上，对行动所针对的问题也没有得出明确的说法。

为什么我没有直接告诉他，我认为我们的做法有问题？为什么我没说，我们必须看清把项目工作推向正轨的行动步骤？也许是因为我没有把握能对这些“敏感的”问题进行有效的探讨。就像劳拉的同事们一样，我主观地认定，要是提出这些问题就会引起防卫反应，谈话会起反作用。我担心情况可能会比现在更糟糕。也许我回避问题是出于礼貌的考虑，或者是因为不想挑剔和批评人。不管出于什么原因，谈话结果令人很不满意，而我决定要找出“操纵”比尔的办法，让他被迫做出反应。

类似我和比尔的对话情况的确很困难，也没有唯一“正确的”方法来处理这种情况。但是，看到自己的推理和行动如何让情况变得更糟糕，是有巨大意义的。我一旦更清楚地看到我自己的假设，看到我怎样隐藏了这些假设，我就可能有几个方法来改善交流。这些方法都涉及分享我自己的观点，以及其背后依据的“数据”。比尔可能不接受我的观点和数据，而且这两者可能都是错误的，我们对此也要持开放的态度。（我得到的有关汇报情况的信息毕竟可能有误。）实际上，我的任务就是要改变现状，让我们两人都能从中有学习的收获。这就要求我既得说明自己的观点，又得了解比尔的观点——阿吉里斯所说的“探寻与宣扬的平衡”的过程。

探寻与宣扬的平衡。大多数经理人都接受了宣扬和鼓吹的训练。实际上，在许多公司里，担任公司经理就意味着要有解决问题的能力——要搞明白需要做什么，然后争取各种可能的支持来把事情做成。个人的成功离不开有说服力的辩论能力和影响他人的能力，探寻的能力因而被漠视，得不到重视和推崇。但是，当经理人被提升到高级岗位时，就要面对更复杂和多样化的局面，超越他们以往的经历。他们突然间需要激发别人的智慧，他们需要学习。这时候，经理人的宣扬鼓吹技能就会起到反效果：它会把人封闭起来，无法相互学习。现在需要的是把宣扬和探寻结合起来，促进学习协作。

如果是两个宣扬型经理人在一起，哪怕他们的观点交流有多么开放和直率，他们通常也很少有学习的收获。也许他们都打心眼里对对方的观点感兴趣，但纯粹的宣扬把对话交流套在另一种构架里：

> 我感谢你的诚实，但我的经验和判断让我得出多少有些不同的结论。我来解释为什么你的建议不成立……

随着双方理性、冷静而又更加有力地宣扬自己的观点，各自的立场就会变得越来越僵硬。没有探寻的宣扬会引发更多的宣扬。实际上，接下来要发生的事可以用一个系统基本模式来描述，叫作“恶性竞争”（escalation），与军备竞赛的结构相同。

A 辩论得越是起劲儿，B 感受到的威胁就越大。于是，B 也更激烈地辩论起来。然后，A 反过来更激烈地辩论下去。如此反复。经理们常常发现这种恶性竞争简直让人筋疲力尽，于是他们干脆避免公开陈述不同观点，因为“那真是太痛苦了”。

不断加强的宣扬，效果就像滚雪球一样，但还是可以通过问几个问题把雪球停下来。简单的问题，比如“是什么导致你采取这个立场？”以及“你能解释你的观点吗？”（你能提供“数据”或者经验来支持你的观点吗？）这些都能给对话增加探寻和融合的元素。

我们参与辅导的进行学习技能开发的管理团队，在开会时经常要录音。团队有问题的一个标志，是在好几个小时的会议上很少有人提问，或者根本没有人问问题。这听上去好像不可思议，但我就曾看到一个三小时的会议上没有一个人问问题！你不必成为“行为学”专家就能看出，这种会议上没有多少探寻发生。

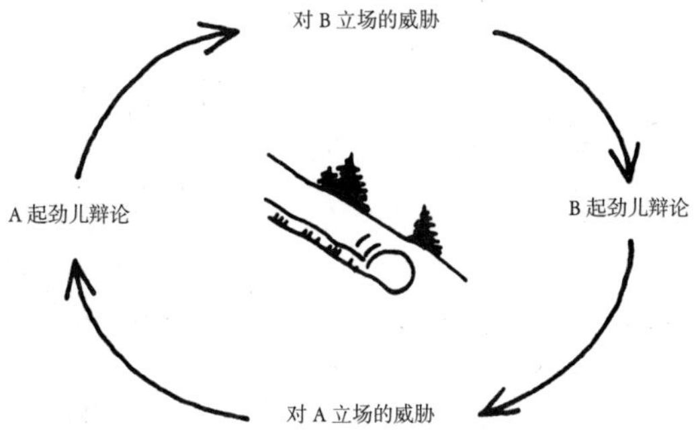

但是，单纯的探寻也是有限的。问问题是打破宣扬螺旋升级的关键，但是，如果团队或者个人没有学会把探寻和宣扬相结合，那学习的能力就是很有限的。单纯的探寻为什么是有限的呢？原因之一是，我们几乎总是有自己的观点，这与我们是否相信自己的观点是唯一正确的无关。因此，仅仅是问许多问题的做法，就可能成为一种回避学习的方式——把我们自己的观点隐藏在不间断的问题高墙的背后。

当经理人把宣扬和探寻的技能结合起来时，通常会最有效地带来学习收获。换句话说，这是一种“相互的探寻”。这个意思就是说，每个人都把观点亮出来，供大家来检查。这会创造一种真正的有脆弱感的氛围。没有人能把自己观点背后的推理隐藏起来——没有人既能鼓吹自己的观点又不受开放的、仔细的审查。例如，当探寻和宣扬达到平衡时，我不仅能探寻别人的观点背后的原因，同时还能表达我自己的观点，揭示我的假设和推理，并邀请别人来探寻。我可能会说：“这就是我的观点，这是我持这种观点的理由。你觉得如何？”

用纯粹宣扬的方式，要达到的目标就是赢得辩论。而宣扬和探寻结合的方式，目标就不再是“赢得辩论”，而是找出最佳的论点。我们如何使用数据，如何揭示抽象观念背后的推理，都能表明这一点。比如，当我们处于单纯的宣扬状态时，我们倾向于有选择地使用数据，只拿出支持我们立场的数据。在解释我们的立场背后的推理时，我们只暴露足够的推理，以便“证明”自己，而回避那些看上去论据很弱的地方。相反，当宣扬和探寻两者都高度活跃时，我们对揭露不连贯的数据和确认数据两者都持开放心态，因为我们愿意发现自己观点中的毛病。就像我们会暴露自己观点背后的推理，并且寻找其缺陷，同时努力去理解别人的推理。

达到探寻和宣扬相结合的理想境界是富于挑战性的。假如你在有高度政治角力的组织里工作，那里并不接受开放的探寻，那你就会遇到特别大的困难。作为一个资深宣扬者，我可以说，要找到使两者更平衡的方法，就需要耐心和坚韧不拔。进展是逐步的。对我来说，第一步是在意见不合时，学习如何探寻别人的观点。我对不同意见的习惯性反应，就是更起劲儿地宣扬我的观点。我这么做通常并不带有怨恨情绪，只是真的认为我已经想得很透彻了，我的观点一定有确实的根据。不幸的是，这种做法的后果经常是催生两极分化的立场，或者是使讨论被迫终止，而我真正希望的伙伴关系的感觉也消失了。现在，对于不同的观点，我经常会请对方多讲讲其观点，或者多解释一下观点是如何形成的。

尽管我们要花毕生精力才能熟练掌握如何平衡探寻和宣扬的技能，在这条道路上获得的回报却是很让人满足的。如今，我很少试图说服别人以证明我的观点，坦白地说，我真的感到生活轻松多了，也更有趣了。每次，通常是在很大的压力下，当我发现我又变回了一个偏执一方的宣扬者，我就会提醒自己注意。经验还反复明确地告诉我，在探寻和宣扬两者兼有的时候，产生创造性成果的可能性会大增。从某种意义上讲，如果双方都是纯粹的宣扬者，结果已经预先确定了。或者A胜出，或者B胜出，或者，可能性更大的是，双方都坚持自己的观点不变。当探寻和宣扬兼有时，这些局限就消失了。A和B都对探寻自己的观点持开放心态，就会使发现全新的观点成为可能。

在学习掌握如何平衡探寻与宣扬时，以下指南会对你有所帮助：[12]

宣扬自己的观点时：

- 要明确暴露你自己的推理。(例如，说出你是如何得出你的观点的，你所依据的实际“数据”是什么。)
- 鼓励对方提出不同的观点。(即问：“你有相反的事实或数据，或者不同的结论吗？”)
- 主动探寻对方与自己不同的观点。(即“你的观点有哪些？”“你是如何得出这种观点的？”“你考虑的数据是否和我考虑的有所不同？”)

探寻对方观点时：

·如果你对对方的观点做出一些假设，就要清楚地加以说明，并承认那些是假设。

·把你的假设所依据的事实或“数据”亮出来。

·如果你并不真正地对对方的回答感兴趣（即如果你只是想表现出礼貌，或者想揭露对方），就不要问问题。

当你陷入僵局（对方不再对探寻其观点持开放心态）时：

·询问是什么事实数据或逻辑改变了他们的看法。

·询问是否有共同设计实验（或其他探寻方法）的可能，以便得到新信息。

当你或对方对表达观点或实验不同的替代想法感到犹豫时：

·鼓励对方（或你自己）想出是什么导致这种困难和犹豫。（即“在这个情况中，或者你我身上，有什么东西使开放的交流变难了？”）

·如果双方都想克服障碍，就要一起设计出方法来实现。

这里不是让大家循规蹈矩地照指南去做，这只是用来提醒我们保持探寻和宣扬平衡的精神。指南和任何学习修炼开始时一样，只是你第一辆小自行车上的辅助“训练轮”。它可以帮你开始，感觉一下骑自行车是怎么回事，感受一下探寻和宣扬结合的实践是怎么回事。熟练了以后，你就可以，也应该把它扔掉。但是在你遇到困难的时候，定期回头温习一下也是很好的。

然而，如果你并不是真正好奇和情愿改变你对某件事的心智模式，这个指南就没什么用处了。记住这一点很重要。换句话说，探寻和宣扬的实践意味着情愿暴露你自身思想的局限——情愿证明自己是错误的。你达不到这一点而又要让对方这么做，就既不稳妥，也不安全。

和各种修炼一样，心智模式修炼的进展也需要时间，而且进展的迹象会很微妙，很不明显。记得我曾问哈雷–戴维森公司的总裁杰夫·布鲁斯坦（Jeff Bluestein），在组织学习许多方面的工作投入了好几年以后，“你注意到有什么不同了吗？”他的回答很简单：“我越来越多地听大家讲‘这是我对事情的看法’，而不是‘这就是事情的实际情况’。这听上去没什么大不了的，但前者带动了不同质量的交流。”

协调一致重要吗？

心智模式修炼实践的目的不一定是要寻求观点的协调一致或融合聚焦，了解这一点很重要。许多不同的心智模式可以同时存在，有些还可能不协调、不一致。

所有的心智模式都需要在实际情况中经受推敲和检验。这要求组织从自我超越修炼中得到“对真相的承诺”。它还要求我们理解，我们可能永远没办法知道全部的真相。奥布赖恩说，即使所有的心智模式都经受过推敲，“我们可能还站在不同的立场上，目的是针对一个具体问题，为恰巧直接面对那个问题的人找出了最好的心智模式。其他人只集中精力帮助那个人（或那些人）建立尽可能好的心智模式，从而做出尽可能好的决策”。

尽管目标不是让观点达成一致，但如果这个过程进行得恰当，还是会卓有成效的。如奥布赖恩所说：“假如会议结果是发现大家的立场相差很远，这没什么。假如大家都把立场观点亮出来了，即使你不同意，你也会看到各自的优点，因为大家的观点都经过了仔细的推敲。

你可能会说，‘我不同意你的观点，那是从另外的角度考虑的’。与强迫统一意见相比，这样的做法能使大家更好地团结和凝聚在一起。这真让人有点儿惊喜。”通常来说，当大家都觉得自己最聪明，却没有机会展示才智的时候，会产生积怨和愤恨的情绪，而我们这里的做法会消除这种情绪。结果是大家可以和睦相处，因为自己的观点已经亮出来了，虽然实际执行的是另一种方案，但只要学习过程始终是开放的，每个人都以诚实的态度工作，就不会有问题。

奥布赖恩说："我们没有什么尊贵的、得到加冕的心智模式，我们只是遵循心智模式修炼的原则。假如我们向下面宣布，‘这就是处理23C型摩托车问题的法定心智模式’，我们就会陷入麻烦。”同样，把你喜欢的心智模式强加于人，就如同把你的愿景强加于人，通常会适得其反。嗓门高的人，或者职位高的人，都可能受到自己的诱惑，认为别人都会在一分钟之内接受自己的全部心智模式。即使你的心智模式比别人的好，你的角色也不是给别人灌输你的模式，你应当把自己的模式当靶子举起来请别人考虑。”

不强调意见统一和立场协调一致，这让许多人觉得有点惊奇。但我经常听到出色团队的成员讲述类似奥布赖恩的观点。“我们就是都说出来，然后就知道该怎么做了。”这个简单的信念成了大家团结协作的基石，而协作能力的培育和发展，则要靠“深度汇谈”——它是团队学习修炼的核心。

心智模式与第五项修炼

我认为，如果系统思考没有心智模式修炼作为基础，就好像DC-3型飞机只有星型气冷发动机却没有机翼襟翼。正如波音247型飞机由于没有机翼襟翼而必须缩小其发动机的尺寸一样，如果系统思考缺乏心智模式的修炼，其效力就会大打折扣。这两项修炼可以很自然地结合，一项暴露隐藏的假设，另一项通过重新安排假设的结构来揭示主要问题的起因。

本章开始时讲过，被禁锢的心智模式会阻碍系统思考能够带来的变革方案。经理人必须学会反思自己现在的心智模式——在占主导地位的假设暴露之前，不能指望心智模式会改变，也不能指望系统思考会有什么意义。如果经理人“坚信”自己的世界观就是事实，而不是一系列假设，他们就不愿意挑战自己的世界观。如果他们没有能力探寻自己和别人的思考方法，在实验新思考方法的协作中他们就会受到局限。进一步说，组织中如果没有对心智模式的成形的理解和实践原则，大家就会错误地理解系统思考的意义——把它看成画出详尽的世界“模型”的工具，而不是改进我们心智模式的方法。

系统思考对有效地进行心智模式的修炼也同样重要。现代研究表明，我们大多数心智模式都经常有系统的缺陷。它们忽略关键的反馈关系，错误地判定时间延迟，又常常只注重有形有象或突出明显，但不一定有高杠杆效益的变量。麻省理工学院的约翰·史德门（John Sterman）通过实验证明，啤酒游戏的参与者总是误判已经下过的订单的延迟时间。大多数游戏参与者在决策时要么看不见关键的正反馈关系，要么不考虑它，而这种正反馈恰恰在他们的恐慌状态中不断强化（下更大的啤酒订单，结果清空了供货商的库存，导致送货进一步延迟，于是又引起了更大的恐慌）。史德门还在其他各类实验中发现了类似的心智模式缺陷。[13]

理解这些缺陷会帮助我们看清主流心智模式在哪里最薄弱，看清哪里不仅仅需要“浮现”经理人的心智模式，而且需要进一步的修炼工作才能让他们做出有效的决策。

为了加快把心智模式变为管理实践的修炼，我们可以逐步建立供整个组织使用的“通用结构”数据库。这种“通用结构”就是基于第 6 章描述的系统基本模式建立的，但它适用于特定组织内部的具体情况，包括其产品、市场和技术。比如，石油公司的“转移负担”和“增长极限”的具体结构，与保险公司的就会有所不同，但它们相关的系统的基本模式却是一样的。这种结构数据库应该是组织内部系统思考实践的副产品。

整合系统思考和心智模式修炼所带来的最终回报，不仅是改善我们的心智模式（我们思考什么），还能改变我们的思考方法：从以事件为主导的心智模式，到新的心智模式——它能让我们看清长期变化规律，及其产生和发展背后的结构性原因。比如壳牌公司的情景规划，它不仅让经理们看到了即将来临的变化，还帮他们看清了变化的规律，迈出了摆脱纷繁复杂的事件的第一步。

就像“线性思考”主导着今天关键决策过程的大部分心智模式，未来学习型组织的关键决策过程，将基于大家对相互关联和变化规律的共同理解。

第 10 章

共同愿景

共同的关怀

也许你还记得电影《斯巴达克斯》(*Spartacus*)，它讲述的是公元前 71 年古罗马奴隶角斗士领导的奴隶起义军的故事。[1]起义军曾两次击败罗马军团，但后来被克拉斯将军长期包围攻击，最终还是被征服了。电影中，克拉斯对数千名斯巴达克斯起义军幸存者说："你们曾经一直是奴隶，你们还要再次成为奴隶。但是，罗马军团会大发慈悲，免去你们原本应当受到的刑罚。而你们只需要做一件事，就是把奴隶斯巴达克斯交给我，因为我们不认识他。"

停了很长一段时间，斯巴达克斯［柯克 · 道格拉斯（Kirk Douglas）饰演］站起来说："我就是斯巴达克斯。"他身边的另一个奴隶随即也站起来说："不，我是斯巴达克斯。"不到一分钟，所有奴隶起义军战士都站了起来。

不管这个故事是真是假，它揭示了一个深层道理。当每个奴隶站起身来时，就意味着他选择了死亡。然而，他们对斯巴达克斯军队的忠诚，并不是针对斯巴达克斯个人的。这种忠诚是针对斯巴达克斯所激发的共同愿景——他们可以成为自由人这一理想。这个愿景是如此具有吸引力，以至于没有一个人能忍心放弃它，而重新沦为奴隶。

共同愿景不是理念，甚至不是重要的理念。相反，它是人们内心的愿力，一种由深刻难忘的影响力所产生的愿力。它的起始，的确可能受到理念的激发，但是，一旦它得到进一步发展，比如形成足够的吸引力，征得两人以上的支持，那它就不再是抽象的东西了。这时它成了明确而可触知的东西。大家开始看到它似乎真的存在了。人间几乎再没有什么比共同愿景更有力量的了。

在最简单的层面，共同愿景是对下面问题的回答——“我们想要创造什么？”个人愿景是人们在自己头脑里的图景和画面，而共同愿景则是整个组织中的人们内心的图景。这样的图景让组织有一种共同性，它贯穿整个组织，从而在其各式各样的活动中保持一种连贯性和一致性。

当我和你心中有一幅相似的图景，并且各自都承诺一起将之保持，而不只是个人自己持有，这个图景就成为真正共同的愿景了。当大家拥有真正的共同愿景时，彼此之间就相互沟通了，并且被一种共同的热望和抱负凝聚在一起。个人愿景的力量来自自身对愿景的深度关切，共同愿景的力量则来自一种共同的关切。实际上，我们认为，人们想寻找共同愿景的原因之一，就是期望在重要的事业上找到沟通和共鸣。

对学习型组织而言，共同愿景是至关重要的，因为它是学习实践的焦点，也是其动力来源。适应性学习没有愿景也可以进行，但是，生成性学习则只有在大家为真正关切的事业而努力时，才能发生。实际上，在大家对真正想成就的愿景唤起兴奋和激情之前，生成性学习以及有关扩展创造性能力的所有说辞，就只是个抽象的概念而已，没有什么实际价值。

在今天的企业领导中，“愿景”是个大家都很熟悉的概念。但是，如果认真追究起来，大多数“愿景”是某个人（或某个团体）强加在组织之上的愿景。这种愿景最多只能带来强制性顺从，绝对不能激发奉献和承诺。共同愿景是大家真正承诺投身的愿景，原因是它代表了大家个人的愿景。

共同愿景为什么关系重大？

很难设想没有共同愿景，能够建成美国电话电报公司、福特公司或苹果电脑公司这样的企业。西奥多·韦尔（Theodore Vail）的愿景是普及电话服务，历经 50 年后这个愿景才变为现实；亨利·福特的愿景是让平民大众，而不只是富人，拥有自己的汽车；史蒂夫·乔布斯（Steve Jobs）和史蒂夫·沃兹尼亚克（Steve Wozniak），以及苹果公司的其他创始人，看到了电脑对提高人的能力和权益方面所具有的潜力。同样，我们也很难想象，日本小松公司［Komatsu，在不到 20 年的时间里，从原来只有美国卡特彼勒（Caterpillar）叉车公司三分之一的规模，成长到与之并驾齐驱］、佳能公司［同样在 20 年左右的时间里，从名不见经传到与美国施乐公司争霸全球复印业市场］，或者本田公司，在没有实现全球成就愿景的指引下，就能如此迅速地发展起来。[2] 其中最重要的是，这些个人的愿景变成了公司各级员工真正的共同愿景——由此凝聚了数千人的能量，并且在背景极其多样的员工中创造了共同的认同感。

许多共同愿景都是外在的，即关注于相对于外部，比如竞争对手，而实现成功的业绩。然而，目标局限在击败对手，总会是暂时的。一旦愿景目标实现了，就会很容易滑向防卫心态——“保住已有的，不要失去我们第一把交椅的位置。”这类防卫性目标，很难激发创造力和创新激情。一个武术大师不会仅仅注重于“击败所有对手”，而是专注于自己“卓越”境界的内在标准。这不是说，愿景不是内在的，就是外在的。两者可以共存。但是，只依赖外在愿景，以击败对手为唯一目的，就会妨碍组织的长期发展。

京都陶瓷的稻盛和夫恳求员工“内省”，以发现自己内心的标准。他认为，公司在追求业内领袖地位时，目标可以是比别人“更好”，也可以是业界“最好”。但是，他的愿景是让京都陶瓷达到“完美”，而不仅仅是“最好”。(请注意，稻盛和夫运用创造性张力原则的方式——“愿景是什么并不重要，重要的是愿景能做什么……”)[3]

共同愿景，特别是有内在深度的愿景，能够激发人们的热望和抱负。由此，工作就成为追求有更大价值的志向目标的过程，而公司组织的产品和服务则具体体现了这种志向目标——帮助提高学习能力的个人电脑，帮助世界各地沟通的通用电话服务，或者提高自由出行交通便利的私家车。这种更大价值的志向目标，还可以在公司组织的精神氛围和文化风格上得到具体体现。赫尔曼-米勒家具公司的前 CEO 帝普雷说，他对公司的愿景是“献给人类精神的礼物”——这不仅限于公司的产品，还包括公司的雇员、组织氛围，以及公司对高效而又有美感的工作环境的更大承诺。[4]

愿景能够振奋精神，焕发生气，扩张激情，从而能够提升组织，使之超越平庸。一位经理说：“不管竞争问题或内部问题有多大，我一走进大楼，就总会感到精神重新振作起来——因为我知道，我们所做的事真正关系重大。”

在公司组织里，共同愿景会改变大家与公司的关系。公司不再是“他们的公司”，而变成“我们的公司”。通过共同愿景，原来互相不信任的人可以走向第一步合作。共同愿景会带来共同的认同感。实际上，公司组织所共享的志向目标、愿景，及其实践的价值观念，构成最基本的组织共同特征。心理学家亚伯拉罕·马斯洛（Abraham Maslow）晚年曾经研究过高效团队，发现其最突出的特征是共同愿景和志向目标。马斯洛曾这样描述他所观察的出色团队：

> 其工作任务不再与个人的自我相分离……相反，团队成员与其工作任务深度认同，以至其个人自我的界定必须把其工作任务包含在内。[5]

共同愿景很自然地给大家带来勇气，而大家甚至并未意识到这种勇气的分量。勇气就是在追求愿景的过程中敢于承担任何必要的任务。1961 年，肯尼迪清晰地表述了美国航天计划领导者多年形成的愿景：在 20 世纪 60 年代末之前实现人类登月。[6] 而这一清晰的表述导致无数勇敢而无畏的行动。60 年代中期，一个现代版的斯巴达克斯的故事在麻省理工学院德雷伯实验室（Draper Laboratory）上演。在航天员搭乘阿波罗号登月的惯性导航和制导系统研制方面，德雷伯实验室是美国宇航局的总承包。项目进行好几年以后，实验室领导者们发现他们最初的设计指标是错误的。这足以成为一件很难堪的事，因为他们已经花掉了几百万美元的经费。但是，他们没有用偷工减料的方法尝试应急方案，而是建议宇航局撤销项目，重新开始。他们这样做风险很大，不仅可能丢掉项目，还可能失去名声。但已经别无选择。他们存在的全部意义都体现在那个简单的愿景中——在 60 年代末之前实现人类登月。为了实现愿景，他们敢于承担任何必须做的事。

20 世纪 80 年代，整个小型计算机产业都追逐在 IBM 的个人电脑路线，而苹果电脑公司则坚持了自己的愿景，即电脑要让人能直观地理解，要让人有独立思考的自由。在这个过程中，苹果公司拒绝了“肯定能成”的机会，即成为“克隆”个人电脑的领先制造商。尽管没有达到各家克隆制造商的销售量，苹果 MAC 电脑不仅适用简易，还使个人电脑的“直观性”和“趣味性”成为优先选项，后来逐步成为所有操作系统在界面显示和使用感觉方面的产业标准。

没有共同愿景就没有学习型组织。没有真心渴望的目标，大家没有奔头，维持现状心态的影响力就会压倒一切。愿景能够帮助建立支配一切的总目标。这种目标的崇高和庄严，会带动新的思考方法和行为方式。共同愿景还像方向舵，当学习实践过程产生偏离、问题和压力时，它会纠正航向。学习实践很艰难，甚至十分痛苦。而我们有了共同愿景，就更有可能敞开心怀，暴露自己的思想方法，放弃深层成见，认识个人和组织的缺点。所有这些磨难，与我们所追求和创造的重要目标和未来相比，就显得微不足道了。如罗伯特 · 弗里茨所说：“在伟大面前，渺小消失了。”而伟大梦想的缺失，将导致小人之道盛行。

共同愿景能够激励大家勇于承担风险，勇于探索和实验。当大家专注于愿景时，常常不知道从何处入手。于是就开始尝试实验、反复探索，一切都是实验，但目标绝无含糊不清。大家都十分清楚为什么作这些实验。没有人要求“得保证这样做能成”。大家都知道没有把握，但还是义无反顾地投入。

共同愿景最终能够拨开管理实践中的一层主要迷雾，它总是阻碍实现系统思考的努力：“如何才能培育长期的承诺、奉献和行愿？”

多年来，系统思考专家力图说服经理人：如果不专注于长期目标，就会陷入麻烦。我们就曾极力劝导经理人，许多干预措施会有“先好后糟”的结果，“转移负担”的动机倾向会导致应急性的表面症状处理，如此等等。然而，我们发现很少有人能完成持久的转变，去针对长期目标有持续的承诺和行动。我个人觉得，我们的失败不在于我们说服力不够，或者证据不充分。试图用理性的方法去说服人类采取长远观点，也许根本就行不通。人类要采取长远观点一定是出于其志愿，即人们想这样做，而不是被要求必须这样做。

在人类活动中，每一个有长远观点指导实践的例子，背后都有一个长期愿景在起作用。中世纪大教堂的建造者们花一辈子时间劳作，而劳作成果则要等到未来100年以后才能显现。日本人认为，建设一个伟大的组织就像一棵树的成长，需要25~50年的时间。家长们努力教育孩子，在人生价值和处世态度方面打好基础，为的是孩子成年以后20年的未来。所有这些例子中都有一个愿景，它只能在很长时间以后才能实现。

企业战略规划本应是进行长期思考的堡垒，然而却经常被短期和反应式思考主导。伦敦商学院的加里·哈默尔（Gary Hamel）和密歇根大学的C. K. 普拉哈拉德（C. K. Prahalad）是当代战略规划评论家，他们的声音最清晰有力：

> 战略规划工作花了钱，原本是要找到更加有未来导向的方法。然而，如果追问起来，大多数经理人会承认，他们的战略规划更多的是关于今天的问题，而不是明天的机遇。[7]

典型的战略规划只注重对市场机会、公司资源状况、竞争对手的优缺点等做出详尽分析，而忽略了一个关键问题，即如何形成更长期的行动计划——用哈默尔和普拉哈拉德的话说，就是建立“一个值得投入和奉献的目标”。

尽管企业组织学习对愿景方面的工作给予很多关注，愿景还是常常被看成一种神秘的、不可控的力量。有愿景的领导者是让人狂热崇拜的英雄。“如何找到愿景”这个问题的确没有现成的公式和方法，但还是存在建设共同愿景的原则和指南。建立个人愿景正在成为一种修炼，而建设共同愿景的修炼也有了一些实际工具。这项修炼从自我超越修炼的原则和领悟中延伸，进入集体志愿和共同的承诺与奉献的世界。

建立共同愿景的修炼

激励个人愿景

共同愿景是从个人愿景中结晶浮现的。只有这样，共同愿景才能产生出力量，培育出奉献精神和承诺投入的行愿。汉诺瓦保险公司的奥布赖恩说："你的愿景不是关于什么对我很重要。能够激励你的唯一愿景，就是你自己的愿景。"这并不是说，大家都只关心自己的个人利益——实际上正相反，个人愿景通常包括家庭方面、组织方面、社区方面，甚至整个世界。那么，奥布赖恩强调的是什么呢？是个人的关怀。它植根于个人的价值、个人关心的事，以及个人的愿望和志向。这就是为什么说，对共同愿景的真正关切来自个人愿景。但很多领导者忘记了这一简单事实，而去要求他们的组织机构，在明早之前拿出一个共同愿景！

要建立共同愿景的组织，就应该不断激励组织成员去开发个人愿景。如果大家没有自己的个人愿景，就只能"报名加入"别人的愿景。结果只有顺从，而不会有奉献和行愿。相反，大家都因为很强的个人志向而走到一起，产生有力的协同效益，以成就"我，或者我们，真心愿望的"未来。

因此，自我超越修炼就是共同愿景开发的基础。这就不仅包括个人愿景，还包括对真相的承诺，以及创造性张力等这些自我超越修炼的特征内容。共同愿景会增加创造性张力，可能大大超出个人舒适习惯的水平。能够"支撑住"这种张力的人，就会对实现崇高愿景有较大的贡献：保持清晰的愿景，同时不断探寻现实。由于亲身经历着这种力量，这些人便能深信自己创造未来的能力。

在激励个人愿景的时候，组织务必小心，不可侵犯个人自由。第8章“自我超越”曾讨论过，没有人能够赠予别人“他的愿景”，也不能强迫别人开发愿景。但是，可以采取正面措施来创造一种氛围，以利于激发个人愿景。最直接的方法，就是有愿景的领导者以这样一种方式和员工沟通和分享，即在分享自身愿景的同时鼓励大家分享各自的愿景。这就是有远见和想象力的领导艺术——也是如何从个人愿景出发建设共同愿景的艺术。

从个人愿景到共同愿景

个人愿景如何整合成共同愿景呢？这里，全息摄影（hologram），即用不同的相干光源相互干涉而形成三维立体图像，是个有用的比喻。

如果把普通照片切成两半，每一半都只有整个图像的一部分。但是把全息相片切开，每一半还都显示整个图像。你不断去切分全息照片，不管切到多小，每一片都仍然显示整体。一组人分享对组织的愿景时也类似，每个人都看到自己心中对组织的最佳图像。每个人分担着对整体的责任，而不只对自己的那部分负责。但是，全息照片被切碎的各个组成“部分”并不完全一样。每一片都从不同的角度展现整体图像，就好像从遮光窗户开出的不同小孔里观察，每一个孔都会从不同的视角看到整体。个人对整体的愿景也与此类似：每个人都从自己的角度，用自己的方法，看更大的共同愿景。

如果再把全息照片的各个切碎部分放到一起，整体的图像不会有根本变化；因为它原本就在每一个碎片里。它只不过变得更加清晰逼真。大家在一起分享共同愿景时，愿景也没有发生根本改变。但它会更有活力、更真实，因为这个心中的未来现实，现在大家真正感到能够实现了。大家有合作伙伴了，有“共同创造者”了，愿景不再由自己单独承担了。以前，在培育个人愿景时，大家可能说这是“我的愿景”。而现在有了共同愿景，它既是“我的愿景”，同时也是“我们的愿景”。

建设共同愿景修炼的第一步就是放弃传统观念，即认为愿景总是从“高层”宣示的，或者从组织的正规计划工作中来的。

在传统等级体制的组织中，没有人会质疑，愿景是从上面发布的。情况往往是，指导公司方向的大局观甚至从不被分享——大家需要知道的就是“出发命令”，执行任务，以实现大局目标。

这种传统的从上至下的愿景，与近年来流行的程序没有多大区别。高管层关起门来写出的愿景宣言（vision statement），还经常有咨询师协助。这种做法可能有助于解决士气低落，或者缺乏战略方向的问题。这个过程有时是以反思为主，有时包括对公司竞争对手、市场情况以及组织优缺点的详尽分析。不管怎样，结果经常都令人失望，原因包括几点。

首先，这种愿景是一次性愿景，是公司战略的一锤子买卖：一次性提出具有指导性的总方向和总体意图。愿景宣言一经完稿印刷，管理层就假设自己现在已经履行了愿景工作的职责。我在创新伙伴公司的一位同事，最近向两位经理人解释我们的团队如何建设愿景。没等他说几句，两位经理人中的一位就打断说：“我们已经做过这个了，我们已经写出了愿景宣言。”“很有意思，”我的同事问，“那么，你们写了什么？”那位经理人转身问另一位：“乔，愿景宣言在哪儿来着？”写出愿景宣言可以成为共同愿景建设的第一步，但是，只有宣言还很难让愿景在组织中产生生机活力。

其次，高管层关起门来写出的愿景宣言，并没有植根于大家的个人愿景。在寻找战略愿景时，个人愿景常常被完全遗忘。或者，这种官方愿景只反映一两个人的个人愿景。各级员工没有机会参与探寻和测试，大家没能理解，也不能“认领”和拥有这种愿景，把它变成自己的东西。结果，这种新的官方愿景也不能激发热情活力和奉献精神——它根本无法鼓舞人心。实际上，有时甚至在写完愿景宣言的高管团队内部，也很少产生激情。

最后，愿景不是解决问题的方案。假如把它看成解决问题的方案，如士气低落或战略方向不明，那么，“问题”解决以后，愿景的能量也就消失了。愿景建设必须成为领导者日常工作的核心内容，不断进行，永无止境。它实际是全部领导活动的一部分：设计并培育企业所从事事业的“主导理念”（governing ideas）——不仅包括愿景自身，还包括志向目标和核心价值。

有时候，经理人希望，共同愿景能够从公司战略规划过程中来。但是，正如大多数从上至下的愿景过程都会失败一样，大多数战略规划也不能培育真正的愿景。哈默尔和普拉哈拉德认为：

> 创造性的战略思考很少来自年度规划程序。下个年度战略起点，几乎总是今年的战略。改进是逐步累积式的。公司离不开自己熟悉的领域和范围，即使真正的机遇可能就在别处。佳能公司进入个人复印机业务的推动力，来自海外销售子公司——而不是来自日本本部的规划专家们。[8]

这并不是说，愿景就不能来自高层，愿景恰恰经常来自高层。但是，有时会来自另一些人的个人愿景，而他们并不在权位上。有时候，愿景还会从许多不同层面的人的相互交往中“冒出来”。愿景的源头其实并不重要，它得到分享的过程才是关键。在与整个组织员工的个人愿景相联系和沟通之前，愿景还不是真正的“共同愿景”。

处于领导地位的人必须记住，自己的愿景仅仅只是个人愿景。这一点很重要。仅仅出于领导地位，并不意味着你的个人愿景就能自动成为“组织的愿景”。有时我听见领导们讲“我们的愿景”，就知道他们讲的其实是“我的愿景”。由此，我会想起马克 · 吐温的话：官方正式场合的“我们”，应该留给“国王以及带寄生虫的人”专用。

想建设共同愿景的领导者，最终还必须不断分享自己的个人愿景，而且还要准备问一个问题，即“你愿意跟随我吗？”这可能是件难事，因为领导已经在全部职业生涯中养成习惯——制定目标然后简单地宣布执行。所以，去寻求支持就会显得很脆弱。

约翰 · 克里斯特（John Kryster）是一家领先家用产品公司旗下一个大型分公司的总裁，他的愿景是让子公司成为行业优秀企业。这个愿景要求不仅生产出优秀的产品，而且还要以比别人都更有效的方式向“客户”（零售商）供货。他设想了一个独特的世界范围的分销系统，只用以往一半的时间就可以把产品送到客户手上，而成本却只是通常的损耗与重复运货成本的一小部分。他开始和其他经理、生产部门、分销部门和零售商客户谈这件事。大家好像都很热情，但是同时指出，他的许多想法将无法实现，因为与母公司的许多传统政策相矛盾。

克里斯特还特别需要产品分销经理哈丽 · 苏利文（Harriet Sullivan）的支持，她在公司的矩阵型组织结构（matrix organization）中虽然与克里斯特平级，但资历多 15 年。克里斯特准备了详细的演示材料，要向她证明新分销概念的价值。然而，克里斯特的每一个数据支持，都遭到苏利文的反驳。演示结束后，克里斯特也觉得怀疑者可能是对的。

然后，克里斯特设计了只在一个局部地域市场测试新分销系统的方法。这样做风险要小，他会得到当地零售连锁店的支持，他们特别热情地接受了这一新概念。但怎么和苏利文说呢？他直觉认为不应该告诉她。不管怎样，他有权自己进行实验，用他自己的分销人员就行了。不过，他又很重视苏利文的经验和判断。

仔细考虑一星期以后，克里斯特又去找了苏利文，争取她的支持。不过，这次他没带演示材料。他就对她说，为什么他认为这个新想法能行，如何借此和客户形成新的合作关系，以及怎样用低风险的方法测试这个想法。令他吃惊的是，那位强硬的分销经理，竟开始帮助他设计实验。“你上周来是要说服我，”哈丽说，“这次，你愿意测试你的想法。我仍然认为你的这个想法是错误的。但我看到你真心在做。所以，谁知道呢，没准儿我们能学到什么。”

那是很多年前的事。今天，克里斯特的创新分销系统，得到母公司大多数部门在全球范围的应用。这个系统显著降低了成本，还成为母公司与零售连锁商更大战略联盟的一部分。

愿景发起于组织的中层，较之发起于上层，其分享和聆听的过程情况基本相同，但可能要花更长时间，特别是如果愿景蕴涵着与整个组织的关联和影响作用。

组织咨询师查理·基佛（Charlie Kiefer）说：“尽管愿景能激发热情，但建立共同愿景的过程并不迷人。熟悉共同愿景建设的经理人，都用普通的词汇描述这个过程。‘谈论我们的愿景’只不过变成了日常生活的一部分。大多数艺术家也对艺术创作的过程，没有多大的兴奋。他们只对结果感到兴奋。”用奥布赖恩的话说，“一名有想象力和远见卓识的领导者，不是只作演讲，激励部属。我一天中做的事和其他高管没什么不同。一名有想象力和远见卓识的领导者，就是在保持心中愿景的同时，解决日常的问题”。

真正被分享的愿景，是需要时间才能浮现，它是大家个人愿景交流沟通过程中成长的副产品。经验表明，真正被分享的愿景，需要不断的沟通，大家不仅要自由表达梦想，还要学会如何聆听对方的梦想。从这种聆听中，新的洞见、新的可能性，才能逐渐浮现。

聆听常常比说话表达更难，对意志力超强、凡事都有明确想法的经理人而言，尤其如此。聆听要求有非同寻常的开放心胸，愿意理解各种各样的想法。这不是说必须牺牲我们对“更大事业”的愿景。相反，我们必须允许多种愿景共存，聆听所有个人愿景，以找到超越和整合各种愿景的最佳行动路线。正如一位非常成功的CEO所说：“我的工作，从根本上说，就是聆听组织想说什么，然后确保它能被明确有力地表达。”

愿景的推广：加入、顺从和投入[9]

对当代经理人来说，没有什么话题比奉献和承诺投入更要紧的了。研究表明，多数美国人承认，美国公司员工的奉献和承诺投入水平很低。而另一方面，传说中的外国竞争对手则有很强的奉献精神和承诺投入的员工。这样就刺激美国经理人转向“承诺投入的管理”“高奉献工作系统”以及其他各种方法。然而，在今天的组织机构里，真正的奉献和投入，还是极其罕见的。根据我们的经验，90%以上被认为是奉献投入的，其实只是顺从。

今天，我们常常听经理人说，要让员工“相信”愿景。我担心，多数情况下这就是一个兜售：我卖，你买。但是“兜售”和“报名加入”有天壤之别。“兜售”一般是指哄骗别人做事，是如果人家掌握全部事实信息，就不会去做的事。相反，“报名加入”，直接意思是“把名字登记在花名册上”，它是个自主选择的过程。而“被兜售”就常常不是自主的选择。

用基佛的话说，“报名加入是通过选择加入某事的过程”。当你不仅报名加入了，并且感到对实现愿景负有全责，那你就“承诺投入”了。我可能彻底被你的愿景吸引，报名加入了，而且，真心希望你的愿景变为现实。然而，那还是你的愿景。如果需要时，我会采取行动，但是，我不会没事就思考下一步要做什么。

例如，人们常常出于真心的愿望，报名加入一项社会事业，比如，纠正一种特定的社会不公。他们每年捐款一次，帮助筹集资金。但是当他们"承诺投入"时，那项"事业"就可以依靠他们了。他们就会为实现愿景去做任何需要做的事。愿景吸纳他们去行动了。有人用"成为资源"来形容承诺投入的人所带来的创造愿景的特殊能量。

当代大多数组织中，很少有报名加入愿景的——承诺投入就更少了。大多数人处在"顺从"的状态。"顺从"，追随，跟着愿景走，让做什么就去做什么。在一定程度上，他们支持愿景。但不会真正报名加入，或承诺投入。

顺从常常会与报名加入和承诺投入相混淆。部分原因是，顺从在如此长的时间里一直是大多数组织中流行的状态。我们已经不知道如何辨认什么是真正的承诺投入了。还有一个原因，即顺从有好几个层次，有些会导致一些行为，与报名加入和承诺投入的情况很像。

对愿景的几种态度

承诺投入（Commitment）：想要、志愿实现愿景；创建任何必要的"法则"（构架）。

报名加入（Enrollment）：想要、志愿在"法则的内在精神"范围内做力所能及的事。

真心顺从（Genuine compliance）：看清了愿景的好处，会做任何分派做的事，而且会多做；遵守"法则的严格字义"，是"好兵"。

形式顺从（Formal compliance）：大体看清了愿景的好处，会做分派做的事，但不会多做；是"还不错的兵"。

勉强顺从（Grudging compliance）：看不清愿景的好处，不过还不想为它丢掉饭碗；分配做的事，不得不做，做得差不多就行了；并且还明确表示：他并不是真心合作。

不顺从（Noncompliance）：看不清愿景的好处，不愿做分派的事；“我不做这个，你不能强迫我做”。

冷漠（Apathy）：既不反对，也不赞成愿景；没兴趣，没干劲儿；“到下班时间了吧？”

现在美国大多数州的高速公路限速，都是每小时55英里或65英里。真心顺从的人从不超速驾车。形式顺从的人会超速5~7英里，因为大多数州不会在这个超速范围开罚单。勉强顺从的人，也会在这个超速范围内开车，但会不停地抱怨。不顺从的人，会把油门踩到底，并想尽办法躲避交警。而真正承诺投入限速的人，即使没有法定限速，他也会在规定的速度之内开车，不会超速。

在大多数组织里，大多数人对组织目标和基本规章，都处在形式顺从或真心顺从的状态。大家跟着“项目”走，诚心实意做出贡献。而处于不顺从或勉强顺从状态的人，通常很明显。他们反对组织目标或规章，其明确的表态方式，要么是通过无所作为，要么（如果是勉强顺从）是通过“恶意服从”：“我会做的，但只为证明这行不通。”他们可能不会公开宣称反对公司的目标，但他们的观点大家还是都知道的（他们内心真正的态度，常常会留在厕所或酒吧里表达）。

这几种不同的顺从状态之间，有很微妙的差异。问题最大的是真心顺从状态，因为它常常与承诺投入或报名加入状态相混淆。典型的“好兵”，真心顺从，情愿做任何分派的事——“我相信开发愿景的人，我会尽一切力量做需要我做的事，以及其他更多的事。”处在真心顺从状态的人，自己也认为是处于承诺投入的状态。实际上他也是承诺投入了，但只是成为“团队的一分子”。

实际上，从工作表现上看，真心顺从的人和报名加入或承诺投入的人，常常是很难区分的。由真心顺从的人组成的组织，在效率和成本绩效方面，会比大多数组织强上万倍。要让大家做的事，不需要重复两遍去吩咐，就完成了。大家反应积极，态度乐观向上，行为举止得当，可能有时有点儿像出苦力的，但也不一定如此。假如高效员工是指主动积极做事，那他们也会有一样的表现。简言之，真心顺从的人会尽一切可能照规则办事，包括正式规章和潜在规则。

然而，顺从和承诺投入还是有巨大差别的。承诺投入的人会带来激情、能量和兴奋，而只有顺从，甚至是真心顺从的态度，是做不到这些的。承诺投入的人，不会循规蹈矩，他会对规矩本身负责。如果规矩妨碍愿景的实现，他会设法改变规矩。一群对共同愿景有真正承诺和投入的人，会产生一股令人敬畏的力量。

普利策奖得主，《新机器的灵魂》（*The Soul of a New Machine*）一书的作者特雷西·基德尔（Tracy Kidder），讲述了数据通用公司（Data General）产品研发团队的故事。一位天资出众的领导者组织了研发团队，要雄心勃勃地开发出一种新型计算机。当时商业环境情况危急，近于危机状态，而研发团队还是在惊人的短时间里拿出了突破性的计算机样品。几年后，我曾访问过书中的团队领导者汤姆·韦斯特（Tom West）及其团队成员，了解到他们的成绩是多么非凡优异。他们告诉我说，在项目的某一个阶段上，曾经有某种关键软件开发的进度滞后好几个月。于是，三名负责工程师一天晚上进了办公室，第二天早上才离开。那天晚上他们所完成的，从任何角度看，都值两三个月的工作量——没有人能解释他们是怎么做到的，但肯定不是顺从心态的结果。

那真心顺从与报名加入和承诺投入之间究竟有什么不同呢？答案很简单，也很有迷惑性。真正加入或投入的人，真心想要一个愿景。

而真心顺从的人，只接受一个愿景；也许他们想要，但却是为了别的什么目的——比如，保住工作，或者让领导开心，或者得到晋级。他们不是真想要那个愿景本身，那不是他们自己的愿景（或许，至少他们不知道，那就是他们自己的愿景）。

对愿景的深度分享和高度渴望的投入，也许是个难以实现的目标。一家日常用品公司的执行副总裁，高度渴望把那个很保守的组织变为世界一流的竞争者，方法就是开发对一个新业务愿景的共同承诺投入。然而，经过一年多的努力，大家还是继续听从命令，领导吩咐干什么就干什么。

到此，他开始看到问题的深度。这个组织的员工在整个职业生涯里，从来没有被要求去承诺和投入任何事情。他们职业生涯所经历的，都是要求顺从。结果是，他们只会那样做，那是他们唯一的心智模式。不管他去说什么开发真正的愿景，或者真心投入，都没有关系，因为这些人只能以顺从心态的模式去听。

一开始意识到这一点，这位副总裁马上改变了策略。他问自己："大家可能承诺投入什么呢？"于是，他发起一个"福祉计划"，觉得如果有什么事大家可能承诺投入的话，那一定是他们自己的健康。过了一段时间，有些人这样做了。他们开始意识到，在职场也是有可能真正投入的。于是，大家对愿景的近距离"听力"通道就敞开了。

传统的组织不关心报名加入和承诺投入。命令和控制的等级体系只要求顺从。今天，许多经理人对承诺投入所产生的能量是否可控和可引导，仍然很担心，也很有理由担心。因此，我们会愿意安于顺从，而如果能把状态推向高水平的顺从境界，我们就会心满意足了。

加入和投入指南

招募和报名加入，是个很自然的过程。它既来自你对一个愿景的真正热情，还来自你愿意让其他人有自己的选择。

- **自己先加入**。你自己还没有加入，就没有必要招募别人加入。不然就变成“兜售”，而不是招募报名了。那样的结果可能最好的情况也就是一种肤浅的协议，以及顺从，而更坏的后果是种下日后仇恨的种子。
- **直截了当**。不要夸大利益，或者隐藏问题。愿景描述要尽量简明扼要、直截了当。
- **让对方选择**。你不必去“说服”对方，说愿景有多大利益。你试图说服对方的努力，实际上让人看到操控，反而阻碍对方加入。你越是愿意让对方自由选择，对方越感到自由。对下属这会很难，他们会条件反射般地认为必须跟从。但你还是可以帮助他们留出足够的时间和安全氛围，让他们自己开发对愿景的感受。

有很多时候，经理人需要顺从。经理人可能想要得到报名加入或承诺投入，但不能接受比形式顺从更糟的情况。如果是这样，我建议你坦白地说明：“我知道你们可能不全部同意新方针，但这是管理层目前承诺投入的方向。我需要你们的支持。”公开你对顺从的要求，可以消除虚伪，也会让人更容易做出自己的选择，这可能逐渐包括报名加入。

许多经理人最难于接受的经验教训是，要想让别人加入或投入，你最终没什么可做的。加入和投入必须自由选择。上面的指南，就只是简单列出容易促成报名加入的条件，但不是一定会带来报名加入。承诺投入也是非常个人的事，努力强求的话，最好的情况也只是能得到顺从。

把愿景植根于指导性理念之中

建立共同愿景其实只是更大任务中的一部分。这种更大的任务包括：开发企业的主导理念，企业愿景、志向目标或使命，以及核心价值。与大家日常生活价值观相悖的愿景，不仅不能激发真正的热情，还会引起彻底的玩世不恭。

这些主导理念，要回答三个关键问题："是什么""为什么"和"怎样做"。

- 愿景回答"是什么"——我们追求创造的未来图景。
- 志向目标（或使命）回答"为什么"是组织对以下问题的回答："我们存在是为什么？"伟大的组织有更大的志向目标，超越以往仅仅满足股东和员工的需求。这样的组织会追求把自己变为一个独特的价值源泉，并用一种独特的方法为世界做出贡献。
- 核心价值（core values）回答如下问题："我们怎样做才能符合我们的使命，并从现实一路实现我们的愿景？"公司的价值可能包括：廉正道德、心胸开放、诚实可信、自由、机会平等、精益简洁、公德心、忠贞不渝，等等。这些价值描述公司在追求愿景的过程中，如何进行日常生活和行为。

这三个主导理念作为一个整体，回答"我们相信什么"这一问题。日本松下公司员工朗诵公司信条时，描述了公司的志向目标："认清我们个人的责任，培育进步，促进社会普遍福祉，投身世界文化的进步发展。"当他们齐唱公司的社歌时，他们宣示了公司的愿景："把我们的产品送往世界各地，永无休止，连续不断，就像泉水涌动长流。"而当他们参加内训项目，研讨"公正""和谐与协作""为进步而斗争”“礼貌和谦让”以及“感恩”，员工们则在学习公司精心构建的价值观。（实际上松下把这些叫作公司的“精神价值”。）[10]

我深信，人类有真心的需要，成为一个崇高使命的一部分。但是，仅仅用语言描述使命或志向目标是不够的。许多使命宣言读起来好像“做苹果派与为母之道”，既十全十美，又万无一失。人们需要愿景来把志向目标变为具体的、看得见摸得着的东西。我们必须学会给我们将要建设的组织“描绘图画”。志向目标是抽象的，愿景可能是长期的。人们需要“导航之星”，来为日常决策提供指引。但是，核心价值只有变为具体行为时才有意义。比如，开放性是个核心价值，它要求在相互信任和相互支持的总体环境氛围中，开发反思和探寻的技能。

正面愿景和负面愿景

“我们想要什么”与“我们想要避免什么”是不同的问题。这看似明白，但实际上负面愿景可能比正面愿景（positive vision）要更普遍。许多组织只有在遇到生存危机时，才能真正凝聚起来。它们把几乎全部精力都放在避免不想要的东西——被吞并、破产、失业、丢掉市场份额、收入下滑，或者“让竞争对手抢先推出下一个新产品”。在公共管理和领导领域，负面愿景甚至更普遍，当代社会不断受到“反毒品”“反吸烟”“反战”或“反核能”等诸如此类的负面愿景的冲击。

负面愿景的局限性有三点。第一，创新的能量被分散转移，去“防范”我们不想要的东西。第二，负面愿景带来一种微妙但又明确的无能为力的信息：我们大家其实并不真正关心。这种愿景只有在有足够的危险降临时，才能凝聚大家。第三，负面愿景不可避免的是短期的。组织激励只有在危机持续时才有效，一旦危机解除，组织的愿景和精力也就消失了。

激励组织的根本能量来源有两个：恐惧和愿望。恐惧的力量驱使负面愿景。愿望的力量驱动正面愿景。恐惧可以在短期内实现非凡的变革，而愿望则可以持续不断地成为学习和成长的原动力。

创造性张力与对真相的承诺

第 8 章中讲到，释放创新过程能量的关键，不在个人愿景本身，关键在“创造性张力”，即愿景与现实两者之间的张力。最有战斗力的人，能够在“保持”其愿景的同时，持续投入对现实的清醒观察。

这个原则对组织也同样适用。学习型组织的标志不是飘浮于空中的可爱的愿景，而是不折不扣地情愿检查“现实状况”，又有愿景做对照。

比如，20 世纪 60 年代初 IBM 为追求一个大胆的愿景，进行了一系列非同寻常的实验：一个家族系列的计算机，可以把以前所有的计算机全部废掉。《财富》杂志一位专题作者写到，IBM 把“自己的财富、荣誉以及在计算机领域的领导地位”，都压到一个激进的新概念上：用一系列兼容的计算机，来满足最广泛的可能的应用需求，从最复杂的科学应用，到相对简单的商业需要。[11] 福雷斯特曾说，一个伟大的组织的标志，是“坏消息向上传播的速度有多快”。IBM 认识到错误，并从错误中学习的能力，对那个时期是至关重要的。最令人沮丧的错误之一，是早期高端计算机的一个尝试，即 1960 年推出的名为“扩展”（Stretch）的巨型机。1961 年 5 月，在这款机型销售没有几台之后，IBM 的 CEO 汤姆 · 沃森（Tom Watson）实际上就撤销了这个项目。（沃森把“扩展”的价格从 1 350 万美元几乎拦腰砍下，从而使这一产品的生产变得没有任何经济效益。）对他来说，没有别的选择了：巨型机没有满足客户的需要，它所达到的技术指标从未超过原来承诺的 70%。几天以后，沃森向一个业界小组坦言：“我们在‘扩展’巨型机上最大的错误，是我们登上了本垒，指向中外野看台，挥手击球，却发现不是全垒打，而是强劲平飞球，打到了界外。今后我们对承诺的事，必须要格外小心。”

他们的确格外小心了。很多人从“扩展”巨型机的经历中学到很多东西。在这些人的领导下，IBM 在三年后推出了大型主机 System/360，成为日后十年公司卓越成长的基础平台。

共同愿景与第五项修炼

愿景为何夭亡

许多愿景，尽管具有内在价值，却从未得到生根和推广。有好几个增长极限的模式会起作用，去阻碍新愿景得到发展势头。理解这些模式对持续开发愿景的过程会很有帮助。愿景的传播是因为不断增加的清晰度、热情、沟通和承诺投入，它们会相互加强，成为一种正反馈过程。随着大家交流沟通，愿景变得更清晰。而随着愿景清晰度的增加，大家对愿景带来的利益的热情也会提高。

很快，愿景的传播开始进入一个沟通和兴奋的正反馈。追求愿景的早期成功，提高了大家的热情（这是另一个潜在的正反馈过程，下图没有显示）。

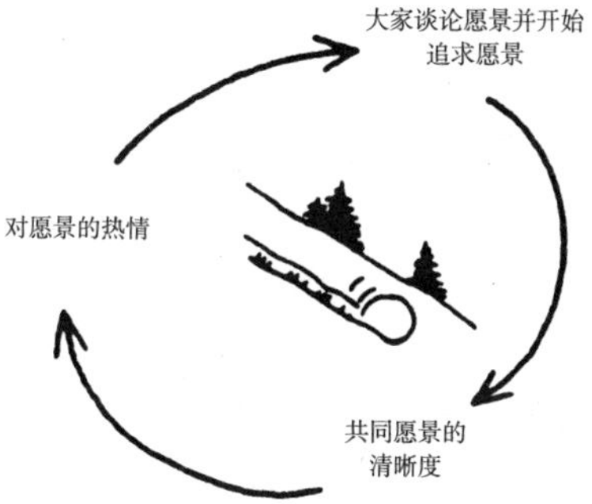

如果正反馈过程能够不受束缚地进行，它能使愿景传播给越来越多的人，并不断提高它的清晰度，增加大家共同的承诺投入。但也存在各种各样的限制因素，其中任何一种都有可能起作用，来减缓这种良性循环的正反馈过程。

随着愿景涉及的人越来越多，不同的观点可能会分散大家的集中关注，并引发无法控制的矛盾。如果发生这种情况，愿景就会夭亡。人们看到的理想的未来各不相同。对于逐渐浮现的共同愿景，不想立刻赞同的人是否必须改变自己的看法？他们是否必须认为，这个共同愿景业已成形，板上钉钉，不再有接受进一步的影响和改变的可能了？他们是否感到，自己的个人愿景根本无关紧要？如果以上这些问题有任何一个的回答为“是”，就会产生一系列愈演愈烈的意见分歧，报名加入的过程也会逐渐停止。

人们对愿景的热情不断提高的正反馈过程，遇到了不断增加的多样化、分歧和限制愿景传播的负反馈过程，形成两者相互作用，这是增长极限模式的经典结构。

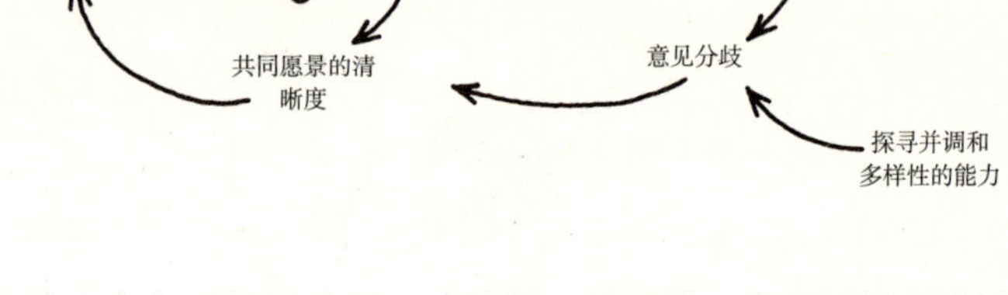

阅读这个负反馈环路图，请从最上端开始，依顺时针顺序：随着热情的高涨，越来越多的人在谈论愿景，结果意见分歧越来越大，最

终，人们表述的不同愿景间已存在潜在的矛盾。如果有人不能容许他人表达不同的看法，就会加剧意见的分歧，降低共同愿景的清晰度，限制热情的增长。

在增长极限模式的各种结构中，要发现杠杆作用点，往往要通过理解限制因素、理解引发负反馈作用的隐性目标或规则。在上述例子中，探寻各种不同的愿景并发掘深层次共同愿景的能力（或这种能力的匮乏），就是我们所说的限制因素。愿景的多样性会不断发展，直到它超出组织机构的容量能力，无法“调和”这种多样性了。

要避开这个极限，最重要的是第 9 章“心智模式”中阐释的反思和探寻的技能。形成愿景的过程实际上是一种特殊的探寻过程，它探寻的是大家真正想创造的未来。如果开发愿景的过程变成了彻头彻尾的鼓吹宣扬，那它最多也只能带来顺从，而非承诺投入。

将愿景的形成看作探寻过程，并不意味着人们要舍弃自己的观点。恰恰相反，愿景的开发需要强有力的宣扬。正是那些在宣扬的同时能够探寻他人愿景的人，才使愿景的演进成为可能，并使愿景扩展和超越个人层面成为可能。这正是全息照相的原理。

实现愿景的过程会遇到明显的困难和障碍，大家可能因此失去信心，也可能导致愿景的夭亡。随着愿景的性质越来越清晰，它与现实的差距也越来越明显。大家可能感到气馁和沮丧，产生疑虑和悲观情绪，甚至讥笑挖苦，导致普遍的热情减退。“组织的沮丧情绪”（organizational discouragement）造成的增长极限模式如下图所示。

在这种模式中，限制因素是组织“保持住”创造性张力的能力。这是自我超越的核心原则。所以我们认为，自我超越是发展共同愿景的基石——组织如果不鼓励自我超越，就很难培育对高远愿景的持续的承诺投入。

如果人们无法驾驭现实需求，失去对愿景的关注，也会使正在形成的愿景夭亡。在此情况下，限制因素是人们用于关注愿景的时间和精力。

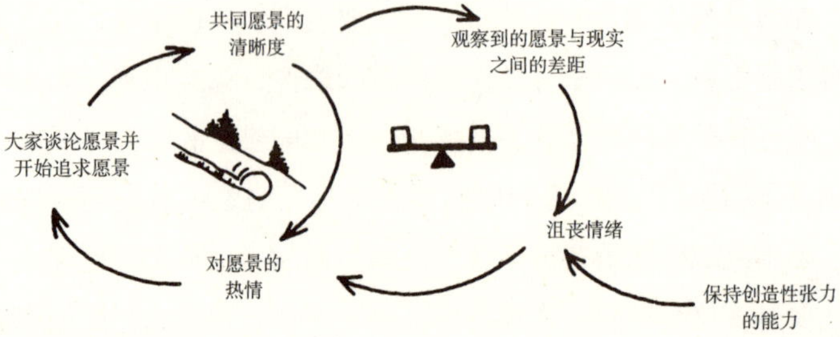

在上述情境中，杠杆作用点必然在于减少用于应付危机和掌控现状的时间和精力，或者将探寻新愿景的人与应对现状的人分开。这很像是一种"臭鼬工厂"战略，即组织中的小团体私下探寻组织内部非主流的新想法。尽管这种做法经常是必要的，但它往往容易形成两个阵营，而且它们最终会两极分化，无法相互支持。

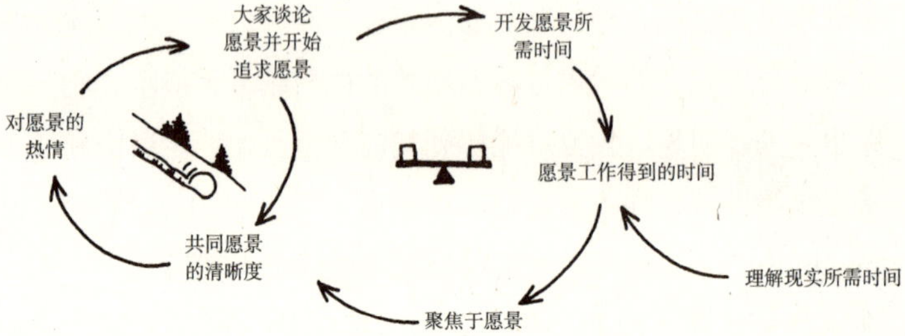

最后，当人们忘掉彼此间的连通性时，愿景也会夭亡。将发展愿景看作众人合力的探寻过程之所以那么重要，这也是原因之一。一旦人们不再询问"我们究竟想创造什么"，一旦大家开始宣扬官方的愿景宣言，组织中正在进行的交流以及从中培养的人际关系都会受到侵蚀。人们渴望建立连通关系，包括与更大的志向目标的联系及与他人的关联，这种渴望是共同愿景最深层的基础之一。连通性十分脆弱，我们一旦不尊重他人，不尊重彼此的观点，就会对它造成损害。于是，我们分化成了内部的人和外部的人，也就是愿景的“真信者”（或“忠实的信徒”）和“非真信者”。如果发生这种情况，为开发愿景而进行的交流，就再也不能激发对愿景的真挚热情了。

导致人们鼓吹劝诱而失去彼此间的连通感的，可能是时间或技能这两个限制因素。如果“登记加入”（sign up）新愿景非常紧急，人们可能根本想不到他们有时间彼此倾听交流。而如果人们没有足够的技能进行这种交流，在分享愿景时无法有效避免鼓吹劝诱、同时又勉励对方反思自己的愿景，那这种情况就尤其容易发生。

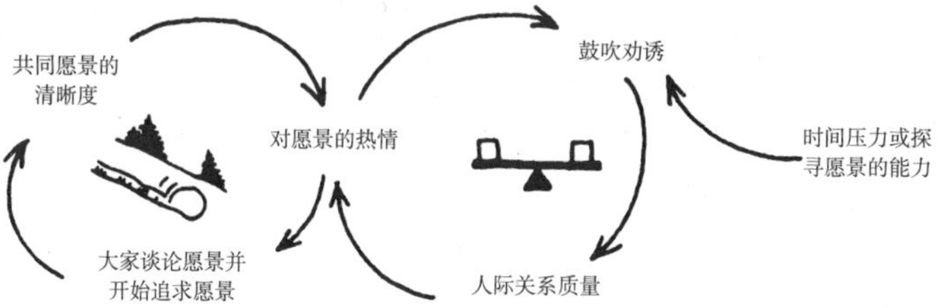

遗漏的协同效益：共同愿景与系统思考

我认为，如果没有系统思考，建设共同愿景的修炼就会缺乏一个关键基础。愿景画出我们想要创造的未来图景。系统思考则揭示我们如何创造了我们的现状。

近年来，许多领导者都赶乘愿景时尚这班车。他们开发了公司愿景和使命宣言，他们努力让大家都报名加入愿景。然而，期望中的绩效和竞争力的提高却往往没有发生，这就让许多人对愿景和建立愿景的修炼产生了不满情绪。糟糕的阶段已经过去了，而新生儿却就要和洗澡水一起被泼出去。

问题不在于共同愿景本身，只要它是精心开发的愿景。问题在于我们对现实的反应倾向。只有在大家深信自己能够塑造未来时，愿景才能成为一种生机勃勃的力量。简单的事实是，大多数经理人没有亲身经历帮助创造现实的过程，因而他们无法看清自己如何能够帮助改变现实。他们认为，问题是由“外部的”或者“系统的”因素制造的。

这种态度很难被确实证明，因为在许多组织里，认为“我们不能创造未来”是个危险的看法，所以从未被承认过。有一个很是根深蒂固的观点，即好的经理人和领导者就应该积极主动，掌控自己的未来。如果有人公开质疑组织能否实现它想做的事，那他很快会被贴上“不合作”的标签，成为一个麻烦。

然而，这种“能做”的乐观信念，其实是一种反应式根本观念的外表虚饰。因为主导大多数组织的是线性思考，不是系统思考。事件主导的心态告诉人们，游戏的规则是对变化做出反应，而不是生发变革。事件主导的倾向会逐渐消灭真正的愿景，留下的只是空洞的“愿景宣言”，即那些不能深入人心的美好概念。

但是，随着组织成员开始学会观察现行的政策和行为是如何塑造了大家的现实，就会产生一种新的、更肥沃的愿景生长的土壤。一种新的信心来源出现了，它植根于对塑造现实的各种影响力的深度了解，从那里可以找到影响这些影响力的杠杆。我一直记得我们的研究项目中一家公司的经理，在参加“微世界”计算机模拟强化课程之后的反应。当被问起学习心得时，他回答说：“我发现，我们目前的现实，只是好几个可能的现实中的一个。”

第 11 章

团队学习

协同校正的智慧潜力

篮球运动员比尔·拉塞尔在谈到他在波士顿凯尔特人队的经历时说："（我们）是专业球队，和其他领域的专业团队一样，我们的业绩表现既要靠个人的优秀，也要靠我们合作的水平。我们的专长必须是互补的，这个道理没有人需要吃尽苦头才能理解，因为它是个简单明了的事实。我们都在努力寻找更有效的联手方法……在球场外，我们多数人按社会标准说都是古怪的——我们都不是那种与别人混在一起，改变个性去迎合别人胃口的人。"[1]

拉塞尔小心翼翼地解释说，它是一种不同的团队关系，而不是朋友关系，使他的团队表现出众。这种团队关系的经历是他运动生涯中最伟大的时光，超过任何个人的成功："很多时候，凯尔特人队的比赛之热烈，超过身体上，甚至心智上的比赛，它如魔幻般不可思议，很难用语言表达。我可以肯定，在打球时我从未讲过这件事。这种经历出现时，我感到我打球的水平跃升到了新的高度……这种感觉不仅我有，不仅其他凯尔特人队员有，对方的球员也有，甚至裁判也有……在那个时候，各种奇怪的事情都发生了。比赛激烈地进行着，达到白热化，然而我一点儿也感觉不到任何竞争，这本身就是个奇迹……比赛进行得如此迅速，每个假动作、每个穿插和过人都出人意料，然而，这些都不能让我感到惊异。我们那时仿佛处于比赛影片的慢动作放映中。在那段魔力时刻，我几乎可以感觉到下一轮比赛会怎么打，下一次投篮会在什么位置……对我来说，关键是两支球队都必须处于巅峰竞技状态，处于竞争和求胜愿望之中……”

拉塞尔所在的凯尔特人队（13 年中 11 次成为 NBA 总冠军）展示的现象，我们称之为“协同校正”（alignment），这是指在一组人群中出现一个整体功能的现象。大多数团队中，个人的能量有不同的目标取向，相互交叉甚至矛盾。如果要画出这样的团队，各个成员凑在一起，各有不同程度的“个人影响力”（完成意向成果的能力），向不同的生活目标和方向使劲儿，就会如下图中所示的情况：[2]

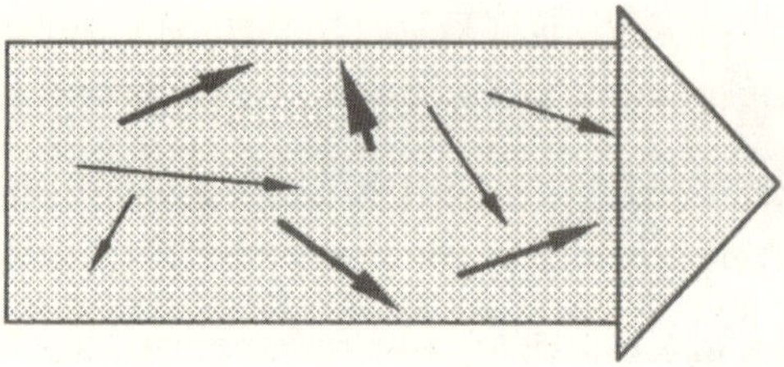

相对缺乏协同校正的团队，其基本特点之一就是浪费精力。团队中的个人可能都非常努力工作，但他们的努力不能有效地转化为团队的绩效成果。相反，如果团队做好了协同校正，就会出现在大家方向上的共同一致，大家的精力和能量也会得到融合与协同，减少了损耗。

一种共鸣或协同实际开始出现时，就像激光的“相干”光，而不是灯泡的不相干的散光。在志向目标、共同愿景以及对如何互助互补的理解等方面，都出现协同一致。团队中的个人，并没有为了团队的更大愿景而牺牲个人利益，相反，共同愿景成了他们的个人愿景的延伸和扩展。其实，要在授予个人权力的同时提高整个团队的能力，必要条件就是协同校正。在协同校正水平较低的时候，授予个人权力的做法会加剧混乱局面，使团队的管理更加困难：

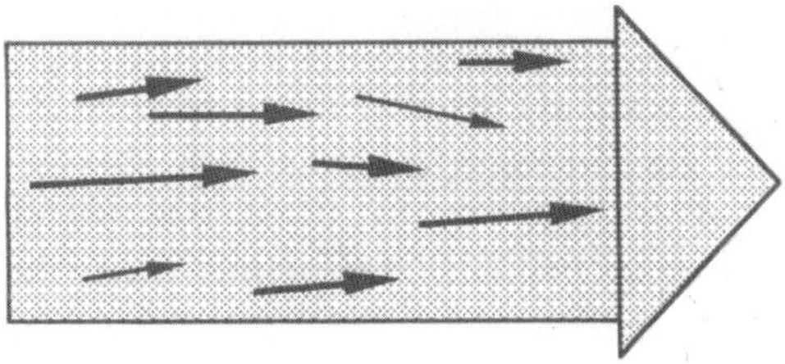

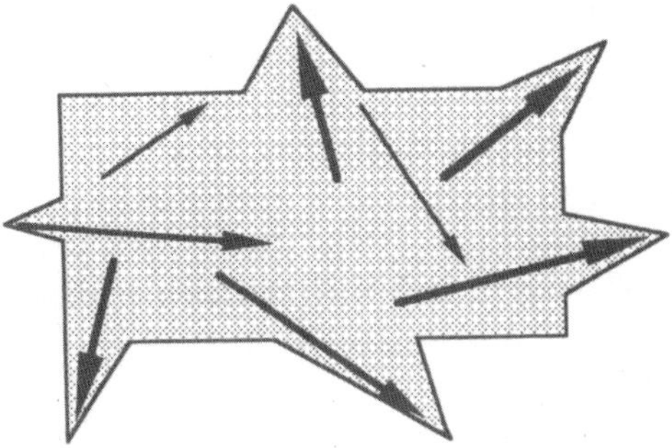

爵士乐演奏家们理解协同校正。他们有一个说法，叫“最精彩的状态”（being in the groove），是演奏小组处于“演奏如一人”的状态。这类经历很难用语言表达——爵士乐演奏家们用近乎音乐的语言来描述：“音乐从你那里流过，而不是从你那里流出。”虽然难以用语言描述，但一点儿也不会影响这些经历的明确性和实在性。我曾和许多经理人交谈，他们参与过的团队曾有过类似这种水平的高超表现。他们会回忆，历时数小时的会议就好像“飞过”似的，记不起“谁说了什么，但知道我们真正达成了共识”，而且“没有投票表决的必要——就是达到了一种境界，我们都知道需要做什么了”。

团队学习是协同校正的过程，是开发团队能力的过程，这种能力会创造团队成员真正想要的成果。团队学习要在开发共同愿景的基础上完成，此外，它还要依赖自我超越的修炼，因为有才能的团队要由有才能的个人组成。但是，仅仅有共同愿景和才能还是不够的。世界上有很多团队，它们都有才华出众的成员，也在一段时间里分享同一个愿景，却在学习实践中落败了。伟大的爵士乐队有天才，还有共同愿景（尽管他们不一定谈论它），但真正的关键是，成员们知道如何一起演奏。

学会团队学习，对当今组织机构来说有着前所未有的重要性。不管是管理团队，还是产品开发团队，还是跨界的特别功能小组，团队——或者用德赫斯的话说，是“为了行动而相互需要的人们”——正在成为组织机构中的关键学习单元。这个原因很简单：几乎所有重要决策，现在都由团队来完成。有时是由团队直接做决策，有时是需要团队把个人决策变成行动。从某种程度上说，个人学习与组织学习是不相干的。个人学习无时不在，但是组织学习却不一定发生。如果团队能够学习，就会成为整个组织中学习实践的微系统。团队学有所得，付诸实践，开发技能，并将其传播到其他个人和团队（虽然并没有人保证一定能传播出去）。团队的成果可以成为样板，为整个组织一起学习建立标准，定下调子。

在组织内部，团队学习有三个关键方面。第一，对复杂问题要有深入的思考和明晰的理解。这里，团队必须学会如何挖掘个人的思想潜力，以超越个人的心智。这说来容易，但组织中有很多强大的影响力会使团队的智能低于个人智能，而不是高于它。这类影响力中，有许多都在团队成员的直接掌控之下。

第二，需要有创新的、协调的行动。体育冠军团队和伟大的爵士乐队是一种比喻，它揭示了自发而协调的行动的特征。出色的团队也会开发出同样的人际关系——一种“操作信任”（operational trust）关系。每个团队成员都保持对其他成员的清晰意识，行动中相互依赖，互助互补。

第三，团队成员对其他团队起作用。例如，高层团队的大多数行动，实际上由其他团队完成。所以，“学习型团队”（learning team）要不断通过广泛传授团队学习的技能和实践方法，来培育其他团队的学习实践。

团队学习是一项集体修炼，尽管它包含个人技能和理解力。因此，如果说作为个人的“我”掌握了团队学习的修炼方法，是毫无意义的，就像说“我掌握了伟大爵士乐队的演奏技能”一样。

团队学习修炼，包括深度汇谈和商讨的（discussion）实践艺术，这是团队交流的两种独特的方法。在深度汇谈中，对复杂和微妙的问题，要有自由的、创造性的探讨，要悬挂或临时忘记自己的观点，相互深度“聆听”。相比之下，在商讨中，不同的观点都摆出来，得到阐述和辩护，同时寻找最佳观点，支撑眼下必须做出的决策。深度汇谈和商讨可以互补，但大多数团队无法区分它们，无法在两者之间进行有意识的转换。

妨害团队进行有效深度汇谈和商讨的强势影响力是存在的，团队学习修炼必须学会如何创造性地面对这些反对力量。这些反对力量的主要表现之一，是阿吉里斯所说的“习惯性防卫”，即保护我们自己和他人不受窘迫威胁的习惯做法。但这些做法同时也妨碍着我们学习。

例如，团队成员在面对冲突时经常是“平息”纠纷，或是用毫无遮拦、“成王败寇”和高声混战的方法来“大胆说出”意见——我的同事比尔·艾萨克（Bill Isaacs）把这称作“抽象战争”（abstraction war）。然而，阻碍学习的习惯性防卫同时也蕴涵着很大的促进学习的潜力，前提是要学会如何释放它。第 9 章所讲的探寻和反思技能，可以用于释放这种潜力，以给深度汇谈和商讨聚焦能量。

系统思考尤其容易引起习惯性防卫，因为其核心思想就是自己的行动创造现实。从系统的角度来看，问题来自我们自己的政策和策略，即来自“我们自己”，而不是来自我们无法控制的外力。因此，团队不一定愿意从更系统的观点看待重要问题。我曾遇到不少这种情况，团队认为“我们已经做了系统思考”，宣示了一套系统观点，但并不付诸实践，或是固执地认为“我们没有什么办法，只能去应付这些问题”。这样一来，他们就能成功地回避责任，不用认真探查自己的行动如何引发了自己正在努力应付的问题。与其他分析方法相比，系统思考更要求成熟的团队去开发能力，以深入探寻复杂的、冲突性的问题。

最后，团队学习如同其他所有修炼，需要实习和演练的过程。这正是现代组织团队缺乏的。没有彩排，如何能成就一场伟大的交响乐？没有彩排，如何能成就一场杰出的戏剧表演？不经训练，如何能成就一支体育冠军团队？团队学习的过程，实际上就是从实习演练到实战实践的不断反复的持续过程：演练，实战，再演练，再实战。我们才刚刚开始学习如何创造模拟机会，让管理团队去实习演练。后面是这种做法的一些具体例子。

尽管团队学习很重要，我们对它却还是所知甚微。在我们能够更好地阐释团队学习之前，它一直都会是个神秘的现象。我们无法区分“集体智能”（group intelligence）和“趋同思维”（groupthink），除非我们能发展出某种理论，解释团队在学习时（不是团队中的个人在学习时）所发生的事。相对于“集体智能”，“趋同思维”只是个人在群体压力下的屈服和顺从。在团队共同学习的可靠方法开发之前，团队学习都只是偶然发生的事件。这就是为什么说，掌握团队学习的修炼方法是建设学习型组织的关键一步。

团队学习的修炼：让团队智商超过个人智商

深度汇谈与商讨[3]

维尔纳·海森堡[a]的《物理学及其发展》（*Physics and Beyond*）是本非凡的著作。书中论述道：“科学植根于交谈，不同人的合作可能最终达成最重要的科学成果。”海森堡回忆了与泡利、爱因斯坦、波尔及其他物理学家的延续了一辈子的交谈。这些伟大人物在20世纪上半叶颠覆并重塑了传统的物理学。海森堡说，这些交谈对“我的思想产生了持久的影响”，促生了许多理论，使这些人后来能名扬世界。海森堡的交谈回忆生动具体，富于情感，揭示了“协作学习”（collaborative learning）的巨大潜力——我们在集体中时，比个人单独思考时具有更大的智慧、悟性和洞察力。潜在的团队智商可能比个人智商高出很多。

已故的当代物理学家戴维·波姆（David Bohm）曾为刚刚兴起的团队学习修炼做出重要贡献——从海森堡的反思来看，这个现象一点儿都不奇怪。波姆是一位出色的量子理论家，他开发了一套“深度汇谈”的理论和方法，让一组人“对更大的智能流动达到开放状态”。

a. 维尔纳·海森堡（Werner Heisenberg），德国物理学家，量子力学的奠基人之一，他发现了现代物理学著名的“测不准（不定性）原理”（Uncertainty Principle）。——编者注原来，深度汇谈是个非常古老的概念，古代希腊人尊崇它，包括印第安人在内的许多“土著”社会也都熟悉它的实践方法。然而，现代世界已经完全遗忘了它。我们都有过某种深度汇谈的经历——那些特殊的交谈，开始“有了自己的生命”，并把我们带到了事先从未想象或计划过的方向和领域。但这类经历很少发生，它只是情境条件的巧合产物，还不是系统的修炼和实践的结果。

波姆晚期有关深度汇谈理论和实践的著作，独到地融合了两个主要思想流派——这些思想是前文讨论的各项修炼的基础：系统的、整体的自然观，以及我们思想和内心的模式与我们感知和行动之间的互动关联。波姆说：“量子理论蕴涵着这样的看法，即宇宙虽然在大尺度上可以近似地描述为可分的、独立存在的组成部分，但它本质上是不可分的整体。这尤其意味着，在量子理论的精度上，观察仪器和观察对象会以不可还原的方式相互作用、相互参与。因而，在这个层次上，感知和行动是不可分的。”

这让我们想到系统思考的某些关键特征，我们会特别注意到，现实的发生经常是我们自己认知指导下的行动所造成的结果。类似的问题也在相对论中出现。波姆于 1965 年出版的《狭义相对论》（*The Special Theory of Relativity*）[4] 开始把系统观点和心智模式更明确地联系在一起。他特别指出，科学的目的不是“知识的积累”（因为所有理论最终都会被证伪），而是创造“心智图谱”（mental maps），指导我们形成感知和行动，让我们不断“在自然和意识之间交互参与”。

然而，波姆最突出的贡献，还在于他认为思想“主要是集体现象”，这给团队学习提供了独到的洞见。波姆早期就注意到了一个类比现象，即粒子的集体特性（如“电子海”的系统范围运动），与我们思考方法的特征很相似。后来，他认为这个类比很重要，可以帮我们揭示普遍的“反效果思考”（counterproductiveness of thought）——几乎在人生的每个阶段，我们都能看到它。波姆认为：“我们的思考是不连贯的，结果事与愿违，产生了反效果，这是世界上许多问题的根本所在。”但是他认为，由于思考在很大程度上是集体的，我们就不能仅用个人的方法来改进我们的思考：“和电子一样，思考也应该被看作系统的现象，它来自我们交往和交流的互动方式。”

交谈的类型主要有两种：深度汇谈和商讨。对有能力不断进行生成性学习的团队来说，两者都很重要，但其效力来自两者的协同整合。如果对两者的区别没有清晰的了解，就不可能对它们进行协同整合。

波姆指出，“商讨”（discussion）一词的词根与“撞击”（percussion）和“震荡”（concussion）相同。它就像“打乒乓球一样，我们把球打来打去”。在这样的游戏里，大家共同感兴趣的主题，可能会基于各参与方的多种视角而被分析解剖。这显然很有用。游戏的目的通常是“取胜”，而在这里要取胜，就是要让大家接受你的观点。你可能有时也接受别人的部分观点，但目的只是为了增加自己的观点的说服力。从根本上说，你还是想让你的观点获胜。这样持续把注意力放在赢得胜利上，并不符合协调性和真相优先的原则。波姆认为，我们需要一种不同的沟通模式，即“深度汇谈”模式，来改变这种优先选项。

与商讨一词相对照，“深度汇谈”（dialogue）一词来自希腊语 dia-logos：dia 意为“通过”，logos 意为“词语”，更广义的时候指“意义”。波姆认为，这个词的原意是“意义的通过或流过……是意义在人与人之间的自由流动，从某种意义上说，好比河水在两岸之间的流动”。[5] 在深度汇谈中，一组人可以接触到更大的“意义共享池”（pool of common meaning），而这个共享池单靠个人是接触不到的。它意味着“由整体来组织各个部分”，而不是试图把各个部分拉到整体中。

深度汇谈的目的是超越每个个人的理解力。“在深度汇谈中，我们不是要赢得一方的胜利，相反，如果做的得当，我们大家都赢得了胜利。”个人在深度汇谈中所获得的洞悉，根本不能单靠个人自己达到。“通过发展共同分享的意义，新的心智开始出现……大家不再处于对立面，也不能说是在相互影响。大家在参与这个意义共享池，它能够自身不断地发展和变化。”

在深度汇谈中，一组人从许多不同的角度来探索复杂、困难的问题。大家都“悬挂”或暂时忘记自己的假设，又可以自由沟通这些假设。这引发了自由的探索，使大家的深层经历和思想都浮出水面，同时又能超越个人的观点。

波姆认为，“深度汇谈的目的，是揭示我们思想的不连贯性”。不连贯性有三种。一是“思想否认自己的参与特性”。二是思想“只在自己运转，就像程序在运行”，而不探索现实。三是思想建立自己的参照标准来解决问题，而这些问题本来是思想自身参与引发的。

以偏见为例来说明。一旦我们开始接受对某个特定人群的成见，这个“思想”就变成代理，会积极主动地“参与”决定我们如何与那个特定人群打交道。而我们打交道的态度又反过来影响了对方的行为。心存偏见的我们，却没看见自己的偏见在决定着我们的“所见”所为。从某种意义上说，假如我们能看见，我们就不会再有偏见了。偏见要起作用，偏见之“想”就必须隐藏在它主人的视野之外。

“思想（在我们面前）表现着（present）（我们）自己，还假装它什么都没有代表（represent）。”我们就像演员，却忘了我们在扮演着角色。我们陷在自己思想的剧院里。[a]这就是波姆所说的，思想开始变得“不连贯”了。我们开始在剧院里运作，界定问题，采取行动，“解

a. “剧院”（theater）一词，和“理论”（theory）一词有同样的词根，theoria，意思是“看”。

决问题”，而与剧院外面更宏大的现实相脱节了。

深度汇谈的方法，帮我们“看清思想的代表特征和参与特性，（而且）……更敏锐地察觉我们思想的不连贯性，并建立一种安全感，让我们敢于承认自己思想的不连贯性”。在深度汇谈中，我们成为自己思想的观察者。

我们观察到了什么？我们能观察到自己思想的活跃性和积极参与性。比如，在深度汇谈时如果发生冲突，大家很可能意识到紧张气氛，但是，紧张气氛就是从我们的思想中来的。大家会说：“是我们的思想，我们执着自己思想的方式，在发生冲突，并不是我们本身。”一旦大家看清自己思想的参与特性，就会开始把自己和自己的思想区分开来，还会开始对自己的思想采取更有创造性的姿态，从而减少反应式的立场。

在深度汇谈中，大家还会开始看到思想的集体特性。波姆说，“大多数思想有集体性根源，每个人会自己有所加工”，但主要来源是集体性的。“比如语言，就全部是集体性的。”波姆说道，“而没有语言，我们所知道的思想就不存在了。”我们所持的假设大多数来自我们文化所接受的假设之库，我们很少有人学会真正地“自己独立思考”。即使真有人这样做，他也一定会像爱因斯坦所说的那样，“要被误解”。

大家还会开始观察，与自己的“思想”不同的、正在进行中的“思考”过程，以及这种思考的过程与结果的差别。波姆认为，这对纠正我们思想的不连贯性是非常重要的。

假如集体思考是正在流动的溪水，“思想”就是漂在水面上的树叶，被冲到了岸边。我们聚集在树叶里，给我们的感觉是处在一些“思想”中。我们误认为这些思想是我们自己的，因为我们没有看到，它们原本来自集体思考之溪流。

而在深度汇谈中，大家开始看到溪水在两岸之间流动。大家开始

"参与这个意义共享池，它能够自身不断地发展和变化"。波姆坚信，我们通常的思想过程就好像一张"粗眼网"，只能打捞到溪流里最粗大的物体。在深度汇谈中，"敏感度"得到了开发，超越了我们熟知的东西，包括我们通常所说的思考本身。这种"敏感度"是一张"细眼网"，它能打捞到思考的溪流中的精微含义。波姆认为，这种敏感度是真正的智能之源。

所以，波姆认为，集体学习实践不仅是可能实现的，而且对挖掘人类智能潜力至关重要。"通过深度汇谈，大家能够相互帮助，认识各自思想的不连贯之处，并由此使集体思想（collective thought）[a]越来越连贯一致。我们很难给连贯性下一个简单定义，只能说它是一种秩序感、协调性、美感，或者和谐状态。

这里主要不是要去追求某种抽象的连贯一致的理想。相反，这里说的是，要让所有参与者一起，对不连贯性的各种可能的形式开发出一种敏感度。不连贯性可能表现为矛盾和混淆，但它更根本的表现是我们的思想在制造着我们并不真正愿意看到的结果。

波姆认为，深度汇谈有三个必要的基本条件：

（1）所有参与者都必须"悬挂"自己的假设，就好比把假设"悬挂在我们面前"。

（2）所有参与者都必须把其他人看成同事，平等相待。

（3）必须有一位"辅导员"（facilitator）来为深度汇谈"护持场境"（holds the context）。

这些基本条件能够减少沟通交流的阻力，帮助"意义的自由流动"（free flow of meaning）贯通对话小组。电路中的电阻会让电流产

a. 这个词来自拉丁语 cohaerere，意思是"黏挂在一起"。

生热量（耗散的能量），类似地，一组人群通常的操作运行也耗散能量。在深度汇谈中，有一种“冷能量，就像超导一样”。“热点话题”通常难以驾驭，会引起情绪化的争执和躁动的局面，但经过深度汇谈，就变成了可探讨的议题，甚至变成通往深层智慧的途径。

悬挂假设（suspending assumptions）。把自己的假设“悬挂”起来，就是“托住”假设，“就像‘挂在你面前’，对质疑和观察评论保持开放和欢迎姿态”。这不是说放弃和压制自己的假设，不去表达它。不是说持有自己的意见就是“坏事”，也不是说我们应该取缔主观性（subjectivism）。相反，这里的要求就是意识到自己的假设，并把它拿出来接受检查。如果我们总想为自己的观点辩护，就做不到这一点。如果我们意识不到自己的假设，或者意识不到自己的观点只是基于自己的假设而非无可辩驳的事实，那就同样做不到这一点。

波姆认为，一旦有一个人“坚持立场”，摆出决不妥协、“就是得这样”的姿态，就破坏了深度汇谈的流动性。波姆打个比方说，这就如同在“利刃”之上的平衡游戏，如临深渊，因此“我们总想脱离悬挂假设的危险状态……而采取不可谈判的僵硬观点，这样心里才觉得踏实，还会加强为自己的观点辩护的冲动”。

例如，一家很成功的高科技公司的高管团队最近做了一次深度汇谈（详情见后）。大家认为，由于研发部门在公司中的地位较高，公司研发部门与其他部门之间存在一条“鸿沟”。公司30年的创新史，是这条鸿沟的根源：好几项重大创新产品，真都是在他们那里开创的，后来也都成为产业标准。产品创新是公司市场声誉的基石。所以，尽管那条鸿沟造成了许多问题，但还是没有人谈论它。大家觉得谈论这个问题，也许会挑战公司长期重视的科技领导力的价值，也会质疑那些富有创新精神的工程师追求自己产品研发愿景的价值。而且，负责研发的二把手也在场。

在讨论悬挂所有假设的条件时，市场营销主管问道："是所有假设吗？"听到肯定的回答后，他看上去一脸疑惑。随着对话深入，他后来承认他有一个假设，即研发部门认为自己是公司的"火炬守护者"，这使他们不愿意看到市场信息对产品开发的可能影响。研发部门经理回应说，他也曾假设其他人都这么看他。而且让大家都吃惊的是，他觉得这种假设限制了研发部门的工作效率和工作能力。他们两个人都分享了各自作为假设的假设，而不是把假设作为确凿事实。后来的深度汇谈开启了一场激动人心的观点勘察，其开诚布公的水平和战略含义的深度，都是前所未有的。

悬挂假设很像基本的反思和探寻技能，包括观察"跳跃性推断"和"探寻抽象推断背后的理由"，如第9章"心智模式"中讲述的那样。但在深度汇谈中，悬挂假设必须在集体中进行。托住悬挂的假设，是一项团队修炼。假设可以托起，并与别人的假设进行相互对照，所以它能使团队成员看清自己的假设。波姆指出，悬挂假设是件很难的事，因为"思想本身的特点不断诱惑我们采取'就得是这样'的幻觉观点"。悬挂假设的修炼是这种幻觉观点的对症药。

相互看成同事。只有当一组人能将彼此相互看成平等的同事，共同携手探索深层智慧，澄清思想，才会有深度汇谈。相互看成同事为什么重要呢？因为思想是参与性的。在思考中有意识地把对方看成同事，就会以帮助同事的方式来交流沟通。这听上去可能很简单，但会产生重大深远的影响。

相互看成同事，对建立正面的心态及弥补深度汇谈带来的心理脆弱都非常关键。在深度汇谈中，大家其实会觉得好像在建设什么东西，好像在开发一种深沉的理解力。相互看成同事和朋友，听上去很简单，实际上却非常重要。我们和朋友的交谈，就与和不是朋友的人的交谈不同。有趣的是，随着深度汇谈的深入，团队成员之间，甚至在没有多少共同点的成员之间，会开始发展一种友情。相互看成同事的意愿就是这个过程的必要因素。另外，悬挂假设会产生心理脆弱感。相互看成同事会让大家承认并正视相互的风险，在面对风险时就有了安全感。

同事关系，并不是说你需要同意和分享一样的观点。相互看成同事的真正作用，其实在观点不一致时才能显现。如果大家观点都一致，做同事就很容易了。而当观点很不一致时，做同事就难了，但这么做所获得的回报也就大了。选择把对手看成“有不同观点的同事”，能获得的利益是最大的。

波姆曾经怀疑，在组织机构中实践深度汇谈不一定可能，原因就是建立同事关系的条件：“等级体系是与深度汇谈对立的，而在组织机构中是很难摆脱等级结构的。”他质疑说：“那些身处权位的人真能与下属‘坦诚相待’吗？”对组织团队而言，这种质疑有几个方面的含义。第一，每个参与者必须真心想要获得深度汇谈的利益，并把它看得比保持自己的地位和特权更重要。假如有谁已经习惯于因为自己地位最高，所以要让自己的观点获胜，那他在深度汇谈中必须放弃这种特权。假如有谁已经习惯于因为自己地位最低，所以要隐藏自己的观点，那他也必须放弃这种隐蔽观点的安全感。必须消除恐惧，避免武断指责。深度汇谈是很有趣的，它就要求你愿意摆弄、推敲和测试新想法。而一旦大家过于计较“谁说了什么”，或者“可不要说蠢话”，那就不好玩了。

这些必要条件不可轻视。我们见过许多组织团队，如果每个成员事先都清楚对自己的要求，他们就会始终愿意迎接这些要求带来的挑战。我们内心深处都有对深度汇谈的渴望，当深度汇谈聚焦于我们最重视的问题时，这种渴望尤为深切。但这并不意味着我们总可以在组织机构中进行深度汇谈。假如遵循悬挂假设和同事关系的条件没有被所有人接受，深度汇谈就不可能进行。

为深度汇谈“护持场境”的辅导员。没有熟练的辅导员，我们的思想习惯就会不断地把我们从深度汇谈模式拉到商讨模式上。这种情况在团队进行深度汇谈修炼的初始阶段尤其容易发生。我们会认为“我们的思想所表现的就是实实在在的现实，而不是其再现和代表；我们确信自己的观点，并且要让它获胜；我们对公开悬挂自己的假设感到很担忧；我们甚至不能肯定，悬挂‘所有假设’是否会产生心理安全问题”——“不管怎样，有一些假设我必须要坚持，否则就会失去我的身份感和归宿感，不是吗？”

与好的“过程顾问”（process facilitator）一样，深度汇谈过程的辅导员有一些基本的责任，包括帮助大家对过程和结果都始终保持拥有者的态度，即大家对过程中所发生的一切负责任。假如有人开始心怀不满情绪，觉得“某某人”不让我们探讨那件事，那就构成了未悬挂的假设。辅导员还必须继续推进深度汇谈。假如有人开始把对话拉向商讨模式，而商讨实际并不是当下的要求，这就必须辨别清楚，公开指出来，质问对话小组是否还具备继续深度汇谈的条件。辅导员总要非常小心地行事，一方面在对话过程中要提供知识和帮助，另一方面又不能有“专家”或“医生”的心态，因为那样就会把大家的注意力从团队成员自己身上转移开，从而忽视大家的想法和责任。[6]

然而，在深度汇谈中，辅导员要做的还不止这些。他对深度汇谈的理解，会让他仅仅通过参与就能影响对话的进程。比如，有人做了评论时，辅导员可能会说：“但是，反面的情形也可能成立。”除了对对话条件的类似的提醒，辅导员的参与本身就是对深度汇谈的展示。深度汇谈的艺术在于经历意义的流动，在于看到当下需要说出的那一件事。基督教教友派贵格会（Quakers）鼓励其成员，不要简单地说出脑袋里闪出的任何念头，而要只说出自己感到有冲动的想法［说话的冲动和需要，会使自己感到“贵格”（quake），即震动和颤抖]。类似的，辅导员也只说出当下需要说的，不多，不少。这样就会使大家加深对深度汇谈的理解，而且比任何抽象的解释都管用得多。

随着团队对于深度汇谈经验和技能的积累，辅导员的角色就不那么重要了，他可能逐渐变为一个普通的参与者。一旦团队成员开发了自己的技能和理解力，深度汇谈就会从一个“无首”团队中自动呈现。在一直实践着深度汇谈修炼的社会文化里，深度汇谈通常是没有指定辅导员的。例如，美洲印第安人部落，曾在很高的水平上实践了深度汇谈，却没有正式的辅导员。萨满（Shamans）和其他智者起到了一定的特殊作用，但团队小组自己就能进入深度汇谈。

深度汇谈和商讨的平衡。在团队学习中，商讨是与深度汇谈互为补充的必要实践。在商讨过程中，不同的观点得到阐释和辩护，这能给整个情况提供有用的分析，就像前文提到的那样。在深度汇谈中，不同的观点也得到阐述，但阐述的目的是发现新观点。一方面，人们在商讨中做决策，在深度汇谈中则要探索复杂问题。团队必须达成协议、做出决策时，需要一定的商讨，基于大家都同意的分析检验，权衡各种替代观点，发现首选观点（这也可能就是原来的观点，也可能是商讨中出现的新观点）。有效的商讨会凝聚意见，形成结论或行动路线。另一方面，深度汇谈是发散性的，它的目的不是寻求意见一致，而是开发对复杂问题的丰富感悟。深度汇谈和商讨都有可能形成新的行动路线图，不同之处在于新的行动往往是商讨的关注重点，但却只是深度汇谈中可能出现的副产品。

学习型团队能够掌握深度汇谈和商讨之间的转换。两者的基本原则不同，目标也不一样。如果不能区分它们，团队往往就会既做不到深度汇谈，也无法进行有效的商讨。

经常定期实践深度汇谈的团队成员，会发展出一种特殊的关系。

他们建立了深度的互信，自然渗透到他们的商讨中。他们对各自观点的独到之处都有丰富的了解。而且他们亲身体验到，"柔和地" 保持自己的观点能开发他们更深广的理解力。他们掌握了持有某个立场的艺术，而不是"为自己的立场所持有"。为某种观点作辩护是得当的时候，他们会表现出更多的优雅风度，更少的僵硬固执——"取胜"已经不再是他们的优先选项。

此外，深度汇谈的技能在很大程度上与有效商讨的技能完全一致。这些技能就是第9章"心智模式"中讨论过的探寻和反思。深度汇谈之所以如此重要，原因之一就是它能建立安全的环境，让这些技能得以精研提升，让团队深度学习实践的探索和发现得以开展。

反思、探寻与深度汇谈。在波姆的思想中，我们看到了与第9章中"行动科学"方法的深层共鸣，包括公开自己的观点、接受他人影响的重要性，以及把自己的心智模式与现实本身相混淆的危害性。波姆的观点的独到之处，在于他揭示了在一组人群中可能发生的"新"景象：团队成员能超越行动科学专家指出的无能状态。此外，波姆的深度汇谈是一项团队修炼，不可能仅靠个人完成。

深度汇谈的愿景，包括"更大的意义共享池"这一假设。共享池只能由集体接触到。这个观点乍看上去很激进，但对一些经理人却很有吸引力，他们经过长期的摸索实践，对集体探寻和建立共识过程的微妙之处已是颇有感悟了。

这些经理人在初期阶段就学会了区分两种类型的共识："向下聚焦"型共识，即从很多个人观点中找出共性，或公分母；和"向上开启"型共识，即寻求超越每个个人观点的更大图景。第一类共识，要从个人观点的"内容"中建立起来——要发现我的观点中哪些内容也能被你和其他人接受。这是我们的"共同点"，我们根据它可以达成一致。

第二类共识，要基于以下的思考：我们每个人都有一个“观点”，它是一种观察现实的方法和视角；每个人的观点都给观察更大范围的现实提供独特的视角；如果我通过你的视角“看出去”，你也通过我的视角“看出去”，那我们就会看到自己一个人无法看见的景象。

如果深度汇谈意味着一个独特的团队学习的愿景，反思和探寻的技能就是实现这一愿景的必要元素。个人愿景会给建立共同愿景打下基础，反思和探寻的技能也会给深度汇谈和商讨打好基础。有了反思和探寻技能的根基，深度汇谈的出现就更有保障，不需要依赖像团队成员之间的感情这样的特定环境因素。

面对“现实”：冲突与习惯性防卫

伟大的团队并不是没有冲突的，这与流行的故事和传说不符。就我所知，不断学习实践的团队最可靠的特征，就是看得见的思想观念冲突。在伟大的团队中，冲突能变成富有成效的创新力。对愿景的关注可能产生冲突，也一定会产生冲突。实际上，“形成愿景”过程的核心，就在于共同愿景从不同的个人愿景中逐渐浮现。即使大家分享一个共同愿景，也会对如何实现愿景有许多不同的看法。愿景越是高尚，我们对如何实现愿景就越是不确定。相互冲突的观点能够自由流动，对创造性思考是至关重要的，它对发现新的解决方案也至关重要，因为单凭个人努力无法完成这样的方案。冲突会成为持续的深度汇谈过程的一部分。

与此相对的平庸团队，会有一两种不同的关于冲突的情况，要么是表面上没有冲突，要么就是僵硬的两极分化。在“表面光滑”的团队里，成员们认为，为了维护团队团结，他们必须压制冲突观点——假如每个人都各抒己见，不可调和的差别就会把团队肢解拆散。而在两极分化的团队里，领导“高声讲话”，大家也都清楚各自的立场，但相互冲突的观点根深蒂固，彼此不会妥协和松动。

40多年来，克里斯·阿吉里斯[a]和他的同事们研究了这样一个困境：为什么聪明能干的经理人往往无法在管理团队中进行有效学习？他们发现，伟大团队与平庸团队的区别，在于它们如何面对冲突，如何处理冲突带来的不可避免的习惯性防卫。阿吉里斯说："我们天生的程序化倾向就是启动习惯性防卫，然后用更多的习惯性防卫去掩饰……这种程序化倾向在人生早些年就出现了。"[7]

第9章"心智模式"中讲过，习惯性防卫是人们根深蒂固的防卫习惯，在自己思想暴露时用来保护自己，防范随之而来的窘迫和危险。习惯性防卫是保护我们深层假设的外壳，它在防御痛苦的袭击的同时，也妨碍我们去了解痛苦的起因。根据阿吉里斯的研究，习惯性防卫的根源不在于对自己观点的信仰，也不在于对维持社会人际关系的渴望，这与我们一般认为的情况有所不同。阿吉里斯发现，习惯性防卫的根源，在于人们害怕暴露自己观点背后的考虑。阿吉里斯说："习惯性防卫的推理……妨碍我们了解自己推理的有效性。"[8]对我们大多数人来说，暴露自己的推理过程是危险的，因为我们担心别人会发现其中的谬误。这种想象中的对暴露思想的危险的担心是从小时候就有的，大多数人先后在学校中和职场上不断强化了这种担心——还记得被叫起来以后，没有给出"正确答案"的心理创伤吧？

习惯性防卫种类繁多，随处可见，却通常被人们忽视。我们说"那个想法很有意思"，但其实并不想探讨它。我们有意与对方对峙，压制某个想法，不愿接受或考虑那个想法。我们也可能以帮助某人为由而包庇他，为他抵挡外界的批评，但同时也妨碍了我们深入困难的问题中去。困难的问题一出现，我们就转换话题——表面上假装礼貌、

a. 克里斯·阿吉里斯（Chris Argyris），美国心理学家，组织心理学与行为科学的先驱，当代管理理论大师，组织学习理论的主要代表之一。——编者注

尊敬和"举止"得当。

最近，有一位强势CEO向我抱怨说，他的组织里没有"真正的领导人才"。他觉得他的公司里都是些俯首帖耳的顺从之人，没有承诺投入的远见卓识之士。他觉得自己有娴熟的沟通能力，又善于承担风险，所以感到特别失落和烦恼。其实，他畅谈他的愿景时，是如此明晰有力、才气逼人，周围的人都有畏惧三分的胁迫感，所以他的观点很少受到公开的挑战。他可能不认为这种强势是一种防卫策略，但如果认真检讨，他就会看到其效果恰恰如此。

最有效的习惯性防卫，就像这位强势CEO那样，是我们看不见的。那位CEO表面上希望激励别人表达自己的思想，但他那盛气凌人的作风，一定会阻止别人这样做，从而保护他不被别人挑战。如果用有意识的策略语言来表达，这种防卫心态是显而易见的："通过威逼恫吓，让对方采取防范措施，使他们无法直接面对我的想法。"假如那位CEO看到这个对他的策略的赤裸裸的解释，他肯定会矢口否认。只有当事人浑然不知，保持无意识的隐匿状态，才能使这种策略有效运转。

在有些组织中，人们会把认识不完善或不正确看作一种弱点，甚至是无能。在这类组织中，习惯性防卫会带来更严重的问题。许多组织的经理人都有一种根深蒂固的心智模式，认为经理人必须掌握各种实际情况。如果经理人不知道某个问题的原因，是根本不能原谅的。升到高管层的经理人都深谙此道，总显出"一切皆在我掌握之中"的样子。而那些想向高管位置上爬的人，很早就学会了一副自信无所不知的姿态。

把这种心智模式内化成自然习惯的经理人，会陷入两种困境。有一些人真把这种自信的姿态内化于心，他们简单地相信他们有解决大多数重要问题的方案。而要保护自己的自信，就必须拒绝接触不同的观点，免受外来影响。他们的困境是，要想保持自信就必须维持僵硬的立场。另一种人觉得，人家都认为他应该知道是什么造成了那些严重的问题，但是内心深处的他还知道，解决这些问题会涉及很多不确定因素。他们的困境在于，要保持自信的外表，就必须隐藏自己的无知。不管处于哪种困境，认为自己必须知道答案的经理人都是自挑重负。于是，重压之下会精于习惯性防卫，避免暴露他们决策背后的思考，进而保住高明决策者的光环。

这种防卫心态成为大家接受的组织文化的一部分。阿吉里斯说："不管我什么时候问起下面的问题……是什么使得大家在组织中做政治角力游戏？他们都会回答说，那是人性使然，也是组织的特性……我们从事习惯性防卫活动，组织就是个舞台，就是东道主。一旦组织染上这种习惯，它们也会成为习惯性防卫的参与者。"[9]

团队是组织的微系统，习惯性防卫成为组织的特征模式，根植于团队，这一点儿都不奇怪。它会阻碍团队的能量流动，而这种流动本来是可以激发共同愿景的。陷入习惯性防卫活动的团队成员，会感到四面都是陷阱和高墙——它们妨害和阻隔集体学习的实践。

团队习惯性防卫活动可能很微妙难测。要理解这一点，可以考虑ATP产品部的案例。那是一家创新能力很强、权力高度分散的公司最近成立的部门。（公司及其职员在此用假名。）吉姆·泰伯，33岁的部门主管，对自由和地方自治的公司价值观有深层认同。ATP产品开发是基于某项印刷电路板的新技术。泰伯对产品很有信心，他的个性非常热情奔放，天生是大家的啦啦队队长。同时，他的管理团队成员也分享他的热情，每天工作时间很长，对未来充满希望。

他们的努力有很高的回报，订单连续几年快速增长（年增长率为30%~50%），1994年达到了5 000万美元的年销售额。但是在1995年，订单却突然下降，带来了灾难性的后果。[10]两家主要微型机生产商曾对 ATP 的技术深信不疑，以致把 ATP 线路板纳入它们新的硬件产品设计中。但是，1995 年的微型机产业下滑一出现，这些生产商就停止了新产品线，这导致 ATP 当年的订单有 50% 落空。1996 年，情况并未好转。泰伯后来被撤了职，留在公司做了一名工程师。

ATP 什么地方出了错？他们的热情自信，使管理团队陷入了内部不协调的战略思考。管理团队有激进的增长目标，部分原因是要取悦公司上层，但也是由于他们对产品深信不疑。为了达到目标，营销团队受到很大压力，他们的对策是与几家主要客户建立大量业务关系，对它们产生了严重的依赖。而当其中的一些大客户的业务出现问题时，ATP 就遭殃了。

ATP 管理层为什么认可这一营销策略，使自己陷入脆弱的境地？为什么公司总部上层不干预新部门的年轻经理人，让他们扩大客户群的多样性呢？问题的核心是：一系列习惯性防卫活动都深藏于"转移负担"的结构模式中。

如阿吉里斯所述，习惯性防卫是对某种问题的反应。这里，问题是需要学习。这种需要来源于已知与未知而又须知之间的差距。根本"解决方案"就是探寻，以便带来新知识和新行为习惯——这就是学习实践。然而，对学习的需要也是一种危险。个人和团队在面对这种危险的时候，就会有防卫反应。这导致了"症状缓解法"，即习惯性防卫——通过降低对学习的想象的需要，来消除学习差距。

ATP 的所有主要角色，都陷入了自己特别的习惯性防卫活动中。好几位 ATP 经理人都曾表示，他们对过于依赖狭窄的客户群感到担忧。管理团队会议提出这个问题时，大家都认为这是个问题。但没有人针对它做过任何事，因为每个人都太忙了。为了完成挑战性很大的增长目标，ATP 经理们快速扩大了产能，对接受新订单工作产生了巨大压力。于是，他们就管不了订单是从哪里来的了。

泰伯的上司，公司总部的经理们，也陷入了类似的困境。他们也对过于狭窄的客户群表示了担忧。有些高管私下还对泰伯建立长期增长业绩的能力表示过质疑。但他们也深信公司的价值观理念，不破坏部门主管管理自己业务的权威。他们拿不定主意，不知道究竟该怎样表示自己的担忧才不至于破坏泰伯的领导权威，于是他们只间接地作了评论，或者干脆保持沉默。

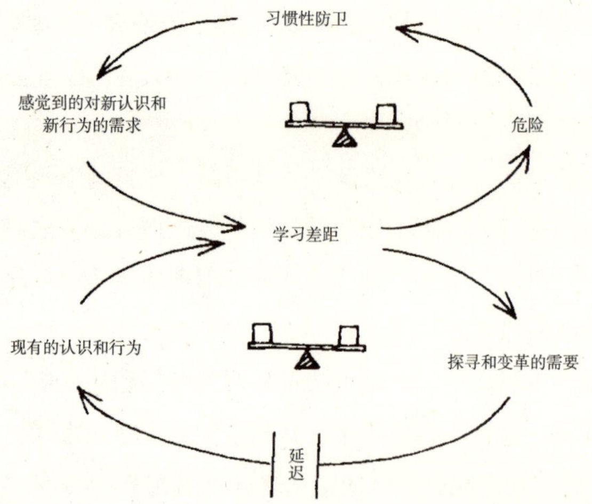

另一方面，泰伯自己也有疑问，但又不愿意在会上向领导提出来。他从未当过部门主管，此时正急于证明自己的能力。他深信自己业务的潜力，对 ATP 的经理人同事们也做了真心承诺，不想让他们失望，也不想让上司失望。所以，他从不谈论自己对 ATP 设定的激进增长目标的怀疑和不安。

ATP 管理团队、公司总部和泰伯的矛盾冲突，都在习惯性防卫的外表掩盖下进入了无声无息状态，从未得到解决。而在团队内部，对基本业务战略的不安情绪也屈服于战略目标的压力，消失不见了。泰伯的公司总部的上司们曾想帮助他，但又怕破坏他的领导力。泰伯需要帮助，又不想表现出无能。工作中流于表面的相互支持、同志友情和“我为人人，人人为我”的姿态，掩盖了他们处理冲突矛盾的实际方式，最终导致了每个人都不想看到的结果。

习惯性防卫越是有效，就把深层问题掩盖得越彻底，大家就越无法面对这些问题，问题也就越来越严重。在 ATP，学习的真正需要并没有消失。因为回避了真正的问题（即如何建立更广泛的客户群），管理团队放任这些问题不断恶化。与所有转移负担的模式结构一样，团队越是使用习惯性防卫手段，就越是依赖它。阿吉里斯写道：“这里的悖论是，习惯性防卫在成功防范了眼下的痛苦的同时，也阻止了我们向如何消除引发痛苦局面的肇事者学习。”[11]

如阿吉里斯进一步指出的，习惯性防卫是“自我封闭的”，它能够隐匿自己的存在。这在很大程度上是由整个社会的习惯规范造成的。这个规范认为：我们应该是开放的，防卫的心态很不好。这使得人们不愿承认习惯性防卫，即使他们知道自己处于防卫心态中。假如泰伯的公司总部上司明确讲出他们的策略，那就会是如下的说法：“我们在极力避免质疑泰伯的能力，避免面对随之而来的冲突，这样就能维持表面上支持他的姿态。”假如真的宣布这个说法，他们肯定会矢口否认。而如果泰伯说“我极力避免表达我对我们管理方法的质疑，因为我担心这会使我显得软弱无能”，那么他的防卫策略就会失效。但是，没有人讲出这些感受，因为大家都有同样的担心，而这个担心正是促使大家进行习惯性防卫的始作俑者。

如果你无法轻易讲明你的习惯性防卫，那么在哪儿会找到缓解它的杠杆作用呢？在大多数转移负担的模式结构里，都有两个可能的杠杆作用点：（1）削弱症状缓解法的效果；（2）强化根本解决法的作用。削弱症状缓解法效果的方法之一，是消除情绪上的危机感，因为那是习惯性防卫反应的始作俑者。假如泰伯在上司们面前承认他有疑问，而对此并没有感到不适，或者假如他的上司们能痛快地提出问题，那么，各方就都不会那么容易就回避ATP策略的根本问题。[12] 学会在习惯性防卫出现的时候处理好它，也能削弱症状缓解法的效果。习惯性防卫要想保持其效果，就必须维持不可讨论的状态。只有大家都假装没有任何习惯性防卫，一切都正常，“什么话”都能讲，才能使团队陷于不可自拔的习惯性防卫之中。

但是，如何才能让习惯性防卫可以被讨论呢？这确实是个挑战。试图“纠正”别人的习惯性防卫，结果肯定是适得其反。如果问某人为什么他一直在以防卫心态行事，他的第一反应一定是抗议：“我？我没有什么防卫心态！”只把目光聚焦在别人身上，“对峙者”自己就没有对眼下的局面负起任何责任。就像跳舞总要有两个（或更多）人参与，假如我们看到有习惯性防卫现象出现了，我们自己很可能就是其中的一部分。熟练的经理人能学会如何面对习惯性防卫，同时又不至于引发更多的习惯性防卫。

通过暴露自己，探寻自己的防卫心态的起因，就可以做到这一点。可以尝试说出以下的话：“我注意到，这份新建议让我感受到威胁，也许你也一样。你能否帮我检查一下，这种不安到底从何而来？”或“我说的话有道理吗？我想，我说话的方法会让人觉得我对此事既封闭又顽固。但我想听听你的意见，这样我就能有更客观的理解。”（显然，重要的是说话的态度和诚意，不是具体细节。）这两段话都承认，说话人有不安的经历，并邀请对方加入一同探寻其起因。

缓解习惯性防卫的技能，基本上就是那些强化“根本解决法”的技能，这在转移负担模式中已经有所体现，即反思和相互探寻的技能。探寻的方法是暴露你自己的假设和推理，公开接受他人影响，同时鼓励别人也这样做，这就是有效探寻眼下问题起因的方法。以此方法探寻，习惯性防卫就不大可能发生作用。[13]

习惯性防卫的确可能对团队非常有害。但另一方面，如果大家真正承诺投入学习实践的话，团队也可以借此开发能力，转化防卫心态。要求很简单，也并不出人意料：我们要有真正想要的愿景，这个愿景既要包含业务成就方面，例如如何一起工作的方法，也要包含对现实的彻底的承诺。从这个意义上说，团队学习修炼和建设共同愿景的修炼，就是一种“姊妹”的关系。它们能自然地成就团队中的创造性张力。

有了真正的共同愿景，习惯性防卫就仅仅是现实的一个方面了。就像“自我超越”章节中讨论的结构性冲突一样，习惯性防卫的效力也来自无意识状态。团队对真相的承诺，给浮现和承认他们自己的防卫心态提供了特殊的动力。习惯性防卫其实可以成为能量的源泉，而不是一种惰性习惯。

习惯性防卫是一个信号，它告诉我们学习实践处于停滞状态。由此，习惯性防卫还令人惊异地变成了建设学习型团队的盟友。大多数人在产生防卫心态时都会意识到它，哪怕他们不能分清这种心态的来源和模式。仔细想想就会发现，学习型团队最有用的技能之一，就是发现大家不是在反思自己的假设，不是在探寻各自的思想，不是在暴露自己的思想，从而鼓励大家深入探寻。我们感觉到自己的防卫心态时，感觉到要回避某个问题、保护某个人或保护我们自己时，这些都是明确的信号，可以帮助我们重新建立学习的氛围。但我们必须学会辨认这些信号，学会如何承认防卫心态，同时又不激发更多的防卫心态。

习惯性防卫可能是那些特别困难和特别重要的问题的信号。通常，防卫心态越重，大家辩护自己的观点时所围绕的问题就越重要。如果能够有效地亮出这些观点，它们就有希望成为大家相互深入了解思想的窗口。当习惯性防卫遇到自我暴露，遇到平衡与提倡的探究时，团队成员就能看到各自更深层的思想。

最后，随着团队成员学会如何面对习惯性防卫，而不是简单地抵制它，他们就开始建立了自信："我们能超越我们的防卫心态。"习惯性防卫能拖住团队成员的后腿，消耗他们的精力，损害他们的精神。而当团队意识到自己已经超越了阻挡学习实践的障碍——许多人认为那些是必然发生的障碍（像阿吉里斯说的，那是"组织的特征"）——的时候，他们就获得了实在的经历。这让他们意识到，对于现实中的许多东西，他们可能都有能力去改变。

中世纪的炼金术，象征着把最普通的东西（铅），转变为最珍贵的东西（金）的这一过程。学习型团队也在实践一种特殊的炼金术，即把原本可能分裂团队的冲突和防卫心态，转化为学习实践。他们的方法就是通过愿景和技能的培育。通过深度汇谈，团队成员得到了实际的经验，直接地感悟了更大智能的影响和作用。这种经验会加强团队成员的愿景，让他们看到团队运作方面的未来潜力。但是，如果团队不能开发看清现实的方法和技能，如果现实还处在隐匿状态，他们的学习能力就还是不可靠的。没有反思和探寻的技能，当习惯性防卫出现时，他们就会走入歧途——他们的学习实践只能依赖环境条件的偶然因素。

学习型团队的特征，不是防卫心态的消失，而是面对防卫心态的不同方法。承诺学习实践的团队，必须既要忠实地承诺说出他们业务的实际情况，又要忠实地承诺叙述团队自身的实际情况，即他们对叙述"外部的"现实和"内部的"现实都有郑重承诺。要更准确地看清现实，还要求我们同时看清我们隐藏现实的策略和计谋。

这种情况发生时，会涌现相当大的力量和智慧。习惯性防卫实际上成了"封存"我们能量的保险柜。经过开封导引，就可以把能量用于集体学习的实践。随着“防卫心态”的开封，智慧和能量得到开启，团队共同的理解力就能得到建设，团队就会朝着大家真心希望创造的未来阔步前进。

缺失的环节：实习演练

团队学习是一种团队技能，这一点尤其需要强调。一组能力很强的人在一起，不一定能组成一支学习型团队，这就像一群才华出众的运动员，不一定能组成一支伟大的运动队一样。

开发团队技能比开发个人技能更加具有挑战性。这就是为什么学习型团队需要“演练场”（practice fields），即一起演练实习的方法，让他们能够开发集体学习的技能。大多数管理团队几乎完全没有实际的实习演练或彩排，这也许就是阻碍它们成为有效学习单元的主要原因。

“实习演练”究竟是什么？唐纳德·舍恩（Donald Schon）在《反思型实践者》（*The Reflective Practitioner*）一书中指出，实习演练的基本原则是在“虚拟世界”里进行实验。虚拟世界是“真实世界的人工再现”，它可能像建筑设计师的画板那样简单：

> 这里，他们能够勾画并用空间效应的语言，探讨他们的设计动议，并留下描绘轮廓，代表场地上建筑的形态。由于草图揭示了以前没有想象到的特性和关系，设计动议就成为实验……（发现了）建筑形状不适合地面坡度，而且……教室的尺度太小了。[14]

虚拟世界的实质是允许进行自由的实验。在这里，行动的速度可以加快也可以减缓；非常急速发生的现象可以拉长，在很长的时间段里供我们仔细研究；很长期的现象也可以压缩、加速，以便让我们看清特定行为的后果。没有什么变动是不可逆的。在实际工作条件下不可逆转、不可收回、不可重复的行动，在这里可以无数次重复。对环境的改变可以完全恢复原样，或者部分恢复原样。复杂性得到简化，在实际现实中交错叠加的变量，可以拆开处理。

舍恩描述的建筑师和其他行业专业人员在虚拟世界中的操作，与篮球队或交响乐队的演练完全一样。他们改变动作的速度，就像放慢音乐的节奏和慢动作运球。他们提炼出孤立的部分，以简化复杂性，就像分乐段或乐器组演奏和不设对手运球。他们做反向动作，演练在正式场合无法做的事，如反复演奏一个乐段或一个乐器组，再如反复打同一场练习赛。

有趣的是，在商界仅有的几个能够长期连贯学习的团队案例，似乎就是在能够有效运行虚拟世界的地方发生的。例如，现代广告业的实践就是基于创造性团队的理念，以财会主管、艺术总监和广告撰稿人一起组成团队，紧密合作，这一过程常常持续数年。这些广告团队的成员关系非常紧密，他们经常绑在一起集体跳槽，不拆分团队。广告团队的独特之处，就在于他们一起演练，就像篮球队练习一样连贯和激烈。他们对各种想法进行头脑风暴，然后做实验，在故事板或者实物模型上进行测试；最后才做演示——先给代理商高层演示，然后才到客户那里。

团队学习需要这种经常性的演练。然而，管理团队进行演练的机会却基本上都被剥夺了。诚然，他们进行了关于理念的抽象智力辩论，而且许多团队成员也学会了如何掌握各自的理性观念，常常还学得精准过头。但是他们没有像故事脚本或彩排这样的东西。团队工作的主要成果，是针对具体问题做出的决策，这些决策和辩论往往是在很大的时间压力下进行的，每个决定一经做出，就是最后的决定。决策是没有机会实验的。更糟糕的是，人们还没有机会对不同决策方案的智慧水平高低进行有效的评估，也没有机会退一步考虑并以团队的方式反思如何才能让大家一起努力，以得到更好的决策。

学会如何“演练”：深度汇谈

今天，我相信，团队学习的修炼正在酝酿一场突破，其原因是我们已经逐步学会了如何“演练”。开始时，我们要创造特别的“演练场”，发展团队的联合技能（joint skill），让团队智商超过个人智商。我们还可以建立“学习实验室”（learning laboratories）和“微世界”模型，利用电脑支撑的环境，让团队学着面对复杂商业现实中的动态关联。（关于演练场和学习基础设施，在第14章和第15章有更多讨论。）

深度汇谈会议，能让团队聚集在一起“演练”深度汇谈，开发它所需要的技能。这类会议的基本条件包括：

（1）整个“团队”（为了行动而相互需要的人）一起参加。

（2）解释深度汇谈的基本规则。

（3）实施这些基本规则。如果任何人感觉未能“悬挂”自己的假设，那么团队就要承认它现在做的不是“深度汇谈”，而是“商讨”。

（4）创造氛围，鼓励大家围绕团队的中心工作，提出最困难、最微妙和矛盾冲突的问题。

我们认为，深度汇谈会议应当看作“演练”，因为它的目的就是培养团队技能。同时，这种会议也确实可能带来重要的实际成果。

数据驱动公司（DataQuest Drives）是一家磁盘驱动器和电脑辅助设备的领先制造商，他们最近举行了一次深度汇谈会议。[15] 数据驱动公司的技术创新的市场形象十分成熟。但公司内部除了由研发部门主导外，领导公司成长30多年的魅力非凡的创始人，最近又刚刚退休。一年来，新的高管层虽然有些个别的成功业绩，但却面临着重重障碍。公司的新总裁约翰·麦卡锡（John MacCarthy）面临的挑战令人畏惧：继承一位传奇人物的职位，面对前任未曾担忧过的更困难的商业环境（整个市场过度饱和），面对一个由强势人物组成的团队，以及从未形成整体的工作。

在一场喧闹的重组之后不久，麦卡锡的管理团队就受邀聚在一起进行了为期两天的封闭会议，总裁给他们的邀请信如下：

备忘致：______

发信人：约翰·麦卡锡

主题：特别会议

我想你们都知道，我们公司正在加速变革。在最后敲定我们的战略策略和实施计划之前，我需要你们提供意见。我深信我们有机会增进理解，改善实施变革的方法。

这次会议是一系列深度汇谈的首场，目的是帮助我们理清我们实施的关键战略的假设、计划和责任。我们认为，只有通过更大范围的意见反馈，才能实现连贯一致和毫不含糊的执行力，完成我们的变革和计划目标。这两天的会议就是通过思考我们眼下的主要问题，来达成对各自观点的沟通理解。

这次会议与其说是想要做出决策，还不如说是建立一种氛围，来检查我们决策背后的方向思路和假设。

我们还有第二个目的，就是作为平等的同事聚在一起，把所有的角色和职位留在门外。深度汇谈中我们应当是平等的，独立拥有对我们所考虑的问题的扎实理解。

我们把这次会议看作建立实质性深度汇谈的第一步，以后，这种做法还应持续下去。经验告诉我们，要进入深度汇谈，就必须有实习演练。这次会议中，我们就要开始学习如何进行演练。有几项基本规则能够帮助我们。我们邀请你参与，并请你尽量遵守这些规则。

基本规则建议：

（1）悬挂假设。人们往往采取某个立场，并极力为其辩护，执着其中，其他人则采取相反的立场。这样的结果是两极分化。这次会议里，我们想检查在我们的目标和战略背后的一些假设，而不是去为其辩护。

（2）以同事的态度交往。我们要求每个人都把自己的职位留在门外。这次会议没有任何特别的等级结构，只不过有辅导员来帮助我们保持不跑题。

（3）探寻精神。我们希望大家开始探索自己观点背后的思考，探索自己可能持有的深层假设，以及导致自己观点的依据。因此，问别人问题是适当的，比如“是什么导致你的这种说法或看法？”或者“是什么使你问起这个问题？”

两天时间里，许多以前不公开的话题都公开了，沟通的障碍消除了，裂痕也得到愈合。对这个组织来说，没有什么能比愈合研发部门和市场营销部门之间的裂痕更重要的了。

研发部门主管乔·格劳维勒（Joe Grauweiler），与市场营销经理查理·史麦斯（Charlie Smyth），10多年间一直保持着敬而远之的友好关系。两人都对公司的成就感到骄傲，都坚信公司对“参与式管理”、相关的人本理念和组织理想的承诺投入。然而，两人陷入了矛盾冲突，集中代表了阻碍公司不断成长的各种影响力。研发被认为是搞艺术、搞设计以及搞创作。市场营销被自己，也被别人看成“平民百姓”，他们在卑劣的经销商（对数据驱动公司没什么特别的忠诚可言）的肮脏世界里讨价还价、打折兜售，还得面对怒气冲天的顾客。

研发和营销这“两种文化”，在公司的许多冲突里都有所反映。例如，格劳维勒和史麦斯两人都有自己的产品预算。格劳维勒的预算是针对开发新产品的，史麦斯的预算是针对并购小公司的。由史麦斯来认定，哪家小公司的产品能使数据驱动公司的产品线更丰满，更具市场竞争力。联合两个部门的产品整合计划，尚不存在。营销部门觉得自己被迫进行“外侧迂回进攻”，因为他们觉得研发部对顾客的整体需求反应迟钝。而后来他们发现，研发部觉得自己被排除在许多重要的产品决策之外。随着深度汇谈的展开，格劳维勒表达了深层的担心，令许多人感到惊讶，因为大家一直以为研发部特别看重自己的独立性：

格劳维勒：让我来就产品策略问题谈谈看法，今天提出来，作为一种辩论练习，就像掰手腕游戏那样。我们实际上逐渐形成了一种分叉式的产品策略，只是还没有将其公开明确。我的依据是，我们还没有把公司的全部能力真正整合，还没有理解公司的实际产品生产和购买的决策过程。我们有一个部门，花钱开发某些产品，有一定程度的自信；而另一个部门也同时在花钱开发产品，却采用了不同的观点。“两者不能相会”，对我来说就是很荒唐的。我们应该有单一的总体产品战略，同时支持研发部门和营销部门。在这个战略下面，我们可以做出各种不同的制造和购买决策。

麦卡锡：我觉得这一点我们都基本同意。

格劳维勒：但我觉得，我们表现的却是相反的印象。

其他人：没错。

格劳维勒：这比做得不够好还要严重。我们给人的印象是反其道而行之。

史麦斯：我一直在准备回应，我在考虑我们的产品生产和购买为什么是不同的、分立的决策，它的缘由是什么。目前，看上去两者是分立的……依我看，一个是研发驱动的，专注于解决问题。数据驱动的品牌标签……另一方面，公司还没有投入研发的其他产品，我们就通过“购买”获得。我们得到这些产品，没有通过数据驱动的研发……因为那只是对市场需求的反应，不以根本解决问题为驱动力。但是，可以这样说，我们不想亵渎公司研发部门要做的事，玷污它的纯洁性。

菲利普斯（公司的人力资源副总裁）：我觉得，这引起了大家的冲突。

格劳维勒：一点儿没错！问题就在这里。那是一种凭想象的判断，我不能忍受。让你的人来参与研发决策怎么样？不用你来保护我的“纯洁”。

史麦斯：嗯……我对我们的做法的理由，并没感到不合适。可能有更好的方法来做这件事，但我确实觉得，我们曾经做过决策，决定停止对垂直记录磁盘的投入……那只不过就是常规的烂货，是市场上有人要买，但不是创新，没意思……而我们是要把有限的资源和人才投入数据驱动公司的形象建设上，那就是研发、创新、产品导向……所以，我们才去购买那些更平庸陈腐的东西。

菲利普斯：如果我们今天就做些幻想推测，我也可以说说一直让我迷惑不解的事，研发和营销两边都有份。“研发主导的生产企业”是我们一直对公司的描述。这种说法似乎意味着，没有数据驱动投资进行创新研发的其他产品，都不在公司的范围内。不知为什么，我们自己这样安排，结果产生竞争……

麦卡锡：那是研发主导的一种定义。你知道另一种定义吗？另一种定义说，假如不是针对新产品，公司其他人都不能从事研发工作。

格劳维勒：这个我也不喜欢。

菲利普斯：你说中了第二点，因为我还在对自己说……如果就把现在的总体方向的说法拿出来讨论，不管你决定生产还是购买，都必须基于研发的导向，必须是创新的东西……

麦卡锡：我觉得我们说到要害了。公司过去一直有些自我封闭，对变化不敏感。让我们骄傲的只有出色的产品研发，这造成了巨大的压力。我建议购买一些小公司，以便让我们起步……我认为你（格劳维勒）帮我们看到的矛盾是……一方面，我们应该向顾客提供他们需要的基本产品，不管这些产品是什么；而另一方面，"如果是我们公司研发的产品，就必须有数据驱动的标签"。你说，不必如此。那个（贴什么标签的）问题应当属于营销决策范围，要根据你的市场定位的策略来决定。这很有帮助……因为我们大多数人一直觉得，如果产品不贴数据驱动的标签，我们压根儿就不用去开发它。

哈德利（公司的生产制造副总裁）：但是，这又等于说，整个公司都是研究型主导，而不仅限于研发部。包括产品创新在内的一些创新想法，可以来自公司其他部分，不必都走研发部门。

格劳维勒：我同意。但我不知道为什么必须讲明这个。我绝对不是想挑战你的说法，但我觉得这里有个很让人困惑的推理。我感觉自己被迫担负重任，代表公司过去在研发方面的遗产，其实我自己也不认同它。而且我觉得很有讽刺意味的是，我越是拼命推动公司走进新的现实，你越是确信我们应该回归以往的状态！我觉得这是个很奇怪的进退两难的局面。

哈德利：而反过来，我觉得，对方的感觉也和你一样。

全体：对。

哈德利：我们试图推进公司的成长……似乎遇到阻碍，因为，除非由研发部门主导一切，不然我们不能成为一家研发主导的创新型企业。

格劳维勒：我什么都没说过！……诸位，我是否可以换个角度？我认为，研发主导的生产企业，这个说法是正确的。我坚信，公司的成功一定会部分地……取决于我们产品研发的卓越能力。任何损害这个主导方向的迹象都使我非常害怕，我们必须有过硬的好东西……好服务、好产品。我并没有说用什么方法达到这个目标，也没有说只有唯一一种方法能开发好产品……我们目前没有很一致或很协调的过程方法来达到这个目标，但我认为我们必须要有。

麦卡锡：那么，另一方面可能会是这种情况——我认为查理（史麦斯）在市场营销（建立数据驱动独家代理商新网络）方面的一些工作和研发部门的工作一样，都是“研发努力”的一部分。

格劳维勒：我完全同意。

麦卡锡：但我们还是会遭遇困境，如果某项投资不能立刻带来回报，对公司的强烈指责就会出现。

格劳维勒：欢迎光临研发部。

史麦斯：从这里，我想说两点。在我看来，你的工作可以是研发产品，然后交给外面的生产商生产……对我来说，我们已经浪费了不少产品研发的成果，本来我们甚至可以授权给其他公司生产的……我一直觉得，要让研发部开发出产品，就必须给产品贴上数据驱动的标签，这很不切实际。

格劳维勒： 那一直是对我们项目的限制要求……

史麦斯： 还有另一个问题，市场和研发部门之间一直没有深入沟通的渠道，两者越来越分离……如果我们要面对顾客的全部需求……就必须找到一个方法，让公司各个不同的部门都能看清和理解这些需求。

哈德利： 你开始时问，为什么在研发和市场部门之间有矛盾。在生产和财务部门之间也有矛盾…… 对我来说，就两个词——“授权”或“控制”。总体上讲，我们公司非常倾向于“控制”……他们控制那里，不让我进去，我就得到这里自己搞，因为我根本影响不到那里。我认为这是问题的一些根源——这些问题不一定必然发生，但这确实遍及整个公司层面。

这次深度汇谈的结果，对于数据驱动公司来说真是非同寻常。首先，30 多年来公司的市场和研发部门之间的矛盾开始化解。其次，市场部门补充产品线的“外侧迂回进攻”方法可以停用了。研发部门愿意主动参与并购方案的研究，同时还愿意作为协同开发产品的整体计划的一分子，参与产品的开发，将部分产品贴上其他公司的标签销售。神圣不可侵犯的数据驱动标签，不再限于公司自己研发的产品了，而是可以根据“市场的考虑”来使用。研发主管明确宣布，不再沿袭老套的旧研发观念，不再认为只有研发部门肩负创新的责任。在他看来，其他功能部门都是创新的平等伙伴，包括过程创新、对顾客需求的新理解以及企业管理创新。此外，研发主管还表达了心中的“愤懑”，他从没想过自己竟然被强加了一个老套古板的形象。

团队学习与第五项修炼

系统思考的观点和工具都是团队学习实践的中心内容。

波姆对深度汇谈的全部研究都采用了系统的观点。实际上，贯穿波姆整个科学生涯的主线，就是在物理学中不断推进“整体性”（wholeness）观点。当代思想是集体思考溪流中的“污染物”，波姆对它的主要批判，就是其“碎片化”“支离破碎”“拆解部件的思想倾向”。

与此相似，学习型团队应对习惯性防卫的方法，本质上也是系统性的。不把习惯性防卫看成别人的行为，而把它看成大家共同造成的行为，从中发现我们自己在其产生和持续运作中的作用，就帮我们找到了解决问题的杠杆。假如我们只看到“外部的”习惯性防卫，而看不到它其实也隐藏在“内部”，那我们越是努力解决问题就越会加剧习惯性防卫。

系统思考的工具也很重要，因为管理团队的绝大多数主要问题，如战略开发、建立愿景、设计政策和组织构架等，都要面对巨大的复杂性。而且，这种复杂性不是“静止不动”的，每种情况都处于不断变化的状态之中。

管理团队的最大责任，可能就是应对这些复杂多变的现实局面，但使用的又必须是描述简单、静态问题的语言。管理咨询师基佛是这样描述的：“现实是由复杂多样的、同时发生的、相互依存的‘因—果—因’链条关系组成的。通常的语言描述，就是从现实中抽取的、简单的、线性的‘因—果’链条。这在很大程度上解释了为什么经理人总去寻找低杠杆效益的介入措施。”假如问题是产品开发周期太长，我们就招聘更多的工程师，以缩短周期；假如问题是利润率太低，我们就削减成本；而假如问题是市场占有率下降，那我们就降价促销。

我们观察和思考世界的方法简单而直白，所以我们相信简单而直白的解决方案。对简单“修补”方法的狂热追逐由此而生——这个任务占去许多经理人的主要时间和精力。福特公司“阿尔法项目”（Project Alpha）主管约翰·马诺吉安（John Manoogian）说：“‘寻找—修补’的心态带来了没完没了的短期修补措施，问题乍一看似乎不见了，但它会不停地重复出现。于是我们又去找，又去补——‘找—补’专家们可以永不停息地干下去。”

这个问题在背景多样的跨功能团队里，比如管理团队里，会变得更严重。每个团队成员都有自己的心智模式，主要是线性思维模式。每个人的模式关注系统的不同部分，强调不同的因果链条。于是在常规交流中，整个系统的共享图像几乎不可能出现。这样的交流所产生的战略和策略，通常是在模糊不清的假设之上进一步打了折扣的妥协方案——到处自相矛盾，让组织中的其他人根本无法理解，更别谈实施了。这一点都不奇怪吧？团队成员真是很像寓言中摸象的盲人：每个人都从自己的感知里了解了大象的一部分，都认为整体一定会与他所掌握的那部分一样，都觉得自己的理解是正确的。

只有团队发展出描述复杂事物的新语言，才能改进这种情况。今天，唯一通用的商业语言就是财会。但是，财会解决的是细节的复杂性，不是动态复杂性。它提供的是企业财务情况的“快照图片”，而不能描述这种情况的产生过程。今天，有好几个作为商业语言的工具和框架成了传统财会的替代方法，这包括竞争分析、“全面质量”和使用范围小很多的情景规划法——如壳牌公司开发的那种。[16] 但是，它们都不能有效处理动态复杂性，或者可以说，它们根本就无法处理动态复杂性的问题。

系统基本模式有潜力成为一种商业语言的坚实基础，可以用于管理团队有效处理复杂性问题。像 ATP 那样的团队，随着他们掌握基本系统模式，他们的对话交流自然会越来越多地围绕事件背后的结构模式和杠杆作用点，逐渐减少对危机和短期“修补”方案的关注。

如果ATP管理团队熟悉系统基本模式的语言，对每月和每季度销售指标的狭窄关注力会产生的后果，就会明确地暴露。他们可能尤其会意识到，当他们施加压力推动销售指标的完成时，营销团队就收到了一个明确信号：“到了紧要关头，最好选择风险低的方法，多卖些产品给现有的顾客，不要冒高风险去争取新客户。”这种“转移负担”的做法，不是去做扩大顾客群的工作，而是去扩大对现有客户的销售，进一步使他们增加对少数几个关键客户的依赖。

假如总公司经理们也能看到并探讨这个结构模式，他们就可能更有效地表达对泰伯管理方法的担忧。与其对如何提出自己担忧的问题犹豫不决，担心对泰伯的管理能力表现出挑剔和不支持态度，倒不如把两个反馈过程交代清楚，并探寻如何才能使他们中的每个人都能更放心地确认：扩大客户群的根本解决方法正在得到足够的关注。

当系统基本模式用于讨论复杂和有潜在冲突性的管理问题时，讨论交流一定会“客观化”。对话变成围绕“结构”与系统性运作的影响力展开，而不是围绕个人特点和领导风格。困难的问题可以用新方法提出来，不会带有对管理层无能的讥讽，也不会暗含批评的语气。相反，大家会问，“负担是被转移到对现有客户的销售，还是相反，去扩大客户群？”“我们怎么知道有这种转移存在？”当然，这正是描述复杂性的语言的好处——它使探讨复杂问题更容易，方法更客观，不带情绪色彩。

如果没有共享的语言来处理复杂问题，团队学习实践就要受到局限。如果团队中只有一个人比其他人能用更系统的观点看问题，这个人的洞见一定会被漠视——因为即使没有别的因素，他也会面临日常语言对线性观念的固有偏见。另一方面，团队如果熟练掌握了系统基本模式的语言，会带来极大的好处，而且掌握这种语言的难度，在团队中其实有所降低。如波姆所说，语言是集体性的。学习一种语言，按定义，就是学习用这种语言与别人交流。所以，使用语言是学习语言的最有效方法。这正是团队学习使用系统思考的语言时会产生的效果。

第四部分

实践中的反思

导读

本部分的内容，是对 20 次访谈中观点的综合整理，受访者都是我非常钦佩的“学习型组织的艺术与实践”的杰出倡导者。他们背景多样，或来自工商业、政府和非政府组织、初等和中等教育领域，或来自社区组织，是我所接触和了解的众多组织学习实践者的代表。多年来，我一直受到他们的激励。

在英文第一版本部分的导读里，我用了“原型”（prototypes）这个词来比喻创建学习型组织的历程和阶段。1903 年，莱特兄弟在基蒂霍克的飞行试验，标志着飞机的“发明”。从那时起，到 1935 年 DC-3 型飞机成为第一架在商业上获得成功的飞机，这 30 年间曾经出现过无数个“原型”飞机。（又经过 20 年，专门技术和基础设施的积累才成熟到一个相当的阶段，使得商业航空完成了关键性跨越，变为一个主要产业。）在那篇导读里，我提出了一点看法是，从技术的发明到其实用性“创新”的成功，是寻求不同的技术开发成果的整合过程。只有通过这种整合集中，才能使创新获得成功。到那时，做个交叉比喻，原型就成功“起飞”了。因此，我当时写道，五项修炼可能成为管理创新领域协同整合的基础。

从 1990 年本书的第一版写成至今，虽然有许多事情发生了，但原型这一基本比喻，似乎仍旧适用。除了实验之外，学习实践还是别无他法，没有已知的既定答案，也没有万能的灵丹妙药。仅有对标杆管理和“最佳实践案例”研究，还是不能满足要求——原因是，原型开发过程不只是按照已有的方法进行渐进改良，而是需要彻底的新观念和新实践，以及它们共同创造的新管理方法。幸运的是，现在情况与当时不一样了，现在已经有许多成功的原型，在许多不同的产业和文化背景中脱颖而出了。

工程上的物质原型，通常要在实验室进行测试。而组织原型却必须马上就面对严峻的现实。当今的时代处于在更深的层面相互矛盾的影响力之中，其特征是，在“情况好转”的同时又“变糟”——这使现实更难于驾驭。一方面，15 年前第一版中阐述的基本观点，现在已经获得广泛认可；而另一方面，对大多数实践者来说，组织的环境氛围却更加艰难了。

福特公司战略主管兼首席信息官马弗 · 亚当斯（Marv Adams）说：“毫无疑问，学习实践和不断的知识创造，已经得到主流管理学的重视。但这不等于说，无论经营状况好坏，大多数公司都始终如一地广泛传播并实际应用它。”英特尔公司全球制造部门原主要负责人戴维 · 马辛（David Marsing）认为：“尽管许多公司提高了对文化本身，及其业绩方面的功效和作用的理解，而且还特意设计了考虑文化因素的工作程序，但他们的技能水平和娴熟程度还很低。”私营企业界之外的挑战情况，也没有什么不同。牛津乐施会（Oxfam）英国总裁、英国国家医疗保健系统（British National Health Service）原区域主管芭芭拉 · 斯托金（Barbara Stocking）说，她一直是个“偏重人的发展的经理人”，“帮助别人发展组织是我的意愿所在。但是这些年来我看到，普遍的变革模式是自上而下的目标驱动，而且，在高管层，很少有人关心人或者组织的成长和发展”。

尽管如此，后面的故事告诉我们，在这些复杂的变流交错和碰撞之中，创新者还是找到了引领变革的空间。他们虽然来自截然不同的组织背景，却受到同一个理念的激发，即一定有更人性化、更有效力、最终也更有创造性的共同工作的方式。作为经理人和组织机构，他们尽管还是少数，却代表着一群人数不断增加的、经验丰富的领导骨干，而在世界范围内，他们正在开始改变流行的管理体系。对根深蒂固的假设和习惯的变革事业，还有其他的方式拔锚启航吗？

第 12 章

反思型文化的基础

在我们为本书增订版做的访谈中，有一点让我印象最为深刻：1990 年本书中的核心理念，许多在当时都显得很激进，而现在已经以各种方式融入人们观察世界的方法中，融入人们的管理实践中。这些理念，如后面章节中描述的，现在似乎已经被认真从事组织学习的实践者普遍接受，它们成为未来工作发展的新的基础。

每位访谈对象，都用这样或那样的方式，寻求建立更富有反思氛围的工作环境，以使深度汇谈成为可能，并使观察自己的理所当然的心智模式成为可能。通过人的成长来推进组织的发展，是贯穿每个故事的核心理念。许多人还谈到一种心态的转变，即从“修补部件”，到把组织看作活的生命系统，它本来就具备巨大的、往往未被开发的潜力，去学习、去进化、去治愈自己的疾病并恢复健康。

建立深度交流的反思型文化

通过交流的变革

BP 公司执行副总裁维维安 · 考克斯（Vivienne Cox）说："BP 公司常常让人感觉像是一台业绩导向的机器，而我就是被这个机器训练出来的。15 年前刚开始负责一个业务部门的工作时，我很想尝试一些新想法。我和我的同事约翰和吉恩（我们分别负责紧密相关的两个部门以及这两个部门的联合业务）有一个简单的想法：培育更多的跨越组织边界的合作，分享信息和知识，以便做出更好的决策。

"我们也不确定，怎样才能使这种新型组织模式成功运行。但我们后来决定，最好的办法就是让大家一起交流。如果每个人都能更好地了解别人在做什么，我们就能开始看到各种可能性，进而从中呈现出正确的模式构架和设计方案。我们组织了一系列研习营，大多数集中针对我们当时面对的各类问题，以及解决问题的选择方案。这些交流逐渐形成了新观点，考虑了不同的业务组织方法。我非常惊讶地发现，研习营中出现的观点，并不是我开始时想到的观点，而实际上，我自己的观点是错误的。就像这样，简单地把人聚到一起进行交流，就创造出一系列新的可能性，并带来了业务的改进。"

研习营形成的新观点相当复杂，也很难实施，但后来却成为一个大得多的组织构架的源头——如今，考克斯正在领导着这个机构。

"那些对话交流中出现的主题，后来证明都是根本性的，意义深远，而且给 BP 带来了可观的竞争优势。那项工作也给我的职业生涯带来最大的乐趣。我和约翰、吉恩一起，互相激发了勇气，做出了一些不可能各自单独完成的事。我们学到，文化如何才能被改变，而这个是不可能从上层驱动的文化大变革计划中学到的。

"后来在公司的工作中我曾有过不同类型的老板，包括强势的命令控制型老板。这让我得以反思自己在他们那里的经历的差异。我意识到，为业绩目标导向的领导者工作是怎样的感受：那种在交流中才能经历到的真正的生命体验，那种可能性，在这种环境下被剥夺了。换到新岗位，有了更大的自由，我就继续实验，看如何才能让大家一起相互交流。”

考克斯今天是BP公司职位最高的女性。她阐述的观点很简单，但仍然不被主流管理界理解。尽管大家几乎都提倡增进交流，但领导实际项目所要求的那种开放精神，如考克斯那样，却是很少见的，这也部分由于我们对它还所知甚少。

反思型开放

本书第一版的第四部分，讨论了“参与式开放”（participative openness）和“反思型开放”（reflective openness）的区别。参与式开放也可以叫作“表现式开放”（expressive openness），它是指公开谈论自己的观点。这当然是创造更富有学习氛围的工作环境所需要的重要元素。但是，它很不完整，因而很有危险性。作为“参与式管理”（participative management）理念的延伸，参与式开放在20世纪80年代开始流行。有些组织甚至试图建立正式的组织程序，以便进行开放的沟通。但是，这些努力很多都渐渐消失了，原因是这些方法以及它们的组织支持者根本就没有什么效力。[1]1994年，阿吉里斯在《哈佛商业评论》上发表了一篇经典文章，批评了“阻碍学习的优良沟通”。他认为，正规的沟通技巧和方法，如“焦点小组”（focus groups）和“组织调查”（organizational surveys），实际上就是让员工表达自己的想法，又对矛盾问题以及自己在其处理中的角色和作用，不承担任何责任。这些方法失败的原因，是“无法让人反思自己的工作和自己的行为。不鼓励个人的负责态度，也不能暴露深层的、可能带有威胁性或令人窘迫的信息，而只有这些信息，才能激发学习动机，产生真正的变革”。但是，正如阿吉里斯的话所隐含的，要超越参与式开放，可能会很困难，而对寻求保持控制的经理人，尤其如此。

在许多年间，罗杰 · 萨朗特（Roger Saillant）曾在福特公司应用组织学习方法，成为公司业绩最好的经理人之一。在 20 世纪八九十年代的大多数时间里，他被调动于不同的生产基地之间，从北爱尔兰、东欧、中国，到墨西哥。他成功地把其中一些，从原来福特公司最差的工厂，转变为最好的生产基地。在另一些地方，他建设了新工厂，成为制造业历史上无可比拟的最优秀的工厂。其中许多直到今天，即他离开 10 年之后，仍然是福特的顶级生产系统。

那么多年里最让萨朗特惊讶的，不是他的成绩，而是他在福特公司的领导们对他所做的事的反应。萨朗特回忆说：“我一直以为，只要我遵守公司的核心价值观和业务目标，就可以按照我的个性和风格行事。当然，我的老板们后来也知道，我激励员工的方法与众不同，所以才做出了那些成绩。但他们从不问我，是怎么做出那些成绩的——我是说，从来没有一个人问过。我一直觉得很困惑，因为我觉得，他们应该对这些感兴趣，以便在别的地方重复这些成功的方法。但他们只是对我说，‘你去这里干（新地点），因为我们需要你去做这个’，或者，‘如果你去，就会不一样’。假如有人开始问，‘你究竟怎么做的？’那他们就会回避和我交流。

“我觉得，他们那种表现的原因是，他们大概也知道我是怎么做的，但又不想深究。在一定程度上，对于要面对那种脆弱，他们还没有准备。也许他们感到有点害怕，那样向自己挑战，那样暴露自己，那样人性化，都意味着什么呀。也不知道什么原因，我就能理解，如果能够与自己的内心沟通，就可以毫无畏惧地公开暴露自己。对于领导者，这可能会很令人恐惧。”

参与式开放是不够的，因为它不能激发承诺投入，不能建立共识，而这些又都是产生真正变革所必需的。正如一位满脸不悦的高管所说的：“好像这里隐含的假设就是，所有问题的解决方法都是：大家一起分享观点。”问题的核心是，共同学习始于真正的相互聆听，而不只是对谈。而聆听却并不是件容易的事。反思型开放是向内反省，让我们向内和自己交流，以便更多地意识到我们思想中的偏见和局限，以及我们的思想和行为是如何帮助制造了问题和矛盾的。

反思型开放是心智模式修炼的基石。没有人能把一家公司、一个家庭或者一个国家都装到脑袋里。我们的生活经历塑造了丰富的内心假设和情感，而关于这些系统我们就有了（在最好的情况下也仅仅是）一些成形的观点和假说。培育反思型开放，可以让我们自愿地、不断地测试这些观点。反思型开放的特点，是真正的思想解放，那是深层聆听和真正交流的第一步。这说起来简单，做起来不容易——因为，如考克斯和萨朗特这样优秀的实践者所知道的那样，建设反思的环境，要从我们情愿开放自己入手——如萨朗特所说，自己要变成脆弱的、“暴露的”状态。组织环境如果没有深层的承诺投入来帮助人的成长，没有因此而必须创造的诚信和相互依赖的精神氛围，就不可能做到这一点。

人的成长

现在想一想，我觉得五项修炼中最根本的修炼，就是自我超越——创造组织环境，让人获得真正的成长。今天，大多数公司都支持某种人本的哲理，“员工是我们最重要的财富”，他们花不少钱做人力资源开发，主要通过培训。但是，真正投入帮助人的成长，所需要的绝不止这些。许多年来，我一直听考克斯和萨朗特这样的人讲述他们的经历，而他们的故事中的情感内核，始终是一个。虽然来自广泛的生活经历背景，他们却都发展出一种不可动摇的信念，即坚信人的精神的解放和共鸣会产生内在力量。他们都走在一个终生的旅程上：去发现这究竟意味着什么，以及究竟如何去做。

2005 年，马萨诸塞州伍斯特市的一些商界领袖，启动了首场“纪念奥布赖恩系列讲座”。系列讲座的目的，是通过每年一次的商界领袖演讲，来继承和发扬奥布赖恩的遗产。演讲人要代表奥布赖恩的信念，即“增加金融资本的最好方法，是增长人力资本”。首场演讲的企业家是哈雷–戴维森公司前 CEO，国际组织学习学会网络的创始人之一里奇 · 提尔林克（Rich Teerlink）。他指出：“真正承诺投入人的成长，要靠一种信念的力量。你必须相信自己心里的直觉，即人们需要追求一种有意义的愿景，想要做出贡献，想要对结果承担责任；而且，愿意检查自己行为的缺点，并尽力改正错误，纠正问题。这种信念，控制型经理人是不容易接受的。这也就是为什么关于人的成长，‘说的’和‘做的’之间会有那么大的差距的原因。”

值得承诺投入的目标

沃尔沃瑞典公司前总裁、宜家北美公司前总裁（以及国际组织学习学会首任常务董事）约兰 · 卡斯泰德（Goran Carstedt）认为，创造有利于人的成长的环境，要从“值得人们承诺投入的志向目标”开始。卡斯泰德指出，“企业领导者常常要求员工承诺投入组织的目标中。但是，真正的问题是：组织的承诺投入是什么，那值得我花时间吗？”尽管有许多有关组织目标的阐述，有无处不在的愿景声明和价值宣言，但是，如萨朗特指出的，员工对公司的真正承诺还是“有很多尖酸的说法和怀疑态度”。还有很多迷惑和混乱——首先是对公司的目的——按照定义，公司的概念是追求投资回报最大化。许多年前，彼得·德鲁克曾说过："赚钱对公司来说，就像人吸进氧气。如果你吸进得不够，你就得离开这个世界。"换句话说，利润是所有公司企业的业绩要求。但是，那不是个目标。把德鲁克的比喻再延伸一步说，如果公司把利润作为目标，就好比人把呼吸当作生活的目的，那他们真就缺点儿什么了。

具有讽刺意味的是，把企业的目标等同于经济收入底线，这同时还会让企业的财务收入状况走向平庸，交上命中注定的厄运。有无数研究企业长期业绩的案例可以证明这一点。[2]在今天的世界里，越来越多的人有越来越多的自由，来选择自己的工作单位和工作方式，这样一来，组织主张什么、拥护什么、承诺什么就很有关系了。公司如果没有值得承诺投入的目标，就不能培养承诺投入的精神。它会强迫人们生活在支离破碎的世界里，无法激发热情、想象力、承担风险的勇气、耐心、坚忍不拔的毅力，以及对生命意义和价值的追求，而这些又都是达到长期财务成功的基础。

联合利华公司的布里吉特·坦塔维-蒙索（Brigitte Tantawy-Monsou）说："我就是想让我的个人生活和工作生活，成为同一个生活。"2002年，经历了供应链管理、产品研发和业务卓越管理职业生涯以后，坦塔维-蒙索说，她接触组织学习、自我超越和心智模式修炼，"对我理解我过去的经历很有帮助，因为我总想用科学的方法，总要分析问题。而在这里，我看到了一个新层面，一种'软的'层面。它帮我认识到，可以从社会系统的视角来理解组织和团队，可以用更加全面整合的方法来处理问题"。她发现，系统观点也可以用在她个人身上。"我特别对个人和公司的目标和价值之间的协同校正感兴趣，我个人渴望协同校正，所以，这个新的管理理念，使我引起了共鸣。"

后来，坦塔维-蒙索参加了值得她承诺投入的一些项目，应用组织学习的工具，处理联合利华在可持续发展方面的事务。她甚至还逐渐重新界定了自己的工作岗位，使自己能用全部的时间来做可持续发展方面的工作。“我想在公司内部和外部，都多做点事，多做点真正事关紧要的事，而组织学习的方法，帮助我发展了能力，以产生更多的影响力。这正好和我的职业生涯以及我整个生活的下一阶段巧合。”而如果不是联合利华公司的最高层在好几年之前就开始意识到，环境状况的历史性变化已经威胁着公司的未来，那也不可能发生这些事。作为世界上最大的渔业产品（鱼制食品）的营销商，公司在20世纪90年代就认识到，“如果不进行根本的变革，以实现可持续的渔业，那我们就没有值得投入的渔业产业可言了”，一位公司高管如是说。[3] 今天，除了在联合利华公司内部从事商业可持续发展项目的工作，坦塔维–蒙索还在协调国际组织学习学会欧洲“可持续发展协作组”（SoL Sustainability Consortium），作为总部在美国的学会的可持续发展协作组的延伸。她说：“我一直都喜欢工作。但是，这第一次让我感到，我现在在做对我自己个人来说，真正重要的事。”

有转化力的人际关系

坦塔维–蒙索的故事告诉我们，人的成长要从承诺投入真正重要的东西开始。而它的展开，如波士顿社区组织罗卡（西班牙语 Roca，意为“石头”）的人所说，要在“有转化力的人际关系”（transformative relationships）网络中进行。

罗卡的目标是为年轻人建设安全而健康的社区。罗卡所在的马萨诸塞州切尔西镇，距离波士顿金融街不到两英里，但文化上的距离，使它们之间好像隔着一个世界。那里的居民主要是来自拉丁美洲、东南亚以及非洲的移民。罗卡街道工作者团队原主管西罗姆·冯格（Saroeum Phoung）说：“当一个移民，就意味着你没有朋友，没有工作，没有标准，也没有在自己社区中的地位。家庭的功能被破坏了——这些移民家庭中的父亲往往不会说英语，所以找不到工作。因为他不能养家，随之而来的多重压力反而容易让他成为施虐者。而第二代移民通常甚至面临更多的困难，因为在他们成长的过程中没有稳定的家庭环境。由于没有改进和进步的希望，他们就没有努力的动力。因此，他们就像我原来那样，参加了黑帮。”

罗卡吸收的对象，就是原来的少年黑帮成员、年轻的父母，还有社区成员。他们到街区里帮助别人，重建社区生活。因此，罗卡成为警察、法庭、学校和许多社会服务机构的中间人。罗卡成立 18 年以来，切尔西镇的犯罪率和暴力事件发生率大幅下降，学生毕业率大幅上升。许多年轻人如果不是因为罗卡，可能就活不到今天，而他们现在都上了社区学院或者四年制大学，找到了工作，生活充实，积极向上。马萨诸塞州政府社会服务部（DSS）主任哈利 · 斯彭斯（Harry Spence）说：“罗卡的成就是令人惊异的。假如我们有 6 个像罗卡这样的组织，我们全州在这方面的工作就会大不一样。”

我花很多时间和罗卡的年轻领导者交往，我在不断地向他们学习，了解他们对如何帮助人成长的深层体悟。我在对一组街道工作者访谈时，图恩 · 克劳奇图得告诉我：“创造有转化力的人际关系，是我们工作的基础。”“我们接触的年轻人，需要一种人际关系，以帮助他们活下去，”罗卡创始人莫莉 · 鲍德温（Molly Baldwin）说，“我们的第一任务，就是与他们见面。他们中有许多人从来没有过自己的依靠，以及能始终如一地给予自己全面支持的关系，我们就把他们当作有自己天然个性的人来交往。而我们这样做的时间久了，他们之间也开始相互这样交往了。”

发展这种“面对面相互支持”，罗卡有核心方法和不断进行训练的场所，他们把它叫作“维和圆圈小组”（peacekeeping circles），那是基于美洲印第安人的学习和医疗传统中一种集体反思的方法。奥玛·奥蒂兹说："在圆圈小组里，我们学会了真正的相互倾听。"

玛丽娜·罗德里格兹讲了一个有代表性的故事："最近，有一位年轻的女孩怀孕了，她不知道该怎么和妈妈说。她很害怕。这样的情况，往往会造成女孩出走，或者需要亲友帮忙。但是我们认为，帮助她的最好方法，就是为她建立一个圆圈小组。有位街道工作者和她关系很好，于是就组织了几个人——那女孩和她妈妈都信任的几个人，组成了圆圈小组，我们一起处理了这个问题。相比将问题留给女孩和妈妈自己处理，让她们互相叫喊指责，这样做的结果大不一样。关键是形成交流对话，让妈妈听女孩讲，并能够相互接受对方。这个做法主要是扩大她的圈子，建立她所需要的支撑环境。"

"这又变成了'合作学习'（cooperative learning），"苏珊·尤尔里奇补充说，"圆圈交流对话就是大家围坐在一起，了解正在发生的事，以及如何应对。你会看到，问题不是哪一个人的问题，而是（每个人的）问题。在圆圈中，大家是平等的，我们都有问题，我们通过互相帮助来学习。"

"我们从纳瓦霍印第安人保留区部落法庭的首席法官那里学会一句话，"鲍德温插话道，"他说，'你不能用一个不好的方法达到好的目的。'圆圈小组始终让我们保持相互的连通，每天都帮助我们创造社区氛围，帮助我们一起面对我们必须面对的问题。"[4]

从我做起

对个人成长的承诺投入很重要——这对于身处领导岗位的人，就是最重要的事。鲍德温说："我总是必须做自我反省的工作。如果我们与警察的意见不一致，我就必须看看，我自己都做了什么，才造成争执不休——许多时候，我真就想到外面去，冲着谁喊，而不愿意保持冷静，去反省自己在当前的矛盾局面中的作用。"

“这些都必须从自我超越开始，”萨朗特说，“从我自己情愿看到自己的缺点和毛病开始，这些缺点和毛病对周围的人来说是如此明显。我绝不可以要求组织中的其他人比我更开放，更愿意学习和改进。”

把组织看成生命系统

现代科学中发展出来的系统观点，背后有两个不同的思想传统。系统的工程理论，提供了实际的工具，如系统基本模式和计算机模拟模型，它们能帮助我们理解复杂的、相互依存的问题。而对生命系统的理解，则会帮助我们感悟团队、组织，以及更大系统的学习与进化的能力。我在写作 1990 年第一版书时，强调的是前一种思想传统，因为，如福特公司的马弗·亚当斯所说：“世界上有如此之多的关键问题，都由于领导者不能很好地做系统思考，而得不到解决。”我现在觉得，这两种思想传统结合在一起，才能为推进工作提供所需要的两种东西：工具和领导原则。我这样看是因为这种生命系统的观点，微妙而潜移默化地影响和渗透着几乎所有成功的组织学习实践者的思考。[5]

机器时代的思考方法

德赫斯的著作《长寿公司》(*The Living Company*)促进了我的思考，加快了我把企业作为生命系统来理解的进程。简单地说，把企业看作生命系统，就是把它看作人类社区。这个理念，德赫斯已经通过这样的问题明确提出：“我们怎样看待企业——是作为人类社区，还是赚钱的机器？”[6]虽然每个人都会谴责后者，但我们当代的语言和管理实践，却说明着另一种情况。

实际上，机器的形象语言充斥着管理行话。我们的经理人“运行”（run）一家公司，这与运行一台机器没什么两样。我们有公司的“拥有者”（owners），这个词对机器而言十分恰当，但用在人类社区，就有点问题。当然，还有领导者“驾驭变革”（drive change）。对这些形象图景，我常常纳闷，人们是否压根儿就没想过，使用这类语言究竟在说明什么。如果人们想过这个问题，他们也许会住嘴，质疑自己，即使是短暂的一会儿工夫。不管怎样，我们多数人会“驾驭”一辆车，但我们还知道，如果我们试图“驾驭”我们的配偶，或正处在青春期的子女，会发生什么——结果通常事与愿违！有趣的是，我们如此轻易地就倾向于使用这种语言，来描述组织变革的需要。这当然就是德赫斯所指出的：我们都很容易把组织看成机器，而不是生命系统。

德赫斯理解这两者，即把组织看成机器与看成人类社区之间的区别，这得益于他对一个实际问题的追踪，即“长寿公司都有什么特点？”壳牌公司对公司寿命的著名研究项目（见第2章），就是由德赫斯主持的。研究发现，财富500强企业的平均寿命小于40年；同时，世界范围内约有20家公司，寿命达到200年以上。研究结果表明，超越历史、国家、文化、产业背景和技术等方面的差别，长寿公司有一些共同特点，即公司更倾向于把自己看成人类社区，而不是金融财务机构。壳牌公司原始研究报告说，这些公司“对自己是谁，有一种认同感，超越了它们所做的事”，这使它们有能力去进化，去适应，去学习；而它们的竞争对手就做不到这一点。

生命系统的观点，对于今天全球相互依存和复杂多变的世界，比以往更有相关性——就像世界最大的公司的“秘密”故事所揭示的。尽管收入大约比沃尔玛大10倍，市值比通用电气至少大一倍以上，国际信用卡巨头维萨公司，是商业世界中保守秘密最好的公司之一。当然，不是说这家公司的产品没人知道，也不是说它领导的是一个令人迷惑不解的产业。去年，没有几家公司的顾客能达到世界六分之一的人口！然而，过去10年间，《商业周刊》、《财富》和《福布斯》等杂志上，发表了超过1 000篇关于微软公司的文章，350多篇关于通用电气公司的文章，但是，只有35篇关于维萨的文章。为什么呢？因为维萨看上去根本就不像个典型的跨国企业。它的股票还没有公开买卖[a]，因为它的股权拥有者是数量超过两万的会员组织。它也没有大型公司总部，因为它只是一个网络，由成员组织管理，有一个组织章程，界定其目标和运营原则，规定其决策权力归属于选举产生的各个董事会。它没有一个典型的、受人关注的CEO，来决定公司行动策略（并收取天价工资），因为它的策略，实际上是分散的：自治的各个企业所组成的网络，有为数众多的各种不同的策略。

维萨看上去不像其他大公司，运作方式也不一样，原因是，创建它的灵感不是来自机械的形象，这与其他公司不同。在信用卡产业初期，发生了大规模的发行过热和财务崩溃。那时，维萨的创始CEO狄伊·哈克（Dee Hock）悟到一件事。他清楚地看出，全球金融交易网络当时已经开始出现强劲的发展势头，必须有一种力量来协调整个网络。但是，“设计一家公司去做这件事，超出了理性的力量”。[7]但他也知道，大自然经常可以做到的，就是这种协调。他想知道，为什么“人类组织机构就不能像热带雨林那样运行？”为什么人类组织不能遵循生物机体的理念和方法模式运行？“假如我们放弃争执，不管究竟应该把新机构设计成什么结构，而以某种遗传密码的模式重新考虑这件事，那又如何？”简言之，维萨的灵感，是要放弃我们“旧的观念与机械论的现实模型”，而去拥抱生命系统的原理，并把它作为组织的基础。后来，哈克甚至为他设想的这种组织形态造了一个新

a. 2008年3月19日，维萨股票在纽约证交所上市，而在本书出版时，它尚未上市。——编者注

词："浑序"（chaordic）。因为，自然界中"秩序不断地从看似混沌的状态里呈现，然而在管理实践中，我们却总是试图强加秩序，原因就是我们害怕被混沌主导"。

生物学家葛雷格里·贝特森（Gregory Bateson）曾说："我们今天所有的问题，都来源于我们的思想方式和自然运行方式之间的差距。"[8] 比如，我们的主要组织机构的遗传物质 DNA（脱氧核糖核酸），是基于机器的思考，"所以系统都必须有人控制"。而我们知道，对于健康的生命系统，如人体或湿地，控制是分散的。但我们非常习惯于"必须有人控制"的心态，哈克称之为我们体内的"牛顿式壁橱"，以至无法想象替代方法。不过，只要我们学会观察，这些替代方法就在我们身边，随处可见。

工作是怎么完成的?

喷墨供货组织（ISO）曾是惠普公司最大、利润最高的部门，这种情况持续了 10 年以上。这个部门的信息技术与战略主管安·玛莉·阿兰（Anne Murray Allen）说：

"我们就是想理解工作是怎么完成的。我记不得我是什么时候开始用系统观点看问题的，反正是很久以前了——多少有点天性如此。"第五项修炼"系列一问世，我就把它吃透了。那时，我已经是深度汇谈的实践者，告诉客户聆听的力量，以及要怎么做才能一起完成出色的成绩，那甚至是在我来惠普之前的事。到了惠普，我开始做战略，特别是 IT 在战略中的作用。后来那自然成为知识管理，那时已经成为一个主要关注点。但是，所有那些'学到的经验教训'的数据库，诸如此类的东西，对我来说都没有什么高杠杆效益。而有另一种看法，认为知识就在我们身边漂游，我们需要做的只是捕捉它，给它编码、整理，这个看法我也不看好。现在，它已经没有多大市场了，因为许多公司花了很多钱，搞‘知识管理系统’，结果拿不出什么像样的成绩。

“问题的根源在于，不理解知识是什么，它是怎么产生的，怎么在实际条件下运行——因为，知识是社会性的，是指我们知道怎么做，而我们做的时候是相互关联的。工作是怎么完成的？就是这么完成的。知识管理的另一面，就是协作。不能只谈论一面，而不讲另一面。所以，搞知识管理，你就必须面对协作，有各种工具方法来帮助人们协作。今天，我们的工作有许多是关于知识网络的，我们也叫协作网络：大家怎样一起创造价值，并且开辟新的价值来源。这是个相当有机的过程，但还是有理解它的方法，有帮助它成长的方法，而不是阻碍它。”

几年前，阿兰开始和俄勒冈大学的社会网络研究者丹尼斯·萨多（Dennis Sandow），一起合作进行一系列研究。“我们很快学到了两件事：基于其不同的关键技术能力，来辨认不同的社会网络，这是可能的；大家都愿意参与这项研究。丹尼斯的方法的美妙之处，与大多数学者（的方法）不同。他不是去替别人分析，而是教会工程师们，怎样自己来分析自己的网络。”

萨多说：“我真正的目标，是帮助大家反思，看他们自己是怎么做的。对理解自己的工作过程，对向别人解释这些过程，大家自然很感兴趣，特别是要向经理们解释，因为他们总爱搞重组，重新分派大家的工作，而又对这样做的后果没有真正的理解。今天，那些工程师有了一种全新的语言，可以用来和经理们沟通。”[9]

阿兰和萨多的工作，架起了一座新颖的桥梁，它连接着反思的实践，人际关系的重要性，以及把组织机构看作生命系统的领悟。阿兰指出：“我们逐渐从学习中体悟到，通过反思，知识网络就会得到扩展和加强。当我们考虑与谁合作，然后一起反思我们合作的过程，我们就互相接受了对方，相互给予了合法性。”例如，ISO 曾面临一些重要问题，要求对物质化学有新的理解。ISO 当时和两家竞争力很强的售货商合作，开发惠普售货系统的社会网络图。这张网络图不仅澄清了谁了解什么，还帮助建立了信任感和相互依存感：“大家觉得受到重视了，他们的忧虑和他们的贡献，都向所有人、以同等清晰的方式展现了。几个星期的协作，在早期建立了这种信任和开放心态，使这个网络能够把新喷墨盒的开发时间缩短 16 周。今天，我们有许多这类的案例，而培育对我们各类知识网络的反思能力，其实用价值也逐步得到了认可。”

回顾合作的历程，阿兰和萨多得出如下结论：“正如物质科学的哲学理念主导了工业时代，生物科学的哲学理念正在开始主导知识时代。新的理念把知识、人类以及组织机构看作生命系统……（这代表一种转变，从）（1）注重局部到注重整体；（2）注重分类到注重整合；（3）注重个体到注重相互作用和关联；（4）注重观察者外部的系统，到注重包括观察者在内的系统。”[10]

阿兰和萨多对社会系统的观点，受到智利生物学家哈姆伯图 · 马图拉纳（Humberto Maturana）的影响。马图拉纳是生命系统认知研究的著名先驱者。他认为，智能行动在社会系统中产生，那里，网络的所有成员都互相接受，成为网络的合法参与者。2000 年，ISO 管理层邀请马图拉纳做了第一次研讨会。那次的经历令人难忘，有 100 多位工程师倾听他的讲话，其内容主线是：仁爱就是承认和接受别人为合法的参与者——而且，“情感也能扩展智能”。他的演讲让我想起，我在为德赫斯的书撰写序言时所学到的英语“company”（公司）一词，来自法语 compaigne，意思是分享面包，并与“companion”（同伴）一词同根。有趣的是，在瑞典语最古老的语汇里公司一词，“narings liv”，意思是“滋养生命”。而中国古老的词语“生意”，意思是“生活的意义”，或“生命的愿意”。也许，当我们重新发现作为生命系统的组织机构，我们还会重新发现：作为人在一起工作，有一个真正重要的志向目标，其真正的意义会是什么。

第 13 章

学习型文化的推动力

建设学习型文化（learning-oriented cultures）在任何条件下都是一项艰难的工作。需要花许多时间来做——其实，它是个永无止境的征途。它充满风险：要么无法实现真正的文化变革；要么成功实现了变革，但却因此变成想要保持现状的人的一种威胁。建设学习型文化的要求很高，因为学习实践要让我们个人承受很大的压力，而待在舒服的地方总是要容易得多。过去 15 年间，没有任何迹象能让我改变对这些困难挑战的理解。既然这样，什么才能激励人们开始这个征程呢？

似乎有三种相互关联交叉，又互不相同的动机，激励着人们去开启建设学习型组织的艰难工作。有些人想寻找更好的模式来管理和推动变革。有的人则想建立组织整体不断适应变化的能力。所有人似乎又都认为，一定有更好的管理和组织职场工作的方法，既更加实用，也更加人性化。它可以显著改善绩效，并且创造一种工作环境，让我们大家都真正愿意去那里工作。

不同的变革方式

国际金融公司（IFC）是世界银行的一部分，负责对发展中国家的私营企业部门进行投资。IFC 的人力资源副总裁多萝西 · 滨地–贝利（Dorothy Hamachi-Berry）说："来到世界银行以前，我在一些组织工作时，曾经历过戏剧性的，但你可能说是机械式的变化。往往是新领导一上任，就出现一个'火坛'，也就是说出现一些强制性原因，让你不得不打烂烧毁所有的东西，然后重新开始。这种方法在我经历过的地方，似乎从来都不管用。1996 年我刚到世行，有一位新领导来了，我们就把几百位高级经理人送到大学进修高级管理开发培训项目。他们都学了同样的变革理论模型，但是，你瞧，什么变化也没发生。那时我就想，有没有不同的模式？我开始意识到，不同的模式必须要从愿望开始，包括我们的客户的愿望。"

那时，世行正在试图解决长期阻碍效率提升的组织问题。比如，原来住在华盛顿的"国家经理人"，被派驻到当地国了。想法是让这些经理人身处第一线，以便了解客户的需求、愿望和目标。同时，世行还建立了专业网络，以便加深全球的基础知识背景，此外，还有一个新的矩阵式组织也被建立起来了。

1989 年，世行的墨西哥团队与人力资源开发团队中负责卫生健康和教育的成员，一起开始了一个学习实践项目（当时滨地–贝利还是世行总部的人力资源副总裁）。她回忆说："我们有一个出色的国家团队，但他们遇到困境，不知道矩阵组织的新业务模式。"两天的基础研习营过后，这个团队花了好几个月的时间，学习深度汇谈、系统思考、自我超越等修炼工具，总体目标是帮助客户理清自己的开发愿望。世行有个老问题，不能跨越内部部门界限，把投资资金送到地方的创新项目手中。"在墨西哥，我们有客户，有国家团队，以及网络，大家以一种新的协作方式一起工作，这在以前很少发生过。大家一起作为团队来开发解决问题的方法，而不是由世行给出一个处方。这样做的结果是开发出一些令人兴奋的项目，比如，用新方法给偏远山区的儿童提供教育和医疗服务。那是个出色的项目样板，它告诉我们，一旦世行员工与客户联合工作，并让客户有能力自己推动项目开发的进程，而不是相反，那将会出现什么结果。很快，我们就收到更多的项目请求。”

大约就在那时，滨地-贝利从世行调到了IFC，原因是在最高管理层有了一个类似的创新机会。她在墨西哥经验的基础上向前推进。“我们从没有使用像‘学习型组织’这样的术语，也没有谈论‘第五项修炼’系列。因为，那样就会听上去太学术了，那些理念就会失去效力。而我们探讨的是建立和明确愿望，包括我们自己的愿望和我们客户的愿望，还有建设深度汇谈和探寻的能力。”

刚开始时，投资官员们对学习工具没有什么需求。他们就是不用那种方式工作。“我们的投资官员是做交易的。深度汇谈和探寻可不是他们的风格——那就像是给他们拔牙。但IFC的CEO彼得·沃伊克（Peter Woicke）认识到了这类方法的价值，所以我们就集中与他的管理团队合作。彼得很有耐心，我们花了两年时间，但你逐渐就可以看到效果，从人们如何交往，人们一起能做出什么事，就可以看出来。人们学会了开诚布公，能够公开提出不同意见，能够有意识地浮现冲突，而不是绕圈子。”第一个转折点是沃伊克的好几个直接下属，要求在他们自己的团队进行类似的开发过程。“逐渐地，许多基本的学习演练方法开始在大家的工作过程中出现了。IFC是世行唯一需要关注经济底线的部门：商业成功与开发效果都同样重要。由于可以跟踪商业影响，这些努力的价值就更容易显现。现在，这项工作完全是由需求主导的。我们接到很多请求，是业务线经理们自己提出的容量能力建设的要求。”

沃伊克一年前退休的时候，滨地-贝利和她的同事们又有一次机会，来测试他们的文化变革努力的长期效力。“支持这一方法的CEO走了之后会发生什么？我们知道，许多像这样的非常成功的创新，都遭到了取缔，或者虽然成功，但无法推广。但是，这项工作已经影响了政策，引起了战略转变，而我们的业务也在过去六年间翻了一番。[1]实际上，我们连续三年实现了破纪录的增长率和利润率——在我们的历史上从未这么好过。我认为，我们的成功很大程度上要归功于这么多的业务线经理人，他们体现了愿景的精神，他们吸纳了更多人，建设了学习环境。组织里一旦有一些这样的人，你就会看到一种势头，其他的事就容易多了。

“我们一起共同工作的能力，与客户一起工作的能力，都导致了更好的投资决策，进而导致更成功的业绩，进而更多地影响可持续发展。这种在商业成功和开发效果之间的协调一致，是我们一贯的目标。回顾起来，很明显，它需要真正的耐心，一种在变革努力中经常缺乏的耐心；它需要情愿以身作则地引领变革，而不是仅仅把大家‘送到项目中去’。彼得在世行以外的广泛管理经验，似乎让他确信，探寻能力和真正的愿望至关重要，而他和他的团队又愿意花时间，来开发这样的能力素质。这又与耐心结合在一起，然后大家才能看见实际效果的证据，进而会要求建设他们自己的能力。”

建设适应性组织

它的未来

许多人被吸引到学习型组织工作中来，不仅是要找到一种引领变革的方法，而且还要寻求一种方法来建设组织能力，以便更好地应对不断出现的变化。福特公司的亚当斯就是其中之一。他把后者称为“适应性组织”（adaptive organizations）。

“作为一个首席信息官，你会用一种独特的视角来看企业，即把它看成一个整体，”亚当斯说，“今天，有两个显著的时代特征：我们的组织机构之间有非常高的相互关联度；同时，我们的运营环境既相互依存，又高度不稳定。福特现在有30多万IT使用者，分别在20个基本业务领域，他们通过2 400个应用软件相互交往，而这些软件是由10个不同的IT开发团队的6 000名IT专业人员开发的，而他们又在与200个不同的IT销售商合作。所有这些又在急速膨胀，包括各类便携式和嵌入式计算装置的爆炸式增长：现在全世界在使用大约350亿个单片机、7.5亿个智能传感器、15亿部移动IT装置，而且数量还在呈指数式增长。这种高度便捷的通信联系，带来了更大的波动性和非线性效应：变化会突然出现，而不像过去那样可以预料。2000年以后的四年间，世界范围由于有意的恶性程序造成的财产损失增长了10倍，达到2 000亿美元以上。

“这样的关联度和波动性意味着，我们必须用与以往截然不同的方式从事管理工作。跟上变化的速度是成功的关键。而用传统的自上而下的控制心态已经不行了，但是也不能没有任何管理组织，变成完全混乱无序的状态。发展适应性生存能力的关键，是不断保持管理组织工作过多和过少之间的适当的平衡。”

亚当斯认为，增加组织机构的适应能力，是组织中IT工作的未来。“由于IT专业人员的工作直接涉及把企业连接在一起的基础设施，所以他们能够直接影响组织机构整体性运作模式的成败。”虽然这些专业人员的传统工作责任会继续下去，但同时又会出现全新的方法让他们做出贡献，用亚当斯的话说，这就是“帮助大家看清模式，并处理复杂性问题。大家都被各种各样的信息淹没了。光给IT系统升级是解决不了问题的。这里需要的是，在无处不在的计算机信息处理的背景下，在实时的系统中，完成系统思考和协作工作”。

亚当斯现在正在培养新一代的 IT 工作团队，他们综合了系统思考和复杂科学，形成了新理念，并应用这些理念与业务部门的经理们共同研究一系列战略、运营和文化变革问题。他们不仅应用系统思考的工具来帮助大家看清系统模式，而且用复杂科学理论中的部分理念来设计战略变革选择框架，比如降低波动性、改变测量方法，及建立新的“互动模式”（interaction patterns）。[2]

例如，福特公司近来面对一项转变传统财务控制系统的艰巨工作，目的是为了遵守美国《萨班斯法案》（*Sarbanes-Oxley mandates*）的最新规定。“《萨班斯法案》规定了公司必须执行的一系列财会监控制度。如果公司不遵守这些新规定，就得不到认证，就会使公司声誉受到影响，增加投资者心中的风险担忧，”亚当斯说，“公司的高级职员也要负个人责任，即对缺乏监控带来的问题负责，所以这是件大事。我们开始以为不可能在一年内拿到认证，因为我们不仅有四十多年历史的各种不同的福特公司监控系统，而且还有来自兼并进来的其他公司的系统，包括捷豹、沃尔沃和路虎汽车。”

亚当斯从不同的业务部门抽调人员组成了工作小组，他们研究了审计数据，结果发现了“脆弱性漏洞模式”（patterns of vulnerabilities）。这些模式又通过系统图表和深度汇谈方法得到进一步澄清。他们用这些方法还特别发现了，IT 系统在产生脆弱性漏洞中的作用。比如，研究小组意识到问题的来源之一，就是财务报告政策有太多的变化和不一致性。所以，他们就设计了一个政策基线，以取代几十年间积累起来的混乱的政策大杂烩。有关如何界定公司财产也有太多的差异，为此研究小组设计了一个新的更简单的分类系统，以及一个新的更简单、聚焦得更好的测评系统。然后，他们培训了“经过认证的专家”，派他们到世界各地检查财产分类的一致性，并分享最佳案例，从而建立了前所未有的互动关系。很快，“我们就有 11 000 名在世界各地的专业人员，都用一种语言辨认和处理所有监控问题，而且在两周之内就把这些问题中的绝大多数界定完毕。大家认清了自己被困其中的系统，并建立了促进系统变革的适当规模的管理结构。看到由此而使整个组织的能量得以释放，真是件令人吃惊的事。”

亚当斯继续说道：“我们对一系列问题都使用了类似的方法。我们在学习如何进行容量能力建设，以使组织在自己的生态系统中的地位能够得到维护，还希望能得到改善。把这种能力建设融入组织文化是需要时日的，但自然已经给我们指出了有效的基本方法，比如：感知或认清模式、概念重组，以及‘变异法’（mutation），即实验和反馈法。系统模型的建立、协作与深度汇谈、寻找过分变化和不一致性的案例，这些都是组织系统中的模拟（analogs）演练。如果能把这些有效地结合起来，就会促进创新。”

一支适应型警队

在过去的数十年中，我欣喜地看到全世界有少数公共部门的机构，也采纳了各种学习工具和理念，以满足自己对持续学习力和适应力的类似需求。其中最坚韧不拔地从事这项工作的，是新加坡警察部队（Singapore Police Force, SPF）。“我们生活在一个快节奏的世界里，越来越被复杂的、充满不确定性的问题搞得应接不暇，”警察总监邱文晖（Khoo Boon Hui）[3] 说，“我们最近发现，有很多社区受到大量涌入的新式毒品、非法移民、新型犯罪方式和恐怖主义的威胁，但它们却没有做好应对的准备。我们必须建设看清发展趋势、应对潜在问题的能力，并在它们伤害到我们服务的社区之前，解决这些问题。我坚信，只有组织文化鼓励学习实践，我们才能通过对知识进行管理来建立起这种能力。”

十几年前，新加坡发起了建设“学习型国家”的运动，邱文晖带领的新加坡警队，以及许多其他组织，都加入了这个运动之中。

“当我接管新加坡警察部队时，我察觉到一些令人担忧的趋势。大家往往认为，警察的工作平淡无奇、不够体面，而且缺乏挑战性，不适合新一代的知识工作者。我们无法招到需要的人才。当时，新加坡警察部队是一个命令与控制型组织。要应对快速衍变的违法乱纪行为，就得当机立断，几乎没有时间请示上级，但警官却必须严格遵守标准的工作规程，这也就意味着他们无法应对这些问题。然而，给大家‘授权’说起来容易，做起来却很难。于是在1997年，我们启动了一项革新计划，不但通过对业务模式的根本改革，实现了警官工作性质的转变，还通过对组织发展的投入，开始培育互信、开放的组织文化。我们知道，这项革新要耗费大量时间，而且困难重重，所以我们访问了从事这方面工作的一些组织，包括国际组织学习学会在美国的企业会员。”

文化不是凭空产生的，而是慢慢发展起来的——它不断保存和改进有用的东西，舍弃没用的东西。“从20世纪80年代初期开始，我们就成功地制定出了社区治安机制，社区民众也渐渐熟悉了我们的警官，他们不再害怕，而是开始信任我们了。尽管如此，警官们仍然不具备足够的知识和技能，难以发现并解决威胁社区安全的潜在问题。因此，我们扩大了他们的业务范围，让他们发动社区成员来帮助发现并解决当地的安全和治安问题。在警官们的协助下，社区成员在解决自己小区的安全和治安问题时，有了更多的主人翁意识。”

“随着警官工作的知识强度越来越高，他们就开始进行学习型组织要求的技能训练，以便能更好地在社区中开展‘生成性汇谈’

(generative dialogue)[a]，并通过系统思考解决问题。为了解决各种长期问题，他们还需要建立起利益相关者网络。”邱文晖解释说，这与在治安机制运行中进行团队合作相吻合，而且二者都是新的概念，都“发挥着集体思考的杠杆作用”。最后，他们还注重各个层面上的领导能力建设，并向警官们反复强调核心价值：“由此，警官们被赋予自行斟酌处理问题的权利，相信他们能够做出与共同愿景协调一致的决定与行动。”

随着警官业务范围的扩大，他们还需要在整个组织中有更强的连通感。“他们需要从新加坡警察部队广博的知识储备中进行学习，包括同事和其他警官的个人经历。我们通过叙述和讲故事的形式，从学习个人经历中的隐性知识（tacit knowledge）着手，让参与过重大事件的警官和大家分享自己的经历。”为了鼓励知识的传播，他们还为一线警官建立了特别的经验分享环节，帮助他们学习如何处理困难的情况，如何应对不合作的个人或群体，以及如何进行“行动后反思”（After Action Review, AAR）。这个做法加强了各地方部门的反思实践，同时提高了整个系统的意识水平。这些努力还带来另外一项成果，就是一个电子留言板，警官们可以登录并分享他们对每件事情的看法。“你在这里看到的是警官们真实的感受和想法，没有经过克制和保留，很多人对此感到惊讶。这个留言板最难能可贵的一点，是发帖人的热情。他们在这里找到了安全感，如果有足够的担忧和关切，他们就会坦率地表达自己的看法、知识和经历。”最后，邱文晖和他的团队改变了强调严格的标准作业程序（SOP）的传统。他们“改写了这些标准作业程序，不再强调条例规范，而是重视基本原则，从而帮助大家根据

a. 即生成性深度汇谈，是集体交流沟通的高级境界。它在集体深度聆听和探寻的基础上，生成团队的心灵共鸣和集体创意流动，生发并整合集体能量和智慧，以及团队整体与周围环境的协同力。——译者注

最佳案例的做法，来行使自行斟酌处理问题的权力”。

在应对像国际恐怖主义这样的新挑战中，新加坡警察部队的这些变革尤其重要。“我们自己没有这方面的经验，所以必须和能够增加我们知识储备的组织和个人建立联系，这样的联系越多越好。”现在，新加坡警察部队在与全世界的许多同行合作，学习他们的经验。同时，新加坡警察部队还加入了一个包含学者、宗教方面的专家和社区领导者的网络，这使他们能够从许多不同的视角分析问题。“与处理其他核心问题一样，我们的兴趣点不在被动反应，而在于与社区伙伴密切合作，以诊断出问题的根源。”

“最终真正推动组织变革的是人。我们成功的核心经验，就是建立信任，并关注组织中的人际连通关系。如果连通关系的质量得到提升，思考的质量也就得到了提升。随着团队成员从更多的方面考虑问题，并彼此分享更多的观点，他们行动的质量就得到了提升，最终使我们取得更大的成绩。”事实上，他们的成绩确实振奋人心。新加坡现在的年犯罪率是每10万人800起，这还不到20世纪90年代中期的三分之二，只有日本的三分之一。在新加坡警察部队的努力下，案件侦破率也有了大幅提高，从10年前的32%增加到了现在的60%，而日本在这项指标上的水平是25%。更重要的是，“我们成功地增进了与社区的感情和联系，这靠的是获取他们的信任、合作以及——尊重。”邱文晖指出。现在，新加坡警察部队能招到的受过高等教育的应聘者，已经高于我们通常期待的比例了。

业绩与幸福感是动力来源

邱文晖所列举的事例说明，营造更有意义、更有满足感和成就感的工作氛围，会带来极大的业绩提升，这并非偶然。回顾让团队成员相互沟通、重新思考复杂组织结构问题的过程，考克斯给出的评价是：“这成了我职业生涯中最有乐趣的工作经历。”虽然他们用了不同的表述方式，但我认为几乎所有有经验的组织学习实践者，心中都有类似的追求。比如滨地-贝利也认为：“连通关系的质量在此得到了很大的提升。”

福特公司的亚当斯说：“以前，人们觉得改变系统是不可能的。现在，当发生同样的情况时，人们能感受到更多的创造力和对成就的满足感。”

惠普公司的阿兰说：“‘工作效率’（productivity）是所有事情的关键，它既指个人效率，也指组织效率。我用这个词，并不是说人们必须每天工作 12 小时而非 8 小时。我的意思是，人们的工作更有意义了，对业务成果的影响力也大大提高了。”

阿兰的话，让我想起了早期 SoL 网络中一个很有说服力的故事。在 20 世纪 90 年代初期，戴夫 · 马辛（Dave Marsing）负责建设 9 号芯片厂（Fab 9），那是英特尔公司生产“486”微型处理器的最先进的工厂。这项工作极具挑战性，而且压力非常大，在工作期间，马辛的心脏病发作了。幸运的是，他被及时送到了急诊室，心脏也没有受到永久性伤害。但是，当他几周之后重回工作岗位时，他向同事们传递了一个清晰的讯息。

“我希望他们知道，我再也不会像以前那样，像疯子一般无休无止地加班，我会按时下班，回去与家人一起吃饭。我告诉他们周末需要时可以怎样找到我，但只有在紧急情况下才能这么做。我还告诉他们，在按时完成工作的同时，我们会用更多的时间来交流和反思。刚开始的时候，我感觉他们都不相信我是认真的，但渐渐地，他们发现我的确是认真的。

“这次转变有着深远的影响。几年之后当我们设计和开发新的 11

号芯片厂（Fab 11）时，这次转变中创造的文化，深深地影响了我们价值观念和核心理念的形成过程。最后，我们在建设 11 号芯片厂时打破了英特尔公司的所有纪录，我们达到全负荷生产状态的时间，比最乐观的预测快了 9 到 12 个月。我们不但为公司节省下了数以亿计的成本，而且生产出新型芯片，并向客户提供了使用这种芯片的新产品，这些工作都比预计的要提早许多完成，为公司带来了巨大的市场利益。11 号芯片厂至今还是世界上最大的、业绩最好的工厂。

“我清楚地看到，我们不再辛苦地工作，而是更聪明地工作。过去，我们当中时不时就有人被救护车接走，而且大家都已习以为常。当我做出承诺，决定不再这样超负荷工作之后，就给别人创造了做出同样选择的空间。最终结果是，我们都开始采用不同的工作方式，获得的成绩也超过了以往那样长时间、超负荷工作的成果。”

像马辛这样的人所追求的幸福感，显然并非生活毫无困难，没有任何挑战。实际上，人们越是参与和投入自己的工作中，越是对其有承诺感，就越愿意应对工作中的困难。他们甘愿为了工作冒风险，即便要牺牲掉自己的舒适感也在所不辞。他们宁肯在追求对自己真正重要的目标时遭到失败，也不愿为了避免失败而束缚自己，不愿像罗斯福说的“那些冷漠又懦弱的人，他们既不懂成功，也不懂失败”。

奥布赖恩曾经将幸福感定义为：“总体上觉得你的生活在向正确的方向行进，而且有机会为社会带来一些改变。”我一直认为这属于那种不寻常的追求，我们认可并珍惜这种追求，但无法通过直接的努力去获得成功。你见过依靠工作而得到幸福的人吗？在我的经历里，这样的人有一个共同特点，那就是他们其实并不幸福。另一方面，如果我们能与珍视的朋友一起追求大家最看重的事，就能找到我们想要的所有幸福。从这个意义上说，幸福感其实就是充实生活的副产品。这就是组织学习实践者的动力来源。

第14章

战略思考与8种应用策略

建设学习型组织从来就没有灵丹妙药，这一点是很清楚的。没有处方，没有固定的所谓三部曲，也没有什么七步法。但是，我们还是积累了许多经验，并不断尝试通过新的实践建立新的工作环境，来激励创造性的成果，并且使人享受工作的乐趣。本次增订版中的访谈工作是一次向实践大师们学习的好机会，学习他们最新的实践艺术，学习他们为这种实践而制定的核心战略和策略。本章在一开始综述了战略思考的含义——它的基本目标是什么？应该聚焦在何处？在此之后，我们将描述应用于不同情况的八种战略。

用战略眼光思考和行动

建设学习型组织的战略思考和行动意味着什么？在《第五项修炼·实践篇》中，我和我的同事们建立了一种简单的框架图，它可以帮助大家理解，在建设学习型组织的各个阶段的战略领导力问题。首先，我们的目标是什么？界定学习型文化，并使之牢固生根的根本增长点和创新领域在哪里？如果它出现了，我们怎么辨别？其次，为了创造这样的学习型文化，领导者的注意力应该放在哪里？劲儿往哪里使？怎么做？第一个方面，我们称之为“深层学习环路”（deep learning cycle）。第二方面，我们叫作“战略结构”（strategic architecture）。今天，这个圆环三角图提供了一个总体视角，来理解背景各异的领导者所使用的不同战略。[1]

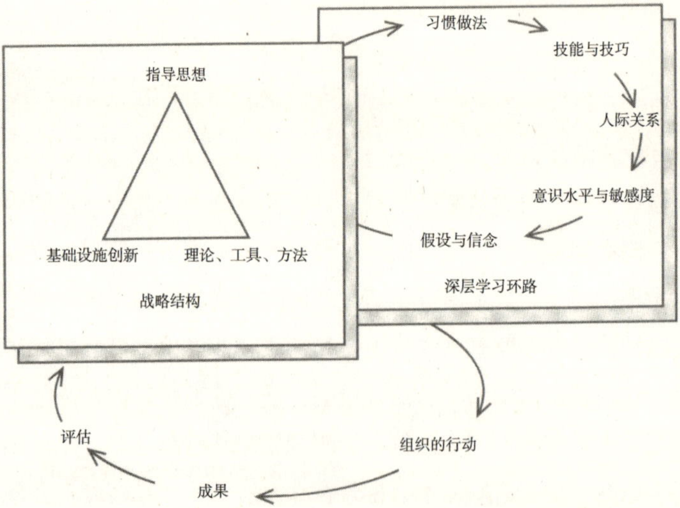

这个框架有好几个组成部分，其主要的划分依据来自我们对学习实践的基本感悟。学习总是有两个层面。第一层面是说，所有学习实践都必须根据实践者做事的能力来评价，即他能做出什么成果，如图中下面的环路所示。但是，如果我只成功地骑了一次自行车，还不能说我已经学会了骑车。在更深的层面上，学习实践是开发一种能力，它让我们能够可靠地反复取得某种成果。就是说不只是骑过一次自行车，而是真正学会骑车，变成“骑车族”——这种能力是从深层学习环路中产生的。战略结构的重点就是建立支撑这种深层学习所需要的学习环境。[2]

深层学习环路包括五个环节：假设与信念、习惯做法、技巧与能力、关系网络，以及意识水平与敏感度。在建立健康的学习型文化过程中，成熟的领导者要注意这些环节中的每一个。这些环节总是相互影响的。先来看假设和信念（也可以从任何一个环节入手）。[3]虽然这些理所当然的世界观往往不被当事人察觉，它们却能塑造组织行为习惯，引导大家待人接物，并且还在组织行为习惯的基础上进一步决定大家发展什么样的技能。[4]例如，如果大家相信真正的聆听非常重要，就会建立像每天工作前“开场破冰”（check-ins）之类的习惯，以鼓励大家对自己聆听方式的反思实践。[5]而大家的习惯做法和技能提升又会影响人际关系网络和意识水平的发展。比如深度汇谈实践技能的开发，会让大家更深入地理解相互依存关系，即自己依靠谁、谁又依靠自己，于是就会加强社会关系网络。或者，如果大家熟练掌握系统基本模式等系统语言，就会开始看清原来看不见的相互依存模式。反过来，“眼见为实”——经历又会对我们的信念和假设起到最直接的强化作用。

人们普遍把组织文化简单看成“事情本来就如此”。但没有哪种文化是静止不变的。我们日常待人接物的方法会不断强化某种文化。上面的框架把这些不同的环节连接成一个深层学习环路，同时表达这样一种重要的假设，即所有这些环节可以并且一定会演变（尽管很慢），而且一旦有变化，就会同时在各个环节发生。深层学习环路既可以强化现有文化，又可能加强新生文化。当我们用不同的方式相互交往时，我们也就同时开启了变革所有环节的可能性。

大家自然想知道，从哪里介入才能影响深层学习环路呢？可能有许多种方式，但有连贯性的策略一般包括三个要素：（1）指导思想；（2）理论、工具、方法；（3）基础设施创新。指导思想就是主导性的理念和原则，它界定组织存在的目的、大家追求什么成就，以及组织要如何运行，即志向目标、愿景，以及价值体系。理论、工具和方法是关于具体而明确的工作方式（比如采购程序的系统流程图，或者解释新产品发布为什么像“救火”行动的模拟模型），包括应用这些理论的实际措施，以解决问题、调解分歧和检测进度。工具对于深层学习过程是至关重要的。富勒曾说，“你不能改变人的思考方式”，但可以提供工具，“通过使用工具来导致思考方式的改变”。与其对应的物质结构设施一样，正式的职位角色和管理层级结构等组织基础设施，决定着精神能量和各种资源的流动方式。本章所述的许多重要创新经历，都基于某种新型的学习实践基础设施，基于与这种基础设施相一致的明晰的指导思想和适宜的工具和方法。

这个框架背后的总体概念在社会学里被称为“结构行动理论”（structuration），也叫作“行动化系统”（enacted system）理论。第3章介绍了系统思考的核心原则，即结构影响行为，而学会观察事件和行为背后的深层结构，则会逐步提高变革工作的杠杆效益。这种结构是由信念和假设、既成习惯、技能、人际关系网络，以及意识水平和敏感度组成的，而这些就是深层学习环路的各个环节。系统观点的第二个关键要素是，决定着社会系统状态的结构模式来自系统中各成员行动的总和效应。用丘吉尔的话说，我们塑造了结构，结构又塑造了我们。

这种系统结构怎样改变呢？是我们过去的行动塑造了今天的主流结构，假如我们能看清这种结构并开始以不同的方式行动，就会改变它。这个陈述很大，它的可信度在于事实证据，比如本书前面和后面的故事和案例中所描述的事实。但在某种意义上，这也是很直觉的体悟。

城市的街道是一种物质结构，它决定行人和行车的方式。没有街道的地方很难行车。在波士顿最老的城区里，街道布局走向根本就没有任何规则，有玩笑说这都是17世纪奶牛的错。20世纪的街道铺设在过去200年间形成的马路上，而后者又是再早100年间，由马车夫顺着奶牛习惯的路线赶车轧出来的。我们假设，奶牛无法看到它们的行动路线图，估计它们也没有兴趣看它。然而，人类本可以看清这个路线图的结构，并下结论说：应该有更好的路线方案。但波士顿人的怀旧情结显然阻止了这种做法。

波士顿奶牛和街道的故事挪到组织机构里，就会出现两个问题。需要什么条件才能看清我们所促成的结构模式？我们的行为更像奶牛，还是更像人？像奶牛，就是我们之所以在做我们正在做的，是因为我们一直就在这么做，一直因循守旧，墨守成规。而像人，就是退后一步站，看清深层结构模式，然后选择不同的做法。很显然，这类概念框架都很抽象，在实际中究竟要怎么操作，这只有在具体经验中才能真正理解，任何书本知识都不能代替。尽管如此，以下的八条策略以及案例，还是能帮助我们了解目前这方面的具体情况和实际技能。

策略1　学习与工作的结合

组织学习计划受阻的最主要原因，恐怕就是学习活动的支离破碎，即把学习任务安排成“附加”的活动，分立于大家的日常工作之外。在许多年里，许多人把“创建学习型组织”的迫切需要，变成新的培训计划，给大家教授心智模式或系统思考的课程。不幸的是，大家的日常工作中却往往很少有机会应用这些工具。即使经理人有这方面的训练，工作环境中也很少有什么因素能激励反思实践，促进深层地思考问题，以及推进建设共同愿景。如果是 CEO 发表讲话，提倡创建学习型组织，从而促成各种学习计划的启动，那么结果甚至更糟糕。大家都有一种固定的心态，认为重大文化变革必须由最上层驱动，因此，直到过了许多年，大家才终于意识到这类讲话一般不会起到很好的作用。大家逐渐意识到，这就像举起一杆大旗，上面写着“流行时尚”，“那个又来了”；或者用 SoL 企业会员哈雷-戴维森公司的经理们经过仔细考虑的话说，“又是一个精品计划”（another fine program AFP，这是在比较客气的公司里的说法）。

反思与行动

这方面的主要缺陷，是缺少能帮助大家把学习和工作有效结合起来的基础设施。要做好这一点，就必须首先了解大家工作的实际情况，辨别在哪里、用什么方法，才能让特定的学习工具，如提升反思能力的工具，产生实际的作用和效果。这种基础设施还能帮助身处以下角色的人：他们给业务部门的管理团队，提供持续的质量保证支持。

新墨西哥州英特尔公司组织发展部高级经理艾琳·加洛韦（Ilean Galloway）说：“反思之所以在商业界备受责难，是因为我们缺少把反思和行动结合起来的修炼方法。大家说没时间在那儿坐着闲聊，这也对。但是，我们也经常没有时间思考。我生活在高度网络化、相互之间高度关联的工作环境里。在全球性组织中，大家真的就是连轴转，半夜发邮件给地球的另一端的同事，处理各种问题。但我认为，从生理上看，技术发展已经超越了我们人类的能力极限。我不能肯定，通过使用电子邮件、寻呼机和手机，我们能获得多少真正的理解力。这些设备对常规工作问题，的确能带来很方便的沟通，并帮助采取行动。但是，如果面对很复杂的挑战和问题，这些设备反而可能诱惑我们，使我们误以为了解了实际情况。在现实中，复杂的挑战要求使用不同的方法：它必须使我们能够探寻深层的，而且往往是隐蔽的意义，使背后的假设浮出水面，并把整个系统的各个部分联系起来。只有这样，我们才能理解实际情况，才能达成共识，进而采取行动。”

为了阻止批判性思考能力的下降，加洛韦定期把所辖各个团队集中在一起，这经常要花一天或更长的时间。尽管她有时得“强制性地安排大家花时间聚在一块儿，但事后大家总是对这样的机会深表感激”。

她发现，为使这些聚会有价值，就“要在里面安排修炼内容”。“有一位咨询师说，‘彼得·圣吉全都搞错了，大家没工夫坐着闲聊。’我并不同意这个说法。我们没工夫做的，是漫无目的地为反思而反思。反思不与行动联系，就使大家觉得这是浪费时间。我的部分工作，就是帮助这些团队开发一种修炼，以看清我们进展到了哪里，并确保大家都能跟上。这样大家就都有充足的精神头来进行反思了。我有一个团队，曾三次到一家家庭式旅店，开整周的会。那个地方有一节列车尾部的餐车，到了关键关口，我们的会就挪到那里开。对他们来说，在那里开会具有象征意义。后来，他们会打电话对我说，‘我们得再去餐车里开会了’——他们知道，到了必须做出一些重要思考的时候了。”

加洛韦在英特尔的同事们还了解到，反思并不意味着大家在每件事上都一致。她说：“我们的目标是，对我们所说的行动计划，建立起真正的共识和共同的承诺投入。反思意味着我们能听到各种声音，而不是必须满足每个人的需要。这是英特尔公司文化的重要组成部分——我们称之为‘不同意，但又承诺投入’。在另一家公司时，我能够承诺投入，但不能告诉团队我不同意那个让团队去实施的行动决策。在英特尔，如果你代表团队参与决策会议，你可以回到团队里说：‘瞧，我们团队内部谈过这事，大家知道我有不同的看法。他们听到了我个人的声音，但既然大家已经同意这么做，就必须承诺投入实施这项决策，只不过我们要设立一个检查时间点，看我们的行动到时候是否能够达到预计的效果，如果不能，决策和行动就得重新接受审视。'”

持久学习

行动和反思相结合的文化，能够帮助做出更好的决策，让大家真心承诺投入，也让大家有更多的精神准备。后者意味着，对你所关心的问题，大家可以有一系列更丰富的视角——在今天动荡不安的组织环境里，这就是一个至关重要的能力。但是，意料之外的形势发展所具有的潜在价值，却很少得到挖掘。相反，当形势进展与我们的预想不符时，我们就会马上进入要解决问题的反应式心态，或者，也许会简单地加大力度——而不是放慢脚步，花时间来看清楚，这与预想不一致的事态，是否揭示着有关我们的假设的重要信息。

“正是这种更好的精神准备，才带来了许多长期的回报，”加洛韦说，“不同意但又承诺投入，这种实际修炼的部分原因，就是要建立跟踪决策效果的监察程序。”这包括建立一个明确的时间表，时候一到，加洛韦的团队成员就要回顾关键问题和争论点，并做出评估，看“事情是否像我们预想的那样。或许，我们学到了我们始料未及的东西。不管怎样，原来不同意的人，知道他们提供了有用的视角，来帮助大家进行持续的学习”。

“例如，1999 年，我们有一个厂的管理团队做了情景规划。我们看了各种可能的未来情景，它们与大家通常的预期相差甚远，包括像技术市场出现重大崩溃，还包括出现颠覆性技术而带来的冲击。我们强迫自己考虑如何应对这些局面。那时正是牛市高峰期，我们的产能扩大总跟不上速度。然而，还没等我们把所有情景写下来给每个人看，技术市场就突然开始出现萧条。”由于他们已经想到了这种可能性，英特尔的管理团队就有了很大的优势，如加洛韦所说，他们“能够迅速修正行动方案，这包括一些很难的做法，比如，重新调配资源到更需要的地方去，还有，改变我们的制造战略。我们做出了快速反应，并且对我们的新方向有了一个清晰的图景。这都是由于我们对潜在的各种行动方案早已做过反思的结果”。

“我们对这种反思工作非常重视”，她补充说，“如果你不去花时间、不去投入资源把它做好，那就干脆不如不做。有时要花一年多的时间，才能使大家看到一些深度汇谈的价值。”

加洛韦学会了很好地保留会议记录，她用了“图形引导”（graphic facilitation）以及更传统的记录方法——“什么方法都行，只要能帮助大家看到，自己的声音得到了倾听。有人曾在两年后问我：‘可以看那些会议记录吗？’因为争论的问题又出现了，大家又记起曾经出现过的重要观点。这些都是为了在大家真正需要帮助的时候，给大家提供帮助。你必须要有耐心。”

而且，你还必须把反思变成实际工作方法的一部分。在 SoL 网络中广泛使用的一个简单的方法，就是美国陆军开发的“行动后反思”学习机制。行动后反思，可以用于两天时间的大规模模拟军事演习之后，也可以用于一小时的会议之后。行动后反思的最简单的做法，就是问三个问题：

- 实际发生的情况是什么？
- 我们曾期望发生的是什么？
- 从这两者的差距中我们能学到什么？

像行动后反思这样的简单学习机制，可以用来把行动和反思联系起来，这是关系重大的举措，而管理层的支持氛围，则是必不可少的基本要素。在美国陆军，行动后反思是经过长期的征途磨难以后，才得以生根的。如一位将军所说，陆军经历了“从报告型文化到反思型文化的转变。我们本来都善于给上级打报告，但不一定知道如何从我们的经历中学习”。在工商界，对此也需要同样的管理层承诺和投入。

行动后反思

2003 年 8 月 14 日，底特律能源公司［DTE Energy，底特律爱迪生公司（Detroit Edison）的母公司］里灯光突然熄灭。几分钟内，每一个人都意识到，有不同寻常的事情发生了。这次大停电在短时间内覆盖了美国东北部和加拿大南部地区，大约有 5 000 万人受到影响。但对 DTE 而言，这次大停电不仅是一次突发事件，还是一次需要紧急应对、能够提高公司应急响应能力的极端事件。实际上，正是对突发事件的应急响应，界定了公司职责的本质。在大停电发生后的 24 小时内，DTE 执行了一系列行动后反思（AAR: After Action Review）[6] 措施，来评价公司在此次事件中的表现，包括使用过剩发电容量重启电力、调派人员、与公众沟通，并满足基础设施的基本需求。行动后反思已经成为 DET 在应急响应中的标准操作——尽管已经以最快的速度恢复供电，大家仍然在思考采取的应对措施，思考怎样才能在以后做得更好。即使是在危急之中，首席执行官托尼 · 厄雷（Tony Earley）说：“我看见至少有 5 个人，也可能是 10 个，手里都拿着写有‘行动后反思记录’的便签本。在应对危机的过程中，没有任何提示，大家都顺理成章地想到之后会有行动后反思。看到这样的情形真是太棒了。”

DTE 花了几年时间才把行动后反思整合到企业文化中，以下四项具体策略指导了整个过程：

（1）通过要求和示范进行领导。针对一次性事件以及应急措施的重要性，帮助各级经理认识深度学习和持续修炼；帮助他们进行学习实践，并使学习实践既能够反映他们自己优先考虑的事情，又能够反映他们所面临的挑战。

（2）把事件看作学习的良机。在组织的上、中、下层，全面发展整个组织的能力，使其认识到日常事件及重大危机都是学习的机会。同时帮助学习小组把过去的事件和现在的事件联系起来，以使过去的经验教训能够帮助改善现在的结果。

（3）让基层职员体验行动后反思。向各类团队介绍行动后反思的工具，演示如何提供一个适宜的环境，以便在该环境中了解自身优先考虑的事情和面临的挑战。但不要强行命令，也不要力求完美。

（4）培训作为骨干的辅导员。要培养一批专家，他们既清楚怎么样开展行动后反思，还清楚如何指导团队找到“高收益”的实际应用（即投入的切实回报）。

这四个策略的目的，在于让基层自主推进关键的学习过程。大多数部门和团队都知道需要在哪些方面进行改进。“如果在一个领域中改善你们的表现，能够给整个企业带来显著进步，这个领域是什么？”只需要问这一个简单的问题，就能够指引他们找到最适合自己的学习实践方法。行动后反思的潜力在于让工作团队成为他们自己的学习过程的客户，而且是最先的，也是最好的客户。它与知识管理（knowledge-management）的方法中最著名的“捕获并散播”（capture-and-disseminate）模型形成了鲜明对比。

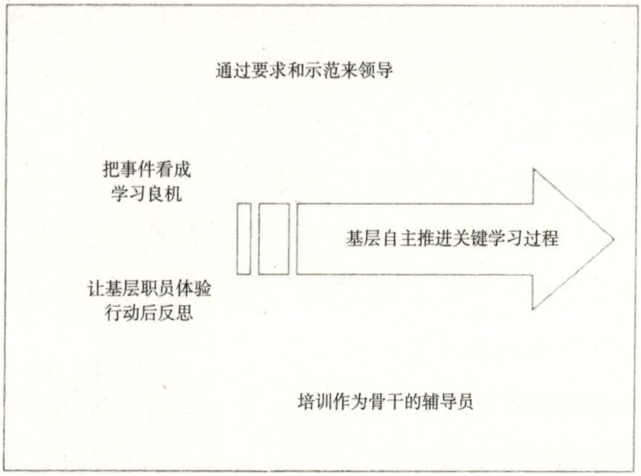

策略2　从现有条件和人力出发

总之，建设学习型组织的第一核心策略，就是把学习与工作相结合，而活动安排支离破碎的倾向正是这里的主要障碍。当大家认为，没有最高层的支持就什么都无法进行的时候，就会出现与支离破碎的倾向密切相关的问题。人们很容易认为，深层学习的战略构架只和最高管理层有关。但实际上，战略思考对所有各级的领导而言，都是必需的。

“我常常听人说，‘没有高层驱动，我们不能启动变革。’”英特尔的加洛韦说，“如果要等高层去驱动每一个需要的变革，我们就得等很长时间。我得承认，那是我的敏感话题之一。这部分是由于我个人的背景。1986 年我进研究生院时，觉得像是回家一样。我当时就觉得，这种组织学习和变革的工作，就是对我的召唤。但我又听到所有的教授都不断强调‘组织变革必须从高层开始。’那个时候，作为非洲裔美国女性，我知道我无法获得任何组织的领导职位。所以我就花了很长时间冥思苦想，我是否真的相信自己有机会起到某种作用、做出某种贡献。从那以后，有两件事帮了我。一是我开始研究美国的社会变革，如民权运动和女权运动都曾经重新塑造了美国的生活。但这些都不是民选的政府领导启动的，而是草根运动。第二，我碰巧读到美国黑人音乐杂志《黑檀》（*Ebony*）已故出版人约翰·约翰逊（John H. Johnson）的一篇文章。20 世纪 50 年代他试图创办杂志时，白人主流社会说他找不到任何人物去描写：没有非洲裔中产阶级或上层人物，也没有黑人明星。他当时找不到人出资办杂志，但是他说：'社会有一个紧迫的需求，而追求满足这一需求的卓越行动，将是不可阻挡的。'他最终证明了那些主流社会的话是错误的。我把他的话贴到我的墙上，变成了我的战略格言。"

那些"不可能的事"

加洛韦把这条格言变成许多最优秀的学习计划领导者的指导原则：聚焦在大家都认为不可能解决的问题上。

"我努力寻找大家的迫切需要，寻找公司组织已经不抱任何希望去解决、大家都学会无可奈何地忍受的问题。我把它们叫作'不可能的事'。我每年至少处理一件不可能的事，一件会把我吓死的，甚至无法想象怎么入手的事。关键是要开始做，因为一旦开始，大家就会说：'啊，这很容易嘛。'"

"我知道这类项目不会得到很多支持。但正因为得不到支持，才说明项目选对了。我相信爱因斯坦的话：制造了问题的观念和意识，是不能解决问题的。我开始接触问题时就会问：'这个问题在提醒我们什么呢？关于这个问题我还能看到什么不同的情况吗？一旦能够做出回答，我就开始吸收别人加入。我开始和一些人交谈，他们会说：'啊，我有一小时时间，我愿意为你做这件事。'最好我的老板会说：'如果你想做那件事，可以呀，需要我做什么，就告诉我。'于是事情从这里开始聚集能量。”

“例如，有关处理技术性强的问题，我们去年开始着手降低其平均耗时。许多公司领导都认为不可能显著降低耗时，但我们有位组织发展高级咨询师却看到了‘做不可能的事’的机会。她联合一位高级工程师，向限制快速解决问题的思考方式和结构性原因发出了挑战。他们用快速学习圈（learning circle）小组来测试和反思新方法的应用情况，最后消除了那种认为快速结果就等于质量差的结果的看法。他们取得了非常出色的成果。以前要花数月解决的问题，现在四个星期就够了。

“具有讽刺意味的是，如果我们的努力只停留在组织的上层，有些问题我们根本就不能发现，解决更是无从谈起。但如果你建立起一个团队，大家都相信变革可以从系统中的任何地方开始，那么重大的变革就可能从甚至很微小的种子开始生根、发芽、结果。”

为民所有，为民所选

只有当你能够激发大家的才能和深层愿望时，才可能应对那些“不可能的事”。不可能的事总是可能的，即使在最困难的条件下也不例外——学习实践大师们对此都那样地深信不疑，这永远令我惊叹。

1986 年，福特在墨西哥的奇瓦瓦市新建了首个当时最先进的汽车电子配件厂。萨朗特被任命为首任总经理。公司许多其他同事都不想去那个地方。商业作家安 · 格雷厄姆（Ann Graham）说：“（福特）总部没什么人相信，在一个发展中国家建厂，能够执行严格的竣工投产时间表，并保持生产质量。”[7]

但是，萨朗特很快发现，当地的人“非常关心自己的社区，却从没有机会去承担这类生产运营的管理责任”。他还发现，传统的权力运作方式使得这个任务变得非常困难。在他到任一年，离投产日期只剩下两个月的时候，一些高级技术人员要把他们自己的人安插到一个关键岗位上。而萨朗特一直在试图通过合作的方式建立一个开放的升迁体系，这就产生了直接的价值观冲突。一位墨西哥经理来跟他汇报这件事的时候，萨朗特“就知道，他并不真指望我采取任何措施。许多年以来，福特的经理们一直被告知，如果自己想和当地的政界领袖们保持融洽的关系，就必须接受这种事情”。

萨朗特却反其道而行之。当那些高级技术人员承认这件事的时候，他要求他们全体辞职。“我不会忘记当时的场景，我站在外面看着他们离去，许多员工也在看着，可能都在想，下面会发生什么事。说真话，我也不知道会发生什么。”他当时还意识到，“这会立刻招来我的老板们的一大堆责难。但是，假如让那些老熟人关系网继续下去，那我们的新的人事政策就会变成一堆废纸，没有任何意义”。

“大约两个月之后，当我们筹备接待迪尔伯恩（Dearborn，福特公司的总部所在地）的人来参加新工厂开张仪式的时候，我就知道，情况已经发生了转变。天气预报说，在安排参观的前一天晚上会有暴风雨。我躺在床上，凌晨两点时听到下雨的声音，雨下得很大。我当时想的，就是那尚未完工的厂房顶棚。最后，我起床到工厂里。进了厂房，里面很黑，但能听到雨水渗入落地的声音，这可不是小漏啊。我开始四处寻找漏雨的位置，发现竟有人在厂里面走动。我到死也不会忘记那一幕，是阿尔菲戈·托雷斯（Alfego Torres）在用为开张典礼准备的大叶植物花盆，对准漏水的地方，接住渗水。我差点儿哭出声来。他原来是小时工，在旧体制下绝没有可能得到提拔，但在我们的新人事系统里，他得到了提拔。我当时就意识到，这个厂里的人和社区，已经发生了转机，出现了新局面。这个厂现在是他们的了。”

第二天，天气放晴，厂里迎接重要来访，一切运行良好，但福特的高管们在刚看到竣工的工厂时还是很吃惊。厂房漆成了墨西哥人喜欢的蓝色和粉色，这是由团队决定的；另外还有许多其他有当地特点的建筑和装饰。（许多东西是类似的工厂里从未有过的，例如，室外家庭活动中心，当地的学校，以及家庭卫生设施。）“这可不是福特的工厂。”一位高管对萨朗特抱怨说，“不对，这是奇瓦瓦的福特工厂。”那位高管补充道。

萨朗特继续说道：“在他们参观的过程中，一位装配线小时工走到我认识多年的公司副总裁身边，要求他熄灭香烟。查理是个烟鬼，他一刻不停地抽烟，我怀疑还从来没人跟他说过，他不能在自己的工厂里抽烟。而这位矮小的墨西哥妇女，面对身高一米九的福特公司高管，请他停止吸烟，不然就得出去。他能怎么办呢？为保持厂区的清洁和健康的工作环境，大家都同意承诺遵守禁止吸烟这一基本规章，而她只是在要求查理做一件我们大家都同意做的事。从那以后，老板们很少再找我麻烦了，其中的原因特别包括：我们提前 6 星期开了工，后来还坐上了世界上同类工厂中的第一把交椅。”1994 年，墨西哥总统向该工厂颁发了最优秀企业奖。[8]

策略3　学会双向交流的文化能力

像萨朗特和加洛韦那样有连续创新成就的人，似乎有一种心态和技能方面的微妙的特征，这使得他们从来不隔断与更大的组织环境的联系——我们把这叫作“学会双向交流文化能力”。这也许听上去很容易，但许多开始很成功后来却失败的学习计划，实际上都是因为不能很好地考虑更大的环境。SoL 网络头 10 年中间最痛苦的经验教训就是发现，成功案例不一定能带来进一步的成功。我们有过许多局部成功的案例，学习工具在小范围应用时非常有效，却无法在公司更大范围里推广。结果，这些成功往往使创新者陷入麻烦。

奥特可公司下属艾普西龙团队（AutoCo's Epsilon team）的新产品开发项目，是最详尽地记载了这种情况的案例之一。这是个年度新款车型的开发团队，它把五年开发周期缩短了一年，还返还给公司已经拨出的项目开发延期费用5 000万美元，许多观察家把这个成绩称为“公司历史上最顺利的新车型发布”。[9]然而，项目最后几个月里，公司进行了大改组，该团队的高级领导者没有得到他们想要的理想职位，都提前退休了。当时我们都感到有些意外和震惊，但这个经历也是一次重要的觉醒。

我们后来发现，历史上有很多这类的成功创新，都没能得到推广。比如，阿特·克莱纳（Art Kleiner）在其《异端邪说的时代》（*The Age of Heretics*）一书中，记载了20世纪60年代中期，最早采用团队式和“过程取向”的制造程序的那批人，最后都被迫离开了公司。他们的工作比这种制造业程序被广泛采用的时间，提早了20年。[10]克莱纳把那些人叫作“公司异类”，他们在创新进程的大构架模式中扮演了关键角色，却经常遭受个人的损失。那种“做更好的捕鼠套”的创新理论认为：“如果我们成功地实现创新，整个世界就会争先恐后地踩出一条通向我们家门口的路”，这无疑是对大型组织的复杂政治关系，及其对创新的反应模式的非常糟糕的误导观念。

但是，这也不是不可避免的宿命。随着我们不断加深对这一问题的理解，我们发现，问题的根源之一，恰恰是创新者自己的激情和热心。[11]没有这种激情，创新者不会冒着风险去尝试全新的东西，也不会有成功创新所需要的耐心和韧性，更不会吸引其他志同道合的人来分享这种激情。但是，激情同样会给他们带来麻烦。激情会使他们盲目，无视圈子外面的人究竟如何看他们，还使他们无视自己给他人带来的影响。

产生重大业绩飞跃的基础创新，对习惯常规惯例运作的团队和个人，都是一种威胁。尤其当这种创新成就是靠非同寻常的方法实现、别人对这些方法又所知甚少时，它所带来的威胁就更大。而如果提倡这些方法的人，使用神秘的专业术语来描述它，别人就会给他们贴上“狂热崇拜”（cult）的标签。奥特可公司产品开发副总裁说：“我一到他们（艾普西龙团队领导者）那里，他们就跟我说什么‘推断之梯’（ladders of inference）、‘系统思考’这类的话。对我来说，这根本就是丈二和尚，摸不着头脑。”

“他们享受了太多的乐趣，”另一位团队领导者坦率地说，“没有正常人能这么享受工作。”业绩评估是一项复杂的工作，而富有激情的倡导者通常会带有偏见。他们会看到业绩改进的某些方面，却容易漠视工作中的其他方面，于是被玩世不恭或者持怀疑态度的人挑出了毛病。后来，我们把这类问题称为“真信者综合征”（true believers syndrome）。我们意识到，这正是本来很有希望的创新，却常常不能推广的主要原因。

硬币的另一面，就是我们讨论过的第二个策略：“从现有条件入手”，即熟练处理组织内部各种政治力量关系。创新者要建设学习型和开放性文化，他们有时候会感到身处两个世界：一个是自己推动建设的团队或组织的开放性、学习型世界；还有另一个，即在组织机构中占据主流的、更传统的世界。随着我们进一步理解创新者与公司的防卫和免疫系统之间的相互冲突，我们开始看到，要保持创新势头，就要求领导者学会双向交流文化能力，即能够在两个不同的世界之间有效地来回转换，并遵守每个世界的基本运行规则。

秘密的转化

有些创新领导者发现，应对这种局面的策略，就是让创新活动保持在高管层的雷达探测平面之下，低调隐秘地进行。英特尔的马辛，第一次在国际组织学习学会上介绍他在第 11 芯片制造厂实现突破性进展的过程时，用“秘密的转化”（stealth transformation）来描述整个经历。他关注的重点，正是如何在实现组织中工作环境转化的同时，不引起整个公司的注意。他的部分做法是避免使用专门术语，避免采用公司系统中别人不好理解的交谈方式。他说：“我们没有特意隐藏我们做的事，但同时，我们也没有声张。如果别人问起，我们很高兴和他们分享，并尽力向他们解释。”

在我们采访马辛时，他表示，“秘密的转化”现在仍然需要。“话说起来，今天甚至更需要对权力政治保持清醒的理解，这不是因为高管们的权力欲望更大了，而是因为每个人都有更大的财务压力。你需要去创新，但又不能制造危险报警信号。你的策略必须在文化和语言上经过缜密设计。假如我今天再做第 11 芯片厂，我还会用同样的方法。我们当时能够实现比‘市场上最佳’的业绩更好的水平，而像英特尔这样的公司管理层，总是要做这种比较。但是，我会尽量用高层能听懂的语言，来描述我们努力实现的变革。比如，英特尔有非常注重测量的公司文化。假如我再回公司做，我会和领导者一起开发一系列方法，来测量技术的灵活度和应对市场变化的能力，以保持高投资回报率。我会寻找一些方法，来把这些战略思考与建设更具灵活性和流动性的运营环境相互结合起来”。

使用掌权者的语言

与马辛一样，萨朗特也了解到：“你必须使用掌权者的语言。这意味着，必须非常清醒地意识到正式的组织权力分配和使用情况。比如在墨西哥这类地方，我的工作有很大一部分就是把掌权者的语言，即关于数字的语言，与我的属下能理解的、基于深层价值的语言相互联系起来。厂里的人不是对福特高管层的要求漠不关心，但他们不是总能理解并把它和自己关心的问题联系起来。他们有可能理解时，我就简单地告诉他们，如果能够完成高管层对我们的要求，我们就能同时也创造对我们自己关系重大的东西。我努力对高管层保持完全的透明度，并达成明确的协议。他们往往不关心我们如何完成任务，但我希望确保他们不会感到我含糊其词，或有意隐瞒什么。”

在处理与老板的关系时，萨朗特还遵循一条管理信条：“少许诺，多兑现。”这是有效管理期望值的一个谨慎的策略。“我非常严肃地对待承诺。承诺过的就一定要兑现。但是，在信任感很强、热情高涨的工作环境中，大家很容易做出一些断言和宣称，这让持怀疑态度的人总想努力找到否定它的理由。你必须用等级体系中的主流世界观和语言来阐述目标，然后再帮助大家用自己的语言和方式来理解这种目标。大家往往还想有其他目标，或要求更大的目标弹性与延伸范围，这对工作团队是没有问题的，但最好仅限于团队内部。”

策略4　建立演练场

创建“演练场”是建设学习型组织的八项策略中的第四项，它经常融入比较成熟的学习型基础设施中。演练场的理念来自以下简单的事实：没有练习的机会，是很难学会新东西的。虽然大家在听到“学习”这个词时，首先想到的往往是教室的场景，但是典型的教室，一般都没有学习实践的精神内涵，也没有演练的内容。教室学习通常是被动的，其主要内容是听讲和思考，而不是做事。对很多人来说，教室的情景能激起强烈的情绪化的记忆：需要躲避错误的心情，和找到“正确答案”的重要性和压力等。而真正的学习过程，恰恰要求尝试新方法，并会犯很多错误。相比传统的教室，演练场或彩排厅提供了非常不一样的环境：大家主动地去做想要做好的事；大家在犯错误，然后停下来，再试；大家谈论怎么做是对的，怎么做是不对的，然后逐步开发更高的技能，以便最后在关系重大的“演出场”上，做出有效的动作并取得出色的演出结果。因此，建立演练场，安排经常性的定期演练，就成为学习型组织开发实践者的一项共同的策略。

露营与等级制

与加洛韦的反思聚会类似，萨朗特也建立了一个用于世界各地的简单的策略：“露营”与“等级制”。他的策略是基于组织心理学家布鲁斯·吉布斯（Bruce Gibbs）的研究。首先，萨朗特想让大家很好地区分正规的管理系统，即管理工作所测量的东西、正式的职务角色和职能责任，以及既定的目标等，与“我们花时间真正地交谈，更深层地了解各自的情况”，这两者之间的差别。他后来把它叫“露营”策略，因为许多人在孩童时期都有去野营的经历；他希望确定一个地方，在那里大家可以“玩耍、放松，但也处理困难的问题，包括情感问题”。和加洛韦一样，萨朗特也发现引入露营的概念是件很棘手的事，因为大家都很忙，而抽出时间“不干工作”了，这在一开始听上去好像没有任何效率。但是，后来“随着大家了解到事情的真相，就看到它是无价之宝了。结果，露营变成了我们的管理方法的一部分”。

例如，萨朗特曾在北爱尔兰有家工厂，深受那个地区的冲突的影响。工厂经理是天主教徒，而大多数员工都是新教徒。“有两个人 10 年没说过话，只是因为有一次在停车场里，其中一个人打断了另一个人讲话。”后来，这里的露营过程成为显露“大家重视的价值的真相，并克服维持冲突的习惯”的方法。对许多人来说，他们真正重视的其实是他们的子女。“我发现，他们想让自己的子女有个好的未来。我就告诉我的上司，说要录用 20 名厂里员工的子女，让他们进入实习计划。尽管工厂还没有完成财务指标，尽管当时福特公司在严格控制员工人数。露营聚会让我确信，作为加深信任感的举动，我们需要这么做。”后来，工厂有了起色，成为一个成功的企业，“原因就是，我们能够拨开所有表面争吵的迷雾，直面真正重要的东西，并且付诸实际行动”。

火墙与旋涡

有些组织把定期的演练和实践，包括在组织设计之中。比如在哈雷-戴维森公司，那里的“管理体系”和“旋涡”（swirl）之间，是有区分的。前者包括业务目标、正式的职务角色和责任，以及控制机制。而后者则是指不断在整个组织中进行辩论、实验及检测的一系列想法和问题。哈雷-戴维森公司用其特有的语言，把分开这两者的隔断称之为“火墙”（Wall of Fire）。如果某个想法或目标能够成功穿越火墙，那么其价值已经赢得足够多的人的确信，并值得全公司的承诺和投入。

许多可能非常重要的想法，即使有高管的支持，也可能要留在“旋涡”里许多年。哈雷-戴维森的总裁曾主办一次SoL可持续发展协作组的会议。他在会上说：“可持续发展现在还不是我们公司的管理目标。”许多参会者是全身心投入可持续发展事业的人，所以，听到这种言论，他们多少有点震惊。但是，随着他发言的继续，大家很清楚地看出，他是在十分严肃地对待可持续发展的议题。公司战略副总裁是公司“非正式”可持续发展专项任务小组的主席。他们在做许多与可持续发展相关的事：公司的核心业务战略是营销“哈雷体验”，而不只是摩托车（这产生了很大的二手摩托车需求，从而显著延长了他们的产品使用期）；公司在建立一个重要的业务部门，用旧零部件的再制造给二手车提供服务（不让旧部件落入填埋场）；公司还在建设新的节能环保的产品研发中心。

“旋涡”逐渐清晰地自我成长为一项重要业务，一种孵化器。它催生新事物，同时是让经常性的探索和演练合法化的一种方式。

在哈雷–戴维森总裁发言之后，一位进入《财富》500强前50名的公司代表（协作组的长期成员）说："也许我一直在使用一种错误的策略，总试图让公司的管理层正式拥抱可持续发展。我们是可以建立起一些新目标，以及一些新的测量指标，但是，这很可能只产生一种表面的投入。在大家看清这些问题对企业的未来至关重要之前，也许最好让它们留在"旋涡"里。问题是，目前我们还没有什么办法，对有潜在重要性而又激进的新思想，进行正当的探索。这可能是我们真正的局限。"

演练场有各种不同的形式和大小。从萨朗特的露营聚会，到加洛韦的反思静修营（retreat），再到哈雷–戴维森的组织旋涡，各式各样。也许，我们正处在演练场不断向高级精致化方向迈进的开端，比如福特公司，就正在开发使用一种模拟的微世界[a]方法。我认为，这些进展都是开发未来学习能力的关键环节。

但是，开发过程始于经理人接受"没有演练就没有学习"这一简单原则。没有一个运动队可以不需练习，就直接参加比赛，还能指望获得成功。同样，没有一个剧团或交响乐队，可以只参加演出，而不需要排练——但这恰恰是我们在大多数组织里所企望的。难怪学习实践的发生少得如此可怜——这样的结果一点儿都不奇怪。

策略5　与核心业务联系起来

对主流组织机构的尊重，能够激励大家学会双向交流文化能力，包括在语言和策略两个方面的能力；还能够帮助大家开发演练场，并

a. 微世界（microworld），圣吉的"组织学习实验"实际上是一个简化并压缩了的系统动力模拟实验，他称之为"微世界"。——编者注

且最大限度地缩小与正规管理体系的矛盾与结构冲突。但是，第五项策略要涉及深层的关联，它最终对开发指导思想和意向目标会起到关键作用。激进的新思想和实践方法若要在组织中生根，就必须有肥沃的土壤。要找到这种土壤，在开始时并不那么容易。成功的学习实践者要想产生大规模的影响力，就要学会如何与组织的核心业务联系起来，并且是在最深层的个人和集体的身份认同感方面联系起来；还要学会组织最自然的价值创造方式。

起步：发现我们究竟是谁

没有固定的可行方法来把组织的核心身份认同感，与其历史上从未有过的新事物联系起来。但是，开始的方法，是确信这种认同感是存在的，即确信组织不只是为了赚钱而存在，也不只是为了提供现有的产品和服务而存在。这要求一种真正的探索精神，愿意让自己的内心来引导自己；还要求有心理准备，去发现本来固有的，但从未显现的东西。

过去十年里，耐克公司发展出一个非常出色的“为环境而设计”的产品设计和管理人员网络。最初有这一想法的是高级研发部主管达茜 · 魏斯洛（Darcy Winslow），她开始想：“这个企业组织的境界水平一定不只限于下一个很酷的小发明”。那时，环境设计师麦克 · 布朗加（Michael Braungart）和比尔 · 麦唐诺（Bill McDonough）刚刚设计了耐克的欧洲总部，然后用毒性物质检测方法测量了耐克的产品和生产过程。结果，用魏斯洛的话说，“这真正打开了我的眼界。于是，我就问自己：‘我们真正理解我们以及我们这个产业在制造的产品吗？’”她的问题后来导致一个新岗位的设立：可持续业务战略总经理。“可持续发展是当时耐克管理层谈论的话题，但是，那主要是从合规顺从的角度考虑，涉及政策法规以及与生产合作伙伴们共同处理劳工问题。我告诉他们：'我们如果要真正严肃地对待可持续发展问题，就必须从产品创新和制造领域内部入手。我们必须找到削减我们产品的生产和使用所带来的废弃物和毒性物质的办法。消费者是通过我们的产品来直接感受和了解耐克公司的。'[12] 他们说：'很好，去做吧'。于是，我们设立了这个新岗位。"

一般来说，许多到新岗位的人，都要集中关注正在形成的新问题，而且虽然工作责任很大，却没有多少权威。魏斯洛也一样。实际上，没有一个产品开发团队向她报告工作，而她处理的问题，是很大的、没有明确定义的问题，例如，"需要怎么做，才能把可持续发展融入我们公司的业务里面去？"还有，"我们怎么和消费者沟通这个问题？"但是她说，整个可持续发展的理念，"在我内心深处有共鸣，这是很个人的感受。我不用去想、不用去考虑这是否对我很重要，因为我知道'我们必须这么做'。它成为我工作中最能激发身心能量，也是最具复杂性的挑战之一"。

大约就在那时，她读了马尔科姆·格莱德威尔（Malcolm Gladwell）的《引爆点》（*The Tipping Point*）。"格莱德威尔说，如果你能让20% 的人都朝着一个方向努力，你就达到了引爆点。所以，我就想，耐克有 2.5 万人，20% 就会是很难达到的人数。"但是，她并不孤单。公司有几位处在不同但又平行的岗位上的女同事，与她一起主持了一个为期两天的会议。会议邀请了耐克 200 位重要的经理人参加，还请来了布朗加和麦唐诺，以及可持续发展领域的其他几位商界领袖和杰出人物，目的就是让可持续发展进入大家的思想意识。

"我看到大家对我们初步工作的反应，觉得深受鼓舞。我又重温了我热爱这个公司的感受。我们和其他大公司一样有各种问题，但我又重新发现了耐克公司是'谁'。我认识到，我们是一群创新者。这个公司就是搞创新的，而创新就是触动大家的灵魂，而我们都看到了，整个可持续发展领域，给我们提供了尚未为人所知的、前所未有的各种创新机遇。”

要成为变革领袖的人，常常由于无法辨别前进道路上的两个微妙的障碍，而受到限制：他们未能足够地深入自我，发现自己的真正的心灵召唤；同时，他们未能足够地深入组织中，发现它究竟代表什么。如果不能足够地深入自我，我们就只会追随“好理念”，却不能激发自己的激情。如果不能足够地深入组织所代表的内涵，我们会试图把自己的理念“推进”组织中去。

谈论一个组织是“谁”，或者“代表”什么，可能看似奇怪。但如果把组织看成由人所组成的社区，就不会觉得奇怪了。作为一个社区，组织的形成是由于有足够多的人都关心某件事，都想一起完成它。比如耐克公司，它的创始人都是热爱跑步和运动的人——他们都非常热爱跑步，非常关心给跑步的人制造更好的跑鞋。随着时间的推移，企业演化了，超出了跑步的范围，那就需要深入新的水平，寻找既能够超越，又能够包容初始愿景的核心内涵或内在本质。今天，耐克有 11 条箴言。第一条是“创新是我们的本性”。当魏斯洛能够看清她对可持续发展的激情其实是创新的激情时，她的整个变革策略就发生了转变。

实地研究：辨别组织创造力的源泉

随着“我们是谁”的问题开始得到解决，还会出现下一个问题：新的愿景怎样才能激发组织的创造过程；在组织中，怎样才能以最自然的方式产生新的价值源泉。这是一个从愿景到现实的过程，我们要从中发现，令人信服的新观念怎样才能最自然地带来组织的行动结果。在耐克，这意味着到产品设计师和生产部门的经理中间去。

随着魏斯洛发现了创新对耐克的重要性，她马上意识到“必须到上游，联系我们的设计师和产品部门经理”。耐克有大约 300 名重要的设计师，她问自己：“我应该怎样和我们 20% 最有影响力的设计师沟通呢？”答案就是去逐一拜访他们。

“那是个很有必要的过程。我去敲门，如果感觉有沟通，我就深入交谈。领导者在涌现，那些人会自己掌握并实行新理念。在交谈中，领导者自己冒出来了。

“这与其他可持续发展计划非常不同。比如，‘企业（社会）责任’团队有一个指令，说：我们的鞋要完全废除使用聚氯乙烯，实现‘无 PVC’产品。[13] 但是，这项要求等于命令说：‘停！你不能那样做了。’对设计师来说，一扇门在他们眼前关上了。而我们是想多开几扇门，我们对他们说：‘这么来考虑这件事：从根本上说，有许多尚未被人认识的机遇，可以创造全新的产品，同时还不损害业绩，也不影响运动员。’这要花很多时间，我和他们也不止一次交谈。我必须回去，和他们再谈。但这就像在乱石中发现钻石——他们就在那里，等待着这样的交谈。

“在和大家谈话的时候，我觉得与真正的耐克联系在一起了，包括这个公司的驱动力、自我形象的核心，以及我们成功要素的核心，”魏斯洛继续说道，“和大家交谈得越多，我就越清楚地看到，零废弃物和零毒性是我们自然而然的目标。”尽管耐克还没有“完成攻坚”，把可持续发展融入业务中，并与顾客沟通，但公司还是取得了实质性的进展。“过去五年，我们已经建立了可持续发展长期目标，即‘零废弃物、零毒性和 100% 循环利用’（所有生产过程的副产品和产品中的材料，都能够再利用或可降解）。我们已经开发了一些达到这些目标的新产品，像不使用胶和接合剂，产品在使用周期结束后可以拆开，像用编织方法替代切割，这样就不会产生废料。我们还有一系列的有机棉花制品［耐克帮助建立了有机棉交易所（Organic Cotton Exchange），在世界范围促进有机棉市场的繁荣]，一个给设计师提供材料选择信息的内部可持续材料小组，加上许多回收再利用计划。”最近，“提供可持续产品和实现创新”已经成为公司首要的前三项管理目标之一。魏斯洛指出：“越来越多的顾客已经理解我们了。谁知道呢，没准儿这就是我们最大的机遇。仔细想想，耐克真的是能够把可持续发展这件事做得很‘酷’的少数几家公司之一。”

策略6　建设学习型社区

正如魏斯洛所发现的，当我们自己的深层问题和愿望，与组织的内在本质联系在一起的时候，社区就得到了形成和发展。在共同目标和价值的基础上，建立领导者与之协调融合的、新的学习型社区和人际关系网络，这是一项策略，也是一种结果。它绝不仅限于企业组织。

用心与意的交谈

莱斯·麻真户二（Les Omotani）是纽约长岛休利特–伍德米尔教育系统（Hewlett-Woodmere system）的负责人，在此之前，他还曾连续10年担任西得梅因（West Des Moines）公立学校系统的负责人。麻真户二说：“‘什么对孩子有益？’——让大家问这个简单的问题能产生巨大的力量，这也许是我们最重大的发现。对这个问题的探索逐步发展成以学习型社区建设为核心的变革战略。”

麻真户二刚到西得梅因时，看到的是“一个很典型的学校系统”。因为城郊开发主要集中在西部，所以这个社区有一部分很富裕。但不同学校之间的成绩差距很大，发展也很不平衡，甚至还有三所“一类学校”（接受州政府资助的低收入地区的学校）。

“新学校一般都建在西部，跟着人口走向建。但我还发现，其实大家关心所有的学校和学生，盼着他们都好。

“有很多人参加我们组织的定期社区对话，不仅是教师、学校管理人员和家长，当地商界人士和政府官员也都来了。渐渐的，我们开始探讨一些问题，包括主流教育界称之为‘不可移动的墙’的问题。为什么一学年只能有 180 天？如果增加 30 天的课，那么很多孩子都会从中受益。我们是不是没有给予老城区的学校以足够的重视？为什么幼儿园只上半天课？我们都知道全天的幼儿园教育对孩子们更好。整个对话进程不是由我推动的。虽然花了一些时间，但通过这些谈话，曾经一直被忽视的问题都自然显露了。”

与此同时，麻真户二组织了由教师、管理人员和社区成员组成的各类团队，针对不同想法和问题的细节进行研究。对话与实施两个过程并行，这正是反思和行动的结合，两者相互促进。“后来，我们在社区论坛上引入一些新理念、一些正在形成的新想法，尽管不成熟，但也不用担心。我们说：‘我们为什么不表示出大家相互间有足够的信任？为什么不说出来，其实可以有不同选择？下一所学校不一定非得建在西部，这钱可以花在别的地方。我们没有改善好老学校，假如我们用不同的方法，将会怎样？’”

他们后来确实用新方法做了许多事。有一所“一类学校”和它的生源学校一起成为“雷昂纳德·伯恩斯坦模范学校”。这所学校用的是以艺术为基础的整合式学习（integrated learning）方法。麻真户二说：“强调‘和其他课程一样，音乐和艺术也有根本的重要性’，在这所一类低收入家庭子女最多的学校，这是很有震撼力的，因为美国其他地区的学校都已经削减甚至完全取消了艺术课。”今天，最新的一所小学建在了最老的城区，第二所一类学校也正在全面翻新。而且今年已经是学校系统第六年给所有有需要的学生，提供约 210 天课程的延长学年计划。麻真户二说：“我走以后，这个社区承诺保持我们建立的早期幼教中心所提供的全天幼儿园教育。对我来说，这些理念已经牢固生根，这就是真正的标志。”从整体上看，学校之间的成绩差距已经减小许多了，而且整个系统的学生的成绩都比以前更好了。

“很难向别人解释这些是怎么发生的，”麻真户二说，“并不是某件事导致了这些创新的出现，但那些深度汇谈确实促成了所有事情的发生。全部工作都围绕一个重点：在背景多样的人群中间，开发共同探讨问题的能力，开发大家相互支持的协作网络，并通过这些来激发大家对孩子们的深层关怀。”

“我是日本裔加拿大人，在加拿大艾伯塔省长大，还在夏威夷与我们的族人一起住过很长时间。在这些文化里，如果一个小孩来到一群成人当中，大家总是把话停下来，看孩子需要什么。我搬到美国以后，引起我注意的第一件事就是，大人不怎么理会孩子。我还注意到，这儿的人们总是直接进入谈话。

“但大家其实都一样，同为人类，我们之间并没有很大的差别。只是我们的生活方式里似乎有些东西，使我们远离了人类本性中固有的对孩子的关心。随着社区变成深度汇谈研究者所谓的‘安全的容器’（safe container），我们本性中的关爱心会更多地显现，而那里的交谈和思考，也和其他地方有了根本的不同。我们有一句简单的话：‘作为社区的学校，作为学校的社区。’如果你反复说这句话，自然会懂它的意思。大家记住了这句话，并经常说起。”

用“世界咖啡馆”（World Café）的方法，我们可以把大型会议变成真正的深度汇谈。“世界咖啡馆”方法的创始人华妮塔·布朗（Juanita Brown）认为：“社区的成长，要从大家探寻对自己有意义和本质内涵的问题入手。”与魏斯洛一样，麻真户二和他的同事们创造了深层交谈的空间。这件事一旦完成，学习型社区就是自然发生的副产品。重要的一点是，要有意识地创造和维护这种“社会空间”。另外还要认识到，学习型社区的创建是一个自然的过程，不需要控制或操纵——实际上，试图去控制它，会很容易产生事与愿违的结果，这一点同样重要。

策略7　与“对手”协作

致力于社区发展可能出现的负面问题，就是拉帮结派，甚至是狂热崇拜：当看法基本一致的人聚集在一起的时候，其他人就被排除在外了。因此，第七项策略是要包容多样性，对领导者来说，这要成为一项指导思想和原则，它超越政治正确性（political correctness）的姿态，也超越仅仅从感情出发的境界。

几年前，长期研究生命系统和组织机构的玛格丽特·维特里（Margaret Wheatley），[14]对当时新出现的“因特网社区”进行了研究。她的评语很令人惊讶：“我越是仔细观察这些社区，就越觉得它们像‘反社区’。”后来我问她这是什么意思，她说：“在因特网上，下线是没有任何代价的。如果有人感到厌烦，或者兴趣转向其他人的话题，他们就简单地退出了，就这样完事了。结果这些‘社区’都是物以类聚的，每个人的意见基本一致。这使我意识到，只有在我们互相纠缠在一起不能轻易分开时，才可能形成真正的社区。”

与传统的非伙伴沟通

与不同于自己的人结成伙伴，是马萨诸塞州切尔西的社区服务机构罗卡所采用的核心策略。罗卡注重“构筑跨界之桥”，以突破年轻人困于其中的各种体制的藩篱——这些体制无法与年轻人的现实协调一致，也无法满足他们的需求。奥蒂兹说：“一直以来，我们的工作是建立有转化力的人际关系网络，由此，我们可以开始理解社区问题背后的结构模式。这些关系网络从街上的孩子们，包括小混混和不良少年开始，然后逐步包括了其他组织，像警察、法院、学校以及马萨诸塞州政府社会服务部。就这样，我们开始创造了一些特别照顾这些孩子的需要的新体制。”

鲍德温说：“我们曾经给警察局一类的组织造成很大麻烦，因为我们总想保护这些孩子。后来，我发现了非同寻常的东西。当设身处地以不同的视角来看系统时，你会更有责任心。你会开始意识到，偏见和对自己观点的执着，其实是一种自我保护的方法。这还可以帮助别人反观自我，看到自己的偏见。

“有时会有些小奇迹发生。皮特警官曾参加过一次圆圈小组培训。有一位参与者讲了一则海星的故事：一位老人站在海滩上，他周围有退潮后搁浅的数百只海星。老人捡起一只海星，把它扔进大海。有位旁观的人冲他喊：‘那有什么用？不就只是一只海星吗，还有这么多只在搁浅着啊。’老人回应道：‘对那只海星来说就很有用。’”

罗卡工作人员阿尼沙·查布拉尼（Anisha Chablani）接着说：“两天后我在街上遇见一位刑警，他问我：‘你们都给皮特做了什么手脚？他一直在讲什么海星的故事。’这真是不可思议，我真感动死了，皮特警官！这是我有生以来听到的最酷的事。”

跨部门联合

在不同类型的组织之间建立跨界联系，正在成为影响更大系统的核心策略。联合利华管理委员会成员安德烈·凡·赫姆斯特拉（Andre van Heemstra）说：“我们发现，通过合作伙伴来增加观点和视角的多样性，是战略变革的关键杠杆之一。”

最近，联合利华完成了一项与乐施会合作的历史性研究，课题是联合利华在印度尼西亚的脱贫工作。[15] 两个组织都为此冒了很大风险。作为领先的日用消费品跨国公司和企业社会责任的支持者，联合利华在发展中国家实施正面影响的努力，必须要接受严格审查和评估。而作为全球领先的NGO组织，乐施会曾公开批评偏袒跨国公司的不公平的国际贸易规则，现在又和跨国公司合作，难免会受到指责。凡·赫姆斯特拉说，“我们这样的大公司一直在努力增加内部的多样性文化，但我们还需要增加外部的多样性关联，这很难。但与乐施会联合，公司就能做许多不能自己单独完成的事。”乐施会的总裁芭芭拉·斯托金也是项目的支持者。“我们都知道跨国公司的问题，但我们必须超越扔砖头和责骂的层次。我们开展活动来提高公众意识，让他们认识真正的问题。但对于超越单个公司行为的问题，这是不够的。只有合作，才能创造系统的解决方案。”

下一阶段的多样性

在网络化程度不断增加的世界里，建设背景更加多样和更为包容的社区，是越来越紧迫的任务。如加洛韦所说：“我看到的最大的变化之一，就是我们现在需要和非常不同于自己的人合作。工作越来越靠建立联系网络的方法完成。因此，与各种不同背景的人合作的能力，比以往任何时候都更为重要。”加洛韦说：“不久以前，人们还主要在‘同类人的小圈子’里工作，大家都在同一个工作小组，都来自同一个地方。但是现在，大家经常从世界各地来到一起，做日常的工作。这是更大的圈子，有些人在许多方面都与我们很不一样。许多组织有各种‘多样性计划’，包括建立通过多样性支持业务发展的实例，协调人力资源方针和政策制定，以及雇用各类背景的员工。这些基础工作完成之后，创建有包容性的工作环境，就变成每一个员工都要面对的真正的挑战。我们必须检查，团队所选进的人都是谁，我们都做了哪些选择和取舍，这些取舍和选择是否真正出自完成工作的需要。假如我对和华人同事一起共事感到不适应，或者反过来，他对我不适应，那么，我们形成的团队网络，可能就排除了很好地解决我们之间的问题的机会。”

加洛韦指出，应对多样性的传统方法，是把人分成三六九等和各种类别。“真正的问题，却是更为个人化的，更关系到人的成长，而这与大多数公司看待多样性的方法不同。它是关于我们理解和欣赏（别人的）思考方法，沟通方式，以及待人接物的行为模式。它是关于人们在一起生活的问题。”

策略8　开发学习型基础设施

前面的许多例子都说明，学习型基础设施（learning infrastructures）的创新，常常是有效的学习策略的关键因素。当英特尔、福特、DTE 能源公司或耐克公司创造新的，或重新定义旧的管理岗位，来支撑反思实践或系统思考时，它们就创建了学习型基础设施。同样，当经理人建立定期演练场，或投资信息分享技术，以便使工作小组更方便地相互沟通，他们也在建立这样的基础设施。然而，这项工作往往被忽视，也许是由于基础设施的创新，不像阐述新的指导思想那么富有戏剧性，也不像新工具和方法那么具体实在。但是，只阐述新指导思想，而没有配合资源调配，是不合情理的。同样，引进新工具和方法，而没留什么机会去应用，也不会有帮助。

学习型基础设施可以保证学习实践不至于成为偶然发生的事件。一个令人信服的案例是日本质量管理运动的振兴，它揭示了学习型基础设施的重要性。20 世纪 50 年代至 60 年代初，戴明和约瑟夫 · 朱兰（Joseph Juran）等专家，给高层经理们教授了基本原则（指导思想）。后来，许多人接受了基本工具的训练，如统计过程控制等。但是几年后，有几家公司，如丰田，意识到他们需要让第一线员工接受基本工具的培训，同时，最重要的是重新定义岗位责任，以便使员工掌握分析和改进自己工作流程的权力。如果不改变岗位责任，质量控制就会停留在专家责任的范围，不会成为工人自己的责任，工作和学习也就不会有整合效益。

学习型基础设施的先锋

美国陆军是 SoL 网络的长期战略伙伴。关于学习型基础设施，我们从他们那里学到的最多。在这方面，我还没有发现有哪家公司能与他们的经验和程度相比。

对美国陆军来说，学习型基础设施包括：

- **培训和正规教育：**这包括初级培训机构，如西点军校，还有各级培训机构，一直到最高级的陆军战争学院，那里有上校们在提升到最高将领级别前必修的 12 个月的教学计划。
- **演练：**运用不同的（包括基于电脑和针对身体的）模拟训练方法，并应用行动后反思等工具总结演练过程，从模拟经历中学习。这里包括陆军国家训练中心这类进行大规模、多天模拟演练的机构。
- **研究：**对象是真实的或模拟的作战情况，分析成功的和失败的案例。这包括陆军课程研究中心，其职责是集中经验教训、提升洞察力，设计未来教学和培训，形成新模拟演练以及陆军准则。
- **准则：**即最高的政策方针，它涵盖有关成功作战指挥的核心假设和信念。这是由最高上将领导的作战准则办公室的职责。

从许多方面看，陆军对学习型基础设施的不断投入，都是基于对从经验中学习的坚定信念和追求。陆军参谋长曾连续几年接待 SoL 公司会员的高管们，并由陆军“首席历史学家”担任向导，带领他们参观葛底斯堡（Gettysburg）南北战争战场。有两件事给公司高管们留下了深刻的印象：一是陆军“首席历史学家”这个职位本身的设立；二是担任这个职务的人的级别是将军，而且从职位设置一开始就一直这样。在参观的路上我们才明白，这个陆军军官团队全都深入地了解著名的葛底斯堡战役的细节（普遍认为是南北战争的转折点），并能够很快把那场战役的经验教训与他们眼下面对的挑战联系起来。这并不是学术性的历史研究，而是“口头历史”的极好案例：人们对它的意义有很深的直接感受。军官们都清楚当时哪个人指挥了哪场遭遇战，还知道谁在哪个特定的地点受伤或战死（3 天的战斗中有 6 万人阵亡）。这段历史触及了他们个人，与他们自己作为士兵和军官的经历直接联系在一起，并与个人判断和作战行动错误的代价直接联系在一起——他们感到了学习的紧迫性和必要性。

经历这项参观的大多数公司高管都深刻地感受到，学习实践的要求远不止良好的愿望和几个工具方法。如果要让学习实践产生实际的效果，它就必须与组织运作的机制有深层的耦合。许多人得出这样的结论：对研究过去的组织战略策略、运营变革和领导方法，及其成功与失败的经验教训，他们投入得太少，这几近玩忽职守。他们差不多都是“随着事情的发生去不断修补问题”，很少有严肃的指导原则来帮助各级领导工作。结果，新上任的 CEO 往往都把自己的工作看成推行全新的战略策略，似乎公司根本没有任何历史，也就不奇怪了。

是否有其他类型的组织，准备严肃对待之？

美国陆军的各种学习型基础设施中，被其他组织采用最多的就是正规教育和培训，但即使是这个，也往往在公司财务压力到来时被迅速裁减。但如果没有其他三种设施，即演练、研究和准则，孤立的培训一般不会产生有的放矢的聚焦作用，更不会变成实际工作中的有效行动。不从管理原则上明确学习型基础设施的关键作用，就不会有根本的改进。也许，学习型基础设施不被广泛重视的真正原因，是大多数经理人仍然只有短期业绩的狭隘视野，不肯为未来的成功而建设容量能力。有一位 CEO 伤心地说："我们有很多做决策的基础设施，却没有一个是为了学习。"

我个人认为，缓慢的觉醒正在发生：比如 DTE 对行动后反思的投入，还有英特尔对加洛韦这样的反思型教练的投入。我觉得，如果说"学习型组织"不会只停留在口号标语的层次，那么这种觉醒过程就是跨越的关键。

一些企业高管，像福特公司的亚当斯，也这么看。这个群体的人数还在不断增加。"总的来说，公司在系统地理解问题方面做得很差，"亚当斯说，"这也很容易理解，大家都有时间的压力，还有管理职责上的条块划分。但相互的依赖性在急剧增加，在开发理解和应对复杂性的能力上取得进展的公司，哪怕只是微小进展，都将会获得真正的竞争优势。我们已经看到许多在这方面得到回报的案例：由于采纳了合理的复杂性系统战略，并看清了系统的模式，从而使本来难于驾驭的公司业务问题，得到了明智而适合的解决。"

亚当斯认为，关键"是在组织中建立这些学习能力"，而不只是零敲碎打的学习活动。"下一代学习型基础设施将利用分布式计算技术、模拟技术以及高级的内部咨询资源。还有很长的路要走，但回报将是丰厚的。"

创造现实而非贴标签

过去几年，我看到人们用许多不同的方式来描述自己创建学习型组织文化的工作，这是件很有趣的事。福特公司的亚当斯讲到构建“适应性企业”。惠普公司的阿兰说的都是“理解工作实际上是怎么完成的，以及协作如何推进了知识网络的演化”。新加坡警察总监邱文晖强调了“在鼓励学习实践的文化中管理知识”的重要性。国际金融公司的滨地-贝利则关注“愿望”和“探寻与深度汇谈的技能”。离开福特以后来到小型燃料电池企业普拉格动力公司（Plug Power）的萨朗特及其同事，谈的是“学习如何成为学习型组织”（这是我最喜欢的表述之一）。麻真户二代表许多人说：“当你有关爱心、去服务，并通过聆听和关注社区里的所有人，包括孩子和老人，来实现领导力时，你不必非给它冠什么名。那里的文化会发生改变，你只需要深入群众，那就是大家需要的。”

当初，在选择“学习型组织”这个词的时候，我和我的同事是很惶恐和担忧的。我们知道这很可能变成一种时尚，而时尚通常只流行一时。[16] 但“学习型组织”这一简单形象的表述，似乎很符合基于以下原则理念的组织建设工作：反思的心态、深层的愿望，以及渴望看清系统性障碍并激励各种系统向大家想要创造的未来演进。

戴明博士晚年宣布，“质量管理”、TQM、QM 等这些词已经没有任何意义了，因为它们的含义已经是“人们想让它们是什么意思就是什么意思”。但他工作的精髓却是连贯一致的，并且在他一生中不断得到发展和演进。

亲眼看到“学习型组织”注定会遭遇的时尚和后时尚阶段的历史进程，我得出一个结论：大家需要开发自己的语言来描述自己的工作目的和意义，要使描述方式符合自己的环境背景，并使之成为自己的战略开发和领导风格的一部分。我们怎样谈论自己的工作，虽然很要紧，但事情的关键还在于我们自己的反思过程、实验经历和开放历程，而不在于我们使用什么词汇。重要的是我们创造的现实，而不是我们给现实贴上的标签。

第15章

领导的新工作

本书第一版第四部分中传播最广的章节，就是以此命名的。[1]回想起来，我觉得这里面的原因是：大家都知道，要想实现创建学习型组织所要求的那些变革，需要面对巨大的挑战，需要真正的领导力。在那一章的开始，引用了汉诺瓦公司的奥布赖恩的话："我在美国各地和人谈起学习型组织和'精神转变'，反应总是非常积极的。如果这种组织是如此广泛地受人青睐，人们为什么不去创建它呢？我认为，原因正是领导力的问题。人们并没有真正理解，建设这样的组织所需要的那种承诺和行愿。"

在国际组织学习学会2005年度的"高级领导研习营"上，萨朗特（现在普拉格动力公司）和刚刚退休的世界银行东南亚区副总裁西水美惠子（Mieko Nishimizu），都是研习营高级经理人学员的导师。美惠子在世行广受尊敬，这不仅是因为她在许多国家的创新工作，还因为她帮助了年轻领导者成长——有好几位年轻人，现在已经在世行的关键岗位上了。在研习营最后一天，大家都要求有更多的时间，来了解他们两位是如何成长为领导者的。

在美惠子的要求下，我们三人坐在了学员围成的圆圈的中心。他们两人开始探讨塑造他们个人的各种经历。萨朗特讲述了他在墨西哥、北爱尔兰和中国的故事：在那里，一些以前从不讲话的人，后来却成为杰出的领导者。美惠子讲述了她接受经济学教育的背景，以及最后认识和接受贫困存在的现实的艰难经历。

后来，萨朗特突然发问："西水，你什么时候发生了转变？"我感到，在场的许多人并没有听懂他的意思。但是，我就坐在美惠子对面，可以看到她准确地理解了这个问题。她直接望着萨朗特，回答道："是在开罗的时候。那之前有两天时间，我一直在一家豪华酒店里参加世行会议。我想出去走走，于是就到了'死者之城'，那是开罗城郊的坟场，也是无家可归的人的住所。那些人很穷，住在在发展中国家常见的棚屋里。我坐在一位母亲身边，她的小女儿病得很厉害，这不是什么复杂的病，不过是因为拉肚子而引起的脱水。她们在等药来，但其实只要干净的水和一些盐就能帮到她。我观察了小女孩，觉得即使等到药品，可能也不管用了。我问是否可以抱抱孩子，母亲就把孩子递给了我。"讲到这里，美惠子的眼里充满了泪水，在场的人都非常安静。"几分钟以后，她就死了。"说到这儿，她停了下来。过了好一会儿，她补充道："我知道，这不是不可避免的；我知道，那个小女孩不应该死。就在那一刻，我发生了转变。"

"领导"是什么意思？

2 500 多年前，孔子代表的儒家思想认为，要成为领导者必须首先学会如何做人："学而优则仕。"[a] 在著名的《大学》里，孔子的弟子阐述了领导力开发的"七步内证层次"的修养理论。[b]这些理念在世界各地的智慧传统中也都有类似的说法。其实智慧本身，就是与领导力相关的最古老的理念之一。

不幸的是，今天这种领导力的理念几乎完全消失了。"领导"（leader）一词，现在主要是指权位，是最高管理层的同义语。比如，大家总说"只有领导驱动，变革才能发生"，或者"我们这里的问题是领导不得力"。不管这些说法是否准确，它们传达的是一种深层的信息。这些说法都指向在高层管理岗位的特定的人，把他们称为"领导"。为什么不直接说"我们的高管层"，或者"我们的执行经理们"？这样意思会清楚很多。当我们把这些人称为领导时，我们加进了更宽泛的信息：只有在等级体系顶层的人，才有能力促成变革；下面的人是不行的。这是一个非常不幸的、根本性的概念混淆。首先，它宣称：所有其他人都不是领导，都无法推动变革。其次，它过于简单化地理解一个很复杂的重要问题：如何理解在不同层次上的、发挥多样性角色的领导者？如何开发领导者的联系网络，以保持深层变革的势头？

a. 英文"to become a leader, you must first become a human being"，直译是："要成为领导者，你必须首先要成为人。"翻译内容出自《论语 · 子张》："子夏曰：仕而优则学，学而优则仕。""学"，本是"修学"，是学礼、学做人，是为人之学、做人之学；即儒家修身、立德之"内圣之学"，或"大学"。"修己以安人"（《论语 · 宪问》），"内圣"而"外王"。"为政以德"（《论语 · 为政》）；政，即治理；"政者，正也"（《论语 · 颜渊》），乃王道政治。曾子在《大学》中所述"八目"，即"格物、致知、诚意、正心、修身、齐家、治国、平天下"。这与后来科举制度中"学"的含义，有根本不同。后者不再为立身而学，而是为"仕"而学，为功名利禄而学，故无法安心、安人、安家、安国、安天下。——译者注

b. 即曾子《大学》中之"知、止、定、静、安、虑、得"，称为"七证"；见南怀瑾著《原本大学微言》第二篇。——译者注

许多年前，当意识到这种情况以后，我们开始考虑“领导力生态”问题：一线领导者、内部网络领导者，以及高层执行领导者，如何共同为这种生态圈做出贡献。我检查了国际组织学习学会中各种各样的建设学习型文化的努力，我清楚地看到，尽管作用不同，这三种领导者都至关重要，缺一不可。后来，这种“分散式领导”（distributed leadership）就作为实践案例篇写进了《第五项修炼 · 变革篇》。该书讲述了在启动和保持深层变革势头的工作中，会反复遇到的十大挑战，以及应对这些挑战的各种领导者之间相互依赖的关系。[2]

一线领导，如英特尔的马辛和在福特的萨朗特，他们是整合各种创新实践，并把它们融入日常工作的关键。这包括：测试系统思考工具的有效性，处理各种心智模式问题，深入沟通交流，建立共同愿景并与大家的现实联系起来，以及建立学习和工作相结合的工作环境。没有局部一线领导，不管有多么令人信服的新理念，都不会转变为行动，上层的变革计划背后的意图，也很容易因此受阻。

内部网络领导者是助产士、播种者和联络人，像联合利华的坦塔维-蒙索和英特尔的加洛韦。他们常常和一线领导密切合作，建立本地的自治能力，并整合各种新的实践方法。对于新理念和实践方法在各个小组以及各个组织机构之间的传播，对于各个局部的一线领导者之间的联系，他们都发挥着至关重要的作用。他们建立起更大的网络，推广成功的创新实践经验，传播重要的学习实践知识。

高级执行领导，即组织的高管们，像 BP 的考克斯和在西得梅因学校系统的麻真户二，影响着总体的创新和变革环境。他们的领导力，是通过开发指导思想、志向目标、价值体系，以及整个组织的愿景来实现的。他们不一定是这些思想的唯一来源，因为这些思想可能来自许多不同的地方。但是，他们必须负起责任，确保令人信服的、激励人心的指导思想在自己组织中的持续活力。高级执行领导对处理阻碍创新的结构性问题，比如糟糕的考评和奖励机制，是至关重要的。同时，他们还必须是以身作则的榜样，身体力行那些价值观和热望目标，从而令所有人信服。在许多方面，这种象征旗帜的影响力，是等级体制中的权威对推进变革进程的最重要的作用，却也是最容易被忽视的作用。高级领导者要拥抱一句古老的格言："行胜于言。"在组织中处于最显眼地位的人，尤其要身体力行。

这些不同类型的领导者都互相需要。局部的一线领导需要高管领导去领悟更大系统中阻碍变革的因素，还需要网络领导来防止自己陷入孤军作战，并来帮助自己向其他从事变革的同行学习。网络领导需要一线领导来在实践中测试理念和想法，还需要高管领导来把局部的洞悉变成组织更大范围的指南和标准。高管领导需要一线领导来把战略目标的概念变成执行能力，还需要网络领导来建立学习与变革的更大的网络。

贯穿这些不同类型的组织领导职位，有三种基本的角色，它们概括了所有领导者的工作特征。本书第一版中有这样一段话："根据我们传统的理解，领导者是指引前进方向、做出重要决策，并激励团队斗志的一些特殊人物。这种观点来自个人主义的、非系统性的世界观。领导者就是英雄——那些伟大的男人（女人会非常偶然地出现），在危急时刻'挺身而出'——这种观点在西方尤其普遍。只要这种神话仍然广泛流行，它就会强化对短期事件和英雄式魅力人物的关注，从而忽视系统的影响力和集体学习的作用。传统领导观念的核心，是基于群众无能为力的假设：群众缺乏个人愿景，也不能掌握变革的力量，而这些缺陷就只能由少数伟大的领袖人物来弥补了。

"学习型组织的领导力新理念，则围绕那些更微妙、更重要的任务。在学习型组织中，领导者是设计师，是老师，是受托人。"

今天，我认为这些根本角色的作用，比以往任何时候都更重要。

同时我也认识到，这些角色意味着各种艰辛困难和对自我的挑战。

领导即设计师

把组织想象成一艘远洋客轮，你是它的领导，那你的角色是什么？多年来我们问经理人这个问题，得到的最普遍的回答就是“船长”，其他人可能会说“领航员，确定航向的人”，少数人会说“舵手，实际控制航向的人”，或者“在下面添加燃料的司机，提供动力的人”，或者甚至是“社会工作主管，确保每个人都报名、参与并沟通”。虽然这些都是正当的领导角色，但还有一种角色，其重要性在很多方面都高于所有这些角色，却反而很少有人想到。

这个被忽视的领导角色正是客轮的设计师。设计师对客轮的影响作用之深、范围之广，无人能及。如果设计师造了只能向左舷转动的舵，或者需要六个小时才能转向右舷的舵，那船长喊“右转舵 30 度”又有什么用呢？在设计很糟糕的组织里做领导是不会有成效的。

把设计师的角色从工程技术系统延伸到社会系统环境中，是件很棘手和危险的事。作为组织机构中的领导，你不是在设计一个与你自己分立的东西。当我们说你是设计师时，你会很容易把组织机构想象成某种机器，某种需要你重新设计的机器。但是，我们都是系统的参与者，不是置身局外的人，这意味着，你不能像重新设计汽车那样，重新设计一个生命系统。

如果领导者把组织机构理解成生命系统，他就会用不同的方法进行设计。他们认识到，可以创建组织机构的软硬件构造，比如新的考评标准、正式职位和程序、内部网站或新颖的会议方式，但真正重要的是，大家在使用这些硬件、程序或在参加会议时，会发生什么。

反复设计与学习型基础设施

能够把学习和工作有效结合起来的基础设施，不是一蹴而就的。相反，它需要领导者理解和适应开放的反复设计过程，并在这一过程中不断演化。

建立新的基础设施，要从允许实验、愿意尝试的心态开始。2003年，沙特石油公司的工程技术和运营服务业务部门决定使用“世界咖啡馆”这种激进的新方法，来组织大型业务会议。在此之前的几年里，该部门的领导团队和各种小型工作团队已经开始使用系统思考和相关的学习工具，来改进解决问题的方法，并澄清业务发展战略。但他们还没能有效地影响整个公司组织。当时的情况，根据高级副总裁萨里姆·阿尔阿伊得（Salim Al-Aydh）的说法，是他们部门的创新开始让“大家感到孤独”：“我们的做法和公司其他部门没有联系。我们大家不合拍，不能让各级各部门理解我们的新想法。”

阿尔阿伊得参加了2002年春SoL在埃及举办的高级领导研习营，亲眼看到了世界咖啡馆方法的应用，他开始考虑用这种方法来推进大规模的学习实践。由SoL网络的老成员华妮塔·布朗和戴维·艾萨克开发的世界咖啡馆交流模式，是简单有效的大型会议深度汇谈的方法。[3] 开始时大家要围坐在小咖啡桌，聚焦在大家认为意义重大的共同的问题或主题上。在几个小时的时间里，大家加入多个咖啡桌小组的交谈，从而可以了解全体参会人员对问题的看法。阿尔阿伊得说：“咖啡馆的方法对我帮助很大。在研习营上我意识到，这些来自不同背景和不同领域的人，其实面对的是非常相似的问题。通过接触不同的观点，咖啡馆方法帮助我提高了理解力。”

与此同时，沙特石油公司的高管层也在重新考虑在沙特现有经济背景下的公司业务战略。大量的青少年人口正在进入劳动力市场；失业率在30%的高位徘徊；人均GDP下降（与20世纪70年代中期相比实际下降了 50%）；依赖石油产业造成的不可持续性。“在我们公司历史上，这是第一次以团队的方式确立战略方向，而深度汇谈开阔了我们的视野。与其他企业一样，我们必须让股东满意。但是，为了发展和繁荣，我们也必须推进地方的经济。我问自己：‘我们怎么与员工交流这些问题，怎么让组织的各级人员都了解这些考虑？’大多数人会告诉你，我们作为组织机构的弱点之一，就在与人沟通这方面。我一直在寻找克服这一缺点的方法，在埃及的研习营真正触发了我的想象力。”

2003 年，阿尔阿伊得和同事一起举办了“咖啡馆’03”研习营，把主管、经理、总经理、执行董事和高管团队聚集在一个房间，总共有 600 人。应用咖啡馆交流模式，他们尝试围绕公司战略为什么需要改变，以及与之相关的重大问题进行沟通。“我们给大家提供了一个共同交谈的机会，共同提出问题，发现和理解各种不同的观点。”

咖啡馆’03 研习营朝着新方向迈出了一步，但也仅仅是第一步。“我们作了会后跟踪调查，以发现这次活动在多大程度上真正影响了大家的思考和行动。尽管结果比通常的交流方法好很多，但我们仍然对沟通的深度不满意。除非你花足够的时间去回答这个问题：‘这对我意味着什么？’否则大家最终还是不能真正理解，这对他们会有什么影响。”

后来，阿尔阿伊得和同事设计了“视界线”（line of sight）系列会议，把不同组织的人聚集在一起，讨论这些问题如何与他们的日常业务活动相互关联。再后，还有“视界明”（clarity of sight）系列研习，那是有 15 ~ 25 人参加的小型会议。通过这些活动，阿尔阿伊得亲自与 1 000 多名员工，围绕变革的需要问题进行了交谈。

“这些聚会很有帮助。有一次，我们谈到人均 GDP 将下降到 735 美元，也就是每天 2 美元。大家就问：‘这就是说，如果不改革，我们就会生活在每天 2 美元的水平，对吗？’我回答说‘对’，并解释了我为什么认为这是可能的。‘每天 2 美元’成了我们公司的一句名言。大家开始说：‘如果我们不帮助发展地方经济，如果我们不发展石油以外的产业，如果我们不把外包业务交给地方承包商，并培训、雇用更多的当地员工，那么我们最终要生活在每天 2 美元的水平，我们的孩子会失业，我们会陷入贫困。’”

随着这种质疑和重新思考的势头的增长，咖啡馆的模式也在演变。“随着时间的推移，我们的理解在深化，我们学会了更好地吸引大家参与，以及如何与各利益相关方的思虑和工作实际相联系。我们认识到，内部沟通的改变很棒，但是和公司里周围其他部门的人以及公司外部的人，又该如何沟通呢？”这个问题引发了咖啡馆’04 研习营的举办，聚集公司内部和外部的客户来参加研习。进而还举办了视界线’04 和视界明’04 研修营，由此，沙特阿美公司的人不再只是进行内部沟通。到了咖啡馆’05 研习营的时候，他们把参与者扩大到承包商和服务商，有 1 000 多人同时参加了世界咖啡馆交流，地点也挪到了一个大飞机库里。“我们把咖啡馆交流安排在一月份，以便把问题的探讨和当年的运营计划背景联系起来。在这之前，大多数员工从来没有参与过任何计划工作。但我们认识到，如果我们要共同面对这些重要问题，就必须让大家了解，公司为下一步工作在做什么样的计划。”

新的学习型基础设施只涉及阿尔阿伊得的工程技术和运营服务业务部门，以及相关的业务伙伴网络，但也开始引起其他部门的注意。2004 年的调查显示，阿尔阿伊得的业务部门的员工对公司战略及其与自己工作的关联的理解，远远超过其他部门。“我认为，基本情况是，我们的努力奏效了。公司认识到其他业务领域也需要进一步的改善和沟通。现在，咖啡馆模式已经开始在整个公司推广。”

世界咖啡馆是个有用的方法，但也不是灵丹妙药。沙特阿美公司咖啡馆交流的故事所揭示的，有关学习型基础设施“设计师”的角色意味着什么这个问题，其实同样重要。首先，你必须看到，大家对沟通和学习的重要需求，还没有得到满足。然后，你要有勇气和灵感去打破现状，用不同寻常的激进方法来满足这一需求。再后，你要保持开放心态，去严格审视初期的结果，去调整和修正方法，并用耐心和毅力去坚持下去，决不能指望一开始就十全十美。最后，作为设计师的角色，领导者必须愿意让其他人去不断发展基础设施，以适应他们自己的情况，决不能想自己操控这一发展进程。

IT 基础设施

通过反复设计而产生的领导力，也同样会发生在像网站或网络门户这种更流行的沟通基础设施上。在许多年里人们一直假设，这些基础设施会像其技术设计师想象的那样运行。然而，实际上却可能发生相反的情况。例如，第一个“群组软件”发布以后，许多公司都投资购买，希望借此提高内部合作水平。这个意图却往往被内部竞争的既成组织文化完全淹没。我在麻省理工学院的同事万达·奥尔利科斯基（Wanda Orlikowski）发现，在安装了莲花便笺（Lotus Notes）文档数据库管理系统软件的某家咨询公司，几乎没人用它来分享新的客户信息或技术信息，大家仍然只是用它做以前做的事，如收发邮件、安排会议时间表等。[4] 如果我所知道的就能决定我的地位和收入，那么在这样一种文化里，设想某种新的计算机基础设施能使大家开始合作，是很幼稚的想法。新的基础设施更有可能被用来强化现有文化，而不是改变它。

在设计基于 IT 系统的基础设施方面发挥领导力，应该从设计负责实施工作的团队组成开始。惠普公司的阿兰说：“我在领导惠普打印机部门 SAP 项目的实施工作时，有 80% 的团队成员来自财务、采购和制造等业务部门。所有的团队成员都在一个场地工作。你看不出谁是从 IT 部门来的，谁是从业务部门来的。我们不是在安装新工具器械，我们在改变工作方式。很多年以后，我回顾了领导惠普内部员工门户网站和知识管理项目的经历，那时我们使用的方法也一样。当时的指导战略，是聚焦在如何让技术来促进公司的员工相互沟通、相互帮助，并帮助建立和扩展跨组织界限的知识网络上。这比技术本身要重要得多。”

建立更加新颖的学习型基础设施，比如微世界，也需要同样的指导思想。当年在写这本书的时候，我曾想象这些模拟学习环境会成为未来的一种关键的学习型基础设施，并大胆地在章节子标题中宣称它们是“学习型组织的技术设施”。尽管这些年来，模拟模型已经更加普遍了，但我对微世界的作用的期望并没有实现。我认为罪魁祸首正是过分强调技术本身（这里就是模拟模型），却忽视耐心的反复设计过程，即真正的学习和变革过程。

福特公司亚当斯团队的高级成员杰里米·塞利格曼（Jeremy Seligman）说：“我认为‘第五项修炼’里描述的微世界理念太超前了，但计算机技术的广泛使用和不断改进，确实已经开始产生影响。我们看到越来越多的管理飞行模拟器（management flight simulator）和微世界的应用，它们成为业务战略开发和决策工作的有价值的驱动器。一个福特工厂的经理让 1 000 多名员工经历了车间场地和生产过程飞行模拟，使制造程序中各个环节的员工都在事情发生前就看到可能出现的情景和结果，让他们对自己身处其中的整个系统有了更多的理解。

塞利格曼认为：“这极大地增加了车间的生产效率，我认为其他工厂也会开展类似的项目。我们还在营销计划工作方面有成功的案例。有一个微世界曾转变了一家很大的地区性企业的领导团队的思考，改变了他们的营销计划、考核指标以及核心战略假设。与马拉松式的会议室讨论相比，这是个很大的进步。因为这种会议室讨论，往往仅局限在有关未来可能性的某些残缺的数据，还有未经缜密构思的某些观点上。

“你必须有耐心，不断寻找针对大家实际需要的切入点和有效参与方式。设计工作的框架和范式在迅速变化。我认为我们会逐步提高和深化理解，并掌握组织机构成功应用微世界的关键要素。”

塞利格曼和亚当斯在实验和改善学习工具方面的不懈努力，来源于一种深层信念，用塞利格曼的话说，那是“关乎企业生死存亡的信念，它在当前竞争激烈的市场条件下，激励着我们去探索如何把这类学习工具，整合到实际工作的环境中”。

指导思想

把设计作为生命系统的一部分来看待，同样适用于更微妙的设计任务，比如“设计”指导思想。奥布赖恩曾说：“组织设计被广泛误解成线条和箱子的摆放游戏。其实组织设计的首要任务是设计指导思想，包括：志向目标、愿景，以及大家生活中遵守的核心价值。”虽然高管团队常常会拿出愿景和使命宣言，但还要理解，大家对这些宣言会有各种不同的解释和各式各样的行动反应，因此需要制定各种不同的策略。

这一点在设计指导思想时要记住。会有几种情况发生：第一，你不再为使用正确的词汇而烦恼，而是采用适当的语言来吸引大家参与。长岛学校系统的主管麻真户二说：“我们曾经以为，苹果派只有完全烤好了才能拿出来交给社区。而随着教师、管理者和社区成员习惯了一起工作和学习，我们不再害怕给他们展示半生不熟的观点和愿景，因为他们正是和我们一起工作、拿出细节方案的团队。我们已经达到这个阶段了，我们会说，为什么不相信大家，为什么不到社区中间告诉大家：‘现在有不同的选择，我们需要一起决定应该做出什么样的选择和承诺'。"

第二，对指导思想宣言，你要有花更长时间来推敲完善的准备。2001 年，魏斯洛成为耐克女鞋部的领导，那是公司第一个专做女鞋的部门。她和她的管理团队花了一年时间，才形成服务顾客的四条指导原则。[5]"重要的是寻找这样的原则，它能通过我们的承诺来表达我们是谁。理解这些原则的过程和在生活中遵循这些原则的经历，在我们的团队建设中发挥了核心作用。尽管一定会继续演化，这些原则的效用已经持续了四年。即使在我换了另一个岗位之后，大家仍然会看着这些原则说：'我们眼下的决策有正当的理由吗？'"

第三，正如魏斯洛最后的话所指出的，你要关注指导思想是如何得到应用的。奥布赖恩曾用自己心里的"胡话计"（BS meter）来判断愿景和价值是真的呢，还是仅仅为"感觉良好"的宣言，或者根本就是胡话。"一天忙完之后，你只需要问自己：'我们的愿景和价值对我今天作的决定有什么影响？'如果没有影响，那么它们就只是些胡话。"从根本上说，前一章讨论的指导思想或主导理念，与仅仅是另一个好主意之间的差别就在于此。2002 年春在 SoL 可持续发展协作组一次会议上，创始成员之一，BP 公司的巴尼 · 巴尔金（Bernie Bulkin）把他刚刚买来的 T 恤衫拿出来给我们看，它背面的四个词是：Respect（尊敬）、Integrity（诚实）、Communications（沟通）、Excellence（卓越），然后他给我们看前面的字：Enron（安然）。

最后这一点揭示了人们对指导思想的最根本的误解。人们可能执迷于寻找正确的词汇。甚至问"这是正确的愿景吗？"——其实这反倒是个错误的问题。执着于选用正确的辞藻可能会带来优美华丽甚至鼓舞人心的愿景宣言，但它对实际的变革作用却很小，甚至毫无功效。另一方面，指导思想领域的巧妙的设计师深知，用我的同事弗里茨的话说，"愿景是什么并不重要，重要的是愿景能做什么"。他们把愿景和其他指导思想看成激发和聚焦能量的工具。他们判断这些思想的出发点是其实际作用和影响，而不是听上去有多么悦耳。而且他们不会忘记，指导思想永远是正在创作进展过程中的艺术作品。

对设计师的承认

尽管领导者的设计工作会带来多方面的广泛影响和成果，但却常常得不到承认——了解这一点很重要。这就是为什么轮船设计者的工作没有被看作领导工作。好的设计在今天产生的成果，可能是很久以前的有效工作的结果，而今天的工作，则可能在很久的未来才产生效益。好的设计的标志性特征，是不造成危机问题——在“领导是英雄”的组织文化中，这恰恰得不到多少注意。那些想要靠控制、靠名气，或者靠占据行动的中心位置来起领导作用的人会感到，起到静默的领导力作用的设计工作没什么吸引力。萨朗特说：“假如你聚焦在做好小事、步步为营，而不去计较别人因此而得到荣誉和承认，你就可以在组织里的几乎任何岗位上，成就大事。”

精湛的设计，到了登峰造极的程度，可能根本就是无形的了。2500年前，老子已经精辟地阐述了这一点：

> “太上，下知有之；其次，亲而誉之；其次，畏之；其次，侮之……悠兮，其贵言；功成事遂，百姓皆谓：我自然。”
>
> 这段话的意思就是：太古无名之君，是最好的领导，下面的人只知道他的存在；次一等的领导，大家和他很亲近，赞誉有加；再次一等的，大家都害怕他；最次的，就遭到大家的轻侮、辱骂……最好的领导，活得真是悠然自在，思虑真是宁静致远，却很少发号施令。功业成就，万事遂心如意。而百姓们都说：我们

本来一直就是这样。[a]

这样的领导风格不是没有回报。这样的领导者会在内心深处得到满足，因为自己所在的组织，能够让大家实现真心关怀的结果。实际上，他们会觉得这种满足感，与更惯常的领导所得到的权力和赞誉相比，要有更加永久的意义。

领导即老师

一个好的老师能让周围的人都得到学习的机会。好老师会创造出学习的氛围，并邀请他人加入进来。相反，差一些的老师则关注教授什么和怎样教授。关于领导者的精神实质，格林里夫有一个极好的形容——“人的栽培者”。20世纪20年代中期到60年代中期，与美国电话电报公司和很多有才干的领导者一道工作之后，格林里夫找出了伟大领导者的核心动力，即渴望去服务。他把他们称为“仆人式领导”，其主要特征就是让手下的人都成长。“对仆人式领导最好的检验就是：

a. 原文出自老子《道德经》第十一章。此处的解读是根据英文原文的意思，也是《道德经》原文这一段的一般的现代解释。而另一种解释为：
太上，即“形而上者之谓道”（《易经·系传》）；太上忘情，并非无情，而是大慈大悲；有一种下等人，我们认为很笨，其实他有真智慧，早已悟“道”，达到了大慈悲。再次一等人，相信并亲近道，要烧香磕头，赞誉不绝。更次一等的人，也许不信道，但内心无形中却有一个可敬畏的东西。又次一等的人，偏不信道，认为信道是神经病，还以为信道对人格是一种侮辱。“下士闻道，大笑而走之”。（英文此处没有引用的一句是：“信不足焉，有不信焉”。意即：有些人信是信，却不彻底，半信半疑；有些人根本就不信。三六九等，不一而足。）道不藏私，悠然自得，但却很难用语言形容其境界。等你的事功表达了，久而久之，大家习惯成自然，就说这本来就合于自然之道，没有什么好大惊小怪的。见南怀瑾《老子他说》第十七章。——译者注他们栽培的人真正成长了吗？变得更健康、更聪明、更自由、更有自主性了吗？自己也更有成为仆人式领导者的潜力了吗？”[6]

发现组织中能力的差异

能够意识到交流和协作这一重要需求未被满足，常常可以促进组织管理设计工作。同样，领导者作为老师的工作，也往往从发现组织中所缺少的重要能力开始。2001 年起，考克斯开始组织沙龙，让 BP 公司的经理们有机会一起思考未来。她说：

“当被提升到公司中更高层位置的时候，我开始意识到对于我们来说，一个核心问题就是集体领导力。在 BP 中有很多个人能力很强的领导者，我们也有一种强调个人问责的文化，常常加剧了员工之间的过度竞争。

“开始，我的想法是召集会议，展开一系列不限定议程的讨论。会议为期一天半，我邀请了二三十人，请他们加入自己喜欢的谈话中。小组的构成非常多样化，他们包括 BP 公司中跨部门的和不同级别的人，有高级的和较为初级的经理，还有刚刚加入这个组织的毕业生。大约有三分之一的人来自 BP 公司以外，第一组的人包括一位校长、一位芭蕾舞演员和一位来自慈善团体的人，也有从事其他行业的人。规则是每人必须至少要认识屋子中的另一个人。

“从某种意义上来讲，我并不在意谈话取得了哪些具体成果，而更在意的是谈话交流本身。我选择了一些很广泛的主题，例如全球化问题、我们的管理问题以及我们在世界上的影响。有一次我们与约翰逊就‘数字专政’（tyranny of numbers）展开了一场讨论，我们在管理业务时，倾向于过分关注能够测量的东西。然而大家都清楚地知道，许多重要的事情是无法度量的。[7]那是一场极其吸引人的讨论，大家很高兴有机会谈论自己所关心的事情。话题从哪儿开始并不重要，讨论总是会以自己的方式进行下去。

“像这样为培养新能力而做出的努力，其效果是很难度量的。它成功与否的标准之一，就是看有没有人参加。在考克斯的沙龙这个例子里，尽管它与 BP 以业绩为导向的文化有所冲突，但人们仍然坚持参加。她的一位高管同事告诉我：“维维安的会议让我发狂。”但他还是在繁忙的日程中留出时间，尽量来参加。考克斯也不确定会议到底产生了多大的影响，因为这个沙龙缺少了她的召集之后，并没有自己继续下去。“我感到十分沮丧，直到发现这个沙龙的理念其实得到了传播。也许大家认为自己没有像我一样的职权来举行这个沙龙，也可能他们就是不想做。最终我发现有些人已经被这些讨论改变了，他们开始召开会议、组织研习营，或是用新的、不同的方法来探讨问题。

“在创造学习环境、缩小重要能力差距方面，沙龙同样给考克斯上了有价值的一课。这一课在她被提升到更高级的职位上时，显得尤为重要。当你不能直接参与每件事时，怎样领导一家大规模和具有广泛影响力的组织机构？对我来讲，秘诀在于关注少数几个经过深思熟虑的介入措施，并让自己的行为和它们保持一致。例如，当我们召集大家进行战略讨论时，我唯一控制的就是场地氛围和讨论的方向，我觉得这些是真正需要我做的。其他东西我并不控制，而通过参与者的交流互动来把握。”

教师的两难困境

在本书的第一版中，我谈到了一种根本需求，即帮助人们发展更能“给人带来力量的现实观”。在这里，我指的是一种看待现实的方法，它能够加强而不是削弱我们塑造未来的信心。大多数组织中的大多数人都将“现实”看作必须承担的压力、必须应对的危机和必须接受的约束。如果这样看待现实，那么愿景就只是一个虚无缥缈的美梦，或者在最坏的情况下，是一个自我嘲讽的幻象，而不是一个可以抵达的目的地。那么，领导者又怎么能帮助人们将现实视为创造愿景的媒介，而不是束缚的来源？这是“领导作为老师”的核心任务。

一个办法是帮助人们看到问题背后的系统结构和心智模式，而不仅仅是短期的事件。这有助于我们认识塑造现实的影响力，并认识到我们也是其中的一部分，也能对其产生影响（见第3章：“是系统的囚徒，还是我们自己思想的囚徒？”）。但是，培养系统思考能力需要时间和耐心，致力于这条道路的领导者都处于一个进退两难的境地，所有传授难学的新技能的老师都熟悉这种处境。

“我们已经成功地运用系统思考方法解决了一些很重要的问题，”亚当斯说，“但同时也有些担心，因为我看到了关于完成此事的方法上的一些局限。例如，我们不得不将全球35亿美元的IT预算减少将近10亿美元。我们当中的一个小组画出了10张系统思考图，揭示了实现最高杠杆效益的机会，使我们既能削减开支又不削弱能力。我们没有把这些图展示给组织中的所有成员，而是开展了10个工作方案，确保介入措施来自那10张图给我们的启示。我们成功地削减了10亿美元，但我个人觉得很遗憾，因为没有与大家分享那些启示，也没有让更多的人参与系统思考。我们在幕后使用这些技巧，有点像暗箱操作。我觉得如果能看到一幅画面，那就得向大家解释：‘这就是为什么我们在这儿介入，而不是在那儿。’”

亚当斯意识到，尽管他的介入措施很成功，但仍然存在两个问题。第一，当时很少有人不得不自己培养看清系统影响力的能力；第二，介入措施之所以成功，是因为他掌握了进行必要变革的资源。其实在大多数情况下，亚当斯和他那些进行系统思考的同事，更多是充当了解决业务问题的“影响者”，而不是“介入者”。因为不同的人在用新方法看问题的时候，必然会采取不同的行动。他说：“我们需要描绘出图画，让其他人也能够看到它，而如果能帮助他们自己画出图来，那就更好了。”

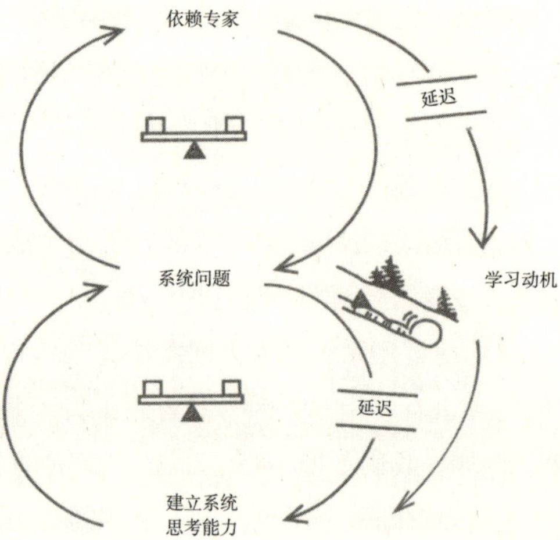

亚当斯知道，如果这个进退两难的问题得不到处理，那么就会产生“转移负担”这种模式，这时解决重要问题的压力，就会转给能够分析局势并得出深刻见解的专家组。但如果这么做，建立更大的组织能力就变得没有必要了。而且，人们会习惯于由专家来解决问题，并且很容易失去发展自身能力的动力。随着时间的推移，正反馈压力会加强，这导致人们更加依赖专家。问题可能会得到解决，但组织不会变得更聪明。

像大多数转移负担模式一样，成功的反应策略是抓住短期的机会，并以此建立长期能力。将“应对事件的系统思考”和“促进发展的系统思考”联系起来。

先做一个学习者

从惠普公司喷墨供货组织总经理兼副总裁的职位上退休后不久，默顿做出了一个有力的阐述。要想做一个真正的老师，你必须先成为一个学习者。事实上，与他的专业知识一样，老师对于学习的热情也能够启发和激励学生。所以同样的，对组织学习工具和原则有承诺的管理者，必须成为实践者，而不仅仅是宣扬和鼓动者。在很多年里，惠普公司喷墨供货组织都是公司最大并且利润率最高的分支。默顿认为，学习实践是领导力真正的来源。“回首自己在惠普的职业生涯，我周围有很多技术熟练的人，但那些最终成为最有影响力的领导者的，无论是在哪个层级扮演什么角色，他们都是无可争议的、真正的学习者。无论过去有什么成就，在他们的心目中都微不足道。他们一直谨记，人总有需要改进的地方，并且明白‘学习游戏’需要坚持不懈的参与投入，来发现在此时此刻什么是有效的。我很清楚，公司生意兴隆的时候，是因为许多关键岗位上的人都是学习型的员工。如果情况不是这样，我们就会遇到困难。”

很显然，默顿认为领导者必须是学习者，但这个观点的含义需要一段时间才能被人们接受，尤其是对那些投入付出很多的人来说，恰恰是这些投入付出使他们看不到自己对学习的需要。罗卡的鲍德温说：“有 40 个人来参加我们维和圆圈小组开展的第一次培训，他们中有年轻人、警察和感化官、社团的成员，也有些朋友。当会议开场部分进行到一半的时候，我们当中的一些人坐在全组人员围成的一个圆圈中间，开始交谈。不到 3 分钟就全乱套了，人们叫喊着，孩子们咒骂着，所有人都说：‘看到了吧！这永远行不通！’看着会议崩溃是令人痛苦的。但最终我意识到了，我是那么投入和致力于分裂，而不是团结；我离一个矛盾调和者还有很大的距离。我从更深的层次上理解了‘我们和他们的’这种想法是有问题的。我还意识到，我是怎样使这个问题在我个人身上、在组织上，都一直得不到解决。继续坚持：‘我是对的，你是错的！问题是你，而不是我们，因为我们的道德境界更高！’这是我们的问题的主要来源。”[8]

领导即受托人

格林里夫在其《仆人式领导》（*Servant Leadership*）一书中说：“仆人领导首先是仆人……这起始于我们服务他人的自然愿望……然后才是有意识的选择，要立志发挥领导作用。这样的人与没有成为仆人就先成为领导的人截然不同，因为后者也许就是要满足一种不寻常的权力欲，或是要获取物质财富。”[9]

领导者做被领导者的仆人，这个理念可能看似理想化，但我深信这是实用的理念。我曾问过一位海军陆战队上校，为什么仆人式领导的理念在陆战队被广为接受。他说：“战场经历反复告诉我们，当大家的生命处于危险之中时，肯定只追随被大家信任的指挥官。他们认为，只有这样的指挥官才会把大家的福祉放在心上。”

受托责任意识（stewardship）也是围绕某种更大的目标。奥布赖恩曾说：“真正的承诺和行愿所针对的，总比我们自身更大。”在1990年出版的书中我写过“志向目标故事”（purpose story），它似乎是各个层次上的自然领导者的指引。我写到，很不同的人“可以从同样的源头引发自己的灵感……追溯到某个深层经历，某种深层的志向目标和使命感，以及在个人愿景背后的、某种更大的‘运动演进模式’（pattern of becoming）……许多很有能力的经理人，虽然处在领导岗位，却不是这样的领导者，因为他们没有一个大故事……来把他们和某种大事业联系起来……并且来使他们的愿景富于深层意义，并给他们一片更广阔的天地，在那里，个人的梦想和目标，对他们而言只是某种更大的征途上的里程碑和突出事件”。

今天回顾这些话，我看到其中隐藏着两个自相矛盾的悖论。一个是关于确定性和承诺投入；另一个则是关于保持现状与变革。

受托的悖论

知道自己的志向目标的由来，可以很容易产生一种对自己全部人生追求的坚定不移的感觉，这甚至会变成一种封闭状态。反过来，那些缺乏这种人生确定性的领导者，可能会认为他们没有大的志向目标，并因此受到局限。

我现在认为，对自己志向的坚定和明确感，对自己目标的确定无疑，是有危险性的，而且这种危险在今天的世界里常常发生。哲学家埃里克·霍弗（Eric Hoffer）在其著作《狂热分子》（*The True Believer*）中对此有精辟透彻的见解。他提出了以下问题：承诺投入者和狂热信徒，他们之间究竟有什么区别？[10] 他的结论是：“确定性”。狂热信徒确定：他自己是正确的。按照霍弗的定义，不管做什么事，一旦我们确定自己有正确的答案，并依此行事，那我们就是狂热信徒了。此时我们有封闭的一面，用非白即黑的观点看世界。但真正的承诺投入，却总是伴随着一定的质疑心态和不确定性。在这个意义上说，承诺投入是真正的自主性选择，而非强迫性的冲动。

受托责任的第二个悖论，是保持现状与变革。从某种意义上说，领导力总是关于变革的。领导者的工作，无论是个人还是集体，都是要实现新的不同的秩序，并总是聚焦在正欲破土而出的新生事物上。我认为，对于领导者来说，深层志向目标之所以重要，原因之一是它提供了一个精神支柱。领导者在追求新生事物的同时，还要成为某种他们认为需要保持不变的东西的受托人。而他们要保持不变的东西，恰恰又是激励变革的关键所在。这看似自相矛盾。比如，在魏斯洛等人的故事里，你就可以看到这种情况。她想与耐克公司保持创新者的身份进行“心灵对接”和深层认同：在这样做的同时，她释放了变革的能量。国际金融公司的多萝西·贝利，帮助IFC的经理们把自己协同和联合各个成功的私营企业的变革愿望，与可持续发展的一贯目标结合起来，也是这种情况。英特尔的马辛发现，他和同事们都真正想保持健康的生活现状，并为此需要变革工作方式，还是这种情况。

智利生物学家马图拉纳认为，进化是“通过保持现状而实现转化”的过程，即自然界会保持一些基本的特性，并由此来释放所有变化的可能性。一个简单的例子是动物世界的“双边对称”（Bilateral symmetry）现象：两只眼睛、两只耳朵、四条腿等。重要的是，在双边对称原则的限制下，发生了如此非凡的多样性进化。变革领导者往往忘记问一个重要而有力量的问题：“我们要寻求保持什么东西？”变革自然会引起我们所有人的担心：担心未知的领域、担心失败、担心在新秩序中不再被人需要。如果我们一味执着地关注需要改变的东西，而忽视我们想要保持的东西，这种担心就会加剧。而如果我们能够明确大家想保持的东西，部分的担心就会消失。如果领导者有意识地应用这一原则，往往会发现大家寻求保持的，是身份的认同和人际关系，比如创新者的身份和减贫伙伴关系，或者大家对各自的身心健康和福祉的相互支持。

雄心的性质和力量

令人伤心的是，这种真正的受托责任感与大家今天看到的、完全不同的领导力现实形成巨大反差：滥用权力所表现出的对受托责任的亵渎。维萨创始人哈克说：“我认为当今世界的最大邪恶，就是权力和财富在不断集中到越来越少的人手中。”

关于信息技术如何使权力不断分散，关于“分布在各处，却由通信技术连接在一起的人们，现在能够以从前无法想象的规模，根据从别处传来的信息，做出自己的决定”，今天已经有许多遐想。[11]然而，分散权力和降低权威的可能性，往往与个人欲望，特别是高级经理人的个人欲望相互冲突。惠普的阿兰说：“社会网络的滋养和支持作用，如果发生的话，一般是在业务部门的层次，因为那里的产品和服务更直接地关系到顾客。不幸的是，这些协作网络往往被总部高层的雄心或欲望之网吞噬，这种情况我见得太多了。”

乐施会的斯托金看到了雄心、结果，以及总部办公室传统的男性支配地位之间的关联。“现在有很多研究显示，在竞争和雄心方面，女性的领导方式是不一样的。当高管团队陷入地位和职务之争而不能做出成绩时，其中的女性成员就会站出来说：‘坦率地讲，我对这个没兴趣。我有家人要照顾，有后半生要过，我不会花大量的时间和精力来搞这些争斗。’我不知道这是由于大多数女性都有其他责任，还是因为女人有这样的天性。但她们倾向于退出争斗，认为‘如果做不成什么事，就不要在这上面浪费时间’。总体来看，处在高位的女性的雄心倾向于聚焦在事情本身上，而不在她们自己的未来或职业生涯。”

斯托金的评论揭示了一个秘密，一个在经理人中鲜为人知的秘密：更为广阔的生活可能会帮助经理人保持一种超脱的视野，成为更好的经理人。几年以前，当考克斯将要晋升到 BP 公司高管职位的时候，她刚刚生下第一个孩子。她对公司的最高经理人说：“我只是想告诉你，我生活中最重要的东西不是 BP，而是我的女儿。如果你认为这会与那些新职责发生冲突，那最好不要提拔我。”今天，考克斯回顾起来，认为“虽然工作对我的要求非常高，但我对个人优先选择的明确表态其实帮了我的忙，也许还帮了公司其他人。”

可持续的成果

近来，没有理智和不受约束的个人雄心所引起的商业道德沦丧，使整个商业世界都陷入这些问题的困扰中。可大家却忽视了更重要的问题：不管有没有彻底的管理层不法行为，个人雄心怎么就能损害企业已经取得的成果呢？我认为，像斯托金和考克斯这样的领导者，她们能够实现重大的、长期的成果，并非偶然。它是从集中注意力开始的：当职务权威让经理人花很大精力去维护或扩张势力范围时，会损害大家对自己试图实现的成果或斯托金所说的“事情本身”的注意力。另外，还有时间范围的问题。如果经理人只关注短期的结果，他们往往会不停地介入下属的工作，以保证工作会持续出结果，而且他们的做法也会显得很正当。不管他们是有意还是无意，都会产生转移负担的效果，即对管理层介入的自我增强的依赖性。由此，关注短期结果会成为进一步集中权力的策略和方法。

斯托金说[12]：“我在国家卫生局（NHS）工作时对此做过很多反思。我观察经理们为了修补眼前的应急问题，如‘等候名单目标’，而无暇顾及其他任何事情。但如果不对系统运作方式做任何根本性变革，你一旦放手，问题又会立刻重新出现。和大家一起弄清如何让系统不断产生更好的结果，这需要花更多时间，可是一旦成功，你就不会失去它。我认为：‘这也许会让我花更长一点的时间来达到目标，可一旦达到，我得到的将是更可持续的结果。’我们后来开发了指导原则：如果我们需要介入，比如医院，那么我们的方法是，让那里的人更好地了解以后如何进行自我救助。总的来说，就是改善那里的能力，使我们不用一再介入。

“现在在乐施会，我们有个类似的挑战。在人道主义救援工作中，介入危机并成功救助危机会带来很大的心理回报，会带来荣誉和个人满足感。你也知道这种情况：‘白人男性身穿短裤飞抵现场并解救危机。’现在我们在努力做到，不用再进入某个国家去开展人道主义救助。如果我们把自己的工作做好，我们就帮助了当地人开发足以自救的能力。我觉得在救援界，动机不在个人控制欲的权力，而是一种更微妙的权力感，它从被人需要的感觉中来。不管怎样，其心态和效果是一样的，即对处于权力感中的人有不断增强的需要。”

做自己愿景的受托人

用一位年轻的罗卡街道工作者的话说，受托责任最终是关于“做对整体有利的、正确的事”。这种承诺会带来我们与自己个人愿景的关系的变化。个人愿景不再仅是个人拥有的东西。比如，不能说“这是我的愿景”。相反，我们成为这个愿景的受托人。我们是属于“它的”，就像它属于我们一样。前面提到的萧伯纳的话精辟地表达了这种关系：“你在被一个崇高伟大的志向目标利用。”

而黎巴嫩诗人卡里·纪伯伦（Kahlil Gibran），则用略有不同的语气、在稍有差异的主题下，写下了具有同样召唤力的表述。在谈到父母和孩子时，纪伯伦表达了那种特殊的、没有占有欲的责任感，这和作为受托人的领导者对自己愿景的感受一样：

你的孩子不是你的孩子。

他们是生命对自身渴望的子女。

他们通过你来到这里，却不是源自你。

尽管和你同处，他们并不属于你。

你可以给予他们的是你的爱，而不是你的思虑，

因为他们有他们自己的思虑。

你提供的居所可以安其身，却不能安其神，

因为他们的神魂，乃是属于明天的居所，而那，却不是你可以造访之地，甚至在你的梦里也不可以。你可以试图模仿他们，但

是切忌
试图使他们像你。
因为生命不会走回头路，不会止于昨日。你是弓，
从中发出的生命之箭，就是你的孩子。
那射手看到无限的时空之道上有那个印记，于是
他以其神力拉开了你，以使那箭能急速射向遥远的天际。
请你在射箭者的弯弓之臂上得到欣慰。因为，虽然他欢喜疾飞之箭，却也同样欢喜
弯弓不抖，稳如大地。[13]

如何培养这种领导者？

英语中的动词“lead”（领导）来自印欧语系词根 leith，意思是“越过临界点”（cross a threshold），跨越门槛，并且常常与死亡过程要跨越的阴阳界限相关。因此，也就不奇怪为什么出色的领导者，如美惠子和萨朗特，都常常有深层的个人觉醒经历：一部分老的自我死去，而新的自我又诞生了。有意思的是，另一个广泛使用却很少真正被人理解的词“charisma”（领袖魅力），也表达着相关的概念。

形容词“charismatic”（有领袖魅力的）往往指强势而有力的，甚至有催眠力的人物，这种人会要求很多特殊的注意力。不幸的是，人们通常认为，是某种个人特质使那个人很“特殊”，比如外貌奇特、声音浑厚。但是，我有幸接触到的杰出领导者，即没有身体外表的奇特，也没有强势的个性。他们的特点是思路清晰，有说服力，有很深的承诺和行愿，有不断学习的高度开放的心态。他们并不“拥有答案”，却似乎能够给周围的人一种自信心，即相信共同“学习就可以掌握我们需要的任何东西，就可以成就我们真心渴望的结果”。

实际上，“charism”（恩赐，与魅力 charisma 一词很相近）这一

概念来自天主教堂，意思是圣灵给予某人的特别的个人“天赋之礼”。于是，有领袖魅力就是指开发自己的天赋。简言之，我们在什么程度上回归自我，就在什么程度上成为真正有领袖魅力的领导者。这就是真正的领导力开发的秘密。

通过观察这种现象在不同领导者身上的表现，我注意到他们成长过程所开发的目标和方法各式各样。有些开发了理念和沟通技能，另一些努力学会了聆听和欣赏别人的观点；有些用了五项修炼作为开发框架，另一些则使用了其他方法。但是，他们都投入自我开发中，如萨朗特所说，他们要“努力成为一个真正的人”。

尽管工作方法上有差异，但似乎还有一个超越这些差异点的共同点。这个共同点就是创造性张力原理。尽管有各种不同，真正有效的领导者似乎都理解，保持愿景的同时坦诚而深入地研究现实所能产生的力量。我见过的优秀的领导者都理解这个道理，不管他是否有意识地考虑过它。

我们没有通过组织学习工作发明创造性张力原理。其实，过去有许多人都曾经描述过这个原理。马丁·路德·金因组织历史性的反种族隔离示威游行被捕，关押在亚拉巴马州伯明翰市监狱。他在狱中写的信中说：“就像苏格拉底认为，有必要在心中建立一种张力，以便使大家从神话、谎言和半真半假的束缚状态中解放……我们也必须……在社会中建立一种张力，以帮助人们从偏见和种族歧视的黑暗中解脱。”[14] 金博士以他追求平等之“梦”而闻名于世，而他的领导力，就像在他之前的甘地一样，却深深植根于帮助大家看清现实之中。用他自己的话说，是帮助“把现实戏剧化”。他知道，只要把梦想与现实放在一起，就会产生真正的变革动力。

我发现，“领袖”的标签通常是别人评价时加上去的，这令我很吃惊。真正起领袖作用的人似乎很少这样看自己。他们的注意力一定是集中在要做的事情上，集中在他们身处其中的更大的系统上，集中在与他们共同创造未来的同事身上——而不是集中在他们作为“领袖”的自我的身上。其实，如果不是这样，就可能会出现问题。特别是对处在领导岗位的人，总会有一种危险，用我的长期同事和合著者布莱恩·史密斯（Bryan Smith）的话说，就是自己成为“自己心里的英雄”的危险。

惠普公司有一位员工在学习公司历史时，问创始人之一戴维·帕卡德（David Packard），他的领导力理论是什么。这位员工后来说，帕卡德停顿了好长时间，说了一句简单的话：“我不知道什么领导力理论。那时，我和比尔［比尔·休利特（Bill Hewlett），另一位创始人］只是在做我们爱做的事，我们很高兴有人想加入我们。”

第 16 章

系统的公民

2002 年秋，世界银行的美惠子受邀回到祖国，在庆祝日本加入战后国际货币体系“布雷顿森林协议”（Bretton Woods Accord）50 周年纪念仪式上发表主题演讲。她在演讲中分享了她的个人经历，她如何最终承认了世界贫穷状态的现实，以及她对全球现状的看法。演讲结束时，她精辟地概括了我们这个时代的辛酸：

> 未来对于我们来说很陌生。它与过去最大的不同点在于：地球本身变成构筑和度量未来的单位。塑造未来的标志性议题，都是全球性的。我们同属一个无法回避的、相互依存的网络：生态系统的相互依存，更具流动性的信息、观念、人力、资本、商品和服务之间的相互依存，以及和平与安全的相互依存。我们确实被绑在了一起，被编织在同一张命运之网中。

建设组织学习能力的推动力，传统上来自寻求更有效的组织变革方法的人们，来自想要建立更具适应性的企业的人们，来自相信增加金融资本需先开发人力和社会资本的人们。但时至今日，随着大家对“同一张命运之网”的觉醒，随着大家意识到我们面对的深刻的社会学习与组织学习实践的挑战，一系列新的外部动力已经开始形成。我认为，今天创建学习型组织的真正潜力，也许将在这两种变革需求的交叉点上展现。

所有组织都处在更大的系统之中：产业、社区，以及更大的生命系统。从某种意义上说，如果认为一个公司组织的健康发展，可以脱离它所依赖的产业、社会，以及自然系统的健康发展，那是不合逻辑的。在过去很长的时间里，企业一直把这些更大系统的问题视作理所当然，不予以重视。而现在越来越明显的是，企业作为个体或集体对这些系统产生的影响及其后果将日益严峻。有些影响相当清楚，譬如当制造业企业搬迁造成城镇一半人口失业，或者当发电厂向大气中排放一氧化二氮和二氧化硫。但还有许多影响来自大多数人始终无法洞察到的更大系统的关联。

我在写这段的时候，美国东南湾区海岸带又发生了一场毁灭性的飓风灾害。我和其他人一样在担心那里的人们的安全和福祉，但我还担心我们只关注紧急救援，而不考虑更多：一旦眼前的危机过去，深层的系统问题还会持续存在。飓风灾害中暴露的贫困痼疾的景象让很多人感到震惊。其实，有许多美国人都处于第三世界的生活水平上。飓风袭击最严重的地区，阿肯色州、密西西比州和路易斯安那州，在美国贫困线以下人口比例排名中，分别处在第一、第三和第五位。[1]而过去几个季度中飓风灾害频率和强度的增加，也不只是不幸运的偶然现象。多年来气候专家一直在警告我们，随着海洋温度的上升，气候不稳定会加剧；他们还特别指出，热带风暴经过这些高温水域时就会吸收更多的能量，增加强度，导致越来越严重的飓风灾害。

我认为，气候变化、贫困顽疾与经济繁荣并立是我们时代的象征，就像因特网和全球市场一样。作为个人和企业组织，我们从来没有考虑，买什么产品、使用什么能源等日常决定，会影响生活在千万里之外甚至地球另一端的人。这就是全球化对人们的影响，而这对我们所有人而言，的确都是陌生的。我们从来没遇到过目前这种情况——而未来正在密切审视着当下。

看清系统

系统的公民首先需要看清与我们相互影响的系统。就像啤酒游戏的参与者所学到的那样，如果我们困于无法正常运作的系统中，必定会导致挫败感，除非我们能看清更宏观的模式，以及自己在这些模式形成过程中扮演的角色。一旦做到这些，新的选择就显而易见了。

看清系统基本上包括两方面：看清相互依存关系的模式和洞悉未来。看清依存关系模式的能力，可以从系统模式图等工具上得到帮助，但也能得益于故事、图片和歌谣。洞悉未来，则首先需要解读已经显现，却被缺乏系统洞察力的人忽视的征兆。

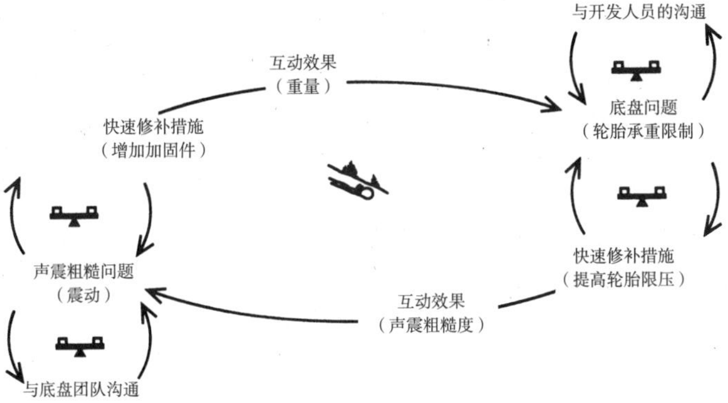

如果能看清我们一直看不见的相互依存的关系模式，我们将走向某种意义上的觉醒，“终于明白我们曾知道，只是一直蒙在鼓里，不明白我们其实曾知道”。几年前，某个大型商品开发团队的两组工程专家设计了下图，用于体现他们如何无意中制造了问题，影响了对方。[2]

当第一组工程师（NVH，噪声—震动—粗糙度）遇到一个与震动相关的问题时，他们选择了应急之道，譬如“增加加固件”，而不是与另一组工程师合作，寻求更综合的解决方案。这个做法的副作用，例如加固件增加的重量，通常会影响第二组。第二组（负责车辆总重量）也没与第一组 NVH 工程师合作，而仅仅是从别处减掉多余重量，并采用诸如提高指定轮胎压力的应急之道做弥补，以达到安全标准。但是，提升轮胎压力的副作用是声震粗糙度会相应提高，给第一组 NVH 工程师带来了新一轮难题。两组工程师共同考虑这个图后，终于发现了这个困扰他们多年的模式：工期紧张的压力，使他们都不愿花时间寻求综合完善的解决方案，对“应急之道”与权宜之计的依赖逐渐加深。他们坐在那儿摇头无语，预见到了这个模式意味着怎样的未来：彼此间逐步升级的敌意和质量低劣的产品设计。最终，有人这样感叹：“看看我们都对自己做了些什么！”

经验告诉我，当人们真切地认识到自己造成的系统模式，理解到它未来将导致的痛苦的时候，便总能找出方法改变模式。对那些工程师来说，改变模式只需要培养相互之间的信任，更紧密地为实现目标而合作。他们真的做到了。其他几次类似的觉醒经历后，整个大团队得到了激励，终于提前一年完成了重要车型的开发，同时还节省了超过 6 000 万美元的已经分配下来的“逾期预算”。

看清全球气候变化系统

以激励变革的方式观察全球系统，表面看似乎更困难，但我认为基本原理是大同小异的。以下是简单的系统模式图，可以帮助大家看清影响全球气候变化的系统。[3] 和啤酒游戏一样，我们首先要让我们个人意识的范围超越对自己职位的管理。在这个问题上，传统企业和社会一直以来都在关注经济活动，关注在收入、市场需求和投资之间的正反馈过程中所实现的增长。直到最近我们才发现，像二氧化碳这样的温室气体作为经济发展的副产品之一，正源源不断地被排放到大气中。

就像啤酒游戏里零售商和分销商的订单流入供货商的积压订单一样，这些温室气体也汇入大气中原本存储的二氧化碳中（即增加了二氧化碳浓度）。[4] 大气层中的二氧化碳含量增加，使越来越多的热量困在大气层内。由此引发的气温升高对生态系统和经济活动最终会产生什么影响，大部分还是未知数。有些人声称，气候变暖对商业和经济发展有益，但是许多人质疑这种乐观的假设。事实很简单，未来充满了极大的不确定性，包括气候的不稳定、热带疾病的扩散、冰川与极地冰雪融化后注入海洋所造成的影响，以及洋流变化所造成的影响。

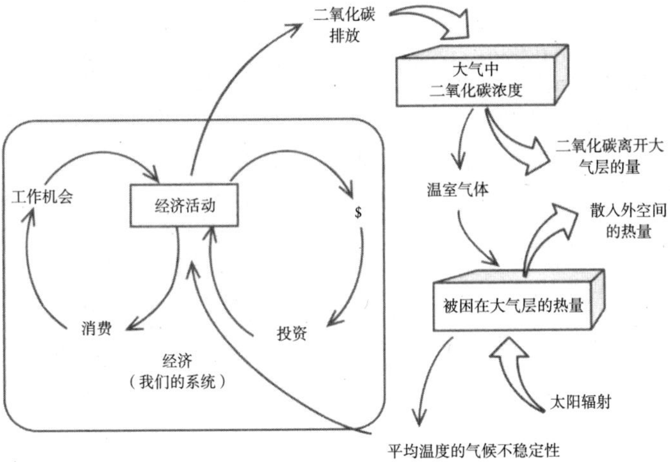

近年来，世界各地的人们开始看清整个系统，但关于它对未来几十年有何影响，以及因此是否急需削减二氧化碳排放量，却是众说纷纭。为二氧化碳减排而设计的《京都议定书》，在 1994 年终于得到足够多国家的认可而通过，并在 2003 年正式生效。但是全球最大的二氧化碳排放国——美国（约占全球总排放的 25%）却拒绝加入。少数全球性企业的领导人甚至认为，必须采取更激进的行动。持此意见的全球性企业领导人越来越多，比如 BP 公司的约翰 · 布朗，就在 1997 年首先从各大石油公司 CEO 行列中站了出来，在斯坦福大学做了历史性的演讲，大胆谈论气候变化的危险。[5] 对于世界上许多人来说，气候变化始终是个令人不安但却很遥远的担忧。就像一位美国朋友最近说的一样："嗯，那大概在 100 多年以后才会成为人类的问题。"

但这些差别极大的看法昭示了一种悲哀，那就是连最初步的系统思考我们都没有能力实施，无法看到当下的事实对未来的影响。上页的图展示了过去 150 年间二氧化碳的排放量和地表平均温度之间的联系。这些地球生态变量与前文系统模式图右下方的变量对应，但它们均处于我们心智模式的边缘，几乎无人关注。[6] 最下面的图展示了年平均气温的轻微增长，还不到 1 摄氏度，加上还有许多短期波动，不太可能引起大规模恐慌。但上面的两张曲线图就非常明确了：过去 150 年来，大气层中的二氧化碳增长了大约 30%（中间的图），化石燃料的燃烧（最上面的图）从零开始大幅度增长。[7]

2004 年，在欧洲的一个可持续发展相关主题的重要商业会议上，我首次展示了这些图。与会人士有 500 多名，他们知识渊博，而且都参与过各类包括应对气候变化在内的可持续发展计划和工作。我很想测试他们对这些图的系统分析能力，于是我问："一个 8 岁的孩子会怎样理解这些情况？他会想知道什么？"我向他们提议，以流进浴缸的水为思考的切入点。他们很快看到，二氧化碳排放就像流进浴缸的水一样，而二氧化碳浓度就像浴缸里的水位。当我问他们，孩子还想知道什么其他信息时，几个与会者意识到，我们的未来同样取决于流出浴缸的水量，也就是二氧化碳离开大气层的速度。认识到这项缺失资料的重要性后，我问他们，有多少人知道二氧化碳离开大气层相对于进入大气层的速度，也就是“碳固存”[a]的水平。我震惊地发现，只有大概10个人举起了手。在那一刻我明白了，我们陷入麻烦和危机究竟是为什么。在这样高水平的一群人中，竟然只有这么少的人知道，二氧化碳离开大气层的速度还不到它进入速度的一半！[8]

这个数据的重要性逐渐让这群人如梦初醒。就算世界上的每一个国家都能在明天达到《京都议定书》的目标（将全球碳排量稳定在1990年的水平），二氧化碳的浓度依然会永远增长下去！全球必须削减50%甚至更多的碳排放量，才能保证二氧化碳的浓度不继续增长，[9]这比任何最为激进的碳减排计划都还要激进得多。[10]

谁也不知道全球气候系统会对二氧化碳浓度的持续性大规模增长做出何种反应。更重要的是，谁也不知道我们这些地球的居民该如何减低碳排放量。我们如果一意孤行，必将自食其果。我们知道，这里面提到的“我们”还包括我们的子孙后代。即使考虑所有的不确定因

a. 海洋表层中的微生物吸收二氧化碳，当这些微生物死亡时含碳酸盐的微生物残骸便下沉到深海中去；因此海洋仍是最大的碳储存库。但研究发现，因为气候变化，海洋从大气中吸收二氧化碳的能力正在受到侵扰。另外，森林、土壤有机质（SOC）、泥炭地等都能吸收和固存碳。热带森林是最大的陆地碳存储库，每年吸收大约13亿吨碳，相当于人类活动引发的碳排放总量的15%。2009年6月5日联合国环境规划署发布的一份报告指出，增加对森林、土壤、泥炭地、海洋和其他关键生态系统的保护、修复和管理，让它们充分发挥捕获和存储碳的作用，可大大削减大气中的温室气体。但目前全世界砍伐热带森林的速度约为每年14.8万平方公里，由此缩减的碳固存能力相当于全球温室气体排放量的近五分之一，高于整个交通行业的碳排放。——译者注

人类活动造成的全球碳排放量
（单位：每年 10 亿吨）

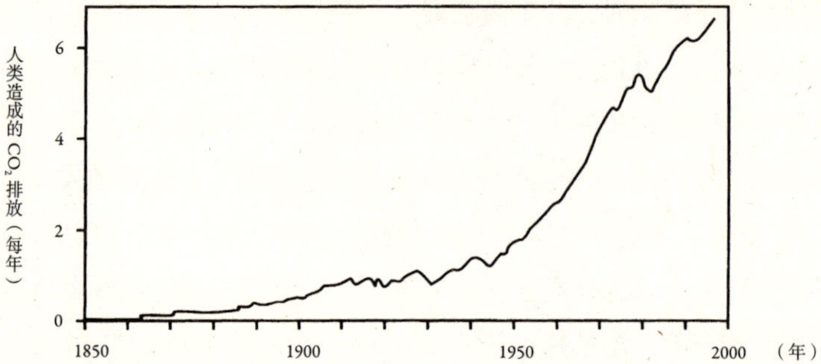

大气中 CO_2 的浓度
（单位：万分之一浓度）

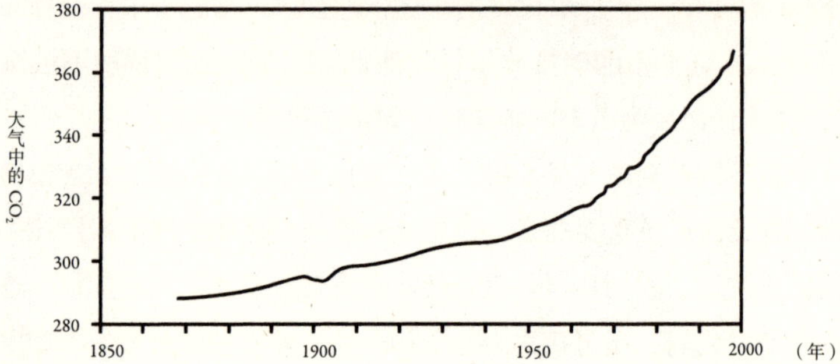

地球表面平均温度
（中间零线是 1961 ~ 1990 年间的平均值）

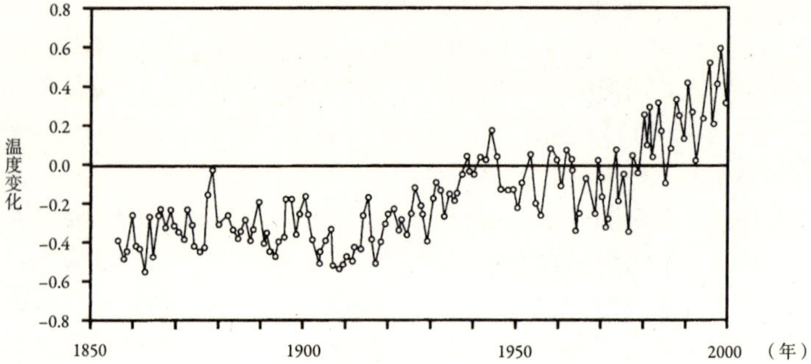

素，我们也能有把握地说，虽然目前没有看到气候变化的真正影响和严重后果，但我们的后代会看到的——除非我们现在能学会看清我们创造的系统，并改弦更张，向着不同的方向前进。

实践系统

如果思考全球性问题，譬如气候变暖，人们很容易迷失方向，感到自己无能为力，甚至感到所有人都无能为力。但全球系统并不只是全球性的，它们也恰恰就近在眼前。

系统世界观的一个秘密便在于此。系统不但远在天边，还近在眼前。我们持有在更大的系统里流行的心智模式，好比我们携带着社会整体性的种子。我们都是全球能源系统、全球食品系统和全球工业化进程的参与者。我们要么按照现在系统运行的模式来思考和行动并加强这个系统，要么做出促进系统变革的思考和行动。塑造我们生活的各种系统本身在不同的层面起作用，因此，我们能在这些不同的层面上开展工作。

然而，这并不意味着任何个人或组织机构能在一夜之间单方面改变这些更大的系统。实际上，根本的法则是谁都不能单方面做到这一点。就算是世界化石燃料消耗量最大的美国和中国，它们的总统和主席也无法左右世界各国目前对化石燃料的依赖。他们也只是更大的系统的参与者，受到的局限通常也比我们想象的要多很多。然而，是人和人所创办的组织机构建立了全球能源系统。它的建立并非基于物理定律，并非板上钉钉不能更改，人类还能创造出新的系统来替代它。

在理解足以造成重要影响的大规模系统性变革问题上，我们都是初学者。但是国际组织学习学会网络中的许多人过去 15 年的经验表明，这个问题的切入点在于让足够多的个人和组织机构看清现有的系统，看清他们自己在系统运行中扮演的角色。就温室气体问题而言，一些领导者，尤其是一些必须真正进行全球性思考的大型跨国企业和非政府组织的领导者，似乎正在逐步增强这种意识。联合利华公司的安德鲁·凡·赫姆斯特拉（Andre van Heemstra）说：“如果我仔细考虑许多机构的经历，可持续发展的意识在一直增长，因为各种形式的系统思考能让我们看到比过去更强的相互依赖性。正是这些相互依赖性让我们得出结论：不顾社会或环境的可持续性而单独考虑商业的可持续性，不但是愚蠢的，而且是鲁莽而不顾后果的行为。”[11]

持有这个见地的当前系统维护者的数量，最终必须达到关键变化临界点，此时我们把这些人的群体称为“战略微系统”。在一个公司里，这个战略微系统可看作塑造目前系统的个人和团队的一个有代表意义的横截面，比如，汽车工程设计单位的产品开发团队中，有足够多的经理和工程师意识到他们自己制造了妨碍计划实现的障碍。相似的战略微系统可以实现在产业界、在复杂的全球性供应网络，甚至是社会中的变革。有系统思考和相关的学习修炼基础的组织机构，能够促进集体的重新思考和创新工作，并成为更大系统的战略微系统的召集人，以此为实现变革贡献力量。

作为孵化器的企业：新能源系统的种子

作为企业，要改变世界，先要改变我们自身。这意味着几乎一切都将改变：我们的产品，我们的工作程序，我们的商业模式，我们的管理领导方法，以及我们与他人相处的方式。我们不可能只做零星的少许变动，就期望实现整体的变革。

——罗杰·萨朗特，美国普拉格动力公司

富勒曾经喜欢说，我们必须学会利用“能源收入”，也就是来自太阳的稳定能源，来支撑我们的社会，而不是继续依赖我们的“能源资本”，即千百万年前由阳光滋养的、如今深埋地下的生命的残留。创建这样的能源系统来满足现代社会的需求，将需要许多新科技，其中之一当数新一代燃料电池。用氢和氧作为输入端，燃料电池通过电化学反应来发电，副产品只有热和水。多年以来，人们都认为燃料电池是环保能源系统的重要元素之一，但对于大多数商业应用来说，它还未达到有竞争力的价格和使用可靠性。[12]

萨朗特对这一切了如指掌。他离开了工作30年的福特汽车零部件供应商伟世通公司，成为一家小型燃料电池生产厂商的CEO。这个厂只有大约500名员工（不到他以前管理的员工数量的5%），从来没有盈利过。在网络股崩盘时，这家工厂的股票也从最初的每股150美元跌破10美元，卷走了很多雇员的财产。但是，萨朗特曾经做过4年的化学专业博士后研究，多年来一直在构思着如何过渡到氢经济，也深知这对当今的世界形势有多么重大的潜在影响。他还知道，他在把组织学习和世界顶级生产运营的经验带入一个经常遭遇宣传过度而管理不足的行业。

在普拉格动力公司，萨朗特发现雇员们不光士气低落，而且不了解自己工作的重要性。他们是一家技术公司，所以人们关注的都是燃料电池实际可行的设计和制造的技术问题，从来没有想过有关可持续发展的重大问题，也从没考虑过要创建学习型工作文化。“人们从来没思考过，要如何尝试将我们的科技创新与人际交往的创新联系起来，并与更大的世界（及相关的创新）联系起来。”一位工程师说。不过，领导小组很快成立了，里面不光有高级经理，也有工程师和部门经理。“把学习型组织的原则和可持续发展原则相结合，并以此为基础”，开启了建立全世界最优秀的燃料电池企业的征程。

现在，普拉格动力公司的全体员工设计了一个“我们是谁”的宣言："普拉格动力公司是一个在共同目标指导下团结热情的社区集体。我们的目标，是达到三重底线：人类社会、地球环境和经济利益。我们的成功，基于三个要素：我们改造能源产业的愿望、我们参与社区的热情以及我们家庭的爱——这三者同等重要。我们通过榜样的力量来实现领导力，并以坚定的决心和义无反顾的精神投入工作。"

在萨朗特到来后的5年中，普拉格动力公司在通往成功的道路上行进了一大步。[13]同样重要的是，这家公司将为可持续"垃圾零填埋"的产品设计制定标准，从而进一步塑造刚刚兴起的燃料电池产业。[14]"我们相信我们能证明，设计出可完全再利用的燃料电池不仅在技术上可行，而且在经济上更占优势。"高级技术员约翰·艾尔特[a]说，"在未来，购买燃料电池产品的顾客应该在电池用完时将其返还，而且生产商也希望他们返还，因为昂贵的产品部件如果作为垃圾填埋掉，就太浪费了。"[15]

在许多人批评美国浪费能源的时候，萨朗特看到了这个国家的巨大领导潜力。"美国只占全世界5%的人口，却消耗着世界25%的能源，并产生相同比重的温室气体。我们设计和生产产品的方式为全世界制定标准，但我们当下的制造模式却害得我们每人每年要浪费近454吨材料，换句话来说，就是每人每天超过一吨。美国在西方文化中举足轻重，西方文化在世界上同样举足轻重。我们能否负责任地运用在世界上的主导和优势地位，将会极大地加快或减慢我们所期待的变化。"

萨朗特在世界各地学到的知识，使他对如何推进变革深有领悟。"通过在墨西哥中北部、北爱尔兰、东欧和亚洲的工作生活，我学到了很多为客之道。我认为，我们必须要学会如何在所有的人际关系、

a. 约翰·艾尔特（John Elter）曾获得美国国家科技勋章提名。20世纪90年代后期，他在施乐公司领导著名的"湖"（Lakes）团队，生产出革命性的新复印机技术平台，其产品的94%能够再制造，96%可回收再利用。

社区交往和在地球的生活环境中做一个更好的客人，我们在精神方面需要成长，去追赶科技发展的脚步。我们有远见，头脑聪慧，并且积极进取。但我们首先只能把自己当作全球系统的一部分，并由此扮演好自己的角色。”

国际组织学习学会研究人员卡特琳·科伊弗（Katrin Kaeufer）曾经研究过许多正在向可持续产品和流程发展的企业。她说：“普拉格是我们所研究过的公司中唯一一个将可持续企业与学习型组织紧密联系起来的公司。当我对职员访谈时，他们说到的‘可持续性’和‘学习成为一个学习型企业’几乎是能够相互转换的。看来大家认为，只有建立起一个学习型文化，才能建立可持续性企业，并已经内化了这个理念，把它牢牢记在了心中。”

供货网络：系统要看清自身

整合完整的价值链，并使社会、生态和经济系统都保持长期健康活力的创新，将产生最大的影响力。

——达茜·魏斯洛，耐克公司

如今的企业都置身于四通八达、横跨世界的供货网络中。近年来，领导者们着眼于管理供货网络以提高效率、减低成本并获得更灵敏的反应能力。但是，与建立真正在未来能保持可持续性的供货网络相比，这些改变都是微小的。要建立起那样的网络，需要促使整个供货网络里的所有组织共同参与，看清他们创造的更大系统，并对合作运营的方式进行创新。

影响人数最多的全球性供货网络是食品产业。食品生产和分销是世界上最大的产业，拥有超过 10 亿的员工。对于北半球富裕国家的大多数人来说，全球食品产业系统似乎运作良好。毕竟，纽约或者巴黎的顾客可以在深冬时节花 1.5 美元买到一个甜瓜。但富裕的消费者享受的合理价格与充足供给的背后，是全世界贫穷、政治经济不稳定以及当地环境被破坏的罪魁祸首：全球食品产业链系统。

在过去的 50 年间，大豆、玉米、小麦、棉花和土豆等农产品的价格下跌了 60% ~ 80%，产量却增长了 2 ~ 10 倍。降价对于富有的消费者来说或许是件好事，可对于世界各地依靠农业收入的家庭来说，却是个悲剧。譬如，现在咖啡的平均售价，大约相当于生产成本的一半。[16] 实际上，如今的全球食品系统提供的食品对富人来说很廉价，对穷人来说却很昂贵。越来越多的跨国企业正逐渐意识到这一点。[17] 联合利华公司欧洲部的市场副总裁克里斯 · 庞弗雷特（Chris Pomfret）在一个高级广告执行官会议上说："全球食品供应链的安全对于我们企业的未来绝对至关重要。'可持续发展是否有人接受？' 这样的问题是错误的。真正的问题在于：'像我们这样的企业，如果没有可持续发展，还能长期维持下去吗？'"[18]

共同看清系统。真正看清全球食品系统的人和主要机构依旧寥寥无几，并且缺乏整合，无法形成变革力量。虽然联合利华公司是世界上数一数二的食品销售商，它能独自完成的工作却非常少。"要为可持续发展的农业做贡献，需要平时不合作的各方共同参与。"凡 · 赫姆斯特拉说。对于像全球农业这样的系统来说，企业界、政府和非政府组织必须学会如何共同看清系统。

2004 年，联合利华公司、牛津乐施会和超过 30 家跨国食品公司、国际组织和地方的非政府组织、大型基金会，以及荷兰、欧盟和巴西的政府代表共同参与了一项新颖的实验，叫作"可持续食品实验室"（Sustainable Food Lab）。它的目的在于"将可持续食品供应链带入主流"，用全新的程序促进供应链之间的协作学习。[19]

随着可持续食品实验室项目开始发展，我们清晰地认识到，关于现有系统内部的相互依赖性，以及这个系统目前走势的令人伤心的画面，参与者们都深有同感。用他们的话说，他们为“竞次”（race to the bottom）所困，以越来越快的速度奔向没有人愿意看到的未来。三方面互动的正反馈力量促使这个竞赛不断进行：[20]

1. 提高产量和利润，以促进供应量的增长，这导致投资和进一步的产能增加（食品生产商）；
2. 提高供应量以降低价格、增加食品的可获得性，进而促进需求的增长，这使生产商看到更多的市场机会，导致供应进一步增加（食品公司、零售商和消费者）；
3. 价格下降导致产能进一步增加，刺激用来增加效益的投资，以保持农场收入（地方性和更大的食品生产商）。

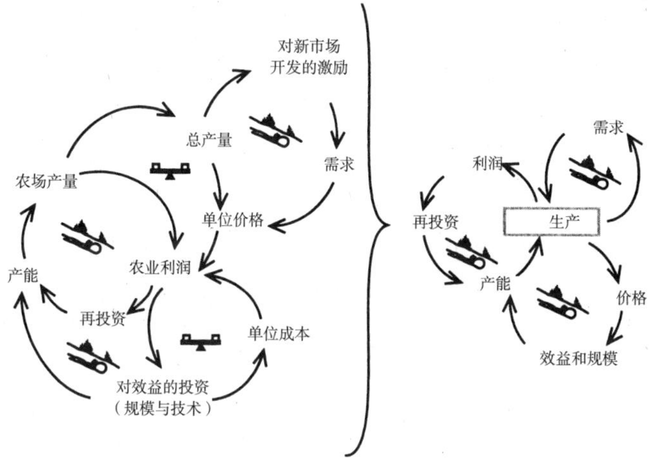

第一和第二方面的力量推动了许多产业的增长，而并不局限于食品业的产能、产量和需求的增长。随着资金丰富、技术先进的大型跨国公司进入市场并占据主导地位，前两种力量被加强了。但食品生产至少有两个新特征，使这些基本经济力量变成了问题。一般来说，随着产量增加、价格下降，商品变成日用品，生产商会寻求低成本生产方式，直到利润下降到使企业失去扩张动机的水平。但是贫穷国家的农民和小型农业公司在面对价格下跌时，经常在零利润甚至亏损的情况下继续增加产量。农民之所以这样做，是因为他们除此之外唯一的选择就是抛弃农田和传统生活方式，迁入城市，去面对更加不确定的未来。他们试图通过使用化肥和杀虫剂等增加效益的生产方式，或是在更多边缘化的土地上耕种，来保证收入水平（第三组正反馈作用）。总之，我们食品系统的现实是，哪怕经济状况不佳，产量依然持续上升，价格也依然持续下降。或者，像可持续食品实验室的成员所说的，“收入提高时，产量会上升；收入下降时，产量仍然上升”。

这关系到食品系统的第二个独特的现实：不能超出环境的可持续性而无限增加产量。农民被逼进了一个只寻求短期产量持续增长的怪圈。这降低了农田的长期生产力，并导致更多盲目保持短期高产出和收入的行为。在过去的 50 年中，过度生产的国际趋势直接使超过 1 200 万平方公里的表层土壤（中国和印度的国土面积总和）遭到破坏。

各种不同的、相互冲突的心智模式在驱动这个系统。可持续发展研究所所长、可持续食品实验室项目的共同负责人哈尔·汉密尔顿说：“全球食品生产系统已经成为无法控制的系统的经典案例。没有人有意做出让系统不可持续的决策。每个人都做出了自己认为最好的决策，但他们都处于同一个严重分立隔离的系统。大多数公司都认为，应用技术来增加生产效率是一切问题的答案。而他们办公室前面的大街上就是决意对抗跨国公司的众多抗议者。抗议者认为，大公司破坏了当地的农业社区和生态环境。而政府则被夹在中间，一方面是公司增加生产的压力，另一方面是农产品价格下降造成农民失去土地、背井离乡以及随之而来的政治不稳定的压力。各个富国政府的应对措施是给他们的农场提供每年5 000亿美元的补贴，但穷国的政府就没有这种选择。现在缺乏的就是某种共同思考的方法，让所有这些利益相关方坐在一起，从长计议，找出大家的共同利益。”

可持续食品实验室试图寻找这种共同思考的方法。他们的做法是“感知”（sensing）、“呈现当下”（presencing）和“实现收获”（realizing）——这是一套特别的方法，能让背景多样的各利益相关方一起，来整合处理复杂问题的不同的学习修炼实践。（见附录3）

协同感知（co-sensing）要求人们在向外观察的同时进行内视反思。可持续食品实验室的团队在向外观察中应用了系统模式图和其他概念工具，还包括去巴西农村的“学习之旅”，大多数人从未有过对食品系统这部分底层现状的亲身体验。面对这种我们参与造成的系统的现状，大家的心中可能会生发强烈的变革动力，当然前提是要有足够的时间，使这一现状的意义和内涵深入我们习惯的感觉和思考方法中，并催生新的个人和集体的深层愿景。通过从概念上理解系统的影响力，又通过学习之旅，即从更感性的体验上看清系统现状，可持续食品实验室团队成员认识到，“竞次”是场悲剧式竞赛，没有人会成为胜利者。[21]“很明显，整个农业系统都处于病态。”一位公司成员说。

学习之旅结束后两个月，还有一次为期6天的静修营，大家花两天两夜时间做了“野外独处”（wilderness solo）训练。这种古老的方法，能让我们温柔地打破习以为常的思维定式，并孵化新的愿景。团队没有强行把每个个人愿景整合成为共同愿景，而是通过建立一些“原型项目”来反映各自占据的独特视角和有影响力的领域。这包括聚焦在特定产业链的项目，也包括与公众沟通整个系统的现状的研究项目，还包括建立食品产业的广泛联盟，以改变那些影响所有农产品交易的现存规则。[22]

建立能改变大系统的共同愿景。要判断这些特定的项目的影响，目前还为时过早。但我相信，它们为其他想要看清并改变大系统的人，提供了四项重要的启示。

首先，由于大多数无法理清的系统问题跨越了地域和组织机构界限，因此，应对系统问题的战略微系统也同样要跨越部门界限，由来自商业界、政府和公民社会的代表组成。要组成这样的来自不同世界的代表团队，让他们捐弃前嫌，不互相扔砖头打斗，而是能共同协作，这本身就是项重大的任务。以可持续食品实验室为例，它最初的合作承诺来自联合利华和牛津乐施会，而光是初始团队的建立，就用了两年多的时间。

其次，团队共同看清系统，需要对思考和感知的多方面的学习历程。当大家超越互相指责，认识到自己也是问题的一部分时，大家就开始看到系统了。全球食品系统的动力来自：（1）以一如往常的态度行事的公司，它们不考虑对农业家庭、农村社区和环境的影响；（2）被持续增加生产的压力弄得快招架不住的农场主；（3）我们消费者，以最便宜的价格购买食品，却无法想象食品来自何处。

第三个启示是，集体观察的质量及其所生发的共同承诺，取决于大家一起开发的人际关系的质量。大系统的转变不可能出自大多数企业、政府和非政府组织通常的交易型关系。汉密尔顿说："主要变革的最核心要素，应该是跨越常规界限的领导者之间的关系质量。"食品实验室的参与者开发了深层关系、深层信任以及相互尊敬，他们认识到，团队整体的力量既来自他们之间的共同点，也来自他们之间的差别。

最后，创造和培育新系统的活力不在于找出"答案"，而在于在积极参与和相互信任的人际网络中，发展对现行体系的共识，同时培养对创造新体系的承诺投入。"假如说我学到什么了……那就是我们需要同时面对系统中的所有环节，以便成功改变整个系统。”实验室的一位参与者评论道。另一位实验室成员的观点与麻真户二对大型学校体系变革的看法类似：“一开始你不必对所有问题都有答案、对所有要做的事都面面俱到。实际上，假如你真有对所有问题的答案，那可能不是最好的答案。”

随着我们开发容量能力、看清更大的全球系统，深层的模式就会显现。在麻省理工学院一次全天的国际制造业会议上，一位领先的劳工权利非政府组织代表谈到跨国服装制造企业的问题，恰好与全球食品生产的情况惊人地相似：价格下跌、持续扩张、工人收入状况低于最低生活标准。然后，令我吃惊的是，他不止一次地谈到全球服装制造业“竞次”。离开会场时我就想，可持续食品实验室也许不只对食品行业有用，它能让大家学会改变支配着许多全球供应链的动力源头，而这种动力正把供应链推向没有人愿意去的谷底。

社会：跨界交流

大家都必须共同思考我们想创造的未来，现在就是这样做的时候。如果我们什么都不做，我们的孩子就可能要生活在每天 2 美元的水平上。

——萨里姆 · 阿尔阿伊得

在相互依存度不断增加的世界里，许多社会却越来越分化隔离、冲突对立，这是很有讽刺意味的。面对复杂问题，人们可能会有很多恐慌心理，而退缩在某种特定的意识形态里，固守某种“真正的”答案，则可能给人带来安全感。但意识形态对每个不同的人群都会有差别，很少有产生共识的机会，所以产生人群之间壁垒森严的隔阂，而且很快会成为一种身份认同，从而使意见分歧不断自我强化。

世界的内在互通性要求所有人类社会重新建立一起交流和共同生活的容量能力，这对中东地区尤为关键。2004年秋季，沙特石油公司应用自己在深度汇谈，尤其是世界咖啡馆交流方法方面的知识，在哈瓦群岛召开了深度汇谈会议。那是一系列非常会议的首次会议。该公司此前一直在进行内部战略对话，探讨沙特社会面对的核心问题，并开始邀请关键业务伙伴参加对话。在许多方面，哈瓦群岛会议就是这个过程的自然延伸，参会者却大大超出了以前的范围。会议召集方是海湾地区组织学习学会（Gulf SoL），它是由该地区（科威特、迪拜、阿联酋、巴林以及沙特阿拉伯）的二十几家公司组成的SoL网络。比起以前的会议，这次的参会者资历更高，包括了许多公司的创始人和领导者、有影响的非政府组织和学校的创始人，以及知名思想家和学者。而且，这次会议的参与者还包括了妇女——对许多参会者来说，这是他们平生第一次参加男女同堂的会议。

与以前的会议一样，这次的深度汇谈一开始还是展示一份有关海湾地区各国经济状况的调查报告。几乎所有各国都有和沙特一样的核心问题：年轻人的失业率很高，失业人数很多，人均GDP下跌或没有增长，经济过分依赖石油。这一调查报告激发了两天时间的热烈讨论，内容涉及该地区的传统文化、学校、依赖石油的经济体系，以及变革的可能性。

以我的经验来看，一旦有机会对自己最关心的问题进行真正的讨论，大家几乎都有使不完的精力和深入探索陌生领域的精神和勇气。会议间歇时，身穿传统服饰的阿拉伯绅士们来和我交谈，他们面带各种表情，有的迷惑不解，有的惶惶不安。他们说了类似这样的话："我平生从未和女士谈论过这种话题。"我感到，从某种意义上说，女士们对这种严肃的对话更有准备。在许多海湾国家中，法律禁止女性参与职业活动，但她们组织了各种网络来相互支持及提供咨询指导。

和其他被排除在外的群体一样，她们一直在等待着这一天的到来，一旦接到参加活动的邀请，她们非但没有害羞，而且说话情真意切，热烈而有说服力。她们对社会面临的紧迫问题能给出清晰有力的阐述，对变革的可能性也有毫不懈怠的积极态度。

我在聆听中还发现，大家面对的问题具有普遍性。与会者面对的核心问题，与各地的人们面对的一样：如何保持传统中大家最珍视的东西，同时又使传统与时俱进，与现实世界和谐发展？我们怎样对孩子们负责？怎样创造条件，让他们保持真正阿拉伯人的身份，同时又能在全球化的世界中兴旺发达？21世纪健康的海湾伊斯兰社会应是什么样的？

哈瓦群岛对话6个月以后，第二次类似的对话举行了。在写本书这部分内容时，人们已经在安排第三次对话了。好几个实际项目已经形成：沙特年轻人求职培训中心，帮助学生完成从学校到职场的过渡；全国指导网络，把成功的企业领导者和年轻人联系起来；在传统学校系统中鼓励创新的各种教育计划，人们广泛认为它们是至关重要的变革领域。许多年轻领导者参加了对话，其中一位参与者在沙特吉达建立了一所女子学院。与传统大学不同的是，这所学院与沙特企业界密切合作，以确保教育面向社会变革和创新的实际需要。

在哈瓦群岛对话闭幕式上，我也坐在大家围坐的圆圈中。一位年长的女导师聆听了许多沙特参会者表达的这次对话对他们的意义，然后她侧身对我轻声说道："这是历史性的时刻。"我仅仅点了点头——我大体知道她这句话的含义，但同时我也意识到，这一切对她、对圆圈中的其他女士以及其他男士真正意味着什么，其实我只有最肤浅的理解。

她的话让我想到两件事。politics（政治）一词来自希腊语polis，意思是公民聚会谈论当下问题的地方。哈瓦群岛发生的事，还有可持续食品实验室这样的项目，是这种聚会的重生，各自的差别使大家来到一起，而不是让大家分崩离析。不重新建立这种对话的容量能力，我们就无法想象用什么方法才能有效地改变地球上现有的共同生活方式及其所引发的一系列失衡状态。

我在第二件事中强烈地感到了似曾相识的处境，那是 15 年前发生在南非的事。我的好友和同事亚当 · 卡汉（Adam Kahane）曾在南非、危地马拉和其他一些地方成功主持公民的对话。[23] 但他曾认为，这在以色列和巴勒斯坦似乎是不可能的，因为“双方仍然坚持原有的做事方式，而且都还没有意识到，不改变各自的思考方法和战略策略，就没有未来的出路”。南非的情况很不同，那里的文化冲突和对立状态在 20 世纪 80 年代中期开始转变。人们开始看到未来，开始意识到一个简单的事实：他们当时的行为方式只能导致没有人愿意看到的结果。社会中发生这种意识的转变时，原来对立的人们，包括被接受和被排除在外的人，就会开始对话——作为有共同命运的公民的对话。他们看到，为了创造不同的未来，大家要相互依赖，于是，推动变革的新的力量源泉就得到了释放。

从某种意义上说，企业是当今世界上全球化程度最高的组织，但这也让企业感到有些窘迫。大的跨国公司，比如 BP、联合利华和沙特石油，也许比大多数国家的政府更全面地了解全球经济、文化和环境的走势。因此，在召集探讨跨越国界、观察更大系统以及应对那些可能被政治党派偏见混淆的深层问题时，这些公司可以扮演至关重要的角色。在促进整体健康方面，在应用具体的探寻方法、系统思考方法、建立共同愿景方法等方面，跨国公司可能是最有效的推动者，因为它们为解决自己的问题已经测试和提炼过这些方法。企业最大的贡献之一，其实就是它们应用这些方法的实践经验。在分散隔离、冲突对立和互不信任的政治氛围中，最好的领导者就是实际体悟到反思对话力量的人，就是从经验中理解到有转化力的人际关系能够解决复杂问题的人。正因为如此，我认为“一如往常”的惯性状况，会在未来数年中发生重大的改变。

面向未来的教育

真正的系统公民大多数在 20 岁以下。今天，越来越多的孩子在成长过程中形成了世界是整体的看法和意识，而从前是没有这种现象的。与他们的前辈相比，他们更多地看到世界范围发生的事，于是自然以不同的方式对待其他文化和民族，并对其未来充满深切的关怀。

几年前我们就开始请孩子和青年人参与 SoL 的深度汇谈，特别是关于教育的未来以及全球系统的问题。我不会忘记，一名 12 岁的女孩对一位 45 岁的高管，以一种不容争辩的语气说：“我们觉得，好像你喝了你的果汁，然后又把我们的也喝了。”

年轻人对未来的担忧，可以转变成培育积极有为的系统公民的基础养料。在这方面，学校是可以发挥关键作用的，只要它们把这作为自己的职责，并把自己当作全球系统的一部分。麻省理工学院工程学院前院长戈登 · 布朗（Gordon Brown）晚年一直支持在学校中的系统思考教育。他曾说：“当老师就是当先知。我们不是帮助孩子们准备面对我们的世界，而是面对我们几乎无法想象的未来。”不幸的是，世界范围内的学校都为维持旧体系的艰难和困扰所累，而这个旧体系自身又充满了矛盾和压力，根本无法进行创新。结果是，虽然孩子们在成长过程中有了系统公民的直觉冲动，却没有人鼓励和帮助他们向这个方向发展。

这很有讽刺意味，特别是有越来越多的证据证明，孩子们是自然的系统思考者。如果有机会开发他们的天资，他们就能够掌握高度发达的严谨思考的技能，而且速度之快，超出我们的想象。把系统思考融入整个课堂教学的学校，学生和老师共同工作，是学习者和指导顾问的关系，而不是被动的听讲者与无所不知的专家的关系，学生的天资就会得到充分的开发。如果我们能够成功培育以学生为中心的、以系统思考为基础的教育体系，我认为我们就会看到系统公民的成长，如雨后春笋般迅速；也会看清传统的以教师为中心的课堂教学模式，实际上是多么无效。[24]

我还认为，在这一转变中有一个关键，那就是要承认：教育体系所需要的创新是一个更大的任务，它不是教育界单独就能完成的；这种创新之举将需要整个系统的战略微系统。包括工商界人士和学生自己，来共同创造。纽约长岛休利特-伍德米尔区教育系统主管麻真户二说："我发现，启发大家针对建设真正的学习型社区进行新思考，最可靠的方法之一，就是提升学生的声音的分量，发挥学生在我们的对话、规划和决策过程中的作用。比如去年，我们和学生一起办了'健康咖啡馆'，那是关于健康主题的用世界咖啡馆模式的研讨会。50 名学生志愿者成为咖啡桌主持和辅导员，200 名社区成员，包括一些教师，参加了研讨。这里的孩子非常渴望承担这类更负责任的、积极的领导者角色。我还认为，这可能演变为一场全国性运动。我们的学校都瘫痪了。教师和管理人员都极度紧张，拼命要摆脱来自心怀不满的企业领导者和忧心忡忡的家长的压力。而我们都清楚，21 世纪的教育必须根本摆脱 19 世纪和 20 世纪的模式。这就要求创新的空间，而不只是追求成绩的压力。年轻人对此感受最为深切。他们知道自己必须成长为世界的公民。他们需要理解世界所面对的问题。他们想知道如何有效地解决这些问题。不满足这种需求的学校会变得越来越边缘化，越来越没有价值。而且，年轻人都热切期待能参与到其中去。现在真正的问题是：我们也这样期待吗？"

第17章

未来的前沿

我们站在重新塑造流行管理体系的工作前沿。数百年发展出来的局面，不可能在几年之内逆转。也还没有任何迹象让我们乐观，认为新的就一定会稳步取代旧的东西。根深蒂固的思想方式和行为习惯，决定着企业的运作方式，使经理人感到需要保持控制力；还使投资人感到，必须不惜任何代价保持业务增长；更使整个私营经济系统，经常以成本的“社会化”，包括环境和社会资本的恶化，来实现利润的“私有化”。

尽管如此，变革的巨大压力也在聚集：因特网正在突破传统的信息独占方式，不断网络化的组织不再能够从高层来控制，而对全球工业化模式所带来的代价的认识，也在不断增加。

在前面的章节里，我描述了世界各地各种类型的组织中正在出现的创新故事，重点强调了已经在发生的事，包括学习型文化的基本要素，在企业、学校、社区、政府和非政府组织中得到整合的各种方式和方法。所有这些放在一起来看，我觉得某种全新的东西正在出现，而这在15年前（1990年）本书第一版（英文版）出版时是不可能理解的。

发现并运用自然的模式

多年来，国际组织学习学会网络对学习的常用定义是：学习是一个过程，它会增强个体和集体取得自己真正想要的结果的能力。这个定义有所裨益，因为它强调了常被错误理解的两个关键性学习要素：（1）学习不是单纯的智力开发、知识积累，而是对有效行动能力的建设；（2）建设这种能力需要时间，而且通常是大量的时间。我们曾考虑过很多关于学习的不同定义，但没有一种能如此简单有效。因此，两年前偶然读到另一个风格迥异，却更为简单的对学习的定义时，我感到十分惊奇。

这个新定义出自世界著名的会计学家H·托马斯·约翰逊（H. Thomas Johnson）。约翰逊是作业成本法（activity-based costing, ABC）的发明者之一，也是《管理会计兴衰史——相关性的遗失》（*Relevance Lost: The Rise and Fall of Management Accounting*）的合著者，这本书被《哈佛商业评论》评为“过去75年中最具影响力的管理学著作之一”。[1] 尽管作业成本法是被公认的重要发明，约翰逊却认为这仅仅是对绩效管理进行根本反思的第一步，并在接下来的10年间投身于对少数几家全球领先的工业企业的深入研究之中。

丰田是约翰逊研究的企业之一。在《不可测量的利润》（*Profit Beyond Measure*）[2] 这本反传统的书中，约翰逊记录了丰田的成本管理方法，并指出：谨慎地限制经理使用绩效考核指标，是丰田取得卓越的长期成功的原因之一。约翰逊还特别指出，当这些绩效考核指标用于向上级报告的时候，上级经理们会不由自主地用它们来制定量化目标、强行推动变革——戴明把这称为“瞎搅和”。和戴明一样，约翰逊也指出，只有根据对具体生产过程的深刻了解，来设计绩效测试和量化指标，才能实现持续的学习，并取得卓越的业绩。这一点恰恰与许多经理人的看法直接冲突，他们认为制定量化目标和操控结果才是首要任务。也许这就是为什么，丰田的长期绩效几乎无人能敌。[3]

但复杂生命系统的运作方式，正是基于系统局部的感知和行动——实际上，正是通过对生命系统进行研究，约翰逊才理解了丰田的成本管理方法。在森林里没有谁是“负总责”。要是手指被划伤，你的身体会立刻自动释放凝血剂，而不需要等待大脑的指令。任何自然存在的“集中”控制之所以成为可能，正是因为复杂的局部控制网络的存在。我们不知道自己是如何行走的，不过一旦获得了这种“身体知识”（body knowledge），身体就会直接对有意识的指令做出反应；如果没有这种知识，无论什么中央指令都不起作用。约翰逊认识到丰田的绩效管理方法体现了生命系统的本质：公司经理参与到基层生产技术的持续开发和改进中，并放心地把管理和改进成本绩效的工作交给生产第一线的工人。实际上，丰田对绩效管理的基层化，正是对自然结构模式的发现、理解和表达，也是丰田团队能更好地学习的原因。

对学习的这个简明的定义，揭示了社会系统中大范围的、潜在的根本性变革，从我们一起工作的方式到整个工业系统的性质的变革。例如：正是受到了零废弃物，即“废弃物就是食物”——这一生命系统的卓越法则的启示，普拉格动力公司提出了燃料电池生产“垃圾零填埋”的愿景。自然系统的任何副产品都是另一个自然系统的营养物质。我刚去过中国，在那里国家主席和总理常常谈到的“循环经济”，也是基于同样的自然原理。对所有产品、产品包装和产品生产的全过程进行设计，以实现废弃物的零排放，这体现了工业经济的根本性变革，而希望实现这一愿景的任何国家，都是任重而道远。但是，循环经济的基本概念是十分清晰的，它和工业经济体过去两百多年的发展模式的区别也一样十分明显（见下图）。[4]

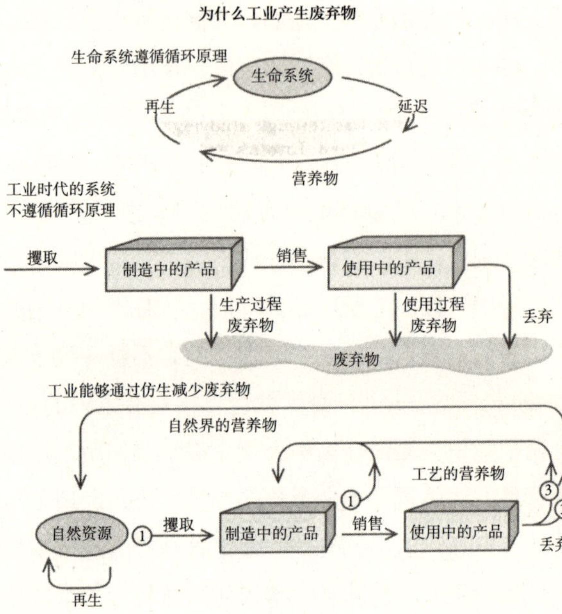

同样是这种学习与自然相和谐的精神，在许多方面指导着可持续食品实验室的工作——这个案例中的和谐是全球范围的。可持续食品实验室的成员清楚地认识到，如果对其赖以生存的社会和生态系统造成系统性损害，经济系统就不可能持续存在。人类的第一个经济系统就是组织食品生产和分配。因此，食品生产和分配系统也自然应该成为首个重新与社会和生态系统和谐相处的经济系统。

学习实践是发现并运用自然的结构模式，这一精神潜移默化地渗透到了前面几章谈到的所有创新中。当经理们承诺使员工成长，以实现企业的发展，或者承诺把交流作为变革的核心方法时，他们的做法就反映了对人性的深刻理解——我们与生俱来的，希望得到成长并与他人建立联系的愿望。同样，我们需要考虑这种新看法：有自我创造能力的社会网络是组织的自然形式。正如阿兰所说，这就是“工作实际上是怎么完成的”。另外别忘了，使维萨公司彻底进行分权化管理改革的，正是哈克具有启发性的提问：“为什么人类组织机构就不能像热带雨林那样运行？”

约翰逊关于学习的定义使我逐步认识到，我们关于组织学习工作的第一要义其实很简单，就是要建设与自然相一致的管理系统。在这里，自然是指人的本性，以及我们身处其中、对其进行经营建设的更大范围的社会系统和自然系统的本性。还记得我和一位中国姑娘的第一次谈话，我问她为什么“第五项修炼”系列在中国如此受欢迎，她的回答却让我惊讶。她说：“我们觉得这是一本关于个人成长的书。中国人相信，应该开发人之所以为人的最深层的本性。我们看过太多与这个基本思想相冲突的西方管理学理论。但你的这本书却肯定并加强了这个信念。这给了我们希望，即中国的基本思想，是与建设成功的组织相一致的。”人类学家爱德华·霍尔认为，学习的欲望是“人类最基本的欲望”。什么是学习的驱动力？毫无疑问，这种驱动力是我们每个人与生俱来的天性——不断探索和发现自然的模式，并把它运用于生活的各方面。

新型领导者

我现在相信，在未来的几十年里，大部分最重要的领导人将来自我们意料之外的人群。新的秩序必将由新型的领导者创造。因此，以下现象也就不足为奇了：凡是我们看到新型管理系统开始生根发芽的地方，其领导人不是来自传统的权力中心，而是来自主流经济文化外围的弱势群体——女性、收入低下者和青年。

女性以女性的方式去领导

几十年来，各行业中女性领导者所占的比例持续上升。但第一或第二代身居高位的女性却常常不得不表现得“比男人还要男人”，以证明在男性化标准占主导地位的世界中，她们是真正的领导者。相反的情况则是以“女性”的方式去领导。然而，根据乔伊斯·弗莱彻（Joyce Fletcher）的研究，这么做的女性往往被贴上“不错的团队成员”的标签，或者背上“优美”“花瓶”之类更糟的称呼，这些都是使她们无法升迁的死亡标签。弗莱彻指出，在大部分组织中，如果女性根据自己的天性去领导，她们根本得不到同事的重视，也不可能出现在男性化领导模式的视野范围内。[5]

因此，“女性领导可持续发展”项目就成为SoL可持续发展协作组开展过的最有意思的项目之一。[6]这个项目的缘起是我们发现，在这个网络中最有影响力的大部分项目，都是由女性领导者发起的，像耐克的魏斯洛、乐施会的斯托金、联合利华的坦塔维-蒙索、世界银行的贝利和西水美惠子。这种现象让我们思考一个很明显的问题，是“女人的敏感性中的什么东西让她们站出来，推动可持续发展？还是她们的领导方法中有哪些东西，使她们发挥了有效的领导力？”

关于这些问题的答案，有许多可以在前面几章找到。斯托金认为自己是“偏重人的发展的经理人”，认为女性没工夫参与公司的政治和内部斗争，还说到女性的雄心往往不在于个人职位的升迁，而是关于“事情本身”。在研究生院的时候，加洛韦认识到，作为一名黑人女性，她“无法得到任何组织的领导职位”，她从那时起就开始了探索的旅程，去发现作为网络型组织的内部网络领导者的独特力量——她的威信源于知识和正直，而不是职位。

很明显，女性还会被自然地吸引到像可持续发展这类处于大多数企业关注范围边缘的、长期性的问题；而且女性会以合作和发现的态度，而不是以方案和计划的方式，来处理这些问题。例如全球最大的油田技术服务公司，斯伦贝谢公司（Schlumberger）的前高级财务经理之一西蒙·安伯（Simone Amber），现在主持着一个基于网络的教育项目，即斯伦贝谢卓越教育发展（SEED）项目。SEED 有 1 500 名来自斯伦贝谢公司的志愿者，他们为 35 个发展中国家的 20 多万名儿童提供辅导。一个没有正式权力和（最开始）没有经费的女性是如何完成这项事业的？其秘诀在于把公司的核心价值和对公司所依赖的社区的承诺投入联系起来，在于激发了人们想要参与到孩子们的生活中去的愿望。SEED 技术先进的网站令人赞叹（网站可以用全球七种主要语言浏览），但 SEED 优秀的志愿者网络，才是项目成功的关键。[7] 安伯说："公司中有潜在的良好意愿，尚未被开发，尚未发挥光和热。这些善意的激发和显现要靠大家心灵的沟通，从而避免政治角逐和内部斗争。这是我们能够帮助实现的。"

来自低收入群体的领导者

和其他正规组织的领导者一样，无数来自低收入群体的领导者也正在运用同样的学习原理和方法。他们给基层带去愿景，并深度聆听基层群众的心声，这些社区领导者完成了大的组织机构无法完成的事情——催化系统变革的力量。罗卡的塞拉·平托（Sayra Pinto）说："我为大家服务的能力和作为一名领导者的能力，本质上就是来自大家都知道我是他们中的一员，我走过了他们走过的路，承受过他们所承受的恐惧和痛苦，而且我知道他们其实有多么聪明、能干。"

和我交往时间最长的社区领导人，可能要数姆瓦利穆·穆西西（Mwalimu Musheshe）了。带着运用学习原理和实践来推动农村发展的理想，他在 20 世纪 80 年代初发起了乌干达农村发展和培训项目（URDT）。[8] 这个项目在当时乌干达最贫困的地区开展，穆西西和他的同事教给当地人如何建立个人愿景和共同愿景，如何认识使自己停步不前的心智模式，如何通过相互倾听来解决分歧，以及如何把他们的村子看成一个系统。他们把所有这些与具体项目相结合，像挖更好的水井和修建更安全的谷仓。“最重要的是，我们必须帮他们摆脱世代相传的宿命思想。”穆西西说，“无法把握、无法改变未来的态度，实际上是我们最大的障碍。”如今，这个项目集中力量建设的地区，已经成为乌干达最繁荣的乡村。URDT 还开始建设乌干达的第一所女子大学，这样女性也可能成为更大范围的领导者，不再受到缺乏高等教育的限制。

通过开发和培养当地的领导力，像平托和穆西西这样的领导人，帮助当地建立了持久发展的基础，而来自北半球的很多发达国家在国际援助中却忽视了这方面的工作。津巴布韦的库芳达村是发展可持续农业的示范点和学习网络，[9] 其创办人玛丽安娜 · 克努斯（Marianne Knuth）写道：“发展部门在很大程度上仍然用机械和官僚的方法来解决贫困问题，以及所谓的不发达地区问题。在经济发展的名义下，村庄和社区被迫接受越来越非社区化、非人性化的交往方式；在发展的名义下，社区的问题是得到了解决，但却没有顾及社区的主人翁地位，忽视了社区自己建立发展项目的需求……结果，规模较大的发展项目往往只在短期内解决了问题，几年之后，问题又会重新出现（废弃的井眼，坏掉的厕所，或者是在外来的项目建设者走掉之后，无人负责的社区公用抽水机）。”

有意思的是，克努斯并不认为库芳达村有什么特别。“这是一场日益壮大的世界范围的运动，它包括教育、商业、设计和建筑领域的个人和组织。我们就是其中许多伟大的实验中的一个。”她说，“大家都有共同的追求，都在探索如何才能使我们回归一种滋养和激发生命力的工作方式。”

青年领导力

系统变革所需要的领导力越来越多地来自年轻的一代。谈到领导者，年轻人往往被忽略，但他们才是未来主要的也许是最主要的利益相关者。过去，我们在年轻人身上投入最少，这反倒给他们一种独特的能力，去发现主流的心智模式和组织行为模式中的错误和缺陷，同时给他们一种创新的勇气。当年轻人具备了基本的领导能力和协作学习的技能，他们将成为令人惊叹的变革力量。

克努斯作为一名活动家的时间已经很长了。为了去欧洲学习（她的父亲是丹麦人），她 16 岁就离开了津巴布韦。10 年后，她与人合作创办了青年领导者全球网络——“变革先锋”。用她们的话说，变革先锋致力于“忠于自己，做重要的事，从现在做起，密切联系他人，永远保持好奇心”。在过去的几年里，我认识了许多这样的年轻人，并且深深地被他们打动了：他们沉着冷静，在应对困难时充满想象力，并且取得了令人赞叹的成绩。

最近，我和几位变革先锋网络的成员在瑞典举办的一次关于全球变化的重要会议上见面了。参会人士主要是企业高管、政府高官，以及关于全球事务的各方面专家。在我的请求下，主办方为变革先锋安排了一场专门的会议，让他们谈谈进行大范围组织变革的领导方法——这场对话交流展现了变革先锋和更有经验的领导人之间，一些有意思的不同之处。

“我们知道得很少，所以容易有很多问题要问。”先锋网络发起者之一克莉丝特·斯克尔顿（Christel Scholten）说。斯克尔顿提出并推动了荷兰银行的一个主要的可持续发展项目，现在她负责整个项目的运行。是斯克尔顿锲而不舍地提出问题，才让人们终于看到了她们的重要作用，项目才得以建立。随着谈话的进行，会议上许多经验丰富的经理们开始认识到，过去的知识和成功，反而有可能成为领导变革的绊脚石。有位从业多年的经理发现，不仅过去的知识会误导他的看法，而且“人们往往根据他们自己对我的看法的猜测和期待，来与我交往。结果，我往往下意识地为那些我自己其实并不太在意的观点进行辩护”。与此相反，青年领导者能够保持开放的心态，并且常常通过他们的真心探寻，而不是会起阻碍作用的极力宣扬，来建立起相互理解、共识和承诺投入。

其次，这些青年领导者建立了令人注目的全球性网络。在遇到困难的时候，他们可能会向在孟加拉国、印度、南非、菲律宾或者克罗地亚的伙伴们寻求帮助。通过不断地相互帮助和分享，他们对问题的不同看法兼容并蓄，并且能够动员令人惊叹的资源来推动变革。比如，当为银行的新工作头疼的时候，斯克尔顿从亚洲和欧洲做全球金融工作的先锋伙伴那里得到了鼓励和帮助。

最后，这些年轻人致力于摆脱自己习惯的观点所带来的束缚。几年前，变革先锋的一个小组成立了“虚伪者俱乐部”（The Hypocrites Club）。克努斯说：“俱乐部的活动方式，是无论什么时候大家见面，都进行一场小型的讲故事比赛。每个人都说说自己为了避免冲突，或者为了让事情更顺利些，是如何放弃了自己的信念而选择背叛或者屈服，或者做违心的事情。有时候我讲的是一直压在心头的事，有时候是发生时并没有注意到的事情。但有些故事其实很好笑，而且到了活动要结束时，我们已经尽力证明了每个人都同样有虚伪的时候。这样的夜晚很有意义。”

三个开放

还剩下一个问题。过去25年，我看到许多人在许多不同的背景下，应用各种不同的工具和原理，推动愿景开发和志向目标的建立，加深交流和反思层次，以及促进系统思考。可以很清楚地看到，有的人取得了出色的成绩，而另一些人却所获甚微。这是为什么呢？我觉得，问题不在聪明才智，甚至奉献精神的差距。可以肯定，这不是由于在组织机构的岗位或职权方面的差异。但是，“出自什么地方”，即缘起的心态，似乎很有关系。奥布赖恩生前最后一段时间曾认为：“决定介入措施结果的主要因素，是介入者的内心状态。”

我的同事和《体悟当下》一书的合著者奥托·夏莫（Otto Scharmer）认为，意向和方向的转变，需从根本性变革的领导者所必须跨越的三个“门槛”或开放窗口中实现：开放头脑、开放心胸、开放意志。[10]

第一个开放是指看到和听到本来就在我们面前，而我们却一直没能发现的东西。这就是跨越一个开放门槛，去“悬挂”习以为常的假设。第二个开放是指看到本心，开放心扉，看到自己与周围的关联，包括与痛苦、困扰、问题和欢乐的关联。这里，我们超越自己的舒适地带，不再责怪外力或别人把事情搞糟了，而是看到自己在问题局面中所扮演的角色。第三个开放门槛，指的是放弃最后一点，即夏莫所说的“小我”，让自然呈现的东西都通过自身呈现。此处，我们连接到“通过我们呈现的未来，和我们应该在这里做的事”。越过这个门槛，并不意味着有关我们生命意义的所有问题都立刻得到了解答，而是意味着“我们内心被这一问题激活，它支撑着我们前行”。

我认为，面对当前的深刻挑战，越来越多的各种类型的领导者都开始理解这三个跨越和转变。他们对我们所面对的深刻的挑战，有了新的意识：这个挑战，用福特公司亚当斯的话说，就是在“加速提高的相互依存度，与我们的组织机构所缺乏的系统思考和行动的能力”之间的不断加大的差距。而这一新意识，也在通过特定的经历产生。比如，随着更多的人在从事心智模式的修炼，推动更多探寻式的交流与变革，开放心态的力量就明确显现了。BP公司的考克斯说：“我意识到，当大家不那么倾向于认为自己的观点就是事实的时候，我们就在进入更深层、更有效力的交流对话。大家不再那么烦躁，声音不再那么刺耳；不再对什么东西都那么肯定；并且开始有了幽默感，觉得轻松愉快了。尽管在讨论严肃的议题，我们也不那么一本正经了，我们更爱说笑，更富于探索精神了。那时我就意识到，真正的探寻气氛已经形成了。”

夏莫所说的第二和第三个开放转变，要通过在心智和情感两方面，都看清并连接到我们最深层的愿望。萨里姆·阿尔阿伊得在海湾地区组织学习学会网络中主持的每一场深度汇谈，都从展示孩子的图片、分享自己孙子辈的故事开始。借此方法，就使大家在谈论地区经济前景时，不再仅仅看统计数字，而是想象他们的孩子以及孩子的孩子的未来生活。他说：“没有我们的心胸的开放，就不能严肃地共同探讨我们真正渴望创造的未来，并探讨这样的未来所要求的变革。没有心的开放，就绝不可能采取需要采取的行动。”

这种心胸的开放让我们准备面对自己的脆弱，传统上很少有经理人培养了这种素质。萨朗特在回顾20世纪八九十年代他在福特公司力挽狂澜的出色业绩时说，他的老板们从不问他是怎么完成这些业绩的。他的结论是，在某种程度上，这些老板们也知道，这需要一种承担做人的脆弱性，而这是件很不舒服的事，他们大多数人是没有准备那么暴露自己的。

随着我们跨越第三个开放门槛，我们就愿意放下我们自己的动机和预定的目标，愿意让比自己个人的意志力更大的影响力来塑造自己的意向目标和战略策略。在三个开放中，这一项最难以用抽象的语言描述，但在这个跨越发生时，就变得非常清晰了。

玛丽安娜·克努斯对库芳达村运行模式的反思，漂亮地阐释了这三个开放的整个过程。“我们定期把津巴布韦各地的社区组织者聚集在一起，相互学习，并使他们更明确地意识到可能阻碍自己的无意识的假设（包括继承下来的和文化背景中的），并使他们了解怎样面对和处理这些假设。但为此我们也必须开放自己，必须意识到我们并没有答案，并不知道他们该怎么做才能实现自己的梦想。”

克努斯认为，通过开放头脑开始产生的力量，会进一步通过“相互连通的魅力”得到增长和扩大。“其实我很容易因感动而流泪，并曾为此感到尴尬。但我现在意识到，这标志着我与某种本质的东西连通了：可能是深层的喜悦、慈悲、忧伤或者灵感。有时这是我自己的感受，它像在告诉我什么；而另一些时候，它是另一个人释放的喜悦或痛苦，并深深地触动了我。我还意识到，如果我在讲话时因感动而流泪，这也无妨。其实那往往反而会把我正在沟通的对象拉近：我们在另一个层面相遇了，而不只停留在智力层面。我们相遇……在心灵的门槛处，而不只在大脑的门槛处。”

克努斯的第三个开放发生在她从丹麦毕业后，回到津巴布韦，没有明确的计划，只是觉得那是“一个召唤，我必须回去：看究竟怎样才能在世界都认为是贫穷落后又毫无希望的国度里和大陆上，创造或再创造健康兴旺、充满活力的社区。我相信我们每个人来到世上都有某种原因，而如果你能发现这个原因并拥抱它，你的心就会歌唱，你会顺其自然地随着它对你的愿望去生活”。

当处在任何层次、任何环境的领导者经历了这三个开放以后，就不再有什么东西会限制你达到你的潜力和可能了。萨朗特说：“如果你在你的追求中实现了真正的单纯和天真，真正变得微不足道：即你不会试图觉得那是你的东西，或者想被别人承认那是你的成就。我知道这很难做到，但如果你做到了，天赐的礼物也就到了。那礼物可能是影响力、力量、意志力、志向目标感、能量和精力，或各种其他的东西，它们来帮助这个事业成功。当你在心中发现了这些，并与我们都隐约感到存在的东西连通了，达到了那种光明境界，你就得到了最大的礼物。那是奇迹出现的地方。”

回顾自己的历程，克努斯简单地说：“开始是那次会面……我们怎样与人会面决定了其他的一切。我们会面时是否对对方有最好的设想？是否对我们即将接触的人的生命奇迹和非凡经历感到好奇？如果对方是穷人，我们是否准备帮助那个人？

“昨天我又见到库芳达社区组织者之一安娜 · 马伦达（Anna Marunda）。她 46 岁，是个寡妇，每月有 2 美元已故丈夫的抚恤金，但每季度要给孩子们付 30 美元的学杂费。过去一年，她组织了妇女编织合作社，最近刚开始向当地的妇女传授编织手艺；她自建了堆肥厕所，并在教其他人自建这种厕所；她还在组织艾滋病深度汇谈小组，并为艾滋病患者提供家庭护理服务。我们谈及过去一年她在自己身上发现的神奇的事。她说，‘我了解到我成了我们社区的样板，因为作为寡妇我克服了巨大的困苦和磨难；我了解到我是个坚强的女人，我能够找到内心的平静；我了解到我是个很好的聆听者，很值得信赖，所以大家都来找我，并邀请我参加各种社区组织。’

“我不知道为什么所有这些事都在发生。但我知道，我们遇到的是安娜的智慧，而不是她的贫穷。”

克努斯在笔记本上写下了简单的评论：“生命是神圣的，而且应该这样与她会面。”她还写道：“我猜想，就简单地放缓脚步，放缓到足够慢，你就会体验到，就会真正欣赏到自己周围的美：晚霞天空的绚丽多彩、奶牛群的温和之美、种子发芽破土而出的奇迹、作为津巴布韦乡土标记的花岗岩巨石落成时的落地生根的感受、与另一个人的喜悦或哀伤深层连通的魅力体验……我每次注意到，并欣赏到这些看似简单的创造行动的神奇，都使我更加确信，生命是无限丰富多彩的、充满着魅力和爱心，而能够保持连通到这种感受的生命，比不能这样做的，就有更加丰富的体验。”[11]

读到萨朗特和克努斯这些话，我不禁深受感动。毫无疑问，我最努力试图表达的就是这种实际的体验，即当我们以这种方式开放自我时所产生的可能性。我见到非常多的奇迹：不可能解决的问题局面，不知为什么迎刃而解了；我见到非常多的人物：他们成长为自己真正的自我，然后就挺身而出去面对下一个难题，并充满轻盈和喜悦。而由于这种经历，他们与内在的自我更近了，他们相互之间更近了，也与生命本身更近了。

有多少人在经历这一历程，就有多少种方式来描述其精神实质：这是与自然、人性和更大的生命系统的特性相一致的管理系统；这是为实现我们的最高愿望而共同工作的方式和方法；这就是我们变成自己想创造的变革本身；或者，借用克努斯的精彩描述：这就是保持连通，与从未曾停止过连通的生命本身保持连通。

第五部分

总结

第 18 章

不可分割的整体

小时候，我总希望长大了能当宇航员。为了做好这方面的准备，我甚至在大学里选修了航空和航天专业。但是后来，我迷上了“系统理论”，开始转而从事一项新的、在地面上的事业。

可是我对太空仍然保有极大的关注，阿波罗号拍摄的第一组地球照片尤其吸引了我。多年前，宇航员拉斯蒂·斯韦卡特（Rusty Schweickart）来参加我们的领导力项目时，我怀着极大的兴趣满心期待，终于有机会与他结识了。

我从拉斯蒂那里知道，许多宇航员返回地面后，都感到很难用语言描述在地球上空环绕飞行的经历和感受。拉斯蒂“挣扎”了 5 年以后（他 1969 年 3 月乘坐阿波罗 9 号绕地试飞了登月舱），才开始找到恰当的语言。

1974 年夏，拉斯蒂应邀来到纽约长岛的林迪斯法恩的精神社群（spiritual community），参加主题为“行星的文化”的集会。他曾想了许多描述自己经历的方法，后来都放弃了。最后他意识到，以个人的经历来描述是行不通的，因为它是大家共同的经历。他认识到，他和其他宇航员共同代表了“人类感官的延伸。我虽然通过自己的眼睛和其他感官感知了这次经历，但那同时也是我们大家共同的眼睛，我们大家共同的感官。我们几个人首先上了太空，首先俯瞰了地球，但那同时也是替整个人类进行的俯瞰。尽管直接经历的只有我们几个人，但我们有责任报告我们的经历”。意识到这一点之后，他决定用简单的语言形容他的经历——就好像你和我，和在场的听众，都随着他在太空旅行一样。[1]

太空飞船每一个半小时绕地球一圈，如此循环反复。宇航员通常会在早晨醒来，根据旅行轨道的位置，你可能会在中东、北非上空醒来。吃早餐时往外看，你在飞经地中海地区，希腊、罗马、北非、西奈半岛，整个那片地区。只看一眼你就会意识到，你看到的是整个人类多少年的历史——那是文明的摇篮。看着窗外的景象，你就想起整个历史，历史的画面随着你的想象力展开。

通过北非以后，你进入印度洋上空，你会看到你头顶上方的印度次大陆，在你经过时一直向下对着你。转到斯里兰卡边上之后，就是缅甸、东南亚，进而到达菲律宾，以及巨大的太平洋上空，它庞大的水体真像个怪物——你无法想象它有多大。最后你到达加州海岸线，找到亲切的洛杉矶、凤凰城、得州艾尔帕索，然后就是休斯敦，那就是我们宇航员的家乡——没错，你找到了阿斯托洛圆顶体育馆。你知道你和它有身份认同，那是执着和眷恋。再往下经过新奥尔良，然后向下看，南面延伸的就是整个佛罗里达半岛。你在这下面的大气层里曾飞行过数百小时，它们都成了你亲切的回忆。随后你进入大西洋，最后又回到非洲。

那是种身份认同感：你认同休斯敦，然后认同洛杉矶、凤凰城、新奥尔良等地，每个地方都认同。过一会儿你发现自己在认同北非，你期待着它的到来，知道它会来。果然，它来了。你身份认同的整个过程发生了转变，因为你每一个半小时绕地球一圈，你会开始觉得与整个地球发生了认同感。转变就这样发生了。

你往下看着，无法想象自己一次又一次地跨越了多少条边界，可你其实根本看不见它们。你醒来时看到的景象——中东，那里可能有千百人正在相互杀戮，为的就是想象中的某条边界，某条你根本看不见的边界。从你这个角度看到的就是个整体，很美丽的整体。你真希望相互杀戮的每一方都有人在跟你一起看，“从这个角度看，看那里，什么才是真正重要的？”

于是，不久以后，你的朋友，还是原来的邻居，你旁边的人，到了月球。他往回看，发现地球不再是庞然大物，也看不见它美丽的细节了，他只与看起来很小的地球遥遥相对。这时，蓝色明亮的地球成了白色圣诞树的装饰，漆黑的天空变为广袤无垠的宇宙，这种意境的转变和对比，可谓淋漓尽致。

你不由想到它的尺寸，和它的意义，它同时包含了这两个方面。一方面，它微小脆弱，是宇宙中那么小而又珍贵的一点，你可以用大拇指挡住它。而另一方面你意识到，这个小点，这个蓝白色的小东西，就是对你有全部意义的一切：所有的历史和音乐、诗歌和艺术和战争和生死和爱、眼泪、喜悦、游戏，所有一切都在这个小点上，而你却可以用大拇指盖住它。

于是你意识到，那个视角……由于你的转变，从那个角度里看出了新东西。那种（与地球一切的）关系和过去不一样了。你回顾因为照相机出了问题，自己在舱外的活动。并且你有空闲回想发生了什么事。你记起自己瞪着眼睛，盯着眼前走过的情景。因为不在舱内，所以你是在太空中看画面，没有通过窗户看画面；你头上四周像个金鱼缸，但却没有边界。没有条框，也没有界限。

拉斯蒂在遨游太空时发现了系统思考的第一原则。但很少有人能经历到他的发现方式：在直接体验的水平发现，而不是在理性或智力的水平。地球是不可分割的整体，就像我们每一个人都是不可分割的整体一样。自然界（它包括我们）不是由整体中的部分组成的，而是由整体中的整体组成的。所有边界，包括国界，从根本上说都是人为的。具有讽刺意味的是，我们发明了边界，最后却发现自己被困在其中。

而且还有呢，在林迪斯法恩第一次演讲以后数年间，拉斯蒂发现自己经历了一系列个人转变，有了全新的洞察力。他辞去了加州能源委员会委员的职务，开始从事新工作，积极参与有美苏两国航天员参加的联合项目。[2] 他聆听并理解其他人的经历，同时也开始参加与自己的新理解相符的其他各种活动。

学习盖亚假说（Gaia hypothesis），对他产生了特别的影响。该假说认为，地球上所有的生命，即生物圈，本身就是一种生命体。[3] 这个观念植根于许多前工业化社会，如美洲印第安文化。它"深深地打动了我"，拉斯蒂说："让我体内的科学细胞第一次学到了描述某些太空经历的方法，而此前我连自己描述这种经历都做不到。那时，我体验的地球是我无法描述的。我体验了它的生命力——它整体的生命力。"

领导力研习营结束时，有人即兴发问道："拉斯蒂，告诉我们，你在上面的感觉怎么样？"他停顿了很长时间，最后说了一句："感觉好像看到一个婴儿即将诞生。"

新生命正在生发着。它必定关乎所有一切——关乎整体。

附录 1
五项学习修炼

五项修炼的每一项都可以分成三个不同层次：

·实践演练（practices）：你做的事

·原则理念（principles）：指导思想和理念

·精神实质（essences）：高水平掌握修炼实质的人的身心状态（state of being）

实践演练是修炼者集中时间和精力从事的活动。比如，系统思考需要应用“系统基本模式”来看清和理解复杂局面背后的结构模式。而自我超越修炼则要“澄清个人愿景”和“保持创造性张力”，即在关注愿景的同时，把注意力聚焦到现实情况中，让这两者之间的差距来激发能量，成为实现愿景的动力源泉。心智模式的修炼也需要区分直接经验的“数据”，和我们基于这些数据而形成的一般化概况和抽象。

实践演练是任何修炼中最突出的方面，也是个人和团队开始从事某种修炼时，所主要聚焦的活动。对初学者来说，这些都需要“修炼训导”（discipline），即有意识的、连贯的努力，因为那些实践演练内容还没有成为自然而然的第二天性。在激烈的辩论中，心智模式修炼的初学者必须下大气力，才能辨别出他所做出的假设，并弄清为什么做出了这样的假设。一项修习的初学者的努力，常常会经历时间延迟：只有在辩论之后，才会看清假设，并把它与它所依赖的“数据”和推理过程区分开来。但是，修习演练逐渐会更加“实时化”，更加自动化，更加生动有力。你会发现自己不由自主地想到系统基本模式、即时重新创造（不是重新想起）你的愿景；并且，在面对紧迫问题，假设开始起作用的时候，你就能当即辨认出来。

修炼背后的原则理念也同样重要。原则理念是修炼实践背后的理论。比如，系统思考背后的核心原则理念，就是“结构影响行为”；还有“政策阻力”（policy resistance），即复杂系统总是倾向于抵制改变其行为的努力。前者意味着，结构模式决定行为和事件，影响现实的能力正是来自对结构模式的清晰观察。而后者则意味着，操控行为的努力，比如愿望良好的在破落城区新建住房的计划，通常只会带来短期改善，而长期看来却往往会出现更多问题。类似的，自我超越修炼的原则理念，包括愿景的力量，还包括“创造性张力”和“情感张力”之间的区别。

修炼背后的原则理念，对初学者和大师都同样重要。对初学者来说，原则理念能帮助理解修炼背后的基本原理，了解修炼实践的意义；对大师来说，原则理念是参照，它能帮助不断完善修炼实践，并向他人解释和描述。

精通任何一项修炼，都需要既提升理解原则理念的水平，又提高实践演练的水平。牢记这一点很重要。只理解了某种原则理念，就认为已经“学会”了那项修炼，这是经常发生的思想诱惑。这就是大家熟悉的陷阱：把理性知识的理解与学习实践的收获相混淆。学习实践总要有知性的理解，同时还要产生新的行为习惯："想"与"做"并举，知行合一。这就是为什么要区分原则理念和实践演练的原因。两者都至关重要。

第三层次，是修炼的"精神实质"。这是不一样的东西。没有必要刻意把精力集中在寻求某项学习修炼的精神实质上，这就好像不需要刻意去努力体验恋爱、愉悦或者宁静的感受。修炼的精神实质，是个人或团队在高水平精通修炼实践时，所自然出现的身心状态。这很难用语言描述，但对于完全掌握每项修炼的意义和目的，它又是至关重要的。每一项修炼都会以某种非常根本的方式，改变修习实践者的状态。这就是为什么我们把这些修习叫作个人修炼（personal disciplines），这甚至包括那些必须在集体中进行的修习。

比如，系统思考导致越来越多地体验生命的"内在互通性"（interconnectedness），从而能够看见整体，而不仅仅是局部。如果家庭或组织中有问题发生，系统思考大师就自然会看到，问题来自背后的结构模式，而不是个别的失误或恶意所为。类似的，自我超越导致越来越深入地感知本体的"当下存在"（beingness）和当下意识：这既包括我们自己内部的状态，也包括外部状态。自我超越还导致更深的"生成力"（generativeness）体验：体验到自己成为塑造自己生命的创造力的一部分。

在精神实质的层面上，各项修炼开始融合。会有一种共同的敏感性来整合各项修炼，这种敏感性就是在相互依存的世界里，成为学习实践者的灵敏度。然而，各项修炼之间仍然有差别，只是这种差别会越来越微妙。比如，"内在互通性"（系统思考）和"连通感"（connectedness）（自我超越）就是很微妙的区分。前者是关于对事物之间相互联系的意识；后者是指意识到自己是世界的一部分，而不是与之

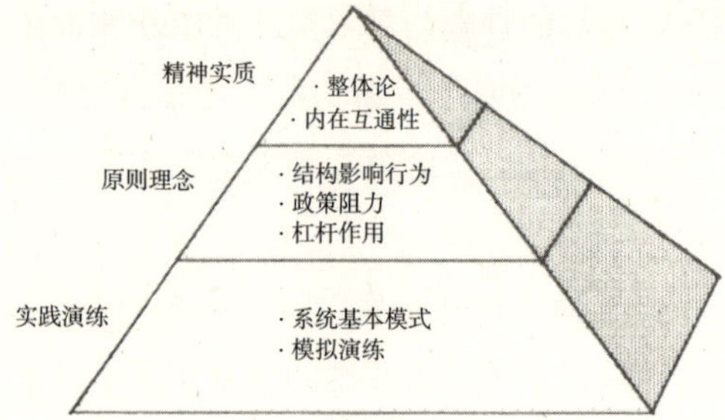

系统思考

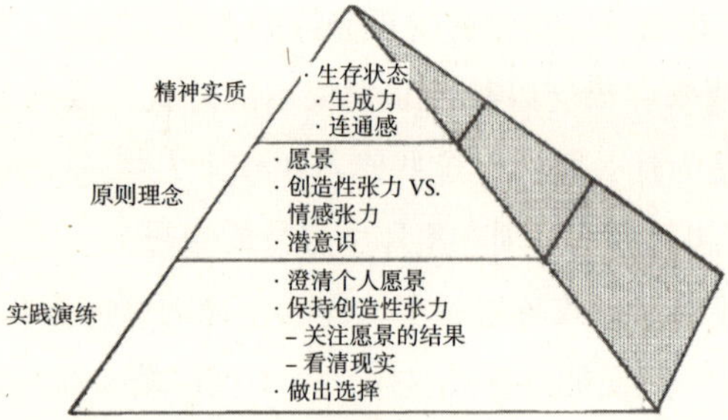

自我超越

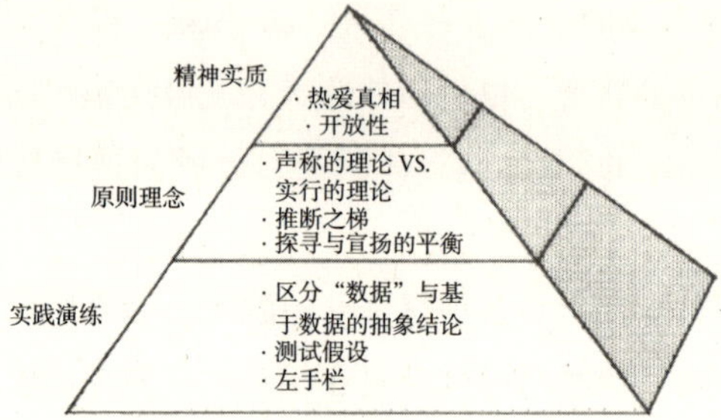

心智模式

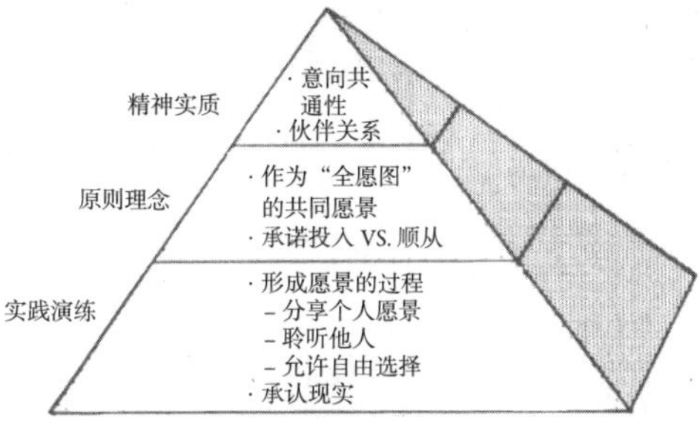

建立共同愿景

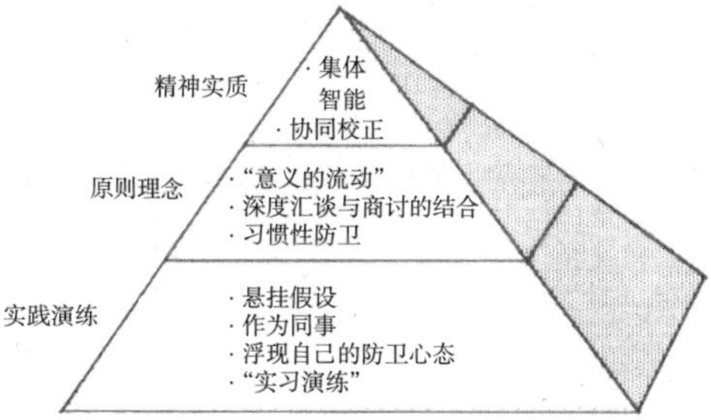

团队学习

分立的。还有，“意向共通性”（commonality of purpose）（共同愿景）和“协同校正”（alignment）（团队学习）之间，也是一种微妙的差别。前者指对生存意义的“共同取向”（common direction）和“共通理由”，而后者则是大家实际共同工作时的“整体功能作用”（functioning as a whole）。尽管很微妙，这些差别却十分重要。正如品酒大师可以做到的区分不是品酒新手能够做到的；高水平精通各项修炼的个人和团队可以看到的差别，对初学者而言则可能模糊不清。

最后，建立共同愿景和团队学习这两项修炼，与其他三项不同。因为这两项是集体性的修炼，其实践演练活动需要由团队共同完成，因此必须由团队集体去理解，而作为身心状态的修炼精神实质，也必须由集体来共同体验。

不可能同时掌握所有各项修炼。每个人都会经历不同的学习阶段。戴安娜·史密斯（Diana Smith）设想了一个分三阶段连续开发新容量能力的模型。这对掌握各项学习修炼的入门方法很有帮助：

新价值观和假设	**第三阶段：价值观与操作假设**（operating assumptions） 大家可以把反映新的行为价值观和操作假设的规则整合在一起。大家在压力和不确定性来临时能启用这些规则，来帮助自己和别人学习。到了这个阶段，大家已经把规则变成自己的特别模型，并用自己的语言来描述它。
新行为规则	**第二阶段：新行为规则**（action rules） 在第一阶段认知收获基础上，旧的假设“动摇”了。大家开始用新的假设建立行为规则，并付诸实践，以便观察结果。大家可能还需要依赖新的语言来促成新的行为，在压力之下大家会感到很难把握和实行，或串联整合新规则。
新认知和语言能力	**第一阶段：新认知能力** 大家看到了新事物，用新语言名词来表达自己。这帮助大家更好地看清自己和他人的假设和行为，以及这两者的后果。但大家往往不能把新的认知和语言能力，转变为有根本差别的新行为。大家可能开始有新行为，但基本规则、假设和价值观却依然如故。

附录 2
系统基本模式

有延迟的负反馈

结构:

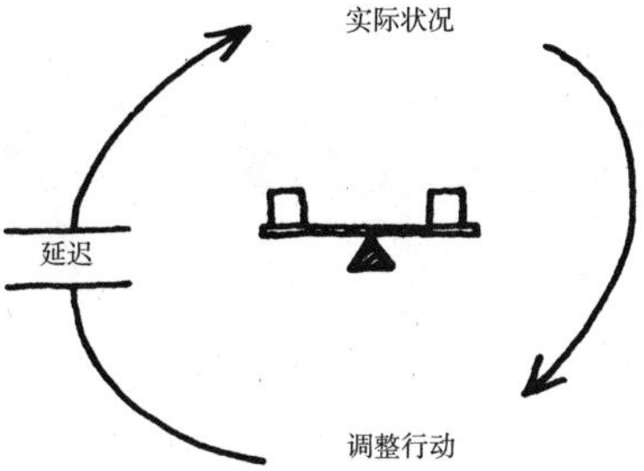

描述: 个人、群体或组织为某个目标而行动，并针对反馈过程的延迟做出反应，调整行动。如果意识不到延迟，他们就会做出过多的调整和修正，也（有时）可能由于看不到任何进展而完全放弃行动。

早期症状预警：“我们原来以为很稳妥，但结果做过了头。”（然后可能从相反的方向上再次做过了头。）

管理原则：在迟钝的系统里，富有攻击性的过分行动将导致不稳定。要么保持耐心，要么使系统反应更灵敏。

商业案例：地产开发商不停地上新项目，直到产生销售疲软——然而那时市场上已经有足够多的其他在建项目，供过于求的结果已成定局。

其他例子：热水开关反应迟钝的淋浴；生产—分销系统供应过度和短缺的波动（如啤酒游戏）；由于生产周期过长而产生的生产率和在制品库存量的波动；股市突然间暴涨和暴跌。

增长极限

结构：

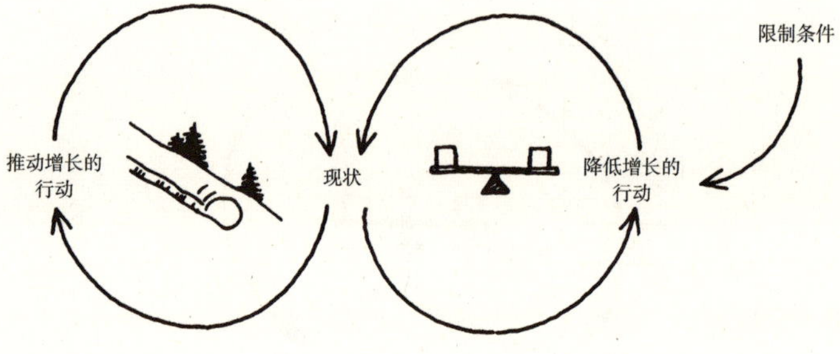

描述：这是在一段时间内加速增长或扩张的自我增强过程。但之后增长开始放缓（系统内的参与者往往无法理解），并逐渐完全停止，甚至有可能逆转，开始加速崩溃。

早期症状预警：“我们为什么要担心尚未出现的问题呢？我们增

长得很快呀。”（稍后，“我们是有些问题，但只要我们按照原来管用的方法做就没事了。”再后，“我们越是使劲儿努力，越是似乎原地不动。”）

管理原则：不要在正反馈（增长）环路上使劲儿推，要设法消除（或削弱）限制因素。

商业案例：公司制订了平等权利计划，得到越来越多的支持和参与，许多合格的来自少数族群或弱势群体的雇员成功进入公司的各种工作团队。但阻力也逐渐开始增加，人们认为这些新员工并没有“挣得”自己的工作职位，这对其他合格的求职者不公平。这些团队被迫接受这些新雇员的压力越大，阻力也越大。

其他例子：学习一种新技能，比如打网球，最初可能进步很快，你的技术水平和自信心都在增长。但随后你天生的自然的能力开始遇到极限，而这只能通过学习新技术来突破，但对这种新技术你开始会觉得“不自然”。

新公司从零开始迅速增长，达到一定规模以后就要求更专业的管理技能和正规的组织；新产品开发团队表现出色，成绩非凡，但它吸纳的新成员，许多并没有协调的工作风格，也没有创始成员的价值观，于是麻烦就来了；城市开发规模直线上升，直到土地资源枯竭，结果使房地产价格飙升；社会运动发展遇到“非信徒”（nonconverts）的不断增加的抵制；由于天敌消失，动物群迅速繁衍，但很快导致其生活地域里食物匮乏，最终由于饥饿而大量死亡。

转移负担

结构：

描述：为纠正问题而使用的短期“缓解方法”，看似立即奏效，但随着这种纠正方法的反复运用，更根本的长期纠正方法就越来越被忽视。最终的结果是开发根本解决方法的能力萎缩或消失，导致对“症状缓解法”的更严重的依赖。

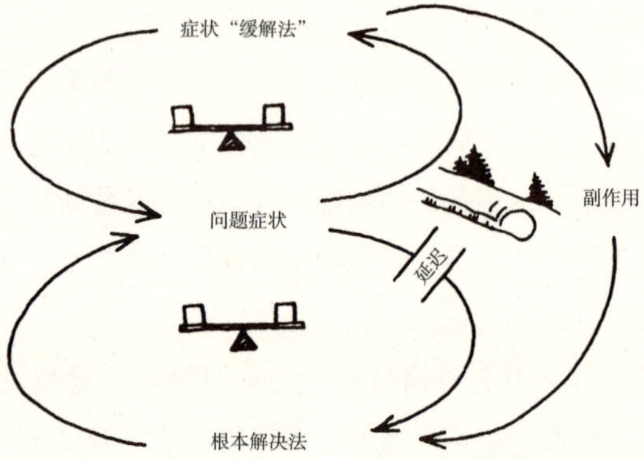

早期症状预警：“你看，这个解决方法一直有效！你说什么，这种做法以后会遇到麻烦？”

管理原则：聚焦在根本解决方法上。假如“症状缓解法”是必要的（因为根本解决法有延迟），那就用它来争取时间，以完善根本解决方法。

商业案例：一项突破性新电路板技术可以用来开发独特的功能，并能在众多新产品应用上带来节约成本的效益。但现有产品的电路板也可以代替它。营销人员可以向理解这项新技术的特殊性能的“特别客户”推销它，并逐步充分利用这些技术来开发完整的新产品线（“根本解决法”），也可以向不关心特殊性能的一般“商品用户”推销只使用现有电路板的产品（“症状缓解法”）。但管理层有季度销售额的压力，因此营销人员就会采取谁要买就卖给谁的方针，而这往往都是一般的商品用户，因为他们人数较多，销售周期的延迟较短。最终这将导致突破性新技术无法发展忠实的客户群体，结果变得和一般产品一样，承受价格和利润空间的压力。

其他例子：不拓宽客户群，而向现有客户推销更多产品（第 11 章中 ATP 案例）。借钱还债，不想做严格的开支预算。不降低工作压力本身，而通过饮酒、吸毒或较好的体育锻炼方法来减轻工作压力。上瘾，包括各种场合和各种形式。

特别案例：转移负担到介入者身上

结构：

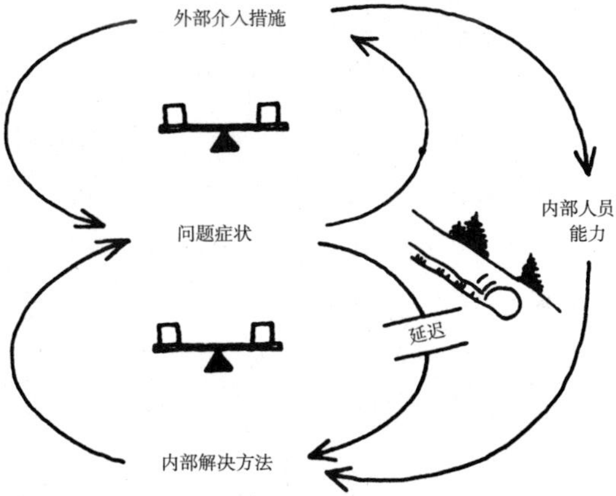

描述：转移负担中非常普遍又非常有危害的情况，是外部“介入者”试图帮助解决问题，这特别值得注意。介入措施是要改善问题的明显的症状，而且非常成功地做到了这一点，以至系统内部的人根本无法学会自己解决问题。

管理原则：“要授人以渔，而非授人以鱼。”要关注“主人的系统”发展自己解决问题的能力。如果需要外来帮助,“帮助者”应当要么严格局限在一次性的介入(而且大家事先都清楚这一点),要么有能力帮助大家开发自己的技能、资源以及基础设施，以便在将来有更大的能力。

商业案例：一家有创新传统的保险公司承诺以下的原则：其独立的地方分支机构只能偶尔寻求总部的帮助。开始时这条原则实行得很好，但后来整个产业出现了危机。面对突然发生的严重损失，地方机构把更有经验的总部专业人员请来重新制定费率结构——这通常需要好几个月的时间来完成。与此同时，地方经理们聚焦在危机管理上。危机过去了，但下一次又碰到利率结构问题时，地方经理们已经失去了自信心。他们又请总部经理们来做“保险”了。这种情况一连在几年内发生，结果是，地方机构再没有人能独立管理利率结构改变的工作。

其他例子：工作依赖外部承包商，而不是培训内部员工。众多的政府援助计划，试图解决紧迫问题，但却养成依赖性，需要不断增加援助：针对单亲家庭的福利计划；住房和就业培训项目，把贫困人群吸引到有最好项目的城市；给发展中国家的粮食援助，降低了死亡率，同时增加了人口；减少个人储蓄、鼓励拆散大家庭的社会保障体系。

目标侵蚀

结构：

描述：这是转移负担的模式之一，其短期缓解方法使长期的、根本的目标受到侵蚀。

早期症状预警：“工作标准现在降低一些也可以，等危机一过再恢复。”

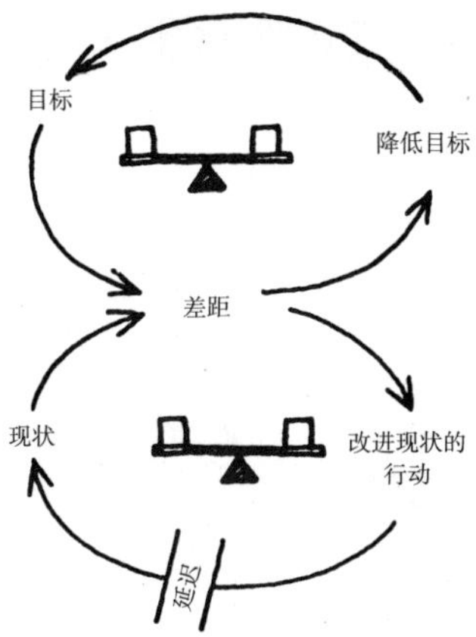

管理原则：保持愿景。

商业案例：虽然产品很棒，而且不断有改进，高科技制造商却在丧失市场份额。但这家注重自己的产品设计“天才”的公司，从未能有效控制生产进度。外来的调查人员发现，其客户对公司交货逾期越来越不满，并正在转向其竞争对手。公司却坚持自己的立场，满足于自己的业绩：“我们在答应客户的交货时间内，一直保持了 90% 的成功交货纪录。”于是公司反而去寻找业绩不佳的其他原因。但实际情况是，每次公司交货开始出现延迟的情况，都会把承诺的交货时间加长一些。结果是，客户得到的承诺交货时间一步步变得越来越长了……

其他例子：成功人士降低自己的标准，渐渐失去成功的表现。公司为了降低成本，隐秘地降低质量标准，而不是投入开发新的可以提高质量（而且可能也降低成本）的工作方法，但仍然一路宣称自己不断保持注重质量的传统。政府“全面就业”的目标，或削减联邦赤字的目标，越来越低。控制危险的污染物排放的目标，或保护濒危物种的目标，遭受侵蚀。

恶性竞争

结构[1]**：**

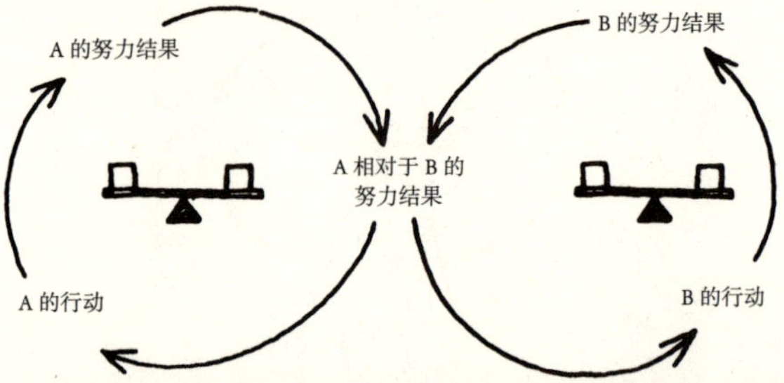

描述：两个人或者两个组织认为，自己的福祉依赖于建立对对方的优势。如果一方占据了优势，另一方就觉得受到更大的威胁，于是便更加咄咄逼人地去重建自己的优势，结果又使前者受到更大的威胁，也使前者更咄咄逼人，如此等等。双方往往把自己咄咄逼人的行为看成对对方的防卫反应，而各自的"防卫"行动导致双方都不愿意看到的恶性循环。

早期症状预警："如果我们的对手不再咄咄逼人，那我们就可能停止争斗，而去完成其他事情。"

管理原则：寻找"双赢"的方法，让双方都达到自己的目标。在许多情况下，某一方可以单方面逆转这种恶性循环，方法是公开、主动、大胆的"和平"行动，以使对方感到没那么多威胁了。

商业案例：某公司开发了一种婴儿小推车，可以同时坐三个学步年龄的小孩，而且很轻便。这在小孩儿多的家庭群体里立刻成为畅销产品。而几乎在这同时，另一家公司也开发出一种类似的产品。几年后，第一家公司对另一家公司的市场占有率非常嫉妒，决定降价 20%。

于是第二家公司的销售受到影响，也决定降价。而第一家公司仍然想继续提升市场占有率，于是进一步降价。第二家公司利润开始受损害，虽然不情愿，但还是又跟进，再次降了价。又过了几年，两家公司的利润都降低到难以为继的程度，三座小推车是否能继续存在，也成了疑问。

其他例子：广告战。越来越依赖律师来解决分歧。黑帮火拼。离婚过程。虚增预算：一些部门虚增预算，其他部门为了争得自己的份额也虚增预算，于是导致大家都进一步做更膨胀的预算。为争宠而对公司领导进行游说战。当然还有军备竞赛和反恐战争。

强者愈强

结构：

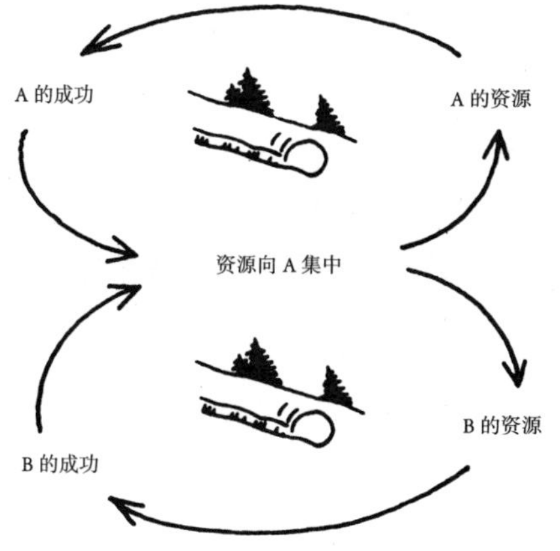

描述：两个活动为有限的支持或资源而竞争。某一方变得更成功，就会获得更多的支持，而另一方就会失去支持。

早期症状预警：相互关联的两个活动、两个团体或个人，有一方开始表现优异，另一方则在挣扎状态中。

管理原则：寻找两者的总目标，以使两者获得平衡的表现。有时候要切断或削弱两者之间的关联，这样就避免它们对同一个有限资源的竞争（如果两者的关联只是由于偶然的疏忽，却引起对资源的不良竞争，那就需要这样做）。

商业案例：某经理人希望自己的两个亲信都能在公司里得到发展，但由于其中一个生病告假一星期，另一位就得到优惠待遇。前者上班后，经理人由于觉得内疚，于是就躲避前者，结果是后者有更多的机会，感觉受到肯定，工作更成功了，进而得到更多的机会。前者由于心神不定，工作效率也下降了，于是机会就更少了。其实两者开始都有同样的能力。前者最后离开公司。

其他例子：平衡家庭和工作：经常加班过多，会影响家庭关系，于是回家就变成更“痛苦”的事，这又使家庭生活在未来更加被忽视。两种产品在公司里争夺有限的财务和管理上的资源：一个是刚上市就走红的产品，于是得到更多的投资，结果另一个就没有什么投资了，这是一个正反馈过程，对第一个产品是不断增长，对第二个是持续萎缩。害羞的学生一开始上学就遇到问题（也许由于情绪原因，也许因为尚未发现的学习障碍），于是被贴上“笨学生”的标签，结果相比其他有积极表现的同学，他受到的鼓励和关注就越来越少了。

公地悲剧

结构：

描述：个体仅仅根据自身的利益需要来使用有限的公共资源，开始大家都各有所得，后来得到的越来越少，结果促使大家加倍努力获

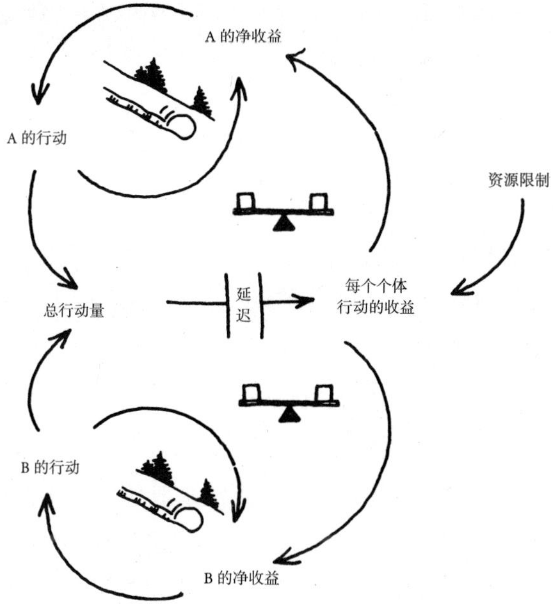

取资源。最后，资源明显损耗、毁坏或完全用光。

早期症状预警：“原来每个人都得到许多资源。现在很紧张了。今年要想从中赢利，我就必须加倍努力。”

管理原则：要管理“公地”（Commons）[a]，如要对大家进行教育，建立自律机制和同行约束；或者建立官方法规，不过这最好由参与使用公地的人来共同制定。

商业案例：某公司的好几个部门达成一致，都使用同一家零售机构。开始时每个区域经理都担心，只用一家零售机构可能无法给每个特定的业务领域都提供足够的关注，因而可能会引起销售额下降。于

a. commons是公共用地，如供大家放牧的草场等。1968年英国人哈丁（Garrett Hardin）首先提出“公地悲剧”理论。——译者注

是其中一位咄咄逼人的经理，就让辖下所有客户账户经理都设立高于真正需要的销售额指标，以使零售机构至少提供他们所需要的最低限度的支撑。其他部门的经理人看到这种情况，也决定采取同样的策略来获取更多的支撑。新零售机构的经理们想照顾好所有这些“顾客”，于是就不断接受各个部门的要求。这导致工作量过大，工作效率下降，人员流失加剧。很快，在这家零售机构工作，已经不比加入法国外籍雇佣兵团[a]好多少了。

其他例子：不同领导合用同一个秘书班子，使秘书们精疲力竭。某公司六个不同部门的销售人员争夺顾客对六种不同产品的兴趣，致使公司客户服务的声誉下降。（这里的“公共资源”是公司顾客服务的良好声誉。）很成功的零售连锁店接到洪水般涌来的各类制造商的促销建议，最后不得不拒绝这些建议，或者提出不给制造商利润空间的合作条款。各个采矿公司都开采同一个矿产地，使资源枯竭。当然还有各种污染问题，如酸雨、臭氧层破坏和“温室效应”。

饮鸩止渴

结构：

描述：短期内有效的修补措施带来未知的长期后果，可能造成不断使用更多类似修补措施的需要。

早期症状预警：“这方法以前似乎一直奏效，现在为什么却不管用了？”

a. 法国外籍雇佣兵团在 1831 年成立以后虽有不少战功，特别如第二次世界大战，但败绩更多。部队间曾因为种族、观点及内部矛盾等引发的争斗屡屡不绝，还曾在叙利亚因效忠的立场不同而互相残杀。——译者注

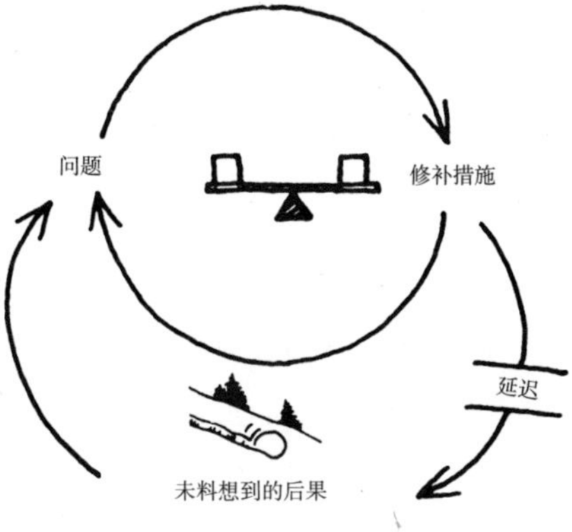

管理原则：保持对长期目标的关注。如可能，要避免使用短期“修补措施”，或者只为“争取时间”才使用它，但同时要开发长期解决方法。

商业案例：制造厂商推出一组新的高性能零部件，马上获得巨大的市场成功。但公司 CEO 只关心投资回报最大化，所以决定延期购买昂贵的新生产设备，结果使生产质量受到影响，损害了公司的质量声誉。接下来的一年，客户订单急剧下降，投资回报也加剧萎缩，进而使 CEO 更不愿投资购买新的生产设备。

其他例子：个人和组织通过举债来偿还贷款利息，使将来要偿还更多的利息。为节省开支而减少设备维护频率，结果导致更多故障和更高的维修成本，也使降低成本的压力越来越大。

增长与投入不足

结构：

描述：公司或个人成长遇到极限，但可以通过建设更大的“容量能力”来突破极限，或延缓极限的到来。但对这种建设的投入必须及

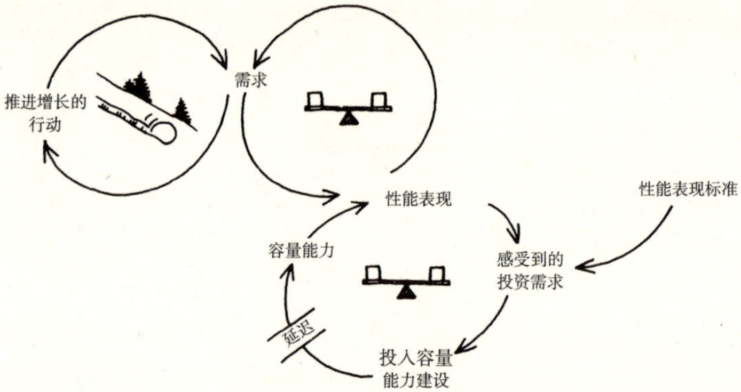

时充分，并在增长降速之前完成，否则就永远不会完成。人们往往降低关键目标或性能标准，以使投入不足合理化。但这样一来，就会实现一种自证预言：降低的目标导致降低的预期，而这些反过来又被投入不足带来的较差的性能表现证实。（第7章中神奇科技的案例就是这种模式。）

早期症状预警：“你看，我们曾经是最棒的，将来也还会是最棒的，只不过眼下得节省资源，不能过度投资。”

管理原则：假如真有增长的潜力，那一定要在市场需求到来之前建设自身的能力，这是创造市场需求的策略。要保持愿景，特别要关注关键的性能标准，以及目前自身的能力是否能充分适应潜在的市场需求。

商业案例：人民快线航空公司面对市场迅速增长的需求却无法建设自身的服务能力，他们没有投入资源进行培训，或降低增长速度（比如通过适当提高票价），反而试图通过“超增长”来使问题消失掉。结果是服务质量不断下降，竞争愈演愈烈，士气每况愈下。为了应付压力局面，公司的“缓解方法”是继续对服务质量投入过低，直到公司对顾客不再有任何吸引力。

其他例子：公司服务质量或产品质量下滑，却埋怨竞争对手，或抱怨销售部门促销乏力。愿景远大的人，却没有切实估计要实现愿景所必须投入的时间和精力。

附录 3
U 型过程

U 型过程理论是夏莫、约瑟夫 · 贾沃斯基（Joseph Jaworski）、亚当 · 卡汉以及其他许多同事共同开发的设计和引导深层集体学习过程的方法。[1] 实际上，U 型过程可以为五项修炼应用的时序步骤提供一个组织框架（见下页图）。

U 型过程帮助团队协作从事：

1. 感知：通过超越偏见来观察现实，从而深入探寻其心智模式。
2. 呈现当下：以此进入深层连通过程，个人和集体连通志向目标并形成愿景。
3. 实现收获：然后，快速形成原型，以把愿景变为具体的工作模型，从而收集反馈，并进一步修改和调整模型。

虽然五项修炼可以用在 U 型过程的全部三个阶段，但各阶段的侧重有所不同。U 型过程的“下行阶段”，特别涉及悬挂既有的心智模式，通过直接体验系统的实际情况进行集体探寻，并在不同观点之间进行深度汇谈。个人愿景和共同愿景的形成是U型过程底部的核心内容。而团队学习和继续进行的对心智模式和愿景的反思活动，则是“上行阶段”的特点。

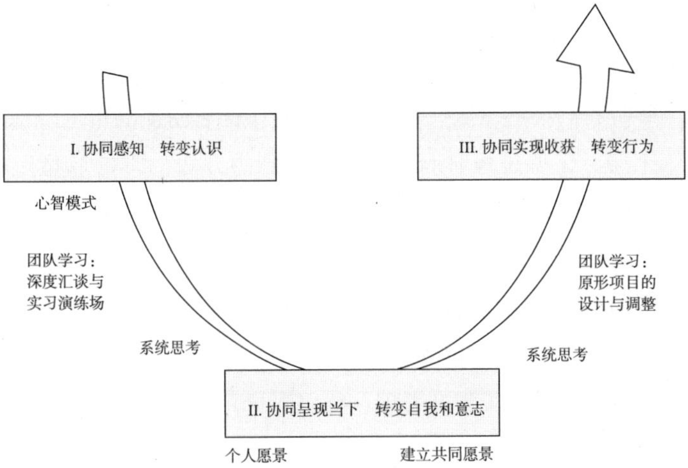

U型过程与五项修炼

例如，对于可持续食品实验室，感知阶段包括对个人看全球食品系统的方法的反思，还包括在巴西的5天学习之旅。这意味着直接接触艰难打拼的农民及其家人，接触农民合作社、跨国公司的食品加工企业、环保主题的非营利组织，还有政府机构。这些经历对来自公司的参与者尤其有震撼力，因为他们以前从未见过“下面的”真实世界。

“拉丁美洲大部分地区的农民，已经不再是地方开发的主体，而变成了扶贫计划的接受者和救济对象。”一位实验室的参与者说。“我们该怎么帮助这些（从传统的农村社区中出来的）前途渺茫的年轻人？”另一位问道。那次的经历之所以有震撼力，还因为它让大家看到，不同的人看到同一个现实，却对现实有不同的理解。在参观过一家小型农民合作社之后，团队成员的观感包括：工作很辛苦、很有政治观点、不可持续、非常可持续、需要现代化、需要时间来成熟、出色的模式。一位实验室团队成员说道：“我感到非常吃惊，我们都看了同一个地方，却看到这么不同的东西……对别人的视角和看法，我的确所知甚少。”

在U型过程的底部，有入静和聆听——聆听当下正在呈现的新事物，聆听我们在创造这些新事物的过程中能够扮演的角色。相对五项修炼来说，U型过程对形成愿景有独到的方法，即在U型过程的底部，在广泛感知现实的过程完成之后再进行。首先，这种次序安排保证大家对自己的现实情况有脚踏实地的深入理解，包括看清不同的人对现实的不同看法。其次，把形成愿景的工作植根于一种更远大的志向目标感之中。尽管开始时的愿景对激励整个学习过程可能很重要，但它一定会在感知阶段得到发展，得以深化，并被赋予更重大的意义。这并不是说，大家会从感知和评估现实的活动中“推导出”自己的愿景。正相反，在U型过程的底部留出时间进入真正的静默和深层的反思，就会激发真心的关爱，体悟某种呼唤的感召力。从创造性张力的原则来看，连通现实的强烈共鸣，会给我们带来新的选择：真诚倾诉我们真心渴望的东西。

在可持续食品实验室核心团队的6天静修营里，30名成员有机会对学习之旅的经历进行了综合总结，这深化了他们创造新的食品替代系统的志向目标感，还开发了初步的原型计划。两天的野外独处使参与者进入了静默和与自然更直接连通的状态。帮助团队准备野外独处体验的经济学家布赖恩·阿瑟（Brian Arthur），在团队从野外返回时与他们做了进一步交流，他注意到团队的精神能量已经改变了，变成“沉静与善良”的状态。从沉静中生发了一种想象力，它带来了以前没有人能想到的原型计划。

U 型过程右侧的上升段也一样包含各项修炼，但团队学习却有着特别的重要性，因为大家在共同探索如何创造复杂系统的新的替代运行方式，既要有可操作性，又要带来根本性的变革。整个收获阶段都用了系统思考、处理心智模式，以及愿景工作的模式，因为之前的感知和呈现当下的过程都在不断地反复。这种情况的发生有两个原因：（1）原型计划工作中有新加入的人（他们必须经历自己的感知和呈现当下的过程）；（2）大家通过试图引发变革和不断回顾愿景，又发现了系统现实中的新事实，或者发现原来的愿景已经发生了变化。根据创造性张力的原则，U 型过程上升段中的愿景改变，不是为了减小情感张力而"降低愿景"，而是真切地看到了大家真正想要创造的东西。

所以，实现收获的阶段不只是成功创造了现存系统的替代方案，还是不断深化共识和澄清愿景的过程。有些系统变革的努力会成功，有些则会失败。成功的变革往往以出乎预料的方式发生了，或许走入了始料未及的新的方向。U 型过程上升段的真正意图，也是整个 U 型过程的意图，是在背景多样的大社区里建立容量能力，以看清"现存"并激活新的社会系统，它是复杂的组织机构和跨组织机构网络学习如何学习的过程。可持续食品实验室的主要资助方、美国凯洛格基金会（Kellogg Foundation）农业计划主任欧兰 · 海斯特曼（Oran Hesterman）说："这样的过程我真是从没见过。它把背景如此多样的团队带到一个深层连通的地方——团队成员相互之间的人际连通，以及大家与要共同去做的事的连通。"

注释

2009年扩充修订版中文版序

1

这张要素清单是由国际组织学习学会（SoL）和哈佛大学教育研究生院"变革领导力小组"（Change Leadership Group）共同组织的企业和教育创新者小组开发的（Booth Sweeney, Senge, Wagner, 2002）。

第一部分　我们的行动如何才能创造和改变现实

第1章　从个人学习到组织学习的五项修炼

1

Daniel Yankelovich, *New Rules: Searching for Self-fulfillment in a World Turned Upside Down*（New York: Random House）, 1981.

2

基础创新是在很多不同的技术整合成新集合以后才完成的，这一深刻见解来自我的MIT（麻省理工学院）同事阿兰·格雷厄姆（Alan Graham）。我对他深表感谢。参见A.K. Graham, "Software Design: Breaking the Bottleneck," *IEEE Spectrum*（March 1982）：43-

50; 参见 A.K. Graham and P. Senge, "A Long-Wave Hypothesis of Innovation," *Technological Forecasting and Social Change*（1980）: 283-311。

3

Arie de Geus, "Planning as Learning," *Harvard Business Review*（March/April 1988）: 70-74.

4

尽管像英特尔和微软等半导体和软件生产商逐渐占据了电脑产业的金融资产主导地位，但苹果公司却是"用户图形界面"的商业化先驱，并把界面友好、使用方便的电脑带给主流大众。

5

Edward Hall, Beyond Culture（New York: Anchor）, 2007, 207.

第2章　你的组织有学习障碍吗?

1

Arie de Geus, "Planning as Learning," *Harvard Business Review* (March/April 1988): 70-74.

2

图表来源于美国商务部 (the United States Department of Commerce, U.S..) 文件 Industrial Outlook, in 1962（pp. 58-59), 1970（p. 355）, 1975 (p. 355), 1979 (p. 287), 1981 (p. 320), and 1989 (pp. 34-35), 以及美国国会技术评估办公室, *Technology Assessment, Technology and the American Economic Transition*: *Choices for the Future Washington*: (US. Government Printing Office), 1988 (p. 326)。

3

Draper Kauffman, Jr. *Systems 1: An Introduction to Systems Thinking*（Minneapolis: Future Systems Inc.), 1980 (available through Innovation Associates, P.O. Box 2008, Framingham, MA 01701).

4

Chris Argyris, *Overcoming Organizational Defenses* (New York: Prentice-Hall), 1990.

5

Barbara Tuchman, *The March of Folly: From Troy to Vietnam* (New York: Knopf), 1984.

6

同上。

7

Jared Diamond, Collapse: How Societies Choose to Fail or Succeed (New York: Penguin), 2004.

第 3 章　是系统的囚徒，还是我们自己思想的囚徒?

1

对这一互动游戏的说明可以参考 MIT 斯隆管理学院“系统动力小组”，获得地址：Cambridge MA 02139. http://www.systemdynamics.org/Beer.htm。

2

在实际决策模拟中有四个角色，为了简化已经很复杂的故事描述，其中一个（批发商 distributor）在此省略了。

3

但是，模拟都是简化。你可能要问，假如改变游戏中某些细节是否会得出不同的结果。我们也有这个疑问，并且多年来常常设法摆弄和修补游戏。有时我们用三个角色，像这里一样，但通常我们用四个角色。我们曾改变对存货过多和订单积压的惩罚标准。有时我们使用计算机模拟来计算结果，而大多数时间我们是在大桌子上，用硬币代表啤酒，从一个方格移到另一个，代表送货。我们曾改变提前告诉大家的零售商要接到的顾客需求量范围。我们也实验了顾客需求的不同模式。这些改变中有的使危机情况更严重一些，有的则使之轻一些，但都没有改变总体的危机状况。

4

美国国会技术评估办公室：*Technology and the American Economic Transition: Choices for the Future* (Washington: U.S. Government Printing Office), 1988, 324。

5

Steven Burke, "Chip Manufacturers Find a Pot of Gold in DRAM Shortage," *PC Week*, May 31, 1988, 107; Steven Burke and Ken Siegmann, "Memory-Board Prices Surging in the Wake of Growing Chip Shortage," *PC Week*, March 1, 1988, I.

6

J. Rhea "Profits Peak as Semiconductor Sales Boom," *Electronic News* 18: 1 (August 6, 1973); "Boom Times Again for Semiconductors," *Business Weekly*, April 20, 1974, 65-68; "Semiconductors Take a Sudden Plunge," *Business Week*, November 16, 1974, 64-65; F. Pollare, "Inventory Buildup: Semiconductor Distress Sales Emerge," Electronic News 20:45 (February 10, 1975).

7

Joseph B. White and Bradley A. Stertz, "Auto Industry Battens Down for a Slump," *Wall Street Journal*, May 30, 1989, sec. A.

8

"MacNeil-Lehrer Newshour,"是有关啤酒游戏与商业周期的视频文件（与 John Sterman 在麻省理工学院的访谈），aired November 1989, Public Broadcasting System。

9

Donella H. Meadows,"Whole Earth Models and Systems,"*Co-Evolution Quarterly* (Summer 1982): 98-108.

10

Leo Tolstoy, *War and Peace* (Constance Garnett translation).

11

同上。

12

Janice T. Gibson and Mika Haritos-Fatouros, "The Education of a Torturer," *Psychology Today*, November 1986, 50. Also: "The Mind is a Formidable Liar: A Pirandellian Prison," *New York Times Magazine*, April 8, 1973.

13

类似的放大作用也是实际业务波动的特征，特别在原材料生产领域，波动要比零售和服务业大很多。见 Gottfried Habeler, Prosperity and Depression (London: Alien & Unwin), 1964; Alvin H. Hansen, *Business Cycles and National Income* (New York: Norton), 1951。

14

John Sterman, "Modeling Managerial Behavior: Misperceptions of Feedback in a Dynamic Decisionmaking Experiment," *Management Science*, vol. 35, no. 3 (March 1989): 335.

15

在计算机模拟中，"无策略"策略会导致零售商更严重的订单积压，因为零售商只能在分销商的积压情况解除以后才能接到完整的送货。这意味着零售商特别容易遭受这个策略的负面影响——正因为如此，在真实世界里，零售商会下比较大的订单。

16

在模拟游戏中，每个单位（每周）订单积压的成本是 1 美元，每个单位（每周）库存积压的成本是 0.5 美元，把每个角色的成本算出来，再和其他角色的加在一起，就得出整个团队的成本。四个角色游戏 35 周模拟的平均总成本是 2 028 美元，（Sterman, "Modeling Managerial Behavior"），331-39，三个角色游戏 30 周模拟的平均总成本是 1 270

美元。“无作为”策略团队总成本是825美元。

17

游戏参与者有可能从游戏经历中学到很多在真实世界的生产分销系统中无法学到的东西——前提是要反复完成游戏，并能与游戏伙伴协作来共同理解游戏中的决策如何影响了更大的系统。这样，啤酒游戏就成为一种“微世界”。

18

由于游戏通常的设计没有让各个角色之间进行沟通，所以没有机会观察参与者面对面交流的情况。尽管如此，目前的团队运作模式还是使团队成员因为出现的问题而陷入相互埋怨和争吵中。其他一些决策模拟演练设计，有特别针对团队学习中互动关系的。

19

观察商业行为模式的普通例子有“趋势分析”（trend analysis），其目的是使公司能够对人口变化趋势或顾客偏爱情况的改变做出反应。

20

William Manchester, *The Glory and the Dream* (Boston: Little, Brown), 1974, 80-81.

21

游戏的物质结构也可以重新设计，但在游戏开始之后参与者是没有办法这样做的。比如，可以重新设计一套信息系统，使分销商、啤酒厂和零售商都能及时了解零售情况。或者，也可能去掉分销商这个中间环节，让啤酒厂直接给零售商供货。在实际生活中，重新设计物质系统（商品、人员、材料、信息等的实际流动；还有超越个人决策直接控制的奖励系统等其他因素）是一项重要的领导工作。但要成功地实现这种设计，需要领导者有系统的理解，就像要改变参与者个人下订单的方式也需要系统的理解一样。因此，主要的任务是开发系统的理解力，然后，对物质系统的重新设计和运行政策的制定，就都能自然形成了。

第二部分　第五项修炼：学习型组织如何看待世界的基石

第4章　第五项修炼的法则

1

这些法则是从系统研究领域许多学者的工作成果中提炼的，包括加里特·哈丁，杰伊·福雷斯特，德内拉·梅多斯，德雷珀·考夫曼，详见参考资料：Garrett Hardin, *Nature and Man's Fate* (New York: New American Library), 1961; Jay Forrester, *Urban Dynamics*, Chapter 6 (Cambridge, Mass.: MIT Press), 1969; Jay Forrester, "The Counterintuitive Behavior of Social Systems," *Technology Review* (January 1971, pp. 52-68; Donella H. Meadows "Whole Earth Models and Systems," *Co-Evolution Quarterly* (Summer 1982): 98-108; Draper Kauffman, Jr., *Systems I: An Introduction to Systems Thinking*, (Minneapolis: Future Systems Inc.), 1980 (available through Innovation Associates, PO. Box 2008, Framingham, MA 01701。

2

This and many other Sufi tales can be found in the books of Idries Shah, eg., *Tales of the Dervishes* (New York: Dutton), 1970, and World Tales(New York: Harcourt Brace Jovanovich) , 1979.

3

George Orwell, *Animal Farm* (New York: Harcourt Brace), 1954.

4

D. H. Meadows, "Whole Earth Models and Systems."

5

Lewis Thomas, *The Medusa and the Snail* (New York: Bantam Books), 1980.

6

Charles Hampden Turner, *Charting The Corporate Mind: Graphic Solutions to Business Conflicts* (New York: Free Press), 1990.

第 5 章　心灵的转变

1

有关社会科学中的“控制论”和“伺服机构”理论学派综述，参见 George Richardson, *Feedback Thought in Social Science and Systems Theory* (Philadelphia: University of Pennsylvania Press), 1990.

2

恐怖分子这个词的使用本身就代表一种立场观点。许多支持“恐怖主义”事业的人认为他们是在为自由而战。我使用这个词是因为它代表了广泛流行的、横跨各种政治立场的观点，这包括大多数中东国家的立场，即针对平民的有组织的袭击，应使用这个词来描述。

3

美国国防部（DOD）、国家安全局（National Security Agency）和中央情报局（CIA）的自称为“系统分析师”的人，可能比所有其他政府部门都多。其实苏联人是系统理论的先驱者；在过去 40 年间，苏联数学家在理论方面的贡献也许比所有其他国家都大；

部分原因是苏联政府支持了系统研究，因为他们想使用先进的计算机工具来控制国家的经济系统。

4

参见 Nancy Roberts,"Teaching Dynamic Feedback Systems Thinking: An Elementary View,"*Management Science* (April 1978), 836-843; and Nancy Roberts, "Testing the World with Simulations," *Classroom Computer News*, January/February 1983, 28。

5

系统思考的原则和工具源于许多学科：物理学、工程学、生物学、数学等等。这一章中描述的特定的工具，来自麻省理工学院福雷斯特创立的“系统动力学”。这一节中的内容特别基于梅多斯提出的模型，及其所带来的研究进展。比如：*Industrial Dynamics*（Cambridge, Mass: MIT Press）, 1961; *Urban Dynamics*（Cambridge, Mass: MIT Press) 1969; and "The Counterintuitive Behavior of Social Systems," Technology Review (January 1971), 52-68. This particular section owes a special debt to Donella Meadows, whose earlier article "Whole Earth Models and Systems," *Co-Evolution Quarterly* (Summer 1982), 98-108 provided the model and the inspiration for its development。

6

相比之下，“东方语言”，如汉语和日语，并非基于“主语—动词—宾语”这种线性顺序。David Crystal, *The Cambridge Encyclopedia of Language* (New York: Cambridge University Press)，1987。

7

The Bhagavad-Gita, or "The Lord's Song," translated by Annie Besant, reprinted in Robert 0. Ballou, *The Bible of the World*（New York: Viking），1939.

8

Robert K. Merton, "The Self-Fulfilling Prophecy" , in Robert K. Merton, editor, Social Theory and Social Structure (New York: Free Press), 1968.

9

R. Rosenthal, "Teacher Expectation and Pupil Learning" ; and R. D. Strom, editor, *Teachers and the Learning Process* (Englewood Cliffs, N.J.: Prentice-Hall); R. Rosenthal, "The Pygmalion Effect Lives," *Psychology Today*, September 1973.

10

这并非意味着自由市场的力量就足以实现现代社会需要的平衡和控制——延迟、信息匮乏、不现实的预期以及垄断造成的扭曲，都会降低“自由市场”的效率。

11

有关精益生产的信息可以从“精益企业”（Lean Enterprise）网站上找到：www.lean.org。

第 6 章　把系统观点融入实践：掌握系统基本模式

1

下面介绍了两个基本模式；本书使用的总共有八个模式，这大约是专业系统思考学者“脑袋里装的”模式数量的一半。

2

有关通用结构模式的初步课程建设已经开始了。参见 Mark Paich,“Generic Structures,” in System Dynamics Review, vol. 1, no. 1 (Summer 1985): 126-32; Alan Graham,“Generic Models as a Basis for Computer-Based Case Studies” (Cambridge, Mass.: System Dynamics Group Working Paper D- 3947), 1988; Barry Richmond et al., *An Academic User's Guide to STELLA*, Chapters 8, 9 (Lyme, N.H.: High Performance Systems), 1987. David Kreutzer, “Introduction to Systems Thinking and Computer Simulation,” Lesley College Graduate Course Comp 6100, 1987。

3

这里的负反馈过程是绕着图的边沿走的：从研发预算，到管理复杂程度的增加，产品开发时间的加长，新产品推出频率的下降，最后又回到研发经费的削减。

4

就我所知，贝瑞·里奇蒙（Barry Richmond）是分析这个结构的第一人。后来我发现，这个结构模式在管理咨询公司中几乎成了流行病，更不用说学术机构迅速发展以后，变得头重脚轻、大教授比重过高的情况。

5

Peter Senge, Art Kleiner, Charlotte Roberts, George Roth, Rick Ross, Bryan Smith, *The Dance of Change: The Challenges to Sustaining Momentum in Learning Organizations* (New York: Doubleday/Currency), 1999.

6

Facts on File 1990（New York: Facts on File）.

7

书中引用的“系统基本模式”样板，包括这个，经过了创新伙伴公司的允许。同时也应用在该公司以下的研习营中：*Leadership and Mastery and Business Thinking: A Systems*

Approach workshops。

8

有关匿名戒酒协会的信息，参见：Alcoholics Anonymous, 1976; Living Sober, 1975; *Twelve Steps and Twelve Traditions*, 1953; 由 Alcoholics Anonymous World Services, Inc 出版 ., P.O. Box 459, Grand Central Station, New York, NY 10163。

第 7 章　是自我局限，还是自我持续地增长

1

下面的模型是根据福雷斯特最早对公司增长的研究而发展出来的。Jay W. Forrester, "Modeling-the Dynamic Processes of Corporate Growth," IBM Scientific Computing Symposium on Simulation Models and Gaming (December 1964), and 1. W. Forrester, "Market Growth as *Influenced by Capital Investment*," Industrial Management Review, 1968, 83- 105。

2

David Birch, *Job Creation in America*(New York: The Free Press), 1987, 18.

3

这张图是通过计算机模拟神奇科技模式中的交往关系画出的，其中的交货时间标准是固定的。为简单起见，模拟中假设了无限的市场潜力，这对神奇科技早年的情况也基本正确。模拟表明，即使有实际的市场潜力限制，只要交货时间标准保持不变，公司的业绩表现也将有巨大的提升。模拟使用的是高绩效系统公司（High Performance Systems）提供的系统思考建立模型和动态模拟软件 STELLA。实际的模拟模型在以下图书中使用：Jay Forrester, 1968, and in P.Senge, "Systems Principles for Leadership," in Transforming Leadership, J. Adams, editor（Alexandria, Va.: Miles River Press)，1984。

第三部分　各项核心修炼：建设学习型组织

第 8 章　自我超越

1

K. Inamori, "The Perfect Company: Goal for Productivity." Speech given at Case Western Reserve University, June 5, 1985.

2

麦肯锡公司一项题为"历程"（The Journey）的研究报告指出，汉诺瓦公司是 1978 年到 1993 年全部时间里排名都进入地产责任保险业前 1/4 的仅有的两家公司之一。这段时

间里，共同人寿保险公司（State Mutual）一直持有汉诺瓦公司的多数股票，奥布赖恩的退休是该公司强行操控的结果。

3

Henry Ford, *Detroit News*, February 7,1926.

4

Robert Fritz, *The Path of Least Resistance* (New York: Fawcett-Columbine), 1989.

5

William O' Brien, *Character and the Corporation* (Cambridge, MA: SoL), 2006.

6

同上。

7

M. dePree, Leadership is an Art (New York: Doubleday), 1989.

8

George Bernard Shaw, *Man and Superman, Preface* (Penguin, 1950).

9

Pierre Wack, "Scenarios: Uncharted Ahead," *Harvard Business Review*（September/October 1985）: 73-89.

10

这个原理来自弗里茨的研究，他把这叫作"结构性张力"（structural tension)。但在系统思考中"结构"一词有其他含义，所以，为了避免混淆，我们改变了他的用词。

11

Bill Russell and Taylor Branch, *Second Wind: The Memoirs of an Opinionated Man* (New York: Random House), 1979.

12

Fritz's Path of Least Resistance delves into the reasons behind this habit.

13

同上。

14

同上。

15

David Kantor and William Lehr, *Inside the Family: Toward a Theory of Family Process* (San Francisco: Jossey-Bass), 1975.

16

“潜意识”这个词有很多人都用过，包括弗洛伊德和荣格；但它在这里所代表的现象与其他人所指的还是有所不同的。

17

后面的简短讨论中借用了许多精神传统的说法，从基督教修炼教派（developmental Christianity）到禅宗，但尤其借鉴了弗里茨的研究。有关这些传统的参考书有：*Finding Grace at the Center*, editor Thomas Keating et al. (Still River, Mass.: St. Bede Publications), 1978; and Shunryu Suzuki Roshi, Zen Mind, Beginner' s Mind.（New York and Tokyo: Weatherhill), 1975。

18

引自 Fritz, *The Path of Least Resistance*。

19

Weston Agor, *Intuitive Management: Integrating Left and Right Brain Management Skills* (Englewood Cliffs, N.J.: Prentice-Hall), 1984; Henry Mintzberg, “Planning on the Left Side and Managing on the Right,” *Harvard Business Review* (July/August 1976): 49-58; Daniel Isenberg, “How Top Managers Think” *Harvard Business Review* (July/ August 1976): 49.

20

Karen Cook,“Scenario for a New Age; Can American Industry Find Renewal in Management Theories Born of Counterculture?” *New York Times Magazine*, September 25, 1988; Robert Lindsey,“Gurus Hired to Motivate Workers are Raising Fears of Mind Control,”New York Times. April 17, 1987.

第 9 章　心智模式

1

H. Gardner, *The Mind's New Science* (New York: Basic Books), 1984, 1985.

2

C. Argyris, *Reasoning, Learning and Action: Individual and Organizational* (San Francisco: Jossey-Bass), 1982.

3

Thomas S. Kuhn, *The Structure of Scientific Revolutions* (Chicago: University of Chicago Press), 1962, 1970.

4

Ian Mitroff, *Break-Away Thinking*（New York: John Wiley），1988.

5

底特律的例子显示，整个行业都可能形成长期脱离现实的心智模式。从某种意义上说，行业内更容易形成这种问题，因为所有成员都在相互之间寻找最佳实践标准。破解这种执迷状态，最后可能需要有不同心智模式的“系统之外”的人，如外国竞争者。

6

Pierre Wack, “Scenarios: Uncharted Waters Ahead,” *Harvard Business Review*（September/October 1985), 72; and “Scenarios: Shooting the Rapids,” *Harvard Business Review* (November/December 1985), 139.

7

米尔顿·莫斯科威兹（Milton Moskowitz）在他 1987 年的著作中写道：“中东和北非国家坚持自己控制本国石油资源以后，壳牌公司的地位就上升了，并一直享受一种优势，这使它几乎实现了创始人德特丁（Deterding）的目标：超过埃克森公司成为世界最大的石油公司。” *Milton Moskowitz in The Global Marketplace* (New York: Macmillan), 1987。

8

除了开放性和公德心以外，汉诺瓦的核心价值还包括“地方性”（localness，即除非绝对必要，任何决策都要在相应的地方级别上完成，而不能由上级完成）和“精益性”（leanness，即不断提高能力，以用更少的资源做出更多、更好的成绩）。

9

C. Argyris and D. Schon, *Organizational Learning: A Theory of Action Perspective* (Reading, Mass.: Addison-Wesley), 1978; C. Argyris, R. Putnam, and D. Smith, *Action Science* (San Francisco: Jossey-Bass), 1985; C. Argyris, *Strategy, Change, and Defensive Routines*（Boston: Pitman），1985.

10

Donald Schon, *The Reflective Practitioner: How Professionals Think in Action*（New York: Basic Books），1983.

11

G. A. Miller, “The magical number seven plus or minus two: Some limits on our capacity for processing information,” *Psychological Review,* vol. 63, 1956, 81-97.

12

非常感谢戴安娜·史密斯（Diana Smith）允许我在此引用这些指南。

13

John Sterman, “Misperceptions of Feedback in Dynamic Decisionmaking,” Cambridge, Mass.: MIT Sloan School of Management Working Paper WP- 1933-87,1987.

第 10 章　共同愿景

1

有关 Spartacus 的事迹参见 Arthur Koestler’s postscript to his novel The Gladiator, translated by Edith Simon (New York: Macmillan), 1939。

2

关于公司愿景的这些案例分析来自 G. Hamel and C. K. Prahalad in “Strategic Intent,” *Harvard Business Review*, May-June, 1989。

3

Kazuo Inamori,“The Perfect Company: Goal for Productivity,”speech given at Case Western Reserve University, Cleveland, Ohio, June 5, 1985.

4

Max de Pree, *Leadership is an Art* (New York: Doubleday/Currency). 1989.

5

A. Maslow, *Eupsychian Management* (Homewood, Ill.: Richard Invin and Dorsey Press), 1965.

6

William Manchester, The Glory and the Dream (Boston: Little, Brown and Company), 1974.

7

G. Hamel and C. K. Prahalad, “Strategic Intent.”

8

同上。

9

这一节中的观点来自我和创新伙伴公司的许多同事的长谈，特别包括查理·基佛、阿兰·戈捷(Alain Gauthier)、查罗特·罗伯茨(Charlotte Roberts)、李科·罗斯(Rick Ross)和布赖恩·史密斯。

10

M. Moskowitz, *The Global Marketplace* (New York: Macmillan Publishing Company), 1987.

11

"IBM's $5,000,000,000 Gamble," *Fortune*, September 1966, and "The Rocky Road to the Marketplace," *Fortune*, October 1966 (two-part article).

第 11 章　团队学习

1

W. Russell and T. Branch. *Second Wind: Memoirs of an Opinionated Man* (New York: Random House), 1979.

2

这张图最早出现于基佛与斯特洛（P. Stroh）1984 年的一篇文章。"A New Paradigm for Developing Organizations"，in J. Adams, editor, *Transforming Work*（Alexandria Va.: Miles Riler Press), 1984。

3

这一节的内容得益于我与艾萨克以及与波姆的交谈。波姆还热情地应允我引用他的许多观点。参见 William Isaacs, Dialogue and the Art of Thinking Together (New York: Currency), 1999。

4

David Bohm, *The Special Theory of Relativity* (New York: W. A. Benjamin), 1965.

5

这里引用的波姆的观点，出自在剑桥和其他地点举办的、有他亲自参加的"深度汇谈"会议记录。感谢他允许我引用这些观点，还有他著作中的观点。他与 Mark Edwards 同著的书暂定名为 *Thought, the Hidden Challenge to Humanity* (San Francisco: Harper & Row)。其他被引用的书籍包括 *Wholeness and the implicate Order* (New York: Ark Paperbacks), 1983: with F. D. Peat, Science, Order, and Creativity (New York: Bantam), 1987。

6

例如可参见 E. Schein, *Process Consultation*, vol. 2 (Reading, Mass.: Addison Wesley), 1987。

7

C. Argyris, *Strategy, Change, and Defensive Routines* (Boston: Pitman), 1985.

8

同上。

9

同上。

10

例如可参见，D. C. Wise and G. C. Lewis, “A Fire Sale in Personal Computers,” Business Week, March 25, 1985, 289, and “Rocky Times for Micros,” *Marketing Media Decisions*, July 1985。

11

Argyris, *Strategy, Change, and Defensive Routines.*

12

有趣的是，降低讨论敏感问题的危险性，正是“深度汇谈会议”中发生的现象；对话的基本规则很快就会打消说出“正确”或“错误”观点的疑虑。深度汇谈成为团队日常工作的一部分时，团队成员对这种危险性的疑虑通常也会削弱。

13

创建一种学习的氛围，即我们所说的微世界，会帮助我们减少防卫心态。在这样的氛围中，大家可以公开谈论有关增加公开性的疑虑。大家在这种氛围中表达疑虑时，可以设计微型实验，帮助大家在保留疑虑的同时，一步一步地尝试新的行为方式。

14

Donald Schon, *The Reflective Practitioner: How Professionals Think in Action*（New York: Basic Books）, 1983.

15

故事中的名字和特定的细节是假的，但深度汇谈本身以及它所针对的组织问题的背景都是真的。这里引用的对话内容是从实际会议记录中（我们研究“团队学习”时通用的方法）减缩而成的，但并没有经过编辑，因为我想保持对话过程本身的实际风格。感谢艾萨克在我组织这段内容时所提供的帮助。

16

Michael Porter, Competitive Advantage: *Crearing and Sustaining Superior Performance* (New York: Free Press), 1985, and Michael Porter, *Competitive Strategy: Techniques for Analyzing Industries and Competitors* (New York: Free Press), 1980.

第四部分　实践中的反思

第 12 章　反思型文化的基础

1

Chris Argyris, “Good Communication That Blocks Learning,” *Harvard Business Review*, July-August, 1994, 77-85.

2

Jay Bragdon, *Living Asset Management* (Cambridge, Mass.: SoL), 2006 (forthcoming); Jim Collins, *Built to Last* (New York: HarperCollins), 1997.

3

联合利华召集了其他企业、政府与非政府组织，建立了一个可持续渔业全球认证系统，“海洋受托责任委员会”（Marine Stewardship Council）。另外，联合利华还启动了可持续农业和水资源保护计划，见网站：www.unilever.com。

4

Sayra Pinto, Jasson Guevera, and Molly Baldwin, “Living the Change You Seek: Roca's Core Curriculum for Human Development,” *Reflections, the SoL Journal*, vol. 5, no. 4. For more on Roca, 参见 www.roca.org.

5

按照这里使用这些词汇的方法，虽然你可以变成“工具的使用者”，但你就是“组织学习的实践者”。

6

Arie de Geus, *The Living Company* (Boston: Harvard Business School Press), 2002.

7

Dee Hock, *One From Many; Visa and the Rise of Chaordic Organizations* (San Francisco: Berrett-Koehler), 2005.

8

Gregory Bateson, *Steps To and Ecology of Mind* (New York: Ballantine), 1972。

9

Anne Murray Allen and Dennis Sandow, “The Nature of Social Collaboration,” *Reflections, the SoL Journa*l, vol. 6, no. 2.

10

Murray Allen and Sandow, op cit., 1.

第 13 章　学习型文化的推动力

1

例如，IFC 在 2002 年首次发布明确的可持续发展目标，认为要在财务底线之外提升其项目的影响力（包括公司治理、环境和社会可持续性措施等），对业务发展有利。

2

Robert Axelrod and Michael Cohen, *Harnessing Complexity: Organizational Implications of a Scientific Frontier* (New York: Basic Books), 2000.

3

后面的引语来自邱文晖 2004 年 11 月在亚洲知识管理（Knowledge Management Asia）会议上的讲话，还包括讨论发言。

第 14 章　战略思考与 8 种应用策略

1

这张图从第一次在英文第一版《第五项修炼——学习型组织的艺术与实践》中出现，已经有好几次演化，但基本特征仍保持未变。

2

三角和圆圈图形象征着显而易见和模糊不清两种状况，即浮在“水面之上”和潜在“水面以下”的两种东西。有经验的组织领导者就像老师一样，他们知道他们不能造成深层学习环路的改变，就像老师不能造成学生学习一样。他们能做的，就是创造一种氛围，在那里学习更有可能发生。这就是战略结构设计的含义。

3

艾德佳·沙因（Edgar Schein）认为，大家觉得理所当然的假设就是最深层的文化。其他层面的文化包括人工制品（衣服、演讲、会议风格等等）和表白的价值（如官方的使命宣言），这些都比深层假设容易改变。参见 Edgar Schein, *The Corporate Culture Survival Guide* (San Francisco: Jossey-Bass). 1999。

4

深层学习环路上的基本关联是这些环节之间的许多反馈互动的简化。例如，由于习惯做法能提供反复学习某些特定技能的机会，所以能决定技能和技巧的发展，但反过来也成立，以为我们目前的技能决定我们的习惯做法，即我们擅长做什么。

5

开场破冰是在开会之前使团队每个成员都有机会进行反思并分享自己的思想。参见 Peter Senge et al, *The Dance of Change*: 192。

6

改编自 Marilyn Darling , David Meador, and Shawn Patterson , “Cultivating a Learning Economy ,” *Reflections, the SoL Journal* , vol. 5, no. 2。

7

Ann Graham, "The Learning Organization: Managing Knowledge for Business Success," Economist Intelligence Unit, New York, 1996.

8

同上。

9

George Roth and Art Kleiner, *Car Launch: The Human Side of Managing Change* (New York: Oxford University Press), 1999.

10

Art Kleiner, *The Age of Heretics* (New York: Currency), 1996.

11

Peter Senge, et al, *The Dance of Change: The Challenges to Sustaining Momentum in Learning Organizations* (New York: Doubleday/Currency), 1999.

12

William McDonough and Michael Braungart, *Cradle to Cradle: Remaking the Way We Make Things* (New York: North Point Press), 2002. 有关毒性的研究，更加详细的内容参见 www.greenblue.org, 以及作者的网站 www.mbdc.com。

13

聚氯乙烯 PVC 在如鞋类产品中，通常被认为是惰性和无害的，但在某些生产过程和焚化过程中会释放有毒气体。

14

Margaret Wheatley 的网站是 www.margaretwheatley.com。她最近的著作是 Finding Our Way (San Francisco: Berrett-Koehler), 2005。参见 *Leadership and the Nell' Science* (San Francisco: Berrett-Koehler), 1999。

15

J. Clay,"Exploring the Links Between International Business and Poverty Reduction,"Oxfam GB, Novib, Unilever, and Unilever Indonesia joint research project report, 2005. To download a copy of the report, 参见 http://www.oxfam.org.uk.

16

在研究系统思考、个人愿景、共同愿景以及心智模式如何与实际工作相结合的头 10 年中，我们并没有使用这个词 Charles kiefer and Peter Senge," Metanoic or ganizations, in J. Adams, Transforming Work (Alexandria, Va: Miles River Press), 1984。

第15章 领导的新工作

1

与此相关的论文 “The Leader's New Work.” 成为 MIT 的 *Sloan Management Review's* 杂志最佳文章之一。Reprint 3211; Fall 1990, vol. 32, no. 1,7-23。

2

参见 Peter Senge,“Leading Learning Organizations: The Bold, the Powerful, and the Invisible,” in Frances Hesselbein, Marshall Goldsmith, and Richard Beckhard, *The Leader of The Future: New Visions. Strategies, and Practices for the Next Era* (San Francisco, CA: Jossey-Bass, Publishers), 1996 and Peter Senge and Katrin Kaeufer, “Communities of Leaders or No Leadership at All,” in Ed. Subir Chuwdhury, *Management in the 21st Century* (London: Financial Times Publishing), 2000。

3

Juanita Brown and David Isaacs, *The World Café* (San Francisco: Berrett-Koehler), 2005.

4

Wanda Orlikowski, “Learning from Notes,” *The Information Society*, 9, 1993, 237-250.

5

这四项原则是：激励她去努力保持健康和活力；尊敬她人生的各个阶段；与她沟通联系；未来导向的生活和工作。

6

Robert Greenleaf, *Servant Leadership: a Journey into the Nature of Legitimate Power and Greatness* (New York: Paulist Press), 1977, 13.

7

托马斯·约翰逊（H. Thomas Johnson）是世界闻名的会计理论专家，与人共同发明了作业成本法(activity-based costing ABC),并在2002年与人合著《不可测量的利润》(*Profit Beyond Measure*)，记载了丰田等公司在业绩管理方面的根本重新：传统制造业的中央控制的成本管理系统，被成本业绩和创新的地方责任取代。

8

Sayra Pinto, Jaason Guevera, Molly Baldwin, “Living the Change You seek: Roca's Core Curriculum for Human Development,” 同上。

9

参见 Robert Greenleaf, op cit, 13. 另参见 Peter Block, Stewardship (San Francisco: Berrett-Koehler), 1996。

10

Eric Hoffer, *The True Believer* (New York: Harper Perennial), 2002.

11

Malone 认为要实现 IT 的潜力，还必须依靠愿意“培育”（cultivating）人的经理。参见 Thomas Malone, *The Future of' Work: How the New Order of' Business will Shape Your Organization , Your Management Style, and Your Life* (Boston: Harvard Business School Press), 2004, 4。

12

斯托金作为健康局的地区领导，负责管理 75 家信托公司，每一家公司都有一些医院和社区服务中心，共计大约 180 000 名医务人员和行政管理人员。

13

Kahlil Gibran, *The Prophet* (New York: Knopf), 1923, 15.

14

Martin Luther King, “Letter from a Birmingham Jail.” *American Visions*, January/February. 1986, 52-59.

第 16 章　系统的公民

1

参见 www.usccb.org/cchd/povertyusa/povfacts.shtml。

2

改编自 George Roth, Art Kleiner, Car Launch (New York: Oxford University Press), 1999。

3

这张图是基于各种相对简单的系统动力学模型和模拟学习工具，其目的是为非专家的一般人研究气候变化的基本原理以及不断改进对它的理解。参见 John Sterman, Linda Booth Sweeney, “Cloudy Skies: Assessing Public Understanding of Global Warming,” *System Dynamics Review*, Wiley and Sons, (18), 207-240, and http://web.mit.edu/jsterman/www/cloudy_skies.html。

4

大气中的二氧化碳 CO2 也由于生物、包括人类的存在而增加——因为他们呼出的是 CO_2。地球的生物总量增加，就会导致 CO_2 总量的增加。

5

John Browne,“Rethinking Corporate Responsibility,”*Reflections. the SoL Journal*, vol. I, no. 4,

48-53. Recently Browne has been one of the first corporate advocates for "carbon stabilization," a target that requires dramatic reductions in CO_2 emissions, as shown below.

6

联合国政府间气候变化专门委员会（IPCC）2001 年报告,"Climate Change 2001: The Scientific Basis. A Summary for Policymakers." 参见：www.ipcc.ch。

7

CO_2 浓度和地表温度数据实际上来自对大气层底部和海洋表层的测量结果。

8

这个碳固存数据，包括图表，也在联合国的报告中，但并没有和 CO_2 排放数据一起显示。显然，没有人觉得这个数据很重要，必须把它和排放量图表并列。

9

许多科学家宣称，要稳定大气中的 CO_2 含量，必须减少排放 70% 以上，因为大气中碳浓度已经超出常规很多而使地球的碳固存能力趋于饱和。

10

一次在欧洲的会议结束时，一位妇女告诉我，她 8 岁的儿子会问她"浴缸有多大？"我把这个问题转告给我的同事史德门，他已经花好几年时间研究人们对气候变化的理解。他建议，从美国航天局对大气层气体含量长期波动的冰核研究中可以找出最好的答案。从那里我发现二氧化碳浓度在 1850 年已经接近大约五万年一次的历史周期的峰值。今天已经高于峰值 30%，那是过去 45 万年的峰值，也就是说我们已经大大高于历史上的"浴缸容量"。

11

联合利华是世界上最大的日用品公司之一，他们已经把可持续农业、可持续渔业和水资源问题列入战略计划，并在所有这些领域开展内部和外部协作项目。参见 www.unilever.com。

12

部分原因是这种效率不足的问题，满足燃料电池商业运营的足够量的氢气将主要从化石燃料（主要是天然气）的氢碳化合物中来，这个提取过程也要产生二氧化碳，尽管排放量要比燃烧煤炭或天然气要小很多。要达到其潜力，未来需要效率更高的燃料电池，它只分解水就可以得到氢气，而分解水所用的电能可以从非化石燃料中来（如风能、地热能、太阳能和核能）。在这样的系统中，氢气只不过是能源的"载体"，而不是能源本身，它可以把太阳能储存起来，以便在需要时使用。

13

萨朗特任 CEO 的 5 年期间，普拉格公司核心产品的单位成本降低了 82%。2005 年对整个行业的研究显示，普拉格动力公司的市场价值份额已从 2000 年的 4% 上升到 2005 年的 24%。根据公开的市场信息数据，公司已从行业排名第五位上升到第一位。

14

普拉格的主要产品是质子交换膜 PEM 燃料电池。这类产品在目前市场上仅有的三种基本燃料电池产品中销量最大。通过广泛分享自己的方法，普拉格希望传播垃圾零填埋的设计原则，以便使整个产业得到提升。他们实际已经影响了该产业的商会，美国燃料电池委员会（U.S. Fuel Cell Council），后者已经采纳了一系列可持续发展的原则。

15

Roger Saillant, 在鲍登学院（Bowdoin College）进行的演讲 on October 5, 2004。

16

"Mugged: Poverty in Your Coffee Cup," *Oxfam International, September* 2002, 参见 from www.maketradefair.org。

17

即使对便宜丰富的食品的受益者而言，未来的生产也陷入危险之中。1945 年以来，全球可耕作表层土壤破坏已经达到 1 200 万平方公里，是中国和印度的面积总和，而且仍然以每年 10 万平方公里的速度遭到破坏。为生产食物而进行的灌溉使用了人类索取的淡水资源的 70%，其中只有 30%~60% 被再度利用，因而灌溉成为全球淡水资源的最大用户。参见 Jason Clay, "World Agriculture and the Environment: a commodity-by-commodity guide to impacts and practices," Washington, E.C.: Island Press, 2004; Stanley Wood, Kate Sebastian, and Sara J. Scherr, "Pilot Analysis of Global Ecosystems: Agroecosystems (Washington, E.C.: World Resources Institute), 2000。

18

Chris Pomfret, 在 IPA 可持续发展会议上的演讲, May 2002。

19

最初参与的企业有美国通用磨坊公司（General Mills），世界最大的养鱼企业荷兰泰高国际集团（Nutreco），巴西跨国食品企业之一萨迪亚（Sadia），世界最大食品分销商美国西斯科公司（Sysco），还有其他 15 家企业。非政府组织有世界自然基金会、美国大自然保护协会（Nature Conservancy）、牛津乐施会等共 9 家。美国凯洛格基金会是地方可持续农业项目的主要赞助者，不仅提供启动资金，还参与实际项目。参见 "The Sustainable Food Laboratory: a multi-stakeholder, multi-continent project to create sustainable food supply chains" at www.glifood.org and www.sustainer.org。

20

基于对全球农业产品 40 年的系统研究，这个理论由美国可持续发展研究所开发，深

度研究见 “Commodity System Challenges: Moving Sustainability into the Mainstream of Natural Resource Economics.” Sustainability Institute Report, April, 2003。参见 www.sustainer.org。

21

有人可能认为，真正的赢家是买到便宜产品的消费者，以及赚了钱的投资者：尽管扩张不可持续，但他们在赚不到钱的情况到来之前就会变卖资产并逃脱掉。然而，所有人都会遭受不可持续的食品供应状况，而且对社会和环境状况的破坏也会同样殃及穷人和富人。

22

最初的原型项目计划包括“构思”（framing，开发使主流社会的价值观与可持续农业相联系的新方法）；“小渔场”（给开发可持续水产业的小渔场主提供进入市场的方便）；“负责任的产品和投资”（改进对投资者和购买方的筛选，以在国际行业范围推动承担更多的社会和环境责任）；“小农场进入市场”（通过市场结构的创新和对基础设施的投资，让拉丁美洲的家庭农场的生计得到改善）；“地区学校和医院食品供应”（建立地区网络，改善对特定机构的食品供应）；“产业链项目”（增加特定产业链生产过程和资金流动的透明化）；以及一个“商业联盟”（推动更可持续方法的一组企业联合起来促进经济的稳定发展）。

23

Adam Kahane, *Solving Tough Problems* (San Francisco: Berrett-Koehler), 2005.

24

教育领域的系统思考运动已经吸引了数千教育工作者和数百个学校参加。见：www.solonline.org; www.clex.org; www.watersfoundation.org。

第 17 章　未来的前沿

1

H. Thomas Johnson, *Relevance Lost: The Rise and Fall of Management Accounting* (Boston: Harvard Business School Press), 1991.

2

H. Thomas Johnson and Anders Broms, *Profit Beyond Measure* (New York: Free Press), 2000.

3

丰田公司的市场价值总额已经接近、有时还超过“三巨头”的总和（通用、福特和戴姆勒–克莱斯勒）。

4

Peter Senge and Goren Carstedt, "Innovating Our Way to the Next Industrial Revolution," *Sloan Management Review*, Winter, 2001. 使用"技术养分"和"生物养分"并循环利用，使之成为流动环路的概念，出自麦唐诺和布朗加的研究。中国工业规划中使用的这类概念的文献汇集见：www.solonline.org。

5

Joyce Fletcher, *DisAppearing Acts. Gender, Power, and Relational Practice at Work* (Cambridge, Mass.: MIT Press), 1999.

6

项目的更多内容，参见 www.solonline.org 有关"Women Leading Sustainability" project，以及 SoL Sustainability Consortium。

7

有关 SEED 项目的更多内容，参见 www.seed.slb.com. 有关项目背后的教育理念，参见 Seymour Papert, Mindstorm (New York: Basic Books) 1980; also Michael Resnick, "Lifelong Kindergarten" in Ed. David Aspin, *International Handbook of Lifelong Learning* (New York: Springer), 2001。

8

参见 Web site www.urdt.net。

9

参见 Web site. www.kufunda.org。

10

Peter Senge, C. Otto Scharmer, Joseph Jaworski, Betty Sue Flowers, *Presence: An Exploration of Profound Change in People, Organizations, and Society* (New York: Doubleday/Currency), 2005. 参见 also C. Otto Scharmer, Theory *V* (Cambridge, Mass.: SoL), 2006 (forthcoming)。

11

一篇基于 Knuth 的经历而写的文章"Stories from An African Learning Village," *Reflections, the SoL Journal*, vol 6. no. 8-10。参见 Web site www.solon-line.org; www.kufunda.org。

第五部分　总结

第 18 章　不可分割的整体

1

以下内容经 "Whose Earth," 授权使用，作者为 Russell Schweickart, in *The Next Whole Earth Catalog*, Stewart brand, editor (New York: Point Foundation/Random House), 1980。

2

最近的成果是一本精美的图书，名为 *The Home Planet*，由 Kevin Kelley 主编，其中包括多幅宇航员与太空飞行员的图片。该书于 1988 年圣诞节首发，是第一本在美国（Reading, Mass.: Addison-Wesley）和苏联同时出版发行的书。

3

有好几位科学家都提出来这个假设，一本包括理念和数据的很好的入门书是 Jay Lovelock, Gaia: *A New View of Life on Earth* (New York: Oxford University Press), 1979。

附录 2　系统基本模式

1

系统动力学领域有许多人都对这些基本模式或（他们经常使用的词）"通用结构"的发现和表述做出了贡献；在此我想特别感谢 Jennifer Kemeny, Michael Goodman, Ernst Diehl, Christian Kampmann, Daniel Kim, Jack Nevison 和 John Sterman。

附录 3　U 型过程

1

Senge, et al, Presence: *An Exploration of Profound Change in People, Organizations, and Society* (New York: Doubleday/Currency), 2005; Adam Kahane, *Solving Tough Problems* (San Francisco: Berrett-Koehler), 2005; and C. Otto Scharmer, *Theory U* (Cambridge, Mass.: SoL), 2006 (forthcoming).

2006年英文修订版致谢

我们采访了许多有天赋的创建学习型组织的“艺术和实践”大师。很明显，如果没有他们的激励和帮助，没有书中列举的、从他们那里得来的实例和领悟，就绝不会有这次增订版的内容。他们是：

BP 公司的维维安 · 考克斯；福特公司的马弗 · 亚当斯和杰里米 · 塞利格曼；惠普公司的安玛莉 · 阿兰（退休）和格雷格 · 默顿（Greg Merten，退休）；休利特-伍德米尔学区的莱斯 · 麻真户二；英特尔公司的艾琳 · 加洛韦和戴维 · 马辛（退休）；国际金融公司的多萝西 · 滨地-贝利；库芳达村的玛丽安娜 · 克努斯；耐克公司的达茜 · 魏斯洛，牛津乐施会的芭芭拉 · 斯托金；美国普拉格动力公司的罗杰 · 萨朗特；社区组织罗卡的莫莉 · 鲍德温，奥玛 · 奥蒂兹，图恩 · 克劳奇图得，玛丽娜 · 罗德里格兹（Marina Rodriguez），西罗姆 · 冯格，阿尼沙 · 查布拉尼，和苏珊 · 尤尔里奇；沙特阿拉伯阿美石油公司的萨里姆 · 阿尔阿伊得；可持续发展研究所的哈尔 · 哈密尔顿；联合利华公司的安德烈·凡·赫姆斯特拉和布丽奇特·坦塔维-蒙索；以及世界银行的西水美惠子（退休）。

尤其对于在职的经理们来说，被这样一本书引用是个双刃剑。一方面，所有人都有理由为他和他的同事们的成绩而感到自豪。我希望，把他们的话和故事记录在书中，是对他们工作的一种受欢迎的、微小的认可。但是没有一个个人和组织需要被抬到一个显要位置上，被当作成功创新的典范。每当有写作者问我“学习型组织”的例子时，我总是说“没有模范，只有学习者”。每个人都在做艰难的努力，没有人已经“达到”；而且每次向前迈步都会带来向后的倒退，或者至少是出现偏差。所以，我特别感激他们愿意分享自己的故事，只来帮助别人，而非成为所有正确东西的样板。

我还想在此特别感谢我的一些朋友和同事们，是他们的帮助推动了国际组织学习学会（SoL）全球网络的发展。这个“学习型基础设施的创新”被我们当中的很多人当作支配一切的战略关注点。SoL 作为一个从麻省理工学院组织学习研究中心衍生的自治型网络，它的基本目标在于促进实践者（比如经理人）、咨询师和研究人员之间的合作，进而积累并分享实践经验。所有被采访的人都活跃在这个 SoL 网络中。

另外，我从许多没有被正式采访过的人士的作品中提取了大量灵感。这些人有的在上面提到过，有些还没有；他们包括：约兰·卡斯泰德（之前在沃尔沃和宜家工作）；罗伯特·汉宁（Robert Hanig）；SoL 常务理事谢丽·伊米迪阿多（Sherry Immediato）；卡特琳·科伊弗；奥托·夏莫；麻省理工的万达·奥利考斯基（Wanda Orlikowski）；SoL可持续发展协作组的乔·劳尔（Joe Laur）和莎拉·施莱（Sara Schley）；BP 公司的约翰·列盖特；丹尼斯·萨多；可持续发展研究所的唐·塞维尔（Don Seville）；里奇·提尔林克（曾在哈雷-戴维森公司工作）；尼克·赞纽克（Nick Zenuick，曾在福特工作）；SoL 中国的张成林（C.Will Zhang），美达·霍斯曼（Mette Husemoen），宋凯（Kai Sung），孟庆俊（Stephen Meng）；当然还有阿里·德赫斯。他们中许多人与我合作超过 20 年并且遍布世界各地。和每个人合作都让我感到很愉快。

最后，如果没有这次项目的执行编辑和总协调人妮娜·克鲁奇维茨（Nina Kruschwitz）的帮助与合作，我这次的修订工作就根本无法启动。妮娜和我一起工作了超过 15 年，包括"第五项修炼"系列图书，以及最新的《体悟当下》一书。她的风趣幽默和温和的性格，让频繁的截止日期变成了一个持续的反思（"这里真正需要说的是什么？"）和探索发现的过程（"噢，是那个……"）。谢谢你！

译后记
学习型组织不是“学习型组织”

凡所有相，皆是虚妄。若见诸相非相，即见如来。

——《金刚经》

2009 年 6 月 16 日，作为国际组织学习学会（SoL）网络中新成立的组织索奥中国（SoL China，北京索奥管理咨询有限公司）的董事会主席，彼得 · 圣吉在北京与中信出版社签署了战略合作协议，并与 30 家媒体的记者见了面。SoL 网络在 30 多个国家都有类似维萨公司的分散式、自制、自组织的成员组织。彼得虽然是 1997 年从麻省理工学院“组织学习研究中心”（Center for Organizational Learning）派生的创始 SoL 的首任主席，但早已不是现任主席。他已过花甲之年，这次破例亲自担任一个 SoL 网络成员组织的董事会主席，也代表了他对中国情有独钟。

记者问起《第五项修炼——学习型组织的艺术与实践》和彼得 2008 年出版的《必要的革命》（*The Necessary Revolution*，中文版也已由中信出版社出版）之间有何必然联系，他说这两本书其实是一本。《必要的革命》描述了过去十多年应对全球环境与社会危机以及可持续发展挑战所做的跨界协作的案例，及其应用的系统思考方法和实践原则；而《第五项修炼——学习型组织的艺术与实践》中阐述的组织学习各项修炼的修习原则和演练方法，则是这种跨界协作项目团队及其成员组织机构的内部容量能力建设的基本功。两本书的出版虽跨越18年时间，却一脉相承，其关联好比普遍理论原则和当下具体实践。仔细想来，这中间的确有很深的道理。

我在麻省理工学院读博士时曾听一位老教授讲起“斯隆学院一位年轻教授”刚刚出了一本书，异常畅销。可我当时处在本书所说的“碎片化”（fragmentation）的学习压力之中，无暇关注邻近大楼里彼得的火爆。10年后我在挪威理工大学（NTNU）新泰富研究院（SINTEF）时，我太太美达·霍斯曼（Mette Husemoen）在SoL欧洲研讨会上结识了彼得，后来还成了他的博士后。记得我们在挪威和彼得第一次见面，他就说中国传统文化中有关人的修养和修身的方法，在西方几乎是完全陌生的，但对现代组织中的自我超越和系统思考修炼意义重大，大有开发的价值和潜力。

2009年5月，我参加了《新智囊》杂志举办的“智囊沙龙”企业责任论坛，会上国资委的周放生先生提到了“贪婪”的问题。很显然，没有自我超越，这样或那样形式的“贪婪”早晚会使组织和个人的“生意”覆灭；不认识个人或个体（组织乃至国家）行为在（全球）“系统问题”中的角色并承担相应的变革责任，也不会有真正的系统思考和协作解决系统问题的方案。但如何才能使长期被忽视的东方数千年经典人本文化底蕴的种子，在由西方现代外向型文化主导的（中外）组织机构中生根发芽并与时俱进呢？如何使有关人的成长、发展和修养提升的可能性，在组织管理、教育界乃至社会中形成广泛认同并付诸开发实践呢？尤其对中国的组织机构而言，这是个严峻而深刻的时代挑战。

前几年我和美达负责协调 SoL 中国项目和“谊来亚”国际创新领导人进修项目（ELIAS）时，就一直带着这个问题。20 世纪 80 年代，我在清华读书和工作时感受到的“苏俄”式的西方专业分工“碎片化”，在今天虽然有很大改善，但似乎并没有根本性的变革，反倒加上了全球市场化的“贪婪”和浮躁。在各种论坛、培训班、研习班上，我被问及最多的是，到底什么是“学习型”组织？却几乎没有人问，到底什么是“修炼”？或者，什么是组织的修炼？

学习型组织，英文为“learning organization”，直译是“学习中的组织”，或“学习实践中的组织”，或“获取（知识和能力）过程中的组织”；本书，特别是第一章末“心灵的转变”一节，更是强调其精神取向和行动能力。由于它并没有特别的“型”或“式”的含意，所以译成“学习型”有很大歧义，还特别影响了这套理论和以往案例在中国的学习和实践。只是它早已成为习惯用语，恐怕要一直沿用下去。

中国正在进行前所未有的转型——要成为创新型国家，要推动世界和谐，甚至引领全球可持续发展。因此，中国的组织要成为创新型组织，其实正需要突破各种已有的“型”和“式”，并真正培育团队和组织的深层沟通和互动协作，这样才能有强大的“团队”，才能改变“三个和尚没水吃”，都要当“龙头”或“鸡头”的传统习惯。如《必要的革命》一书中揭示的，可持续发展的挑战不能靠简单地使用过去熟悉的方法，靠解决危机中的问题，靠灭火、消除“危”；根本的出路在于创新，在于寻找“机”；而且关键在于跨界协作，即超越传统条块划分、部门或集团利益界限的利益相关方组成的社群协作。靠学习西方 200 年工业化时代的“型”“式”不行了；靠精英个人“才能”“背景”和领袖“魅力”驱动的家长式领导模式来实现企业发展，像中国过去30年那样，恐怕也不是未来的根本方法了。

未来几十年的变革需要中国的组织开发“集体领导力”，或曰“团队创造力”。迎接无型无式的跨越式创新时代，我们要获取新的实践发展能力，必须靠有组织的学习来建设“无束缚”的创新机制，这涉及法律、规章与规范环境，以及工作生活的习俗和氛围，即书中所说的“学习型基础设施”。团队学习和集体文化创新，是组织容量能力建设的切入点。在中国建设这种团队精神和创新机制，要面对的传统习惯，包括沿袭“体制”方面的挑战之深，是人类史上空前的：主要古代文明体系中，华夏是唯一连续传承至今未断的，但至少从宋朝开始，有千年积弱，百年救亡，内忧外患，社会组织细胞活力历尽内外创伤。现在要从注重模仿外部“先进”，甚至全盘照抄西方，到自主创新，就变成无型可依，无式可守了。也许我们更要学习的是如何“卸载”，如何改变根深蒂固的思维习惯和行为传统。而这样的深度思想解放和深层学习实践，这样的个人和集体修炼与文化变革，若非大愿心，绝无成功可能。

愿心成就精进的勇气。如书中所讲，在坚定的志向目标指导下，在认清现实的基础上建立清晰的愿景，可以让我们保持创造性张力；但无论对个人或组织而言，真实的愿景都是相对于现实的演进而不断变化的。在现实中，华夏延绵数千年人本文化的底蕴，是中华复兴的深层动力；而千年积弱的传统习惯与全球工业化时代物质消费主义的结合，则成为和谐发展的深层阻力。动力和阻力、危机与机遇并存，有如阴阳一体的变革之舞。可持续发展之道正如《易经》所言：穷则变，变则通，通则久。

这次的翻译任务，包括《必要的革命》等共6本彼得的书，是索奥中国正式成立以后的一项基础工作，不培育团队协作是无法完成的。对这项“投资”或投入的决策和领导力来自索奥中国的董事会集体：

彼得·圣吉、刘晓红、宋军、车建新、陈肖纯、罗杰·伯顿（Roger Burton），具体工作由李晨晔和我负责。彼得和合著者布莱恩·史密斯，双日出版社的代理博达公司的 Annie 陈，中信出版社的王斌社长、潘岳女士都帮助促成了索奥与中信的战略合作。我们还得到太湖大学堂特聘教授魏承思博士和出版界老前辈董秀玉老师的热心指导，在此深表谢意。

这次全新扩充修订版的翻译工作有许多人参加，大家以协作学习的方式进行了部分内容的翻译和全部草稿的阅读修改工作，留下了难忘的记忆。朱蓉参加了第 17 章“发现并运用自然的模式”“新型领导者”和第 3 章“啤酒游戏”等小节的翻译，以及第 1~7 章、第 12~15 章、第 16 章部分、第 17 章部分和附录 1、3 等章节草稿的阅读和修改工作；彭天参加了第 8 章“保持必要的张力”、第 10 章“愿景为何夭亡”、第 13 章“一支适应型警队”和第 3 章“啤酒游戏”等小节的翻译，以及第 8 章、第 9 章、第 11 章、第 18 章、第 16 章部分、第 17 章部分和附录 2 等章节的草稿阅读和修改工作；孙茜参加了第 16 章“看清全球气候变化系统”小节、“我们就是系统，要如是生活”中两个小节和“2006 年英文修订版致谢”中的部分翻译工作，以及 1990 年英文版致谢和 2009 年中文版序言的草稿阅读和修改工作，并帮助完成了作者注的标注工作；冯辛可和王焕参加了第 15 章“领导作为老师”小节的翻译工作，另外冯辛可还参加了第 10 章草稿阅读和修改工作；李楠参加了第 10 章、第 12 章、附录 2 和全书图表文字的草稿阅读和修改工作，并帮助整理了全书二级目录；游弋帮助阅读了全书二级目录和“2006 年英文修订版致谢”，并提出了很好的修改意见；索奥中国行政管理团队的陈红和陈京瑜做了大量组织协调工作，另外，陈红还参与了第 3 章“啤酒游戏”部分内容的翻译和“修订版序言”、第 7 章部分草稿的阅读和修改工作，陈京瑜参与了“2006 年英文修订版致谢”的部分翻译工作；在半年多的时间里，彼得曾多次耐心解释原文中的一些难点和疑点；罗杰也多次帮助澄清原文含义并参加翻译团队的工作；而书中许多重要概念的翻译，是我与同事加伙伴李晨晔共同商讨完成的，还与李晨晔共同辅导了翻译团队。目前这个翻译团队还在增加新鲜血液，在索奥中国今后的出版翻译工作乃至跨界交流协作中，一定能焕发出更大的生机和活力。

张成林

2009 年 8 月 20 日于北京

图书在版编目（CIP）数据

第五项修炼：学习型组织的艺术与实践 /（美）彼得 · 圣吉著；张成林译 . -- 北京：中信出版社，2021.4

（中信经典丛书 . 001）

书名原文：The Fifth Discipline

ISBN 978-7-5217-2887-3

Ⅰ . ①第… Ⅱ . ①彼… ②张… Ⅲ . ①企业管理－组织管理学 Ⅳ . ① F272.9

中国版本图书馆 CIP 数据核字（2021）第 042478 号

第五项修炼——学习型组织的艺术与实践

（中信经典丛书 · 001）

著　　者：［美］彼得 · 圣吉
译　　者：张成林
责任编辑：杨杉杉
出版发行：中信出版集团股份有限公司
（北京市朝阳区惠新东街甲 4 号富盛大厦 2 座　邮编　100029）
承 印 者：北京中科印刷有限公司

开　　本：880mm × 1230mm　1/32　　印　　张：99.5　　字　　数：2287 千字
版　　次：2021 年 4 月第 1 版　　印　　次：2021 年 4 月第 1 次印刷
京权图字：01-2001-4129
书　　号：ISBN 978-7-5217-2887-3
定　　价：880.00 元（全 8 册）

服务热线：400-600-8099
投稿邮箱：author@citicpub.com

扫码免费收听图书音频解读

I

从0到1

开启商业与未来的秘密

ZERO
TO
ONE

NOTES ON STARTUPS, OR HOW TO BUILD THE FUTURE

[美] 彼得·蒂尔（Peter Thiel）
布莱克·马斯特斯（Blake Masters）
著

高玉芳
译

中信出版集团 | 北京

目录

推荐序 1

改变世界的逆行者

2014 年 11 月上旬，我去爱尔兰参加了一个名为 Web Summit 的网络峰会活动。之所以不辞劳苦去那里，是因为邀请我的组织者说，他们安排了我跟彼得·蒂尔同台演讲。这么近距离地接触硅谷创投教父的机会，我岂能错过！

爱尔兰去是去了，但因为组织者的原因，我除了在舞台上远远地看着彼得·蒂尔在演讲，跟他并无亲密接触。但我也并不遗憾，因为，彼得·蒂尔在我眼中已经超越了一个具体的人，而是一种精神和象征。他象征着美国异想天开、特立独行但又脚踏实地、从无到有的创新精神。这种人，如同乔布斯，死了依然活着，活着又何必着急见面？

随着 PayPal（贝宝）的创办，彼得·蒂尔开始登上硅谷创新的舞台中央。在 PayPal 卖掉之后，他和他的同事——包括埃隆·马斯克在内的人称“PayPal 黑帮”的一群哥们儿，重新出发，做特斯拉的做特斯拉，办领英（LinkedIn，一家面向商业客户的社交网络服务网站）的办领英，而彼得·蒂尔选择做投资，创办了创始人基金（Founders Fund），开启了硅谷投资界的新格局。

彼得·蒂尔闯入硅谷投资界，本身就以一个颠覆者的形象出现。他有一句非常著名的对硅谷投资者的批评：“我们需要能飞的汽车，但结果却得到了 140 个字符（指技术含量不高的推特）。”（We wanted flying cars, instead we got 140 characters.）他批评其他 VC（venture capital，风险投资）为了谋求短期快速的利润，只敢投资轻量资本的创业，导致人类几十年来在比特层面进步很大（互联网），但在原子层面进步很小（尖端科技）。他的标志性投资，做的是探索宇宙的火箭、取代人类的机器人、高层算法的人工智能、治疗癌症的药物、虚拟现实的沉浸设备等。这里面有一些行业现在已经逐渐升温甚至炙手可热，但在当年彼得·蒂尔投资的时候是所有 VC 唯恐避之不及的重资产高风险行业。

有一个笑话说，如果你发现路上所有的车都在违规逆行，那大概是你自己开反了。而彼得·蒂尔就像这样一辆车，他不仅一往无前、无所畏惧地逆向而行，还让路上所有其他的车困惑和怀疑是不是自己开反了方向。这就是为什么彼得·蒂尔的创始人基金在硅谷资金规模并不是最大，历史也并非最长，但它的影响力却超越了国界与时代，直接照亮了世界与未来。

在彼得·蒂尔所有被人称道的重大决策里，最让我敬佩的是他创办了旨在鼓励高中和在校大学生休学创业的“20 under 20”项目。这个项目，每年选出 20~25 个 20 岁以下的青年天才，两年之内给他们 10 万美元去做他们自己最想做的创业项目。这个项目的官网上写着一句话：有些创意实在不能坐等!（Some ideas can't wait.）——确实，假如比尔·盖茨或马克·扎克伯格等到从哈佛毕业再创业，人类就不会有微软和脸书，或微软和脸书就不是比尔和马克的了！

即使在美国这个崇尚自由的国家，彼得·蒂尔推出的这个“20 under 20”项目还是引发了巨大的争议。人们指责这个项目鼓励学生追求商业成功而偏离学业。哈佛大学前校长萨默斯甚至说这是“10 年来导向性最错误的慈善项目，它旨在贿赂学生抛弃学校教育”。

但是，这个项目成立 4 年来，在美国以及世界各地引发了同样巨大的积极反响。麻省理工学院在项目成立之初就热烈祝贺它的两个学生入选，并鼓励他们可以随时回来。彼得·蒂尔要证明的是：人们除了高等教育，还有其他的成功路径。

在该项目的网站首页，彼得·蒂尔引用马克·吐温的一句话来表明他的哲学：我从来没有让上学这件事干扰我的教育。（I have never let my schooling interfere with my education.）通过这个项目（后来改名为“蒂尔奖学金”），彼得·蒂尔向传统教育和人才观发起了挑战。可以想象，假以时日，从这个项目里必将涌现出一批优秀的公司和著名的企业家，将在许多方面彻底改变人们对教育、对成长、对创业以及对人生的某些固有态度，推动社会更快速的进步，推动人生更自由地发展。彼得·蒂尔奉献给世界的，将不仅是一批伟大的公司和科技，还包括他这种站在人类发展高度来考虑问题的思想。

作为中国天使投资人，我密切关注着彼得·蒂尔的各种投资和言论，并获益匪浅。他的这本新书《从 0 到 1》在国外出版前，我就有幸先睹为快，看到了朋友从美国寄来的英文文稿。中信出版社及时推出中文版，对中国投资人、创业者、政府机构、教育机构，都是一件令人喜悦和激动的事情，希望彼得·蒂尔的创投思想与实践被更多中国读者所熟知。我也一直在考虑，在中国推动成立一个类似“蒂尔奖学金”的项目——也许考虑到中国特色，这个项目必须改名为“22 under 22”（22 岁是大学毕业的年龄），一个以应届毕业生为主的创业奖励项目，想来不会引发一个馒头之类的血案吧？

我以为我是一个思想领先的人……没想到，中国教育部在 2014 年 11 月就颁布了支持大学生休学创业的政策。无论这个政策出台的背景是什么，彼得·蒂尔对青年人创业的强劲推动和支持，显然是这个波及全球的创业大合唱里最强劲的声音，激发了世界各地的创业潮，鼓舞了无数中国青年创业者。

尽管取得了惊人的进步，但中国的创投事业还有很长的路要走。一个无奈的事实是：即使全球知名度已经相当高的阿里、腾讯、小米和京东，它们的产品在中国之外的用户依然微不足道。我在为彼得·蒂尔新书出版而高兴之时，不禁在想：中国何时才能诞生像脸书、谷歌、苹果、特斯拉这样征服全球的公司和产品呢？

我希望这样的时刻早日到来。也许那个时候，彼得·蒂尔就会常常来中国参加各种网络峰会的活动。到时候，我会让部下给他发个请柬，说来中国吧，可以跟徐小平同台演讲，然后放他鸽子……

徐小平

真格基金创始合伙人

写于2014年圣诞夜

推荐序 2

“道生一”的商业智慧

今天，企业短兵相接地展开激烈的竞争。市场仿佛一块有限的饼，当你不能勇猛地切得比别人更大时，你就开始落后，最后甚至出局。于是企业之间开始比拼速度，比拼执行，比拼谁能更快更好地复制和翻版新潮产品或商业模式。纵然如此努力，大多数企业仍然逃不脱靠微薄利润度日乃至亏损被淘汰的命运。

在彼得·蒂尔看来，这就是“从 1 到 n”的宿命。走在这条路上的企业厮杀在红海里，它们奉行的生存法则是从竞争对手那里夺食，出路就是足够勇猛，以在惨烈的竞争中做到第一。彼得·蒂尔认为，这种只会死盯着“有”，而局限于此消彼长的零和游戏实在不怎么高明。他推崇的是“从 0 到 1”，或者说“从无到有”“道生一”的智慧。这通过创新，给人类带来了更多可能性，创造新价值，让整个蛋糕变得更大。

20世纪中期技术高速发展，仅在1969年就发生了两件大事：人类登上了月球和互联网诞生。于是大家期望这个世界发生很多的“从0到1”，比如能源便宜得压根儿不用计量，能到月球上度假，等等。然而这些期望都落空了，在彼得·蒂尔看来，唯一获得大幅度改善的是计算机和通信的发展。他常感叹：我们曾经想要会飞的车，如今得到的却是140个字符（推特等新媒体以140字符为限）。

从0到1，或者说从无到有，意味着企业要善于创造和创新，通过技术专利、网络效应、规模经济、品牌等形成壁垒，从而实现质的垂直性层级跨越，由此开辟一个只属于自己的蓝海市场而成为这个市场的唯一，这样的垄断足可让企业安享丰厚的利润。

即便对整个商业社会而言，这样的模式也开辟了非零和游戏的疆域，着眼创造新价值，把市场的饼做大，这才是最终商业社会乃至人类社会的救赎之道。而与之相对，从1到n只是复制，创造不了新价值，甚至可能沦为遍地抄袭的山寨模式。

以此为维度去审视当代的企业，我们可以把企业的经营境界分为三层。

“从 0 到 1”与“从 1 到 n”的对比

从 0 到 1	从 1 到 n
创新	复制
质变	量变
垂直	水平
蓝海	红海
垄断	竞争
唯一	第一
非零和	零和
厚利	薄利

第一层境界：企业只是制造满足市场需求的产品，只要有原型，工业流水线可以让产品大量地复制生产出来。但产品有生命周期，市场有饱和度，利润空间也有限，这就是典型的从 1 到 n 的过程，只是一个量变的过程，只是企业追求赢利的过程。

第二层境界：企业创造了良好的组织基因，因而可以与时俱进地不断进化，实现纵向的传承。企业最好的产品就是企业自身。比如IBM公司，早期创立时主要业务是商用打字机，昔日和今日的产品完全风马牛不相及。但创建百余年来，IBM 建立的文化和制度基因是不断传承的，这推动IBM不断进化，持续创造商业的辉煌。不过这样的纵向传承仍然还是在企业内部，仍然属于从 1 到 n 的过程。

第三层境界：企业创造了社会基因或者思想基因，这可以跨越企业的边界，影响到整个行业乃至社会，实现横向的传承。比如苹果，它的成功远远超过了计算机或者手机单纯产品的范畴，影响也绝不仅仅限于苹果公司内部。甚至可以说，我们这个时代被深深打上了苹果的烙印，这就是从 0 到 1，企业创造的基因影响了社会文化和观念，乃至改变社会进程，这就是质变。

从 0 到 1 的重要性也不见得被所有思想大师重视。如最近非常热门的《21 世纪资本论》，在我看来，托马斯·皮凯蒂（Thomas Piketty）的论述非常精彩，但其中却有一个不足，就是他忽略了技术创新在经济发展中的意义。经济发展并不是一个零和游戏，不是说市场上有玩家的发展速度超过 GDP（国内生产总值）就一定会有其他玩家受损。没有考虑技术创新的作用而单纯讨论公平问题是有失偏颇的。托马斯·皮凯蒂的理论在从 1 到 n 的世界里可以成立，但他忽略了从 0 到 1 给人类带来的新的可能性和创造的新价值。

这也类似詹姆斯·卡斯（James Carse）对有限游戏和无限游戏的区分，有限游戏在边界里玩儿，是一种零和游戏，有确定的开始和结束，玩家只是在既定规则下争做赢家，有人赢就一定有人输。但无限游戏玩儿的就是边界，是一种非零和游戏，没有确定的开始和结束，玩家可以不断加入，新价值被不断创造出来，游戏因而可以不断延续。

值得关注的是，这本《从 0 到 1》绝非学术讨论或者思想大师们的论战，它自问世起影响就迅速超越了投资圈，在美国亚马逊图书畅销总榜上跻身前列。我在硅谷和彼得·蒂尔共进早餐聊起这本书时，他也流露出对这本书寄予厚望，期待通过亲身实战经验和心得的分享，真正推动这个世界，当然包括当前山寨泛滥的中国有更多的“从 0 到 1”。

《从 0 到 1》的成功，不仅仅在于彼得·蒂尔深入剖析了对于当代企业突围竞争红海至关重要的“大道”，更在于这本书凝结了他身经百战的智慧和经验精华。彼得·蒂尔是赫赫有名的“PayPal 黑帮”教父级人物，也是曾在谈判桌两边都坐过的人（做过创业者融资，也做过投资者），他是脸书的第一个外部投资者，仅这项投资就让他赚得上千倍的回报。

之所以被冠以“黑帮”的名头，是因为PayPal这个深具“从0到1”基因的支付公司，走出了许多商业领袖，衍生了不少名震商界的公司。如领英网的联合创始人里德·霍夫曼（Reid Hoffman），YouTube视频的联合创始人陈士骏，继乔布斯之后硅谷新的一位创新领袖、太空探索技术公司（SpaceX）和特斯拉的掌门人埃隆·马斯克，等等。我和唐彬从硅谷回国创立易宝支付，也正因为深受“PayPal黑帮”这种从0到1基因的影响。2013年，我参与央视大型纪录片《互联网时代》的制作，也专门造访了埃隆·马斯克、里德·霍夫曼和陈士骏等，他们正是互联网史上“从0到1”的典范。

这本《从0到1》要勾画的是“从0到1”的可复制基因，因此它的意义不仅在于提醒我们“从0到1”的重要性，更重要的是分享彼得·蒂尔亲身实践过的可操作方式和可行路径。相信《从0到1》在中国的问世，一定能给中国诸多拥有梦想，不甘于山寨模式而期待通过创造新价值去把握明天的创新者、创造者、创业者带来全新的启发和前行的动力。

余晨

易宝支付联合创始人

前言

商业世界的每一刻都不会重演。下一个比尔·盖茨不会再开发操作系统，下一个拉里·佩奇或是谢尔盖·布林不会再研发搜索引擎，下一个马克·扎克伯格也不会去创建社交网络。如果你照搬这些人的做法，你就不是在向他们学习。

当然，照搬他人的模式要比创造新东西容易。做大家都知道如何去做的事，只会使世界发生从 1 到 n 的改变，增添许多类似的东西。但是每次我们创造新事物的时候，会使世界发生从 0 到 1 的改变。创新的行为是独一无二的，创新发生的瞬间也是独一无二的，结果新奇的事物诞生了。

美国的公司，如果不在艰难的创新上进行投资，不管现在有多挣钱，将来都会以失败而告终。如果我们对已有业务进行调整，获取了它能给予我们的一切，会怎样呢？尽管听起来不可能，但答案似乎比 2008 年的危机更糟糕。今天的“最佳方法”可能会把我们引入死胡同，而最佳途径是未经尝试的新路径。

在这个世界上，无论私营还是公共机构，管理体系都极为庞大，寻求新的途径就像是希望奇迹出现一样。事实上，如果美国的工商企业想要成功，需要成千上万个奇迹的出现，这实在是太让人沮丧了，但有一件重要事情除外：人类之所以有别于其他物种，是因为人类有创造奇迹的能力。我们称这些奇迹为科技。

科技是神奇的，因为它能让我们事半功倍，将我们的基础能力提升到一个新的高度。其他动物受本能的驱使可以建造蜂巢等，但是，只有人类能够创造新事物，想出新方法。人类决定建造什么并非基于大自然赋予人类的基本选项，而是通过创造新科技，重新改写世界历史。这是我们教给小学二年级学生的基本常识，但是，在这个不断重复已有成果的世界中，它却很容易被人遗忘。

《从0到1》一书是关于如何创建创新公司的，主要基于本人作为 PayPal 和帕兰提尔公司（Palantir）创始人，以及脸书和太空探索技术公司等上百家初创公司投资者的经验写就。虽然我注意到许多模式，书中也有所涉及，但是本书绝非成功秘籍。创业秘籍并不存在，因为任何创新都是新颖独特的，任何权威都不可能具体规定如何创新。事实上，我注意到一个最为重要的模式：成功人士总能在意想不到的地方发现价值，他们遵循的是基本原则，而非秘籍。

此书源于2012年我在斯坦福大学所教授的一门关于创业的课程。大学生可能娴于几项专业技能，但是许多人从未学过在广阔的世界中如何应用这些技能。我教授此课程的主要目的就是帮助学生超越学术专业设定的路径，开创广阔的未来。我的一个学生布莱克·马斯特斯记下了详细的笔记，在校内外广为传阅。在《从0到1》一书中，我和他一起对笔记进行了修改，以适合更广泛的读者阅读。相信创新的未来不会只限于斯坦福大学或者硅谷。

第 1 章

未来的挑战

每当我面试应聘者时，都会问这样一个问题：“在什么重要问题上你与其他人有不同看法？”

这个不绕弯子的问题听上去很容易回答，其实不然。它挑战智力，因为每个人在学校接受的知识都是已被肯定的，一定被人赞同。它也挑战心理，因为每个努力去回答的人都必须说一些他们明知道并不为众人认同的看法，这需要勇气。出彩的回答很少，相对于智慧，这些想法缺少的更是勇气。

通常，我听到的回答都是这样的：

“我们的教育体制存在弊端，亟待改革。”

“美国是非凡的。”

“世界上不存在上帝。”

这些回答都不好。第一和第二个陈述可能是对的，但有许多人已经表示赞同了，而第三个只简单套用了常见辩论中一方的观点。好的回答应该按照下面这种模式：“大多数人相信 X，但事实却是 X 的对立面。”我之后会在本章给出自己的回答。

那么，这个反主流的问题和未来有什么关系呢？从小处看，未来只是还没有到来的时刻的集合。但是真正使未来如此独特和重要的并非因为未来没有发生，而是未来的世界会与此刻不同。这样看来，如果我们的社会在之后100年都没有发生变化，那未来就在100多年之后。如果在之后10年世界改天换地，那未来就触手可及。没有人能精准地预测未来，但我们知道两件事：世界必然会变得不同，但变化必须基于当今的世界。针对这个反主流问题，多数回答都是对现在的不同看法，而好的回答应该尽可能地使我们看到未来。

从0到1：进步的未来

我们期待的未来是进步的。进步可以呈两种形式。第一，水平进步，也称广泛进步，意思是照搬已取得成就的经验——直接从1跨越到n。水平进步很容易想象，因为我们已经知道了它是什么样。第二，垂直进步，也称深入进步，意思是要探索新的道路——从0到1的进步。垂直进步较难想象，人们需要尝试从未做过的事。如果你根据一台打字机造出了100台打字机，那就是水平进步。而如果你有一台打字机，又造出了一台文字处理器，那你就取得了垂直进步。

从宏观层次看，可用一个词代替水平进步，即全球

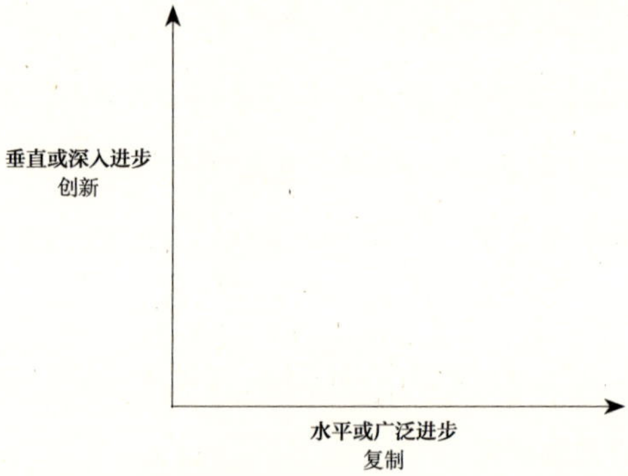

图 1-1　两种进步

化——把某地的有用之物推广到世界各地。中国是全球化的范例，它的 20 年计划就是成为今天的美国。中国已经直接复制了发达国家的有用之物：19 世纪的铁路、20 世纪的空调，甚至整个城市。也许这种复制可以使中国在建设道路上少走几步，比如，不用安装陆上线路，直接实现无线通信，但是，这依然是在复制。

垂直进步也可以用一个词来概括，即科技。近数十年信息技术的迅猛发展，已经给硅谷冠上了“科技之都”之名，但科技不仅限于计算机技术。任何新方法，任何可以使事情更易完成的方法都是科技，这才是对科技的正确理解。因为全球化和科技是不同方式的进步，它们可

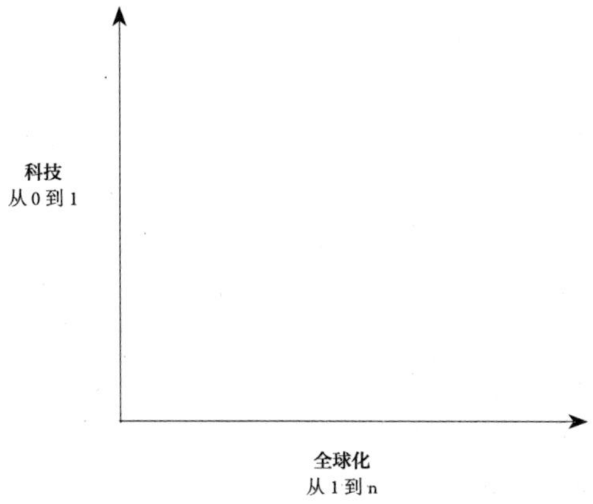

图 1-2　科技与全球化

能同时存在，也可能存在其中之一，或是都不存在。例如，1815—1914 年间，科技迅速发展，全球化也快速蔓延。从第一次世界大战到 1971 年基辛格访华，科技发展快，但全球化速度缓慢。从 1971 年开始，全球化加快，而科技发展只局限于信息技术领域。

在全球化的时代，不难预见，在未来数十年中世界会更加一体化、更加趋同。甚至连日常用语都显示出我们在某种程度上认为科技时代已经结束，例如所谓的发达国家与发展中国家的划分，表明“发达”国家已经获得了能够获得的一切成就，而落后的发展中国家只需要奋力赶上。

但我并不认同。对于上文的反主流问题，我的回答是：大部分人认为世界的未来由全球化决定，但事实是，科技更有影响力。没有科技创新，也许中国能源产量在未来 20 年会加倍，但造成的空气污染同样也会加倍。如果印度的亿万家庭也都像现在的美国家庭那样生活——只用现代工具，结果也将是对环境造成毁灭性的破坏。如果全世界都用同一种旧方法去创造财富，那么创造的就不是财富，而是灾难。在资源稀缺的今天，丢掉科技创新的全球化不会长久。

历史进程中从不会自然出现新科技。我们的祖先生活在一成不变的零和社会，在那个社会中，成功意味着从别人手中掠夺财物占为己有。他们极少去创造新的财富来源，长远来说会导致物资匮乏，人们生活艰难。从原始农业生活开始，到中世纪有了风车、16 世纪发明了天体观测仪，人类社会上万年的时间仅有零星的进步，直到 18 世纪 60 年代蒸汽机出现，再一直到 1970 年左右，现代世界才突然经历了一连串的科技进步。最后的结果是，我们继承的社会比之前任何一代人所能想象到的都更富足。

没有一个世代像 20 世纪 60 年代末我们的祖辈和父辈那样希望这种进步可以持续，他们希望一周只工作 4 天，能源便宜到不需要计量，度假可以去月球，但这些只是想象。智能手机使我们忽略了周围，也使我们忽视了周围的事物有多陈旧：只有计算机和通信自20世纪中叶取得了巨大发展。但这并不是说我们父母那一代对更好未来的期待是错的，他们只是错误地认为这种美好的未来会自己到来。今天我们面对的挑战是创造出新科技，使21世纪比20世纪更和谐、更繁荣。

创业思维

初创公司往往是新科技的诞生地。从政界开国元勋到科学界的英国皇家学会，再到商界的仙童半导体公司的“八叛徒”，人们肩负着让世界更美好的使命而聚成小团体。对“小团体”这种现象最简单的解释很消极：因为在大组织中发展新事物很难，而单打独斗更是难上加难。官僚阶层行动迟缓，效率低下，既得利益者不愿意冒险。在功能极端失调的组织中，要想获得晋升机会，告诉别人你在工作比挽起袖子做事更重要。（如果你所在的公司就是这样，你应该现在就辞职。）从另一个极端说，如果舍弃团体，一个孤独的天才可能会创造出经典的文学艺术作品，却不能创造出整个产业。初创公司遵守这样一个原则，你需要和其他人合作来完成工作，但也需要控制规模，使组织有效运转。

从积极的角度说，一个初创公司就是说服一群人，一起规划并铸就新的未来。一个新公司最重要的力量是新思想，新思想甚至比灵活性更重要，而规模小才有思考的空间。这本书提出了在创新之路上获得成功必须要解答的问题：它并不是一本指南，也不是单纯提供知识，而是一场思想运动。而恰恰每个初创公司都不得不做这场思想运动：质疑现有观念，从零开始重新审视自己所从事的业务。

第2章

像1999年那样狂欢

第 1 章提到的反主流问题——在什么重要问题上你与其他人有不同看法？这个问题其实很难直接回答。我们可以一步步入手，从基本的问题开始——相对于几乎没有人认同的事实，大家都赞同的观点是什么？尼采曾在精神错乱前写道：“个人发生精神错乱很少见，但对群体、政党、国家、时代而言，精神错乱却很普遍。”如果你能识别出那些不切实际的大众观点，你就能看到隐藏在这些观点背后的反主流事实。

思考一个基本命题：“企业的目的就是赢利，不是赔钱。”这一点对任何有思想的人来说都是显而易见的。但是在 20 世纪 90 年代后期，人们并不能清楚地领悟到这一点，当时的任何损失，都可以视为对未来发展所做的投资。传统的“新经济”观念将网站页面浏览量视为比利润更权威、更着眼未来的财务衡量标准。

其实当我们回头看时会发现，传统观念通常都是武断而错误的。每一个错误的传统观念都像破灭的泡沫，但是泡沫破灭了，它给世界带来的改变却没有消失。90 年代的互联网热潮是自 1929 年经济危机以来最大的泡沫，人们从中获得的教训决定也扭曲了人们今天对科技的所有观念。要想对此有一个清楚的认识，我们第一步要做的就是问自己对过去了解多少。

20世纪90年代的互联网热潮

20世纪90年代在我们的印象中一片繁荣，前景看好，而到了年代末互联网却由盛转衰，不过那之前也并非像我们追忆中的那么让人乐观。在90年代末那18个月（1998年9月—2000年3月）里，我们完全沉浸在网络的世界里，将全球化发展抛到了九霄云外。

1989年11月柏林墙被推倒，90年代伊始就令人精神振奋。但是好景不长，1990年中，美国经济陷入低迷。从技术上讲，1991年3月，衰退已结束。然而经济的恢复速度缓慢，失业率仍不断上升，直到来年7月。制造业也没能完全恢复，而向服务型经济的转变也漫长而痛苦。

1992—1994年底的美国，弥漫着令人压抑的氛围。美国士兵死在索马里摩加迪沙的画面在电视新闻中循环播放。工作机会流向墨西哥，加深了美国社会对全球化和美国竞争力的忧虑。1992年，这股消极暗潮把时任美国第41任总统的老布什拉下了台，并为罗斯·佩罗赢得近20%的民众选票——这是自1912年西奥多·罗斯福后，除共和党和民主党之外的“第三党”候选人的最好表现。不管是涅槃乐队的垃圾摇滚狂潮，还是人们对海洛因的痴迷，所反映的都不是希望和信心。

那时的硅谷也是一片萧条，日本眼看就要赢得半导体之战。互联网尚未起飞，一方面因为它的商业用途受到限制（直到 1992 年末），另一方面是缺少好用的浏览器。1985 年我在斯坦福大学时，发现大学中经济学专业最热门，而非计算机科学。对大多数在校生来说，科技专业另类又没有前景。

互联网改变了这一切。马赛克浏览器在 1993 年 11 月由官方发布，大众有了上网的途径。马赛克后来更名为网景，并在 1994 年后期发布了自己的浏览器——导航者（Navigator）。导航者迅速被接受，1995 年 1 月开始，从占浏览器市场 20% 到占 80%，只用了不到一年的时间。甚至在 1995 年 8 月公司还没有赢利的时候，网景就首次公开募股。在 5 个月内，网景股票从每股 28 美元猛升至每股 174 美元。其他科技公司也是一片繁荣。1996 年 4 月雅虎公司刚上市就估值 8.48 亿美元。亚马逊紧接着也在 1997 年 5 月以 4.38 亿美元的估值上市。到 1998 年春天，每家公司的股价都翻了两番。这些公司的收益是非网络公司收益的数倍之高，怀疑论者对此质疑。显而易见，市场已经陷入疯狂。

这样的疯狂虽可以理解，却不妥当。1996年末，即互联网泡沫破灭前3年，时任美联储主席艾伦·格林斯潘曾警告说“非理性繁荣”可能会导致“资产价格虚增”。科技投资者摩拳擦掌，但并未表现出明显的不理性。这确实太容易让人们忽视世界其他地方发展的不顺。

1997年7月东亚金融危机爆发。裙带资本主义和巨额外债使泰国、印尼、韩国的经济一落千丈。卢布危机在1998年8月接踵而来，俄罗斯那时已长期陷入财政赤字，货币贬值，负债累累。对这个没有钱却拥有上万枚核弹的国家，美国投资者坐立不安；道琼斯工业平均指数在仅仅几天内猛跌10%还多。

人们的担心是有道理的，卢布危机引发的一系列反应，击垮了美国高杠杆对冲基金——长期资本管理公司（LTCM）。美国长期资本管理公司1998年后半年设法将损失控制在了46亿美元，但仍负债1 000亿美元。面对巨额债务，美联储为了避免系统性灾难，斥巨资紧急援助，并且削减了贷款利率。欧洲也同遭浩劫。迎着大众的怀疑和冷漠，1999年1月上市的欧元在交易第一天升到了 1.19 美元，但是仅在两年间就跌到了 0.83 美元。2000 年年中，七国集团各国的央行不得不动用巨额资金来支撑它。

1998 年 9 月开始的短命网络热潮，其背景就是这样一个溃败无序的世界。旧经济无法应对全球化带来的挑战。如果想要未来更好，就一定要找到行得通的方法，而且要处处行得通。间接证据显示，互联网新经济是唯一可以前进的道路。

硅谷淘金热：1998 年 9 月—2000 年 3 月

互联网热潮虽很热却短暂，只维持了 18 个月。这是一场硅谷淘金热：到处都是金子，也不乏热情高涨却草率行事的淘金者。每周，都有数十个新企业竞相举办豪华开业派对（而庆祝成功的派对却很少见）。这些纸上百万富翁为上千美元的宴会买单，并企图用初创公司的股票来支付（有时甚至成功了）。大批人放弃了收入不菲的工作，或去开办公司，或进入初创公司上班。我认识一个 40 多岁的研究生，他在 1999 年开了 6 家不同的公司。（通常，40 岁的研究生就很让人感觉奇怪，一次开 6 家公司更是疯狂，但是在90年代末，人们却认为这些特质是成功的组合。）每个人都本应知道热潮无法长久持续，那时最“成功”的公司好像拥有一种反商业模式，在这种模式下，公司虽然在发展，却一直在亏损。但是音乐在播放，我们没法责备那些随音乐舞动的人。想想公司名字里加一个“.com”，价值就能一夜翻倍，不合理的便都变成了合理的。

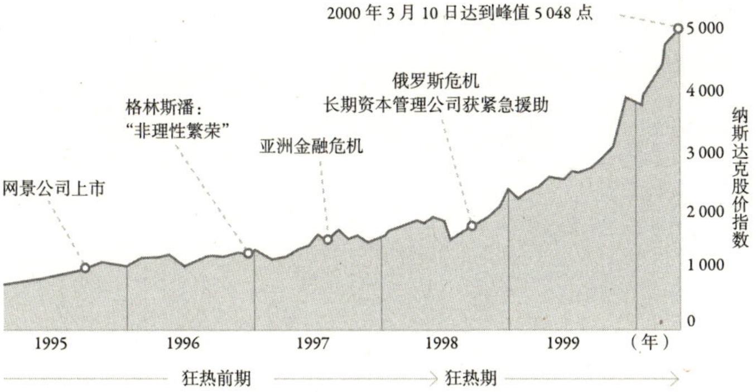

图2-1　网络公司的兴盛

PayPal狂热

1999年末，我经营起了PayPal公司，当时真是又惊又怕——并非因为我不相信我的公司，而是因为好像硅谷里的每个人都时刻准备着相信任何事。我目光所及的每个地方，人们随心所欲地开创公司、改革公司。一个熟人告诉我他在成立自己的公司前，就已经在卧室里计划好了要上市——他并不认为这有什么奇怪的。在这种环境里，理智地行事才是怪事。

至少PayPal公司有一个能算得上宏伟的目标，一个在网络泡沫破灭之后被怀疑论者视为宏伟的目标——我们想要创造一种新的网络流通货币来替代美元。我们的第一个产品可以使人们用掌上电脑转账，但是却没人需要这个产品，记者甚至把这个想法评为1999年最糟糕的十大商业构想之一。掌上电脑当时还是稀罕物，但是电子邮件已经普及，所以我们决定另辟蹊径——开发一个电子邮件支付系统。

直到1999年秋，我们的电子邮件支付产品都运转良好——每个人都可以登录我们的网页转账，很简便。但是我们的用户仍不够，而且增长缓慢，成本却在上涨。如果想要PayPal维持下去，我们需要至少100万用户。广告影响力过弱，得不偿失；和大银行的预期交易也频频落空。于是我们决定付钱让人注册，以此吸引客户。

每位新用户一注册即可得到10美元，每推荐一个朋友来注册就能再得 10 美元，这个方法帮我们招来数十万新用户，用户呈指数级增长。当然，这个揽客战略本身并不持久——你要付钱让用户注册，呈指数级增长的用户就意味着呈指数级增长的成本。天价成本在当时的硅谷司空见惯，但是我们的脑袋还是清醒的，我们认为这一战略还是理性的。考虑到巨大的用户基数及我们从顾客的交易中收取的小额手续费，我们肯定会获利。

我们知道达到目标还需要更多资金，我们也清楚繁荣景象即将逝去。我们并不指望投资者会相信我们能渡过即将到来的难关，所以在冲击到来前公司尽力筹资。2000 年 2 月 16 日，《华尔街日报》发表了一篇报道，称赞我们公司发展迅速，并且暗示 PayPal 公司已经价值 5 亿美元。报道发表的第二个月，我们筹资已达 1 亿美元，而我们最重要的投资者把《华尔街日报》对我公司的估值视为权威。其他投资者更是忙不迭地向我们公司投资。一家韩国公司甚至没有经过协商签合同，直接电汇给我们 500 万美元。我想把钱还回去，他们也不告诉我地址。2000 年 3 月那轮融资给了我们取得成功的时间。我们刚一完成交易，网络泡沫就破灭了。

获得的经验教训

“他们说派对在2000年午夜12点结束，哎呀！没时间了！所以，今晚我就要办一个派对，像1999年那样狂欢！”

——王子（Prince）

纳斯达克指数在2000年3月中旬达到了峰值5 048点，然后在4月中旬跌至3 321点。在2002年10月降到1 114点触底反弹之前，市场崩溃一直被解读为对90年代科技乐观主义的审判。而这之后，曾经充满希望的90年代又重新被定义成疯狂贪婪的时代。纳斯达克的崩溃宣告了这个时代的终结。

每个人都慢慢开始用不确定的眼光去看待未来，任何提出年度计划而非季度计划的人都该被当作极端分子避之唯恐不及。全球化代替科技成为未来的希望。90年代从“砖块到网络”的转变没有取得预期的成果，投资者又重新把目光放到了砖块（房地产）和金砖国家（全球化）上，结果造成了另一场泡沫——这次发生在房地产市场。

遭受硅谷之劫的企业家从中学到4点经验，这些经验

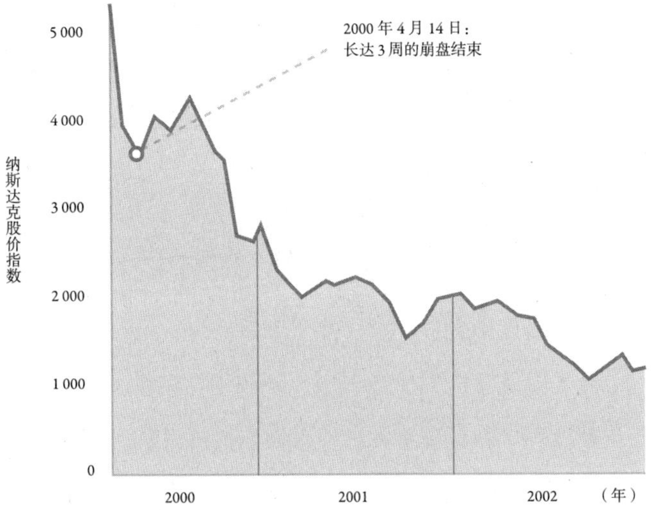

图 2–2　网络公司的衰败

直到今天仍在主导商业思想：

1. 循序渐进

不能沉溺在宏大的愿景中，否则会使泡沫膨胀。自称可以成大事的人都不可信，因为心存改变世界之雄心的人通常要更加谦逊。小幅地、循序渐进地成长是安全前进的唯一道路。

2. 保持精简和灵活性

所有的公司都必须留出一定空间，不要事事都严格计划。你不知道你的事业会变成什么样，事先规划通常既死板又不现实。相反，你应该做些尝试，反复实践，把创业当成未知的实验。

3. 在改进中竞争

不要贸然创造一个新市场，以现成的客户作为出发点创业才更有保障。成功者已经创造出被认可的产品，在此基础上加以改进，才是可取之道。

4. 专注于产品，而非营销

如果你的产品需要广告或营销人员去推销，就说明你的产品还不够好：科技应用于商业应该主打产品开发，而不是分销。在泡沫年代打广告显然都是浪费，唯一持久的成长是爆发式成长。

这些经验教训在创业领域成了信条，忽视它们的人被认为会遭受2000年美股大崩盘、科技股重挫那样的厄运。然而这些法则的对立面可能更正确：

· 大胆尝试胜过平庸保守。

· 坏计划也好过没有计划。

· 竞争性市场很难赚钱。

· 营销和产品同样重要。

确实，科技发展中存在泡沫现象。90年代后期人们狂妄自大，相信自己可以实现从0到1的跨越。结果，只有少之又少的初创企业实现了这个跨越，许多公司只是空谈而已。但是人们明白，我们别无选择，我们必须找到事半功倍的方法。2000年3月，市场显然已经达到了疯狂之巅。虽不明显但更重要的是，人们这时也最为清醒，他们放眼未来，考虑未来发展需要哪些有价值的新科技，并相信有能力创造新科技。

我们仍然需要新科技，甚至还可能需要用1999年的那种狂热去寻求新科技。要想建立新一代企业，我们必须扔掉之前陈旧的教条。但这并非意味着那些教条的对立面就一定是正确的，因为就算你有心逃脱，大众洪流也会裹挟着你向前。相反，要问自己：你对企业的认识有多少是基于对以往过错的错误反应形成的？最反主流的行动不是抵制潮流，而是在潮流中不丢弃自己的独立思考。

第3章

所有成功的企业都是不同的

如果把我们之前提出的反主流问题用在商业上，那就是：还有什么有价值的公司没有成立？这个问题同样比看起来要难回答，因为虽然你的公司自身还不是很有价值，但是已经可以创造价值了。创造价值还不够，你还必须抓得住自己创造的那部分价值。

这就意味着即使大公司也可能经营不善。比如，美国航空公司每年都要接待几百万乘客，创造数千亿美元的价值。但在2012年，飞机票价平均178美元，每次飞行航空公司只能从每位乘客身上赚到37美分。而谷歌，创造的价值相对少，但是从中赢利却多得多。谷歌2012年只创造了500亿美元的价值（而航空公司创造了1 600亿美元），却从中获利21%——利润率是当年航空业的100多倍。谷歌的巨额利润使它的市值是所有美国航空公司市值之和的3倍多。

多家航空公司之间存在竞争，但是谷歌却只有一家。经济学家用两个简单模型解释了这两种现象：一是完全竞争，二是垄断。

在经济学入门的第一课中，“完全竞争”是一种理想的、默认的状态。所谓的完全竞争市场在供求相当时达到平衡。处于竞争市场中的每个公司之间没有差别，卖的都是同质产品，因为这些公司都没有市场支配力，其产品价格必须由市场定。如果有钱可赚，就会有新公司入市，这样供给量上升，价格下落，起先吸引这些新公司的利润又荡然无存。如果进入市场的公司太多，这些公司就会亏损，一些还会倒闭，最终价格会回到可维持的水平。在完全竞争下，从长远来看，没有公司会获得经济利益。

与完全竞争相反的是垄断。竞争性公司的产品由市场定价，而垄断公司拥有自己的市场，所以可以自己定价。没有了竞争，垄断公司可以自由决定供给量和价格，以实现利益最大化。

在经济学家眼中，无论垄断企业是靠什么方式成立的，是要手段消灭了竞争对手，还是从政府那儿弄到了许可证，抑或是靠创新一步步攀到了顶峰，它们都是一样的。在本书里，我们不讨论非法强霸，也不涉及政府宠儿。这里的“垄断企业”指的仅仅是一种企业，它供给消费者的产品其他企业无法供给。谷歌就是从0到1的范例：自21世纪初谷歌就已经将微软和雅虎远远抛在身后了，在网络搜索领域无人可敌。

美国人神化了竞争，赞颂竞争使他们免于落入排队领面包的窘境。事实上，资本主义和竞争的概念恰恰相反。

资本主义基于资本的累积，而如果处于完全竞争之下，利润就会消失。企业家从中获得的教训很清楚：如果你想创造并获得持久的价值，不要只是跟风建立一个没有特色的企业。

企业的谎言

世界上有多少真正垄断的市场？又有多少真正完全竞争的市场？这很难说，因为我们对垄断和竞争的认识本身就很模糊。在旁观者看来，所有企业都一样，他们只能看

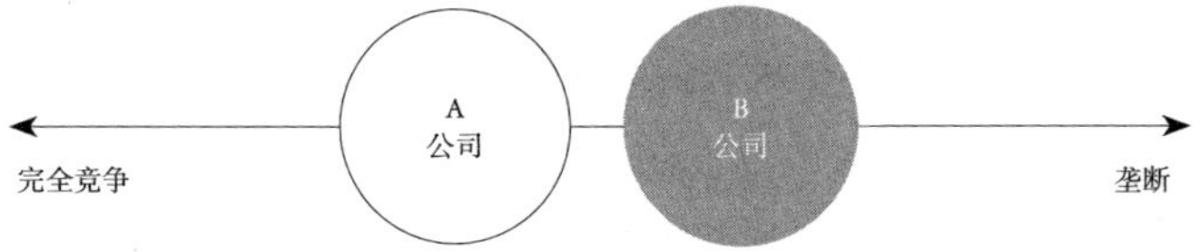

图 3–1　认识：公司都差不多

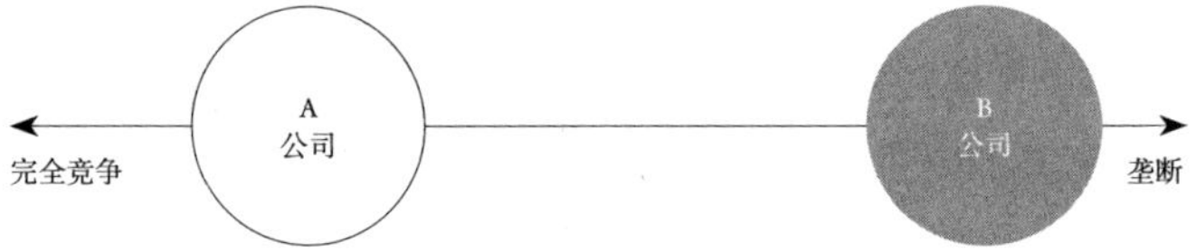

图 3–2　现实：公司差别很大

出两者间的一些细微差别。

但是事实要更为两极分化。完全竞争和垄断之间存在巨大差别，因此大多数企业都比我们想象中的更靠近这两个极端之一。

我们对两者的模糊概念源于企业从对己有利的角度描述市场：不管是垄断者还是竞争者，都乐于歪曲事实来维护自己的利益。

垄断者的谎言

垄断者为了自我保护而撒谎。他们知道炫耀垄断会招致检查、审核，甚至遭受打击，所以为了继续不受干扰地获得垄断利润，他们会想方设法地隐瞒垄断这个事实，通常的方法是夸大（并不存在的）竞争。

可想而知，对外，谷歌当然不会宣称自己是垄断企业。但它到底是不是垄断企业？这取决于它垄断了什么。我们一起来分析一下。谷歌以做搜索引擎起家。到2014年5月，它占有了68%的市场。（微软和雅虎是它最强劲的对手，分别占有大约19%和10%的市场。）如果这还没有足够显示出它的优越，那么还有一个事实——“谷歌”已经作为一个动词被编入《牛津英语大词典》，而这是必应（微软推出的一款搜索引擎）做不到的。

但是假设谷歌刚开始是一家广告公司，那情形就不同了。美国搜索引擎广告市场的规模是每年 170 亿美元，网络广告是每年 370 亿美元。整个美国广告市场是 1 500 亿美元，而全球达到了 4 950 亿美元。所以即使谷歌完全垄断了美国搜索引擎广告市场，也只占全球的 3.4%。从这个角度来说，谷歌只是这场竞技赛中一名不起眼的小卒。

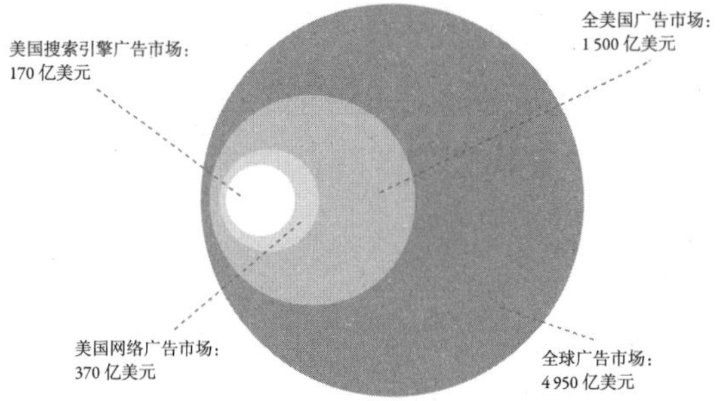

图 3-3　广告市场的规模

如果我们把谷歌定位为多元科技公司会怎么样呢？这个假定很合理，因为除了搜索引擎，谷歌还做其他十几款不同的软件产品，比如自动驾驶汽车、安卓手机、可穿戴装置。但是 95% 的收益仍来自搜索引擎广告；其他产品的收益在 2012 年只达到了 23.5 亿美元，而且针对科技消费者的产品的收益只占了其中一小部分。全球科技类消费品市场的规模达到了 9 640 亿美元，谷歌只占了不到 0.24%——与垄断简直相差了十万八千里。谷歌把自己定位成一家科技公司，可以躲开注意力，省去麻烦。

非垄断者的谎言

非垄断者的谎言与垄断者相反，他们不会夸大竞争对立，而是会说："我们结成了自己的联盟。"创业家通常倾向于对市场竞争轻描淡写，但这却是初创公司犯下的最大错误。而最致命的诱惑就是将市场描述得太狭小，好像你可以理所当然地驾驭它一样。

假如你想要在美国加州的帕洛阿尔托开一家英式餐厅，你可能会这样找理由："没人在那里开英式餐厅，我们拥有整个市场。"除非这个市场明确需要英式食物，否则你说的就是错的。如果现实是本地餐厅市场占主导，怎么办？如果附近城镇的所有餐厅都是市场的一部分，又怎么办？

这些问题都很尖锐，但是更大的问题是你内心根本就不想问自己这些问题。当你听到大多数新开的餐厅在一两年内就关门了，你的本能会告诉你——你的餐厅肯定不会这样。你会设法向人们证明你是个例外，而不是认真思考是否真是这样。你最好停下来，思考一下在帕洛阿尔托是否有热衷于英式食物的消费者，而很有可能根本就没有这样的消费者存在。

2001 年，我和 PayPal 公司的同事经常在山景城的卡斯特罗大街上吃午餐。我们从最常见的菜系开始选择餐厅就餐，比如印度菜、寿司、汉堡。当我们选定一个菜系时，会有更多的选择：北印度菜、南印度菜，便宜的、昂贵的，等等。与竞争如此激烈的当地餐厅市场比起来，PayPal 公司在当时是世界上唯一一家开发电子邮件支付系统的公司。我们雇用的人比卡斯特罗街上的餐厅雇用的少，但是我们的生意却比这些餐厅加起来还有价值得多。开一家南印度菜餐厅很难赚钱。如果你忽略了激烈的竞争而只看到你开的菜馆那些细微的特色——也许你认为你家的印度抛饼很棒，因为你曾祖母给了你超棒的配方——那么，你的生意不可能持续下去。

创意产业也遵循同样的原则。没有一个编剧愿意承认他的新电影剧本只是新瓶装旧酒，相反，他们更乐于听到：“这部电影用一种崭新的手法将各种激动人心的要素融合在一起。”这或许是真话。假设他的想法是让说唱歌手杰斯在糅合了电影《黑客》和《大白鲨》的一部影片中担任角色：一个说唱歌手加入了黑客精英组织，然后去捉一头杀害了他朋友的鲨鱼。这绝对是前所未有的，但就像帕洛阿尔托缺少英式餐厅一样，那可能是有原因的。

非垄断者通过把他们的市场定义成各种更小市场的交集来夸大自己的独特性：

图 3-4 你的市场是交集还是并集

英式食品∩餐厅∩帕洛阿尔托

说唱歌手∩黑客∩鲨鱼

相反，垄断者通过把他们的市场描述成若干大市场的并集来伪装他们的垄断性：

搜索引擎∪手机∪可穿戴装置

计算机∪自动驾驶汽车

垄断者自己编造的并集故事在现实当中的情况如何呢？让我们来看看谷歌董事长埃里克·施密特在2011年的国会听证会上做出的陈述：

我们面对一个极其严酷的竞争格局，消费者有大量的选择去获取信息。

将这个公关说法转成更直白的陈述是：

谷歌只是大池塘里的一条小鱼，我们可能随时被人吞下肚去，我们不是政府正在寻找的垄断企业。

冷酷无情的市场

竞争企业的问题远不只利润问题。想象一下，如果你正在山景城经营一家餐厅，而你的餐厅与数十个竞争者相比并没有什么特色，你就不得不费尽心力将餐厅维持下去。

如果你给消费者提供价格实惠的食物，自己获利很少，你就只能给员工发最低工资，而且你不得不减少不必要的开销，甚至降低工作效率：这就是在小饭馆常见到老奶奶在前台招呼，小孩儿在后台洗碗的原因。即使高档餐厅也好不到哪里去，像米其林这样的星级评分系统为激烈的竞争推波助澜，主厨都快要被逼疯了。（法国大厨贝尔纳·卢瓦索是米其林三星得主，他曾这样说："如果失掉一颗星，我就会去自杀。"卢瓦索保持着他的等级，但是2003年他还是自杀了，因为一家法国餐饮指南调低了其餐厅等级。）竞争生态系统把人变得冷酷无情，甚至剥夺了人的生命。

谷歌那样的垄断企业则与众不同。因为不用担心和别的企业竞争，它有更大的自主权去关心自己的员工、产品和在更广阔世界里的影响力。谷歌的座右铭——"不作恶"，在某种程度上是品牌策略，同时也显示了成功企业的特性——即使严守道德，也不会影响公司的发展。在商界，钱就是一切，至少是非常重要。垄断者除了想着赚钱还有余力想其他事情，而非垄断者就不行。在完全竞争中，企业着眼于短期利益，不可能对未来进行长期规划。要想将企业从每日的生存竞赛中解脱出来，唯一的方法就是：获取垄断利润。

垄断资本主义

因此，垄断对产业内的人来说是好事，但是对产业外的人呢？巨额利润是否来自社会上其他人付出的代价？实际上确实如此：利润都是从消费者的钱包掏出来的，垄断者自然享有坏名声——但只在一成不变的世界里如此。

在静态的世界中，垄断者只是收租人。如果你垄断了市场，你就能提升产品价格；其他人没有选择，只能从你那里买。就像一款有名的桌面游戏：房地契在玩家之间轮转，但是游戏规则从来不会变，你无法通过重新创造一种更好的房地产开发方法来赢得游戏。在游戏中，房地产的相对价值固定不变，所以你能做的就是设法把它们全买下来。

但世界是动态的，我们可以创造更好的新事物。富有创意的垄断者创造出崭新的事物，给消费者更多的选择。有创意的垄断企业不仅对外界社会没有坏影响，相反，它们是使社会更美好的推动力。

就连政府也知道这些，因此还专门有部门努力创造垄断企业（授予新发明专利权），尽管也有另外的部门在扼杀它们（实行反垄断措施）。有人可能会质疑：仅仅因为第一个想出好点子，比如设计出手机软件，一个人就应该获得法律保护的独占地位吗？但是我们可以很清楚地看到：iPhone手机的设计、生产和营销给苹果公司带来的垄断利润就是对苹果公司的嘉奖，奖励它丰富了世界，而非人为造成稀缺，消费者也乐意花高价买一部好用的智能手机。

新兴垄断企业的活力解释了为什么老牌垄断企业不会抵制创新。有苹果公司的iOS操作系统打头阵，移动计算的崛起迅速把微软从长达数十年的操作系统的霸主地位推了下去。在那之前，微软的软件垄断取代了美国IBM公司20世纪60—70年代的硬件垄断。几乎整个20世纪，电话服务业被美国电话电报公司垄断，而现在每个人都能随便从一个供应商那里买来一部手机。如果垄断企业的趋势是阻碍进步，那我们应该抵制这种危险企业，但是进步的历史事实上是垄断企业不断更新迭代的过程。

垄断企业推动社会进步，因为数年甚至数十年的垄断利润是有力的创新动机。之后垄断企业会不断创新，因为利润给了它们规划长远未来的资本，它们有能力投资雄心勃勃的研究项目，这些是困在竞争之中的企业想都不敢想的。

既然如此，为什么经济学家却痴迷于企业间的竞争，把竞争当成一种理想状态呢？这是历史遗留下来的问题。经济学家的想法来自19世纪的物理学家：他们把个人和企业看成可互换的原子，而非独特的创造者。他们的理论描述了完全竞争的平衡态，因为这种平衡态模型很容易建立，而不是因为它代表了企业发展的最佳状态。但是值得一提的是，在这种由19世纪物理学衍生出来的长期平衡态中，所有能源都是平均分配的，而且所有事物都趋于静止——也被称为宇宙热寂（当宇宙的熵达到最大值时，宇宙中的其他有效能量已经全数转化为热能，所有物质温度达到热平衡）。不管你怎么看热力学，这都是一个很好的比较：在商界，平衡态即静态，静态就是死亡。如果你的公司处在竞争平衡中，那它的消失对世界丝毫没有影响，而和你公司相差无几的其他竞争企业随时都准备取代你的位置。

完美的均衡可能描述了大部分宇宙的虚无状态，甚至也是许多企业的特点，但是每个新发明的出现都和均衡相差甚远。在经济理论之外的现实世界中，每个企业的成功恰恰就是因为它做了其他企业不能做的事情。因此垄断并不是商界的症结，也不是异常存在，而是每个成功企业的写照。

托尔斯泰在《安娜·卡列尼娜》中以下面这段文字作为开头：“幸福的家庭总是相似的，不幸的家庭各有各的不幸。”而在商业中，情形恰恰相反。企业成功的原因各有不同：每个垄断企业都是靠解决一个独一无二的问题获得垄断地位；而企业失败的原因却相同——它们都无法逃脱竞争。

第4章

竞争意识

创造性垄断就是新产品既让大众受益，又可以给创造者带来长期利润。竞争意味着大家都没有利润，产品没有实质差异，而且还要挣扎求生。但是为什么人们相信竞争才是健康状态呢？回答是：竞争并不只是一种经济概念，也不只是个人和企业必须在市场中解决的麻烦，重要的是，竞争是一种观念——这种观念在整个社会中蔓延，扭曲了我们的思想。我们宣扬竞争，内化竞争的必要性，颁布竞争的条律，结果就是，尽管竞争越来越激烈，我们实际获得的却越来越少，我们把自己困在了竞争中。

这是一个简单的事实，但是我们都学会了对它视而不见。我们的教育体系既促使我们去竞争，也反映了我们对竞争的痴迷。成绩本身就是对每个学生竞争力的精准测度，分数最高的学生既得到地位又得到证书。我们用同样的方法教授年轻人同样的内容，而不顾个人的天赋和爱好。无法安静地一直坐在书桌前学习的学生，在环境的影响下感觉自己好像低人一等；而在考试和作业上出类拔萃的孩子最终都是在这个怪异的、与现实世界没有交集的学术界里找到个人定位。

越到高等教育阶段，这种现象越严重。优秀的学生自信地“往高处走”，直到竞争激烈到把他们的梦想吞噬殆尽。高等教育是一场困局，在高中时对未来有宏伟规划的学生，最后却陷入了与智力程度不相上下的同侪在传统职场上的竞争，如企业管理咨询和投资银行业务。为了获得把自己转变成一个墨守成规之人的特权，学生（或者家长）要支付数十万美元，并且学费仍在飙升，涨幅持续超过通货膨胀。为什么我们要对自己做这种事呢？

我多么希望自己年轻的时候就这么思考过。我的道路循规蹈矩，一个朋友曾在我八年级的纪念册上这样预测：四年后我会成为斯坦福大学的二年级学生。按部就班地上完了大学，我考入了斯坦福法学院，在这里我更加努力，追求更大的成功。

每个法学院学生都目标明确——得到最高分。因为每年，只有十几个学生从数以万计的学生中脱颖而出，成为最高法院的书记员。在联邦上诉法院工作了一年后，我终于得到了书记员的面试资格，面试官是肯尼迪和斯卡利亚法官。面试进行得很顺利，胜利在望。我想，要是我能当上书记员该多好，我这一辈子就不用愁了。但结果我失败了。那时候，我备受打击，意志消沉。

2004 年，创立了 PayPal 公司并将它卖掉之后，我偶然碰到了以前法学院的老朋友，他帮我整理过那次失败面试的申请资料。我们近10年没有联系过了。他开口讲的第一句话不是“你好吗”或是“真是好久不见啊”，相反，他咧嘴笑着问我：“彼得，你是不是很庆幸自己当年没有竞争上书记员？”从后来的发展趋势来看，我们都知道如果赢得当年那场竞争，我的人生就会向坏的方向转变。如果当年真的留在了最高法院，我可能这辈子都只能录取证言，起草别人的商业协议，而没有机会自己去创造新事物。很难说这两条路的差别有多大，只能说机会成本真的很高。这就像所有获得罗德奖学金的罗德学者都曾对前程充满期待。

战争与和平

教授们对学术界残酷的竞争轻描淡写，而经理人总是喜欢把商界比作战场。工商管理硕士随身都要带着克劳塞维茨（德国军事理论家和军事历史学家）和孙子的著作。战争的比喻用法已经深入日常商业用语中，如我们借助猎头（headhunters）组建的销售队伍（force），使我们能够掳获（captive）市场，大赚一笔（make a killing）。（括号中的英语，原意都与战争相关。）

为什么人们非要一较高下呢？马克思和莎士比亚给出的回答有助于我们理解几乎每种冲突的原因。

按照马克思所说，人们因为差异才会斗争。无产阶级和资产阶级因为观点与目标截然不同（来自不同的物质环境）而斗争。差异越大，冲突就越大。

对莎士比亚来说则恰恰相反，所有的斗争者都或多或少有些相似。由于没有什么好争的，所以他们为什么而争斗不得而知。《罗密欧与朱丽叶》开篇就说："两家人，同样尊贵体面。"这两家人差不多，但是他们互相敌对。随着矛盾升级，他们甚至变得更相似。直到最后，他们自己也忘记了最初矛盾产生的原因。

至少在商界，莎士比亚的理论更为高明。在公司内部，人们为了升职，时刻关注对手动态，而公司为获得市场也留意着竞争者。在所有人类冲突的戏码中，人们往往忽视了真正重要的事情，只把精力放在竞争对手身上。

我们把莎士比亚的解释放在现实世界中进行一下测试。基于《罗密欧和朱丽叶》，我们编出另一个故事《盖茨和施密特》。蒙太古（罗密欧的姓）家族就是微软，凯普莱特（朱丽叶的姓）家族就是谷歌。两大家族分别由两个计算机精英运营着，肯定会因为它们的相同点而发生冲突。

和所有悲剧故事一样，追溯时，这场冲突好像无法避免，但其实冲突是完全可以避免的。这两个家族来自迥然不同的领域，蒙太古开发操作系统和办公室应用软件，凯普莱特开发搜索引擎，它们有什么好争的呢？

争的东西显然很多。身为初创企业，两个家族各自独立发展，不想招惹是非。但是随着事业发展壮大，它们就开始把注意力放在彼此身上了。蒙太古心里总是想着凯普莱特，而凯普莱特也时刻注意着蒙太古。结果是什么？结果是微软的 Windows 系统遇上了谷歌的 Chrome OS，必应遇上了谷歌搜索，Explorer 浏览器和 Chrome 浏览器针锋相对，Office 办公软件和 Docs 办公软件争得不可开交，微软的 Surface 平板电脑和谷歌的 Nexus 平板电脑较劲。

就如两家的争斗最终牺牲了两家的孩子，微软和谷歌竞争的结果是：苹果公司冒出来，压倒了它们的优势。2013 年 1 月，苹果的市值是 5 000 亿美元，谷歌和微软加起来是 4 670 亿美元。而仅在 3 年前，微软和谷歌还都比苹果有价值得多。可见，竞争是一场高成本的买卖。

竞争使我们过分重视过去的机会，一味重复过去的模式。以最近迅速火起来的移动信用卡读卡器为例。2010 年 10 月，一家名为 Square 的初创公司推出了一款白色正方形、体积很小的产品，这款产品可以使人们用 iPhone 刷卡，读取信用卡信息。这是第一款针对手机设计的支付解决方案，模仿者顿时层出不穷。一家名叫 NetSecure 的加拿大公司，推出了自己的半月形读卡器。Intuit 集团又为这场几何图形战增加了圆柱形。2012 年 3 月，eBay（亿贝）旗下的 PayPal 又跟风发布了自己的读卡器，是三角形的——真是对 Square（词义为“正方形”）的“沉重打击”啊！三条边可比四条边简单多了。这场莎士比亚式的传奇故事看来要等到所有的形状都被模仿完才能落幕。

模仿性竞争的危害也许能解释为什么患有像阿斯伯格

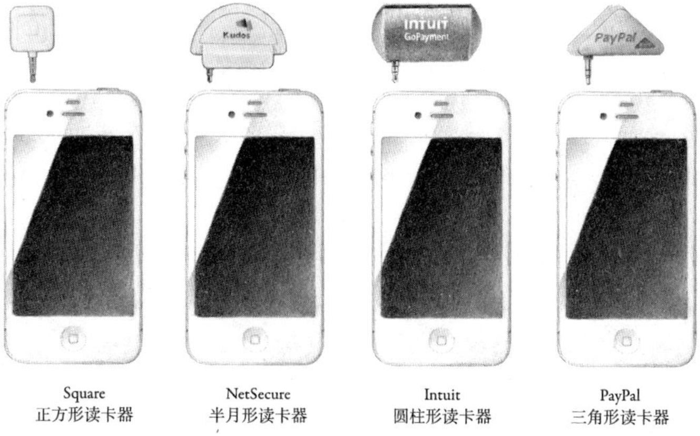

图 4-1　移动信用卡读卡器的几何图形战争

综合征（社交障碍）的人目前在硅谷更占优势。这些人对社会动态没那么敏感，因此不会盲目跟风。如果你对发明创造和计算机编程有兴趣，你就有勇气全身心投入其中，最终成为这些领域的精英。把技能运用到实际中时，你就不会那么容易放弃自己的信念：这可以使你免于陷入追求虚名浮利的竞争当中。

竞争使人出现幻觉，徒劳去抓一些并不存在的“机会”。疯狂的 20 世纪 90 年代出现的“机会”就是网上宠物商店。这是一场 Pets.com、PetStore.com、Petopia.com 和一大批其他网站的战争。它们经营的商品大同小异，每家公司都想打败对手，常问的战术问题都是：谁能给耐嚼的狗用玩具定个具有竞争力的价格？谁能给“超级碗”提出最好的广告创意？这些公司都忽视了更重要的问题——该不该涉足网络宠物用品市场？胜利肯定比失败好，但是如果这场战役不值得打，那每个参与者就都是输家。最终，Pets.com 在网络风潮结束后破产，3 亿美元的投资也随之烟消云散。

除了给人幻觉，竞争还让人分心。想想拉里·埃里森和汤姆·西贝尔之间的莎士比亚式冲突。拉里·埃里森是甲骨文公司的创办人兼首席执行官，汤姆·西贝尔在 1993

年自己创立西贝尔系统公司之前是甲骨文的高级销售人员，是拉里·埃里森的追随者。埃里森对西贝尔的背叛非常气恼，而西贝尔则不想一直处在前任老板的阴影下。这两个人都是强硬的芝加哥人，喜欢做生意，不想亏本。因为相似，他们的仇恨越来越深。埃里森和西贝尔在90年代后期互相拆台。埃里森曾经拉着一大卡车冰激凌三明治去西贝尔总公司，想要收买西贝尔的员工。三明治的包装袋上印着："夏日在即，加入甲骨文，光大你的事业与人生！"

奇怪的是，甲骨文故意持续树敌。埃里森的理论是有个敌人总是有好处的，只要他的威胁力足够鼓动员工而不会动摇企业。1996年，一家名为英孚美（Informix）的小数据库公司在红木滩的甲骨文总部旁竖了一块告示牌，牌子上挑衅地写道："注意——恐龙经过！"埃里森看到后极为兴奋。英孚美的另一块牌子立在101号南北向高速公路上，上面写着："您刚刚超越红木滩，我们也是。"

甲骨文回敬了英孚美一块告示牌，牌子上暗示英孚美的软件简直比蜗牛还要慢。英孚美的首席执行官菲尔·怀特决定针对个人进行攻击。当怀特得知埃里森崇尚日本武士文化时，他又立了一块告示牌，牌子上画了甲骨文的标识，旁边又画了一把断掉的武士刀。这则广告确实不是针对甲骨文公司的，更不是针对消费者的，而纯粹是对埃里森的个人攻击。不过怀特可能有点过分担忧这场竞争了，当他还在忙着立告示牌的时候，英孚美内部爆出了财务丑闻，怀特自己也因为证券诈骗入狱。

如果你不能把对手打败，那就和对手联合。1998 年，我和马克斯·列夫琴合伙创办了 Confinity 公司。当我们在 1999 年末发布 PayPal 的产品时，埃隆·马斯克的 X.com 公司就紧跟我们的脚步：我们公司的办公大楼在帕洛阿尔托的大学街上，和 X.com 公司隔了 4 个街区，但它的产品却和我们的极为相似。到了 1999 年末，我们陷入了全面战争。PayPal 的许多员工周工作时间达到了 100 小时。毫无疑问，结果不尽如人意，因为我们关注的并不是客观的生产效率，而是打败 X.com 公司。我们公司的一个工程师甚至为达到这个目的还设计了一枚炸弹，在一次会议上他展示了炸弹的图解，头脑还算冷静的人制止了这个计划，说他是因为极度缺乏睡眠。

但是在 2000 年 2 月，飞速膨胀的科技泡沫带来的恐惧远远超过了埃隆和我对彼此的恐惧：我们还没有决出高低，这场金融冲突就把我们一起冲垮了。所以 3 月初我们在一个距两家企业相同距离的咖啡店见了一面，然后一个股权比例为50:50的合并公司诞生了。处理合并后的竞争不是件简单的事，但是时间证明，即使有这个问题也是好的。作为一个整体，我们可以安全熬过网络泡沫，并建立起一个成功的事业。

有时你不得不投入战斗。需要的时候，你不仅要战斗，还必须得赢，没有中间选择：要么和风细雨、润物无声，要么暴风骤雨、速战速决。

这个建议也许很难做到，因为自尊和荣誉会拦着你，因此哈姆雷特说：

他仗着勃勃之勇气与天命之雄心，罔顾不测之凶险，
拼着血肉之躯奋然和命运、死神与危机挑战。
这全为了小小一块弹丸之地！
真正的伟大，并不只是肯为轰轰烈烈之大事奋斗，
而是肯为区区草芥力争一份荣耀。

对于哈姆雷特，伟大是肯为了微不足道的理由而抗争：每个人都会为重要的事进行斗争，而真正的英雄把他们个人的荣誉看得更重要，即使事情不重要，他们也会一争到底。这个扭曲的逻辑是人的天性，但是用在商业上却很致命。如果你能看出竞争不能带来价值的提升，而是充

满破坏力，那你就比大多数人要理智。下一章我们就来讨论一下如何以清醒的头脑去打造垄断的事业。

第5章

后发优势

规避竞争会帮助你打造垄断企业，但是只有经受住未来考验的企业才是成功的企业。比较一下《纽约时报》和推特（Twitter）公司的价值，这两家公司都雇用着几千名员工，都给数百万人提供了解时事的渠道。但是2013年，推特刚一上市，市值就达到40亿美元，是《纽约时报》市值的12倍还多。这之前，2012年，《纽约时报》刚赚了1.33亿美元，而推特处于亏损状态。那么，怎么解释推特公司的高溢价呢？

答案是现金流。这听上去很奇怪，因为《纽约时报》是赢利的，而推特是亏损的。但是一个企业成功与否要看它在未来生成现金流的能力。投资者认为推特在之后的10年中可以获得垄断利润，而报纸的垄断时代却会结束。

简单地说，一个企业今天的价值是它以后创造利润的总和。（正确估值一家企业，还要把未来现金流折算成今天的价值，因为相同额度的资金现值要比期值更有价值。）

通过比较现金流现值，我们能看出低增长企业和高增长的初创公司的明显区别。一家老公司（如报纸公司）如果能维持目前的现金流五六年，就可以保持自己的价值。但是任何公司在与同等实力的竞争者竞争时都会造成利润流失。夜总会和餐馆就是典型的例子：成功者今天可能收入不菲，但是现金流可能会在几年内减少，因为顾客总会选择更新更潮的地方去消费。

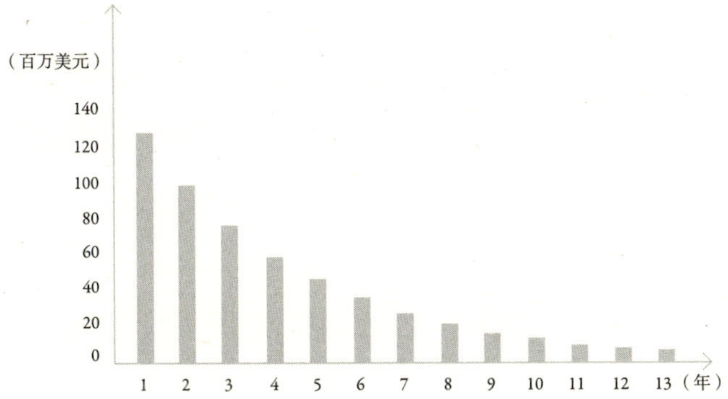

图 5–1　下滑企业的现金流现值

科技公司则走相反的道路——通常是开始几年亏损。因为创造有价值的东西需要时间，所以收益延迟。一家科技公司的大部分价值都会在未来至少 10~15 年得到体现。

2001 年 3 月，PayPal 公司开始获利，我们的收入以每年 100% 的速度增长。但当我预计未来的现金流时，我发现公司现有的 75% 的价值都来自 2011 年甚至之后的利润——对一个仅仅上市 27 个月的公司来说这太难以置信了，但事实最终证明其价值还是被低估了，现在 PayPal 公司继续以每年 15% 的速度增长，折现率也比 10 年前要低，而现在看来公司的大部分价值都来自 2020 年甚至之后。

领英是另一个典型例子，它的价值也来自遥远的未来。2014年初，领英的市值达到245亿美元——对一个2012年收入还不到 10 亿美元、净收益只有 2 160 万美元的公司来说，这已经非常高了。看到这些数字你可能觉得投资者都疯了，但是这个估值只有考虑到领英预测的未来现金流才有意义。

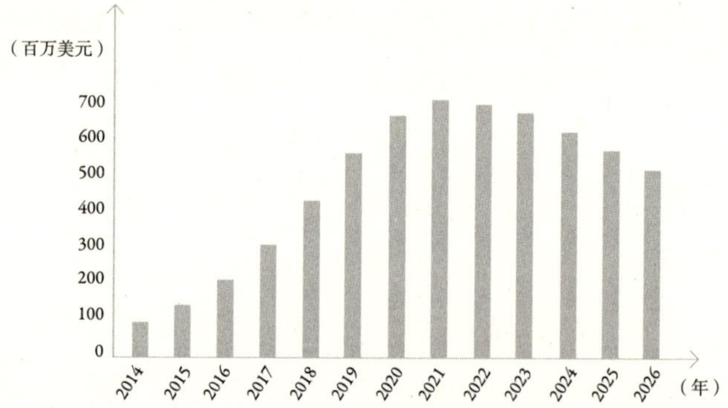

图 5–2　科技公司的现金流现值（领英）

这种对未来利润的看重即使在硅谷也违反常理。一个公司要想有价值，不但必须成长，还必须能持续发展，但是许多企业家只看到短期发展。他们有自己的理由：增长很好量化，但是没人知道一个公司能持续多久。热衷于量化的人痴迷于周活跃用户、月收益目标和季度收入报告。但是，你虽然可以得到这些数字，却忽视了更深层、更难量化的问题，而这些问题会威胁你公司的持久性。

例如，星佳（Zynga，一家社交游戏公司）和 Groupon（一家全球性的团购公司）短期的快速增长使管理者和投资者忽视了长远的挑战。星佳很早就在虚拟农场软件上获得优势，而且自称有“心理引擎”可以严格测评新版本的受欢迎程度，但是它最后破产了。原因和每个好莱坞制片厂一样：你怎么能确定你创造的流行文化可以一直满足变幻无常的观众口味？（没人知道。）Groupon 的产品被当地成百上千的企业试用，因此得到了飞速发展，但是让这些企业成为回头客比想象中要难得多。

如果你把短期增长看成重中之重，就会错过最重要的问题：10 年之后，你的公司还能存在吗？仅凭数字不能告诉你答案，你必须认真思考公司的本质特征。

垄断企业的特征

一家在未来具有大额现金流的公司是什么样的呢？每个垄断企业都有自己的特色，但是它们通常会综合以下几个特点：专利技术、网络效应、规模经济以及品牌优势。

但这些并不是你建立公司时要核对的清单，因为垄断企业是无捷径可走的。但是，按照这些特点分析自己的公司，可以帮助你思考怎么使你的公司更持久。

1. 专利技术

专利技术是一家公司最实质性的优势，它使你的产品很难或不能被别的公司复制。例如谷歌的搜索算法，搜索效果比其他搜索引擎都好。超短的页面加载时间和超精准的自动查询增加了核心搜索产品的稳健性和防御力。谷歌在21世纪初所向披靡，而现在很难有搜索引擎公司做到谷歌那时做到的事。

一般而言，专利技术在某些方面必须比它最相近的替代品好上10倍才能拥有真正的垄断优势。人们会认为，那些优势微不足道的产品只是有了一点改进而已，很少有人买，特别是在这个已经很拥挤的市场里。

要做出10倍改进，最明确的方法就是创造全新的事物。如果你在一个领域创造了前所未有的有价值的事物，理论上，公司价值就会无限增长。例如能安全消除睡眠需求的药物，或是秃顶的治疗方法，都会支撑起一家垄断公司。

或者你可以彻底改进一种已经存在的事物：如果你能做到10倍好，你就可以避开竞争。举个例子，PayPal使eBay的业务提升了至少10倍。之前邮寄一张支票至少7~10天，而PayPal使买家一拍下商品就能付款，卖家立刻就能得到收益，而且他们知道现金比支票更好。

亚马逊做出的10倍改进人人可见：他们提供的书至少是其他书店的10倍。1995年上市时，亚马逊就宣布要做成“全世界最大的书店”。不同于只能储存10万本书的零售书店，它不需要储存任何实体书——只要在顾客下单后从供应商那里得到书就行。这种对库存量的改进收到很好的效果，以致Barnes&Noble（巴诺书店，美国最大的实体书店）在亚马逊上市的前三天提起诉讼——称亚马逊不是个“书店”，而是“图书掮客”。

你也能通过出众的综合设计做出10倍的改进。2010年前，平板电脑在生活中并不实用，几乎没有市场。微软在

2002年首次推出了“微软Windows XP版平板电脑”，诺基亚2005年发布了“网络平板电脑”，但是都不好用。之后苹果公司发布了iPad。设计上改进的幅度很难衡量，但是苹果公司在所有方面做到了大幅改善：平板电脑从不好用变成了很有用。

2. 网络效应

网络效应使一项产品随着越来越多的人使用变得更加有用。例如，如果你所有的朋友都用脸书，那你注册脸书账号就有意义；而如果你只是单方面用一个与众不同的网络社交工具，那就显得奇怪了。

网络效应作用很大，但是除非你的产品在网络群组规模尚小时对初期用户已经具有价值，否则无法收到网络效应。例如，1960年一家名叫Xanadu的堂吉诃德式空想公司，开始开发一种运用于所有计算机之间的双向通信网络——万维网的雏形。但是30多年来徒劳无功，Xanadu最终在网络正要开始普及之前倒闭了。他们的技术也许能在一定规模时得到应用，但也只能在一定规模上才能使用，即需要每台计算机同步接入网络，而这不可能发生。

矛盾的是，享有网络效应的企业必须从非常小的市场做起。脸书的最初使用者只是一群哈佛学生——马克·扎克伯格的第一个产品是为了让同班同学注册，而不是吸引全地球人。这就是为什么成功的网络企业很少像工商管理硕士一样为了开公司而开公司，它们最初的市场很小，小到看上去根本不像一次商机。

3. 规模经济

垄断企业越大越强：开发一项产品的固定成本（设计、管理、办公地点）需要更高的销量来分摊。软件开发就享有非常大的规模经济效应，因为产品不需要重复地投入，边际成本趋近于零。

许多企业在扩大规模的过程中也只获得了有限利益，服务性企业尤其难做成垄断企业。比如你开了家瑜伽馆，你只能拥有一定数量的顾客；你可以雇更多的瑜伽老师，扩大训练场地，但利润还是有限。你永远不可能像软件工程师那样，以优秀的人才组成核心团队，为上百万顾客提供有价值的产品，他们所获得的利润可望而不可即。

一个好的初创企业在刚开始设计时就应该考虑到之后的大规模发展潜能。推特现在已经拥有了 2.5 亿用户，它不需要为了得到更多用户再添加定制的特性，其内在的运行机制可以让它持续增长。

4. 品牌优势

一家公司最显而易见的垄断是对自己品牌的垄断，因此打造一个强势品牌是形成垄断的有力方式。当今最强势的科技品牌是苹果：像iPhone手机和MacBook笔记本电脑那样的产品，具有吸引人的外观、一流的用料、时尚的简约设计、精心控制的用户体验、无所不在的广告、优质产品该有的价格和乔布斯的个人魅力，这些都使苹果打造出了属于自己的品牌。

许多公司都想效仿苹果：花钱做广告，开品牌店，使用高端的材料，玩味十足的主题演讲，设定高价格，甚至模仿它的简约设计。但是这些表面光鲜却没有强大的内在实质支持的科技根本不起作用。苹果在硬件（如超级触屏材料）、软件（如为特定材料设计的触屏界面）上都有一套复杂的专利技术。它的生产规模很大，足以主导原料的价格。而且其内容生态系统带来很强的网络效应：成千上万的开发者为苹果产品编写软件，因为苹果拥有亿万用户，而这些用户之所以选择苹果的平台，是因为这里有好的应用程序。比起耀眼的品牌形象，苹果的其他垄断优势都黯然失色，但是其他优势却使品牌优势更耀眼，加强了苹果公司对市场的垄断。

如果先靠品牌而不是靠实力来经营，也有很大隐患。自从玛丽莎·梅耶尔2012年中旬成为雅虎公司的首席执行官，她就在努力复苏这个曾经风行一时的网络巨擘。在一篇推文中，雅虎总结了梅耶尔的链式计划：“人先于产品，产品先于交易，交易先于收益。”消费者照理说会冲着这种很酷的理念而来，要知道，雅虎不仅通过改变企业标识来展现这种理念，而且收购了如汤博乐（Tumblr，目前全球最大的轻博客网站，也是轻博客网站的始祖）这样的热门初创企业，以此来表示自己仍然朝气蓬勃。同时，梅耶尔的个人明星效应也为雅虎吸引了媒体的注意力。但是有一个大问题：雅虎究竟要创造什么产品？当乔布斯返回苹果时，他并不只是把苹果打造成了一个很酷的工作场所，他还削减了生产线，只专注于少数能得到10倍改进的机会。没有科技公司可以只靠品牌发展。

建立垄断企业的方法

品牌、规模、网络效应和科技的组合可以打造一家垄断公司，但是要想使公司运行起来，还需要仔细选择市场，谨慎扩大范围。

1. 占领小市场

每个初创公司刚开始时都很小，每个垄断企业都在自己的市场内占主导地位，因此，每个初创公司都应该在非常小的市场内起步，宁可过小也不能大。理由很简单：在一个小市场里占主导地位比在大市场里要容易得多。如果你认为自己起步的市场可能太大，那就一定是太大了。

从小市场起步并不意味着去找一个不存在的市场，我们在经营 PayPal 的早期就犯过这种错误。我们的第一个产品使人们可以在掌上电脑上进行交易，这是个有趣的技术，而且没有人做过。但是，全球上百万的掌上电脑用户并不会集中在一个特定的地方，他们的共同点很少，而且他们也只是偶尔使用掌上电脑。没人需要我们的产品，所以我们没有顾客。

有了这次教训，我们把目光锁定在 eBay 的拍卖交易上，而且取得了首次成功。在 1999 年末，eBay 有数千个“超级卖家”，而仅仅专注地努力了 3 个月，我们的产品就已经被其中 25% 的卖家使用。比起千方百计地引起上百万散居各地的人的注意，赢得数千个确实需要我们产品的人的青睐要容易得多。

一个初创企业完美的目标市场是特定的一小群人，而且几乎没有其他竞争者与你竞争。任何大的市场都是错误选择，而且已经有其他竞争者存在的大市场更糟糕。这就是企业家想占价值1 000亿美元的市场的1%总是行不通的原因。实际上，在一个大市场中不是找不到一个好的出发点，就是会陷入竞争，所以很难达到那1%。如果侥幸获得了一个小小的立足之处，你应该为能够维持下去而感到高兴：因为残酷的竞争会吞噬你全部的利润。

2. 扩大规模

一旦你成功创造了或是主导了一个利基市场，就要逐步打入稍大些的相关市场。比如亚马逊，杰夫·贝佐斯的愿景是使亚马逊成为在线零售业的主宰，但是他很谨慎，以图书作为起步。虽然有无数的书入库待售，但是书都是相同的形状，很好装运，而且一些很难被卖出去的书也会吸引热爱这些书的热情的用户（而任何一家零售书店都不会为了这一点利益而把这些书存着）。亚马逊为那些家离书店远或是需要淘到稀有书籍的人提供了一个绝好的去处。

之后亚马逊有两个选择：增加已有的用户数，或是扩展到其他垂直市场。他们选择了后者，先从与图书最相近的光盘、影像和软件市场开始，然后继续增加品类直到成为世界级的“综合商店”。亚马逊这个名字来源于世界流域面积最大的河流——亚马孙河，它巧妙地暗示了这家公司的扩展策略。而生长在亚马孙河流域的亚马孙热带雨林，其生物的多样性也反映了亚马逊公司的第一个目标——提供这世界上各种各样的书。而现在，它则是要提供这世界上各种各样的东西。

eBay 也是从主导小的利基市场起步。当 1995 年向拍卖市场进军时，它不需要整个世界都立即接受它，因为针对小众兴趣的狂热用户群，产品卖得很好，比如曾出现的比尼宝宝（一种玩具）热。垄断了比尼宝宝的交易后，eBay 并没有直接跳到跑车或工业二手货上，而是依旧迎合小型收藏家，一直到它成为人们最信赖的可以交易任何物品的网上交易市场。

有时在扩张过程中会遇到未曾想到的障碍，eBay 近几年已经得到了这个教训。像所有的卖场一样，拍卖场会出现自然垄断的现象，因为买家会往卖家多的地方去，而卖家也会往买家多的地方来。但是 eBay 发现，拍卖模式最适用于个别独具特色的产品，例如钱币和邮票，却不太适用于日常生活用品：人们不会想为铅笔或纸巾叫价，从亚马逊上买更方便。eBay 仍然是个具有价值的垄断企业，只是 2004 年的发展没有达到人们的预期。

企业家往往低估了循序渐进发展市场的意义，其实市场需要有纪律地逐步扩大。最成功的企业会先在一个特定的利基市场占据主导，然后扩展到相近市场，它们的创业故事类似，都是由核心事业逐渐向外扩展。

3. 破坏性创新

硅谷迷上了“破坏性创新”。“破坏”是指一家公司可以用科技创新低价推出一种低端产品，然后逐步对产品做出改进，最终取代现存公司用旧科技生产的优质产品。个人计算机的出现瓦解了大型计算机市场，起初它毫不起眼，之后却成为主导。同样，现在的移动设备也许正在“瓦解”个人计算机市场。

但是，“破坏”最近已经被曲解成了形容因所谓新事物、新趋势而沾沾自喜的流行词。这个看上去无关紧要的流行词其实很有影响，它以内在的竞争性扭曲了企业家的自我认识。这个概念被用来描述现存公司所受的威胁，而初创公司痴迷于这种“破坏”，这意味着它们是用旧企业的眼光看待自身的。如果你认为自己是对抗黑暗势力的起义者，就很容易过分专注于道路上的阻碍。但如果你真想创造新的事物，那就去创造，创新的行为远比旧产业不喜欢你的创新来得重要。确实，如果可以将你的企业归结为已有企业的敌对者，那你的企业就不是创新的，也不会成为一个垄断企业。

破坏还会吸引注意力，因为破坏者到处找麻烦，最终会惹上麻烦。搞破坏的孩子会被带到校长办公室，而破坏性企业通常会选择打不赢的仗打。纳普斯特（Napster）就是这样一个企业：它的名字就是个麻烦。一个人能对着什么东西“打盹儿”（nap）？音乐？孩子？可能也没有别的了。肖恩·范宁和西恩·帕克当时是纳普斯特的年轻创始人，他们对 1999 年强大的唱片产业造成了威胁。第二年，他们就上了《时代周刊》的封面。而仅仅一年半后，他们就因为不断进法院最后破产了。

PayPal 也能被视为具有破坏性，但是我们并不想直接挑战任何大的竞争者。确实，我们产品的流行带走了 Visa 公司的一些生意——你也许会选择用 PayPal 在网上买东西而不会用 Visa 卡在商店里买东西，但是自从我们扩大并覆盖了整个支付市场后，我们给了Visa更多的商业机会。整个产业得到正面的回馈，不像纳普斯特和美国唱片业之间的负和竞争。所以如果你准备扩张到相邻市场，不要“破坏”，要尽可能地躲开竞争。

后来者居上

你可能听说过“先发优势”：如果你是第一个进入市场的，在其他竞争者还在艰难起步的时候，你可以独自占据可观的市场份额。但先行一步只是个策略，不是目标。真正重要的是在未来产生现金流，因此如果有别的公司出现并取代了你，那么就算你是第一个做的也捞不到一点好处，反而那个最后下手的人更好——最终可以在一个特定的市场里取得重大进展，获得几年甚至几十年的垄断利润。要实现这个目标就要先主导一个小的利基市场，在这个基础上扩大，直到达到你预想的长远目标。至少在这一点上，经商就像下棋。国际象棋大师卡帕布兰卡说过：“要想赢，首要工作就是研究残局。”

第6章

成功不是中彩票

商界最有争议的问题是——成功是靠运气还是靠技能？

成功人士怎么说呢？马尔科姆·格拉德威尔，一位写成功人士传记的畅销书作家，在他的书《异类》[1] 中说成功源于“运气和偶然的优势”。沃伦·巴菲特认为自己是“幸运精子俱乐部里的一员”，是“卵巢彩票”的赢家。杰夫·贝佐斯把亚马逊的成功看成与“行星连珠”一样令人难以置信，而且还开玩笑地说这成功靠的“一半是运气，一半是时机，剩下的则是智慧”。比尔·盖茨甚至宣称自己“太幸运了，生来就具有一定的技能”，虽然是否如此可能还不清楚。

也许这些人出于交际策略或多或少有些谦虚，但是这种连续创业的企业家精神是对“机遇创造成功”理论的质疑。已经有成百上千的人开创了市值数百万美元的企业。少数一些，如史蒂夫·乔布斯、杰克·多西和埃隆·马斯克，甚至连续创立了几家价值数十亿美元的公司。如果成功来源于运气，那这些连续创业者也许就不会存在了。

2013 年 1 月，推特和 Square 的创始人杰克·多西在推

1.《异类》简体中文版已由中信出版社于 2014 年 4 月出版。——编者注

特上向其 200 万关注者发表推文:《成功绝非偶然》。

这种说法顿时引来嘘声一片。《大西洋月刊》上，记者亚历克西斯 · 马德加格尔说他的第一反应是反驳:“所有白人巨富都会说，‘成功绝非偶然’。”的确，已经成功的人涉足新领域要容易一些，不管是因为他们的网络效应、财富，还是丰富的经验。但也许，是我们自己太快地否定了那种按计划一步一步获得成功的可能性。

有没有办法客观地平息这场争论？不幸的是，没有。因为公司并不是实验室。例如要想通过科学实验来回答脸书是否会成功，我们就必须倒回到 2004 年，复制出 1 000 个世界，然后在每个世界里运营脸书，看看结果到底怎样。但是做这个实验是不可能的。每个公司都在特定的环境中起步，每个公司也都只有一次生存的机会。如果样本只有一个，得出的数据是没有说服力的。

从文艺复兴、启蒙运动到 20 世纪中期，运气是可以被掌控支配的，大家都认为一个人应该做力所能及的事，而不是纠结于做不到的事。拉尔夫 · 瓦尔多 · 爱默生捕捉到了这种社会思潮，他写道:“浅薄的人才会相信运气和境遇……强者只相信因果。”1912 年，罗尔德 · 阿蒙森成为第一个探索南极的人，他说:“胜利只等待那些有准备的人，也许这就是人们说的运气吧！”没有人会假装坏运气不存在，但是前辈们相信努力会换来好运气。

如果你相信人生就是靠运气，那为什么还要读这本书呢？如果你只想知道彩票大奖得主的故事，学习创业对你来说就毫无用处。《傻瓜老虎机使用指南》可能会告诉你哪些吉祥物可以求得好运，哪种机器“最神”，但是不能告诉你成功的方法。

难道比尔·盖茨只是中了智力彩票？难道谢丽尔·桑德伯格本来就含着金汤匙出生，或是她“向前一步”[1]了？当我们讨论像这样的历史问题时，幸运已是过去时了。更重要的问题是关于未来的：未来是靠机遇还是计划呢？

你能掌控自己的未来吗？

你可能期望未来清晰可见，你也可能只把未来视作一团迷雾。如果你认为自己的未来是明确的，那么提前了解未来，并且努力打造未来就是有意义的。但如果你脑海里

1. 桑德伯格著有《向前一步》一书，她召唤女性在事业上积极进取，敢于争取女性的领导地位。该书简体中文版已由中信出版社于2013年6月出版。——译者注

的未来只是一团迷雾，无法预测，那你就会萌生放弃掌控它的念头。

把未来看成不确定的态度正好可以解释当今世界功能失调的原因，就是把过程看得比实质重要：当人们缺少具体的实施计划，他们就会依照惯例，尽量把多种选择组合起来。美国现在就是这样。在初中时，我们被鼓励积极参加“课外活动”。到了高中，目标高远的学生竞争得更激烈，个个都想生出三头六臂，变得无所不能。直到进入大学我们才发现，这 10 年的努力只不过是为一个完全不了解的未来填写了一张令人困惑的多元化的简历罢了。不管怎么样，也算是做好了准备——没有目标的准备。

而一个明确的愿景可以坚定人的信念。与其努力成为一个各方面都一知半解的庸才，还美其名曰“全能人才”，不如成为一个目标明确的人，选择一件最该做的事，并专心去做好这一件事。与其不知疲倦地工作，最终却只把自己变得毫无特色，不如努力培养实力，以求独霸一方。现今的年轻人并没有做到这些，因为他们周围的每个人都已经对明确的世界丧失信念。没有人会因为仅仅一方面特别杰出而进入斯坦福大学，除非他擅长的那一方面碰巧和传接[illegible]有关[1]。

有些人认为未来比现在更好，有些人认为未来比现在更糟。乐观的人迎接未来，悲观的人害怕未来。这些可能组合成 4 种观点。

表 6–1 各国看待未来的方式

	明确的未来	不明确的未来
乐观的未来	1950—1970 年的美国	1982 年至今的美国
悲观的未来	现在的中国	现在的欧洲

1. 对未来不明确的悲观主义者

每种文化都有从黄金时期走向衰败的故事，而几乎历史上所有民族都是悲观的。甚至今天，悲观情绪仍左右着世界的大部分地区。一个对未来不明确的悲观主义者看到的未来是阴郁的，但是他束手无策。这描述的恰是 1970 年后的欧洲，当时的欧洲笼罩着官僚主义。现在整个欧元区都处在一场慢性危机中，没有人对这种状态负责。欧洲中央银行除了临时应急，什么用也没有：美国财政部在美

1. 意指有体育特长的学生在入校时会有所优待。——编者注

元上印上了“我们相信上帝”，欧洲央行也可以在欧元上印上“先缓一缓”。欧洲人只是在事情发生时才做出反应，希望事情不要恶化而已。对未来不明确的悲观主义者不知道不可避免的衰退会加快还是放慢，是毁灭性的还是平缓的，他们只知道等着事情发生。在这样等的时候，他们还可以吃吃喝喝、快快乐乐，所以才有了欧洲著名的假日狂潮。

2. 对未来明确的悲观主义者

一个对未来明确的悲观主义者相信未来是可知的，但却是暗淡的，所以他必须提前做好准备。也许当今的中国是最典型的对未来明确的悲观主义者。美国人看见中国的经济迅猛增长（自2000年以来，每年都有10%的增长），便认为中国是一个自信能够掌握自己未来的国家。但这是因为美国人仍然很乐观，并以同样的乐观看待中国。从中国的角度来看，中国经济增长得还不够快。其他国家都害怕中国将要统治整个世界，而中国是唯一一个认为自己不会统治世界的国家。

中国之所以增长得如此迅速是因为它的起步基础很低。对中国来说，最容易的发展方式就是不断学习已经在

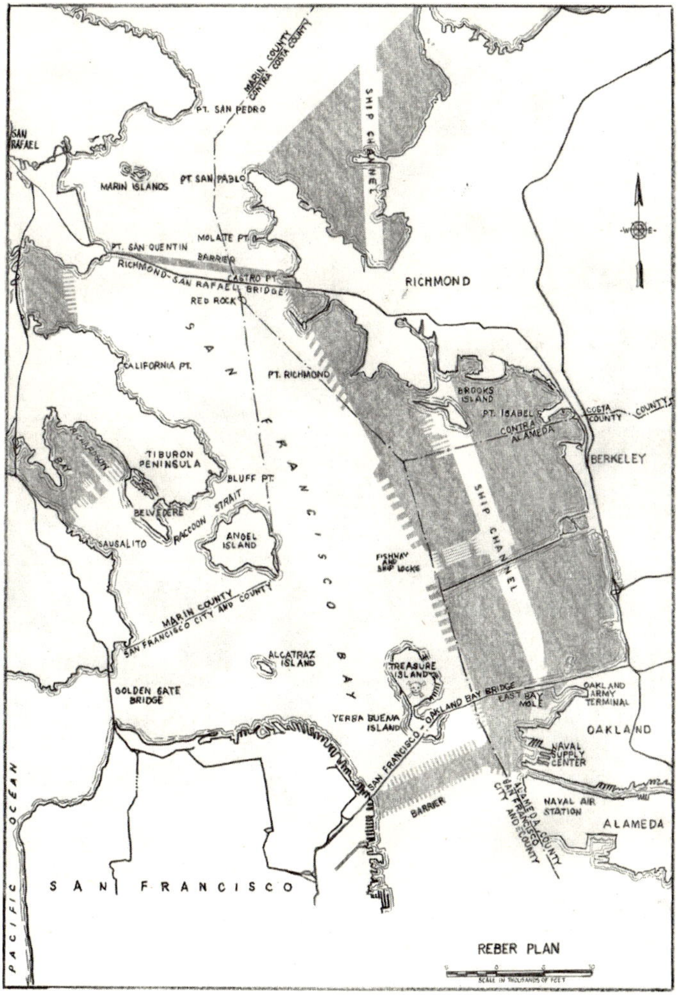

图 6-1 旧金山湾区大坝设计方案

投入建设，1965年两万英里的公路就已经投入使用。美国人明确的计划甚至超出了地球：美国国家航空航天局的阿波罗计划1961年开始，1972年还没有结束时就把12个人送上了月球。

大胆的计划并非只有政治领袖或政府的科学家才能做出来。20世纪40年代后期，一个名叫约翰·雷伯的加利福尼亚人设想对整个旧金山湾区的自然地理进行改造。雷伯是一名老师，是一个业余戏剧制作人，也是一个自学成才的工程师。他并不在意自己没有文凭，公开提议要在湾区建两个大坝、两个蓄水的淡水湖，以供饮水和灌溉，还要开拓两万英亩的土地以供发展。虽然他并没有权势，但人们仍是以严肃的态度对待雷伯的计划。他的计划得到了加利福尼亚报纸编辑委员会的支持。美国国会为计划的可实施性举行了一个听证会。陆军工程兵甚至在索萨利托一个洞穴状的仓库里建造了一个1.5英亩的湾区模型进行实验，结果证明技术存在缺陷，所以计划作罢。

但是如果放在今天，会有人一开始就把这样的想象当回事儿吗？在20世纪50年代，人们广纳计划，而且探求计划的可行性。而今天，一个在校教师提出的富有雄心的计划肯定会被当成怪诞想法，弃之不用，即使是稍有权势的人提出的长远愿景也会被嘲笑为狂妄自大。现在你仍旧可以在索萨利托的仓库里看到那个湾区模型，但那里也不过是一个观光景点罢了：这个对未来的宏伟规划现在只被当成过往的好奇心而已。

4. 对未来不明确的乐观主义

20 世纪 70 年代悲观主义主宰的阶段过去之后，迷茫的乐观主义者从 1982 年开始主宰美国的思想。那时牛市开始抬头，金融代替了建筑工程成为未来发展的手段。一个对未来不明确的乐观主义者只知道未来会越来越好，却不知道究竟有多好，因此不去制订具体计划。他想在未来获利，但是却认为没有必要制订具体规划。

相较于努力数年开发一种新产品，迷茫的乐观主义者选择改进已有产品。银行家调整现有公司的资金结构，从而获利。律师解决旧议题引发的争端或是帮助其他人打理事务。私募基金投资人和管理顾问也没有开创新事业，他们持续地调整经营流程，提高旧业务的效率。毫不意外，这些领域吸引了大量优秀的常春藤盟校的高才生。这样一份既可以使你成为精英，又承诺你拥有自由选择权的以过程为导向的职业，难道不是对你这 20 多年来苦心打造超强简历的嘉奖吗？

近些年，毕业生的家长总是鼓励他们的孩子走既定的轨道。婴儿潮培养出一代迷茫的乐观主义者，他们理所当然地享受着不费吹灰之力得来的成果。不论你是出生在1945年、1950年还是1955年，在你生命的头18年，你都会觉得世界真是越来越好，但这些和你根本一点关系都没有。科技进步好像自动加速了，因此赶在婴儿潮出生的人伴随着对未来的期望长大，却没有制订具体计划去实现这些期望。当科技发展止步于20世纪70年代时，大部分婴儿潮时期出生的精英恰好挤入了高收入群体，这使他们成人后的生活一年好过一年，变得越来越富有、越来越成功，而他们那一代的其他人却被甩在了后面。富有的“赶潮儿”现在可以左右舆论，也没有看到什么理由去质疑自己天真的乐观精神。既定的道路适合他们，他们无法想象既定道路会不适合自己的后代。

马尔科姆·格拉德威尔说，如果你不了解比尔·盖茨幸运的生活环境，你就不能明白比尔·盖茨的成功：他成长在一个生活优越的家庭，所上的私立学校配有计算机实验室，童年好友是保罗·艾伦。但是如果你不知道马尔科姆·格拉德威尔是赶着婴儿潮出生的人（生于1963年），你也就不能理解他的言论。这些婴儿潮时期出生的人长大后，认为成功人士之所以能够成功是由其个人背景决定的，而个人背景具有很大的偶然性。但是他们忽视了更大的社会背景：这一代人从孩童时期就过高地估计了机遇的力量，低估了规划的重要性。格拉德威尔开始时想要打破商人白手起家的神话，但是事实上他自己的解释就是对这代人传统想法的阐述。

当今的世界——对未来不明确却很乐观

1. 不明确的金融

在一个明确的乐观未来中，会有工程师设计水下城市和太空定居地，而在一个不明确的乐观未来中，会有更多的银行家和律师。金融其实是不明确思想的集中体现，因为只有人们不知如何赚钱时，才会想去搞金融。如果不去法学院，优秀的大学毕业生会选择华尔街，这是因为他们对自己的职业生涯没有切实的规划。而一旦他们到了高盛，就会发现金融界每件事都不明确。你仍然会乐观，因为你渴望成功，但是根本问题在于市场具有随机性，你无法明确地或实质性地了解任何事情，而且多样化变得极其重要。

金融的不确定性可能很诡异。想想当那些成功的企业家卖了他们的公司时会发生什么？他们拿钱做什么？在这样一个金融化的世界中，大概是这样的：

- 企业家不知道拿钱做什么，所以存在银行里了。
- 银行家不知道拿钱做什么，所以他们把钱交给不同的机构投资人，用于不同方向的投资。
- 机构投资人不知道拿钱做什么，于是他们投资到了股票。
- 公司试图产生自由现金流来提升股票价格，做法是发放股息，或是回购股份，然后周而复始。

在这样的循环中，人们都不知道拿钱在实体经济中做什么。但是在一个未来不明确的世界中，人们就是喜欢无限的可选择性；钱比其他任何用钱能得到的东西更有价值。只有在一个明确的未来中，钱才是达到最终目的的手段，而非最终目的。

2. 不明确的政治

西方国家的政客总是在选举期间才会对民众负责，而现在他们已经调整到时时刻刻都会留意民众的意见。现代的投票制度促使政客把自己的形象裁减得与民众所希望的一样，而在多数情况下，他们确实做到了。统计学家纳特·希尔弗对选举结果预测的准确度令人惊讶，但是更让人注目的是每四年一次的预测造成的海量话题。现在让我们更着迷的是利用统计学预测未来几周民众的想法，而不是10年或20年后的国家蓝图。

不单单是选举过程，政府的性质也已经变得不明确了。政府过去有能力协调解决复杂的问题，如原子能武器和月球探索，而经过40年目的不明的缓慢前行，政府现在的作用只是提供保险。我们对重大问题的解决方法就是国家医疗保险、社会保障，和一系列让人眼花缭乱的失业救济项目。自1975年起，这些福利支出每年都在侵蚀政府的自由支配开支。为了增加可自由支配开支，我们需要明确的计划来解决具体的问题。但是依据福利开支的不明确逻辑，我们只能寄出更多的支票，才能把事情办好。

3. 不明确的哲学

你不仅能在政治学领域看到这种不明确的态度，在抱持着左右两派不同理念的政治哲学家身上也能看得到。

古代世界的哲学是悲观的：柏拉图、亚里士多德、伊壁鸠鲁和卢克莱修都接受人性潜力应该受到严格限制之说，唯一的问题是怎样坦然接受我们的悲剧命运。而现代大多数哲学家都变得乐观了。19 世纪的哲学家从思想右倾的赫伯特·斯宾塞到保持中立的黑格尔，再到左倾的马克思，都相信进步的力量。（想想前文中马克思和恩格斯对资本主义科技胜利的赞扬。）这些思想家期待物质进步能够极大地改变人类生活，使其向更好的方向转变：他们是明确的乐观主义者。

在 20 世纪后半叶，迷茫的哲学成为前沿思潮。两大杰出的政治思想家——约翰·罗尔斯和罗伯特·诺齐克，看上去站在两个截然相反的对立面：在平等主义的左倾思想上，罗尔斯关注的问题是公平和分配；在自由主义的右倾思想上，诺齐克关注的是个人自由最大化。他们都相信人类可以和平相处，因此与古代哲学家的悲观思想不同，他们都是乐观主义者。然而，与斯宾塞或马克思不同，罗尔斯和诺齐克都是不明确的乐观主义者：他们对未来没有任何具体的规划。

他们的不明确态度以不同的形式呈现。罗尔斯的《正义论》以著名的“无知之幕”开篇：对任何了解世界真实状况的人来说，公平政治的推论是不成立的。罗尔斯没有致力于改变我们现实世界中的人和技术，相反，他幻想出了一个“内在稳定”的社会，即这个社会中存在公平，却缺少活力。诺齐克反对罗尔斯的公平概念“模型”：对他来说，任何自愿交换的行为都应该被允许，任何社会模型都不可能一成不变，不可能通过强制手段维护公平。他和罗尔斯一样，对好的社会没有具体的概念，因为他们都只专注于过程。现在我们夸大了左倾自由平等主义和个人自由主义之间的差别，因为几乎每个人都在与别人分享着自己不明确的态度。在哲学界、政治学界，还有商界，对于过程的讨论已经无限延迟了对未来计划的制订。

表 6-2　不同思想家对未来的看法

	明确的未来	不明确的未来
乐观主义	黑格尔、马克思	诺齐克、罗尔斯
悲观主义	柏拉图、亚里士多德	伊壁鸠鲁、卢克莱修

4. 不明确的人生

我们的祖先曾研究过人的寿命，并企图延长人的寿命。在 16 世纪，西班牙征服者曾在佛罗里达的丛林中寻找不老泉。弗朗西斯 · 培根写道，“生命的延长”应该考虑用医学来实现——这种医学技术将会是最高尚的。在17世纪60年代，罗伯特·波义耳把延长生命（和“重拾青春”）放在未来科学愿望单的第一位。不管是通过地理探索还是实验研究，文艺复兴时期最杰出的科学家都认为死亡是可以战胜的。（而这些抗拒死亡的人中有一些在挑战死亡的行动中阵亡了——培根患上了肺炎，于1626年去世，当时他还在进行实验研究，即如果把一只鸡冻在雪里，它的寿命是否会延长。）

我们仍没有揭开生命之谜，但是19世纪的保险公司和数据统计学家却成功地揭示了一个关于死亡的秘密，而且这个秘密直到今天还占据着我们的思想：他们发现了把死亡简化成数学概率的方法。“生命表”告诉了我们在每个年纪的死亡概率，这些都是前辈人不知道的。但是，为了得到更有利的保险合同，我们似乎已经放弃了对长寿秘密的研究。目前有关人类寿命的知识已经使人们意识到生死是自然的事情。今天，社会中流传着以下两点看法：死亡不可避免，而且随机发生。

同时，随机的态度也给生物学本身带来了影响。1928年，苏格兰细菌学家亚历山大·弗莱明在实验室忘记了盖上培养皿的盖子，后来在培养皿中发现了一种神秘的能够对抗其他菌种的霉菌：就这样，他很偶然地发现了青霉素。科学家之后就不敢小看偶然发现的机会了。现代的新药研发将“弗莱明式偶然”的机遇扩大了 100 万倍：制药公司随意组合分子化合物进行研究，希望能有新的突破。

但是结果往往不如从前。除了在过去 200 年中取得了令人瞩目的进展，在最近的几十年中生物技术一直没有满足投资者或患者的期望。“倒摩尔定律”(Eroom's Law)，揭示了药物开发面临的困境，自 1950 年起，批准投资 10 亿美元研发的新药数量每 9 年就会减半。信息技术这些年发展得越来越快，而生物技术面临的问题是可否与信息技术同步发展。表 6–3 将生物技术初创企业与计算机软件初创企业进行了比较。

表 6–3　生物技术初创企业 vs 计算机软件初创企业

	生物技术初创企业	计算机软件初创企业
研究对象	不可控的有机体	极为明确的代码
背景环境	了解不足的自然界	充分了解的人造世界
研究方法	不确定，随机	确定，工程学
监管要求	严格规范	基本规范

续表

	生物技术初创企业	计算机软件初创企业
成本	高（每种药需投入10多亿美元）	低（一点启动资金即可）
团队	高薪，合作不密切的实验室工作者	执着的创新型计算机专家

生物技术初创企业是不明确思维的一个极端例子。研究者只拿可能行得通的东西实验，而不是去发展人体系统如何运作的确定理论。生物学家说他们需要采取这种做法，因为基础生物学太难。按他们所说，信息技术初创公司之所以经营得起来，是因为我们自己创造了计算机，而且使其可靠地执行我们的指令。生物技术之所以困难是因为身体不是我们设计的，而且我们越是了解自己的身体，就越是发现身体真是太复杂了。

但是，人们现在可能会产生疑问：是否生物学上的困难已经成为生物技术初创公司采用不确定方式经营的借口？大多数参与其中的人都期待最终会有成果，却极少有人抱持成功需要的热情，全心投入特定的公司。生物技术初创公司的创办人是教授，但他们往往不是全职的雇员，而只做兼职顾问，甚至在那些以自己的研究项目为起点的生物技术公司，情况亦是如此，之后人人都去效仿教授的不明确态度。自由主义者通常会说是繁杂的规则限制了生物技术的发展，情况的确如此，但是不明确的乐观可能会对未来生物技术的发展构成更大的挑战。

对未来不明确的乐观主义可能持久吗？

我们不明确的乐观决定会带来什么样的未来？如果美国家庭存钱的话，至少它们之后会有钱花；而如果美国公司投资的话，它们可以期待在未来收获新的财富。但是美国家庭没有存钱，美国公司也只会任由资金滞留账上，不去投资新项目，因为它们对未来没有任何切实的计划。

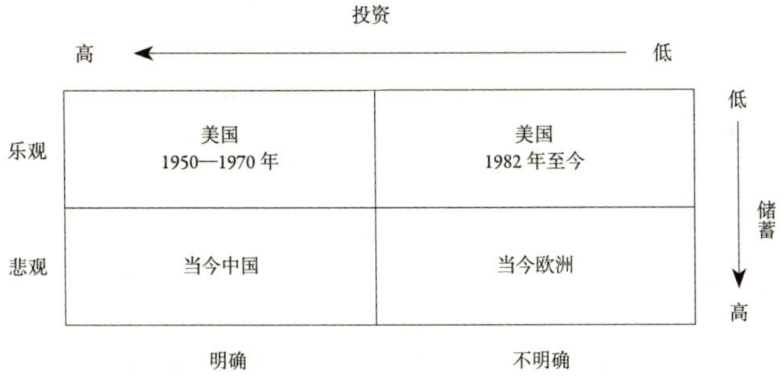

图 6-2　各国的投资与储蓄

另外三种对未来的态度都有一定作用。对未来明确的乐观主义者可以创造出想要的未来。对未来明确的悲观主义者可以对已经存在的东西进行复制，毫无新意。对未来不明确的悲观主义也有作用，因为这样的未来会自我实现：如果你是一个对生活要求不高的懒人，你的要求很容易就达到了。但是对未来不明确的乐观主义看起来根本无法持续：如果没有规划未来，未来怎么可能越变越好呢？

事实上，现代社会的大多数人应该都听说过：没有计划的进步就叫“演化”。达尔文写道：生命就算没有准备，也会自己“演化”。每个生命都只是某些有机体随机变异的结果，而最佳版本会在最后胜出。

达尔文的理论可以解释三叶虫和恐龙的起源，但是能解释与生物相差甚远的其他领域的现象吗？就如牛顿的物理学说不能解释黑洞或宇宙大爆炸一样，达尔文的生物学说也不能说明怎么建设一个更好的社会，或是怎么白手起家，创办一个新企业。但近年来，达尔文学说（或伪达尔文学说）在商界的隐喻已经司空见惯。记者把在竞争生态系统中的生存类比为在竞争市场中企业的生存，因此报纸上出现了诸如“数码达尔文学说”“网络达尔文学说”“点击量最高者生存”等新闻标题。

甚至在工程师主宰的硅谷，现在的流行词也是要求建造一个“精益的初创公司”，要能“适应”不断变化的环境，并随着环境变化而“演化”。想创业的人被告知在商界所有事情的发生都不可预料：我们应该做的就是倾听顾客的需要，创造“最基本的可用产品”，然后反复修正，最后走向成功。

但是精益是一种方法，而不是目标。对已经存在的事物做出小的改变可能让你达到局部市场最大化的成绩，但是不能帮助你取得全球市场的最大化。你可以推出一款最好的应用程序，让人们可以通过iPhone订购手纸，但是没有大胆计划的修正不会使你实现从0到1的跨越。对于一个对未来不明确的乐观主义者，公司是最奇怪的地方：没有一个计划，你有什么理由希望自己的生意成功？达尔文主义在其他环境中也许是个有用的理论，但是对于初创公司，最有效的还是富有智慧的设计。

长期规划仍是最重要的

规划优先于机遇是什么意思呢？现在，“好的设计”是一种审美需求，任何人，从懒人到雅皮士，都对自己的外在形象非常在意。确实，每个伟大的企业家都首先是一位设计师。任何手里拿着苹果的智能设备或是外形流畅的苹果笔记本电脑的人都会感觉到乔布斯对产品完美的视觉和体验的痴迷。但是我们从他那里学到的最重要的东西与美学无关。乔布斯最好的设计是他的企业。苹果公司发挥想象，并多年执行明确的未来计划，去创造新产品，有效分销。忘掉“基本的可用产品”吧——自乔布斯在 1976 年创立了苹果之后，他就意识到只有对未来精确地规划，才可以改变整个世界，而非倾听焦点团体的意见或是复制其他人的成功。

长期规划在我们未来不明的、追求短期利益的世界里经常被低估。当 2001 年 10 月第一部 iPod 音乐播放器发布时，产业分析师对它的评论只是“对麦金塔计算机用户有很好的号召”，对其他人“毫无影响”。乔布斯计划使 iPod 成为新一代便携式移动装置，但是大多数人都看不到这一点。图 6–3 苹果公司的股价走向向我们展示了这个长期计划的结果。

计划的力量解释了评估私有企业价值的困难。当一家大公司想要收购一家成功的初创公司时，它的出价要么太高，要么太低：初创公司的创立者只有在对公司没有确切

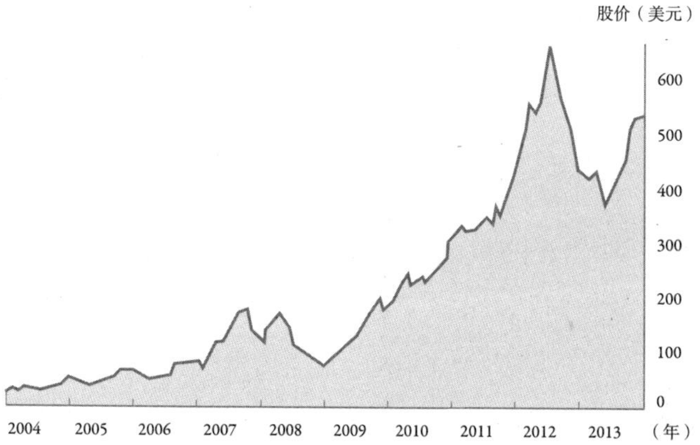

图 6–3　苹果公司的股价走向

规划的时候才会卖掉公司，而这时收购者就可能是出价高了；一个对未来计划明确的创立者不会把公司卖掉，这就说明买家的出价不够高。2006 年 7 月，当雅虎公司出价 10 亿美元要收购脸书时，我认为如果是我们，至少会考虑一下，但是马克·扎克伯格在会议上宣布："好了，伙计们，这个会议只是走个程序，10 分钟也不用。我们显然不会把脸书卖掉。"马克清楚他能够领导公司开创出怎样的未来，而雅虎不清楚。在一个人人看未来都迷茫的世界里，目标明确的企业总是被低估。

你不是一张彩票

我们必须重新找回明确的未来道路，但在西方世界，需要一场文化革命才能真正做到。

从哪里开始呢？约翰·罗尔斯必须被哲学系扫地出门，马尔科姆·格拉德威尔必须被说服改变他的理论，而且民意测验不能影响政治。但是世界上无数的哲学教授和格拉德威尔都积习难改，更不用说政客了。就算有智慧，出于好意，想在人多的地方做些改变，也是极度困难的事。

初创企业是你可以明确掌握尽最大努力的机会。你不只拥有自己生命的代理权，还拥有这世界上某个重要角落的代理权，而这一切都要从抵制不公平的概率主宰开始，因为你并不是一张被概率决定命运的彩票。

第7章

向钱看

钱能生钱。“凡是有的，还要加给他，叫他有余。凡没有的，连他所有的，也要夺过来。”（《马太福音》第25章29节）当爱因斯坦宣称复利是“世界第八大奇迹”，是“有史以来最伟大的数学发现”，甚至是“宇宙最强大的力量”时，他同样对这句《圣经》箴言产生了共鸣。不管你赞同哪种说法，其中的观点是一致的：不要低估了指数级增长。事实上，并没有什么证据显示爱因斯坦确实提过这些，但硬是把话塞给爱因斯坦恰恰强化了这样的信息：爱因斯坦一生奉献出的智慧本金带来的利息直至他去世后仍源源不断，连他没有讲过的话都会归功于他。

大多数前人的话都已经被遗忘，只有少数人，如爱因斯坦和莎士比亚的话却一直被后人引用。不要惊讶，因为少数人往往会取得极大的成果。1906年，经济学家维尔弗雷多·帕累托提出了后来的“帕累托法则”，也叫80–20法则。这是因为他发现意大利80%的土地掌握在20%的人手里，这个现象就好像他花园里20%的豌豆荚产出了占总量80%的豌豆一样自然。这个异乎寻常的以少胜多的模型在自然世界和人类社会中随处可见。比如最有破坏力的地震比所有小地震加起来造成的破坏还严重，最大的城市比所有微型城市加起来还要大，垄断企业捕获的价值比几百万大同小异的竞争者所捕获的还要多。不管爱因斯坦有没有说过那些话，幂次法则（power law）都是宇宙的法则，是宇宙最强大的力量。之所以会取这样的名字，是因为指数方程描述的是最不平均的分配，它完整定义了我们周围的环境，而我们几乎毫无察觉。

这一章将解释幂次法则在你向钱看时是如何体现的：风险投资中，投资者都努力想从公司创立早期呈指数级的增长中获利，而只有一小部分公司较之其他公司获得了呈指数级增长的价值。大多数企业根本不需要和风险投资基金打交道，但是每个人都需要明确一件事，一件甚至是风险投资家也在努力去明确的事：我们所在的世界不是正常的世界，而是处在幂次法则之下。

风险投资中的幂次法则

风险投资家的任务是鉴定那些刚起步的前景光明的公司，投资这些公司并从中获利。他们从机构和富人那里筹到钱，以此为资本，投资到他们认为会升值的科技公司。如果结果证明他们的判断无误，他们就会获得收益中的一部分——通常是 20%。如果一家风险投资基金所投资的公司升值，或是投资的公司上市，或是被更大的公司收购，风险投资基金都会得到回报。风险投资基金通常要 10 年之后才能退出，因为成功的公司需要时间成长。

但是风险投资基金所支持的大部分公司都等不到上市或是被收购，通常刚起步就失败了。因为这些早期的失败，风险投资基金一开始都会亏损。当投资组合里有成功的公司进入了指数级增长期，并且开始扩大规模时，风险投资家希望投资基金的价值能在几年的时间内得到极大的提升，并达到收支平衡，甚至收入大于支出（见图 7-1）。

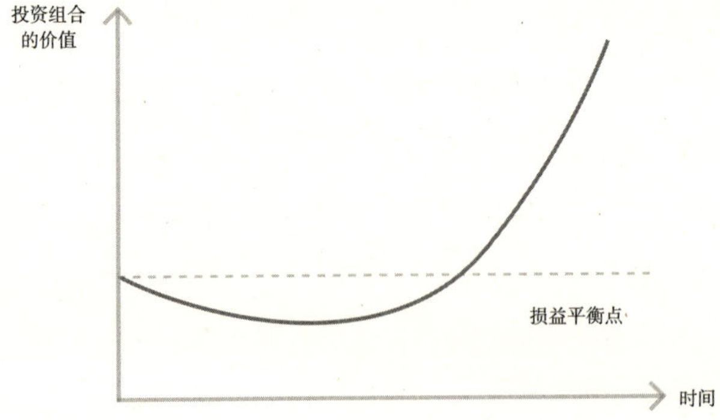

图 7-1　风险投资基金成功的 J 形曲线图

最重要的问题是这种指数级增长什么时候会出现。对大多数基金来说，答案是永远都不会。大多数初创企业失败了，投资也随之烟消云散。每个风险投资家都知道自己的任务是寻找可以成功的企业，不过，就算是经验丰富的投资者也知道这只是表面现象。他们知道公司都有差异，却低估了差异的程度。

错误就在于他们期待风险投资的回报呈正态分布，也就是说，没有希望的公司会倒闭，中等公司会一直持平，好公司的回报会达到两倍甚至四倍。假设了这个平淡无奇的模式后，投资者进行了多种投资组合，希望其中成功公司的回报可以抵消失败公司带来的亏损。

但是"撒网式投资，然后祈祷"的方法通常会全盘皆输。这是因为风险投资的回报并不遵循正态分布，而是遵循幂次法则：一小部分公司完胜其他所有公司。如果你看重撒大网，而不是把注意力放在仅仅几个日后价值势不可当的公司上，那么一开始你就会与这些稀有公司失之交臂。

图 7–2 清楚地展现出现实和错误认知之间的差异。

创始人基金的业绩表现解释了这个扭曲的模式：脸书是我们 2005 年的投资组合里表现最好的公司，回报比其他所投资公司加起来的还要多。帕兰提尔，是表现第二好的公司，带来的回报比剔除脸书外所有公司加起来的还要

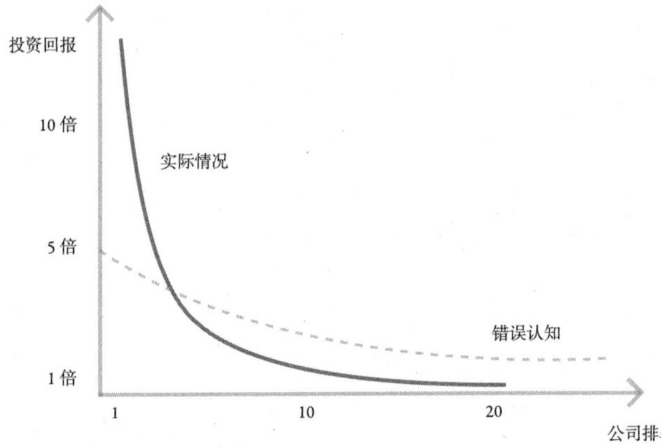

图 7-2　公司排名与投资回报的关系

多。这个高度不平均的模式并非偶然：我们其他基金也都出现过这种情况。风险投资中最大的秘密是：成功基金的最佳投资所获得的回报要等于或超过其他所有投资对象的总和。

这使风险投资家总结了两个很奇怪的规则。第一个规则，只投资给获利可达整个投资基金总值的有潜力的公司。这个规则太可怕了，它一下子就把大多数可能的投资消除了。（要知道即便是很成功的公司，规模通常也都不怎么大。）这个规则引出了第二个规则：因为第一条规则太严苛，所以不需要其他规则。

想想打破第一条规则是什么后果吧。安德里森·霍罗威茨投资基金2010年在Instagram（照片墙）公司投资了25万美元。当脸书两年后用10亿美元买下该公司时，安德里森已经赚到了7 800万美元——在不到两年的时间，就获得了312倍的回报！这种惊人的回报也令其赢得了硅谷最好公司的名声。但是奇怪的是，这还远远不够，因为安德里森·霍罗威茨的基金规模是15亿美元：如果只开出25万美元的支票，公司得找到19个Instagram，才能收支平衡。这就解释了为什么投资者总是对值得投资的公司投资得更多。（公平地说，如果不是先前的投资占去了资金，安德里森本该在Instagram后几轮投资中投入更多的资金。）风险投资基金必须发现若干能成功实现从0到1跨越的公司，然后倾尽财力支持它们。

当然，没人能事先就确切知道哪些公司会成功，因此即使最好的风险投资公司也会有一个“投资组合”。但是，一个好的投资组合中，每家企业都必须真正具有取得极大成功的可能性。我们的创始人基金，大约只关注5~7家企业，因为这些企业具有独特的基本面，我们认为它们以后都会拥有数十亿美元的价值。不管何时，如果你不关注事业本质，而是关注其是否适合多元化避险策略的财务问题，那么投资就像是在买彩票。而一旦你认为自己在抽奖，你就已经做好了亏损的心理准备。

为什么人们没有看到幂次法则

为什么专业的风险投资家没有看到幂次法则？一是因为幂次法则要经过一段时间后才能清晰地显示出来，甚至科技投资者也通常活在当下，不能预知未来。设想一下，一家投资公司投资了10家有潜力成为垄断者的公司——这本身就已经是一种少见的相当有纪律的投资组合——这些公司在呈指数级增长前的早期阶段十分相似，如图7-3。

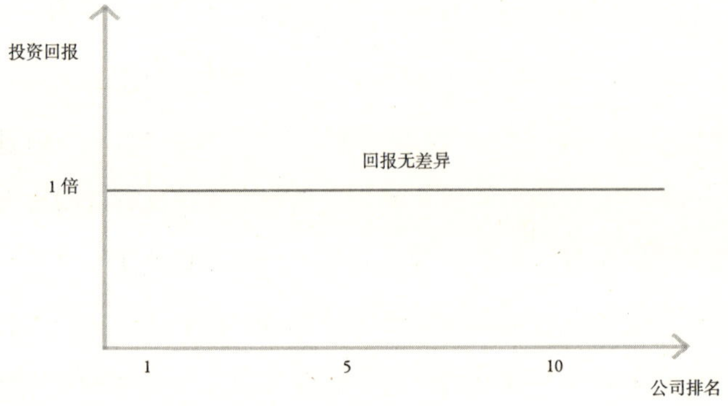

图7-3　投资初期

在接下来的几年中，一些公司会失败，一些会成功，估值也会改变，但是指数级增长和线性增长之间的不同并不明显。

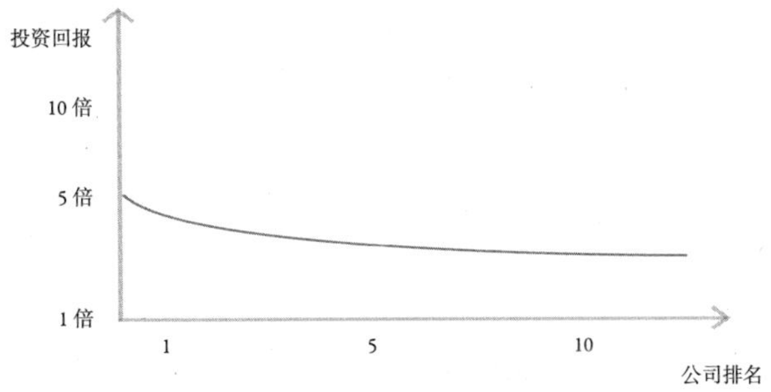

图 7-4　投资中期

但是，10 年后，风险投资基金的投资组合里不再是分成成功和失败的投资，而只会分成一项主要投资和其他投资。

但是不管幂次法则的结果多明显，都无法反映出日常的经验。因为投资者用他们的大部分时间来打理新的投资和初创公司，而他们参与经营的大多数公司明显很普通。投资者和创业者每天能感知到的差异大部分来自成功程度的不同，而不是绝对优势和失败之间的不同。而且没有人

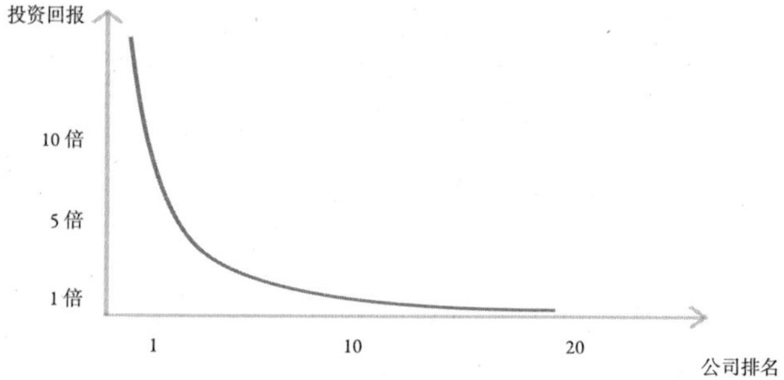

图 7–5　投资成熟期

想要放弃一项投资，风险投资家在问题最多的公司上耗费的时间往往比在最成功的公司上耗费的时间多。

如果专门研究呈指数级增长的初创公司的投资者都忽视了幂次法则，其他人忽视它也就没什么可惊讶的了。显而易见，幂次法则的分布很广，却被人忽视。例如，硅谷之外的多数人想到风险投资，脑海里可能都会浮现出一群怪人——就像美国广播公司的《创智赢家》（*Shark Tank*）节目一样，只是没有商业广告而已。毕竟，在美国每年成立的新公司中，只有不到 1% 能得到风险资本，而且所有的风险投资只占国内生产总值的不到 0.2%。但是这些投资对整个经济发展的推动远远大于这个比例。风险投资基金支持的公司创造的工作岗位占私营公司全部工作岗位的

11%。确实，12 家大型科技公司都得到了风险投资基金的支持。那 12 家企业加起来价值超过 2 万亿美元，比其他所有科技公司加起来都多。

利用幂次法则的作用

幂次法则不只对投资者很重要，它对每个人都很重要，因为每个人都是投资者。一个创业者做的最大投资，就是花时间成立新公司。因此每个创业者都必须思考他的公司以后是否会成功、是否会有价值。同样，每个人都是一个投资者。你之所以选择一份职业，是因为你相信自己选择的工作在今后几十年中会变得很有价值。

对于怎样保证未来价值这个问题，最普遍的回答是多样化的投资组合——“别把所有鸡蛋都放在一个篮子里”，每个人都被告知不要孤注一掷。像我们所说的，甚至是最好的风险投资者都会列出投资组合，但是懂得幂次法则的投资者所列的备选投资公司会尽可能少。投资组合的想法源于民间智慧和金融业惯例，而这些想法却认为最有利的做法是多元化下注。你投资的公司越多，在不确定的未来，你所承受的风险就越小。

但是人生对初创公司创建者和任何个人都不是投资组合。一个创业者不能把自身“多元化”，他总不能同时运营十几家公司，然后期待其中一家会脱颖而出吧。而个人也不能为了人生多元化，同时留住十几种可能性差不多的职业。

学校教给我们的却恰恰相反：体制化教育传授的是无差别的一般知识。每个身在美国教育体制中的人都没有学会用幂次法则来思考。每所中学不管什么课都一律上 45 分钟，每个学生都以相同的步伐向前迈进。在大学中，模范学生即使对另类冷门的课程也投入全力，想以此保证自己的未来发展。每所大学都相信“卓越”，教育部门随意给出的几百页按字母排序的课程表看起来就是为了确保“你做什么并不重要，重要的是你要把它做好”。你做什么并不重要？真是彻头彻尾的错误。你应该将全部注意力放在你擅长的事情上，而且在这之前要先仔细想一想未来这件事情是否会变得很有价值。

这种想法用在初创公司上就是，即使你非常有才能，也未必要创建自己的公司。现在自己开公司的人太多了。懂得幂次法则的人在创建企业时会比其他人更犹豫：他们知道加入一个发展迅速的一流企业会获得更大的成功。幂次法则意味着公司之间的差别会使公司内部角色的差别相形见绌。如果你创建自己的企业，你拥有 100% 的股权，一旦公司倒闭了你就赔上了所有。相反，如果你只拥有谷歌公司 0.01% 的股权，最后获得的回报将令你难以置信（要超过 3 500 万美元。）

如果你已经开始运营自己的公司了，你必须谨记幂次法则，把公司运营好。最重要的事情都是独一无二的——一个市场可能会胜过其他所有市场（我们在第 5 章讨论过）。一种分销策略通常要优于其他所有策略（将在第 11 章中介绍）。时机和决策也要遵循幂次法则，某些关键时刻远比其他时刻重要（请参阅第 9 章）。但是，你不能相信否定幂次法则，而且阻止你用幂次法则做出准确决定的世界。最重要的事往往不能一眼就被看出来，它甚至像个秘密不为人知。但是在幂次法则的世界中，如果你不认真想一想你的行动会使公司落在 80–20 曲线的什么位置上，后果你真的承担不起。

第 8 章

秘密

当今众人皆知、家喻户晓的观念都曾是未知的。例如，三角形三边之间的关系就曾是千年之谜，经过冥思苦想，毕达哥拉斯才发现其中奥秘。若你想了解毕达哥拉斯的新发现，加入他创建的提倡素食的学派是不二之选。如今，他在几何学方面的这一发现已然成为常识，是小学生都知道的一个简单真理。成为常识的真理虽然很重要（例如初等数学），但它却不能给你带来任何优势，因为它已不是秘密。

还记得我们的反主流问题吗：在什么重要问题上你与其他人有不同看法？如果我们今天对自然的了解已经达到未来才能达到的程度，如果今天所有的真理已被领悟，如果再无秘密可探索，那么这个问题就寻不到好答案。除非世界上还有秘密有待发现，否则与众不同的想法就毫无意义。

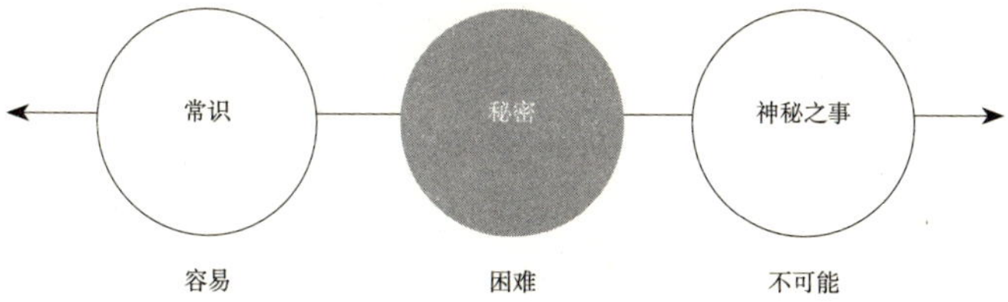

图 8-1　常识与秘密

当然，我们还未了解的事物仍有许多，但有些是无法弄清楚的，那不是秘密，而是无解之谜。比如，弦论利用被称为“弦”的一维物体来解释宇宙物理现象。弦论正确吗？人们不可能设计实验来证明，如果可能，也只有少数人能够理解其内涵。但不理解只是因为难以理解吗？还是因为它是不解之谜？两者的区别很关键。人们能完成困难的事情，但无法完成不可能完成的事情。

回忆一下商业版的反主流问题：哪些有价值的公司还没有人创建？每个正确回答都必定是个秘密：有些事很重要却无人知晓，有些事困难却可为。如果世界上还有很多秘密，那就还可能出现很多有望改变世界的企业。本章将帮助你思考秘密，并发现秘密。

为什么人们不探索秘密

大部分人表现得像是这世上已没有秘密可发现。这一观点的极端代表是泰德·卡辛斯基，他因“大学炸弹客”而臭名昭著。卡辛斯基其实是个神童，16岁就考入哈佛大学，此后又获得了数学博士学位，并成为加州大学伯克利分校的一名教授。但你听说过他，却只是因为他用炸弹对教授、技术专家和商业人士进行了17年的恐怖活动。

1995年底，当局对“大学炸弹客”的身份及住所还一无所知，最大的线索是一篇出自卡辛斯基之手、匿名寄到报社的35 000字的声明。联邦调查局要求一些重要媒体发表此声明，希望从中找到突破。这个方法奏效了：卡辛斯基的兄弟认出了其写作风格并举报了他。

你可能认为那篇声明的写作风格明显带有精神错乱的迹象，可是它却出奇地令人信服。卡辛斯基指出，为了幸福，每个人都“需要制定目标，并付诸努力，而且至少要实现几个这样的目标”。他将人们的目标分为三组：

· 稍做努力即可达到的目标。

· 不懈努力才能达到的目标。

· 再怎么努力都不可能达到的目标。

这是经典的三分法，将事情分为简单、困难和不可为三种。卡辛斯基认为现代人之所以郁郁寡欢是因为世界上所有的难题都已经被解决，剩下的不是太简单的问题，就是不可能完成的任务，而努力追求这些目标并不能带来满足感。你能做到的，一个小孩子同样可以做到；而你不能做到的，即使是爱因斯坦也办不到。因此卡辛斯基的观点是毁灭现有的一切，远离所有的科技，让人们重新开始，再度攻克难题。

卡辛斯基的方法虽疯狂，但我们周遭有很多人都跟他一样对科技的进展失去信心。想想都市颓废派（嬉皮士的统称）微不足道却显而易见的标志：复古摄影技术、八字胡和黑胶唱片电唱机，所有这些都让人想起过去，那时人们对未来仍抱有乐观态度。如果所有值得做的事情已经完成，你不妨假装厌恶成功，去当个咖啡师吧。

"大学炸弹客"
泰德·卡辛斯基

颓废派成员
泰德·卡辛斯基

图 8-2　是"大学炸弹客"，还是颓废派成员？

不只是恐怖主义分子和颓废派成员，所有的宗教极端主义者也持相同看法。例如，宗教极端主义不允许对难题持中立观点：不是孩子脱口而出的简单真理，就是无人能解的上帝之谜，在两者之间的就是异端邪说，也是难以证明真理的地带。在环境保护主义这一现代宗教里，简单真理是人类必须保护环境，但除此之外的事，只有大自然母亲最为了解了，她是不容置疑的。自由市场主义者遵从相似的逻辑。市场决定商品价值，即使小孩也能查询股票报价，但这些价格是否合理且不容置疑，市场远比我们知道的多。

为什么好多人不相信仍有秘密有待发现？也许是因为地理学的发展。世界地图上已经没有空白之处了。你若成长于 18 世纪，还可发现新大陆，听过国外冒险故事后，你自己就能成为探险家。这种情况从 19 世纪延续到 20 世纪初，之后美国《国家地理》杂志上的照片向西方人展示了地球上最具异域风情且未充分开发地区的面貌。如今，探险家大多出现在历史书和童话书里。正如不想让自己的孩子作海盗或是独裁者一样，父母也不想让自己的孩子做探险家。或许在亚马孙丛林深处还存在为数不多的与世隔绝的部落，而且我们也知道在海洋深处还存在着最后一个人类未涉足的地方，但未知之地已不像过去那样可望而不可即了。

伴随着地理隔阂的淡化，4 种社会趋势已经合力瓦解了人们仍然相信秘密存在的信念。

第一是渐进主义。从小我们便被教育做事的正确方法是积跬步以至千里。如果超过正常进度，且学到了考卷范围以外的知识，你并不能因此多拿学分。反之，如果严格做到所要求的事（而且做得比同学稍好一些），你将会得到好成绩。这种做法一直延续到工作阶段，这也就解释了为什么学者通常争相发表无足轻重的论文而不去探索新的领域。

第二是风险规避。人们害怕秘密是因为怕犯错。显然，秘密还没有经过主流的审视。如果你的目标是一生不犯错，你就不应该去探索秘密。将一生奉献于别人不相信的事情，在正确的路途上孑孓独行已是艰难，而在错误的路途上独自前行更是不可忍受。

第三是自满。社会精英享有最大的自由，也最有能力去探索新想法，但是他们似乎最不相信秘密。既然能够舒舒服服地享用已有成果，为什么还要去探索秘密呢？每年秋天，顶尖的法学院和商学院的新生欢迎词都暗含了同样的信息："进入了精英学校，你的人生就高枕无忧了。"但这件事也许只有你不相信它，它才是真的。

第四是"扁平化"。随着全球化的推进，人们认为世界是一个同质的、激烈竞争的市场，即世界是"平"的。基于这一假设，任何一个有雄心壮志的人，在探索秘密之前都会先问自己一个问题：如果有可能发现新事物，那么全球人才库中更加聪明、更富有创造力的人还没有发现吗？这种怀疑的声音阻止了人们去探索秘密，因为身处的世界似乎大到任何个人都无法做出独特的贡献。

我们可以用一种乐观的方式来描述以上这些趋势带来的结果：创立任何狂热教派在今天看来都是异想天开。而在 40 年前，人们更加认同这样一个观点，即并不是所有知识都是众所周知的。从共产党到印度教克利须纳派，大多数人认为他们可以加入先锋觉醒组织，以得到一条指引自己前进的道路。如今极少有人对非正统观念持严肃认真的态度，主流认为这是进步的标志。现在，疯狂的异端教派越来越少，我们应该为之感到高兴，但是为了这一收获，我们付出了沉重的代价：丧失了对等待被挖掘的秘密的好奇心。

恪守常规的世界

如果不相信还有秘密存在，你该如何看待这个世界呢？你不得不相信人类已经解决了所有重大问题。如若现今的常规性知识都是正确的，那我们完全可以自鸣得意、沾沾自喜地说："大家各得其所，世界一切正常。"

例如，一个没有任何秘密的世界，对公平有着完美的理解。任何不公平都必然涉及一个之前极少有人意识到的道德真理：在民主社会，一种错误的做法就是，只有当大多数人认为它是公平的时候，才能延续下去。起初，只有少数主张废除奴隶制的人认为奴隶制是罪恶的，这一观点现在已是公认的了，但在19世纪初它还是个秘密。认为现在的世界已经毫无秘密，就意味着我们生活在一个处处公平的社会。

在经济学方面，不相信秘密的存在，导致人们盲目相信市场的有效性。但是金融泡沫的存在表明市场有时根本不起作用。（相信市场作用的人越多，金融泡沫就越大。）1999年，没人愿意相信人们对互联网估计过高。无独有偶，2005年，房地产业遭遇了相同问题。美联储主席艾伦·格林斯潘不得不承认"当地市场出现了金融泡沫的迹象”，但声称“就整个国家而言，房地产价格泡沫不会出现”。市场反映所有可知信息，而且不容置疑。随后全美房价下跌，2008 年的金融危机使我们损失了几万亿美元。这一事实表明，未来仍存在很多秘密，仅靠忽略它们，经济学家是不能将这些秘密消灭的。

当一个公司不再相信有秘密的存在，会有什么事发生呢？惠普的悲惨下滑就是个警告。1990 年，这家公司有 90 亿美元的资产。接下来的 10 年是发明创造的 10 年。1991 年，惠普发明了喷墨打印机（DeskJet 500c），这是世界第一款价格亲民的彩色打印机。1993 年，它推出了 OmniBook 笔记本电脑，它是早期“超便利”的便携式计算机之一。1994 年，它推出了印表机（OfficeJet），这是世界第一台集打印、传真、复印于一体的机器。不停地拓展产品最终让它得到了丰厚的回报：到 2000 年年中，惠普资产达到 1 350 亿美元。

1999 年末，惠普发起了一项新的品牌活动，强调它是重视“发明”的公司，但从那时开始，惠普却没再发明过新东西。2001 年，惠普成立了惠普专业与支持服务集团，辉煌的咨询服务业从此开启。2002 年，惠普与康柏计算机公司合并，想必是它已经不知道自己还能做些什么。到

2005年，惠普的市值跌落至700亿美元，大约是5年前的一半。

惠普的董事会是功能失调的缩影：董事们分为两派，关心新科技的只是其中一派。这一派的领导人是汤姆·珀金斯，他是一个工程师，于1963年首次来到惠普，并在比尔·休利特和戴维·帕卡德的亲自邀请下，管理公司的研发部门。2005年，73岁的珀金斯仿佛从过去的乐观时代穿越而来：他认为董事会应找到最有前景的新科技，让公司来开发。但珀金斯这一派输给了他们的对手，即由女董事长帕特丽夏·邓恩领导的另一派。作为银行家，邓恩认为制订未来科技计划超出了董事会的职权范围。她认为董事会做好“守夜人”就行了，只需关注会计部门是否一切正常，人们是否遵守一切规则。

在这场内斗中，董事会中有人向媒体泄露了信息。邓恩安排一系列非法电话监听追查泄密源头，这一事实的曝光引起了内部强烈的抵制，而且情况比最初意见不合时更糟糕，董事会丢尽了颜面。放弃了对科技秘密的探索之后，惠普公司为流言蜚语所困。结果到2012年末，惠普公司的市值仅为230亿美元，还不及1990年的市值（通货膨胀率调整后）。

相信秘密

不探索是发现不了秘密的。数学家安德鲁·怀尔斯的经历说明了这一点。在经过358年、许多数学家求证无果后（持续的失败似乎意味着这是一项根本无法完成的任务），怀尔斯终于证明了费马最后定理（Fermat’s Last Theorem）。皮埃尔·德·费马在1637年猜想：当整数 $n > 2$ 时，关于a、b、c的方程 $a^n+b^n=c^n$ 没有正整数解。他宣称要写出证明，但是证明尚未写出，人却与世长辞，因此他的猜想长期以来成为数学界重要的未解难题。怀尔斯于1986年开始钻研此猜想，一直保守秘密，直到1993年他快找到答案时才说出来。经过9年的努力，怀尔斯在1995年证明了此猜想。他的成功需要智慧，更需要坚信秘密的存在。如果你认为有些困难的事情无法完成，就不会做出尝试。相信秘密才是探索有效的关键所在。

事实是还有许多秘密等待我们去探索，只有坚持不懈的探索者才能发现它们。在科学、医药、工程及各种技术方面还有很多事情要做，不管是常规学科方面具有竞争优势的边际目标，还是连科学革命中最大胆的人都迟疑是否要直接宣布的宏伟目标，我们都可以实现。我们可以治疗癌症、阿尔兹海默病、所有老年病和代谢衰变；我们可以开发新能源来避免化石燃料引起的冲突；我们可以发明地球上更快捷的交通工具；我们还可以彻底离开地球，定居在新的疆域。但是如果我们不想了解，并迫使自己去探索这些奥秘，我们将永远也不会了解这些秘密。

商业也是一样。成功的企业建立于开放却未知的秘密之上，这秘密关乎世界如何运作。想想硅谷的那些新创公司，正是在利用我们周围常被忽略的闲置生产能力。爱彼迎（Airbnb，一家网络房屋租赁公司）成立之前，游客别无选择，只能高价住旅店，而业主也不能轻易且放心地出租自己空闲的房间。爱彼迎看到了这项未被开发的服务和未被解决的需求，而其他人则没有看到。租车服务公司来福车（Lyft）和优步也是如此。几乎无人能够想象仅靠联系出行人和愿意载人的司机就能创立价值 10 亿美元的公司，况且，美国已有政府核准运营的州际出租车和私人豪华礼车。只有相信并探索秘密才能发现常规之外的、近在眼前却不为常人所见的商机。包括脸书在内的众多网络公司（它们的商业想法都极为简单）常常被低估也是同样的原因，即对是否存在秘密存有争议。回头想想：如果看起来如此简单的想法都能支撑起重要而有价值的企业，那么一定还有许多好公司等待我们去创办。

如何发现秘密

秘密分为两种：关于自然的和关于人的。自然界的秘密无处不在，想要发现，你必须探索物质世界的未知部分。关于人的秘密是不同的，它是人类对自身认知的空白或者是人们以防他人知道而隐藏的事情。思考要创建哪种公司时，需要问自己两个不同的问题：自然没有告诉你的秘密是什么？人类没有告诉你的秘密是什么？

人们很容易认为自然的秘密是最重要的：探索自然秘密的人说起话来有一种令人生畏的权威感。这也就解释了为什么物理学博士难以共事，因为他们知道最基本的原理，就以为自己知道所有的真相。但是理解电磁理论就自然能成为很好的婚姻顾问吗？重力理论家比你更了解你的生意吗？在 PayPal，我面试过一个应聘工程师的物理学博士。我第一个问题刚问到一半，他就大叫："停！我知道你要问什么了！"但他错了。我未加思索，直接刷掉了他。相对而言，人们对人的秘密重视不够，也许是因为人们不需要接受 12 年的教育就能问出揭露这些秘密的问题：人与人之间禁止谈论什么？哪些是被禁止的事或禁忌？

有时，探索自然秘密和探寻人类秘密得到的是一样的真相。请再思考一下垄断的秘密：竞争和资本主义是对立的。如果事先不知道，你可以很自然地从经验中发现：如果对公司利润进行量化研究，你就能发现利润被竞争吞噬了。然而，你也可以用比较人性化的方法来提问：开公司的人忌讳说什么？你会注意到垄断者以贬低他们的垄断地位来避免审查，而竞争厂商则巧妙地夸大自己的独特性。两种公司的区别表面上是细微的，事实上却是巨大的。

探索秘密的最佳处所就是无人关注的地方。大多数人只以学校教授给他们的方式思考，而学校本身的目标在于传授常规知识。所以你可能会问：还有哪些重要领域没被标准化和制度化？例如，物理学是所有重点高校的一个基本学科。与物理学对应的可能是天文学，但天文学可能不重要。那么营养学类的学科呢？营养学对每个人都很重要，但在哈佛大学却不能主修营养学，多数顶尖科学家转向了其他领域。营养学的大多数重要研究于三四十年前就已经完成，但其中很大一部分仍存在严重缺陷。食物金字塔告诉我们要吃低脂食物和大量谷物，但这可能是食物王国游说的产物而非真正的科学，其主要影响是加快了肥胖症的流行。我们需要学习的地方还有很多，比如我们对遥远星球的了解都比对人类营养了解得多。研究营养学并非易事，但显然并非做不到，这恰恰是能够挖出秘密的领域。

秘密的作用

发现秘密时，你将面临选择：告诉别人，还是保守秘密？

这取决于秘密本身：有些秘密比其他的东西危险。正如浮士德对瓦格纳所说：

掌握秘密的极少数人，
愚蠢地将心扉全然洞开，
将自己的满腔热情示人，
总是惨遭迫害与火刑。

除非你的理念完全符合习俗，否则将你所知道的一切告诉每个人绝不是什么好主意。

那么要告诉谁呢？不管你必须要对谁说，都不要多讲。实际上，选择谁也不告诉和选择告诉每个人之间有一个黄金平衡——那就是公司存在的秘密。最好的企业家深谙此理：所有成功的企业都是基于鲜为人知的秘密创立的。好企业是改变世界的密谋者，当你与他人分享秘密时，听众就成了你的谋士。

就像托尔金在《魔戒》中所写：

不断向前延伸的道路，
是从家门开始的。

人生是漫长的旅程；由前人踏出来的路，一眼望去，没有尽头。不过这个故事后面还有另一首诗：

转角处等待我们的
是新路或神秘的门，
即使我们今天路过，
明天可能还会回转。
请选择这隐秘的路，
通向月亮或者太阳。

道路不必无限延伸，一直走下去。选择那条隐秘的路吧。

第9章

基础决定命运

每个伟大企业都是独一无二的，而要做好每个事业，有些事情在起步阶段就必须做好。我经常强调这一点，以至朋友们戏称它为“蒂尔定律”：基础没有打好的初创企业是无法挽救的。

开头很特殊，它在本质上有别于之后的阶段。138亿年前宇宙的形成正是如此：诞生的最初那几微秒里，宇宙增大到原来的10^{30}倍。在天体演化的新纪元到来的那一瞬间，物理法则与今天我们知道的大相径庭。

200多年前，美国的建立也是一样。几个月里，制宪者在制宪会议上一起公开讨论国家的根本问题：中央政府应拥有多大的权力？国会议员代表席位应如何分配？无论你对那个夏天在费城达成的协议有何种看法，此后想要改变它都是困难的，因为1791年批准《人权法案》后，美国《宪法》只修改过17次。现在，虽然加利福尼亚州的人口超过阿拉斯加州50倍，两州在参议院的议员席位却是相同的。或许这就是特性，而不是缺陷，但是只要美国存在，就得坚持这一制度。再召开一次制宪会议是不可能的，因此今天我们只能讨论细节问题。

在这方面，公司就像国家。早先一旦做出错误决定（比如选错合伙人、挑错员工），之后就很难改正。而要纠正这些错误，公司可能面临几近破产的危险。作为创始人，你的首要工作就是打好基础，因为你无法在有缺陷的基础上创建一个伟大的企业。

初创时的“联姻”

在一开始创业的时候，首先要做的至关重要的决定就是和谁一起做。选择合伙人就像结婚，而创始人之间闹矛盾就像离婚一样令人不快。每段关系开始的时候都很乐观，而冷静思考以后可能会出现的问题就不那么令人愉悦了，因而人们都不去想。但如果创始人之间有不可调解的矛盾，公司将深受其害。

1999 年，卢克·诺塞克成为我在 PayPal 公司的一个合伙人，现在我和他仍然在创始人基金共事。但在 PayPal 创立的前一年，我投资了卢克和别人合伙开办的公司。那是他的第一个初创公司，也是我首批投资的一个公司。那时我们都没有意识到，从一开始这个公司就注定会失败，因为卢克和他的合伙人是糟糕的搭档。卢克才华出众、想法奇特，而他的合伙人则是典型的工商管理硕士毕业生，不想错失 20 世纪 90 年代的淘金热。他们在一次网络活动中相遇，相谈甚欢，决定一起创业。那就像和在拉斯韦加斯赌场的老虎机前遇见的第一个人结婚一样糟糕：也许有机会一拍即合，但更可能会不欢而散。他们的公司倒闭了，我的钱也打了水漂。

现在我考虑投资一家初创公司时，会考察其创立的团队。技术能力和才华互补固然重要，但创始人之间的了解程度和他们合作的默契程度也同样重要。创始人在共同创业前应有深厚的交情，否则就是在碰运气。

所有权、经营权和控制权

不仅创始人要好好相处，公司的每个人都需要和谐共处。硅谷的自由派人士可能会说，你可以通过独资的方式解决这个问题。虽然弗洛伊德、荣格和其他心理学家都有一套理论解释每个人的理智与自我是如何相离相悖的，但至少在商业上，为自己工作能保证团结。不幸的是，它还限制了你创立公司的种类。因为如果没有团队，从 0 到 1 是非常困难的。

硅谷无政府主义者可能会说只要选对人，你就能做到团结一致，没有任何管理架构也能平稳发展。员工的奇思怪想和在办公场所各行其是的混乱状态被认为有助于“打破”由其他人制定并遵守的旧规则。的确,“如果人类是天使，就不需要政府了”。但是无政府主义的公司忽略了詹姆斯·麦迪逊所指出的：人类不是天使。因此管理公司的高管与控制公司的董事要各司其职，这也正是要对创始人和投资人在公司权力上进行正式界定的原因。你需要能与你和睦相处的同事，但也需要规章制度来帮助所有人长期保持团结。

要找到公司内部不团结的原因，分清以下三个概念很有用：

·所有权：谁在法律上拥有公司的资产。

·经营权：谁实际上在管理着公司的日常事务。

·控制权：谁在形式上管理公司事务。

典型的初创公司将所有权分配给创始人、员工和投资者。经营公司的管理人员和员工享有经营权。董事会，通常由创始人和投资者组成，行使控制权。

理论上，这种分工能够使公司运营顺利。所有权分配的优点在于可以吸引和回馈投资者和员工。有效的经营权可以激励创始人和员工并赋予他们权力——这意味着他们能完成工作。董事会的监督可以从更广泛的角度评价管理人员的计划。实际上，将不同的工作分配给不同的人是有效的，但是也增加了不团结的可能性。

要想了解不团结的极端情况，那就去美国车辆管理局（DMV）看看吧。假设你现在需要一张新的驾照，理论上，应该不难拿到，因为车辆管理局是个政府机构，而美国是个民主共和国。所有权力操之在“民”，人民选举政府代表为他们服务。如果你是公民，那么你就是车辆管理局的部分所有人，你选出的代表管理着它，因而你有权走进去，拿你需要的东西。

当然，事实并非如此。身为人民，我们虽然“拥有”车辆管理局的资源，但分到的所有权微不足道。管理车辆管理局的职员和小领导才享有他们微小权力真正的行使权。即使政府官员和立法机构对车辆管理局名义上拥有控制权，也不能改变什么。无论当选的官员采取什么行动，官僚机构都会因其惰性蹒跚踉跄。车辆管理局不对任何人负责，自然不必迎合所有人。你获取驾照的经历是轻松愉快，还是如梦魇般痛苦，完全取决于这些官僚。你可以尝试引用政治理论提醒他们你才是老板，但这不可能让你获得更好的服务。

大企业比车辆管理局做得好，但是仍然很容易出错，特别是在所有权和经营权之间会有抵触。像通用电气这种大公司的首席执行官，虽拥有公司的一些股份，但只有极小的份额。因此相比所有权，经营权方面的回报更能激励他自己。也就是说，不论公司的实际价值如何，只要发布良好的季度报告，就足以让他维持高薪并乘坐公司的包机。即使他得到名义为“股东利益”的股票报酬，利益不一致的情况也可能存在。如果以股票作为短期业绩的奖励，他就会降低成本，而不会投资一个能在遥远未来为所有股东创造更大价值的计划，因为他认为前者更有利可图，操作起来也容易得多。

不像企业巨头，早期的初创公司很小，因而创始人兼具所有权和经营权。初创公司的矛盾大多出现在所有权和控制权之间，即董事会的创始人和投资者之间。由于利益不同，潜在的冲突随着时间的推移会不断增加：董事会成员可能希望公司尽快上市，为公司赢利，而创始人则宁愿维持私有，拓展业务。

董事会，人越少越好；董事会越小，董事越容易沟通，达成一致，并进行有效监督。然而，这种有效意味着在任何冲突中，小型董事会都可以赶管理层下台。这就是慎重选择董事至关重要的原因：董事会里的每个成员都是举足轻重的。一个问题董事就能使你痛苦不堪，甚至可能危及公司的未来发展。

三人董事会最为理想。除非你的公司已经上市，否则，董事会不要超过5个人。（政府规章明确规定，上市公司董事会的规模要大些——平均为9个董事。）到目前为止，最糟糕的做法莫过于过分扩大董事会。看到非营利机构有几十个董事，外行人会认为：这么多的成功人士投身于这个组织，它一定会运营得很好。事实上，大董事会根本不能进行有效监督，它仅仅为实际经营组织的独断专行的领导提供掩护。如果你希望摆脱董事会的控制，那就尽可能扩大其规模；如果你希望它高效运作，那就缩小其规模。

要么上车，要么下车

一般而言，你雇用的员工应该是全职的，而有时你不得不打破这一常规，比如，有时雇用外部律师和会计师就是很合理的做法。然而，没有认股权或不是企业正式员工的人会从根本上与你产生分歧。对于利润，他们会倾向于短期收益，而不会帮助你在未来创造更多价值。这就是外雇咨询师和兼职人员不可行的原因。即使是远程工作也应避免，因为每天不在相同的时间、相同的地点上班，同事之间就会产生分歧。当你决定是否要让某人加入董事会时，你只有两种选择，正如美国20世纪的小说家肯·凯西说的：要么上车，要么下车。

现金奖励不是王道

对全职人员应该给予适当报酬。每当有企业家让我给他的公司投资时，我都会问他打算付给自己多少薪酬。公司做得越好，首席执行官的薪酬就越少——投资过数百家的初创公司，我发现这一点最为明确。任何情况下，有风险资本注入的初创企业的首席执行官，年薪都不应超过15万美元。他以前是否在谷歌赚更多钱，或者他是否有大额抵押贷款要偿还和高额私立学校学费要支付，都不是重点。如果一个首席执行官的年薪为30万美元，那他就变成了政客而不是创始人。高薪会诱使他保持现状，维持目前的收入，而不是与其他人一起发现问题，积极解决问题。相比之下，低薪的首席执行官则致力于为公司创造更多价值。

首席执行官的低薪也为别人设定了标准。Box公司的首席执行官阿龙·利维曾特意给自己全公司最低的工资——他创办Box公司4年后，依然居住在距离公司总部两个街区的一居室公寓内，那里除了床垫，没有其他家具。员工看到他全身心地扑在公司的发展上，都纷纷仿效。首席执行官不一定要以领取低薪来树立榜样，对薪酬设下最高上限也有相同的效果。只要薪酬数额适度，就等于对现金报酬设了有效上限。

现金报酬的魅力十足，它提供了纯粹的可选择性，也就是说，一旦你拿到手，想怎么花都可以。但是高额的现金报酬会让员工取走公司已有的价值，而不是投入时间为未来创造新的价值。现金红利比现金薪酬要好，它至少取决于工作完成的好坏。但即使是所谓的激励报酬，也鼓励了短期想法和价值掠夺。任何用现金支付的薪资都关乎现在，而非着眼未来。

股票报酬才能让员工全力以赴

初创公司不需要支付高薪，因为它们能提供更好的待遇：公司的部分所有权。股票是报酬的一种形式，它能有效引导人们在未来创造价值。

然而，对于鼓励员工奉献而非制造冲突的股票，你务必小心分配。一方面，给每个人相同的份额是错误的：每个个体都有与众不同的才能与职责，还有完全不同的机会成本，因此从一开始等额分配就是武断的、不公平的。另一方面，一开始就给得不一样也是有失公允的。这一阶段的怨恨能毁掉一个公司，但是没有一种所有权分配方式能够完全避免怨恨。

随着越来越多的人加入公司，这个问题也会变得越来越尖锐。早期的员工得到的股票较多，因为他们冒的风险大，但是后来的员工可能对公司的成败起着更关键的作用。1996 年加入 eBay 的秘书领到的股票可能比 1999 年加入的行业资深高管多 200 倍。2005 年为脸书办公室墙壁涂鸦的画家得到的股票后来价值 2 亿美元，而 2010 年加入的天才工程师可能只有 200 万美元。由于分配所有权时很难达到绝对的公平，创始人需做好细节保密工作。给全公司发电邮，并且列出每个人的所有权份额，就像是在办公室里投了一枚核弹。

大多数人一点也不想要股票。在 PayPal，我们曾经雇用了一个咨询师，他答应帮助我们开发业务，争取利润丰厚的交易。结果他唯一谈成的是自己 5 000 美元的日薪，而拒绝将认股权作为报酬。虽然也有新餐厅的厨师成为百万富翁的故事，但股票对人们的吸引力并不大，因为它不像现金那样具有很大的流动性，可以快速交易，而是与某一特定公司联系在一起。如果那家公司失败，股票就一文不值了。

恰恰是因为这些限制，股票才成为有力的工具。如果有人愿意拥有你公司的部分所有权，而不是现金工资，表明他愿意长期致力于增加公司的价值。股票虽然不是激励员工的最佳方法，却是创始人使公司保持团结一致的最好方法。

让创业延续

摇滚歌手鲍勃·迪伦说过，一个人不是忙着出生，就是忙着去死。如果他是对的，那么出生并不是一刹那的事，你可能要设法持续做些什么，至少这是一种有诗意的说法。而公司的建立确实只有一次，只有在刚建立时，才有机会制定规则，使大家团结一致，共同创造价值。

最有价值的公司始终鼓励发明创造，而这是开创阶段的典型特征。这使我想起另一种对创业不太明显的第二层定义：只要公司创新，创业就还没结束；一旦创新停止，创业就结束了。如果创业时机正确，你能做的远远不是创立一个有价值的公司：你可以把握其未来的发展方向，使其向着创新的道路发展，而不是囿于已有的成功，你甚至可以使创业无限延续下去。

第10章

打造帮派文化

我们先来动动脑思考一个问题：理想的公司文化应该是什么样的？员工非常热爱工作，享受工作，不严守工作时间，无人着急下班。工作空间开放，环境舒适：豆袋椅、乒乓球多于文件柜。免费按摩，现场制作寿司，还有瑜伽课程使场面温馨。宠物也应该受到欢迎，或许员工的宠物猫狗也可以带来，和办公室的热带鱼一起作为公司的非官方吉祥物。

这样的画面有什么问题吗？其中一些是硅谷有名的夸张福利，却没有实质性内涵，所以并不起作用。同样，雇用室内装潢师美化办公室，聘请人力资源顾问完善公司政策，抑或招聘品牌专家打磨广告语也无济于事。公司文化不能脱离公司本身而存在：无公司无文化，公司即文化。初创公司是肩负同一使命的一个团体，企业文化的好坏取决于内涵。

“PayPal 黑帮”

我创建的第一个团队在硅谷以“PayPal 黑帮”而著称，许多前同事一直以来互相帮助，开办、投资成功的技术公司。2002 年，我们以 15 亿美元将 PayPal 卖给了 eBay 公司。这之后，埃隆·马斯克创立了太空探索技术公司，并与别人合办了特斯拉汽车公司；里德·霍夫曼与别人共同创立了领英公司；陈士骏、查德·赫尔利和贾维德·卡里姆共创办了 YouTube 视频网站；杰里米·斯托普尔曼和拉塞尔·西蒙斯成立了 Yelp 点评网站；戴维·萨克斯与其他投资人共创了 Yammer 企业社交网络服务公司；而我与别人合作创办了帕兰提尔公司。如今这 7 家公司市值均超过 10 亿美元。在 PayPal，我们并未刻意营造办公环境，但整个团队和个人都做得极其出色，这样的文化足以超越原来的公司。

我们并非通过筛选简历然后雇用最优秀的人才来建立“PayPal 黑帮”。我在纽约的一家律师事务所工作时，亲眼看到了这种方法带来的混乱结果。与我合作的几个律师经营着一家不错的事务所，他们个个都很出色，但是他们之间的关系却异常淡薄。他们整天待在一起，但在办公室外却很少交流。为什么和一群互不喜欢的人一起工作呢？许多人会觉得为了赚钱，这是必要牺牲。但是，单纯以专业的观点来看，就像自由球员因为交易而进出球队一样，这样的工作场合比彼此冷淡还糟糕，甚至不够理智。时间是最宝贵的资产，将时间浪费在不能长久合作的人身上得不偿失。如果你不能在工作上建立持久的关系，那么你就浪费了时间，即使纯粹从财务的角度来看也是如此。

从一开始，我就想让 PayPal 员工紧密团结，而不是出于事务关系待在一起。我认为较为牢固的关系不仅能使我们更加开心、更加高效地工作，而且能使我们的职业生涯更成功，即使不在 PayPal 亦是如此。因此我们打算雇用真正喜欢团队合作的人。他们必须有才华，但更为重要的是，他们要由衷地喜欢与我们共事。这就是“PayPal 黑帮”的开端。

提供不可替代的工作机会

招聘是每家公司的核心竞争力，不应该外包出去。你需要的员工应该不只是简历上看起来厉害的人，还要在入职后能与他人团结协作。最初来应聘的四五个人可能是被大额股份或高层职位吸引。除了这些显而易见的福利，更为重要的是你自己对一个问题的回答，即为什么第 20 个员工要加入你的公司？

有才华的人不需要为你工作，因为他们有众多选择。你应该自问得再直截了当一些：为什么放弃去谷歌获取高薪和威望的机会，而去你的公司做第 20 位工程师呢？

以下是一些不好的回答：“因为你在这里拿到的公司认股权比其他地方的更值钱。”“因为你在这里能和世界上最聪明的人一起工作。”“因为你能帮助解决世界上最具挑战性的问题。”高价股票、聪明同事、最具挑战性的问题有什么不对吗？没有，但每个公司都是这种相同的论调，因此这些并不能使你独树一帜。千篇一律的话不能说明为什么应聘者要加入你的公司，而放弃其他的选择。

唯一的好答案必须针对你的公司量身定制，因此在本书里你找不到答案。但有两类好答案：一类是关于公司使命的，一类是关于团队的。如果你能解释为什么公司使命激动人心，那么你就能吸引你需要的员工。不是解释工作的重要性，而是解释为什么你在做别人从未想过要做的重要事情。这是唯一能让你的理由变得独特的方法。在 PayPal，如果你为创造虚拟货币来代替美元的想法而兴奋，那么我们愿意和你交谈；否则，你不适合这里。

然而，仅有重大使命是不够的。将来有可能成为员工的应聘者仍会质疑：“我愿意和这些人共事吗？”因此，你还需要解释为什么你的公司适合他；如果你不能，可能他不是合适的人选。

总之，不要打福利待遇之战。奔着免费洗衣或宠物看护而来的人不会成为你团队中的一名合格成员。你只需提供健康保险之类的基本福利，并许之其他公司无法提供的，即同优秀同事一道完成不可替代工作的机会。在薪酬福利上你可能比不上 2014 年的谷歌，但如果能就公司使命和团队给出好的回答，你便与 1999 年的谷歌站在同一高度。

每个员工都与众不同

从外部来看，你公司的每名员工都应该有同样与众不同的气质。

不像美国东海岸的人们工作时都穿着相同的紧身牛仔裤或细条纹套装，山景城和帕洛阿尔托的年轻人工作时穿的是T恤。技术人员不在意穿着已经不是新闻，但是如果细看那些T恤，你会发现他们公司的标志——这是技术人员极其看重的。让初创公司员工与外人不同的就是 T 恤和卫衣上印着的公司标志。初创公司的工装涵盖了一个简单而重要的原则：你公司的每个员工都应该一样的与众不同——一致的标志说明了志趣相投的一群人积极投身于公司使命中。

马克斯·列夫琴是我在 PayPal 的合伙人，他认为初创公司早期要让员工尽可能个性相像。初创公司资源有限，团队较小，为了生存，它们必须快速高效地运转，如果大家世界观相同，则更容易做到这一点。初期的 PayPal 员工相处融洽，因为我们是同一类人。我们都喜欢科幻小说：《编码宝典》(*Cryptonomicon*)是必读书，相比颂扬共产主义的《星际迷航》，我们更喜欢颂扬资本主义的《星球大战》。最为重要的是，我们都痴迷于创造由个人而非政府控制的数字货币。要保持公司的正常运转，员工的外貌和国籍并不重要，但他们必须同我们一样痴迷于数字货币。

每名员工只专注于一件事情

从内部来看，每个人分工明确，并因担负独特的工作而与众不同。

在初创公司分配任务时，你可以把它作为一个优化问题来对待，使人才与工作有效匹配。但即使你在某种程度上能够安排妥当，任何既定方案也会迅速失效。部分原因是初创公司发展迅速，因此个人角色不能长久不变。另外也因为工作分配不只关乎员工与工作之间的关系，同样也关乎员工之间的关系。

管理PayPal时，我做得最棒的事就是让每个人只负责做一件事。每个人的工作都是独特的，且他们知道我只以此作为评判标准。我这样做的本意是简化管理，但是随后我注意到一个更深层的成果：界定角色可减少矛盾。公司里绝大多数矛盾是由同事竞争同一岗位引起的。由于初创公司初期的工作角色流动性大，所以面临很大的风险。消除竞争更易于建立长久的、纯粹的工作关系以外的交情。除此之外，内部和谐是初创公司存活的关键。我们常常将初创公司的失败归因于竞争体系中的强劲对手。但每个公司本身就是一个生态系统，派别冲突会使其无力应付外部威胁。内部冲突就像是自体免疫系统疾病，致死的原因可能是肺炎，而真正的死因却隐藏在内部，无法一眼看出来。

关于邪教和顾问

在关系最紧密的组织中，成员长时间待在一起，他们忽视了家人，抛弃了周围世界，但是，他们拥有强烈的归属感，还可能悟得常人求之不得的神秘“真理”。这类组织我们称为邪教。在外人看来，这种全身心的投入有些疯狂，部分原因是某些臭名昭著的邪教曾经杀人不眨眼：吉姆·琼斯和查尔斯·曼森就没有好下场。

但是企业家应该严肃看待极度的投入。对工作的冷淡态度是员工心理健康出状况的标志吗？职业化的态度是唯一正常的态度吗？和邪教相对的另一极端是埃森哲之类的咨询公司：不仅缺少特定使命，而且公司内的每个顾问只是定期出入公司，与公司缺少长久的联系。

每个公司的文化都可以绘成线性图谱，见图 10–1。

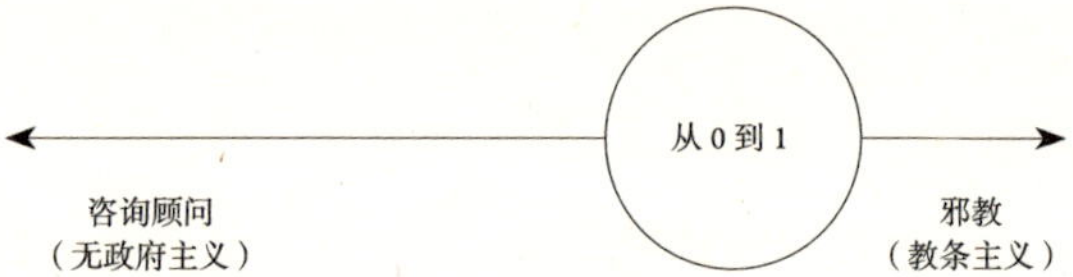

图 10–1　咨询顾问与邪教的区别

最好的初创公司可能没有邪教那么极端。最大的区别是：邪教在重要问题上通常错得离谱，而成功的初创公司则对其他公司不理解的事有非常正确的看法。从咨询顾问那里你是无法知道其中奥秘的，你也不必担心公司得不到传统专业人士的认可，被外人称为邪教甚至是黑帮也不是件坏事。

第11章

顾客不会自动上门

尽管销售无处不在，多数人还是低估了其重要性，其中，硅谷给销售人员的评价更差。极客经典作品《银河系漫游指南》甚至将地球的创立归因于要对抗销售人员。因为地球即将被毁灭，人们被迫乘坐 3 艘巨舰撤离家园。思想家、领导人、成功人士坐上了 A 船，销售员和咨询师坐上了 B 船，工人和工匠坐上了 C 船。B 船最先驶离，其乘客欢呼雀跃，却丝毫没有意识到自己是空欢喜一场，他们已经陷入圈套：A、C 两船的人已经认为 B 船里的人没了用处，他们密谋弃之而去。最后，B 船降落在地球。

销售在虚构世界里不足为道，而在现实世界中却极为重要。我们低估了推广（一个泛指各种产品销售的术语）的重要性，因为我们和 A 船、C 船的人存在着同样的偏见：销售人员和其他“中间人”很碍事，优良产品应该在生产出来后直接被神奇地分销出去。电影《梦想之地》的构想在硅谷备受欢迎，工程师喜欢制造很酷的东西，而不是销售这些东西。但是顾客不会因为你生产了就来买。你必须设法让顾客来买，而要做到这一点，并不像看起来那么简单。

技术精英对阵销售人员

美国广告业的年收入为1 500亿美元，从业人数超过60万；而销售业的数字更为庞大，年收入为4 500亿美元。听说有320万美国人从事销售业，资深高管会认为该数字太小了，而工程师会深感困惑，发出叹息：如此多的销售人员在做什么呢？

在硅谷，技术精英质疑广告、营销和销售行业，因为这些似乎是肤浅荒谬的。但广告之所以重要是因为它确实有效，对技术精英管用，对你也管用。你或许会说你是个例外，没人能操控你的喜好，所以广告只对其他人管用。拒绝明显的推销术并不难，所以我们轻信自己能独立思考。但是广告不会立刻让你购买产品，而是为以后的购买埋下伏笔。没有意识到广告影响力的人会受到双重欺骗。

技术精英习惯透明直白的方式。他们通过精通如计算机编程这样的专业技能来增值。在工程学界，解决方案不是奏效就是失效，所以要评估别人的工作相对容易，表象无关紧要。而销售则恰恰相反：他们精心设计活动来改变表象，但不修改实质内容。因此工程师觉得这种做法只是雕虫小技，甚至是极不诚实的。他们了解自己工作的辛苦，因而每当看见销售人员拿着电话与客户谈笑风生，或吃两个小时的午餐，就会认为这些销售员不务正业。事实正好相反，人们高估了科技与工程工作的难度，实在是因为这些领域的挑战显而易见。而销售人员在背后要付出很多才能使销售工作看起来容易进行，而这些往往被技术精英忽视。

销售是隐形的

销售人员都是演员：他们的第一要务是说服，而不是真诚。这就是“销售人员”这个词带有贬义、二手汽车经销商是不公正交易的代表的原因。但我们只嫌弃手法拙劣、别有用心的推销人员，即能力差的一类。销售能力涵盖的范围很广：在新手、专家和大师中间还有许多级别，甚至还有超级大师。如果你对超级大师一无所知，不是因为你没有遇见他们，而是因为他们技术高超，不易察觉。《汤姆·索亚历险记》中的主角汤姆·索亚说服邻居小伙伴替他粉刷围栏就是大师级的举动，而让朋友们争相花钱帮他粉刷围栏是超级大师级的举动，他的朋友都没他聪明。自从马克·吐温1876年写完这本书后，这种说服人们心甘情愿地花钱的销售手法也没有多大的变化。

和演戏一样，不露声色的销售最为有效。这解释了为什么从事推广工作的人——不管是销售、营销还是广告，其头衔与工作内容毫不相关。推销广告的人被称为“业务经理”，推销客户的人被称为“业务开发”，推销公司的人被称为“投资银行家”，推销自己的人被称为“政客”。这些改换的称谓大有道理：没有人愿意被提醒自己正在被推销。

各行各业均用推销能力来区分胜利之星和落败之人。在华尔街，新手从强调专业技术的“分析师”做起，但是他的目标是成为交易员。律师以专业资格为傲，但是律师事务所是由能招揽到大客户的高手经营的。即使是靠学术成就享有威望的大学教授，也会羡慕能呼风唤雨的自我推销者。关于历史和英语的学术观点不会因为知识水准高而大受欢迎，甚至基础物理学的研究日程和癌症研究的未来趋势也是游说的结果。即使是企业人士也低估了推销的重要性，根本原因在于，各个领域、各个层面合力掩盖了这一点，让我们察觉不到世界正是由推销驱动的。

工程师的梦想是生产足够优良、“可以自销”的产品。但是这样描述实际产品的人是在撒谎：他不是异想天开

（自欺欺人），就是正在设法推销某种东西（而这会造成自相矛盾）。与此截然不同的商业旧谈提醒我们，“最好的产品未必会常常获胜”。经济学家将此归因于“路径依赖”：不管质量如何，特定历史环境决定了哪种产品广受欢迎。这不假，但这并不是说我们当今使用的操作系统和我们打字的键盘布局仅仅是随机胜出。将推销作为产品设计中必不可少的因素更为妥当。你发明了新产品却没有有效的方式推销，那么你的生意将很难做下去，无论你的产品质量有多好。

如何销售产品

即使产品没有差异，高超的销售人员和推广本身也可以形成垄断，反之则不行。不管产品如何优良，即使它们可以轻松融入人们已有的习惯中，使试用过的人一见倾心，也必须要有完善的推广计划作为后盾。

有效推广的界限可以从两个指标判定。在与客户保持联系期间，从每个客户那里赚取的平均总净利（客户生命期价值，CLV）必须超过赢得新客户的平均成本（客户获取成本，CAC）。总之，产品售价越高，销售成本越高——销售成本也越有意义。不同推广方法的比较如图 11-1 所示。

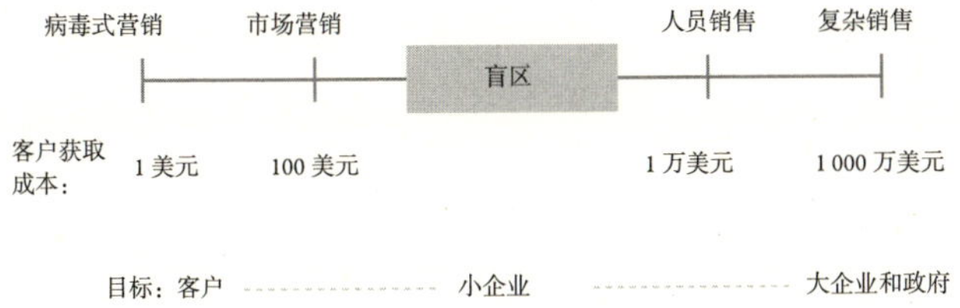

图 11-1　不同销售方法的客户获取成本

1. 复杂销售

如果你的平均销售额在 7 位数或 7 位数以上，那么每笔交易的每个细节均需要密切关注。你可能需要数月才能与客户建立恰当的关系，用一两年才能达成一笔交易。随后你要在安装阶段跟进，并在交易达成后对产品提供长期的售后服务。这很难做到，但是这种“复杂销售”是销售高价产品的不二之法。

太空探索技术公司证明了复杂销售的可行性。在开办火箭初创公司的几年内，埃隆·马斯克说服美国国家航空航天局签订了 10 亿美元的合同，用太空探索技术公司新设计的飞船取代了退役的航天飞机。大额交易中政治实力和技术创新同等重要，因此这实属不易。太空探索技术公司雇用了 3 000 多员工，这些员工绝大多数在加利福尼亚州。传统的美国航空航天业人员超过 50 万人，遍及美国 50 个州。毫不意外，国会议员不想让联邦基金流入其家乡以外的地方，但是，因为复杂销售只需每年成交几笔，所以埃隆·马斯克这样的超级销售大师可以将时间花在最关键的人物身上——甚至去克服政治惰性。

没有“专职销售员”的复杂销售效果最佳。我和法学院同学亚历克斯·卡普合办的数据分析公司帕兰提尔，并没有专门聘请销售人员。相反，作为首席执行官的亚历克斯一个月有 25 天在约见客户或潜在客户的路上。我们的交易额从 100 万到 1 亿美元不等。这么大的订单，客户通常不想和销售副总谈，而是要直接和首席执行官谈判。

采用复杂销售模式的公司如果 10 年内年增长率达到 50% 或 100%，那么就能成功。这对创业家梦想中的病毒式增长来说似乎有些缓慢。你可能期盼顾客一获悉产品优良，你的营收就可以增长 10 倍，但这种事情几乎从未有过。好的企业销售策略是从小做起，这是必然的：新客户可能愿意成为你的最大客户，但是他们很少愿意与你签订远远超出你以往订单金额的大订单。一旦你积累了一群使用你产品的参考客户群，你就可以开始进行长期有序的工作，争取更大的订单。

2. 人员销售

大多数销售不是典型的复杂销售：平均交易额为 1 万到 10 万美元，而且首席执行官不必亲力亲为地包揽所有的销售。这种销售的挑战不在于特定生意的做法，而在于如何建立起流程，让精悍的销售团队尽可能地向广大客户推销产品。

2008 年，Box 公司开发出了安全便捷地存储数据的云服务。但是人们不知道他们需要这样的产品，因为云计算尚未盛行。那年夏天，布莱克受雇，成为 Box 的第三位销售人员，协助改善这一状况。从有严重文件共享问题的小部分客户开始，Box 的销售代表与每个客户公司越来越多的用户建立了联系。2009 年，布莱克将一个小的 Box 账户卖给了斯坦福睡眠诊所，因为那里的研究员需要更方便、更安全地存储被记录的实验数据。如今斯坦福大学为每个在校生和教职工提供了斯坦福 Box 账户，而且，斯坦福医院也使用 Box 系统。如果 Box 一开始就基于整个学校的企业解决方案，直接去找校长洽谈，那么它将一无所获。复杂销售会让 Box 成为初创公司失败的案例，被人遗忘；而人员销售让它成为市值数十亿美元的胜利者。

有时产品本身就是一种推销。ZocDoc 是创始人基金投资的一家公司，帮助人们在线查找并预约医生。公司每月收取医生几百美元以加入公司网络。由于平均交易额为数千美元，ZocDoc 需要大量销售人员，为此公司成立了一个内部招募团队，专门负责此项工作。针对医生进行的销售不仅带来了收入，同时医生数量的增加也使产品对顾客来说更有价值（而且顾客越多，吸引的医生也越多）。每月已有 500 多万人使用该项服务，如果继续扩大规模，让大多数执业医师参与其中，那么它将成为美国医保行业的基础性公用事业。

3. 销售的盲区

在人员销售（要求有销售员）和传统广告（不要求有销售员）之间有盲区。假如你开发了一个帮助便利店老板追踪存货、管理订购的软件，可是这样一个价值 1 000 美元左右的产品，并没有完善的销售渠道和有购买意向的小企业对接。即使你有清晰的价值定位，又怎么才能让人们了解它呢？广告要么范围太广（没有专门针对便利店老板的特定电视频道），要么效率太低（在《便利店新闻》上刊登广告不足以说服便利店老板每年花费1 000美元）。该产品需要人员销售，但是从产品定价来看，你恐怕没有钱派销售员与每个潜在客户洽谈。这就是如此多的中小企业并不使用大企业习以为常的销售方式的原因。并不是说小企业老板异常落伍，或者没有好的途径，而是因为销售有个隐形的瓶颈。

4. 市场营销和广告

市场营销和广告对有广泛吸引力却缺少病毒式推广方法的低价产品极为有效。宝洁公司（P&G）无力支付销售员上门推销洗衣液的费用（宝洁公司却雇用销售员与连锁杂货店和大型零售商沟通，因为与这些客户的一单生意意味着能销售出去10万瓶一加仑的洗衣液）。为了接触终端用户，消费性产品公司不得不投放电视广告、在报纸上印优惠券、精心设计包装盒以博眼球。

广告对初创公司也奏效，但只有在客户获取成本和客户生命期价值在任何其他推广渠道都不经济的情况下才奏效。想想电商初创公司沃比派克（Warby Parker），该公司在线设计并销售有度数的时尚眼镜，而并没有和眼镜零售商签约代销产品。每副眼镜100美元起售，因此假设每个客户一生中购买几副眼镜，那么公司的客户生命期价值只有几百美元，也就没有必要派销售人员去洽谈每笔交易了。但同时，100美元的实体产品又不会像病毒一般流行开来。因此沃比派克公司通过策划广告活动和投放独特的电视广告，在数百万顾客面前展示物美价廉的选择。公司官网上直言，“电视是一个巨大的扩音器”，当你只能负担几十美元来赢取新客户时，你就需要尽力找到最大的扩音器。

所有企业家都羡慕影响深远的广告活动，但是初创公司应该抵制住和大公司进行广告竞争的诱惑，不要陷入无休止的竞赛中，即看谁的广告最令人难忘，或谁的公关噱头最精彩，这是我的经验之谈。在PayPal，我们聘请了在《星际迷航》中饰演斯科蒂的詹姆斯·杜汉做我们的官方代言人。发布为掌上电脑（PalmPilot）设计的第一款软件时，我们召开了记者发布会，让大家来听詹姆斯说：“我的职业生涯都是传送人，这是第一次传送钱。”这次活动真是一大败笔，出席发布会的少数记者对此都毫无反应。我们都是技术精英，因此认为作为剧中饰演总工程师的斯科蒂比剧中的柯克舰长讲话更有权威。（就像是销售员，柯克总爱在一些奇怪地点现身卖弄，等待工程师帮助其脱离因其自身错误陷入的困境。）但我们错了：Priceline.com（全球最大的在线旅游服务商）安排威廉·夏特纳（扮演柯克的演员）出演了著名的电视系列广告，效果不错。不过那时 Priceline 已是业界翘楚。早期的初创公司无法与大公司的广告预算相匹敌，请不起柯克舰长。

5. 病毒式营销

如果产品的核心功能可以鼓励用户邀请其他朋友成为用户，那么这个产品才能进行病毒式营销。这是脸书和 PayPal 快速增长的原因：每次只要有人与朋友分享或付款，他们自然而然会邀请更多的人加入。这不仅消耗低而且速度快。如果每个新用户再邀请一个以上的用户，你就能实现指数级增长的链式反应。理想的病毒式营销循环应该尽可能的快捷无阻。有趣的 YouTube 视频或网络热点很快就能有上百万的点击量，是因为其极短的循环周期：人们看见小猫，感受到温馨，几秒内就发送给朋友。

在 PayPal，我们最初的用户基础是 24 个人，都是 PayPal 员工。通过打广告吸引用户成本太高，但是，通过直接付钱给注册用户，再让利给用户使其邀请伙伴注册，我们快速成长起来。这项策略每个用户的获取成本是 20 美元，但带来了每天7%的涨幅，这意味着每10天用户就能翻番。4~5个月后，我们就有成千上万的用户。通过提供转账服务，收取小额手续费，我们利用切实可行的机会打造了一个一流的公司，收到的手续费最终大大超过了客户获取成本。

谁最先占领有病毒式营销前景的细分市场，谁就能成为整个市场的定局者。在PayPal我们不是随意增加用户，而是要先赢得最有价值的用户。邮件支付系统最明显的细分市场是数百万的移民，他们仍然使用西联银行给家里汇钱。我们的产品简单方便，但是这群用户的使用频率太低，我们需要资金流转更快、更小的利基市场。我们找到了在eBay的“超级卖家”（PowerSellers），这些专业供应商通过eBay的拍卖市场在线销售货物，共有2万人。大多数卖家每天都会达成数笔交易，而且买进卖出的数量也相当，这意味着有持续不断的支付流。由于eBay自己解决支付问题的方案糟糕透顶，这些卖家就成为我们产品极度热情的早期使用者。一旦PayPal占领了这一细分市场，成为eBay的支付平台，PayPal就打遍天下无敌手了。

6. 销售的幂次法则

不管做什么生意，上述方法中都遵循一个最为有效的法则，那就是产品销售的幂次法则。这对大多数企业家来说是反直觉的，他们总以为销售策略越多越好，但是大杂烩式的方法——雇用几个销售员，在杂志上登广告，并且尝试增加一些产品的后续功能，使其能够呈病毒式增长——并不起作用。多数公司没有一条有效的销售渠道，导致它们失败的最主要原因不是产品差，而是糟糕的销售。如果你有一条有效的销售渠道，你就能成功；如果你尝试了多种销售渠道，却没有一个有效，那你就等着关门吧。

7. 销售给客户以外的人

公司需要推销的不只是产品，你还必须向员工和投资者推销你的公司。“好产品不需要推销”这句谎话有个“人力资源”的版本：“我们公司很好，人们争相加入。”还有一个融资版本：“我们公司非常好，投资者纷纷登门投钱。”一窝蜂和争先恐后的形容很生动，除非有精细的招聘计划和深层次的推销，不然这种情况不会发生。

把公司推销给媒体是推销给其他人的必要前提。出于本能，技术精英不相信媒体，常常犯忽视媒体的错误。但就像你不会期待仅仅靠产品的外在优点而没有使用任何推广策略人们就会购买优质产品一样，你也不会认为没有使用公关策略人们就会欣赏你的公司。即使因为你有病毒式营销策略，而不需要媒体曝光来赢得用户，媒体也会帮助你吸引投资者和员工。任何值得雇用的潜在员工都会先了解公司，他上网找到了公司的哪些信息，对你公司的成功至关重要。

你就是销售员

技术精英希望可以忽视销售，把销售人员都放逐到其他星球。我们都认为自己才是做决定的人，销售对我们没有用处，但这不是真的。每个人都有产品需要销售，不论是员工、创始人还是投资者。即使你的公司仅仅由你和计算机组成，也是如此。环视四周，如果没有看到销售员，那么你就是这个销售员。

第 12 章

人类和机器

随着成熟产业日渐萧条，信息技术因迅猛发展而成为科技的代名词。超过15亿人利用便携式装置及时获取信息。如今，人们的智能手机已比指引宇航员登月时的计算机的处理速度快上千倍。如果摩尔定律继续适用，今后的计算机会更加强大。

计算机在我们曾认为专属于人类的活动中也有足够能力打败人类。1997年，IBM公司的深蓝打败了国际象棋世界冠军加里·卡斯帕罗夫。2011年，智力竞赛节目《危险边缘》(*Jeopardy!*)的最佳选手肯·詹宁斯败给IBM的沃森电脑。谷歌自动驾驶汽车已行驶在加州大道上。虽然知名赛车手小戴尔·恩哈特并未感受到机器的威胁，可是英国《卫报》为全球数百万受雇于人的司机和出租车司机担心，自动驾驶汽车“会带来下一波失业浪潮”。

每个人都期待未来的计算机能干更多的事情，多到有些人怀疑：30年后，人类自己还有什么可做的事情吗？风险资本家马克·安德森斩钉截铁地宣称：“软件正在吞噬整个世界。”而其同行安迪·凯斯勒在解释提高生产力的最佳途径是“摆脱人类”时，却显得很高兴。《福布斯》则显得忧心忡忡，向读者提出了如下问题：机器会取代你吗？

未来主义者似乎期待肯定的回答。勒德分子[1]则害怕被机器取代，宁可全面停止开发新技术。双方都未质疑好的计算机必然取代人工这一前提。然而，这个前提是错误的：计算机是辅助人类的工具，而非替代物。未来几十年，最具价值的产业还是由创业家建立，他们发展计算机是增强人类的能力，而不是淘汰人类。

全球化vs科技

15年前，美国人担心来自墨西哥的廉价劳动力的竞争，这讲得通，因为任何人都可能被其他人替代。今天人们再次听见罗斯·佩罗所说的“巨大吮吸声”，这次循声追溯到的不是提华纳的廉价工厂，而是得克萨斯州的服务器集群。美国人害怕将在不远的未来出现的技术，因为他们认为这是过去几年全球化的重演。但现在情形已大不相同：人们会为工作和资源角逐，而计算机不会。

1. 勒德分子是指19世纪英国工业革命时期因为机器代替了人力而失业的技术工人，现在引申为持有反机械化以及反自动化观点的人。——编者注

1. 全球化意味着替代

佩罗就国外竞争提出警告时，小布什和比尔·克林顿在鼓吹自由贸易：每个人在工作上都有其专长，所以从理论上讲，只要人们按照其自身优势发展其专长，并以此互相交易，经济就会使财富最大化。可是实际上，至少对许多工人来说自由贸易的成效并不是那么明显。相对优势差异巨大时，贸易利益最大，但是全球愿意从事低薪重复工作的人比比皆是。

人们不仅竞争工作岗位，也竞争相同的资源。美国人在低价购买从中国进口的玩具和纺织品的同时，需要以更高的价格购买汽油，因为数百万中国车主也开始参与汽油的竞争。不管是在上海吃鱼翅，还是在圣地亚哥吃鱼肉玉米饼，人们都需要食物，都需要房屋。人们也不只满足于温饱，随着全球化的推进，人们的需求会不断增加。既然数亿中国农民最终达到了温饱水平，他们自然希望多吃点儿肉，少吃点儿粮食。上层社会的欲望更是惊人的一致：从圣彼得堡到平壤的寡头都喜爱水晶香槟。

2. 科技意味着补充

现在想想来自计算机而非人类的竞争前景。在供给方面，计算机和人类之间的区别远大于人与人之间的区别：人类和机器所擅长的工作存在本质上的差异。人类有意识，擅长在复杂情境下制订计划、做出决策，但不擅长大量数据的处理。计算机则恰恰相反，它们擅长高效的数据处理，却做不出人类很轻松就能做出的基本判断。

为了了解差异的程度，让我们来看一下谷歌的另一个人机替代项目。2012 年，谷歌的一台超级计算机扫描了 1 000 万张 YouTube 视频缩略图后，能够识别出猫，其准确率达到 75%，上了报纸的头条新闻。这看似不可思议，但 4 岁小孩儿就可以轻而易举地做到。最便宜的笔记本电脑可以击败最聪明的数学家，但即使拥有 16 000 个中央处理器的超级计算机也不能和小孩儿在其他方面相抗衡，二者之间不只是一个比另一个强大的问题，而是具有本质上的差异。

人类和机器之间的显著差别意味着，和计算机合作得到的成果远高于与人交易得到的成果。正如我们不和家畜、灯具做交易一样，我们也不和计算机做交易。重点是：计算机是工具，不是竞争对手。

需求方面的差别更大。不像工业化国家的人，计算机不渴望奢华大餐，不追求法国卡普费拉的海景别墅，它们需要的只是微不足道的电量，它们甚至不够聪明来提出要求。我们开发新的计算机技术来解决问题，这意味着我们拥有了一个超级专业的伙伴为我们提供高效的服务，却不和我们争夺资源。准确地说，科技是在这个全球化的世界中逃避竞争的唯一方式。虽然计算机越来越强大，但它们不能取代人类，它们只起补充作用（见表 12–1）。

表 12–1　全球化与科技的不同

	（劳动力）供给	（资源）需求
全球化 （其他人）	替代： “世界是平的。”	消费者竞争 相同的资源
科技（更强大的 计算机）	绝大多数起 补充作用	机器不会提出需求： 所有价值流向人类

人机互补之于企业

人类与计算机的互补不仅仅是宏观事实，而且是创立伟大事业的途径。在 PayPal 的经历使我明白了这一点。2000 年年中，我们成功度过网络公司的破产危机，并快速增长，但仍面临一个巨大难题：每月都因信用卡诈骗损失上千万美元。每分钟处理成百上千笔交易，因此不可能一一检查——任何质量控制团队都达不到这种速度。

因此我们做了任何工程师团队都会做的事情：采用自动化技术找到解决方案。首先，马克斯·列夫琴组建了数学家精英团队来仔细研究欺诈性交易，然后利用研究结果，编写自动识别软件，实时取消欺诈交易。但这一措施很快就失效了，因为一两个小时后，窃贼就发现了，他们改变了策略。我们的对手适应性很强，而我们的软件反应缓慢。

诈骗犯虽然躲过了我们的自动检测算法，但我们发现，他们不能轻易骗过人类分析师。因此马克斯带领工程师用混合策略重写了软件：程序将可疑的交易标记在设计好的用户界面上，然后人工审核其合法性。多亏了这个混合系统，我们抓住了那个吹嘘自己无人能敌的俄罗斯窃贼，所以我们给这套系统起了个俄罗斯的名字——“Igor”。而且，有了这套系统，我们在 2002 第一季度扭亏为盈（而 2001 年的每个季度我们还损失 2 930 万美元）。美国联邦调查局来问我们是否愿意出借 Igor，以协助他们侦测金融犯罪。这让马克斯自诩为“网络密探福尔摩斯”，他也的确是。

这种人机结合的做法让 PayPal 得以在商界立足，成百上千的小商家才愿意通过网络收款来发展壮大。没有人机结合的解决方案，就不会有这些成果——虽然多数人对它一无所知。

2002 年出售 PayPal 后，我依然在人机结合上下功夫：人机结合比单打独斗效果显著，那么在此核心基础上可建立什么有价值的事业呢？第二年，我和斯坦福大学的老同学亚历克斯·卡普、软件工程师斯蒂芬·科恩动了创办公司的念头：利用 PayPal 安全认证系统的人机复合模式来辨识恐怖分子和金融诈骗。我们知道美国联邦调查局兴趣正浓，于是 2004 年我们共同创办了帕兰提尔公司，一个帮助人们从不同信息来源提取有用信息的软件公司，到 2014 年，帕兰提尔公司的销售额已达到 10 亿美元。《福布斯》称帕兰提尔的软件是“杀手软件”，因为谣传它帮助美国政府找到了奥萨马·本·拉登。

对于操作细节，我无可奉告，但可以说仅凭人类智慧或计算机，并不足以保证我们的安全。美国两个最大的情报机构使用的方法截然不同：中央情报局倾向于用人，而国家安全局倾向于使用计算机。中央情报局的分析师要排除的干扰太多，很难识别严重的威胁。国家安全局的计算机处理数据的能力很强，但机器自己不能鉴别是否有人在策划恐怖行动。帕兰提尔致力于克服这两种缺陷：运用帕兰提尔的软件分析政府提供的数据（比如，也门极端主义教士的通话记录、与恐怖活动关联的银行账户），然后标记出可疑活动，供训练有素的分析师审核。

除了帮助查找恐怖分子，使用帕兰提尔的软件，分析师还可预测阿富汗的叛乱分子放置爆炸装置的地点；起诉引人注目的内幕交易案件；打击全球最大的儿童色情团伙；支持疾病预防控制中心对抗食源性疾病的暴发；通过先进的诈骗检测软件，可以使商业银行和政府每年减少上亿美元的损失。

先进的软件为此提供了可能性，但更为重要的是，没有人类分析师、检察官、科学家、金融专家的积极参与，软件毫无用处。

想想如今专家的工作内容。律师必须用不同方式讲述棘手问题的解决方案——依据委托人、对方律师、法官等谈话对象的改变，变换说辞。医生要有能力与非专家的普通病人沟通诊疗结果。好老师也不只是精通自己教授的学科知识，他们还必须了解如何根据学生的兴趣和学习方式调整教学方法。计算机或许可以执行部分任务，但不能将任务有效加以整合。法律、医疗、教育领域的先进技术不能替代专家，只能帮助专家做得更好。

这正是领英公司协助招聘专员做的事。领英在 2003 年创立时，既没有征求招聘专员的意见，以找到需要改进的地方，也没有编写完全替换招聘专员的软件。招聘工作一半是侦探工作，一半是推销工作，招聘专员需要仔细审核应聘者经历，评估其动机和适应能力，说服最优秀的人才加入团队。让计算机高效地完成所有工作是不可能的，因此领英从改变招聘专员的工作方式入手。现在，超过 97% 的招聘专员使用领英的网络，运用其强大的搜索过滤功能筛选应聘者，该网也为数亿个使用它来管理个人品牌的专家创造了价值。如果领英公司只是用技术取代招聘专员，那么它不会形成今天的规模。

对计算机科学的认识

为什么如此多的人忽视与计算机互补的力量？这要从学校教育谈起。软件工程师致力于开发取代人力的项目，这是他们的职责所在。学者通过专业研究扬名立万，他们的主要目标是发表论文，而发表论文意味着尊重特定学科的界限。计算机科学家则致力于让人类的功能减少到只限于完成特殊任务，而计算机经训练后可将各项任务一一完成。

在当今计算机科学最前沿，“机器学习”这一词语激起了机器代替人类的幻想，其宣扬者似乎相信只要输入足够的训练资料，计算机就可以执行任何任务。网飞公司（Netflix，网络影视光盘租赁公司）和亚马逊的用户亲身体验了计算机学习的效果：两家公司都依据消费者浏览及购买的历史，运用特定算法来推荐产品。输入的数据越多，得到的建议就越好。谷歌翻译也是如此，它支持80种语言的翻译，虽然粗糙，但勉强可用，这并不是软件懂得语言，而是它能对巨大语料库的文本进行统计分析，提取句型。

另一个体现机器会取代人类的倾向的流行语是“大数据”。如今的公司对数据情有独钟，它们错误地认为数据越多，能创造的价值就越多。但大数据通常都是沉默的资料，计算机能找到人类没有注意到的模式，但无法比较不同资料来源整理出来的模式，也不能用这些资料解释人类复杂的行为。可行的见解只有人类分析师（或者说那种只存在于科幻小说中的人工智能）才能给出。

我们痴迷于大数据仅仅是因为觉得科技很奇特。我们为计算机单独取得的一些小成就而惊叹，却忽视了人类在计算机的辅助下取得的巨大进步，因为人类的参与淡化了其神秘性。沃森、深蓝电脑和越来越厉害的算法虽然很酷，但未来最有价值的公司肯定不是靠计算机单独解决问题，而是关注计算机如何才能帮助人类解决难题。

聪明的计算机：是敌，还是友

计算机运算的未来充满了未知。像 Siri（苹果手机语言助理）和沃森这些预示着未来趋势的越来越高明的智能机器人越来越普及，一旦计算机能回答我们的所有问题，它们就可能会问：为什么它们要完全屈从于我们？

替代派思维的逻辑终点是“强大的人工智能”：计算机使得人类在每个重要领域黯然失色。当然，勒德分子被这种可能性吓坏了。这甚至让未来学家也心神不宁，因为还不确定强大的人工智能会拯救人类还是会毁灭人类。技术应该增加人类对自然的控制力，减少人类生活中的偶然性；建造聪慧过人的计算机一定是利弊参半。强大的人工智能就像宇宙彩票：我们赢了，得到理想国；我们输了，被天网（Skynet）取代。

但即使强大的人工智能不是不可预测的谜团，而有真实存在的可能，那个时代也不会很快到来。被计算机取代是 22 世纪人类该担忧的问题。对遥远未来的不确定的恐惧不应阻止我们现在制订明确的计划。勒德分子认为我们不应该制造未来可能取代人类的计算机，狂热的未来学家则持相反的观点。这两种观点相互排斥，但不能代表所有的观点：在这两个极端之间还有巨大的空间，未来几十年，理智的人可以建设美好的世界。我们在计算机使用上的创新，不仅能够帮助人类做好已有工作，还能帮助人类做到之前不可想象的事情。

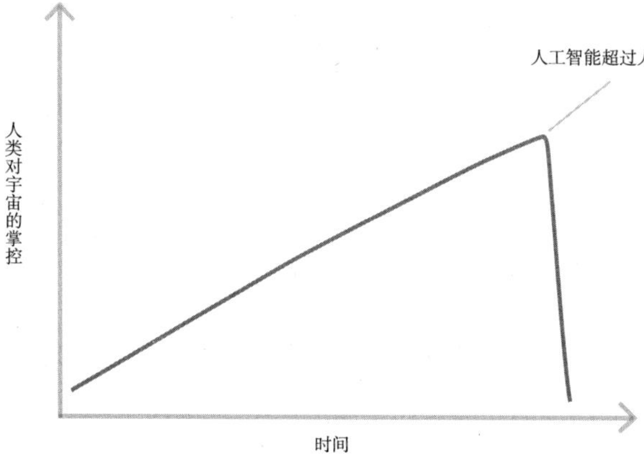

图 12–1　强大的人工智能的未来发展

第 13 章

绿色能源与特斯拉

21世纪初，人们一致认为接下来的大事件是清洁技术。这必然如此：因为在北京，雾霾非常严重，建筑物间的能见度很低——连呼吸都威胁着健康。孟加拉国，遭受着含砷井水的侵害，《纽约时报》称之为“史上最大的集体中毒事件”。在美国，艾琳和卡特里娜飓风被认为是全球变暖灾难来临的预兆，美国前副总统戈尔呼吁我们解决这些问题：局面如同大战在即一般紧急，必须马上付诸行动。人们开始忙碌起来，企业家开办了成千上万的清洁技术公司，投资者投入了500多亿美元。清洁世界的探索由此开始。

但这些投资徒劳无功。我们创造出一个巨大的清洁技术泡沫，而非健康有益的世界。美国太阳能板生产商Solyndra（索林卓）公司的倒闭成为最知名的绿色幽魂，但多数清洁技术公司遭遇了相同的结局——仅2012年一年倒闭破产或申请破产保护的太阳能制造商就有40多家。新能源公司的主要指标表明了泡沫正在快速破灭（见图13–1）。

为什么清洁技术惨遭失败？保守派认为他们已经知道了答案：一旦绿色能源成为政府要务，整个产业就一定会被扭曲。但过去有理由（现在也同样有理由）使能源成为重中之重。清洁技术失败的实际情况远比政府失灵复杂得

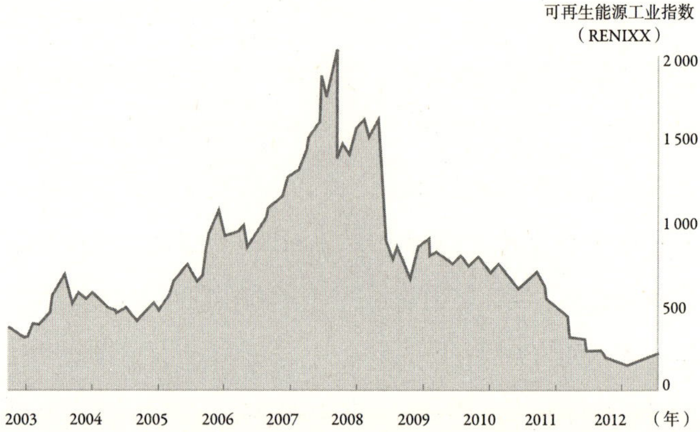

图 13-1　清洁技术泡沫

多，也重要得多。多数能源公司折戟是因为至少忽略了以下 7 个问题之一，而这些问题是每个公司必须回答的：

（1）工程问题：

你的技术具有突破性，而不仅仅是稍有改进吗？

（2）时机问题：

现在开创事业，时机合适吗？

（3）垄断问题：

开创之初，是在一个小市场抢占大份额吗？

（4）人员问题：

你有合适的团队吗？

（5）销售问题：

除了创造产品，你有没有办法销售产品？

（6）持久问题：

未来10年或20年，你能保住自己的市场地位吗？

（7）秘密问题：

你有没有找到一个其他人没有发现的独特机会？

我们之前已经讨论过这些因素。无论从事哪个行业，成功的企业规划都必须解决这些问题。若你不能给出好的答案，便会厄运连连，最终公司倒闭；若7个问题你都能解决好，那你一定会获得成功，即使只解决好五六个问题，你也能取得成功。然而，清洁技术泡沫的明显问题在于清洁技术类初创公司创办时没有回答好上述任何一个问题——这意味着期待奇迹的出现。

很难确切解释某一清洁技术公司失败的缘由，因为几乎所有公司都犯了几个严重的错误，而任何一个错误都足以毁掉公司，所以值得仔细回顾其失败的原因。

工程问题

优秀的技术公司拥有的专有技术应该比最相近的技术高一个数量级。但清洁技术公司的产品鲜有 2 倍的改进，更别说 10 倍了。有时，它们的产品其实比原有产品还要糟糕。Solyndra 公司开发了一种新型的圆柱形太阳能电池，但是圆柱形电池的效用只有扁平电池的 1/π——它们接收不到足够的直射阳光。公司试图通过镜子反射更多的阳光到面板底部来弥补这一缺陷，但很难挽回糟糕的开局。

公司必须力争做到 10 倍的改进，稍有改进对终端用户来说就是毫无改进。假设你开发了新的风力涡轮机，比现有技术的效率高 20%——这是实验数据——乍一听很好，但实验数据还要扣除新产品在实际市场中面临的生产成本以及风险。而且即使你的产品确实给用户带来 20% 的改进，由于人们习惯了夸大其词的广告宣传，销售该产品时，你也一定会受到质疑。只有 10 倍的改进，你的产品才能给客户带来明显的优势。

时机问题

清洁技术公司的企业家努力工作，以说服自己他们的时代已然到来。SpectraWatt 的首席执行官安德鲁·威尔逊 2008 年宣布建立新公司时，表明“太阳能产业就像是 20 世纪 70 年代末的微处理器，还有很多有待解决和改善的地方”。后半句是对的，但是关于微处理器的类比却错得离谱。自从 1970 年第一台微处理器问世，计算技术不仅是飞速发展，而是呈指数级发展。英特尔早期产品的开发史（见表 13-1），就呈现出这样的发展。

表 13-1　英特尔早期产品的开发史

代	处理器型号	年份
4 比特	4004	1971
8 比特	8008	1972
16 比特	8086	1978
32 比特	iAPX 432	1981

相比之下，1954年贝尔实验室发明的第一块硅太阳能电池，比威尔逊发布新闻稿的时间早了半个多世纪。相差的这几十年间，光电的转换效能虽有发展但速度缓慢：贝尔的第一块太阳能电池只有6%的转换效能，当今的晶体硅电池和现代薄膜电池在此领域都未能超过25%的转换效能。在2000年年中，还没有工程技术的发展能够预示新的飞跃即将到来。进入缓慢发展的市场是不错的策略，但是你必须拥有明确可行的计划来抢夺市场才行。那些失败的清洁技术公司显然毫无准备。

垄断问题

2006年，技术投资家、亿万富翁约翰·杜尔宣称：“绿色（科技）是新的红、白、蓝。”（红、白、蓝为美国国旗的颜色，开发绿色能源为爱国表现。）他这句话应该以代表流血牺牲的“红色”结束。正如杜尔自己所说：“如果网络市场的规模是10亿美元级别，那么能源市场的规模就是万亿美元级别。”他未提及这个巨大的万亿市场还意味着残酷无情、血腥残忍的竞争。其他人不断对杜尔的观点进行附和：仅21世纪的前10年，我就听过几十个清洁技术公司的企业家怀着难以置信的乐观态度用精美的PPT展示这个万亿美元级别的市场看似真实的故事——好像这是好事一样。

清洁技术公司的高管强调能源市场很大，足以满足所有的进入者，但是每个人都认为自己的公司有优势。2006年，太阳能制造公司MiaSolé的首席执行官戴夫·皮尔斯在面对国会小组时，承认自己的公司仅仅是为数不多的"非常强大的"初创公司之一，这些公司全部致力于特种薄膜太阳能电池的开发。而几分钟后，皮尔斯大胆预言MiaSolé将在一年内成为"全球最大的薄膜太阳能电池生产商"。这一预言并未实现，而且也不可能对他们有所帮助：薄膜电池只是众多太阳能电池的一种。只有某种技术极为高效地解决了某一特定问题，消费者才会有所关注。如果你不能就垄断小市场拿出独特的解决方案，就无法摆脱恶性竞争，这就是发生在MiaSolé公司身上的事情。2013年MiaSolé被收购时，成交价为几亿美元，比当初投资人投入的金额还少。

夸大独特性并不能解决垄断问题。假设你经营一家太阳能公司，成功地安装了成百上千的太阳能电池板系统，其总产能为100兆瓦，由于整个美国的太阳能总产能为 950 兆瓦，你自身就占有 10.53% 的市场份额，那么祝贺你，你可以告诉自己：你是个玩家了（见图 13–2）。

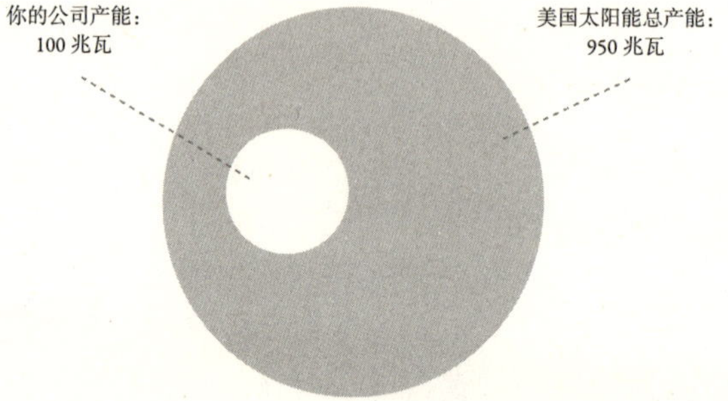

图 13–2　你在美国太阳能市场中的地位

如果美国太阳能市场不是合适的市场会怎样呢？合适的市场是总产能为 18 千兆瓦的全球太阳能市场会怎样呢？你的 100 兆瓦现在变成了很小的份额：突然你的市场占有率还不到 1%（见图 13–3）。

如果恰当的比较标准不是全球太阳能市场，而是整个再生能源市场又会怎样呢？全球再生能源市场的总产能是 420 千兆瓦，你的市场份额跌落到了 0.02%。相较于全球发电总产能 15 000 千兆瓦，你的 100 兆瓦仅仅是沧海一粟（见图 13–4）。

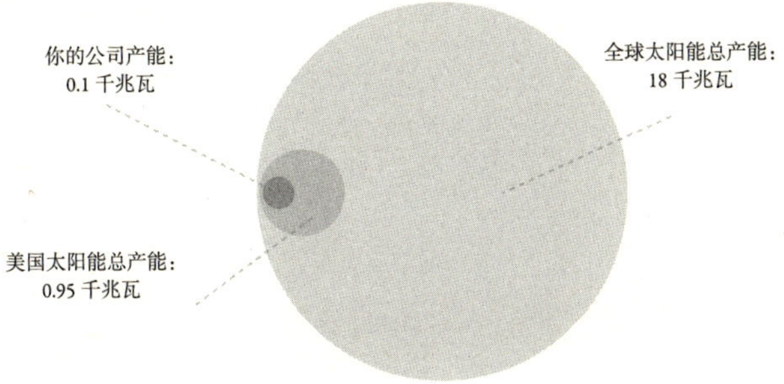

图 13-3　你在全球太阳能市场中的地位

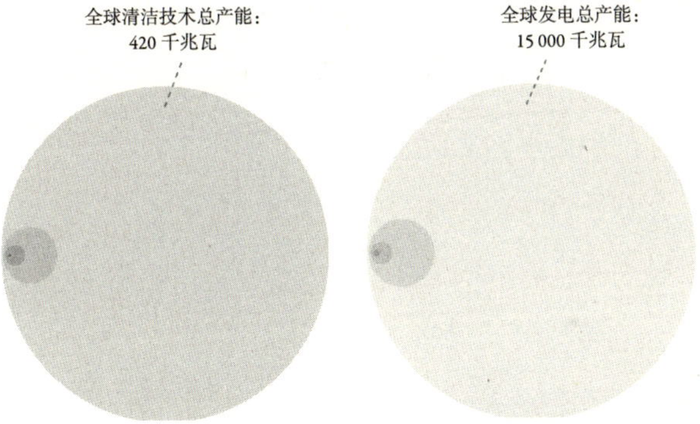

图 13-4　你在全球能源市场中的地位

清洁技术公司的企业家对市场的认识简直是无药可救的混乱。他们故意把市场形容得比较小，所以看起来有所区分，但又反过来要求基于利润可能丰厚的巨大市场来对其进行估值。但你无法垄断一个用修辞虚构出来的小市场，而大市场又竞争激烈，不容易脱颖而出。大多数的清洁技术公司创始人如果在帕洛阿尔托开办新的英式餐厅，境况可能会比现在好得多。

人员问题

能源问题属于工程问题，因此你可能以为工程技术人员在经营清洁技术公司。你错了，失败的公司是由非技术人员经营的。这些销售型高管擅长募集资金、拿到政府补贴，但他们拙于创造顾客愿意购买的产品。

在创始人基金公司，我们看到这样的情况。最明显的线索是衣着：清洁技术公司的高管西装革履地到处跑。这是一个危险信号，因为真正的技术人员穿 T 恤和牛仔裤。由此我们设定了一个基本规则：排除那些创始人西装革履地参加销售会议的公司。如果我们花时间来仔细评估每个公司的技术，或许我们能避免不良投资。但是团队洞见——绝不给首席执行官西装革履的技术公司投资——让我们更快地明白了真相。最佳销售总是深藏不露。擅长销售的首席执行官没有什么不对，但如果他的确看起来像销售员，那么他很可能拙于销售，更不擅长技术问题。

销售问题

清洁技术公司全力迎合政府和投资者，却忽略了消费者。它们吃过苦头才明白现实跟实验室不一样：销售和物流至少和产品本身一样重要。

问问以色列电动汽车初创公司 Better Place 就知道，它在 2007—2012 年筹集并花费了 8 亿多美元，打造电动汽车的可更换电池组和充电站。该公司力求“创造绿色可替代技术，减少对高污染运输技术的依赖”。它确实说到做到——至少卖出了 1 000 辆汽车，这是申请破产前的销售量。能售出这么多，也算是一大成就，因为这些车很难被客户接受。

首先，你并不能确定你买的究竟是什么。因为 Better Place 从雷诺公司买进箱式轿车，然后改装上电池组和电动机。所以，你是在买电动雷诺车，还是 Better Place 的电动车？无论怎样，你决定买车时，都有一大堆麻烦事要做。第一是要取得 Better Place 的核准。为此，你需要证明住所离 Better Place 的电池更换站足够近，并保证按照可预测的路线行进。如果通过这一关，你还要签署为汽车充电的充电协议。然后，你才能开始学习在路上停下来更换电池的方法。

Better Place 认为其技术本身就可以打开销售渠道，因此没有认真去推销其产品。反思公司的失败，一位沮丧的用户问道："为什么特拉维夫市没有展示价值 16 万谢克尔的丰田普瑞斯的广告牌，并放上这辆车的照片，且强调此车型4年充电需16万谢克尔？"不过他仍然买了一辆，和大部分人不同，他是"无论如何都会一直开这种车"的爱好者。但很遗憾，他开不了了，因为 Better Place 董事会于2013年仅以1 200万美元变卖公司资产时宣称："我们成功地攻克了技术难关，而未能跨越其他障碍。"

持久问题

每个企业家都应该计划做自己特定市场的坚守者。一开始就要自问：10 年、20 年后世界会是什么样的？我的公司如何才能与之相适应？

很少有清洁技术公司能给出好答案，结果它们的结局相似。2011 年申请破产前的几个月，常青太阳能公司

（Evergreen Solar）对关掉美国某分工厂的决定做出了解释：

> 中国的太阳能制造商获得了政府和财政的大力支持……尽管我们的产品成本……已低于原计划水准，也低于多数西方制造商，但仍然高于中国的低成本竞争对手。

但是直到2012年，"指责中国"的声音才响成一片。美国能源部支持的盛产太阳能公司（Abound Solar）在谈到其破产申请时，指责"中国太阳能电池板的侵略性定价行为使得早期的初创公司很难……在现有市场条件下发展"。太阳能电池板制造商能源转换设备公司（Energy Conversion Devices）在2012年破产时，不仅仅在发布会上指责中国，而且针对中国3个主要的太阳能制造商提起诉讼，索赔9.5亿美元——同年后期，Solyndra公司的破产管理人以企图垄断、勾结以及掠夺性定价为由起诉了这3家公司。但是中国制造商的竞争真的难以预料吗？清洁技术公司的企业家应该先解决好持久问题并自问：怎么才能阻止中国抢走我们的生意？若没有答案，那么结局可想而知。

除了没有预料到生产相同绿色产品的竞争者，清洁技术公司对整个能源市场的设想也被误导了。该行业建立在化石燃料已日暮西山，而液压破碎法（获取天然气的方法）还不成熟的基础上。2000年，美国只有1.7%的天然气来自用液压破碎法开采的页岩气。5年后，该数据攀升至4.1%。然而，清洁技术公司没人认真对待这一趋势：可再生能源是前进的唯一道路，化石燃料未来不可能更加便宜或更加洁净。事实却并非如此。到2013年，页岩气占美国天然气的34%，2008年天然气价格下降了70%多，摧毁了多数可再生能源的商业模式。液压破碎法可能也不是持久的能源解决方案，但它足以摧毁未能预料到其出现的清洁技术公司。

秘密问题

所有的清洁技术公司都用“我们需要一个清洁的世界”这一传统真理来证明自己的价值。它们自欺欺人地认为社会对可替代能源势不可当的需求，意味着各种清洁技术公司巨大的商机。想想2006年以前，关于太阳能的乐观看法是如何的盛行。那年，布什总统预言“太阳能屋顶能使美国家庭自己发电”。投资者和清洁技术业者比尔·格罗斯声称“太阳能潜力无限”。太阳能制造商Solaria

当时的首席执行官苏维·夏尔马承认，虽然投资太阳能产业“有淘金的热情，也确实有金子——或者说阳光”，但是匆匆追赶潮流使许多太阳能电池板公司——Q-Cells 公司、常青太阳能公司、SpectraWatt 公司，还有格罗斯自己的能源创新公司（Energy Innovations）——迅速从光明的开端走向破产（这里只列举了少数几个例子）。每个失败者都运用被普遍认可的观念来描述自己的璀璨未来。但是伟大企业是构筑在秘密之上的，这是它们取得成功的独特原因，而别人对此却一无所知。

公益创业的神话

清洁技术公司不只想追求多数企业定义的成功，清洁技术泡沫还是“公益创业”史上最大的风潮，也是最大的失败。这种行善的经商之道源于营利企业和非营利组织截然相反的想法：企业有很大的影响力，但受获利动机的控制；非营利组织追求公共利益，却是更大经济体中的弱势玩家。公益创业旨在结合两者精华，并“借由做好事以促成功”，但通常两方面都做不到，最终以失败而告终。

将社会和经济目标混同，起不到任何作用。而“社会”一词的歧义就更成问题了：如果某事“就社会而言是好的”，那么它是对社会好呢，还是社会认为它是好的？不管是哪种好，好到能够赢得所有人喝彩的必然是很传统的共识，比如有关绿色能源的一般看法。

阻碍进步的不是企业的贪婪与非营利组织的善良之间的差异，而是做一样的事。企业往往互相效仿，非营利组织优先推动的事情也都相同。清洁技术公司揭示出了一个结果：几百种毫无差异的产品都是在同一个过于宽泛的目标下生产出来的。

做些与众不同的事情才是真正有益于社会，也是企业通过垄断新市场赢利的方式。最好的项目可能是人们忽视的项目，或没有大肆宣扬的项目；最好的问题是无人尝试解决的问题。

特斯拉如何脱颖而出？

在过去 10 年间建立、如今依旧欣欣向荣的清洁技术公司屈指可数，特斯拉就是其中之一。该公司对清洁科技这一社会热潮驾驭得比其他公司要好，它成功地解决了如下 7 个问题，因此其成功对我们颇有教益：

Solyndra 公司首席执行官
布莱恩·哈里森

特斯拉汽车公司首席执行官
埃隆·马斯克

图 13-5 清洁技术的输家与赢家

技术。特斯拉的技术很先进，其他汽车公司都依赖于它：戴姆勒采用特斯拉的电池组，奔驰采用特斯拉的动力系统，丰田采用特斯拉的发动机。通用汽车公司甚至组建了特别小组追踪特斯拉的动向。但是特斯拉的巨大技术成就不是单个的零件或组件，而是将许多组件融合为优良产品的能力。特斯拉的 Model S，从车头到车尾设计得都很优雅，它不是只把所有零件组合起来而已：《消费者报告》对它的评价是有史以来最高的，《机车潮流》和《环球车谈》杂志称其为 2013 年度风云汽车。

时机。2009年，根据大环境很容易推测出政府会继续支持清洁技术公司：“绿色工作”是政府要务，联邦基金早已指定要拨款，国会也看似要通过碳排放总量管制与碳交易方面的法案。当其他人认为巨额补贴将不断流入时，特斯拉首席执行官埃隆·马斯克看到的却是千载难逢的机会。2010年1月，也就是Solyndra在奥巴马执政期间爆出问题，并使补贴问题政治化的一年半以前，特斯拉成功地从美国能源局贷款4.65亿美元。在2000年年中，近5亿美元的资助是不可想象的，就算是现在也是不可想象的，而特斯拉抓住了那一稍纵即逝的时机。

垄断。特斯拉是从掌控小的次级市场起家的，即高端电动跑车市场。从2008年第一辆电动敞篷跑车（Roadster）下线，特斯拉的销量只有3 000台，但是按每台10.9万美元来算，就是个不小的数字。从小做起使特斯拉能够进行必要的研发，制造价格稍低的Model S，如今特斯拉依然拥有豪华电动轿车市场。2013年，特斯拉轿车销售量超过2万台，现在正处于扩大市场的关键时期。

团队。特斯拉的首席执行官是很棒的工程师，也是杰出的销售人员，因此，他建立的团队两者都很擅长，也就没什么可惊讶的了。埃隆如此描述他的员工："进入特斯拉，如同你选择进入特种部队。进入普通军队也很好，但在特斯拉工作，你就选择了接受挑战。"

销售。多数公司低估了销售，但特斯拉认真对待，它拥有自己完整的销售链。其他汽车公司依赖于独立的代理商，就像福特和现代虽然制造汽车，却依赖别人销售汽车。而特斯拉在自己的店里销售、维修自己的汽车，这种做法让特斯拉的先期成本高于传统的代理商，但是从长远来看，它能掌控客户体验，强化特斯拉品牌，为公司节省资金。

持久。特斯拉有先行一步的优势，而且比其他公司发展更快，这也就意味着其领先地位在未来几年将会扩大。成为别人梦寐以求的品牌极为清楚地表明特斯拉已经有所突破：买车是人们一生中做出的重大购买决定之一，所以要赢得客户信任实属不易。不像其他汽车公司，特斯拉的创始人依然掌管着公司，因此公司发展的速度不会很快就慢下来。

秘密。特斯拉明白，在清洁技术领域里是时尚在激发关注。富人尤其想要显示出够"绿"，即使这意味着要驾驶四四方方的普瑞斯或笨拙的本田音赛特。想到有生态意识的电影明星也拥有这样的车，车主会觉得很酷。所以特斯拉决定制造使车主看起来酷酷的汽车，莱昂纳多·迪卡普里奥甚至将他的普瑞斯换成了昂贵的（看似昂贵的）特斯拉电动跑车 Roadster。普通的清洁技术公司围绕差异化进行竞争时，特斯拉则围绕如下秘密打造出独特品牌：清洁技术与其说是环保必需的技术，不如说是一种社会现象。

能源2.0

特斯拉的成功证明清洁技术的发展并没有问题，隐藏其后的大概念也没错：世界的确需要新能源。能源是主要资源，因为它关乎如何生存、如何建筑房屋、如何得到我们需要的东西使生活舒适。大多数国家的人梦想生活得和今天的美国人一样舒适，但除非开发新科技，否则全球化会带来越来越严峻的能源挑战。世界上已经没有足够的能源来供人类重复旧技术，或者重新分配，以达到繁荣。

清洁技术给人们提供了一种对能源的未来保持乐观的方式。当无比乐观的投资者基于绿色能源的一般看法，将钱投给缺少独特经营计划的清洁技术公司时，泡沫就出现了。将 21 世纪最初 10 年可再生能源公司的市值标示出来，再对照纳斯达克（NASDAQ）10 年前网络泡沫期间的涨跌，你能看到相同的走势（见图 13-6）。

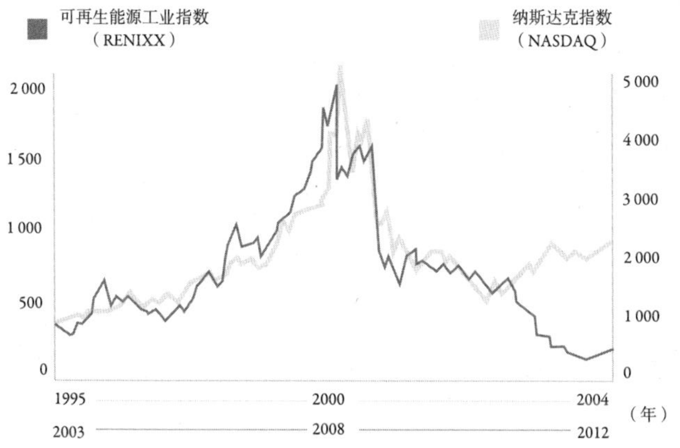

图 13-6　清洁技术泡沫与网络泡沫相似

20 世纪 90 年代人们都认为：网络会兴盛起来，但太多的网络公司持有这一相同观点而无独到见解。企业家只有从微观入手提出自己的计划，才能从宏观的见解中获益。清洁技术公司面临相同的难题：无论能源如何稀缺，只有对特定问题拿出最佳方案的公司才能赢利。还没有哪个产业能重要到只要参与其中就能建立卓越的企业。

网络技术泡沫比清洁泡沫更大，泡沫破灭后造成的损失也更令人痛心。但是 90 年代那代人的梦想最终被证明是对的，而对网络将彻底改变出版业、零售业及日常生活持怀疑态度的人，在2001年看似有先见之明，今天却显得愚蠢可笑。Web 2.0初创公司能够在网络公司的残骸上成功兴起，能源初创公司能否像它们一样，在清洁技术公司折戟后成功建立？对资源解决方案的总体需求依然存在，但是有价值的公司必须从找到利基市场并占有小市场起步。脸书起初只是针对一个大学校园提供服务，然后才推广到其他学校，乃至全球。找到能源解决方案的小型市场并不容易，你可以致力于改变偏远岛屿以柴油为能源的现状，或者为敌对地区的军事设施进行快速部署建立模块化反应堆。看似矛盾的是，想要建立能源2.0公司，企业家面临的挑战首先是找到小型市场。

第14章

创始人的悖论

PayPal 的 6 个创始人中有 4 个在高中时期造过炸弹。

当时，我们中的 5 个人仅有 23 岁，甚至更年轻。4 个人不是在美国本土出生的，其中 3 个人来自社会主义国家或前社会主义国家：潘宇来自中国，卢克·诺塞克来自波兰，马克斯·列夫琴来自乌克兰。当时在那些国家制造炸弹可不是小孩子该做的。

我们 6 个人被视为怪胎。我和卢克的第一次交谈是关于他为什么要签约参加人体冷冻的实验，即人死后将尸体冷冻，并期待未来医学进步可以起死回生。马克斯自称无国籍，而且以此为傲，苏联解体，他们全家来到美国，其家人处于外交尴尬境地。拉斯·西蒙斯原以停在公园里的拖车为家，后来进入伊利诺伊州顶尖的数学和科学公立学校。只有肯·霍威利有着美国孩子的优渥童年：他是 PayPal 唯一的鹰级童子军。但是肯的同学认为他加入我们是疯狂的，况且薪水只有聘用他的那家大银行的 1/3，所以他也并不完全正常。

所有的创始人都特立独行吗？或者我们只记住或夸大了创始人身上那些最独特的地方？更重要的是，创始人身上哪些个人特质是帮助他们成功的？本章将讨论为何由特立独行的人领导公司比普通的经理人领导公司更为有力，

由左至右分别为肯·霍威利、马克斯·列夫琴、潘宇、拉斯·西蒙斯、彼得·蒂尔、卢克·诺塞克

图 14–1　1999 年的 PayPal 团队

同时也更为危险。

特立独行的个性是驱动公司进步的引擎

有些人强壮，有些人虚弱，有些人天赋异禀，有些人愚笨无知，但大多数人处于两个极端之间。画出人们所处的位置，就可以看见一条钟形曲线（见图 14–2）。

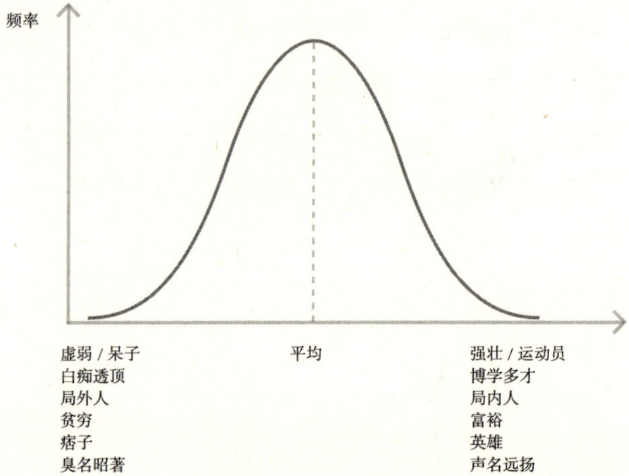

图 14–2　特质的常态分布

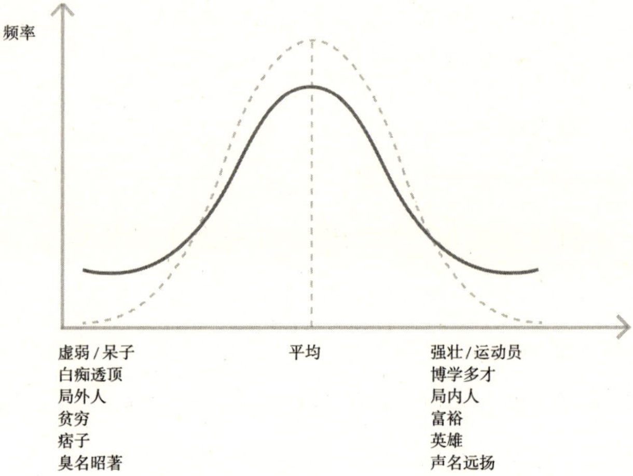

图 14–3　大家以为的创始人的特质分布

由于众多的创始人看似拥有极端特质，你也许会猜测表现创始人特质的曲线分布图的两个尾端会宽一些，因为两端的人多（见图 14–3）。

但那并未捕捉到创始人最为奇特的一面。通常，我们认为对立的特质互相排斥，例如，一个人不可能既贫穷又富有，但这常常发生在创始人身上：初创公司的首席执行官名义上是百万富翁，手里却没有现金。他们有时愚不可及，有时魅力四射。几乎所有成功的企业家既是局内人又是局外人。当他们成功时，外界对他们褒贬不一。如果把创始人的特质以曲线展示，出现的是与常态分布完全相反的倒钟形曲线（见图 14–4）。

这种奇特极端的特质组合从何而来呢？可能天生具有（天然的），或从环境中获得（后天的）。但是，创始人事实上并不像他们所表现的那么极端。或许他们巧妙地夸大了某种特质？或者是其他人可能夸大了他们的特质？这些影响可能会同时显现，而且不管何时显现，相互之间都会彼此强化。循环开始于不同寻常之人，最终这些人会表现得更加非比寻常（见图 14–5）。

比如维珍集团的创始人，亿万富翁理查德·布兰森爵士，他是天生的商人：16 岁时他首次创业，年仅 22 岁

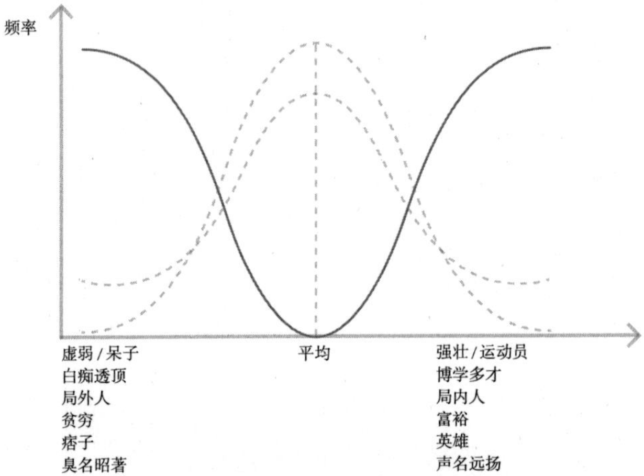

图 14-4　创始人特质分布图

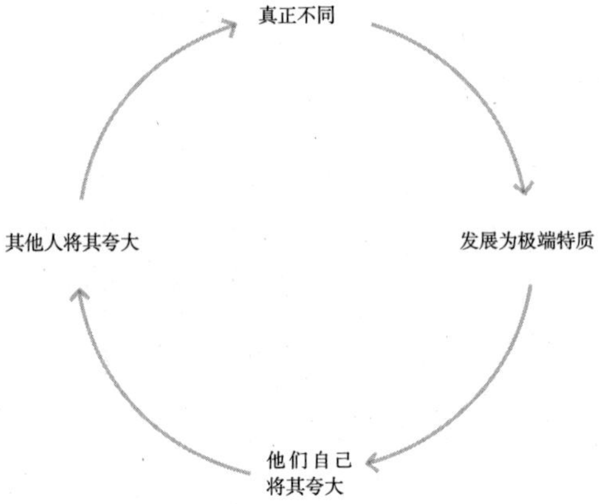

图 14-5　创始人极端特质的来源

时创立了维珍唱片公司（Virgin Records）。但他的其他特色——比如特有的狮子般的浓密长发——就不那么自然，有人怀疑他并非天生如此。布兰森的其他极端特质养成之时（和衣着暴露的超模一起玩儿“风筝冲浪”是公关策略还只是寻欢作乐，抑或是一举两得？），媒体迫不及待地开始推崇他为“维珍之王”“不容置疑的公关之王”“品牌之王”“沙漠和天空之王”。当维珍大西洋航空为乘客提供含冰饮料（冰块形似布兰森头像）时，他成了“冰块之王”。

图 14-6　公关之王理查德 · 布兰森

难道布兰森只是普通商人，只不过恰巧有优秀的公关团队帮助才被媒体追捧吗？或者他本身就是天生的品牌天才，并赢得了记者关注（因为他很擅长操控记者）？很难说清楚，或许两者兼有吧。

另一个例子是肖恩·帕克。他从极端的局外人身份——罪犯开始。肖恩高中时是小心谨慎的黑客，但是他父亲认为16岁的肖恩在计算机上浪费的时间太多了，所以有一天他拿走了肖恩的键盘。因此，肖恩因无法退出登录而被联邦调查局发现，很快联邦探员逮捕了他。

肖恩轻易脱身，因为他是未成年人。如果说有什么影响，那就是这个小插曲鼓励了他。三年后，他与人合作创办了纳普斯特公司。这一点对点文件共享服务公司在第一年就赢得了数以千万计的用户，成了有史以来成长最快的公司之一。但是唱片公司联合提起诉讼，联邦法官下令关闭了纳普斯特公司，它只维持了20个月。在中心兜兜转转之后，肖恩重新做回局外人。

然后脸书出现了。2004年肖恩和马克·扎克伯格相遇，他帮助马克洽谈了脸书的首笔融资，并成为该公司的创始人兼总裁。2005年，他因被指控吸毒而辞职，这虽然让他名声受损，但同时也更受关注。贾斯汀·汀布莱克在电影《社交网络》中扮演了肖恩，剧中的肖恩被刻画成一个极为冷酷的美国人。虽然贾斯汀·汀布莱克声名更大，但是他造访硅谷时，人们却会问他是不是肖恩·帕克。

世界上最为著名的人许多都是创业者，他们不见得创立企业，但是每个名人都在建立并培养自己的个人品牌。比如，Lady Gaga是最具影响力的当代人物之一，但这真的是她吗？她的本名不是秘密，但是几乎无人知晓或者说没人在意。她着装奇特，若是其他人穿上同样的服装会被当成精神病患者。Lady Gaga 使人相信她“生来如此”——与她的第二张专辑和最佳单曲同名。但没人天生长得像个僵

肖恩·帕克　　Lady Gaga

图 14-7　特立独行的个人品牌

尸，头上还有两个犄角，因此，Lady Gaga 必定是个自我创造的神话。那么哪类人会这样装扮自己呢？当然是不同寻常的人。因而 Lady Gaga 或许确实生来如此吧。

王者从何而来

极端的创业者形象在人类世界里早就出现了，经典神话里这样的人物比比皆是。俄狄浦斯就是典型的既为局内人又为局外人的例子：他是弃婴，颠沛流离到陌生国土，但同时他又是一位英明的国王，聪明机智，破解了斯芬克斯之谜。

罗穆卢斯和雷穆斯出身高贵，却被遗弃。他们发现自己的皇族血统后，决定建一座城池，但对选址问题他们意见不一。雷穆斯跨越罗穆卢斯确定的罗马城边界时，罗穆卢斯杀了雷穆斯，以儆效尤，“这样以后就没人敢越城池半步了”。罗穆卢斯既是立法者，又是犯法者；既是违法的罪犯，又是缔造罗马的国王。罗穆卢斯既是局内人，又是局外人，在这一点上他是自相矛盾的。

普通人不会像俄狄浦斯，也不会像罗穆卢斯，但不论这些人在真实生活中是什么样，神话版本只记住了他们的极端特质。为什么在古代文化中，铭记非比寻常之人如此重要呢?

声名远扬之人与臭名昭著之人组成了大众情感宣泄的通道：他们因成功而被赞美，因灾难而被指责。远古社会面临一个最重要的基本问题：如果无法解决冲突，社会就会四分五裂。因此，当瘟疫、灾难、暴力斗争威胁和平宁静时，将骂名转嫁到所有人一致赞同的替罪羊身上对社会是有益的。

谁是合适的替罪羊?和创业者一样，替罪羊也是极端而又矛盾的人。一方面，替罪羊必须弱小，无力保护自己不受伤害；另一方面，作为能承受指责平息冲突的人，他又是社会中最强大的一员。

行刑前，人们像供奉神一样供奉替罪羊。阿兹特克人认为这些受害者是神仙下凡，他们要为之献祭。被杀害前的短暂时间里，替罪羊享受着锦衣玉食，这是君主制的根本：国王是人世间的神，每个神都是被谋害的国王。或许现代国王只是能够给自己延缓行刑的替罪羊。

美国王族

说到“美国王族”，应该就是名人吧。我们会将这个称号给予我们最喜爱的明星：埃尔维斯·普雷斯利是摇滚之王，迈克尔·杰克逊是流行乐之王，布兰妮·斯皮尔斯是流行乐公主。

他们一直享有这些称号，除非他们已名不副实。埃尔维斯在20世纪70年代时开始自毁，身体发胖，在卫生间里孤独离世。今天，其模仿者均大腹便便，而非细瘦精干。迈克尔·杰克逊从备受欢迎的童星变成了性格怪异、厌恶自己肤色、嗜毒成瘾的人，全世界都对其案件审理的细节津津乐道。布兰妮的故事最为戏剧化。她一举成名，少女时期就被捧为巨星，但之后所有的事情都脱离了轨道：曝光的光头形象、暴食节食的丑闻、备受关注的孩子抚养权案件。她总是这样疯癫，还是因为媒体关注了她，或者她想借此炒作？

有些陨落的明星，死亡会给他们带来重生。许多著名音乐家死于27岁，例如摇滚女星詹尼斯·乔普林、吉他大师吉米·亨德里克斯、大门乐队主唱吉姆·莫里森、涅槃乐队主唱科特·柯本，这些“27俱乐部”成员因为死亡

摇滚之王
埃尔维斯·普雷斯利

流行乐之王
迈克尔·杰克逊

流行乐公主
布兰妮·斯皮尔斯

图 14-8　美国王族

前摇滚之王
埃尔维斯·普雷斯利

前流行乐之王
迈克尔·杰克逊

前流行乐公主
布兰妮·斯皮尔斯

图 14-9　变调的美国王族

詹尼斯·乔普林

吉姆·莫里森

科特·柯本

艾米·怀恩豪斯

图 14–10　英年早逝反而被人永远铭记的明星

而被人们永远铭记。2011年加入该俱乐部之前，英国著名R&B歌手艾米·怀恩豪斯唱道："他们想让我戒毒，我说，'不，不，不'。"或许戒毒不够有魅力，因为它阻碍了通往永恒的道路。也许想要成为永远的摇滚之神，唯一的方法就是英年早逝。

我们就像对待名人一样，崇拜或贬低科技界创业者。霍华德·休斯从轰轰烈烈到隐居世外，算得上20世纪最富传奇色彩的科技创业者。他出生富有，却喜欢工程甚于奢侈品。11岁时，他建造了休斯敦第一台无线电发射机，一年后，他造出了该市第一台摩托车。30岁时，他制作的9部商业电影均在好莱坞处于技术前沿时取得成功。但使休斯更著名的还是他的航空生涯，他设计飞机，生产飞机，驾驶飞机。休斯在最高航速、最快跨洲飞行、最快环球飞行方面创造了世界纪录。

休斯喜欢飞得比别人高。他喜欢提醒别人自己只是个凡人，而不是希腊的神——这是凡人想和神媲美时的言论。他的律师曾在法庭上称："休斯不是一个能以常人标准衡量的人。"律师收人钱财、替人美言，但《纽约时报》称："从法官到陪审团，对此言人人赞同。"1939年他因航空成就被授予国会金质奖章，但他甚至没有去领奖——几年后，总统杜鲁门在白宫发现该奖章，并将其邮寄给休斯。

休斯的陨落始于1946年，当时他遭遇了第三次也是最严重的一次飞机失事。如果那时他去世了，将会流芳百世，成为美国史上最时尚、最成功的人士之一。但他活下来了——九死一生。他患上了强迫症，对止痛药上瘾，于是淡出公众视线，在自我强加的孤独隐居中度过了生命里的最后30年。休斯以前特意有些疯狂的时候，很少有人愿意打扰他这种疯狂的人，但当他有意的疯狂行为转变成真正的疯狂生活时，我们对他就会生出怜悯和唏嘘。

创业家霍华德·休斯

疯子霍华德·休斯

图 14-11　创业家变疯子

最近，比尔·盖茨证明了被高度关注的成功可以带来高度集中的攻击。盖茨具备典型的创始人特质：他既是笨手笨脚的书呆子式的大学辍学生、一个局外人，又是全球最富有的局内人。他刻意选择怪异的眼镜以装扮得与众不同，还是由于无药可救的愚笨，怪异的眼镜选择了他？我们无从得知。但其独霸市场的地位毋庸置疑：2000 年，微软的 Windows 占据操作系统 90% 的市场份额。那时，著名新闻主播彼得·詹宁斯可能会产生疑问："当今世界是比尔·克林顿重要，还是比尔·盖茨重要？我不清楚。这是个好问题。"

美国司法部没有止于这一问题，他们还展开了调查，并以"反竞争行为"为由起诉了微软。2000 年 6 月，法庭要求微软拆分。盖茨早在半年前就从微软首席执行官的位置上退下来，被迫花费大量时间来应对法律威胁而非创造新技术。微软上诉，法庭撤回了拆分的判决，2001 年微软和政府达成和解。但那时盖茨的对手已经成功阻止了他这位创始人全情投入地管理公司，微软由此进入相对低迷的时期。现在盖茨以慈善家而非技术专家闻名于世。

技术专家比尔·盖茨

慈善家比尔·盖茨

图 14–12　技术专家变成慈善家

王者归来

正当法律攻击结束了比尔·盖茨的主导地位，史蒂夫·乔布斯重回苹果，这证明了其作为公司创始人无可替代的价值。某种程度上，史蒂夫·乔布斯和比尔·盖茨截然相反。乔布斯是艺术家，更喜欢较为封闭的体系，花时间构思超越别人的优秀产品；盖茨则是生意人，保持产品的开放性，想要主导世界。但他们都既是局内人又是局外人，都创立了自己的公司，并推动其取得了无人能及的成就。

年轻时的乔布斯　　　　中年时的乔布斯

图 14-13　无可取代的创业家

从大学辍学的乔布斯常常光着脚走路，也不洗澡，但他也是受人崇拜的局内人。他可以魅力十足，也可以疯狂无比，或许由其心情而定，或许由其谋略而定；餐餐只吃苹果的怪习很难说不是大策略的一部分。1985 年，这些怪诞行为却适得其反：乔布斯与被请来督导公司的职业首席执行官发生冲突后，苹果董事会将乔布斯逐出了他自己的公司。

12 年后乔布斯重返苹果，证明了为何公司的第一要务——创造新价值——不能简化为公式，交由职业经理人照章执行。1997 年，他被任命为苹果的临时首席执行官，而之前无可挑剔、备受信赖的前任首席执行官差点儿使公司濒临倒闭。那一年，迈克尔·戴尔评论苹果的名言是："换成我会做什么？我会关闭公司，然后将钱退还给股东。"相反，乔布斯推出了 iPod 音乐播放器（2001 年）、iPhone 手机（2007 年）、iPad 平板电脑（2010 年）。2011 年，他因身体状况不得不辞职。2012 年，苹果成为全球最有价值的公司。

苹果的价值主要依赖于某个人的个人愿景。这表明公司创造新技术所运用的这种奇怪方式通常与封建君主制很像，而不是我们想象中的更"现代"的组织。独树一帜的创始人能做出权威决策，激发员工强烈的忠诚度，提前做出未来几十年的规划。自相矛盾的是，由训练有素的专业人士组成的毫无人情味的官僚机构虽能够长久持续下去，却鼠目寸光。

公司应该吸取的教训是企业离不开创始人。对于创始人看似极端怪异的行为，要有更大的容忍度，我们需要靠非同寻常的人来领导公司，取得大的飞跃，而非限于小的进步。

创始人应该吸取的教训是不要沉醉于自己的声望和他

人对自己的追捧，否则，会使自己臭名昭著，或是被妖魔化——因此，要小心行事。

总而言之，不要高估自己的个人能力。创始人的重要性并非源于自身工作带来的价值，事实上，优秀的创始人能使公司的每个人发挥所长。我们需要独特的创始人并不意味着我们需要崇拜美国小说家艾茵·兰德笔下那些不依赖周围任何人的“行动领导者”。在此方面，兰德只能算是半个好作家：她笔下的恶棍是真实的，但英雄是虚构的。现实生活中没有代表自由主义社区的高尔特峡谷，人也无法脱离社会。相信自己具有不依赖他人的神圣能力并不能表明个体的强大，而是表明你把人们的崇拜或嘲弄错认为事实。创始人最大的危险是对自己的神话过于肯定，因而迷失了方向。同样，对于公司，最大的危险是不再相信创始人的神话，错把不信神话当作一种智慧。

结语

停滞不前，还是临近奇点

如果连最高瞻远瞩的创业者都无法规划未来二三十年的事情，对遥远的未来还有什么可说的呢？我们无法预知具体的细节，但可以勾勒出大致的轮廓。哲学家尼克·博斯特罗姆描述了人类的未来可能出现的 4 种模式。

模式一：古人认为历史是兴衰的不断更替。直至最近，

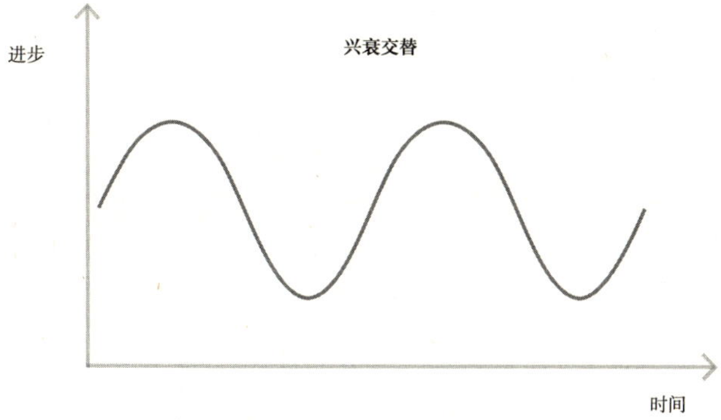

图 1　模式一：未来将兴衰交替

人们才敢于期待永远避免灾难，但还是怀疑我们视为理所当然的稳定能否持续。

模式二：然而，我们常常抑制自己的怀疑。保守派的观点迥然相反，他们认为全世界会融合，最终达到一个稳定发展的状态，类似于今天最富有国家的生活。在这一情景下，未来与现在很相像。

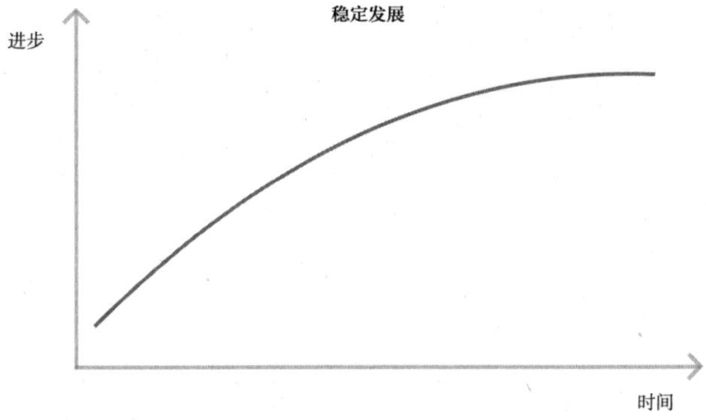

图 2　模式二：未来将稳定发展

模式三：考虑到当今世界紧密相连的地理环境，以及现代武器史无前例的破坏力，能否阻止大规模的社会灾难发生，是必须要问的问题。图 3 是第三种情景，这是件令人恐惧的事情：毁灭性的衰落，我们无法幸免于难。

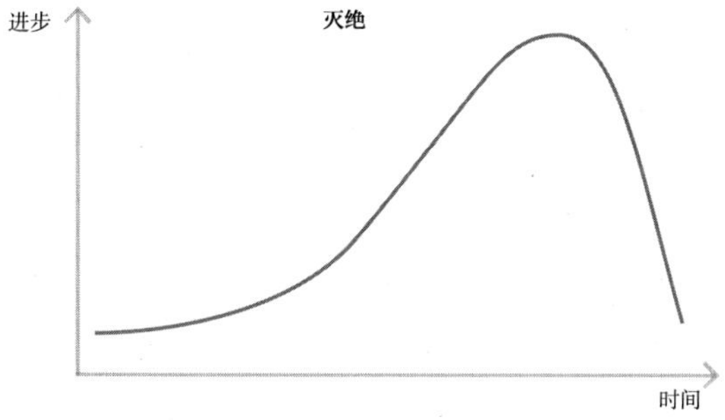

图 3　模式三：未来人类会灭绝

模式四：最后一种可能是最难想象的：加速腾飞，奔向更美好的未来。这种突破可以有多种形式，但任何一种都与现在大相径庭，因而无法描述。

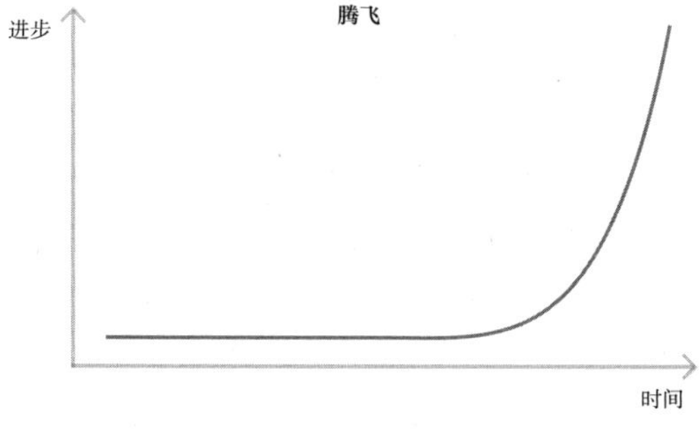

图 4　未来加速腾飞

未来会是这4种模式的哪一种呢?

周而复始的衰落是不可能的：构成文明的知识体系如今传播甚广，以至完全的毁灭相比长期黑暗之后的光明重现更为可能。如果彻底衰落了，人类就没有未来可言。

如果我们将未来定义为看起来和现在不同的时代，那么多数人根本不会期待未来；相反，他们期待未来几十年能更加全球化、更为融合、更加相像。这种情景下，贫穷国家会迎头追上富裕国家，全球经济会稳定发展。但即使真正的全球化稳定发展是可能的，它能够持久吗？最佳状况是，经济竞争对每个人、每个公司而言都将史无前例的激烈。

然而，加上对稀有资源的争夺，我们很难看到全球稳定能够无限存续。没有新技术来消除竞争压力，停滞很可能爆发为冲突。万一爆发全球范围的冲突，停滞最终会演变为灭绝。

以上忽略了第四种情景。在这一情景中，我们创造新技术，打造更加美好的未来。此结果最为戏剧化的版本被称为“奇点”，这是尝试设想有个强大到超越我们理解范畴的新技术。雷·库兹韦尔，最负盛名的奇点理论家，从摩尔定律开始，在众多领域追求指数级增长，坚信能够建立人工智能超越人脑的未来。根据库兹韦尔的说法，“奇点已经临近”，这是不可避免的，我们能做的就是做好接受的准备。

但无论有多少趋势可以追踪，未来都不是自行发生的。奇点描述的未来并不比我们今天面临的抉择重要：在两种最有可能发生的情景中做出选择，是无所作为，还是尽力而为，这取决于我们自己。我们不能理所当然地认为未来会更美好，而是要在今天努力创造美好的未来。

我们是否在整个宇宙范围实现“奇点”或许不重要，重要的是我们是否能抓住独一无二的机会，在日常工作中创新。对我们——全宇宙、全球、全国、全公司、整个人生乃至此刻最为重要的是——独特。

我们当下的任务是找到创新的独特方式，使得未来不仅与众不同，而且更加美好，即从 0 到 1。最重要的第一步是独立思考。只有重新认识世界，如同古人第一眼看见这个世界一样新奇，我们才能重构世界，守护未来。

致谢

感谢吉米·卡尔特拉德帮我理清了此书的脉络。

感谢罗布·莫罗、斯科特·诺兰和迈克尔·索拉纳，在斯坦福大学开设了这门课，才会有此书的诞生。

感谢克里斯·帕里斯－兰姆、蒂娜·康斯特布尔、戴维·德雷克、塔利亚·克龙、杰里迈亚·霍尔在出版此书方面给予的指导。

感谢每一位在蒂尔资产管理公司、创始人基金公司、Mithril公司和蒂尔基金努力工作，并表现出色的各位同人。

插图版权声明

本书插图由马特·巴克（Matt Buck）依据以下的照片资料绘制。

图 8-2： *Unabomber,* Jeanne Boylan/FBI composite sketch
Hipster, Matt Buck

图 13-5： *Brian Harrison,* Business Wire
Elon Musk, Sebastian Blanco and Bloomberg/Getty Images

图 14-6： *Richard Branson,* Ethan Miller/Getty Images

图 14-7： *Sean Parker,* Aaron Fulkerson, flickr user Roebot, used under CC BY-SA

图 14-8： *Elvis Presley,* Michael Ochs Archives/Getty Images
Michael Jackson, Frank Edwards/Getty Images
Britney Spears, Kevin Mazur Archive 1/WireImage

图 14-9： *Elvis Presley,* Tom Wargacki/WireImage
Michael Jackson, David LEFRANC/Gamma-Rapho via Getty Images
Britney Spears, New York Daily News Archive via Getty Images

图 14-10： *Janis Joplin,* Albert B. Grossman and David Gahr/Getty Images
Jim Morrison, Elektra Records and CBS via Getty Images
Kurt Cobain, Frank Micelotta/Stringer/Getty Images
Amy Winehouse, flickr user teakwood, used under CC BY-SA

图 14-11： *Howard Hughes,* Bettmann/CORBIS
magazine cover, TIME, a division of Time Inc.

图 14-12： *Bill Gates,* Doug Wilson/CORBIS
magazine cover, Newsweek

图 14-13： *Steve Jobs, 1984,* Norman Seeff
Steve Jobs, 2004, Contour by Getty Images

图书在版编目（CIP）数据

从 0 到 1：开启商业与未来的秘密 /（美）彼得·蒂尔，（美）布莱克·马斯特斯著；高玉芳译 . -- 北京：中信出版社，2021.4

（中信经典丛书 . 001）

书名原文：Zero to One

ISBN 978-7-5217-2887-3

Ⅰ . ①从… Ⅱ . ①彼… ②布… ③高… Ⅲ . ①企业管理 Ⅳ . ① F272

中国版本图书馆 CIP 数据核字（2021）第 042483 号

从 0 到 1——开启商业与未来的秘密
（中信经典丛书 · 001）

著　　者：[美] 彼得 · 蒂尔　[美] 布莱克 · 马斯特斯
译　　者：高玉芳
责任编辑：范虹轶
出版发行：中信出版集团股份有限公司
（北京市朝阳区惠新东街甲 4 号富盛大厦 2 座　邮编　100029）
承 印 者：北京中科印刷有限公司

开　　本：880mm × 1230mm　1/32　　印　　张：99.5　　字　　数：2287 千字
版　　次：2021 年 4 月第 1 版　　印　　次：2021 年 4 月第 1 次印刷
京权图字：01-2014-6948
书　　号：ISBN 978-7-5217-2887-3
定　　价：880.00 元（全 8 册）

服务热线：400-600-8099
投稿邮箱：author@citicpub.com

扫码免费收听图书音频解读

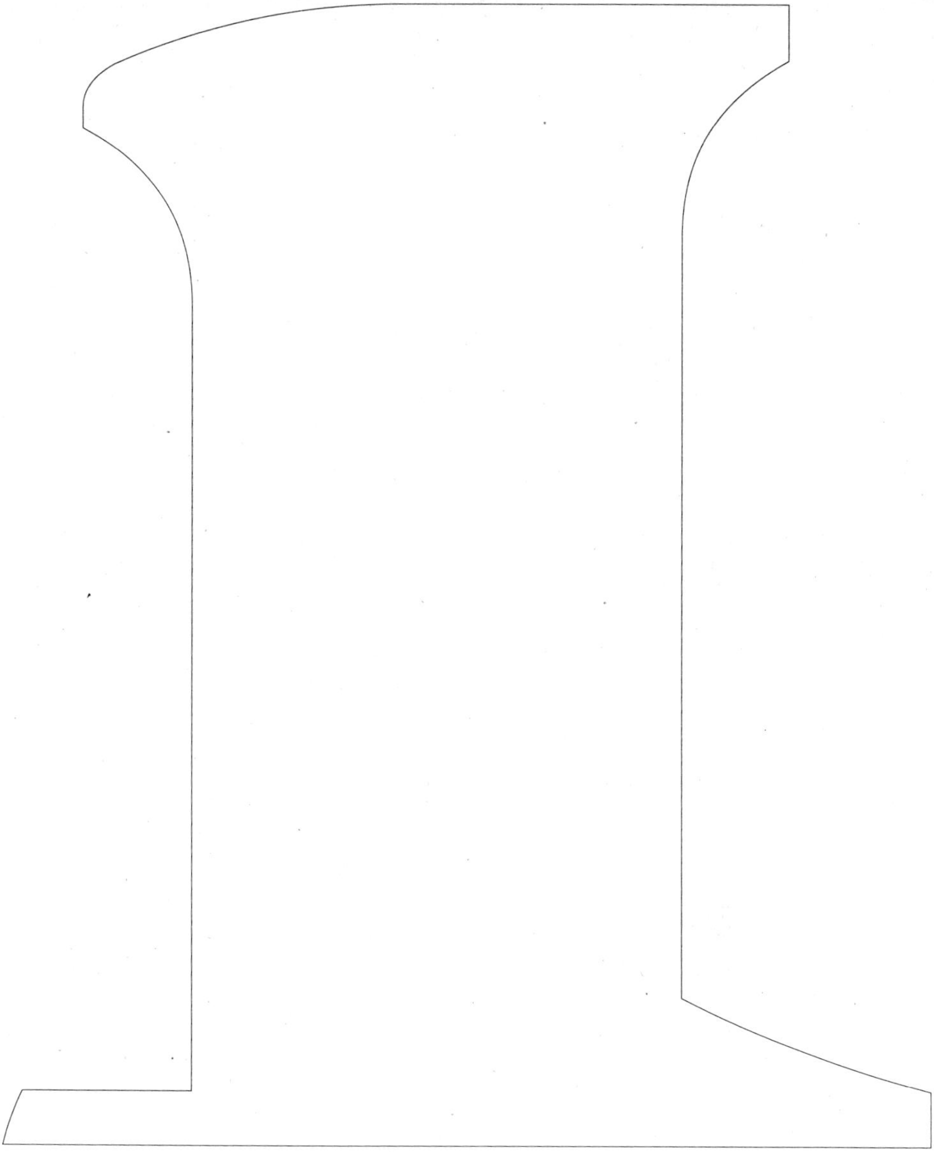

创新者的窘境

THE INNOVATOR'S DILEMMA

[美] 克莱顿·克里斯坦森
著

胡建桥
译

中信出版集团 | 北京

目录

推荐序 1
最先拿到“螃蟹”的企业不一定有机会吃下“螃蟹”

在单纯追求利润和增长率的过程中，一些伟大企业的伟大管理者因为使用了最佳管理技巧而导致了企业的失败。

——克莱顿·克里斯坦森

在 20 世纪 90 年代之前，很少有人研究失败，人们在绝大多数商学院的案例库里都找不到一篇关于失败公司的论文。

最早提出警示的是战略学家普拉哈拉德（C. K. Prahalad）和哈默尔（G. Hamel），他们在 1990 年出版的《公司的核心竞争力》一书中认为，随着竞争的日益激烈和技术迭代的加快，创新的周期正在快速地缩短，这对大型公司构成了前所未见的挑战。

1997 年，哈佛大学商学院教授克莱顿·克里斯坦森出版了《创新者的窘境》，第一次系统地研究“大公司为什么会失败”。他提出“破坏性创新”这个新概念，并得出了一个颇有点儿令人惊悚的结论：越是卓越的公司，在“破坏性创新”时刻到来的时候，就越难以摆脱困境。

这个近乎宿命论的结论启迪了很多人，包括不可一世的乔布斯。后来发生的事实是，一些巨无霸型的大公司正是被一家又一家不起眼的小公司击败的，这一景象几乎出现在所有行业，从百货、金融、电脑硬件到互联网。

一

克里斯坦森创作《创新者的窘境》的20世纪90年代中期，正是计算机行业从大型机向台式机转型的关键时期。他惊奇地发现，“没有一家主要生产大型计算机的制造商，成功地转变为在微型计算机市场具有举足轻重地位的生产商”。

那么，是这些公司管理不善吗？答案恰恰相反。这些公司是全世界管理效率最高的公司，而且它们无一例外地拥有杰出的领导者。到1982年，他们还出现在汤姆·彼得斯的卓越样本企业的名单上。

克里斯坦森的研究结果是：良好的管理正是导致领先企业马失前蹄的主因。

“准确地说，因为这些企业倾听了客户的意见，积极投资了新技术的研发，以期向客户提供更多、更好的产品。因为它们认真研究了市场趋势，并将资金系统性地分配给了能够带来最佳收益率的创新项目。最终，它们都丧失了其市场领先地位。”

更可悲的是，那些破坏性技术居然有很多来自大公司的实验室，而小公司的创业者正是从大公司被排挤出去的“失意者”。

这样的案例比比皆是。第一个研发出数字相机技术的是胶卷公司柯达，第一个研发出手机触屏功能的公司是诺基亚，可是它们都不是这些技术的勇敢使用者，它们的前途因此被埋葬。诺基亚的最后一任总裁在公司被收购时，颇为无奈地说：“我们什么也没有做错，但我们还是失败了。”

二

在《创新者的窘境》中，克里斯坦森系统性地研究了这一现象发生的原因。他有三个发现。

第一，延续性技术与破坏性技术之间存在重大战略差异。

破坏性技术是一种革命性的技术创新，其技术产品是从未有过的、完全新兴的事物。而对于大公司而言，这一技术在一开始往往针对的是一个无法被检测的新兴小市场，它不能满足大企业的增长需求，这对大公司的决策构成了致命的挑战。

第二，技术进步的步伐可能会且经常会超出市场的实际需求，这就导致以市场需求为主导的科技创新型企业可能会错失潜在的新技术市场。

与一般的观察不同，克里斯坦森发现，在诞生初期，破坏性技术产品的性能要低于主流市场的成熟产品，但其某些新特性会使得这种产品受到非主流消费者的喜爱，最终彻底改变市场的价值主张。

第三，拥有一整套管理模式的成熟企业为了融资，更在乎公司的资本结构和资本回报率是否能吸引投资者，上市企业尤其如此。

克里斯坦森认为，成熟市场与大公司对破坏性技术有天然的排斥心理。即便管理者拥有一个大胆的设想，希望带领企业朝着一个完全不同的方向展开冒险，但是，绩效主义者和严格高效的流程管理，也会在企业内部阻挠这种改变的发生。

《创新者的窘境》一书，其实提出了一个十分叛逆的结论，那就是，流行了近半个世纪的成熟的公司治理理论，已经无法适应快速变化的世界，越是大型的成功企业就越容易在未来的竞争中成为无法改变自己命运的“恐龙”。

这一结局，甚至与它既有的能力、资本，乃至领导者的勤勉无关。

在这本书中，克里斯坦森没有给出一个标准的解决方案，或者说，这个“锦囊”根本就不存在。他的根本性建议是，大公司决策层应该放弃对高效管理制度的迷信，使组织创新能力下沉，“把研发破坏性技术的职责交给确实存在客户需求的机构”。“你无法对尚不存在的市场进行分析。因此，管理者为应对破坏性技术变革而采取的战略和计划应该是有关学习和发现的计划，而不是事关执行的计划。”

三

克里斯坦森的这本书在刚刚出版的时候并没有引起轰动性的效应。因为，变化才刚刚开始。到 2000 年，美国互联网泡沫破灭。在接下来的十年中，技术和商业模式发生了令人眼花缭乱的突变，无数教科书中的卓越公司陷入泥潭，他的观察才渐渐发出金子般的光芒。

对克里斯坦森的理论最为关注的，是那些即将发动颠覆行动的挑战者，其中就包括苹果公司的乔布斯。在乔布斯的官方传记里，作者列举了 7 本影响乔布斯的书，其中，除了莎士比亚、柏拉图和几本与禅修有关的书，唯一的商业图书就是《创新者的窘境》。

2007 年，索尼公司前常务董事土井利忠（笔名“天外伺朗”）发表了《绩效主义毁了索尼》一文，这篇文章引发巨大的争论，他的观点大多来自《创新者的窘境》，他认为正是优异的日本式管理最后让索尼公司走向衰老。

克里斯坦森的这本书被《福布斯》杂志评为“20世纪最具影响力的20本商业图书”之一。2011年，他本人则在《哈佛商业评论》的“当代50名最具影响力的商业思想家”评选中排名第一。《创新者的窘境》在出版后的20多年里激励了无数的创业者，也让那些大公司治理者坐立不安。比尔·盖茨曾半开玩笑地说：“克里斯坦森提出破坏性理论后，出现在我桌上的每一份提案都自称是具有破坏性的。”

吴晓波

财经作家，890新商学、蓝狮子出版创始人

推荐序 2
企业如何应对破坏性创新技术的挑战

在《创新者的窘境》一书中，克莱顿·克里斯坦森教授提出了这样一个问题：为什么管理良好的企业会遭遇失败？他的结论是，管理良好的企业之所以遭遇失败，是因为推动它们发展为行业龙头企业的管理方法，同时也严重阻碍了它们发展破坏性创新技术，而这些破坏性创新技术最终吞噬了它们的市场。

管理良好的企业都善于发展延续性创新技术，也就是说善于以客户所认可的方式来提高产品的性能。但破坏性创新技术与延续性创新技术存在显著的差别：

1. 破坏性创新技术刚开始出现时，它的产品性能一般低于原有技术。

2. 破坏性创新技术拥有某些边缘客户（通常也是新客户）所看重的其他属性，例如价格更低、体积更小、结构更简单、更便于使用等，从而可以找到新市场。

3. 随着破坏性创新技术的持续发展、产品性能的提高，该技术最终将占领原来的市场。

书中阐述了破坏性创新技术取代原有技术的过程，以及管理良好的企业内部所蕴含的强大力量是如何阻碍它们研发破坏性创新技术的，并构建了一个发展破坏性创新技术原则的框架，即企业的资源分布取决于客户和投资者，小市场并不能满足大企业的增长需求，企业无法对并不存在的市场进行分析，技术供给可能并不等同于市场需求，以此解释为什么企业在研发成熟技术时最为有效的管理方法反而会阻碍企业对破坏性创新技术的研发。

接下来，你只需要展开阅读，就可以跟随作者，去理解那些帮助企业应对破坏性创新技术挑战的核心概念和观点。

一、延续性创新与破坏性创新

对领先企业而言，它并不需要担心沿着原有的路径日益精进会面临困境，因为它在自己所熟悉的领域里，技术上炉火纯青，管理上得心应手，市场上独占鳌头。但是它最担心的是有人在技术上另起炉灶，在管理上另辟蹊径，在市场上新拓疆土。用作者的话来说，它不怕延续性创新，因为这是它的优势，真正的威胁来自破坏性创新。

作者认为，破坏性创新并不涉及特别复杂的技术变革，其主要表现形式就是将成品元件组装在一起，但相比之前的产品，其产品结构通常会变得更加简单。破坏性创新并不能为主流市场的客户提供更好的产品，因此这种创新首先发生在主流市场的可能性很小。相反，破坏性创新提供的是一种完全不同的产品组合，只有在远离主流市场或对主流市场没有太大意义的新兴市场，客户才会重视这些产品组合的属性。

尽管成熟企业在引领延续性创新技术方面（包括从最简单到最具突破性的延续性创新技术）拥有技术上的优势，但在研发和应用破坏性创新技术方面，引领行业潮流的却总是行业新兴企业。

值得注意的是，研发破坏性创新技术并不意味着技术的先进，它可能只是现有成熟技术的重新组合。它甚至可能与技术进步关系不大，只涉及细分市场中被忽视的需求或者创新的需求实现模式。这是一种广义的理解，但它有助于我们拓展本书的结论，更好地反思这本书成书二十年来的企业实践。

二、领先企业是怎样走向失败的

作者提出了价值网络理论来说明为什么优秀的企业也会遭遇失败，其重要发现是，管理不善并非导致优秀企业失败的根本原因，反而是良好的管理导致领先企业马失前蹄的。所谓的“良好的管理”，表现在有效倾听客户意见，积极投资新技术研发，优化内部流程以提高决策效率和效益，优化客群结构、产品结构和财务结构以提高收益率，等等。

成功的企业希望集中资源来开展能够满足客户需求的活动，因为这些活动能带来更高的利润，在技术上更具可行性，而且能帮助它们保持在重要市场上的竞争力。这些企业也建立了一整套流程来帮助它们实现这些目标，但企业若希望这套流程同样能够成功地培育出破坏性创新技术（集中资源来实施客户并不认同、利润率更低、性能表现低于现有技术且目标市场仅局限在小型市场的提案），则违背了成功企业的运作方式和性能评估机制的基本趋势。

按照这本书的失败理论框架，简单来说，因为领先企业的成本结构主要面向高端市场，低端市场和小型新兴市场对于领先企业的增长贡献甚微，当企业面临破坏性创新技术的威胁时，企业的人员和流程自然不愿也不能分配所需的关键性资金和人力以应对威胁，从而处于被动地位。

三、企业的能力：资源、流程和价值观

这本书提出了企业能力的分析框架：资源、流程、价值观。资源包括人员，设备，技术，产品设计，品牌，信息，现金，与供应商、分销商和客户的关系，等等，是最直观的因素。流程是企业在把资源转化为产品或服务的过程中所采取的互动、协调、沟通和决策的模式，包括制造过程、产品研发、采购、市场研究、预算、规划、员工发展和补偿，以及资源分配的过程。

影响企业能力的第三个因素是价值观。企业的价值观就是企业在确定决策优先级别时所遵循的标准，企业以此来判断一份订单是否有吸引力，某个客户是否比另外一个客户更重要，某个新产品理念是否具有吸引力，等等。事实上，良好管理的一个关键衡量标准就在于，管理者是否在机构内部普及了这种清晰、统一的价值观。

按照企业能力分析框架，企业面临破坏性创新时的表现，取决于它是否能发展出相应的能力。三者之中，资源是外在直观的因素，也是最容易调整或改变的部分。加大资源投入的方法对延续性创新是有效的，但对于破坏性创新却是达不到期望的，因为流程会阻碍资源的有效投入。流程的背后是价值观，原有价值网络培养出来的价值观看不到破坏性创新的前景，自然不能动员组织的能力来推动破坏性创新的发展。

越是行业领先企业，管理越是良好，其价值观就越清晰、统

一、有效，其能力与破坏性创新就越不匹配，这就是领先企业失败的根源。领先企业可以依靠企业内的“英雄人物”来力挽狂澜，扭转组织内的流程和价值观的惯性吗？作者明确指出，也许可以，但它不能指望依靠个人的能力来弥补组织的能力缺陷。即使委托一个能力很强的觉醒者带领团队去推动项目，由于组织的能力与创新项目并不匹配，最终的效果也很难尽如人意。

四、如何发展新能力

应对破坏性创新的办法就是发展出与破坏性创新匹配的新能力。

从新能力的三个因素来看，改变企业的价值观是不能被接受的。因为当前企业正处在行业领先地位，是市场的王者，是现金的收割机，其原有价值观被认为是成功的、有效的、不能被舍弃的。既然价值观不能被改变，改变流程也就不能得到落实，资源投入也就不能落地。这是行业领先企业面临破坏性创新时的宿命。

为此，作者提出，推动延续性创新项目的方式可以是成立轻量型的内部团队，而推动破坏性创新项目的有效方式恐怕只能是另立新机构。这个新机构可以是从当前企业中分拆出来的，也可以是新收购的创新企业。

遗憾的是，很多企业过分自信，倾向于在体系内用加大资源投入的方法改变现有机构的能力，或者想方设法将收购的企业整合到现有体系之中，使用这种方式虽然可以得到创新企业的资源，却抛弃了企业最为珍贵的流程和价值观。

五、更多的研究启示

这是一本经典著作。所谓经典，就是它虽然出版较久，案例稍旧，而市场上有很多新的行业趋势和特点出现了，但它仍然非常值得被研读揣摩，其观点仍然具有普遍性和启发性。

企业领导者需要在破坏性创新导致危机之前，就发展出相应的能力来应对变革。那么，更有效地识别破坏性创新，是企业领导人做决策的前提，但这是一个复杂的问题，目前还没有可靠的检测方法。在这种情况下，很多结论就变成了“马后炮”。

企业内流程的建立是为了让员工持续不断地重复完成任务，连续性降低成本，提高效率和可靠性，就如同“福特的流水线”。流程和价值观从本质上来说意味着“不可改变”。企业是抗拒变化的，成功的企业更加抗拒变化。如同生物的进化，越精妙越极致，就越难适应环境的变化。那么，如何看待企业的“生老病死”呢？基业长青还应是企业正常追求的目标吗？或许，长江后浪推前浪，本来就是自然规律。

阅读这本书，你既可以站在行业领先企业的角度，研究如何应对创新企业的挑战，也可以站在创新企业的角度，研究如何应对行业领先企业的威胁。从某些方面而言，后一个视角更有意义。

对企业领导人、企业战略管理者、企业资源分配人士、企业研究人员、行业研究者来说，这本书可以说是必读书了。

陈春花

北京大学王宽诚讲席教授

北京大学国家发展研究院 BiMBA 商学院院长

引言

企业在遭遇某种形式的市场变化和技术变革时，为什么无法保持它们的行业领先地位？这里所说的不是普通企业的失败，而是一些领先企业（那些曾让许多管理者艳羡不已且竞相效仿的，因其优秀的创新和执行能力而闻名遐迩的企业）的失败。当然，导致领先企业失败的原因有很多，其中包括官僚主义横行、傲慢自大、管理队伍老化、规划不当、投资短视、技能和资源不足，以及单纯的时运不济。但本书讨论的并不是存在上述问题的企业，而是那些管理良好，锐意提高竞争力，认真倾听客户意见，积极投资新技术研发，却仍然丧失了市场主导地位的企业。

这些看上去无法解释的失败，既发生在那些发展迅速的行业，也发生在那些发展缓慢的行业；既发生在那些建立在电子技术基础上的行业，也发生在那些建立在化学和机械技术基础上的行业；既发生在制造业，也发生在服务业。同样，例如，西尔斯–罗巴克公司（Sears Roebuck，简称“西尔斯公司”）就曾在几十年间被认为是世界上管理最为灵活的企业。西尔斯公司在它的黄金时期销售额占全美零售总额 2% 以上的份额。该公司率先进行的多项创新，对当今最受推崇的零售商的成功起到至关重要的作用，其中就包括供应链管理、店铺品牌维护、目录零售和信用卡销售。西尔斯公司管理模式的受推崇程度，在以下这段引自

《财富》杂志的文字中一览无余："西尔斯是怎么做到的？从某种程度上说，它最吸引人的部分就在于，其中根本没有什么诀窍。西尔斯既没有玩太多花招，也没有放空炮。相反，公司里的每一个人似乎都在自然而然地做着正确的事情。而最终的结果是，西尔斯成了一家卓越的行业龙头企业。"[1]

但今天已经没有人会这样评价西尔斯公司了。不知出于什么原因，西尔斯公司完全忽视了折扣零售和家居中心[a]的出现。在目录零售这种商业模式迅速发展的今天，西尔斯公司已经无缘参与其中。人们已经开始思考它的零售运营将何以为继。一位评论员曾指出："西尔斯虽然有17亿美元的重组资金，但它早在1992年就亏损了13亿美元。西尔斯的傲慢自大使它对发生在美国市场的基本变化熟视无睹。"[2]另一位评论家则抱怨说：

> 西尔斯已经成为投资者的心头之痛。他们只能眼睁睁地看着它的股价一路下跌，所有有关情况已经好转的承诺都沦为一纸空文。西尔斯陈旧的营销方式（大量销售迎合大众口味的、中间价位的商品和服务）已不再具有竞争力。毫无疑问，持续令人失望的表现，不断重复说明却从未实现的有关情况好转的预测，都降低了西尔斯的管理层在金融界和商界的公信力。[3]

令人大感意外的是，西尔斯公司受到潮水般赞誉的时期（20世纪60年代中期），恰好是它忽略了折扣零售和家居中心这些新

a. 家居中心（home centers），一种以销售家居用品、技术或服务为主的，采取自选等自助服务方式销售的零售业模式，如家居建材商店、家电杂货店等。——编者注

型知名耐用品市场营销模式（正是这些成本更低的营销模式，最终使西尔斯公司丧失了其核心特许经营权）正在悄然崛起的时期。在西尔斯公司被誉为世界上管理得最好的企业之一的同时，它却让维萨卡（VISA）和万事达卡（MasterCard）抢占了其——在率先将信用卡用于零售业支付这一方面——长时间占据的领先地位。

在一些行业，这种丧失领先地位的故事一直在重复上演。以计算机行业为例，IBM（国际商业机器公司）主导了大型计算机市场，但却长时间忽略了在技术上更为简单的微型计算机的崛起。事实上，没有一家主要生产大型计算机的制造商，成功地转变为在微型计算机市场具有举足轻重地位的制造商。DEC（Digital Equipment Corporation，数字设备公司）创建了微型计算机市场，此后其他一些管理上锐意进取的企业，像通用数据（Data General）公司、Prime 公司、王安电脑（Wang）公司、惠普公司、德利多富（Nixdorf）公司等也纷纷加入其中。但这些企业随后又错过了台式个人电脑市场，从而将开拓个人电脑市场的机会留给了苹果公司、Commodore 公司、Tandy 公司，以及 IBM 的独立个人电脑部门。特别是苹果公司，它独创了用户友好型计算机的标准。但在便携式计算机市场，苹果公司和 IBM 却比行业领先企业落后了整整 5 年。同样，建立了工程工作站市场的企业，像阿波罗（Apollo）公司、太阳微系统（Sun）公司和硅谷图形（Silicon Graphics）公司，都是该行业的新兴企业。

像零售业一样，许多领先的计算机制造商都曾被誉为世界上管理得最好的企业，并被许多记者和企业管理学者树立为所有企业都应学习的典范。以下就是一段对 DEC 的评价（1986 年）："现在的 DEC 犹如一列高速行驶的火车，与它竞争无异于螳臂当车。当大多数竞争对手深陷计算机行业衰退的泥沼而无法自拔时，这家市值76亿美元的计算机制造商仍在加速前进。”[4]这段文字的作者进而告诫IBM要小心，因为它就站在DEC正高速行驶的轨道上。当时的DEC的确是麦肯锡公司浓墨重彩地加以研究的一家企业［后来这份研究成果被浓缩在《追求卓越》（*In Search of Excellence*）一书当中］。[5]

但几年后，风云突变，评论家们又向我们描绘了一家完全不同的DEC：

> DEC是一家需要进行资源重组的企业。作为其主打产品的微型计算机的销售已经枯竭，该公司进行了两年的重组计划惨淡收场，其预测和生产规划系统已完全失灵，削减成本远远无法重塑其盈利能力……但真正让人感到遗憾的可能是DEC错失的机遇。它浪费了两年的时间，才仓促采取措施，来应对已经颠覆了整个计算机行业的低利润率的个人电脑和工作站的出现。[6]

和西尔斯公司一样，在DEC的案例中，最终导致其失败的决策正是它在广受赞誉并被称为“管理灵活的企业”时做出的。在DEC被称为“优秀企业的典范”的同时，它却忽略了台式计算机的出现，并在几年后自食其果。

西尔斯公司和DEC都是令人瞩目的公司。施乐公司曾长期主导复印机市场，它生产的普通纸复印机被广泛应用于复印量较大的大型复印室。但施乐公司错失了小型台式复印机市场带来的发展和盈利机遇，最终只占据了很小一部分市场份额。尽管小型钢铁厂在20世纪90年代末占据了北美钢铁市场40%的份额，其中包括该地区几乎所有的钢筋、棒材和结构钢市场份额，但截至1995年，不管是在美洲、亚洲，还是在欧洲，没有一家综合性钢铁企业建立了使用小型钢铁厂技术的工厂。在30家缆索挖掘机制造商中，只有4家成功度过了该行业长达25年的液压挖掘技术过渡期。

正如我们所看到的那样，在遇到破坏性技术变革和市场结构变化时，遭遇失败的领先企业数量非常多。如果只是粗略地进行分析，我们似乎从中找不到导致它们失败的变革模式。在一些情况下，新技术在很短的时间内就会席卷整个行业；在另一些情况下，技术过渡期则长达数十年。在一些情况下，新技术非常复杂，研发成本高昂；在另一些情况下，具有重大影响的技术只是简单地由领先企业的现有技术扩展而成。但所有失败案例都具有一个共同点，那就是导致企业失败的决策恰好是领先企业在其被广泛誉为世界上最好的企业时做出的。

有两种方法或可用于解决这一悖论。一种解释是：诸如DEC、IBM、苹果公司、西尔斯公司、施乐公司、比塞洛斯-伊利公司等企业，实际上一直管理不善。这些企业之所以能够获得成功，可能是因为它们运气好。它们之所以最终在经济出现危机时遭遇失败，则可能是因为它们的好运气到头儿了。也许是吧。另一种解释是，这些遭遇失败的企业的管理已经做到极致，但它们在大获成功之后做决策的方式最终埋下了它们日后失败的种子。

本书所阐述的研究结果证明了后一种观点，即良好的管理正是导致领先企业马失前蹄的主因。准确地说，因为这些企业倾听了客户的意见，积极投资了新技术的研发，以期向客户提供更多、更好的产品。因为它们认真研究了市场趋势，并将资金系统性地分配给了能够带来最佳收益率的创新项目。最终，它们都丧失了其市场领先地位。

这也从更深的层次表明，目前得到广泛认可的许多良好的管理原则，实际上只适用于某些情况。有时，不采纳客户的意见，投资研发利润率较低、性能较差的产品，并且大举进军小型新兴市场（而不是主流市场）反倒是正确之举。本书通过准确构思研究方法，认真分析硬盘行业和其他行业创新成功与失败的案例，从而总结出一系列规律。管理者可以利用这些规律来判断，何时应采用得到广泛认可的良好管理原则，何时适于实施其他原则。

我把这些规律称为“破坏性创新原则”，它们表明，领先企业之所以遭遇失败，很可能是因为它们的管理者要么忽略了这些原则，要么选择拒绝施行这些原则。如果管理者能够理解并利用这些破坏性创新原则，那么他们就能卓有成效地管理好哪怕是最困难的创新项目。与生命中许多最富挑战性的行动一样，深刻理解“世界的运行方式”，并顺应这些力量来管理创新活动，具有非常重大的意义。

《创新者的窘境》一书的宗旨是，在缓慢发展或快速变化的环境中，为制造业和服务业（不管是高科技领域，还是科技含量较低的领域）的众多管理者、顾问和学者提供帮助。有鉴于此，本书所提到的“技术”一词，指的是一个组织将劳动力、资本、原材料和技术转化为价值更高的产品和服务的过程。所有的企业都拥有技术。像西尔斯公司这样的零售商采用了一种特定的技术来进行采购、展示、销售，并向客户提供产品，而诸如开市客[a]等仓储式折扣零售商则采用了一种不同的技术。因此，这一技术概念已从工程和制造业扩展到包含市场营销、投资和管理流程在内的广泛领域。而“创新”指的是其中某项技术发生的变化。

窘境

为了确立本书所述理念的理论深度、适用范围，以及对未来和过去的适用性，我将本书划分为两个部分。第一部分（第1章到第4章）构建了一个框架，以解释为什么伟大的管理者做出的合理决策可能会导致企业的失败。这些章节所描绘的情景，真实再现了创新者所面临的窘境：管理层做出的合理和适当的决策，可能会对企业的成功起着至关重要的作用，但也可能导致企业丧失其市场领先地位。第二部分（第5章至第10章）则旨在应对这一窘境。根据我们对新技术为什么且会在什么情况下导致大企业失败的理解，我将在这一部分针对这种窘境，提出管理上的解决方案——企业管理者应如何在集中足够的资源研发可能导致自己失败的破坏性技术的同时，采取有利于企业成熟业务短期发展的正确措施。

构建一个失败理论框架

在本书的开头，我将深入剖析这一问题，然后再做进一步的

a. 开市客是美国最大的连锁会员制仓储量贩店。1997年，该公司由两家公司合并为 Price Costco。1999年，该公司更名为 Costco Wholesale Corporation，简称 Costco，即开市客。这本书中的 Price Costco 是旧称。——编者注

探讨，并最终得出综合性的结论。我将在前两章详细阐述硬盘行业的历史，正是在这一行业，“优秀企业总是在艰难时受到冲击”的故事总是在重复上演。硬盘行业是研究大企业失败案例的绝佳领域，因为该行业拥有大量的数据，而且用哈佛商学院院长金·克拉克（Kim B. Clark）的话来说，这是一段“快速发展的历史”。在短短几年内，市场、企业和技术便经历了从出现、成熟到衰败的全过程。在 6 次新结构性技术变革中，硬盘行业的领先企业只在其中的 2 次变革中成功地维持了它们在下一代产品中的行业领先地位。硬盘行业这一重复出现的失败模式，让我得以首先确立一个初步框架，来解释为什么行业发展早期最好和最大的企业会遭遇失败。然后我会在行业历史随后的发展周期中对这一框架进行检验，以判断它是否经得起推敲，是否能够继续解释该行业中新近的领先企业为何同样难逃失败的命运。

随后，第 3 章和第 4 章将加深我们对“硬盘行业的领先企业为何总是会遭遇失败”的理解，同时通过分析不同性质行业的各家企业的失败案例，来检验这一失败理论框架的适用范围。因此，第 3 章主要探讨发展速度和技术革新密度与硬盘行业存在很大区别的机械挖掘机行业，并发现导致处于领先地位的硬盘制造商失败的因素，同样可用于解释处于领先地位的机械挖掘机制造商为何失败。第 4 章将确立这一理论框架，并将利用这一框架来说明为何全球综合性钢铁企业无法抵御小型钢铁厂的冲击。

为什么良好的管理可能会导致失败

失败框架是以此项研究的三个发现为基础而建立的。第一个发现是，在我所说的“延续性技术”（sustaining technologies）和“破坏性技术”（disruptive technologies）之间，存在着重大战略性差异。这些概念与渐进式技术和突破式技术之间的区别（许多对这一问题的研究均以此为主要特点）还是很大的。第二个发现是，技术进步的步伐可能会且经常会超出市场的实际需求。这意味着，不同技术方法的相关性和竞争性，会随着市场的差异和时间的推移而发生改变。第三个发现是，相比某些类型的新兴企业，成熟企业的客户和财务结构更加偏重于投资看上去对其具有吸引力的项目。

延续性技术与破坏性技术

大多数新技术都会推动产品性能的改善，我将这些技术称为“延续性技术”。一些延续性技术可能不具有连续性或者在本质上具有突破性，而其他一些技术则在本质上属于渐进式技术。所有的延续性技术具有的共同点是，它们都是根据主要市场的主流客户一直以来所看重的性能层面，来提高成熟产品的性能的。特定行业的大多数技术进步从本质上说都具有延续性。本书所揭示的一项重要发现是，即使是最具突破性、最复杂的延续性技术，也很少会导致领先企业失败。

但有时破坏性技术的出现——至少在短期内——会导致产品性能降低。具有讽刺意味的是，在本书研究的每一个案例中，都是破坏性技术导致了领先企业失败。

破坏性技术给市场带来了与以往截然不同的价值主张。一般来说，破坏性技术产品的性能要低于主流市场的成熟产品的性能，但它们拥有一些边缘客户（通常也是新客户）所看重的其他特性。拥有破坏性技术的产品通常价格更低、性能更简单、体积更小，而且通常更便于客户使用。除了上文提到的台式个人电脑和折扣零售的例子，这方面的例子还有许多。相对于哈雷-戴维森公司（简称“哈雷公司”）和宝马公司制造的大马力公路摩托车，本田公司、川崎公司和雅马哈公司在北美和欧洲推出的小型越野摩托车算得上一种破坏性技术；晶体管相对于真空管是一种破坏性技术；保健机构相对于传统的医疗保险商是一种破坏性技术。在不远的未来，相对于个人电脑硬件和软件供应商,“互联网工具”可能也会成为一种破坏性技术。

市场需求轨道与技术改善轨道

对失败框架的第二个元素（即技术进步的步伐要快于市场需求增长的速度）的观察表明，在开发比竞争对手更好的产品，以达到更高的售价，实现更大的利润率的过程中，供应商通常会“过度满足”市场的需求：供应商为客户提供的产品，超出了客户的实际需求或客户最终愿意支付的价格（如图 0.1 所示）。更重要的是，这意味着，尽管目前破坏性技术产品的性能可能低于市场用户的需求，但这种技术日后可能会发展成为同一市场上完全具备性能竞争力的技术。

例如，许多曾经需要使用大型计算机来进行数据处理的用户，不再需要或不再购买大型计算机。大型计算机的性能已经超出了许多老用户的需求，而且他们发现，他们现在可以使用连接文件服务器的台式计算机，来完成他们需要做的大部分工作。换句话说，许多计算机用户的需求增长速度，要低于计算机设计人员提供的性能改善速度。同样，在1965年，许多觉得只有在百货商店才能选购高质量商品的顾客，30年后已经非常满足于在塔吉特百货（Target）和沃尔玛选购各种商品。

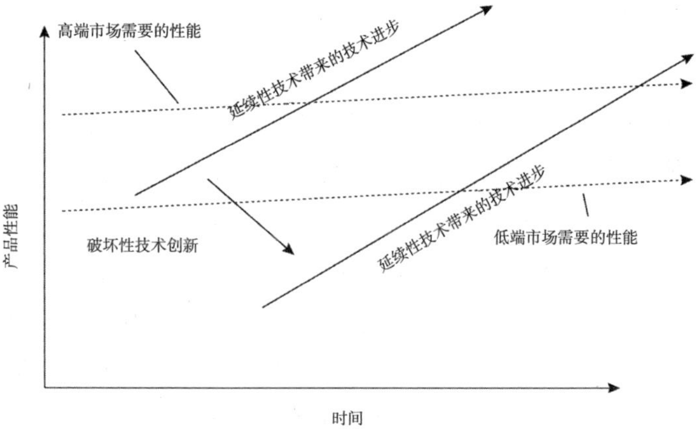

图 0.1 延续性技术和破坏性技术变革的影响

破坏性技术与合理的投资

失败框架的最后一个元素（即成熟企业得出的结论——积极投资破坏性技术对它们来说并不是一个合理的财务决策）有三个基础。首先，破坏性产品功能更简单，价格更便宜，这些产品的利润率通常较低，也不会产生更大的利润；其次，破坏性技术通常会在新兴市场或不太重要的市场首先进行商业化运作；最后，能给领先企业带来最大利润的客户一般并不需要基于破坏性技术研发的产品，而且他们在开始阶段也确实无法使用基于破坏性技术研发的产品。一般来说，破坏性技术首先会得到市场上不能给企业带来利润的那部分客户的认可。因此，大多数已经习惯于听取最优质顾客的意见，判断哪些新产品能实现更大利润率的企业，很少能及时投资研发破坏性技术。

测试失败框架

本书定义了什么是破坏性技术，并阐述了企业该如何应对这一问题，以尝试确立（研究人员所称的）失败框架中各种主张的内部和外部效度。第 1 章和第 2 章以硬盘行业为背景建立了失败框架，第 4 章至第 8 章重新提到硬盘行业，以加深读者对“优秀的管理者为何总是难以成功地应对破坏性技术”这一问题的了解。如此浓墨重彩地关注硬盘行业的理由就在于确立失败框架的内部效度。如果一个框架或模型无法有效地解释某一个行业内发生的现象，那它也就无法被成功地用于解释发生在其他行业的其他状况。

第 3 章，以及从第 4 章至第 9 章的后半部分的结构设置，是为了探讨失败框架的外部效度，即我们认为失败框架可能带来有用的启示的条件。第 3 章将使用这一框架来审视，为何生产缆索挖掘机的领先企业会被液压挖掘机制造商淘汰出推土机械市场。第 4 章将探讨为什么全球综合性钢铁制造商在面临小型钢铁厂的新技术挑战时会纷纷倒下。第 5 章将利用模型来分析，相对于传统供应链和百货商店，折扣零售商为何能取得成功，同时还将探讨破坏性技术对电机控制行业和打印机行业的影响。第 6 章将考察新兴的 PDA（Personal digital assistant，即掌上电脑）行业，并分析为什么电机控制行业会被破坏性技术颠覆。第 7 章详述了在摩托车和逻辑电路行业，使用了破坏性技术的新兴企业是如何颠覆领先企业的市场地位的。第 8 章则揭示了计算机制造商是如何且为何会沦为破坏性技术的又一个牺牲品的。第 9 章主要聚焦于发生在会计软件行业和胰岛素行业的相同现象。第 10 章则利用这一框架对有关电动汽车的案例进行了分析，总结出从其他行业研究中得出的经验教训，揭示了如何利用这些经验教训来评估电动汽车行业面临的机遇与威胁，并阐述了怎样利用这些经验教训来推动电动汽车企业取得商业上的成功。第 11 章概述了本书的观点。

总而言之，这些章节为理解破坏性技术，破解这些技术是如何导致一些曾经管理得最好的企业丧失其行业领先地位的这一难题，提供了一个具有坚实理论基础、广泛有效性和实际管理效用的框架。

利用破坏性创新的原则

看过我的学术报告（本书第 1 章至第 4 章重新提到了其中的某些发现）的学生及同事，对文中近乎宿命论的论调深感震惊。如果说面临破坏性技术变革时，正是良好的管理方法加速了成功企业的失败，那么对企业面临的各种问题——如更好地做规划，更加努力地工作，更多地听取客户的意见，以更长远的眼光来看待问题，等等——的常规解答将使这一问题更加恶化。同样，良好的执行力、迅捷的市场化步伐、全面的质量管理和过程重构也将丧失其原有的效力。不用说，对于正在培训未来管理者的人员来说，这也是一则让人坐立不安的消息。

但本书第5章至第10章将表明，尽管我们在良好管理的标准工具箱中可能找不到针对破坏性技术的应对方案，但实际上其中也存在一些能够有效应对这一挑战的实用方法。每一个行业的每一家企业都在按照某些规律（即有关组织性质的法则）办事，这些规律明确规定了哪些是企业可以做的，哪些是企业不可以做的。当面临破坏性技术变革的管理者被这些力量压垮时，他们将无力拯救他们的企业。

同样，那些心怀飞翔梦想，在手臂上缚上羽翼，然后奋力挥动翅膀从高处一跃而下的古人，无一例外地遭遇了失败。尽管他们拥有梦想，也为之付出了努力，但他们的行为却与自然界的强大法则背道而驰。没有人强大到能够抵御这股力量。只有在人们逐渐了解决定世界如何运行的相关自然法则和原理（重力学说、伯努利原理，以及关于举、拖和阻力的概念）之后，飞行才可能变成现实。当人们意识到这些法则和原理的力量（而不是抗拒这些法则和原理），或者利用这些法则和原理来设计飞行系统时，他们就能够飞到之前无法想象的高度或飞过之前无法想象的距离。

第5章至第10章的目标是提出应对破坏性技术所带来的变化的五大原则。与载人飞行一样，这些法则如此强大，忽视这些法则的存在或抗拒这些法则的管理者，将无力引领他们的企业安然应对破坏性技术所带来的行业巨变。但这些章节也表明，如果管理者能够理解并利用好这些法则，而不是违背它们，那么实际上管理者也能在面临破坏性技术变革时取得巨大的成功。我特别希望管理者带着“了解”的目的来阅读这些章节，而不仅仅是为了寻找问题的答案。我坚信，这些伟大的管理者（他们也是我撰写本书时所针对的目标人群）完全有能力凭借自己的力量，找到最适合应对他们所面临问题的解决方案。但他们必须首先明白，是什么导致了这些情况的发生，有哪些力量会影响他们的解决方案的可行性。以下几段文字简要介绍了这些原则，以及管理者可以采取什么措施来利用或适应这些原则。

原则一：企业的资源分布取决于客户和投资者

硬盘行业的历史表明，成熟的企业总是能在一轮又一轮的延续性技术（它们的客户需要的技术）浪潮中保持领先地位，但它们往往在面临更为简单的破坏性技术时遭遇失败。这一事实也证明了资源依赖理论的正确性。[7]第 5 章概述了这一理论，即尽管管理者可能认为是他们在控制企业内部的资源流向，但真正决定资源流向的是客户和投资者，因为投资模式无法达到客户和投资者要求的企业将难以为继。表现最好的企业实际上是那些深谙此道的企业，也就是那些建立了成熟的系统来摒弃得不到客户认可的理念的企业。因此，这些企业发现，在客户产生相关需求之前，它们很难投入足够的资源来研发破坏性技术——不被它们的主流客户接受的低利润率机会。但到客户产生相关需求时，一切为时已晚。

第 5 章为面临破坏性技术的管理者提供了一种尊重或利用这一原则的方法。主流成熟企业基本只能在一种情况下（极少有例外情况发生）在破坏性技术变革中及时、成功地确立市场地位：企业管理者设立一个独立的机构，专门面向破坏性技术独立开展新业务。这种机构不受主流成熟企业客户的力量制约，能够自由地接触不同类型的客户群体，即那些认可破坏性技术产品的顾客。换言之，当企业管理者按照资源依赖理论的规律管理企业，而不是选择忽视或违背这些规律时，这些企业就有可能在破坏性技术变革中获得成功。

对管理者来说，这项原则的意义就在于，当面临破坏性技术的威胁时，主流成熟企业的人员和流程并不能自由地分配所需的关键性资金和人力资源，来开拓小型新兴市场；成本结构主要针对高端市场竞争的企业，很难在低端市场获取利润。设立一个独立的机构，并按照破坏性技术利润率较低的特点，建立一个能够盈利的成本结构，是成熟企业利用这一原则的唯一可行方式。

原则二：小市场并不能满足大企业的增长需求

破坏性技术通常会推动新市场的产生。大量证据表明，相对于后来进入市场的企业，最早进入这些新兴市场的企业拥有显著的“先行”优势。但随着这些“先行”企业取得成功并逐渐发展壮大，它们进入更新的小型市场的难度也变得越来越大，而这些小市场注定将在未来发展为大市场。

成功的企业为了维持它们的股价，以及为了给员工创造扩大其职责范围的内部机遇，需要进一步发展壮大。一家市值为4 000万美元的企业只需要获得800万美元的收入，就能在随后一年实现20%的增长率。但一家市值为40亿美元的企业需要获得8亿美元的新增销售收入，才能达到20%的增长率。然而，没有哪个新市场具有如此大的规模。因此，当一家企业发展得越大、越成功时，新兴市场所发挥的企业增长引擎的作用就会越弱。

许多大企业都采取了一种等待战略，也就是等到新市场的规模发展得足够大时再进入市场。但第6章提供的证据表明，这通常不是一个成功的战略。

那些大型企业之所以能够在由破坏性技术创建的新市场中成功地抢占有利的市场地位，就是因为它们将推进破坏性技术商业化进程的职责，交给了与目标市场的规模恰好匹配的小型机构。小型机构通常能够更好地利用小型新兴市场上出现的发展机遇。大量证据表明，对大型企业的管理者来说，即使理性思维告诉他们，这些小型市场有朝一日可能会发展壮大，但正式和非正式的资源分配流程会使得大型企业很难将足够的物质和人力资源集中到小型市场的开发上。

原则三：企业无法对并不存在的市场进行分析

翔实的市场研究数据和良好的规划，以及之后的按计划执行流程，构成了良好管理模式的基本特征。在进行延续性技术创新时遵循这些方法将使企业受用无穷，这也是成熟企业能够引领硬盘行业历史上每一次延续性技术创新的主因。这些合理的方法能够行之有效地应对延续性技术变革，因为企业需要面对的市场规模和增长率一般都是已知的，技术进步有迹可循，而且主要客户的需求通常都清晰明了。由于绝大多数技术创新在本质上都属于延续性创新，因此大多数管理者都知道如何依据切实可行的分析和规划来管理此类创新活动。

但在应对能够催生新市场的破坏性技术时，市场研究人员和企业规划者却一直苦于找不到行之有效的应对策略。实际上，硬盘行业、摩托车行业和微处理器行业的历史经验（第7章将对此进行评述）告诉我们，当我们看到专家对新兴市场未来发展规模的预测时，我们唯一可以确定的就是：他们的预测是错误的。

许多实例表明，在延续性创新中保持领先地位（预先了解哪些信息是已知的，哪些计划是可行的），并不会对市场竞争格局产生重大影响。在延续性创新中，技术的跟随者能够表现得和技术领先者一样出色。但是在面对破坏性创新时（我们会发现我们对这一市场几乎一无所知），先进入市场的企业可以建立巨大的先发优势。这就是创新者的窘境。

对于那些在进入市场之前需要得到市场规模和财务收益率的量化数据，才能做出投资决策的企业来说，它们通常会在面对破坏性技术时变得束手无策，或是犯下严重的错误。它们要求获得市场数据，并根据财务预测做出判断，但不论是市场数据还是收入、成本等财务预测，实际上都不存在。利用管理延续性技术时发展的规划和市场营销手段，来应对完全不同于延续性技术的破坏性技术，无异于古人手缚羽毛挥动翅膀的飞行痴梦。

第 7 章探讨了一种制定战略和规划的不一样的方法。这种方法承认这样一项法则，即正确的市场和开发这一市场的正确战略是无法被预知的。这项法则被称为“基于发现的规划”，它建议管理者假定预测是错误的，而且他们选择采取的战略也可能是错误的。基于这种假设来进行投资和管理将迫使管理者制订计划，学习他们需要了解的内容，而这正是成功应对破坏性技术的一种更加有效的方式。

原则四：机构的能力决定了它的局限性

当管理者在处理创新问题时，他们会本能地选派有能力的员工来从事这项工作。一旦他们找到合适的人选，绝大多数管理者也就会认定，他们选派的人员即将管理的机构也将具备成功完成这项任务的能力。这样的想法是非常危险的，因为机构所具备的能力，独立于机构内部工作人员而存在。一个机构的能力主要表现在两个方面：一方面是它的流程，也就是人们将劳动力、资源、原材料、信息、现金和技术投入转化为更高价值的产出的方法；另一方面是机构的价值观，这些价值观正是机构管理者和普通员工在做出优先决策时所遵循的原则。人的可塑性是很强的，经过培训后可以成功地从事不同的职业。例如，IBM 的一个员工可以非常从容地改变他的工作方式，来适应小型创业型企业的工作环境。但流程和价值观则相对固定，例如，能够有效管理微型计算机设计的流程，就不适用于台式个人电脑设计的管理。同样，推动员工优先开发高利润率产品的价值标准，就不会促使他们将低利润率产品的开发置于优先发展的位置。同样的流程和价值观，在某种环境下构成了某个机构的能力，但在另一种环境下则决定了这个机构的局限性。

第 8 章将提出一个框架，帮助管理者准确地了解他所在机构的能力和局限性具体表现在哪些方面。基于对硬盘行业和计算机行业的研究结果，本书提供了一些实用工具。在当前机构的流程和价值观阻碍了它成功解决所面临的新问题时，管理者可以利用这些工具来获得新的能力。

原则五：技术供应可能并不等同于市场需求

尽管破坏性技术最初只能应用于远离主流市场的小型市场，但它们具备破坏性的原因是，它们日后将逐渐进入主流市场，而且其性能将足以与主流市场的成熟产品一争高下。如图 0.1 所示，这种情况之所以会发生，是因为产品技术进步的步伐超过了主流客户要求或者能够消化的性能改善幅度。因此在目前，主要特色和相关功能几乎与市场需求完全匹配的产品，通常会遵循既定的性能改善轨道去发展，假以时日，这些产品的性能将超出主流市场的实际需求。而当前性能表现严重滞后于主流市场客户预期的产品，则可能在日后变得极具竞争力。

第9章表明，当这种情况发生时，硬盘、会计软件、糖尿病治疗等多元化市场的竞争基础（即客户在选择产品时所依据的标准）也会发生变化。当两种或两种以上的竞争性产品的性能改善幅度超出市场需求时，客户将无法根据产品的性能来更好地做出购买选择。选择产品的基础通常是从功能性演变至可靠性，然后发展到便捷性，最后发展到价格。

许多商学院的学生已经以不同的方式描绘了产品生命周期的不同阶段。但第9章指出了一种现象：产品性能过度满足市场需求，是推动产品生命周期发生转变的主要机制。

许多企业为了保持领先地位，会努力研发具有更大竞争力的产品。但这些企业没有意识到，随着它们竞相参与更高性能、更高利润率市场的竞争，它们追逐高端市场、提高产品性能的速度将超出老顾客的实际需求。在此过程中，这些企业创造了低价产品的竞争真空，采用了破坏性技术的竞争对手正好可以乘虚而入。只有那些认真分析了自己的主流客户使用自己旗下产品的趋势的企业才能认识到，它们所在市场的竞争基础即将发生改变。

破坏性技术的威胁和机遇共存

在读到这部分时，一些熟悉这些理念的管理者和研究人员会感到十分焦虑，因为已经有非常明显的证据表明，即使是最好的管理者，在主流市场遭到破坏性技术侵蚀时，也会遭遇惨痛的失败。最紧迫的是，他们希望知道他们所在的企业是否也成了破坏性技术冲击的目标，以及如何才能帮助他们的企业及时、有效地抵御这样的冲击。希望从中寻找创业机遇的其他人员，则希望了解他们要怎样做才能判断出，哪些技术是潜在的破坏性技术，以及如何基于这些技术创立新企业和新市场。

第 10 章将以一种非常规的方式来解答这些问题。这一章将针对一个引起巨大争议但广为人知的技术创新问题（电动汽车）进行案例研究，而不是仅仅提供一份问题或分析清单。想象一下，我自己是这个问题的主角，作为一家大型汽车制造企业中负责电动汽车开发的项目经理，面对加州空气资源管理委员会要求开始在加州销售电动汽车的指令，我正大伤脑筋。我需要考虑电动汽车实际上是否为一种破坏性技术，然后提出管理这个项目、制定实施战略及确保项目获得成功的建议。根据所有案例研究的宗旨，本章的目的不是解答我认为怎样做才能正确应对创新的挑战这一问题，而是提出一种在其他许多环境中也应行之有效的、应对破坏性技术变革问题的思维方式和方法。

第 10 章深入剖析了创新者的窘境，即“好”企业在大举投资能给企业带来最大利润的客户所希望获得的产品和服务的同时，通常也埋下了导致日后失败的种子。截至 20 世纪 90 年代末，还没有哪家汽车企业受到来自电动汽车技术的威胁，也没有哪家企业考虑大举进军这一领域。汽车行业的发展暂时是健康的。汽油引擎的可靠性和汽车的性价比已达到前所未有的高度，客户已经可以以极低的价格享受极高的性能和质量。的确，除了政府指令，我们没有理由认为成熟汽车制造商将会大力研发电动汽车。

但电动汽车的确是一种破坏性技术创新，而且是未来的一个潜在的威胁。创新者的使命，是在不影响能够带来利润增长的现有客户需求的情况下，确保这一创新（当时还不具实际意义的破坏性技术）在企业内部得到足够的重视。正如第 10 章明确指出的那样，只有在认识到新市场的存在，并按照新的价值定义并认真开发新市场，或只有将创建新业务的职责交给规模与利益恰好与目标市场客户的独特需求基本一致的专门机构时，这一问题才能得到解决。

破坏性创新正发生在哪些领域

自《创新者的窘境》第一版出版以来，我生命中最让我感到欣慰的事情就是，有来自各行各业，甚至是我从未想到的行业的很多读者打电话告诉我，他们所在的行业正在发生一些变化，这与我在书中所阐述的历史案例类似，而且这些力量正在颠覆他们所在的行业。其中一些变化已经在表 0.1 中有所阐述。不出意料的是，互联网已逐渐发展成为一种基础性技术，并将使得颠覆许多行业成为可能。

表 0.1 中右栏的每一种创新（以新技术或新商业模式的形式出现）都在颠覆左栏的主流秩序。那么，暂时的行业领先企业（即正在使用列于左栏的成熟技术的企业）是否能成功地抵御这

些冲击呢？我希望未来可以不同于以往。如果管理者承认这些破坏性技术的存在，并且尊重或利用本书所阐述的各项基本原则来解决这些问题，我认为其所在企业在未来必将有所不同。

表 0.1　成熟技术与破坏性技术

成熟技术	破坏性技术
卤化银摄影胶片	数码摄影
有线电话	移动电话
线路交换通信网	分组交换通信网
笔记本电脑	掌上数字设备
台式个人电脑	索尼 Playstation II 产品，互联网工具
全服务证券经纪	在线股票经纪
纽约和纳斯达克证券交易所	电子通信网络（ECNs）
全手续费承销新股和债券发行	在互联网上自动降价拍卖新股和债券的发行
基于银行信贷员个人判断的信贷决定	基于信用评分系统的自动化放贷决定
房屋零售	网上零售
工业原材料经销商	互联网销售网站，如 Chemdex 和 E 钢网
印刷贺卡	可以从互联网上免费下载的贺卡
电力公司	分布式发电（燃气涡轮、微型涡轮、燃料电瓶）
管理研究生院	企业大学和内部管理培训计划
基于课堂和校园的教学	远程教育，尤其是通过互联网实现的远程教育
标准教材	用户组合的模块数字教材
平版印刷	数字印刷

（续表）

成熟技术	破坏性技术
载人战斗机和轰炸机	无人驾驶飞机
用 C++ 语言编写的微软 Windows 操作系统和应用软件	互联网协议（IP），Java 软件协议
医生	执业护士
综合医院	门诊和家庭护理
外科手术	关节镜和内窥镜手术
心脏搭桥手术	血管修复手术
磁共振成像（MRI）和计算机断层扫描（CT）	超声波——从最初的落地式机器到最终的便携式机器

第一部分

为什么优秀的大企业会失败？

第 1 章

从硬盘行业获得的启示

在商业史上，还没有哪个行业像硬盘行业那样，经历如此广泛、快速、残酷的技术变革和市场结构的转变，以及全球范围纵向整合方面的变化。

当我试图探寻为何顶级企业也会遭遇破产这一问题的答案时，我的一位朋友给出了一些睿智的建议。他说："那些研究遗传学的人会尽量避免研究人类，因为人类需要 30 年左右才能繁衍出下一代，因而遗传学者需要观察很长时间才能了解其变化的前因后果。所以他们研究果蝇，因为果蝇朝生暮死，在一天的时间内便完成了从受孕、出生、长大到死亡的全过程。如果你希望了解某些商业现象，那你就应该去研究硬盘行业。这一行业中的企业是商业界最接近果蝇的类型。"

的确，在商业史上，还没有哪个行业像硬盘行业那样，经历如此广泛、快速、残酷的技术变革和市场结构的转变，以及全球范围纵向整合方面的变化。尽管这种变化的速度和复杂性对企业管理者来说可能是一个噩梦，但正如我的朋友所说的那样，这为商业研究提供了肥沃的土壤。几乎没有哪个行业可以像硬盘行业那样，为研究人员提供如此难得的机遇——可以验证理论，阐述不同类型的变化如何导致某些类型的企业走向成功或失败，或是在所研究的行业重复其变化周期时验证那些理论。

本章简要介绍了硬盘行业的复杂历史。[1]一些读者可能会对历史本身感兴趣，但了解历史的价值在于，在其纷繁复杂的外表之下，存在着一些极其简单和一致的因素，而正是这些因素在不断决定着这个行业顶级企业的成与败。简单地说，这些顶级企业之所以能获得成功，是因为它们认真听取了客户的建议，并积极投资于能够满足客户下一代需求的技术、产品和生产能力。但矛盾的是，这些顶级企业在后来遭遇失败，也是出于同样的原因——它们认真听取了客户的建议，并积极投资于能够满足客户下一代需求的技术、产品和生产能力。这也成为创新者面临的一大困境：盲目地遵循“好的管理者应与客户保持密切联系”的箴言，有时可能会是一个致命的错误。

硬盘行业的历史为理解“与客户保持密切联系”何时有裨无害、何时有害无裨提供了一个框架。这一框架的实用性，只能通过详尽地研究该行业的历史来加以验证。有些具体细节将在本章阐述，有些则将在本书的其他章节有所涉及，希望已经了解自己所在行业诸多细节的读者，能够从中找到会对自身及竞争对手的命运产生影响的相似模式。

硬盘的工作原理

硬盘能够读、写计算机使用的信息。硬盘包括一个读写磁头（读写磁头安装于能在旋转盘表面上来回转动的传动臂底部，其工作原理类似于留声机的唱针和唱臂）；表面涂有磁性材料的铝质或玻璃磁盘；至少两个电机，包括一个驱动磁盘旋转的旋转电机和一个将磁头移动至磁盘上方恰当位置的驱动电机；多条控制运行及其与计算机连接的电子电路。有关标准硬盘的结构如图 1.1 所示。

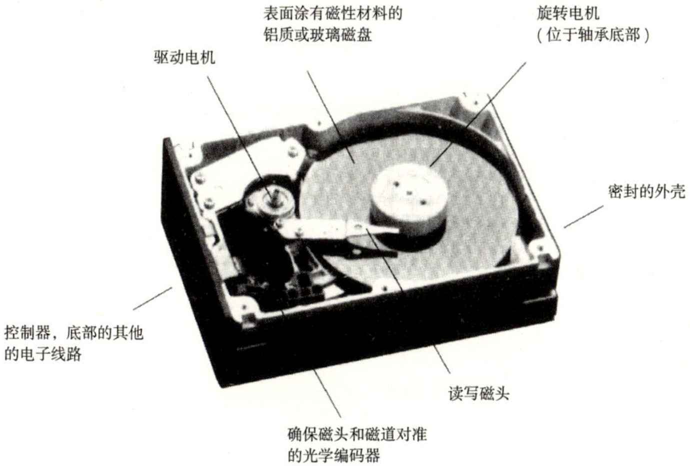

图 1.1　标准硬盘的主要元件

读写磁头是一种小型电磁体，其磁极会随着通过电磁体的电流方向的改变而改变。由于异性相吸，当磁头的磁极变为正极时，磁头下方磁盘区域的磁极将变成负极，反之亦然。当磁盘在磁头下方旋转时，通过快速改变流过磁头电磁体的电流方向，在磁盘表面的同心磁道上将产生一系列正、负极磁畴。硬盘能将磁盘上的正、负极磁畴转化为二进制数码系统（1 和 0）来将信息“写”在磁盘上。硬盘还能用完全相反的方式从磁盘上读取信息：磁盘表面磁通场的变化将引发通过磁头的微电流的变化。

世界上最早的硬盘

IBM 圣何塞研究实验室的一个研究团队在 1952—1956 年研制出世界上第一个硬盘。这个硬盘被命名为 RAMAC（Random Access Method for Accounting and Control），其大小相当于一台超大电冰箱，包含 50 个 24 英寸[a]的磁盘，能够储存 5MB（兆）的信息（见图 1.2）。决定当今主流硬盘设计的大多数基本构造理念和元件技术，也是由 IBM 成功研发的，其中包括可移动磁盘（1961 年推出）、软盘（1971 年）和温切斯特磁盘（1973 年）。这些研发成果对于该行业其他企业的工程师如何定义硬盘及其作用，产生了决定性的影响。

随着 IBM 开始生产硬盘来满足其自身的需求，一个独立的硬盘产业开始出现，并面向两个不同的市场提供服务。一些企业在 20 世纪 60 年代开发了 PCM（plug-compatibe market，插接兼容机市场），以折扣价向 IBM 的顾客直接销售 IBM 硬盘的增强版仿制品。尽管 IBM 在计算机领域的大多数竞争对手［例如数据控制（Control Data）公司、宝来（Burroughs）公司和 Univac 公司］

a. 1 英寸等于 2.54 厘米。——编者注都将它们自主研发的硬盘垂直融入了各自的生产流程，但在20世纪70年代，一些规模更小的非综合性计算机制造商（例如德利多富公司、王安电脑公司和Prime公司）的出现，仍催生了一个硬盘OEM（original equipment market，原始设备市场）。到1976年，这些企业总共生产了价值约10亿美元的硬盘，其中专业生产占据50%的份额，PCM和OEM各占据约25%的份额。

图1.2 世界上第一个硬盘（由IBM研制）

资料来源：图片使用经IBM授权。

接下来的十几年，硬盘行业迅速发展，市场动荡，技术引领的性能改善情况令人眼花缭乱。到1995年，该行业生产的硬盘的价值提高到约180亿美元。到20世纪80年代中期，PCM式微，而OEM的产出则约占据全球总产量的3/4。1976年，主导硬盘行业的企业有17家［这17家企业都是规模相对较大的多元化企业，例如Diablo公司、Ampex公司、梅莫雷克斯（Memorex）

公司、EMM 公司和数据控制公司]；到 1995 年，除了 IBM，另外 16 家企业的硬盘业务均已失败或被收购。在这期间，又有 129 家企业进入这一领域，其中有 109 家后来也破产。除了 IBM、富士通公司、日立公司和 NEC 公司，所有存活到 1996 年的制造商，都是在 1976 年之后进入该行业的新兴企业。

一些分析人士将（创造了这一产业的）这些综合性企业的高淘汰率，归结于硬盘行业日新月异的技术变革速度。的确，硬盘行业变革速度之快令人咋舌。硬盘工程师能在 1 平方英寸[a]的磁盘表面写入的信息量，以平均每年 35% 的速度递增。具体而言，是从 1967 年的 50KB（千字节）上升至 1973 年的 1.7MB、1981 年的 12MB、1995 年的 1 100MB。硬盘的外观大小则以类似的速度在缩小，可生产的最小的 20MB 的硬盘体积从 1978 年的 800 立方英寸[b]缩小到 1993 年的 1.4 立方英寸，年递减幅度达 35%。

图 1.3 表明了硬盘行业经验曲线的斜率（将该行业历史上创造的磁盘存储能力的太字节累计数量，与每兆字节存储的币值稳定价格联系起来）为 53%，这意味着累计太字节数每增加一倍，每兆字节成本将降至之前水平的 53%。这一斜率的成本降低幅度要远远大于市场上其他微电子产品 70% 的斜率的成本降低幅度。其每兆字节价格的每季度降幅已连续 20 余年达到约 5% 的水平。

a. 1 平方英寸约为 6.45 平方厘米。——编者注

b. 1 立方英寸约为 16.39 立方厘米。——编者注

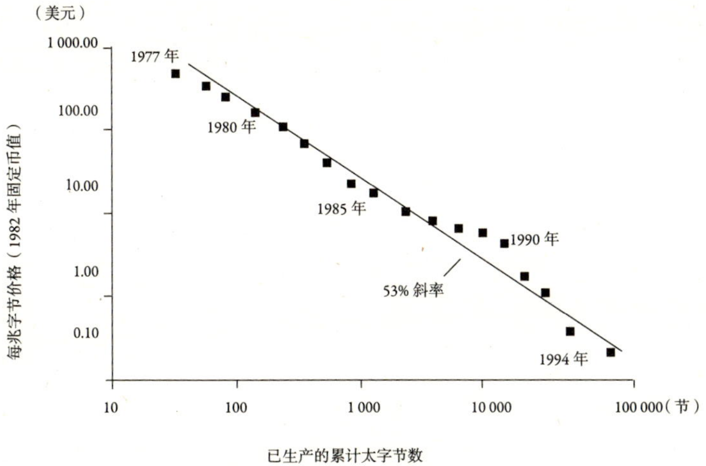

图 1.3　硬盘价格经验曲线

资料来源：《磁盘 / 趋势报告》（*Disk/Trend Report*）各期公布的数据。

两种技术的不同影响

对于为什么领先企业很难始终保持它们在硬盘行业的领先地位这一问题，我的研究使我总结出“科技泥流假设”（technology mudslide hypothesis）这一说法，意思是说，企业在面对永无止境的科技变革时，就像在泥流上求生，它必须永远保持在泥流之上移动，稍一停顿下来，就会遭遇灭顶之灾。

为了验证这一假设，我收集并分析了一个数据库。这个数据库中包含 1975—1994 年全球硬盘行业的各家企业每年推出的各种硬盘的技术和性能规格。[2]有了这个数据库，我就可以了解到底是哪些企业在引领每一轮的新技术浪潮；追踪新技术是怎样逐步传播到整个行业的；找到哪些企业处于领先地位，哪些企业被甩在了后面；衡量每次技术变革对硬盘的容量、速度和其他性能指标的影响。通过认真回顾硬盘行业每次技术变革的历史，我们就可以找出，到底是哪些变革在推动新兴企业走向成功，或导致成熟领先企业走向失败。

我曾以为，参考之前的学者对技术变革的研究成果，会让我得出我所期望的结论，但我的这项研究结果却大大出乎我的预料，我竟得出一个完全不同的结论。事实上，这项研究表明，不管是技术变革的速度还是难度，都不是导致领先企业失败的根本原因，“科技泥流假设”是错误的。

大多数产品的制造商已经在发展过程中，确立了某种固定的性能改善轨道。[3] 例如，从 1979 年的 8MHz（兆赫）的 8088 处理器到 1994 年的 133MHz 的奔腾芯片，英特尔公司每年都将微处理器的运行速度提高了约 20%。礼来公司（Eli Lilly and Company）将它生产的胰岛素的纯度从 1925 年的 50 000 ppm（ppm 意为“百万分之……”）杂质减少到 1980 年的 10ppm 杂质，年改善幅度达 14%。当企业确立了一种可量化的改善方法轨道时，判断一种新技术是否能提高某种产品的性能（相对于之前的产品），便成了一个非常明确的问题。

但在其他情况下，技术变革的影响会出现非常大的差异。例如，笔记本电脑是否优于大型计算机？这是一个非常含糊的问题，因为笔记本电脑确立了一种全新的性能改善模式，而且笔记本电脑对性能的限定和评估方式与大型计算机存在很大的差异，因此，笔记本电脑一般具有与大型计算机完全不同的用途。

对硬盘行业历次技术变革的研究结果表明，这一行业存在两种类型的技术变革，这两种变革对行业领先企业的影响也各不相同。第一种创新延续了硬盘行业对产品性能的改善幅度（总容量和磁录密度是最常见的两种指标），而且其性能改善的难度可划为一个从渐进到突破的范围。在研发和采用这些技术方面，硬盘行业的主流企业总是处于领先地位。与之相比，第二种创新则破坏或重新定义了性能改善模式，这常常导致行业领先企业走向失败。[4]

本章的剩余部分将列举有关延续性技术和破坏性技术的典型例子，总结这些技术在硬盘行业的发展中所扮演的角色，并以此来阐述两种技术之间的差别。这部分阐述的重点在于对比成熟企业与新兴企业在发展和适应新技术方面的差别，并说明成熟企业为何在这些过程中会领先或落后于新兴企业。为了找出这些典型事例，我将研究硬盘行业的每一项新技术。在分析哪些企业在各个变化发展阶段会处于领先或落后地位的过程中，我将成熟企业定义为那些在新技术出现前已经在硬盘行业声名鹊起，并在对上一代技术（指所研究的新技术出现之前的主导技术）的研发方面处于领先地位的企业。我对新兴企业的定义是：那些在发生新技术变革时进入硬盘市场的新兴企业。因此，在硬盘行业的发展史中，任何一家企业在某个特定的时期（例如在8英寸硬盘出现时）都可以被定义为新兴企业。但如果我所研究的技术是在某家企业进入硬盘行业后才开始出现的，那么这家企业就可被认定是成熟企业。

延续性技术：成熟企业的变革方式

在硬盘行业的发展史中，大多数技术变革都是一个沿着既定的轨道去延续或强化产品性能的改善过程。图 1.4 展示了采用各代磁头和磁盘技术的硬盘的平均磁录密度。第一条曲线描绘的是使用传统颗粒氧化磁盘技术和铁氧体磁头技术的硬盘磁录密度的提高幅度；第二条曲线描绘的是使用了新技术薄膜磁头和磁盘的硬盘磁录密度的提高幅度；第三条曲线描绘的是较新的磁盘技术（磁阻磁头）可实现的磁录密度的提高幅度。[5]

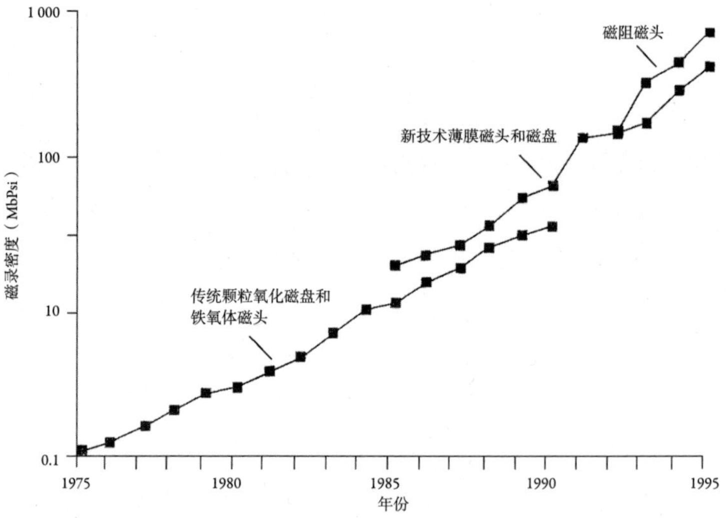

图 1.4　新读写磁头技术对延续磁录密度改善轨道的影响

资料来源：《磁盘 / 趋势报告》各期公布的数据。

这些新技术超越原技术的性能的方式，类似于一系列相互交叉的 S 形曲线。[6] 出现这种 S 形曲线走势的原因，通常在于现有技术方法的渐进式改善。而过渡到下一条技术曲线的跳跃式发展，则表明行业采用了一种突破式新技术。在图 1.4 描绘的情况中，渐进式的技术改善（例如更加精细地研磨铁氧体磁头，制作更加精确的尺寸，在磁盘表面使用更小、分布更均匀的氧化颗粒）推动了磁录密度从1976年的每平方英寸1MB提高到1989年的每平方英寸45MB。正如S形曲线所预测的那样，铁氧技术可实现的磁录密度的改善幅度，在这一阶段（1976—1989年）的末期开始变得平缓，这表明该项技术已经成熟。薄膜磁头和磁盘技术对硬盘行业的影响，就是延续了硬盘性能一直以来的改善速度。薄膜磁头在20世纪90年代初还未发展成熟，而那时便已出现了更加先进的磁阻技术，它的出现延续甚至加快了硬盘性能的改善速度。

图1.5揭示了一种性质完全不同的延续性技术变革——产品结构创新。由于产品结构创新的出现，14英寸温切斯特硬盘取代了1962—1978年普遍采用的可移动磁盘组设计。正如薄膜磁盘取代铁氧体磁盘一样，温切斯特技术延续了长久以来的磁盘性能改善速度。硬盘行业的其他大多数技术创新［例如，嵌入式伺服系统、RLL（运行长度限制记录码）和PRML（部分响应最大似然技术）、每分钟转数更高的电机和嵌入式接口］的性能改善曲线也大致相同。其中一些技术创新是较为直观的技术改善，其他则是突破式的技术飞跃。但所有的技术创新都会给硬盘行业带来相同的影响：它们帮助制造商延续了客户所希望看到的性能改善幅度。[7]

在硬盘行业几乎每一次延续性技术变革中，成熟企业都在技术的研发和商业化运作中处于领先地位。新磁盘和磁头技术的出现便证明了这一点。

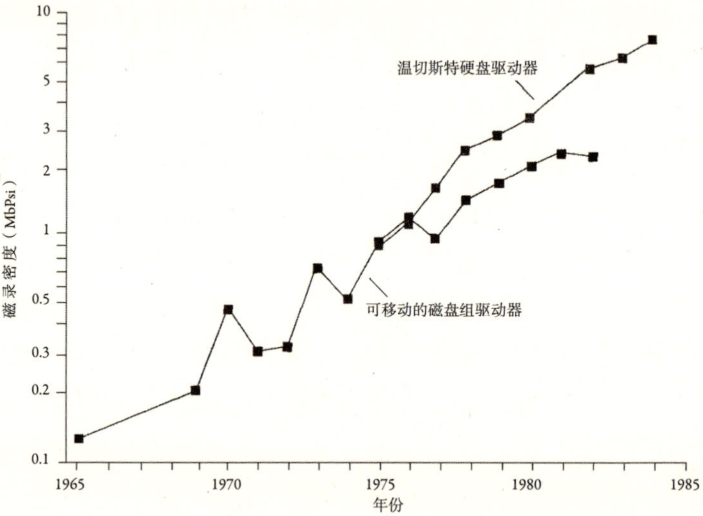

图 1.5　温切斯特结构对 14 英寸硬盘磁录密度的延续性影响

资料来源：《磁盘 / 趋势报告》各期公布的数据。

20 世纪 70 年代，一些制造商意识到，铁氧体磁盘能够容纳的信息量已接近极限。为此，硬盘制造商开始研究薄膜磁盘技术，希望能够在铝金属上应用磁性金属的超薄薄膜，以延续磁盘磁录密度一直以来的改善幅度。薄膜涂层的应用随后在集成电路行业得到高度发展，但它在磁盘上的应用仍面临巨大的挑战。专家预计，薄膜磁盘技术的先驱企业［如 IBM、数据控制公司、DEC、存储技术（Storage Technology）公司和 Ampex 公司］在这项技术上平均花费了超过 8 年的时间和 5 000 多万美元的资金。在 1984 年表现较为活跃的制造商当中，大约有 2/3 在 1984—1986 年推出了带薄膜磁盘的硬盘。其中绝大多数企业都是成熟的行业主导企业。只有很少一部分新兴企业试图在它们的初始产品中使用薄膜磁盘技术，而且它们之中的大多数都在进入硬盘行业后不久便倒闭了。

这一模式在薄膜磁头出现时表现得尤为明显。早在 1965 年，铁氧体磁头制造商就预见到这项技术的改善空间已越来越小；到 1981 年，许多制造商认为，该项技术的精确度即将到达极限，研究人员开始研究薄膜技术。这种技术首先将金属薄膜溅射到记录磁头上，然后用光刻技术来蚀刻电磁体，其工艺水平要远远高于铁氧技术。事实再次证明，技术突破总是举步维艰。宝来公司（1976 年）、IBM（1979 年）和其他成熟企业成为首批成功地将薄膜磁头技术应用到硬盘制造中的企业。1982—1986 年，约有 60 家公司进入硬盘行业，其中只有 4 家公司（这 4 家公司全都在商业上遭遇了失败）尝试在其初始产品中使用薄膜磁头，并以此作为其产品的一个性能优势。其他所有新兴企业［甚至是旗帜鲜明地以性能为导向的公司，例如迈拓公司和康诺外部设备有限公司（Conner Peripherals，简称康诺公司）］都认为，在采用薄膜技术之前最好还是先使用常规的铁氧体磁头，再发展薄膜技术。

就像薄膜磁盘一样，薄膜磁头的推广也需要长期的投资，而且只有成熟的大型企业才负担得起这笔费用。IBM 和它的竞争对手都花费了超过 1 亿美元来开发薄膜磁头。对下一代磁阻磁头技术的研发再次重复了这一模式：硬盘行业规模最大的企业（IBM、希捷公司和昆腾公司）引领了这一次技术变革。

成熟企业不仅是研发风险大、复杂程度高且售价昂贵的组件技术（例如薄膜磁头和磁盘）的主要创新力量，它们还引领了硬盘行业发展史上几乎每一次延续性创新。即使是在相对简单的创新（例如 RLL，它的出现使硬盘从双倍密度磁盘过渡到三倍密度磁盘）之中，成熟企业也是成功的创新先驱，而新兴企业则是这些技术的追随者。这种情况同样适用于延续既定改善轨道的结构性创新——例如14英寸和2.5英寸温切斯特硬盘。在这方面，成熟企业总是领先于新兴企业。

当新的延续性技术开始涌现时，成熟企业和新兴企业都会根据这些新技术来开发产品。图1.6总结了这段时期的技术领先模式，而且从图形走势看，这一模式具有惊人的连续性。不管技术

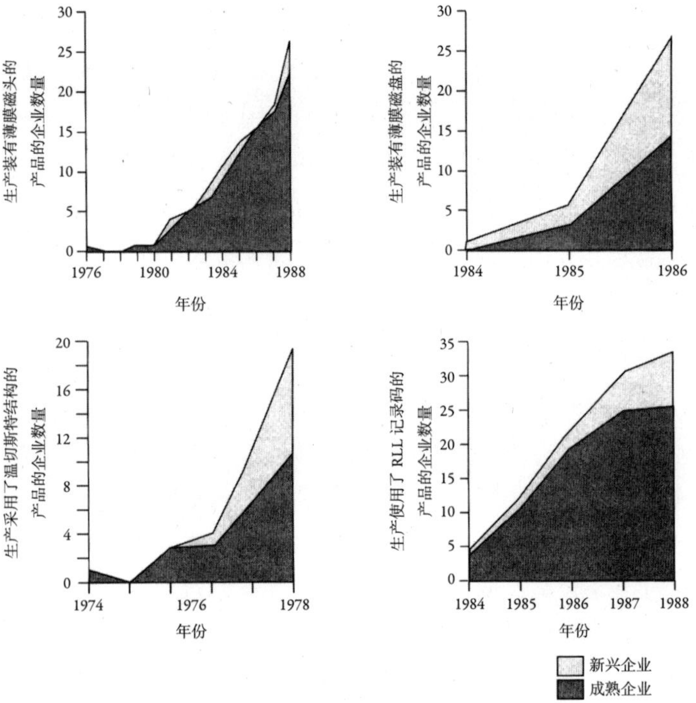

图1.6　成熟企业在延续性技术变革中的领先地位

资料来源：《磁盘／趋势报告》各期公布的数据。

创新的性质是渐进式还是突破式，其成本是高昂还是低廉，发生在软件上还是硬件上、组件上还是结构上，其目的都是提高或破坏某一方面的性能。在面临延续性技术变革（目的是更多、更好地满足当前客户的需求）时，前一项技术的领先企业通常会继续引领硬盘行业的这一新发展趋势，并且通常会首先采用新技术。很明显，硬盘行业的领先企业并不是因为变得保守、傲慢，或害怕承担风险，或无法适应日新月异的技术变革而遭遇失败。可见我的“科技泥流假设”并不正确。

破坏性技术：新兴企业的颠覆之道

发生在硬盘行业的大多数技术创新都是上文所述的延续性创新。只有其他少数几种技术创新可被称为破坏性创新，而正是这些破坏性技术创新颠覆了硬盘行业的领先企业的地位。

最重要的破坏性技术是缩小了硬盘大小的结构性创新，这些技术使得硬盘的直径从 14 英寸先后缩小到 8 英寸、5.25 英寸、3.5 英寸、2.5 英寸，然后又从 2.5 英寸缩小到 1.8 英寸。表 1.1 说明了这些技术是如何产生破坏性作用的。根据 1981 年的数据，表 1.1 比较了 5.25 英寸硬盘（当时上市不到一年的新型硬盘）和标准 8 英寸硬盘（当时微型计算机制造商使用的标配硬盘）的属性。在成熟微型计算机制造商较为看重的各项性能指标（例如容量、每兆字节成本和存储时间）方面，8 英寸硬盘都占据了绝对优势，5.25 英寸硬盘在当时并不能满足微型计算机制造商提出的各项需求。而 5.25 英寸硬盘体积小、重量轻的特点，正好符合当时（1980—1982 年）刚刚出现的台式个人电脑市场的要求。它当时的售价约为 2 000 美元，因此可以较为经济地组装到台式计算机上。

表 1.1 破坏性技术变革：5.25 英寸温切斯特硬盘（1981 年）

属性	8 英寸硬盘 （微型计算机市场）	5.25 英寸硬盘 （台式计算机市场）
容量（MB）	60	10
体积（立方英寸）	566	150
重量（磅）[a]	21	6
存取时间（毫秒）	30	160
每兆字节成本（美元）	50	200
单位成本（美元）	3 000	2 000

资料来源：《磁盘 / 趋势报告》各期公布的数据。

一般来说，破坏性创新并不涉及特别复杂的技术变革，其主要表现形式就是将成品元件组装在一起。但相比之前的产品，其产品结构通常会变得更加简单。[8] 破坏性创新并不能为主流市场的客户提供更好的产品，因此这种创新首先发生在主流市场的可能性很小。相反，破坏性创新提供的是一种完全不同的产品组合，只有在远离主流市场或对主流市场没有太大意义的新兴市场，其客户才会重视这些产品组合的属性。

图 1.7 中的轨线显示了这种简单但却具有破坏性的技术是如何颠覆一些锐意进取、管理灵活的硬盘企业的。直到 20 世纪 70

a. 1 磅约为 0.45 千克。——编者注年代中期，市场上销售的几乎全部是带有可移动磁盘的 14 英寸硬盘。随后出现的 14 英寸温切斯特硬盘延续了其磁录密度的改善轨道。几乎所有这样的硬盘（可移动磁盘和温切斯特硬盘）都被出售给了大型计算机制造商，而且正是主导磁盘组市场的企业引领硬盘行业发展到温切斯特技术阶段。

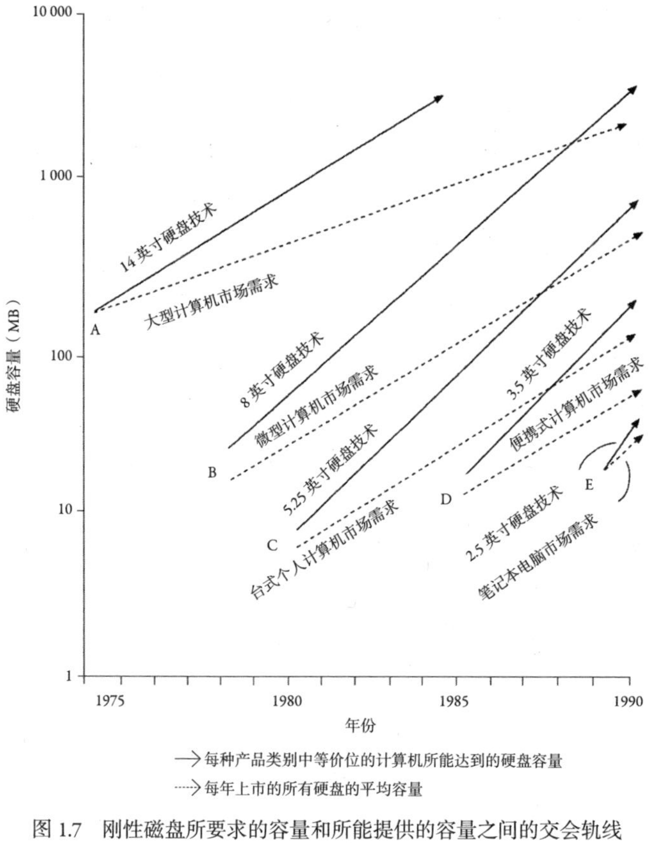

图 1.7　刚性磁盘所要求的容量和所能提供的容量之间的交会轨线

资料来源：Clayton M . Christensen,"Ten Rigid Disk Drive Industry: A History of Commercial and Technological Turbulence," *Business History Review* 67,no.4 (Winter 1993):559. 经授权后重新印刷。

图 1.7 表明，在 1974 年，中等价位的标配大型计算机的硬盘容量大约是 300MB。在接下来的 15 年间，硬盘容量每年的扩大率为 15%，这代表了新型大型计算机的一般用户所要求的硬盘容量。与此同时，每年新上市的普通 14 英寸硬盘的容量以更快的速度扩大（年均扩大率达 22%），并且从大型计算机市场进入了大型科学研究市场和超级计算机市场。[9]

1978—1980 年，几家新兴企业［舒加特联合（Shugart Associates）公司、Micropolis 公司、Priam 公司和昆腾公司］研发了尺寸更小的 10MB、20MB、30MB 和 40MB 容量的 8 英寸硬盘。大型计算机制造商对这些硬盘并不感兴趣，因为它们要求硬盘产品具有 300~400MB 的容量。因此，这些生产 8 英寸硬盘的新兴企业，将具有“市场破坏性”的硬盘销往了一个全新的应用领域——微型计算机市场。[10] 它们的客户（王安电脑公司、数字设备公司、通用数据公司、Prime 公司和惠普公司）并不生产大型计算机，而且这些客户使用的软件与大型计算机存在很大的不同。这些公司当时都没有找到为它们的小型终端计算机配备合适硬盘的方法，因为 14 英寸型号的硬盘太大，也太贵了。尽管在最初，8 英寸硬盘的单位容量成本高于 14 英寸硬盘的单位容量成本，但这些新客户愿意为自己看重的其他属性（特别是更小的尺寸）支付更高的价格。而体积小这个属性对于大型计算机用户来说几乎没有任何价值。

在微型计算机开始大规模使用 8 英寸硬盘后，中等价位微型计算机的硬盘容量开始以每年约 25% 的速度扩大，这一扩大轨线是由微型计算机用户学习使用这种型号的机器的方式决定的。但与此同时，8 英寸硬盘制造商发现，通过积极开展延续性创新，它们能够以每年超过 40% 的速度扩大其产品的容量，这一速度几乎是原来的微型计算机市场的预期增长速度的两倍。因此，到 20 世纪 80 年代中期，8 英寸硬盘已经能够满足低端大型计算机的容量需求。随着单位容积的高速扩大，8 英寸硬盘的每兆字节成本逐渐降至低于14英寸硬盘的每兆字节成本，而且8英寸硬盘的其他优势开始突显，例如，8 英寸硬盘的同比例机械振动对磁盘上方磁头绝对位置的影响，要远远小于 14 英寸硬盘的。因此在三四年的时间内，8 英寸硬盘开始蚕食更高端的市场，并取代了大型计算机低端市场上的 14 英寸硬盘。

随着 8 英寸硬盘逐步侵入大型计算机市场，14 英寸硬盘的知名制造商开始陨落。在这些成熟企业中，有 2/3 的企业从未推出过 8 英寸硬盘产品，另有 1/3 的企业落后新兴 8 英寸硬盘制造商大约两年才推出自己的 8 英寸硬盘产品。最终，14 英寸硬盘制造商全部被淘汰出硬盘行业。[11]

14英寸硬盘制造商并不是由于技术方面的原因而被制造8英寸硬盘的新兴企业取代的。8 英寸硬盘使用的零部件一般是标准的现成组件，而且当14英寸硬盘制造商终于计划推出8英寸硬盘产品时，这些新兴企业的产品在容量、磁录密度、存取时间、每兆字节价格等方面都具备了很强的竞争力。1981 年，成熟企业推出的 8 英寸硬盘产品，在性能上几乎与新兴企业同年推出的同型号产品一样。此外，成熟企业与新兴企业在硬盘关键性能的改进速度（1979—1983 年的调查结果）方面也具有惊人的相似性。[12]

受制于客户

为什么领先的硬盘制造商不能及时推出 8 英寸硬盘呢？很明

显，它们完全具备生产这种硬盘的技术能力，而它们之所以遭遇失败，是因为它们迟迟没有做出进入 8 英寸硬盘这一新兴市场的战略决策，从而贻误了良机。我们采访了与这些企业有密切往来的市场营销和工程部门的管理者，结果表明，这些领先的成熟 14 英寸硬盘制造商实际上受制于它们的客户——大型计算机制造商。当时，大型计算机制造商并不需要 8 英寸硬盘，它们明确表示，它们需要的是单位容量存储成本更低且容量更大的硬盘。14 英寸硬盘制造商听取了这些大客户的意见，并对这些意见做出了回应。而且，这些大客户以一种对硬盘制造商或是对计算机的客户来说并不明显的方式，继续引导着这些企业沿着 14 英寸硬盘平台以每年 22% 的容量扩大的轨道向前发展，而最终的事实证明这是一个致命的错误。[13]

图 1.7 描绘了后来出现的各个计算机产品类别所要求的性能改善轨线（这些性能改善轨线各不相同），并将其与产品组件技术的变革、系统设计的改善使每种结构的硬盘所能达到的容量进行了对比。实线从 A、B、C、D 和 E 点发散，主要是衡量每种产品类别中等价位的计算机所能达到的硬盘容量；从相同位置发散的虚线，则主要是衡量每年上市的所有硬盘（包括每一种结构的硬盘）的平均容量。下文将简要介绍这些转变过程。

5.25 英寸硬盘的出现

1980 年，希捷公司推出了 5.25 英寸硬盘，但它的 5MB 和 10MB 的容量并没有引起微型计算机制造商的兴趣，因为它们当时要求供应商提供 40MB 和 60MB 容量的硬盘。希捷公司及其他在 1980—1983 年进入 5.25 英寸硬盘市场的企业（例如 Miniscribe

公司、Computer Memories 公司和 International Memories 公司），不得不为它们的产品探寻新的应用领域，并主要转向了台式个人计算机制造商。到 1990 年，在台式计算机中使用硬盘已成为磁记录技术的一种重要应用模式。然而，在这一市场刚刚出现的 1980 年，到底有多少人买得起并在他们的台式计算机上使用硬盘，还都是个未知数。早期的 5.25 英寸硬盘制造商会向任何有购买意愿的人出售它们的硬盘。经过不断的尝试，它们终于找到台式计算机这一应用领域（甚至可以说是它们创造了这个应用领域）。

在台式个人计算机中使用硬盘的做法得到确立后，中等价位计算机的硬盘容量（即普通个人计算机用户所要求的容量）以每年大约 25% 的速度扩大。技术改进的速度再次达到新市场所要求的容量扩大速度的近两倍。1980—1990 年，新型 5.25 英寸硬盘的容量以每年大约 50% 的速度扩大。与 8 英寸硬盘替代 14 英寸硬盘的情形一样，率先生产 5.25 英寸硬盘的企业也是新兴企业；成熟企业生产 5.25 英寸硬盘的时间比新兴企业平均落后了两年。到 1985 年，只有一半的 8 英寸硬盘制造商推出了 5.25 英寸的硬盘产品，而剩下的一半则从未进入这一市场。

5.25 英寸硬盘用户市场曾出现两次发展高潮。第一次高潮发生在硬盘找到新的应用领域（台式计算机）之后。在此次浪潮中，诸如体积大小等在成熟应用领域相对不太重要的产品属性得到高度重视。第二次高潮发生在 5.25 英寸硬盘替代成熟微型计算机和大型计算机市场上体积更大的硬盘之后。此时，经过快速扩大，5.25 英寸硬盘的容量扩大轨线终于与这些市场所要求的容量扩大轨线（扩大更为缓慢）发生了交会。在 4 家主流（8 英寸）硬盘制造商（舒加特联合公司、Micropolis 公司、Priam 公司和昆腾公司）中，Micropolis 公司硕果仅存，成为 5.25 英寸硬盘市场上的一家主要制造商，而这也是其管理层在历经艰苦卓绝的努力后才得以实现的（有关详情见第 5 章）。

模式的重复：3.5 英寸硬盘的出现

3.5 英寸硬盘是在 1984 年由苏格兰新兴企业 Rodime 公司首先研制成功的，但在康诺公司（5.25 英寸硬盘制造商希捷公司和 Miniscribe 公司的一家分拆公司）于 1987 年开始推出这一产品之前，这种结构的产品的销量可谓微不足道。此前康诺公司已经开发出一种体积较小、重量较轻的硬盘，而且这种硬盘比 5.25 英寸型号的产品更加耐用。它用电子元件来处理那些之前由机械部件来操控的功能，用微码来取代那些之前由电子元件来实现的功能。康诺公司第一年实现的 1.13 亿美元的收入[14]，几乎全部来自康柏公司（康柏公司曾以 3 000 万美元的投资，帮助康诺公司开拓这项业务）。它生产的硬盘主要面向一个全新的应用领域——便携式和膝上型计算机，以及小型台式计算机。在这一应用领域，客户愿意以更小的容量和更高的每兆字节成本，来换取更轻的重量、更好的耐用性、更低的能耗等属性。

希捷公司的工程师并没有对 3.5 英寸硬盘的出现充耳不闻。实际上，早在 1985 年年初，也就是在 Rodime 公司推出世界上第一个 3.5 英寸硬盘之后不到一年，或是康诺公司开始推出 3.5 英寸硬盘产品前两年，希捷公司的销售人员就向他们的客户展示了尚在研制中的 3.5 英寸硬盘样机，以征求客户的意见。开发新型硬盘的提议来自希捷公司的工程部门，而反对该项计划的声音主要来自市场营销部门和管理团队。他们认为市场需要容量更大、单位容量成本更低的硬盘，而 3.5 英寸硬盘的单位容量成本永远不可能低于 5.25 英寸硬盘的单位容量成本。

希捷公司的销售人员面向他们在台式计算机市场上的现有客户（例如 IBM 等计算机制造商和大型台式计算机系统的增值分销商）测试了 3.5 英寸硬盘样机。不出所料，这些客户并没有对小型硬盘表现出太大的兴趣，因为他们正在为他们的下一代计算机寻找 40MB 和 60MB 容量的硬盘，而 3.5 英寸硬盘只能提供 20MB 的容量，且其成本更高。[15]

由于客户的反应较为冷淡，希捷公司的项目经理降低了对 3.5 英寸硬盘的销售预期，而公司的管理层则干脆取消了这一项目计划。他们这么做的理由是什么呢？ 5.25 英寸硬盘产品的市场规模更大，而且相比开发新型 3.5 英寸硬盘产品，开发新一代 5.25 英寸硬盘产品能给公司带来更大的销售收入。

现在回想起来，希捷公司的管理层对市场（至少是对公司所在的市场）的解读似乎非常精确。由于已经确立了自己的一套成熟的应用领域和产品结构（例如 IBM 的 XT 和 AT 级电脑），这些用户并没有看到 3.5 英寸硬盘的价值，即更好的耐用性、更小的尺寸、更轻的重量或更低的能耗。

希捷公司最终推出 3.5 英寸硬盘是在 1988 年年初，也就是 3.5 英寸硬盘的容量轨线（如图 1.7 所示）与台式计算机所要求的容量轨线交会的那一年。截至当时，硬盘行业已经累计生产了价值 7.5 亿美元的 3.5 英寸硬盘。有意思的是，据硬盘行业的观察者表示，截至 1991 年，希捷公司的 3.5 英寸硬盘产品几乎没有一件是销售给便携式 / 膝上型 / 笔记本计算机制造商的。换句话说，希捷公司的主要客户仍然是台式计算机制造商，而且它的许多 3.5 英寸硬盘都配有框架，可以安装在原来为 5.25 英寸硬盘设计的计算机上。

在解释成熟企业为什么会延迟推出新技术时，经常被提到的一种解释是：担心现有产品的销售受到影响。但如希捷－康诺公司的经验所表明的那样，如果新技术推动了新市场应用领域的出现，那么新技术的推出也许并不一定会侵蚀现有产品的销售。但是，当成熟企业等到新技术在新的商业应用领域逐渐发展成熟之后，为了抵御自己的主要市场所受到的冲击，才推出相关技术产品时，它们对市场侵蚀的担心就将发展为自我应验的预言。

虽然我们一直在分析希捷公司对开发 3.5 英寸硬盘的反应，但它的表现并非个例。到 1988 年，在那些凭借为台式个人计算机市场生产 5.25 英寸硬盘而扬名立万的硬盘制造商中，仅有 35% 的制造商推出了 3.5 英寸硬盘。与更早的产品结构转变类似，开发具有竞争力的 3.5 英寸硬盘产品所面临的障碍，似乎并非来自工程技术部门。正如硬盘从 14 英寸到 8 英寸的转变过程，成熟领先企业在硬盘产品从 8 英寸到 5.25 英寸，以及从 5.25 英寸到 3.5 英寸的转变过程中所推出的新结构硬盘，在性能上并不逊色于新兴企业推出的同类产品。相反，5.25 英寸硬盘制造商似乎被它们的客户误导了，尤其是 IBM 和它的直接竞争对手及代销商。它们似乎和希捷公司一样，对便携式计算机和新型硬盘结构带来的潜在利益和各种可能性熟视无睹。

普莱利泰公司、康诺公司和 2.5 英寸硬盘

1989 年，位于科罗拉多州朗蒙特市的一家新兴企业普莱利

泰公司宣布推出 2.5 英寸硬盘，一时间成为行业的焦点，并几乎赢得了这个新兴市场全部的 3 000 万美元的销售额。康诺公司于 1990 年年初宣布推出自己的 2.5 英寸硬盘产品，并在 1990 年年底占据了 2.5 英寸硬盘市场 95% 的份额。普莱利泰公司于 1991 年年底宣布破产，当时其他 3.5 英寸硬盘制造商［如昆腾公司、西部数据（Western Digital）公司、希捷公司和迈拓公司］都推出了它们自己的 2.5 英寸硬盘产品。

到底发生了什么变化？是不是那些主流领先企业终于接受了历史的教训？事实并非如此。尽管 2.5 英寸硬盘的容量比 3.5 英寸硬盘的小得多（如图 1.7 所示），但小型硬盘所面对的便携式计算机市场更重视其他特性，例如重量轻、耐用性好、能耗低、体积小等。从这些方面来看，2.5 英寸硬盘的性能要好于 3.5 英寸硬盘的性能。更重要的是，这是一种延续性技术。事实上，那些购买康诺公司 3.5 英寸硬盘的计算机制造商（例如东芝公司、Zenith 公司、夏普公司等膝上型计算机制造商）正是笔记本电脑的领先制造商，而且这些公司正好需要体积更小的 2.5 英寸硬盘。因此康诺公司及其在 3.5 英寸硬盘市场上的竞争对手紧跟它们的客户的脚步，几乎同时完成了向 2.5 英寸硬盘的过渡。

然而在 1992 年，具有明显破坏性特征的 1.8 英寸硬盘横空出世。尽管本书将在之后的章节中详细谈到当时的情况，但在这里需提到一点：到 1995 年，在销售额为 1.3 亿美元的 1.8 英寸硬盘市场中，新兴企业占据了 98% 的份额。此外，在 1.8 英寸硬盘刚刚出现时，应用这种硬盘的最大市场并非计算机市场，而是便携式心脏监护装置市场。

图 1.8 简要介绍了新兴企业引领破坏性技术变革的模式。这

表明，在 8 英寸硬盘推出两年后，2/3 的 8 英寸硬盘制造商为新兴企业。在第一个 5.25 英寸硬盘推出一年后，在生产这种具有破坏性的硬盘的企业中，有 80% 是新兴企业。

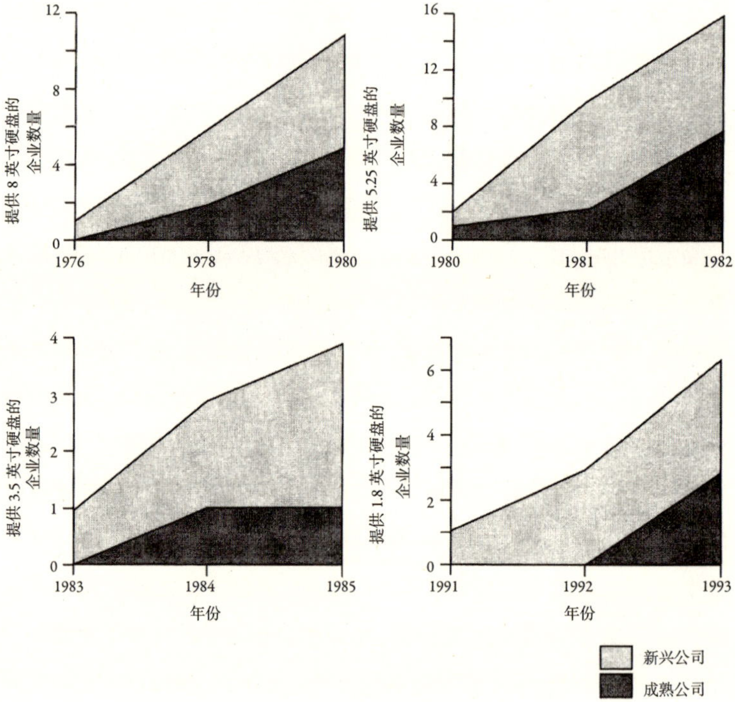

图 1.8　新兴企业对破坏性技术的主导地位

资料来源：《磁盘 / 趋势报告》各期公布的数据。

本章小结

在硬盘行业的创新史中出现过多种创新模式。第一种模式是技术上较为简单、直接的破坏性创新。这种模式一般会以一种独特的结构重新组合现有的技术，并使这些产品在磁性数据存储和检索领域方面的应用成为可能（在破坏性创新出现之前，这在技术和成本管理上都不具可行性）。

第二种创新模式是，硬盘产业开发先进技术的目的，总是延续产品性能改善的固有轨道，以实现更好的性能和更高的利润率。其中有许多都是具有突破性的复杂新技术，但它们并不具有破坏性。领先硬盘供应商的客户引领着这些企业实现上述目标。因此，延续性技术并不会导致企业失败。

第三种创新模式表明，尽管成熟企业在引领延续性创新方面（包括从最简单到最具突破性的延续性创新）拥有技术上的优势，但在开发和应用破坏性技术方面，引领行业潮流的却总是新兴企业。

本书在开篇时便提出一个疑问，为什么那些被认为锐意进取、积极创新、认真听取客户意见的企业，会对极具战略意义的技术创新置若罔闻或是在开发此类技术时贻误良机呢？根据以上对硬盘行业的分析结果，这一问题可以以更加尖锐的方式被提出。实际上，成熟企业在应对各种类型的延续性创新时，可以做到锐意进取、积极创新、认真听取客户意见，但它们看似无法成功解决的问题，是在轨线图 1.7 上的下行视野和向下游市场流动的问题。为新产品找到新的应用领域和新的市场，似乎是这些企业在刚刚进入市场时所普遍具备，但在时过境迁后又明显丧失了的一种能力。这些领先企业似乎被它们的客户牵绊了手脚，从而在破坏性技术出现时，给了具有攻击性的新兴企业颠覆自己领先地位的可乘之机。[16] 为什么会发生这种情况，为什么这种情况还在发生？这将是下一章所要探讨的主题。

附录1.1　对生成图1.7时所使用的数据和方法的说明

图 1.7 中描绘的轨线可以按以下方式来计算。有关计算机硬盘容量的数据源于《数据资源》(*Data Sources*)。这是一份按年出版的刊物，里面列举了每家计算机制造商生产的所有计算机型号的技术规格。例如，在某些特定的计算机型号拥有不同的特征和配置的情况下，制造商会向《数据资源》提供一份“标准的”系统配置，包括明确的随机存储器（RAM）容量、外部设备（包括硬盘）的性能规格、定价和出厂年份。在某些特定型号的计算机连续数年在市场上销售的情况下，标准配置中所提供的硬盘容量通常也会增加。《数据资源》一般使用大型计算机、微型 / 中型计算机、台式个人计算机、便携式和膝上型计算机、笔记本电脑来划分不同类别的计算机。截至 1993 年，1.8 英寸硬盘还没有在手提电脑市场得到应用，因此有关这个潜在市场的数据并不存在。

在图 1.7 中，每年在市场上销售的计算机的所有型号都是按照每种计算机类别中特定中等价位计算机的型号所提供的价格、硬盘容量来进行排序的。为便于简化说明，整个时间序列中的最佳拟合线在图 1.7 中用实线表示，并以此来说明标准配置机器的基本趋势。当然，在这些直线周围实际上还存在一个很大的区间。计算机的边际性能——最昂贵的计算机所提供的最大容量——要远远大于图中所显示的标准值。

图 1.7 中的虚线表示的是所有硬盘（指每年上市的每种特定结构的硬盘）未加权平均容量的最佳拟合线，这项数据来自《磁盘 / 趋势报告》。为了简化说明，这里只标出了这条平均线。在

每年上市的计算机中存在一个很大的容量区间，因此市场上每年推出的硬盘的边际容量或最大容量会明显大于图中所显示的平均值。换句话说，我们必须明确区分可供购买的所有产品和标准配置产品。因此，区间高端和区间低端一般会在图 1.7 所显示的中值和均值数据附近，并与图中所显示的直线平行。

因为市场上还存在容量更大的硬盘，因此正如我在文中所述，图 1.7 中的实线轨迹代表了每个市场所“要求”的容量。换句话说，每台机器的容量并不是受技术能力的限制，而是代表了计算机用户根据当时市场上的主导成本所选择的硬盘容量。

第2章

价值网络决定创新驱动力

价值网络的概念（即一种大环境，企业正是在这种大环境下确定客户的需求，并对此采取应对措施，解决问题，征求客户的意见，应对竞争对手，并争取利润最大化的）是这一综合理论的核心。在价值网络内，每一家企业的竞争策略，特别是过去它对市场的选择，决定了它对新技术的经济价值的理解。

从对创新问题最早的研究开始，学者、顾问和管理者就一直在试图解答，为什么成熟企业总是在面临技术变革时遭遇失败。大多数解释都考虑了管理、组织和文化对技术变革的应对情况，或者是着重考量成熟企业应对突破式新技术的能力。应对突破式新技术要求成熟企业具备与之前发展的成熟技术截然不同的技术能力。这两种方法都能有效地解释为什么有些企业会在发生技术变革时遭遇失败，下文将就此进行简要的解读。但本章的主要目的还是提出第三种理论，即根据价值网络（value network）理论来说明为什么优秀的企业也会遭遇失败。相比其他两种理论，价值网络理论似乎更能有效地解释我们在硬盘行业所观察到的现象。

组织结构阻碍创新

对优秀企业为什么会遭遇失败的一种解释是，组织上的障碍可能是导致这一问题发生的根源。尽管人们对这一解释的分析仅止于官僚主义、傲慢自大、“规避风险”的企业文化等简单的理由，但在这方面仍存在一些极具真知灼见的研究。例如亨德森和克拉克就总结说，企业的组织结构通常能够推动组件层面的创新，因为大多数产品研发机构都是由负责产品元件研究的多个小组组成的。只要产品的基本结构不需要做出改变，这种体系的运作就会非常有效。但同时他们表示，在需要对结构性技术做出改变时，这种结构体系将阻碍需要人员和团队以全新的方式进行交流和工作的那些创新的出现。[1]

这一观念具有极大的表面效度。特雷西·基德尔（Tracy Kidder）在其赢得普利策奖的《一代新机器的灵魂》(*The Soul of a New Machine*）一书中描述了这样一个事件：通用数据公司的工程师正在研发下一代微型计算机，并寄希望于通过这一新产品一举超越 DEC，从而占领市场。在通用数据公司的研发团队中，一名工作人员的朋友所在的公司刚刚购买了一台 DEC 最新开发的电脑。一天晚上，这位朋友允许他们进入他的办公室，来研究 DEC 的这款电脑。当通用数据公司的项目负责人汤姆·韦斯特（同时也是之前在 DEC 工作了很长时间的一名员工）拆开这台微型电脑的外壳并检查它的内部结构时，他竟然看见了“DEC 产品设计的组织结构图”。[2]

由于企业可以通过建立组织结构和确立团队合作的方式，来推动优势产品的设计，最终结果可能会发生逆转：组织结构及其团队合作方式可能会反过来影响企业能否设计出新产品。

破坏性创新和延续性创新

在评估导致优秀企业失败的原因时，有时需要区别要求截然不同的技术能力的创新——所谓的破坏性创新，与那些以成熟技术能力为基础的创新——所谓的延续性创新。[3]这一概念表明，相对于企业能力的规模和深度，技术变革将更能决定哪些企业能够安然渡过某次技术变革浪潮。支持这一观点的学者发现，成熟企业一般善于改善业已成熟的技术，而新兴企业似乎更善于利用突破性新技术，原因通常是新兴企业将被研发和采用过的技术从一个行业引入了另一个行业。

例如，克拉克认为，企业一般是凭借经验或等级来构建某种产品（例如汽车）的技术能力的。[4]对于应该解决和应该避免的技术问题，企业的历史选择决定了它所积累的技能和知识的类型。当应对产品或流程执行问题的最佳解决方案需要企业具备与其积累的经验大相径庭的知识时，这家企业很有可能会遭遇挫折。塔什曼（Tushman）、安德森（Anderson）及他们的助手所做的研究，验证了克拉克的假设。[5]他们发现，当技术变革破坏了企业以前培养的能力价值时，企业将会遭遇失败；当新技术提升了企业一直在发展的能力价值时，企业则会取得成功。

毫无疑问，这些学者所确定的因素，将影响面临新技术挑战的企业的命运。但硬盘行业表现出了一系列不能用其中任何一种理论来解释的异常现象。该行业的领先企业会率先开发出各种延续性技术，包括那些导致之前发展的能力失去效用，以及使之前对技能和资产的巨额投资废弃的结构和组件创新。尽管如此，这些企业在面对技术相对简单但具有市场破坏性的变革（例如8英寸硬盘的出现）时仍纷纷遭遇失败。

对于是什么构成了领先企业的破坏性创新这一问题，硬盘行业的历史给出了截然不同的答案。正如我们所看到的，涉及的技术的性质（即组件与结构、渐进与突破）、风险的大小和需要承担风险的时限，与我们所观察到的领先和追随模式并不存在很密切的关联。相反，如果企业的客户需要某种创新，领先企业就会利用各种资源和手段来开发和实施这一创新；反过来，如果企业的客户不想要或不需要某种创新，这些企业就会发现它们根本不可能将——哪怕是在技术上很简单的——创新应用到市场上。

价值网络决定企业成败

那么，是什么导致了新兴企业和成熟企业的成功和失败呢？下文将参照硬盘行业的历史，从一个全新的视角来总结企业的成败与技术变革和市场结构变化之间的关系。价值网络的概念（即一种大环境，企业正是在这种大环境下确定客户的需求，并对此采取应对措施，解决问题，征求客户的意见，应对竞争对手，并争取利润最大化的）是这一综合理论的核心。[6]在价值网络内，每一家企业的竞争策略，特别是过去它对市场的选择，决定了它对新技术的经济价值的理解。这些理解反过来又反映了不同企业希望通过延续性创新和破坏性创新而获得的回报。[7]在成熟企业中，预期回报反过来将推动资源流向延续性创新，而不是流向破坏性创新。这种资源分配模式也解释了为什么成熟企业在延续性创新中总能保持领先地位，而在破坏性创新中却总是表现不佳。

价值网络反映了产品结构

企业是价值网络密不可分的一部分，因为它们的产品通常会作为一个组成部分，以某种方式被分级装入或应用在其他产品中，并最终从属于终端应用系统。[8] 以 20 世纪 80 年代大型机构普遍采用的管理信息系统（MIS）为例（如图 2.1 所示），管理信息系统的结构综合了各种不同的组成成分，包括大型计算机、外围设备（例如行式打印机）、软件、机房等。在下一个层次，大型计算机本身也构成了一个结构性系统，由中央处理器、IC 封装、随机存储器、终端、控制器、硬盘等部件组成。再往下细分，硬盘也是一个系统，其组成部分包括电机、启动器、轴承、磁盘、读写磁头。以此类推，磁盘本身也可被看作一个由磁性材料、圆盘材料、黏合剂、保护性研磨剂等组成的系统。

虽然构成这一应用系统的产品和服务完全可以统一由一家大型综合性企业［例如 AT&T（美国电话电报公司）或 IBM］来生产，但其中大多数产品和服务都是通过贸易活动从各个制造商处获得的，在更加成熟的市场中更是如此。这意味着，虽然图 2.1 描述的是产品体系的嵌套式结构，但它也表明，这里存在一个有关制造商和市场的嵌套式网络。通过这一网络，每个层次的组件在被生产出来后，将被出售给系统中下一个也是更高层次的集成商。

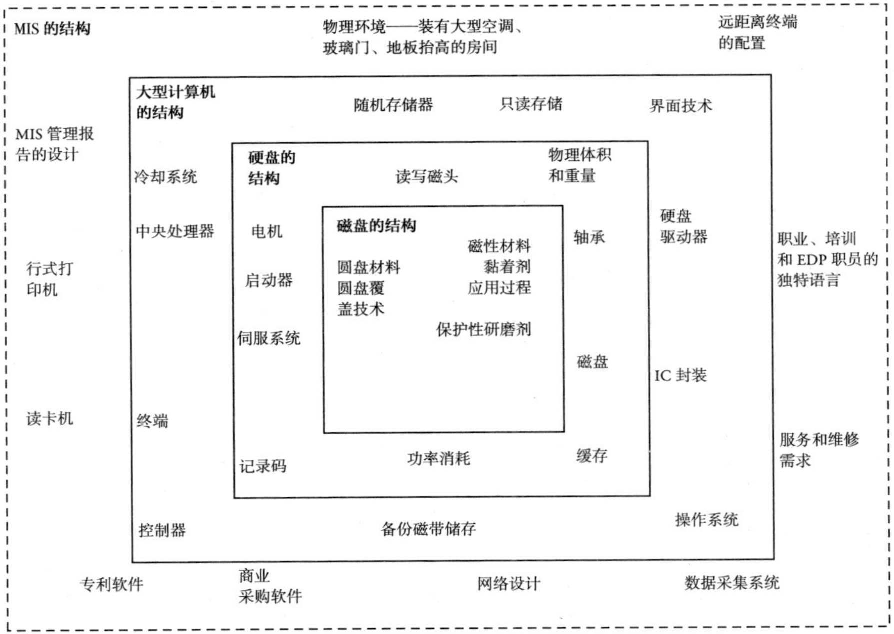

图 2.1　产品结构的嵌套式或细分系统

资料来源：Reprinted from *Research Policy* 24, Clayton M. Christensen and Richard S. Rosenbloom, "Explaining the Attacker's Advantage: Technological Paradigms, Organizational Dynamics, and the Value Network," 233—257,1995 With kind permission of Elsevier Science—NL, Sara Burgerhartstraat 25, 1055 KV Amsterdam, The Netherlands.

例如，设计并组装硬盘的企业（例如昆腾公司和迈拓公司）向专门生产读写磁头的企业购买读写磁头，同时向其他企业购买磁盘，并向另外一些企业购买旋转电机、驱动电机和集成电路板。在下一个更高一级的层次，设计并组装计算机的企业可能会向不同的企业购买它们所需要的集成电路、终端、硬盘、IC 封装和电源。这种嵌套式商业体系就是一个价值网络。

图 2.2 描绘了计算应用领域中的三种价值网络：从上往下看，它们是企业管理信息系统应用系统价值网络、便携式个人电脑价值网络，以及计算机辅助设计和制造价值网络。绘制这样一张图的目的，仅仅是说明应如何界定价值网络的范围，如何区分不同的价值网络概念，而且这些概念描述并不代表完整的价值网络结构。

价值的衡量标准

在不同的价值网络中，衡量价值的方法也不尽相同。[9]事实上，每一个价值网络都会按照重要性的高低，对不同的产品性能属性进行排序。从某种程度上说，价值网络的界定就是由这种独特的排序方式所决定的。如图 2.2 所示，结构框（即中间列）的右侧所列举的实例表明，每一种价值网络对重要产品属性的排序方式都存在很大的差异，甚至对同一产品的排序也是如此。在最高一级的价值网络中，硬盘的性能是根据其容量、速度和可靠性来衡量的；在便携式个人电脑价值网络中，重要的性能属性则是耐用性、较低的能耗和较小的体积。由此可知，每一个价值网络对产品价值的定义都不相同，因此在同一行业内会存在许多平行的价值网络。

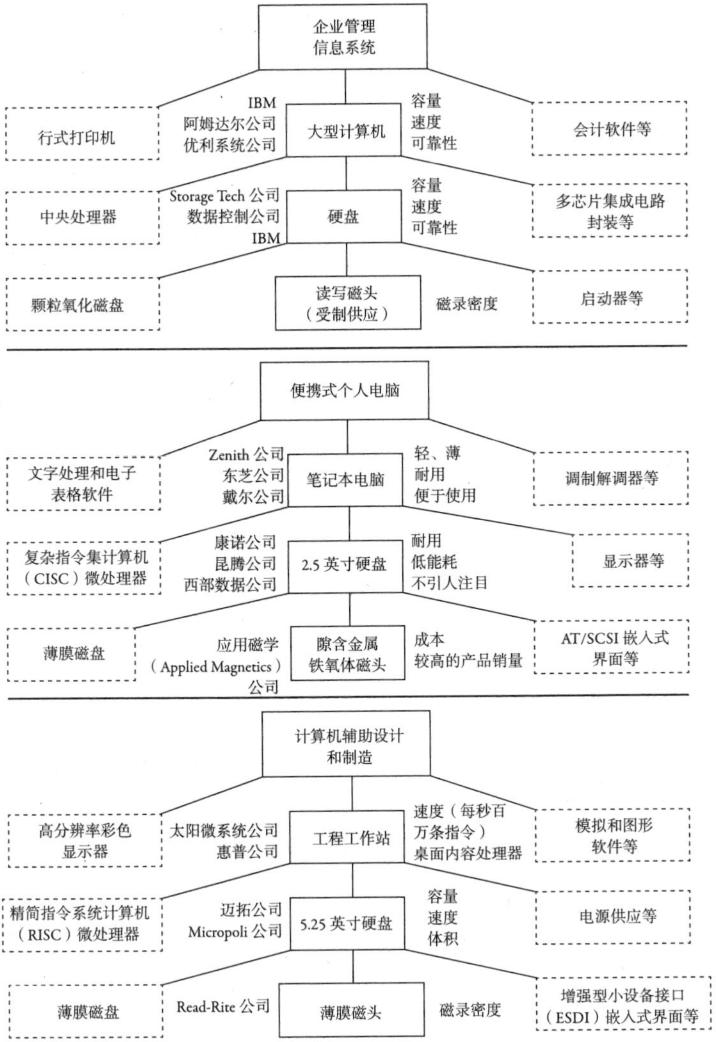

图 2.2　三种价值网络范例

资料来源：Reprinted from *Research Policy* 24, Clayton M. Christensen and Richard S. Rosenbloom, "Explaining the Attacker' s Advantage: Technological Paradigms, Organizational Dynamics and the Value Network," 233—257, 1995 with kind permission if Elsevier Science—NL, Sara Burgerhartstraat 25, 1055 KV Amsterdam, The Netherlands.

尽管不同应用系统中的许多成分可能会相同（例如，图 2.2 中的每一个价值网络都包括读写磁头、硬盘、软件等），但其中所使用的组成成分的性质可能会有很大的不同。一般来说，一组相互竞争的企业（各自拥有自己的价值链[10]）与网络图中的每一个方框都有关联，而为每个网络提供产品和服务的企业通常也不尽相同（如图 2.2 所示，结构框中间列左侧所列出的企业就存在很大的不同）。

随着企业在某个特定的网络内逐渐积累了经验，它们可能会形成符合该价值网络独特要求的能力、组织结构和文化。不同的价值网络在产量、实现批量生产的速率、产品开发周期的长短、对目标客户及其需求的预测等方面可能存在很大的差异。

参照有关 1976—1989 年出售的数千种硬盘型号的价格、特性、性能等数据后，我们可利用一种被称为“特征回归分析”的方法，来判断市场对各种属性的反响如何，以及这些特征的价值是如何随着时间的推移而发生变化的。从本质上说，特征回归分析法是用市场对这一产品的每一种特色所赋予的所谓的“影子价格”（有一些是正值，其他的则是负值）之和来表示这种产品的总价的。图 2.3 列举了这一分析法的一些结果，并以此来说明，不同的价值网络是如何为某种特定的性能属性确定截然不同的价值的。在 1988 年，大型计算机的容量每扩大 1MB，其价值网络内的客户平均愿意为此多支付 1.65 美元。但在微型计算机、台式计算机和便携式计算机价值网络内，每扩大 1MB 容量，其影子价格分别降至 1.50 美元、1.45 美元和 1.17 美元。与之相反，同样是在 1988 年，便携式计算机和台式计算机的体积每减小 1 立方英寸，该价值网络内的客户都愿意为此支付更高的价格，而其他价值网络内的客户则认为这一属性毫无价值。[11]

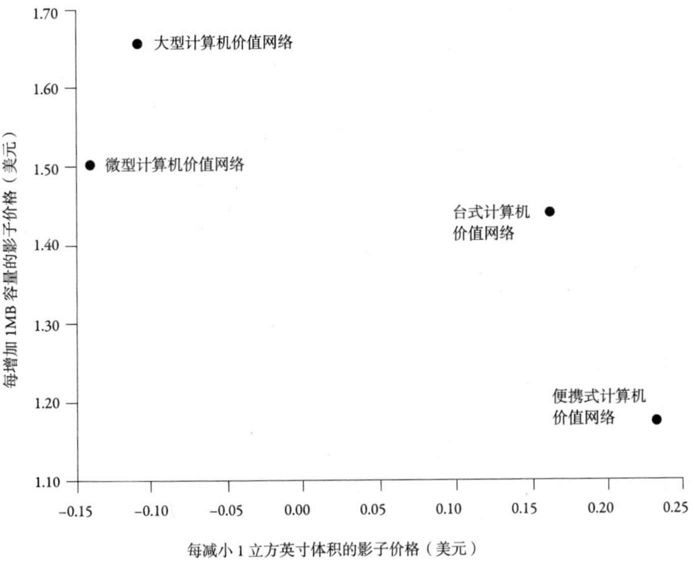

图 2.3　1988 年不同价值网络评估属性价值的差异

成本结构和价值网络

对价值网络的定义并不局限于物理产品的属性。例如，大型计算机价值网络内的竞争就包含一个特定的成本结构（如图 2.2 所示）。其研究、设计和开发成本非常高。由于有较低的产品销量、客户定制的产品配置等因素，其生产制造的间接成本相对于直接成本显得非常高。直接向终端用户销售产品，需要高昂的销售人力成本；为复杂机器提供支持的现场维修网络也会持续产生相当高的成本。企业必须承担这些费用，才能为价值网络内的客户提供他们所需的产品和服务。因此，大型计算机的制造商和向它们出售14英寸硬盘的制造商，一直需要将毛利率保持在50%~60%才能涵盖各种开支，维系它们参与竞争的价值网络所固有的营业成本结构。

便携式计算机价值网络内的竞争，则涉及一种截然不同的成本结构。便携式计算机制造商在组件技术研究方面的花费很少，它们更倾向于向经销商采购经过验证的组件技术来生产计算机。其生产过程包括在劳动力成本较低的地区组装数百万种标准产品，大多数销售都是通过全国性的零售链或者通过邮购来完成的。其结果就是，身处这一价值网络中的企业，只要毛利率达到15%~20%就能实现盈利。由此可见，不同的价值网络是由客户通过一些特定的排序所界定的。另外，它也是由在特定成本结构基础上提供有价值的产品和服务的要求所界定的。

图2.4描绘了不同价值网络所特有的成本结构。14英寸硬盘制造商通常能够实现的毛利率水平约为60%，与大型计算机制造商所要求的56%的毛利率水平大致相当。同样，8英寸硬盘制造商所实现的利润率与微型计算机企业大致相当（约为40%）。而在台式计算机价值网络中，利润率一般为30%，这通常也是计算机制造商及其硬盘供应商所能达到的利润率水平。

每个价值网络成本结构的特点，都会影响企业对具有获利潜力的创新项目的判断。从本质上说，在企业价值网络内受到重视，或发生在基本毛利率较高的价值网络内的创新，将被视为有利可图的创新。另外，那些基于属性方面的原因，只有在毛利率更低的价值网络内才能显示出其价值的技术，则不会被看作有利可图的创新，它也不太可能获得各种资源或引起管理者的兴趣。（我们将在第4章详细探讨，每一个价值网络所特有的成本结构对成熟企业灵活性和最终命运的影响。)

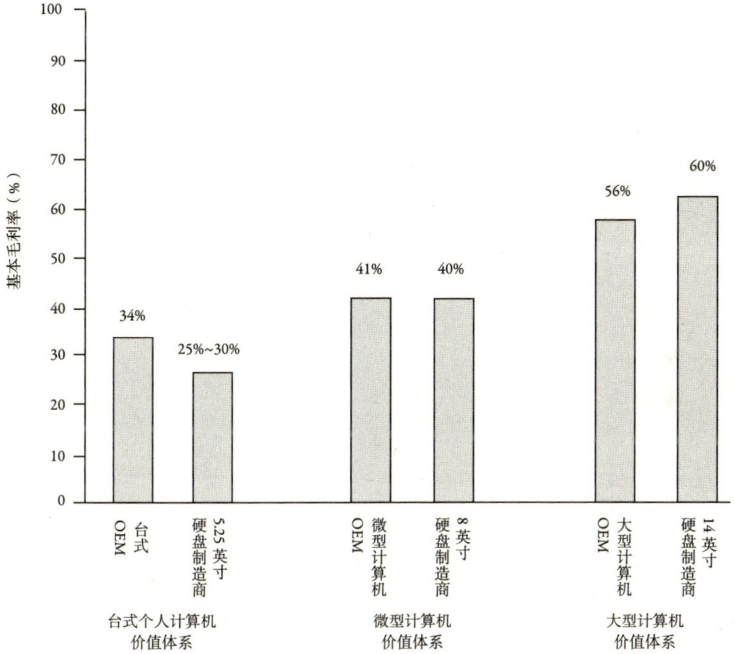

图 2.4　不同价值网络所特有的成本结构

资料来源：各公司年报公布的数据，以及作者对每个价值网络内几家具有代表性的公司高层的专访。

总而言之，技术机遇的吸引力和制造商在利用这一机遇时将会遇到的困难程度，是由该企业在相关价值网络中所处的位置，以及其他诸多因素决定的。正如我们即将看到的那样，成熟企业在延续性创新中所表现出的强势和在破坏性创新中所表现出的弱势，以及新兴企业与之正好相反的表现，均不是由成熟企业和新兴企业之间技术或组织能力的差异导致的，真正的原因还是它们处在行业的不同价值网络中。

技术S形曲线

技术S形曲线是技术战略理论的中心环节。它所体现的是，只要是限定在一段特定的时期内，或是由于一些工程方面的努力，产品的性能改善幅度就可能会随着技术的成熟而发生变化。这一理论假定，在技术发展的早期，性能提高的速度将比较慢。随着人们对技术的理解逐渐加深，控制力逐渐加强，应用范围更加广泛，技术改进的速度将会不断加快。[12] 但在成熟阶段，这项技术将逐渐接近渐近线上的自然或物理极限，其结果就是人们需要更长的时间或是更大的工程投入才能实现技术上的改进。图2.5描述的正是此种模式。

许多学者声称，战略性技术管理的本质是，判断当前的技术S形曲线何时将通过拐点，同时确认并发展任何自下游兴起并将最终取代现有方法的新技术。因此，正如图2.5中的虚线所示，企业面临的挑战是在新、旧S形曲线的交会处能否成功地实现技术转换。无法预见来自下游的新技术威胁并及时采用这些新技术，经常被认为是导致成熟企业失败的主要原因，同时这也是让新兴企业得以建立优势的根源。[13]

S形曲线和价值网络的概念是如何被联系到一起的呢？[14] 如图2.5所示，交会的S形曲线的典型框架，是对单个价值网络内的延续性技术变革的概念化表述，其中纵轴描绘的是产品性能（或属性的排序）的单个指标。需要注意的是，它与图1.4（衡量的是新磁录技术对硬盘磁录密度的延续性影响）有些相似。对每一项技术的渐进式改良，都会推动产品性能沿着每条单独的曲线不断得到改善，而发展到新磁头技术则意味着出现了一次更具突破性的跳跃。回顾硬盘行业的技术创新史，新兴企业从未在延续性创新进程中引领行业发展或占据良好的市场地位。每次都是前一项技术的领先企业预见了当前技术最终将失去发展潜力（S 形曲线最终将变平缓），并在发现、开发和应用大体延续了历史发展速度的新技术方面走在了行业的最前端。这些企业经常冒着巨大的财务风险，提前十年或是更长时间便开始致力于新技术的研发，并且为此耗费了大量的资金和技术资源。尽管面临这些挑战，但在硬盘行业，成熟企业的管理者仍凭借长期以来培养的超凡智慧，始终沿着图 2.5 中所示的虚线方向稳定前进。

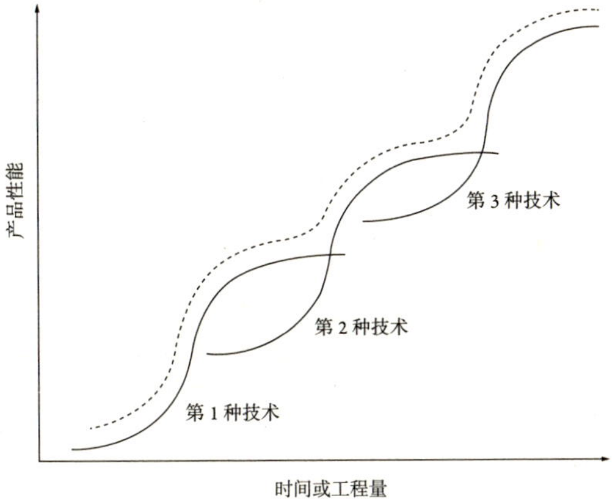

图 2.5　常规技术 S 形曲线

资料来源：Clayton M. Christensen, "Exploring the Limits of the Technology S-Curve. Part l: Component Technologies," *Production and Operations Management* 1, no . 4(Fall 1992):340. 获准后再版。

但破坏性创新并不能用图 2.5 中的曲线来表示，因为从定义上说，破坏性创新的纵轴所描绘的性能属性，与成熟价值网络内的相关性能属性肯定是不同的。由于破坏性技术在侵入成熟价值网络之前，首先会在新兴价值网络中开始其商业化运作，因此需要用图 2.6 所描绘的 S 形框架来解释。破坏性技术的出现和发展都是在一个内部价值网络内，沿着自己独特的轨道来进行的。当它们发展到一定水平，并且足以满足另一个价值网络所要求的性能水平和特性时，破坏性技术就能以极快的速度侵入这个价值网络，并淘汰原有的成熟技术，以及使用这项技术的成熟企业。

图 2.5 和图 2.6 清楚地说明了最终导致领先企业失败的创新者的窘境。在硬盘行业（以及本书在随后几章将探讨的其他行业），诸如加大对研发的投资，延长投资和规划的期限，技术扫描、预测和规划，以及建立研究联盟和合资企业等研究方案，都与延续

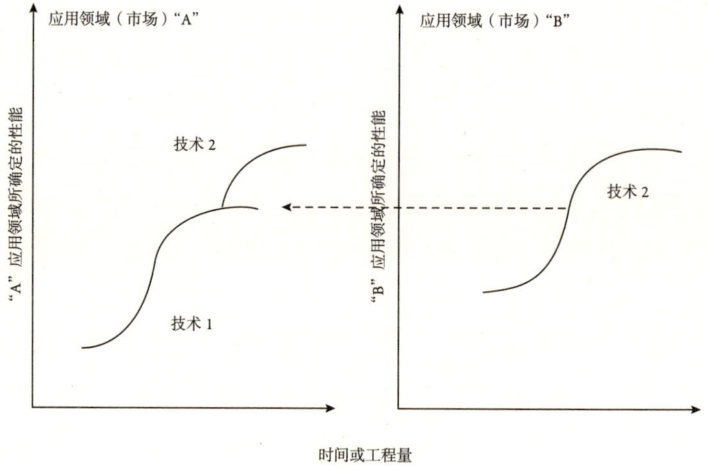

图 2.6　破坏性技术 S 形曲线

资料来源：Clayton M. Christensen, “Exploring the Limits of the Technology S-Curve. Part I: Component Technologies,” *Production and Operations Management* 1, no. 4(Fall 1992): 361. 获准后再版。

性创新所带来的挑战有关（图2.5描述的是这种创新的理想模式）。确实，这一证据表明，许多最好的成熟企业采用过这些补救措施，并且如果处理得当，这些措施能够有效地应对延续性技术创新带来的挑战。但是这些解决方案均无法应对图2.6中所描述的情况，因为它代表了一种从性质上来看截然不同的威胁。

决策模式：希捷公司的3.5英寸硬盘

企业所属的价值网络内的竞争，在很多情况下决定了企业的盈利方式。价值网络决定了企业必须提供何种产品和服务以解决客户的问题，以及企业为解决这些问题所需支付的成本。价值网络内的竞争和客户需求，在很多情况下决定了企业的成本结构、企业保持竞争力所需的规模，以及企业必须实现的基本增长率。因为对价值网络外的企业有重大意义的管理决策，可能对价值网络内的企业毫无意义，反之亦然。

在第1章中，我们发现，成熟企业成功实施延续性创新的模式，与它们面对破坏性创新时失败的模式存在惊人的相似性。这些模式之所以具有相似性，是因为导致相应结果的管理决策合乎情理。优秀的管理者只做对企业有意义的事情，而什么是有意义的事情，则由企业所处的价值网络来决定。

接下来，我将把这一决策模式划分为6个步骤进行简要的阐述。为了总结这一模式，我采访了80多名硬盘行业领先企业（包括成熟主流企业和新兴企业）的管理者。在破坏性技术出现时，这些管理者在企业做出决策的过程中发挥了重要作用。在采访过程中，我力图从尽可能多的角度来准确地推测影响这些企业技术开发和商业化应用（不管这些技术是否与企业当时所属的价值网络有关）的决策流程的各种因素。我发现，在面临破坏性技术变革时，成熟企业完全有能力研发所需要的新技术，在要求管理层做出决定之前，新型硬盘的样机通常已被研发成功。但当形势发展到要在相互竞争的产品和技术开发提案之间分配有限的资源（例如在图 2.6 左图和右图所代表的两种价值网络之间分配资源）时，破坏性技术项目通常会遭受冷遇，并开始停滞不前。为了满足对企业最具影响力的客户的需求，这种延续性技术项目（在图 2.5 中所描述的发生在价值网络内的新技术浪潮）几乎总是能从市场规模较小、客户需求尚不明确的破坏性技术项目那里抢占更多的资源。

在接下来的几页中，我将简要介绍这种决策模式的主要特点。鉴于希捷公司（硬盘行业最具影响力的 5.25 英寸硬盘制造商之一）成功地将具有市场破坏性的 3.5 英寸硬盘推向市场的过程极具代表性，我将详尽地介绍希捷公司的经验，以此呈现这种决策模式的每一个步骤。[15]

步骤 1：破坏性技术首先由成熟企业研发成功

虽然新兴企业在破坏性技术的商业化应用方面处于领先地位，但这类技术往往是由成熟企业的工程师利用从非正规渠道获得的资源首先研发成功的。由于很少由企业高层发起，这些结构性创新设计所采用的部件几乎都是现成的。例如，希捷公司的工程师早在 1985 年便研制出 3.5 英寸硬盘的样机，成为该行业第二家成功研制出 3.5 英寸硬盘产品的企业。在向企业高层正式提出项目审批提案前，这些工程师已经制造出大约 80 个样机模型。同样的情况此前也出现在数据控制公司和梅莫雷克斯公司，后者是主要的 14 英寸硬盘制造商。当时，这两家公司的工程师已经在公司内部成功设计了 8 英寸硬盘，比市场第一款 8 英寸硬盘出现的时间早了将近两年。

步骤 2：市场营销人员随后收集公司主要客户的反馈

接着，工程师开始向市场营销人员展示他们制作的样机，并向他们询问当下是否存在一个需要这种体积更小、价格更低（而且性能较差）的硬盘的市场。市场营销部门随后按照其测试新型硬盘对市场的吸引力的惯常做法，开始向现有产品的主要客户展示这些样机，并要求他们对其进行评估。[16]尽管 3.5 英寸硬盘的容量大大小于主流台式计算机市场所需要的容量，但希捷公司的营销人员仍主要针对 IBM 的个人电脑部门，及其他 XT 和 AT 级台式个人电脑制造商来测试新型 3.5 英寸硬盘。

IBM 并没有对希捷公司这款具有市场破坏性的 3.5 英寸硬盘表现出任何兴趣，这一结果并不令人感到意外。IBM 的工程师和市场营销人员想要的是 40MB 和 60MB 的硬盘，而且他们已经在计算机产品的设计中为 5.25 英寸硬盘预留了安装槽。他们需要的是能沿着既定的性能发展轨道进一步提高其产品性能的新型硬盘。看到客户的兴趣不大，希捷公司的市场营销人员便得出悲观的销售预测。此外，由于产品的结构更加简单、性能更低，预期利润率也低于性能更高的产品，因此希捷公司的财务分析师也与市场营销人员一道加入了反对破坏性创新项目的阵营。面对这样的反馈，希捷公司的高管决定将开发 3.5 英寸硬盘的计划束之高阁，而此时正是 3.5 英寸硬盘开始在便携式计算机市场插旗拔寨的时候。

这是一个在权衡各种提案后做出的艰难决定，因为这些提案都在争夺同一种资源，来开发市场营销人员认为对于维持企业在当前客户群体中的竞争力、实现积极的增长和利润目标有着至关重要作用的新产品。希捷公司的一名前任经理曾表示：“我们需要一个可能成为下一个 ST412（这是一种在台式计算机市场取得巨大成功的产品，其年销售额达到 3 亿美元，但该产品已接近生命周期的末期）的新型号产品。我们对于 3.5 英寸硬盘的销售额预期还不到 5 000 万美元，因为便携式计算机市场才刚刚出现，而且 3.5 英寸硬盘产品并不符合公司的盈利要求。”

希捷公司的管理者明确做出不研发这项破坏性技术的决定。在其他案例中，管理者确实同意利用企业的各种资源来研发具有市场破坏性的产品，但在做出如何实际分配时间和资金的日常决策过程中，工程师和营销人员会以确保企业的最大利益为出发点，自觉或不自觉地剥夺了及时启动破坏性创新项目所必需的各种资源。

当数据控制公司（领先的 14 英寸硬盘制造商）的工程师们正式受命研发该公司第一批 8 英寸硬盘时，客户已经开始寻找容量达到 300MB 的硬盘，而数据控制公司的第一代 8 英寸硬盘所能提供的容量还不到 60MB。8 英寸硬盘项目并没有得到太多的重视，负责这一研发项目的工程师不断被抽调去解决 14 英寸硬盘所出现的问题，因为 14 英寸硬盘是为更重要的客户群设计的。类似的问题在昆腾公司和 Micropolis 公司开发 5.25 英寸硬盘产品的过程中也出现过，并导致该产品被延迟推出。

步骤 3：成熟企业加快对延续性技术的研发步伐

为了满足当前客户的需求，市场营销经理会全力支持一些延续性技术项目，比如使用更好的磁头，或开发新型记录码。这些项目不仅可以满足客户的需要，而且可以在大型市场获得维持增长所必需的销售额和利润率。尽管这通常意味着研发费用的增加，但相对于对破坏性技术的投资，这种延续性投资的风险似乎要小得多，因为客户是现成的，客户需求也是已知的。

例如，希捷公司在 1985—1986 年做出的搁置 3.5 英寸硬盘研发的决定，似乎非常合理。希捷公司对低端市场的看法（根据硬盘轨线图）使它更倾向于做出“1987 年 3.5 英寸硬盘的总体市场规模较小”的预测。低端市场的毛利率尚不确定，但生产主管认为，3.5 英寸硬盘的单位容量成本要比 5.25 英寸硬盘的高很多。希捷公司对高端市场的观点则截然不同。它认为，容量为 60~100MB 的 5.25 英寸硬盘的销售额，预计将在 1987 年达到 5 亿美元。面向 60~100MB 市场的企业可赚取 35%~40% 的毛利，而希捷公司在其销售额很大的 20MB 硬盘上实现的利润率为 25%~30%。因此，在希捷公司通过研发 ST251 系列硬盘来提高市场定位的竞争性提案获得积极评价时，对它来说，将有限的资源用于开发 3.5 英寸硬盘就显得毫无意义了。

希捷公司在搁置了 3.5 英寸硬盘研发项目后，开始以极快的速度推出新型 5.25 英寸硬盘产品。1985—1987 年，希捷公司每年推出的新型号产品的数量，分别是上一年市场中同型号产品总数的 57%、78%、115%。在同一时期，希捷公司还把复杂、先进的新组件技术，例如薄膜磁盘、音圈电机[17]、RLL 和 SCSI（嵌入式小型计算机系统接口，SCSI 这一简写法由苹果公司率先提出）界面，运用到新型号产品中。显然，这样做的目的是在竞争中击败其他成熟企业，而其他成熟企业也在进行类似的改善活动，而不是对新兴企业从低端市场发起的攻击做好防备。[18]

步骤4：新企业已经出现，破坏性技术市场在反复尝试中逐渐成形

为了开发破坏性产品，新企业纷纷成立，其中通常还包括在成熟企业中郁郁不得志的工程师所创立的新企业。领先的3.5英寸硬盘制造商康诺公司，就是由对希捷公司和Miniscribe公司（最大的两家5.25英寸硬盘制造商）不满的前雇员创建的。8英寸硬盘制造商Micropolis公司的创始人来自14英寸硬盘制造商Pertec公司，而舒加特公司和昆腾公司的创始人则来自梅莫雷克斯公司。[19]

但这些新成立的创业企业同它们的前任雇主一样，难以吸引成熟计算机制造商采用它们的破坏性结构产品，因此，它们不得不去寻找新客户。在这个充满变数的探索过程中，最终出现的应用领域是微型计算机、台式个人电脑和便携式计算机。现在回想起来，这些领域很明显就是它们所要寻找的硬盘市场，但在当时，这些市场最终的规模和意义仍然存在极大的不确定性。Micropolis公司是在小型台式计算机和文字处理器市场出现之前成立的，而这些市场正是日后Micropolis公司产品的主要应用领域。希捷公司是在IBM推出个人电脑之前两年创建的，那时个人电脑还只是电脑爱好者手中的一种简单玩具。康诺公司在康柏公司判断出便携式计算机市场的潜在规模之前已经开张营业。这些公司的创始人是在没有明确的市场营销战略的情况下推出其产品的——实际上就是单纯地卖给愿意购买其产品的任何人。在反复尝试中，这些产品的主要市场应用领域终于出现了。

步骤 5：新兴企业向高端市场转移

一旦创业企业在新兴市场打下运营基础，它们便认识到，通过不断改进新的组件技术[20]，它们能够以更快的速度（相比新兴市场所要求的改进速度）来扩大其硬盘产品的容量。它们以每年50% 的速率提高产品性能，并立即将它们的目标瞄准了性能等级更高的大型成熟计算机市场。

成熟企业对低端市场和新兴企业对高端市场的看法并不对称。成熟企业在审视新出现的、结构更简单的硬盘市场时，会认为这些市场的利润率和市场规模都不具有吸引力。与之相反，新兴企业则认为，更加高端的高性能市场的潜在销售额和利润率极具吸引力。成熟市场的客户最终接受了他们拒绝过的新产品，因为一旦对容量和速度的需求得到满足，新型硬盘更小的体积和更简单的结构就会在售价、速度、可靠性等方面压倒上一代产品。因此，在台式个人电脑市场起家的希捷公司很快便进入并占领了小型计算机、工程工作站和大型计算机的硬盘市场。但随后，希捷公司又被 3.5 英寸硬盘的先锋制造商康诺公司和昆腾公司淘汰出台式个人电脑的硬盘市场。

步骤 6：成熟企业在维护客户基础方面棋慢一招

当更小型号的产品开始侵入主流市场时，曾经主导这些市场的硬盘制造商便匆忙找出它们在步骤 3 中被其束之高阁的样机，并将这些产品推向市场，以期维护自己的市场份额和客户基础。

当然，到了这个时候，这种新型结构已经失去了破坏性特征，在性能上已经完全可以与成熟市场上体积更大的硬盘进行竞争。虽然一些成熟企业还能够亡羊补牢，通过立即推出新结构产品来维护自己的市场地位，但它们发现，新兴企业已经在制造成本和设计经验上建立了不可逾越的优势，因此这些成熟企业最终被淘汰出硬盘市场。从价值网络的下方发起攻击的新兴企业，也带来了一种可以以较低的毛利率实现盈利的成本结构。因此攻击型企业能够以较低的产品价格实现盈利，而处于防守地位的成熟企业则要经受一场残酷的价格战。

对于那些确实成功地推出了新型结构产品的成熟企业来说，幸存已属不易，没有一家成熟企业在新兴市场获得过很大的市场份额，新型硬盘完全抢占了老产品在当前市场中所占的份额。因此，截至 1991 年，希捷公司生产的 3.5 英寸硬盘没有一台是卖给便携式 / 膝上型计算机制造商的，其客户仍是台式计算机制造商，而且许多 3.5 英寸硬盘仍然配有框架，这样它们仍然可以被安装在原本匹配 5.25 英寸硬盘的 XT 和 AT 级电脑中。

14 英寸硬盘的领先企业数据控制公司在微型计算机市场所占的份额甚至从未超过 1%。它在 8 英寸硬盘市场兴起将近 3 年后才推出自己的 8 英寸硬盘产品，而且它把自己生产的硬盘几乎全部出售给了其现有大型计算机客户。Miniscribe 公司、昆腾公司和 Micropolis 公司都有在市场遭到蚕食的相同经历，因为它们都在推出采用了破坏性技术的硬盘方面棋慢一招。这些公司无法在新市场中占据很大的市场份额，而且即使是在最好的情况下，它们也只能保住自身原有的一部分业务。

“密切关注你的客户”这句流行口号似乎并不总是一个经得

起推敲的建议。[21] 相反，人们可能会认为，是客户引导了其供应商的延续性创新进程。但这句话在破坏性技术变革中并没有发挥引领作用——甚至是明显误导了供应商。[22]

闪存技术是否会破坏硬盘业？

当前，随着闪存技术的出现，价值网络框架的预测能力也在经受考验。闪存技术是一种将数据存储在硅存储芯片上的固态半导体技术。不同于传统的 DRAM（动态随机存储）技术，闪存芯片甚至在断电的情况下还能保存数据。闪存技术是一种破坏性技术，闪存芯片的耗电量不到相同容量的硬盘的 5%。由于没有移动部件，闪存芯片的耐用性也要比硬盘存储器好得多。当然，闪存芯片也存在一些不足，闪存芯片的单位容量成本是硬盘存储器的 5~50 倍（具体成本取决于存储量）；而且闪存芯片在数据写入方面的耐用性不足，它们只能重写几十万次，而硬盘可以重写几百万次。

闪存芯片最初是应用在与计算机相差甚远的价值网络内的。闪存芯片被用于诸如便携式电话、心脏监护装置、调制解调器、工业用机器人等器械上，每一台器械内都安装了有独立包装的闪存芯片。相对于这些市场的使用要求，硬盘的体积过大、过于脆弱且耗电过多。到 1994 年，独立包装的闪存芯片在这些应用领域［用行业术语说，这叫“座式闪存”（socket flash）］的使用，为该行业带来了 13 亿美元的收入，而在 1987 年该行业的收入还是零。

20 世纪 90 年代初，闪存产品制造商生产了一种新的产品，叫闪存卡。这是一种信用卡大小的装置，上面安装了多个相互连接的闪存芯片，由控制器电路统一操控。闪存卡上的芯片由应用于硬盘的同一种控制电路来控制，这种控制电路就是 SCSI。这意味着，从理论上说，闪存卡可以像硬盘一样用于大容量存储。闪存卡市场的规模从 1993 年的 4 500 万美元扩大到 1994 年的 8 000 万美元，而且有分析人士预计，到 1996 年，其市场规模将扩大到 2.3 亿美元。

闪存卡是否会侵入硬盘制造商的核心市场，并取代磁存储器呢？如果这种情况真的发生，等待硬盘制造商的将是什么命运？它们是否能够抓住这一轮的新技术浪潮，并继续保持市场领先地位？或者将因此被淘汰出局？

能力观点

克拉克关于技术等级的理论重点关注的是企业过去在解决产品和程序技术问题的过程中所积累的对技能和技术的理解。在评估闪存技术对硬盘制造商的威胁时，一些人研究了克拉克提出的框架或塔什曼和安德森的相关发现。他们关注的焦点是，硬盘制造商一直以来是如何发展它们在集成电路设计，以及集成电路装置（包含多个集成电路）设计和控制方面的专业技能的。根据这些框架，我们预计，如果硬盘制造商在这些领域的专业技能有限，它们将在研发闪存产品的过程中遭遇重大挫折；如果这些制造商拥有丰富的经验和专业技能，它们就能取得成功。

在这方面，闪存技术涉及与硬盘制造商的核心能力（磁学和机械学）截然不同的电子元件技术。但昆腾公司、希捷公司、西部数据公司等都将越来越智能化的控制电路和高速缓冲存储器安装到了它们生产的硬盘中，并从中积累了非常丰富的、有关客户定制集成电路设计方面的专业知识。与ASIC（专用集成电路）行业大多数企业的做法一样，这些公司的控制器芯片是由独立的第三方制造商制造的，这些控制器芯片制造商都拥有相当强的无尘室半导体加工能力。

当前每一家领先的硬盘制造商的发展都是沿同一轨迹设计硬盘，向独立供应商采购元件，在自己的厂房或是由合同商进行装配，再销售产品的。闪存卡行业也是一样。闪存卡制造商会设计闪存卡，然后采购闪存芯片元件；它们会设计并制造一个接口电路（例如嵌入式小型计算机系统接口）来控制磁动器与计算机设备之间的相互作用；它们在公司内部进行装配，或通过合同商装配产品，再销售产品。

换言之，闪存技术的诞生，实际上是建立在许多硬盘制造商已经研发的重要组件基础之上的。因此，从能力上说，我们认为，在将闪存存储技术推向市场的过程中，硬盘制造商可能不会遭遇惨败。更具体地说，那些拥有最丰富的集成电路设计经验的企业（如昆腾公司、希捷公司和西部数据公司），会按部就班地将闪存产品推向市场；而其他一直将电子元件电路设计业务外包的企业，则可能会面临更大的挑战。

情况的确如此。希捷公司通过收购Sundisk公司25%的股权，于1993年进入闪存市场。希捷公司和SunDisk公司合作设计芯片和闪存卡，芯片由三菱公司负责生产，闪存卡由一家叫作安南（Anam）的韩国制造商负责装配，希捷公司自己负责闪存卡的销售。昆腾公司则与另一个合作伙伴超捷公司（Silicon Storage Technology）一起进入闪存市场，超捷公司负责芯片设计，然后由合同商负责芯片的生产和装配。

组织结构框架

闪存技术就是亨德森和克拉克所说的突破性技术。相对于硬盘，闪存技术的产品结构和基本技术理念都很新颖。组织结构框架预计，除非成熟企业设立了在组织结构上完全独立的机构来设计闪存产品，否则它们将遭受重创。希捷公司和昆腾公司也的确是依靠独立机构的力量，才研发了具有竞争力的产品。

技术 S 形曲线

技术 S 形曲线经常被用于预测新兴技术是否可能取代成熟技术。引发走势变化的是成熟技术曲线的斜率。如果曲线经过了拐点，它的二阶导数为负（技术的改善幅度正在下降），那么新技术就可能会出现并取代成熟技术。图 2.7 表明，磁盘磁录密度改善的S形曲线仍然没有达到它的拐点：截至1995年，其磁录密度不但一直在改善，而且其改善的幅度越来越大。

因此，我们能够根据 S 形曲线框架，来预计成熟硬盘企业是否具备设计闪存卡的能力，以及当闪存存储器在磁存储器的 S 形曲线中达到拐点，在其密度的改善幅度开始下降之前，它是否能给磁存储器带来威胁。

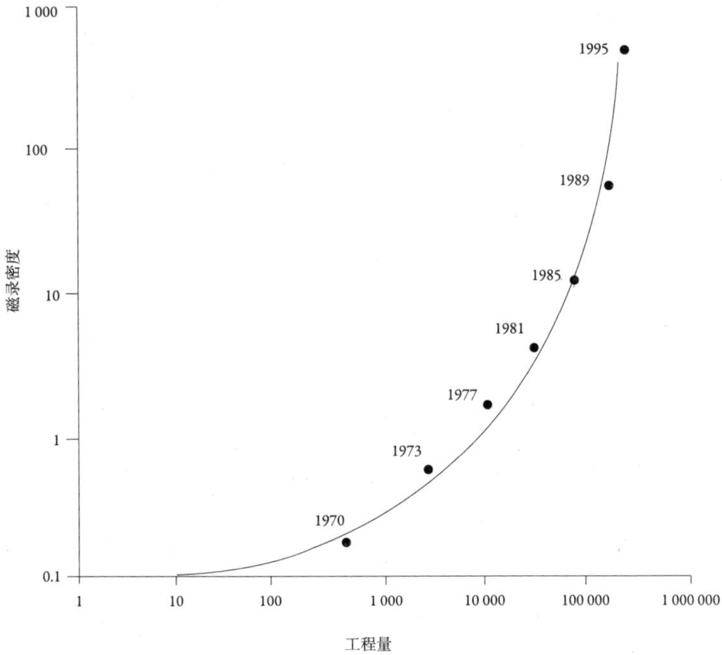

图 2.7　新硬盘磁录密度的改善（密度单位：MBPsi）

资料来源：《磁盘 / 趋势报告》各期公布的数据。

价值网络框架带来的启示

价值网络框架认为，上述框架都不是市场成功的准确预报器。具体来说，即使成熟企业不具备研发一项新技术所必需的技术能力，但如果它们的客户有这方面的需求，它们也能够利用各种资源来研发或收购这些新技术。价值网络表明，技术 S 形曲线只能有效地预测延续性技术。破坏性技术一般与成熟技术呈平行发展态势，两者的发展轨道并不相交。因此，在被用于评估破坏性技术时，S 形曲线框架提出了错误的问题。而最重要的是，破坏性技术是否会从下方开始，沿着既定的轨道不断得到改善，并最终与市场需求交会。

价值网络框架认为，像希捷公司和昆腾公司这样的企业即便具备研发闪存产品的技术能力，它们是否会投入资源和管理人才来构建它们在这项技术市场上的优势地位，仍将取决于闪存技术最初在这些企业价值网络（具体指能够实现盈利的价值网络）中的价值和地位。

截至 1996 年，闪存存储器还只能用于与传统硬盘制造商不同的价值网络内。这在图 2.8 中得到了印证。图 2.8 描绘了 1992—1995 年每年推出的闪存卡的平均容量，并将其与 2.5 英寸和 1.8 英寸硬盘的容量，以及笔记本电脑市场所需求的容量进行对比。即使耐用性好、能耗低，闪存卡的容量仍不足以使它成为笔记本电脑市场上的主要大容量存储设备。即便能够满足便携式计算机市场的低端需求（1995 年约为 350MB），闪存卡的售价也过高，大多数闪存卡单位容量的成本比硬盘存储器高 50 倍。[23] 闪存卡的低能耗和耐用性显然没有任何价值，而且它在台式计算机市场上也无法享受溢价。换句话说，在昆腾、希捷等公司能够实现盈利的市场上，闪存技术还没有大显身手的空间。

因此，由于闪存卡的应用市场与昆腾公司和希捷公司的主要市场（主要是掌上电脑、电子书写板、现金出纳机、电子照相机等）截然不同，价值网络框架预计，像昆腾和希捷这样的公司不太可能在闪存存储器市场取得领先地位。这并不是因为这项技术太过复杂，也不是因为这些公司的组织结构妨碍了该项技术的有效研发，而是因为它们把更多的资源用于争夺和维护在当时能够实现盈利的主流硬盘价值网络内的大量业务。

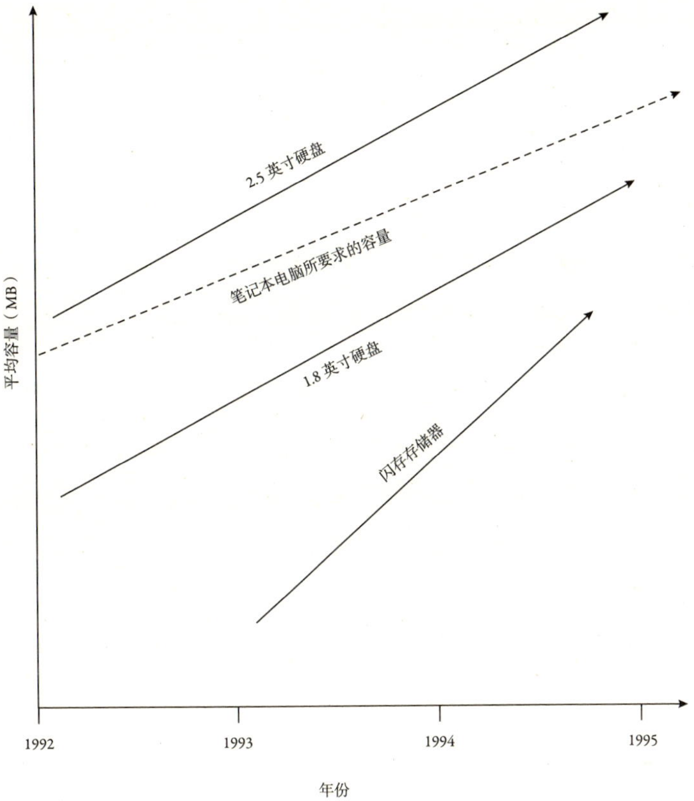

图 2.8　硬盘存储容量与闪存卡存储容量的对比

资料来源：《磁盘 / 趋势报告》各期公布的数据。

确实，闪存卡领先生产企业的一位市场总监注意到："我们发现，随着硬盘制造商将硬盘发展到千兆字节阶段，它们的成本在小容量市场已不再具有竞争力。因此，硬盘制造商将退出 10~40MB 的硬盘市场，从而为闪存卡进入这一市场创造了空间。"[24]

硬盘制造商创建闪存卡业务的努力实际上遭遇了失败。到1995年，昆腾公司和希捷公司都没能在闪存卡市场上获得哪怕是1%的市场份额。两家公司后来都总结说，闪存卡带来的发展机遇并没有那么大。它们于同年双双退出了闪存卡市场。希捷公司保留了它在Sundisk公司（后来更名为SanDisk）的少数股权，但正如我们即将探讨的那样，这一战略是应对破坏性技术的一种有效方式。

关于创新的五大建议

价值网络详细说明并界定了价值网络内的企业能做与不能做的事情及其范围。本章最后针对技术变革的性质和成熟企业所面临的问题，从价值网络的角度总结出了五项建议。

1. 企业参与竞争的环境或价值网络，对于它利用和集中必要资源的能力、克服新技术冲击和组织障碍的能力具有深远的影响。价值网络的界限是由对产品性能的特殊定义所决定的——在广义上的行业范围内，不同的应用体系对各种性能属性的重要性排序各不相同。价值网络还由价值网络内特定的成本结构决定，而且这种成本结构具有满足价值网络内的客户需求的内在属性。
2. 决定创新能否取得商业化成功的一项关键因素是，创新能在何种程度上满足价值网络内已知参与者的已知需求。成熟企业可能会在主要满足其所属价值网络的内部需求的各类创新（包括结构创新和组件创新）中引领行业浪潮，不管技术创新的内在特点是什么，也不管是否会遇到困难。

这些都是较为直接的创新，它们的价值和应用领域都非常清晰。相反，成熟企业可能会在那些只满足新兴价值网络内的客户需求的技术研发中（即使是对本质较为简单的技术研发）处于落后位置。破坏性创新非常复杂，因为根据成熟企业所使用的标准，破坏性创新的价值和应用领域并不确定。

3. 倘若成熟企业决定忽略无法满足当前客户需求的技术，当两条本来井水不犯河水的轨线最终交会时，这个决定将给成熟企业造成致命的打击。第一条轨线决定了特定价值网络内各个时期所要求的性能，而第二条轨线则主要描绘了在特定的技术范式内技术人员所能够提供的性能。与任何特定价值网络内下游客户应用系统所要求的性能改善轨线相比，技术所能提供的性能改善轨线可能具有一个完全不同的斜率。当这两条轨线的斜率相近时，我们认为这项技术相对来说将更多地被限制在它最初的价值网络内。但当斜率发生变化时，起初只在新兴的或商业上较为边缘的价值网络内具有性能竞争力的新技术，可能会借此进入其他价值网络，从而为新价值网络内的新兴企业冲击成熟企业创造机遇。之所以发生这种情况，是因为技术的进步已经缩小了不同价值网络内相关性能属性排序的差距。例如，在台式计算机价值网络中的硬盘的体积和重量属性，就比在大型和小型计算机价值网络内重要得多。当5.25英寸硬盘领域的技术进步使得制造商能够同时满足大型和小型计算机价值网络（主要注重总体容量和高速度）及台式计算机价值网络内的首要属性需求时，不同价值网络之间的界限就不再是5.25英寸硬盘制造商进入其他价值网络的障碍。

4. 在那些颠覆或重新定义了已有技术轨线的发展水平、速度和方向的创新中——从本质上说通常是没有涉及太多新技术的新产品结构创新，新兴企业相对于成熟企业更具有冲击者的优势，因为这些技术在成熟价值网络内不会创造任何价值。成熟企业能够引领这些技术的商业化进程的唯一方式，就是进入这些技术能够创造价值的价值网络。正如理查德·泰德罗（Richard Tedlow）在他讲述美国零售史（超市和折扣零售在破坏性技术的发展中扮演了重要角色）的专著中所提到的那样："成熟企业面临的最大障碍就是它们缺乏这么做的意愿。"[25]
5. 在这些案例中，尽管"冲击者的优势"与破坏性技术变革有关，但冲击者的优势的本质在于，相对于成熟企业，新兴企业能够轻易地做出判断，灵活地制订战略计划来冲击成熟价值网络，并发展新兴市场应用领域或新的价值网络。因此，这一问题的核心可能还是，相对于新兴企业，成功的成熟企业在改变战略和成本结构方面（而非技术）具备多大的灵活性。

这些观点为分析技术创新提供了新思路。除了新技术和创新机构所具有的必备能力，面临破坏性技术创新的企业必须分析该创新技术对其相关价值网络的影响。关键问题是，那些在创新活动中尚未明确的性能属性，在新兴企业已经建立的价值网络中是否能得到重视；为了实现创新的价值，企业是否必须进入其他价值网络，或建立新的价值网络；市场和技术轨线是否可能最终交会，从而使无法满足客户当前需求的技术最终能够满足他们在未来的需求。

这些因素并不仅仅适用于需要应对最先进技术的企业，例如本章提到的快速发展的、复杂的、先进的电子、机械和磁技术行业。第 3 章将在一个完全不同的行业背景下分析这些因素，这个行业就是挖掘机设备。

第 3 章

挖掘机行业的破坏性技术

虽然在硬盘行业，破坏性技术从开始出现到侵入成熟市场只用了短短几年，但在挖掘机行业，液压挖掘机却花费了 20 年才成“燎原之势”。尽管如此，事实证明，在挖掘机行业，破坏性技术的侵蚀力量正像在硬盘行业一样具有决定性的影响，而且这股力量是难以抗拒的。

挖掘机和在此之前的蒸汽挖掘机，是主要销售给承建商的大型重要设备。尽管很少有观察家认为这是一个快速发展、技术上日新月异的行业，但挖掘机行业仍然与硬盘行业存在一些共同点：在挖掘机行业发展史中，领先企业也在设备组件和结构上成功地采用了一系列延续性创新——不管是渐进式创新还是突破性创新，但几乎所有的机械挖掘机制造商都被一项破坏性技术（液压技术）淘汰了，而领先企业的客户和他们的经济结构导致他们在这项技术还只是“星星之火”时忽略了它的存在。虽然在硬盘行业，破坏性技术从开始出现到侵入成熟市场只用了短短几年，但在挖掘机行业，液压挖掘机却花费了20年才成“燎原之势”。尽管如此，事实证明，在挖掘机行业，破坏性技术的侵蚀力量正像在硬盘行业一样具有决定性的影响，而且这股力量是难以抗拒的。[1]

延续性技术：从蒸汽机到柴油机和电动机

从威廉·史密斯·奥蒂斯于1837年发明蒸汽挖掘机开始，至20世纪20年代早期，挖掘设备一直使用蒸汽动力。一个中央锅炉通过管道将蒸汽输送到位于机器各处的小型蒸汽机中，从而使其获得所需的动力。通过一个由滑轮、滚筒和缆索组成的系统，这些发动机可以操纵正铲式铲斗（如图3.1所示）。蒸汽挖掘机最初被安装在铁轨上，用于铁路和运河建设中的挖土作业。美国挖掘机制造商主要集中在俄亥俄州的东北部和密尔沃基附近。

20世纪20年代早期，全美大约有超过32家蒸汽挖掘机制造商。当时由于汽油机取代了蒸汽机，挖掘机行业面临着一场技术剧变。[2]这次向汽油动力的转变，正好可被划归为亨德森和克拉克所称的突破性技术转变类别。挖掘机关键组件（发动机）的基本技术原理从蒸汽机转变为内燃机，产品的基本结构也发生了变化。蒸汽挖掘机使用气压来驱动一组蒸汽机，并以此来控制铲斗的缆索，而汽油挖掘机则使用一台单独的发动机，以及一个由传动装置、离合器、滚筒和制动器组成的完全不同的系统来转动和伸展缆索。尽管此次技术变革具有突破性，但汽油机只对机械挖掘机行业产生了延续性影响。汽油机动力非常强大，可以使承建商更快、更安全地进行挖掘作业，而且其成本比蒸汽挖掘机低（最大的蒸汽挖掘机除外）。

图 3.1　Osgood General 公司制造的缆控机械挖掘机

资料来源：小赫伯特·尼科尔斯所著的《翻动地球：挖掘工作手册》（*Moving the Earth: The Workbook of Excavation*）（Greenwich，CT：North Castle，1995）一书中所使用的是 Osgood General 公司的图片。

汽油发动机技术的领先创新者也是该行业的主导企业，例如比塞洛斯-伊利公司、Thew 公司、Marion 公司等。在 25 家规模最大的蒸汽挖掘机制造商中，有 23 家成功完成了向汽油动力的过渡。[3] 如图 3.2 所示，在 20 世纪 20 年代，的确有几家新兴企业成为汽油技术的领先者，但主导此次转变的仍是成熟企业。

大约从 1928 年开始，汽油动力挖掘机的成熟制造商开始了另一次重大的（但不那么具有突破性的）延续性技术转变，即过渡到生产由柴油发动机和电动机提供动力的挖掘机。进一步的转变产生于第二次世界大战后，这次主要是引入了弧形吊杆设计。

这种设计也使得挖掘机可以伸展得更长，使用更大的铲斗，并能更好、更灵活地实现向下伸展。成熟企业仍然成功完成并积极采用了上述每一次创新。

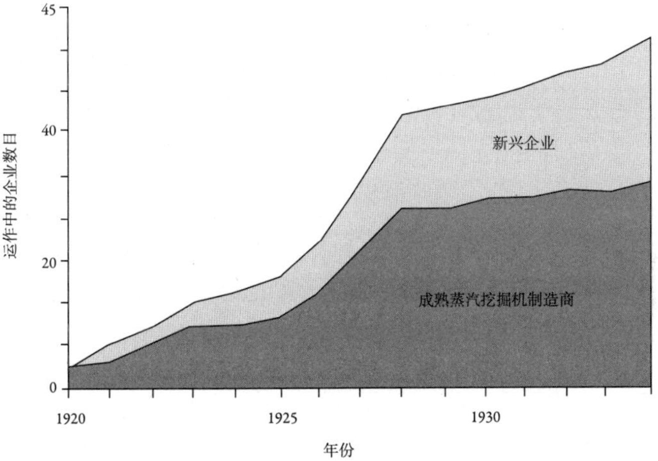

图 3.2　汽油动力缆索挖掘机制造商，1920—1934 年

资料来源：历史建筑设备协会和各年的《托马斯名录》（*The Thomas Register*）。

实际上，挖掘承建商本身也率先尝试过其他许多重要的延续性创新。它们首先是在施工现场对自己的机器做了一些修改，使之更好地运行，然后会把这些新改进的部分应用到它们的产品中，并将改进后的产品推向更广泛的市场。[4]

破坏性技术：液压控制系统

接下来的这次重大技术变革，则导致挖掘机行业内的企业纷纷破产。从第二次世界大战结束后不久，到 20 世纪 60 年代末，尽管挖掘机最主要的动力来源仍然是柴油发动机，但在此期间出现了一种伸展和提拉铲斗的新型机械系统——液压控制系统，它取代了缆控系统。20 世纪 50 年代，引领挖掘机行业的大约有 30 家成熟缆控设备制造商，而其中只有 4 家［英斯利（Insley）公司、凯林（Koehring）公司、小巨人（Little Giant）公司和林克贝特（Link Belt）公司］成功地在 20 世纪 70 年代转变为具有可持续竞争力的液压挖掘机制造商。另有几家制造商退出了柴油挖掘机市场，转而开始为露天采矿和挖掘作业制造巨型缆控拉铲挖掘机，并因此存活下来。[5] 其他大多数企业都以破产告终。此时统治挖掘设备产业的公司，都是生产新一代液压挖掘机的新兴企业，如 J. I. Case 公司、约翰-迪尔（John Deere）公司、Drott 公司、福特公司、杰西博（J. C. Bamford）公司、波克兰（Poclain）公司、国际收割机（International Harvester）公司、卡特彼勒（Caterpillar）公司、O & K 公司、德马格（Demag）公司、利勃海尔（Leibherr）公司、小松（Komatsu）公司、日立公司。[6] 为什么会发生这种情况呢？

机械挖掘机市场所要求的性能

挖掘机是各种挖掘设备中的一种。其他一些设备（例如推土机、装载机、平地机和铲运机）的最终用途是推土、平地和抬举土方，而挖掘机的用途一直是挖洞和挖沟，它主要应用于三个市场[7]：第一个（也是最大的市场）是一般挖掘市场，这个市场主要由负责挖洞（例如地下室施工）或土木工程项目（例如运河建设）的承建商组成；第二个市场是负责挖掘较长沟渠的下水道和管道的承建商；第三个市场是露天采掘或采矿市场。在这些市场中，承建商一般会根据机械挖掘机的半径或延展距离，以及每次能够铲起的土方（立方码[a]）来评估其功能。[8]

1945年，下水道和管道承建商使用的是平均每铲容量约为1立方码的机器（用来挖掘相对狭窄的沟渠），普通挖掘承建商使用的挖掘机的平均每铲容量为2.5立方码，而采矿承建商使用的挖掘机的每铲容量约为5立方码。这些市场的平均每铲容量每年会以4%左右的速度扩大。在更广泛的应用系统中，这一扩大率会受到其他许多因素的制约。例如，怎样把大型机器运送到工地或搬运出工地，类似的物流问题就是阻碍承建商要求更高扩大率的一个因素。

液压挖掘机的出现和改善轨道

第一台液压挖掘机由英国的杰西博公司于1947年研发成功。20世纪40年代末，几家美国公司也推出了类似的产品，其中包括堪萨斯州托皮卡市的亨利公司（Henry Company）和密歇根州洛伊尔欧克的谢尔曼产品公司（Sherman Products，Inc.）。液压挖掘机所使用的方法被称为"液压驱动功率输出轴"，它的英文首字母缩写HOPTO（Hydraulically Operated Power Take-Off）也在20世纪40年代末成了液压挖掘业第三家新兴企业的名称。[9]

这些被安装在工业用或农用牵引车的背面的机器被称为"反铲挖掘机"（backhoes）。在执行挖掘作业时，反铲挖掘机将铲斗伸出，将其插入土中[10]，在土方下方旋转或闭合铲斗，然后将铲斗

a. 1立方码为0.765立方米。——编者注

从洞中拉出来。受可用液压泵密封的动力和强度的限制，这些早期液压机器的每铲容量只有0.25立方码（如图3.3所示）。它们的工作半径只有6英尺[a]左右。同时，最好的缆索挖掘机能够在履带基座上旋转360度，而最灵活的反铲挖掘机只能旋转180度。

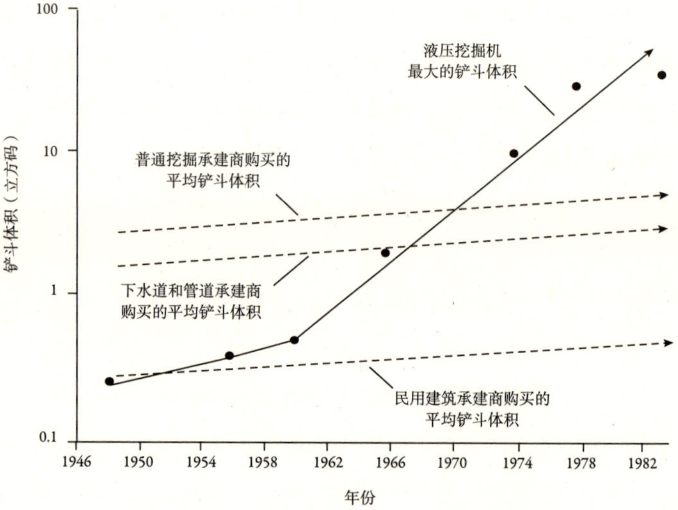

图3.3　液压技术对机械挖掘机市场的破坏性影响

资料来源：历史建筑设备协会。

由于每铲容量太小、工作半径太短，早期的液压挖掘机对采矿、普通挖掘或下水道承建商来说基本没有使用价值，比如下水道承建商要求机器配备有1~4立方码容量的铲斗。因此，新兴企业不得不为它们的产品开发一个新的应用领域。它们开始将自

a. 1英尺约为0.3米。——编者注

己生产的挖掘机当作小型工业用和农用牵引车的附加装置，卖给福特公司、J. I. Case 公司、约翰-迪尔公司、国际收割机公司、麦赛-福格森（Massey Ferguson）公司等牵引车制造商。小型民用建筑承建商会购买这些装置来挖掘一些狭窄沟渠，包括街道水管和下水道线路，以及在建房屋地基之间的沟渠。这些规模非常小的作业，不值得耗费时间和金钱采用大型且不精确的缆控和履带式挖掘机来施工，因此这种沟渠一直都是靠手工挖掘的。而安装在机动牵引车上的液压反铲挖掘机，只需不到 1 个小时，就能为一栋房屋完成这些工作。因此在第二次世界大战和朝鲜战争结束后的房地产繁荣期，这种挖掘机深受建筑承建商欢迎（尤其是大型土地开发项目中的小型承建商）。这些早期的反铲挖掘机通常是作为牵引车的一部分来销售的，而且采用的是一种主要面向小客户的经销机制。

总之，无论是在规模、需求，还是在产品销售渠道上，液压挖掘机的早期用户与缆索挖掘机制造商的主流客户都存在明显的不同。液压挖掘机的早期用户形成了一个新的机械挖掘价值网络。有意思的是，与小型硬盘的性能衡量指标不同于大型硬盘的性能衡量指标的情况一样（重量、耐用性和低能耗对比容量和速度），第一代反铲挖掘机的性能评估指标也不同于缆控设备的性能评估指标。液压反铲挖掘机的早期产品文献最为强调的重要指标是铲斗的宽度（承建商需要挖掘狭窄且较浅的沟渠）、牵引车的速度和可操纵性。图 3.4［选自谢尔曼产品公司生产的“山猫”（Bobcat）牌液压反铲挖掘机的早期产品手册］便证明了这一点。谢尔曼产品公司将这种机器称作“挖掘机”，表示它能被运用于狭窄的区域内，并且宣称它还能在草皮上作业，而且对草皮几乎不会有任何损坏。“山猫”液压反铲挖掘机被安装在福特公司生产的牵引车上（福特公司后来收购了谢尔曼产品公司的“山猫”生产线）。当然，这些独特的属性对那些以大型土地开发项目为主的承建商来说就显得无关紧要了。这些在性能属性排序上的差异决定了该行业价值网络的界限。

图 3.4 谢尔曼产品公司生产的液压反铲挖掘机

资料来源：位于密歇根州洛伊尔欧克的谢尔曼产品公司 20 世纪 50 年代初的产品手册。

图 3.3 中的实线描绘的是液压工程师在新挖掘机结构设计中所能实现的铲斗体积改进幅度。最大可用铲斗体积到 1948 年已达到 3/8 立方码，到 1960 年则达到 2/3 立方码，到 1965 年达到 2

立方码。到 1974 年，最大的液压挖掘机已经可以举起 10 立方码的土方。其改进的轨道明显快于任何挖掘机市场所要求的改善速度，这将破坏性液压技术从原有市场推进到规模更大的主流挖掘机市场。1954 年，另一家新兴企业德国德马格公司推出了一种可以在基座上完整旋转 360 度的履带式挖掘机样机，从而给普通承建商市场对液压挖掘机的使用打了一针强心剂。

领先制造商如何应对危机

与希捷公司成为研发 3.5 英寸硬盘样机的首批企业一样，领先的缆索挖掘机制造商比塞洛斯 - 伊利公司也清醒地意识到液压挖掘技术的出现。到 1950 年（第一台反铲挖掘机出现的两年后），比塞洛斯 - 伊利公司收购了一家刚刚成立的液压反铲挖掘机公司——密尔沃基液压公司。与希捷公司在推广 3.5 英寸硬盘上遇到的问题一样，比塞洛斯–伊利公司在推广它的反铲挖掘机时遭遇了同样的问题：该公司的主流客户完全用不上这种机器。

比塞洛斯–伊利公司采取了应对措施，在 1951 年推出一种名叫“Hydrohoe”的新产品。这种新产品没有使用三个液压缸，而是只用了两个液压缸，一个用来将铲斗插入土中，一个用来将铲斗拉向驾驶室。它使用了一种缆控机械装置来抬升铲斗。Hydrohoe 因此可以说是两种技术的混合产品，让人联想到早期配备了船帆的跨洋蒸汽船。[11] 但没有证据表明 Hydrohoe 的混合型设计根源在于设计工程师无力摆脱某种缆控工程范式的束缚。相反，基于液压技术当时所处的发展阶段，对于比塞洛斯–伊利公司现有客户对 Hydrohoe 的铲斗容量和工作半径的需求，营销人员做出了判断，认为钢索式起落机械装置是当时唯一一种可行方式。

图 3.5 就选自早期 Hydrohoe 的产品宣传手册。需要注意的是，它与谢尔曼产品公司的市场营销策略不同，比塞洛斯–伊利公司对 Hydrohoe 的定义是“拖铲挖土机”。图中的背景是一片开阔空地，该公司宣称这种挖掘机能“满载土方，狭路相过”——所有宣传策略都是为了吸引普通挖掘承建商。比塞洛斯–伊利公司没有在认可液压技术当前属性的价值网络内推广这项破坏性技术，而是力图改变这项技术，使之符合自己的价值网络需求。尽管做出了这种尝试，但 Hydrohoe 的容量和工作半径仍然十分有限，它在比塞洛斯–伊利公司的主流客户中的销量也不尽如人意。而比塞洛斯–伊利公司坚持在市场上销售 Hydrohoe 产品十余年。在此期间，比塞洛斯–伊利公司会定期提高 Hydrohoe 产品的性能，以更好地迎合客户的需求，但这一产品始终没有取得商业上的成功。最终，比塞洛斯–伊利公司决定重新开始生产客户需要的缆索挖掘机。

比塞洛斯–伊利公司是 1948—1961 年唯一推出了液压挖掘机的缆索挖掘机制造商，其他所有制造商均继续致力于为它们的现有客户提供良好的服务，并因此获利丰厚。[12] 实际上，最大的缆索挖掘机制造商——比塞洛斯–伊利公司和西北工程（Northwest Engineering）公司所获的利润，在 1966 年之前连年创历史新高，而此时也正是破坏性液压技术的发展轨线最终与下水道和管道领域的客户需求交会的时期。当时，挖掘机行业是典型的正面临破坏性技术冲击的行业，在破坏性技术实际已进入它们的主流市场时，技术成熟的领先企业仍能拥有强劲的财务表现。

图 3.5　比塞洛斯–伊利公司生产的 Hydrohoe

资料来源：比塞洛斯–伊利公司宣传册，南密尔沃基，威斯康星州，1951 年。

1947—1965 年，有 23 家企业依靠液压产品进入机械挖掘机市场。图 3.6 比较了活跃的新兴企业的总数量和生产液压挖掘机的成熟企业的总数量（减去已退出的企业数量），结果表明，新兴企业完全主导了液压挖掘机市场。

20 世纪 60 年代，一些实力较强的缆索挖掘机制造商推出采用了液压技术的挖掘机，但几乎所有的产品都与比塞洛斯–伊利公司的 Hydroboe 一样，属于混合型挖掘机。这些产品一般采用一个液压缸来旋转或闭合铲斗，并使用缆索伸展铲斗、提拉吊杆。在 20 世纪 60 年代出现这种类型的挖掘机时，液压技术对成熟制造商的产品产生了持续性影响，并且其产品在主流价值网络内的性能也因此得以提高。工程师们找到的一些在缆索挖掘机上使用液压技术的方法非常有独创性，但这些创新努力所针对的都是现有客户。

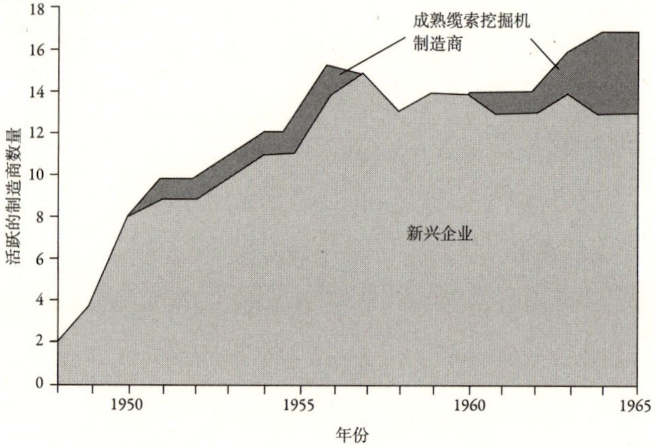

图 3.6　液压挖掘机制造商，1948—1965 年

资料来源：历史建筑设备协会。

在此期间，挖掘机制造商所采取的战略揭示了面临破坏性技术变革的企业做出的一项重要选择。一般来说，成功的新兴企业认为，20 世纪四五十年代的液压技术已经具备在特定的新市场被投入使用的条件，所以这种技术能创造价值；成熟企业则通常从另一角度来看待这个问题，它们认为市场需求是特定的。因此，成熟企业力图了解或改进这种技术，并最终希望将其纳入它们熟悉的延续性改善轨道，以便向它们的现有客户推广这项新技术。成熟企业努力以它们的客户为创新投资的标杆。本书之后的几个章节也表明，在大多数破坏性创新案例中都可以看到这种战略选

择——成熟企业致力于在成熟市场引入破坏性技术，而成功的新兴企业则发现了一个看重这种技术的新市场。

液压技术最终发展到一定的阶段——它已经可以满足主流挖掘承建商的需求了。但这一进步是由新兴企业实现的，它们首先发现了可以应用这种技术的早期市场，并在这个市场上积累了设计和制造经验，然后利用这个商业平台来冲击它们上方的价值网络。成熟企业输了这场竞争，只有 4 家缆索挖掘机企业（英斯利公司、凯林公司、小巨人公司和林克贝特公司）姗姗来迟但也算成功地建立了自己的液压挖掘机生产线，从而维持了它们的市场地位，因而它们在普通挖掘承建商市场仍占有一席之地。[13]

但除了上述企业，主流挖掘机市场上其他大型缆控机器的领先制造商，则从未推出能在商业上取得成功的液压挖掘机。尽管一些企业也在铲斗铰接机械装置上部分采用了液压技术，但它们缺乏专业的设计能力和批量生产成本优势，因此也无法对抗液压技术对主流市场的侵蚀。到 20 世纪 70 年代早期，这些企业都被新兴企业淘汰出了下水道、管道和普通挖掘机市场，而大多数新兴企业则已在小型承建商市场锤炼了它们的技术能力。[14]

对比上述从变革中获利的策略，我们可以发现其他许多行业（特别是硬盘、钢铁、计算机和电动汽车）内的新兴企业和成熟企业在受到破坏性技术影响时所采取的各种方法的主要特点。

在缆索和液压技术之间做出选择

在轨线图 3.3 中，当液压技术足以满足下水道和管道承建商对铲斗的需求时（针对吊臂工作半径也可描绘出类似的轨线图），挖掘机行业的竞争格局发生了变化，主流挖掘承建商改变了它们购买设备时所依据的标准。即使在 20 世纪 90 年代末，缆索挖掘机的工作半径仍然要远大于液压挖掘机的工作半径，其拉举力量也远高于液压挖掘机的拉举力量，它们的技术发展轨道与液压挖掘机的大致平行。但一旦缆控和液压控制系统都能达到主流市场的要求，挖掘承建商将不再根据哪种机器的工作半径更长，哪种铲斗的容量更大，来选择它们所需要的设备。两种机器的性能都足够好，缆控系统在这方面的优势已不再能够转化为竞争优势。

但承建商发现，液压挖掘机发生故障的概率要远远低于缆索挖掘机。特别是对那些在机器拉举重型铲斗时遭遇过因缆索突然折断而导致工作人员生命受到威胁的企业来说，一旦液压机器能够帮助它们完成这些工作，它们便很快就用上了安全性更高的液压机器。因此，一旦两种技术都能很好地满足基本的性能要求，可靠性便成为市场选择产品的基本标准。下水道和管道承建商很快便在 20 世纪 60 年代初采用了液压设备。在 20 世纪 60 年代末，普通挖掘承建商也紧随其后采用了液压设备。

挖掘机制造商的窘境

生产缆索挖掘机的企业内部到底出现了什么问题？很明显，现在我们可以说，这些企业应该投资液压设备，使其内部负责生产液压产品的部门融入需要这种产品的价值网络。但在竞争白热化阶段，破坏性技术管理所面临的窘境是，这些企业内部并没有出现任何问题；它们的客户并不需要液压技术，而且确实不会使用液压技术。市场上至少有 20 家缆索挖掘机制造商对客户资源虎视眈眈，每一家都会努力采用一切可能的方法，来抢走其他制造商的客户。如果这些企业无视它们的客户对下一代产品的需求，现有的业务就会面临风险。而且，考虑到20世纪50年代反铲挖掘机刚刚出现，市场规模还非常小，研发更大、更好、更快的缆索挖掘机来抢占当前竞争对手的市场份额，显然要比冒险研发液压反铲挖掘机更有可能实现利润增长。因此，正如我们之前所看到的那样，这些企业并不是因为自身无法研发这项技术而失败的。事实是，它们当中最好的企业一发现这种技术能够帮助它们的客户，便立即采用了这项技术。它们也不是因为管理层碌碌无为或傲慢自大而失败的。这些企业之所以失败，是因为对它们来说，液压技术无用武之地，等到"星星之火"已呈"燎原之势"时，一切为时已晚。

我们发现，不管是面临延续性技术创新时取得成功的企业，还是面临破坏性技术变革时遭遇失败的企业，它们竟然都是良好的管理决策自然或合理发展的结果。实际上，这也是破坏性技术会使创新者陷入窘境的原因。更努力地工作，更聪明地管理，更积极地投资，更认真地听取客户的建议，这些都是应对新型延续性技术所带来的问题的解决之道。但这些经营原则在应对破坏性技术时却完全失效，在很多情况下甚至还会产生相反的效果。

第 4 章

回不去的低端市场：来自小型钢铁厂的冲击

为什么领先企业总是能够很快进入高端市场，而进入低端市场却如此艰难？正如我们即将分析的那样，理性的管理者很少能找到充分的理由进入规模小、需求不明确且利润率更低的低端市场。

硬盘行业和挖掘机行业的历史清楚地表明，价值网络的界限并不能完全束缚价值网络内的企业，价值网络内总是存在一股力量，推动企业向上发展，进入区别于先前的价值网络的新价值网络。价值网络的这种异常强大的影响力，体现在阻碍企业向低端市场移动，进入由破坏性技术催生的新市场上。在本章中，我们将探讨的问题是：为什么领先企业总是能够很快进入高端市场，而进入低端市场却如此艰难？正如我们即将分析的那样，理性的管理者很少能找到充分的理由进入规模小、需求不明确且利润率更低的低端市场。实际上，高端市场价值网络良好的增长前景和更高的盈利能力，看上去总是要比当前的价值网络更有吸引力，因此我们经常看到经营状况良好的企业在追求更高端客户的过程中，放弃了它们的现有客户（或者在现有客户市场的竞争力逐渐下降）。在优秀企业中，凝聚人力、物力的总是那些计划提高产品性能，迈向高端市场，并且能给企业带来更高利润率的提案。

的确，通过进入高端市场价值网络提高财务绩效的吸引力是如此之大，以至于人们感觉到硬盘行业和挖掘机行业发展轨线图的右上角（如图 1.7 和图 3.3 所示），似乎存在一块巨大的磁石。本章将通过硬盘行业的历史经验，来分析这种被我们称为“东北角牵引力”（northeastern pull）的力量，然后通过探讨发生在小型钢铁厂和综合性钢铁厂竞争过程中的同样的现象，来总结这一框架。

“东北角牵引力”：向高端市场进军

图 4.1 描绘了希捷公司向高端市场移动的具体细节，该公司所采取的策略正是大多数硬盘制造商都会采取的典型策略。大家知道，希捷公司是最开始创造硬盘产品，进而主导了台式计算机的价值网络的。图中的竖线描绘了希捷公司每年的产品（包括希捷公司产品线上容量最小的硬盘至容量最大的硬盘）相对于市场需求容量所处的市场地位。在图中显示每年容量跨度的竖线上，黑色方块衡量的就是希捷公司每年推出的硬盘的容量中值。

1983—1985 年，希捷公司将硬盘产品线的重心放在台式计算机市场需要的平均容量上。1987—1989 年，具有市场破坏性的 3.5 英寸硬盘从价值网络的下方侵入了台式计算机市场。希捷公司为应对此次冲击所采取的措施，不是与破坏性技术正面交锋，而是向高端市场“撤退”。希捷公司继续根据台式计算机市场所要求的容量，生产了各种型号的产品。但到1993年，它的工作重点已明显转向中端计算机市场，例如文件服务器和工程工作站。

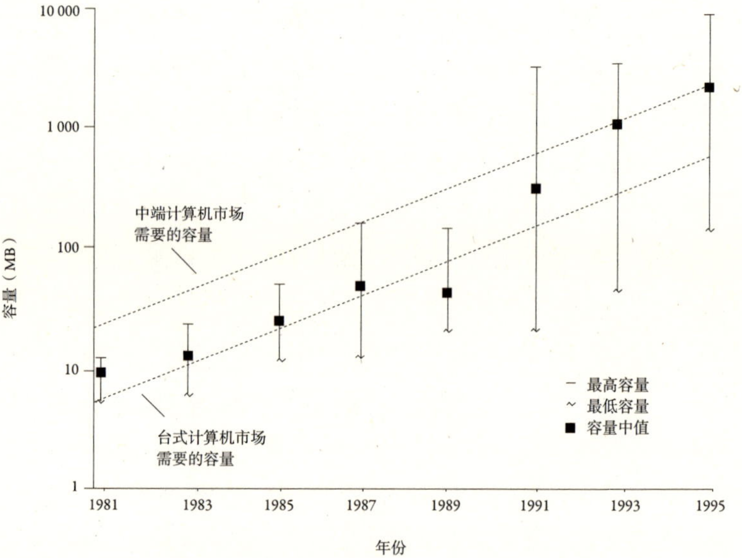

图4.1　希捷公司的产品向高端市场的迁移过程

资料来源：《磁盘/趋势报告》各期公布的数据。

破坏性技术的确对这些企业产生了毁灭性的影响，因为率先将各代破坏性硬盘推向市场的企业并不满足于固守在最初的价值网络内。相反，它们会利用每一代新产品全力进军高端市场，直到它们所生产的硬盘具备的容量足以吸引更高端价值网络内的客户。正是这种不断向上的流动性，使得破坏性技术严重威胁成熟企业的地位，同时对新兴企业产生了极大的吸引力。

价值网络和典型的成本结构

那么，导致这种非对称流动的原因到底是什么呢？正如我们之前探讨过的那样，这种流动是由资源分配过程推动的，资源分配过程总是推动资源流向能够带来更高利润率和进入更大规模市场的新产品提案。而轨线图右上部分的利润率和市场规模（例如图 1.7 和图 3.3）几乎总是要好于右下部分。在产品市场图上，硬盘制造商之所以会向右上角迁移，正是因为其产品资源分配过程将它们引向了那里。

正如我们在第 2 章所看到的那样，每个价值网络的一个基本特征都是，价值网络内的企业如果想要优先为客户提供他们所要求的产品和服务，就必须创建一种特定的成本结构。因此，随着硬盘制造商在它们的价值网络内逐渐发展壮大、走向成功，这些制造商也形成了各自的经济特征：根据客户的需求和竞争对手的挑战来调整它们在研究、开发、市场营销和行政管理方面的人力和资金投入。在每个价值网络内，毛利率都会不断发生变化，只有较好的硬盘制造商才能够在去掉各种成本后仍能赚钱。

这也促使这些企业建立了一种非常特别的提高盈利能力的模式。一般来说，企业会发现它们很难在保持它们在主流市场的地位的同时，通过降低成本来提高盈利能力：企业所承担的研究、开发、市场营销和行政管理成本，对于保持其在主流业务方面的竞争力具有至关重要的作用。进入高端市场，生产能够获得更高毛利率的产品，通常是增加利润的一种更为直接的方式。进入低端市场则与上述目标背道而驰。

图 4.2 表明，这种方法正是提高利润率的一种明显的方式。左边的 3 幅柱状图表明了 1981 年台式计算机、微型计算机和大型计算机价值网络的规模，并说明了在每个价值网络内的硬盘制造商所能获得的基本利润率。高端市场的毛利率明显更高，这也使制造商对这些业务的投入（这些业务一般都需要更大的成本）获得了回报。

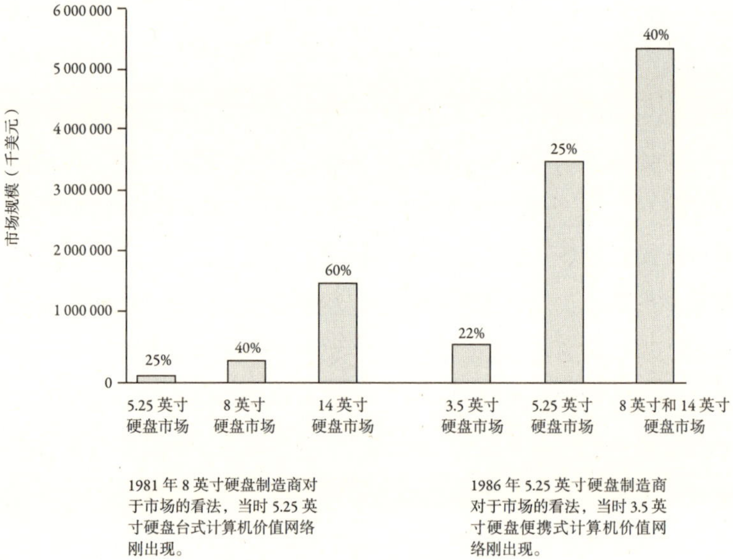

图 4.2　成熟硬盘制造商面对高端市场和低端市场的看法

资料来源：《磁盘 / 趋势报告》各期公布的数据、企业年报和通过个人采访得到的数据。
注：柱状图上方的百分比代表了每个价值网络内企业的一般毛利率。

这些价值网络在市场规模和成本结构特点方面的差异，导致企业在竞争过程中严重失衡。例如，为微型计算机市场生产 8 英寸硬盘的企业，其成本结构就要求企业的毛利率达到 40%。大举进军低端市场将意味着企业必须面对具有不同成本结构的竞争对手——这些企业已经调整了自己的成本结构，只要其毛利率达到 25% 就能盈利。另外，进入高端市场使它们能够采用一种相对更低的成本结构，进入一个通常能使供应商获得 60% 的毛利率的市场。哪种方法更具吸引力呢？同样的失衡问题也在 1986 年困扰着 5.25 英寸硬盘制造商，因为它们需要做出决策——是分配资源用于生产在便携式计算机市场中兴起的 3.5 英寸硬盘，从而占据领先地位，还是进入更高端的微型计算机和大型计算机市场？

投入研发资源来推出利润率更高、性能更高的产品，不但能确保更高的收益率，还能让企业减少投入。随着企业的管理者不断做出决策（应该给哪些新产品研发提案提供资金，应该搁置哪些提案），针对具有更高利润率的更高端市场来研发更高性能产品的提案总是能立刻得到所需要的资源。换句话说，理性的资源分配流程，就是推动企业跨越硬盘行业价值网络的界限不断向上流动，同时限制企业向下流动的根本原因。

第 2 章总结的特征回归分析法表明，更高端的市场总是愿意为增大部分的容量支付更高的价格。同样是 1MB 的容量，如果可以卖得更贵，为什么要便宜卖呢？因此，硬盘生产企业向右上角方向的迁移是非常合理的。

一些学者在其他行业也发现，有证据表明，随着企业蜕去破坏性的特征并在更高一级的市场追求更大的利润，它们也逐渐形成了参与更高端市场竞争所需的成本结构。[1]而这也加大了它们向下流动的难度。

非对称性：资源分配和低端市场

我们可以通过比较描述资源如何分配的两种不同模型，进一步理解各个价值网络中的这种非对称性流动。第一种模型将资源分配描述为一种理性的、自上而下的决策制定过程。在这一过程中，高管将权衡不同的创新投资提案，并将资金投入他们认为与企业战略相符并能从中获得最高投资收益率的那些项目；不符合这些条件的提案都将被摒弃。

第二种资源分配模型首先由约瑟夫·鲍尔提出，他描述的资源分配决策方式完全不同。[2]鲍尔提道，大多数创新提议都是由企业中低层人员而非高管提出的。随着这些理念从企业底层逐级向上呈递，企业的中层管理者开始在筛选这些项目的过程中，发挥关键性但却是隐形的作用。这些管理者不可能改进并支持他们经手的每个理念，他们需要根据企业的财务状况及其所处的竞争和战略环境，来判断哪些项目是最出色，最有可能获得成功，并且最有可能获得批准的。

在大多数企业，如果管理者在大获成功的项目中扮演了关键的支持者角色，他们的职业地位将获得很大的提升；反之，如果他们做出了错误的判断，或者很不幸地支持了以失败告终的项目，他们的职业地位可能将因此与成功渐行渐远。当然，并不是所有的失败都要由中层管理者承担责任。例如，由于技术尚不成熟而导致的失败，通常并不会被认定为失败，因为企业可以从中总结出很多经验。再者，技术研发通常被认为具有不可预测性，任何情况都有可能发生。但由于错误地判断了市场方向而导致的失败，将对管理者的职业前景产生极为严重的负面影响。这些失败可能会给企业造成重大经济损失和极为恶劣的影响，因为它们通常发生在企业已全面投资产品设计、生产、工程建设、市场营销和流通环节之后。因此，中层管理者为了维护他们自身和企业的利益，一般都会选择支持市场需求看来最有保障的那些项目。然后，他们会根据企业高管的要求，对他们选中的项目提案进行润色，以求项目获得批准。同样，尽管高管可能认为是他们最终做出了资源分配决策，但实际上早在高管做出许多至关重要的资源分配决策之前，这些决策便已经由中层管理者做出了：中层管理者已经对他们将支持哪些项目，将把哪些项目提案提交给高管，以及将放弃哪些项目提案做出了决定。

我们可以通过以下的假设，探讨一家成功的企业在其最初的价值网络内的下行和上行移动将会对企业产生什么影响。就在同一周，机构内两个来自不同部门的员工（一个来自市场营销部门，另一个来自工程部门）向比他们高两级的同一位经理提交了两种截然不同的新产品提案。来自市场营销部门的员工首先接受了经理的审核。他提出了研发一种容量更大、速度更快的硬盘产品提案。这位经理以这样一种方式开始了质询：

“谁会购买这种产品呢？”

“工作站行业的部门都有这种需求，它们每年都会采购超过6亿美元的硬盘，而且我们从未进入这一领域，因为我们的容量指标达不到其要求。我认为这种产品可能会帮助我们争取到部分客户。”

“你有没有就这个想法与一些潜在的客户交流过？”

“我们交流过。我上星期在加利福尼亚和一些客户谈过，他们都表示想尽快拿到样机。我们还有9个月的设计时间。他们一直在与现有供应商（竞争对手X公司）商讨这方面的事宜。但我们刚从X公司那里挖来的一个员工说，X公司在满足产品规格要求方面遇到许多麻烦。我想我们真的有希望做成这件事。”

“但是，技术部门的人也这样认为吗？”

“他们说时间比较紧张，但你知道的，他们总是这么说。”

“如果我们取得了成功，你认为我们的利润率能达到多少？”

“这就是让我比较兴奋的一点。如果我们能在我们现有的工厂生产这种产品，按照X公司以往拿到的每单位容量价格，我想我们的利润率可能会接近35%。”

而来自工程部门的员工的想法是推出一种价格更低、体积更小、速度更慢、容量更小的破坏性硬盘产品。来比较一下同一位经理与这名工程部门员工的谈话。

“谁会购买这种产品呢？”

“我不太确定，但我们一定能在某个地方打开这个市场。人们总是想购买更小、更便宜的产品。我想我们也许可以在传真机、打印机上使用这种产品。”

“你有没有就这个想法与一些潜在的客户交流过？”

“我们交流过。我上次在展销会上向我们的一位客户大概谈了一下我的想法。他说他对此很感兴趣，但他不知道这种产品的真正用途在哪儿。现在，人们通常需要270MB的容量才能运行所有的软件，但我们还没有办法达到那么大的容量，至少在最近一段时间内还做不到。他的反应并没有出乎我的意料，这是真的。”

“那些传真机制造商觉得怎么样呢？”

“那里的人说不知道会怎么样。他们也认为这是一个非常有意思的想法，但是他们已经制订了详尽的产品规划，而且当中没有人使用硬盘。”

“你认为我们能在这个项目上赚钱吗？”

“嗯，我想我们可以。但是，当然，这取决于我们如何给它定价。”

就这两个提案而言，这名管理者将支持哪一个呢？在争夺资源的博弈中，以现有客户的明确需求为目标，或者以目前还无法满足的现有客户的需求为目标的项目，总是能压倒为尚不存在的市场研发产品的提案。这实际上是因为最好的资源分配体系原本的初衷，就是摒弃那些不太可能找到大规模、高利润和具有包容性的市场的提案。事实上，没有针对客户的需求建立资源分配体系的任何企业都将以失败告终。[3]

这一非对称问题中最让人困惑的是：最理想的增长和盈利捷径是向上流动的，最致命的冲击却来自低端市场。更加努力地工作，更加聪明地管理，更具前瞻性地规划等“良好的”管理因素均无法解决这一问题。资源分配流程涉及许多人员就如何分配他们的时间和企业的资金做出的许多决策，有些决策非常微小，有些决策清楚详尽。但是即便高管做出了研发破坏性技术的决策，当这项技术不符合企业或企业内的工作人员获得成功的模式时，企业内的工作人员可能仍旧会对此视而不见，或者最多不太情愿地稍做配合。在经营状况良好的企业内，员工并不是只会不假思索地执行管理层指令的“好好先生”，他们也接受过相关培训，知道怎样做才有利于企业发展，有利于他们在企业内的发展前途。他们会主动为客户提供服务，乐于帮助企业实现预期销量和盈利。管理者很难要求有能力的员工持续、积极地从事一些他们认为没有意义的工作。从硬盘企业的一个历史案例中，我们也可以看到员工的这种行为方式的影响有多大。

1.8 英寸硬盘没有市场？

硬盘企业的管理者非常乐于帮助我开展本书所阐述的研究，随着研究结果在 1992 年逐渐出炉，我开始将已出版的论文寄给他们，与他们分享我总结的观点。当时 1.8 英寸硬盘是该行业刚刚出现的破坏性技术，我特别想知道我在图 1.7 中概述的框架是否会对他们做出相关决策产生影响。当然，对于局外人来说，结论是显而易见的："这些家伙到底要吃多少次亏才能醒悟？他们当然必须做点儿什么。"实际上，他们的确有所醒悟。截至 1993 年，每一家处于领先地位的硬盘制造商都研发了 1.8 英寸型号的产品样机，待市场成熟便会正式进行量产。

1994 年 8 月，我拜访了最大的一家硬盘企业的首席执行官，并向他询问他领导的企业目前对 1.8 英寸硬盘采取了哪些措施。这个问题显然触及了他的痛处。他指了指他办公室的架子上摆放的 1.8 英寸硬盘样品说："你看到了吗？那已经是我们研发的第 4 代 1.8 英寸硬盘——每一代产品的容量都要大于上一代产品的容量。但它们根本就卖不出去。我们希望在市场出现时能够做好准备，但这个市场真的还没有出现。"

我试着提醒他，《磁盘 / 趋势报告》的研究认为，1993 年 1.8

英寸硬盘的市场规模是 4 000 万美元，1994 年其销售额将达 8 000 万美元，而 1995 年其销售额将达 1.4 亿美元。

他回答说："我知道他们是这么想的，但他们的预测是错误的，目前市场还不存在。我们 18 个月前就已经将这种硬盘列在我们的产品目录上了。每个人都知道我们已经可以生产这种型号的产品了，但没有人需要它，市场还没有形成，我们太超前了。"我没有其他证据能够反驳这名管理者的观点，而且他是我见过的最睿智的管理者之一。随后，我们的谈话转向了其他话题。

大约一个月后，我在哈佛大学 MBA（工商管理硕士）项目的科技和运营管理课程上，就本田汽车新引擎的研发问题引导学生进行案例讨论。班上的一个学生曾经任职于本田的研究和开发部门，所以我请他用几分钟向同学们介绍一下那里的运行情况。实际情况是，他研发过汽车仪表盘和导航系统。我忍不住打断他的话，并向他提出一个问题："你们是怎样存储所有的地图数据的？"

这个学生回答说："我们找到一种体积很小的 1.8 英寸硬盘，然后将数据存储在里面。这是一种非常小巧的硬盘，而且它里面几乎是整体固件，移动组件非常少，真的非常耐用。"

"你们是从哪里买来这种装置的呢？"我紧接着问。

"这个比较有意思，"他回答说，"从大的硬盘公司那里根本买不到这种装置。我们是从科罗拉多州的一家仍在创业期的小公司那里买来的，我记不得那家公司的名字了。"

此后，我一直在思考，为什么我拜访的这家企业的管理者会如此顽固地坚持认为 1.8 英寸硬盘根本就没有市场（即使的确存在这么一个市场），为什么我的学生会说大的硬盘制造商根本不销售这种硬盘（即便事实上这些大企业一直在做着各种尝试）。答案就在价值网络的右上-右下角的问题上——大企业内许多受过良好培训的决策者，如何发挥他们在资源分配方面的作用？他们将把资金和人力资源分配到他们认为将给企业带来最大增长空间和利润率的那些项目上。即便一家企业的首席执行官已下定决心，要让企业及早把握下一轮破坏性技术浪潮，并引导企业成功地设计出经济型新产品，但这家企业的员工却不认为一个规模仅为 8 000 万美元的低端市场，能够解决一家收入达数十亿美元企业的增长和利润问题——特别是企业的竞争对手将会采取一切可能的措施，来抢占带来这数十亿美元收入的客户资源（收入数据并非真实数据）。于是，销售人员根本不会耗费精力为汽车制造商提供 1.8 英寸硬盘的样机，因为这不能帮他们完成 1994 年的销售指标，而且他们的客户资源和专业技能仅限于计算机行业。

一家企业要完成推出新产品这样一个浩大的工程，其后勤、人力和推动力都必须跟上研发新产品的进程。因此，成熟企业不仅仅受到客户需求的制约，还受到它们参与竞争的价值网络所固有的财务结构和企业文化的制约——这个制约因素能够湮没及时投资下一轮破坏性技术浪潮的任何理性的声音。

低端市场竞争真空

当企业的客户也在转向高端市场时，这对推动企业自身进入高端市场的影响尤其巨大。在这种情况下，中间部件（例如硬盘）的制造商可能感觉不到自己正在向坐标图右上方向迁移，因为它们周围的竞争对手和客户也在进行同样的移动。

根据这一点，我们就可以明白，为什么8英寸硬盘的领先制造商（Priam公司、昆腾公司和舒加特公司）会如此轻易地错过5.25英寸硬盘带来的发展机遇。在它们的核心客户（例如DEC、Prime公司、通用数据公司、王安电脑公司和德利多富公司）中，没有一家成功地推出了台式计算机。相反，每一家公司都在不断地提高市场层次，追求更高的市场定位，以期在大型计算机市场抢占市场份额。同样，在14英寸硬盘制造商的客户［例如Univac公司、宝来公司、NCR公司、ICL公司、西门子公司、阿姆达尔（Amdahl）公司等大型计算机制造商］中，没有一家做出进入小型计算机这一低端市场的大胆尝试，因而它们纷纷错失了成为小型计算机市场主导企业的机遇。

有三个因素——高端市场的利润率，企业的许多客户同时向高端市场移动的现象，削减成本进入低端市场并获取利润的难度——一起对企业向下流动构成了巨大障碍。因此，在对新产品研发展开的内部辩论中，建议采用破坏性技术的提案总是会输给建议进入高端市场的提案。实际上，创造一种系统性方法来淘汰可能会降低利润率的新产品研发计划，是任何管理良好的企业最重要的成就之一。

这一种向高端市场移动的理性模式，产生了一个重要的战略影响，它使得低端价值网络形成了竞争真空，吸引技术和成本结构与这个价值网络更加匹配的新兴企业参与竞争。这种低端市场竞争出现巨大真空的情况就曾发生在钢铁行业。当时采用了破坏性小型钢铁厂流程技术的企业利用这一真空，顺利进入低端钢铁市场，并以此为据点，开始不断地向高端市场发起猛烈的冲击。

综合性钢铁厂的东北角移动

小型钢铁厂的炼钢技术首先在20世纪60年代中期开始具备商业上的可行性。广泛采用可用和熟悉的技术和设备后，小型钢铁厂已经具备在电弧炉熔解废钢，连续将其锻造成被称为钢坯的中间产品，然后将钢坯轧制为钢条、钢筋、钢梁、钢板等产品的能力。这些炼钢厂之所以被称为“小型钢铁厂”，是因为它们将废钢生产为具有成本竞争优势的钢水。而综合性钢铁厂（综合性钢铁厂的得名，则是因为它的工作是将铁矿石、煤炭和石灰石转化为最终的钢铁制品的综合性过程）则是使用鼓风炉和碱性氧气转炉，将铁矿石生产为具有成本竞争优势的钢水的。而且小型钢铁厂的生产规模不及综合性钢铁厂的1/10。综合性钢铁厂和小型钢铁厂使用的几乎是同一种连铸和轧制操作流程。规模是它们之间唯一的区别，综合性钢铁厂的铸造和轧制操作要求大型鼓风炉达到的产出规模远远高于小型钢铁厂。

北美的小型钢铁厂是世界上最有效率、成本最低的钢铁制造商。1995年，最高效的小型钢铁厂每生产一吨钢铁只需0.6个工时，而最高效的综合性钢铁厂每生产一吨钢铁则需要2.3个工时。在参与竞争的产品类别中，一般的小型钢铁厂也能生产同等质量的产品，而且按完全成本计算，它们的成本比一般综合性钢铁厂大约低15%。1995年，建造一家具有成本竞争力的小型钢铁厂的成本约为4亿美元，建造一家具有成本竞争力的综合性钢铁厂的成本则约为60亿美元。[4]按每吨炼钢产能的资本成本计算，综合性钢铁厂的建造成本是小型钢铁厂的4倍多。[5]结果，小型钢铁厂占北美市场的份额从1965年的零上升至1975年的19%、1985

年的32%和1995年的40%。专家在那时预计，到20世纪末至21世纪初，小型钢铁厂的产量将占据所有钢铁产量的半壁江山。[6]小型钢铁厂实际主导了北美的钢筋、钢条和结构钢梁市场。

但到20世纪90年代末，世界上还没有一家主要的综合性钢铁企业建造了使用小型钢铁厂技术的钢铁厂。为什么没有一家综合性钢铁企业愿意去做这么重要的一件事呢？商业媒体（尤其是在美国）提到最多的一种解释就是，综合性钢铁企业的管理者思想保守、墨守成规，力图规避风险，而且能力不足。下面一段文字就是媒体对他们的控诉。

> 美国钢铁公司（U. S. Steel Corp.）关闭了它旗下的15家工厂，并宣称这些工厂已“没有竞争力”。三年后，伯利恒钢铁公司（Bethlehem Steel Corp.）关闭了它设在宾夕法尼亚州约翰斯敦和纽约州拉克万纳的大多数工厂……主要钢铁联合企业所采取的这些措施表明，它们的现任最高管理者终于公开承认，公司的管理层没有履行好他们的职责。这同时说明，数十年来，这些企业为了追求短期效益已耗尽了它们的利润空间。[7]
>
> 如果美国钢铁产业的工时产量与它在每个问题上巧言令色的能力一样出众的话，这个行业早就可以傲视群雄了。[8]

当然，这些尖锐的批评的确有一些道理。但管理能力的不足，并不能完全解释为什么北美综合性钢铁厂在面对小型钢铁厂的冲击时，会丢失它们的大部分阵地。在被大多数专家看作世界上管理得最好、最成功的综合性钢铁制造商［包括日本的新日本制铁（Nippon）公司、川崎制铁（Kawasaki）公司和日本钢管（NKK）

公司，欧洲的英国钢铁（British Steel）公司和霍戈文（Hoogovens）公司，韩国的浦项钢铁（Pohang Steel）公司］中，没有一家曾投资开发小型钢铁厂技术，即便事实已经证明这是世界上成本最低的钢铁制造技术。

与此同时，综合性钢铁厂的管理团队在20世纪八九十年代已积极采取措施来提高钢铁厂的生产效率。例如，USX公司就通过大规模削减员工数量——从1980年的9.3万人削减到1991年的不到2.3万人，并投资20多亿美元实现厂房和设备的现代化，成功地将炼钢流程的效率从生产每吨钢需要超过9个工时，提高到1991年的不到3个工时。但这些积极的管理方法针对的都是炼钢的常规方式。这种情况是怎样发生的呢？

小型钢铁厂的炼钢技术是一种破坏性技术。当这种技术首先在20世纪60年代出现时，小型钢铁厂生产的钢铁质量很差，因为它使用的原料是废钢。其产品的性能也会随着冶金组成和废钢杂质的变化而产生差异。因此，小型钢铁厂唯一能找到的市场可能就是钢筋（螺纹钢）市场了——它在质量、成本、利润率等方面均处于市场最底端。对成熟企业而言，这是最没吸引力的一个市场。这个市场不仅利润率很低，客户的忠诚度也是最低的：他们经常随意更换供应商，哪家供应商的售价低，他们就与哪家做生意。综合性钢铁制造商几乎是迫不及待地摆脱了螺纹钢业务。

但小型钢铁厂却以完全不同的方式来看待螺纹钢市场，其成本结构与综合性钢铁厂截然不同：折旧率极低，没有研究和开发成本，销售开支很低（大多为电话费），其一般管理开支也是最低的。它们可以通过电话销售它们有能力生产的所有钢铁产品，还能从中盈利。

一旦在螺纹钢市场站稳了脚跟，那些最野心勃勃的小型钢铁厂，特别是纽柯（Nucor）公司和查帕拉尔（Chaparral）公司，便会以与综合性钢铁厂完全不同的视野来看待整个钢铁市场。小型钢铁厂占据的螺纹钢低端市场对综合性钢铁厂完全不具有吸引力，而小型钢铁厂对高端市场的看法却是，获取更大利润、更大销售额的机遇就在它们的上方。在利益的刺激下，小型钢铁厂会努力提高产品的冶金质量和强度，并加大对设备的投资以生产更多的产品。

正如图 4.3 中的轨线图所表明的那样，小型钢铁厂接下来立即对位于它们上方的大型钢条、棒材和角钢市场发起了冲击。到 1980 年，小型钢铁厂已经占据螺纹钢市场 90% 的市场份额，以及钢条、棒材和角钢市场 30% 的份额。在小型钢铁厂发动进攻时，钢条、棒材和角钢是综合性钢铁厂生产线上利润率最低的产品。因此，综合性钢铁制造商再次几乎迫不及待地放弃了这项业务。到 20 世纪 80 年代中期，这个市场已经完全是小型钢铁厂的天下了。

一旦小型钢铁厂在钢条、棒材和角钢市场上的地位得以确立，它们便继续向更高端的市场进攻，这一次它们的目标是结构性钢梁市场。纽柯公司在阿肯色州建立了一家新的小型钢铁厂来生产结构性钢梁；查帕拉尔公司则在其位于得克萨斯州的第一家工厂附近新建了一家小型钢铁厂，来冲击结构性钢梁市场。结果，综合性钢铁厂也被淘汰出这个市场。1992 年，USX 公司关闭了它在南芝加哥的结构钢小型钢铁厂，使得伯利恒公司成为北美市场上硕果仅存的一家综合性结构钢制造商。1995 年，伯利恒公司关闭了旗下最后一家结构性钢梁工厂，将这个市场拱手让给了小型钢

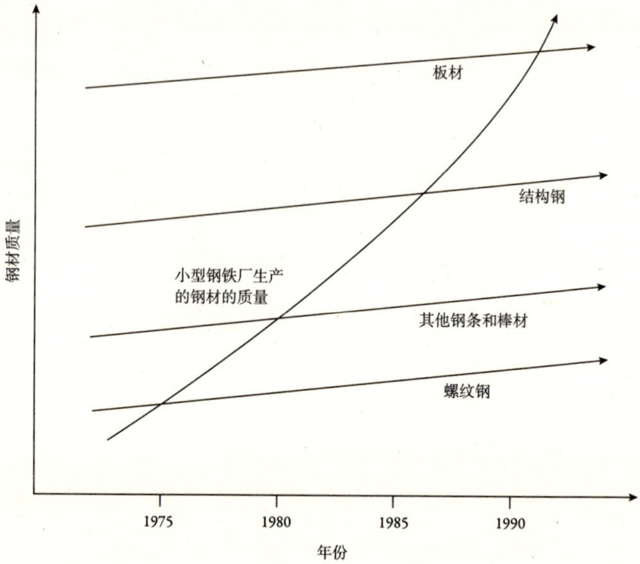

图 4.3　破坏性小型钢铁厂钢铁制造技术的发展轨迹

铁厂。

这段历史最重要的一个部分就是，在整个 20 世纪 80 年代，随着综合性钢铁制造商将钢条和钢梁业务“割让”给小型钢铁厂，综合性钢铁制造商的产品的利润率反而大幅上升。这些企业不但削减了成本，还放弃了利润率较低的产品，并专注于为金属罐、汽车和器械制造商生产高质量的轧钢，因为这些客户需要表面无瑕疵、冶金品质高的钢铁，并愿意为此支付溢价。的确，综合性钢铁厂在 20 世纪 80 年代的绝大部分投资，都是为了提高它们为这三个市场上要求最高的客户提供质量最高的产品并从中盈利的能力。板材市场对综合性钢铁制造商来说是个具有吸引力的避风港，部分原因是它们在这个市场不必面对小型钢铁厂的竞争。

建造一家最先进的、具有成本竞争力的板材轧制工厂的成本约为20亿美元，这样的资本支出，即便是对规模最大的小型钢铁厂来说也是难以承受的。

针对高端市场的战略也取悦了综合性钢铁厂的投资者。例如，伯利恒公司的市值就从1986年的1.75亿美元，飙升至1989年的24亿美元。这说明在这段时期，伯利恒公司在研发、厂房和设备上投入的13亿美元获得了非常丰厚的回报。商业媒体对综合性钢铁厂这些积极、大胆、定位准确的投资大加赞赏。

> 沃尔特·威廉姆斯（伯利恒公司的首席执行官）创造了奇迹。在过去三年里，他发动了一场高度个性化的战役，以提高伯利恒公司基本钢铁业务的质量和生产率。蜕变后的伯利恒公司已经赶超它在美国的主要竞争对手。从总体上看，其生产成本已经低于它在日本的竞争对手，而且它们在产品质量上的差距在快速缩小。客户们也注意到这一变化。金汤宝（Campbell Soup）公司的板材采购主管就表示："这简直是一个奇迹。"[9]

另一位分析师也观察到类似的现象。

> 尽管几乎没有人关注，但一个奇迹正在发生：美国钢铁公司华丽转身，完美回归。加里钢铁厂（Gary Works，美国钢铁公司旗下一家钢铁公司）重新开始盈利……它以每年300万吨的速度源源不断地生产钢水，这也创造了一项北美纪录。加里钢铁厂的业务范围几乎全部集中在价值更高的扁钢上，而不是集中在所有型号和尺寸的钢材上。[10]

几乎所有人都会认同，这些显著的复苏现象就是良好管理的成果。但这种类型的良好管理会把这些企业带往何方呢？

小型钢铁厂的破坏性技术

在综合性钢铁制造商忙于重振企业时，市场上涌现了更多破坏性新技术。1987年，施勒曼-西马克（Schloemann-Siemag AG，一家为钢铁行业提供设备的德国供应商）公司宣布，它研发了一种被称为“薄板连轧”的技术。这种技术无须将钢水冷却，就可以连续不断地将其转变为可直接送往轧钢厂的长薄板。相对于综合性钢铁厂所采用的将厚钢锭或钢板重新加热并轧制成板材的传统做法，这种将白热化、已经很薄的薄板坯轧制成最终厚度的卷钢的方法要简单得多。更重要的是，具有成本竞争优势的薄板坯连铸连轧钢铁厂的建造费用不到2.5亿美元，这仅为传统板材钢铁厂建造成本的1/10，对于小型钢铁厂来说也是一笔相对可控的投资。有了此种规模的投资，小型钢铁厂使用一个电弧炉就可以非常轻松地提供所需要的钢水产量。此外，薄板坯连铸连轧技术至少将制造板材的总成本降低了20%。

由于发展潜力巨大，钢铁行业的每一家主要制造商都认真评估了薄板坯连铸连轧技术。一些综合性钢铁企业（例如USX公司）花费了巨大的精力来评估安装薄板坯设施的可行性。[11] 但最终还是小型钢铁制造商纽柯公司——而不是综合性钢铁企业——做出了使用薄板坯连铸连轧技术的大胆决定。原因是什么呢？

最开始，薄板坯连铸连轧技术并不能给综合性钢铁厂的主流客户（金属罐、汽车和器械制造商）提供其所要求的那种拥有平滑、完美无缺的表面的产品，唯一能应用的市场是建造涵洞、管道和活动房屋时使用的建筑面板和波纹钢。相比表面缺陷，这些目标用户对价格的敏感度更高。薄板坯连铸连轧技术是一种破坏性技术。有实力和永不满足的大型综合性钢铁厂会竭尽所能地争夺市场上最大的一块肥肉——大型的汽车、器械和金属罐公司。对它们来说，对薄板坯连铸连轧技术进行投资是没有意义的，因为这项技术针对的是它们的业务链中利润最低、价格竞争最激烈和最具商品特性的一端。的确，在经过 1987—1988 年的深思熟虑（关于是否要投资薄板坯连铸连轧技术，当时预计的投资金额约为 1.5 亿美元）后，伯利恒公司和 USX 公司的管理层均投票决定放弃这项计划，转而投资 2.5 亿美元来研发传统的厚板坯连铸连轧机，以留住它们的主流客户，保护并提高其主流业务的盈利能力。

意料之中的是，纽柯公司以另一种方式看待了这个问题。由于在板材业务上没有受到能给企业带来最大利润的客户需求的羁绊，同时受益于一个在产业底端形成的成本结构，纽柯公司于 1989 年在印第安纳州的克劳福兹维尔建立了世界上第一家薄板坯连铸连轧钢铁厂，并于 1992 年在阿肯色州的希克曼建立了第二家连铸连轧钢铁厂。1995 年，两家工厂的产能均提升了 80%。分析师当时预计，到 1996 年，纽柯公司将占据庞大的北美板材市场 7% 的份额。但这尚不足以引发综合性钢铁厂的担忧，因为纽柯公司的成功，仅限于综合性钢铁厂的产品线上利润最低且已经商品化了的一端。当然，为了让这两家钢铁厂能够生产更高质量的产品，以争夺更高利润率的业务，纽柯公司已经大幅提高了它所生产的板材的表面品质。

因此，在钢铁行业中，综合性钢铁企业不断向利润率更大的东北角移动的进程，就是一段积极投资、合理决策、密切关注主流客户需求，赢取创纪录利润的历史。与硬盘和机械挖掘机领先供应商一样，综合性钢铁企业也面临着创新者的窘境：良好的管理决策正是导致它们从行业龙头地位落马的根本原因。

第二部分

管理破坏性技术变革

在前文讲述的这三个截然不同的行业中，众多实力雄厚的企业纷纷遭遇重创或失败。在探究导致这些领先企业频遭重创或失败的原因时，我通过本书前几个章节所概述的研究，对其他研究人员做出的多种常规解释提出了疑问。领先企业的工程师并没有深陷某种特定的技术范式无力自拔，也没有忽视“非此处创造”的创新。成熟企业的失败也不能完全归因于其在新技术领域没有发展足够的专业能力，或是在“科技的泥流”中无力维持其行业领先地位。当然，这些问题的确影响了一些企业。但一般来说，有充分的证据表明，只要成熟企业需要利用新技术来满足客户的需求，它们就有能力集中和运用技术资源、资本、供应商和人力资源来有效地研发客户所要求的技术，并从中建立竞争优势。这种情况不但适用于渐进式和突破性技术进步，而且适用于那些耗时数月或持续十余年的项目。对于日新月异的硬盘行业，发展较为迟缓的机械挖掘机行业，以及流程密集型钢铁行业，情况也是如此。

在此次对导致优秀企业失败的原因的探究中，最重要的一个发现可能就是，管理不善并非导致优秀企业失败的根本原因。排除了这种可能性，并不是说管理状况不是影响企业成败的关键因素。但作为一种一般性的解释，本书提到的企业管理者都深刻了解了客户的未来需求，知道应该运用哪些技术来更好地满足这些需求，并能很好地投资研发和利用这些技术。只是在遭遇破坏性技术时，他们才惨遭失败。因此，一定存在某种原因，导致优秀的管理者在面对破坏性技术变革时总是做出错误的决策。

良好的管理本身就是导致这一问题发生的根本原因。管理者只是遵循了本该遵循的游戏规则。对成熟企业的成功起了关键作用的决策和资源分配程序——认真倾听客户的意见，全面追踪竞争对手的动态，投资资源来设计和生产能带来更大利润的高性能和高质量产品——导致它们摒弃了破坏性技术。这些都是在破坏性技术变革发生时导致大企业遭遇重创或失败的原因。

成功的企业希望集中资源来开展能够满足客户需求的活动，因为这些活动能带来更高的利润，在技术上更具可行性，而且能帮助它们保持在重要市场上的竞争力。这些企业也建立了一整套流程来帮助它们实现这些目标，但寄希望于这套流程同样能够成功地培育出破坏性技术（集中资源来实施客户并不认同，利润率更低，性能表现低于现有技术，而且目标市场仅局限在小型市场的提案），无异于古人手缚羽翼、挥动臂膀的飞行痴梦。这些期望违背了成功的企业运作方式和性能评估机制的基本趋势。

本书的第二部分详尽地分析了在面临破坏性技术变革时，一些企业的成功案例和更多企业的失败案例。在本书的“引言”中，我们提到，人类最终学会了如何飞行，是因为飞行者终于理解并懂得了怎样利用或遵循一些基本的自然法则。与人类学习飞行的过程类似，这些案例研究表明，那些获得了成功的企业管理者，一般都采取了与那些以失败告终的管理者完全不同的管理方法。实际上，那些成功企业的管理者由始至终都认识到，也遵循了五大基本的企业管理原则；在与破坏性技术的竞争中铩羽而归的企业则选择忽略或抗拒这些原则。这五大原则就是：

1. 资源依赖性：在经营状况良好的企业，客户有效地控制了资源分配模式。
2. 小市场并不能满足大企业的增长需求。
3. 破坏性技术的最终用户或应用领域是无法预知的。失败是通往成功的必经之路。

4. 一个机构的能力独立于机构内部工作人员的能力而存在。一个机构的能力体现在其流程和价值观中，而且正是构成当前业务模式核心能力的流程和价值观决定了机构是否能应对市场的破坏性变化。
5. 技术供应可能并不等同于市场需求。导致破坏性技术在成熟市场上不具吸引力的特性，往往就是构成破坏性技术在新兴市场上的最大价值的特性。

那么，成功的企业是如何利用这些原则来建立它们的竞争优势的呢？

1. 它们在某个机构内设立项目来研发和推广破坏性技术，而这个机构所拥有的客户群正好需要这种技术。当管理者为破坏性创新找到“适宜的”客户时，客户的需求就能提高企业的盈利能力，这样创新项目也能得到其所需要的资源。
2. 它们在小型机构内设立项目来研发破坏性技术，而且这些机构的规模足够小，很容易满足于抓住小机遇和获得小收益。
3. 它们在为破坏性技术寻找市场的过程中，会利用一些节省成本的方式来降低失败率。它们的市场通常都会在不断的尝试、学习和再尝试过程中得以成形。
4. 它们会利用主流机构的一些资源来应对破坏性变革，但它们会对主流机构的流程和价值观避而远之。在价值观与成本结构主要针对当前破坏性变革的机构中，它们建立了一套不同的企业运作方式。

5. 它们在开展破坏性技术的商业化运作时发现，或者说是发展了重视这种破坏性产品的属性的新市场，而不是寻求技术突破，使破坏性产品能够作为一种延续性技术参与主流市场的竞争。

第二部分的第 5~9 章更加详细地阐述了管理者是如何应对和运用这几项原则的。每一章的开始部分都将探讨，在破坏性技术刚刚出现时，利用或忽视这些原则的做法是如何影响硬盘企业的命运的。[1]然后，每一章都将进而分析一个有着截然不同特点的行业，以揭示同样的原则是如何导致企业在面临破坏性技术变革时，遭遇成败这两种截然相反的命运的。

这些研究得出的一个共同结论是：尽管破坏性技术能够改变基本特征完全不同的各个行业的发展趋势，但在遇到破坏性技术时，导致企业成败的因素都是一致的。

第 10 章以一个困扰了许多管理者的技术应用案例（电动汽车），阐述了应如何利用这些原则。最后，第 11 章回顾了本书的主要观点。

第 5 章

打破资源依赖理论

在面对客户明确说“不”的破坏性技术时，管理者该何去何从？一种选择是说服企业内的每一个人，无论如何都应该研发这种技术，因为它对企业的长远发展有着非常重要的战略意义；另一种选择是创建一个独立的机构，让这个机构直接面向确实需要这种技术的新兴客户群体。哪一种选择更加有效呢？

大多数管理者都认为，是他们在掌控他们领导下的机构，是他们在制定重要决策，而且他们在做出某些关键性决策后应立即将之付诸实施。在之前的章节中，我们讨论过这一问题，本章将对此进行进一步的阐述：在实际操作中，真正对哪些能做、哪些不能做有决定权的是企业的客户。正如我们在硬盘行业中所看到的那样，只要企业能够明确地知道它们的客户需要的最终产品是什么，企业就愿意为技术上存在风险的项目投入巨额研发资金。但如果现有客户不需要它们的产品，企业就无法采取必要的措施来发展更为简单的破坏性项目。

这一发现也为少数企业管理学者提出的一个备受争议的理论（资源依赖理论）提供了支持。[1]这些学者认为，企业的行动自由仅限于满足企业以外的实体（主要是客户和投资者）的需求，因为这些实体为企业提供了它们赖以生存的资源。资源依赖理论直接源于生物进化论，该理论的提出者认为，只有当一个机构的员工和系统满足客户和投资者的需求，给他们提供其所需要的产品、服务和利益时，这个机构才得以生存和发展。做不到这一点的机构将无法获得它们赖以生存的收入，最终将被淘汰。[2]因此，通过这种“物竞天择，适者生存”的机制，在行业中脱颖而出的企业，通常是人员和流程配置最能迎合客户需求的那些企业。当资源依赖理论的支持者提出企业管理者无力改变由客户主导企业发展进程这个局面的结论时，围绕这一理论的争议便不绝于耳。即便管理者拥有一个大胆的设想，希望带领他们的企业朝着一个完全不同的方向发展，但已经很好地适应了企业竞争环境的以客户为导向的那些人员和流程，将在企业内部形成一股强大的力量，阻挠管理者想要改变企业发展方向的种种努力。由于客户提供了企业赖以生存的资源，真正决定企业未来发展方向的是客户，而非管理者；真正主导企业发展进程的是机构以外的力量，而非机构内部的管理者。资源依赖理论的支持者的结论是，在人员和流程配置均为“适者生存的产物”的企业内，管理者实际上只是扮演一个象征性的角色。

对于我们这些有过企业管理、管理咨询经验，或培训过未来管理人才的人员来说，这可谓一个非常令人不安的理论。我们参与了企业发展战略的管理、修改、制定和实施，以加快企业成长的步伐、提高利润，但资源依赖理论颠覆了我们存在的理由。尽管如此，本书所提到的各个发现却给资源依赖理论提供了强大的支持，特别是表明了这样的理念：成功企业以客户为导向的资源分配和决策流程，在决定投资方向方面所发挥的作用要远远高于管理者的决策。

很明显，客户在决定企业投资方向方面发挥了巨大的作用。那么，在面对客户明确说“不”的破坏性技术时，管理者该何去何从？一种选择是说服企业内的每一个人，告诉他们，尽管得不到手握企业资金来源的客户的认可，尽管这种产品的盈利能力低于高端市场的同类产品，但企业无论如何都应该研发这种技术，因为它对企业的长远发展有着非常重要的战略意义；另一种选择是创建一个独立的机构，让这个机构直接面向确实需要这种技术的新兴客户群体。哪一种选择更加有效呢？

选择第一种方法的管理者实际上是选择了与机构内的一股强大的趋势——实际控制企业投资模式的是客户，而不是管理者——进行对抗。与之相比，选择了第二种方法的管理者则顺应了这一趋势——选择利用而不是对抗这股力量。本章列举的案例有力地证明了通过第二种方法取得成功的概率，要远远高于第一种方法。

资源分配流程：客户控制企业投资

客户控制企业投资的机制正是资源分配流程，也就是决定哪些提案能得到人员和资金支持，哪些提案将被否决的流程。资源分配和创新是同一枚硬币的两面，只有得到足够的资金、人员支持和管理层关注的那些新产品开发项目才有获得成功的机会；在资源支持方面处处捉襟见肘的那些项目必将无果而终。因此，一家企业的创新模式能够真实地反映企业内的资源分配模式。

良好的资源分配流程的设计初衷就是淘汰得不到客户认可的提案。在这些决策流程运行良好时，如果客户表示不需要哪种产品，这一产品提案也就得不到所需的研发资金；如果客户的确有需求，资金也就会水到渠成。这就是大企业的经营之道。它们必须投资于客户需要的产品或服务，而且它们越精于此道，就会变得越成功。

正如我们在第 4 章所探讨的那样，资源分配并不是一个简单地自上而下地做出决策，然后实施决策的过程。一般来说，在需要高管做出是否给某个项目提供资金的决定之前，机构内许多更低级别的管理者已经决定了要整合哪些类型的项目提案，应提交哪些提案给高管审批，不值得提交哪些提案给高管。高管通常只是看到一个经过层层筛选的创新想法的集合。[3]

另外，即便是在高管同意给某个项目提供资金之后，这个项目也并非“一锤定音”。许多重要的资源分配决定是在项目获得批准后（确切地说，是在推出产品之后）由中层管理者做出的。这些中层管理者将决定哪些项目和产品可以优先获得有限的人力、设备和销售资源。正如管理学者切斯特·巴纳德（Chester Barnard）所提到的：

> 从具体决策的相对重要性来看，需要优先考虑的是企业高层做出的决策。但从决策的总体重要性来看，具有重大意义的不是企业高层的决定，而是企业内非高层员工做出的决定。[4]

那么，企业内的非高层员工是如何做出他们的资源分配决策的呢？他们基于自己对企业可以从哪些客户群体和产品上获得最大利润的理解，来决定他们将向高管提交哪些项目提案，以及重点开发或实施哪些项目。与之密切相关的是他们对这些决定（即他们将支持哪些项目提案）将如何影响自身在企业内的职业发展前途的看法，而这一看法又在很大程度上取决于他们对客户需要什么，企业为获得更大利润应该销售什么类型的产品的理解。当他们提出的创新计划给企业创造了极高的利润时，他们的个人职业发展也将得到质的飞跃。因此，正是基于追求企业利润和个人发展的这些机制，客户才能在大多数企业的资源分配流程和创新模式中发挥如此重大的影响。

硬盘业的三个成功案例

然而，摆脱这一客户控制体系的影响并不是不可能完成的任务。在硬盘行业的发展史上，有三个案例揭示了企业管理者如何才能在破坏性技术变革中抢占有利的市场地位。在其中两个案例中，管理者利用了资源依赖理论所述的力量——而不是选择与之对抗，他们成立了一家独立的公司来负责破坏性技术的商业化运作。而在第三个案例中，管理者选择与这些力量针锋相对，并成功地实施了破坏性项目，但也为此付出了艰苦卓绝的努力。

昆腾公司和 Plus 开发公司

正如我们之前所介绍的，在 20 世纪 80 年代初，昆腾公司是小型计算机市场的一家 8 英寸硬盘领先制造商，但该公司完全错失了研发 5.25 英寸硬盘的商机，它在 5.25 英寸硬盘上市将近 4 年后才推出自己的第一款5.25英寸硬盘产品。随着推出5.25英寸硬盘的新兴企业开始从价值网络的下方侵蚀微型计算机市场，昆腾公司的销售额开始每况愈下（前几章阐述过导致这种情况发生的所有原因）。

1984年，昆腾公司的几个员工敏锐地察觉到，一个3.5英寸超薄硬盘市场正在出现。这种硬盘可插入IBM的XT和AT级台式计算机的扩展槽内，它的潜在客户是个人计算机用户，而非作为昆腾公司主要收入来源的微型计算机原始设备制造商。这几个员工决定离开昆腾公司，创立一家新公司来实现他们的理念。

但昆腾公司的高管并没有轻易放走他们，反而决定成立一家分公司——Plus开发公司（Plus Development Corporation），给予它资金上的支持，并持有该公司80%的股份，同时决定以不同的方式来运作这家公司。Plus开发公司是一家完全自负盈亏的机构，它自主招聘管理者，并按照独立企业的标准设置所有的职能。Plus开发公司取得了巨大的成功。它自主设计并营销自主品牌的硬盘产品，但将生产流程外包给了日本的松下寿电子工业株式会社（MKE）。

随着昆腾公司的8英寸硬盘产品在20世纪80年代中期的销量开始下滑，Plus开发公司不断增长的“硬卡”（Hardcard）销售收入及时填补了8英寸硬盘产品的营收缺口。到1987年，昆腾公司8英寸和5.25英寸硬盘的销售额已基本为零。于是，昆腾公司收购了Plus开发公司剩余的20%股份，完全关闭了原来的公司，并将原公司的高管安排在昆腾公司最重要的职位上。接着，就在3.5英寸硬盘的容量开始吸引台式计算机市场的需求时（如图1.7中的硬盘轨线所示），昆腾公司重新改装了Plus开发公司的3.5英寸硬盘，以吸引苹果公司等原始台式计算机制造商。就这样，昆腾公司成功地转型为一家3.5英寸硬盘制造商，并大量采用了延续性组件技术创新以进军更高端的工程工作站市场，后来还成功地完成了从3.5英寸硬盘过渡到2.5英寸硬盘的延续性结构创新。到1994年，新的昆腾公司已经成为世界上硬盘销量最多的一家制造商。[5]

俄克拉荷马的数据控制公司

数据控制公司也经历过同样的自我重组过程。该公司在1965—1982年是14英寸硬盘的主要制造商，其产品主要销往原始设备制造商市场，所占的市场份额在55%~62%。但当8英寸硬盘在20世纪70年代末出现时，该公司用了三年才做出反应。数据控制公司从未在8英寸硬盘市场获得很大的市场份额，而它最终推出8英寸硬盘的目的几乎只有一个，那就是保住它的主流客户——大型计算机制造商。导致这种情况发生的原因就在于资源和管理的重心：在公司主要的工厂明尼阿波利斯工厂中负责8英寸硬盘项目的工程师和市场营销人员总是被抽调到14英寸硬盘项目组，以解决公司在向主流客户推出下一代14英寸硬盘产品的过程中所遇到的问题。

在希捷公司于1980年率先推出具有开创性意义的5.25英寸硬盘产品两年后，数据控制公司才推出自己的第一款5.25英寸硬盘产品。但这次，该公司将负责开发5.25英寸硬盘产品的机构设在了俄克拉荷马市。用数据控制公司的一名管理者的话说，这样做的目的是确保新机构“不会偏离数据控制公司明尼阿波利斯总部的工程文化，同时使5.25英寸硬盘产品项目团队远离公司的主流客户”。尽管数据控制公司已经错过了进入这一市场的最佳时机，而且再也没能恢复以前的主导地位，但该公司进军5.25英寸硬盘市场的努力仍然取得了成功——当时它获得了高容量5.25英寸硬盘产品市场20%的份额，并实现了盈利。

Micropolis公司：管理层强力主导的转变

成立于1978年的Micropolis公司是早期8英寸硬盘市场的一家领先企业，也是仅有的一家成功过渡到破坏性平台的硬盘制造商。但它并没有采取昆腾和数据控制公司曾经使用的分拆战略，而是选择由母公司内部强制主导破坏性变革。但即便是这个例外，也验证了上文提到的原理，即客户对企业能否成功进行投资具有极为重大的影响。

Micropolis公司于1982年开始重组，当时公司的创始人和首席执行官斯图尔特·梅本（Stuart Mabon）敏锐地感觉到，市场需求和技术供应模式即将发生改变（如图1.7所示），于是他决定将公司首先转型为一家5.25英寸硬盘制造商。尽管梅本最初希望分配足够的资源来集中开发下一代8英寸硬盘，这样Micropolis公司就能同时驾驭两个市场[6]，但他仍然将公司内最优秀的工程师安排到5.25英寸硬盘产品项目组。后来，梅本回忆说：“我在18个月内耗尽了我全部的时间和精力，才确保5.25英寸硬盘产品项目能获得足够的资源，因为公司自身的机制是要将资源分配给客户需要的产品——8英寸硬盘。”

到1984年，Micropolis公司已逐渐失去了在小型计算机市场上的竞争力，并撤回了剩余的8英寸硬盘产品。但在付出艰苦卓绝的努力后，Micropolis公司的5.25英寸硬盘项目终于取得了成功。图 5.1 说明了为什么 Micropolis 公司内部会发生这场博弈。为了完成此次转变，Micropolis 公司采用了截然不同的技术轨道。它远离了它的每一位重要客户，并用新产品的销售收入（销售对象是与之前完全不同的台式计算机制造商）来弥补老产品收入上的损失。梅本回忆说，那是他这辈子最劳心劳力的一段时间。

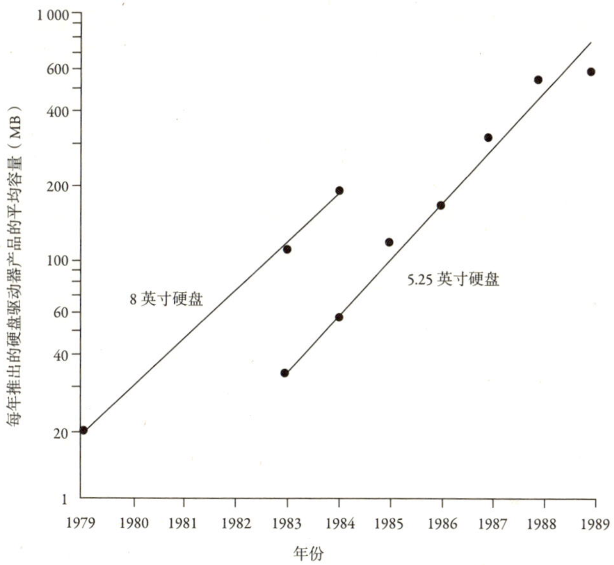

图 5.1 Micropolis 公司的技术转变和市场地位

资料来源：《磁盘 / 趋势报告》各期公布的数据。

Micropolis 公司最终在 1993 年推出了 3.5 英寸硬盘产品，当时工程师已经有能力将 3.5 英寸硬盘的容量扩展到 1GB 以上。有了这样的容量，Micropolis 公司就可以将其生产的 3.5 英寸硬盘出售给它的现有客户了。

管理者并非不可作为

前几章谈到过，希捷公司早年在销售3.5英寸硬盘时遭遇了困境；比塞洛斯–伊利公司因只将早期Hydrohoe产品的目标客户锁定在主流客户上而惨遭失败。这些实例揭示了资源依赖理论是如何作用于破坏性技术的。在这两个例子中，希捷公司和比塞洛斯–伊利公司都是各自行业中首先研发破坏性产品的企业。尽管它们的高管做出了研发破坏性新产品的决策，但研发这种产品并借此打入相关价值网络所需的推动力和机构资源却并没有流向这些产品研发项目——除非企业发现客户真正需要这种产品。

那么，我们是否就应该接受资源依赖理论的支持者提出的结论，认为管理者只是无所作为的个人呢？答案是，不应该。在本书“引言”中，我曾经再现了古人如何学习飞行的情景，并指出，只要他们继续违背自然界的基本法则，他们所有的飞行尝试都将以失败告终。只有当人们开始了解重力、伯努利原理和有关举、拖、阻力的概念等法则，并根据或利用这些法则来设计飞行器时，人类的飞行梦想才能得以实现。以此类推，这也正是昆腾公司和数据控制公司得以成功的原因。通过在一个完全不同的价值网络内成立独立的机构——在这个价值网络内，这些独立机构必须为它们的产品找到适合的客户才能生存下来——这些管理者成功地运用了资源依赖理论的强大力量。Micropolis公司的首席执行官选择抗拒这些力量，但他也为他的成功付出了高昂的代价，而且这种成功几乎不可复制。

破坏性技术还给除了硬盘、机械挖掘机和钢铁行业的许多行业带来了致命的影响。[7]接下来，我将简要介绍破坏性技术对其他三个行业（计算机、零售和打印机行业）的影响，并以此来说明，为什么在这些行业的破坏性技术变革中成功确立优势地位的企业，只能是那些利用了而不是违背了资源依赖理论原理的企业（例如昆腾公司和数据控制公司）。

计算机行业：IBM 的成功秘诀

很自然的是，计算机行业和硬盘行业有着相似的历史，因为后者所在的价值网络从属于前者。实际上，如果将硬盘行业轨线图中的横纵轴和交会轨线（如图 1.7 所示）用计算机相关术语来表示的话，它也能很好地解释计算机行业的领先企业为什么也会遭遇失败。计算机行业的龙头企业 IBM 生产的大型计算机，主要销售给大型机构的集中核算和数据处理部门。对 IBM 及其竞争对手来说，微型计算机的出现代表了一种破坏性技术。它们的客户不需要这种产品；新产品的利润率更低，而不是更高；最初，其市场规模非常小。因此，大型计算机制造商在接下来的几年忽略了微型计算机的存在，从而任由 DEC、通用数据公司、Prime 公司、王安电脑公司、德利多富公司等新兴企业创造和主导微型计算机市场。IBM 最终推出了自己的微型计算机产品，但从总体上说，这仍算是一项防御性措施，因为当时微型计算机的各项功能已经发展到一定阶段，其性能已具备竞争力，可以满足 IBM 的一些客户的需求。

同样，没有一家微型计算机制造商最终发展为台式个人电脑市场的主要制造商，因为对它们来说，台式计算机是一种破坏性技术。个人电脑市场是由另外一些新兴企业创造的，其中包括苹果公司、Commodore公司、Tandy公司和IBM。微型计算机企业曾经盛极一时，并且备受投资者、商业媒体和良好管理原则的实践者的推崇。但到20世纪80年代末，台式计算机的技术轨线终于与之前一直购买微型计算机的那些客户所要求的性能轨线交会，台式计算机制造商开始从价值网络的下方向微型计算机制造商发动猛烈的攻击，微型计算机企业也开始由盛转衰。许多微型计算机企业最终倒闭，幸存的也无一能在台式个人电脑价值网络中找回往日的荣光。

在便携式计算机出现后，历史再度重演，只是创造和主宰这一破坏性市场的换成了东芝公司、夏普公司、Zenith公司等新兴企业。而领先的台式计算机制造商（苹果公司和IBM）在便携式计算机的性能轨线与它们的客户对计算机需求的轨线交会之前，并没有推出自己的便携式计算机产品。

在破坏性技术变革中遭受最大挫折的可能要算DEC了。仅仅在数年内，DEC就从天堂坠入地狱，因为其独立的工作站和联网式台式计算机几乎在一夜之间满足了大多数客户对微型计算机的需求。

DEC当然不是因为缺乏进取精神而遭到失败的。1983—1995年，DEC曾针对客户的需求四度推出个人电脑产品（从技术上说，这些产品要比该公司生产的微型计算机简单得多），但又四度退出个人电脑市场。在这四次尝试中，DEC均未能在这个它认为有利可图的价值网络内站稳脚跟。为什么？因为它的四次尝试都是在母公司内进行的。[8]就目前提到过的所有原因来看，即便发展个人电脑业务的提案得到企业管理层的支持，那些负责日常资源分配流程的公司员工仍然认为不应该为主流客户并不需要的低利润率产品投入那么多资金、时间和精力。而能带来更高利润率的高性能产品研发提案（例如DEC的超高速阿尔法微处理器和它对大型计算机的风险投资）则能获得所需的资源。

在试图通过公司主流机构进军台式个人电脑业务的过程中，DEC被迫在两个不同的价值网络所固有的不同的成本结构中寻找平衡。DEC根本无法拨出足够的营业成本，来确立它在低端个人电脑市场上的竞争力，因为公司需要这部分成本来维持它在更高端产品市场上的竞争力。

IBM在进入个人电脑市场后的前5年取得了成功。而与之形成鲜明对比的是，其他处于领先地位的大型计算机和微型计算机制造商则未能抓住破坏性台式计算机的发展潮流。IBM的成功秘诀是什么呢？IBM在远离纽约州总部的佛罗里达州成立了一家独立的机构。这家独立的机构有权向任何供应商采购组件，可以通过自己的渠道销售产品，它还建立了一个与个人电脑市场对技术和竞争力的需求相符的成本结构。如此，这家机构就可以按照个人电脑市场所特有的成功法则来实现最终的目标。实际上，一些人认为，IBM后来做出的决定——大力加强个人电脑部门与主体机构之间的联系——正是导致IBM难以维系它在个人电脑行业的盈利能力和市场份额的一个重要因素。两种成本结构和两种盈利模式似乎很难在一家公司内实现和平共处。

一家单独的机构似乎无法在保持它在主流市场竞争力的同时，全方位地研发破坏性技术。这让一些胸怀宏图大志的管理者深感不快，而且实际上，大多数管理者都会尝试Micropolis公司和DEC选择过的道路——在研发破坏性技术的同时，力图保持它们在主流市场的竞争力。有充分的证据表明，这条道路基本上是一条死胡同。它们在其中一个市场上的地位终将被削弱，除非企业成立两个彼此独立的机构（从属于相应的价值网络）来吸引不同的目标客户。

零售业：折扣零售颠覆传统零售

几乎没有几个行业会像零售业那样强烈地感受到破坏性技术带来的影响。正是在破坏性技术变革中，折扣零售商从传统百货店和杂货店手中夺过了对零售市场的主导权。相对于传统经营模式，折扣零售模式可以称得上一种破坏性技术，因为折扣零售商所提供的服务质量和选择范围颠覆了高质量零售的传统标准。另外，相比百货店为参与它们所在的价值网络内的竞争并获利而发展的成本结构，折扣零售的成本结构在本质上是不一样的。

美国第一家折扣零售店是柯维特斯（Korvette's）。20 世纪 50 年代中期，柯维特斯在纽约成立了多家经销店。柯维特斯和它的效仿者主要经营非常低端的零售产品，并能以比百货店低 20%~40% 的价格销售全美知名的标准耐用品。它们主打能够“自我销售”的产品，因为客户已经知道产品的使用方法了。这些折扣零售商依靠全美知名品牌形象来保证产品的价值和质量，也就不再需要雇用有经验的销售人员。它们的目标客户是那些对主流零售商没有太大吸引力的客户群体，即“孩子还很小的蓝领工人的年轻妻子”。[9] 这与百货店一直奉行的高端模式——用于定义高质量零售，并提高利润——背道而驰。

折扣零售商与那些传统零售商一样，不愿接受更低的利润率，但它们找到了另一种获取利润的方式。用最简单的话说，零售商通过在所销售商品上实现的毛利率，或是在商品成本基础上的加价，来抵消经营成本。传统百货店一般会在商品成本基础上加价40%，一年周转库存4次。这样，它们就能从自己的库存投资中赚取40%的利润，即一年可以实现4次40%的利润，从而使库存投资的总回报率达到160%。杂货店也采取了类似的盈利模式，只是其利润率不如百货店。折扣零售商的库存投资回报率与百货店相近，但前者采取了一种不同的盈利模式：低毛利率和高库存周转率。表5.1简要描述了这三种情况。

表5.1　不同的盈利模式

零售商类型	公司范例	一般毛利率	一般库存周转率	库存投资回报率*
百货店	梅西百货公司	40%	4次	160%
杂货店	F. W. 伍尔沃斯公司	36%	4次	144%
折扣零售店	凯马特连锁店	20%	8次	160%

*计算方法为毛利率 × 周转率，换句话说，就是每年通过历次库存周转获得的利润率总额。
资料来源：每个类别中的多家企业历年公布的企业年报。

折扣零售业的历史生动再现了小型钢铁厂的钢铁制造历史。与小型钢铁厂一样，折扣零售商利用它们的成本结构优势进入高端市场，并以惊人的速度抢占了传统零售商的市场份额。它们首先在低端品牌耐用品市场（例如硬件、小型装置、行李箱）上站稳了脚跟，然后逐渐向坐标图东北角方向移动，进入了诸如家具、服装等高端市场。图5.2再现了折扣零售商惊人的发展速度，仅仅6年，它们的零售收入占同类商品销售总收入的份额就从1960年的10%上升至1966年的近40%。

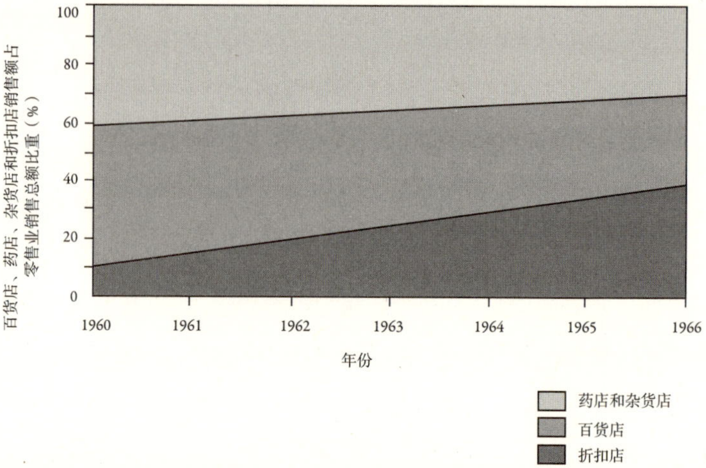

图 5.2　折扣零售商所占市场份额的增速，1960—1966 年

资料来源：《折扣零售商》（*Discount Merchandiser*）各期公布的数据。

与硬盘和挖掘机市场一样，没有几家领先的传统零售商［特别是克雷斯吉（Kresge）公司、伍尔沃斯公司和代顿–哈德森（Dayton Hudson）公司］认识到破坏性技术变革的到来，因此它们也没有及早投资这种技术。其他主要的零售连锁店［包括西尔斯公司、蒙哥马利–沃德（Montgomery Ward）公司、彭尼（Penney）公司、梅西百货公司］也都没有采取重大举措来发展折扣零售业务。克雷斯吉公司（旗下拥有凯马特连锁店）和代顿–哈德森公司（旗下拥有塔吉特连锁店）成功地渡过了这场变革。[10] 两家公司都专门创建了独立于其传统业务部门的折扣零售机构，它们承认并利用了资源依赖理论。与它们相反，伍尔沃斯公司通过伍尔科（Woolco）连锁店进军折扣零售业的努力却以失败告终，因为公司管理者试图从伍尔沃斯零售店公司的内部来发展这项业务。详细比较克雷斯吉公司和伍尔沃斯公司所采取的方法后，我们发现，两家公司在启动折扣零售业务时的情况非常相似，这也进一步揭示，成立独立的机构来发展破坏性技术似乎是取得成功的一个必要条件。

1957 年，全球第二大杂货连锁店克雷斯吉公司开始探索折扣零售模式，当时市场上的折扣零售模式还处在萌芽阶段。到 1961 年，克雷斯吉公司及其竞争对手伍尔沃斯公司（当时全球最大的杂货店零售商）都公布了开展折扣业务的计划。两家公司在 1962 年先后建立了折扣店（伍尔沃斯公司成立了伍尔科连锁店，克雷斯吉公司成立了凯马特连锁店），时间间隔不超过 3 个月。但伍尔科连锁店和凯马特连锁店之后的表现却大相径庭，十年后，凯马特连锁店的销售额达到近 35 亿美元，而伍尔科连锁店的销售额则萎缩至 9 亿美元，并且出现了亏损。[11]

为了更好地发展折扣零售业务，克雷斯吉公司决定完全退出杂货店业务。1959 年，公司雇用了新首席执行官哈里·卡宁汉姆，他唯一的使命就是将克雷斯吉公司转变为折扣零售龙头企业。为此，卡宁汉姆建立了一支全新的管理团队，到 1961 年，从运营副总裁、区域经理到区域经理助理或区域业务经理的所有职位都是由新任命的人员来担任的。[12] 1961 年，卡宁汉姆终止了所有新建杂货店项目，并开始对克雷斯吉公司现有杂货店实施每年关闭大约 10% 的店面的计划，从而表明了克雷斯吉公司将工作重心全部转移到折扣零售业务上来的决心。

而伍尔沃斯公司则希望在投资破坏性折扣零售业务的同时，继续支持对其核心杂货店业务的技术、能力和设施进行延续性改善的计划。负责提高伍尔沃斯杂货店绩效的管理者还肩负了建立

“全美最大的折扣连锁店”的重任。首席执行官罗伯特·柯克伍德宣称，发展伍尔科折扣店与公司发展和扩张传统杂货店业务的计划并不冲突，而且公司现有的任何零售店都不会被转变为折扣店。[13]事实是，当折扣零售在20世纪60年代进入疯狂扩张阶段时，伍尔沃斯公司仍在按照它于20世纪50年代制订的计划，按部就班地开设新的杂货店。

不幸的是（但可以预见到），事实证明，伍尔沃斯公司根本无法在同一个机构内同时延续两种不同的文化和盈利模式，而这偏偏又是要同时在杂货店和折扣零售领域取得成功所必备的条件。到1967年，伍尔沃斯公司已经将伍尔科连锁店宣传广告上所有有关“折扣”的字眼抹掉，取而代之的是“促销百货店”。尽管伍尔沃斯公司最初为伍尔科连锁店配备了独立的管理者，但到1971年，一支更加理性、更具成本意识的管理团队重新占据了主导地位。

> 在一项本意是为伍尔科和伍尔沃斯各部门增加每平方英尺[a]销售额的计划中，两家子公司按地区合并了它们的经营业务。公司管理者表示，此次合并——涉及地区一级的采购办公室、物流分派中心和管理者——将有助于两家子公司打造更好的商品和更高效的门店。伍尔科将受益于伍尔沃斯的采购资源、物流分派中心的相应经验，以及在发展专卖店方面的其他专业经验。而作为回报，伍尔沃斯则能从伍尔科那里学习寻找、设计、推广和经营超过10万平方英尺的大型门店方面的知识。[14]

a. 1平方英尺约为0.09平方米。——编者注那么，此次以节省开支为目的的合并行动产生了什么样的影响呢？这再次证明，两种盈利模式无法在同一家机构和平共处。合并发生后不到 1 年，伍尔科连锁店便提高了对商品的加价幅度，最终使其毛利率达到折扣行业的最高水平——33%。在此过程中，它的库存周转率却从原来的 7 次下降到 4 次。这种与伍尔沃斯公司的传统一脉相承的盈利模式（利润率为 35%，库存每年周转 4 次，库存投资回报率为 140%）最终还是主导了伍尔科连锁店的经营活动（见图 5.3）。因此，无论是从名义上说，还是从实际情况上看，伍尔科都不再是一家折扣零售店。意料之中的是，伍尔沃斯公司进军折扣零售领域的努力终究是失败了，它于 1982 年关闭了旗下最后一家伍尔科门店。

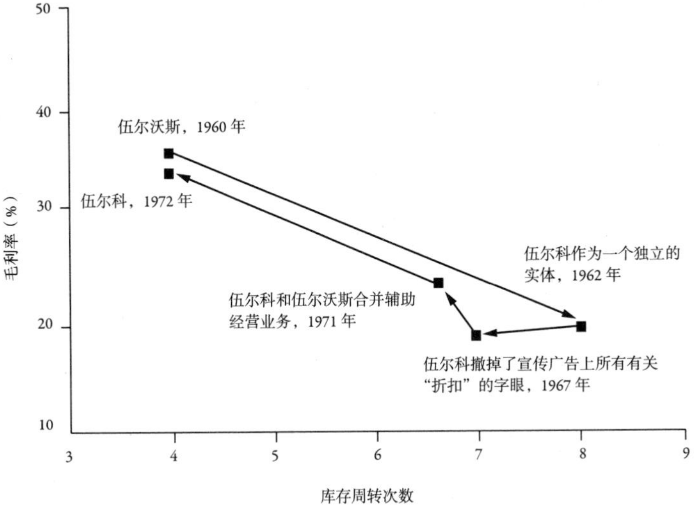

图 5.3　伍尔科与伍尔沃斯公司的业务整合对伍尔科的盈利模式的影响

资料来源：伍尔沃斯公司历年年报上的数据，以及《折扣零售商》各期公布的数据。

伍尔沃斯公司发展破坏性折扣零售业务的组织战略，与DEC开发个人电脑业务的战略如出一辙。两家公司都在母公司内部成立新机构，并要求新机构按照主流机构的规则盈利，而它们均未建立在主流价值网络内获得成功所必需的成本结构和盈利模式。

打印机行业：惠普公司自杀以求生存

惠普公司开发个人电脑打印机业务的经验表明，企业通过成立一个独立的分支机构来研发破坏性技术的举措，可能最终会挤垮其内部的另一个业务部门。

相比惠普公司在喷墨技术出现时所采取的管理措施，该公司在生产个人电脑打印机方面所取得的成功甚至更加令人称道。从20世纪80年代中期开始，惠普公司便成功地将激光喷射打印技术发展为一项庞大的业务。激光喷射是对点阵打印技术（上一代占主导地位的个人电脑打印技术）的一次非连续性改善，惠普公司在这项技术上获得了绝对的市场领先地位。

当另一种将数字信号转变为纸上图像的技术（喷墨技术）刚刚出现时，关于到底是激光喷射还是喷墨打印将成为个人打印的主导设计的辩论便不绝于耳。专家们对此各执一词，不断向惠普公司灌输哪项技术将最终成为全球台式计算机首选打印机的建议。[15]

尽管在当时的大辩论中没有人提到这个观点，但喷墨打印其实是一项破坏性技术。它的打印速度要慢于激光喷射打印，其解决方案也不如激光喷射打印，每打印一张纸的成本也更高。但喷墨打印机的体积更小，因此其售价可能会远远低于激光喷射打印机。由于售价更低，每台喷墨打印机所能实现的毛利率也会低于激光喷射打印机。因此，相对于后者，喷墨打印机是一种典型的破坏性产品。

惠普公司当时既没有把所有希望寄托在其中一项技术上，也没有试图从当前打印机部门（位于爱达荷州的博伊西）内部来推广具有破坏性的喷墨打印技术，它反而在华盛顿州的温哥华市成立了一个完全独立的部门来负责喷墨打印机的开发。然后，惠普公司让这两项业务形成相互竞争的关系，两个业务部门都按照各自的方式运营。如图 5.4 所示，其激光喷射打印机部门大举进军高端市场时所实施的战略也让人联想到 14 英寸硬盘企业、大型计算机厂商和综合性钢铁厂采取过的战略。惠普公司的激光喷射打印机能以非凡的解决方案实现高速打印，能够处理数百种字体和复杂的图形，能够实现双面打印，还可以通过联网同时为多名用户提供服务。与此同时，激光喷射打印机的体积也在不断增大。

喷墨打印机的性能没有激光喷射打印机出色，而且它可能永远都无法超越激光喷射打印机，但最关键的问题是喷墨打印机是否能达到个人台式电脑市场对打印机的要求。答案似乎是肯定的，喷墨打印机的解决方案和速度尽管仍不如激光喷射打印机，但它已明显能够满足许多学生、职业人士和其他台式计算机的非联网用户的需求。

随后，惠普公司的喷墨打印机业务逐渐吸引了许多之前一直使用激光喷射打印机的用户。最终，对性能要求最高的最高端市场（这一市场正是激光喷射打印机部门目前的发展方向）的用户数量可能会逐渐萎缩。惠普公司的一项业务可能最终会挤垮另一项业务。但如果惠普公司没有针对喷墨打印机业务设立一个独立的机构，喷墨技术可能已经在主流激光喷射打印机业务的挤压下淡出人们的视野，并为其他积极参与喷墨打印机市场竞争的企业（例如佳能）创造了机会，使它们最终严重威胁惠普公司的打印机业务。由于继续保留了激光喷射打印机业务，惠普公司得以像IBM的大型计算机部门和综合性钢铁企业一样，在退出高端市场的同时还能赚个盆满钵满。[16]

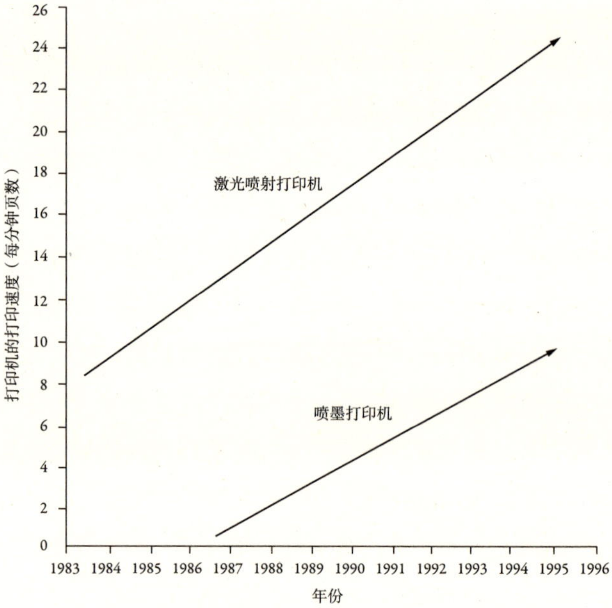

图 5.4　喷墨和激光喷射打印机的速度改善轨线

资料来源：惠普公司历年来的产品手册。

第6章

让机构规模与市场规模匹配

增长导向型大型企业还必须面对小市场无法满足大机构的短期增长需求这一难题。所有由破坏性技术催生的市场在最开始时的规模都很小，领先企业在这些市场上接到的第一笔订单也都是小订单，培育了这些新兴市场的企业所建立的成本结构也必须能使企业以很小的规模实现盈利。

在对破坏性技术进行商业化推广时，身处破坏性技术变革中的管理者必须成为领先者，而不是追随者。要做到这一点，企业管理者就必须让与目标市场的规模匹配的商业机构来负责研发破坏性技术项目。得出这些结论的依据是此项研究的两个关键发现：相比延续性技术，在应对破坏性技术的过程中，领先地位对企业而言显得更加重要；小型新兴市场并不能解决大型企业的短期增长和盈利要求。

硬盘行业的经验表明，对企业来说，相比进入竞争激烈的成熟市场，创造新市场的风险要低很多，而其回报率却要高很多。

但随着企业不断发展壮大，并取得越来越大的成功，它们想要尽早地进入新兴市场的难度却越来越大。由于成长型企业每年需要大幅提高收入水平才能维持它们期望的增长率，因此，作为一种增长手段，这些企业越来越不可能通过小型市场来获取其所希望的这部分新收入。正如我们即将指出的那样，应对这一困境最直接的方法就是设立规模足够小并足以满足小型市场发展机遇的机构，由其来负责破坏性技术的商业推广项目，并将之确立为一种常规机制——即便是主体企业仍处在增长时期。

成为领先者还是追随者

创新管理中的一个关键性战略决策就是，成为技术变革的领先者是否非常重要，而追随者的角色是否也可以被接受。有关先发优势的论述已经有很多，而对于等待策略（即在领先企业已经解决了创新的主要风险后再进入市场）也有等量的描述。有一句管理上的老话是这样说的："你总是能判断出哪些企业是领先企业，它们就是那些时刻准备着的企业。"与大多数有关管理理论的争议一样，这两种策略（成为领先者或甘当追随者）不可能在任何时候都正确。对硬盘行业的一些研究发现给了我们一些启示，让我们可以更好地理解：引领变革何时事关重大，紧跟潮流何时更加有效。

引领延续性技术变革可能并不具有决定性意义

硬盘行业一项具有分水岭意义的技术就是薄膜读写磁头技术，它的出现改变了硬盘制造商提高硬盘磁录密度的速度。我们在第

1 章已经提到，尽管薄膜技术与之前的技术截然不同，而且它具有性能破坏性，但鉴于 1 亿美元的研发费用和 5~15 年的研发周期，引领这项技术的企业都只能是领先的成熟硬盘制造商。

由于技术的研发存在风险，并且它可能对硬盘行业造成重要影响，20 世纪 70 年代末，商业媒体开始猜测哪家硬盘企业将引领薄膜磁头技术浪潮。传统的铁氧体磁头技术还有多大的发展空间？是否会有硬盘制造商因为没有及时理会或是不理会新型磁头技术而被淘汰出硬盘市场？但事实证明，无论企业在这项创新中是处于领先地位还是追随地位，它们的竞争状况都不会发生本质性的改变（如图 6.1 和图 6.2 所示）。

图 6.1 的横轴显示了每家领先企业推出首款使用了薄膜磁头的产品的时间，纵轴则显示了硬盘的磁录密度。每条线的底端表示的是每家公司在推出使用了薄膜磁头的产品前，所能实现的最大磁录密度；每条线的顶端代表了每家公司推出的首款使用薄膜磁头的产品所达到的最大磁录密度。需要注意的是，对于何时是推出该项新技术的重要时机，这些企业之间的看法存在着很大的差异。IBM 是业内的龙头企业，它是在新技术的磁录密度达到每平方英寸 3MB 之后，才推出带薄膜磁头的产品的。梅莫雷克斯公司和存储技术公司在这场技术变革中，扮演了相同的领先者的角色。另外，富士公司和日立公司则在继续完善传统的铁氧体磁头技术（IBM 首先推出这项技术的时候，富士公司和日立公司已将铁氧体磁头的性能提高了近 10 倍），并选择在研发薄膜技术的过程中扮演追随者，而不是领先者的角色。

在这场技术变革中，领先地位到底给这些企业带来了什么好处呢（如果确有好处的话）？没有证据表明领先者在与追随者的

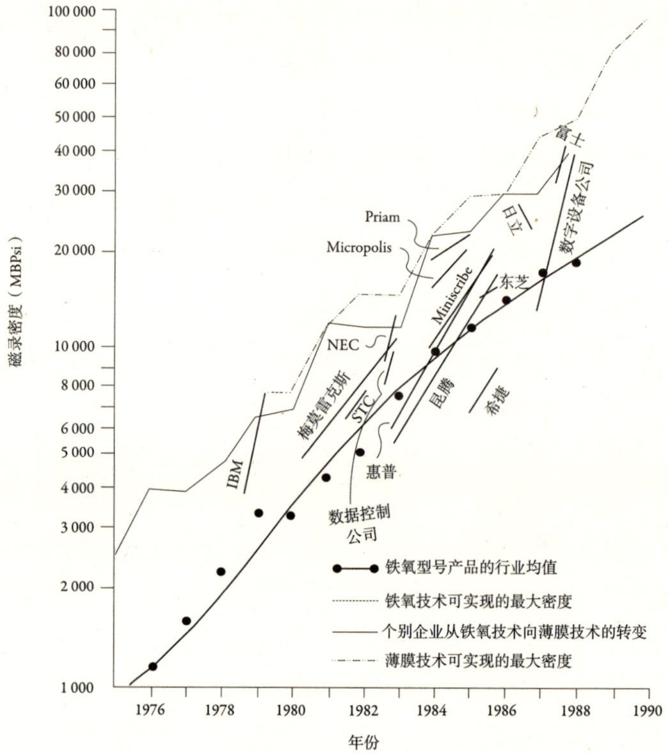

图 6.1　技术转变时期，领先硬盘制造商采用的薄膜技术相对于铁氧技术的性能所能达到的磁录密度

资料来源：《磁盘 / 趋势报告》各期公布的数据。

竞争中占据了明显的优势，也没有任何一家研发薄膜技术的领先企业因此抢占了更大的市场份额。此外，领先企业似乎也没能发展任何形式的学习优势，使它们可以利用在早期建立的领先优势，在产品中实现比追随者更高的磁录密度。有关这方面的情况见图 6.2。图中横轴显示了各企业采用薄膜磁头的先后顺序，IBM 是第 1 家采用薄膜技术的企业，梅莫雷克斯公司是第 2 家，富士公司是第 15 家。纵轴显示的则是各家企业在 1989 年推出的最先进型号的磁录密度排名。相对于较晚采用薄膜磁头的企业，假如较早采用这项技术的企业能在技术应用经验上占据一定优势，我们应该会看到图中的数据点逐渐从左侧高位向右侧低位倾斜。但图 6.2 表明，在对薄膜磁头的应用上，处于领先或追随地位与之后的技术优势之间并没有必然的联系。[1]

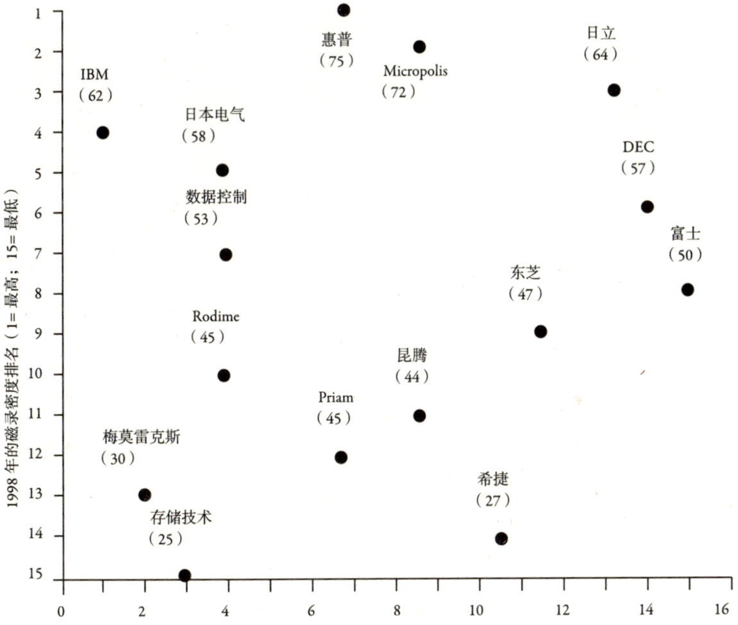

图 6.2　采用薄膜技术与 1989 年最高性能型号达到的磁录密度之间的关系

资料来源：Clayton M. Christensen, "Exploring the Limits of the Technology S-Curve. Part l: Component Technologies," *Production and Operations Management* 1, no. 4(Fall 1992): 347. 获准后再版。

硬盘行业史中的其他延续性技术也都呈现了类似的发展趋势。没有证据表明，研发和应用延续性技术的领先者能够在与追随者的竞争中建立明显的优势。[2]

在研发破坏性技术中处于领先地位能创造巨大的价值

上文论述过，从历史上看，在研发延续性技术中处于领先地位并不会给领先的硬盘企业带来什么优势。与之形成鲜明对比的是，有大量证据表明，引领破坏性技术非常重要。对于那些在新一代硬盘（指具有市场破坏性的硬盘）出现后的两年内进入由它生成的新价值网络的企业来说，它获得成功的概率是那些在两年后进入该网络的企业的 7 倍。

1976—1993 年，有 83 家企业进入了美国硬盘行业。其中 35 家企业的业务较为多样，除了硬盘，它们还生产计算机其他外部设备，或其他磁录产品，其中就包括梅莫雷克斯公司、Ampex 公司、3M 公司和施乐公司。有 48 家企业是独立的创业型企业，其中多数企业的资金源于风险投资，而且其创始人此前一般都有在行业内其他企业工作的经历。这些数据将所有设计过，或者据了解，宣称设计过硬盘的企业统计在内——不管这些企业是否实际销售过任何硬盘产品。在对企业进行抽样统计时，这些数据也没有偏向或忽略某些类型的企业。

这些企业所采取的市场进入策略可以用表 6.1 中的行和列来表示。列显示的是企业采取的技术策略：位于图表底部的企业只在它们的初始产品中使用经过市场检验的技术，而位于顶部的企业则会使用一种或多种新型组件技术。[3]行描绘的则是各家企业采取的市场战略，位于左侧的企业已经进入了成熟的价值网络，而

表 6.1 1976—1994 年，至少有一年实现了 1 亿美元年收入的硬盘驱动器企业

进入市场时的技术策略	成熟市场：企业类型	成功	失败	无定论	合计	成功率	销售额（百万美元）	新兴市场：企业类型	成功	失败	无定论	合计	成功率	销售额（百万美元）
新技术	创业型企业	0	7	3	10	0%	235.3	创业型企业	3	4	1	8	37%	16 379.3
	相关技术企业	0	1	0	1	0%	0.0	相关技术企业	0	0	0	0	—	—
	相关市场企业	0	3	0	3	0%	1.4	相关市场企业	0	0	0	0	—	—
	前向综合性企业	0	1	0	1	0%	0.0	前向综合性企业	0	0	0	0	—	—
	合计	0	12	3	15	0%	236.7	合计	3	4	1	8	37%	16 379.3
经过检验的技术	企业类型	成功	失败	无定论	合计	成功率	销售额（百万美元）	企业类型	成功	失败	无定论	合计	成功率	销售额（百万美元）
	创业型企业	3	11	4	18	17%	2 485.7	创业型企业	4	7	2	13	31%	32 043.7
	相关技术企业	0	4	0	4	0%	191.6	相关技术企业	4	2	0	6	67%	11 461.0
	相关市场企业	0	12	0	12	0%	361.2	相关市场企业	1	4	0	5	20%	2 239.0
	前向综合性企业	0	3	0	3	0%	17.7	前向综合性企业	0	0	0	0	—	—
	合计	3	30	4	37	8%	3 056.2	合计	9	13	2	24	36%	45 743.7

成熟市场　**市场进入策略**　新兴市场

所有企业的统计数据，不论采取何种技术策略	企业类型	成功	失败	无定论	合计	成功率	销售额（百万美元）	企业类型	成功	失败	无定论	合计	成功率	销售额（百万美元）
	创业型企业	3	18	7	28	11%	2 721.0	创业型企业	7	11	3	21	33%	48 423.0
	相关技术企业	0	5	0	5	0%	191.6	相关技术企业	4	2	0	6	67%	11 461.0
	相关市场企业	0	15	0	5	0%	362.6	相关市场企业	1	4	0	5	20%	2 239.0
	前向综合性企业	0	4	0	4	0%	17.7	前向综合性企业	0	0	0	0	—	—
	合计	3	42	7	52	6%	3 292.9	合计	12	17	3	32	37%	62 123.0

资料来源：《磁盘 / 趋势报告》各期公布的数据。

位于右侧的企业已经进入了新兴价值网络。[4]另一种阐述该表特点的方法是，指出那些在进入市场时积极研发和应用延续性技术的企业位于顶部左、右两个方框内，而在进入时创建了新价值网络的企业则位于右边的上、下两个方框内。右边方框内的企业包括所有试图建立新价值网络——即便是那些没能在重大市场上被确立的价值网络（例如移动硬盘）——的企业。

每个四分之一区显示了采取各种策略进入市场的企业的数量。“成功”列显示的是至少有 1 年的收入成功达到 1 亿美元的企业数量，即使这家企业后来宣布破产，也被计算在内；“失败”列显示的是收入从未超过 1 亿美元，而且之后退出硬盘行业的企业数量；“无定论”列显示了尚无定论的企业数量，因为虽然这些企业在 1994 年还在继续经营，但它们的销售收入从未达到 1 亿美元；“合计”列则显示了每个类别中的企业总数量。[5]“成功率”列显示了销售收入超过 1 亿美元的企业占所有企业的比重。最后，图表下方的数列综合统计了位于它上方的区域中的数据。

根据图表下方的数据，在 52 家进入成熟市场的企业中，只有 3 家（6%）达到过 1 亿美元的收入水平。与之相反，在引领破坏性技术创新的企业（指进入刚刚形成不到两年的市场的企业）中，有 37% 的企业的收入水平超过了 1 亿美元（如表 6.1 的右侧所示）。不管这家企业是创业型企业还是多样化企业，其成功率都不会受到太大的影响。重要的似乎不是企业的组织形式，而是企业能否率先推出具有市场破坏性的产品，并为这些产品创造能够打开销路的市场。[6]

在进入市场时试图引领延续性组件技术的企业（位于图表的上半部分）中，只有约 13% 的企业（23 家企业中有 3 家成功）取得了成功；而在处于追随者地位的企业中，却有约 20%（61 家企业中有 12 家成功）的企业获得了成功。很显然，位于右下角的这个四分之一区，为企业走向成功提供了最为肥沃的土壤。

每个四分之一区位于最右侧的累计销售额数据列，揭示了实行各种策略的所有企业累计实现的总收入，图表下方的数列概述了这些数据。结果令人大感意外。1976—1994 年，率先推出破坏性产品的企业总计实现了约 620 亿美元的收入。[7] 那些等到市场成熟以后再进入市场的企业总共只实现了约 33 亿美元的收入。这的确是创新者面临的一种窘境。通过进入小型新兴市场来寻求发展的企业所实现的收入，是那些为了相同目标进入大型市场的企业的近 20 倍。每家企业实现收入的差异甚至更加令人惊讶：在较晚进入破坏性技术市场的企业（位于图表的左半边）之中，平均每家企业创造的销售收入约为 6 400 万美元；而平均每家引领破坏性技术的企业创造的收入约为 19 亿美元。位于图表左侧的企业似乎做出了一个错误选择——用市场风险（即由破坏性技术创造的新兴市场可能中途"夭折"的风险）换取了竞争风险（即进入竞争错综复杂的市场的风险）。[8]

企业规模 vs. 增长率

尽管有证据表明，率先进行破坏性创新可以给企业带来诸多好处，但如本书前 4 章所述，成熟企业通常无法在这种类型的创新中占得先机。成熟企业会受制于客户，而理性、运行良好的资源分配流程又妨碍了它们对破坏性技术进行商业化推广。在成熟企业力图维持企业增长率的过程中，另外一个会对它们造成严重影响的因素是，企业发展得越大、越成功，就越难以找到理由在市场发展的早期进入新兴市场。而上述证据表明，此时进入市场对于企业今后的发展起着至关重要的作用。

好的管理者需要不断推动企业向前发展，其中的原因有很多。其中一个原因就是，增长率会对企业的股价产生重大影响。从某种程度上说，企业的股价代表了一些市场预测的企业未来盈利流的贴现现值，然后股价的水平（不管是上涨还是下跌）会受到预期盈利增长率变化的影响。[9]换句话说，如果一家公司的当前股价是基于市场预测的20%的增长率计算得出的，而在市场对该公司增长率的预测下调至15%之后，该公司的股价可能会下跌，即使它的收入和盈利仍将以较快的速度实现增长。走势强劲且不断上涨的股价定然能使企业以更优厚的条件获得资本，心满意足的投资者可以说是企业非常宝贵的财富。

不断上涨的股价，使得优先认股权计划成为企业向有价值的员工发放奖励的一种较为节省成本的方式。当股价停滞或下跌时，优先认股权也就失去了它的价值。此外，企业的发展也为表现较好的员工获得更大的职业发展空间提供了机遇。企业在停止增长时，其最重要的人才资源也会开始流失，因为那些最有发展前途的未来企业领导将因此认为，企业已无法给他们提供更多的发展机遇。

最后，有大量证据表明，相比增长陷入停滞的企业，增长型企业的新产品和流程技术研发项目更容易获得投资。[10]

不幸的是，逐渐发展壮大的成功企业发现，维持企业增长率的难度变得越来越大。算法很简单：一家市值4 000万美元的企业如果需要达到20%的增长率才能实现盈利，以维持股价和企业的活力，那它就需要在第一年增加 800 万美元的收入，在第二年增加 960 万美元的收入。一家市值 4 亿美元的企业要实现 20% 的增长率，就需要在第一年增加 8 000 万美元的收入，在第二年增加 9 600 万美元的收入。一家市值 40 亿美元的企业要实现 20% 的增长率，就需要在第一年增加 8 亿美元的收入，在第二年增加 9.6 亿美元的收入。以此类推。

对于面临破坏性技术的大企业来说，这个问题尤为棘手。破坏性技术会催生新的市场，而没有任何一个新兴市场的规模能达到 8 亿美元。但对新兴企业来说，正是因为新兴市场规模较小，也就是在它对希望大幅提高收入水平的大型企业最不具吸引力的时候，进入这一市场的战略决策才具有如此至关重要的作用。

那么，在面临破坏性技术变革时，大型成功企业的管理者应如何应对市场规模与企业增长率这些现实问题呢？在对这一问题的研究过程中，我发现了三种应对之策。

1. 试图改变新兴市场的增长率，使这个市场变得规模足够大，发展足够迅猛，能对大型企业的利润和收入增长轨道产生足够的影响。
2. 等到市场已经出现，并且市场定位变得更加清晰，在市场“发展到一定规模”后再进入。
3. 将对破坏性技术进行商业化推广的职责交给规模足够小的机构，而且这些机构的表现从一开始就会受到破坏性业务的收入、利润和少量订单的重大影响。

正如下列案例研究所示，前两种方法存在很多的问题。第三种方法也有一些缺陷，但显然有更多证据表明这种方法更加行之有效。

牛顿PDA：苹果如何创造新兴市场

苹果公司较早进入手提电脑或PDA市场的经历，有助于我们理解大企业在小市场面临的诸多困难。

苹果公司于1976年推出了Apple I（第一代苹果机），它最多只能算是一种功能有限的初级产品，苹果公司在从市场撤下Apple I之前总共只卖出了200台（售价为666美元）。但Apple I并没有给苹果公司带来严重的财务危机，因为苹果公司在Apple I研发上的成本并不算高，而且不论是苹果公司还是它的客户，都从中学到了更多关于如何使用台式个人电脑的经验。苹果公司在总结研发Apple I的经验教训后，于1977年推出了Apple II（第二代苹果机）电脑，并大获成功。苹果公司在Apple II上市后的头两年就卖出了43 000台，[11] Apple II的成功也一举奠定了苹果公司在个人电脑行业的领先地位。借助Apple II大获成功的东风，苹果公司于1980年成功上市。

在推出Apple II电脑十年后，苹果公司成长为一家市值达50亿美元的企业。像所有成功的大企业一样，苹果公司也发现，为了保持其股票价值和企业活力，它每年都需要大幅提高收入水平。20世纪90年代初，新兴的PDA市场逐渐显现了增长潜力。从很多方面来看，此次机遇都与1978年Apple II的上市给计算机行业带来的变化（推动了个人电脑行业的形成）有着很大的相似性。对于苹果公司来说，这可谓一个天赐良机，因为苹果公司独特的设计优势主要表现在它的用户友好型产品中，而用户友好型和便捷性正好构成了 PDA 的理念基础。

那么，苹果公司是如何利用这一机遇的呢？答案是主动出击。苹果公司投资了数百万美元来研发 PDA 产品，并将它命名为“牛顿”（Newton）。苹果公司通过有史以来最大规模的一次市场研究确定了牛顿产品的特色；利用了各种类型的跟踪调研和调查，来判断客户希望产品具有什么样的特色。PDA 具有计算机破坏性技术的许多特点。时任苹果公司首席执行官的约翰·斯卡利意识到了可能会发生的问题，因此他将牛顿产品的研发列为他个人的首选项目，并开始大规模地推广这种产品，以确保这个项目获得所需的技术和资金。

苹果公司在 1993 年和 1994 年（也就是在新产品上市后的头两年）卖出了 14 万台牛顿 PDA。但在当时，大多数观察家认为牛顿 PDA 是一款失败的产品。从技术上说，它的手写识别能力令人失望，而它的无线通信技术又大大增加了它的成本。最糟糕的是，虽然斯卡利公开表示牛顿 PDA 是延续公司增长趋势的关键性产品，但牛顿 PDA 第一年的销售额只占苹果公司总收入的约 1%。尽管付出了所有努力，牛顿 PDA 产品仍未给苹果公司带来其所期望的新增长空间。

但牛顿 PDA 是否真是一个失败的项目呢？牛顿 PDA 进入手提电脑市场的时机，与 Apple II 进入台式计算机市场的时机类似。它是一种创造市场型的破坏性产品，其针对的目标用户尚不明确，用户的需求无论是对用户自己还是对苹果公司来说都是一个未知数。以这个标准来看，牛顿 PDA 的销量应该好于苹果公司管理层的预期，它在上市后头两年内的销量是 Apple II 的 3 倍多。在 1979 年，对于当时规模尚小的苹果公司来说，43 000 台的销量就已经可以被看作争取上市资格的一次重大胜利。但到 1994 年，对于已经发展为行业巨头的苹果公司来说，牛顿 PDA 14 万台的销量却只能被视为失败。

正如我在第 7 章即将谈到的那样，破坏性技术经常导致之前不可能发生的一些情况最终发生。也正是基于这个原因，当破坏性技术刚刚出现时，不管是制造商还是客户都不知道如何使用这些产品，或者是为什么要使用这些产品，因此他们也不知道哪些具体的产品特色最后会受到重视，哪些不会受到重视。构建这样的市场就是客户和制造商共同发现的过程，而这需要时间。例如，在苹果公司开发台式计算机的过程中，Apple I 以失败告终，首款 Apple II 的销量较为平淡，Apple II+ 则获得了成功。Apple III 由于质量问题被市场抛弃，Lisa 电脑也遭遇了失败。前两代 Macintosh 电脑同样举步维艰，直到推出第三代 Macintosh 电脑，苹果公司及其客户才最终找到成功的秘诀：便捷、用户友好型计算机使用标准。计算机行业的其他企业最终都采用了这一标准。[12]

但在开发牛顿 PDA 产品时，苹果公司过于急切地希望缩短确定最终产品和市场匹配的流程。它假定客户了解自己需要什么，而且会花费大量的金钱去寻找他们自己想要的东西。（在下一章，我将说明这个假设是错误的。）然后，为了给客户提供公司认为客户想要的东西，苹果公司不得不在一个新兴产业中承担延续性技术领先者这样一个不确定的角色，花费巨资来研发当时最先进的移动数据通信和手写识别技术，到最后，它还投入了大量资金来向客户推销自己设计的产品。

由于新兴市场的规模较小，因此参与新兴市场竞争的机构必须能以较小的规模实现盈利。这一点至关重要，原因是，被认为具有盈利能力并获得了成功的组织和项目，能够继续从它们的母公司和资本市场吸引资金和人力资源；而被认定为失败的提案则很难再获得资金和人员的青睐。不幸的是，由于苹果公司为加速 PDA 市场的形成在牛顿 PDA 产品上投入了巨额资金，公司已很难再获得具有吸引力的回报率。因此，市场普遍认为牛顿 PDA 是一款失败的产品。

就像大多数商业失败案例一样，事后人们找出了苹果公司在牛顿 PDA 项目上所犯下的各种错误。但我认为，导致苹果公司在这个项目上遭遇失败的根本原因并不是管理不当。公司高管的行为揭示了一个更深层次的问题：小市场并不能满足大机构的短期增长需求。

希捷硬盘：发展到一定规模时再进入

许多大企业应对破坏性技术陷阱的第二种方式是，等到新兴市场“发展到一定规模”时再进入，有时这种策略的确行之有效，IBM 选择在 1981 年进入台式个人电脑市场便是其中一个成功范例。但这是一个颇具迷惑性的逻辑，而且最终可能引火烧身，因为创造了新市场的企业通常也培养出了与这些市场的要求密切吻合的能力，而且这些能力是后来进入市场的企业难以成功复制的。下面我将用硬盘行业的两个案例来阐述这一问题。

在于 1978 年进入微型计算机领域之后，Priam 公司便逐渐发展为 8 英寸硬盘市场的领先制造商，并逐步具备了每两年向市场推出一款新型硬盘产品的能力。Priam 公司这一推出新产品的频率与它的客户（微型计算机制造商）一致，后者也是以两年为一个周期来向市场推出新产品的。

希捷公司在 1980 年向新兴台式计算机市场推出了它的第一款 5.25 英寸硬盘。相比 Priam 公司销往微型计算机市场的硬盘的性能，5.25 英寸硬盘的速度较慢，并且具有市场破坏性。但到 1983 年，希捷公司和其他率先应用破坏性 5.25 英寸硬盘技术的公司，已经在台式计算机市场形成了每年推出一款新产品的能力。由于希捷公司和 Priam 公司在每一代新产品上实现的改善幅度非常相近，具备每年推出一代新产品能力的希捷公司很快便弥补了它与 Priam 公司之间存在的性能差距。

Priam 公司在 1982 年推出了它的第一款 5.25 英寸硬盘。但它在此之后推出 5.25 英寸硬盘产品的周期还是两年，这还是它在微型计算机市场上发展的每两年推出一款新产品的能力——而不是参与台式计算机市场竞争所需要的每年推出一款新产品的能力。因此，Priam 公司从来没有从台式计算机制造商那里得到一份大订单，因为它的新产品自始至终都无法达到台式计算机制造商的设计要求。而希捷公司则由于采取了更多更具远见的措施（相比 Priam 公司），成功地弥补了它们之间的性能缺口。Priam 公司于 1990 年关门歇业。

第二个实例发生在下一代破坏性产品上。希捷公司在 1984 年成为业内第二家成功研发 3.5 英寸硬盘的企业。分析人士当时猜测，希捷公司最快可能会在 1985 年推出 3.5 英寸硬盘。而希捷公司也确实在 1985 年秋的世界计算机分销商展览会上展示了 10MB 产品的样机。但到 1986 年年底，希捷公司还未推出 3.5 英寸硬盘，对此，希捷公司的首席执行官艾伦·舒加特解释说：

“截至目前，这个市场还不够大。”[13] 1987年，当3.5英寸硬盘市场的销售额已达到16亿美元，并已“发展到一定规模”时，希捷公司最终推出了自己的3.5英寸硬盘产品。但到1991年，尽管希捷公司已经销售了大量的3.5英寸硬盘，但它对便携式计算机制造商的销量却几乎为零，它所有型号的产品全部销往台式计算机市场，从而以防御性的姿态逐渐蚕食了它的5.25英寸硬盘的销量。为什么会发生这种情况呢？

造成这种现象的其中一个原因可能是，康诺公司从根本上改变了硬盘制造商进入便携式计算机市场的游戏规则——它率先将3.5英寸硬盘销往便携式计算机市场，并保持了它在这一市场上的领先地位。正如康诺公司的一名高管所描述的那样：

> 从OEM硬盘产业诞生时开始，产品研发一直是经以下三个步骤依次展开的：首先是设计硬盘产品；其次是生产硬盘产品；最后是销售硬盘产品。我们改变了这三个步骤的顺序：首先销售硬盘；然后设计硬盘；最后生产硬盘。[14]

换句话说，康诺公司开创了一种全新的硬盘销售模式——为便携式计算机市场上的主要客户提供客户定制服务，并且相应地完善了适宜于这种模式的市场营销、工程管理和制造流程。[15] 康诺公司的另一名高管表示：“希捷公司从未弄清楚应该怎样在便携式计算机市场销售硬盘产品。它从未发现其中的窍门。”[16]

让小企业发展破坏性技术

每一种创新都是艰难的。而当项目实施机构内的大多数人员都在不断地询问为什么要开展这个项目时，实行创新项目的难度又将被无限扩大。只有那些能够满足重要客户的需求，能对机构的盈利和增长需求产生有利影响，而且能够提高参与其中的有能力的员工的职业发展前景的项目，才能得到机构内工作人员的理解和支持。当一个项目不具备这些特点时，管理者就需要花费很长的时间和巨大的精力来解释为什么该项目需要这些资源，因此他们也无法有效地管理这一项目。在这种情况下，最优秀的员工一般都不希望与这种项目发生关联。当情况恶化时，被认为无关紧要的项目也将首先被取消或推迟。

因此，当管理层能确保参与其中的人员都认为项目的实施将对机构未来的发展及盈利的实现起到至关重要的作用时，该项目获得成功的概率也将大大增加。在这些情况下，当不可避免地出现低于预期的状况、不可预知的困难和工作进度的延迟时，机构也更有可能找到办法来解决这一问题。

正如我们已经看到的那样，大企业基本上不会将在小型新兴市场研发破坏性技术的项目视为企业成功与否的关键。对大企业而言，与其不断地试图说服和提醒每个人，小型破坏性技术可能会在未来某个时候发展成一项关键性技术，或者至少发展为一项具有战略意义的技术，不如让规模足够小、足以为尚处于萌芽阶段的破坏性技术所带来的机遇而欢欣鼓舞的机构来负责项目的实施。具体方法可以是建立一个独立的分支机构，也可以是收购一家与破坏性市场规模匹配的小企业。指望那些希望在大企业一展宏图的员工全力支持（包括利用他们所掌握的资源，并让他们付出很多的时间和巨大的精力）规模较小、市场定位不明确的破坏性项目，无异于古人手缚羽翼、挥动翅膀的飞行痴梦。[17]

商界有很多使用这种方法取得成功的范例。例如，数据控制公司本来完全错过了8英寸硬盘带来的发展机遇，但它在俄克拉荷马市专门成立了一支团队来研发5.25英寸硬盘。除了需要远离主流客户的影响这一因素，数据控制公司还明确希望创立一家规模与市场发展机遇匹配的机构。公司的一名经理回忆说："我们需要一个能为5万美元的订单而欢呼雀跃的机构。在明尼阿波利斯（该部门通过在大型计算机市场销售14英寸硬盘而为公司贡献了近10亿美元的收入），你至少需要拿到100万美元的订单才能引起别人的注意。"事实证明，该公司在俄克拉荷马市的项目取得了巨大的成功。

另外一种使机构规模与市场规模匹配的方式就是，收购一家专门用来发展破坏性技术的小型企业，这也是艾伦-布拉德利公司（Allen Bradley Company）从生产机械电机控制器成功过渡到生产具有市场破坏性的电子电机控制器时所采取的战略。

在数十年的时间里，位于密尔沃基的艾伦-布拉德利公司是电机控制行业无可争议的龙头企业，它主要生产复杂的重型开关（这种开关能够控制大型电机，并在电压超负荷和电流猛增时起到保护电机的作用）。艾伦-布拉德利公司的主要客户是机床和起重机制造商，以及负责为工业用和商业用采暖、HVAC（通风与空调）系统安装风扇和泵的生产商。电机控制器是一种机电设备，其运行原理与家用电灯开关类似，只是其规模要大很多。在较为复杂的机床和HVAC系统中，电机及其控制器通常通过机电式继电器开关被连接在一起，按特定的顺序并在特定的条件下打开和关闭电机。鉴于它们所控制的设备的价值和设备发生故障后带来的高昂成本，控制器需要结实、耐用，能开闭几百万次，并能防震、防尘（这是由控制器的工作环境决定的）。

1968年，创业企业莫迪康（Modicon）公司开始销售电子可编程电机控制器。从机电控制器主流用户的角度看，这是一种破坏性技术。德州仪器（TI）公司紧跟莫迪康公司推出了自己的电子控制器。由于早期的电子控制器无法像艾伦-布拉德利公司生产的控制器那样，在恶劣环境下也具有很强的耐用性，莫迪康公司和德州仪器公司均未能打开主流机床制造商和HVAC承建商市场。由于该类产品的性能指标是由主流制造商确立的，而且电子产品的性能不如传统控制器，因此几乎没有几家主流客户需要用到电子控制器提供的可编程功能。

因此，莫迪康公司和德州仪器公司被迫为它们的可编程电机控制器开发一个新的市场——工厂自动化市场。这个新兴市场所针对的客户不是制造商，而是刚刚开始尝试组装自动化生产设备零件的设备用户，例如福特汽车和通用汽车。

在5家领先的机电电机控制器制造商［艾伦-布拉德利公司、Square D公司、卡特拉-汉莫（Cutler Hammer）公司、通用电气公司和西屋电气（Westinghouse）公司］中，只有艾伦-布拉德利公司在可编程电机控制器中改善了其耐用性，并在开始侵入核心电机控制器市场时，保住了自身在市场上的优势地位。艾伦-布拉德利公司仅落后莫迪康公司两年进入电子控制器市场，却在短短数年内便确立了它的市场领先地位，甚至还保持了在传统机电产品中的优势地位。随后，艾伦-布拉德利公司将自己转变为工厂自动化电子控制器的主要供应商。而其他4家企业很晚才推出自己的电子控制器产品，而且之后它们要么退出了控制器市场，要么其市场地位每况愈下。从技术能力角度来看，这一结果令人颇感意外，因为当时通用电气公司和西屋电气公司在微电子技术方面的专业能力，要远远高于没有任何微电子技术系统化应用经验的艾伦-布拉德利公司。

那么，艾伦-布拉德利公司采取了什么与众不同的措施呢？在 1969 年，也就是在莫迪康公司进入电子控制器市场一年后，艾伦-布拉德利公司的管理层收购了信息仪器公司（Information Instruments, Inc.，一家位于密歇根州安娜堡的刚刚起步的可编程控制器制造商）25% 的股份。第二年，该公司又收购了邦克-拉莫（Bunker-Ramo）公司新成立的一个负责可编程电子控制器及其新兴市场的部门。艾伦-布拉德利公司将收购后的企业合并为一个部门，其运转流程完全独立于位于密尔沃基的主流机电产品业务部门。后来，随着企业内部不同部门的相互竞争，电子产品蚕食了机电控制器业务。[18] 与之相反，其他 4 家企业都由主流机电部门来负责管理其电子控制器业务，而机电产品的客户起初并不需要或不想使用电子控制器产品。因此，这 4 家企业都未能在新技术领域抢占足够的市场份额。

强生公司采取了一种类似于艾伦-布拉德利公司的策略，从而极为成功地应对了破坏性技术（例如内窥镜外科设备和可抛式隐形眼镜）带来的挑战。尽管强生公司的总收入超过了 200 亿美元，但该公司旗下汇聚了 160 家独立运作的企业，其中既有像麦克尼尔（MacNeil）公司和杨森制药公司这样的大型企业，也包括年收入不到 2 000 万美元的小公司。强生公司的战略是通过专门收购规模非常小的企业来研发采用了破坏性技术的产品。

本章小结

追求增长和竞争优势的管理者不必在业务的各个方面都争当领先者。实际上，有大量证据表明，在延续性变革中，专注于扩展传统技术的性能，并选择在新的延续性技术出现时充当追随者的企业，也能继续保持其领先地位和竞争优势。但在破坏性技术变革中，情况则大不相同。在破坏性技术刚刚出现时，率先进入这些新兴市场的企业将赢得巨大的回报，并建立明显的先发优势。引领破坏性技术商业化潮流的硬盘制造商所实现的增长率，要远远高于在破坏性技术变革中处于追随者地位的企业。

尽管有证据表明，率先进行破坏性技术的商业化推广至关重要，但成功的大型创新企业却在争取领先地位的过程中，陷入了一个千回百转的迷局。除了要应对当前客户的影响（这部分内容已在第 1 章进行了探讨），增长导向型大型企业还必须面对小市场无法满足大机构的短期增长需求这一难题。所有由破坏性技术催生的市场在最开始时的规模都很小，领先企业在这些市场上接到的第一笔订单也都是小订单，培育了这些新兴市场的企业所建立的成本结构也必须能使企业以很小的规模实现盈利。这些因素都要求企业采取措施，将商业研发破坏性创新项目的职责交由小型机构，因为这些小机构会把这些项目视为通往增长与成功的必经之路，而不是企业主流业务之外的一根“鸡肋”。

当然，这种提法并不新鲜。许多管理学学者也认为，小型化和独立性在创新中反而更具备某些优势。我希望本书第 5 章和第 6 章的内容能为读者提供更多的启示，以便读者从更深层次了解在哪些情况下适宜采取这一策略。

第 7 章

发现新市场：先行动再制订计划

你无法对尚不存在的市场进行分析。因此，管理者为应对破坏性技术变革而采取的战略和计划应该是有关学习和发现的计划，而不是事关执行的计划。

你无法对尚不存在的市场进行分析——供应商和客户应一同来探索这些未知市场。在研发破坏性技术时，破坏性技术的市场应用领域不仅是未知的，而且是不可知的。因此，管理者为应对破坏性技术变革而采取的战略和计划应该是有关学习和发现的计划，而不是事关执行的计划。这是非常重要的一点。因为自认为通晓市场未来发展状况的管理者所采取的规划和投资策略，与承认发展中的市场充满不确定性的那些管理者所采取的策略，存在很大的区别。

大多数管理者都是在延续性技术环境下形成自己的创新理念

的，因为成熟企业研发的大多数技术在本质上都属于延续性技术。根据定义，延续性创新针对的是能基本掌握客户需求的已知市场。在这种环境下，有计划地评估、研发和营销创新产品的方法不仅是可行的，而且是取得成功的关键。

但是这意味着，在成功的企业中，最优秀的管理者所具备的创新管理经验并不涉及破坏性技术。例如，大多数市场营销人员在大学里和工作岗位上被反复灌输的一个重要理念就是要倾听客户的意见，但几乎没有营销人员接受过关于如何发现尚不存在的市场理论或实践培训。这种不平衡的营销经验所带来的问题就是，如果营销人员在应对破坏性技术时，将在“延续性创新学校”学到的分析和决策流程付诸实践，则可能会给企业带来毁灭性的影响。这些流程需要在市场尚不存在时就提供较为准确的量化信息，在收入或成本都是未知数时就对财务收益率进行精确的预测，在尚无法制订详细的计划和预算时就根据空中楼阁般的计划和预算来进行管理。应用不恰当的市场营销、投资和管理流程，可能会使好的企业丧失创造新市场（首先使用破坏性技术的市场）的能力。

在本章，我们将看到，硬盘行业的专家能够非常准确地预测延续性技术市场，但在洞察破坏性创新催生的市场的出现，预测这个新市场的规模方面却存在很大的困难。摩托车和微处理器行业的历史进一步表明，在破坏性技术催生的新兴市场中，其应用领域还存在不确定性，即使是那些现在看来很明显的应用领域也是如此。

无法预测的破坏性技术

从硬盘产品最早出现时开始，人们就可以得到有关硬盘行业市场的海量信息，这就是对硬盘行业的研究能给人带来很多启示的主要原因。位于加利福尼亚州山景城的磁盘 / 趋势公司每年都会发布一份《磁盘 / 趋势报告》，里面列举了全球所有企业从1975 年开始每年上市的每一种硬盘产品的型号。这份报告显示了每种型号的硬盘首次上市的时间，列明了硬盘的性能规格，并详细说明了其所采用的组件技术。此外，全球每一家硬盘制造商都会向磁盘 / 趋势公司提供它们销售的产品的型号，包括有关客户购买的硬盘类型方面的信息。《磁盘 / 趋势报告》的编辑会整理这些数据，以发现各个狭义上的市场部门的规模，并公布市场主要竞争企业所占的市场份额列表（会注意防止泄露各公司的专有数据）。硬盘行业的制造商发现这份报告具有极高的价值，因此，所有的硬盘制造商都继续与磁盘 / 趋势公司分享它们的专有数据。

每一版《磁盘 / 趋势报告》都会公布过去一年每个市场部门的实际设备销量和销售额（计价单位为美元），并会对每一类产品未来四年的销售情况进行展望。鉴于该报告在数据来源方面具有得天独厚的优势（可获得 20 年内的行业数据），读者可通过不断演变的行业历史来检测《磁盘 / 趋势报告》过去所做预测的准确性。总体来说，这份报告对成熟市场未来发展趋势的预测非常准确，但它似乎总是无法准确地预测破坏性硬盘技术催生的新市场的规模。

图 7.1 显示了每一种新型硬盘上市后，《磁盘 / 趋势报告》对

它们前四年的销售总量的预测，并将这一预测与这四年实际实现的销售总量进行比较。根据这一比较，我们大致可以得出以上结论。为了便于比较，表示预测销量的柱状图的高度将被转化为较为普遍的百位数值，而表示实际销量的柱状图则用相对于预测数据的百分比来表示。在《磁盘 / 趋势报告》预测的五种新型硬盘中，14 英寸温切斯特硬盘和 2.5 英寸硬盘属于延续性创新，因为这些产品与上一代硬盘一样是销往同一个价值网络的。其他三种硬盘（5.25 英寸、3.5 英寸和 1.8 英寸硬盘）都属于推动了新价值网络产生的破坏性创新。(《磁盘 / 趋势报告》没有单独发布对 8 英寸硬盘的预测。)

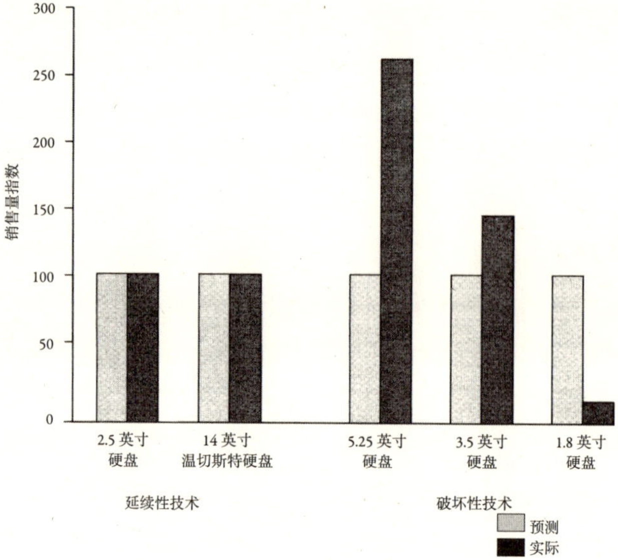

图 7.1　首款新型硬盘上市后的前四年：延续性技术与破坏性技术的比较

资料来源：《磁盘 / 趋势报告》各期公布的数据。

需要注意的是，《磁盘 / 趋势报告》对延续性的 2.5 英寸硬盘和 14 英寸温切斯特硬盘的预测，与行业实际销售数据的误差分别在 8% 和 7% 以内，但它对 5.25 英寸、3.5 英寸和 1.8 英寸硬盘的预测，却与实际数据分别相差了 265%、35%（实际上是个非常接近的值）和 550%。需要特别指出的是，1.8 英寸硬盘（《磁盘 / 趋势报告》对这种型号的硬盘的预测与实际数据相差甚远）是第一代主要应用领域为非计算机市场的硬盘产品。

《磁盘 / 趋势报告》的工作人员采用预测延续性技术的方法来预测破坏性技术：采访主要客户和行业专家，进行趋势分析，建立经济模型，等等。这种方法能够准确地预测延续性技术的发展情况，但被运用到尚不存在的市场或应用领域中时，却遭遇了重大的失败。

惠普经验：不能完全听信市场分析

延续性技术和破坏性技术在可预见性上的差异，对惠普公司具有革命性和突破性的 1.3 英寸 Kittyhawk 硬盘市场的形成，产生了深远的影响。[1]1991 年，惠普公司位于爱达荷州博伊西的 DMD（磁盘存储部）为母公司（当时市值为200亿美元）创造了约6亿美元的收入。那一年，DMD 的团队研发出了一种 1.3 英寸、20MB 的硬盘，并将这种微型硬盘的代码命名为 Kittyhawk。对惠普公司来说，这确实是一个突破性项目。之前 DMD 制造的最小的硬盘是 3.5 英寸的，而且 DMD 几乎是行业内最后一家推出 3.5 英寸硬盘的公司。1.3 英寸的 Kittyhawk 硬盘是惠普公司取得的一次重大技术飞跃，而且最重要的是，这是惠普公司首次尝试引领破坏性技术。

为了让这个项目能在一个拥有雄心勃勃的增长计划的机构内安身立命，惠普公司的高管要求 Kittyhawk 的收入必须在 3 年内达到 1.5 亿美元。幸运的是，一个巨大的微型硬盘市场正在前方等待着 Kittyhawk 项目的支持者去发掘，即便携式掌上电脑或 PDA 市场。在进行了相关市场预测后，Kittyhawk 项目的发起人认为，他们可以达到公司为其设定的收入目标。他们咨询了一家市场研究公司，这家公司进一步证实了惠普公司的想法，即 Kittyhawk 的市场潜力巨大。

惠普公司的营销人员与计算机行业主要企业［例如，摩托罗拉、AT&T、IBM、苹果公司、微软、英特尔、NCR］及一些不太知名的创业公司的高管建立了非常良好的关系。这些高管对 PDA 市场的开发投入了巨额资金。其中许多产品的设计都能看到 Kittyhawk 的影子，而 Kittyhawk 的设计也反映了这些客户（经过充分市场调研后得出）的需求。

Kittyhawk 团队总结说，研发一种能够满足这些客户需求的硬盘将是一件虽然很难但技术上可行的任务。他们花费了 12 个月来研发这种微型硬盘，结果令人欣喜（如图 7.2 所示）。第一种型号产品的容量为 20MB；第二种型号产品于一年后推出，容量为 40MB。为了满足目标市场对 PDA 和电子笔记本耐用性的要求，Kittyhawk 安装了一种碰撞传感器，功能相当于汽车使用的气囊碰撞传感器，这样机器即使从 3 英尺高的地方落在水泥地面上也不会损失数据。惠普公司最初对 Kittyhawk 的定价是每个 250 美元。

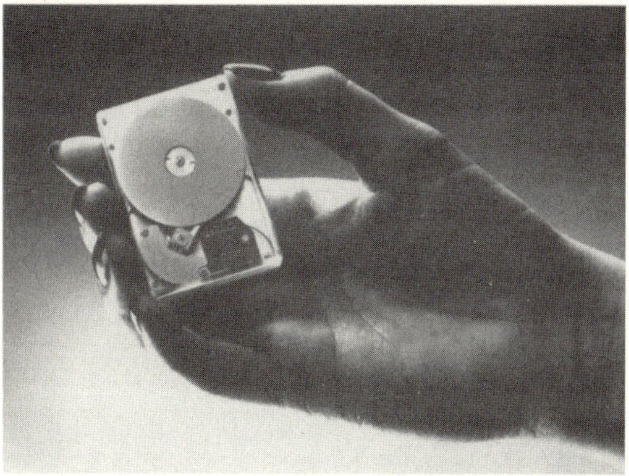

图 7.2　惠普的 Kittyhawk 硬盘

资料来源：惠普公司，经核准后使用。

尽管 Kittyhawk 的技术研发是按计划进行的，但公司对其应用领域的开发却不尽然。PDA 市场未能发展成很大的规模，因为苹果公司的牛顿 PDA 及其他竞争产品的销量都低于预期。这一结果让计算机行业的许多专家感到意外，而惠普公司的营销人员正是在向这些专家征求意见时花费了巨大的精力。在市场开发的前两年，Kittyhawk 只实现了预计销量的一小部分。创业型企业和风险投资家可能会对这个销量感到满意，但对于惠普公司的管理层来说，这个销量远远低于预期，而且根本无法满足 DMD 对于增长和扩大市场份额的需求。更加令人意外的是，对 Kittyhawk 的销量贡献最大的应用领域根本不在计算机行业，而在日语便携式文字处理器、迷你现金出纳机、电子摄影机和工业用扫描器上，而这些应用领域均未出现在 Kittyhawk 的原始市场营销计划中。

更加令人失望的是，就在 Kittyhawk 上市两周年纪念日即将来临时，一些大型游戏机系统制造商询问惠普公司的市场营销人员，惠普公司是否能够以更低的价格生产另一种型号的 Kittyhawk，如果可以的话，它们就计划购买大量的Kittyhawk硬盘。在过去的两年中，这些企业一直在关注 Kittyhawk 产品，它们表示，它们花了很长时间才弄清楚这么小的存储设备的用途。

总的来说，惠普公司设计的 Kittyhawk 硬盘是对移动计算机技术的一次延续性创新。在移动计算机应用领域看重的许多指标上（即体积小、重量轻、能耗低、耐用性好），Kittyhawk 都相当于对之前的 2.5 英寸硬盘和 1.8 英寸硬盘做了非持续性的延续性改进。只有容量（惠普在这方面走了极端）是 Kittyhawk 的一大缺陷。但 Kittyhawk 产品最终接到的大量咨询和订单都属于真正的破坏性产品，有些产品的定价为每件 50 美元，而且功能有限。对于这些应用领域，10MB 是最为理想的容量。

不幸的是，由于惠普公司对 Kittyhawk 硬盘的定位是成本高昂的 PDA 市场，而不是将其作为真正的破坏性产品而设计，因此，它无法接受家用游戏机制造商提出的价格。由于已经投入了大量资金以达到原来为 PDA 应用领域设定的目标，惠普公司的管理层已经失去了耐心，而且他们也没有资金来重新设计一种更为简单的、一般化的 1.3 英寸硬盘，来满足最终浮出水面的新应用领域的需求。最后，惠普公司在 1994 年年底从市场上撤回了 Kittyhawk 产品。

惠普公司的项目经理后来承认，他们在管理 Kittyhawk 提案时犯下的最严重的错误，就是想当然地认为他们对市场的预测是正确的，而不是假定预测是错误的。他们按照对 PDA 市场的销量预测大举投资生产能力建设，并在对 PDA 市场进行详尽的调查后，融入了他们认为将对提高市场接受度起着关键作用的设计特点（例如碰撞传感器）。这样的规划和投资是在延续性技术变革中取得成功的关键，但惠普公司的项目经理在反思后认为，这种策略并不适用于像 Kittyhawk 这样的破坏性产品。如果有机会重新再来，他们会先假定，无论是他们自己还是其他任何人，谁都无法确定客户想要什么，或者产品销量能达到多少。这种策略将推动他们采取更具探索性、更加灵活的产品设计和基于生产能力的投资方法。如果再有一次机会，他们会在市场上摸着石头过河，预留足够的资源，以备在必要时根据他们已经了解的情况重新调整项目的发展方向。

当然，惠普公司的硬盘生产部门并不是唯一一家想当然地认为自己了解破坏性技术市场的制造商。这种情况在大型企业中非常普遍（如以下案例所述）。

抢占北美：本田的小型摩托车战略

本田公司成功地冲击并主导北美和欧洲摩托车市场的经验，经常被引用为清晰的战略思维与积极、统一的战略执行完美结合的范例。本田公司主动采取了一种基于经验曲线的生产战略——降低价格，增加产量，大幅削减成本，进一步降低价格，进一步削减成本，并在摩托车市场建立了不可动摇的基本产量的低成本制造优势。然后，该公司凭借这一优势开始逐渐向高端市场转移，并最终将几乎所有的知名摩托车制造商淘汰出摩托车市场，即便是硕果仅存的哈雷公司和宝马公司也在与本田公司的竞争中元气大伤。[2]本田公司将生产上的优势与合理的产品设计、极具创意的广告和一张便捷、覆盖范围极广的分销和零售网（主要针对业余自行车运动爱好者，这也是本田公司的核心客户基础）结合。从这个角度来看，本田公司的历史就是一段所有管理者都梦想过的有关战略决策和经营业绩的成功史。但时任本田公司的业务经理却对我们讲述了一段版本完全不同的本田公司成功史。[3]

在日本战后重建、国家一贫如洗的年代，本田公司成长为一家生产小型、耐用型摩托车的供应商。这种产品的主要客户是拥堵的城市地区的经销商和零售商，他们利用这种摩托车来向当地客户运送一些体积较小的货物。本田公司在为这种摩托车设计小型、高效发动机方面积累了大量的经验，在日本市场的年销量从最初（1949 年）的 1 200 辆上升至 1959 年的 285 000 辆。

本田公司的高管希望利用公司较低的劳动力成本，将摩托车出口到北美，但北美市场并不需要在日本大受欢迎的“超级幼兽”（Supercub）送货车。本田公司的研究表明，在美国，摩托车主要作为长途交通工具被使用。因此客户对摩托车的体积、功率、速度等产品属性的要求特别高。为此，本田公司的工程师专门为北美市场设计了一种快速、大功率的摩托车。1959 年，本田公司派遣了三名员工到达洛杉矶，开始在北美市场推销这种大功率摩托车。为了节省生活成本，三人合租了一间公寓，而且每人都带了一辆“超级幼兽”摩托车，以节省市内的交通费用。

最开始的市场营销活动开展得很不顺利。除了成本，本田公司的产品无法为潜在的客户提供任何性能优势，而且大多数摩托车经销商都拒绝接受未经市场检验的产品。最后，他们终于成功地说服了一些经销商，并卖出了几百辆摩托车，但却带来了灾难性的结果。事实证明，本田公司的发动机设计并不适用于需要长时间高速行驶的公路摩托车，这种发动机在长时间高速行驶后会裂开，导致漏油，而且离合器会严重磨损，在日本与洛杉矶之间空运包换摩托车的费用几乎拖垮了整家公司。

在一个周六，本田公司负责北美业务的主管川崎喜八郎决定骑着他的“超级幼兽”摩托车到洛杉矶东部的山林兜风，以疏解烦闷的心情。在泥路上骑行了一段后，他感觉神清气爽。几周后，他再次来到野外放松心情，后来他还邀请他的两位同事和他一起骑着“超级幼兽”到野外放松。周围的邻居和其他人看到他们骑着摩托车在山林中兜风，开始向他们询问在哪儿能买到这种可爱的小摩托车，三人立刻提出帮他们从日本特别订购“超级幼兽”产品。这种摩托车后来被广泛地称为越野轻型摩托车。之后的几年，三人继续骑着“超级幼兽”在山林中舒缓心情。有一次，西尔斯公司的一名采购员希望能够为公司的户外动力设备部门订购“超级幼兽”，但本田公司忽视了此次机遇，并希望继续专注于销售大型、大功率的越野摩托车，而这个战略仍然没有取得成功。

最后，越来越多的人都希望拥有自己的小型本田“超级幼兽”，与他们的朋友一起在野外飙车，这与本田公司美国团队最初预计的市场截然不同。也许在北美存在一个尚未被开发出来的越野娱乐用摩托车市场，而本田的小型 50cc（排量）“超级幼兽”恰好符合这个市场的需求。经过一番唇枪舌剑的内部辩论后，洛杉矶团队最终说服了在日本的高层。这样，尽管公司的大型摩托车战略注定将以失败告终，但本田公司意外地发现了一个截然不同的机遇，并由此创造了一个全新的市场领域。

小型摩托车战略一经正式采纳，洛杉矶团队便发现，在说服经销商销售“超级幼兽”上所面临的挑战，要远远大于说服他们销售大型摩托车。当时市场上没有一家零售商在销售这种类型的产品。最后，他们终于说服了几家体育用品经销商来销售这种类型的摩托车。随着他们成功地打开“超级幼兽”的销路，本田公司极富创新性的经销战略也呼之欲出。

当时本田公司没有资金进行周密的广告宣传。但美国加州大学洛杉矶分校（UCLA）的一个学生与朋友在野外飙车时，突然想到了一句广告宣传语——“本田好生活”（“You meet the nicest people on a Honda”），并把这句广告语用在了他的广告课程论文里。受到老师的鼓舞，这个学生将该理念卖给了一家广告机构，然后这家广告机构说服本田公司采用了这条广告语，这为本田公司赢得了一项广告大奖。当然，这些偶然事件的背后，是真正世界级的设计工艺和制造执行系统，正是有了这个坚实的后盾，本田公司才能不断地提高产品质量，增加产量，降低售价。

本田公司的50cc摩托车对北美市场来说是一种破坏性技术。本田公司的客户在做出购买决定时所依据的产品属性排序，决定了本田公司所建立的价值网络完全有别于哈雷公司、宝马公司和其他传统摩托车制造商参与竞争的成熟价值网络。

从生产低成本、耐用型摩托车起步，本田公司开始将目光转向高端市场（其采用的战略让人联想到本书前几章提到的硬盘、钢铁、挖掘机和零售业新兴企业对高端市场的冲击），并于1970—1988年推出了一系列发动机功率更加强大的摩托车。

20世纪60年代末到70年代初，哈雷公司试图与本田公司进行正面竞争，它收购了意大利摩托车制造商Aeromecchania公司的小发动机（150~300cc）摩托车生产线，以扩展其低端市场。哈雷公司试图通过它的北美经销商网络来销售这种摩托车。尽管本田公司对于小型发动机摩托车的生产能力明显高于哈雷公司，但导致哈雷公司未能在小型摩托车价值网络建立优势地位的主要原因，还是哈雷公司的经销商网络所施加的阻力。经销商在高端摩托车销售上获得的利润率要比小型摩托车销售的高得多，而且许多经销商认为，小型摩托车会影响哈雷公司在其核心客户心目中的地位。

本书第 2 章提到过这样一个发现，即在一个特定的价值网络内，硬盘企业和其计算机制造商客户各自发展了非常相似的经济模式或成本结构，这决定了它们判定哪些业务最有利可图的方式。我们在这里又看到同一种现象。在价值网络内，哈雷公司经销商的经济模式导致它们经常会与哈雷公司一起看好同一种业务。它们共存于一个价值网络，因而不管是哈雷公司还是其经销商都很难从底部退出这一价值网络。20 世纪 70 年代末，哈雷公司决定放弃小型摩托车生产线，并重新把业务重心转移到高端摩托车市场——这一战略让人联想到希捷公司在硬盘市场上的重新定位，以及缆索挖掘机企业和综合性钢铁厂向高端市场的战略性撤退。

有意思的是，与推测北美摩托车市场究竟在哪儿时一样，本田公司对这个市场潜在规模的预测同样与实际相差甚远。在 1959 年刚刚进入北美市场时，本田公司最初的预想是在这个年销量为 55 万辆、年增长率为 5% 的市场抢占 10% 的市场份额。1975 年，这个市场的年增长率已达 16%，年销量达到 500 万辆，而且这 500 万辆摩托车的应用领域大都不在本田公司的预测范围之内。[4]

英特尔：从DRAM业务转移到微处理器业务

英特尔公司成立于1969年，当时公司的创始人开创性地研发了MOS（金属-氧化物-半导体）技术，来生产世界上第一个DRAM集成电路。到1995年，英特尔公司已经发展为全世界利润最高的大型企业之一。英特尔公司的成功具有传奇性，因为1978—1986年，英特尔公司在日本半导体制造商的猛烈冲击下，逐渐丧失了最初在DRAM市场建立的领先优势，但此时，它却从一家二线DRAM企业成功地转型为全球最大的微处理器制造商。英特尔公司是如何做到这一点的呢？

当时，英特尔公司按照与一家日本计算器制造商签订的合同研发计划，研发了原始微处理器。当这个项目结束时，英特尔公司的工程团队劝说公司高管从这家计算器制造商那里买下微处理器的专利权（按照与英特尔公司签订的合同条款，这家日本制造商拥有专利权）。英特尔公司当时并没有为这种新型微处理器制定明确的市场开发战略，只是将芯片卖给任何能用到这种产品的人。

虽然微处理器后来无疑是一种主流产品，但它在刚刚出现时还是一种破坏性技术。相对于大型计算机复杂的逻辑电路（这在20世纪60年代相当于计算机的中央处理器），微处理器的功能非常有限。但微处理器的体积小、结构简单，而且能以较低的价格实现逻辑和计算操作，而这在以前是不可能实现的。

20世纪70年代，随着DRAM市场的竞争日趋激烈，英特尔公司DRAM收入的利润率开始下滑，而它的微处理器产品则由于竞争压力相对较小而使利润率持续强劲增长。英特尔公司产能分配体系的运作模式是，按照每种产品类型实现的毛利率大小来按比例分配产能。因此，这个体系悄无声息地开始将投资资本和生产能力从 DRAM 业务转移到微处理器业务上来——在这一过程中，管理层的决策并没有发挥明显的作用。[5]实际上，即使是在公司的资源分配流程逐渐将资源从该项业务上撤出时，英特尔公司的管理层仍为 DRAM 产品倾注了大量的时间和精力。

英特尔公司自动运行的资源分配流程，推动了企业战略发生实质性改变，并给英特尔公司带来了好运。由于当时人们对微处理器市场几乎一无所知，明确的分析并不能证明冒险进入微处理器市场就是正确的策略。例如，英特尔公司的联合创始人和董事会主席戈登·摩尔就回忆说，IBM 选择英特尔 8088 微处理器作为新型个人电脑的"大脑"，在英特尔公司内部被视为一个"设计上的小胜利"[6]。即便是在 IBM 的个人电脑取得巨大的成功后，英特尔公司内部在预测下一代 286 芯片的潜在应用领域时，也没有将个人电脑列入预测的 50 种销售额最大的应用领域清单中。[7]

现在回想起来，将微处理器应用到个人电脑上，实在是一件水到渠成的事。但在激烈的竞争中，即便是英特尔公司敏锐的管理层也无法预知，在微处理器可能被应用的多个领域中，究竟哪种会成为最重要且能够实现最大销售额和利润的应用领域。

"不可知营销"法：以发现为导向做规划

对于在合理规划破坏性技术市场方面可能遭遇的困难，一些管理者的反应是更加努力地工作，更加合理地做规划。尽管这种方法对延续性创新较为有效，但它却与破坏性技术的特性背道而驰。在所有有关破坏性技术的不确定因素中，管理者总是可以遵循这样一条法则，即专家的预测总是错误的。要准确地预测破坏性产品的用途，或者是破坏性产品市场的规模，几乎是不可能完成的任务。我们从中可以得出一个重要的推论：由于破坏性技术市场具有不可预测性，企业在最初进入这些市场时所采取的战略通常都是错误的。

这一陈述与表 6.1 中的发现［进入新兴市场价值网络的企业（37%）与进入当前价值网络的企业（6%）取得成功的事后概率之间存在极大的差异］到底在多大程度上是吻合的？如果市场不能被预测，那么计划开发这些市场的企业如何才能取得更大的成功呢？事实是，当我把表 6.1 中的矩阵图展示给列席的管理者时，他们都特别惊讶于取得成功的数量和概率方面的差异。但有一点表现得非常明显，那就是管理者都不认为这些结果适用于他们自己的情况。这些发现违背了人们对创造新市场的直观感受——创造新市场是一种真正有风险的行为。[8]

失败的理念与失败的业务

本章的案例研究为解决这一难题提出了一个方案。在理念的失败和企业的失败之间存在一个巨大的差异。在英特尔公司内部盛行的许多关于破坏性微处理器应用领域的理念都是错误的。幸运的是，在正确的市场方向还不可知时，英特尔公司并没有集中所有的资源，来固执地坚持错误的市场营销计划。作为一家企业，英特尔公司在寻找主要的微处理器市场的过程中，有很多次从一开始便犯下了错误，但最后都得以安然度过。同样，本田公司关于如何进入北美摩托车市场的理念也是错误的，但它并没有倾其所有来实施大型摩托车战略，所以它能够在市场真正出现后大举投资正确的战略。惠普公司的 Kittyhawk 团队就没有那么幸运了。由于坚信自己已经找到正确的战略，惠普公司的管理者斥巨资进行产品设计和生产能力的开发，但它们预想的市场应用领域从未出现。当微型硬盘的终极应用领域终于开始浮出水面时，Kittyhawk 团队已经没有资源来抓住这次机遇了。

实际上，研究已经表明，绝大多数成功的新兴企业都在开始实施最初的计划，并在了解哪些计划行之有效、哪些只是纸上谈兵后，放弃了最初的商业战略。[9]成功企业与失败企业的主要差别通常并不在于它们最初的战略有多么完美。在初始阶段分析什么是正确的战略，其实并不是取得成功的必要条件，更重要的是保留足够的资源（或是与值得信赖的支持者或投资者建立良好的关系），这样，新业务项目便能在第二次或第三次尝试中找到正确的方向。那些在能够调转航向，转而采用可行的战略之前便用尽了资源或信用度的项目，就是失败的项目。

失败的理念与失败的管理者

在大多数企业里，管理者个人没有资本进行反复尝试，以寻求正确的战略。不管是对还是错，大多数机构的管理者都认为他们不能失败。如果他们负责的项目因从一开始就步入歧途的市场营销计划而以失败告终，这将成为他们职业发展道路上的一个污点，并将阻碍他们在机构内的晋升。由于失败是为破坏性技术寻找新市场的必经之路，管理者不能或者不愿拿他们的个人职业生涯来做赌注的事实也构成了一股强大的阻力，妨碍了成熟企业进入由这些技术创造的价值网络。正如约瑟夫·鲍尔在他的一项经典研究（关于一家主要化工企业的资源分配流程）中所观察到的："来自市场的压力使犯错的概率和成本都有所降低。"[10]

鲍尔观察到的现象与本书关于硬盘行业的发现基本一致。在能够确认创新需求（例如对延续性技术的需求）时，硬盘行业的知名领先企业能够长期投入巨额风险资金，来开发市场或客户所要求的任何技术。当无法确定创新需求（例如对破坏性技术的需求）时，成熟企业甚至无法开展技术上较为简单的项目，来对这种创新进行商业化推广。这也就是65%的进入硬盘行业的企业都试图进入成熟市场而非新兴市场的原因。发现新兴市场的过程必将是一个与失败为伍的过程，大多数决策者都发现，他们很难下定决心去支持一个可能会因为没有市场而最终失败的项目。

学习计划与实施计划

由于失败是探寻破坏性技术最初的市场应用领域的必经之路，管理者需要采取一种截然不同的方法（相比在延续性技术创新中使用的方法）。总体而言，对于延续性技术来说，计划必须在采取行动之前被制订，预测应该是准确的，客户的意见应该是非常可靠的。在延续性技术创新中，认真规划、积极实施是通往成功的阳光大道。

但在破坏性技术变革中，管理者必须在制订详尽计划前采取行动。由于对市场需求或市场规模知之甚少，计划必须服务于一个非常不同的目的，它们必须是学习计划，而不是实施计划。在开展破坏性业务时，管理者需要时刻铭记市场应用领域是不可知的，如此就能判断出哪些是寻找新市场的最重要的信息，并能对信息的重要性进行排序。项目和业务计划应反映出这些优先顺序，这样，在需要投入大量资本、时间和资金时，人们就能拼凑出关键的信息片段，或应对重要的不确定因素。

以发现为导向的规划要求管理者提出一些假设，并根据这些假设来制订业务计划或设定业务目标。[11] 这种类型的规划能够很好地应对破坏性技术。例如，惠普公司在研发 Kittyhawk 硬盘时就与它的生产合作伙伴西铁城公司一同投入了大量资金来建设和安装一条高度自动化的生产线。两家公司之所以会做出这样大手笔的投资，是因为它们假设惠普公司 PDA 产品的目标客户对 Kittyhawk 硬盘的销量预测是正确的。如果惠普公司的管理者假设没有人知道 PDA 产品的销量到底能达到多少，他们可能会建立小型的生产能力模块，而不是一条单一的高产量生产线。这样，在关键性的事件证明他们的假设是正确或错误的时，他们就能够调整生产量。

同样，制订 Kittyhawk 产品的研发计划所依据的基础是，这种微型硬盘的主要应用领域是对耐用性要求较高的 PDA 产品这一假设。根据这一假设，Kittyhawk 团队采用了高端组件和复杂的产品结构，从而大幅提高了产品售价，使之无法满足新兴低端市场的、对价格敏感的电子游戏机制造商对价格的要求。以发现为导向的规划将迫使项目团队在投入巨额资金导致事情无法挽回前，对市场假设进行测试。对 Kittyhawk 团队来说，这可能就是创造一种模块化设计，这样，随着市场逐渐验证了假设的有效性，他们就可以重新配置产品，或去掉产品的某些特色，以应对不同的市场和价格需求。

鉴于它们吸引管理层重点关注的领域不同，目标管理、例外管理等基本原理经常阻碍管理层对新市场的发现。一般来说，在性能未能达到计划的要求时，这些体系会鼓励管理层填补计划实现的性能与实际实现的性能之间的缺口。也就是说，这些体系专注于出乎意料的失败。但本田公司在北美摩托车市场的经历表明，破坏性技术市场经常会伴随着始料未及的成功而出现，而这方面的许多规划体系并没有引起企业高层的关注。[12] 这样的发现经常伴随着观察人们如何使用产品，而不是听取人们表示他们将如何使用产品的情况而出现。

我将这种发现破坏性技术新兴市场的方法命名为“不可知营销”。根据这种方法进行市场营销，必须遵循这样一个明确的假设：没有人——不论是我们，还是我们的客户——能够在真正使用破坏性产品之前了解它是否能够被投入使用，怎样使用，或者使用量有多大。一些面临这种不确定性的管理者更倾向于在其他公司切实找到相关市场之后再行进入。但考虑到破坏性技术的领先者能够建立巨大的先发优势，面临破坏性技术创新的管理者应走出实验室和跟踪调研小组，去亲自调研，利用以发现为导向的方法进入市场，直接了解有关新客户和新应用领域的知识。

第 8 章

如何评估机构的能力和缺陷

要想持续获得成功,优秀的管理者就需要掌握足够的技巧。这种技巧不仅仅表现在挑选、培训、激励员工，使能者胜任上，还表现在要善于为需要完成的任务选择、创建并筹备适合的机构，使能者适得其所。

当管理者安排人员开展重大创新项目时，他们总是出于本能地将任务的要求与候选人的能力进行匹配。在评估员工是否能胜任某项工作时，管理者将考量他们是否具备必要的知识、判断力、技能、洞察力及精力，同时还会审视员工的价值观——员工在行动中进行取舍时所遵循的标准。事实上，衡量管理者能力的标准就是，他是否能够根据不同的任务安排合适的人员，并对员工加以培训，使员工能更好地完成所承担的工作。

不幸的是，有些管理者并不会审慎地考量他们所在的机构是否具备成功完成任务的能力。他们通常认为，只要项目的每位参与者都具备足够的个人能力，能够很好地完成任务，那么他们所在的机构也就具备同样的能力。但情况往往正好相反。我们可以挑选两组具备相同个人能力的员工，将他们安排在两个不同的机构中，他们的工作表现很可能会截然不同。这是因为机构本身也具有独立于机构内部人员或其他资源的能力。要想持续获得成功，优秀的管理者就需要掌握足够的技巧。这种技巧不仅仅表现在挑选、培训、激励员工，使能者胜任上，还表现在要善于为需要完成的任务选择、创建并筹备适合的机构，使能者适得其所。

本章的目标是阐述本书第5~7章所提到的经验主义观察背后所隐含的理论——尤其是那些有关“成功应对破坏性技术的企业，往往都是那些为破坏性机遇专门创立了规模相当的独立机构的企业”的发现。20世纪八九十年代一直广受关注的理念就是，机构也拥有自己的“核心能力”。[1]然而，在具体实践中，大多数管理者会发现这个概念非常模糊，各式各样的创新提案都会引用某些假定的“能力”，导致人们对“能力”一词的解读较为混乱。本章将为管理者建立一个框架，使其在面临必要的变革时，能够了解自己所领导的机构是否有能力应对眼前的变局。通过这个框架，我们将为“核心能力”这一概念进行更为准确的定义。

机构能力框架

机构的能力往往受到三个因素的影响：资源、流程及价值观。当被问及自己的机构可能成功实施哪一种类型的创新时，管理者可以分别就以上三个因素进行分析解答，进而充分了解其机构所具备的能力。[2]

资源

资源是影响机构能力的三个因素中最为直观的一个，其中包括人员、设备、技术、产品设计、品牌、信息、现金，以及与供应商、分销商和客户的关系等。资源通常表现为事物或资产的形态——它们可以被使用或闲置，被购买或出售，可贬值也可升值。与“流程”和“价值观”相比，资源更易于在不同机构间实现转移。毋庸置疑，获取大量的优质资源有助于提高机构应对变革时的胜算。

在评估机构是否有能力成功实施变革时，管理者要做的第一件事就是确认资源配备情况，但对资源配备进行分析而得出的数据并不足以代表一家机构的真正实力。事实上，我们可以试着为两家不同的机构配备相同的资源，最后这两家机构可能会利用这些资源创造出截然不同的成果，这是因为，将机构能力转化为增值产品和服务的过程，是由该机构的流程和价值观决定的。

流程

在员工将资源投入（人员、设备、技术、产品设计、品牌、信息、能源、现金等）转化为产品或更大价值的服务的过程中，机构也随之创造了价值。在实现这些转化的过程中，人们所采取的互动、协调、沟通和决策的模式就是流程。[3]流程不仅包括制造过程，还包括实现产品研发、采购、市场研究、预算、规划、员工发展和补偿，以及资源分配的过程。

不同流程的差异不仅在于目的性，还在于其可预见性。有些流程是“正式”的，也就是说有明确的定义、清晰的记录，并能促使人们自觉地遵循它。另外一些流程则是“非正式”的，因为这些流程是随着时间推移逐渐形成的习惯性的工作程序或方式，人们遵守这些程序只是因为“这就是我们工作的方式”。还有一些工作方法和互动方式长久以来被证明非常有效，以至于人们会不自觉地遵守这些方式——它们也构成了机构文化的一部分。无论流程是正式的、非正式的，还是根植于文化的，它都决定着机构如何将上述投入转变为更有价值的东西。

对流程的定义或改变实际上都是为了执行特定的任务。这就意味着，当管理者在执行任务时，如果他使用了专为该任务设定的流程，那么他通常能有效地完成任务。但是，如果把看上去同等有效的相似流程应用于不同任务，这个流程就可能显得缓慢、死板且效率低下。换句话说，如果某个流程定义了完成某项特定任务的能力，那它就等于同时定义了无法完成其他任务的能力。[4] 优秀的管理者之所以要努力引起其所在机构的关注，是因为他要使流程与相应的任务能够水到渠成地迅速匹配。[5]

从本质上看，管理者面临的其中一个困境就是，流程的建立是为了让员工持续不断地重复完成任务。要保持这种连续性，就意味着不要去改变流程——如果一定要改变，也必须在严格的程序控制下进行。这就意味着机构用以创造价值的机制从本质上说是排斥变化的。

评估机构的能力或缺陷的一些最关键的流程，往往并不是那些显而易见的增值流程（如物流、研发、制造、客服等），而是那些能够左右投资决策的辅助流程或后台流程。正如我们在第 7 章所看到的那样，那些导致优秀企业无法对变革做出反应的流程，往往涉及市场研究的常规操作方式是如何进行，分析结果是如何在财务预测上得到体现，计划和预算是如何被制订，数据是如何计算的，等等。这些典型的固定流程正是许多机构在应对变革时能力最为欠缺的地方。

价值观

影响机构能力的第三个因素就是企业的价值观。企业的价值观就是在确定决策优先级别时所遵循的标准。有些企业的价值观是以道德为基础的。例如，强生公司在做出决策时所遵循的价值观是确保患者的健康，而指导美国铝业公司做出决策的价值观则是厂房的安全性。但在资源—流程—价值观（RPV，即Resource-Procedure-Value）框架中，价值观有更广泛的意义。一家机构的价值观指的是员工做出优先决策时所依据的标准——他们以此来判断一份订单是否有吸引力，某个客户是否比另外一个客户更重要，某个新产品理念是否具有吸引力，等等。各级员工做出的决策都会体现一定的优先级别。对高管来说，这些决定往往表现为是否投资新产品、服务和流程；对销售人员来说，这些决定则体现在每天在现场决定将哪些产品推荐给客户，对哪些产品不做重点推介。

一家企业变得越大越复杂，就越需要高管来培训各级员工，使他们学会遵照企业的战略方向和业务模式，来自主确定决策的优先级别。事实上，良好管理的一个关键衡量标准就在于，管理者是否在机构内部普及了这种清晰、统一的价值观。[6]

但也正是这种清晰、统一、广为员工所接受的价值观界定了这家机构无法参与的业务范围。一家企业的价值观势必会反映出它的成本结构和业务模式，因为这些因素决定了员工必须遵循什么样的规则才能使企业实现盈利。假如一家企业的管理成本结构决定了这家企业必须实现40%的毛利率，那么从中将演化出一种强大的价值观，或者说是决策规则，鼓励中层管理者扼杀那些无法实现40%毛利率的业务构想。这就意味着，这样的机构无法成功地实施针对低端市场的商业化项目。而与此同时，另一家机构的价值观（由完全不同的成本结构所决定）则可能会推动同一类项目的成功。

成功企业的价值观至少会在两个方面以可预见的方式进行演变。其一，这与可接受的毛利率有关。当企业为产品和服务添加新的特色和功能，以便在能够实现溢价的市场吸引更优质的客户时，管理费用也随之大幅增长。结果是，在某些阶段非常具有吸引力的毛利率，在后续阶段可能会丧失其吸引力。在市场迁移的过程中，企业价值观也会不断发生转变。例如，丰田公司凭借珂罗娜车型打入北美市场——该产品定位于低端市场。当入门级产品市场开始充斥着来自尼桑、本田及马自达公司的类似产品时，来自同样低成本竞争对手的竞争使毛利率大幅下滑。为了提高毛利率，丰田公司随之为更高级别的市场研发了更为复杂的产品。为应对这些市场竞争压力，卡罗拉、凯美瑞、普瑞维亚、亚洲龙及雷克萨斯系列轿车应运而生，通过转战高端市场，丰田公司因此维持了较高的毛利率。在这个过程中，丰田公司不得不增加运营成本来设计、制造和支持这一级别的轿车。成本结构发生改变之后，低端市场的利润变得形同鸡肋，丰田公司于是逐渐降低了对低端市场的关注度。

我们在第 4 章中详述过纽柯钢铁公司的历史。作为小型钢铁厂中的佼佼者，纽柯公司一路向上进攻，不断侵蚀综合性钢铁厂所占据的高端市场。在这一过程中，该公司同样经历了价值观的转变。随着对其产品类型的定位不断上调——从螺纹钢到角钢，再到结构钢梁，最后到板材，其管理重心也在不断转移。最终，该公司决定放弃其早期赖以生存的螺纹钢产品。

其二，根据价值观的转变可以预测一家企业需要发展到多大规模才能引起人们的注意。一家企业的股价反映了其预计盈利流的贴现现值，绝大多数管理者所承受的压力不仅仅来自要维持增长趋势，还来自要保持增长的速度。一家市值 4 000 万美元的企业要想保持 25% 的增长率，就必须新增 1 000 万美元的新业务收入。而对一家市值 400 亿美元的企业来说，要想保持 25% 的增长率，其新业务收入就必须达到 100 亿美元。这两家企业为完成各自的增长目标所需把握的市场机遇的规模是截然不同的。正如我们在第 6 章所指出的那样，使小企业欢欣鼓舞的市场机遇，对大企业来说可能就形同鸡肋。成功所带来的效应实则苦乐参半。当大企业不断发展壮大时，它们也基本丧失了进入小型新兴市场的能力。这种能力的缺失并不是由企业内部的资源发生改变而造成的——一般说来，这类企业往往坐拥庞大的资源。问题的关键在于其价值观改变了。

为了节省开支，企业高管和华尔街的金融家们会积极促成大企业的合并。但他们也需要考虑这一行为对合并后的企业价值体系所产生的影响。虽然合并后的机构可能有能力向创新活动投入更多的资源，但是它们的商业机构却可能丧失对（除特大机遇之外的）其他所有机遇的兴趣。巨大的规模反倒实实在在地成了创新管理的绊脚石。从很多方面来看，惠普公司就是意识到这个问题，才决定将自己拆分成两家公司的。

机构能力决定企业如何应对破坏性创新

对我来说，RPV 框架是一个非常实用的工具，它有助于我了解我在研究各家企业应对延续性技术与破坏性技术的不同历史表现中的有关发现。让我们回忆一下在硬盘行业发展史中出现（经过我们的确认）的 116 项新技术。这当中有 111 项是延续性技术，它们所带来的影响就是提升了硬盘的性能，其中有一部分属于渐进式改善，而其他的技术（例如磁阻磁头技术）则代表了产品性能的非连续性跳跃式提升。在这 111 项延续性技术中，引领新技术的研发和推广潮流的企业都是原有技术领域的领头羊。成熟企业在研发和应用延续性技术方面可以说是战无不胜，成功率达到 100%。

这 116 项新技术中的另外 5 项属于破坏性创新——在每一个案例中，相比主流市场使用的硬盘，这些破坏性硬盘的尺寸更小、速度更慢、容量更小。这些破坏性产品不涉及任何新技术，但当这些破坏性创新产品进入市场后，没有一家行业领先企业能够继续稳居鳌头——它们的“击球成功率”为零。

为什么在延续性创新与破坏性创新的对抗中，会出现如此明显的落差呢？答案就在机构能力的 RPV 框架中。行业领先企业不断地研发和推出延续性创新技术。月复一月，年复一年，这些企业为了在市场竞争中领先一步，不断推出改进后的新产品。最后，这些领先企业的技术潜力评估和客户需求调查流程都越来越偏向于延续性技术。按照本章的说法，这些机构培养了企业开展此类活动的能力，而且这种能力已经根植于企业的流程中。对延续性技术的投资也符合领先企业的价值观，因为向高端客户提供更好的产品本来就可以实现更高的利润率。

另外，破坏性创新的产生总是间歇性的，以至于没有哪家企业能专门为其制定一套程序化的流程。而且破坏性产品往往单价较低，不受最优质客户的青睐，相应的利润率也就比较低，从而与领先企业的价值观背道而驰。领先的硬盘企业所拥有的资源（包括人力、资金及技术资源）能够保证它们在延续性技术和破坏性技术创新上双管齐下，但这些企业的流程和价值观却决定了它们无法成功地进行破坏性技术创新。

事实上，具有市场破坏性的小企业更有能力抢占新兴市场，面对它们的冲击，大企业经常只能将这一市场拱手相让。虽然创业型企业缺少资源，但这并不重要，这些创业型企业的价值观就是为小市场量身打造的，小企业的成本结构能够包容更低的利润率。它们的市场研究和资源分配流程允许管理者凭直觉行事，而不是必须根据用 PPT（演示文稿）呈现的严谨的研究和分析结果来做出决策。这些优势叠加起来，可能会带来绝好的机遇，但也可能预示着灾难的来临——结果如何，取决于你的看法。

然而，对于面临变革或创新需求的管理者来说，他们所要做的不只是根据任务需求正确分配资源，还要确保获得这些资源的机构有能力获得成功——而在进行评估时，管理者必须仔细分析机构的流程和价值观能否和任务匹配。

能力迁移：从资源到流程和价值观

在机构的初创阶段，大多数工作的开展得益于它的员工资源。

几个关键人员的加入或离开，都可能对机构成功与否产生深远的影响。但随着时间的推移，机构的能力轨迹逐渐转向其流程和价值观。在员工们通力合作成功完成重复出现的任务的过程中，流程开始被确定。而随着商业模式的形成，成为发展重点的业务类型将逐渐被明确，价值观也将得以建立。事实上，很多创立不久的企业最开始都能凭借热门产品成功上市，其股价一路飙升，但最后却以惨败收场。其中一个原因就是，它们最初的成功是建立在资源（一起创业的工程师们）基础之上的，但它们未能建立能够帮助其不断推出热门产品的流程。

其中一个昙花一现的例子就是 Avid 科技公司——一家电视数据编辑系统制造商。Avid 公司的技术使得视频编辑不再是一项沉闷的工作。这项技术深受广大客户的喜爱，在其明星产品的支持下，Avid 公司的股价从 1993 年上市时的每股 16 美元，飙升至 1995 年年中的每股 49 美元。但当 Avid 公司面对日趋饱和的市场、逐渐增加的库存、应收账款及日益激烈的竞争时，便渐渐暴露了产品单一这个缺陷。虽然它的产品受到客户的热捧，但 Avid 公司缺乏有效的流程来不断推陈出新，也无法控制产品的质量、交付及售后服务。最终，公司的业务一落千丈，股票也惨遭抛售。

与之形成鲜明对比的是一些极为成功的企业，例如麦肯锡公司。麦肯锡公司建立了强有力的流程和价值观，因此，其员工无论被分配到哪个项目团队，都能工作得井然有序。每年都有上千个 MBA 毕业生加入这家公司，每年也有同等数量的员工离职。但是麦肯锡公司仍然能够年复一年地高质量完成工作，这是因为它的核心能力根植于流程和价值观，而不仅仅是资源。但我发现麦肯锡公司的这些能力同样也构成了它的缺陷。麦肯锡公司严格的分析和数据驱动型流程有助于它在成熟、相对稳定的市场为其客户创造价值，但在日新月异的科技市场面对飞速成长的公司时，它就不那么容易建立强大的客户基础了。

在企业流程和价值观的形成阶段，创始人的行为和态度会对企业产生深远的影响。创始人往往强烈要求员工按照既定的方式通力合作，以制定决策，并把事情做好。创始人同样会将他们对机构优先发展计划的观点强加给员工。当然，如果创始人的方法有缺陷，企业可能会遭遇失败。但如果这些方法行之有效，员工将会亲身体验创始人解决问题的方法和制定决策的标准到底多有效。这样随着他们成功地运用这些方法来共同完成常规任务，流程得以确定。同样，如果该企业根据创始人的标准来决定资源使用的优先次序，并成功实现了经济效益，那么该企业的价值观便会开始凝聚。

随着成功企业日趋成熟，员工逐渐认为，他们已经接受的优先次序，他们用于开展工作的方式及制定决策的方法，就是正确的工作方法。一旦企业成员开始根据假设而不是主观判断来选择工作方式和决策标准，那么这些流程和价值观就将构成企业的文化。[7]随着企业的规模从几人发展到几百人、几千人，要让所有员工在需要做什么和如何做的问题上达成一致，以保证他们持续不断地开展正确的工作，即使是对最优秀的管理者来说，也是个严峻的挑战。在这些情况下，企业文化就成为一个强大的管理工具，它能够促使员工自主行动，并确保他们保持行动的统一。

因此，决定机构能力和缺陷的最为有力的因素，会随着时间的推移而不断发生改变——从资源变为可预见的、有意识的流程和价值观，然后转化为文化。只要机构一直面临同类型的问题，而且机构发展这些流程和价值观的目的就是解决这些问题，那么管理这家机构就会相对简单。但是，由于这些因素也决定了该机构在哪些方面会受到限制，因此当机构面临的问题发生变化时，这些流程和价值观就会成为机构成功应对这些问题的阻碍。当机构的能力主要体现在人员身上时，通过改革来解决新问题会相对简单，但当其能力开始根植于流程和价值观，尤其是当其能力已成为机构文化的一部分时，改变可能会变得异常困难。

案例：DEC 是否有能力在个人电脑市场取得成功

DEC 是 20 世纪 60 年代至 20 世纪 80 年代的一家非常成功的微型计算机制造商。我们可能要忍不住断言：当个人电脑市场在 20 世纪 80 年代初逐渐形成时，DEC 的“核心能力”就是制造计算机。但如果情况真是这样，DEC 又是因何折戟沉沙的呢？

很明显，DEC 绝对具备在个人电脑市场获得成功所需的资源。DEC 的工程师们一直就在设计比个人电脑更为复杂的计算机。DEC 拥有充裕的资金、强大的品牌和尖端的技术，但它是否拥有能在个人电脑业务上取得成功的流程呢？没有。微型计算机的设计和制造流程，涉及在机构内部完成对很多关键组件的设计，并将这些组件组装成具有自主知识产权的配置，光是新产品模型的设计周期就长达两三年。DEC 的制造流程使得它必须对大多数组件进行批量生产和装配，然后直接将产品销往各大公司的工程部门。这些流程极为适合微型计算机业务的运作。

然而，个人电脑业务完全不同。个人电脑业务的流程要求将最具成本效应的组件外包给全球最好的组件供应商。新型计算机产品采用了模块化组件，其设计周期也缩短到只有 6~12 个月。

计算机通过大规模装配生产线被生产后，由零售商卖给客户和企业用户。这些流程是在个人电脑市场的竞争中取得成功的必备条件，但 DEC 并没有建立这一流程。换句话说，虽然 DEC 的员工完全具备设计、制造和销售个人电脑并实现盈利的能力，但是他们所在的机构却缺乏这种能力，因为该机构的流程设计和演化是为了很好地完成其他任务。而使得 DEC 在一项业务上大获成功的那个流程，恰恰就是使它在其他业务领域无所作为的根本原因。

那么 DEC 的价值观是什么呢？对于在微型计算机领域取得成功所需要的管理成本，DEC 已经建立了一套主导价值观："如果毛利率达到 50% 以上，这就是一单好生意；如果毛利率低于 40%，就没必要去做了。"管理层必须确保所有的员工优先完成符合这一标准的项目，否则公司就赚不到钱。由于个人电脑的利润率较低，"不符合" DEC 的价值观，因此在资源分配流程中，符合该公司标准的高性能微型计算机业务便比个人电脑早一步获得了资源。在 DEC 内部，任何想要进入个人电脑业务领域的尝试，都必须定位在个人电脑市场利润率最高的一级，因为只有在这些级别的市场上获得的收益率才能为公司的价值观所接受。但由于第 4 章提及的模式——低成本商业模式的竞争者都有向高端市场转移的强烈倾向，DEC 的价值观使得该公司最后丧失了追求成功策略的能力。

正如我们在第 5 章所看到的那样，DEC 可以通过"另建"一个机构，针对个人电脑市场的市场规则来量身打造合适的流程和价值观。位于马萨诸塞州梅纳德的公司总部所具备的超凡能力，使得公司在微型计算机业务上取得了巨大的成功，但同时也使得公司无法在个人电脑领域再立新功。

三种方法创造新能力

如果认为某个员工无法完成指定的任务，那么管理者就会另觅人手，或者认真培训该员工，使其有能力完成任务。培训通常都是有效的，因为一个人通常有能力掌握多种技能。

尽管时下流行的“变革管理”和“重建计划”产生了许多理念，但流程并不像资源那样“灵活”或者是“可培训的”，价值观更是如此。使得企业擅长外包组件的流程，不可能同时帮助企业获得在内部研发和生产组件方面的能力。使得企业优先研发高利润率产品的价值观，不可能同时推动企业去重点研发低利润率产品。这就是为什么目标专注的企业往往强于目标不够专注的企业：它们的流程和价值观与需要完成的任务紧密匹配。

正是基于这些原因，如果管理者确定机构的能力不适于执行新的任务，那他们就可以选择采取以下三种方法来创造新的能力。

- 收购另一家流程和价值观与新任务极为匹配的公司。
- 试图改变当前机构的流程和价值观。
- 成立一个独立的机构，在这个机构内针对新问题开发一套新的流程和价值观。

通过收购来壮大能力

管理者往往觉得，和自主研发能力相比，不论从竞争力和财务角度来看，收购一事都更具可行性。对于整合已收购公司的问题，RPV 模型可以是应对这一挑战的有效方式。收购方的管理者首先应该自问：“是什么东西构成了这种让我急于斥资购买的价值观？我是因为它的资源（人员、产品、技术、市场定位等）才觉得这个价格合理吗？或者因为其价值的很大一部分在于其流程和价值观？是否正是这独特的工作和决策方式，使该公司能够理解和满足客户，并能及时研发、制造并推出新产品和服务？”

如果被收购公司的流程和价值观是其获得成功的真正驱动力，那么收购方的管理者千万不能试图将其合并到母公司中。合并会使许多被收购公司的原有流程和价值观化为乌有，因为它的管理者必须采用收购方的经营方式，他们也要按照收购公司的决策标准来评估他们的创新建议。如果被收购公司的流程和价值观正是其过去取得成功的原因，那么保持它的独立性，由母公司向它的流程和价值观提供资源，则是更好的策略。这一策略实质上真正构成了企业对新能力的收购。

而如果被收购公司的资源是母公司进行收购的主要目的，那么将其并入母公司自然无可厚非——即将被收购公司的人员、产品、技术和客户群完全并入母公司的流程中，从而提升母公司的现有能力。

例如，我们可以通过 RPV 模型更好地了解发生在 20 世纪 90 年代末的戴姆勒-克莱斯勒并购危机。与竞争对手相比，克莱斯勒公司的特色资源少之又少。该公司之所以能够在 20 世纪 90 年代取得成功，是因为它的流程——尤其是快速、极具创意的产品设计流程，以及对子系统供应商的业务整合流程。完成收购后的戴姆勒公司如何才能最充分地利用原克莱斯勒公司的这些能力呢？华尔街开始不断向管理层施压，要求这两家公司合并，以削减成本。但两家公司一旦合并，克莱斯勒公司的许多关键流程就将受到损害，而这些流程才是当初戴姆勒公司收购克莱斯勒公司的价值所在。

这一情景让人不禁回想起 1984 年 IBM 对罗尔姆（Rolm）公司的收购。罗尔姆公司资源库里所拥有的东西，IBM 也都有。罗尔姆公司能够取得成功的真正原因，就是它开发 PBX 产品和为 PBX 产品寻找新市场的流程。1987 年，IBM 决定将罗尔姆公司全面整合到自己的企业结构当中，并试图将罗尔姆公司的资源（其产品和客户群）纳入为大型计算机业务量身打造的流程中来。这一尝试使罗尔姆公司的业务一落千丈。对于一家只热衷于 18% 的经营利润率的计算机企业来说，要想让它的高管改变价值观，开始对经营利润率低于 10% 的产品产生兴趣，并优先考虑此类产品的研发计划，无异于痴人说梦。IBM 对罗尔姆公司的整合决定实际上破坏了这桩收购交易的价值来源。截至本章成稿时（2000 年 2 月），曾经屈服于投资委员会的游说（以满足其有效降低成本的要求）的戴姆勒-克莱斯勒公司，如今也同样站在了悬崖边上。

看来，财务分析师一般对资源的价值有着良好的直觉，但对于流程的价值的直觉却不尽然。

相形之下，思科（Cisco Systems）公司的收购流程就运转得很好，因为思科公司的管理者总是从正确的角度来看待资源、流程和价值观。1993—1997 年，思科公司收购的主要是成立不到两年的小公司，这些早期机构的市场价值主要体现在它们的资源上——特别是工程师、产品等资源。思科公司有着界限明确、详尽周密的流程。通过这个流程，思科公司能将这些资源完全融入母公司的流程和体系。它还精心发展了一套方法，能够使被收购公司的工程师与母公司的员工和谐共处。在相互融合的过程中，思科公司还舍弃了随着收购出现的所有不成熟的流程和价值观，因为这些流程和价值观并不是思科公司收购的目的。思科公司有几次收购了更大、更成熟的机构（特别是在 1996 年收购的 StrataCom 公司），但思科公司并没有将它们合并入母公司。相反，思科公司保持了 StrataCom 公司的独立性，并向其注入了大量的资源，以帮助它更快速地成长。[8]

强生公司至少利用了三次收购机会，在一波非常重要的破坏性技术浪潮中成功确立其市场地位。强生公司的可抛型隐形眼镜、内窥镜手术及血糖仪业务都是从小企业收购而来的。强生公司保持了这些企业的独立性，并对其注入资源，最后它们都发展出价值几十亿美元的业务。朗讯科技（Lucent Technologies）公司和北电集团（Nortel）也采取了相似的策略，它们成功地把握了基于分组交换技术的路由器，从而颠覆了传统的电路交换设备。但它们的收购行动晚了一步。在分别收购恒升通信（Ascend Communications）公司和海湾网络（Bay Networks）公司时，朗讯科技公司和北电集团都付出了极为高昂的代价，因为这两家公司已经与规模更大的思科公司一道创建了新的市场应用领域——数据网络，而且即将取得语音网络的重大突破。

在内部创造新能力

不幸的是，那些尝试在成熟机构部门内部开发新能力的企业也鲜有胜绩。用加大资源投入力度的方法来改变现有机构的能力是一种非常直接的做法。企业可以雇用新型人才，购买新技术，募集资金；可以收购产品线、品牌和信息。但这些资源几乎总是被生搬硬套到一成不变的流程中，因而结果也不会发生什么改变。例如，从 20 世纪 70 年代到 80 年代，丰田公司通过在研发、生产、供应链等流程上的创新（并没有大举投资诸如先进的制造技术、信息处理技术等资源）颠覆了全球汽车行业的发展。通用汽车公司则投入了近600亿美元来改善资源——使用电脑自动化设备来降低生产成本，提高产品质量。尽管通用汽车公司使用了如此先进的技术资源，但由于它沿用了陈旧的流程，公司的绩效并没有得到明显的改观，其主要原因就在于，机构的流程和价值观才是企业最基本的能力。流程和价值观决定了企业将如何整合资源（企业可以购买和出售、使用和放弃许多资源）以创造价值。

改变流程的难度非常大，这主要有两个原因。第一，确定机构的界限通常是为了促进当前流程的运作，这些界限能够防止打破机构界限的新流程的建立。当新的挑战要求不同的人员或团队以不同于他们习惯的方式进行协作，也就是利用不同于以往的时机来应对不同的挑战时，管理者就需要从现有机构中抽调相关人员，并围绕新团队划定新的界限。新团队的界限有助于促使新的合作模式产生，并最终促使新的流程产生——能够将投入转化为产出的新能力。史蒂文·威尔莱特教授和金·克拉克教授称这种机构结构为重量级团队。[9]

第二，有时候管理者并不想放弃现有的流程——原有的工作方法能很好地解决它们在产品设计之初所面临的问题。就像我们在前文提到的那样，资源很灵活，可以被应用到各种环境中；流程和价值观从本质上来说却是固定的，其存在的价值就在于让人们以固定的方式反复完成同一项任务。流程就意味着“不可改变”。

当破坏性变化出现在人们的视野中时，管理者需要在主流机构受到影响之前，获得相应的能力来应对变革。换句话说，他们需要在可能导致原有机构（这个机构的流程只能应用于现有的业务模式）发生翻天覆地的变化的危机真正到来之前，成立一个新的机构来应对新挑战。

由于流程的本质都是针对具体的任务，因此我们不可能用同一个流程来开展两种截然不同的工作。我们可以参考一下本书第7章中提到的例子。适宜于向现有成熟市场推出新产品的市场研究和计划流程，根本无法引导企业进入不确定的新兴市场。而对于企业尝试凭直觉进入新兴市场时建立的那些流程，一旦被应用到成熟的现有业务领域，则与自杀无异。企业如果需要同时开展这两类业务，那就需要建立两套完全不同的流程。而在同一个机构内应用两套在本质上完全不同且相互对立的流程，几乎是不可能完成的任务。如下文所示，这就是管理者需要创建不同团队的原因。在不同的团队里，管理者可以定义和重新定义应对各种新问题的不同流程。

通过分支机构创造新能力

创造新能力的第三种机制——在分支机构中培育新能力，是管理者们在不断寻找针对互联网的应对之策时比较常用的一种方式。在创造新能力以应对变革的过程中，何时创建分支机构才是一个关键性的步骤？需采用什么样的方式来管理分支机构？当一家企业主流机构的价值观致使其无法将资源集中投入创新项目时，它就需要成立独立的机构来完成这一使命。我们不能指望大型机构毫无顾忌地投入关键的财务和人力资源，只为了在小型新兴市场建立巨大的领先优势。如果一家企业的成本结构是专为高端市场的竞争而量身打造的，那么这家企业很难在低端市场实现盈利。当破坏性技术的威胁要求企业采用不同的成本结构才能实现盈利、保持竞争力，或者在当前新市场的规模无法满足主流机构对增长的需求时，那么此时——也只能是此时——成立分支机构就该成为解决方案的一部分了。

分支机构需要享有多大程度的独立性呢？最基本的要求是，分支机构的项目不能被迫去和主流机构的项目争夺资源。机构的价值观是制定优先决策所依据的标准，因此和企业的主流价值观不一致的项目往往最不可能受到重视。独立机构是否在形式上实现了独立其实并不重要，真正重要的是它是否独立于常规资源分配流程而存在。

在对这一问题的研究中，我们从来没有发现哪一家企业能够在没有首席执行官参与的情况下，成功应对颠覆其主流价值观的变革。其原因正是在于流程和价值观的力量，尤其是常规资源分配流程的运行逻辑。只有首席执行官能保证新机构顺利得到其所需要的资源，并不受干扰地创建适合应对新挑战的流程和价值观。如果首席执行官仅仅把成立分支机构视为一种摆脱破坏性创新威胁的工具，那么几乎可以肯定的是，等待他的将是失败的命运。我们目前还没有发现这一法则有失效的时候。

图 8.1 所示的框架旨在帮助管理者利用当前的流程和价值观中所蕴含的能力（如果可能的话），并在当前机构不具备相关能力时另行创造新能力。图中的左轴衡量了机构的现有流程（即当前机构使用的互动、沟通、协调和决策模式）将在多大程度上确保新任务的有效完成。如果答案为“是”（朝向图的下端），那么项目经理就可以利用机构现有的流程和组织结构来争取成功。如果处在图中右轴上的相应位置，机构就可以有效地利用职能团队或轻量级团队等结构，来发展现有能力（见克拉克和威尔莱特的

描述[10]。在这类团队中，项目经理的职责就是推动和协调大都在职能性机构中开展的工作。

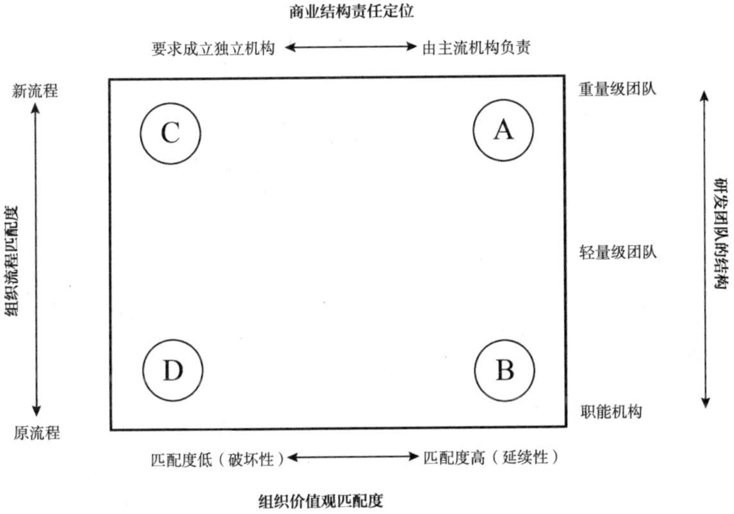

图 8.1 使创新的要求与机构的能力匹配

注：左轴和底轴反映的是管理者需要就当前状况提出的问题。右侧的说明反映的是对左轴情况的合理应对之策。顶部的说明反映的是对管理者如何回答底轴提出的问题的合理应对之策。

另外，如果主流业务的运作和决策方式对新团队的工作起的不是促进作用，而是阻碍作用的话——因为在新团队里，不同的人员需要在不同的任务上按照不同于以往的进度开展合作——那就需要建立一个重量级团队结构了。重量级团队是创建新流程的一种工具——人们通过新的方式共同合作，而这也形成了新的能力。在这些团队里，成员所代表的不仅仅是团队的利益和技能，他们还需要承担总经理的角色，从最有利于项目的角度出发，来做出决策，进行取舍。他们通常会为实现特定的使命而集结。

图 8.1 中的横轴要求管理者评估机构的价值观是否会允许其向新业务注入所需的资源，以推动新业务项目取得成功。如果答案是“匹配度低，具有破坏性”的话，那么主流机构的价值观将给予该项目以较低的优先级别。因此，创建独立机构来进行破坏性技术的研发和商业化推广，将是成功的必经之路。如果答案是“匹配度高，具有延续性”的话，那么管理者将发现，主流机构将会优先满足他对人力和资源的需求。在这种情况下，管理者就没有理由再去成立专门机构或分支机构了。

图 8.1 中的 A 部分表示管理者面对的是一次技术性突破，但该项创新仍属于延续性技术变革，这符合机构的价值观。但这也表明，机构需要去解决不同类型的问题，因而需要在团队和个人之间建立新型互动和合作关系。管理者需要建立一支重量级开发团队来应对新任务，不过这个项目可以在母公司内部进行。这就是克莱斯勒公司、礼来公司及美敦力（Medtronic）公司能够以超乎想象的速度缩短产品研发周期的原因。[11]IBM 硬盘部门的管理者也曾经使用重量级团队这种组织机制，来学习如何更加有效地在其产品设计中整合各种组件，以期将所使用组件的性能提高 50%。微软公司研发和启动互联网浏览器的项目位于框架图 A 区。这代表了一种非同凡响、难度极高的管理成就，它要求不同的微软员工以不同于以往的新模式，在公司内部实现协同合作。但这对微软公司来说属于一种延续性技术，客户需要这种产品，而这种产品也强化了公司的整体商业模式。因此，公司不需要另成立一个完全不同的机构来实施这一项目。

B 区表示的是，当项目符合企业的流程和价值观时，一个轻量级开发团队便足以取得成功。在这样的团队中，管理者需要在主流机构内部实现跨部门合作（即跨越部门职能的界限进行合作）。

C 区表示的是，处于该区域的管理者面对的是与机构现有流程与价值观并不匹配的破坏性技术变革。要确保这类项目的成功，管理者就需要创建自主经营的机构，并专门成立重量级开发团队来应对这一挑战。除了第 5~7 章提到的实例，很多企业在应对由互联网带来的经销渠道冲突问题时，都应该以这种方式来进行管理。例如，康柏公司于 1999 年开始通过互联网向客户直接销售电脑，以便更有效地与戴尔公司进行竞争。在数周内，零售商的强烈抗议迫使康柏公司不得不放弃这一策略，因为这种营销模式完全颠覆了康柏公司及其零售商的价值观或盈利模式。解决这一冲突的唯一办法就是成立一家独立的分公司，并通过这家分公司来启动直销业务。为了缓解这种对立情绪，康柏公司甚至可以重新注册一个品牌。

有人曾经指出，沃尔玛公司通过在硅谷创建一家独立的机构来管理它的在线零售业务，实则为鲁莽之举。因为这家分支机构无法利用沃尔玛公司卓越的物流管理流程和基础设施。但根据图 8.1 的规律，我认为这是个明智的举措。事实上，在线零售业务的物流流程与传统运营模式存在很大的不同。传统运营模式是通过卡车货运来运送货物的；在线零售商则是从库存中取出客户订购的货品，再用小包裹将货品投递到各个地点。这项业务颠覆了沃尔玛公司的价值观，同时它还需要创建专门的物流流程。因此，这项业务的确应该由分支机构来独立开展。

D 区所代表项目的产品或服务虽然与主流机构类似，但它们需要通过完全不同的、管理成本较低的业务模式来进行销售。沃尔玛公司旗下的山姆会员店就可被归于此类。事实上，这些项目可以采用与母公司类似的物流管理流程，但其预算、管理及损益责任则完全不同。

企业成立职能型和轻量级团队是拓展现有能力的有效途径，而组建重量级团队则是创造新能力的有力工具。同样，分支机构也是打造新型价值观的工具。不幸的是，大多数企业都采用了一样的组织策略——无视项目的规模和性质，统统以轻量级团队来实施项目。在少数几家接受了“重量级团队行为准则”的企业中，也有不少企业试图将旗下所有的开发团队都配置成重量级团队。理想的状况是，每一家企业都应根据不同项目对流程和价值观的具体要求，来量身打造团队结构，确立机构定位。

从很多方面来说，破坏性技术模型是一种相对理论，因为一项技术对这家企业来说可能属于破坏性技术，但对另一家企业则可能具有延续性影响。例如，戴尔公司以电话销售电脑起家。对戴尔公司来说，开始通过互联网销售和接受订单属于延续性创新。互联网销售只是沿着已有的结构模式给戴尔公司带来更大的利润。然而，对于康柏、惠普和 IBM 来说，通过互联网直接对客户进行营销将会给企业带来强烈的破坏性影响。在股票经纪领域，情况也是如此。对于 Ameritrade 公司和嘉信理财（Charles Schwab）公司这种通过电话处理大部分订单的折扣券商来说，在线证券交易不过是使它们更加有效地降低了成本，而且这种创新技术甚至强化了它们原有的服务能力。而对于靠佣金维生的全服务券商企业，如美林证券（Merrill Lynch）来说，在线交易代表了一种巨大的破坏性威胁。

本章小结

当机构遭遇变革时，管理者必须首先确定，他们是否具备成功所需的资源。然后，他们需要再问一个不同的问题：机构是否具备成功所需的流程和价值观。对于大多数管理者来说，他们出于本能都不会询问第二个问题，因为他们的工作流程和员工在做决策时所依赖的价值观，一直以来都运转得非常良好。但我所希望的是，这个框架能进一步推动管理者深入思考，机构所具备的能力是否也决定了它将在哪方面无所作为。只要花一点儿时间思考这个问题的确切答案是什么，管理者就能从中受益良多。机构惯有的工作流程是否适合于解决这一新问题？机构的价值观会将这一新提议置于优先发展的位置，还是会将其搁置？

如果对以上问题的答案都是否定的也没有关系。解决问题的关键步骤就是理解问题。在上述问题上抱有一厢情愿的想法，将会使负责研发和实施创新项目的团队遭遇重重困难，陷入相互猜忌的泥沼，并最终以失败收场。对成熟企业来说，创新之所以总是看起来困难重重，是因为它们聘用了能力很强的人，并将设计初衷与他们肩负的使命不匹配的流程和价值观强加给他们。在我们所处的这个日新月异的时代，应对变革的能力已成为事关企业成败的关键一环，确保能者适得其所亦是企业肩负的一项重要责任。

第9章

产品性能、市场需求和生命周期

当产生性能过度供给现象时，破坏性技术的机遇也呼之欲出，然后开始从价值网络的下方冲击成熟市场。当性能过度供给给破坏性技术带来威胁或机遇时，这还会导致产品市场的竞争基础发生根本性变化。

本书的图表表明，技术和市场轨线的交会，有助于解释领先企业是怎样从行业领先地位上陨落的。在本书探讨的每一个行业中，技术人员都有能力使性能改善的速度超过市场要求或能够消化的性能改善速度。从历史来看，当产生性能过度供给现象时，破坏性技术的机遇也呼之欲出，然后开始从价值网络的下方冲击成熟市场。

当性能过度供给给破坏性技术带来威胁或机遇时，这还会导致产品市场的竞争基础发生根本性变化。客户选择产品或服务时所遵循的各种标准的排序将发生变化，从而标志着产品生命周期从一个阶段（管理学理论学家对此给出了不同的定义）过渡到另一个阶段。换句话说，企业提供的性能轨线和市场要求的性能轨线的交会，是引发产品生命周期从一个阶段过渡到另一个阶段的根本原因。有鉴于此，轨线图（例如本书所描绘的那些轨线图）能够有效地说明，行业的竞争态势和竞争基础可能会随着时间的推移发生怎样的改变。

和前几章一样，本章的讨论也以对硬盘行业的分析开篇，阐述当行业提供的产品性能超出市场的需求时，行业将会发生什么样的变化。同样的现象也发生在会计软件和糖尿病护理产品市场，这表明，这一模式与产品生命周期所处的阶段之间存在明显的联系。

性能过度供给：从容量竞争到体积竞争

图 9.1（截自图 1.7 的一部分）描述了性能过度供给的现象。该图表明，到 1988 年，普通 3.5 英寸硬盘的容量终于达到主流台式个人计算机市场所要求的容量水平，而那时普通 5.25 英寸硬盘的容量已经比主流台式计算机市场所要求的容量超出近 300%。也就在当时，自台式计算机市场出现以来，计算机制造商首次有了另一种购买选择，因为 5.25 英寸硬盘和 3.5 英寸硬盘都能为客户提供足够的容量。

结果是什么呢？台式个人计算机制造商纷纷开始使用 3.5 英寸硬盘。图 9.2 说明了这一点——图中的纵轴衡量的是售出的新、旧技术产品所占的比重。在 1985 年，3.5 英寸硬盘市场的这项指

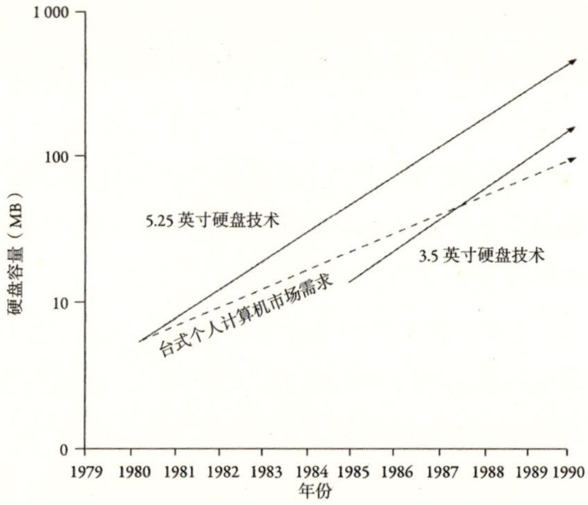

图 9.1　市场要求的容量轨线与硬盘提供的容量轨线开始交会

资料来源：《磁盘 / 趋势报告》各期公布的数据。

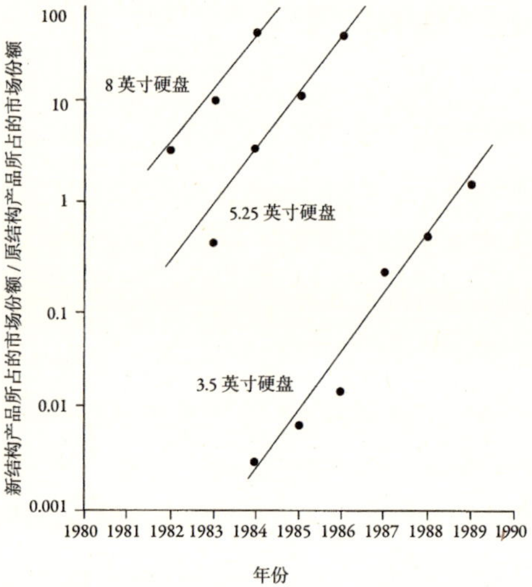

图 9.2　30~100MB 8 英寸、5.25 英寸、3.5 英寸硬盘的替代情况

资料来源：《磁盘 / 趋势报告》各期公布的数据。

标是 0.007，表明不到 1%（0.0069）的台式计算机制造商开始使用 3.5 英寸硬盘。到 1987 年，这一比率已经增长至 0.2 以上，这意味着在计算机市场出售的所有硬盘中，16.7% 为 3.5 英寸硬盘。到 1989 年，这项指标是 1.5。也就是说，仅仅在 3.5 英寸硬盘产品出现 4 年后，3.5 英寸硬盘就已经从市场雷达荧幕上一个模糊的光点发展到占据了硬盘销量的半壁江山（60%）。

为什么 3.5 英寸硬盘能够如此迅速地抢占台式个人计算机市场呢？一种标准的经济学观点猜测，可能是 3.5 英寸硬盘结构代表了一种更具成本效益的结构。如果两种产品之间不再具有明显的差异（都能提供足够的容量），价格竞争将会加剧。但这显然不是当前的情况。的确，计算机制造商如果要使用 3.5 英寸硬盘，那么他们平均需要为每兆字节容量支付 20% 的溢价，但它们仍然对这种产品趋之若鹜。而且，计算机制造商在自身的产品市场面临激烈的价格竞争时，仍然倾向于使用更为昂贵的硬盘。这究竟是为什么？

性能过度供给引发了竞争基础的变化。一旦对容量的需求得到满足，其他属性（这些属性的性能尚不能满足市场的需求）的价值便开始显现，硬盘制造商也会开始针对这些属性来将它们的产品与其他产品区别开。从理论上说，这意味着图 8.1 等图表的纵轴所衡量的最重要的属性发生了变化，而产品性能的新轨线（相对于市场需求）已经成形。

具体而言，1986—1988 年，在台式个人计算机市场，相对于其他特征，硬盘的体积成了一项越来越重要的属性。体积更小的 3.5 英寸硬盘使得计算机制造商能够减小计算机的尺寸或计算机在桌面所占的空间。例如，在 IBM，较大的 XT/AT 计算机则让位于体积小得多的新一代 PS1/PS2 计算机。

有一段时间，小型硬盘的产量无法满足市场的需求，台式计算机制造商会继续支付高溢价来购买 3.5 英寸硬盘。实际上，使用第 4 章提到的特征回归分析法来分析可知，1986 年，硬盘产品每减小 1 立方英寸体积的影子价格是 4.72 美元。但是，一旦计算机制造商在新一代台式计算机的配置中采用了体积更小的硬盘，它们对体积甚至更小的硬盘的需求也将达到饱和。因此，到 1989 年，市场给予体积更小的硬盘的影子价格为：每减少 1 立方英寸，溢价降至 0.06 美元。

一般来说，一旦某项特定属性达到客户所要求的性能水平，客户便不会再像以前那样愿意为该项属性的持续改善支付溢价，这表明客户对这项属性的需求已经得到满足。因此，性能过渡供给导致竞争基础发生转变，而客户用来选择产品的标准也被转移到市场需求尚未得到满足的属性上。

图 9.3 显示出台式个人计算机市场似乎已经发生了的情况，图中纵轴所衡量的属性在不断发生变化。容量属性方面的性能过度供给引发了对纵轴的第一次重新定义，即从容量过度至体积。当这一项新属性的性能足以满足市场需求时，纵轴对性能的定义再次发生了改变，以反映市场对可靠性的需求。因此，相比其他产品，能够提供超强抗震性和有竞争力的平均故障间隔时间（MTBF）的产品，一度享有很高的溢价。但当平均故障间隔时间的值接近 100 万个小时时[1]，市场给予平均故障间隔时间每减少 100 个小时的影子价格接近零，这表明产品在这项属性上的性能出现过度供给。当时和之后的阶段是激烈的价格竞争，在某些情况下，毛利率会降至 12% 以下。

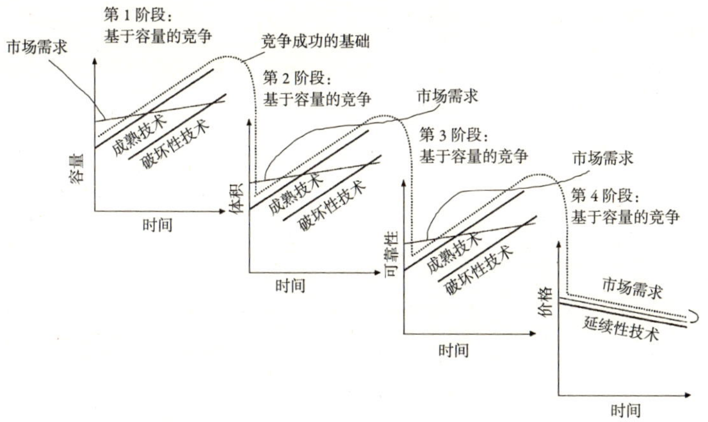

图 9.3　硬盘行业的竞争基础发生的变化

产品演变成商品

硬盘的商品化流程是由市场需求轨线与技术供应轨线之间的相互作用来决定的。大约到 1988 年，5.25 英寸硬盘已经演变成台式计算机市场上的一种以价格为导向的商品，而当时 3.5 英寸硬盘仍然享有溢价。此外，即便是作为台式计算机领域的一种商品，5.25 英寸硬盘当时在更高端市场的定价相对于 8 英寸硬盘仍存在较高的溢价。正如第 4 章所述，这也解释了为什么成熟企业总是会采取积极的高端战略。

当不断改变的竞争基础（如上所述）终于变动完毕时，也就是说，当不止一种产品能够完全满足市场对每种属性或性能方面的需求时，产品也就演变成了特定市场部门中的一种商品。顾问、经理和研究人员经常能听到在价格谈判中铩羽而归（遭到客户杀价）的销售人员满腹牢骚地说："这些人还以为我们的产品只是一种商品呢。难道他们看不出我们的产品比其他产品好许多倍吗？"性能过度供给框架可能有助于他们理解这些销售人员的抱怨。实际上，这可能是因为在竞争对手向市场提供的产品中，产品相互之间仍然存在差异。但是，当产品特色和功能已经超出市场需求时，差异化也就失去了意义。

购买等级：从重功能到重价格

市场营销文献提供了有关产品生命周期和（特定类别的）产品特征长期以来的演变方式的很多描述。[2]本书的发现表明，对于其中很多的演变模式来说，性能过度供给是推动产品生命周期由一个阶段向另一个阶段过渡的一项重要因素。

例如，加利福尼亚州旧金山市的温德米尔联合公司（Windermere Associates）就创造了一种被称为"购买等级"的产品演变模式。这一模式将产品演变划分为四个阶段：功能性、可靠性、便捷性和价格。起初，当没有产品能够满足市场对功能性的要求时，竞争的基础或选择产品的标准一般就是产品的功能性。有时市场（例如在硬盘市场）可能会同时围绕几个不同的功能层面展开竞争。但一旦有两种或两种以上的产品能够很好地满足市场对功能性的需求，客户将不再根据功能性来选择产品，转而倾向于根据可靠性来选择产品和供货商。只要市场对可靠性的需求超出供货商所能提供的可靠性，客户就将基于这个特性来选择产品——而且销售最可靠产品的最可靠供货商可能将因此享受溢价。

但当两个或两个以上的供货商经过不懈努力，具备了提供超出市场需求的可靠性时，竞争的基础将转向便捷性。客户更喜欢那些使用起来最方便的产品和最容易打交道的供货商。另外，只要市场对便捷性的需求超出了供货商所能提供的便捷性，客户就将基于这项特性来选择产品，而为客户提供便捷产品和服务的供货商将因此享受溢价。最后，当多家供货商都能提供一系列能够完全满足市场需求的便捷产品和服务时，竞争的基础就会随之转向价格。推动购买等级从一个阶段向另一个阶段转变的因素，就是性能过度供给。

杰弗里·摩尔（Geoffrey Moore）在他所著的《跨越鸿沟》（*Crossing the Chasm*）[3]一书中，介绍了另外一种有关行业演变的实用概念。这一概念有着类似的基本逻辑，但它是从用户而不是产品的角度来阐述产品演变的不同阶段的。摩尔表示，产品最初的用户是创新者和行业内的早期适用者——只根据产品的功能性来选择产品的客户。在这一阶段，性能最好的产品能够享受较高的溢价。摩尔发现，在主流市场对功能性的需求得到满足后，市场会大幅扩展，然后供货商开始满足早期绝大多数客户（按照摩尔的说法）对可靠性的需求。第三轮增长发生在产品和供货商的可靠性问题得到解决，创新和竞争的基础转向便捷性的时候。因此，在这一阶段晚期，绝大多数客户开始加入其中。摩尔提出的基本模式是，技术发展到一定阶段，市场对某种特定性能层面的需求将得到满足。

竞争基础的这一演变模式——从功能性到可靠性和便捷性，最后到价格——发生在目前讨论过的许多市场中。实际上，破坏性技术的一个基本特征就是，它预示了竞争基础即将发生改变。

关于破坏性技术的两条规律

破坏性技术的其他两项重要特征，可能会对产品生命周期和竞争态势产生长期影响：首先，破坏性产品在主流市场几乎没有价值的属性，通常成为它们在新兴市场最大的卖点；其次，相比成熟产品，破坏性产品一般更简单、更便宜，也更可靠、更便捷。管理者必须了解这些特性，以有效地制定用来设计、制造和销售破坏性产品的战略。即便破坏性技术特定的市场应用领域是无法被预知的，管理者仍然可以利用以下两条规律。

1. 破坏性技术的劣势正是其优势

破坏性技术和行业竞争基础之间的关系较为复杂。在性能过度供给、产品生产周期和破坏性技术出现的相互作用下，破坏性技术在主流市场几乎没有价值的属性恰好构成了它们在新市场的价值。

一般来说，成功地进行了破坏性创新的企业最初会想当然地认为，破坏性技术的特征和能力都是合理的，而且企业会努力为这项新技术寻找或创造一个看重或能接受这些属性的新市场。因此，康诺公司在便携式计算机领域为小型硬盘创造了一个市场——在这个市场，小型化是一个很重要的属性。杰西博公司和J. I. 凯斯公司在民用建筑承建商当中为挖掘机创造了一个市场——在这个市场，小型铲斗和牵引车的机动性实际创造了价值。纽柯公司为它的薄板连轧板材找到一个不计较表面瑕疵的市场。

与之相反，被这些破坏性技术拖垮的企业则认为，成熟市场的需求才是正道，而且它们并不打算在这些技术足以满足主流市场的需求之前对产品进行市场推广。因此，希捷公司的市场营销人员会将刚刚研发的3.5英寸硬盘送到IBM进行评估，而不是询问哪个市场最终需要一种体积更小、容量更小的硬盘。当比塞洛斯–伊利公司在1951年收购Hydrohoe液压挖掘机生产线时，公司的管理者并没有问“哪个市场实际上需要一种只能挖掘窄沟的步行式挖掘机”这个问题。相反，他们认为，市场需要铲斗体积更大、工作半径更长的挖掘机；他们为Hydrohoe装配了缆索、滑轮、离合器和绞车，并计划将Hydrohoe卖给普通挖掘承建商。当美国钢铁公司在评估薄板连轧技术时，它并没有问对表面外观要求较低的低价板材市场在哪儿。另外，它想当然地认为，市场需要质量最高的表面抛光技术，因而它投入了更多资金来研发传统的连铸机。它实际是用研发延续性技术的思维来研发破坏性技术。

在本书研究的案例中，面临破坏性技术创新的成熟企业，通常将技术性挑战看作它们面临的首要发展挑战，即改善破坏性技术，使其足以满足已知市场的需求。与之相比，在对破坏性技术的商业研发中做得最成功的企业，是那些将市场营销挑战（构建或发现一个新市场，其中的产品竞争主要围绕着产品的破坏性属性展开）视为它们面临的主要发展挑战的企业。[4]

面临破坏性技术变革的管理者应该遵守这一原则，这一点至关重要。如果历史可以提供任何指导，相比从一开始就积极发展破坏性技术特性的企业，那些只在实验室里研究破坏性技术，等到破坏性技术符合主流市场的需求之后才对其进行改善的企业，将无法复制前者的成功。相对于将破坏性技术看作一种实验室挑战（指技术挑战）而非市场营销挑战的企业，积极发展破坏性技术的企业通过建立商业基础，然后进军高端市场，最终将更加有效地满足主流市场的需求。

2. 相比成熟技术，破坏性技术通常更简单、更便宜，也更可靠、更便捷

当出现性能过度供给，而且破坏性技术开始冲击主流市场的薄弱环节时，破坏性技术通常都能取得成功。因为根据购买等级的原理，破坏性技术满足了市场对功能性的需求，而且它相比主流产品更简单、更便宜，也更可靠、更便捷。例如，我们可以回想一下，液压挖掘机技术是如何冲击主流下水道和普通挖掘市场的（如第 3 章所述）。一旦液压挖掘机的铲斗具备了处理 2~4 立方码土方的能力（超过了主流市场对性能的要求），承建商便会很快地开始采用这些产品——即使缆索挖掘机每铲能够挖掘更多的土方。由于两种技术所提供的铲斗容量均超出了他们的需求，承建商将更倾向于选择更加可靠的技术——液压技术。

由于成熟企业特别倾向于研发高性能、高利润的产品并开发具有同样特性的市场，它们发现自己经常在首款破坏性产品中加入了过多的特色和功能，而且要想阻止这一趋势的发生可谓困难重重。惠普公司设计 Kittyhawk 硬盘的经历便是一个明证。由于无法设计一种真正简单、价廉的产品，Kittyhawk 项目的参与者将这种硬盘的容量发展到这项技术的极限，并在产品中加入了一定的抗震和低能耗功能，使其具备了作为一种延续性产品的竞争力。当市场真正的大规模应用领域，即价格低廉、结构简单、功能单一的 10MB 硬盘开始出现时，惠普公司的产品并不具备足够的破坏性来抓住这一轮变革所带来的机遇。苹果公司在研发牛顿

PDA 产品时犯了同样的错误，即没有在一开始就瞄准简单性和可靠性。

会计软件竞争

直觉公司（Intuit）是一家财务管理软件制造商，它主要因其大获成功的个人财务软件包 Quicken 而声名远播。Quicken 软件使用简单、便捷，从而主导了个人财务软件市场。Quicken 的绝大多数用户无须阅读使用说明手册，只需要购买软件，在电脑上启动程序，然后就可以开始使用软件了。对此，Quicken 的研发者深感骄傲。他们会观察用户如何使用产品，而不是询问用户或“专家”需要用什么来提高软件使用的便捷性，并继续将产品设计得更简单、更便捷。通过观察用户在使用产品的过程中可能会在哪些地方碰到困难或感到迷惑，研发者把主要精力放在了不断地使产品变得更简单、更方便上，以期为客户提供包含足够的功能而不是超强功能的产品。[5]

不太为人所知的一个事实是，直觉公司占据了北美小型企业会计软件市场 70% 的份额。[6] 作为一家较晚进入这一市场的新兴企业，直觉公司是通过推出 Quickbooks 软件实现这一目标的。Quickbooks 产品的开发源于三个简单的启示。第一个启示是，之前市场上可用的小型企业会计软件包是在注册会计师的密切指导下被研发的，因此它要求使用者具备基本的会计知识（借贷、资产、负债等知识），而且每项会计分录都需要记录两次（因此它为每次交易提供了审计追踪）。第二个启示是，大多数现有的软件包都面面俱到地提供了一系列复杂的报告和分析数据，而且软件每升级一次，数据就会变得更加复杂和专业，因为软件开发者希望提供更多的功能，并以此将他们的产品与其他产品区别开。第三个启示是，85% 的美国企业规模都很小，而且雇不起会计师，因此，它们的账目都是由业主或家人来记录的。这些人员不需要也不理解主流会计软件提供的大多数条目和报告。他们不知道审计追踪是什么，更不用说如何使用这一功能。

直觉公司的创始人斯科特·库克推测，这些小企业大多是由业主自己来经营的。他们在经营企业时更多是依靠自己的直觉和对所从事业务的第一手知识，而不是包含在会计报告中的信息。换句话说，库克认为，小型企业会计软件的制造商过度满足了这一市场所要求的功能，因此为破坏性软件技术（即提供足够而不是超强的功能，并且使其使用起来更加简单、便捷）的兴起创造了机遇。直觉公司具有市场破坏性的 Quickbooks 软件，将产品竞争的基础从功能性转变为便捷性，并在产品推出两年内占据了 70% 的市场份额。[7] 实际上，到 1995 年，Quickbooks 在直觉公司的收入中所占的比重已经超过了 Quicken。

可以预见的是，在面对直觉公司的冲击时，成熟小型企业会计软件制造商的反应是，继续推出功能更强大的软件包，以进一步向高端市场转移。这些软件主要针对特定的市场部门，目标客户是更高端市场上对信息系统的要求更高的高端用户。在三大主要的小型企业会计软件供应商中（每一家在 1992 年占据的市场份额约为 30%），一家已经破产；第二家的业务正在萎缩；第三家推出了一种经过简化的产品来应对 Quickbooks 的冲击，但它只在市场占据了很小一部分份额。

胰岛素市场竞争

另一个由性能过度供给和破坏性技术引发竞争基础变化，并导致行业格局发生变化的案例，是全球胰岛素行业。1922 年，4 名来自多伦多的研究人员首次成功地从动物胰脏中提取出胰岛素，将其成功地注射到糖尿病病人体内，并取得了极佳的疗效。由于胰岛素是从已被碾碎的牛和猪的胰脏中提取的，提高胰岛素的纯度（以 ppm，即每百万容量中含有污染物的量来衡量）就成为一种至关重要的性能改善模式。得益于全球领先胰岛素制造商礼来公司的不断投资和不懈努力，胰岛素中所含的污染物的量，从1925年的50 000 ppm下降到1950年的10 000 ppm，再下降至1980年的 10 ppm。

尽管纯度得到极大的改善，但动物胰岛素仍与人类胰岛素存在细微的差别，这也导致少数糖尿病病人的免疫系统对动物胰岛素产生了免疫力。因此，礼来公司于1978年与基因泰克（Genentech）公司签订协议，合作研制能产生胰岛素蛋白的基因重组细菌。这种胰岛素蛋白的结构与人类胰岛素蛋白相同，而且纯度能够达到 100%。这一项目在技术上取得了成功。20 世纪 80 年代初，在投入了近 10 亿美元的资金后，礼来公司的优泌林胰岛素终于问世。优泌林的售价比动物萃取胰岛素高 25%，因为它的结构与人类胰岛素相同，而且纯度达到 100%。优泌林是生物科技行业推出的第一种作用于人体的商业规模产品。

但市场对这一技术奇迹的反应却不那么热烈。礼来公司发现它很难让优泌林胰岛素与动物胰岛素保持一定的价差，优泌林的销量增长率也出人意料地低。礼来公司的一名研究员指出："现在回想起来，市场对猪胰岛素并没有任何的不满。实际上，猪胰岛素还非常受市场的欢迎。”[8]礼来公司花费了巨额资金，投入了巨大的公司资源，到头来却过度满足了市场对产品纯度的需求。而优泌林则成为市场并没有给予溢价的又一款差异化产品，因为它所提供的性能超出了市场的需求。

与此同时，一家来自丹麦的规模更小的胰岛素制造商诺和（Novo）公司，正在全力研发一种胰岛素注射笔——一种更为便捷的注射胰岛素的解决方案。一般来说，糖尿病病人都会携带一种独立的注射器，他们将注射器的针头插入装有胰岛素的玻璃药水瓶，拔出注射器的柱塞将胰岛素抽入注射器（抽入的胰岛素应比实际用量稍高一些），针头朝上握住注射器轻弹几次，以挤出附着在针筒壁上的气泡。他们一般还需要对第二种慢效类型的胰岛素重复这一操作。只有在将柱塞推入一些以便挤出注射器内剩余的气泡后（这项操作将不可避免地挤出一些胰岛素），他们才能给自己注射胰岛素。这一过程通常要持续一两分钟。

与之相比，诺和笔（一种胰岛素注射笔）内有一支笔芯，笔芯内含有好几周用量的胰岛素——通常是快速作用和慢效类型胰岛素的混合液。糖尿病病人在使用诺和笔时，只需找到一个小剂量选择环，选择他们需要注射的胰岛素的剂量，然后将诺和笔的针头插入皮下，并按下注射键。完成整个过程只需不到 10 秒。与礼来公司苦苦维持优泌林所享有的溢价不同，诺和笔很轻易地延续了每单位胰岛素 30% 的溢价。到 20 世纪 80 年代，受诺和笔和预混胰岛素笔芯取得成功的推动，诺和公司在全球胰岛素市场上所占的份额大幅上升，并且实现了盈利。礼来公司和诺和公司的经验进一步证明，性能超出市场需求的产品将被迫接受与商品层级相同的价格，而重新定义了竞争基础的破坏性产品则可以获得溢价。

我曾在哈佛商学院向企业管理者和MBA学生讲授有关礼来公司的案例。这段授课时间是我教学生涯中最有意思的一次经历。在每堂课上，绝大多数学生都会抨击礼来公司竟然忽视了如此明显的信息，即只有很少一部分糖尿病病人会对猪胰岛素产生免疫力，而且纯度达到10 ppm的猪胰岛素和纯度达到100%的优泌林之间的差别并不明显。当然，他们宣称，组织几个简单的跟踪调研小组，询问病人和医生是否需要纯度更高的胰岛素将给予礼来公司足够的信息指导。

但是，在每一次讨论中，思维更缜密的学生很快就提出，现在看起来非常明显的趋势，在竞争达到白热化时，也许并不会表现得那么明显，这个观点一举扭转了整个课堂的观点（这种情况总是一再发生）。例如，在礼来公司的市场营销人员咨询的所有医生中，哪些医生的意见将受到最大程度的重视？答案是主攻糖尿病治疗，同时也是胰岛素制药行业主流客户的内分泌学家。而哪些病人最有可能听取这些专家的治疗方案呢？答案是那些病情最罕见、最严重，对猪胰岛素的免疫力最强的糖尿病病人。因此，当礼来公司的市场营销人员询问他们应该做些什么来改善下一代胰岛素产品时，这些主流客户可能会向他们提供什么建议呢？主流客户的权力和影响，的确是导致企业的产品研发过度满足主流市场需求的一个主要原因。

另外，思维缜密的学生发现，大多数营销经理甚至不会去问纯度为100%的人工胰岛素是否可能超出市场需求这个问题。对于一家建立了根深蒂固的文化体系的成功企业来说，50多年来，

“更高的纯度”就是更好的产品的终极定义。推出更高纯度的胰岛素一直都是礼来公司维持竞争优势的主要模式。更高的纯度一直是企业销售人员在向医生推销自己的产品时屡试不爽的法宝。在这家公司的发展史上，什么能促使它基于企业文化做出的假设突然发生变化，并促使它的管理者开始询问之前从来不需要回答的问题呢？[9]

市场需求与技术供给

图 9.4 简要描述了性能过度供给的模型。这个模型描绘了一个多级市场，其中市场要求的性能改善轨线较技术人员所能提供

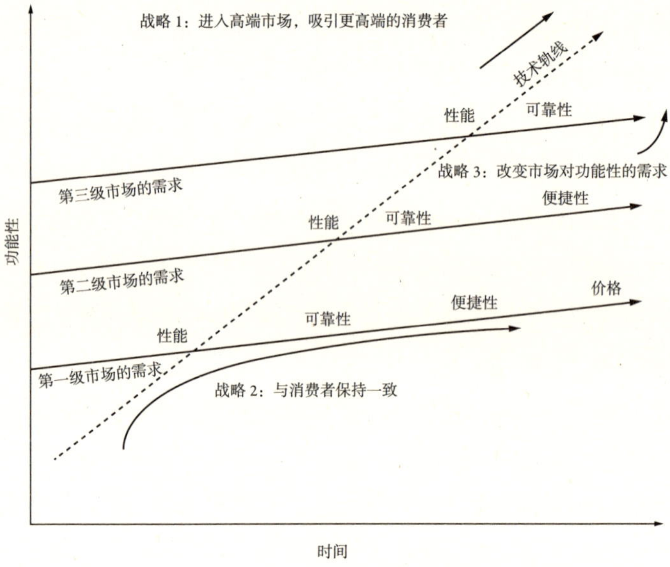

图 9.4　管理竞争基础发生的转变

的改善轨线更浅一些。因此，每一级市场的发展都会经历一个演变周期，其中周期的不同发展阶段是以产品选择的基础发生转变为标志的。尽管有关产品生命周期的其他解释也会产生类似的结果，但图 9.4 使用了温德米尔联合公司首创的购买等级理论。根据这一理论，竞争首先集中在功能性上，然后是可靠性、便捷性，最后是价格。在本章提到的每一个案例中，预示着竞争基础将发生改变、即将进入产品生命周期的下一个阶段的产品都是破坏性产品。

图 9.4 显示了可供面临性能过度供给的企业选择的战略性方法，以及之后破坏性技术改变行业竞争性质的可能性。第一种一般性选择（即图中的“战略 1”，也是本书探讨的各行业最常用的战略）就是将延续性技术的轨线提升到市场的更高级别，从而在更简单、更便捷或是更便宜的破坏性方法出现时，最终选择放弃更低端的客户。

第二种选择，也就是图 9.4 中的“战略 2”，就是在一个特定的市场级别上，时刻与客户的需求保持步调一致，从而紧跟每一轮竞争基础的变革浪潮。从历史经验来看，这一点似乎难以做到（我已在前面的章节中阐述了所有的原因）。例如，在个人电脑行业，随着台式计算机的功能性足以满足较低级别市场的需求，诸如戴尔公司、捷威 2000 公司等新兴企业开始进入这一市场，并提出了以购买和使用的便捷性为中心内容的价值主张。面对新兴企业的冲击，康柏公司的应对之举是在积极实施第二种方法，即根据更低级别市场的需求生产出功能适度的低价计算机系列产品，以竭力抑制企业进入高端市场的趋势。

应对这些变化态势的第三种战略选择，就是利用市场营销计划来加深市场轨线的坡度，使客户的需求能够跟上技术人员所能提供的性能改善速度。由于发生这些变化趋势的一个必要条件是技术轨线的坡度大于市场轨线的坡度，因此，当两条轨线平行时，性能过度供给，以及产品生命周期从一个阶段的情况过渡到另一个阶段的情况便不会发生，或者至少会延迟发生。

计算机行业的一些分析人士认为，微软公司、英特尔公司和硬盘企业非常有效地执行了最后一种战略。微软公司利用其行业主导地位，成功研制并营销了需要占用巨大硬盘内存，且需要速度更快的微处理器来运行的软件包。微软公司最终提高了客户要求的功能改善轨线的坡度，并使之与微软公司技术人员提供的功能改善坡度平行。图 9.5 描绘了这一战略的影响，说明了硬盘行业近期发生的事件（本图将图 1.7 中描绘的硬盘发展轨线图更新到 1996 年）。需要注意的是，中等价位的台式和笔记本电脑部门所要求的容量轨线在 20 世纪 90 年代出现上扬，并最终与 3.5 英寸和 2.5 英寸硬盘制造商开辟的容量改善轨线平行。鉴于此，这些市场在那几年并没有发生性能过度供给的情况。2.5 英寸硬盘仍然被困在笔记本电脑市场，因为台式计算机市场所要求的容量增速实在太快。基于同样的原因，3.5 英寸硬盘在台式计算机市场上的地位仍然非常稳固，而 1.8 英寸硬盘也没能在笔记本电脑市场得到广泛应用。在这种情况下，产品定位最接近高端市场的企业（例如希捷公司和 IBM）获利最为丰厚，因为在没有出现技术过度供给的情况下，产品生命周期的不同阶段的转变在高端市场受到了抑制。

微软、英特尔和希捷公司成功地创造了市场需求，并使市场需求轨线与其技术人员所能提供的功能轨线始终保持平行，但目

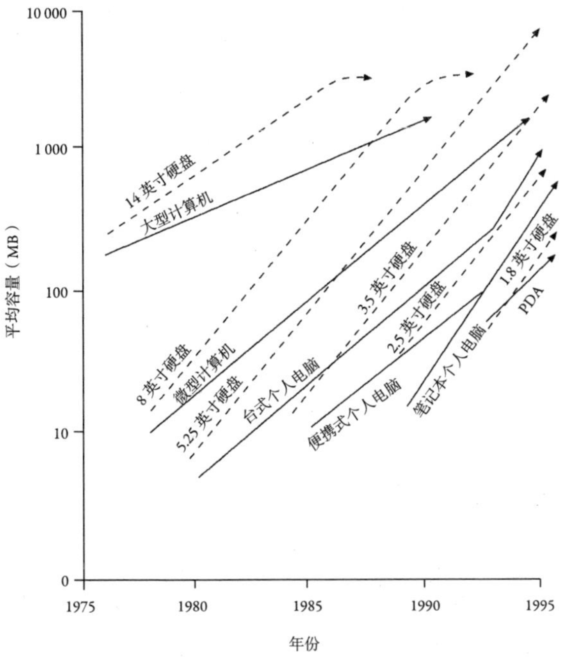

图 9.5　性能需求轨线已发生改变，破坏性技术的影响被延迟

资料来源：有关该项数据的更早版本见 Clayton M. Christensen, "The Rigid Disk Drive Industry: A History of Commercial and Technological Turbulence," *Business History Review* 67, no. 4 (Winter 1993): 559

前还不清楚它们的成功能持续多久。例如，微软公司于 1987 年推出的 1.2 版 Excel（电子表格软件）需要 1.2MB 的硬盘存储容量，1995 年发布的 5.0 版 Excel 则需要 32MB 的硬盘存储容量。一些行业观察家认为，如果微软公司的研发团队注意观察一般用户是如何使用 Excel 软件的话，那么他们就会发现 Excel 所提供的功能已经大大超出主流市场的需求。如果情况确实如此，这将为破坏性技术——从互联网上选择小型应用程序，然后在简单的互联网工具而不是功能齐全的计算机上使用这些小程序——从价值网络的

下方冲击这一市场创造一个机遇。

最佳战略

在图 9.4 描述的三种战略中，哪一种是最佳战略呢？本项研究发现，有明显的证据表明没有所谓的最佳战略，着力采取任何一种战略都有可能取得成功。惠普公司在发展激光喷射打印机业务时采取的是第一种战略，并获得了巨大的利润。在这个案例中，第一种战略也是一种安全的战略，因为惠普公司正在用具有破坏性的喷墨打印技术来冲击自己的市场领先地位。康柏公司，以及英特尔公司、微软公司和硬盘制造商的三位一体组合，至少从 20 世纪 90 年代末来看都分别成功地实施了第二种和第三种战略。

这些成功的战略实施者有一个共同的特点，那就是不管是有意识的还是出于本能，他们都深刻理解了客户的需求曲线和技术人员的供给曲线。到目前为止，理解这些曲线是他们获得成功的关键。但能够长期做到这一点的企业屈指可数。大多数运行良好的企业都会不自觉地向坐标图的东北角方向移动，从而导致自己身陷竞争基础发生改变的旋涡，并招致破坏性技术从价值网络下方发起攻击。

第 10 章

假如让你负责
电动汽车项目

在一个熟悉但充满挑战的环境里，管理者怎样才能通过提出一系列问题（这些问题可能会引出一个合理且实用的答案）来转换他们看待类似问题的思维方式。

随着本书进入接近尾声的第 10 章，读者应该对优秀企业失败的原因有了更深层次的了解。能力不足、官僚作风、傲慢自大、管理队伍老化、规划不合理和投资短视，显然是导致许多企业最终失败的主要原因。但我们已经知道，即使是最优秀的管理者也会受到某些法则的制约，而且这些法则会加大破坏性创新的难度。当优秀的管理者不能理解或者试图抗拒这些法则的力量时，他们领导下的企业距离失败也就为期不远了。

本章将利用本书中前几章提到的力量和原则来阐述管理者怎样才能成功地应对破坏性技术变革。为了便于说明，我采用了一种案例研究模式，以第一人称来表明我——假设我是一个在一家汽车生产主流企业工作的员工——可能会怎样去管理一项创新项目：研发和推广当前最让人头疼的电动汽车。我撰写本章的目的，显然不是提供应对这一特定挑战的任何所谓的正确答案，也不是为了预测研发和推广电动汽车是否可能成功，或者如何才能取得商业上的成功。相反，我的目的是表明，在一个熟悉但充满挑战的环境里，管理者怎样才能通过提出一系列问题（这些问题可能会引出一个合理且实用的答案）来转换他们看待类似问题的思维方式。

预测电动汽车市场规模

20 世纪初，电动汽车在“何种设计能成为汽车的主流设计形式”的竞争中，输给了汽油动力汽车，自那以后，电动汽车就一直徘徊在传统汽车市场的边缘。但随着越来越多的决策者发现电动汽车具备减少城市空气污染的特性，人们对电动汽车的研究在 20 世纪 70 年代开始迅速升温。加州空气资源管理委员会做出强制性规定，从 1998 年开始，在加州的汽车制造商都要确保电动汽车的销量至少达到加州汽车总销量的 2%，否则它们在加州销售汽车的资格将被取消。受政策影响，电动汽车行业在 20 世纪 90 年代迎来了一个前所未有的发展良机。[1]

假设我的职责是管理一家汽车生产企业的电动汽车项目，我要做的第一件事就是提出一系列问题：我们认为电动汽车在市场上获得成功的概率有多大？也就是说，除了加州的强制性法令，电动汽车是否能对汽油动力汽车制造商构成真正的破坏性威胁？

这是否是企业实现盈利增长的一个机遇？

要回答这些问题，我就需要绘制一条市场所要求的性能改善轨线，并将它与技术能够提供的性能改善轨线进行比较。换句话说，我需要为电动汽车绘制一张与图 1.7 或图 9.5 类似的轨线图。据我了解，这些图表是用来识别破坏性技术的最佳方法。

绘制本图的第一步就是确定主流市场的需求，并将其与电动汽车当前所具备的能力进行比较。为了评估市场需求，我应该认真观察客户实际上是如何使用产品的，而不仅仅是听他们描述自己是如何使用产品的。相比组织访谈或跟踪调研小组来收集信息，观察客户实际如何使用产品能够获得更多更可靠的信息。[2] 因此，观察结果表明，汽车客户需要大约 125~150 英里[a] 的续驶里程（即汽车在再次加油之前能够行驶的距离）；大多数电动汽车只能提供 50~80 英里的续驶里程。同样，汽车驾驶者似乎需要能在 10 秒之内时速从 0 提升至 60 英里的汽车（在高速路入口坡道行驶时，一辆汽车只有达到这个加速度才能安全地并入高速行驶的车流）；大多数电动汽车则需要将近 20 秒才能将时速从 0 加速至 60 英里。此外，主流市场的购车者希望能够拥有多种选择，但电动汽车制造商最初能够实现的产量很小（这也是由这项业务的特性决定的），因此它无法像汽油动力汽车制造商那样，为客户提供那么多的选择。[3] 根据几乎所有对功能性的定义（在我计划描绘的图表中，功能性构成了图中的纵轴），电动汽车所能提供的功能都逊色于汽油动力汽车。

但这一信息并不足以说明电动汽车具有破坏性产品的特性，只有在我们发现其性能改善曲线在日后有可能会与主流市场的需

a. 1 英里约为 1.6 千米。——编者注

求交会时，我们才能说电动汽车是一种破坏性产品。为了评估这种可能性，我们需要绘制轨线，并将市场要求的性能改善轨线与电动汽车技术可能提供的性能改善轨线进行比较。如果这两条轨线是平行的，那么电动汽车就不太可能成为主流市场上的一分子；如果电动汽车技术的发展速度快于市场要求的性能改善速度，那么这种技术就真的会给市场带来破坏性威胁。

图 10.1 表明，市场要求的性能改善轨线（不管是按所要求的加速时间、续驶里程还是最高行驶速度来衡量）较为平缓。这是因为交通法规对动力更加强大的汽车的使用施加了限制，而且人口、经济、地理等因素也将普通驾驶者行驶英里数的增幅限制在每年不到 1%。[4] 与此同时，电动汽车性能的改善速度则更快——每年 2%~4%。这表明，如果技术的发展势头得以延续，电动汽车的市场地位可能确实会得到提升。也就是说，虽然电动汽车当时还无法参与主流市场的竞争，但日后还是有可能在主流市场占据一席之地的。[5]

换句话说，作为汽车企业的一名主管，我之所以对电动汽车的未来感到担忧，并不是因为投资环保型技术符合政策上的需要，而是因为电动汽车具有破坏性技术的特性。电动汽车无法进入主流市场，因为这种汽车的属性与汽油动力汽车价值网络所关注的属性大相径庭，而且电动汽车技术的发展速度高于市场需求轨线的发展速度。

但由于电动汽车不是延续性创新，主流汽车制造商会很自然地怀疑市场是否需要这种产品——破坏性创新的另一种表现形式。福特电动汽车项目的主管就说过这样一段话：“漫步者电动汽车的销量大概能达到 3 万辆，车中配备的铅酸电瓶能使汽车续驶 50

英里……1998 年版电动汽车的销售形势将会很严峻，即将推出的产品将无法达到客户对续驶里程、成本或实用性的期望。”[6] 确实，考虑到电动汽车当时在这些参数方面的表现，在主流汽车市场销售电动汽车的难度，相当于 1980 年在大型计算机市场销售 5.25 英寸硬盘的难度。

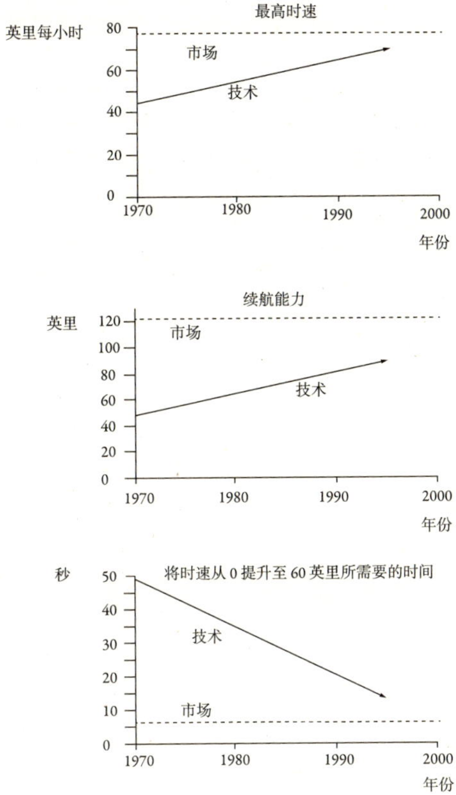

图 10.1　1970—2000 年电动汽车技术发展轨线

资料来源：W. 艾尔顿·琼斯基金会的高级能源研究员保罗·米勒，以及多篇有关电动汽车的文章提供的数据。

在评估这些轨线时，我会尝试不断地提出正确的问题：电动汽车的性能改善轨线能否最终与市场要求的轨线交会（主要体现在客户使用汽车的方式上）？行业专家在比较两种技术的性能轨线后可能会坚持认为，电动汽车的性能将永远无法达到汽油动力汽车所达到的高度。他们的观点可能是正确的，但我们回想一下硬盘行业专家的经历就知道，他们只是对错误的问题提出了正确的答案。我还注意到，许多专家断言，如果电瓶技术无法取得重大突破，电动汽车市场将永远无法形成足够的规模。这样的观点可谓不胜枚举，但我并不会就此退缩。理由是什么呢？如果电动汽车被看作成熟市场价值网络中的一种延续性技术，那这些专家的观点无疑是正确的。但因为专家在预测破坏性技术的性质和市场规模时总是与实际情况相差甚远，因此我强烈质疑这些专家的疑虑的合理性，虽然我对自己的结论也不是很确信。

制定市场营销战略

在确定电动汽车是一种潜在的破坏性技术后，我的下一项挑战就是制定市场营销战略，领导我的企业进入一个可以率先使用电动汽车的、正统的、没有补贴性质的市场。在制定这些市场营销战略时，我将运用我在本书前几章阐述过的三大原则。

第一大原则是，我承认，电动汽车在初始阶段并不能应用于主流应用领域，因为它不能满足市场对汽车性能的基本要求，参与我的项目的每一个人也都了解这一点。尽管对于市场到底在哪儿，我们尚无头绪，但我们所能确定的一件事就是，这个市场绝非当前的成熟汽车市场。具有讽刺意味的是，我认为，鉴于资源依赖理论和“小市场无法满足大企业的增长或盈利需求”的原则，大多数汽车制造商都会非常短视地将注意力全部集中在主流市场上。因此，在寻找潜在客户的过程中，我不会去效仿其他汽车制造商，因为我认为，它们的直觉和能力都用在了错误的目标上。[7]

而我的任务是尽快找到一个能使用电动汽车的市场，因为率先进入破坏性技术市场的企业明显要比后来进入这一市场的企业更占优势。这样的企业在抢占破坏性技术市场，并在这一市场建立能实现盈利的业务基础后，将全力投资相关的延续性创新，并能非常成功地面向主流市场逐级提高破坏性技术的市场定位。而迟迟不进入破坏性技术市场（例如等待实验室的研发人员研发具有突破性的电瓶技术）是管理者遭遇阻力最小的一条道路。但事实证明，这一战略很难成为破坏性创新取得成功的一条可行的道路。

正如历史不断向我们展示的那样，使得破坏性技术在主流市场不具备竞争力的属性，实际上正是新兴价值网络所注重的属性。在硬盘行业，5.25 英寸硬盘体积小的特点，使得这种型号的产品无法在大型计算机上被使用，但这一特点正好符合台式计算机的需求。尽管早期液压挖掘机较小的铲斗容量和较短的工作半径，使其无法满足普通挖掘项目的基本需求，但它们所具备的精确挖掘狭长沟渠的能力，却大受民用建筑承建商的欢迎。尽管听起来有些奇怪，但我将引导我的市场营销人员去寻找那些潜在的购车需求尚未得到开发的购车者，也就是那些需要加速时间较慢，续驶里程不超过 100 英里的汽车的购买者。

我在制定市场营销策略时所要遵循的第二大原则是，没有人能通过市场研究了解到电动汽车的早期市场到底在哪儿。我可能会聘用顾问，但我唯一能确定的事就是，他们的发现将是错误的。客户自己也无法告诉我们他们是否需要电动汽车，或者他们可能会如何使用电动汽车，因为在客户发现他们将如何使用电动汽车的同时，我们也将发现这种产品的使用方式——就像本田公司的“超级幼兽”摩托车打开了一个不曾被预料的新型应用领域一样。市场上唯一有价值的信息就是，通过真正进入市场，通过测试和探索，通过反复尝试，通过向真正愿意掏腰包的实际客户销售实际的产品，我们能够从中得到些什么。[8]顺便提一句，政府的强制性指令可能会影响市场的打开，而不是解决发现市场的问题。因此，我将强迫我的机构凭借自己的能力和智慧来求得生存，而不是依赖于变化不定的补贴，或是加利福尼亚州的（并不是按照经济规律来制定的）法规来发展我的业务。

第三大原则是，我的创业计划必须是一个学习计划，而不是一个实施预先制定的战略的计划。尽管我们将竭尽所能地在首次尝试中就利用正确的产品和战略来开发正确的市场，但在实现业务计划最初设定的目标的过程中，很有可能会出现一个更好的业务发展方向。因此，我必须为错误做好准备，并尽快了解什么才是正确的发展道路。[9]我不能像苹果公司在牛顿 PDA 项目或是惠普公司在 Kittyhawk 项目中所做的那样，将我所有的资源，或是我的机构所有的信誉孤注一掷地投入首次尝试中。我们需要保存实力，以备在第二次或第三次尝试中找到正确的市场。

这三大原则便构成了我的市场营销战略的基石。

潜在的市场：一些推测

电动汽车的价值网络将首先在哪里出现呢？尽管我们不可能

对此进行准确的预测，但几乎可以肯定的是，这一价值网络将出现在电动汽车能将其劣势转化为优势的地方。我的一个学生建议说，中学生的父母可能会成为电动汽车的一个潜在的巨大的客户群体，因为他们会为孩子购买汽车以便于孩子从家往返于学校、朋友家和学校活动的地点。[10] 考虑到孩子们的基本交通需求，这些父母可能会认为，对于青少年使用者来说，电动汽车简单的产品结构、较慢的加速时间和有限的行驶里程均是非常理想的属性——特别是如果汽车的外形符合青少年的审美习惯的话。倘若采用了正确的市场营销方法，谁知道最终会产生什么样的结果呢。早期本田公司的市场营销人员就是骑着本田摩托车遇到他们未来的客户的。

另一个可能发展为电动汽车早期市场的应用领域，可能是南亚一些城市的出租车或小包裹送货车。电动汽车非常适合南亚城市的情况，因为这些城市还在不断发展，它们日益拥堵、嘈杂，且污染状况十分严重。曼谷每天的交通拥堵状况都非常严重，当地汽车的时速永远超不过 30 英里，而电动汽车被堵在路上时并不会消耗电瓶的电力。另外，这种小型汽车便于操作和停车的特性，也将进一步提高它对客户的吸引力。

不管这些或其他类似的市场理念最终是否可行，它们至少都符合破坏性技术出现和发展的规律。

汽车企业应如何销售电动汽车

上文提到的发现和定义电动汽车最初的市场的战略，与 20 世纪 90 年代末的主流汽车制造商正在采用的市场营销方法形成了鲜明的对比。主流汽车制造商都试图在主流市场销售电动汽车，而这种方法正是成熟企业在应对破坏性技术时一再犯下的错误。1995 年，克莱斯勒公司的销售总经理威廉·格劳布在谈到该公司 1998 年的新车上市计划时，曾发表了以下言论。[11]

> 克莱斯勒公司计划在 1998 年及时推出一款全新的小型电动货车。在认真研究专门建设一个汽车平台和对现有平台进行修改这两种方案后，现在看来，对我们来说，选择利用电动平台生产小型货车显然是最佳选择。我们的经验表明，车队可能是销售电动汽车的最好机遇……我们面临的问题不在于创造具有吸引力的一揽子计划——新型小型货车就是一个有吸引力的计划。真正的问题是这种汽车并不具备足够的能量存储能力。[12]

为了在主流市场销售电动汽车，克莱斯勒公司必须为新型小型电动货车配备重达 1 600 磅的电瓶。这当然会增加电动货车的加速时间，缩短其行驶里程，并增加其制动距离，而且这三项指标均低于任何一种汽油动力汽车。鉴于克莱斯勒公司对电动汽车的市场定位，行业分析人士很自然地会按照主流价值网络最看重的指标来比较小型电动货车与小型汽油动力货车。克莱斯勒公司小型电动货车的预期成本是 10 万美元，而汽油动力货车的成本是 2.2 万美元，任何有理性的人都不会考虑购买该公司的电动汽车产品。

因此，尽管政府法令要求它必须这么做，但对能否在加利福尼亚州卖出任何一辆小型电动货车，克莱斯勒公司的市场营销人员仍感到忧心忡忡。例如，威廉·格劳布就继续谈到以下现象。

> 市场之所以能够获得发展，就是因为客户希望拥有优质的产

> 品。没有哪位销售人员能在主流市场上推销边缘产品，并且抱有建立可持续的客户基础的希望。销售人员不能强迫客户购买他们不想要的产品，政府法令并不能作用于以客户为导向的自由市场经济。要在市场上为电动汽车找到一个应用领域，电动汽车就必须发展为能与今天的汽油动力汽车相媲美的高品质产品。[13]

考虑到市场营销人员看待这一挑战的方式，克莱斯勒公司的结论无疑是正确的。[14] 在破坏性技术发展的初期，主流客户从来都不会选择使用破坏性产品。

产品技术和经销策略

破坏性创新的产品研发

指导工程师设计我们的第一款电动汽车将是一个不小的挑战，因为这里涉及一个经典的有关鸡生蛋还是蛋生鸡的问题：没有市场就无法获得足够的或是可靠的客户信息；没有能够满足客户需求的产品就不会有市场。在这样一种真空状态下，我们要怎样做才能设计好产品呢？幸运的是，本书阐述的原则给我们提供了一些有用的启示。

最具指导价值的是第9章的内容，因为这一章指出，竞争的基础会随着产品生产周期的变化而发生改变，而变化周期本身则受到性能过度供给这一现象（即技术所能提供的性能超出了市场的实际需求）的推动。一直以来，性能过度供给为更简单、更便宜、更便捷，且几乎总是具有破坏性的技术进入市场打开了一扇门。

性能过度供给现象似乎确实发生在了汽车行业。汽车车身和发动机的尺寸，时速从0提升至60英里所需的时间，以及客户应对过多选择的能力都面临许多实际的限制。因此，我们几乎可以断定，产品竞争和客户选择的基础将从这些功能性指标转向其他属性，例如可靠性和便捷性。这一趋势也在过去30年间（指20世纪60年代至90年代）在成功进入北美市场的大多数新兴企业身上得到了验证。这些新兴企业之所以能获得成功，并不是因为它们推出了具有超强功能的产品，而是因为它们参与竞争的基础是可靠性和便捷性。

例如，丰田公司就是凭借功能简捷、性能可靠的珂罗娜车型，成功进入北美市场，并在低端市场占据了一席之地的。然后，面对高端市场恒久不变的吸引力，丰田推出了诸如凯美瑞、普瑞维亚、雷克萨斯等特色更加鲜明和功能性更强的车型，从而在低端市场创造了竞争真空，通用土星公司、韩国现代公司等新兴企业正是利用这一真空成功进入北美市场。通用土星公司的战略就是为客户的购车和用车体验提供可靠、便捷的一条龙服务。但根据该公司晚些时候发布的报告[15]，通用土星公司很快也将转战高端市场，从而为更新的新兴企业进入低端市场提供更简单、更便捷的交通服务，由此创造了新的竞争真空。

因此，在电动汽车发展的第一阶段，成功的设计理念很可能是那些以简单性和便捷性为主要特征，并且能在新兴价值网络（在这个价值网络中，电动汽车的这些属性成了重要的价值指标）中发展壮大的设计。相比之前的产品，本书探讨过的每一种破坏性技术的体积都更小，且结构更为简单，使用更为方便。每一种破坏性技术最初的应用领域都是更加注重简洁性和便捷性的新型价值网络。这种情况曾发生在体积更小、结构更简单的硬盘产品上；曾发生在台式和便捷式计算机上；曾发生在液压反铲挖掘机上；曾发生在小型钢铁厂上（相对于综合性钢铁厂）；曾发生在胰岛素注射笔上（相对于注射器）。[16]

以这些特性作为指导原则，我将指导我的设计工程师按照以下三个标准来进行电动汽车的设计。

第一，这种汽车必须具有简单、可靠和便捷的特性。例如，这可能意味着，我们一个长期的技术目标就是，利用较为普遍的供电服务，来寻找一种给电瓶快速充电的方法。

第二，由于没有人知道产品的最终市场在哪儿，或者市场最终将如何使用这种产品，我们必须设计出一个能够以较低的成本迅速对产品的特色、功能和外形进行变更的产品平台。例如，假设电动汽车最初的客户是青少年学生的父母，他们购车的目的是让他们的孩子开车往返于学校、朋友家和学校活动地点，那么第一款车型的特色和外观就应该定位于青少年。尽管我们可能会首先以这个市场为目标，但事实很有可能证明我们最初的想法是错误的。因此，我们应该尽快推出第一款车型，并将这种车型小规模地投放市场——一旦得到市场的反馈，我们仍然拥有足够的预算来研发正确的车型。[17]

第三，我们必须确定一个较低的定价点。采用了破坏性技术的产品的标价通常应该低于主流市场上的产品，尽管前者的使用成本通常更高。体积小的硬盘之所以能够应用于台式计算机，并不是因为它们的尺寸更小，而是因为它们的单价较低，这符合个人电脑制造商对总体价格点的要求。体积更小的硬盘的单位容量价格通常要高于体积更大的硬盘的。同样，在挖掘机市场，早期液压挖掘机的价格要低于成熟的缆索挖掘机，但每小时挖掘每立方码土方的总成本则要高得多。相应地，即使每英里行驶成本更高，我们的电动汽车的标价也必须低于汽油动力汽车的普遍价格。从历史数据来看，客户一直在为便捷性支付更高的溢价。

破坏性创新的技术战略

在通往成功的道路上，我们的技术规划并不能要求这一项目在技术上取得任何突破，这一点至关重要。从历史上看，破坏性技术一直不涉及新技术。相反，构成破坏性技术的各个组件所采用的都是经过验证的技术，破坏性技术只是将这些组件组合成一种全新的产品结构，并且为客户提供了他们从未体验过的一些新属性。

截至20世纪90年代末，参与电动汽车研发的主流汽车制造商都认为，电瓶技术的突破是将电动汽车推向市场的一个至关重要的前提条件。福特公司的约翰·R.华莱士就这样说过：

> 当前的困境是，今天的电瓶并不能满足这些消费需求。任何熟悉当前电瓶技术的人员都会告诉你，电动汽车还没有为它的黄金时期做好准备。预计将在1998年上市的所有的电瓶都无法达到客户要求的100英里的续驶里程。对于续驶里程和成本问题，唯一的解决方案就是改善电瓶技术。为了确保电动汽车能够取得商业上的成功，我们应集中资源来研发电瓶技术。汽车行业的努力（例如美国先进电瓶联盟开展的研发活动），再加上电动汽车的所有利害相关人士（例如公益事业、电瓶企业、环保主义者、监管机构和改变看法的人

士）的通力合作，将是确保电动汽车实现市场化的最为有效的方式。[18]

克莱斯勒公司的威廉·格劳布也持类似的观点："即将投入使用的先进铅酸电瓶给电动汽车提供的能量，还不及两加仑汽油的燃料存储容量，这就像是每天开着'燃油不足'指示灯还在闪烁的汽车离开家门。换句话说，电瓶技术还不成熟。"[19]

当然，这些企业之所以将电瓶技术的突破视为电动汽车通往商业化成功道路上的一个重大瓶颈，是因为这些企业的管理者将他们的注意力和对产品的定位都放在了主流市场。对克莱斯勒公司来说，这指的是小型电动货车；对福特公司来说，这就是电动漫步者汽车。考虑到这一市场定位，它们要求本质上属于破坏性技术的电动汽车能产生延续性技术的影响；它们要求电瓶技术取得突破，因为它们选择将电动汽车视为一种延续性技术。如果企业的管理者选择利用或遵守破坏性技术的基本原理，并创造一个能将电动汽车的劣势转化为优势的市场，那么他们领导下的企业可能就不会对电瓶技术的突破提出要求了。

那么电瓶技术的进步最终将由哪些企业来创造呢？回顾历史，我们就能得出以下结论：最终成功地实现电瓶技术突破，并将电动汽车的续驶里程提高到 150 英里（如果具备这样功能的电动汽车最终能够被研发的话）的企业，将是那些率先利用经检验的技术创造了一个新价值网络，然后通过发展所需要的延续性技术，将产品推向更具吸引力的高端市场的企业。[20] 我们的发现是，经营状况良好的企业通常都具有向上移动的倾向，却很难实现向下流动。这表明，最有动力实现电瓶技术突破的实际上是破坏性创新者。他们在试图进入规模更大、利润更丰厚的主流市场之前，已经为电动汽车构建了一个低端市场。

破坏性创新的经销战略

破坏性产品将会重新定义主要经销渠道，这几乎已成为一条定律，因为经销商所遵从的经济学原理（他们获取利润的方式）与制造商一样，在很大程度上是由主流价值网络决定的。索尼公司破坏性地推出了便捷、可靠的便携式晶体管收音机和电视机，从而将主流零售渠道从销售支持和现场服务网络成本高昂的家电和百货店（销售真空管家电的必要条件）转变为销量导向型的低成本折扣零售商。本田公司具有市场破坏性的摩托车，遭到主流摩托车经销商的拒绝，却在体育用品零售商那里创建了一条新的销售渠道。实际上，我们认为，哈雷公司的小型摩托车计划遭遇失败的一个主要原因，就是经销商拒绝销售这种摩托车：哈雷公司收购的意大利品牌（小型摩托车）的形象和经济价值，并不符合经销商网络对市场的定位。

实际上，破坏性技术和新的经销渠道经常能步调一致，还是出于经济方面的原因。正如第 4 章提到的克雷斯吉公司和伍尔沃斯公司的发展史所表明的那样，零售商和经销商的盈利模式通常非常明确。一些零售商和经销商主要销售利润率较高的高价产品，这样即便产品销量较低，他们仍能实现盈利。其他零售商和经销商则主要销售利润率非常低、只能勉强抵消营业成本的产品，但他们能通过较高的产品销量来实现盈利。还有一些零售商和经销商则通过为已经售出的产品提供售后服务来获取利润。由于破坏性技术并不符合成熟企业提高盈利的经营模式，因此它也不符合成熟企业的经销商的营销模式。

因此，我为我的电动汽车项目设置了一个基本的战略前提，即我需要为电动汽车寻找或创造新的经销网络。除非有确凿的证据证明我的想法是错误的，否则我敢保证汽油动力汽车的主流经销商都不会像我们这样，将具有市场破坏性的电动汽车视为取得成功的关键要素。

创建独立机构

在将电动汽车看作一种潜在的破坏性技术，为寻找潜在的市场设定一个较为现实的方向，并为产品的设计、技术和经销网络确定战略参数之后，作为项目经理，我将把我下一步的工作重心转移到机构建设上来。创造一个有利于项目发展的机构环境至关重要，因为不管高管是否公开表示支持这一项目，成熟企业内合理的资源分配流程总是会使破坏性技术无法得到赖以生存的资源。

设立一个独立的分支机构

正如我们在第 5 章对资源依赖理论的探讨中所看到的那样，成功地在破坏性技术变革中建立市场优势地位的成熟企业，一般都是那些从母公司分离出一个独立、自主经营的机构的企业。昆腾公司、数据控制公司、IBM 的个人电脑部门、艾伦-布拉德利公司和惠普公司全都取得了成功，因为这些企业都设立了符合破坏性技术商业化运作模式的独立机构。也就是说，这些企业在新兴价值网络内成立了一个专门的机构。

作为项目经理，我将极力敦促公司管理层成立一个独立的机构——不管是像通用土星公司或IBM个人电脑部门那样的自主经营的业务部门，还是由母公司持有大部分股份的独立公司——来对电动汽车技术进行商业化研发。在一个独立的机构中，我最能干的员工可以集中精力研发电动汽车，而不必不断分神去帮助当前客户（作为我们当前收入的主要来源）解决他们面临的棘手问题。另外，来自我们自己的客户的需求也将有助于我们集中研发自己的项目，并为项目的发展提供动力和支持。

一个独立的机构不但能使资源依赖理论为我所用——而不是阻碍项目的进程，而且能更好地利用“小市场无法满足大企业的增长或盈利需求”这一原则。在未来很多年内，电动汽车市场的规模将会很小，因此它不太可能为主流汽车制造商损益表上的收入或收益做出太大的贡献。由于预计这些企业的高管不会优先关注或将资源优先提供给电动汽车项目，公司内最优秀的管理者和工程师也就不太可能会愿意加入我们的项目，因为他们会不可避免地将我们的项目视为一个对公司财务无足轻重的项目。为了确保他们在公司内的发展前途，他们会很自然地倾向于参与主要项目，而不是边缘项目。

在这项新业务开展的早期，订单数量可能只有寥寥数百，而不是数以万计。如果我们非常幸运地获得了一些收益的话，我们也几乎可以肯定，这些收益会比较小。在一个独立的小型机构，这些较小的收益就能够激发员工的能量与热情。而在主流机构，这样的小收益只会引发对是否应开展这项业务的质疑。我希望我所在机构的客户能够回答这一问题——我们是否应该开展这项业务。作为项目经理，我不希望把宝贵的时间和精力花费在不断地向主流机构的效率分析师解释这项业务存在的意义上。

创新的过程总是充满各种困难和不确定性。鉴于此，我总是希望能够确保在我管理下的项目能够朝着正确的方向前进，而且项目的每一位参与者都认为机构必须走这条道路，才能实现更高的增长率和更多的利润。一方面，如果大家普遍认为我的项目就是在沿着这样一条道路发展，那么在发生不可避免的问题时，我确信机构将与我一道采取一切必要的举措来解决问题，并取得成功。另一方面，如果公司内的关键性人物认为我的项目对机构的增长和盈利无足轻重，或者（甚至更糟）认为我的项目会对公司的盈利产生不利的影响，那么，即使这项技术很简单，这个项目也不会取得成功。

我可以采取两种方式来应对这一挑战：我可以努力说服机构内的每一个人，使他们完全确信破坏性技术是可以实现盈利的；我可以另行创建一个规模足够小、成本结构较为合理的机构，而且机构内的每一个人都认为我的项目是通往成功的必经之路。两种方法都在管理上面临挑战，但后一种方法显然容易处理得多。

在小型独立机构，我可能更容易培养对待失败的正确态度。我首次进入市场的尝试可能不会取得成功，因此我需要灵活变通地看待失败，但只允许小范围的失败，这样我们就能在信誉不受损的情况下重新起步。这里仍然存在两种培养对待失败的正确态度的方式：一种是改变主流机构的价值观和文化，另一种是创造一种新的机构价值观和文化。一般来说，要求主流机构更加容忍风险和失败所面临的问题是，我们在投资延续性创新时，我们通常无须面对市场营销上的失败（这种情况非常普遍）。主流机构通常会直接参与市场营销活动，以期在主要由已知的客户（他们的需求是可以通过调研得出的）构成的现有市场中，推广延续性技术创新。在首次尝试中遭遇失败并不是这些流程的一个内在属性，延续性创新的风险可以通过认真地规划和协同实施来加以避免。

最后，我并不希望我领导的机构拥有太多的财富和资产。尽管我不希望我的员工感受到来自母公司的压力——要为母公司创造巨额利润（因为这将迫使我们徒劳地寻找一个能即刻产生较多利润的大市场），但我希望他们时刻处于另一种压力之下：要找到某种方式、某些客户群体，来尽快使我们这个小机构实现现金净流入。我们需要强大的动力来推动我们通过反复尝试加快对新市场的培育进程。

当然，不容置疑地要求成立一家独立的分公司也会带来一个危险，那就是一些管理者可能会矫枉过正，不分青红皂白地实施这一补救措施，将专案工作小组和分公司看作一个万能的解决方案——一种包治百病的超级特效阿司匹林。现实情况是，成立分公司这一举动，只有在面临破坏性技术创新时才是一个适宜的步骤。有大量证据表明，大型主流机构在研发和实施延续性创新方面能够表现得极富创造力。[21] 换句话说，创新到底具有多强的市场破坏性，将非常清楚地表明，主流机构的创新项目可能在何时取得成功，或可能在何时遭遇失败。

电动汽车不仅是唯一一项破坏性技术，而且涉及大量的结构性重置——不仅是产品本身，还有整条价值链都需要进行重新配置。从采购到经销，与跟踪调研小组的互动也要与之前的互动形式区别开来。因此，我需要在一个独立于母公司之外的机构内，将我的项目当作一个重量级项目来进行管理。这个机构的组织结构不能确保我们的电动汽车项目取得成功，但这个结构至少能确保我的团队在一个尊重而不是违背破坏性创新原理的环境里开展工作。

第 11 章

本书观点回顾

在单纯追求利润和增长率的过程中，一些伟大企业的伟大管理者因为使用了最佳管理技巧而导致了企业的失败。但企业不应该仅因为这些管理技巧无力应对破坏性技术所带来的威胁，而放弃这些曾使它们在主流市场大放异彩的能力、组织结构和决策流程。

本书所阐述的这项研究最让人称道的一个结果是，管理得更好，工作得更努力，同时不要犯那么多愚蠢的错误，对于创新者面临的窘境而言其实并不是解药。这一发现之所以令人称道，是因为我从未遇到比我认识的这些管理者更加聪明、更努力，或会做出更多正确决策的人。如果说找到比他们更优秀的人才就是应对破坏性技术问题的解决之道，那么这种窘境实际上是一盘无解的棋局。

我们已从本书了解到，在单纯追求利润和增长率的过程中，一些伟大企业的伟大管理者因为使用了最佳管理技巧而导致了企业的失败。但企业不应该仅因为这些管理技巧无力应对破坏性技术所带来的威胁，而放弃这些曾使它们在主流市场大放异彩的能力、组织结构和决策流程。企业面对的绝大多数创新挑战在本质上都属于延续性创新，而应对此类创新挑战正是企业培育这些能力的初衷。企业的管理者需要认识到，这些能力、文化和方法只在某些特定的条件下才具有价值。

我发现，生命中许多最具价值的洞见通常都十分简单。回想起来，本书的许多发现也都适用于这一模式。起初，这些洞见似乎都有些不合常理，但随着理解的深入，最后我发现这些洞见是简单而睿智的。在这里，我将梳理这些洞见，希望能给那些可能身陷创新者的窘境的读者以启发。

第一，市场要求的或者能够消化的发展速度，也许会与技术能够达到的发展速度存在差异。这就意味着，今天似乎对客户来说不太有实用价值的产品（即破坏性技术），日后可能足以满足他们的需求。认识到这种可能性，我们就不能指望客户会引导我们研发他们当前并不需要的创新。因此，尽管密切关注我们的客户是应对延续性创新的一个重要管理范式，但它可能会在我们应对破坏性创新时给我们提供具有误导性的数据。轨线图有助于我们分析各种状况，并了解企业面临的形势。

第二，创新管理反映了资源分配流程。能够获得所需要的资金和人员的创新计划可能会取得成功；而那些不管是在形式上还是在实际操作中都得不到重视的创新计划，则无法获得足够的资源，因而获得成功的概率也很低。企业难以进行创新管理的一个重要原因就是，管理资源分配流程是一项非常复杂的工作。做出资源分配决策的似乎是企业的管理者，但真正实施这些决策的则是中层管理者或普通员工，而员工的智慧和直觉则是在企业的主流价值网络中形成的，他们知道企业应该做些什么来提高盈利能力。维持一家成功的企业需要员工继续发展并利用他们的智慧和直觉。但这意味着，在从财务数据上看更具吸引力的其他选择消失或被放弃之前，管理者将发现他们很难集中各种资源来发展破坏性技术。

第三，正如每个创新问题都有资源分配方面的原因一样，市场与技术的匹配是这个问题的另一个方面。成功企业在延续性技术的市场化推动方面可谓身经百战，因而它有充足的能力为客户提供他们想要的更多更好的产品和服务。在处理延续性技术时，这是一种能使企业收之东隅的宝贵能力；但在应对破坏性技术时，这往往使得企业失之桑榆。如果一家企业像大多数成熟企业一样试图强行改变破坏性技术，使之符合当前主流客户的需求——正如我们在硬盘、挖掘机和电动汽车行业所看到的那样，那它几乎注定将以失败告终。从历史上看，更成功的方法是为破坏性技术找到一个看重其当前特性的新市场。破坏性技术应被看作一种市场营销挑战，而不是技术性挑战。

第四，尽管人们不太愿意承认，但大多数机构所具备的能力要比大多数管理者预想的细化，能力还要依赖于具体的环境，因为能力都是在价值网络内形成的。因此，机构有能力将某些新技术应用到某些市场，但没有能力以其他方式来完成这项使命；机构有能力容忍某些方面的失败，但没有能力容忍其他类型的失败；机构有能力在毛利率处在某个水平时实现盈利，但没有能力在毛利率处于另一个水平时赚取利润；机构可能有能力在销量和订单数量处在某个特定区间时实现盈利，但没有能力凭借不同的销量或客户规模来赚取利润。它们的产品研发周期和可调节的生产斜坡的坡度，通常都是由所在的价值网络决定的。

这些能力——不管是机构的能力，还是个人的能力——都是由过去处理的问题的类型来决定和改进的，这些能力的性质也是由这些机构和个人一直以来参与竞争的价值网络的特性所决定的。而破坏性技术催生的新市场通常要求机构在这些方面具备截然不同的能力。

第五，在许多情况下，当面对破坏性技术时，企业进行具有决定性的重大投资并没有可供借鉴的参考信息。信息只能通过对市场和产品进行快速、低成本和灵活的创造性尝试才能逐渐累积。事实极有可能证明，任何有关产品属性或破坏性技术的市场应用领域的特定想法并不可行。因此，失败和不断地学习是探索破坏性技术成功之道的必经之路。那些不应也不能容忍延续性创新失败的机构，将发现自己也很难承受破坏性创新上的失败。

尽管破坏性技术理念失败的概率很高，但从总体上说，为破坏性技术创造新市场并不一定是一项不可完成的任务。倘若不在第一个理念上孤注一掷，并在策略上为尝试、失败、迅速学习和再次尝试预留空间，管理者还是有可能成功地加深对目标客户、市场及技术的理解，进而将破坏性创新推向市场的。

第六，采取一成不变的技术战略（或者永远争当领先者，或者一直甘做追随者）是不明智的。企业根据要应对的是破坏性技术还是延续性技术，需要采取截然不同的战略。破坏性创新具有显著的先发优势，因而领先地位至关重要，但延续性创新通常没有这方面的优势。有大量证据表明，那些采取了渐进式战略（即通过不断的渐进式改善来提高传统技术的性能）的企业，几乎表现得与那些采取了突破式战略（即力争取得行业领先的重大技术突破）的企业一样好。

第七，本书概述的研究表明，市场准入和市场流动经常会遭遇非常强大的壁垒，而且这种壁垒与经济学家之前定义和关注的壁垒类型存在很大的不同。经济学家详细探讨过进入和流动壁垒及其运作方式。但几乎所有的表述都具有一个特性，那就是它们都涉及诸如资产、资源等难以被获取或复制的事物。[1]也许，在为破坏性技术创建新兴市场的过程中，小型新兴企业所能获得的最有力的保障就是，它们正在做成熟企业认为不值得去做的一些事情。尽管在技术、品牌、生产能力、管理经验、经销网络、单纯的现金数量等方面都具有优势，但人才济济的成熟企业的确在应对不符合其盈利模式的问题时举步维艰。由于破坏性技术在投资最佳时期大都没有引起成熟企业太多的关注，因此成熟企业的传统管理智慧便构成了创业者和投资者可以依赖的进入和流动壁垒，这一壁垒分布广泛，且具有强大的阻力。

但成熟企业还是有能力跨越这些壁垒的。面对延续性技术和破坏性技术相互对立的需求所造成的窘境，创新者仍可以找到“飞龙再生”的法宝。首先，管理者必须理解这些冲突的本质是什么；其次，他们需要创造一个良好的环境，在这个环境里，每家机构的市场定位、经济结构、发展能力和价值都能与它们的客户所具备的能力紧密地联系起来，这样客户就可以帮助——而不是阻碍——延续性创新者和破坏性创新者履行他们截然不同的使命。我希望本书能在这方面给你带来一些启示和帮助。

致谢

尽管本书只列出了一位作者的名字，但实际上还有许多具有远见卓识的同事无私地为本书提炼了许多观点。首先，我要感谢吉姆·克拉克教授、约瑟夫·鲍尔教授、杰伊·莱特教授和约翰·麦克阿瑟教授在 1989 年顶住压力，允许当时已人到中年的我参加哈佛商学院的博士生课程，并给予我经济资助。除了上述导师，理查德·罗森布鲁姆教授、霍华德·史蒂文森教授、多萝西·莱昂纳德教授、理查德·沃尔顿教授、鲍勃·海耶斯教授、史蒂夫·惠尔赖特教授和肯特·鲍恩教授也在我的整个博士生课题研究过程中为我提供了许多帮助，使我能够保持敏锐的头脑，能高标准地提取实证，并将我的研究课题与前人在这方面已做出的优秀研究成果联系起来。实际上，他们根本没有义务花费宝贵的时间来指导我的研究，正是他们的教诲让我认识到学术研究的真谛，找到通往真知的道路，对此我将永远心怀感激。

我还要感谢硬盘企业的许多领导和员工。他们为我提供了许多数据和记录，正是有了他们的帮助，我才能够理解是什么推动了这一行业的发展。我还要特别感谢《磁盘 / 趋势报告》的编辑詹姆斯·波特。他允许我翻阅他规模庞大的数据文件，这使我能够完整、准确地了解硬盘行业到底发生了什么。没有他的帮助，我是不可能做到这一点的。在他们的帮助下，我终于构建出硬盘行业的发展和变化模式，而这一模式也构成了本书的理论基础。我希望这一模式能够成为帮助他们了解过去的一项实用工具，并能为他们在未来做出某些决策时提供些许指导。

在哈佛商学院任教期间，其他同事也帮我进一步完善了本书的观点。麻省理工学院的丽贝卡·亨德森教授和詹姆斯·厄特贝克教授，斯坦福大学的罗伯特·伯格尔曼教授，以及哈佛商学院的大卫·加尔文教授、加里·皮萨诺教授和马尔科·扬西蒂教授给了我特别大的帮助。助理研究员丽贝卡·沃尔希斯、格雷格·罗杰斯、布雷特·贝尔德、杰里米·丹恩、塔拉·多诺万和迈克尔·奥弗多尔夫，编辑马乔里·威廉姆斯、史蒂夫·普罗克希和芭芭拉·范伯格，以及助理谢丽尔·德鲁肯米勒、梅雷迪斯·安德森和玛格丽特·多尔，同样做了很多工作，为本书贡献了很多的数据、建议和洞见。

感谢我的学生，我和他们一起讨论和改进了本书中的各种观点。在大多数日子里，当我离开课堂时，我总在想为什么我能得到报酬而我的学生却要付学费，我感觉在我们的互动中，最受益的人是我。每年，他们带着学位离开学校，奔向世界各地，殊不知他们在学校里也教给了他们的老师很多东西。我爱他们，也希望本书的读者能够从中看到他们困惑的表情，看到他们提出的问题、评论和批评意见，以及由此产生的成果。

我要将我最深的敬意献给我的家人——我的妻子克里斯汀和我的孩子马修、安、迈克尔、斯宾塞和凯瑟琳。在繁杂的家庭生活中，他们毫无保留的鼓励和支持激励着我不断追寻成为一名教师的毕生梦想。我对破坏性技术的研究实际上也给他们带来了“破坏性”影响，因为研究工作占用了我大量的时间，为此我很少有时间陪伴他们。对于他们的爱与支持，我将永远心怀感激。克里斯汀是我认识的最聪明、最有耐心的人。在过去的 5 年里，我总是带着一些尚未成形的模糊理念回到家中，但到第二天早上我回到哈佛时，我脑海中的这些理念就已经变得清晰明了。正是在这些夜晚与她秉烛探讨，我书中的绝大多数观点才得以成形，并付诸文字。她是一名卓越的合作者和支持者，也是一位伟大的朋友。在此，谨以此书献给我的妻子和我的孩子们。

克莱顿·克里斯坦森

哈佛商学院

马萨诸塞州波士顿

1997 年 4 月

注释

引言

1

John McDonald, “Sears Makes It Look Easy,” *Fortune*, May, 1964, 120—121.

2

Zina Moukheiber, “Our Competitive Advantage,” *Forbes*, April 12, 1993, 59.

3

Steve Weiner, “It’s Not Over Until It’s Over,” *Forbes*, May 28, 1990, 58.

4

Business Week, March 24, 1986, 98.

5

Thomas J. Peters and Robert H. Waterman, *In Search of Excellence* (New York: Harper & Row,1982).

6

Business Week, May 9, 1994, 26.

7

Jeffrey Pfeffer and Gerald R. Salancik, *The External Control of Organizations: A Resource Dependence Perspective* (New York: Harper & Row, 1978).

第一部分　为什么优秀的大企业会失败？

第 1 章　从硬盘行业获得的启示

1

有关硬盘行业更加详尽的历史，可以参考 Clayton M. Christensen, “The Rigid Disk Drive Industry: A History of Commercial and Technological Turbulence,” *Business History Reiew* (67), Winter, 1993, 531—588。这段历史仅关注刚性磁盘或硬盘（将资料储存在刚性金属盘上的产品）制造商。从历史上看，生产软盘（可移动的聚酯薄膜磁盘，上面涂有一层氧化铁，可用于储存资料）的企业不同于那些生产硬盘的企业。

2

这一分析所使用的大部分数据源于《磁盘 / 趋势报告》。这是一份极具权威性的市场研究年度刊物，其内容包括从硬盘制造商那里得到的更加详细的产品规格表。我要感谢《磁盘 / 趋势报告》的编辑和工作人员对本项目的长期大力支持。

3

乔瓦尼 · 多西研究过技术进步轨迹的概念："Technological Paradigms and Technological Trajectories," *Research Policy* (11), 1982, 147–162。

4

该项研究建立在一些早期学者对技术变革的研究成果之上，但它又有别于其他一些学者的研究发现。有关其中的详情将在第 2 章进行探讨。

5

制造磁头的第一项技术是在氧化铁（铁氧体）磁芯外缠绕一条细铜线，制成电磁铁。铁氧体磁头便由此得名。该工艺的增量改进涉及不断学习铁氧体研磨技术，使之达到更精良的尺寸，采用更好的抛光技术，通过钡涂层来强化铁氧体的性能，等等。薄膜磁头是通过光刻法制成的，采用的是类似于在硅片上制成集成电路的技术，即在磁头表面蚀刻电磁铁。这是非常困难的，因为它所涉及的材料层比集成电路制造中的常见材料层更厚。在 20 世纪 90 年代中期，第三项技术即磁阻磁头开始被采用。磁阻磁头也是通过薄膜光刻法制成的，但运用的原理是，磁头电路的电阻率会随着盘片表面磁通量场的变化而变化。磁阻磁头测量的是电阻率的变化，而不是电流方向的变化，因而与以往技术相比，它在性能上更加灵敏，亦允许更密集的数据记录。就盘片技术的演化过程来看，最早的盘片是通过在平滑的铝盘表面涂覆细小针状氧化铁颗粒物制成的。这里的氧化铁颗粒实际上就是铁锈。因此，这类盘片被称为氧化物盘片。该技术的增量改进涉及制造精细的氧化铁颗粒，采用更均匀的方式涂覆氧化铁颗粒，减少铝盘表面的涂层空隙，等等。这项技术后来被溅射技术取代。值得一提的是，溅射技术也源于半导体工艺，即在铝盘上涂覆仅有几埃厚的金属薄膜。由于它采用的是连续型材料而不是颗粒型材料，而且其材料层极薄，再加上该工艺在涂覆具有高矫顽力的磁性材料方面所具有的灵活性，使得薄膜盘片的记录密度高于氧化物盘片。

6

Richard J. Foster, *Innovation: The Attacker's Advantage* (New York: Summit Books, 1986).

7

图 1.1 和图 1.2 中描绘的技术变革范例介绍了有关“非连续性”这个不规范术语的两种释义。[参见 Giovanni Dosi, “Technological Paradigms and Technological Trajectories,” *Research Policy*（11）1982; Michael L. Tushman and Philip Anderson, “Technological Discontinuities and Organizational Environments,” *Administrative Science Quarterly*（31）, 1986, and others。] 图 1.4 中所描绘的磁头和磁盘技术变革代表了成熟技术轨线的正向非连续性，而图 1.7 中所描绘的破坏性技术轨线则代表了反向非连续性。正如下文将谈到的那样，成熟企业在面临正向非连续性时似乎总是能够引领行业潮流，但在面对反向非连续性时却往往丧失了其行业龙头地位。

8

这一趋势发生在多个行业。理查德·罗森布鲁姆（Richard S. Rosenbloom）和克莱顿·克里斯坦森均表示 [“Technological Discontinuities, Organizational Capabilities, and Strategic Commitments,” *Industrial and Corporate Change*（3）, 1994, 655—685]，领先企业被技术上更加简单的破坏性创新颠覆的情况发生在多个行业，其影响范围之广远远大于本书的涵盖范围。

9

对生成图 1.7 时所使用的数据和程序的简要介绍见附录 1.1。

10

1978 年，微型计算机算不上是一种新产品，但它对于使用温切斯特技术的硬盘来说却是一个全新的应用领域。

11

这一论断只适用于在 OEM 上打拼的独立硬盘制造商。一些垂直型的综合性计算机制造商，例如 IBM，则因为具备一个受到约束的内部市场而安然度过了这些技术创新阶段。但即使是 IBM，也需要通过建立多个独立的“创业型”硬盘机构来应对各个时期出现的不同硬盘的新兴市场。例如，它设在圣何塞的机构便专注于高端（主要是大型计算机）应用领域，而设在明尼苏达州罗彻斯特市的另一个独立机构则专攻中端计算机和工作站。IBM 还在日本藤泽创建了一个不同的机构，来为台式个人电脑市场生产硬盘。

12

这一发现与瑞贝卡·亨德森（Rebecca M. Henderson）的研究结果全然不同(参见 *The Failure of Established Firms in the Face of Technological Change: A Study of the Semiconductor Photolithographic Alignment Industry*, dissertation,Harvard University,1988)。亨德

森发现，成熟制造商生产的新型结构的光刻机的性能要低于新兴企业的产品。造成这一差异的其中一个原因可能是：亨德森所研究的PLA（照相平版印刷光刻机）产业中的新兴企业成功地从其他市场引入了先进的技术和经验，并将这些技术和经验应用到新产品的研发中。而在此处研究的案例中，没有哪家新兴企业引入了这样先进的技术。实际上，它们大多数是合成型的创业企业，企业的管理者和工程师都是从知名硬盘制造企业离职的员工。

13

这一发现与约瑟夫 · L. 鲍尔观察到的现象类似。他发现，作为一种动力源，明确的客户需求在资源配置过程中发挥着巨大作用："若以成本和质量定义差异（问题可通过拟议投资解决），项目就会失去活力。就这 4 个案例而言，当觉察到销售能力不足时，定义过程已经趋于完成……简而言之，市场压力降低了出错的可能性和代价。"虽然鲍尔特指的是制造能力，但同样的基本现象——已知客户的已知需求在组织和指导公司投资方面发挥的作用——也影响着人们对破坏性技术的反应。参见 Joseph L. Bower, *Managing the Resource Allocation Process* (Homewood, IL: Richard D. Irwin, 1970) 254。

14

在收获 1.13 亿美元收入的同时，康诺公司也创造了一项纪录，成为美国历史上在成立第一年收入最高的制造业企业。

15

这一发现同罗伯特 · 伯格尔曼观察到的现象一致。他指出，企业创业者遇到的最大困难之一就是找到合适的"贝塔测试地点"，通过与客户的互动实现产品的开发与改进。一般来说，初创公司的产品是由该公司既有产品线上的销售人员推广给客户的。这有助于公司为成熟市场开发新产品，但无从确定新技术的新应用。参见 Robert A. Burgelman and Leonard Sayles, *Inside Corporate Innovation* (New York: The Free Press, 1986) 76—80。

16

我认为这一观点——攻击型企业在破坏性创新，而不是在延续性创新中具有优势——证明了福斯特关于攻击型企业的优势的论断，而不是与之冲突。福斯特用于阐述他的理论的历史事例似乎都是破坏性创新。参见 Richard J. Foster, *Innovation: The Attacker's Advantage* (New York: Summit Books, 1986)。

第 2 章　价值网络决定创新驱动力

1

参见 Rebecca M. Henderson and Kim B. Clark, "Architectural Innovation: The Reconfiguration of Existing Systems and the Failure of Established Firms," *Administrative Science Quarterly* (35), 1990, 9—30。

2

Tracy Kidder, *The Soul of a New Machine* (New York: Avon Books, Inc., 1981).

3

一些学者试图推算出突破式技术进步与渐进式技术进步之间的比例。例如，在对炼油程序的一系列改善过程进行经验性研究后，约翰·伊诺斯发现，新技术带来的经济效益有一半源于新技术投入商业化运行后实现的流程改善。参见 J. L. Enos, "Invention and Innovation in the Peroleum Refining Industry," in *The Rate and Direction of Inventive Activity: Economic and Social Fators*, National Bureau of Economic Research Report (Princeton, NJ:Princeton University Press，1962)，299—321。我对硬盘行业的研究得到了同样的结果。磁录密度（每平方英寸磁盘表面的兆字节数）的提高有一半可归因于新的元件技术，另一半可归因于现有元件和系统设计的持续改善和提高。参见 Clayton M. Christensen, "Exploring the Limits of the Technology S-Curve," *Production and Operations Management* (1), 1992, 334—366。

4

克拉克认为，早期的汽车工程师选择了汽油，而不是蒸汽或是电动引擎，从而为后来的汽车工程师确定了技术变革的方向。也就是说，他们因此不会再去追求电力或蒸汽推进技术的改进。克拉克因此认为，当今企业所掌握的设计技能和技术知识，都源自前辈工程师们对应解决或放弃什么问题所做出的累积性选择。克拉克指出，那些要求企业根据现有累积知识体系或通过扩展现有累积知识体系来进行的技术改善活动，对行业里的成熟企业更加有利。相反，当技术变革要求企业具备一个完全不同的知识体系时，相比那些已经积累了不同等级的知识体系（很可能是关于另一行业的知识）的企业，成熟企业将处于劣势。参见 Kim B. Clark, "The Interaction of Design Hierarchies and Market Concepts in Technological Evolution," *Research Policy* (14), 1985, 235—251。

5

例如，参见 Michael L. Tushman and Philip Anderson, "Technological Discontinuities and Organizational Environments," *Administrative Science Quarterly* (31), 1986,

439—465; 以及 Philip Anderson and Michael Tushman, "Technological Discontinuities and Dominant Designs," *Administrative Science Quarterly* (35), 1990, 604—633。

6

价值网络的概念是以吉奥瓦尼·多西（Giovanni Dosi）的"技术范式"理论（technological paradigms）为基础建立的。多西对什么是技术范式的描述是："建立在某些自然科学和材料技术原理基础之上的，对某些技术问题的解决方法。"新的范式说明，之前的范式所确定的技术改善轨道已发生断裂。这些新范式将重新定义技术进步的本来意义，并为技术人员指明（为确保正常的技术发展）所需解决的新一类问题。多西所探讨的问题——如何选择和保留新技术——与企业（作为这些变革的受益人）为什么会成功或失败这一问题密切相关。参见 Giovanni Dosi, "Technological Paradigms and Technological Trajectories," *Research Policy* (11),1982, 147—162。

7

如本书中所述，价值网络的概念绝大部分源自本人与理查德·罗森布鲁姆教授共同提出并延伸的理念。对于罗森布鲁姆教授对这些观点的形成所做出的贡献，我深表感谢。参见 Clayton M. Christensen and Richard S. Rosenbloom, "Explaining the Attacker's Advantage: The Technological Paradigms, Organizational Dynamics, and the Value Network," *Research Policy* (24), 1995, 233—257; 以及 Richard S. Rosenbloom and Clayton M. Christensen, "Technological Discontinuites, Organizational Capabilities, and Strategic Commitments," *Industrial and Corporate Change* (3),1994, 655— 685。

8

参见 D. L. Marples, "The Decisions of Engineering Design," *IEEE Transactions on Engineering Management* EM8, 1961, 55—71; 以及 C. Alexander, *Notes on the Synthesis of Form* (Cambridge, MA: Harvard University Press, 1964)。

9

在这一点上，价值网络的概念与多西的"技术范式"理论之间有异曲同工之妙。价值网络的范围和界限，是由主要的技术范式和价值网络更高层次所呈现的相应的技术轨线来决定的。正如多西所阐述的那样，价值可被定义为主要技术范式在价值网络终端应用系统内所具有的一种功能。

10

Michael Porter, *Competitive Advantage* (New York: The Free Press, 1985).

11

关于该分析的更完整的报告，参见 Clayton M. Christensen , *The Innovator's Chal-*

lenge: Understanding the Influence of Market Environment on Processes of Technology Development in the Rigid Disk Drive Industry, thesis, Harvard University Graduate School of Business Administration, 1992，第 7 章。

12

D. Sahal, *Patterns of Technological Innovation* (London: Addison Wesley, 1981).

13

这一观点最广为人知的支持者是理查德 · 福斯特。参见 Richard Foster, *Innovation: The Attacker's Advantage* (New York: Summit Books, 1986)。

14

这里总结出的洞见还有更明确、更完整的论述。参见 C. M. Christensen, "Exploring the Limits of the Technology S-Curve," *Production and Operations Management* (1), 1992, 334—366。

15

其他公司也做了类似的决定。与之相关的更全面的论述参见 Clayton M. Christensen, *The Innovator's Challenge: Understanding the Influence of Market Environment on Processes of Technology Development in the Rigid Disk Drive Industry*, thesis, Harvard University Graduate School of Business Administration, 1992。

16

他们的做法与罗伯特 · 伯格尔曼的观点一致：创业者遇到的最大困难就是如何才能找到合适的"贝塔测试场所"，以使产品的研发和改善能与客户的需求有机结合。一般来说，首先与客户进行接触的是推销企业成熟产品的销售人员。这有助于企业研发针对成熟市场的新产品，但企业却无法判断哪些是新兴技术的新型应用领域。参见 Robert Burgelman and Leonard Sayles, *Inside Corporate Innovation* (New York: The Free Press,1986) 76—80。瑞贝卡 · 亨德森教授也向我说明，这种总是将新技术应用到主流客户市场的做法，反映出企业的市场营销能力相当有限——尽管许多学者倾向于将这一问题看作一种技术能力，但企业在为新兴技术找到新市场方面的局限性可能会成为制约企业创新的最大障碍。

17

音圈电机比希捷公司此前使用的步进电机贵得多。尽管这并不是市场上的新产品，但对于希捷公司来说，这是一种全新的尝试。

18

这与阿诺德 · 库珀和丹 · 申德尔的发现一致。参见 Arnold Cooper and Dan Schendel, "Strategic Responses to Technological Threats," *Business Horizons* (19), February, 1976, 61—69。

19

北美几乎所有的硬盘制造商的创始人最后都与 IBM 的圣何塞分公司（主要负责研发和生产磁录产品）存在某种联系。参见 Clayton M. Christensen, "The Rigid Disk Drive Industry: A History of Commercial and Technological Turbulence," *Business History Review* (67), Winter,1993, 531—588。

20

一般来说，这些组件技术都是由较大的成熟企业（正是这些企业主导了当时更高端的成熟市场）研制的。这是因为新组件技术通常（但并不总是）会对技术发展轨道产生延续性影响。而这些高端成熟企业通常最热衷于进行延续性创新。

21

埃里克·冯·希佩尔的研究经常会被引用为倾听客户意见的价值的证据。希佩尔的研究表明，客户率先提出了绝大部分新产品理念。Eric von Hippel, *The Sources of innovation* [New York:Oxford University Press,1988]。对未来的研究来说，很重要的一条途径就是重新查阅冯·希佩尔提供的有关价值网络框架理论的各项数据。根据价值网络框架理论，希佩尔在其研究中所提到的客户引导供应商的情况指的应该是延续性创新。我们认为，引领破坏性创新的应该另有来源。

22

亨德森在她对照相平版印刷对准器设备制造商的研究中，也发现了被客户误导的类似的潜在危险。参见 Rebecca M. Henderson, "Keeping Too Close to Your Customers," Massachusertts Institute of Technology Sloan School of Management working paper, 1993。

23

许多产业观察家指出，硬盘的生产似乎存在一个最低成本（大约为每台 120 美元），即使是最好的制造商也无法将成本降至 120 美元以下。这是设计、生产和装配各种必备部件的基本成本。硬盘制造商依靠不断在这个 120 美元的基本框架内扩大容量来降低每兆字节成本。这一最低成本对硬盘和闪存卡之间的竞争可能会产生非常深远的影响。这意味着，在小容量应用领域，随着闪存卡价格的下降，闪存卡将逐渐能在成本上与硬盘存储器进行竞争。相对于闪存卡，硬盘存在每兆字节成本优势的领域将不断接近高端市场，这与体积更大的硬盘结构不断向高端市场转移的态势非常相似。专家预计，实际上，到 1997 年，40MB 闪存卡的价格将与 40MB 硬盘的价格基本持平。

24

Lewis H. Young, "Samsung Banks on Tiny Flash Cell," *Electronic Business Buyer* (21), July,1995, 28.

25

Richard Tedlow, *New and Improved: A History of Mass Marketing in America* (Boston: Harvard Business School Press, 1994).

第 3 章　挖掘机行业的破坏性技术

1

同样的机制可能会影响更广泛的行业。与之相关的一些概述，参见 Richard S. Rosenbloom and Clayton M. Christensen, "Technological Discontinuities, Organizational Capabilities, and Strategic Commitments," *Industrial and Corporate Change* (3), 1994, 655—686。

2

这部分用于计算图形的信息和数据由历史建筑设备协会的两位主管小迪米特莱·托特和基思·哈多克提供。该协会的档案室收藏了大量有关挖掘设备行业的信息，托特和哈多克也非常乐于与我分享他们的知识和他们所了解的信息。他们对本章的初稿提出了很多实用的建议，对此我深表感激。其他有用的资源和信息出自 Peter Grimshaw, *Excavators* (Poole, England: Blandford Press,1985); The Olyslager Organisation, Inc., *Earthmoving Vehicles* (London: Frederick Warne & Co., Ltd.,1972);Harold F. Williamson and Kenneth H. Myers, *Designed for Digging: The First 75 Years of Bucyrus Erie Company* (Evanstin, IL: Northwestern University Press, 1955); 以及 J. L. Allhands, *Tools of the Earthmover* (Huntsville, TX: Sam Houston College Press, 1951)。

3

有意思的是，这样高的成功率只适用于行业最大的25家企业。在7家较小的蒸汽挖掘机制造商中，只有一家成功从此次向汽油内燃技术转变的延续性技术变革中生存下来。除了这些企业的产品宣传册，我们几乎找不到有关这些企业的任何信息。但我认为，大中型企业安然渡过此次转变，而小企业纷纷破产的事实表明，资源在此次转变中扮演了重要角色，这个结论也补充说明了第 2 章总结出的理论性观点。一些延续性技术的研发和实施成本明显过高，或者过于依赖专利或稀缺性专业技术，因此一些企业根本无法成功地完成这样的转变。我很感激理查德·罗森布鲁姆教授与我分享了他对此问题的观点。

4

其中一个范例就是由芝加哥地区一家承建商Page公司研发的第一台拉铲挖掘机。Page公司的主要业务领域是芝加哥的运河体系，该公司于1903年发明了拉铲挖掘机来更高效地完成挖土工作。Page公司的拉铲挖掘机后来与比塞洛斯–伊利公司和Marion公司生产的蒸汽挖掘机一起，被广泛应用于巴拿马运河的挖掘作业。这一发现（即客户是延续性创新的一个重要来源）与埃里克·冯·希佩尔的研究结论相符。参见 *The Source of Innovation* (New York: Oxford University Press,1988)。

5

面对液压技术的冲击，以这种方式逃过一劫的企业在一个特殊的高端市场找到了避风港。例如，比塞洛斯–伊利公司和Marion公司便成了巨型露天挖掘机（主要用于露天矿挖掘）的主要制造商。Marion公司6360型号的露天挖掘机是当时最大的正铲挖掘机，它能够举起180立方码的铲斗。Harnischfeger公司是世界上最大的电动采掘挖掘机制造商，而Unit公司则通过生产用于海上钻探平台的台架起重机确立了市场定位。有一段时间，西北工程公司通过生产用于海洋航路挖掘的拉铲挖掘机幸存下来。P&H和Lorain公司则生产巨型起重机和拉铲挖掘机（这些都是缆控设备）。

6

随着液压挖掘机的成熟，这些公司之后都取得了不同程度的成功。1996年，世界上客量最大的挖掘机公司——德马格公司和O&K公司的总部都在德国。

7

从技术上说，用铲斗在机器前方挖土的挖掘机叫“动力挖掘机”。这是1837年至20世纪初的最主要的设计，而且它在20世纪的大部分时间里一直是一个重要的市场部门。背对驾驶室推土的挖掘机叫“反铲挖掘机”。随着液压挖掘机在20世纪70年代成为最重要的设计类型，这两类机器都被统称为“挖掘机”。在液压驱动需要把动臂永久固定在设备上之前，承包商可以在基本动力设备上安装不同的动臂或斗杆，所以同一台机器可以作为铲车、挖沟机或吊车使用。类似地，机器上也可以安装不同的铲斗（有时也被称为“挖斗”），以用于不同类型材料的作业。

8

衡量挖掘性能的真实标准是每分钟可以推动的立方码土方。但这项衡量标准过于依赖操作员的技术和正在挖掘的土壤的类型，因此承建商将铲斗的体积视为更重要、更准确的指标。

9

紧跟着这些英美先驱企业的步伐，欧洲大陆的制造商也纷纷推出了自己的液压挖掘机。这些企业都是挖掘机行业的新兴企业，其中包括法国的波克兰公司和意大利的布鲁内利兄弟（Bruneri Brothers）公司。

10

将铲斗插入土中的能力是液压挖掘机的一个主要优势。所有面向操作员推土的缆索挖掘机都必须依赖重力来将重型铲斗的斗齿插入土中。

11

在船只设计过程中，混合动力远洋运输船——采用蒸汽动力装置但仍装备风帆——的制造商采取的策略，与比塞洛斯-伊利公司的工程师采取的策略是一样的：蒸汽动力在远洋运输市场仍不足够可靠，所以蒸汽动力厂商必须提供传统技术支持。在远洋运输行业，蒸汽动力船的出现，以及它们对风动力船的取代，本身就是关于破坏性技术的经典研究案例。1807 年，罗伯特·富尔顿驾驶第一艘蒸汽动力船穿越哈得孙河，但在几乎所有方面，该蒸汽动力船的表现都不及远洋帆船：每英里的运营成本更高，航速更慢，更容易出现故障，等等。因此，它不能用于远洋价值网络，而只能用于另外一个不同的价值网络——内陆航道，因为在这个网络里，产品性能是以一种迥异于远洋价值网络的标准测量的。在河流和湖泊中，逆风航行或无风航行是船长最看重的特质。从这个角度讲，蒸汽动力船优于风动力船。一些学者［比如 Richard Foster（*Innovation: The Attacker's Advantage*, New York: Summit Books, 1986）］对固守传统技术的帆船制造商感到不可理解，认为他们完全忽视了蒸汽动力，而这种缺乏长远眼光的做法也最终让他们在 20 世纪初付出了惨痛代价。的确，在该行业转向蒸汽动力的过程中，帆船制造商全军覆没。然而，价值网络框架这一视角，似乎被这些学者忽视了。问题并不在于帆船制造商是否了解蒸汽动力或能否获得这一技术，而在于他们的客户即远洋货运商到 19 世纪末 20 世纪初才开始使用蒸汽动力船。为在汽船制造业争得一席之地，帆船制造商必须就自身战略定位做出重大调整，转向内陆河道市场，因为在 19 世纪的大多数时间里，这是唯一看重蒸汽动力船的价值网络。因此，在向蒸汽动力转变的时代，这些公司之所以败北，究其根源，是因为他们不愿意或无力改变战略，而不是因为他们无力改变技术。

12

其中一个例外是凯林公司于 1957 年推出的一种特殊产品 Skooper，它综合了缆控和液压技术，能将墙体面前的土方铲走，但并不把铲斗掘进土方进行挖掘。

13

我们很难对比塞洛斯–伊利公司进行归类。该公司在20世纪50年代推出了一种大型液压挖掘机，但随后又从市场上撤出该产品。20世纪60年代末，它收购了Hy–Dynamic公司的Dynahoe液压装载反铲挖掘机生产线，并将其作为一种实用机器出售给它的普通挖掘客户，但后来它也从市场撤出了该产品。

14

卡特彼勒公司是一家很晚才进入液压挖掘设备行业的新兴企业，它在1972年才推出自己的第一种型号的挖掘机。该款挖掘机延展了它原有的推土机、刮土机和平地机生产线。卡特彼勒公司在缆控设计占行业主导地位的时期从未进入挖掘机市场。

第4章 回不去的低端市场：来自小型钢铁厂的冲击

1

哈佛商学院教授马尔科姆·P.麦克奈尔对一种进入更高端市场，然后增加成本以支持这一级别的业务的流程有过描述，这一描述与硬盘行业的经验惊人地相似。他在讲述零售业的历史时提到一波又一波的零售商是怎样凭借着破坏性技术进入零售领域的，只不过他并没有使用“破坏性技术”这个名词。

这一进程有时候很慢，有时候很快，但从不在原地踏步。其周期通常以一个大胆创新理念的出现为开端。有些人想到了一个全新的理念，他们可能是约翰·沃纳梅克、乔治·哈特福德（A&P），弗兰克·伍尔沃斯、W.T.格兰特、伍德将军（西尔斯），迈克尔·卡伦（超市），也可能是尤金·法考夫。这些创新都提出了一种全新的零售业企业理念。最开始，他们不受欢迎，屡遭奚落和挖苦，还被斥责为“离经叛道”。银行家和投资者对他们满腹狐疑。但他们凭借自己的创新中“与生俱来”的低运营成本使低价成为可能，并以价格优势成功吸引了公众的目光。随着企业的发展，他们扩大了交易额，提高了商品质量，改善了外观和门店的位置，赢得了更大的尊重……

在成长过程中，这些机构很快赢得了客户和投资者的尊重。但与此同时，它们的资本投资和经营成本也随之水涨船高。然后，这些机构进入了成熟期……进入成熟期后，这些机构很快便会遭遇过度投资……并最终成为攻击标靶。那这些机构容易受到什么冲击呢？易受下一位提出一个有潜质的理念、开创低成本业务、成功借助老牌机构自己撑起的保护伞的创新者的冲击。参见Malcom P. Mc-

Nair, "Significant Trends and Developments in the Post-War Period," in Albert B. Smith, ed., *Competitive Distribution in a Free High-Level Economy and Its Implications for the University* (Pittsburgh: University of Pittsburgh Press,1958),17—18。换言之，参与高端市场竞争所需的成本限制了机构向下流动的能力，并推动机构继续向更高端的市场迁移。

2

Joseph Bower, *Managing the Resource Allocation Process* (Homewood, IL: Richard D. Irwin, 1970).

3

句中对“体系”（systematic）一词的使用非常重要，因为大多数资源分配体系都在以一种非常系统的方式运作——不管这个体系是正式的还是非正式的。本书之后的几个章节将阐述，构成管理者成功应对破坏性技术能力的关键要素是他们持续独立干预和做出资源分配决策的能力。设计分配体系的目的就是淘汰采用破坏性技术的提案。关于这种窘境的绝佳的描述可见 Roger Martin, "Changing the Mind of the Corporation," *Harvard Business Review*, November-December 1933, 81—94。

4

由于全球许多市场对钢铁的需求增长缓慢，20 世纪 90 年代新建的大型综合性钢铁厂的数量非常少。这段时期正在兴建的综合性钢铁厂都位于高速增长、发展很快的发展中国家，例如韩国、墨西哥和巴西。

5

麻省理工学院材料工程系的托马斯·伊加教授进行了上述测算。

6

"The U.S. Steel Industry: An Historical Overview," *Goldman Sachs U.S. Research Report*, 1995.

7

"What Caused the Decline," *Business Week*, June 30, 1980, 74.

8

Donald B. Thompson, "Are Steel's Woes Just Short-term," *Industry Week*, February 22, 1982, 31.

9

Gregory L. Miles, "Forging the New Bethlehem," *Business Week*, June 5, 1989, 108—110.

10

Seth Lubove and James R. Norman, "New Lease on Life," *Forbes*, May 9, 1994, 87.

11

关于美国钢铁公司负责薄板坯连铸技术的团队的经验，参见哈佛商学院教学案例“Continuous Casting Investments at USX Corporation,” No. 697—020。

第二部分　管理破坏性技术变革

1

当我们理解了决定世界运作方式的物理和心理法则，然后学会了尊重或遵循这些法则时，我们就能够最有效地激发我们的潜能。这个观点当然不是本书的首创。有这样一个小笑话，斯坦福大学的罗伯特·伯格尔曼教授（本书大量引用了他的著作）有一次在授课时不小心把钢笔掉在了地上。他蹲下去捡笔时嘴里还喃喃自语：“我讨厌重力。”然后，他走回黑板前准备重新回到原来的思路上来，这时他接着说：“但你们知道吗？重力可不管你喜不喜欢！它永远会产生向下的吸引力，我也可能因此而跌倒。”

在一个更高层面上，在我们的行动中尽量遵守更加强大的自然、社会和心理法则以实现生命的意义是许多著作，尤其是中国的道家经典《道德经》的一个中心主题。

第5章　打破资源依赖理论

1

关于资源依赖理论的最全面的论述，参见 Jeffrey Pfeffer and Gerald R. Salancik, *The External Control of Organizations: A Resource Dependence Perspective* (New York: Harper & Row, 1978)。

2

这意味着，不论是在正常情况下，还是在受到破坏性技术冲击情况下的企业管理，对服务对象（主要为哪部分客户群体提供服务）的选择都将具有重大的战略意义。

3

约瑟夫·L. 鲍尔对资源配置过程做了非常讲究而又令人信服的描述，参见 Joseph L. Bower, *Managing the Resource Allocation Process* (Homewood, IL: Richard D. Irwin, 1972)。

4

Chester Barnard, *The Functions of the Executive* (Cambridge, MA: Harvard University Press, 1938), 190—191.

5

昆腾公司分拆硬卡业务的举措和它后来进行的战略重组构成了战略变化流程的一个范例，同时这在本质上也是一个“物竞天择”的自然选择过程——在争夺企业资源的内部竞争中，次优的战略性提案总是会输给最优的提案。Robert Burgelman, in “Intraorganizational Ecology of Strategy-Making and Organizational Adaptation: Theory and Field Research,” *Organization Science* (2),1991, 239—262。

6

Micropolis 公司未能在成熟技术和新型 5.25 英寸硬盘技术上同时保持竞争力的事实，与詹姆斯·厄特贝克叙述的技术发展史是一致的。厄特贝克发现，试图研发破坏性新技术的企业几乎都希望能够同时保持它们在原有技术上的领先地位，而这些尝试几乎全部以失败告终了。James Utterback, in *Mastering the Dynamics of Innovation* (Boston: Harvard Business School Press,1994)。

7

在一些行业中，破坏性技术在颠覆行业龙头企业方面发挥了重要作用。参见 Richard S. Rosenbloom and Clayton M. Christensen, “Technological Discontinuities, Organizational Capabilities, and Strategic Commitments,” *Industrial and Corporate Change* (3), 1994, 655—685。

8

20 世纪 90 年代，DEC 成立了一个个人电脑部门，试图大举发展个人电脑业务。但与昆腾和数据控制公司成立分公司的做法不同，这个部门并没有独立于 DEC 的主流业务部门。尽管 DEC 也为它的个人电脑部门设定了一些特殊的性能指标，但从实质上说，这些指标仍然没有脱离公司在毛利率和收入增长率方面的企业标准。

9

“Harvard Study on Discount Shoppers,” *Discount Merchandiser*, September, 1963, 71.

10

在本书成稿时，凯马特百货已经日薄西山，在发展战略和营业业绩的博弈中完败于沃尔玛。尽管如此，在之前的 20 年间，凯马特一直是一家非常成功的零售商，它为克雷斯吉的股东创造了巨大的价值。凯马特当时在竞争中遭遇的困境与克雷斯吉最初应对折扣零售的破坏性威胁的战略无关。

11

关于伍尔沃斯和克雷斯吉的折扣零售策略的详细对比，参见哈佛商学院教学案例 “The Discount Retailing Revolution in America,” No. 695—081。

12

参见 Robert Drew-Bear, “S. S. Kresge’s Kmarts,” *Mass Merchandising: Revolution and Evolution* (New York: Fairchild Publications, 1970), 218。

13

F. W. 伍尔沃斯公司年报，1981 年，第 8 页。

14

“Woolco Gets Lion’s Share of New Space,” *Chain Store Age*, November, 1972, E27。这是就合并所做的一个非常讲究和非常理性的论述，显然出自一位非凡的企业公关专家之手。在伍尔沃斯，任何一家店面的面积都不超过 10 万平方英尺！

15

参见，比如 “The Desktop Printer Industry in 1990,” Harvard Business School, Case No. 9–390–173。

16

商业史学家理查德·泰德罗指出，A&P 公司的高管在决定是否要采用具有破坏性的超市零售模式时也曾遇到同样的困境。参见 Richard Tedlow, *New and Improved: The Story of Mass Marketing in America* (Boston: Harvard Business School Press,1996)。

> 超市创业者与 A&P 公司进行竞争的法宝不是要在后者已经做到极致的方面还要做得比它好，而是要做它根本不愿去做的事。在这段历史中，最大的一个创业失败案例来自克罗格（Kroger）公司。克罗格公司当时是市场上第二大零售商。当时它的一个员工发现了如何成为行业第一的方法（后来这个员工离开克罗格创建了世界上第一家超市），但克罗格公司的高管对此置若罔闻。也许是因为缺乏想象力，也许是出于与 A&P 公司的高管一样的原因，克罗格公司的管理层选择大量投资公司的常规业务。如果 A&P 公司的高管决定掀起超市革命，他们将建立自己的物流分配体系。这也就是他们在面对超市的冲击时几乎束手无策，无法及时采取应对措施的原因。最后，A&P 公司已经没有什么选择余地了，它要么选择自己瓦解，要么眼睁睁地看着别人来颠覆自己的经营系统。

第 6 章　让机构规模与市场规模匹配

1

关于持续追求增量改进和采取重大战略步骤的益处，参见 Robert Hayes, "Strategic Planning: Forward in Reverse?" *Harvard Business Review*, November–December, 1985, 190—197。但我认为，在某些特定情况下，引领延续性技术也是至关重要的。在一次私人谈话中，金·克拉克教授指出这些情况通常发生在"刀锋"行业，即竞争基础简单、单一，且几乎不允许犯错的行业。PLA 行业就是这样一个"刀锋"行业。在这个案例中，面临延续性技术变革的光刻机制造商一旦在技术上处于落后位置，就将遭遇失败，因为 PLA 行业的竞争基础非常直接（虽然产品本身非常复杂）：产品必须在硅片上实现最窄的线宽，否则就没有人愿意购买这种产品。导致这种情况发生的原因是，PLA 的客户集成电路制造商必须使用速度最快、性能最高的 PLA 设备，否则就无法在集成电路市场保持竞争力。"刀锋"的存在是因为产品的功能就是竞争唯一的基础，PLA 制造商要么从这一面迅速找到通往成功的阶梯，要么从另一面坠入失败的深渊。显然，这样的"刀锋"情况使得引领延续性技术变得非常重要。

但在其他大多数延续性创新情况中，领先地位并不是那么关键。这种更加普遍的情况就是理查德·罗森布鲁姆的研究主题［他的研究课题是 NCR（国家现金出纳机公司）从机电到电子技术的转变］。参见 Richard S. Rosenbloom, "From Gears to Chips: The Transformation of NCR and Harris in the Digital Era," Working Paper, Harvard Business School Business History Seminar,1988。在这个案例中，NCR 很晚才研发和推出自己的电子现金出纳机产品。由于采用新技术的时间太晚，有一整年（20 世纪 80 年代早期），它的新型现金出纳机的销售额实际上几乎降到零。尽管如此，由于 NCR 具有很强的现场服务能力，它通过提供安装服务为研发和推广电子现金出纳机争取了一年时间。然后，NCR 利用品牌优势和现场销售服务迅速夺回了它的市场份额。

虽然现金出纳机的结构要比 PLA 简单，但我认为，现金出纳机市场非常复杂，其中存在多种竞争基础，因此也存在多种生存方式。一般来说，市场越复杂，引领延续性技术创新就越不重要。领先地位只有在应对"刀锋"市场的竞争或破坏性技术时才能发挥关键性的作用。对于金·克拉克和罗伯特·海耶斯在此问题上所做的贡献，我深表感激。

2

这并不是说，产品性能或产品成本持续落后于竞争对手的公司可以取得成功。我要表达的是，没有任何证据表明，在技术创新领域持续领先的公司会比那些采用跟随者策略的公司更具竞争力——明显可见的持久竞争力，因为提升复杂产品（比如磁盘驱动器）性能的方法是多种多样的。开发和采用新的组件技术是提升产品性能的方式之一，比如薄膜磁头、磁阻磁头等，但同时，也有其他无数种方式可用以提升传统技术的表现，而在此期间，企业则可等待新工艺的进一步发展，以便更好地了解这一工艺，也确保工艺的可靠性。关于这方面的更详细的论述，参见 Clayton M. Christensen, "Exploring the Limits of the Technology S-Curve," *Production and Operations Management* (1), 1992, 334—366。

3

为了便于分析，如果某项技术出现的时间不到两年（从全球某家企业在其生产和出售的某种产品中首次使用该项技术的时间开始算起），或者即便这项技术已经出现两年，但只有不到 20% 的硬盘制造商在它们的某种产品中使用过这项技术，那么这项技术将被划分为“新型或未经检验的”技术。

4

在这一分析中，新兴市场或价值网络指的是首款硬盘产品首次被应用到相关级别的计算机中的时间不到（含）两年的市场或价值网络；成熟市场或价值网络指的是距离首款硬盘产品首次被使用的时间超过两年的市场或价值网络。

5

在硬盘行业，通过收购进入市场的情况非常罕见。施乐公司就是通过收购 Diablo 公司、世纪数据（Century Data）公司和舒加特联合公司实施这一战略的。但这些公司在收购完成后的表现非常糟糕，此后极少有其他企业再效仿施乐。除了施乐公司，唯一一个通过收购进入硬盘行业的实例是西部数据公司（一家控制器制造商）对 Tandon 公司的收购。在施乐公司和西部数据公司的案例中，它们收购的企业所采取的市场进入策略显示在了表 6.1 中。同样，在表 6.1 中，Plus 开发公司被划分为一家独立的创业型企业。

6

图表中统计的数据可能有利于风险资本投资者对投资方案的风险级别做出一般性判断。表中的数据表明，计划对延续性技术进行商业性开发的创业型企业获得成功的概率要远远低于计划利用经过检验的技术来破坏成熟行业（破坏成熟行业的途径就是创造出性能更简单、质量更可靠和使用更便捷的产品）的创业型企业。成熟企业总是能够主动地调动各种资源来追赶各种延续性技术突破，但在实施破坏性技术提案时却总是遭遇巨大的阻力。

7

不是所有的小型新兴市场最后都能发展为大型市场。例如，可移动磁盘模块市场在十余年里一直只是一个小市场，直到 20 世纪 90 年代中期才开始发展到一定的规模。文中的这一结论——在新兴市场获得成功的概率更高——针对的是总体情况，而非所有情况。

8

风险投资人经常提到这个概念，即企业不应冒险在两个市场对两种技术同时进行创新。这也是 Lowell W. Steele 的 *Managing Technology* (New York: McGraw Hill,1989) 一书的第 5 章的关注点。

9

金融分析师用来预测股价的最简单的公式就是 P=D/（C−G），其中 P= 每股股价，D= 每股股息，C= 企业的资本成本，G= 预计的长期增长率。

10

克莱顿 · M. 克里斯坦森对这一证据进行了总结，参见 Clayton M. Christensen, “Is Growth an Enabler of Good Management, or the Result of It?” Harvard Business School working paper, 1996。

11

Scott Lewis, “Apple Computer, Inc.,” in Adele Hast, ed., *International Directory of Company Histories* (Chicago: St. James Press, 1991), 115—116.

12

保罗 · 弗赖伯格和迈克尔 · 斯韦因对个人电脑行业的兴起做了富有洞见的描述，参见 Paul Frieberger and Michael Swaine, *Fire in the Valley: The Making of the Personal Computer* (Berkeley, CA: Osborne-McGraw Hill, 1984)。

13

“Can 3.5” Drives Displace 5.25s in Personal Computing?” *Electronic Business*, 1 August, 1986,81—84.

14

源自 1991 年 11 月 19 日与康诺公司董事会副主席威廉 · 施罗德的一次私人访谈。

15

公司的历史经验、能力及它能做什么和不能做什么，这之间存在何种联系？关于该问题的富有洞见的研究，参见 Dorothy Leonard-Barton, "Core Capabilities and Core Rigidities: A Paradox in Managing New Product Development," *Strategic Management Journal* (13), 1992, 111—125。

16

源自 1992 年 4 月 27 日与康诺公司联合创始人兼副总裁约翰·斯夸尔斯的一次私人访谈。

17

参见，例如，George Gilder, "The Revitalization of Everything: The Law of the Microcosm," *Harvard Business Review*, March-April, 1988, 49 — 62。

18

关于艾伦–布拉德利的很多信息源自 John Gurda, *The Bradley Legacy* (Milwaukee: The Lynde and Harry Bradley Foundation, 1992)。

第 7 章　发现新市场：先行动再制订计划

1

以下是关于该公司更完整历史的概述，参见 "Hewlett-Packard: The Flight of the Kittyhawk," Harvard Business School, Case No. 9-697-060, 1996。

2

关于本田成功的例子，参见哈佛商学院教学案例 "A Note on the Motorcycle Industry—1975," No. 9-578-210，以及波士顿咨询集团的报告 "Strategy Alternatives for the British Motorcycle Industry," 1975。

3

Richard Pascale and E. Tatum Christiansen, "Honda (A)," Harvard Business School Teaching, Case No. 9-384-049, 1984, and "Honda (B)," Harvard Business School, Teaching Case No. 9-384-050,1984.

4

Statistical Abstract of the United States (Washington, D.C.: United States Bureau of the Census,1980), 648.

5

关于英特尔退出 DRAM 业务及进入微处理器领域的记述，参见 Robert A. Burgelman, "Fading Memories: A Process Theory of Strategic Business Exit in Dynamic Environments," *Administrative Science Quarterly* (39), 1994, 24—56。作者对公司的战略演变过程进行了全面研究和分析，令人信服，非常值得一读。

6

George W. Cogan and Robert A. Burgelman, "Intel Corporation (A): The DRAM Decision," Stanford Business School, Case PS-BP-256.

7

Robert A. Burgelman, "Fading Memories: A Process Theory of Strategic Business Exit in Dynamic Environments," *Administrative Science Quarterly* (39) 1994.

8

关于管理者如何定义和看待风险的研究给这一难题的解决提供了很多启示。例如，阿莫斯·特沃斯基和丹尼尔·卡尼曼就曾表示，人们通常会把他们不了解的事物的风险性放大（不管它们的内在风险到底有多大），并将他们确实了解的事物的风险性缩小（同样不管它们的内在风险到底有多大）。参见 Amos Tversky and Daniel Kahneman, "Judgment Under Uncertainty: Heuristics and Bianses, *Science*[185], 1974,1124—1131。因此，管理者可能会认为，创造新市场是有风险的行为（即使有证据表明情况并非如此），因为他们并不了解尚不存在的市场。同样，他们可能会认为，投资延续性技术（即使是那些固有风险较高的投资）是安全的，因为他们了解市场的需求。

9

这方面的出色研究包括 Myra M. Hart, *Founding Resource Choices: Influences and Effects*, DBA thesis, Harvard University Graduate School of Business Administration, 1995; Amar Bhide, "How Entrepreneurs Craft Strategies that Work," *Harvard Business Review*, March–April, 1994, 150—163; Amar Bhide, "Bootstrap Finance: The Art of Start-Ups," *Harvard Business Review*, November–December 1992, 109—118; "Hewlett-Packard's Kittyhawk," Harvard Business School, Case No. 9-697-060; 以及 "Vallourec's Venture into Metal Injection Molding," Harvard Business School, Case No. 9-697-001。

10

Joseph Bower, *Managing the Resource Allocation Process* (Homewood, IL: Richard D. Irwin,1970), 254.

11

Rita G. McGrath and Ian C. MacMillan, "Discovery-Driven Planning," *Harvard Business Review*, July–August, 1995, 4—12.

12

在第 9 章，我将阐述软件制造商直觉公司是如何发现 Quicken 软件的新功能的。当时，直觉公司发现，许多购买 Quicken 个人财务管理软件的顾客是小型企业，它们购买这种软件的目的实际上是给公司记账。直觉公司没有预料到这一应用领域，但它随后调整了产品功能，使软件更加符合小型企业的需求，并推出了 Quickbooks 软件。在推出 Quickbooks 软件后的两年内，直觉公司便抢占了小企业会计软件市场超过 70% 的市场份额。

第 8 章　如何评估机构的能力和缺陷

1

请参阅 C. K. Prahalad, and Gary Hamel, "The Core Competence of the Corporation," *Harvard Business Review,* 1990。

2

许多这类理念都是在我与哈佛商学院的博士生进行极具启发性的精彩讨论中形成的（1993—1999 年举行的哈佛商学院商业政策专题讨论会）。我想感谢这些学生，尤其是邓·苏尔、汤姆·易森曼、野田智吉、迈克尔·雷诺、迈克尔·罗伯托、狄波拉·苏尔、克拉克·吉尔伯特及迈克尔·奥弗多尔夫，感谢他们对这些理念的贡献。

3

我们见过的最具逻辑性、最完整的有关流程的见解来自 David Garvin, "The Porcesses of Organization and Management," *Sloan Management Review*, Summer, 1988。我们使用的"流程"这个术语包含了加尔文所定义的所有流程类型。

4

请参阅Dorothy Leonard-Barton, "Core Capabilities and Core Rigidities: A Paradox in Managing New Product Development," *Strategic Management Journal* (13), 1992, 111—125。本人认为，莱昂纳德教授在这方面的著作为后来的许多相关研究奠定了基础。

5

请参阅 Wickham Skinner, "The Focused Factory," *Harvard Business Review,* 1974。

6

请参阅，比如 Thomas Peters and Robert Waterman, *In Search of Excellence* (New York: Harper & Row Publishers, 1982)。

7

请参阅 Edgar Schein, *Organizational Culture and Leadership* (San Francisco: Jossey-Bass Publishers, 1988)。本文有关机构文化发展的描述主要源于沙因的研究。

8

请参阅 Nicole Tempest，“Cisco Systems, Inc. Post-Acquisition Manufacturing Integration”。这是一份由斯坦福大学商学院和哈佛商学院在1998年联合出版的教学案例。

9

Steven C. Wheelwright and Kim B. Clark, *Revolutionizing Product Delelopment* (New York: The Free Press, 1992).

10

请参阅 Kim B. Clark and Steven C. Wheelwright，“Organizing and Leading Heavyweight Development Teams，” *California Management Review* (34), Spring, 1992, 9—28。这篇文章描述了一个十分重要的概念。我们强烈推荐对这些问题有兴趣的管理者认真研读这篇文章。他们对重量级团队的定义是，为实现特定使命而共处一地的团队成员。每名团队成员的职责不是去代表他们所在的团队的职能部门，而是要承担起总经理的角色——他们要为整个项目的成功负责，要积极参与其他职能部门的团队成员的决策过程，并与他们通力合作。在合作开展项目的过程中，他们会找到新的互动、协作及决策方式，并最终形成新的流程或新的能力，而这些新流程或新能力将推动新企业日后不断取得成功。随着新业务的成长或新产品的成熟，这些工作方法也将逐渐实现制度化。

11

请参阅 Jeff Dyer，“How Chrysler Created and American Keiretsu，” *Harvard Business Review*, July-August,1996,42—56; Clayton M. Christensen，“We've Got Rhythm! Medtronic Corporaction's Cardiac Pacemker Business，” Harvard Business School, Case No. 698—004; 以 及 Steven C. Wheelwright，“Eli Lilly: The Evista Project，” Harvard Business School, Case No. 699—016。

第 9 章　产品性能、市场需求和生命周期

1

根据硬盘行业的传统，平均故障间隔时间为 100 万个小时意味着，如果 100 万台电脑同时打开，并同时运行 1 个小时，其中一台电脑的硬盘将在第 1 个小时内发生故障。

2

最早提出产品生命周期的 3 篇论文，同时也是最具影响力的 3 篇论文：Jay W. Forrester, “Industrial Dynamics,” *Harvard Business Review*, July–August, 1958, 9—14; Arch

Patton, "Stretch Your Products' Earning Years—Top Management's Stake in the Product Life Cycle," *Management Review* (38), June, 1959, 67—79；William E. Cox, "Product Life Cycles as Marketing Models," *Journal of Business* (40), October, 1967, 375。围绕产品生命周期总结与之相关的概念和实证问题的论文包括：Nariman K. Dhalla and Sonia Yuspeh, "Forget the Product Life Cycle Concept!" *Harvard Business Review*, January–February,1976, 102—112; David R. Rink and John E. Swan, "Product Life Cycle Research: A Literature Review," *Journal of Business Research*, 1979, 219；George S. Day, "The Product Life Cycle: Analysis and Applications Issues," *Journal of Marketing* (45), Fall, 1981, 60—67。杰勒德·J. 特利斯和 C. 莫尔·克劳福德在一篇论文中对产品生命周期的概念给出了令人信服的评论，并提出了产品演化理论，预言了本节中的很多观点。论文参见 Gerard J. Tellis and C. Merle Crawford, "An Evolutionary Approach to Product Growth Theory," *Journal of Marketing* (45), Fall, 1981, 125—132。

3

Geoffrey A. Moore, *Crossing the Chasm* (New York: HarperBusiness, 1991).

4

便携式收音机的出现同样适用于这一行为模式。在 20 世纪 50 年代初，索尼公司的董事长盛田昭夫来到纽约，并住进了市内一家便宜的旅馆。他此行的目的是就购买 AT&T 拥有的晶体管技术专利（AT&T 的工程师于 1947 年发明了这项技术）与该公司进行谈判。盛田昭夫发现 AT&T 不太愿意进行谈判，因此不得不多次拜访该公司，请求其将这项专利卖给索尼公司。盛田昭夫的诚意最终打动了对方。在会议结束，专利转让文件也签署完毕之后，AT&T 的官员询问盛田昭夫，索尼公司打算如何使用这项专利。盛田回答说："我们打算生产小型收音机。"这名官员不解地问："为什么会有人想要小型收音机呢？"盛田的回答是："那我们走着瞧。"几个月后，索尼公司在美国市场推出了第一款便携式晶体管收音机。按照主流市场衡量收音机性能的主要指标，这些早期晶体管收音机的质量实在太差，不但保真度很低，而且静电干扰比当时占主导地位的真空管台式收音机大很多。但盛田并没有选择继续在实验室里研发晶体管收音机，直到它的性能足以参与主要市场的竞争（这是大多数领先电子企业在研发晶体管技术时所采取的战略），而是主动去寻找看重晶体管技术业已存在的属性的市场——便携式个人收音机市场。不出意料的是，没有一家领先的台式收音机制造商最后发展为便携式收音机的主要制造商，而且它们之后都被淘汰出收音机市场（这个故事是由索尼公司已退休的生产和技术副董事长谢尔顿·韦林格博士转述给笔者的）。

5

John Case, "Customer Service: The Last Word," *Inc. Magazine*, April, 1991, 1—5.

6

这条信息是由直觉公司的创始人兼董事长斯科特·库克和 Quickbooks 的市场营销经理杰伊·奥康纳提供给作者的。

7

库克表示，在设计简单、便捷的会计软件包的过程中，直觉公司的软件研发人员受到很大的启发。即便计算机通常不会在加减运算中犯错，市场上的每一种会计软件包仍然会继续使用复式簿记会计系统——最早由威尼斯商人发明，目的是查找记账过程中发生的运算错误。直觉公司可以通过省略不需要的产品功能来极大地简化它的产品。

8

在这一案例中，虽然礼来公司的优泌林胰岛素无法实现溢价，但其投资还是获得了回报。优泌林使得礼来公司免遭胰脏供应短缺（由红色肉类消费下降所导致）可能带来的影响，并且使礼来公司在生物工程制药的批量生产方面获得了非常宝贵的经验，由此建立了其资产基础。参见"Eli Lilly & Co.: Innovation in Diabetes Care," Harvard Business School Case No. 9-696-077。

9

一旦这样的少数派观点在课堂上被提出，许多学生很快就会发现，那些普遍被认为是世界上管理最好且最成功的企业，可能过度满足了主流市场的需求。例如，英特尔公司就总是在性能表现图的纵轴上衡量它生产的微处理器的速度。英特尔公司总是假设市场需要速度更快的微处理器，而且公司盈利达几十亿美元的事实证实了这一假设。当然，一些尖端客户要求芯片的指令处理速度达 200MHz、400MHz 和 800MHz。但主流市场的需求如何呢？英特尔新型微处理器的速度和成本是否可能会在不远的将来过度满足市场需求呢？如果技术过度供给可能发生，那么英特尔公司的几千个员工怎样才能预测这一切将在何时发生，并接受情况已经发生改变的事实，以完全改变产品研发模式呢？发现技术过度供给已经不易，对此采取一些应对措施更是难上加难。

第 10 章　假如让你负责电动汽车项目

1

由于机动车制造商的反对，加州政府于 1996 年将实施这项法令的时间推迟到 2002 年。机动车制造商表示，考虑到它们设计的电动汽车的性能和成本，市场对电动汽车的需求几乎为零。

2

关于该主题的一项出色研究：Dorothy Leonard-Barton, *Wellsprings of Knowledge* (Boston: Harvard Business School Press, 1995)。

3

这条信息来自 Dohring 公司在 1994 年 10 月开展的一项调查。1995 年 6 月 28 日，在加利福尼亚州埃尔蒙特市举行的加州空气资源管理委员会有关电动汽车消费市场化的研讨会上，丰田汽车销售公司引用了这一信息。

4

这一信息是由保罗 · J. 米勒博士提供的。米勒博士是位于弗吉尼亚州夏洛茨维尔的 W. 奥尔顿 · 琼斯基金会能源部门的高级研究员。另有补充信息来源如下：Frank Keith, Paul Norton, and Dana Sue Potestio, *Electric Vehicles: Promise and Reality* [California State Legislative Report (19), No. 10, July, 1994]; W. P. Egan, *Electric Cars* (Canberra, Australia: Bureau of Transport Economics, 1974); Daniel Sperling, *Future Drive: Electric Vehicles and Sustainable Transportation* (Washington, D.C.: Island Press, 1995); 以及 William Hamilton, *Electric Automobiles* (New York: McGraw Hill Company, 1980)。

5

根据图 10.1 的图形走势，如果延续过去的性能改善速度，具有破坏性的电动汽车技术需要很长的时间才能具备参与主流市场竞争的能力。当然，这并不是说该技术在未来就一定能够延续过去实现的历史性能改善速度，技术人员很有可能会遇到不可跨越的技术障碍。但我们所能确定的是，推动破坏性技术人员找到能够跨越这些障碍的方法的动力与阻碍成熟汽车制造商转战低端市场的阻力几乎一样大。但如果当前的性能改善速度得以延续，我们预计，到 2015 年，电动汽车的续驶里程将最终与主流市场要求的平均续驶里程交会；到 2020 年，电动汽车的加速时间将与主流市场的需求交会。很明显，正如下文所提到的那样，电动汽车的创新者需要主动出击，寻找重视它当前所能提供的技术属性的市场，而不是坐等电动汽车技术发展到足以满足主流市场的需求。

6

这一声明是福特汽车公司的电动汽车项目主管约翰 · R. 华莱士于 1995 年 6 月 28 日在加利福尼亚州埃尔蒙特市举行的加州空气资源管理委员会有关电动汽车消费市场化的研讨会上发表的。

7

不管创新的本质是延续性还是破坏性，值得注意的是，好的企业都会本能地不断尝试将创新的目标转向当前的客户基础。在本书中，我们看到这种情况已多次发生。例如，在挖掘机行业，比塞洛斯-伊利公司推出采用了液压挖掘技术的 Hydrohoe 挖掘机，并试图利用这一新产品来服务于主流挖掘承建商；在摩托车行业，哈雷公司试图通过自己的经销商网络推广它的低端品牌的摩托车；在本章重点论述的电动汽车领域，克莱斯勒在小型货车中配备了多块电瓶。查尔斯·福格森和查尔斯·莫里斯在他们合著的《计算机战争》（*Computer Wars*）一书中讲述了一个类似的故事——IBM 是如何对它的 RISC 精简指令系统计算机微处理器技术进行商业化推广的。RISC 是由 IBM 发明的，这种技术的发明人用 RISC 芯片来组装计算机，使计算机的运行速度达到"令人吃惊的程度"。IBM 随后付出了大量的时间、金钱和人力，试图将 RISC 芯片运用到主流的微型计算机产品中。但这要求设计者对 RISC 芯片的设计做出许多让步，因此这项方案并未取得成功。IBM 的 RISC 团队的几名核心成员心灰意冷地离开了 IBM，并随后在 MIPS 公司（RISC 芯片制造商）和惠普公司的 RISC 芯片业务的创建过程中发挥了关键作用。MIPS 公司和惠普公司的 RISC 芯片业务能够取得成功就是因为相关人员接受了这种产品本来的属性，并且发现了一个重视这些属性的市场——工程工作站。IBM 之所以失败是因为它力图改变这项技术的属性，以使其适应已经建立的市场的需求。有意思的是，IBM 在推出自己的工程工作站后，终于成功地构建了 RISC 结构芯片业务。参见 Charles Ferguson and Charles Morris, *Computer Wars* (New York: Time Books, 1994)。

8

对于"不存在的市场"，最好是通过行动而非被动观察来进行探索和研究。关于这一理念，参见 Gary Hamel and C. K. Prahalad, "Corporate Imagination and Expeditionary Marketing," *Harvard Business Review*, July–August, 1991, 81—92。

9

应对破坏性创新的商业计划应该是学习计划，而不是执行预期战略的计划。关于这一理念，参见 Rita G. McGrath and Ian MacMillan, "Discovery-Driven Planning," *Harvard Business Review*, July–August, 1995, 44—54。

10

Jeffrey Thoresen Severts, "Managing Innovation: Electric Vehicle Development at Chrysler," Harvard Business School MBA student paper, 1996。该论文的副本，可向哈

佛商学院的克莱顿·克里斯坦森索取。

11

加州空气资源管理委员会颁布法令，要求到 1998 年，所有在加州销售汽油动力汽车的企业必须确保电动汽车的销量占它们在加州汽车总销量的 2%，否则它们将丧失在加州销售汽车的资格。格劳布的讲话正是在这一背景下做出的。如上所述，加州政府已经在 1996 年宣布将这一规定的实施时间延迟到 2002 年。

12

这段讲话是在 1995 年 6 月 28 日，由加州空气资源管理委员会在加利福尼亚州埃尔蒙特市举行的有关电动汽车消费市场化的研讨会上，由克莱斯勒公司的区域销售部销售总经理威廉·格劳布发表的。

13

同上。

14

需要指出的重要一点是，克莱斯勒公司公布的有关小型电动货车的这些统计数据，是由该公司在市场上推广这种破坏性技术的方式决定的。这些数据并不是电动汽车本身具备的属性。电动汽车设计原本的用途是在各种轻型应用领域。例如，通用汽车公司设计的一款电动汽车的续驶里程就达到 100 英里。参见 Jeffery Thoresen Severts，“Managing Innovation: Electric Vehicle Development at Chrysler，” Harvard Business School student papter, 1996。

15

参见，例如，Gabriella Stern and Rebecca Blumenstein, “GM Is Expected to Back Proposal for Midsize Version of Saturn Car,” *The Wall Street Journal*, May 24, 1996, B4。

16

其他许多行业的发展史中也出现过这种体积更小、结构更简单、使用更便捷的破坏性技术，但因为篇幅的关系，本书并没有提及。其中就包括台式复印机、外科缝合器、便携式晶体管收音机和电视机、螺旋扫描录像机、微波炉、气泡喷墨打印机。后来，不论是在它们最初的市场还是在主流市场上，这些破坏性技术都占据了主导地位，而且其中的每一种技术最初都是以简单性和便捷性作为主要的价值主张的。

17

本章随后将谈到这一理念，即需要时间、实验和反复的尝试才能实现一个能够占主导地位的产品设计，而这是破坏性技术发展的一种十分普遍的模式。

18

这段讲话是在 1995 年 6 月 28 日，由加州空气资源管理委员会在加利福尼亚州埃尔蒙特市举行的有关电动汽车消费市场化的研讨会上，由克莱斯勒公司的区域销售部销售总经理威廉·格劳布发表的。

19

格劳布在加州空气资源管理委员会研讨会上的发言。

20

关于产品开发及渐进性和破坏性技术开发所扮演的相关角色，有两篇文章做了出色论述：Ralph E. Gomory, "From the 'Ladder of Science' to the Product Development Cycle," *Harvard Business Review*, November-December,1989, 99—105；Lowell Steele, "Managers' Misconceptions About Technology," *Harvard Business Review*, 1983, 733—740。

21

除了对硬盘行业进行研究后取得的发现（第 1 章和第 2 章对此进行了总结），成熟企业还能够集中必要的资源来引领特别复杂、风险性极高的延续性技术创新。有证据表明，其他行业也有类似的情况发生。参见，比如 Marco lansiti，"Technology Integration: Managing Technological Evolution in a Complex Environment，" *Research Policy* 24，1995, 521—542。

第 11 章　本书观点回顾

1

这里所说的"事物"指的是壁垒，例如专利技术，效率低下、成本高昂的大规模生产厂房，最具实力的经销商率先对主要市场的抢占，对关键原材料或特殊人力资源的独家控制，知名品牌的公信力和声誉，积累的生产经验或超大规模经济的存在，等等。从经济学家角度论述进入壁垒的重要作品包括：Joseph Bain, *Barriers to New Competition* (Cambridge, MA: Harvard University Press, 1956); Richard Caves and Michael Porter, "From Entry Barriers to Mobility Barriers," *Quarterly Journal of Economics* (91), May, 1977, 241—261。

补充阅读

本篇补充阅读总结概要和提出问题的目的，是启发和鼓励读者对《创新者的窘境》一书进行思考与讨论，进而反思本书的发现是如何在今天的许多行业内得到体现的，以及这些发现对未来发展具有什么意义。

本书的主题

在《创新者的窘境》一书中，克莱顿·克里斯坦森教授提出了这样一个问题：为什么管理良好的企业会遭遇失败？他的结论是，这些管理良好的企业之所以经常遭遇失败，是因为推动它们发展为行业龙头企业的管理方法，同时也严重阻碍了它们发展破坏性技术，而这些破坏性技术最终吞噬了它们的市场。

管理良好的企业都善于发展延续性技术，也就是说善于以客户所认可的方式来提高产品的性能。这是因为，它们的管理方法都基于以下几点。

- 听取客户的意见；
- 大力投资客户表示希望得到进一步改善的技术；
- 争取更高的利润率；
- 以更大的市场——而不是更小的市场——为目标。

但破坏性技术与延续性技术存在显著的差别，破坏性技术改变了市场的价值主张。就主流客户所关心的产品属性来说，破坏性技术刚开始出现时，几乎总是提供更低的产品性能。例如，在硬盘行业，破坏性技术所提供的容量总是小于原有的技术所提供的容量。但破坏性技术拥有某些边缘客户（通常也是新客户）所看重的其他属性，例如，这类产品一般价格更低、体积更小、结构更简单，而且经常是更便于使用。因此，破坏性技术打开了新市场。此外，由于积累了相关经验并得到足够的投资，破坏性技术的研发者总是能够提高其产品的性能，并最终占领原来的市场。这是因为，它们不但能够在原有属性的基础上提供完善的性能，还能增加一些新的性能。

《创新者的窘境》一书阐述了破坏性技术取代原有技术的过程，以及管理良好的企业内部所蕴含的强大力量是如何阻碍它们研发破坏性技术的。克里斯坦森教授构建了一个包含四项破坏性技术原则的框架，并以此来解释为什么在研发成熟技术时最为有效的管理方法，反而会阻碍对破坏性技术的研发。最后，他提出，管理者可利用这些原则，使他们所在的企业更加有效地研发代表未来市场发展趋势的新技术。

破坏性技术原则

1. 企业的资源分布取决于客户和投资者

为了生存，企业必须向客户和投资者提供产品、服务，以及他们所要求的利润，因此，绩效最好的企业都建立了扼杀没有得到客户认可的理念的成熟体系。正因为如此，这些企业发现，它们很难投入足够的资源来研发破坏性技术（即它们的客户并不想要的低利润率机遇），直到它们发现破坏性技术最终得到客户的认可时，一切为时已晚。

2. 小市场并不能满足大企业的增长需求

为了维持股价，并为员工创造内部晋升机遇，成功的企业需要不断地发展。这并不一定要提高增长率，但它们必须维持自身的发展速度。随着企业日益发展壮大，它需要实现越来越多的新增收入来维持之前的增长率。因此，这些企业在试图进入更新、更小，但日后注定将发展壮大的市场时，会遇到越来越大的困难。为了保持增长率，这些企业必须专注于大市场。

3. 无法对并不存在的市场进行分析

翔实的市场研究数据和良好的规划，以及之后的按计划执行的流程，构成了良好管理的基本特征。但对于那些在进入市场之前，需要得到已经量化的市场规模和财务收益数据才能做出投资决策的企业来说，它们通常会在面对破坏性技术时变得束手无策，因为它们要求获得数据的市场实际并不存在。

4. 技术供给可能并不等同于市场需求

尽管破坏性技术最初只能应用于小型市场，但它最终将在主流市场占据一席之地。这是因为技术进步的步伐经常超出主流客户所要求的或者能够消化的性能改善幅度。因此，当前主流市场上的产品最终将过度满足主流市场对产品功能性的实际需求。虽然破坏性技术当前的性能表现相对滞后于主流市场的客户预期，但它们可能会在日后变得极具竞争力。一旦出现两种或两种以上的产品能够满足市场对性能的需求，客户将参照其他标准来选择商品。这些标准会逐渐偏向于可靠性、便捷性和价格，而这些都是新兴技术通常占有优势的领域。

管理者在应对破坏性技术时通常会犯的一个大错误就是——试图违背或忽视破坏性技术原则。克里斯坦森教授表示，在面对破坏性技术创新时，采用能够成功应对延续性技术变革的传统管理方法，将导致企业遭遇失败。他说，通往成功的更加有效的途径通常是去理解适用于破坏性技术的自然法则，并利用这些法则来创造新市场，研发新产品。只有了解并遵守破坏性技术的发展规律，管理者才能成功地抓住破坏性技术所带来的机遇。

具体而言，他建议面临破坏性技术的管理者做到如下几点。

- 把研发破坏性技术的职责交给确实存在客户需求的机构，以确保资源能够流向这些机构。
- 设立一个能够欣然接受较小收益的独立的小型机构。
- 为失败做好准备。不要在第一次就用尽所有的资源，因为你不可能在第一次尝试中就抓住正确的市场方向。在对破坏性技术进行商业化开发时，应将最初的种种努力看作学习机会，在获得相关数据后做出调整。
- 不要寄希望于技术突破。尽早开始行动，为破坏性技术的当前属性寻找市场，你将在当前主流市场以外的地方找到它的市场。你还将发现，对主流市场不具吸引力的破坏性技术属性正是新兴市场被建立时所依赖的属性。

需要讨论的问题

（1） 破坏性技术产品的特点是：

- 更简单，价格更低，而且性能更低。
- 利润率通常更低，也不会实现更高的利润。
- 领先企业中能带来最大利润的客户通常不会使用，也不接受。
- 首先在新兴市场或是不重要的市场投入商业化运作。

《创新者的窘境》一书探讨了发生在硬盘、挖掘机、钢铁和汽车行业的破坏性创新。回顾历史，你能找到一些最终取代了原有产品和产业的破坏性技术吗？你能想到目前正在出现的其他一些，甚至可能威胁你所在行业的破坏性技术吗？

（2） 所有的市场都存在这样一个趋势，即企业都希望生产出价格更高、更复杂的产品来进入更高端的市场。为什么企业很难进入产品更加简单、价格更低的市场呢？你能想到有哪些企业因为提升了市场定位而遭遇破产的命运吗？它们要做些什么才能避免这种情况的发生呢？

（3） 企业进入更高端市场的这一趋势可能会给成熟企业带来致命的影响，但它同时也可能是新兴市场最终发展为主流市场的一个重要原因。除了本书所提到的案例，你能想到有哪些企业是因为提升了市场定位而获得了成功的吗？

（4） 在将破坏性技术投入商业化运行的过程中，为什么说很重要的一点是在开始投资时假设你的预期是错误的呢？除了本书提到的摩托车、挖掘机、硬盘等实例，你还能想到其他实例来证明这一点吗（即在对产品进行市场营销的过程中，最终出现的大市场往往与企业最开始展开营销的应用领域完全不同）？

（5）破坏性技术的一个基本特征是，在主流客户最看重的属性方面，破坏性技术最初的表现不如成熟技术。因此，想成功地对破坏性技术进行商业化推广的企业必须寻找不同的客户群体，也就是最看重新技术属性的客户。根据新技术出现时被主流市场忽略的技术属性或特性，你能想到当前正在兴起的一些市场吗？原来的哪些主流产品或企业将受到威胁？

（6）当两种或两种以上的产品达到对这类产品功能性的最低要求时，客户将开始寻找其他决定性因素。根据本书援引的温德米尔联合公司的一项研究，演变的过程通常是从功能性发展到可靠性，再发展到便捷性，最后发展到价格的。当前有哪些市场已经沿着这一发展轨道完成了一步或者多步演变步骤？

（7）大多数人都认为，是企业高管做出了有关企业发展方向和资源投资方式的重要决策，但真正的权力实际掌握在企业内部的那些有权决定向高层提交哪些提案的中层管理者手中。哪些企业因素导致了中层员工忽略或扼杀破坏性技术？管理良好的企业是否应该改变这些方法和政策？

（8）是哪些个人职业发展方面的考虑导致大企业中有抱负

的员工忽略或扼杀破坏性技术？管理良好的企业是否应该改变导致员工滋生这种思维方式的政策？

（9）企业在未来应如何构建组织结构？根据职能来创建组织结构的大型企业是否应像一些管理理论学家当前所提出的那样，将组织结构重新设计为紧密联系的团队？或者，在承认不同的技术和不同的市场拥有不同的需求后，是否应该尽量建立特殊的组织结构和管理方法来应对不同的情况？这种方法是否切实可行？

（10）本书第 4 章引用了一位硬盘企业的首席执行官所说的一句话。在解释为什么他的公司未能将已经研发成功的 1.8 英寸硬盘投入商业化运作时，他说："我们已经领先于市场。"但在当时，他的公司并没有发现，一个新兴 1.8 英寸硬盘市场正在新用户当中出现。克里斯坦森教授认为，"破坏性技术应被看作一个市场营销挑战，而不是一个技术挑战"。你是否认为所有的技术都能找到一个特定的市场？如果你不这么认为，那么作为一名管理者，你将如何做出搁置某些技术、大力发展另外一些技术的决定？

（11）同样，克里斯坦森教授提出，企业不应坐等新技术突破（将提高这项技术的性能）的出现。相反，企业需要主动出击，寻找那些发现了这些技术属性的价值（其他人则认为这些属性是种缺陷）的客户。作为一名管理者，你将怎样决定某项技术或理念何时需要进一步开发，何时将其大量投入市场？

（12）《创新者的窘境》一书的关键主题就是，推动企业成为主流市场领先企业的管理方法，同时也是导致它们错过破坏性技术所带来的发展机遇的管理方法。换言之，管理良好的企业之所以失败正是因为它们管理良好。你是否认为关于“良好的管理”的定义正在发生改变？今后，倾听客户的意见，大力投资得到客户认可的产品的生产，认真进行市场分析是否将变成“不当的管理”？什么样的体系可以综合两者的精华？

图书在版编目（CIP）数据

创新者的窘境 /（美）克莱顿·克里斯坦森著；胡建桥译 . -- 北京：中信出版社，2021.4

（中信经典丛书 . 001）

书名原文：The Innovator's Dilemma

ISBN 978-7-5217-2887-3

Ⅰ. ①创… Ⅱ. ①克… ②胡… Ⅲ. ①企业管理—研究 Ⅳ. ① F272

中国版本图书馆 CIP 数据核字（2021）第 042479 号

创新者的窘境

（中信经典丛书 · 001）

著　　者：［美］克莱顿 · 克里斯坦森

译　　者：胡建桥

责任编辑：杨杉杉

出版发行：中信出版集团股份有限公司

（北京市朝阳区惠新东街甲 4 号富盛大厦 2 座　邮编　100029）

承 印 者：北京中科印刷有限公司

开　　本：880mm × 1230mm　1/32　　印　　张：99.5　　字　　数：2287 千字

版　　次：2021 年 4 月第 1 版　　印　　次：2021 年 4 月第 1 次印刷

京权图字：01–2009–2405

书　　号：ISBN 978–7–5217–2887–3

定　　价：880.00 元（全 8 册）

服务热线：400–600–8099

投稿邮箱：author@citicpub.com

扫码免费收听图书音频解读

重新定义公司

谷歌是如何运营的

HOW GOOGLE WORKS

[美] 埃里克·施密特
乔纳森·罗森伯格
艾伦·伊格尔
著

靳婷婷
译

陈序
何晔
校

中信出版集团 | 北京

献给我最爱的创意精英，温迪和贝丽尔

目录

推荐序
赋能：创意时代的组织原则

阿里巴巴集团前总参谋长
《智能商业》作者
曾鸣

未来的组织需要超越传统的公司运作方式。这个挑战阿里巴巴集团在 2008 年提出“新商业文明”的时候就意识到了。当信息文明全面取代工业文明的时候，公司，这个工业时代最重要的组织创新，也必须被超越。

然而，什么才是互联网时代的创新组织模式？过去的十年，阿里巴巴进行了众多的尝试。从内部建设共享平台，到“赛马”的创新机制，再到用自己开发的基于网络的内部协同软件替换掉传统的 ERP（“企业资源计划”管理软件），我们虽然积累了不少经验，但感觉还没有找到未来明确的方向。回答这个问题比我们想象的要困难得多。

《重新定义公司》记录了谷歌在这方面的尝试和思考，很有启发。书中的核心观点简单明了：未来企业的成功之道，是聚集一群聪明的创意精英，营造合适的氛围和支持环境，充分发挥他们的创造力，快速感知客户的需求，愉快地创造相应的产品和服务。这意味着组织的逻辑必须发生变化。传统的公司管理理念不适用于这群人，甚至适得其反。书中丰富的例子和经验总结，常常让人掩卷思考。

为了帮助大家更好地理解未来组织面临的挑战，结合谷歌、阿里巴巴的经验和我所观察到的其他组织创新，我在这里试图梳理出一个基本的理论框架，供大家对比阅读，深入思考自己的组织创新，因为这是未来竞争力的源泉。

虽然未来的组织会演变成什么样，现在还很难看清楚，但未来组织最重要的功能已经越来越清楚，那就是赋能，而不再是管理或激励。

工业时代最深刻的观察者彼得·德鲁克把过去 200 年的组织创新总结为三次革命。第一次是工业革命（industrial revolution），核心是机器取代了体力，技术（technology）超越了技能（skills）。第二次是生产力革命（productivity revolution），大致从 1880 年到第二次世界大战，核心是以泰勒制为代表的科学管理的普及，工作被知识化，强调的是标准化、可度量等概念。公司这种新组织正是随着科学管理思想的发展而兴起的。第三次是管理革命（management revolution），知识成为超越资本和劳动力的最重要的生产要素。和体力劳动相比，知识工作者是否努力工作很难被直接观察和测量，相应地，管理的重心转向激励，特别是动机的匹配（incentive alignment）。期权激励是这 20 年高科技企业大发展最主要的组织创新。

沿着这个思路，我把我们正在面临的时代大变革称为第四次革命，即“创意革命”（creative revolution）。从互联网到移动互联网，再到物联网，从云计算到大数据，未来商业的一个基本特征已经非常清楚，那就是基于机器学习的人工智能将成为未来商业的基础。虽然对于人工智能的未来有着巨大的争议，特别是机器能否超越人脑，甚至是否会反人类，但一个基本的共识是，在可见的未来，机械性的、可重复的脑力劳动，甚至较为复杂的分析任务，都会被机器智能取代。这是德鲁克所说的知识经济的进一步发展。但人的直觉，对知识的综合升华能力，是机器暂时难以超越的。相对应的，未来社会最有价值的人，是以创造力、洞察力、对客户的感知力为核心特征的。他们就是本书中提到的“创意精英”。

而在创意革命的时代，创意者最主要的驱动力是创造带来的成就感和社会价值，自激励是他们的特征。这个时候他们最需要的不是激励，而是赋能，也就是提供他们能更高效创造的环境和工具。以科层制为特征、以管理为核心职能的公司，面临着前所未有的挑战。

赋能的原则如何体现呢？

第一，激励偏向的是事成之后的利益分享，而赋能强调的，是激起创意人的兴趣与动力，给予挑战。唯有发自内心的志趣，才能激发持续的创造，命令则不适用于他们。因此，组织的职能不再是分派任务和监工，而更多的是让员工的专长、兴趣和客户的问题有更好的匹配，这往往要求更多的员工自主性、更高的流动性和更灵活的组织。我们甚至可以说，是员工使用了组织的公共服务，而不是公司雇用了员工。两者的根本关系发生了颠倒。

第二，赋能比激励更依赖文化，只有文化才能让志同道合的人走到一起。创意精英再也不能用传统的方法去考核、激励，公司的文化氛围本身就是奖励。本质上他们都是自驱动、自组织的，对文化的认同非常较真儿。为了享受适合自己的文化，创意精英愿意付出、拥护、共创。一个和他们的价值观、使命感吻合的文化才能让他们慕名而来，聚在一起，奋发进取，因而组织的核心职能将演变成文化与价值观的营造。

第三，激励聚焦在个人，而赋能特别强调组织本身的设计、人和人的互动。随着互联网的发展，组织内部人和人的联系也更紧密。新兴学科，例如复杂网络和社会物理学的研究，都指出人和人之间的互动机制的设计对组织的有效性可能远大于对个体的激励。谷歌那些声名远扬的免费服务，不仅仅是提供员工福利，提高员工的生产力，很大的一个目的是增加他们的互动。2009年我参观谷歌的时候，他们介绍到餐厅等待用餐的时间基本控制在4分钟，正好让人可以简单寒暄和交流（大于4分钟就很可能拿出手机干自己的事了）。良苦用心，让人深思。创造是很难规划的。只有提供他们各自独立时无法得到的资源和环境（其中最重要的就是他们之间的充分互动），有更多自发碰撞的机会，才能创造最大的价值。谷歌AdWords广告体系的突破就是5个员工在玩桌球的时候，看到拉里·佩奇对广告质量的挑战，一个周末就把AdWords广告体系的算法搭建完成，而这5个人没有一个是广告部门的。这个传奇背后依然是一系列配套的机制设计，例如每周员工大会的透明沟通、员工的自主权、跨部门调动资源的能力等。所以，促进协同的机制设计，是未来组织创新最重要的领域。

德鲁克在他最后一本书《21世纪的管理挑战》中提到，预测未来的最好方法是参与创造。我相信，未来10年将出现比谷歌更让我们兴奋的新型组织。让我们不辜负这个时代，全力以赴，共同创造赋能的组织！

序言
谷歌的“痴心妄想”

谷歌联合创始人，Alphabet 公司首席执行官
拉里·佩奇

年少时，第一次思考自己的未来，我决心要么当个教授，要么就创建自己的公司。我觉得，这两种职业都可以给我足够的自主权，让我自由地从基本物理原则出发思考问题，而不必去迎合那些所谓的“世俗智慧”。

就像埃里克和乔纳森在本书中所说的，在谷歌，我们试着将这种自主思维方式推行到企业的方方面面。这种思维方式推动了我们公司最伟大的成功，也导致过一些惨痛的失败。实际上，谷歌就是基于第一性原理起步的。一天晚上，我做了一个梦（不是梦想，是真实的梦），醒来后我想：我们能不能把整个互联网上的内容都下载下来，然后只保留链接呢？我找了一支笔，把细节信息写下来，想看看这个构想到底有没有实现的可能。当时，我压根儿也没有想过要建立什么搜索引擎。这之后又过了一段时间，我和谢尔盖才意识到通过链接来为网页排序会大大地优化搜索结果。除此之外，谷歌电子邮箱 Gmail 也是在这样的“痴心妄想”中诞生的。安迪·鲁宾开发安卓系统时，大多数人也都觉得手机行业与开源操作系统的融合简直是痴人说梦。

随着时间的推移，我意识到，实际上，想要激发团队的勃勃野心是极其困难的。大多数人并没有接触过这种如登月般异想天开的思维方式，他们习惯用“不可能”来否定自己的想法，而不是从基本物理原则出发去探索可能性。正因如此，谷歌才会投入大量精力去物色善于独立思考的人，并设定远大的目标。因为只要有了合适的人才和足够远大的梦想，你的目标往往就可以实现。就算跌倒了，你也很可能会从失败中得到宝贵的教训。

不少企业安于现状，只求渐变，不求突破。如果只求渐变，时间一长，企业就会逐渐落伍，科技行业尤其如此，因为外界改变通常是革命性的，而不是循序渐进的。所以，你需要强迫自己着眼于未来。也是因此，谷歌才会投资无人驾驶汽车以及“热气球互联网计划”等看似高风险的领域。现在说来或许有些难以想象，但当我们第一次提出谷歌地图的构想时，人们觉得我们制作全球地图以及为所有街道拍摄照片的构想是无法实现的。如果说历史可以照见未来，那么今天看似最冒险的赌注放在几年之后看也就不会显得那么疯狂了。

我个人认为，以上几条原则非常重要，本书中还会谈到更多原则。希望你能够接受这些想法，也向不可能发出挑战！

作者序
Alphabet 是如何运营的

最近有什么变化?

这是埃里克最喜欢说的一句开场白（他可真是晚餐派对上的开心果）。这句话往往能引出一段有趣的回答，因为我们正有幸身处一个科技日新月异并改变着人们生活和事业的世界之中。这个问题永不过时，因为总有事情在发生着变化。

本书在 2014 年秋季首次出版，与那时相比，当今的许多事情都发生了变化。其中一个巨大的不同，就是从全球各地不远万里来见证硅谷为何名副其实的人与日俱增。一切都在飞速发展，对硅谷这一创新引擎为何能够长存感到好奇的各界高管则想来此地取经。这些人来自拥有雄厚背景和强大领导力、傲立群雄且资金充足的企业，带来的问题也掷地有声：该如何与时代同步？该雇用哪些人？如何创新？如何在保留企业文化最大优势的同时对企业文化做出改变?

之所以写本书，是因为我们相信管理这门艺术和科学在 21 世纪出现了变化。有了信息和科技的帮助，个人以及小型团队能够展现出前所未有的影响力。我们在谷歌亲眼见证了这一奇迹，也相信我们学到的有助于打造谷歌的很多经验能够为其他企业领导者所用。因此在过去几年中，当这些领导者来到谷歌，想要一睹我们的工作方法，探索该如何将我们的一些原则为己所用时，我们也乐于聆听他们的提问，并以我们所积累的经验教训作为回答。

结果如何呢？虽然有很多人点头称是，讨论也很热烈，但收效甚微。他们虽然认真聆听，却很少付诸行动。虽然这些来访者从未直说，但他们仍然让我们感觉到，我们的见解非常有趣，也可能正是他们所需要的，可想要实践这些见解几乎是痴人说梦。他们用一种近乎慈爱的眼神看着我们，好像他们是明智的父母，我们则是那热情奔放、活泼明朗却幼稚得无可救药的年轻人。仿佛我们告诉他们的经验是不会起效果的，而等到我们长大的那一天，就能明白个中缘由了。

埃里克“最近有什么变化”这一问题的答案，除了拜访硅谷的商业领导者逐渐增多，还有谷歌本身。我们在本书中所描绘的谷歌，是 2001 年到 2011 年之间作为首席执行官（埃里克）以及产品负责人（乔纳森）的我们所协助领导的谷歌，在此之后，我们双双从管理角色上退下来，开始承担新的责任。书中描绘的那个谷歌，从一家小型初创公司成长为拥有 2.5 万名员工的企业，在多个国家获得成功。毋庸赘言，这成绩的确令人叹服，但毕竟是很早以前的事情了。5 年之后，谷歌成为 Alphabet（字母表）公司的子公司，成长为一家规模更大（拥有超过 6 万名雇员以及 750 多亿美元的收入）且更为复杂的企业，业务涉及搜索引擎、视频广告、手机操作系统、数码科技、手提电脑、开发商及企业解决方案等，此外还有无人驾驶汽车、智能隐形眼镜和通过光纤或氦气球打造的高宽带网络连接等实验性项目。今日的谷歌已是旧貌换了新颜，以至于我们在本书中所描述的原则尚在有效之时，一些非常关键的新原则就已然浮出水面了。

让我们意识到这一变化的途径，可谓“谷歌味儿”十足：这些信息，是一位软件工程师带给我们的。本书首次出版后一周的2014年9月底，刚刚为谷歌同人主持完一场关于这本书的热烈问答的我们，站在谷歌纽约分部的办公室中。在与我们聊天的过程中，一位同事分享了他的一个难题：他的上司不允许他在20%项目上花时间（在谷歌，20%项目指员工自己选择的业余项目）。为谷歌人提供这样的自由，在谷歌是一项由来已久的传统和管理哲学。但是，这位工程师的上司却偏偏不给他这样的自由。这位工程师告诉我们，他对自己的本职工作尽职尽责，但也有自己想要尝试的新事情，可上司就是不批准。说到这里，他表示，我们的书名可能有些偏离事实了：“也许起名叫‘谷歌以前是如何运营的’比较合适。”

我们对这件事进行了调查，发现这个情况只是个例外，20%时间的概念当时（以及当今）在谷歌仍然盛行。但是，在我们与谷歌人谈论这本书的过程中，却多次听到这种“谷歌以前是如何运营的”说法。不难看出，谷歌的增长使其自然而然地放缓了脚步，变得越发重视流程。在我们任期的最后几年，这种现象便显露了出来。在担任首席执行官的时候，埃里克曾写过一篇题为《避免大公司病》的文章供全公司阅读，讲的就是保持当时的发展速度。但是，从谷歌人那里听到的评价却让我们认识到，我们有可能并没能很成功地实现这个目标。或许，来自成熟大公司的那些拥有长者风范的朋友是对的。我们得出的结论是，随着公司规模增大，实践我们在本书中所宣扬的原理会变得举步维艰。

在 2013 年的“致股东的公开信”[a]中，拉里·佩奇表示：“随着时间的推移，很多公司都习惯重复自己一贯的做法，只做出很少的渐进式的改变。假以时日，这样的渐进主义会导致落伍，在科技行业中尤为如此。因为改变应是革命性的，而不是渐进的。”拉里担心，随着谷歌发展速度减缓、越发靠流程推动，以及行为越来越像大型企业，我们被时代淘汰的噩梦将有可能变为现实。

这就是 2015 年 8 月宣布成立 Alphabet 背后的驱动力。谷歌成为这家新的控股公司的子公司，原先在谷歌旗下自主运营的几个业务部门脱离出来，成为 Alphabet 之下的独立公司。我们将这些公司称为“赌注”：现在，Waymo（无人驾驶汽车项目），智能家居公司 Nest，生命科学公司 Verily，Google X（以前称为 Google[x]，包括谷歌热气球 Loon 以及其他“登月”项目），生物科技公司 Calico，谷歌光纤 Fiber，谷歌风投，DeepMind，谷歌投资基金，以及创新城市开发公司 Sidewalk Labs，都从谷歌分离出来，各自有各自的企业文化、流程和领导者。这些公司有权利按自己的意愿进行运营，成功和失败也都自己负责。通过严格的内部资本配置流程，这些公司的首席执行官与所有努力实现业务增长的首席执行官面对着同样的资金压力。

Alphabet 改组背后的原因有几个，但最重要的原因在于，此举能让我们去做更有挑战性的事情。我们不仅能在计划清单上列出更多有挑战性的项目，更能去做比清单上已有的项目更具挑战性的事情（乍一看，这仿佛只是在调换语序，但实际上二者

a. 从 2004 年开始，拉里·佩奇和谢尔盖·布林每年都会发表一封写给谷歌股东的公开信。

是不同的）。关于 Alphabet 的决定不仅野心勃勃，也明显带有拉里·佩奇的做派：大胆、创新、果决。据我们所知，没有哪家规模和我们相似的公司进行过这样的改组。这些公司会设置运营部门并分派负责人，但不会像谷歌一样在春风得意之时将自己“大卸八块”，也不会在现有品牌全球首屈一指之时打造一家拥有新名字的新控股公司。即便真的进行了某种形式的重组，在一切文书都完成得一丝不苟、常见问题列表中填满了所有可能提到的问题、每个问题都回答得天衣无缝之前，这些公司是一点儿也不会走漏风声的。它们不会在决策敲定的短短几周、尚有许多细节等待商榷时就将之公布于众。但是，这却是拉里处理 Alphabet 决策的方法。一旦与管理团队将决策制定出来（并得到董事会通过），他便立刻行动，绝不瞻前顾后。他虽然没有所有的答案，但是明白该采取什么行动。

毫无疑问，我们在本书中宣扬的核心理论仍然正确：要想在 21 世纪的商界获得成功，唯一的途径就是持续不断地打造卓越的产品，而要想做到这一点，唯一的方法就是吸引创意精英，让他们聚集在一个能够大规模获得成功的环境之中。但我们发现，这样的环境在大型企业中变得越来越难创造。不仅如此，大型企业中存在的势力还会主动勾结起来，对抗那些想要做些不同事情的创意精英。也就是说，你不仅仅是在爬山，还要在往上爬的路途中应对人们向你扔来的石块！ Alphabet 就是我们的赌注，以抵御这些势力，让谷歌及其兄弟公司保持灵活敏捷、折腾不止、永不过时。

这篇新序言给了我们一个机会，让我们得以用谷歌和 Alphabet 现在所使用的原则对本书进行更新。有些公司领导者虽然赞同我们书中的原则，却认为自己的公司太大、太慢或传统太深而不便使用，希望这群人能从新的原则中得到帮助。我们仍然坚信书中所表述的一切观点，但谷歌最近的变化也教给了我们一些新的经验，告诉我们如何让那些我们视若珍宝的创意精英保持十足的劲头，并持续打造惊人的项目。在这篇序言中，我们会先阐述“流程”这一往往会缚住大公司手脚的因素，并探讨为何有时忽略流程竟是最好的选择。接下来，我们会讨论我们在谷歌施行的新的管理原则，然后顺势聊到 Alphabet 的组建：以影响力最大的首席执行官为中心来设计组织，在科技创见上下注（这一点至今仍然适用），大创见与小行动并行，为技术和业务去除风险，以及将“登屋顶”项目和“登月”项目并行。在本文结尾，我们会再次向自己提出另一个我们最喜欢的问题：5 年的时间，会带来怎样的可能性？欲知我们给出的答案，读者必须耐心读到本文的最后，但这里可以给一个提示：就像人类的许多问题一样，这个问题最终也会被机器解决。

为流程提供空中掩护

流程是个好东西。这是一门艺术，也是一门科学，是借助信息工具和信息体系将一件必须要完成的事情压缩为一系列清晰记录的步骤。有了流程就有了规模拓展。要想实现企业的可盈利增长，流程是必不可少的。

然而到了一定时期，流程便开始占据主导地位。流程变得根深蒂固，甚至能够跃于常识之上。用谷歌业务运营负责人克里斯滕·吉尔的话来说，流程会让高管们“失去肌肉记忆”。人们不再思考，反而只是依靠流程来做决定。随着流程的日益完善，人们的判断力却渐渐减弱。集中管控和一贯性在一端，分散式的混乱在另一端，而企业就好像一个巨大的钟摆，在这两端左右摇摆。在大型企业中，这个钟摆总会被牵拉回管控的一边。但是，一家初创公司或任何一家努力做大事和实现创新的新企业，都会偏向于混乱的一边。初创公司不依靠流程，而是以创意、热情以及共同的目标作为运营基础，他们不会等到开会时才做决策。无论出发点有多么高尚，对于流程的依靠都会对初创公司及其初创精神造成压制。

我们的老朋友兼同事萨拉尔·卡曼加在担任 YouTube 负责人的时候，曾想要将谷歌团队中的工程师人才招到他的团队中，但屡屡受挫。（现在萨拉尔是拉里·佩奇的顾问。YouTube 的首席执行官由苏珊·沃西基担任。）渐渐地，萨拉尔意识到了其中的原因。原来，YouTube 的规模要小很多，因此上升的机会相对较少。也就是说，升职流程使得在谷歌母舰中工作的人比在 YouTube 工作的人更容易得到升迁。在那些想要升迁的工程师眼中，在 YouTube 工作对他们的职业发展是一种阻碍。这可真是讽刺至极。

贻害创新的除了人事流程，还有预算流程。我们再来看 YouTube 的例子。2014 年，苏珊·沃西基为 2015 年的运营预算进行交涉，但对结果并不满意。预算流程规定，运营经费的分配要与收入相对应：如果你能得到更多的收入，就能有更多的经费来经营你的事业。这种处理预算的方法很典型，在将效率作为首要目标的前提下，这种做法是说得过去的。

但是，在考虑经费的时候，苏珊（以及其他任何一位初创公司的首席执行官）并不仅仅会考虑运营企业所需的操作费用。在分配预算的时候，典型的 MBA（工商管理硕士）学霸可能会对资本成本进行预估，将此作为目标停止投资率，并将所有项目按照各自的 IRR（内部收益率）、NPV（净现值）或 CUF（无用的复杂公式[a]）排序，然后再往外发放资金，直到资金用完。典型的首席执行官明白，预算的制定不应该以当下财年所得的收益为标准，而应以几年之后此项目的潜在最终市场价值为标杆。为了得到自己认为所需的投资，苏珊与谷歌的预算流程做着斗争，但她同时也知道，如果 YouTube 是一家独立的公司，那么她就能投奔风投群体，在短短几天的时间里轻松获得比她想象的预算多出许多的资金。对这家归属于大公司的小公司来说，这套流程已然成为一种障碍。

一家公司在变为大型公司之后，便会将几乎所有注意力和资源都集中在导致公司具备这种规模的业务上。这种做法虽然有其道理，却给没有与企业核心紧密联系的新业务设下了巨大的阻碍。非核心的业务需要让首席执行官和其他领导者相信其价值，而这些高管通常却偏偏会以核心业务为标准来衡量其他业务的价值。说到底这还是要看数字：大型公司中的一项新业务不可能让账面利润有什么大的起色，因此人们往往会说："何必费力呢？"相比将资金投入在一个非常冒险而又不大可能在几年内带来巨大收益的项目上，在核心业务上投资几乎总会显得更加明智（当然也更加保险）。

对付这些问题的解药，就是打破你自己的流程。这往往需要

a. CUF 是 complex useless formula 的首字母缩写，是作者的讽刺幽默。——译者注

公司的一位高层领导者提供“空中掩护”。也就是说，要有一个有足够力量和权威的人出来宣布不遵守规则是没有问题的。约翰·汉克的Niantic实验室就是我们在早期为打破流程所做的一个尝试。2004年，谷歌收购了锁眼（Keyhole）公司，约翰在那时加入了我们的团队。锁眼公司提供的技术，推动了谷歌地球的推出。约翰是锁眼公司的首席执行官和联合创始人，在接下来的几年中，他成为谷歌地理（别名“geo”）的负责人。但到2011年，他开始不安分起来，想出了一个自认为绝妙的点子：一个可将手机、谷歌地图产品，以及一种叫作“增强现实”的新兴体验融为一体的新的游戏平台，以供人们在现实世界中进行数字游戏。他决心离开谷歌，好开创这番新的事业，但当他将自己的决定告知拉里·佩奇的时候，拉里的回应却让他出乎意料。当时，我们正在尝试几种不同的方式，好让像约翰这样既有领导才能又有心开创新项目的人得以在谷歌旗下追求自己的愿景。拉里也认同约翰应该开创自己的新业务，但他表示，这个项目应该在谷歌内部进行。

当时，谷歌有几个独立运营的部门。约翰为自己的项目起名为Niantic实验室，其薪酬体系以及决策制定都是独立的。这个实验室的设立虽然艰难，但细节问题一经解决，约翰和他的团队便有空间设立自己的雇佣体制，打造自己的办公室，在不受诸多谷歌产品团队牵制的环境下工作（约翰将这称为“打破墙壁”），并且通过一个精简许多的流程推出产品。在一家大公司之中，这要算所能达到的与初创公司最相近的环境了。

Niantic最先推出的是一款叫作Field Trip的手机应用程序，又在2012年推出了一款叫作Ingress的多人游戏，内容有些像一款拥有科幻故事主线的夺旗游戏。Ingress 的成绩不尽如人意，但为“精灵宝可梦 Go”铺好了路。由 Niantic（与口袋妖怪公司和任天堂联手）打造的精灵宝可梦游戏，于 2016 年的夏季风靡了美国及全球其他国家。2015 年 9 月，Niantic 实验室从谷歌脱离出来，现正作为一家独立游戏和平台公司扎根于旧金山。

这次尝试，让约翰得到了实现创意和见证创意成功的机会，而谷歌则从中看到，为强有力的领导者提供在公司内部成立初创公司的资源不仅可行，还有可能得到喜人的成效。

组织要以影响力最大的首席执行官为中心

我们在本书中宣扬的理念是，设计组织结构是一件有挑战性的事，领导者们应永远以影响力最大的人为组织中心。毋庸置疑，这个理念现在仍是正确的，但是，我们想要加入一条从中衍生出来的推论。随着企业规模和复杂程度的增加，只以创新人才为组织中心的做法是行不通的；你必须以那些能够打造和引领整个新事业单位或业务的人为组织中心才行。这种人，是创意精英中的一个特殊人群：首席执行官。

具有开创新事业的胆识和才能的领导者是个特殊的群体，他们往往不愿受制于大企业的结构，这个认识，在一定程度上推动了 Alphabet 的建立。这些人不想被迫服从于各个团队中存在的烦冗流程和制度，需要有空间按自己的方式进行创造。大公司是很难招聘到这样的人才的，即使招到，也很难与这种人才找到契合点。除此之外，雄心勃勃的大创意往往也不能全部容身于一家公司或一个品牌之下。

要是能说这个结论是通过智能策略分析和圣贤的智慧得来的，那该多好啊！但是实际上，这个结论是我们通过传统的试错方法得来的。我们招聘了几位首席执行官类型的人才，让他们负责几个独立运营的团队，比如负责生物科学公司 Calico 的阿特·莱文森，以及负责 Google X 生命科学团队（后成为生命科学公司 Verily）的安迪·康拉德。阿特和安迪是那种总是想要解决大问题的人，而在拉里看来，这种人才正是在 Alphabet 负责运营的理想人选。但是有的时候，大创见却会受到小问题的羁绊。有一天，由于实验室的盐过了保质期，负责谷歌工作场所安全的人员好心好意地用推车将这些完全没有问题的盐从实验室运走。对此，我们的一名“赌注型”首席执行官感到很吃惊（清理过期的盐对于咖啡厅来说可能很重要，但对于实验室来说并不必要）。之后，他又不得不为一项仅仅与其公司沾一点边儿的谷歌问题填写一份公关调查问卷。将他从这样的负担中解脱出来，可以让他把注意力放在自己真正想做的工作上。

我们逐渐发现，与阿特、安迪、人工智能公司 DeepMind（隶属谷歌）的戴米斯·哈撒比斯以及 Google X 的阿斯特罗·特勒一起共事，最好的方式就是将我们用于 Niantic 实验室的方法加以拓展。之所以创建 Alphabet，就是想要吸引愿意用科技解决大问题的最棒的首席执行官和最有野心及远见的人才，并为他们提供一个能够在大规模平台上施展拳脚的环境。

持续为科技洞见下注

对 Niantic 实验室的管理经验之所以奏效，除了约翰·汉克的有效领导，还有一个原因：他们做对了产品。他们相信，数字科技能在现实世界中创造令人称奇的游戏体验，今天看来，在这个洞见上下注是很靠谱的。如果你不能把产品做对，那么所有这些提供空中掩护以及以首席执行官为中心进行组织的做法都不会奏效。实际上，Alphabet 创立的理念，就是要让我们的首席执行官能将所有的时间花在产品的创造上。直到今天，最好的产品仍然是那些以科技洞见为基础的产品，也就是那些通过新的方法运用一两项科技来解决重大问题的独特洞见。在评估该在哪里设立自主部门的时候，我们最重视的因素并不是商业策略或金融模式（虽然这二者也是必不可缺的因素），而是一套强有力的科技洞见。

在本书后文中，我们会举出几个例子。而我们最近刚刚碰到的一个新的实例，更是将这些洞见的力量彰显得淋漓尽致。谷歌的研究团队中有一位名叫吉姆·麦克法登的工程师，几年之前，他开始研究如何（以匿名方式）观察用户行为，并对这些观察结果进行大规模的线性回归分析。这种做法有可能帮助谷歌提供更精准的个性化用户体验。（让我们将这个项目称为“一号洞见”吧。）他意识到，这个功能或许会吸引谷歌其他团队的兴趣，于是便为此创造了一个应用程序编程接口（这是一种允许其他程序访问其系统的通用途径）。一些 YouTube 的工程师听说了这项功能，于是抓住机遇，借此更精准地为用户推荐视频播放完之后接着该看的内容。他们将这一革新用到了实处，也得到了令人惊喜的效果：视频播放量（也就是每段视频被观看的次数）增加了。

与此同时，一位名叫克里斯托斯·古德鲁的工程总监正好刚从谷歌的商务团队调到 YouTube。当时，YouTube 所用的最重要的衡量标准便是视频播放量，而这个数字也恰好在吉姆·麦克法登的系统的刺激下得到了可喜的增长。克里斯托斯来自商务团队，在那里，用户花钱多少才是衡量业绩的标准。克里斯托斯认为，在 YouTube 的世界里，与金钱对等的东西不是播放量，而是观看时间。重点不在于让人们点击视频，而是让人们观看视频。（这就是“二号洞见”。）在克里斯托斯的说服下，包括萨拉尔在内的 YouTube 领导团队接受了他的理念，并将吉姆·麦克法登创建的系统搬来（这个时候，吉姆已经来到 YouTube 任职了），用于优化用户的观看时长。如果你觉得 YouTube 在推荐接下来应看的视频方面比以前有了很大进步，那么你的感觉没错。而且，你并不是唯一有此认识的人：用户在 YouTube 上观看视频的总时长的确出现了显著的增长。这，就是科技洞见的力量。

这些故事现在讲起来仿佛顺水推舟，毕竟事后诸葛亮好当。但是，真正以科技洞见为基础进行研发、打磨以及发展，难度可要大很多。幸运的是，我们有足够的头脑认识到自己并不是聪明绝顶，也认识到许多伟大的科技洞见正在被供职于谷歌之外的人研发。这个认识，导致我们对大量的企业进行收购。我们在此过程中发现，谷歌的兼并和收购流程以及被称为“项目审议”的会议本身就是一种重要的工具，帮助我们拿谷歌产品策略方面的洞见与产业中最棒的新兴企业做对比。

在绝大多数企业中，并购是一个受资金驱动、牵扯多个层面的流程。在高科技产业中，并购对象一般先是受到产品团队或企业发展团队的引荐，之后，企业发展团队便会将并购案的资金因素作为首要考虑，做好尽职调查。人们先是走完财务、法律等评估步骤，最后再将案子呈现给高管团队定夺。这样的多层流程的设计初衷，便是将绝大多数不好的并购案给淘汰掉，因此，等到最初的创意摆在首席执行官面前等待最后批准时，已经经受了彻彻底底的打磨。许多提案永远也走不到这一步，也就是说，企业的领导者永远也没有机会去探讨这些目标公司所经营的业务到底是否有趣。

我们的流程可要简单得多。产品团队仍然会与我们的企业发展团队合作提出并购提案，必要的资金和法律评估我们也会照样进行。其间的确会过滤掉一些项目，但是只要产品主管愿意为并购案保驾护航，即便公司各部门的其他人存在质疑，这个案子也能进入我们每周并购案审议会议的待议清单。在这个由拉里·佩奇、桑达尔·皮查伊以及绝大多数高管参与的会议上，并购团队会介绍打算收购的公司，并谈及其财务指标。接下来，我们会用相同的时间来审视驱动并购的产品因素。这场讨论由产品团队来主持，内容往往着重于谷歌自己的战略，以及潜在的并购如何契合我们的战略、是否有可能改善我们的战略。我们是否拥有正确的洞见，市场或科技是否发生了什么剧变？我们为自己制订的重大计划是否对路？对于计划的执行是否成功？有没有更好的方法来达到我们的目标？我们的数据揭示了什么？归根结底，并购案的评估并不依据资金或法律标准，而主要看站在产品和企业的视角所得出的价值。

我们认为，这样的探讨是非常有效的。正因如此，我们才愿意花费宝贵的管理时间探讨大批并购案。有的案子规模很小，有的明显行不通，但即便如此，我们仍会将这些案子放在议事日程上，因为由此引出的讨论是很有价值的。我们并不把这当作浪费时间，恰恰相反，我们已经认识到，这是对时间有效的投资。

谷歌的许多成功故事都始于并购（YouTube、广告服务商DoubleClick、锁眼公司，以及安卓，这些只是冰山一角），因此，现在谷歌和Alphabet中的资深领导团队已经习惯了来自公司之外的创新和创见。大公司中“不出自我家”的态度非常危险，对于自家公司的努力与别家企业成功对比下的不足（或者彻彻底底的失败），领导者必须要能够接受才行。正是这样的态度，才让我们选择了收购YouTube，并将自己的谷歌视频关掉。也是这种态度，让我们看到Waze[a]能够对我们获得巨大成功的谷歌地图起到显著的补充作用。这样的生意需要谦卑的态度，而这样的态度，也正是我们的并购流程意在打造的。

让核心人物关注核心业务

我们在前面提到过，一家公司中的新业务容易受到挤压，因为所有人的“默认模式”都是对核心业务进行投资和关注。这种情况在谷歌也发生过，然而，在一开始为无人驾驶汽车以及谷歌光纤这些业务创造自主部门的时候，我们却意识到了一个与此相反但可能同样有害的趋势：新的业务有可能会让注意力远离核心业务。

这个顿悟，是我们于2014年春天参加一次在公司外举行的

a. Waze是一个免费应用，可利用移动设备的GPS信息来获取有关路面交通流量的信息。——编者注

会议时得到的。这个会议叫作“高管圈”。谷歌会定期举行领导者出席讨论企业最迫切的问题以及对策的系列会议，而这个会议就是其中的一个组成部分。那一年的活动在加州的圣芭芭拉举行。来到会场后，出席者会拿到一份议事日程，其中包含几项正在筹备之中的“登月”项目：谷歌热气球、谷歌光纤、无人驾驶汽车、Calico 以及多种多样的生命科学项目。实际上，这一天的大部分时间都会用在“登月”项目上。埃里克从比尔·盖茨那里学到的格言是，将 80% 的时间花在为你带来 80% 收益的项目上。然而，我们为那天所做的会议日程计划并没有遵循这个数字：会议的绝大部分时间都将花在尚未产生大笔收入的项目上。

一部分人注意到了这个误差，而我们也随机应变地给出了一些解释。但是，这次的疏忽也表现出了 Alphabet 重组背后的另一个动机：帮助谷歌全心关注其核心业务，而不被“登月”项目魅惑。就像拉里在宣布成立 Alphabet 的信中所说的那样，新的体系不只能让我们追求与谷歌“八竿子打不着”的新奇想法，也能让我们“将大量的精力专注在谷歌内部的绝佳机遇之上”。将这些“赌注”项目从谷歌的大伞之下移出，帮助了谷歌人更好地集中精力加速核心业务的发展和创新。

大创见，小行动

对于谷歌这样规模的公司而言，创新可能会极具挑战性。将无人驾驶汽车和谷歌光纤这样的赌注项目从谷歌旗下移走，从一定意义上来说是在解决较为简单的问题，也就是如何让这些与核心业务没有什么关系的初创公司进行自主运营。然而，Alphabet

一旦创立，赌注一旦移走，我们就不得不考虑比较难解的问题了：如何才能继续在谷歌内部的核心业务中鼓励和接受创新呢？谷歌的整体文化、价值观以及运营方法的创立都离不了创新因素，即便在公司增长中，创新事业也仍然欣欣向荣，不断推动着谷歌引擎、谷歌广告、安卓以及 YouTube 的发展。虽然如此，对于那些有可能诞生于核心业务中的新的大型赌注项目，我们该怎样对待呢？我们知道，谷歌核心业务中存在着大批巨大的新机遇。要想找到这些机遇并让其发展，我们还能做些什么呢？

将自主运营的小型团队安排在一个办公室并由充满热情的创始人来领导，这样的初创公司模式是取得显著的新成绩（或快速失败）的最有效方式。这一点，我们很久以来就一直认同。因此我们便开始考虑，能不能想出一种将大创见（通过利用人才、资源以及技术等大公司的条件来解决大的问题）和小行动（发展以自下而上的理念建立的“初创公司”，并给予这些公司以敏捷行动的自治权）并行的方法？以这个“大创见小行动”的概念为启发，一个被称为“Area120”的新计划得以启动。“20% 项目”由来已久，指的是允许和鼓励谷歌人花时间打造自己选择的项目。“Area 120”项目则允许一批经过筛选的谷歌人将 100% 的时间花在自己的 20% 项目上（100+20=120）。这些团队将获得追求自己创意的资金、空间以及自主权，用与布拉德利·霍洛维茨一起负责这一孵化器的唐·哈里斯的话说，创始人们得以“铆足了劲儿去猛追梦想”。通过设立野心勃勃的目标和时间线，我们想要重建一个达尔文式的初创公司生态系统。举例来说，在2016年9月开始的“Area 120”14 支首批入选团队中（从 300 多个申请人中选出），我们预期有一半的团队在不到 6 个月的时间里便会失败。

“Area 120”成为我们的创新箭袋中的一支新箭，让谷歌人通过一条新的途径尝试新东西。

去除风险与量油尺

一天，Waymo 的首席执行官约翰·克拉夫茨克离开办公楼，去查看几个新的办公空间。从团队的发展轨道来看，他知道，X 大楼的空间很快就要容不下他们，必须找新的落脚点了。在往外走的时候，他碰到了拉里·佩奇。约翰向拉里解释了自己要做的事情。他之后告诉我们，拉里的回应是，办公空间的问题可以交给 Alphabet 的设备团队来协助处理。拉里向约翰提议，他们俩应花一些时间来回顾一下 Waymo 团队在新一代汽车的技术方面所取得的进步。

Alphabet 架构的一个绝妙特征就在于，一旦将这些充满活力的首席执行官安排妥当，他们就能将注意力放在新业务的一个最为重要的方面——用约翰·克拉夫茨克的话来说，就是“为产品和业务去除风险”。这些首席执行官不必花时间解决办公空间这样的问题（这对于高管来说或许非常费时，并牵扯到许多人事规范），交给 Alphabet 就行了。这样一来，这些人便能集中精力，确保产品管用、与他们的愿景相契合并能够获利。为产品和公司去除风险是首要目标，其他一切都是次要的。只有在确保这两个首要目标之后，我们才开始着眼扩大公司的规模。

去除风险是个反复迭代的过程。阿斯特罗·特勒常说，Google X 的项目之所以成功，唯一的原因只是这些项目“没能失败”而已。这个过程中的每一步都是为了让项目失败，为了证明项目是有瑕疵的。我们会着眼于科技、业务以及资金方面的小目标，并根据这些目标调整投资的速度。如果团队没能失败，我们就会让这个项目进入下一阶段。（Google X有时会给失败得很漂亮的团队以奖励，原因是这些团队中止了必然失败的项目，因此给公司省了钱。）每次迭代都将经费尽量压到最少，由于我们会用小型团队通过现有零件搭建出粗笨的模型，因此，"小而精"是这个过程中的热词。举例来说，2016年年中，无人驾驶汽车团队在为下一款模型做计划的时候发现，接下一大笔订单可以降低模型中一个关键组件的单个成本。但这个计划中所需的模型数量比较少，要比这个大批量订单的数量小很多，这支团队给出的理由是，他们会在项目进行到后期时将多余的组件用掉。

这个建议没能得到采纳。（拉里告诉约翰的原话是："跟着我回归到建模这个领域上吧。"）我们的理念一直是用最便宜的成本建立模型，如果模型不会失败，我们才会考虑扩大规模的问题。这不仅是谷歌街景等创新项目起步的方式，也是"赌注"项目所遵循的方法。

在约翰查看办公空间的出行计划突然被取消之后不久，有一次，他向拉里·佩奇和谢尔盖·布林阐述无人驾驶汽车最新版产品所用系统的具体信息。其间，某个人会不时对一个细节提出问题，然后三个人便会立即就某些部件的设计展开深入探讨。约翰将这种做法称为"量油尺测量"。（是不是个彻头彻尾的汽车狂人？）他给我们讲的这个故事让我们想起，与拉里和谢尔盖在谷歌共事的时候，他俩经常会带着工程师一起对设计展开深入的探讨。这些讨论的用意，在于确保产品负责人和工程师将注意力集中在产品上、理解自己的科技洞见、能够为自己的决策进行辩护。

这些探讨也有助于将更为广泛的新视角带到这些决策中来。那一天，约翰坐在拉里和谢尔盖中间，对汽车模型的不同体系进行仔细剖析。拉里对一个他认为不明智的决策进行深挖，他让约翰沿着这条“路”（这个双关语不是拉里的，而是我们想出来的）想象一下10年之后科技发达许多时的情景。到了那时，这个看上去微不足道的决策所产生的结果或许仍然有效，却会对项目的进步产生阻碍。约翰进行了重新考虑，对团队进行了咨询，然后改变了方向。拉里和谢尔盖的量油尺作风推动了模型设计的改良，也提醒团队不要忽略了更为远大的目标。

“登月”项目和“登屋顶”项目并抓

最令人熟知的谷歌创新原则，或许便是我们大胆思考、将事情改良10倍（“10X”）而不只是改良10%的“魔咒”。这个魔咒让我们敢于尝试“登月”项目，比如无人驾驶汽车、能够检测糖尿病人血糖水平的智能隐形眼镜、为全世界所有人提供廉价互联网服务的氦气球，以及用传统风车1/10的成本产生风力的机载风筝。将想法放大10倍以及追求“登月”项目都很刺激，但随着这些项目在内部和外部得到的关注越来越多，这种“大胆思考”的方法，让相比之下不那么吸引人但同等重要的渐进式进步有了黯然失色的危险。真希望我们能说我们是运用经过历练的观察和判断技巧洞察到这一潜在问题的，但这并不是事实。之所以发现这个问题，是因为路易斯·巴罗索这位谷歌的创意精英。在2014年年末，他在一篇字字珠玑的Google+内部帖子中谈到了这个问题，而这篇帖子又被转发给了我们。他把这称为自己的“登屋顶宣言”，（“我们选择到屋顶上去，并不是因为这样做有多么光鲜，而是因为屋顶就在眼前！”）这一理念很快在谷歌人中流传开来。

在这篇宣言中，路易斯明智地指出，对于“登月”项目中将想法放大10倍的教条“过分美化”，掩盖了“有条不紊、不屈不挠、坚持不懈地追求1.3~2倍机遇”带来的实实在在的成绩，对后者，他起名叫“登屋顶”项目。“登屋顶”项目的例子，包括每年实现大约500次升级的谷歌搜索引擎，以及一批堆叠在外部服务器上的强大而高效的数据中心。看看今天的谷歌搜索引擎的强大力量，再看看为引擎提供动力的数据中心惊人的效率，这些进步与我们起步时相比发展了远不止10倍，因此看上去就像是“登月”项目。但是，这些进步并不是通过几次大的飞跃实现的，而是由许多跬步积累出来的。路易斯总结道：“一连串的‘登屋顶’项目可以形成一种强大的创新模式，既能够创造出快速的收益，也能够持续打造革命性的收效。”前面我们提到过YouTube是如何将衡量标准从播放次数转移到播放时长的。一旦做出这个改变，他们便为自己定下了每天10亿小时播放时长的“登月”目标，这是一个非常有野心的数字（10亿小时是全球电视每日播放的总时长）。YouTube当时所记录的每日播放时长刚刚超过1亿小时，因此，这是一个10倍目标。为了实现这个目标，团队几乎将全部精力放在了1~2倍项目上，实现了很好的收效。数字是不会骗人的：如果你能在每季度达到1.3倍的增长，那就能在不到3年的时间里达到10倍目标。

“登屋顶”项目的另一个优点在于，这些项目能让制作产品的人更快得到满足感：他们可以将可用以及有意义的产品推到市场中去。“登月”项目或许会失败，许多辛苦劳动的成果可能会被束之高阁，永远不见天日，但这种情况在“登屋顶”项目中却很少出现。

最后，“登月”项目虽然有趣且有吸引力，但绝大多数人都没有机会接触这些项目。作为我们“登月计划工厂”的 Google X 虽然得到了媒体的大量关注，但其规模与整个公司相比却很小。能够打造“登月”项目的人非常有限，但人人都能够参与到“登屋顶”项目中，在 10 倍目标的驱动下进行 2 倍项目的工作。作为总结，路易斯给出的建议可谓画龙点睛：“走出去，大胆做梦，然后在第二天早晨回到办公室，孜孜不倦、一步一个脚印地实现目标。”

新的5 年问题

当今，科技于诸多领域中产生了令人兴奋的变化，也使我们很容易就天马行空地做梦。在本书的结尾，我们建议商业领导者不断地对自己提问：5 年之后的情形可能是怎样的？我们经常对自己和身边的人提出这个问题，主要的原因是这个问题的答案会经常发生变化。这强迫我们意识到当下发生的改变，然后想象如果这股改变潮流在未来持续下去或加速发展，将会带来怎样的结果。

那么，当今又出现了什么变化？最近一个让我们瞠目结舌的现象，便是机器学习领域的快速发展。众所周知，计算机是一种非常擅长计算的机器，但是，在解决人类每天都会遇到的复杂感情问题（比如“我们该去哪里吃晚饭”），以及相对简单的问题

（比如“那是什么品种的狗”）时，计算机却要逊色很多。这也就是机器学习派上用场的地方。所谓机器学习，就是指机器具有学习的能力，而且能在学习的过程中变得越来越聪明。人类不必在计算机中编入初始答案（或者编入可以计算出答案的公式），计算机能够根据自己在计算过程中积累的数据得出答案。

机器学习的概念从 1955 年左右就一直存在，当时，在达特茅斯大学教书的计算机科学家约翰·麦卡锡[a]提出了一个暑假研究项目，想要一探计算机有没有可能发展出他所称的“人工智能”。事实证明，这个问题要比刚开始设想的更复杂一些，但到了 20 世纪 80 年代计算机科学家开始研发“深层神经网络”时，这个研究的进程得到了巨大的推动。这些网络是一层层的计算机算法，可以运用在一起来辨识数据中的规律，并从中学习经验。那时计算机的功能远不够强大，只能用最为基础的方法来实践理论，而现在的计算机已经具备了足够的功能。作为深层神经网络先驱之一的杰夫·辛顿于 2013 年来到谷歌，并立即加入了杰夫·迪安（本书企业文化一章中敢于提出“这些广告糟透了”的主人公之一）以及其他几位创意精英的团队，致力于机器学习平台的研发。他们将这支团队取名为“谷歌大脑”，而他们创造出的平台则衍生出了数项令人称奇的成果。

假设谷歌相册是你首选的照片应用程序（大家都该像这样厚着脸皮进行自我推广），你可以通过设定来自动为你所拍的照片

a. 麦卡锡也曾经在麻省理工学院任教，并于 1962 年来到斯坦福大学担任计算机科学教授，一直工作到 1994 年退休。除了创造出“人工智能”这个术语，他还协助研发了 Lisp 编程语言以及计算机分时操作系统的一个早期版本。麦卡锡于 2011 年逝世。

进行备份，还能轻松上传家庭电脑中所有的图像。所有这些照片和视频都被安全保密地储存在谷歌云端，供你搜索、整理、编辑以及共享。在搜索方面，出现了一些非常有趣的变化。以前，搜索照片的方法很有限：你可以通过日期来进行搜索，就像你（或者你的父母）在鞋盒里搜索底片和照片一样。但是现在，你可以在谷歌相册中通过地点（“伦敦”“旧金山”）、对象（“狗”“汽车”）、人物（“妈妈”“宝宝”），或者人们在照片中做的事情（“拥抱”“舞蹈”）进行搜索。谷歌相册会自动将照片按照人物、地点以及事物归类。这种进步并非通过训练得来，而是谷歌相册通过一个几十层深的神经网络将所有信息学习起来的结果。这样一来，你就能从所有照片之中找到那张你和家人在日落时的毛伊岛海滩扔球的照片了。

如今，上百项谷歌服务都在通过机器学习变得更加智能。机器学习帮助我们在许多领域取得了长足的进步，比如语音识别（与我们第一次开展这个功能时相比，取得了令人惊叹的 25% 的进步）、语言翻译、图像搜索、运行数据中心（在散热上所用的能源减少了差不多 40%）、使用谷歌地图在交通堵塞时找路、侦测谷歌邮箱的垃圾邮件，以及其他几项功能。

这些进步让我们大受鼓舞，我们决定，将这项技术对外共享。因此在 2015 年 11 月，我们发布了机器学习平台的开源版本，现名为 TensorFlow。机器学习仍然处于初期阶段，像理解自然语言或叫出恐龙名称这种 4 岁的孩子能够轻松解决的问题，仍然能把计算机难住。我们希望，通过将这神奇的平台向大众开放，我们能够推动机器学习技术相关研究的进步，并将其益处拓展到各种类型的用途中去。

这些用途会是什么呢？随着机器学习的不断发展，接下来的5年里会发生些什么呢？发明出好用的方法来搜索照片，这诚然非常可圈可点，却不足以让人为之惊叹。但是，如果你放眼四周，就会很容易发现，使用笨体系解决复杂问题的例子比比皆是。在超大型城市中，交通堵塞让人谈虎色变，浪费了无数的时间和能源。我们能否通过更智能的交通流计量系统和更合理的城市规划减少这些浪费呢？语言的障碍为贸易、外交以及商务设下了障碍，我们能否先于《星际迷航》的实时宇宙语言翻译器200年、利用准确率达99%的实时翻译系统消除这些障碍呢？低效率的能源系统以及无法准确按需供电的电网浪费了大量能源，我们能否通过一个更为智能的电网以及能够相互对话的能源体系，将其中大部分节省下来呢？每年都有数以10万计的人因车祸死亡，我们能否通过自动与其他车辆进行沟通的无人驾驶汽车来减少这一悲剧呢？医生们每天都要对医疗状况进行诊断，而计算机成像系统以及大量数据的帮助，是否能让这些诊断变得更快、更准确呢？孩子的耳朵受了感染，还需要通过医生来告知我们吗？抑或，这种事是否靠智能手机就能搞定呢？

想象任何一个大量数据和亟待解决的复杂问题并存的情形。有了机器学习平台，计算机便能通过培训来解决这一问题。在本书的结尾，我们预测了下一位创意精英在车库、实验室或会议室为一项新的事业埋头苦干、努力将谷歌赶下潮流的情景。今天的我们意识到，这位创意精英的目的或许不在于此。没错，她的确在为有潜力成就伟业的事业辛苦耕耘，但其目标不是将谷歌赶下潮流，而是努力打造下一个谷歌，一家利用机器学习以及其他日渐发展的技术来解决巨大、复杂且棘手的人类难题的公司。这些难题涉及公共交通、医疗健康、基因组学、气候科学、网络安全甚至安排会议日程这样让人措手不及的“重任”，机遇可谓比比皆是。现在的你尚没有听过她的名字，但再过 10 年左右，她的公司大名将会家喻户晓，她的产品则无处不在、强大无比，让人们不禁感叹在这款产品出现之前我们是怎么活过来的。这听起来是不是有点耳熟？

前言
谷歌是如何运营的

2003 年 7 月，埃里克 · 施密特已就任谷歌首席执行官两年。一天，他接到了迈克 · 莫里茨的一封电子邮件。迈克是谷歌董事兼投资人，也是红杉资本的合伙人。他在邮件中建议：

> 希望你能考虑在 8 月中旬的会议上留出三个小时的时间，让管理层向董事会提出谷歌与芬兰的竞争计划。（这个议题非常重要，我觉得我们不能拖到 9 月的会议了。大家都非常清楚，如果选择与芬兰竞争，一年的时间简直就像白驹过隙。）

对于不知情的读者而言，这封电邮或许会让人一头雾水。谷歌这家由几百名员工组成、位于加州山景城、起步刚刚 5 年的互联网公司，为何要与芬兰一争高下呢？芬兰拥有 500 万人口，距离美国 8 000 多千米，是个拥有和平友善声誉的国度。

收到这封有关芬兰的邮件时，埃里克刚刚对谷歌产生了归属感。在此之前，他曾经担任诺勒公司（Novell）的首席执行官，也在太阳计算机系统公司和贝尔实验室任过职。埃里克从小在弗吉尼亚州北部长大，在普林斯顿大学获得电气工程学学士学位后，又在加州大学伯克利分校取得了计算机科学的硕士和博士学位。因此，他经常与工程师和计算机科学家共事，自己也是其中的一员。尽管如此，与埃里克曾经任职的地方相比，谷歌仍算得上是一片截然不同的新天地。

第一天来到谷歌，埃里克就明显感到已经离开自己熟悉的一切了。以重量级首席执行官的标准来看，谷歌给他安排的办公室算是简朴的了，而且当他来到办公室时，发现里面竟然已经进驻了几位软件工程师。他没有把这些工程师从办公室里请出去，而是自己撤到了隔壁一间带一个窗户的房间——这里更像储藏间，而不像办公室。

几周过后，情况更糟了。一天早晨，埃里克通过走廊走进储藏间，不，应该是他的办公室，发现他的助手帕姆·肖尔一脸愁容。[1]埃里克很快就找出了其中的原因：原来，他的办公室有了一位新室友。此人是搜索引擎工程师阿米特·帕特尔。他对埃里克解释说，他自己的办公室里现在共有5名办公人员，还有一位新人马上就要加入进来。他本来打算把一张办公桌一锯为二，好腾出些空间，可惜并没有如愿。和阿米特自己的办公空间相比，埃里克的办公室要显得宽敞许多，于是阿米特就搬了进来。（办公设备部门的负责人不同意帮阿米特把东西搬进埃里克的办公室，所以他自己动手搬了进来。）结果，阿米特和埃里克在一间办公室共处了几个月之久。很显然，当时的谷歌并不是一家办公室大小和职位成正比的公司。

虽然在办公室的安排上出人意料，但埃里克还是很顺利地融入了谷歌。随着时间的推移，他与拉里·佩奇以及谢尔盖·布林这两位创始人的关系日益密切起来，谷歌的广告平台 AdWords 也开始为公司带来可观的收入（2004年，谷歌进行首次公开募股时，公司的财务报表让外界瞠目……惊喜）。虽然又过了三年，“谷歌”作为动词才被收入《牛津英语大词典》，但对于广大用户来说，谷歌搜索早已成为日常生活中重要的一部分。[2] 与此同时，谷歌公司也在茁壮成长，每月都要吸纳数十名新员工，其中包括 2002 年 2 月入职的产品负责人乔纳森·罗森伯格。和埃里克一样，乔纳森也是一位经济学教授的儿子。他曾先后在 Excite@Home 公司和苹果公司任职，他的加入不仅提升了谷歌产品管理团队的实力，也让埃里克又添一员猛将。

迈克在电子邮件中说得没错，谷歌真的面临着一位厉害的竞争对手。“芬兰”其实并不是指大西洋对岸的北欧朋友，而是谷歌内部为微软起的代号。[3] 当时的微软，堪称地球上最重要的高科技公司。[4] 埃里克明白，谷歌的一大部分流量都得益于使用微软 IE 浏览器的用户。他和每一个谷歌人一样，也将互联网看作未来的科技平台，认为搜索是互联网最为实用的应用之一。因此不出多久，我们那位于雷德蒙德（微软公司总部所在地）的朋友就会对谷歌的动向产生巨大兴趣。而初创公司的动向一旦吸引了微软的注意，好戏就该上演了。[5]

谷歌的成败决定于此，而到底该如何做，大家都是一头雾水。莫里茨的邮件便是在号召大家行动起来，他要求埃里克召集团队，做出明确的计划，为产品、销售、营销、财务以及企业发展等各部门布置切实可行的任务。大家探讨了有关谷歌经营的方方面面，甚至有人提出，应该对谷歌在新成立时的怪异结构做出改变，调整成为按业务部门进行划分的更加传统的企业结构，从而为企业创造新的收入源（收入源也是新计划中要解决的一个问题）。最重要的是，这次新制订的计划不仅需要成为谷歌历史上的一座里程碑，还必须是一张预计哪些产品应在何时推出的路线图。简而言之，莫里茨想要的就是一份全面的商业计划，这是任何一位明智理性的董事都会提出的要求。

莫里茨在这封电邮的末尾有些激动地说：

> 这个计划将是我们所有人此生有幸参与的最伟大的项目。那么，为何不挑8月中旬的某一个傍晚，来完成这一伟大计划呢？

这项计划的关键是产品，因此，埃里克把这项任务交给了乔纳森。“我希望在两周之后评估这份计划。”埃里克指示道。

然而，除了一家大型企业随时都会跟我们竞争，谷歌还面临着另一个挑战。莫里茨说得很对：要想与丛林中的巨型猩猩一争高下，我们必须做好计划。但他的话也可以说是错误的。想要知道这句话错在哪里，想要知道莫里茨为何在不经意间让我们处于进退维谷的境地，我们最好先来看看谷歌到底是一家什么样的公司。

“去和工程师谈谈”

1998年，谢尔盖和拉里创建了谷歌公司，而当时，两人并没有接受过任何商业方面的正式培训，也没有任何相关经验。两个人并没有把这一点当作负担，反而觉得是一种优势。谷歌公司最初设立在斯坦福大学的学生寝室中，后搬到苏珊·沃西基在门洛帕克的车库，[6]之后又先后移师帕洛阿尔托和山景城。其间，两位创始人一直秉承着几条基本原则，其中首要的，就是聚焦用户（focus on the user）。两人觉得，如果谷歌能提供优质服务，那么资金问题就能迎刃而解；如果两人一心专注于打造全球最棒的搜索引擎，那么成功就是迟早的事。[7]

谢尔盖和拉里创造出一款伟大的搜索引擎并提供其他优质服务的计划其实非常简单：尽可能多地聘请有才华的软件工程师，给他们自由发挥的空间。对于一家诞生于大学实验室的企业而言，这样的做法无可厚非，因为在学校环境中，人才是最为珍贵的资产。多数企业都声称“员工即一切”，但谢尔盖和拉里却在公司运营中践行了这句话。这种做法并非为企业拉大旗，也不是出于利他主义。之所以这样做，是因为他们觉得，要让谷歌茁壮发展并实现看似遥不可及的雄心壮志，只能吸引和依靠最为顶尖的工程师。而且，两人认定非工程师不招：埃里克曾想将名声赫赫的现任脸书首席运营官谢丽尔·桑德伯格纳入麾下，但因谢丽尔不是工程师而放弃（谢丽尔最终还是在谷歌工作了 6 年多）。随着谷歌的发展，两位创始人渐渐不再那么认死理了，但即便如此，他们也只是做出了一点点妥协。时至今日，我们的经验是，谷歌的员工（也就是谷歌人）中至少要有一半是工程师。

两位创始人对谷歌的管理方式也很简单。在斯坦福大学时，计算机科学实验室的教授不会规定论文和项目的内容，只是给予指导和建议；同样，谢尔盖和拉里也给予员工很大的发挥空间，通过沟通让大家齐心协力向同一个大方向前进。他们对互联网的重要性以及搜索的力量坚信不疑，并且与小范围工程师团队进行非正式的谈话，还会在每周五下午举办人人都可畅所欲言的“TGIF”(“Thank God, it’s Friday”的缩写，意为“感谢上帝，今天是星期五”）大会，并在大会上与大家对话。

两位创始人在工作方式上不会多加干预。多年以来，谷歌管理公司资源的首选工具竟然只是一张电子表格，这张表格上列着谷歌最重要的100个项目，以供大家浏览并在半个季度一次的会议上讨论。这些半季度会议用来进行公司近况沟通、资源分配和头脑风暴。这个系统并不非常科学：多数项目按照优先顺序从1到5排列，但也有一部分项目被归为“新/最新”和“臭鼬工厂”（skunkworks）两类。（现在，我们已经记不清二者之间的准确差异，但当时区别很清楚……）无论在理念上还是在需求上，我们都不必做更长远的计划，如果有更重要的想法出现，工程师们会整理出思路，并对表格做出调整。

谷歌的管理团队不断扩大，而我们对工程师的重视却丝毫未减。两位创始人之所以聘请埃里克，与其说是看中了他的商业头脑，不如说是看中了他的技术背景（埃里克是Unix系统专家，还是Java语言的创造者之一），以及他在贝尔实验室作为“电脑极客”的名号。两人雇用乔纳森，并不是因为他的经济学以及MBA学历，而是因为他在苹果公司和Excite@Home的工作经验让大家看到，他不仅热情支持产品研发，自己也是一位创新者。对埃里克和乔纳森来说，商业人士的身份虽然不能看成缺点，但也绝非优势，至少谢尔盖和拉里是这样认为的。

乔纳森刚加入谷歌不久，就目睹了两位创始人对传统商业模式的厌恶。作为一名资深的产品管理高管，他对产品研发中所设的“过关制”（“gate-based” approach）并不陌生。多数企业都在用这种方式：设立明晰的阶段和步骤，并安排公司自下而上的各级管理者进行层层评估。这种方法的初衷是节约资源，将广泛散布的信息汇集到一小撮决策者那里。乔纳森本以为自己的使命就是将这种制度带入谷歌，他非常自信传播这一制度的使者非他莫属。

几个月之后，乔纳森给拉里提交了一份产品计划，将“过关制”研发方式展示得淋漓尽致。计划中包含了步骤、审核、优先次序，还有两年内推出的产品种类及上市日期。这份计划是教科书思维模式的杰作，乔纳森应该赢得一阵热烈的掌声和校长在背上鼓励的一拍。可惜，现实并非如此，因为拉里讨厌这种方式：“你见过哪个团队的表现能超越既定目标？”呃，没有。“你的团队研发过比计划中更出色的产品吗？”也没有。“如果是这样，计划还有什么意义？计划只是在拖我们的后腿罢了。一定有比计划更有效的方式，去和工程师谈谈吧。”

听了拉里的话，乔纳森豁然意识到，原来他所说的“工程师”并非通常意义上所指的工程师。没错，拉里所说的工程师都是杰出的程序员和系统设计师，但除了技术方面的资深经验，很多人还具备敏锐的商业头脑，在创意上也是才思泉涌。从大学校园出来的谢尔盖和拉里给了工程师非同寻常的自由和权力。传统的计划管理方式对这些工程师并不适用，这些条条框框虽然能够提供一定的指导，但同时也设下了羁绊。“为什么要束缚大家的手脚呢？”拉里告诉乔纳森，“这样做太蠢了。”

因此，当迈克·莫里茨和董事会要求我们制订一份传统的MBA式商业计划时，我们可不愿意“做蠢事”。我们知道，对谷歌来说，一份正式而死板的计划就像往身体里移植一个与身体相排斥的器官。从许多层面来说，事实也的确如此。作为资深的商业管理者，在加入谷歌之时，我们以为自己只是在一个混乱的公司里实施“成人监管”。但是到2003年夏天，我们在谷歌的感受让我们意识到，这家公司的运营方式与多数公司不同：员工得到充分授权，公司所处的新兴行业日新月异。对所处行业的了解告诉我们，要抵御微软的侵袭，我们就要一以贯之地保持产品的高质量。而我们同时也明白，要在产品品质上追求卓越，最佳的途径并非靠商业计划，而是要尽可能物色最顶尖的工程师，给他们空间让他们尽情发挥。我们清楚，谷歌的创始人虽然本能地知道如何引领时代，但他们也承认，自己并不知道该如何打造一家规模大到足够让他们实现自己雄心壮志的公司。两个人在管理计算机科学家方面都是好手，但要创建一家卓越的企业，我们需要的，不仅仅是计算机科学家。

我们也明白，有关如何创建这种新型企业的指导尚不存在，如果想从迈克·莫里茨习惯的那种传统商业计划书中寻找出路，简直是痴人说梦。

因此，在关乎谷歌前途的关键时刻，我们一筹莫展。我们可以按照莫里茨的想法制订一份传统的商业计划书，这样可以讨董事会的欢心，但这会挫伤和扼杀员工的士气和灵感，也会让谷歌急需延揽的精英对我们望而却步。另外，在战略上，这种做法还会导致公司无法适应所处的新兴行业。最重要的是，两位创始人一定会让这份商业计划书胎死腹中。

芬兰计划

我们最终呈递给董事会的计划与传统的商业计划书颇有几分相似，足以让董事会成员带着“太棒了！我们的商业计划出炉了”的心情满意而归。现在回头来看，当时那份文件其实露出了很多马脚。这份计划全都是在讲谷歌应如何专注于用户，如何提供卓越的平台和优秀的产品。计划中阐明，谷歌应一如既往地提供并升级优质服务，同时还应让用户轻松享受到这些服务。其中倡导，谷歌应该立足于用户，随着用户的增加，谷歌自然能吸引更多广告客户。计划中有几点策略谈到了谷歌应如何应对竞争对手对我们造成的威胁，但我们认为，对抗微软最好的方法，还是要靠杰出的产品。

事实证明，这些做法完全正确。

微软的确对我们展开了猛烈的进攻。据报道，为了将谷歌从互联网搜索和广告业务主力的宝座上挤下来，微软不惜投入近110亿美元巨资。[8]它的MSN Search、Windows Live、Bing等项目，以及收购的网络广告公司aQuantive之所以没有突出的优势，并不是因为微软执行不到位，而是因为谷歌准备得太充分。为了让搜索体验更佳，我们不敢有半点松懈。我们增加了图片、图书、YouTube、购物数据以及所有能找到的信息。除此之外，我们还推出了Gmail邮箱和Docs等应用程序，所有程序都可在线使用。谷歌基础设施的更新一日千里，这样，我们才有条件迅速为成指数增长的线上信息提供索引。[9]我们提高搜索速度，开发更多语言，优化界面以方便用户使用。我们为引擎添加了谷歌地图，优化了地域搜索功能。我们与合作伙伴共同策划，确保谷歌的服务便于用户使用。甚至连浏览器等由微软称霸的领域，我们也勇于拓展：谷歌浏览器（Google Chrome）从问世的第一天起，就一直在速度和安全系数上占据着首位。这一切背后的资金支撑，是我们高效且高回报的广告系统。

“微软必定会对我们发起一波接一波的挑战。”埃里克常常警告自己的团队。果不其然，时至今日，情况依然如此。不过，当年莫里茨要求我们制订的商业计划的威力超出了我们的想象。现在的谷歌，已然成长为一家拥有500亿美元资产、超过4.5万名员工、在 40 多个国家和地区都设有分部的公司。我们从互联网搜索和搜索广告做起，渐渐将业务范围拓展到视频等数字营销领域，完成了个人计算机时代向移动时代的过渡，推出了成功的硬件设备，不断以新项目和新构想推动着科技最前沿的发展，比如，让人人都能连接互联网，以及研发无人驾驶汽车。

然而，谷歌成功背后最大的原因之一，是我们在 2003 年的那一天呈交给董事会的那份计划根本不能算是真正意义上的计划。那份计划完全没有涉及财务估测，也没有有关收益来源的讨论；没有用户、广告商以及合作伙伴要求的市场调研，也没有明确的市场细分；没有提及市场调研的概念，也没有讨论谷歌应首先吸引哪些广告商；没有谈到渠道战略，也没有探讨谷歌广告产品的销售方法；根本找不到组织结构图的影子，因而也就没有诸如销售、产品、工程人员应各司何职的规定；没有给出规定何时研发何种项目的路线图，没有预算，也没有可供企业管理者监控工作进程的目标和步骤。

除此之外，计划没有提供创建公司的具体策略。谢尔盖和拉里曾说过，遇到问题时莫忘“去和工程师谈谈”。那么，我们如何才能秉承他们的理念，同时创建一家足以对抗世界上最强高科技帝国的公司，实现我们改变全球几十亿人生活方式的宏大理想呢？我们之所以没有在计划中加入这些内容，原因很简单：具体的方法，我们自己也不知道。有关管理策略，当时我们唯一确定的就是：我们在 20 世纪所学的东西有一大部分都是错误的，现在到了颠覆过去、重新开始的时候了。

当神奇不再是神奇

如今，人们的工作和生活进入了一个崭新的时代。在这个互联网时代中，商业大环境被科技搅得天翻地覆，变化不断加快。这一切为所有商业领导者带来了前所未有的挑战，要想更好地理解这些挑战，我们最好简单地回顾一下过去，看看过去发生了哪些惊人的剧变。

三股强大的科技狂潮汇集在一起，让多数行业的大环境发生了乾坤挪移。第一，互联网让信息免费、源源不断、无处不在，也就是说，几乎所有信息都可以在网络上找到。第二，移动设备和网络让全球范围内的资讯共享及持续通信成为可能。第三，云计算[10]让人人都能以低廉的价格现付现购地使用强大的计算功能、无限的内存空间、精密的工具和各种应用程序。时至今日，全球仍有很大一部分人口无法享受这些科技的泽惠，但是，这一切将发生改变，剩下的50亿人口上网的那一天已是指日可待。

从消费者的视角来看，这三股科技狂潮的汇合，已然将不可能变为可能。想要乘坐飞机旅行？在出发当天，你的手机就会提醒你离家去机场的时间、航班出发的具体航站楼和登机口，还会告知你在到达目的地时是否需要雨伞。想要什么信息吗？只需敲入或语音输入一两个词，你要的答案便会从全球的茫茫信息之海中被筛选出来，立即跃然你的眼前。想听喜欢的歌曲吗？拿起手机、点下按钮、找到歌曲、交钱购买，然后就可以在全球任意地点任意设备上收听了。想要知道该如何到达目的地吗？你的手机（眼镜和手表也行）可以切实给你答案，还能告诉你沿途的交通状况。想去外国旅行吗？对着你的手机（或是眼镜、手表）讲话，你的话就会以语音或文字形式被翻译成地球上的任意一种语言；或者，你也可以把你的手机等设备对着某个交通标志，然后让它直接用母语读出来就行了。你是艺术粉吗？以虚拟方式在世界上众多伟大的博物馆中周游一圈，你对这些艺术品的了解就能令其他人（除艺术家本人之外）可望而不可即。想知道你为今晚的约会选定的餐厅环境是否合意、停车是否方便吗？科技的力量会带你身临其境般地从餐厅前门穿过，到店里逛一圈，14 号桌看起来不错哟！

20 世纪 70 年代末 80 年代初，我们还是大学生的时候，每周会固定给家里打一通电话，打电话的时间每次都雷打不动地安排在周日下午 5 点之前，因为 5 点之后，电话费就会上调。两年前，乔纳森的儿子在澳大利亚学习，他偶尔会使用宿舍书桌上的手提电脑，通过视频聊天系统 Google Hangout 与加州的家人“共进”晚餐，不花一分钱。

时至今日，这些神奇的事情早已变得稀松平常，这才是最神奇的地方。以前，功能最强大的电脑和最先进的电器只在办公室中使用，一下班，我们又无奈地回到了座机电话和纸质地图的世界，只得听着电台主播播放的歌曲，看着两个壮汉才能搬动的有线电视或带天线的电视。多年以来，日常生活的这些方面一直停滞不前。而今，曾经惊爆眼球的创新神话已经变得平常无奇。

速度定成败

科技进步给消费者带来了不可小觑的影响，科技对商业的影响更是翻天覆地。用经济术语来说，如果某行业产品主要要素的成本曲线下降，那么该行业必将会出现剧变。[11] 而今，信息、连接以及计算能力这三大生产要素都变得便宜了，那么与这些要素相关的成本曲线都难逃影响。这样一来，破坏性剧变就不可避免了。当时许多企业（也就是互联网时代之前的企业）创建时是为了解决稀缺性：信息稀缺、配送资源稀缺、市场覆盖面不足、选择有限和货品匮乏。而今，这些资源都变得丰沛起来，降低甚至消除了行业进入的门槛，各行业的转变时机已经成熟。[12] 最先出现转变的，是媒体行业。现在所有的媒体信息都可以转为电子数据，免费在世界各地传播。实际上，每个行业和领域或多或少都要依靠信息的推动，媒体、市场营销、零售、医疗、政府、教育、理财、交通、国防、能源等都是如此。能够在信息时代岿然不动的行业，我们还真是一个也想不出来。

这种剧变的结果是，提供出类拔萃的产品是企业成功的关键，产品甚至比掌控信息、垄断渠道和强力营销更重要（当然，这些因素仍然很重要）。这有几个原因：第一，消费者从未像现在一样拥有这么多信息和选择。[13] 以前，企业只要凭借强大的市场攻势或分销手段，就可以将劣质产品摇身变成畅销品。你只需生产出一款说得过去的产品，砸下大笔经费扼住营销渠道、限制消费者的选择，就可以坐等收成了。你在 Bennigan’s 餐馆或 Steak and Ale餐馆吃过饭吗？20世纪80年代，这两家餐馆风头正劲，在全美范围内有数百家连锁店面，食物和服务的质量也都无可挑剔。

今天已时过境迁，城市和郊区内的本地餐馆和连锁餐馆比比皆是，足以适应消费者的众多口味需求。除此之外，专业美食家和普通“吃货”们都会在 Yelp 和 Chowhound 等网站上发表点评，让食客们可以接触到有关餐馆质量的大量信息。消费者有了如此丰富的信息和选择，那些质量低劣的餐馆（无论是否连锁）就算拥有大笔营销经费也越来越难以站住脚跟了，而那些后起之秀却越来越容易凭借消费者的口口相传打出一片天地。[14] 汽车、旅馆、玩具、服装以及消费者可以在网上搜索的任何产品或服务都是如此。数字货架空间几乎用之不竭（YouTube 网站上足足有 100 多万个频道，亚马逊网站上仅商业领导力方面的书籍就达到了 5 万多种），这就为消费者提供了巨大的选择空间。除此之外，消费者还可以轻松对产品发表评论。因此，如果你的产品或服务欠佳，那你就处境危险了。

进入互联网时代之后，我们对以上现象有过数次亲身体验。乔纳森在 Excite@Home 任职时，曾想与谷歌在搜索业务上建立合作关系。但公司的首席执行官却另有打算，他告诉乔纳森："谷歌的搜索引擎是比我们的好，不过我们在营销上把它挤垮就行了。"现在，Excite@Home 这家公司已经不复存在。看来，那位首席执行官的计划进行得并不顺利。（但是其公司名中的"@"却成了家喻户晓的符号，这也算是不幸中的万幸吧！）其实，Excite@Home 管理层的理念并不稀奇，许多管理者都认为，品牌和营销的力量可以帮那些不尽如人意的产品站稳脚跟。听说过谷歌的 Notebook 吗？听说过 Knol、iGoogle、Wave、Buzz、PigeonRank 吗？[15] 这些都是谷歌的产品，虽然各有特点，但没有一款能够深入人心。究其原因，就是这些产品都不够优秀，死得其所。如果产品乏善可陈，其劣势是市场营销和公关营造的品牌力量完全不足以反转的。正如亚马逊创始人兼首席执行官杰夫·贝佐斯曾经说过的："以前，人们会花 30% 的时间打造优质服务，70% 的时间大张旗鼓地宣传。但现在，情况正好相反。"[16]

产品的卓越性能之所以至关重要，第二个原因是实验和失败的成本显著下降。这种现象在高科技行业尤为显著：几个工程师、研发者和设计者组成一支小团队，合力创造出新颖的科技产品，然后就可以通过网络免费在全球发行。构想并打造新产品、选定一个顾客群试用、判断产品的优点及缺陷、对产品进行调整、再次试用，不然就从失败中总结经验，放弃失败的产品、重新再来，以便提升用户体验。

制造产品的实验成本也下降了。现在可以设定数字模型，进行 3D 打印，然后在线做市场测试，并根据所得数据来调整产品设计，甚至靠产品样本或视频就能募得生产资金。谷歌有一支叫作 Google X 的团队，专门负责谷歌一些最有雄心的产品的研发。他们只用了 90 分钟就研发出谷歌眼镜的最初模型。这款眼镜是一款可穿戴的移动计算机，重量与一副太阳镜无异。虽然初版的模型尚显粗糙，但产品背后“耳听为虚，眼见为实”的意图却足以打动人心。

产品研发的过程变得越发灵活快速，这些品质越来越好的产品并非“站在巨人的肩膀上”，而是得益于反复的调整和修改。由此可知，要想持续保持产品的成功及品质的卓越，秘诀就是快速。

不过，就如乔纳森那个不成功的“过关制”产品研发框架一样，多数企业现行管理模式的设计都跟时代的变化趋势完全不同。这些管理模式诞生于 100 多年之前，当时，失误所造成的成本损失很高，且只有企业最高管理者才能掌握全面的信息。这些管理者的首要目标就是降低成本，确保只有掌握大量信息的少数总裁级人物才有权制定决策。在这种传统的“指挥—控制”式企业结构中，信息自下而上流动，而决策则由上而下传达。这种方法旨在放慢速度，也的确有效地减缓了速度。也就是说，当企业必须一直加速时，这种结构就会失灵，阻碍企业发展。

创意精英

令人欣慰的是，令产业格局天翻地覆的丰饶经济学也席卷职场，现今的职场与20世纪相比有天渊之别。如上文所说，实验成本越来越低，失误所造成的损失（在处理得当的前提下）比以前大幅下降。除此之外，曾经稀缺的信息资源和计算资源现在非常丰沛，不必囤积。另外，无论你与同事同在一间办公室、一个大陆，还是身处地球的两端，彼此间的合作都变得畅通无阻。有了这些条件，你就可以将独立的人员、管理者甚至总裁凝聚在一起，干一份不可思议的大事业了。

简单来说，这些以信息为基础进行工作的人是靠头脑吃饭的，在现今社会，这些人被称为“知识工作者”。1959年，管理大师彼得·德鲁克在《已经发生的未来》一书中，第一次使用了“知识工作者”一词。[17]德鲁克在此后的著作中多次讨论提高知识工作者工作效率的方法，自20世纪60年代开始，这个称号的使用愈加频繁。一般来说，最有价值的知识工作者都是秉着“专攻术业”的精神在刻板的企业环境中出人头地的。（“你说莫尔迪吗？他是我们公司负责制表的。维姬吗？仓库事宜找她就行。彼得？我们篮球队的经费归他管。”）这些人不寻求灵活变通，而是靠着墨守成规在企业中如鱼得水。IBM（国际商业机器公司）、通用电气、通用汽车以及强生等大企业都会为拥有管理潜能的顶尖人才铺设职业轨道，让这些管理之星每隔两年左右就可以调换一次岗位。但是这种方法注重的是管理技能的培养，而忽视了技术方面的能力。这就造成在传统企业中，多数知识工作者要么是技术达人、管理白痴，要么就是管理专家、技术菜鸟。

如果我们把传统知识工作者与谷歌十几年来招徕的工程师等人才放在一起对比，就会发现谷歌的人才是一个截然不同的员工群体。这些人并不拘泥于特定的任务，也不受公司信息和计算能力的约束。他们不惧怕冒险，即便在冒险中失败，也不会受到惩罚或牵制。他们不被职位头衔或企业的组织结构羁绊住手脚，甚至还有人鼓励他们将自己的构想付诸实现。如果出现不同意见，他们不会选择缄口不言。他们很容易失去耐心，经常变换职位。他们具有多领域的能力，经常会将前沿技术、商业头脑以及奇思妙想结合在一起。换句话说，至少从传统意义上来说，这些人已经不能算是知识工作者了。这是一个新的物种，我们称之为“创意精英”，他们，便是互联网时代取得成功的关键所在。

当今，提高产品研发速度及产品质量已然成为企业最为注重的目标。自从产业革命之后，企业运营流程一直偏重于降低风险、规避失误。这样的流程，加之衍生出这种流程的整个管理模式，形成了一种压制创意精英的大环境。但是，决定当今企业成败的因素，就是要看企业能否持续推出高质量的产品。要想实现这个目标，企业就必须吸引创意精英的加盟，并创造出让他们自由发挥的整体环境。

那么，到底哪种人才能算得上是创意精英呢？

所谓创意精英，不仅拥有过硬的专业知识，懂得如何使用专业工具，还需具备充足的实践经验。以谷歌所在的行业为例，我们的创意精英大多是计算机科学家，或至少应该懂得计算机屏幕展现的魔法背后所遵循的系统结构及原则。在其他行业中，创意精英可以是医生、设计师、科学家、电影制作者、工程师、厨师或是数学家。他们是专业上的行家里手，不仅能设计概念，还会建造模型。

创意精英有分析头脑。他们对数据运用自如，可以利用数据做出决策，同时也懂得数据的误导性，因此不会沉迷其中。他们认为，数据对做判断大有帮助，但绝不会被数据牵着鼻子走。

创意精英有商业头脑。他们知道专业技术、优质产品与商业成功是环环相扣的，也对这三个要素的价值了然于胸。

创意精英有竞争头脑。在工作中，他们的撒手锏源自创新，但也离不开实干的积累。他们追求卓越、干劲十足，即使在工作之余也不停止前进的脚步。

创意精英拥有用户头脑。无论身处哪个行业，几乎没有人能比他们更懂得用户或消费者对产品的看法。我们把创意精英叫作“超级用户”，因为他们对自己的兴趣并非浅尝辄止，而是近乎痴迷。我们所说的创意精英，可以是牺牲周末时间改装 1969 年款 GTO 跑车的汽车设计师，也可以是不厌其烦地修改房子设计图纸的建筑师。他们充当自己的焦点小组和实验对象，身先士卒地试用产品。

创意精英是新颖原创构想的源泉。他们用不同于你我的崭新视角看问题，有的时候，他们甚至还能跳出自己的视角，因为他们懂得如何在必要时充当变换视角的“变色龙”。

创意精英充满好奇心。他们总是在提问，绝不满足于守常不变。他们善于从各处发现问题，自信解决问题的人非自己莫属。

有的时候，他们难免表现得盛气凌人。

创意精英喜爱冒险。他们不惧怕失败，这要么是因为他们觉得自己总能从失败中挖掘出宝贵的财富，要么就是因为他们自信即便失败也能重整旗鼓、下次再战。

创意精英自动自发。他们不会坐等别人为他们指出方向，对于有悖于他们自己信念的指示，他们会选择充耳不闻。他们注重自己的理念，也会依据自己的理念主动行动。

创意精英心态开放。他们可以自由地与他人合作，在评判构思和结论时，他们看重的是优点和价值，而非出处。假如他们对刺绣有兴趣，就会缝制一只枕头，上面绣着："如果我给你1便士，那么你就多了1便士，我就少了1便士。但如果我给你一个构想，你就收获了一个新构想，而我依然拥有我的构想。"完工之后，他们还会想办法让枕头在房间里飞来飞去、喷射激光。

创意精英一丝不苟。他们对细节掌握精确、如数家珍。这不是死记硬背的功劳，而是因为他们对这些知识熟谙于心，俨然将知识融进了心中。

创意精英善于沟通。他们风趣幽默，无论面对的是一个人还是一群人，他们都气场十足，魅力四射。

并非每个创意精英都能同时具备以上所有的特质，实际上，同时具备上述所有优点的人凤毛麟角。但是，所有的创意精英都必须具备商业头脑、专业知识、创造力以及实践经验，这些都是基本特质。

关于创意精英，最令人欣慰的就是这种人才无处不在。在与我们共事过的创意精英中，因显赫名校的计算机科学学位而自傲的人的确不少，但这些人只占少数。实际上，每个城市、每所高校、每个班级、每个人种以及多数企业、非营利组织和政府部门中都有创意精英的身影。无论年龄大小，只要是那些有抱负并乐于（也有能力）利用科技去挑战更多可能的人，都是创意精英。这些人的共同特点是认真努力、乐于挑战现状、敢于从不同的角度切入问题。正因如此，他们才有如此强大的影响力。

也是出于同样的原因，创意精英是一个极其难以管理的群体，在老旧的管理体制中尤其如此，因为无论你付出多少努力，都无法指挥这些人的想法。如果你无法管理创意精英的想法，就必须学会管理他们进行思考的环境，让他们乐于置身其中。

谷歌的管理之道

现在，再回过头来说我们在谷歌的经历。2003 年向董事会提交商业计划书的时候，我们两个人明白，摆在我们面前的，是众多商业领导者都需要面对的任务：重设管理原则，创造并维持一种新的工作环境，在这家飞速发展的企业中为我们卓越的创意精英们提供茁壮成长的沃土。虽然谷歌当初邀我们加入的目的是让我们提供所谓的“成人监督”，但为了完成任务，我们俩不得不将有关管理的既有知识全盘推翻，将谷歌总部与我们朝夕相处的各位同人当作自己最好的老师。

从此以后，我们在学习上坚持不辍，像所有模范学生一样，我们俩还专门做了笔记。只要在管理会议或产品评鉴会上听到有趣的东西，我们就会随手记下。埃里克会定期为谷歌员工写一些备忘录，提醒大家公司亟待解决的事项，乔纳森会从中选取精华记录下来，以备后用；乔纳森给产品研发团队寄发电子邮件，或称颂褒奖或批评提醒，埃里克则在邮件中添加自己的意见并做分析。长此以往，我们俩渐渐总结出了适用于这种新环境的管理模式。

几年之前，谷歌全球销售和业务运营主管尼科什·阿罗拉邀请乔纳森为来自世界各地的谷歌销售主管做一次演讲。尼科什自己就是一位典型的创意精英，他在印度理工学院获得电气工程学学位后，于2004年加入谷歌。虽然他在此前并没有领导如此规模的销售组织的丰富经验，但还是担起了欧洲区的销售重任。2009年，他来到加州，领导全球业务团队。尼科什才华出众，因此乔纳森明白，这次演讲的要求非常高。谷歌已经走过了第一个10年，正在疯长。乔纳森与埃里克从谷歌的管理工作中积累了不少经验，尼科什希望乔纳森能够将这些智慧传递给谷歌的下一代领导者。这是一个绝好的机会，正好可以让我们这两位“学生”把这些年向“老师”请教的学习笔记整理归纳一番。

这次演讲得到了非常积极的反响，因此我们顺势把演讲转化成了一场管理研讨会，与谷歌的董事和领导者会面，反思我们的企业原则，交换对创意精英的管理经验。最后，像每一位拥有雄心壮志的伟大管理者一样，埃里克也提出了一个构想，他在邮件中这样写道：

> 谷歌取得的成绩让我惊叹。因此，我提议我和乔纳森一同写一本有关管理的书。
>
> 不必说，我们已经一致同意：这本书的撰写工作全部由乔纳森完成，而我只需坐享所有的荣誉。哈哈，开个玩笑。
>
> 不管怎样，我觉得这对于我们两个人来说，会是一个很有趣的项目。

乔纳森，你意下如何呢？

德高望重的思科公司首席执行官约翰·钱伯斯曾说过，在20世纪90年代初期，他经常与惠普公司首席执行官卢·普拉特会面，探讨战略和管理问题。有一次，钱伯斯不无赞叹地问普拉特为什么要花如此多宝贵的时间帮助另一家公司的一位年轻高管。普拉特先生回答道："这就是硅谷。我们就是来帮你的。"这件事让埃里克深受启发。

同样，苹果公司已逝的创始人兼首席执行官史蒂夫·乔布斯也秉承着同样的理念。生前，他常常为他的邻居拉里·佩奇出谋划策，他的表述更加生动。硅谷历史学家莱斯莉·柏林是我们的朋友，她在为英特尔公司创始人鲍勃·诺伊斯的传记收集资料时曾经访问过史蒂夫，问他为什么在他职业生涯起步阶段诺伊斯给了他那么多帮助。史蒂夫回答说："这就好像叔本华对魔术师的评价一样。"他一边说，一边拿出一本由19世纪德国哲学家亚瑟·叔本华所著的论文集，从中挑出一篇给莱斯莉朗读起来。这篇论文的名字很响亮，叫作《论生存的痛苦与虚无》："谁要是历经了两至三代的人事都会萌生类似这样一个观众的心情：这个观众已经看完了集市戏台上演的所有魔术杂耍；如果他一直坐在观众席上，他会看到同样的表演连续重复进行；因为这些表演项目只是为表演一场而设，所以，在了解了内容、不再感到新奇以后，这些重复的表演对他再也无法造成新的印象了。"[18]（我们觉得，能在访谈中信手拈来叔本华的文章加以引用，这不正是文中所说的一种"魔法"吗？）

我们两位作者都是以资深企业高管的身份加入谷歌的，对自己的才智与能力充满自信。但是经过十载的打磨，我们终于参透了篮球教练约翰·伍登“学习知识，只有融会贯通，才算真正学到手”这句话的含义。[19]我们帮助谷歌创始人和同人们打造了一家令人称奇的企业，收获了第一手的经验。可以说，我们坐在第一排，目睹了“魔术师”的魔法。这颠覆了我们对管理的理解。现在，世界各地不同行业大大小小的企业和组织涌入硅谷，希望吸收让硅谷大放异彩的灵感与活力。人们渴望改变，而这本书就是为改变而写的：秉承着硅谷前辈的精神，我们希望将“魔术师的秘密”转化为人人皆可利用的经验，与大家分享。

本书的框架旨在反映一个成功企业、新兴企业或新创企业的发展阶段，这个过程构成一个自我永续的良性循环，就像从山上滚下来的雪球，体积越来越大，势能越来越猛。我们会分步骤介绍吸引和激励创意精英的方式，每一步骤都会推动企业向前迈进。这些步骤互为基础、相辅相成，每一个步骤都永远向前，永不衰竭。

在书的开头，我们会谈到如何吸引最顶尖的创意精英。我们首先从企业文化谈起，因为企业文化与企业的成败息息相关，如果连你自己都不信服自己的企业口号，那么你的企业又能走多远呢？此后，我们会谈及战略，因为最吸引创意精英的，莫过于那些有着强大战略基础的构想。创意精英明白，商业计划远远没有支撑计划的支柱重要。之后，会谈到人才招聘，这是领导者最为重要的一项职责。延揽足够的俊才，让他们碰撞融合，必能激发出创意与成果。

团队招募完毕，企业开始成长，就到了制定艰难决策的时候。这时，我们会谈到如何才能达成共识。在接下来的一章中，我们会谈到沟通，随着企业的发展，沟通会变得越发重要（也越发困难）。之后，我们会转到创新上。要想取得长久的成功，保持产品的高质量是不二法门。而要想在产品质量上获胜，打造让人受到创意熏陶的环境是关键。在书的结尾，我们谈了对当今主流企业的一些看法，并探讨了如何才能敢于想象不可想之事。

待建的金字塔

这些经验得来不易，其中许多经验都是我们两位作者在冗长的会议、激烈的辩论以及惨痛的失误中学来的。同时，能在互联网风靡全球之际有幸加入一家由杰出的创始人领航的企业，我们深感三生有幸。

在这个新兴行业中，科技至高无上，员工被充分授权，面貌焕然一新。我们两人对这个行业绝非无所不知，但可以说有深入了解。我们认为我俩的这些认识或许可以为各种组织的领导者提供一些灵感，无论是大企业还是新创公司，无论是非营利组织、非政府组织还是政府组织。我们最大的心愿，是通过本书带给你一次愉快的阅读体验，同时给你提供创新所需的灵感和工具。

我们所说的“你”，指的就是创业者。“你”就是你。或许，你不认为自己是个创业者，但实际上，你就是。你心中有一个你确信将改变一切的构想，这个构想或许是一个模型，或许已经演变成了一款产品的雏形。你聪明、野心勃勃，在会议室、车库、办公室、咖啡厅、公寓或宿舍中，你或者与一小撮同人埋头苦干，或者孤军奋战。即便是在学习、上班或是陪伴伴侣或孩子的时候，你依然会走神，去考虑你的宏大构想。你的创新事业就要启动，而我们，希望能助你前进。

我们所说的“事业”，并非仅仅指硅谷随处可见的高科技新兴企业。当今，员工希望从企业中获得的满足感与以前不可同日而语，但这种需求却往往得不到满足。本书提供了一个绝佳机会，书中谈及的原则和方法适用于任何想要创业或创新的人，无论你是白手起家还是想在一家既有企业中实现突破。书中内容并不局限于初创企业，也绝不囿于高科技企业。实际上，如果经验丰富的领导者能够充分利用运营中的组织的一切资源，便会促使组织爆发出远大于初创企业的影响力。因此，即使你不像 IT（信息技术）精英那样穿连帽衫，也没有风险投资家给你开出的 7 位数支票，你也有望成为下一个弄潮儿。你只要知道，你所处的行业的变革一日千里，你不仅要具备投身于这场变革的冒险精神，还要乐于且有能力吸引最顶尖的创意精英，领导他们助你完成伟业。

说的是你吗？准备好了吗？就如彼得 · 德鲁克所说，几千年前设计和建造金字塔的埃及人，堪称世界上最伟大的管理者。[20] 互联网时代到处都是尚未起建的金字塔。还等什么呢？开始动手吧！

只是这一次，我们不用奴隶。

第一章

文化：相信自己的口号

2002年5月一个周五的下午，拉里·佩奇在谷歌网站上闲逛。他键入搜索词条，想看看会搜出什么样的页面和广告，而得到的结果让他非常不满意。他键入一个搜索请求，虽然谷歌弹出许多相关的自然搜索结果，但有的广告却与搜索词条完全不沾边。[21]如果你搜索的词条是“川崎H1B”，搜索结果中会包括许多律师帮助移民申请H-1B美国签证的广告，但没有一条是有关搜索词条所指的川崎老款摩托的。如果你键入的词条是“法国洞穴绘画”，那么你会搜出标题为“在某某处购买法国洞穴绘画”的广告，广告中出现的网上零售商一眼就能看出不是拥有法国洞穴绘画的主儿（甚至连复制品都不会有）。谷歌的关键词广告搜索引擎本应按照搜索词条筛选出最搭配的广告，谁知却偶尔会为我们的用户搜出如此无用的信息，这让拉里不寒而栗。

当时，埃里克仍觉得谷歌是一家普普通通的初创公司。但是，之后的72小时发生的事却完全颠覆了他的这种感觉。在一家普通的公司，如果首席执行官看到某款产品有问题，便会把负责人叫来问责，还会召开两三次会议，商讨可行的解决方案，然后决定应该采取的行动。大家会就解决方案的实施制订出一份计划，经过一系列的质量保证测试之后，再将方案付诸实施。在一家普通的公司，这个过程一般会花去几周的时间。然而，拉里并没有这么做。

拉里把自己不喜欢的搜索结果打印出来，把存在问题的广告特意做了标记，又将打印出的文件贴在台球桌旁厨房墙壁的公告板上。他在纸张上端用大写字母写了“这些广告糟透了”几个字，然后便回家了。他没有打电话，也没有给任何人发电子邮件；他没有召开紧急会议，也没有对任何人提及此事。

第二周的周一清晨5点零5分，一位名叫杰夫·迪安的搜索引擎工程师寄发了一封电子邮件。他与其他几位同事（包括乔治斯·哈里克、本·戈麦斯、诺姆·沙希尔以及奥尔坎·塞尔奇诺格鲁）都看到了拉里在墙上的留言，也觉得拉里评价这些广告糟糕在情理之中。但是，这封电子邮件不仅是对创始人的意见表示附和，也不仅仅是发表督促大家深入调查这种问题的不痛不痒的陈词滥调。杰夫在信中详尽地分析了问题出现的原因，提供了一份解决方案，并给出了5人利用周末时间编写出的解决方案模型以及超链接，还附加了测试结果，证明新模型与当时通用的系统相比有哪些优越性。这份解决方案的细节烦冗且专业性强，但其大意就是：我们准备计算出“广告相关度数值”，以此来评估广告与搜索请求的相关性，然后根据得出的数值来决定广告是否出现，以及出现在页面的什么位置。广告的先后排列应以其相关性为判断标准，而不是只以广告商愿意支付的费用或每条广告所获的点击量为依据，这个核心理念成为谷歌AdWords引擎赖以生存的基础。由此，一项价值几十亿美元的业务应运而生。

这件事最重要的细节是什么？广告根本就不属于杰夫及其团队的管辖范畴。他们只是碰巧在那个周五的下午来到办公室，看到了拉里的留言而已。他们明白，既然谷歌的使命是“整合全球信息，使人人皆可使用并从中受益”，那么糟糕（也就是无益）的广告（即信息）就自然是个问题了。因此，即使牺牲周末时间，他们也决定解决这个问题。

这几位员工并不直接负责广告业务，即便广告业务出了问题也不会归咎到他们头上，但他们竟然贡献出周末时间，不仅解决了别人的问题，还在解决过程中为公司赢利。这个例子，将谷歌企业文化的力量彰显得淋漓尽致。杰夫及其同事对谷歌的当务之急熟谙于心，也明白自己可以放手解决任何阻碍谷歌成功的严重问题。如果他们失败了，没有人会以任何方式斥责他们；如果他们成功了，也没有人（包括广告团队的成员）会对他们的成绩起嫉妒之心。实际上，并不是谷歌文化将这五位工程师在短短的周末变身拯救公司的“忍者”，而是一开始谷歌文化就吸引了这五位“忍者”加入公司。

在考虑一份工作时，许多人首先关注的是职位、职责、公司以往的业绩、行业的整体情况以及薪酬福利。接着往下数，我们或许会在“通勤用时”和“餐厅咖啡品质”这两项之间找到企业文化这一项。然而，创意精英却会将企业文化放在首位加以考虑。要办事有效，员工必须在乎工作环境。因此，在新加入一家企业或一项事业时，文化是最应重视的因素。

对于多数企业而言，企业文化是自然生发的，不是人工植入的。这样的做法或许有效，但这意味着，你将对成功至关重要的因素交给了命运。我们虽然在书中提倡尝试的益处以及失败的价值，但是对于一家尝试失败而遭受重创的企业而言，文化或许是最应重视的因素。企业文化一旦形成，想要改变绝非易事，因为企业在成立之初容易受“自我选择倾向”的影响。也就是说，与企业秉持相似理念的人会被吸引而来，而与企业理念相左的人则不会。[22] 如果一家企业的文化支持员工拥有发言权，也支持由委员会来制定决策，那么便会吸引持相似观点的员工。但如果这家企业后来又试图采取专制或强硬的作风，那么员工就会很难适应。这样的改变不仅违背了企业的初衷，也违背了员工的个人理念，因此注定走不下去。

在企业成立之初就认真考虑并且确定你希望的企业文化，这才是明智之举。最好的方法就是询问构成企业核心队伍的创意精英，因为他们不仅了解企业秉承的信条，也与你一样信奉这些信条。创始人是企业文化的源头，而创始人为实现大计而物色并信赖的团队，才是企业文化的最佳体现。所以，你要问一问你的团队：我们重视什么？我们的信念是什么？我们想要成为什么样的企业？我们希望企业在实际行动和制定决策时采取什么样的方式？然后，把他们的回答记录下来。毋庸置疑，答案中一定包含着创始人的价值理念，但同时也会掺入不同的视角和经验，为创始人的价值观锦上添花。

多数企业都没能重视这一点，它们往往在成功之后才意识到记录企业文化的必要性，因此这项任务就落到了人力资源或公共关系部门肩上。这些部门的人员大多不属于企业的创始团队，他们的任务只是编纂出一份凸显企业精髓的使命宣言。在他们写就的宣言中，往往堆砌着“顾客满意”、“股东权益最大化”以及“富有创新精神的员工”等陈词滥调。而一家企业是否成功，要看员工是否信服使命宣言中的说辞。

我们来做一个小小的思想实验：请想象一家你曾经工作过的企业。然后，试着背诵这家企业的使命宣言。怎么样，背得出来吗？如果能，宣言中的话让你信服吗？宣言里有让你觉得真诚的内容吗，它是企业和员工实际行为的真实写照吗？抑或，这宣言一看就是营销和宣传部门的人在某天晚上喝着啤酒、照着同义词词典杜撰出来的？比如：“我们的使命，是通过企业成员的知识、创意及努力，为客户建立起坚韧无比的合作关系，为客户带来无可匹敌的价值，为股东创造可观的利益。”[23] 这句话可谓面面俱到，客户、员工、股东统统写了进去。这则使命宣言的“主人”是雷曼兄弟公司，或者说至少这是2008年雷曼破产前的使命宣言。不可否认，雷曼拥有自己的理念，但其理念在这则企业宣言中是遍寻不到的。

与雷曼的领导者相反，大卫·帕卡德严肃对待企业文化。1960年，在一次面对惠普管理者的演讲中，他提出，企业之所以存在，就是为了“做些有意义的事情，为社会做一份贡献……放眼四周，我们仍然能看到那些只盯着钱的人，但是多数人之所以有动力前进，是因为他们想要做一番事业：制作一款产品，提供一种服务。一言以蔽之，就是想要做些有意义的事”。[24]

在面对商业用语的时候，人们的“测谎仪”已经被磨炼得异常灵敏了。也就是说，言不由衷的漂亮话躲不过他们的火眼金睛。因此，当你把企业使命写在纸上的时候，还是实话实说为好。一个检验方法是，如果表述企业文化的使命宣言有所变化，看看结果如何？以安然公司的宣言“尊重、正直、沟通、卓越”为例。如果安然高管决定将这句话“改头换面”，变成“视钱如命，见钱眼开”，这虽然可能会引得笑声四起，却不会产生什么实质上的影响。与此相反，一直以来，谷歌都将“聚焦用户”奉为自己的信条之一，如果我们把这个信条改成“以广告商或发行商为重”，那么管理者的收件箱非要爆炸不可，而我们恼羞成怒的工程师一定会在每周五的TGIF大会上（大会由拉里和谢尔盖主持，鼓励员工大胆发表对企业决策的反对意见，而员工们通常也不会放过这个机会）慷慨陈词一番。员工都有判断能力，因此，如果你歪曲事实，无异于玩火自焚。

先思考一下你理想中的企业文化或现有的企业文化。然后，让我们把时间快进几个月或几年，想象一下这样一个场景：一位员工为了一个困难的抉择纠结许久，一直熬到深夜。[25]他走到厨房里去拿一杯咖啡，回想起企业的价值观。这些价值观，领导在会议上传达过，同事们在午餐休息时议论过，德高望重的公司前辈也身体力行过。那么对于这位员工或者所有员工而言，这些企业价值观应当简明扼要地阐述出企业最为重视什么以及企业成员最为关注什么。否则，这些价值观宣言就毫无意义，根本无法帮助创意精英们做出正确的抉择。在这个例子中，你希望让这位迷茫的员工考虑到哪些因素呢？把答案言简意赅地表述出来，然后把所得的内容与大家分享。注意不要通过海报或手册形式分享企业价值观，而要进行不厌其烦、推心置腹的交流。正如通用电气公司的前首席执行官杰克·韦尔奇在《赢》[a]一书中写道的："如果你不能时常传达你的目标，不能通过奖励巩固你的目标，那么，你的愿景还不如打印愿景的纸有价值。"[26]

谷歌于2004年上市，谢尔盖和拉里决定，趁着首次公开募股这个绝佳的机会，将指导企业决策和行动的价值观编成条文。这些价值观不仅涉及企业最重大的决策和行动以及领导者的决策和行动，还包括每个人在日常工作中的一举一动、一思一念。这套价值观深深扎根于创始人的个人经验，从谷歌6年前成立之初就一直引领公司前进。受沃伦·巴菲特致伯克希尔-哈撒韦公司股东信的启发，两位创始人起草了一份"创始人公开信"，附在招股说明书中。

起初，美国证券交易委员会认为这封信中不含有对投资者有

a.《赢》的中文版已于2005年5月由中信出版社出版。——编者注

用的信息，因此不应纳入公司的招股说明书。我们据理力争，最终还是把信附在了说明书里。然而，信中的一些内容惹得律师和银行家们忧心如焚，在一次会议上，他们联手对乔纳森展开围攻。乔纳森援引两大论点对信中的言论坚定地做了申辩：第一，这封信的内容大部分是拉里和谢尔盖亲自写的，只参考了少数谷歌人的意见，他们二人不会改变信的内容（在谈判中，如果你所代表的一方决意不妥协，那么你的立场就很容易守住）；第二，信中所写都是至诚不昧的肺腑之言。

2004年4月，这封信被公之于世，引发了一片好奇，也引来一些批评。让许多人匪夷所思的是，谷歌创始人为什么要花这么多时间来斟酌这封信的内容呢？（他们也不理解，为何银行家或律师想要修改信的内容，乔纳森却坚决反对、寸步不让？）这封信的主要内容并不涉及荷兰式拍卖和股东表决权，也无意挑衅华尔街的规矩。要是我们有拂华尔街的尊意，还请见谅。[27] 两位创始人并不想追求短期利益的最大化，也不关注公司股票的变现能力，因为他们知道，记录谷歌独特的价值观以备未来的员工和合作伙伴参考，才是决定企业长远利益的重要因素。回望过去，10年前那次公开募股中一些鲜为人知的细节已成历史，但“着眼于长远”、“为用户服务”、“不作恶”以及“让世界更美好”，依旧是谷歌行事方式的真实写照。

除此之外，谷歌文化的许多其他细节，比如拥挤的办公室、“河马”、“恶棍”以及以色列坦克指挥官等都没有在这封信中出现。但是我们可以通过接下来的内容发现，这些都是营造和维持谷歌文化的要素。在这样一种文化中，一切改变仅仅需要短短的一句“这些广告糟糕透了”。

拥挤出成绩

第一次参观谷歌的访客，一眼就会注意到谷歌员工享有的五花八门的娱乐设施：排球场、保龄球场、攀岩壁、幻灯片放映室、带有私人教练的健身房、小型游泳池、供人在办公楼间代步的彩色自行车、免费的高档餐厅，以及配有各式小食、饮品和顶尖意式咖啡机的厨房。这些配置会让访客毫不怀疑谷歌的员工整天都过着“小资”生活，从而错误地认为奢侈享乐是企业文化的一个组成部分。给予努力工作的员工额外的奖励，是硅谷自 20 世纪 60 年代起传承至今的做法。当时，比尔·休利特和大卫·帕卡德在加州圣克鲁斯山区买下了数百英亩的土地，建成了“小盆地”[28]露营地，作为员工及家属的休闲娱乐之地。[29]20 世纪 70 年代，ROLM 通信等企业纷纷开始在办公区域周边设置娱乐设施，其中包括配套齐全的健身房，以及可使用津贴补助消费的美食餐厅。后来，苹果公司凭借著名的周五啤酒狂欢活动加入了潮流。谷歌在斯坦福大学学生宿舍里成立，我们的娱乐设施建造风格与大学校园也有着千丝万缕的联系。拉里和谢尔盖努力打造出一派大学气氛浓厚的环境，为“学生们”提供了世界顶尖的文化、体育以及学习设施，让“学生们”花时间充实自己。多数的来访者都忽略了谷歌的办公场所，谷歌人的大部分时间是在这里度过的。如果你能跟随一名谷歌人（领英、雅虎、推特或者脸书的工作人员也行，但是上次我们俩的跟踪计划被保安打破了）的行迹，跟着他们从排球场、咖啡厅或厨房走出来，回到办公室里，你会发现怎样一番情景呢？映入你眼帘的，是一排排物品堆积、混乱不堪的隔间。这里，就是培育创意的温床。

你现在在办公室里吗？你的同事是不是就在你旁边？在椅子上转一圈，挥挥你的双臂，你有没有打到谁？坐在办公桌旁打电话的时候，你的同事能否听到你的对话内容？我们猜，他们八成是听不见的。你是管理人员吗？如果是的话，你是否有条件关上门与人密谈呢？我们觉得，答案估计是肯定的吧。实际上，你所在企业基础设施的整体设计目标很可能就是（以最小的花费）提供宽敞和安静的环境，级别越高的人，工作空间就越宽敞，环境也越清静。刚入职的新人被硬塞进办公隔间，而首席执行官除了有敞亮的大办公室，室外还拥有大片空间，一是用来安置助手，二是用来与其他人“划分界线”。

占领地盘是人的天性，职场中也不例外。在多数公司里，办公室的面积、摆设物的品质以及窗口的景致都是办公室主人成就与地位的象征。如果想要把机敏的员工变得牢骚满腹，用新的办公位置就能立马搞定。不少企业都会利用办公位置限制员工的自由发展。在贝尔实验室工作时，埃里克的一位上司因为办公室常年阴冷，于是买了一张地毯铺在水泥地上。但人力资源部的工作人员却强制要求他把地毯拿掉，原因是他的级别还不够格，无权使用这么高级的用品。在这样的环境中，所有特权都与职位挂钩，而不看员工的实际需求和具体业绩。

硅谷也难逃这种风气的侵袭，毕竟，艾龙（Aeron）办公椅就是在这里被打造成为地位的象征的。（“我选这种椅子，是因为这椅子对背好。”互联网老总都这样说，但事实真是如此吗？这种至少500美元一把的椅子，最好能让你的肚子和侧腰也都舒舒服服的。）这种“办公设施至上”的风气必须纠正，这种风气必须予以根除。办公室的设计应本着激发活力、鼓励交流的理念，而不要一味制造阻隔、强调地位。方便的交流可以为创意精英们提供灵感，把创意精英聚集在一起，你就能引爆他们的思想。因此，我们必须为他们提供一个拥挤的环境。

如果你轻松伸手就能拍到同事的肩膀，那么你们之间的交流和创意的互动就是畅通无阻的。传统的办公空间设有独立的办公隔间和办公室，让员工在办公时享受到安静的环境。员工之间的互动要么需要提前计划（比如在会议室里开会），要么纯属偶然（比如在走廊里、饮水机旁或是停车场偶遇）。而我们的理念则完全相反，我们认为，办公状态应鼓励大家多多交流，让大家在喧闹拥挤的办公室里畅所欲言、激情碰撞。在参与完团队活动后，员工可以到清静之地换换脑子。正因如此，谷歌的办公室里设置了许多休闲设施：咖啡馆和小型厨房里有僻静的位子，另外还有私密的会议室、露天阳台和院落，甚至还有睡袋呢。然而，休整完毕后，他们应当回到同事中间继续办公。

乔纳森在 Excite@Home 就职的时候，公司的办公设施部门租了一幢房子，想用作客户支持中心的办公室。但是，在工作人员即将搬入新办公室的时候，公司的管理团队否决了办公设施部门的提议，让客户支持中心的工作人员在原先拥挤的办公室里多待几个月的时间，而用新办公室来供大家在午餐时间举行室内足球赛。足球比赛为大家提供了一个聚在一起的机会，而把员工安排在宽松的办公空间则会让大家日渐疏远。另外，让员工挤在一起还可以消除因办公设施的好坏而起的怨气与不平。如果人人都没有属于自己的办公室，那么也就不会有人抱怨了。

一起吃住，一起工作

那么，哪些人应该在这种挤得满满当当的办公空间里办公呢？我们认为，不同职能的团队应该整合在一起。许多企业都会将员工按不同职能分隔开来，这可能造成产品经理和工程技术人员所在的办公楼在马路两旁“遥相呼应”。这样的格局比较适合传统的产品经理，他们通常对“网络图”以及“甘特图”[30]驾轻就熟，在看过一场令人眼花缭乱的PPT（演示文稿、幻灯片）演示后，他们看着投射出的高于投资门槛收益率的财务回报率，对管理团队认可的“正式计划”的具体实施方案大加评论。他们的任务，就是按照制订好的计划行事、带领大家克服一切困难、用所谓的“发散思维”思考问题、对首席执行官的朝令夕改阿谀逢迎、想方设法地让自己的团队迎合高层的决定。在这样的模式中，只要产品经理和工程技术人员能够经常通过工作总结和详尽的现况报告来为产品把脉，那么二者分开工作不仅不会造成负面影响，有时反倒是上策。我们对此并没有强烈的反对意见，只是觉得这种模式比较适合20世纪产品经理的工作，但对当今社会却已显落后。

在互联网时代，产品经理的任务是与设计、策划以及研发人员通力合作，共同打造高质量的产品。这样的模式要求产品经理通过涉足一些传统概念中的管理工作来影响产品生命周期、制定产品营销结构图、为消费者说话，并把这些理念传递给自己的团队和管理层。最重要的是，创意精英式的产品经理还需要从技术入手，让产品质量更上一层楼。这就要求这些经理对消费者使用产品的方法有所了解（也要把握科技发展对消费者的使用方法带来的影响），也就是说，他们不仅要学会解读和分析数据，还要看懂科技潮流，预见这些潮流对他们所在的行业带来的影响。这就要求产品经理与工程技术人员（或是化学家、生物学家、设计师以及公司其他负责产品设计研发的创意精英）一同吃住、并肩工作。

别听父母的：杂乱是种美德

办公场所一旦拥挤不堪，就容易变得乱七八糟。如果真是如此，就顺其自然吧。2001 年，埃里克在第一次踏入谷歌大门时，曾要求办公设施部门的负责人乔治·萨拉帮他把办公室清理干净。乔治照做了，可谁知他得到的“奖励”却是拉里·佩奇翌日发给他的一张纸条，上面写着：“我的东西都哪儿去啦？”原来，那堆看似胡乱堆砌的杂物，实际上正是谷歌员工辛勤工作、才思泉涌的结果。[31] 加入谷歌后，谢丽尔·桑德伯格（脸书的首席运营官）曾发给她的销售支持团队成员每人 50 美元，让大家用这笔经费装饰自己的办公空间。乔纳森在全球范围内发起了“谷歌艺术墙”比赛，参赛的谷歌团队使用魔方、照片以及彩弹枪射出的彩弹（彩弹是谷歌芝加哥分部的点子，真有芝加哥黑帮教父阿尔·卡彭的风格）等形式将谷歌的标识拼接了出来。已故的卡内基–梅隆大学教授兰迪·鲍许在他著名的“最后的演讲”中，用照片为大家展示了他童年时在卧室墙壁上手写的满满一墙的公式。[32] 他告诉听讲座的各位家长：“如果你们的孩子想要在卧室里信手涂鸦，看在我的面子上，就让他们画吧。”制造混乱并非目的（如果这真是我们的目标，那不少青少年一定能成为绝好的员工），但是，混乱往往是自我表达和创新的衍生品，因此可以算是一种好事吧。[33]我们看到，许多企业对工作环境的凌乱往往竭力反对，而这种做法常常会带来令人意想不到的消极影响。其实，你完全可以抛开顾虑，让你的办公室潇洒地乱一回。

虽然办公室可以杂乱拥挤，但办公室要为员工提供工作所需的一切条件。拿谷歌为例吧，谷歌是一家计算机公司，所以计算能力是我们的创意精英们最需要的。出于这个原因，谷歌向工程师们提供世界上最强大的数据中心和谷歌的整个软件平台。慷慨向员工提供工作中必须用到的资源，不失为一种根除职场办公资源相互攀比风气的方式。在奢华的办公设施和宽敞的办公室等无足轻重的资源上，我们能省就省，但对于那些关系重大的资源，我们则不惜倾力投入。

这种疯狂举动背后自有其道理。我们购买办公室，是因为我们希望员工在办公室办公，而不是在家里办公。许多人认为，正常上班时间在家办公代表了一种进步文化的“高境界”。但正如乔纳森常说的，在家办公其实无异于一种会在整个公司内蔓延、让员工士气萎靡不振的瘟疫。已故的贝尔实验室前董事长默文·凯利就是本着鼓励员工相互沟通的理念来设计公司办公室格局的。[34]走过长长的走廊，贝尔实验室的工程师和科学家们要么会与同事打个照面，要么就直接被拽进某间办公室里去了，而这种偶遇的机会是在家办公者绝对不会碰到的。谷歌的 AdSense[35]服务已成长为一项价值数十亿美元的业务，而这项服务，就是不同团队的几位工程师在办公室打桌球时突发奇想的结果。就算你的配偶或室友机智过人，就算你家真有台球桌，你们在下午茶时间在家想出一个价值几十亿美元大计的概率也小得可怜吧。

所以，还是在你的办公室准备好各种设施，然后欢迎员工来使用吧！

别听“河马”的话

河马是世界上最危险的动物之一，它们的速度比人类想象得快许多，只要有敌人挡路，它们便会把对方踩扁（或是咬死）。职场中的“河马”同样可怕。我们所说的职场中的“河马”，指的是“高薪人士的意见”。[a] 从本质上来讲，薪金的高低与决策能力完全无关，而只有在决策人使用个人经验作为有力凭据时，我们才能说经验的多寡对决策有所影响。但遗憾的是，在多数企业中，个人经验就是最有力的论点。我们说这样的企业使用的是“年资制”，它们将权力与任职时间挂钩，而不看个人具体能力。网景公司前首席执行官吉姆·巴克斯代尔有一句话让我们觉得非常有趣，放在这里很贴切：“如果我们手上有数据，那就依数据行事。如果大家只有想法而没有数据，那就按我的想法办。”[36]

如果把“河马”的声音屏蔽掉，有价值的观点就会受到重视。我们的同事肖娜·布朗说这是一种“提议不问出处”[37] 的做法。这句话听起来很简单，但实则不然。“河马”一言九鼎，主导着公司，而勇敢的创意精英们则冒着被河马踩死的风险捍卫质量和业绩，只有河马与创意精英平等参与，才能打造出任人唯贤的环境。

在一次会议上，谷歌的一位广告主管斯里达尔·拉马斯瓦米

a. 河马的英文为 hippo，而“高薪人士的意见”的英文则是 highest-paid person’s opinion。也就是说，这个英文首字母简写与 hippo（河马）是一样的。——译者注

讲了一则故事，放在这里非常恰当。当时，谷歌主打的关键词广告产品 AdWords 尚处在研发早期，谢尔盖·布林有一个构想，希望斯里达尔的工程技术团队帮助他把构想付诸实施。毋庸置疑，谢尔盖是在场各位中薪酬最高的人，但他给出的论点并不是非常充分，因此斯里达尔没有同意采纳他的构想。当时，斯里达尔还不是高级主管，因此，作为“河马”的谢尔盖完全可以强迫斯里达尔服从。但谢尔盖并没有那样做，而是选择了妥协：他让斯里达尔一半的团队负责将他的构想付诸实施，而另一半仍归斯里达尔指挥。但斯里达尔对这样的决定仍不满意，在对双方的理由进行了深度探讨之后，谢尔盖无奈放弃了自己的构想。

之所以会出现这样的结果，是因为谢尔盖本人也是一位创意精英。他对摆在面前的数据、技术平台的成熟度以及他的决策所处的大背景均有深刻的了解。那些对业务生疏的“河马”常常靠恐吓施压来达到自己的目的。如果身处要职的你被工作搞得焦头烂额，那么你就容易抱着“我说了算”的态度威慑他人服从你。你不仅需要对你的团队抱有信任，也必须有足够的自信，这样，你才能给员工自由，让他们自己去寻找更好的答案。

谢尔盖并不介意将控制权拱手让给斯里达尔，因为他知道，之所以聘用斯里达尔，就是因为斯里达尔的很多构想都比他自己的想法更好。作为“河马”，谢尔盖的任务就是在自己的构想有所欠缺时把机会让给别人。但在这件事中，斯里达尔必须大胆说出自己的观点，不能只是旁观。要营造任人唯贤的环境，我们必须创造一种强调“质疑”的文化。如果员工对某个问题存在疑义，就必须把自己的顾虑提出来。如果因为员工三缄其口而让不尽如人意的构想占了上风，那么这些员工也难辞其咎。依经验来看，多数创意精英都有很强的个性，无法把想法藏在心里。这种将提出疑义当作个人义务的文化正好给了他们一个自由表达的渠道。也有一部分人在提出反对意见时会觉得磨不开面子，在公开讨论场合更是如此。正因如此，我们才应当把“提出疑义”作为一种硬性规定，而不是可做可不做。这样一来，那些生性含蓄寡言的人也必须动起来，与“河马”相抗衡。

这会促使人们做出更好的决策，营造每个员工都觉得受重视且有自主权的环境。“河马”肆无忌惮，而质疑权威正是这种环境的克星，还能消弭那些阻碍伟大事业的偏见与不公。我们的同事埃伦·韦斯特与我们分享了她从“谷歌同志群”（谷歌的这个同性恋群体包括男女同性恋、双性恋以及变性人）成员那里听到的一件事。原来，“谷歌同志群”曾经讨论过谷歌是否算是他们就职过的第一家“后同性恋”公司，几乎所有人都认为，谷歌是一家“不看身份地位，只看实干成绩”的企业，因此离“后同性恋”已经非常接近了。

他们说对了！

7 的法则

在企业词典里，“重组”估计是最惹人厌恶的词条。而“重组”二字的出现，往往意味着外包以及大大小小的会议。有的高管认为企业问题的源头来自组织结构，觉得一旦调整了结构，一切问题就会不攻自破。因此，原本权力集中的企业立即忙着权力下放，或者按职能划分的架构改成事业部。通过整改，有的高管如愿以偿，有人则悔不当初。而与此同时，全体员工几乎一片茫然，担心饭碗不保，又猜测未来的新老板是哪种风格，也不知自己还能否保住靠窗的办公隔间。又过了一两年，另一批高管（或者可能还是同一任高管）逐渐意识到企业的问题仍没有得到改善，于是又发起了另一波整改。这可以说是计算机编程语言中有名的“for 循环”语句在企业的表现。[38]

企业的结构设计绝非易事。有的模式可能适用于只有一个办公场所的小型企业，但随着企业的扩大以及全球分部的设立，老模式就不再有效了。一劳永逸的答案并不存在，因此，企业才会在不尽如人意的备用模式之间反复调整，也就造成了企业重组现象的风靡。要跳出这个怪圈，最好的方法就是剔除头脑中对企业应有组织结构的先入之见，并遵守以下几条关键原则。

首先，保持扁平。有一种矛盾，几乎所有的企业都难逃其扰：虽然人人都声称希望通过扁平式结构拉近与上层之间的距离，但实际上，多数人仍然从心底希望等级制度延续下去。而创意精英们却不然，他们之所以渴望扁平的企业结构，并不是因为他们想与上层平起平坐，而是因为他们希望多干实事，因此需要加深与决策者之间的沟通。为了满足创意精英们的这一需求，拉里和谢尔盖曾经尝试过取缔整个管理层，还将这次改革称作“解散组织”。改革过后，有一次，工程负责人韦恩·罗辛竟一下子收到了 130 份直接报告。其实，创意精英们与正常人并没有太大的不同，他们也需要在正规的企业结构下工作。“无管理层”实验结束后，韦恩终于又有时间和家人团聚了。

我们最终敲定的解决方案虽然与上文中实验的措施一样简单，但没有那么极端。我们将这个解决方案叫作“7 的法则”。我们之前供职的企业虽然践行过“7 的法则”，但这个法则在他们那里指的是，管理者的桌上堆放的直接报告数不能超过 7 份。不过在谷歌，我们要求每位管理者的桌上至少要放 7 份直接报告（在管理谷歌产品团队的时候，乔纳森的桌上通常会堆放 15~20 份报告呢）。谷歌虽然依然保留有正式的企业组织结构，但这一法则（不如说是指导方针，因为我们例外的现象也时有出现）会让企业的组织结构趋于扁平，减少管理层的监督并赋予员工更多自由。桌上堆着这么多直接报告（许多管理者面对的报告要远远多出 7 份），管理者哪还有闲工夫对你的工作事事插手呢？

切莫自扫门前雪

埃里克在太阳计算机系统公司就职时，这家公司正处于飞速扩张阶段。随着业务越发复杂，公司决定进行重组，分设业务单元。新设的业务单元叫作“行星”，因为这些“行星”是围绕着太阳公司的主业计算机服务器销售而设的，每个单元都自负盈亏。（太阳公司的员工经常会用“自扫门前雪”来形容每个单元各自为政的情况。）

这种做法的问题在于，整个企业的总收益几乎都来自硬件销售（也就是太阳，而非行星），因此公司需要专门聘请一个会计团队来评估公司的收益，再把收益分配给各个行星。具体的分配制度是保密的，因此就连各个单元的负责人也拿不到有关分配细则的文件，只能由别人读给他们听。

谷歌坚持按职能划分部门，将企业分为工程、产品、财务以及销售等部门，每个部门直接向首席执行官汇报。谷歌会把这种组织结构尽可能长期地延续下去，因为我们认为，以业务或产品线为基础的组织结构会造成“各成一家”的局势，从而对人员和信息的自由流动形成扼制。每个部门自负盈亏的措施看似有利于衡量业绩，却会使各业务部门的领导者把自己部门的盈亏置于企业整体利益之上，从而对部门的发展方向造成误导。如果你所在企业的分部各有自己的利润表，请确保让外部消费者和合作伙伴成为部门赢利的主要推动力。最终，太阳计算机系统公司的行星结构对企业的生产力造成了重创，因为这种制度使得各业务单元的领导者（以及会计）不再潜心研发那些能为企业真正赢利的高质量产品，而是一心盘算着如何提高会计等式结尾的那几个阿拉伯数字。

另外，也请尽量不要把企业组织结构文件作为秘密藏起来。

重组工作的关键

有的时候，企业重组工作势在必行，在这种情况下，谷歌会在重组过程中遵循几条原则。第一，留意不同团队的不同倾向：工程人员喜欢复杂，市场人员喜欢增加管理层，销售人员喜欢招助理。你需要从中做出权衡（实际上，能够认识到这一点已经算是跨出一大步了）。第二，把所有重组工作安排在一天内完成。这听起来或许像是痴人说梦，其中却有意想不到的玄机。如果你的员工都是创意精英，那么你就应该容忍这种混乱。实际上，创意精英们会将棘手的任务看作大显身手的机会，而并不会因此不知从何下手。

2012 年，尼科什 · 阿罗拉对谷歌的业务部门实施了重组，这项工程牵扯到销售、运营以及营销等团队的数千名员工。尼科什选择了速战速决的方式，在他敲定重组的具体细则之前就把决定透露给了他的团队。谷歌的产品线从 AdWords 这一主打业务起步，在短短数年内便扩充到了数项业务（包括 YouTube 广告、Google Display Network 以及 Mobile Ads），打造了数支新的销售团队，但与此同时也在业界造成了一些困惑。就像许多拥有多款产品的销售负责人一样，尼科什希望打造出“一个谷歌”，将企业的关注点再次放回用户身上。但与一般的销售负责人不同，尼科什在短短数周时间里就完成了整个重组的计划和实施工作（好吧，他虽然没能把全部工作挤到一天内做完，但克莱伦斯·丹诺可能会辩称，有的时候，一天的时间不一定指 24 小时）[39]，因为他知道，自己的团队一定会雷厉风行地把重组工作完成。在接下来的几个月中，谷歌的业务部门的确进行了几处调整，不但实现了这次重组的初衷，还获得了比预期更好的效果。重组的关键，一是要速战速决，二是要在重组敲定前就开始实施。通过整改，业务部门的组织结构比预期的更加稳固，团队成员也因自己的融入和参与而更加关注集体的成败。完美的组织结构是不存在的，不必枉费心机去苦心设计，你只需尽力做出接近完美的设计，剩下的事就让你的创意精英们去完成吧。

贝佐斯的“两个比萨”原则

组织应由小规模的团队构成。亚马逊创始人杰夫·贝佐斯曾对“两个比萨”原则推崇备至，这个原则规定，团队人数不能多到两个比萨还吃不饱。[40] 小团队要比大团队更有效率，他们不会花那么多时间钩心斗角。小团队亲如家人，大家可能会起口角、争对错甚至闹分裂，但往往能在紧要关头团结一致。随着产品的增加，小团队也往往会扩大规模，最初由一小撮人负责的业务渐渐发展到需要更多人的共同努力才能维持。这是可以接受的，只要较大的团队不阻碍原有的小团队进行突破性创新就行。在一家大规模的企业中，大小团队的存在都是必要的。

组织要以最有影响力的人物为中心

一条至关重要的组织原则是：找出最有影响力的人物，组织就以此人为中心。不要把岗位或经验作为选择管理者的标尺，而要看他的表现和热情。工作表现比较容易衡量，但热情比较难以评估。热情是卓越领导者与生俱来的特质，这种人即便自己不主动请缨也会被别人推到领导位置上，他们身上的热情就像磁铁吸引铁屑一般把人们聚集在自己的身边。财捷公司的前首席执行官比尔·坎贝尔是埃里克和乔纳森长期以来的导师，他常常引用苹果公司前人力资源主管黛比·碧昂多利洛的话：“你的头衔可以让你成为管理者，但让你成为领导者的，是你的员工。”

埃里克曾经问过沃伦·巴菲特，在收购企业的时候，他看重的特质是什么。巴菲特回答说，他需要的是一位不依靠于他的领导者。如果一位领导者的斐然业绩是出于想带领企业走向成功，而不仅仅是想让企业攀上伯克希尔-哈撒韦这棵大树，那么巴菲特就会投资。在面对企业内部的团队时也应抱有这种态度：那些无论你是否批准都按自己的想法做事的人，才值得你投资。你会发现，这样的人往往会成为企业最为宝贵的创意精英。

但这并不意味着你应该打造一个明星体系。实际上，最好的管理体系都是以某个群体为中心而建立的，这个群体并不是一组超级明星，而更像一个舞蹈团。这样的组织原则有助于建立长期稳定的人才储备，使大量表现出众的板凳队员在机遇来临时能担当领袖。

在管理层的顶端，最有影响力的人（也就是执掌企业运营大权的人）应该是产品负责人。在首席执行官召开的会议上，至少有一半与会者应是产品与服务方面的专家，负责产品研发。这样可以确保领导层将注意力放在卓越的产品质量上。对于一家企业的成功而言，财务、销售以及法规等运营要素当然不可或缺，但会议探讨的重点不应放在这些方面。

在物色领导者的时候，要挑选那些不会将一己之利置于企业整体利益之上的人。就像我们在上文中写的，在不少企业中，业务单元或事业部的利益竟然会凌驾于整个企业的利益之上。有一次，还在太阳公司任职的埃里克想要换一台新的服务器。当时正值假期，因此他没有通过公司内部的购货系统，而是直接来到仓库，从货架上拿了一台服务器。打开包装盒，他发现里面竟然装着 6 份“使用说明”，每一份都是部门“河马”认为重要的信息。

这是许多政府部门的网站常犯的错误。（电视机遥控器也难辞其咎。要不然，我们真不知道遥控器的设计为什么这么恼人。认真地想想，遥控器上的静音键为什么又小又难找，但点播键不仅大而且颜色还很醒目？原因就是，点播业务的负责人有必须完成的指标，但谁也没法从广告静音上赚到钱。）一款产品的设计绝不应该带有企业组织结构的痕迹。打开 iPhone 手机的包装盒，你能推测出苹果公司的大权掌握在谁手里吗？当然能。苹果公司地位最高的人就是你们这些消费者，而不是负责软件、制造、零售、硬件、应用程序的主管，也不是签署支票的头头儿。所有的产品都应如此。

一旦找出了最有影响力的人，就应当赋予他们重任。把担子交到你最出色的员工手里时，你要相信他们会乐于承担，达到极限时他们会如实告诉你。有句话说得好：要把事情办好，就把任务交给忙人吧。

驱逐恶棍，保护明星

还记得小时候有关骑士与恶棍的谜题吗？在一座小岛上，有一位只说实话的骑士，还有一个总是撒谎的恶棍。你走到一个岔路口，一条岔路通往自由，另一条通向死亡。你面前有两个人，其中一人是骑士，一人是恶棍，但你无法分辨。你只能问一个问题来决定往哪儿走，那么，你该怎么问？[41]

人生就好像那座小岛，只是情况更加复杂一些。因为现实生活中的恶棍不仅品行不端，还自私自利，能够悄然潜入任何企业之中。举例来说，自高自大就是成功常见的一种副产品，毕竟，要想成功，你必须有过人之处。原本谦逊的工程师如果认为下一个全球性科技突破的钥匙就握在自己手中，就会自信心膨胀，令人难以接受。自负会让人产生盲点，因此非常危险。

想要辨别恶棍，我们还有其他依据。你会对同事的成功产生嫉妒之心吗？如果答案是肯定的，你就是个恶棍了。[42]你会抢占属于同事的功劳吗？你会推荐消费者购买不需要或对他无益的产品吗？如果你加热午餐时把公司的微波炉弄脏了，你会不会不收拾就扬长而去？你会不会在大堂的墙壁上乱涂乱画？如果答案是肯定的，那么你就是恶棍了。

一家企业的品格是所有成员品格的总和，因此如果你想打造一家高品格的企业，就必须要求员工也有高品格。你不能给恶棍留任何钻空子的机会。“一日为恶，终身为恶”，这是我的个人经验。（正如管理大师汤姆·彼得斯所说的：“所谓的‘小恶’是不存在的。”）

幸好，员工的行为大多是符合社会规范的。在骑士价值观主导的文化中，骑士们会对恶棍的恶行进行检举，直到恶棍端正品行或灰溜溜地逃走。（这也是我们倡导拥挤的办公环境的另一个原因：人们在社会约束下最注意自己的言行，而拥挤的办公室里处处都是社会约束！）这种震慑对于多数恶行都有抑制作用，因为恶棍通常要比骑士更渴望个人成功，所以一旦发现无法通过恶行取得成功，恶棍大多会选择逃离。作为管理者，一旦在团队中发现害群之马，最好的方法是减少其职责，并让骑士接手剩下的工作。对于极端败坏的恶行，你需要立即动手，把恶棍铲除出去。想象一下那些试图从其他海象妈妈那里偷奶吃的小海象（恶棍），它们不仅会被哺乳的海象妈妈撕咬，还会被其他雌海象（骑士）群起而攻。[43]绝不要放过那些有损企业利益的人，不必像海象一样撕咬他们，但一定要迅速果决地采取行动，把疯狂恶行扼杀在萌芽状态。

恶棍所占的比例有一个临界点。这个比例达到一定数值时（这个数字比你们想象的要小[44]），大家就会认为自己必须迎合恶棍的做法才有出路，而这只能让形势愈演愈烈。创意精英或许具备许多优秀的特质，但他们并非圣贤，因此，切记要注意团队中恶棍的比例。

切记不要把“恶棍”和“明星”搞混。恶棍的恶行是人品不端的产物，而明星的行为是出类拔萃的结果。恶棍把私利置于集体利益之上，而明星虽然自我感觉良好，但对个人利益和集体利益同等重视。恶棍一经发现，就需要及时处理；明星对企业的贡献足以支撑其狂妄，你就需要对他们多加容忍，甚至悉心保护。伟大的人才往往不循常规且难以相处，他们的怪癖有时的确让人抓狂。文化遵从社会常规，而明星偏偏不循常规，因此企业文化的条条框框常会在扫除恶棍的同时把明星一并扫除。只要你的员工能找到与明星共处的方法，只要明星的成就足以抵消他们的大牌做派给企业带来的损失，你就应该努力为明星提供保护，而明星常会带来意想不到的回报。

“过劳”有道

工作与生活的平衡，是检验某种管理方式是否合理的试金石，但对于精明能干的员工而言，这个标准却缺乏合理性。其实，这个标准本身就存在问题，因为对于很多人来说，工作是生活的一个重要组成部分，二者不可分割。最理想的企业文化会让员工无论在家或办公室都有许多有趣的事情去做，这是在鼓励大家以合理的方式“过度工作”。因此，如果你是一位管理者，便有责任将职场环境营造得生机勃勃、多姿多彩，但那种强迫员工每周 40 工时的工作强度就不大必要了。

在职场中，有些年轻妈妈在晚间与家人共处或哄孩子睡觉的时候会完全屏蔽工作。而晚上 9 点钟一到，随着她们的电子邮件或语音信息涌入办公室，便意味着她们的注意力回到工作上来了。

我们都有过与这种女同事共事的经验。（当然，有的年轻爸爸也会出现这种情况，只是这种情况在妈妈身上比较明显。）这些职场妈妈的工作担子重不重？当然重。她们在家里的担子是不是也很重？没错。她们是不是为了工作而牺牲了家庭生活？可以说是，也可以说不是。这是她们自己选择的生活方式。有的时候，工作重于一切，迫使她们不得不牺牲休息时间，对此，她们会坦然接受。但是有的时候，她们也需要从工作中抽身一个下午，带孩子去海滩玩耍，或让孩子到办公室和她们共进午餐或晚饭。（夏季傍晚的谷歌主园区看起来就像家庭野营地，父母们怡然自得地享受晚餐，而孩子们则成群结队地在一旁跑来跑去。）工作紧张期可能会持续数周甚至数月时间，初创公司更是如此，但这种特殊情况并不会一直持续下去。

面对这种特殊时期，作为领导者，你需要给员工以自由和责任。不要强迫他们加班加点，也无须规劝他们早些回家陪伴家人。你只需让员工知道他们需要对自己的工作负全责，这样，他们就会全力以赴地确保完成工作。给他们足够的空间和自由，让他们自己做主。2012 年，玛丽莎·迈耶成为雅虎公司首席执行官，这让她成为硅谷最负盛名的职场妈妈。她说，疲惫不是因为工作过度而引起的，而是因为不得已放弃重要的事。[45] 把控制权交到创意精英的手上，他们通常会自己找到工作和生活之间的平衡点。[46]

控制团队规模也不失为一种方法。在小团队中，如果某个成员身心俱疲，需要早些回家或是请假休养，那么其他成员很容易就会有所察觉。在大团队中，请假的人可能会给别人偷懒的印象，但小团队却能理解成员偶尔的缺席。

谷歌鼓励员工享受假期，但这么做，并不是宣扬“工作与生活平衡”的理念。如果某个人对企业的成败至关重要，以至于如果他一旦抽身一两周，企业就运转不下去了，那么这个问题是绝对不容忽视的。没有人对企业来说是真正不可或缺的。有时候，有的员工会有意把自己打造成企业不可或缺的人物，这或许是因为他们的自负在作祟，也可能是因为他们错以为“不可或缺”意味着工作上的保障。给这种人安排一个假期，让别人填上空缺。这样一来，不仅骨干人物会因休假而神清气爽、干劲十足，其代班人也得到了锻炼。（这也是产假和陪产假的隐性好处。）

营造说“好”的企业文化

我们都有孩子，因此这几年来，我们亲身体会到了家长条件反射般说“不”的习惯有多恼人。“我能喝瓶苏打水吗？”不行。“一勺冰激凌不够，给我两勺好吗？”不行。“我知道作业还没写完，但我能不能玩会儿电脑游戏？”不行。“我能把猫咪放到烘干机里烘干吗？”不行。

这种“万事都说不”的毛病也悄然蔓延到了职场上。在给出否定答案时，企业往往会精心设计出层层障碍，通过烦冗的程序、层层的审批还有一场场的讨论会，用“冷暴力”的方式说“不”。“不”对于创意精英而言犹如当头一棒，这表明企业已然失去成立之初的活力，披上了过于形式化的外衣。在遭遇一次次“不”的重重打击后，创意精英们便不再多费口舌，开始盘算另谋高就了。

为了避免这种情况发生，我们应该营造一种乐于说“好”的企业文化。成长中的企业会出现混乱，而管理者大多会试图通过设置更多流程来加以控制。其中一些流程的确有助于企业的前进，但即便如此，不到必要时请不要轻易尝试。添加流程或增设门槛的前提条件一定要严格，如果不是出于能够让人百般信服的业务上的考量，就不要增设这些障碍。我们两人都很喜欢康涅狄格大学前校长、美国学者迈克尔·霍根说过一句话："说'好'，是我的第一条忠告。这个字说得越多越好。'好'能够帮你打开大门，'好'能够促进事物的发展，'好'能带来新的体验，而新的体验能让你获取新的知识与智慧……在这个变化无常的时代，说'好'的态度可以伴随你披荆斩棘。"[47]

几年前，YouTube 的前负责人萨拉尔·卡曼加亲身体验到了说"好"的益处。那是在他主持的每周员工大会上，大家就"高清重播"这一视频新添功能展开了讨论。功能测试进行得非常顺利，萨拉尔表示，如果没有反对的理由，这项功能马上就能投入使用。有人发言说："按照计划表，这项功能还要等几周才能投入使用，我觉得我们可以继续测试，确保万无一失。"萨拉尔回答："好的。除了计划表的规定，还有没有什么理由阻止我们马上把这项功能投入使用？"没有人能想出任何理由。翌日，高清版 YouTube 问世。没有任何差错，也没有任何纷争，就这样，一个人坚持说"好"，让几百万 YouTube 用户提前几周享受到了便利。

快乐工作强扭不来

在每周五举行的谷歌 TGIF 大会上，所有新入职员工都被安排在同一区，戴上彩色的螺旋桨帽子作为新人标志。谢尔盖热情地对大家表示欢迎，大家热烈鼓掌，然后，谢尔盖便抛出一句：“好了，回去工作吧。”这句话的确不是什么惹人捧腹的笑话，但加上谢尔盖那严肃的语调和淡淡的俄罗斯口音，总能引人拊掌大笑。作为创意精英的领导者，幽默感是谢尔盖的伟大天赋之一。在主持周五会议的时候，他常会即兴发挥说一些小段子，逗得大家前仰后合。大家可不是为了博创始人开心而强颜欢笑，每个人的笑都是发自内心的。

一家初创的伟大企业、一个炙手可热的项目或者一份好工作，都应该充满乐趣。如果你忙得焦头烂额，却没收获快乐，那就有问题了。对未来成功的憧憬会令人振奋，但更多的乐趣却来自同事间的欢声笑语、幽默调侃。

多数企业都试图制造“快乐”。比如，这周五我们会举行每年一度的公司野餐会、节日派对或员工出游；我们会安排有趣的音乐，设置有趣的奖项，还会举行一些有趣的竞赛，让一些员工出出糗博大家一乐；我们安排了有趣的画脸活动，还请了有趣的小丑和占卜师，活动的小食也很有趣（但是我们不提供有趣的含酒精饮料）。大家都要参加，都必须玩得开心！然而，这样的游乐活动有一个致命伤，那就是，这些活动不能让人真正“快乐”。

其实，这些活动并非必需。只要组织有方，公司举办一些集体活动无可厚非。实际上，组织一次有趣的公司派对并不困难。有趣的派对与有趣的婚礼一样：有趣的人群（你招聘的人才应该都不错，对吧？）+ 美妙的音乐 + 可口的食物和饮料。这就行了。虽然那些天性无趣的客人有可能破坏活动气氛，但只要出动一支 20 世纪 80 年代金曲翻唱乐队或是搬出一打上好的啤酒，一切不快就会烟消云散。无论是谁，只要手拿一瓶啤酒，随着乐曲舞动起来，都会变成开心果。

除此之外，公司和团队还会组织拓展活动。拓展活动通常秉着“团队建设”的初衷，旨在让团队成员彼此磨合。活动内容往往包括绳索课程、烹饪课程、性格测试以及解决团队问题。一番训练之后，大家就像机器一样被微调到位了。但是，事实真的如此吗？在谷歌，我们认为拓展活动不应考虑什么“团队建设”，让大家好好去玩儿就行了。乔纳森对远足的标准是：（在天公作美的前提下）选择一个从未到过的地方进行户外活动，地点要离办公室足够远，让人觉得自己真是在远行，又可以在一天内完成，还要给人独自无法收获的体验。

就这样，乔纳森带领他的团队把北加州游了个遍：我们游览了红木林和尖峰石阵国家公园，在新年岛公园一睹著名海象的真容，还徜徉在圣克鲁兹海滨步道。这些活动花费不多，因为乐趣并不一定来自高消费（但营造出来的快乐却往往很珍贵）。谷歌刚成立的时候，只要你有一根球棍和一双轮滑鞋，而且不介意在进球时让创始人用屁股顶你一下的话，那么你就可以免费参加拉里和谢尔盖举办的滚轴冰球比赛了。谢丽尔·桑德伯格为她的营销团队开设了一个读书俱乐部，这个俱乐部在我们的印度分公司人气极高，每位员工都加入了。韩国流行歌手“鸟叔”曾经到谷歌的韩国分公司参观，于是，埃里克便带领首尔分部全员跟随他一起跳了一曲《江南 Style》。（舞技并不重要，重要的是你愿意跳。）

乔纳森曾经和市场部的负责人辛迪·麦卡弗利打赌，想看看谁的团队参加谷歌年度员工调查问卷（Googlegeist）的积极性较高。作为惩罚，输的一方要为赢家洗车。结果，乔纳森输了，于是辛迪便租了一辆加长悍马，涂上厚厚的泥巴（我们至今也不知道她到底是怎么做到的），然后把自己的团队招来，一边观赏乔纳森清洗这辆庞大的 SUV（运动型多功能车），一边往他身上砸注水的气球。还有一次，乔纳森带来几套拼装式篮球架，向几支工程团队发出挑战，看哪支队伍能在最短时间内把篮球架装好。这样，谷歌就有篮球架了。其中有些工程人员连扣篮是什么都一头雾水，但是一旦出现工程方面的挑战，他们的斗志就燃起来了。

快乐文化与创意文化有一个共同点：快乐无处不在。关键在于，要尽量放宽限制，没有什么是“神圣不可侵犯”的。2007 年，我们的几位工程师发现埃里克在谷歌内部网站的头像照片被误放在了公共资料库里。他们在照片背景上放上比尔·盖茨的肖像，在愚人节那天，把修改过的照片放在了埃里克的个人主页上。这样，任何一个打开埃里克主页的谷歌员工都会看到以下这张照片：

这张头像照片，埃里克使用了整整一个月。

在这个例子中，谷歌员工把比尔·盖茨的头像放在墙上来开玩笑，然而，精英的玩笑可不总是这么“和谐”。这个时候，有一些底线还是有必要的。2010 年 10 月，谷歌工程师科林·麦克米伦[48]以及乔纳森·范伯格发布了一个叫作 Memegen 的谷歌内部网站，谷歌员工可以在网站上创建 meme 吐槽图（配有简明吐槽文字的图片），并为同事的 meme 吐槽图投票。通过这个吐槽网，谷歌员工不仅可以用尖酸刻薄的语言对公司状况“大肆抨击”，也从中获得了无与伦比的乐趣。像歌手汤姆·莱勒和主持人乔恩·斯图尔特一样，吐槽网以诙谐的方式直击公司内部种种矛盾纷争的根源。比如：

埃里克一张口，Memegen 就炸开了锅。

很明显，埃里克是 Memegen 用户的热议人物。

曾记否，正是因为大家的积极批评，谷歌才拥有如此的光辉岁月。

欢迎来到谷歌！

欢迎来到谷歌！自从你开始抱怨之后，谷歌变了很多是不是？

那就赶紧表达你的不满吧！

这也不失为谷歌眼镜的一个新应用功能：

眼镜啊眼镜，让我看到一只松鼠吧。

在谷歌“热气球计划”（Project Loon，我们会在下文中为大家详细介绍）公布于世之后，一位谷歌员工觉得他的“OKR”（Objective and Key Results，目标与关键成果，也就是季度业绩目标，我们会在第五章详细介绍）也需要与时俱进了。

跟“热气球计划”一比，我的季度业绩目标显然弱爆了。
热气球计划

与韩国流行歌手“鸟叔”一起在首尔起舞。

其中一位因为搞怪的舞蹈动作而为世界熟知……
另一位的名字叫：鸟叔。

这些都不是强扭的乐趣，这样的快乐是佯装不来的。信赖你的员工，不要因惧怕出纰漏而杞人忧天，真正的快乐只有在这样自由放任的环境中才能绽放。这样的快乐多多益善，员工越快乐就越能干。

别光着身子就行

出任诺勒公司首席执行官后不久，埃里克从一位熟人那里得到了一条中肯的建议。这位熟人告诉他：“在企业变革时期，你需要先找一批精明的人才。要找到一批精明的人才，你就得先找到其中的一个。”几周之后，埃里克与一位他很看好的诺勒公司工程师一起搭乘飞机从圣何塞去犹他州（诺勒公司所在地），他猛然忆起熟人有关企业改革的建议，于是问他能不能列出几位诺勒最精明的人才的名字。几分钟后工程师的单子就列好了，之后，埃里克与单子上的每个人都安排了见面。

几天后，清单上的第一个人如约来到了埃里克的办公室，他面色惨白地问道：“我是不是做错什么了？”接下来的几场会晤也类似，每位人才来到办公室时都会满腹戒心。埃里克很快就意识到，诺勒的人员只有在被炒鱿鱼的时候才有机会与首席执行官进行一对一的会面。原来，他在无意中让诺勒最优秀的人才误以为自己要丢饭碗了，虚惊一场。

诸如此类的事情让我们很早就体会到，改变一家企业的固有文化有多困难。“寻找精明人才”的建议听上去的确在理，但在具体过程中，埃里克却出乎意料地遭遇了企业根深蒂固的文化阻力。为一家初创企业奠定文化基础并不困难，而让一家已处在经营阶段的企业改变文化却难上加难。可相比之下，对现有的企业文化做出改变对一家企业的成功更为关键，因为对于大部分创意精英而言，停滞不前、流于形式的企业文化就是他们的大敌。

2012 年，谷歌将摩托罗拉移动公司收入麾下[49]，我们亲身体验了企业文化改革的困难。要改变企业文化，首先要找出症结所在。请考虑一下，你所在企业的文化到底是什么（这不是指使命宣言或企业价值观中所写的企业文化，而是指员工日日践行的真正文化）？这样的企业文化为企业带来了什么样的影响？注意，不要只是草草地对现行的企业文化大肆抨击，因为这对员工而言是一种侮辱。实际上，我们可以试着找出企业的问题以及企业文化在其中所起到的作用，以此作为切入点。

接下来，阐明你希望塑造的企业文化。借用2010年世界杯上耐克的广告语，你应当“书写未来”，并态度明确、脚步坚决地向未来进发。支持部门之间的沟通和创意共享；把员工的日程公布出来，好让同事们知晓彼此的进度；多多召开公司会议，鼓励坦诚提问，而当问题指向你时，你也需要毫无隐瞒地如实作答。在谷歌的一次以摩托罗拉为主题的周五TGIF大会上，几位员工就摩托罗拉的产品提出了几个尖锐的问题，领导者尽量坦诚翔实地给出了回答。会议后，乔纳森偶然听到几位摩托罗拉的员工在担心提问的人会不会被开除，他告诉这些员工，他们的担心是多余的。

在尝试重新定义企业文化时，参考原有文化有时会对你有所启发。曾参与IBM复兴计划的郭士纳在《谁说大象不能跳舞？》[a]一书中谈道：“有人说，一家公司就是某个领导人影子的延伸。[50]对于IBM而言，这个领导人就是托马斯·约翰·沃森先生。”[51]在书中郭士纳还提到，在重建IBM的同时，他秉承了沃森先生“精通各项业务”、“做优质客服”以及“尊重每一个人”的理念。但要注意，在弘扬前人理念的同时，我们也应大胆剔除糟粕。郭

a. 本书已于2003年1月由中信出版社出版，2010年1月再版。——编者注

士纳废除了沃森制定的蓝西装、白衬衣的着装要求，因为当年这个规定是为了表示对顾客的尊重而制定的，但现在这个目的已不那么明显了。“我们没有用新的着装标准代替老标准，我只是借鉴了沃森先生的智慧，决定让大家参照当天的环境以及周围的人来自行决定着装。”[52]

（在公司会议上，曾经有人要求埃里克阐述一下谷歌的着装标准。埃里克给出的答案是：“别光着身子就行。”）

上述措施实施起来非常费时。要想运用我们在本书中传达的理念来改变一家企业的文化，所用的时间要远远超出你的想象。这是我们在重组摩托罗拉时得到的最重要的经验，估计许多职场人士都能感同身受。

跟我来

如果你决心开创一番新事业（或是对现有的事业做出彻底改造），就要面对冗长的工作日、无眠的夜晚，甚至连参加生日派对的时间都要被砍去。另外，你还必须聘请那些跟你志同道合、甘愿与你做出同样牺牲的人。要做到这一切，你必须拥有坚信自己定会成功的激情，也要拥有为梦想而实干的理性。这不仅需要你潜心投入、坚韧不拔，更重要的是要心无旁骛。在迎战敌军的时候，以色列坦克指挥官们并不会大喊——“冲啊！”，而是会用“Ah’cha’rye”来动员自己的部队。这句话是希伯来语，翻译过来就是“跟我来”的意思。任何有志于做创意精英领导者的人，都需要拥有这样的态度。

埃里克与马克·扎克伯格在脸书位于帕洛阿尔托的总部进行

过一次会晤。当时，脸书和马克日后的大展宏图已是板上钉钉的事情。两个人聊了几个小时，在大约下午 7 点时结束了会谈。埃里克正准备离开时，一位助理帮马克端来晚餐，放在他的电脑旁边。马克坐下来，没有吃饭却继续投入了工作。这件事充分表现了马克的敬业。

谷歌的一位资深工程师马特·卡茨回忆道，他经常看到负责谷歌数据中心基础设施的高管乌尔兹·霍尔泽在穿过办公室的途中一路捡拾垃圾的情景。首席执行官在公司大门收取大摞报纸，公司创始人擦拭前台……类似的现象在硅谷比比皆是。通过这些行为，领导者践行了平等理念：我们同舟共济，职责共担。但实际上，他们这么做，主要还是出于对公司的热爱。热情对领导力不可或缺，如果你缺少热情，就马上走人。

不作恶

来到谷歌大约 6 个月后，埃里克深深参透了“不作恶”的意义。这句话是谷歌工程师保罗·布赫海特和阿米特·帕泰尔在公司成立不久的一次会议上提出的。可是，埃里克完全没有料到，这句简短的口号会如此彻底地渗透到企业文化的方方面面。一次会议上，大家讨论到对广告体制做出一项改变可能带来的好处。虽然这一改变有可能为公司带来丰厚的利润，但一位工程负责人却拍桌反驳道：“这是在作恶，这事我们不能做！”屋里顿时鸦雀无声，让人不禁想起老西部片里打扑克的场景：一名玩家指责另一名玩家做了手脚，所有人从桌旁退开，等着看谁会先掏枪。埃里克暗自思忖：没想到，谷歌的这句话真不是开玩笑的。沉默过后，是一场相持不下的讨论，最终，做出改变的提案被否决。

“不作恶”这句广为流传的谷歌口号其实并不只是字面上那么简单。没错，这句话的确真诚表达了谷歌员工感同身受的企业价值观与目标。但除此之外，“不作恶”这句话也是给员工授权的一种方式。在做出决策时，谷歌的员工经常会以自己的道德指针作为衡量标准，因此埃里克在那次会议上的所见所闻并不罕见（除了拍桌子那个小插曲）。

在丰田公司发明的著名的“及时生产看板制度”（Kanban system of just-in-time production）中，有一条质量管理原则就是：在发现质量问题时，流水线上的任何一位员工都有权拉绳中止生产。[53] 而谷歌这句简短的口号中也包含着同样的洞见。在埃里克所说的那次会议中，那位工程师在对提案中的新改动冠以“作恶”之名时，其实就无异于拉绳中止了流水线。这样，所有人都要参与评估这项新改动，还要判定它是否与谷歌的企业价值观相符。每家企业都应“不作恶”，这句话就如北极星一般，为管理方式、产品计划以及办公室政治指明了方向。

营造根基扎实、深入人心的企业文化，最根本的价值就在于此。这成为你与企业行事的基础，也能防止企业偏离正确的轨道——因为，企业文化本身就是正确的轨道。最卓越的企业文化，都会立足高远。对于本章中的每一条洞见，我们都配以实例，来说明谷歌的洞见并非无源之水。其实，谷歌做得不好的例子也不少，但相比之下，超越标准的情况更为常见，也正因为如此，我们的标准也在不断提高。这就是伟大的企业文化的力量：它让公司的每一个成员不断进步，也会让整个企业变得更大更强。

第二章

战略：你的计划是错误的

我们不知道读者从事什么事业，所处何种行业，因此我们不会越俎代庖地指导你如何制订商业计划。但我们敢百分百地打包票：如果你有商业计划，那你的计划一定是错误的。只要是 MBA 式的商业计划，无论经过怎样的深思熟虑，一定在某些方面存在硬伤。如果你硬要一心一意按照这份有瑕疵的计划一步步走下去，那么就会像企业家埃里克·莱斯说的一样“实现失败”。[54] 因此，风险投资家应永远遵守投团队而不投计划的准则。既然计划会错，那么人就得对。成功的团队懂得如何发现计划中的瑕疵，并及时做出调整。

那么，新创企业在没有计划的情况下该如何吸引优秀人才和其他重要资源（比如资金）呢？实际上，制订计划无可厚非，但是要明白，随着你对产品和市场了解的加深及事业的发展，计划也要随之做出调整。要取得成功，除了对计划进行及时反复调整，我们还需注意制订计划的基础。互联网时代为科技和社会结构带来的剧变，让我们从学校和职场中学到的一些曾经广为接受的战略原理变得不再适用。[55] 因此，你的计划虽然可以调整，但必须以合乎现今社会运作方式的基本原理为基础，并在转型时以这些原理为指导。计划可变，基础则应岿然不动。

计划的无常可能会让一些想加入团队的人望而却步，因为绝大部分人都不喜欢不确定性。而创意精英与一般人不同，他们就爱自己动脑筋想对策。就像乔纳森给一位员工写的评语一样，创意精英们“适应性强，能够在这令人眩晕的环境中保持随机应变的灵敏”。[56] 实际上，一纸宣称能解决一切问题的计划得不到创意精英的信赖，他们宁愿为“不完美”的计划投入精力和热情，只要这计划建立在正确的基础上。

这个经验，是乔纳森的团队传授给他的。那是 2002 年，乔纳森刚加入谷歌时，谷歌对商业计划的战略基础考虑得非常全面。但是，这些原则并没有被仔细记录下来。实际上，自从 1998 年谷歌成立以来，就没有一个人专门拿出时间来完整记录谷歌的战略。乔纳森立马采取行动，想要填补这个不容忽视的漏洞。他习惯那种笔墨未干就注定过时的传统商业计划，于是便想要制订一份这样的计划。但由玛丽莎·迈耶、萨拉尔·卡曼加以及苏珊·沃西基组成的助理团队却及时阻止了他。[57] 他们认为，谷歌并不需要记录什么商业计划（甚至连商业计划也不需要），但为了招纳新人和保证大家前进方向的一致，谷歌必须把计划所依据的基本原则记录下来。他们三个人说，只要把基本原则告诉谷歌人，接下来他们就知道怎么做了。

于是，题为“谷歌战略：过去、现在与未来”的计划应运而生。2002 年 10 月，我们把计划提交给董事会（翌年夏天，迈克·莫里茨之所以让我们递交一份更加全面的商业计划，正是由这份计划案而起的）。在此后的数年，这份计划的一部分内容仍被用来概述谷歌的运作方式。计划中所述的原则与 20 世纪 90 年代大部分高科技互联网企业的原则大相径庭：用基于科技洞见的创新方式解决重大难题，优化规模而非收入，让能影响每个人的优秀产品带动市场增长……时至今日，这些原则仍是互联网时代企业成功的基本指南。

信赖科技洞见，而非市场调查

20 世纪 90 年代中期，拉里和谢尔盖开始着手进行他们的博士论文研究项目，这个项目就是谷歌的前身。当时，主要的几家搜索引擎是按照网站的内容为搜索结果排序的。如果键入“大学”这个关键词，你有可能搜出一所大学的网站，也有可能搜到一家书店或是自行车店的网站。在参观一家搜索引擎公司的时候，拉里提出了他在使用引擎搜索“大学”一词时出现的状况。工作人员告诉拉里，这件事责任在用户自身，他们应该让自己的搜索请求更加准确。

因此，拉里和谢尔盖找到了一个更好的方法。他们发现，通过调查某个网页与哪些其他页面链接，可以判断出此网页的质量（即网页的内容与用户搜索请求的关联性）。一家与其他许多网站链接的网站，一般而言内容的质量更高。[58]谷歌搜索引擎甫一问世就脱颖而出，究其原因，除了为网页排序的方式，还有许多其他的因素。比如，谷歌搜索引擎比较重视学术性网站上搜到的结果就是一个突破。但归根结底，利用网站的链接结构作为路径来寻找最佳匹配结果的科技洞见，才是整个搜索引擎各种优越性的源泉。

从那以后，谷歌几乎所有的成功产品都是由坚实的科技洞见作为基础的，而那些不尽如人意的产品则大多缺少科技洞见的支持。谷歌最赚钱的广告引擎 AdWords 背后的洞见是：在为广告排序时，应该以广告信息对用户的价值作为标准，而不是看广告商们愿意出多少广告费。[59]通过计算，按主题而非出处为新闻归类的科技洞见，催生了能将成千上万媒体渠道的新闻标题汇集在一起的谷歌新闻网站。而谷歌的开源浏览器 Chrome 基于的科技洞见是，随着网站越发复杂和强大，浏览器也应随之提速。随便选一款新颖而强大的谷歌产品，你都会在产品背后发现至少一项重要的科技洞见，也就是那种可以在科技杂志上占一席版面的突破性洞见。谷歌的 Knowledge Graph 搜索功能，就是为了将互联网上有关某个人物、地点或事件的大量杂乱信息加以组织整理，以易于浏览的格式展现出来。YouTube 内容识别系统为每个视频及音频文件建立独有的数据描述，以此与全球版权数据库的内容相比对，以便于版权所有者在 YouTube 网站上找到自己所拥有的视频和音频内容（甚至可以从中获利）。在庞大的多语种用户群的共同建设下，谷歌翻译软件的性能日渐提升。Hangouts（一对一或多人实时视频聊天工具）实现了各种视频代码的云端转换，而不再依靠电子设备来转换视频格式，让用户只需一键操作，便可轻松在全球范围内使用任何电子设备进行视频会议。

产品计划由产品负责人制订，但产品计划常常（几乎总是）会遗漏最为重要的因素：创造这些新功能、新产品或新平台，其背后依据的科技洞见是什么？这所谓的科技洞见，是指用创新方式应用科技或设计，以达到生产成本的显著降低或产品功能和可用性的大幅提升。依靠科技洞见生产出来的产品，可以与同类竞争产品拉开显著差距。这样一来，产品不仅得到了显著的提升，而且无须大肆宣传也照样能让消费者感受到其独一无二的魅力。

有的时候，科技洞见可以信手拈来。比如美国家居用品品牌 OXO，就是靠对家居用品的创新设计而建立的。但在大多数情况下，科技洞见都来之不易。正因如此，多数企业都不愿以科技洞见作为企业战略的基础，而是运用传统的 MBA 模式依据企业的最有利条件来做决策（所谓最有利条件，就是迈克尔·波特所说的竞争优势[60]），并利用最有利条件扩张到邻近的市场。如果你的企业已经在运转中，且用利润百分比来衡量企业的业绩，这样的手段的确非常有效。但如果你仅仅处在起步阶段，这个方法就不适用了。如果你目光狭窄，仅仅想靠发展企业竞争优势来占领相关市场，那么你绝不可能敲开行业大门或实现业务转型，也休想将最优秀的创意精英招入麾下。

企业还可以在定价、市场、分销以及销售方面利用一些巧妙手段，以求扩大企业的市场占有率及提升利润。想想超市食品区那些打着"升级新配方"噱头的产品吧，实际上，除了食品包装和广告宣传上有所创新，食品的内容仍是换汤不换药。商家的这些花招往往是通过市场调查总结出来的，常常需要召集一批顾问，让他们将企业的潜在顾客群细分为千禧一代、X一代，连10岁以下的小孩也要具体分年龄层，搞得设计师不得不拿多达31种口味的产品来应对。那么，雇用这些市场调查顾问有没有什么好处呢？我们觉得最大的好处就是：想挑这些顾问的毛病非常容易，他们一旦犯错，你就可以让他们卷铺盖走人了。

20世纪90年代末，乔纳森主管Excite@Home的产品团队。正是这家公司背后的科技洞见，使得为千家万户输送电视节目的同轴电缆与宽带网线之间的转换成为可能。Excite@Home研发的电缆调制解调器可谓一项突破性的产品，无奈却遭遇"市场调查"这个大敌。有线电视网络运营商的数据表明，多数有线电视用户都拥有使用英特尔80286及80386处理器的个人计算机，因此，Excite@Home的调制解调器也必须支持这些系统。但Excite@Home的工程师明白，这些老款的处理器即便连接宽带也根本无法展现出宽带的优越性能，因此把调制解调器硬推给这些计算机用户，完全是种浪费。但有线电视运营商仍然固执己见，他们将市场调查的结果奉为不可动摇的标准，鼓动Excite@Home为过时的计算机用户推销不适用的服务。根据摩尔定律，个人计算机的性能大约每过两年就会提高一倍，因此不用多久，这些老旧的计算机都会被淘汰。[61] 然而很遗憾，市场调查却没能将摩尔定律考虑在内。

虽然 Excite@Home 最终在这场争论中占了上风，但它无法不受市场调查结果的误导。Excite@Home 曾让潜在顾客回答他们最为关心的性能是什么，答案显示，大家最关心的是速度。于是，公司便在市场营销中极力强调“高速”。宽带网线的速度的确很快，但一旦接通服务，最能抓住用户的心的，却是宽带网线“保持在线”这一特点。有了宽带网线，用户不用忍受调制解调器的拨号声和嘶嘶作响，也不必再等待服务器的层层连接，就能方便上网了。乔纳森和他的同事们将顾客的回答作为市场营销的重点，但市场调查不能指导你去解决连消费者自己也没想到可以解决的问题。与满足消费者的现有需求相比，满足消费者尚未意识到的需求更为重要。

不断改进以及使用巧妙的商业手段无可厚非，但如果把市场调查看得比技术创新还要重要，那就本末倒置了。大多数企业都是以科技洞见为基础起步的，但在前进的路上却往往偏离了航道（这就是舍本逐末）。人们越来越重视西装革履，却忽视了实验室里穿的工作服。从时尚方面来说，这或许不算什么错误，但这样的洞见无疑是企业的陷阱，也为竞争者提供了偷袭的机会。

将科技洞见作为产品的基础，是谷歌一直秉承的一条重要原则。2009 年的一件事，更让我们对这条原则的重要性有了深入了解。当时，我们在评估谷歌的产品线时发现了一条规律：最优秀的产品是靠技术因素而非商业因素赢得成功的，而在那些稍逊一筹的产品身上，技术优势就不那么突出了。鉴于谷歌品牌的影响力，任何产品只要打着谷歌的旗号，就一定能在市场上赢得一定的关注。如果用使用者的人数来衡量产品的表现，我们绝对可以自欺欺人地相信我们的产品是成功的。但事实并非如此，因为有的时候，一些产品一开始展现的势头很快就停滞了。几乎所有这种昙花一现的产品，背后都缺少科技洞见的支撑。

举例来说，谷歌曾计划将我们在网络广告方面的优势推广到其他广告市场，比如纸媒、广播以及电视等平台。这些构想都很巧妙，背后也有创意人才的支持，却缺少让性价比越来越高且让产品拥有突出优势的基本科技洞见。最终，谷歌向三个媒体平台的扩张计划都以失败告终。回顾其他遭遇失利的谷歌产品（个性化浏览工具 iGoogle、桌面搜索工具 Desktop、方便用户整理网络资料的 Notebook、网页注解 Sidewiki、百科全书服务 Knol、健康管理程序 Health，甚至包括著名的阅读工具 Reader），这些产品要么从构想之初就缺少科技洞见的支持，要么就是依靠的洞见随着互联网的发展逐渐过时了。

组合创新时代的到来

那么，该到哪儿去寻找这些神奇的洞见呢？在互联网时代，所有企业都有机会利用科技以创新的方式解决重大问题。借用谷歌经济学家哈尔·瓦里安的话，人类正迈进一个“组合创新”的新时代。当我们的环境中充斥着丰富多样的素材，可供我们通过组合和再组合进行新的创作时，就表示组合创新时代来临了。举例来说，19 世纪，诸如齿轮、滑轮、链条以及凸轮等机械装置的设计标准化，奠定了生产制造业的繁荣。20世纪，汽油发动机带动了汽车、摩托车及飞机的更新换代。20世纪50年代前，集成电路的普及带动了诸多电器的发展。在以上例子中，科技发明的浪潮都是各种要素共同引发的。

当今，这些要素指的是信息、连接以及计算能力。世界上所有的信息、近乎无限强大的计算能力、通达全球的技术，都为未来的发明者们所用。他们拥有开源软件以及应用程序编程接口[62]，让他们轻而易举地以别人的工作成果为基础进行开拓。这些准发明家懂得使用标准的网络协议和语言，可以以集体形式或（在得到准许的前提下）以个人身份在数据平台上获取交通、天气、经济交易、人类遗传学以及他人的社交圈等信息。因此，寻找科技洞见的途径之一，就是将这些可用的科技及数据资料集中起来，为某个行业中存在的问题寻找新的解决方法。

除了这些普遍的技术，每个行业都有自己的技术及设计专长。我们俩的工作从未离开计算机公司，而计算机公司的技术专长自然就是计算机科学。但其他行业的技术专长则可能涉及医学、数学、生物学、化学、航空学、地理、机器人学、心理学、统计学等。娱乐产业依靠的技术专长非常特别，包括编剧、表演、作曲以及作词等；消费品企业将科技与设计糅合在一起，研发出具有突破性的产品；而金融服务公司会利用技术专长来打造新的证券及交易平台（只要不遇到经济泡沫破灭或收到一纸诉状，这些公司通常都能赚得盆满钵满）。因此，无论你从事什么业务，你所在的行业都潜藏着一个巨大的技术知识库。在你的公司里，哪些人是极客？是那些在实验室或工作室中进行有趣创新的人吗？无论他们在研究什么，这就是你的技术。找到你的极客，看看他们在研究什么，这样，你就挖掘到了迈向成功的科技洞见。

找到一个具体问题的解决方案，然后想办法对这个解决方案加以拓展，这也是寻找科技洞见的一个方法。这种方法非常符合长久以来尊崇的创新传统。新科技往往是为了解决非常具体的问题而问世的，且在刚刚出现时都非常粗糙。在成为蒸汽机车的动力之前，蒸汽机一直是人们从矿井里抽水的工具。[63]马可尼在卖无线电设备时，把它当作船上与岸上的通信方法，并没有想到有朝一日人们会在上面听到广播节目。20 世纪 60 年代，激光技术问世，而贝尔实验室却并不看好激光的商业潜力，曾一度想过放弃申请专利。即使是互联网，也在甫一问世时被人认为是科学家与学者之间交流研究成果的工具。虽然互联网的创造者才智过人，却无法想象互联网有朝一日竟能成为共享图片视频、沟通社交以及学习各种知识的平台，更无法预见今天互联网的其他诸多用途。

我们喜欢用成人娱乐业的例子来解释从具体问题的解决方案出发进行拓展的方法。成人娱乐业者很早就将科技为己所用。在谷歌搜索引擎的快速发展阶段，与成人话题有关的内容成为搜索热点。众所周知，当时的色情网站屏蔽功能几乎形同虚设。美国最高法院法官波特·斯图尔特曾这样对色情网站下过定义："只要用谷歌搜索一下，就知道色情网站是什么了。"因此我们安排了一小组工程师，通过计算技术来解决法官大人所影射的这种情况。通过几种科技洞见的糅合，这些工程师终于大功告成：他们找到了一种理解图像内容（也就是皮肤）的方法，并可以通过用户使用图像的方法来界定图像所处的背景。（当用户搜索与色情相关的词条时，如果搜出的是出自医学教材的图片，那么用户通常不会去点击，即便点击也不会在页面上停留太久。）因此，在拦截不雅图像方面，谷歌研究出的 SafeSearch 过滤器的功能是全网其他过滤器无可比拟的。在这个例子中，我们针对一个具体问题（拦截成人内容）研发出了一种解决方案（也就是 SafeSearch）。

但是，就此打住是不是有些可惜呢？在接下来的几年里，我们将针对色情网站问题所研发出的技术在更广的范围内加以运用。在 SafeSearch 的研发过程中，我们基于图像内容得出了数百万种用户使用模式（也就是用户对不同图像的不同使用模式）。利用这些模式，我们判断图像（不限于色情图像，而是包括一切图像）与搜索请求相关性的能力得到了提升。接下来，我们增加了新的功能，为用户提供与其搜索的图像结果相类似的其他图像（“我喜欢加州优胜美地的那张照片，帮我再找些类似的图片吧”）。最终，我们研发出了无须通过文字（比如“优胜美地的半圆顶山”）、只需图片（比如你在参观优胜美地时为半圆顶山拍摄的照片）就能进行搜索的功能。所有这些功能，都是由谷歌为 SafeSearch 色情网站屏蔽器研发出的技术发展而来的。因此，当你再次看到一张与你的优胜美地照片几乎如出一辙的图片时，你应该感谢成人娱乐业，你现在享受到的这项科技成果是拜其所赐。

别去找快马

以科技洞见来支撑产品研发，你就能够避免被消费者的需求牵着鼻子走，生产出步人后尘的产品了。（亨利·福特曾经说过：“如果我最初问消费者他们想要什么，我就会去找更快的马了。”[64]）如果你是一家墨守成规、对市场占有率的数字斤斤计较的企业，那么渐进式的创新方法已经绰绰有余了。但如果你想从事一番新事业，或是对既有企业实施改革，那么这种方法的力量就稍显不足了。

将科技洞见作为产品的基础，这种方法听起来虽然平淡无奇，但做起来却要困难许多。2009 年，我们通过产品测评证实了科技洞见对产品的重要意义，之后，我们要求谷歌所有正在生产的主要产品的负责人写出几句话，说明他们的产品计划背后的科技洞见。其中一些人按照要求做了，但许多人却无从下笔。“请阐述你的科技洞见”，这个问题听起来虽然简单，却不容易回答。因此，你也应该把这个问题用在你自己的产品上。如果你找不出一个有说服力的答案，那就好好反思吧。

为成长而优化

从前，公司的扩张有条不紊、循序渐进。先造一款产品，在当地或区域内获得成功；然后通过建立销售、配给、服务渠道一步步扩张；再接下来，将生产能力提高到与公司发展速度相符的水平。一切按部就班，种瓜得瓜，种豆得豆。

我们把这个过程称为“增长”，一些行业仍然满足于这样的增长模式。比如，如果“本季度公司整体收入增长了 8%”，那么你就可以凭此获得奖金或升职。好吧，赶紧享受这种好日子吧，因为这种方法并非长久之计。如果你有志做一番大事业，那么只靠增长是不够的，你还需要扩张，就是指在全球范围内快速发展某项事业。

在互联网时代，这种形式的全球发展任何人都可以做到。随着信息、连接、计算、生产、分销、人才等几乎所有资源的普及，你不必再聚集一众人力，广布办公网点，就能创建一家具有全球影响力的企业。但这并不是指你的战略可以忽视如何扩张，相反，必须重视。全球扩张必须成为企业的基础核心。现今的竞争日渐激烈，任何竞争优势都难以持久，因此你必须有一个“快速长大”的战略。

商业生态系统至关重要。互联网时代最成功的领导者，是那些懂得如何创造平台并快速发展平台的人。所谓平台，从本质上来说就是一套能够吸引供应商及用户群，从而形成多边市场[65]的产品或服务。随着社会的发展，平台对科技的依赖越来越大（即使不是所有平台都以科技为基础）。举例来说，YouTube就是一个可供任何人创建视频并全球发布（但多数人都只把自己的视频发给家人朋友看）的平台。电话是个很能说明问题的例子，当平台（也就是电话线和转换器与电话设备连接而成的电话网络，供用户之间进行交流）上只连接一部电话的时候，这个平台没什么意义，因为被呼叫人尚不存在。但随着电话一部部增加，这个平台对于每位用户而言越来越重要（因为可以呼叫的人越来越多）。

现在把固定电话搬出来讨论，难免显得不合时宜。当时，电话业的全球扩张意味着连接数以百万计的用户，比如，全球电话网络经历了89年的发展，才连接了1.5亿部电话。[66]而今，网络平台却能在短暂的时间内发展到连接几十亿人。在转变为应用程序平台之后，脸书脱颖而出，在创建8年后不久，其用户数便飙升到10亿之多。[67]作为市场领先的手机操作系统，安卓仅仅用了5年时间就有10亿部手机设备安装该系统。[68]亚马逊的赢利状况虽然一直引得财经分析师蹙眉，但这家公司一直专注于发展，现在，亚马逊已在零售、媒体以及计算领域形成了最具颠覆性的力量。

1999年，乔纳森与拉里·佩奇初次会面。两人穿过谷歌的停车场去取乔纳森的车子，途中，拉里不经意地提到，他知道搜索业务一定有办法赢利。拉里的理由是，用户在使用搜索引擎的时候，其实是将个人喜好完全暴露给了谷歌。当时，谷歌搜索引擎的使用量虽然处于上升阶段，公司却没从中赢利。拉里和乔纳森正在讨论谷歌与Excite@Home合作的可能，后者的资金充足，是由电缆调制解调器行业的先锋@Home公司与率先开发互联网搜索引擎的Excite公司合并而成的。然而，在Excite@Home不惜通过一切可能的手段从访问量上赢利的时候，谷歌却耐心专注于企业的发展。赚钱的机会就摆在眼前，随着谷歌网站使用量的飙升，公司本可以像每一家商业网站一样将广告放在主页上。但谷歌并没有这样做，而是一心一意提升搜索引擎的性能。

谷歌对于AdWords广告平台也采取了相似的做法。我们与美国在线（AOL）以及Ask Jeeves这样的广告发行合作伙伴达成交易。这些公司使用谷歌的广告系统将广告放在自己的网站上。对于这些合作交易，我们一直斟酌收入如何分成。比如，谷歌将广告放在美国在线或Ask Jeeves的网站上，广告被网站用户点击，广告商就要支付谷歌一定费用，而谷歌则要将这笔钱与发布广告的合作伙伴分成。怎么分呢？谷歌最重视公司的发展，而不是如何赚取更多的钱，因此我们的做法是尽量给合作伙伴多分。这自然深得合作伙伴的心。这些公司制定的收入目标都很有野心，于是当谷歌搜索引擎流量飞速增长时，它们的收入目标已越来越高。结果，为了到每季度末弥合实际收入与目标之间的差距，它们选择了增加广告发布量。

为此，乔纳森亲自拜访美国在线，建议他们不要增加网站的广告量。他告诉美国在线，这样做有损用户的利益，到头来会伤及他们自己的访问量。他的苦口婆心无济于事，美国在线仍然重收入轻发展，但谷歌恰恰相反。

毋庸讳言，一个成功的企业必须有可靠的赢利途径。过去高科技公司“对赚钱之道一窍不通”的说辞，无论放在当时还是现今都毫无意义。谷歌的创始人明白，公司要从广告中赚钱。具体的获利方式，两人在刚开始的时候还不甚明晰，于是他们便一边扩展谷歌平台，一边等待时机。但是，两人对一般的赢利模式非常清楚。

平台还有一个重要的优势：随着平台的不断扩张和不断升值，越来越多的投资会涌进来，有助于平台支持的产品与服务的升级。因此我们说，科技行业中的企业永远“只看平台，不看产品”。

科斯与企业的性质

互联网极大地激发了建立平台的能力与需求，这不仅适用于科技行业，在任何行业都是如此。互联网的这一优势虽然强大，却未受到应有的重视。

企业都会建立网络，但以往的企业网络往往都设在内部，旨在降低成本。这一点与诺贝尔经济学奖得主、芝加哥大学教授罗纳德·科斯的观点相符。科斯认为，由于寻找卖主、商榷合同以及确保工作按要求完成的交易成本很高，所以企业往往会选择在内部而非通过外部合作来完成工作。援引科斯的原文：“如果在企业内部组织的一笔额外交易与通过在公开市场上完成同一笔交易或是在另一个企业中组织同样交易的成本相同，企业将倾向于扩张。”[69] 20世纪的不少精明企业通过对具体盈亏的计算，发现科斯的理论在多数情况下都是正确的，内部管理经费的确要比外包交易成本低。在这一洞见的驱使下，他们尽量将工作放在企业内部完成，在不得不走出办公室时，他们也会选择与那些可以严密控制的小规模团队合作。因此，20世纪的企业大多是等级制度严明的集团，至多也只能算是形成了封闭式的企业网络。

时至今日，科斯的理论体系仍然适用，但它带来的结果却与20世纪不可同日而语。现在，企业不再对封闭式的体系进行最大限度的扩展，而是将越来越多的业务外包出去，与更多且更多样化的合作伙伴建立网络。为什么会这样？唐·塔普斯科特在《维基经济学》一书中说得好：“互联网的出现，使交易成本急剧下滑。现在我们应该把科斯法则倒过来：如果企业内部交易的成本不再高于外部交易的成本，企业将倾向于缩小。”[70] 多数企业采取这种方式，纯粹是为了方便运营和降低成本：通过将工作外包给劳动力较为廉价的市场，企业可以削减成本。

但是，这些企业忽视了重要的一点：在互联网时代，创建网络不仅仅是为了降低成本和方便运营，更是为了从根本上提高产品质量。许多企业建立网络是为了削减成本，很少有企业是为了转变产品模式或商业模式。对于各行各业的现有企业而言，这样做可谓错失了一个巨大的良机，也为新竞争者提供了参与竞争的绝好机会。

推特不仅是一家高科技公司，也是一家出版发行公司。爱彼迎（Airbnb）是一个旅游住宿平台，打车应用程序优步（Uber）则提供个人交通服务。23andMe既是互动平台，也是一家消费者服务企业。在收取一定费用后，这家公司会为用户提供个人基因信息；如果收集的基因信息足够多，那么公司便能够创建一个强大的数据平台。比如，制药公司可以利用23andMe的数据寻找新试验的参与者，并将新的数据补充给23andMe。

类似的例子不一而足：Square提供小企业支付服务，耐克通过健身腕带涉足健身，Kickstarter经营众筹，MyFitnessPal是减肥平台，网飞（Netflix）提供在线影片租赁，Spotify是音乐平台。这些企业将既有的科技因素以创新的方式结合在一起，对企业模式进行了全新的思考。他们创建了可供消费者与合作伙伴互动的平台，并利用这些平台打造与众不同的产品和服务。这样的模式在旅游、汽车、服饰、酒店、餐饮以及零售等行业都适用，随着用户量的提升，任何行业的产品都有提升的机会。[71]

这就是20世纪与21世纪经济的不同之处。在20世纪，单一而封闭的网络是主流，而21世纪的企业却靠全球开放网络制胜。我们的身边充斥着建立平台的机会，成功的领导者就是那些善于发现平台的人。

专注的力量

另一种方法，是寻找专业化途径。有时，创建平台的最好方法就是寻找一个有发展潜质的领域。[72]20世纪90年代末，谷歌专注于一件事：将搜索业务做好。我们通过五把标尺来衡量搜索引擎的好坏：速度（快比慢好）、准确（搜索结果与用户的搜索请求有多接近）、好用（所有的爷爷奶奶级用户是否都可以轻松使用谷歌）、全面（我们是否搜索了整个网络）、新鲜（搜索结果是否是最新的）。谷歌致力于为用户提供正确的答案，常常将雅虎、

AltaVista 以及 Ask Jeeves 等搜索引擎的链接放在网页的下方，如果用户对谷歌的搜索结果不满意，就可以轻松尝试其他网站。

当时，多数具有竞争力的网站都在竞相转变为“门户网站”，也就是为满足用户的多种兴趣和需求而设立的综合性媒体网站。包括网景、雅虎以及美国在线在内的门户网站对搜索并无兴趣，因此它们很乐意与谷歌合作，让我们来负责这方面的工作。[73]谷歌坚信，在欣欣向荣的互联网行业中，搜索是最为重要的应用之一。但即便如此，我们之所以选择将搜索作为专攻的目标，并不是因为我们的水晶球告诉我们，搜索有朝一日终会比当时更受瞩目的门户网站商业模式更赚钱、更成功。之所以专注于搜索，是因为谷歌认为自己在这方面比任何企业都要领先。[74]因此，在互联网的发展早期，谷歌没有像行业内的其他企业一样忙于打造和经营自己的门户网站，而是不断地改进搜索引擎，为用户提供越来越好的搜索结果。

（通过谷歌引擎的改进，用户可以越来越方便地在信息发布网站上找到新闻资讯以及娱乐消息，这些网站的点击量自然会攀升，从而刺激在线内容的传播。）

开放为王

开放的平台更容易实现快速扩张。我们可以看看最大的平台——互联网的发展。在 20 世纪 70 年代初，温特·瑟夫和罗伯特·卡恩设计了 TCP/IP（传输控制协议 / 互联网互联协议），并通过这一协议实现了不同计算机网络（比如互联网的始祖阿帕网）之间的连接和沟通。[75]当时，两人对于连接的网络数量及规模并不清楚，因此并没有为可连接网络数量规定上限。实际上，只要遵从 TCP/IP，任何网络之间都可以连接。这个决定赋予互联网开放的特性（当时人们并没有预见这个结果），直接催生了今天人们天天使用的神奇的互联网。（经济学家哈尔·瓦里安说，互联网其实是“一次结果失控的实验室实验”。）

我们也可以看看固定电话这个经典的例子。开始，AT&T（美国电话电报公司）在美国的电话网只是作语音交流之用的单一功能平台，随着时间的推移，AT&T 电话网的发展逐渐趋于停滞。其间，固话并没有出现任何创新，唯一的增长来源，就是靠人口的增长及成长为青少年的“婴儿潮”一代对个人电话专线的需求。但当时出于政府的硬性要求，AT&T 不得不开放网络，允许新的设备及通信公司加入，从而开启了创新的大门。新型的电话、传真机、数据调制解调器、廉价的长途通话（还记得“长途电话”这个说法吗？以前这可算是一项专门服务呢）……所有这些新发明，都是在网络解除封闭后才进入我们的生活的。[76]

另一个例子是 IBM 的个人计算机。1981 年，IBM 推出个人计算机，其构造可以让软件研发者和计算机生产商在上面安装应用程序和附件，甚至可以“克隆”出自己的计算机，且不必向 IBM 支付授权费用。这一决策帮助 IBM 个人计算机成为当时刚刚崭露头角的“微机”市场上不可撼动的标准，极大地推动了微软和英特尔等几家当时尚不成气候的企业的发展。[77] 同时，众多应用程序、计算机配件以及野心勃勃的计算机生产商也因此涌入了行业之中，为接下来 25 年的计算机主流市场奠定了基础。如果个人计算机的平台是封闭的，那么后续这一切也就不会发生了。[78]

“开放”这个词带有些“罗生门”的意味，不同的企业会为不同的目的而对这个词做出不同的定义。从总体上来说，开放的意思是，推进软件编码或搜索结果等知识产权信息的共享，遵守通用标准而非自己订立标准，让消费者享有随时退出你的平台的自由。传统的 MBA 思考方式要求针对竞争对手建立起可持续的竞争优势，然后关闭城门，严防死守。但就像多数“异端”洞见一样，开放对于当时的既有主流思想而言可谓是一个严重的威胁。把消费者妥妥地锁进你的封闭领地，自然要比踏入未知的荒野，靠创意和优势取胜容易许多。选择了开放，你虽然放松了控制权，却换来了规模和创新。[79] 相信你的创意精英们吧，他们知道该怎么做。

如果你正在与一家地位根深蒂固的企业相抗衡，你可以让其根基成为你的利器。你的竞争对手实力超群，你可以用你具有颠覆性的产品配以颠覆性的企业模式，向对方发起挑战。开放的模式非常有助于进行这样的竞争，因为开放不但有助于吸收创意（比如为企业平台增添新的卖点，从合作伙伴那里获取新的应用程序），也可以降低互补性元素的成本。这不仅能让用户得利，也有助于企业生态的发展，而这些机遇，（可想而知）通常都是由于传统企业闭门造车而产生的。举例来说，可汗学院（Khan Academy）[80]、Coursera 以及 Udacity 课程在教育市场中争取的地位是有目共睹的。它将互联网时代的科技成果（比如在线视频以及互动式社交软件）与开放式的商业模式（任何人都可以免费听取所有课程）相结合，颠覆了主流教育机构根深蒂固的运作方式（用高学费来弥补高成本）。没有人能够预见这些颠覆模式会不会或有哪些将蓬勃发展，也不知道那些身手敏捷的既有企业会不会扼制后来者的袭击。但有一点是肯定的：科技与开放相结合的模式会为我们营造更好的学习环境，就如可汗学院的使命所述的那样："给所有人提供免费的世界级教育平台。"

开放也可以让成千上万人的才能为你所用。正如太阳计算机系统公司的创始人之一比尔·乔伊所说的："无论你是谁，世界上最精明的人才大多在为别人效力。"[81] 开放可以刺激更大的创意，因为人们不必再去重复已有的成果，转而全身心地用新的创意推动整个行业体制的发展。在线影片租赁提供商网飞就是一个很好的例子。2006 年，这家影片租借公司想对影片推荐指数的计算方法做一改进，但内部人员却没能商量出什么好方法。之前，网飞曾将 1 亿条匿名用户的影片评分汇总在一起，作为公司的专有数据。公司把这些数据发布了出来，并且宣布，谁能第一个使用这些数据计算出比现行计算法准确 10% 以上的电影评分，这支团队或个人便可以获得 100 万美元的奖励。也就是说，这场竞赛本身也是开放式的：网飞将各参赛组的结果公布在选手分数榜上，并在三年之内找到了问题的解决方法。[82]

除此之外，开放还有一个同样重要却不太明显的好处。如果你把所有的信息都放在网上，这说明你没有什么好隐瞒的。如果谷歌把软件的源代码公开，那么这代码是否偏向某一公司的利益，大家是有目共睹的。如果果真如此，就应该采取行动，纠正这种偏向。实际上，开放源代码意味着我们关注网络平台的培育，关注整个行业乃至全社会。这让大家看到，竞争环境是公平的，没有谁占有特殊的优势。排除对不公平竞争的质疑，对发展是非常有利的。[83]

开放模式的另一个优势是让用户享受到了自由，来去自如，这与将消费者禁锢起来的做法正好相反。在谷歌，我们专门有一支团队，如果用户选择离开谷歌，这支团队会尽量为他们提供方便。我们希望在公平的环境中竞争，靠自己的优势来赢取用户的忠诚与信赖。如果用户可以轻松选择退订你的服务，那么你就得付出努力，让他们愿意继续留下来。

选择封闭系统的前提

开放无关道德，开放往往是激发创意和降低成本的最好方式。因此，我们可以将开放当作一种战略措施，问问自己：开放能否帮助扩张业务和赚取收入？开放可以为企业带来道德光环，从而吸引创意精英的到来。没有什么比全球平台更能改变世界。

除了几种例外，谷歌一般采取开放模式。在这些例外情况下，我们常常会背上“虚伪”的指责。因为有人会认为，谷歌虽然在某些领域大力推崇开放模式，却偶尔连自己也做不到言行一致。其实，这并不算虚伪，而是务实的表现。谷歌通常最推崇开放，但在有些情况下，封闭也能取得良好的效果。如果你的产品有明显的优势（通常是因为产品背后有强大的科技洞见做支持），而你处在一个快速发展的新兴市场，那么你无须公开你的平台，也可以快速成长。起初，谷歌的搜索和广告引擎就是这样发展壮大起来的，但是，这种情况非常罕见。

另外，开放的平台有时对用户和创意无益。多数封闭平台的既有企业都会说，开放会对品质造成打击，因此，封闭平台是为消费者利益着想，充分表现了他们的行业良心。对于上面所举的谷歌的例子而言，这样的说法的确有一定的道理。如果开放我们的搜索和广告算法，就会使质量遭到重创，因为在搜索领域，许多人都不惜以降低用户体验的代价来增加收入，他们不希望用户找到与搜索请求最相关的结果和广告，而希望用户浏览他们给出的结果和广告，即便为用户添乱添堵也在所不惜。因此我们认为，谷歌对用户搜索请求与搜索结果进行匹配的演算法进行保密，对搜索引擎的大环境最有好处。

2005 年，谷歌收购了安卓手机操作系统公司。当时的安卓规模尚小，有关是否开放安卓系统的问题，谷歌的高管们各执己见。安迪·鲁宾以及安卓团队原本打算封闭系统，但谢尔盖的意见却完全相反。他认为，开放又有何妨呢？安卓系统的开放，可以帮助谷歌在四分五裂的手机操作系统市场中快速实现扩张。因此，谷歌选择将安卓做成了开源系统。与此同时，苹果公司推出了 iPhone 手机。苹果选择了控制，因此他们采用了封闭式的 iOS 系统。而安卓则继续保持开放，实现了惊人的发展。安卓系统的平台对谷歌搜索引擎的使用量起到了积极的推动作用（使用智能手机上网的人越多，就意味着使用搜索的人数与频率都在上涨），从而帮助谷歌顺利实现了从个人计算机到个人手机的转变。iOS 系统虽然保持封闭状态，也实现了规模和利润双丰收。对于一家新成立的企业而言，谷歌与苹果的两条路都是康庄大道。但请注意：苹果 iPhone 的成功与谷歌搜索引擎的成功一样，都有一套非同寻常的科技洞见做支持，两家企业之所以能在如此急速发展的市场中制造出卓越的产品，靠的都是科技洞见。如果你能像苹果一样通过封闭系统大获全胜，那么当然可以选择封闭。如果不能，那就选择开放吧。

莫被竞争对手牵着鼻子走

许多企业领导者非常关注自己的竞争对手，这让我们颇感诧异。走进一间坐满大企业资深管理者的会议室，你会发现他们常常因查看手机和想别的事而分心，而一旦提到有关竞争对手的话题，他们就会立即正襟危坐。这就好像你在企业中升到某一级别，竞争者的一举一动和自己部门的表现同样令你关切。坐在企业最高位置上的人，往往更是感觉危机四伏。

这种心态会让人渐渐落入平庸。一些企业领导者花费大量的时间来观察和模仿竞争者，等到最终有所突破、敢于做新的尝试时，他们却在探索的路上瞻前顾后，只敢小心谨慎地做出收效甚微的改变。紧盯你的竞争对手能够给你带来慰藉。企业往往喜欢扎堆，这样一来，谁也没有好机会。就像拉里·佩奇说的一样，如果你的工作只是击败那些和你套路基本相当的公司，那又何谈乐趣呢？[84]

如果你把注意力放在竞争对手身上，那你绝不会实现真正的创新。当你与竞争对手为了市场占有率的几个百分点争得不可开交时，半路往往会杀出一个不在乎市场占有率的竞争者，用全新的平台颠覆整个游戏。在这里仍引用拉里的话："毋庸赘言，我们也会在一定程度上思考竞争的问题。但我认为，我的工作任务几乎可以说是让大家不要去为竞争者分心。我觉得一般人都倾向于思考那些既已存在的事物，而谷歌的任务就是去思考那些一般人尚未想到却非常需要想的事。反过来说，如果我们的竞争者也会这样想，按理来说他们是绝不会把这个秘密透露给谷歌或任何人的。"[85]

这不是说可以对竞争对手视而不见。竞争对手可以促使你前进，让你保持警醒。无论如何要提醒自己时时保持警惕，我们总有掉以轻心的时候。但是，没有什么比竞争对手更能燃起我们的斗志了。2009 年，微软公司推出的必应搜索引擎引起了谷歌的极大警惕，我们调动全员，全力以赴地加强谷歌搜索引擎的建设。这一系列的努力，催生出了 Google Instant（在用户输入要求时就能显示搜索结果）以及 Image Search（将图片拽入搜索栏，谷歌就能辨别出图片内容并用图片作为搜索请求）等新功能。不难看出，必应的出现与谷歌搜索引擎这些激动人心的新功能之间，有着千丝万缕的联系。

就像尼采在《查拉图斯特拉如是说》一书中所写的一样："必须以你的敌人为傲，这样，敌人的成功就能变成你自己的成功。"[86] 为你的竞争对手骄傲吧，但不要追随他们。

埃里克的战略会议笔记

我们与我们的团队在企业战略上花费的时间不计其数。如果你已经召集好了创意精英小组，准备为你的新事业起草基本理念，这时你会非常享受这种体验。这些年来，我们参加了不少战略会议，从会议室的白板板书、墙壁上的即时贴、信手记下的摘要以及自己发给自己做备忘的电子邮件中，我们筛选了一些智慧的精华（但愿是精华吧）。在你准备进行第一次战略会议之前，不妨做一参考。

正确的战略有一种美感，众人为了成功而集思广益。

先想想看，5 年后世界会是什么情形？然后以此为基点，往前推算。对于那些你推断必定会发生变化的因素多加留心，尤其是受科技驱使而使成本曲线下降的生产要素，或是很可能出现的新兴平台。

5年后，许多市场中既有机遇也有陷阱。那么，什么样的陷阱会影响你？

现在，市场信息触手可及，资金来源非常广泛，因此你需要靠产品和平台制胜。所以，你应该把大部分时间用来考虑产品和平台。

当某一市场遭到破坏时，会出现两种情形。如果你已在这个市场中站稳脚跟，你可以并购或创建一个破坏性挑战者，也可以采取无视的态度。无视挑战者的做法只会在短期内有效，如果你选择的是并购或创建，你必须对挑战者的科技洞见和进攻套路了如指掌。

如果你是挑战者，你需要发明出新产品，并围绕产品打造你的企业，还需清楚既有企业用来遏制你的工具（比如业务关系、商业规范和法律诉讼）以及为你设置的障碍。

你也应该考虑市场其他参与者的动机，他们可能会助你一臂之力。你的战略应当鼓励既有业务框架（比如企业、部门或团队）之外的人与框架之内的人一起开动脑筋进行创新。

增长是重中之重。在互联网时代，所有主要的成功企业都有自己的平台，随着企业的发展，这些平台也会越来越健全，越来越强大。

确立一个大致的时间表，明确你希望达到的最终目标。

不要使用市场调查和竞争者分析。幻灯片会扼杀讨论，应该从与会人员那里听取意见。

迭代对战略至关重要。迭代必须快速，且必须以研究为基础。

许多大型企业的成功都从以下几点入手：

1. 使用创新的方式解决问题。

2. 利用这个解决方式快速成长与扩张。

3. 成功很大程度上是以产品为基础的。

请务必慎重选择那些与你一起制定战略的人。你不应该只看谁与你共事的时间长，也不应该只看谁的头衔大，而应当选择能力最强的创意精英，以及那些对于未来的改变有非凡见解的人。

第三章

人才：招聘是你最重要的工作

2000 年 2 月的一天，乔纳森来到山景城，为谷歌产品负责人一职与谢尔盖进行面谈。当时乔纳森是 Excite@Home 的高级副总裁，对自己的工作很满意，对跳槽一事还不太确定。如果决定跳槽，他觉得自己应该成为在线搜索和广告方面的专家。实际上，他是克莱纳 · 铂金斯投资公司的合伙人兼谷歌与 Excite@Home 董事约翰 · 多尔推荐的人选。因此，只要他肯张口，这个职务就是他的了，而谢尔盖估计想利用这次面谈说服他就任。

谷歌办公楼距离 101 号公路仅一箭之遥，位于湾岸公园大道（Bayshore Parkway）。乔纳森来到人员拥挤的办公楼，跟随谢尔盖走进会议室。一番简单的寒暄之后，谢尔盖向乔纳森抛出了他在面试中最喜欢问的一个问题："你能不能把一个我不懂的复杂问题解释清楚？"竟然还真要接受面试？这让乔纳森出乎意料。乔纳森在克莱蒙特麦肯纳学院主修经济学，是斯坦福大学一位经济学家的儿子。平复了一下心情之后，他在白板上证明了一条经济学定律：边际成本曲线和平均成本曲线相交于平均成本曲线的最低点。接着，乔纳森想说明如何利用成本与收益函数找到最合适的产量，并通过产量最大化赢利，他打算用这招在谢尔盖面前炫炫技（对于主修经济学的人来说，这当然再简单不过了）。不一会儿，谢尔盖便开始一边把玩着他的溜冰鞋一边往窗外看去，这让乔纳森意识到，他的讲解并不透彻。他没能教给谢尔盖任何新知识，讲解的经济学定律也没什么趣味性，而且，作为数学达人，谢尔盖很可能已经对白板上经济学等式的解法了然于心了。乔纳森必须赶紧改变策略，因此他停止卖弄经济学，重新提出了一个话题：求爱的秘籍。他以自己的太太为例，以如何"抛下诱饵"作为引子，开始讲起自己是如何"钓"到与太太的第一次约会的。[87]谢尔盖渐渐来了兴致，乔纳森最后得到了这份工作。[88]

如果你问大企业的高管："你工作中最重要的事情是什么？"多数人都会条件反射似的回答："开会。"如果你非要刨根问底，"不，我不是在问你最无聊的事情，是在问你最重要的事情"，那么他们估计会想出几条在商学院学到的基本原则，比如"通过制定巧妙的战略以及创造协同机会，在竞争日渐激烈的市场中实现增长"。想想看，如果你把同样的问题抛给顶尖的体育教练或俱乐部总经理，他们会如何作答呢？这些人整天也有开不完的会，但他们回答的最重要的事情，可能是举行选秀、招募或购买最棒的运动员。这种聪明的体育教练明白，再多的战略也无法替代人才，这一点不仅适用于体育场，在商场上亦是如此。物色人才好似刮胡子：如果你不每天下功夫，别人就会看出来。

对于管理者而言，"工作中最重要的事情"是招聘人才。谢尔盖在那次面试乔纳森时，不仅仅是在按流程办事，还要认真做好。起初，乔纳森觉得谢尔盖之所以对面试这么认真，是因为自己铁定会成为谷歌高管、要与谢尔盖紧密合作。但来到谷歌后乔纳森发现，谷歌的领导人对每位面试者的态度都是一丝不苟的。无论面试者应征的是初级软件工程师还是高级总经理，谷歌的面试官都会认真投入时间和精力，尽其所能地为谷歌引入顶尖人才。

你可能觉得这样尽职尽责的做法不足为奇，但事实并非如此。多数高管在上任之前，都要通过"递简历、电话约谈、一次又一次面试、开出条件、反复讨价还价、接受工作"这个常规的流程。但一旦上任，他们就会对招聘事宜避之唯恐不及。他们觉得招募人才是面试官的活儿，像阅读简历这样的事，完全可以委派给年轻的助理或人力资源部的工作人员。面试是个苦差事，而冗长的面试反馈表又让人望而却步，因此免不了把填表任务拖到周五下午快下班的时候，但这时，面试过程中的细节早已模糊不清了。因此，面试者仓促地赶出一份报告，暗自希望他们的同事能给出更靠谱的反馈意见。在多数企业中，高管职位越高，对于招聘事宜越是不管不问。但实际上，这样的做法是本末倒置。

要在互联网时代招聘到优秀的人才，还有一个更为重要的因素。传统招聘模式的层级制度非常严明：决定大权掌握在用人部门的经理手中，用人部门的其他成员提出自己的意见，无论经理做出怎样的决定，高管都会盖章批准。这种模式的问题是，入职新人进入的公司（应该）团结协作，公开透明，员工享有高度的自由，不重视等级。而现在，单凭一位部门经理的意见就做决策，会对其他团队产生直接的影响。

传统的层级招聘制之所以不适用，还有另外一个原因。领导者（以及管理学书籍的作者们）常说自己会招聘比自己更聪明的人，但实际上，这种情况在层级招聘制度下很难发生。“这个人挺聪明，我们就招聘他吧。”这种决策的确很合理，但我们感性的一面可能会盘算：“如果他比我做得更好，我就丢面子了。这么一来，我的升职计划就泡汤了，不但在孩子面前直不起腰，我老婆也会带着我们的狗狗和卡车跟那个她在咖啡馆认识的男人私奔了。”在这种情况下，感性的一面往往会击败理性的声音。也就是说，人的本性会占上风。

谷歌的创始人从刚起步时就明白，要持续地雇用顶尖人才，就不应遵循美国企业的招聘模式，而应参照美国大学的筛选模式。美国大学一般不会开除学校教授，因此他们通常会成立委员会，花很长时间来设置教职员工的招聘与升职体制。正因如此，我们两位作者认为，应该摒弃层级制，招聘结果应该通过同事评估，由委员会来定夺。另外，招聘目的应是尽可能吸引最优秀的人才，即便暂时没有与此人经验相匹配的空缺职位也应如此。埃里克就是在没有适当职位的情况下把谢丽尔·桑德伯格招入麾下的。没过多久，谢丽尔就承担起小企业销售团队的创建工作，而这项业务，正是谢丽尔帮助首创的。（众所周知，此后不久谢丽尔便离开了谷歌，跳槽到脸书做了首席运营官，还成为畅销书作家。在你雇用的创意精英中，一些人最终会巧妙地在公司之外为自己创造机遇。在本章靠后的部分，我们会进一步谈及。）同事评估的招聘体制不以组织为重，而以人才为本。创意精英们比具体职位更重要，公司比经理人更重要。

“人才是企业最重要的资产”，这是老生常谈，但真要按这句话的要求来创建创意精英团队，并不简单。重视人才，必须改变团队成员的招聘方式。好在，这些改变任何人都能够做到。对于运营中的企业而言，第一章就企业文化给出的一些建议采纳起来或许有一些难度，不过招聘方式的改革所有人都能做到。改变招聘方式也有棘手之处，因为要把招聘做好，需要投入许多时间和精力。但即便如此，这也将是你最好的投资。

羊群效应

优秀人才组成的员工团队不仅能做出令人满意的成绩，还能吸引更多优秀人才的加入。[89] 顶尖的员工团队就像一个羊群，也就是说，人与人之间是互相效仿的。你只要招到几个优秀人才，就会有一大群优秀人才跟过来。谷歌以顶尖的环境和设施而著称，但多数创意精英之所以选择谷歌，并不是看中了我们的免费午餐、按摩补贴、绿油油的草坪，以及允许带狗狗进入办公室。他们之所以加入谷歌，是因为想要与顶尖的创意精英共事。

“羊群效应”其实是一把双刃剑：虽然 A 级人才大多会招聘 A 级人才，但 B 级人才却不仅会招聘 B 级人才，还会招来 C 级和 D 级人才。所以，如果你在标准上打折扣，或是掉以轻心招聘了 B 级人才，那么很快你的企业中就会出现 B 级、C 级甚至 D 级员工。羊群效应可能对企业大有裨益，也可能对企业造成毒害，其威力在由创意精英组成的新企业中尤为明显。在这种情况下，每位员工对企业的影响力被相对放大，且最早进入企业的员工影响力更加突出。另外，当你把优秀的员工聚集在一起时，你就为他们创造了共享灵感、为实现灵感而齐心协力的环境。情况通常如此，但在早期尤为突出。

精心策划可以营造出良性的羊群效应。“你很棒，我们就招你了”[90]，这是句吸人眼球的谷歌早期招聘语，其设计初衷就是让新员工产生“好啊，这家公司想要我，我也挺想加入其中”的想法。虽然谷歌的招聘标准非常高，但这句招聘语不仅没有让求职者对谷歌望而却步，反而成为吸引全球求职者的一个手段。乔纳森的办公桌上曾放着一摞由他招入公司的人的简历，在即将要谈妥一位应聘者的时候，他会把这些简历递给对方，让对方对自己将要加入的团队有个了解。乔纳森并没有从所有雇用的员工中挑出佼佼者的简历装点门面，而是把他团队的所有简历全部交出。因此，应该从一开始就设置较高的招聘标准，这样才能吸引高水平人才。

这个忠告在招聘产品部门人员时尤其适用，因为这些人非常容易影响其他员工。在产品人员的招聘过程中务必严格把关，如果你能确保产品这一企业核心部门的人员的质量，这种卓越的质量便会感染其他团队。在企业急速发展带来的喧嚣中，人们往往难免在质量上妥协，而你的目标就是在招聘上严格把关，绝不妥协。

有激情的人不把“激情”挂嘴边

激情，是创意精英的一个明显标志，因为他们都是用心之人。但是，真正有激情的人往往不把“激情”一词挂在嘴边，那么，你该如何判断某个人到底是否有激情呢？以我们的经验来看，许多应聘者都知道激情是面试官看重的一个品质。因此，如果一个人一张口就大肆强调“我是个对……很有激情的人”，接下来又讲到旅游、足球或家庭这种非常空泛的话题，那么你就应提高警惕。因为，唯一能让此人激动的，或许就是在各个面试场上拿“激情”侃侃而谈。

有激情的人不会用激情到处招摇，激情在他们的心中，在他们的行动中。坚持、刚毅、认真以及专注，激情的这些特点绝不是简历上的辞藻堆砌出来的。激情也不总是与成功挂钩，如果某人对一件事充满激情，那么即便刚开始没有获得成功，他们也会长时间地坚持下去。失败往往是不可避免的（正因为这样，谷歌才如此看好擅长运动的人，因为运动能教人如何从失败中重新站起来，或至少提供了许多这种锻炼人的机会）。有激情的人一谈起自己的追求往往会滔滔不绝，有的追求是工作上的：对于谷歌而言，“完善搜索功能”这个追求就足够让人毕其职业生涯为之奋斗，同时每天都兴致勃勃、全心投入。有的追求也可以是个人的爱好：安卓系统的创始人安迪·鲁宾就是机器人的狂热爱好者（谷歌正着手机器人领域的探索，安迪就是这方面的领头人），谷歌的第一位工程负责人韦恩·罗辛痴迷天文望远镜，而我们的埃里克“机长”则迷恋于飞机和飞机驾驶（也喜欢讲有关开飞机的故事）。

这些兴趣虽然看似只是业余消遣，却往往能为企业带来直接的利益。安卓伟大的发明Sky Map[91]，是一款可以将手机变成星象图的天文观测软件。这款软件就是一群谷歌人利用业余时间（我们把业余时间叫作“20%时间”，在后文中会谈及）研发出来的。这并不是因为他们对编写计算机程序情有独钟，而是因为他们是狂热的业余天文爱好者。我们的一位应聘者学习过梵文，另一位则爱好修理老旧的弹球机，他们也同样让我们印象深刻。这些人的狂热兴趣让他们显得更有魅力，正因如此，谷歌在面试过程中绝不会禁止应聘者侃侃而谈，如果说到他们最有激情的话题，我们巴不得他们滔滔不绝。

应聘者一开口，你就应当仔细倾听，看看他们是怎样激情四射的。比如，运动员大都激情澎湃，但企业需要的，到底是独自一人打磨技艺的铁人三项和马拉松运动员，还是与团队一起训练的人？你眼前的运动员是习惯一人行动还是融入集体，性格是孤傲排外还是与人打成一片？应聘者明白，大多数人都不喜欢职场上的独狼，因此在谈论自己的职场经历时，有人会逢迎面试官的喜好作答。但在谈论自己的爱好时，人们往往会放下戒心，而你则可以利用这个机会更好地考察对方的个性。

雇用学习型动物

想想你的员工。在他们之中，你能坦承谁比你聪明吗？在国际象棋、益智问答游戏或是填字游戏双人对决中，你不希望遇到的对手是谁？我们曾经奉劝大家，请务必雇用那些比你聪明的人。对于这个忠告，你遵守得如何呢？

这个忠告今天仍然适用，但不是出于表面原因。毋庸置疑，聪明人博学多识，因此要比那些资质稍逊的人更容易做出成绩。但是，我们希望你在招聘时不要太看重应聘者掌握了多少知识，而要重视他们尚未开发的潜力。雷·克兹维尔曾说过："信息技术正在呈指数级发展……但人们对未来的直觉并不呈指数级跟进，而是线性的。"[92] 依我们的经验来看，非凡的智慧是所有"指数级思考者"的首要条件。想要衡量人们对变化的处理能力如何，智慧是一个绝好的指标。

但是，智慧并非唯一的判断标准。我们认识许多聪颖过人的人，在面对变幻莫测的"过山车"时，他们却选择乘坐自己熟悉的"转转杯"。面对那些令人揪心的上下颠簸，他们只会一味地选择规避；换句话说，他们选择了逃避现实。亨利·福特曾经说过："不管你是 20 岁还是 80 岁，只要停止学习，就说明你老了。坚持学习的人则永远年轻。人生中最大的乐事，莫过于保持头脑青春永驻。"[93] 而我们理想的应聘者，都是那些勇于乘坐过山车且学习不辍的人。这些"学习型动物"不仅有处变不惊的智慧，也有乐于享受变化的心态。

心理学家卡罗尔·德韦克用另一种方式来形容这种人，她说，这种人拥有所谓的"成长型思维模式"。[94] 如果你觉得你已经定型，那么无论环境如何，你都会一次又一次地重蹈覆辙。但如果你拥有成长型思维模式，你就会相信，经过努力，你的个性是能够培养和改变的。你能够改变自己，也能够适应环境；实际上，在不得已的情况下，你反而能更好、更自如地做出改变和适应。德韦克做过的实验表明，思维模式可以引发一系列的想法和行为：如果你觉得自己的能力是固定不变的，你就会为自己设定德韦克所谓的“操作性目标”，以保持自己的形象。如果你的思维模式是成长型的，你就会为自己拟定“学习目标”[95]，这些目标会鼓励你勇于挑战，而不会因提出愚蠢问题或给出错误答案而惴惴不安。之所以不因此而担忧，是因为你是好学的动物，而从长远来看，这有助于你积累更多的知识、攀登更高的山峰。[96]

多数人在为某一职位招聘员工时，会寻找曾经在这个职位上有过良好业绩的人。但是，靠这种方法是找不到学习型动物的。随便找一份招聘广告细读，你就会发现，任何职位的选人标准中，“相关经验”这一项都排在前面。如果公司正在招聘一位微件[a]设计师，那么在相关要求中，你定会发现“5~10 年的微件设计经验”以及“‘微件大学’毕业生”这样的条目。

偏重专业而忽视智慧的做法完全是本末倒置，在高科技行业更是如此。世界上每个行业以及每项事业的发展瞬息万变，你正在为之物色人员的职位自然也会变化。昨日的微件明日就会过时，在这种变动的背景下，雇用专家会留下隐患。本来被视为优势的专业知识和技能，会让专家在解决问题的过程中带有偏见，也会

a. 微件，是指网络 2.0 时代所用的小型应用程序，如时钟和天气预报软件等。——译者注

让他们难以接受由新洞见支持的创新解决方案。而聪明的通才不存在偏见，因此能够自如地审视各种各样的解决方案，并从中筛选出最好的对策。

寻找学习型动物颇具挑战。乔纳森常用的方法，是让应聘者对以前犯下的一个错误进行剖析。在刚刚步入新千年的时候，他会问应聘者："1996 年互联网发展浪潮中，你错失了哪些机遇？你做对了什么？做错了什么？"这是一个暗藏玄机的问题。这个问题先让应聘者说出自己的预见，又引导他们联系实际的观察和感悟，并逼他们承认自己所犯的错误。这是实实在在地承认自己的失误，而不是用"我最大的弱点就是我的完美主义"这样的话搪塞过去。对于这样的问题，谁也不可能给出虚假答案。

这个问题也可以用于近期发生的任何大事上。提这个问题的目的，不是检验对方是否有先见之明，而是看对方是如何从错误中总结经验、思想是如何走向成熟的。很少有人能给出令人满意的答案，但一旦出现让人眼前一亮的答案，你面前的应聘者很可能就是学习型动物了。当然，有的学习型动物会直截了当地告诉你："我没有什么特殊禀赋，只是抱有狂热的好奇心。"[97] 这句话出自爱因斯坦之口。面对这样的人才，我们会毫不犹豫地招入谷歌（虽然他把"狂热"一词挂在嘴边，但创立相对论这个成就足以让我们忽视这一点小小的瑕疵）。

在把学习型动物招入公司之后，请让他们继续学习！[98] 为每位员工创造不断学习新东西的机会，即便是不能为公司带来直接利益的技能和经验也要让他们接触，然后，鼓励他们把所学的东西付诸实践。真正的学习型动物乐意利用各种培训和机遇来充实自己，因此，这样的要求对他们而言并不苛刻。但对于那些不喜欢尝试的人就要多加注意了：或许，他们并不是你认为的学习型动物。

机场测试

综上所述，激情、智慧以及学习型思维模式都是招聘中不可或缺的参考条件。而除此之外，应聘者的性格同样至关重要。我们要寻找的人，不仅要待人亲切、值得信赖，也要处事周全、了解世界大势。我们要找的，是有趣的人。

以往的面试就像是电视剧《广告狂人》中演绎的一样，总少不了一顿午餐或晚餐或小酌几杯。因此，要判断对方的性格通常并不困难。这样的场合，可以让面试官看看应聘者在私底下是以怎样的面貌示人的：应聘者放下戒心时是什么样子？他是如何对待服务生的？优秀的人才无论是在清醒还是微醺时，都会待人和善。

而现在，面试官很少再把应聘者灌醉，因此，你必须保持敏锐的观察力，尤其要注意对方在正式面试开始之前和之后的表现。乔纳森还在上商学院二年级的时候，曾经参加过一家大型咨询公司的面试。竞争对手是一位出身豪门、家境优渥的男子（乔纳森肯定，他的名字叫作霍兹沃茨·博兹沃茨三世），他不仅资历优于乔纳森，长得也比乔纳森帅。乔纳森觉得，这工作一定是博兹沃茨的囊中之物，自己没戏了。但乔纳森在等待面试开始时与行政助理闲聊了几句，发现她正准备去加州旅行。加州恰好是乔纳森的家乡，于是他马上和对方分享起旅行小贴士，还为对方介绍起景点来。翌日，那家公司打电话来商讨录用具体条件时，乔纳森以为要么是出了岔子，要么就是公司决定同时雇用两个人。但他弄错了。用面试官的话来说，博兹沃茨之所以没有被录用，是因为“他对我的秘书的态度非常恶劣，但是我的秘书却非常喜欢你”。通常，我们都会询问助理对应聘者的看法，也会听取他们的意见。姑且把这叫作“博兹沃茨法则”吧。

另外，应聘者是否有趣，与好的性格同等重要。想象一下，你要与一位同事一起在机场里因飞机延误而待上整整6个小时。你能与他开心聊天打发时间吗？你会享受这段时光，还是没过多久就从你的手提行李中翻出平板电脑，拿查阅收件箱或浏览新闻当挡箭牌，避免和旁边这个无聊的人再有任何交谈机会呢？（电视明星蒂娜·菲也有自己的一套类似的测试，她把这个测试的由来归功于《周六夜现场》制作人洛恩·迈克尔斯：“如果你不想和某人在凌晨3点的洗手间外偶遇，那就不要把这个人招进来，要不你一整夜都要守在办公室不敢出来了。”）[99]

在面试反馈表上，我们将“谷歌范儿”（Googleyness）与一般认知能力、职位相关知识以及领导经验并列为评判人才的四大板块，从而将机场测试正式纳入了谷歌面试体系。所谓“谷歌范儿”，包括上进心和抱负、团队精神、服务精神、倾听及沟通能力、行动力、效率、人际交往技巧、创造力以及品行等特质。

（拉里和谢尔盖在物色首席执行官时，把机场测试推进一步，他们邀请应聘者共度周末。埃里克则相对保守：“伙计们，我不必和你们一起去参加狂欢节吧，咱们改吃晚餐好不好？”）

客观评价人才

能够通过机场测试、具有谷歌范儿、即便在凌晨3点的《周六夜现场》洗手间偶遇也不会尴尬的人，一定是值得你尊敬、能够与你相谈甚欢的人。不过，你不必非要喜欢他。想象一下，与你一起被困在洛杉矶国际机场的人与你没有共同话题，与你所持的政治立场势不两立，但他跟你在智慧、创意以及谷歌范儿的其他方面势均力敌（甚至更胜一筹），那么，你们两人仍然能够进行一场思想碰撞的对谈，而且你们俩在同一团队也会让团队受益。

我们常听到有人说，想找那种可以一起小酌一杯的人共事（或是选这种人当总统）。其实，我们办事最有效率的一些同事，恰恰是我们最不想一起把酒言欢的人。（何止如此，我们偶尔甚至想把酒泼到这种人身上。）和不喜欢的人共事不可避免，因为一家公司的全体员工不应该千篇一律，千篇一律恰恰是失败的温床。要想避免目光短浅，听到各不相同的观点（即观点多样性）是你最好的法宝。

我们可以把话题扯到一个“政治正确”的方向上，大谈保持人员在种族、性取向、身体条件以及所有其他特征上的多样性（事实也的确如此）。但是，如果仅仅以企业利益为出发点，招聘多样化人才的做法便更显正确了。拥有不同背景的人，世界观各不相同。男人和女人、白人和黑人、犹太人和穆斯林、天主教徒和新教徒、克林贡人和罗慕伦人[100]、亚洲人和非洲人、残疾人和健康人……所有这些不同都可以带来课本上学不到的洞见。如果把这些人集结在同一个工作环境中，众人汇集而成的眼界之宽广，是千金也换不来的。[101]

优秀人才的行为举止往往不拘一格。在准备面试时，请务必在进门前把你的偏见抛到一边，[102] 集中注意力，看看应聘者是否拥有成功和超越所必备的激情、智慧以及个性吧。

把人才招进来之后，这些法则同样适用于人才的管理。就像招聘过程一样，管理人才也应将打造任人唯贤的环境作为唯一目标，因此，对业绩的管理也应以数据为基础。我们无法强迫自己摒除对性别、种族以及肤色等因素的偏见，因此，我们应建立以事实为准的客观方式来评判人才。这样，最优秀的人才不论长相如何，不论来自哪里，都能在企业中大显身手。

加大光圈甄才

理想的人选就在那里。他们拥有激情和智慧，为人正派、视角独特。那么，你该如何找到他们并将他们吸引到你的团队中来呢？这个链条上共有四个缺一不可的环节，分别是物色、面试、录用、谈论待遇。

让我们从物色开始说起，在这一环，你需要先勾勒出心目中的人选类型。我们负责人员招聘的同事玛莎·约瑟夫森把这个过程称作“加大光圈”。所谓“光圈，”就是相机上一个允许光线进入内感光面以捕捉画面的装置。一般招聘主管的“光圈”非常小，他们只会考虑那些在某些领域拥有一定头衔的人，也就是那些无疑能够出色完成当前工作的人。然而，有洞见的管理者会把光圈调大，将那些被一般标准排除在外的人也纳入考虑范围。

比如，有一家公司以人才济济而名声在外，你偏偏喜欢挖他们的墙脚。这家公司知道你在“觊觎”他们的员工，于是便设下了重重障碍。但如果你能把光圈调大，去物色一些不仅今天能完成工作，明天也能把工作做好的人，你就能挖掘出一些精英之才，或许还能为这些人提供他们当下的雇主无法提供的机遇。有的工程师想加入产品管理团队，却无法从自己的团队脱身；有些产品经理想做销售，却苦于没有空缺……如果你愿意冒险鼓励人才去尝试他们从未挑战过的任务，你就能得到一些非凡的俊才。这些俊才之所以愿意加入你的团队，也正是因为你愿意冒险任用他们。他们的加入，会引来更多勇于挑战自我的人。

举例来说，如果你想招聘一位软件工程师，而你所有的软件编码都是使用同一种计算机语言写成的，这并不意味着你只能寻找精通这种语言的专家。你应该排除编程语言的限制，聘用你能找到的顶尖工程师，因为任它是 Java、C、Python 还是 Go[103]，最棒的工程师都能做到融会贯通。一旦编程语言更新换代（这是不可避免的趋势），你聘用的工程师会比任何人都更适应这种转变。超级计算机之父西摩·克雷在招聘时会特意聘用那些没有经验的人，因为这些人“通常不知道何为不可能”。[104]由玛丽莎·迈耶创立的谷歌助理产品经理（APM）项目也沿用了类似的洞见，当时，她是乔纳森团队的一名负责人，负责从应届毕业生中聘用我们能找到的最聪明的计算机科学家。这不稀奇，也不困难，许多企业都会聘用出色的大学应届毕业生。但要从项目中给毕业生安排有实际意义的重要职位，就是难点所在了。把这样的职位交给创意精英，可以让他们大展身手，却会让规避风险的管理者心惊肉跳：这些新人完全没有工作经验！（这反倒是好事！）他们要是搞砸了该怎么办？（出错是不可避免的，但新人也会有出人意料的创举。）作为谷歌的第一任助理产品经理，布赖恩·拉科夫斯基为我们开了一个好头。一从斯坦福大学毕业，他就被招到了谷歌，担任 Gmail 产品经理，在谷歌首席工程师保罗·布赫海特的直接管理下工作。现在，布赖恩已经是安卓团队的一位负责人，且 Gmail 也没有被我们搞砸。

当然，我们也有搞砸的时候。萨拉尔·卡曼加曾对我们一位年轻的市场专员印象深刻，想把他调到助理产品经理项目里。不巧的是，这个项目只接收有计算机科学学位的人，因此这位市场专员并不符合条件。萨拉尔据理力争，说这位年轻人是自学成才的程序员，还拥有“与工程师密切合作及与物流相关的经验”，但包括乔纳森在内的几位说了算的高管仍然坚持己见，他们不愿把光圈调大，否决了为这位年轻人调职的请求。这位名叫凯文·希斯特罗姆的市场专员最终选择离开谷歌，与他人共同成立了一家名叫 Instagram 的公司，之后又以 10 亿美元的价格卖给了脸书。[105] 凯文，好样的！

将应聘者的职业发展趋势作为评判标准，不失为“加大光圈”的有效方法。我们的前同事杰拉德·史密斯发现，最优秀的人才通常是那些职业生涯处在上升阶段的人，因为如果顺着他们的职业趋势向前推，你会发现他们非常有潜力获得成长和成功。经验丰富、能力超凡的人有不少都处于瓶颈期，对于这些人，你虽然能准确预测出他们所能取得的成绩（这是好的一面），而他们却不大可能再做出令人耳目一新的创举了（这是坏的一面）。但是，年龄与职业趋势之间未必相关，我们这条有关职业发展趋势的准则也有例外（比如，对于创业者以及不遵循传统职业发展路径的人），这些问题值得重视。

随着你在企业中地位的提升，想加大你的“光圈”也会变得难上加难。雇用高层员工时，我们往往会以工作经验作为评判的基础。不可否认，经验着实很重要，但科技已经使得当今多数行业环境充满了变数，拥有相关工作经验已不再是成功的保证。在为高层职位物色人选时，许多企业都会过于看重相关经验，而实际上，他们应该把注意力放在创意精英的能力上。

比如，2003 年，我们要找一位人力资源主管，充实谷歌的高管团队。我们面试了大约 50 名候选者。从传统意义上来说，其中许多人都拥有非常丰富的经验，但我们明白，这些人中没有一个人能够胜任。我们正在培养一家发展速度史无前例的公司，因此，候选者所具备的中规中矩的实际工作经验并不符合我们的要求。我们需要的高管，懂得如何打造功能强大的引擎，帮助谷歌的发展速度得到质的飞跃。

这个遴选过程非常漫长，埃里克曾一度脱口而出：“给我找个获得过罗德奖学金的天体物理学家算了。”经过一番讨论之后，我们认为，天体物理学家的能力虽然够格，但大概没有人愿意加入谷歌来做企业高管。谢尔盖于是发话了：“那好吧，给我找个律师事务所的合伙人吧。”不久，乔纳森就在谢尔盖的办公室发现了一位奋笔疾书起草合同的合伙人应聘者。这位合伙人正在完成谢尔盖布置的一项任务：写一份内容全面、有趣的高质量合同。半个小时之后，这位应聘者将他写就的 666 号合同交给了我们，按合同的内容，谢尔盖·布林先生以 1 美元及许多其他附加条款为条件，将灵魂出卖给了魔鬼。这份合同写得既精彩又幽默，但专业性有所欠缺，因此，他最终没能得到这份工作。

找律师事务所合伙人这一招失败之后，与谷歌合作的招聘官玛莎·约瑟夫森提出建议，或许，把麦肯锡合伙人与罗德奖学金获得者的特征整合在一起，才能找到合适的人。她将肖纳·布朗举荐给我们，我们将肖纳招入谷歌，并把业务运营的职务交给了没有相关经验的她。这一招非常令人满意，2008 年，可敬的谷歌首席财务官乔治·雷耶斯离职，我们需要找一位新人来接替他的位置。埃里克要求玛莎“再找一个肖纳·布朗式的人选”，玛莎为我们推荐的是曾担任麦肯锡合伙人的帕特里克·皮切特，同年，帕特里克成为谷歌的新一任首席财务官。

（谷歌对优秀人才的偏好，并不限于招聘资深高管。一次，乔纳森准备到谷歌设在伦敦的办事处，在肖纳主持的会议上对一批获得罗德奖学金的学者发表讲话。他正在思考如何从这些人中选出一部分到总部进行进一步面试，没想到在走廊里碰到了谢尔盖，就将自己的苦恼倒了出来。“何必非要做出个决断呢？”谢尔盖说，“把这些人全都招进来不就行了。”这个建议初听起来着实疯狂，但乔纳森越想越觉得有理。最终，这批罗德奖学金获得者中有不少都在谷歌取得了不俗的业绩。）

加大光圈的做法会带来风险，有时甚至会导致一些失败。在刚起步的时候，招聘初出茅庐但禀赋过人的人才，要比招聘那些不甚出众但身经百战的人更有风险。招聘负责人或许不愿意把这些损失归咎于自己，但为了企业的整体利益，他们必须抛却顾虑。招聘那些才华横溢的通才，会让企业受益良多。

全员出动招募人才

很多人都认识那种履历光鲜的人：攀登过乔戈里峰，是奥林匹克级的曲棍球手，出版过一本备受赞誉的小说，以优异成绩从大学顺利毕业，刚刚举办过一场美术展，成立过一家（实实在在的）非营利组织，能说4种语言，拥有3项专利，用业余时间编写了广受好评的应用程序，担任乐队主音吉他手，跟最火的明星同台共舞。如果你身边有这么一个人，那么与你共事的人都很可能认识这么一个人。可是，你为什么只让招聘官来负责招聘工作呢？如果每个人都认识一个奇才，为什么不把招募奇才的任务交给每个人呢？

要建立一种成功的招聘文化，让杰出人才源源不断地来到公司，你就需要理解招聘官在物色应聘者这项工作中所扮演的角色。一个提示：物色人才不只是招聘官的事。不要误解：我们喜欢优秀的招聘官，终日和他们打交道，欣赏他们明察秋毫的眼力和辛苦的付出。但是，物色人选人人有责，这个洞见需要渗透到企业深层。招聘官管理招聘流程，但人人都应参与到招聘工作中来。

对于小型企业而言，全员参与招聘非常自然，因此并不困难。然而，当企业达到一定规模时（按我们的经验，当员工达到大约500人时），管理者会更加关心人员的分配，却会对接管职务的具体人选有所忽略。他们常常会把“为人员分配而纠结”挂在嘴边，却不常谈到“如何寻找精英之才”。因为找人只是招聘官的职责？答案明显是否定的。过于依赖招聘官，会让招聘官不再百里挑一地寻找精英人才，而安于拿平庸之辈甚至无用之才来充数。因为一旦犯错，承担损失的不是招聘官本人，而是企业。另一方面，人才济济的企业很容易在人员规模上翻倍。就像拉里常常告诉我们的，每位员工只需引荐一位俊才，这个目标就可以实现了。如果你把招聘的责任完全委派给他人，招聘质量也会随之降低。

要把招募人才纳入每位员工的职责，并进行评估。统计每个人举荐的人数和带来参加面试的应聘者人数；评估员工填写面试反馈表的效率；鼓励员工为招聘出力，并记录员工参与招聘活动的频率。然后，在评估业绩和提拔员工时将这些数据作为参考。招聘是所有人的工作，因此，也该按此洞见评估员工。

面试是最重要的技能

你对招聘的要求越高，面试的过程就越重要，也越富有挑战性。面试比简历更能说明问题，因为通过面试，你可以对应聘者有一个真正的了解。一个人的简历可以告诉你，此人曾在一所名校主修计算机科学，不仅成绩优异，还是田径队员。但通过面试你却能发现，这个人其实是一个几年都没有什么创见的平庸之辈。

对于商务人士而言，最重要的技能是面试技巧。恐怕没有人在管理类书籍或 MBA 课堂上接触过这个洞见，在谈到成功时，首席执行官、教授以及投机资本家们总会大谈人才至上（这个观点是正确的），而关于如何挖掘出色的人才，他们却闭口不谈。他们总是空谈理论，但做企业需要实践。在实践中，你的职责就是要在有限的时间以及人为设置的环境中辨识出应聘者的优势。这需要一套独特而高深的技巧，实际上，掌握这套技巧的人可谓凤毛麟角。

前文中我们曾说过，如果被问及“你工作中最重要的事情是什么”，人们的第一反应大多是“开会”。不可否认，我们的大部分工作时间的确花在了开会上。开会有一个好处：你在企业“食物链”上的位子越高，你就越不用在会议的准备上下功夫了。会议的准备工作自会有下属去承担，而企业的最高领导（或是接近最高位的领导人物）只需聆听和点头就行了。会议结束后，下属带着各自的任务离席，而你则一身轻松地去赶下一场会议。

要想成功组织面试，就必须做好准备。无论你是资深高管还是刚入职的助理，都是如此。要成为一名合格的面试官，对职位的理解和对应聘者简历的阅读自不必说，不过最重要的，是要细心斟酌你的面试问题。

首先要做些研究，对应聘者的身份和业绩加以了解。浏览应聘者的简历，看看这个人之前做过什么工作，然后用谷歌搜索引擎搜集有关应聘者及其业绩的相关信息。这么做，并不是为了搜出应聘者在狂欢节上的醉酒照，而是要对此人形成一个印象，看看他到底是不是个有趣的人。接下来，把搜集到的有关应聘者以往业绩的信息运用在面试过程中，加深你对此人的了解。必须要用富有挑战性的问题来调动应聘者的积极性：你上一次经手的项目遇到了什么样的阻力？（或为什么能够成功？）你需要识别出你对面的人到底是“鸡蛋”还是“石头”，是弄潮儿还是应声虫。

你的目标不是要进行一次礼貌的谈话，而是找到此人的局限，即便如此，面试过程也不应太过紧张。最理想的面试过程，就像友人之间的知性对话（比如“你现在在读哪些书”）。你的问题应该深刻而广泛，问题的答案应是开放的（以此来试探出应聘者的思维模式），且要留出反驳的余地（这样，你就可以看看应聘者是如何捍卫和维护自己的观点的）。让不同的应聘者回答同样的问题不失为一种好方法，这样，你就可以对他们的答案有总体的把握了。

在问及应聘者的背景信息时，不要只让对方干巴巴地复述自己的经历，而是要让对方分享从经历中获得了什么样的领悟。鼓励对方展示自己的思想，而不是老拿简历说事儿。要想了解对方的思想，“你经历过哪些出乎意料的事情？”这个问题不失为一个好的引子。因为这个问题与一般的面试问题有所不同，是应聘者始料未及的，这样，他们就不能用事先拟好的答案来应付，而必须稍微换个角度来审视自己的经历了。“你是怎么支付大学学费的？”“从你的网页历史记录里，我能得到哪些从你的简历上得不到的信息？”这些问题都能让你对应聘者有更深入的了解，因此都是好问题。除此之外，这些问题还非常具体，可以帮你判断对方对问题的倾听能力以及组织答案的能力。

在面试中，情景问题往往很有帮助，这些问题尤其可以让你看到较为资深的应聘者给下属分派任务的方式以及是否信任下属，因此比较适于向资历较深的应聘者提出。比如：“当你遭遇危机，或是需要做出一个重大决断的时候，你会怎么应对？”这样的问题，可以让你看出对方是那种“自己动手，丰衣足食”的类型，还是喜欢依靠他人帮助的类型。前一类型的人比较容易对下属产生不满，因此看重控制权；后一种类型的人则倾向于雇用优秀人才，也更信赖自己的员工。如果对方给出的答案过于空泛，说明此人对问题的认识有所欠缺。应聘者给出的答案应该能引起你的兴趣，至少也应做到有的放矢。如果你得到的回答一听就是从营销报告中摘录下来的，或只是在泛泛地复述一些常识，那么你面前的应聘者就是个一般人，不擅长深入地钻研问题。

另外，我们不得不提一提谷歌那些令人“闻风丧胆”的智力谜题。近几年来，我们一步步地将这些谜题从面试中剔除了出去。

我们的许多智力谜题（以及答案）都出现在了网上，有的应聘者的确是凭真本事找到了这些难题的答案，但有的应聘者则是先在面试前做足了准备，还表现出一副事前对所有谜题一无所知的样子（高超的演技当然是一种可贵的能力，但谷歌并不需要），因此，这些谜题已逐渐失去了检验应聘者能力的功能。除此之外，作为筛选精英人才的工具，我们的谜题还成了舆论的众矢之的。对于这些提出批评的人，我们要说：你们是对的。谷歌想要把那些头脑最灵光的人招入麾下，因为我们相信，优秀和卓越的人才之间存在着千里之别。为了将这两种人才区分开来，我们会尽一切努力。如果批评者还固执地认为在招聘上奉行精英主义是错误的，那么，我们也有一个问题要问你：如果有 12 枚硬币，其中有 1 枚的重量与其他 11 枚不同，那么利用一架天平，你如何能只称 3 次就找出假币呢？[106]

在为组织面试做准备的时候，不要忘了，应聘者并不是唯一接受面试的人。一位能力过人的应聘者在接受你的评估，同时也在对你进行审视。如果你把面试刚开始的几分钟时间用在阅读应聘者的简历和东拉西扯上，这位正在考虑如何在几个工作机会之间做出选择的应聘者（优秀应聘者的工作机会绝不止一个）对你可能就不会有什么好印象。第一印象是双向的，你在审视别人，别人也在审视你。

你不仅需要斟酌你提出的问题，也要留意那些提出深刻问题的应聘者。这些在提问时语出惊人的人充满了好奇心，要比一般人更聪明、更灵活、更有趣，他们有自知之明，明白自己并非无所不知。这些创意精英特质，不正是你苦苦求索的吗？

想要拥有主持面试的技巧，唯有靠练习。因此，我们鼓励年轻人抓住一切面试机会来锻炼自己。一些人听取了我们的意见，但多数人还是更愿意把时间花在自己最重视的工作上，而没有意识到我们委派给他们的这些主持面试的机会有多么可贵。想一想吧，你不仅能锻炼一项最为重要的技能，还能拿到酬劳，除此之外，你不大可能成为应聘者的上司，那么即便你看人看走了眼，也不会自食苦果。但任凭我们苦口婆心，他们还是听不进去。要想让员工主持面试，简直像拔牙一样痛苦。

当然，主持面试并不是人人在行，而那些不愿磨炼面试技巧的人是不会为此下功夫的。在谷歌，我们执行一种名叫“面试官委员会”的模式，这支精英团队的成员不仅面试技术高超，还乐在其中，面试的主要任务就落在了他们肩上（相应地，他们会在业绩评估时得到高分）。想加入这支团队的产品经理不仅要接受面试技巧的培训，还需陪同面试官参加至少4次面试，才有主持面试的资格。一旦加入面试官委员会，就要接受一系列业绩指标的评判，包括主持面试的次数、可信度（竟然有那么多人觉得在最后关头取消面试是无可厚非的，甚至有人干脆爽约，真叫人不可思议）、反馈信息的质量以及给出回复的速度（面试48小时后给出的反馈信息质量会大打折扣，我们的顶尖面试官会专门在面试后腾出时间来给出反馈）。我们会公布评分，让那些非团队成员“挑战”现任面试官，表现更优者甚至可以取而代之。换句话说，得不到主持面试的机会本身就是一种惩罚。有了这种模式，面试不再是讨厌的杂活儿，而成了少数人享受的特权，谷歌的面试质量也得到了全面提升。

就算你在网上搜到了应聘者在狂欢节上的醉酒照，如果这照片不能说明此人在人格上存在严重缺陷，我们也不会因为网络照片和某些评论而产生成见。不要忘了，激情是我们在招聘时看重的特质，而有激情的人在网络上也往往是活力四射的人物。这充分彰显了他们对数字媒体的热爱，而这一特质，正是当今社会所看重的。

将面试时间设为30 分钟

有谁规定面试时间必须要持续一个小时？走进面试现场不过几分钟，你往往就能判断出应聘者于这家公司和这项工作都不适合。谁规定你必须要用毫无意义的闲聊苦挨到一个小时结束？这纯属浪费时间。正因如此，谷歌的面试时间只有半个小时。多数面试都会以失败告终，因此你应该少在这些面试上浪费时间，而大部分有能力的面试官只需半个小时就能判断是否该给对方否决票了。如果应聘者赢得了你的欣赏、让你有继续聊下去的欲望，

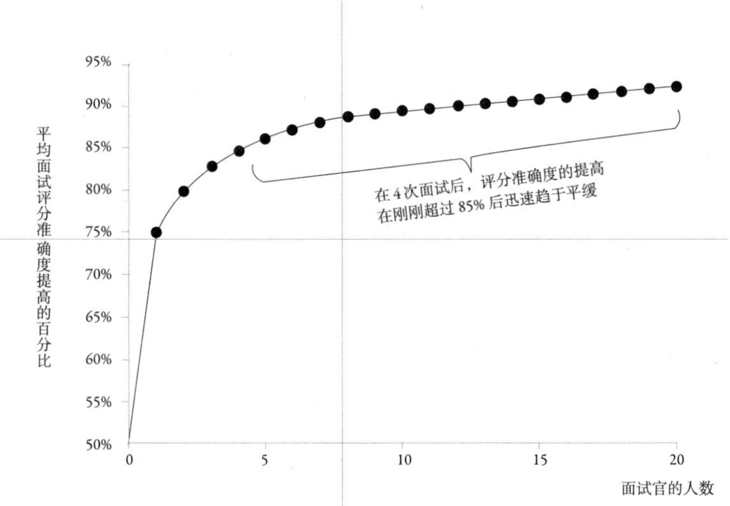

那么你随时可以再安排一次面试，或是当下就拿出时间继续聊（如果你在面试后专门安排了15分钟写反馈信息，那么聊天的时间就很好找了）。如果面试的时间紧迫，双方就没有时间闲扯家常，也无暇提没有意义的问题。这可以让你们的谈话内容多点蛋白质，少点脂肪。这样一来，面试双方（特别是你）就能进行一次实实在在的交流了。

许多公司的面试不仅时间过长，次数也过多。刚刚加入谷歌的时候，我们对一位特殊的应聘者进行了30多轮面试，可还是下不了录用他的决心。这种做法简直是失策。于是我们果断宣布，每位应聘者参加的面试次数不得超过30次。之后我们做了一些调查，在4次面试之后，面试官的人数每增加一位，只能为面试决策的准确度带来不到1%的提高。换言之，4次面试之后，每次额外面试所产生的增量成本都要大于额外的反馈信息对最终录用决定带来的价值。因此我们规定，每位应聘者至多只能接受5位面试官的面试，巧合的是，5这个数字正好还是个质数呢（至少计算机科学家会觉得这是好事）。

自有主张

谨记：从面试官的角度来说，面试的目的就是要形成自己的意见。这个意见不能模棱两可，要么行，要么不行。面试官平均打出的分数是3分，意思就是："如果有其他面试官大力推荐这个人，那我觉得把工作交给他也可以。"如果各位面试官打出的平均分是3分，这毫无问题，但如果单个面试官打出了3分，这便是逃避的表现。因为这个数字说明这位面试官不置可否，推卸责任，让别人来做决定。我们觉得，面试官必须要有自己的明确立场。比如，在产品管理团队招聘新人时，如果某位面试官为应聘者打了 4 分，就是宣称：“这个职位非此人莫属。如果其他人反对录用这个人，就等着和我理论吧。”这样的评分不仅是说“录用这个人吧”，更是在说“如果有人妨碍这个应聘者入职，我是一定会追究的，我会拿应聘者简历里的客观数据跟你据理力争”。

这种评分背后所暗含的情绪非常强烈：我有话要说。因为创意精英对加入自己团队的成员非常在乎，就好像在迎接新的家庭成员的到来。他们觉得，每次面试都应该有一个结论，而不应优柔寡断、模棱两可。

要想让别人有自己的主张，你就要让他们意识到自己该对什么有所主张。做出是否录用应聘者的决断自不必说，除此之外，还需有人指导面试官如何做决断。在谷歌，我们从 4 个方面对应聘者做出评价，且保证不同领域的应聘者在这四个方面的评判标准一致。无论是销售人员、财务人员还是工程人员，各类创意精英无论在哪个业务领域，无论级别高低，都在这 4 个方面取得了不俗的分数。具体分类如下：

- 领导力：我们想要知道，应聘者在不同情形下是如何运用手腕来调动团队的。无论是领导某个团队还是机构，甚至是没有正式领导头衔却为团队的成功出力的事例，都可以包括在内。
- 职务相关知识：我们寻找的是那种爱好广泛、激情四射的人，而不是仅在单一领域富有造诣的人。我们也希望应聘者具有帮助他们胜任新职位的经验和背景。特别是在工程师的选拔过程中，我们会检验应聘者的编程能力以及专业技术水平。

- 一般认知能力：比起成绩单，我们更感兴趣的是应聘者的思维方式。我们常会突出一些与具体职务有关的问题，来看看应聘者是运用怎样的洞见来解决问题的。
- 谷歌范儿：我们希望感知每位应聘者的独特之处，也希望他们能在谷歌这个平台上大展宏图。因此，我们会观察应聘者是否拥有不斤斤计较、敢于行动、乐于合作的天性。

设立招聘委员会

许多企业在面试上常犯的另一个错误，就是将录用的决定权交给用人部门的经理。这种做法的问题在于，企业人员的流动性大，人才进入公司之后，用人部门的经理很可能只在几个月或一两年内担任新人的上司。除此之外，在办事高效的组织中，你的同事要比你的上司重要得多。把录用权交到一个一年后就与员工业绩毫不相干的经理手中，实在太过草率了。

因此，谷歌特地成立了招聘委员会来做招聘决策。有了招聘委员会，无论你的身份地位如何，只要想雇用某人，就需要招聘委员会通过。委员会的决策以数据为根据，而不看谁的关系硬或谁说话算数。进入招聘委员会的首要标准是，一切以公司利益为出发点，绝无其他。委员会需要有一定数量的成员，以确保看问题视角的全面，但同时也要对人员有所限制，确保办事效率，因此，四五个成员的规模刚刚好。委员会在人员设置上要突出观点的多样性，因此，务必吸收资历背景和技能优势各不相同的人选

（因为人们往往偏爱那些“和自己是一个模子里刻出来”的人）。在委员会选人过程中，用人部门的经理并非只能坐等结果。他们（或是他们指派的招聘官）可以参与委员会会议，还可以决定某位应聘者能否进入录用环节。也就是说，用人部门的经理虽然没有招聘决定权，却手握一票否决权。招聘委员会需要确保应聘者与用人部门的经理不沾亲带故，除非此人恰巧是个超级明星。

进入新千年后，谷歌开始大量引入人才。而埃里克、拉里和谢尔盖却发现，许多新人虽然优秀，但能力与谷歌的需要还有一定的差距。三人认为，每个团队的具体工作他们或许难以掌控，却可能对各团队的员工进行把关。拉里提议，让高层管理者对录用的每位新人进行审核，这也是招聘委员会制度的缘起。这个制度由乌尔兹·霍尔泽建立，下设不同等级的委员会，位居顶层的便是拉里的“一人委员会”。这些年来，谷歌的每份录用决定都需要经过他的审核。这个制度让与招聘相关的所有人员看到了谷歌对招聘的重视程度，我们这样设置招聘的关卡，为的是提高质量而非效率，是为了实现控制而非扩大规模。当然，这么多年来，我们一直在努力高效地扩大规模。虽然我们现在的员工超过了4.5 万人，但我们初心不改：没有什么比招聘质量更重要。

在这个招聘体制之下，招聘信息包就相当于流通货币。招聘信息包中包含了谷歌在对应聘者进行层层面试的过程中积累下来的所有信息。这个信息包的内容不仅全面，还必须规范，这样不仅能确保招聘委员会的所有成员都能拿到完全相同的信息，还能保证这些信息能全面反映应聘者的情况。我们的工程师就是本着这样的目标设计谷歌的招聘信息包的（另外，让拉里满意也是目标之一，因为每份录用决定都要经他过目），整个谷歌（不分职能、国别、等级）使用的信息包模板都是标准化的，同时也有一定的灵活性。

理想的信息包在完成后，应包含大量资料数据，而不应满是面试官的私人意见，这一点至关重要。如果你是用人部门的经理或面试官，仅仅表达自己的观点是不够的，你必须用事实支撑你的观点。你不能用一句“他很聪明，应该录用他”了事，而应该说：“我们应该录用他，因为他很聪明，他的麦克阿瑟奖学金就是明证。”然而，多数应聘者并没有获得麦克阿瑟奖学金的亮眼经历，因此，想要用具体数据或实际观察来支持每一个观点，要比以上例子困难得多。但是，凡是不包含具体资料的招聘信息包，委员会都不会予以考虑。

信息包是招聘委员会唯一可用的信息来源，这也是一条非常重要的准则。信息包里不包含的内容，一律不予考虑。这样一来，大家就必须在创建招聘信息包时进行缜密的考虑。在信息包中隐瞒信息，然后在委员会上“使出必杀技”是不可取的，如果你想把必杀技留到最后，被杀的人可能反倒是你自己（这只是个比喻）。那些被成功录用的人靠的是强大的信息包，而不是委员会成员的呐喊助威。

强大的信息包包括一份涵盖所有关键信息的摘要，还包括全面综合的支持性材料。摘要由硬性的数据以及支持录用决策的具体证据构成，而支持性材料则包括面试报告、简历、之前的薪酬水平、推荐资料（特别是那些由内部人员推荐的应聘者），以及其他相关材料（大学成绩单、应聘者的专利或奖项的复印件、编程或编码样本）。

在整理招聘信息包的时候，细节不可忽视。举例来说，如果你的应聘者刚从研究生院毕业，那么他的学校在计算平均成绩时使用的是一般美国大学的 4 分制，还是像日内瓦大学那样使用 6 分制呢？在考虑刚毕业的研究生的班级排名时，我们注意到了细节：由于分数虚高现象，A 这个成绩有可能不再像以前那么能说明问题了，但如果应聘者在班里的成绩位居第一，这依然能说明此人是全班学业最好的人。另外，信息包的格式应简单明了、便于快速浏览。比如，你可以把应聘者最机智和最失败的回答标记出来，让人一目了然。但是，你不需要重新制作一切资料。比如，应聘者的简历原件就应该按照原样放在信息包里，这样，所有打字和排版上的错误就都暴露在众人眼前了。把信息包的细节做好，才能让委员会准确掌握应聘者的方方面面。

但是，即便全部由数据组成的信息包也不一定完全真实。每位面试官的打分标准都不同，一位面试官打出的 3.8 分，在另一位面试官看来可能只值 2.9 分（一位“无理”的面试官，可能直接就拿无理数 π 来打分）。怎样解决偏见造成的问题？那就引入更多数据吧。你可以规定，信息包必须包括应聘者过去面试的一切数据：面试次数、分数范围、平均分。这样，委员会才能在做决策的时候考虑到哪些面试官打分较高，哪些面试官的打分比较容易处在倒 U 形曲线的中间位置。（面试官们在得知这些数据会被收入信息包后，往往会更加严谨负责，打出的分数也更能反映自己的主见。）

一些管理者想在团队建设上掌握绝对控制权，因此，建立招聘委员会的决定引起了一部分人的强烈反对，有人甚至扬言要离职。由他们吧。如果有人想在自己的团队中一手遮天，那么这样的人不用也罢。像这样在工作中某一方面专横独断的管理者，在其他方面往往也会飞扬跋扈。英明的管理者明白，招聘委员会这样的机制对企业大局而言是大有裨益的。

同理，升职决策也应该由委员会定夺，而不应该对管理层的意见言听计从。谷歌的管理者有提名升职候选人的权力，也可以在整个过程中扮演支持者的角色，但是决定的大权却不在他们手中。这其中的原因与谷歌招聘制度背后的原因相同：有关升职的决策事关整个公司，如此重要的事宜，只交予少数管理者的话太欠考虑。相比之下，对晋升事宜使用委员会制度还有一个附带的好处：许多（按我们的经验，应该是多数）创意精英都不喜欢冲突，也磨不开面子回绝别人，而有了委员会制度，他们不必亲口对别人说“不”，只需把这任务交给更为“铁面无私”的委员会。这些细节虽然微不足道，在人们为升职候选人评分时起到的安抚作用却出奇的好。[a]

宁缺毋滥

谷歌对招聘质量的重视，并不意味着招聘的过程注定缓慢。实际上，我们在前文中介绍的有关谷歌招聘方法的一切内容，都是为了加速招聘过程。我们不仅将面试时间限为半小时，还规定每位应聘者至多只能接受 5 位面试官的面试。我们告诉面试官，

a. 有关谷歌招聘人才的方法还有许多，在这里不能一一详述。要了解更多内容，一探招聘过程以及人员管理方法背后的究竟，你可以读一读我们的同事拉斯洛·博克的新书《重新定义团队》（*Work Rules!*）。谷歌成立初期建立的原则是如何形成任何团队和公司均可模仿的管理体制的呢？欲知详情，且听谷歌人力运营部负责人拉斯洛在书中细细道来。

一旦结束对应聘者的面试，就应该立刻将是否录用的决定明明白白地告知用人部门的经理。我们对应聘者的信息包进行了特殊的设计，为的就是让掌握最终决定权的招聘委员会在 120 秒内浏览完信息包中的所有内容。（不开玩笑，我们真的会计时。）这些程序不仅让招聘过程具有延展性，也有助于招聘的清晰度和条理性。除此之外，让应聘者连轴参加面试以及苦等结果都是不公平的，因此，应聘者也是这些程序的受益者。毕竟，如果应聘者是你想雇用的人，他们也一定是行动迅速的人。

然而，招聘中有一条黄金法则是不可违背的，那就是：宁缺毋滥。如果质量和速度不可兼得，那质量一定要放在首位。

给优秀人才超出常规的回报

创意精英一旦入职，就要给他们回报，而卓越的人才应当获得丰厚的报酬。在这里，我们依然可以从体育比赛中寻找指引：杰出的运动员，相应地会收获优厚的酬劳。许多顶尖专业选手都能获得千万美元的合约金，而那些坐冷板凳等待替补出场机会的新手，只能赚几十万美元。那么，体育明星到底值不值这么高的身价呢？曾有人问伟大的棒球明星贝比·鲁斯，拿着比赫伯特·胡佛总统还高的薪金，他心里是否坦然。贝比回答说：“有什么不坦然的？我去年的表现比他要好。”在这里，我们可以给大家一个理由更充分的回应：没错，高人就是要有高薪（如果他们的表现能达到预期水平的话），因为成功的运动员拥有特殊的技艺，能带来非凡的杠杆效应。也就是说，如果他们发挥得好，带来的影响力也是超乎寻常的。他们能带动团队取胜，胜利可以带来巨大的商业利益：球迷越多，观众越多，球衣和球帽的销量也会越多。这样，球队就会大赚。

现在的创意精英与专业运动员之间的共同点也许寥寥无几，但二者之间却有一个非常重要的共有特征：他们都能产生超乎寻常的影响力。表现优异的运动员能够拿到优厚的薪水，创意精英在商界也理应如此。如果你希望顶尖的员工能拿出更加优异的表现，那就用超出常规的薪酬来做嘉奖和激励吧。

但这并不是说你应该大手笔地给新入职的员工高薪。实际上，你的薪酬曲线的起点应当放低一些。吸引创意精英的因素，不应只限于金钱，还应有大展身手的机会、并肩共事的同事、肩上的责任和享有的机遇、激发灵感的企业文化和价值观，当然了，或许还有免费的美食以及在办公桌旁悠闲蹲坐的狗狗。（谷歌的一位资深工程师曾经提出想把他的雪貂带到办公室来。公司同意后，他从未在薪水上跟我们讨价还价过。）一旦这些创意精英成为你的员工、开始投入工作后，你就应该视其表现给予相应的薪酬。员工产生的影响越大，收获的薪水就应该越高。

从另一方面来说，只有在创意精英表现突出时，管理者才能给予优厚的回报。在少年棒球联盟的训练中，即便你一直懵懵懂懂地站在右外野摘雏菊、找幸运草，也能获得奖杯和观众的起立叫好，但管理者面对的是专业人士，而不是少年棒球赛的教练。我们说人生而平等，意思是说每个人都被赋予一些不可剥夺的权利，但这绝对不是指每个人在自己从事的工作中都具有同等的能力。既然如此，那就不要在发薪和提拔人才上本着“人人平等”的洞见。在传统的商界，身居高位（首席执行官们高得离谱的薪酬就是明证）以及工作内容涉及买卖交易的人（比如投资银行家和销售人员）会获得更高的酬劳。[107]但是在互联网时代，产品质量才是王道，因此，最高的报酬理应属于那些与卓越产品和伟大创意关系最密切的人。也就是说，那些身处低位却对突破性产品或功能有所贡献的人，理应获得满意的回报。无论头衔和地位如何，那些旷世奇才就是应该得到超出常规的回报。在这里我们最为看重的，是人才带来的影响。[108]

换出巧克力，留下葡萄干

你花大力气打造了招聘流程，终于把这些出类拔萃的创意精英招入企业，而他们竟然跳槽抛弃了你！！这就是对你的回报吗？没错，让我们来提醒诸位：优秀人才被招进来后，有人会意识到，在你的公司之外尚有一片更广袤的蓝天。这并非坏事，实际上，这可以说是健康的创意团队中不可避免的副产品。但即便如此，你也应当极力挽留人才。

想要留住创意精英，最好的方法就是避免让他们太过安逸，并不断用新的想法保持他们工作的趣味性。乔治斯·海力克是创立 AdSense 的团队成员之一，也参与解决了我们前文中所述的“糟糕的广告”问题。在他提出想离开谷歌时，埃里克建议他列席几次谷歌的管理会议。埃里克将乔治斯添加在了电子邮件的通讯组列表中，如此一来，参加管理会议的除了谷歌的创立者以及所有向埃里克汇报工作的高管，还有乔治斯。埃里克以及谷歌其他的领导者学会了更好地从工程人员的视角看问题，而乔治斯也学到了不少企业运营知识。他的参会经历激发他加入了产品管理团队，在公司里又足足多待了两年。要不是埃里克的这一招，又何来乔治斯这两年对谷歌的贡献呢?

乔纳森在召开管理会议时，也会使用类似的方法激励下属。一般而言，高管都会特别委派一位会议主席，但是，指定会议主席全权负责只会助长等级意识。为了解决这个问题，乔纳森指定了一批产品经理助理，每隔6个月就会换一个人作为执行会议主席，在确保完成本职工作的前提下担任乔纳森的直接下属。其余的产品经理助理则可以接手一些被戏称为“苦差事”的项目，也就是谷歌内部网站上登出的一些辅助性任务。比如，2003年9月发布的一项任务，就是帮助拉里·佩奇加深对谷歌项目完成情况的了解。这或许不能算是最让人激情四射的任务，但为了争取与公司联合创始人共事的机会，几位年轻的产品经理助理还是踊跃地报了名。这些任务的目的并不是为管理会议增添刺激，也不是要使用廉价劳动力，而是为了给我们聪明能干的员工的生活中增添些乐趣和挑战。

但是，要想让员工全情投入、避免人才流失，只靠有趣的任务是不够的，你还需要确保最有价值的员工的利益不受企业条条框框的制约。萨拉尔·卡曼加的例子放在这里再恰当不过了，因为他一从斯坦福大学毕业，就被两位创始人招进了公司。萨拉尔参与了AdWords的创建，还在产品管理部门任职数年，但当他做好担任总经理的准备、想要承担更多职责时，谷歌却没有适当的职位安排给他。于是，我们特地为他创造了一个职位，让他担任YouTube的主管。如果创意精英需要或想要有所突破，谷歌便会尽力想办法来为他们创造条件，这样的例子可谓数不胜数。为了让这些员工大展身手，公司情愿自我调整、全力配合。

想要鼓励员工尝试新的角色，可以通过轮换制来实现，但如果不在具体实施上多加注意，则可能事与愿违。谷歌的助理产品经理项目（及其在市场营销及人才管理方面的衍生项目）规定，项目人员每隔 12 个月必须轮换一次。这种要求对于初级员工参与的小型项目而言非常合适。但是，要想在一家企业大范围推广这种有组织的人员轮换制度，难度可想而知。因此，我们的应对方法是鼓励岗位间的人员流动，尽可能减小流动的难度，并将有关事宜列为管理层的常规讨论事项。我们在管理会议和与管理者的一对一面谈中都会将有关事宜拿出来探讨：你的团队中有谁适合参与人员轮换？你想让这些人员调换到哪些岗位上？你觉得调换后的职务真的适合他们吗？

在谈论这些事项的同时，请确保人员轮换的候选人是团队中的佼佼者。管理者就像在万圣节挨家挨户地要完糖果之后彼此互换"战利品"的小孩：如果你逼迫他们把自己团队中的成员轮换出来，他们便会想把巧克力留给自己，而把葡萄干换给别人。这也许助长了他们的一己之利，却有损公司整体利益。这样一来，你迫切希望接受挑战和获得启发的最有价值的那批员工，也就被禁锢在某一支团队中不得脱身了。埃里克邀请乔治斯·海力克列席他的管理会议时，并不是将海力克当成一位平庸的员工来提拔，而是将他当作一位顶尖的员工来挽留。希望管理者能把他们的巧克力换给他人，把葡萄干留给自己。

爱他，就让他走（但得先做完这些）

即便你为顶尖人才准备了充实的任务和刺激的挑战，他们还是会打另谋高就的算盘。在这种情况下，你应该集中力量去挽留那些表现突出的明星员工、领导者以及有创意的人（这三种人可不一定是一个人），竭尽全力让他们留下来。这些人才的流失会造成巨大的连锁反应，因为这些人的下属或追随者往往也会和他们一起离开。因为对薪酬不满而离职的员工只是少数，想要挽留人才，你首先要学会倾听。你的员工希望有人能听取他们的意见，他们希望能融入企业之中，也希望得到应有的重视。

在进行这种谈话的时候，领导者不应只站在企业的角度发话，（比如说："拜托了，留下吧！"）而应当体谅那些考虑离职的创意精英的感受。在考虑问题时，许多员工都比较容易考虑眼前的利益，以年纪较轻的员工为甚（也许他们还尚未从以学年来衡量时间的生活节奏中解脱出来）。遇到挫折时，这些年轻人比较难以控制情绪，而拿着崭新的笔记本迎来一个个新学期的日子又显得那么值得回味。你的任务，就是帮助他们把眼光放得长远些。对于那些下决心离职的人，留在公司怎么能让他们获得更大的成就呢？他们有没有想清楚离职的决定在经济上对他们的影响呢？他们有没有制订明确的财务规划、是否了解他们放弃的机会成本有多大？聆听驱使他们离职的理由，看看能不能找一种方式，在挽留他们的同时帮他们充满能量。在此之后，如果他们愿意继续与你进行探讨，就帮他们制订一个如何才能在公司得到发展的职业规划。这不仅能表现出你对公司利益的重视，更能彰显出你对这些员工个人利益的关心。

顶尖的创意精英之所以考虑离职，是因为他们想要自立门户。不要打击他们的积极性，而要主动听取他们的"电梯演讲"。（"电梯演讲"是风险投资行业的行话，意思是"给你 30 秒的时间，看你能不能用你的商业构想打动我”。）你的战略基础是什么？你设想中的企业文化是怎样的？如果我是一名潜在投资者，你会对我说些什么？如果他们给出的答案不充分，他们很显然还没做好离职的准备。在这种情况下，我们通常会建议他们先留下来，一边继续为公司效力，一边完善自己的构想。我们还会告诉他们，一旦拿出能够说服我们投资的提案，我们不仅会欣然送行，还会奉上最美好的祝福（说不定还会递上投资资金呢）。对这样的提议，很少有人能拒绝，通过这种方法，我们挽留的人才不计其数。

有的时候，你百般青睐的创意精英接到了其他公司抛来的橄榄枝，有的人会拿“如果你不这样做，我就要离职”的条件给你下最后通牒。能够使出这种招数的人往往对企业已经不抱有什么感情了，重新全心全意为企业奉献的可能性也微乎其微，在这种情况下，双方决裂的大局往往已定。但如果员工与企业的缘分未尽，而你还想给出更好的待遇条件来试着挽留，那你出手一定要火速（间隔时间最好不要超过一个小时）。因为时间一长，这位员工在心中就越发倾向于那家新的公司了。

毋庸赘言，如果员工的离职对于个人发展的确是正确的选择，那就让他走吧。里德·霍夫曼[a]是乔纳森以前在苹果公司的同事，也是领英公司的创始人。他曾经说过：“就算员工离职了，你与员工之间的关系也不一定终结……当一位有价值的员工向你宣布离职决定时，你应该做的第一件事就是努力扭转他的决定。如果

a. 里德·霍夫曼，著有《联盟：互联网时代的人才变革》（中信出版社，2015 年 1 月）。——编者注

这么做没有收效，你就应该对他的新工作表示祝贺，并欢迎他加入你们公司的离职员工交流群。[109]

杰西卡·尤因曾是谷歌的一名产品经理，年轻有为的她帮助我们推出了 iGoogle（这款可以让用户对谷歌主页进行自定义的应用程序于 2013 年关闭），在公司可谓前程似锦。然而，她同时对写作抱有强烈的兴趣。我们建议她好好考虑一下自己的职业规划，再想想那些将要到手的股权。经过一番考虑后，她依然选择了离开。杰西卡啊，这么久都没有你的消息了！你为什么还不写点什么呢？

宁可“漏聘”，也不“误聘”

当然，炒别人鱿鱼绝对没有被炒鱿鱼糟糕，但也令人备受折磨。如果你有过这种经历，你一定知道把某个背运的人拉到一边告诉他缘分已尽是多么大的考验。有的员工心里早有准备，也接受得很平静；而有的人完全没有防备，气急败坏；还有的人则会搬出劳动法作为撒手锏，发誓与你对抗到底。激情、自信、无畏，这些因素不仅能让你在雇用人才时找到天使，也能让你在解雇人才时遭遇魔鬼。因此你从一开始就要时时牢记：要想避免解雇不得力员工的窘境，最好的方法就是不要把他们招进来。正是出于这个原因，在人才招聘过程中，我们宁愿“漏聘”（也就是没有招聘那些应该招聘的人），也不愿意“误聘”（也就是把那些不该招入企业的人招进来）。

不妨用这个方式做个自我检测：如果你能把业绩最差的 10% 的员工换成新员工，这会为企业整体带来改善吗？如果答案是肯定的，你就需要反思公司的招聘方式，看看这些低绩效员工是如何进入公司的，并对这些存在漏洞的环节做出改进。你也可以这样自我检测：你的团队里有没有即便告知你想要离职，你也不想努力挽留的人呢？如果团队里有你想要放手的员工，也许你就应该让他们走。

最后再提一点：世界上有一些人以炒别人的鱿鱼为乐。请注意防范这种人，因为解雇员工会为企业带来恐慌的氛围，而这种氛围定会将企业带上绝路。另外，“解雇他们就行了”这句话，只是那些不愿在人才招聘上下功夫的人用来规避责任的借口。

谷歌招聘之行为准则

雇用那些比你更聪明、更有见识的人。
不要雇用那些不能让你有所收获也不能对你构成挑战的人。

雇用那些能对产品和文化带来价值的人。
不要雇用那些无法为产品和文化带来积极影响的人。

雇用那些做实事的人。
不要雇用那些只想不做的人。

雇用那些满腔热情、自动自发的人。
不要雇用那些只想混口饭吃的人。

雇用那些能启发别人且善于与人相处的人。
不要雇用那些偏爱自己单干的人。

雇用那些能随着团队和企业一同成长发展的人。
不要雇用那些枯燥乏味、不具备全面技能的人。

雇用那些多才多艺、兼有独特兴趣和天赋的人。
不要雇用那些只为工作而活的人。

雇用那些道德高尚、坦诚沟通的人。
不要雇用那些趋炎附势、工于心计的人。

务必雇用优秀的候选人。
宁缺毋滥。

选择行业中的战斗机

经常有人向我们寻求职业方面的建议。崭露头角的企业家、刚走出校门的新谷歌人（Noogler），以及风头日盛的明日之星，都知道如何规划自己的前程。如果我们有幸再度受邀发表一次毕业演讲——比如在我们的母校（普林斯顿和克莱蒙特麦肯纳），那么演讲的内容估计与下文大同小异：

职业选择，有如冲浪

还在读商学院时，乔纳森就对产品管理很感兴趣，于是，他参加了几场他希望加入的公司举行的招聘说明会。其中一场说明会的主办企业是个人日用品行业的龙头老大，营销的产品包括洗发水以及家用清洁剂等。他们说，产品管理在他们公司就像一门科学，通过焦点小组实验和产品业绩得出的数据，是他们准确依凭的基础。“这就好像盯着后视镜往前开车一样”，这是他们的原话，不难看出，他们觉得这是个值得炫耀的亮点。

在此之后，乔纳森又参加了一家顶尖硅谷高科技公司主办的招聘说明会。他们说，在硅谷，产品管理这项业务就像是“在《重装机甲 2》游戏里，以离地两米的高度在巨砾遍布的地形低空驾驶一架 F-16 战斗机一样。另外，如果你不幸坠机，那你就得像玩儿电玩一样重新投币开始，而我们有足够的游戏币让你重玩”。这话太精辟了！在最好的行业中，你就像是在驾驶一架 F-16 战斗机，虽然你口袋里装满了游戏币，但还是提防不要撞机为好。

在商场上，尤其是在高科技领域内，仅仅有高超的技能是不够的，你至少必须抓住一轮大浪，借力一路到达彼岸。应届毕业生最看重的往往是公司，然后才考虑职位和行业。但是，在职业生涯的起点，这样的排序恰恰是本末倒置。在职业生涯中，许多人往往会换好几次公司，而改变行业却要困难得多，因此，选择好行业才是重中之重。把行业视为你冲浪的地点，把公司当成你赶上的海浪。选择海浪最大最棒的地点，才是你明智的决策。

如果你置身一个鲸波万仞的行业之中，那么即便你不幸入错了公司，或是在第一次乘上浪头时就遭遇了盛气凌人的上司，那你至少也能玩得不亦乐乎。而反过来说，如果你在职业生涯的初期就入错了行，那么你在企业中的发展空间也会受到很大的限制。你的老板的位置岿然不动，阻碍了你的晋升，而当你做好跳槽的准备时，你会发现你所能利用的优势简直少得可怜。

幸运的是，互联网时代的特殊结构决定了当今的许多行业都能为“冲浪”提供良好的环境。乘上这个浪头的不仅有互联网行业，还有能源、制药、高科技制造、广告、媒体、娱乐以及消费类电子产品等行业。产品生命周期越快，行业就越有挑战性，因为这会创造出更多突破的机会，能让更多后起之秀大显身手。但即便是能源和制药这种产品生命周期较长的行业，也已做好了迎接巨变和抓住良机的准备。

从薪酬角度来看，在你的职业生涯初期，能够获得的员工优先认股权以及其他股票的种类是比较受限制的，因此，在正确的行业磨炼技能要比在某家公司赌上自己的命运更加合算。在此之后，随着经验（以及年龄）的累积，挑选合适的浪头变得越发重要。因为到了那时，股票在你的薪酬构成中所占的比例大幅上升，因此你也应该相应地将对公司的挑选放在优先位置。

听从科技达人的意见

选好想要进入的行业之后，就该挑选公司了。在挑选公司的时候，听听那些真正懂行的科技达人的意见。这些天才级的创意精英可以比常人更早预测出科技的走向以及科技对各行各业带来的转变。比尔·盖茨和保罗·艾伦看到电脑芯片以及电脑的价格变得越来越便宜，同时也预见到软件将会成为未来计算机技术的关键性因素，于是，微软应运而生。查德·赫利发现，价格低廉的摄像机、宽带网以及信息存储空间将会为娱乐视频的制作和浏览方式带来变革，因此，他与人一起创建了YouTube。里德·霍夫曼明白，网络的连接功能将会对专业人士不可或缺，由此，他创立了领英。马克·贝尼奥夫相信功能强大的软件应当放在云端，他利用此洞见建立了Salesforce公司，并成功挨过了互联网泡沫时期。史蒂夫·乔布斯预见到计算机有朝一日将成为个人电子产品，而这一洞见，让科技和市场整整经历了20多年的发展才赶上他的脚步。

如何判断一个人到底是不是科技达人呢？你可以从这个人的过往经历入手。许多科技达人在将科技当作自己的职业之前，已在科技和创业方面积累了不少经验。12岁时，里德·霍夫曼在一款电脑游戏说明书上标注出产品有待改进的内容，并把修改过的说明书复印件卖给了一家游戏开发商，从而得到了他的第一份工作。[110] 其实他并没有打算找工作，只是想为这款游戏做一些改进罢了。15岁那年，马克·贝尼奥夫卖出了他的第一款电脑程序《杂耍戏法》(*How to Juggle*)，并创立了一家为雅达利800游戏机制作游戏的公司。拉里·佩奇更是用乐高积木搭出了一台打印机。(虽然是点阵打印机，但已经很了不起了。)

除了这些众所周知的名人，知名度虽然不高但颇具远见的人也不少。他们，就是那些探索最棒的冲浪胜地、寻找最棒的浪头的人。找到他们，把他们引进你的公司，好好留住他们吧。

规划你的职业

职业规划不仅需要付出努力，还要事先认真考虑，换句话说，你必须做好计划。这一点看似浅显，但这么多年来，想加入谷歌的人中居然很多都忽略了职业规划，这是我们始料未及的。对于这种人，乔纳森通常会安排一系列的职业规划培训，再为大家奉上一句他最喜欢的音乐家汤姆·莱勒的妙语："人生就像下水道。想从中得到什么，要看你往里面扔了些什么。"[111]另外，他还向大家承诺，只要他们肯在这些职场培训中下功夫，他就一定会为大家提供帮助。

以下是制订规划的一些简单步骤。

思考一下，5 年之后，你理想中的工作是什么样的。你想做什么样的工作？想要什么样的收入？描述一下你心目中的理想职位：如果你在网上看到了这份工作的招聘信息，那么这广告具体会是什么样的呢？现在，把时间快进四五年，假设自己已经得到了这份工作。那么，你 5 年后的简历会是什么样的？想要得到 5 年后心中理想的位置，你从现在起需要如何选择前面的路？

接着规划你的理想工作，从这份工作的角度来看，你的不足和优势是什么？要得到这份工作，你需要做出哪些改进？在思考这一步时，你需要倾听别人的看法。因此，和你的上司或同事谈一谈，听听他们的意见。最后还要思考：如何得到你理想的工作？你需要接受什么样的培训、需要积累哪些经验？

顺便提一下，如果你通过总结发现自己已经达到了理想工作的要求，就说明你的规划不够大胆。不妨重新开始规划，设定一份需要努力争取而非唾手可得的理想工作。

按照这些步骤的要求来做，必定能够收到成效。如果你不实践这些步骤，那你很可能就会应验美国棒球明星尤吉·贝拉的一句话："如果你不知道前进的方向，就要注意了，因为你也许实现不了自己的目标。"[112]

统计分析助你成为职场赢家

统计学充满魅力，要认真对待。在互联网时代中，最性感的工作都离不开统计学，它并不是天马行空的极客世界的专利。经济学家哈尔·范里安认为，哪些产品的价格越来越低廉，人们就应该培养与这些产品相配套的领域所需的专业知识和技能。毫无疑问，数据及数据计算能力越来越廉价。我们处在大数据时代，而大数据需要统计学家来解读。数据的民主化意味着，擅长分析数据的人是这个时代的赢家。数据是21世纪的利剑，谁是舞剑好手，谁就是当代的剑侠。因此，要成为一代剑侠，打磨你们的宝剑，学习统计学吧！

我们听到有人暗自不满："但是，我对数字没有什么感觉啊！"坐在后面那个穿红色T恤的同学，你的声音最大了。别着急，希望还是有的。提出问题并在众多答案中找出正确选项的技能，与自主解答问题的技能同等重要。无论你身处什么行业，都要学会对正确的数据做出适当的处理，从而做出更好的决策。要学会判断该以什么形式向数据高手提出什么样的问题，还要学会如何最大限度地利用他们给出的答案。即便你对数字不甚擅长，也可以学习如何通过数字让自己变得更聪明。

阅读

多数企业都有丰富的文字信息，你可以把其中最好的资料拿来阅读。在谷歌，只要有人拿职业规划方面的信息来询问我们的意见，我们就会推荐他们阅读两位创始人在谷歌2004年首次公开募股时的致股东信，以及埃里克和拉里在此之后写的内部战略备忘录。这是对谷歌价值观和战略最为翔实的描述，但即便如此，还是有许多人不愿腾出时间好好阅读。不要犯这样的错误。

阅读不要止于公司内的信息。网上有大量的文字信息，虽然其中大部分无关痛痒，但有用信息也不少。要学会利用你手上的工具，找到你感兴趣的网站和你敬重的作者。你可以把与你志同道合的创意人才聚集在一起，一起分享好书美文。要在某个行业里脱颖而出，最简便有效的方法，是加深对行业的理解。要加深理解，最好的方法莫过于阅读。人们总说自己没有阅读的时间，这其实是在说，他们觉得尽量挖掘自己所在行业的相关信息不重要。你知道哪些人会针对自己的行业进行大量阅读吗？首席执行官就会。所以，你也应该学习他们的思维方式，开始阅读吧。

练好电梯演讲

假如你在走廊里遇到了上司的上司，他询问你正在做什么项目。好吧，我们就假设你遇到的是首席执行官吧。那么，你会如何作答呢？首席执行官可不是在跟你寒暄：现在就大声说出你的回答。快点，你只有30秒。

呃……你的回答听起来并不精彩。很显然，你从没有练习过电梯演讲。下功夫好好练练吧。你不仅要阐述你的项目内容、背后的科技洞见、你是如何衡量成功的（尤其是创造什么顾客价值），最好也包含你的项目是如何与企业的整体利益联系起来的。做好功课，多多练习，这样，你的演讲才有说服力。

正在求职的人也应当准备好自己的电梯演讲。你的演讲不应只是简历内容的压缩，而应该突出你简历中最吸引人的部分、你最想做的工作以及你认为自己会为顾客和企业带来哪些影响。你能说出哪些别人说不出来的东西？

出国去

无论规模大小，处在哪个领域，业务永远向全球扩展，但人却天生具有地域性。因此，无论你身在哪里、来自何处，你都应该抓住一切机会走出去，到不同的地方工作和学习。如果你所在的公司规模很大，那就积极寻找跨国项目。你的上司会因此而器重你，你也会因此成为一个价值飙升的员工。

如果出国工作的条件尚不成熟，那就出国旅游吧。在外面的世界徜徉时，不要忘了从消费者的视角来审视这个世界。如果你是做销售的，那就进一两家商场转转。如果你是媒体行业的，那就买份报纸、听听广播。你可能想不到，许多人在去国外出差的过程中，单凭从机场到酒店的出租车上与司机的一番攀谈中便汲取了灵感。真希望出租车司机能够意识到自己对全球经营战略的形成做出了多大贡献！

从事富有激情的事业

我们可敬的前同事谢丽尔·桑德伯格曾说过："人生最大的奢侈，莫过于从事富有激情的事业。这也是一条通往幸福的清晰路径。"[113]这真是一语中的。仅仅因"喜欢"工作而取得的成果，无法与"热爱"工作所取得的成果同日而语。这句话虽是老生常谈，却堪称真理。谢丽尔说从事富有激情的事业堪称人生一大奢侈，这的确是事实：之所以说奢侈，并不是因为这种情况需要很多花费，而是因为很少有人能得偿所愿。许多人要么没有找到途径（有多少人在一踏入职场时就明白自己的激情何在？），要么条件不允许（你或许对园艺很有兴趣，但我们的世界需要的是工程师，而你的伴侣和孩子需要的是你稳定的收入）。

正因如此，我们并没有把这一点在一开始就抛给大家，而是一直留到了最后。很多时候，寻找激情并非易事。或许在刚刚踏入职场时，你并没有考虑到你的爱好，只要能找到一份工作就能让你心满意足。但随着职业生涯的推进，你渐渐发现这份工作并不是你之前预想的康庄大道。或许，你还没有把激情和事业平衡好。

你可以选择放弃一切，从零开始："喂？亲爱的……我很好……哦对了，我把工作辞了，在蒙大拿州买了一片牧场……喂？还在吗？"

或者，你也可以选择一条更加谨慎的道路，也就是对你的职业生涯做一些调整。缩短你5年后的目标工作与你梦寐以求的工作之间的距离，并确保这个目标不太偏离你脚下的轨道。确立正确的目标虽然简单，却能为你的职业生涯带来改变。

第四章

决策：共识的真正含义

2009年11月，我们得知谷歌遭受了黑客攻击。其实，黑客攻击对于谷歌来说几乎每天都在发生，所以并不是什么新鲜事。但这次攻击与以往不同。这次的黑客手段之娴熟，以及这次攻击的目的，都是谷歌从未遇到过的。对方不知通过什么途径，进入了谷歌的公司服务器。在此之前，黑客攻击谷歌的目的不是为了扰乱或关闭我们的服务器，就是想让用户无法进入谷歌网站。而这次，他们想要的，却是谷歌的机密数据。

谢尔盖立即采取行动阻止黑客攻击，并追查黑客的身份和攻击的方法。只用了几个小时，他就找到一批顶尖的电脑安全专家，把他们召集在谷歌山景城总部附近一座不起眼的办公楼里。在接下来的几周内，这批专家建立起防御系统，终于捕捉到了黑客的实时活动。他们的发现让人震惊：原来，黑客行动不仅涉及知识产权信息，还试图进入有些Gmail用户账号。

时间倒推大约5年半，也就是2004年年中，谷歌展开了针对中国市场的活动。从企业的角度来看，进驻中国市场的决定并不难理解。那时（以及现在）的中国是一片巨大的市场，不仅有位居世界第一的人口和数千万（现在已升至数亿）的互联网用户，还是一个飞速发展的经济体。谷歌的竞争对手之一是中国的百度，当时百度已在中国网络搜索引擎领域占据了难以撼动的地位。除此之外，雅虎公司也早已蓄势待发。拉里和谢尔盖赶赴中国进行考察，并为他们亲眼所见的创新与热情而啧啧称奇。挖掘世界上最棒的计算机工程师，这是两人怀揣已久的梦想，而中国，无疑是个孕育顶尖工程师的地方。[114]

从各项商业指标来看，谷歌无疑应当选择强势挺进中国市场，但从我们的公司文化理念来看，问题并没有那么简单。在中国，互联网信息的流通并非顺畅无阻。对这一点，我们有亲身体验：大部分时间，中国用户可以访问我们的美国网站 Google.com，不受限制地查询信息（即便这些信息都是英语的）。但有的时候，谷歌网站的中国访问量却一下子跌落至零，想要访问 Google.com 的中国用户会被转到百度网站上（并得到百度上经过过滤的搜索结果）。在遵循中国相关法规的前提下设立中国地区网，这样的决定到底会给中国人民带来便利，还是意味着谷歌不得不违背自己的基本企业文化和价值观默认中国政府的网络管理做法呢？在中国本地建立分公司，会使当地的信息获取更方便吗？这样能促进中国的其他搜索引擎提供商的透明运营吗？

一开始，谢尔盖·布林就稳稳坐定“不进驻中国”阵营。还是孩子的时候，他们举家从苏联移民到美国，在社会主义国家生活的经历，使他不愿考虑发展中国业务。但是埃里克管理团队中的许多人却抱有不同意见，商业上的考量以及想要改变中国信息流通现状的愿望，都使我们的天平倒向了进入中国市场一端。当时谷歌的亚洲区负责人舒克辛德·辛格·卡西迪立即行动，几个月内就建成了谷歌中国分公司。我们在北京设立了办公室，勉强对中国的网络管理制度做出了妥协。但在屏蔽信息的同时，我们会如实告知用户，也就是说，我们对网络管理政策并没有全盘接受。虽然用户无法接收到被屏蔽的信息，但至少他们还能意识到信息被屏蔽的事实。[115]

然而，我们收到的许多要求信息屏蔽的链接，涉及的内容并没有违犯任何明确的书面法规，这一点真让我们匪夷所思。其中有的审查只是想要缓和不同政府部门间的争端（比如，一家机构试图掩盖另一家机构发布的公开声明），要么就是想平息网上传播的负面信息。

2006 年 1 月，我们在中国本地的网站 Google.cn 落成，服务器设在中国。几个月后，埃里克到访北京，为网站造势。谷歌之后的发展可圈可点：在工程师的努力下，谷歌网站性能得到了大幅提升，从 2006 年到 2009 年底，谷歌的访问量和收益实现了稳步增长。

而在黑客的攻击下，我们所有的成果瞬间遭受了威胁。埃里克一向认为，打入中国市场不仅是个英明的商业决策，从道德价值观而言也是正确的选择。虽然谢尔盖对此一直持有不同意见，但拉里一直与埃里克所见略同。然而，这次黑客攻击改变了拉里的看法。他告诉埃里克，眼前发生的蓄意而为的事件，不但毫无停止的迹象，还有愈演愈烈之势。对于这个推断，埃里克表示赞同，但他没有想到，谷歌会以自动退出中国市场来作为解决方案。也就是说，两位创始人现在达成了共识，坚决反对 Google.cn 搜索结果被屏蔽一事。

对于领导者而言，做决策是艰难的。我们常常说“艰难抉择”是有道理的。谷歌撤出中国市场，是我们的决策方式以及行为准则。做决策，是每家企业以及每位企业领导者的基本工作，而制定企业策略、聘请合适的人才、创立独特的企业文化，都是做决策的前提。

每家机构的等级划分不同，制定决策的方法也不相同。海军陆战队的决策方法简单明了（自上而下式）：一人发出攻占山头的指令，全员照做。“没办法，大家都得听他一人的命令，戴上头盔出发吧。”而相比之下，多数（等级制度严明）的大型企业在规划出最佳途径之前，要进行的分析就要多得多了。所需的数据收集齐了吗？数据经过分析师的处理了吗？他们计算过预估收入和税息折旧及摊销前利润（EBITDA）[116]了吗？几周时间匆匆而过，季节悄然变换，而他们面前的“山头”仍无人攻占。“要不就等到下一季度吧，攻占这座山头现在对我们来说太勉强了。”而在时髦（且理念新颖）的新型企业里，首席执行官觉得自己是为员工而工作的，因此认为公司的决策必须得到大家的一致认同。每个人都有发言权，就会出现合议和审慎的辩论没完没了：“大家都放松放松，喝杯卡布奇诺，过半小时再碰头，看看我们的攻山大计该怎么办吧。”

那么，在命令自上而下的海军陆战队、层级分明的大型企业以及理念新颖的新兴公司中间，到底谁的做法对呢？在互联网时代，企业的变化速度决定了决策必须快速。从这个方面来看，海军陆战队的做法略胜一筹。而当今消费者消息灵通且要求苛刻，企业间的竞争越发激烈，这就要求企业为消费者提供尽可能多的信息，在这一点上，大型企业有其优势。拥有一支由创意精英组成的团队，意味着每个人都享有发言权，这样一看，初创公司自然就会胜出。所以，以上决策方式各有所长。

原因在于，必须明白，在制定决策的时候，不能一心只想做出正确的决定。制定决策的方式、时机和实施决策的具体方法，与决策本身同样重要。一旦在这些方面有所闪失，你做出的决策很可能也会出现失误。由于要做的决策不止一个，要不断做出新的决策，因此一个决策过程的失误很有可能会影响下一个决策的制定。

2009 年 12 月下旬，谢尔盖和他的团队继续进行黑客的调查工作。与此同时，埃里克意识到，做出谷歌公司史上一项最重要决策的时刻到了。虽然他认为守住中国市场对于谷歌而言是最好的决定，但他也明白，两位创始人现在都站在了他的对立面。他们俩觉得，谷歌无力改变中国信息传播的现状，也不愿意在这样的条件下继续运营下去。要改变二人的看法，难于登天。于是，埃里克选择了转移注意力。做出最有利于谷歌的决策并不是工作的全部，还要通过协调，让公司以最佳方式落实决策。谷歌还会经历更多的危机，需要做出更多重要的决策，而埃里克团队以及创意精英们都将睁大双眼，从这次危机的处理方式中总结经验。我们不难看出，这次决策的结果很可能违背了埃里克的意愿，因此，处理这次危机对他而言极具挑战性。

2010 年 1 月初，谢尔盖和他的调查团队确定了这次黑客袭击的来源与规模。谢尔盖决定尽快把这件事以及谷歌的处理方式公之于众。在这一点上，大家的想法几乎不谋而合。1 月份首周的埃里克管理大会上，谢尔盖宣布，作为对黑客攻击的回应，谷歌决定不再向中国政府的管理制度妥协。他希望谷歌解除 Google.cn 内容的信息屏蔽，即便这意味着谷歌面临被强制关闭的危险，即便这会为在市场上积累的业绩带来重创。当天，埃里克在外地，只得通过视频参加会议，因此他建议他的团队就会上的所有信息进行思考，做好准备，在下次会议上就公司应采取的措施拿出有力的方案。

由于情况紧急，埃里克在当周周日（1 月 10 日）的下午 4 点便召开了会议。会议开始时，谢尔盖花了一个多小时的时间详细分析了当前形势。然后，他重申了他在几天前表达的立场：谷歌应当停止对信息的屏蔽。埃里克明白，拉里与谢尔盖的意见统一，也就是说公司的决策实际上已是板上钉钉了，然而他必须确保他的团队有发表意见和投票表决的权利。无论大家的立场如何，谷歌的决策都必须得到大家的一致通过。因此，这次会议一直拖了几个小时。我们对现状进行了分析，展开了一场漫长的讨论，几度唇枪舌剑。最后，埃里克让大家投票表决。当时，与会者的意见明显偏向于谢尔盖的看法，因此投票表决其实并不必要。但埃里克认为，即便如此，每个人也应该有机会表达自己的意愿。结果，一部分人同意埃里克的看法，觉得撤出中国的决定意味着，谷歌与这片市场在今后很长时间内都不会有什么交集了。但多数人还是与谢尔盖站在一边，他们觉得情况最终会出现改观，这样一来，谷歌就能在未来的某个时候再次进入中国。

当天晚上 9 点，人困马乏的与会者们终于达成共识，决定暂不立即撤出，并尽量以最大的透明度将这次的黑客攻击事件公之于众。我们会宣布，谷歌将解除 Google.cn 网站上的信息屏蔽。我们不会立即做出这些改变，借用谷歌首席律师戴维·德拉蒙德在他的博客上宣布谷歌决策时的措辞，我们会专门留出暂缓的时间，来“与中国政府讨论，看看有没有什么方法或是在不违背中国有关规定的前提下解除搜索引擎上的信息屏蔽”。第二周的周一，埃里克就这一决策与董事会进行了讨论，并在 1 月 12 日周二对外宣布。

我们不会默默撤出。我们采取的决策无异于最后通牒，而埃里克对谷歌所面临的状况心知肚明：谷歌将会坚持与中国官员进行商谈，以求找到一条既不违背谷歌新订立的公开立场，又不触犯中国相关规定的解决途径。然而，这只能是死路一条。谷歌绝不会违背自己的公开立场，中国政府也决不会放弃自己的法律。不出所料，3 月，谷歌关闭了 Google.cn 上的搜索引擎。想在这个页面上进行搜索的访客，会被转到我们在中国香港的网站 Google.com.hk 上。从那一刻开始，谷歌搜索引擎上的搜索结果被中国防火墙屏蔽，谷歌的网络流量随之骤降。

2010 年 1 月 15 日周五召开的大会上，有关中国问题的讨论此起彼伏。谢尔盖和他的电脑安全小组向大家详细介绍了事情的来龙去脉，也解释了管理团队做出决定的具体过程。（谷歌人对公司管理层的决定表示认同和理解，同时，工程部负责人艾伦·尤斯塔斯和几位认真负责的中国区管理人员一起，对中国员工做了沟通和情绪安抚工作，以求在混乱时期保持团队的镇定、团结以及健康发展。最终，这次有关中国的决策没有给全体谷歌人带来负面影响，同时，我们在制定决策时所做的周密考虑和行动，让大家明白了遇到艰难决策时该如何应对。）

用数据做决策

如今，企业的方方面面几乎都可以量化，这是互联网时代最具革命性的一项发展。以前，人们大多以主观想法和传闻逸事作为决策基础，而今，数据成为制定决策的主要根据。像谷歌这样的企业会通过收集匿名手机信号的方式，来实时获取流量数据。伦敦市的供水管道使用数以千计的感应器来监控，从而将渗漏减少了 25% 之多。[117] 牧场在牛身上植入的感应器可以传输牛的身体状况及所处位置等相关信息，每头奶牛每年大约能够传输 200 兆的数据，[118] 从而让牧场主对喂养的饲料、时机以及用量进行精准掌控。

美国哲学家兼作家约翰·杜威曾说过："把问题解释清楚，就如同问题解决了一半。"[119] 杜威生活的时代跨越了 19 世纪后半期到 20 世纪前半期，那时，想要"把问题解释清楚"，人们往往要加入个人观点和道听途说的消息。然而，就如加州大学伯克利分校的政治学教授雷蒙德·沃尔芬格所说："数据就是逸闻的复数形式。"[120] 在我们看来，这句话的意思是说，少了数据，你就没法做出决定。

正因如此，谷歌的多数会议室都配有两台投影仪。一台用于与其他办公室进行视频会议以及投射会议纪要，另一台用来投射数据。在交流意见和讨论观点时，我们会以公布数据的方式作为会议的开场。我们不希望以"我觉得"这句话来服人，而是用"请看数据"这句话来服人。

如果你不想让观众因你的幻灯片而昏昏欲睡，凭借数据的力量不失为一种好方法。在你参加过的会议中，有多少次会议一开头播放的十几张幻灯片全都被文字堆得满满的，而发言人只是站在那里跟着读？在会议期间表达观点的发言人，不应该把幻灯片当成讲话的依托，而应当把它看作论点的补充材料。幻灯片不应被用来主导会议或论点的走向，而应作为数据的载体，以便让每个人都能接触到相同的数据。如果数据有误或不切题，那么再花哨的幻灯片也无济于事。数据演示与可视化领域的顶级大师爱德华·塔夫特认为，人们应当在更少的幻灯片中放入更多的数据："如果能把相关信息列在一旁，那么视觉推理就更高效。数据越翔实，信息就越清晰易懂。"[121]

这是一件显而易见的事情，但许多人总是对此视而不见，所以我们还是要在此提醒大家：最了解数据的人，是那些工作在第一线的员工，而往往不是管理层。作为领导者，我们要注意不要迷失在无法理解的细节中，而要信赖那些为你工作的人，相信他们会把问题搞明白。举例来说，在做财务决策时，不要关注工商管理硕士和会计师的"税息折旧及摊销前利润、涨跌比率指标、能效与生产维护管理"，而要把注意力放在真正重要的资金和收入等问题上。（在进行有关财务的讨论中，埃里克有一句广为流传的箴言："收入能解决一切问题。"）这一点也适用于做技术和产品决策。一次，埃里克与谷歌一家合作公司的首席执行官会谈，高管们为了一些技术问题进行了争论，却迟迟得不出结果。接着，一位待在角落里的年轻谷歌人站了出来，用几项数据明确了谷歌的立场。在一场大人物云集的会议上，这位资历最浅的年轻女员工明显是整个会议室中最有洞见的人。最终，她凭着对数据的准确把握主导了会议讨论。

谨防“摇头娃娃”的附和

棒球队在比赛时会给观众分发摇头娃娃。乔纳森的办公室里就有一个旧金山巨人队捕手巴斯特·波西[122]的摇头娃娃。实际上，企业的会议室中也充斥着这些“娃娃”的身影。他们围坐桌前，用几乎相同的步调一味地频频点头。曾任职于谷歌的美国在线首席执行官蒂姆·阿姆斯特朗将这一现象命名为“摇头娃娃的附和”。（埃里克在诺勒公司担任首席执行官时，为这个现象取名为“诺勒式点头”。）盲目点头的“摇头娃娃”与那些大家见识过的老好人有所不同，因为一旦踏出会议室的大门，这些“摇头娃娃”便有可能牢骚满腹、怨天尤人、不去实施甚至反对自己刚刚还点头称是的决议。而我们的巴斯特·波西版娃娃绝不会这样表里不一。

如果会议上所有人一致点头，这并不意味着大家意见一致，而只是说明你下面坐了一群“摇头娃娃”。许多领导者都想达成“人人都同意”的决策，但他们对于共识的认识，却从本质上出了偏差。请注意，“共识”这个词并没有“一致同意”的意思，也就是说，“共识”并不是指人人都必须同意，而是指共同达成对公司最有利的决策，并围绕决策共同努力。

要想达成最有利于公司的决策，就需要有异议存在。人们必须在开放的环境里阐述自己的观点并相互辩驳，因为如果不把所有观点都开诚布公地逐一讨论，那么大家只会表里不一地点头称是，一离开会议室便会把自己的表态抛至脑后。这样一来，你其实并没有得到大家的支持。因此，要想达成真正的共识，意见的分歧不可少。如果你是负责人，那么请注意，不要在会议一开始就申明自己的立场。你的任务，是抛开大家的职位差异，鼓励每个人发表自己的观点。如果领导者在这时明确表态，那么大家就难以各抒己见了。

巴顿将军有一句名言："如果人人想的都一样，那就是有人没有思考。"[123] 如果你招人有方，那好消息是：如果各个级别之间有意见分歧，那就说明你的人员在动脑子思考。以资历最深的管理者为首的创意精英通常会把自己看作企业的主人，而不只是自己特定领域的负责人。因此，即便是对于那些超出自己所管范围的事宜，他们也应该能给出可贵的见解。你应当鼓励这种做法，因为这不仅能在团队间建立牢固的纽带，也能为最终做出的决策提供更有力的支持。

数据并不针对个人，因此有利于广开言路。[124] 特别要注意那些三缄其口的人，把那些还没发言的人点出来。他们或许因心有顾忌而不愿公开反驳你（但他们必须克服心理恐惧），或许拥有很棒的想法却不爱抛头露面。抑或，他们当真无话可说，如果真是这样，那他们压根儿就不该来参加会议。你可以试着抛砖引玉，让大家对反驳上司的感觉有个适应过程。你应该一开始就尽力让可能出现的异议"现形"，因为对于那些在决策截止日期将近时才出现的反对意见，人们会自然（且合理地）偏向于采取排斥态度。[125]

等到大家都表态之后，就可以开始讨论了。每个人都可以加入讨论，把自己的想法说出来。为达成共识而进行的讨论需要大家秉持包容精神（也就是说，你要鼓励所有有利益关联的人参与进来）、合作精神（即便牺牲少数人或个人的利益，也要争取做出最有利于团队的决策）以及一视同仁的精神（讨论时团队中的每个人都很重要，至少他们可以表现出短暂的阻断行为[a]）。寻找解决方法是最终目的：最好的决策应该是正确的决策，而不是竭力争取大家一致同意而找出的最低标准，也未必是领导人自己的决策。就如约翰·伍登教授所说："积极寻找最佳途径，而不要一味坚持自己的意愿。"[126]

该响铃时就响铃

如果有一位管理者执掌着决策大局，且此人有权设置决策的最后期限，也有能力在讨论僵持不下时打破僵局，那么，前文中广开言路的决策方式才能见效。但通常而言，信息过多及信息不准确的现象时有发生，在这种情况下，人们往往能争辩几个小时。这不但浪费时间，而且往往只能得到乏善可陈的折中妥协。这样的做法带来的机会成本绝对不可小觑，因为比起对同一个决策翻来覆去地修改，创意精英们总有更重要的事情要做。超过了一定的度之后，越发缜密的分析并不一定意味着你的决策也会更好。对于决策者而言，最重要的任务就是：设立最后期限，进行决策工作，按最后期限完成。这就好像课间休息时孩子们在操场上玩耍一样，他们一玩就没完没了，但当上课铃响起时，大家便明白要回去上课了。（但愿员工比孩子更守纪律，希望他们不要像孩子那样霸占着猴竿儿不下来。）决策者有权决定课间活动的时间长短，也有权拉响上课铃。[127]

a. 阻断行为的呈现方式有闭眼、揉眼或用手挡脸等。这些都是当事人不愿接受某些事实或信息时采取的肢体动作。——译者注我们两位作者的教练兼导师比尔·坎贝尔给我们讲过一个故事，当时他刚刚担任财捷集团首席执行官，听说有一个重要的产品决策迟迟未决。负责这款产品的高管搜集了大量资料，但是这些数据并没有很强的说服力。因此，这位高管又进行了一系列研究，而所得的数据仍然无济于事，于是他又下力气挖掘数据。听闻此事之后，比尔下令，不能再这样拖延下去了。他告诉这位高管："不管你的决策是对是错，赶紧做点实事吧。"

比尔在这件事中所持的态度，用汤姆·彼得斯的话说，就是"贵在行动"。他在《追求卓越》一书中，将"贵在行动"列为他所研究的企业中一种最为常见的特质。[128] 不少设计师也认为，采取行动是一种积极的力量，用斯坦福大学设计学院[129]的口号来说，行动的态度与"设计型思考的核心"相差无几。这种态度鼓励人们亲自动手、反复尝试：如果你不确定某种行为是否正确，那么最好的解决办法就是尝试，然后加以改进。[130]

然而，一些行为经济学家却认为，偏重行动可能会让人未经周密考虑就草率做出决策，因此可能带来不利影响。我们认为，这一论点有一定道理。在谈判过程中，埃里克就有一套"PIA"准则，能帮他收到最佳效果。所谓"PIA"，就是要有耐心（patience）、信息（information）以及备选方案（alternatives）。其中，耐心尤其重要：在决心采取行动之前，应该尽可能长时间地静观其变。这一点在商场适用，在其他领域同样适用：在足球中罚点球的时候，一般人会采取事先猜测进球方向并扑球的"行动法"。而实际上，如果守门员在对方射门时什么也不做，扑救成功率反而会翻倍。[131] 在这方面，守门员应该学习飞行员的经验，因为在训练中，飞行员在面对紧急情况时不能轻举妄动，而是要沉着地分析形势，然后再做出判断。

因而，决策者的职责就是准确地拿捏时机。把乐于行动的劲头拿出来，中止没有意义的讨论和分析，让团队行动起来，为实施决策而团结一心。但要注意，不要成为紧迫感的奴隶。在最后一刻来临之前，都要保持灵活变通。

少做决策

有关企业创始人与其招入公司的首席执行官之间闹出的不快，埃里克在刚进公司时早已心中有数。通常，创始人任命一位首席执行官，最终与首席执行官在重要问题上产生分歧，得到董事会支持的一方继续留在公司，另一方卷铺盖走人。一个很经典的例子是，曾任百事可乐总裁的约翰·斯卡利被史蒂夫·乔布斯于1983年聘为苹果公司首席执行官，两人后来产生了冲突，而斯卡利获得了董事会的支持，并于1985年将乔布斯驱逐出苹果。[132]

为了避免重蹈覆辙，埃里克做出决定，拉里和谢尔盖得心应手的事宜就交给他们，而他则集中精力，为企业的飞速发展提供条件，以确保企业能够高效稳步地前进。这种企业领导“三足鼎立”的情况非常罕见，在2004年谷歌首次公开募股时发布的创始人公开信中，拉里和谢尔盖特地对此做了较为详细的解释。实际上，这种三位领导者各司其职的方法非常有效。信中提到，埃里克“专门负责管理谷歌副总裁以及销售。谢尔盖主要负责工程以及商业交易。拉里主要负责工程及产品管理”，除此之外，三位领导者应每天开会（这一传统，埃里克在首席执行官任期的绝大部分时间内一直坚持着）。信中还说，这样的安排“之所以行之有效，是因为我们相互信赖、相互尊重，而且我们三人想法一致”。这一点，尤为重要。

只要三个人在关键问题上能达成共识，这种领导结构就能很好地维持下去。实际上，三个人的确几乎没有出现过大的分歧。但是，这样的三巨头结构偶尔会带来一些棘手的问题。毕竟，当三个个性鲜明的领导者凑在一起的时候，偶尔的意见不合是不可避免的。在处理这种情况时，埃里克的方法与他平时制定决策的方法大同小异：首先找出问题所在，然后进行商讨（这个过程只有他们三人参加），最后设下解决问题的最后期限。除此之外，他往往还有一项准则：将决定权交给两位创始人。

在一家由创始人领导的企业里，首席执行官往往会过于强调自己的存在，那些想要树立威信的刚上任的新首席执行官更是如此（这是我们的经验之谈）。要放下首席执行官的架子，把做决定的权力交给别人，这虽然困难，却是“必修课”。总体来说，应由首席执行官制定的决策非常有限。对于产品发布、公司并购以及公共政策等问题，首席执行官理应掌握决定权或起到支配作用。但是在别的问题上，你大可以把决定权交予公司的其他领导者，只有他们出现严重的判断失误才需插手。这么说来，首席执行官或企业高管必须磨炼的一项重要技能，就是判断何时该自己出马、何时该把决策权交给别人。

如果你与埃里克一样，也要与两位积极主动、受人尊敬且头脑聪明的创始人共同运营公司，那么，前文中的技能就更显得重要了。举例来说，在一次产品讨论会上，埃里克、谢尔盖和拉里因为新产品的一项主要功能起了争议。当时与会的成员大约有 20 位，几分钟的讨论后，埃里克中止了会议，并在当天下午与谢尔盖和拉里聚在一起继续讨论。埃里克发现，两位创始人不仅与他的看法不同，就连他们两人之间也存在分歧。因此埃里克说：好吧，决定权就交给你们俩了，但你们必须在明天把决策拿出来。翌日中午，埃里克来到他们三人在 43 号楼共用的办公室，问道："你们两个谁赢了？"两人给出的答案很符合他们一如既往的风格："其实吧，我们又想出了一个新办法。"事实证明，这个新办法为问题的解决提供了一条最佳途径，就这样，三人达成了协议。

每天开会

作为创意精英们的领导者，你手中掌握的实权其实少之又少，这一点着实棘手。本章就要解决这个问题：即便你是一家公司的首席执行官，也无权独断专行、把你的意愿强加于人（好吧，也并不是说你不可以这样做，只是如果你对这种作风习以为常，那么不久，你的创意精英们就会离你而去）。其实，你就不应该多做决策。你的任务，就是分析数据、鼓励讨论、引导大家达成共识，凭借你过人的才识做出决策。

但是，对于公司的日程安排，领导还是可以掌握的。在面对重要决策时，运用领导力召集大家定期开会至关重要。如果决策足够重要，应该每天开会。这样的会议频率，可以让大家明白眼前的决策有多么关键。除此之外，每天开会还有一个明显的好处：大家对上次会议记忆犹新，节省了你重复上次会议内容的时间。这样，你们就有更多时间分析新的数据或观点了。

2002 年，在美国在线与谷歌的谈判过程中，埃里克每天开会的方法派上了大用场。这次谈判是使谷歌成为这家高人气门户网的搜索及广告引擎。谈判过程并不顺利，对于谷歌可能背上的财务负担，埃里克尤为担心。当时，美国在线平台上有几家广告商尚未在谷歌平台上打广告，因此，这次协议对于谷歌而言有着难以估量的战略价值。也就是说，这个机会将把这些广告商带给谷歌。尽管如此，埃里克仍然觉得，这个负担对于谷歌这家起步不久的公司而言过于沉重了。

2001 年初，美国在线与时代华纳合并，急于与谷歌签订协议，获取交易收入。双方的谈判由谷歌销售负责人奥米德·科德斯塔尼主持，他与埃里克一样，也认为我们不该接受美国在线提出的条件。但是拉里和谢尔盖却主张冒险，因为他们一向认为，在与合作伙伴共享收益时，如果企业慷慨大方，便会最终受益。（两人在阐述这一观点的时候，埃里克在心里嘀咕道："但愿别被合作伙伴搞破产。"）谷歌的首席法律顾问戴维·德拉蒙德与两位创始人看法相同。董事会觉得，一旦出现资金难以为继的情况，借款就行了，因此也同意他们的看法。意见上的分歧很明显，大家在会议上迟迟没有讨论出结果。因此，埃里克采取了行动。他安排了更多会议，定下了决策的最后期限。接下来的 6 周里，我们的团队每天下午 4 点钟都会聚在一起，讨论与美国在线的合作问题。6 周之后，大家必须做出决定，无论如何都要与美国在线结束谈判。

起初，进展并不明显。但是，每天对同一议题不厌其烦地讨论，促使大家对谷歌广告引擎具体表现的相关数据进行了充分分析；除此之外，这几周的分析结果告诉我们，合作风险并不像我们原先设想的那么大。我们渐渐发现，这笔交易我们是有能力承担的，事实证明，我们是正确的。最后，我们不仅在签署合同时基本接受了美国在线的条件，还有超出合同要求的表现。但是，这样的结果，我们在谈判过程中谁也无法预料。凭借对微小细节频繁且缜密的分析，我们才做出了正确决策。这是个事关重大的决策，而当你要做一个关乎企业存亡的决策时，每天开会就是理所应当的了。

“你们两边说得都对”

科技人员常会犯一个错误：我们总认为，如果我们的论点言之有理、考虑周全，且有真实数据和巧妙分析作为基础，那就自然能够改变别人的想法。但是，这并不正确。如果你想改变他人，不仅要晓之以理，更要学会动之以情。我们把这称为“奥普拉·温弗瑞法则”。（聪明的政客也懂得运用这项法则，但奥普拉本人才是无人能及的高手。）[133] 如果企业由创意精英和产品负责人主导，那么他们就必须学习奥普拉法则。否则，他们虽然能轻松做出聪明的决策，却往往无法很好地落实决策。

要轻松驾驭这个法则，有一个诀窍。如果在即将结束讨论和做出决策时大家还未达成一致，“你们两边说得都对”这句话就能派上用场了。要从感情上承认一个自己并不同意的决策，人们必须首先感觉到自己的观点不仅得到了倾听，还得到了重视。“你们两边说得都对”这句话让辩论失败的一方明白，他们的论点之中有可取之处。人们喜欢从别人那里得到肯定，因此，这句话让对方得到了情感支持。所幸，这句话往往是事实，因为在创意精英组成的团队中，每个人的观点往往都有可取之处。一般情况下，一个正常人的观点不可能错得一无是处。

在肯定了辩论败方，阐明了接下来的任务之后，决策者必须让相关人员要么保留异议、服从决定，要么就公开向上级汇报。如果相关人员选择后者，那就必须告知决策者其反对的原因，并说明打算以何种途径、向哪一位上级汇报。（比如：“不好意思，我还是觉得这个决策欠妥，原因是……我们还是问问巴拉克意下如何吧？”）公开向上汇报的做法非常有效，应该得到鼓励，因为即便你不汇报，也会有别人向上级反映，而到了那时，反对者往往积怨已深。

每场会议都需要有主人

商议决策时，往往会召开会议。在企业中，开会也许是最令人头疼的事了。人们对开会怨声载道，说开会是浪费时间。实际上，一场安排得当的会议很有助益。这样的会议，是展示数据和观点、讨论问题、制定决策最有效的方式。但是请注意，这里说的是“安排得当”的会议，而现实中的会议却大多恰恰相反。不言自明：一场组织混乱的会议，既浪费时间，又打击士气。

计算机科学家憎恨低效，因此这几年来，埃里克的团队为会议的组织设置了一套准则，我们认为非常有效。

会议应该有一位决策者或主持。会议过程中的每一个时点都必须有明确的决策者，而这位决策者要对会议负责。两个实力相当的团队之间的会议往往得不出有效的结果，因为双方最终会以妥协收场，而做不到斩钉截铁。因此，应该由一位资深的人担任决策者的角色。

决策者应当亲力亲为。他应该召开会议、保证会议质量、设立会议目标、确定与会人员，以及（在可能的前提下）至少提前24小时传达议事日程。在会议结束后的48小时内，决策者（不是别人）应该用电子邮件向每位与会者以及任何需要了解会议情况的人传达会议达成的决策以及待办事项。

即便是在信息共享或头脑风暴这种不必制定决策的会议上，也应明确指定会议的主人。主持者应挑选合适的与会者，制定明确的议事日程，还应确保提前做好必要的准备工作，及时向大家传达待办事项。

会议应该很容易取消。所有的会议都应该设立一个目标，假如会议目标不明确或会议没能达成既定的目标，那么这场会议也许并不必要。决策者需要扪心自问：这场会议真的有用吗？会议是过于频繁还是太过松散？与会者从会议中得到需要的信息了吗？

会议规模应以便于管理为宜。与会者最好不超过8人，10人已算上限（但我们非常不建议安排这么多人）。与会的每个人都应有权发表自己的意见，如果其他人必须要对会议结果有所了解，那么应该把会议结果传达给他们，而不是让他们来当会议的旁听者。会议中如果有旁听者在场，会影响会议质量，还会让大家对畅所欲言有所顾虑。

出席必要的会议。如果你的出席对会议不必要，那就退场，如果你可以在会前婉言谢绝，那就更好了。这一点，在与客户或合作伙伴进行的会谈上尤其适用。在出席“私密”会谈的时候，我们本打算与客户或合作方派出的某一位高管促膝谈心，却往往会面对满满一屋子的与会者。如果客户觉得有必要把自己公司的全体员工都带到会议现场来，我们也不能反对，但我们会对自己一方的出席人数加以控制。一般而言，与会者越少，会议效果越好。

守时很重要。确保会议准时开始、准时结束。会议结束时，留出足够的时间总结会议要点和待办事项。如果你们在预定的时间前达成了会议目标，那就提前结束会议。不要忘了预留出午餐和小憩时间，尊重身处不同时区的人，他们也希望能多花些时间与家人团聚。许多人都忽视了这些基本的人之常情，因此，在这些地方多花些心思，你就能赢得同事们的拥戴。

开会时就认真开会。同时处理多项事务会让你顾此失彼。如果你在开会时用手提电脑或手机处理与会议内容无关的任务，那么很明显，你的时间还不如花在别处。每个与会者都应该把注意力集中在会议上，而不应为其他任务分心。如果有的人出席的会议太多，连工作任务都无暇完成，那么解决方法其实很简单：为待办任务排出优先顺序，减少出席会议的次数。

在这些规则之中，最后一项实践起来最有挑战性。在小组会议上，虽然我们一再告诫大家关闭电脑，但这话几乎被当成了耳旁风，我们不得不作罢。尽管如此，这还是条好规则！

马背原则

训练有素的律师注重回顾过去。这种做法很有必要：毕竟，法律事务大多是由已经发生的事情决定的，也就是说，“事前”决定了“事后”必须遵守的规则。另外，律师对风险避之唯恐不及。这也在情理之中，因为许多律师都在律师事务所供职，而律师事务所的任务就是帮客户规避风险。因此，如果你让律师对一个只有 1% 不确定性的情形做出评估，那么多数律师会将几乎所有的时间拿来和你共同分析这 1% 的疑点。

照片上的这块牌子是个很好的例子。一天，乔纳森到街对面去参观谷歌刚刚建成的运动场，顺便给这块牌子拍了张照片。牌子上有一幅清晰的运动场地图，但足足 1/4 的空间却被一则免责

声明占满了，大致内容是：如果你在运动场上受了伤，不要投诉我们。（我们对声明书上措辞严谨的条款进行如此不严肃的解读，一定会让一部分律师读者想要纠正我们。劝大家还是别费功夫了。）心怀善意、喜欢回顾过去和规避风险的律师认为，使用运动场的谷歌人虽然都是头脑灵光的成年人，但天有不测风云，仍有人会在运动场上不小心扭伤脚踝从而起诉谷歌。正因如此，我们身边各种浅显得近乎脑残的法律条文才会层出不穷。

律师之中也有创意精英，正因如此，谷歌的这个指示牌才让我们颇感意外。在互联网时代，企业的发展速度要甩开法律变化速度十万八千里，因此，回顾过去及规避风险的做事方法虽然在传统美国企业中很常见，但在互联网时代却不适用。对于一家追求创新且创意精英云集的企业而言，行为符合规范的比率保持在50%已是谢天谢地了，而在对风险几乎零容忍的律师们看来，这样的比率仍然非常危险。

正因如此，在成立谷歌法律部的时候，戴维·德拉蒙德与他的同事科尔普利特·拉娜以及米里亚姆·里韦拉才希望营造一种不同的工作环境，让律师们尝试不同于以往的工作方式。我们的现任法律总顾问肯特·沃克习惯将这种工作方式叫作“马背原则”。随便选一部美国老西部片，片中总会出现这样一幅场景：一位骑在马上的牛仔将马勒住，对周围形势进行一番打量，好决定下一步的行动。肯特建议他的律师们也采取类似的行动：在一定的情况下，我们只需坐在马背上（这通常只是打比方），快速环视四周，然后继续上路。虽然许多决策（如重大的并购案以及法律合规问题）需要我们进行详细分析，但不要认为你每次都需要从马上跳下来，用几周的时间拟出一份50页长的法律声明，非要把所有可能出现的问题以及所有问题的对策都包括在内。在这些情况下，律师的任务并不是对问题的方方面面进行细致分析，而是把注意力放在难以预知的未来，及时为决策制定者提供周密的指引。事成之后，就继续上路！

要想“马背法则”奏效，你们的律师必须是商业团队及产品团队的一员，而不能是那种偶尔被叫来“救火”的人。拥有符合一定要求的律师团队，“马背法则”才能奏效。正因如此，在谷歌成立初期，我们更偏向于招聘通才而非专家，我们的招聘足迹，更是遍及事务所、企业甚至非营利组织（但是，我们很少雇用刚毕业的律师）。随着企业的飞速发展以及所涉及行业的增多，法律问题的出现不可避免。这时，从消费者和客户的利益出发做正确的事，会大有帮助。

把80%的时间花在80%的收入上

企业领导者所能做的最重要的决策，就是如何分配自己的时间。1997年，埃里克成为诺勒公司首席执行官的时候，他从比尔·盖茨那里得到了一条宝贵的建议：把80%的时间花在80%的收入上。这条忠告看似简单，执行起来却出乎意料的困难。NetWare软件套件是诺勒的核心业务，可通过局域网实现个人计算机与工作站之间的连接。但是埃里克和他的团队却一心想要开发一款新产品（也就是NetWare目录服务，简称NDS），为包括用户、用户群、打印机、工作站在内的网络资源提供一个管理中心及存取点。随着网络资源的激增，这款目录服务的成长潜力突出，埃里克和他的团队自然想在目录服务上投入更多精力。

管理团队往往会低估一款新产品上市后多长时间才能赢利。光鲜亮丽的新业务虽然可能比老旧无趣的核心业务有趣许多，但企业赢利还要靠核心业务。如果分不清孰重孰轻，企业就可能会因这个错误一蹶不振。虽然当时埃里克觉得自己听从了比尔·盖茨的建议，但回头来看，他意识到自己应把更多时间专注于诺勒的核心业务。

也就是说，必须把注意力和热情都集中在核心业务上。

接班人计划

热爱一项事业，就应该为离开它做好规划。然而，很少会有领导者考虑接班人的问题。在大多数企业中，接替你的人其实早已存在，只是你还没有意识到这个人是谁罢了。（埃里克的接班人，居然是当初把他招入公司的人，这种情况可不多见！）虽然多数企业都意识到了接班人问题，但在时机的把握上却有偏颇：这些公司虽然挑选好了几年后接手公司的“弟弟辈”人才，但实际上，他们应该寻找的却应当是有潜力在 10 年后接管大任的“儿子辈”人才。抑或，这些公司一直专注于在公司资历最深的 100 人中挑选候选人，却没有把眼光放在最有潜力的人群中。正确的做法，是集中注意力寻找那些已经崭露头角、升职速度快的杰出创意精英。问问自己：这其中有人具备在 10 年后运营公司的能力吗？如果答案是肯定的，那就不要在薪金上亏待他们，还要避免他们的职业发展陷入停滞。这些高潜力员工的离职（尤其是当他们跳槽到竞争企业时），会给公司带来巨大的损失，因此你应不遗余力，让他们乐于留下来。虽然你的努力有付诸东流的可能，但成功留住他们的回报远远大于失去他们的损失。

将接班人计划付诸实践，其实是个很有趣的过程。随着时间的推移，冉冉升起的明日之星会越来越精明能干，但位处高职的前辈们依然将他们看作经验不足的新手，觉得他们不具备接任所需的资质。想要解决这个矛盾，领导者们应当回想一下自己初出茅庐时的情景。

在谷歌准备进行第一次公开募股的时候，埃里克、拉里以及谢尔盖共同承诺，在接下来的至少 20 年中，三个人一定要同舟共济、同心同德。埃里克心里一直清楚，拉里或谢尔盖之中总有个人迟早要接手谷歌的运营权。他觉得这个人估计会是拉里，因为拉里曾经担任过首席执行官。果不其然，2011 年初，埃里克、拉里以及谢尔盖三人达成协议，让拉里重新接任谷歌首席执行官一职。无论是对于谷歌还是这三位管理者来说，这个决策都是正确的。但尽管如此，埃里克心里仍有些疑虑。毕竟，他无论是在年龄还是经验上，都比拉里高出一大截！但后来，埃里克将心比心地看待拉里的年龄问题：当时，拉里 38 岁，而当埃里克 38 岁时，他觉得自己已经具备管理一家企业的能力了（接管诺勒公司管理权那年，他 41 岁）。虽然有些出乎意料，但经过考虑，埃里克意识到拉里已经做好了接任的准备，他将是一位成功的首席执行官。

世界上最顶尖的运动员都需要教练，你不需要吗？

2002 年夏天，埃里克任谷歌首席执行官大约一年时写了一份自我业绩评价，并交给他的团队传阅。这份文件中不仅包括了他的突出业绩（“建立了有效的工作方法”）以及为翌年设立的目标（“在不损害未来业绩的前提下提升效率”），还提及了他在工作中需要改进的地方。这些自我批评中有一点最为突出：

比尔·坎贝尔的指导对我们每一个人都帮助很大。回头来看，他的指导一开始就是必要的。我应当早就做出这样的安排，最好在我一加入谷歌时就引入这个制度。

与一年前相比，这是个180度的大转弯。埃里克刚刚加入谷歌时，董事会的约翰·多尔建议让比尔来当他的教练。埃里克是怎么回答的呢？“我才不需要什么教练呢，我知道我在做什么。”

每当你看到一位世界级的运动员有上佳表现时，都不要忘了，运动员成功的背后一定有一位伟大的教练。并不是说教练要比运动员在运动项目上更为精通，实际上，这种情况极少。但是，教练有其优势：他们懂得观察运动员的表现，并告诉运动员如何做得更好。那么，为何商界聘用教练如此罕见呢？难道人人都像刚从谷歌起步时的埃里克那样自信满满、自诩没人能协助自己变得更好吗？如果真是这样，那么这是错误的。作为企业领导者，你需要自己的教练。

要与教练搞好关系，学生首先必须愿意倾听和学习。世界上有难以驯服的运动员，自然也有难以驯服的企业高管。然而一旦打破了最初的沉默，这些高管便会发现学无止境。从本质上来看，商业教练与所有教练一样，都属于老师。我们身边顶尖的老师比尔·坎贝尔告诉我们，他认为管理是一项完全可以习得的技能。

对于乔纳森而言，在拉里·佩奇对他制订的刻板的产品计划贴上“愚蠢”标签的那一刻，他的受训生涯就开始了。第二周，乔纳森就坐在了坎贝尔教练的办公室里，一边怀疑自己为何要加入这家让人摸不着头脑的新企业，一边琢磨着要不要递交辞呈。不要放弃，比尔恳切地说：“咬紧牙关，说不定你还能从中有所收获呢。”

就凭这句话，以及你为我们俩付出的一切，我们要对你说声“谢谢您，教练”。

第五章

沟通：当最牛的路由器

乔纳森刚入职谷歌不久，有一次与我们的一位工程师聊天。乔纳森习惯一接到电子邮件就立马回复，还会把回复内容抄送给许多谷歌员工。对于乔纳森的这个习惯，这位工程人员有些疑虑。他认为，这种做法是舍本逐末，而且邮件回复得如此勤快、传播信息量如此之大的人，手边必定有大把余闲。因此，他愤然对乔纳森说："你只是一台昂贵的路由器！"路由器是非常基础的网络设备，主要用来在不同的点之间进行信息包传输，因此，这句话本是带有侮辱性的。但是，乔纳森却将这句带刺的话当成了赞美。

我们可以这样思考企业中的沟通问题：想象一栋20层高的大楼，你站在中间楼层（比如第10层）的阳台上。每层的人数随着楼层的升高而递减。大楼的最高层只有一个人，而大楼的底层（也就是"入门级"）则是人头攒动。现在，想象你正站在室外的阳台上，你上层的人（暂且称作你的"上级"）对你喊了些什么，还扔下来几份文件。你接住文件，小心地不让文件被风吹散，并把文件拿到屋里阅读。内容中的确有些可圈可点之处，依照为9楼工作人员确定的分工细则，你小心翼翼地批注了几个你觉得他们需要注意的重点。之后，你重新回到阳台，向你楼下的团队丢下几张表格和几段文字。楼下的人如饥似渴地阅读着你的文件，好像这文件就是《圣经·箴言》中供给口渴之人的凉水。[134] 楼下的人看完之后，转而又会将这个"批注"仪式重复一遍，以便为8楼的人"解渴"。与此同时，你11楼的上司又在重复刚才的工序了。至于20楼嘛……哎，天知道他老人家在干什么呢。

这就是绝大多数公司信息流动的传统模式。管理中的上层收集信息，并审慎地决定该将哪些信息分发给在他们底下辛苦工作的人。在这样的世界中，信息作为权力和控制的手段被人们囤积。正如管理学学者詹姆斯·奥图尔及沃伦·本尼斯所说，许多商业人士之所以能升至管理者位置，“靠的并不是他们所表现出的团队合作精神，而是因为他们深谙与同事们的竞争之道。而这样的风气，只会助长人们对信息的霸占”[135]。这让我们想起了苏联的做法，他们把办公室中所有的复印机都关在双锁钢板门后，以防有人在未经批准的情况下使用机器的神力将有关粮食生产的五年计划泄漏出去。[136]当今，绝大多数管理者的思维方式依然与苏联时期的官僚大同小异。他们觉得，自己的任务就是批注信息、谨慎地把小部分信息散布出去，原因很简单：你怎么能将关系企业帝国命脉的信息交给底层那些年轻无知的人呢？

然而，苏联已经解体。如果雇用员工只是为了让他们工作，那么这种钳制信息的传播方式可能还能有效。但在互联网时代，我们雇用员工是让他们进行思考的。还在上商学院的时候，乔纳森的一位经济学教授曾说：“金钱是一切企业的命脉。”这句话其实并不全对。在互联网时代中，金钱的确重要，但对于企业来说，信息才是真正的生命之源。要想在21世纪建立一家企业，吸引创意精英并引导他们大展宏图才是成功的关键。但创意精英若不能接触大量的信息，这一切只是空谈。

现在，最有能力的管理者不但不独霸信息，还会分享信息。（比尔·盖茨曾在1999年说过：“力量并不来自掌握的知识，而是来自分享的知识。这一点，应该在企业的价值观及奖励机制中体现出来。”[137]）领导者的目标，就是要时刻促进信息在整个企业中的流动。这就要求领导者具备一套全新的技能。

就像乔纳森在几年前告诉那位工程师的一样：“如果我真的只是一台昂贵的路由器，那我就要当最牛的路由器。”那么，应该怎么做呢？心态开放，公开设立富有挑战性的目标。

心态开放

你的“预设模式”应是与人共享一切，谷歌的董事会报告就是一个例子。这个传统是埃里克在担任首席执行官期间开创的，一直延续到了今天。每个季度，我们的团队都会就企业现状拟一份深度报告，并呈交给董事会。报告中包括一部分文字信息（也就是致董事会的信），都是有关企业和产品的数据和意见；还有产品负责人（也就是负责谷歌搜索、广告、YouTube、安卓等产品领域的高管）用来引导董事会会议的含有数据和图表的幻灯片。不难想象，其中许多信息都是不对外公开的。但是在董事会会议结束后，我们却出人意料地将提交给董事会的信息与所有的谷歌员工分享。在面向公司全体员工召开的会议上，埃里克会将我们给董事会播放的幻灯片原封不动地重现给大家，而致董事会信函则通过邮件发送给谷歌的每位员工。

好吧，“咬文嚼字”先生，我们共享的并不是致董事会信函的全部内容。出于法律原因，这封信中含有一些不能与所有人共享的数据。因此，我们必须要把信发给我们的法律顾问以及传播部的几位工作人员，让他们通读全文，找出触碰法律地雷的内容并进行修改。在具体实践中，“共享一切”的理想免不了会撞上“‘一切’也太不实际了”的现实。每个季度，这些平日里谷歌范儿十足、用意良好的谷歌人都会手持红色的“死亡马克笔”（当然都是在电子版上），标出需要改动的句子和段落。他们会说“这句话不能放在信里，万一被泄露出去就不妙了”，或“这条信息的确属实，我们也是这样向董事会汇报的，但还是不要让员工看到，以免挫伤大家的士气”。

幸运的是，信件审查工作的总负责人明白，“共享一切”并不意味着“先剔除那些有可能损害公司形象或打击士气的信息，然后把剩下的信息进行共享”，而是指“除了极少数有违法律法规的信息，其他一概与大家共享”。这两种理念之间存在着天壤之别！正因如此，我们才要求每位想要剔除信息的人给出具体的原因，有理有据地说服我们。谷歌于 2004 年上市以来，我们每一季度都会把致董事会信函与大家分享，迄今为止，还没有出现信息泄漏问题。另外，也没有人因为缺少对公司总体情况的了解而提出过抱怨。就算有人抱怨，我们只要让当事人读一读致董事会信函、看一看埃里克的演讲就行了。另外，董事会信息的共享还有一个附带的好处，那就是对质量的良性刺激。人们会细心准备要提交董事会过目的资料，但如果他们得知这资料要在公司全员之中传阅，就会更加不遗余力了。

开放的心态不仅适用于董事会的沟通，我们也在尝试共享一切。比如，谷歌的内部网 Moma 上几乎包含即将上市的新品的一切相关信息，而我们每周五的 TGIF 大会，也常会安排产品团队与大家分享其即将推出的有趣项目以及正在研发的产品演示及截图。对于大批密切关注谷歌新动向的博主而言，能够参加 TGIF 大会就好似喜获了旺卡巧克力工厂的金色入场券，因为对于绝大多数企业都会小心藏掖的机密，我们却让大家一览无余。然而，没有任何人将暗中从后排盗来的模糊不清的截图或镜头摇摇晃晃的产品演示视频泄漏出去。我们放心将各种关乎企业命脉的信息与员工共享，而员工也不负我们的信赖。[138]

谷歌的 OKR 考核制度也是信息透明的一个很好的例证。这个指标是由每个人的目标（也就是需要达成的战略目标）以及关键成果（用以衡量达成目标的进度）构成的。每个季度，每位员工都需要更新自己的 OKR，并在公司内发布，好让大家快速了解彼此的工作重点。如果你结识了一个谷歌人并想了解其具体工作，只需登录Moma内部网看看他的OKR。这样，你不仅可以了解他的头衔和具体职务，更能通过其自我描述来审视其工作内容以及他关注什么。想弄清这个人背后的驱动力是什么，这是最快的途径。

毋庸赘言，这个制度的施行需要从高层做起。在谷歌，拉里和在他之前担任首席执行官的埃里克一样，每个季度都会发布他自己的 OKR，并会召开全公司会议加以讨论。各产品和业务负责人都会上台逐一讨论自己的 OKR 及其对自己团队的意义，并依据自己上一季度的 OKR 指标为本季度的表现打分。这并不是在做表面文章，因为这些指标都是实实在在的，是各产品负责人在每个季度开始的时候经过缜密分析制定的。高管们会对自己的失误以及失误背后的原因坦率剖析，每个人上一季度的指标往往都会标满红黄两色标记。（在你的企业里，高管们能够在每个季度勇敢站出来与大家探讨他们没能达成的远大目标吗？）会议之后，当人们纷纷回去设定属于自己的 OKR 指标时，早已对公司这一季度的工作重点了然于胸。这样，即便企业正在飞速扩张，各个团队之间也能保持协作。

掌握细节

施乐帕洛阿尔托研究中心的前主任约翰·西利·布朗曾经说过："身而为人，在于提出问题，而非回答问题。"[139] 无论是在谷歌还是之前掌管的企业中，埃里克都会践行这个理念。在偶遇一位许久不见的高管时，两人之间的寒暄通常很简短。一句诚恳的问候之后，埃里克便会开门见山地提问："你最近的工作进展如何？遇到了哪些问题？应该交付的产品进度如何？"这些问题的效果有两重：不仅让埃里克掌握了对方的业务细节，还让他知道哪些主管掌握了他们的业务细节。如果业务负责人不能在 10 秒钟内把遇到的重大困难流畅地说出来，那么此人就不胜任。如今，"事不关己"的管理方法已经不再适用，作为管理者，必须掌握细节。

埃里克什么都记得，很清楚谁还有应交付的产品没完成，因此，上文中的方法非常适合他。在记忆力方面，乔纳森不是埃里克的对手，因此，乔纳森会把别人还没交给他的项目在手机联系人中加以备注。然后，只要遇到这个人，乔纳森便会把备注调出来，以便询问工作进度。

就算你的问题能问到点子上，真正的细节仍然难以挖掘。埃里克刚担任谷歌首席执行官不久时，有一天，拉里和谢尔盖因为工程问题以及一些高管的处理方法而心生不满。埃里克听两人倾诉了一会儿，插话说："嗯，我已经跟他们谈过了，我给你们讲讲他们正在做的工作吧。"接下来，他就把他所知的这支团队正在进行的工作讲给二人听。

拉里听埃里克讲了几句，便打断了他的话："他们才没有在干那些事呢。他们干的事情是这些……”拉里列出了这支团队正在进行的几项工作，埃里克很快意识到，拉里才是正确的。埃里克掌握了细节，但拉里却掌握了真相。因此，不能只见树木不见森林。

这件事是怎么发生的呢？原来，埃里克的信息来自管理者，而这些人一贯极力控制自下而上的信息流动（任何深谙推诿之道的中层管理者都心知肚明，审查信息、隐瞒信息这样的手法，无论是向上还是向下传递信息时都能派上用场）。拉里的信息是从工程师那里得来的，他并没有亲自打探，而是借用了他巧妙创设的一款叫作“摘要”（snippets）的小工具。“摘要”就好像个人的每周动态，内容包括某人一周以来最重要的活动，但形式简明扼要。这样，每个人只要花几分钟的时间就能写好摘要，或是随着一周工作的推进将内容（利用文档或邮件草稿箱）整合起来。“摘要”没有硬性规定的格式，但是，一份好的摘要不仅会罗列出个人本周动态及业绩亮点，还会让大家对此人正在进行的或隐晦难懂（比如“创设服务器信息块结构”和“制定10%清单”）或稀松平常（比如“完成季度业绩评估”和“与家人度假”）的活动一目了然。就像OKR一样，这些内容也在全公司共享。这些“摘要”会发布在谷歌的内部网上，以方便大家查阅。多年以来，拉里每周都会收到工程部门和产品部门负责人的摘要，因此，他总能得到真实的信息。

这就引出了我们的下一个话题……

为讲真话营造安全的环境

上大学的时候，乔纳森选修了一门历史课，他知道这门课是学校橄榄球队队员最爱选的课程。班里的绝大多数孩子都具备一定的历史知识，而到了展示本学期研究项目的时候，乔纳森想起老师曾要求同学们相互提一些有难度的问题，其意不是难为大家，而是想提高大家的课堂参与成绩。乔纳森可不想站在一堆对成绩如饥似渴的历史系学生面前，让他们嘲讽他这个骄傲的经济学高才生。于是他想了个办法，自己写好了几个问题，并把问题分发给同样想要提升课堂参与成绩的橄榄球队的同学。这样，这些四分卫和中卫便朝他抛出一个个“难题”，而乔纳森则应对自如，结果，人人皆大欢喜。

乔纳森当年这种有待商榷的做法，现在却在商界有了抬头之势。员工不敢向领导抛出难题，因此往往会提简单问题。实际上，提简单问题不仅是人们在提问时惯用的伎俩，生活中人们也习惯了只传递好消息，毕竟，没有人想要当坏消息的信使。但是身为领导者，最需要引起你注意的恰恰就是坏消息。好消息放到明天一样好，坏消息留到明天则会变得更坏。正因如此，即便忠言逆耳，你也必须营造一个让大家时时敢于提出难题和发表忠言的环境。如果你能以及时且直接的方式获悉有哪些事情出了岔子，那么这些问题其实是在告诉你：你的措施奏效了。矿井中的金丝雀或许难逃一死，但至少你能获悉这场鸟类惨案的信息。另外，怀抱不幸的金丝雀金黄色尸体升上地面的人也知道，自己不会被重

新扔回矿井里去。[a]

想要婉转地向权威人士传达坏消息，这里有几个建议。在产品或重要功能问世时，我们会要求各团队组织“事后讨论会”，让全体成员聚在一起讨论哪些做对了，哪些做错了。之后，我们会公布讨论结果，让每个人知悉。实际上，这些事后讨论会的最大收获就是过程本身。不要错过鼓励公开、透明、诚恳沟通的机会。

TGIF 大会也是一个很好的例子。这个全员参加的每周会议由拉里和谢尔盖主持，且每次都设有一个毫不设限的问答环节。但随着公司的发展，这个环节越来越难以组织，因此我们设立了一个叫作“多莉”（Dory）的机制。任何不能（或不愿）当面提问的人都可以把问题发给“多莉”（这个名字来自《海底总动员》里那条记忆力有问题的鱼，但是就像健忘的多莉一样，我们也忘了为何取这个名字了）。问题发出后，其他人可以投票表决这个问题是好是坏。问题得到的好评越多，排名就越靠前，越是难以回答的问题，通常也会收到越多好评。在 TGIF 大会上，“多莉”问题列表会被公布在大屏幕上，因此拉里和谢尔盖在浏览这些问题时，不能只把那些想要回答的问题单独挑出来。无论问题尖锐与否，他们都得把列出的问题从头至尾逐一回答。有了“多莉”，任何人都可以把最尖锐的问题直接抛给首席执行官和他的团队，而众人把关的形式则可以最大限度地减少无聊问题。其实，我们对不满意的答复的评判方法非常简单：TGIF 大会的与会人每人

a. 英文中有“矿坑井中的金丝雀”一说。大意是，金丝雀是一种非常金贵的鸟类，稍微吸入一些地下矿井中的甲烷气体就会迅速死亡，因此，矿工们会把金丝雀放在井中，以便及时得到气体泄漏的预警。——译者注

都有一红一绿两块牌子，如果觉得问题回答得有所保留，只要挥舞红色的牌子就行了。[140]

埃里克为我们这种公开透明的方式取名为“爬升—报告—遵从”模式。飞行员明白，在遇到危险时，需要采取的第一步措施便是爬升，也就是让自己脱离险境。下一步措施是报告，也就是联络塔台，报告你出了什么问题以及出问题的原因。最后一步是遵从：当空中交通管制员告诉你下次该如何改进的时候，你就要听从指挥！因此，在工作中，如果有人带着坏消息或难题来找你，这就说明他们正处于“爬升—报告—遵从”模式。这些人已经花时间对情况进行了分析，为了鼓励他们说出问题，你应当用心倾听、竭力相助，相信他们下次着陆时会做得更好。

制造话题

2009 年 10 月，迈克尔·杰克逊的演唱会纪实电影《就是这样》首次上映，这让乔纳森灵光一闪。谷歌在山景城的主园区旁边正好有一家电影院，于是乔纳森买了许多首映场当日的票，邀请产品团队选好时间一起去看电影，几百位同事响应他的邀请，利用工作时间外出，去欣赏“流行音乐之王”的风采。那场巡演之后不久，迈克尔·杰克逊就悲剧性地离世，“王者归来”计划成为泡影。

乔纳森的举动得到了一些朋友和同事的质疑：既花钱又耽误进度，只为让一群谷歌人去看一部电影，值得吗？答案是：当然值得。这部电影让大家看到：一位世界顶尖的创意精英对细节一丝不苟，还时刻为观众着想，以此激励着团队和自己精益求精。

而除此之外，这次观影活动还有一个微妙的目的，就是为大家制造话题。观影之后的几个月里，乔纳森团队中无论是刚从大学毕业的实习生还是资深的高管，都会在咖啡机或餐厅里拦住他，感谢他带领大家看了这部电影。而乔纳森一般都会询问对方欣赏电影的哪些段落，话题便由此展开。

谈话仍然是最主要且最有价值的沟通方式，但随着科技的发展和工作节奏的加快，谈话却渐渐成为最为少用的沟通形式之一。世界各地的人们无时无刻不处于联通状态，这虽然很棒，却让我们禁不住这样的诱惑：你会不会频繁使用电子邮件、网聊或短信的方式来联系距离你只有几米的人呢？没错，其实，我们自己也会这样做。对于这种现象，社会学家（以及人类学家）的用词是“懒惰”。但平心而论，对于那些热衷于用科技手段进行沟通的创意精英（尤其是那些身处大企业以及入职时间较短的人）而言，他们也有苦衷。虽然许多企业高管以及其他大人物都极力声称自己乐意与人沟通，但“开门政策”只有在有门可入的前提下才能奏效。对于那些对企业尚不熟悉的人来说，开启谈话可能并不容易。作为领导者，你需要为他们提供帮助。

为了提供沟通条件，谷歌的一些优秀领导者尝试了一些新颖的方式。乌尔兹·霍尔泽写作并发表了一篇有关自己的“使用说明书”，以便让他团队中的每个成员（几千人）阅读。这不仅让大家懂得如何最有效地与他沟通，也告诉大家在他出“故障”的时候该如何“修理”他。[141] 谷歌刚成立时，借鉴了学术界的一些办公传统，而“接访时间”(office hours) 制度便是其中之一。[a] 玛丽莎·迈耶是接访时间制度的拥护者之一，就像大学教授一样，她每周都会留出几个小时的时间，欢迎任何人来找她谈心。想谈话的人可在玛丽莎办公室门外的白板上报名（与玛丽莎共用办公室的其他几个人，通常会在她的接访时间转移到其他地点去工作），等到星期三的下午，办公室门口的沙发上便坐满了年轻的产品经理，等待着与她讨论形形色色的问题。

几乎所有企业中都会有“部落元老”级的人物，他们在自己的领域有着独特的专业技能，对企业有着透彻的了解。其中有的人在企业中赫赫有名，但有的人则默默无闻。领导者如果能将初入企业的创意精英介绍给这些资深者，就搭起了一道最有意义的桥梁。在贝尔实验室，这些资深人士往往叫作“写书的人”，因为他们都针对某一领域写过著作或论文，而新入职的员工通常会在主管的引荐下向他们讨教。[142] 在许多企业（以及大学）中，管理者多会下意识地反对员工与企业的明星人物发生互动。毕竟，这些员工十有八九会拿愚蠢的问题去浪费大人物的宝贵时间，不是吗？当然，这种情况的确有发生的可能，而多数大人物也都非常反感别人浪费他们的时间，也自然会让浪费他们时间的人吃苦头。因此，那些资历尚浅的创意精英自会汲取经验，引以为戒。

祷文不会因重复而失色

在生活中，很多情况下一件事情需要重复大约 20 遍才能被

a. 接访时间制度，西方大学常用的制度。在办公时间内，工作人员通常会留在办公室里，与提前进行过预约的学生进行交流。——译者注

人真正听进去。[143] 如果你只重复几遍，对方会因为忙碌而充耳不闻。多重复几遍，他们才能感受到耳边隐约有动静。等到重复了 15~20 遍的时候，你自己可能都懒得说了，而这时，听者才刚刚开始有所触动。因此，作为领导者，你必须习惯于苦口婆心、诲人不倦。埃里克喜欢说："祷文不会因重复而失色。"

不过，信息轰炸有正确的方式，也有错误的方式。在科技便利的互联网时代，人们常用的方法，就是将越来越多的信息与越来越多的人分享。如果你读到了一篇有趣的文章，那就把链接复制粘贴到邮件中，发给任何可能感兴趣的人。是的，这就是信息轰炸！别人的时间就这样被你浪费了。用不当的方法进行信息轰炸，会造成无用信息的泛滥，还会让陈词滥调在早已塞满的收件箱里堆积如山。

要以正确的方法进行信息轰炸，这里有几条基本的指导原则：

1. 沟通能否强化你希望深入人心的核心理念呢？

要做到这一点，你必须先明白什么是核心理念。我们说，祷文不会因重复而失色，而核心理念就是一种祷文。这是你希望每个人都理解的概念，是神圣郑重的，数量不宜多，且每一条都必须与企业的使命、价值观、战略以及所在的行业有关。在谷歌，我们的核心理念包括：用户至上、目标远大、不畏失败。另外，我们还都是科技的乐观主义者：我们相信，科技和互联网的力量能让世界变得更加美好。

顺便说一句，如果你把某句话重复了 20 遍，别人却仍然听不进去，那么问题就不在于你的沟通方式，而是在于你所传达的理念。如果你每周都在公司的全员大会上起立发言，一遍遍地重申你的战略和计划，依然得不到人们的理解或信任，那么问题就不在你的沟通方式上，而是你的计划有瑕疵。

2. 沟通有效吗？

要做到这一点，你的沟通就要包含新鲜的内容。我们说祷文不会因重复而失色，但这句话不能只从字面上理解。我们的理念，不是像对美国宣誓效忠一样，一字不漏地灌输到学生脑子里。有的时候，我们需要变换阐述理念的方式来抓住（或拉回）听者的注意力。举例来说，埃里克定期向谷歌人发表的内部备忘录，几乎每次都围绕专注于用户这个焦点。为了保持内容的新鲜感，埃里克在一次备忘录中指出，搜索请求的句子长度每年都会增加5%，这说明用户变得越来越有经验了。这个数据不仅新颖有趣，而且是绝大多数谷歌人所不知道的。这让一个原本严肃的话题更引人关注了。

3. 沟通是否有趣、鼓舞人心？

多数管理团队都缺乏好奇心，他们只想处理手边的工作，在沟通时也带有一副公事公办的生硬架势。而相比之下，创意精英们的爱好要广泛得多。因此，如果你读到一篇见解深刻或生动有趣的文章，且文章的内容正好涉及你所传达的核心理念，那就和大家分享吧。从中找出亮点或值得讨论的观点，以此引起团队的关注。如果你能毫无保留地与大家讨论更加广泛的话题，大家自然也会乐在其中，因为他们都喜欢充满好奇的感觉。几年前，乔纳森偶然读到了一篇文章，名为《摩尔定律是不可避免的吗？》，作者是记者兼《连线》杂志编辑凯文·凯利。[144] 这篇文章探讨了摩尔定律的历史，并预言定律的下一次迭代指日可待。乔纳森把文章的链接发给他的团队，并附上了一条简短的内容概要以及几个简单的问题：你觉得摩尔定律的下一次迭代是不可避免的吗？这一代何时结束？参照凯文·凯利得出的结论，谷歌应该对工作方式做出什么改变？这封电子邮件激起了大家长达一周的热烈讨论，话题就这么展开了！摩尔定律未来是否应验，与谷歌以及参加讨论者的工作内容都没有什么直接的关联，但从更广泛的意义上来说，这种做法与谷歌把握科技未来动向的战略是相一致的。

4. 沟通是否发自肺腑？

你说的话应该带有真情实感。有效的沟通不能 100% 都外包给他人代劳。你的确可以让别人帮助你美化一下辞藻，但是你的想法、理念以及体验都应是你自己的。越是真情流露，就越能打动人心。

2009 年末，埃里克去了一趟伊拉克，回来后写了一篇短文，对自己的伊拉克之旅做了细致的分析，也谈了他对这个国家的优势和劣势的看法。他的短文与谷歌人毫无关系，而是启发大家如何更好地做一名世界公民。很快，这篇文章就在公司里流传开来。其实，轻松愉快的沟通同样很有效。比如，乔纳森就经常会拿女儿在足球场上飒爽英姿的视频来活跃团队气氛。无论你是在战区旅行，还是展现为人父母的骄傲，都请勇敢讲出你的故事！

5. 沟通对象是否合适？

电子邮件的缺点在于，添加收件人实在是太容易了。这条信息对收件人有用吗？管不了那么多了，先把他们添加到收件人里再说！要么就直接把信息群发给团队，这样更省事！但是，有效的沟通只应该针对需要这些信息的人。选出这样一份名单自然会费些时间，但是几秒钟时间的付出却能带来巨大的回报。如果你不选择群发，而是准确挑选出合适的对象，他们阅读信件的可能性就更大。你可以站在对方的角度来考虑这个问题：面对一封群发的信和一封针对你个人的信，你阅读哪一封的可能性更大呢？这无异于垃圾邮件和手写卡片的区别。

6. 你使用的沟通媒介合适吗？

所有的沟通形式都有用。每个人接收信息的方式各不相同，因此，对一些人有效的沟通方式用在别人身上或许并不合适。如果你的信息很重要，那就调动手边一切方式把信息传达出去：你可以使用电子邮件、视频、社交网络、常规会议、视讯会议，甚至可以尝试在厨房或餐厅的墙上张贴传单或海报。看看哪种方式与同事们的沟通效果最好，然后用这些方法进行沟通。

7. 诚实谦虚，积攒人品。

创意精英并非必须为你工作，他们的选择很多。如果你能把诚实谦虚的风气融入日常工作，就会让你获得团队的青睐和忠诚。如果你不小心做错了事，也应坦诚而谦卑地进行沟通。这有可能让你信誉受损，但不至于让你信誉尽毁。

以旅行报告作为会议的开场

多数商务人士都要参加相关会议。你或许已经参加过成百上千次会议，对议事日程已经了然于胸：了解近况，处理具体工作，睁着眼打盹儿，在桌子下偷偷查邮件，苦思自己做错了什么要忍受这般煎熬。多数会议的问题在于，会议内容是围绕业务的最新发展而定的，却没有把团队面临的关键性问题作为重点。这样，大块的时间都浪费在了无关紧要的事情上（想一想，你真的需要把所有事务的每周最新动态全都听一遍吗），却没有很好地顾及真正重要的事情。这样的方式还会强化人员之间的组织界限，比如“帕姆负责质量控制，詹森负责销售”，而没有营造出一个人人关注日常要务的平台。

要一改会议的单调乏味，旅行报告是一种简单的方法。在员工外出旅行的时候，让他们整理一篇“暑假游记”式的报告，总结一下自己的见闻和学到的经验。然后，会议就以做旅行报告开始。（如果某一周恰好没人出差，那就安排某人做一次周末报告。）有了这些旅行报告，会议定会增色不少。大家的发言会更加踊跃，另外，知道自己要在会上发言的人也会更加尽心地准备。除此之外，这些经过精心准备的旅行报告会让人们摆脱职务的羁绊，而这种精神，正是成功会议的关键。无论职务如何，都应对企业、行业、消费者、合作伙伴以及不同文化大胆发表自己的见解。

帕特里克·皮切特在 2008 年出任谷歌首席财务官一职后不久，参观了谷歌的伦敦分部。他回到美国之后，埃里克在一次员工会议一开始便请他与大家分享这次伦敦之行。帕特里克先是对伦敦分部和那里的人员大加赞赏，一阵闲谈之后，他出其不意地急转话锋。原来，在伦敦的时候，只要看到手机商店，他就必定进店，与销售员聊一聊机型和套餐业务。也就是说，他打探出了普通用户对谷歌新推出的安卓操作系统以及各款手机应用程序的看法，并在旅行报告中将见闻与谷歌高管团队进行了分享。帕特里克并不认为自己的发言一定要局限在职权范围之内，因此完全没有涉及财务事宜。这次发言做出了榜样，告诉大家，人人都能够，也应该对全行业发表洞见。

自我评价

务必要确保你愿意为自己工作，这是埃里克的一条最基本的原则，也是管理学的一条金科玉律。如果你自己都觉得员工受你这样一位上司管理是一大痛苦，那么你就得好好改进了。针对这个问题，我们最好的建议就是检视自我：至少一年一次针对自己的表现写一份评估，然后读一读，看看你自己是否愿意接受自己的管理。之后，把这份评估发给你管理的员工。这种做法要比常用的360度测评制度更能让员工吐露心声，因为如果你能主动要求大家指出你的不足，大家也更容易表达出真实的看法。

在上文中谈到比尔·坎贝尔以及埃里克在一开始的时候（错误地）认为自己并不需要教练时，我们提到过埃里克在2002年写的自我评价。除了上文的例子，埃里克在其他段落里也对员工诚恳地剖析了自己的不足，比如："我应该早点下放权力，把一些决策下放给大家来做。"又如："对某些决策，我不应该那么耐心，而是应该催大家早些拿出结论来。在一些事情上，我太过纠结于得到大家的一致同意了。"这些批评得到了埃里克团队的热烈好评，因为这让大家看到，首席执行官和他们一样，也在为自我提升和自我改进而努力。

电邮常识

互联网时代中的交流往往要靠电子邮件，而电子邮件虽然功能强大、便利好用，却常常让平日里乐观向上的人不安。要摆脱不安，我们有几个原则：

1. 迅速回复。有人只要看到电子邮件就能及时回复，而有的人则不能。努力做前一种人吧。在我们认识的人中，那些最顶尖且最忙碌的精英几乎都能及时回复电子邮件，不是仅回复我们俩或是少数发件人的邮件，而是对所有人都是如此。积极的回应能让信息良性循环，这样，你的团队和同事在进行重要讨论和决策的时候就更有可能把你包括在内。除此之外，积极回应所有人的做法对你一直想要倡导的不分层级、任人唯贤的理念也有积极的作用。你的回应可以很简短，比如，我们就很喜欢用“明白了”这句话作答。如果你自信能做到迅速回复，那么“未回复”信件背后的意思就很明显了。比如，我们如果没有马上回复，通常是表示“收到，正在处理中”。而绝大多数不回复的人则是在告诉你：“我现在没工夫，不知道什么时候看邮件，甚至不会看你的信息。如果你想得到我的回复，你可就要苦等了。顺便说一句，我挺不待见你的。”相比之下，我们的态度要好多了。

2. 在写电子邮件的时候，每个字都很重要，冗长的堆砌则是多余的。在传达信息时，要干脆简洁。如果你是在说明一个问题，那就把问题说清楚。要做好这一点，不仅不省时，反而更费时。你要先拟一份草稿，然后通读一遍，把多余的词语剔除出去。当有人问及写作成功的秘诀时，已故小说家埃尔莫·伦纳德回答说："读者可能跳过不读的内容，我就省略不写。"[145] 而多数电子邮件里则满是读者跳过不读也无关紧要的内容。

3. 经常清理收件箱。你有多少时间都在盯着收件箱，不知该回复哪一封邮件？你花在打开和重读已阅邮件上的时间又有多少？如果你在考虑应该先处理收件箱中的哪封邮件，或是在重读已经读过（却没有及时回复）的邮件，那你就是在虚掷光阴。

打开一封新邮件的时候，你有几种选择：你可以看几眼，认为没有读下去的必要；可以读完邮件，马上回复；可以读完一会儿再回复；也可以放一会儿再读（这种邮件虽然值得一读，但要么不太紧急，要么就太长，不适合马上看）。现在就从这几个选项里挑出一种，我们强烈推荐你从前两个选项里做选择。记住，尽可能一次处理完毕。如果你在读完邮件后知道怎么做，那就立马动手。否则，你就必须重读一次，完全是浪费时间。

如果你能切实做好这一点，那么你的收件箱里就只剩下棘手的待办事项、需要你进一步思考的问题（你可以为邮件添加上"待处理"的标签，或是在你的谷歌邮箱里为这些邮件打上星号），以及几封可以过会儿再做处理的待读邮件了。

为了保证你不只是把这些棘手的任务从收件箱转移到"待处理"文件夹里，你必须每天对"待处理"文件夹进行一次清理。这件事适合放在晚上做，你可以将清零待办事项作为目标，但只要文件夹里的事项不多于 5 件，都是合理的。否则，你事后就得面对冗长的清单，因纠结到底该从哪里下手而浪费时间。

4. 先处理后收到的邮件。有的时候，较早前的问题说不定已被别人解决。

5. 不要忘了，你是台路由器。如果收到一封含有有用信息的邮件，就该考虑一下这封邮件还有可能会帮到谁。一天之末，你可以在脑中把今天收到的邮件回顾一遍，问问自己：“有没有漏掉该转发的邮件？”

6. 在你使用密件抄送功能时，问问自己为什么要这么做。人们使用这个功能，通常都是为了隐瞒一些信息，而在公开透明的企业文化中，这种隐瞒的做法不仅会让你弄巧成拙，甚至有些搬弄是非的意味。如果你想隐瞒信息，那就公开抄送，否则就压根儿别把信寄给这些人。

我们认为，只有在你把某些人从邮件相关收件人名单里剔除出去的时候，密送功能才应该派上用场。当你选择“回复全部”的时候，如果邮件内容已经与某些人无关，那就把这些人移到“密送”名单里，然后再加备注说明。收件箱里少了一封无关紧要的邮件，大家一定会顿觉轻松不少。

7. 不要拿邮件泄愤。如果你需要发火，那就当面发。用电邮发火实在来得太容易了。

8. 要方便跟踪进度。如果你给别人寄了一封关于待办事项的邮件，且想跟踪任务完成的进度，那就把信抄送给自己，然后添加上“跟进”标签。这样会方便你查询和跟进那些未完成事项：你只需把原来的邮件加上“这件事做好了吗？”的新标题，然后重新发送就行了。

9. 帮助未来的你更方便地搜索信息。如果你收到了你认为将来可能派上用场的信息，那就把信息转发给自己，并附上几个总结信息内容的关键词。你可以自己想一想：我将来会用什么方式搜索这条信息呢？你以后搜索的时候，很可能就会用到你现在想到的搜索词条。

这一点不仅适用于电子邮件，对于重要的文件也同样有效。乔纳森就会把家人的护照、证件以及健康保险卡扫描下来，然后加上描述性关键词通过电子邮件发给自己。如果不慎在旅途中遗失了证件，他就可以轻松使用任意一款浏览器把扫描件调出来。

备一本情境手册

作为企业领导者，你要面对员工、老板、董事、顾问、消费者、合作伙伴以及投资者等。要在遇到以下各种场景时与他们有效沟通，你最好备一本情境手册。以下是我们俩的手册：

一对一会谈：清单对对碰

有关如何组织一对一会谈（即管理者与员工定期进行的面谈），比尔·坎贝尔曾经向我们推荐过一种比较独特的方法。管理者应当把最想在会谈中涉及的5件事写出来，员工也应该列一份这样的单子。把两张不同清单拿出来后，单子上十有八九会有几个条目是重复的。对于所有的一对一会谈而言，双方共同的目标都是为了解决问题，如果管理者和员工不能独立找出最需要两人共同解决的问题，那么摆在两人面前的问题就更不可忽视了。

除此之外，比尔还为我们推荐了一个好用的一对一会谈大纲，让我们在应用中受益匪浅。

1. 工作表现

  a. 可以是销售数据。

b. 可以是产品交付情况或有关产品的重大进展。

c. 可以是消费者的意见或产品质量。

d. 可以是预算数目。

2. 与同事之间的关系（这对企业成员的团结一致非常关键）

a. 产品人员和工程人员的关系。

b. 市场人员和产品人员的关系。

c. 销售人员和工程人员的关系。

3. 领导与管理

a. 你有没有对你的人员起到指导和帮助的作用？

b. 你有没有把“害群之马”清除出团队？

c. 你有没有在人才招聘上下功夫？

d. 你能否激励员工做出创举？

4. 创新（最佳实践）

a. 你是否一直在进步，是否一直思考着如何才能变得越来越好？

b. 你是否经常对新的技术、新的产品及新的方案进行思考和评估？

c. 你是否将业界或世界上最顶尖的人或企业作为对比标杆？

董事会：要关心，莫插手

董事会的目的就是营造和谐透明的环境，并提供建议。在会议结束时，如果董事会能够支持你提出的战略措施自然是最理想的。要达到这个目的，你就必须在沟通上做到百分之百的坦诚。另外，就算你已经决定不接受他人的意见，也还是要听取他们的看法，因为大家对问题的认识或许并没有你全面，提出建议通常是出于好心。换句话说，你应当让大家多质疑、少插手。[146]

作为首席执行官，埃里克会在召开董事会之前对上一季度的成绩和不足做详细的评价。其中，不足这一部分尤为重要，埃里克在失误评估上所花的准备时间也一向是最长的。这是因为在董事会上报忧总是要比报喜困难。宣布成绩很容易，但如果你要求团队把过失不足列给你，人们往往会对事实加以粉饰：“问题就是这样，但是事实并没有那么糟啦，而且我们已经在实施解决方案了。”当然，企业面对的所有问题不可能都是如此，董事会对这一点心知肚明。因此，最好的解决方法就是诚实以对：我们面前的确有难解的问题，如何解决我们心里也没有数。在谈到不足时，埃里克的谈话会涉及收益、竞争及产品等问题。他说得诚实而恳切，方便了董事会成员积极参与谈话。比如，有一次，我们想在董事会上讨论企业官僚制度对发展的阻碍，于是就把会议标题设为“谷歌受阻：我们不得不面对的重大问题”。

宣布完成绩和不足之后，埃里克会对各项产品和职能进行细致入微的分析，还会根据具体数据重点展开简短切题的讨论。组织发言的人并非传播部门或法律部门的人员，而是乔纳森团队中深入参与业务的产品经理。乔纳森会挑出自己最得意的创意精英来完成这项任务。他知道，虽然组织发言非常费时，但他们一定能出色完成任务。他同时也明白，如此细致地组织董事会发言（以及起草致董事会的信）的经验，会让这些英才对管理沟通技巧产生深刻的体会，会让他们站在高点对企业的机制拥有整体的把握。把这个任务委派给传播方面的人员，你就白白浪费了让企业未来的领导者收获实际经验的大好机遇。[147]

董事会成员应该讨论战略和产品，而不是管理方式和诉讼纠纷（如果你的董事会成员不是这样，那你就该考虑换人了）。在为董事会制定规则和议事日程时请切记这一点，即便困难也要坚持。埃里克曾经是西贝尔系统公司董事会的成员，这家于2005年被甲骨文公司收购的软件公司，在刚刚进入21世纪时曾受到美国证券交易委员会的一系列违规指控。由此，法律问题变成了董事会会议的主题，董事会考虑律师和债务问题的时间比考虑业务的时间多出许多。而与此同时，西贝尔的业务逐渐萎靡。

当核心业务衰退而必须进行艰难但必要的讨论时，无论是琐碎的日常工作还是重大的董事会议题，都成了转移注意力的好借口。董事会本应在战略上发挥重要作用，但如果任由会议被管理事宜牵着鼻子走，那么就无法促成有趣的交谈和得出宝贵的洞见。当然，董事会必须对法律及战略方面的重大问题有所了解，但这些信息都可以先由低一级的委员会经手，然后用15分钟的时间在董事会会议上加以概述。埃里克在加入谷歌时致力于让董事会聚焦于业务规模和业务战略。埃里克在苹果董事会任职期间，他们的董事会会议在这方面也做得很到位，会议中不乏有关产品、领导方式以及企业战略的精彩对话。

在不开董事会会议的时候，要定期打电话与董事们联络。

合作伙伴：学学外交官

要搭建平台和建立成功的产品体系，企业就离不开合作伙伴的帮助。两家在某些领域相互竞争的企业，有时却会在另一些领域进行合作，像这些看似矛盾的现象（以及“竞合关系”“友敌”等混合词），就是由此衍生出来的。在这样的情况下，成功之道在于一种最古老的沟通艺术——外交。

企业之间复杂的合作关系与国家之间的务实外交（而非意识形态外交）有许多相似之处，国家之间难免有一长串的矛盾，但从双方的共同利益来看，抛开恩怨、并肩合作才是正道。否则，国家之间的关系只有不相往来或战争两条路可走，而这两条路对于任何一方都是一种打击。例如，中国与美国之间就存在许多问题，但两国之间有如此多的贸易往来，我们必须撇开分歧，寻找维护和建立合作关系的方法。

企业与国家一样，也有一套理念体系，这一点，每个从一个体系转移到另一个体系的人都能感同身受。要营造成功的合作关系，必须认识到彼此之间的不同，还应承认和接受这些不同是无法根除的。与你合作的国家或企业同样有权拥有自己的理念体系，他们的价值观与你的一样根深蒂固，因此，如果要建立有效的合作关系，就必须把你的道德评判搁置起来。1969 年，亨利 · 基辛格在担任美国国家安全顾问时曾经说："我们一向表明，美国没有永远的敌人。在评价包括社会主义国家在内的一切国家，特别是像中国这样的国家时，我们不会以其国家的意识形态为基础，而是以其实际行动为标准。"[148]一年多之后，他秘密出访中国，由此打破了两国自"二战"后的外交僵局。

如果说合作关系的经营与外交相似，那么毋庸赘言，合作关系也应该交由有外交手腕的人来打理。对于最为重要的合作伙伴，我们建议企业派专人来兼顾两方利益：一是要满足合作伙伴的需求，二是帮助自己的企业追求利益。[149] 人们习惯认为，销售员应当偏向于自家利益而非合作方的利益，而这种双赢的做法，无疑是一种颠覆。

媒体访问：对话，而非传话

在接受媒体访谈前，你是否会让别人为你做准备工作？如果答案是肯定的，那么你是否会让别人给你准备一份“常见问题清单”，将那些难缠的记者有可能提出的问题囊括其中，再让他们认真拟定一份经过审查、尽可能与将发布的新闻主题并行不悖的答案呢？当助手把问题清单交给你的时候，你是否看着文件告诉自己“我就应该照本宣科”？

在许多人眼中，媒体访问就是营销演说，应当照本宣科。对于企业传播部的人员来说，乔纳森可是个不好伺候的主儿。他曾经在看完别人拟给自己的发言稿后公开表示，如果大家想要找一只受过训练的猴子去接受媒体访问，那么他很乐意帮忙安排；但如果大家想指定他这个与猴子大相径庭的人类来接受访问，那他们最好重新拟稿，写出点有分量的东西。一场成功的访谈不应干巴巴地重复营销说辞，而应是一场交流真知灼见的对话。

优秀的传播人员懂得传话与对话之间的区别。在传话时，我们不会回答对方的提问；而在对话过程中，我们会听取对方的提问，试着考虑如何用见解和例证来巧妙地回答问题，不仅传递信息，也避免了机械的鹦鹉学舌。在沟通时，许多人的标准都很低。如果你的要求很低，那么宣讲无疑可以达到你要的效果，但除此之外，这样的沟通毫无出彩之处。如果你是在传话，人们很容易就能识破你的企图。

与记者进行一场机智的对话要比背稿子难得多，这倒不是因为记者言辞犀利。与记者你一言我一语的交锋往往会制造紧张感，这对于许多记者而言是正中下怀，但其他人却大多避之唯恐不及。因此，如果想要同记者进行深度交谈，就必须锻炼自己，就算写出的报道中有对你不利的评论也要泰然处之。如果你没有受到负面评论，或许你与记者的交谈就没有聊到点儿上。

然而，许多人都不愿与媒体进行有意义的交谈，因为与挖掘深刻的见解相比，打草稿照背要简单许多。但是，人人都有自己的见解，而你只需鼓励你的团队去寻找这些洞见。你可以借用我们传播部同事埃伦·韦斯特告诫她的团队的话：“要做一个有思想的领导者，你就必须有自己的思想。”

靠关系而非层级

层级严明、流程重重的组织有一个优势，那就是让你对每个人的分工一目了然：只需在正确的图表里选出正确的一格，你要找的人就跃然眼前了。但是，混乱才是互联网时代中企业的常态。如果一家企业运营顺利，人员与职位之间一个萝卜一个坑，这说明企业已经被形式和结构缚住了手脚。这不是好事。埃里克在诺勒公司担任首席执行官的时候，公司的运营就像一架上了油的机器一样顺畅。唯一的问题在于：公司的新产品一栏总是空空如也。（赛车手马里奥·安德雷蒂说过：“如果万事都看似尽在掌握，那只能说明你的速度不够快。”）[150]

企业不应被条条框框束缚，因此，混乱的状态是最合理的。当你处于混乱之中的时候，要想把事情做成，唯一的途径就是靠建立关系。你应当不吝啬时间地去了解他人、关心他人，把他们的爱人和孩子的名字以及重要的家庭问题（这些你都可以轻松在通讯录里备注）等细节都记下来。埃里克遵循“三周原则”，也就是说，在接手新职位的前三周里，你不必做什么。你只需听取大家的心声，看看他们的问题和关注点在哪里，了解他们、关心他们、赢得他们的信任。其实，你并非什么也没有做，因为你正在为良好的关系奠定基础。

另外，不要忘记为大家带来笑容。在管理中，人们对赞美的使用不足，也低估了赞美的价值。该赞美的时候，不要吝啬。

第六章

创新：缔造原始的混沌

帕洛阿尔托2010年3月一个晴朗的春日，埃里克驾车驶到巴卡迪诺大道（Embarcadero Avenue）和国王大道（El Camino Real）的交叉口，趁着等待绿灯的时候，他坐在车中，看着环绕斯坦福大学橄榄球场的大树，回顾着过去几个小时中发生的事。就在刚才，他和苹果公司的首席执行官史蒂夫·乔布斯一起在一家名叫卡拉菲亚（Calafia）的咖啡厅相约喝咖啡。[151] 两人坐在这家主营加州风情餐饮的咖啡厅外，话题围绕着飞速发展中的谷歌安卓手机操作系统而展开。乔布斯认为，这款开源操作系统的基础是苹果的知识产权；埃里克则回答说，谷歌并没有使用苹果的知识产权，安卓其实是谷歌自行研发出来的。但是，埃里克的辩解只是徒劳。“他们肯定要找我们的碴儿了。”埃里克心想。

1993年，埃里克与史蒂夫·乔布斯初次相识并有过合作。当时，埃里克任职于太阳计算机系统公司，乔布斯还在 NeXT 电脑公司。NeXT 电脑操作系统使用一种名叫 Objective-C 的编程语言。埃里克和其他几人一起来到 NeXT 公司，听乔布斯向他们阐述这款编程语言的最新情况。讲解开始时，乔布斯对这款编程语言的优点大加赞赏，想让来自太阳公司的计算机科学家们相信，这款语言是他们正在研发的新一代编程框架中所必不可少的。埃里克明白，乔布斯在技术上的一些论点是错误的，但他的逻辑很有说服力，让埃里克和太阳公司的同事们找不出乔布斯的漏洞在哪里。会议过后，大家聚在 NeXT 的停车场上，站在车旁剖析刚才的讨论内容，努力避免受到乔布斯“现实扭曲力场”[a]的误导，却只是枉然。乔布斯看到他们站在停车场，便赶过来继续刚才的谈话，一谈就谈了一个小时。

几年以来，乔布斯和埃里克成了好友，2006年的夏天，埃里克受邀加入苹果董事会。在接手这份工作之前，埃里克与乔布斯讨论了苹果和谷歌两家公司之间潜在的利益冲突。苹果正在研发苹果手机，而谷歌于2005年8月买下了安迪·鲁宾的安卓公司之后，已经在这款手机操作系统上投入了大约一年的精力。安卓尚未完成定位，但在当时，人们预计安卓系统会以不设用户界面的开源操作系统形式问世（别的公司一般都会设置用户界面）。摩托罗拉、诺基亚以及三星等公司的手机设计和应用程序研发都由公司自主完成，而我们的希望，就是让安卓系统成为这些公司手机的核心软件。当时，安卓和苹果手机都处于早期阶段，2006年8月，埃里克加入了苹果董事会。

2007年6月上市的苹果手机近乎完美。手机的设计便于最大限度地利用互联网资源，手机功能及应用流畅连贯，令人赞赏。同年年末，安卓团队在YouTube上发布了一则视频，来展示他们的工作成果。乔布斯仔细察看了视频，指出视频中描述的用户体验与苹果手机及其操作系统iOS大同小异。最后，埃里克于2009年8月卸任苹果董事一职，而两家公司及其合作伙伴之间的法律纷争至今仍在继续。

a. 现实扭曲力场：指结合骇人的眼神、专注的神情、口若悬河的表述、过人的意志力来扭曲事实以达到目标的迫切愿望，及由此形成的视听混淆能力。安迪·赫茨菲尔德在《苹果往事》一书中以这个名词来形容乔布斯的强大气场。——译者注终有一天，任何有需求的人都可以拥有自己的智能手机，而在这些手机中，绝大多数（至少在未来的 10 年中）使用的都是 iOS 或安卓系统。为这两种操作系统研发应用程序的工程师，比历史上任何一款计算平台的工程师人数都要多（当然，把全世界几乎所有人都纳入潜在用户群，也的确很高明）。与我们竞争的制造商足有几十家，他们的起起伏伏不仅被载入了各种商业杂志，主流媒体上也有报道。虽然现在人们早已习以为常，但仅仅几年之前，大家眼中个人计算机的运算环境就是微软的 Windows 操作系统。无论你在这场专利权之战中站在哪边（有必要说明一下：我们站在谷歌这边），没有人否定，这两款平台都极大地推动了经济和创新的发展，改善了全世界人民的生活。

史蒂夫·乔布斯清晰地预见了这一前景。作为改变世界的创意精英，乔布斯无人能及。他集深厚的专业知识、艺术创意禀赋和经济头脑于一身，创造出让人们欲罢不能的电脑产品。在满是书呆子和商人却稀缺艺术家的科技行业中融入美与科学的人，也是乔布斯。通过与乔布斯共同工作的经验以及对他的观察，我们对创意精英有了很多认识，是他让我们看到了个人魅力对企业文化的影响，也让我们看到了文化与成功之间的直接关系。

然而，这场安卓与 iOS 系统的鏖战给我们的最大启发，是如何通过两种截然不同的途径实现创新。这两个平台以及这两家公司都极具新意，工作方式上也有一些重要的相似之处。苹果和谷歌都处在产品飞速更新换代的产业之中，无论是在互联网还是手机电脑行业中，今天的大热门转眼就会沦为老古董。因此，如果我们不能不断创新，就要面对落伍的命运。另外，两家公司都会尽量避开传统的市场调查，靠自己的能力去揣摩消费者的需求，我们对自己的眼光都信心十足。除此之外，两家企业都将为消费者创造最佳体验奉为重中之重。

但是除了这些共同点，两家公司追求创新的途径其实存在很大差异，在控制方面尤为如此。对于安卓，谷歌主要关注的是开放平台带来的巨大经济效益，以及我们如何驾驭这种开放带来的分裂。安卓系统是不受控制的，这么说完全是正面的。只要不违反阿帕奇授权协议[152]，任何人都可以免费使用软件的源代码。这种“开源”模式意味着，任何人都可以使用安卓做他们想做的事。

除此之外，不必征得谷歌的同意，任何人都可以使用以安卓为操作系统的设备来制作并销售自己的应用程序。我们鼓励安卓系统设备制造商（比如三星、HTC 以及摩托罗拉）注重设备与应用程序的兼容性，以便所有安卓应用程序在安卓设备上顺利运行。对于这个目标我们已经取得了长足的进步，但还尚未完全如愿。不过，在这样一个没有进入成本和管控力量的环境中，这是自然而然的。安卓的成长和壮大势头是我们始料未及的。现在，安卓不仅成为（包括亚马逊旗下的）电子书阅读器、平板电脑、电子游戏机以及手机的内部发动机，也可以安装于电冰箱、跑步机、电视机以及玩具中。不少权威人士都在谈论即将来临的“物联网”时代，届时，不光是平板电脑和手机，各种设备都会与互联网相连接。我们希望，其中的许多设备都能以安卓系统为基础来运行。

苹果选择了与此截然相反的做法。iOS 系统的源代码是封闭的，要想在苹果应用程序商店中占有一席之位，你就必须得到苹果的正式批准。乔布斯一向认为，只有对一切事物保持绝对的控制，才能为消费者带来最棒的体验。他之所以对自己以及自己公司的大小事宜万般用心，就是为了创造出最棒的产品。这一点，在他为董事会准备的产品演示上就能看出来：演示全都经过精心的编排和组织，好似百老汇的演出一样一丝不苟。新产品不仅为董事会展示，还要对外发布！在谷歌，我们经常让助理产品经理为董事会展示新品，不仅因为他们都是产品演示的好手（不过还差着乔布斯一截呢！），还因为让这些刚刚毕业一两年的年轻人（有的人甚至还穿着母校的校服）为董事们展示我们最新的发明，真的特别有戏剧效果。正是乔布斯，让我们明白了这种戏剧效果的威力。

苹果公司崇尚控制的模式之所以有效，不仅是因为乔布斯过人的能力，也与他组织企业的方法有关。与谷歌一样，苹果的领导者也是拥有科技背景的产品研发人员。如果你能召集一群顶尖的创意精英，再指派这世界上数一数二的创意精英负责管理，那么你所做的决策十有八九是正确的。在这样的前提下，严格的控制模式就能激发出无穷的创造力。

在我们一边写作这篇有关创新的章节一边与家人和朋友分享时，对我们的工作理念提出质疑的人往往会把乔布斯拿出来当作例子："没错，但是史蒂夫·乔布斯用的可不是这种方法，看看人家创造了多少伟大的发明呀。"这种看法当然有理，因此我们常常会回应说：如果你的能力与乔布斯不相上下，如果你也拥有常人难以企及的直觉和洞见，那么你就应该大胆去走他的路。但如果你仅仅是跟我们一样的普通人，那么在这里，我们提供了几条别的创新途径供你尝试。

创新是什么？

创新，是当今的大热门，至少也是个热词。据《华尔街日报》称，仅仅在2011年，这个词以不同形式在美国企业年度及季度报告中出现的次数不少于33 000次。[153] 人人都想要“创新”，但在谈论如何创新之前，让我们先看看创新到底是什么。

在我们看来，创新不只是创造新奇实用的想法，还包括实践。“新奇”往往会被当成“新颖”的近义词，因此我们有必要指出，创新的东西不仅需要新的功能，还需要出人意料。如果你的产品只是满足了消费者提出的需求，那么你就不是创新，而只是做出回应。回应是好的，但毕竟不是创新。另外，用“实用”这个形容词来描述高大上的“创新”，实在有点黯然，因此，让我们在前面加上一个副词，把“实用”变成“非常实用”：创新的东西不仅要新颖、出人意料，还要非常实用。

将这个概念套用在谷歌的无人驾驶汽车项目上恰如其分：这款车不仅新颖、出人意料，而且非常实用。然而，谷歌每年都会对搜索引擎进行500多次改进。这是创新还是渐进改善？毋庸置疑，这些改进都新颖又出人意料。虽然这些改进中的每一项都是实用的，但是离“非常实用”还有距离。可如果把所有改进加起来，就可以称得上“非常实用”了。谷歌搜索引擎每年之所以都能取得巨大的进步，靠的就是一步步的积累。这500小步加起来，最终会带你走向远方。

并非只有非常新潮且引人瞩目的东西才堪称创新。这一点非常重要，因为它告诉我们：几乎人人都有创新的机会，创新并不是只有那些在大学校园外、专门搞创新的少数人才能做的事情。

与研发无人驾驶汽车的Google X团队相比，为谷歌搜索引擎付出了15年心血的团队同样在创新。这种创新理念，让几乎每个人都有机会去实现新颖独特而又引人瞩目的创造。

了解环境

在决定是否要实践某个想法的时候，Google X团队会用到一张简单的维恩图[a]。第一，这个想法必须涉及一个能够影响数亿人甚至几十亿人的巨大挑战或机遇。第二，这个想法必须提供一种与市场上现存的解决方案截然不同的方法。我们不希望在已有的做事方法上做改进，而是想另辟蹊径。第三，将突破性解决方案变为现实的科技至少必须具备可行性，且在不久的将来可以实现。举例来说，使用氦气球为尚未享受宽带网络的几十亿人送去网络服务的谷歌热气球计划，就完全符合以上三个要求：这个计划试图以突破性的方案解决一个重大的问题，所用的技术有的业已存在，有的已是指日可待。（想想吧，一只热气球大小的装置悬浮在距离地面大约20千米高的地方，为地面上的千家万户送去无线宽带服务。这就是谷歌热气球计划。）另一方面，时空穿梭的确可以让许多问题迎刃而解，但是，其技术支持尚不可行。在为任何想法付出努力之前，Google X团队都会先看看这个构想是否符合以上三项标准。如果不符合，就不会被选中。

适宜创新的环境是创新的先决条件。这样的环境，一般会出

a. 维恩图，亦称文氏图，是用封闭曲线表现集合及其关系的图形，即用于显示元素集合重叠区域的图示。——译者注

现在飞速发展且竞争激烈的市场中。（许多公司把目光聚焦在无人驾驶汽车上，且其中绝大多数是汽车公司！）不要把眼光放在无人问津的市场并在这里孤军奋战。你应当发掘创新的途径，跻身进入大型或有潜力发展壮大的市场上。这个理念看起来或许难以接受，毕竟，未被开发且无人竞争的崭新市场，许多实业家都想进入。但是，一个市场通常不会平白无故就乏人问津，而是因为市场规模无法支撑其事业的扩张。你或许仍能从这样的市场中挖掘出难得的商机（那些网上商城产品目录中的小众商品一定已经让一部分人赚了个盆满钵满），但如果你的目标是打造一个创新的环境，那你还是要去寻找那些具有巨大成长潜力的大型市场。不要忘了，谷歌在网络引擎市场中并不算抢占先机，而是后来居上。

科技是另一个值得思考的因素：你认为现在的科技会以怎样的方式进化发展？现在的科技有什么不同，你预期将来会发生怎样的变化？你的才能是否能让你在这种日新月异的环境中不断出新？在研发谷歌邮箱时，谷歌工程师保罗·布赫海特相信自己能够创造出一款基于浏览器的电邮系统，且功能和用户界面与基于客户端的电邮系统一样丰富，[154]并由此跻身电邮这一发展中的庞大市场。在谷歌中，能够设计网络应用程序的工程师比比皆是，因此我们具备成功实现保罗构想的人才。也就是说，创新的条件齐全了。

首席执行官必须兼任首席创新官

多年以前，我们的同事乌迪·曼博还在雅虎担任工程师。当时，雅虎认为自己创新力度不够，于是，做出了所有训练有素的MBA在困难面前都会做出的举措：指派专人来解决问题。他们将创新负责人的工作交给了乌迪，然而接手工作的乌迪只干了三周，就发现不对劲。他的上司们想让他设立一个创新委员会，让员工提交构想和方案，由委员会审查和批准。换句话说，乌迪的任务就是设立一个有关创新的官僚机构。这简直是自相矛盾。因此，乌迪离开了雅虎。（乌迪12岁的女儿在看过他在一次工程师全体大会上的发言后，曾经对他说："你浪费了几百个工程师的时间，只为了告诉他们一定要创新。你觉得这样能创新吗？"这可能是刺激他离职的原因。）最后，乌迪选择了谷歌。他在谷歌如鱼得水，还负责领导了几支我们最有创意的产品研发团队。只不过，我们并没有给他创新负责人的头衔。

像这样把一切与创新有关的责任都推给一位高管的做法，并不是单家公司的特例。几年之前，一家知名咨询公司发布了一份报告，建议每一家公司都应指派一位所谓的"首席创新官"。[155]为什么？据报告称，这是为了给所有创新项目提供"统一的指导"。这句话的意思，我们也不太明白，但我们能肯定的是，"统一的指导"和"创新"两个词不应出现在同一个句子中（各位现在正在读的这个句子除外）。

作为企业管理者，我们自然喜欢管理。想要完成某项任务？安排专人负责就行了。但是，创新可不能靠传统MBA式的管理方法。与常规业务不同，创新不可把握、无法强制，也不能事先安排。回忆起在雅虎的经历，乌迪对我们说："有创意的人不需要别人来布置任务，而需要有人提供空间。"换句话说，创意的开发应该是一个有机的过程。一个个想法冒出来，好似在一片原始混沌之中产生的基因突变一般，经过漫长而曲折的过程后，终于实现了蜕变。而创意，就是这个过程的最终目的地。在这条路上，比较强大的构想不断吸引支持者，势能越来越大，而欠佳的构想则会被半路淘汰。实现这场进化不能靠特定的路径，无路可循才是其基本特点。你可以把这个过程看作“构想的物竞天择”。[156]我们可以对达尔文的《物种起源》做这样的演绎：

> 产生的（构想）要多过能够存活的（构想），另外，为争取生存机会而进行的努力不曾间断。由此可推知，如果一个（构想）能够以任何有利于自己的方式发生程度的变化，那么（此构想）在复杂且时而多变的环境中的生存概率就会增加，从而被自然选择的概率也会增加。[157]

没有哪家公司不想创新，也就是说，所有的公司不仅要先营造一个让各种创意因素以新奇的方式自由碰撞的环境，还要提供时间及自由，让小部分创意进化和生存，并让余下的大部分凋零和消亡。单独设立首席创新官的做法行不通，因为这个职位的权力无法营造出原始的混沌（而只有在原始混沌之中，才能诞生惊喜）。换句话说，首席创新官的职位需要由首席执行官兼任。

打造混沌的企业文化并不是新鲜理念。早在19世纪，托马斯·爱迪生就因他在门罗帕克实验室中“凡事先尝试”的独特文化而闻名于世。20世纪的美国AT&T公司贝尔实验室以及施乐帕洛阿尔托研究中心（PARC）也是孵化创意的著名机构。而现在，这种达尔文式物竞天择进化过程的规模和速度都与以前大不相同。互联网为所有人提供了创新的工具，除此之外，网络还是理想的试验场，只用以前所需时间的一小部分，人们就能建成模型并收集有效的数据。物种的进化经历了上千万年，但现如今，在创意精英的操控之下，构想的进化过程能够也必须以“网速”推进。

在刚成立的企业里，企业文化处于初始状态，公司上下有一种放手一搏的心态。这个时候，创新的混沌状态非常容易形成。加入新公司的人渴望冒险，这也是公司吸引他们加入的原因之一。但一旦公司的人数超过了 500 人，一些对风险持规避态度的人便会陆续加入。在这些人中不乏资质过人的创意精英，他们只是不会对挑战跃跃欲试罢了。并非人人都是创新之人，这就是事实。因此，你培养的混沌不仅要为创新者提供创新空间，还需要为其他人提供参与和成长的沃土。

几年前，企业家兼音乐家德里克·西弗斯发表过一场让我们拍案叫绝的 TED 演讲。[158] 他为大家播放了一段视频，视频中，一个看似精神不正常的人在一场露天演唱会上独自起舞。这个人站在山边，赤着上身和双脚，旁若无人地舞着，舞得不亦乐乎。刚开始的时候，他身边五六米的地方没有一个人敢靠近，但过了一会儿，一个大胆的人加入了他的行列。然后，人们一个接一个地加入进来……闸门就这样打开了。几十个人蜂拥而上，原本的独舞变成了众人狂舞。德里克把这称为“第一追随者”原则：在发起一个行动时，吸引第一个追随者是至关重要的一步。“将一个孤独的疯子变成领袖的，就是第一个追随者。”创新的混沌环境需要给这些创新人才——或者说在山边独舞的疯子——创造条件。但除此之外，这个环境还需要给那些参与创新项目的人——也就是从第二个到第二百个加入群舞的疯子——创造空间。正因如此，你需要将创新融入企业的，让每个部门和每个领域都受到感染。如果你只将创新局限为某个团队的特权，那么你或许能为这个团队吸引到创新人才，却无法吸引足够的“第一追随者”。

仙童半导体及英特尔公司的联合创始人罗伯特·诺伊斯曾说：“乐观是创新的一个必要条件。否则，你怎能放弃安逸而追求改变，或离开舒适的环境而选择冒险呢？”[159] 你所雇用的人，不仅要有能够产生新构想的头脑，也要足够疯狂地相信这些构想有机会实现。你需要挖掘和吸引这些乐观的人才，并提供平台，让他们创造改变、大胆冒险。

聚焦用户

2009年末，一支搜索引擎工程师团队向我们展示了一项功能的模型。这项功能经过了一段时间的酝酿，其背后的科技洞见其实非常简单：我们能否不等用户敲下回车键，而是在用户输入搜索词条时就开始显示搜索结果呢？谷歌一向认为，速度是决定搜索质量的一个关键因素，能够在不到1/10秒的时间内解决多数用户的搜索查询，我们也深感自豪。但是，我们的计时是从用户敲下回车键那一刻才开始的，而输入搜索词条却往往需要几秒钟的时间。我们能不能把等待的时间节省下来？能不能在用户输入的同时就把搜索结果显示出来？一看到模型，我们就毫不犹豫地决定采用。于是，自然搜索和付费搜索团队马上投入工作，几个月之后，即时搜索功能 Google Instant 便与大家见面了。

新功能推出几周前，乔纳森在管理会议上突然想到了一个非常重要的问题：即时搜索功能会不会对企业利润造成影响？由于搜索结果在用户输入搜索词条时就能显示出来，用户点击广告的概率或许会有所下降。于是，乔纳森询问他的团队有没有足够的有效数据来预测收入可能受到的影响。他得到的答案是否定的，且大家一致决定应该专门研究一下这个问题。然后，大家继续探讨新功能的发布计划。在乔纳森工作过的其他公司中，每一家公司在批准一款产品之前，都会把财务分析作为一道最重要的关卡。产品的收益预期如何？投资回报率会是多少？投资回收期大概多长？而在谷歌，为核心产品带来重大转变的新功能还有几周时间就要问世了，却还没有人做过详细的财务分析呢。但是，这项功能无疑会为用户带来便利，我们心知肚明，发布才是最佳的商业决策。

即时搜索功能问世之初，对谷歌利润的影响并不大，且谷歌此前推出的许多新功能，都对公司财务产生过更严重的影响。我们在 2012 年推出的知识图谱功能，可通过计算有关人物、地点以及事物的搜索结果，在网页右侧以简明的格式在方块中显示出相关信息。这项功能可以将所有与搜索内容有关的信息汇集在一个让人一目了然的方块中。然而，这个方块往往会出现在以往广告出现的位置，这也为谷歌的赢利带来了一些冲击。2011 年初，我们对搜索算法做了一系列改动，降低了部分网站的质量得分。[a]原因在于，我们不希望让点击链接的用户被带到劣质网站上去。这项被命名为“熊猫”的算法，所影响的搜索近 12%。由于受影响的许多网站都是谷歌的广告网站，因此对谷歌的收益产生了冲击。

谷歌明白，在互联网时代，用户的信赖与美元、欧元、英镑、

a. 谷歌 AdWords 系统会为每个搜索关键词计算出质量得分，一般而言，质量得分较高的关键词会以较高的排名和较低的每次点击费用触发广告展示。——译者注

日元或任何其他货币一样重要。要让企业获得持续的成功，除了依靠产品质量，别无他法。因此，我们的产品战略，就是聚集用户。就像拉里和谢尔盖在谷歌首次公开募股说明书中说的那样："为终端用户服务是谷歌业务的核心，是我们的第一要务。"

但是，"聚焦用户"这句话只说了一半，完整的句子应该是："聚焦用户，一切水到渠成。"意思是说，我们会始终为用户做对的事情，也相信我们的创意精英能够想办法从中获利。这个过程需要时间，因此要坚持这样做需要信心。[160] 但这通常是值得的。

2004 年，乔纳森和他的同事杰夫·休伯带谢尔盖进行了一次实地考察，考察的对象是一家名叫"锁眼"的初创公司。杰夫是乔纳森在 Excite@Home 公司时聘请的第一个产品经理，也是谷歌广告团队中的一位首席工程师。[161] 锁眼公司的一位创始人名叫布赖恩·麦克伦登，他曾与乔纳森和杰夫在 Excite@Home 共事过。当时，锁眼公司在地图的图像呈现及互动方面已经取得了一些骄人的成绩，谢尔盖当即决定，谷歌应当把这家公司买下来。

几周后，谢尔盖将并购一事提交董事会批准。董事会问他我们到底该如何从这项技术中获利，他的回答很简单："乔纳森是行家，我把这个问题交给他。"乔纳森一直坐在那里听着谢尔盖的发言，至于并购锁眼公司会如何给谷歌带来收益这个问题，他压根儿就没想过（很明显，入职谷歌两年之后，乔纳森已经很放松了），只得对付了几句让人过耳即忘的话。实际上，我们并不确定并购锁眼公司会对谷歌的财务带来什么样的积极影响。

董事会决定相信谢尔盖的决定，并让他继续处理并购事宜。大约 8 个月后，以锁眼公司的技术为基础的谷歌地球问世了。这款程序在用户中大受欢迎，赢利数百万美元。这款应用程序一不打广告二不收费，是如何赢利的呢？谷歌地球问世不久，我们的一位名叫桑达尔·皮查伊的创意精英（现任谷歌首席执行官）就意识到，下载和安装谷歌地球的用户或许对我们的工具栏也会有兴趣。谷歌工具栏是一款简单的应用程序，可以与浏览器配套使用。工具栏为用户提供了许多有趣的功能，其中一项就是常常出现在浏览器界面上的谷歌浏览器小方块。安装了谷歌工具栏后，用户不必登录谷歌网站就能使用谷歌搜索，这不仅增加了用户使用谷歌搜索的次数，也增加了他们点击广告的次数，从而产生了更多利润。桑达尔的想法虽然遇到了一些阻力，但在乌尔斯·霍泽尔的支持下，很快得到了实施。

下载谷歌地球的用户或许对谷歌工具栏感兴趣，这个简单的想法不仅使工具栏的使用者大幅增长，也带来了可观的收入。但当乔纳森站在董事会面前发言时，他怎么能预料到这样的结果呢？回顾过去，我们觉得在当时的情况下，“我不知道……但我肯定，我们会做成的”才是正确的回答。

聚焦用户，赚钱便水到渠成。如果你的用户不是你的客户，而你的客户又不认同你“聚焦用户”的观念，那么就很难做到这一点。谷歌于 2012 年收购摩托罗拉，而乔纳森最先参加的摩托罗拉会议之一，就是一场长达 3 个小时的产品评估会。会上，摩托罗拉的经理把公司每一款机型的特征和功能展示了一遍。他们反复提及客户需求，实际上却与手机用户的真正需求相去甚远，因此他们的话乔纳森大多并不赞同。在会后午餐时，一位摩托罗拉的高管告诉乔纳森，在摩托罗拉，“客户”所指的并不是手机使用者，而是指公司真正的客户，也就是威瑞森通信（Verizon）以及 AT&T 公司等手机运营商。这些运营商并没有时时聚焦用户。

摩托罗拉的焦点也没有放在用户身上，而是对准了合作伙伴。

在谷歌，我们的用户就是使用我们产品的人，而我们的客户则是花钱投放广告以及购买我们技术使用权的公司。这两个群体之间很少会出现冲突，如果出现矛盾，我们还是会以用户利益为重。这是所有行业都必须遵从的做法。现在，用户比以往更加强大，也不会买劣质产品的账了。

往大处想

我们的同事温特·瑟夫正在设计一套新的网络协议，将用于环境严酷的浩瀚宇宙空间。温特说，在开始着手这个项目之前，他先问自己：什么东西能够满足人们 25 年后的需求呢？[162] 他的答案是：星际互联。没有一个人能说温特的构想不够宏大吧。

但是作为普通人，情况就不同了。也许是出于天性，也许是

出于企业的本质，多数人仍然囿于循序渐进的思维方式，而不敢天马行空地大胆思考。[163]曾任美国国防部先进研究项目局（DARPA）[164]主管的瑞吉娜·杜甘在摩托罗拉任职后，又成为我们在谷歌的同事。她告诉我们，创意往往产生于“巴斯德象限”[165]之中，在这个象限中，人们致力于兼顾基础科学的发展和实际问题的解决。然而，多数公司却往往陷在完全相反的象限之中。在这个象限中，“科学知识枯燥无味，没有人想把知识用在实处，人才无处立足，项目也多以失败收场”[166]。

正因如此，埃里克和拉里在谷歌产品评鉴会上经常会用“你想得不够大”这句话来刺激工程师和产品经理。在互联网时代，人类拥有无限的信息连接性以及计算能力。但是，有太多的人仍然拘泥于老旧闭塞的思维方式。“你想得不够大”这句话后来被拉里·佩奇的“把想法放大10倍”取而代之，这两句话可以帮助人们从老旧思想中跳脱，包含着将不可能变为可能的艺术。

毋庸置疑，往大处想的思维方式赋予了创意精英更多自由，解开了羁绊，激发了创意。Google X团队的负责人阿斯特罗·泰勒认为：如果你要造一款省1/10汽油的车，只需对现行设计做些改动；但如果你想造一款每加仑油可以跑800千米的汽车，那就得从头开始了。仅仅通过思考“我该如何从头开始？”这个问题，就可以刺激你萌生从未有过的想法。

除此之外，往大处想还有其他微妙的好处。赌注下得越大，成功的概率往往也越大，因为企业无法负担失败的损失。另一方面，如果你下了一连串较小的赌注，没有一个能威胁到企业的安危，那么你便有可能以平庸告终。像这样产品繁多却无一出彩的企业，我们在商界屡见不鲜。谷歌收购摩托罗拉以后，乔纳森在协助新上任的首席执行官丹尼斯·伍德赛德时发现，这家公司拥有几十款不同的机型，每款都以市场调查划分的特定群体为目标，这样的划分背后有其道理，毕竟不同的手机用户希望拥有自己独特的机型，但同时，这也会导致平庸。每款手机的专属产品研发人员虽然会努力造出伟大的产品，但他们也知道，只要产品还不错，就不会威胁到公司的生存。（在 2014 年谷歌将摩托罗拉卖给联想公司之前，丹尼斯的工作重点就是提高质量以及打造以用户为重的企业文化。）

相反，iPhone 之所以能够获得如此之高的人气，正是因为这是苹果公司制造的唯一一款手机。如果新一代 iPhone 的研发遇到什么问题，想不出解决方案，团队中的任何人都不会回家。苹果公司的产品线精之又精，这并非巧合，因为每一款产品都“输不起”。

较大的问题通常也较容易解决，因为挑战越大，越能吸引顶尖人才。巨大的挑战和资质过人、精于技术的人才之间存在着一种共生关系，也就是说，优秀人才能够解决问题，又能从中得到满足。把巨大的挑战交给不适合的人，就是在制造压力。而选对了人，你就是在播撒快乐。[167] 这些人乐于面对挑战，因为他们喜爱挑战。此外，正如社会学家兼管理学大师罗莎贝斯·莫斯·坎特所说，挑战能磨炼技能、拓宽业内人脉，还能提高声誉，这就是经济学家所说的人力资本投资。[168] 出于这些因素，巨大的挑战往往是吸引以及留住创意精英的强大磁场。这样说吧：假定你是一个刚从大学毕业的优秀创意精英，在你面前摆着两份几乎完全相同的工作机会，唯一的区别在于，一家公司告诉你，他们想要实现 10 倍的增长，而另一家公司仅仅满足于 10% 的进步。那么，你会如何选择?

我们的朋友迈克·卡西迪是用10倍大想法留住创意精英的好例子。迈克是Ruba公司的联合创始人,2010年,谷歌购买了Ruba的知识产权,还将其员工招入谷歌旗下,他也随之加入谷歌。迈克可谓一位高产的创业者,Ruba已经是他所创的第四家公司。搜索引擎公司Direct Hit是他的第二家公司,在与谷歌短暂的竞争后,这家公司被Ask Jeeves公司并购。我们推断,迈克不出多久就会离开谷歌这艘母舰,自己开拓新的事业。随着时间的推移,我们渐渐也搞不清楚迈克到底在干什么了,只是偶尔会在谷歌园区里看到他,意识到他还是谷歌的一员。2013年6月,谷歌对外宣布了热气球项目,也就是上文说过的Google X团队用氦气气球为尚未享受到宽带网络的50亿人带去联网服务的计划。我们很快得知,这个项目的领导者之一就是拥有航天工程学位的迈克,他已经为项目工作一年多了。如果不是为了这个可以大胆施展的机会,他很可能早就离开谷歌了。也就是说,通过大胆的构想以及对科技极限的不懈挑战,我们至少挽留了一位不可多得的创意精英。

拉里常常说,就算不能像迈克·卡西迪一样直接参与,只要能为重大项目出一份力,就足够让人心潮澎湃了。工作内容大多与谷歌著名的突破性项目相差万里的员工,也常常会谈到让工作"扩大10倍"。销售人员、法律顾问、财务人员等,全都受了风靡谷歌的大胆设想心态的影响。往大处想,不仅有吸引和挽留人才的强大效用,还极富感染力。

制定（近乎）遥不可及的目标

经验丰富的企业管理者拥有许多技能，其中，制定年度及季度目标是非常重要的一项。这需要一些窍门。如果目标太低，那么你就明显是想在每个季末都“奇迹般地”超额完成目标，以此来给自己脸上贴金。[169] 但如果目标设得太高，你就很可能要面对失败。诀窍在于，你的目标既要看似具有较高挑战性，实际上又具有可行性。一季或一年末了，最让人鼓舞的，一定是任务表上 100% 完成的标记。

1999 年末，约翰 · 多尔在谷歌发表了一次演讲。这次演讲为谷歌的两位创始人介绍了一种简单好用的方法，帮助他们将“往大处想”的理念融入谷歌。约翰是谷歌董事会的一员，他的凯鹏华盈投资公司前不久对谷歌进行了投资。约翰介绍的是一款（我们在前几章中提到过）叫作“OKR”的管理方式，这是他从英特尔前首席执行官安迪 · 格鲁夫那里学到的。[170] 这种管理方法之所以不同于那些常见的“低承诺、高实现”的公司管理方式，是因为以下几个特征。

第一，完备的 OKR 不仅制定了大的“目标”，也确立了易于衡量的“关键成果”。判定模糊的战略目标（比如提高可用性、提高团队士气、保持体形），然后在季末宣布胜利，自然很容易做到。但是如果你能把这些战略目标与具体目标（比如将可用性提高 X 个百分点，将员工满意度提高 Y 个百分点，在两小时之内跑完半程马拉松）做一对比，就会得到一些有趣的发现。比如，谷歌平台研发团队最近的一次 OKR 内容就是：“在木星基地，以某新型系统为某大型服务器的密集流量以小于多少微秒以及多少百分比的时延提供服务”[171]（“木星基地”只是个代码，并不是谷歌最新数据中心的设点）。这个OKR里没有任何模棱两可的东西，因此衡量目标是否达成非常容易。其他OKR则会规定实现某产品在一定数量国家内的销售、规定使用量目标（举例来说，我们的Google+团队最近的一个OKR，就涉及用户每日在环聊上发布的信息量）以及对性能的要求（比如YouTube视频的时延问题）。

第二，顺应谷歌的“往大处想”理念，合理的OKR应当有一定难度，达到其中所有的要求应是不可及的。如果你的OKR全是绿色的，说明你所设的目标不够高。最佳的OKR不但要有挑战性，还要切合实际。使用这种独特的算法，一个完善的OKR虽然只能完成70%，要好过设置存在漏洞但完成100%的OKR。

第三，OKR系统几乎人人可用。切记，你需要撇开职位的差异，调动每个人为你的事业出力。

第四，OKR需要打分，但这分数不作他用，甚至没有人来记录。唯一的用途，就是让员工诚实地评判自己的表现。

第五，OKR并非包罗一切，只有那些需要特别关注的领域以及不做出额外努力难以达成的目标，才用得上这个系统。日常工作不需要记入OKR。

随着企业的成长，个人OKR的重要性会被团队OKR超越。在一家小型企业中，员工可以靠一己之力获得惊人的成绩，但随着企业的发展，如果没有团队的帮助，远大的个人目标就越发难以实现。这并不意味着个人可以停用OKR，只是说企业应当通过团队OKR来实现宏观目标。

第六，在企业文化中采用OKR体系，会避免人们被竞争者牵着鼻子走。在互联网时代，竞争者无处不在,(就像我们在前文中说的一样）追赶竞争者会让你以最快的速度陷入平庸。而如果员工将注意力放在精心设置的 OKR 上，这个问题就会迎刃而解。因为这样一来，员工就会看到自己该走的路，也无暇担心竞争了。

70/20/10 原则

如果有人向你推荐一个新点子，你是更容易接受还是更容易拒绝？如果你在不合适的企业中待的时间太长，那第一反应通常是拒绝。企业仿佛是个培养唱反调者的温床，其唯一的目的就是大肆宣扬说“不”的信条。通过说“不”，管理者不仅可以避免风险，还能为成功概率更大的项目保留资源（我们在这里所说的“资源”，就是指人员）。我到底该不该把可贵的创新人才分配到那个前途未卜的项目上呢？项目要是惨败了，明年说不定就要减少我的人手了！那我干脆拒绝，让我的团队继续打磨现有的产品算了。

虽然许多人都在宣扬说“好”的文化（包括两个长相帅爆、头脑精明的写作爱好者），但如果没有一个体制上的框架作为条件，这样的文化很难建立。如果你不能将人才作为最宝贵的资源——通常这是事实，那么建立一个合理分配人力资源的体系就是成功的一个关键因素。

2002 年，我们仍然依据排名前 100 的项目清单来进行资源配置以及项目组合管理。但随着公司的成长，大家都开始担心这个简易系统是否适应我们的规模，我们也害怕说“不”的文化会逐渐渗进公司之中。因此，一天下午，谢尔盖仔细研读了我们的前 100 名项目清单，并将单子上的项目分成了三组。其中，大约 70% 的项目涉及搜索引擎以及广告搜索核心业务；大约 20% 有关一批初步成功的新兴产品；另外 10% 是关于一批全新的产品的，这部分产品虽然失败风险很高，但一旦成功，回报会是惊人的。一场持久的讨论由此展开，最后的决定是：将 70/20/10 作为我们的资源配置原则，即将 70% 的资源配置给核心业务，20% 分配给新兴产品，剩下的 10% 投在全新产品上。

70/20/10 原则确保核心业务占有大部分资源，蓬勃发展中的新兴业务可享受一定的投资，而与此同时，异想天开的疯狂构想也得到了一定的支持，以防成为不可避免的预算削减的牺牲品。10% 的资源并不算多，但也合理，因为如果在新的理念上投入过多，一旦后期失败，大家会更不甘心。因此，投入过多与投入不足同样不可取。与投入几千美元的构想相比，耗资百万美元的构想要难以舍弃得多。过度投资会让人产生固执的偏见，这时，大家只能看见那些投入大量资源的项目中积极的一面，而无法做出清醒的决策。

这样的例子，乔纳森在参与苹果牛顿掌上电脑项目时曾亲眼见证过。（对于那些年纪太轻而没有印象以及曾在苹果任职因此不愿提此往事的读者而言，这款掌上电脑虽是当今平板电脑的前身，却惨遭滑铁卢。另有个事实可能只有我们两位作者感兴趣：牛顿的一部分制作工作是由摩托罗拉负责的。）苹果公司在这款产品上下了血本，因此对产品的一个致命缺点选择了闭目塞听。牛顿的一个主打功能就是手写识别，你在屏幕上书写任意信息，电脑都能识别你的指令……但这只是个理论。问题就出在，这个功能对于多数人都不管用。具体来说，牛顿电脑唯一能识别出来的字迹，差不多就是那些负责这款电脑的产品研发和测试的人员的字迹，而且即便是他们，也需要调整自己的字迹才能收到想要的效果。但是，这款产品已经动用了太多的投资，“削足适履”的测试小组对手写识别功能得出的测试合格结果，让苹果公司听到了顺耳的答案。于是，苹果公司继续推进产品上市计划。结果，如果用牛顿的手写识别功能，大概 history（历史）只能显示为“hamstery”（没这个词）了。

10% 的资源配置之所以可行，还出于“创意喜欢限制”[172] 这个原因。也是出于这个原因，图画才有边框，十四行诗才有特定的格式。同理，亨利·福特才会为他的汽车设定如此低廉的定价，因为他明白：“与毫不设限的研究环境相比，这种强制性条件更能激发我们在生产和销售方面的发现。”[173] 资源上的稀缺，是激发创意的催化剂。

2002 年，拉里·佩奇开始考虑把人类有史以来出版的每一本书放在网上供人搜索，不只包括名著或特定种类的书，而是包括世界上的每一本书。（后来我们计算出，世界上共有 129 864 880 个不同的书名）。[174] 拉里的理由是，如果能把每本出版过的书都放到网上，那么在万能翻译工具问世后，全球的所有知识就能为世界上每个人所用了。

作为谷歌的联合创始人，拉里本可以把这个难题交给一批工程师，然后再拨一大笔预算就行了。但他并没有这样做，而是找了一部数码相机，把相机架在三脚架上，放在他办公室的桌子上。他把相机镜头朝下对着桌面，打开节拍器来掌握动作节奏，然后一面让玛丽莎·迈耶翻书，一面照起相来。使用这个简易的模式，他们估算出将一本书数字化所需的大概时间，然后通过计算确定这个大胆的项目的确是可行的。就这样，谷歌图书（Google Books）应运而生。事后不久，谢尔盖又用类似的方法检验谷歌街景（Street View）项目是否可行。他带上相机开车去城里，每过几秒钟就拍一张照片，然后又带着这些照片出现在埃里克的管理会议上，为我们现在所知的“谷歌街景”程序争取支持。现在，这款程序已经覆盖了长达 1 300 万千米的道路。

如果当初谷歌动用一支工程师团队并慷慨投资，自然可能研发出谷歌图书这款应用程序。但是，充沛的投资也有可能在这个项目动工之前就形成了阻力。事实证明，如果拉里投入时间、砸下预算买下先进的数字化系统，其性价比也不会高于他用从 Fry’s 超级家电连锁店[175] 买到的零件随意拼凑出来的简陋系统。没有什么比过度投资更能损害创意的发展，就像建筑大师弗兰克 · 劳埃德 · 赖特所说的：“人类建筑最为辉煌的时期，就是那些限制最多的时期。”[176]

20% 时间制

2004 年夏天，一位名叫凯文 · 吉布斯的工程师想到了一个主意。他说，这个系统“可以对我们计算机资料库以及谷歌历史搜索记录的所有网络地址（即统一资源定位符，URL）进行实时的自动补充，生成的补充结果依总人气来排名”。这句话是说，谷歌可以预测出你的搜索请求，并为你提供自动补充的选项。凯文利用自己的业余时间建起了一个模型，并把这个雏形阶段的项目简介用电邮群发给了一批喜欢分享新点子的人。[177] 这份电邮中包含了凯文的模型链接，可供人们在谷歌网站上键入搜索请求，体验系统的实时自动补充功能。

这个模型吸引了几位工程师的兴趣，他们也加入了凯文的项目。（德里克·塞维斯说这些工程师是凯文的“第一批追随者”。）正因为有了这款现名为 Google Suggest 的搜索建议功能，用户在键入“we”这两个字母时，谷歌会推测你查找的是“weather forecast”（天气预报），并为你提供一份下拉单，让你不必将信息全部键入就能点击完整的查询请求。谷歌搜索建议不仅能节省数秒的搜索时间，还能以更快的速度为用户准确搜索到想找的信息。从一个人的构想到实践，再到全球几十亿人“离不开”的搜索习惯，这个蜕变，不过用了几年的时间。

这，就是 20% 时间的威力。[178] 谷歌的“20% 时间”工作方式，允许工程师拿出 20% 的时间来研究自己喜欢的项目。语音服务 Google Now、谷歌新闻（Google News）、谷歌地图（Google Map）上的交通信息等，全都是 20% 时间的产物。但是，许多人都对这个概念有误解：该制度的重点在于自由，而不在时间长短。[179] 这种工作方式并不意味着我们的园区每到周五就会变成夏令营园地，任由电脑工程师们用创新的方式肆意而为。其实，与其说 20% 的时间，不如称 120% 的时间更合适，因为这个时间往往都会安排在夜晚和周末。但你也可以把这个时间积攒下来，一次性用完。比如，乔纳森就有一个产品经理把一整个夏天的时间都用在了 20% 项目上。无论你想把这 20% 的时间用在何处，只要不妨碍你的正常工作，那就没有人能阻止你忙自己的事。这个制度对那些看管严格的管理者起到了制约平衡的作用，让人们得以把时间花在工作不允许的地方。这个制度，实践了史蒂夫·乔布斯那句“要以创意为准则，不要奉等级为圭臬”的格言。[180]我们发现，如果你能放心地赋予员工自由，那么他们大多不会把自由时间浪费在“做白日梦”上。软件工程师不会去写戏剧，他们编的是代码。[181]

能让我们沿着汽车钻不进去的小巷进行地面角度拍摄的谷歌街景三轮车，缘起于谷歌街景汽车工程师丹·拉特纳的一次西班牙旅游。当时，丹住在巴塞罗那的一家酒店里，出租车因巷子太窄而开不进去，他只能步行走过最后一段路，却发现街景汽车无法进入的街道上竟有如此丰富的美景。旅行后回到家，他便开始利用20%的时间打造一款能够穿梭小巷的三轮车，街景三轮车由此问世。之后，这款车又被改装为滑雪车（可以用于记录温哥华冬奥会上的滑雪场景）和手推车（可以推着它在世界上一些最宏伟的博物馆里徜徉）。下一项发明，说不定就是街景滑板了呢。

如果你给予员工很大的自由，那么他们自然会变得难以管理，这是不言自明的。有的时候，倔强的创意精英不达目的不罢休。何时允许这种行为呢？其实，与所有有关领导和决策的问题一样，这个问题也没有非黑即白的答案。但不必说，如果员工是正确的，问题就简单多了。

保罗·布赫海特在决意改善电子邮件系统之后，便用20%的时间开展了一个代号“驯鹿”（Caribou）的程序，这就是现已拥有几亿用户的谷歌邮箱的前身。过了一段时间，他觉得用这款新产品赚钱的时候到了，因此他提议，根据电子邮件的内容，在邮件的一旁显示广告。刚开始的时候我们并没有同意，还让他集中精力完善产品，把赢利问题先放一放。

但谷歌邮箱就如保罗的“孩子”，他并没有听从我们的建议。

他通过入侵谷歌的内部系统连接到了AdWords的广告服务器（谷歌邮箱 + 竞价广告 = 组合创新），一天早晨，来上班的我们发现邮件旁竟然出现了广告。一开始，大家非常气愤，但很快，我们就发现这些广告其实挺有用。当时，乔纳森父母的金婚庆典在即，正在他和兄妹们通过电邮讨论该买什么礼物时，邮件旁边出现了一则威廉姆斯·索诺玛（著名家用品零售商）的广告。乔纳森的姐姐提到，他们的母亲对园艺情有独钟，而广告则“善解人意”地推荐了一款花园长凳。乔纳森把这款长凳介绍给了他的兄妹们，如此一来，乔纳森的父母收获了一件称心的礼物，大家也夸赞乔纳森细心又贴心（非常难得）。

几个月后，谷歌邮箱问世。邮箱的广告虽然没有带来很多利润，但保罗研发的依照邮件内容匹配广告的技术，在改良后为我们现在价值几十亿美元的AdSense产品锦上添花。自不必说，谁也没有因为保罗的擅自行动而惩罚他。

然而以上的例子并不是说，如果上级反对员工的建议，那么员工应当把管理者不开窍又没远见的愚蠢意见抛到九霄云外，一意孤行。要想让一个好的构想开花结果，首先应当构建一支肯为这个构想倾力付出的团队。我们作为管理者可能对你的高见不明就里，但同事的意见还是值得一听的。我们总是会提醒那些想要用20%时间做项目的人先造出产品原型，因为原型可以调动众人的兴趣。想到好点子没有什么难度，而吸引几位同事参与你的项目、让他们把自己的20%时间投入你的20%中就困难多了。达尔文的物竞天择法则在这里也是适用的。

在一家非层级制机构里，寻找合作者并不简单，而新人由于不清楚遇事该具体找谁解决，更是觉得难上加难。在这种情况下，人与人的关系显得尤为关键。由于关系需要时间来培养（另外，并非人人都擅长经营关系），你的许多好点子可能只有胎死腹中的份儿了。

为了避免这种情况，我们的一支研究团队设立了一种名叫“演示日”的方案。概念其实非常简单：一支团队用一周的时间为新的构想建立原型，并且在周末之前向大家做原型展示。新的一周开始之前，工程师们必须将日程上的会议和发布活动全部搞定，无一例外。这不仅为演示日提供了条件，还能形成一股让每个人都全心投入的推力。有的人可能会涉及陌生的领域，那么他们便可以接受针对这些领域的培训。为了避免浪费时间，所有的系统都已备好待用。除自己之外，工程师至少还需要挑选一个人加入项目，孤军奋战是不允许的。另外，我们还鼓励大家与很少每天共事的人合作。一周伊始，大家便行动起来了。

一周末了，一批原型诞生了。大家往往会在星期五下午，以科学展会上开放参观活动的形式分享成果。美国科学家莱纳斯·鲍林说过：“我有很多点子，要把其中没用的扔掉。”[182] 虽然这些原型大多会止步于演示日，但我们的团队明白，失败没什么大不了的。

史蒂夫·乔布斯曾经告诉埃里克，说他在管理 NeXT 公司的时候也采取过类似的做法。每过 6 个月左右，工程师团队便会暂停手中的工作，全身心为 NeXT 平台制作应用程序。这个做法不仅对企业生态的建设不可或缺，也让大家对平日的工作产生了新的洞见。

20% 时间制最为宝贵的地方不在于由此诞生的新产品或新功能，而在于人们在做新的尝试时所学到的东西。绝大多数的 20%

时间项目都需要人们运用或磨炼日常工作之外的技能，也常需要他们与在工作上不常打交道的同事相互协作。即便这些项目很少能够演变为令人眼前一亮的新发明，却总能产生更多精干的创意精英。就像乌尔斯·霍泽尔常说的，20% 时间制或许堪称一家企业最好的员工教育活动。

乔纳森最爱的 20% 时间项目

以色列犹太大屠杀纪念馆设于耶路撒冷，为纪念犹太人大屠杀遇难者和幸存者而建。乔纳森最爱的 20% 时间项目，就是将纪念馆工艺品数字化并在网上发布。项目的缘起要追溯到 2007 年夏天乔纳森和家人一起参观纪念馆的时候。在参观过程中，导游告诉他们，不久前，一位参观者曾对他讲了关于展馆里一张照片的一些事。这让乔纳森想到，那些尚能回忆起照片中人物和地点的大屠杀中最年轻的幸存者，现在也已经年逾古稀了。也就是说，这些人的第一手资讯真的要消失了。

翌日，乔纳森来到谷歌以色列分部，讲了纪念馆的事情。谷歌的以色列团队把这个项目接了下来，利用他们的 20% 时间与纪念馆建立起合作关系，为其建立网上信息库。时至今日，网上已有超过 14 万份数字化图像和文件，在世界各处都可以搜索到。而幸存者们也通过点评或视频用自己的理解以及见闻充实了图片内容，不仅为这段重要的历史做了补充，也成为项目的亮点。

当拉里和谢尔盖看完项目负责人尤西·马迪亚斯的演示之后，他们一如既往地问：为什么只从这个纪念馆下手呢？为什么不把所有纪念馆都包括进来呢？为什么不制作一款产品来帮助世界上所有的档案馆把资料数字化呢？说做就做。2013年，可供任何博物馆（或文物的所有者）在线举办展览的谷歌在线展厅（Google Open Gallery）问世了。现在，谷歌文化中心的网站上已有几百件网上藏品，还有来自雅典卫城博物馆以及萨拉戈萨博物馆等各馆艺术品及手工艺品的高清图像。

创意无处不在

上次看到意见箱的时候，你有什么感想？也许当时你正在游乐园或是滑雪胜地，或许正在单位的休息室小啜咖啡。你细心审视着意见箱以及一旁的“我们愿意聆听”或者“我们在乎你的意见”的标语，但这标语的效果却可能适得其反：你们并没有聆听，也没把我们的意见当回事，投进投递口的信件都经过宇宙空间的某个虫洞，一路穿越到仙女座了。

现今，人们对意见箱早已厌腻。但当意见箱最初被引入商界的时候，是非常有革命性的。根据艾伦·罗宾逊和萨姆·斯特恩的《创新管理》一书记载，现代意见箱之父是来自苏格兰的造船公司老板威廉·丹尼。1880年，丹尼给他公司的所有员工发了一本宣传册，名为《评奖委员会关于员工创意与改进的奖励法则》。对于提交上来的创意，一经采纳，丹尼就会给出2~15英镑的奖金。在接下来的10年里，他的员工共递交了数百个创意。丹尼的制度很快穿越大西洋，来到了约翰·帕特森的美国收银机公司。1904年，创意总数的最高值达到了约为员工总数两倍的7 000多个，而创意被采纳的概率则达到约1/3。[183] 也就是说，在一年时间里，这些普通员工提供的创意中有 2 000 多个都被认为具有实施价值，这样的采纳率对于意见箱来说已经很高了。

一个世纪以后的今天，玛丽莎·迈耶主持谷歌会议的方式，就像电脑狂人版的《锣鼓秀》(*The Gong Show*)。[184] 与会人员起立介绍自己的创意，直到锣声鸣响。演示越是精彩，获得的展示时间也就越长。在此之后，谷歌纽约工程部的创始人克雷格·内维尔-曼宁在这个创意上加以发挥，设置了一周一次的“啤酒演示会”。会上，大家聚在一起一边啜饮啤酒，一边观看演示，用弹子球为自己最喜欢的创意投票。帕特森和丹尼（还有玛丽莎和克雷格）非常有头脑，他们不仅明白创意无处不在，也明白员工不仅能工作，也能思考。这句话放在今日更有道理，因为当今公司中的每一个人都拥有丰富的资讯和方便的工具。实际上，最大的危险不在于误认为只有管理者才有好创意，认为创意只能出自公司的员工才是最危险的谬论。创意无处不在，创意有可能来自公司内部，也同样有可能来自公司之外。

谷歌开始全球扩张的时候，我们很快就发现，加州的工程师大都不擅长将网页翻译成外文。要解决这个问题，一般人都会雇用专业人士来接手翻译工作，但这不仅要花大笔经费，还很花时间。于是，我们把翻译任务交给了用户。我们把所有的文本放在网上，招募志愿者把文字翻译成当地语言。用户们不仅完成了工作，而且完成得非常出色。我们的地理团队在绘制世界地图时，发现世界上很多地区并没有完备的地图。他们研发了一款叫作 Map Maker 的地图制作工具，让任何人都能够完善谷歌地图的信息。就算地图上没有你所居住的街道也完全没问题，只要把地点标记出来，我们就会（在确定信息属实后）把信息添加上去。一个由草根制图者组成的新团体就这样诞生了。有了他们，用户只需轻点鼠标，整个城区的地图就会跃然眼前。比如，只用了短短两个月的时间，这些草根制图者就帮我们绘制出了巴基斯坦境内长达 25 000 千米的道路路线图。

我们加入谷歌后不久，高管团队召开了一次公司外活动，讨论了在全球各地开设更多工程分部的事宜。埃里克问拉里觉得谷歌应该有多少名工程师，拉里的回答是："100 万。"这句话并非开玩笑，但拉里并不是说谷歌应该有 100 万名员工（至少我们不这么认为）。现今，世界各地的编程者经常会用到安卓系统、谷歌应用程序引擎（Google App Engine）、谷歌应用程序编程接口（Google API）、谷歌网页工具（Google Web Toolkit）以及谷歌参与研发的开源工具。他们虽然并不是谷歌的员工，但如果我们把这些人加在一起，那么使用谷歌工具或在谷歌平台上进行创新的总人数很可能已经以百万计了。因此，拉里的目标可以说已经实现了，如果真的如此，那他很可能就要把这个数字"放大 10 倍"扩至千万了吧。

交付，迭代

我们为新创意留出了充足的资源，堵住了不通情理的管理者的嘴巴，给予创意精英自由做事的权利，保持开放心态，集思广益，创意就会不断涌现。虽然其中绝大多数不等见天日便惨遭淘汰，但总有极少数佼佼者能够到达应许的乐土。于是，你写好了博客，点击"发布"，然后就可以打开香槟与团队举杯同庆了。

然后，你继续工作，因为如果你有合理规划，那么现在产品应该还没有完成。伏尔泰曾经写道："完美是优秀的敌人。"[185]史蒂夫·乔布斯也告诉麦金塔电脑团队："能交付才是真正的艺术家。"[186]新想法不可能一出炉就完美无缺，你也没有时间等到想法完美的那一天。打造一款产品，投放市场，看看反响如何，设计并加以改进，再重新投入市场。这就是交付和迭代，在此方面最为眼疾手快的公司，才能成为赢家。

发布我们的主打广告产品 AdWords 时，大家在新广告是否应在发布前先通过内部审批的问题上产生了争议。公司内有一批影响力强大的人认为，不经过审批就直接发布广告，可能会导致垃圾广告横行。但另一批人则认为，如果广告商能够即时看到自己发布的广告，就能搜集相关数据，从而更快地对广告加以改进。这些人觉得，通过缩短广告的运作周期，广告的质量不但不会降，反会提升。我们决定，尽可能减少内部审核。这种交付–迭代模式果然收到了良好的效果。

交付–迭代模式适用的范围很广。在软件业中，谷歌的产品是通过数字发行的字节和比特，而不是实在的物体，因此，交付–迭代模式也最易施行。但是，随着3D打印以及网上建模等新技术的出现，许多行业的产品测试成本都出现了一定程度甚至急剧的下降。这样一来，能够使用交付–迭代模式的领域大大增多。

迭代是交付–迭代模式中最困难的部分。鼓动一个团队将新产品交付市场并不困难，但要继续跟踪和耐心提升产品，就要困难得多了。我们发现，负面评价不失为一种有效的激励方法。拉里大笔一挥，写下"这些广告糟透了"，玛丽莎也将负面的产品评语贴在她办公室外的墙上，与产品经理和工程师们详细剖析。在谷歌，我们常常会用批评的方式来激励团队对产品进行迭代。

批评的轻重难以拿捏，而我们也并非次次都能做得恰到好处。适当的批评有激励的效果，批评过度则会适得其反。

其实，交付–迭代模式并非总是有效。在上市之后，一些产品的确能不断改善、积聚动力，但有些产品则会每况愈下。问题在于，产品上市时，已经投入大量的资源和情感，有可能会妨碍人们做出正确的决策。我们很难让人对沉没成本视而不见，因此，在执行交付–迭代模式时，领导者必须不计之前的投入，确保除弱扶强。发展壮大的产品应该获得更多资源，停滞不前的产品则相反。

判断哪些产品胜出、哪些失败，就要用到数据。这种评判标准由来已久，但在互联网时代，获取数据的速度之快以及数据量之大，都是以前无法比拟的。你需要确定你所使用的数据，并设立系统以便及时调用和分析数据，这对甄别产品的优劣至关重要。多数人都会计算已经投入项目的资源，以此作为一个继续投资的原因。这，就是沉没成本谬误。（“我们已经在这个项目上砸了几百万，怎么能说撤就撤呢！”）[187] 而以数据为据，则可抵制此谬误的诱惑。

然而，人们往往会向失败的产品伸出援手，以期转败为胜。乔纳森在 Excite@Home 负责产品管理的时候，公司的门户网站 Excite.com 上有新闻、房地产、体育、财经等板块。所有板块都在首页上竞争点击量，如果哪个板块的点击量出现下滑，公司管理层便会把板块移到首页上更显眼的位置，以求扭转局势。喂，财经板块，这个季度你的浏览量有所下滑，怕是实现不了目标点击量了吧。不过没关系，我们把你在首页上置顶一下就行了！这家公司虽然利用数据信息把不给力的板块找了出来，但他们不但不强迫板块做出改善，反倒把优越的位置拿出来“助贫”。现在回头来看，与其说 Excite 的信条是以用户为重，不如说他们是在让用户以自家最弱的产品为重，从而帮产品达到那些形同虚设的标准。事实证明，这种做法并不像公司名称那样“激动（Excite）人心”。

具体实行交付–迭代模式的时候，尽量不要在产品上市时借助市场营销手段和公关宣传的力量。在餐饮业，这种做法叫作“试营业”。当你把小鸟赶出鸟巢时，不要给它们配备什么喷气背囊和降落伞，而是让它们靠自己的力量飞起来。（请注意，这只是个比喻。）等到它们捕捉到一些升力之后，再进行投资。谷歌的 Chrome 浏览器就是一个很好的例子。2008 年，这款浏览器在几乎没有任何市场营销资金的条件下悄然上市，完全凭靠自己优越的性能积累了强大的动力。在这款浏览器的用户人数冲破 7 000 万大关时，团队决定趁热打铁，同意通过市场营销（甚至发起了一波电视广告宣传活动）为产品助力。需要注意的是，我们只有在产品展现出胜者锋芒之后才会投入资源。

在此需要说明一下，交付–迭代模式并不意味着你可以随意把糟糕的产品推出去，然后坐等这些产品自己越变越好。实际上，乔纳森常常警告他的团队，不要把糟糕的产品投放市场，指望着靠谷歌的品牌力量在早期吸引人气。产品应当具有卓越的性能，但刚上市时，功能有限是可以接受的。在推出产品的时候，限制铺天盖地的市场营销及公关宣传是有利的，因为相比于一款低调上市的产品，一款被吹捧上天的产品更容易让消费者感到名不副实。上市之后，再添加新功能完善产品（以及对现有功能做微调）也不晚。就像埃里克在 2006 年 2 月致谷歌人的信中所言：

“要计划在上市后的适当时机为产品添加一款让人眼前一亮的功能。”[188] 这样的做法，可以让用户习惯于先接受功能有所局限但质量过硬的新品，然后再等着功能快速得到扩充的模式。

如果你经营的是软件和媒体这种完全数字化的产品，且实物生产的成本投入少之又少，那么交付-迭代模式就非常容易执行。对谷歌搜索的一款新功能进行公测，然后再根据用户数据进行调整并不难；但同样的事，放到汽车或计算机芯片制造商的身上可就困难多了。即便如此，利用互联网的广泛影响和威力，人们仍可以通过其他方式来搜集宝贵的用户信息。举例来说，你可以在网上将设计或原型投放市场，或是制造出能让用户直接体验产品效果的软件。想办法让用户体验你的产品，然后再利用反馈信息让产品更上一层楼。

败得漂亮

然而，交付-迭代模式在谷歌信息与社交网络服务 Wave 上的应用，却收到了与谷歌 Chrome 浏览器截然相反的效果。于 2009 年火爆推出的 Wave，堪称创新的典范。这款工具是我们悉尼分部的一小批工程师用 20% 时间，围绕“电子邮件如果是现在才发明的，那会是什么样呢”这个问题探究出的结果。最后，他们研发出了一款功能强大的原型，得到了高管团队的交口赞誉。经过我们同意（就算我们不批准，他们八成也会干下去的），他们打造出工具与平台，方便人们在互联网时代用全新的方式进行交流。

而这款堪称科技奇迹的产品，却一败涂地。我们于2009年推出Wave，使用量却一直不见起色。Wave团队拼命地对产品进行交付和迭代，用户群却一直形不成气候。产品投放市场一年之后，谷歌宣布放弃。媒体口诛笔伐，说Wave是一款被吹捧上天却又重重摔到地上的大败笔。

媒体的话言之有理。Wave的确是一个大败笔，而且败得很快，因为我们不愿把大笔投资砸在没有前途的产品上。这次失败并没有牵连到任何人。在项目流产后，Wave团队中没有任何人被炒鱿鱼，其中多数人还得到了公司的重用，原因在于他们的项目敢于挑战极限。这次失败也创造了许多宝贵的科技成果：比如，Google+和谷歌邮箱的一些技术就是从Wave平台上移植来的。Wave虽败，却败得漂亮。

要想创新，就要学会把败仗打漂亮，学会从失误中吸取教训。所有失败的项目都会衍生有关技术、用户以及营销方面的宝贵信息，为你的下一次出征做准备。修改创意，而不要否决创意：世界上多数伟大发明的最终用途与最初设想都是天差地别。因此在放弃一个项目时，要仔细审视其组成部分，看看有无可能重新投放在其他领域。拉里说过，如果你的眼光够远大，那就很难全盘皆输。失败中往往会隐藏着珍宝。另外，不要拿失败的团队问罪，而要确保他们能在公司里找到合适的岗位。因为下一批创新者正在静观其变，想看看失败的团队会不会受到惩罚。他们的失败虽然不值得称颂，但也是一种荣誉。因为，至少他们努力了。

管理者的任务不是规避风险或防止失败，而是打造一个不会因风险和无可避免的失误而垮台的环境。作家兼教授纳西姆·塔勒布在书中写道："我们要建立一种'反脆弱'的体制，这种体制不仅能经受失败和外界的冲击，还会变得越来越强大。"[189] 请不要误会：我们并不是在鼓励大家追求失败。但如果你想衡量你所在的创新环境是否有活力，就必须将成败一起考虑，即变得越来越"反脆弱"。就如"呆伯特"的漫画师斯科特·亚当斯所说："我们可以将失败看作一条道路，而非一堵墙壁。"[190] 13 世纪苏菲教派大智若愚的穆拉·纳斯鲁丁也有类似的见解："良好的判断力来源于经验，而经验来自错误的判断。"[191]

失败时机可能是最难拿捏的。败得漂亮就要速战速决。一旦发现项目没有什么前途，就应该以最快的速度喊停，以免浪费更多资源，产生更多机会成本。（那些将精力放在败局已定的项目上的创意精英，还是安排在有望成功的项目之中比较合适。）但是，创新公司的一个特征，就是会为好点子留出充足的时间来酝酿。比如，谷歌无人驾驶汽车以及可以达到 1 000 兆网速的谷歌家用宽带光纤（大约比现在美国家庭平均网速快了 100 倍）等项目虽然有潜力，却需要很长的时间。就像杰夫·贝佐斯说的一样："只要延长时间期限，你就可以做许多正常情况下无法企及的事情。亚马逊喜欢做 5~7 年才有回报的事情。我们愿意播下种子，让其生长。在这一点上，我们是非常固执的。我们在愿景上固执己见，在细节上灵活变通。”[192]

所以，失败要尽快，还要把期限拉得很长吗？这怎么能行得通？（明白了吧，我们说过失败的时机是最难拿捏的）。关键在于，你需要快速地迭代，建立检验标准，看看每次迭代有没有把你一步步推向成功。小的失误往往可以为你照亮前进的路，因此你应该预料并接受其存在。但如果你一味失败却仍看不清成功的路（抑或，借用瑞吉娜·杜甘和凯汉姆·加布里埃尔的话说，当你需要“一连串的奇迹”[193]才能成功时），那你就该考虑就此打住了。

与钱无关

我们认为，杰出的人才凭着杰出的表现理应获得高薪，但是，员工利用20%时间成功的项目是没有薪酬的。作为谷歌街景这支团队一员的经历，或许为丹·拉特纳带来了丰厚的收入，但是，我们并没有因为他为街景三轮车所做的工作而直接给他任何酬劳。[194]之所以不用金钱来鼓动大家去进行20%时间项目，是因为我们不需要，就这么简单。这听起来或许像敷衍，但工作本身就能给人带来奖励。不少研究都表明，来自外部的奖励非但不能激发创意，反倒会将一件原本能给人带来满足感的事情变成赚钱的差事，从而阻滞灵感。[195]

说到20%时间项目本身能给人带来的回报，我们最爱用的例子要追溯到2005年8月，也就是卡特里娜飓风席卷墨西哥湾的时候。当时，谷歌地球上市不过8周左右，研发谷歌“地理”系列产品（即谷歌地图和谷歌地球）的团队人手紧缺和劳累过度。但飓风的袭击让团队立马行动起来，他们发布了 8 000 张最新的卫星图片（图片来自美国国家海洋和大气管理局），精确地显示出灾难的规模，并提供了灾区道路和街区的高清图像。飓风卷走了许多标牌和信号灯，为救援人员辨认方向带来了诸多不便，而这个项目则帮了大忙。另外，项目还方便了各机构分发救灾物资，并在灾后帮助幸存者判断是否应该返回家园。

这是个典型的 20% 时间项目，构想来自团队成员，没有“河马”强迫他们去做，没有人建议他们连续几晚在办公室里扎寨，没有人要求他们从日益壮大的谷歌地球用户群中寻求志愿者的帮助，也没有人指派他们从美国国家海洋和大气管理局那里获取图片。埃里克去参观过他们的“作战室”，环顾四周之后，他“英明”指示大家继续把工作进行下去。这是管理层唯一一次参与项目。

卡特里娜飓风过后，这个 20% 时间项目演变成了一支专业的危机应对团队，隶属于领导谷歌慈善事业的机构 Google.org。在这支团队的助力之下，谷歌人利用我们的平台向受到自然灾害侵袭的人们伸出援手，包括中国 2008 年新年导致数千名游客受困的雪灾，以及日本 2011 年导致数千人死亡和数十万人无家可归的地震和海啸灾难。面对每场灾难，这支团队都能根据之前的经验创造出新的方法，利用谷歌技术为人们提供帮助。其中多数成员并没有因自己的付出得到一分一毫，对他们来说，工作本身就是动力。

结语
想象无止境

2013 年的年终假期，埃里克是与家人一起度过的。除了一般的家庭活动，孩子们还得闲看了一些视频。让埃里克吃惊的是，孩子们并没有看任何电视节目，实际上，电视机一整个假期都没有打开过，所有的视频都是在平板电脑上收看的。孩子们看的视频并不是传统意义上的节目，也就是说，这些视频都不是在电视台或有线电视网上播出的，而是直接为网站和移动应用程序设计的。电视机以及由电视形成的电视文化，与这些孩子的生活就像两条平行线。我们觉得，这种情况不是特例。如果你是一位移动设备制造商或是网络视频制作人，这自然是好消息；但如果你制作的是现在的孩子们长大后没有兴趣收看的情景喜剧等剧集，那你就前景堪忧了。

其实，何止电视领域的高管，今天，我们都身处一个乐观却焦虑的时代。在我们创作本书的三年之中，无数产业都受到了科技的破坏性冲击。虽然世界经济已经出现了反弹，但上一次经济衰退中涌现的问题依然存在。科技带来的变化速度之快，超过了我们培养员工接受新技术的速度，这为各个层级的员工以及许多国家的经济结构带来了巨大的压力。昔日，稳定的中产阶级工作曾是经济健康发展的基石，而今，这些工作有的转移到了发展中国家或网络上，有的则已完全消失。

毋庸置疑，曾经盛极一时的产业的瓦解及其对经济带来的影响，一定会在短期内带来痛苦和混乱。因此，作为一本讲述如何在 21 世纪打造成功企业的书，我们责无旁贷，要给大家提供一些如何在剧变中自保以及如何理解变化的建议。当今的商业图景到底有什么不同？等待着我们的未来是怎样的？企业以及企业家个人应该如何在分崩离析的环境中生存和发展？

从唐顿庄园到Diapers.com

要想理解为何变化会危及传统企业的生存，我们必须快速回顾历史，看看两种经济体制交接棒时的情形。随着 21 世纪的到来，我们也迎来了一个新旧更迭的时期，这与 19 世纪西方国家由封建经济转为工业经济的历史异曲同工。我们的许多朋友和家人都很迷英国广播公司一部叫作《唐顿庄园》的电视剧，这部剧讲述了一个显赫的英国家族及服侍家族成员的仆人们在第一次世界大战时期跌宕起伏的人生百态。剧中家族的成员都是富有的英国贵族，他们把大把的时间用在赴宴前的盛装打扮以及与仆人的纠葛上，而身为劳动阶级的仆人们大部分时间要劳动，还要和庄园主人周旋。整部剧都能听到动听的英伦口音，看到华丽而年代感十足的服饰。

看剧时，如果你只顾为约翰·贝茨的牢狱之灾（他最终被赦免释放）和马修的离世（他没能像博比·尤英[196]一样奇迹般起死回生）而抹眼泪的话，我们要告诉你，《唐顿庄园》一剧的背景，代表了两个经济时代的更迭。通过从附近招募劳动力和仆人，唐顿庄园为周边地区提供了经济上的支持，而这种剧中的贵族家族，便是 19 世纪工业革命完成前的末代体制。

工业革命结束后，20 世纪的主导机构是企业。通用汽车公司就是企业的典型：电力、水源以及蓝领劳动力等资源为公司在工厂进行的大规模生产提供了条件。与此同时，工厂车间的工会会员以及公司总部的白领阶层则享受着稳定而舒适的中产阶级生活。

21 世纪，作为经济活动枢纽的企业受到了“平台”的挑战。我们在“决策”一章已经提到过平台，现在可以想一想 Diapers.com（后被亚马逊收购）的例子。与企业相比，平台是一种截然不同的枢纽。企业与消费者的关系是单向的，比如，对于一款新产品的设计、生产以及面向消费者营销的方式，通用汽车公司都是单方面做出决定，然后再通过代理商的网络进行销售。相比之下，平台与消费者和供应商之间是你来我往的双向关系。亚马逊虽然是家企业，但也是一个撮合买卖双方的市场。亚马逊并不会单方决定售卖哪些商品种类，消费者会告诉亚马逊他们的需求，由亚马逊为他们寻找卖家。消费者的需求得到了倾听，还拥有为商品和服务评分的权利。

平台世界，谁胜谁负？

英国的巴格斯新浪潮乐队让我们知道，电视扼杀了电台明星；2011 年美国图书零售商博德斯（Borders）的破产告诉我们，亚马逊等平台能重创既有企业。博德斯可不是轻量级的企业，早在 2005 年，其总市值就超过了 16 亿美元。[197] 而在宣告破产之时，公司员工已经达到了 1.7 万人。[198]

看来，既有企业必须做出选择。它们可以继续延续老路，仅仅把科技当成提高经营效率和扩大收益的工具，而不借助科技的力量脱胎换骨。在许多这样的既有企业中，科技只是主办公楼之外那群有些古怪的人玩弄的新奇玩意儿，而不是首席执行官每周的工作重心。面对新兴竞争企业入侵市场带来的迫在眉睫的危机，这些企业靠政客和律师冲锋陷阵，这种“挖个洞把头埋在沙土里”的战术耗时长（且很费钱），但仍然扭转不了败局，因为科技和变革的力量势不可当。因此，采取这种战术的既有企业最终只能以失败收场，至少也会被潮流淘汰。这种做法意在维持现状，因此不仅会限制消费者的选择，还会遏制行业创新的脚步。创新意味着改变，而对于既有企业而言，现状才是他们的安乐窝。

太阳计算机系统公司的联合创始人兼风险投资家维诺德·科斯拉，有时会到埃里克在斯坦福大学教授的课上客串一把，他给出了既有企业执意维持现状的几个原因。首先，从大企业的视角而言，多数创意都是看似前途未卜且微不足道的小机遇，不值得公司投入时间和精力。其次，从个人的视角来看，大企业的成员不但不会因敢于冒险而得到奖励，反倒会因为失败而遭到惩罚。在这种失衡的奖罚措施之下，理性的人都会选择安稳自保。[199]

但是，既有企业也可以选择另一条路：找到一种策略，利用平台优势持续打造优秀的产品。企业可以以这一策略为基础吸引一批创意精英，然后打造一个可以让创意精英大显身手的环境。听起来小菜一碟是吗？但这其实不简单，简直可以说是困难重重。成熟的企业天性喜欢规避风险，就像躲避瘟疫一样避之唯恐不及。我们之所以明白，是因为我们就是过来人。毕竟，本书的作者是谷歌里最后一批扔掉黑莓手机和弃用微软 Outlook 电邮的人。也就是说，我们不能时时预知变化，也不能每次都很好地应对变化。好在我们身边都是这样的人，比如我们以前的同事维克·冈多特拉。

社交网络的出现

互联网经历了三个风格各异的发展阶段。20世纪90年代，随着浏览器、超文本链接以及网站的出现，网络1.0时代拉开了序幕。在这一阶段，用户可以阅读文本、浏览小幅图像、完成一些基本任务。但除此之外，网络功能非常有限。此后，在21世纪的最初10年里，新的科技催生出功能更加强大的网站以及更完善的网络基础设施。宽带网络在一些国家得到了普及，网上视频风靡全球，人们不仅能更方便地在网上获取信息，还能在网上发布信息。在网络2.0时代，互联网除了扮演巨型商场和在线百科全书的角色，人们在网上还有很多事可做。全球上网人数达到了数十亿，而他们上网做的第一件事，往往就是搜索。

2010年夏季之前，谷歌一直满足于网络2.0。此时，社交网络正在兴起。在网络1.0时代，你可以在线阅读和购物；在网络2.0时代，你可以自己做很多事；而社交网络可以让你讨论和分享。随着社交网站Friendster和Myspace的风靡，我们目睹了这股潮流的形成，也考虑要与推特（Twitter）和掘客（Digg）等一流社交网络公司合作。然而，这些合作构想不但没有结出硕果，反而让我们忽略了一家从未预料到的竞争者。霎时之间，社交网络时代赫然出现在了我们的面前，而这个时代的新兴领军平台，叫作脸书。

谷歌甚至没有真正参与这场游戏。我们的第一家社交网络Orkut的成功，几乎只限于巴西和印度市场。当时，我们已经推出了上文提到过的受到大肆宣传的新型邮箱Wave，其高科技含量让高级用户（极少数人）兴奋，却让其余用户（多数人）困惑。

另外，我们还推出了一款叫作Buzz的社交工具。Buzz在内部测试时备受青睐，最终却卷入了侵权官司。2010年夏季，我们宣布放弃Wave，Buzz也在走下坡路，使我们在社交网络上的努力归零。

维克·冈多特拉对此很不甘心。对于数以亿计的用户而言，小巧的移动手机屏幕已成为连接网络的门户。而让谷歌所有伟大的服务跃然于手机屏幕上的人，就是谷歌手机业务的负责人维克。维克很早就看出了智能手机的前景，协助谷歌推出“移动优先”（mobile first）理念的团队就是在他的帮助下建立的。谷歌在社交网络上的失利与维克毫无关系，他只是谷歌的成员和股东，因此非常担心谷歌会错失网络的历史性改变带来的机遇。他决心做点什么，因此邀请了布拉德利·霍洛维茨共进午餐。

布拉德利负责谷歌社交网络业务，他与维克的这次午餐后来演变成了一次又一次的会谈。最终，两人制订了新的计划，决定让谷歌重新打入社交网络领域，并为消费者研发一系列新产品。社交网络业务并不属于维克的职责范畴。我们是维克表面上的上司（维克的顶头上司是乌尔斯·霍尔泽，霍尔泽是埃里克的下属，而埃里克又是乔纳森管理会议的与会者），我们不但没有命令他开发新的社交平台，连有关讨论也没有进行过。也就是说，是维克自己看到了谷歌的问题，觉得自己有能力提供解决方案，并下定决心把方案变为现实的。

很快，维克和布拉德利代号“翡翠海”的项目渐渐发展起来。大约一年之后，我们推出了Google+，这是谷歌历史上最大的一次赌注。虽然媒体常把此项目渲染为谷歌与脸书竞争的武器，但事实并非如此。更确切地说，Google+是谷歌对网络2.0时代瓦解以及社交网络兴起的回应，是将包括AdWords和YouTube在内的各种平台融为一体的社交网络结构。这款服务的起源，就是因为有一个人察觉到一个重大转变正在发生并有可能破坏我们的事业，于是决定采取行动，哪怕这项工作根本不是他的职责所在。

把难题提出来

维克在社交网络业务上的探索，始于他对自己提出的问题："社交平台成为网络的主要功能，对谷歌意味着什么？社交网络会不会让搜索变得过时？"有时，只需提出最困难的问题，你就能避免来自企业的反对力量对创新和改变产生负面干扰。了解了未来你能做什么之后，你有没有发现一些别人尚未察觉或视而不见的契机？（哈佛商学院教授兼商业顾问克莱顿·克里斯坦森说过："我把注意力放在那些非问不可的问题上，这样才能把握未来会出现的问题。"）[200] 当今，信息无处不在，计算资源取之不尽，全球各地被连成一体，以前不可想之事如今不仅成为可能，甚至已经出现在我们眼前。在这种情况下，你的企业会受到怎样的影响？科技进步不可阻挡。要理性地跟随这一趋势，同时问问自己：当下的形势对我们而言意味着什么？

20 世纪 90 年代，埃里克在太阳计算机系统公司任职的时候，这家公司打造了业内最有价值的计算机工作站。作为一家科技驱动型企业，太阳公司自信能够一直保持这种性价比优势。与此同时，英特尔（Intel）处理器与微软 Windows 操作系统组成的"Wintel"个人计算机日益强大的性能对太阳公司构成了威胁。当时，太阳公司最大的问题是：其计算机性价比最终被 Wintel 超越时，对公司会造成什么影响？当太阳公司失去多数成就和利润所依靠的优势，又该如何应对？当埃里克把这个问题摆在董事长欧文·布朗和首席执行官斯科特·迈克尼利面前的时候，两人却坚称，太阳绝不会为了与个人计算机行业竞争而降低成本。换言之，两个人并没有找到好的解决方案（埃里克也没有）。没有答案自然是个问题，但接下来发生的事更不容忽视：原来，没有人采取任何实质性的措施，什么动静也没有。2000 年 4 月，太阳公司的总市值为 1 410 亿美元，到了 2006 年，以 Windows 系统为基础的服务器已然席卷整个市场，但太阳公司的计算机所占的市场份额却只在 10% 以下徘徊不前。2009 年，太阳公司以 74 亿美元的售价被甲骨文公司收购。

对于正在经营的企业而言，遇到难题是不可避免的。人们往往不会触及这些难题，要么是因为没有好的解决方案，要么就是因为触及这些难题会让人不安。但正因如此，我们才需要提出这些难题，为的就是要让大家不安。相比于竞争者想要置你于死地而造成的不安，我们宁愿这种不安是自己人造成的，这是埃里克在太阳公司的亲身体会。即便没有好的解决方案，那些难题至少能带来一线生机。那些无法轻易解决的难题，往往能对大企业文化中规避风险和拒绝改变的风气起到一定的扭转作用。借用塞缪尔·约翰逊的话说，这些难题就像马上要面临的绞刑，能神奇地让人警醒。[201]

起初，你可以把眼光放在 5 年后。拉里·佩奇常常说，首席执行官不仅要考虑企业的核心业务，还要放眼未来；多数企业失败就在于安于现状，只做渐进改变。尤其在今天，科技带来的变化势头强劲，这种渐进改变是致命的。因此，我们要提出的问题不是未来“一定会怎样”，而是未来“可能会怎样”。“一定会怎样”的问题要求你对未来做出预测，这在瞬息万变的世界中无异于自欺欺人。[202]“可能会怎样”的问题需要你展开想象，设想一下：有哪些依照传统思维不可想的东西，如今却已成为可能？

维诺德·科斯拉指出，在1980年，我们很难想象微处理器竟会发展到无处不在的程度，计算机、汽车、牙刷等几乎所有东西上都有。[203] 1990年，手机的体积就像缝纫机且价值千金，我们很难想象手机有朝一日会比一叠纸牌还小，比看夜场电影还便宜。1995年，我们难以想象互联网有朝一日会拥有逾30亿用户和超过6万亿各不相同的网址。时至今日，微处理器、手机和互联网存在于我们生活的方方面面，但当这些发明尚处于萌芽阶段的时候，几乎没有人预料到今天的情景。尽管如此，我们至今仍在犯着相同的错误：谷歌无人驾驶汽车的计划公布之时，大多数人都抱着怀疑的态度。汽车在无人驾驶的情况下自己开动，这怎么可能呢？我们无法想象这会不可能。

因此，抛弃传统智慧，放飞想象，问问自己，在接下来的5年里，你所在的行业“可能”发生什么样的变化？哪些因素的变化最迅速，哪些因素会一成不变？对未来有了大致的认识之后，接下来你就可以考虑难度更大的问题了。

表现突出且资金充足的竞争企业会以什么样的方式危及你的核心业务？你的竞争者会如何利用数字平台乘虚而入，或是如何把你最赚钱的顾客群挖走？你会以何种方式为你所在的行业带来改变？你是否常会因为想要避免企业之间的相互厮杀或企业的利润损失而扼杀潜在的创新？你是否有机会打造一个平台，随着使用量的增长，会获得相应的利润和价值？

企业领导者是否经常使用公司的产品？他们对产品是否满

意？他们会不会把产品作为礼物送给自己的爱人？（当然，并不是所有产品都可以作为礼物相送，但这种思维方式却很能说明问题。）消费者钟爱你的产品吗？抑或他们只是迫于某些因素才使用你的产品，而未来这些因素可能消失？（不妨把这个问题做一个有趣的延伸：如果你命令产品人员为消费者提供条件，让他们能够轻松转为竞争企业的用户，那么你的员工会做何反应？他们会把你的产品打造成精品，让消费者即便有其他选择却仍然心甘情愿地使用你的产品吗？）浏览企业即将推出的主打产品和功能，其中以独到的科技洞见为基础的项目占了多大比例？负责产品的人员中有多少是公司高管？对于那些为打造卓越产品做出最大贡献的人，你的企业是否会给予充分的奖励和升职机会？

高管层是否将人员招聘视为重中之重？他们本人是否会在招聘上投入时间？在你最优秀的员工之中，有多少人觉得自己三年之后还会留在公司？有多少人会因为其他公司 10% 的加薪而跳槽？

你们的决策过程能产生最佳决策，还是最让人接受的决策？

你的员工拥有多少自由？创新奇才能否不受层级限制，拥有按自己的想法行动的自由？针对新构想制定决策的依据是产品性能还是利润？

将信息占为己有的人与传播信息的“路由器”相比，哪种人在公司里更吃香？分开管理的信息库会不会妨碍人员与信息的自由流动？

这些问题的确不好回答，也很难轻松地找到解决方案。但是，如果不提出问题，就永远找不到解决方案。既有企业往往不知道自己有多么不堪一击，但提出这些问题能帮助它们发现事实。同时，这些问题也能吸引和激励顶尖的创意精英，打动他们的不仅是挑战本身，还有企业面对挑战时所表现出的坦诚。他们会感叹说：“谢天谢地，终于有人把这些难题提出来了。我们终于能动手寻找答案了。”

然而，另一个问题随之而生：你的企业是否具备吸引顶尖创意精英的条件？随着互联网、手机以及云科技的出现，商业中心的实力和影响得到了提升，这是我们始料未及的。我们曾经认为，互联网以及其他通信技术的出现会导致更多商业中心的崛起，并撼动既有商业中心的地位。但事实证明，情况正好相反。各个行业中的确出现了新的小规模商业集群，但既有商业集群的地位却不降反升。在创意精英眼中，企业的地理位置比以往更加重要。

正因如此，虽然全世界许多国家都在努力复制硅谷创造的科技奇迹，但这些国家致力于科技的创意精英却纷纷离开本国而选择了硅谷。（在谷歌食堂里听到的各国语言之多，总会让我们咂舌。）他们觉得，加州为他们提供了一片比自己的国家更为广阔的舞台，相比于留在家乡，他们更向往能和其他与自己理念相同的创意精英在一起。金融中心（纽约、伦敦、香港、法兰克福、新加坡）、时尚中心（纽约、巴黎、米兰）、娱乐中心（洛杉矶和孟买）、珠宝中心（安特卫普和苏拉特）、生物科技中心（波士顿和巴塞尔）、能源中心（休斯敦和达兰）、航运中心（新加坡和上海）、汽车中心（德国南部）等所有行业中心，几乎都是如此。任何一家想要开展新业务的企业都应该问问自己：我应该主动寻找创意精英，还是设法让他们投奔我而来？

政府应鼓励破坏性创新

政府也要做出重要的决定。他们可以选择与既有企业并肩而战，投入资源，与变革的力量相抗衡。大多数政客都会选择这种方法，因为既有企业通常都要比后起之秀有钱，且很会巧用金钱来操控政府的意志。（新晋的挑战者通常不知道，既有企业“军火库”中的法律法规武器是很有杀伤力的。）从另一方面来说，政府和企业一样，不仅可以选择鼓励破坏性创新，还可以打造一方让创意精英大显身手的乐土。政府可以选择支持创新。

创新始于教育。我们这里所说的，不仅是指从幼儿园到中学再到大学的教育模式。教育是会改变的，政府也应该鼓励破坏性创新，而不是执着于现状（但现在，政府的做法却恰恰相反）。科技平台可以帮助我们更加准确地发掘自己的优势及劣势，以个人喜好为基础量身打造专属的教育模式。作为公共教育的推手，政府应该以拥有高中及以上学历的年轻人和成年人为重点，大力实现这种因人而异、灵活变通的终身教育模式。

数字基础设施以及移民利好政策都是必不可缺的条件。但最重要的，还是要赋予人们创新的自由。法规是为了防止问题出现而制定的，但如果你建立的体制对一切都做了规定，人们哪里还有空间创新？除此之外，既有企业对法规的制定有很大影响，公营企业与私营企业之间常有互动，今天制定和加强遏制创新法规的人，明天就会成为私营企业高管。监管环境必须留出空间，新企业才能进入。

以美国汽车行业为例，新近加入竞争的特斯拉汽车公司，就因为美国几个州禁止其直接向消费者售卖汽车的规定而碰了壁。[204] 这些州的相关规定保护了汽车销售商的利益，却限制了消费者的购买自由。在无人驾驶汽车带来的下一波汽车创新中，事故和由此造成的人员伤亡都是难免的。而这可能让人们对整个无人驾驶汽车行业产生疑虑。在这种情况下，政府应该顶住压力，避免颁布与英国19世纪《红旗法案》[205] 相类似的限制性过强的规定，不要为这种新兴科技设置比有人驾驶汽车更严格的安全标准（普通汽车也会出事故，且无论是概率还是后果都让人侧目）。如果实际数据表明新的方法要优于老旧的方法，那么政府就不应阻碍变化，而是给破坏性创新开绿灯。

大问题都是信息问题

随着各行业的摧毁与重组，既有企业或顺应潮流，或落伍消亡。而新兴企业则逐渐强大，在具有远见的领导者及雄心勃勃而精明能干的员工的共同努力下，前景更加美好。我们是科技的乐观主义者，相信科技的力量能让世界变得更好。虽然有的人看到了电影《黑客帝国》中炼狱般的未来，但我们却看到伦纳德·麦考伊博士用他的科学分析仪将索里安病毒消除得一干二净的美好未来（还有他喝着索里安白兰地和特兰尼亚烈酒庆祝的场景）。[206] 我们觉得，几乎所有大的难题都可以归结为信息问题，也就是说，只要有足够的数据、具备足够的数据处理能力，人类所面临的几乎所有问题都有解决方法。我们认为，计算机能服务于所有人，并为我们的生活带来便利和改善。我们确信，我们这两个硅谷人对未来这种盲目乐观的看法定会引来批评声。但这并不重要，重要的是，隧道尽头有光明。

我们的乐观有充足的理由。首先，是信息爆炸以及信息自由流动的趋势。无论是地理感应器、气象感应器，还是记录每一笔经济交易信息的计算机，抑或持续记录佩戴者一切生命征象的穿戴科技配件（比如谷歌的智能隐形眼镜）[207]，我们不但能将从前人们见所未见的各类信息收集起来，而且这些信息所涉及的范围和规模之大，简直与不久前的科幻小说中所叙述的情景大同小异。其次，现在有无限的计算能力可以分析数据。无限的信息以及无限的计算能力，为全世界的创意精英打造了一个解决大问题的乐园。

这样的条件方便了不同数据之间的比较和整合，从而可促进包括科学家、医生、工程师、设计师以及艺术家在内的各界创意精英之间的合作。正如卡尔·夏皮罗和哈尔·瓦里安在《信息规则》一书中所说，信息的造价很高，但复制成本却很低。[208] 因此，如果你能创造出可以解决问题的信息，并把信息放在一个可以进行资源共享的平台上（或者你也可以帮忙打造这样一个平台），那么你就能让许多人免费或用很低的成本获取你的信息。谷歌有一款叫作“融合图表”（Fusion Tables）的产品，可将相关数据组融合在一起供人分析使用，同时保持了各数据组的独立性，从而“把信息从孤立信息库里解放出来”。想想吧，全世界有那么多科研人员都在试图攻克相同的难题，所有人的电子数据表和数据库里的信息都是独立的；另外，各地政府也在试图评估和解决环境和基础设施问题，却只能使用办公桌上或是地下室的系统来跟踪进度。如果能把这些孤立的信息库“炸毁”，那么我们就能将这些信息用新的方式整合在一起，从新的角度进行分析了。

另外，速度也是一个有帮助的要素。随着科技的发展，发出指令与机器反应之间的延时大幅缩短。将目光投向历史，可以帮助我们更好地关注这个问题。放眼历史，以经济学家所谓的“通用技术”（蒸汽机和电力都是典型的范例）为例不难看出，这些技术从发明到应用再到改变人们生活结构和市场运营模式的过程历时长久。瓦特蒸汽机于1763年研发，但大约200年后，由于铁路的出现，堪萨斯城才从放羊赶牛小道的道口小镇转变为人们进行牲口交易的大都市。相比之下，网景 Navigator 浏览器于 1994 年问世，区区 4 年之后，乔纳森就有幸为 Excite@Home 公司安装了世界上第一批电缆调制解调器。不到 10 年的时间，这些现代化的通信科技便为我们通信、交流、购物、订餐以及叫车的方式带来了翻天覆地的改变。然而，科技的速度之美似乎只有用户才能领略：作为被更替的企业，这种迅雷不及掩耳的剧变会让你应接不暇。但如果你能尝试开拓新的业务，这种加速就会成为你成功的助力。

此外，网络的出现也促进了集体智慧和集体智能的发展。1997 年，当时的国际象棋冠军加里·卡斯帕罗夫在棋场上不敌 IBM 研发的计算机“深蓝”，这让我们认为，机器已接受了人类智慧的火种。但事实证明，这场比赛实际却为象棋冠军们打开了一个新的纪元：我们所说的冠军并非指计算机，而是指那些通过与计算机合作来磨炼技艺的人类选手。今天，国际象棋特级大师们（其数量是 1997 年的两倍）[209] 用计算机作为陪练，让自己变得更强。如此，一个由计算机助力的智能良性循环便形成了：计算机帮助人类磨炼技艺，人类则为计算机编写出更高级的程序。既然国际象棋可以如此，为何不能把这个模式搬到其他领域呢？

未来一片光明

放眼任何一个行业或领域，都能看到一个光明未来。拿医疗行业为例，实时个人传感器可以对复杂的人体系统进行准确的跟踪和评估，将所有这些数据与深度遗传基因分析得出的危险发病因素图谱结合在一起，我们就能（在得到被监测对象允许的前提下）以前所未有的精确度尽早查出、预防或是治疗健康问题。将数据汇集在一起，我们就能创造出信息和知识平台，从而进行更加有效的研究，并制定更加全面的医疗政策。

相关信息的稀缺，会让医疗保健消费者蒙受损失：对于治疗结果、医生以及医院的水平，消费者几乎全都两眼一抹黑，获取自己的健康数据往往麻烦重重。如果这些健康数据分存在不同的机构，那就难上加难。医疗服务、药品及医疗用具的价格不但不透明，还会根据病人和医疗机构而出现大幅浮动。只需稍微提升医疗行业的信息透明度，就能带来巨大的积极影响，不仅成本能随之降低，医疗效果也会得到提升。

交通行业也是一个破坏性和机会并存的行业。当所有汽车都配备了无人驾驶功能的时候，会出现怎样一番光景呢？个人汽车服务的成本会下降，服务也会更好，这会让人们拥有汽车的方式出现变化。娱乐而非代步成为拥有汽车的唯一原因，这也会促使相关决策者对交通网络进行重新思考。

对于金融服务而言，详尽的信息越多，个性化的服务也就越多。举例来说，如今的汽车保险公司已经开始利用行驶里程以及地点来评估驾驶人遭遇事故的概率了。如果他们能够以降低保费为条件，通过全面获取车速、地点、驾驶小时数、行驶里程、交通状况以及维修记录等信息来做评估，那么他们的准确率能提高多少呀！或许你自己不会接受这个条件，但是，如果这个条件能提高你家十八九岁孩子的安全驾车系数，你又会做何考虑呢？

今天的创意行业中，涌现出更多杰出内容和顶尖人才，对这两者的需求也达到了前所未有的高水平（至少从媒介消费的角度来看是如此）。除了大量以电脑三维动画堆砌而成的劣质动画电影，科技还能让我们用新的方式欣赏用传统叙事手法制作的电影。无论是《纸牌屋》还是《权力的游戏》，只要我们想看，就可以在平板电视、手提电脑或是可穿戴的眼镜式设备上随时观看。互联网已经颠覆了传统媒体模式，但更多的新媒体模式仍在如雨后春笋般涌现。这样的演进，最终会为创新者带来更加宽广、更碎片化且更加混乱的市场环境，也会为消费者创造无穷无尽的选择。

21 世纪前半叶，科技的力量会为打击犯罪（通过分析犯罪模式来实现“预警治安”）、农业（用大量数据绘制土壤分布图来帮助穷苦的农民）、制药业（通过信息分享来加速药品研发）、安保、能源、宇航业以及教育等各行业带来一派新气象。激动人心的新产品将会问世，闻所未闻的新产业将会出现，经济阴霾也会被新的工作种类和新的业务一扫而光。每一个变化，都是由一小撮坚定不移、自动自发的创意精英促成的。

这就是我们的信念。

下一代创意精英

毋庸赘言，我们两位作者也不可能避免这些改变的影响。虽然我们学到了不少知识，也颠覆了不少理念，但我们未知的东西要多得多。虽然我们付出了许多努力，想全面把握科技动态及其对我们行业产生的影响，但下一代创意精英对科技的驾驭终究是我们无法企及的。在我们那个时代，人人都要用固定电话来邀约意中人，大家都会去电影院看电影，而宽带网络只不过意味着你的电子邮箱有了更大的容量而已。而今，我们的面前出现了一批新新人类，他们自信和精明的头脑让我们瞠目。他们告诉我们最新动向和未来趋势，在决定未来该做什么时他们与我们的意见平分秋色。置身于满是生机勃勃的创意精英的环境中，这就是我们的命运。

我们确信，除了我们在日常工作中时常碰面的闪亮新星，还有几十甚至上百倍的精英正在全力以赴，试图颠覆我们。他们也许会失败，也许不会。或许，在某个地方的某个车库、宿舍、实验室或会议室中，一位商业领导者已经建好了一支由孜孜不倦的创意精英组成的小团队。或许，这位领导者的手中就拿着我们的这本书，正在借鉴书中的理念来建立一家最终会将谷歌逐下舞台的公司。这种猜测很荒谬，不是吗？然而，在这个没有常胜将军的商场上，这是不可避免的。

有人或许会不寒而栗，但我们却热血沸腾。

注释

1

对于帕姆来说，只要她的脸上没有洋溢着温馨的笑容，对她就算是“愁容”了。

2

2006年6月15日，《牛津英语大词典》收入“谷歌”一词。在这一版本中新增的词语还包括“地理藏宝”（geocaching）、“混聚”（mash-up）、“自营仓”（self-storage）以及“发短信”（texting）。参见 Candace Lombardi, “Google Joins Xerox as a Verb” (*CNET News*, July 6, 2006)。

3

实际上，“芬兰”这个词是我们当时所用的代号的代号。如果我们在本书中把真正的代号公之于众，不也就算不上代号了吗?

4

为了让大家明白当时微软公司的威望，请看看有关这家公司的一些书的书名吧:《微软的秘密：揭秘领先全球的软件公司如何创造新科技、开拓市场和管理人才》（*Microsoft Secrets: How the World's Most Powerful Software Company Creates Technology, Shapes Markets, and Manages People,* 1995）、《超强行动：比尔·盖茨力求掌控电脑世界》（*Overdrive: Bill Gates and the Race to Control Cyberspace,*1997），以及《网战胜者：揭秘比尔·盖茨和他的互联网理念如何转变微软帝国》（*How the Web Was Won: How Bill Gates and His Internet Idealists Transformed the Microsoft Empire,* 2000）。

5

在20世纪80年代和90年代，硅谷的高科技企业家如果想要为公司融资，就必须向投资方清楚表述自己的项目将如何应对微软的策略。如果没有明确的计划，就休想得到资助。

6

苏珊后来成为谷歌的一名成员，最终成为谷歌所有广告产品的负责人以及YouTube的首席执行官。“房东”是她在谷歌的第一个头衔。

7

当时还是商界菜鸟的谢尔盖和拉里并没有意识到，他们“聚焦用户”的理念与彼得·德鲁克对于企业存在目的的解读有着异曲同工之处。德鲁克认为：“企业存在的目的只有一个明确的定义：赢得客户……客户是企业的基础，是企业生存的前提。”源自：*The Practice of Management*, (HarperBusiness, 1993 edition), page 37。

8

Jay Yarow, “Steve Ballmer’s Huge Reorg of Microsoft Could Bury One of the Company’s Biggest Embarrassments” (*Business Insider*, July 9, 2013).

9

这个任务的难度非常惊人。想象一下，你面对的山峰正在迅速膨胀，而你则需要一次次往上爬。每一次，你都需要用比上次更快的速度登上峰顶。这就是我们的体验的真实写照，只不过我们爬的山不是由沙土或石头构成的，而是一座“信息之山”。

10

之所以叫作“云计算”，是因为以前的程序在绘制服务器图标时会在图标之外加一个圆圈。如此一来，从网络图来看，多个服务器便会形成几个相互重叠的圆圈，看上去就像云彩一样。

11

通俗地说，“成本曲线下降”的意思就是：曾经昂贵的物品变得便宜了。

12

高科技领域的预言家乔治·吉尔德认为，每个经济时代都以一个主要的充沛资源和一个主要的稀缺资源为基础。（举例来说，当马力稀缺时，土地资源是充沛的。但到了工业时代，情况正相反，马力的成本跌到了每千瓦仅几个便士，相对地，土地资源也就变得稀缺了。）吉尔德在1996年的一篇颇具远见的论文中写道，廉价的宽带将会“完全颠覆计算机体系结构和信息经济……以低能耗和高速宽带为基础，新时代最为常见的电脑，将以拥有一个IP地址的数字手机的形式出现”。参见：George Gilder, “The Gilder Paradigm” (*Wired*, December 1996), reprinted from an issue of the *Gilder Technology Report*。

13

这样的趋势，彼得·德鲁克早在2001年就曾经预言过。他写道，主动权已从供应商转到了分销商手中，“在接下来的30年内，主动权定会转到消费者手中。

原因很简单：现在，消费者已经能够毫无障碍地接触全球信息了”。参见：Peter Drucker, *The Essential Drucker* (HarperBusiness, 2011), page 348。

14

哈佛商学院的一位经济学家研究了 Yelp 网站对餐厅利润带来的影响，发现正面的评价对独立餐馆销售额有积极的刺激作用（对于连锁餐厅则不然）。因此，连锁餐厅在较喜欢使用 Yelp 的顾客群中的人气呈下降趋势。参见：Michael Luca, “Reviews, Reputation, and Revenue: The Case of Yelp.com” (Harvard Business School Working Paper, September 2011)。

15

PigeonRank 这款软件利用“鸽子群”（简称 PC）来计算网页的相对价值。这款短命的软件于 2002 年 4 月 1 日早晨推出，当日午夜就“夭折”了。

16

Quoted in George Anders, “Jeff Bezos’s Top 10 Leadership Lessons” (*Forbes*, April 23, 2012).

17

Peter F. Drucker, *Landmarks of Tomorrow* (Harper, 1959).

18

Arthur Schopenhauer, *Essays and Aphorisms* (Penguin, 1970).

19

2010 年，99 岁高龄的伍登教练离世。他生前曾指导加州大学洛杉矶分校男子篮球队获得 10 次冠军。然而，他整整付出了 15 年的努力，才让他的篮球队获得了第一次冠军。因此，他对学习是有发言权的。参见：John Wooden and Steve Jamison, *Wooden on Leadership* (McGraw-Hill, 2005), page 34。译文采用了韦启昌翻译的《叔本华思想随笔》（上海人民出版社，2005 年）中的相应译文。

20

Peter F. Drucker, *The Essential Drucker* (HarperBusiness, 2011), pages 312–13. 彼得·德鲁克在书中写道：“管理这门行当由来已久。世界上最伟大的管理者，其实是 4 700 多年前甚至更早之前设计和建造金字塔的埃及人。他们在前无古人的条件下构想出金字塔的蓝图，并且在最短时间内完成了任务。”

21

使用谷歌搜索时，所得的结果有两种：一种是自然的，一种是付费的。自然搜索是谷歌搜索引擎不加人工干预匹配出的搜索结果，而付费搜索的顺序则使用关键词广告引擎来排列。

22

在表达这一理念的学术论文中，最重要的文献之一来自企业心理学家本杰明·施奈德在 1987 年于一本期刊中发表的论文，题为《企业由人选就》(《个人心理期刊》，1987 年 9 月）。在这篇影响广泛的论文中，施奈德提出了吸引—挑选—摩擦模型（ASA 模型），探讨了企业文化是如何受个体的个性和选择而形成的。“吸引”意即，找工作者比较倾向于进入他们觉得适合自己的企业；“挑选”是说，一家企业的在职员工比较容易雇用和自己相类似的新人；同理，“摩擦”这个过程也并不是随机的，因为员工选择离开的一般都是自己觉得不合适的企业。随着“吸引—挑选—摩擦”的过程不断重复，一家企业的组成个体也就变得越来越相似。

23

Susan Reynolds, *Prescription for Lasting Success* (John Wiley and Sons, 2012), page 51.

24

帕卡德于 1960 年 3 月 8 日发表的演讲全文，参见：*The HP Way: How Bill Hewlett and I Built Our Company (HarperCollins,* 2005)。

25

最早提出有关理念的，或许要数社会学家埃米尔·涂尔干。他认为，文化通过人们共有的信念、价值观和常规准则来塑造社会成员的思想和行为。当代社会科学家们通过对照实验表明，即便在意识不到的情况下，我们在日常生活中做出的抉择也受文化（比如日本人与美国人相比，工人阶级与专业人士相比）的影响。其中最有名的实验者，要数社会心理学家哈泽尔·马库斯。参见：Hazel Rose Markus and Alana Conner, *Clash!: 8 Cultural Conflicts That Make Us Who We Are* (Hudson Street Press/Penguin, 2013)。

26

Jack Welch with Suzy Welch, *Winning* (HarperCollins, 2005), page 69.

27

在这里，要向我们著名的“创意精英”帕克致歉。

28

2007 年，小盆地露营地被惠普出售给非营利组织“常青树基金会”以及“半岛露天场地信托会”，此后又被转售给了加州州立公园管理部。现在，这块土地成为加州大盆地红木公园的一部分，公园向公众开放。参见：Paul Rogers, “Former Hewlett Packard Retreat Added to Big Basin Redwoods State Park" (*San Jose Mercury News*, January 14, 2011)。

29

在谷歌聘请厨师几十年前，比尔·休利特和大卫·帕卡德就似乎明白了免费食物对于员工和消费者的吸引力。惠普的职员约翰·明克回忆道："甜甜圈和托盘摆放在加热装置上，这装置使用的是可调式变压器，这样就不会把食物烤焦。茶歇全都是由公司安排组织的，用来吸引那些参观园区的消费者。"引自：Michael Malone, *Bill & Dave: How Hewlett and Packard Built the World's Greatest Company* (Portfolio/Penguin, 2007),page 130。

30

这些都是项目管理中虽然非常有用但烦冗得让人抓狂的工具。

31

Xooglers blog, April 9, 2011, http://xooglers.blogspot.com/2011/04/photo-of-pre-plex .html.

32

Randy Pausch, Last Lecture (Hyperion, 2008), page 30.

33

一项2003年的研究表明："当学习小组的其他成员为我们的实验对象留出发扬个性的空间并对实验对象的个人观点予以肯定时，实验对象表现出的创造力是最强的。"（我们也只是凭猜想推断这项研究与我们的观点相符，因为这项研究的用词太生涩，让人难以信服。）2013年的一项研究表明，凌乱的办公桌对创造力有促进作用："井井有条的环境容易让人的思想偏向传统守旧，而混乱无序的环境则会刺激人们对未知的探求欲望。" 2003 study: William B. Swann Jr., Virginia S. Y. Kwan, Jeffrey T. Polzer, and Laurie P. Milton, "Fostering Group Identification and Creativity in Diverse Groups: The Role of Individuation and Self-Verification" (*Personality and Social Psychology Bulletin*, November 2003). 2013 study: Kathleen D. Vohs, Joseph P. Redden, and Ryan Rahinel, "Physical Order Produces Healthy Choices, Generosity, and Conventionality, Whereas Disorder Produces Creativity (*Psychological Science*, September 2013)。

34

Jon Gertner, "True Innovation" (*New York Times*, February 25, 2012).

35

谷歌利用这项广告服务为众多网站发布商投放对口广告。

36

网景公司的前高级副总裁鲍勃·里斯邦在与他的老板吉姆·巴克斯代尔谈话开会时，把他的诙谐妙语记了下来，编辑成清单，列在他的个人网站上。参见：lisbonne.com/jb.html。

37

这句话是肖娜·布朗在麦肯锡公司就职时学到的，后来又传到了我们的耳朵里。麦肯锡公司的网站上说得很清楚："如果对公司事务有疑义，或是觉得某件事没有将客户的利益最大化，所有的麦肯锡顾问都有提出质疑的义务。每个人的观点都很重要。即便你有所顾虑，不愿对团队资深成员或客户的观点提出反对意见，我们仍要求你把自己的想法说出来。"

38

科普一下吧。这个拿"for 循环"语句来比喻商界中周而复始的重组活动的笑话，是本书的作者之一、经济学学士乔纳森·罗森伯格想出来的，在计算机科学圈子里广为流传。

39

在这里，我们暗指 1925 年夏天斯科普斯"猴子审判"一案。有的读者可能因为在美国历史课上打瞌睡而漏听了这件事，有的读者可能不是美国人，那我们就来科普一下。当时，中学教师约翰·斯科普斯因在学校讲授进化论而触犯了田纳西州的法律，作为辩护律师的丹诺辩论说，《圣经》中创造世界的 7 天中每天或许并不止 24 小时，也许是很长一段时间，因此，进化论与《圣经》的教义并不冲突。

40

Richard L. Brandt, "Birth of a Salesman" (*Wall Street Journal*, October 15, 2011).

41

正确答案有几种版本。你可以指着一条岔路，随便问其中一个人："如果我问你'这条路是自由之路吗？'，你会回答'是'吗？"如果答案是肯定的，那么这条路便是自由之路，如果是否定的，则是死亡之路。你也可以问其中任何一个人："如果我问另一个人该怎么走，他会怎么回答？"然后，反其道而行就可以了。或者，你也可以像一些美国总统一样，直接把这座岛攻占下来就万事大吉了。

42

还记得著名的恶棍埃古吗？他警告我们的创意精英奥赛罗说："主帅啊，当心你会嫉妒，那可是一只绿眼的妖魔，它惯于要弄爪下的猎物。” Shakespeare, William。

43

这些海象可不是闹着玩儿的：“这样的撕咬有时会导致重创。如果小海象在逃跑过程中发出哀号声，四周的雌海象便会被吸引而来，一齐追赶撕咬逃跑的小海象。最终，想要偷奶喝的小海象往往会被逐出雌海象群。” 参见：Joanne Reiter, Nell Lee Stinson, and Burney J. Le Boeuf, “Northern Elephant Seal Development: The Transition from Weaning to Nutritional Independence” (*Behavioral Ecology and Sociobiology*, Volume 3, August 1978), pages 337–67。

44

心理学中最引人关注的一个发现，也是在人类实际体验中很常见的一种现象，借用一本著名刊物的说法，就是：“恶比善的力量大。” 在一家企业中，只需几个坏苹果就能让一桶苹果腐烂变质。参见：Roy F. Baumeister, EllenBratslavsky, Catrin Finkenauer, and Kathleen D. Vohs, “Bad Is Stronger Than Good” (*Review of General Psychology*, Volume 5, Issue 4, December 2001). For the bad-apple effect in organizations, see Will Felps, Terence R. Mitchell, and Eliza Byington, “How,When, and Why Bad Apples Spoil the Barrel: Negative Group Members and Dysfunctional Groups” (*Research in Organizational Behavior*, Volume 27, January 2006)。

45

Marissa Mayer, “How to Avoid Burnout” (*Bloomberg Businessweek*, April 12, 2012).

46

毫无疑问，工作负担过重的确会让人疲惫。原因显而易见：人的时间和精力都是有限的。但是，有关研究显示，缺少控制权也是造成疲劳的一大原因。（其他原因包括回报不足、团队不和、不平等以及价值观的冲突。）心理学家克里斯蒂娜·马勒斯是有关疲惫方面的著名研究者，她认为，疲惫是个人与工作之间不协调的表现，并敦促企业营造出更加人性化的工作环境。参见：Christina Maslach and Michael P. Leiter, *The Truth About Burnout: How Organizations Cause Personal Stress and What to Do About It* (Jossey-Bass,1997)。

47

Steve Friess, “In Recession, Optimistic College Graduates Turn Down Jobs” (*New York Times*, July 24, 2009).

48

在加入谷歌之前，科林是 reCATPCHA 的创始人之一，这家公司推出的应用程序可以通过验证码帮助网站识别用户是人类还是机器，就是那些我们人人都见过的带有扭曲字符、需要你在对话框里填写对应答案的东西。但要说到科林最大的成就，还要数 Memegen。

49

谷歌宣称会在 2014 年将摩托罗拉转售给联想公司。

50

这句话的原版来自拉尔夫·沃尔多·爱默生，原句是："一种制度就是一个人身影的延长。"参见：Ralph Waldo Emerson, *Self-Reliance and Other Essays* (Dover Thrift Editions, 1993), page 26。

51

Louis V. Gerstner Jr., Who Says Elephants Can't Dance?: Inside IBM's *Historic Turnaround* (HarperBusiness, 2002), page 183.

52

Ibid., pages 184–85.

53

David Magee, *How Toyota Became #1: Leadership Lessons from the World's Greatest Car Company* (Portfolio/Penguin, 2007).

54

莱斯对"实现失败"的定义是，成功地按照存在致命缺陷、无法成功的计划行事。参见：Eric Ries, *The Lean Startup* (Crown Business/Random House, 2011), pages 22, 38。

55

或者说，我们所学的基本原理本来就不正确。比如，1974 年，彼得·德鲁克曾写道，"现在，10 年时间算是一个较短的时间跨度"，意指重大的管理决策需要经过数年时间才能真正发挥效力。但他很快又解释说，人们对所谓长期计划的认识往往存在误解："'长期'与'短期'并不是依照任何时间跨度来衡量的。我们不能因为某个决策的实施时间仅为几个月，就判定这个决策是短期决策。真正重要的标准，其实要看这个决策的有效时间是长还是短。假定我们在 20 世纪 70 年代做出决定，要在 1985 年将某个决策付诸实践，那么这个决策就不能算作长期战略决策，而只是懒惰的借口罢了。其可信度就好像一个 8 岁的孩子当消防员的梦想一样遥不可及。”参见：Peter F. Drucker, *Management: Tasks, Responsibilities, Practices* (Harper & Row, 1974)。

56

这句话是乔纳森之前在苹果公司时的上司詹姆斯·艾萨克斯说的，出自他对自己最看好的员工（也许我们只是一厢情愿）——乔纳森·罗森博格的评语。

57

乔纳森将玛丽莎、萨拉尔和苏珊称作“骆驼队”，因为她们三人总有自己的想法，不愿对他言听计从。最终，这个称号变成了乔纳森对这支团队的爱称。

58

这就是谷歌的网页排名计算法，即谷歌搜索引擎的理论基础。其英文名PageRank，是用拉里·佩奇的姓（Page）来命名的。参见：Lawrence Page, Sergey Brin, Rajeev Motwani, and Terry Winograd, “The PageRank Citation Ranking: Bringing Order to the Web” (Stanford InfoLab Technical Report, 1999)。

59

刚刚步入21世纪时，谷歌有一家名叫Overture的竞争企业。这家公司最先以“竞价排名”的方式对广告进行排序，而其中的弊病在于，公司不会以广告质量的高低对广告商进行相应的奖罚。因此，广告商开始有意将自己的广告与完全不沾边的用户搜索词条放在一起（比如，在搜索餐厅的时候，用户会看到汽车的广告）。由于用户很少会点开这些广告链接，因此广告商不必付费，但由于用户仍能看到广告的标题和内容，广告商也就免费混了个“脸熟”。随着投机广告商的增多，广告质量日趋下降。而谷歌对广告的排序方法则完全避免了这种恶行（因为低质量广告不会在页面上显示），也就提升了广告质量，增加了点击量。

60

经济学家迈克尔·波特是哈佛商学院教授，也是摩立特咨询公司（Monitor）的创始人，他在企业战略与企业、地区及国家竞争力方面的理论有着广泛影响。在经典著作《竞争战略：产业及竞争者分析技巧》（Free Press，1980）中，波特列出了决定企业竞争力和利润的五大因素。他接下来的一本著作同样引起了广泛影响，在这本叫作《竞争优势》（Free Press，1985）的著作中，波特指出了在竞争中占取优势所需的条件。他认为，这种优势是通过成本优势、差异化或专注于利基市场而得来的。

61

摩尔定律是英特尔创始人之一戈登·摩尔的预言。他预测，芯片上可容纳的晶体管数目（也就是计算机的性能）每隔两年就会增加一倍。（在摩尔 1965 年发表的论文中，他原本预测计算机性能每过一年就会提升一倍，之后他又改为两年翻一倍这个比较保守的速度。）参见：Gordon E. Moore, "Cramming More Components onto Integrated Circuits" (*Electronics*, April 19, 1965), pages 114–17. 时至今日，这个预言依然适用。然而，鉴于芯片的制造技术或经济效益的发展，摩尔定律总会遭遇失效的一日。参见：Karl Rupp and Siegfried Selberherr, "The Economic Limit to Moore's Law" (*Proceedings of the IEEE*, March 2010), and Rick Merritt, "Moore's Law Dead by 2022, Expert Says" (*EE Times*, August 27, 2013)。

62

应用程序编程接口，即 API，应用程序可通过 API 使操作系统执行程序的命令。

63

新科技问世时一般都处于非常原始的状态，这个洞见来自乔纳森的父亲、著名经济历史学家内森·罗森伯格。参见：Nathan Rosenberg, *Perspectives on Technology* (Cambridge University Press, 1976)。

64

福特的这句话有可能只是虚构出来的，但我们两个人很喜欢。在福特的著作《我的生活与工作》中，只字未提有关快马的事。他写道，在他造出汽车之前，"无马驾驶的马车"的构想已被人们讨论了数年之久。1885年，卡尔·本茨发明了世界上第一辆装有汽油机的三轮汽车。福特对这辆车评价不高，认为这辆车"没什么有价值的功能"。因此，亨利·福特也许并没有寻找一匹更快的马，而是想要造出一辆更快的奔驰。

65

什么是多边市场？多边市场是指一个联系两个或多个不同使用者组群并让他们为彼此提供有利服务的场所。报纸（将读者与广告商联系在一起）以及信用卡（联结消费者和商户）都是很好的例子。如果想对平台和多边市场有更详细的了解，请见 Thomas Eisenmann, Geoffrey Parker, and Marshall W. Van Alstyne, "Strategies for Two-Sided Markets" (*Harvard Business Review*, October 2006)。

66

Jessi Hempel, "How Facebook Is Taking Over Our Lives" (*Fortune*, February 17, 2009).

67

Helen A. S. Popkin, "Facebook Hits One Billion Users" (*NBCNews.com*, October 4, 2012).

68

"Mobile Makeover" infographic (*MIT Technology Review*, October 22, 2013).

69

Ronald Coase, "The Nature of the Firm" (*Economica*, November 1937).

70

Don Tapscott and Anthony D. Williams, *Wikinomics: How Mass Collaboration Changes Everything* (Portfolio/Penguin, 2006), page 56.

71

内森·罗森伯格指出，这些企业对推动既有科技的创新使用方法起到了重要的推动作用。他提出，创新就是"以新的方式将层出不穷的新发明组合起来"，全新产业往往就是这样催生的。

72

吉姆·柯林斯参考哲学家以赛亚·柏林一篇论文中的观点，将专业主义称为"刺猬理论"。（柏林本人其实是在阐释古希腊诗人阿尔奇洛克斯"狐狸的知识杂而广博，但刺猬只知道一件大事"的暗喻。）柯林斯发现，在其著作《从优秀到卓越》所分析的企业中，卓越的企业都是刺猬型企业。学术界则对柯林斯将刺猬理论作为成功关键的结论存在异议，他们觉得，专业主义是一个危险的策略，既可能为企业带来巨大的利益，也可能将企业拖入深渊。例如，参见：Phil Rosenzweig, *The Halo Effect* (Free Press/Simon & Schuster, 2007)。尽管我们也不知道刺猬所知的"一件大事"到底是什么，但我们仍然很欣赏"刺猬理论"。

73

1999 年，谷歌与网景公司首次订立合作关系。这次合作吸引了大批用户蜂拥而至，以致第一次开通链接时，为了确保网景用户的正常使用，我们不得不暂时封锁了自家网站 Google.com 的服务。据我们的同事克雷格·西尔弗斯坦陈，当时关闭谷歌主页的计算机编码仍然存储在谷歌的程序中，因加了指令"#ifdef MAKE_GOOGLE_UNAVAILABLE_BECAUSE_DISASTERS_ARE_HAPPENING"（即出大事了，暂停谷歌）而处于休眠状态。

74. 拉里和谢尔盖当时并不知道，自己的做法其实倡导了迈克尔·波特的一个重要理论。波特认为："想要取得中等以上的业绩，选择一组精专产品进行专攻不失为一种有效的措施……利用专业人士对某一产品领域的独特经验和构想，或许还能为消费者带来更为与众不同的产品。" Michael Porter, *Competitive Strategy: Techniques for Analyzing Industries and Competitors* (Free Press, 1980), pages 208–9。

75

温特被公认为互联网创始人之一，也是创意精英的典范，他现在是谷歌的首席互联网传道者（Chief Internet Evangelist）。

76

Phil Lapsley, *Exploding the Phone: The Untold Story of the Teenagers and Outlaws Who Hacked Ma Bell* (Grove/Atlantic, 2013), pages 298–99.

77

James M. Utterback, *Mastering the Dynamics of Innovation* (Harvard Business School Press, 1994) page 15.

78

与此相反，1984 年苹果推出的麦金塔电脑使用的却是封闭式系统。比尔·盖茨曾在 1985 年向当时的苹果首席执行官约翰·斯卡利发函说："如果我们把对口电脑制造商的投入包括在内，IBM 的电脑构造让它能享受到的技术资源或许是麦金塔的 100 倍。" 参见：Jim Carlton, "They Coulda Been a Contender" (*Wired*, November 1997)。

79

经济学家亨利·切萨布鲁夫可谓"开放式创新"领域的领头人，著有 *Open Innovation: The New Imperative for Creating and Profiting from Technology* (Harvard Business School Press, 2003), and *Open Business Models: How to Thrive in the New Innovation Landscape* (Harvard Business School Press, 2006)。

80

埃里克本人就是可汗学院董事会的成员之一。

81

Karim Lakhani and Jill A. Panetta, "The Principles of Distributed Innovation" (*Innovations*, Volume 2, Number 3, Summer 2007).

82

Steve Lohr, "Netflix Awards $1 Million Prize and Starts a New Contest" (*Bits* blog, *New York Times*, September 21, 2009).

83

就连小型企业和企业孵化器也可以采用开放模式。企业孵化器 Y Combinator 为有前途的初创公司提供资金，并免费为企业印刷条款书及其他法律文件。而这些文件，则被 Y Combinator 资助的企业用于从天使投资人那里筹资。据称，之所以将这些文件公之于众，是为了帮助投资与融资双方节省时间和精力（以及相关费用）。参见：Michael Arrington, "Y Combinator To Offer Standardized Funding Legal Docs" (*TechCrunch*, August 13, 2008), and "Series AA Equity Financing Documents" (ycombinator.com/seriesaa)。

84

Steven Levy, "Google's Larry Page on Why Moon Shots Matter" (*Wired.com*, January 17, 2013).

85

Miguel Helft, "Larry Page on Google" (*Fortune*, December 11, 2012).

86

Friedrich Nietzsche, edited and translated by Stanley Appelbaum, *Thus Spake Zarathustra (Selections)* (Dover Publications, 2004).

87

乔纳森寄给太太一束玫瑰和一道智力题，玫瑰花用来激起她对这个从未谋面的男人的好奇心，智力题是用来测试她到底是否聪明。结果证明，她的智商虽然无可置疑，但还是"一时失策"答应了乔纳森的邀约。

88

2000 年 2 月，乔纳森收到了谷歌的就职邀请，但他竟然出于种种原因把机会推掉了。两年后，埃里克又向乔纳森发了一次邀请，他终于在 2002 年 2 月接受了这份工作。

89

还记得吸引—挑选—摩擦模式吗？参见：Benjamin Schneider, "The People Make the Place" (*Personnel Psychology*, September 1987)。该模式的第一点是指：优秀人才能够吸引更多的优秀人才，并通过这个良性循环创造卓越的企业文化。

90

还在斯坦福学习的时候，玛丽莎·迈耶在计算机科学楼里的一张招聘宣传告示上第一次看到了这句话。这句话引起了她的兴趣，于是她便把这句话介绍到了谷歌。

91

Sky Map 在谷歌研发，并于 2009 年推出。软件源代码于 2012 年向公众开放。

92

Quoted in "IT Growth and Global Change: A Conversation with Ray Kurzweil" (*McKinsey Quarterly*, January 2011).

93

就像大多数归于福特的名言警句一样，这句话我们也不能确定就是他本人说的。

94

至少这是她在与非学术人士讨论时用到的词。（她在研究中使用的说法是：这种人对智力、个性以及其他积极特质拥有所谓的“能力发展观”。）如果想看她面对非心理学专业读者所写的著作，请见 Carol S. Dweck, *Mindset: The New Psychology of Success* (Random House, 2006)。

95

Elaine S. Elliott and Carol S. Dweck, "Goals: An Approach to Motivation and Achievement" (*Journal of Personality and Social Psychology*, Volume 54, Number 1, January 1998), pages 5-12.

96

对于不同思维模式对儿童的动机和实际学习效果的影响，德韦克做了开创性的阐释。参见：Carol S. Dweck, "Motivational Processes Affecting Learning" (*American Psychologist*, Volume 41, Number 10, October 1986)。好学的动物还带有一种由激情和坚持相结合的特质，心理学家称之为“韧性”。心理学家安吉拉·杜克沃斯与同事发现，越有“韧性”的人，在挫折和诱惑面前越能够做到坚持不懈。因此，在面对大学毕业、在全国拼字比赛名列前茅以及成功通过西点军校的“魔鬼训练营”等长远目标时，这些人就比较容易成功。参见：Angela L. Duckworth, Christopher Peterson, Michael D. Matthews, and Dennis R. Kelly, "Grit: Perseverance and Passion for Long-Term Goals" (*Journal of Personality and Social Psychology*, Volume 92, Number 6, June 2007)。

97

Letter to his biographer, Carl Seelig, March 11, 1952, Einstein Archives 39-013 from *The Expanded Quotable Einstein* (Princeton, 2000)。

98

也许可以考虑让他们先重新学习一些得体的表达方式。

99

这句话，是 2011 年 4 月 20 日蒂娜·菲在谷歌接受埃里克的现场访问时说的。

100

我们在这里就不提《星际迷航》里的博格人了，毕竟，他们遵从的同化异族理念对种族多样性没什么好处。

101

学者们真的尝试过寻找多样性的具体价值。举例来说，在针对一家营利性企业进行的研究中，学者塞德里克·赫林发现，员工种族的多样性与企业的销售利润、消费者数量、市场占有率以及相关利润成正比。他还发现，员工性别多样性与以上企业财务业绩之间也存在着一些联系。参见：Cedric Herring, “Does Diversity Pay?: Race, Gender, and the Business Case for Diversity” (*American Sociological Review*, Volume 74, Number 2, April 2009)。然而，另有其他学者指出，多样性会造成同事之间的冲突，但依我们的经验来看，冲突是件好事，因为冲突往往会碰撞出更为周全的决策。

102

这句话说起来容易做起来难。正因如此，谷歌才会努力训练员工认识到自己潜意识中的偏见。如果想要深入了解人类潜意识的倾向和癖好，请见 Anthony G. Greenwald and Mahzarin R. Banaji, “Implicit Social Cognition: Attitudes, Self-Esteem, and Stereotypes” (*Psychological Review*, Volume 102, Number 1,January 1995)。

103

Java、C、Python 以及 Go 皆为计算机编程语言。

104

Tracy Kidder, *The Soul of a New Machine* (Little, Brown, 1981), page 59.

105

Somini Sengupta, Nicole Perlroth, and Jenna Wortham, “Behind Instagram’s Success, Networking the Old Way” (*New York Times*, April 13, 2012).

106

第一次称量时，从硬币中拿出 4 枚，然后把剩下的 8 枚平分成两组，放在天平两端。如果这两组硬币的重量相等，那么假币必定就在第三组中，也就是你放在一旁的那一组。在这种情况下，从你刚称过的 8 枚硬币中拿出两枚，然后从未称的一组中也拿出两枚，如果这次天平两端平衡，那么假币就必定在未称过的两枚硬币之中。如果天平两端重量不等，那么假币就必定在第二次称的两枚硬币中。第三次称量时，从那组有假币的“坏”硬币中拿一枚放在天平一端，再从作为控制组的“好”硬币中拿出一枚放在另一端。如果两端重量相当，那么假币就是桌上的那一枚，如果重量不等，那么假币就在天平上。

以上是比较简单的一种情景。如果第一次称量时天平两端不平衡，你能自己想出识别的方法吗?

我们之所以喜欢这种谜题，原因有两个。首先，无论应答者是否能得出正确答案，这种问题都可以让面试官看出此人是否具备解构复杂问题的能力。另外，你还可以看出应答者在解题时是否乐在其中。

107

经济学家通常会用所谓的“锦标赛理论”来解释这一现象。这个理论的基础源自许多运动场地在设计上都鼓励参赛者经过漫长的赛跑去争夺最高的排名，而排名最高的获胜者相应也会得到巨额的奖金。The original theory is laid out by economists Edward Lazear and Sherwin Rosen, in “Rank-Order Tournaments as Optimum Labor Contracts” (*Journal of Political Economy*, Volume 89, Number 5, October 1981).

108

在平均主义薪酬分配制度下，对工作的贡献参差不齐的员工拿到的薪酬却大同小异。在我们两位作者以及经济学家们看来，这种制度着实令人费解。如此缺乏延展性的薪酬级别划分，不正是在鼓励好逸恶劳的行为而打击了高效员工的积极性吗? For an academic discussion of this question, see George P. Baker, Michael C. Jensen, and Kevin J. Murphy, “Compensation and Incentives: Practice vs. Theory” (*Journal of Finance*, July 1988). 有一种解释认为，过于多样的薪酬不仅不利于鼓舞团队的士气，也会造成团队效率的降低。例如，参见：David I. Levine, “Cohesiveness, Productivity, and Wage Dispersion” (*Journal of Economic Behavior and Organization*, Volume 15, Number 2, March 1991)。但我们认为，这个妥协是值得去做的：从我们个人的经验来看，高效员工的高绩效带来的优势，要比大家因所谓的不公平对待而起的不满造成的弊端更大。多数人都会为同事们的成绩而感到高兴，同时也会鞭策自己努力做出成绩，赢取类似的高薪。

109

Reid Hoffman, Ben Casnocha, and Chris Yeh, “Tours of Duty: The New Employer-Employee Compact” (*Harvard Business Review*, June 2013).

110

Evelyn Rusli, "A King of Connections Is Tech's Go-To Guy" (*New York Times,* November 5, 2011).

111

Tom Lehrer, "We Will All Go Together When We Go," An Evening Wasted with Tom Lehrer (Marathon Media, 2010).

112

Yogi Berra, The Yogi Book: I Really Didn't Say Everything I Said! (Workman Publishing, 1998), page 102.

113

Sheryl Sandberg, Barnard College Commencement, May 17, 2011.

114

2005 年，谷歌在中国开设了第一家工程中心。

115

这种做法是有先例的：1998 年，美国颁布了《数字千年版权法案》。此法案规定，版权所有者可将侵害自己版权的内容举报给相关网站（在这里，也就指 YouTube、Blogger 以及谷歌旗下的其他网站）。如果由于政府限令谷歌移除了网站上的某些内容，那么我们会尽量告知用户。

116

我们并没有诋毁会计的意思，他们计算预估收入和税息折旧及摊销前利润（也就是未记利息、税项、折旧以及摊销之前的利润）是天经地义的。

117

Roman Friedrich, Matthew Le Merle, Alex Koster, and Michael Peterson, "The Next Wave of Digitization: Setting Your Direction, Building Your Capabilities" (Booz and Company, June 28, 2011).

118

Dave Evans, "The Internet of Things" (Cisco Internet Business Solutions Group, April 2011).

119

很显然，这句话在杜威在世时已经流传颇广了。参见：Larry A. Hickman, *The Essential Dewey, Volume 2: Ethics, Logic, Psychology* (Indiana University Press, 1998), page 173。

120

这句话是沃尔芬格在1969年或1970年于斯坦福大学教学时说的。当时，一位学生将一句有事实根据的真实言论当作道听途说的逸闻，沃尔格芬就是针对那这句话与其进行辩论的。参见：Nelson W. Polsby, "Where Do You Get Your Ideas?" (*PS: Political Science and Politics*, Volume 26, Number 1, March 1993)。

121

Edward Tufte, "PowerPoint Is Evil" (*Wired*, September 2003).

122

巴斯特·波西曾担任旧金山巨人队的捕手，并于2012年获得美国职业棒球大联盟最有价值球员奖。

123

虽然许多人都将这句话归为巴顿将军的名言，我们却没找到能证明这句话出自他口的直接证据。在他的回忆录《我所知道的战争》以及他对第三集团军的著名演讲中，都不见这句话的踪影。但是既然互联网是这么说的，那就暂且当真吧（当然，这是句玩笑话）。

124

参见：Kathleen M. Eisenhardt, Jean L. Kahwajy, and L. J. Bourgeois III, "How Management Teams Can Have a Good Fight" (*Harvard Business Review*, July–August 1997)。这些研究制定团队决策的企业高管的人写道："一些管理者认为，手边的信息越多，争辩的问题就越多，因而会导致人与人之间的矛盾增多。但我们觉得，如果你拥有最新的客观信息，那么信息充足其实是件好事。因为这样一来，大家就会对事不对人……越是依据事实，人与人之间的冲突也就越少，这二者是有直接联系的。"

125

Arie W. Kruglanski and Donna M. Webster, "Group Members' Reactions to Opinion Deviates and Conformists at Varying Degrees of Proximity to Decision Deadline and of Environmental Noise" (*Journal of Personality and Social Psychology*, Volume 61, Number 2, August 1991).

126

John Wooden and Steve Jamison, *Wooden on Leadership* (McGraw-Hill, 2005), page 2.

127

仅仅靠确定最后期限，你就可以帮助团队找准节奏、及时做出决策。参见：

Connie J. G. Gersick, "Marking Time: Predictable Transitions in Task Groups" (*Academy of Management Journal*, June 1989)。另外，长期研究高科技公司决策方式的凯瑟琳·埃森哈特发现，那些能够快速制定决策的管理团队所参考的信息和选项竟然比其他团队更多。参见：Kathleen M. Eisenhardt, "Making Fast Strategic Decisions in High-Velocity Environments" (*Academy of Management Journal*, Volume 32, Number 3, September 1989)。

128

Thomas J. Peters and Robert H. Waterman Jr., *In Search of Excellence: Lessons from America's Best-Run Companies* (Harper & Row, 1982).

129

这所学院的官方名称应是"斯坦福大学设计研究院"。

130

Ingo Rauth, Eva Koppen, Birgit Jobst, and Christoph Meinel, "Design Thinking: An Educational Model Towards Creative Confidence" (*Proceedings of the 1st International Conference on Design Creativity*, 2010).

131

如果罚点球的球员在踢球瞬间推断行动派守门员可能会往球门的一侧扑球，那么便会把球往中间踢，而这种球也比较容易破门。参见：Michael Bar-Eli, Ofer H. Azar, Ilana Ritov, Yael Keidar-Levin, and Galit Schein, "Action Bias Among Elite Soccer Goalkeepers: The Case of Penalty Kicks" (*Journal of Economic Psychology*, October 2007)。有关此例中行动偏差与投资决策中的行动偏差之间相似性的讨论，请见 Carl Richards, "In Soccer and Investing, Bias Is Toward Action" (*Bucks* blog, *New York Times*, May 13, 2013)。

132

在 2013 年的一次会议上发言时，斯卡利谈到当时解雇乔布斯的决定："比尔·盖茨和史蒂夫·乔布斯等人在企业起步时期所采用的领导方式，与试图在行业中立足的上市公司的领导人的方式有所不同。对于后者而言，犯错误是不可接受的，因为一旦失败，你就出局了。但当时我的资历尚浅，无法揣摩出这两种领导方式的不同……我觉得，事情的结局本可以是另一番情景。"

133

这个法则的提出其实要感谢亚里士多德，他对于理性诉求（即论点）、人品诉求（即性格）以及情感诉求（即感情）三种手段的讨论，影响了无数政客、商人和律师。参见：translation by George A. Kennedy, *On Rhetoric: A Theory of Civic Discourse* (Oxford University Press, 1991), pages 37–38。奥普拉·温弗瑞在电视露面以及每次演讲中，都将这一法则运用得淋漓尽致。她说过："你讲的故事必须让人有所感触，只有调动起人们的感情，他们才会有所行动。"参见："Oprah Winfrey Talks to Dan Pink, Part 2" (YouTube.com/watch?v=kRfT8ujRfOA)。

134

这句话的确出自《圣经·箴言》第25章25节："有好消息从远方来，就似拿凉水给口渴的人喝。"参见：*The Holy Bible: King James Version,* Quatercentenary edition (Oxford University Press, 2010), page 38。

135

James O'Toole and Warren Bennis, "What's Needed Next: A Culture of Candor" (Harvard Business Review, June 2009).

136

Michael Parks, "Soviets Free the Dreaded Photocopier" (*Los Angeles Times*, October 5, 1989).

137

Bill Gates, "Bill Gates' New Rules" (*TIME*, April 19, 1999).

138

泄密事件并不是没有出现过，但据我们所知，这些信息并非从 TGIF 大会上盗取的。我们在查处泄密者上绝不儿戏，成功率也很高。一般而言，泄密事件都是合作伙伴的所作所为。但一旦发现谷歌人泄密，我们定会予以开除。

139

引自：John Markoff, "A Fight to Win the Future: Computers vs. Humans" (*New York Times*, February 14, 2011)。布朗说这句话，是因为他觉得IBM的人工智能电脑人沃森在《危险边缘》智力比赛中与人类选手一争高下的事情没什么大不了的，但其实，这个智力比赛的目的就是要让参赛选手提问题！够讽刺的吧？

140

红绿牌子的构思来自电影《实习大叔》。电影上映之后，我们把这个创意引入了 TGIF 大会之中。结果，这个构思大受欢迎，这项传统持续了大约一年的时间。之后，这项传统被升级为数字版本，这样一来，那些远程观看 TGIF 大会的人也可以发表自己或红或绿的意见了。

141

我们特地从这篇“使用说明书”里挑了一些我们最喜欢的词句和大家分享：“我不是在美国长大的，所以在谈话时我会比其他人更直接一些……为了阐明观点，我可能有些夸大，因为在总结观点时，黑白分明要比模棱两可的效果更好……如果你不同意我的观点，请你务必要告诉我，我绝不会因为你提意见而怪罪你……如果你觉得我总在打压你，给你的反馈全都是负面的，那么请记住：这十有八九不是我有意而为。”

142

Jon Gertner, “True Innovation” (*New York Times*, February 25, 2012). 格特纳曾就贝尔实验室的创新写了一本书。参见：Jon Gertner, *The Idea Factory: Bell Labs and the Great Age of American Innovation* (Penguin, 2012)。

143

乔纳森常常向妻子灌输这个理念，但妻子只听他说过 4 遍就让他闭嘴了。

144

“Was Moore's Law Inevitable?” (*The Technium*, July 2009), retrieved from http://www.kk.org/thetechnium/archives/2009/07/was_moores_law.php.

145

这句话经常被引用。Dennis McLellan,“Elmore Leonard, Master of the Hard-Boiled Crime Novel, Dies at 87” (*Los Angeles Times*, August 20, 2013).

146

人们通常会将这种做法简写成 NIFO（noses in，fingers out）。首先提出这一说法的，是美国全国公司董事协会的创始人兼前主席约翰 · M · 纳什。这个说法的意思是，董事会应当扮演积极监督的角色，但不应插手企业具体事宜。参见：“A Leader Ahead of His Time: NACD Founder John Nash” (*NACD Directorship*, May 15, 2013)。

147

在谷歌，负责董事会准备事宜的产品经理中有许多人都在谷歌有很好的发展，这个现象并非巧合。举例来说，曾担任乔纳森团队管理工作数年的桑达尔 · 皮查伊，现在担任谷歌首席执行官。曾与桑达尔共同负责董事会会议幻灯片准备工作的凯萨 · 森谷普塔，现在帮桑达尔管理谷歌 Chromebook（网络笔记本）团队。

148

参见：Henry Kissinger, *White House Years* (Little, Brown, 1979), page 192。

149

外交术语中将这种方法叫作“双层博弈”。参见：Robert D. Putnam, “Diplomacy and Domestic Politics: The Logic of Two-Level Games” (*International Organization*, Volume 42, Number 3, Summer 1988)。

150

引自“The 25 Coolest Athletes of All Time” (*GQ*, February 2011)。

151

这家店的店主、主厨查理·艾尔斯也是谷歌的第一任大厨（我们主园区的咖啡厅就是以他的名字命名的）。但是，乔布斯和埃里克之所以选择在这家咖啡厅见面，是因为这里离乔布斯的家比较近。

152

阿帕奇授权协议由阿帕奇软件基金会编写，这款协议允许软件用户在协议准许的前提下对软件进行使用、发行或修改，且不必支付版税。

153

具体统计的数字是 33 528。参见：Leslie Kwoh, “You Call That Innovation?” (Wall Street Journal, May 23, 2012)。

154

基于客户端的应用程序使用的软件是存储在电脑或其他运行设备上的，而基于浏览器的应用程序则完全存储在网络上，可以通过微软、火狐、苹果 Safari 或谷歌 Chrome 浏览器进行操作。

155

这份报告是由埃森哲咨询公司创意业绩小组的北美区负责人阿迪·阿隆写的。摘要内容参见：Adi Alon, “10 Ways to Achieve Growth Through Innovation” (*TMC News*, March 9, 2010)。亦可参见：Wouter Koetzier and Adi Alon, “You Need a Chief Innovation Officer” (Forbes.com, December 16, 2009)。

156

“构想的物竞天择”理论最早至少可以追溯到 1976 年，当时，理查德·道金斯在《自私的基因》一书中提出了 meme 的概念。但我们在此所说的物竞天择，更像是吉姆·柯林斯与杰里·波勒斯在《基业长青》中描述的“节外生枝和修枝剪叶”理念，也就是指多做尝试，并把那些有效的方案保存下来。参见：

Jim Collins and Jerry I. Porras, *Built to Last: Successful Habits of Visionary Companies* (HarperBusiness, 1994), pages 148–54. For more information about how variation and selection characterize creativity, see Dean Keith Simonton, *Originsof Genius: Darwinian Perspectives on Creativity* (Oxford University Press, 1999)。

157

Charles Darwin, *The Origin of Species* (Digireads.com edition, 2007), page 17.

158

Derek Sivers, "Derek Sivers: How to Start a Movement" (*TED*, February 2010), retrieved from http://www.ted.com/talks/derek_sivers_how_to_start_a_movement.html.

159

Leslie Berlin, *The Man Behind the Microchip: Robert Noyce and the Invention of Silicon Valley* (Oxford University Press, 2005), page 264.

160

你也许会说，坚持不仅需要信息，还需要资金。一般的中小企业，没有资金研发那些对用户有利却无法带来收入和利润的产品，怎么办？我们仍建议你以用户为重，但在你验证这个理念之前，我们希望你能省则省，尽量少投入资金。等到你证实这个理念的时候，或许离赢利之日还有很长一段距离，但只要你能证实此理念的价值所在，这就变成以翔实数据为基础所做的融资决策了。

161

多年来，杰夫在谷歌网站上的个人简介信息一直称他拥有哈佛大学的硕士学位。实际上，他是哈佛大学的一名 MBA。但杰夫怕这个学位会让人觉得他缺乏工程经验，所以一直没有纠正这个细节。

162

参见：Adam Mann, Google's Chief Internet Evangelist on Creating the Interplanetary Internet" (*Wired.com*, May 6, 2013)。

163

这倒不是说人们的想象力不足。许多人都有着天马行空的愿景，但他们的务实思想让他们不愿把这些想法变为现实。心理学家用期望价值理论（expectancy-value theory）来解释这种心态：在选择目标时，人们会将期望的回报与成功的概率作为考虑因素。这样的考量往往会使他们避免尝试那些最有挑战性的目标，但很显然，这样的决定会提升失败概率。正如冰球名人堂球员韦恩·格雷茨基所说的一样，不去尝试，就等于百分之百的失败。参见：Allan Wigfield and Jacquelynne S. Eccles, "Expectancy-Value Theory of Achi-evement Motivation" (*Contemporary Educational Psychology*, January 2000) and Jacquelynne Eccles and Allan Wigfield, "Motivational Beliefs, Values, and Goals" (*Annual Review of Psychology*, 2002)。

164

这个机构隶属于美国国防部。

165

最先提出巴斯德象限理念的，是已故的政治科学家唐纳德·斯托克斯，他列举了法国科学家路易斯·巴斯德同时进行知识研究和实际应用的例子。巴斯德象限位于一个 2×2 矩阵之中，用来表示一项研究在推动基本认识以及解决现实问题之间的最佳平衡点。参见：Donald E. Stokes, *Pasteur's Quadrant: Basic Science and Technological Innovation* (Brookings Institution, 1997)。

166

Regina E. Dugan and Kaigham J. Gabriel, "'Special Forces' Innovation: How DARPA Attacks Problems" (*Harvard Business Review*, October 2013).

167

这个理念来源于心理学家米哈里·契克森米哈以及他的"心流"理念。所谓"心流"，指的是一种专心致志、深深沉浸在工作之中以至于时间仿佛暂停的欢愉状态。他说："你的全身心都被调动了起来，你的技能也发挥到了极致。"心流是一种罕见而且珍贵的状态，因为只有在任务的高度挑战性与你完成任务的能力出现完美契合时，这一状态才会产生。如果任务极具挑战性但你的能力达不到，你就会焦虑；而如果你的能力对于任务来说是大材小用，你就会感觉无聊。在管理创意精英的过程中，你的任务之一就是为他们营造更多进入心流状态的机会。参见：John Geirland, "Go with the Flow" (*Wired*, September 1996), and Mihaly Csikszentmihalyi, *Flow: The Psychology of Optimal Experience* (Harper & Row, 1990)。

168

罗莎贝斯·莫斯·坎特就激发社会及企业责任感的因素做了研究，发现知识工作者"会被责任重大以及锻炼技能的机会所吸引。最能'黏住人'的工作环境（即离职概率小且人们不愿离开的工作环境）不但机遇多多，且能给员工赋权。使用最顶尖的工具、面对最佳消费群体的前沿工作是当今的热点，因为这种工作不仅意味着更大的责任，也预示着未来更多的回报。知识工作者对个人技能及成就构成的人力资本的重视程度，与他们对金钱资本的重视程度不相上下"。参见：Rosabeth Moss Kanter, *Evolve!: Succeeding in the Digital Culture of Tomorrow* (Harvard

Business School Press, 2001)。

169

在销售行业，故意制定过低的目标然后再大幅超额完成任务的做法叫作“堆沙袋”。我们的第一任销售主管奥米德·科德斯塔尼就经常会在一个由沙袋堆成的讲台上为公司进行季度销售情况汇报，这让为他获得了“堆沙袋的人”的称呼。

170

Grove discusses OKRs in his book *High Output Management* (Random House, 1983).

171

我们在此隐去了只能在谷歌内部公开的 OKR 真实数据。

172

“创意喜欢限制”是玛丽莎·迈耶最爱说的一句话。限制能够激发创意，这理念看来矛盾，却已经得到不少研究者的证实。参见：Patricia D. Stokes, “Variability, Constraints, and Creativity: Shedding Light on Claude Monet” (*American Psychologist*, Volume 56, Number 4, April 2001)。

173

Henry Ford, *My Life and Work* (Doubleday, 1922), page 147.

174

时间截至 2014 年 8 月 5 日。参见：“you can count the number of books in the world on 25,972,976 hands” (Google's official blog, August 5, 2010)。

175

具体说是 Fry's 在山景城附近的分店。

176

这句话的后半句是“……因此，在最需要调动起人类在建筑方面的想象力时，限制就像建筑学永恒的挚友。”参见：Frank Lloyd Wright, *The Future of Architecture* (Horizon Press, 1953), page 55。

177

这个群允许成员对每个构想进行投票并自动将打分生成表格，这样，好点子的排位就会上升。凯文的提案名叫“URL 及搜索请求自动填充（含模型）”，是第 917 个提交的点子。截至我们写书时，这个积分榜上的点子有 15 000 多个。

178

“20% 时间”中的 20，与 70/20/10 原则中的 20 有所不同。20% 时间强调的是个人的自由，而70/20/10原则是有关资源管理的。不过，如果我们把资源分配比例改为70/19/11，就不会让大家混淆了。

179

这种自由感源自做自己喜欢的事情，而不是一味听从别人布置任务。心理学家爱德华·德西及理查德·瑞安就人类动机提出过一种自我决定理论，这种盛行的观点认为，人类都有强烈的自主需要（即可以按自己的意愿自由行动，而不是为应对外界压力而被动行动）、能力需要以及关系需要。自我决定理论假定，如果一份工作能够满足以上这些需求，那么这份工作就能调动人们的积极性并赋予人们满足感。参见：Richard M. Ryan and Edward L. Deci, "Self-Determination Theory and the Facilitation of Intrinsic Motivation, Social Development, and Well-Being" (*American Psychologist*, Volume 55, Number 2, January 2000)。

180

完整的原话是："如果你想雇用优秀的人才，让他们留下来为你工作，那你在很多问题上就得让他们自己做决定。要以创意为准则，而不要奉等级为圭臬。最好的创意必须出头，否则，你是留不住优秀人才的。"引自：Mark Milian, "Why Apple Is More Than Just Steve Jobs" (*CNN Digital Biz* blog, August 25, 2011)。

181

谷歌并不是第一家尝试这种制度的企业。早在1948年，3M公司就开展过一套工作方式，允许员工将15%的时间用在主要工作之外的项目上。便利贴或许要算是这家公司15%时间制衍生出的最广为人知的成果了，这一制度同时也催生了透明胶带和3M抗水渍油污剂，以及公司许多产品中都有使用的多层光学膜等创新材料。担任3M总裁兼董事长一职长达数十载的威廉·麦克奈特说，他的方针就是"雇用优秀人才，然后给他们腾出空间"。参见："A Culture of Innovation" (3M corporate brochure) and Paul D. Kretkowski, "The 15 Percent Solution" (*Wired*, January 1998)。

182

引自：Tom Hager, *Linus Pauling and the Chemistry of Life* (Oxford University Press, 1998), page 87。

183

Recounted in Alan G. Robinson and Sam Stern, *Corporate Creativity: How Innovation and Improvement Actually Happen* (Berrett-Koehler, 1997), pages 66–70.

184

《锣鼓秀》是20世纪70年代美国的选秀节目，参赛选手的表现一般都很糟糕。评委可以用响亮的锣声打断任何人的表演。

185

虽然这是伏尔泰的一首名叫《Le mieux est l'ennemi du bien》(直译过来就是"完美是优秀的敌人")中的诗句，但他却说这句话实际上出自一位意大利哲人(原话是 Il meglio è l'inimico deal bene)。

186

对于计算机行业之外的读者，我们必须多说几句加以解释。"交付"这个词是指产品到达消费者手中。乔布斯的意思是，虽然很多人都想要把自己的产品打磨得光鲜亮眼，但如果不把你的产品实际交到消费者手中，那你就什么成果也没有。

187

挽回沉没成本的想法，不仅会让人们在错误的道路上不愿止步，还会越走越远。这种模式被学者们称为"承诺升级"。其实，从个人视角来看，以沉没成本作为投资的依据是有道理的。因为，对一个走下坡路的项目选择坚持(并且隐瞒此项目难逃一死的事实)，可以保护掌权者在企业或机构内的声誉。参见：Barry M. Staw, "The Escalation of Commitment to a Course of Action" (*Academy of Management Review*, Volume 6, Number 4, October 1981), and R. Preston McAfee, Hugo M. Mialon, and Sue H. Mialon, "Do Sunk Costs Matter?" (*Economic Inquiry*, Volume 48, Issue 2, April 2010)。

188

这种理念与汤姆·彼得斯"适度承诺，超值服务"的理念不谋而合。参见：Tom Peters, *Thriving on Chaos: Handbook for a Management Revolution* (HarperCollins, 1988), pages 118–20。

189

塔勒布还谈道："有些事情能从冲击中受益，当暴露在波动性、随机性、混乱、压力、风险以及不确定之中时，这些事反倒能成长壮大。尽管这种现象无处不在，但我们并没有一个词能够准确描述脆弱的对立面。让我们暂且称之为'反脆弱性'吧。反脆弱性超越了复原力和强韧性。强韧性能够抵抗冲击，保持原状，反脆弱性却能让事物在逆境中成长。"参见：Nassim Nicholas Taleb, *Antifragile: Things That Gain from Disorder* (Random House, 2012), page 3。

190

Scott Adams, "Scott Adams' Secret of Success: Failure" (*Wall Street Journal*, October 12, 2013).

191

许多人认为这句话出自已故计算机科学家吉姆·霍宁，但他却否认了这种说法。通过深入调查，我们发现这句话其实是纳斯鲁丁说的。一有这个发现我们便顿时觉得，如果几个世纪后的后人们能把我们也称颂为大智若愚者，那我们就死而无憾了。The story is retold in Joel ben Izzy, *The Beggar King and the Secret of Happiness* (Algonquin Books, 2003), pages 206–7。

192

Steven Levy, "Jeff Bezos Owns the Web in More Ways Than You Think" (*Wired*, November 13, 2011).

193

Regina E. Dugan and Kaigham J. Gabriel, " 'Special Forces' Innovation: How DARPA Attacks Problems" (*Harvard Business Review*, October 2013).

194

从这方面来说，丹和学步的婴儿倒挺有相似之处。

195

See, for example, Teresa M. Amabile, "How to Kill Creativity" (*Harvard Business Review*, September–October 1998).

196

在20世纪80年代的火爆电视剧《豪门恩怨》中，帕特里克·杜菲饰演的博比·尤英不幸被嫂子开车撞死，但他在下一季里奇迹般复生。原来，他的死只是一个梦。我们要是都能这么幸运该多好。

197

"Examining the Books" (*Wall Street Journal*, August 29, 2005).

198

Joseph Checkler and Jeffrey A. Trachtenberg, "Bookseller Borders Begins a New Chapter . . . 11" (*Wall Street Journal*, February 17, 2011).

199

Vinod Khosla, "The Innovator's Ecosystem," December 1, 2011, http://www .khoslaventures.com.

200

Art Kleiner, "The Discipline of Managing Disruption" (*strategy+ business*, March 11, 2013).

201

原文出自詹姆斯·鲍斯韦尔为英国作家塞缪尔·约翰逊所写的传记："先生，请相信我的话，当一个人知道自己还有两周就要被绞死的时候，这会让他警醒。"参见：James Boswell, *Life of Johnson* (Oxford World's Classics/Oxford University Press, 2008), page 849。

202

心理学家菲利普·泰洛克花了21年的时间，研究了数百名专家的预言。他的研究告诉我们，对于变数很大的事件，即使专家也难以预知。举例来说，在非暴力手段是否能够终结南非种族隔离制度以及魁北克省是否会脱离加拿大等问题上，相应领域的专家所做的预测并不比受过教育的普通人（以及随机概率）准确。参见：Philip E. Tetlock, *Expert Political Judgment: How Good Is It? How Can We Know?* (Princeton University Press, 2005)。

203

Vinod Khosla, "Maintain the Silicon Valley Vision" (*Bits* blog, *New York Times*, July 13, 2012).

204

Steve Chapman, "Car Buyers Get Hijacked" (*Chicago Tribune*, June 20, 2013).

205

《红旗法案》是英国政府1865年颁布的一条机动车法案，规定机动车必须配备专人行走在车前挥动红旗，提醒马车及乘客提防这个新奇的发明。法案还规定，这些"道路上的机车"在城镇里的时速不能超过3.2千米，在乡下的时速不得超过6.4千米。法案于1896年废止。参见：Alasdair Nairn, *Engines That Move Markets: Technology Investing from Railroads to the Internet and Beyond* (John Wiley & Sons, 2002), pages 182–83, and Brian Ladd, *Autophobia: Love and Hate in the Automotive Age* (University of Chicago Press, 2008), page 27。

206

索里安白兰地和特兰尼亚烈酒都是《星际迷航》原版电视剧中的酒。我们希望领会这些典故的读者也能和我们一样兴奋。好了，我们保证这是本书最后一次引用《星际迷航》的桥段了。

207

谷歌智能隐形眼镜由 Google X 团队研发，可通过测量眼泪中的葡萄糖含量来检测佩戴者的血糖水平。有了这款功能，糖尿病患者不仅可以免受定期针刺验血之痛，也不用终日在皮下放置血糖传感器了。

208

Carl Shapiro and Hal R. Varian, *Information Rules: A Strategic Guide to the Network Economy* (Harvard Business Review Press, 1998).

209

Christopher Chabris and David Goodman, "Chess-Championship Results Show Powerful Role of Computers" (*Wall Street Journal*, November 22, 2013).

词汇表

谷歌广告联盟（AdSense）

这款广告产品可将广告投放在由站点发布器连成的大规模网络上。

谷歌关键词广告（AdWords）

作为谷歌的旗舰广告产品，这款引擎是谷歌的收益支柱。

Ah'cha'rye

希伯来语中“跟我来”的英文表达形式。这句话是以色列军队中用以号召大家的口号。

安卓（Android）

谷歌旗下的开源手机操作系统。

应用程序编程接口（API）

此接口为其他应用程序提供了访问程序的可能。

助理产品经理（APM）

通常，助理产品经理要在 12 个月内在不同岗位之间轮换后，才能成为合格的产品经理。

云计算（cloud computing）

这项科技让互联网用户在不同地点获取计算机上存储的文件、运行计算机上的程序。这些远程计算机有时叫作服务器，通常，这些计算机都聚集在拥有几千台独立计算机的大型数据中心里。

科斯法则（Coase's law）

这条由诺贝尔经济学奖得主罗纳德·科斯提出的法则认为，将交易成本纳入考虑范围就能发现，大型企业之所以合并，是因为与开放市场外包相比，在一家企业内部完成工作往往更有效率。由于互联网降低了交易成本，根据科斯法则可知，在当今，工作外包往往要比把工作放在企业内部完成更有效率。

多莉（Dory）

这个谷歌内部系统可以让员工向高管们提问，还能让他们为别人的问题投票，以决定排名。

Excite@Home

乔纳森之前就职的公司。这家公司是由门户网先锋 Excite 公司以及推广电缆调制解调器上网方法的 @Home 公司合并而成的。

Googlegeist

谷歌的年度员工调查问卷。

Google X

这支团队负责谷歌一些最具野心的项目的研发，包括无人驾驶汽车、谷歌眼镜、谷歌热气球计划以及谷歌智能隐形眼镜。

HiPPO（也可直接写成“hippo”）

即薪水最高者的观点（Highest-Paid Person's Opinion）。

学习型动物（learning animals）

这些人不仅拥有应对剧变的能力，也有热爱剧变的心胸：他们对学习如饥似渴，不畏提出愚蠢的问题，也不怕得到错误的答案。

市场资本总值（market capitalization）

简称总市值，指上市公司全部证券的市场总价值。

Memegen

这是一个谷歌内部网站，谷歌员工可以在上面用精辟的文字配以图片制作吐槽图。大家可以通过这个有趣的途径来对公司现状进行点评。

Moma

谷歌的企业内部网站，可供谷歌员工共享各种公司信息。

摩尔定律（Moore's law）

互联网创始人之一戈登·摩尔提出的预言：电脑芯片上的晶体管数量（也就是计算能力）每隔两年便会翻一倍。1965年，摩尔预测晶体管数量每年都会翻倍，而在1975年，他把翻倍时间改成了每两年翻一倍。

多边市场（multisided market）

不同用户群彼此相连并为彼此提供互惠服务的市场。

新谷歌人（Noogler）

新（New）+谷歌人（Googler），即是指新的谷歌员工。

质疑的义务（obligation to dissent）

如果某人对某个构想存在疑义，那就必须将质疑提出来。

OKR（目标和关键成果制度）

这是一个在谷歌及许多其他企业中都非常有效的绩效考核制度。

开放（open）

软件代码或研究结果等知识产权信息的共享；遵循开放的共同标准，而不是自己设置自己的标准；给予消费者轻松退订服务的自由。

开源操作系统（open-source operating system）

像Linux和安卓一类的操作系统，源代码可免费供公众进行使用和修改。与开源系统相反的是封闭系统，其源代码由拥有系统的公司严格管控。

投资回收期（payback period）

收回投资成本所需的时间。

平台（platform）

科技产品或设施的基础，在平台上可添加更多的科技产品、程序以及服务。

扩大规模（scale）

实现某个项目在全球的快速增长。

创意精英（smart creative）

这种人不仅在其专业领域具备深厚的技术知识，还精明过人、创意十足、具备商业头脑。

年资制（tenurocracies)

这样的企业以任期而不是能力论英雄。

TGIF 大会

这是谷歌全体员工都可以参加的会议。最开始的时候，这个会议设在每周五的下午，现改到周四进行，以方便亚太地区的谷歌人一起参加。

用户界面（user interface）

软件中用户可进行互动的部分。

Wave

谷歌 Wave 是一款可让不同用户群进行实时交流和合作的系统。2010 年，谷歌放弃了 Wave 的研究工作，并将源代码开放给公众。

第二代互联网（Web 2.0）

我们今天所使用的网络背后的一系列科学技术（20 世纪 90 年代第一代互联网的升级版）。

致谢

首先，我们必须感谢拉里·佩奇和谢尔盖·布林，感谢他们与我们分享智慧和友谊，也要感谢他们两人建立起来的这家伟大公司。我们对两位创始人的赞美毫不夸张，能与两人每天在一起共同探索和理解未来，我们由衷地感到三生有幸。策略、文化以及对雇用优秀人才的重视，这些让谷歌得以傲立于世的特质，在我们加入之前早已根深蒂固。你能想象吗，这两人在二十五六岁时便拥有预测谷歌潜力的思维和远见。他们一次又一次地对常规发出挑战，对权威和现有模式提出质疑，用自己的方式建立了一家伟大的企业。谷歌不仅改变了我们的生活，也在每时每刻不断改变着全世界几十亿人的生活。我们无以表达我们心中的谢意，我们只能说，他们的支持及所做的一切都让我们心怀崇敬。

就像谷歌公司一样，这本书也是在许多风趣幽默、善良而有爱心的了不起的人的帮助下问世的。对大家的付出，我们深怀感激，但更让我们高兴的是能够有幸与这些创意精英相识和共事，他们既是我们的同事，也是我们的好友。

在此我们要感谢安·海亚特、布赖恩·汤普森以及金·库珀，感谢他们在繁忙的工作之余与我们见面，给予我们这么多有用的反馈。面对混乱，你们处变不惊。

感谢帕姆·肖尔，她与埃里克在诺勒公司就是旧交，也为谷歌公司以及埃里克团队的创建立下了汗马功劳。

感谢斯科特·鲁宾、梅根·卡瑟利以及艾米莉·伍德，感谢这三位言谈风趣的公关人员。希望我们能拥有更多像他们一样的人才。

在埃里克写邮件给乔纳森提议一起写这本书的时候，雷切尔·惠茨通也在收件人之列。作为我们近10年之久的宣传合伙人，她从这本书的策划阶段就参与了进来。她不仅不知疲倦地为谷歌贡献自己的力量，也为大家的福祉付出不懈的努力。值得我们对雷切尔致谢的事情，远远不止她对这本书的付出。

感谢肯特·沃克和马克·埃伦博根这两位优秀的律师，用艰苦的工作为本书增色颇多。其中，特别要感谢马克的帮助，去加勒比海度假的时候，他仍坚持与我们一起工作，他的建议也更为关键。

感谢丹尼斯·伍德赛德在管理摩托罗拉之余抽空阅读了我们的书，给予我们宝贵的反馈意见。

感谢乌尔斯·霍泽尔，谷歌的许多人员管理和聘用模式，都是由他开创的。

感谢阿里森·科马克，他不仅是世界上最棒的读者，也许还是最优雅的谷歌人。

杰拉德·科恩与埃里克合著了《新数字时代》一书，感谢他如此及时地摸清了出版业的动态，帮了我们一个大忙。

在拉斯洛·博克的努力下，谷歌的文化及标准并没有随着企业的扩张而被稀释。在即将出版的有关天赋的新书《重新定义团队》中，他详细解析了成功背后的法则。除此之外，他好像时时都把微笑挂在脸上，这也许是因为他曾经演过《海滩游侠》的缘故吧。

感谢尼科什·阿罗拉，正是他在团队管理方法上的创新，为本书提供了一个缘起。

感谢苏珊·沃西基、萨拉尔·卡曼加、玛丽莎·迈耶以及桑达尔·皮查伊，是他们让乔纳森明白，一名优秀的管理者要懂得适当地放手。如果说一位管理者的工作成果是其员工的成果总和，那么乔纳森就站在这四人创造的硕果之巅。

感谢洛林·托希尔，她为我们展现了如何用充满创意的谷歌方法在营销的帮助下制作出令人叹绝的艺术品。

感谢克莱·贝弗，作为我们所知的一位最顶尖的创意精英，他的工作成果处处体现着谷歌的企业文化。（大家可以用谷歌搜索他用周末时间做的项目："884 幅 4×6 相片组成的谷歌商标"，以及"克莱·贝弗用硬币拼成的林肯像"。）

感谢布赖恩·拉科夫斯基，在他给我们提供的几组反馈意见中，他还细心地添加了页码和可查询字符。

感谢马尔戈·乔吉亚迪斯，他对大企业首席高管思维方式的看法经常为我们带来灵感。

感谢科林·麦克米伦，Memegen 只是他众多创举中的一例。

感谢普利姆·拉马斯瓦米，他为我们提供了一位哈佛商学院教授的观点，还启发我们如何将工作成果与学生分享。

感谢德温·伊维斯特，他是我们有关书籍和电影方面所有问题上的专家。感谢创意达人加里·威廉斯、肯·弗雷德里克以及劳伦·马尔基，很遗憾，他们提供的许多好点子我们都没有采纳。感谢乔纳森·贾维斯，他的设计使本书看起来精致美观，这是两位作者力所不及的。

感谢哈尔·瓦里安，谢谢他将乐趣融入了经济学。

感谢艾伦·尤斯塔斯，他将谷歌范儿体现得淋漓尽致。在乔纳森的协助下，他写成了第一本谷歌员工手册。

感谢肖娜·布朗和戴维·德拉蒙德，他们这么多年来与乔纳森一起担任招聘委员会的成员。

感谢凯西·碧和查德·塞韦林，两人不仅默默支持着乔纳森在谷歌的产品管理工作，而且从这本书策划起始就细心为我们提出意见。

感谢杰夫·休伯，他先是在 Excite@Home 与乔纳森共事，后又为谷歌建立了健全的广告引擎系统及收益引擎，好让乔纳森专注于创意精英的管理工作。

感谢帕特里克·皮切特，他在实际工作中的一丝不苟和谷歌范儿十足的敏锐眼光，以及他的橙色背包和“即便下雨我还是要骑自行车来上班”的态度，一直在激励着我们。

感谢戈皮·卡拉伊尔，他不仅是顶级的演说家，还用他鞭辟入里的意见推动我们进步。

感谢吉尔·哈泽尔贝克，她是乔纳森的智囊，尤其是当乔纳森在公关上出了岔子（这种情况常常发生）时，更是离不开她的指点。

感谢贾里德·史密斯，感谢他在有关中国的细节问题上为我们提供的帮助。他本身是创意精英的卓越领导者。

感谢比尔·坎贝尔，他是管理方面的资深教练，不仅慧眼识人，也深谙企业运营之道。在拥有教练之前，我们一直认为自己不需要相关的辅导。比尔在苹果和谷歌这两家现今全美最有价值的企业的成功之路上扮演了至关重要的角色，只要他一出现，在场的人都会面露笑颜。他不仅故事讲得引人入胜，且说到他为硅谷所立下的汗马功劳以及对几代企业家的成功带来的巨大影响时，他总是虚怀若谷，不居功自傲。

感谢约翰·多尔、迈克·莫里茨、拉姆·斯里兰姆、约翰·亨尼西、阿特·莱文森、保罗·欧特里尼、安·马瑟、戴安·格林以及雪莉·蒂尔厄姆，这些前任和现任的谷歌董事会成员，一直以来在谷歌对消费者、合作伙伴以及股东的影响上都高瞻远瞩，很好地履行了他们的职责。

以下这些前任和现任的谷歌人，不仅帮助我们排忧解难，还不断帮助我们改善创意精英的管理方式。他们是克里希纳·巴拉特、杰夫·迪安、本·戈梅斯、乔治斯·海力克、威廉·法里斯、维克·冈多特拉、乔治·萨拉赫以及玛莎·约瑟夫森（严格来说她虽然不能算是谷歌人，却是我们能找到的最诚挚的合作伙伴）。

感谢乔纳森的家人，包括他的妻子贝里尔、儿子约书亚以及女儿汉娜，他们一直在提醒乔纳森，让他把授权落到实处，无论在工作还是生活中都要给别人留出空间。他们的忠告让乔纳森保持着谦卑之心，为此，每个认识乔纳森的人都应当感谢他的家人。

感谢乔纳森的母亲里纳·罗森伯格，她一心拥护女性权利，同时也是圣克拉拉县妇女地位委员会的负责人。感谢乔纳森的父亲内森·罗森伯格。他曾是一位科技创新方面的领军学者。我们看到，这么多年来，他的儿子的确把父亲的话铭记在心，还有比这更好的致谢方式吗？

感谢乔纳森的兄妹卡伦、戈登以及戴维，他们让乔纳森懂得了许多决策方面的技能。关于谁才是家里最棒的创意精英，这四个人一直没达成共识。孩子们，也许，是时候让你们的父母来做决定了。

洛恩·罗森菲尔德博士常常拿名言警句和人生智慧与乔纳森

打趣。这本书中有几处内容就是从这些对话里引申出来的。洛恩的女儿劳伦帮我们纠了如此多的错，让我们明白她果然是个比乔纳森更博学多才的文学评论家。劳伦的弟弟迈克，用不胜枚举的例子让我们相信，他的大学学历和创意精英的名号都不是虚的。

感谢丹·张，是他告诉我们，本书的原稿“适于企业家们阅读”，但同时还有望继续扩大读者群，以“造福所有商业人士”。

感谢马特·派肯，他不仅帮助乔纳森润色大学论文，还为我们的戏剧和影视事业添了好莱坞范儿。

感谢本贝拉图书公司（BenBella Books）的格伦·耶菲斯，在乔纳森着手写这本书时，格伦是唯一一位能为他提供帮助的出版界专家。

感谢亚当·格罗瑟，是他驳回了我们既不幽默又不恰当的笑话，不仅提高了整本书的品位，还提醒我们在下定义的时候要更加精准。

感谢苏珊·费根鲍姆教授以及杰拉德·艾里希教授，目光长远的他们坚持让乔纳森学习统计学，并且细心监督他完成了本科学位。

感谢院长杰夫·黄教授以及他的同事朱莉娅·伊斯利，感谢他们像阅读学生论文一样审读了书稿，也给出了几乎与批改学生论文一样多的修改，还要感谢他们高抬贵手，没有给我们打分数。

感谢戴维·蒂斯教授，他以经济学学者的视角阅读了本书。我们引用的许多文献，都是在他的指点下找到的。

感谢曾经担任过乔纳森上司的加里·雷特、贝茨·雷特、多拉·法特曼、利比·特拉德尔、卡西·戈登、詹姆斯·艾萨克、迪安·吉尔伯特以及理查德·金格拉斯。你们的智慧和宽容，乔纳森将永远心存感激。

感谢杰夫·乌尔曼教授，是他让还在普林斯顿就读的邋里邋遢的小埃里克·施密特成为一名计算机科学家，而当时，世界上几乎还不存在这个职业呢。

感谢比尔·乔伊、苏·格雷厄姆以及鲍勃·法布里，在加州大学伯克利分校的时候，他们出于对埃里克的信任，以他为中心组建了一支团队，感谢他们。

感谢迈克·莱斯克和阿尔·阿霍，在贝尔实验室研发 Unix 操作系统时，他们让埃里克懂得了流量、开源以及规模的意义。

感谢施乐帕洛阿尔托研究中心的吉姆·莫里斯、巴特勒·兰普森、鲍勃·泰勒以及罗伊·莱文，他们是未来的缔造者。

感谢太阳计算机系统公司的斯科特·迈克尼利、安迪·贝希托尔斯海姆、比尔·乔伊、维诺德·科斯拉、伯尼·勒克鲁特以及韦恩·罗辛，是他们给予埃里克第一次亲身体会企业管理的机会。一个毫无管理经验的人能在工作中得到如此到位的培训，这种事只有在科技行业才会发生。

感谢诺勒公司的雷蒙德·纳萨和约翰·扬，在公司的体验本身就是一种回报。

感谢彼得·温德尔让埃里克有机会在斯坦福商学院教授课程，也感谢这几千名学生。埃里克对“不经历风雨哪有彩虹”的理解，最初就是受到了他们的影响。

感谢尼尚特·乔克西，他美观又有趣的插画以出乎我们意料的方式完美传达了我们的观点。

感谢玛丽莎·托马斯，她简直是校对达人，我们可不想在《危险边缘》问答节目上和她相遇！

感谢我们的研究伙伴玛丽娜·克拉科夫斯基，她的付出总是超出我们的预期。她见解深刻、思考周密、勤奋肯干、一丝不苟！她真是太棒了。

感谢戴维·杰维鲍姆，这位世界级的幽默作家让我们变得喜感十足……至少比以前更有喜感了。戴维看了我们写的一则笑话，点评说“还不坏”，这真是我们人生中最辉煌的时刻。感谢你，戴维，感谢你的帮助，特别是你的那句溢美之词。

感谢我们的经纪人吉姆·莱文，他让我们懂得了出版这一方世界；感谢我们的编辑约翰·布罗迪，在他的明智指导下，我们以微软开头、以《唐顿庄园》结尾的初稿终于变为成书。我们也让约翰领略了使用谷歌文档工作的甜头。

在斯坦福大学特里西德学生活动中心的“咖啡屋”餐厅，曾经摆放着世界上第一台投币式电子游戏机“星际游戏”。20世纪70年代中期的某天，两个毛头小子在往游戏机里投硬币的时候相遇了。当时，虽然乔纳森经常在星际游戏中完胜艾伦·伊格尔，但这两个人在葛恩中学时的成绩却不相上下。在一边争夺宇宙霸主之位一边应付化学和数学课时，他们无论如何也无法预料到，30年后他们竟会在一家叫作谷歌的公司里并肩共事，也想不到大约40年后两人会携手合著一本商业管理类的书。但是，这些全都发生了。想象不可想之事，这句话说得真是一语中的啊。感谢艾伦·伊格尔，我们的合著者。

图书在版编目（CIP）数据

重新定义公司：谷歌是如何运营的 /（美）埃里克·施密特，（美）乔纳森·罗森伯格，（美）艾伦·伊格尔著；靳婷婷译 . -- 北京：中信出版社，2021.4

（中信经典丛书 . 001）

书名原文：How Google Works

ISBN 978-7-5217-2887-3

Ⅰ . ①重… Ⅱ . ①埃… ②乔… ③艾… ④靳… Ⅲ . ①网络公司 – 企业管理 – 经验 – 美国 Ⅳ . ① F279.712.444

中国版本图书馆CIP数据核字（2021）第042688号

重新定义公司——谷歌是如何运营的

（中信经典丛书 · 001）

著　　者：[美] 埃里克 · 施密特　[美] 乔纳森 · 罗森伯格　[美] 艾伦 · 伊格尔

译　　者：靳婷婷

校　　译：陈序　何晔

责任编辑：李淑寒

出版发行：中信出版集团股份有限公司

（北京市朝阳区惠新东街甲4号富盛大厦2座　邮编　100029）

承 印 者：北京中科印刷有限公司

开　　本：880mm × 1230mm　1/32　　印　　张：99.5　　字　　数：2287千字

版　　次：2021 年 4 月第 1 版　　印　　次：2021 年 4 月第 1 次印刷

京权图字：01-2014-6112

书　　号：ISBN 978-7-5217-2887-3

定　　价：880.00元（全8册）

服务热线：400-600-8099

投稿邮箱：author@citicpub.com

扫码免费收听图书音频解读